D1920566

Steuerrecht · Verfassungsrecht · Finanzpolitik

Festschrift für Franz Klein

Franz Klein

Steuerrecht
Verfassungsrecht · Finanzpolitik

Festschrift für Franz Klein

herausgegeben von

Paul Kirchhof · Klaus Offerhaus
Horst Schöberle

Verlag
Dr. Otto Schmidt
Köln

Die Deutsche Bibliothek – CIP-Einheitsaufnahme

Steuerrecht, Verfassungsrecht, Finanzpolitik: Festschrift für Franz Klein / hrsg. von Paul Kirchhof ... – Köln: O. Schmidt, 1994

ISBN 3-504-06014-X

NE: Kirchhof, Paul [Hrsg.]; Klein, Franz: Festschrift

Verlag Dr. Otto Schmidt KG
Unter den Ulmen 96–98, 50968 Köln
Tel.: 02 21/9 37 38-01, Fax: 02 21/9 37 38-9 21

© 1994 by Verlag Dr. Otto Schmidt KG, Köln

Das Werk einschließlich aller seiner Teile ist urheberrechtlich geschützt. Jede Verwertung, die nicht ausdrücklich vom Urheberrechtsgesetz zugelassen ist, bedarf der vorherigen Zustimmung des Verlages. Das gilt insbesondere für Vervielfältigungen, Bearbeitungen, Übersetzungen, Mikroverfilmungen und die Einspeicherung und Verarbeitung in elektronischen Systemen.

Gesamtherstellung: Bercker Graphischer Betrieb GmbH, Kevelaer

Vorwort

Professor Dr. Franz Klein vollendet im September 1994 sein 65. Lebensjahr und scheidet deshalb zum Ende dieses Monats aus dem Amt des Präsidenten des Bundesfinanzhofes aus. Diese Ereignisse sind der äußere Anlaß, ein Lebenswerk für das Recht in einer Festschrift zu würdigen.

Franz Klein war auf vielen Sektoren des Rechts tätig, vor allem dem des Staatsrechts und dem des Steuerrechts. Darüber hinaus hat er sich besonders der Steuerpolitik und dem Finanzwesen verschrieben. Es erschien uns deshalb angemessen, alle diese Bereiche seines Wirkens in der Festschrift in Erscheinung treten zu lassen. Daher haben sich als Herausgeber auch Personen zusammengetan, die in diesen Sparten der Rechtsprechung und Rechtspolitik tätig sind.

Wir glauben, dem Jubilar eine Festschrift von namhaften Autoren mit gehaltvollen Beiträgen übergeben zu können. Wir haben alle Mitwirkenden – fast könnte man sagen – leichter Hand gewinnen können, weil jeder sich Franz Klein wissenschaftlich und persönlich verbunden fühlt. Unser Problem war eher gegenläufiger Art: Der Umfang des Werkes sollte noch annähernd handlich bleiben; deshalb mußte der Kreis der Autoren begrenzt werden. So konnten wir den einen oder anderen nicht miteinbeziehen; vielleicht war uns auch ein beruflicher oder persönlicher Weggefährte des Jubilars einfach nicht bekannt.

Nicht nur die Autoren gingen freudig an dieses Werk heran, auch der Verlag hat die Edition des Buches gern und ohne Zögern übernommen. Allen sei nochmals herzlich gedankt.

Eine solche Festschrift bedarf einer langen Vorlaufzeit. Redaktionsschluß war schon Ende 1993, so daß die allzu häufigen Änderungen des Steuerrechts durch Gesetzgebung, Rechtsprechung und Verwaltung nicht bis zuletzt berücksichtigt werden konnten. Die Beiträge sind jedoch so grundlegend, daß sie unabhängig von Tagespolitik und Gesetzesentwicklung noch lange lesenswert und – wie wir meinen – auch von bleibender Bedeutung sind.

Dem Jubilar wünschen wir weiterhin wissenschaftlichen Unternehmungsgeist, eine große Ausstrahlung für seine literarische Tätigkeit, gute Gesundheit, hinreichend Muße für seine Familie und die Kunst der Fotografie.

Karlsruhe/München/Bonn, im Juli 1994

Paul Kirchhof   Klaus Offerhaus   Horst Schöberle

Inhalt

I. Laudatio

II. Europäische Integration

III. Die deutsche Wiedervereinigung

IV. Steuerpolitik

V. Der Einkommensteuertarif

VI. Besteuerung von Ehe und Familie

VII. Verfassungsrecht

VIII. Finanzwesen

IX. Ertragsteuerrecht

X. Steuerrechtsauslegung und Abgabenordnung

XI. Rechtspflege

XII. Das Abgabenrecht in benachbarten Institutionen

XIII. Bibliographie

Verzeichnis der Autoren

BECKER, Helmut
Rechtsanwalt, Fachanwalt für Steuerrecht, Düsseldorf

BEERMANN, Albert
Dr., Vorsitzender Richter am Bundesfinanzhof, München

BETHGE, Herbert
Dr., o. Professor an der Universität Passau

BLÜM, Norbert
Dr., Bundesminister für Arbeit und Sozialordnung, MdB, Bonn

BOHLEY, Peter
Dr., o. Professor an der Universität Zürich

BROCKMEYER, Hans Bernhard
Richter am Bundesfinanzhof, München

CLEMM, Hermann,
Dr., Rechtsanwalt, Wirtschaftsprüfer, Steuerberater, München

DÖLLERER, Georg †
Dr. Dr. h.c., Vorsitzender Richter am Bundesfinanzhof a.D., Unterwössen

EBLING, Klaus
Dr., Vorsitzender Richter am Bundesfinanzhof, München

FAHR, Friedrich
Dr., Domkapitular, Freising

FLICK, Hans
Dr., Rechtsanwalt, Fachanwalt für Steuerrecht, Bonn

FLOCKERMANN, Paul Gerhard
Ministerialdirektor a.D., Bad Honnef

FRANZEN, Klaus
Staatsrat a.D., Bremen

GADDUM, Johann Wilhelm
Vizepräsident der Deutschen Bundesbank, Frankfurt

GAST-DE HAAN, Brigitte
Dr., Rechtsanwältin, Fachanwältin für Steuerrecht, Rendsburg

GERSCH, Eva-Maria
Dr., Rechtsanwältin, Fachanwältin für Steuerrecht, Bad Homburg

GRILL, Gerhard
Rechtsreferent am Gerichtshof der Europäischen Gemeinschaften, Luxemburg

GROH, Manfred
Dr., Vorsitzender Richter am Bundesfinanzhof, München, Honorarprofessor an der Universität Göttingen

GRUBE, Georg
Dr., Richter am Bundesfinanzhof, München

GSCHWENDTNER, Hubert
Dr., Richter am Bundesfinanzhof, München

HALLER, Heinz
Dr. Dr. h.c.mult., o. Professor an der Universität Zürich

ISENSEE, Josef
Dr., o. Professor an der Universität Bonn

JAKOB, Wolfgang
Dr., o. Professor an der Universität Augsburg

JOHANN, Heribert
Dr., Geschäftsführender Gesellschafter, C. H. Boehringer Sohn, Ingelheim

KANNENGIESSER, Christoph
Rechtsreferendar und wissenschaftlicher Mitarbeiter an der rechts- und staatswissenschaftlichen Fakultät der Universität Bonn

KANNENGIESSER, Walter
Diplom-Volkswirt, Leiter der Bonner Wirtschafts-Redaktion der FAZ

KINKEL, Klaus
Dr., Bundesminister des Auswärtigen, Bonn

KIRCHHOF, Paul
Dr., Richter des Bundesverfassungsgerichts, Karlsruhe, o. Professor an der Universität Heidelberg

KLEIN, Hans Hugo
Dr., Richter des Bundesverfassungsgerichts, Karlsruhe, o. Professor an der Universität Göttingen

KLOTZ, Werner
Ministerialrat, Bonn

KNOBBE-KEUK, Brigitte
Dr., o. Professor an der Universität Bonn

KOHL, Helmut
Dr., Bundeskanzler, Bonn

KREILE, Reinhold
Dr., Rechtsanwalt, Honorarprofessor an der Hochschule für Fernsehen und Film, München; Vorstand und Generaldirektor der GEMA (Berlin und München)

KREMER, Harry Andreas
Ministerialdirektor, Direktor des Bayerischen Landtags, München

KRETZ, Hans-Joachim
Dr., Ministerialrat, ehem. Leiter der Bibliothek des Bundesfinanzhofs, München

KÜHR, Christian
Dr., Steuerberater, Neuwied

LANG, Joachim
Dr., o. Professor an der Universität Köln

LENZ, Carl Otto
Dr., Generalanwalt am Gerichtshof der Europäischen Gemeinschaften, Luxemburg, Honorarprofessor an der Universität Saarbrücken

LERCHE, Peter
Dr., o. Professor an der Universität München

LEUTHEUSSER-SCHNARRENBERGER, Sabine
Bundesministerin der Justiz, MdB, Bonn

METZ, Matthias
Dr., Ministerialdirektor im Bayer. Staatsministerium der Finanzen a.D., München

MOXTER, Adolf
Dr. Dr. h.c. Dr. h.c., o. Professor an der Universität Frankfurt

MUSSGNUG, Reinhard
Dr., o. Professor an der Universität Heidelberg

ODERSKY, Walter
Dr., Präsident des Bundesgerichtshofs, Karlsruhe, Honorarprofessor an der Universität München

OFFERHAUS, Klaus
Dr., Vizepräsident des Bundesfinanzhofs, München, Honorarprofessor an der Universität Augsburg

ORLOPP, Gerd L.
Ministerialrat, Bundesministerium der Finanzen, Bonn

RAUPACH, Arndt
Dr., Rechtsanwalt, Fachanwalt für Steuerrecht, München, Honorarprofessor an der Universität München, Lehrbeauftragter im Fachbereich Wirtschaftswissenschaften an der Universität Frankfurt am Main

REIM, Hartmut
Präsident des Finanzgerichts Münster

REITER, Heinrich
Dr., Präsident des Bundessozialgerichts, Kassel, Honorarprofessor an der Universität München

ROTH, Adolf
Diplom-Volkswirt, MdB, haushaltspolitischer Sprecher der CDU/CSU-Bundestagsfraktion, Bonn

RUBAN, Reinhild
Richterin am Bundesfinanzhof, München

SAUTER, Alfred
Staatssekretär des Bayerischen Staatsministeriums des Innern, MdL, München

SCHÄUBLE, Wolfgang
Dr., Bundesminister a.D., MdB, Vorsitzender der CDU/CSU-Fraktion im Deutschen Bundestag, Bonn

SCHLIEF, Karl Eugen
Dr., Justitiar des Bistums Münster, Münster

SCHMIDT-BLEIBTREU, Bruno
Dr., Ministerialdirektor a.D., Bonn

SCHÖBERLE, Horst
Dr., Ministerialdirektor, Bundesministerium der Finanzen, Bonn

SCHÖN, Wolfgang
Dr., o. Professor an der Universität Bielefeld

SCHOLTZ, Rolf-Detlev
Dr., Richter am Bundesfinanzhof a.D., St. Augustin

SCHWEITZER, Michael
Dr., o. Professor an der Universität Passau

SMEKAL, Christian
Dr., o. Professor an der Universität Innsbruck

SÖFFING, Günter
Dr., Richter am Bundesfinanzhof a.D., Honorarprofessor an der Universität München

SÖHN, Hartmut
Dr., o. Professor an der Universität Passau

STEINHAUFF, Dieter
Richter am Bundesfinanzhof, München

TIETMEYER, Hans
Dr., Präsident der Deutschen Bundesbank, Frankfurt

VOGEL, Klaus
Dr., o. Professor an der Universität München

WAGNER, Carl-Ludwig
Dr., Ministerpräsident a.D., Trier

WAGNER, Wilfried
Dr., Richter am Bundesfinanzhof, München

WAIGEL, Theo
Dr., Bundesminister der Finanzen, MdB, Bonn

WASSERMEYER, Franz
Dr., Richter am Bundesfinanzhof, München, Honorarprofessor an der Universität Bonn

WIDMANN, Siegfried
Dr., Vorsitzender Richter am Bundesfinanzhof, München

WÖHE, Günter
Dr. Dr. h.c. mult., o. Professor an der Universität des Saarlandes, Saarbrücken

WOERNER, Lothar
Dr., Vorsitzender Richter am Bundesfinanzhof, München

WOLFF-DIEPENBROCK, Johannes
Dr., Richter am Bundesfinanzhof, München

ZAVELBERG, Heinz Günter
Dr., Präsident des Bundesrechnungshofs i.R., Brühl

ZEITLER, Franz-Christoph
Dr., Staatssekretär im Bundesministerium der Finanzen, Bonn

Abkürzungsverzeichnis

Im übrigen wird für die Abkürzungen auf das Buch von *H. Kirchner* „Abkürzungsverzeichnis der Rechtssprache" sowie auf die Zeitschriftenübersicht der Karlsruher Juristischen Bibliographie verwiesen.

a.a.O.	am angegebenen Ort
ABl.	Amtsblatt
AcP	Archiv für die civilistische Praxis
a.F.	alte Fassung
AfA	Absetzung für Abnutzung
AfaA	Absetzung für außergewöhnliche technische und wirtschaftliche Abnutzung
AfP	Archiv für Presserecht
AFG	Arbeitsförderungsgesetz
AfS	Absetzung für Substanzverringerung
AG	Aktiengesellschaft; Die Aktiengesellschaft
AIG	Auslandsinvestitionsgesetz
AktG	Aktiengesetz
Anm.	Anmerkung
AnwBl.	Anwaltsblatt
AO	Abgabenordnung 1977
AöR	Archiv des öffentlichen Rechts
ArbGG	Arbeitsgerichtsgesetz
ArchivPT	Archiv für Post und Telegraphie
Art.	Artikel
AStG	Außensteuergesetz
Aufl.	Auflage
AVG	Angestelltenversicherungsgesetz
BAföG	Bundesausbildungsförderungsgesetz
BAG	Bundesarbeitsgericht
BAGE	Entscheidungen des Bundesarbeitsgerichts
BAnz.	Bundesanzeiger
BayBS	Bereinigte Sammlung des bayerischen Landesrechts
BayVBl.	Bayerische Verwaltungsblätter
BB	Der Betriebs-Berater
BBankG	Gesetz über die Deutsche Bundesbank
BerlinFG	Berlinförderungsgesetz
BErzGG	Bundeserziehungsgeldgesetz
BewG	Bewertungsgesetz
BFH	Bundesfinanzhof
BFHE	Sammlung der Entscheidungen und Gutachten des Bundesfinanzhofs
BFHEntlG	Gesetz zur Entlastung des Bundesfinanzhofs

BFH/NV	Sammlung amtlich nicht veröffentlichter Entscheidungen des Bundesfinanzhofs
BFuP	Betriebswirtschaftliche Forschung und Praxis
BGB	Bürgerliches Gesetzbuch
BGBl.	Bundesgesetzblatt
BGH	Bundesgerichtshof
BGHZ	Entscheidungen des Bundesgerichtshofs in Zivilsachen
BHO	Bundeshaushaltsordnung
BIP	Bruttoinlandsprodukt
BKGG	Bundeskindergeldgesetz
BlStSozArbR	Blätter für Steuerrecht, Sozialversicherung und Arbeitsrecht
BMF	Bundesminister der Finanzen
BMJ	Bundesminister der Justiz
BR-Drucks.	Bundesrats-Drucksache
BRH	Bundesrechnungshof
BRRG	Beamtenrechtsrahmengesetz
BSG	Bundessozialgericht
BSGE	Entscheidungen des Bundessozialgerichts
BStBl.	Bundessteuerblatt
BT-Drucks.	Bundestags-Drucksache
BVerfG	Bundesverfassungsgericht
BVerfGE	Entscheidungen des Bundesverfassungsgerichts
BVerfGG	Bundesverfassungsgerichtsgesetz
BVerwG	Bundesverwaltungsgericht
BVerwGE	Entscheidungen des Bundesverwaltungsgerichts
BVG	Bundes-Verfassungsgesetz (Österreich)
CIC	codex juris canonici
DB	Der Betrieb
DBA	Doppelbesteuerungsabkommen
DBW	Die Betriebswirtschaft
ders.	derselbe
DGemStZ	Deutsche Gemeindesteuer-Zeitung
DJT	Deutscher Juristentag
DNotZ	Deutsche Notar-Zeitschrift
DÖV	Die öffentliche Verwaltung
DRiZ	Deutsche Richterzeitung
DRV	Deutsche Rentenversicherung
DStG	Die Steuergewerkschaft
DStJG 1 (1978)	*Tipke,* Übertragung von Einkunftsquellen im Steuerrecht
DStJG 2 (1979)	*Kruse,* Die Grundprobleme der Personengesellschaft im Steuerrecht
DStJG 3 (1980)	*Söhn,* Die Abgrenzung der Betriebs- oder Berufssphäre von der Privatsphäre im Einkommensteuerrecht

DStJG 4 (1981)	*Ruppe,* Gewinnrealisierung im Steuerrecht
DStJG 5 (1982)	*Tipke,* Grenzen der Rechtsfortbildung durch Rechtsprechung und Verwaltungsvorschriften im Steuerrecht
DStJG 6 (1983)	*Kohlmann,* Strafverfolgung und Strafverteidigung im Steuerstrafrecht
DStJG 7 (1984)	*Raupach,* Werte und Wertermittlung im Steuerrecht
DStJG 8 (1985)	*Vogel,* Grundfragen des Internationalen Steuerrechts
DStJG 9 (1986)	*Stolterfoht,* Grundfragen des Lohnsteuerrechts
DStJG 10 (1987)	*Schulze-Osterloh,* Rechtsnachfolge im Steuerrecht
DStJG 11 (1988)	*Kruse,* Zölle, Verbrauchsteuern, europäisches Marktordnungsrecht
DStJG 12 (1989)	*Friauf,* Steuerrecht und Verfassungsrecht
DStJG 13 (1990)	*Woerner,* Umsatzsteuer in nationaler und europäischer Sicht
DStJG 14 (1991)	*Doralt,* Probleme des Steuerbilanzrechts
DStJG 15 (1993)	*Kirchhof,* Umweltschutz im Abgaben- und Steuerrecht
DStR	Deutsches Steuerrecht
DStZ	Deutsche Steuer-Zeitung
DStZ/A	Deutsche Steuer-Zeitung, Ausgabe A (bis 1979)
DtZ	Deutsch-deutsche Rechts-Zeitschrift
DVBl.	Deutsches Verwaltungsblatt
DWiR	Deutsche Zeitschrift für Wirtschaftsrecht
EAGV	Vertrag zur Gründung der Europäischen Atomgemeinschaft
EEA	Einheitliche Europäische Akte
EFG	Entscheidungen der Finanzgerichte
EFTA	European Free Trade Association
EG	Europäische Gemeinschaft
EGGVG	Einführungsgesetz zum Gerichtsverfassungsgesetz
EGKSV	Vertrag über die Gründung der Europäischen Gemeinschaft für Kohle und Stahl
EK	Eigenkapital einer Kapitalgesellschaft
EKD	Evangelische Kirche in Deutschland
EntwHStG	Entwicklungshilfe-Steuergesetz
EPZ	Europäische Politische Zusammenarbeit
ErbSt	Erbschaftsteuer
ErbStG	Erbschaftsteuer- und Schenkungsteuergesetz
Erk.	Erkenntnis
ESt	Einkommensteuer
EStDV	Einkommensteuer-Durchführungsverordnung
EStG	Einkommensteuergesetz
EStR	Einkommensteuer-Richtlinien
ESZB	Europäisches System der Zentralbanken und der Europäischen Zentralbank
EU	Europäische Union

EuGH	Gerichtshof der Europäischen Gemeinschaft = Europäischer Gerichtshof
EuGHE	Amtliche Sammlung der Rechtsprechung des Europäischen Gerichtshofs
EuGRZ	Europäische Grundrechte-Zeitschrift
EuR	Europarecht
EUV	Vertrag über die Europäische Union
EuZW	Europäische Zeitschrift für Wirtschaftsrecht
EV	Einigungsvertrag
EWG	Europäische Wirtschaftsgemeinschaft
EWGV/EGV	Vertrag zur Gründung der Europäischen Wirtschaftsgemeinschaft
EWiR	Entscheidungen zum Wirtschaftsrecht
EWS	Europäisches Währungssystem
EZB	Europäische Zentralbank
f.	folgende (Seite)
FA	Finanzamt
FAZ	Frankfurter Allgemeine Zeitung
FELEG	Gesetz zur Förderung der Einstellung der landwirtschaftlichen Erwerbstätigkeit
ff.	folgende (Seiten)
FG	Finanzgericht
FGG	Gesetz über die Angelegenheiten der freiwilligen Gerichtsbarkeit
FGO	Finanzgerichtsordnung
FinArch.	Finanzarchiv
FinMin.	Finanzministerium
FKPG	Gesetz zur Umsetzung des Föderalen Konsolidierungsprogramms
Fn.	Fußnote
Fr	Franken
FR	Finanz-Rundschau
FS	Festschrift
FVG	Gesetz über die Finanzverwaltung
GAL	Gesetz über eine Altershilfe für Landwirte
GATT	Allgemeines Zoll- und Handelsabkommen
GBl.	Gesetzblatt
GBO	Grundbuchordnung
GbR	Gesellschaft des bürgerlichen Rechts
GEMA	Gesellschaft für musikalische Aufführungs- und mechanische Vervielfältigungsrechte
GewESt	Gewerbeertragsteuer
GewKapSt	Gewerbekapitalsteuer
GewStDV	Gewerbesteuer-Durchführungsverordnung
GewStG	Gewerbesteuergesetz

GG	Grundgesetz
GmbH	Gesellschaft mit beschränkter Haftung
GmbHG	Gesetz betreffend die Gesellschaft mit beschränkter Haftung
GmbHR	GmbH-Rundschau
GMBl.	Gemeinsames Ministerialblatt
GmS-OGB	Gemeinsamer Senat der obersten Gerichtshöfe des Bundes
GNOFÄ	Grundsätze zur Neuorganisation der Finanzämter und zur Neuordnung des Besteuerungsverfahrens
GO	Gemeindeordnung
GoB	Grundsätze ordnungsmäßiger Buchführung
GrEStG	Grunderwerbsteuergesetz
GrS	Großer Senat
GrSt	Grundsteuer
GrStG	Grundsteuergesetz
GrStR	Grundsteuer-Richtlinien
GRUR	Gewerblicher Rechtsschutz und Urheberrecht
GS	Gedächtnisschrift
GVBl.	Gesetz- und Verordnungsblatt
GVG	Gerichtsverfassungsgesetz
GV NW	Gesetz- und Verordnungsblatt für das Land Nordrhein-Westfalen
GVR	Gewinn- und Verlustrechnung
HdF	Handbuch der Finanzwissenschaft
HFR	Höchstrichterliche Finanzrechtsprechung
HGB	Handelsgesetzbuch
HGrG	Haushaltsgrundsätzegesetz
Hrsg.	Herausgeber
HStR	Handbuch des Staatsrechts
i.d.F.	in der Fassung
IDW	Institut der Wirtschaftsprüfer
Inf	Die Information über Steuer und Wirtschaft
IRC	Internal Revenue Code
IStR	Internationales Steuerrecht
IWB	Internationale Wirtschafts-Briefe
JAG	Juristenausbildungsgesetz
JAPO	Juristenausbildungs- und Prüfungsordnung
JbFSt	Jahrbuch der Fachanwälte für Steuerrecht
Jg.	Jahrgang
JR	Juristische Rundschau
Jura	Juristische Ausbildung
JURIS	Juristisches Informationssystem
JuS	Juristische Schulung

JZ	Juristenzeitung
KABl.	Kirchliches Amtsblatt
KAG	Kommunalabgabengesetz
Kfz.	Kraftfahrzeug
KG	Kommanditgesellschaft
KGaA	Kommanditgesellschaft auf Aktien
KiStG	Kirchensteuergesetz
KiStO	Kirchensteuerordnung
KO	Konkursordnung
KÖSDI	Kölner Steuerdialog
KRG	Kontrollratsgesetz
KritV	Kritische Vierteljahresschrift für Gesetzgebung und Rechtswissenschaft
KSt	Körperschaftsteuer
KStG	Körperschaftsteuergesetz
KStR	Körperschaftsteuer-Richtlinien
KStZ	Kommunale Steuer-Zeitschrift
KSVG	Künstlersozialversicherungsgesetz
KVLG	Gesetz zur Weiterentwicklung des Rechts der gesetzlichen Krankenversicherung
KWG	Gesetz über das Kreditwesen
LHO	Landeshaushaltsordnung
LKV	Landwirtschaftliche Krankenversicherung
LM	Lindenmaier-Möhring, Nachschlagewerk des Bundesgerichtshofs
LStDV	Lohnsteuer-Durchführungsverordnung
LStR	Lohnsteuer-Richtlinien
LT-Drs.	Landtags-Drucksache
MA	Musterabkommen
MdB	Mitglied des Bundestages
MDR	Monatsschrift für Deutsches Recht
n.F.	neue Fassung
N.F.	Neue Folge
NJ	Neue Justiz
NJW	Neue Juristische Wochenschrift
NJW-RR	NJW-Rechtsprechungs-Report Zivilrecht
NVwZ	Neue Zeitschrift für Verwaltungsrecht
NWB	Neue Wirtschafts-Briefe
NZA	Neue Zeitschrift für Arbeitsrecht
NZS	Neue Zeitschrift für Sozialrecht
OECD	Organization for Economic Cooperation and Development

OECD-MA	OECD-Musterabkommen
OFD	Oberfinanzdirektion
OFH	Oberster Finanzgerichtshof
OHG	Offene Handelsgesellschaft
o.J.	ohne Jahresangabe
OLG	Oberlandesgericht
o.V.	ohne Verfasserangabe
OVG	Oberverwaltungsgericht
Pkw	Personenkraftwagen
RAO	Reichsabgabenordnung
RBewG	Reichsbewertungsgesetz
RCDS	Ring christlich-demokratischer Studenten
RdF/RMF	Reichsminister der Finanzen
Rdn.	Randnummer
RFH	Reichsfinanzhof
RFHE	Sammlung der Entscheidungen und Gutachten des Reichsfinanzhofs
RG	Reichsgericht
RGBl.	Reichsgesetzblatt
RGZ	Entscheidungen des Reichsgerichts in Zivilsachen
RiA	Recht im Amt
RIW	Recht der Internationalen Wirtschaft
RKG	Reichsknappschaftsgesetz
Rspr.	Rechtsprechung
RsprEinhG	Gesetz zur Wahrung der Einheitlichkeit der Rechtsprechung der obersten Gerichtshöfe des Bundes
RStBl.	Reichssteuerblatt
RT-Drucks.	Reichstags-Drucksache
RVO	Reichsversicherungsordnung
Rz.	Randzahl
scil.	scilicet (nämlich)
SdL	Soziale Sicherheit in der Landwirtschaft
Sec.	Section
SG	Sachgebiet
SGB	Sozialgesetzbuch
SGb	Die Sozialgerichtsbarkeit
SGG	Sozialgerichtsgesetz
Slg.	Sammlung
SozR	Sozialrecht
StÄndG	Steueränderungsgesetz
StandOG	Standortsicherungsgesetz
StAnpG	Steueranpassungsgesetz
StB	Der Steuerberater
StBerG	Steuerberatungsgesetz

Stbg	Die Steuerberatung
StbJb.	Steuerberater-Jahrbuch
StbKongRep	Steuerberater-Kongreß-Report
StBp	Die steuerliche Betriebsprüfung
StGB	Strafgesetzbuch
StMBG	Mißbrauchsbekämpfungs- und Steuerbereinigungsgesetz
StNotV	Steuernotverordnung
Stpfl.	Steuerpflichtiger
StPO	Strafprozeßordnung
StRK	Steuerrechtsprechung in Karteiform
StuW	Steuer und Wirtschaft
StVj.	Steuerliche Vierteljahresschrift
StW	Steuer-Warte
THA	Treuhandanstalt
UmwStG	Gesetz über die steuerlichen Maßnahmen bei Änderung der Unternehmensform
UR	Umsatzsteuer-Rundschau
UStG	Umsatzsteuergesetz
UStR	Umsatzsteuer-Richtlinien
UVR	Umsatzsteuer- und Verkehrsteuer-Recht
VA	Vermögensaufstellung
VDD	Verband der Diözesen Deutschlands
VDR	Verband Deutscher Rentenversicherungsträger
VerfGH	Verfassungsgerichtshof
VerwArch	Verwaltungsarchiv
VfGH	Verfassungsgerichtshof (Österreich)
VfSlg.	Sammlung der Entscheidungen des österreichischen Verfassungsgerichtshofs
VG	Verwaltungsgericht
VGFGEntlG	Gesetz zur Entlastung der Gerichte in der Verwaltungs- und Finanzgerichtsbarkeit
v.H.	vom Hundert
VJSchrStFR	Vierteljahresschrift für Steuer- und Finanzrecht
VO	Verordnung
VSSR	Vierteljahresschrift für Sozialrecht
VSt	Vermögensteuer
VStG	Vermögensteuergesetz
VStR	Vermögensteuer-Richtlinien
VVDStRL	Veröffentlichungen der Vereinigung der Deutschen Staatsrechtslehrer
VW	Versicherungswirtschaft
VwGO	Verwaltungsgerichtsordnung
VwVfG	Verwaltungsverfahrensgesetz

WEG	Wohnungseigentumsgesetz
WM	Wertpapier-Mitteilungen
WPg	Die Wirtschaftsprüfung
WRV	Weimarer Reichsverfassung
ZfRV	Zeitschrift für Rechtsvergleichung, Internationales Privatrecht und Europarecht
ZfZ	Zeitschrift für Zölle und Verbrauchsteuern
ZG	Zeitschrift für Gesetzgebung
ZGR	Zeitschrift für Unternehmens- und Gesellschaftsrecht
ZHR	Zeitschrift für das gesamte Handelsrecht und Wirtschaftsrecht
ZIP	Zeitschrift für Wirtschaftsrecht
ZPO	Zivilprozeßordnung
ZRP	Zeitschrift für Rechtspolitik
ZUM	Zeitschrift für Urheber- und Medienrecht

I.

Laudatio

Klaus Offerhaus

Franz Klein – sein Werk und sein Wirken

I.

Am 8. September 1994 wird Professor Dr. Franz Klein 65 Jahre alt. Ende September 1994 tritt er als Präsident des Bundesfinanzhofs in den Ruhestand. Dafür wird er sicher durch Glückwunsch- und Dankschreiben höchster staatlicher Stellen und eine Feierstunde geehrt werden. Seine beruflichen und wissenschaftlichen Verdienste sind jedoch derart außergewöhnlich, daß es fast zwangsläufig war, ihm anläßlich dieser Lebenseinschnitte auch eine Festschrift zu widmen.

Was ist dieses Außergewöhnliche? Er war in der Verwaltung, der Gesetzgebung und der Rechtsprechung – also in allen drei Staatsgewalten – jeweils über viele Jahre an ganz herausragender Stelle tätig und beeinflußte dadurch sowie unterstützend durch Wort und Schrift nachhaltig die steuerpolitische, steuerrechtliche und finanzverfassungsrechtliche Landschaft der Bundesrepublik Deutschland.

Franz Klein ist als Sohn eines Fabrikanten (Basaltsteinwerk) und einer Lehrerin – beide Eltern waren promovierte Akademiker – am 8. September 1929 in Siegen (Westfalen) geboren. Sein Elternhaus stand in Herdorf/Sieg, wo er von 1936 bis 1940 die Volksschule besuchte. Von 1940 an ging er dort im Westerwald, im benachbarten Betzdorf, in das Realgymnasium, in dem er im Jahre 1949 das Abitur machte. Kriegseinflüsse haben ihn also zeitlich nicht zurückgeworfen; sie haben ihn aber mitgeprägt. Denn er sah in seinem Elternhaus, daß man ausländische Gefangene versorgte und versteckte und auch ansonsten mit der seinerzeitigen Staatsmacht in Konflikt geriet. Die westerwälder Beharrlichkeit, die elterliche Standhaftigkeit und Hilfsbereitschaft sowie das väterliche soziale Engagement hat er seinerzeit wohl in sich aufgenommen. Diese Eigenschaften sind ihm bis heute erhalten geblieben.

Franz Klein studierte von 1949 bis 1953 Rechts- und Staatswissenschaften an den Universitäten Freiburg, Bonn und München. In den Semesterferien legte er Hand an in der väterlichen Hobby-Landwirtschaft (mit bis zu 40 Kühen) „zum Ausgleich für den monatlichen Wechsel während des Semesters", wie er einmal sagte.

Die 1. juristische Staatsprüfung absolvierte Franz Klein im Jahre 1953 in Freiburg, wo er im folgenden Jahr mit der Dissertation bei Professor Dr. Bergstraesser „Die Entwicklung der Wahlrechtsgrundsätze bei Parlamentswahlen in Deutschland" zum Doctor iuris utriusque promovierte. Sein schon damaliges Interesse für Staatsrecht und Politik wird auch dadurch offenkundig, daß er im Sommersemester 1956 an der Hochschule für Verwaltungswissenschaften in Speyer studierte. Seinen juristischen Vorbereitungsdienst absolvierte Franz Klein in den Jahren von 1954 bis 1958 indessen in Nordrhein-Westfalen. Im Februar 1958 legte er in Düsseldorf die 2. juristische Staatsprüfung ab. Daß er alle seine juristischen Examina mit weit überdurchschnittlichen Ergebnissen abschloß, wundert den nicht, der die rasche Auffassungsgabe, das hervorragende Gedächtnis und das kluge Umsetzen von Erkenntnissen bei Franz Klein ständig erleben kann.

II.

Dem Steuerrecht wandte sich der junge Assessor zu, weil er auf diesem Feld für Juristen eine „Marktlücke" erkannt hatte. Im März 1958 begann er seine berufliche Tätigkeit in der Steuerverwaltung des Landes Rheinland-Pfalz (vor allem im Raum Koblenz). Aber schon Mitte 1960 trat er in die Bundesfinanzverwaltung ein und kam in das öffentlich-rechtliche Justitiariat des Bundesfinanzministeriums. Unter dem CSU-Finanzminister Franz Josef Strauß wurde er Referent für Finanzverfassungsfragen. Als solcher wirkte er bei der während der Großen Koalition durchgeführten „Finanzreform als rechte Hand des verantwortlichen Staatssekretärs Karl-Maria Hettlage mit, wobei er sich bestens bewährt hatte" (so der spätere Staatssekretär Heinz Haller in seinen Lebenserinnerungen „Selten vom Glück verlassen"). Noch heute gilt das besondere Interesse des Jubilars Fragen der Finanzverfassung und des Länderfinanzausgleichs, weshalb dazu auch etliche Beiträge in dieser Festschrift enthalten sind.

Der Sozialdemokrat Alex Möller, der Strauß als Bundesfinanzminister folgte, vertraute dem CDU-Mitglied Franz Klein dann die Leitung einer Arbeitsgruppe im Bundesfinanzministerium an, die eine große Steuerreform vorbereiten sollte. Seit jener Zeit ist es das fortwährende Anliegen des Jubilars, das Steuerrecht – vor allem das Einkommensteuerrecht – zu vereinfachen. Dies gelang aber weder Alex Möller, der auch bald von seinem Amt zurücktrat, noch Karl Schiller, in dessen Superministerium (Wirtschaft und Finanzen) Franz Klein als Leiter der Steuerreformgruppe Ministerialdirigent wurde. Der schon genannte Staatssekretär Haller schrieb über seine Tätigkeit im Rahmen der Steuerreform in seinen Lebenserinnerungen: „Mein wichtigster Mitarbeiter im Ministerium war Franz Klein."

Nachdem – neben Alex Möller – Staatssekretär Haller aus seinem Amt geschieden war, hielt es auch Franz Klein nicht länger in der Steuerreformgruppe des Bundesfinanzministeriums. 1972 kehrte er in den Dienst des Landes Rheinland-Pfalz zurück und übernahm als 43jähriger Ministerialdirektor die Leitung der Arbeitsgruppe Finanzen der rheinland-pfälzischen Landesvertretung in Bonn, deren Amtschef er 1981 wurde. Von dieser Landesvertretung aus hat Franz Klein, weit über dieses Bundesland hinaus, ja für den gesamten Bundesrat, Steuerpolitik mitformuliert und mitgestaltet, wie es Reinhold Kreile, ein Autor dieser Festschrift, einmal formulierte. Dabei hat der Jubilar nicht nur die CDU/CSU, sondern auch Politiker der im Bund regierenden SPD und FDP beraten. Seine Hilfe und sein Rat waren von allen Seiten gesucht; denn er war und ist ein Praktiker – vielleicht sogar Macher – und Realist. Man bezeichnete ihn als „steuerpolitischen Vordenker". Als solcher war er auch Mitschöpfer des nach dem damaligen rheinland-pfälzischen Finanzminister und heutigen Vizepräsidenten der Deutschen Bundesbank Gaddum benannten „Gaddum-Planes". Gaddum, der erste finanzpolitische Sprecher der CDU/CSU im Bundesrat in jener Zeit, der ebenfalls in dieser Festschrift zu Wort kommt, wollte mit diesem Plan das Einkommensteuerrecht von Ausnahmen und Vergünstigungen weitestgehend befreien, das Einkommensteuerrecht also total von allen außerfiskalischen Zielen entrümpeln. Das Mehr an Einkommensteuer, das dadurch hätte erzielt werden können, wollte er durch eine Halbierung der Steuersätze kompensieren. Eine derart aufkommensneutrale Entkomplizierung des Einkommensteuerrechts ist noch heute ein Hauptanliegen des Jubilars, um dem immer wieder beklagten „Chaos im Steuerrecht" zu begegnen. Die zahlreichen „Spielwiesen der Politiker", wie es Franz Klein zu bezeichnen pflegt, und zwar der Politiker jeder Couleur, standen aber seinerzeit und stehen noch heute der Durchsetzbarkeit eines solchen abstrakt von jedem gewünschten Vorhabens entgegen.

Man erkennt schon bei der Beschreibung dieser Beamtenkarriere des Franz Klein, mit wievielen hochkarätigen Persönlichkeiten des Steuerrechts und der Steuerpolitik er zu tun hatte und sich auseinandersetzte. Das konnte natürlich nicht ohne Einfluß auf ihn selbst sein. Er ist sowohl als Beamter wie auch später als oberster Steuerrichter ein politisch denkender und sich äußernder Mann gewesen; seine Ziele hat er stets mit Beharrlichkeit, Taktik, realistischer Einschätzung der Lage, aber auch mit Geradlinigkeit und Offenheit verfolgt.

III.

Trotz dieses politischen Ambiente erhielt Franz Klein im Jahre 1976 einen Ruf auf die Lehrkanzel für Finanzrecht an der Universität Innsbruck. Im Folgejahr – wohl nach einiger Überlegung – lehnte er den Ruf ab. Wer ihn kennt, muß annehmen, daß ihm diese Tätigkeit als zu unpolitisch erschienen sein mag; ihm hätte die engagierte und das Tagesgeschehen beeinflussende Sachdiskussion gefehlt.

Die Wissenschaft und das Vermitteln seines Wissens an Jüngere war Franz Klein aber seinerzeit und ist ihm auch heute noch ein großes Anliegen. So nimmt es nicht wunder, daß er im Jahre 1978 einen Lehrauftrag an der Universität Trier annahm und an dieser Universität im Jahre 1981 zum Honorarprofessor für Staats- und Steuerrecht ernannt wurde.

Seit 1988 ist er Honorarprofessor für Staats- und Steuerrecht an der Universität Passau.

IV.

Zum 1. April 1983 wurde Franz Klein Präsident des Bundesfinanzhofs, also oberster Steuerrichter. Dazu mußte er erst vom Richterwahlausschuß gewählt werden. Die Sozialdemokraten sollen bei der Wahl nicht mitgewirkt haben, obwohl die Entscheidung zugunsten Kleins noch in der Amtszeit des sozialdemokratischen Bundesjustizministers Schmude eingeleitet, ja abgesprochen worden sein soll. Vorbehalte gegen einen BFH-Präsidenten Klein kamen aber auch aus der BFH-Richterschaft. Sie richteten sich nicht gegen den Steuerrechtskenner und Steuerrechtswissenschaftler Franz Klein. Die Bandbreite seines beruflichen und literarischen Wirkens wurde anerkannt; seine hervorragende Kenntnis des Steuer- und Verwaltungsrechts, des Verfassungsrechts, seine vielseitige Verwaltungserfahrung und seine Fähigkeit, eine Behörde zu leiten, standen außer Zweifel. Es mißfiel indessen, daß ein Mann zum obersten Steuerrichter bestellt werden sollte, der keine richterliche Erfahrung mitbrachte.

Schon kurze Zeit, nachdem er das hohe Richteramt angetreten hatte, waren diese Vorbehalte aber verstummt, keinesfalls nur, weil ein Widerstand ohnedies keinen Sinn mehr gehabt hätte. Nein, weil man von den Qualitäten dieses Mannes überzeugt wurde. Georg Döllerer, dessen leider letztes Werk ein Beitrag in dieser Festschrift ist, beschrieb dies einmal so: „Er (gemeint Franz Klein) hat die Herzen der Richter am Bundesfinanzhof im Sturm erobert."

Hilfreich und aufschlußreich ist in diesem Zusammenhang vielleicht die Unterscheidung der Menschen nach psychologischen Typen. Carl Gustav Jung stellt die extravertierten und die introvertierten gegenüber und zählt zu den ersten „jene offenen, umgänglichen, öfters heiteren Charaktere". Sie kommen leichter mit ihrer Außenwelt zurecht. Man schätzt sie; so auch Franz Klein. Er ging auf jeden Kollegen in sehr persönlichen Gesprächen zu, wobei er als Kollegen nicht nur den Vorsitzenden Richter, sondern auch den Amtsboten oder Hausmeister empfindet. Dabei zeigte sich alsbald, daß er für jeden den richtigen Ton fand, daß er auf jeden einging, seine Probleme zu den seinigen machte, half, wo es ihm möglich war. Ich kenne einige Schreiben und Gespräche, in denen er Kollegen in Not oder Sorge seine Hilfe anbot. Und das war nicht nur so dahingesagt. Oft genug hat er die angebotene Hilfe, selbst wenn das mit Mühen für ihn selbst verbunden war, auch gewährt. Anderen zu helfen, ist ihm in vielen Lebensbereichen ein Anliegen.

Er machte wahr, was er uns in seiner Antrittsrede versprochen hatte: „Führen heißt für mich dienen, nicht Macht ausüben und herrschen. Ich möchte Vorleistungen erbringen, nicht Vorrechte erlangen und in Anspruch nehmen."

Der neue BFH-Präsident übernahm auch nicht, was ihm nach § 21e Abs. 1 Satz 3 GVG ohne weiteres zugestanden hätte und wovon andere schon Gebrauch gemacht haben, den Vorsitz in dem Senat, dessen Materie ihm am meisten vertraut war. Vielmehr ging er in den Senat, der gerade freigeworden war (der III. Senat) mit der ihm seinerzeit zunächst weitgehend fremden Materie der Einheitsbewertung und des Investitionszulagenrechts. Als einige Jahre später durch den Tod eines Vorsitzenden Richters eine Vakanz im V. Senat (Umsatzsteuersenat) entstanden war und kein anderer Vorsitzender Richter sich für dieses Rechtsgebiet interessierte, wechselte er vom III. in den V. Senat, obwohl der III. Senat in der Zwischenzeit weitgehend ein Ertragsteuersenat geworden war und er sich mit dessen Materie längst vertraut gemacht hatte. Als wiederum einige Zeit danach der VIII. Senat freigeworden war, nahm er erneut einen Wechsel dorthin auf sich, weil dies für das Haus als die sachgemäßeste Entwicklung angesehen wurde.

Man hat im Bundesfinanzhof auch bald erkannt, daß der Präsident Klein strengste Neutralität wahrt. Nicht die Frage nach der politischen Farbe, sondern die Frage nach der fachlichen Eignung ist es, die sich Franz Klein stellt, wenn eine Wahl zum Richter am Bundesfinanzhof, eine Ernennung zum Vorsitzenden Richter am Bundesfinanzhof, die Beförderung eines Beamten oder die Betrauung eines Richters mit Verwaltungsaufgaben bevorsteht. Natürlich hat er in diesem Bereich nicht immer jeden zufriedenstellen können. Er hat sich seine Entscheidungen insoweit aber nie leicht gemacht, mitunter haben sie ihn sogar so gequält, daß er einmal – wohl nicht ganz ernst gemeint – sagte: „Ich gäbe gern 25% meines Gehalts ab, wenn ich dafür die Personalprobleme los würde."

Schließlich ist auch die persönliche Zusammenarbeit mit ihm angenehm. Er schätzt in der Senats- und Verwaltungsarbeit zwar kurze und logische Ausarbeitungen, drängt aber keinesfalls seinen Stil auf. Alles muß deutlich gesagt sein, Subtilitäten schätzt er ebensowenig wie „Diplomoptiker", die alles übergenau machen wollen. Seine Sprache ist ebenso unkompliziert, wie es sein Steuerrecht sein soll.

Die in den 80er Jahren überlange Verfahrensdauer am Bundesfinanzhof ging nach Auffassung Kleins an die Substanz unseres Rechts, an die Grenze der Rechtsverweigerung. Deshalb kämpfte er mit viel Erfolg in seiner Amtszeit um mehr Senate, obwohl er sich dessen bewußt war, daß das auch Mehrarbeit (Anrufung des Großen Senats) und Probleme (Divergenzen) mit sich bringen würde. In seiner Amtszeit wurden 20 neue Richterstellen (drei Senate und zwei weitere Stellen) bewilligt. Ohne sein persönliches Engagement, seine Hartnäckigkeit, aber auch ohne seine Kenntnis der Bonner Verhältnisse wäre das wohl nicht erreichbar gewesen.

Er setzte sich auch nachdrücklich und mit Erfolg für eine Suspendierung der Streitwertrevision zum Bundesfinanzhof ein, weil die Bedeutung eines *Rechts*streits nicht von der Höhe des streitigen Betrags abhänge und ein Revisionsgericht im wesentlichen nur eine einheitliche Rechtsanwendung zu gewährleisten und das Recht fortzubilden habe.

Vor allem durch diese Gesetzgebungsmaßnahmen ist es in der Amtszeit des Präsidenten Klein gelungen, die am Bundesfinanzhof anhängigen Verfahren von über 5000 auf unter 3500 zu senken und die durchschnittliche Verfahrensdauer von 24 auf 11 Monate zu mindern. Franz Klein kämpfte darum nicht aus Sorge um die Richterschaft oder – wie der Name des Gesetzes fälschlich vermuten läßt – „zur Entlastung des Bundesfinanzhofs", sondern wegen seiner Überzeugung, daß nur rechtzeitig gewährtes Recht gutes Recht ist. Jetzt, da das Ziel von einigermaßen zeitgerechten Entscheidungen erreicht zu sein scheint, war Präsident Klein auch gern bereit, einen Sparbeitrag für den Bundeshaushalt zu leisten und – vielleicht ein Novum bei einem Bundesgericht – auf fünf Richterstellen freiwillig zu verzichten.

Da Franz Klein ein „extravertierter Typ" (Carl Gustav Jung) ist, öffnete er das oberste deutsche Steuer- und Zollgericht auch gegenüber den Medien, in denen er selbst ab und an zu hören und zu sehen ist. Er ist allerorts ein beliebter Interviewpartner, weil er seine Meinungen deutlich, plastisch und einfach hinüberbringt. Daß er dabei auch manches Mal Widersprüche hervorruft und den eigenen Leuten – wer auch immer dies sei – ungeliebte Wahrheiten sagt, stört ihn nicht, wenn er sich im Recht fühlt. Diplomatisches Ausweichen oder Nichtssagen ist seine Sache nicht.

Eine andere „Öffnung" ist die gegenüber den Finanzgerichten. Er nimmt nicht nur an der alljährlichen Konferenz der Finanzgerichtspräsidenten der Länder teil und versucht bei jeder Amtseinführung eines Finanzgerichtspräsidenten dabei zu sein, vielmehr führte er auch den alle zwei Jahre im Bundesfinanzhof stattfindenden Finanzrichtertag ein, an dem zwischen den Richtern des Bundesfinanzhofs und der Finanzgerichte ein Erfahrungsaustausch stattfindet, eine Klimatagung, die viel zum besseren Verständnis füreinander beigetragen hat.

Eingeführt hat der Präsident Klein auch einen Richterstammtisch, an dem sich alle zwei Monate aktive und pensionierte Richter zu einem Gedankenaustausch treffen.

Es wäre ein Versäumnis, hier nicht zu erwähnen, daß Franz Klein auch ein „politischer" Präsident des Bundesfinanzhofs war. Äußerungen zu steuerpolitischen Fragen geben davon Zeugnis. Er sah sich aber mit Rücksicht auf die Flut von Rechtsmitteln an die Finanzgerichte angehalten zu sagen, daß das Steuerrecht vereinfacht werden müsse und wo es vereinfacht werden könne. Auch eine bessere Durchsetzbarkeit des gesetzten Rechts ist ihm ein wichtiges, immer wieder erklärtes Anliegen.

V.

Die extravertierten Menschen sind nach Carl Gustav Jung in ihrem wissenschaftlichen Denken vornehmlich auf objektive Daten und Determinationen ausgerichtet. Die Vorkommnisse der Außenwelt sind für sie von fast unerschöpflichem Reiz. Als Empiriker sammeln und sichten sie den Stoff, dem ihre wissenschaftliche Bearbeitung gilt. Sie sind nicht so sehr abstrakte Theoretiker wie die introvertierten Typen. Dem Wesen nach ist das sachbezogene Denken nach Jung aber nicht minder fruchtbar und schöpferisch. Die mehr als 250 Abhandlungen und Ausarbeitungen des Jubilars, die in der Bibliographie am Ende dieser Festschrift zusammengestellt sind, veranschaulichen dies deutlich. Sein schriftstellerisches und wissenschaftliches Wirken ist – wie seine berufliche Tätigkeit – weitestgespannt. Es entstand vielfach aus seinem jeweiligen beruflichen Engagement. Anfangs konzentrierte es sich auf Fragen des Verfassungsrechts, mit dem sich der Jubilar noch heute gern befaßt (vgl. die Kommentare zum Grundgesetz von Schmidt-Bleibtreu/Klein und zum Bundesverfassungsgerichtsgesetz von Maunz/Schmidt-Bleibtreu/Klein/Ulsamer, das Lehrbuch des öffentlichen Finanzrechts und das Lexikon des Rechts, Steuer- und Finanzrecht, die beiden letzteren herausgegeben und z.T. bearbeitet von Franz Klein). Nach und nach umfaßte es fast alle Rechtsgebiete des Finanz- und Steuerrechts. So finden sich neben zahlreichen Aufsätzen grundlegende Werke zur Abgabenordnung (AO-Kommentar von Klein/Orlopp), zu den Rechtsmitteln zum Bundesfinanzhof (Klein/Ruban), zum Einkommensteuerrecht (Klein/Flockermann/Kühr), zum Lohnsteuerrecht (Klein/Flockermann/Gersch), zum Körperschaftsteuerrecht bis hin zum Kapitalverkehrsteuerrecht und Kraftfahrzeugsteuerrecht. Die 1966 erschienene Monographie des Jubilars „Gleichheitssatz und Steuerrecht – Eine Studie über Gleichheit und Gerechtigkeit der Besteuerung im System des Grundgesetzes" zeigt das Steuersystem in unserer staatlichen Ordnung auf, wie es ist und wie es sein sollte; sie ist noch heute eine gute Grundlage für jeden, der sich mit der Systematik, aber auch mit der Vereinfachung des Steuerrechts befaßt.

Neben diesen wissenschaftlichen Aktivitäten engagierte sich Franz Klein als Herausgeber einiger steuerlicher Fachzeitschriften und Festschriften. Es ist selbstverständlich, daß er auf zahlreichen Steuerfachkongressen, aber auch auf steuerpolitischen Tagungen (der verschiedensten politischen Parteien) und auf sonstigen Konferenzen (der Verwaltung und der Wirtschaft) ein gefragter Redner ist.

Dieses gesamte berufliche und wissenschaftliche Wirken fand natürlich auch Anerkennung durch die Verleihung hoher Orden und Auszeichnungen: So wurde Franz Klein von der Deutschen Steuergewerkschaft „für sein engagiertes Wirken als Richter, Wissenschaftler und Beamter" die „Silberne Steuerschraube" verliehen. Der bayerische Staatsminister der Finanzen verlieh ihm wegen seiner hervorragenden Verdienste um das bayerische Finanzwesen die Medaille MONETA, der bayerische Ministerpräsident verlieh ihm den Bayerischen Verdienstorden, der Präsident des bayerischen Landtags die Bayerische Verfassungsmedaille in Silber und der Bund der Steuerzahler den Karl-Bräuer-Preis. Das hohe Maß an beruflicher, politischer, insbesondere aber auch menschlicher Hochachtung und Anerkennung, das dem Jubilar zuteil wird, findet nun auch seinen Ausdruck in den Namen derer, die ihm mit ihren Beiträgen diese Festschrift zum Geschenk machen.

VI.

Theodor Storm, selbst nicht nur Dichter, sondern auch Jurist (Rechtsanwalt und Amtsrichter), sagte einmal: „Traurig ist, wer bloß Jurist." Franz Klein braucht nicht traurig zu sein; er ist auch kein Kind von Traurigkeit. Wenn er in den beruflichen Ruhestand tritt, wird er – wie bisher – im Unruhestand bleiben. Denn seine Hobbys und privaten Aktivitäten sind so vielfältig wie sein berufliches Wirken.

Eigentlich hätte er von seinen Anlagen her – seine Mutter studierte Chemie, Physik, Biologie und Mathematik, seine Lieblingsfächer in der Schule waren Mathematik und Physik – Ingenieur werden sollen und können, zumal er aus einer Stadt mit Gruben und Hütten kommt. Die Zeitläufe brachten ihn dann aber zur Juristerei. Die Technik jedoch ist eines seiner Hobbys geblieben. Er baut seine Elektroeisenbahn nicht nur gerne auf und um, spielt mit ihr auch lieber und intensiver als die sechs Enkel. Er repariert alte Standuhren, setzt neue zusammen und sammelt alte und neue Fotoapparate. Die unterschiedliche Technik daran interessiert und fasziniert ihn.

Seine liebste Nebenbeschäftigung scheint aber die Benutzung der Fotoapparate zu sein, also das Fotografieren. Er hat zu Hause Tausende von Dias – schön geordnet – und Hunderte von Postkarten, meist mit wunderschönen Landschaftsaufnahmen, mit Bergen, Seen, Blumen und mit Kunstwerken oder Gegenständen aus schönen Kirchen. Schaut man auf die Rückseite dieser Karten, liest man erstaunt: „Foto Prof. Dr. Klein". Er macht damit keine Geschäfte, verschenkt die schönen Stücke vielmehr voll Stolz an Freunde und Bekannte. Diese herrlichen Aufnahmen macht Franz Klein meist gelegentlich eines anderen Hobbys: beim Wandern, oft in Bayern, speziell im Voralpenland und im Pfaffenwinkel, manchmal in Südtirol. Aus beiden Freizeitbeschäftigungen geht noch eine weitere hervor: Franz Klein hält vor Richtern mit ihren Frauen, vor Freunden und Bekannten Lichtbildervorträge über Regionen, die er fotografierend erwanderte. Die Naturverbundenheit des Jubilars wird im übrigen dadurch offenkundig, daß er auf dem Ammersee ein Segelboot hat, mit dem er in Zukunft häufiger ablegen kann, als es ihm die Zeit bisher erlaubte.

Daß Franz Klein trotz dieser Freizeitaktivitäten gerne liest – er ist vor allem geschichtlich und zeitgeschichtlich sehr bewandert – und Konzertsowie Opernabonnent ist, sei nur nebenbei erwähnt. Mindestens ebenso wichtig scheinen ihm seine Aktivitäten in seinem Rotary-Club und seiner studentischen Verbindung (CV) zu sein. Im Rotary-Club war er vor kurzem (ebenfalls) Präsident und hat dabei sein großes persönliches Engagement im sozialen Bereich einmal mehr bewiesen: Er sammelte in diesem Club, aber auch außerhalb, nicht nur Geld, sondern auch Möbel und Spielsachen für ein Heim behinderter Kinder und brachte das Gesammelte selbst an den Ort der Not, in Sachsen.

Unvollständig wäre das Bild der Persönlichkeit des Jubilars, wenn nicht sein ganz persönlicher Bereich – jedenfalls kurz – angesprochen würde. Es wurde ja schon erwähnt, daß er ein offener, umgänglicher, im Grunde heiterer Charakter ist. Er kann sehr lustig sein, hat Humor, trinkt gern ein Glas Wein. Aufwendiges, Protziges, Sich-zur-Schau-Stellen mag er nicht. Der Münchner Schickeria kann er gewiß nicht zugeordnet werden. Zwar kennt Franz Klein in München „alle Welt", wie es Claus Grimm in bewußter Mehrdeutigkeit (Objekt, Subjekt?) einmal schrieb. Er ist aber trotz dieser Bekanntheit, trotz aller Fähigkeiten und Erfolge in seiner Lebensführung als praktizierender Katholik ein bescheidener Mensch geblieben. Hervorzuheben ist auch noch seine ausgeprägte Familienbezogenheit. Sein Lebenswerk wäre ohne den zurückhaltenden und ausgleichenden Einfluß seiner Frau und ohne die vier Kinder kaum denkbar.

Die Autoren dieser Festschrift und sicher nicht nur diese wünschen ihm und seiner Familie Gesundheit und alles erdenklich Gute in seinem neuen Lebensabschnitt.

II.

Europäische Integration

Helmut Kohl

Perspektiven der Europäischen Einigung

In den letzten Jahren haben wir auf unserem Kontinent große Umwälzungen erlebt. Die Veränderungen haben vielen Menschen Freiheit und Demokratie und uns Deutschen die Einheit unseres Vaterlandes gebracht. Wir müssen aber auch erleben, daß mitten in Europa, im ehemaligen Jugoslawien, ein brutal geführter Krieg unsagbares Leid über Hunderttausende unschuldiger Kinder, Frauen und Männer bringt.

Nachdem über Jahrhunderte Feindschaft, Krieg und Zerstörung immer wieder unseren Kontinent beherrscht haben, ist die Existenz einer Europäischen Union von zwölf europäischen Staaten für uns heute zu einer solchen Selbstverständlichkeit geworden, daß wir uns nicht mehr richtig bewußt sind, was für eine großartige Errungenschaft dies in der Geschichte Europas bedeutet. Dies gilt insbesondere für die jüngere Generation. Sie ist aufgewachsen in einer Zeit vorher nie erreichten Wohlstandes. Für sie ist es keine außergewöhnliche Erfahrung mehr, durch unseren gesamten Kontinent zu reisen, Freunde in Amsterdam genauso zu haben wie in Lissabon. Für die jungen Leute von heute ist dies glücklicherweise Normalität. Deshalb sind sie sich aber nicht bewußt, welche Anstrengungen es gekostet hat, dies zu erreichen.

Die Länder, die noch nicht Mitglied der Europäischen Union sind, wissen um diese Errungenschaft. Sie haben erkannt, daß die großen Probleme unserer Zeit sich nicht mehr auf nationaler Ebene allein lösen lassen. Wir, die Staaten Europas, müssen uns als Gemeinschaft, als Schicksalsgemeinschaft, begreifen und uns bewußt werden, daß wir nur durch partnerschaftliches Zusammenwirken den Frieden und die Freiheit auf unserem Kontinent dauerhaft sichern können. Letztlich ist die europäische Integration, wie die europäische Geschichte zeigt, eine Frage von Krieg und Frieden. Deshalb gehört die Bundesrepublik Deutschland zu den engagiertesten Verfechtern einer konsequenten Umsetzung des Vertrags von Maastricht. Ob es um den Umweltschutz, die Kontrolle von Migrationsbewegungen oder die Bekämpfung von Drogenhandel und international organisierter Kriminalität geht – alle diese Herausforderungen lassen sich nur gemeinschaftlich in den Griff bekommen. Welch besseren Beweis gäbe es für die Richtigkeit dieser These und die daraus resultierende Attraktivität der Union als den Wunsch so zahlreicher europäischer Länder, ihr möglichst bald beizutreten?

Beim Europäischen Rat in Kopenhagen haben wir daraus die Konsequenzen gezogen und den Beitritt der EFTA-Länder Österreich, Schweden, Finnland und Norwegen konkret in Aussicht genommen. Der Beitritt dieser Länder wird für die Union eine große wirtschaftliche, politische und kulturelle Bereicherung sein. Auch unseren Freunden in der Schweiz steht die Tür zur Europäischen Union weiterhin offen.

Für mich als Deutschen wäre es unerträglich, wenn die Westgrenze Polens und der Tschechischen Republik auf Dauer die Ostgrenze der Europäischen Union sein sollte. Wir haben daher – ebenfalls auf dem Europäischen Rat in Kopenhagen – den jungen Demokratien in Mittel- und Südeuropa, mit denen uns Assoziierungsverhältnisse verbinden, eine klare Beitrittsperspektive eröffnet. Dies gilt vor allem für Länder wie Polen, Ungarn, die Tschechische Republik und die Slowakei, wenn sie die erforderlichen Voraussetzungen dafür geschaffen haben und wenn sie selber auch einen Beitritt wünschen.

Am 1. November 1993 ist der Vertrag von Maastricht über die Europäische Union in Kraft getreten. Das Ratifizierungsverfahren war in vielen Mitgliedstaaten nicht einfach. In seinem Urteil hat unser Bundesverfassungsgericht bestätigt, daß der Vertrag über die Europäische Union mit dem Grundgesetz vereinbar ist. Es hat damit die Rechtsauffassung der Bundesregierung in allen wesentlichen Punkten bestätigt.

Die von mir geführte Bundesregierung fühlt sich dadurch in ihrem europapolitischen Kurs ermutigt und bestärkt. Wir wollen eine Europäische Union, die demokratischen, rechtsstaatlichen, sozialen und föderativen Grundsätzen entspricht sowie den Schutz der Grundrechte gewährleistet. Der Vertrag von Maastricht – so wurde das ausdrücklich vom Bundesverfassungsgericht festgestellt – entspricht voll und ganz diesen Vorgaben. Damit ist der Weg frei, die europäische Integration auf der Grundlage des Vertrages über die Europäische Union fortzusetzen.

Mit dem Inkrafttreten des neuen Vertrages wird ein neues Kapitel in der Geschichte der Europäischen Gemeinschaft aufgeschlagen. Bis zum Unionsvertrag war die Europäische Gemeinschaft in erster Linie eine Wirtschaftsgemeinschaft, beruhte sie doch auf drei Verträgen, deren Ausrichtung vorwiegend ökonomisch war: der Europäischen Wirtschaftsgemeinschaft, der Europäischen Gemeinschaft für Kohle und Stahl sowie der Europäischen Atomgemeinschaft. Im Kontext der Nachkriegszeit, als es darum ging, Europa aus den Verwüstungen des Zweiten Weltkrieges wieder aufzubauen, war diese wirtschaftliche Ausrichtung gerechtfertigt, auch wenn von Anfang an das eigentliche Ziel des europäischen Zusammenschlusses die politische Einigung war. Wir wissen alle, daß es wirtschaftliche Prosperität ohne politische Stabilität auf Dauer nicht geben kann. Die politische Finalität des Einigungswerkes war daher den Gründungsvätern der Gemeinschaft – wie Monnet, Schuman, de Gasperi, Spaak und Adenauer – mindestens ebenso wichtig wie der wirtschaftliche, und man würde ihre historische Leistung verkennen, würde man ihnen allein wirtschaftliche Motive unterstellen. Eine politische Union war damals aber nicht durchsetzbar, und deshalb wurde der Weg eingeschlagen, die politische Einigung Europas über die wirtschaftliche Einigung zu erreichen.

Nicht zuletzt der Krieg im früheren Jugoslawien hat die bisherigen Grenzen der Europäischen Gemeinschaft im Hinblick auf Krisenvorbeugung und Krisenlösung aufgezeigt. Nach außen hin politisch handlungsfähig war die Gemeinschaft in dieser gesamten Zeit nur bedingt. Sie hat zwar internationale Gewaltakte und Verstöße gegen die Menschenrechte – sei es nun den sowjetischen Einmarsch in Afghanistan, die Apartheid in Südafrika oder den irakischen Überfall auf Kuwait – mit Sanktionen beantwortet, doch war dies alles mehr ein Reagieren denn ein Agieren.

Für eine effiziente Krisenvorsorge oder -bewältigung verfügte die Gemeinschaft nicht über die erforderlichen Kompetenzen und Instrumente. Mit der Gemeinsamen Außen- und Sicherheitspolitik wird die Europäische Union ihre außenpolitische Handlungsfähigkeit nunmehr entwickeln können.

Für mich hat dieser Teil des Vertrages über die Europäische Union mindestens gleiches Gewicht wie die Bestimmungen über die Wirtschafts- und Währungsunion. Jeder in Europa sollte sich darüber im klaren sein: Alles, was wir bisher wirtschaftlich erreicht haben, können wir auf Dauer nur bewahren, wenn wir es auch politisch absichern. Umgekehrt sind weitere wirtschaftliche Fortschritte von Fortschritten bei der politischen Integration abhängig. Beispiel ist die Wirtschafts- und Währungsunion.

Die Europäische Union, wie wir sie uns vorstellen, setzt gemeinsame Interessen und gemeinsames Vorgehen voraus. Gleichmacherei ist nicht unsere Absicht. Es muß uns aber gelingen, eine noch größere Konvergenz als bisher in unserer Wirtschafts- und Währungspolitik herzustellen. Auch hier gilt: Nur wenn wir alle am gleichen Strang ziehen, werden wir erfolgreich sein. Die Wirtschafts- und Währungsunion wird daher auch ein Meilenstein auf dem Weg in ein geeintes Europa sein.

Ihre ökonomische Bedeutung liegt nicht zuletzt darin, daß sie die Kosten für die Verbraucher und die Unternehmen verringert, Handels- und Wettbewerbsvorteile bringt und auf den internationalen Devisenmärkten stabilisierend wirken wird. Gleichwohl ist vor allem dieser Teil des Vertragswerks in der Öffentlichkeit stark umstritten gewesen, gerade bei uns in Deutschland. In einer Zeit der Umbrüche und Veränderungen wollen die Menschen Stabilität und Sicherheit. Dies gilt vor allem im wirtschaftlichen und monetären Bereich. Die Währungsunion wird diesen Bedürfnissen voll und ganz gerecht. Dafür sind insbesondere drei Gründe ausschlaggebend:

Zum einen wird die künftige Europäische Zentralbank in Frankfurt am Main in erster Linie auf die Verteidigung der Geldwertstabilität verpflichtet sein. Sie wird unabhängig sein und keinerlei Weisungen unterliegen. Zum anderen können an der Wirtschafts- und Währungsunion nur Länder teilnehmen, welche die strikten, im Vertrag festgelegten Konvergenzkriterien erfüllen. Eine Aufweichung dieser Kriterien wird es mit uns nicht geben. Nur diejenigen Mitgliedstaaten werden der Wirtschafts- und Währungsunion angehören können, die den Willen und die Fähigkeit zu einer konsequenten Stabilitätspolitik bewiesen haben und nachprüfbar Erfolge vorweisen können.

Mit dem Vertrag von Maastricht, der neben der Schaffung der Wirtschafts- und Währungsunion als weitere Pfeiler die Entwicklung einer Gemeinsamen Außen- und Sicherheitspolitik sowie eine engere Zusammenarbeit in der Innen- und Rechtspolitik vorsieht, haben wir in der Europäischen Union die Antwort auf die Herausforderungen unserer Zeit nach den politischen Umbrüchen auf unserem Kontinent gegeben. Es ist im übrigen ein besonders wichtiges Ergebnis des NATO-Gipfels von Januar 1994, daß Atlantische Allianz und Europäische Union ihre Kräfte zusammenfügen und bündeln, um die jungen Demokratien in Mittel-, Ost- und Südosteuropa an die bestehenden Gemeinschaften heranzuführen, sie mit aufzunehmen und zu integrieren.

Der europäische Zug fährt weiter. Gleichzeitig müssen wir zur Kenntnis nehmen, daß in vielen Mitgliedstaaten der Union eine gewisse Skepsis gegenüber der europäischen Entwicklung besteht. Es wäre ein Fehler, dies zu leugnen. Es ist notwendig, die Sorgen der Bürger ernst zu nehmen und ihnen Rechnung zu tragen.

Viele Bürger befürchten, daß die Europäische Union ein bürokratischer und zentralistischer Überstaat werde. Wir müssen diesem Eindruck ganz entschieden entgegenwirken. Ich wollte nie und will auch für die Zukunft keinen europäischen Einheitsstaat. Es darf aber auch kein Zurück in den Nationalstaat des 19. Jahrhunderts geben. Dieser hat keine Zukunft, denn er ist weniger denn je imstande, die großen nationalen und internationalen Herausforderungen unserer Zeit zu meistern. Wir wollen ein Europa, das die Vielfalt und kulturelle Identität der einzelnen Mitgliedstaaten wahrt. Dabei bleiben wir Deutsche, Dänen oder Franzosen. Heimat – Vaterland – Europa: das ist der Dreiklang der Zukunft.

Wenn wir bei der Europadebatte der letzten Jahre und Jahrzehnte etwas gelernt haben, so ist es, daß dieses Europa ein Europa nicht nur des Verstandes, sondern des Herzens sein muß. Wir wollen kein bürgerfernes, technokratisches Europa, keinen europäischen Leviathan. Deshalb haben wir im Vertrag von Maastricht das Subsidiaritätsprinzip durchgesetzt. Es bedeutet, daß die höhere Ebene nur dann tätig werden darf, wenn dies nachweisbar notwendig ist. Sie darf sich nicht anmaßen, alles bis ins letzte Detail regeln zu wollen.

Viele Menschen fühlen sich durch die nicht zu leugnende Komplexität und die Undurchsichtigkeit der Entscheidungsprozesse in der Gemeinschaft verunsichert. Dies haben die Regierungen der Mitgliedstaaten erkannt. Um solchen Befürchtungen entgegenzuwirken haben wir auf dem Europäischen Rat in Edinburgh im Dezember 1992 eine Reihe von Maßnahmen beschlossen, um die Abläufe für die Öffentlichkeit durchschaubarer zu machen.

Wir müssen ferner eine umfassende parlamentarische Kontrolle auf europäischer Ebene erreichen. Die Bundesregierung setzt sich daher weiterhin nachdrücklich dafür ein, dem Europäischen Parlament schrittweise zusätzliche Rechte zu geben und die Stellung seiner Abgeordneten weiter zu verbessern. Dabei ist allerdings nicht zu übersehen, daß schon jetzt, seit Inkrafttreten des Vertrages von Maastricht, dem Parlament größere Kompetenzen übertragen sind, als es zuvor gehabt hat. Das Europäische Parlament kann über die Besetzung der Kommission und ihres Präsidenten mitbestimmen und auch über ein echtes Mitentscheidungsrecht in wichtigen Teilbereichen der Rechtssetzung seine Haltung gegenüber dem Rat besser vertreten als zuvor.

Natürlich impliziert Gemeinschaftspolitik auch, daß nicht jedes Land immer hundertprozentig seine Vorstellungen durchsetzen kann. Das Erfolgsgeheimnis der Gemeinschaft liegt gerade in der Fähigkeit, sich zu einigen. Am Anfang vertreten wir alle in erster Linie die eigenen nationalen Interessen. Dies ist unsere Aufgabe, dafür wurden wir gewählt. Doch kein Land bleibt starr seiner Position verhaftet. Wir alle wissen, wie abhängig wir voneinander sind, wie wichtig eine Einigung ist, und daß gemeinsames Vorgehen nicht nur die Addierung nationaler Beiträge, sondern ein Gewinn für alle ist. Ohne diese Einsicht bliebe Europa das, was ihm so häufig schon in der Vergangenheit zum Verhängnis wurde: ein Flickenteppich miteinander rivalisierender Staaten, jedoch keinesfalls eine der führenden Wirtschaftsmächte der Erde, die es heute ist.

Oft hört man Bedenken, daß eine Erweiterung der Union nicht mit einer Vertiefung der Integration einhergehen könne. Erweiterung und Vertiefung sind keine Gegensätze. Gerade von der Erweiterung können neue Impulse für die fortschreitende Integration ausgehen. Die Geschichte der Gemeinschaft bestätigt dies.

Die Erweiterung wird leichter vonstatten gehen, wenn die Gemeinschaft konsequent den Weg innerer Festigung und Vertiefung weitergeht, wie er im Vertrag von Maastricht vorgezeichnet ist. Wenn von Vertiefung der Gemeinschaft die Rede ist, stellt sich die Grundsatzfrage: Wie werden die Kompetenzen zwischen Europäischer Union und Mitgliedstaaten künftig verteilt sein? Zum einen haben wir die Ebene der nationalen Regierungen der Mitgliedstaaten und – je nach innerstaatlichem Aufbau – die der Regionen. Unter dem Gesichtspunkt der Bürgernähe wird gerade dieser Ebene in Zukunft eine noch bedeutendere Rolle zukommen.

Die andere Ebene ist die der Gemeinschaft. Je umfassender die Herausforderungen sind, desto eher wird eine Regelung auf der Gemeinschaftsebene notwendig sein. Dies heißt jedoch keinesfalls, daß wir uns auf dem Weg zu einem europäischen Überstaat befinden. Die soeben skizzierte Kompetenzverteilung soll das ja gerade verhindern. Nur eine derart gegliederte Struktur entspricht dem Prinzip der Subsidiarität.

Auf alle Fälle müssen wir auf der für 1996 vorgesehenen Überprüfungskonferenz die Frage darüber hinausgehender institutioneller Reformen behandeln, um die Handlungsfähigkeit und Effizienz der vergrößerten Europäischen Union zu gewährleisten.

Wie auch immer diese Reformen aussehen werden – eines ist für mich sicher: Trotz mancher Hindernisse und Schwierigkeiten ist eine gemeinsame europäische Zukunft in Frieden und Freiheit – am Ende eines Jahrhunderts, das so viel Leid und Tränen gesehen hat – heute in greifbare Nähe gerückt. Gemeinsam werden wir dieses Ziel erreichen.

Klaus Kinkel

Die EU-Erweiterung und der Vertrag von Maastricht über die Europäische Union*

Inhaltsübersicht

Mit dem am 7. Februar 1992 abgeschlossenen und am 1. November 1993 in Kraft getretenen Vertrag über die Europäische Union und der laufenden Runde der Beitrittsverhandlungen mit den EFTA-Staaten (Österreich, Schweden, Finnland und Norwegen) zur Europäischen Union tritt die Gemeinschaft erneut in eine Phase der Erweiterung bei gleichzeitiger Vertiefung ein.

I. Der Vertrag von Maastricht über die Europäische Union (EUV)

Am 1. November 1993 ist der Vertrag über die Europäische Union in Kraft getreten. Dieses Datum ist für Europa ein Tag von historischer Bedeutung. Mit dem neuen Vertrag gründen die Mitgliedstaaten der Gemeinschaft die Europäische Union (EU). Die Gemeinschaft vollzieht einen entscheidenden Schritt in ein qualitativ neues Stadium des europäischen Integrationsprozesses. Durch die Schaffung einer gemeinsamen Außen- und Sicherheitspolitik, einer engen Zusammenarbeit in den Bereichen Inneres und Justiz und durch die besonnene Vorbereitung einer Wirtschafts- und Währungsunion sichert sich die Europäische Union langfristig die Grundlagen für die äußere wie für die innere Sicherheit. Zur Stärkung des Wirtschaftsstandorts Europa werden die langfristig notwendigen Voraussetzungen in Gestalt stabiler Währungsverhältnisse geschaffen.

Der langwierige Ratifikationsprozeß in den Mitgliedstaaten war nicht frei von Hindernissen. Die dänische Bevölkerung erteilte ihre Zustim-

* *Franz Klein* hat „Zur Frage der künftigen Steuerhoheit der Europäischen Gemeinschaft" (in der Festschrift für Günter Wöhe, 1989, S. 191) Stellung genommen, so daß ihn sicherlich das weitere Zusammenwachsen der Europäischen Union und ihre Erweiterung interessieren werden.

mung zum Vertragswerk erst in einem zweiten Referendum, nachdem der Europäische Rat von Edinburgh im Dezember des Jahres 1992 einige Klarstellungen zum Status Dänemarks in der Europäischen Union verabschiedet hatte. Auch in Großbritannien gestaltete sich die Ratifikation des Vertrags über die Europäische Union zu einem schwierigen innenpolitischen Prozeß. Bei einem Referendum in Frankreich sprach sich eine knappe Mehrheit (51,05 v.H. der abgegebenen Stimmen) für die Annahme des Vertragswerkes aus. In Deutschland mußte das Bundesverfassungsgericht über Verfassungsbeschwerden entscheiden.

Der schwierige Ratifikationsprozeß war in allen Mitgliedstaaten begleitet von einer intensiven europapolitischen Grundsatzdebatte. Gegner wie Befürworter des Vertrags haben Vor- und Nachteile des Vertrags über die Europäische Union von allen Seiten beleuchtet und geprüft. Diese Debatte war überaus lehrreich. Sie hat uns vor Augen geführt, daß die europäische Integration nicht allein als Angelegenheit der Regierungen betrachtet werden darf, sondern von einer breiten Mehrheit in der Bevölkerung getragen und belebt werden muß. Nur wenn es gelingt, die Menschen in Europa von der Richtigkeit der europäischen Einigung zu überzeugen, wird diese Politik Erfolg haben.

Trotz der zyklisch auftretenden sog. „Europamüdigkeit" war der weitaus größte Teil der Menschen bis weit in die 80er Jahre fest davon überzeugt, daß die europäische Einigung für alle von Vorteil sei. Mitte der 80er Jahre begann mit Glasnost und Perestrojka in der damaligen Sowjetunion unter *Gorbatschow* ein Prozeß, in dessen Verlauf sich die politischen Verhältnisse in Europa vollständig veränderten. Dieser Prozeß brachte der Welt das Ende des Kalten Krieges, Europa den Wegfall des Eisernen Vorhangs und die Überwindung seiner Spaltung und uns Deutschen die Wiedervereinigung.

Parallel zu den tiefgreifenden Umwälzungen in Gesamt-Europa nahmen die Forderungen nach einer weiteren Vertiefung des europäischen Integrationsprozesses im Rahmen der EG zu. Bundeskanzler *Kohl* und Präsident *Mitterrand* ergriffen die Initiative zur Einberufung einer Regierungskonferenz zur Schaffung einer Politischen Union, die parallel zu der seit längerem vorgesehenen Konferenz zur Schaffung der Wirtschafts- und Währungsunion arbeiten sollte. Beide Konferenzen wurden durch den Europäischen Rat von Rom im Dezember 1990 eingesetzt. Nach über einjährigen Beratungen konnte am 7. Februar 1992 das neue Vertragswerk von den Außen- und Finanzministern in Maastricht unterzeichnet werden. Der Vertrag über die Europäische Union war und ist das klare Bekenntnis der Mitgliedstaaten, angesichts eines dramatisch veränderten und mit neuen Unsicherheiten behafteten Umfelds den europäischen Integrationsprozeß weiter voranzutreiben. Für Deutschland in seiner zentralen Lage in Europa ist neben der Mitgliedschaft in der NATO die aktive Teilnahme am europäischen Integrationsprozeß der Garant für eine stabile politische und wirtschaftliche Zukunft. Nur gemeinsam mit unseren Partnern in der Gemeinschaft werden wir in der Lage sein, die anstehenden politischen, sozialen und wirtschaftlichen Probleme dauerhaft zu lösen.

Zu den wichtigsten neuen Elementen des Vertrags gehört neben dem Ziel der Schaffung einer einheitlichen europäischen Währung die Schaffung einer gemeinsamen Außen- und Sicherheitspolitik. Schon bislang hatten sich die Mitgliedstaaten durch einen engen Koordinierungsmechanismus im Rahmen der europäischen politischen Zusammenarbeit (EPZ) um ein kohärentes Auftreten gegenüber Drittstaaten bemüht. Die Krise im früheren Jugoslawien und die Probleme der Gemeinschaft, hierauf eine einheitliche und angemessene Antwort zu finden, haben jedoch deutlich die Notwendigkeit unterstrichen, auch auf außenpolitischem Gebiet die Integration voranzutreiben. Die gemeinsame Außen- und Sicherheitspolitik, die langfristig auch eine Verteidigungsperspektive umfaßt, wird die Europäische Union besser in die Lage versetzen, auf aktuelle Herausforderungen zu reagieren. Das bisherige EPZ-Sekretariat wird in das Generalsekretariat des Rates eingegliedert. Die bisher separat zusammentretenden Arbeitsgruppen von Rat und EPZ im Bereich der Außenbeziehungen der EU werden fusioniert. Die wohl bedeutsamste Neuerung jedoch ist der – wenn auch vorsichtige – Einstieg in Mehrheitsabstimmungen auch im Bereich der Außen- und Sicherheitspolitik. Unter bestimmten Umständen werden künftig Entscheidungen auf außen- und sicherheitspolitischem Gebiet mit Mehrheit gefällt werden können. Im Vertrag über die Europäische Union ist festgehalten, daß das Instrumentarium der gemeinsamen Außen- und Sicherheitspolitik im Lichte der gemachten Erfahrungen auf der für 1996 geplanten Revisionskonferenz bewertet und weiter verbessert werden soll.

Ein besonderes deutsches Anliegen auf der Regierungskonferenz zur Politischen Union war die Einrichtung einer verstärkten Zusammenarbeit in den Bereichen Inneres und Justiz unter dem gemeinsamen institutionellen Dach der Europäischen Union. Auch hierbei geht es darum, für die neuen Herausforderungen einer sich verändernden Welt das notwendige Instrumentarium bereitzustellen. An erster Stelle steht die Bekämpfung der grenzüberschreitenden organisierten Kriminalität, die sich dem Zugriff der nationalen Polizeibehörden entzieht. Deshalb muß Europol sobald wie möglich eingerichtet und funktionsfähig gemacht werden. Aber auch Fragen wie die gemeinsame Asyl- und Einwanderungspolitik sind gerade für uns Deutsche von herausragender Bedeutung. Deutschland war und ist wichtigstes Aufnahmeland für Asylsuchende und Flüchtlinge aus dem Krisengebiet des früheren Jugoslawien. Diese Lasten gilt es gerechter unter den Mitgliedstaaten aufzuteilen. Außerdem muß die illegale Einwanderung vor allem aus dem südosteuropäischen Raum, von der ebenfalls in erster Linie Deutschland betroffen ist, unterbunden werden.

Die geplante Schaffung einer Wirtschafts- und Währungsunion mit einer einheitlichen Währung und einer Europäischen Zentralbank ist in der deutschen Öffentlichkeit besonders intensiv diskutiert worden. Zweimal in unserem Jahrhundert sind die Deutschen Opfer einer Hyperinflation geworden. Die Bundesregierung hat deswegen auf der Regierungskonferenz zur Wirtschafts- und Währungsunion darauf gedrungen, daß jede nur denkbare Vorsorge getroffen wird, damit die einheitliche europäische Währung mindestens so stabil wie die DM sein wird. Voraussetzung für den Übergang in die dritte Stufe der Wirtschafts- und Währungsunion und damit der Einführung dieser gemeinsamen Währung ist die Einhaltung von sehr strikten Stabilitätskriterien durch die Mitgliedstaaten, die daran teilnehmen wollen. Diese Kriterien betreffen einen hohen Grad an Preisstabilität, die Vermeidung übermäßiger Haushaltsdefizite und die Einhaltung bestimmter Bandbreiten im Wechselkursmechanismus des EWS. Die Europäische Zentralbank wird wie die Bundesbank in voller Unabhängigkeit über die geldpolitische Stabilität als ihrem prioritären Ziel wachen. Die Sorge, die Deutschen müßten die DM gegen eine weniger stabile Gemeinschaftswährung eintauschen, ist somit unbegründet.

Die Wirtschafts- und Währungsunion ist die konsequente Fortsetzung des Integrationsprozesses auf wirtschaftlichem Gebiet. Die Vorteile des Binnenmarkts werden erst dann in vollem Umfange zum Tragen kommen, wenn finanzielle Transaktionen zwischen den Mitgliedstaaten in einer gemeinsamen Währung erfolgen können. Langfristig wird die Wirtschafts- und Währungsunion den Wirtschaftsstandort Europa im Wettbewerb mit Nordamerika und dem asiatischen Raum deutlich stärken.

Dem Vertrag über die Europäische Union angefügt ist ein gemeinsames Protokoll der zwölf Mitgliedstaaten, mit dem es elf von ihnen – mit Ausnahme Großbritanniens – ermöglicht wird, in der Sozialpolitik gemeinschaftlich mehr als bisher tätig zu werden. Die fortschreitende wirtschaftliche Integration bedarf der Ergänzung durch eine gemeinsame Sozialpolitik, mit der zum Beispiel Mindestvorschriften für den Schutz der Arbeitnehmer verbindlich für alle Partner festgeschrieben werden.

Von der Tätigkeit der Gemeinschaft mehr und mehr betroffen sind die Regionen der Gemeinschaft, bei uns die Bundesländer. Es war deshalb nur folgerichtig, daß auf deutsche Initiative hin ein neuer Ausschuß eingerichtet wurde, der die Teilhabe der Regionen an den Beratungen der Europäischen Union sicherstellen wird. Künftig wird der Ausschuß der Regionen zu allen Fragen Stellung nehmen können, wenn er dies für zweckdienlich erachtet. Durch die Mitwirkung dieser dem Bürger besonders nahen Politik- und Verwaltungsebene sind wichtige Anstöße zu erwarten, um die Gemeinschaftspolitik noch stärker an den Bedürfnissen der Menschen auszurichten und allen Zentralisierungsbestrebungen entgegenzuwirken.

Mit dem Vertrag über die Europäische Union werden die demokratischen Strukturen der Gemeinschaft gefestigt. Das neue Verfahren der Mitentscheidung stellt – wenn auch in einem begrenzten Anwendungsfeld – sicher, daß gegen das Votum des Europäischen Parlaments keine Gemeinschaftsregelungen in Kraft gesetzt werden können. Unserem Ziel, das

Europäische Parlament zu einem mit dem Rat gleichberechtigten Organ bei der gemeinschaftlichen Rechtsetzung zu machen, sind wir damit ein gutes Stück näher gekommen. Auf der geplanten Revisionskonferenz 1996 wird über weitere Verbesserungen zugunsten des Europäischen Parlaments zu sprechen sein. Auch bei der Einsetzung der Kommission wird das Europäische Parlament künftig eine entscheidende Rolle spielen. Der Präsident und die übrigen Mitglieder der Kommission müssen sich ab 1995 dem Zustimmungsvotum des Europäischen Parlaments stellen.

Wie die nationalen Parlamente wird künftig auch das Europäische Parlament das Recht haben, Untersuchungsausschüsse einzusetzen, wenn der Verdacht besteht, daß gegen das Gemeinschaftsrecht verstoßen wurde oder Mißstände bei der Anwendung desselben aufgetreten sind.

Das Europäische Parlament war schon in der Vergangenheit wichtiger Ansprechpartner für die Bürger in unseren Ländern. Das Petitionsrecht wurde nun ausdrücklich im Vertrag festgeschrieben. Neu eingerichtet wird das Amt eines Bürgerbeauftragten, der Beschwerden der Bürger gegen die Tätigkeit der Gemeinschaftsorgane oder Institutionen nachgehen kann.

Für die Menschen bedeutsam ist die Einführung einer Unionsbürgerschaft, die neue Rechte begründet. Dies sind zum Beispiel das Recht aller Bürger der Europäischen Union, sich in jedem der Mitgliedstaaten aufzuhalten, aber auch die Ausübung des aktiven und passiven Wahlrechts bei den Wahlen zum Europäischen Parlament. Dies bedeutet, daß künftig ein in Spanien lebender Deutscher dort bei den Wahlen zum Europäischen Parlament kandidieren oder aber seine Stimme abgeben kann. Auch der konsularische Schutz von Unionsbürgern in Drittstaaten erfährt eine erhebliche Verbesserung.

Der Vertrag über die Europäische Union enthält eine Vielzahl von weiteren Verbesserungen und Vorteilen für die Bürger. Auf Dauer werden wir die derzeit vorhandene überwältigende Zustimmung zum europäischen Einigungsprozeß jedoch nur erhalten können, wenn wir die Arbeit der Gemeinschaft für den Bürger verständlicher machen und Entscheidungen möglichst bürgernah gefällt werden. Die Verankerung des Subsidiaritätsprinzips im neuen Vertrag muß konsequent angewendet werden.

Der Europäische Rat von Edinburgh hat ein umfangreiches Maßnahmenpaket beschlossen, um die Gemeinschaftstätigkeit dem Bürger näherzubringen. Hierzu gehören die öffentliche Abhaltung von Ratstagungen ebenso wie die Veröffentlichung von Abstimmungsergebnissen im Rat, der vereinfachte Zugang zu Gemeinschaftsdokumenten und die Abfassung von allgemeinverständlichen Rechtstexten.

Am 12. Oktober 1993 hat das Bundesverfassungsgericht in einem wegweisenden Urteil die gegen das Inkrafttreten des Maastrichter Vertrags vorgebrachten Beschwerden zurückgewiesen. Es hat die einhellige Auffassung der Bundesregierung, des Deutschen Bundestages und des Bundesrates bestätigt, daß der Vertrag mit dem Grundgesetz vereinbar ist. Das

Urteil betont die maßgebliche Rolle des Deutschen Bundestages bei der Mitwirkung der Bundesrepublik Deutschland an der Europäischen Union. Das Urteil ist von einem dynamischen Verfassungsverständnis bestimmt. Die demokratischen Grundlagen der Union können schrittweise mit Fortgang der Integration ausgebaut werden. Deshalb wird sich die Bundesregierung auch in Zukunft für weitere Rechte des Europäischen Parlaments einsetzen.

Aber das Urteil des Bundesverfassungsgerichts zeigt auch Grenzen und Wegweisungen auf. Neue Aufgaben dürfen der Union nur für genau bestimmte Befugnisse und in einer für den Gesetzgeber voraussehbaren Weise übertragen werden. Das Gericht unterstreicht in diesem Zusammenhang die Notwendigkeit, das Subsidiaritätsprinzip zu wahren.

Auch damit bestätigt das Gericht die Politik der Bundesregierung, die auf die Wahrung dieser Prinzipien schon in der Vergangenheit großen Wert gelegt hat. Deshalb sind Sorgen über die künftige deutsche Mitwirkung an der Gestaltung Europas unbegründet. Einen deutschen Sonderweg wird es auch in Zukunft nicht geben.

II. Bisherige Erweiterungen

Neben der Vertiefung ist die Erweiterung eine der großen Herausforderungen, denen sich die Europäische Union stellen muß. Derzeit läuft die dritte Erweiterungsrunde. Die ersten Beitrittsanträge (gestellt 1961/1962 von Großbritannien, Irland, Dänemark und Norwegen) erreichten die Gemeinschaft in einer noch sehr frühen Phase. Die grundsätzlichen Einwendungen, die Frankreich am 14. Januar 1963 erhob, zeigen deutlich, welche Entwicklung die Gemeinschaft seit damals genommen hat: Die Befürchtung einer qualitativen Veränderung der Gemeinschaft durch ihre Erweiterung, die Sorge vor unterschiedlichen Interessen zwischen dem maritimen Großbritannien und den kontinentalen Mitgliedstaaten sowie die Behauptung für die Gemeinschaft unverträglicher besonderer Beziehungen zwischen Großbritannien und den USA sind Einwände, die heute überwunden sind und nicht mehr denkbar wären. Die Beitrittsverhandlungen konnten erst 1970 wieder aufgenommen werden und konzentrierten sich – wie heute – vor allem auf die Bereiche Landwirtschaft, Fischerei und EG-Haushalt. Damals wie heute beklagten EG-Gegner die Einbuße an Souveränität und kritisierten die Brüsseler Bürokratie und ihre angeblich mangelnde demokratische Kontrolle. Während Großbritannien, Irland und Dänemark der Gemeinschaft schließlich zum 1. Januar 1973 beitraten, sah Norwegen sich hieran aufgrund eines Referendums gehindert, bei dem rund 53 v.H. der abgegebenen Stimmen gegen den EG-Beitritt waren.

Die zweite Erweiterungsrunde betraf mit Griechenland, Spanien und Portugal Staaten, die soeben den Übergang zur Demokratie vollzogen hatten und deren Pro-Kopf-Einkommen erheblich unter dem EG-Durchschnitt lag. Für die Gemeinschaft stand bei den Verhandlungen der politische Wille im Vordergrund, die demokratischen Entwicklungen in Griechenland, Spanien und Portugal dauerhaft zu unterstützen und gleichzeitig den europäischen Mittelmeerraum zu stabilisieren. Diesen politischen Überlegungen wurden wirtschaftliche Bedenken untergeordnet, die die Kommission allerdings offen äußerte: Griechenland, Spanien und Portugal verfügten über besondere Kapazitäten gerade in den Industriebereichen, die innerhalb der Gemeinschaft in strukturellen Krisen steckten und dirigistische Eingriffe notwendig machten (Stahl, Textil, Schiffbau); im Agrarbereich drohten Überschüsse gerade in den Sektoren, in denen die übrigen Mittelmeeranrainer bisher Exportchancen besessen hatten. Der schleppende Verhandlungsverlauf – Griechenland verhandelte 4½ Jahre, Spanien und Portugal etwa 6 Jahre – konnte aber den Euro-Optimismus dieser Europäer nicht bremsen.

Die derzeitige dritte Erweiterungsrunde betrifft mit Österreich, Schweden, Finnland und Norwegen demokratische Staaten mit leistungsfähigen Volkswirtschaften, die ohne große Anpassungsschwierigkeiten in der Lage sein sollten, den Besitzstand der Europäischen Union zu übernehmen. Dennoch gilt es, in den laufenden Verhandlungen manche Schwierigkeiten zu überwinden.

III. Vorgeschichte der laufenden Erweiterungsrunde

Die Europäische Gemeinschaft hatte Ende der 80er Jahre erheblich an Attraktivität gewonnen, nachdem sie ihre als „Eurosklerose" apostrophierte Krise durch die Verwirklichung des in der Einheitlichen Europäischen Akte vom 28. Februar 1986 vereinbarten Europäischen Binnenmarktes überwunden hatte. Gerade die EFTA-Staaten (Finnland, Island, Liechtenstein, Norwegen, Österreich, Schweden, Schweiz), die schon zuvor wirtschaftlich eng mit der Europäischen Gemeinschaft verflochten waren, fühlen sich in besonderem Maße von einem möglichst freien Zugang zum Gemeinsamen Binnenmarkt abhängig und waren daher an möglichst engen Beziehungen zur Gemeinschaft interessiert.

Ein erster Schritt war der Anfang 1989 von Kommissionspräsident *Delors* vorgeschlagene Vertrag zur Schaffung eines Europäischen Wirtschaftsraums (EWR). Ziel war es, die privilegierten Beziehungen zwischen der EG, ihren Mitgliedstaaten und den Staaten der Europäischen Freihandelszone EFTA weiter auszubauen und einen dynamischen und homogenen Wirtschaftsraum zu errichten, in dem die gleichen Regeln und Wettbewerbsbedingungen gelten sollten. Das EWR-Abkommen, an dem die Schweiz nach dem negativen Ausgang des Referendums vom 6. Dezember 1991 nicht teilhat, ist am 1. Januar 1994 in Kraft getreten.

Der zweite Schritt war konsequenterweise der Antrag auf Mitgliedschaft von fünf EFTA-Ländern (Österreich am 14. Juli 1989, Schweden am 1. Juli 1991, Finnland am 18. März 1992, die Schweiz am 26. Mai 1992 und

Norwegen am 25. November 1992), der im Falle von Österreich, Finnland, Schweden und Norwegen zu Beitrittsverhandlungen führte, während die Schweiz nach dem negativen Ausgang des Referendums über den EWR vom 6. Dezember 1992 ihren Antrag „eingefroren", jedoch nicht zurückgezogen hat.

Die Staats- und Regierungschefs der 12 EU-Mitgliedstaaten beauftragten die Kommission beim Europäischen Rat von Maastricht (9./10. Dezember 1991), über die Möglichkeiten der Erweiterung der EG auf der Grundlage des in Maastricht beschlossenen Vertrags über die Europäische Union zu berichten. Auf der Grundlage dieses Berichts beschlossen die Staats- und Regierungschefs beim Europäischen Rat von Lissabon (26./27. Juni 1992), mit den beitrittswilligen EFTA-Staaten Beitrittsverhandlungen aufzunehmen, sobald ein Einvernehmen über die zukünftige Finanzierung der EG (das sog. Delors-Paket II) gefunden und der Vertrag über die Europäische Union in allen Mitgliedstaaten ratifiziert sein würde. Sie gingen davon aus, daß die Verhandlungen Anfang 1993 eröffnet werden könnten. Damals in Lissabon war jedoch noch nicht absehbar, daß die Ratifizierung des Vertrags über die Europäische Union auf Schwierigkeiten in einigen Mitgliedstaaten stoßen könnte. Beim Europäischen Rat von Edinburgh (11./12. Dezember 1992) waren sich die Staats- und Regierungschefs bewußt, daß ein weiteres Hinausschieben des Beginns der Beitrittsverhandlungen nur negative Folgen in den beitrittswilligen EFTA-Staaten, aber auch innerhalb der Gemeinschaft haben konnte. Sie kamen daher überein, die Beitrittsverhandlungen Anfang 1993 zu eröffnen.

Die Verhandlungen wurden am 1. Februar 1993 (mit Österreich, Schweden und Finnland) bzw. am 4. April 1993 (mit Norwegen) eröffnet mit dem Ziel, die Beitritte bis zum 1. Januar 1995 zu verwirklichen. Am 1. März 1994 konnten die Verhandlungen mit Österreich, Schweden und Finnland, am 16. März 1994 die mit Norwegen erfolgreich abgeschlossen werden. In allen Beitrittsländern müssen die Beitrittsverträge einem Referendum unterworfen werden, das die jeweilige Regierung juristisch oder zumindest politisch bindet.

IV. Interessenlagen

Für die Beitrittsländer ist neben der wirtschaftlichen Komponente, der vollen Teilnahme am Binnenmarkt, insbesondere die Möglichkeit der aktiven politischen Mitgestaltung innerhalb der Europäischen Union ein entscheidender Motor. Wenn selbst „große" Mitgliedstaaten wissen, daß sie außerhalb der EU schnell marginalisiert werden, gilt dies erst recht für eher „kleine" Staaten. Die Notwendigkeit einer übergreifenden gemeinsamen Gestaltung unserer Zukunft gilt für eine Vielzahl von Bereichen. Oft zu hören in den Beitrittsländern ist auch das Argument, daß wesentliche Probleme unserer Zeit, die das Leben der Bürger direkt betreffen, im Rahmen der Nationalstaaten nicht mehr lösbar sind. Umweltverschmutzung und Kriminalität machen längst nicht mehr vor nationalen Grenzen halt. Wohlstandsgefälle und daraus resultierender Migrationsdruck sind sogar Probleme, die erst aus einer gesamteuropäischen Perspektive verständlich werden.

Die deutsche Interessenlage ist immer wieder deutlich dargelegt worden: Wir haben die Beitrittsanträge Österreichs, Schwedens, Finnlands und Norwegens unterstützt, da diese Staaten die Europäische Union politisch, wirtschaftlich und kulturell stärken werden. Wir sind deswegen für den raschen Beitritt dieser Staaten eingetreten, da diese Erweiterung der Europäischen Union ein erster Schritt auf dem Weg zu einer neuen Architektur Europas ist. So wie die Bundesregierung sich für die sog. „Süderweiterung" eingesetzt hat, so tat sie alles, um die „Norderweiterung" zu verwirklichen, wobei wir uns auf die Solidarität gerade der südlichen Mitgliedstaaten verlassen haben.

Diese Interessenlage wurde durch die übrigen Mitgliedstaaten der Europäischen Union weitgehend geteilt. Mit den Entscheidungen der Europäischen Räte von Lissabon und Edinburgh ist die Erweiterung der Europäischen Union um die beitrittswilligen EFTA-Staaten zu einem Anliegen der gesamten Europäischen Union geworden. Natürlich gab und gibt es immer wieder Diskussionen über Für und Wider einer neuen Erweiterungsrunde. Der Charakter der Europäischen Union werde „nördlicher", die alten Mitgliedstaaten verlören an Einfluß in der Europäischen Union, und die dann „reichere" Europäische Union verliere ihr Interesse an der Entwicklung ihrer „ärmeren" Mitgliedstaaten. Die erfolgreiche Integration der südlichen Mitgliedstaaten hat diese Befürchtungen widerlegt. Der Förderung weniger entwickelter Regionen Europas schließlich ist mit dem Kohäsionsfonds und der Aufstockung der Strukturfonds beim Europäischen Rat von Edinburgh großzügig Rechnung getragen worden.

Es gibt auch kritische Argumente aus europapolitischer Sicht. Die neue Erweiterungsrunde gefährde den Zusammenhalt und/oder überfordere die Arbeits- und Integrationsfähigkeit der bestehenden Gemeinschaft. Der Europäische Rat von Lissabon hat festgestellt, daß die Erweiterung nicht auf Kosten des bisherigen Integrationsgrades der Europäischen Union gehen darf, aber gleichzeitig die Auffassung vertreten, der Vertrag über die Europäische Union habe eine solche Integrationsdichte geschaffen, daß die Aufnahme der beitrittswilligen EFTA-Staaten gewagt werden könne.

V. Bedingungen für den Beitritt

Die Europäischen Räte von Lissabon und Edinburgh haben als Bedingung für den Beitritt zur Europäischen Union festgelegt, daß die Beitrittsländer den Acquis Communautaire, d.h. die gesamte innergemeinschaftliche Rechtsordnung, vollständig übernehmen müssen. Grundlage der Verhandlungen ist der Vertrag über die Europäische Union einschließlich seiner verteidigungspolitischen Perspektive. Ausnahmen vom Acquis sind nicht vorgesehen. Dies ist deswegen wichtig, weil verhindert werden muß, daß in der erweiterten Europäischen Union verschiedene Regeln in den vergemeinschafteten Rechtsbereichen gelten. In denjenigen Bereichen, in denen die sofortige Übernahme des Acquis einem Beitrittsland erhebliche Probleme bereitet, sollen jedoch Übergangsmaßnahmen und -fristen vereinbart werden.

Verglichen mit früheren Beitrittsverhandlungen ist der Acquis inzwischen erheblich angewachsen, die Übernahme aller Regeln daher auch komplizierter geworden. Die Vollendung des Binnenmarktes und die Abschaffung der Binnengrenzen bringen es mit sich, daß Übergangsfristen zu Wettbewerbsverzerrungen führen können. Darüber hinaus verlangt das Ziel der Wirtschafts- und Währungsunion, daß alle – alte und neue – Mitgliedstaaten solidarisch auf die Erfüllung der Konvergenzkriterien hinarbeiten. Schließlich erfordert die Einführung einer gemeinsamen Außen- und Sicherheitspolitik eine möglichst weitgehende Harmonisierung der nationalen Außenpolitiken. Die zukünftige Außenpolitik Österreichs, Schwedens und Finnlands – Norwegen ist Mitglied der NATO und der WEU – muß vereinbar sein mit den Zielen der gemeinsamen Außen- und Sicherheitspolitik im Rahmen des Vertrags über die Europäische Union. Die Bedeutung der „Neutralität" wird nach Beendigung des Kalten Krieges immer mehr in den Hintergrund treten.

VI. Perspektiven für folgende Erweiterungsrunden

Die Europäische Union ist keine geschlossene Gesellschaft. Sie ist nach Art. O des EU-Vertrags grundsätzlich erweiterungsfähig. „Jeder europäische Staat kann beantragen, Mitglied der Union zu werden." Wie bisher muß bei jeder zukünftigen Runde der Erweiterung sorgfältig geprüft werden, ob der Kandidat fähig ist, die Verpflichtungen, die sich aus der Mitgliedschaft in der Europäischen Union ergeben, zu übernehmen. Die Attraktivität der Europäischen Union ist nach außen ungebrochen. Jedoch müssen alle Beteiligten, die Europäische Union ebenso wie die an einem zukünftigen Beitritt interessierten Staaten, vermeiden, überstürzt Beitrittsverhandlungen aufzunehmen: Die Europäische Union, weil sie darauf bedacht sein muß, ihre Integrations- und Handlungsfähigkeit zu bewahren, die Kandidaten, um ihre nationalen wirtschaftlichen und politischen Strukturen auf die notwendige Anpassung vorzubereiten.

Auch das Europäische Parlament verlangt, daß vor weiteren Beitritten eine grundsätzliche Reform der institutionellen Strukturen der Gemeinschaft vorgenommen wird, damit eine Union von mehr als 16 Mitgliedern funktionsfähig bleibt.

Neben Österreich, Schweden, Finnland und Norwegen haben die Schweiz, Malta, Zypern und die Türkei Beitrittsanträge gestellt. Wann mit den letztgenannten Staaten Beitrittsverhandlungen beginnen können, ist derzeit offen. Eine zweite Gruppe von Staaten hat zwar solche Anträge noch nicht gestellt, jedoch ist es ihr erklärtes Ziel, eines Tages Mitglied der Europäischen Union zu werden.

Diese zweite Gruppe umfaßt die Staaten Mittel- und Osteuropas, insbesondere die sog. Visegrad-Staaten, d.h. Ungarn, Tschechische Republik, Slowakische Republik und Polen, sowie Rumänien und Bulgarien, mit denen Assoziierungsabkommen geschlossen worden sind, und schließlich die baltischen Staaten Estland, Lettland und Litauen sowie Slowenien. Die Gemeinschaft hat sich beim Europäischen Rat in Kopenhagen verpflichtet, den Reformprozeß, den diese Staaten begonnen haben, zu unterstützen. Letztlich hängen Frieden und Sicherheit für ganz Europa vom Erfolg dieser Anstrengungen ab. Der Europäische Rat hat in Kopenhagen weiter beschlossen, daß die assoziierten mittel- und osteuropäischen Länder, die dies wünschen, Mitglieder der Europäischen Union werden können. Der Beitritt kann erfolgen, sobald ein assoziiertes Land in der Lage ist, den mit einer Mitgliedschaft verbundenen Verpflichtungen nachzukommen und die erforderlichen wirtschaftlichen und politischen Bedingungen zu erfüllen. Wesentliche zusätzliche Voraussetzung ist die Fähigkeit der Europäischen Union, neue Mitglieder aufzunehmen, ohne daß dadurch die weitere Vertiefung der europäischen Integration beeinträchtigt wird.

Hans Tietmeyer

Währungsstabilität – auch in Europa gefordert

Inhaltsübersicht

I. Rolle der D-Mark im Nachkriegsdeutschland

Im Londoner „Economist" las ich vor einiger Zeit den Satz: „Germany's history is the history of its currency." Sicherlich ist dieses vor allem auf die Nachkriegszeit bezogene Urteil eine Übertreibung. Es enthält jedoch zweifellos einen richtigen Kern. Die D-Mark war in den letzten Jahrzehnten die stabilste Währung der Welt; und sie entwickelte sich in dieser Zeit „vom Besatzungskind zum Weltstar" *(Hans Roeper).* Diese Entwicklung der D-Mark hat nicht nur wesentlich dazu beigetragen, der Bundesrepublik ökonomisch und politisch weltweites Ansehen zu verschaffen; sie war zugleich eine wesentliche Grundlage für die wirtschaftliche Prosperität und politische Stabilität Westdeutschlands nach 1948. Ohne die Stabilität der D-Mark hätte weder die Wirtschaft der Bundesrepublik ihre heutige Leistungsstärke gewinnen, noch hätte die bundesrepublikanische Politik die freiheitliche Demokratie und die sozialen Sicherungssysteme im bisherigen Maße auf- und ausbauen können. Das gilt allerdings auch umgekehrt. Vor allem der äußere Wert der D-Mark reflektiert zugleich die an den internationalen Finanzmärkten vorherrschende Beurteilung der deutschen Wirtschaft und der politischen Stabilität der Bundesrepublik. Denn der Wechselkurs einer Währung ist auch ein Gradmesser für die internationale Einschätzung der wirtschaftlichen und politischen Lage des jeweiligen Landes.

Nicht von ungefähr hat die Anziehungskraft der D-Mark auch wesentlich die deutsche Wiedervereinigung im Jahre 1990 gefördert. „Kommt die D-Mark nicht zu uns, so kommen wir zur D-Mark." Dieser Slogan vieler Massendemonstrationen hat die Vorstellungen der ursprünglichen Initiatoren der friedlichen Revolution in der früheren DDR, die mehr auf eine Reform des damaligen realsozialistischen Systems als auf seine Ablösung zielten, rasch hinweggespült. Die Sehnsucht der Mehrheit der Bevölkerung nach der D-Mark und ihrer Kaufkraft verbündete sich dabei mit dem weitergehenden Wunsch nach baldiger politischer Wiedervereinigung. Dieser politische Wunsch lag zugleich in der Konsequenz des mit der Abschaffung der eigenen Währung (Mark) verbundenen monetären Autonomieverlustes der damaligen DDR. So war es nur natürlich, daß die Einführung der D-Mark schon nach wenigen Monaten auch zum vollen Beitritt der dort gebildeten neuen Länder zur Bundesrepublik führte. Die mit der D-Mark importierte „geprägte" ökonomische Freiheit war nur eine Vorstufe für die weiterreichende politische Freiheit in einem wiedervereinigten Staat.

Die deutsche Wiedervereinigung wurde zwar 1990 formell vollzogen; sie muß aber ökonomisch und politisch noch vollendet werden. Das ist eine Aufgabe, die noch viele Jahre andauern wird, denn die jahrzehntelange Trennung durch eine ideologische, ökonomische, politische und physische Mauer läßt sich nicht kurzfristig überwinden. Für die jetzt gesamtdeutsche Währung, die Wirtschaft und die Politik bringt das große Herausforderungen. Die Geldpolitik der Bundesbank kann dabei nur den Rahmen abstecken; die Einhaltung dieses Rahmens hängt vor allem von den Entscheidungen der Politik, der Wirtschaft und nicht zuletzt auch der Tarifpartner ab. Wenn die D-Mark auch in Zukunft ihre bisherige Stärke und Geltung behalten soll, dann muß die deutsche Politik vor allem dafür sorgen, daß die noch über Jahre hinaus erforderlichen großen öffentlichen Finanztransfers zunehmend aus wachsenden Einsparungen im Westen aufgebracht und im Osten tatsächlich für Investitionen zum Aufbau einer wettbewerbsfähigen Wirtschaft verwandt werden. Und die Tarifpartner in West und Ost müssen bereit sein, ihre Entscheidungen vor allem an den stabilitäts-, wachstums- und beschäftigungspolitischen Erfordernissen zu orientieren. Denn nur eine gesunde und international wettbewerbsfähige Wirtschaft kann dauerhafte Beschäftigungs- und Einkommenschancen bieten. Und nur eine auch in Zukunft stabile D-Mark kann die währungsmäßige Grundlage für eine wirtschaftliche und politische Prosperität des vereinten Deutschlands sichern.

II. Bedeutung und Konsequenz einer europäischen Währung

Was für die künftige Bundesrepublik gilt, gilt grundsätzlich auch für Europa. Die Regierungen der Europäischen Gemeinschaft haben mit dem Vertrag von Maastricht wichtige Weichen für den Weg in die Zukunft gestellt. Zu dieser Zukunft soll noch in diesem Jahrzehnt auch eine gemeinsame Währung gehören, wenngleich die Auswahl der Länder, für die sie gelten soll, noch offen ist. In einer Zeit, die nationale Grenzen überwinden und die nationalen europäischen Märkte zunehmend zu einem gemeinsamen Binnenmarkt verschmelzen will, ist ein solches Vorhaben nur zu verständlich. Denn das Geld und seine Ordnung gehören trotz aller Internationalisierung der Finanzmärkte auch in der Europäischen Gemeinschaft noch immer zu den zentralen Reservaten nationaler Staats- und Wirtschaftsordnungen. Das 1979 zwischen den EG-Notenbanken auf der Grundlage einer Entschließung der Staats- und Regierungschefs vereinbarte Europäische Währungssystem enthält zwar eine Reihe von Regeln und Vereinbarungen für die Kooperation im Bereich der Wechselkursentwicklung und der Bereitstellung von Währungshilfen. Die Geldpolitik ist aber noch immer voll im nationalen Zuständigkeitsbereich. Dies soll sich erst mit Eintritt in die Währungsunion und der gleichzeitigen Zuständigkeitsübertragung auf die dann zu errichtende Europäische Zentralbank ändern. Eine solche grenzüberschreitende Währungsunion braucht allerdings stabile Grundlagen, denn sie hat für alle beteiligten Länder und für die weitere Integration Europas weitreichende ökonomische und politische Konsequenzen.

Historisch gesehen sind Währungsunionen nichts Neues. Die erste überlieferte Währungsunion datiert auf das Jahr 550 vor Christus, als sich einige griechische Städte im Süden Italiens entschlossen, eine einheitliche Münze zu prägen. In späterer Zeit war insbesondere die deutsche Geschichte reich an Zusammenschlüssen im Währungsbereich. Nach dem Wiener Kongreß 1815 umschloß der neugeschaffene Deutsche Bund mit dem Gebiet von etwa 300 Staaten der vornapoleonischen Zeit 35 souveräne Fürstentümer und vier freie Reichsstädte. Entsprechend groß und verwirrend war die Zahl der damaligen Münzsysteme. Zur vollen deutschen Währungseinheit kam es aber erst im Gefolge der Reichsgründung 1871. Vorausgegangen waren einige Abkommen zwischen Teilgebieten (die Münchner und Dresdener Münzkonvention von 1837 bzw. 1838 und der Wiener Münzvertrag von 1857), welche die Grundsteine für die spätere Vereinheitlichung der Währungssysteme legten. Die Vielstaaterei erschwerte damals den Handel und den Reiseverkehr erheblich. *Werner Sombart* hat dies in seiner Abhandlung über die deutsche Volkswirtschaft im 19. Jahrhundert recht anschaulich beschrieben: „Um von Hamburg nach Österreich, von Berlin in die Schweiz zu handeln, hat man zehn Staaten zu durchschneiden, zehn Zoll- und Mautordnungen zu studieren, zehnmal Durchgangszoll zu bezahlen. Und der geplagte Reisende, der mehrere dieser souveränen Reiche durchquerte, hatte nicht nur unausgesetzt sich mit den Zollwächtern herumzuschlagen: was ihn zur Verzweiflung bringen mußte, waren die Plackereien mit den hunderterlei Münzen, die es immerfort zu wechseln galt."[1]

In Europa ist das Passieren der Grenzen und auch das Umtauschen des Geldes heute zwar einfacher; aber auch die angestrebte europäische Währungsunion zielt darauf ab, durch eine einheitliche Währung die Umtauschkosten und das Wechselkursrisiko zu beseitigen und damit Handel, Reise- und Kapitalverkehr zu erleichtern. Anders als bei der Reichsgrün-

1 *Werner Sombart*, Die deutsche Volkswirtschaft im 19. Jahrhundert und Anfang des 20. Jahrhunderts. Eine Einführung in die Nationalökonomie, 8. Aufl., 1954, S. 7.

dung 1871 muß sich jedoch heute erst noch zeigen, ob die Länder der Europäischen Gemeinschaft wirklich zu einer weitergehenden politischen Einheit bereit sind. Die Ratifizierungsdebatte über den Vertrag von Maastricht hat zumindest für einzelne Länder in dieser Hinsicht Zweifel aufkommen lassen. Das unveränderte Fortbestehen souveräner nationaler Staaten und die hiermit verbundenen Handlungsspielräume können in einer Währungsunion nämlich leicht in Konflikt mit der notwendigen stabilitätsorientierten Steuerung der gemeinsamen Währung geraten. Nach aller Erfahrung muß deshalb eine Währungsunion früher oder später durch eine Politische Union ergänzt werden, wenn ihr dauerhaft Erfolg beschieden sein soll. Das gilt grundsätzlich auch für die im Vertrag von Maastricht vorgesehene Währungsunion, die auf Dauer angelegt ist und eine gemeinsame Währung vorsieht.

Es ist fraglich, ob heute bereits der Mehrheit der Bürger Europas vollends bewußt ist, was ein gemeinsames europäisches Währungsgebiet letztlich bedeutet. Mit dem Eintritt in die Währungsunion müssen die bisherigen nationalen Währungen letztlich einer gemeinsamen europäischen Währung weichen. Diese neue Währung muß dann durch eine für das gesamte neue Währungsgebiet einheitliche europäische Geldpolitik gesteuert werden. Das erfordert eine neue Institution, ein Europäisches Zentralbanksystem, dem die nationalen Zentralbanken eingegliedert und unterstellt werden müssen. Mit der Übertragung der währungspolitischen Befugnisse auf das Europäische Zentralbanksystem verlieren die Teilnehmerstaaten ihre bisherige nationale geldpolitische Souveränität. Sie können dann weder eine eigenständige Geldpolitik mehr führen noch auf Wechselkursänderungen gegenüber den anderen beteiligten Ländern zum Ausgleich von Wettbewerbsveränderungen zurückgreifen. „Die teilnehmenden Volkswirtschaften werden so im Währungsbereich auf Gedeih und Verderb miteinander verbunden . . . Letzten Endes ist eine Währungsunion damit eine nicht mehr kündbare Solidargemeinschaft"[2], bei der sich alle Fehlentwicklungen von Teilbereichen in dem gemeinsamen Geldwert und seiner Entwicklung widerspiegeln.

Der Eintritt in eine solche europäische Solidargemeinschaft ist für die Menschen in Deutschland mit einem besonderen Wagnis verbunden. Sie geben nämlich die in der Nachkriegszeit so stark gewordene D-Mark auf und bringen damit eine Errungenschaft ein, um die sie im Ausland nicht wenige beneiden. Ein solcher Einsatz kann deswegen von der deutschen Politik nur dann verantwortet werden, wenn dabei auch für Deutschland letztlich ein entsprechender Nutzen zu erwarten ist. Dies ist sicher dann der Fall, wenn von der Ausgangslage und der Gesamtkonstruktion her hinreichend gewährleistet ist, daß die neue Währung ebenso stabil wird wie die D-Mark bisher.

---

2 Deutsche Bundesbank, Stellungnahme der Deutschen Bundesbank zur Errichtung einer Wirtschafts- und Währungsunion in Europa, Monatsberichte der Deutschen Bundesbank, Oktober 1990, S. 41.

Warum dieser Maßstab? *Golo Mann* schrieb einmal: „Wer sich in die Geschichte der deutschen Nation vertieft, der hat leicht den Eindruck eines unruhigen Lebens in Extremen."[3] Auch die Deutschen mußten erst einige bittere Erfahrungen machen, bevor sie die Bedeutung eines stabilen Geldwertes erkannten. Zweimal vernichteten galoppierende Inflationen in der ersten Hälfte dieses Jahrhunderts das Geldvermögen der deutschen Bevölkerung nahezu vollkommen. Überdies wurde die Steuerungsfunktion der Preise außer Kraft gesetzt – mit der Folge, daß ökonomisch falsche Investitionsentscheidungen getroffen und Produktion eingebüßt wurde. In beiden Fällen verlor das Geld durch seine Entwertung zunehmend an Geltung. Ersatzwährungen kamen auf und übernahmen seine Funktionen; sie konnten dies jedoch nur in begrenztem Umfang. Ökonomische Fehlallokationen und Verluste waren ebenso die Folge wie schwerwiegende und nachhaltige soziale Ungerechtigkeiten.

Inflation wurde so für die Mehrheit der Deutschen zu einem schweren Trauma. „Inflation ist nicht Schicksal, sondern Betrug am Volk", so hat es der Präsident der Bank deutscher Länder *Wilhelm Vocke* einmal formuliert[4]. Die beiden großen Inflationen waren vor allem Folgen der monetären Alimentierung überbordender öffentlicher Haushaltsdefizite zur Finanzierung zweier Kriege und ihrer Folgen. Die für die Geldpolitik zuständige Reichsbank hatte sich offenbar in beiden Fällen den Ansprüchen der politischen Führung nicht widersetzen können.

III. Notwendige Unabhängigkeit des Europäischen Zentralbanksystems

Vor dem Hintergrund der bitteren Inflationserfahrungen wurde im Nachkriegsdeutschland 1948 zunächst die Bank deutscher Länder und 1957 dann die Deutsche Bundesbank als eine weitgehend von staatlicher Einflußnahme unabhängige Organisation geschaffen. Ihre primäre Aufgabe ist es, „die Währung zu sichern" (§ 3 des Gesetzes über die Deutsche Bundesbank). „Inflationen kann man wie Diktaturen nur bekämpfen, ehe sie die Macht übernommen haben."[5] Dieser Einsicht von *Müller-Armack* folgend haben die Bank deutscher Länder und die Bundesbank seit ihrer Gründung stets eine Politik geführt, die alle Ansätze der Inflation möglichst im Keim zu ersticken versuchte. Die deutsche Zentralbank hat sich dabei weltweit erhebliches Ansehen erworben. Es ist daher auch kein

---

3 *Golo Mann,* Deutsche Geschichte des neunzehnten und zwanzigsten Jahrhunderts, 1958, S. 17.

4 *Wilhelm Vocke,* Lebensversicherung und Währungsbank, Vortrag auf der Tagung der Lebensversicherungen in München am 21. Juni 1952; abgedruckt in: Wilhelm Vocke, Gesundes Geld. Gesammelte Reden und Aufsätze zur Währungspolitik, 2. Aufl. 1956, S. 73.

5 *Alfred Müller-Armack,* Die verharmloste Inflation. Thesen zur Geldentwertung, 1979, S. 9.

Zufall, daß sich der Vorschlag der europäischen Zentralbankgouverneure für das Statut eines Europäischen Zentralbanksystems, der dann auch nahezu vollständig in den Maastricht-Vertrag übernommen wurde, eng an die deutsche Notenbankverfassung anlehnt. Positiv ist insbesondere, daß das vorgesehene künftige Europäische Zentralbanksystem den gesetzlichen Auftrag, vorrangig die Preisstabilität zu wahren, und dabei auch weitgehende Unabhängigkeit erhalten wird. Aus deutscher Sicht ist hierfür besonders wichtig, daß das Europäische Zentralbanksystem keinen Weisungen von nationalen und supranationalen Regierungen und Parlamenten unterliegen darf. Der Vertrag sieht zudem zu Recht vor, daß auch die nationalen Zentralbanken als Teile des Systems vor dem Eintritt in die Währungsunion einen entsprechenden autonomen Status erhalten. Verpflichtend ist diese Statusänderung nach dem Vertrag zwar leider erst mit dem Eintritt in die Währungsunion selbst. Je früher sie jedoch stattfindet, um so länger ist die Zeit, in der sich alle Beteiligten in den betroffenen Ländern an diesen neuen Status gewöhnen können, was für die öffentliche Akzeptanz und die Glaubwürdigkeit der Geldpolitik des späteren Europäischen Zentralbanksystems nur von Vorteil sein kann.

Nicht in allen EG-Ländern wird diese Ansicht geteilt. Einigen Ländern fällt die vollständige Loslösung der Notenbank aus der traditionellen hierarchischen Struktur der Politik und der Administration offenbar sehr schwer. Andere halten an dem Anspruch fest, die Notenbank müsse sich wenigstens gegenüber dem Parlament konkret verantworten. Solche Vorstellungen entsprechen zwar dem traditionellen Verständnis der Letztzuständigkeit des nationalen Parlamentes oder der nationalen politischen Führung. Würde man ihnen jedoch nachgeben, so würde das – zumal angesichts der unterschiedlichen Interessen und Prioritäten in Europa – eine dauerhaft stabilitätsorientierte europäische Geldpolitik kaum wahrscheinlich machen. Wahlpolitisch beeinflußbare Entscheidungen im Bereich der Geldpolitik können erfahrungsgemäß leicht zu höheren Inflationsraten führen, da in den tagespolitischen Auseinandersetzungen die längerfristigen Wirkungen der Inflation einerseits und Vorteile der Geldwertstabilität andererseits meist unterbewertet werden. Es ist kein Zufall, daß gerade die Länder, in denen die Geldpolitik weitgehend dem Regierungs- und Parlamentseinfluß entzogen ist, im internationalen Vergleich der Stabilitätserfolge am besten abschneiden. Deshalb war es zu Recht ein deutsches essential bei den Verhandlungen über den Vertrag von Maastricht, das vorgesehene Europäische Zentralbanksystem eindeutig auf das Ziel der Geldwertstabilität zu verpflichten, die Entscheidungsträger bei ihren Entscheidungen von politischen Weisungen und Einflußnahmen anderer Stellen unabhängig zu machen und ihnen eine hinreichend lange Amtszeit zu sichern.

Der unabhängige Status des Europäischen Zentralbanksystems ist allerdings nur die eine Seite der Medaille. Auf der anderen Seite dürfen auch keine institutionalisierten Zwänge bestehen, welche eine stabilitätsorientierte Ausrichtung der Geldpolitik verhindern. Wie gerade die Deutsche Bundesbank in der Spätphase des Bretton-Woods-Systems zu Anfang der siebziger Jahre erfahren mußte, können Verpflichtungen zur Verteidigung unhaltbar gewordener Wechselkurse eine effiziente Stabilitätspolitik weitgehend unterminieren. Auch für die europäische Ebene ist daher wichtig, daß – falls es in Zukunft auch weltweit wieder einmal ein Festkurssystem geben sollte – der Wechselkurs der gemeinsamen Währung gegenüber Drittwährungen vom EG-Ministerrat nicht ohne vorherige Abstimmung mit dem Europäischen Zentralbanksystem festgelegt werden kann und daß es keinen Zwang zu stabilitätswidrigen Devisenkäufen und -verkäufen geben darf. Der Vertrag von Maastricht wird auch diesen Anforderungen weitgehend – wenn auch leider nicht ganz – gerecht.

IV. Keine Notenbankfinanzierung der öffentlichen Defizite

Stabilitätspolitisch wichtig ist auch, daß jede Finanzierung öffentlicher Haushaltsdefizite durch die Europäische Zentralbank und die mit ihr verbundenen nationalen Zentralbanken unterbleibt. In diesem Punkt ist der Vertrag erfreulich klar. Gerade in dem Verhältnis zwischen einer supranationalen Geldpolitik und den nationalen Budgetpolitiken liegt ein politisch besonders schwieriges Problem der mehrere Nationalstaaten umfassenden Währungsunion. Wie auch immer die politische und ökonomische Integration Europas sich weiter entwickeln wird, es wird voraussichtlich auch auf längere Sicht dominierende nationale Haushalte und Sozialversicherungssysteme geben, während der Gemeinschaftshaushalt im Verhältnis dazu begrenzt bleiben dürfte. Diese fiskalische Dominanz der Nationalstaaten enthält nicht nur erhebliche zentrifugale Kräfte, sie kann auch zu erheblichen Konflikten mit einer einheitlichen Geldpolitik führen. Durch die gemeinsame Währung wird für Mitgliedstaaten, die zu laxer Fiskalpolitik neigen, die Finanzierung ihrer übermäßigen Defizite leichter, da sie auf die Kapitalbildung in der gesamten Währungsunion zurückgreifen können, und zwar ohne Wechselkursrisiko und ohne die vollen Zinskonsequenzen der eigenen Finanzpolitik zu tragen. Die Konsequenzen einer übermäßigen Kapitalmarktbeanspruchung durch ein oder mehrere Mitgliedsländer werden vielmehr allen an der Währungsunion beteiligten Partnerländern gemeinsam auferlegt – ein typisches Trittbrettfahrerproblem, das leicht zu Konflikten mit der Geldpolitik führen kann. Der Vertrag über die Europäische Wirtschafts- und Währungsunion enthält zwar eine Reihe von Vorschriften, die eine regelmäßige Überwachung der nationalen Haushaltspolitik vorsehen und auf ein Mindestmaß an Budgetdisziplin in den Mitgliedsländern hinwirken sollen; deren Wirksamkeit wird sich aber noch erweisen müssen.

V. Nur Teilnahme von Ländern mit der erforderlichen Stabilitätskultur

Auch durch noch so ausgefeilte institutionelle Regelungen lassen sich die Risiken einer Europäischen Währungsunion jedoch nur eingrenzen, nicht aber vollständig ausräumen. Insbesondere muß der gesetzlich vorgegebene Rahmen auch tatsächlich im Sinne der Geldwertstabilität ausgenützt werden, und dies hängt zum großen Teil von den dann handelnden Personen und von der Glaubwürdigkeit der von ihnen verfolgten Politik ab. Vertrauen kann man jedoch nicht per Dekret verordnen. Eine neue Institution muß sich das nötige Stabilitätsvertrauen erst erarbeiten. Auch ein unabhängiges Europäisches Zentralbanksystem kann letztlich nur dann auf Dauer eine hinreichende Stabilitätspolitik betreiben, wenn sie dabei genügend Zustimmung und Unterstützung findet. Das Stabilitätsbewußtsein ist aber bisher in Europa noch von Land zu Land recht unterschiedlich ausgeprägt – ein Blick auf die verschieden hohen Inflationsraten, Budgetdefizite und Zinsen der einzelnen Staaten verdeutlicht dies sehr schnell. Besonders problematisch daran ist, daß diese Differenzen wenigstens zum Teil auch in unterschiedlichen Grundorientierungen, Traditionen, Institutionen und Verhaltensweisen wurzeln. Unterschiedliche Stabilitätskulturen sind aber mit einer einheitlichen Stabilitätspolitik auf Dauer nicht zu vereinbaren – vielmehr droht die Geldpolitik ohne ausreichende Unterstützung überlastet zu werden. Bevor der Schritt in die Europäische Währungsunion gewagt werden kann, müssen von den Teilnehmerländern deshalb noch eine Reihe von Voraussetzungen geschaffen werden. Nach dem Vertrag sollen von den für die Teilnahme an der Union in Frage kommenden Ländern folgende Kriterien – quasi als Test für die notwendige Anpassung der Verhaltensweisen – erfüllt sein. Zum ersten sollte die Inflationsrate möglichst niedrig und die Inflationsdifferenzen zwischen den in Frage kommenden europäischen Ländern weitgehend abgebaut sein. Zweitens müssen die Haushaltsdefizite in allen beteiligten Ländern auf ein dauerhaft tragbares und stabilitätspolitisch unproblematisches Maß reduziert worden sein. Zum dritten muß die Dauerhaftigkeit der erreichten Konvergenz auch in der Bewertung der Märkte, d.h. in einer weitgehenden Annäherung der Marktzinsen zum Ausdruck gekommen sein. Und viertens sollten die Länder ihre stabilitätspolitische Leistungsfähigkeit auch durch eine mehrjährige möglichst problemfreie Teilnahme am Wechselkursverbund des Europäischen Währungssystems nachgewiesen haben.

Die teilweise eruptiven Vorgänge an den Devisenmärkten im Herbst 1992 und im Sommer 1993 haben gezeigt, welche Spannungen auftreten können, wenn die ökonomischen Divergenzen zu groß geworden sind. Solche Divergenzen können nicht dauerhaft durch euphorische Erwartungen und illusionäre Versprechungen überdeckt werden. Gewiß, ein Wechselkursverbund wie das derzeitige Europäische Währungssystem ist nicht ohne weiteres mit einer Währungsunion zu vergleichen, insbesondere im Hinblick auf die Anfälligkeit für Kapitalbewegungen, die auf eine Leitkursänderung spekulieren. Aber auch in einer Währungsunion führt mangelnde ökonomische Konvergenz zu Problemen. Divergierende Wirtschaftsentwicklungen können in einer solchen Union nämlich nicht mehr durch Wechselkursänderungen abgefedert werden. Das bedeutet, daß z.B. die Anforderungen an die Flexibilität der Märkte in einem vergrößerten Währungsgebiet erheblich steigen. Vorhandene oder neu entstehende regionale oder nationale Differenzen in der Wettbewerbsfähigkeit müssen nämlich vor allem durch Veränderung der Kosten- und Angebotsstrukturen korrigiert werden. Wenn z.B. die Lohnkosten nicht hinreichend flexibel sind, können regionale Arbeitsmarktprobleme sich leicht vergrößern und zu erheblichen Spannungen führen.

Angesichts der bisherigen Erfahrungen spricht somit viel dafür, daß in einer Währungsunion deshalb mit einem größeren Druck in Richtung auf ein Finanzausgleichssystem mit erheblichen öffentlichen Finanztransfers für die schwächer entwickelten oder durch Anpassungsvorgänge besonders betroffenen Regionen gerechnet werden muß. Ob die politische Solidarität zwischen den Völkern Europas ohne eine weitergehende Einbindung in einen staatsähnlichen politischen Verbund ausreichen wird, um größere Probleme einzelner Regionen und Mitgliedstaaten durch einen weiterreichenden Finanzausgleich lösen zu können, dürfte fraglich sein. Nicht zuletzt auch deswegen braucht eine Währungsunion für ihren dauerhaften Bestand eine Einbettung in eine breiter gelagerte Politische Union – das zeigen alle historischen Erfahrungen. Ohne eine solche politische Solidargemeinschaft besteht die Gefahr, daß künftig entstehende Spannungen zu einer Zerreißprobe für eine stabilitätsorientierte Währungsunion werden. Ohnehin wird in einer solchen Union die Gefahr größer, daß man seitens der wirtschaftlich schwächeren Mitgliedstaaten darauf drängt, die Probleme einzelner Regionen durch eine gelockerte Geldpolitik zu kurieren.

VI. Risikominderung durch angemessene Vorbereitung und eventuelle Begrenzung der Teilnehmerzahl

Das alles zeigt: Ohne hinreichende vorherige wirtschaftliche und auch – zumindest was die Stabilitätsorientierung und Unabhängigkeit der Notenbanken angeht – auch institutionelle Konvergenz – und das heißt: ohne entsprechende Anpassungen der Verhaltensweisen – sowie ohne die Bereitschaft der beteiligten Staaten zu einer weitergehenden politischen Solidarität ist der Weg in die Währungsunion ein beträchtliches Risiko. Eingefahrene Strukturen ändern zu wollen, ist aber ein mühseliges Unterfangen, das nicht von heute auf morgen bewältigt werden kann. Und auch die politischen Klärungsprozesse brauchen offenbar mehr Zeit, wie die europaweite Debatte um den Vertrag von Maastricht gezeigt hat. Terminvorgaben, wie sie im Vertrag für 1996/97 bzw. 1998/99 festgelegt sind, können stimulierende Wirkungen für notwendige Reform- und Entscheidungsprozesse entfalten. Wichtiger als ihre genaue Einhaltung ist jedoch, daß zuvor ökonomisch und politisch tragfähige Fundamente gelegt werden. Wenn das nicht in allen Gemeinschaftsländern in dem bis gegen Ende der 90er Jahre vorgesehenen Zeitrahmen gelingt, bleibt immer noch die Möglichkeit, die Union im kleinen Rahmen mit einigen Ländern zu beginnen. Der Vertrag selbst sieht diese Lösung bereits vor. Die Entscheidung hierüber kann sinnvoll jedoch erst dann getroffen werden, wenn die Tragfähigkeit der erforderlichen Fundamente hinreichend erprobt und die Gesamtarchitektur der angestrebten Union deutlicher geworden ist.

Eine gemeinsame Währung für Europa ist sicherlich eine gute Idee. Wichtiger als die Qualität der Gemeinsamkeit ist jedoch die Stabilität. Denn auch in Europa gilt: Geld kann seine Funktionen nur dann reibungslos erfüllen, wenn es dauerhaft stabil ist und Geltung hat. Europa sollte die deutschen Nachkriegserfahrungen nicht vergessen. Seine künftige ökonomische und politische Geschichte wird nicht zuletzt davon abhängen, ob die angestrebte neue Währung wirklich ihren Wert dauerhaft behält. Alle Beteiligten müssen sich bewußt sein: Eine Währungsunion ist mehr als nur ein technischer Vorgang oder eine sektoral begrenzte und im Notfall wieder auflösbare Form der Kooperation von Nationalstaaten. Eine Währungsunion ist eine unkündbare Solidargemeinschaft mit weitgehenden wirtschaftlichen und politischen Konsequenzen.

Norbert Blüm

Europäische Sozialpolitik nach Maastricht

Inhaltsübersicht

„Seit der Einführung unserer Wirtschaftsordnung ist es nie darum gegangen, das gesamte wirtschaftliche Leben der modernen Gesellschaft dem Markt und den dort wirkenden privatwirtschaftlichen Kräften zu überantworten. Nicht unumschränkte Freiheit, sondern sozialgebundene Freiheit ist die Forderung des Grundgesetzes und die Forderung der *sozialen* Marktwirtschaft" (*Franz Klein*)[1].

Diese Forderungen in der Lebenswirklichkeit umzusetzen, ist schon in unserem eigenen Land eine Aufgabe, der wir uns täglich stellen müssen, um im Ausgleich der verschiedenen Interessen dem Gemeinwohl zu dienen und den besten Weg für das Gemeinwesen zu finden, zumal in wirtschaftlich schwierigen Zeiten. Mit nicht weniger Engagement als in unserem eigenen Land müssen wir der Idee der sozialen Marktwirtschaft in Europa Geltung verschaffen, wo so viele unterschiedliche Traditionen, Doktrinen und Verhaltensmuster zusammenkommen.

Der Vertrag von Maastricht hat die gemeinschaftlichen Voraussetzungen für die Gestaltung sozialer Marktwirtschaft in Europa entscheidend verbessert. Die soziale Dimension Europas erhält ein stärkeres Gewicht als zuvor. Ein kurzer Rückblick mag dies verdeutlichen.

I. Gemeinschaftliche Sozialpolitik bis zum Vertrag von Maastricht

Sozialpolitische Anliegen werden in der Präambel des EWG-Vertrages angesprochen, in der sich die Vertragsparteien verpflichten, „durch ge-

1 *Franz Klein*, Marktwirtschaft und Grundgesetz, in: Peter M. Schmidhuber/ Lothar Müller/Frank E. Münnich/Peter Spary (Hrsg.), Beiträge zur politischen Ökonomie, Festschrift für Clemens-August Andreae, 1989, S. 61–79, hier S. 67.

meinsames Handeln den wirtschaftlichen und sozialen Fortschritt ihrer Länder zu sichern" und „die stetige Besserung der Lebens- und Beschäftigungsbedingungen ihrer Völker als wesentliches Ziel anzustreben". In Art. 2 wird die „beschleunigte Hebung der Lebenshaltung" als Aufgabe der Gemeinschaft festgeschrieben.

Scheinbar im Widerspruch zu dieser ehrgeizigen Zielbestimmung steht die in Art. 117 und 118 verankerte Festlegung, daß Sozialpolitik in erster Linie Aufgabe der Mitgliedstaaten ist. Der Gemeinschaft wird keine eigenständige Befugnis eingeräumt, durch den Erlaß von Rechtsvorschriften tätig zu werden. Dieser scheinbare Widerspruch löst sich aber auf, wenn man sich vergegenwärtigt, daß die Gemeinschaft ihrerseits als bloße Wirtschaftsgemeinschaft gegründet wurde und man zu Recht darauf vertraute, durch eine gemeinsame Hebung der Wirtschaftskraft aller Mitgliedstaaten national auch mehr „sozial" verteilen zu können. Dies war nach dem damaligen Integrationsstand durchaus ein schlüssiges Konzept.

So finden sich, sieht man einmal von der Einrichtung des Europäischen Sozialfonds (Art. 3 Buchstabe i) ab, dessen Ziel die Förderung der Beschäftigung der Arbeitnehmer und ihrer Mobilität ist, nur zwei konkrete sozialpolitische Handlungsaufträge an den Gemeinschaftsgesetzgeber: die Sicherstellung der Freizügigkeit der Arbeitskräfte und die Regelung ihrer sozialen Sicherheit (Art. 48, 49 und 51)[2] sowie das Gebot, gleichen Lohn für Männer und Frauen sicherzustellen (Art. 119 EWG-Vertrag).

Immerhin hat die Gemeinschaft auf dieser schmalen Ermächtigungsbasis *Wichtiges geleistet*. Die Freizügigkeitsverordnung von 1968, die den Wanderarbeitnehmer in das Sozialsystem des Aufnahmestaates integriert und ihm gleiche Rechte wie den inländischen Kollegen am Arbeitsplatz einräumt, und die Verordnung über die soziale Sicherheit der Wanderarbeitnehmer von 1971, die Nachteile in der sozialversicherungsrechtlichen Biographie der Wanderarbeitnehmer verhindert, haben bis heute Bestand.

Trotz der wichtigen sozialpolitischen Fortschritte konnte es im Zuge einer sich dynamisch entwickelnden Integration nicht bei den Eingrenzungen in der Zuständigkeit bleiben. Die Gemeinschaft hat sich auch nicht gescheut, ohne explizite neue Handlungsermächtigungen die bestehenden generellen in Anspruch zu nehmen, wenn die Notwendigkeit bestand, auf dem Gebiet des Sozialen zu handeln. Entscheidende Impulse in diesem Sinne gingen vom ersten sozialpolitischen Aktionsprogramm der Gemeinschaft aus, das der Rat Anfang 1974 beschloß. Beispielhaft seien die ersten Rechtsangleichungen auf dem Gebiet des technischen Arbeitsschutzes erwähnt, die zunächst noch unter „Beseitigung technischer Handelshemmnisse" firmierten und sich auf Art. 100 EWG-Vertrag

2 Zu Bestimmungen in anderen Politikbereichen vgl. *Karl-Heinz Narjes*, Sozialpolitik in den Europäischen Gemeinschaften, in: Bernd v. Maydell/Walter Kannengießer (Hrsg.), Handbuch Sozialpolitik, 1988, S. 376–386, hier S. 377 f.

stützten. Freilich mußte im Ministerrat dabei einstimmig abgestimmt werden, aber Fortschritte wurden gleichwohl erzielt.

Wir verdanken dem erwähnten ersten sozialpolitischen Aktionsprogramm aber auch wichtige Impulse für die Gleichstellung von Mann und Frau im Arbeitsleben und in der sozialen Sicherheit. Richtlinien zum betrieblichen Arbeitsschutz gehen zurück auf das erste gemeinschaftliche Aktionsprogramm zum Arbeitsschutz, das seinerseits auf dem sozialpolitischen Aktionsprogramm von 1974 basiert[3]. Es wurden sogar einige wenige Richtlinien zum Arbeitsverhältnis verabschiedet[4].

Ein ganz neues sozialpolitisches Kapitel wurde dann durch die Einheitliche Europäische Akte von 1986 aufgeschlagen. Der Anlaß für diese erste große Vertragsrevision war die Verwirklichung des Binnenmarktprojekts, das mit dem Weißbuch der Kommission von 1985 seine konzeptionelle Basis erhielt[5].

Obwohl das Weißbuch unter den konkret vorgeschlagenen Rechtsakten der Gemeinschaft keinen einzigen sozialpolitischen Vorschlag enthielt, was das Binnenmarktprojekt in eine gefährliche Schieflage brachte, hat die Einheitliche Europäische Akte für die Sozialpolitik wichtige Neuorientierungen gebracht. Hervorzuheben sind die neugeschaffenen Art. 118a und 118b. Der Artikel 118a EWG-Vertrag erkannte erstmals die Verbesserung des Arbeitsschutzes als Gemeinschaftsaufgabe an und stellte dafür eine ausdrückliche Handlungsermächtigung zur Verfügung; Art. 118a EWG-Vertrag sieht vor, daß der Rat – mit qualifizierter Mehrheit – durch den Erlaß von Richtlinien Rechtsnormen in Form von *Mindestvorschriften* schaffen kann. Durch Art. 118b EWG-Vertrag wurde der bisher sporadisch geführte *Dialog zwischen den Sozialpartnern* auf eine vertragliche Grundlage gestellt; die Kommission erhielt den Auftrag, „den Dialog zwischen den Sozialpartnern auf europäischer Ebene zu entwikkeln, der, wenn diese es für wünschenswert halten, zu vertraglichen Beziehungen führen kann".

Binnenmarkt ohne soziale Dimension, die Konzeption des Weißbuches der Kommission, bedurfte dringend der Korrektur. Die Gleichwertigkeit von wirtschaftlichen und sozialen Aspekten im weiteren Integrationsprozeß war einzufordern. Dazu schuf unter deutscher EG-Präsidentschaft im 1. Halbjahr 1988 der Europäische Rat von Hannover die Grundlage. Die

---

3 Hierzu gehören die Richtlinie zur Angleichung der Rechts- und Verwaltungsvorschriften der Mitgliedstaaten über die Sicherheitskennzeichnung am Arbeitsplatz von 1977 und die Rahmenrichtlinie zum Schutz der Arbeitnehmer vor der Gefährdung durch chemische, physikalische und biologische Arbeitsstoffe bei der Arbeit von 1980.

4 Dies sind die Richtlinien über die Angleichung der Rechtsvorschriften der Mitgliedstaaten über Massenentlassungen, die Wahrung von Ansprüchen beim Übergang von Unternehmen, Betrieben und Betriebsteilen und den Schutz der Arbeitnehmer bei Zahlungsunfähigkeit des Arbeitgebers.

5 Zum Binnenmarktprojekt vgl. *Dieter Rondorf /Achim Wittrock*, Europäischer Binnenmarkt – Vor der Verwirklichung, Bundesarbeitsblatt 12/1992, S. 5–10.

sozialen Fragen standen seither gleichberechtigt auf der Tagesordnung der nachfolgenden „Gipfeltreffen" der Staats- und Regierungschefs. Die politischen Anstöße der Europäischen Räte waren nun in konkrete Beiträge durch die Arbeits- und Sozialminister umzumünzen. Deutschland übernahm dabei eine besonders aktive Rolle: Der von der Bundesregierung gemeinsam mit den Sozialpartnern DGB, DAG und BdA im Oktober 1989 erarbeitete Neun-Punkte-Katalog mit konkreten Forderungen für rechtsverbindliche gemeinschaftsweite Mindeststandards hatte maßgebliche Auswirkungen auf die zwei Monate später von den Staats- und Regierungschefs von elf Mitgliedstaaten (ohne Großbritannien) angenommene *Gemeinschaftscharta der sozialen Grundrechte der Arbeitnehmer*. Dies war ein wichtiger Meilenstein auf dem Weg zum sozialen Europa, zumal die Charta als „feierliche Erklärung" keine leere Hülse blieb, sondern nahtlos in ein sozialpolitisches Aktionsprogramm der Kommission mit fast 50 Einzelvorhaben einmündete, von denen der größte Teil auch schon verabschiedet wurde.

Bei der Ausgestaltung der sozialen Dimension des Binnenmarktes dominiert bisher der Arbeitsschutz unangefochten. Zweierlei fügte sich hier segensreich zusammen: Erstens ist allen Beteiligten bewußt, daß Versäumnisse beim Arbeitsschutz nicht nur menschliches Leid verursachen, sondern auch großen ökonomischen Schaden anrichten; deshalb ziehen Arbeitgeber und Gewerkschaften in diesem Bereich in der Regel an einem Strang; mag die Intensität dabei auch unterschiedlich sein, es geht in die gleiche Richtung, und Konsens ist politisch leichter als auf anderen Feldern erzielbar. Zweitens fördert die Entscheidungsregel im Rat – qualifizierte Mehrheit statt Einstimmigkeit – ein zügiges Vorankommen. Im Arbeitsrecht lassen sich die Fortschritte des Europäischen Gesetzgebers etwas schwerer an: Gleichwohl sind auch hier mit der Richtlinie über den Nachweis eines Arbeitsverhältnisses und der nunmehr endgültig verabschiedeten Arbeitszeit-Richtlinie im Rat konkrete Fortschritte vorzeigbar – und nicht nur in unwesentlichen Randbereichen.

II. Der Vertrag von Maastricht: Protokoll über die Sozialpolitik

Der Vertrag über die politische Union von Maastricht enthält als Anhang das Protokoll über die Sozialpolitik. Für alle Sozialpolitiker in der Gemeinschaft bedeutet es jedoch nicht etwa nebensächliches Beiwerk; es ist vielmehr das Instrument, mit dem wir unsere Handlungsmöglichkeiten erweitern. Es läßt die bisherigen sozialpolitischen Regelungen des EWG-Vertrags unangetastet, eröffnet darüber hinaus aber ein neues Verfahren zur Festlegung konkreter verbindlicher Mindeststandards. Elf Mitgliedstaaten (ohne Großbritannien) bekräftigen damit, auf dem durch die Sozialcharta von 1989 vorgezeichneten Weg weitergehen zu wollen; sie vereinbarten dazu ein sozialpolitisches Abkommen.

Dieses Abkommen sieht vor, daß qualifizierte Mehrheitsentscheidungen im Rat künftig auch möglich sind auf den Gebieten:

- Verbesserung der Arbeitsumwelt,
- Arbeitsbedingungen,
- Unterrichtung und Anhörung der Arbeitnehmer,
- Chancengleichheit für Männer und Frauen auf dem Arbeitsmarkt und Gleichbehandlung am Arbeitsplatz,
- berufliche Eingliederung der aus dem Arbeitsmarkt ausgegrenzten Personen.

Damit hat sich die Gemeinschaft auf diesen wichtigen sozialpolitischen Feldern Handlungsermächtigung und vor allem auch Handlungsfähigkeit durch Mehrheitsentscheidung besorgt; kein Staat kann mehr durch bloße Verweigerung Fortschritte blockieren, jeder ist zu konstruktiver Mitarbeit angehalten.

Dagegen bleibt es in ganz besonders sensiblen Bereichen aber auch in Zukunft bei der Einstimmigkeit; es sind:

- soziale Sicherheit und sozialer Schutz der Arbeitnehmer,
- Kündigungsschutz,
- Vertretung und kollektive Wahrnehmung der Arbeitnehmer- und Arbeitgeberinteressen, einschließlich der Mitbestimmung,
- Beschäftigungsbedingungen von Drittstaatsangehörigen, die sich rechtmäßig im Gebiet der Gemeinschaft aufhalten,
- finanzielle Beiträge zur Beschäftigungsförderung.

Hier kann kein Mitgliedstaat durch den Einsatz „formaler Regelungsmacht" überstimmt werden. Die Gemeinschaft ist aber handlungsfähig, wenn sie sich zum Konsens aller durchringt. Dieser umfassende Konsens für Gemeinschaftsentscheidungen fördert die Akzeptanz der betroffenen Bürger, die gerade auf diesen genannten Feldern unverzichtbar ist.

Nicht anwendbar ist das Sozialprotokoll bei Fragen, die

- das Arbeitsentgelt,
- das Koalitionsrecht oder
- das Streik- und Aussperrungsrecht

betreffen; dies sind auch die klassischen Felder der Tarifvertragsparteien.

Die elf Abkommenspartner (Großbritannien ist nicht beigetreten) werden durch das Protokoll, das von allen zwölf Mitgliedstaaten ratifiziert worden ist, ausdrücklich ermächtigt, „die Organe, Verfahren und Mechanismen des Vertrages in Anspruch zu nehmen, um die erforderlichen Rechtsakte und Beschlüsse zur Umsetzung" ihres Abkommens zu schaffen. Diese gelten für ihr Territorium.

Die Gemeinschaft hat mit dieser Regelung ihre politische Innovationsfähigkeit bewiesen in einer Situation, die von der Weigerung Großbritanniens bestimmt wurde, Änderungen im Sozialkapitel des EG-Vertrages zuzulassen.

Ich sehe in dem Abkommen der Elf die Anerkennung der Notwendigkeit zur Gestaltung einer sozialverpflichteten Wirtschaftsordnung – ganz im Gegensatz zu völlig ungebundenen reinen Freihandelskonzepten.

Das Abkommen entfaltet aber noch in einem weiteren Punkt eine enorme Wirkung: Die Rolle der Sozialpartner wird entscheidend gestärkt. Die Kommission wird verpflichtet, die Sozialpartner anzuhören, wenn sie eine Gemeinschaftsaktion erwägt. Kommt sie danach zu der Auffassung, daß eine Gemeinschaftsmaßnahme tatsächlich zweckmäßig ist, so muß sie die Sozialpartner erneut konsultieren, diesmal zum konkreten Inhalt des in Aussicht genommenen Vorschlags. Die Sozialpartner können der Kommission gemeinsam mitteilen, daß sie selbst über diesen Gegenstand eine Vereinbarung treffen wollen; dazu haben sie neun Monate Zeit. Hier wird den Sozialpartnern Vorfahrt eingeräumt; der Gesetzgeber tritt zurück.

Die Einbeziehung der Sozialpartner in die Gestaltung des sozialen Fortschritts hat sich in unserem Lande über Jahrzehnte bewährt, dies fördert sozialen Frieden und vor allem praxisnahe Lösungen. So wird es auch auf Gemeinschaftsebene sein und alles in allem dazu beitragen, die Akzeptanz der Gemeinschaft bei Arbeitnehmern und Arbeitgebern zu erhöhen.

III. Maximen gemeinschaftlicher Rechtsetzung

Fortschritte in der Sozialpolitik setzen wirtschaftliche Leistungsfähigkeit voraus. In der Europäischen Gemeinschaft heißt das auch, Rücksicht zu nehmen auf unterschiedliche Entwicklungsniveaus der Mitgliedstaaten. Wenn man erfährt, daß ein Automechaniker in Kopenhagen ein jährliches Bruttoeinkommen von umgerechnet 31 300 $ hat, sein Kollege in Lissabon aber nur von 5 100 $[6], dann gewinnt man ein Gespür dafür, daß in Europa nicht alles über einen Kamm geschoren werden kann. Wir wollen gemeinsam in die Zukunft gehen, wir wollen aber keine totale Harmonisierung. Eine strikte Harmonisierungsstrategie ist nicht nur für uns inakzeptabel, sie würde auch die ärmeren Partner an den Rand drücken, ihre Verweigerung und die völlige Blockade in der Sozialpolitik provozieren. Zudem wäre ihr wirtschaftlicher Aufholprozeß gefährdet. Eine Vorgehensweise, bei der aus allen nationalen Regelungen jeweils das Beste herausgesucht und dann zum EG-weiten Standard gemacht würde, ist schiere Illusion; eine derartige „Harmonisierung" ist unfinanzierbar. Ein Einpendeln von Sozialstandards auf mittlerem Niveau dagegen würde die wirtschaftlich schwächeren Mitgliedstaaten überfordern. Für die wohlha-

6 Vgl. Union Bank of Switzerland: Prices and Earnings Around the Globe. A Comparison of Purchasing Power in 48 Cities, 1991, S. 36.

benderen Mitgliedstaaten wäre dieser Weg aber auch nicht akzeptabel: er würde für sie Sozialabbau bedeuten.

Wir verfolgen deshalb das Konzept der Mindeststandards. Mindeststandards bedeuten, daß ein bestimmtes Mindestschutzniveau nicht mehr unterschritten werden darf. Die weiter entwickelten Mitgliedstaaten sind dabei frei, bei der Umsetzung der betreffenden Richtlinien in nationales Recht höhere Schutzniveaus vorzusehen oder bestehende höhere beizubehalten. Mindeststandards sind keine Minimalstandards und bedeuten auch keinen Stillstand in der Sozialpolitik der wohlhabenderen Mitgliedstaaten. Ein Beispiel soll dies verdeutlichen. Der im November 1993 vom Rat endgültig verabschiedete Entwurf einer Richtlinie über die Gestaltung der Arbeitszeit sieht einen jährlichen Mindesturlaub für die Arbeitnehmer von vier Wochen vor. In den alten Bundesländern erhalten weiter über 200 000 Arbeitnehmer noch den im Bundesurlaubsgesetz vorgesehenen Urlaub von drei Wochen. Für sie werden sich durch die Umsetzung der Richtlinie über die Gestaltung der Arbeitszeit spürbare Verbesserungen ergeben.

Für die Akzeptanz der gemeinschaftlichen Sozialpolitik bei den Bürgern kommt es auch darauf an, daß Regelungsperfektionismus vermieden wird. Richtlinien müssen sich auf wenige grundsätzliche Vorgaben konzentrieren, sie dürfen sich nicht in Details verlieren. Die Ausgestaltung im einzelnen und die Einpassung in das jeweilige nationale Rechtssystem müssen den Mitgliedstaaten überlassen bleiben. Sofern es im Einzelfall möglich ist, muß den Sozialpartnern ein eigener Gestaltungsraum offengehalten werden.

Ein vorausschauender Gesetzgeber muß auch an flexiblen Regelungen interessiert sein. Wir können keine inhaltlichen Festlegungen vornehmen, die einen oder mehrere Mitgliedstaaten zwingen, ihre Gesetzessystematik aufzugeben. Wir müssen Rücksicht auf die in den Mitgliedstaaten gewachsenen Systeme nehmen.

Auch wäre es unrealistisch, wenn wir Richtlinien mit Ewigkeitsanspruch schaffen wollten. Gerade im Arbeitsschutz können sich durch technische Neuerungen innerhalb kürzester Zeit ganz neue Verhältnisse einstellen: bisherige Gefahrenpotentiale verschwinden, neue unvorhergesehene entstehen. Deshalb muß die Überprüfung des Regelungsgegenstandes nach einem bestimmten Zeitablauf möglich sein. Bei einer solchen Überprüfung können wir feststellen, was sich bewährt hat, was zu ändern, zu ergänzen ist, aber auch, was zurückgenommen werden sollte, weil es sich nicht bewährt hat.

So lautet also die Devise: Konzentration auf das Wesentliche, Anpassungsfähigkeit an unterschiedliche nationale Verhältnisse, Freiraum für Verhandlungslösungen der Sozialpartner, Überprüfungen nach einem bestimmten Zeitablauf.

In der Vergangenheit haben wir nicht nur einmal den Versuch erlebt, durch die Wahl falscher Rechtsgrundlagen des EWG-Vertrages Mehrheitsentscheidungen zu erzwingen, wo einstimmige Entscheidungen vorgesehen sind. Derartige Versuche sind immer zum Schaden der Integration, weil sie Rechtsunsicherheit verbreiten und Akzeptanz des Integrationsprozesses bei den Partnern beschädigen, deren Interessen „trickreich" übergangen werden sollen. Die präzisen Festlegungen des Sozialprotokolls zum Vertrag über die Politische Union geben Anlaß zu der Hoffnung, daß es in Zukunft weniger Streit über die Rechtsgrundlagen geben dürfte. Regelungen im Bereich der sozialen Sicherheit und des sozialen Schutzes, im Bereich des Kündigungsschutzes sowie der Vertretung und kollektiven Wahrnehmung der Arbeitnehmer- und Arbeitgeberinteressen werden wir auch im Kreis der Elf nur einstimmig treffen. Diese Bereiche sind zu sensibel, als daß ein Partner gezwungen werden sollte zu akzeptieren, was er nicht will. Eine willkürliche Heranziehung des Art. 100a, der auf die Harmonisierungserfordernisse im Zuge der Herstellung des Binnenmarktes zugeschnitten ist, werden wir nicht hinnehmen; zu Recht sind die „Interessen und Rechte der Arbeitnehmer" von der Anwendung dieser Vorschrift ausgenommen.

IV. Internationaler Strukturwandel ist nicht Sozialdumping

In der jüngsten Vergangenheit haben eine Reihe von Betriebsstättenverlagerungen international tätiger Unternehmen, teils von Großbritannien nach Frankreich, teils umgekehrt, vor allem aber diejenige des Hoover-Konzerns von Dijon nach Glasgow – mit Arbeitsplatzverlusten in Frankreich – zu dem Vorwurf geführt, im Binnenmarkt versuche ein Mitgliedstaat, sich durch Sozialdumping unlautere Vorteile zu verschaffen. Bei genauerer Betrachtung zeigt sich, daß der Begriff „Sozialdumping" teils als Synonym für einen nicht näher konkretisierten, angeblichen Sozialabbau in der Gemeinschaft gebraucht wird, teils um Defizite bei der Verwirklichung der sozialen Dimension anzuprangern, teils wird er aber auch auf Begleiterscheinungen normaler marktwirtschaftlicher Wettbewerbsprozesse im Binnenmarkt angewendet. Wer europäische Sozialpolitik gestalten will, muß sich um mehr Klarheit bemühen:

1. Die Freizügigkeit von Personen, Waren, Dienstleistungen und Kapital in einer marktwirtschaftlichen Ordnung freien und unverfälschten Wettbewerbs ist Grundlage des Europäischen Binnenmarktes. Dazu gehört der Standortwettbewerb als wesentliches Element. Die Gemeinschaft muß natürlich ihr rechtliches Instrumentarium voll ausschöpfen, um fairen Wettbewerb zu sichern. Gemeinschaftsinterventionismus in den Ablauf marktwirtschaftlicher Wettbewerbsprozesse ist jedoch mit den Verträgen unvereinbar.
2. Betriebsstättenverlagerungen innerhalb und außerhalb der Gemeinschaft sind eine normale und notwendige Begleiterscheinung marktwirtschaftlicher Anpassungs- und Umstrukturierungsprozesse im Rahmen des Standortwettbewerbs. Sie führen zur Ausnutzung von kompa-

rativen Standortvorteilen und können damit die Produktivität der Wirtschaft und die Einkommen der Beschäftigten insgesamt erhöhen.

3. Die Nutzung von Standortvorteilen aufgrund günstigerer Lohn- und Lohnnebenkosten einschließlich sonstiger Sozialaufwendungen ist legitimer Teil des Standortwettbewerbs. Sie stellen keine wettbewerbswidrigen Vorteile dar. Aufgabe nationaler und flankierender gemeinschaftlicher Sozialpolitik ist es aber auch, solche Strukturanpassungsprozesse sozialverträglich zu begleiten und ihren unverzichtbaren Beitrag zur Verwirklichung der Grundprinzipien der sozialen Marktwirtschaft im Binnenmarkt zu leisten.
4. Diejenigen Unternehmen, die in mehreren Mitgliedstaaten agieren und Betriebsstättenverlagerungen erwägen, müssen aber wissen: Lohnkosten und Lohnnebenkosten sind nicht der einzig ausschlaggebende Wettbewerbsfaktor. Zu den Standortbedingungen gehören die konkreten wirtschaftlichen und wirtschaftsnahen Standortmerkmale wie Infrastruktur, Löhne, Produktivität, arbeits- und sozialrechtliche Regelungen und Mitwirkungsrechte ebenso wie alle politischen, rechtlichen und gesellschaftlichen Rahmenbedingungen in ihrer interdependenten Ausgestaltung. Einzelne wettbewerbsrelevante Vor- und Nachteile wie die Kostenstrukturen auf der einen, der soziale Frieden, hohe Produktivität[7] und Produktqualität auf der anderen Seite können sich im Ergebnis ausgleichen.
5. Günstige Kostenstrukturen bei sonst gleichen Bedingungen machen strukturell benachteiligte und periphere Regionen der Gemeinschaft für Investitionen attraktiv und geben ihnen die Chance, Entwicklungsrückstände aufzuholen, zukunftssichere Arbeitsplätze zu schaffen und sich im Sinne der gewollten wirtschaftlichen und sozialen Kohäsion der Gemeinschaft schrittweise dem Produktivitäts-, Lohn- und Sozialniveau der wohlhabenderen Mitgliedstaaten anzunähern. Entscheidungen, die den Aufholprozeß fördern, dürfen deshalb nicht verteufelt werden. Betrachtet man die Entwicklung der Sozialleistungsquoten der EG-Mitgliedstaaten von 1980 bis 1991, so ist festzustellen, daß den stärksten Anstieg Griechenland (8,5%-Punkte), Italien (5%-Punkte), Portugal (4,8%-Punkte) und Spanien (3,2%-Punkte) aufgewiesen haben. Das wirtschaftliche Aufholen dieser Länder bezieht sich also auch auf die schrittweise Fortentwicklung ihrer Sozialsysteme.

---

7 Die Arbeitskosten sagen erst im Zusammenhang mit der jeweiligen Arbeitsproduktivität etwas über die Kostenbelastung der Unternehmen aus. Während z.B. für die Bundesrepublik Deutschland im Vergleich zu Frankreich, Italien und Großbritannien weit höhere Arbeitskosten je Stunde ausgewiesen werden, ergeben sich für die Lohnstückkosten andere Relationen; gemessen am Anteil der Bruttoeinkommen aus unselbständiger Arbeit am Bruttosozialprodukt lag im Jahre 1990 Italien mit 45,7 v.H. betriebswirtschaftlich gesehen günstiger als die Bundesrepublik Deutschland (52,1 v.H.) und Frankreich (52,0 v.H.), am ungünstigsten war der Wert für Großbritannien mit 56,8 v.H.

6. Einer kooperativen Unternehmensstrategie gehört die Zukunft. Die vertrauensvolle Zusammenarbeit im Unternehmen stärkt den sozialen Frieden und trägt durch Förderung der Motivation zur Steigerung der Produktivität bei. Wenn seit 1990 jedes Jahr mehr als 600 Unternehmenszusammenschlüsse registriert werden, dann dürfen für die Informations- und Konsultationsrechte der Arbeitnehmervertretungen nationale Grenzen keine unüberwindlichen Hindernisse mehr sein. Unternehmerische Entscheidungen wie Betriebsstättenverlagerungen haben weitreichende Konsequenzen für die Lebensplanung der Betroffenen, sie dürfen nicht geradezu überfallartig aus der Sicht der Arbeitnehmer getroffen werden. Wir brauchen in den Unternehmen und Konzernen den rechtzeitigen grenzüberschreitenden Dialog mit den Arbeitnehmervertretungen – notfalls auch durch Gemeinschaftsrecht erzwungen. Vorrang sollen aber maßgeschneiderte Verhandlungslösungen der direkt Beteiligten selbst haben. Der Richtlinienentwurf über die Einsetzung europäischer Betriebsräte versucht beidem Rechnung zu tragen: er verlangt zwingend den Vertrauen stiftenden Dialog, gibt aber den selbst gefundenen Verhandlungslösungen klare Vorfahrt. Die bisherigen freiwilligen Vereinbarungen werden – so hoffe ich – viele Nachfolger haben.

   Der Richtlinienentwurf konnte zwar bisher im Rat nicht verabschiedet werden, da Einstimmigkeit nicht erreicht wurde. Das Abkommen der Elf macht aber den Weg frei: und es sieht so aus, daß die elf Staaten Einvernehmen erzielen werden, notfalls könnten aber auch mit Mehrheit die längst überfälligen Informations- und Anhörungsrechte beschlossen werden.

V. Den sozialen Dialog stärken

Die Stärkung der Sozialpartner im sozialen Dialog gehört zu den zukunftsweisenden Ergebnissen von Maastricht. Das weitreichende Recht der Sozialpartner auf Konsultationen während des Entscheidungsverfahrens eröffnet die Möglichkeit, die europäische Soziallandschaft praxis- und bürgernäher als bisher zu gestalten. Gewerkschaften und Arbeitgeber sind allemal näher an den Problemen als der Gesetzgeber. Ihre Befugnis, selbst zu vertraglichen Regelungen zu kommen und so Gesetze entbehrlich zu machen, trägt dem Rechnung. Sie sind unverzichtbar für die Entwicklung der sozialen Dimension der Gemeinschaft. Die Sozialpartner sollten im Handlungswillen bestärkt werden und müssen ihre Handlungsfähigkeit selbst entwickeln und unter Beweis stellen.

Der soziale Dialog im Rahmen der Konsultation zu Gesetzgebungsakten braucht *Repräsentativität* der beteiligten Sozialpartner. Von einer ausgewogenen Teilnehmerstruktur hängen entscheidend *Qualität und Brauchbarkeit der Konsultationen*, die *Legitimität von Vereinbarungen auf Gemeinschaftsebene* sowie ihre *Akzeptanz* bei den betroffenen Bürgern ab.

Niemand bestreitet, daß der Europäische Gewerkschaftsbund (EGB) und die Union der Industrie- und Arbeitgeberverbände (UNICE) hier eine hervorragende Rolle spielen. Schon die Einbeziehung des Europäischen Zentralverbands der öffentlichen Wirtschaft (CEEP) verdeutlicht, daß berechtigte Sondersituationen, wie die der öffentlichen Unternehmen, bereits berücksichtigt worden sind. Diese drei Organisationen können aber die erweiterte Aufgabe in Zukunft nicht mehr alleine leisten. Eine Öffnung über den gegenwärtigen Teilnehmerkreis hinaus erscheint mir unabdingbar. Und ich betone: es geht um die Konsultation, die die Kommission nicht in Anhörungen „erster und zweiter Klasse" aufsplitten darf und die ein ausreichend differenziertes Bild der Lage liefern muß.

Die Verträge verpflichten zu Recht die Gemeinschaft, die Entwicklung der kleinen und mittleren Unternehmen zu fördern und besondere Rücksicht auf ihre Beschäftigten zu nehmen. Das ist schon deshalb zwingend, weil alleine die Kleinstunternehmen über 50% der Arbeitsplätze in der EG stellen.

Klein- und Mittelunternehmen und das Handwerk sind überdies wesentlich in der *beruflichen Bildung*, bei der Eingliederung von Jugendlichen in das Arbeitsleben, der Einführung neuer Technologien oder der Anpassung an wirtschaftliche Umstrukturierungsprozesse engagiert. Ihre Trägerorganisationen, die Industrie- und Handelskammern und die Handwerkskammern, dürfen deshalb nicht ausgegrenzt werden. Dies gilt auch für die Selbständigen der Freien Berufe, die ebenfalls eine wichtige Funktion als Arbeitgeber erfüllen und einen erheblichen Teil der Arbeitsplätze stellen.

Ich halte deshalb eine Einbeziehung der entsprechenden Arbeitgeberorganisationen in das System der sozialen Partnerschaft für unverzichtbar. Außerdem ist es ratsam, auch die vielfältigen Besonderheiten der Arbeitnehmerinteressen in den *öffentlichen Diensten* in den Mitgliedstaaten in den sozialen Dialog einzubringen.

Die Bundesregierung hat insgesamt eine „Paketlösung" vorgeschlagen. Mit der Aufnahme der Europäischen Verbände der kleinen und mittleren Unternehmen und des Handwerks (UEAPME), der Freien Berufe (SEPLIS), der Industrie- und Handelskammern (EUROCHAMBRES) einerseits und der Unabhängigen Gewerkschaften (CESI) andererseits könnten die Interessen von Arbeitgebern und Arbeitnehmern, ihr Sachverstand und ihre Erfahrungen in ihrer ganzen Breite in die Konsultationen eingebracht werden. Diese Organisationen operieren überdies flächendeckend und sind über ihre Mitgliedsorganisationen in den Mitgliedstaaten fest verwurzelt – wesentliche Kriterien für Repräsentativität und Bürgernähe.

Eines ist klar: Tarifverträge können natürlich nur die Tarifpartner abschließen. Aber der Weg zu europäischen Tarifverträgen ist wohl noch weit. Inwieweit nicht tariffähige Beteiligte am sozialen Dialog in ihrem Zuständigkeitsbereich später Vereinbarungen treffen werden, können wir heute noch nicht absehen. Aber Vereinbarungen z.B. im Ausbildungsbereich an UEAPME oder EUROCHAMBRES vorbei – das erscheint mir nicht sachgemäß. Beim sozialen Dialog allein an der Tariffähigkeit anzuknüpfen, hieße, dem Gemeinschaftsgesetzgeber bei den Konsultationen ein Bild zu liefern, das die soziale Wirklichkeit nur in Ausschnitten und damit verzerrt wiedergibt. Der soziale Dialog insgesamt bliebe unvollständig.

Zur Umsetzung des Konzepts gemeinschaftsweit verbindlicher Mindeststandards fällt den Sozialpartnern aufgrund ihrer Sachnähe die wichtige Aufgabe zu, im Rahmen der Konsultationen für alle Mitgliedstaaten akzeptable Lösungen zu sondieren; dies erleichtert die Beratungen im Rat erheblich. Ein überzeugendes Beispiel für eine gelungene Sozialpartnerbeteiligung an der Konzipierung von Mindeststandards sind die gemeinsamen Vorschläge von Bundesregierung, DGB, DAG und BdA von 1989[8]. Diese Vorschläge wurden einvernehmlich entwickelt und beschlossen und zum Teil von der Kommission in ihrem Aktionsprogramm[9] aufgegriffen. Sie sind in wichtigen Bereichen bereits in Gemeinschaftsrecht umgesetzt bzw. kurz vor der endgültigen Verabschiedung.

VI. Das Subsidiaritätsprinzip verwirklichen

Dem bei vielen Bürgern herrschenden Unbehagen über die so häufig beklagte Mammutbürokratie in Brüssel und deren Hang zu überperfekten Regulierungen, die häufig an den Bedürfnissen der Menschen vorbeigegangen sind, haben sich die Vertragspartner von Maastricht gestellt.

Im Vertrag wurde als Grundsatz verankert, daß in den Bereichen, die nicht in die ausschließliche Zuständigkeit der Gemeinschaft fallen, diese nur tätig wird, „sofern und soweit die Ziele der in Betracht gezogenen Maßnahmen auf Ebene der Mitgliedstaaten nicht ausreichend erreicht werden können und daher wegen ihres Umfangs oder ihrer Wirkungen besser auf Gemeinschaftsebene erreicht werden können" (so der Art. 3b, mit dem das Subsidiaritätsprinzip im EWG-Vertrag verankert wurde). Anders ausgedrückt: Was die Mitgliedstaaten selber zufriedenstellend regeln können, gehört nicht auf den Brüsseler Verhandlungstisch.

Die Tätigkeit der Gemeinschaft wird sich in Zukunft neben der Schaffung eines Sockels von verbindlichen Mindeststandards in den Kernbereichen der Sozialpolitik gerade auch auf die Fälle konzentrieren müssen, in denen grenzüberschreitende Tatbestände zu regeln sind – etwa grenzüberschreitende Leiharbeit.

8 Vgl. Bundesministerium für Arbeit und Sozialordnung (Hrsg.): Der EG-Binnenmarkt und die Sozialpolitik. Leben und Arbeiten in Europa, Bd. 2, 1990, S. 7.

9 Vgl. Bundesministerium für Arbeit und Sozialordnung (Hrsg.): Der EG-Binnenmarkt und die Sozialpolitik. Leben und Arbeiten in Europa, Bd. 3, 1992, S. 97–117.

VII. Die Arbeitslosigkeit bekämpfen

„Der Mensch soll arbeitend zur Entfaltung kommen, nicht nur in seiner Muskelkraft, nicht nur in seiner manuellen Fertigkeit; er soll insgesamt zu seiner Entfaltung kommen, zur Entfaltung dessen, was sein Menschsein, seine Personenhaftigkeit ausmacht" (*Oswald von Nell-Breuning*)[10]. Diese Überzeugung – nicht nur der katholischen Soziallehre – spiegelt sittlichen Anspruch und Einsicht in das Wesen des Menschen zugleich. Sie beschreibt aber auch die Größe der Herausforderung, vor der wir in Zeiten des strukturellen Wandels, nicht nur in Deutschland, sondern in Europa insgesamt, gestellt sind.

Diese Herausforderung ist nicht nur an die Politik, und an die Politiker, die heute für alles verantwortlich gemacht werden, gerichtet, sondern an alle, vornehmlich an die Gewerkschaften und die Arbeitgeber als Tarifvertragsparteien, aber auch an die Kirchen und die Verbände, ja an die Gesellschaft insgesamt; der Staat allein ist überfordert, das gilt ganz besonders auch für die Europäische Gemeinschaft. Es ist nicht so, daß wir unsere nationalen ungelösten Probleme nur auf eine höhere, die Gemeinschaftsebene, zu heben brauchen, um von dort die richtigen, erfolgreichen, kurz die „einfachen" Lösungen beschert zu bekommen. Die Europäische Gemeinschaft sollte auch nicht in falschem Ehrgeiz in der europäischen Öffentlichkeit diesen Eindruck zu erwecken versuchen. Unerfüllte Erwartungen schaden Europa mehr, als ehrlicher Realismus, der sich offen auch zu den Grenzen der eigenen Möglichkeiten bekennt. Schließlich haben wir uns mit dem Subsidiaritätsprinzip dazu bekannt, der unteren Ebene, also den Mitgliedstaaten und den Regionen, den Vorrang einzuräumen und der Gemeinschaftsebene nur das zu überlassen, was sie wirklich besser machen kann.

Natürlich kann die Gemeinschaft, vornehmlich über den Sozial-, Regional- und Agrarfonds, flankierend und unterstützend mit ihren Hilfen, die beträchtlich sind (in dem Förderungszeitraum 1994–1999 rd. 280 Mrd. DM) eingreifen. Gleichwohl bleibt es dabei, daß die Arbeitslosigkeit in und durch die einzelnen Mitgliedstaaten bekämpft werden muß. Denn wir brauchen differenzierte Lösungen für jeden nationalen und regionalen Arbeitsmarkt; die geeignete Lösung „vor Ort" ist jeder globalen Einheitslösung überlegen.

Es muß auch in Zukunft dabei bleiben, daß die Arbeitsmarktpolitik vorrangige Aufgabe der Mitgliedstaaten bleibt; ihre Zuständigkeiten dürfen durch Brüssel nicht eingeschränkt werden. Aus diesen Gründen lehnen wir auch alle Versuche ab, über eine extensive Auslegung der Beihilfebestimmungen des EG-Vertrages (Art. 92, 93) der nationalen Arbeitsmarktpolitik ihre notwendige Freiheit durch komplizierte und langwierige Genehmigungsverfahren zu beschränken. Arbeitsmarktpolitik ist auf

10 Siehe *Oswald von Nell-Breuning*, Der Mensch in der heutigen Wirtschaftsgesellschaft, 1975, S. 26.

die Arbeitnehmer ausgerichtet, sie verfälscht weder den Wettbewerb noch hindert sie den gemeinschaftlichen Handel. Auch hier muß die Gemeinschaft „die Kirche im Dorf lassen"[11].

Und noch ein weiteres: Überfordern wir nicht die Arbeitsmarktpolitik. Die Herausforderungen, vor die uns alle die Aufgabe des Abbaus der Arbeitslosigkeit stellt, können nicht allein von der Arbeitsmarktpolitik bewältigt werden. Ja, sie kann es noch nicht einmal in erster Linie, denn sie schafft keine Arbeitsplätze. Ihre Aufgabe ist es, Arbeitnehmer wieder in Arbeit zu bringen, gefährdete Arbeitsplätze zu stabilisieren oder „Überbrückungen" zu ermöglichen; ihr hauptsächliches Instrumentarium ist die Qualifikation der Arbeitnehmer. Für ihren Erfolg sind wettbewerbsfähige Arbeitsplätze unabdingbare *Voraussetzung,* sie schafft sie nicht selbst.

Unsere Probleme auf den nationalen Arbeitsmärkten dürfen nicht dazu verleiten, uns den notwendigen strukturellen Anpassungen und der Arbeitsteilung in Europa und weltweit zu verweigern. Abschottung nach außen wäre der falsche Weg. Eine „Festung Europa" schüfe keine Oase, in der wir unsere Arbeitsplätze und unsere sozialen Standards frei vom internationalen Wettbewerb sichern könnten, im Gegenteil: entscheidende Wachstumsimpulse, die auch zu einem spürbaren Abbau von Arbeitslosigkeit beitragen können, sind in erster Linie von einem erweiterten Welthandel zu erwarten. Protektionismus würde nicht nur Europa, sondern die Weltwirtschaft insgesamt in eine Sackgasse führen. Wie sollen sich die Staaten der Dritten Welt entwickeln können, mehr zu erwirtschaften, das sie auch sozial verteilen können, wenn wir ihnen verwehren, ihre Produkte bei uns in Europa abzusetzen?

Was wir brauchen, sind nicht Handelsbarrieren – bei uns selbst ist ja auch jeder dritte Arbeitsplatz abhängig vom Export. Was aber angesichts der Globalisierung des Wirtschaftsgeschehens notwendig ist, ist der gezielte und interkontinentale Dialog, insbesondere mit den Ländern, die die harte Konkurrenz in Fernost repräsentieren: Japan, Korea, Taiwan, Singapur, Hongkong – vielleicht müßte ich die Liste verlängern. Wir sollten Überzeugungsarbeit leisten, daß ein freier Welthandel dann eine Zukunft hat, wenn er auch auf den inneren, den sozialen Frieden der einzelnen Handelspartner begründet ist. Ziel unseres Dialogs mit diesen Ländern muß es sein, ihnen die Vorteile einer sozialverantworteten Marktwirtschaft zu erläutern. Es muß weltweit ein Grundkonsens erreicht werden, daß jeder wirtschaftliche Erfolg parallel auch für angemessenen sozialen Fortschritt genutzt wird. Ermutigend ist das sozialpolitische NAFTA-Zusatzprotokoll, das einen Mechanismus gemeinsamer Beobachtung auch des sozialen Fortschritts als Ergebnis wirtschaftlichen Erfolgs institutionalisiert.

---

11 Vgl. Wege ins 21. Jahrhundert. Leitlinien für die wirtschaftliche Erneuerung in Europa, Bulletin der Bundesregierung Nr. 60 vom 8. Juli 1993, S. 635 f.

VIII. Rechtsprechung

Wer die europäische Sozialpolitik behandelt, muß auch auf die Rolle des EuGH und seiner Rechtsprechung auf diesem Feld eingehen. Denn auch in Luxemburg, Sitz des Gerichtshofs, fallen Entscheidungen, die tief in das soziale Leben aller Mitgliedstaaten und die Lebenssituation der Bürger eingreifen. Dies sind oft Entscheidungen, die in manchen Fällen sogar wesentlich größere Konsequenzen als Entscheidungen des Parlamentes, des Rates oder der Kommission haben.

In der Vergangenheit hat sich der EuGH – gerade in Phasen politischer Stagnation – unzweifelhaft große Verdienste um die Integration erworben. Er hat viel für die europäische Einigung und die Anliegen von Europas Bürgern erreicht. Mittlerweile gibt seine Rechtsprechung aber zunehmend Anlaß zur Sorge. Auch der Gerichtshof muß seine Rolle überdenken, gerade jetzt, wo die Maastrichter Verträge ratifiziert worden sind.

Ich betone dies deshalb, weil der Gerichtshof in einer Reihe neuerer Urteile mit Bezug zum Arbeits- und Sozialrecht seine Tendenz zur extensiven Auslegung des Gemeinschaftsrechts bekräftigt und fortgesetzt hat. Wenn ich dazu kritische Bemerkungen mache, so stelle ich nicht die Unabhängigkeit des Gerichtshofes in Frage. Aber wie bei jedem obersten Verfassungsorgan ist auch beim EuGH eine konstruktiv-kritische Begleitung erforderlich. Dies ist insbesondere bei Entscheidungen geboten, die tief in das soziale Leben unseres Landes eingreifen können. Scheinbar „integrations- und wanderarbeitnehmerfreundliche" Entscheidungen, die dem Mißbrauch von Sozialleistungen Vorschub leisten, lassen sich den Bürgern nicht mehr vermitteln.

Das „Paletta"-Urteil ist ein solches Beispiel[12]. In jedem Sommer, jeweils zum Ende des Urlaubs in ihrer Heimat, wurde die vierköpfige Familie Paletta krank, zuletzt sogar alle vier gleichzeitig. Die plötzlich eintretende Krankheit wurde regelmäßig von einem örtlichen Arzt bescheinigt, und der deutsche Arbeitgeber mußte dementsprechend jedes Jahr wieder Lohnfortzahlung leisten, bis er vor das deutsche Arbeitsgericht zog. Dieses legte die Sache dann dem EuGH zur Vorabentscheidung vor.

Er entschied, daß vom Arbeitnehmer auch bei begründeten Zweifeln an seiner Arbeitsunfähigkeit über die Arztbescheinigung hinaus keine zusätzlichen Beweise verlangt werden dürfen. Im Ergebnis bedeutet das, daß jeder – bei guten Beziehungen zum örtlichen Arzt – risikolos, unter Inanspruchnahme der vollen Lohnfortzahlung seinen Urlaub beliebig verlängern kann. Wenn dem Mißbrauch durch solche Entscheidungen des EuGH richterlicher Segen erteilt wird, ist das nicht akzeptabel und widerspricht jeglichem Rechtsempfinden.

Für politischen Sprengstoff sorgt der EuGH auch durch Entscheidungen im Bereich des Exports von Sozialleistungen durch eine direkte Herlei-

12 Rechtssache C-45/90, EuZW 1992, S. 480 (LT).

tung aus dem EG-vertraglich verbrieften Freizügigkeitsrecht. Kindergeld, BAFöG, Sozialhilfe, Wohngeld u.ä. sind nach Art und Umfang auf die Lebensverhältnisse des jeweiligen Staates abgestellt, in dem sie gewährt werden. Sie sind also grundsätzlich territorial begrenzt.

Tatsächlich hat der Gerichtshof die territoriale „Entgrenzung", also den Export von Sozialleistungen ins EG-Ausland, aber immer wieder verfügt. So haben EuGH-Entscheidungen, entgegen dem seinerzeit klaren Verordnungsrecht, „contra textum", den Export von Kindergeldleistungen ins Ausland erzwungen. Italien wurde im „Piscitello"-Urteil[13] verpflichtet, eine Sozialrente für Bedürftige nach Belgien zu exportieren, die – unserer Sozialhilfe vergleichbar – nicht auf vorheriger Beitragszahlung beruhte. Eine Geldleistung an Gehunfähige, die Großbritannien auf seinem Territorium gewährte, mußte nach Frankreich exportiert werden[14].

In den beiden letzten Fällen ist es zwar gelungen, durch spätere Änderung der europäischen Gesetzeslage zu verhindern, daß derartige Leistungen weiterhin exportiert werden müssen. Das gelingt aber nur in wenigen Fällen, denn hier muß einstimmig entschieden werden. Es fällt den scheinbar „begünstigten" Staaten verständlicherweise schwer, den Gerichtshof zu korrigieren und zu dem zurückzukehren, was der Rat ursprünglich unter genauer Abwägung aller Umstände – auch der finanziellen Konsequenzen – beschlossen hat. Und wenn der Gerichtshof Verordnungsrecht wegen Verletzung der Freizügigkeitsregeln des Vertrages (Art. 48 und 51) verwirft, ist der Rat ohnehin völlig machtlos. So belasten die EuGH-Urteile oft nicht nur die Sozialkassen, sondern schränken auch den Spielraum für nationale Sozialpolitik insgesamt ein.

Ich wünsche mir, daß sich der Gerichtshof intensiver mit den nationalen Rechtsordnungen und ihrer Systematik auseinandersetzt; er könnte vielfach feststellen, daß das, was in den Mitgliedstaaten in langer Zeit gewachsen ist, durchaus von Vernunft und Überlegung getragen ist. So hat der EuGH in der Rechtssache „Bötel"[15] über die Vorschrift des gleichen Entgelts für Männer und Frauen entschieden, daß einer halbtagsbeschäftigten Betriebsrätin für die Teilnahme an einer ganztägigen gewerkschaftlichen Schulungsmaßnahme der Ganztagslohn, also doppelter Lohn zuzusprechen sei. Dabei hat er nicht gelten lassen, daß in unserem Rechtssystem Betriebsratstätigkeit ehrenamtlich ist und lediglich für die zeitliche Kollision von gewerkschaftlichen Schulungen mit der Arbeitszeit laut Arbeitsvertrag der entgangene Lohn nach dem Lohnausfallsprinzip gezahlt werden muß. So stellt der Gerichtshof nationales Recht und sozialpolitische Vernunft auf den Kopf.

Den Feststellungen des EuGH vermag auch das Bundesarbeitsgericht wegen der nationalen Strukturen des Betriebsverfassungsgesetzes nicht zu

13 Rechtssache C-139/82, EuGHE 1983, 1427.

14 EuGH-Entscheidung „Santon Newton", Rechtssache C-356/89, EuGHE 1991, I-3017.

15 Rechtssache C-360/90, NZA 1992, S. 687 f.

folgen. Es hat deshalb zur Klärung der Rechtslage am 20. Oktober 1993 in einer parallelen Rechtssache dem EuGH erneut folgende ergänzende Frage zur Vorabentscheidung vorgelegt, die genau auf den Kern des Problems eingeht:

> „Hindert das Verbot der mittelbaren Geschlechtsdiskriminierung beim Arbeitsentgelt (Artikel 119 EWG-Vertrag und Richtlinie 75/117 des Rates der Europäischen Gemeinschaften) den nationalen Gesetzgeber, das Betriebsratsamt als unentgeltlich zu führendes Ehrenamt auszugestalten und die Betriebsratsmitglieder lediglich vor Einkommenseinbußen zu schützen, die sie sonst durch betriebsratsbedingte Versäumung von Arbeitszeit erleiden würden?[16]

Die Beispiele zeigen, daß der Gerichtshof der Europäischen Gemeinschaft seine Rechtsprechung zur unmittelbaren Anwendbarkeit des Gemeinschaftsrechts immer weiter aus- ja überdehnt. Dazu seine Besorgnis zu artikulieren und zu begründen, bedeutet nicht, die richterliche Unabhängigkeit anzutasten.

Der Angst der Bürger vor zu viel Eurozentrismus kann wirksam begegnet werden, indem sich das Gemeinschaftsrecht künftig in konsequenter Anwendung des Subsidiaritätsprinzips, dessen strikte Einhaltung das Bundesverfassungsgericht in seinem Urteil zu den Maastrichter Verträgen gefordert hat, weitgehend auf Rahmenvorgaben beschränkt, und auf Detailperfektionismus verzichtet. Denn Subsidiarität sichert den Mitgliedstaaten die notwendigen Freiräume. Solche Anstrengungen liefen aber ins Leere, würde der EuGH nicht mitspielen und im Einzelfall die Detailfestlegungen nachliefern, die die Gemeinschaft den Mitgliedstaaten überlassen wollte.

So zwingt uns alle, Mitgliedstaaten und Gemeinschaftsorgane, das Subsidiaritätsprinzip nach neuen, diesem Prinzip angepaßten Wegen zu suchen. Unser gemeinsames Ziel muß sein, eine lebendige Gemeinschaft zu schaffen, die fest und sicher auf der Akzeptanz ihrer Bürger beruht.

IX. Ausblick

Der Vertrag von Maastricht eröffnet der europäischen Sozialpolitik neue Perspektiven. Es wird keinen Stillstand geben. Wir werden die neu geschaffenen Handlungsmöglichkeiten nutzen, um mit Umsicht und Behutsamkeit einen Sockel sozialer Mindeststandards zu schaffen und grenzüberschreitende Probleme dort gemeinsam lösen, wo die Mitgliedstaaten nicht mehr allein handeln können, im Interesse und zum Nutzen der Arbeitnehmer in Europa. Dies wollen wir gemeinsam angehen. Großbritannien wird durch das Abkommen der Elf nicht ausgebootet; die Basisvorschriften des EWG-Vertrages zur Sozialpolitik bestehen fort. Wir

16 BAG, Beschluß vom 20. Oktober 1993 – 7 AZR 581/92, DB 1994, 334 ff.; EuGH Rechtssache C-457/93.

haben bisher vor allem im Arbeitsschutz – aber nicht nur dort – im Konsens der Zwölf viel erreicht. Warum sollte das in Zukunft anders sein? Aber dort, wo dies nicht möglich ist, können jetzt die Elf das Notwendige tun. Dazu sind wir entschlossen. Auf lange Sicht werden wir ohnehin alle „wieder in einem Boot" sitzen, denn Maastricht wird eine Sogwirkung entfalten, der sich Großbritannien auf Dauer nicht entziehen kann.

Paul Kirchhof

Die Mitwirkung Deutschlands an der Wirtschafts- und Währungsunion

Inhaltsübersicht

I. Der verfassungsrechtliche Mitwirkungsauftrag

Die Bundesrepublik Deutschland wirkt bei der Entwicklung der Europäischen Union mit – so sagt es das Grundgesetz und anerkennt damit einerseits die Mitgliedschaft Deutschlands in der Europäischen Union, kennzeichnet andererseits die Art des deutschen Beitrags zur europäischen Integration als Mitwirkung, d.h. als auf Wirkung, auf Erfolg bedachtes Handeln, das allerdings vom Miteinanderwirken, dem gleichzeitigen und gleichwertigen Wirken der anderen Mitgliedstaaten abhängt.

1. Die Integrationsbedingungen des Art. 23 GG

Während die nunmehr seit rund 40 Jahren voranschreitende europäische Integration in der Ermächtigung des Art. 24 Abs. 1 GG ihre verfassungsrechtliche Grundlage für Deutschland gefunden hat[1], ermächtigt die Neufassung des Art. 23 GG den Bundesgesetzgeber ausdrücklich, „zur Verwirklichung eines vereinten Europas" „bei der Entwicklung der Europäischen Union" mitzuwirken. In dieser Zielsetzung nimmt der Art. 23 GG

1 *Albrecht Randelzhofer,* in: Maunz/Dürig, Grundgesetz, Kommentar, Art. 24 Abs. 1 (1992), Rn. 28 f.

den Grundgedanken der Präambel auf, nach dem Deutschland „als gleichberechtigtes Glied in einem vereinten Europa dem Frieden der Welt zu dienen" bestimmt ist. Diese Integrationsermächtigung wird jedoch in vier Stufen verfassungsrechtlich modifiziert:

a) Die Ermächtigung, „zur Verwirklichung eines vereinten Europas" an einer Europäischen Union mitzuwirken, zielt auf eine Staatengemeinschaft in Gesamteuropa – eine kulturgeographische Region und Idee, die durch die christlich-universale Vorstellung von Menschenwürde und personaler Gleichheit, durch den aufgeklärten Zugriff von Forschung und Wissenschaft auf Mensch und Umwelt sowie durch den ökonomischen Erfolg eines Wirtschaftsliberalismus und seiner sozialstaatlichen Mäßigung geprägt ist, die sich aber in ihren konkreten Grenzen allein durch den Europäer[2] zu definieren scheint. Jedenfalls haftet dem als „Europäische Union" bezeichneten Staatenverbund etwas Vorläufiges und Unfertiges an. Die Union verdient ihren Namen „Europäische" – will sie nicht zum Beispiel die Polen, die Tschechen oder die Ungarn als außereuropäische Völker definieren – lediglich dadurch, daß sie in ihrem Namen ihre Offenheit für alle europäischen Staaten betont. Dies hervorzuheben ist gerade Anliegen des Grundgesetzes, weil Deutschland nach seiner mitteleuropäischen Lage und damit seiner Nachbarschaft zu Staaten, die bisher nicht Mitglied der Europäischen Union sind, daran gelegen ist, das gegenwärtig noch bestehende rechtliche und wirtschaftliche Gefälle zu seinen östlichen Nachbarländern zu verringern und möglichst gänzlich abzubauen.

b) Die Mitwirkung Deutschlands ist auf die „Entwicklung der Europäischen Union" ausgerichtet. Mit dieser Bezeichnung des beabsichtigten Organisationsstatus nimmt Art. 23 Abs. 1 GG eine Kompromißformulierung des Europarechts auf, die zwar das Anliegen einer weiteren Integration andeutet, im gemeinten Ziel jedoch letztlich offen bleibt[3]. Als 1961/62 das Integrationsziel näher definiert werden sollte, schlug der französische Botschafter *Fouchet*[4] die Formulierung „Staatenunion" vor. Der Gegenentwurf der Vertreter der übrigen Mitgliedstaaten sprach von „Europäische Union" (als „Union europäischer Staaten und Völker")[5]. Eine Einigung auf eine gemeinsame Formulierung in Art. 1 konnte nicht gefunden werden[6].

2 *Josef Isensee,* Europa – die politische Erfindung eines Erdteils, in: Paul Kirchhof/Hermann Schäfer/Hans Tietmeyer (Hrsg.), Europa als politische Idee und als rechtliche Form, 2. Aufl., 1994, S. 103 (113).

3 *Delors,* Entwicklungsperspektiven der Europäischen Gemeinschaft, in: Aus Politik und Zeitgeschichte (Beilage zu „Das Parlament") 1/93, S. 3 (4).

4 Entwürfe vom 2. September 1961 und vom 18. Januar 1962, abgedruckt in: *H. Siegler* (Hrsg.), Europäische politische Einigung 1949–1968 (1968), S. 114 ff. und 124 ff.

5 A.a.O. (Fn. 4), S. 128 ff. Vgl. dazu *S. Magiera,* Die Einheitliche Europäische Akte und die Fortentwicklung der Europäischen Gemeinschaft zur Europäischen Union, in: Gedächtnisschrift für W. K. Geck, 1989, S. 507 (520 f.)

6 A.a.O. (Fn. 4), S. 133 ff.

In den folgenden Jahren diente der Begriff der „Europäischen Union" stets zur Bezeichnung des Zieles, „einen immer engeren Zusammenschluß der Europäischen Völker zu schaffen" (Präambel des EWGV), ohne die Anfangs- und die Endstufe dieses Integrationsprozesses näher zu bezeichnen. Als 1969 – nach dem Rücktritt von Staatspräsident *de Gaulle* – auf der Haager Gipfelkonferenz der Staats- und Regierungschefs das „Gesamtziel" einer „Europäischen Union" formuliert wurde, war diese Union als Ergebnis eines kontinuierlichen Prozesses gemeint, dessen Endstadium weder inhaltlich noch zeitlich bestimmt werden könne[7].

Auch die Initiative der beiden Außenminister *Genscher* und *Colombo* aus dem Jahre 1981 („Colombo-Initiative") gab dem Begriff der „Europäischen Union" keine klaren Konturen. Der Leitgedanke dieser Initiative bestand darin, die EWG und die Europäische Politische Zusammenarbeit (EPZ) als „Vorform" der Europäischen Union miteinander zu verzahnen und insbesondere die Kooperation der Außenminister und Regierungschefs der Mitgliedstaaten in der Außenpolitik zu festigen[8].

Art. 1 der EEA vom 28. Februar 1986 verwendet den Begriff „Politische Union" wiederum nur als Stichwort, nicht als rechtlich definierten Tatbestand: „Die Europäischen Gemeinschaften und die Europäische Politische Zusammenarbeit verfolgen das Ziel, gemeinsam zu konkreten Fortschritten auf dem Wege zur Politischen Union beizutragen." Dieses Ziel gilt nach Ratifikation des EUV fort (vgl. Art. P Abs. 2 EUV). Andererseits beansprucht Art. A EUV, daß die Europäische Union durch den Maastrichter Vertrag bereits gegründet sei[9]. Grundlage dieser Union sind nach Art. A Abs. 3 EUV die drei Säulen die Europäischen Gemeinschaften, die Gemeinsame Außen- und Sicherheitspolitik sowie die Zusammenarbeit in den Bereichen Justiz und Inneres. Die Ziele der Union werden in Art. B EUV näher skizziert; auch dort bleibt es aber bei der Andeutung allgemeiner Integrationsziele, die „eine immer engere Union der Völker Europas" (Art. A Abs. 2 EUV) fördern, dieser Entwicklung jedoch kaum eine juristisch handhabbare Richtung und äußerste Grenze vorgeben. Die „Europäische Union" bezeichnet somit ein im Maastrichter Unions-Vertrag verwirklichtes und zugleich ein über ihn hinausweisendes Integrationsziel.

c) Während die „Chiffre"[10] der „Europäischen Union" Ziel und Ablauf des verfassungsrechtlich geregelten Integrationsprozesses im Unbestimmten läßt, stellt Art. 23 Abs. 1 Satz 1 GG an die rechtliche Struktur

---

7 *Leo Tindemans*, Bericht im Auftrag der Konferenz der Staats- und Regierungschefs der Mitgliedstaaten am 10. und 11. Dezember 1974 in Paris, abgedruckt in BT-Drucks. 7/4969.

8 Europa-Archiv 1982, D 39 ff. (50 f.); vgl. auch Ziff. 2 der Feierlichen Deklaration zur Europäischen Union und Art. 30 EEA 1986.

9 Siehe auch Art. 1 des am 14. Februar 1984 vom Europäischen Parlament mehrheitlich verabschiedeten Entwurfs eines Vertrags zur Gründung der Europäischen Union.

10 *Delors*, a.a.O. (Fn. 3).

dieser Union prägnante Anforderungen: Deutschland wirkt nur an einer Europäischen Union mit, „die demokratischen, rechtsstaatlichen, sozialen und föderativen Grundsätzen und dem Grundsatz der Subsidiarität verpflichtet ist und einen diesem Grundgesetz im wesentlichen vergleichbaren Grundrechtsschutz gewährleistet". Die zurückhaltende Formulierung, daß die Union den für einen modernen Verfassungsstaat unverzichtbaren Verfassungsstrukturen und dem Grundsatz der Subsidiarität lediglich „verpflichtet" sein müsse, entspricht den Besonderheiten einer Rechtsgemeinschaft unter Staaten, in der die Anforderungen einer Staatsverfassung nur modifiziert verwirklicht werden können[11]. Das strengere Erfordernis hingegen, daß die Europäische Union einen dem Grundgesetz im wesentlichen vergleichbaren Grundrechtsschutz „gewährleisten" müßte, zieht eine Folgerung aus der Besonderheit des europäischen Staatenverbundes, der zur Wahrnehmung von Hoheitsbefugnissen ermächtigt ist und deshalb die Grundrechte in gleicher Weise wie ein Staat achten muß.

Diese verfassungsrechtlichen Anforderungen an die Rechtsstruktur der Europäischen Union stellen den Mitwirkungsauftrag unter einen Einwirkungsvorbehalt. Die Verfassung eines der Mitgliedstaaten der Europäischen Union kann zwar deren Rechtsstruktur nicht gewährleisten, wohl aber bestimmte Rechtsanforderungen zur Bedingung einer deutschen Mitgliedschaft machen. Die Bundesrepublik Deutschland ist – wie auch andere Mitgliedstaaten – nicht zur Mitwirkung an einer Europäischen Union mit beliebigem Organisationsstatut ermächtigt, sondern nur zur Mitwirkung an einer Union berechtigt, in der sich die Verfassungsstruktur der Mitgliedstaaten in den Besonderheiten eines Staatenverbundes widerspiegelt.

d) Wenn Art. 23 Abs. 1 Satz 1 GG in den Verfassungsanforderungen an den Staatenverbund zurückhaltend bleiben muß, verlangt Art. 23 Abs. 1 Satz 3 GG für den mitwirkenden deutschen Staat eine strikte Struktursicherung. Für die Begründung der Europäischen Union sowie für Änderungen ihrer vertraglichen Grundlagen und vergleichbaren Regelungen gilt Art. 79 Abs. 3 GG, die Garantie der identitätsbestimmenden Merkmale des Grundgesetzes. Danach kann Europarecht zwar die Aussagen des Grundgesetzes modifizieren; eine europarechtliche Änderung des Grundgesetzes ist jedoch verboten, soweit durch sie die in Art. 1 und 20 niedergelegten „Grundsätze" „berührt" werden. Die Identitätsgarantie des Art. 79 Abs. 3 GG umfaßt auch das in Art. 1 Abs. 2 GG enthaltene Bekenntnis zu unverletzlichen und unveräußerlichen Menschenrechten sowie „grundlegende Gerechtigkeitspostulate" und „grundlegende Elemente des Rechts- und Sozialstaatsprinzips"[12]. Das „Berühren" dieser Grundsätze hindert den verfassungsändernden Gesetzgeber zwar nicht,

11 Vgl. BVerfG EuGRZ 1993, 429 (437 ff.) – insbesondere für das Demokratieprinzip.
12 BVerfGE 84, 90 (121).

die positiv-rechtliche Ausprägung dieser Grundsätze aus sachgerechten Gründen zu modifizieren, wehrt aber jede substantielle Änderung ab[13].

Im Ergebnis wird Art. 79 Abs. 3 GG eine behutsame Modifikation eines der das Grundgesetz prägenden „Eckpfeiler" der Verfassung im Dienste der Ausgestaltung eines anderen Eckpfeilers nicht hindern[14], für die Modifikation eines „Eckpfeilers" im Dienste eines anderen, in Art. 79 Abs. 3 GG nicht erfaßten Zieles hingegen allenfalls einen engen Gestaltungsspielraum eröffnen.

2. Die Übertragbarkeit von Befugnissen der Bundesbank

Die Übertragung von Aufgaben und Befugnissen der Deutschen Bundesbank auf eine Europäische Zentralbank erhält durch die Neuregelung des Art. 88 Satz 2 GG ebenfalls eine ausdrückliche verfassungsrechtliche Grundlage. Diese Ermächtigung ist begrenzt durch das Erfordernis, daß die Übertragung „im Rahmen der Europäischen Union" stattfindet, also in den europäischen Integrationsprozeß eingebettet und durch ihn gestützt und geformt wird. Außerdem fordert das deutsche Verfassungsrecht für die Europäische Zentralbank, daß sie unabhängig und dem vorrangigen Ziel der Sicherung der Preisstabilität verpflichtet ist.

In diesen Anforderungen sucht das Grundgesetz die guten Erfahrungen mit der Deutschen Bundesbank auf die Europäische Union zu übertragen: Die Verselbständigung währungspolitischer Aufgaben bei einer unabhängigen Zentralbank löst staatliche Hoheitsgewalt aus unmittelbarer staatlicher oder supranationaler parlamentarischer Verantwortlichkeit, um das Währungswesen dem Zugriff von Interessengruppen und der an einer Wiederwahl interessierten politischen Mandatsträger zu entziehen[15]. Die Verfassungsänderung zielt ersichtlich darauf, für die im Unions-Vertrag vorgesehene Währungsunion eine verfassungsrechtliche Grundlage zu schaffen, die Einräumung der damit verbundenen, durch eine auch gegenüber dem Parlament unabhängige Institution wahrzunehmenden Befugnisse jedoch auf diesen Sonderfall zu begrenzen und durch die materielle Verpflichtung auf das vorrangige Ziel der Preisstabilität auch inhaltlich zu binden.

Die Verpflichtung auf die Preisstabilität hebt sich von der geläufigen Stabilisierungsverpflichtung des Art. 109 Abs. 2 GG dadurch ab, daß unter den vier Erfordernissen des „gesamtwirtschaftlichen Gleichgewichts" das der Preisstabilität für vorrangig erklärt wird. Diese Priorität mag in der Aufgabe einer Zentralbank eine Erklärung finden, wird aber letztlich die Zusammenhänge mit dem Arbeitsmarkt, der Außenhandelspolitik und dem Wirtschaftswachstum nicht in Frage stellen. Immerhin wird

13 BVerfGE 30, 1 (24); 84, 90 (121).

14 Vgl. *Peter M. Huber*, Maastricht – ein Staatsstreich?, 1993, S. 26 f.

15 So bereits der Regierungsentwurf zum Bundesbankgesetz, BT-Drucks. 2/2781, S. 24 f.; aufgenommen in BVerfG EuGRZ 1993, 429 (444).

deutlich, daß etwa bei einem Zielkonflikt zwischen Geldwertstabilität und hohem Beschäftigungsstand die Zentralbank von Verfassungs wegen auf die Sicherung der Preisstabilität verpflichtet ist.

3. Die Maßstabgebung durch die deutsche Verfassung

a) Diese Aussagen des Grundgesetzes haben integrationsleitende und integrationsbegrenzende Verbindlichkeit, weil sie auch während und nach der Gründung der Europäischen Union die Bundesrepublik Deutschland als Mitgliedstaat verpflichten. In der Europäischen Union schließen sich unabhängige und souveräne Staaten aus freien Stücken zusammen, um einige ihrer Befugnisse gemeinsam auszuüben[16]. Deshalb nimmt der Unions-Vertrag auf die Unabhängigkeit und Souveränität Bedacht, indem er die Union zur Achtung der nationalen Identität ihrer Mitgliedstaaten verpflichtet (Art. F Abs. 1 EUV)[17]. Eine Gründung von „Vereinigten Staaten von Europa", die der Staatswerdung der Vereinigten Staaten von Amerika vergleichbar wäre, ist nicht beabsichtigt[18]. Dementsprechend haben auch Mitgliedstaaten der Europäischen Union ihre verfassungsrechtlichen Ermächtigungen modifiziert: Art. 88–1 der französischen Verfassung spricht von Mitgliedstaaten, die in der Europäischen Union und in den Europäischen Gemeinschaften einige ihrer Kompetenzen gemeinsam ausüben. Art. 23 GG ermächtigt zur Mitwirkung bei der Entwicklung der Europäischen Union.

Mit der Europäischen Union wird somit kein europäischer Staat gegründet, sondern ein Staatenverbund unter selbständig bleibenden Staaten. Maßstab für die rechtliche Beurteilung der Europäischen Union bleibt deshalb das jeweilige Verfassungsrecht der Mitgliedstaaten, das diese auch bei der Mitwirkung an der Europäischen Union bindet. Hätte ein europäischer Staat gegründet werden sollen, so wäre ein derartiger Gründungsakt nicht mehr den Verfassungen der Mitgliedstaaten verpflichtet, sondern fände allenfalls in einer allgemeinen, noch ungeschriebenen europäischen Staatslehre, in dem Gedanken einer europäischen Rechtskultur eine rechtliche Orientierung. Für die Zusammenarbeit von Staaten hingegen kann auf die geschriebenen und rechtlich erprobten Verfassungen der Mitgliedstaaten zurückgegriffen werden. Insoweit bleibt innerhalb der elementaren politischen Umwälzungen in Deutschland und in Europa das gediegene Fundament der bewährten Staatsverfassungen und

---

16 Beschluß der im Europäischen Rat vereinigten Staats- und Regierungschefs vom 11. und 12. Dezember in Edinburgh, Teil B, Anlage 1, Bulletin der Bundesregierung Nr. 140 vom 28. Dezember 1992, S. 1290.

17 Vgl. auch die Schlußfolgerung des Vorsitzes des Europäischen Rates in Birmingham am 16. Oktober 1992, Bulletin der Bundesregierung Nr. 115 vom 23. Oktober 1992, S. 1057.

18 Vgl. Rede des Bundeskanzlers vom 6. Mai 1993 in Köln, Bulletin der Bundesregierung Nr. 39 vom 17. Mai 1993, S. 341 (343 f.).

damit die Positivität der die gemeinsamen Verfassungsüberlieferungen der Mitgliedstaaten[19] stützenden Einzelverfassungen erhalten.

b) Die fortbestehende Verantwortlichkeit der Mitgliedstaaten für die Europäische Union und deren Recht hat Bedeutung für den Geltungsgrund des Europarechts in Deutschland (aa), für die Kooperation zwischen deutschen und europäischen Organen (bb) und für die Art und Dauer der vertraglichen Bindungen (cc).

aa) Verantwortlich für alle Hoheitsausübung in einem Gemeinwesen ist der Staat. Mit der Einräumung von Hoheitsbefugnissen an die Europäische Union entledigt sich der Mitgliedstaat nicht dieser Verantwortlichkeit[20]; der grundsätzlich bestehende ausschließliche Herrschaftsanspruch der Bundesrepublik Deutschland im Geltungsbereich des Grundgesetzes wird lediglich zurückgenommen und der unmittelbaren Geltung und Anwendbarkeit eines Rechts aus europäischer Quelle Raum gelassen[21]. Geltungsgrund für Europarecht und seine Anwendung in Deutschland ist der innerstaatliche Rechtsanwendungsbefehl, das deutsche Zustimmungsgesetz zu dem jeweiligen europarechtlichen Vertrag[22]. Europarecht fließt also nur über die Brücke des nationalen Zustimmungsgesetzes nach Deutschland ein. Soweit diese Brücke dieses Recht nicht trägt, entfaltet es jedenfalls in Deutschland keine Rechtsverbindlichkeit.

Die parlamentarische Zustimmung des deutschen Bundestages zum Unions-Vertrag aber findet im Grundgesetz ihre verfassungsrechtliche Grundlage und Grenze. Damit unterliegt der Inhalt dieses deutschen Gesetzes – das primäre Gemeinschaftsrecht als konzeptionelle Einheit – in seinem Geltungsanspruch für Deutschland den Bindungen des Grundgesetzes und der Kontrolle durch das Bundesverfassungsgericht. Gerade die ausdrückliche und im vergangenen Jahr erneuerte Europarechtsoffenheit des Grundgesetzes bestätigt, daß die staatsrechtlich verfaßte Gewalt auch in ihren europabezogenen Äußerungen verfassungsgebunden bleibt und auch im Rahmen der europäischen Integration vom Grundgesetz angeleitet und begrenzt ist.

bb) Die Ermächtigung des Art. 88 GG, die Wahrnehmung von Befugnissen der Deutschen Bundesbank einer Europäischen Zentralbank zu übertragen, bildet einen Stein im Gesamtmosaik der Verfassung, der das Gesamtgemälde mitprägt, aber seinerseits nicht die Ausgewogenheit der Gesamtaussage verändern darf. Die Ermächtigung des Art. 88 GG entläßt deshalb die Währungspolitik nicht in die Beliebigkeit einer Europäischen Union, sondern öffnet die deutsche Verfassungsordnung für die Einwirkungen einer Europäischen Zentralbank in verfassungsrechtlich definierten Grenzen.

19 Vgl. Art. F Abs. 2 EUV.

20 Vgl. *Volkmar Götz,* Das Maastricht-Urteil des Bundesverfassungsgerichts, JZ 1993, 1081 (1082).

21 BVerfGE 37, 271 (280); 58, 1 (28); 59, 63 (90); 73, 339 (374).

22 BVerfGE 31, 145 (173 ff.); 73, 339 (375); 75, 223 (244); EuGRZ 1993, 429 (438 f.).

Garant und Wächter dieser Grenzen bleibt der die Geltung und Gestaltungskraft des Grundgesetzes gewährleistende deutsche Mitgliedstaat. Das Grundgesetz verpflichtet die Organe des deutschen Staates auch nach Gründung einer Europäischen Zentralbank, deren Unabhängigkeit zu sichern, die vorrangige Sicherung der Preisstabilität zu gewährleisten und die Achtung des – das Grundgesetz modifizierenden – Unionsvertrages und der dort vereinbarten Stabilitätsgemeinschaft einzufordern. Nach Eintritt in die „dritte Stufe" der Währungsunion, der Gründung einer Europäischen Zentralbank und der Einführung einer einheitlichen Währung in der Europäischen Union, ist deshalb die währungspolitische Verantwortlichkeit geteilt. Während in den beiden ersten Stufen zur Währungsunion die Verantwortlichkeit für den Geldwert im Anwendungsbereich des Grundgesetzes bei der Deutschen Bundesbank liegt und durch eine stabile DM erfüllt wird, würden mit der Vollendung einer europäischen Währungsunion die Mitgliedstaaten von den handelnden Subjekten zu kontrollierenden und nachsteuernden Stabilitätsgaranten. Sie bleiben jedoch in dem verfassungsrechtlichen Stabilisierungsauftrag gebunden und sind insoweit auch dem nationalen Parlament verantwortlich.

cc) Die von Art. 88 Satz 2 GG geforderte und im Unionsvertrag[23] bestätigte Stabilitätsgemeinschaft ist auf Dauer angelegt und kann in der Stetigkeit der Geldwertstabilität auch nach Eintritt in die dritte Stufe der Währungsunion vom Mitgliedstaat geltend gemacht werden. Zwar läßt sich nicht voraussehen, ob die Stabilität einer gemeinsamen Währung auf der Grundlage der im Vertrag getroffenen Vorkehrungen tatsächlich dauerhaft gesichert werden kann. Würde die vereinbarte, insoweit zum Gegenstand des deutschen Zustimmungsgesetzes gemachte Stabilitätsgemeinschaft jedoch scheitern, so wäre die vertragliche Konzeption verlassen und der einzelne Mitgliedstaat letztlich – als ultima ratio – berechtigt, sich aus dieser Gemeinschaft zu lösen[24].

Die vertragliche Grundlage einer deutschen Mitgliedschaft in der EG bestimmt auch Art und Dauer dieser Zugehörigkeit. Da der EG-Vertrag in Deutschland allein aufgrund des Zustimmungsgesetzes Rechtsverbindlichkeit gewinnt, bestimmt der Bundestag über die Mitgliedschaft Deutschlands in der EG, ihren Fortbestand und ihre Entwicklung[25]. Deutschland ist einer der „Herren der Verträge", der seine Gebundenheit an den „auf unbegrenzte Zeit" geschlossenen Unionsvertrag (Art. Q EUV, Art. 214 EGV) mit dem Willen zur langfristigen Mitgliedschaft begründet hat, diese Zugehörigkeit aber letztlich durch einen gegenläufigen Akt auch wieder aufheben könnte[26]. Würde der Deutsche Bundestag seine Zustimmung nicht mehr aufrechterhalten, so bliebe das Europarecht im europäischen Rechtskreis zwar verbindlich, diese Verbindlichkeit würde

23 Art. 3a Abs. 2, Art. 105 Abs. 1 EGV.
24 BVerfG EuGRZ 1993, 429 (443).
25 BVerfG EuGRZ 1993, 429 (438).
26 BVerfG EuGRZ 1993, 429 (329).

aber Deutschland nicht erreichen, weil die Brücke des Zustimmungsgesetzes das Einbringen des Europarechts in den deutschen Hoheitsbereich nicht mehr tragen würde.

Das Bundesverfassungsgericht hat im Maastricht-Urteil diese Abhängigkeit des Europarechts vom Fortbestehen des deutschen Rechtsanwendungsbefehls dreimal hervorgehoben. Zunächst im allgemeinen Maßstab des Erfordernisses, der Bundestag habe die zur Wahrnehmung übertragenen Rechte und das beabsichtigte Integrationsprogramm hinreichend bestimmbar festzulegen[27]; sodann zu der trotz Mitgliedschaft in der Europäischen Union und der EG verbleibenden Souveränität Deutschlands und seiner Gleichheit mit anderen Staaten i.S. des Art. 2 Nr. 1 der Satzung der Vereinten Nationen[28]; schließlich bei der Beurteilung einer hinreichenden Sicherung der Währungsunion als stetige Stabilitätsgemeinschaft auch nach Eintritt in die dritte Stufe, für die der Vertrag materielle Stabilitätsmaßstäbe und institutionelle Vorkehrungen wie die Unabhängigkeit der Zentralbank vorsieht, dann aber letztlich – als ultima ratio – beim Scheitern der Stabilitätsgemeinschaft auch einer Lösung Deutschlands aus der Gemeinschaft nicht entgegensteht[29].

Die Feststellung, daß die Mitgliedschaft Deutschlands in einer etwaigen Währungsunion nicht ein ewiger Bund auf Gedeih und Verderb auch bei jeder Fehlentwicklung dieses Staatenverbundes sei, hat in der Fachöffentlichkeit Kritik hervorgerufen. Diese Kritiker sollte jedoch – wenn nicht schon der Geltungsanspruch der Verfassung, so jedenfalls – die Überzeugungskraft der für jeden Mitgliedstaat spürbaren Vorzüge einer europäischen Währungsunion beruhigen. Die EG braucht keine „unumkehrbaren"[30] Automatismen, welche die Mitgliedstaaten durch eine rechtliche Zwangsjacke in die Währungsunion führen. Vielmehr bleibt Geltungsgrund der Verträge und aller in ihnen programmatisch in Aussicht genommenen Unumkehrbarkeiten letztlich der parlamentarische Rechtsanwendungsbefehl, der in allen Mitgliedstaaten in seinem Entstehen und in seiner Fortdauer demokratisch zu verantworten ist und deshalb zur Disposition des Wählers steht. Die EG ist ein Verbund demokratischer Staaten, der auch die Wahrnehmung der Währungshoheit vom Staatsvolk legitimiert wissen will, kein gegen die Demokratie gewendeter Zwangsverband.

Der Unions-Vertrag gewinnt – wie jeder völkerrechtliche Vertrag – seine Stärke dadurch, daß seine Rechtsverbindlichkeit auf die Plausibilität seiner Inhalte und seine Vermittelbarkeit gegenüber dem Staatsvolk ge-

27 BVerfG EuGRZ 1993, 429 (438).
28 Vom 26. Juni 1945, BGBl. II 1973, 430; vgl. BVerfG EuGRZ 1993, 429 (439).
29 BVerfG EuGRZ 1993, 429 (443).
30 Vgl. das Protokoll über den Übergang zur dritten Stufe der Wirtschafts- und Währungsunion, das von der „Unumkehrbarkeit" des Übergangs der Gemeinschaft in die dritte Stufe der Wirtschaftsunion und von dem Ziel eines „unwiderruflichen" Eintretens in die dritte Stufe spricht.

stützt werden kann. Deutschland ist Mitglied in der Europäischen Union, nicht weil es in einem Vertragsnetz gefangen ist, sondern weil es in seinem Staatsvolk diesen Vertrag trägt. „Im Zustimmungsgesetz zum Beitritt zu einer Staatengemeinschaft ruht die demokratische Legitimation sowohl der Existenz der Staatengemeinschaft selbst als auch ihrer Befugnisse zu Mehrheitsentscheidungen, die die Mitgliedstaaten bindet."[31]

II. Die Wirtschafts- und Währungsunion

Mit der Wirtschafts- und Währungsunion (WWU) verlieren die Mitgliedstaaten einen Kernbereich ihrer Zuständigkeit. Die Europäische Gemeinschaft erfährt einen Kompetenzzuwachs, der den Rahmen der bisherigen Staatengemeinschaft sprengt[32].

1. Staatenverpflichtende Wirtschaftsunion und gemeinschaftsunmittelbare Währungsunion

Die WWU ist in ihren beiden Bestandteilen einer Wirtschaftsunion und einer Währungsunion grundsätzlich verschieden ausgestaltet. Die Wirtschaftsunion bleibt in der Grundstruktur eine Staatengemeinschaft und regelt die Koordinierung der Wirtschaftspolitik der Mitgliedstaaten. Das Regelungswerk der Wirtschaftsunion zählt grundsätzlich[33] zum staatenverpflichtenden Gemeinschaftsrecht und begründet für die Mitgliedstaaten die Verpflichtung, die Konvergenz ihrer Wirtschaftsentwicklung zu sichern. Der Rat erhält die Befugnis, die Grundzüge der mitgliedstaatlichen Wirtschaftspolitik in Empfehlungen vorzugeben[34]. Im Bereich der Währungsunion hingegen werden die Kompetenzen für die Geld-, Kredit- und Zinspolitik von den Mitgliedstaaten voll und ganz auf die Gemeinschaft übertragen. Der EUV überführt die Zuständigkeit für diese Politiken in die ausschließliche Zuständigkeit der Gemeinschaft[35]. Diese Trennung einer weitgehend in der Verantwortlichkeit der Mitgliedstaaten bleibenden Wirtschaftspolitik von der auf die Gemeinschaft übertragenen Währungspolitik hat zur Folge, daß zwei sachlogisch zusammengehörige,

---

31 BVerfG EuGRZ 1993, 429 (437).

32 *Oppermann/Classen,* NJW 1993, 5 (9, 11); *Werner von Simson/Jürgen Schwarze,* Europäische Integration und Grundgesetz, 1992, S. 46 ff.; *Martin Seidel,* Zur Verfassung der Europäischen Gemeinschaft nach Maastricht, in: Weiterentwicklung der Europäischen Gemeinschaften und der Marktwirtschaft, Referate des XXV. Symposions des Forschungsinstituts für Wirtschaftsverfassung und Wettbewerb e.V., Köln, Heft 148, S. 133 (139 f.); *Matthias Herdegen,* Die Belastbarkeit des Verfassungsgefüges auf dem Weg zur Europäischen Union, EuGRZ 1992, 589 (590).

33 Vgl. Art. 102a, 103 EGV; vgl. aber auch Art. 104, 104a, 104b EGV a.E.

34 Art. 103 Abs. 2 bis 5 EGV.

35 *Seidel,* a.a.O. (Fn. 32), S. 140, 144 ff.

in Deutschland bisher zentral vom Bund wahrgenommene Politikbereiche voneinander gesondert werden. Der Grund für diese Aufspaltung der Zuständigkeit besteht darin, daß eine Gestaltung der Wirtschaftspolitik durch die Gemeinschaft einen sog. dominanten Haushalt der Gemeinschaft voraussetzen würde, dessen Volumen das Gesamtvolumen der zentralen Haushalte der Mitgliedstaaten übersteigen müßte[36]. Ein solcher dominanter Haushalt der Gemeinschaft würde letztlich Anlaß sein, daß die Mitgliedstaaten ihre Verteidigungspolitik, die Sozialpolitik, die Bildungspolitik und die Infrastrukturpolitik der Gemeinschaft übertragen müßten.

Franz Klein, der seit langem das Zusammenwirken von Währungs-, Haushalts- und Steuerpolitik als Finanzpolitiker, Richter und Wissenschaftler beobachtet und kommentiert, hat darüber hinaus nachdrücklich darauf verwiesen, daß die zunehmende Integration auch in einer Steuerhoheit der Europäischen Gemeinschaft münden wird[37]. Wachsende Aufgaben der Europäischen Gemeinschaft und zunehmende Harmonisierungsbedürfnisse hätten zur Folge, daß die Steuerertragshoheit und sodann auch die Steuergesetzgebungshoheit jedenfalls teilweise auf die EG übergehen würden. Dabei käme gegenwärtig eher ein Zugriff auf die indirekten Steuern, wohl nicht auf die direkten Steuern in Betracht.

2. Der Eintritt in die Währungsunion

Die Währungsunion ist als Stabilitätsgemeinschaft konzipiert (Art. 105 EGV[38]; vgl. auch Art. 88 GG n.F.) und soll deshalb in der dritten Stufe nur unter den Mitgliedstaaten verwirklicht werden, die bestimmte Konvergenzkriterien erfüllen (Art. 109j Abs. 1 EUV): Preisstabilität, maßvolles Haushaltsdefizit, Einschätzung der jeweiligen Landeswährung durch die Devisenmärkte als stabil, feste langfristige Zinssätze. Diese Kriterien sind im Protokoll über die Konvergenzkriterien nach Art. 109j EGV konkretisiert worden: Das Kriterium der Preisstabilität bedeutet nach Art. 1 dieses Protokolls, daß ein Mitgliedstaat eine anhaltende Stabilität und eine während des letzten Jahres vor der Prüfung gemessene durchschnittliche Inflationsrate aufweisen muß, die um nicht mehr als 1 ½ Prozentpunkte über der Inflationsrate jener – höchstens drei – Mitgliedstaaten liegt, die auf dem Gebiet der Preisstabilität das beste Ergebnis erzielt haben. Das Kriterium der soliden Finanzlage der öffentlichen Hand ist nach Art. 2 zu dem Erfordernis formalisiert und abgeschwächt, daß zum Zeitpunkt der Prüfung keine Ratsentscheidung nach Art. 104c Abs. 6 EGV ein übermäßiges Defizit feststellt. Nach Art. 104c Abs. 2 EGV in Verbindung mit dem Protokoll über das Verfahren bei einem übermäßi-

36 *Seidel,* a.a.O. (Fn. 32), S. 141.

37 *Franz Klein,* Zur Frage der künftigen Steuerhoheit der Europäischen Gemeinschaft, in: Gerd John (Hrsg.), Besteuerung und Unternehmenspolitik, Festschrift für Günter Wöhe, 1989, S. 191 f.

38 Vgl. auch Art. 3a Abs. 2 und 3 EGV.

gen Defizit besteht ein übermäßiges Defizit, wenn das geplante oder tatsächliche öffentliche Defizit 3 v.H. des Bruttoinlandsproduktes zu Marktpreisen überschreitet oder der öffentliche Schuldenstand 60 v.H. des Bruttoinlandsproduktes zu Marktpreisen überschreitet. Das Kriterium der Teilnahme am Wechselkursmechanismus des Europäischen Währungssystems bedeutet nach Art. 3, daß ein Mitgliedstaat die dort vorgesehenen normalen Bandbreiten zumindest in den letzten zwei Jahren vor der Prüfung ohne starke Spannungen eingehalten haben muß. Das Kriterium der Konvergenz der Zinssätze verlangt nach Art. 4, daß im Verlauf von einem Jahr vor der Prüfung in einem Mitgliedstaat der durchschnittliche langfristige Nominalzinssatz um nicht mehr als 2 v.H. über dem entsprechenden Satz in jenen – höchstens drei – Mitgliedstaaten liegt, die auf dem Gebiet der Preisstabilität das beste Ergebnis erzielt haben.

Diese – relativen – Konvergenzkriterien sind Grenzen für die Zulassung zur Währungsunion, ermächtigen jedoch nicht zum Ausschluß eines später instabil gewordenen Staates aus der Währungsunion. Im übrigen sind die Kriterien lediglich Grundlage für eine Entscheidung des Rates, welche Mitgliedstaaten die notwendigen Voraussetzungen für die Einführung einer einheitlichen Währung erfüllen: Nach Art. 109j Abs. 1 EGV berichten die Kommission und das Europäische Währungsinstitut (EWI) dem Rat, ob die Konvergenzkriterien erfüllt sind. Der Rat beurteilt in der Zusammensetzung der Wirtschafts- und Finanzminister[39] nach Art. 109j Abs. 2 EGV auf der Grundlage dieser Berichte auf Empfehlung der Kommission mit qualifizierter Mehrheit, ob die einzelnen Mitgliedstaaten die notwendigen Voraussetzungen für die Einführung einer einheitlichen Währung erfüllen und ob dies für eine Mehrheit der Mitgliedstaaten gilt. Nach Art. 109j Abs. 3 EGV entscheidet der Rat in der Zusammensetzung der Staats- und Regierungschefs mit qualifizierter Mehrheit auf der Grundlage dieser Empfehlungen und „unter gebührender Berücksichtigung" der Berichte der Kommission und des EWI, ob eine Mehrheit der Mitgliedstaaten die notwendigen Voraussetzungen für die Einführung einer einheitlichen Währung erfüllt und ob es für die Gemeinschaft zweckmäßig ist, in die dritte Stufe einzutreten. Er bestimmt in diesem Fall den Zeitpunkt für den Beginn der dritten Stufe. Ist bis Ende 1997 dieser Zeitpunkt nicht festgelegt worden, so beginnt die dritte Stufe automatisch am 1. Januar 1999. Vor dem 1. Juli 1998 bestätigt der Rat in der Zusammensetzung der Staats- und Regierungschefs nach Art. 109j Abs. 4 EGV unter Berücksichtigung der Berichte und auf der Grundlage der Empfehlungen mit qualifizierter Mehrheit, welche Mitglieder die notwendigen Voraussetzungen für die Einführung einer einheitlichen Währung erfüllen. Diese treten in die dritte Stufe ein.

Dennoch hängt die Entwicklung zur Währungsunion von weiteren deutschen Mitwirkungsakten ab. Ohne parlamentarische Zustimmung kön-

39 Vgl. die Erklärung der Regierungskonferenz zum Dritten Teil Titel III und VI des EGV (BGBl. II 1992, 1319).

nen weder die Konvergenzkriterien aufgeweicht noch ein deutscher Eintritt in die dritte Stufe der Währungsunion erzwungen werden. Auch hier zeigt das Urteil des Bundesverfassungsgerichts[40], daß die verfassungsrechtlichen Anforderungen eines bestimmbaren Parlamentsentscheides und der Inhalt des Unions-Vertrages miteinander übereinstimmen. Wenn der Deutsche Bundestag und der Deutsche Bundesrat[41] sich für den Übergang in die dritte Stufe eine eigene Bewertung zukünftiger Entwicklungen vorbehalten und sich damit einer Aufweichung der Konvergenzkriterien vorbeugend widersetzen, so entspricht dieses der parlamentarischen Einschätzung, die Verläßlichkeit der Stabilitätsgemeinschaft derzeit noch nicht abschließend beurteilen zu können. Auf der Seite des Unions-Vertrages eröffnet Art. 6 des Protokolls über die Konvergenzkriterien diesem Parlamentsvorbehalt eine unmittelbare Einflußnahme, weil dort bereits die Regelung von Einzelheiten der vertraglich festgelegten Konvergenzkriterien in Abweichung von der gegenwärtigen Definition des Protokolls einer einstimmigen Entscheidung des Rates vorbehalten, jedem Mitgliedstaat damit ein Vetorecht eingeräumt ist. Wenn aber die Konvergenzkriterien des Art. 109j Abs. 1 EGV als solche nicht zur Disposition des Rates stehen, darf auch deren Anwendung diese Kriterien nicht mehrheitlich unterlaufen. Soweit Art. 109j Abs. 3 und 4 EGV Mehrheitsentscheidungen für den Eintritt in die nächste Stufe vorsehen, wird damit ein Einschätzungs-, Bewertungs- und Prognosespielraum eingeräumt, dem Rat jedoch nicht erlaubt, sich von den Konvergenzkriterien als Entscheidungsgrundlage zu lösen[42].

Daneben erkennt das Protokoll über den Übergang zur dritten Stufe der Wirtschafts- und Währungsunion an, daß der unwiderrufliche Eintritt in die dritte Stufe von „vorbereitenden Arbeiten" der betreffenden Mitgliedstaaten abhängt. Diese vorbereitenden Arbeiten aber richten sich nach dem jeweiligen nationalen Verfassungsrecht und können dort unter Parlamentsvorbehalt gestellt werden. Auch insoweit kann der Deutsche Bundestag seinen Willen, die zukünftige Währungsunion nur unter den Voraussetzungen strikter Stabilitätskriterien beginnen zu lassen, jedenfalls im Rahmen des Art. 23 Abs. 3 GG und seines ausdrücklich beschlossenen Bewertungsvorbehaltes zur Wirkung bringen.

3. Die Auswirkungen der europäischen Währungshoheit auf die Mitgliedstaaten

Die Europäisierung der Währungshoheit und die Verselbständigung dieser Hoheit bei einer unabhängigen, nicht in eine Regierungs- und Parlamentsverantwortung eingebundenen Europäischen Zentralbank verän-

---

40 EuGRZ 1993, 429 (443).
41 Entschließung des Deutschen Bundestages vom 2. Dezember 1992 (Anlage zu BR-Drucks. 810/92, S. 6 f.) und des Bundesrates vom 18. Dezember 1992 (BR-Drucks. 810/92 – Beschluß –, S. 6 f.).
42 BVerfG EuGRZ 1993, 429 (443).

dert die wirtschaftliche und rechtliche Ausgangslage bei Ausübung der Währungshoheit in den Mitgliedstaaten grundlegend. Der Unions-Vertrag unternimmt es, das in Deutschland bewährte System einer unabhängigen Zentralbank nunmehr auf den Binnenmarkt zu erstrecken und zur Grundlage einer einheitlichen Währung zu machen. Damit verbinden sich weitgreifende Hoffnungen, für die nach dem Grundgesetz verfaßte Ordnung aber auch Risiken:

a) Die Bundesbank verliert ihre Kompetenz zur Gestaltung einer autonomen Geld- und Zinspolitik und wird in ein von den Weisungen der EZB abhängiges Glied des ESZB verwandelt[43]. Das in Art. 3b EGV vorgesehene Grundprinzip der Subsidiarität ist im Verhältnis zwischen EZB und nationalen Zentralbanken nicht anwendbar, da die währungspolitische Zuständigkeit der EZB eine ausschließliche ist[44].

b) Die Verselbständigung einer Europäischen Zentralbank durch eine Unabhängigkeitsgarantie gegenüber den Organen der EG und der Mitgliedstaaten (Art. 107 EGV) löst staatliche Hoheitsgewalt aus unmittelbarer staatsrechtlicher oder supranationaler Verantwortlichkeit[45]. Die Lockerung der parlamentarischen Verantwortlichkeit und die Ausnahme von der Regierungsverantwortung haben für die Bundesbank zu der Überlegung geführt, die Verfassungsmäßigkeit der Stellung der Deutschen Bundesbank in Frage zu stellen[46], Art. 88 GG als eine verfassungsrechtliche Garantie der Unabhängigkeit zu verstehen[47], die Bindung der Bundesbank in einem System von Abhängigkeiten sachlicher und persönlicher Art zu betonen[48] oder die Ausnahme zum Prinzip der Regierungsverantwortung in einem „Generalauftrag des Grundgesetzes" zu sehen[49]. Im Hintergrund dieser Erwägungen steht die Frage nach der Eignung von Staat und Demokratie zur Wirtschaftspolitik: individuelle Freiheitsräume können durch die Regelungsdichte des Wirtschaftsrechts schrumpfen, die Aktionen der Regierung durch das Erfordernis der Wiederwahl periodisch behindert wer-

---

43 Art. 14.3 des Protokolls über die Satzung des Europäischen Systems der Zentralbanken und der Europäischen Zentralbank – im folgenden ESZB-Satzung.

44 Näher dazu *Hahn,* Der Vertrag von Maastricht als völkerrechtliche Übereinkunft und Verfassung, 1992, S. 67 f.

45 Art. 109b Abs. 3 EGV, Art. 15 ESZB-Satzung regeln eine Berichtspflicht der EZB.

46 *Ernst Wolfgang Böckenförde,* Die Organisationsgewalt im Bereich der Regierung, 1964, S. 198; *Eckart Klein,* Die verfassungsrechtliche Problematik des ministerialfreien Raumes, 1974, S. 215.

47 Vgl. BVerfGE 62, 169; *Carl Theodor Samm,* Verfassungsgarantierte Bundesbankautonomie, in: WM, Sonderbeilage Nr. 5, 1984, S. 3 f.

48 *Rüdiger Breuer,* Die öffentlich-rechtliche Anstalt, in: VVDStRL 44 (1986), S. 238 f.; *Reiner Schmidt,* Die Zentralbank im Verfassungsgefüge der Bundesrepublik Deutschland, in: *Rolf Grabert* (Hrsg.), Instrumente der sozialen Sicherung und der Währungssicherung in der Bundesrepublik Deutschland und Italien, 1981, S. 61 (68 f.).

49 *Hans Herbert von Arnim,* Staatslehre der Bundesrepublik Deutschland, 1984, S. 342.

den; ein schwerfälliges Gesetzgebungsverfahren erschwert zeitgerechte Reaktionen; eine breitere Öffentlichkeitsbeteiligung wird gelegentlich auch als Ursache gedeutet, die Leistungsbereitschaft der Menschen abzubauen und das Anspruchsdenken zu steigern. Mit einer Verselbständigung der Währungspolitik bei einer unabhängigen Zentralbank in loser Zuordnung zur EG wendet sich das Postulat ökonomischen Sachverstandes jedenfalls gegen eine parlamentarische Verantwortlichkeit und schwächt die rechtsstaatliche Kontrolle. Ein wesentlicher Politikbereich wird erstmals aus der stetigen rechtsstaatlichen Kontrollierbarkeit und der – zumindest im Zugriff des Gesetzgebers auf das Bundesbankgesetz bisher noch aktuellen – demokratischen Legitimationsbedürftigkeit herausgelöst.

c) Auch der – verfassungsändernde – Gesetzgeber kann über Änderungen des Bundesbankgesetzes und notfalls des Art. 88 GG keinen Einfluß mehr auf die Währungspolitik nehmen. Die Unabhängigkeit der nationalen Zentralbanken wird gemeinschaftsrechtlich vorgeschrieben (Art. 108 EGV). Einflußmittel der Europäischen Gemeinschaft ist die Vertragsänderung, kaum die Setzung sekundären Gemeinschaftsrechts.

d) Die D-Mark geht als eigenständige Währung unter und in der ECU auf (Art. 109l Abs. 4 und 5 EGV), deren Wert von Deutschland nicht autonom bestimmt, sondern – über die Stimme des deutschen Notenbankpräsidenten im EZB-Rat (Art. 109a Abs. 1 EGV) – nur mitbestimmt werden könnte. Banknoten können von der Bundesbank nur noch mit Genehmigung der EZB ausgegeben werden; bei Münzen bestimmt die EZB jedenfalls den Umfang der Ausgabe (Art. 105a EGV).

e) Wegen des Nennwertprinzips ist der Inhaber von Geldwerten darauf angewiesen, daß das Geld ihm als Tausch- und Wertaufbewahrungsmittel erhalten bleibt und sein Einlösungsvertrauen nicht grundlegend enttäuscht wird. Stütze des Geldwertes ist nicht mehr eine Nationalökonomie, sondern die Summe von 12 Wirtschaftsbereichen und deren wirtschaftserhebliche Politik. Die Geldpolitik der Zentralbank wird auseinanderstrebende Wirtschaftspolitiken nur schwer zusammenhalten, ein erhebliches Wirtschafts- und Sozialgefälle allein nicht überbrücken können. Deshalb ist die Wertsicherung institutionell und damit auch in ihrem Sicherungserfolg grundlegend verändert. Dieses Strukturproblem kann den einzelnen Geldeigentümer in seiner Grundrechtsposition berühren: eine etwaige Geldentwertung vermindert Sparguthaben[50], den Wert der im Sozialversicherungsanspruch gebündelten Krisen- und Altersvorsorge[51] und den Wert des monatlichen Einkommens[52]. Geld- und Sachvermögen unterliegen unterschiedlichen Wertentwicklungen.

50 Zum Eigentumsschutz zivilrechtlicher Forderungen vgl. BVerfGE 28, 110 (141); 45, 142 (179); 68, 193 (222).

51 Zum Eigentumsschutz von Sozialversicherungsansprüchen vgl. BVerfGE 53, 257 (290); 58, 81 (109); 66, 234 (247); 74, 203 (213); 75, 78 (96 f.); 76, 256 (293).

52 Zum Grundrechtsschutz des Einkommens vgl. BVerfGE 29, 1 (9); 71, 39 (60 f.); – Schutz der Beamtenbesoldung durch Art. 33 Abs. 5 GG; BVerfGE 76, 256

f) Die Refinanzierungspolitik (Zinspolitik) geht in die Hände der EZB über. Diese legt die allgemeinen Grundsätze für ihre eigenen Offenmarkt- und Kreditgeschäfte ebenso fest wie für die entsprechenden Geschäfte der nationalen Zentralbanken (Art. 18.2 ESZB-Satzung). Auch die Mindestreservepolitik fällt der EZB zu (Art. 19.1 ESZB-Satzung); die EZB kann damit die Schöpfung von Buchgeld in den Mitgliedstaaten steuern und auf diese Weise die in den nationalen Volkswirtschaften vorhandenen Kreditkapazitäten vergrößern oder verkleinern. Zudem sind der EZB weitere generalklauselartig formulierte Kompetenzen zugewiesen[53].

g) Auch die staatliche Haushaltspolitik wird durch die EG mitgeprägt: Die Möglichkeit, Politik mit Haushaltsdefiziten zu finanzieren, wird nach Art. 104c i.V.m. dem Protokoll über das Verfahren bei einem übermäßigen Defizit begrenzt. Danach darf das öffentliche Defizit 3 v.H. des Bruttoinlandsprodukts, der öffentliche Schuldenstand darf 60 v.H. des Bruttoinlandsprodukts nicht überschreiten. Diese Begrenzung trifft mittelbar auch die Länder, Gemeinden und Sozialversicherungsträger, da deren Defizite nach Art. 2 des genannten Protokolls – zu Recht – dem Mitgliedstaat zugerechnet werden. Die Regierungen der Mitgliedstaaten sind auch insoweit der EG gegenüber verantwortlich und verpflichtet, ihre innerstaatlichen Verfahren im Haushaltsbereich so zu gestalten, daß sie die diesbezüglichen Verpflichtungen erfüllen können[54]. Hier kann es zwischen den Haushalten in der Bundesrepublik Deutschland zu Verteilungskämpfen in der Möglichkeit des „deficit spending" kommen[55]. Fragen wie diejenige, ob und in welchem Maße die deutsche Einheit oder die Rentenversicherung durch Neuverschuldung finanziert werden sollen, können von der Bundesrepublik nicht mehr autonom beantwortet werden. Zudem wird den Mitgliedstaaten und ihren Untergliederungen die Möglichkeit genommen, sich von ihren nationalen Zentralbanken eine Kreditfinanzierung zu verschaffen[56].

h) Die Zentralisierung der europäischen Geldpolitik bei Fortbestehen nationaler Wirtschaftspolitiken kann auch die Gefahr eines nationalen finanzpolitischen Fehlverhaltens begründen, dessen Kosten auf die Gemeinschaft der Mitgliedstaaten überwälzt werden könnten. Der vorgesehene Kohäsionsfonds (Art. 130d Abs. 2 EGV) gibt Anlaß zu der Befürchtung, die künftige Währungsunion könne vor allem zu einer großzügigen Transferunion werden. Diese Transferunion könnte zusätzlich zu einem Einfallstor für die in Art. 130 EGV vorgesehenen industriepolitischen Maßnahmen werden. Auch ein gemeinschaftsweites Finanzausgleichssy-

---

(294 f.) – Schutz der Soldatenbesoldung durch Art. 14 GG; das steuerliche Einkommen fällt unter den Schutz des Art. 14 GG, wenn es auf einer privatrechtlichen Forderung beruht, vgl. BVerfGE 83, 201 (209).

53 Vgl. die Ermächtigung zum Erlaß von Verordnungen und Entscheidungen in Art. 108a Abs. 1 EGV.

54 Art. 3 des Protokolls über das Verfahren bei einem übermäßigen Defizit.

55 Vgl. *Hahn*, a.a.O. (Fn. 44), S. 79.

56 Art. 104 EGV; weniger streng § 20 BBankG.

stem könnte zu regionaler Verschwendung unter gleichzeitiger Refinanzierung des Defizits bei den „sparsamen" Mitgliedstaaten einladen[57].

i) Von wirtschaftswissenschaftlicher Seite wird insbesondere darauf hingewiesen[58], daß eine gemeinsame Währung die ökonomisch schwächeren Mitgliedstaaten einem verstärkten Konkurrenzdruck aussetze, der aufgrund ihrer geringeren Produktivität und Wettbewerbsfähigkeit die Arbeitslosigkeit wachsen lassen würde. Die betroffenen Mitgliedstaaten werden deshalb Transferzahlungen (einen „Finanzausgleich") fordern. Dabei nennt Art. 2 EGV allerdings mit der Förderung des wirtschaftlichen und sozialen Zusammenhalts und der Solidarität zwischen den Mitgliedstaaten nur ein Ziel der Gemeinschaft[59]; über das Handlungsmittel, das Volumen von Transferleistungen, entscheiden allein die Mitgliedstaaten nach Maßgabe des Art. 201 EGV.

j) Bei einer geringen Arbeitsmobilität[60] in Europa, die in der sprachlichen und kulturellen Gebundenheit der Menschen in ihren Staatsvölkern ihre – staatspolitisch wertvolle – Ursache hat, kann das große Lohn- und Einkommensgefälle in der EG nicht durch eine Flexibilität ausgeglichen werden. Die sich damit erneut aufdrängende Forderung nach einem weitgreifenden Finanzausgleichssystem könnte die Verantwortung für die nationale Beschäftigungslage von den jeweiligen nationalen Tarifpartnern auf die Steuerzahler in den jeweils anderen Ländern der Gemeinschaft überwälzen. Ein solches das Arbeitslosenrisiko abfangendes Transfersystem aber durchbräche das Junktim zwischen Lohnforderung und Arbeitsplatzrisiko und würde im Ergebnis die Autonomie der Tarifvertragsparteien berühren[61].

k) Die Lohnpolitik, die in der Bundesrepublik von den Tarifpartnern bestimmt wird, bildet einen entscheidenden Faktor für die Geldwertstabilität und gerät nunmehr auch in den Sog einer europäischen Stabilitätspolitik. Die Tarifabschlüsse im deutschen öffentlichen Dienst werden auch unmittelbar dem gemeinschaftsrechtlichen Ziel der Vermeidung übermäßiger öffentlicher Defizite (Art. 104c EGV) zugeordnet; im übrigen setzt die Geldmengenpolitik des ESZB der Lohnpolitik Grenzen.

l) Während eine sich gegenseitig antreibende Konkurrenz von Lohnforderungen ohne gleichzeitige Verantwortlichkeit für das zweite Stabilitätsziel – den hohen Beschäftigungsstand[62] – „verheerende Folgen für die

57 Vgl. *Hans Tietmeyer,* Probleme einer europäischen Währungsunion und Notenbank, in: Josef Isensee (Hrsg.), Europa als politische Idee und als rechtliche Form, 2. Aufl., 1994, S. 47.

58 Vgl. FAZ vom 11. Juni 1992, S. 15 f.

59 Vgl. auch Art. 130a ff. EGV.

60 Am 30. Juni 1991 waren in den alten Bundesländern 507 756 Arbeitnehmer aus den anderen Mitgliedstaaten beschäftigt (Statistisches Jahrbuch 1992 für die Bundesrepublik Deutschland, S. 125).

61 *Tietmeyer,* a.a.O. (Fn. 57), S. 48.

62 Nicht genannt in Art. 3a Abs. 3, 105 Abs. 1 Satz 3 EGV. Vgl. aber den Hinweis auf Art. 2 EGV (hohes Beschäftigungsniveau als Aufgabe der EG) in Art. 3a Abs. 1 und Art. 105 Abs. 1 Satz 2 EGV.

Geldwertstabilität"[63] haben kann und die wegen der Strukturveränderungen unverzichtbaren Reallohnsenkungen in manchen Sektoren und Regionen verhindern könnte[64], würden ähnliche Entwicklungen im Bereich der staatlichen Verschuldungspolitik auch die Handlungskraft von Regierung und Parlament gefährden. Wenn die Mitgliedstaaten nicht mehr über geldpolitische Mittel zur nationalen Konjunktursteuerung verfügen, werden sie zu fiskalpolitischen Maßnahmen greifen. Wenn dann aber gleichzeitig die nationalen Kosten öffentlicher Defizite sinken, weil die negativen Zins- und Wechselkursfolgen einer Kreditaufnahme von den Partnerländern mitgetragen werden müssen, kann sich ein Verschuldungssog ergeben, der letztlich die Stabilität von Geldwert und Haushaltspolitik gefährdet[65].

m) Den ECU-Wechselkurs gegenüber Drittlandwährungen bestimmt der Rat nach Maßgabe des Art. 109 EGV, nicht die EZB. Die sechzig deutschen Wirtschaftswissenschaftler, die sich in einem Manifest gegen die Ratifizierung des EUV ausgesprochen haben, sehen darin eine Gefahr für die Währungsstabilität[66].

n) Die internationale Zusammenarbeit in Währungsangelegenheiten und die Beteiligung an internationalen Währungseinrichtungen wird Sache der EZB. Die nationalen Zentralbanken dürfen nur mit deren Zustimmung tätig werden (Art. 6.1, 6.2 ESZB-Satzung). Über den Standpunkt der EG auf internationaler Ebene zu Fragen, die von besonderer Bedeutung für die Wirtschafts- und Währungsunion sind, befindet der Rat (Art. 109 Abs. 4 EGV).

o) Die offiziellen Währungsreserven der Mitgliedstaaten werden vom ESZB gehalten und verwaltet (Art. 105 Abs. 2, 3. Gedankenstrich EGV). Die Regierungen der Mitgliedstaaten dürfen nur Arbeitsguthaben in Fremdwährungen unterhalten (Art. 105 Abs. 3 EGV).

III. Die verfassungsrechtliche Konzeption einer Stabilitätsgemeinschaft

Eine Währungsunion, die sich auf unterschiedliche Nationalökonomien mit verschiedenen Systemen des Staatsbudgets, der sozialen Umverteilung, der Außen-, Sicherheits- und Bildungspolitik stützen und zudem eigene Finanzierungsbedürfnisse der EG zurückweisen oder in Grenzen halten muß, ist strikt als Stabilitätsgemeinschaft zu konzipieren. Darüber hinaus ist das Erfordernis aufgabengerechter Finanzausstattung und marktorientierter Rechtsangleichung auch im Wirtschafts- und Steuer-

63 *Tietmeyer,* a.a.O. (Fn. 57), S. 48.
64 *Tietmeyer,* a.a.O., S. 47 f.
65 Vgl. *Tietmeyer,* a.a.O., S. 52.
66 FAZ vom 11. Juni 1992, S. 15 f.

recht unabweisbar; das hat *Franz Klein*[67] in eindrucksvoller Deutlichkeit ins Bewußtsein gerückt. Allerdings stimmen der Unions-Vertrag und das Grundgesetz darin überein, daß sie die Aufgaben und damit den Finanzbedarf der EG im Prinzip der begrenzten Einzelermächtigung und dem Vorbehalt bestimmter Kompetenzeinräumung begrenzen, also eine Weiterentwicklung der strikt als Stabilitätsgemeinschaft konzipierten Wirtschafts- und Währungsunion von der Zustimmung jedes Mitgliedstaates abhängig machen.

1. Der Sachzusammenhang zwischen Wirtschafts- und Währungsunion

Politisch-faktisch dürfte die Währungsunion nur bei alsbaldiger Ergänzung durch eine Wirtschaftsunion verwirklicht werden können. Eine Währung spiegelt die Leistungsfähigkeit einer Wirtschaft und vermittelt die von ihr erarbeitete Nachfragekraft; die Währung ist Handlungsmittel und Wertzeichen eines Wirtschaftsbereiches, das Vertrauen in eine Währung stützt sich auf die durch sie repräsentierten Wirtschaftssubjekte und Wirtschaftskapazitäten.

Dementsprechend weisen gewichtige Stimmen darauf hin, daß eine Währungsunion jedenfalls dann nur gemeinsam mit einer politischen – alle finanzwirtschaftlich wesentlichen Aufgaben umfassenden – Union gelingen kann, wenn die beteiligten Staaten eine aktive Wirtschafts- und Sozialpolitik betreiben[68]. Die deutsche Geschichte bestätigt diesen Zusammenhang. Die Vereinheitlichung der Währung folgte der Bildung des Norddeutschen Bundes und des Deutschen Reiches von 1871[69]; die Währungsunion ging also der politischen Union nicht als Wegbereiter voraus, sondern zog aus einer bereits bestehenden politischen Union die geldwirtschaftlichen Folgerungen.

Ob eine Währungsunion nur auf der Grundlage einer politischen Union gedeihen kann und ohne sie scheitern muß, ist jedoch eine Frage der politischen Einschätzung, die von Verfassungs wegen nicht beantwortet ist. Sollte sich ergeben, daß die gewollte Währungsunion in der Realität ohne eine noch nicht gewollte politische Union nicht zu verwirklichen ist, so hätten die verantwortlichen politischen Organe zu entscheiden, ob der Weg zur Währungsunion abgebrochen oder mit Blick auf die faktischen Realisierungsmöglichkeiten modifiziert werden muß. Der Unions-Vertrag und das Grundgesetz lassen für eine derartige Entscheidung rechtlich Raum, weil die Währungsunion nach dem jetzigen Vertrag eine politische Union und ebenso eine Wirtschaftsunion nicht automatisch

67 A.a.O. (Fn. 37), S. 193 f., 195 ff.

68 Vgl. Bundesbankpräsident Prof. Dr. *Schlesinger* in der mündlichen Verhandlung vor dem Bundesverfassungsgericht zum Unions-Vertrag, vgl. BVerfG EuGRZ 1993, 229 (444).

69 Vgl. *Ernst Rudolf Huber,* Deutsche Verfassungsgeschichte seit 1789, Band IV (1969), S. 1053 f., sowie Münzgesetz vom 9. Juli 1873 (RStBl., S. 293).

nach sich zieht, es dazu vielmehr einer Vertragsänderung durch die Mitgliedstaaten bedarf[70].

Auch hier ist der Vollzug der geltenden Verträge auf die Kooperationsbereitschaft der Mitgliedstaaten angewiesen. Die in Art. 102a ff. EGV vorgesehene Wirtschafts- und Währungsunion läßt sich in der wechselseitigen Bedingtheit von vertraglich vereinbarter Währungsunion und vorausgesetzter Entwicklung auch zu einer Wirtschaftsunion nur bei stetiger ernsthafter Vollzugsbereitschaft aller Mitgliedstaaten verwirklichen. Der Unions-Vertrag ist darauf angewiesen, daß die Mitgliedstaaten den Vertrag ständig mit Leben erfüllen; Vollzug und Entwicklung des Vertrages müssen vom Willen der Vertragspartner getragen sein[71].

2. Abgestufte Gemeinschaftsbildung in Europa?

Die Währungsunion ist nach Titel VI, Kapitel 2 des EG-Vertrages und nach Art. 88 Satz 2 GG nur als Stabilitätsgemeinschaft zulässig; wenn und soweit diese Stabilität nicht gewährleistet ist, fehlt die Rechtsgrundlage für eine Währungsunion. Der EG-Vertrag regelt langfristige Vorgaben, die das Stabilitätsziel zum Maßstab der Währungsunion machen, durch institutionelle Vorkehrungen die Verwirklichung dieses Zieles sicherzustellen suchen und letztlich auch die Mitgliedstaaten als Garanten der Stabilitätsgemeinschaft in Pflicht nehmen. Das ESZB ist nach Art. 105 Abs. 1 EGV vorrangig auf die Gewährleistung der Preisstabilität verpflichtet. Die EZB nimmt ihre Aufgaben nach Art. 107 EGV in Unabhängigkeit wahr. Die Präambel des Unions-Vertrages bekundet in der 6. Erwägung die Entschlossenheit der Mitgliedstaaten, der Errichtung der Wirtschafts- und Währungsunion eine stabile Währung zugrundezulegen. Art. 2 EGV beauftragt die Europäische Gemeinschaft, ein nichtinflationäres Wachstum und einen hohen Grad an Konvergenz der Wirtschaftsleistungen zu erreichen. Art. 3a Abs. 2 EGV verpflichtet die einheitliche Geld- und Wechselkurspolitik vorrangig auf das Ziel der Preisstabilität. Darüber hinaus gibt Art. 3a Abs. 3 EGV auch den Mitgliedstaaten für deren währungserhebliche Tätigkeit stabilisierende Grundsätze vor[72]. Die Wirtschaftspolitik der Mitgliedstaaten wird zur Angelegenheit von gemeinsamem Interesse erklärt und in ihren Grundzügen durch eine Empfehlung des Rates koordiniert und überwacht (Art. 103 EGV), die Währungs- und Verschuldungspolitik der Mitgliedstaaten vertraglichen Bindungen unterworfen (Art. 104a, 104b, 104c EGV).

Der dreistufige Weg zur Verwirklichung der Wirtschafts- und Währungsunion macht den Fortgang der Währungsunion von einer dauerhaften Konvergenz insbesondere der mitgliedstaatlichen Preisstabilität und der gesunden öffentlichen Finanzen abhängig (Art. 109e EGV). Eine Wäh-

70 BVerfG EuGRZ 1993, 429 (444).
71 BVerfG EuGRZ 1993, 429 (442).
72 Vgl. auch Art. 102a Satz 2 EGV.

rungsunion wird deshalb kaum als eine Gemeinschaft der gegenwärtig 12 Mitgliedstaaten beginnen; vielmehr wird allgemein erwartet, daß der Beginn einer Währungsunion die bisherige Gemeinschaft der Zwölf in eine Kerngemeinschaft der Währungsunion und eine sie umgebende Wirtschaftsunion untergliedert. Wenn sich sodann die Zusammenarbeit zwischen der EG und bisherigen Nicht-Mitgliedstaaten verdichtet und ein weiterer Kreis europäischer Staaten die Assoziierung und Kooperation mit der EG vorantreibt, so kann das Ziel der Währungsunion auch einen Anstoß für eine weitergehende Differenzierung innerhalb der EG und sodann für eine abgestufte Gemeinschaftsbildung in Gesamteuropa geben. Bereits gegenwärtig haben zwei Mitgliedstaaten in einem Protokollvorbehalt, der Bestandteil des Vertrages ist (Art. 239 EGV), vereinbart, daß die Vertragsbestimmungen über die Währungsunion für sie nicht oder nur modifiziert gelten sollen[73].

Der EG-Vertrag sichert den Charakter der Währungsunion als Stabilitätsgemeinschaft nicht nur in den Vorbedingungen für den Eintritt in die Währungsunion, sondern auch für die Zeit nach Gründung der Währungsunion. Sollte diese Stabilität nicht langfristig gewahrt werden können, entfiele die rechtliche Grundlage der Währungsunion[74], und der Vertrag würde einer Beendigung der Mitgliedschaft in der gescheiterten Stabilitätsgemeinschaft nicht entgegenstehen[75].

Das ökonomische Konzept einer auf Dauer angelegten und in der Stetigkeit vertrauensbildenden Währungsunion verbietet allerdings grundsätzlich wechselnde Mitgliedstaaten in der Währungsunion. Deswegen ist die rechtliche Möglichkeit eines Sichlösens aus der Gemeinschaft geldpolitisch eher stabilisierendes Warnsignal denn aktuelle Handlungsempfehlung. Als ultima ratio allerdings bleibt ein veränderter Mitgliederbestand Rechtstitel und potentiell rechtliche Realität.

3. Die Abschirmung des Sachverstandes in einer Unabhängigkeitsgarantie

Die wesentliche institutionelle Vorkehrung für eine stabile Geldpolitik einer Europäischen Zentralbank ist deren Unabhängigkeit. Diese bedarf jedoch gesonderter Rechtfertigung, weil mit der in Art. 107 EGV vorgesehenen Unabhängigkeitsgarantie ein wesentlicher Politikbereich parlamentarischer Beeinflussung und Steuerung nahezu vollständig entzogen wird. Der Geldwert stützt die individuelle Freiheit, ist insoweit Instrument der Freiheitspolitik; Geldwert und Geldmenge beeinflussen das öffentliche Finanzwesen und das parlamentarische Haushaltsgebaren, sind insoweit Instrument der Finanzpolitik und Bedingung der Budgetpolitik. Die Verselbständigung der meisten Aufgaben der Währungspoli-

73 Protokoll über einige Bestimmungen betreffend das Vereinigte Königreich Großbritannien und Nordirland; Protokoll über einige Bestimmungen betreffend Dänemark.

74 Vgl. BVerfG EuGRZ 1993, 429 (443 f.).

75 BVerfG EuGRZ 1993, 429 (443).

tik bei einer unabhängigen Zentralbank löst staatliche Hoheitsgewalt aus unmittelbarer parlamentarischer Verantwortlichkeit sowohl innerhalb des Mitgliedstaates als auch innerhalb der EG.

Diese Einschränkung der demokratischen Legitimation und parlamentarischen Entscheidungsbefugnis berührt das Demokratieprinzip, ist jedoch wegen der ausdrücklichen Ermächtigung des Art. 88 Satz 2 GG mit dem Grundgesetz vereinbar. Die mit Blick auf die Europäische Union und die dort vorgesehene unabhängige Europäische Zentralbank vorgenommene Verfassungsänderung modifiziert das Demokratieprinzip im Dienste der Sicherung des in eine Währung gesetzten Einlösungsvertrauens[76]. Es trägt der – in der deutschen Rechtsordnung erprobten und bewährten – Besonderheit Rechnung, daß eine unabhängige Zentralbank den Geldwert und damit die allgemeine ökonomische Grundlage für staatliche Haushaltspolitik und für private Planungen bei der Wahrnehmung wirtschaftlicher Freiheitsrechte eher sichert als Hoheitsorgane, die ihrerseits in ihren Handlungsmöglichkeiten und Handlungsmitteln wesentlich von Geldmenge und Geldwert abhängen und auf die kurzfristige Zustimmung politischer Kräfte angewiesen sind[77]. Insoweit genügt die Verselbständigung der Währungspolitik in der Hoheitskompetenz einer unabhängigen Europäischen Zentralbank den verfassungsrechtlichen Anforderungen des Art. 79 Abs. 3 GG. Die Abschirmung eines besonderen Sachverstandes in einer Unabhängigkeitsgarantie auch gegenüber parlamentarischer Legitimation und Verantwortlichkeit läßt sich jedoch auf andere Politikbereiche nicht übertragen[78].

4. Der Weg zur Währungsunion in mitgliedstaatlicher Verantwortlichkeit

Wenn der EG-Vertrag den Zeitpunkt für den Beginn der 3. Stufe der Währungsunion in einem bestimmten Datum fixiert (Art.109j Abs. 4 EGV), so ist diese Zeitangabe wegen der Bedingtheit von Vertragsinhalt und tatsächlich vorausgesetzten Konvergenzen eher als Zielvorgabe denn als rechtlich durchsetzbares Datum zu verstehen. Zwar schulden die Mitgliedstaaten ein ernsthaftes Bemühen, dieses vertraglich vereinbarte Datum zu erreichen. Nach gefestigter Gemeinschaftstradition findet die Setzung von Zieldaten ihren Sinn aber eher darin, die Integrationsentwicklung anzustoßen und zu beschleunigen, als sie unter allen Umständen fristgerecht zu verwirklichen[79].

Die Beachtung der Konvergenzkriterien ist sodann nicht der alleinigen Kontrolle von EG-Organen unterstellt, sondern wird auch in einem Zu-

76 Beschlußempfehlung und Bericht des Sonderausschusses „Europäische Union (Vertrag von Maastricht)" vom 1. Dezember 1992, BT-Drucks. 12/3896 S. 21.
77 BVerfG EuGRZ 1993, 429 (445).
78 BVerfG EuGRZ 1993, 429 (445).
79 BVerfG EuGRZ 1993, 429 (442) unter Hinweis auf Art. 8a EWGV und die zugehörige Erklärung der Abschlußkonferenz der Vertreter der Regierungen der Mitgliedstaaten vom 17./28. Februar 1986.

stimmungsvorbehalt zu Gunsten von Bundestag und Bundesrat wirksam. Dieses ergibt sich daraus, daß Vollzug und Entwicklung des Vertrages jeweils vom Willen der Vertragspartner getragen sein müssen, die Loyalitätspflicht innerhalb des Vertrages (Art. 5 EGV) die Gemeinschaftsorgane zur Rücksichtnahme auf verfassungsrechtliche Vorgaben innerhalb der Mitgliedstaaten verpflichtet, Art. 6 des Protokolls über die Konvergenzkriterien eine Abweichung von den dort definierten Kriterien nur bei einstimmiger Entscheidung des Rates gestattet und erst recht ein mehrheitliches Unterlaufen dieser Kriterien verbietet, schließlich auch die im Protokoll über den Übergang zur 3. Stufe der Wirtschafts- und Währungsunion vorausgesetzten „vorbereitenden Arbeiten" der betreffenden Mitgliedstaaten den Vertragsvollzug dem Einfluß der nationalen Parlamente unterwerfen[80]. Im Ergebnis setzt der Unions-Vertrag keinen in seinem Selbstlauf nicht mehr steuerbaren „Automatismus" zu einer Währungsunion in Gang; vielmehr eröffnet der Vertrag den Weg zu einer stufenweise von den Mitgliedstaaten zu verantwortenden, parlamentarisch bestimmten Integration zu einer „immer engeren Union"[81] auch im Währungswesen.

Wenn die Mitgliedstaaten schließlich bei einem etwaigen Scheitern der Stabilitätsgemeinschaft sich auch – als ultima ratio – aus dieser Gemeinschaft lösen könnten, so ist damit in einer praktischen Rechtsfolge ihre Verantwortlichkeit für die Währungsunion deutlich gemacht. Die Mitgliedstaaten haben einen Stufenplan auf dem Weg zur Währungsunion vereinbart, damit aber nicht alle rechtliche Verantwortlichkeit für die Art und den Zeitpunkt des Vertragsvollzugs den EG-Organen übergeben. Vielmehr ereignet sich auch die Entwicklung zur Währungsunion stets in der verfassungsrechtlichen Verantwortlichkeit der Mitgliedstaaten. Inwieweit die nächsten Schritte der Währungsunion eingeleitet und vollzogen werden, wird insbesondere von dem Beitritt weiterer Staaten zur Europäischen Union, von den Ergebnissen der Revisionskonferenz 1996 (Art. N Abs. 2 EUV), vom Erfolg des EWS und einer baldigen Rückkehr zur normalen Bandbreite von 2,25 v.H.[82] sowie vom fortdauernden Willen der Mitgliedstaaten zu einer Europäischen Gemeinschaft der stabilen Währung abhängen.

---

80 Vgl. im einzelnen BVerfG EuGRZ 1993, 429 (442 f.).

81 Vgl. Art. A Abs. 1 EUV.

82 Vgl. dieses Element als eines der vier Konvergenzkriterien in Art. 109j Abs. 1 EGV.

Michael Schweitzer

Die Rechtshandlungen der Europäischen Gemeinschaften und ihre Wirkung in den Mitgliedstaaten

Inhaltsübersicht

I. Einleitung

Will man die Rechtshandlungen der Europäischen Gemeinschaften und ihre Wirkung in den Mitgliedstaaten darstellen, so ist es unvermeidlich etwas weiter auszuholen. Funktion und Wirkung der Rechtshandlungen erschließen sich viel einsichtiger in ihrer Einbettung in die Kompetenzaufteilung zwischen den Europäischen Gemeinschaften und ihren Mitgliedstaaten.

II. Prinzip der begrenzten Ermächtigung

Jede Darstellung der Kompetenzfragen und der Rechtshandlungen muß mit dem Prinzip der begrenzten Ermächtigung beginnen.

Dieses Prinzip ergab sich bisher für jede der drei Gemeinschaften aus der Vorschrift, die auch den Katalog der Rechtsformen enthielt. Gemäß Art. 189 I EWGV[1] und Art. 161 I EAGV[2] werden Rat und Kommission „nach Maßgabe dieses Vertrags" zum Erlaß von Rechtshandlungen ermächtigt. Art. 14 I EGKSV[3] gibt der Kommission eine solche Ermächtigung „im Rahmen der Bedingungen dieses Vertrages". Diese Vorschriften wurden, was das Prinzip der begrenzten Ermächtigung betrifft, durch den

1 Vertrag zur Gründung der Europäischen Wirtschaftsgemeinschaft vom 25. März 1957, BGBl. 1957 II, 766 = Sartorius II, Nr. 150.
2 Vertrag zur Gründung der Europäischen Atomgemeinschaft vom 25. März 1957 (Euratom), BGBl. 1957 II, 1014 = Sartorius II, Nr. 200.
3 Vertrag über die Gründung der Europäischen Gemeinschaft für Kohle und Stahl vom 18. April 1951 (Montanunion), BGBl. 1952 II, 447 = Sartorius II, Nr. 145.

Vertrag über die Europäische Union[4] nicht geändert. Im EUV wird dieses Prinzip erneut ausdrücklich festgeschrieben (Art. E EUV; Art. 3b I des in EGV umbenannten EWGV).

Es bedeutet, daß die Verträge keine generelle Ermächtigung zum Erlaß von Rechtshandlungen, sondern nur Einzelermächtigungen kennen. Rat und Kommission können also nur in den Fällen rechtsetzend tätig werden, die die Verträge ausdrücklich vorsehen. Sie dürfen daher weder in Bereichen Recht setzen, die in den Verträgen nicht geregelt sind, wie z.B. auf dem Gebiet des Staatsangehörigkeitsrechts, noch dürfen sie über die in den Verträgen einzeln aufgeführten Kompetenzen hinausgehen, indem sie z.B. andere als die für den speziellen Fall vorgesehenen Rechtshandlungen erlassen. Dies ist nur dort anders, wo die Verträge ausdrücklich oder implizit eine Wahl der Rechtshandlungen zulassen.

Ein Beispiel bietet etwa Art. 49 Satz 1 EGV, wonach der Rat durch „Richtlinien oder Verordnungen" alle geeigneten Maßnahmen trifft, um die Freizügigkeit der Arbeitnehmer fortschreitend herzustellen.

Durch dieses Prinzip der begrenzten Ermächtigung unterscheiden sich die gemeinschaftlichen von den staatlichen Legislativorganen, die grundsätzlich jede Materie regeln und auch hinsichtlich der Form (Verfassungsgesetz, Gesetz, Verordnung etc.) wählen können.

Durchbrochen wird dieses Prinzip der begrenzten Ermächtigung insbesondere durch die Bestimmungen über die Vertragslückenschließung. Bei der Vertragslückenschließung kann der Rat gemäß Art. 235 EGV und 203 EAGV in Fällen, in denen ein Tätigwerden der Gemeinschaft erforderlich erscheint, um eines ihrer Ziele zu verwirklichen, einstimmig die geeigneten Vorschriften erlassen, wenn die hierzu erforderlichen Befugnisse nicht anderweitig im Vertrag vorgesehen sind. Der Rat gibt sich also uno actu eine fehlende Kompetenz und erläßt die entsprechende Rechtshandlung.

Ein Beispiel bietet etwa die Richtlinie über das Aufenthaltsrecht vom 28. Juni 1990[5]. Sie gibt den Staatsangehörigen der EG-Mitgliedstaaten überall in der EG ein Aufenthaltsrecht. Das Ziel dieser Richtlinie ist die Beseitigung der Hindernisse für den freien Personenverkehr im Binnenmarkt. Dieses Ziel war in Art. 3 lit. c und Art. 8a EWGV vorgegeben, eine ausdrückliche Kompetenz für Rechtshandlungen zur Verwirklichung dieses Ziels fand sich allerdings nirgends im Vertrag. Also hat der Rat die Richtlinie auf Art. 235 EWGV gestützt[6].

---

4 Vertrag über die Europäische Union vom 7. Februar 1992, ABl.EG 1992, Nr. C 191, S. 1 ff.

5 Richtlinie 90/364/EWG über das Aufenthaltsrecht vom 28. Juni 1990, ABl.EG 1990, Nr. L 180, 26 = Sartorius II, Nr. 180 f.

6 Allerdings besteht der EuGH darauf, daß Art. 235 EWGV nicht als Rechtsgrundlage dienen darf, wenn es eine einschlägige spezielle Rechtsgrundlage im Vertrag gibt; das hat z.B. zur Aufhebung der am selben Tag wie die in Fn. 5 zitierte Richtlinie erlassenen und ebenfalls auf Art. 235 EWGV gestützten

Darüber hinaus hat der EuGH die Existenz sogenannter implied powers im Gemeinschaftsrecht bestätigt. Dabei hielt er „die Anwendung einer sowohl im Völkerrecht als auch im innerstaatlichen Recht allgemein anerkannten Auslegungsregel für zulässig, wonach die Vorschriften eines völkerrechtlichen Vertrages oder eines Gesetzes zugleich diejenigen Vorschriften beinhalten, bei deren Fehlen sie sinnlos wären oder nicht in vernünftiger und zweckmäßiger Weise zur Anwendung gelangen könnten"[7]. Auffälligstes Ergebnis dieser Rechtsprechung ist die Formel des „Parallelismus zwischen Innen- und Außenkompetenz"[8]. Danach besitzt die Gemeinschaft überall dort, wo sie Zuständigkeiten für den Innenbereich hat, auch Zuständigkeiten für den Abschluß völkerrechtlicher Verträge, obwohl dies nirgends ausdrücklich vorgesehen ist[9]. *Oppermann* nennt diese implied powers-Kompetenzen „Art. 235 in Kleinformat"[10].

Der Unterschied zu Art. 235 EGV liegt darin, daß diese Zusatzkompetenz, die in der Bundesrepublik etwa der Annexkompetenz des Bundes[11] entspricht, aus dem Sachzusammenhang mit einer bereits existierenden Zuständigkeit abgleitet wird, während Art. 235 EGV eine Zusatzkompetenz immer nur im Zusammenhang mit der Verfolgung von Vertragszielen schafft.

Die „großzügige Handhabung des Art. 235 EWGV" ist vom Bundesverfassungsgericht in seiner Entscheidung zur Europäischen Union kritisiert worden[12]. Es weist auf die Erforderlichkeit einer schärferen Abgrenzung zwischen der Auslegung von Befugnisnormen durch die Gemeinschaftsorgane auf der einen Seite und der Vertragsänderung nach Art. N EUV auf der anderen Seite hin. Dabei stellt das Bundesverfassungsgericht fest, daß eine Auslegung im Ergebnis nicht einer Vertragserweiterung gleichkommen darf, weil der EUV eben „grundsätzlich zwischen der Wahrnehmung einer begrenzt eingeräumten Hoheitsbefugnis und der Vertragsänderung unterscheidet"[13]. Das Bundesverfassungsgericht schließt daraus, daß eine

---

Richtlinie 90/366/EWGV über das Aufenthaltsrecht der Studenten vom 28. Juni 1990 (ABl.EG 1990, Nr. L 180, 30 = Sartorius II, Nr. 180h) geführt: EuGH, Rs. C-295/90 *(Parlament/Rat)*, Urteil vom 7. Juli 1992, NVwZ 1992, 1181 = EuZW 1992, 676.

7 EuGH, Rs. 8/55 *(Fédération Charbonnière de Belgique/Hohe Behörde)*, Slg. 1955/56, 197 ff. (312).

8 *Schweitzer/Hummer*, Europarecht, 4. Aufl. 1993, S. 155.

9 EuGH, Rs. 22/70 *(Kommission/Rat – „AETR")*, Slg. 1971, 263 (274 f.); verb. Rs. 3,4 und 6/76 *(Kramer u.a.)*, Slg. 1976, 1279 (1310 f.); Gutachten 1/76 *(Stilllegungsfonds)*, Slg. 1977, 741 (755 f.).

10 *Thomas Oppermann*, Europarecht, 1991, S. 171; zu den „implied powers" auch *Gert Nicolaysen*, Zur Theorie von den implied powers in den Europäischen Gemeinschaften, EuR 1966, 129.

11 Dazu *Theodor Maunz*, in: Maunz/Dürig/Herzog/Scholz, Grundgesetz, Loseblatt, Art. 70 Rz. 49; *Ingo von Münch*, in: von Münch, Grundgesetz-Kommentar, 2. Aufl. 1983, Bd. 3, Art. 70 Rz. 20.

12 BVerfG, Urteil vom 12. Oktober 1993, NJW 1993, 3047 ff. (3057).

13 BVerfG (Fn. 12).

Auslegung von Befugnisnormen, die einer Vertragserweiterung gleichkommt, für Deutschland keine Bindungswirkung entfalten würde[14]. Aus der Sicht des Verfassungsrechts bedeutet dies eine Ablehnung des Vorrangs des Gemeinschaftsrechts für den Fall, daß der EuGH einen Rechtsakt billigt, obwohl die Grenzen des Art. 235 EGV überschritten worden sind. Nach Gemeinschaftsrecht läßt sich diese Aussage nicht einordnen.

III. Gemeinschaftskompetenzen

Untersucht man nun diese Einzelbefugnisse der Gemeinschaftsverträge, so zeigt sich eine Kompetenzaufteilung zwischen Gemeinschaften und Mitgliedstaaten, die im wesentlichen der Kompetenzaufteilung zwischen Bund und Ländern in der Bundesrepublik in Form der ausschließlichen und konkurrierenden Kompetenzen entspricht.

1. Ausschließliche Gemeinschaftskompetenzen

Im Bereich der ausschließlichen Gemeinschaftskompetenzen sind alle Zuständigkeiten auf die Gemeinschaften übergegangen und die Mitgliedstaaten sind zur Rechtsetzung nicht weiter befugt. Der Kompetenzverlust der Mitgliedstaaten ist damit vollkommen. Voraussetzung für das Vorliegen solcher ausschließlicher Gemeinschaftskompetenzen ist, daß sich aus dem Wortlaut der Gemeinschaftsverträge die Ausschließlichkeit der Gemeinschaftskompetenz ableiten läßt. Es genügt dabei nicht, daß die Gemeinschaft überhaupt Kompetenzen übertragen bekommt, sondern es muß erkennbar die Kompetenz der Mitgliedstaaten ausgeschlossen werden. Ein Beispiel dafür findet sich in Art. 113 I EGV, wo es heißt:

> „Die gemeinsame Handelspolitik wird nach einheitlichen Grundsätzen gestaltet; dies gilt insbesondere für die Änderung von Zollsätzen, den Abschluß von Zoll- und Handelsabkommen, die Vereinheitlichung der Liberalisierungsmaßnahmen, die Ausfuhrpolitik und die handelspolitischen Schutzmaßnahmen, zum Beispiel im Falle von Dumping und Subventionen."

Der Wortlaut dieser Bestimmung – insbesondere das Wort „einheitlich" – läßt den Mitgliedstaaten keinerlei Befugnisse übrig. Art. 113 I EGV enthält daher nach allgemeiner Meinung eine ausschließliche Gemeinschaftskompetenz[15].

So klar die Rechtslage erscheint, so schwierig kann sie sich in der Praxis erweisen. Dies zeigte das Beispiel der Fischereipolitik[16].

---

14 BVerfG (Fn. 12).

15 *Christoph Vedder,* in: Grabitz, Kommentar zum EWG-Vertrag, Loseblatt, Art. 113 Rz. 3 m.w.N.

16 Ausführlich zur Fischereipolitik *Dierk Booß,* in: von der Groeben/Thiesing/Ehlermann, Kommentar zum EWG-Vertrag, 4. Aufl. 1991, Bd. 1, Anhang zu Art. 47; *Albert Bleckmann,* Europarecht, 5. Aufl. 1990, S. 648 ff.

Art. 102 der Beitrittsakte für Großbritannien, Dänemark und Irland[17] lautete folgendermaßen:

> „Spätestens ab dem 6. Jahr nach dem Beitritt legt der Rat auf Vorschlag der Kommission die Voraussetzungen für die Ausübung des Fischfangs im Hinblick auf den Schutz der Fischbestände und die Erhaltung der biologischen Schätze des Meeres fest."

Diese Bestimmung interpretierte der EuGH als ausschließliche Gemeinschaftskompetenz nach Ablauf der vorgesehenen Übergangszeit von 6 Jahren. Daraus folgerte er, daß „die Mitgliedstaaten daher nicht mehr berechtigt (seien), eine eigene Zuständigkeit in bezug auf Erhaltungsmaßnahmen in den ihrer Hoheitsgewalt unterliegenden Gewässern auszuüben"[18]. Auf der anderen Seite aber mußte er feststellen, daß die Gemeinschaft nicht in abschließender oder effektiver Weise tätig geworden war. Trotzdem hob er hervor, „daß eine derartige Untätigkeit den Mitgliedstaaten keinesfalls die Zuständigkeit und die Freiheit einseitigen Handelns auf diesem Sektor zurückgeben konnte, weil in diesem Bereich die Zuständigkeitsübertragung an die Gemeinschaft vollständig und endgültig war"[19].

Die Folge dieser Argumentation war, daß zwar die Gemeinschaft allein für Erhaltungsmaßnahmen wie beispielsweise Fangquoten, Netzgröße, Fangmethoden, Fangzeiten etc. zuständig war, aber keine entsprechenden Rechtshandlungen erlassen hatte. Solche durften aber auch nicht von den Mitgliedstaaten erlassen werden, da es sich ja um eine ausschließliche Gemeinschaftskompetenz handelt. Damit entstand die Gefahr eines rechtlichen Vakuums, das jede Erhaltungsmaßnahme unmöglich machte. Die Folge wäre eine drohende Vernichtung der Fischbestände gewesen. In dieser Situation mußte der EuGH gewissermaßen die Notbremse ziehen, indem er den Mitgliedstaaten bestimmte Handlungsmöglichkeiten zusprach. Um aber die gerade eben festgelegte Kompetenzzuweisung ausschließlicher Natur an die Gemeinschaften nicht wieder aufzulösen, sah er vor, daß die Mitgliedstaaten diese Handlungsmöglichkeiten nur als „Sachwalter des gemeinsamen Interesses"[20] handhaben könnten. Insoweit ermächtigte er sie, Maßnahmen zu treffen, die jedoch eine künftige Gemeinschaftspolitik nicht präjudizieren dürften. Außerdem hatten die Mitgliedstaaten die Kommission eingehend zu konsultieren, um sich um ihre Billigung zu bemühen, sowie die Pflicht, keine Maßnahmen gegen Einwände der Kommission zu erlassen.

Im Ergebnis bedeutet dies, daß in allen Fällen der ausschließlichen Gemeinschaftskompetenz die Gemeinschaften allein für den Erlaß von Rechtshandlungen zuständig sind. Solange sie allerdings untätig bleiben,

---

17 ABl.EG 1972, Nr. L 73, 14.

18 EuGH, Rs. 804/79 *(Kommission/Vereinigtes Königreich)*, Slg. 1981, 1045 (1073).

19 EuGH, Rs. 804/79 (Fn. 18), 1073.

20 EuGH, Rs. 804/79 (Fn. 18), 1075 f.

können die Mitgliedstaaten als „Sachwalter des gemeinsamen Interesses" die einschlägigen Vorschriften erlassen.

2. Konkurrierende Gemeinschaftskompetenzen

Im Bereich der konkurrierenden Gemeinschaftskompetenzen werden den Gemeinschaften zwar Kompetenzen zugewiesen, solange sie aber nicht wahrgenommen werden, sind die Mitgliedstaaten zur Rechtsetzung weiterhin befugt. Der Kompetenzverlust der Mitgliedstaaten tritt daher nur dann ein, wenn die Gemeinschaften tätig werden[21]. Die mitgliedstaatlichen Kompetenzen leben dann wieder auf, wenn gemeinschaftsrechtliche Vorschriften aufgehoben werden[22].

Bei der Bestimmung, welche Materien den konkurrierenden Gemeinschaftskompetenzen zuzurechnen sind, ist wiederum vom Wortlaut des Gemeinschaftsrechts auszugehen. So gesehen sind all die Fälle umfaßt, in denen den Gemeinschaften Kompetenzen zugewiesen werden, ohne daß erkennbar die Kompetenz der Mitgliedstaaten ausgeschlossen wird. Der Großteil aller EG-Kompetenzen ist diesem Bereich zuzuordnen. Und hier soll dann auch das im EUV vorgesehene Subsidiaritätsprinzip[23] zur Anwendung kommen.

IV. Kataloge der Rechtshandlungen

Die verschiedenen Arten der Rechtshandlungen der Europäischen Gemeinschaften werden in Rechtshandlungskatalogen in Art. 189 EGV, Art. 161 EAGV und Art. 14 und 15 EGKSV aufgelistet. Diese Kataloge verwenden teilweise unterschiedliche Bezeichnungen für die Rechtshandlungen, sind aber im wesentlichen materiell übereinstimmend. Im folgenden soll daher nur mehr von Art. 189 EGV ausgegangen werden.

Die Rechtshandlungen bilden in ihrer Gesamtheit das sog. sekundäre oder organgeschaffene Recht. Daneben gibt es noch andere Arten organgeschaffenen Rechts, wie z.B. Geschäfts- und Verfahrensordnungen[24] oder

21 Ebenso BVerfGE 58, 1 (36 f.).

22 Das liegt daran, daß nach h.M. das Gemeinschaftsrecht nur Anwendungsvorrang, aber keinen Geltungsvorrang beansprucht, s. dazu *Nicolaysen*, Europarecht I, 1991, S. 40; *Michael Schweitzer*, Staatsrecht III, 4. Aufl. 1992, S. 15 ff.

23 Art. 3b EGV; zum Subsidiaritätsprinzip siehe z.B. *Vlad Constantinesco*, „Subsidiarität": Magisches Wort oder Handlungsprinzip der Europäischen Union?, EuZW 1991, 561; *Markus Heintzen*, Subsidiaritätsprinzip und Europäische Gemeinschaft, JZ 1991, 317; *Waldemar Hummer*, Subsidiarität und Föderalismus als Strukturprinzipien der Europäischen Gemeinschaften?, ZfRV 1992, 81; *Michael Schweitzer/Oliver Fixson*, Subsidiarität und Regionalismus in der Europäischen Gemeinschaft, Jura 1992, 579.

24 Z.B.: Geschäftsordnung des Rates vom 6. Dezember 1993 (ABl.EG 1993, Nr. L 304, 1); Geschäftsordnung der Kommission vom 17. Februar 1993 (ABl.EG 1993, Nr. L 230, 15); Geschäftsordnung des Europäischen Parlaments (ABl.EG

sog. interorgane Vereinbarungen[25]. Sie haben aber nur organisationsinterne Wirkung, insbesondere auf die Arbeitsweise der Organe, und sollen im weiteren nicht mehr behandelt werden.

1. Verordnungen

Die wichtigste Art des sekundären Gemeinschaftsrechts ist die Verordnung.

Die entscheidenden Merkmale der Verordnung werden in Art. 189 II EGV dahingehend umschrieben, daß sie allgemeine Geltung hat, in allen ihren Teilen verbindlich ist und unmittelbar in jedem Mitgliedstaat gilt.

Unter allgemeiner Geltung versteht man, daß die Verordnung eine unbestimmte Vielzahl von Sachverhalten generell und abstrakt regelt und somit Rechtssatzqualität hat. Sie erfüllt damit die Bedingungen eines Gesetzes im materiellen Sinn. Dies wird noch durch den Hinweis auf ihre Gesamtverbindlichkeit unterstrichen, wenngleich diese mehr der Abgrenzung zur Richtlinie dient. Unter allgemeiner Geltung versteht man auch, daß die Verordnung für die gesamte EG gilt. Letzteres ist zwar in der Lehre umstritten[26], spielt aber in der Praxis keine Rolle. Rein faktisch gesehen gibt es natürlich eine Anzahl von Verordnungen, die nur regional Anwendung finden, wenngleich sie EG-weit gelten.

Das besondere Merkmal der Verordnung aber ist ihre unmittelbare Geltung in den Mitgliedstaaten. Damit wird ausgesagt, daß sie mit Inkrafttreten im Staat gilt, ohne daß die Legislativorgane des Staates diese Geltung angeordnet haben. Die Legislativorgane werden vielmehr in keiner Weise mehr beteiligt. Man spricht von der sog. Durchgriffswirkung der Verordnung[27].

Der EuGH hat dies in ständiger Rechtsprechung noch dahingehend verstärkt, daß den Mitgliedstaaten nicht einmal mehr eine nationale Nachformung des Inhalts einer Verordnung in Form von Durchführungsgesetzen erlaubt ist[28]. Denn damit würde die von den Behörden und Gerichten

---

1981, Nr. C 90, 49, zuletzt geändert ABl.EG 1993, Nr. C 268, 51, Hinweis in Sartorius II, Nr. 260); Verfahrensordnung des Gerichtshofes der Europäischen Gemeinschaften (ABl.EG 1991, Nr. L 176, 7, bereinigt in ABl.EG 1992, Nr. L 383, 117 = Sartorius II, Nr. 250); Verfahrensordnung des Gerichts erster Instanz der Europäischen Gemeinschaften (ABl.EG 1991, Nr. L 136, 1, bereinigt in ABl.EG 1991, Nr. L 193, 44 und in ABl.EG 1991, Nr. L 317, 34 = Sartorius II, Nr. 252).

25 Z.B.: Interinstitutionelle Vereinbarung über die Haushaltsdisziplin und die Verbesserung des Haushaltsverfahrens vom 29. Juni 1988 (ABl.EG 1988, Nr. L 185, 33 = *Schweitzer/Hummer,* Textbuch zum Europarecht, 5. Aufl. 1991, S. 200 ff.).

26 Wie hier *Eberhard Grabitz,* in: Grabitz, Kommentar (Fn. 15), Art. 189 Rz. 48; a.A. *Bleckmann* (Fn. 16), S. 80.

27 *Schweitzer/Hummer,* Europarecht (Fn. 8), S. 80; *Oppermann,* Europarecht (Fn. 10), S. 175 f.

28 EuGH, Rs. 39/72 *(Kommission/Italien),* Slg. 1973, 101 (113); Rs. 94/77 *(Fratelli*

des Staates anzuwendende Rechtsgrundlage wieder ein nationales Gesetz. Nach der Konzeption des Art. 189 II EGV soll aber die anzuwendende Rechtsgrundlage immer die Verordnung unmittelbar sein. Durchführungsgesetze kommen daher nur dort zur Anwendung, wo die Verordnung nicht hinreichend genau bestimmt ist oder gar die Mitgliedstaaten ausdrücklich zur Durchführung einsetzt. Dabei dürfen sie allerdings keine Maßnahmen ergreifen, die eine Änderung der Tragweite der Verordnung oder eine Ergänzung ihrer Vorschriften zum Gegenstand haben.

Diese Durchgriffswirkung der Verordnung besagt, daß sie nicht nur für die Mitgliedstaaten (das entspricht dem herkömmlichen Typus von Beschlüssen internationaler Organisationen), sondern auch in den Mitgliedstaaten gilt. Alle Behörden, Gerichte und sonstige Einrichtungen der Staatsgewalt sind an die Beachtung der sich aus der Verordnung ergebenden Rechte und Pflichten gebunden, jedes Individuum kann sich gegenüber der Staatsgewalt[29] darauf berufen. Darüber hinaus entfaltet die Verordnung auch horizontale Wirkung, d.h. daß sie auch unmittelbar geltendes Recht zwischen Privaten schafft und nicht nur das Verhältnis Staat-Bürger betrifft.

Ein Beispiel soll dies verdeutlichen. Als die Tochter eines in der Bundesrepublik tätigen italienischen Arbeitnehmers für ihr Studium in Italien BAföG beantragte, wurde ihr dies von der zuständigen deutschen Behörde mit der Begründung verweigert, daß ein Ausländer, der im Ausland studiere, nicht BAföG-berechtigt sei. Die Betroffene berief sich daraufhin auf Art. 12 der Verordnung 1612/68 über die Arbeitnehmerfreizügigkeit[30]. Dort heißt es:

> „Die Kinder eines Staatsangehörigen eines Mitgliedstaats, der im Hoheitsgebiet eines anderen Mitgliedstaats beschäftigt ist (. . .), können (. . .) unter den gleichen Bedingungen wie die Staatsangehörigen dieses Mitgliedstaats am allgemeinen Unterricht sowie an der Lehrlings- und Berufsausbildung teilnehmen."

Das angerufene deutsche Gericht[31] legte den Fall gemäß Art. 177 EWGV dem EuGH vor, und dieser entschied, daß die italienische Staatsbürgerin für ihr Studium in Italien gleichberechtigt wie die deutschen Staatsangehörigen BAföG beziehen könne. Dies ergebe sich unmittelbar aus Art. 12 der Verordnung 1612/68[32]. Ihr Antrag auf BAföG wurde daraufhin positiv entschieden, obwohl das deutsche nationale Recht dem entgegenstand.

Zerbone S.N.C./Amministrazione delle Finanze dello Stato), Slg. 1978, 99 (115 f.).

29 Zu den Wirkungen einer Verordnung s. *Grabitz,* in: Grabitz, Kommentar (Fn. 15), Art. 189 Rz. 43 ff.; *Hans-Wolfram Daig/Gudrun Schmidt,* in: von der Groeben/Thiesing/Ehlermann, Kommentar (Fn. 16), Bd. 4, Art. 189 Rz. 27 ff.

30 Verordnung (EWG) Nr. 1612/68 über die Freizügigkeit der Arbeitnehmer innerhalb der Gemeinschaft vom 15. Oktober 1968 (ABl.EG 1968, Nr. L 257, 2 = Sartorius II, Nr. 180 = *Schweitzer/Hummer,* Textbuch [Fn. 25], S. 258 ff.).

31 Es handelte sich um das VG Darmstadt.

32 EuGH, Rs. C-308/89 *(Carmina di Leo/Land Berlin),* Slg. 1990 I, 4185 (4207 ff.).

Dieses Beispiel zeigt auch, daß eine Verordnung immer Vorrang vor dem nationalen Recht besitzt. Entgegenstehendes nationales Recht, auch wenn es erst nach Erlaß der Verordnung entstanden ist, kommt nicht zur Anwendung. Es geht zwar nicht unter, man kann daher auch nicht von einer Nichtigkeitsfolge des Vorrangs der Verordnung sprechen, es bleibt aber für die Dauer der Geltung der Verordnung unanwendbar. Man spricht daher von einem Anwendungsvorrang[33].

2. Richtlinien

Die Richtlinie ist gemäß Art. 189 III EGV für die Mitgliedstaaten, an die sie gerichtet ist, nur hinsichtlich des zu erreichenden Ziels verbindlich. Hingegen bleibt es den Mitgliedstaaten überlassen, die Form und die Mittel auszuwählen, die sie für die Erreichung des Ziels als geeignet betrachten.

Im Gegensatz zur Verordnung ist die Richtlinie nicht in allen ihren Teilen verbindlich, sondern nur hinsichtlich der festgelegten Ziele. Man spricht daher von einer „gestuften Verbindlichkeit"[34]. Indem die Richtlinie nur ein zu erreichendes Ziel vorgibt, ist es Sache der Mitgliedstaaten, wie sie dieses Ziel erreichen. Sie können dies durch Gesetz, Verordnung oder auf jede andere mögliche Weise verwirklichen.

Nach der Rechtsprechung des EuGH haben die Mitgliedstaaten allerdings bei der Wahl der Form und der Mittel diejenigen zu ergreifen, die für die Gewährleistung der praktischen Wirksamkeit der Richtlinien am besten geeignet sind. Sie müssen sie daher so umsetzen, daß sie innerstaatlich verbindlich werden, schlichte Verwaltungspraktiken genügen nicht[35]. Die Umsetzung muß also normativ sein. Dieses Normativitätserfordernis hat auch die Bundesrepublik zu spüren bekommen, als sie vom EuGH wegen mangelhafter Umsetzung zweier Umweltschutzrichtlinien verurteilt wurde. Die Bundesrepublik hatte für die Umsetzung das Instrument der normenkonkretisierenden Verwaltungsvorschrift verwendet, die nach deutschem Verständnis zumindest für die Gerichte normativen Charakter hat. Dies war dem EuGH zu wenig, also nicht normativ genug[36].

Aufgrund dieser Konstruktion der „gestuften Verbindlichkeit" eignen sich die Richtlinien insbesondere als Instrument der Rechtsvereinheitlichung. Sie schreiben vor, welche einheitliche rechtliche Lage erreicht werden soll, und die Mitgliedstaaten passen daraufhin ihre Rechts- und Verwaltungsvorschriften in der innerstaatlich vorgesehenen und ausgewählten Form an. Damit wird erreicht, daß die Rechtslage überall gleich

---

33 S. die Nachweise in Fn. 22.

34 *Hans Peter Ipsen*, Europäisches Gemeinschaftsrecht, 1972, S. 458.

35 St. Rspr., siehe z.B. EuGH, Rs. 102/79 *(Kommission/Belgien)*, Slg. 1980, 1473 (1486); Rs. 96/81 *(Kommission/Niederlande)*, Slg. 1982, 1791 (1804 f.).

36 EuGH, Rs. C-361/88 *(Kommission/Deutschland)*, Slg. 1991 I, 2567; Rs. C-59/89 *(Kommission/Deutschland)*, Slg. 1991 I, 2607.

ist, die Rechtsgrundlagen und das Verfahren aber jeweils den nationalen Bedürfnissen angepaßt sind und daher differieren können.

So wurden z.B. die Personenfreizügigkeitsrechte des EWGV durch eine Reihe von Richtlinien spezifiziert. Von besonderer Bedeutung sind die Richtlinie Nr. 68/360 zur Aufhebung der Reise- und Aufenthaltsbeschränkungen für Arbeitnehmer[37] und die Richtlinie Nr. 73/148 zur Aufhebung der Reise- und Aufenthaltsbeschränkungen auf dem Gebiet der Niederlassung und des Dienstleistungsverkehrs[38].

In der Bundesrepublik galt 1968 das Ausländergesetz[39] für alle Ausländer, gleichgültig, ob sie Angehörige von Mitgliedstaaten waren oder nicht. In Durchführung der Richtlinien wurde 1969 das Gesetz über Einreise und Aufenthalt von Staatsangehörigen der Mitgliedstaaten der Europäischen Wirtschaftsgemeinschaft[40] erlassen. Das alte Ausländergesetz galt weiter[41], es gibt seit 1969 zwei Ausländergesetze.

Lange umstritten war die Frage, ob Richtlinien auch eine unmittelbare Geltung bzw. Wirkung in den Mitgliedstaaten besitzen. Dies ist nach dem Wortlaut des Art. 189 III EGV eigentlich zu verneinen. Danach tritt eine Geltung erst dann ein, wenn die Mitgliedstaaten tätig geworden sind, insbesondere durch Gesetze. Nach h.L.[42] und Rechtsprechung des EuGH[43] kann hingegen eine Richtlinie u.U. eine unmittelbare Wirkung entfalten, um ihre praktische Wirksamkeit (effet utile) zu gewährleisten. Dies ist dann der Fall, wenn die in der Richtlinie genannte Frist zur Zielverwirklichung abgelaufen ist, ohne daß der Mitgliedstaat die Richtlinie umgesetzt hat, wenn die Richtlinie den einzelnen begünstigt und

37 Richtlinie 68/360/EWG zur Aufhebung der Reise- und Aufenthaltsbeschränkungen für Arbeitnehmer der Mitgliedstaaten und ihre Familienangehörigen innerhalb der Gemeinschaft vom 15. Oktober 1968 (ABl.EG 1968, Nr. L 257, 13 = Sartorius II, Nr. 180c).

38 Richtlinie 73/148/EWG zur Aufhebung der Reise- und Aufenthaltsbeschränkungen für Staatsangehörige der Mitgliedstaaten innerhalb der Gemeinschaft auf dem Gebiet der Niederlassung und des Dienstleistungsverkèhrs vom 21. Mai 1973 (ABl.EG 1973, Nr. L 172, 14 = Sartorius II, Nr. 180a).

39 Ausländergesetz vom 28. April 1965 (BGBl. 1965 I, 353).

40 Gesetz über Einreise und Aufenthalt von Staatsangehörigen der Mitgliedstaaten der Europäischen Wirtschaftsgemeinschaft vom 22. Juli 1969 (BGBl. 1969 I, 927), heute in der Fassung der Bekanntmachung vom 31. Januar 1980 (BGBl. 1980 I, 116 = Sartorius I, Nr. 560).

41 Das Ausländergesetz ist 1990 novelliert worden; heute gilt das Gesetz über die Einreise und den Aufenthalt von Ausländern im Bundesgebiet (Ausländergesetz) vom 9. Juli 1990 (BGBl. 1990 I, 1354 = Sartorius I, Nr. 565).

42 *Grabitz,* in: Grabitz, Kommentar (Fn. 15), Art. 189 Rz. 60 ff.; *Daig/Schmidt,* in: von der Groeben/Thiesing/Ehlermann, Kommentar (Fn. 16), Art. 189 Rz. 41; *Bleckmann* (Fn. 16), S. 88 ff. m.w.N.; *Schweitzer/Hummer,* Europarecht (Fn. 8), S. 82 f.

43 St. Rspr.; siehe z.B. EuGH, Rs. 41/74 *(Van Duyn/Home Office),* Slg. 1974, 1337 (1348); Rs. 148/78 *(Pubblico Ministero/Ratti),* Slg. 1979, 1629 (1641 f.); Rs. 8/81 *(Becker/Finanzamt Münster-Innenstadt),* Slg. 1982, 53 (70 f.).

wenn die Richtlinie so hinreichend genau formuliert ist, daß der einzelne daraus unmittelbar seine Rechte ableiten kann.

Dies erscheint einleuchtend: Die Richtlinie gibt ein Ziel vor; wenn der Mitgliedstaat dieses Ziel nicht verwirklicht, gilt die Richtlinie unmittelbar, d.h. eben ohne Zutun des Mitgliedstaates. So kann kein Mitgliedstaat den Eintritt der mit der Richtlinie beabsichtigten Rechtswirkungen durch Nichtumsetzung hinauszögern oder vereiteln. Hintergrund dieser Überlegung ist gewissermaßen ein Sanktionsgedanke[44]. Entweder ein Mitgliedstaat setzt eine Richtlinie fristgerecht um, oder er muß sie sich unmittelbar entgegenhalten lassen.

Daraus ergibt sich auch, daß – wie der EuGH ebenfalls festgestellt hat – eine belastende Richtlinie nicht unmittelbar wirksam sein kann[45]. Das wäre dann keine Sanktion für den Mitgliedstaat, sondern vielmehr eine Begünstigung, wenn er seiner Umsetzungspflicht nicht nachkommt und trotzdem seine Bürger belasten kann.

Ein sehr bekanntes Beispiel für die unmittelbare Wirkung einer Richtlinie war die nicht-zeitgerechte Umsetzung der 6. Mehrwertsteuerrichtlinie[46] durch die Bundesrepublik. In dieser Richtlinie war die Steuerbefreiung von Umsätzen aus Kreditvermittlung vorgesehen. Sie mußte bis zum 1. Januar 1979 umgesetzt werden. Die Bundesrepublik kam dieser Verpflichtung aber erst am 1. Januar 1980 nach. In einem durch mehrere Instanzen laufenden Rechtsstreit ging es dann um die Frage, ob für das Jahr 1979 noch Umsatzsteuer aus Kreditvermittlung bezahlt werden müsse. Die Finanzbehörden beriefen sich auf das geltende deutsche Umsatzsteuerrecht, das für 1979 eine Umsatzsteuerpflicht vorsah, während die betroffene Klägerin sich unmittelbar auf die EG-Richtlinie stützte. Sowohl der EuGH[47] als auch das gegen ein anderslautendes Urteil des Bundesfinanzhofs[48] angerufene Bundesverfassungsgericht[49] haben die unmittelbare Wirkung der Umsatzsteuerrichtlinie bejaht. Die Klägerin bekam also Recht und mußte für 1979 keine Umsatzsteuer entrichten.

---

44 So etwa *Carl Otto Lenz,* Entwicklung und unmittelbare Geltung des Gemeinschaftsrechts, DVBl. 1990, 903 (909), der als weitere Begründungen die Stärkung des Individualrechtsschutzes und den Grundsatz von Treu und Glauben anführt; s. auch *Albert Bleckmann,* Zur unmittelbaren Anwendbarkeit der EG-Richtlinien, RIW 1984, 774 (776): „nemo audietur turpitudinem suam allegans".

45 EuGH, Rs. 14/86 (*Pretore di Salò/Unbekannt*), Slg. 1987, 2545 (2570).

46 Sechste Richtlinie 77/388/EWG zur Harmonisierung der Rechtsvorschriften der Mitgliedstaaten über die Umsatzsteuern – Gemeinsames Mehrwertsteuersystem: einheitliche steuerpflichtige Bemessungsgrundlage vom 17. Mai 1977 (ABl.EG 1977, Nr. L 145, 1).

47 EuGH, Rs. 70/83 *(Kloppenburg/Finanzamt Leer),* Slg. 1984, 1075 (1084), mit Bezugnahme auf Rs. 8/81 (Fn. 43), 70 ff.

48 BFH-Urteil vom 25. April 1985 V R 123/84, BFHE 143, 383.

49 BVerfGE 75, 223.

Aus der dargestellten Begründung für die unmittelbare Wirkung von Richtlinien folgt aber auch, daß sie keine horizontale Wirkung haben kann, d.h. nicht zwischen Privaten unmittelbare Wirkung entfaltet. Dies wurde ebenfalls vom EuGH festgestellt[50], ist aber teilweise in der Lehre umstritten[51].

Ebenfalls umstritten, vom EuGH allerdings noch nicht ausdrücklich entschieden, ist die Frage, ob Richtlinien mit Doppelwirkung unmittelbare Wirkung haben. Es handelt sich dabei um Richtlinien, die sowohl begünstigen als auch belasten. Beispiele finden sich etwa im Umweltschutzrecht, wo Grenzwerte z.B. für Schadstoffemissionen festgelegt werden. Solche Richtlinien belasten die Unternehmen und begünstigen die Nachbarn. Ob diese begünstigten Nachbarn sich etwa in Genehmigungsverfahren auf solche nicht umgesetzte Richtlinien berufen können, ist noch nicht endgültig geklärt[52].

Den vorläufigen Abschluß der Rechtsprechung des EuGH zur unmittelbaren Wirkung von Richtlinien bildet ein Urteil vom November 1991[53], in dem der Gerichtshof festgestellt hat, daß ein Mitgliedstaat einem Bürger gegenüber schadenersatzpflichtig ist, wenn dieser aufgrund der Nichtumsetzung einer Richtlinie einen Schaden erleidet, auch und gerade wenn die genannten Voraussetzungen für die unmittelbare Wirkung der Richtlinie nicht vorliegen.

In diesem Fall ging es darum, daß die Richtlinie 987/80 zur Angleichung der Rechtsvorschriften der Mitgliedstaaten über den Schutz der Arbeitnehmer bei Zahlungsunfähigkeit des Arbeitgebers[54] spezielle Garantien für die Befriedigung nicht erfüllter Ansprüche der Arbeitnehmer auf das Arbeitsentgelt im Falle von Zahlungsunfähigkeit des Arbeitgebers vorsah. Die Richtlinie wurde von Italien nicht fristgerecht umgesetzt. Betroffene hatten daher keinen aus Gesetz begründeten Anspruch, als ihre Arbeitgeber in Konkurs gingen. Sie verklagten daraufhin den italienischen Staat

---

50 EuGH, Rs. 152/84 *(Marshall/Southampton and South-West Hampshire Area Health Authority)*, Slg. 1986, 723 (749) – allerdings nur als obiter dictum, denn in casu wurde die Beklagte als öffentlich-rechtliche Körperschaft angesehen, so daß sich die Frage der horizontalen Wirkung eigentlich nicht stellte.

51 A.A. etwa *Nicolaysen*, Europarecht I (Fn. 22), S. 165; *ders.*, Keine horizontale Wirkung von Richtlinien-Bestimmungen, EuR 1986, 370 (Anm. zu Marshall); *Stefan Richter*, Die unmittelbare Wirkung von EG-Richtlinien zu Lasten Einzelner, EuR 1988, 394; *Peter-Christian Müller-Graff*, Europäisches Gemeinschaftsrecht und Privatrecht, NJW 1993, 13 (20 f.).

52 Zum Stand der Diskussion s. *Hans Jarass*, Folgen der innerstaatlichen Wirkung von EG-Richtlinien, NJW 1991, 2665 (2667 f.); *Gerd Winter*, Direktwirkung von EG-Richtlinien, DVBl. 1991, 657; *Christine Langenfeld*, Zur Direktwirkung von EG-Richtlinien, DÖV 1992, 955 (960 f.).

53 EuGH, verb. Rs. C-6 und C-9/90, *(Francovich und Bonifaci/Italienischer Staat)*, Slg. 1991 I, 5357.

54 Richtlinie 80/987/EWG zur Angleichung der Rechtsvorschriften der Mitgliedstaaten über den Schutz der Arbeitnehmer bei Zahlungsunfähigkeit des Arbeitgebers vom 20. Oktober 1980 (ABl.EG 1980, Nr. L 283, 23).

auf Schadenersatz. Als das nationale Gericht diese Frage dem EuGH vorlegte, stellte der im Rahmen seiner bisherigen Rechtsprechung fest, daß die Richtlinie zwar größtenteils die Voraussetzungen für eine unmittelbare Anwendbarkeit erfülle, daß sie aber insofern nicht hinreichend genau war, als zur Bezahlung der Ansprüche der Arbeitnehmer von jedem Mitgliedstaat erst eine Institution eingerichtet werden mußte, und dieser dabei die Art der Finanzierung dieser Einrichtung zu regeln hatte. Da diese Einrichtung aber noch nicht vom italienischen Staat gegründet worden war, konnte die Richtlinie auch nicht unmittelbar angewandt werden. Zur Frage der Schadenersatzpflicht und der Staatshaftung stellte der Gerichtshof folgendes fest:

> „Die volle Wirksamkeit der gemeinschaftsrechtlichen Bestimmungen wäre beeinträchtigt und der Schutz der durch sie begründeten Rechte gemindert, wenn der einzelne nicht die Möglichkeit hätte, für den Fall eine Entschädigung zu erlangen, daß seine Rechte durch einen Verstoß gegen das Gemeinschaftsrecht verletzt werden, der einem Mitgliedstaat zuzurechnen ist. Die Möglichkeit einer Entschädigung durch den Mitgliedstaat ist vor allem dann unerläßlich, wenn die volle Wirkung der gemeinschaftsrechtlichen Bestimmungen wie im vorliegenden Fall davon abhängt, daß der Staat tätig wird, und der einzelne deshalb im Falle einer Untätigkeit des Staates die ihm durch das Gemeinschaftsrecht zuerkannten Rechte vor den nationalen Gerichten nicht geltend machen kann. Der Grundsatz einer Haftung des Staates für Schäden, die dem einzelnen durch dem Staat zurechenbare Verstöße gegen das Gemeinschaftsrecht entstehen, folgt somit aus dem Wesen der mit dem EWG-Vertrag geschaffenen Rechtsordnung."[55]

Dieses Urteil ist insoweit bemerkenswert, als es in einer Gesamttendenz des Gerichtshofs zu sehen ist, wonach nationales Recht immer weiter zurückgedrängt wird. Denn die Schadenersatzpflicht aus Staatshaftung entsteht nach diesem Urteil völlig unabhängig davon, ob sie nach nationalem Recht zu bejahen ist oder nicht. Das heißt, selbst wenn das nationale Recht für einen derartigen Fall, nämlich Staatshaftung wegen Nichterlasses von Gesetzen, keine Schadenersatzpflicht vorsieht[56], muß trotzdem geleistet werden. Für diesen Fall hat der Gerichtshof auch gleich die Voraussetzungen für einen Entschädigungsanspruch festgelegt. Er nennt drei Voraussetzungen:

> „Erstens muß das durch die Richtlinie vorgeschriebene Ziel die Verleihung von Rechten an einzelne beinhalten. Zweitens muß der Inhalt dieser Rechte auf der Grundlage der Richtlinie bestimmt werden können. Drittens muß ein Kausalzusammenhang zwischen dem Verstoß

55 EuGH, verb. Rs. C-6 und C-9/90 (Fn. 53), 5414.

56 Wie grundsätzlich auch das deutsche Staatshaftungsrecht, da es für § 839 BGB an der Drittbezogenheit der Amtspflicht fehlt (*Heinz Thomas,* in: Palandt, 52. Aufl. 1993, § 839 Rz. 19).

gegen die dem Staat auferlegte Verpflichtung und dem den Geschädigten entstandenen Schaden bestehen."[57]

3. Einzelfallentscheidungen

Die Einzelfallentscheidungen gemäß Art. 189 IV EGV sind in allen ihren Teilen für diejenigen verbindlich, die sie bezeichnen. Sie richten sich also an einzelne. Dies können Mitgliedstaaten oder natürliche und juristische Personen sein.

Die individuelle Entscheidung ist, wenn sie sich an einen einzelnen richtet, vergleichbar einem Verwaltungsakt. Allerdings gibt es auch Entscheidungen, die sich an eine Mehrzahl von natürlichen und juristischen Personen wenden. In diesen Fällen ist die individuelle Entscheidung vergleichbar einer Allgemeinverfügung.

Auch bei den Entscheidungen kann sich unter Umständen die Frage der unmittelbaren Geltung oder Wirkung stellen. Die Entscheidung hat zunächst unmittelbare Geltung für denjenigen, an den sie sich richtet. Dies ergibt schon der Wortlaut des Art. 189 IV EGV. Ähnlich wie bei den Richtlinien kann sich aber auch bei den Entscheidungen das Problem stellen, ob eine an einen oder mehrere Mitgliedstaaten gerichtete Entscheidung für Individuen unmittelbare Wirkung haben kann. Der EuGH hat dies im Jahr 1970 im Prinzip bejaht[58]. Er hatte allerdings in dem ihm vorliegenden Fall dies nicht weiter zu untersuchen und die Frage war nicht entscheidungserheblich. Mit der Lehre[59] kann man aber heute davon ausgehen, daß unter denselben Bedingungen wie bei Richtlinien auch bei Entscheidungen eine unmittelbare Wirkung in den Mitgliedstaaten angenommen werden kann. Bestätigt wurde diese Ansicht durch eine neuere Entscheidung des EuGH, in der er feststellte, daß sich der einzelne dann auf eine an einen Mitgliedstaat gerichtete Entscheidung berufen kann, wenn diese genaue und unbedingte Bestimmungen enthält, die innerhalb einer Frist anzuwenden sind und diese Frist abgelaufen ist[60].

4. Empfehlungen und Stellungnahmen

Neben Verordnungen, Richtlinien und Entscheidungen behandelt Art. 189 EGV auch noch Empfehlungen und Stellungnahmen. In seinem Absatz 5 heißt es dazu, daß Empfehlungen und Stellungnahmen nicht verbindlich sind. Insoweit sind sie nicht voll umfänglich als Rechtshand-

---

57 EuGH, verb. Rs. C-6 und C-9/90 (Fn. 53), 5415.

58 EuGH, Rs. 9/70 *(Grad/Finanzamt Traunstein – „Leberpfennig")*, Slg. 1970, 825 (838 f.).

59 S. etwa *Grabitz*, in: Grabitz, Kommentar (Fn. 15), Art. 189 Rz. 73; *Oppermann*, Europarecht (Fn. 10), S. 182.

60 EuGH, Rs. C-156/91 *(Hansa Fleisch Ernst Mundt GmbH & Co. KG/Landrat des Kreises Schleswig-Flensburg)*, Urteil vom 10. November 1992, EuZW 1993, 37 ff.

lungen zu bezeichnen. Dennoch haben sie sowohl rechtliche wie politische Auswirkungen.

So ist die Abgabe einer Empfehlung oder Stellungnahme in manchen Fällen Voraussetzung für Organhandeln. Dies trifft z.B. auf Art. 169 I EGV zu, wonach die Abgabe einer Stellungnahme durch die Kommission Prozeßvoraussetzung für eine Aufsichtsklage darstellt. Diese Stellungnahme der Kommission ist für sich gesehen unverbindlich, ihre rechtliche Wirkung als Prozeßvoraussetzung ist aber evident[61].

Darüber hinaus entfalten Empfehlungen und Stellungnahmen schließlich auch ohne juristische Verbindlichkeit kraft der dahinterstehenden Autorität der Gemeinschaften gewisse psychologische und politische Wirkungen. Es handelt sich immerhin um offizielle Verlautbarungen der Gemeinschaft, so daß auch eine gewisse juristische Verknüpfung mit dem Loyalitätsgebot des Art. 5 EGV nicht auszuschließen ist.

5. Ungekennzeichnete Rechtshandlungen

Schließlich sieht der EGV in einer Reihe von Fällen auch sogenannte ungekennzeichnete Rechtshandlungen vor. In diesen Fällen wird das rechtsetzende Organ nicht im Rahmen des Prinzips der begrenzten Ermächtigung auf eine ganz bestimmte Rechtshandlungsform festgelegt. Dies bedeutet, daß das Organ entweder die entsprechende Rechtshandlungsform des Art. 189 EGV zu wählen hat, oder aber, daß das rechtsetzende Organ sich außerhalb der Rechtshandlungsformen des Art. 189 EGV bewegen kann. Ein Beispiel bietet etwa Art. 28 EGV, wonach über alle autonomen Änderungen oder Aussetzungen des gemeinsamen Zolltarifs der Rat auf Vorschlag der Kommission „entscheidet". Eine Aussage über die Rechtssatzform ist hier nicht gegeben. Es handelt sich um eine ungekennzeichnete Rechtshandlung. In der Praxis hat der Rat im Bereich des Art. 28 immer auf das Instrument der Verordnung zurückgegriffen[62].

Die Frage, welche der beiden genannten Lösungen man befürworten soll, ist heute nicht mehr von großer Bedeutung. Ursprünglich hat man diese Frage deshalb diskutieren müssen, weil durch die ungekennzeichneten Rechtshandlungen der Rechtsschutz des einzelnen gemäß Art. 173 II EWGV (jetzt Art. 173 IV EGV) ausgeschlossen war. Denn Art. 173 II

61 Beim Aufsichtsklageverfahren nach Art. 169 EGV begrenzt bereits das einleitende Schreiben der Kommission an den betreffenden Mitgliedstaat den Verfahrensgegenstand; weder darf die nach Anhörung des Mitgliedstaates ergehende Stellungnahme über dieses einleitende Schreiben, noch die schließlich erhobene Klage über die Stellungnahme inhaltlich hinausgehen: st. Rspr., siehe z.B. EuGH, Rs. 193/80 *(Kommission/Italien)*, Slg. 1981, 3019 (3032); Rs. 211/81 *(Kommission/Dänemark)*, Slg. 1982, 4547 (4557 f.); Rs. 51/83 *(Kommission/Italien)*, Slg. 1984, 2793 (2803 f.).

62 Erstmals in der Verordnung Nr. 950/68 über den Gemeinsamen Zolltarif vom 28. Juni 1968 (ABl.EG 1968, Nr. L 172, 1).

EWGV nannte – so wie jetzt auch Art. 173 IV EGV – als Gegenstand der Nichtigkeitsklage lediglich Verordnungen und Entscheidungen. Heute hat die Rechtsprechung zur Auslegung des Art. 173 diese Diskussion überflüssig gemacht, da man davon ausgehen kann, daß aus rechtsstaatlichen Gründen jeder verbindliche Rechtsakt eines dazu befugten Gemeinschaftsorgans mit der Nichtigkeitsklage angefochten werden kann[63].

Ergeht in den Fällen, in denen eine ungekennzeichnete Rechtshandlung vorgesehen ist, diese in einer der Formen des Art. 189 EGV, so gilt für ihre Wirkungen in den Mitgliedstaaten das oben Ausgeführte. Ergeht die Rechtshandlung in einer anderen Form, etwa als Beschluß, so gibt es für die Frage der innerstaatlichen Wirkungen bislang keine Rechtsprechung. Das Problem ist offensichtlich noch nicht aufgetaucht.

Fraglich ist, ob zu diesen ungekennzeichneten Rechtshandlungen auch die Beschlüsse der im Rat vereinigten Vertreter der Regierungen der Mitgliedstaaten[64] zu zählen sind.

Die Mitglieder der nationalen Regierungen bilden in ihrer Gesamtheit den Rat der EG, sind also Organmitglieder. Daneben sind und bleiben sie aber auch Vertreter ihrer Regierungen. Tagen sie in dieser Funktion, so nennt man das Gremium „die im Rat vereinigten Vertreter der Regierungen der Mitgliedstaaten". Auch sie fassen Beschlüsse, die man als „uneigentliche Ratsbeschlüsse"[65] bezeichnet. Dies kommt dann vor, wenn die EG-Verträge dies vorsehen (z.B. bei der Ernennung der Mitglieder der Kommission)[66] oder wenn die Vertreter der Regierungen außerhalb des Gemeinschaftsrechts tagen, wenn sie nicht als Rat, sondern als Regierungskonferenz zusammentreten.

Die Rechtsnatur solcher „uneigentlicher Ratsbeschlüsse" ist umstritten. Sie werden als Beschlüsse, Vereinbarungen, Übereinkünfte, Erklärungen etc. überschrieben und zumeist im Amtsblatt der EG unter der Rubrik Informationen veröffentlicht. Sie scheinen nicht in den Rechtshandlungskatalogen auf und lassen sich dort auch nicht hineininterpretieren. Sie werden in der Literatur teilweise als Rechtsakte sui generis des Gemeinschaftsrechts[67], teilweise als völkerrechtliche Rechtsakte[68] eingestuft,

---

63 S. vor allem EuGH, Rs. 294/83 *(Les Verts/Europäisches Parlament),* Slg. 1986, 1339 (1365 f.); hier war nicht nur die Anfechtbarkeit bestimmter Akte, sondern auch die von Art. 173 EWGV früher nicht vorgesehene, vom EuGH aus Rechtsschutzgründen aber dennoch bejahte Passivlegitimation des Parlaments problematisch. S. auch Rs. 60/81 *(IBM/Kommission),* Slg. 1981, 2639 (2651 ff.); hier führte der EuGH aus, es komme auf den Inhalt eines Aktes und weniger auf seine Form an; er verneinte aber die Anfechtbarkeit lediglich vorbereitender Akte.

64 Dazu *Schweitzer/Hummer,* Europarecht (Fn. 8), S. 41 f.

65 *Schweitzer/Hummer,* Europarecht (Fn. 8), S. 41.

66 S. Art. 158 II EGV.

67 So wohl *Ipsen,* Europäisches Gemeinschaftsrecht (Fn. 34), S. 472.

68 *Nicolaysen,* Europarecht I (Fn. 22), S. 130 f., der allerdings auch die „enge Beziehung zum Gemeinschaftsrecht" betont.

man spricht von „Mischfiguren"[69] oder bezeichnet sie als „vertragsabrundend im Grenzbereich zwischen Völker- und Gemeinschaftsrecht"[70]. Richtig ist sicher, daß man keine allgemeinen Aussagen machen kann und daher die Rechtsnatur eines „uneigentlichen Ratsbeschlusses" nur im Einzelfall untersucht werden kann.

In Fällen, in denen der Umfang der Kompetenz des Rates zweifelhaft ist, wird in der Praxis neben der Rechtshandlung des Rates noch ein „uneigentlicher Ratsbeschluß" gefaßt, um den eventuellen Nichtigkeitsgrund der Unzuständigkeit zu vermeiden. Man spricht auch von einem „Vorgehen nach der gemischten Formel"[71]. In diesen Fällen dürfte der völkerrechtliche Charakter des Beschlusses aber überwiegen.

V. Formvorschriften

Primäres und sekundäres Gemeinschaftsrecht enthalten an einigen Stellen Formvorschriften für den Erlaß von Rechtshandlungen. Sofern es sich um Formvorschriften im primären Gemeinschaftsrecht handelt, sind es zwingende Formvorschriften, deren Nichteinhaltung i.d.R. zur Nichtigkeit der Rechtshandlungen führt[72]. Darüber hinaus gibt es eine Entscheidung der Kommission aus dem Jahre 1960, in der Ausführungsbestimmungen zu den Vertragsvorschriften über Form, Begründung und Zustellung der Beschlüsse der Kommission enthalten sind[73]. Diese Formerfordernisse werden vom EuGH nicht als zwingend angesehen und ihre Nichtbeachtung führt daher nicht zur Nichtigkeit[74].

Eine zwingende Formvorschrift stellt Art. 190 EGV dar, wonach Verordnungen, Richtlinien und Entscheidungen zu begründen sind und auf die obligatorisch vorgesehenen und eingeholten Vorschläge und Stellungnahmen anderer Organe Bezug zu nehmen haben[75]. Diese Begründungspflicht dient dem Rechtsschutz, da sie sowohl dem Betroffenen als auch dem Gerichtshof die Prüfung der Rechtmäßigkeit der Rechtshandlung erleichtert[76].

---

69 *Ipsen,* Europäisches Gemeinschaftsrecht (Fn. 34), S. 469.

70 *Oppermann,* Europarecht (Fn. 10), S. 186.

71 *Schweitzer/Hummer,* Europarecht (Fn. 8), S. 42.

72 Einzelheiten bei *Fritz Harald Wenig,* in: Grabitz, Kommentar (Fn. 15), Art. 173 Rz. 27 ff.

73 Entscheidung Nr. 22/60 über die Ausführung des Artikels 15 des Vertrages [über die Gründung der Europäischen Gemeinschaft für Kohle und Stahl] vom 7. September 1960 (ABl.EG 1960, 1248 = *Schweitzer/Hummer,* Textbuch [Fn. 25], S. 204 f.).

74 EuGH, Rs. 28/63 *(Koninklijke Nederlandsche Hoogovens en Staalfabrieken/Hohe Behörde),* Slg. 1963, 497 (510); verb. Rs. 53 und 54/63 *(Lemmerz/Hohe Behörde),* Slg. 1963, 517 (537 f.).

75 *Wenig,* in: Grabitz, Kommentar (Fn. 15), Art. 173 Rz. 33 ff. mit Rechtsprechungsnachweisen.

76 *Grabitz,* in: Grabitz, Kommentar (Fn. 15), Art. 190 Rz. 3.

Eine weitere zwingende Formvorschrift enthält Art. 191 EGV, der nun für einen großen Teil der Rechtsakte der EG die Veröffentlichung im Amtsblatt der Gemeinschaft vorschreibt[77]. Nach Art. 191 a.F. mußten nur Verordnungen veröffentlicht werden. Mittlerweile werden zum einen die Verordnungen, Richtlinien und Entscheidungen, die nach Art. 189b EGV angenommen werden, vom Präsidenten des Europäischen Parlaments und vom Präsidenten des Rates unterzeichnet und im Amtsblatt veröffentlicht. Zum anderen werden die Verordnungen des Rates und der Kommission sowie deren Richtlinien, wenn sie sich an alle Mitgliedstaaten richten, im Amtsblatt veröffentlicht. Die anderen Richtlinien und Entscheidungen müssen denjenigen, für die sie bestimmt sind, bekanntgegeben werden. Ein Teil dieser Richtlinien und Entscheidungen wird aber dennoch im Amtsblatt unter der Rubrik „nichtveröffentlichungsbedürftige Rechtsakte" publiziert.

Die übrigen Formvorschriften finden sich in der genannten Kommissionsentscheidung und sind nicht zwingend. Sie beziehen sich auf die Bezeichnung, auf das Datum und auf die Unterzeichnung. Hier hat der EuGH insbesondere klargestellt, daß eine unzutreffende Bezeichnung einer Rechtshandlung unschädlich ist. Ihre Qualifizierung hängt nicht von der Bezeichnung, sondern vom Inhalt ab[78].

77 Vgl. *Daig/Schmidt,* in: von der Groeben/Thiesing/Ehlermann, Kommentar (Fn. 16), Art. 191 Rz. 14.
78 EuGH, verb. Rs. 22 und 23/60 *(Elz/Hohe Behörde),* Slg. 1961, 389 (408).

Carl Otto Lenz / Gerhard Grill

Zum Verhältnis zwischen dem Bundesfinanzhof und dem Gerichtshof der Europäischen Gemeinschaften

Inhaltsübersicht

I. Einführung

In dem von ihm zusammen mit *Bruno Schmidt-Bleibtreu* bearbeiteten Kommentar zum Grundgesetz äußert sich *Franz Klein* in einer ebenso anschaulichen wie dezidierten Weise zum Verhältnis zwischen dem Gerichtshof der Europäischen Gemeinschaften und dem höchsten deutschen Verfassungsgericht: „Das BVerfG hat zum Europäischen Gerichtshof eine ähnliche Stellung wie die Landesverfassungsgerichtshöfe zum Bundesverfassungsgericht. Eine andere Betrachtungsweise wird der Supranationalität nicht gerecht."[1] Ob das BVerfG selbst seine eigene Rolle ebenso sieht, ist freilich offen. Zur Klärung dieser Frage bedürfte es einer eingehenden Untersuchung der Rechtsprechung dieses Gerichts im allgemeinen und seines am 12. Oktober 1993 erlassenen Urteils zum Vertrag von Maastricht[2] im besonderen, die hier nicht geleistet werden kann.

Der vorliegende Beitrag befaßt sich mit dem Verhältnis zwischen dem Europäischen Gerichtshof (EuGH) und dem höchsten Gericht der deutschen Finanzgerichtsbarkeit, dessen Präsident der Jubilar seit vielen Jahren ist. Allein schon die Intensität der Kontakte zwischen diesen beiden Gerichten läßt eine Beschäftigung mit diesem Thema als lohnend erscheinen. Kein anderes Gericht in der europäischen Gemeinschaft hat dem Gerichtshof mehr Verfahren zur Vorabentscheidung vorgelegt als der BFH. Es gibt allerdings auch noch eine weitere Erwägung, die zu einer Untersuchung

1 *Franz Klein* in Bruno Schmidt-Bleibtreu/Franz Klein, Kommentar zum Grundgesetz, 7. Aufl. 1990, Art. 24 Rn. 3.
2 Abgedruckt in EuGRZ 1993, 429 und NJW 1993, 3038 (mit Anm. *Carl Otto Lenz*).

der Beziehungen zwischen diesen beiden Gerichten einlädt. Die Frage nach der Möglichkeit einer unmittelbaren Wirkung von Bestimmungen einer EG-Richtlinie hat – wie allgemein bekannt ist – vor einigen Jahren zu einem Konflikt zwischen dem V. Senat des BFH und dem Gerichtshof geführt, der letztlich erst durch ein Urteil des BVerfG gelöst werden konnte[3]. Diese Auseinandersetzung betraf grundlegende Fragen des Verhältnisses zwischen dem Gemeinschaftsrecht und dem Recht der Mitgliedstaaten der EG und hat daher auch die ihr gebührende Aufmerksamkeit auf sich gezogen. Dazu dürfte wohl nicht zuletzt auch die zuweilen eher martialische Sprache beigetragen haben, die in dieser Diskussion laut wurde (man denke nur an das merkwürdige Wort vom „Krieg der Richter"). Die Fixierung auf diese Auseinandersetzung birgt allerdings die Gefahr in sich, daß die Fülle der anderen Entscheidungen, in denen sich der BFH mit dem Gemeinschaftsrecht und den Kompetenzen des Gerichtshofs auseinanderzusetzen hatte, vernachlässigt wird. Der vorliegende Beitrag wird sich daher besonders mit diesen Entscheidungen beschäftigen[4].

II. Rolle und Aufgaben des EuGH

Nach Art. 164 des Vertrags zur Gründung der Europäischen Gemeinschaft (EGV)[5] sichert der Gerichtshof die Wahrung des Rechts bei der Auslegung und Anwendung des Vertrages. Die Rechtsmäßigkeit des Handelns der Organe kann vor dem Gerichtshof unmittelbar durch Erhebung einer Nichtigkeitsklage nach Maßgabe des Art. 173 EGV beziehungsweise einer Untätigkeitsklage nach Art. 175 EGV angefochten werden[6]. Die Anwendung des Gemeinschaftsrechts obliegt jedoch in den meisten Be-

3 Siehe dazu im einzelnen unten IV. 3b).

4 Aus naheliegenden Gründen werden dabei nur die amtlich veröffentlichten Entscheidungen herangezogen. Dabei ist zu beachten, daß der BFH nur einen Teil seiner Entscheidungen veröffentlicht. Nach den Angaben eines Richters am BFH hat der BFH in den Jahren 1963 bis 1983 mehr als 500 Entscheidungen erlassen, in denen er Gemeinschaftsrecht anzuwenden hatte, von denen aber nur 234 in der amtlichen Sammlung veröffentlicht wurden (*Heinrich Beisse*, Funktion und praktische Auswirkung der richterlichen Vorlagen an den Europäischen Gerichtshof aus der Sicht des Bundesfinanzhofs, in: Deutsche Sektion der Internationalen Juristen-Kommission (Hrsg.), Das Zusammenwirken der europäischen Gerichte und der nationalen Gerichtsbarkeit, 1989, 19, 21).

5 Art. G.1 des inzwischen in Kraft getretenen Vertrages über die Europäische Union hat dem früheren EWG-Vertrag diesen neuen Titel gegeben.

6 Die Zuständigkeit für die Entscheidung über solche Klagen ist durch den Beschluß des Rates 88/591/EGKS, EWG, Euratom vom 24. Oktober 1988 (ABl.EG Nr. L 319 vom 25. November 1988, 1) und den Beschluß des Rates 93/350/Euratom, EGKS, EWG vom 8. Juni 1993 (ABl.EG Nr. L 144 vom 16. Juni 1993, 21) weitgehend auf das im Jahre 1988 errichtete Gericht erster Instanz übertragen worden. Gegen die Entscheidungen dieses Gerichtes kann ein (auf Rechtsfragen beschränktes) Rechtsmittel beim Gerichtshof eingelegt werden (Art. 49, 50 I des Protokolls über die Satzung des Gerichtshofes der EWG).

reichen den Behörden der einzelnen Mitgliedstaaten. Der Rechtsschutz gegen die Entscheidungen dieser Behörden wird von den Gerichten des betreffenden Mitgliedstaats gewährt. Der sich daraus ergebenden Gefahr einer uneinheitlichen Auslegung des Gemeinschaftsrechts versucht der Vertrag durch das in Art. 177 vorgesehene Verfahren vorzubeugen. Diese Vorschrift weist dem Gerichtshof die Befugnis zu, im Wege der Vorabentscheidung über die Auslegung des Vertrages sowie über die Gültigkeit und Auslegung des abgeleiteten Gemeinschaftsrechts (also z.B. von Verordnungen und Richtlinien) zu entscheiden, wenn ihm entsprechende Fragen von einem nationalen Gericht vorgelegt werden. Jedes Gericht der Mitgliedstaaten ist berechtigt, dem Gerichtshof eine Frage zur Vorabentscheidung vorzulegen, wenn es eine solche Entscheidung zum Erlaß seines eigenen Urteils für notwendig hält (Art. 177 II EGV). Die letztinstanzlichen Gerichte eines Mitgliedstaates sind in einer solchen Situation zu einer Vorlage an den Gerichtshof nicht nur berechtigt, sondern sogar *verpflichtet* (Art. 177 III). Dieses Verfahren ist ein „Instrument für die Zusammenarbeit zwischen dem Gerichtshof und den nationalen Gerichten"[7]. Seine Bedeutung für die Wahrung der Einheitlichkeit der Auslegung des Gemeinschaftsrechtes kann kaum überschätzt werden.

III. Gemeinschaftsrecht im Zuständigkeitsbereich der Finanzgerichtsbarkeit

Nach Art. 9 EGV besteht die Grundlage der Gemeinschaft in einer Zollunion, die sich auf den gesamten Warenaustausch erstreckt. Im Verhältnis der Mitgliedstaaten untereinander dürfen keine Zölle oder Abgaben gleicher Wirkung erhoben werden[8], während gegenüber Drittstaaten ein einheitlicher Zolltarif besteht. Die Auslegung dieses Gemeinsamen Zolltarifs ist Gegenstand einer Fülle von Entscheidungen des BFH und hat bereits in einer stattlichen Zahl von Fällen zu einer Vorlage an den Gerichtshof geführt[9].

Ein weiteres wichtiges Gebiet, auf dem der BFH mit Vorschriften des Gemeinschaftsrechts in Berührung kommt, stellen die Abgaben und Erstattungen im Agrarbereich dar. Die Erhebung von Abschöpfungen war auch Gegenstand des 1967 erlassenen Beschlusses, in dem der BFH dem Gerichtshof zum erstenmal Fragen zur Vorabentscheidung vorlegte[10].

---

7 EuGH-Urteil vom 16. Juli 1992, C-83/91, Meilicke, EuGHE 1992, I-4871 Rn. 22.

8 Ein anschauliches Beispiel für eine Abgabe zollgleicher Wirkung findet sich in dem BFH-Urteil vom 24. Oktober 1984 VII R 82/82, BFHE 142, 333.

9 Vgl. aus neuerer Zeit etwa das auf eine Vorlage des BFH hin ergangene EuGH-Urteil vom 14. Januar 1993, C-177/91, Bioforce, EuGHE 1993, I-45.

10 BFH-Beschluß vom 25. April 1967 VII 198/63, BFHE 88, 266. Vgl. dazu die Vorabentscheidung des EuGH vom 13. Dezember 1967, 17/67, Firma Max Neumann/Hauptzollamt Hof/Saale, EuGHE 1967, 591. Zu weiteren frühen Entscheidungen in diesem Bereich vgl. *Wolfgang Dänzer-Vanotti,* Die neuere Rechtsprechung des Europäischen Gerichtshofs und des Bundesfinanzhofs auf dem Gebiet des Marktordnungsrechts, ZfZ 1977, 7, 8 ff.

Die Vorschriften des Vertrages über Steuern (Art. 95–99 EGV) enthalten zwei Normbereiche, die für die Rechtsprechung des BFH von Bedeutung sind. Art. 95 EGV verbietet es den Mitgliedstaaten, auf Waren aus anderen Mitgliedstaaten inländische Abgaben zu erheben, die höher sind als die entsprechenden Abgaben für einheimische Waren oder die dem Schutz anderer einheimischer Produkte dienen. Die Auslegung dieser Vorschrift hat den BFH bereits sehr früh beschäftigt[11]. Die auf der Grundlage von Art. 99 (und 100) EGV erlassene Sechste Richtlinie 77/388/EWG des Rates vom 17. Mai 1977 hat eine einheitliche Grundlage für die Erhebung der Mehrwertsteuer in der Gemeinschaft eingeführt. Der BFH hat den Gerichtshof bereits mehrmals mit Fragen zur Auslegung dieser Richtlinie befaßt[12]. Es steht zu erwarten, daß auch die Richtlinie 91/680/EWG des Rates vom 16. Dezember 1991[13] – durch die im Zuge der Verwirklichung des Binnenmarktprogramms die soeben genannte Sechste Richtlinie in wichtigen Punkten geändert wurde – die Gerichte noch beschäftigen wird.

In den letzten Jahren hat sich gezeigt, daß für das Steuerrecht der Mitgliedstaaten nicht nur die besonderen Bestimmungen des Vertrages über Steuern (Art. 95–99 EGV) bedeutsam sind. Auch die Vorschriften über die Freizügigkeit (insbesondere die Art. 48 und 52 EGV) und das allgemeine Diskriminierungsverbot (Art. 6 EGV[14]) sind bei der Beurteilung der Frage, ob eine steuerrechtliche Regel eines Mitgliedstaates mit dem Gemeinschaftsrecht vereinbar ist, zu berücksichtigen. Von besonderem Interesse ist dabei derzeit die Frage, ob die beschränkte Steuerpflicht des deutschen Steuerrechts mit den genannten Vorschriften im Einklang steht[15].

Die unterschiedliche Bedeutung dieser Rechtsgebiete spiegelt sich auch in der Zahl der Vorlagebeschlüsse und der gemeinschaftsrechtsrelevanten Urteile der einzelnen Senate des BFH wider. Es ist nicht verwunderlich, daß die meisten dieser Entscheidungen von dem für Zölle und Verbrauchsteuern sowie Marktordnungssachen zuständigen VII. Senat erlassen worden sind. Eine Reihe weiterer Entscheidungen, in denen es um die Anwendung von Gemeinschaftsrecht ging, stammen vom V. Senat – dem Umsatzsteuersenat – des BFH. In jüngerer Zeit hatte sich auch der I. Senat im

11 Vgl. den Vorlagebeschluß des BFH vom 18. Juli 1967 VII 156/65, BFHE 89, 52 und das hierzu ergangene EuGH-Urteil vom 3. April 1968, 28/67, Firma Molkerei-Zentrale Westfalen/Lippe GmbH/Hauptzollamt Paderborn, EuGHE 1968, 215. Eine Übersicht über die Rechtsprechung des Gerichtshofs bietet *Kai Bahlmann,* Zum Einfluß des Europäischen Rechts auf das nationale Steuerrecht, EuR 1985, 43 ff.

12 Vgl. etwa den Vorlagebeschluß des BFH vom 18. April 1991 V R 122/89, BFHE 165, 104 und das hierzu erlassene EuGH-Urteil vom 25. Mai 1993, C-193/91, Finanzamt München III/Mohsche, EuGHE 1993, I-2615.

13 Vgl. hierzu und zu den durch die Richtlinie eingeführten Änderungen (wie z.B. dem Wegfall der Grenzkontrollen) *Peter Lüdemann,* EG-Recht und nationales Steuerrecht, BB 1992, 1606, 1607 ff.

14 Früher Art. 7 EWGV.

15 Siehe dazu unten VI.

Zusammenhang mit der beschränkten Steuerpflicht mehrmals mit Fragen des Gemeinschaftsrechts zu beschäftigen. Zu den damit zusammenhängenden Problemen hat sich auch der II. Senat in einer bemerkenswerten Entscheidung geäußert, von der noch zu sprechen sein wird.

IV. Die Zusammenarbeit zwischen BFH und Gerichtshof in der Praxis

1. Statistisches

Die Zahl der dem Gerichtshof vom BFH zur Vorabentscheidung nach Art. 177 EGV vorgelegten Fälle ist beeindruckend. Mit 126 Vorlagen (bis Ende 1992) nimmt der BFH in dieser Statistik unangefochten den ersten Rang ein. Dabei ist zu berücksichtigen, daß auch die anderen deutschen Finanzgerichte den Gerichtshof bereits in 275 Fällen um eine Vorabentscheidung ersucht haben[16]. Diese Zahlen belegen, wie eng der BFH und die gesamte deutsche Finanzgerichtsbarkeit mit dem Gerichtshof zusammenarbeiten.

Diese Zahlenangaben beantworten jedoch noch nicht die Frage, ob der BFH der ihm als höchstem deutschen Finanzgericht gemäß Art. 177 III EGV obliegenden *Pflicht* zur Einholung einer Vorabentscheidung in allen Fällen – oder auch nur in der Regel – gerecht wird. Auf diese Frage wird noch näher einzugehen sein[17].

2. Gemeinschaftsrecht und Grundgesetz aus der Sicht des BFH

Im Jahre 1963 unterbreitete das FG Rheinland-Pfalz dem BVerfG im Rahmen eines Normenkontrollverfahrens nach Art. 100 GG die Frage nach der Verfassungsmäßigkeit des deutschen Ratifikationsgesetzes zu den Verträgen zur Gründung der EWG und der Euratom von 1957[18]. Der BFH hat daraufhin eine Entscheidung in den bei ihm anhängigen Verfahren, in denen es auf Gemeinschaftsrecht ankam, zurückgestellt, um das Urteil des BVerfG abzuwarten. Da diese Entscheidung überaus lange auf sich warten ließ[19], entschloß sich der BFH schließlich, dem Gerichtshof mehrere Fragen vorzulegen, die die Befugnis zum Erlaß von Abschöpfungsregelungen betrafen[20]. In diesem Vorlagebeschluß legte er dar, daß die an der Verfassungsmäßigkeit des Ratifikationsgesetzes geäußerten Zweifel seines Erachtens nicht begründet waren. Ein Richter am BFH hat diese Entscheidung einige Jahre später mit folgenden Worten trefflich

16 Vgl. zu weiteren statistischen Angaben *Carl Otto Lenz*, Zum Vorlageverfahren beim Europäischen Gerichtshof, Anwaltsblatt 1993, 477.

17 Siehe unten V.

18 Beschluß vom 14. November 1963 III 77/63, EFG 1964, 22.

19 Das BVerfG wies die Vorlage des FG schließlich durch Beschluß vom 5. Juli 1967 (BVerfGE 22, 134) – also gut dreieinhalb Jahre nach Erlaß des Vorlagebeschlusses – wegen fehlender Erheblichkeit zurück.

20 Beschluß des BFH vom 25. April 1967 VII 198/63, BFHE 88, 266.

gewürdigt: „Vor allem aber bedeutete diese Vorlage das *Ja* zur Gemeinschaft und die von uns als oberstem Steuergericht vollzogene Integration auf dem Gebiet der Finanzrechtsprechung."[21]

Der Gerichtshof führte in seiner Vorabentscheidung vom 13. Dezember 1967 aus, daß die Verordnung, auf der die fragliche Abschöpfungsregelung beruhte, gemäß Art. 189 EGV „in allen Mitgliedstaaten als Teil der von ihnen geschaffenen Gemeinschaftsrechtsordnung, die durch den Vertrag Bestandteil ihrer eigenen Rechtsordnung geworden ist, mit gleicher Wirkung anwendbar" war[22].

In seiner abschließenden Entscheidung in dieser Rechtssache[23] stellte der BFH fest, daß durch das Urteil des Gerichtshofs die Gültigkeit der zu prüfenden gemeinschaftsrechtlichen Vorschriften verbindlich festgestellt worden war. Im Anschluß hieran nahm der BFH grundsätzlich zum Verhältnis zwischen dem Gemeinschaftsrecht und dem nationalen Recht Stellung. Er unterschied dabei zwischen der *Gültigkeit* oder Auslegung einer Norm des EG-Rechts auf der einen und ihrer *Wirkung* im innerstaatlichen Bereich auf der anderen Seite. Nach Ansicht des BFH stellen das Gemeinschaftsrecht und das nationale Recht „zwei selbständige und voneinander unabhängige Rechtsordnungen dar, von denen erstere ihre Grundlage im EWGV, letztere im GG als nationaler Verfassung hat". Das Gemeinschaftsrecht könne jedoch in einem Mitgliedstaat nur dann Wirkungen erzeugen, wenn und soweit das nationale Recht dies erlaube. Die Entscheidung der Frage nach den Wirkungen einer Vorschrift des EG-Rechts im innerstaatlichen Bereich obliege dem nationalen Richter: „Dazu gehört die Frage, ob der nationale Gesetzgeber den innerstaatlichen Bereich in wirksamer Weise der Hoheitsgewalt der EWG unterworfen hat und ob ferner der Anwendung der europäischen Norm nicht im Einzelfall Vorschriften des nationalen Rechts entgegenstehen."[24]

Dieser Gedankengang des BFH dürfte nicht zuletzt durch die Erwägung bestimmt gewesen sein, die Möglichkeit des Schutzes der vom GG anerkannten Grundrechte auch gegenüber Rechtsakten der Gemeinschaft sicherzustellen[25]. Die Anerkennung der Grundrechte (und anderer Rechtsgrundsätze) als wesentlicher Bestandteil des Rechtes der Gemeinschaft

---

21 *Hans-Georg Rahn,* Gerichtshof der Europäischen Gemeinschaften und Bundesfinanzhof, ZfZ 1973, 225, 226 f. (es handelt sich dabei um den Text eines Vortrages, der anläßlich des Besuches des Gerichtshofs in München am 11. Oktober 1972 gehalten wurde).

22 A.a.O. (Fn. 10) S. 608.

23 BFH-Urteil vom 10. Juli 1968 VII 198/63, BFHE 93, 102; EuR 1969, 255 mit Anm. *Manfred Zuleeg.*

24 A.a.O. (Fn. 23), S. 107.

25 Der BFH prüfte die Vereinbarkeit der Erhebung der Abschöpfung mit Art. 2 I, 3, 12 und 14 GG (sowie mit den Grundsätzen der Verhältnismäßigkeit und Rechtssicherheit), ließ die Frage nach dem Verhältnis zwischen dem Gemeinschaftsrecht und diesen Rechtssätzen jedoch letztlich offen, da sich keine Bedenken ergaben (a.a.O., S. 109 ff.).

durch den Gerichtshof dürfte die dem zugrunde liegenden Bedenken weitgehend beseitigt haben[26]. Darüber hinaus wacht das BVerfG – wie es erst unlängst wieder bekräftigt hat – darüber, daß ein wirksamer Schutz der Grundrechte auch gegenüber der Hoheitsgewalt der EG „generell sichergestellt und dieser dem vom Grundgesetz als unabdingbar gebotenen Grundrechtsschutz im wesentlichen gleich zu achten ist, zumal den Wesensgehalt der Grundrechte generell verbürgt"[27].

3. Rezeption der Rechtsprechung des Gerichtshofs

a) Vorrang des Gemeinschaftsrechts

Der Gerichtshof hat bekanntlich bereits sehr früh die Auffassung vertreten, daß dem Gemeinschaftsrecht der Vorrang gegenüber dem Recht der Mitgliedstaaten gebühre[28]. Der BFH hat sich dieser Auffassung schon bald angeschlossen[29]. Der Vorrang des Gemeinschaftsrechts hat zur Folge, daß diesem entgegenstehende Vorschriften des nationalen Rechts „ohne weiteres unanwendbar" sind[30]. Wie der BFH zu Recht entschieden hat, ist aufgrund des Vorranges des Gemeinschaftsrechts z.B. auch eine Berufung auf den Grundsatz von Treu und Glauben[31], den Grundsatz der Selbstbindung der Verwaltung[32] oder den Grundsatz des Vertrauensschutzes[33] auf der Grundlage des *nationalen* Rechts ausgeschlossen. Der Rechtsschutz der Betroffenen wird dadurch nicht geschmälert, da die Gemeinschaft selbst rechtsstaatlichen Grundsätzen verpflichtet ist, zu denen nach der Rechtsprechung des Gerichtshofs zum Beispiel die Grundrechte und der Grundsatz des Vertrauensschutzes gehören[34].

Nicht unbedenklich ist jedoch eine Entscheidung des BFH aus dem Jahre 1983, derzufolge § 126 Abs. 5 FGO (wonach das FG an ein zurückverwei-

---

26 Weitergehend offenbar *Manfred Zuleeg*, Bundesfinanzhof und Gemeinschaftsrecht, FS 75 Jahre Reichsfinanzhof – Bundesfinanzhof, 1993, 115, 124, demzufolge der Anlaß für die Aufstellung einer Kollisionsregel zugunsten wesentlicher Elemente der nationalen Verfassung inzwischen „weggefallen" ist.

27 Siehe zuletzt das Urteil vom 12. Oktober 1993, EuGRZ 1993, 429, 434 f.

28 Vgl. vor allem das Urteil des Gerichtshofs vom 15. Juli 1964, 6/64, Costa/E.N.E.L., EuGHE 1964, 1251.

29 BFH-Urteil vom 11. Juli 1968 VII 156/65, BFHE 92, 405. Siehe auch BFH-Urteile vom 13. Januar 1976 VII R 29/72, BFHE 118, 386, vom 6. Mai 1980 VII R 49/77, BFHE 131, 139 und vom 18. Oktober 1983 VII R 26/77, BFHE 139, 461.

30 BFH-Urteil vom 5. Februar 1980 VII R 101/77, BFHE 130, 90. Vgl. auch die BFH-Urteile vom 4. Oktober 1983 VII R 82/80, BFHE 139, 325, vom 18. März 1986 VII R 55/83, BFHE 146, 294 und vom 20. März 1990 VII R 92/88, BFHE 161, 207.

31 Siehe BFH-Urteil vom 4. Oktober 1983 a.a.O. (Fn. 30).

32 BFH-Urteil vom 18. März 1986 a.a.O. (Fn. 30).

33 Vgl. BFH-Urteil vom 20. März 1990 a.a.O. (Fn. 30)

34 Zum Schutz der Grundrechte im Gemeinschaftsrecht vgl. aus neuerer Zeit das EuGH-Urteil vom 28. Oktober 1992, C-219/91, Ter Voort, EuGHE 1992, I-5485 Rn. 34; zum Grundsatz des Vertrauensschutzes siehe z.B. das EuGH-Urteil vom 1. April 1993, C-31/91 u.a., Lageder u.a., EuGHE 1993, I-1761 Rn. 33.

sendes Urteil des BFH gebunden ist) auch dann gelten soll, wenn es um die Auslegung von Gemeinschaftsrecht geht[35]. In dem Fall, der diesem Urteil zugrunde lag, hatte das FG einer Klage auf Erstattung der auf importierten Rum erhobenen Monopolausgleichspitze auf der Grundlage von Art. 37 EGV (der die staatlichen Handelsmonopole zum Gegenstand hat) stattgegeben. Der BFH hatte dieses Urteil aufgehoben und die Sache an das FG zurückverwiesen, das die zur Prüfung der entscheidungsrelevanten Norm – des Art. 95 EGV – erforderlichen Feststellungen treffen sollte[36]. Der BFH berief sich bei seiner Auslegung des Art. 95 EGV auf die Rechtsprechung des Gerichtshofs. Eine Aussetzung des Verfahrens bis zum Erlaß einer Entscheidung des Gerichtshofs in einem bei diesem anhängigen Vorabentscheidungsverfahren (das entsprechende Fragen betraf) lehnte der BFH ab, da „keine Anhaltspunkte" dafür vorlägen, daß der Gerichtshof seine bisherige Auffassung ändern würde.

Das FG gab der Klage im zweiten Rechtsgang erneut statt, wobei es hinsichtlich der Auslegung des Art. 95 EGV von der Auffassung des BFH abwich. In dem erneuten Revisionsverfahren monierte der BFH, daß das FG dadurch gegen § 126 Abs. 5 FGO verstoßen habe. Das Urteil des FG wurde jedoch gleichwohl nicht aufgehoben, da ein zwischenzeitlich ergangenes Urteil des Gerichtshofs[37] zu einer Änderung der Rechtsprechung des BFH geführt hatte[38] und das angegriffene Urteil sich daher als sachlich richtig erwies.

Der Vorrang des Gemeinschaftsrechts ist von allen Gerichten zu beachten. Hält ein FG die Auslegung einer Vorschrift des Gemeinschaftsrechts durch den BFH für unzutreffend, ist es daher nicht gehindert, dem Gerichtshof ein entsprechendes Ersuchen um Vorabentscheidung zu unterbreiten. Dieses Recht wird dem FG auch durch § 126 Abs. 5 nicht genommen, wie sich aus einem Urteil des Gerichtshofs aus dem Jahre 1974 ergibt[39]. Es ist verwunderlich, daß das Urteil des BFH diese – auf Vorlage des BFH hin ergangene – Entscheidung des EuGH mit keinem Wort erwähnt[40].

---

35 BFH-Urteil vom 8. November 1983 VII R 141/82, BFHE 140, 11.

36 BFH-Urteil vom 16. Juli 1980 VII R 24/77, BFHE 131, 158, BStBl. II 1980, 632.

37 EuGH-Urteil vom 26. April 1983, 38/82, Hauptzollamt Flensburg/Hansen, EuGHE 1983, 1271 (ergangen auf eine Vorlageentscheidung des BFH).

38 BFH-Urteil vom 18. Oktober 1983 VII R 26/77, BFHE 139, 461.

39 Siehe das EuGH-Urteil vom 16. Januar 1974, 166/73, Rheinmühlen/Einfuhr- und Vorratsstelle Getreide, EuGHE 1974, 33, in dem es um das Verhältnis zwischen Art. 177 II und § 126 Abs. 5 FGO ging. Eine Ausnahme sah der EuGH nur für den Fall vor, daß die vom FG vorgelegten Fragen sachlich mit Fragen übereinstimmten, die das letztinstanzliche Gericht dem EuGH bereits vorgelegt hatte, a.a.O. (Fn. 4).

40 Der BFH ließ die Frage, ob ein FG durch eine Vorlage an den EuGH gegen § 126 Abs. 5 FGO verstoßen könnte, in seinem Urteil vom 8. November 1983 a.a.O. (Fn. 35) allerdings offen. Im vorliegenden Fall hatte sich das FG ohnehin nicht an den Gerichtshof gewandt, sondern unmittelbar seine eigene (von der des BFH abweichende) Auslegung des Gemeinschaftsrechts angewandt.

b) Unmittelbare Wirkung gemeinschaftsrechtlicher Vorschriften

Nach der ständigen Rechtsprechung des Gerichtshofes kommt Vorschriften des Gemeinschaftsrechts unmittelbare Wirkung zu, wenn sie „inhaltlich als unbedingt und hinreichend genau erscheinen"[41]. Solche Vorschriften verleihen den Einzelnen Rechte, auf die sie sich vor den Gerichten der Mitgliedstaaten berufen können[42]. Der Gerichtshof hat diese Auffassung zunächst im Hinblick auf Vorschriften des EWG-Vertrages entwickelt[43]. Als der Gerichtshof im Jahre 1966 entschied, daß auch Art. 95 I EGV unmittelbare Wirkungen erzeuge[44], äußerte der BFH Bedenken und ersuchte den Gerichtshof, diese Entscheidung noch einmal zu prüfen[45]. Nachdem der Gerichtshof seine Rechtsprechung zu Art. 95 I noch einmal bekräftigt hatte[46], ist ihm der BFH gefolgt[47].

Anfang der siebziger Jahre begann der Gerichtshof, seine Rechtsprechung zur unmittelbaren Wirkung auf andere Normen des Gemeinschaftsrechts zu übertragen. Im Jahre 1974 entschied er, daß auch Bestimmungen einer Richtlinie unmittelbar wirksam sein und individuelle Rechte begründen können[48]. Die Rezeption dieser Rechtsprechung durch den BFH erwies sich als bedeutend schwieriger. Der V. Senat des BFH äußerte im Jahre 1981 die Ansicht, daß es „außerhalb jeden ernstlichen Zweifels" stünde, daß eine Richtlinie keine unmittelbaren Wirkungen haben könne[49]. Obwohl der Gerichtshof in der Folgezeit seine Rechtsprechung bekräftigte, beharrte der V. Senat bei seiner Auffassung und lehnte es gleichwohl – in klarem Verstoß gegen die sich aus Art. 177 III EGV ergebenden Pflichten – ab, die Frage erneut dem Gerichtshof vorzulegen[50]. Diese Kontroverse konnte erst durch eine Entscheidung des BVerfG beigelegt werden, durch die die Rechtsprechung des Gerichtshofes zur unmittelbaren Wirkung

41 EuGH-Urteil vom 19. November 1991, C-6/90 und C-9/90, Francovich u.a., EuGHE 1991, I-5357 Rn. 11.

42 Dieser Umstand scheint den V. Senat dazu bewogen zu haben, von der „Berufbarkeit" solcher Vorschriften zu sprechen (BFH-Beschluß vom 29. August 1991 V B 113/91, BFHE 165, 109, 112, BStBl. II 1992, 267). Wie das Beispiel des BVerfG zeigt, das in seinem Maastricht-Urteil (s. Fn. 2) die EG als „Staatenverbund" bezeichnet, leisten auch andere deutsche Obergerichte einen beachtlichen Beitrag zur Bereicherung des Wortschatzes des Gemeinschaftsrechtes.

43 Zuerst in seinem Urteil vom 5. Februar 1963, 26/62, Van Gend & Loos, EuGHE 1963, 1 (zu Art. 12 EWGV).

44 EuGH-Urteil am 16. Juni 1966, 57/65, Firma Alfons Lütticke GmbH/Hauptzollamt Saarlouis, EuGHE 1966, 257.

45 Vorlagebeschluß des BFH vom 18. Juli 1967 VII 156/65, BFHE 89, 52.

46 EuGH-Urteil vom 3. April 1968 a.a.O. (Fn. 11).

47 BFH-Urteil vom 11. Juli 1968 a.a.O. (Fn. 29).

48 EuGH-Urteil vom 4. Dezember 1974, 41/74, Van Duyn/Home Office, EuGHE 1974, 1337.

49 Beschluß des BFH vom 16. Juli 1981 V B 51/80, BFHE 133, 470, 471, BStBl. II 1981, 692.

50 BFH-Urteil vom 25. April 1985 V R 123/84, BFHE 143, 383.

von Bestimmungen einer Richtlinie als mit dem GG im Einklang stehend bezeichnet und das Urteil des BFH wegen Verstoßes gegen Art. 101 Abs. 1 Satz 2 GG aufgehoben wurde[51].

Der Verlauf und die Auswirkungen dieser Auseinandersetzung sind in der Literatur ausführlich behandelt worden[52]. Es erscheint angemessen, darauf hinzuweisen, daß die Kontroverse von einem einzigen Senat des BFH ausging und daß es sich dabei nicht einmal um den Senat handelte, der die meisten Entscheidungen des BFH mit europarechtlichem Bezug gefällt hat[53]. Es wäre daher verfehlt, die (vorübergehende) Auflehnung des V. Senats als stellvertretend für die Auffassung des gesamten BFH anzusehen[54].

c) Verwerfungsmonopol des Gerichtshofes und richtlinienkonforme Auslegung

Die einheitliche Auslegung und Anwendung des Gemeinschaftsrechts wäre gefährdet, wenn jedes nationale Gericht in der Lage wäre, eine Vorschrift des EG-Rechts, die es für ungültig hält, ohne weiteres nicht anzuwenden. Die Feststellung der Ungültigkeit einer Vorschrift des abgeleiteten Gemeinschaftsrechts ist daher dem Gerichtshof vorbehalten. Die nationalen Gerichte können dagegen Einwände zurückweisen, die gegen die Gültigkeit einer Norm des Gemeinschaftsrechts erhoben werden, wenn sie diese Einwände für unbegründet und die Norm daher für gültig halten[55]. Der BFH ist dem gefolgt, wobei er im Anschluß an die Rechtsprechung des EuGH davon ausgeht, daß jeder Rechtsakt der Gemeinschaft die „Vermutung der Rechtsmäßigkeit" für sich hat[56].

Der Wahrung der Einheitlichkeit des Gemeinschaftsrechts dient auch die vom EuGH aufgestellte Forderung, die zur Umsetzung einer Richtlinie in nationales Recht erlassenen Vorschriften „im Lichte des Wortlauts und des Zwecks der Richtlinie auszulegen", um das mit der Richtlinie ver-

51 BVerfGE 75, 223, 233 ff.

52 Siehe zuletzt *Manfred Zuleeg* a.a.O. (Fn. 26), S. 119 ff. Vgl. aus der älteren Literatur etwa *Christian Tomuschat,* Nein, und abermals Nein! Zum Urteil des BFH vom 25. April 1985 (V R 123/84), EuR 1985, 346; *Gert Meier,* Krieg der Richter – Was nun?, RIW 1985, 748; *Siegfried Magiera,* Die Rechtswirkungen von EG-Richtlinien im Konflikt zwischen Bundesfinanzhof und Europäischem Gerichtshof, DÖV 1985, 937 und *Meinhard Hilf,* Der Justizkonflikt um EG-Richtlinien: gelöst, EuR 1988, 1.

53 Vgl. oben III a.E.

54 Daß auch innerhalb des BFH die Ansichten durchaus geteilt waren, zeigen die Äußerungen einiger Richter in der Literatur (Nachweise bei *Meinhard Hilf* a.a.O. – Fn. 52 – S. 6, Fn. 22).

55 EuGH-Urteil vom 22. Oktober 1987, 314/85, Foto-Frost/Hauptzollamt Lübeck-Ost, EuGHE 1987, 4199 Rn. 17 und 14.

56 BFH-Urteil vom 23. Februar 1988 VII R 29/87, BFHE 152, 382, 387.

folgte Ziel zu erreichen[57]. Der BFH hat dieses Erfordernis einer „richtlinienkonformen Auslegung" ausdrücklich anerkannt[58].

4. Verfahrensfragen

Der BFH vertrat zunächst die Auffassung, daß ein Beschluß eines FG, das Verfahren auszusetzen und eine Vorabentscheidung des Gerichtshofs einzuholen, durch eine Beschwerde gemäß § 128 Abs. 2 FGO angefochten werden könne[59]. Im Jahre 1981 schloß er sich jedoch der im Schrifttum ganz herrschenden gegenteiligen Auffassung an und entschied, daß gegen Vorabentscheidungsersuchen der FG keine Beschwerde zulässig sei[60]. Er wies dabei auf den Umstand hin, daß auch gegen einen Vorlagebeschluß im Rahmen des Verfahrens der konkreten Normenkontrolle nach Art. 100 Abs. 1 GG nach h.M. keine Beschwerde gegeben ist.

Legt ein FG dem Gerichtshof ein Vorabentscheidungsersuchen vor, stellt der BFH die Entscheidung anhängiger Rechtsfälle, in denen es um dieselbe Frage geht, in der Regel zurück, bis der Gerichtshof entschieden hat[61]. In diesem Zusammenhang ist auch ein Beschluß des I. Senats des BFH aus dem Jahre 1992 zu erwähnen, in dem es um die Frage der beschränkten Steuerpflicht ging. Das FG Köln hatte in einem Fall, der diese Frage betraf, die Aussetzung der Vollziehung eines Steuerbescheides angeordnet. Der BFH wies die gegen diesen Beschluß gerichtete Beschwerde zurück und merkte an, daß „nicht gänzlich auszuschließen sei", daß der Gerichtshof – dem inzwischen ein entsprechendes Ersuchen um Vorabentscheidung vorgelegt worden war – zu einem von der bisherigen BFH-Rechtsprechung abweichenden Ergebnis gelangen könnte. Der BFH bestimmte zugleich, daß die Aussetzung der Vollziehung einen Monat nach der Bekanntgabe des Urteils des EuGH enden sollte[62]. Es läßt sich feststellen, daß der I. Senat des BFH damit den sich aus Art. 177 EGV ergebenden Pflichten zur Zusammenarbeit mit dem Gerichtshof in vorbildlicher Weise nachgekommen ist.

Legt der BFH dem Gerichtshof selbst ein Ersuchen um Vorabentscheidung vor, wird der entsprechende Beschluß regelmäßig durch den jeweili-

57 EuGH-Urteil vom 8. Oktober 1987, 80/86, Kolpinghuis Nijmegen, EuGHE 1987, 3969 Rn. 14; ständige Rechtsprechung.

58 BFH-Urteil vom 20. Januar 1988 X R 48/81, BFHE 152, 556, BStBl. II 1988, 557. Vgl. allgemein *Eugen Spetzler,* Die richtlinienkonforme Auslegung als vorrangige Methode steuerjuristischer Hermeneutik, RIW 1991, 579. Kritisch zur bisherigen Praxis des BFH *Wienand Meilicke,* Zur Bedeutung der richtlinienkonformen Auslegung für das deutsche Steuerrecht, BB 1992, 969.

59 BFH-Beschluß vom 14. August 1973 VII B 53/73, BFHE 110, 12, BStBl. II 1973, 761.

60 BFH-Urteil vom 27. Januar 1981 VII B 56/80, BFHE 132, 217, BStBl. II 1981, 324.

61 *Heinrich Beisse* a.a.O. (Fn. 4), S. 21.

62 BFH-Beschluß vom 22. Januar 1992 I B 77/91, BFHE 166, 350, BStBl. II 1992, 618.

gen Senat in voller Besetzung gefaßt, obwohl es ausreichen würde, wenn die Entscheidung von drei Richtern gefällt werden würde[63]. Auch diese Einzelheit zeigt, welche Bedeutung der BFH diesen Verfahren beimißt. Es versteht sich bei einem Gericht wie dem BFH von selbst, daß die Vorlagebeschlüsse durchweg klar und gründlich ausgearbeitet sind.

Ein Detail am Rande ist noch der Aufmerksamkeit wert. Die Entscheidungen des BFH werden bekanntlich zum Zwecke der Wahrung des Steuergeheimnisses ohne Nennung der Namen der beteiligten Parteien veröffentlicht. Wie ein Richter am BFH bereits 1973 bemerkte, war der BFH überrascht, als er feststellte, daß der Gerichtshof regelmäßig die vollen Namen der Parteien veröffentlicht[64].

V. Art. 177 III EGV in der Rechtsprechung des BFH

Die Fülle der Fälle, in denen der BFH dem Gerichtshof ein Ersuchen um Vorabentscheidung vorgelegt hat, könnte den Eindruck erwecken, daß der BFH der ihm gemäß Art. 177 III obliegenden Pflicht zur Einholung einer Entscheidung des EuGH besonders sorgfältig Genüge leistet. Zur Vorsicht mahnt allerdings bereits die Einschätzung eines Richters am BFH, der BFH habe in den Jahren von 1963 bis 1983 nur in etwa 18 v.H. aller Fälle, in denen er Gemeinschaftsrecht anzuwenden hatte, den Gerichtshof konsultiert. Auf dieser Grundlage kam der genannte Richter zu einer pointierten Schlußfolgerung: „Es trifft nicht zu, daß einige Gerichte, darunter der BFH, besonders ‚vorlagefreudig' wären, wie es meistens recht beschönigend heißt: Vielmehr wird die Vorlagepflicht von anderen Gerichten offenbar zu wenig beachtet."[65]

Betrachtet man die bisherige Rechtsprechung des BFH, so bestätigt sich in der Tat, daß die Fälle, in denen der BFH von einer Vorlage an den EuGH absieht, jene, in denen er zur Einholung einer Vorabentscheidung schreitet, bei weitem überwiegen. Es ist allerdings zu berücksichtigen, daß eine Vorlage an den Gerichtshof nur erforderlich ist, wenn die Auslegung einer Vorschrift des Gemeinschaftsrechts zweifelhaft ist. Gibt es zu der betreffenden Frage bereits eine gesicherte Rechtsprechung des EuGH, ist auch ein letztinstanzliches Gericht nicht verpflichtet, eine Vorabentscheidung des Gerichtshofs einzuholen[66].

Dies ändert freilich nichts daran, daß die nationalen Gerichte auch in einem solchen Fall das *Recht* haben, den Gerichtshof zu konsultieren. Es entspricht vielmehr dem das Verfahren nach Art. 177 EGV prägenden Geist der vertrauensvollen Zusammenarbeit, daß insbesondere ein letzt-

63 Vgl. *Hans-Georg Rahn* a.a.O. (Fn 21), S. 229.
64 *Hans-Georg Rahn* a.a.O. (Fn. 21), S. 229.
65 *Heinrich Beisse* a.a.O. (Fn. 4), S. 33.
66 Vgl. EuGH-Urteil vom 6. Oktober 1982, 283/81, C.I.L.F.I.T./Ministero della sanità, EuGHE 1982, 3415 Rn. 14.

instanzliches Gericht wie der BFH in einem Fall, in dem es gegen eine Entscheidung des EuGH sachliche Bedenken hegt, diese dem Gerichtshof im Rahmen eines neuerlichen Vorabentscheidungsersuchens zur Prüfung vorlegt. Dieser Dialog bietet dem Gerichtshof die Möglichkeit, etwaige Unklarheiten zu beseitigen oder gegebenenfalls seine Rechtsprechung zu ändern[67]. Der BFH hat sich bereits in mehreren Fällen für verpflichtet gehalten, den Gerichtshof um eine Überprüfung eines Urteils zu ersuchen, von denen hier nur ein besonders bedeutsamer betrachtet werden soll[68].

Der Gerichtshof billigt bekanntlich bei der Überprüfung von Rechtsakten der Gemeinschaft, die eine wirtschaftliche oder technische Beurteilung verlangen, den Gemeinschaftsorganen einen bestimmten Beurteilungsspielraum zu und begnügt sich daher in der Regel mit einer eingeschränkten Nachprüfung[69]. Nachdem der BFH dieser Rechtsprechung zunächst gefolgt war[70], legte er dem EuGH die Frage vor, ob „eine solche Verkürzung des Rechtsschutzes des Marktbürgers vereinbar wäre mit dem nach Gemeinschaftsrecht geltenden rechtsstaatlichen Grundsatz der Gewährung effektiven Rechtsschutzes"[71]. In seiner auf diese Vorlage hin ergangenen Vorabentscheidung bestätigte der Gerichtshof seine bisherige Rechtsprechung, machte jedoch zugleich deutlich, daß in solchen Fällen der Beachtung der Verfahrensgarantien, die das Gemeinschaftsrecht vorsieht (insbesondere die Pflicht zur Gewährung rechtlichen Gehörs und die Pflicht, den Rechtsakt ausreichend zu begründen), „eine um so größere Bedeutung" zukommt[72]. Es zeigt sich hier sehr anschaulich, daß der Gerichtshof die Bedenken nationaler Gerichte ernst nimmt und daß dieser Dialog das Gemeinschaftsrecht befruchtet.

Eine Vorlage an den EuGH erscheint auch dann entbehrlich, wenn die Antwort auf die sich stellende gemeinschaftsrechtliche Frage *offenkundig*

---

67 Ein bekanntes Beispiel stellt das EuGH-Urteil vom 17. Oktober 1990 (C-10/89, HAG II, EuGHE 1990, I-3711) dar, in dem der Gerichtshof auf eine Vorlage des BGH hin seine frühere Rechtsprechung im Bereich des Warenzeichenrechts revidierte.

68 Für weitere Beispiele einer solchen Wiedervorlage an den EuGH siehe den BFH-Beschluß vom 18. Juli 1967 VII 156/65, BFHE 89, 52 (vgl. dazu oben IV. 3b) und den BFH-Beschluß vom 17. Dezember 1981 VII R 54/79, BFHE 134, 497. Vgl. hierzu auch die unter VI. behandelte Vorlage des I. Senats.

69 Vgl. hierzu *Ulrich Everling*, Zur Funktion des Gerichtshofs der Europäischen Gemeinschaften als Verwaltungsgericht, FS für Konrad Redeker, 1993, 293, 306 ff.

70 Vgl. BFH-Urteil vom 23. Februar 1988 VII R 31/86 und VII R 29/87, BFHE 152, 382, 389

71 BFH-Beschluß vom 17. Juli 1990 VII R 106/88, BFHE 161, 234, 237. Dieser Beschluß entspricht inhaltlich einem bereits 1989 erlassenen – und später wieder zurückgenommenen – Vorlagebeschluß (BFH-Beschluß vom 17. Januar 1989 VII R 56/86, BFHE 156, 291).

72 EuGH-Urteil vom 21. November 1991, C-269/90, Technische Universität München, EuGHE 1991, I-5469 Rn. 14.

ist. Ein Richter am BFH hat bereits vor vielen Jahren ausgeführt, daß der BFH eine Anrufung des Gerichtshofs nicht für geboten ansehe, „wenn ihm der Wortlaut einer Vorschrift ohne weiteres deren Anwendung im Einzelfall zu ermöglichen scheint“[73]. Der BFH hat es dementsprechend in seiner frühen Rechtsprechung mehrmals abgelehnt, den EuGH zu konsultieren, da ihm die richtige Auslegung der sich stellenden Frage nicht „zweifelhaft“ erschien oder er „keine Zweifel“ hatte[74].

Der dieser Rechtsprechung zugrunde liegenden Auffassung des BFH, daß es „einen leeren Vorlageschematismus zu vermeiden“[75] gelte, ist sicherlich zuzustimmen. Anderes gilt jedoch für die in derselben Entscheidung geäußerte Ansicht, eine zur Vorlage nach Art. 177 III verpflichtende Zweifelsfrage hinsichtlich einer Vorschrift des Gemeinschaftsrechts ergäbe sich nur, „wenn deren Wortlaut ernstlich mehr als *eine* Auslegung als möglich erscheinen läßt“[76]. Dies war schon allein aus dem Grunde unrichtig, daß bei der Auslegung des EG-Rechts nicht nur dessen Wortlaut, sondern auch sein Zusammenhang und seine Ziele zu berücksichtigen sind[77]. Die mit der Betrachtungsweise des BFH verknüpften Gefahren lassen sich an einer Entscheidung des BFH aus dem Jahre 1976 aufzeigen. Es ging dabei um die Frage, ob bei der Berechnung der Einfuhrumsatzsteuer der Betrag der bereits in einem anderen Mitgliedstaat gezahlten Mehrwertsteuer berücksichtigt werden mußte. Der BFH verneinte dies und sah in der daraus resultierenden (teilweisen) Doppelbelastung auch keinen Verstoß gegen Art. 95 EGV. Eine Vorlage an den EuGH lehnte er ab, da das Gemeinschaftsrecht „unzweifelhaft nur eine einzige Entscheidung“ zulasse und eine abweichende Auslegung in anderen Mitgliedstaaten „praktisch ausgeschlossen“ sei[78]. Die wenige Jahre später ergangene Entscheidung des EuGH im Falle *Schul*[79] hat gezeigt, daß diese Gewißheit unbegründet war.

Der Gerichtshof hat in seiner Entscheidung vom 6. Oktober 1982 die Grenzen der Vorlagepflicht nach Art. 177 III präzisiert. Eine Vorlage ist danach entbehrlich, wenn die Auslegung des Gemeinschaftsrechts derart offenkundig ist, „daß keinerlei Raum für einen vernünftigen Zweifel an der Entscheidung der gestellten Frage bleibt“. Ein solcher Fall kann jedoch von einem nationalen Gericht nur angenommen werden, „wenn es überzeugt ist, daß auch für die Gerichte der übrigen Mitgliedstaaten und

73 *Hans-Georg Rahn,* Der Bundesfinanzhof und das Gemeinschaftsrecht der EWG, Außenwirtschaftsdienst des BB 1969, 341, 345.
74 Vgl. etwa die BFH-Urteile vom 12. November 1974 VII R 74/73, BFHE 114, 298, vom 12. Dezember 1978 VII R 5/75, BFHE 127, 92, vom 5. Februar 1980 VII R 101/77, BFHE 130, 90 und vom 6. Mai 1980 VII R 49/77, BFHE 131, 139.
75 BFH-Urteil vom 22. Oktober 1975 VII R 105/73, BFHE 117, 313.
76 A.a.O. (Fn. 75), S. 315.
77 Vgl. das EuGH-Urteil vom 6. Oktober 1982 a.a.O. (Fn. 66), Rn. 20.
78 BFH-Urteil vom 30. November 1976 VII R 74/74, BFHE 121, 240, 246.
79 EuGH-Urteil vom 5. Mai 1982, 15/81, Schul, EuGHE 1982, 1409.

den Gerichtshof die gleiche Gewißheit bestünde"[80]. Bei dieser Prüfung sind die Besonderheiten des Gemeinschaftsrechts gebührend zu berücksichtigen.

Der BFH hat sich diese Rechtsprechung in der Folgezeit zu eigen gemacht. In den Fällen, in denen er eine Vorlage an den Gerichtshof ablehnt, führt er – meist unter ausdrücklicher Berufung auf das eben genannte Urteil des EuGH – aus, daß die richtige Anwendung des Gemeinschaftsrechts „offenkundig" sei[81]. Es läßt sich jedoch nicht verkennen, daß der BFH dabei den strengen Kriterien, die der Gerichtshof aufgestellt hat, nicht immer gerecht wird. Bedenklich erscheint etwa, daß der BFH sich für befugt hält, eine Vorlage wegen Offenkundigkeit der Antwort auch dann zu unterlassen, wenn das FG anders entschieden hatte[82]. Die Bedenken mehren sich noch, wenn man die Entscheidungspraxis des BVerfG betrachtet, das bislang (mit einer Ausnahme) sämtliche auf die Rüge einer unterlassenen Vorlage an den EuGH gestützten Verfassungsbeschwerden gegen Entscheidungen des BFH zurückgewiesen hat[83]. In der Leitentscheidung des BVerfG vom 31. Mai 1990[84] wird ausgeführt, daß ein Verstoß gegen Art. 177 III insbesondere dann vorliege, wenn ein letztinstanzliches Gericht seine Vorlagepflicht grundsätzlich verkennt (also eine Vorlage an den EuGH überhaupt nicht in Erwägung zieht, obwohl es selbst Zweifel an der Beantwortung der – entscheidungserheblichen – Frage des Gemeinschaftsrechts hegt) oder bewußt von der Rechtsprechung des Gerichtshofs abweicht, ohne den Gerichtshof zu konsultieren. Im Anschluß hieran heißt es:

> „Liegt zu einer entscheidungserheblichen Frage des Gemeinschaftsrechts einschlägige Rechtsprechung des Europäischen Gerichtshofs noch nicht vor oder hat eine vorliegende Rechtsprechung die entscheidungserhebliche Frage möglicherweise noch nicht erschöpfend beantwortet oder erscheint eine Fortentwicklung der Rechtsprechung des Europäischen Gerichtshofs nicht nur als entfernte Möglichkeit, so wird Art. 101 Abs. 1 Satz 2 GG nur dann verletzt, wenn das letztinstanzliche Hauptsachegericht den ihm in solchen Fällen notwendig zukommenden Beurteilungsrahmen in unvertretbarer Weise überschritten hat (Unvollständigkeit der Rechtsprechung). Dies kann insbesondere dann der Fall sein, wenn mögliche Gegenauffassungen zu der entscheidungs-

80 A.a.O. (Fn. 66), Rn. 16.

81 Siehe etwa die BFH-Urteile vom 3. April 1984 VII R 18/80, BFHE 141, 81, vom 8. Mai 1984 VII R 13/81, BFHE 141, 100, vom 30. Oktober 1984 VII K 18/84, BFHE 142, 194, vom 16. April 1985 VII R 61/82, BFHE 144, 86, vom 19. Januar 1988 VII R 38/85, BFHE 152, 573 und vom 23. Februar 1988 VII R 31/86 und VII R 29/87, BFHE 152, 382.

82 BFH-Urteil vom 23. Oktober 1985 VII R 107/81, BFHE 145, 266. Vgl. dazu *Heinrich Beisse* a.a.O. (Fn. 4), S. 28.

83 Beispiele bei *Heinrich Beisse* a.a.O. (Fn. 4), S. 23 Fn. 13. Zu der Ausnahme siehe Fn. 51.

84 BVerfGE 82, 159.

erheblichen Frage des Gemeinschaftsrechts gegenüber der vom Gericht vertretenen Meinung *eindeutig* vorzuziehen sind."[85]

Räumt man den letztinstanzlichen Gerichten somit die Möglichkeit ein, von einer Vorlage an den Gerichtshof auch dann abzusehen, wenn es für eine gemeinschaftsrechtliche Frage mehrere vertretbare Lösungen gibt, mag dies mit Art. 101 Abs. 1 Satz 2 GG – in der restriktiven Auslegung, die das BVerfG dieser Vorschrift angedeihen läßt – vereinbar sein. Den Erfordernissen des Art. 177 III im allgemeinen und der Entscheidung des Gerichtshofs vom 6. Oktober 1982 im besonderen wird diese Auffassung jedoch nicht gerecht[86].

Es wäre müßig, einzelne Fälle herauszugreifen, in denen es naheliegend gewesen wäre, den Gerichtshof zu konsultieren. Der Erwähnung würdig ist jedoch eine Entscheidung des II. Senats aus dem Jahre 1990, in der es darum ging, ob die beschränkte Vermögensteuerpflicht einer italienischen AG für ihre Anteile an einer inländischen GmbH gegen Art. 7 EWGV verstieß[87]. Der Senat verneinte dies, da ein Verstoß gegen Art. 7 „offenkundig" und „eindeutig" nicht vorlag. Auch eine mittelbare Diskriminierung war nach Ansicht des Senats „eindeutig" und „zweifelsfrei" nicht gegeben. Da an diesem Ergebnis „kein vernünftiger Zweifel" bestehen könne, sah er auch von einer Vorlage an den Gerichtshof ab. Die Häufung solcher Ausdrücke in einem relativ kurzen Urteil[88] trägt offenkundig nicht dazu bei, den Leser davon zu überzeugen, daß das gefundene Ergebnis über jeden Zweifel erhaben ist[89].

Die vorstehenden Ausführungen dürfen jedoch nicht den Blick für die überaus fruchtbare Rolle trüben, die der BFH – sieht man von der Kontroverse um die unmittelbare Wirkung von Richtlinienbestimmungen ab – in dem Verfahren der Zusammenarbeit mit dem Gerichtshof nach Art. 177 EGV bisher gespielt hat. Der BFH hat durch seine Rechtsprechung dafür gesorgt, daß die Vorschriften des Gemeinschaftsrechts in die Vorschriften des nationalen Steuerrechts integriert worden sind. Dies stellt eine bemerkenswerte Leistung dar, auch wenn man hinzufügen muß, daß (wie etwa das folgende Kapitel zeigen wird) immer wieder neue Fragen und Abstimmungsprobleme auftauchen – eine Tatsache, die bei

85 A.a.O. (Fn. 84), S. 195 f. (Hervorhebung im Original). Ebenso der Beschluß des BVerfG vom 22. Dezember 1992 (NVwZ 1993, 883, 884), durch den eine Verfassungsbeschwerde gegen die Nichtzulassung der Revision durch den BFH zurückgewiesen wurde. Vgl. auch den Beschluß des BVerfG vom 27. August 1991 (RIW 1991, 957).

86 Siehe hierzu nunmehr *Hans-Jürgen Rabe,* Vorlagepflicht und gesetzlicher Richter, FS Redeker, 1993, 201 ff.

87 BFH-Urteil vom 31. Oktober 1990 II R 176/87, BFHE 162, 374, BStBl. II 1991, 161.

88 Die Rechtsausführungen nehmen in der amtlichen Sammlung lediglich knapp drei Seiten ein.

89 Zum Problem selbst vgl. *Reimer Voss,* Europäisches und nationales Steuerrecht, StuW 1993, 155, 168.

einem in stetem Wandel begriffenen Rechtsgebiet wie dem Steuerrecht natürlich alles andere als verwunderlich ist.

VI. Die Frage der beschränkten Steuerpflicht

Die Frage nach der Vereinbarkeit der beschränkten Steuerpflicht des deutschen Rechts mit dem Gemeinschaftsrecht ist in den letzten Jahren verstärkt in den Mittelpunkt des Interesses gerückt[90]. Der BFH wurde 1988 zum erstenmal mit diesem Problem befaßt. Der I. Senat vertrat damals die Auffassung, daß die beschränkte Steuerpflicht weder gegen Art. 52 noch gegen Art. 7 EWGV verstoße; die sich aus ihr ergebenden Probleme seien gegebenenfalls durch eine Harmonisierungsgesetzgebung auf der Grundlage von Art. 100 EWGV zu lösen[91]. Die bereits erwähnte Entscheidung des II. Senats aus dem Jahre 1990 kam zu einem entsprechenden Ergebnis[92].

Durch Beschluß vom 10. Januar 1991 legte das FG Köln dem Gerichtshof Fragen über die Vereinbarkeit der beschränkten Steuerpflicht mit den Art. 7 und 52 EWGV zur Vorabentscheidung vor. In dem Ausgangsrechtsstreit ging es um die steuerliche Veranlagung eines deutschen Staatsangehörigen, der in den Niederlanden wohnte, jedoch in der Bundesrepublik (als Zahnarzt) tätig war. Wie bereits erwähnt stellte der BFH daraufhin die Entscheidung bei ihm anhängiger Rechtsfälle zurück, die ebenfalls die Frage der beschränkten Steuerpflicht betrafen.

Das Verfahren vor dem Gerichtshof zog beträchtliche Aufmerksamkeit auf sich. Angesichts der Bedeutung des Falles war es nicht überraschend, daß sich das große Plenum des EuGH mit ihm befaßte. Neben der deutschen Regierung reichten auch die Regierungen Belgiens, Frankreichs, Italiens, Portugals und Großbritanniens schriftliche Stellungnahmen ein. Der Gerichtshof richtete an die Bundesregierung eine schriftliche Frage, in der er um Auskunft darüber bat, warum der Vorteil des Splittingtarifs Steuerpflichtigen ohne Wohnsitz oder gewöhnlichen Aufenthalt im In-

---

90 Aus der Literatur vgl. z.B. *Hans Joachim Herrmann,* Einwirkung der Grundfreiheit der Freizügigkeit im Gemeinsamen Markt auf das deutsche Einkommensteuerrecht, FR 1989, 605; *Wienand Meilicke,* Diskriminierung beschränkt steuerpflichtiger EG-Ausländer und Niederlassungsfreiheit (Art. 52, 58 EWG-Vertrag), RIW 1989, 640; *Thomas Müller,* Beschränkte Steuerpflicht und einige Aspekte des EG-Rechts, StuW 1992, 157; *Gert Saß,* Zum Einfluß der Rechtsprechung des EuGH auf die beschränkte Einkommen- und Körperschaftsteuerpflicht, DB 1992, 857.

91 BFH-Urteil vom 20. April 1988 I R 219/82, BFHE 154, 38, BStBl. II 1990, 701. In dem wenig später ergangenen BFH-Urteil vom 25. Januar 1989 I R 205/82 (BFHE 158, 210, BStBl. II 1990, 687) wurde von den Klägern die Frage nach der Vereinbarkeit der beschränkten Steuerpflicht mit Art. 48 EGV aufgeworfen. Der Senat ging auf diese Frage jedoch aus verfahrensrechtlichen Gründen nicht ein.

92 A.a.O. (Fn. 87).

land auch dann versagt wird, wenn sie ihre Einkünfte ausschließlich oder fast ausschließlich in Deutschland erzielen. In seinem mit Spannung erwarteten Urteil vermied es der Gerichtshof dann jedoch, auf die Sachfrage näher einzugehen. Er beschränkte sich auf die Feststellung, daß es sich im vorliegenden Fall um die Anwendung deutschen Steuerrechts auf einen deutschen Staatsangehörigen handelte, der seine berufliche Qualifikation in Deutschland erworben hatte und stets dort tätig gewesen war. Daraus folgerte der EuGH, daß weder Art. 52 noch Art. 7 EWGV tangiert waren[93].

Es ist zu bedauern, daß der Gerichtshof die Frage nach der Vereinbarkeit der beschränkten Steuerpflicht mit dem Gemeinschaftsrecht nicht geklärt hat. Die Frage harrt daher weiter einer Antwort. Ein Vorlagebeschluß des I. Senats des BFH, der nur einige Wochen nach dem Urteil des Gerichtshofs erlassen wurde, dürfte diesen freilich nunmehr zwingen, Farbe zu bekennen[94]. Der I. Senat weist in seinem Beschluß ausdrücklich darauf hin, daß er das genannte Urteil des Gerichtshofs nicht für einschlägig halte, weil im vorliegenden Fall „vorsorglich" davon auszugehen sei, daß der Kläger (ein belgischer Staatsangehöriger) seine Berufsqualifikation und seine Berufserfahrung nicht in Deutschland erworben habe.

Dieser Fall zeigt sehr anschaulich, wie ernst der BFH das in Art. 177 EGV angelegte Verfahren der Zusammenarbeit mit dem Gerichtshof nimmt und wie er dadurch die Klärung europarechtlicher Fragen fördert. Der Dank für diese Tätigkeit gebührt nicht zuletzt dem Präsidenten dieses Gerichtes, dem dieser Beitrag zugeeignet ist.

93 EuGH-Urteil vom 26. Januar 1993, C-112/91, Werner/Finanzamt Aachen-Innenstadt, EuGHE 1993, I-429 Rn. 17.

94 BFH-Beschluß vom 14. April 1993 I R 29/92, BFHE 170, 454. Das Verfahren vor dem EuGH hat das Aktenzeichen C-279/93.

Reinhold Kreile

Die angemessene Vergütung für die Nutzung musikalischer Urheberrechte durch das Fernsehen in Europa

Ein Überblick über die Praxis der Rechtewahrnehmung der urheberrechtlichen Verwertungsgesellschaften im Bereich „Fernsehen“

Inhaltsübersicht

Dedikation

Wer Franz Klein kennt – und es kennen ihn viele, und sie alle verdanken ihm Einsichten, Hilfen, Hinweise, Kritik und Ermunterung – weiß, daß er nicht nur ein Mann des Steuerrechts und der Steuerpolitik ist, sondern einer, der Wissenschaft und Literatur, Kunst und Kultur mit dem aktiven und politischen Leben verbindet. Mit ernster Eindrücklichkeit, doch nicht ohne schalkhafte Aufhellung, repetiert er immer wieder den in allen Finanzministerien ebenso geliebten wie verabscheuten Satz, daß Haushalt nur Handwerk, Steuern dagegen Kunst sei. Und so ist denn Franz Klein als Fotograf und Buchautor und als Steuergestalter und Steuerrechtler ein Mann der Kunst. Und da er weiß, daß Kunst ohne finanzielle Grundlage nicht gedeiht, wird er von einem langjährigen Begleiter seines steuerpolitischen und steuerrechtlichen Lebenswegs – der sich jedoch nunmehr ganz dem weiten Feld der Kunst und des Rechts und der finanziellen Durchsetzung der Rechte des schöpferischen Musikers ergeben hat – auch eine Dedikation aus dem Bereich der finanziellen Grundlegung der Kunst und des Schutzes des schöpferischen Menschen entgegennehmen. Er wird sich sicherlich dabei an die gemeinsamen Bemühungen erinnern, das Gestrüpp des Einkommensteuerrechts zu entwirren und das deutsche Einkommensteuerrecht im Hinblick auf ein als Ziel am Horizont erscheinendes europäisches Steuerrecht zu vereinfachen. Der seinerzeit erarbeitete „Gaddum-Plan" ist nach wie vor keineswegs für die Schublade bestimmt, sondern kann immer wieder hervorgeholt werden. So auch die nachfolgenden Überlegungen, die auf den verschiedensten Rechtsgebieten etwas von dem großen Ziel der Einheit einer europäischen Rechtsordnung aufzeigen wollen.

I. Einleitung

Damit Eigentum und insbesondere geistiges Eigentum als fundamentales Grundrecht und Menschenrecht verfassungsrechtlich lebt, bedarf es einer Inhaltsbestimmung. Sie ist in den Staaten Zentraleuropas zumindest seit fünfzig Jahren festgeschrieben; die Rechtsprechung der Verfassungsgerichte und der Obergerichte schreibt sie – mancher Rückschläge ungeachtet – im Prinzip in Richtung auf einen ständig zu bessernden Schutz der Schöpfer kultureller Werte fort. Doch staats- und verfassungsrechtliche Umbrüche erfordern, wie in allen sonstigen wirtschaftlichen, ökonomischen und staatlichen Bereichen auch in der Wertung und Bewertung des geistigen Eigentums ein Umdenken und eine neue Besinnung. Deutlich wird dies in den ost-, südost- und mitteleuropäischen Staaten. Die dort folgende Umgestaltung der Volkswirtschaft von der Plan- zur Marktwirtschaft beeinflußt auch grundlegend die Entwicklung des Urheberrechts. Die Gesetzgeber in diesen Ländern, unterstützt von den Verwaltungen, den Organen der Rechtsprechung und den Verwertungsgesellschaften als Repräsentanten der Interessen der Urheber, konzentrieren sich darauf, das Urheberrecht durch Inhaltsbestimmung „eigentumsfähig" zu machen.

Inhalt und Bedeutung des geistigen Eigentums werden im wesentlichen dadurch bestimmt, daß das Urheberrecht dem schöpferischen Menschen die ausschließliche Befugnis zur Verwertung seiner Werke einräumt (§ 15 deutsches Urheberrechtsgesetz). Damit wird dem Urheber der Wert seines Werkes gesichert. Am wirtschaftlichen Nutzen, der aus seinem Werk gezogen wird, ist er angemessen zu beteiligen. Dieser Grundgedanke impliziert darüber hinaus, daß der Urheber an jeder Nutzung seines Werkes, auch bei mehrfach aufeinander folgender (z.B. öffentlicher Aufführung, anschließender Fernseh- und/oder Rundfunkübertragung, darauf folgender Schallplattenauswertung etc.) zu beteiligen ist, da jede Nutzungsart stets aufs neue den Werkgenuß des einzelnen sowie die geistigen Bedürfnisse einer Vielzahl befriedigt[1]. Der allgemein anerkannte Grundsatz der wirtschaftlichen Beteiligung des Urhebers rechtfertigt es deshalb, „eine Regelvermutung in Erwägung zu ziehen, der zufolge die wirtschaftlichen Verwertungsbefugnisse dem Urheber zustehen und deren zeitliche, sachliche und soziale Begrenzung nach den einzelnen Grenz- bzw. Über-

1 Vgl. ausführlich *Hubmann/Rehbinder,* Urheber- und Verlagsrecht, 7. Aufl. 1991, S. 126 ff.; *Schricker/v. Ungern-Sternberg,* Kommentar zum Urheberrecht, 1987, § 15.

tragungsregeln darzulegen ist. Neue wirtschaftlich erhebliche Formen der Werknutzung wären danach im Zweifel dem Urheber als Inhaber des umfassenden Verwertungsrechts zugewiesen, und es wäre Sache der Verwerter bzw. der Nutzenden, ihre Nutzungsbefugnisse anhand der rechtlichen Grenzen des Verwertungsrechts oder anhand von Rechtsübertragungen darzutun".[2]

In seinem Bericht auf der Sitzung des Europäischen Komitées der CISAC – der Dachorganisation aller Verwertungsgesellschaften in aller Welt „Confédération Internationale des Sociétés d'Auteurs et Compositeurs" – am 11. Februar 1992 in München hat *Ernst-Joachim Mestmäcker* mit Blick auf Rundfunk und Fernsehen den Übergang von der Plan- zur Marktwirtschaft und seine Auswirkungen auf das Urheberrecht erläutert: Danach war es im planwirtschaftlichen Sozialismus für die Urheberrechte und ihre Verwertung kennzeichnend, daß den urheberrechtlichen Verwertungsgesellschaften eine Zwischenstellung zwischen einer politisch-gesellschaftlichen Organisation und einer Abteilung eines Ministeriums, in der Regel des Kultusministeriums, zukam. Dies hatte zur Folge, daß der Staat und seine Untergliederungen in gesellschaftlichen Organisationen in den für die Urheber wichtigen Bereichen des staatlichen Rundfunks und Fernsehens letztlich immer mit sich selbst kontrahiert haben. Es wurde im planwirtschaftlichen System deswegen als ganz natürlich angesehen, daß die Vergütungen, die der Rundfunk für die Nutzung des musikalischen Repertoires den Urhebern bezahlt hat, im Vergleich mit den Vergütungen der Rundfunk- und Fernsehsender in marktwirtschaftlichen Systemen bescheiden war: und ebenso wurde es als gesellschaftlich zulässig angesehen, daß die Werke der schöpferischen Menschen überhaupt unentgeltlich im Rundfunk benutzt wurden. Während z.B. die ostdeutsche AWA im letzten Jahr vor der deutschen Wiedervereinigung lediglich DDR-Mark 3 Mio. erhalten hat, bezog die GEMA im gleichen Zeitraum (1989) für eine nur viermal so große Bevölkerung mit rund DM 200 Mio. das 66-fache. In der UDSSR und in anderen Staaten entfiel trotz eines „papierformmäßig" gut ausgebildeten Urheberrechtsgesetzes jegliche Vergütung.

Bei einem Vergleich der Stellung des Urhebers in der Planwirtschaft und in der Marktwirtschaft ist zu berücksichtigen, daß in marktwirtschaftlichen Ordnungen über die volle Teilhabe des Urhebers an den Früchten seiner Werke der Erfolg auf den Märkten entscheidet. Die Wahrnehmung und die Nutzung von Urheberrechten läßt sich wirtschaftlich und rechtlich von der Dynamik dieser Märkte nicht trennen. Dieses Spannungsverhältnis zwischen den Rechten des Urhebers und der Verwertung dieser Rechte durch Unternehmen, die der Eigengesetzlichkeit dieses Wettbewerbs auf ihren Märkten ausgesetzt sind, ist für das Urheberrecht in marktwirt-

2 Vgl. *Thomas Brinkmann,* Urheberschutz und wirtschaftliche Verwertung, 1989, S. 81.

schaftlicher Ordnung kennzeichnend[3]. Rundfunk und Fernsehen sind dafür besonders gute Beispiele. Komponisten und auch Autoren, namentlich im Bereich der Unterhaltungsmusik, deren Werke im Rundfunk und Fernsehen nicht aufgeführt, d.h. nicht gespielt werden, haben auch in den sonstigen Aufführungsbereichen wirtschaftlich selten Erfolg. In der Marktwirtschaft gilt der Grundsatz, nur wer regelmäßig gespielt wird, kann auch mit regelmäßigen Einnahmen aus seinen Werken rechnen.

Welche Bedeutung Rundfunk und Fernsehen, für die Einnahmen der Urheber insgesamt haben, kann an den Einnahmen einiger westeuropäischer Verwertungsgesellschaften nachgewiesen werden. Im Jahr 1991 betrug z.B. der Anteil des Rundfunks an den Gesamterträgen der deutschen urheberrechtlichen Verwertungsgesellschaft GEMA 22,4 v.H., der französischen SACEM 24,9 v.H., der spanischen SGAE 39,6 v.H., der schweizerischen SUISA 41,3 v.H. und der finnischen TEOSTO 36,4 v.H.

Die Gesamterträge der Verwertungsgesellschaften und damit auch der meisten Urheber musikalischer Werke ruhen also auf drei Säulen: Erstens auf Liveaufführungen (in Konzertsälen, Hallen, Open Air Veranstaltungen u.a.) sowie mechanischer Musik (d.h. Musik von Tonband und CD, in Boutiquen, Supermärkten, Diskotheken etc.) zweitens auf Schallplattenlizenzen sowie drittens auf den Vergütungen des Rundfunks und des Fernsehens.

II. Das medienrechtliche und medienpolitische Umfeld

Der Rundfunk, nach der Rechtstradition in mehreren europäischen Ländern subsumiere ich unter den Begriff Rundfunk im folgenden auch das Fernsehen, zählt zu den Wesenselementen des freiheitlichen, demokratischen Staates. Neben der Presse gehört er zu den unentbehrlichen modernen Massenkommunikationsmitteln, welche die individuelle und öffentliche Meinungsbildung bestimmen. Der Rundfunk ist jedoch nicht allein Institution zur Gewährleistung von Meinungsvielfalt, er gehört auch zu den wesentlichen Kulturträgern in jeder Gesellschaft und dient auch der Unterhaltung, was bei der Diskussion über Wesen und Zweck des Rundfunks leider oft verdrängt wird.

Die Organisationsform des Rundfunks ist historisch geprägt[4]. Privatwirtschaftliche Ansätze bei der Entdeckung dieser Medien fanden ihr Ende, als die Träger politischer Macht entdeckt hatten, welch wichtiges Instrument der Machterhaltung und Machtentfaltung ihnen durch den Rundfunk heranwuchs. Die Veranstaltung von Rundfunk und Fernsehen war

---

3 Vgl. *Reinhold Kreile,* Der Schutz des geistigen Eigentums in Europa vor dem Hintergrund des Vertrages von Maastricht über die Europäische Union, in: Festschrift für Walter Althammer, 1993, S. 260.

4 Vgl. zum Rundfunkbegriff und seiner Historie: *Hartstein/Ring/J. Kreile,* Rundfunkstaatsvertrag, Kommentar, Verlag Franz Rehm, München 1989, S. 73 ff.

deshalb bis vor wenigen Jahren in den meisten europäischen Ländern eine staatliche, halbstaatliche, bzw. öffentliche Aufgabe, mit unterschiedlicher rechtlicher bzw. rechtsdogmatischer Verankerung in den Rechtsordnungen der jeweiligen Staaten und auch mit unterschiedlicher Distanz zu den jeweils Herrschenden. In dieser Zeit hat sich der öffentliche Rundfunk durch die Qualität seiner Sendungen hohes Ansehen erworben. Nach wie vor versteht er sich in den meisten Ländern als Kulturträger, der sein Publikum nicht nur unterhalten, sondern auch bilden will. So wurde der öffentlich-rechtliche Rundfunk in vielen Ländern zum Mythos. Bestes Beispiel hierfür ist die British Broadcasting Corporation, die zwar nicht älter ist als 70 Jahre, der jedoch nicht nur in Großbritannien gehuldigt wird, als sei sie so alt wie die Magna Charta.

Die *traditionelle Finanzquelle* des öffentlich-rechtlichen Rundfunks ist die Rundfunkgebühr, die der Empfänger zu entrichten hat. Nach deutschem Recht sind die zu entrichtenden Gebühren keine „Gegenleistung für eine konkrete Leistung der Anstalten der ARD und des ZDF, sondern (sie) sind als öffentlich-rechtliche Abgabe zur Finanzierung der gesamten Veranstaltung ‚öffentlich-rechtlicher Rundfunk' und ‚öffentlich-rechtliche Rundfunkkontrolle' (über die Landesmedienzentralen) zu bewerten".[5]

Die *zweite Finanzierungsquelle* des öffentlichen Rundfunks ist die Werbung, deren zeitlicher und inhaltlicher Umfang meist in verschiedener Hinsicht beschränkt ist.

In Deutschland finanziert sich der öffentlich-rechtliche Rundfunk überwiegend aus Rundfunkgebühren, daneben finanziert sich die ARD zu etwa 15 v.H., und das ZDF zu etwa 30 v.H. aus der Werbung.

Neben dem öffentlichen bzw. staatlichen Rundfunk, hat sich seit Beginn der achtziger Jahre (in Großbritannien allerdings schon vorher) in den meisten westeuropäischen Ländern auch *privater* Rundfunk etabliert (in Deutschland erstmals 1984 mit der Zulassung privater Veranstalter durch die AKK in Ludwigshafen). Vorrangige Finanzierungsquelle des privaten Rundfunks ist die Werbung, andere Einnahmequellen, wie Sponsoring, Abonnements, Einzelentgelte oder Spenden fallen weniger ins Gewicht.

Der Umfang der Werbung wird auch beim privaten Rundfunk häufig begrenzt. So z.B. auf einen bestimmten Anteil der Gesamtsendezeit, der wöchentlichen oder auch der täglichen Sendezeit (in Deutschland z.B. jeweils ca. 20 v.H.).

Das Nebeneinander von öffentlich-rechtlichem und privatem Rundfunk wird in Deutschland als „duales System" bezeichnet. Dieses System garantiert nach der Rechtsprechung des Bundesverfassungsgerichts den Bestand und die Entwicklung des öffentlich-rechtlichen Rundfunks, der aber auch eine bestimmte programmliche „Grundversorgung" zu gewährleisten hat, während das private Fernsehen allein den Marktkräften ausgesetzt ist.

---

5 Vgl. *Ernst W. Fuhr,* in: Fuhr/Rudolf/Wasserburg (Hrsg.), Recht der Neuen Medien, 1989, S. 334.

Für den Urheber wirkt sich das Nebeneinander unterschiedlicher Organisationsformen im Rundfunk dahingehend aus, daß er seine ihm zustehende Vergütung aus zwei unterschiedlichen Quellen schöpft: Aus Gebühren und aus Werbeeinnahmen. Die Verwertungsgesellschaften müssen sich bei der Aufstellung von Tarifen für den Rundfunk auf diese Besonderheit einstellen.

III. Das Senderecht als urheberrechtliche Grundlage

Die erfolgreiche Wahrnehmung der Urheberinteressen hängt im Bereich Rundfunk – wie auch bei allen anderen Nutzungsarten – nicht zuletzt von den rechtlichen Rahmenbedingungen ab, auf die der Urheber seine Ansprüche gegenüber diesen Nutzern seiner Werke stützen kann.

Das *Senderecht,* d.h. das Recht, ein Werk durch Funk der Öffentlichkeit zugänglich zu machen, zählt heute zu den wirtschaftlich bedeutendsten Befugnissen der Urheber.

Die Berner Übereinkunft (Art. 11 bis Abs. 1) in der Brüsseler Fassung gewährt den Urhebern von Werken der Literatur und der Kunst das *Senderecht,* das dort umschrieben wird als „das ausschließliche Recht, zu erlauben:

1. die Rundfunksendung ihrer Werke oder die öffentliche Mitteilung der Werke durch irgendein anderes Mittel, das zur drahtlosen Verbreitung von Zeichen, Tönen oder Bildern dient;
2. jede öffentliche Mitteilung des durch Rundfunk gesendeten Werkes mit oder ohne Draht, wenn diese Mitteilung von einem anderen als dem usprünglichen Sendeunternehmen vorgenommen wird".

Vor dem Hintergrund der Berner Übereinkunft, der Magna Charta des Urheberrechts, enthalten heute alle modernen Urheberrechtsgesetze eine Bestimmung, die dem Urheber das ausschließliche Recht zu dieser Art der Wiedergabe seiner Werke zuspricht.

Für den Urheber umfaßt also das Senderecht die Ausstrahlung seiner Werke durch Rundfunk an die Öffentlichkeit, insbesondere durch Radio und Fernsehen. Unter Rundfunk ist jede Übertragung von Zeichen, Tönen oder Bildern durch elektro-magnetische Wellen zu verstehen, die von einer Sendestelle aus gesendet werden und an anderen Orten von einer beliebigen Zahl von Empfangsanlagen aufgefangen und wieder in Zeichen, Töne oder Bilder zurückverwandelt werden können. Die Sendeunternehmen bedürfen also zur Ausstrahlung des Sendeprogramms der Zustimmung der Urheber der gesendeten Werke.

Unter den Begriff der Rundfunksendung fällt neben der herkömmlichen terrestrischen Ausstrahlung der Drahtfunk (Kabelfunk) oder ähnliche technische Einrichtungen. Damit ist jedenfalls auch das *Kabelfernsehen* mit erfaßt, das zeitgleich vollständig und unverändert Sendungen heranführt, zu denen der Nutzer sonst keinen Zugang hätte[6]. Inwieweit auch

6 Vgl. ausführlich *Hubmann/Rehbinder,* Urheber- und Verlagsrecht, 7. Aufl. 1991, S. 140 ff.

die Weiterleitung von Sendungen über Kabel innerhalb des gesetzlichen Versorgungsbereichs einer Rundfunkanstalt einer Genehmigung des Urhebers bedarf, ist vielerorts streitig.

Unter den Begriff der Rundfunksendung fallen auch *Satellitensendungen*, bei denen die Programme von einer Bodenstation an den Satelliten ausgestrahlt werden und die Satellitensignale unmittelbar von den Heimempfängern empfangen werden können.

Die beiden Übertragungsarten *Kabel* und *Satellit* haben eine Reihe urheberrechtsdogmatischer Fragen aufgeworfen, die hier nicht vertieft werden können, von deren Lösung es aber abhängt, ob und wie der Schöpfer eines Werkes seinen verdienten Lohn erhält. Jede urheberrechtliche Diskussion läßt sich auf diese Kernfrage reduzieren. Auch beim Senderecht gilt wie bei allen übrigen Nutzungsarten der Grundsatz des Urheberrechts, die ausschließliche Befugnis des Urhebers so umfassend zu gestalten, daß möglichst jede Art der Nutzung seines Werkes seiner Kontrolle und Zustimmung unterliegt. Denn hieraus erklärt es sich, daß auch bei einer mehrfachen Nutzung eines Werkes jeder einzelne Nutzungsvorgang der erneuten Zustimmung bedarf, die in der Regel von einer Vergütung abhängig gemacht werden kann.

Es ist Sinn und Zweck jeder Verwertungsgesellschaft, der durch Berechtigungsvertrag von Komponisten, Textdichter und Musikverleger auch die ausschließlichen Nutzungsrechte, Einwilligungsrechte und Vergütungsansprüche übertragen worden sind, sich für die Durchsetzung des Senderechts einzusetzen und den schöpferischen Menschen eine angemessene Vergütung zu sichern. Die Verwertungsgesellschaften sind jedoch nicht nur Inkassoorganisationen, sondern auch Schutzorganisationen für die schöpferischen Menschen und es ist ihre Aufgabe, sich national und international für die Rechtsfortbildung des Urheberrechts einzusetzen, das die wirtschaftliche Kehrseite des geistigen Eigentums bildet, ohne die der schöpferische Mensch seine Kreativität nicht entfalten kann. Das Senderecht mit seiner herausragenden wirtschaftlichen Bedeutung ist dafür ein besonders gutes Beispiel.

In diesem Zusammenhang soll auf folgenden wirtschaftlichen Aspekt des Urheberrechts hingewiesen werden:

Das Recht der öffentlichen Wiedergabe, insbesondere beim Rundfunk, ist schlicht und einfach ein Finanzproblem, namentlich in denjenigen Ländern, in denen der Rundfunk vom Staat getragen wird. Hier wollen die Finanzminister das Geld, das der Rundfunk durch Gebühren oder Werbung auf der einen Seite einbringt, auf der anderen Seite nicht wieder ausgeben oder eben nur in höchst beschränktem Maße. So wird das Urheberrecht zum staatlichen Fiskalrecht denaturiert. Das Denken, daß Rundfunk und andere Urheberleistungen eigentlich Staatsaufgaben seien und man dem Staat nichts abverlangen dürfe, im Gegenteil, daß der Staat eigentlich dafür nur einnehmen darf, ist überall latent vorhanden. Hiergegen anzukämpfen ist für die Verwertungsgesellschaften eine Daueraufgabe (auch in Staaten mit ansonsten marktwirtschaftlicher Wirtschaftsordnung).

IV. Tarifliche Vergütung im Bereich Fernsehen

1. Die Berechnungsgrundlage

Jede Verwertungsgesellschaft ist in der Regel verpflichtet, Tarife über die Vergütung aufzustellen, die sie aufgrund der von ihr wahrgenommenen Rechte und Ansprüche für die schöpferischen Menschen fordert. Tarife sollen eine gleichmäßige Behandlung aller gleichgelagerten Fälle durch die Verwertungsgesellschaften sicherstellen. Zugleich will sich die Verwertungsgesellschaft im eigenen Interesse ersparen, in jedem Einzelfall langwierige Verhandlungen über Art und Höhe der zu zahlenden Vergütung zu führen.

Berechnungsgrundlage für alle Tarife sollen in der Regel die „geldwerten Vorteile" sein, die der Musiknutzer durch die Verwertung geschützter Werke erzielt (so z.B. § 13 Abs. 3 deutsches Urheberrechtswahrnehmungsgesetz). Darin spiegelt sich der durch eine umfassende Rechtsprechung in einer Reihe europäischer Länder gefestigte urheberrechtliche Grundgedanke wider, wonach der Urheber angemessen am wirtschaftlichen Nutzen seiner Werke zu beteiligen ist.

Maßstab für diesen wirtschaftlichen Nutzen soll der wirtschaftliche Erfolg des Verwerters, seine aus der Nutzung des Urheberrechts hervorgegangene Vermögensvermehrung sein, soweit dieser wirtschaftliche Erfolg im Zusammenhang mit der Nutzung steht. Das bedeutet, daß bei der Tarifgestaltung der Umsatz des Verwerters zugrundegelegt werden soll. Bei Nutzungsvorgängen, bei denen alleiniger oder hauptsächlicher Zweck die Darbietungen z.B. urheberrechtlich geschützter Musik ist, läßt sich dies ohne weiteres berechnen: so bei Konzertveranstaltungen anhand der Eintrittspreise, aber auch beim Rundfunk mittels Gebühren- und Werbeeinnahmen, in Gaststätten, Diskotheken, Oktoberfesten etc. Dort wo die geldwerten Vorteile mangels unmittelbarer Einnahmequellen nicht oder nur schwer zu kalkulieren sind, wie z.B. bei der Background-Musik in Supermärkten, Boutiquen, Ladenpassagen etc. können auch andere Berechnungsgrundlagen herangezogen werden (so z.B. § 13 Abs. 3 Satz 2 Urheberrechtswahrnehmungsgesetz). Dies sind in der Regel pauschalierte Tarife, die sich an Raumkapazitäten, Zweck und Dauer der Veranstaltung etc. orientieren[7].

---

7 Vgl. *Reinhold Kreile/Jürgen Becker,* Verwertungsgesellschaften, in: Handbuch der Musikwirtschaft, 1992, S. 13 (im Sonderdruck).

Die „geldwerten Vorteile“, die Rundfunk und Fernsehen durch die Verwertung bzw. Nutzung musikalischer Werke erzielen, sind die Einnahmen des Rundfunks. Solche Einnahmen sind zum einen die Werbeeinnahmen und zwar einschließlich Sponsoring, Bartering und ähnlicher Werbeformen insbesondere der privaten Sender, die sich allein hieraus finanzieren müssen, wogegen sich die öffentlich-rechtlichen Sender nur zum Teil aus Werbeeinnahmen finanzieren.

Die zweite Finanzierungsquelle sind die Rundfunkgebühren, die den öffentlich-rechtlichen Sendern für die Gestaltung ihrer Programme in nicht unbeträchtlicher Höhe zur Verfügung gestellt werden (die ARD-Rundfunk- und Fernseanstalten verfügten im Jahre 1992 über insgesamt DM 5,96 Mrd. Gebühreneinnahmen, das ZDF für sein Fernsehprogramm im gleichen Zeitraum über DM 1,35 Mrd.).

Rundfunk- und Fernsehsender befolgen den urheberrechtlichen Grundsatz, wonach der Urheber angemessen am wirtschaftlichen Nutzen seiner Werke zu beteiligen ist dadurch, daß sie die Urheber prozentual an ihren Einnahmen aus Werbung und Gebühren beteiligen. Das Prinzip hat sich in den letzten Jahrzehnten international durchgesetzt und bewährt; die wertmäßige Ausgestaltung jedoch dieses Prinzips der Beteiligung, nämlich die Angemessenheit der Beteiligung, bedarf noch überall der Verbesserung.

Zur Abgeltung von Vergütungsansprüchen für die Nutzung musikalischer Werke stellen deshalb die Verwertungsgesellschaften Tarife auf, aus denen hervorgeht, in welcher prozentualen Höhe die Urheber an den jeweiligen Einnahmen zu beteiligen sind. Grundsätzlich empfiehlt es sich, von den Bruttoeinnahmen auszugehen, da eine andere Berechnungsgrundlage schwerer zu praktizieren ist. Eine nettobezogene Berechnung birgt die Gefahr der Manipulation der Kosten der Akquisition. Bei der nettobezogenen Berechnung muß sich aber die Verwertungsgesellschaft vertragliche Kontrollrechte einräumen lassen, und die Sender müssen davon ausgehen, daß von diesem Kontrollrecht auch Gebrauch gemacht wird.

Die GEMA z.B. hat solche Kontrollrechte vertraglich vereinbart und praktiziert eine nettobezogene Berechnung der prozentualen Beteiligung der Urheber an den Werbeeinnahmen der Sender. Dabei sind folgende Abzüge zulässig: Aufwendungen für (Werbe-) Agenturen (bis maximal 15 v.H.), Rabatte sowie Skonti des Senders an Werbekunden. In der Praxis belaufen sich diese Abzüge auf 25 bis 35 v.H.

In Ausnahmefällen kann es aber auch zweckmäßig sein, den Tarif nicht an den Einnahmen des Senders, sondern an der Anzahl der Empfangsgeräte zu bemessen, die das jeweilige Programm eines Senders empfangen können. Ein solcher „Stücktarif“ löst sich dann von der wirtschaftlichen Betrachtungsweise des Prozenttarifs und erhält eher den Charakter einer Mindestvergütung.

Als Alternative zum Prozenttarif kommt schließlich die Vereinbarung eines Pauschalbetrages mit einem Sender in Betracht, wenn eine prozentuale Beteiligung an den Einnahmen aus bestimmten Gründen nicht – oder noch nicht – durchsetzbar ist. So z.B., wenn der tarifliche Prozentsatz der Höhe nach streitig ist und der Rechtsweg droht. Dann können mit einer Pauschale eventuell langjährige Prozesse vermieden und der Nutzer zur Zahlung bewegt werden.

Pauschalen sind jedoch mit Risiken behaftet; einmal fällt es schwer, sich wieder von ihnen zu lösen, zum anderen erschweren sie die Möglichkeit der Teilnahme an der aktuellen Marktentwicklung, insbesondere dann, wenn sie einmal als angemessene Vergütung akzeptiert wurden. Pauschalen verführen zu „schnellem Geld", sie eröffnen jedoch gleichzeitig das Risiko, daß längerfristig nicht die dem Gesetzgeber vorschwebende „angemessene Vergütung" erreicht wird.

2. Angemessene Bedingungen

Kernfrage für jede Verwertungsgesellschaft ist jedoch, welche prozentuale Höhe der Beteiligung ihrer Urheber an den Einnahmen des Senders sie ansetzen bzw. fordern kann. Dazu gilt folgendes:

Jede Verwertungsgesellschaft, soweit sie eine gesetzliche oder faktische Monopolstellung hat, ist in der Regel verpflichtet, aufgrund der von ihr wahrgenommenen Rechte jedermann, d.h. jedem Sender, auf Verlangen zu *angemessenen Bedingungen* Nutzungsrechte einzuräumen. Der Begriff „angemessene Bedingungen" ist eine Generalklausel und deshalb interpretationsfähig. Eine Bedingung ist aber dann „angemessen", wenn Leistung und Gegenleistung in einem ausgewogenen Verhältnis stehen. Ob und wann dies der Fall ist, unterliegt in Deutschland und in den meisten anderen EG-Staaten Europas, aber auch in den USA und Kanada der gerichtlichen Überprüfung. Auch wenn eine Verwertungsgesellschaft das Recht hat, Tarife aufzustellen, auf deren Grundlage die fällige Vergütung für die Nutzung der von ihr wahrgenommenen Rechte und Ansprüche berechnet werden kann, ist sie jedoch gut beraten, keine „Mondtarife" aufzustellen, sondern mit der Nutzerseite, hier also den Sendern, einen Tarif auszuhandeln, dessen Angemessenheit dann von beiden Seiten anerkannt wird. Käme z.B. in Deutschland zwischen der GEMA und den Sendern keine Einigung zustande, so müßte die angemessene Vergütung auf dem dafür vorgesehenen Rechtsweg bestimmt werden. Dies ist ein langer, mühsamer Weg, der für die Urheber wie für die Nutzer mit Risiken behaftet ist, auch wenn er zum Schluß den Rechtsfrieden zwischen beiden Parteien wieder herstellt.

Zur Frage, welcher prozentuale Beteiligungssatz bei der Nutzung von musikalischen Werken angemessen ist, haben sowohl die Schiedsstelle beim Deutschen Patentamt als auch das Schweizerische Bundesgericht Stellung genommen. Beide gehen davon aus, daß die Urheberrechtsentschädigung maximal 10 v.H. der Bruttoeinnahmen betragen darf. Nach

Auffassung des Schweizerischen Bundesgerichts hat sich diese zehnprozentige Entschädigung als „praktikabler Grenzwert herausgebildet und wird sowohl national als auch international als gemeinhin anerkannte Usance befolgt." Das Schweizerische Bundesgericht bewertet diese zehnprozentige Urheberrechtsentschädigung als einzigen, allgemein akzeptierten Anhaltspunkt für die Bemessung von Urheberrechtsentschädigungen z.B. im Kabelbetrieb[8].

Die Schiedsstelle beim Deutschen Patentamt legt ihrer Spruchpraxis ebenfalls den zehnprozentigen Beteiligungssatz für alle Urheber unter Hinweis auf die schweizerische aber auch die österreichische Praxis zugrunde[9].

Dieser Beteiligungssatz von 10 v.H. gilt jedoch für alle Urheberrechtsbereiche. Demgemäß sind diese 10 v.H. auf die Werke der Urheber musikalischer, literarischer, graphischer u.ä. Werke aufzuteilen.

Vor dem Hintergrund der Praxis und Rechtsprechung hat der schweizerische Gesetzgeber im neuen Urheberrechtsgesetz vom 9. Oktober 1992 den Grundsatz der Angemessenheit in eine Gesetzesform gegossen. Die einschlägige Norm im neuen schweizerischen Urheberrechtsgesetz lautet:

„*Art. 60* Grundsatz der Angemessenheit

1 Bei der Festlegung der Entschädigung sind zu berücksichtigen:

a. der aus der Nutzung des Werks, der Darbietung, des Ton- oder Tonbildträgers oder der Sendung erzielte Ertrag oder hilfsweise der mit der Nutzung verbundene Aufwand;

b. Die Art und Anzahl der genutzten Werke, Darbietungen, Ton- oder Tonbildträger oder Sendungen;

c. das Verhältnis geschützter zu ungeschützten Werken, Darbietungen, Ton- oder Tonbildträger oder Sendungen zu anderen Leistungen.

2 Die Entschädigung beträgt in der Regel höchstens zehn Prozent des Nutzungsertrags oder -aufwands für die Urheberrechte und höchstens drei Prozent für die verwandten Schutzrechte; sie ist jedoch so festzusetzen, daß die Berechtigten bei einer wirtschaftlichen Verwaltung ein angemessenes Entgelt erhalten.

3 Die Werkverwendungen nach Artikel 19 Absatz 1 Buchstabe b sind tariflich zu begünstigen."

Unter die Begünstigung fällt „jede Werkverwendung der Lehrperson für den Unterricht in der Klasse" (Art. 19 Abs. 1b).

---

8 Vgl. Urteil des Schweizerischen Bundesgerichts vom 7. März 1986, in: Eidgenössische Schiedskommission für die Verwertung von Urheberrechten, Entscheide und Gutachten 1981–1990, S. 183 (191).

9 Vgl. Sch-Urh 1/86, in: ZUM 1987, S. 183.

3. Der Prozenttarif im einzelnen

Auf der Basis von Vorarbeiten ihrer Kommission „Rundfunk und Fernsehen" hat das Exekutivbüro der CISAC im Januar 1992 eine Empfehlung für einen Prozenttarif ausgesprochen. In ihrem Beschlußpapier (BE 92/209) legt die CISAC den in ihr vereinigten Verwertungsgesellschaften zwei Alternativen für Vergütungen im Fernsehen vor. Entweder ein variabler Tarif je nach Umfang der Verwertung des Repertoires der vertragsschließenden Verwertungsgesellschaft, oder ein einheitlicher Tarif, der sich aber an Art oder Typ des Fernsehsenders orientiert:

1. Das „variable Tarifsystem", das sich stufenlos an der Nutzung des Repertoires orientiert, geht von einem Maximaltarif aus für den Fall, daß während der gesamten Programmzeit geschützes Repertoire verwendet wird. Der Tarif wird pro rata temporis entsprechend reduziert, wenn die effektive Nutzungsdauer der Repertoires weniger als 100 v.H. beträgt.

   Wenn z.B. der Tarif für eine 100prozentige Nutzung der genannten Repertoires bei 10 v.H. liegt, reduziert er sich bei einer 50prozentigen Nutzung auf 5 v.H. und bei einer Nutzung von 20 v.H. auf 2 v.H.

2. Das „Gruppensystem" berücksichtigt dagegen den Anteil des geschützten Repertoires im Gesamtprogramm durch die grundsätzliche einmalige Zuordnung eines Programmtyps (z.B. Musik-, Sport- oder Nachrichtenprogramm) in drei Tarifgruppen:

   Liegt z.B. der normale Tarif für ein Fernsehvollprogramm mit einem Musikanteil von 30 v.H. bei 3 v.H., so kann für Spartenprogramme mit übermäßig viel Musikrepertoire ein höherer Beteiligungssatz z.B. von 5 oder 6 v.H. vorgesehen werden, während umgekehrt bei Nachrichtenprogrammen mit sehr wenig Musikinhalt sich der Prozentsatz z.B. auf 1 v.H. verringert.

Welcher Prozentsatz für das Fernsehen in einem bestimmten Land jedoch wirklich angewandt und durchgesetzt werden kann, richtet sich letztendlich ganz entscheidend danach, was in Vergleichsmärkten z.B. in den Nachbarländern üblich ist und sich durchgesetzt hat.

4. Tarif- und Inkassovergleich

Die CISAC hat sich mit einem zuverlässigen Tarifvergleich bisher schwergetan. Trotz aller Sorgfalt, mit der die bisherigen vergleichenden Tarifinformationen zusammengestellt wurden, litten sie unter der Unvollständigkeit der von den einzelnen Verwertungsgesellschaften auf Anfrage erteilten Informationen. Als besonders hinderlich für einen Tarifvergleich hat sich die Tatsache erwiesen, daß in den einzelnen Ländern mit den jeweiligen Vergütungen teilweise völlig unterschiedliche Werkerepertoires abgegolten werden.

So vergibt z.B. die französische SACEM die dramatischen, literarischen und die Kleinen Musikrechte gemeinsam in einem einheitlichen Tarif, während die meisten anderen europäischen Verwertungsgesellschaften die Rechtevergabe auf die sog. Kleinen Musikrechte (d.h. vereinfacht gesagt, auf die Werke, die nicht für die Bühne geschrieben wurden) beschränken.

Als ebenfalls hinderlich für einen Tarifvergleich hat sich auch erwiesen, daß einige Gesellschaften mit Rundfunk- und Fernsehanstalten bzw. privaten Sendern Pauschalbeträge vereinbart haben, die, wie z.B. in Holland, die Rechte zusammen für Hörfunk und Fernsehen abgelten. Schließlich wird der formelle Tarifvergleich auch durch den Umstand erschwert, daß es Gesellschaften gibt, wie z.B. die GEMA und die österreichische AKM, die ihre Vergütungen auf der Grundlage unterschiedlich hoher Beteiligungen an Rundfunkgebühren einerseits und Werbeeinnahmen andererseits einnehmen. Es ist deshalb nicht verwunderlich, daß die bisherigen Tarifangaben für die Vergabe der sog. Kleinen Musikrechte im Fernsehen eine ziemlich große Bandbreite aufweisen.

Wenn jedoch eine Verwertungsgesellschaft, z.B. eine aus den mittel-, ost- und südosteuropäischen Ländern, sich Gedanken über Konzeption und Durchsetzung eines neuen Fernsehtarifes in ihrem Lande macht, benötigt sie als Entscheidungshilfe genaue Daten über die wirkliche Höhe der gezahlten Lizenzeinnahmen in vergleichbaren Ländern. Aber nicht nur diese, sondern auch die westeuropäischen Verwertungsgesellschaften sind auf einen genauen Vergleich angewiesen: einmal in ihren Bemühungen zu einer europäischen Tarifharmonisierung auf höchstem Niveau, zum anderen auch, um bei Streitigkeiten mit den Fernsehsendern über die Angemessenheit eines Tarifs gut gerüstet zu sein. Die Erfahrung zeigt, daß Schiedsgerichte und ordentliche Gerichte ihren Entscheidungen mehr und mehr einen europäischen Tarifvergleich zugrundelegen, was, wie der französische Diskothekenfall zeigt, zu Ertragsreduzierungen der Urheber führen kann; andererseits kann aber die konsequente Herbeiführung obergerichtlicher Entscheidungen auch die Rechtsposition der Urheber stärken, wofür die gerichtliche Auseinandersetzung zwischen der GEMA und der Deutschen Landesgruppe der IFPI beispielhaft ist, auch deswegen, weil sie den Rechtsfrieden gebracht hat und seither eine gute Zusammenarbeit zwischen den Musikrechtsinhabern und den Musikverbrauchern fördert; beide Seiten haben das Prinzip des „do ut des" begriffen.

Um einem Vergleich der für die Fernsehlizenzen bei Kleinen musikalischen Rechten eingenommenen Vergütungen näherzukommen, haben die deutsche GEMA, die niederländische BUMA und die belgische SABAM im vergangenen Jahr anhand von Ertragslisten Klarheit für die Inkassosituation der einzelnen Verwertungsgesellschaften geschaffen. Die von diesen Gesellschaften erstellte Studie wurde sodann auf die französische SACEM, die österreichische AKM und die schweizerische SUISA ausgedehnt, so daß wir nunmehr für sechs bedeutende europäische Fernsehländer über einen aufschlußreichen Vergleich verfügen.

Im Mittelpunkt des Tarifvergleichs stand das öffentlich-rechtliche Fernsehen. Hierzu wurden den Gesellschaften die folgenden Fragen gestellt:

1. Welche *Gebühreneinnahmen* haben alle öffentlich-rechtlichen Fernsehsender in Ihrem Lande zusammen 1991 gehabt?

   Welcher Vergütungsbetrag wurde aus diesen Gebühren an die Urheber des Kleinen musikalischen Rechts abgeführt?

   Und welche prozentuale Beteiligung errechnet sich hieraus?
2. Welche *Werbeeinnahmen* haben die Fernsehsender zusammen erzielt, welchen Vergütungsbetrag hieraus haben sie an die Urheber insgesamt abgeführt und welche prozentuale Beteiligung ergibt sich hieraus?
3. Wie hoch sind die *Gesamteinnahmen* der Fernsehsender im Vergleich zu den Gesamtvergütungsbeträgen an die Urheber und der daraus resultierende gemischte Beteiligungssatz?

Die Antworten zu diesen Fragen wurden in einer tabellarischen Übersicht zusammengefaßt:

Internationaler Tarifvergleich

Öffentlich-rechtliches Fernsehen

Prozentuale Beteiligung 1991

		Einnahmen der TV-Anstalten (netto) in DM	Vergütung an Urheber[1] in DM	Prozentuale Beteiligung der Urheber[1]
		1	2	3
AKM/ AUSTRO MECH.	Gebühren	358 082 263,27	11 816 714,55	3,30%
	Werbung	314 655 764,61	9 030 620,28	2,87%
	Gesamt	672 738 027,88	20 847 334,83	3,10%
BUMA/ STEMRA	Gebühren	480 434 269,12		
	Werbung	236 670 633,50		
	Gesamt	717 104 902,62	12 570 330,60	1,75%
GEMA	Gebühren[2]	2 484 232 125,00	16 995 725,00	0,68%
	Werbung[2]	747 730 173,33	35 891 048,32	4,80%
	Gesamt[3]	5 000 932 298,33	79 486 773,32	1,59%
SABAM	Gebühren	488 071 292,74	6 691 423,75	1,37%
	Werbung	57 173 598,42	2 286 943,79	4,00%
	Gesamt	545 244 891,16	8 978 367,54	1,65%
SACEM/ SDRM	Gebühren	1 691 740 517,00	49 357 356,00	2,92%
	Werbung	603 279 819,00	16 255 553,00	2,69%
	Gesamt	2 295 020 336,00	65 612 909,00	2,86%
SUISA	Gebühren	625 446 914,90	7 724 269,00	1,23%
	Werbung	226 074 000,00	6 197 095,27	2,74%
	Gesamt	851 520 914,90	13 921 364,27	1,63%

1 nur kleine musikalische Rechte
2 nur ARD
3 ARD und ZDF

Der Vergleich der sechs genannten Gesellschaften und ihres Inkassos beim öffentlich-rechtlichen Fernsehen ergibt folgendes:

1. Die Endergebnisse, also die prozentuale Gesamtbeteiligung der Urheber im öffentlich-rechtlichen Fernsehen liegen erstaunlich nahe beieinander.

   GEMA, SABAM und SUISA liegen bei 1,59 v.H., 1,65 v.H. bzw. 1,63 v.H. und bilden damit eine untere Achse im Tarifgefüge.

   BUMA liegt mit 1,75 v.H. Beteiligung etwas darüber.

   AKM und SACEM liegen mit Gesamtbeteiligungssätzen von 3,1 v.H. und 2,86 v.H. an der Obergrenze des Vergleichsmodells.

   Der arithmetische Durchschnitt aller Beteiligungssätze in den sechs Ländern liegt – wenn man einmal das Verbot der Durchschnittsbildung von Prozentzahlen außer acht läßt – bei 2,10 v.H. Gesamtbeteiligung an den Einnahmen des öffentlich-rechtlichen Fernsehens.

2. Die Tabelle zeigt in Spalte 1, daß in jedem der untersuchten Länder die Gebühreneinnahmen der Fernsehsender höher sind, als deren Werbeeinnahmen. Teilweise sind sie zwei- bis dreimal so hoch. Dieser Umstand ist für die richtige Wahl des tarifären Ansatzpunktes natürlich von großer Bedeutung.

3. Betrachtet man im Bereich der Gebühren (das ist bei jeder Gesellschaft die erste Zeile) die prozentuale Beteiligung der Urheber (Spalte 3), so ergibt sich ein fiktiver arithmetischer Durchschnitt für alle Gesellschaften von 1,88 v.H.

   Die AKM und die SACEM liegen mit 3,3 v.H. und 2,92 v.H. deutlich über dem Durchschnitt.

   Zudem sind dies die beiden einzigen Gesellschaften, bei denen die Beteiligungsquote im Gebührenbereich höher liegt als im Werbebereich.

   SABAM und SUISA liegen bei den Gebühren mit 1,37 v.H. und 1,23 v.H. unter dem Durchschnitt. Bei der GEMA ist augenfällig, daß sie mit gegenwärtig 0,68 v.H. Beteiligung einen Nachholbedarf im Bereich Gebühren hat.

   Bei der BUMA läßt sich ein Gebührenbeteiligungssatz nicht errechnen, da die BUMA nur eine einheitlich gemischte Vergütung von der Fernsehanstalt NOS erhält.

4. Betrachtet man nur den Bereich der Werbeeinnahmen (jeweils Zeile 2) so ergibt der arithmetische Durchschnitt der sechs Gesellschaften einen Beteiligungssatz von 3,14 v.H.

   Die bei weitem höchsten Sätze beim Werbefernsehen wenden GEMA mit 4,8 v.H. und SABAM mit 4,0 v.H. an. Mit 2,87 v.H., 2,74 v.H. und 2,69 v.H. liegen AKM, SUISA und SACEM im mittleren Bereich, während indirekt die BUMA mit ihrem Mischsatz von 1,75 v.H. deutlich unter dem Durchschnitt liegt.

5. Aufgrund der in jedem Land unterschiedlich hohen Beträge der Einnahmen der Fernsehanstalten ergibt sich aus dem Zahlenmaterial – ungeachtet des geschilderten Vergleichs der prozentualen Beteiligung – (Spalte 3) folgende weitere interessante Beobachtung:

   Die sehr unterschiedlichen Gewichtungen zwischen Gebühren- und Werbeeinnahmen in den einzelnen Ländern (Spalte 1) und die abweichenden Tarifansätze der Urhebergesellschaften (Spalte 3) führen zu erstaunlichen Unterschieden auf der Ertragsseite (Spalte 2). Einige Urhebergesellschaften erhalten – in DM betrachtet – aus Gebühren und Werbung annähernd gleich hohe Vergütungsbeträge, so die AKM, während andere Gesellschaften, wie die GEMA, aus der Werbung doppelt so hohe Vergütungen erzielen wie aus den Gebühren und wieder andere Gesellschaften, wie die SACEM, erhalten – genau umgekehrt – aus dem Gebührenbereich dreimal so viel Einnahmen wie aus dem Werbefernsehen.

   Diese hier aufgezeigten unterschiedlichen Entwicklungsmöglichkeiten veranschaulichen, welche bedeutende Rolle der richtigen Wahl des tarifären Ansatzpunktes aufgrund der jeweiligen medienpolitischen Situation in den einzelnen Ländern zukommt.

V. Schlußfolgerungen für ein optimales Inkassoergebnis

Der internationale Tarifvergleich für das öffentlich-rechtliche Fernsehen läßt für die Frage der Tarifstruktur folgende Schlußfolgerungen zu:

Der Schwerpunkt des Tarifs sollte dort liegen, wo sich der vom Finanzvolumen her größere „Verteilungskuchen" befindet. Erfahrungsgemäß, und das unterstreicht die Analyse, speisen die öffentlich-rechtlichen Fernsehsender den größeren Teil ihres Budgets aus Rundfunkgebühren. Dies gilt auch für den öffentlich-rechtlichen Hörfunk. Der Vorteil einer prozentualen Beteiligung der Urheber an den Gebühren liegt darin, daß diese stabil sind, weshalb sich die Vergütungen unschwer prognostizieren lassen. Ein Nachteil liegt darin, daß sich Gebühren nicht in dem Maße, wie z.B. Werbeeinnahmen, frei entwickeln können.

International gesehen ist die Beteiligung an den Werbeeinnahmen der öffentlich-rechtlichen Fernsehsender meist geringer, so daß naturgemäß bei der Entwicklung eines Tarifs für das öffentlich-rechtliche Fernsehen der Beteiligung an den Werbeeinnahmen eine zwar wichtige aber nachgeordnete Rolle zukommt. Zwar haben die Werbeeinnahmen den Vorteil der flexiblen Entwicklung, im Vergleich zu den Gebühren unterliegen sie jedoch Schwankungen, was für die Beteiligung der Urheber stets ein Risiko darstellt.

Die GEMA hat in den letzten Jahren beim öffentlich-rechtlichen Fernsehen in Deutschland folgende Erfahrung gemacht:

Durch die Abwanderung der Werbekundschaft vom öffentlich-rechtlichen Fernsehen der ARD zu den privaten Fernsehsendern RTLplus,

SAT 1 u.a. hat die ARD innerhalb eines Jahres im Werbefernsehen ca. DM 270 Mio. (netto) weniger umgesetzt und deshalb DM 13 Mio. weniger als im Vorjahr an die GEMA als Vergütung entrichtet. Glücklicherweise konnten diese Verluste durch entsprechende Zuwächse im Bereich des privaten Fernsehens aufgefangen werden.

Alle angesprochenen Gesichtspunkte müssen bei den Verhandlungen mit dem Fernsehen in die Überlegungen der Verwertungsgesellschaften einfließen, um je nach medienpolitischem Umfeld und gesetzlichem Rahmen in dem jeweiligen Land zu einer optimalen Beteiligung der Urheber zu gelangen. Vor dem Hintergrund des europäischen Integrationsprozesses, der einen Tarifvergleich bedingt, wird die deutsche musikalische Verwertungsgesellschaft deutlich machen, daß in Deutschland die Angemessenheit der Vergütungen für die Benutzung der Musik im Rundfunk noch nicht erreicht ist.

III.

Die Deutsche Wiedervereinigung

Theo Waigel

Aktuelle und längerfristige Fragen der Finanzpolitik

In der Finanzpolitik bündelt sich ein großer Teil der zentralen ökonomischen und gesellschaftlichen Fragen unserer Zeit. Es gibt nur wenige wichtige Bereiche, in denen die Finanzpolitik nicht gefordert ist. Im Kern geht es immer wieder um die Zuordnung knapper volkswirtschaftlicher Ressourcen, um Prioritäten im Spannungsfeld gesellschaftlicher und individueller Ziele und damit um finanzpolitische Aufgaben.

Finanzpolitik steht im Mittelpunkt politischer Koordinierung – und sie muß zugleich selbst initiativ sein. Sie kann ihrer ordnenden Funktion nur gerecht werden, wenn sie selbst gestaltende Vorschläge entwickelt. Ihre Bedeutung reicht deshalb längst über den ursprünglichen Bereich des Verwaltens von öffentlichen Ausgaben und Einnahmen hinaus.

Diese grundsätzlichen Erkenntnisse haben sich gerade vor dem Hintergrund der jüngsten zeitgeschichtlichen Ereignisse in Deutschland und Europa erneut und für jedermann sichtbar als richtig erwiesen. Die Finanzpolitik war ein mitentscheidender Faktor bei der Wiederherstellung der Deutschen Einheit und der Weiterentwicklung der europäischen Integration.

Am Anfang der Deutschen Einheit stand der nicht mehr zu bändigende Wunsch und starke Wille der Menschen, die Jahrzehnte andauernde Unterdrückung abzuschütteln und endlich das eigene Lebensschicksal wieder selbst in die Hand zu nehmen. Aber vom politischen Aufbruch Ende 1989 bis zur Verwirklichung der Deutschen Einheit am 3. Oktober 1990 und darüber hinaus bis zum endgültigen Zusammenwachsen der beiden Teile Deutschlands war und bleibt der Weg lang und steinig. Vieles hat die Finanzpolitik gestalten und flankieren müssen. Sie stand und steht deshalb im Mittelpunkt des öffentlichen Interesses. Mit Sicherheit werden aber noch einige Jahre, wenn nicht Jahrzehnte vergehen, bis die Zusammenhänge und Entscheidungen seit 1989 mit der notwendigen Distanz objektiv bewertet und eingeordnet werden können.

Wer sich schon heute der Mühe unterzieht, eine solche – notwendigerweise noch vorläufige – Bewertung vorzunehmen, muß vor allem eines berücksichtigen: Das Zeitalter der Machbarkeitsträume ist vorbei!

Die Machthaber in der früheren DDR sind trotz jahrzehntelanger Bemühungen an der selbstgesteckten Aufgabe gescheitert, wirtschaftliche Vorgänge nach ihren Vorstellungen zu ordnen und von oben zu lenken. Aber auch in dem seit Kriegsende freien, westlichen Teil Deutschlands haben wirtschafts- und finanzpolitische Konzeptionen Schiffbruch erlitten, die vom Grundgedanken ausgingen, durch globale Rahmensetzung ließe sich der Wirtschaftsverlauf weitgehend vorherbestimmen und gegen Störungen und Einflüsse von außen im wesentlichen abschirmen.

Wenn schon in „normalen Zeiten" Planbarkeit und Vorhersehbarkeit quasi naturgesetzlich stark eingeschränkt sind, so muß das im besonderen für die Gestaltung der wirtschafts- und finanzpolitischen Wiedervereinigungsaufgaben gelten. Tatsächlich war seit 1989 fast nichts voraussehbar und deshalb auch nur wenig planbar und deterministisch gestaltbar.

Trotz ihrer zentralen Aufgabenstellung und wesentlicher von ihr ausgehender Initiativen – etwa bei der Schaffung der deutschen Wirtschafts- und Währungsunion oder bei den Verhandlungen mit der früheren Sowjetunion – mußte die Finanzpolitik Determinanten anerkennen, die anderenorts gesetzt wurden.

Bei der Aufzählung dieser Bestimmungsfaktoren steht an erster Stelle die politische Priorität, die Wiedervereinigung so rasch wie möglich zu vollziehen und die historisch einmalige Chance wirksam zu nutzen. Die Alternative eines langsamen, möglicherweise kostengünstigeren Wiedervereinigungsprozesses bestand in Wahrheit nicht. Alles, was 1990 und danach über einen schrittweisen Anpassungsprozeß und eine allmähliche Angleichung der Wirtschafts- und Sozialverhältnisse in Ost und West geschrieben wurde, mag theoretisch wohl fundiert sein. Mit der historischen Situation der Jahre 1989 und 1990 hat es jedoch nichts zu tun. Denn nach dem Fall von Mauer und Stacheldraht war es weder möglich, noch in irgendeiner Weise vertretbar, Ost und West erneut – diesmal aus wirtschafts-, währungs- oder sozialpolitischen Gründen – gegeneinander abzuschotten.

Die Finanzpolitik konnte auch nicht bestimmen, zu welchen Bedingungen das ostdeutsche Wirtschafts- und Sozialsystem übernommen werden sollte. Die über lange Jahre von der sozialistischen Propaganda überdeckte, katastrophale Situation der ostdeutschen Volkswirtschaft im Jahre 1989 mußte als Erblast – unabhängig von ihrer immer noch nicht endgültig feststehenden Höhe – übernommen werden.

Tatsächlich wußte bis weit in das Jahr 1990 hinein niemand, wie die Schlußbilanz der früheren DDR aussehen würde. Zwar haben wir nicht den Daten des früheren Ministerpräsidenten *Modrow* und seiner Kabinettskollegin *Luft* geglaubt, die das Volksvermögen der DDR noch auf 1,5 Billionen Mark bezifferten. Aber auch seriöse Stimmen, wie die des zum Beispiel später ermordeten, früheren Präsidenten der Treuhandanstalt *Detlev Karsten Rohwedder*, gingen 1990 noch von einem positiven Betrag von 500 Milliarden DM für das gesamte Wirtschaftsvermögen aus. Stünde dieser Betrag tatsächlich zur Verfügung, wäre die Finanzierung der Einheit nach dem Stand der heutigen Rechnung praktisch ohne eine Erhöhung der Staatsverschuldung möglich gewesen.

Außerhalb des Einflusses der Finanzpolitik war auch die Entwicklung bei Löhnen und Gehältern im Beitrittsgebiet. Die rasche Tarifangleichung zwischen Ost und West, die heute in vielen Bereichen bereits 80 v.H. erreicht hat, führte zwangsläufig zu einem hohen konsumtiven Anteil bei den für den Wiederaufbau im Osten notwendigen, staatlichen Transfers. Denn der große Abstand zwischen Lohnkosten und Produktivität in den jungen Ländern mußte zwangsläufig – über die Kosten der Arbeitslosigkeit oder über Subventionen – von staatlichen Stellen getragen werden. Im Ergebnis wurde so – über die Beeinträchtigung der Finanzierung dringend notwendiger Investitionen – die Schaffung neuer Arbeitsplätze verzögert.

Die dritte vorgegebene Determinante bei der Finanzierung der Wiedervereinigung war schließlich der Zusammenbruch des osteuropäischen Wirtschaftsraumes und der dort ursprünglich vorhandenen Handelsbeziehungen. Hatte man am Anfang des Wiedervereinigungsprozesses noch darauf gesetzt, gerade von Ostdeutschland aus stärkere ökonomische Verknüpfungen mit der östlichen Hälfte unseres Kontinents zu erreichen, erwies sich das bald als Illusion. Der politische und ökonomische Umbruch ließ die Wirtschaftsleistung in den osteuropäischen Staaten im Durchschnitt um rund 25 v.H. zurückgehen. Die planwirtschaftlichen Handelsströme brachen weitgehend zusammen, marktwirtschaftliche Austauschbeziehungen wachsen erst ganz allmählich heran. Darunter mußte vor allem die ostdeutsche Investitionsgüterindustrie besonders leiden, die über Jahrzehnte hinweg der Maschinenlieferant für den Ostblock war. Ein großer Teil des Verlustes industrieller Kapazitäten der letzten drei Jahre ist auf diese Entwicklung – und nicht etwa auf die Privatisierungspolitik der Treuhandanstalt – zurückzuführen.

Auch drei Jahre nach der Wiedervereinigung am 3. Oktober 1990 läßt sich das ganze Ausmaß der Finanzierungsaufgaben noch nicht abschließend abschätzen. Sicher ist aber: Mindestens für den Zeitraum der 90er Jahre muß mit jährlichen Finanztransfers von rund 5 v.H. des westdeutschen Bruttosozialprodukts gerechnet werden. Darüber hinaus ist eine zusätzliche Schuldenlast des Staatssektors von mindestens 500 Milliarden DM zu bewältigen, die unmittelbar oder mittelbar im Zusammenhang mit der Wiedervereinigung entstanden ist. Das sind Größenordnungen, wie sie die Finanzpolitik außerhalb von Kriegszeiten wohl noch nie zu bewältigen hatte.

Grundsätzlich lassen sich die zusätzlichen, gewaltigen staatlichen Finanzierungsaufgaben entweder über eine dauerhafte Erhöhung der Staatsausgabenquote oder über eine deutliche Einschränkung der bisherigen Staatstätigkeit decken. Im ersten Fall ist darüber hinaus noch zwischen den Finanzierungsalternativen Steuererhöhung oder dauerhaft höhere Kreditaufnahme zu differenzieren.

Nach den klassischen finanzpolitischen Empfehlungen käme die Kreditfinanzierungsalternative in Frage, wenn es sich um eine nur vorübergehende kürzerfristige Zusatzaufgabe handelte. Davon kann jedoch keine Rede sein. Eine längerfristige Steigerung der Kreditaufnahme in der Größenordnung, die zur Finanzierung der Einheit ausreichte, würde dem privaten Sektor für lange Zeit Investitionskapital entziehen, die Staatshaushalte progressiv mit Zinszahlungen belasten und vor allem die Stabilitätsglaubwürdigkeit Deutschlands unterhöhlen.

Um die Kreditaufnahme nicht unbegrenzt in die Höhe schießen zu lassen, waren Steuererhöhungen bei der Finanzierung der Einheit unvermeidbar. Ein Anstieg der Steuerquote mußte für einige Jahre hingenommen werden, weil sonst die Kreditmärkte einen zu großen Teil der Finanzierungslasten hätten übernehmen müssen.

Grundsätzlich ändert die Finanzierung der Deutschen Einheit jedoch nichts an der gesamtwirtschaftlichen Problematik einer zu drastisch ansteigenden Steuer- und Abgabenbelastung der Bürger und der Betriebe. Deshalb stand seit 1990 an vorderster Stelle immer die Frage nach der Begrenzung der staatlichen Aufgaben und Ausgaben – nicht nur beim Bund, sondern auch bei Ländern, Gemeinden und Sozialversicherungsträgern.

Dabei geht es um weit mehr als um einzelne, begrenzte Einsparaktionen oder die Sicherung des finanzpolitischen Gleichgewichts für einzelne Rechnungsjahre. Es geht um die ordnungspolitische Aufgabe, die Finanzierung der Einheit in ein wachstumswirksames Umfeld einzubetten. Denn nur über die Festigung der Wachstumsgrundlagen und die Gestaltung günstiger Investitionsvoraussetzungen läßt sich die wohl größte nationale Aufgabe der deutschen Nachkriegsgeschichte bewältigen.

Deutschland steht heute – wie schon einmal Anfang der 80er Jahre – vor gewaltigen und langfristigen Konsolidierungsaufgaben. In den 80er Jahren hat es sechs bis sieben Jahre gedauert, bis die überhöhte Staatsquote, die progressiv zugreifende Steuerlast und die erheblich ausgeweitete Kreditaufnahme wieder auf ein gesamtwirtschaftlich verträgliches Maß zurückgeführt werden konnten.

Auch damals war es mit einem einmaligen Kraftakt nicht getan. Vielmehr mußten Jahr für Jahr alle Ausgabenpositionen überprüft, jede Subvention in Frage gestellt und Steuervergünstigungen in Milliardenhöhe gestrichen werden. Der Personalbestand im öffentlichen Dienst stagnierte und ging sogar zurück. Lohnerhöhungen im öffentlichen Bereich fielen – zumindest in der Anfangsphase der Konsolidierung – oft niedriger aus als der Anstieg der Verbraucherpreise.

In den 90er Jahren muß der ordnungspolitisch begründete Konsolidierungskraftakt eher noch umfassender ausfallen. Denn das tatsächliche Ausmaß der notwendigen Umschichtungen und Einsparungen im öffentlichen Bereich wird deutlich, wenn man sich vergegenwärtigt, daß auch ohne die Wiedervereinigung die Verteilungsspielräume in Deutschland immer enger geworden wären.

Kurt Biedenkopf hat schon Anfang 1988 in einem bemerkenswerten Papier „Zu Perspektiven der Wirtschaftspolitik" auf die tendenziell geringer werdenden Wachstumsraten in den Industrieländern hingewiesen. Er forderte deshalb zu Recht eine „Wiederbelebung ordnungspolitischen Denkens, eine Begrenzung staatlicher Zuständigkeiten auf die eigentlichen staatlichen Aufgaben, die Sicherung des Wettbewerbs und die Offenheit der Märkte".

Die Konsequenzen verlangsamten Wachstums werden durch die ungünstiger werdende Alterspyramide und den zunehmenden Wunsch nach einem früheren Ruhestand – bei langen Ausbildungszeiten am Anfang des Lebensweges – noch verstärkt. Das aktive Berufsleben wird in einen immer enger werdenden Korridor eingepreßt. Damit schwindet sowohl der Spielraum für die Erfüllung zusätzlicher privater Wünsche als auch für die Bereitstellung zusätzlicher öffentlicher Dienstleistungen und Investitionen.

In immer stärkerem Umfang werden ökonomische Wachstums- und Effizienzgewinne auch durch die Befriedigung nicht materieller Bedürfnisse beansprucht. So fordern zum Beispiel die steigenden Umweltanforderungen einen großen Teil des erzielbaren Wachstumsgewinns, der dann nicht mehr für materielle Konsumbedürfnisse oder die Gewährung sozialer Leistungen zur Verfügung steht.

Hinzu kommen die Wünsche nach mehr Gesundheitsfürsorge, nach kürzerer Arbeitszeit oder aber auch nach mehr solidarischer Hilfe im internationalen Maßstab. Wenn man all dies zusammenzieht, bleibt für reale Einkommensverbesserungen auf individueller Ebene – verstanden als die Verfügungsgewalt über zusätzliche materielle Güter – ohnehin nur noch wenig Spielraum.

Würde der Staat – bei unzulänglichen Konsolidierungserfolgen – gezwungen, auf diesen verbleibenden Einkommenszuwachs dauerhaft Rückgriff zu nehmen, drohen konkrete Steuerverweigerungen, zunehmende Flucht in die Schwarzarbeit und Schattenwirtschaft oder sogar Steuerrevolten, wie sie im amerikanischen Bundesstaat Kalifornien oder in Dänemark schon im Wahlverhalten ihren Niederschlag gefunden hatten.

Wer diese konkrete Gefahr ignoriert, verkennt die Entwicklungsdeterminanten unserer modernen High-tech-Gesellschaft. Die Leistungsträger in allen Einkommensschichten brauchen auch in Zukunft den konkreten materiellen Anreiz – sonst droht der innovative Kahlschlag oder zunehmend auch die Abwanderung der Leistungsträger in andere Regionen Europas oder der übrigen Welt.

Dieser kurze Abriß zeigt: Die Finanzierung der Wiedervereinigung muß längerfristig weitgehend auf Ausgabeneinsparungen beruhen, denn sowohl der Deckungsbeitrag aus dem Bereich Steuern und Abgaben als auch derjenige aus dem Bereich der Kreditfinanzierung kann nur vorübergehend und unter Inkaufnahme bestimmter gesamtwirtschaftlicher und finanzpolitischer Nachteile beansprucht werden.

Für viele Jahre wird Deutschland von dem Begriff „Verteilungsspielraum" Abschied nehmen müssen. Auf absehbare Zeit wird es keine „Verteilungsspielräume", sondern nur noch „Umschichtungsspielräume" geben. Bei jedem neuen staatlichen Projekt müssen in anderen Bereichen gleich hohe Entlastungen erreicht werden. Es geht also um die Interessenkonfrontation. Der Kompromiß zu Lasten Dritter, der im Zweifelsfall der Steuer- und Abgabenzahler ist, hat auf der finanzpolitischen Bühne keinen Platz mehr.

In den kommenden Jahren wird die Begrenzung der Staatstätigkeit und die Konsolidierung der öffentlichen Haushalte zunehmend schwieriger werden. In wichtigen, potentiellen Einsparungsbereichen ist in den Jahren seit der Wiedervereinigung bereits abgeschmolzen worden, worauf noch vergleichsweise leicht verzichtet werden konnte. Die vorläufig letzte große Konsolidierungsrunde im Zusammenhang mit der Aufstellung des Bundeshaushalts 1994 ging schon über diesen Bereich hinaus und verlangte schmerzhaften Verzicht auch im großen Bereich der sozialen Ausgaben, die dadurch jedoch in ihrem gesamtwirtschaftlichen Gewicht nicht entscheidend geschmälert wurden.

Angesichts dieser Ausgangslage wird es in den kommenden Jahren vor allem um einen entscheidenden Effizienzsprung im Bereich der öffentlichen Aufgabenerfüllung gehen. Was auch künftig zum unverzichtbaren Kern der Staatstätigkeit gehört, muß bei rückläufiger Inanspruchnahme der gesamtwirtschaftlichen Ressourcen bewältigt werden. In Anlehnung an den privatwirtschaftlichen Begriff des „lean-management" könnte man diesen Anpassungsprozeß als „lean-administration" – also als schlanke und bewegliche Verwaltungstätigkeit bezeichnen.

Ein entscheidender Ansatzpunkt für eine solche, modernen Anforderungen gerechtwerdende Verwaltung ergibt sich durch die Einbeziehung privater Anbieter. Der Staat muß längst nicht alle Güter, für deren Bereitstellung er sorgt, auch selbst produzieren. Staatliche Infrastruktur im Bereich der Verkehrs- und Kommunikationswege, staatliche Hochbauten und Bildungsangebote können unter Vorgabe bestimmter Mindestrichtlinien und Normen durchaus von privaten Anbietern kostengünstiger und vielfach auch schneller bereitgestellt werden.

Schon heute konkurrieren Staat und Private in vielen Bereichen. So gibt es private Schulen und Hochschulen, private Verkehrsgesellschaften und private Kommunikationsnetze. Selbst Tätigkeiten im Zusammenhang mit staatlichen Vorschriften und Genehmigungserfordernissen werden schon vielfach von privaten Firmen übernommen. Beispiele hierfür sind die Kraftfahrzeugüberwachung oder die Vermessungs- und Prüftätigkeiten im Baubereich.

Eine Einschränkung der dynamisch wachsenden Personalkosten – vor allem bei Ländern und Gemeinden – wird nur möglich sein, wenn die Hierarchieebenen und die Ämter – möglichst von externen Prüfern – auf ihre Effizienz und Daseinsberechtigung grundsätzlich überprüft werden.

Die Lehren *Parkinsons* dürfen nicht vergessen werden. Auch in Deutschland werden sich Verwaltungsbereiche finden lassen, deren Aufgaben im Zeitablauf zurückgegangen sind, ohne daß die notwendige Personalanpassung stattgefunden hat. Diese Reserven aufzuspüren, ist schon deshalb notwendig, weil in anderen Bereichen der Staatstätigkeit dringend zusätzliches Personal erforderlich ist. Das gilt zum Beispiel für die Finanzämter oder den Polizeifahndungs- und Vollzugsdienst.

Es ist auch zu fragen, in welchem Umfang der Staat Güter und Dienstleistungen kostenlos oder verbilligt bereitstellen muß, die von den privaten Haushalten bei gestiegenem Wohlstand auch ohne solche Subventionierung bezahlt werden könnten. Zu nennen sind hier beispielhaft Schwimmbäder, Musik- und Malschulen, Opernhäuser und Theater und andere Einrichtungen, die zwar grundsätzlich begrüßenswert und nutzbringend sind, möglicherweise in Zukunft aber auch mit geringeren Zuschüssen auskommen müssen und können.

Die soziale Sicherung darf auch unter dem Vorzeichen umfassender Konsolidierungsnotwendigkeiten im Kern nicht in Frage gestellt werden. Aber sie muß ebenfalls ihren Beitrag dadurch leisten, daß soziale Leistungen des Staates so weit als irgend möglich auf die wirklich Bedürftigen konzentriert werden.

Bei manchen staatlichen Sozialleistungen ist die Streuwirkung noch zu groß. Bestimmte Einschränkungen wurden im Rahmen der Konsolidierungsrunde für 1994 – etwa durch die Kürzung des Kindergeldes für Besserverdienende oder die künftig nur noch einkommensabhängige Gewährung des Erziehungsgeldes – erreicht. Aber es wird zum Beispiel auf Dauer nicht hinnehmbar sein, daß viele gutverdienende Mieter hoch bezuschußte Sozialwohnungen besetzt halten und von den Ländern vielfach nur unzureichend zur Fehlbelegungsabgabe herangezogen werden. Wenn die in höhere Einkommensschichten aufgestiegenen, früheren Sozialmieter freiwillig ihre Wohnung nicht räumen, so sollten sie zumindest zur Mitfinanzierung neuer Sozialwohnungen herangezogen werden, die für die Entlastung des Wohnungsmarktes dringend benötigt werden.

Erneut wird auch die Frage zu stellen sein, in welchem Umfang und für wen staatliche Ausbildung kostenlos sein muß. Dabei ist gar nicht zu bestreiten: Ausbildung und Fortbildung dienen nicht nur dem jeweils Lernenden, sondern auch der Gesellschaft insgesamt. Bildung erhöht die innere Stabilität und die Leistungsfähigkeit der Gesellschaft und ist zugleich einer der entscheidenden Standortfaktoren in einer zunehmend von der Wissensverfügbarkeit geprägten, arbeitsteiligen Weltwirtschaft.

Ausbildung ist aber auch eine Investition in das individuelle Humankapital, die sich für den Empfänger der Bildungsmaßnahmen in der überwiegenden Zahl der Fälle ganz materiell auszahlt. Von diesem Gewinn kann die Gesellschaft zumindest einen Teil – und zwar nicht nur über künftig höhere Steuern und Abgaben – wie jeder Investor beanspruchen. Im übrigen würde eine Kostenpflichtigkeit von Ausbildung – die natürlich nicht zum Ausschluß bestimmter sozialer Schichten vom Bildungssystem führen darf – das Kostenbewußtsein und damit die Effizienz der Ausbildungsstätten deutlich steigern.

Die Fragen nach dem künftigen Zusammenspiel zwischen den großen volkswirtschaftlichen Sektoren: private Haushalte, Unternehmen und Staatssektor muß jetzt gestellt werden. Denn allzu schnell kann sich bei einer ersten Entspannung der finanziellen Situation wieder Selbstzufriedenheit und Bequemlichkeit einstellen.

Die größte Gefahr finanzpolitischer Fehlsteuerungen besteht in Zeiten überschäumender Konjunktur und reichlich sprudelnder Steuerquellen. Denn dann geht man daran, tatsächliche oder auch nur vermeintliche Julius-Türme zu plündern und vorübergehende Wachstumsgewinne mit langfristigen Verteilungsspielräumen zu verwechseln.

Der bewußt gestaltenden Finanzpolitik erwächst aus dieser beständigen Verlockung die ständige und verantwortliche Aufgabe an morgen zu erinnern.

Die Menschen neigen dazu, den Staat in seinen Möglichkeiten zu überschätzen und ihn mit Aufgaben zu überfordern. Noch gefährlicher ist aber, daß bei wachsendem Anspruchsdenken Eigeninitiative und individuelle Arbeitsleistung immer stärker in den Hintergrund treten. In einer solchen Entwicklung liegt die entscheidende Gefahr für hochentwickelte Industrieländer.

Erfolgreich sind auf Dauer nur die Gesellschaften, die der Versuchung widerstehen, von den Anstrengungen anderer oder früherer Jahre leben zu wollen. Finanzpolitik kann und muß einen großen Beitrag leisten, das Bewußtsein für den Zusammenhang zwischen Leistung und Gegenleistung zu schärfen. Dann ist sie ein entscheidender Wachstums- und Zukunftsfaktor für unser Land, für das so viele Möglichkeiten und Chancen offenliegen.

Bruno Schmidt-Bleibtreu

Die rechtlichen Schritte zur deutschen Einheit

Inhaltsübersicht

„Nicht ein Wandel durch Annäherung, sondern eine Annäherung durch den vom Volk erzwungenen Wandel in der DDR bringt jetzt offensichtlich eine Veränderung der Beziehungen zwischen den beiden deutschen Staaten", bemerkte *Franz Klein*[1] Ende 1989 zum Beginn des deutschen Einigungsprozesses. Hieran anknüpfend kann auch eine ihm gewidmete Festschrift an dieser Thematik nicht vorübergehen, wobei gleichzeitig in Erinnerung gebracht werden soll, daß sich der Jubilar nicht nur im Finanz- und Steuerrecht als Präsident des Bundesfinanzhofes, Beamter im Bundes- und Landesdienst sowie Hochschullehrer, sondern auch als Verfassungsrechtler – er ist seit Mitte der 60er Jahre Mitherausgeber eines Grundgesetzkommentars sowie eines Kommentars zum Bundesverfassungsgerichtsgesetz – einen Namen gemacht hat.

Die *rechtlichen Schritte zur deutschen Einheit*[2] begannen mit dem Staatsvertrag vom 18. Mai 1990 über die Schaffung einer Währungs-, Wirtschafts- und Sozialunion zwischen der Bundesrepublik Deutschland und der ehemaligen DDR, setzten sich dann fort in dem Einigungsvertrag

---

1 *Klein* in: Schmidt-Bleibtreu/Klein, Komm. z. Grundgesetz, 7. Aufl., S. 103 zu Rdnr. 10.

2 Zu dem *Gesamtkomplex* vgl. näher *K. Stern/B. Schmidt-Bleibtreu,* Verträge und Rechtsakte zur Deutschen Einheit, Band 1, 1990 (zum Staatsvertrag zur Währungs-, Wirtschafts und Sozialunion), Band 2, 1990 (zum Einigungsvertrag und Wahlvertrag) sowie Band 3, 1991 (zu Zwei-plus-Vier-Vertrag, Partnerschaftsverträgen und EG-Maßnahmenpaket) mit allen Texten und Anlagen sowie eingehenden Nachweisen zum völkerrechtlichen und verfassungsrechtlichen Kontext und zur rechtlichen Gestaltung und Umsetzung im Staats- und Völkerrecht. Die dort gemachten Ausführungen sind hier durch einschlägige Wiedergaben ohne Einzelzitierung berücksichtigt. Ferner die Schrifttumsnachweise bei *Isensee,* HdbStR, Bd. VII, S. 271 ff.

nebst Anlagen vom 31. August 1990, in der Vereinbarung zur Durchführung und Auslegung des Einigungsvertrages vom 18. September 1990 und dem zuvor abgeschlossenen Wahlvertrag zur Vorbereitung und Durchführung der ersten gesamtdeutschen Wahl vom 3. August 1990 und endeten schließlich mit dem Vertrag über die abschließende Regelung in bezug auf Deutschland vom 12. September 1990 – Zwei-plus-Vier-Vertrag – und dem Maßnahmepaket der Europäischen Gemeinschaften vom 4. Dezember 1990, mit dem die äußeren Aspekte des deutschen Einigungsprozesses abgeschlossen wurden.

I. Der Staatsvertrag vom 18. Mai 1990 über die Schaffung einer Währungs-, Wirtschafts- und Sozialunion[3]

Die *Vorgeschichte* dieses Staatsvertrages begann in Berlin mit dem Fall der Mauer, als es in der Nacht am 9. November 1989 zu den beeindrukkenden Massenbewegungen von Ost-Berlin nach West-Berlin kam, durch die der Wunsch nach Einheit aller Deutschen in besonders eindrucksvoller Weise dokumentiert wurde. Nicht die Bürger in der Bundesrepublik, sondern die Deutschen in der ehemaligen DDR setzten damals die entscheidenden Schritte zu dieser Entwicklung und eröffneten mit ihrem Eintreten für Recht und Freiheit den Prozeß der Vereinigung der beiden deutschen Staaten. Der im Zuge dieser Entwicklung am 18. Mai 1990 in Bonn unterzeichnete Staatsvertrag über die Währungs-, Wirtschafts- und Sozialunion stellte die Weichen für den Weg zur staatlichen Einheit Deutschlands. Die ersten rechtlichen Überlegungen zur Grundstruktur dieses Staatsvertrages mit der ehemaligen DDR begannen im Bundesfinanzministerium, nachdem Bundeskanzler *Kohl* am 28. November 1989 in seinem Zehn-Punkte-Programm vor dem Deutschen Bundestag einen Stufenplan zur Überwindung der deutschen Teilung und Europas beschrieben und die SPD-Opposition im Anschluß daran am 28. und 29. November 1989 den Gedanken von besonderen Währungsbeziehungen und eines deutsch-deutschen Währungsfonds vorgetragen hatten. Wenn zur damaligen Zeit auch noch angenommen wurde, daß beim Zehn-Punkte-Programm von einer zeitlichen Entwicklung ausgegangen werden könnte, wonach für 1990 die Vertragsgemeinschaft und für die nächsten Jahre die konföderativen Strukturen geschaffen und in den Jahren danach die Fragen der Einheit angegangen werden könnten, entwikkelten sich in der Verfassungswirklichkeit die Dinge in der früheren DDR viel dramatischer. Insbesondere die Verschärfung der wirtschaftlichen Situation in der ehemaligen DDR Ende 1989 – die Verantwortlichen in der ehemaligen DDR sahen, wie jetzt bekannt ist, schon damals die baldige Zahlungsunfähigkeit ihres Staates voraus – zwang zu dem Schluß, schnell zu handeln. Demgemäß machte die Bundesregierung bereits am 13. Februar 1990 der ehemaligen DDR das Angebot:

---

3 BGBl. II, 518.

- Zu einem Stichtag wird die Mark der Deutschen Demokratischen Republik als Währungseinheit und gesetzliches Zahlungsmittel durch die Deutsche Mark ersetzt.
- Zeitgleich muß die Deutsche Demokratische Republik die notwendigen rechtlichen Voraussetzungen für die Einführung der sozialen Marktwirtschaft schaffen.

Eine gemeinsame *Expertenkommission*, die auf der Bundesseite zunächst durch den damaligen Staatssekretär im Bundesfinanzministerium *Dr. Köhler* und anschließend durch den persönlichen Beauftragten des Bundeskanzlers, jetzt Präsident der Deutschen Bundesbank, *Dr. Tietmeyer*, geleitet wurde und in die auch die Deutsche Bundesbank von Beginn an durch ihren damaligen Vizepräsidenten Prof. *Dr. Schlesinger* mit einbezogen war, schaffte in der Zeit von Februar bis Mai 1990 die notwendigen rechtlichen und finanziellen Vorbereitungen für die abschließenden Vertragsverhandlungen mit der ehemaligen DDR. Daß es nach der ersten freien geheimen und demokratischen Wahl in der ehemaligen DDR am 18. März 1990 zur Bildung einer frei gewählten demokratischen Regierung gekommen war, die sich in der Regierungserklärung vom 19. April 1990 zur staatlichen Einheit Deutschlands, zur Freiheit, zur Rechtsstaatlichkeit, zum Föderalismus und zur sozialen Marktwirtschaft bekannt hatte, schaffte eine wichtige Klärung des politischen Umfeldes. Die abschließenden Vertragsverhandlungen fanden dann am 14. und 17. Mai 1990 unter Leitung der beiden Finanzminister *Dr. Waigel* und *Dr. Romberg* in Bonn statt. An diesen Verhandlungen waren die Bundesländer unmittelbar durch die Finanzminister von Bayern und Nordrhein-Westfalen beteiligt. Die anschließende Unterzeichnung des Staatsvertrages erfolgte durch die beiden Finanzminister am 18. Mai 1990 in Gegenwart des Bundeskanzlers und des Ministerpräsidenten der ehemaligen DDR in den historischen Räumen der Arbeitsstätte des ersten Bundeskanzlers der Bundesrepublik Deutschland, Dr. *Konrad Adenauer*, im Palais Schaumburg in Bonn. Hierzu konnten die Vertragspartner gemeinsam feststellen, daß der Staatsvertrag in dem übereinstimmenden Willen, die soziale Marktwirtschaft als Grundlage für die weitere wirtschaftliche und gesellschaftliche Entwicklung mit sozialem Ausgleich und sozialer Absicherung und Verantwortung gegenüber der Umwelt auch in der ehemaligen DDR einzuführen und hierdurch die Lebens- und Beschäftigungsbedingungen ihrer Bevölkerung stetig zu verbessern, geschlossen würde. Der Deutsche Bundestag stimmte dem Staatsvertrag am 21. Juni 1990 mit 445 Ja-Stimmen bei 60 Nein-Stimmen und einer Enthaltung zu. Im Bundesrat verweigerten nur das Saarland und Niedersachsen ihre Zustimmung. In der Volkskammer erhielt der Staatsvertrag 302 Ja-Stimmen und 82 Nein-Stimmen bei einer Enthaltung. Dabei war allen Beteiligten das Staatsziel der Einheit Deutschlands klar vor Augen, da die Partner des Staatsvertrages die Weichen für die Vollendung der deutschen Einheit in Richtung Art. 23 GG in Absatz 4 der Präambel des Staatsvertrages ausdrücklich vereinbart hatten.

Die *Vertragsgestaltung* selbst war ein Novum in der deutschen Verfassungsgeschichte. Sie war ein Rechtsvorgang exzeptionellen Ausmaßes, für den es bisher kein Vorbild gab. Ging es doch darum, im Rahmen einer uno-actu-Transformierung eine über 45 Jahre sozialistische und vorher über 12 Jahre nationalsozialistisch geführte Zentralverwaltungswirtschaft in eine Marktwirtschaft überzuleiten, wobei der Lebensstandard in beiden Teilen Deutschlands total unterschiedlich war. Die große rechtliche Dimension des Staatsvertrages ergab sich daraus, daß durch ihn die ehemalige DDR für ihr Gebiet der Bundesrepublik Deutschland Hoheitsbefugnisse einräumte. Dies galt nicht nur für den Währungsbereich, in dem die Deutsche Bundesbank unmittelbar auf dem Gebiet der ehemaligen DDR nach Maßgabe des Art. 88 GG tätig werden konnte, sondern auch im Bereich der Wirtschafts- und Sozialunion, wozu die Bundesrepublik nach Maßgabe des Vertrages und seiner Anlagen staatliche Kompetenzen, insbesondere Regelungskompetenzen für das Gebiet der ehemaligen DDR erhielt.

Der *Staatsvertrag* selbst besteht aus sechs Kapiteln mit insgesamt 38 Artikeln, einem Gemeinsamen Protokoll über Leitsätze, neun Anlagen sowie Gemeinsamen Protokollerklärungen. In den Art. 1–9 werden die grundlegenden Bestimmungen über die Errichtung der Währungs-, Wirtschafts- und Sozialunion mit der DDR festgeschrieben. Die *Währungsunion* begann mit dem 1. Juli 1990 mit einem einheitlichen Währungsgebiet und der Deutschen Mark als gemeinsamer Währung. Dabei blieb die Deutsche Bundesbank auch nach Ausweitung des geldpolitischen Verantwortungsbereichs die Deutsche Währungs- und Notenbank im Sinne des Art. 88 GG. Grundlage der *Wirtschaftsunion* ist die soziale Marktwirtschaft als gemeinsame Wirtschaftsordnung beider Vertragsparteien. Die *Sozialunion* bildet mit der Währungs- und Wirtschaftsunion eine Einheit. Sie wird insbesondere bestimmt durch eine der sozialen Marktwirtschaft entsprechende Arbeitsrechtsordnung und ein auf den Prinzipien der Leistungsgerechtigkeit und des sozialen Ausgleichs beruhendes umfassendes System der sozialen Sicherung. Darüber hinaus wurden in einem *Gemeinsamen Protokoll* generelle und spezielle Leitsätze für die Wirtschafts- und Sozialunion wie für einzelne Rechtsgebiete – Rechtspflege, Wirtschaftsrecht, Baurecht sowie Arbeits- und Sozialrecht – verbindlich festgelegt. Besondere Anlagen zum Vertrag enthielten die notwendigen Bestimmungen über die Währungsunion und die Währungsumstellung sowie über das in der ehemaligen DDR einzuführende Bundesrecht. Die Währungsumstellung erfolgte zum 2. Juli 1990. Daneben enthielt das Vertragsgesetz zum Staatsvertrag neben der erteilten Zustimmung zum Vertrag und der bestimmten Durchführung der Wirtschaftsunion in seinen Artikeln eine Vielzahl von Änderungen bestehender Bundesgesetze oder Ergänzungen zu bestehenden Bundesgesetzen. So haben sich auch während der parlamentarischen Beratung allein 19 Fachausschüsse unter federführender Beratung des Sonderausschusses „Deutsche Einheit" intensiv mit dem Vertragswerk befaßt und im Ergebnis mit großer Mehrheit ihrer Mitglieder seiner Verabschiedung zugestimmt. Auch dies mag für die Komplexität der entschiedenen Fragen sprechen.

Zur rechtlichen Standortbestimmung ist anzumerken, daß der am 18. Mai 1990 abgeschlossene Vertrag ein Staatsvertrag mit der ehemaligen DDR war, der seiner Art nach in zulässiger Weise spezifisch deutsch/deutsche Regelungen enthielt. Er war zwar ein bilateraler Vertrag zwischen zwei Staaten, für den die Regeln des Völkerrechts gelten und der die Geltungskraft wie jeder völkerrechtliche Vertrag besitzt. Er war aber zugleich auch, wie in der Präambel des Vertrages ausdrücklich erklärt, ein erster bedeutsamer Schritt in Richtung auf die Herstellung der staatlichen Einheit Deutschlands nach Art. 23 GG. Er entsprach damit auch den Forderungen des BVerfG[4], wonach kein Verfassungsorgan der Bundesrepublik die Wiederherstellung der staatlichen Einheit als politisches Ziel aufgeben darf, vielmehr alle Verfassungsorgane verpflichtet sind, in ihrer Politik auf die Erreichung dieses Ziels hinzuwirken. In diesem Sinne kam gerade der Staatsvertrag dem grundgesetzlichen Gebot nach, das gemäß Art. 23 GG zur Pflicht Gemachte zu verwirklichen, insbesondere die Aufnahme des anderen Teils Deutschlands in einen freien Staat – auch in stufenweiser Weise – zu ermöglichen.

Mag in der politischen Tagesdiskussion der am 1. Juli 1990 in Kraft getretene Staatsvertrag zur Währungs-, Wirtschafts- und Sozialunion allmählich in den Hintergrund treten, so gilt doch die Feststellung, daß der vom Bundesfinanzministerium federführend vorbereitete Staatsvertrag aus den inneren und äußeren Aspekten des deutschen Einigungsprozesses nicht wegzudenken ist, wie auch der Einigungsvertrag vom 31. August 1990 selbst in seinem Art. 40 die Fortgeltung der Verpflichtungen aus dem Vertrag über die Schaffung einer Währungs-, Wirtschafts- und Sozialunion ausdrücklich festschreibt. Daß hierzu der Gedanke eines *abgestuften Vereinigungsprozesses* nach Art. 23 Satz 2 GG im Rahmen eines Staatsvertrages mit der ehemaligen DDR bereits Ende Januar 1990 im Bundesfinanzministerium aktiv aufgegriffen wurde – etwa einen Monat später kam eine Professorenrunde beim Kanzler am 5. März 1990 bei Abwägung des Für und Wider von Art. 23 und Art. 146 GG zu ähnlichen Ergebnissen –, darf auch heute noch als richtiger Ansatzpunkt realistischer Betrachtungsweise im verfassungsrechtlichen Vereinigungsprozeß gewertet werden.

4 Vgl. insbesondere BVerfGE 36, 1 ff. zum Grundlagenvertrag.

II. Die Wiederherstellung der staatlichen Einheit Deutschlands durch den Einigungsvertrag zwischen der Bundesrepublik Deutschland und der DDR vom 31. August 1990[5]

Der am 31. August 1990 in Berlin unterzeichnete Vertrag über die Herstellung der Einheit Deutschlands – *Einigungsvertrag* – war nach dem ersten Staatsvertrag vom 18. Mai 1990 zur Währungs-, Wirtschafts- und Sozialunion der weitere und entscheidende Schritt zur Herstellung der deutschen Rechtseinheit. Er regelt die mit dem Beitritt der ehemaligen DDR verbundenen Rechtsfragen unter Einbeziehung der fünf neuen Bundesländer Brandenburg, Mecklenburg-Vorpommern, Sachsen, Sachsen-Anhalt und Thüringen. Dabei gelang es zuvor am 3. August 1990, wichtige Streitpunkte auf dem Weg zur staatlichen Einheit durch den nach dem Muster des ersten Staatsvertrages geschlossenen Vertrag zur Vorbereitung und Durchführung der ersten gesamtdeutschen Wahl des Deutschen Bundestages zwischen der Bundesrepublik Deutschland und der Deutschen Demokratischen Republik – Wahlvertrag[6] – zu lösen. Er wurde am 22. August 1990 in der Volkskammersitzung mit der erforderlichen Zwei-Drittel-Mehrheit gebilligt. Im Bundestag fand der Wahlvertrag am 23. August 1990 mit großer Mehrheit Zustimmung. Im Bundesrat stimmten am 24. August 1990 nur die Länder Berlin und Niedersachsen dagegen.

Nach dem *Wahlvertrag* konnte die erste gesamtdeutsche Wahl aufgrund eines einheitlichen Wahlrechts durchgeführt werden. Er sah deshalb die Erstreckung des Geltungsbereichs des Wahlrechts der Bundesrepublik Deutschland auf die fünf Länder der ehemaligen DDR und Berlin (Ost) vor. Bestimmt wurde auch die Anwendung des Parteiengesetzes der Bundesrepublik Deutschland in den neuen Bundesländern sowie Änderungen des Bundeswahlrechts. Problematisch waren in diesem Zusammenhang vor allem die Aufrechterhaltung der 5%-Sperrklausel sowie die im Wahlvertrag vorgesehenen Listenverbindungen. Sie und die Sperrklausel, soweit sie sich auf das gesamte Wahlgebiet bezog, wurden allerdings durch die Entscheidung des BVerfG vom 29. September 1990[7] für verfassungswidrig erklärt, so daß der Bundesgesetzgeber, dem Urteil folgend, eine Wahlrechtsänderung am 8. Oktober 1990 beschließen mußte. Die erste gesamtdeutsche Wahl konnte am 2. Dezember 1990 auf verfassungsrechtlich bereinigter Grundlage erfolgen.

Verfassungsrechtlicher Ansatzpunkt für den am 31. August 1990 in Berlin unterzeichneten Vertrag über die Herstellung der Einheit Deutschlands – *Einigungsvertrag* – war ebenfalls Art. 23 Satz 2 GG. Danach konnte die ehemalige DDR ihren Beitritt zur Bundesrepublik Deutschland erklären und der Bundesgesetzgeber davor oder danach in eigener Zuständigkeit und Verantwortung ein Überleitungsgesetz beschließen, mit dem das

5 BGBl. II, 885, 1239.
6 BGBl. II, 813, 822, 831.
7 BVerfGE 82, 322 ff.

Grundgesetz und sonstiges Bundesrecht für das beigetretene Gebiet in Kraft gesetzt wurde. Es konnten aber auch die Bundesrepublik Deutschland und die ehemalige DDR einen Vertrag über den Inhalt der Überleitungsregelungen aushandeln und die DDR daraufhin auf dieser Grundlage ihren Beitritt zum Grundgesetz erklären, wobei dann der Bundesgesetzgeber dem Vertrag gemäß Art. 59 Abs. 2 GG die innerstaatliche Geltung zu verschaffen und gleichzeitig das Grundgesetz in dem beigetretenen Gebiet in Kraft zu setzen hatte. Die ehemalige DDR hat diesen Weg gewählt, wobei der Einigungsvertrag die schmale Textbasis des Art. 23 Satz 2 GG im Wege vertraglicher Regelungen ergänzt und ausfüllt. Der Vertrag konnte geschlossen werden, nachdem die Volkskammer der ehemaligen DDR am 23. August 1990 mit mehr als 80 v.H. der Stimmen den Beitritt der DDR zum Geltungsbereich des Grundgesetzes gemäß Art. 23 Satz 2 GG mit Wirkung vom 3. Oktober 1990 erklärt hatte. Zuvor hatte die Volkskammer der DDR am 22. Juli 1990 ebenfalls mit Zwei-Drittel-Mehrheit durch das sogenannte Ländereinführungsgesetz die Länder Brandenburg, Mecklenburg-Vorpommern, Sachsen, Sachsen-Anhalt und Thüringen wiederhergestellt. Sie wurden nach dem Einigungsvertrag mit Wirksamwerden des Beitritts gemäß Art. 23 Satz 2 GG am 3. Oktober 1990 Länder der Bundesrepublik Deutschland. Die 23 Bezirke von Berlin bildeten das Land Berlin.

Die *eigentliche Vertragsgeschichte* begann am 3. Juli 1990, nachdem die Regierung der DDR an diesem Tage beschlossen hatte, zur Vorbereitung einer Beitrittserklärung gemäß Art. 23 Satz 2 GG mit der Bundesregierung Gespräche oder Verhandlungen über eine Reihe von Fragen zu führen, die vor einer Beitrittserklärung zu klären wären. Die Bundesregierung war bereit, ohne einen ausformulierten Text eines Vertragsentwurfs am 6. Juli 1990 die Verhandlungen mit der DDR in Berlin zu beginnen. Die Delegationsleitung für die Gesamtgespräche lag für die Bundesrepublik Deutschland bei dem damaligen Bundesinnenminister *Dr. Schäuble,* für die DDR bei dem auch schon beim ersten Staatsvertrag leitend tätig gewesenen damaligen Staatssekretär *Dr. Krause.* Außerdem waren von Anfang an die deutschen Bundesländer (West) sowie das Parlament über den Ausschuß „Deutsche Einheit" in den Verhandlungsprozeß intensiv eingeschaltet. Auch war die Kommission der EG bei den Verhandlungen anwesend. Die Unterzeichnung erfolgte am 31. August 1990 in Berlin, wobei die abschließenden Verhandlungen vor allem mit der Hauptstadtfrage, der Problematik des Schwangerschaftsabbruchs, der Stimmenverteilung im Bundesrat, Regelungen zur Finanzverfassung und mit anderen Detailproblemen bis hin zur Überleitung des Wiedergutmachungsrechts befrachtet waren.

Wegen des *verfassungsändernden Charakters* des Vertrages bedurfte das Zustimmungsgesetz nach Art. 59 Abs. 2 Satz 1 GG der Mitwirkung der gesetzgebenden Körperschaften mit der qualifizierten Mehrheit des Art. 79 Abs. 2 GG. Im Bundestag stimmten 440 Abgeordnete dafür, 47 Abgeordnete dagegen, drei Abgeordnete enthielten sich der Simme. Im

Bundesrat wurde der Einigungsvertrag einstimmig angenommen. Auch in der Volkskammer erhielt der Vertrag breite Zustimmung. Ihm stimmten 299 Abgeordnete zu, so daß die Zwei-Drittel-Mehrheit auch in diesem Parlament erreicht wurde.

„Eine Woge von Papier und Paragraphen" des rund 1000 Seiten langen Vertragswerkes einschließlich seiner Anlagen waren nach dem Vertragswillen zur rechtlichen Verankerung der deutschen Einheit notwendig. So sollten angefangen von Verfassungsfragen, die Rechtsangleichung, die Verwaltung und Rechtspflege, das öffentliche Vermögen und die Schulden, die Komplexe Arbeit, Soziales, Familie, Frauen, Gesundheitswesen und Umweltschutz sowie die Bereiche Kultur, Rundfunk, Bildung, Wissenschaft und Sport für das Gebiet der ehemaligen DDR vertraglich geregelt werden. Demgemäß besteht der Einigungsvertrag aus neun Kapiteln mit insgesamt 45 Artikeln, drei Anlagen und einer Protokollerklärung. Er trat am 29. September 1990 in Kraft. Mit dem Wirksamwerden des Beitritts am 3. Oktober 1990 konnte daher das Grundgesetz für die Bundesrepublik Deutschland in der durch den Einigungsvertrag ergänzten oder geänderten Fassung in den neuen Bundesländern sowie in dem Teil des Landes Berlin, in dem es bisher nicht galt, wirksam werden. Der Bundesstaat Bundesrepublik Deutschland wird nunmehr durch 16 deutsche Länder repräsentiert, in denen das Grundgesetz in der durch den Einigungsvertrag geänderten Fassung gilt. Wegen des verfassungsändernden Charakters des Vertrages bedurfte das Zustimmungsgesetz nach Art. 59 Abs. 2 Satz 1 GG der Mitwirkung der gesetzgebenden Körperschaften mit den qualifizierten Mehrheiten des Art. 79 Abs. 2 GG. Außerdem mußte gemäß Art. 79 Abs. 1 Satz 1 GG das Grundgesetz ausdrücklich geändert werden.

Im *Grundgesetz geändert* wurden die Präambel, Art. 23 (aufgehoben), Art. 51 Abs. 2, Art. 135a sowie Art. 146 GG. Hinsichtlich künftiger Verfassungsänderungen, die den Anforderungen des Art. 79 GG uneingeschränkt unterliegen, wird dem gesamtdeutschen Gesetzgeber empfohlen, sich innerhalb von zwei Jahren mit den im Zusammenhang mit der deutschen Einigung aufgeworfenen Fragen zur Änderung oder Ergänzung des Grundgesetzes zu befassen, insbesondere in bezug auf das Verhältnis zwischen Bund und Ländern, auf die Möglichkeit einer Neugliederung für den Raum Berlin/Brandenburg, mit den Überlegungen zur Aufnahme von Staatszielbestimmungen in das Grundgesetz sowie mit der Frage der Anwendung des Art. 146 GG und in deren Rahmen einer Volksabstimmung. Die befristete Aufrechterhaltung von grundgesetzwidrigem DDR-Recht, teils bis zum 31. Dezember 1992, teils bis zum 31. Dezember 1995, ergibt sich aus einem neuen Art. 143 GG, um so Schwierigkeiten zu begegnen, „zugleich mit dem Beitritt eine auf Dauer angelegte vollständige rechtliche Neuordnung auf der Grundlage des Grundgesetzes an die Stelle der der grundgesetzlichen Ordnung diametral entgegengesetzten Rechtsordnung der ehemaligen DDR zu setzen". Man dachte hierbei beispielsweise an die Problematik der in der DDR bis Ende 1992 weiter geltenden verfassungswidrigen Fristenlösung beim Schwangerschaftsabbruch[8]. Die hierzu vom gesamtdeutschen Gesetzgeber geschaffene Neuregelung vom 27. Juli 1992 im Rahmen des Familienhilfegesetzes, durch die die bis dahin bestehenden Rechtsunterschiede beseitigt werden sollten, wurde vom Bundesverfassungsgericht am 28. Mai 1993[9] als verfassungswidrig für nichtig erklärt. Zu Fragen der Eigentumsregelung und der Entschädigung für Eigentumsentzug in der ehemaligen DDR, die ebenfalls in dem neuen Art. 143 GG behandelt werden, hat das Bundesverfassungsgericht am 23. April 1991[10] entschieden, daß Art. 143 Abs. 3 GG mit Art. 79 Abs. 3 GG vereinbar ist. Daß im übrigen *beitrittsbedingte Änderungen* des Grundgesetzes gemäß Art. 4 des Einigungsvertrages (EVertr) unter Berücksichtigung der gegebenen nationalen wie internationalen politischen Konsequenzen nicht der Verfassung widersprechen, wird vom Bundesverfassungsgericht in der Entscheidung vom 18. September 1990[11] festgestellt. Die Bundesregierung durfte danach in Erfüllung ihrer verfassungsrechtlichen Pflicht zur Herstellung der deutschen Einheit auch beitrittsbezogene Grundgesetzänderungen zum Gegenstand des Einigungsvertrages machen und über solche Verfassungsänderungen als Teil des Gesamtvertrages auch vom Bundestag in Form des Zustimmungsgesetzes entscheiden lassen. Temporäre Abweichungen vom Grundgesetz bis zum 31. Dezember 1995 über das Verhältnis von Bund und Ländern (Abschnitt II), über die Ausführungen der Bundesgesetze und die Bundesverwaltung (Abschnitt VIII), über die Gemeinschaftsaufgaben (Abschnitt VIIIa), über die Rechtsprechung (Abschnitt IX), über das Finanzwesen (Abschnitt X) sowie hinsichtlich der Übergangs- und Schlußbestimmungen (Abschnitt XI) des Grundgesetzes werden längstens bis zum 31. Dezember 1995 ermöglicht. Art. 131 GG wird in den neuen Bundesländern vorerst nicht in Kraft gesetzt. Zur Finanzverfassung enthält Art. 7 EVertr temporäre Sonderregelungen zu den Art. 106 und 107 GG, die zwischenzeitlich bereits wiederum Änderungen erfahren haben bis hin zum Föderalen Konsolidierungsprogramm vom Mai 1993, das Maßnahmen zur Bewältigung der finanziellen Erblasten im Zusammenhang mit der Herstellung der Einheit Deutschlands, zur langfristigen Sicherung des Aufbaus in den neuen Ländern, zur Neuordnung des bundesstaatlichen Finanzausgleichs und zur Entlastung der öffentlichen Haushalte regelt.

Die Bewältigung des deutschen Einigungsprozesses war von Anfang an eine *gesamtdeutsche Aufgabe*, deren Lasten von Bund, Ländern und Gemeinden gemeinsam getragen werden müssen. So hatte schon die Bundesrepublik Deutschland in dem ersten Staatsvertrag zur Währungs-, Wirtschafts- und Sozialunion in Art. 28 die Verpflichtung übernommen, im Hinblick auf die sich erst schrittweise aufbauende Finanzierungskraft im Beitrittsgebiet zum Haushaltsausgleich beizutragen. Zur Wahrneh-

8 Vgl. BVerfGE 39, 1 ff.
9 EuGRZ 1993, 229.
10 BVerfGE 84, 90 ff.
11 BVerfGE 82, 316 ff.

mung dieser Aufgabe wurde ein *Fonds „Deutsche Einheit"* in Art. 31 des Vertragsgesetzes zum Staatsvertrag vom 18. Mai 1990 errichtet, der im Zeitraum von 1990 bis 1994 zum Haushaltsausgleich im Beitrittsgebiet beitragen soll. Der *Gesamtumfang* aller *öffentlichen Leistungen* für die neuen Bundesländer betrug im Jahre 1991 140 Mrd. DM, im Jahre 1992 152 Mrd. DM und wird voraussichtlich im Jahre 1993 182 Mrd. DM betragen. Als Gesamtleistung des Fonds waren für den Zeitraum 1990 bis Ende 1994 115 Mrd. DM vorgesehen. Der Bund verzichtete auf seinen Anteil von 15 v.H. am Fonds zugunsten der neuen Bundesländer und verbesserte hierdurch die Finanzausstattung der neuen Länder und ihrer Gemeinden in 1991 um weitere 5,25 Mrd. DM bis 1994 um rd. 14 Mrd. DM. Darüber hinaus wird die Finanzausstattung der neuen Länder und ihrer Gemeinden durch ein Transfervolumen von 55,8 Mrd. DM in 1995 gesichert.

Die *Rechtsangleichung* wird in den Art. 8 bis 12 EVertr geregelt. Danach trat mit dem Wirksamwerden des Beitritts das gesamte Bundesrecht in den beigetretenen Gebieten in Kraft, soweit es nicht in seinem Geltungsbereich auf bestimmte Länder oder Landesteile der Bundesrepublik Deutschland beschränkt ist und soweit es nicht durch den Einigungsvertrag, insbesondere dessen Anlage I und in der Aufstellung fortgeltenden DDR-Rechts in der Anlage II anders bestimmt ist. Das Recht der Europäischen Gemeinschaften nebst Änderungen und Ergänzungen wird auf dem Gebiet der bisherigen DDR gemäß Art. 10 EVertr in Kraft gesetzt, ggf. nach Maßgabe von Überleitungsbestimmungen. Die Folgeregelungen für völkerrechtliche Verträge und Vereinbarungen der Bundesrepublik Deutschland bzw. der ehemaligen DDR werden in den Art. 11 und 12 EVertr behandelt. Danach gelten Verträge und Vereinbarungen der Bundesrepublik Deutschland nach Herstellung der Einheit Deutschlands grundsätzlich fort. Dies ergibt sich aus der Fortexistenz der Bundesrepublik Deutschland als Völkerrechtssubjekt. Die Vertragsparteien folgen ferner dem völkerrechtlichen Grundsatz der „beweglichen Vertragsgrenzen". Grundsätze und Verfahren, nach denen Verträge der ehemaligen DDR mit den Vertragsparteien der ehemaligen DDR erörtert werden sollen, werden ebenfalls geregelt. Gemäß Art. 13 EVertr gingen die in der bisherigen DDR bestehenden Einrichtungen der Verwaltung auf den Bund, die Länder oder die Gemeinden über, soweit diese Einrichtungen Aufgaben erfüllt haben, die nach der Kompetenzordnung des Grundgesetzes vom Bund, den Ländern, Gemeinden oder sonstigen Trägern der öffentlichen Gewalt wahrzunehmen sind. Ähnliches ergibt sich für das Verwaltungsvermögen und das übrige Finanzvermögen der ehemaligen DDR nach Maßgabe der Art. 21 und 22 EVertr. Gerichts- und Verwaltungsentscheidungen auf dem Gebiet der bisherigen DDR vor dem Beitritt bleiben grundsätzlich wirksam. Das Recht auf Rehabilitierung der Opfer des SED-Regimes wird dadurch nicht berührt. Der Aufbau einer rechtsstaatlichen Rechtspflege ist ein wichtiges Element des Einigungsvertrages gemäß seiner Anlage I. Die Rechtsprechung in Verwaltungs-,

Finanz-, Arbeits- und Sozialstreitigkeiten wird nach Maßgabe dieser Bestimmungen wahrgenommen. Die obersten Gerichte des Bundes sind jetzt für das vereinigte gesamte Deutschland zuständig. Zusätzliche Regelungen zum Einigungskomplex ergeben sich auch aus der *Sondervereinbarung* vom 18. September 1990 zur Durchführung und Auslegung des Einigungsvertrages. Sie betrifft u.a. die Behandlung der vom ehemaligen Staatssicherheitsdienst der DDR gewonnenen personenbezogenen Informationen oder die Bereitschaft der Bundesregierung über zusätzliche Härteleistungen an politisch Verfolgte. Eine spezielle Rehabilitierungsregelung für Opfer rechtsstaatlicher und verfassungswidriger gerichtlicher Entscheidungen wird vorgesehen. Erforderliche gesetzliche Regelungen sind durch das Stasi-Unterlagen-Gesetz vom 20. Dezember 1991[12] und das strafrechtliche Rehabilitierungsgesetz vom 29. Oktober 1992[13] erfolgt.

Zusammenfassend ist festzustellen, daß mit dem Wirksamwerden des Beitritts am 3. Oktober 1990 das Grundgesetz für die Bundesrepublik Deutschland in der durch den Einigungsvertrag ergänzten oder geänderten Fassung in den Ländern Brandenburg, Mecklenburg-Vorpommern, Sachsen, Sachsen-Anhalt und Thüringen sowie in dem Teil des Landes Berlin, in dem es bisher nicht galt, in Kraft trat. Mit dem Wirksamwerden des Beitritts am 3. Oktober 1990 wurde zugleich der Verfassungsauftrag aus Art. 23 Satz 2 GG a.F. erfüllt. Der Einigungsvertrag mußte ebenfalls in unverhältnismäßig kurzer Zeit erarbeitet werden, um den Erfordernissen der geschichtlichen Entwicklung in der ehemaligen DDR seit November 1989 Rechnung zu tragen. Eine Schadensbegrenzung im Bereich der nur schwer lösbaren ökonomischen und sozialen Konsequenzen 40 Jahre west-östlicher Trennung war zwingend geboten. Eine ungeschminkte Analyse der wirtschaftlichen Lage in der ehemaligen DDR, wie sie offensichtlich *Gorbatschow* bei seinem Besuch im Herbst 1989 bekannt war, forderte rasche und einschneidende Konsequenzen. Damals war „die DDR so gut wie pleite, nur wußte es von den Bürgern niemand. Seit Beginn der 80er Jahre lebte die Wirtschaft des Landes von der Substanz, d.h., man verhielt sich wie der Bauer, der das Saatgetreide aufißt, das eigentlich die künftige Ernährungsbasis sichern sollte. Die Bedürfnisse der Bürger konnten nur noch deshalb mehr schlecht als recht befriedigt werden, weil man immer wieder auf internationale Kredite zurückgreifen und sich mit allerlei Tricks noch reicher rechnen konnte als man es de facto war".[14] Daß hierbei der Einigungsprozeß, insbesondere die Vertragsverhandlungen, von vielen Vorschlägen, Diskussionen und Dissonanzen begleitet war, wobei hier die unterschiedlichsten Meinungen aufeinander prallten, teilweise auch begleitet von dem politischen Bemühen, gleichzeitig bei dem Einigungsprozeß auch eigene mit dem Einigungsvertrag

12 BGBl. I, 2272.
13 BGBl. I, 1814.
14 So *Maier-Mannhart* in Süddeutsche Zeitung vom 26. Juni 1991 unter der Überschrift: Die Gefahr einer Art von Dolchstoßlegende – die derzeit sich türmenden Probleme können leicht zu falschen Schlußfolgerungen führen.

nicht unmittelbar im Zusammenhang stehende politische Zielvorstellungen einzubringen, war zu erwarten. Eine Alternative, das gesamte Einigungsverfahren einfacher und schmaler anzulegen, wurde damals nicht gesehen oder abgelehnt. Gerade die ehemalige DDR drängte immer wieder auf neue Detailregelungen. Weitgehende *Kompromisse,* ein Zugehen aufeinander, war das Gebot der Stunde, zumal der Einigungsvertrag wegen vertragsbedingter Verfassungsänderungen eine Zwei-Drittel-Mehrheit verlangte. Vor diesem Hintergrund dürfen auch kritische Bemerkungen zu Einzelregelungen des Vertragswerkes, auch soweit ihnen – für sich betrachtet – eine innere Rechtfertigung nicht abgesprochen werden kann, nur begrenztes Gewicht haben. Man mag es beispielsweise kritisieren, daß sich die deutschen West-Länder im Rahmen der finanziellen Dimension des Einigungsprozesses bis zuletzt sehr restriktiv verhielten, oder der im Einigungsvertrag und seinen Anlagen getroffene Kompromiß zur Problematik des ungeborenen Lebens vor dem Hintergrund unserer verfassungsgerichtlichen Rechtsprechung von Anfang an sehr problematisch war oder die vor allem politisch, aber auch rechtlich neuralgischen Punkte der Behandlung der Eigentumsfragen gemäß der *Gemeinsamen Erklärung* in Anlage III zum Einigungsvertrag vom 15. Juni 1990 zwischen 1945 und 1949 nur unbefriedigend gelöst wurden, so ändert all dies nichts an der grundsätzlichen Feststellung, daß der Einigungsvertrag als Ergebnis gemeinsamer Anstrengungen aller in West und Ost politisch Verantwortlichen ein Vorgang von großer historischer und rechtlicher Dimension und notwendige Brücke ist, nicht nur die Trennung in Deutschland, sondern auch in Europa in allen Lebensbereichen zu überwinden. Daß das Zusammenleben und Verschmelzen zweier Lebensordnungen, die aufgrund der Nachkriegssituation, wenn auch gezwungenermaßen, sich voneinander völlig fremd entwickelt hatten, weiterhin mit großen Schwierigkeiten, Sorgen und Befürchtungen begleitet wird, liegt auf der Hand. Die Historie verbietet es aber, sie der deutschen Einigung an sich als Erfüllung des Verfassungsauftrages des Grundgesetzes anzulasten. Die große geschichtliche Bedeutung der deutschen Einigung als Schlußpunkt europäischer Nachkriegsgeschichte darf hierdurch nicht geschmälert werden. Erinnert man sich an die noch bis 1990 weit vertretene Meinung, eine Wiedervereinigung, in der die beiden deutschen Staaten, so wie sie nun einmal sind und geworden sind, zu einem funktionierenden Staat verschmolzen würden, sei nicht vorstellbar, nicht einmal theoretisch, „zumal bei allen europäischen Nachbarstaaten in einem solchen Fall sofort alle Alarmglocken schrillten", so kann das Erreichte nur als ein großer Erfolg deutscher und europäischer Nachkriegspolitik bewertet werden. Daß unser Grundgesetz in seiner Präambel und seinem Art. 23 GG a.F. hierzu immer wieder mahnender Ansporn war, muß bei einer verfassungsrechtlichen Betrachtungsweise nach wie vor besonderes Gewicht haben.

Mit den nach Art. 5 EVertr aufgeworfenen Fragen künftiger Verfassungsänderungen im Rahmen des Art. 79 GG befaßt sich seit dem 16. Januar 1992 eine *Gemeinsame Verfassungskommission* des Deutschen Bundestages und des Bundesrates. Inhaltlicher Ausgangspunkt der Kommissionsberatungen waren die in Art. 5 EVertr erwähnten verfassungspolitischen Felder. Wie die verfassungspolitische Diskussion seit dieser Zeit aber zeigt, sind bis zur Sommerpause 1993 auch viele andere Themen Gegenstand der Gemeinsamen Verfassungskommission geworden. Die Kommission hat im Juli 1993 ihre Arbeit beendet. Ihre Empfehlungen vom 5. November 1993 – sie sollen mit Zwei-Drittel-Mehrheit noch in der 12. Legislaturperiode des gesamtdeutschen Gesetzgebers beschlossen werden – betreffen die Gleichberechtigung (Art. 3 Abs. 2), das Staatsziel Umweltschutz (Art. 20a), das Recht ethnischer Minderheiten (Art. 20b), die kommunale Selbstverwaltung (Art. 28 Abs. 2 Satz 2), die territoriale Neugliederung (Art. 29 Abs. 7 und 8), die Gesetzgebung (Art. 72 Abs. 1 bis 3, Art. 74 Abs. 1 und 2, Art. 75, Art. 76 Abs. 2 bis 4, Art. 77 sowie Art. 80), die Föderalisierung der Sozialversicherung (Art. 87 Abs. 2 Satz 2), die Zuständigkeit des Bundesverfassungsgerichts (Art. 93 Abs. 1 Nr. 2a), die Länder Berlin/Brandenburg (Art. 118a) sowie fortgeltendes Bundesrecht (Art. 125a). Es bleibt abzuwarten, wie der Verfassungsgesetzgeber im Rahmen des Art. 79 GG endgültig entscheidet.

III. Die völkerrechtlichen und gemeinschaftsrechtlichen Schritte zur deutschen Einigung (Zwei-plus-Vier-Vertrag vom 12. September 1990 zur Wiedererlangung der deutschen Souveränität[15] und das Maßnahmepaket der Europäischen Gemeinschaften vom 4. Dezember 1990 zur deutschen Einigung)[16]

War der Staatsvertrag zur Währungs-, Wirtschafts- und Sozialunion vom 18. Mai 1990 der erste Schritt zur deutschen Einigung, wurde mit dem Einigungsvertrag und Wahlvertrag vom 31. und 3. August 1990 in einem zweiten Schritt die staatsrechtliche und politische Einheit des 45 Jahre geteilten Deutschlands wiederhergestellt, wurden in einem dritten Schritt im Herbst 1990 die *„äußeren Aspekte“* der deutschen Frage im internationalen und europäischen Zusammenhang in Verträgen mit den vier Hauptsiegermächten, den Nachbarn im Osten und mit den Europäischen Gemeinschaften geregelt. Die nach dem Zweiten Weltkrieg erzwungene Spaltung Deutschlands fand nach den Wandlungen in der Sowjetunion mit dem Machtantritt von *Gorbatschow* und den fundamentalen politischen Umwälzungen in Polen, Ungarn und der Tschechoslowakei sowie der friedlichen und demokratischen Revolution in der ehemaligen DDR ihr Ende. Im konstruktiven Dialog auf höchster Ebene zwischen *Bush* und *Gorbatschow* wurde der kalte Krieg beendet. Die Sowjetunion sperrte sich nicht mehr gegen ein auf staatliche Wiedervereinigung gerichtetes Selbstbestimmungsrecht der Deutschen, nachdem es auch zwischen *Gorbatschow* und *Kohl* zu einer Verständigung über den

15 BGBl. II, 1318.
16 ABl. Nr. L 353/1/79.

künftigen Status Gesamtdeutschlands gekommen war. „Wir haben Realpolitik gemacht", so wird *Gorbatschow* zitiert, während *Kohl* von einem „Höhepunkt in der Geschichte der deutsch-sowjetischen Beziehungen" sprach. Der Weg zum Abschluß völkerrechtlicher Verträge, die die Vier-Mächte-Rechte und -Verantwortlichkeiten aufhoben und Deutschlands östlichste Grenze festlegen, wurde frei.

Mittelpunkt dieses *Vertragsgeflechts* ist der Vertrag über die abschließende Regelung in bezug auf Deutschland – *Zwei-plus-Vier-Vertrag* – vom 12. September 1990. Im Zentrum dieses Vertrages stehen die „äußeren Aspekte" der Wiederherstellung der staatlichen Einheit Deutschlands. Darauf sind die Präambel sowie praktisch alle Artikel des Vertrages bezogen. Die Wiedervereinigung Deutschlands, die volle Souveränität des vereinten Deutschlands, einschließlich seines Rechts, Bündnissen anzugehören, die Beendigung der Vier-Mächte-Rechte und -Verantwortlichkeiten einschließlich des Truppenabzugs werden geregelt. Gleichzeitig enthält der Vertrag die Ansatzpunkte für den Abschluß weiterer Verträge im Zuge der Wiedererlangung der deutschen Souveränität. Hierzu gehören der deutsch-sowjetische Partnerschaftsvertrag, der deutsch-sowjetische Wirtschaftsvertrag sowie das deutsch-sowjetische Abkommen betreffend Arbeits- und Sozialwesen vom 9. November 1990 oder der besonders wichtige deutsch-sowjetische Truppenabzugsvertrag (bis Ende des Jahres 1994) vom 12. Oktober 1990. Zu erwähnen sind weiter insbesondere der deutsch-polnische Grenzvertrag vom 14. November 1990, der deutsch-polnische Nachbarschaftsvertrag vom 17. Juni 1991 sowie der deutsch-ungarische und der deutsch-tschechische Nachbarschaftsvertrag vom 6. und 27. Februar 1992. Im weiteren Zusammenhang, insbesondere im europäischen und internationalen Kontext, steht der Vertrag über konventionelle Streitkräfte in Europa vom 19. November 1990 – KSE-Vertrag –, das Wiener Dokument 1990 über vertrauensbildende und sicherheitsbildende Maßnahmen vom 17. November 1990 sowie die Charta von Paris für ein neues Europa vom 21. November 1990. In der Gemeinsamen Erklärung vom 19. November 1990 bekräftigen 22 Staaten, daß das Zeitalter der Teilung und Konfrontation, das mehr als vier Jahrzehnte gedauert hat, zu Ende ist. Angesichts der Mißklänge, die den deutschen Einigungsprozeß im europäischen Bereich bis zu Ende begleiteten, verdient die *Gemeinsame Erklärung* von Bundeskanzler *Kohl* und Präsident *Mitterand* vom 18. September 1990, wonach die Vollendung der deutschen Einheit, „die wir gemeinsam begrüßen", dem europäischen Einigungswerk eine neue Tragweite und einen breiten Horizont gibt, besondere Erwähnung. Auch im Hinblick hierauf können die äußeren Aspekte des deutschen Einigungsprozesses nur als ein großer Erfolg deutscher und europäischer Nachkriegspolitik bewertet werden. Sie entsprachen den Wünschen vieler Menschen von hüben und drüben, die in friedlicher Revolution 1989 ihre Rückkehr in die Freiheit erkämpft hatten. Die Einheit und Freiheit Deutschlands, das Wiedervereinigungsziel der Präambel des Grundgesetzes, wurde auch völkerrechtlich vollendet.

Das *Maßnahmepaket der Europäischen Gemeinschaften* vom 4. Dezember 1990 ist auf gemeinschaftsrechtlicher Ebene die Schlußphase der vollständigen Anwendung des Gemeinschaftsrechts auf dem Gebiet der ehemaligen DDR. Schon mit der Herstellung der deutschen Einheit am 3. Oktober 1990 war das Gebiet der ehemaligen DDR integraler Bestandteil der EG geworden. Die Verträge der Gemeinschaft und etwa 80 v.H. des abgeleiteten Gemeinschaftsrechts galten seit dieser Zeit unmittelbar und unverändert in den fünf neuen Ländern und in Ostberlin. Für die restlichen etwa 20 v.H. brachte das Maßnahmepaket die abschließenden Anpassungs- und Übergangsmaßnahmen. Es beinhaltete auch eine Sonderstrukturverordnung zugunsten des Beitrittsgebiets mit einem Volumen von 3 Mrd. ECU für 1991 bis 1993. Die EG-rechtlichen Regelungen wurden durch eine EG-Rechts-Überleitungsverordnung vom 18. Dezember 1990[17] in deutsches Recht umgesetzt. Die fünf neuen deutschen Länder sowie das vereinte Berlin sind als Teil der Bundesrepublik Deutschland voll integrierter Partner der Europäischen Gemeinschaften.

Der *Gestaltungsablauf* des deutschen Einigungsprozesses wurde vom Europäischen Parlament und der Kommission aktiv und intensiv unterstützt. So setzte bereits das Europäische Parlament Anfang 1990 einen Ad-hoc-Ausschuß Deutsche Einheit ein. Von Anfang an unterstützte auch die Kommission den deutschen Einigungsprozeß intensiv, obwohl noch bis zu Beginn des Jahres 1990 bei den EG-Partnern Ungewißheiten und teilweise Sorgen bezüglich der Auswirkungen des deutschen Einigungsprozesses auf die Europäischen Gemeinschaften bestanden. Gleichwohl wies bereits Präsident *Delors* am 17. Januar 1990 vor dem Europäischen Parlament frühzeitig Wege für die Integration der ehemaligen DDR in die EG auf, wobei er deren Sonderstellung im Vergleich zu Drittstaaten hervorhob. Auf der Grundlage der Kommissionsvorschläge kam die Sondertagung des Europäischen Rates am 28. April 1990 überein, daß die Eingliederung der ehemaligen DDR in die Europäischen Gemeinschaften mit der deutschen Einigung wirksam werden solle. Man wolle eine möglichst baldige vollständige und harmonische Eingliederung. Der Europäische Rat bekräftigte, daß die deutsche Vereinigung ein positiver Faktor in der Entwicklung Europas im Allgemeinen und der Gemeinschaft im Besonderen sein werde. Demgemäß war die Kommission von Anfang an auch an den Verhandlungen über den deutschen Einigungsprozeß beteiligt. Sie kam schon in ihrer Mitwirkung vom 13./14. Juni 1990 über die Auswirkungen des Staatsvertrages vom 18. Mai 1990 über die Schaffung einer Währungs-, Wirtschafts- und Sozialunion zu einer positiven Bewertung des Vorganges, insbesondere zu der Feststellung, daß der Vertrag mit dem Gemeinschaftsrecht vereinbar sei. Im Juli 1990 kam es dann zu einer de facto-„Zollunion" zwischen der Gemeinschaft und der ehemaligen DDR. An den laufenden Verhandlungen mit der ehemaligen DDR war die Kommission unmittelbar beteiligt. Die entsprechenden Vorschläge der

---

17 BGBl. I, 2915.

Kommission vom 21. August 1990 über notwendige Übergangsmaßnahmen wurden im Europäischen Parlament im Oktober und November 1990 positiv behandelt. Der Rat verabschiedete in einem beschleunigten EG-Gesetzgebungsverfahren am 4. Dezember 1990 mit voller Beteiligung des Europäischen Parlaments die notwendigen Rechtsakte (Maßnahmepaket) mit den endgültigen Anpassungs- und Übergangsregelungen.

So wurde auch auf *gemeinschaftsrechtlicher Ebene* der deutsche Einigungsprozeß positiv begleitet. Ohne die Zugehörigkeit der Bundesrepublik Deutschland zur Europäischen Gemeinschaft wäre er sicher anders verlaufen. Im übrigen gilt die bereits früher getroffene Feststellung, daß national wie gemeinschaftsrechtlich der Anpassungsprozeß „schmerzhaft sein wird", daß aber die deutsche Einigung als Ergebnis gemeinsamer Anstrengungen aller in West und Ost politisch Verantwortlichen ein Vorgang von großer historischer Dimension und notwendige Brücke ist, die Folgen der Trennung in Deutschland und in Europa in allen Lebensbereichen zu mildern. Die Einheit Deutschlands eröffnete den Weg zur Einheit Europas. Die Öffnung des Brandenburger Tores war zugleich Symbol für diese neue Zukunftsperspektive, wie die Kommission in ihrer Erklärung zum deutschen Einigungsprozeß vom 3. Oktober 1990 betonte. Die europäische Politik bleibt auch heute trotz aller Rückschläge gefordert, im Sinne von *Václav Havel,* wonach Politik „nicht als Technologie der Macht und der Manipulation mit ihr oder als Kunst des Zweckmäßigen, Praktischen und der Intrige", sondern als eine der Arten, „wie man im Leben Sinn suchen und erlangen kann, wie man es schützen und ihm dienen kann", zu verstehen ist, im Interesse aller Bürger in Europa im Rahmen des politisch Machbaren zu handeln.

Adolf Roth

Finanzpolitische Aspekte der Bewältigung der sozialistischen Erblast

Inhaltsübersicht

I. Einleitung

Seit Beginn der Wirtschafts-, Währungs- und Sozialunion am 1. Juli 1990 und stärker noch seit Herstellung der Deutschen Einheit am 3. Oktober 1990 steht die Bundesrepublik Deutschland in der Mitte eines historischen Prozesses, der ohne Beispiel ist. Vor dem Hintergrund der Bewältigung der Erblast der ruinösen sozialistischen Kommandowirtschaft der ehemaligen DDR haben sich die haushalts- und finanzpolitischen Rahmenbedingungen der Gebietskörperschaften in Deutschland grundlegend geändert. Damit bekommen haushalts- und finanzpolitische Fragestellungen eine völlig neue Dimension. Gut drei Jahre nach Vollendung der Einheit Deutschlands bleibt die wirtschaftliche und soziale Integration der neuen Länder in die Ordnung der Sozialen Marktwirtschaft das zentrale Thema unserer Wirtschafts- und Finanzpolitik. In dieser Zeit ist trotz erheblicher Fortschritte deutlich geworden: So wenig die Einheit Deutschlands und der mit ihr verbundene Umwälzungsprozeß ganz Mittel- und Osteuropas vorhersehbar waren, so wenig waren sie in ihren finanziellen Konsequenzen planbar. Maßgeblich hierfür ist zum einen, daß das Ausmaß der sozialistischen Mißwirtschaft erst nach und nach deutlich geworden ist. Zum anderen werden die erforderlichen Transferleistungen auch von Entwicklungen außerhalb der Finanzpolitik bestimmt, wie z.B. von der Entwicklung der Löhne oder der osteuropäischen Märkte.

II. Die Ausgangslage des Jahres 1990

Die wirtschaftlichen Voraussetzungen waren in der Bundesrepublik Deutschland des Jahres 1990 für die finanzpolitischen Aufgaben, den Umstrukturierungsprozeß Deutschlands zu unterstützen und dabei auftretende Härten sozial abzufedern, „nahezu ideal"[1]. In den Jahren nach 1982 hatte die Bundesregierung den Rahmen für eine Verstetigung der wirtschaftlichen Wachstumskräfte geschaffen. Am Vorabend der Wiedervereinigung blickte die Bundesrepublik auf die längste ununterbrochene Wachstumsphase ihrer Geschichte zurück:

- Von 1982 bis 1990 stieg das reale Bruttosozialprodukt um 25 v.H.
- Im gleichen Zeitraum stiegen die realen Ausrüstungsinvestitionen um über 60 v.H. und erreichten mit rd. 10 v.H. im Jahre 1990 den höchsten Anteil am Sozialprodukt seit Bestehen der Bundesrepublik Deutschland. Zwischen 1983 und 1990 wurden über 2 Mio. zusätzliche Arbeitsplätze geschaffen.
- Die real verfügbaren Einkommen in den westdeutschen Bundesländern stiegen von 1982 bis 1990 um etwa 20 v.H.
- Im gleichen Zeitraum wurde der Staatsanteil von ehedem 50 v.H. auf 45 v.H. gesenkt.
- Die Bundesrepublik verfügte als Folge der konsequenten Haushaltskonsolidierung am Ende der achtziger Jahre über geordnete Staatsfinanzen: Die Nettokreditaufnahme des öffentlichen Gesamthaushalts sank von 4,4 v.H. des Bruttosozialprodukts im Jahre 1982 auf 1,2 v.H. des Bruttosozialprodukts im Jahre 1989.
- Der Ausgabenzuwachs des Bundes blieb kontinuierlich um die Hälfte unter dem nominalen Wachstum des Bruttosozialprodukts (durchschnittlicher Anstieg 1982 bis 1989 = 2,5 v.H.).
- Mit einer Steuerquote von 22,5 v.H. erreichte die Bundesrepublik 1990 den niedrigsten Stand seit über 30 Jahren[2].

III. Sonderfinanzierungsinstrumente zur finanziellen Bewältigung der Erblast[3]

Die Währungs-, Wirtschafts- und Sozialunion vom 1. Juli 1990 machte den Prozeß zur Herstellung der Deutschen Einheit unumkehrbar. Neben der Einführung der Deutschen Mark als alleinigem gesetzlichen Zah-

1 *M. Berger/R. Köhler*, Zwei Jahre deutsche Währungsunion, in: Die Bank 1992, 436 ff. (437).

2 Vgl. Bundesministerium der Finanzen: Finanzbericht 1994, S. 175 ff., S. 279 ff.

3 Zu den nachfolgenden Darlegungen vgl. die grundlegenden Ausführungen über die Lastenverteilung und Zuteilung öffentlicher Mittel nach Herstellung der Deutschen Einheit bei *F. Klein*, Zur Finanzverfassung von Bund und Ländern nach dem Grundgesetz und dem Einigungsvertrag, in: Thüringer Verwaltungsblätter 1992, 49 ff.

lungsmittel wurden die rechtlichen und organisatorischen Grundlagen für die Einführung der Sozialen Marktwirtschaft in der damaligen DDR geschaffen. Die DDR übernahm das Steuersystem, die Systematik der öffentlichen Haushalte sowie fast das gesamte Wirtschafts- und Sozialrecht Westdeutschlands[4].

Während die monetäre Integration durch die beispiellose Übernahme einer völlig andersartigen Finanz- und Wirtschaftsordnung vergleichsweise reibungslos fortschritt, mußten die beim wirtschaftlichen Anpassungsprozeß auftretenden Friktionen von Anfang an finanz- und sozialpolitisch abgefedert werden. Damit signalisiert die Einführung der Deutschen Mark in der damaligen DDR gleichzeitig den Beginn massiver staatlicher Finanztransfers von West nach Ost, die zu einer extremen Beanspruchung der öffentlichen Haushalte führten.

Die Dimension der Aufgabe, die Lebensverhältnisse in West- und Ostdeutschland anzugleichen, wird deutlich an der breiten Palette von Förderinstrumenten, die für den Umstrukturierungsprozeß in den neuen Bundesländern unmittelbar nach Einführung der Währungsunion und stärker noch nach Herstellung der Deutschen Einheit am 3. Oktober 1990 einsetzten. Die Deutsche Bundesbank stellte hierzu im August 1992 fest, daß das „im Laufe der Zeit mehrfach angereicherte und aufgestockte Maßnahmenpaket für Ostdeutschland . . . das ganze Spektrum des staatlichen Subventionsinstrumentariums" umfasse und allein der Bund „über 40 spezielle Fördermaßnahmen" anbiete[5].

Dieses Spektrum umfaßt die neuen Sondervermögen Fonds „Deutsche Einheit" und Kreditabwicklungsfonds, die Aufstockung des ERP-Sondervermögens und das Gemeinschaftswerk Aufschwung Ost. Hinzu kommen Maßnahmen der regionalen Wirtschaftsförderung, steuerliche Maßnahmen, Zinsverbilligungsprogramme, außenwirtschaftliche Gewährleistungen zur Förderung des Exports ostdeutscher Produkte sowie zur Anschubfinanzierung der Sozialversicherungen. Das Ausmaß dieser staatlichen Wirtschaftsförderung ist sowohl „historisch betrachtet als auch im internationalen Vergleich nach Art und Umfang ohne Vorbild"[6].

Neben enormen Finanztransfers zugunsten der neuen Länder traten zusätzliche finanzpolitische Belastungen durch die zu übernehmende finanzielle Erblast der ehemaligen DDR auf.

---

4 Vgl. *M. Berger/R. Köhler,* a.a.O., S. 438; *D. Haferkamp* gibt einen Überblick über die institutionellen und gesetzgeberischen Aufgaben bei Schaffung der Währungsunion: Die deutsche Währungsunion – bereits Rechtsgeschichte, in: DtZ 1991, 201 ff.; *M. Berger/K.-P. Repplinger* geben eine Übersicht über die Folgen der Währungsunion für die Struktur der Deutschen Bundesbank: Die Neuordnung der Bundesbankorganisation, in: Die Bank 1992, 632 ff.

5 Vgl. Deutsche Bundesbank, Monatsbericht August 1992, S. 22.

6 Ebd.

Aus dieser im Zuge der deutschen Vereinigung für die öffentlichen Haushalte entstandenen besonderen Problemlage wurden drei vom Bundeshaushalt losgelöste Sonderfinanzierungsinstrumente geschaffen:

- der Fonds „Deutsche Einheit",
- der „Kreditabwicklungsfonds",
- die „Treuhandanstalt".

Ihrer spezifischen Zweckbestimmung gemäß sollten sie einerseits den Aufbau der ostdeutschen Wirtschaft fördern und andererseits die Erblasten des Sozialismus bewältigen. Zu diesen Sonderfinanzierungsinstrumenten kam die Ausweitung des Kreditgeschäfts des seit 1953 bestehenden ERP-Sondervermögens hinzu, namentlich zur Finanzierung von Vorhaben in den Bereichen Existenzgründung, Modernisierung, Umweltschutz und Tourismus.

1. Der Fonds „Deutsche Einheit"

Der Fonds „Deutsche Einheit" wurde mit dem Gesetz zum Staatsvertrag vom 18. Mai 1990 zur Finanzierung des wirtschaftlichen Aufbaus in Ostdeutschland errichtet[7], insbesondere zur Abdeckung der Haushaltsdefizite der neuen Länder für die Jahre 1990 bis 1994. Getrennt von der öffentlichen Haushaltswirtschaft geführt, dient er als „Surrogat und Zwischenlösung"[8] für den mit dem Föderalen Konsolidierungsprogramm geschaffenen und ab 1995 geltenden gesamtdeutschen Finanzausgleich. Die nicht zweckgebundenen Zuweisungen aus dem Fonds bildeten eine wesentliche Einnahmequelle der ostdeutschen Länder und Kommunen nach dem Vollzug der Einheit und ermöglichten den Aufbau neuer Verwaltungsstrukturen. Der ursprüngliche Finanzrahmen des Fonds für die Jahre 1990 bis 1994 von 115 Mrd. DM wurde bereits im ersten Halbjahr 1992 auf 146,3 Mrd. DM ausgeweitet. Im Rahmen der Verhandlungen zwischen Bund und Ländern über das Föderale Konsolidierungsprogramm wurde das Volumen im Frühjahr 1993 endgültig auf 160,7 Mrd. DM festgelegt. Hiervon werden 95 Mrd. DM durch Kreditaufnahme finanziert. Von den Barzuschüssen in Höhe von 65,7 Mrd. DM übernimmt der Bund mit 49,6 Mrd. DM den Löwenanteil, während die westdeutschen Länder 16,1 Mrd. DM beisteuern. Der kreditfinanzierte Teil des Fonds wird von Bund und alten Ländern bis 1994 je hälftig bedient. Ab 1995 erstatten die alten Länder dem Bund jährlich zusätzlich 2,1 Mrd. DM gemäß § 1 Abs. 2 des Gesetzes über den Finanzausgleich zwischen Bund und Ländern[9].

---

7 Artikel 31 des Gesetzes zu dem Vertrag vom 18. Mai 1990 über die Schaffung einer Währungs-, Wirtschafts- und Sozialunion zwischen der Bundesrepublik Deutschland und der Deutschen Demokratischen Republik, BGBl. II 1990, 518.

8 Vgl. Deutsche Bundesbank, Monatsbericht Mai 1993, S. 47.

9 Artikel 33 des Gesetzes zur Umsetzung des Föderalen Konsolidierungsprogramms (FKPG), BGBl. I 1993, 944 ff. (977).

Fonds „Deutsche Einheit"[10]

	– Mrd. DM –					
	1990	1991	1992	1993	1994	1990–1994
1. Leistungen des Fonds insgesamt*	22,0	35,0	33,9	35,2	34,6	160,7
2. Finanzierung						
a) Kreditaufnahme	20,0	31,0	24,0	15,0	5,0	95,0
b) Haushaltsfinanzierung durch Zuschüsse	2,0	4,0	9,9	20,2	29,6	65,7
– Bund	2,0	4,0	9,9	14,2	19,5	49,6
– alte Bundesländer	–	–	–	6,0	10,1	16,1

* Davon 60 v.H. an die neuen Bundesländer und 40 v.H. an die Kommunen in den neuen Bundesländern.

2. Der Kreditabwicklungsfonds

Der Kreditabwicklungsfonds ist begründet worden als nichtrechtsfähiges Sondervermögen des Bundes gemäß Art. 23 des Einigungsvertrages vom 31. August 1990 und dem Gesetz über die Errichtung eines Kreditabwicklungsfonds vom 23. September 1990[11].

Aufgabe des Kreditabwicklungsfonds ist die Übernahme

- der am 3. Oktober 1990 bestehenden Gesamtverschuldung des Republikhaushalts der ehemaligen DDR,
- der Verbindlichkeiten gegenüber dem Ausgleichsfonds Währungsumstellung,
- der Kosten der Abwicklung von Forderungen und Verbindlichkeiten gegenüber dem Ausland, soweit sie im Rahmen des Außenhandels- und Valutamonopols der ehemaligen DDR begründet worden sind.

Nach den Regelungen des Staatsvertrages über die Schaffung einer Währungs-, Wirtschafts- und Sozialunion sollte die Verschuldung des Republikhaushalts der ehemaligen DDR aus dem Vermögen der Treuhandanstalt getilgt werden, soweit hierfür Privatisierungserlöse zur Verfügung gestanden hätten. Der Bund und die neuen Bundesländer sollten jeweils die Hälfte der zum 1. Januar 1994 bestehenden Gesamtverschuldung übernehmen[12].

Da zum Zeitpunkt der Verhandlungen über den Einigungsvertrag noch nicht feststand, welchen Teil der Verschuldung das Treuhandvermögen abdecken könnte, wurde der Kreditabwicklungsfonds errichtet, und zwar

10 Vgl. Bundesministerium der Finanzen: Finanzbericht 1994, S. 39.

11 Vertrag über die Herstellung der Einheit Deutschlands vom 31. August 1990, BGBl. II 1990, 889 ff.; Gesetz über die Errichtung eines Fonds „Kreditabwicklungsfonds", Einigungsvertrag Anlage I, IV. Kap., Sachgebiet B, Abschnitt II, Nr. 47, BGBl. II 1990, 993.

12 Vgl. *F. Klein*, a.a.O., S. 53.

für einen festgelegten Zeitraum von drei Jahren (inzwischen bis Ende 1994 verlängert).

Der im Kreditabwicklungsfonds zusammengefaßte Teil der sozialistischen Hinterlassenschaft beläuft sich auf rd. 140 Mrd. DM, die sich wie folgt zusammensetzen:

- Republikschulden: 28 Mrd. DM,
- Verbindlichkeiten gegenüber dem Ausgleichsfonds Währungsumstellung: 110 Mrd. DM,
- Kosten der Abwicklung von Forderungen und Verbindlichkeiten gegenüber dem Ausland: 1 bis 2 Mrd. DM.

Die Gesamtschulden des Republikhaushalts von rd. 28 Mrd. DM sind praktisch ausschließlich auf Kapitalmarktkredite der ehemaligen DDR zurückzuführen, die sie bis zum 3. Oktober 1990 in Form von Schuldscheinen und unverzinslichen Schatzanweisungen aufgenommen hatte. Die relativ geringe Verschuldung des Republikhaushalts war typisch für das finanzpolitische System der ehemaligen DDR. Betriebe und Kombinate wurden zugunsten höherer Einnahmen im öffentlichen Haushalt mit sehr hohen Gewinnabführungen belastet, so daß der Haushalt äußerlich einen relativ soliden Eindruck vermittelte. Mit der geradezu willkürlich auferlegten Gewinnabführungspflicht mußten sich die volkseigenen Betriebe aber dauerhaft hoch verschulden, was nach der Wende zu entsprechenden Verbindlichkeiten bei der Treuhandanstalt führte, die im Rahmen ihres Sanierungs- und Privatisierungsauftrages die Altschulden der Betriebe übernehmen mußte.

Die Entstehung der Ausgleichsforderungen als zusätzlicher Belastung künftiger Haushalte ist im wesentlichen darauf zurückzuführen, daß

- die asymmetrische Währungsumstellung (Aktiva in der Regel 2 : 1, Passiva in Höhe bestimmter Pro-Kopf-Beträge für sogenannte Stromgrößen, also im wesentlichen für Löhne, Gehälter und andere wiederkehrende Zahlungen 1 : 1) zu einem Ausgleichsbedarf auf der Aktivseite der Bilanzen der betroffenen Geldinstitute führte;
- ostdeutsche Banken auf einen Teil ihrer Aktiva Wertberichtigungen vornehmen mußten, weil in der ehemaligen DDR die Bewertungsgrundsätze sich nicht an marktwirtschaftlichen Kriterien orientierten und die Bankkredite in dem zusammenbrechenden Wirtschaftssystem oftmals nur eine geringe oder keine Werthaltigkeit besaßen;
- Wertberichtigungen auf die Transferrubel-Forderungen ehemaliger staatlicher Außenhandelsbetriebe vorgenommen werden mußten.

Darüber hinaus sah der Staatsvertrag vom 18. Mai 1990 in Anlehnung an westdeutsche Bestimmungen des Kreditwesengesetzes eine solide Eigenkapitalausstattung der ostdeutschen Banken in Höhe von mindestens 4 v.H. der Bilanzsumme vor. Da viele Banken dieser Anforderung nicht nachkommen konnten, wurden ihnen auch hierfür zusätzliche Ausgleichsforderungen in entsprechender Höhe zugestanden.

Schuldner dieser Ausgleichsforderungen wurde der Ausgleichsfonds Währungsumstellung, der auf der Grundlage von Anlage I Art. 1 §§ 3 und 4 des Staatsvertrages vom 18. Mai 1990 noch von der ehemaligen DDR geschaffen worden war.

Die Konstruktion dieses Systems von Ausgleichsforderungen und -verbindlichkeiten orientierte sich weitgehend an der westdeutschen Währungsreform des Jahres 1948. Damals wurden allen Banken so viele Ausgleichsforderungen zugewiesen, wie sie zum Ausgleich der Bilanzlücken infolge der Währungsreform sowie zur Ausstattung mit einem angemessenen Eigenkapital benötigten.

Der Staatsvertrag sah ursprünglich vor, dem Ausgleichsfonds Währungsumstellung zur Finanzierung seiner Verbindlichkeiten eine verzinsliche Forderung gegen die damalige DDR zuzuteilen. Später übernahm gemäß Art. 23 Abs. 1 Einigungsvertrag der Kreditabwicklungsfonds diese Rolle gegenüber dem Ausgleichsfonds Währungsumstellung.

Die Verbindlichkeiten des Ausgleichsfonds Währungsumstellung müssen gemäß Art. 8 § 4 der Anlage I zum Staatsvertrag vom 18. Mai 1990 vierteljährlich gemäß dem sogenannen 3-Monats-FIBOR (Frankfurter Angebotssatz für Einlagen in Deutscher Mark unter Banken für einen der Zinsperiode entsprechenden Zeitraum) verzinst werden. Ihre Tilgung erfolgt jährlich nachträglich in Höhe von 2,5 v.H. des Nennwertes bis zum 1. Juli 2035.

Die endgültige Höhe der Verbindlichkeiten gegenüber dem Ausgleichsfonds Währungsumstellung steht zur Zeit noch nicht fest, da sich die Zuteilung der Ausgleichsforderungen nach dem D-Markbilanzgesetz bis Ende 1994 noch ändern kann. Aus heutiger Sicht beläuft sie sich, wie oben erwähnt, auf ungefähr 110 Mrd. DM[13].

Die Ausgleichsforderungen konzentrieren sich ausschließlich auf Kreditinstitute in der ehemaligen DDR. Westdeutsche Kreditinstitute erhalten keine Ausgleichsforderungen, da sie nicht im Gebiet der ehemaligen DDR tätig waren und deshalb nicht von der Währungsumstellung betroffen sind.

Die im Rahmen des Außenhandels- und Valutamonopols der ehemaligen DDR begründeten Forderungen und Verbindlichkeiten aus den Außenwirtschafts-Aktivitäten werden von der Staatsbank Berlin, der Deutschen Außenhandelsbank (DABA) und den Außenhandelsbetrieben (AHB) abgewickelt. Die Kosten dieser Abwicklung hat der Kreditabwicklungsfonds zu tragen, soweit den Instituten nicht bereits ein Anspruch gegenüber dem Ausgleichsfonds Währungsumstellung zusteht und sie die Kosten nicht durch eigene Mittel ausgleichen können.

Bei der Verschuldung des Kreditabwicklungsfonds handelt es sich um Buchgrößen, die den Kapitalmarkt nicht neu belasten. Gemäß Artikel 23

13 Quelle: Bundesministerium der Finanzen.

Abs. 3 des Einigungsvertrages sind Bund und Treuhandanstalt verpflichtet, dem Kreditabwicklungsfonds jeweils die Hälfte der fälligen Zinsen zu erstatten. Das im Wirtschaftsplan des Kreditabwicklungsfonds für das Jahr 1993 ausgewiesene Finanzierungsdefizit von 0,5 Mrd. DM resultiert aus Schuldendiensten.

Tabelle zur Finanzentwicklung des Kreditabwicklungsfonds[14]

	Jahre / Mrd. DM			
	1990	1991	1992	1993
Haushaltstransaktionen:				
Zuweisungen vom Bund	–	1,1	7,6	6,5
Zuweisungen der Treuhandanstalt	–	1,1	7,6	6,5
Sonstige Einnahmen	–	0,0	0,6	0,0
Einnahmen zusammen	–	2,3	15,9	12,9
Zinsausgaben	0,6	1,7	15,3	12,9
Schuldendienst	0,0	0,0	0,1	0,5
Ausgaben zusammen	0,6	1,7	15,4	13,4
Finanzierungssaldo	– 0,6	+ 0,6	+ 0,5	– 0,5

Mit der Verabschiedung des Gesetzes über das Föderale Konsolidierungsprogramm wurde die Laufzeit des Kreditabwicklungsfonds um ein Jahr bis zum 31. Dezember 1994 verlängert. Anschließend gehen seine Verpflichtungen auf den Erblastentilgungsfonds über, der ab 1. Januar 1995 die Verschuldung der Treuhandanstalt übernehmen wird (vergleiche unten 4.).

3. Die Treuhandanstalt

Die Treuhandanstalt (THA), eine rechtsfähige bundesunmittelbare Anstalt des öffentlichen Rechts, ist in der Abgrenzung der volkswirtschaftlichen Gesamtrechnung dem Unternehmensbereich zuzuordnen. Da der Bund für die finanziellen Verpflichtungen aus der Tätigkeit der THA die gesetzliche Haftung übernommen hat, soll sie hier im weiteren Sinne in den Bereich der Sonderfinanzierungsinstrumente eingeordnet werden[15].

Durch den Einigungsvertrag und das Treuhandgesetz wurde der Treuhandanstalt die Aufgabe übertragen, die ehedem volkseigenen Betriebe Ostdeutschlands wettbewerblich zu strukturieren und zu privatisieren. Für den Fall, daß Betriebe nicht in wettbewerbsfähige Unternehmen umgewandelt werden können, sind sie zu liquidieren. Bei Abschluß des Einigungsvertrages wurde davon ausgegangen, daß die zu erwartenden Privatisierungserlöse die finanziellen Verpflichtungen der Treuhandanstalt deutlich übersteigen. Freilich zeigte sich schon bald, daß die Um-

14 Vgl. Deutsche Bundesbank, Monatsbericht Mai 1993, S. 49.
15 So wie hier Deutsche Bundesbank, a.a.O., S. 53.

strukturierung der ostdeutschen Wirtschaft aufgrund ihres maroden Zustandes erheblich höhere Aufwendungen der Treuhandanstalt erfordert und statt eines Liquiditätsüberschusses von mehreren hundert Milliarden Mark bis 1994 Verbindlichkeiten von rund 230 Mrd. DM entstehen.

In dieser zu erwartenden Verschuldung der Treuhandanstalt spiegelt sich die außerordentlich niedrige Werthaltigkeit des „volkseigenen" Produktionsvermögens der ehemaligen DDR wider. Dies betrifft nicht nur die in ihrer Größenordnung bei weitem überschätzten Privatisierungserlöse. Auch die extrem hohen Aufwendungen, die nötig sind, um in sanierungsfähigen Unternehmen die wirtschaftliche Grundlage für dauerhafte und sichere Arbeitsplätze zu schaffen und nicht überlebensfähige Unternehmen abzuwickeln, schlagen deutlich zu Buche.

Im einzelnen setzt sich die Gesamtverschuldung der Treuhandanstalt zusammen aus

- den übernommenen Altkrediten und eingeräumten Ausgleichsforderungen der Unternehmen in Höhe von etwa 90 Mrd. DM,
- den aufgenommenen Neukrediten der THA zur Finanzierung ihrer laufenden Ausgaben,
- den bereits eingegangenen oder noch einzugehenden Verpflichtungen der THA, die erst nach 1994 finanzwirksam werden.

Durch Übernahme der Altkredite, durch Bürgschaften, Liquiditätszuschüsse und Anerkennung von Ausgleichsforderungen durch die THA wurde den ostdeutschen Unternehmen notwendiges Eigenkapital zugeführt. Dieser Schritt ermöglichte es sanierungsfähigen Unternehmen, mit branchenüblichem Eigenkapital und ausreichender Liquidität in die Privatisierung zu gehen.

Allerdings führten die Kapitalneufestsetzungen und die flankierenden Transaktionen der Treuhandanstalt dazu, daß deren Verschuldung aus Altkrediten und eingeräumten Ausgleichsforderungen ein Volumen von rd. 90 Mrd. DM nicht unterschreiten wird.

Aufgenommene Neukredite dienen der THA zur Finanzierung ihrer laufenden Ausgaben, denen nur geringe Einnahmen aus Verkaufserlösen gegenüberstehen. Insbesondere das operative Kerngeschäft, die Sanierung, Umstrukturierung, Stillegung oder Veräußerung von Unternehmen, bedingt einen hohen Mitteleinsatz. Hinzu kommen Zinsdienste unterschiedlichster Art (für Altkredite, Zinserstattungen an den Kreditabwicklungsfonds sowie Zinszahlungen im Rahmen der laufenden Kreditaufnahme).

Durch das Treuhandkreditaufnahmegesetz vom 3. Juli 1992[16] wurde die THA ermächtigt, von 1992 bis 1994 jährlich Kredite bis zur Höhe von 30 Mrd. DM aufzunehmen. Das Gesetz erlaubt eine Überschreitung des

16 Gesetz zur Regelung der Aufnahme von Krediten durch die Treuhandanstalt, BGBl. I 1992, 1190.

jährlichen Kreditrahmens um bis zu 8 Mrd. DM bei unabweisbarem Mehrbedarf, sofern der Haushaltsausschuß des Deutschen Bundestages einwilligt. Namentlich die von Bund und Ländern im Solidarpakt getroffene Vereinbarung, zur Beseitigung ökologischer Altlasten sowie zur Sicherung und Erneuerung industrieller Kerne zusätzliche Anstrengungen zu unternehmen, führte zu einer Ausweitung des Treuhand-Kreditrahmens in den Wirtschaftsplänen für 1993 bis 1994 über die 30-Mrd.-DM-Grenze hinaus.

Die operativen Aktivitäten der THA, der sogenannte „Kernauftrag", werden 1994 zu Ende geführt. Verpflichtungen mit Fälligkeit nach 1994 resultieren aus Privatisierungsverträgen, bei denen neben einem Verlustausgleich auch Risiken aus ökologischen Altlasten veranschlagt werden müssen. Für diese ungewissen Verbindlichkeiten wurden Rückstellungen in Höhe von 45 Mrd. DM gebildet.

Alles in allem wird die Gesamtverschuldung des Treuhandbereichs zum 1. Januar 1995 – wie erwähnt – rund 230 Mrd. Mark erreichen und in dieser Höhe dem Erblastentilgungsfonds des Bundes zugeführt[17].

4. Auswirkungen des Föderalen Konsolidierungsprogramms

Auf der Grundlage des Föderalen Konsolidierungsprogramms sollen ab 1995 die notwendigen Anpassungen von Staat und Wirtschaft an die veränderten Bedingungen und Aufgaben vorgenommen werden, die den mit der Herstellung der Deutschen Einheit verbundenen Strukturveränderungen folgen. Zum einen wird die Transferleistung in die neuen Bundesländer mittelfristig mindestens 5 v.H. des westdeutschen Bruttosozialprodukts betragen. Zum anderen ist durch den Zusammenbruch der Ostwirtschaft die ökonomische Leistungsfähigkeit des vereinigten Deutschlands um rund 15 v.H. zurückgegangen. Aufgrund der hohen Lohnsteigerungen in den beiden ersten Jahren nach der Wiedervereinigung verringerte sich die internationale Wettbewerbsfähigkeit Deutschlands beträchtlich. Hinzu kommt, daß die sich verschlechternde Konjunkturlage auch die staatliche Finanzpolitik unter erhöhten Handlungsdruck stellte.

Die wichtigste Antwort auf diese finanzpolitische Gemengelage ist das Föderale Konsolidierungsprogramm. Es ist vermutlich das bedeutendste und umfassendste Vorhaben seiner Art in der deutschen Finanzgeschichte. Mit ihm wird eine dauerhafte Finanzierung des Aufholprozesses in Ostdeutschland, die Regulierung der Erblastschulden des Sozialismus sowie eine grundlegend revidierte Verteilung der Finanzierungslasten in den öffentlichen Haushalten herbeigeführt. Daneben stellt das Föderale Konsolidierungsprogramm einen ersten wichtigen Schritt zur Konsolidierung der angespannten öffentlichen Haushaltslage in Deutschland dar.

17 Vgl. Bundesministerium der Finanzen: Finanzbericht 1994, S. 39.

a) Ablösung des Fonds „Deutsche Einheit"

Ein zentrales Element des Föderalen Konsolidierungsprogramms ist die Neuregelung des Finanzausgleichs[18]. Die Finanzbeziehungen zwischen Bund, alten und neuen Ländern werden damit auf eine dauerhafte Grundlage gestellt und zugleich werden die Transferzahlungen des Fonds „Deutsche Einheit" abgelöst. Ab 1995 sind die neuen Länder voll in den Finanzausgleich integriert. Länder und Gemeinden in Ostdeutschland werden dann über eine deutlich überproportionale Finanzausstattung von 105 bis 110 v.H., verglichen mit den Gebietskörperschaften im Westen, verfügen. Der infrastrukturelle Nachholbedarf kann damit zügig aufgeholt werden. Zugleich wird dies die eigenständigen Wachstumskräfte stärken und helfen, soziale Transfers zu reduzieren, die in den ersten Jahren nach der Vereinigung zwangsläufig einen hohen Anteil an den Leistungen für Ostdeutschland hatten.

b) Der Erblastentilgungsfonds

Wesentlicher Bestandteil des Föderalen Konsolidierungsprogramms ist neben der Neuregelung der Finanzbeziehungen zwischen Bund, alten und neuen Ländern die Errichtung des Erblastentilgungsfonds als einem nicht rechtsfähigen Sondervermögen des Bundes zur Bewältigung der finanziellen Erblast der ehemaligen DDR[19].

Dieser Fonds übernimmt die bis zum 31. Dezember 1994 aufgelaufene Verschuldung aus den Bereichen des Kreditabwicklungsfonds und der Treuhandanstalt. Darüber hinaus wird der Fonds einen Finanzierungsbeitrag aus der Regelung der Altschuldenfrage für kommunale und genossenschaftliche Wohnungsunternehmen und für private Vermieter in Ostdeutschland übernehmen. Neu ist, daß der Fonds ausschließlich durch den Bund finanziert wird, obgleich im Einigungsvertrag vom 31. August 1990 eine hälftige Finanzierung der kommunistischen Erblasten durch den Bund und die neuen Bundesländer vereinbart war. Die nach dem 31. Dezember 1994 von der Treuhandanstalt wahrzunehmenden Aufgaben werden unmittelbar im Bundeshaushalt etatisiert und gehen nicht in den Erblastentilgungsfonds ein.

Die Abweichung vom ursprünglichen Konzept des Einigungsvertrages resultiert aus der Erfahrung, daß einerseits das Treuhandvermögen nicht in der Lage war, wie vorgesehen die Verschuldung des Republikhaushalts der ehemaligen DDR zu tragen. Andererseits zeigte sich auch, daß die Finanzkraft der neuen Länder nicht ausreichte, den ihnen zugedachten hälftigen Anteil an der Verschuldung der ehemaligen DDR zu übernehmen. Mit dem Erblastentilgungsfonds wurde deshalb eine Lösung gefun-

---

18 Siehe Fn. 9.

19 Artikel 37 des Gesetzes zur Umsetzung des Föderalen Konsolidierungsprogramms, BGBl. I 1993, 984.

den, die der Finanzkraft aller Beteiligten Rechnung trägt. Zugleich werden die neuen Bundesländer hierdurch in erheblichem Umfang finanziell entlastet, was der Aufbaudynamik Ostdeutschlands zugute kommen soll.

Mit der gleichzeitigen Übernahme von 31 Mrd. DM der Altschulden der DDR-Wohnungswirtschaft (Gesamthöhe rd. 59 Mrd. DM) beseitigt der Erblastentilgungsfonds zudem ein wesentliches Hindernis für das Ingangkommen des Instandsetzungs- und Modernisierungsprozesses im Wohnungsbestand. Zugleich werden hierdurch die ostdeutschen Gemeinden, die mehr als die Hälfte der sieben Millionen Wohnungen bewirtschaften, finanziell erheblich entlastet und in ihren Investitionsmöglichkeiten gestärkt.

Die Schulden des Erblastentilgungsfonds sollen innerhalb einer Generation (30 Jahre) getilgt werden. Für die dem Bundeshaushalt obliegenden Zahlungen für Zinsen und Tilgung wurde eine fest Annuität in Höhe von 7,5 v.H. der Gesamtverschuldung von etwa 400 Mrd. DM gewählt, das sind 30 Mrd. DM jährlich. Um eine verstärkte Mittelausstattung des Fonds zur Tilgung seiner Verbindlichkeiten zu erreichen, werden ihm ab 1995 jährlich die über 7 Mrd. DM hinausgehenden Einnahmen des Bundes aus dem Bundesbankgewinn zugeführt, die bisher zur Direkttilgung von Altschulden des Bundes Verwendung fanden. Die aus dem Bundeshaushalt geleisteten Annuitäten werden zunächst für Zinszahlungen verwendet; der überschießende Betrag dient der Schuldentilgung. Soweit innerhalb eines Wirtschaftsjahres die Zahlungen aus dem Bundeshaushalt nicht zur Abdeckung der Zinsverpflichtungen ausreichen, muß der Bundeszuschuß entsprechend erhöht werden. Mit diesem Verfahren ist sichergestellt, daß die Tilgung der gesamten Erblasten innerhalb der gewählten Zeitspanne von 30 Jahren erfolgen kann.

Mit der Zusammenfassung der Schulden des Kreditabwicklungsfonds und der Treuhandanstalt wird die Transparenz der finanziellen Erblast erhöht und zugleich die fiskalische Belastung über einen längeren Zeitraum verteilt. Der Fonds erhält jährliche Zuführungen aus dem Bundeshaushalt, die ihm die vollständige Abdeckung des Zinsendienstes und die Tilgung der Verbindlichkeiten ermöglichen. Da dem Fonds eine Netto-Kreditaufnahme grundsätzlich verwehrt ist, lassen sich die Vorbelastungen für die Zukunft im Bundeshaushalt angemessen bewerten.

IV. Schlußbemerkung

Der Vorteil der Konstruktion der beschriebenen Sonderfinanzierungsinstrumente liegt darin, daß die mit der deutschen Vereinigung aufgetretenen besonderen Belastungen des Bundeshaushalts nicht noch verstärkt oder überdehnt werden.

Vielmehr wird der finanzpolitische Anpassungsdruck in einer ersten Phase aufgefangen und abgefedert. Diese Konstruktion war auch deshalb angezeigt, weil nicht schon zum Zeitpunkt des Beitritts der ehemaligen DDR die gesamten aus der sozialistischen Hinterlassenschaft herrührenden Belastungen des öffentlichen Finanzwesens erkennbar waren.

Die Sonderfinanzierungsinstrumente waren notwendig, um ein schnelles wirtschaftliches und soziales Zusammenwachsen in Deutschland zu erreichen. Daß ihre Belastungen dennoch eine Generation andauern werden, ist unter dem Aspekt der wiedergewonnenen Freiheit in Ostdeutschland und der Herstellung der Einheit Deutschlands gerechtfertigt.

Herbert Bethge

Verfassungsgerichtsbarkeit für die neuen Länder

Inhaltsübersicht

I. Einführung

Die Verfassungsgerichtsbarkeit ist ein Konstitutivelement des deutschen Föderalismus[1]. Um die Schärfung des Blicks für die funktionellen Bezüge zwischen beiden verfassungsgestaltenden Grundentscheidungen – Verfassungsgerichtsbarkeit und Bundesstaatlichkeit – hat sich *Franz Klein* immer wieder bemüht[2]. Die damit verknüpften Interdependenzen erschöpfen sich nicht in der zweifelsohne dominierenden Existenz des Bundesverfassungsgerichts, das in der Tat ausweislich seiner Kompetenzen nicht allein Hüter der Gesamtverfassung, sondern eben und gerade auch der *Bundes*verfassung ist. Verfassungsgerichtsbarkeit im Bundesstaat meint auch die Existenz der *Landes*verfassungsgerichtsbarkeit. Ihr Wirken ist Ausdruck der Verfassungshoheit[3] der Länder, die bei aller graduellen Moderation durch die Homogenitätsverpflichtung des Art. 28 Abs. 1 GG das prinzipielle Recht der Gliedstaaten zur Instituierung einer eigenen

1 Vgl. *Karl-Georg Zierlein*, Die Ersatzzuständigkeit des Bundesverfassungsgerichts in landesverfassungsgerichtlichen Organstreitverfahren, AöR Bd. 118 (1993), 68 m.w.N. in Fn. 8 und S. 97.

2 Vgl. die zusammen mit *Theodor Maunz* verfaßten Vorbemerkungen zum Kommentar zum Gesetz über das Bundesverfassungsgericht (Theodor Maunz/Bruno Schmidt-Bleibtreu/Franz Klein/Gerhard Ulsamer, Bundesverfassungsgerichtsgesetz), Rdnrn. 21 f.; siehe weiter *Franz Klein*, ebda., § 71 Rdnr. 3.

3 Zum Unterschied zwischen Verfassungshoheit und Verfassungsautonomie *Josef Isensee*, VVDStRL Heft 46 (1988), 122. Zur „Grundrechtsautonomie" der Länder *Johannes Dietlein*, Der Schutz nichtehelicher Lebensgemeinschaften in den Verfassungen und Verfassungsentwürfen der neuen Länder, DtZ 1993, 137.

Landesverfassungsgerichtsbarkeit einschließt. Das hat auch Auswirkungen auf die verfassungsrechtliche Befindlichkeit des wiedervereinigten Deutschlands. Nach der Reföderalisierung der DDR[4] und nach deren Beitritt zum Staatsverband der Bundesrepublik Deutschland zum 3. 10. 1990 war es klar, daß das zuvor etwas in Beschaulichkeit und Behäbigkeit vor sich hindämmernde Phänomen der Verfassungsautonomie und Verfassungsgerichtsbarkeit der Länder neue Anregungen durch die Praxis erfahren würde. Auch hier hat *Franz Klein* frühzeitig und hellsichtig die richtigen Fragen formuliert[5]. Sie verdienen und erfordern Antworten, die hier nur reflexionsartig erfolgen können.

Wenn das bewußt unscharf formulierte Thema „Verfassungsgerichtsbarkeit für die neuen Länder" aufgeworfen wird, dann geht es freilich notabene um die Rolle sowohl des Bundesverfassungsgerichts als auch der Landesverfassungsgerichtsbarkeit. Weder läßt sich der Karlsruher Verfassungshüter von vornherein völlig ausblenden – das geht schon wegen der Reservezuständigkeit z.B. nach Art. 93 Abs. 1 Nr. 4 GG, 3. Variante, aber auch wegen des Bund-Länder-Verhältnisses nicht – noch können gar die Landesverfassungsgerichte vernachlässigt werden, weil das Bundesverfassungsgericht nicht – jedenfalls nicht immer – das letzte Sagen haben kann. Das ist nichts umstürzend Neues. Vor diesem Hintergrund erweisen sich manche der „nouvelles querelles allemandes" doch nur als die Fortsetzung oder Neuauflage alter Kontroversen, was nicht die schlechteste Seite der beitrittsverursachten Kontinuität sein muß. Auch hier liegen jedenfalls die Schwierigkeiten im Detail. Verantwortlich dafür zeichnen die komplizierten materiellen Bundesstaatsstrukturen, die verschiedenen verfassungsrechtlichen Ebenen und die unterschiedlichen enumerativ aufgeführten, also nicht generalklauselartig ausgewiesenen Zuständigkeitsbestimmungen beider Gerichtsbarkeiten. Diese Diagnose ist nicht abschließend. Ihr kritischer Plausibilitätswert wird auch nicht durch die Überzeugungswirkung einiger dem Streit entrückter grobrastriger Gemeinsamkeiten und Schlüsselbegriffe entkräftet. Sicher gibt es derartige konsensfähige markante Merksätze und assoziationsreiche (und -gefährdete) Orientierungsdaten:

1. Dem grundsätzlich selbständigen Nebeneinander der Verfassungsbereiche des Bundes und der Länder entspricht das grundsätzlich selbständige Nebeneinander der Verfassungsgerichtsbarkeit des Bundes und der Länder[6].

---

4 Maßgeblich ist das am 22. Juli 1990 von der Volkskammer beschlossene Ländereinführungsgesetz (LEG), DDR-GBl. 1990 I, S. 955 ff. – Siehe auch *Hans H. Klein*, Verfassungskontinuität im revolutionären Umbruch?, in: Festschrift für Peter Lerche, 1993, 461.

5 Kommentar zum BVerfGG (vgl. oben Fn. 2), Vorbemerkung Rdnr. 93.

6 Beschluß des BVerfG vom 24. März 1982 – 2 BvH 1, 2/82, 2 BvR 233/82 –, BVerfGE 60, 175 (209).

2. Landesverfassungsgerichtsbarkeit und Bundesverfassungsgerichtsbarkeit vollziehen sich im Bundesstaat in grundsätzlich getrennten Räumen[7].
3. Das Bundesverfassungsgericht entscheidet am Maßstab des Grundgesetzes, die Landesverfassungsgerichtsbarkeit an dem der Landesverfassung[8].
4. Das Bundesverfassungsgericht ist keine Revisionsinstanz über den Landesverfassungsgerichten[9].
5. Das Landesverfassungsgericht ist Herr seines Verfahrens[10].
6. Die Landesverfassungsgerichtsbarkeit darf von der Bundesverfassungsgerichtsbarkeit nicht in größere Abhängigkeit gebracht werden, als es nach dem Bundesverfassungsrecht unvermeidbar ist[11].

Doch kann es sich bei solchen Richtwerten nur um die Formulierung von Ausgangspunkten und allgemeinen Argumentationstopoi handeln. In der näheren Ausgestaltung gibt es zwischen beiden Gerichtsbarkeiten zahlreiche Nahtstellen, Schnittpunkte, Berührungsflächen, ja Kollisionsmöglichkeiten, die sich mit allgemeinen Standards der genannten und ähnlichen Art nicht immer befriedigend, jedenfalls nicht allein lösen lassen.

Ein weiteres kommt hinzu: Zwar ist die Abschichtung der Entscheidungskompetenzen der Bundes- und der Landesverfassungsgerichtsbarkeit vom Prinzip des lückenlosen Rechtsschutzes geprägt[12]. Doch darf diese zumal auf das verfassungsrechtliche Bund-Länder-Verhältnis gemünzte Aussage nicht verselbständigt werden. Vor allem läßt sich nicht für jede Art von tatsächlicher, behaupteter oder nur empfundener Verfassungswidrigkeit ein bundes- oder landesverfassungsgerichtlicher Spruchkörper finden. Die gegenteilige Auffassung, so sehr sie von anrührender Rechtsnaivität zeugt und die Akzeptanz namentlich des Bundesverfassungsgerichts belegt, war immer schon falsch. Sie läßt außer acht, daß Verfassungsgerichtsbarkeit weder einen apriorischen, jeder normativen Ordnung vorgegebenen Rechtsbegriff darstellt[13], noch auch nur nach der positiven Rechtsordnung des Grundgesetzes und der von ihm determi-

7 Beschluß des BVerfG vom 2. Februar 1960 – 2 BvF 5/58 –, BVerfGE 10, 285 (293).
8 Beschluß des BVerfG vom 7. Mai 1957 – 2 BvR 2/56 –, BVerfGE 6, 376 (382); Beschluß des BVerfG vom 10. Mai 1960 – 2 BvO 6/56 –, BVerfGE 11, 89 (94).
9 Beschluß des BVerfG vom 14. Mai 1957 – 2 BvR 1/57 –, BVerfGE 6, 445 (449); Beschluß des BVerfG vom 24. März 1982 – 2 BvH 233/82 –, BVerfGE 60, 175 (208).
10 Beschluß des BVerfG vom 24. März 1982 – 2 BvH 1,2/82, 2 BvR 233/82 –, BVerfGE 60, 175 (213).
11 Beschluß des BVerfG vom 29. Januar 1974 – 2 BvN 1/69 –, BVerfGE 36, 342 (357).
12 Beschluß des BVerfG vom 27. April 1982 – 2 BvH 1/81 –, BVerfGE 60, 319 (326).
13 Dazu *Franz Klein*, Kommentar zum BVerfGG (vgl. oben Fn. 2), Vorbemerkung Rdnr. 2.

nierten Landesverfassungen generalklauselmäßig in allen verfassungsrechtlichen Zweifelsfragen angerufen werden kann oder gar von Amts wegen entscheiden darf. Maßgebend ist vielmehr ein strenges Enumerationsprinzip einzelner Verfahrensarten mit limitierten Antragsrechten, Beschwerdebefugnissen, Streitgegenständen, Prüfungsmaßstäben und Entscheidungswirkungen. Daß angesichts dessen manche echte oder scheinbare verfassungsrechtliche Ungerechtigkeit prozessual auf oder vor der Strecke bleibt, ist kein Verstoß gegen, sondern ein Tribut an den Rechtsstaat, zu dem ein tüchtiges Maß von Organisation und Verfahren – und damit eben auch an Formenstrenge und Verfahrensrigidität – gehört. Das gilt auch für das wiedervereinigte Deutschland, das auf der Grundlage des Einigungsvertrages das Ergebnis eines Beitritts der Länder der vormaligen DDR zum Staatsverband der Bundesrepublik Deutschland und damit zu ihrer Rechtsordnung war[14]. Wer Gegenteiliges verlangt, fordert Unmögliches oder Rechtswidriges: Summum ius – summa iniuria. Wer die Gerechtigkeit gegen den Rechtsstaat mit seiner Krone, der Verfassungsgerichtsbarkeit, ausspielt, mag gutgläubig handeln, liegt aber dennoch falsch. Abhilfe könnte noch nicht einmal der neues Verfassungsrecht setzende pouvoir constitué schaffen. Denn auch hier sind rechtliche Bindungen unverkennbar. Selbst der Weg des alten Art. 146 GG, der auch insoweit gewiß kein Königsweg gewesen wäre, hätte das dem Kundigen ohnehin nur scheinbare Dilemma einer zu totalem Rechtsschutz nicht befähigten (Verfassungs-)Gerichtsbarkeit nicht anders beilegen können. Der neue Art. 146 GG, der keinen pouvoir constituant freistellt, sondern im Licht des Art. 79 Abs. 3 GG gesehen werden muß, befreit ebenfalls nicht von normativen Beschränkungen.

II. Entscheidungskompetenzen des Bundesverfassungsgerichts

Auch für das Bundesverfassungsgericht gilt, daß seine Entscheidungskompetenzen für die neuen Länder strikt durch die normativen Vorgaben der positiven Rechtsordnung legitimiert, aber auch limitiert sind. Irgendwelche freiwüchsigen exzeptionellen Befugnisse, die sich nicht aus verfassungsrechtlichen bzw. einfachgesetzlichen Zuweisungen ableiten lassen, existieren nicht. Sie lassen sich auch nicht aus seiner Funktion als Hüter der Verfassung ableiten; entsprechend unbehelflich wäre eine pauschale Berufung auf eine davon abgeleitete und dem Bundesverfassungsgericht zugesprochene besondere Funktion als Hüter der Wiedervereinigung. Zumindest Vorsicht ist schließlich auch geboten gegenüber dem Unterfangen, bestehende Kompetenzbestimmungen des Bundesverfassungsgerichts mit Rücksicht auf vermeintliche landesverfassungsgerichtliche Rechtsschutzvakua extensiv aufzuladen.

14 Zur Subjektsidentität vgl. *Josef Isensee*, Verfassungsrechtliche Wege zur deutschen Einheit, in: Zeitschrift für Parlamentsfragen, 1990, 309 (316 f.).

Mehrere Gesichtspunkte, die freilich in diesem Zusammenhang nicht annähernd ausgelotet werden können, verdienen im einzelnen Hervorhebung.

1. Die strikte (Verfassungs-)Gesetzesakzessorietät der Entscheidungsbefugnis des Bundesverfassungsgerichts

Die Entscheidungskompetenzen des Bundesverfassungsgerichts fußen sämtlich auf positivem (Verfassungs- und/oder Gesetzes-)Recht und werden zugleich von diesem begrenzt. Eine unbeschränkte generalklauselartig umrissene Omnipotenz fehlt ihm. Maßgebend ist der – allerdings quantitativ und qualitativ beträchtliche – enumerative Katalog (Art. 93 GG; § 13 BVerfGG). Sicherlich läßt sich aus der Summe und dem Gewicht der einzelnen Verfahrensarten, namentlich aus der Befugnis zur normenkontrollierenden Kassation der Akte sogar des parlamentarischen Gesetzgebers, der Schluß ziehen, daß das Bundesverfassungsgericht Hüter der Verfassung ist. Bonn (bzw. Karlsruhe) ist nicht Weimar. Doch kann diese Wächterfunktion nur deskriptiv die Fülle der ohnehin vorhandenen bzw. vorausgesetzten Kompetenzen zusammenfassen. Sie darf hingegen nicht aus der Kompetenzordnung herausgenommen, verabsolutiert und zum Ausgangspunkt einer Ableitung selbständiger, bislang nicht zugewiesener Kompetenzen gemacht werden.

Nichts anderes bestimmt die Rechtslage im wiedervereinten Deutschland. Irgendwelche ungeschriebenen Reservezuständigkeiten, die nicht schon durch die frühere oder neue positive Rechtsordnung vermittelt werden, wachsen dem Bundesverfassungsgericht nicht zu. Das betrifft sowohl die Frage der Inanspruchnahme gänzlich neuer Zuweisungen als auch die Frage der extensiven Handhabung bestehender Kompetenzzuordnungen. Es liegt in der Automatik und in der Konsequenz des auf Art. 23 Satz 2 a.F. GG gestützten Beitrittsaktes, daß die Wiedervereinigung, die ja ein Beitritt der DDR zum Grundgesetz (und der von ihm determinierten Rechtsordnung) war, strikt nach rechtlichen, namentlich nach verfassungsrechtlichen Maßstäben bewirkt wurde, die an der prinzipiellen Identität und Kontinuität der Rechtsordnung nichts änderten. Die beitrittsbedingten Verfassungsänderungen sind keine Ausnahme, sondern eine Bestätigung dieser Einschätzung[15]. So gesehen und in Anbetracht des normativen Perfektionsgrades des Wiedervereinigungsprozesses ist kein Vakuum entstanden, das vom Bundesverfassungsgericht jenseits der positiven Rechtsordnung auszufüllen wäre.

Wenn *Theodor Maunz* und *Franz Klein* dennoch von einer „beitrittsverbunden Erweiterung der Rechtsprechungskompetenz des BVerfG"[16] sprechen, so betrifft dies allein den unbestreitbaren Befund, daß sich die

15 Vgl. *Herbert Bethge*, Haftungsprobleme aus Anlaß der Föderalisierung des vormaligen DDR-Rundfunks, AfP 1992, 13 ff.

16 Kommentar zum BVerfGG (vgl. oben Fn. 2), Vorbem. Rdnr. 93.

Jurisdiktion des Karlsruher Verfassungshüters im Rahmen der Rechtsordnung nunmehr auch auf den neuen Teil Deutschlands erstreckt. Solche und ähnliche Freizeichnungen (z.B. der Wegfall des Berlin-Vorbehalts[17]) sind indes keine exzeptionellen Not- bzw. Reservekompetenzen.

Skepsis ist darum auch von hierher anzumelden, wenn allgemein daran gedacht werden sollte, „daß die Kompetenz des landesverfassungsgerichtlichen Schutzes als solche auf das Bundesverfassungsgericht übergeht, das Bundesverfassungsgericht gleichsam in seiner Funktion als Garant gesamtstaatlicher Rechtsschutzverantwortung (sic!) auch den Schutz einzelner Landesverfassungen übernimmt, in dem es landesverfassungsgerichtliche Streitverfahren am Maßstab der Landesverfassung entscheidet"[18]. Dem Bundesverfassungsgericht kann nicht ohne weiteres die Funktion eines Garanten gesamtstaatlicher Rechtsschutzverantwortung zuerkannt werden; jedenfalls nicht unter Einebnung der von der Rechtsordnung so gewollten Eigenständigkeit und gelegentlichen Vorrangfunktion der Landesverfassungsgerichtsbarkeit.

Andererseits schließt diese Rechtsordnung Reservezuständigkeiten des Bundesverfassungsgerichts nicht aus. Das leitet über zum nächsten Punkt:

2. Verfassungsstreitigkeiten innerhalb eines Landes vor dem Bundesverfassungsgericht

Die hierfür maßgebliche Bestimmung ist Art. 93 Abs. 1 Nr. 4 GG, 3. Variante i.V. mit § 13 Nr. 8, § 71 Abs. 1 Nr. 3 BVerfGG. Danach entscheidet das Bundesverfassungsgericht in öffentlich-rechtlichen Streitigkeiten innerhalb eines Landes, sofern kein anderer Rechtsweg gegeben ist. Die Vorschrift ist nicht ohne Brisanz. Einmütigkeit dürfte darüber bestehen, daß die angesprochenen öffentlich-rechtlichen Streitigkeiten nur solche verfassungsrechtlicher Art sind – die Streitigkeiten nichtverfassungsrechtlichen Charakters unterfallen nach der Systematik bundesdeutscher Rechtswegestaatlichkeit der Entscheidungsgewalt der Verwaltungsgerichtsbarkeit (§ 40 VwGO) – und daß die andere Gerichtsbarkeit (im Verhältnis zum Bundesverfassungsgericht) nur die Landesverfassungsgerichtsbarkeit sein kann. Doch fangen damit die subkutanen Schwierigkeiten dieser nur äußerlich glatten Rechtswegabgrenzungsnorm erst an. Sie sind beileibe nicht nur von akademischem Interesse. Bis vor einigen Jahren besaß die Regelung zwar eher nur didaktischen Nährwert. Die alten Länder hatten „ihre" verfassungsrechtlichen Organstreitigkeiten samt und sonders den eigenen Landesverfassungsgerichten zugewiesen und damit die Reservezuständigkeit des Bundesverfassungsgerichts aus-

17 Vgl. Beschluß der 2. Kammer des Zweiten Senats des BVerfG vom 12. Juli 1991 – 2 BvR 1463/90 –, LKV 1992, 25.

18 *Karl-Georg Zierlein* (vgl. oben Fn. 1), AöR Bd. 118 (1993), 71.

geschlossen[19]. Der Bedeutungsgehalt der Bestimmung erschöpfte sich in der damit dem Bundesverfassungsgericht zugewiesenen Funktion einer fleet in being. Das Gericht brauchte daher nur hin und wieder behutsame Klarstellungen, tendenzielle Weichenstellungen bzw. graduelle Korrekturen vorzunehmen[20].

Solche Idyllik scheint vorderhand dahin zu sein. Die Wiedervereinigung Deutschlands sorgte für ein gutes Stück praktischer Zufuhr. Im März 1992 diagnostizierte *Franz Klein* zu Recht: „Die 3. Alternative (scil. des Art. 93 Abs. 1 Nr. 4 GG) hat durch die Bildung der neuen Länder und den Beitritt eine bisher nicht gekannte Bedeutung erlangt, da das BVerfGG dort unmittelbar gilt und eine eigene Landesverfassungsgerichtsbarkeit der Länder noch nicht besteht."[21] Daß in der Zwischenzeit die neuen Länder Brandenburg, Sachsen und Sachsen-Anhalt jeweils eine eigene Landesverfassungsgerichtsbarkeit installiert haben[22], der auch die verfassungsrechtliche Organstreitigkeit als eines der kompetenziellen Herzstücke von Verfassungsrechtsprechung zugewiesen ist, nimmt dieser Einschätzung nichts von ihrer Aktualität. Zwischenzeitlich wurde eine Reihe von Organstreigkeiten innerhalb eines Landes gemäß Art. 93 Abs. 1 Nr. 4 GG, 3. Variante beim Bundesverfassungsgericht anhängig gemacht[23]. Nicht in allen Fällen ist die Reservezuständigkeit des Bundesverfassungsgerichts zweifelsfrei, der Verfassungsstreit also zulässig. Das gilt jedenfalls dann, wenn der Sache nach Landesgesetze angegriffen werden, ohne daß die klagende Seite eine eigene Beschwer dartun kann. Eine abstrakte Normenkontrolle nämlich, die als objektives Verfahren ein von subjektiver Rechtsbetroffenheit befreites bloßes Antragsrecht auf Normüberprüfung zuläßt, kann über Art. 93 Abs. 1 Nr. 4 GG, 3. Variante nicht beim Bundesverfassungsgericht eingeleitet werden. Die landesinterne

19 Das betraf und betrifft auch Schleswig-Holstein, das vormals in Art. 37 seiner Landessatzung, später in Art. 44 der neuen Verfassung von der Möglichkeit des Art. 99 GG Gebrauch gemacht und dem Bundesverfassungsgericht seine Landesverfassungsstreitigkeit anvertraut hat: Systematisch stellt Art. 99 GG eine auf Organleihe beruhende Kompetenz dar, durch die das Bundesverfassungsgericht als „Verfassungsgericht für ein Land" in Anspruch genommen wird. Folglich hebelt die auf Art. 99 GG gestützte primäre Zuständigkeit des Bundesverfassungsgerichts seine nur subsidiäre Zuständigkeit aus Art. 93 Abs. 1 Nr. 4 GG, 3. Variante aus. Vgl. zu letzterem *Franz Klein*, in: Kommentar zum BVerfGG (vgl. oben Fn. 2), § 71 Rdnr. 2.

20 Vgl. z.B. Beschluß des BVerfG vom 2. Dezember 1969 – 2 BvK 1/69 –, BVerfGE 27, 240 ff.; Beschluß des BVerfG vom 24. März 1982 – 2 BvH 1,2/82, 2 BvR 233/82 –, BVerfGE 60, 175 ff.

21 Kommentar zum BVerfGG (vgl. oben Fn. 2), § 71 Rdnr. 7 a.E.

22 Vgl. die Nachweise bei *Hans v. Mangoldt*, Die Verfassungen der neuen Bundesländer, 1993. Auch in Mecklenburg-Vorpommern und Thüringen steht die Etablierung von Landesverfassungsgerichten bevor.

23 Vgl. Beschluß des BVerfG vom 10. März 1992 – 2 BvH 3/90 –, BVerfGE 85, 353 (358 ff.); Beschluß des BVerfG vom 22. Dezember 1992 – 2 BvQ 14/91, 2 BvH 6/91 –, BVerfGE 88, 63 (67 ff.); siehe ferner den Hinweis von *Karl-Georg Zierlein* (vgl. oben Fn. 1), AöR Bd. 118 (1993), 105 Fn. 132.

Verfassungsstreitigkeit, um die es geht, ist vielmehr eine kontradiktorische Streitigkeit mit echten, von subjektiven Berechtigungen abhängigen Parteien.

Zwar können auch Normenkontrollsachen in einem kontradiktorischen Streit erledigt werden[24]. Im Rahmen beider klassischer Verfassungsstreitigkeiten, die der Staatsgerichtsbarkeit zugerechnet werden, sind verdeckte Normenkontrollen möglich: Sowohl die Bund-Länder-Streitigkeit (Art. 93 Abs. 1 Nr. 3 GG) als auch die Organstreitigkeit (Art. 93 Abs. 1 Nr. 1 GG) können über die (behauptete) Verfassungswidrigkeit von Normsetzungsakten ausgetragen werden. Bedeutsam ist aber, daß Streitgegenstand die Rechtsverletzung des Verbandes (Nr. 3) bzw. des Organs (Nr. 1) ist. Im Vordergrund steht nicht die Norm selbst, sondern die (geltend gemachte) Verletzung des Antragstellers in seinen (kompetenziellen) Rechten durch den Erlaß der Norm seitens des Antragsgegners. Demgemäß kann klagebefugte Partei nur die sein, die dergestalt beschwert ist. Das ist auch für die der bundesverfassungsgerichtlichen Organstreitigkeit nachgebildete Organstreitigkeit des Landesverfassungsrechts, von der Art. 93 Abs. 1 Nr. 4 GG, 3. Variante handelt, maßgeblich. Anders gewendet: Ein Klagerecht setzt gleichfalls eine potentielle Betroffenheit der klagenden Partei in eigenen (Kompetenz-)Rechten voraus. Nur dann kann es zu einer verkappten Normenkontrolle via Art. 93 Abs. 1 Nr. 4 GG, 3. Variante kommen, wenn sie – wie *Franz Klein* ausführt – in eine konkrete Verfassungsstreitigkeit eingebettet ist. Eine abstrakte Normenkontrolle hingegen, die vom Nachweis der subjektiven Beschwer der Antragsteller unabhängig ist, läßt sich über die Vorschrift nicht bewerkstelligen. An diesem Umstand dürfte manche zur Zeit in Karlsruhe anhängige, auf Art. 93 Abs. 1 Nr. 4 GG, 3. Variante gestützte Klage aus den neuen Ländern scheitern. Gegenteiliges könnte nur dann vertreten werden, wenn die Auffassung zuträfe, daß – zum ersten – zur Verfassungsstaatlichkeit der Länder auch eine eigene Landesverfassungsgerichtsbarkeit zählt, daß – zum zweiten – zu deren Kerninsignien neben der Verfassungsorganstreitigkeit auch eine abstrakte Normenkontrolle rechnet und daß – zum dritten – bei Schweigen des positiven Landesverfassungsrechts das Manko vom Bundesverfassungsgericht über Art. 93 Abs. 1 Nr. 4 GG, 3. Variante ausgefüllt werden müßte. Eine solche Argumentationskette wäre indes reichlich spekulativ und verliert von dieser Dubiosität auch nichts durch die landesverfassungsgerichtslose Zeit nach der Wende.

Von eigentümlichem wiedervereinigungsbedingtem Reiz ist eine andere Spezialzuständigkeit des Bundesverfassungsgerichts:

---

24 *Franz Klein*, in: Kommentar zum BVerfGG (vgl. oben Fn. 2), § 71 Rdnr. 8.

3. Das Bundesverfassungsgericht als Hüter der Verfassungsposition der (untergegangenen) DDR

Eine interessante, sozusagen wiedervereinigungsspezifische Möglichkeit, das Bundesverfassungsgericht anzurufen, eröffnet den neuen Ländern Art. 44 des Einigungsvertrages: Danach werden die Rechte der vormaligen DDR aus dem Einigungsvertrag (gegenüber der Bundesrepublik Deutschland als dem anderen Vertragspartner) von den neuen Ländern geltend gemacht. Diese Rechtswahrungsklausel hat auch verfassungsgerichtliche Konsequenzen. Soweit nämlich die Verletzung materiell verfassungsrangiger Verpflichtungen der Bundesrepublik Deutschland gegenüber der DDR aus dem Einigungsvertrag, der seinerseits in gewichtigen Teilen auf der Ebene von Verfassungsrecht liegt[25], in Rede steht, können die neuen Länder gegen den Bund das Bundesverfassungsgericht anrufen. Voraussetzung ist, daß materiell verfassungskräftige Rechte der vormaligen DDR aus dem Einigungsvertrag betroffen sind, die eine verfassungsrechtliche Streitigkeit zwischen der Bundesrepublik Deutschland und der DDR auslösen (würden). Solche Rechte der DDR gegenüber der Bundesrepublik Deutschland sind nicht mit dem Untergang der DDR erloschen[26]. Eine Konfusion als Folge des Beitritts der DDR zum Staatsverband der Bundesrepublik Deutschland hat also nicht stattgefunden. Die Rechte überdauern vielmehr, wobei das dafür maßgebliche Rechtsfundament hier nicht näher beleuchtet zu werden braucht. Die Anschlußfrage betrifft natürlich die prozessuale Realisierung solcher Rechte. Darauf zielt Art. 44 EV: Die Wahrung der Rechtsposition der untergegangenen DDR übernehmen die neuen Länder, die schon zu DDR-Zeiten gebildet wurden und die mit dem Wirksamwerden des Beitritts der DDR zur Bundesrepublik Deutschland deren Länder wurden (Art. 1 EV). Verfahrensrechtlich führt dies zu einer relativ seltenen Bund-Länder-Streitigkeit nach Art. 93 Abs. 1 Nr. 4 GG, 1. Variante[27]. Die klagenden Länder figurieren als Prozeßstandschafter für die (nicht mehr existente) DDR. Das ist nicht purer Konstruktivismus. Diese elegante Konstruktion vermeidet vielmehr die delikate prozessuale Konsequenz, daß anderenfalls – gemäß den exempla-

25 Vgl. Beschluß des BVerfG vom 18. September 1990 – 2 BvE 2/90 –, BVerfGE 82, 316 (320 f.); Urteil des BVerfG vom 23. April 1991 – 1 BvR 1170, 1174, 1175/90 –, BVerfGE 84, 90 (118 ff.), zu den im Einigungsvertrag vereinbarten beitrittsbedingten Änderungen des Grundgesetzes. Zum Problem, ob der Einigungsvertrag ein Recht auf Beibehaltung der paktierten Verfassungsbestimmungen begründet, vgl. *Eckart Klein*, Bundesstaatlichkeit im vereinten Deutschland, in: Kirchhof/Klein/Raeschke-Kessler (Hrsg.), Die Wiedervereinigung und damit zusammenhängende Rechtsprobleme, 1991, 36 ff.; vgl. weiter *Michael Nierhaus*, Strukturprobleme des gesamtdeutschen Bundesstaates, in: Joachim Burmeister u.a. (Hrsg.), Germania restituta, 1993, 39.

26 Zur Rolle der Bundesrepublik als Rechtsnachfolgerin der DDR, Urteil des BVerfG vom 24. April 1991 – 1 BvR 1341/90 –, BVerfGE 84, 133 (147).

27 Art. 93 Abs. 1 Nr. 3 GG scheidet aus, weil die Verfahrensart nur die Rüge und Feststellung von Grundgesetzverstößen zuläßt.

rischen Vorgaben im Coburg-Falle[28] – die DDR selbst als fingierte bzw. fiktive Klägerin aus dem Einigungsvertrag auftreten müßte oder dürfte, in welcher Position sie dann freilich von den (ihren) Ländern vertreten werden müßte.

Als zugelassener Prozeßstandschafter in diesem Sinne figuriert jedes neue Land. Es müssen nicht alle neuen Länder solidarisch handeln. Es entspricht der Logik des Art. 5 EV, daß auch ein neugebildetes Land auf dem Territorium der vormaligen DDR (namentlich ein später einmal möglicherweise geschaffenes neues Land Berlin-Brandenburg) diese Art von Prozeßführungsbefugnis für sich reklamieren darf.

III. Elemente des Vorrangs der Landesverfassungsgerichtsbarkeit

1. Allgemeine Grundsätze

Ein generelles Vorrangprinzip zugunsten der Bundesverfassungsgerichtsbarkeit (und zu Lasten der Landesverfassungsgerichtsbarkeit) läßt sich dem Grundgesetz und der seiner Konkretisierung dienenden einfachgesetzlichen Legalordnung nicht entnehmen. Die gegenteilige Behauptung läßt sich weder durch die Berufung auf den insoweit schemenhaften Begriff des Hüters der (Gesamt-)Verfassung rechtfertigen noch durch die Beschwörung sonstiger aus der konkreten Zuständigkeitsordnung herausgelöster Wichtigkeitsattribute belegen. Genausowenig wie das Bundesverfassungsgericht Superrevisionsinstanz gegenüber der Fachgerichtsbarkeit ist, ebensowenig figuriert es als regelmäßige zweite Instanz über der Landesverfassungsgerichtsbarkeit. Auch insofern kommt es auf die einzelnen Verfahrensarten und Zuständigkeitsbestimmungen an, aus denen sich nur einzelne – im Verhältnis zueinander nicht selten gegenläufig erscheinende – Tendenzen ausmachen lassen. Umgekehrt existiert auch kein allgemeiner Grundsatz der Subsidiarität der Bundesverfassungsgerichtsbarkeit und der Priorität der Landesverfassungsgerichtsbarkeit. Wo die Entscheidungskompetenz des Bundesverfassungsgerichts dennoch nur subsidiär ist, gilt dies kraft positiven (Bundes- und z.T. Landesverfassungs-)Rechts.

Die deutsche Wiedervereinigung ändert an alledem nichts. Prekäre und spektakuläre „wiedervereinigungsbedingte" Fälle bestätigen nur den Befund, daß die Abschichtung der Befugnisse von Bundes- und Landesverfassungsgerichten auf einem filigranhaften und komplizierten Regelungswerk beruht. Wie manches hochdifferenzierte juristische Subsystem ist es vielleicht zu sehr zum nur (noch) juristischen Insidern verständlichen Rechtsstoff geronnen. Das mag neben der Politikverdrossenheit auch Ge-

28 Urteil des BVerfG vom 30. Januar 1973 – 2 BvH 1/72 –, BVerfGE 34, 216 ff.; vgl. auch Urteil des BVerfG vom 22. September 1976 – 2 BvH 1/74 –, BVerfGE 42, 345 ff. Siehe dazu *Franz Klein*, in: Kommentar zum BVerfGG (vgl. oben Fn. 2), § 71 Rdnrn. 4 ff.

richtsverdrossenheit auslösen, die verständlich ist. Doch bleibt es bei der gesetzlichen Normallage. Mit pauschalen populistischen bzw. putativjuristischen Gegenfloskeln läßt sich jedenfalls nichts erreichen.

Es lassen sich daher redlicherweise nur einzelne Fälle der Subsidiarität der Jurisdiktionsgewalt des Bundesverfassungsgerichts ausmachen (2.), die freilich in diesem Zusammenhang lediglich angedeutet werden können. Entsprechendes gilt für Erwägungen über die begrenzte Justitiabilität von Judikaten der Landesverfassungsgerichtsbarkeit (3.).

2. Subsidiarität der Landesverfassungsgerichtsbarkeit

Der bedeutsame Fall aus dem engeren Bereich der Staatsgerichtsbarkeit – Art. 93 Abs. 1 Nr. 4 GG, 3. Variante – wurde bereits gestreift. Eine andere lupenreine Modalität ist in Art. 93 Abs. 1 Nr. 4b, 2. Halbsatz GG geregelt. Die Kommunalverfassungsbeschwerde gegen Landesgesetze, die das Recht der Selbstverwaltung verletzen, kann nicht beim Bundesverfassungsgericht erhoben werden, wenn ein Rechtsbehelf zu einem Landesverfassungsgericht möglich ist. Schon diese Möglichkeit, nicht erst die Erhebung des landesrechtlichen Rechtsbehelfs, löst die Subsidiaritätsklausel des Art. 93 Abs. 1 Nr. 4b, 2. Halbsatz GG aus. Das ist ebenso gesicherte Erkenntnis wie die Auffassung, daß der landesrechtliche Rechtsbehelf nicht als reine Kommunalverfassungsbeschwerde strukturiert sein muß. Vor diesem Hintergrund gewinnt die Rechtsprechung des Bayerischen Verfassungsgerichtshofs Plausibilität, der kommunalen Gebietskörperschaften den Weg zum Bundesverfassungsgericht wegen der Zulässigkeit einer grundrechtsgestützten Rechtssatzpopularklage nach Art. 98 Satz 4 BayVerf. verschließt[29].

In diesem Zusammenhang von besonderem Interesse ist eine neuerliche Entscheidung des Bundesverfassungsgerichts, in der die exklusive Kompetenz der Landesverfassungsgerichtsbarkeit auch mit Blick auf die inhaltliche Effektivität der Rechtsprechung für den substantiellen Schutz der kommunalen Selbstverwaltungsgarantie gegenüber dem Landesgesetzgeber bekräftigt[30] wird: „Wenn Länder Landesverfassungsgerichte mit den entsprechenden Kompetenzen eingerichtet haben, ist die Wahrung des Selbstverwaltungsrechts der Gemeinden dem Landesverfassungsgericht anvertraut. Die Gemeinden sind damit auf das Verfahrensrecht des Landes ebenso wie auf die Auslegung des in der jeweiligen Landesverfassung garantierten Selbstverwaltungsrechts und die sich aus der Landesverfassung ergebenden Prüfungsmaßstäbe verwiesen."

Dieser vorderhand glatt und einsichtig erscheinende Rückzug des Bundesverfassungsgerichts von nahezu jeglicher Einwirkung auf die landesver-

29 St. Rspr. seit der Entscheidung des BayVerfGH vom 13. Juli 1976 – Vf. 2-VII-74 –, BayVerfGHE 29, 105 (121 ff.).

30 Beschluß der 1. Kammer des Zweiten Senats des BVerfG vom 2. Februar 1993 – 2 BvR 688/92 –, BayVBl. 1993, 303 f.

fassungsgerichtliche Praxis in Sachen Handhabung der verfassungsrangigen kommunalen Selbstverwaltungsgarantie ist bei näherem Zusehen nicht ganz bedenkenfrei: Immerhin ist ja die von Bundesverfassungs wegen in Art. 93 Abs. 1 Nr. 4b GG erfolgte Prästierung des Rechtsbehelfs der kommunalen Verfassungsbeschwerde prozessuales Pendant zur materiellen Gewährleistungsfunktion des Bundes aus Art. 28 Abs. 3 GG für die Beachtung der gemeindlichen Selbstverwaltungsgarantie durch die Länder. Angesichts dessen muß schon die Frage gestellt werden (dürfen), ob jede noch so eigenwillige Entscheidung eines Landesverfassungsgerichts zum Thema eine bundesverfassungsgerichtliche Kontrolle nur wegen der Automatik der Subsidiaritätsklausel der kommunalen Verfassungsbeschwerde ausschließt[31]. Andererseits verläuft die bislang vorliegende Rechtsprechung des Bundesverfassungsgerichts zu Art. 28 Abs. 2 GG in den Bahnen der Judikatur auch der Landesverfassungsgerichte[32]. Nennenswerte Friktionen sind kaum ersichtlich.

Anders und komplizierter sind die Problemlagen, die sich für die grundrechtsgestützte Verfassungsbeschwerde (Art. 93 Abs. 1 Nr. 4a GG, § 90 BVerfGG) aus dem Nebeneinander von Bundes- und Landesverfassungsgerichtsbarkeit ergeben. Hier haben gerade spezifisch wiedervereinigungsbedingte Fälle gezeigt, daß im Zuständigkeitskonflikt zwischen Bundesverfassungsgericht und Landesverfassungsgerichtsbarkeit pauschales verfassungsprozessuales Prioritäts- und/oder Subsidiaritätsdenken fehl am Platze ist, ja in die Irre führt.

3. Das Landesverfassungsgericht als Hüter der Landesgrundrechte und die begrenzte Justitiabilität seiner Entscheidungen

Die neuen Länder haben sich in Wahrnehmung ihrer Verfassungshoheit auch der Schaffung einer eigenen Landesgrundrechtsordnung angenommen. Art. 28 Abs. 1 GG und der – fast schon in Vergessenheit geratene – Art. 142 GG decken dies vom Grundsatz her zweifellos[33]. Soweit im euphorischen Überschwang des Gefühls autonomer (aber eben nicht souveräner) Verfassungsgebung des Guten zuviel an (sozialen) Teilhaberechten z.B. getan wurde, wird es Sache der Rechtswissenschaft und der Praxis sein, mit den Mitteln (bundes-)verfassungskonformer Auslegung allzu

31 Vgl. schon *Herbert Bethge*, Die Kompetenzabgrenzung zwischen Bundes- und Landesverfassungsgerichtsbarkeit bei der kommunalen Verfassungsbeschwerde, DÖV 1972, 336 ff.

32 Siehe etwa Beschluß des BVerfG vom 27. November 1978 – 2 BvR 165/75 –, BVerfGE 50, 50 ff.; Beschluß des BVerfG vom 17. Januar 1979 – 2 BvL 6/76 –, BVerfGE 50, 195 ff.; Beschluß des BVerfG vom 12. Mai 1992 – 2 BvR 470, 650, 707/90 –, BVerfGE 86, 90 ff.

33 Vgl. nur *Ute Sacksofsky*, Landesverfassungen und Grundgesetz am Beispiel der Verfassungen der neuen Bundesländer, NVwZ 1993, 235 ff.; *Johannes Dietlein* (vgl. oben Fn. 3), DtZ 1993, 136 ff.; *Michael Kilian*, Föderalistische Verfassungsgebung in den neuen Bundesländern: Das Beispiel Sachsen-Anhalt, JuS 1993, 536 ff.

üppigen landesverfassungsrechtlichen Wildwuchs zurechtzustutzen. Das sollte keine Veranlassung zu westdeutscher Überheblichkeit geben. Immerhin mußten sich auch manche frühen Verheißungen in (west-)deutschen Landesverfassungen spätere Korrekturen wegen des Grundsatzes „ultra posse nemo obligatur" gefallen lassen.

Es entspricht dem Selbstwertgefühl für die eigenen Landesgrundrechte, wenn die neuen Länder mit deren Schutz die eigenen Landesverfassungsgerichte betrauen. Dies ist nicht nur darum plausibel, weil nach gemeindeutschem Verfassungsverständnis der spezifische verfassungsgerichtliche Grundrechtsschutz die jüngste Grundformation moderner Verfassungsgerichtsbarkeit (nach den kontradiktorischen Streitigkeiten der Staatsgerichtsbarkeit und nach den Normenkontrollen) darstellt. Für die Praxis wichtig ist vor allem, daß nur ein Landesverfassungsgericht über Landesgrundrechte als Prüfungsmaßstab judizieren darf. Das Bundesverfassungsgericht entscheidet nur am Maßstab der Bundesgrundrechte (denen des Grundgesetzes also). Eine auch nur subsidiäre Zuständigkeit des Bundesverfassungsgerichts zur Sicherung der Landesgrundrechte kommt nicht in Betracht[34]. Umgekehrt ist die Bundesverfassungsbeschwerde nicht ausgeschlossen, wenn die Möglichkeit einer Landesverfassungsbeschwerde besteht. Das stellt § 90 Abs. 3 BVerfGG klar. Der Grundsatz der Subsidiarität der (Bundes-)Verfassungsbeschwerde[35] bezieht sich insofern ausschließlich auf das Verhältnis zum vorrangigen Grundrechtsschutz durch die Fachgerichtsbarkeit. Er spielt also im Zusammenhang der Abschichtung zwischen der Verfassungsgerichtsbarkeit des Bundes und der Länder keine Rolle[36].

Der Fall Honecker hat die komplizierten föderalen und verfassungsprozessualen Konfliktlagen schlaglichtartig erhellt[37]. Eine eigenständige,

34 Dazu zuletzt Beschluß der 1. Kammer des Ersten Senats des BVerfG vom 21. Dezember 1992 – 1 BvR 74, 259/90 –, NVwZ 1993, 1079; Beschluß der 1. Kammer des ersten Senats des BVerfG vom 19. April 1993 – 1 BvR 744/91 –, NVwZ 1994, 59 (60). Etwas anderes ist es, daß das Bundesverfassungsgericht ggf. über die Verfassungsmäßigkeit von Landesgrundrechten entscheiden darf. Nur ist das Landesgrundrecht in diesem Fall Prüfungsgegenstand, nicht Prüfungsmaßstab.

35 Dazu umfassend *Reinhard Warmke*, Die Subsidiarität der Verfassungsbeschwerde, 1993.

36 Auf einem anderen Blatt steht, daß Bundesverfassungsbeschwerden *gegen* Entscheidungen eines Landesverfassungsgerichts am Grundsatz der Subsidiarität der Bundesverfassungsbeschwerde insoweit scheitern können, als bestimmte Rügen bereits vor dem Landesverfassungsgericht hätten geltend gemacht werden müssen; vgl. Beschluß der 3. Kammer des Zweiten Senats des BVerfG vom 22. Oktober 1992 – 2 BvR 1188/87 –, NVwZ 1993, 1080 (1081). Der Sache nach dürfte es sich dabei um einen Fall der Präklusion handeln.

37 Vgl. Beschluß des BerlVerfGH vom 12. Januar 1993 – VerfGH 55/92 –, NJW 1993, 515 ff.; dazu *Jörg Berkemann*, Ein Landesverfassungsgericht als Revisionsgericht – Der Streitfall Honecker, NVwZ 1993, 409 ff. m.w.N.; ferner *Jürgen Gehb*, Bricht Berliner Landesrecht Bundesrecht?, DÖV 1993, 470 ff.; *Richard Bartlsperger*, Einstellung des Strafverfahrens von Verfassungs wegen,

noch dazu abschließende Würdigung des Berliner Urteils kann an dieser Stelle allerdings nicht annähernd erwartet werden. Hinzuweisen ist nur auf zwei thematisch einschlägige Aspekte, die die Entscheidung aus juristischer (!) Sicht als nicht ganz so suspekt erscheinen lassen.

Stützt sich ein Beschwerdeführer auf ein Landesgrundrecht, dann können nach allgemeinen bundesstaatsrechtlichen Grundsätzen (nur) Akte der Landesstaatsgewalt angegriffen werden. Dazu gehören auch Gerichtsentscheidungen (von Landesgerichten). Angefochten werden können auch Entscheidungen von Landesgerichten, wenn sie auf der Basis einfachen Bundesrechts – der StPO z.B. – ergangen sind, solange nur die Landesgrundrechtskonformität des beanstandeten Aktes öffentlicher Landesstaatsgewalt in Rede steht. Was *diesen* Aspekt anbelangt, war – zumal in Kenntnis der jahrzehntelangen Rechtsprechung des Bayerischen Verfassungsgerichtshofes[38] – nichts zu erinnern, wenn der Berliner Verfassungsgerichtshof sich für befugt erachtete, über Entscheidungen des Landgerichts Berlin zu judizieren. Jedenfalls gibt es keinen allgemeinen Grundsatz, daß allein das Bundesverfassungsgericht zuständig gewesen wäre. Die gegenteilige Auffassung ist schlicht falsch.

Schwerer schon wiegt der Vorhalt, die Würde des Menschen, die im Fall einer Fortdauer des Strafverfahrens gegen Honecker (angeblich) verletzt würde, sei nicht in der Berliner Verfassung enthalten. Aber auch hier macht es sich die Kritik etwas leicht. Das Verfassungsrecht hält mit den Figuren des lückenlosen Grundrechtsschutzes (auch einer Landesverfassung) in Gestalt einer notfalls ungeschriebenen Generalklausel bzw. der in das Landesverfassungsrecht einwirkenden Bundesverfassung[39] ausreichende Parameter bereit, um scheinbar insuffizientes Landesverfassungsrecht im Prüfungsmaßstab anzureichern.

Hält man das Urteil des Berliner Verfassungsgerichtshofs für bundesverfassungsrechtswidrig, ist eine automatische Revisionsmöglichkeit beim Bundesverfassungsgericht nicht eröffnet.

Nur eine Bundesverfassungsbeschwerde nach Art. 93 Abs. 1 Nr. 4a GG gegen den Spruch des Berliner Verfassungsgerichtshofes als Akt öffentlicher Gewalt kam in Betracht. Dann müßte aber ein Bundesgrundrecht verletzt worden sein. Das läßt sich substantiiert kaum dartun. Daß die Elfes-Konstruktion des Art. 2 Abs. 1 GG nicht genutzt werden kann, um mit ihr Entscheidungen eines Landesverfassungsgerichts durch Instru-

---

DVBl. 1993, 333 ff. Der BerlVerfGH hat seinen Standpunkt mittlerweile bekräftigt; vgl. Beschluß des BerlVerfGH vom 2. Dezember 1993 – VerfGH 89/93 –, NJW 1994, 436 ff.

38 Vgl. nur Entscheidung des BayVerfGH vom 2. August 1974 – Vf. 51-VI-73 –, BayVerfGHE 27, 109 (118); Entscheidung des BayVerfGH vom 21. November 1990 – Vf. 5-VI-79 –, BayVerfGHE 33, 165 ff.; Entscheidung des BayVerfGH vom 15. Oktober 1992 – Vf. 117-VI-91 –, NJW 1993, 518 ff.

39 Dazu umfassend und kritisch *Jochen Rozek,* Das Grundgesetz als Prüfungs- und Entscheidungsmaßstab der Landesverfassungsgerichte, 1993, S. 100 ff. m.w.N.

mentalisierung des Bundesverfassungsgerichts auszuhebeln, hat Karlsruhe auch schon früher klargestellt[40]. Da selbst vom Honecker-Regime Verletzte (Nebenkläger) keinen bundesgrundrechtlich verbrieften Anspruch auf Strafverfolgung gegen den ersten Repräsentanten des SED-Unrechtsstaates haben[41], war der dennoch unternommene Versuch, zum Bundesverfassungsgericht zu gelangen und eine Revision des Berliner Spruchs zu erreichen, zum Scheitern verurteilt. Das geht materiell- wie verfahrensrechtlich in Ordnung. Die Verfassungsbeschwerde ist keine Popularklage. Sie sollte auch nicht ad hoc, selbst nicht für den nach materieller Gerechtigkeit schreienden Einzelfall populistisch überdehnt werden. Der Rechtsstaat schützt gewöhnliche Straftäter und potentielle Regierungskriminelle gleichermaßen. Diskrepanzen zwischen isoliert gehaltener Gerechtigkeit und als bloß formal denunzierter Rechtsstaatlichkeit dürfen um der Gesamtheit der Rechtsordnung willen nicht konstruiert werden. Auch die deutsche Wiedervereinigung ist weder Freibrief noch gar Rechtstitel, um vermeintlich höhere Legitimität gegen angeblich minderrangige Legalität auszuspielen und so die verfassungsrechtlichen Grundlagen der materiellen und Verfahrensrechtsordnung zur Disposition zu stellen. Das damit verbundene bzw. empfundene Dilemma ist für den Juristenstand nicht neu. Darum weiß sowohl der Rechtspraktiker, zumal der Richter, als auch der Rechtslehrer. *Franz Klein* lebt diesen Grundsätzen seit langem aus der Perspektive beider juristischer Berufungen.

40 Beschluß des BVerfG vom 24. März 1982 – 2 BvH 1,2/82, 2 BvR 233/82 –, BVerfGE 60, 175 (209); zuletzt Beschluß der 1. Kammer des Ersten Senats des BVerfG vom 19. April 1993 – 1 BvR 744/91 –, NVwZ 1994, 59 (60); siehe auch *Herbert Bethge*, Organstreitigkeiten des Landesverfassungsrechts, in: Christian Starck/Klaus Stern (Hrsg.), Landesverfassungsgerichtsbarkeit, Teilband II, 1983, 40 f.

41 Beschluß der 2. Kammer des Zweiten Senats des BVerfG vom 17. Dezember 1992 – 2 BvQ 26/92 –, NJW 1993, 915; Beschluß der 2. Kammer des Zweiten Senats des BVerfG vom 21. Januar 1993 – 2 BvQ 1/93 –, NJW 1993, 915 f.

Dieter Steinhauff

Der Aufbau der Finanzgerichtsbarkeit in den fünf jungen Bundesländern

Inhaltsübersicht

I. Einleitung

1. Selbständige Finanzgerichte

Einer funktionsfähigen Finanzgerichtsbarkeit kommt nicht nur als Teil der öffentlich-rechtlichen Gerichtsbarkeit eine besondere Bedeutung im gewaltengeteilten Staat zu (Art. 20 Abs. 2 Satz 2 GG). Sie ist zugleich elementarer Bestandteil der von den Ländern durch Gerichte auszuübenden Staatsgewalt (Art. 30, 92 GG). Gerade beim Aufbau der neuen Bundesländer hat sie nach dem Übergang von der Zentralverwaltungs- zur sozialen Marktwirtschaft und nach der als notwendig angesehenen vollständigen Übernahme des bundesdeutschen Steuerrechts, einschließlich des Verfahrensrechts, wichtige Aufgaben zu erfüllen. Qualität und Zeitnähe der Rechtsprechung zu den vielfältigen, spezifisch die neuen Bundesländer betreffenden steuerrechtlichen Zweifelsfragen können vertrauensbildend und stabilisierend auf die ebenfalls in einem totalen Neuaufbau befindliche Steuerverwaltung und die beratenden Berufe, die Investoren und die mühsam Tritt fassende Wirtschaft sowie die von der Umgestaltung verunsicherten Menschen wirken.

Nach den Vorgaben des Einigungsvertrages (EV) vom 31. August 1990[1] haben zwischenzeitlich die zum 3. Oktober 1990[2] wieder entstandenen fünf neuen Bundesländer Mecklenburg-Vorpommern, Sachsen-Anhalt, Sachsen, Brandenburg und Thüringen mit Sitz in Greifswald, Dessau, Leipzig, Cottbus und Gotha eigenständige Finanzgerichte errichtet[3].

Der EV hatte zwar mit dem Beitritt der DDR das bundesdeutsche Rechtspflegerecht in größtmöglichem Umfang im Beitrittsgebiet in Kraft gesetzt[4]. Um die Funktionsfähigkeit der Rechtspflege nicht zusätzlich zu gefährden[5], sollte die um die besonderen Gerichtsbarkeiten erweiterte „Einheitsgerichtsbarkeit" in Gestalt der Kreis- und Bezirksgerichte aber übergangsweise aufrechterhalten bleiben[6].

Verfahrensrechtlich und organisatorisch ist dieses Interim beendet. Die Schwierigkeiten beim Aufbau sind indessen geblieben und bedürfen vor allem in personeller Hinsicht weit über das in Art. 15 Abs. 3 EV genannte Datum des 30. Juni 1991 hinaus intensiver Verwaltungshilfe des Bundes und der alten Bundesländer.

Die Sehnsucht nach dem Recht war für die Menschen in der ehemaligen DDR eine der großen Triebkräfte für den Herbst 1989[7]. Um Enttäuschungen und Überforderungen zu vermeiden, hat es an Mahnungen nicht gefehlt, behutsam bei der Übernahme des bundesdeutschen Rechts und des umfassenden Rechtsschutzssystems vorzugehen[8] und ernsthaft zu prüfen, ob auch Lösungen des DDR-Rechts Eingang in ein gesamtdeutsches Rechtspflegesystem finden könnten. Insbesondere im Bereich des materiellen Steuerrechts hat *Franz Klein*[9] entsprechend seinen aus Gründen der Gerechtigkeit und der Erhaltung einer funktionsfähigen Verwaltung sowie Finanzgerichtsbarkeit jahrzehntelangen Bemühungen um Vereinfachung vor einer schlichten Übernahme im Beitrittsgebiet gewarnt.

Die Dynamik des Wiedervereinigungsprozesses hat zur raschen Vollerstreckung bundesdeutschen Rechts geführt. Die Verwaltung und die Finanzgerichte müssen allerdings nicht allein ein kompliziertes Verfahrensrecht und Steuerrecht anwenden. Sie sind zudem mit altem DDR-Recht,

1 BGBl. II 1990, 889; GBl. I 1990, 1629; EV Anl. I Kap. III SG A Abschn. III Nr. 1 t (4).
2 EV Art. 1 Abs. 1 und Anl. II SG A; Verfassungsgesetz zur Bildung von Ländern in der Deutschen Demokratischen Republik vom 22. Juli 1990 – Ländereinführungsgesetz – GBl. I 1990, 955.
3 Sämtliche Präsidenten der FGe sind zwischenzeitlich ernannt worden.
4 Vgl. EV Art. 3 und 8.
5 Vgl. BT-Drucks. 11/7817, S. 14.
6 Dies erforderte zahlreiche Anpassungsregelungen hinsichtlich des ebenfalls in Kraft gesetzten Gerichtsverfassungs-, Prozeß- und Richterdienstrechts, vgl. EV Anl. I Kap. III SG A Abschn. III.
7 *Kinkel*, AnwBl. 1991, 353; *ders.*, in: FS für Sendler, 1991, S. 27 f.
8 *Engelhard*, DtZ 1990, 129; *Sendler*, DtZ 1990, 166 ff.; krit. *Stelkens*, DtZ 1990, 305.
9 *Klein*, in: „Perspektiven der Finanzverwaltung", 1992, S. 41, 49.

einem vielfältigen Übergangsrecht und einer seit dem Beitritt geradezu hektischen Gesetzgebung im Rechtspflege- und Steuerrecht konfrontiert.

Nicht nur die zu skizzierenden historischen, sondern gerade auch die gegenwärtigen Rahmenbedingungen erschweren den rechtsstaatlichen Aufbau der Finanzgerichtsbarkeit und Steuerverwaltung in den neuen Bundesländern.

2. Sonderregelungen für das Land Berlin

In Berlin konnte die Finanzgerichtsbarkeit mit dem Beitritt der DDR auf Ost-Berlin erstreckt werden. Ein vergleichbarer Mangel, insbesondere in personeller Hinsicht, und organisatorische Schwierigkeiten wie in den neuen Bundesländern bestanden nicht[10]. Vor allem erschien es nicht vertretbar, in einem einheitlichen Bundesland zwei Gerichtsorganisationen nebeneinander bestehen zu lassen[11].

3. Rahmenbedingungen

Der Aufbau der Finanzgerichtsbarkeit unterliegt zum einen den alle Gerichtszweige treffenden Schwierigkeiten, die sich aus den völlig unterschiedlichen ideologischen, staatsrechtlichen und justizpolitischen Zielsetzungen der ehemaligen DDR ergeben[12].

Zum anderen treten die spezifischen Probleme hinzu, die die völlig neu zu errichtenden öffentlich-rechtlichen Gerichtsbarkeiten zusätzlich zu bewältigen haben.

Einen gerichtlichen Steuerrechtsschutz hat es in der DDR nicht gegeben. Eine Verwaltungsgerichtsbarkeit hat allein in Thüringen[13] wenige Jahre existiert. Die nach organisatorischen Wechselbädern[14] zum 1. Juli 1990[15] wiedererstandene Steuerverwaltung ist zwar, einschließlich der Oberfinanzdirektionen[16], dank massiver Verwaltungshilfe der Partnerländer[17]

---

10 EV Anl. I Kap. III SG A Abschn. IV.

11 *Riess*, SGb 1991, 1, 3; BT-Drucks. 1/7817, S. 33; der Beitrag klammert deshalb Gesamtberlin aus.

12 Dazu *Wassermann*, ZRP 1990, 259; *Stelkens*, JuS 1991, 991; *Henrichs/Kremer/Hucke*, NJW 1991, 449 ff.; *Rottleuthner*, KritV 1992, 237 ff. „Steuerung der Justiz in der DDR".

13 *H. Loening*, AöR 75 (1949), S. 56 ff. „Der Kampf um den Rechtsstaat in Thüringen"; *ders.*, in: FS „Aus 100 Jahren Verwaltungsgerichtsbarkeit", 2. Aufl., 1964, S. 153 ff.; *Ule*, DVBl. 1985, 1029 ff.; *Brunner*, in: „Probleme des DDR-Rechts", 1973, S. 81 ff.

14 Vgl. *Eisold*, DStZ 1990, 367 ff. m.w.N.; Bericht des BMF vom 27. März 1992, DDR spezial 1992, Nr. 19, S. 1 ff.

15 Art. 34 Abs. 1 des 1. StV vom 18. Mai 1990, BGBl. II, 518; vgl. ferner die rückwirkende AO über die Errichtung von 122 Finanzämtern in der DDR vom 20. Juli 1990, GBl. I 1990, 1000 (vom 14. August 1990!).

16 Vgl. die Bekanntmachung des BMF vom 6. Februar 1991, BStBl. I 1991, 224 f.

17 Z.B. Bericht im Wochendienst der Landesregierung Baden-Württemberg 1993, Nr. 31, S. 25 ff.

weitgehend nach „westlichen" Mustern (Gnofä, IABV) organisiert[18]. Die Bewährungsprobe[19] steht indessen noch bevor. Die Leitungsfunktionen müssen mit ständigen Fachkräften besetzt werden, die unter dem Vorbehalt der Nachprüfung ergangenen Veranlagungen seit 1989 harren der Prüfung durch die erst in den Anfängen wirkende Betriebsprüfung[20], und vor allem werden auch vermehrt streitige Entscheidungen der stark wachsenden Zahl an Rechtsbehelfen durch die höchst unterschiedlich arbeitsfähigen Rechtsbehelfsstellen notwendig.

Die am Steuerverfahren Beteiligten – Berater und Steuerverwaltung – haben nicht nur das „bewährte" Steuerrecht der Bundesrepublik Deutschland[21], wie es der 1. StV mehrfach kennzeichnet[22], sondern teilweise, insbesondere im Zusammenhang mit der Überprüfung rechtsstaatswidriger Verwaltungsakte nach Art. 19 EV[23], noch altes DDR-Recht und für 1990 ein höchst kompliziertes Übergangsrecht[24] anzuwenden. In der sozialistischen Planwirtschaft hatte das Finanzwesen nicht primär die Aufgabe, dem Staat die zur Erfüllung seiner Aufgaben erforderlichen Finanzmittel zu beschaffen. Vielmehr diente es dazu, die gesamte Volkswirtschaft bis ins einzelne zu steuern und zu kontrollieren. Im Vordergrund standen die sog. Pflichtabführungen[25] der Volkseigenen Wirtschaft, die wegen fehlenden Eigentumswechsels (vgl. § 3 AO/DDR) keine Steuern darstellten[26]. Die eigentlichen Steuern der Bevölkerung spielten mit rd. 5 v.H. der Einnahmen eine völlig untergeordnete Rolle[27], und zwar auch im Bewußtsein der Steuerpflichtigen.

Anfang 1990 gab es in der DDR nur noch 300 Helfer in Steuersachen mit einem Durchschnittsalter von 70 Jahren und etwa 400 Stundenbuchhalter. Außerdem gab es auf Bezirksebene 15 Volkseigene Betriebe „Rechnungsführung und Wirtschaftsberatung" (REWI) mit ca. 3000 Beschäftigten[28], die indessen hauptsächlich für die Staatswirtschaft zuständig waren. Zwischenzeitlich sind ca. 3000 Steuerbevollmächtigte bzw. Steuerberater – größtenteils noch vorläufig bestellt – tätig. Gemessen an bundesdeutschen Zahlen wird eine Unterdeckung von rund 10 000 Beratern angegeben.

---

18 *Eisold*, DStZ 1993, 236 ff. m.w.N.; *Hoffmann/Zinner*, DStR 1992, 1043 ff.
19 Vgl. die Beanstandungen des BRH, Stbg 1992, S.V; BMF – FinN 4/92, S. 1 und 34/93 zum Bericht des BMF vom 30. April 1993.
20 *Bichel*, StBp 1991, 231.
21 *Töben*, Steuerrechtsreport Neue Bundesländer, 1992, S. 3 ff.
22 BT-Drucks. 11/7171, S. 112.
23 *Eisold*, DStZ 1992, 140; *Dürr*, DStR 1992, 1049, 1052.
24 *Hoffmann/Zinner*, a.a.O., S. 1047.
25 *Kruse*, StuW 1985, 356.
26 *Schulz*, DStR 1990, 91 ff.
27 *Müssener*, JbFfSt 1990/91, S. 91, 95.
28 *Mittelsteiner*, DStR 1991, 485; *Gehre*, StBerG 1991, 2. Aufl., S. XXV; *Strobel*, Stbg 1990, 370; *Wehmeier*, Stbg 1990, 148 und 516; Mitgliederbestand zum 31. Dezember 1991 in DStR 1992, Nr. 35, Beihefter S. 12 und Stand zum 1. November 1993 in Stbg 1993, 290.

Der bereits durch den 1. StV vereinbarte Übergang zur Sozialen Marktwirtschaft und die Gewährleistung des Privateigentums sowie der Vertragsfreiheit haben zu einem raschen Anstieg von Neugründungen privater Unternehmen geführt, die gerade in der Aufbauphase einen enormen Beratungsbedarf auslösen.

Darüber hinaus verfügen weder die Betriebe und Selbständigen über eigenes, im Steuerrecht fachkundiges Personal, noch sind die übrigen Steuerpflichtigen mit dem überaus komplizierten und umfangreichen Steuerrecht vertraut.

Schließlich kam dem Steuerrecht[29] wie ganz allgemein dem materiellen und formellen Verwaltungsrecht[30] eine völlig untergeordnete Bedeutung im Recht und in der Ausbildung zu.

Diese keineswegs erschöpfend aufgezählten Umstände muß man sich vergegenwärtigen, will man die Schwierigkeiten beim Aufbau des gerichtlichen Steuerrechtsschutzes begreifen und vor allem die Zukunftsperspektiven realistisch einschätzen. Dazu ist es insbesondere notwendig, die Verkümmerung des öffentlich-rechtlichen Rechtsschutzes in der DDR und die Folgen für Rechtsbewußtsein und Rechtskultur nachzuzeichnen.

II. Steuerrechtsschutz in der SBZ/DDR nach 1945

1. Ausgangslage

Die RAO vom 22. Mai 1931 galt grundsätzlich auch in der SBZ fort und damit die Vorschriften über das Berufungsverfahren vor den den Oberfinanzpräsidien angegliederten sog. Finanzgerichten (§ 47 Abs. 1 RAO)[31].

An die Stelle des Berufungsverfahrens hatte der Führer – Erlaß vom 28. August 1939[32] – das bisher auf Zölle und Verbrauchsteuern beschränkte, rein verwaltungsmäßige Anfechtungsverfahren (§ 230 RAO) gesetzt. Die Rechtsbeschwerde zum RFH mußte danach vom Oberfinanzpräsidenten zugelassen werden[33].

2. Besatzungsrecht

a) Der Kontrollrat ordnete mit dem KRG Nr. 36 vom 10. Oktober 1946[34] an, daß zur Entscheidung von Verwaltungssachen in den einzelnen Zonen Verwaltungsgerichte wieder errichtet werden (Art. I). Die Zonenbefehls-

29 Es fiel bereits 1964 als Ausbildungsfach an den Hochschulen weg.

30 *Ule*, DVBl. 1985, 1029 ff.

31 Das Berufungsverfahren war freilich auf Besitz- und Verkehrssteuern beschränkt, vgl. *Friesecke*, StuW 1953, 241 ff.

32 RStBl. 1939, 953.

33 Weitere Beschränkungen brachte die Steuervereinfachungs-VO vom 14. September 1944, RStBl. 1944, 577.

34 ABl. des KR Nr. 1, S. 61.

haber sollten Verfassung, Zuständigkeit und Verfahren festsetzen (Art. II). Ausdrücklich wurden in Art. V die die RAO einschränkenden Regelungen des Dritten Reichs aufgehoben.

b) In den Westzonen wurde die Anordnung inhaltlich und zeitlich sehr unterschiedlich umgesetzt[35]. Die Notwendigkeit einer sachlich umfassend zuständigen Finanzgerichtsbarkeit, mit nicht allein sachlich, sondern auch persönlich unabhängigen Richtern, war jahrelang heftig umstritten[36].

Die FGO trat erst zum 1. Januar 1966 in Kraft[37]. Das Gesetz über Maßnahmen auf dem Gebiet der Finanzgerichtsbarkeit hatte allerdings bereits zuvor bestimmt, daß die Finanzgerichte unabhängige, von den Verwaltungsbehörden getrennte Gerichte der Länder seien und die Rechtsprechung von Richtern ausgeübt werde[38].

c) Der Präsident der Deutschen Zentralfinanzverwaltung in der SBZ führte in Ausführung des KRG Nr. 36 mit der AO vom 1. April 1947[39] das Berufungsverfahren nach der RAO zum 1. Juni 1947 wieder ein. Zuständig waren die dem Landesfinanzminister angegliederten Steuergerichte mit zwei Angehörigen des Ministeriums und drei ehrenamtlichen Beisitzern. Das Verfahren regelte die Steuerausschuß- und Steuergerichtsordnung vom 3. Juni 1947[40].

Die Sowjetische Militäradministration (SMAD) ordnete ebenfalls mit Befehl Nr. 173/47 die Wiederherstellung der Verwaltungsgerichtsbarkeit an.

Die Verfassungen der fünf Länder der SBZ sahen eine Verwaltungsgerichtsbarkeit vor[41]. Verwaltungsgerichte sind, außer in Sachsen-Anhalt, auch errichtet worden.

Die erste Verfassung der DDR vom 7. Oktober 1949[42] bestimmte in Art. 138 Abs. 1, daß dem Schutz der Bürger gegen rechtswidrige Maßnahmen der Verwaltung die Kontrolle durch die Volksvertretungen und die Verwaltungsgerichtsbarkeit dienen. Obwohl es sich um unmittelbar geltendes Recht handelte (Art. 144 Abs. 1), ist ein den Aufbau und die Zuständigkeit regelndes Gesetz (Art. 138 Abs. 2) nie erlassen worden[43].

---

35 *Friesecke*, a.a.O.; *Görg/Müller*, FGO, 1965, Einl. XXIII ff.; *Grund*, in: „50 Jahre Deutsche Finanzgerichtsbarkeit", S. 27, 33; BT-Drucks. IV/1446, S. 34.

36 Vgl. Gutachten des BFH vom 17. April 1951 GrS D 1/51 S, BStBl. III 1952, 107 zur umfassenden Zuständigkeit der Steuergerichte; ferner das Urteil vom 7. Februar 1952 IV 338/51 U, BStBl. III 1952, 162, wonach es (lediglich) dem Geist des GG entsprach, die FGe mit hauptamtlichen und planmäßig endgültig angestellten Richtern zu besetzen.

37 BT-Drucks. IV/1446, S. 33 f.; *Bauer*, DB 1965, 1414; *Ziemer*, BB 1965, 957.

38 *Ziemer*, DStZ/A 1957, 337.

39 ZOVBl. 1947, 65.

40 ZOVBl. 1947, 67.

41 „Die Verfassungen und Landtags-Geschäftsordnungen der DDR-Länder bis 1952", 1990; *Bernet*, DÖV 1990, 409, 410 Fn. 4; *Janke*, NJ 1992, 425; *Ule*, DVBl. 1985, 1029, 1035.

42 GBl. 1949, 4.

43 Der OG hat in einem Urteil vom 9. Juli 1954, NJ 1954, 573 im Hinblick auf das Prinzip der Gewaltenkonzentration einen Widerspruch zur Verfassung verneint.

Die förmliche Errichtung von Steuergerichten in der SBZ/DDR läßt sich gleichfalls nicht feststellen[44]. Lediglich in Thüringen entfaltete das OVG Jena eine vorübergehende echte Spruchtätigkeit bis 1948[45].

Das Abgabengesetz vom 9. Februar 1950[46] ordnete das Rechtsmittelverfahren neu. Es sollten der Verwaltung angegliederte Landesfinanzgerichte und ein Zentralfinanzgericht (§ 19) über die in Besitz- und Verkehrsteuersachen eröffnete Berufung bzw. bei grundsätzlicher Bedeutung mögliche Rechtsbeschwerde entscheiden.

d) Das Jahr 1952 brachte tiefgreifende staatsrechtliche Veränderungen. Mit dem Gesetz vom 23. Juli 1952 „zur weiteren Demokratisierung des Aufbaus und der Arbeitsweise der staatlichen Organe"[47] wurde der föderalistische Staatsaufbau nach dem grundlegenden marxistisch-leninistischen Strukturpinzip des Demokratischen Zentralismus zu einem zentralistischen Einheitsstaat umgewandelt. Die Länder hatten eine Neugliederung ihrer Gebiete in Kreise und (14) Bezirke[48] vorzunehmen und die von den Landesregierungen bislang wahrgenommenen Aufgaben auf die Organe der Bezirke überzuleiten.

Der einheitlich organisierte und zentralistisch gelenkte Staat vertrat fortan als „Diktatur des Proletariats" die Interessen des gesamten Volkes. Staat und Bürger bildeten eine Einheit. Mangels unterschiedlicher Individual- und Kollektivinteressen waren die für den „bürgerlichen Staat" kennzeichnenden und notwendigen Rechtsformen zum Austragen von Konflikten in Gestalt justizförmiger Kontrolle von Verwaltung und Gesetzgebung sowie der Schutz subjektiv – öffentlicher Rechte entbehrlich.

Unter Bruch der nicht geänderten Verfassung[49] und des Abgabengesetzes erließ die DDR-Regierung am 13. November 1952 die VO über die Rechte der Bürger im Verfahren der Erhebung von Abgaben[50], die nurmehr ein dreistufiges, rein verwaltungsinternes Nachprüfungsverfahren gestattete[51]. Die Erste Durchführungsbestimmung vom 4. Juli 1953 (GBl. 1953, 867) erklärte die Rechtsmittelbestimmungen der RAO als überholt (§ 9). Das Abgabengesetz trat erst durch das Gesetz über den StHPI 1982 (§ 8 Abs. 2b) förmlich außer Kraft[52].

---

44 Vgl. auch *Weber*, StVj 1993, 173, 174; *Schuler*, in: Festgabe zur Errichtung des Thüringer Finanzgerichts, 1993, S. 15 f.

45 *H. Loening*, 36 Jahre Thüringisches OVG (1912 bis 1948), in: FS, „Aus 100 Jahren Verwaltungsgerichtsbarkeit", 2. Aufl.; *Janke*, a.a.O., S. 428; *Brunner*, in: Deutsche Verwaltungsgeschichte, Hrsg. Jeserich/Pohl/v. Unruh, DVA, S. 1278 ff.

46 GBl. 1950, 130.

47 GBl. 1952, 613.

48 Plus Ost-Berlin; vgl. gleichlautende Ländergesetze vom 25. Juli 1952.

49 Art. 138 Abs. 1 ist erst in der Verfassung vom 6. April 1968 weggelassen worden.

50 GBl. 1952, 1211.

51 Einspruch beim Rat des Kreises (§ 2), Beschwerde beim Rat des Bezirkes (§ 4) und Berufung beim Minister der Finanzen (§ 5).

52 GBl. 1981, 419.

Im Verwaltungsrecht gab es die Möglichkeit, formlose Eingaben oder nach Maßgabe von Einzelgesetzen förmliche Beschwerden gegen bestimmte Verwaltungsentscheidungen einzureichen[53].

Die Verwaltungsgerichte hob der Minister des Inneren „als Länderorgane" mit einer internen Anweisung auf[54].

Die scheinbar bürgerfreundlichen formlosen Eingaben ließen zwar pragmatische Entscheidungen zu, entbehrten jedoch der strengen gesetzlichen Bindung und der justizförmigen Deduktion. Sie waren nicht Ausdruck subjektiv-öffentlicher Abwehr- und Leistungsrechte, sondern des objektiven Rechts auf Teilhabe an der staatlichen Gewalt und der Gewährleistung der sozialistischen Gesetzlichkeit.

Auf der Babelsberger Konferenz von 1958 beendete Ulbricht alle Bemühungen um eine rechtsstaatliche Verwaltung und einen gerichtlichen Rechtsschutz in Verwaltungssachen[55].

Die VO über das Beschwerdeverfahren bei der Erhebung von Steuern und Abgaben vom 4. Januar 1972[56] schränkte die Verwaltungskontrolle noch weiter ein, indem die Berufung wegfiel. Die Beschwerde wurde zudem mit 6 v.H. des streitigen Betrages gebührenpflichtig.

f) Eine bescheidene Wende führte die KSZE-Folgekonferenz 1988 in Wien herbei. Sie verankerte in ihrem Abschlußdokument die Forderung nach gerichtlicher Überprüfung von Menschenrechtsverletzung. Die DDR erließ daraufhin (vgl. die Präambel) das Gesetz über die Zuständigkeit und das Verfahren der Gerichte zur Nachprüfung von Verwaltungsentscheidungen vom 14. Dezember 1988[57]. Es war ein erster Schritt zum Aufbau verwaltungsgerichtlichen Rechtsschutzes. In der kurzen Zeit vom Inkrafttreten am 1. Juli 1989 bis zum 30. Juni 1990 kam es kaum zu nennenswerter Spruchtätigkeit[58]. Die Entscheidungsspielräume der zuständigen Kreisgerichte waren überdies von vornherein, insbesondere hinsichtlich der Ausreiseanträge, durch die sog. Anleitungen des Obersten Gerichts[59] eingeschränkt worden. Steuern und Abgaben blieben ohnehin gerichtlicher Nachprüfung entzogen, weil eine spezielle gesetzliche Verweisung fehlte.

---

53 VO vom 6. Februar 1953, GBl. 1953, 2651; EingabenG vom 19. Juni 1975, GBl. 1975, 461.

54 Hinweis in einer 1958 herausgegebenen Gesetzessammlung, vgl. *Janke*, a.a.O., S. 412.

55 *Bernet*, a.a.O., S. 412.

56 GBl. 1972, 17.

57 GBl. I 1988, 327 f.; ferner das Gesetz zur Anpassung der Regelungen über Rechtsmittel der Bürger und zur Festlegung der gerichtlichen Zuständigkeit für die Nachprüfung von Verwaltungsentscheidungen vom 14. Dezember 1988, GBl. 1988, 329.

58 *Brachmann/Dammköhler*, NJ 1990, 325 (3104 Nachprüfungsanträge!).

59 *Stelkens*, DtZ 1990, 305; *Lohmann*, NVwZ 1989, 429; *Kringe*, NJW 1989, 2450.

3. Entwicklung ab der Wende im Herbst 1989

a) Die friedliche Revolution im Herbst 1989 stellte vor allem die Forderung nach einem gewaltengeteilten, demokratischen Rechtsstaat mit einem umfassenden und effektiven gerichtlichen Schutz des Einzelnen gegenüber der öffentlichen Gewalt auf[60].

b) Der Vertrag über die Schaffung einer Währungs-, Wirtschafts- und Sozialunion vom 18. Mai 1990 (1. StV)[61] sah eine weitreichende Anpassung und Bereinigung des DDR-Rechts vor, insbesondere auch bezüglich der Rechtspflege[62]. Art. 6 Abs. 1 beschränkte jedoch bewußt im Hinblick auf die fehlenden personellen und materiellen Ressourcen die Rechtsschutzgarantie auf die durch den 1. StV oder in dessen Ausführung gewährleisteten Rechte. Im Hinblick auf die vereinbarte Angleichung des materiellen und formellen Steuerrechts an das „bewährte" Steuerrecht der Bundesrepublik Deutschland[63] hatte die DDR den Rechtsweg – erstmals – auch im Abgabenrecht zu eröffnen und zugleich einen effektiven einstweiligen Rechtsschutz zu gewährleisten.

Die DDR schrieb ungeachtet der erkennbaren Probleme in Art. 5 Abs. 1 des Verfassungsgrundsätzegesetzes vom 17. Juni 1990[64] inhaltlich die Generalklausel des Art. 19 Abs. 4 GG fest und schuf damit einen unabhängig von einzelgesetzlichen Konkretisierungen unmittelbaren Anspruch auf gerichtlichen Rechtsschutz[65].

c) Die DDR erließ zum 1. Juli 1990 eine Abgabenordnung, die zum einen die AO 1977, zum anderen in den §§ 413–514 die FGO inhaltlich weitgehend übernahm. Die Vorschrift in § 486 Abs. 2 Nr. 3 AO/DDR hatte die im FGO-Änderungsgesetz[66] vorgesehene, jedoch noch immer nicht Gesetz gewordene prozeßökonomische Neuregelung für kurze Zeit vorweggenommen. Die Vorschrift sieht als Grund zur Zulassung der Revision ernstliche Zweifel vor, ob das Gericht erster Instanz für seine Entscheidung einen unzureichend aufgeklärten oder unzutreffenden Sachverhalt zugrundegelegt hat. § 487 Abs. 6 eröffnete die Möglichkeit, in diesen Fällen oder bei einem Verfahrensmangel das erstinstanzliche Urteil sogleich aufzuheben und den Rechtsstreit zurückzuverweisen. Diese Vereinfachung des Rechtsmittelverfahrens sollte im Rahmen der noch immer ausstehenden Reform des Revisionsrechts ernsthaft erwogen werden.

Mit dem Gesetz über die Zuständigkeit und das Verfahren der Gerichte zur Nachprüfung von Verwaltungsentscheidungen vom 29. Juni 1990

---

60 *Brachmann/Dammköhler*, a.a.O., S. 326; ferner die „Thesen zur Justizreform" vom Januar 1990, NJ 1990, 86 ff. und in NJW 1990, 1095.

61 BGBl. I 1990, 537, GBl. I 1990, 332.

62 Vgl. Gemeinsames Protokoll über Leitsätze B; BT-Drucks. 1/7171, S. 65, 66 und 101 f. (Minimalprogramm).

63 BT-Drucks. 111/7171, S. 112.

64 GBl. I, 299.

65 *Dürr*, DStR 1992, 1049.

66 BT-Drucks. 12/1061, Art. 1 Nr. 28 (§ 120 Abs. 2, § 116 Abs. 6) und Begr. S. 23.

(GNV)[67] setzte die DDR die durch den 1. StV und das Verfassungsgrundsätzegesetz begründete Verpflichtung, gerichtlichen Rechtsschutz auch in sog. Finanzangelegenheiten zu gewähren, um. Zuständig waren besondere Senate für Finanzrecht bei bestimmten Bezirksgerichten[68] mit einer auch nach der FGO maßgeblichen Besetzung und den Rechtsmittelbestimmungen der AO/DDR[69]. Über Revision und Beschwerden hatte das Oberste Gericht zu befinden[70].

Im Gegensatz dazu hatten die übrigen Verwaltungsgerichtszweige als Verfahrensrecht die novellierte ZPO/DDR vom 29. Juni 1990 anzuwenden. Einstweiliger Rechtsschutz konnte danach nur durch einstweilige Anordnung gewährt werden.

d) Die Bundesrepublik Deutschland hat den Prozeß des Aufbaus einer rechtsstaatlichen Justiz von Anfang an mit vielfältigen Hilfen begleitet[71]. Da die DDR weder zahlenmäßig noch von der Ausbildung her über Fachrichter verfügte, hatte der damalige Bundesminister der Justiz Engelhard mit dem Justizminister der DDR *Wünsche* am 8. Mai 1990 die Entsendung von zunächst 100 Richtern für die Verwaltungs-, Finanz- und Sozialgerichtsbarkeit vereinbart; später kamen 30 Arbeitsrichter hinzu. Von den insgesamt 10 Finanzrichtern waren zwei für das Oberste Gericht vorgesehen.

Die Beteiligung der Alt-Bundesländer erfolgte entsprechend dem sog. Königsteiner Schlüssel[72]. Zur Durchführung der Aufbauhilfe richteten sie im September 1990 eine „Clearingstelle" ein[73]. Diese ordnete regional die alten und neuen Länder für die weitere Aufbauhilfe einvernehmlich zu.

Die Entsendung bundesdeutscher Richter in die DDR machte neuartige Rechtsgrundlagen notwendig. Eine bloße Abordnung nach § 70 Abs. 3 DRiG i.V.m. § 123 BRRG war rechtlich nicht möglich. Die DDR stellte keinen „anderen Dienstherren" dar. § 123a BRRG[74] i.V.m. § 71 Abs. 3 DRiG ermöglichte eine sog. Zuweisung von Richtern mit deren Zustimmung im dienstlichen oder öffentlichen Interesse für eine vorübergehende entsprechende Tätigkeit bei einer öffentlichen Einrichtung außerhalb des Bundesgebietes. Die DDR regelte die Rechtsgrundlage für die Aufnahme dieser Richter in § 46 RiG/DDR[75] i.V.m. der 1. Durchführungsbestim-

67 GBl. I 595; dazu *Christoph*, DtZ 1990, 175.

68 § 13 Abs. 2 und 5 GNV.

69 § 10 Abs. 2 GNV.

70 § 13 Abs. 3 GNV.

71 *Sendler*, DtZ 1990, 166; 61. JMK v. 31. Mai 1990, DRiZ 1990, 341 und SonderJMK v. 15./16. November 1990, DRiZ 1991, 53; BT-Drucks. 12/347, S. 7 – Bericht der Bundesregierung zum Auf- und Ausbau der öffentlichen Verwaltung und der Justiz in den neuen Bundesländern; *Hohmann-Dennhardt*, KritV 3/1992, 319 ff., „Die Hilfe der Altländer beim Aufbau der Justiz in den neuen Ländern am Beispiel Hessens".

72 *Krumsiek*, DVBl. 1990, 1301, 1303.

73 *Meyer-Hesemann*, „Hilfe zum Aufbau von Verwaltung und Justiz in den neuen Ländern", VerwArch 82 (1991), S. 578, 579.

74 Gesetz vom 28. Mai 1990, BGBl. I S. 967.

75 Gesetz vom 5. Juli 1990, GBl. I S. 637.

mung zu diesem Gesetz vom 14. August 1990[76]. § 1 dieser Verordnung ermächtigte die zugewiesenen Richter zur Ausübung der Rechtsprechung an staatlichen Gerichten der DDR. Hierzu war eine besondere Verleihung durch den Justizminister vorgesehen (§ 2). Dem Richter war eine Urkunde auszuhändigen. Die Richter waren an Verfassung, Gesetz und Recht der DDR entsprechend den Grundsätzen des zwischenzeitlich novellierten RiG/DDR gebunden. § 4 der VO legte außerdem fest, daß die Geschäftsverteilung ihrer Zustimmung bedurfte. Gerade diese Regelung erwies sich als oftmals einzige Schutzbestimmung zugunsten der sog. Leihrichter.

Die Justizministerien der alten Bundesländer führten im Frühsommer 1990 kurzfristig Informationsveranstaltungen durch, um für die Entsendung von Fachrichtern zu werben. Der Auftrag der zu entsendenden Richter wurde nur unscharf gezeichnet. Der organisatorische, dienstrechtliche und materielle Rahmen ließ viele Fragen offen. Die Bereitschaft, trotz aller Ungewißheit eine solche neue Aufgabe zu übernehmen, war eher zurückhaltend. Zur Einführung in das Recht der DDR, den Justizaufbau und die Arbeitsweise der Gerichte und der Verwaltung wurden im Juli und September 1990 unter der Federführung des Berliner Senators für Justiz einwöchige Kurse in Berlin bzw. Garzau durchgeführt. Für viele Kollegen entstand dabei nicht nur der erste touristische, sondern auch der erste unmittelbare Kontakt mit dem Staatswesen DDR, ihren Grundlagen und Funktionsträgern. Weitere Kurse fanden wegen des vorgezogenen Beitritts der DDR nicht mehr statt.

Noch im September 1990 traten vier Finanzrichter ihren Dienst an[77]. Bis Dezember 1990 kamen drei weitere Finanzrichter hinzu[78]. Die Finanzrichter übernahmen durch Beschluß des jeweiligen Präsidiums den Vorsitz in den Senaten für Finanzrecht, ohne statusrechtlich im Wege der Ernennung ständige Vorsitzende Richter zu sein. Die Übertragung stieß – auch in den anderen Fachgerichtsbarkeiten – vielfach auf den Widerspruch der kommissarischen Leiter der Gerichte und der Präsidien[79], die noch nach altem Muster mit den sog. Oberrichtern besetzt waren.

Nach dem GNV gingen nur noch wenige Streitfälle ein[80]. In einigen Verfahren war zu klären, ob umfassender gerichtlicher Rechtsschutz in Abgabenangelegenheiten auch für bereits vor dem Inkrafttreten des GNV erlassene Bescheide zu gewähren war[81].

---

76 GBl. I 1990, 1267.

77 In Magdeburg aus Niedersachsen; in Schwerin aus Schleswig-Holstein; in Potsdam aus Nordrhein-Westfalen und in Erfurt aus Rheinland-Pfalz.

78 In Dresden zwei Finanzrichter aus Baden-Württemberg und in Erfurt ein Finanzrichter aus Bayern.

79 Vgl. *Jelinek*, SchlHA 1991, 51, 53.

80 Vgl. auch *Weber*, StVj 1993, 173, 176 in Sachsen-Anhalt 3 Fälle; in Sachsen 4 Fälle.

81 *Dürr*, DStR 1992, 1049 spricht sich für eine Vorverlagerung auf Grund des Art. 5 Abs. 1 des am 17. Juni 1990 in Kraft getretenen VerfassungsgrundsätzeG aus.

III. Steuerrechtsschutz nach dem Einigungsvertrag

1. Grundstruktur des 2. Staatsvertrages[82]

Sah der 1. StV im Rechtspflegebereich nur eine Übereinstimmung von Grundprinzipien vor, so daß der DDR ein eigener Gestaltungsraum und die Möglichkeit der eigenverantwortlichen Umgestaltung ihres Rechtspflegerechts belassen wurde[83], kennzeichnet den 2. StV das Konzept der grundsätzlichen Vollerstreckung des Rechts der Bundesrepublik Deutschland (Art. 8). Nur in Ausnahmefällen wurde Recht der DDR aufrechterhalten (Art. 9)[84]. Modifikationen des bundesdeutschen Rechts für eine Übergangszeit erwiesen sich als notwendig, um eine funktionsfähige Rechtspflege zu gewährleisten. Deshalb sollte vor allem die Gerichtsstruktur befristet beibehalten werden, wonach die Kreis- und Bezirksgerichte einheitlich für alle Rechtspflegeaufgaben zuständig blieben[85].

2. Verfahrensrechtliche Grundlagen

a) Mit Wirksamwerden des Beitritts zum 3. Oktober 1990 traten in den zeitgleich neu erstandenen fünf jungen Bundesländern[86] sowie in Ost-Berlin die AO 1977, die FGO und die Entlastungsgesetze[87] in Kraft. Gerichtsverfassungsrechtlich bestimmte der EV – wie schon das GNV – bis zur Ausgliederung selbständiger Finanzgerichte, daß bei den Bezirksgerichten am Sitz der jeweiligen Landesregierung[88] für Abgabenangelegenheiten nach § 33 FGO Senate für Finanzrecht einzurichten sind. Die inhaltlich den unterschiedlichen Gerichtsbarkeiten zuzuordnenden Spruchkörper wurden, obwohl sie Teil eines einheitlichen Gerichts waren, in bezug auf die Vorschriften über die Zulässigkeit des Rechtsweges und über die Verweisung in einen anderen Rechtsweg wie im gegliederten Gerichtswesen behandelt[89]. Das Verfahren der danach förmlichen Aktenabgabe gestaltete sich entsprechend schwierig.

---

82 Vertrag zwischen der Bundesrepublik Deutschland und der DDR über die Herstellung der Einheit Deutschlands vom 31. August 1990, BGBl. II, 889; GBl. I 1990, 1629.

83 *Riess/Hilger,* in: Löwe/Rosenberg, StPO, 30. Lfg. – Nachtrag EV – Teil A, Rz. 7 ff.

84 *Riess,* KritV 1992, 296, 299 „Die Rechtspflege in den neuen Ländern".

85 BT-Drucks. 11/7817, S. 7.

86 Vgl. BT-Drucks. 11/7817, S. 14; EV Art. 1 und LändereinführungsG v. 22. Juli 1990, GBl. I, 955 mit den zeitlichen Maßgaben im EV Anl. II Kap. II SG A Abschn. II.

87 BFH-EntlG und VGFGEntlG.

88 EV Anl. I Kap. III SG A Abschn. III Nr. 1 u (3), t und v.

89 Vgl. EV Anl. I Kap. II SG A Abschn. III Nr. 1 t (2); § 34 FGO; seit dem 1. November 1991 durch Gesetz vom 17. Dezember 1990, BGBl. I S. 2809, nach §§ 17–17b GVG i.V.m. § 155 FGO.

Die Senate für Finanzrecht waren für die in § 33 FGO Abs. 1 Nr. 1–4 geregelten Materien zuständig[90]. Nach § 14 Abs. 1 des mit dem EV in Kraft getretenen Gesetzes der DDR zur Regelung des Kirchensteuerwesens war – abweichend von den unterschiedlichen landesrechtlichen Regelungen in den alten Bundesländern[91] – für Streitigkeiten in Kirchensteuersachen in den jungen Bundesländern generell der Verwaltungsrechtsweg eröffnet[92]. Mit der Verselbständigung der Finanzgerichte ist zwischenzeitlich generell für Streitigkeiten in Kirchensteuersachen der Finanzrechtsweg gegeben.

Die Senate für Finanzrecht entschieden grundsätzlich in der Besetzung von drei Berufsrichtern und zwei ehrenamtlichen Richtern[93]. Abweichend von der FGO durfte der Vorsitzende Richter oder ein von ihm bestimmter Richter im Einverständnis der Beteiligten aus Gründen der Vereinfachung und Beschleunigung den Rechtsstreit ganz oder teilweise anstelle des Senats ohne mündliche Verhandlung durch Vorbescheid entscheiden[94].

3. Besetzung der Spruchkörper

a) Eine ausreichende Besetzung der Senate für Finanzrecht mit Fachrichtern war in der Anfangszeit nicht möglich. Sie bereitet auch drei Jahre nach dem Beitritt Schwierigkeiten.

Es hat deshalb sowohl in den alten als auch in einigen jungen Bundesländern Überlegungen gegeben, gemeinsame Finanzgerichte zu errichten oder im Wege der Organleihe die Finanzrechtsprechung auf ein Finanzgericht in einem alten Bundesland zu übertragen[95]. Im Ergebnis ist es trotz aller Probleme zu begrüßen, daß derartige Vorhaben, gleich aus welchen Gründen, im Laufe des Jahres 1991 endgültig aufgegeben worden sind. Rechtsprechung ist ein essentieller Teil des gewaltengeteilten Staates. Öffentlich-rechtliche Gerichtsbarkeit dient nicht nur der Kontrolle von Verwaltungsentscheidungen, sondern dem Schutz des Einzelnen vor der staatlichen Gewalt und der wirksamen Durchsetzung seiner Rechte. Den Menschen in den jungen Bundesländern muß ein umfassender öffentlich-rechtlicher Rechtsschutz überhaupt erst nahegebracht werden. Ange-

---

90 Wie Fn. 89.

91 Vgl. *Tipke/Kruse,* AO und FGO, 14. Aufl., § 33 FGO Tz. 26.

92 EV Anl. II Kap. IV Abschn. I Nr. 5; Gesetz vom 23. September 1990, BGBl. II, 1194.

93 Kritik daran übte *Krumsiek*, DVBl. 1990, 1301, 1303; im Gegensatz dazu wurde die Besetzung der Kammern für Verwaltungsrecht auf 2 Berufsrichter und 3 ehrenamtliche Richter umgestellt, vgl. EV Anl. 1 Kap. III SG A Abschn. III Nr. 1u; BT-Drucks. 1/7817, S. 15; krit. *Stelkens*, DtZ 1991, 8 f.

94 EV Anl. I Kap. III SG A Abschn. III Nr. 7; BT-Drucks. 11/7817, S. 18.

95 Entschließung der SonderJMK vom 15./16. November 1990 Zi. 3a, DRiZ 1991, 53; solche Überlegungen gab es in Sachsen-Anhalt, vgl. *Weber*, StVj 1993, 177; in Mecklenburg-Vorpommern, Thüringen und Brandenburg; zur Verwaltungsgerichtsbarkeit vgl. *Holznagel*, DVBl. 1991, 477, 479.

sichts der ungeheuren Verkomplizierung ihrer Lebens – und Rechtsverhältnisse ist die Möglichkeit eines unmittelbaren Zugangs zu den Gerichten besonders notwendig. Schließlich erwarten die Menschen auch eine mit den besonderen Gegebenheiten im Beitrittsgebiet vertraute Rechtsprechung. Darüber hinaus ist nur schwer vorstellbar, wie die ohnehin seit Jahren überbelasteten und personell unterversorgten Finanzgerichte in den alten Bundesländern auch noch die gesamte Rechtsprechung für die neuen Bundesländer hätten übernehmen sollen.

b) Eine zahlenmäßig ausreichende Besetzung der Spruchkörper ließ sich nur durch die Mitwirkung fachfremder Westrichter, insbesondere aus den Senaten für Verwaltungs- und Sozialrecht sowie durch die Einbeziehung ostdeutscher Richterinnen und Richter sicherstellen. Umgekehrt wirkten die Finanzrichter in diesen anderen Spruchkörpern mit. Dieser interdisziplinäre Austausch, der in den alten Bundesländern so fremd geworden ist, war fruchtbar und reizvoll.

c) Da sich die Justizministerien in den neuen Bundesländern erst allmählich aus den Aufbaustäben Justiz entwickelten, gab es weder eine gesicherte Personalplanung noch verläßliche Erkenntnisse über einen weiteren Personaltransfer[96] aus den alten Bundesländern. Trotz des ohnehin nicht annähernd durch ostdeutsche Richter zu deckenden Bedarfs[97] in der ordentlichen Gerichtsbarkeit wurde der Einsatz überprüfter ostdeutscher Richter auch in den Fachspruchkörpern angestrebt.

In der ehemaligen Fortbildungsstätte des Justizministeriums der DDR in Wustrau wurden in der Trägerschaft des Landes Nordrhein-Westfalen im November (2 Wochen), im Dezember 1990 (1 Woche) und im Februar 1991 (2 Wochen) für angehende ostdeutsche Finanzrichter vom Bund Deutscher Finanzrichter unter Mitwirkung von zwei Richtern des Bundesfinanzhofs Ausbildungslehrgänge zum Steuerrecht durchgeführt. Der Kurs war für 35 Personen geplant worden, konnte jedoch nur von 12 Richtern besucht werden. Gegenwärtig sind lediglich noch drei ostdeutsche Finanzrichter als Richter auf Probe tätig.

d) Ebenfalls auf große Schwierigkeiten stieß die vor allem fristgerechte Gewinnung von ehrenamtlichen Richtern.

Die nach § 37 RiG/DDR gewählten oder berufenen bzw. demnächst gewählten oder berufenen ehrenamtlichen Richter durften für die Dauer ihrer Amtszeit weiterhin tätig bleiben[98]. Die ehrenamtlichen Richter für die Senate für Finanzrecht waren zu berufen (§ 37 Abs. 2 RiG). Die ur-

96 Vgl. *Weber*, BayVBl. 1993, 263, 264.

97 Ende 1990 gab es in den neuen Ländern noch rd. 1200 Ostrichter; in dem bevölkerungsmäßig vergleichbaren Nordrhein-Westfalen jedoch 4800 Richter.

98 § 37 RiG galt für die erste Wahlperiode gem. Art. 9 Abs. 2 EV fort; Anl. I Kap. III SG A Abschn. III SG A Abschn. III Nr. 1p; § 17 Abs. 1 der 2. DB zum RiG – EhRiWO, GBl. I, 1553, die als Bundesrecht fortgalt, vgl. EV Anl. II Kap. III SG A Abschn. I Nr. 8, 9.

sprüngliche Berufungsfrist bis zum 15. Januar 1991[99] wurde bis zum 30. Juni 1991 verlängert[100].

Schwierig war es zum einen, von den sich überhaupt erst bildenden Berufsverbänden – ausgewogene – Vorschläge in ausreichender Zahl zu erhalten. Zum anderen fehlten klare Vorstellungen über das im Vergleich zur Stellung und zu den Aufgaben der früheren Schöffen[101] völlig andere Amt des ehrenamtlichen Richters. Trotz intensiver Mitarbeit der westlichen Fachrichter konnten für die Finanzsenate nur wenige ehrenamtliche Richter berufen werden[102].

Nach Berufung der ehrenamtlichen Richter durch die zwischenzeitlich durch Westrichter ersetzten Präsidenten der Bezirksgerichte war es möglich, mündliche Verhandlungen durchzuführen.

e) Angesichts der angesprochenen Problematik, mündliche Verhandlungen in voller Besetzung durchzuführen und der weitgehenden forensischen sowie materiell-rechtlichen Unerfahrenheit der Beteiligten kam Erörterungsterminen eine besonders wichtige Funktion zu. Das Institut der Erledigung der Hauptsache (vgl. § 138 FGO) gab es in der ZPO/DDR nicht. Andererseits konnten nach § 175 Abs. 1 ZPO/DDR auch bei Rücknahme der Klage dem Verklagten ganz oder zum Teil die Kosten auferlegt werden, wenn er Anlaß zur Klage gegeben hatte oder das nach den Umständen gerechtfertigt war. Zur Vermeidung nachteiliger Prozeßerklärungen mußten die Beteiligten bei nichtstreitiger Erledigung sorgfältig aufgeklärt werden. Schriftliche Belehrungen bzw. Aufklärung und Beratung erwiesen sich oft als wenig erfolgversprechend. Vor allem aber waren Erörterungstermine als vertrauensbildende Maßnahmen wertvoll. Anfänglich war häufig die wichtigste Vorfrage, woher ein Richter kam.

4. Geschäftsstellen

Mit den Aufgaben eines Urkundsbeamten der Geschäftsstelle durften auch andere Personen als die in § 153 GVG – in beamtenrechtlichen Dienstverhältnissen – stehenden Personen beauftragt werden[103]. Im Zeitpunkt des Beitritts gab es ca. 900 Gerichtssekretäre[104], die von der Qualifikation her dem mittleren Dienst zugeordnet werden. Im übrigen gab es eine große Zahl fachlich nicht vorgebildeter Kräfte. Diese Sachlage und überdies ein häufiger Personalwechsel machten eine intensive

99 Vgl. §§ 45 Abs. 2, 50 Abs. 1 RiG.

100 Art. 7 Abs. 25 Rechtspflege – VereinfachungsG vom 17. Dezember 1990, BGBl. I, 2847.

101 Vgl. Art. 87, 90 Abs. 3 Verf. der DDR v. 7. Oktober 1974; §§ 44 Abs. 1, 45, 50 GVG/DDR vom 2. Oktober 1974, GBl. I, 457; BT-Drucks. VI/3080, S. 291 f.

102 In Sachsen z.B. 12; in Thüringen 9; in Sachsen-Anhalt 18 und in Brandenburg 9.

103 EV Anl. I Kap. III SG A Abschn. III Nr. 1q.

104 Vgl. §§ 27, 35 GVG/DDR 1974.

Mitwirkung der Westrichter beim Aufbau der Geschäftsstellen notwendig[105].

5. Unterbringung und Ausstattung

a) Die Einführung eines umfassenden und zumindest fachlich gegliederten gerichtlichen Rechtsschutzes führte zwangsläufig zu einem enormen zusätzlichen Bedarf an Unterbringungsmöglichkeiten[106]. Dieser Bedarf ließ sich weder in der Phase der „Einheitsgerichtsbarkeit" decken noch sind zumeist nach der Verselbständigung der Gerichtsbarkeiten endgültige Lösungen gefunden worden. Die Expansion der ordentlichen Gerichtsbarkeit und der Arbeitsgerichtsbarkeit beschleunigte lediglich die Verselbständigung.

b) Die ohnedies bescheiden ausgestatteten Gerichtsbüchereien verfügten über keine von den Finanzsenaten gerade auch bezüglich des übergangsweise noch anwendbaren DDR-Steuerrechts einschlägige Spezialliteratur. Die Ausbildung und das Selbstverständnis der Richter hatten in DDR-Zeiten Kommentare und wissenschaftliche Auseinandersetzung mit unterschiedlichen Lehrmeinungen ohnehin überflüssig gemacht.

Dem Deutschen Finanzrichterbund war es jedoch gelungen, von zahlreichen Fachverlagen für die im November 1990 insgesamt sieben Finanzsenate jeweils umfangreiche Grundausstattungen zu erhalten, welche den dort tätigen Kollegen im November/Dezember 1990 überbracht wurden.

6. Der Bundesfinanzhof

Mit dem Wirksamwerden des Beitritts endete die Tätigkeit des Obersten Gerichts der DDR[107]. Die Zuständigkeit der oberen Bundesgerichte als Rechtsmittelinstanzen blieb von der Zusammenfassung aller Gerichtsbarkeiten bei den Kreis- und Bezirksgerichten unberührt.

Der BFH wurde oberste Instanz für Abgabenstreitigkeiten aus dem Bereich der ehemaligen DDR. Zu diesem Zweck wurde zunächst ein VIIIa-Senat mit Wirkung vom 3. Oktober 1990 unter dem Vorsitz des Präsidenten des BFH errichtet. Da beim Obersten Gericht keine einschlägigen Verfahren anhängig waren, kam es zu keinen Übernahmen[108]. Ende 1990 wurde statt des VIIIa-Senats ein neuer XI. Senat ohne Sonderzuständig-

---

105 Aktenordnung, Vordrucke, Prozeßbetrieb wie Schriftsatzwechsel, Ladungen, Zustellungen, Ausfertigungen u.a.; vgl. auch *Koetz*, KritV 1992, 284 ff.; *Jelinek*, a.a.O., S. 55.

106 Vgl. *Helmrich*, NJ 1993, 393, wonach der Bedarf an Hauptnutzflächen in Mecklenburg-Vorpommern für Gerichte und Staatsanwaltschaften am 3. Oktober 1990 rd. 60 000 qm betrug. Zur Verfügung standen nur ca. 25 000 qm in überwiegend desolatem Zustand.

107 Zur Abwicklung vgl. *Welp*, DtZ 1991, 16 f.; EV Anl. I Kap. III SG A Abschn. III Nr. 1 y; BT-Drucks. 11/7817, S. 15.

108 Jahresbericht des BFH für 1990 A I 2, DStZ 1991, 303.

keit für die neuen Bundesländer eingerichtet. Da mit Wirkung vom 1. Januar 1991 auch dort das bisherige bundesdeutsche Steuerrecht uneingeschränkt galt, erschien es sachgerecht, Neuzugänge den jeweiligen Fachsenaten nach der allgemeinen Geschäftsverteilung zuzuweisen.

Nachdem beim BFH zunehmend Verfahren aus den neuen Bundesländern anhängig werden, sollte erwogen werden, wie andere Bundesgerichte[109], ebenfalls dort auswärtige Termine durchzuführen[110]. Dies kommt allerdings nur in geringem Umfang in Betracht, da vom BFH nur relativ wenige Verfahren aufgrund mündlicher Verhandlung entschieden werden.

IV. Errichtung eigenständiger Finanzgerichte

1. Vorgaben des Einigungsvertrages

Der EV[111] verpflichtete die fünf neuen Bundesländer, durch Landesgesetze baldmöglichst die besonderen Gerichtsbarkeiten einzurichten, soweit hierfür unter Berücksichtigung einer geordneten Rechtspflege jeweils die personellen und sachlichen Voraussetzungen geschaffen werden konnten.

Die Maßgaben im EV kennzeichnen den Übergangscharakter der „Einheitsgerichtsbarkeit" und des dreistufigen Aufbaus[112]. Der EV verzichtete bewußt auf zu enge zeitliche Vorgaben[113]. Er legte lediglich einen Vorrang für die Ausgliederung der besonderen Gerichtsbarkeiten fest.

Die neuen Länder haben von der eingeräumten Gestaltungsfreiheit bei der Art der Umsetzung, insbesondere auch in zeitlicher Hinsicht, ziemlich unterschiedlich Gebrauch gemacht.

Es ist müßig zu untersuchen, ob die Voraussetzungen tatsächlich vorgelegen haben. Der rasche, durch die Geschäftsentwicklung bedingte Ausbau der Arbeitsgerichtsbarkeit, der ordentlichen Gerichtsbarkeit und zunehmend der Verwaltungsgerichtsbarkeit[114] verstärkte die Notwendigkeit einer Ausgliederung.

Die Verselbständigung der Finanzgerichte entsprach trotz nur allmählich steigender Eingänge einem dringenden Anliegen der Steuerpflichtigen und der steuerberatenden Berufe[115]. Sie entsprach auch dem Interesse der

---

109 BVerwG, BVerfG und BAG, vgl. Beschluß vom 10. März 1993 4 AZR 541/92 (B), BB 1993, 731 mit Anm. v. *Däubler*, BB 1993, 660 f.

110 Dies ist nach § 91 Abs. 3 i.V.m. § 121 FGO zulässig.

111 Anl. I Kap. III SG A Abschn. III Nr. 1 t (4); vgl. die korrespondierende Verpflichtung für die ordentliche Gerichtsbarkeit in lit. a (2).

112 BT-Drucks. 11/7817, S. 10 und 14.

113 Abweichungen von Abschnitt IX des GG sind allerdings gem. Art. 143 Abs. 2 i.d.F. des Art. 4 Nr. 5 EV bis zum 31. Dezember 1995 befristet.

114 Zur Geschäftsentwicklung vgl. *Habermann*, NJ 1993, 64.

115 Vgl. auch *Dürr*, DStR 1992, 1049, 1050.

Gerichtsbarkeit selbst an einer spezifischen und zukunftsorientierten Entwicklung.

2. Umsetzung in den einzelnen neuen Ländern

a) Die Länder sind beim Übergang nach dem Gerichtsverfassungsgesetz und den für die Fachgerichtsbarkeiten geltenden Prozeßordnungen unterschiedlich vorgegangen.

Bereits bei den zuerst von Mecklenburg-Vorpommern ergriffenen Maßnahmen zur Neuorganisation der Gerichte zeigte sich, daß die bloße Ermächtigung im EV, den Übergang schwebender Verfahren zu regeln[116], nicht ausreichte, sondern ein bundesrechtliches Begleitgesetz erforderlich war, z.B. zur Überleitung der berufenen ehrenamtlichen Richter. Die notwendigen Regelungen enthält das Rechtspflege-Anpassungsgesetz vom 26. Juni 1992[117].

b) *Mecklenburg-Vorpommern* legte Zahl und Standorte der neuen Gerichte aller Gerichtsbarkeiten und der Staatsanwaltschaften sehr frühzeitig in einem Gerichtsstrukturgesetz[118] fest. Die Aufnahme der Spruchtätigkeit blieb einem gesonderten Gesetz vorbehalten. Damit wurden zum einen längere regionalpolitische Auseinandersetzungen um die Gerichtssitze vermieden. Zum anderen wurden sichere Grundlagen für den personellen und organisatorischen Aufbau und für die beratenden Berufe geschaffen[119]. Angesichts des jeweils das gesamte Land umfassenden Gerichtsbezirks kommt dem Gerichtssitz der Finanzgerichte eine besondere Bedeutung zu.

Mecklenburg-Vorpommern legte als Sitz des FG[120] ebenso wie des OVG die Stadt Greifswald fest. Das FG nahm seine Arbeit zum 1. Juli 1992 auf der Grundlage des Gerichtsorganisationsgesetzes[121] auf.

Die Unterbringung gemeinsam mit dem OVG unter einem Dach wirkt sich in dieser zweiten Aufbauphase, vor allem auch durch ein personelles Zusammenwirken, vorteilhaft aus.

Der *Freistaat Sachsen* errichtete zum 1. Juli 1992 mit einem einheitlichen Gerichtsorganisationsgesetz[122] vom 30. Juni 1992 ein Finanzgericht mit Sitz in Leipzig mit der Bezeichnung FG Leipzig.

---

116 EV Anl. I Kap. III SG A Abschn. III Nr. 1a (2 S. 2); t (4 S. 2).

117 BGBl. I 1147, das zusätzliche Ergänzungen und Änderungen des aufrechterhaltenen besonderen Rechtspflegerecht enthält; vgl. *Heitmann*, NJW 1992, 2177, 2178; *Riess*, DtZ 1992, 226 und *ders.*, KritV 1992, 296, 315; so bereinigte es (vgl. § 3) Zweifel an der ordnungsgemäßen Besetzung der Finanzsenate nach § 29 DRiG, vgl. *Jelinek*, a.a.O., S. 53; dagegen Urteil des BG Magdeburg vom 24. Oktober 1991 BW 27/91, EFG 1992, 297.

118 Vom 19. März 1991, GVOBl. Mecklenburg-Vorpommern, 103.

119 *Helmrich*, NJ 1993, 393.

120 §§ 9, 11 des GerichtsstrukturG.

121 Vom 10. Juni 1992 GVOBl. Me-VP, 314.

122 Vom 30. Juni 1992, Sä GVBl. 1992, 287, Art. 5 und 10.

Sachsen-Anhalt hat die Ausgliederung der Fachgerichtsbarkeiten über Einzelgestze vorgenommen und zum 1. September 1992 das FG des Landes Sachsen-Anhalt mit Sitz in Dessau errichtet[123]. Hervorzuheben ist die Ermächtigung des Präsidenten, im Rahmen des Stellenplans nach Anhörung des Präsidiums die Zahl der Senate zu bestimmen[124].

Brandenburg hat zum 1. Januar 1993 mit Sitz in Cottbus das Finanzgericht Brandenburg errichtet[125]. Der Präsident des FG bestimmt nach Anhörung des Präsidiums im Einvernehmen mit dem Minister der Justiz die Zahl der Senate.

Das *Thüringer Finanzgericht* mit Sitz in Gotha ist zum 19. Juni 1993 errichtet worden[126]. Das Ausführungsgesetz legt ausdrücklich fest, daß der Thüringer Justizminister die Zahl der Senate bestimmt und mit der selbständigen Wahrnehmung von Aufgaben der Urkundsbeamten der Geschäftsstelle, die grundsätzlich Beamten des gehobenen und des mittleren Justizdienstes vorbehalten wird[127], bei Bedarf auch Angestellte widerruflich beauftragt werden können. Thüringen trägt damit der akuten Mangelsituation Rechnung und sichert sie gesetzlich ab.

Die sächsische Initiative für die Spezialmaterien des Zolls, der Verbrauchsteuern und der Marktordnungsabgaben für alle neuen Bundesländer einen gemeinsamen Senat für Zollsachen[128] seinerzeit noch beim Bezirksgericht in Dresden, zu errichten, fand auf der Justizminster-Konferenz im September 1991 noch keine Zustimmung. Ein Staatsvertrag über die Errichtung eines gemeinsamen Senates für Zollsachen für die Freistaaten Sachsen und Thüringen sowie das Land Sachsen-Anhalt mit Sitz in Leipzig wird voraussichtlich bis Mitte 1994 ratifiziert sein.

3. Personal- und Geschäftsentwicklung

a) Der Geschäftsanfall in den Senaten für Finanzrecht und jetzt den Finanzgerichten bewegt sich zahlenmäßig auf einem vergleichsweise niedrigen Niveau (vgl. Tabelle I auf S. 218), allerdings mit steigender Tendenz.

---

123 Gesetz zur Ausführung der FGO für das Land Sachsen-Anhalt vom 24. August 1992, GVBl. I SA 1992, 654.

124 Vgl. 5 Abs. 2 FGO und zur höchst streitigen Kompetenzfrage vgl. *Tipke/Kruse*, a.a.O., § 5 FGO, Tz. I

125 Gesetz über die Errichtung der Finanzgerichtsbarkeit und zur Ausführung der FGO im Land Brandenburg vom 10. Dezember 1992, GVBl., 504; ferner zur Begründung des schrittweisen Vorgehens *Faupel*, NJ 1992, 534.

126 Thüringer Gesetz zur Ausführung der FGO vom 18. Juni 1993, GVBl., 334.

127 § 3 Abs. 1 des AG entspricht zwar § 153 Abs. 2 GVG. Dieser ist jedoch für die Finanzgerichtsbarkeit suspendiert, vgl. *List* in: Hübschmann/Hepp/Spitaler, AO und FGO, 9. Aufl., § 12 FGO Tz. 2. Damit entfällt zugleich der Einsatz von Rechtspflegern bei den FGen.

128 Vgl. § 5 Abs. 4 FGO.

Dies beruht ganz wesentlich auf den eingangs geschilderten Rahmenbedingungen, den wirtschaftlichen Gegebenheiten und der aus der historischen Entwicklung des Justizwesens und des öffentlich-rechtlichen Rechtsschutzes in der DDR erklärbaren Zurückhaltung der ostdeutschen Bevölkerung gegenüber gerichtlichem Rechtsschutz[129].

Die Veranlagungen bis 1991 sind weitgehend nach Erklärung unter dem Vorbehalt der Nachprüfung durchgeführt worden. Betriebsprüfung und Steuerfahndung befinden sich, allerdings in unterschiedlichen Stadien und nach abweichenden Planungskonzepten, erst im Aufbau[130].

Die Zahl der Rechtsbehelfe hat sich zwar im Jahr 1992 gegenüber 1991 beträchtlich gesteigert (vgl. Tabelle II auf S. 219), was sich auch im Anstieg der Klageeingänge im Jahr 1993 deutlich bemerkbar macht. Insgesamt bleibt die absolute Zahl im Vergleich zu dem bevölkerungsmäßig gleichstarken Land Nordrhein-Westfalen[131] allerdings erkennbar zurück.

b) Bei einem Vergleich der Klageeingänge bei den Finanzgerichten der alten und der neuen Bundesländer dürfen freilich die völlig andersartigen Arbeitsbedingungen in den neuen Bundesländern nicht übersehen, vor allem in ihrer Tragweite nicht unterschätzt werden. Zumal in der Anfangszeit war die Fallbearbeitung ungemein zeitaufwendig. Es fehlten die eingespielten Organisationsstrukturen, die Arbeitsgrundlagen (Gesetzessammlungen, Erläuterungswerke, Entscheidungssammlungen), notwendige Hilfsmittel (z.B. Vordrucke, Diktiergeräte etc.), der zuverlässige Schreibdienst und vieles andere mehr. Die Streitfälle verlangen Antworten auf auch für Westrichter ungewohnte Fragen mit zumeist verfassungsrechtlichem Hintergrund[132]. In den ersten Jahren betrafen die Verfahren zumeist spezifische Fragen des alten DDR-Steuerrechts und des Übergangsrechts[133], wie die (prüfungsfreie) Bestellung als Steuerbevollmächtigter oder Steuerberater[134], der Grunderwerb- und der Erbschaftsteuer, insbesondere die Höhe der Steuersätze, des Investitionszulagenrechts, der Aufhebung rechtsstaatswidriger Steuerverwaltungsakte nach Art. 19 EV und Zollsachen. Inzwischen geht es verstärkt um die Rücknahme fehlerhafter Bestellungen von Steuerbevollmächtigten bzw. Steuerberatern und um die vielfältigen Zweifelsfragen der höchst komplizier-

---

129 *Schröder*, DRiZ 1993, 373, *Riess*, DWiR 1992, 51, 53, *Faupel*, NJ 1992, 534.

130 Finanznachrichten des BMF 34/1993 vom 5. Mai 1993, S. 3.

131 Abweichungen in der Wirtschaftsstruktur beeinflussen natürlich auch den Bedarf an Finanzrichtern.

132 Z.B. zur fehlenden Kompetenz der Außenstelle des BMF für die Durchführung der StbO/DDR nach Entstehung der neuen Länder mit handlungsfähigen Organen; Fortgeltung von DDR-Vorschriften und deren Rechtsqualität; gleichheitswidrige Steuerbelastungen innerhalb des DDR-Steuerrechts und im Verhältnis zur BRD.

133 Noch der *Modrow*-Regierung z.B. des StÄndG vom 6. März 1990, GBl. 136, und auf der Grundlage der beiden Staatsverträge.

134 Nach der bis zum 31. Dezember 1990 fortgeltenden StbO/DDR vom 27. Juni 1990, GBl. SD Nr. 1455.

ten Veranlagung 1990[135]. Die zunehmende Spruchtätigkeit der neuen Finanzgerichte spiegelt sich nicht zuletzt auch in der wachsenden Zahl von in den EFG veröffentlichen Entscheidungen und der beim BFH anhängig werdenden Rechtsmittel wider.

c) Die zugewiesenen Finanzrichter mußten eine umfassende Aufbauarbeit und Spruchtätigkeit im wesentlichen auf sich gestellt leisten. Vielfältige zusätzliche Betätigungen, Presse- und Informationsarbeit, Einsätze in den Justizministerien, Kontaktpflege zu den Verbänden, Mitwirkung in anderen Spruchkörpern, vor allem in den neuen Senaten für die Rehabilitierungsverfahren, stellten fachlich und menschlich hohe Anforderungen[136]. Die Justizministerien etablierten sich erst allmählich über sog. Aufbaustäbe. Die Ende 1990 mit der Leitung der Kreis- und Bezirksgerichte beauftragten Westrichter widmeten sich vorzugsweise dem Aufbau der ordentlichen Gerichtsbarkeit.

Deshalb erwies sich der mehrmals im Jahr stattfindende, vor allem fachliche Austausch im Rahmen einer Arbeitsgemeinschaft aller Finanzrichter in den neuen Bundesländern gemeinsam mit dem Deutschen Finanzrichterbund und unter Beteiligung eines Vertreters des BFH als besonders wertvoll.

d) Auch beim BFH werden vermehrt Verfahren aus dem Beitrittsgebiet anhängig (vgl. Tabelle III auf S. 220). Mit seiner ersten Entscheidung bejahte der BFH den Finanzrechtsweg für Streitigkeiten nach der StbO/DDR[137]. Mit Urteil vom 5. März 1993 VI R 37/92 (BB 1993, 2433) sah er den Ausschluß des Lohnsteuer-Jahresausgleichs für 1990 im Beitrittsgebiet als verfassungsgemäß an. In mehreren Entscheidungen nahm er inzwischen zu Fragen des DDR-Grunderwerbsteuerrechts Stellung[138]. Jede dieser Entscheidungen wird vor allem von der Steuerverwaltung erwartet, um eine Vielzahl von Parallelverfahren entscheiden zu können.

e) Die Tabelle IV (Seite 221) zeigt den gegenwärtigen Personalstand der Finanzgerichte. Die Struktur ist sowohl alters- als auch ausbildungsmäßig im Vergleich zu den alten Bundesländern ungünstig.

Die zugewiesenen Westrichter haben zwar einen Stillstand der Rechtspflege verhindert. Nicht zu übersehen sind aber die nachteiligen Folgen der kurzfristigen Fluktuation (Einarbeitung, Verlust gewonnener Erfahrungen, fehlende Kontinuität im Prozeßbetrieb, im Spruchkörper und zu den Beteiligen u.a.). Gegenwärtig sind etliche Beisitzende Richter im

135 Vgl. auch *Dürr*, DStR 1992, 1049 f.

136 Der Verfasser war von Anfang Oktober 1990 bis Ende Oktober 1991 am BG Dresden tätig; in dieser Zeit hat er u.a. über drei Monate den ersten Haushaltsplan für das Justizressort nach kameralistischen Grundsätzen miterarbeitet und eine Geschäftsprüfung bei einem Kreisgericht durchgeführt.

137 Beschluß vom 10. September 1991 VII B 143/91, DStR 1992, 89; ebf. Beschluß vom 17. Februar 1992 VII B 185/91, BFH/NV 1992, 844.

138 Urteil vom 19. Mai 1993 II R 29/92; II R 23/92; II R 71/92, vgl. INF 1993, 450 und DStZ 1993, 573; II R 27/92 und vom 9. Juni 1993 II R 69/92; II R 90/92.

zweiten Hauptamt noch in einer anderen Gerichtsbarkeit tätig[139] oder vervollständigen ihre steuerrechtliche Ausbildung.

Von den Möglichkeiten, durch Einzelrichter zu entscheiden[140], kann vorerst nur in Einzelfällen Gebrauch gemacht werden. Es fehlt an einer gefestigten Rechtsprechung der Senate bzw. der Finanzgerichte. Überwiegend handelt es sich nicht um typische Massenfälle, sondern um neuartige und erst grundsätzlich zu klärende Rechtsfragen, deren endgültige Entscheidung auch die Steuerverwaltung zumeist abwartet.

Psychologisch ist es für den mit dem öffentlich-rechtlichen Rechtsschutz nicht vertrauten Bürger außerdem wichtig, zunächst den Kontakt zu der Fachgerichtsbarkeit zu „normalisieren" und ihm das Gefühl zu vermitteln, sein Anliegen wird umfassend und sachkundig geprüft.

f) Die Amtszeit der durch § 1 Abs. 1 RPflAnpG bis zum 31. Dezember 1994 übergeleiteten ehrenamtlichen Richter ist durch die Ausführungsgesetze der neuen Bundesländer gem. § 1 Abs. 2 überwiegend verkürzt worden. Mecklenburg-Vorpommern hat zum 10. Februar 1993 bereits neu gewählt und dabei schon den weiteren Ausbau berücksichtigt[141]. Für die Nicht- bzw. Abberufung sind, wie für Rechtsanwälte und Notare, Überprüfungsregelungen wegen möglicher Verstrickungen in den Machtapparat der DDR geschaffen worden[142].

In Thüringen und Sachsen werden zumindest Nachwahlen erwogen. Von der Ermächtigung in § 5 Abs. 4 FGO, wonach die Länder durch Gesetz die Mitwirkung von zwei ehrenamtlichen Richtern an den Entscheidungen des Einzelrichters vorsehen können, machen die neuen Bundesländer keinen Gebrauch.

V. Ausblick

Die formal errichteten und mit den notwendigen verfahrensrechtlichen Instrumentarien ausgestatteten Finanzgerichte werden noch auf längere Zeit improvisieren müssen[143]. Durch den geringen Einsatz ostdeutscher Richter stellt sich die Frage der Akzeptanz von Richtern nicht in gleicher Schärfe wie in den anderen Gerichtsbarkeiten[144]. Wohl aber kommt den

139 Vgl. § 6 RPflAnpG vom 26. Juni 1992, BGBl. I, 1147; dazu *Riess*, DtZ 1992, 226 ff.

140 Vgl. §§ 6, 79a FGO i.d.F. vom 21. Dezember 1992, BGBl. I, 2109.

141 In Sachsen-Anhalt ist die Amtszeit bis zum 30. September 1993, in Brandenburg bis zum 31. Dezember 1993 befristet.

142 §§ 9–11 des Gesetzes zur Prüfung von Rechtsanwaltszulassungen, Notarbestellungen und Berufungen ehrenamtlicher Richter vom 24. Juli 1992, BGBl. I 1386; BT-Drucks. 12/2169, S. 9 ff.

143 Von einer „weitgehend funktionierenden" Gerichtsbarkeit läßt sich noch nicht sprechen, so aber *Schwedes*, in: FS „Die Deutsche Arbeitsgerichtsbarkeit in den neuen Bundesländern", 1993, Tz. 66.

144 Vgl. v. *Oertzen*, in: FS für K. Redeker, „Der Aufbau der Verwaltungsgerichtsbarkeit in den neuen Bundesländern", S. 339, 354; ferner *Helmrich* , NJ 1993, 393, 395; *Caesar*, NJ 1991, 475.

Richtern die grundlegende Aufgabe zu, den Menschen angesichts eines verwirrenden, unübersichtlichen und vielfach nicht mehr verständlichen Steuerrechts und eines höchst komplizierten Verfahrensrechts das Bewußtsein effektiven öffentlich-rechtlichen Rechtsschutzes zu vermitteln und ihnen zu helfen, den „Kälteschock des Rechtsstaates" zu überwinden. Der Aufbau der Dritten Gewalt ist, worauf *Helmrich* zutreffend hingewiesen hat, nicht lediglich ein rechtstechnokratischer Vorgang. Wichtig ist, den Rechtsstaat auch in den Köpfen der Menschen zu verankern und Vertrauen in die Unabhängigkeit und Rechtsstaatlichkeit der Justiz zu schaffen.

Die Finanzgerichte in den jungen Bundesländern stehen vor einer mit vielen Unsicherheiten verknüpften Zukunft. Die Geschäftsentwicklung ist nur schwer vorauszusagen, jedoch deutlich steigend[145]. Die Prognose[146] sagt für 1995 einen Geschäftsanfall von 12 000 und ab dem Jahr 2000 von 15 000 Verfahren je Jahr vorher. Für die neuen Bundesländer steht darüber hinaus ein in dieser Prognose noch nicht berücksichtigtes, zahlenmäßig ebenfalls nur grob einzuschätzendes, inhaltlich aber auf jeden Fall äußerst schwieriges Streitvolumen ins Haus, wenn die Vermögensabgabe Gesetz werden sollte[147].

Der sehr allmähliche Anstieg der Fallzahlen hat bislang die von Anfang an prekäre Personalsituation nicht in voller Schärfe sichtbar werden lassen. Geht man nur von den für Nordrhein-Westfalen ausgewiesenen Planstellen für Finanzrichter mit 180 aus und unterstellt, daß diese Zahl die durch die Verfassung vorgeschriebene Wahrnehmung eines effektiven Rechtsschutzes angemessen ermöglicht und stellt man dem die Zahl der bislang zu den neuen Finanzgerichten versetzten bzw. dort fest angestellten Finanzrichter von 21 gegenüber, so wird der gewaltige weitere Bedarf erkennbar, dessen Befriedigung in zeitlicher Hinsicht vorläufig ziemlich offen ist.

Entgegen der Fristvorgabe des EV[148] wird noch auf Jahre Verwaltungshilfe geleistet werden müssen. Steuerverwaltung, Beraterschaft und Gerichte treten dabei verstärkt in einen Nachfrage-Wettbewerb ein, der selbst nach Kürzung der Ausbildungszeiten für den höheren Dienst in der Steuerverwaltung nicht rasch zu befriedigen sein wird.

Unverzichtbar ist für das innere Zusammenwachsen und eine dauerhafte Akzeptanz der Finanzgerichtsbarkeit, ebenso wie der Steuerverwaltung, in den neuen Bundesländern, daß Fachkräfte aus der dortigen Bevölkerung herangebildet und auch in herausgehobenen Stellungen eingesetzt

---

145 Vgl. Geschäftsbericht der Finanzgerichte 1992 in EFG 1993, 490 ff.

146 Vgl. *Blankenburg*, ZRP 1992, 96, 100 f.; Untersuchung im Auftrag des BMJ vom September 1991, S. 112 ff.

147 Entwurf des Entschädigungs- und Ausgleichsleistungsgesetzes, BR-Drucks. 244/93; Bericht in ZRP 1993, 235; die Einführung einer Vermögensabgabe dürfte nach den Beratungen im Bundesrat gegenwärtig politisch nicht durchsetzbar sein, vgl. Stellungnahme des BR, BT-Drucks. 12/5108; Woche im Bundestag, 1993, H. 19, S. 60.

148 Art. 15 Abs. 3 „längstens bis zum 30. 6. 1991".

werden. Ein solches Personalkonzept muß zudem jetzt bereits zuverlässig sichtbar werden.

Ein dritter Problembereich bleibt die angemessene und sachgerechte Unterbringung. Wie schon zuvor die Senate für Finanzrecht müssen die Finanzgerichte ständig auf Wanderschaft gehen, bis sie endgültig untergebracht sein werden. Die dadurch eintretenden Erschwernisse liegen auf der Hand.

Unerläßlich bleibt die kontinuierliche und bereitwillige Unterstützung durch die alten Bundesländer, vor allem durch die Richter und Beamten der Finanzgerichte, um nicht auf unabsehbare Zeit ein Rechtsgefälle zwischen „Ost" und „West" zu erzeugen und den ursprünglich so hohen Erwartungen der Menschen an den Rechtsstaat gerecht zu werden.[149]

Tabelle I: Geschäftsentwicklung[1]

	1990		1991	
	a)[2]	b)[3]	a)	b)
Mecklenburg-Vorpommern	9	2	92	36
Sachsen-Anhalt	6 (2)		60 (3)	16 (4) (1)
Sachsen	5	4	87 (16)	84 (16)
Brandenburg	7		91	26
Thüringen	5	4	87 (3)	44 (24)

	1992		1993[7]		Bestand
	a)	b)	a)	b)	
Mecklenburg-Vorpommern	82	61	208 (29)[4]	168 27	126
Sachsen-Anhalt	84 (3)	36 (3) (1)	311 (37)	65 8	379
Sachsen	149 (13)	111 (13)	369 (95)	229	259
Brandenburg	228 (54)	134 (51)	610 (95)	351 68	420
Thüringen	86 (10)	50 (11) (8)	253 (41)	zs. 146	233
insgesamt	629		1 751[5]		1 417[6]
Zum Vergleich NRW	21 849		23 119		34 736
davon V-Sachen	2 446		2 496		

1 Bei den Senaten für Finanzrecht und FGen
2 Eingänge
3 Erledigungen
4 Einstweiliger Rechtschutz
5 Im August: 1270; im Juni: 917
6 Im August: 1213; im Juni: 871
7 Vgl. auch zum Geschäftsanfall der Gerichte in den neuen Bundesländern 1993 *Habermann*, NJ 1994, 206 f.

149 Zur ungünstigen Akzeptanz vgl. *Riess*, KritV 1992, 296, 311. Beschluß der JMK vom 24. Juni 1993 und vom 4./5. November 1993 in Leipzig, DRiZ 1994, 56, Recht 1993, H. 4; *Jentsch*, in: FS für Helmrich, Für Recht und Staat, 1994, S. 11 ff.

Tabelle II: Rechtsbehelfe 1992

	Einsprüche			
	Eingänge	Erledigt	davon EE	Steigerung zu 1991 in v.H.
Mecklenburg-Vorpommern	13 294	8 180	453 (313)[1]	541
Sachsen-Anhalt	23 513	14 185	721	386
Sachsen	31 194	21 367	605	486
Brandenburg	30 776[4]	21 180	1 074	377
Thüringen	22 186	16 316	579	643
	130 963	81 228	3 432[2]	
Zum Vergleich NRW	788 293	761 302	1 131 141[3]	

	Beschwerden		
	Eingänge	Erledigt	Steigerung zu 1991 in v.H.
Mecklenburg-Vorpommern	940	816	1 205
Sachsen-Anhalt	1 968	1 608	
Sachsen	3 541	3 165	1 211
Brandenburg	3 404	2 741	689
Thüringen	1 579	1 358	1 902
	11 432	9 688	

1 In Klammern: 1991
2 Bezogen auf die EEen sind ca. 16 v.H. in das Klageverfahren erwachsen
3 Bezogen auf die EEen sind ca. 17 v.H. in das Klageverfahren erwachsen; auf das Jahr 1993 bezogen beträgt die Quote im OFD-Bezirk Düsseldorf 24 v.H.
4 1993 sind 82 870 Einsprüche eingegangen und 74 138 abschließend erledigt worden. Anhängig geblieben sind 20 459 Einsprüche.

Tabelle III: Eingänge beim BFH aus Beitrittsgebiet

	1992					
	Meckl.-Vorpom.	Sachsen-Anhalt	Sachsen	Branden-burg	Thüringen	
Steuerber.			6	2	1	
GrunderwSt		1	2	6		
Invzulage					2	
ESt					6	
GewSt			1			
LSt			1			
USt					1	
Sonstige				1	1	
Gesamt		1	10	9	11	31
Erledigt			1	2	2	5

	1993					
	Meckl.-Vorpom.	Sachsen-Anhalt	Sachsen	Branden-burg	Thüringen	
Steuerber.	5		4		2	
GrunderwSt	2			8		
Invzulage	14	3	6	5	3	
ESt		1	5	3	4	
GewSt			4	2	1	
LSt						
USt	1		1	2	2	
KSt			2		1	
Sonstige	3	2	8	6	2	
Gesamt	25	6	30	26	15	102
Erledigt	14	1	18	5	3	41[1]

1 Bestand: 87

Tabelle IV: Personal (1. 1. 1994)

	Senate	Richter			
		versetzt	abgeordnet	k. A.	z. P.
Mecklenburg-Vorpommern	2 4 (1994)	2[1]		1	
Sachsen-Anhalt	2	2			2[2]
Sachsen	3 + 1–2 f. Zoll	3	3	3	2
Brandenburg	2 3 (1994)[4]	2	1[5]		4[6]
Thüringen	2[8] 4	1	3[9]	1	

	e. Richter		Verwaltung	
	alt	neu	g. D.	Ang.
Mecklenburg-Vorpommern	(36) 24	71	1 (OVG)	6
Sachsen-Anhalt	18		3	4
Sachsen	10	7		insges. 5[3]
Brandenburg	8	8	4	8[7]
Thüringen	13	8	1 (1)	3[10]

1 Nach dem RpflAnpG wirken außerdem der Präsident des VG und ein Richter vom OVG Greifswald im zweiten Hauptamt als Finanzrichter mit.
2 Nur zu $^2/_5$ bei dem FG.
3 Sämtlich aus dem Freistaat Sachsen.
4 Etatisiert sind 2 weitere Planstellen für Vorsitzende und 6 Stellen für Finanzrichter. Ab 1995 sollen zusätzliche Senate errichtet werden.
5 Nur bis Mitte 1994 aus NRW abgeordnet.
6 2 davon befinden sich 1994 noch in der steuerrechtlichen Ausbildung; 1 Richter ist als ehemaliger DDR-Richter übernommen worden.
7 Bis auf 2 sind sämtliche Stellen der Verwaltung mit Mitarbeitern aus Brandenburg besetzt.
8 Neben den Planstellen für den Präsidenten und den Vize-Präs. des FG sind 4 weitere R 2-Stellen im StHPl 1994 etatisiert.
9 2 nur zu 50 v.H. beim FG.
10 Sämtlich aus dem Freistaat Thüringen.

Johann Wilhelm Gaddum

Verantwortung für den Wert des Geldes

Inhaltsübersicht

Die Entwicklung der Deutschen Mark zur Ankerwährung im EWS und zu der zweitwichtigsten Reservewährung der Welt hat die Bundesbank, ihre Politik und ihre Verfassung zu einem Gegenstand internationalen Interesses werden lassen. Entscheidungen oder Nichtentscheidungen des Zentralbankrates der Deutschen Bundesbank werden mit Erwartungen und Kommentierungen begleitet, denen sehr unterschiedliche Interessen und Kriterien zugrunde liegen; insbesondere wird häufig unterstellt, daß die Bundesbank aus konjunkturpolitischen Gründen oder im Hinblick auf ein ihr unterstelltes Wechselkursziel bestimmte Entscheidungen werde treffen „müssen".

Das von der Bundesbank aber gemäß ihrem gesetzlichen Auftrag verfolgte Ziel der Geldwertstabilität veranlaßt sie zu einer anderen Reihenfolge in der Bewertung der beobachteten Indikatoren. Dies führt notwendig zu Enttäuschungen.

Unterschiedliche Zielvorstellungen von Notenbankpolitik führen auch zu abweichenden Wertungen des Verhältnisses zwischen Staat und unabhängiger Notenbank.

Wenn der Notenbank wie dem Staat ein konjunkturpolitischer Auftrag zugeordnet wird, stellt sich die Frage nach dem Sinn der Unabhängigkeit einer Institution, die ja nicht im Wettbewerb zu der unmittelbar demokratisch legitimierten Regierung und ihrem Auftrag konträre Ziele verfolgen kann. Stellt man aber Stabilität als erklärtes Ziel der Notenbankpolitik in den Vordergrund, verfolgen Notenbank und Regierung Zielvorstellungen, die einander zwar in der Regel ergänzen, aber auch miteinander konkurrieren können. Möglicherweise entstehende Konflikte werden transparent und unter öffentlicher Kontrolle ausgetragen.

Nachfolgend wird der Frage nachgegangen, welche Bedeutung bei dem Notenbankziel Stabilität dem Verhältnis Notenbank/Staat beizumessen ist.

I. Die Geldordnung ist Element der staatlichen Ordnung

Unsere Geldordnung, und dies hat die Diskussion um eine europäische Währungsordnung bestätigt, ist Teil der staatlichen Ordnung. Die Verfassung und der Gesetzgeber bestimmen, nach welchen Regeln und Prinzipien die Währung geschaffen und verwaltet wird. Der Staat entscheidet über das Notenausgaberecht. Daß unser Geld im Verständis der Theorie eine manipulierte Währung ist, umschreibt den Tatbestand, daß nicht eine Bindung an das Gold oder andere vermeintlich wertbeständigen Vermögenswerte die Geldausgabe und damit die Knappheit und seinen Wert bestimmen, sondern daß das Bemühen des Staates oder von ihm beauftragter Institutionen – so in Deutschland der Bundesbank – darüber entscheidet, ob das Angebot von Gütern und Leistungen im Gleichgewicht mit dem kaufbereiten Geld steht und damit Preisstabilität sichert.

Der Gesetzgeber hat im Bundesbankgesetz der Bundesbank die Aufgabe übertragen, Geldumlauf und Kreditversorgung der Wirtschaft mit dem Ziel zu regeln, die Währung zu sichern. Damit hat die Bundesbank einen eindeutigen Auftrag, der auch durch die Verpflichtung, bei Wahrung dieser Aufgabe die Wirtschaftspolitik der Bundesregierung zu unterstützen, zwar ergänzt, aber nicht eingeschränkt wird.

Mit dem Auftrag an die Bundesbank hat der Staat einen Teilbereich seiner Verpflichtung, für eine stabile Währung zu sorgen, auf eine in diesem Rahmen unabhängig von Parlament und Regierung arbeitende Institution übertragen. Dies befreit ihn nicht von der Aufgabe, in Politikfeldern, die nicht der Bundesbank zugeordnet sind, diesen Auftrag zu berücksichtigen[1]. Ausdruck dieser Mitverantwortung sind das vom Staat geschützte Nominalwertprinzip ebenso wie die Vorschriften über das Bankwesen (z.B. KWG; KAAG). Über Budget- und Steuerpolitik, aber insbesondere durch internationale Verträge, werden die Möglichkeit der Bundesbank, ihre Ziele zu erreichen, beeinflußt und u.U. begrenzt.

Die Vorstellung, daß Unabhängigkeit der Notenbank die Erfüllung des Stabilitätsauftrages wesentlich erleichtert, ist von der historisch begründbaren Skepsis geprägt, ob die politischen Entscheidungsträger nicht zu leicht der Gefahr erliegen, den politischen Kurzzeitnutzen einer Inflation langfristigen Überlegungen vorzuziehen[2].

Die im Bundesbankgesetz und auch in dem Statut für die europäische Notenbank vorgesehene Unabhängigkeit sichert das Stabilitätsziel gegen kurzfristigen Politikeinfluß ab. Über die Aufgabendefinition hinaus hat der deutsche Gesetzgeber ein System sich ausbalancierender, freiheitssichernder Gegengewichte als institutionelle Absicherung gefunden.

Die Unabhängigkeit von Weisungen (§ 12 BBankG) bei der Ausübung ihrer Befugnisse steht im Zusammenhang mit der Verpflichtung der Bun-

1 *Walter Eucken,* Grundsätze der Wirtschaftspolitik 1952, S. 264.

2 *Otmar Issing,* Unabhängigkeit der Notenbank und Geldwertstabilität, Akademie der Wissenschaften und Literatur; Mainz, No. 1, 1993, S. 18 ff.

desbank, die ihr im Gesetz aufgetragenen Ziele mit den ihr zugeordneten Instrumenten zu verfolgen. Unabhängigkeit als absolute Entscheidungsfreiheit zu interpretieren, als könne die Bundesbank tun, was sie wolle, findet keine Stütze im Gesetz; im Gegenteil, sie unterliegt im Interesse ihres Auftrages Handlungsbeschränkungen[3]. Die enge Begrenzung der der Bank erlaubten Geschäfte mit öffentlichen Verwaltungen – und damit auch das Verbot einer Finanzierung von Haushaltsdefiziten – entspricht diesem Autonomieverständnis. Geldpolitische Unabhängigkeit der Notenbank verlangt andererseits, daß sie sich auf die Geldpolitik beschränkt und keine Funktionen übernimmt, die der politisch-parlamentarischen Kontrolle unterliegen. Die Mitwirkung bei der Bankenaufsicht ist deshalb zu Recht in Deutschland begrenzt[4].

Unabhängigkeit sichert der Bank nur die Freiheit der Entscheidung, *wie* sie den ihr gegebenen Auftrag erfüllt. Das Ziel ihrer Politik hat der Gesetzgeber definiert.

Unabhängigkeit in diesem Sinne garantiert nicht einen unveränderten oder nur mit Einverständnis der Bank zu verändernden Rechtsrahmen. Der Bildung des EWS, dem Vertrag von Maastricht und dem Vertrag über die Schaffung einer Währungs-, Wirtschafts- und Sozialunion zwischen der Bundesrepublik Deutschland und der Deutschen Demokratischen Republik lagen politische Entscheidungen zugrunde, zu denen die Bundesbank zwar angehört wurde; ihre Meinungsäußerung hatte erheblichen Einfluß, das Ergebnis aber hatte sie letztlich hinzunehmen. Wenn Bedenken oder Anregungen der Bundesbank nicht berücksichtigt werden, ist dies kein Verstoß gegen ihre Unabhängigkeit. Andererseits können durch den Inhalt von Gesetzen und durch sie sanktionierte Verträge die Möglichkeiten, das Stabilitätsziel zu erreichen, verändert – d.h. erleichtert oder erschwert werden.

Geldpolitische Entscheidungen, mit denen sie ihren Auftrag ausfüllt, liegen in der Bundesbank in der Hauptsache beim Zentralbankrat. Seine Unabhängigkeit bei der Entscheidungsfindung ist Maßstab für die Unabhängigkeit der Bank. Sie wiederum ist abhängig von Personen und institutionellen Regelungen. Das Selbstverständnis der Mitglieder des Zentralbankrats wird insbesondere gestützt durch das Berufungsverfahren. Mehr als die Hälfte der Mitglieder des Zentralbankrats wird nach dem Bundesbankgesetz von den verschiedenen Ländern vorgeschlagen und dem Bundesrat gewählt, die übrigen von der Bundesregierung berufen.

Das Berufungsverfahren mindert ebenso wie die Praxis, daß sich die Laufzeit der Dienstverträge der Mitglieder des Zentralbankrats in der Regel an dem gesetzlich zulässigen Höchstmaß orientiert und soweit dies möglich ist, die Verlängerung eher die Regel als die Ausnahme ist, die Gefahr einer politisch gesteuerten Einflußnahme auf Entscheidungen des

3 Anders: *Herbert Ehrenberg*, Zwischen Marx und Markt, 1974, S. 197.

4 *Johann Wilhelm Gaddum*, Bankenaufsicht im Dienst der Währung in: Währungspolitik und staatliche Regulierung, 1989, S. 5 ff.

Zentralbankrates. Die Unabhängigkeit der Notenbank von Weisungen schließt aber nicht aus, daß ihre Möglichkeit, für notwendig gehaltene Politik durchzusetzen, durch Entscheidungen des Staates beeinflußt werden.

II. Mit dem Nominalwertprinzip stützt der Gesetzgeber das Stabilitätsinteresse bei Bürgern und Staat

Der Grundsatz Mark gleich Mark und die nur sehr eingeschränkte Zulassung von Wertsicherungsklauseln macht die Sorge um Geldwertstabilität zu einer Angelegenheit von breitem Interesse. Mag die Regelung im Währungsgesetz für die Stabilität der DM heute auch nicht mehr unmittelbar die Rolle spielen wie bei ihrer Einführung 1948, so sorgt sie doch dafür, daß alle, die in diesem Staat Gläubiger sind, und zwar Gläubiger in Nominalwerten, ein Interesse an Geldwertstabilität haben. Dieses breitgelagerte Interesse wiederum sichert die öffentliche Unterstützung für eine auf Stabilität gerichtete Politik der Bundesbank.

Auch der Staat selbst legt als Steuergläubiger z.B. Wert auf die Prinzipien der Nominalwertordnung. Der Bundesfinanzhof sprach 1967 sogar von einer Grundnorm, die, ohne Verfassungsrang zu besitzen, doch alle Teilrechtsordnungen durchdringe[5]. Wenn er auch in späterer Rechtsprechung diesen Gedanken nicht wiederholt hat, bleibt er doch bei der Ablehnung, Auswirkungen künftiger Geldentwertung vor ihrem Eintritt zu berücksichtigen und wegen einer solchen Erwartung die Steuerzahlungspflichten des Bürgers zu kürzen.

Historische Erfahrungen stützen die Vermutung, daß sich das Interesse des Staates in dem Maße verändern kann, in dem er Schuldner wird. Inflationäre Prozesse sind für den Staat vordergründig Entschuldungsvorgänge.

Die Kombination von progressiv steigendem Einkommensteuertarif und nominal festgesetzten Abzugsbeträgen bei der Bemessungsgrundlage ist so lange Quelle heimlicher Steuererhöhungen, bis der Gesetzgeber – und sei es erst erzwungen durch das Verfassungsgericht – die Vorschriften zur Errechnung der Bemessungsgrundlage der die Geldentwicklung widerspiegelnden Einkommensentwicklung anpaßt. Der mit Geldentwertungsprozessen parallel entstehende Anpassungsdruck auf die staatlichen Ausgaben entwertet zwar erfahrungsgemäß den Inflationsgewinn schnell; die mit Inflationsprozessen verbundenen sozialen Spannungen erhöhen die Anforderungen an den Staat. Es sollte somit keinen Interessenkonflikt zwischen Staat und Stabilitätsauftrag geben, solange sich die politischen Entscheidungen an längerfristigen Überlegungen und nicht vorrangig an kurzfristigen Inflationsgewinnen orientieren.

---

5 *Franz Klein,* Geld und Währung in der Rechtssprechung des BFH in: Das Geld im Recht, Würzburger Universitätsreden, 1986, S. 87 ff.

III. Das Kreditwesengesetz beeinflußt Reaktionen der Banken auf Maßnahmen der Bundesbank

Partner der Bundesbank im Markt sind die Kreditinstitute. Ihre Reaktionen auf geldpolitische Maßnahmen der Notenbank werden von Bestimmungen im Kreditwesengesetz (KWG) beeinflußt. Sie erweitern oder beschränken die Geschäftsmöglichkeiten der Banken. Ihre Bonität – und damit auch die Fähigkeit des Bankensystems, Risiken zu tragen, die sich u.a. bei der Fristentransformation aus der Notenbankpolitik ergeben – erweitert den Handlungsspielraum der Geldpolitik. Die nach dem KWG vom Bundesaufsichtsamt für das Kreditwesen festgelegten Grundsätze über Eigenkapital und Liquidität verlangen, daß risikobehaftete Aktiva der Banken (also insbesondere ihre Kredite) mit 8 v.H. Eigenkapital unterlegt werden.

Den Begriff Eigenkapital definiert der Gesetzgeber. Die Aufweichung des Eigenkapitals durch die Anrechnung von Reserven, die Wertschwankungen unterliegen (Neubewertungsrücklagen), erschwert die Wirksamkeit geldpolitischer Instrumente.

Eine Geldpolitik, die in einer bestimmten Situation mit dem Ziel betrieben wird, über die Refinanzierungskosten der Kreditinstitute die Kreditnachfrage der Wirtschaft in einer rezessiven Phase anzuregen, wird konterkariert von der Zulassung von Eigenkapitalelementen, deren Wert in der Rezession schrumpft. Sinkendes Eigenkapital infolge von Bewertungsveränderungen schränkt bei festgelegter Relation zwischen Eigenkapital und Kreditvolumen die Kredithergabemöglichkeit der Banken ein. Die stimulierende Wirkung von Zinssenkungen wird aufgehoben oder abgeschwächt durch die vom Gesetzgeber den Kreditinstituten abverlangte quantitative Begrenzung der risikobehafteten Kreditgewährung. Über Änderungen des Kreditwesengesetzes wird damit die Wirkung von Instrumenten der Geldpolitik, die der Bundesbank zur Verfügung stehen, beeinflußt.

IV. Zielkonflikte beim Einsatz geldpolitischer Instrumente der Notenbank sind Ausdruck der geteilten Verantwortung

Der Auftrag des Bundesbankgesetzes legt die Vorstellung nahe, er könne mit den Instrumenten des Gesetzes erfüllt werden, wenn man nur wolle. Die Bundesbank setzt sich jährlich als Zwischenziel Geldmengenziele, die sie als konsistent mit dem angestrebten Stabilitätsziel ansieht. Die fünfmalige Überschreitung des Geldmengenziels in den letzten acht Jahren und damit also des Ziels, das die Bundesbank selbst als konsistent mit ihrem Auftrag definiert hat, läßt die Frage nach den Ursachen verständlich erscheinen.

Hat sich der Zentralbankrat aus Gründen politischer Opportunität den notwendigen Entscheidungen verweigert, oder hat er falsch reagiert auf erkannte oder erkennbare Entwicklungen? Es liegt nahe, daß Beobachter der Bundesbankpolitik, die von ihr eine andere Politik erwarten, die Fragen anders beantworten als die Bundesbank. Wer die Geldpolitik in den Dienst der Konjunkturpolitik stellen will, kann Entscheidungen für falsch halten, die mit dem Ziel unterlassen oder durchgeführt wurden, Geldwertstabilität zu erreichen bzw. zu sichern.

Zu den Abweichungen vom Geldmengenziel hat die Bundesbank wiederholt auf außenwirtschaftliche Einflüsse, Stützungsoperationen zugunsten fremder Währungen und die angestrebte Vermeidung von Auswirkungen auf das Zins- und Wechselkursgefüge verwiesen[6]. Nicht allein die Qualität des Instrumentariums für geldpolitisches Handeln, sondern die Zweckmäßigkeit, es im Hinblick auf Zielkonflikte einzusetzen, ist danach zu diskutieren. Die Begründung der Abweichungen weist auf Zielkonflikte hin.

Das Instrumentarium der Bank, mit dem sie ihre Ziele verfolgt, ist im Gesetz festgelegt. Ob und in welchem Maße es einsetzbar ist, wird nicht zuletzt von den Bedingungen bestimmt, die der Staat setzt bzw. beeinflußt. Deutlich wird dies insbesondere an dem Politikziel, einen einheitlichen europäischen Binnenmarkt zu entwickeln.

Zu der Umsetzung des Geldmengenziels gehört eine Vorstellung der Bank über den Liquiditätsbedarf, die mit der des Marktes nur bei einer Geldmengenentwicklung entsprechend den Planungen der Bundesbank übereinstimmt.

Eine von den Zielvorstellungen abweichende Geldmengenentwicklung wird sich in einer Liquiditätsnachfrage niederschlagen, die den Marktzins nach oben treibt oder drückt.

Bewegungen auf dem Geldmarkt haben bei freiem Geld- und Kapitalverkehr Konsequenzen auf den Devisenmärkten, die zu Spannungen führen können, wenn Partnerländer z.B. die Stabilität des Wechselkurses der Geldwertstabilität überordnen.

Die Geldpolitik der Bundesbank wird zu Kompromissen gezwungen, wenn sie innerhalb eines Wechselkurssystems – z.B. dem EWS – mit engen Bandbreiten für Wechselkursschwankungen operiert und innerhalb dieses Systems Staaten unterschiedliche geldpolitische Ziele verfolgen. Die auf binnenwirtschaftliche Geldwertstabilität gerichtete Geldmengenpolitik kollidiert dann mit dem Vertragsziel, die Wechselkurse innerhalb einer engen Marge stabil zu halten.

Generell können sich Konflikte aus der Konkurrenz verschiedener Ziele ergeben, so wie dies eben beschrieben wurde. Sie sind auch möglich, wenn die Verfolgung des gleichen Zieles in der Gegenwart die Chancen beeinträchtigt, es in der Zukunft dauerhaft zu sichern.

6 Geschäftsberichte der Deutschen Bundesbank 1986, S. 32; 1987, S. 32; 1988, S. 40; 1992, S. 54, 55.

Die Eindeutigkeit des im Bundesbankgesetz festgelegten Stabilitätszieles schließt einerseits im Rahmen der Zielsetzung der Bundesbank Konflikte aus. Die Bundesbank betont andererseits stets die mittelfristig angelegte Orientierung ihrer Politik. Dieses Konzept verlangt es, kurzzeitig sichtbare negative Phänomene in Kauf zu nehmen, wenn dies im Hinblick auf die Entwicklung mittelfristig positive Effekte ermöglicht. Ein solches an Erwartungen ausgerichtetes Ziel verlangt es, Gegenwartskonflikte in Kauf zu nehmen. Das gilt auch, wenn man zu der Überzeugung kommt, daß mittelfristig Stabilität, auch binnenwirtschaftliche Stabilität, nur in einem Verbund zu sichern ist, weil das nationale Gewicht unter Weltmarktbedingungen unzureichend ist; dies auch dann, wenn der Erhalt und der Aufbau dieses Verbundes kurzfristig mit Stabilitätsgefährdungen einhergeht[7].

Das EWS ist ein solcher Verbund, aber kein System starrer Wechselkurse. Es sieht nicht nur Flexibilität innerhalb bestimmter Interventionspunkte, also die sog. Bandbreiten vor, sondern auch Änderungen der Währungsrelationen durch Realignements, wenn die fundamentalen Daten der Mitgliedsländer zu stark divergieren.

In der Praxis hat sich gezeigt, daß diese Kombination zwischen festen Kursen und Flexibilität, die ja nicht ohne Zustimmung der Bundesbank entstand, immer wieder in Schwierigkeiten kam, wenn die Möglichkeiten der flexiblen Anpassung verschleppt wurden. Die Bundesregierung ist hierbei auch auf einen Konsens mit ihren Vertragspartnern angewiesen. Durch diese Handhabung des Vertrages wird der Handlungsspielraum der Bundesbank im Ergebnis beeinträchtigt.

V. Notenbankpolitik in Europa

Der Vertrag von Maastricht über die Europäische Union wird von den Signatarstaaten als „neue Stufe bei der Verwirklichung einer immer engeren Union der Völker Europas" verstanden. Die Schritthöhe dieser Stufe ist für die einzelnen Politikfelder offensichtlich unterschiedlich bemessen[8].

Durch die Vereinbarungen über die Währungspolitik wird eine Europäische Zentralbank geschaffen und damit ein zentrales Element staatlicher Souveränität auf die noch nicht vollendete Union übertragen. In einem System unwiderruflich festgelegter Wechselkurse ist bei freiem Kapital- und Geldverkehr eine selbständige Geldpolitik in den Mitgliedsländern nicht mehr möglich. Die zentralen währungspolitischen Befugnisse der

7 Anders: *Bernhard Herz,* Die Folgen der Septemberkrise des EWS, Wirtschaftsdienst 1993, S. 248.

8 Siehe *Dieter Hiss,* An der Europäischen Währungsunion darf nicht gerüttelt werden, Der Tagesspiegel Berlin, 31. Januar 1993; *Lothar Müller,* Europa und das Grundgesetz, Börsen-Zeitung Frankfurt, 28. Mai 1993.

nationalen Notenbanken gehen unter bzw. über auf die europäische Zentralbank. Der Arbitragemechanismus erzwingt einheitliche Preise für den Zugang zu Notenbankgeld im gesamten Währungsgebiet. Entscheidend für die Währungspolitik werden Organe der EZB. Die nationalen Währungen unterliegen in einem unauflöslichen, nicht änderbaren Verbund dem Regime der EZB. Damit endet die nationale Währungspolitik. Die im Vertrag zugelassene und nicht ausdrücklich zeitlich begrenzte Weiterexistenz der bestehenden Währungen ist im Hinblick auf die Währungspolitik der Gemeinschaft ohne Bedeutung; sie spiegelt nur eine nicht mehr gegebene Autonomie vor.

Wenn der Präsident der Kommission der Europäischen Gemeinschaft, *Jacques Delors,* die gemeinsame Währung in einem unlösbaren Zusammenhang mit der politischen Einigung Europas sieht, bezieht er damit eine Position, die auch der Zentralbankrat der Deutschen Bundesbank eingenommen hat. Dieser hat im September 1990 und dann wiederum am 23. Januar 1992 auf die Verbindung zwischen politischer Einheit und einheitlicher Währung hingewiesen[9]. Der Zentralbankrat betonte, daß die Währungsunion die politische Union benötigt, weil eine erfolgreiche Währungspolitik von der Wirtschafts- und Finanzpolitik und dem Verhalten der Tarifpartner beeinflußt werde. Delors begründet seine Auffassung damit, daß nur so verhindert werden könne, daß eine europäische Zentralbank eine zu große Macht haben könnte; ihr müsse eine gewichtige Gegenstimme entsprechen.

Die Motive sind damit für die Bundesbank und den Präsidenten der Kommission sehr unterschiedlich. Sie führen allerdings zu einem zumindest ähnlichen Ergebnis, daß nämlich politische Union und Währungsunion zusammengehören. Ob beide Stellungnahmen das gleiche meinen, wird sich erst zeigen, wenn der Inhalt der politischen Union definiert werden soll. Aus Ländern mit föderalistischer Verfassung wie den USA und Deutschland wissen wir, daß es erhebliche Entscheidungsspielräume gibt. So haben die wiederholte Änderung der Steuerverteilung zwischen Bund, Ländern und Gemeinden, veränderte Finanzausgleichsregelungen und Übertragungen von Ausgabenverantwortungen den materiellen Inhalt der bundesstaatlichen Ordnung Deutschlands im Laufe der Jahrzehnte ihres Bestehens erheblich verändert. Auch eine politische Union Europas läßt sich im Hinblick auf ihre mögliche Ausgestaltung als Pendant zu der einheitlichen Währungsordnung erst beurteilen, wenn die konkreten Entscheidungsspielräume und Verantwortlichkeiten erkennbar sind.

Ausgehend von dem Budgetrecht als dem vornehmsten politischen Recht des Parlaments werden durch die in den Artikeln 104 bis 104c des EG-Vertrages vorgesehenen Regelungen die politischen Entscheidungsfreiräume der Glieder der Union empfindlich eingeschränkt; ungewiß ist, ob die

9 *Jacques Delors* auf RTL, franz. 6. Dezember 1992; Monatsbericht der Deutschen Bundesbank Februar 1992 Nr. 53; Deutsche Bundesbank, Auszüge aus Presseartikeln, 1990 Nr. 73.

Budgetinhalte voll vergleichbar werden. Die Konvergenzkriterien über die zulässige Verschuldungshöhe beziehen sich zudem nur auf die Eintrittsentscheidung. Haushaltsdisziplin wird nur durchzusetzen sein, wenn die Verantwortung für die Budgetpolitik bei den Mitgliedsstaaten bleibt und dies bis hin zum Verfall der Kreditwürdigkeit und eingeschränkter Zahlungsfähigkeit. Ob die Harmonisierung der Wirtschaftspolitik ausreicht, um im Sinne des Votums der Bundesbank eine einheitliche Politik zu gewährleisten, bleibt abzuwarten[10].

Die zweite Stufe des Maastrichter Vertrages dient der Vorbereitung auf den Übergang zu einer supranationalen Geldpolitik mit dem Beginn der dritten Stufe. Bis zu diesem Zeitpunkt aber bleibt die Verantwortung für die nationale Notenbankpolitik der Mitgliedsländer uneingeschränkt bei den nationalen Institutionen – also in Deutschland bei der Bundesbank. Die Gefahr ist nicht zu unterschätzen, daß die vorgesehenen Konsultationen in der zweiten Phase des EWS mißinterpretiert werden im Sinne einer unzulässigen Verantwortungsvermischung. Es ist ausdrücklich vorgesehen, daß in der zweiten Stufe die Zusammenarbeit zwischen den nationalen Zentralbanken verstärkt wird, daß Konsultationen durchgeführt werden und daß die Instrumente und Verfahren entwickelt werden, die zur Durchführung einer einheitlichen Währungspolitik in der dritten Stufe erforderlich sind. An der Letztverantwortung der nationalen Notenbanken in der Phase II ändert dies nichts. Der Vertrag sieht keine Verantwortungsvermischung vor; an ihm gilt es sich auszurichten.

10 *Otmar Issing*, Disziplinierung der Finanzpolitik in der Europäischen Währungsunion, Schriften des Vereins für Socialpolitik, Band 220, 1993, S. 187.

Carl-Ludwig Wagner

Die Thüringer Industriebeteiligungsgesellschaft – ein Beispiel für marktorientierte Industriepolitik im Umstellungsprozeß in den neuen Ländern

Ein Beitrag über eine industriepolitische Initiative in einem neuen Bundesland läßt sich nicht ohne weiteres in eine Beziehung zum reichen und vielfältigen Schaffen von Professor *Franz Klein* und zu seinem beruflichen Lebensweg setzen. Gleichwohl hofft der Verfasser, daß der Jubilar sich über diesen Beitrag freuen wird. Denn Franz Klein gehört zu denen, die in den vergangenen Jahrzehnten unbeirrbar zur Sache der deutschen Einheit gestanden haben und denen jetzt mit dem Herzen daran gelegen ist, daß das Zusammenwachsen gelingt. Außerdem entspricht der pragmatische, an den Lebensnotwendigkeiten orientierte Ansatz der Initiative, die Gegenstand dieser Abhandlung ist, dem Denken von Franz Klein. Denn er war und ist bei aller wissenschaftlichen Gründlichkeit immer ein am Leben und an der Praxis orientierter Mann, dem es vor allem auf die Ergebnisse ankommt. Hoffen wir, daß auch das hier dargestellte Vorhaben sich von seinen Ergebnissen her rechtfertigen wird.

I. Die mit der Deutschen Einheit verbundenen ökonomischen Probleme sind weit tiefgreifender als vorhergesehen. Ihre Lösung erfordert mehr Zeit, Kraft, Geduld und Kapital als irgend jemand vor 3 oder 4 Jahren vermutet hat. Gegenwärtig bietet die Wirtschaft in den neuen Ländern ein Bild, in welchem schwere Probleme – insbesondere die Arbeitslosigkeit, die unzureichende durchschnittliche Produktivität, der noch bestehende technische Rückstand vieler Betriebe, das Fehlen von Märkten und eingespielten Absatzwegen – ebenso ins Auge springen wie große Fortschritte, etwa beim Entstehen eines gewerblichen Mittelstandes oder beim Aufbau einer modernen Infrastruktur. Dabei steht die Arbeitslosigkeit im Vordergrund des öffentlichen Interesses; im Hinblick auf ihre Bedeutung für das Schicksal der einzelnen Betroffenen und ihrer Familien ist dies nur natürlich. Die erzielten Fortschritte treten demgegenüber zurück, zumal sie in vielen Fällen erst mittelfristig ihre volle Wirkung entfalten. Sie sind gleichwohl beachtlich und geben für die Zukunft durchaus Anlaß zu Zuversicht. Einige Beispiele aus dem Jahresgutachten 1993/94 des Sachverständigenrates seien zitiert.

Das Bruttoinlandsprodukt, das im Gebiet der alten Bundesrepublik 1993 rückläufig war, ist in den neuen Ländern um etwa $6^1/_2$ v.H. gewachsen, nachdem es im Jahre 1992 bereits um den beachtlichen Wert von 9,7 v.H. – natürlich von sehr niedrigem Niveau aus – zugenommen hatte. Besonders bemerkenswert ist, daß auch die Nettoproduktion des verarbeitenden Gewerbes im Jahre 1993 erstmals über dem Vorjahresstand lag; bislang war das Wachstum ausschließlich von anderen Sektoren, namentlich dem Bau und den Dienstleistungen, getragen worden. Die Aufwärtsentwicklung beim verarbeitenden Gewerbe zeigt sich auch in aller Deutlichkeit beim Anstieg des Umsatzes je Beschäftigten. Dieser belief sich im Jahre 1991 nur auf den extrem niedrigen Wert von 17,3 v.H. des Umsatzes pro Kopf in den westlichen Ländern; 1992 ist er auf 33,2 v.H. und 1993 auf 46,9 v.H. dieses Vergleichswertes gestiegen. Diese Zahlen machen einen sehr raschen Fortschritt deutlich, sie zeigen aber gleichzeitig, wie groß der durchschnittliche Abstand zu westdeutschen Unternehmen noch ist.

Man muß sich auch vergegenwärtigen, daß der zitierte steile Anstieg nicht nur das Ergebnis von Umsatzausweitung, sondern ebenso von Personalverringerung ist. Außerdem sind die gewaltigen Unterschiede zu beachten, die zwischen den einzelnen ostdeutschen Unternehmen bestehen; es gibt einerseits hochmoderne Betriebe mit einer höheren Produktivität als im Westen und andererseits solche, bei denen die notwendige Modernisierung erst am Anfang steht. Auch das Erbe der Industriestruktur der DDR ist höchst unterschiedlich; neben völlig veralteten gibt es technologisch fortgeschrittene, leistungsfähige Produktionsanlagen.

Ermutigend ist auch die Entwicklung der Investitionen der Unternehmen. Während das Jahr 1993 in Westdeutschland durch einen massiven Investitionsrückgang gekennzeichnet war, haben westdeutsche Unternehmen (ohne Telekom) für Ausrüstung und Bauten im Jahre 1993 etwa 38 Milliarden DM gegenüber 31 Milliarden DM im Vorjahr ausgegeben. Besonders eindrucksvoll sind die Ausgaben für Infrastrukturinvestitionen; sie liegen um die Hälfte über denjenigen im Westen. Gleichwohl wird es viele Jahre dauern, bis der Investitionsrückstand gerade bei der Infrastruktur aufgeholt ist.

Die wichtigsten Wirtschaftsindikatoren in den ostdeutschen Ländern zeigen also durchaus nach oben. Von einem befriedigenden Stand sind wir aber noch sehr weit entfernt; auch bei einem gesamtwirtschaftlichen Wachstum von 8–10 v.H., das bei wieder anziehender Konjunktur durchaus erreichbar scheint, wird die Wirtschaft der neuen Länder viele Jahre brauchen, um den Stand der entwickelten Volkswirtschaften Europas zu erreichen.

Auf dem Weg dahin und namentlich in der jetzigen Lage häufen sich für viele wichtige Unternehmen noch die Probleme. Immer wieder wird die Öffentlichkeit und werden besonders die betroffenen Belegschaften durch Meldungen von Unternehmenskrisen, Personalkürzungen und drohenden Schließungen aufgeschreckt.

Viele Unternehmen befinden sich in einer Art von Wettlauf mit der Zeit. Sie haben durchaus Zielsetzungen und Konzeptionen, mit denen sie die Wettbewerbsfähigkeit erreichen können. Ihnen droht aber, auf dem schwierigen und oft verlustreichen Weg bis dahin der Atem auszugehen. Dies gilt insbesondere für diejenigen Unternehmen der Industrie, die sich auf überregionalen Märkten im Wettbewerb mit westdeutschen, europäischen und weltweit tätigen Konkurrenten behaupten müssen. Sie müssen, nachdem sie über Jahrzehnte vollständig in das ganz anders geartete planwirtschaftliche System des Ostblocks integriert waren, jetzt ihren Weg in der rauhen Luft der Marktwirtschaft finden. Dies erfordert sowohl die Entwicklung neuer, marktfähiger Produkte als auch den Aufbau von Geschäftsbeziehungen und Vertriebswegen, über welche ihre Wettbewerber seit Jahrzehnten verfügen. Die damit verbundenen Probleme sind zunächst eine Angelegenheit des einzelnen Unternehmens; in ihrer Summe sind sie aber die zentralste und schwierigste Frage der ostdeutschen Wirtschaft. In der Tat sind die industriellen Strukturen auf dem Gebiet der früheren DDR in den letzten Jahren qualitativ zwar durchaus vorangekommen, quantitativ aber so sehr geschrumpft, daß jeder weitere Rückgang schwerwiegende Konsequenzen für sehr lange Zeit haben müßte. In einem Land wie Thüringen, das traditionell über eine beachtliche und vielseitige Industrie verfügte, sind gegenwärtig noch 47 industrielle Arbeitsplätze auf 1000 Einwohner vorhanden. Bei dieser extrem niedrigen Zahl gibt nicht so sehr der Rückgang im Vergleich zur Situation in der alten DDR zu denken, weil die damaligen Zahlen durch die personelle Überbesetzung in den Betrieben und die Zusammenfassung aller möglichen Tätigkeiten, die in einem Industriebetrieb im Grunde keinen Platz haben, aufgebläht waren. Zutiefst bedenklich ist die geringe Industriebeschäftigung in den neuen Ländern hingegen, wenn man sie mit dem Stand in Westdeutschland oder in anderen modernen Industriegesellschaften (etwa 110 Industriebeschäftigte auf 1000 Einwohner) vergleicht. Unangebracht scheint die Hoffnung, daß die neu gegründeten bzw. künftig noch entstehenden Industrieunternehmen den Platz der Betriebe, die weggefallen sind bzw. noch wegfallen könnten, einnehmen würden. Es sind zwar vorzügliche industrielle Neugründungen zu verzeichnen, aber sie zeichnen sich durchweg durch eine besonders hohe Produktivität und folglich geringe Beschäftigtenzahlen aus. Außerdem können sie quantitativ, auch wenn sie sich günstig weiter entwickeln und expandieren, die schon weggefallenen und gegenwärtig noch bedrohten Arbeitsplätze nicht ersetzen. Es gibt eben keine Garantie dafür, daß an die Stelle eines wegfallenden Industriebetriebes in absehbarer Zeit ein neuer Betrieb ähnlicher Größenordnung treten wird. Vielmehr lehrt die Erfahrung aus jahrzehntelangen regionalpolitischen Bemühungen in der alten Bundesrepublik und anderen westlichen Staaten, wie ungeheuer mühsam und langwierig es ist, neue industrielle Strukturen entweder auf der grünen Wiese oder an der Stelle untergegangener alter Industrien zu schaffen. Erfolgversprechender und jedenfalls schneller ist der Weg, funktionsfähige Unternehmen – notfalls in stark verkleinertem Umfang – zu erhalten und sie dann wieder zur Expansion zu führen.

II. Hierum hat die Politik sich in den vergangenen Jahren auch bemüht. Die Treuhandanstalt hat erhebliche Anstrengungen mit gewaltigem finanziellen Aufwand unternommen, um möglichst viele Betriebe in lebensfähiger Form zu privatisieren und somit die Arbeitsplätze zu erhalten. In vielen Fällen ist dies ganz oder teilweise gelungen, in anderen nicht. Bund und Länder haben mit den Mitteln der staatlichen Förderpolitik nicht nur die Gründung neuer Unternehmen unterstützt, sondern sich auch für den Erhalt des vorhandenen Bestandes engagiert. Investitionszuschüsse, Investitionszulagen und Bürgschaften sind in Höhe von vielen Milliarden für diese Zwecke gewährt worden. Und dennoch haben viele große Betriebe den Wandel nicht überlebt. Der Streit darüber, ob es in bestimmten Fällen nicht doch einen Weg zur Rettung gegeben hätte, dauert an und mündet gelegentlich in pauschale Schuldzuweisungen nach dem Muster „Wir haben alles falsch gemacht" (Lothar Späth), die so gewiß keine Berechtigung haben. In der gegenwärtigen Lage viel wichtiger ist allerdings die Frage, was zu geschehen hat, damit weitere Einbrüche in die noch bestehende Industriestruktur vermieden werden.

Der Freistaat Thüringen hat auf diese Frage eine eigene Antwort, zu der Mut und Entschlußkraft gehören, gegeben.

Man ist in Thüringen von der Erkenntnis ausgegangen, daß in einer Reihe von kritischen Fällen die Unterstützung von Unternehmen mit den herkömmlichen Mitteln – namentlich also mit Investitionszuschüssen, Darlehen und Bürgschaften – nicht ausreicht, weil keines dieser Instrumente das fehlende Eigenkapital der betroffenen Unternehmen ersetzen bzw. die im operativen Geschäft einstweilen noch entstehenden Verluste ausgleichen kann. Diesen Unternehmen kann also nur mit Zufuhr von frischem Eigenkapital existenzsichernd geholfen werden. Der beste Ausweg in solcher Lage ist natürlich das Hinzutreten eines privaten Investors, der dem Unternehmen sowohl Eigenkapital als im günstigsten Falle auch technologisches Know-how und Kenntnis der Märkte zuführt. Leider zeigt sich aber, daß gerade in den kritischen Fällen dieser Investor nicht zur Verfügung steht oder jedenfalls nicht genug Kapital mobilisieren kann. Ähnliches gilt für die in großer Zahl existierenden privaten Kapitalbeteiligungsgesellschaften, die nach ihren Grundsätzen nur in begrenztem Umfang zur Übernahme von Risiken bereit sind. Folglich besteht hier eine Lücke, die in der gegenwärtigen Lage der ostdeutschen Industrie den Staat nicht gleichgültig lassen kann. Diese besondere Lage erfordert auch besondere Maßnahmen, vorausgesetzt, daß diese mit der wirtschaftlichen Vernunft vereinbar sind und hinreichend Aussicht auf Erfolg bieten. Von diesen Grundsätzen hat Thüringen sich leiten lassen, als es den Beschluß faßte, die „Thüringer Industriebeteiligungsgesellschaft" zu gründen. Die Aufgabe dieser Gesellschaft besteht darin, für Unternehmen in bedrängter wirtschaftlicher Lage Eigenkapital in geeigneter Form zur Verfügung zu stellen und hiermit die Existenz des Unternehmens für die Übergangszeit bis zum Erreichen der Rentabilitätsschwelle zu sichern. Die Formen der Kapitalzuführung können elastisch der jeweiligen Situation angepaßt werden und von der formellen Kapitalbeteiligung über den Gesellschafterzuschuß und das Gesellschafterdarlehen bis zur stillen Beteiligung reichen.

Die Entscheidung für eine solche Initiative wirft selbstverständlich Grundsatzfragen auf, die in Thüringen gründlich, aber in einem zügigen Prozeß, geprüft worden sind. Die kritische Frage, ob eine solche staatliche Aktivität in der Marktwirtschaft einen legitimen Platz hat, ist vielfach gestellt worden. Es hat sich aber zurecht die Auffassung durchgesetzt, daß Umwälzungen der Größenordnung, wie sie auf dem Gebiet der früheren DDR stattgefunden haben und stattfinden, vom Markt allein nicht befriedigend gelöst werden können. Zumindest würden die notwendigen Aufwärtsentwicklungen, wenn sie den Marktkräften allein überlassen blieben, in vielen Fällen zu lange auf sich warten lassen.

Vor allem ist aber festzuhalten, daß diese Aktion mit marktkonformen Mitteln durchgeführt wird. In der Tat kann nur unter dieser Bedingung überhaupt ein Erfolg von ihr erwartet werden. Die beteiligten Unternehmen müssen sich ihren Platz am Markt schaffen – hiervon kann keine staatliche Hilfe, und sei sie noch so groß, sie dispensieren. Die Thüringer Initiative zielt nur darauf, den Unternehmen eine Chance zu sichern, sich als wettbewerbsfähiger Marktteilnehmer zu etablieren. Was sie den Unternehmen geben kann, ist Zeit und Kapital, erforderlichenfalls zusätzlich Beratung und Managementunterstützung. An den Unternehmen liegt es dann, aus dieser Chance etwas zu machen.

Dies bedeutet natürlich, daß nur solche Unternehmen gestützt werden sollen, die nach sachgemäßer Prüfung eine reale Möglichkeit haben, die Existenzfähigkeit in absehbarer Zeit zu erreichen. Wo diese Möglichkeit nicht besteht, hat eine Beteiligung nicht nur keinen Sinn, sondern sie kann Schaden stiften und läuft auf die Verschleuderung von Steuergeldern hinaus. Trotz dieser Abgrenzung ist aber klar, daß die hier gewollten Beteiligungen Risiken beinhalten werden. In der Tat ist es im allgemeinen nicht schwierig, für risikofreie Anlagen private Investoren bzw. Beteiligungen zu finden. Das Betätigungsfeld der Industriebeteiligungsgesellschaft des Freistaats Thüringen liegt bei den Unternehmen, die zwar Aussichten auf eine gute Entwicklung, aber gegenwärtig noch keine gesicherten Perspektiven besitzen. Beteiligungen sollen vor allem Unternehmen gewährt werden, die sich zur Zeit in bedrängter finanzieller Lage befinden und ihre Existenz aus eigener Kraft nicht sichern können. Es ist aber auch an die vielen mittelständischen Unternehmen gedacht, die sich nach ihrer Gründung oder Reprivatisierung in den letzten Jahren eine aussichtsreiche Ausgangsposition geschaffen haben, indessen durch Mangel an Eigenkapital an einer Expansion gehindert sind.

Das Ziel der Industriebeteiligungen ist die Gesundung und Stabilisierung der Unternehmen. Wenn dies erreicht ist, soll die Beteiligungsgesellschaft sich zurückziehen; auf keinen Fall wird eine auf Dauer angelegte Industrieholding des Landes entstehen. Als Regelfall werden Minderheitsbeteiligungen angestrebt. Mehrheitsbeteiligungen oder gar der vollständige Erwerb von Unternehmen sollen die große Ausnahme sein und nur dann stattfinden, wenn sich keine andere Möglichkeit bietet.

Der juristische Rahmen der Beteiligungsgesellschaft ist auf der Grundlage von Beschlüssen der Staatsregierung und des Landtags inzwischen geschaffen worden. Die Regierung hat eine Stiftung gegründet, der das vom Landtag in einem eigenen Nachtragshaushalt bewilligte Kapital zugeführt wurde. Der Vorstand der Stiftung ist die Thüringer Aufbaubank. Die Thüringer Aufbaubank ist die Wirtschaftsförderbank Thüringens; der Freistaat Thüringen ist ihr alleiniger Gewährträger. Die Stiftung hat ihrerseits die eigentliche Beteiligungsgesellschaft, nämlich die Thüringer Industriebeteiligungsgesellschaft mbH & Co. KG gegründet, sie ist zur Zeit deren alleiniger Gesellschafter. Die Rechtsform der GmbH & Co. KG wurde in Anlehnung an die Management-KGs der Treuhandanstalt, insbesondere wegen ihrer Flexibilität gewählt. Die Geschäftsführung der KG soll die Gesellschaft selbständig, frei von politischen Weisungen führen. Zur Übernahme von Beteiligungen bedarf sie der Zustimmung eines Beirates, in welchem die staatlichen und staatsnahen Mitglieder die Minderheit bilden; die Mehrheit soll aus sachverständigen Persönlichkeiten aus der Wirtschaft bestehen.

Es wird angestrebt, für eine Beteiligung an der KG auch Kapitalgeber aus der Wirtschaft, namentlich von Banken und Beteiligungsgesellschaften, zu gewinnen. Dies erweist sich als nicht einfach, weil die Kapitalgeber im allgemeinen Vorstellungen bezüglich der Sicherheit und der Rendite ihrer Anlagen haben, die von der Thüringer Industriebeteiligungsgesellschaft, die eine volkswirtschaftliche Zielsetzung hat, nicht erfüllt werden. Hingegen wird es mit Sicherheit auf der Ebene der einzelnen Beteiligungen zu Kooperationen zwischen der Industriebeteiligungsgesellschaft und privaten Beteiligten, seien es industrielle Investoren oder Banken bzw. Bankenfonds, kommen.

Das von der Staatsregierung beantragte und vom Landtag bewilligte Kapital der Industriebeteiligungsgesellschaft beträgt 200 Mio. DM. Damit wurde deutlich gemacht, welchen Rang das von der Industriebeteiligungsgesellschaft anzugehende Problem in Thüringen hat. Ob der Betrag von 200 Mio. DM für die Aufgabe ausreicht, wird sich relativ bald herausstellen. Gegebenenfalls werden Regierung und Landtag vor der Frage einer Erhöhung stehen. Wenn es hierzu kommt, werden sicher die ersten Erfahrungen der Industriebeteiligungsgesellschaft und die Einschätzung ihrer ersten Engagements eine erhebliche Rolle spielen.

Thüringen hat sich mit dieser Gesellschaft auf einen neuen und gewiß nicht risikofreien Weg begeben. An Kritikern wird es nicht fehlen, wenn sich Fehlschläge einstellen, womit bei dieser Initiative auch bei aller Umsicht und Kompetenz der handelnden Personen durchaus gerechnet werden muß. Gleichwohl ist die Initiative legitim, weil in der gegenwärtigen Lage der größte Fehler darin bestünde, nicht alle vertretbaren Möglichkeiten zur Erhaltung und Förderung wichtiger Industrieunternehmen auszuschöpfen.

IV.

Steuerpolitik

Wolfgang Schäuble

Steuerpolitik als gesetzgeberische Aufgabe

Inhaltsübersicht

I. Steuergesetzgebung in der Kritik

Auf der Münchner Steuerfachtagung 1991[1] hat *Franz Klein* die ständig zunehmende Vorschriftenflut so umschrieben:

> „Im Paradies brauchte man nur eine Vorschrift, daß man nämlich vom Baum der Erkenntnis nicht essen dürfe. Moses erhielt bereits 10 Gebote, die Römer kamen mit 10 Tafeln aus. Der erste Jahrgang des Reichsgesetzblattes enthielt schon 413 Seiten und das Bundesgesetzblatt im Jahre 1990 umfaßt sage und schreibe in Teil I 3016 und II 1700 Seiten."

Als Steuer- und Verfassungsrechtler weiß *Franz Klein,* warum er das Beispiel gerade auf einer Steuerfachtagung gebracht hat. Denn das Steuerrecht trägt ganz wesentlich zu der Normenflut bei. Und als einer, der Steuerpolitik in unterschiedlichen Funktionen mitgestaltet hat, weiß *Franz Klein* auch, wodurch die Normenflut im Steuerrecht verursacht wird, mit welchen Begleiterscheinungen sie einhergeht, welche Folgen sie hat und wie man ihr zu Leibe rücken könnte. Er hat zu dieser Thematik schon oft seine Stimme erhoben, als Initiator, als Ratgeber, als Mitgestalter, als Befürworter, als Mahner, als Richter, als Kritiker und als einer, der aus eigener Kenntnis und eigener Verantwortung Wege zur Verbesserung weist.

Aber nicht nur die Normenflut gerade im Steuerrecht begegnet heute zunehmender Kritik. Kritisiert wird auch die Hektik der Steuergesetzgebung, die Kompliziertheit der Gesetze, ihre Vollzugsfeindlichkeit, ihre mangelnde Verständlichkeit, die bewußten Regelungslücken, der mangelnde Mut des Gesetzgebers, der zu häufige Einsatz oder auch der Mißbrauch des Steuerrechts für andere Zwecke[2]. Man wirft dem Gesetzgeber

---

1 30. Münchener Steuerfachtagung am 20. März 1991. Der Vortrag ist abgedruckt in DStR 1991, 793.

2 Vgl. dazu u.a. *Franz Klein* (Fn. 12); *Kurt Meßmer,* Rechtsgewährung im Steuerrecht-Anspruch und Wirklichkeit, BB 1987, 1818; *Dietrich Meyding,* Chaos durch nicht mehr vollziehbare Gesetze, Capital 7/1992, 18; *Franz Klein* (Fn. 1);

übertriebenes Streben nach Einzelfallgerechtigkeit, übertriebene Großzügigkeit, Instinktlosigkeit, ja sogar Unehrlichkeit und mangelnde Kompetenz vor. Man moniert die sehende Hinnahme verfassungsrechtlicher Risiken, die Manipulierbarkeit der Steuerbemessungsgrundlage, die häufigen gesetzgeberischen Umwege[3].

Manche dieser Kritikpunkte sind berechtigt, manche auch nicht. Es würde den Rahmen dieses Beitrages sprengen, hier auf jeden einzelnen Punkt einzugehen. Berechtigt scheint die Kritik an der Steuergesetzgebung, soweit sie sich auf vier Problembereiche bezieht: auf die Höhe der Steuerbelastung insgesamt, auf die bezeichnete Neigung des Gesetzgebers zu einer gewissen „Regelungswut" gerade im Steuerrecht, auf den Einsatz des Steuerrechts für andere als steuerliche Zwecke, und schließlich auf die zunehmende Neigung zur Zweckbindung steuerlicher Einnahmen. Diese Grundprobleme der gegenwärtigen Steuergesetzgebung sollen im folgenden aus der Sicht des Parlamentariers näher dargestellt werden.

II. Überdreht der Staat die Steuerschraube?

Das Hauptproblem bei der gegenwärtigen Ausgestaltung des Steuerrechts ist zweifellos die insgesamt *zu hohe Steuer- und Abgabenbelastung.* Die Steuerbelastung eines ledigen Durchschnittsverdieners mit Lohnsteuer betrug 1960 10,2 v.H. des Bruttolohns; sie stieg bis 1980 auf 16,9 v.H., 1993 auf 18,0 v.H. und wird 1995 voraussichtlich 18,7 v.H. betragen. Die Abgabenbelastung, also einschließlich der Sozialversicherungsabgaben, betrug bei diesem ledigen Durchschnittsverdiener 1960 23,5 v.H., 1980 34,7 v.H., 1993 38 v.H. und wird 1995 41,2 v.H. betragen.

Je höher die Steuersätze sind, um so mehr Ausnahmen sind nötig, um die Steuer für bestimmte Gruppen erträglich zu machen und bestimmte Sachverhalte nicht über Gebühr zu belasten. Um so stärker wird auch der

---

ders., Steuerreform und Steuervereinfachung – vordringliche Aufgabe in der nächsten Legislaturperiode, Zeitschrift für Gesetzgebung 1986, 245; *Klaus Tipke,* Über Steuervereinfachung und Staatsverdrossenheit, Protokoll des Deutschen Steuerberatertags 1986, 63; *Franz Klein,* Rechtsunsicherheit im Steuerrecht – Folgerungen für den Steuerberater aus der Rechtsprechung zum Verfassungsrecht, StbKongrRep 1992, 53; *Roman Herzog,* Wir Richter stolpern ja nicht nur nach einer Seite, FAZ vom 21. Mai 1993, 35; *Reinhold Kreile,* Die Entscheidungen des Bundesfinanzhofs und ihre Auswirkungen auf die Tätigkeit des Finanzausschusses des Deutschen Bundestages, Festschrift für Hugo von Wallis, 1985, 183; *Susanne Tiemann,* Über die Kunst glaubwürdiger Finanzpolitik, Der Steuerzahler 1992, 201; *Wolfgang Schäuble,* Abgaben als Lenkungsinstrumente, Festschrift für Fritz Rittner, München 1991.

3 Vgl. die Zitate in Fn. 2; *Reinhold Kreile,* Die Steuergesetzgebung in der Bundesrepublik Deutschland aus der Sicht des Parlamentariers, StuW 1977, 1; *Klaus Tipke,* Steuerlegislative unter Verfassungsdruck, StuW 1993, 8; *Dieter Pohmer,* Die Steuern als Instrument der Staatsfinanzierung oder Wirtschaftslenkung?, Vortrag vom 11. September 1992, Wiesbaden.

Druck von Interessengruppen, eine Ausnahme von der hohen Belastung zu erlangen. Hohe Steuersätze veranlassen Betriebe und Bürger, jede Steuerersparnismöglichkeit auszunutzen und nach versteckten Schlupflöchern zu suchen. Je stärker der Steuerdruck, desto häufiger kommt es zu solchen Ausweichreaktionen.

Diese Schlupflöcher müssen dann geschlossen werden, was wieder zu neuen Umgehungsmöglichkeiten führen kann. Auf diese Weise wird ein Teufelskreis in Gang gesetzt, in dem wir derzeit voll befangen sind. Der Staat ist dabei meist im Nachteil, weil die gesetzgeberischen und verwaltungsmäßigen Reaktionsmöglichkeiten der Fantasie der Steuerzahler bei der Steuervermeidung und der Entdeckung neuer oder gar neugeschaffener Schlupflöcher regelmäßig nicht zu folgen vermögen.

Umgekehrt verringern niedrigere Steuersätze die Versuchung, die Bemessungsgrundlage für die eigene Steuer auf legalem oder illegalem Weg zu verkürzen, weil von vornherein ein größerer Teil des Einkommens aus Arbeit, aus Investitionen oder aus Kapital beim Steuerpflichtigen verbleibt. Untersuchungen im Zusammenhang mit den Einkommensteuersenkungen in Deutschland 1986–1990, auch in den USA, haben diese Erfahrung bestätigt.

Deshalb müssen die Bemühungen, das Steuerrecht zu vereinfachen, es von außersteuerlichen Zielsetzungen zu entlasten, es längerfristig kalkulierbarer zu machen, zuerst bei der Höhe der Steuerbelastung ansetzen. Das aber erfordert letztlich eine Reduzierung der Staatstätigkeit insgesamt. Wir müssen der Anspruchshaltung entgegenwirken, die bei auftauchenden Problemen zuerst nach einer Lösung durch den Staat ruft, statt primär eigene Anstrengungen in Betracht zu ziehen.

Mit der seit 1982 verfolgten Politik, den Anteil öffentlicher Ausgaben am Bruttoinlandsprodukt zu verringern, durch Steuersenkungen, Privatisierung und Deregulierung den Einfluß des Staates zurückzuführen, konnten bis 1989 gute Erfolge erzielt werden. Ohne sie hätten die Belastungen, die dem Staat und den Bürgern durch den Aufbau in den neuen Ländern erwachsen, nicht in dem Maße erfolgreich bewältigt werden können.

Bundesregierung und Koalitionsfraktionen haben im Zusammenhang mit dem Standortbericht vom September 1993[4] bekräftigt, daß sie den Anteil der Staatsausgaben bis Ende dieses Jahrzehnts wieder auf das vor der Wiedervereinigung Deutschlands erreichte Niveau senken wollen. Dies schafft Spielraum auch für die dringend notwendige Wiederabsenkung der Steuerbelastung.

Beim Zurückdrängen von Staatsquote, Abgabenquote und Steuerquote darf der Blick allerdings nicht allein auf den Bund gerichtet werden. Auch die Länder und Kommunen müssen dazu ihren Teil beitragen. Die finanzpolitischen Zusammenhänge zwischen den einzelnen staatlichen Ebenen werden in der politischen Diskussion bisher nicht ausreichend

4 BT-Drs. 12/5620.

deutlich. Die Zuständigkeiten für staatliche Aktivitäten und Ausgaben, die die Bürger hautnah berühren, ihnen unmittelbar „zugute kommen", liegen schwerpunktmäßig bei den Ländern und Kommunen, während die Zuständigkeit für die Ausgestaltung und die Höhe der Einnahmen hauptsächlich beim Bund liegt. Dies schlägt sich auch in der Zuordnung der Verantwortlichkeiten durch die Wähler nieder: Ihr Unmut über die hohe Steuerbelastung richtet sich gegen den Bund; die aus dem Steueraufkommen bewirkten Leistungen werden dagegen den Landespolitikern und Gemeinderäten gutgeschrieben und von diesen meist auch gerne auf der Aktivseite verbucht.

Deshalb gehört zur Zurückführung des staatlichen Einflusses auch die Stärkung des Bewußtseins, daß staatliche Einnahmen und Ausgaben über die einzelnen Ebenen hinweg ursächlich zusammenhängen und daß jeder Ruf nach zusätzlichen staatlichen Leistungen eine Anspannung der Steuerlast zur Folge haben muß. In den Kommunen könnte dieses Bewußtsein z.B. dadurch gestärkt werden, daß bei Einnahmeverbesserungen nicht zuerst an die Gewerbesteuer-Hebesätze gedacht wird, die eine Minderheit der Steuerzahler berühren, sondern gleichgewichtig auch an die Grundsteuer-Hebesätze, die eine größere Breitenwirkung haben. Vermutlich würde manche Wohltat weniger vehement gefordert, wenn ihre Kosten alle Mieter und Hauseigentümer statt „nur" die Gewerbebetriebe (und damit die Arbeitsplätze!) treffen würden. Daher sind Überlegungen, den Gemeinden ein Hebesatzrecht bei der Einkommensteuer einzuräumen oder die Hebesätze von Gewerbesteuer und Grundsteuer zu verkoppeln, durchaus berechtigt. Genau das war auch die Grundüberlegung der „polltax" *Margaret Thatchers*, die in Großbritannien seinerzeit allerdings nicht verwirklicht werden konnte.

Für die Betroffenen ebenso wichtig wie die absolute Steuer- und Abgabenbelastung ist die relative Belastung im Verhältnis zu den Gruppen, die als vergleichbar angesehen werden. Hier wird die Frage der Gleichbehandlung, also der Steuergerechtigkeit, berührt. Die Pensionäre vergleichen sich mit den Sozialversicherungsrentnern. Die Familien mit Kindern vergleichen sich mit kinderlosen Ehepaaren der gleichen Einkommensstufe. Die steuerbelasteten Geringverdiener vergleichen sich mit den Empfängern von Sozialhilfe. Die Aktionäre vergleichen sich mit Eigentümern von Grundvermögen.

Das Bundesverfassungsgericht hat dem Gesetzgeber zum Thema der angemessenen relativen Belastung in den letzten Jahren einige Merkmale ins Stammbuch geschrieben, die Grund zum Nachdenken bieten. Als Beispiele seien die Entscheidungen zur Besteuerung von Renten und Pensionen[5], zu den Kinderfreibeträgen[6], zur Zinsbesteue-

---

5 Beschluß vom 26. März 1980, 1 BvR 121/76, 1 BvR 122/76, BStBl. II 1980, 545, Beschluß vom 24. Juni 1992, 1 BvR 459/87, 1 BvR 467/87, BStBl. II 1992, 774.

6 Beschluß vom 29. Mai 1990, 1 BvL 20/84, 1 BvL 26/84, 1 BvL 4/86, BStBl. II 1990, 653 und Beschluß vom 12. Juni 1990, 1 BvL 72/86, BStBl. II 1990, 664.

rung[7] und zum Grundfreibetrag[8] genannt. Weitere Entscheidungen dieser Tragweite und mit erheblicher finanzieller Auswirkung stehen an, z.B. zur Einheitsbewertung[9] und zum Abzug der Pflichtbeiträge zur Sozialversicherung bei den Sonderausgaben[10].

Die Entscheidungen zur Besteuerung von im Alter bezogenen Einkünften machen deutlich, daß die steuerliche Begünstigung der Rentner im Verhältnis zu den Ruhestandsbeamten bereits in den Jahren 1969 und 1970 und erst recht im Jahr 1980 ein Ausmaß erreicht hatte, das eine Korrektur erforderlich macht. Das BVerfG hat die dem Beschluß vom 24. Juni 1992 zugrundeliegenden Verfassungsbeschwerden nur deshalb als unbegründet zurückgewiesen, weil es dem Gesetzgeber das Auslaufen der Legislaturperiode, die mit der Wiedervereinigung zu lösenden Probleme und die Schwierigkeit und Komplexität der Fragen zugute gehalten hat. Lange kann der Gesetzgeber eine Neuregelung aber nicht mehr vor sich herschieben.

Die Entscheidungen zu den steuerlichen Kinderfreibeträgen rügen, daß es der Staat versäumt hatte, der durch den Unterhalt von Kindern geminderten steuerlichen Leistungsfähigkeit Rechnung zu tragen. Sie schreiben dem Staat vor, das Einkommen eines Steuerpflichtigen insoweit steuerfrei zu belassen, als es zur Schaffung der Mindestvoraussetzungen für ein menschenwürdiges Dasein benötigt wird. Diese Linie wird mit dem Urteil zum Grundfreibetrag weitergeführt. Die notwendigen Anpassungen von Grundfreibetrag und Kinderfreibetrag müssen ebenfalls zügig vorgenommen werden.

Gemeinsam ist dieser Rechtsprechung des BVerfG, daß es zunehmend die Grundrechte auch in steuerlicher Hinsicht stärker zu Geltung bringt, also „steuerliche Grundrechte" postuliert. Die Gewichte zwischen dem Staat und dem Steuerbürger haben sich zugunsten des Steuerbürgers verschoben. Daß sich die Bürger dieser steuerlichen Grundrechte bewußt geworden sind, zeigen die zahlreichen beim BVerfG anhängigen Verfahren, in denen steuerliche Regelungen verfassungsrechtlich überprüft werden. Auch wenn es Mode geworden ist, alles und jedes auf seine verfassungsrechtliche Zulässigkeit überprüfen zu lassen, so muß die zunehmende Infragestellung steuerrechtlicher Regelungen doch zum Anlaß genommen

---

7 Urteil vom 27. Juni 1991, 2 BvR 1493/89, BVerfGE 84, 239 ff., BStBl. 1991 II, 654.

8 Beschluß vom 25. September 1992, 2 BvL 5/91, 2 BvL 8/91, 2 BvL 14/91, BStBl. 1993 II, 413.

9 Beim BVerfG sind Verfahren unter den Az. 1 BvR 82/87, 211/87, 713/87 und 892/89 anhängig. Vgl. dazu *Kurt Miehler/Ludwig Kronthaler,* Einheitsbewertung und kein Ende?, DStZ A 1992, 741; Antworten der Bundesregierung auf Kleine Anfragen BT-Drs. 12/1337 und 12/4438.

10 Beim BVerfG sind Verfahren unter den Az. 1 BvR 1220/88, 1523/88, 1300/89 und 661/90 anhängig. Vgl. dazu *Paul Kirchhof,* Der Spiegel 49/1992, 68, der bei der Besteuerung von im Alter bezogenen Einkünften und/oder der Altersvorsorge Korrekturbedarf sieht.

werden, das Steuerrecht verstärkt auch hinsichtlich der „relativen" Belastung der Steuerzahler zu überprüfen.

III. Regelungswut und Normenflut

Das zweite Grundproblem der gegenwärtigen Ausgestaltung unseres Steuerrechts wird gemeinhin mit dem Begriff *„Regelungswut"* beschrieben. Es gibt in der Tat zu Besorgnis Anlaß, wenn allein zum EStG seit der Neufassung 1987 bis Ende 1993 nicht weniger als 32 Änderungsgesetze beschlossen worden sind, z.T. mit einer Vielzahl von Einzeländerungen. Die Verantwortung dafür trifft sicherlich zunächst den Gesetzgeber, aber nicht ihn allein. Die Anstöße zu einer Regelung kommen in den seltensten Fällen aus dem Bereich des Parlaments selbst, sondern meist aus der Verwaltung, von den Verbänden, von den Gerichten, auch von der Europäischen Union.

Je umfangreicher die Gesetze werden, je häufiger sie geändert werden, desto mehr Zweifelsfragen und Streitpunkte entstehen, die dann im Verwaltungswege, durch Gerichtsentscheidungen oder auch durch neue Gesetzesänderungen geklärt werden müssen. Viele Vorschläge aus der Verwaltung haben darin ihren Ursprung. So entsteht ein Teufelskreis, der oft nur schwer zu durchbrechen ist.

Ein Beispiel, wie auch der Einfluß von Verbänden zur Regelungsdichte beitragen kann, ist die Behandlung von Policendarlehen bei der Einkommensteuer. Die Bundesregierung hatte im Entwurf des Steueränderungsgesetzes 1992 eine Einschränkung der Abzugsmöglichkeit für Lebensversicherungsbeiträge vorgeschlagen, um dort aufgetretenen Mißständen entgegenzuwirken. Im Bundestag wurde diese Einschränkung aber mit mehreren Ausnahmen versehen, zum einen aus Gründen des Vertrauensschutzes, zum anderen aus Rücksichtnahme auf inzwischen verbreitete Finanzierungsformen bei Investitionen. So vernünftig diese Ausnahmen sein mögen – sie führten zu inzwischen drei umfangreichen Verwaltungserlassen, die zusammen im BStBl. neun Druckseiten füllen. Es ist immer wieder festzustellen, daß zwar allgemein über die Komplizierung des Steuerrechts geklagt wird, daß die Betroffenen aber im konkreten Einzelfall jede Komplizierung hinzunehmen bereit sind, wenn damit ein materieller Vorteil erreicht oder bewahrt werden kann.

Auch die Rechtsprechung trägt zur Regelungsdichte bei. Jedes Jahr ergehen fast 4000 Entscheidungen des Bundesfinanzhofs und über 16000 Entscheidungen der Finanzgerichte[11]. Viele dieser Entscheidungen wirken sich ganz unmittelbar auf die Steuerpolitik aus, etwa wenn die Rechtsprechung einen vom Gesetzgeber nicht beanspruchten Freiraum durch Richterrecht strukturiert oder das Gesetz in einer Weise auslegt, wie es vom

11 Vgl. Jahresbericht des BFH, BStBl. II 1993, 71.

Gesetzgeber nicht erwartet wurde[12]. Von erheblicher Bedeutung sind vor allem die Fälle, in denen die allgemeine Anwendung des betreffenden Urteils zu massiven Steuermehr- oder Steuermindereinnahmen führen würde oder in denen die Urteile von der bisherigen Rechtsprechung und Verwaltungspraxis abweichen und/oder von erheblicher gesellschaftspolitischer Bedeutung sind. *Franz Klein* nennt als Beispiele die sog. Gepräge-Rechtsprechung, die Aktivierung von Umsatzsteuer auf Anzahlungen, die Rückstellungen für Jubiläumszuwendungen und die Beschlüsse des Großen Senats des BFH zur Abziehbarkeit von Geldbußen[13].

Die Verwaltung versucht in Fällen dieser Art, sich zunächst mit Nichtanwendungserlassen zu behelfen, sei es, um dem BFH nochmals Gelegenheit zur Überprüfung seiner Rechtsprechung zu geben, sei es, um die Zeit bis zu einer Gesetzesänderung zu überbrücken[14]. *Klein* hält sowohl die Nichtanwendungserlasse – soweit sie sich nicht gegen eine ständige und beständige Rechtsprechung richten – als auch die sich häufig daran anschließende „konterkarierende Gesetzgebung" für zulässig, empfiehlt aber, von ihnen – insbesondere aus Gründen der Rechtssicherheit – „angemessen sparsam" und „verantwortlich" Gebrauch zu machen. Dem stimme ich zu.

Ich schließe mich auch *Herzog* und *Klein* an[15], wenn sie sagen, daß sie froh sind über jede Gerichtsentscheidung, die nicht ergeht. Denn jede Entscheidung, die nicht ergeht, trägt zur Rechtskontinuität bei. Das zeigt sich insbesondere bei Entscheidungen, die die bisherige Rechtsprechung ändern. *Klein* hat darauf hingewiesen, daß Entscheidungen, die eine konterkarierende Gesetzgebung auslösten, in auffällig vielen Fällen eine Änderung der Rechtsprechung enthielten[16].

Gleichwohl aber setzt der BFH die Fülle seiner Rechtsprechungsänderungen unvermindert fort.

Die von der EU ausgelöste Regelungsdichte ist bei der Einkommensteuer und Körperschaftsteuer noch verhältnismäßig gering, weil bei der Harmonisierung der direkten Steuern bisher nur punktuell Fortschritte erzielt worden sind. Die Umsatzsteuer und die speziellen Verbrauchsteuern, bei denen der nationale Gestaltungsspielraum weitgehend eingeschränkt ist, zeigen aber deutlich, daß die Regelungswut im überstaatlichen Bereich ebenfalls beachtlich ist.

Die Frage von *Franz Klein* ist berechtigt, „ob es richtig ist, daß die Rechtsprechung durch ständige Vertiefungen und Verästelungen immer

12 *Franz Klein,* Steuerwesen und Finanzgerichtsbarkeit, JbFSt 1989/1990, 35.
13 *Franz Klein,* Der Einfluß der höchstrichterlichen Rechtsprechung auf die Gesetzgebung am Beispiel des Steuerrechts, Festschrift für Horst Sendler, 1991, S. 485.
14 *Franz Klein,* Zu den Ursachen der Überbelastung der Finanzgerichte, DStZ A 1988, 599 (603).
15 *Franz Klein* (Fn. 14, S. 603).
16 *Franz Klein* (Fn. 13, S. 493 Mitte).

mehr Einzelfallgerechtigkeit anstrebt – womöglich zu Lasten der Voraussehbarkeit der Ergebnisse höchstrichterlicher Entscheidungen"[17]. So nachvollziehbar das Streben nach möglichst großer Einzelfallgerechtigkeit im konkreten Fall auch sein mag, so führt dies leicht zur Überlastung derer, die das Steuerrecht anzuwenden bzw. zu beachten haben, zur „Gerechtigkeit" nur für diejenigen, die sich auskennen oder gute Berater haben und gegen jeden Bescheid erst einmal Einspruch einlegen. *Peter Gillies* bringt dies auf die treffende Formel, ein hochkompliziertes Steuersystem prämiere die cleveren „Auskenner" zu Lasten der naiven „Arbeitsamen"[18]. Summum jus, summa iniuria.

Eine weitere Ursache für die Regelungswut soll hier nur angedeutet werden. Vielleicht sollte man unvoreingenommen überlegen, ob wir mit unseren Anforderungen an eine detaillierte gesetzliche Grundlage für jede denkbare Handlung der Eingriffsverwaltung nicht stark überziehen. In unseren europäischen Partnerländern sieht man diese Dinge im allgemeinen weniger verbissen als bei uns, ohne daß dort irgend jemand den Rechtsstaat in Gefahr sieht. Das weitere Zusammenwachsen der EU wird auch in dieser Hinsicht die Verhaltensnormen einander angleichen. Aber etwa auch das Bundesverfassungsgericht sollte bei seiner Rechtsprechung stärker darauf achten, daß überzogene Anforderungen an die Gesetzesförmigkeit der Verwaltung vermieden werden. Allzu scharf wird leicht schartig.

IV. Mißbraucht der Staat das Steuerrecht?

Das dritte Grundproblem, das im Zusammenhang mit der gegenwärtigen Ausgestaltung unseres Steuerrechts diskutiert wird, ist die Frage, wie weit das Steuerrecht zur *Verfolgung anderer als fiskalischer Zwecke* benutzt werden darf. Mit dem Steuerrecht wird Wirtschaftspolitik, Konjunkturpolitik, Umweltpolitik, Familienpolitik, Energiepolitik, Wohnungsbaupolitik, Kulturpolitik, Regionalpolitik, Verkehrspolitik, Bevölkerungspolitik, Bildungspolitik, Vermögenspolitik, Arbeitsmarktpolitik betrieben, und die Aufzählung ist keineswegs erschöpfend.

Trotz aller Vorbehalte, wonach jeder Politikbereich zunächst versuchen sollte, Probleme mit dem jeweils „eigenen" Instrumentarium zu lösen, ist es doch durchaus sinnvoll zu prüfen, inwieweit sich auch das Steuer- und Abgabenrecht zur Erreichung dieser Ziele einsetzen läßt. Mit Abgaben, d.h. mit Steuern, Beiträgen, Gebühren und Sonderabgaben, lassen sich vielfältige Finanzierungs-, Lenkungs- und Verteilungswirkungen erzielen; die damit eröffneten Instrumentierungsmöglichkeiten sind so zahlreich, die Maßnahmen so unterschiedlich dosierbar, daß die Politik auf diese Eingriffsmöglichkeiten schlechterdings nicht verzichten kann.

17 Vgl. Fn. 14.
18 *Peter Gillies,* Steuern in der Black box, Die Welt vom 4. Februar 1994.

Als nur mittelbare Lenkungsinstrumente schränken Abgaben bei vernünftiger Ausgestaltung den Freiheitsraum der Bürger grundsätzlich in geringerem Maße ein als ordnungsrechtliche Gebote und Verbote. Beim Umweltschutz z.B. lenken abgabenrechtliche Lösungen die Anstrengungen zur Erreichung der vorgegebenen Ziele dorthin, wo die Ziele am kostengünstigsten zu erreichen sind. Wirtschaftliche Anreize über Abgaben, z.B. in Form von Abschreibungsbegünstigungen oder über ermäßigte Steuersätze bei einer bestimmten, vom Staat gewünschten Ausgestaltung des Steuertatbestands, zeigen Wirkung, ohne zu einer Einschränkung der Gestaltungsfreiheit der Bürger zu führen. Die sog. 7er-Gruppe der Abschreibungsbegünstigungen in der Aufbauphase der Bundesrepublik oder die Differenzierung der Steuersätze bei der Kraftfahrzeugsteuer und der Mineralölsteuer zur Förderung umweltfreundlicher Kraftfahrzeuge und des bleifreien Benzins haben das ebenso bewiesen wie z.B. die Berlin- und die Zonenrandförderung.

Bei alledem muß aber darauf geachtet werden, daß der primäre Zweck von Steuern und Abgaben, dem Staat Einnahmen zu verschaffen, nicht in den Hintergrund gerät, daß die Nebenwirkungen eines Einsatzes von Steuern für andere Zwecke sorgfältig analysiert werden, daß Grenzen der wirtschaftlichen Belastbarkeit nicht überschritten und daß finanzverfassungsrechtliche Vorgaben nicht unterlaufen werden. Auch sollte der Eindruck vermieden werden, Steuern und Abgaben seien stets und unter allen Umständen geeignete und wirksame Instrumente, um außersteuerliche Ziele zu erreichen[19].

Nicht zuletzt muß bedacht werden, daß die Finanzverwaltung das alles auch praktizieren muß. Eine Überfrachtung des Steuerrechts mit systemfremden Regelungen könnte sonst am Ende beides gefährden: das Ziel der Mittelbeschaffung ebenso wie die Chance, die angepeilten speziellen Ziele zu erreichen. Denn eine überforderte Finanzverwaltung kann auch Steuerbegünstigungen nicht optimal handhaben.

V. Zuviele Sondertöpfe?

Wenn es um Grundprobleme des gegenwärtigen Steuerrechts geht, so ist schließlich auch das Bestreben mancher Politikbereiche zu nennen, sich vom „Wohlwollen" des Haushaltsgesetzgebers unabhängig zu machen und sich eigene Quellen für die Mittel zu verschaffen, die man in dem betreffenden Politikbereich ausgeben will. Das führt dann zu *Zweckbindungen* für bestimmte Einnahmen[20]. Die zahlreichen „Pfen-

19 Vgl. im einzelnen *Wolfgang Schäuble* (Fn. 2).

20 Z.B. Zweckbindung eines Teils des Mineralölsteueraufkommens für den öffentlichen Personennahverkehr, Kohlepfennig und viele andere Pfennige; neuerdings wird die Zweckbindung einer nationalen oder EG-weiten Energiesteuer für die Finanzierung von Energiesparmaßnahmen und zur Förderung erneuerbarer Energien diskutiert.

nige"[21], die sich nicht selten zu Milliardenbeträgen addieren, und die entsprechenden *Sondertöpfe* zeigen, wie weit die parafiskalischen Abgaben bereits gediehen sind.

Für jeden „Pfennig" und für jeden Sondertopf mag es hörenswerte Rechtfertigungen geben. Dazu gehört z.B. das Argument, daß die „Sondertöpfe" eigentlich eine Art Solidarkasse der Betroffenen seien, die vom Staat lediglich verwaltet werde. Gemeinsam aber ist allen diesen Kassen, daß sie mit Zwangsbeiträgen gespeist werden, also mit einer Quasi-Steuer. Sie alle durchbrechen den Grundsatz, daß Steuern nicht für bestimmte Zwecke, sondern zur Deckung des gesamten Staatsbedarfs erhoben werden. In den engen, durch das BVerfG gezogenen Schranken mögen Sonderabgaben hinnehmbar sein. Allzuviel ist aber auch hier schädlich.

VI. Wege zu einem besseren Steuerrecht

Nun ist Kritik allein wenig geeignet, eine *Wende zum Besseren* herbeizuführen. Wer nach Möglichkeiten der Verbesserung sucht, stellt recht schnell fest, daß der Handlungsspielraum begrenzt ist. Bei der Umsatzsteuer z.B. ist so gut wie kein Spielraum vorhanden. Mit Ausnahme der Steuersätze ist fast alles durch EU-Richtlinien vorgegeben. Ähnlich ist es bei den speziellen Verbrauchsteuern. In anderen Bereichen, z.B. bei der Besteuerung des Energieverbrauchs, stehen EU-Richtlinien an oder werden angestrebt, z.B. bei der Besteuerung von Kapitaleinkünften an der Quelle. Investitionsfördermaßnahmen, seien sie regional oder sektoral, müssen sich an den EU-Beihilfevorschriften messen lassen, wobei man allerdings hin und wieder das Gefühl hat, als führe die in Deutschland übliche Transparenz der Subventionen und ihr Ausweis in den Subventionsberichten dazu, daß bestimmte Maßnahmen bei uns eher und häufiger Gegenstand kritischer Überprüfung durch die Kommission sind als vergleichbare Maßnahmen anderer Staaten.

Begrenzungen des Handlungsspielraums ergeben sich auch aus der Finanzverfassung und insbesondere aus den Regelungen über die Verteilung des Steueraufkommens. Die Umlegung der Kfz-Steuer auf die Mineralölsteuer z.B., die eine wesentliche Vereinfachung brächte, ist bisher – unter anderem – auch daran gescheitert, daß die Kfz-Steuer den Ländern, die Mineralölsteuer dem Bund zusteht. Wer die bisherigen Reformansätze bei der Gewerbesteuer verfolgt hat, kennt die dort ähnlich gelagerten Probleme, deren Lösung nicht dadurch erleichtert wird, daß selbst für relativ geringfügige Änderungen eine Grundgesetz-Änderung erforderlich ist.

---

21 Kohlepfennig, Wasserpfennig, Fehlbelegungsabgabe, Winterbauumlage, Erdölbevorratungsabgabe, Milchabgabe usw. Das Statistische Bundesamt nennt für 1992 21 Sonderabgaben nach Bundesrecht mit einem Aufkommen von ca. 11 Mrd. DM (vgl. Der Steuerzahler 1/93, 9).

Am ehesten noch ließe sich die Normenflut im Steuerrecht eindämmen. Dann muß man aber in Kauf nehmen, daß die Gesetze nicht abschließend jeden Sachverhalt regeln können, sondern daß verstärkt Generalklauseln verwendet werden und der Verwaltung ein größerer Spielraum bei der Anwendung verbleibt. Man muß dann eher bereit sein, Ermessensentscheidungen der Verwaltung hinzunehmen und darf nicht wegen jeder unterschiedlichen Auslegungsmöglichkeit die Steuergerichte bemühen wollen.

Auf viele Detailregelungen in den heutigen Gesetzen und Verordnungen könnte sicher verzichtet werden. Der Gesetzgeber muß „schwerhöriger" werden gegenüber den Wünschen von Verwaltung und Verbänden, detaillierte Regelungen zu Einzelbereichen gesetzlich zu verankern. Man sollte auch erneut darüber nachdenken, ob und wie man die Zahl der Änderungsgesetze geringer halten könnte, etwa durch nur ein einziges Steueränderungsgesetz pro Jahr oder – wohl noch utopischer – pro Legislaturperiode. Gerade bei den „klassischen" Steuergesetzen, mit denen fast jeder zu tun hat, wäre dies am nötigsten. Mag sein, daß hin und wieder eine rasche Reaktion des Gesetzgebers erforderlich ist. Aber die Steuerbürger haben ein Recht darauf, bei ihren wirtschaftlichen Entscheidungen von verläßlichen steuerlichen Rahmenbedingungen ausgehen zu können, und das spricht für mehr Zurückhaltung des Gesetzgebers bei zu vielen Novellierungen und zu vielen Detailregelungen.

Einiges wäre schon geholfen, wenn der Rang der Rechtsetzungsakte heruntergestuft werden könnte, wenn also statt einer gesetzlichen Regelung eine Regelung in der Durchführungs-Verordnung oder in den Richtlinien genügen würde. Das aber setzt voraus, daß der Gesetzgeber die mehr nachvollziehende Anpassungsgesetzgebung zurückdrängt und sich stärker auf die Gestaltungsgesetzgebung beschränkt, wie wir sie 1993 z.B. bei der Bahnreform und der Pflegeversicherung in Angriff genommen haben.

Ein wichtiger Ansatzpunkt wäre auch, wenn es gelingen könnte, die Einstellungen, Verhaltensnormen und Anspruchshaltungen gegenüber dem Staat zu ändern. *John F. Kennedy* hat dies auf die kurze Formel gebracht, jeder solle fragen, was er für den Staat tun könne, statt nur immer zu fragen, was der Staat für ihn tue. Geänderte Verhaltensweisen dürfen aber nicht nur propagiert, sie müssen vorgelebt werden. Und sie dürfen nicht durch offenkundige Unzuträglichkeiten und Verstöße gegen das Prinzip der Besteuerung nach der Leistungsfähigkeit konterkariert werden. Es ist wahr: Wer – wie bis 1991 der Fall[22] – den Kindesunterhalt zu einem nicht unwesentlichen Teil aus versteuertem Einkommen bestreiten mußte, wer auf einen in vielen Fällen erheblichen Anteil der

22 Durch das Steueränderungsgesetz 1991 wurden die einkommensteuerlichen Kinderfreibeträge auf eine Höhe angehoben, die erstmals zusammen mit dem in einen fiktiven Steuerfreibetrag umgerechneten Kindergeld das Existenzminimum abdeckt.

Zwangsbeiträge zur Sozialversicherung auch noch Lohnsteuer zahlen muß, wird nur schwer für eine verstärkte Loyalität gegenüber dem Staat zu gewinnen sein, wenn er gleichzeitig gezwungen wird, wohlhabenderen Mitbürgern ihre Freizeitbetätigungen mitzufinanzieren[23]. Loyalität gegenüber dem Staat hat zweifellos nicht unwesentlich damit zu tun, wie dieser Staat Erwartungen an die Steuergerechtigkeit einlöst.

Dazu gehört aber auch, daß Rechtsgehorsam nicht populistisch abqualifiziert wird[24]. Die Absicht der Bundesregierung, gegen Mißbräuche entschiedener als bisher vorzugehen, zeigt insofern in die richtige Richtung.

Eine Absenkung der Steuerbelastung, insbesondere bei den direkten Steuern, ist dringend geboten. Daß dies aber erst möglich sein wird, wenn wir die derzeitige konjunkturelle und strukturelle Wirtschaftskrise überwunden haben, das wissen wir alle. Aus den Augen verlieren dürfen wir dieses Ziel jedoch nicht. Die Entwicklung der Jahre 1982 bis 1990 hat gezeigt, welche Vorteile auch für den Staat, und zwar für alle staatlichen Ebenen, durch eine konsequente Steuersenkungspolitik zu erzielen sind.

Nicht geringschätzen sollte man die konsequente Einhaltung bestimmter Besteuerungsprinzipien und die positive Wirkung eines in sich geschlossenen und den Steuerbürgern vermittelbaren Steuersystems. Zu den konsequent einzuhaltenden Besteuerungsprinzipien gehört – neben der Einhaltung sozialer Kriterien wie der Steuerfreistellung des Existenzminimums – auch die Gleichbehandlung der verschiedenen Einkunftsarten, die z.B. hinsichtlich der Verlustvorträge erreicht ist, nicht aber beispielsweise hinsichtlich der Besteuerung von Veräußerungsgewinnen. In diesem Zusammenhang sollte auch die Mehrfachbelastung durch verschiedene Steuern überprüft werden, die letztlich alle aus dem Einkommen zu zahlen sind; so wird z.B. Grundbesitz durch Einkommensteuer, Vermögensteuer, Grundsteuer, ggf. Erbschaftsteuer und Gewerbesteuer belastet, ohne daß diese Steuern paßgerecht aufeinander abgestimmt sind. Nicht ausdiskutiert sind auch die Fragen einer gegenseitigen Anrechnung einzelner Steuern und/oder einer Begrenzung der Gesamtsteuerbelastung auf einen bestimmten Prozentsatz des Einkommens. Dazu gehört schließlich auch die regelmäßige Anpassung von steuerlichen Freibeträgen, Freigrenzen, Obergrenzen an die Entwicklung des Geldwertes.

Unabdingbar ist eine durchgreifende Steuervereinfachung. Wer sich im umfangreichen und komplexen Steuerrecht nicht mehr auskennt, wer nicht mehr – auch bei Inanspruchnahme sachkundiger Beratung – sicher sein kann, seine steuerlichen Angelegenheiten bestmöglich gestaltet zu haben, wer sich mit den Folgen nicht mehr vollziehbarer Gesetze herum-

---

23 Vgl. *Adalbert Uelner,* Unverzichtbare Axiome der Steuerrechtsordnung – Bestandsaufnahme und Zukunftsperspektiven der Unternehmensbesteuerung, JbFSt 1990/1991, 51.

24 Beispiele nennt *Peter Fischer,* Innere Unabhängigkeit und Fiskalinteresse, StuW 1992, 121.

schlagen muß[25], der wird kein sehr konstruktives Verhältnis zu unserem Steuersystem und zu seinen Pflichten als Steuerzahler entwickeln. Aber auch bei den Gutwilligen wächst die Verbitterung. Unsere Steuerbeamten reagieren zunehmend frustriert. Wenn jährlich allein in Baden-Württemberg Finanzbeamte in der Stärke von zwei Finanzämtern anderswohin abgewandert sind[26], so muß das ein Alarmsignal sein.

Der Gaddum-Entwurf[27], der unter maßgeblicher Mitwirkung von *Franz Klein* erarbeitet worden ist, hat auch hier die Richtung gewiesen: Durchgreifende Entschlackung und Streichung von Ausnahmebestimmungen, verbunden mit einer Absenkung des Steuertarifs. Dieser Grundgedanke ist noch immer richtig. Daß er von vielen nicht für realisierbar gehalten wird, ist für mich nur ein Hinweis dafür, daß unsere Reformfähigkeit wieder sehr viel größer werden muß, daß wir auch im Bereich von Steuerrecht und öffentlicher Finanzwirtschaft energisch gegen Veränderungsscheu und Beharrungstendenzen vorgehen müssen.

Wir werden die schwierigen Aufgaben, die auch auf steuerpolitischem Gebiet vor uns liegen, nur bewältigen, wenn wir über Lösungen nicht nur reden, sondern sie auch in die Tat umsetzen. Daß es nicht genügt, Grundsätze zu besitzen, sondern daß man sie auch praktizieren muß, das hat uns *Franz Klein* in seinem langen und ausgefüllten Berufsleben immer wieder vorgemacht. Wir bleiben auf seine Erfahrung, auf sein Urteil, auf seinen Rat angewiesen.

25 *Dietrich Meyding* (Fn. 2).

26 Ebd.

27 *Johann Wilhelm Gaddum*, Für ein einfaches und gerechtes Steuersystem, Entwurf zur Vereinfachung des Einkommensteuergesetzes, vorgelegt am 26. Juni 1978.

Horst Schöberle

Die Steuerpolitik in der Bundesrepublik Deutschland – ein Rückblick –

Inhaltsübersicht

I. Steuerpolitik im Widerstreit

In der jüngeren Geschichte der modernen Industriestaaten gibt es kaum ein Instrument des Staates, das für die Erreichung so zahlreicher und unterschiedlicher Ziele eingesetzt worden ist wie die Erhebung von Steuern.

Ursprüngliche Zielsetzung der Besteuerung war es, die Finanzierung der Aufgaben in einer Gesellschaft zu sichern. Dabei spielte die Frage, wie die Steuerlast möglichst „gerecht" auf die Mitglieder einer Gesellschaft zu verteilen sei, stets eine wichtige Rolle. Spätestens aber im Merkantilismus mit seiner aktiven Wirtschaftslenkung versuchte der Staat, durch eine entsprechende strukturelle Gestaltung seines Einnahmensystems das Verhalten seiner Bürger gezielt zu beeinflussen, d.h. Steuerpolitik im engeren Sinne zu betreiben. Die Entwicklung bis in die heutige Zeit hinein bestätigt: „Es gibt so viele Ziele der Ordnungsfinanz, wie es Wünsche für die Ordnung des sozialen und wirtschaftlichen Lebens, für die Gestaltung des menschlichen Daseins und des menschlichen Verhaltens unseres Zusammenlebens gibt."[1]

Ein Blick in die Gesetzblätter zeigt, welche zahlreichen und vielfältigen Änderungen das Steuerrecht in Deutschland – aus welchen politischen Motiven auch immer – seit 1945 bzw. 1949 erfuhr. Es verging kaum ein Jahr, in dem nicht – teilweise sogar mehrfach – beispielsweise das Einkommensteuergesetz geändert wurde. Betrachtet man diese permanenten Einzeländerungen, so erscheinen sie jeweils für sich als mehr oder minder einschneidende Maßnahmen. Ein Rückblick läßt jedoch für bestimmte Perioden charakteristische Schwerpunkte der Steuerpolitik erkennen. Sie korrespondieren mit den jeweiligen Zielsetzungen, die stets von den gesellschafts- und wirtschaftspolitischen Erfordernissen bestimmt werden.

II. Steuerpolitik zur Förderung von Wiederaufbau und Wirtschaftswachstum

1. Die ersten Nachkriegsjahre

Nach dem Ende des zweiten Weltkrieges machte der völlige Zusammenbruch Deutschlands einen umfassenden Neuanfang notwendig. Angesichts der gewaltigen Aufbauprobleme wurde von den Alliierten zunächst das damalige Steuerrecht fortgeführt, das durch den hohen Finanzbedarf vor allem infolge der beiden Weltkriege geprägt war. Vor dem Hintergrund eines gefährlichen Inflationspotentials aufgrund hoher Haushaltsdefizite, eines erheblichen Geldüberhangs als Folge der Staatsfinanzierung durch Geldschöpfung in der nationalsozialistischen Diktatur und des weiterhin gültigen Lohn- und Preisstopps verfügte der Alliierte Kontrollrat im Februar 1946 eine massive Anhebung der Steuersätze insbesondere bei den direkten Steuern sowie gleichzeitige Einschränkungen bei der Ermittlung der Bemessungsgrundlage[2]. Im Hinblick auf die für einen Wiederaufbau der Wirtschaft notwendige Leistungsbereitschaft und die dabei unverzichtbare Kapitalbildung war vor allem eine möglichst rasche Senkung der extrem hohen Einkommensteuersätze notwendig. Mäßige Steuersenkungen vorwiegend in Form von Abzugsmöglichkeiten

1 *Gerloff*, Steuerwirtschaftslehre, in: HdF, Band II, 2. Auflage, Tübingen 1956, S. 257.

2 Kontrollratsgesetz Nr. 12 vom 11. Februar 1946. Die Einkommensteuersätze wurden um 25 v.H. für Einkünfte aus selbständiger und unselbständiger Arbeit, um 35 v.H. für alle übrigen Einkunftsarten angehoben. Der Spitzensteuersatz lag bei 95 v.H. Außerdem wurden Abzüge bei der Ermittlung der Bemessungsgrundlage wie z.B. bestimmte Werbungskosten sowie Kinderermäßigungen gestrichen oder eingeschränkt.

bei der Ermittlung der Bemessungsgrundlage, wie sie die Alliierten schließlich zuließen, konnten den Anforderungen jedoch nicht genügen.

2. Steuervergünstigungen für die Investitions- und Sparförderung

Der enorme Kapitalbedarf für den Wiederaufbau erforderte auch angesichts des noch nicht funktionsfähigen Kapitalmarkts eine gezielte Förderung der Spar- und Investitionstätigkeit. Steuervergünstigungen waren notwendig, „um für die Wirtschaft die Gefahr der Erstickung durch überhöhte Steuern"[3] abzuwenden. Besonders die Selbstfinanzierung in den Unternehmen wurde gefördert, damit Unternehmensgewinne unmittelbar in arbeitsplatzschaffendes Sachkapital umgewandelt werden konnten. Deshalb wurden Sonder- und erhöhte Abschreibungen für Investitionen insbesondere in Engpaßbereichen schrittweise eingeführt und erweitert (z.B. im Wohnungsbau, in der Schiffahrt, in der Landwirtschaft und in der Industrie), zeitweise der nicht entnommene Gewinn weitreichend von der Besteuerung freigestellt.

Es galt jedoch, Fehlinvestitionen möglichst zu vermeiden, die mit einer dauerhaften Förderung der Selbstfinanzierung verbunden sein können. Um in einer funktionsfähigen sozialen Marktwirtschaft die knappen Finanzierungsmittel in die bestmöglichen Investitionen zu lenken, war die Mobilisierung von Ersparnissen und die Wiederbelebung des Kapitalmarkts erforderlich. In den 50er Jahren wurde daher die Förderung der Selbstfinanzierung zurückgeführt und Fremdfinanzierung sowie Ersparnisbildung zunehmend gefördert. Beispielsweise wurden die Zinsen bestimmter festverzinslicher Wertpapiere, die zur Finanzierung besonders förderungswürdiger Vorhaben der Industrie, aber auch des sozialen Wohnungsbaus und der Bundes- und Länderhaushalte dienten, von der Steuer befreit. Darüber hinaus wurden vorübergehend durch gezielte steuerliche Maßnahmen die Investitionstätigkeit und deren Finanzierung in den Grundstoffindustrien als Engpaßbereiche gefördert und die Exporte begünstigt, um für die Gesamtwirtschaft Wachstumshemmnisse abzubauen und Wachstumschancen auszubauen.

3. Die Steuerreformen 1953/54/55 mit Tarifsenkungen und Subventionsabbau

Wichtige Schritte zur Ausgestaltung des Steuersystems nach den Grundsätzen der sozialen Marktwirtschaft stellten die Steuerreformen Mitte der 50er Jahre dar. Bundeskanzler *Adenauer* hatte eine solche „umfassende Steuerreform" bereits in seiner ersten Regierungserklärung 1949 angekündigt[4]. Ziel war eine generelle Anregung von Leistungsbereitschaft, Ersparnisbildung und Investitionstätigkeit. Deshalb wurde im Rahmen

3 BT-Drucksache II/481, 1954, S. 62.
4 BT-Verhandlungen I/5, 20. September 1949, S. 25 D.

der „Großen Steuerreform" von 1954/55 die Progression deutlich abgemildert, der Höchstsatz der Einkommensteuer auf etwa 63 v.H. gesenkt und der Plafond (höchster Durchschnittssteuersatz der Einkommensteuer) auf 55 v.H. verringert.

Die Funktionsfähigkeit der Kapitalmärkte wurde weiter verbessert, indem bei der Körperschaftsteuer von einem einheitlichen auf einen gespaltenen Steuersatz übergegangen wurde und zunächst im Rahmen der „Kleinen Steuerreform" von 1953 der Körperschaftsteuersatz für ausgeschüttete Gewinne von 60 auf 30 v.H. gesenkt wurde. Um aber auch die Eigenkapitalbasis kapitalintensiver Unternehmen weiter zu stärken, wurde im Rahmen der „Großen Steuerreform" von 1954/55 für einbehaltene Gewinne der Körperschaftsteuersatz von 60 auf 45 v.H. herabgesetzt.

Den Erfordernissen der Sozialen Marktwirtschaft im Sinne größerer Steuergerechtigkeit trugen die Verbesserungen beim Kinderlastenausgleich und der Ehegattenbesteuerung Rechnung. Der gleichzeitige Abbau von Steuervergünstigungen sollte das Steuersystem vereinfachen und für eine zumindest teilweise „Gegenfinanzierung" der Steuerentlastungsmaßnahmen sorgen. Insofern wurde schon in dieser Steuerreform die Kombination von Steuersatzsenkungen mit Verbreiterungen der Bemessungsgrundlage als ein geeigneter Weg angesehen, mehrere Ziele gleichzeitig anzustreben: Steuergerechtigkeit, Steuervereinfachung und Wachstumsförderung bei gleichzeitiger Sicherung staatlicher Einnahmen. Allerdings galt es, die Schwierigkeiten vor allem in Form politischer Widerstände, die generell mit dem Abbau von Vergünstigungen verbunden sind, zu überwinden. Die Verbindung unternehmens- und familienbezogener Entlastungen in einem, wenn auch zeitlich gestreckten „Reformpaket" erhöhte schließlich die politische Durchsetzbarkeit steuerlicher Änderungen.

III. Die Verwirklichung strukturpolitischer Ziele auf der Grundlage einer soliden wirtschaftlichen Entwicklung

1. Förderung des Mittelstandes und der Vermögensbildung

Mit einer expansiven wirtschaftlichen Entwicklung bei gleichzeitig relativ stabilen Preisen in den 50er Jahren ergaben sich für die Finanzpolitik zunehmende Spielräume, um die Nachteile von Regionen und Wirtschaftsbereichen auszugleichen, die mit dem Wachstumstempo der Gesamtwirtschaft nicht Schritt halten konnten.

Insbesondere sollte dabei der gewerbliche Mittelstand verstärkt gefördert werden, zumal die bisherige ausgeprägte Förderung der Selbstfinanzierung die Konzentration von Vermögen und Produktion beschleunigt hatte. Dafür wurden insbesondere die freiwillige Altersversorgung der Selbständigen sowie die Rückumwandlung von Kapital- in Personengesellschaften steuerlich begünstigt. Um die notwendigen Anpassungsprozesse in einer Marktwirtschaft zu erleichtern und den technischen Fortschritt zu beschleunigen, konnten ab Mitte der 60er Jahre bei der Veräußerung von bestimmten Anlagegütern stille Reserven steuermindernd auf entsprechende Ersatzinvestitionen übertragen werden.

Außerdem wurde Mitte der 60er Jahre der Einkommensteuertarif wiederum deutlich gesenkt und dabei der „Mittelstandsbauch" bzw. die Progression abgemildert. Auf diese Weise sollten die „heimlichen Steuererhöhungen", die als Folge der ausgeprägten Aufwärtsentwicklung der Wirtschaft und der Tarifprogression besonders den Mittelstand belasteten, gedämpft werden.

Damit die verfügbaren Finanzierungsmittel insgesamt erhöht, über den Kapitalmarkt zeitlich besser auf die Erfordernisse der Investitionstätigkeit abgestimmt sowie breiter gestreut würden, wurde die Sparförderung vor allem für die Bezieher kleiner und mittlerer Einkommen sowohl über die ausgabenwirksame Prämiengewährung als auch über steuerliche Vergünstigungen weiter ausgebaut. Um die größtmögliche Dispositionsfreiheit bei der Vermögensbildung zu ermöglichen, war die Förderung weitgehend unabhängig von der Anlageform. Dies entsprach den Grundsätzen der Eigenverantwortlichkeit der Bürger und der marktwirtschaftlichen Effizienz. Es war gelungen, wachstums-, struktur- und verteilungspolitische Ziele weitgehend in Einklang zu bringen.

2. Förderung des Aufholprozesses in strukturschwachen Gebieten und Sektoren

Eine frühzeitige regionale Förderung hatte Berlin aufgrund seiner „Insellage" inmitten der sowjetisch besetzten Zone sowie der Blockade 1948/49 erhalten. Um die Nachteile von Regionen und Wirtschaftsbereichen auszugleichen, die mit dem Wachstumstempo der Gesamtwirtschaft nicht Schritt halten konnten, wurden zunächst überwiegend generelle Lohn-, Einkommen-, Körperschaftsteuer- und Umsatzsteuerermäßigungen gewährt. Ende der 50er und Anfang der 60er Jahre wurden Investitionen gezielter durch Sonderabschreibungen und Investitionszulagen gefördert.

Direkt an der Bildung von Sach- und Finanzkapital ansetzende steuerliche Fördermaßnahmen spielten auch bei der Zonenrandförderung eine wichtige Rolle. Aber nicht nur struktur-, sondern auch verteilungspolitische Ziele waren für die Förderentscheidungen maßgebend, denn es sollten „für die Bevölkerung in allen Teilen der Bundesrepublik befriedigende Lebens- und Erwerbsbedingungen"[5] geschaffen werden.

Wie problematisch aber die enge Verzahnung von struktur- und verteilungspolitischen Zielen sein kann, zeigte sich vor allem in der sektoralen Förderung. Nachdem beispielsweise der Steinkohlenbergbau noch zu Anfang der 50er Jahre als Engpaßfaktor gefördert worden war, wurde er Ende

5 BT-Sitzungsprotokoll IV/5 vom 29. November 1961, S. 25.

der 50er Jahre durch die zunehmende Konkurrenz durch Erdöl, aber auch durch Importsteinkohle bedroht. Zunächst zielte die Förderung auf Erhaltung des Sektors ab, indem Anfang der 60er Jahre zuerst Heizöl und wenig später importiertes Rohöl besteuert sowie auf Importkohle Zoll erhoben wurde. In der Erkenntnis, daß nur durch eine Anpassungsförderung ein längerfristiges Überleben einer grundsätzlich wettbewerbsschwachen Branche möglich wird, wurden insbesondere durch steuerfreie Rücklagen die Rationalisierung bzw. Produktivitätssteigerung beim Abbau von Steinkohle sowie die Verstromung, also eine wesentliche Verwendung von Steinkohle gefördert. Auch wurden Investitions- und Stillegungsprämien gewährt, um den Steinkohlenbergbau auf die am meisten produktiven Einheiten zu konzentrieren und damit die Wettbewerbsfähigkeit zurückzugewinnen.

Auch der Agrarsektor kann auf eine ausgeprägte Fördertradition zurückblicken. Sowohl bei der Agrar- als auch bei der Steinkohlenförderung spiegelt sich der Konflikt zwischen Anpassung und Erhaltung regelmäßig in der Ausgestaltung der Maßnahmen wider. Zum Zwecke einer Beschleunigung des Strukturwandels werden sie zunächst meist befristet, um zur sozialen Abfederung des Anpassungsprozesses unter dem Druck der jeweiligen Interessengruppen oft mehrmals verlängert zu werden.

Aus diesen Gründen wird auch die Berlin- und die Zonenrandförderung nur schrittweise bis 1995 abgebaut, obwohl seit der Öffnung der innerdeutschen Grenze im November 1989 die bisherige Rechtfertigung der Förderung nicht mehr aufrechtzuerhalten war.

3. Verbesserung der Wettbewerbsbedingungen durch die Umsatzsteuerreform 1968 und die Körperschaftsteuerreform 1977

Strukturelle Schwächen des Steuersystems beeinflussen die nationalen und internationalen Wettbewerbsbedingungen. Entscheidende Verbesserungen zur Vermeidung von Wettbewerbsverzerrungen und von Benachteiligungen bei der Finanzierung in Abhängigkeit von der Finanzierungsform und der Rechtsform des Unternehmens sind mit der Umsatzsteuerreform 1968 und der Körperschaftsteuerreform 1977 gelungen.

Schon seit Mitte der 50er Jahre waren die wettbewerbsverzerrenden und konzentrationsfördernden Wirkungen der Brutto-Allphasen-Umsatzsteuer Anlaß zu heftigen Diskussionen. Die damalige Brutto-Allphasen-Umsatzsteuer erfaßte mit einem Steuersatz von 4 v.H. die Umsätze jedes Unternehmens und somit auf allen Produktionsstufen einschließlich der Investitionen sowie der bereits an Lieferanten gezahlten Umsatzsteuer. Dies führte zu einer beträchtlichen Kumulation bzw. Kaskadenwirkung der Umsatzsteuerbelastung und dadurch zu einer sehr ungleichmäßigen Belastung des Endverbrauchs. Auch ein exakter Grenzausgleich war nicht möglich, was im Außenhandel zu mehr oder weniger versteckten Privilegierungen und Diskriminierungen führte. Mit dem 1968 vollzogenen Übergang zur Netto-Allphasen-Umsatzsteuer mit Vorsteuerabzug und sofortiger Steuerfreiheit der Investitionen wurden diese Nachteile beseitigt und eine wesentliche Grundlage für die Harmonisierung der im internationalen Wettbewerb wichtigsten Steuer in der EG geschaffen.

Seither konnte innerhalb der EG bei der Umsatzsteuer eine Einigung zur Harmonisierung der Struktur und der Bemessungsgrundlage sowie schließlich 1991 auch auf Mindestsätze[6] erreicht werden. Dennoch ist die Zielvorstellung der EG-Kommission, die vor allem von Deutschland unterstützt wird, bisher nicht verwirklicht worden. Danach sollte mit der Vollendung des Europäischen Binnenmarktes ab 1993 das Ursprungslandprinzip gelten, d.h. die jeweilige steuerliche Belastung sollte sich nach den Steuersätzen im Herkunftsland der Produkte ausrichten. Aufgrund der immer noch sehr verschieden hohen Sätze und der unterschiedlichen Außenhandelspositionen konnten sich die EG-Mitgliedstaaten allerdings nur auf eine Übergangslösung unter vorübergehender Beibehaltung des Bestimmungslandprinzips bis mindestens Ende 1996 bei gleichzeitiger Abschaffung der Grenzkontrollen verständigen. Diese Übergangslösung ist jedoch mit erheblichen administrativen Problemen auf der Ebene der Unternehmen sowie der Finanzverwaltung verbunden.

Mit der Körperschaftsteuerreform wurde 1977 die Doppelbesteuerung der ausgeschütteten Gewinne von Kapitalgesellschaften auf der Ebene sowohl der Unternehmen als auch der Anteilseigner beseitigt. Mit der im Rahmen der Steuerreformen 1953/55[7] eingeführten und durch die Steuerreform 1958[8] ausgeweiteten Spaltung der Körperschaftsteuersätze war bereits der Grundstein gelegt worden, um die hohe Selbstfinanzierung und die sich daraus entwickelnde wettbewerbshemmende Konzentration zu verringern und den Kapitalmarkt weiter zu stärken. Die Diskussion war insbesondere von seiten der Wissenschaft mit zahlreichen Vorschlägen[9] belebt worden. Ab 1977 wurde die Steuerbelastung der ausgeschütteten Gewinne auf die Einkommen- bzw. Körperschaftsteuerschuld des jeweiligen Anteilseigners angerechnet. Gleichzeitig wurde der Steuersatz für ausgeschüttete Gewinne von 15 v.H. auf 36 v.H. und derjenige für einbehaltene Gewinne von 51 v.H. auf das Niveau des Höchstsatzes der Einkommensteuer von 56 v.H. angehoben. Auf diese Weise wurde der bis dahin steuerlich begründete Interessengegensatz zwischen Klein- und

---

6 Normalsatz 15 v.H., ermäßigter Satz 5 v.H.

7 Halbierung des Steuersatzes von 60 v.H. auf 30 v.H. für ausgeschüttete und Senkung auf 45 v.H. für einbehaltene Gewinne.

8 Weitere Senkung des Steuersatzes von 30 v.H. auf 15 v.H. für ausgeschüttete Gewinne, Erhöhung von 45 v.H. auf 51 v.H. für einbehaltene Gewinne.

9 Wissenschaftlicher Beirat beim BMF, Gutachten zur Reform der direkten Steuern in der Bundesrepublik Deutschland, Schriftenreihe des BMF, Heft 9, 1967, S. 50 ff.; *Engels/Stützel*, Teilhabersteuer, 2. Auflage, Frankfurt 1968. Danach sollte auch die Körperschaftsteuer auf einbehaltene Gewinne beim Anteilseigner anrechenbar sein, um die Besteuerung der Gewinne einer Kapitalgesellschaft konsequent an der steuerlichen Leistungsfähigkeit der Anteilseigner zu orientieren.

Großaktionären hinsichtlich der Gewinnverwendung entschärft und die Vermögensbildung breiter Bevölkerungsschichten erleichtert, denn nun wurde der ausgeschüttete Gewinn im Ergebnis mit dem jeweiligen individuellen Steuersatz belastet. Auch wurde der Einfluß der Besteuerung auf die Wahl der Rechtsform und der Finanzierung einer Unternehmung abgemildert.

IV. Steuerpolitik im Dienste konjunkturpolitischer Stabilisierung

1. Konjunkturpolitische Aufgabenstellung für die Steuerpolitik

Die Wissenschaft hatte schon frühzeitig aufbauend auf den Lehren von *Keynes* Vorschläge[10] für eine aktive kurzfristige Steuerung der wirtschaftlichen Entwicklung gemacht. Da die Politik sich solchen Forderungen auf Dauer nicht verschließen konnte, wurde zunächst die Bereitstellung von Informationen für die politischen Entscheidungsträger durch das „Gesetz über die Bildung eines Sachverständigenrates zur Begutachtung der gesamtwirtschaftlichen Entwicklung" von 1963 ermöglicht. Schließlich wurde eine Palette flexibel einsetzbarer Instrumente des Staates durch das „Gesetz zur Förderung der Stabilität und des Wachstums der Wirtschaft" von 1967 gesetzlich verankert. Damit wurde eine Wende im wirtschaftspolitischen Denken und Handeln eingeleitet, die vor allem das Handlungsverständnis des Staates betraf: Bisher zielten staatliche Aktivitäten auf die möglichst günstige Gestaltung der Rahmenbedingungen für Investitionen und Arbeitsplätze ab, und zwar durch gezielte steuerliche Anreize für die private Investitionstätigkeit und damit vor allem für das unternehmerische Engagement. Im Mittelpunkt hatte die Verbesserung der Angebotsbedingungen gestanden. Von nun an aber rückte die Steuerung der gesamtwirtschaftlichen Nachfrage in den Vordergrund, um angesichts der stärker schwankenden Kapazitätsauslastung für einen Ausgleich zwischen Angebot und Nachfrage und damit für ein gleichmäßiges Wachstum auf hohem Niveau zu sorgen. Dabei war eine Erhöhung der Interventionsintensität unvermeidbar: Einerseits sollte der Staat kurzfristig durch direkt und indirekt wirksame Maßnahmen auf die einzelnen Nachfragekomponenten stabilisierend einwirken. Andererseits sollte aber auch die Versorgung mit öffentlichen Gütern durch eine Ausweitung des Staatsanteils grundsätzlich verbessert werden[11].

10 Vgl. Wissenschaftlicher Beirat beim BMF, Gutachten über Instrumente der Konjunkturpolitik und ihre rechtliche Institutionalisierung, 1956.

11 Entwurf eines ökonomisch-politischen Orientierungsrahmens für die Jahre 1973–1985, Materialien zum Parteitag der SPD vom 28. November bis 2. Dezember 1972 in Hannover, S. 11.

2. Das Stabilitäts- und Wachstumsgesetz 1967 als Instrument aktiver Konjunkturpolitik

Das sog. Stabilitäts- und Wachstumsgesetz stellt der Bundesregierung diskretionäre Eingriffsmöglichkeiten bereit, die sie in Abstimmung mit dem Bundesrat kurzfristig einsetzen kann. Das Instrumentarium sieht beispielsweise eine konjunkturgerechte Variation der besonders konjunkturreagiblen Einkommen-, Körperschaft- und Gewerbesteuer vor, um die private Nachfrage indirekt zu beeinflussen: Privater Konsum und private Investitionen sollten durch kurzfristige Variationen des Zahlungszeitpunkts sowie der Höhe der Steuerschuld gelenkt werden; insbesondere die privaten Investitionen sollten zusätzlich durch Einschränkungen der Abschreibungsmöglichkeiten im Boom und durch die Gewährung eines Investitionsbonus in der Rezession gesteuert werden. Vor allem aber der Staat selbst sollte seine Nachfrage antizyklisch dem Konjunkturverlauf anpassen.

Notwendig hierzu sind allerdings auch institutionalisierte Abstimmungsmöglichkeiten zwischen Bund, Ländern und Gemeinden sowie Tarifpartnern und Verbänden, um ein gemeinsames und gleichgerichtetes Handeln aller wirtschaftlich relevanten Gruppen zu ermöglichen: Finanzplanungsrat, Konjunkturrat und die Konzertierte Aktion sollten dazu Gelegenheit geben. Allerdings fehlen angesichts der verfassungsrechtlich garantierten Autonomie der Tarifpartner und der Unabhängigkeit der Bundesbank konkrete und bindende Verhaltensweisen für die Einkommens- und die Geldpolitik. Aufgrund fixer Wechselkurse war eine außenwirtschaftliche Absicherung ohnehin kaum möglich. Die finanzpolitische Konjunktursteuerung hatte schon deshalb stets nur eingeschränkte Erfolgschancen.

3. Konjunkturpolitische stop-and-go-Politik

Der Erfolg der Stabilisierungsversuche der Finanzpolitik ist wissenschaftlich wie politisch bis heute umstritten. Einerseits wurde der konjunkturgerechte Einsatz der verfügbaren finanzpolitischen Instrumente durch langwierige politische Entscheidungsprozesse und administrative Umsetzungsprobleme erheblich verzögert und wirkte dadurch bisweilen sogar konjunkturverstärkend. Dies gilt insbesondere für die steuerlichen Instrumente, die nur indirekt in der Hoffnung auf bestimmte Verhaltensweisen von Investoren und Verbrauchern die gesamtwirtschaftliche Nachfrage kurzfristig beeinflussen können. Zusammen mit den oft unvorhersehbaren „Störungen" durch außenwirtschaftliche Entwicklungen, aber auch durch die Lohnpolitik im Inland tragen diese Unwägbarkeiten der Verhaltensweisen der Privaten zu einem erheblichen Risiko einer Stabilisierungspolitik insbesondere über kurzfristige diskretionäre Steuervariationen bei. Entsprechend gestalteten sich diese kurzfristig konzipierten Lenkungsversuche des Staates auch als mehr oder minder hektische stop-and-go-Politik, die mehr die ohnehin zurückhaltenden Investoren zusätzlich verunsicherte, als daß sie konjunkturgerecht die Nachfragekomponenten stabilisierte und verstetigte.

Dementsprechend konnte die erste große Nachkriegsrezession 1966/67 kaum durch die rückwirkend wirksamen und auf kurze Zeit befristeten Sonderabschreibungen überwunden werden. Vor allem die rasch zunehmende Auslandsnachfrage, aber auch die steigende staatliche Nachfrage bei sich erhöhenden öffentlichen Defiziten regten die Konjunktur wieder an.

Wie schon 1967 reagierte die Finanzpolitik 1970 erst recht spät. Im Anschluß an die „wilden Streiks" 1969 wurden zu Beginn der 70er Jahre hohe Lohnforderungen durchgesetzt, die zusammen mit dem anhaltenden Devisenzustrom zu deutlichen Preissteigerungen führten. Als restriktive steuerpolitische Maßnahme wurde ein etwa einjähriger und vorübergehend stillgelegter Konjunkturzuschlag von 10 v.H. auf die Einkommen- und Körperschaftsteuerschuld ab einer bestimmten Höhe erhoben. Zeitweise wurde auch die degressive Abschreibung ausgesetzt.

Die von der Bundesregierung angestrebte verstärkte Bereitstellung öffentlicher Güter führte aber zusammen mit der Rückzahlung des Konjunkturzuschlags zu steigenden öffentlichen Defiziten, anziehenden Zinsen und weiteren Preissteigerungen. Erneut sollten im Sommer 1973 restriktive steuerliche Maßnahmen dämpfend wirksam werden: Die private Konsum- und die Investitionsnachfrage sollten durch einen ähnlich gestalteten, aber nicht rückzahlbaren Stabilitätszuschlag ebenfalls mit Einkommensgrenzen gedrosselt werden. Neben Einschränkungen der degressiven Abschreibung sollte eine Investitionsteuer von 11 v.H. die Investitionsnachfrage zusätzlich bremsen. Gleichzeitig konnte aber die staatliche Nachfrage aufgrund der politischen Widerstände und angesichts der gewachsenen Anspruchsmentalität gegenüber dem Staat nicht zurückgeführt werden.

Die Geldpolitik unterstützte die restriktive Steuerpolitik. Gleichzeitig wurden die Wechselkurse freigegeben. Dies zog eine deutliche Aufwertung und damit massive Absatzprobleme der exportorientierten Wirtschaftsbranchen nach sich und führte zusammen mit der Ölpreiskrise 1973 und der Weltrezession 1974 in einen konjunkturellen Abschwung. Deshalb wurden die restriktiven steuerpolitischen Maßnahmen so rasch wie möglich rückgängig gemacht. Bis Mitte 1975 wurde anstatt der ursprünglich vorgesehenen Investitionssteuer nun eine Investitionszulage von 7,5 v.H. gewährt. Dennoch konnte die zweite schwere Nachkriegsrezession Mitte der 70er Jahre nicht abgewendet werden.

Obwohl der Bundesregierung kurzfristige diskretionäre Möglichkeiten zur Konjunktursteuerung durch das Stabilitäts- und Wachstumsgesetz eigentlich zur Verfügung standen, wurden ähnliche Instrumente außerhalb des Stabilitäts- und Wachstumsgesetzes auf der Basis eigener gesetzlicher Grundlagen und deshalb oft genug nur verspätet genutzt, da nicht selten noch andere, etwa verteilungspolitische Belange gleichzeitig berücksichtigt werden sollten. Ausgabenpolitische Maßnahmen scheiterten dagegen weitgehend, wenn es um die Dämpfung von Überhitzungstendenzen ging: Im Zielkonflikt zwischen der angestrebten verbesserten Bereitstellung öffentlicher Güter einerseits und der antizyklischen Globalsteuerung andererseits blieb eine konjunkturgerechte Variation der staatlichen Ausgaben dann regelmäßig auf der Strecke.

V. Maßgabe verteilungspolitischer Ziele für steuerpolitisches Handeln

Verteilungspolitische Zielsetzungen haben die Steuerreform 1974/75 wesentlich geprägt. Im Sinne einer gerechteren Besteuerung sollten Arbeitnehmer und Familien mit niedrigerem Einkommen entlastet und die oberen Einkommensschichten stärker belastet werden. Dazu wurde auch der Kinderfreibetrag, die steuerliche Komponente im dualen System des Kinderlastenausgleichs, zugunsten einer alleinigen Kindergeldregelung abgeschafft.

Gleichzeitig wurde bei der Einkommensteuer die Bemessungsgrundlage durch Anhebung bestehender und Einführung neuer Freibeträge weiter verengt, während die Grenzsteuersätze über den gesamten Tarif hinweg erhöht wurden. Durch eine gleichzeitige Anhebung des Grundfreibetrags wurde die Progression verschärft, denn die Steuerbelastung setzte zwar später ein, die Durchschnittsbelastung nahm aber schneller zu. Die direkte Progression setzte ebenfalls erst später ein – dann aber mit einem Sprung um fast 9 v.H.-Punkte und bei durchweg angehobenen und schneller ansteigenden Grenzsteuersätzen.

Bei den vermögensbezogenen Steuern wurde über eine Ausdehnung von Freibeträgen bei gleichzeitiger Erhöhung der Steuersätze die Steuerlastverteilung umgestaltet. Im Ergebnis wurden dadurch kleine Vermögen steuerlich geschont und größere Vermögen stärker belastet. Grundvermögen blieb trotz der Umstellung von der Wertbasis 1935 auf die zeitnäheren Werte von 1964 begünstigt, obwohl diese noch mit einem Zuschlag versehen wurden.

Die Tarifreform 1975 hatte mit den relativ starken Einkommenssteigerungen infolge hoher Inflationsraten die Wirkung der „kalten Progression" verschärft. Um die Problematik der „heimlichen Steuererhöhungen" abzumildern, wurden zum Ende der 70er und zu Beginn der 80er Jahre Freibeträge mehrfach erhöht, der Tarifsprung beseitigt und die Progression in mehreren Stufen verringert. Diese Steuerentlastungen wurden teilweise durch mehrfache Erhöhungen von Verbrauchsteuern „gegenfinanziert".

VI. Steuerpolitik für eine Verbesserung der Angebotsbedingungen

1. Verbesserung der Rahmenbedingungen für die Wirtschaft

Die zunehmende Staatsverschuldung rückte in der zweiten Hälfte der 70er Jahre die fiskalischen Probleme in den Vordergrund. Für die Steuerpolitik begann damit eine Rückbesinnung auf die Bedeutung eines leistungs- und investitionsfreundlichen Steuersystems für die gesamtwirtschaftliche Entwicklung und damit auch für die Handlungsfähigkeit des Staates. Deshalb konzentrierten sich die steuerlichen Maßnahmen gegen Ende der 70er und Anfang der 80er Jahre einerseits auf die stufenweise Erhöhung der Verbrauchsbesteuerung, um die Konsolidierungsbemühungen auf der Ausgabenseite ohne Beeinträchtigung der Leistungs- und Investitionsbereitschaft zu unterstützen. Andererseits sollte die beschäftigungsbedrohende Investitionszurückhaltung durch steuerliche Erleichterungen für die Unternehmen überwunden werden. So wurde die Investitionstätigkeit gezielt durch verbesserte Abschreibungsbedingungen und differenzierte Investitionszulagen gefördert. Der Kapitaleinsatz wurde zudem durch Erleichterungen bei der Vermögensteuer (Senkung der Steuersätze) und der Gewerbekapitalsteuer (Verdoppelung des Freibetrags) steuerlich entlastet, die Schaffung von Arbeitsplätzen zusätzlich durch die Abschaffung der Lohnsummensteuer begünstigt. Die Investitionserträge wurden durch Erleichterungen bei der Gewerbeertragsteuer verbessert und das Investitionsrisiko durch Einführung und Erweiterung eines Verlustrücktrags neben dem Verlustvortrag als „Quasi"-Verlustbeteiligung des Staates verringert.

Eine konsequente Neuorientierung in der Finanz- und Steuerpolitik erfolgte schließlich mit dem Regierungswechsel im Oktober 1982. Auf der Grundlage einer Konsolidierung der Staatsfinanzen über deutliche Ausgabeneinsparungen wurde mittelfristig die Senkung des Staatsanteils und die Stärkung der Wachstumskräfte durch Steuerentlastung und Verbesserung der Steuerstruktur ermöglicht.

Zunächst wurden vor allem die ertragsunabhängigen Steuern gesenkt, die Strukturschwächen verstärken und in konjunkturell schwierigen Zeiten existenzbedrohend wirken können. Zur Erhöhung der Investitionsbereitschaft und Stärkung der Investitionsfähigkeit wurden bei der Gewerbesteuer die Dauerschulden bzw. deren Zinsen nur noch teilweise besteuert. Bei der Vermögensteuer wurde das Betriebsvermögen durch die Einführung eines speziellen Freibetrags und durch eine Verminderung des Wertansatzes sowie durch eine Steuersatzsenkung für Kapitalgesellschaften entlastet. Die Abschreibungsbedingungen wurden sowohl durch gezielte Sonderabschreibungen als auch durch eine allgemeine Halbierung der Abschreibungsdauer bei Wirtschaftsgebäuden verbessert. Auch die Beteiligung des Staates an betrieblichen Verlusten im Rahmen des Steuerrechts wurde ausgedehnt.

Nicht zuletzt auch durch diese umfangreichen und vielfältigen steuerlichen Entlastungen für Unternehmen bzw. für Investoren wurde ein Weg aus der tiefen konjunkturellen sowie strukturellen Krise Anfang der 80er Jahre ermöglicht. Die zunehmende Investitionstätigkeit war die Grundlage für einen Wiederanstieg der Beschäftigung und einen Rückgang der Inflation. Mitte der 80er Jahre war ein angemessenes und stetiges Wachstum bei gleichzeitiger Preisstabilität erreicht, die Handlungsfähigkeit des Staates durch die weitgehend erfolgreiche Konsolidierungsstrategie wiedergewonnen.

2. Die Steuerreform 1986/88/90 mit Entlastungen für Familien und Unternehmen

Mit den Konsolidierungserfolgen wurde Spielraum für eine Steuerreform in Stufen gewonnen, um die Belastung der Erträge aus Arbeitseinsatz und Investitionen durch eine grundlegende Umgestaltung des Einkommensteuertarifs deutlich und dauerhaft zu senken und den Familienlastenausgleich zu verbessern. So wurden in drei Schritten 1986, 1988 und 1990 die persönlichen Freibeträge erhöht und die Progression abgeflacht. Wichtigstes Element war die Einführung des linear-progressiven Tarifs ab 1990, der die Grenzsteuersätze durchgängig senkte und den bis dahin geltenden „Mittelstandsbogen" beseitigte. Dieser hatte bereits Bezieher mittlerer Einkommen die „heimlichen Steuererhöhungen" besonders hart spüren lassen. Dabei machen die Entlastungswirkungen dieser dreistufigen Tarifreform deutlich, daß es durchaus gelingen kann, wachstums- und verteilungspolitische Zielsetzungen in Übereinstimmung zu bringen: Einerseits wurden die wachstumsmindernde Einkommensteuerbelastung deutlich gesenkt und die leistungshemmende Progression fühlbar verringert. Andererseits wurde die Lohn- bzw. Einkommensteuerbelastung für die Steuerpflichtigen im Durchschnitt in der unteren Proportionalzone um etwa ⅓ und damit am stärksten, in der Progressionszone um etwa ¼ und in der oberen Proportionalzone um etwa $\frac{1}{10}$ und damit am wenigsten gesenkt. Parallel dazu wurde der Körperschaftsteuersatz auf einbehaltene Gewinne von 56 v.H. auf 50 v.H. herabgesetzt.

Durch den Abbau von Steuervergünstigungen und steuerlichen Sonderregelungen wurde das Steuersystem auch tendenziell gerechter, einfacher und überschaubarer. Wie bei den Reformen der direkten Steuern in anderen wichtigen Industriestaaten in den 80er Jahren hat das steuerpolitische Konzept einer Senkung der Steuersätze bei gleichzeitiger Verbreiterung der Bemessungsgrundlage zu einer soliden wirtschaftlichen Entwicklung beigetragen und das Vertrauen in die politische Handlungsfähigkeit des Staates gestärkt.

3. Die Einheit Deutschlands als eine Herausforderung auch für die Steuerpolitik

Die Einheit Deutschlands, die eingebettet ist in den weltweiten Wandel hin zu Demokratie und sozialer Marktwirtschaft, stellte die Finanzpolitik Anfang der 90er Jahre abrupt vor neue große Herausforderungen. Die

Steuerpolitik als ein wesentliches Element der Finanzpolitik leistet hier auf zwei Wegen ihren Beitrag: Einerseits soll sie die notwendige Umstrukturierung der Wirtschaft in den neuen Ländern fördern und gezielt die Investitionstätigkeit anregen. Andererseits war in möglichst kurzer Zeit und ist auch immer noch zugunsten der jungen Länder ein erheblicher Transfer an öffentlichen Finanzmitteln für den Aufbau der öffentlichen Infrastruktur sowie für die soziale Abfederung der umfassenden Umstrukturierung der Wirtschaft notwendig. Dazu mußte neben Ausgabeneinsparungen und zusätzlicher Kreditaufnahme auch die Steuerbelastung vorübergehend erhöht werden.

Zur Finanzierung dieses Transfers und sonstiger Zusatzbelastungen sind sowohl spezielle Verbrauchsteuern (Mineralöl-, Tabak-, Versicherungsteuer) erhöht als auch ein Solidaritätszuschlag auf die Einkommen- und Körperschaftsteuer (7,5 v.H. von Mitte 1991 bis Mitte 1992) erhoben worden. Ab 1995 wird wieder ein Solidaritätszuschlag in gleicher Höhe zur Finanzierung der „Erblasten" beitragen. Alle Bürger und Unternehmen werden somit solidarisch – und zwar sowohl entsprechend ihrer persönlichen Verbrauchsgewohnheiten als auch nach ihrer individuellen Leistungsfähigkeit – an der Finanzierung der Einheit Deutschlands beteiligt. Unter dem finanziellen Druck, der auf den öffentlichen Haushalten lastet, wird auch der Abbau steuerlicher Vergünstigungen und Sonderregelungen sowie die Bekämpfung des mißbräuchlichen Umgangs mit dem Steuersystem weiter vorangebracht.

Angesichts der mangelnden Wettbewerbsfähigkeit weiter Bereiche der Wirtschaft in den neuen Ländern ist eine gezielte Förderung der Investitionen, der technologischen Erneuerungen und des privaten Engagements notwendig. Dies geschieht durch ein umfangreiches und vielfältiges Bündel an Investitionsfördermaßnahmen. Für ein Fördergefälle zugunsten von Ausrüstungsinvestitionen in den neuen Ländern sorgt vor allem die zeitlich befristete und degressiv gestaltete Investitionszulage. Außerdem können daneben befristete Sonderabschreibungen für Gebäude und Maschinen in Anspruch genommen werden. Auch der vorübergehende Verzicht auf die Gewerbekapital- und die Vermögensteuer ist eine finanzielle, vor allem aber auch eine administrative Entlastung für die investierenden Unternehmen sowie für die Finanzverwaltung, die in kürzester Zeit aus dem Nichts heraus aufgebaut werden mußte.

VII. Wachsende Anforderungen an die Steuerpolitik

Die Anforderungen an die Steuerpolitik sind stetig gewachsen. Das Steuersystem soll seinen Beitrag auch zur Erreichung umwelt-, energie-, verkehrs-, wohnungs-, sozial- und anderer gesellschaftlich relevanter und politisch angestrebter Ziele leisten.

Die Legitimation solcher Forderungen findet sich in § 3 der Abgabenordnung. Danach kann die Einnahmenerzielung auch nur Nebenzweck einer

Steuer sein. Dennoch ist diese in Gesellschaft und Politik oft geforderte Integration nicht-fiskalischer Ziele in das Steuersystem äußerst kritisch zu beurteilen. Dies hat gerade auch *Franz Klein*[12] in der Vergangenheit mehrfach hervorgehoben. Und er hat recht, denn die zunehmende Berücksichtigung nicht-fiskalischer Ziele in der Steuerpolitik ist auch verantwortlich für die wachsende Komplizierung des Steuersystems und die hohe Geschwindigkeit der Änderungen im Steuerrecht.

Allerdings ist es gerade eines der wichtigsten Ziele einer repräsentativen Demokratie in einer pluralistischen Gesellschaft, die Vielzahl oft widerstreitender Interessen so in Einklang zu bringen, daß in den letztlich beschlossenen und umgesetzten Problemlösungen möglichst viele dieser Interessen berücksichtigt sind. Auch das Steuersystem als Instrument zur Erreichung bestimmter Ziele kommt daran nicht vorbei – denn das Steuerrecht ist kein Selbstzweck: Die Erzielung von Einnahmen des Staates als originärer fiskalischer Zweck des Steuersystems schließt Entscheidungen über die Verteilung der Steuerlast auf die Bürger und Unternehmen mit ein. Und dieses Verteilungsproblem ist das untrennbare Bindeglied zu den nicht-fiskalischen Zielsetzungen. Jede steuerliche Regelung berührt das Verhalten des Einzelnen in der Gesellschaft. Was liegt da näher, als die Steuerlast so zu verteilen, daß die dadurch bewirkte – wohlgemerkt nicht zu vermeidende – Beeinflussung des Verhaltens der Bürger und Unternehmen zur Erreichung der wichtigsten nicht-fiskalischen Ziele beiträgt? Fiskalische und nicht-fiskalische Ziele stehen deshalb nicht grundsätzlich getrennt oder gar rivalisierend nebeneinander.

Die verschiedenen Ziele miteinander in Einklang zu bringen, bedeutet immer auch, die Akzeptanz der Steuerpflichtigen anzustreben. Diese hängt in hohem Maße von dem individuellen Gefühl ab, „gerecht" besteuert zu werden. Das kann am besten ein Steuersystem leisten, das für den Bürger durchschaubar und handhabbar ist. Die Steuerpolitik hat in der Vergangenheit zwar Steuervereinfachungen immer wieder „im Visier" gehabt, solche auch realisiert, aber regelmäßig standen diesen auch Steuerkomplizierungen gegenüber. Künftig wird die Steuerpolitik bei ihren Vorhaben stärker die Steuervereinfachung beachten müssen, sollen sich nicht die Akzeptanzprobleme vergrößern.

12 Vgl. *Franz Klein,* Ist die Steuerpolitik auf dem richtigen Wege?, Gesprächskreis Politik und Wissenschaft der Friedrich-Ebert-Stiftung, Bonn 1992.

Franz-Christoph Zeitler

Investitionsstandort Deutschland

Zur Entwicklung der steuerlichen Rahmenbedingungen für Unternehmen

Inhaltsübersicht

Vorbemerkungen

Der Einfluß der Steuerpolitik auf die wirtschaftliche Entwicklung ist ein heiß diskutiertes Feld. Auf der einen Seite stehen „Agnostiker", die einen solchen Einfluß verneinen und auf die alleinige Bedeutung von Nachfrage im In- und Ausland, Lohnkosten, Währungsparitäten, Produktinnovationen verweisen. Die andere Seite der Skala reicht bis zu „steuerpolitischen Hypertonikern", die selbst bei geringfügigen Änderungen der Einkommen- oder Körperschaftsteuer-Richtlinien konjunkturelle Krisengemälde entwickeln.

Das „Körnchen Wahrheit" in der These der Agnostiker erscheint mir: Im Steuerrecht tummeln sich ungleich mehr Kundige und Kritiker – Steuerberater, Steuerbeamte, Wissenschaftler und Richter, Autoren einer Vielzahl von Fachzeitschriften und Vorträgen, Publizisten und Kommentatoren – als in anderen Bereichen mit ähnlicher Bedeutung für den öffentlichen Gesamthaushalt. Steuerrechtliche Entwicklungen werden von der Gesellschaft deshalb meist in grellerem Lichte gesehen und unter einem „publizistischen Vergrößerungsglas" wahrgenommen, während fachkundige und kritische Kommentare zu Weichenstellungen etwa des Sozialrechts – außerhalb der unmittelbar beruflich befaßten Angestellten und Beamten – selten sind. Der Anteil der Sozialversicherungsbeiträge an der

Abgabenquote[1], die Politik der Bundesanstalt für Arbeit mit einem Haushalt von 109 Mrd. DM 1993 und ihre Verantwortung für die Beiträge zur Arbeitslosenversicherung wird – etwas zugespitzt formuliert – weniger durchleuchtet als z.B. die BFH-Urteile zu Schadensrückstellungen.

Auf der anderen Seite läßt sich der enge Zusammenhang von Steuerlast, Steuerstruktur und Wachstum, Wohlstand angesichts einer Steuerquote von 22½ v.H. (1990) bis ca. 25 v.H. (1995) und einer Abgabenquote von 38,5 v.H. (1990) bis ca. 44 v.H. (1995) nicht leugnen, wobei in der amtlichen Abgabenquote wegen statistischer Schwierigkeiten seit jeher die außersteuerlichen Sonderabgaben – vom Kohlepfennig bis zur Konzessionsabgabe – „vergessen" werden. Sie dürften derzeit ca. 0,5 v.H. des BIP betragen.

Empirisch feststellbar ist der Beitrag der Steuerpolitik zu der langdauernden Wachstumsperiode der Jahre 1982 bis 1992: Vor allem regelmäßige Verbesserungen der Steuerstruktur durch Gesetzespakete in 1983, 1984 und die Steuersenkungen 1986/88/90 trugen zu einer durchschnittlichen Wachstumsrate des Bruttoinlandsprodukts im früheren Bundesgebiet von 2,9 v.H. (1983 bis 1992) ebenso bei, wie zu einer Steigerung der Arbeitsplätze um über 3 Millionen. Auch das „Swiftsche Steuereinmaleins" fand wieder einmal seine Bestätigung: Trotz teilweise erheblicher Nettosteuersenkungen (allein in den Jahren 1986 bis 1990 um ca. 40 Mrd. DM, insbesondere durch die dreistufige Steuerreform) lag das Steueraufkommen der öffentlichen Hand 1990 um rd. 45 v.H. über dem Niveau von 1982[2].

Auch beim Wiederaufbau der neuen Länder zeigt sich in realen Wachstumsraten von 9,7 v.H. (1992), 7,1 v.H. (1993) und voraussichtlich 6 bis 8 v.H. (1994) – fast unbeeindruckt von der Rezession im Westen – der massive Beitrag der Steuergesetzgebung durch Verzicht auf Gewerbekapital- und Vermögensteuer, durch fühlbare Sonderabschreibungen und – leider komplizierte – Investitionszulagen.

Bei Redaktion dieses Beitrags zeigen sich schon erste positive Auswirkungen des erst beschlossenen, zum Jahreswechsel 1994 in Kraft tretenden Standortsicherungsgesetzes: Steigende Börsenkurse (die Hausse begann „zufällig" zeitgleich mit dem Beschluß des Vermittlungsausschusses und den wichtigen Beschlüssen der Bundesregierung zum Konsolidierungs- und Wachstumsprogramm)[3] verbessern die Möglichkeiten der Unterneh-

1 Steuern und Sozialversicherungsbeiträge in v.H. des Bruttoinlandsprodukts (Abgabenquote) in kassenmäßiger Abgrenzung 1993: 42 v.H. des BIP; Steuerquote 24 v.H. des BIP, Sozialversicherungsbeiträge 18 v.H. des BIP.

2 Vgl. zur Entwicklung des Steueraufkommens sowie i.e. zu den finanziellen Auswirkungen von Steuerrechtsänderungen: BMF (Hrsg.), Finanzbericht 19. . (1984–1992).

3 Vgl. BM Dr. *Waigel* zum Abschluß des Vermittlungsverfahrens zum Standortsicherungsgesetz, BMF-Finanznachrichten Nr. 47/93 vom 5. Juli 1993 sowie zur Verabschiedung des Haushaltsentwurfs durch das Kabinett, BMF-Finanznachrichten Nr. 49/93 vom 14. Juli 1993.

men zur Investitionsfinanzierung durch Kapitalerhöhungen für Investitionen und Arbeitsplätze. Erhöhungen der Bardividende zeigen ausländischen Anlegern und Investoren: Die Attraktivität des Standorts Deutschland für Direktinvestitionen steigt wieder.

Um so wichtiger ist es, die für die Leistungsbereitschaft und Gesamtnachfrage wichtige allgemeine Steuerlast (Struktur des Einkommensteuertarifs, Solidaritätszuschlag 1995, Vermögensteuerverdoppelung 1995)[4] wieder schrittweise zu senken, sobald es die wirtschaftliche Entwicklung erlaubt und den Wirtschaftsteilnehmern zu signalisieren: Wachstumsbedingte Mehreinnahmen dürfen nicht zu einem Aufdrehen der Ausgabenhähne verwendet werden, sondern müssen einer Senkung der Abgabenlast dienen, deren Anschwellen im Westen durch die Jahrhundertaufgabe der deutschen Wiedervereinigung, die Integration der neuen Länder in den gesamtdeutschen Finanzausgleich[5], das Abtragen der Erblast der früheren DDR[6] leider unumgänglich war.

Werfen wir einen genaueren Blick auf die Entwicklung der steuerlichen Rahmenbedingungen in Deutschland:

I. Entwicklung der steuerlichen Rahmenbedingungen in den 80er Jahren

Die Abgabenquote, der Anteil der Steuern und Sozialversicherungsbeiträge am Bruttoinlandsprodukt, war in den 70er Jahren von 34,4 v.H. (1970) auf 40,4 v.H. (1980), also um 6 Prozentpunkte angestiegen. Ein großer Teil des Anstiegs beruhte auch damals schon auf einer Zunahme der Beiträge zur Sozialversicherung, die Arbeitnehmer und Unternehmen belasten. Aber auch innerhalb des Steuersystems kam es – vor allem bedingt durch *heimliche Steuererhöhungen* – zu einer Verschärfung der Progression, die ihren Niederschlag in einer Zunahme des Anteils der Lohnsteuer und der veranlagten Einkommensteuer am gesamten Steueraufkommen von 33,2 v.H. (1970) auf 40,7 v.H. (1980) fand. Zu hoch war aber nicht nur das Niveau der Steuerbelastung geworden. Auch die zunehmende Kompliziertheit des Steuerrechts gab Anlaß zum steuerpolitischen Handeln.

Im Mittelpunkt der Steuerpolitik standen demzufolge in den 80er Jahren zwei Ziele:

- Erstens: Eine deutliche und dauerhafte Senkung der direkten Steuern, um die Leistungsbereitschaft wieder zu erhöhen.

4 Vgl. Gesetz zur Umsetzung des Föderalen Konsolidierungsprogramms – FKPG – vom 23. Juni 1993. BGBl. I 1993, 944.

5 Durch die Neuordnung des bundesstaatlichen Finanzausgleichs ab 1995 werden die neuen Länder jährliche Transferleistungen in der Größenordnung von rd. 57 Mrd. DM erhalten. Vgl. BMF (Hrsg.), Finanzbericht 1994, Bonn 1993, 50 f.

6 Der „Erblastentilgungsfonds" hat ein Volumen von ca. 400 Mrd. DM. Die Erblasten erfordern jährliche Zins- und Tilgungsleistungen von ca. 37,5 Mrd. DM. Vgl. BMF (Hrsg.), Finanzbericht 1994, Bonn 1993.

- Zweitens: Eine nachhaltige Verbesserung der Struktur des Steuersystems mit dem Ziel, das Steuerrecht in sich schlüssiger, überschaubarer und damit auch gerechter zu gestalten.

„Wie undurchsichtig unser Steuerrecht ist, zeigt die Diskussion über die Wettbewerbsfähigkeit des Wirtschaftsstandorts Deutschland und die Darstellung der Steuerbelastung der Unternehmen."[7] Die Diskussion über die Höhe der Steuerbelastung der Unternehmen konzentrierte sich in den 80er Jahren vorrangig auf einen Vergleich der Steuertarife.

In der Höhe der Steuersätze wird vielfach ein Signal gesehen, welcher Stellenwert vom Staat der privaten Initiative im Rahmen der jeweiligen Wirtschaftsordnung eingeräumt wird. Es ist daher nicht verwunderlich, daß in den 80er Jahren – ausgehend von den Tarifsenkungen in den USA und im Vereinigten Königreich – ein intensiver Wettbewerb der Steuersysteme um Kapital für Investitionszwecke einsetzte. In vielen Staaten wurden die Steuersätze der Körperschaftsteuer für einbehaltene Gewinne deutlich gesenkt. Diese Entwicklung hat auch die steuerpolitischen Maßnahmen in Deutschland beeinflußt.

Allerdings war es – angesichts der besonderen Struktur der Unternehmen in Deutschland – nicht möglich – wie im Ausland – vorrangig die Körperschaftsteuersätze zu senken. Denn im Gegensatz zu den meisten Partnerstaaten sind in Deutschland nicht nur kleinste Unternehmen, sondern auch mittlere und größere Betriebe vielfach *Personenunternehmen.*

Insgesamt sind dies – zahlenmäßig – fast $^{9}/_{10}$ aller Betriebe[8]. Diese Betriebe, bei denen der Inhaber persönlich haftet und in der Regel der Ehegatte mitarbeitet und die für die Leistungskraft unserer Sozialen Marktwirtschaft elementare Bedeutung haben, dürfen in ihrer Wettbewerbsposition gegenüber größeren Kapitalgesellschaften nicht verschlechtert werden. Deshalb wurde zunächst vor allem die ertragsunabhängige Steuerbelastung – die Kapitalgesellschaften und Personengesellschaften gleichermaßen trifft – gesenkt[9].

Speziell zur Verbesserung der Situation kleiner und mittlerer Unternehmen wurden mit dem Steuerentlastungsgesetz 1984[10] Sonderabschreibungsmöglichkeiten nach § 7g EStG eingeführt. Eine deutliche Verbesse-

7 *Franz Klein,* Ist die Steuerpolitik auf dem richtigen Wege? – Konsequenzen angesichts steigender einigungsbedingter Finanzierungsanforderungen an den Staat, Vortrag vor dem Gesprächskreis Politik und Wissenschaft des Forschungsinstituts der *Friedrich-Ebert-Stiftung* am 23. September 1992, S. 7.

8 Vgl. *Franz-Christoph Zeitler,* Auswirkung des Standortsicherungsgesetzes auf die steuerliche Praxis, BB 1993, 1704 ff.

9 Vgl. Gesetz zur Wiederbelebung der Wirtschaft und Beschäftigung und zur Entlastung des Bundeshaushalts (Haushaltsbegleitgesetz 1983) vom 20. Dezember 1982. BGBl. I 1982, 1857.

10 Gesetz zur Stärkung der Wettbewerbsfähigkeit der Wirtschaft und zur Einschränkung von steuerlichen Vorteilen (Steuerentlastungsgesetz 1984) vom 22. Dezember 1983. BGBl. I 1983, 1583.

rung der Abschreibungsmöglichkeiten brachte die Verkürzung der Abschreibungsdauer für neue Wirtschaftsgebäude von 50 auf 25 Jahre[11].

Addiert man die Steuerausfälle im jeweiligen Entstehungsjahr, so kommt man für den Zeitraum von 1982 bis 1986, *ohne* Berücksichtigung der Absenkung der Einkommen- und Körperschaftsteuersätze in der ersten Stufe der Steuerreform 1986/88/90, zu einem Entlastungsvolumen für die gewerbliche Wirtschaft in Höhe von etwa 11 Mrd. DM[12], das allerdings für die öffentliche Hand weitgehend – insbesondere durch eine Anhebung der Umsatzsteuer im Jahr 1983 – gegenfinanziert wurde.

Durch konsequente Ausgabenbegrenzung bei den öffentlichen Haushalten wurde in den 80er Jahren der Spielraum für eine offensive Finanzpolitik zurückgewonnen. So betrug von 1982 bis 1988 der Ausgabenanstieg beim Bund im Durchschnitt nur 2 v.H. Bei ebenfalls insgesamt erfolgreicher Ausgabenbegrenzung durch Länder und Gemeinden konnte die Staatsquote bis Ende 1989 auf 45½ v.H. – gegenüber 50 v.H. 1982 – gesenkt werden. Diese Konsolidierungserfolge bildeten die Voraussetzungen für die dreistufige Steuerreform 1986/88/90, die – unter Berücksichtigung der Verbrauchsteuererhöhungen 1989 – ein Nettoentlastungsvolumen von insgesamt fast 40 Mrd. DM erreichte[13].

Die Einführung des linear-progressiven Einkommensteuertarifs, mit einem jeweils um 3 Prozentpunkte abgesenkten Eingangs- und Höchststeuersatz durch das Steuerreformgesetz 1990[14] gehört hierbei zu den wichtigsten Elementen. Parallel dazu wurde der Körperschaftsteuersatz auf einbehaltene Gewinne von 56 auf 50 v.H. gesenkt.

Mit der nachhaltigen Senkung der Steuersätze ging auch ein Abbau von steuerlichen Vergünstigungen und Sonderregelungen einher. Allein das Steuerentlastungsvolumen der dritten Stufe umfaßte brutto fast 39 Mrd. DM bzw. netto rd. 25 Mrd. DM. Anerkennend stellte *Franz Klein* 1988 fest: „Die Bundesregierung hat steuerpolitisch mehr verwirklicht, als sie zu Beginn der zurückliegenden Wahlperiode angekündigt hatte."[15] Und weiter: „Kaum einer hat je geglaubt, daß die Bundesregierung eine derartige Steuerreform zustande bringen würde."[16]

Gleichzeitig wurden mit dieser konsequenten Politik der *Wachstumsvorsorge* die Grundlagen für die Bewältigung der großen Aufgaben gelegt, vor die uns die Wiedervereinigung unseres Vaterlandes Ende der 80er Jahre

---

11 Gesetz zur Verbesserung der Abschreibungsbedingungen für Wirtschaftsgebäude und für moderne Heizungs- und Warmwasseranlagen vom 19. Dezember 1985. BGBl. I 1985, 2434.

12 Vgl. Presse- und Informationsamt der Bundesregierung (Hrsg.), Steuerreform 1990, Steuerentlastung – Steuergerechtigkeit – Beschäftigungsimpulse, Aktuelle Beiträge zur Wirtschafts- und Finanzpolitik Nr. 4/1990, 17.

13 Vgl. ebenda.

14 Steuerreformgesetz 1990 vom 25. Juli 1988. BGBl. I 1988, 1093.

15 *Franz Klein*, Steuerreform und Wirtschaft, StuW 1988, 218.

16 Ebenda, 222.

stellte. So erreichte die Steuerquote 1990 mit 22,7 v.H. den niedrigsten Stand seit Anfang der 60er Jahre. Die Nettokreditaufnahme des Bundes lag 1989 mit 0,9 v.H. des BIP um 2 v.H.-Punkte unter dem 1975 erreichten Höchststand von 2,9 v.H.

Allerdings mahnte *Franz Klein* bereits 1990: „Wenn die Bundesrepublik im internationalen Wettbewerb bestehen will, so muß die Steuerreform 1988/1990 . . . unverzüglich durch eine Unternehmenssteuerreform ergänzt werden."[17] Denn in den meisten wichtigen Industriestaaten waren die Regierungen in den 80er Jahren bestrebt, vor allem die steuerlichen Rahmenbedingungen für Investoren zu verbessern.

II. Schrittweise Verbesserung der Unternehmensbesteuerung zu Beginn der 90er Jahre

1. Steuerpolitischer Handlungsbedarf

Viele wichtige *Industriestaaten* hatten im Rahmen einer vornehmlich angebotsorientierten Wirtschaftspolitik in den achtziger Jahren die *steuerlichen Rahmenbedingungen* spürbar *verbessert.* So wurden z.B. die Körperschaftsteuersätze für einbehaltene Gewinne von 1980 bis 1991 in allen wichtigen Wettbewerbsländern deutlich gesenkt, z.B. in Österreich von 55 v.H. auf 30 v.H., im Vereinigten Königreich von 52 v.H. auf 33 v.H., in Frankreich von 50 v.H. auf 34 v.H., in den Niederlanden von 48 v.H. auf 35 v.H., in Belgien von 48 v.H. auf 39 v.H. und in den USA von 46 v.H. auf 34 v.H. (nur Bundessteuer)[18]. Demgegenüber galt in Deutschland zu Beginn der 90er Jahre auch nach der Senkung des Körperschaftsteuersatzes auf einbehaltene Gewinne im Rahmen der Steuerreform 1990 mit 50 v.H. nach wie vor der international höchste Satz[19]. Zwar vermitteln Steuersätze, allein betrachtet, kein zuverlässiges Bild der Steuerbelastung. Dafür sind die Steuersysteme und damit die tatsächlichen Belastungswirkungen zu unterschiedlich. Gleichwohl ist das nominale Steuersatzniveau ein psychologisch wichtiges Signal für eine hohe oder niedrige Steuerbelastung und stellt damit ein wichtiges Kriterium für Investitionsentscheidungen dar.

Die Vollendung des *Europäischen Binnenmarktes,* die zunehmende weltwirtschaftliche Integration der Unternehmen sowie die verbesserten Informations- und *Kommunikationsmöglichkeiten* haben in den 80er Jahren die Flexibilität der Investoren vergrößert und erleichtern es ihnen in den 90er Jahren zusehends, Wertschöpfungsanteile in andere Standorte zu

17 *Franz Klein,* Die nationale Besteuerung als Faktor des internationalen Wettbewerbs. Ein Plädoyer für eine Harmonisierung des Unternehmenssteuerrechts. StuW 1990, 395.

18 Vgl. BMF, Die wichtigsten Steuern im internationalen Vergleich. Informationsdienst zur Finanzpolitik des Auslands Januar 1980 und September 1991.

19 Vgl. *Zeitler* a.a.O. (Fn. 8).

verlagern. Dies allein hat bereits zu einer Verschärfung des Standortwettbewerbs geführt und wäre Grund genug gewesen, die Unternehmenssteuerreform fortzusetzen. Eine weitere Verschärfung des Standortwettbewerbs ergibt sich durch die *Öffnung im Osten.* Die nunmehr mögliche Integration der mittel-, ost- und südosteuropäischen Staaten in die Weltwirtschaft eröffnet nicht nur die Perspektive neuer Absatzmärkte, sondern auch neuer Produktionsstandorte, die ebenfalls in Konkurrenz zum heimischen Investitionsstandort treten.

Vor diesem Hintergrund können bereits wesentlich geringere Standortnachteile als noch in den 80er Jahren zu einem Abwandern von Arbeitsplätzen führen. Neben anderen Standortfaktoren, wie z.B. die Höhe der Lohnkosten und die Qualität der Infrastruktur, haben vor allem Steuern und sonstige öffentliche Abgaben im internationalen Standortwettbewerb erhebliches Gewicht.

Es ist daher kein Wunder, wenn das Ifo-Institut in einer Umfrage vom Dezember 1991 feststellte, daß 55 v.H. aller befragten westdeutschen Industrieunternehmen (Teil-)Verlagerungen ins Ausland planen oder realisieren[20].

2. Schaffung attraktiver Rahmenbedingungen in den neuen Ländern

Die Wiederherstellung der Einheit Deutschlands erforderte zu Beginn der 90er Jahre jedoch zunächst die volle Konzentration der Finanzpolitik auf den wirtschaftlichen *Wiederaufbau in den neuen Ländern.* Haushaltspolitisch galt es, in kurzer Zeit die Finanzierung umfangreicher Transfers sicherzustellen und die Struktur der öffentlichen Haushalte den veränderten Prioritäten anzupassen. Im Bereich der Steuerpolitik mußten – neben dem Aufbau einer neuen Finanzverwaltung – der Aufbau einer funktionierenden Marktwirtschaft durch günstige steuerliche Rahmenbedingungen (Herstellung eines Fördergefälles zugunsten der neuen Länder) unterstützt werden. Um private Investitionen und damit die Schaffung und Sicherung von Arbeitsplätzen im Beitrittsgebiet anzuregen, wurden im Rahmen des Steueränderungsgesetzes 1991[21] eine Reihe von steuerlichen Fördermaßnahmen beschlossen, so z.B. die Einführung einer befristeten Sonderabschreibung für Betriebsgebäude und Ausrüstungsinvestitionen von 50 v.H., die Einführung eines Staffeltarifs bei der Gewerbeertragsteuer für mittelständische Personenunternehmen und der befristete Verzicht auf die Erhebung der Gewerbekapitalsteuer und der Vermögensteuer in den neuen Ländern. Darüber hinaus wurde die Frist für die noch zu DDR-Zeiten eingeführte Investitionszulage für Ausrüstungsinvestitionen

20 Vgl. Ifo-Schnelldienst 8/92, 6 ff.

21 Gesetz zur Förderung von Investitionen und Schaffung von Arbeitsplätzen im Beitrittsgebiet sowie zur Änderung steuerrechtlicher und anderer Vorschriften (Steueränderungsgesetz 1991 – StÄndG 1991) vom 24. Juni 1991. BGBl. I 1991, 1322.

von 12 v.H. oder 8 v.H. verlängert. Dies bedeutet eine potentielle *Förderung privater Investitionen* in den neuen Ländern in einer Größenordnung von rd. *50 v.H. der Investitionssumme.*

Wenngleich es im Zusammenhang mit der Wiederherstellung der Einheit Deutschlands zu einer notwendigen Veränderung der finanzpolitischen Prioritäten kommen mußte, so war doch klar, daß für die Zukunft eine Finanz- und Steuerpolitik benötigt wird, die in ganz Deutschland Leistungsbereitschaft und Eigeninitiative mobilisiert und belohnt, zumal mit zunehmender Integration der Kapitalmärkte und der Vollendung des Europäischen Binnenmarktes zum 1. Januar 1993 die Mobilität der Unternehmen immer größer wird. Deshalb galt es, dafür zu sorgen, daß die Bundesrepublik Deutschland für in- und ausländische Investoren attraktiv bleibt, damit bestehende Arbeitsplätze erhalten und neue geschaffen werden.

Vor allem die *Gewerbekapitalsteuer* und die Vermögensteuer belasten das arbeitsplatzschaffende, investierte Kapital zusätzlich zu den Steuern auf den Ertrag. Dadurch wird nicht nur die Investitionsfähigkeit und die Investitionsneigung verringert, sondern auch die Eigenkapitalbildung beschnitten. Diese Steuern stellen somit ein Hemmnis für die Erhaltung und Schaffung von Arbeitsplätzen und für das wirtschaftliche Wachstum dar. Wenn irgend möglich sollte die *„innerdeutsche Harmonisierung“* nach dem Ende der Aussetzungsfrist in den neuen Ländern (Ende 1995) nicht durch einheitliche Erhebung, sondern einheitliche *Abschaffung* dieser Steuern, vor allem der Gewerbekapitalsteuer, erreicht werden.

3. Stufenweise Reform der Unternehmensbesteuerung

Steuerpolitik bedarf eines festen gedanklichen Konzepts, muß auf klaren Grundsätzen beruhen. Die Umsetzung dieser Grundsätze erfolgt aber am besten stufenweise. Dies war die Erfahrung mit den Steuergesetzen der 80er Jahre und den davon ausgehenden, wiederholten Wachstumsimpulsen; dies wird auch die Erfahrung der 90er Jahre sein. Die Vorstellungen von einer *allumfassenden „großen Steuerreform“*, die das gesamte Steuerrecht „ein für allemal“ umfassend vereinfacht, wachtums- und familienfreundlich gestaltet, haushaltsmäßig zu verkraften ist, aber doch die Steuerlast dauerhaft senkt – diese Vorstellungen haben sich stets (auch bei den Reformplanungen für 1975) als Illusion erwiesen. Und würde die Illusion Wahrheit – die EG-Harmonisierung, das Bundesverfassungsgericht, wechselnde Trends des politischen Prozesses und der öffentlichen Meinung, der unterschiedliche Konjunkturverlauf – würden die Planungen für das große Werk schnell wieder auf das „Machbare“ reduzieren. Es wird also auch in Zukunft bei der *stufenweisen Umsetzung* der *steuerpolitischen Konzeptionen* bleiben; allerdings wird es gut sein, nach der durch Sonderfaktoren (Integration der neuen Länder, Konsolidierungszwang, Konjunkturstabilisierung, europäische Harmonisierung) ausgelösten Hektik von vier großen Steuergesetzen im Jahr 1993[22] wieder in ruhigeres Fahrwasser zu gelangen.

Im Mittelpunkt der ersten Stufe der Unternehmenssteuerreform stand die *Senkung der ertragsunabhängigen Steuerbelastung* der Unternehmen. Die seit vielen Jahren diskutierte Übernahme der Steuerbilanzwerte in die Vermögensaufstellung konnte mit dem im Februar 1992 nach einem langwierigen und schwierigen Vermittlungsverfahren von Bundestag und Bundesrat verabschiedeten Steueränderungsgesetz 1992[23] endlich verwirklicht und damit ein „Durchbruch" zur Steuervereinfachung erreicht werden. Die Entlastung ist nicht nur bei der Vermögensteuer und der Gewerbekapitalsteuer, sondern auch bei der Erbschaftsteuer spürbar und erleichtert somit den Generationswechsel bei den mittelständischen Betrieben. Weitergehende Entlastungen bei den ertragsunabhängigen Steuern, wie z.B. die Abschaffung der Gewerbekapitalsteuer, waren allerdings in den parlamentarischen Beratungen nicht durchsetzbar.

Im Rahmen des zunehmenden Standortwettbewerbs galt es, nicht nur die problematischen Standortfaktoren, die Deutschland leider aufweist, wie z.B. hohe Steuersätze, zu verringern, sondern auch die positiven Faktoren, wie die mittelständische Struktur unserer Wirtschaft, zu stärken. Deshalb wurden mit dem Steueränderungsgesetz 1992 zugleich wichtige *mittelstandspolitische Akzente* gesetzt:

- Für Personenunternehmen wurden der Freibetrag bei der Gewerbeertragsteuer von 36 000 DM auf 48 000 DM erhöht und die Meßzahlen nach dem Gewerbeertrag gestaffelt. Die Staffelung der Meßzahl von 1 bis 5 v.H. in großzügigen Schritten zu je 24 000 DM oberhalb des erhöhten Freibetrags führt z.B. bei einem angenommenen Hebesatz von 400 v.H., einem Gewerbeertrag von 144 000 DM und einem Einkommensteuersatz von 35 v.H. zu einer Gesamtentlastung von rd. 6700 DM.
- Die Vervierfachung des Freibetrags bei der betrieblichen Vermögensteuer von 125 000 DM auf 500 000 DM entlastet insbesondere die kleinen und mittleren Unternehmen. Ca. die Hälfte der Betriebe wird mit der Vermögensteuer künftig nichts mehr zu tun haben. Zusammen mit der Bewertung des Betriebsvermögens nach den Grundsätzen der Steuerbilanz und des weiterhin möglichen vollen Abzugs von Schulden und Lasten wird damit die besonders drückende Belastung mit ertrags-

22 Verbrauchsteuer-Binnenmarktgesetz vom 21. Dezember 1992. BGBl. I 1992, 2150; Gesetz zur Umsetzung des Föderalen Konsolidierungsprogramms – FKPG – vom 23. Juni 1993. BGBl. I 1993, 944; Standortsicherungsgesetz – StandOG – vom 13. September 1993. BGBl. I 1993, 1569; Mißbrauchsbekämpfungs- und Steuerbereinigungsgesetz – StMBG – vom 21. Dezember 1993. BGBl. I 1993, 2310.

23 Gesetz zur Entlastung der Familien und zur Verbesserung der Rahmenbedingungen für Investitionen und Arbeitsplätze (Steueränderungsgesetz 1992) vom 25. Februar 1992. BGBl. I 1992, 297.

unabhängigen Steuern für den Mittelstand weitgehend gemildert oder sogar beseitigt.

Insgesamt helfen die steuerlichen Erleichterungen bei der betrieblichen Vermögensteuer und der Gewerbekapitalsteuer (infolge der Steuerbilanzwerte) vor allem neu gegründeten, noch ertraglosen Betrieben. Sie vermindern darüber hinaus die Risikoanfälligkeit in Perioden ungünstiger wirtschaftlicher Entwicklung, weil die ertragsunabhängigen Steuern auch bei Ausbleiben von Gewinnen gezahlt werden müssen und dann zum Substanzverzehr in den Betrieben und somit zur Gefährdung von Arbeitsplätzen beitragen.

Angesichts der finanzpolitischen Herausforderungen konnte die erste Stufe der Steuerreform – *ähnlich wie in den 80er Jahren* – nur *aufkommensneutral* angelegt werden. Sie wurde gegenfinanziert durch den Abbau von Steuersubventionen und Steuervergünstigungen, wie z.B. die Streichung des Sonderausgabenabzugs im Fall der Beleihung von Lebensversicherungspolicen und den Abbau überhöhter Zuwendungen an Unterstützungskassen.

Angesichts der nach wie vor hohen Anforderungen an die öffentlichen Haushalte mußte auch die zweite Stufe der Unternehmenssteuerreform, das *Standortsicherungsgesetz*, aufkommensneutral konzipiert werden. Ziel war es, im Rahmen einer Steuerstrukturreform vor allem die Ertragsteuersätze auf gewerbliche Einkünfte bei der Einkommensteuer und Körperschaftsteuer zu senken, um damit wieder Anschluß an das internationale Steuersatzniveau zu finden.

Zugleich galt es, speziell die Attraktivität des Standortes Deutschland für internationale Investoren zu erhöhen. Denn es ist schon ein Grund zur Nachdenklichkeit, wenn von den weltweiten Direktinvestitionen der OECD-Staaten im Jahre 1991 nur 2,4 v.H. nach Deutschland gingen, viel weniger als in die USA, in das Vereinigte Königreich oder nach Frankreich[24].

Deshalb bilden die Senkung des Körperschaftsteuersatzes auf ausgeschüttete Gewinne sowie steuerliche Erleichterungen für international tätige Unternehmen einen weiteren Schwerpunkt der zweiten Stufe der Unternehmenssteuerreform.

Darüber hinaus bestand die Notwendigkeit, im Rahmen eines ausgewogenen Gesamtpakets auch die mittelständische Struktur der Unternehmen zu berücksichtigen sowie dafür zu sorgen, daß in den neuen Ländern weiterhin attraktive Rahmenbedingungen gegeben sind.

Durch die nicht leichte Entscheidung, den Einkommensteuer-Tarif nur für gewerbliche, der Gewerbesteuer unterworfene Einkunftsteile zu kappen und für andere Einkunftsarten am geltenden Tarif festzuhalten, wurden ideologische Angriffsflächen vermieden. Zugleich sorgte die Ausge-

24 Vgl. OECD, Financial Market Trends Nr. 53, Oktober 1992, 36.

wogenheit des Konzeptes dafür, daß es von der Wirtschaft in ihrer gesamten Breite mitgetragen wurde, vom Mittelstand und Handwerk bis zu den großen Industrieunternehmen und Tochtergesellschaften ausländischer Unternehmen. Zusammen mit der Gegenfinanzierung durch eine Verbreiterung der Steuerbasis und durch Einschränkung von Gestaltungsmöglichkeiten war mit diesen Grundentscheidungen der Weg für eine erfolgreiche Verabschiedung des Gesetzentwurfs geebnet.

In einem solchen Gesamtkonzept war es auch möglich, mit der Einschränkung von Gestaltungen Probleme zu lösen, über die vorher 10 Jahre und mehr erfolglos diskutiert worden war, etwa die eigenkapitalersetzende Fremdfinanzierung (§ 8a KStG) und die als „Dividenden-Stripping" bezeichnete Möglichkeit, das Anrechnungsguthaben auf „Schleichwegen" auch durch Nichtanrechnungsberechtigte zu nutzen (§ 50c EStG – neu –).

Letztlich konnte in den parlamentarischen Beratungen und wiederum nach einem Vermittlungsverfahren zwischen Bundestag und Bundesrat Konsens über die wesentlichen Inhalte des ursprünglichen Regierungsvorschlags erzielt werden.

Im Ergebnis werden durch das Standortsicherungsgesetz[25] der *Körperschaftsteuersatz* auf einbehaltene Gewinne von 50 auf 45 v.H. (von der Bundesregierung geplant: 44 v.H.), der Ausschüttungssatz von 36 v.H. auf 30 v.H., sowie der ermäßigte Steuersatz von 46 v.H. auf 42 v.H. (geplant: 41 v.H.) gesenkt. Bei der *Einkommensteuer* war nur eine Senkung des Höchstsatzes der Einkommensteuer auf gewerbliche Einkünfte von 53 v.H. auf 47 v.H., und nicht – wie ursprünglich geplant – auf 44 v.H. konsensfähig. Diese *Tarifbegrenzung* der Einkommensteuer für gewerbliche Einkünfte ist allemal praktikabler als die verschiedentlich vorgeschlagene Alternative einer steuerlichen Begünstigung des nichtentnommenen Gewinns. Mit einem solchen Optionsmodell wurden bereits in den 50er Jahren schlechte Erfahrungen gemacht. Die damalige Regelung wurde nach nur zwei Jahren wieder aufgehoben[26]. Diese Begrenzung des Höchstbetrags der Einkommensteuer für gewerbliche Einkünfte auf 47 v.H. wird nicht zu neuen Steuersparmodellen führen, weil die Tarifentlastung stets geringer ist als die verbleibende Gewerbesteuerbelastung[27].

---

25 Gesetz zur Verbesserung der steuerlichen Bedingungen zur Sicherung des Wirtschaftsstandorts Deutschland im Europäischen Binnenmarkt (Standortsicherungsgesetz – StandOG) vom 13. September 1993. BGBl. I 1993, 1569.

26 Vgl. die Erfahrungen mit dem Optionsrecht der Jahre 1952/3, obwohl damals noch ein einfacheres Körperschaftsteuerrecht galt (vgl. *Franz-Christoph Zeitler*, Stand der parlamentarischen Beratungen des Standortsicherungsgesetzes, DStZ 1993, 356; Entschließung aller Oberfinanzpräsidenten bei der Konferenz am 10./11. November 1992; *Dietrich Meyding*, FAZ vom 15. Juni 1993; Handelsblatt vom 9. Februar 1993; *Franz-Christoph Zeitler*, DB, Gastkommentar, Heft 46 vom 13. November 1992, I.

27 Vgl. *Zeitler* a.a.O. (Fn. 8), 1707.

Mit diesem Gesetz hat Bundesminister Dr. *Theo Waigel* auch ein weiteres „Markenzeichen" für die *mittelstandsorientierte Steuerpolitik* der Bundesregierung gesetzt:

- So erleichtert künftig ein *Erbschaftsteuer-Freibetrag von 500 000 DM* für das Betriebsvermögen einen sorgfältig geplanten Generationenwechsel (der Freibetrag schließt auch die vorweggenommene Erbfolge unter Lebenden ein) und ergänzt den bereits seit Anfang 1993 geltenden Freibetrag von ebenfalls 500 000 DM bei der betrieblichen Vermögensteuer. Die Tragweite dieser Freibeträge erschließt sich besonders im Zusammenhang mit der seit 1993 geltenden Bewertung des Betriebsvermögens nach den Grundsätzen der Steuerbilanz und des weiterhin möglichen vollen Abzugs von Schulden und Lasten (§ 10 Abs. 6 Erbschaftsteuergesetz). Bei der Gewerbekapitalsteuer gilt unverändert der Freibetrag von 120 000 DM.
- Eine „Innovation" des Gesetzes betrifft die *Investitionsfinanzierung der mittelständischen Unternehmen.* Anders als Großunternehmen haben kleinere Betriebe meist keinen „Abschreibungsblock", der auf regelmäßige Investitionen zurückgeht, sie verfügen auch über einen schlechteren Zugang zum Kapitalmarkt. Vor allem „Sprunginvestitionen", die durch die schnelle technische Entwicklung notwendig werden (z.B. Umstellung des Maschinenparks auf moderne, elektronisch gesteuerte Anlagen), erfordern einen erheblichen Kapitaleinsatz, der in kleinen und mittleren Unternehmen oft eine längere Ansparphase voraussetzt. Die in § 7g EStG – nach dem Vermittlungsausschuß leider erst – ab 1995 eingeführte Ansparabschreibung setzt genau hier an und verlegt – über den technischen Weg einer Rücklage – den steuersparenden Liquiditätseffekt der Abschreibungen um 2 Jahre vor. Der Kreis der „§ 7g-begünstigten" Unternehmen – Einheitswert bis 240 000 DM und Gewerbekapital bis 500 000 DM – ist ebenfalls durch die Übernahme der Steuerbilanzwerte in die Vermögensaufstellung größer geworden. Die Ansparabschreibung gilt auch für Unternehmer, die ihren Gewinn durch eine Einnahmeüberschuß-Rechnung ermitteln (vor allem Freiberufler, Betriebe der Landwirtschaft): In § 7g Abs. 6 EStG ist – analog der Regelung in § 6c EStG – ein der Rücklagenbildung entsprechender Betriebsausgabenabzug bzw. ein der Auflösung entsprechender Zuschlag als Betriebseinnahme vorgesehen.

  Wie die empirische Erfahrung im ehemaligen Zonenrandgebiet gezeigt hat[28], dürfte das Instrumentarium der Ansparabschreibung für die mittelständischen Betriebe eine wichtige Hilfe zur Finanzierung arbeitsplatzschaffender Investitionen sein.

Wegen der hohen Anforderungen an die öffentlichen Haushalte war es auch bei der zweiten Stufe der Unternehmenssteuerreform erforderlich, eine weitgehende Aufkommensneutralität sicherzustellen. Auf die ur-

28 Vgl. *Haase/Hinterdobler,* Steuerbelastung und Unternehmensgröße 1992, S. 211 ff.

sprünglich vorgesehene Einschränkung der degressiven Abschreibung für bewegliche Wirtschaftsgüter wurde allerdings im Interesse einer aus konjunkturellen Gründen gebotenen stärkeren Ausrichtung des Maßnahmebündels an wachstumspolitischen Erfordernissen verzichtet[29].

Da die Maßnahmen der Gegenfinanzierung erst nach einigen Jahren voll wirksam werden, hingegen die Entlastungen durch Steuersatzsenkungen bereits ab 1994 greifen, ergibt sich für die wirtschaftlich besonders schwierigen Jahre eine deutliche *Nettoentlastung* für die *Unternehmen.*

Die bisherigen Stufen der Unternehmenssteuerreform werden ihre Wirkung auf die Attraktivität des Wirtschaftsstandorts Deutschland für in- und ausländische Investoren nicht verfehlen. Hierauf deutet bereits die erwähnte Reaktion der Finanzmärkte hin: Der Zinsrückgang hat sich in den Sommermonaten 1993 weiter fortgesetzt und das Kursniveau für börsennotierte deutsche Aktiengesellschaften schnellte in die Höhe.

Mit der im Standortsicherungsgesetz vorgesehenen Senkung der Körperschaftsteuersätze und des Einkommensteuer-Höchstsatzes für gewerbliche Einkünfte werden die Ertragsteuersätze ab 1994 um 11 bzw. 9 Prozentpunkte niedriger sein als vor 1990. Erstmals in der Nachkriegsgeschichte liegen damit diese Ertragsteuersätze unter 50 v.H. Damit wurde auch von deutscher Seite ein Beitrag zur sog. *„stillen Harmonisierung" der Körperschaftsteuersätze* geleistet. Die Differenz zwischen dem im internationalen Vergleich ausgewählter Industriestaaten höchsten und niedrigsten Körperschaftsteuersatz vermindert sich von 56 v.H. – 25 v.H. = 31 Prozentpunkte im Jahre 1980 auf 45 v.H. – 33 v.H. = 12 Prozentpunkte[30].

Vor allem die *Senkung des Ausschüttungsteuersatzes* bei der Körperschaftsteuer erhöht die Attraktivität des Wirtschaftsstandorts Deutschland für ausländische Investoren. Zahlreiche Gesellschaften denken an eine Erhöhung ihrer Bardividenden. Dies ist – auch vor dem Hintergrund der steuerlichen Erleichterungen für Unternehmen mit internationalen Beteiligungen – zugleich ein Beitrag zur Stärkung des Finanzplatzes Deutschland.

4. Vereinfachung des Steuersystems

Die von *Franz Klein* wiederholt angemahnte *Vereinfachung des Steuersystems,* vor allem der Abbau von steuerlichen Vergünstigungen und steuerlichen Sonderregelungen, ist nicht aus den Augen verloren worden: So wurden zu Beginn der 90er Jahre sieben Steuern abgeschafft: Börsenumsatzsteuer, die äußerst aufwendige Gesellschaftsteuer, Wechselsteuer, Leuchtmittelsteuer, Teesteuer, Salzsteuer und Zuckersteuer[31]. Von den

29 Vgl. BMF-Finanznachrichten 47/93 vom 5. Juli 1993.

30 Vgl. *Zeitler* a.a.O. (Fn. 8), 1704.

31 Gesetz zur Verbesserung der Rahmenbedingungen der Finanzmärkte (Finanzmarktförderungsgesetz) vom 22. Februar 1990, BGBl. I 1990, 266. Gesetz zur

„vereinfachungsfreundlichen" Freibeträgen bei der Vermögen- und Erbschaftsteuer, der Übernahme der Steuerbilanzwerte, dem Sparer-Freibetrag von 6000 DM war großenteils schon die Rede.

In den 90er Jahren wurden – über die Steuerreform 1990 bis zum Mißbrauchsbekämpfungs- und Steuerbereinigungsgesetz vom 21. Dezember 1993 – Steuervergünstigungen und steuerliche Sonderregelungen in Höhe von rund 41½ Mrd. DM abgebaut, allein 1993 11½ Mrd. Hier zeigt sich aber eine wichtige *Erfahrung:* Die in der Diskussion oft vorgenommene Gleichsetzung von „Abbau von Gestaltungen und Vergünstigungen" mit „Steuervereinfachung" trifft nur selten zu; in Zeiten aggressiver Steuerplanungs- und Beratungstechniken, in denen jedes auch noch so konstruierte Modell in reißerischen Anzeigen der Tages- und Wochenzeitungen „vermarktet" wird, entstehen Sondervergünstigungen weniger durch den Gesetzgeber als durch die Anwendung relativ einfacher Gesetze auf – vom Gesetzgeber nicht erwartete – Sachverhalte und Sachverhaltskonstruktionen. Will der Gesetzgeber bei seiner Reaktion nicht das „Kind mit dem Bade ausschütten" und mit dem Unkraut die Zierpflanzen ausreißen, führt der Abbau solcher Sondervergünstigungen oft zu einer erheblichen Komplizierung des Steuerrechts. Die Beseitigung der *„Zinsaufblähungsmodelle"* bei Policendarlehen ist ein anschauliches *Beispiel* hierfür[32].

Die Vereinfachungswirkung von Steuersatzsenkungen, Freibeträgen und anderen Maßnahmen wurde somit wieder kompensiert durch komplizierte Regelungen zum Abbau von Sondervergünstigungen und zur Einschränkung von „Steuermodellen" – eine Erfahrung, die vor uns auch die USA gemacht hatten.

III. Steuerpolitische Perspektive für die zweite Hälfte der 90er Jahre

Der Daueraufgabe eines *wachstums-, leistungs-, familienfreundlichen Steuerrechts* muß sich der Gesetzgeber auch in Zukunft stellen. Hinzu kommt das „ceterum censeo" der *Steuervereinfachung;* hier ist im Unternehmensbereich vor allem an die Umsatzsteuer, den vom Bundesfinanz-

---

Anpassung des Umsatzsteuergesetzes und anderer Rechtsvorschriften an den EG-Binnenmarkt (Umsatzsteuer-Binnenmarktgesetz) vom 1. September 1992, BGBl. I 1992, 1548.

32 Vgl. zur Einschränkung des Sonderausgabenabzugs sowie der Steuerfreiheit von Zinsen aus Kapitallebensversicherungen im Zusammenhang mit Steuersparmodellen auf der Grundlage der sog. Policendarlehen mit Zinsaufblähung (§ 10 EStG/§ 20 EStG): BMF (Hrsg.), Finanzbericht 1993, Bonn 1992, 107 f. sowie beispielhaft zur Wirkungsweise dieser Modelle: *H.-J. Simons,* Policendarlehen – Konzept zur Steuersenkung, INF 1989, 229 ff. („Für einen normalen Bankkredit über 100 000 Mark mit 15 Jahren Laufzeit zahlt ein Kreditnehmer . . . aufgrund der gewaltigen Steuerersparnis lediglich gut 82 000 Mark." a.a.O., 229).

minister nachdrücklich geforderten Übergang zum Ursprungslandprinzip zu erinnern.

Einige Ziele hat der im September 1993 von der Bundesregierung verabschiedete Bericht zur Zukunftssicherung des Standortes Deutschland deutlich gemacht[33]. Als Ergebnis der Steuersenkungspolitik anderer Staaten existiert weiterhin ein Steuersatzgefälle zu Lasten des Standortes Deutschland.

1. Abbau der Belastung mit ertragsunabhängigen Steuern

Eine Sonderbelastung der deutschen Wirtschaft im internationalen Standortwettbewerb stellt nach wie vor die Belastung mit ertragsunabhängigen Steuern dar. Die Bundesregierung strebt deshalb im Rahmen der Haushaltsmöglichkeiten mittelfristig einen weiteren Abbau der Gewerbekapital- und der Vermögensteuer an. Aktueller Handlungsbedarf ergibt sich für diesen Bereich durch das Auslaufen der Regelungen über die Nicht-Erhebung von Gewerbekapitalsteuer und Vermögensteuer in den neuen Ländern Ende 1995. Angesichts des noch nicht abgeschlossenen Aufbaus der Steuerverwaltung und der damit verbundenen Notwendigkeit einer Beschränkung der Veranlagungstätigkeit auf das absolut Notwendige, war diese Regelung zuletzt im Standortsicherungsgesetz um ein Jahr bis Ende 1995 verlängert worden. Erhalten bleibt auf diese Weise auch der Gestaltungsrahmen für die Gemeindefinanzreform. Die Chance, die Wiederherstellung der Deutschen Einheit für eine Vereinfachung des Steuerrechts zu nutzen und deshalb nicht alle steuerrechtlichen Regelungen in den neuen Ländern einzuführen, sollte nicht ungenutzt vertan werden. Angestrebt werden sollte, bei dieser Gelegenheit die Gewerbekapitalsteuer im ganzen Bundesgebiet abzuschaffen. Denn: „Eine Wirtschaftspolitik, die von Unternehmern erwartet, daß ein bestimmtes Potential zumindest in Zeiten der Rezession durchgehalten wird, bis bessere Zeiten kommen, kann es sich nicht leisten, das Gewerbekapital zu besteuern."[34] Deshalb ist für die ertragsunabhängigen und vermögensabhängigen Steuern wenig Raum in einem Steuersystem, das Wachstum und Strukturwandel fördern soll[35]. Die Abschaffung der Gewerbekapitalsteuer sollte daher ein wesentliches Element einer Gewerbesteuerreform im Rahmen einer umfassenden Gemeindefinanzreform sein.

2. Reform der Gewerbesteuer

Die Notwendigkeit einer Reform der Gewerbesteuer ist unbestritten. Die Kritik bezieht sich sowohl auf die ungerechtfertigte Sonderbelastung von Unternehmen der gewerblichen Wirtschaft durch die Gewerbesteuer als auch auf die mangelnde Eignung der Gewerbesteuer als wesentliche Ein-

---

33 Vgl. Bericht der Bundesregierung zur Zukunftssicherung des Standortes Deutschland, BT-Drucks. 12/5620 vom 3. September 1993.

34 *Franz Klein*, Steuerreform statt Steueränderungsgesetz, DStR 1979, 99.

35 Vgl. ebenda.

nahmequelle der Gemeinden (z.B. starke Streuung und hohe Konjunkturempfindlichkeit des Gewerbesteueraufkommens). Gleichwohl sind bislang alle Versuche gescheitert, eine konsensfähige Lösung zu finden, die sowohl die Finanzautonomie der Kommunen wahrt als auch für die Wirtschaft eine wettbewerbsneutrale Lösung darstellt.

Im Sommer 1992 hat der Deutsche Städtetag nach Gesprächen mit dem Bundesverband der Deutschen Industrie e.V. einen Vorschlag in die Diskussion eingeführt, der als Ausgleich für eine Verminderung der Gewerbesteuerbelastung eine Beteiligung der Kommunen an der Umsatzsteuer vorsieht[36]. Damit ist Bewegung in die Reformdiskussion gekommen. Dieser Vorschlag könnte Perspektiven für eine Gemeindefinanzreform eröffnen, die zugleich einen weiteren Schritt zur Verbesserung der steuerlichen Rahmenbedingungen am Standort Deutschland bedeuten würde.

Ein solches Vorhaben ist allerdings ohne gründliche Vorbereitung, umfangreiche Abstimmung und eingehende Prüfung nicht zu realisieren. Von besonderer Bedeutung für die allgemeine Konsensfähigkeit ist die Wahl des *Verteilungsschlüssels* für eine Beteiligung der Kommunen am *Umsatzsteueraufkommen.* Denn: Die Wahrung der Finanzautonomie der Kommunen ist bei einer Beteiligung an der Umsatzsteuer nicht über die Einführung eines Hebesatzrechtes, sondern nur über den Verteilungsschlüssel zu erreichen. Eine solche Beteiligung der Gemeinden an der Umsatzsteuer setzt eine entsprechende Verfassungsänderung und damit einen breiten politischen Konsens voraus.

3. Leistungsfreundlichkeit verbessern

Zur Vorbereitung der ab 1. Januar 1996 erforderlichen endgültigen Steuerfreistellung des Existenzminimums hat Bundesfinanzminister Dr. *Theo Waigel* im November 1993 eine unabhängige Sachverständigen-Kommission, die sog. „Einkommensteuer-Kommission" eingesetzt. Diese Kommission wird bei ihren schwierigen Arbeiten nicht nur überlegen müssen, wie die Neuregelung durch eine Verbreiterung der Bemessungsgrundlage finanziert werden kann, sondern auch, wie der Tarifverlauf der allgemeinen wirtschaftlichen Entwicklung angepaßt werden kann mit dem Ziel, den Einkommensteuer-Höchstsatz für gewerbliche und alle anderen Einkünfte wieder zu vereinheitlichen. Denn der Höchstsatz der Einkommensteuer (53 v.H., allein bei gewerblichen Einkünften ab 1994 Tarifbegrenzung auf 47 v.H.) greift seit 1958 bei nahezu unveränderten Einkommen, nämlich 1958 bei 110 040/220 080 DM und 1994 bei 120 042/240 084 DM. Die damalige Grenze aber entsprach dem 21fachen des Durchschnittseinkommens, die heutige hingegen nur noch dem 2½fachen. Ich bin mir bewußt, daß eine gleichzeitige Lösung aller Fragen der Quadratur

36 Vgl. z.B. *Hans-Joachim Schäfer*, Der Vorschlag des Deutschen Städtetages zur unmittelbaren Beteiligung der Gemeinden am Umsatzsteueraufkommen als Teilersatz für die Gewerbesteuer, Kommunale Steuer-Zeitschrift 1992, 161 ff.

des Kreises nahekommt; die Aufgaben sind deshalb möglicherweise nur über eine Stufenregelung zu bewältigen.

4. Überfrachtung des Steuersystems mit Umweltabgaben vermeiden

Gefahr droht den steuerlichen Rahmenbedingungen am Investitionsstandort Deutschland von den in letzter Zeit wieder zunehmenden Überlegungen, das Steuer- und Abgabensystem stärker zur Erreichung umweltpolitischer Ziele einzusetzen. Bei dieser Diskussion muß klar sein, daß das Umweltziel neben dem Hauptzweck des Steuer- und Abgabenrechts, nämlich der Einnahmeerzielung, nur eines von mehreren Zielen sein kann. Die vorrangigen Ziele der Steuerpolitik, d.h. die nachhaltige und dauerhafte Einnahmeerzielung des Staates, die Stärkung der Wachstumsgrundlagen und der Leistungsfähigkeit der deutschen Wirtschaft im internationalen Wettbewerb sowie die Einfachheit und Übersichtlichkeit der Besteuerung, dürfen nicht beeinträchtigt werden. Umweltabgaben dürfen nicht *Vorwand* für eine *Erhöhung der Steuerlast* sein.

Im übrigen wird von den „Propheten der ökologischen Steuerreform" oft übersehen:

- die Mineralölsteuersätze z.B. für verbleites Benzin wurden im Zeitraum vom 1. Januar 1960 bis zum 1. Januar 1994 10mal erhöht, allein seit 1989 wurde der Steuersatz um rd. 50 Pf./l. (einschl. Umsatzsteuer) angehoben;
- das Mineralölsteuereinkommen insgesamt betrug 1993 das 21fache des Betrages von 1960;
- die Belastung der Energie in Deutschland mit Steuern, sonstigen Abgaben auf Energieträger sowie Konzessionsentgelten beläuft sich 1994 auf rd. 88 Mrd. DM[37];
- die Entkoppelung von Energieverbrauch und Wirtschaftswachstum ist deshalb längst erreicht[38].

Angesichts der bereits jetzt schon historisch hohen Abgabenquote gilt es, soweit umweltpolitisch motivierte Steuern überhaupt in Betracht kommen, für die damit verbundenen Belastungen einen Ausgleich durch entsprechende Entlastungen an anderer Stelle des Steuersystems zu suchen, z.B. durch Abbau des ab 1995 wieder eingeführten Solidaritätszuschlags. Eine Überforderung der Wirtschaft muß vermieden werden. Deshalb sollten Umweltabgaben möglichst nur international abgestimmt eingeführt werden, damit es nicht zu Wettbewerbsnachteilen und zu Standortverlagerungen kommt[39].

---

37 Vgl. Energiekommission des Wirtschaftsrats der CDU, Wirtschaftliche Auswirkungen der Energiebesteuerung, Bonn 1993.

38 Vgl. Das energiepolitische Gesamtkonzept der Bundesregierung, Energiepolitik für das vereinte Deutschland, BT-Drucks. 12/1799 vom 11. Dezember 1991, 10.

39 So auch: Bericht der Bundesregierung zur Zukunftssicherung des Standortes Deutschland, BT-Drucks. 12/5620, 59 f.

Werner Klotz

Über den Verfall der guten Sitten im Steuerrecht

Inhaltsübersicht

I. Die Diskussion der 70er Jahre

Als *Menck* 1975 das Grenzverhalten im Steuerrecht kritisierte[1] und damit eine Anfang der 30er Jahre geführte Diskussion[2] wieder aufnahm, stieß er im Schrifttum auf empörte, nicht immer fair begründete Ablehnung[3] und wurde gar in die Nähe *Reinhardts*[4] gerückt[5]. Es ist nicht

1 *Thomas Menck*, Grenzverhalten im Steuerrecht, DB 1975, 1859.
2 *Thomas Menck*, Zum Problem des Grenzverhaltens im Steuerrecht, StuW 1976, 113, Fn. 2.
3 *Rudolf Thiel*, Ist die Ausnutzung steuergesetzlicher Unzulänglichkeiten illegitim?, FR 1976, 53; *Manfred Beker*, „Grenzverhalten" und Steuerrecht, FR 1976, 185.
4 *Fritz Reinhardt*, 1895–1969, von 1933–1945 Staatssekretär im Reichsfinanzministerium, Verfechter einer an der NS-Ideologie orientierten Auslegung der Steuergesetze.
5 *Werner Friedrich*, Die gesetzlichen Grenzen der Besteuerung im Rechtsstaat, DB 1976, 354.

verwunderlich, daß nach diesen Totschlags-Argumenten die Diskussion rasch wieder zum Erliegen kam. *Menck* hat sich in einer Replik[6] denn auch eher abwiegelnd geäußert.

Die zwischenzeitliche Entwicklung zeigt, daß sich die von *Menck* kritisierte Einstellung eher verstärkt hat, daß es sogar „ein bißchen aus der Mode gekommen (ist), sich an die Gesetze zu halten"[7], daß sich „weithin eine ‚Grenzmoral' entwickelt hat", bei der nicht gefragt wird, was rechtens ist, sondern was gerade noch zulässig sein könnte ohne Rücksichtnahme auf die Ziele des Gesetzes[8] und daß die Bürger zunehmend „nicht mehr den Schutz, sondern die Grenzen der Normen suchen" und bei der Steuer von „der ökonomischsten aller Minimierungsmöglichkeiten, der Hinterziehung"[9], Gebrauch machen. Nur noch 21 v.H. von über 1000 Befragten halten Steuerehrlichkeit für zeitgemäß[10]. Deshalb ist es an der Zeit, die Diskussion über dieses Thema wieder aufzunehmen, zumal ich aus vielen Äußerungen weiß, wie sehr das Thema auch *Franz Klein* am Herzen liegt.

Um Mißverständnisse zu vermeiden, soll dabei von vornherein betont werden, daß es völlig in Ordnung ist, wenn jemand bestrebt ist, seine Verhältnisse so zu gestalten, daß er – unter Offenlegung gegenüber dem Finanzamt – möglichst wenig Steuern zu zahlen hat. Über manche der nachstehend genannten Beispiele mag man auch mit guten, in manchen Fällen überzeugenden Argumenten streiten können, ob sie unter dem Aspekt der Steuermoral kritikwürdig sind. Was aber nachdenklich stimmen sollte, ist die Zahl dieser Beispiele und die Häufigkeit ihres Vorkommens. Deshalb sollen auch diejenigen Beispiele erwähnt werden, in denen man bei nicht-fiskalischer Betrachtung eher zu der Wertung kommen könnte, daß sie keinen „Mißbrauch" darstellen. Die Aufzählung bedeutet auch nicht, daß die Beispiele hinsichtlich ihrer Kritikwürdigkeit über einen Kamm geschoren werden.

II. Beispiele für nachlassende Steuermoral

1. Fahrten zwischen Wohnung und Arbeitsstätte

Klein sieht im Mißbrauch bei der Kilometer-Pauschale die „größte Steuerhinterziehung"[11]. Darin wird er, was die Zahl der Fälle angeht, vermutlich recht haben. Die Spannweite reicht von der Angabe einer zu großen Entfernung, über angeblich nötige Umwegstrecken, eine zu hohe Zahl

6 *Thomas Menck* (Fn. 2).
7 Streiflicht in der Süddeutschen Zeitung, 8. Januar 1993.
8 *Günther Triesch*, Grenzmoral auf dem Arbeitsmarkt, Welt am Sonntag, 14. Februar 1993.
9 *Helmut Helsper*, Steuersparer, Haarspalter und höchstrichterlicher Informationsmüll, BB 1992, 1500.
10 ddp-Meldung 078 vom 18. September 1991.
11 Bericht im Handelsblatt, 25. September 1992, über einen Vortrag von Franz Klein auf einer Veranstaltung der Friedrich-Ebert-Stiftung.

von Arbeitstagen, die unzureichende Berücksichtigung von Urlaubs- und Krankheitstagen bis zu den Fahrgemeinschaften, bei denen oft jeder Beteiligte die volle Kilometerpauschale für das ganze Jahr geltend macht.

Der zuständige Sachbearbeiter beim Finanzamt hat in aller Regel wegen der Arbeitsbelastung kaum eine Chance, den kleinen und auch größeren Schwindeleien nachzugehen[12]. Aber selbst wenn er sich für einen Einzelfall die nötige Zeit nehmen würde: Wer will sich schon dem Vorwurf aussetzen, er sei ein Erbsenzähler, der keinen Blick für das Wesentliche habe. Die Anweisungen der Finanzverwaltung, wonach manche Dinge nur „überschlägig" zu prüfen sind[13], wirken ebenfalls in diese Richtung.

2. Häusliches Arbeitszimmer

Es ist inzwischen weithin üblich geworden, die anteiligen Kosten eines häuslichen Arbeitszimmers als Werbungskosten geltend zu machen. Die Finanzämter sind aus denselben Gründen wie bei den Fahrten zwischen Wohnung und Arbeitsstätte kaum in der Lage nachzuprüfen, ob die Voraussetzungen dafür gegeben sind. Wo ein entsprechender Versuch gemacht wird, endet er nicht selten damit, daß der Beamte der Lächerlichkeit preisgegeben wird, wenn er sich zu einer Besichtigung anmeldet und einen in aller Eile entsprechend umgeräumten Raum vorfindet.

3. Bewirtungskosten

Die Bundesregierung hat am 9. Juni 1993 einen vom BMF vorgelegten Bericht „Mißbrauch und Fehlentwicklungen bei öffentlichen Leistungen" verabschiedet[14]. Als Beispiel für die Verlagerung privater Ausgaben in den beruflichen bzw. betrieblichen Bereich sind dort an erster Stelle die Bewirtungskosten genannt. Als Gegenmaßnahmen werden die verstärkte Ermittlung und Überwachung empfohlen.

Die Mehrheit des Bundesrates fordert demgegenüber eine Abschaffung der steuerlichen Berücksichtigung von Geschenken und Bewirtungskosten[15], obwohl die Bewirtung von Geschäftsfreunden „durch den Betrieb veranlaßt"[16] ist. Ärgerlich sind lediglich die Mißbräuche, indem z.B.

12 *Peter Neckels*, Über die Mitverantwortung der Exekutive – eine unkonventionelle Betrachtung zur Misere des deutschen Steuerwesens und zu Möglichkeiten ihrer Überwindung, Steuerwarte 1993, 61.

13 Grundsätze zur Neuorganisation der Finanzämter und zur Neuordnung des Besteuerungsverfahrens vom 4. März 1981, BStBl. I, 270, sowie weitere, nicht veröffentlichte Anweisungen.

14 FAZ 11. Juni 1993. Der Bericht (im folgenden als Mißbrauchsbericht bezeichnet) ist auszugsweise abgedruckt in Die Steuergewerkschaft, Mai 1993, 56. Vgl. dazu auch Antwort der Bundesregierung auf die Kleine Anfrage „Konsequenzen aus dem Bericht der Bundesregierung über Mißbräuche im Steuersystem", BT-Drs. 12/5427.

15 BR-Drs. 368/1/93.

16 Definition der Betriebsausgaben in § 4 Abs. 4 EStG.

privat veranlaßte Bewirtungsaufwendungen über den Betrieb abgerechnet werden oder in denen vom Gastwirt Falschrechnungen mit überhöhten Beträgen und falschem Datum verlangt werden[17].

4. Spendenabzug

Die Möglichkeit, Spenden auch an solche Vereine steuerlich abziehen zu können, die Freizeitbetätigungen zum Gegenstand haben[18], verführt dazu, Aufwendungen für die eigene Freizeitbetätigung über den Verein zu leiten und so die Steuerzahler daran zu beteiligen.

5. Besteuerung von Zinsen

Banken und Fondsgesellschaften in Luxemburg berichten von einem „Massenandrang der Privatanleger, um der Zinsbesteuerung in Deutschland zu entgehen"[19]. Schätzungen kommen auf mindestens 150 Mrd. DM, die Bundesbürger allein in der Zeit vom 1. 1. 1992 bis Mitte 1993 in das Großherzogtum geschafft haben, und auf denselben Betrag, der in die Schweiz, nach Österreich, Belgien oder Dänemark geflossen ist[20].

Noch angeheizt wurde die Kapitalflucht durch manche Medien. „Nach dem Zinsurteil: Bringen Sie Ihr Geld in Sicherheit"[21] und ähnliche Aufforderungen waren 1991 und 1992 nicht selten. Massiv gefördert wurde der Kapitaltransfer auch durch deutsche Kreditinstitute. Am 7. Mai 1992, dem Tag der 1. Lesung des Entwurfs des Zinsabschlaggesetzes im Bundestag, warb die luxemburgische Tochtergesellschaft einer deutschen Großbank in einer fast halbseitigen Zeitungsanzeige für Geldanlagen in Luxemburg[22]. Sogar Landesbanken werben für die „steuerorientierte" Anlage in Luxemburg und für Luxemburg als „Zweitwohnsitz für Ihr Geld"[23].

„Die Sache ist ärgerlich, weil der hinreichende Verdacht besteht, daß in nicht unbeträchtlichem Umfang die Steuern hinterzogen werden."[24]

---

17 Inzwischen wurde im Vermittlungsverfahren zum Mißbrauchsbekämpfungs- und Steuerbereinigungsgesetz vom 21. Dezember 1993 (BGBl. I, 2310) beschlossen, daß die Höhe der Aufwendungen durch Belege nachzuweisen ist, die die dargereichten Speisen und Getränke im einzelnen bezeichnen. Spätestens ab 1995 sollen nur noch maschinell erstellte Belege anerkannt werden (vgl. dazu auch BT-Drucks. 12/6525, Frage 56).

18 Zur Kritik hieran vgl. Gutachten der unabhängigen Sachverständigenkommission zur Prüfung des Gemeinnützigkeits- und Spendenrechts, Heft 40 der Schriftenreihe des Bundesministeriums der Finanzen.

19 FAZ vom 23. Juni 1993.

20 Spiegel 22/1993, 114.

21 handwerk magazin 9/1991, 72.

22 FAZ vom 7. Mai 1992.

23 Capital 8/1992, 135, Handelsblatt 29. September 1992.

24 *Hans Gattermann* †, bis 27. Januar 1994 Vorsitzender des Finanzausschusses des Bundestages, Leserbrief Wirtschaftswoche Nr. 12, 19. März 1993, 66.

Selbst in der vorsichtigen Ausdrucksweise des BMF heißt es, es könne „außerdem nicht ausgeschlossen werden, daß die ausländischen Zinseinnahmen bei Abgabe der Steuererklärung nicht erklärt werden"[25]. Wer sich an die Diskussionen im Zusammenhang mit der Teilamnestie für 1988[26] erinnert, wird zu der Vermutung kommen, daß es nicht nur um die Einkommensteuer aus den Kapitaleinkünften geht, sondern daß es sich bei dem ins Ausland transferierten Kapital zumindest zum Teil auch um sog. Schwarzgeld handelt, das aus nicht versteuerten Einkünften stammt[27].

Seit Einführung des Zinsabschlags werden vom Geldgewerbe vermehrt Konstruktionen angeboten, durch die steuerpflichtige Kapitalerträge in steuerfreie Kursgewinne umfunktioniert werden sollen. Inzwischen ist mehreren dieser Modelle im Verwaltungswege die Anerkennung versagt worden[28], die Verwaltungsanweisung soll baldmöglichst gesetzlich abgesichert werden[29]. Es sei auch hier betont, daß es sich bei diesen Konstruktionen um bisher legale Gestaltungsmöglichkeiten handelt, auch wenn die Modelle weithin als Steuertricks bezeichnet werden[30]. Der Umstand, daß fast alle dieser Modelle nach Einführung des Zinsabschlags kreiert worden sind, obwohl doch der Zinsabschlag nur eine Vorauszahlung auf die Einkommensteuer ist, läßt aber jedenfalls die Vermutung zu, daß die entsprechenden Zinserträge vor Einführung des Zinsabschlags schlicht verschwiegen worden sind.

6. Verträge zwischen nahen Angehörigen

Verträge zwischen nahen Angehörigen werden oftmals zu mißbräuchlicher Inanspruchnahme von steuerlichen Vorteilen abgeschlossen[31]. Das Volumen wird als „nicht unbedeutend" bezeichnet.

7. Geltendmachung von tatsächlich nicht entstandenen Aufwendungen

Im Vertrauen auf die Überlastung und die mangelnden Kontrollmöglichkeiten der Finanzverwaltung, aber auch in Kenntnis von sog. verwaltungsinternen Nichtbeanstandungsgrenzen werden Aufwendungen als

25 Mißbrauchsbericht, Abschn. II, Tz. 2.1.

26 Gesetz über die strafbefreiende Erklärung von Einkünften aus Kapitalvermögen und von Kapitalvermögen (Art. 17 des Steuerreformgesetzes 1990 vom 25. Juli 1988, BGBl. I, 1093).

27 Vgl. *Manfred Gburek*, Auslandskonto – mehr Zinsen, weniger Steuern, Das Wertpapier 20/1992 vom 25. September 1992, 12; *Hans Mundorf*, Handelsblatt 24. Juni 1993.

28 BMF-Schreiben vom 30. April 1993, BStBl. I, 343, von der Kreditwirtschaft als lediglich „gefühlsmäßiges Belieben" und allenfalls „steuerpolitische Botschaft" bezeichnet (Handelsblatt 2. August 1993), was wiederum Rückschlüsse auf die Kooperationsbereitschaft der Branche zuläßt.

29 Inzwischen im Mißbrauchsbekämpfungs- und Steuerbereinigungsgesetz vom 21. Dezember 1993 (BGBl. I, 2310) erfolgt.

30 FOCUS 24/1993, 153.

31 Mißbrauchsbericht, Abschn. III, Tz. 2.2.

Werbungskosten, Betriebsausgaben oder Sonderausgaben geltend gemacht, die dem Grunde nach nicht entstanden sind[32].

8. Unter- oder Überfakturierung bei Kaufverträgen

Insbesondere bei Kaufverträgen über Grundstücke werden zu niedrige Kaufpreise ausgewiesen, um die Grunderwerbsteuer zu senken und um Schwarzgeld zu transferieren. Überfakturiert werden Verträge, wenn der Abnehmer in den Genuß von Betriebsausgaben oder Werbungskosten kommen möchte und der Abgleich der Quittung oder Rechnung mit dem Rechnungswesen des Verkäufers nicht zu erwarten ist[33].

9. Geschäfte ohne Rechnung

Anfang der 50er Jahre war es der Finanzverwaltung gelungen, die noch aus der Nachkriegs- und Schwarzmarktzeit verbreiteten „Geschäfte ohne Rechnung" stark einzudämmen. Wer damals bei solchen Geschäften erwischt wurde – und das Risiko war ungleich größer als heute –, hatte mit empfindlichen „Unsicherheitszuschlägen" oder gar mit der Neuschätzung seines Gewinns und mit einem anschließenden Steuerstrafverfahren zu rechnen.

Heute sind solche Geschäfte wieder weit verbreitet. Das Interesse des Privatmanns, die Umsatzsteuer zu „sparen", trifft sich mit dem Interesse des Lieferanten, Einkommensteuer und Gewerbesteuer zu „sparen".

Um die Entdeckung der Schwarzgeschäfte zu erschweren, werden häufig auch die Waren, die zur Ausführung der Lieferung oder der Leistung benötigt werden, schwarz eingekauft und Löhne schwarz bezahlt[34]. Es gibt bereits die Forderung von Großhändlern, Lieferungen an Gastwirte ohne Rechnungserteilung zu gestatten, weil sonst Schwarz-Einkäufe in Verbraucher-Großmärkten getätigt würden.

10. Schwarzarbeit

Den Geschäften ohne Rechnung im betrieblichen Bereich entspricht auf der Seite der Arbeitnehmer die Schwarzarbeit.

Die Deutsche Steuergewerkschaft schätzt, daß durch die Schattenwirtschaft – Schwarzarbeit und Ohne-Rechnung-Geschäfte – jährlich 12 v.H. des Bruttosozialprodukts an den Finanzämtern vorbei erwirtschaftet werden und daß dadurch jährlich mindestens 130 Mrd. DM Steuerausfälle entstehen[35]. Über die Zahl mag man streiten. Unstrittig ist aber, daß die Steuerausfälle sehr hoch sind.

32 Mißbrauchsbericht, Abschn. III, Tz. 2.4.
33 Mißbrauchsbericht, Abschn. III, Tz. 2.5.
34 *Franz-J. Möllenberg*, Schwarzer Cognac, Die Woche, 12. August 1993.
35 *Erhard Geyer*, Staat soll Steuerquellen erschließen, Behörden-Spiegel April/Mai 1993, 4.

11. Gesellschafter-Fremdfinanzierung

Im Mißbrauchsbericht ist auch die Gesellschafter-Fremdfinanzierung genannt[36], obwohl der BFH diese zwar als unbefriedigend, aber nicht als Mißbrauch bezeichnet hatte[37]. Inzwischen ist die Gesellschafter-Fremdfinanzierung im Standortsicherungsgesetz nach mehreren vergeblichen Anläufen eingeschränkt worden.

12. Dividenden-Stripping

Auch beim Dividenden-Stripping handelt es sich um ein Vorgehen, das nach dem Buchstaben des Gesetzes nicht verboten ist. Seine Einschränkung im Standortsicherungsgesetz stieß in Börsenkreisen auf wenig Verständnis und wurde sogar als „rechtswidrig" bezeichnet[38]. Welch ein Rechtsverständnis verbirgt sich hinter solchen Äußerungen?

13. Steckzigaretten

Als Beispiel für Sittenverfall sehe ich auch die Anzeigenaktion einer Branche (oder eines einzelnen Unternehmens) an, die nach der Absichtserklärung des BMF, ein für die Branche (das Unternehmen) sehr ertragreiches Steuerschlupfloch schließen zu wollen, einen Autoaufkleber mit einer gehässigen Karikatur des Finanzministers und der Umschrift: „Steuererhöhung? Nein danke, Theo!" anpries[39].

Die Reihe der Beispiele für legale, aber (zumindest aus der Sicht des Fiskus) unerwünschte und unangemessene Gestaltungen ließe sich fortsetzen, dies würde aber den Rahmen des Beitrages sprengen. Deshalb sollen die Stichworte „Dublin-Docks", „Dutch-Swiss-Sandwich", „Coordination Center in Belgien", „Zwei-Konten-Modell", und, mit anderer Qualität, „Reisekostenrechnungen", „privater Gärtner als Betriebsschlosser", „Reiseführer als Fachliteratur", „private Geschenke als Geschenke an Geschäftsfreunde", „Studienreisen" und „Zigarettenschmuggel" genügen.

III. Sittenverfall auch in anderen Bereichen

Die vorstehende Aufzählung soll keinesfalls den Eindruck erwecken, als habe nur das Steuerrecht mit Verfallserscheinungen der guten Sitten zu kämpfen und als seien andere Bereiche davon unbehelligt.

36 Mißbrauchsbericht, Abschn. III, Tz. 2.13.

37 BFH-Urteil vom 5. Februar 1992, I R 127/90, BFHE 166/356, BStBl. II 532.

38 Die Welt 13. Juli 1993. Inzwischen wurde die Einschränkung durch das Mißbrauchsbekämpfungs- und Steuerbereinigungsgesetz bereits wieder gelockert.

39 Annonce in Die Welt 16. Dezember 1992. Das Steuerschlupfloch wurde dann doch für eine so lange Übergangsfrist in eingeschränktem Umfang offengehalten, daß andere Firmen aus Wettbewerbsgründen ebenfalls ihre Maschinen umrüsteten, um davon Gebrauch zu machen.

- „Spesen- oder Versicherungsbetrug, Steuerhinterziehung und unlautere Vorteile durch ‚gute Beziehungen' gehören in unserer Gesellschaft zu Kavaliersdelikten, derentwegen niemand scheel angesehen wird. Ungerechtfertigte Ausnutzung von Sozialhilfe, Sozialwohnungen oder Studienförderung ebenso wie die schlaumeierische Schmarotzerei am Arbeitslosengeld werden nicht als unsoziales Verhalten und schäbiger Betrug an der Solidargemeinschaft . . . angeprangert."[40]
- Das Bundesministerium für Arbeit und Sozialordnung wirft bestimmten Unternehmen und Arbeitgebern „sozialstaatlichen Sittenverfall" und „ein großes Maß krimineller Energie" zu Lasten der Solidargemeinschaft vor[41].
- Firmen machen mehr oder weniger direkte „Zuwendungen" an Beschaffungsbeamte mit dem Ziel, bei Beschaffungsaufträgen bevorzugt zu werden, obwohl ihr Angebot nicht das wirtschaftlichste ist[42].

Auch hier ließe sich die Reihe beliebig lange fortsetzen, wobei fast kein Bereich, einschließlich der Politiker, unerwähnt bliebe.

IV. Motive und Ursachen

Über die Motive des Sittenverfalls im Steuerrecht kann man naturgemäß nur Vermutungen anstellen. Wahrscheinlich liegt in vielen Fällen ein ganzes Bündel von Motiven vor. Sie alle gründen aber auf der Erwartung oder Einschätzung oder Hoffnung, entweder nicht „erwischt" zu werden oder, falls dies doch der Fall sein sollte, gute Rechtfertigungsgründe oder mächtige Verbündete oder den Schutz der großen Zahl für sich zu haben.

1. „Sportlicher" Wettbewerb

Manchen mag es „sportlich" vorkommen, dem Staat ein Schnippchen zu schlagen und sich selbst zu beweisen, daß man klüger, listiger, schlauer und schneller ist als die Beamten. Die Konstrukteure von Abschreibungsmodellen sonnten sich vermutlich in diesem Gefühl, als ihnen die Finanzverwaltung jahrelang hinterherhechelte. Ähnlich ging es wahrscheinlich den Erfindern der neuartigen Kapitalanlageformen[43].

2. Beruflicher Ehrgeiz

Auch wenn man selbst die erfundenen Steuerspar-Konstruktionen nicht in Anspruch nimmt, so erntet man doch als Bank- oder Versicherungsan-

---

40 *Hannes Burger*, Heuchel-Gesellschaft, Die Welt 15. Februar 1993.

41 Zitate im General-Anzeiger Bonn vom 23. Juni 1993 aus dem Brief des Ministers an einen Verbandspräsidenten. Ähnlich *Horst Günther* MdB, Deutschland-Union-Dienst, 24. April 1993, 3.

42 Mißbrauchsbericht, Abschn. II, Tz. 5.1.

43 Vgl. oben Abschn. II, 5.

gestellter Anerkennung bei seinen Vorgesetzten für ein besonders gut gelungenes Modell, das dazu beiträgt, den Umsatz z.B. der Bank oder des Versicherungsunternehmens zu steigern. Oder man erhöht als selbständiger Versicherungsvertreter die Provisionseinnahmen, wenn z.B. Zinsaufblähungs-Modelle und ähnliche Policen-Darlehen vermittelt werden. Wären ohne die wohlwollende „Duldung" durch die Vorstände und Aufsichtsräte der Kreditinstitute bzw. der Versicherungsunternehmen diese Modelle oder die „innovativen" Kapitalanlagemodelle oder die – bisher noch nicht erwähnten, aber ebenso dubiosen – Auswüchse bei den Direktversicherungen zustande gekommen?

3. „Cosi fan tutte"

Wer anhören muß, wie Bekannte zum besten geben, dem Finanzamt wieder ein Schnippchen geschlagen zu haben, indem sie z.B. mit der ganzen Familie ein Restaurant besucht und die Kosten als Bewirtung von Geschäftsfreunden abgerechnet haben, vielleicht sogar mit überhöhter Rechnung, wird sich fragen, ob er selbst der einzig Steuerehrliche ist und vielleicht sogar als einfältig oder dumm angesehen wird[44].

Ähnlich sieht es im Bereich der nach dem Gesetzeswortlaut legalen Gestaltungsmöglichkeiten aus: Der Steuerabteilungsleiter des Betriebs oder der Steuerberater müssen sich, wenn sie diese Möglichkeiten nicht nutzen, vorwerfen lassen, sie verstünden offenbar ihr Geschäft nicht.

Und was müssen die gedacht haben, die in den Schaukästen mancher Kreditinstitute nach Einführung der sog. kleinen Kapitalertragsteuer Plakate sahen, die unterschwellig den Eindruck vermittelten, diejenigen gingen leichtfertig mit ihrem Geld um, die es noch nicht nach Luxemburg in Sicherheit vor dem deutschen Fiskus gebracht hätten?

Schon 1924 hieß es in einem Gutachten zur Vereinfachung: „Noch verletzender als das Bewußtsein, selbst eine zu hohe Steuer zu tragen, ist aber für den Belasteten das Gefühl, daß andere im Vergleich zu ihm zu wenig zahlen."[45]

4. Tolerierung durch den Staat

Das Bestreben, nicht zu den „Dummen" gehören zu wollen, wird verstärkt, wenn man beobachtet, daß der Staat steuerunehrliches Verhalten toleriert. Die bereits erwähnte Teil-Amnestie von 1988 wirkte sicher in diese Richtung. Vielleicht war aber auch die Verwendung eines dem

44 Vgl. *Thomas Kaligin*, Plädoyer für eine partielle Totalrevision des deutschen Steuerrechts, DStZ 1985, 219, der als verbreitetes Motto „Steuern zahlen ist freiwillig; Bemessungsgrundlage ist Dummheit" nennt.

45 Gutachten der Verwaltungsabbaukommission über die Vereinfachung der Gesetzgebung und Verwaltung auf dem Gebiet der direkten Steuern, abgedruckt in DStZ 1993, 489.

österreichischen Finanzminister zugeschriebenen Zitats, es müsse etwas geschehen, aber es dürfe nichts passieren[46] im Zusammenhang mit der Umsetzung des Zinsen-Urteils des Bundesverfassungsgerichts[47] nicht dazu angetan, das Bewußtsein zu stärken, der Staat werde den Mißbräuchen entschieden zu Leibe rücken.

5. Vorbilder im staatlichen oder steuerbegünstigten Bereich

Viele Institutionen, die selbst Träger staatlicher Gewalt oder als „gemeinnützig" anerkannt sind, stellen ihr eigenes Wohl über das der Gesamtheit. Wie anders kann man es verstehen, wenn Gewerkschaften, Kirchen, ja sogar Gemeinden „Gesellschafter-Fremdfinanzierung" betreiben, um in den Genuß des ihnen sonst versagt gebliebenen Körperschaftsteuer-Anrechnungsguthabens aus der Beteiligung zu kommen?

Oder wie ist es anders zu verstehen, wenn Vereine den – im Regelfall steuerpflichtigen – Gewinn aus bestimmten Veranstaltungen dadurch zu minimieren suchen, daß sie den ehrenamtlichen Helfern Aushilfslöhne zahlen, die diese dann anschließend wieder an den Verein zurückspenden (müssen)? Oder wenn hohe Eintrittsgelder zu bestimmten Veranstaltungen dadurch schmackhafter gemacht werden sollen, daß versucht wird, einen Teil des Eintrittsgeldes als Spende für die betreffende Organisation zu bezeichnen? In die gleiche Rubrik gehören die Vorwürfe an die Adresse der Politiker und der Parteien, man stelle bei ihnen eine Selbstbedienungs-Mentalität fest.

6. Verbitterung

Viele handeln möglicherweise aus Verbitterung, weil sie das Gefühl haben, der Staat handle selbst unfair und nehme ihnen in unmoralischer Weise[48] zu hohe Steuern ab. Bezeichnend dafür ist die Feststellung, die Bürger stünden dem Zugriff des Staates immer abweisender gegenüber[49] und man dürfe sich nicht wundern, wenn sie die ehrliche Zahlung von Steuern und Gebühren verweigerten[50]. Steuerverweigerung wird also in die Nähe der Notwehr gerückt. *Pausch* fragt gar: „Kann man bei dem gegenwärtigen Zustand unserer Steuergesetzgebung noch von ‚Kultur' sprechen? Herrschen nicht regellose Unordnung, Steuerwirrwarr, ja Steuerchaos als Zeichen kulturellen Niederganges vor?"[51] Und der Platow-

---

46 *Wilfried Herz*, Ein Herz für Steuersünder, Die Zeit 19. September 1991.

47 Urteil vom 27. Juni 1991, 2 BvR 1493/89, BStBl. II, 654.

48 *„Bar"* in der FAZ am 31. August 1992: „Die Griffe, die sie (die Koalition, Verf.) ins Arsenal des Schröpfens tut, werden fahriger"; *Hans Barbier*, Die Vertreibung der Solidarität, FAZ 10. April 1993; *Kurt Niemeyer*, Ohne Besteuerungsmoral, Leserbrief FAZ 25. Januar 1993.

49 *Günther Ackermann*, DB 19/1992, I.

50 *Josef Grünbeck* MdB, Bild am Sonntag 29. September 1991.

51 *Alfons Pausch*, Steuerstaat und Steuerkultur, Beilage zu NWB Heft 40/1992, 3.

Brief stellt bündig fest: „Das deutsche Steuerrecht ist in einem erbarmungswürdigen Zustand, es herrscht Steuerchaos."[52]

In diese Kategorie gehören auch die vom Bundesverfassungsgericht seit mehr als 13 Jahren[53] angemahnte Neuregelung der Besteuerung von im Alter bezogenen Einkünften[54], die unzureichende Berücksichtigung des Existenzminimums im Steuerrecht, die noch nicht generell behoben ist[55], die verfassungsrechtlich bedenkliche Belastung von wesentlichen Teilen der Zwangsbeiträge zur Sozialversicherung mit Einkommensteuer[56] und weitere Punkte. Verbitterte Bürger, deren Vertrauen auf einen verfassungstreuen Gesetzgeber enttäuscht worden ist, lähmen durch massenhafte Wahrnehmung ihrer verfassungsmäßigen Rechte den Gesetzesvollzug[57]. Als Unfairneß des Staates wird es häufig auch angesehen, daß Zinseinkünfte besteuert, Schuldzinsen aber vom Abzug ausgeschlossen werden, und daß Geldentwertungs-Verluste beim Kapitalstock zusammen mit Einkommensteuer auf Zinserträge und Vermögensteuer höher sind als die Bruttoerträge[58].

7. Enttäuschte Ansprüche

Eine andere Ursache, übrigens auch für die Politikverdrossenheit, liegt darin, daß in den zurückliegenden Jahren Ansprüche an den Staat aufgebaut worden sind, die heute nicht mehr befriedigt werden können, was dann vielfach mit Verärgerung und Enttäuschung quittiert[59] und mit vermeintlichen „Selbsthilfe-Maßnahmen" beantwortet wird.

---

52 Der Platow-Brief, Nr. 70 vom 21. Juni 1993, offenbar anknüpfend an *Dann* (Fn. 63).

53 BVerfG-Urteil vom 26. März 1980, 1 BvR 121/76, 1 BvR 122/76, BStBl. II 1980, 545.

54 Das Bundesverfassungsgericht hat zwar mit Urteil vom 24. Juni 1992, 1 BvR 459/87, 1 BvR 467/87, BStBl. II 1992, 774 festgestellt, die dem Staat eingeräumte Frist sei noch nicht abgelaufen. Die Pensionäre, die eine Gleichstellung der Pensionen mit den Renten fordern (wobei die fachlichen Argumente eher für eine Annäherung der Rentenbesteuerung an die Pensionsbesteuerung sprechen) und denen die Zeit davonläuft, sehen das aber anders.

55 BVerfG-Urteil vom 25. September 1992, 2 BvL 5/91, 2 BvL 8/91, 2 BvL 14/91, BStBl. II 1993, 413.

56 Vgl. *Paul Kirchhof*, Der Sachverstand ist da, Interview Der Spiegel 49/1992, 68: „Nicht disponible Bestandteile des Einkommens dürfen nun mal nicht besteuert werden."

57 *Kurt Miehler/Ludwig Kronthaler*, Das Steuerrecht und die Gerechtigkeit, DStZ 1992, 257; *Peter Neckels*, Ist die Einspruchsflut aufzuhalten?, DStZ 1993, 23.

58 Vgl. dazu auch *Franz Furger* und *Joachim Wiemeyer*, Gutes Geld für alle. Sozialethische Überlegungen zur Geldwertstabilität, Bonn 1991.

59 *Jürgen Rüttgers*, Kolumne in Kurier am Sonntag (Bremen), 28. Februar 1993.

8. Staatliche Ausgabenfreude

Manche Bürger sehen mit Ingrimm, daß einerseits die Steuer und Gebührenschrauben immer mehr angezogen werden[60], daß aber andererseits für manche Dinge Geld im Überfluß vorhanden zu sein scheint. Jeder sieht aufwendig gepflasterte Straßen, teure Straßenrückbauten, kostspielige und mit hohen Folgekosten behaftete Schwimmbäder und vieles andere. Jedes Jahr werden vom Bundesrechnungshof und vom Bund der Steuerzahler neue Beispiele von Verschwendung angeprangert. Jedem wurde über die Medien monatelang nahegebracht, welche Kosten durch die Flut von Asylsuchenden und das lange Hin und Her bis zu einer eindämmenden Gesetzesregelung entstanden sind. Besonders im Bonner Raum, aber auch weit darüber hinaus[61] hat man wenig Verständnis für den Milliarden kostenden Umzug des Bundestages und wesentlicher Teile der Bundesregierung nach Berlin[62]. Dasselbe gilt in Berlin für die Baumaßnahmen, die noch in Bonn verwirklicht werden. Viele meinen, in Zeiten so knapper Finanzen und so hoher Steuerbelastung müsse auch auf Prestige-Projekte wie die Weltausstellung in Hannover[63] verzichtet werden. Manche haben die Entscheidung für die Olympiade 2000 in Sydney unter finanziellen Aspekten begrüßt.

„Wer so mit schlechtem Beispiel von oben vorangeht, . . . braucht sich über vieles nicht mehr zu wundern."[64]

9. Kompliziertheit des Steuerrechts

Die meisten Bürger fühlen sich von der Kompliziertheit des Steuerrechts überfordert. Daraus resultieren Vorbehalte gegen das Steuerrecht sowie das Gefühl, gegenüber denen, die die Steuerersparnismöglichkeiten voll ausschöpfen können, benachteiligt zu sein. Von da aus ist es für manche nur noch ein kleiner Schritt, bis sie auf ihre eigene Weise für „Steuerersparnis" sorgen. Wenn selbst der sonst für seine Zurückhaltung bekannte Präsident der Steuerberaterkammer ausführt, das deutsche Steuerrecht

60 Vgl. die Auflistung der Steuererhöhungen seit 1991 in Die Welt, 26. Juni 1993; Steuerquote 1990 22,5 v.H., 1993 vorauss. 24,1 v.H., 1995 über 25 v.H., Abgabenquote 1990 38,5 v.H., 1993 vorauss. 42 v.H., 1995 rd. 44 v.H.

61 Nach einer Umfrage des infas-Instituts im April 1992 hielten 77 v.H. aller Deutschen den Umzug nach Berlin „derzeit finanziell nicht (für) vertretbar", General-Anzeiger Bonn 28. April 1992.

62 Vgl. statt vieler den Leserbrief von *Meinhard Miegel*, General-Anzeiger Bonn 29. Juni 1993.

63 FAZ 11. September 1991 kritisiert, es sei nicht einmal eine Woche seit den feierlichen Bekundungen zur Sparsamkeit anläßlich der Haushaltsberatungen des Bundestages vergangen und schon wurden Niedersachsen Hilfen des Bundes für eine Weltausstellung in Hannover zugesagt.

64 *Rainer Barzel*, Es ist Zeit, einen Warnruf zu erheben, General-Anzeiger Bonn 28. Mai 1992, unter Bezugnahme auch auf die Berlin-Entscheidung des Bundestages vom 20. Juni 1991.

sei in einem erbarmungswürdigen Zustand, es herrsche Steuerchaos[65], Rechtsunsicherheit greife um sich[66], so sollte das zu denken geben.

V. Ansatzpunkte für Abhilfe

Wohlgemeinte Appelle an den Gemeinsinn und die Solidarität der Bürger nützen allein wenig. Es hilft auch nichts, auf den Gesetzgeber zu verweisen, der Regelungslücken im Gesetz beseitigen müsse, aber bis dahin solche Regelungslücken noch kräftig auszunutzen. Erst recht nichts nützt es, die bestehenden Mißhelligkeiten als unabänderlich hinzunehmen. „Aufzugeben unter dem Vorwand, daß doch alles nichts nütze, bedeutet, ... sich letztlich in die Resignation zurückzuziehen."[67] Nötig ist vielmehr ein ganzes Bündel von Maßnahmen und Verhaltensänderungen, um zum einen Mißbrauchsmöglichkeiten abzustellen, zum anderen aber auch, um bei den Bürgern die Einstellung zu stärken, daß man nicht jede sich bietende Gelegenheit, sich am Staat, also an der Allgemeinheit zu bereichern, ausnutzen muß. Im „privaten" Bereich, wenn man sich also nicht dem Staat gegenübersteht, sondern anderen Mitbürgern, ist eine solche Einstellung selbstverständlich. Uneingeschränkter Eigennutz und nackter Egoismus widersprechen der Grundstruktur menschlichen Lebens, daß keiner für sich allein leben kann[68].

Vieles spricht für den Ansatz von *Menck*, auch im Verhalten gegenüber dem Staat manche Dinge mit dem Verdikt zu belegen „man tut so etwas nicht", und eine „Bürgergesinnung" wiederzubeleben, wie sie für eine funktionierende Demokratie lebensnotwendig ist[69]. Denn Demokratie beruht im wesentlichen auf dem Vertrauen, daß bestimmte Spielregeln und Konditionen, auch im nichtjustitiablen Bereich, eingehalten werden. Die Aussage von *Thiel*, daß „nur durchdachte und vernünftige Gesetze – aber nicht moralische Postulate – eine vernünftige Steuererhebung zu gewährleisten vermögen"[70], beschreibt einen vermeintlichen Gegensatz, wo es eigentlich um eine Ergänzung geht. Denn durchdachte und vernünftige Gesetze machen moralische Postulate nicht überflüssig. Wäre es anders, so müßte schon im Gesetz Vorsorge gegen alle denkbaren Mißbrauchsmöglichkeiten getroffen werden. Die Gesetze wären dann noch unleserlicher, als sie es jetzt schon sind.

Ich halte es auch für erreichbar, einer Einstellung des „so etwas tut man nicht" zu allgemeiner Akzeptanz zu verhelfen. Dazu muß jedoch einiges getan werden:

---

65 Eröffnungsrede zum Deutschen Steuerberaterkongreß vom 10.–12. Mai 1993 in Bremen, Redemanuskript; FAZ 11. Mai 1993.

66 *Wilfried Dann*, StbKongrRep 1992, 3.

67 *Alfred Grosser*, Ermordung der Menschheit, Paris 1989, 274.

68 EKD-Denkschrift „Gemeinwohl und Eigennutz", zitiert nach *Otto Graf Lambsdorff*, Gezähmtes Eigentum, Wirtschaftswoche vom 1. November 1991.

69 *Rüdiger Safranski*, Die Wiederkehr des Bösen, FAZ 24. Dezember 1992.

70 Fn. 3.

1. Mißbrauch beim Namen nennen

Die Mißbräuche und unerwünschten Gestaltungen müssen als solche benannt, sie dürfen nicht dramatisiert, aber auch nicht heruntergespielt werden. Erfreulicherweise sind im Mißbrauchsbericht die mißbilligten Dinge beim Namen genannt worden.

2. Gelbe und rote Karten verteilen

Der Mißbrauch und die Beihilfe zum Mißbrauch dürfen nicht folgenlos bleiben. Es darf keine „Solidarität mit Steuertricksern"[71] geben, kein augenzwinkerndes Einverständnis, daß man das Verhalten der Täter zwar offiziell mißbillige, aber im Grunde Verständnis dafür habe. So ist z.B. das Verhalten des Kreditgewerbes im Zusammenhang mit der kleinen Kapitalertragsteuer und neuerdings im Zusammenhang mit dem Zinsabschlag bisher ohne öffentlich erkennbare Sanktion geblieben, obwohl es schon mehrfach Gelegenheit gegeben hätte, z.B. den Anliegen der Kreditwirtschaft etwas schwerhöriger zu begegnen.

In alten Hochkulturen gab es den Tadel, den Verweis als strenge Strafe. Er wurde nicht nur bei Verstößen gegen das Gesetz ausgesprochen, sondern auch bei Handlungen, die zwar rechtlich nicht geahndet werden konnten, aber als ungerecht empfunden wurden[72]. Es wird viel von wehrhafter Demokratie geredet, es wird gefordert, der Staat müsse selbstverständlich die Zähne zeigen, wenn dies erforderlich sei[73]. Muß das nicht auch gegenüber den Tätern in weißen Kragen und gegenüber denen in Nadelstreifen gelten?

3. Vorbildfunktion der Politiker

Die Politiker müssen bei der Offenheit, der Aufrichtigkeit und vor allem beim Sparen mit gutem Beispiel vorangehen. Sie müssen auch dort sparen, wo sie selbst betroffen sind. Nullrunden bei den Ministergehältern und den Abgeordnetendiäten werden von der Öffentlichkeit als solche Beispiele aufmerksam registriert. Aufmerksam registriert werden aber auch die Beispiele, in denen „Politiker" von anderen Opfer fordern, selbst aber nicht bereit sind, Abstriche z.B. bei ihrer Pensionsregelung von 100 v.H. ihres Amtsgehalts hinzunehmen. Auch die Diskussion um die Verkleinerung des Bundestages und die Zusammenlegung von Bundesministerien wird von vielen als Prüfstein angesehen.

Es ist ein Alarmsignal, wenn in Umfragen festgestellt wird, daß nur noch ein geringer Anteil der Bevölkerung die Politiker für vertrauenswürdig hält[74] und glaubt, die Politiker verträten hauptsächlich ihre eigenen Interessen[75].

71 *Thomas Hanke*, Flucht vor dem Fiskus, Die Zeit 25. Juni 1993.

72 *Erwin Wickert*, China von innen gesehen, Stuttgart 1982, 330.

73 *Heinz Eggert*, Macht Demokratie wehrlos?, Eichholz-Brief 2/1993, 4.

74 Vgl. *Elisabeth Noelle-Neumann*, Wie belastbar ist die deutsche Demokratie?, FAZ 16. Dezember 1992.

75 *Jürgen Rüttgers*, Dem Bürger lassen, was des Bürgers ist, Die Zeit 15. Mai 1992.

4. Raschere Reaktion des Gesetzgebers

Der Gesetzgeber muß rascher als bisher reagieren, wenn Mißbräuche als solche erkannt und auf eine unzulängliche Gesetzesfassung zurückgeführt werden können. Die jahrelangen vergeblichen Versuche, die Gesellschafter-Fremdfinanzierung gesetzgeberisch in den Griff zu bekommen, das Hin und Her bei der Erfassung von Zinsen und die früheren halbherzigen Versuche, der Verlustzuweisungen Herr zu werden, waren keine Ruhmesblätter. Die gesetzgeberische Unterbindung des Dividenden-Stripping zeigt, daß es auch anders geht.

5. Verbreiterung der Kontrollen

Der Lenin'sche Grundsatz „Vertrauen ist gut, Kontrolle ist besser" wird im Steuerrecht nicht immer zureichend beherzigt. Keiner will den umfassenden Kontroll- und Schnüffelstaat. Wenn aber *Franz Klein* feststellt, der Gesetzgeber gehe heute weitgehend selbstverständlich davon aus, daß die Normen nicht eingehalten werden[76], deutet das eher auf unzulängliche Kontrollen hin. Der Betriebsprüfungs-Turnus in Nordrhein-Westfalen beträgt bei Kleinbetrieben rd. 20 Jahre und bei Kleinstbetrieben gar 50 Jahre[77]. Die Entdeckung von Schwarzgeschäften, von zu Unrecht geltend gemachten Betriebsausgaben usw. ist also mit großer Wahrscheinlichkeit ausgeschlossen, die Versuchung zu solchen Dingen ist deshalb groß. Die Finanzbeamten „an der Front" sind zudem wegen ihrer Arbeitsbelastung zu eingehenderen Kontrollen gar nicht in der Lage. Notwendig ist deshalb zunächst eine durchgreifende Steuervereinfachung, um wieder die personellen Voraussetzungen für bessere Kontrollen zu schaffen. Die Reihenfolge: zuerst Vereinfachung, dann bessere Kontrolle ist auch deshalb wichtig, weil Kontrollen um so schwieriger, aufwendiger – und für die Bürger belastender – sind, je größer die Regelungsdichte und die Kompliziertheit sind. Die Beamten brauchen aber auch Ermutigung und ggf. Rückendeckung seitens ihrer Vorgesetzten, wenn eine „generalpräventive Wirkung von Kontroll- und Prüfungsmaßnahmen der Steuerverwaltung"[78] erreicht werden soll.

Die Feststellung von *Wolfgang Schäuble*: „Wenn die Verhinderung und Bekämpfung von Verbrechen nicht mehr die selbstverständliche Regelerfahrung des Bürgers ist, gehen Rechtsfrieden, Rechtsgehorsam und Glauben an den Rechtsstaat verloren"[79], läßt sich ohne weiteres auch auf den steuerlichen Bereich übertragen, selbst wenn es dort sicherlich nicht um

76 *Franz Klein*, Rechtsunsicherheit im Steuerrecht – Folgerungen für den Steuerberater aus der Rechtsprechung zum Verfassungsrecht. Die vollständige Erfassung der Einkunftsquellen, StbKongrRep 1992, 53.

77 Die Steuer-Gewerkschaft 1–2/1993, 5.

78 Mißbrauchsbericht, Vorbemerkung zu Teil III.

79 *Wolfgang Schäuble*, Brief an die Mitglieder der CDU/CSU-Bundestagsfraktion vom 3. August 1993.

„Verbrechen", sondern „nur" um Steuerverkürzung und oft auch nur um „Steuerminimierung" geht.

6. Änderung des Finanzausgleichs

In diesem Zusammenhang scheint der Hinweis auf eine Regelung angebracht, die Rückschlüsse auf den Elan zuläßt, mit dem die Länder an eine bessere Ausschöpfung ihrer Steuerquellen herangehen. Es geht um „die Elemente der Vollauffüllung der fehlenden Finanzkraft" im System des Finanzausgleichs. „Welche Anreize zur Pflege der eigenen Steuerbasis und der Erzielung von Steuermehreinnahmen soll ein Land eigentlich noch haben, wenn ihm die Früchte dieser Leistungen hundertprozentig wieder abgenommen werden?", so fragt der Finanzminister eines „Zahler-Landes"[80]. An diesem System hat sich auch bei dem zum 1. Januar 1995 in Kraft tretenden neuen Finanzausgleichsgesetz nichts grundlegend geändert[81].

7. Sparsamkeit bei den Ausgaben

Die Steuerzahler müssen das Gefühl haben, daß ihre Steuern sinnvoll und sparsam verwendet werden[82]. Ein 500 000 DM teurer Umbau der neuen Bar des Bundestages, wie er in der Annonce eines empörten Steuerzahlers kritisiert wird[83], würde, wenn die Absicht eines so teuren Umbaus tatsächlich bestanden haben sollte, den Bürgern nicht gerade das Gefühl geben, man wirtschafte sparsam. Auch die spätere Kritik des Bundesrechnungshofs an unnötigen Geldausgaben ist kaum geeignet, ein einmal entstandenes ungünstiges Bild zu verwischen, zumal wenn diese Kritik, wie im Regelfall, für die Betroffenen folgenlos bleibt[84].

8. Steuergerechtigkeit

Nicht zuletzt müssen die Bürger das Gefühl haben, daß es bei der Besteuerung möglichst gerecht zugeht. Der kleine Steuerzahler, der sich den Sparerfreibetrag, den Kapitalanteil seiner Sozialversicherungsrente, das Krankengeld, das Arbeitslosengeld und vieles andere[85] auf seinen erst unter dem Druck des Bundesverfassungsgerichts angehobenen Grundfreibetrag faktisch anrechnen lassen muß, wird das möglicherweise nicht sehr gerecht finden. Ähnlich wird derjenige denken, der mit seinen Steu-

---

80 *Gerhard Mayer-Vorfelder*, FAZ 16. Dezember 1992.

81 Vgl. dazu Deutsche Steuergewerkschaft, Länder sollen Geld aus übernormaler Steuerkraft behalten, Die Steuer-Gewerkschaft, Juni 1993, 71.

82 Vgl. dazu die Antrittsrede von *Susanne Tiemann* vom 1. September 1992, als Broschüre veröff. vom Bund der Steuerzahler.

83 Der Spiegel 30/1993, 89.

84 Vgl. *Klaus Peter Krause*, Ritter ohne Schwert, FAZ 26. September 1991.

85 § 32c EStG, i.d.F. des Gesetzes zur Umsetzung des Föderalen Konsolidierungsprogramms vom 23. Juni 1993, BGBl. I, 944, jetzt § 32d EStG.

ern das selbstgenutzte Wohneigentum eines Mitbürgers mit einem mehrfach so hohen Einkommen mitfinanziert oder der zusehen muß, wie ein anderer Mitbürger sein Hobby über steuerlich abziehbare Spenden finanziert. Steuergesetze dürfen nicht mehr bis hart an die Grenze der Verfassungswidrigkeit oder gar – wenn auch nur bewußt „fahrlässig" – darüber hinaus gehen[86]. Der Präsident des Bundesverfassungsgerichts hat im Zusammenhang mit der Erhebung einer Steuer auf das Existenzminimum ausgeführt, „so etwas tut ein redlicher Staat nicht"[87]. Es gibt andere Sachverhalte, auf die das übertragen werden kann.

Weitere Ansatzpunkte für Unbehagen sind z.B. die unterschiedliche Erfassung der Einkunftsquellen[88], die unterschiedliche Besteuerung von Renten und Pensionen, die Unzuträglichkeiten bei der Einheitsbewertung und ihre Folgen bei der VSt und ErbSt[89], die unterschiedlichen Abzugsmöglichkeiten für Schuldzinsen[90] und vieles andere[91].

9. Steuervereinfachung, Steuersystematik

Notwendig ist auch eine drastische Vereinfachung des Steuerrechts, wie sie vom Präsidenten des Bundesverfassungsgerichts[92], vom Präsidenten des Bundesfinanzhofs[93], von Mitgliedern des Finanzausschusses des Bundestages[94], von den Oberfinanzpräsidenten aller 21 OFD'en und seit langem von der Wissenschaft[95] gefordert wird. Man muß aufhören, in dem bisher geübten Maß mit dem Steuerrecht Bevölkerungs-, Wohnungsbau- und Verkehrspolitik, Vermögensbildung, Arbeitsmarkt-, Energie-, Umwelt-, Investitions- und Sozialpolitik und vieles andere zu betreiben. *Miehler/Kronthaler* fragen unter Hinweis auf die zahlreichen Kleinbuch-

86 *Kurt Miehler/Ludwig Kronthaler* (Fn. 55).

87 *Roman Herzog*, Rede auf der Festakademie anläßlich des 50. Geburtstages von Hannelore Rönsch, 14. Januar 1993, private Mitschrift d. Verf.

88 *Franz Klein* (Fn. 74).

89 *Dietrich Meyding*, Rechtsunsicherheit im Steuerrecht – Ist eine verfassungskonforme Vermögensbesteuerung überhaupt möglich?, StbKongrRep 1992, 67.

90 *Karl Rudolph*, Auszugliedernde private Schuldzinsen bei gemischten Kontokorrentkonten, DStZ 1993, 297.

91 Vgl. dazu z.B. *Hansgeorg Jehner*, Der gesetzliche Gegensatz als systematische Grundlage der Einkommensbesteuerung in Deutschland, DStR 1988, 267.

92 *Roman Herzog* beim Deutschen Steuerzahlerkongreß 1991, vgl. Börsenzeitung 14. September 1991, Handelsblatt 16. September 1991.

93 *Franz Klein*, Münchner Steuerfachtagung und deutsches Steuerrecht – Vergangenheit, Gegenwart und Zukunft, DStR 1993, 793; *ders.*, Interview in der Süddeutschen Zeitung 27. September 1993.

94 Vgl. z.B. *Gerhard Schulz*, Zurück zur Berechenbarkeit der Steuerpolitik!, DB 1993, 1255.

95 Vgl. für viele *Arndt Raupach/Klaus Tipke/Adalbert Uelner*, Niedergang oder Neuordnung des deutschen Einkommensteuerrechts?, Köln 1985; *Klaus Tipke*, Über Steuervereinfachung und Staatsverdrossenheit, Protokoll des Deutschen Steuerberatertags 1986, 63.

stabenparagraphen im EStG und die in anderen Steuergesetzen versteckten Regelungen zu Recht: „Wem kann man das noch zumuten?"[96]

Ebenso notwendig für die Steuergesetzgebung ist die Ausrichtung der einzelnen Gesetze und Regelungen an einem klaren System, das auch bei Detail-Änderungen eingehalten wird[97]. Erkannte Mängel dürfen nicht durch unzulängliche und unsystematische Notlösungen, sondern müssen von der Ursache her behoben werden. Es gilt, *Tipke* und *Herzog* eines Besseren zu belehren, die meinen, eine Reform könne nicht „von konzeptionsfeindlichen, einseitig-pragmatischen Systemverächtern, von den Freunden der konzeptionslosen, kasuistisch-detaillistischen, technokratischen Überreglementierung geleistet werden"[98] und für die bisherige Gesetzesflut sei ein Personenkreis mit „einer Mischung aus Sachkunde, Diensteifer, Normgläubigkeit und Subalternität", verbunden mit „mangelnder Unterscheidungsfähigkeit zwischen Wichtigem und Unwichtigem" verantwortlich[99].

10. Meinungsumschwung in den Medien

Änderungsbedürftig ist auch die Berichterstattung in den Medien. Es sei nochmals betont, daß es völlig in Ordnung ist, wenn jemand seine Verhältnisse so zu gestalten versucht, daß er möglichst wenig Steuern zahlt[100]. Nahezu jeden Tag wird aber irgendwo darüber berichtet, mit welchen Tricks man Steuern sparen kann. Es gibt sogar Publikationen, die in beinahe haßerfüllter Weise einzelne Anweisungen der Finanzverwaltung aufs Korn nehmen und Wege aufzeigen, wie man – manchmal legal, manchmal am Rande der Legalität – seine Steuerschuld drücken kann, und die auf diese Weise um neue Abonnenten werben. Wer „die Informationen liefert, wer den Informationsstrom mitlenkt, wer Meinungen an breite Wählerschichten weitergeben kann, noch bevor ein Parlament tätig werden kann, dessen Mitwirkung an der politischen Willensbildung steht außer Frage"[101]. *Lay* sieht in diesem Bereich „durchaus Ansätze für eine neue öffentliche Moral", indem „die Massenmedien versuchen, das öffentliche Bewußtstein für nicht sozialkonformes Verhalten zu schärfen"[102]. Diese Ansätze gilt es auszuweiten und auf den steuerlichen Bereich zu übertragen.

96 Fn. 55.
97 Vgl. dazu *Joachim Lang*, Reformentwurf zu Grundvorschriften des Einkommensteuergesetzes, Köln 1985.
98 *Klaus Tipke* (Fn. 93), 78.
99 *Roman Herzog*, Mehr Rechtssicherheit im Steuerrecht, Protokoll des 11. Deutschen Steuerberatertags 1988, 69 (75).
100 Vgl. die ständige Rechtsprechung des BFH, BFH 18. Dezember 1990, VIII R 290/82, BFHE 163, 423, BStBl. 1991 II, 391.
101 *Harry Andreas Kremer*, Die Politiker zu schelten ist einfach, Leserbrief FAZ 11. August 1992.
102 *Rupert Lay*, Hoechst unmoralisch, Die Woche 6. Mai 1993, 15.

11. Steuersenkung

Energische Sparmaßnahmen und ein wesentlich weitergehender Subventionsabbau, als dies bisher geschehen ist, eröffnen Spielräume für eine Rückführung der sich 1995 auf Rekordhöhe befindenden Steuerquote. Die Bundesregierung führt in den Vorbemerkungen im steuerlichen Teil des Mißbrauchsberichts selbst aus, erfahrungsgemäß steige die Bereitschaft zu Mißbräuchen und Steuerumgehungen mit steigender Belastung von Bürgern und Betrieben mit Steuern und Abgaben. Je stärker der Steuerdruck sei, desto häufiger komme es zu Ausweichreaktionen. Umgekehrt bremsten niedrigere Steuersätze die Versuchung der Steuerpflichtigen, die individuellen Steuerbemessungsgrundlagen auf legalem oder illegalem Wege zu verkürzen. Dem ist nichts hinzuzufügen.

VI. Appell des Bundeskanzlers

Der Bundeskanzler hat vor kurzem erklärt: „Es darf nicht üblich werden, Subventionsbetrug, Steuerhinterziehung oder die Erschleichung von sozialen Leistungen als Kavaliersdelikte zu betrachten. Damit würden wir unsere Zukunft gefährden. [. . .] Selbstverwirklichung darf nicht dazu führen, sich rücksichtslos über die Gesamtinteressen hinwegzusetzen. Bei der Beseitigung von Mißständen geht es auch um das Gesamtbild einer Gesellschaft. Wir müssen in diesem Zusammenhang auch an das Beispiel denken, das wir der jungen Generation geben."[103]

Die Ziele sind also vorgegeben. Man muß „nur" versuchen, sie zu erreichen.

103 *Helmut Kohl,* Neue Weichenstellung zur Gestaltung der Zukunft, Bulletin 1993, 657.

Arndt Raupach

Wege aus dem Chaos

Inhaltsübersicht

Die Klagelieder über den Zustand des deutschen Steuerrechts gipfelten 1993 in dem Motto „Steuerchaos und kein Ende?", das sich der Steuerberater-Tag in München[1] gesetzt hatte, gut 20 Jahre, nachdem *Tipke* die Frage gestellt hatte: „Steuerrecht – Chaos, Konglomerat oder System?"[2].

I. Das Steuerchaos

Das Steuerchaos hat *Lang*[3] im Anschluß an die moderne physikalische Theorie als das „komplexe, im einzelnen kaum bestimmbare Zusammenwirken einer Vielzahl von Determinanten" auf dem Gebiet des Steuerrechts gekennzeichnet. Man kann diesen Gedanken leicht weiterspinnen: die Glosse „Ceterum censeo" zieht eine Parallele zur mathematischen Chaos-Theorie: Naturwissenschaftler und Techniker gehen davon aus,

> „daß ein System dann chaotisch ist, wenn niemand vorhersagen kann, wie es sich über längere Zeit verhalten wird. Parallel dazu und noch intensiver wird unser Steuersystem zu einem Chaos entwickelt, dessen Verhalten über längere Zeit schon deshalb niemand voraussagen kann, weil es durch immer neue Eingriffe immer kurzlebiger wird. Weil unser Steuersystem immer mehr unter dem zu leiden hat, was die Astronomen Opazität nennen: Undurchsichtigkeit. Nicht allein für die Steuerzahler, sondern auch für deren Berater und für die Leute, die deren Gegenpart spielen – für die Sachbearbeiter in den Finanzämtern. In wachsendem Umfang werden nämlich steuerliche Vorschriften zu dem, was Physiker als Quantenkryptographie bezeichnen: von niemandem mehr zu verstehende oder gar aufzulösende Verschlüsselungen"[4].

1 Tagungsbericht von *Klaus Kottke* in „Blick durch die Wirtschaft", Handelsblatt vom 7. Oktober 1993 und die Eröffnungsrede von *Joachim Lang*, abgedruckt in Stbg 1994, 10.
2 *Klaus Tipke*, Steuerrecht – Chaos, Konglomerat oder System?, StuW 1971, 2.
3 *Joachim Lang*, Einkommensteuer, Quo vadis?, FR 1993, 661, 664; *ders.*, Wege aus dem Steuerchaos, Stbg 1994, 10.
4 *ES*, Ceterum Censeo in FR 1994, 3.

Naturgemäß weniger sarkastisch, erstaunlicherweise in der Sache aber kaum anders, umschreibt der Bundesrechnungshof die Entwicklung des Steuerrechts in seiner Stellungnahme zur Lage der Steuerverwaltung für die öffentliche Anhörung des Finanzausschusses des Deutschen Bundestages am 22. September 1993[5]:

> Die Entwicklung des Steuerrechts „ist zum einen geprägt durch eine kaum noch überschaubare Fülle zu beachtender Regelungen, die als eine Flut umfangreicher – nicht selten kurzlebiger – Gesetze, Verordnungen und Verwaltungsvorschriften die Steuerverwaltung gewissermaßen überschwemmt. Zum anderen erschweren die Vielschichtigkeit und die schwer verständliche Fassung zahlreicher neuer Normen die Handhabung des Steuerrechts selbst für den Steuerfachmann. Schwierigkeiten bei der Gesetzesauslegung (z. T. auch bedingt durch Lücken und Unklarheiten der Normen) ziehen wiederum eine Vielzahl grundsätzlicher Gerichtsentscheidungen nach sich. Die Versuche des Gesetzgebers, besondere Rechtsprobleme sachgerecht zu lösen, bewirken häufig, daß neue Rechtsprobleme geschaffen werden. Selbst Normen, die der Finanzverwaltung an sich die Arbeit erleichtern sollen, wirken zusätzlich belastend . . ."

Die Kompliziertheit des Steuerrechts, mangelnde Voraussehbarkeit steuerlicher Rechtsfolgen und überlange Steuerprozesse beeinträchtigen Wirtschaft und Wettbewerb. Die Situation hat sich jahrelang zugespitzt, sie ist besonders bedrohlich in einer Zeit, in der Wirtschaft und Staat Anpassungsvorgänge nicht gekannten Ausmaßes abverlangt werden: Im Rahmen des Europäischen Binnenmarktes, nach Ablösung des staatskapitalistischen Systems in Osteuropa und im Wettbewerb zu den sich entwikkelnden Staaten im fernen Osten; in einer Zeit, in der öffentliche Kassen infolge der Aufbaufinanzierung in den neuen Bundesländern leer sind, die Wirtschaft durch ein erst abklingendes Konjunkturtief und eine nicht überwundene Strukturkrise geschwächt ist.

Da das Steuerrecht alle Bereiche des Wirtschaftens durchdringt, strahlt auch das Steuerchaos in weite Rechtsgebiete aus:

- Die mangelnde Rechtsform-Neutralität der Unternehmensbesteuerung[6] z.B. beeinflußt die Rechtsformwahl und wirkt damit störend in das Gesellschaftsrecht hinein. Komplizierte und atypische gesellschaftsrechtliche Gestaltungen sind zumeist Reaktionen auf steuerli-

5 Stellungnahme des Bundesrechnungshofs vom 15. September 1993, Tz. 3.3.

6 Vgl. hierzu z.B. *Klaus Tipke,* Zur Problematik einer rechtsformunabhängigen Besteuerung der Unternehmen, NJW 1980, 1079; *ders.,* in Tipke/Lang, Steuerrecht, 13. Aufl. 1991, 628; *Brigitte Knobbe-Keuk,* Möglichkeiten und Grenzen einer Unternehmenssteuerreform, DB 1989, 1303; *Otto Jacobs,* Empfiehlt sich eine rechtsformunabhängige Besteuerung der Unternehmung, ZGR 1980, 289; *Joachim Lang,* Reform der Unternehmensbesteuerung, StuW 1989, 3; *ders.,* Reform der Unternehmensbesteuerung auf dem Weg zum Europäischen Binnenmarkt und zur deutschen Einheit, StuW 1990, 107.

che Einflüsse; der Gesellschaftsrechtler *Wiedemann*[7] spricht treffend vom „Steuerrecht als unerwünschter Rechtsquelle des Gesellschaftsrechts".

- Infolge der auf dem Maßgeblichkeitsprinzip beruhenden umgekehrten Maßgeblichkeit der Steuerbilanz für die Handelsbilanz[8] verfälschen steuerliche Zielsetzungen die Handelsbilanz[9]. Deutlich wird das an einer Formulierung von *Biener*[10] aus der Sicht des Handesbilanzrechts:

  „Der Grundsatz der Maßgeblichkeit der Handelsbilanz für die steuerliche Gewinnermittlung, der auch die Anwendung ausschließlich steuerrechtlicher Bewertungsvorschriften erlaubt, hat in Deutschland eine so lange Tradition, daß er schon selbst als Grundsatz ordnungsgemäßer Buchführung bezeichnet werden könnte, *wenn er nicht dem Sinn und Zweck der handelsrechtlichen Rechnungslegung zuwiderlaufen würde.*"[11]

  Man kann also das Steuerrecht durchaus „als unerwünschte Rechtsquelle des Handelsbilanzrechts" bezeichnen.

- Das Recht der Subventionen ist durch vielfache, nicht immer zweckmäßige Anknüpfungen an steuerliche Tatbestandsmerkmale mit dem Steuerrecht verwoben. Diese Verknüpfung von Steuerrecht und Subventionierung und den schädlichen Einfluß auf eine freie Marktwirtschaft beschreibt *Tipke*[12]:

  „Grundsätzlich wissen Politiker und Staatsbeamte nicht besser als wirtschaftende Bürger, was zweckmäßiges wirtschaftliches Verhalten

---

7 So *Herbert Wiedemann*, Gesellschaftsrecht, Bd. I, 1980, S. 23; diese Formulierung wird auch von den Steuerrechtlern aufgegriffen, vgl. *Brigitte Knobbe-Keuk*, Das Steuerrecht – eine unerwünschte Rechtsquelle des Gesellschaftsrechts? Rechtsordnung und Steuerwesen, Bd. 4, 1986; *Manfred Groh*, Das Steuerrecht als unerwünschte Quelle des Gesellschaftsrechts, BB 1984, 304; *Arndt Raupach* in Raupach/Tipke/Uelner, Niedergang oder Neuordnung des deutschen Einkommensteuerrechts, Münsteraner Symposion, Bd. I, 1985, S. 15, 121.

8 Umgekehrte Maßgeblichkeit bedeutet, daß ein Ansatz in der Steuerbilanz, für den handels- und steuerrechtlich ein Wahlrecht besteht, davon abhängig ist, daß das Wahlrecht einheitlich – also auch in der Handelsbilanz – ausgeübt wird. Nachdem dieser Grundsatz in Teilbereichen umstritten war, wurde er schließlich durch Einfügung des § 6 Abs. 3 a.F. EStG partiell und jetzt in § 5 Abs. 1 Satz 2 EStG umfassend gesetzlich verankert. Besonders problematisch ist, daß das Handelsrecht, den Grundsatz der umgekehrten Maßgeblichkeit voraussetzend, generell ein Wahlrecht einräumt, wenn ein steuerliches Wahlrecht, z.B. für erhöhte Absetzungen, Sonderabschreibungen und Bewertungsabschläge besteht (§ 247 Abs. 3, § 254 HGB).

9 *Brigitte Knobbe-Keuk*, Bilanz- und Unternehmenssteuerrecht, 9. Aufl. 1993, § 2 III 2b spricht von einer „überflüssigen Deformation der Handelsbilanz".

10 *Herbert Biener*, Interessenkonflikt bei der Anpassung der Rechnungslegungsvorschriften in der Europäischen Wirtschaftsgemeinschaft (EWG) in Jörg Baetge (Hrsg.), Der Jahresabschluß im Widerstreit der Interessen, 1983.

11 *Herbert Biener*, a.a.O., Hervorhebung hinzugefügt.

12 *Klaus Tipke*, Die Steuerrechtsordnung, 1993, S. 369 m.w.N.

ist. Der Markt beruht auf freiem Wettbewerb, und Steuervergünstigungen sind Eingriffe in diesen Wettbewerb. Lobbyisten pflegen allerdings keine Schwierigkeiten zu haben, eine für ihre Klientel erstrebte Vergünstigung als gemeinwohlförderlich für das ganze Land hinzustellen (,What is good for General Motors is good for the United States'). Steuervergünstigungen sind wie eine Hydra. Die Lobbyisten erfinden immer neue Gründe, schieben immer neue Gründe nach."

- Das Lohnsteuerrecht bildet mit seiner mosaiksteinartigen Kasuistik im Zusammenwirken mit Arbeits- und Sozialversicherungsrecht den gesellschaftspolitisch eminent bedeutsamen Komplex des Rechts der Arbeit im weitesten Sinne. Die Beeinflussung des Arbeitsrechts durch die Lohnsteuer beschreibt *Hanau*[13] im Münchener Handbuch des Arbeitsrechts:

  „Das Einkommensteuerrecht ist nicht immer konsequent, es knüpft an verschiedene Tatbestände dann unterschiedliche steuerliche Konsequenzen, wenn diese die steuerliche Leistungsfähigkeit des Steuerpflichtigen objektiv in gleicher Weise beeinflussen. Der Gesetzgeber hat diese Möglichkeiten aus den unterschiedlichsten Gründen bewußt geschaffen. Arbeitgeber und Arbeitnehmer können diese *Gestaltungsmöglichkeiten* des Steuerrechts nutzen."

- Die Gestaltung des Einkommensteuertarifs mit Ehegattensplitting und mit den jahrzehntelang unzureichenden Grund- und Kinderfreibeträgen bildet zusammen mit dem Sozialrecht eine der entscheidensten Komponenten des grundgesetzlichen Schutzes von Ehe und Familie und damit der Gesellschaftsordnung der Bundesrepublik, die das Bundesverfassungsgericht[14] zur Korrektur gesetzgeberischer Unterlassungen immer wieder auf den Plan gerufen hat. *Kirchhof*[15] formuliert diese verfassungsrechtliche Forderung wie folgt:

  „Das Postulat familiengerechter Besteuerung ist ein wesentlicher Anwendungsfall des Art. 6 GG, eine Bewährungsprobe rechtsstaatlicher Gleichheit, eine Herausforderung für die Sozialstaatlichkeit."

  Treffend kennzeichnet *Kanzler*[16] die Situation:

  „Im Bereich der Familienbesteuerung scheint die Gesetzgebung nur noch im Auftrag der dritten Gewalt zu handeln."

---

13 *Peter Hanau* in Münchener Handbuch des Arbeitsrechts, Bd. I, 1992, § 62 Rz. 30.

14 BVerfG vom 29. Mai 1990, BVerfGE 82, 60: „Bei der Einkommensbesteuerung muß ein Betrag in Höhe des Existenzminimums der Familie steuerfrei bleiben, nur das darüber hinausgehende Einkommen darf der Besteuerung unterworfen werden"; ebenso BVerfG vom 12. Juni 1990, BVerfGE 82, 198 und vom 25. September 1992, BStBl. II 1993, 413.

15 *Paul Kirchhof* in Essener Gespräche zum Thema Staat und Kirche, Heft 21, 1986, S. 122.

16 *Hans-Joachim Kanzler* in Herrmann/Heuer/Raupach, § 32d EStG Anm. 3.

Bedenkt man diese Ausstrahlungen des Steuerrechts, so wird selbst die Frage von *Pausch*[17] verständlich, ob das „Steuerchaos . . . Zeichen *kulturellen* Niedergangs" sei, „ein Kulturpessimist mag den heutigen Zustand der Normen" mit *Isensee*[18] gar „als Dekadenzphänomen deuten".

Jedenfalls ist das Thema Steuerchaos kein Thema, das Festtagsstimmung aufkommen läßt, also eigentlich auch kein Thema für eine Festschrift. Daß ich es gleichwohl aufgreife, liegt in der Person des Jubilars begründet, der als hoher Finanzbeamter und später als Präsident des Bundesfinanzhofs in einer Vielzahl von Reden und Veröffentlichungen die Kompliziertheit und Ungerechtigkeit des deutschen Steuerrechtssystems immer wieder angeprangert hat[19]. Daß seine Zuhörer und Leser der ständigen Mahnungen nicht überdrüssig wurden, erreichte *Klein* nicht zuletzt durch humorvoll poltrige Zitate. Der Jubilar wird es mir verzeihen, wenn ich mir ihn in diesem Beitrag gelegentlich zum Vorbild nehme. Mehrfach zitierte *Klein* Colbert, den Finanzminister des französischen Sonnenkönigs Ludwig XIV: „Steuern zu erheben heißt, die Gans so zu rupfen, daß man möglichst viele Federn mit möglichst wenig Gezische bekommt." Daran pflegte *Klein* die Bemerkung zu knüpfen: „Leider ist unser Steuerrecht heute so gestaltet, daß wir aufgrund der Maschen und Löcher wenig Federn mit viel Gezische erhalten."[20]

Der ernsthafte Befund, der hinter der scheinbar lustigen Bemerkung steckt, findet heute allgemeine Anerkennung und die verheerenden Folgen werden kaum noch bestritten. Dies war nicht immer so:

Noch beim Münsteraner Symposion über Niedergang oder Neuordnung des deutschen Einkommensteuerrechts im Jahre 1984[21] ließ sich die Mei-

17 *Alfons Pausch,* Steuerstaat und Steuerkultur, NWB Beilage 5/1992, S. 3: „Kann man bei dem gegenwärtigen Zustand unserer Steuergesetzgebung noch von ‚Kultur' sprechen? Herrschen nicht regellose Unordnung, Steuerwirrwarr, ja Steuerchaos als Zeichen *kulturellen* Niedergangs vor?" (Hervorhebung hinzugefügt).

18 *Josef Isensee,* Vom Beruf unserer Zeit für Steuervereinfachung, StuW 1994, 3, 4.

19 *Franz Klein,* Ist der Rechtsschutz im Steuerrecht in Gefahr?, DStR 1984, 17; *ders.,* Steuerreform und Steuervereinfachung – vordringliche Aufgabe in der nächsten Legislaturperiode, ZG 1986, 245; *ders.,* Zu den Ursachen der Überbelastung der Finanzgerichte, DStZ 1988, 599; *ders.,* Die Belastung des Bundesfinanzhofs und Möglichkeiten zur Verbesserung des Rechtsschutzes, DStZ 1988, 131; *ders.,* Mehr Rechtssicherheit im Steuerrecht, Stbg 1989, 93; *ders.,* Münchener Steuerfachtagung und deutsches Steuerrecht, Vergangenheit, Gegenwart und Zukunft, DStR 1991, 793; *ders.,* Rechtsunsicherheit im Steuerrecht, StbKongrRep 1992, 53; *ders.,* Die Notwendigkeiten der Steuerpolitik, DStZ 1994, 162; *ders.,* Dankesrede anläßlich der Verleihung des Karl-Bräuer-Preises am 1. Februar 1994.

20 *Franz Klein,* Die Notwendigkeiten der Steuerpolitik, DStZ 1994, 162, 163 und in seiner Dankesrede zur Verleihung des Karl-Bräuer-Preises am 1. Februar 1994.

21 *Raupach/Tipke/Uelner,* Niedergang oder Neuordnung des deutschen Einkommensteuerrechts?, Münsteraner Symposion, Bd. I, 1985.

nung der Politiker trefflich mit einer Formulierung *Gattermanns*[22], des zu früh verstorbenen langjährigen Vorsitzenden des Finanzausschusses des Deutschen Bundestages, zusammenfassen: Notwendig sei nur „der Herbstschnitt eines gesunden Baumes". Noch sorgloser zeigte sich Frau *Matthäus-Maier*[23], damals Mitglied des Finanzausschusses: Von einem Niedergang des Einkommensteuerrechts könne keine Rede sein.

Angesichts dieser Politiker-Aussagen packte in der anschließenden Diskussion *Rentrop*[24], früher ebenfalls Vorsitzender des Finanzausschusses, „schiere Verzweiflung", denn er „meine schon, daß die Fragestellung Neuordnung oder Niedergang des Steuerrechts eine sehr berechtigte ist, und daß die Neuordnung ansteht".

Schon 1986 hatte dann *Tipke*[25] auch bei Steuerpolitikern einen gewissen Erkenntniswandel dahin festgestellt, daß eine einschneidende Bereinigung und Vereinfachung des Steuerrechts erforderlich sei.

Jüngst haben einmütig *Edmund Stoiber* und *Helmut Kohl* anläßlich des 75jährigen Jubiläums des Reichsfinanzhofs/Bundesfinanzhofs[26] und *Sabine Leutheusser-Schnarrenberger*[27] anläßlich der Verleihung des Karl Bräuer-Preises an den Jubilar das Bedürfnis nach einer grundlegenden Steuerreform betont.

II. Wege aus dem Steuerchaos

Das Steuerchaos ergibt sich aus dem Wirken aller drei Staatsgewalten und aus dem Agieren von Wirtschaft und Beratung; schon 1984 habe ich auf dem Münsteraner Symposion über Niedergang oder Neuordnung des Einkommensteuerrechts von den „Akteuren des Niedergangs"[28] gesprochen.

Kritische Beiträge aus der Steuerrechtswissenschaft haben an dieser Entwicklung wenig zu ändern vermocht[29]. Wenn ich gleichwohl „nach We-

22 *Hans Gattermann* in der wiedergegebenen Podiumsdiskussion in Raupach/Tipke/Uelner, a.a.O. (Fn. 21), S. 203.

23 *Ingrid Matthäus-Maier* in Raupach/Tipke/Uelner, a.a.O. (Fn. 21), S. 198.

24 *Friedhelm Rentrop* in Raupach/Tipke/Uelner, a.a.O. (Fn. 21), S. 226 f.

25 *Klaus Tipke,* Einkommensteuer-Fundamentalreform, StuW 1986, S. 150.

26 Ministerpräsident *Edmund Stoiber* und Bundeskanzler *Helmut Kohl* in 75 Jahre Reichsfinanzhof – Bundesfinanzhof. Festakt und Ausstellung, Ergänzungsband zur Festschrift 75 Jahre Reichsfinanzhof – Bundesfinanzhof, Bonn 1993, S. 26 und 33.

27 Rede von Bundesjustizministerin *Sabine Leutheusser-Schnarrenberger* anläßlich der Verleihung des Karl Bräuer-Preises des Bundes der Steuerzahler an *Franz Klein* am 1. Februar 1994 in München.

28 *Raupach,* Niedergang, in Raupach/Tipke/Uelner, a.a.O. (Fn. 21), S. 127.

29 Zur Beschreibung und zur Kritik des „Steuerchaos" besteht inzwischen eine unübersehbare Zahl von Beiträgen von seiten der Steuerrechtswissenschaft, der Beratung und von Vertretern der Finanzverwaltung: z.B. *Klaus Tipke,* Von der Unordnung zur Neuordnung des Einkommensteuerrechts, in Raupach/Tipke/Uelner, a.a.O. (Fn. 21), S. 133, 139 ff.; *ders.,* Einkommensteuer-Fundamen-

gen aus dem Chaos" frage, dann geschieht das vor dem Hintergrund einer auch unter Steuerpolitikern inzwischen verbreiteten kritischen Sicht[30] und in der Hoffnung darauf, daß das Diktat der leeren Kassen genutzt werden könnte, um unpopuläre systemändernde Maßnahmen durchzusetzen. An die Stelle der allgemeinen Forderung nach Vereinfachung setze ich die Forderung nach der Beseitigung konkreter Systembrüche insbesondere im Einkommensteuerrecht; die Vereinfachung stellt sich dann als Folge von selbst ein; in ein bereinigtes, möglichst bruchloses System lassen sich kasuistische Einzelfallregelungen, wie sie für die heutige Gesetzgebung und -anwendung typisch sind, eher einfügen als in das heutige „System".

Freilich sollte man sich von dem Gedanken freimachen, die anderen Staatsgewalten könnten auf dem Gebiet des Steuerwesens die längst fällige Bereinigung durch den Steuergesetzgeber (siehe unten 1.) abwarten und sich wie bisher auf Entlastungsmaßnahmen beschränken. Auch hier bedarf es des Umdenkens: Angesichts der Situation der Finanzverwaltung müssen Fragen nach einer grundsätzlichen Strukturreform erlaubt sein (siehe unten 2.). Vordringlich erscheint mir die kostensparende Einführung einer Dreistufigkeit durch obligatorische Entscheidung von Einzelrichtern bei den Finanzgerichten mit der Möglichkeit, dagegen den Senat des Finanzgerichts anrufen zu können, und die Rückbesinnung auf die rechtsfortbildenden Aufgaben des Bundesfinanzhofs (siehe unten 3.a). Die Möglichkeit, durch Einigung zwischen Steuerpflichtigen und Finanzverwaltung Finanzgerichtsprozesse zu vermeiden, sollte rechtlich abgesichert werden. Erforderlich ist die Zulassung eines öffentlich-rechtlichen Vertrages mit dem Ziel des Prozeßverzichts in zweifelhaften Fällen unter Zusicherung einer bestimmten von der Finanzverwaltung für rechtlich zulässig gehaltenen steuerlichen Behandlung. Überdacht werden sollte die Möglichkeit, die Einigung – in vorsichtiger Anpassung an die Erfahrungen in den USA – vor den Finanzgerichten zu erleichtern (siehe unten 3.b).

1. Wege für die Steuergesetzgebung

Lange Zeit wurde undifferenziert der Komplizierung des Steuerrechts durch die Gesetzgebung die Hauptschuld an der Überlastung z.B. der

---

talreform, StuW 1986, 150; *Joachim Lang*, Einkommensteuer – Quo vadis, FR 1993, 661; *Hartmut Söhn*, Neuordnung des Einkommensteuerrechts zur Beseitigung von Ungleichbehandlungen und zur Vereinfachung, ZRP 1988, 344; *Thomas Kaligin*, Plädoyer für eine partielle Totalrevision des deutschen Steuerrechts, DStZ 1985, 219; *Karl-Heinz Musset*, Normenflut im Steuerrecht – Ursachen und Möglichkeiten ihrer Eindämmung, ZG 1987, 60; *Helmut Helsper*, Steuersparer, Haarspalter und höchstrichterlicher Informationsmüll, BB 1992, 1500; *Paul Kirchhof*, Der verfassungsrechtliche Auftrag zur Besteuerung nach der finanziellen Leistungsfähigkeit, StuW 1985, 319; *Alfons Pausch*, Steuerstaat und Steuerkultur, NWB Beilage 5/1992 zu Heft 40.

30 Den schon Ende der 80er Jahre eingetretenen Erkenntniswandel beschreibt *Klaus Tipke*, Einkommensteuer – Fundamentalreform, StuW 1986, 150.

Finanzgerichte zugewiesen[31]. Verschiedene Untersuchungen[32] haben ergeben, daß es gerade nicht die komplizierten Vorschriften des Steuerrechts sind, die Prozesse auslösen, sondern Fragen, die mit der Grundstruktur des Steuerrechts zusammenhängen, auf dem Gebiet des Einkommensteuerrechts z.B.

- die Abgrenzung der Einkunftsarten,
- die Abgrenzung der Privat- und Erwerbssphäre,
- der Abzug außergewöhnlicher Belastungen.

Damit werden immer wiederkehrend kasuistische Fragestellungen als Probleme an den BFH herangetragen, die mit der Grundstruktur des Einkommensteuerrechts zusammenhängen. Aus dem Chaos heraus führt also auch nicht die stete Forderung nach Vereinfachung, sondern die Forderung nach grundsätzlicher Bereinigung des Steuerrechts. Das geltende Einkommensteuerrecht enthält seit seinen Ursprüngen im preußischen EStG vom 24. Juni 1891[33] eine Vielzahl von Systembrüchen, die in einer Zeit niedriger Steuersätze und eines sich erst entwickelnden Steuerwesens hinnehmbar waren. Im Laufe von etwa 100 Jahren des Bestehens der deutschen Einkommensteuer wurde aus der Vielzahl der Systembrüche ein „brüchiges System"; dabei ist von „System" überhaupt nur im Sinne eines „historischen" oder „empirischen" Systems zu sprechen[34].

Rentrop[35] hat das auf dem Münsteraner Symposion 1984 wie folgt beschrieben:

> „Wir fahren mit einem barocken Fahrzeug durch die Gegend, in dem wir vor und nach dem Kriege laufend neue Hupen, neue Instrumente angehangen haben und immer noch etwas dazutun. Wir brauchen ein stromlinienförmiges Fahrzeug in dieser Zeit. Ich frage wirklich die Abgeordneten, ob sie glauben können, daß die Forderung, auch wie Herr *Kreile* sie aufgestellt hat, Grundsubstanz des Einkommensteuerrechts sei noch Gleichbehandlung, bei der angesprochenen Behandlung von beispielsweise Zinseinkünften, Veräußerungsgewinnen in den ver-

---

31 Vgl. hierzu *Kurt Meßmer*, „Steuergerechtigkeit" durch Normenflut, offene und verdeckte Subventionen und Entlastung der Finanzgerichtsbarkeit, BB 1981, Beilage 1 zu Heft 4/1981, 1, 15 m.w.N.; *ders.*, Nochmals: Verlängerung des Bundesfinanzhofs-Entlastungsgesetzes?, BB 1984, 861, 862; *Klein*, Die Belastung des Bundesfinanzhofs und Möglichkeiten zur Verbesserung des Rechtsschutzes, DStZ 1988, 131, 132 ff.

32 *Wolfgang Kraft*, Rechtstatsachen über das finanzgerichtliche Verfahren, DStZ 1984, 31; *Raupach*, Niedergang, a.a.O. (Fn. 21), S. 15 ff.; *Lutz Haegert*, Eine empirische Widerlegung der gängigen Thesen über die Überlastung der Finanzgerichte, BB 1991, 36; *Reiner Voß*, Über vermeintliche und wirkliche Ursachen der Belastung der Finanzgerichte, BB 1991, 247.

33 Einen Überblick zur Entwicklung der Einkommensteuer bietet die Dokumentation 1 „Rechtsenwicklung der Einkommensteuer" in Herrmann/Heuer/Raupach, EStG, KStG, Bd. 1; s. auch *Raupach*, Niedergang, a.a.O. (Fn. 21), S. 80 ff.

34 *Klaus Tipke*, a.a.O. (Fn. 2), S. 4 m.w.N.

35 *Friedhelm Rentrop* in Raupach/Tipke/Uelner, a.a.O. (Fn. 21), S. 227.

schiedenen Einkunftsarten überhaupt noch gegeben ist. Ob wir nicht doch von der Mehrbelastung gewerblicher Einkünfte durch eine Sondersteuer – alles heute morgen angesprochen – in der Politik wieder loskommen können. Benötigen wir nicht wirklich eine Neuordnung des Steuerrechts ganz dringend und ganz schnell, denn diese Volkswirtschaft muß überleben."

Aus dem Chaos heraus führt nur die Bereinigung dieser Systembrüche. Es geht bei dieser Bereinigung um Rechtsfragen, die einigen Steuerrechtspraktikern durch dauernde Beschäftigung offenbar schon so lieb geworden sind, daß sie sich eine Trennung kaum vorzustellen vermögen; jedenfalls gewinnt man diesen Eindruck, wenn man die Diskussion

- über die nun glücklicherweise vollzogene Übernahme der Steuerbilanzwerte in die Vermögensaufstellung[36] oder
- über die Aufgabe des Maßgeblichkeitsgrundsatzes[37] oder
- zur Aufhebung des Einkünftedualismus und zur Besteuerung von Veräußerungsgewinnen[38]

verfolgt. Fassen wir die wichtigsten Reformpunkte zusammen:

- Aufgabe des Dualismus der Einkunftsarten, Besteuerung der Veräußerungsgewinne auch aus privater Vermögensverwaltung[39],

---

36 § 109 Abs. 1 BewG i.d.F. StÄndG 1992 vom 25. Februar 1992, BStBl. I 1992, 146, 169; Kritisch noch *Jürgen Nolte,* Vermögensaufstellung und Steuerbilanz in Arndt Raupach (Hrsg.), Werte und Wertermittlung im Steuerrecht, DStJG Bd. 7 (1984), S. 309 und *Klaus Ebling,* DStR 1981, 340 ff.

37 Gerade in jüngster Zeit ist die Berechtigung des – historisch bedingten – Maßgeblichkeitsgrundsatzes zugunsten eines eigenständigen Steuerbilanzrechts de lege lata und de lege ferenda infrage gestellt worden, vgl. z.B. *Heinrich Weber-Grellet,* Maßgeblichkeitsschutz und eigenständige Zielsetzung der Steuerbilanz, DB 1994, 288 m.w.N.; *ders.,* Zeit und Zins im Bilanzsteuerrecht, Festschrift für Ludwig Schmidt, München 1993, S. 161, 176 „Infragestellung liebgewordener Grundsätze"; *Heinz-Jürgen Pezzer,* Bilanzierungsprinzipien als sachgerechte Maßstäbe der Besteuerung in Doralt (Hrsg.), Probleme des Steuerbilanzrechts, DStJG Bd. 14 (1991), S. 3 ff.; kritisch hierzu *Georg Crezelius,* Maßgeblichkeitsgrundsatz in Liquidation?, DB 1994, 689; aus älterer Zeit *Georg Döllerer,* Maßgeblichkeit der Handelsbilanz in Gefahr, BB 1971, 1333 ff. zum nicht verwirklichten Vorschlag der Großen Steuerreformkommission 1971 der Einführung einer von der Handelsbilanz losgelösten Steuerbilanz.

38 Der Grundsatz, daß nur Vermögensmehrungen in der betrieblichen Sphäre der Einkommensbesteuerung unterliegen sollen, ist vom Bundesverfassungsgericht gebilligt worden (BVerfG vom 9. Juli 1969, BVerfGE 26, 302; vom 7. Oktober 1969, BVerfGE 27, 111). Die Gegner der Besteuerung privater Veräußerungsgewinne (z.B. *Paul Kirchhof* in Gutachten F zum Deutschen Juristentag 1988, 27; *Beisse* in Heinrich Ruppe [Hrsg.], Gewinnrealisierung im Steuerrecht, DStJG Bd. 4 [1981], S. 267) begründen dies z.B. damit, daß die Privatsphäre gegen den Fiskus abgeschirmt werden sollte (so *Kirchhof,* a.a.O.).

39 So z.B. wegen des Verstoßes gegen den Gleichheitsgrundsatz *Klaus Tipke,* Steuerrechtsordnung, 1993, S. 649 ff.; *Franz Klein,* Steuerreform und Steuervereinfachung, ZG 1986, 245; *Adalbert Uelner* und *Josef Isensee* in Sitzungsbericht N zum 57. Deutschen Juristentag, 1988, S. N 17 und N 50; *Joachim Lang,*

- Aufgabe der Vermögensteuer[40] und Gewerbesteuer (zum Ausgleich: Gemeindeanteil an der Umsatzsteuer)[41];
- Einschränkung des Maßgeblichkeitsgrundsatzes durch Aufgabe der Bindung an den konkreten Handelsbilanzansatz und der umgekehrten Maßgeblichkeit zu Gunsten einer subsidiären Geltung der handelsrechtlichen GoB[42].
- Einführung einer rechtsformneutralen Unternehmensbesteuerung, z.B. im Sinne einer proportionalen Unternehmenssteuer auf investierte Gewinne und einer konsumbezogenen Einkommensteuer auf ausgekehrte Gewinne[43];

Wege aus dem Steuerchaos, Stbg 1994, 10, jeweils m.w.N.). M.E. ist eine Besteuerung privater Veräußerungsgewinne – mit Augenmaß – zu bejahen; erforderlich wären aber hohe Freigrenzen und ggf. Steuerfreiheit für eigengenutzte Wohnungen im eigenen Haus sowie ein ermäßigter Steuersatz (so schon *Raupach*, Niedergang, a.a.O. (Fn. 20), S. 103.

40 Der Kritik von *Klaus Tipke* (Die Steuerrechtsordnung, 1993, § 15) ist im Grunde nichts hinzuzufügen. Es ist zu hoffen, daß die Bundesrepublik Deutschland dem Beispiel Österreichs (Abschaffung der Vermögensteuer 1994) folgt; dies würde u.a. wegen der hohen Vollzugskosten eine enorme Entlastung der Finanzverwaltung bedeuten (*Tipke*, a.a.O., S. 789).

41 Die Beibehaltung der Gewerbesteuer trotz massiver Kritik (vgl. *Tipke*, Steuerrechtsordnung, 1993, S. 821 ff., m.w.N.) erklärt sich aus der Schwierigkeit, den Gemeinden Ersatzsteuerquellen zu erschließen. M.E. ist es wenig hilfreich, das EStG durch Einführung einer Schedulensteuer mit einer Steuervergünstigung für Gewinne, die mit Gewerbesteuer belastet sind, weiter zu komplizieren (§ 32c EStG i.d.F. des StandOG vom 13. September 1993, BGBl. I, 1569). Bei Abschaffung der Gewerbesteuer nach österreichischem Vorbild könnten die Gemeinden durch die Beteiligung an der Umsatzsteuer „abgefunden" werden, so auch *Franz Klein*, Die Notwendigkeiten der Steuerpolitik, DStZ 1994, 162.

42 Die Bindung der Steuerbilanz an die konkrete Handelsbilanz liegt zwar sicherlich im Interesse der Unternehmen, weil nur ein vorsichtig ermitteltes Ergebnis besteuert wird (*Herbert Biener*, a.a.O. [Fn. 10], S. 37). Schon zu lange wurden den GoB widersprechende Gestaltungsspielräume anerkannt; ein Beispiel ist das lange bejahte Wahlrecht für Pensionsrückstellungen aufgrund von § 6a EStG. Ein weiterer Nachteil der Maßgeblichkeit der konkreten Handelsbilanz ist auch der Einfluß steuerlicher Vorschriften auf die dem Gläubigerschutz dienende handelsrechtliche Bilanzierung; die Handelsbilanz ist in Gefahr, zum politischen Spielball marktpolitischer Lenkungsvorschriften zu werden. Zum dritten hat diese Beeinflussung die – u.U. mißliche – Folge, daß die Steuergerichte über den – kaufmännisch richtigen – Ansatz in der Handelsbilanz zu entscheiden haben. Wünschenswert wäre daher eine Verselbständigung von der konkreten Handelsbilanz, deren Ansatz nur dann gelten solle, wenn steuerliche Vorschriften nicht entgegenstehen.

43 Neben der „unerwünschten" Beeinflussung des Gesellschaftsrechts durch das Steuerrecht und der oft beklagten mangelnden Rechtsformneutralität krankt insbesondere das Recht der Besteuerung der Personengesellschaften an einer Reihe von Widersprüchen: Der Kommanditist ist zum einen als gesellschaftsrechtlicher Prototyp des Mitunternehmers ungeeignet; zum anderen läßt die zunehmende zivilrechtliche Verselbständigung der Personenhandelsgesellschaften die Mitunternehmerschaften als Subjekte der Einkünfteerzielung und -ermittlung erscheinen (z.B. BFH v. 25. Februar 1991 GrS 7/89, BStBl. II 1991,

- Steuerneutrale Behandlung der Fremdfinanzierung von Erwerbs- und Privatvermögen durch Wiedereinführung des Schuldzinsenabzugs als Sonderausgaben[44];
- Angleichung der steuerlichen Behandlung von Versorgungsaufwendungen und -bezügen[45];
- Angleichung der Familienbesteuerung und des Sozialrechts unter Umsetzung der Rechtsprechung des Bundesverfassungsgerichts[46];
- Ablösung der Einheitswerte durch Ertragswerte bei der Erbschaftsteuer (im Falle der erwünschten Aufhebung der Vermögensteuer): Verkehrswerte sind für Besitz- und Verkehrsteuern, die nicht an den Geschäftsverkehr anknüpfen, ungeeignet[47].

Für die meisten der vorstehend aufgeführten Probleme liegen ausgereifte Lösungsvorschläge vor. Die Steuerrechtswissenschaft hat dank der Arbeiten von *Kirchhof*[48], *Knobbe-Keuk*[49], *Lang*[50], *Tipke*[51] *und Vogel*[52], um nur

692). Dies macht es erforderlich, die Tatbestandsverwirklichung den hinter der Personengesellschaft stehenden Gesellschaftern im Wege eines „Durchgriffs" zuzurechnen (*Raupach*, Gewinnanteil und Sondervergütungen der Gesellschafter von Personengesellschaften, StuW 1991, 278).
Das Recht der Personengesellschaften bleibt also weiterhin vom Bruch zwischen Handelsrecht und Steuerrecht geprägt; dies ist um so bedenklicher, als in Deutschland im Vergleich zu anderen Industriestaaten der weitaus größte Anteil an Personengesellschaften existiert. Vorgeschlagen wird neuerdings eine einheitliche Betriebssteuer, bei der das investierte Einkommen proportional niedrig und das konsumierbare Einkommen progressiv besteuert wird (*Joachim Lang*, Reform der Unternehmensbesteuerung, StuW 1989, 3; *ders.*, Reform der Unternehmensbesteuerung auf dem Weg zum europäischen Binnenmarkt und zur deutschen Einheit, StuW 1990, 107; ähnlich der Vorschlag einer „integrierten Unternehmenssteuer" von *Wolfgang Ritter*, Reform der Unternehmensbesteuerung aus der Sicht der Wirtschaft, StuW 1989, 319).

44 Die Streichung des Sonderausgabenabzugs privater Schuldzinsen durch das Steueränderungsgesetz 1973 vom 26. Juli 1973 (BGBl. I 1976, 676) hat sich nicht bewährt, da die private Veranlassung oder der Zusammenhang mit der Einkünfteerzielung letztlich nicht zuverlässig zu überprüfen ist. Insbesondere sieht sich der BFH nicht in der Lage, Umschuldungen, die den betrieblichen Charakter von Schulden begründen, wirksam entgegenzutreten (vgl. die Kritik in *Herrmann/Heuer/Raupach*, § 10 EStG, Anm. 3 m.w.N.; *Adalbert Uelner* in Raupach/Tipke/Uelner, a.a.O. (Fn. 21), S. 240.

45 Dazu *Dieter Birk*, Altersvorsorge und Alterseinkünfte im Einkommensteuerrecht, Rechtsordnung und Steuerwesen, Bd. 8, 1987.

46 Der Beschluß des Bundesverfassungsgerichts vom 25. September 1992 (BStBl. II 1993, 419) gibt dem Gesetzgeber mit Frist bis zum Veranlagungszeitraum 1996 folgende Neuregelung auf: Dem Steuerpflichtigen muß nach Abzug der Steuern der Betrag verbleiben, den er für seinen notwendigen Lebensunterhalt *und den seiner Familie benötigt;* dieser Betrag darf das vom Sozialhilferecht festgelegte Existenzminimum nicht unterschreiten.

47 Vgl. *Arndt Raupach*, Werte und Wertermittlung im Steuerrecht, DStJG Bd. 7 (1984), S. 447; für Geltung der Verkehrswerte aber *Franz Klein*, Die Notwendigkeiten der Steuerpolitik, DStZ 1994, 162.

48 Z.B. *Paul Kirchhof*, Der verfassungsrechtliche Auftrag zur Besteuerung nach der finanziellen Leistungsfähigkeit, StuW 1985, 319; *ders.*, Empfiehlt es sich,

einige zu nennen, längst das früher bestehende Defizit an wissenschaftlicher Durchdringung des Steuerrechts[53] beseitigt. Lange Zeit schien die Forderung nach einem einheitlichen Steuergesetzbuch einer Utopie[54] nachzulaufen, heute hat als großartige wissenschaftliche Leistung *Lang*[55] im Auftrag des Bundesministeriums der Finanzen ein Steuergesetzbuch als Muster für die Steuersysteme osteuropäischer Staaten vorgelegt. Es liegt also nicht daran, daß es an ausreichendem Sachverstand fehlen würde, was fehlt, ist – im Steuerrecht wie zur Zeit auf so vielen Gebieten – politische Führung und politische Entscheidungs- und Durchsetzungskraft. Schon fast rührend mutet angesichts des Zustands unseres Steuerrechts die Fürsorge des Bundesfinanzministerums für andere auf dem Gebiet des Steuerrechts an[56].

2. Wege für die Steuerverwaltung

In seiner schon zitierten[57] Stellungnahme zur Lage der Steuerverwaltung für die öffentliche Anhörung des Finanzausschusses des Deutschen Bun-

das Einkommensteuerrecht zur Beseitigung von Ungleichbehandlungen und zur Vereinfachung neu zu ordnen?, Gutachten F für den 57. Deutschen Juristentag, 1988.

49 Z.B. *Brigitte Knobbe-Keuk*, Bilanz- und Unternehmenssteuerrecht, 9. Aufl. 1993; *dies.*, Möglichkeiten und Grenzen einer Unternehmenssteuerreform, DB 1989, 1303.

50 Z.B. *Joachim Lang*, Reformentwurf zu Grundvorschriften des Einkommensteuergesetzes, in Münsteraner Symposion, Bd. II, 1984; *ders.*, Die einfache und gerechte Einkommensteuer, Ziele, Chancen und Aufgaben einer Fundamentalreform, 1987, S. 2 ff.; *ders.*, Reform der Unternehmensbesteuerung, StuW 1989, 3; *ders.*, Reform der Unternehmensbesteuerung, StuW 1990, 107.

51 Z.B. *Klaus Tipke*, Steuerrecht – Chaos, Konglomerat oder System?, StuW 1971, 2; *ders.*, Die dualistische Einkünfteermittlung nach dem Einkommensteuergesetz, Festschrift für *Heinz Paulick*, 1973, S. 391; *ders.*, Einkommensteuer-Fundamentalreform, StuW 1986, 150; *ders.*, „Richtiges Steuerrecht", StuW 1988, 262; *ders.*, Die Steuerrechtsordnung, 1993; *ders.*, Von der Unordnung zur Neuordnung des Einkommensteuerrechts, in Raupach/Tipke/Uelner, a.a.O. (Fn. 21), S. 133.

52 Z.B. *Klaus Vogel*, Der Verlust des Rechtsgedankens im Steuerrecht als Herausforderung an das Verfassungsrecht, DStJG Bd. 12 (1989), S. 123 ff.

53 *Klaus Tipke*, Steuerrechtsordnung, S. 44 ff.

54 Die „Utopie vom einfachen Recht" beschreibt *Isensee*, a.a.O. (Fn. 18); *Sabine Leutheusser-Schnarrenberger*, a.a.O. (Fn. 27) bezeichnet ein einheitliches Steuergesetzbuch immerhin schon als „Fernziel". Schon 1969 hatte *Adalbert Uelner* (Die Steuergesetzgebung der Bundesrepublik Deutschland aus der Sicht des Ministerialbeamten, DStR 1977, 123) ohne Erfolg die Schaffung eines Steuergesetzbuches vorgeschlagen.

55 *Joachim Lang*, Entwurf eines Steuergesetzbuches, Schriftenreihe des Bundesministeriums der Finanzen, Heft 49, 1993.

56 Auch *Lang*, Wege aus dem Steuerchaos, Stbg 1994, 10, bezeichnet die Bundesrepublik als „steuerpolitisches Entwicklungsland", das selbst exportfähige Steuergesetze braucht.

57 S. Fn. 5.

destages am 22. September 1993 gibt der Bundesrechnungshof folgende Beurteilung:

> „Nach übereinstimmender Auffassung der Rechnungshöfe gelingt es den Steuerbehörden in den alten Bundesländern – insbesondere in den Ballungsräumen – kaum noch, die Steuergesetze ordnungsgemäß zu vollziehen und damit die rechtzeitige und vollständige Erhebung der Einnahmen (§ 34 Bundeshaushaltsordnung – BHO –) sowie eine gleichmäßige Besteuerung zu gewährleisten (Art. 3 GG, § 85 Abgabenordnung – AO –)."[58]

Die Gründe für diese Entwicklung werden in der Komplizierung und im Aktionismus des Steuergesetzgebers gesehen, einer Entwicklung, die ihrerseits erhöhten internen Schulungsbedarf innerhalb der Finanzverwaltung[59] und seitens der Steuerpflichtigen mangelnde Akzeptanz, aber wachsendes Informations- und Beratungsbedürfnis, für die Finanzverwaltung also Mehrarbeit, erzeugt[60]; eine Entwicklung, die aufgrund attraktiver Angebote an Steuerbeamte Stellenwechsel in steuerberatende Berufe oder in die Wirtschaft zur Folge hat[61].

Die unteren Verwaltungsbehörden sind ebenso wie die Steuerpflichtigen und ihre Berater in der unglücklichen Lage, auf die Hauptgründe dieser Entwicklung, d.h. auf Systembrüche und die Komplizierung des Steuerrechts nicht einwirken zu können. Mittlere oder obere Behörden können sich wenigstens um eine zurückhaltende und übersichtliche Erlaßpraxis bemühen, Finanzministerien hätten sogar über die Gesetzesvorbereitung Einwirkungsmöglichkeiten auf den Zustand der Steuergesetzgebung. Der bestehende politische Einfluß verhindert aber offenbar auch hier Vereinfachungen. Die Finanzverwaltung ist also, ebenso wie die Steuerpflichtigen und ihre Berater, weitgehend fremdbestimmt der mißlichen Steuerrechtssituation ausgeliefert.

Die Vorschläge für verwaltungsinterne oder verwaltungsbezogene Maßnahmen zur Änderung der Situation zielen daher verständlicherweise auch darauf, einen gewissen Einfluß oder jedenfalls eine Anhörungsmöglichkeit im Gesetzgebungsverfahren etwa durch Schaffung eines „Verwaltungsombudsmann" als Vertreter der Interessen der Verwaltung im Gesetzgebungsverfahren einzuführen[62]. Der Vorschlag erscheint bedenkens-

58 Bundesrechnungshof vom 15. September 1993, Tz. 2.

59 Bundesrechnungshof vom 15. September 1993, Tz. 3.3.

60 Bundesrechnungshof vom 15. September 1993.

61 Bundesrechnungshof vom 15. September 1993, Tz. 3.2.5 und Tz. 5. Es ist allerdings nicht selbstverständlich, daß ein Beamter, der in Prüfung und Veranlagung tätig war, uneingeschränkt für *alle* Steuerarten, das Rechnungswesen *und* die Gestaltungsberatung befähigt sein soll. Möglich wäre es, als Voraussetzung eine mehrjährige praktische Beratungstätigkeit zu fordern.

62 Vorschlag des Vorstehers des Finanzamts Lörrach in einer Stellungnahme zur Arbeits- und Personallage in den Veranlagungsbezirken der Finanzämter in den alten Bundesländern vom 9. September 1993 aus Anlaß der öffentlichen Anhörung des Finanzausschusses des Deutschen Bundestages am 22. September 1993.

wert, der Ombudsmann sollte aber nicht speziell der Verwaltung, sondern allgemein der Steuerrechtsanwendung verpflichtet sein.

Aber nicht nur die gesetzesvorbereitende Arbeit bedarf grundsätzlich neuer Denkanstöße, dies gilt vielmehr auch für die Verwaltung selbst und ihre Organisation. Funktionsgliederung und Instanzenzüge innerhalb der Finanzverwaltung sollten einer grundsätzlichen Untersuchung auf Optimierungsmöglichkeiten unterzogen werden.

Ich habe bereits 1984 beim Münsteraner Symposion[63] die bisher nicht beantwortete Frage aufgeworfen, ob die Aufgaben der Landessteuerabteilungen für Besitz- und Verkehrsteuern der Oberfinanzdirektionen[64] nicht besser auf die Finanzministerien verlagert werden sollten; in Stadtstaaten ist die Frage besonders naheliegend. Ein Vorteil einer solchen Verlagerung bestünde z.B. neben der Verkürzung des Instanzenzugs auch darin, daß die von den Oberfinanzdirektionen ausgehende „Erlaßflut" mit dem Ziel der Vermeidung einer Rechtszersplitterung gebremst und die „Erlaßkompetenz" zentral bei den Landesfinanzministerien und dem Bundesministerium der Finanzen angesiedelt werden könnte. Die freiwerdenden Beamten könnten die überlasteten Steuerabteilungen der Finanzministerien verstärken.

Die Frage nach der Notwendigkeit der Oberfinanzdirektionen läßt sich angesichts der Haushaltsmisere nicht einfach mit Blick auf die historische Entwicklung beiseite schieben, es bedarf vielmehr einer Untersuchung der Vor- und Nachteile der bestehenden Instanzenzüge durch eine unabhängige Institution oder Unternehmensberatung. Fragen, die für Unternehmen an der Tagesordnung sind, dürfen für die Finanzverwaltung bei der heutigen Situation kein Tabu sein.

Unabhängig davon sind Maßnahmen zur Verbesserung der Arbeitsbedingungen angezeigt. Dazu rechnen z.B. die folgenden Vorschläge:

- Verbesserte Organisationshilfen, z.B. Bildschirmarbeit im Dialogsystem nach dem Projekt „FISKUS", ferner Verbesserungen des Datenträgeraustausches[65];
- Organisatorische Maßnahmen, etwa die Übernahme moderner Managementmethoden aus der Wirtschaft, also schlankere Verwaltung (Lean Management), Verkürzung des Instanzenzugs, Einschaltung von Controllern (nach österreichischem Vorbild)[66].

---

63 *Raupach,* Niedergang, a.a.O. (Fn. 21), S. 15, 50 f.

64 § 8 Abs. 2 FVG; s. dazu *Hübschmann/Hepp/Spitaler,* § 8 FVG Rz. 7; diese Abteilungen verwalten auch die den Landesfinanzbehörden zur Auftragsverwaltung (Art. 108 Abs. 3 i.V.m. Art. 106 Abs. 3 GG) zugewiesenen Steuern (z.B. Einkommen- und Körperschaftsteuer).

65 „Initiative Steuervereinfachung" des BMF vom 4. Januar 1994 und Bundesrechnungshof vom 15. September 1993, Tz. 5; das System soll aber lt. Bundesrechnungshof erst ab dem Jahr 2003 einsatzfähig sein.

66 Seit 1993 existiert in der österreichischen Finanzverwaltung ein Bereich Controlling, der Konzepte für Ausgabenkontrolle und Personaleinsatz entwickelt.

Ob die von der „Initiative Steuervereinfachung" im Bundesministerium der Finanzen vorgeschlagene Kurzveranlagung für Arbeitnehmer und die Zusammenfassung von zwei Veranlagungszeiträumen[67] geeignete Mittel sind, sollte in Zusammenarbeit mit den steuerberatenden Berufen eingehend geprüft werden.

3. Wege für die Rechtsprechung

a) Entlastung des Bundesfinanzshofs durch „Dreistufigkeit"

In meinem Beitrag „Steuergerichtsbarkeit – Quo Vadis" in der Festschrift „75 Jahre Reichsfinanzhof – Bundesfinanzhof"[68] habe ich darauf hingewiesen, daß sich zwar die Rückstände beim BFH und die Prozeßdauer verringert haben, daß dies aber im wesentlichen auf die Erhöhung der Zahl der Senate des BFH um drei zurückzuführen ist[69]. Als besonderer Nachteil ist zu beklagen, daß der BFH zunehmend vom Revisionsgericht zum Beschwerdegericht „degradiert" wird. Die Entwicklung hat sich fortgesetzt: seit 1991 werden jährlich mehr Nichtzulassungsbeschwerden entschieden als Revisionen, und zwar

1991: 41 mehr Nichtzulassungsbeschwerden als Revisionen
1992: 241 mehr Nichtzulassungsbeschwerden als Revisionen
1993: 220 mehr Nichtzulassungsbeschwerden als Revisionen[70].

Die Zahl der jährlich entschiedenen Revisionen nimmt ständig ab, und zwar in 1993 im Vergleich mit 1990 um 243. Die Verschiebung des Schwerpunkts der Erledigungen des BFH von Revisionen auf Nichtzulassungsbeschwerden zeigt die folgende Übersicht der Erledigungen des BFH aus den letzten sechs Jahren:

Erledigungen beim BFH 1988 bis 1993[71]

	1988	1989	1990	1991	1992	1993
Erledigungen insgesamt	3 836	3 679	3 955	3 698	4 098	3 949
erledigte Revisionen	1 873	1 676	1 734	1 509	1 553	1 491
erledigte Nichtzulassungsbeschwerden	1 416	1 447	1 476	1 550	1 794	1 711

Besonders mißlich ist die große (wenn auch inzwischen abnehmende) Zahl von Beschwerdeentscheidungen, die nach Art. 1 Nr. 6 BFH-EntlG ohne Begründung erlassen werden: 1992 ergingen unter 1794 Entschei-

67 So die „Initiative Steuervereinfachung" des BMF vom 4. Januar 1994, dazu DStV-Forum in Stbg 1994, 50; *Hartmut Reim*, Steuerchaos – und kein Ende? Stbg 1994, 59.

68 *Arndt Raupach*, Steuergerichtsbarkeit – Quo vadis, Festschrift 75 Jahre Reichsfinanzhof – Bundesfinanzhof, 1993, S. 163.

69 *Raupach*, Steuergerichtsbarkeit – Quo Vadis?, a.a.O. (Fn. 68), S. 165.

70 Geschäftsberichte des Bundesfinanzhofes 1991–1993.

71 Geschäftsberichte des Bundesfinanzhofes 1988–1993.

dungen über Nichtzulassungsbeschwerden 1010 ohne Begründung, 1993 wurden 1711 Nichtzulassungsbeschwerden entschieden, davon ohne Begründung 816[72]. Ich teile die grundsätzlichen Bedenken von *Birk*[73] gegen nicht begründete Gerichtsentscheidungen, da sie keinen Rechtsfrieden herzustellen vermögen[74]. Sie verfolgen im Grunde nur ein negatives Ziel, nämlich zu verhindern, daß der BFH mit Revisionen überschwemmt wird. Bedenkt man, wieviel Arbeit dem Prozeßvertreter durch die Begründung von Nichtzulassungsbeschwerden entsteht (sie gehören zu den am schwierigsten begründbaren Rechtsbehelfen)[75], und daß der fehlenden Begründung zum Trotz natürlich gerichtsintern ein schriftlicher Entscheidungsvorschlag erstellt werden muß[76], so sollte es möglich sein, weniger arbeits- und kostenintensive Wege zu finden, um den BFH von Revisionen zu entlasten. Es geht nicht an, ein oberstes Bundesgericht durch Überschwemmung mit Nichtzulassungsbeschwerden von seiner eigentlichen gesetzlichen Aufgabe der Wahrung der Rechtseinheit und der Rechtsfortbildung zu entfremden[77].

Ich habe in der BFH-Festschrift[78] vorgeschlagen, den unverkennbar vorhandenen Wunsch der Steuerpflichtigen nach einer zweiten Instanz dadurch entgegenzukommen,

- daß der seit der FGO-Novelle vom 21. Dezember 1992[79] vorgesehene Einzelrichter beim Finanzgericht obligatorisch entscheidet und
- daß aber gegen seine Entscheidung der zuständige Senat des Finanzgerichts angerufen werden kann.

Inzwischen hat auch *Franz Klein*[80] die Anrufung des Senats gegen Entscheidungen des Einzelrichters als richtigen Weg bezeichnet. Revisionen

---

72 Die hier angegebenen Zahlen sind nicht veröffentlicht; sie beruhen auf der freundlichen Auskunft der Pressestelle des Bundesfinanzhofes.

73 *Dieter Birk,* Effizienz im finanzgerichtlichen Verfahren, StuW 1993, 296; ebenso *Ulrich Krömker,* StVj. 1993, 66.

74 *Birk,* a.a.O. (Fn. 73), spricht von einer eklatanten Verfehlung der jedem Rechtsschutz innewohnenden Befriedungsfunktion.

75 Die Rechtsprechung hat die Anforderungen an den Inhalt der Beschwerdebegründung und der schlüssigen Darlegung eines Zulassungsgrundes i.S.d. § 115 Abs. 3 FGO immer mehr verschärft. Vgl. *Hans Joachim Herrmann,* Die Zulassung der Revision und die Nichtzulassungsbeschwerde im Steuerrecht, 1986, S. 63 und *Gräber,* FGO, 3. Aufl. 1993, § 115 Rz. 57 ff.

76 *Klaus Offerhaus,* Der Bundesfinanzhof, 1985, S. 32.

77 *Raupach,* Steuergerichtsbarkeit – Quo Vadis?, a.a.O. (Fn. 68); die Entfremdung von dieser Aufgabe ist evident, wenn der Bundesfinanzhof in mehr als 50 v.H. der Fälle ohne Begründung entscheidet.

78 *Raupach,* Steuergerichtsbarkeit – Quo Vadis?, a.a.O. (Fn. 68).

79 BGBl. I 1992, 2109; vgl. hierzu z.B. *Peter Bilsdorfer,* Die wesentlichen Änderungen im finanzgerichtlichen Verfahren, StStud 1993, 133; *Paul-Guido Gramich,* Der Einzelrichter nach dem Gesetz zur Änderung der Finanzgerichtsordnung, DStR 1993, 6; *Günther Felix,* Ist die Entscheidung durch den Einzelrichter nach § 6 FGO n.F. verfassungsgemäß?, FR 1993, 13.

80 *Franz Klein/Ulrich Probst,* Harmonie oder Stückwerk – Vollendung der FGO-Reform, DB 1993, 1387.

sollten dann ausschließlich vom Finanzgericht zugelassen, oder – nach dem Vorbild des Bundesverfassungsgerichts – von einem Dreierausschuß bzw. einer Kammer des BFH zur Entscheidung angenommen werden. Gegen die erneute Zulassung der Streitwertrevision sprechen dagegen erhebliche Gründe der Steuergerechtigkeit und Zweckmäßigkeit[81].

b) Entlastung der Finanzgerichte durch konsensorientierte Lösungen

Im übrigen darf angesichts der aus den neuen Bundesländern zu erwartenden zunehmenden Finanzgerichtsverfahren nicht damit gezögert werden, nach weiteren Wegen der Verringerung der Zahl der Finanzgerichtsprozesse zu suchen. M.E. muß es darum gehen, Mechanismen zu entwikkeln, die konsensorientierte Lösungen ermöglichen.

Solche Mechanismen stellen die Steuergesetze bereits zur Verfügung:
- die verbindliche Zolltarifauskunft[82],
- die Lohnsteueranrufungsauskunft[83],
- die verbindliche Zusage künftiger Sachbehandlung nach einer Betriebsprüfung[84].

Das Rechtsinstitut der verbindlichen Zusage wurde praktischen Bedürfnissen folgend von der Finanzverwaltung weiterentwickelt: Nach den Grundsätzen zweier BMF-Schreiben[85] können unter bestimmten Voraussetzungen[86] im Wege einer verbindlichen Auskunft die steuerlichen Rechtsfolgen geplanter rechtlicher Gestaltungen bindend festgestellt werden.

Ein weiteres Mittel der streitfreien Entscheidung ist die sog. tatsächliche Verständigung[87]. Nicht einzusehen ist aber, daß die Verständigung sich nur auf Sachverhaltsfragen beziehen soll[88]. Die Trennung von Sachverhalten und Rechtsfragen ist nicht scharf durchzuführen. Bedeutet die Sub-

---

81 Vgl. im einzelnen *Franz Klein/Ulrich Probst*, Harmonie oder Stückwerk – Vollendung der FGO-Reform, a.a.O. (Fn. 80), S. 1387, 1389.

82 § 23 ZG.

83 § 42e EStG.

84 §§ 204 ff. AO.

85 BMF-Schreiben vom 24. Juni 1987, BStBl. I 1987, 474 und BMF-Schreiben vom 21. Februar 1990, BStBl. I 1990, 146.

86 Voraussetzungen der Erteilung einer verbindlichen Auskunft sind neben bestimmten formalen Erfordernissen eine umfassende Darstellung des Sachverhaltes mit Begründung des eigenen Rechtsstandpunktes zu genau formulierten Rechtsfragen vor Verwirklichung der geplanten Gestaltung, bei der die Steuerersparnis nicht im Vordergrund stehen darf (BMF vom 24. Juni 1987, a.a.O.).

87 Eine solche bindende Verständigung über bestimmte Sachverhalte (nicht über das anzuwendende Recht) wird vom BFH seit langem aufgrund des „bestehenden praktischen Bedürfnisses" anerkannt, vgl. z.B. BFH vom 11. Dezember 1984 VIII R 131/76, BStBl. II 1985, 354; vom 5. Oktober 1990 III R 19/88, BStBl. II 1991, 45; vom 6. Februar 1991 I R 13/86, BStBl. II 1991, 673.

88 Die Einbeziehung von komplizierten Rechtsfragen schlägt auch die Bundesjustizministerin *Leutheusser-Schnarrenberger*, a.a.O. (Fn. 27), vor.

sumtion nach moderner Methodenlehre[89] auswählendes Hin- und Herwandern des Blickes zwischen Lebenssachverhalt und Gesetzestatbestand, dann wird klar, daß Sachverhaltsfragen stets nur im Blick auf den Steuertatbestand zu entscheiden sind[90]. Die Einigung über die Höhe von Betriebsausgaben enthält eben zugleich die Wertung von Tatbestand *und* Rechtsfolgen des Betriebsausgabenbegriffes des § 4 Abs. 4 EStG; ähnliches gilt, wenn es darum geht, in welcher Höhe ein Forderungsverzicht geeignet ist, das Überleben eines Betriebes wiederherzustellen, um die Steuerfreiheit des Sanierungsgewinns gemäß § 3 Nr. 66 EStG zu erreichen[91]. Auch hier ist die Sachverhaltsfrage nicht von der rechtlichen Wertung zu trennen.

Als Grundlage dieser „tatsächlichen und rechtlichen Einigung" sollte das Rechtsinstitut eines verwaltungsrechtlichen Vertrages[92] auch im Steuerrecht nach dem Vorbild des § 55 VwVfG[93] geschaffen werden. Bei dem Abschluß eines solchen Vertrages geht es um den Verzicht auf die Durchsetzung eines bestrittenen Anspruches. Voraussetzung wäre, daß die Einigung sich auf zweifelhafte Sachverhalte oder Rechtsfragen bezieht.

Bei den Finanzämtern sollten für den Fall der Nichtabhilfe durch die Rechtsbehelfsstelle im Einspruchsverfahren, in Weiterführung eines Vorschlages von Frau Bundesjustizministerin *Leutheusser-Schnarrenberger*[94], im Interesse der Vermeidung kostenintensiver Finanzgerichtsprozesse besondere Ausschüsse eingerichtet werden, die als Einigungsstellen ausgestaltet werden könnten. Man sollte aber bei Zusammensetzung und Aufgabenstellung Mängel der früheren Steuerausschüsse vermeiden. Diese Gremien könnten aus dem Finanzamtsvorsteher, einem weiteren (bisher nicht mit der Sache befaßten) Beamten und einem externen Steuersachverständigen bestehen und auf Antrag des Steuerpflichtigen einen Einigungsvorschlag machen. Der Finanzgerichtsweg sollte erst nach einem erfolglosen Einigungsversuch beschritten werden können. Auch im Finanzgerichtsverfahren bis hin zum BFH sollten Einigungsversuche möglich und zulässig sein, angeregt vom Gericht oder den Parteien.

89 *Karl Engisch,* Logische Studien zur Gesetzesanwendung, 1963, S. 15.

90 *Michael Streck,* Die „tatsächliche Verständigung" in der Praxis, StuW 1993, 366; ähnlich *Klaus Vogel,* Vergleich und Gesetzesmäßigkeit der Verwaltung im Steuerrecht, Festschrift für *Georg Döllerer* 1988, S. 667, 686.

91 BFH vom 24. April 1986 IV R 31/85, StRK EStG 1975 § 3 Nr. 66 R. 7; vom 14. März 1990 I R 64/85, BStBl. II 1990, 810 jeweils m.w.N.

92 Nach einer im Vordringen begriffenen Meinung stellt auch die bindende Verständigung über den Sachverhalt einen öffentlich-rechtlichen (Vergleichs)vertrag dar, vgl. z.B. *Franz Wassermeyer,* Die Außenprüfung im Lichte der Rechtsprechung, FR 1987, 513, 521; *Frotscher* in Schwarz, AO § 201 Tz. 2; *Silvia Iwanek,* Aufhebung der Bindungswirkung einer tatsächlichen Verständigung, DStR 1993, 1394; der BFH hat die Rechtsnatur der tatsächlichen Verständigung bislang offengelassen und sich pauschal auf die Grundsätze von Treu und Glauben berufen.

93 So auch *Sabine Leutheusser-Schnarrenberger,* a.a.O. (Fn. 27).

94 *Leutheusser-Schnarrenberger,* a.a.O. (Fn. 27).

Angesichts der Misere der Finanzgerichtsbarkeit sollte überhaupt überlegt werden, ob nicht auch bisher als Essentialia des Finanzgerichtsverfahrens erscheinende Grundsätze einer Überprüfung unterzogen werden können. Allgemein wird darauf hingewiesen, daß andere Länder, z.B. die USA, mit wesentlich weniger Richtern, insbesondere in der Finanzgerichtsbarkeit, auskommen als die Bundesrepublik[95]. Der Grund dafür liegt aber wohl weniger in zu großer Prozeßhanselei oder Querulantentum deutscher Steuerpflichtiger, sondern in der in der Bundesrepublik herrschenden Auffassung über das Wesen der öffentlichen Finanzgerichtsbarkeit, die vom Untersuchungsgrundsatz[96] geprägt ist mit dem Ziel, den Richter zur Findung des richtigen Rechts zu führen; die rechtliche Entscheidung ist danach nicht in erster Linie Entscheidung eines von den Parteien dargebotenen Streitstoffs und dient schon gar nicht dem Ziel, durch Kompromisse streitige Entscheidungen zu vermeiden.

Birk[97] hat auf den Unterschied im Vergleich zu den US-amerikanischen Finanzgerichtsprozessen mehrfach hingewiesen:

- Steuern werden nicht festgesetzt, die Steuererklärungen werden stichprobenweise überprüft; ggf. wird ein Nachforderungsbescheid erlassen, der mit der Klage angefochten werden kann. „Vorsorgliche Einsprüche und Klagen" zur Verhinderung der Bestandskraft vermindern sich daher schon mit der Reduzierung ergehender Bescheide.
- Das finanzgerichtliche Verfahren wird nach der sog. Parteienmaxime betrieben; nicht fristgemäß bestrittenes Vorbringen einer Partei gilt als zugestanden; die Parteien haben Sachaufklärung durch gegenseitige Konsultation zu betreiben. Dies erspart dem Richter umständliche und langwierige Sachaufklärungen.
- Schließlich werden zwischen 85 und 95 v.H. der Verfahren vor der mündlichen Verhandlung durch einen Vergleich beendet. Nach *Birk*[98] wird „das Urteil als ultima ratio angesehen, wenn die Beteiligten nicht in der Lage sind, selbst Rechtsfrieden zu erzeugen".

Sicher können diese Verfahrensgrundsätze nicht uneingeschränkt auf das deutsche Finanzgerichtsverfahren übertragen werden, immerhin sollte eine sachgerechte Prüfung erfolgen; auf Denkansätze ähnlicher Art hat auch bereits Frau Ministerin *Leutheusser-Schnarrenberger*[99] verwiesen.

---

95 *Dieter Birk,* Das Verfahren vor dem US-amerikanischen Finanzgericht (Tax Court), StuW 1991, 337.

96 Der Untersuchungsgrundsatz besagt, daß der Richter die für die Entscheidung erforderlichen Tatsachen selbst ermitteln muß, vgl. *Tipke/Kruse,* § 76 AO, Tz. 2.

97 *Dieter Birk,* Effizienz im finanzgerichtlichen Verfahren, StuW 1993, 296; *ders.,* Rechtsschutz in Steuersachen in den USA, StuW 1991, 263; *ders.,* Das Verfahren vor dem US-amerikanischen Finanzgericht (Tax Court), StuW 1991, 337.

98 *Birk,* Das Verfahren vor dem US-amerikanischen Finanzgericht (Tax Court), StuW 1991, 337, 341.

99 *Sabine Leutheusser-Schnarrenberger,* a.a.O. (Fn. 27).

Es fragt sich jedenfalls, ob es nicht rechtsstaatlich besser ist, Streitfragen kurzfristig im Kompromißwege zu entscheiden, als einen langwierigen Prozeß durch eine Entscheidung über eine Nichtzulassungsbeschwerde ohne Begründung zu beenden.

Zum Schluß bleibt mir nur die Hoffnung, der Jubilar möge nach seiner Pensionierung nicht nachlassen, „Wegweiser" aus dem Steuerchaos zu sein.

Hans Flick

Mißbrauchsgesetzgebung contra Steuerumgehung

Inhaltsübersicht

I. Einleitung

Seit vielen Jahren erhebt *Franz Klein* warnend seine Stimme, um die Untauglichkeit der Gesetzesflut als Mittel für das Erreichen des Ziels, einer gleichmäßigen Belastung der Bürger mit Steuern, zu erweisen[1]. Seiner Feststellung, hohe Steuertarife und als Folgeerscheinung umfangreiche Steuervergünstigungen förderten das Ungerechtigkeitsgefühl derjenigen, die nicht in der Lage seien, Vergünstigungen auszuschöpfen, und gäben den Anreiz zur Umgehung der Steuerschuld durch extensive Ausnutzung der Vergünstigungsvorschriften bis hin zu Gestaltungsmißbrauch[2], wird in der letzten Zeit durch die Flut neuer Steuergesetze[3] bestätigt. Wie sagte *Franz Klein:* „Bei soviel Änderungen durch den Gesetzgeber wird der Steuerbürger immer wieder versuchen, neue Wege zu finden, um aus der veränderten Gesetzeslage das Beste für sich zu machen."[4] Deswegen führen neue Gesetzesnormen, mit denen bestimmte Gestaltungen untersagt werden, eben nicht, wie anscheinend in der Politik geglaubt wird, zu einer geringeren Steuervermeidungstätigkeit, sondern regen diese erst einmal an.

Entgegen einer weitverbreiteten Ansicht verlangt es den Steuerpflichtigen nicht nach mehr Gestaltungsmöglichkeiten, sondern nach Dispositionssicherheit. Konkretisierende Mißbrauchsgesetzgebung verhindert nicht Mißbräuche, sondern schafft einerseits gestalterisch sichere Freiräume, die nur die Großen ausnützen können, und erschlägt gleichzeitig, wie insbesondere § 15a EStG zeigt, den normalen Steuerpflichtigen, weil der grobe Hammer unbeabsichtigt oft auch dessen Normalsituation trifft.

---

1 Vgl. *Franz Klein,* DB 1977, 2246; DStR 1979, 95; DStZ 1988, 599; DStR 1991, 793.

2 *Franz Klein,* DStZ 1988, 602.

3 Vgl. Förderales Konsolodierungsprogramm, Standortsicherungsgesetz, Gesetz zur Bekämpfung des Mißbrauchs und zur Bereinigung des Steuerrechts, neue Vermögensteuerrichtlinien usw.

4 *Franz Klein,* DStZ 1988, 601.

Gerade in der großen Zahl der Fälle, in der Steuervermeidung allenfalls Nebenzweck einer Gestaltung der Rechtslage ist, drohen unbeabsichtigte, neu eingeführte Steuerstrafen, die nur bei Rechtssicherheit darüber, wie die geänderten Steuergesetze auszulegen sind, vermieden werden könnten. Für die Herstellung dieser Rechtssicherheit bringt der Gesetzgeber aber anscheinend immer weniger Geduld auf.

Besonders häufig wird die Einführung neuer gesetzlicher Bestimmungen mit der gesetzgeberischen Bekämpfung von Mißbräuchen im Steuerrecht begründet. Man sieht förmlich den Gesetzgeber mit dem erhobenen Zeigefinger, wie er seine ungetreuen Staatsbürger, die es wagen, Steuern auf legalem Wege zu sparen – ansonsten sind keine neuen Gesetze vonnöten –, zur höheren Steuerzahlung ermahnt. Treffend hat *Kirchhof* zu dem Mißbrauchsvorwurf, sei es, daß ihn der Finanzbeamte gegenüber dem Steuerpflichtigen oder der Finanzminister gegenüber den Steuerbürgern erhebt, einmal bemerkt, das Stichwort „Mißbrauch" lenke vom streitigen Steuertatbestand ab und führe in ein das Recht vergessendes Ritual. Der Mißbrauchsvorwurf werde ad personam erhoben. Das Steuerrechtsgespräch sei zur Personaldiskussion denaturiert[5].

An der Personaldiskussion möchten wir uns mit diesem Beitrag nicht beteiligen. Uns geht es um die Frage, wann und wie der Gesetzgeber Steuergestaltungen, die zum Mißfallen des Fikus zur Vermeidung der Steuerlast genutzt werden, unterbinden kann, und welche Aufgabe den Gerichten durch die Mißbrauchsbekämpfung gestellt ist. Nur wenn Klarheit darüber besteht, was Ursache dafür ist, daß der Steuerpflichtige erfolgreich eine Steuerlast vermeiden kann, kann die gesetzgeberische Gegenmaßnahme an der richtigen Stelle ansetzen. Dazu ist aber eine genaue Analyse darüber erforderlich, welche Mittel dem Steuerstaat zur Verfügung stehen, um den Steuerbürger zur ungeliebten Steuerzahlung zu zwingen. Erste Voraussetzung erfolgreicher Steuervermeidung ist, daß der Steuerbürger versucht, sich dem Tatbestand des Steuergesetzes zu entziehen. Soweit der Steuertatbestand reicht, wird der Steuerbürger in jedem Fall von der Steuerpflicht getroffen. Doch selbst wenn es gelungen sein sollte, sich dem Steuertatbestand zu entziehen, so sieht das Steuergesetz mit § 42 AO noch eine zusätzliche Norm vor, mit der Gesetzesumgehungen eingefangen werden können. Nur wenn es dem Steuerbürger gelingt, einen Sachverhalt außerhalb der Reichweite des Steuertatbestandes und der mißbräuchlichen Gesetzesumgehung zu verwirklichen, hat die Steuervermeidung Erfolg gehabt. Wird zwischen Auslegung des Steuertatbestandes, verbotener, da mißbräuchlicher, Gesetzesumgehung und erfolgreicher Steuervermeidungstätigkeit genau unterschieden, kann der Gesetzgeber die Schwachstellen des Steuersystems ermitteln, die es Steuerpflichtigen ermöglichen, sich der Steuerlast zu entziehen. Mit dem pauschalen Anwurf des „Mißbrauchs" verbaut man sich hingegen nur den Blick auf das, was Steuergesetzgebung leisten soll.

5 *Paul Kirchhof*, StuW 1983, 177.

II. Das Wesen der Steuergesetzgebung

Steuergesetzgebung ist schwierig. Die Aufgabe, einen Tatbestand für die Belastung des einzelnen mit Abgaben zur Deckung des allgemeinen Finanzbedarfs zu definieren, sieht sich einer Reihe steuertypischer Hindernisse gegenüber. Zunächst ist es für den Gesetzgeber schwierig, steuerwürdige wirtschaftliche Lagen von nicht steuerwürdigen Lagen abzugrenzen. Sachgerechte Prinzipien, die dem Steuergesetzgeber Orientierung bieten könnten[6], sind nur in allgemeiner Form vorhanden. Das Leistungsfähigkeitsprinzip, der Grundsatz der Gleichmäßigkeit der Besteuerung und einer sozial gerechten Besteuerung, geben zwar einen gewissen Anhalt, vermögen aber nicht bei gesetzgeberischen Detailentscheidungen mit Evidenz die Entscheidung für oder gegen eine steuerliche Belastung zu rechtfertigen[7].

Hat sich der Gesetzgeber dann zur Einführung einer bestimmten steuerlichen Belastung entschlossen, geht er gesetzestechnisch so vor, daß er sich einen wirtschaftlichen Sachverhalt vorstellt, den er besteuern möchte. Die Politik definiert Vorgänge, die sie als steuerwürdig ansieht. Der wirtschaftliche Sachverhalt muß nunmehr in den Tatbestand eines Gesetzes gegossen werden. Im Rechtsbegriff muß der wirtschaftliche Vorgang abstrahierend abgebildet werden[8]. Bei Erfüllung dieser gesetzestechnischen Aufgabe kann der Gesetzgeber zunächst von der Erfahrungstatsache ausgehen, daß das Wirtschaftsleben bestimmte wirtschaftliche Situationen durch Gebrauch entsprechender Rechtsfiguren, welche die Rechtsordnung zur Verfügung stellt, herbeizuführen pflegt. Der Steuertatbestand setzt sich somit aus einzelnen Rechtsfiguren und Instituten zusammen, von denen der Gesetzgeber annimmt, daß sie im Wirtschaftsleben die Erreichung derjenigen Wirtschaftslage kennzeichnen, welche er mit dem Steuergesetz treffen möchte[9].

In dieser Erwartung wird der Steuergesetzgeber dann vom Steuerbürger häufig enttäuscht. Steuern zahlt kaum jemand gerne, erst recht nicht bei unserem Steuerniveau. Folglich sinnt der Adressat des Steuergesetzes darüber, wie er der Steuerbelastung möglichst entgehen kann. Als Mittel bietet sich eine steuerbewußte Änderung des Sachverhaltes ebenso an, wie seine rechtliche Umgestaltung[10]. Ziel des Steuerbürgers ist es, das Eingreifen des Steuertatbestandes zu vermeiden. Deswegen steht der Steuergesetzgeber Adressaten gegenüber, die mit Witz gesetzliche Kon-

6 Vgl. *Tipke/Lang*, Steuerrecht, 13. Aufl., 1991, S. 46 ff.

7 *Paul Kirchhof*, NJW 1987, 3218. Vgl. auch *Werner Flume*, StbJb. 1967/68, 63. Auch wenn den Gesetzgeber letztlich nur verfassungsrechtliche Prinzipien an der Einführung einer Steuerbelastung hindern, so ist es doch um so schlimmer, daß diese Grenze öfter nicht von ihm beachtet wird, wie die in letzter Zeit zahlreichen Verfassungsgerichtsentscheidungen und Vorlagebeschlüsse des Bundesfinanzhofs auf dem Gebiet des Steuerrechts zeigen.

8 *Paul Kirchhof*, NJW 1987, 3221.

9 *Albert Hensel*, Bonner Festgabe für Zitelmann, 1923, S. 224.

10 *Paul Kirchhof*, NJW 1987, 3220.

zeptionsfehler nutzen und mit Konsequenz Formulierungsmängel beim Wort nehmen, um Einkommen und Vermögen in einer Steuernische zu mehren[11]. Nach einer Weile stellt der Gesetzgeber fest, daß bestimmte wirtschaftliche Erfolge nicht nur auf dem von ihm für allein üblich gehaltenen (und daher in den Steuertatbestand einbezogenen) Wegen erreicht werden können, sondern auch auf anderen, weniger häufig begangenen Pfaden, an denen die Schranke des Steuertatbestandes noch nicht errichtet worden ist[12]. Niemand ist eben gezwungen, seine Rechtsverhältnisse so zu gestalten, daß ihn die Steuer trifft. Die Aufgabe des Gesetzgebers, den Steuertatbestand so auszugestalten, daß im Wirtschaftsleben notwendigerweise mit dem Willen zu bestimmten wirtschaftlichen Erfolgen auch der Wille zur Verwirklichung des Steuertatbestandes aufgebracht wird[13], ist solange nicht gelöst, wie der Steuerbürger nicht durch den Steuertatbestand verstellte Wege beschreiten kann, um sein wirtschaftliches Ziel unter Vermeidung der Steuer zu erreichen.

III. Auslegung – Umgehung – Vermeidung

Damit der Gesetzgeber (und der Steuerbürger) weiß, welche Wege bereits vom Steuergesetz verschlossen sind und welche Freiheiten noch bestehen, muß die Auslegung des Steuertatbestandes und die nach § 42 AO verbotene Umgehung des Steuergesetzes von der erlaubten Steuervermeidung abgegrenzt werden.

1. Auslegung

Das Steuergesetz definiert einen für steuerwürdig erachteten wirtschaftlichen Vorgang, indem es ihn im Rechtsbegriff abstrahierend abbildet[14]. Sämtliche Rechtsgebiete (nicht nur das Steuerrecht) sind in der Zwangslage, ihre Terminologie zunächst dem Wirtschaftssprachschatz entnehmen zu müssen[15]. Erst im Laufe der Zeit bildet sich aus dem noch unpräzise verwendeten Begriff der Wirtschaftssprache ein Rechtsbegriff heraus, der die genaue Scheidung der verschiedenen Fälle ermöglicht. Notwendig knüpft die Rechtsordnung allein an den Rechtsbegriff an. Sie ist gezwungen, die wirtschaftliche Lage tatbestandlich zu präzisieren.

Nun wird im Steuerrecht schon lange diskutiert, ob das Steuerrecht eigene Begriffe verwenden oder an die Begriffe des Privatrechts anknüpfen sollte. Die Steuerpflicht soll an sich nur die (unangenehme) Nebenfolge bestimmter rechtlicher Tatbestände sein, die verwirklicht werden, um

---

11 *Paul Kirchhof,* a.a.O. (Fn. 10).
12 *Albert Hensel,* a.a.O. (Fn. 9), S. 224.
13 *Albert Hensel,* a.a.O. (Fn. 9), S. 229.
14 *Paul Kirchhof,* NJW 1987, 3221.
15 *Albert Hensel,* a.a.O. (Fn. 9), S. 241.

entsprechende wirtschaftliche Ziele zu erreichen[16]. Von daher bietet es sich an, die Änderung der Rechtslage als Ausgangspunkt für eine Steuerpflicht zu bestimmen. Hinzu kommt, daß die Ausbildung der Rechtsbegriffe im Zivilrecht aufgrund der erheblich längeren Tradition schon viel weiter fortgeschritten ist als im Steuerrecht[17]. Deswegen führt die steuerrechtliche Verwendung von Begriffen, die mit außersteuerlichen Rechtsfolgen verknüpft werden, häufig zur Verwirrung, weil der Eindruck entstehen könnte, mit der Erfüllung des jeweiligen privatrechtlichen Tatbestandes seien auch die Voraussetzungen für eine steuerliche Belastung oder Entlastung erfüllt. Dennoch muß das Steuerrecht, da es eine andere Funktion als das Zivilrecht erfüllt, nämlich bestimmte wirtschaftliche Lagen zu besteuern, eigene Begriffe herausbilden[18].

Heute besteht daher Einigkeit, daß steuerrechtliche Tatbestände nach ihrem Sinn und Zweck, bestimmte Wirtschaftslagen zu besteuern, ausgelegt werden müssen und daher die im Steuerrecht verwendeten Begriffe einen anderen Bedeutungsinhalt als in anderen Rechtsgebieten haben können[19]. Der spezifische steuerliche Gehalt eines Begriffes ist auszuloten.

Doch ist die Forderung nach einer spezifisch steuerrechtlichen Begriffsbildung leichter erhoben als erfüllt. Je mehr es an systematischer Durcharbeitung und festen Begriffen fehlt, desto näher liegt die Versuchung, sich im Einzelfall an Wortlaut und Gesetzesbegründung zu klammern[20]. Dadurch wird dann das, was wohlmeinende Kritiker den Verfassern der Gesetze empfehlen, nämlich wenige typisierende Grundregeln von hoher Abstraktionshöhe zu schaffen[21], wieder vereitelt. Zudem führen gerade offene Typusbegriffe zu großer Rechtsunsicherheit, wovon beispielsweise die zahllosen Prozesse um die Ähnlichkeit mit freien Berufen bei den Einkünften aus selbständiger Arbeit eindrucksvoll Zeugnis ablegen. Letztlich ist der Gesetzesanwender darauf angewiesen, dem Gesetz selbst entnehmen zu müssen, was der Gesetzgeber genau besteuern wollte. Dabei kann eben zweifelhaft sein, wieweit es auf die Form, den Hergang, die einzelnen Stufen der Entwicklung oder auf das Ergebnis, was letzten Endes wirtschaftlich bei der Sache herausgekommen ist, ankommen soll[22]. Bei der Ausdeutung dieser Zweifel kann der Wille des Gesetzgebers nur insoweit berücksichtigt werden, als er im Steuergesetz selbst einen hinreichend bestimmten Ausdruck gefunden hat. Auch wenn sich die Rechtsprechung schon lange unter Hinweis auf die spezifische Funktion des Steuerrechtes von einer engen Bindung an im Zivilrecht geltende

16 *Albert Hensel,* a.a.O. (Fn. 9), S. 242.

17 Darauf hat schon *Enno Becker,* StuW 1924, Spalte 168, hingewiesen.

18 *Paul Kirchhof,* NJW 1987, 3221.

19 *Hans Georg Ruppe* in: Herrmann/Heuer/Raupach, Einführung Einkommensteuerrecht, Anm. 650; vgl. schon RFH-Urteil vom 31. März 1922 I A 10/22, RFHE 9, 167; vgl. auch *Klaus Offerhaus,* MDR 1993, 926.

20 *Enno Becker,* StuW 1924, Spalte 161.

21 *Paul Kirchhof,* NJW 1987, 3222.

22 *Enno Becker,* StuW 1924, Spalte 154.

Begrifflichkeiten gelöst hat und sich damit bemüht, den wirtschaftlichen Gehalt steuerlich erheblicher Vorgänge ohne Rücksicht auf die rechtliche Einkleidung zur Geltung zu bringen[23], kann letzthin durch bloße Auslegung des Steuergesetzes nicht ein Steuertatbestand geschaffen werden, der vom Gesetzgeber selbst im Wortlaut des Gesetzes nicht einmal angedeutet worden ist.

Deswegen besteht die vornehmste Aufgabe des Gesetzgebers darin, den Steuerbelastungstatbestand so klar zu umschreiben, daß Ausweichmanöver von vorneherein zum Scheitern verurteilt sind. Läßt der Gesetzestatbestand hingegen dem Steuerbürger die Möglichkeit, die von ihm angestrebte wirtschaftliche Lage unter Umgehung des Tatbestandes zu erreichen, indiziert dies zunächst, daß der Steuertatbestand noch unvollkommen gefaßt ist. Der Staat muß beim Steuerpflichtigen, insbesondere bei den steuerlich höchstbelasteten Personen, das Motiv größtmöglicher Steuervermeidung erwarten[24]. Deswegen ist der Steuerbürger geneigt, Wörter als Begriffe, nicht Worte als Ideen aufzunehmen. Je detaillierter und enger der Gesetzgeber Abwehrtatbestände gegen Steuervermeidungsstrategien formuliert, desto mehr fühlt sich der Steuerpflichtige eingeladen, den Gesetzgeber am Wortlaut seiner Texte festzuhalten[25]. Daraus erwächst die Forderung an den Gesetzgeber, die Entscheidung, welcher wirtschaftliche Vorgang mit Steuer belastet werden soll, möglichst allgemein zu formulieren, um Steuervermeidungsstrategien von vorneherein das Wasser abzugraben[26].

2. Umgehung

Nicht zu sorgen braucht sich der Gesetzgeber um die Umgehungsstrategien seiner Steuerbürger, die nur unter Mißbrauch rechtlicher Gestaltungsmöglichkeiten gelingen können. Durch § 42 AO ist der Staat in gewisser Weise vor der Steuervermeidungstätigkeit seiner Bürger geschützt.

a) In § 42 AO ist dem Staat eine Erlaubnis zur – ansonsten im Steuerrecht unzulässigen – Analogie zu Lasten des Steuerpflichtigen unter besonderen Voraussetzungen an die Hand gegeben[27]. § 42 AO bestimmt in seinem Kern, daß die Steuerpflicht wirtschaftlicher Lage nicht stets durch die Vermeidung der in den einzelnen Steuergesetzen vorgesehenen recht-

---

23 Vgl. nur Nachweise bei *Hans Georg Ruppe* in: Herrmann/Heuer/Raupach, Einführung Einkommensteuer, Anm. 652.

24 *Paul Kirchhof,* StuW 1983, 180.

25 *Paul Kirchhof,* NJW 1987, 3221.

26 *Paul Kirchhof,* NJW 1987, 3222.

27 *Detlev Jürgen Piltz,* BB 1987, Beilage 14, 7; allerdings mit dem Unterschied, daß bei der normalen Gesetzesanalogie der juristische Tatbestand gedanklich erweitert wird, während Rechtsfolge des § 42 AO ist, daß die rechtliche Gestaltung des ökonomischen Sachverhalts korrigiert wird, vgl. *Thomas Rödder,* FR 1988, 355.

lichen Tatbestände umgangen werden kann[28]. Die Tatbestandsvermeidung allein, d.h. der Nichtgebrauch bestimmter im Steuergesetz vorgesehener Rechtsformen, garantiert dem Steuerpflichtigen noch nicht die Steuerfreiheit.

Andererseits ermöglicht § 42 AO nicht, jede wirtschaftliche Lage, die durch Umgehung des Steuergesetzes, so wie es sich nach einer Auslegung orientiert an dem im Gesetzeswortlaut niedergelegten Steuerbelastungsgrund darstellt, zu besteuern. Insbesondere erlaubt § 42 AO nicht, losgelöst vom Gesetzesgrund in den rechtsfreien Raum einzudringen und zu einer unbegrenzten Auslegung oder zu Scheinbegründungen mittels „wirtschaftlicher Betrachtungsweise" Zuflucht zu nehmen[29]. Vielmehr greift § 42 AO nur ein, wenn der Steuerbürger mißbräuchlich Rechtsformen benutzt, um die Steuer zu vermeiden. Wird die Steuerfreiheit bestimmter Verkehrsakte durch Verwendung von rechtlichen Gestaltungsmöglichkeiten erreicht, die dem normalen Wirtschaftsverkehr entsprechen, so liegt die Steuerfreiheit an der unzulänglichen Gesetzesformulierung, deren Ausnutzung dem Steuerbürger erlaubt ist. Die durch offensichtliche Fehler des Gesetzgebers ermöglichte Steuerumgehung kann nicht durch § 42 AO verhindert werden, wenn man nicht den Wortlaut des Gesetzes unter allen Umständen für völlig bedeutungslos erklären will[30]. Bei gesetzlichen Wertungswidersprüchen und Besteuerungslücken darf der Steuerbürger seinem ökonomischen Instinkt folgen und bewußt die Steuer vermeiden.

Damit konzentriert sich der Schutz des § 42 AO auf die Fälle, in denen ein vorgegebener ökonomischer Sachverhalt, der an sich besteuert werden soll, wie der Gesetzgeber mit dem Steuergesetz zum Ausdruck gebracht hat, unter Mißbrauch von Gestaltungsformen in ein Rechtskleid gefaßt wird, mit dem das tatbestandliche Eingreifen des Steuergesetzes vermieden wird. Ausgeschieden aus dem Anwendungsbereich des § 42 AO sind daher die Fälle, in denen der Steuerpflichtige den ökonomischen Sachverhalt nach eigenem Gutdünken gestalten kann. Knüpft das Steuergesetz ausdrücklich nur an einen bestimmten ökonomischen Sachverhalt an, verwirklicht der Steuerpflichtige aber einen anderen, um Steuern zu sparen, so kann auch § 42 AO ihn nicht zwingen, den mit mehr Steuern belasteten Sachverhalt einzunehmen.

Da es den Anteilseignern einer Kapitalgesellschaft – jedenfalls bis zur Einführung des § 8a KStG – generell frei stand, in welchem Maße sie die Gesellschaft fremd- oder eigenfinanzieren wollten, ist diese Grundentscheidung der Steuerpflichtigen hinzunehmen, auch wenn Steuerersparnis das Motiv für die gewählte Gestaltung gewesen sein sollte[31]. Ebenso

---

28 *Albert Hensel,* a.a.O. (Fn. 9), S. 269.

29 *Peter Fischer* in: Hübschmann/Hepp/Spitaler, Kommentar zur AO/FGO, 9. Aufl., § 42 AO Anm. 197.

30 *Albert Hensel,* a.a.O. (Fn. 9), S. 269.

31 BFH-Urteil vom 5. Februar 1992 I R 127/90, BFHE 166, 356, BStBl. II 1992, 532.

frei wählen kann der Steuerpflichtige, ob er sein Gewerbe in der Rechtsform der Kapitalgesellschaft oder Personengesellschaft organisiert, auch wenn allein Erbschaftsteuerersparnis die Wahl der Rechtsform bestimmte[32]. Aus dem gleichen Grund kann einer Kapitalgesellschaft, die sich 1993 entscheidet, die nächste Gewinnausschüttung erst am 2. Januar 1994 vorzunehmen, da dann der niedrigere Ausschüttungssteuersatz von 30 v.H. gilt, kein Mißbrauch vorgeworfen werden. Die Auswahl zwischen verschiedenen Sachverhaltsalternativen unter dem Aspekt der bewußten Steuerersparnis ist nicht mißbräuchlich. Deswegen schließen wir uns auch der Kritik an dem Urteil des XI. Senats des BFH vom 18. Dezember 1991 an, in dem die steuersparende Wahl des Wirtschaftsjahres durch einen Kaufmann als mißbräuchlich angesehen wurde[33]. § 42 AO gibt keine Befugnis, die Wahl des Steuerpflichtigen zwischen verschiedenen wirtschaftlichen Alternativen zu korrigieren, auch wenn die Wahl zwischen den Alternativen allein unter steuerlichen Gesichtspunkten getroffen wurde[34]. Steuerrechtlich ist es hinzunehmen, wenn der Steuerbürger seine wirtschaftliche Lage bewußt so gestaltet hat, daß er Steuern spart. Unter den vielen Möglichkeiten legaler Steuervermeidung, die insbesondere durch Wertungswidersprüche, Änderungen und nicht durchdachte Steuergesetze geschaffen werden, können nicht zufällige Einzelausschnitte als Steuerumgehung herausgegriffen werden. Mit dieser Begründung hat es der Bundesfinanzhof abgelehnt, die Schenkung eines Grundstücks zum niedrigeren Einheitswert, welches, wie von vorneherein geplant, vom Beschenkten anschließend verkauft wurde, als mißbräuchlich anzusehen[35]. Soweit das Steuerrecht an bestimmte Tatbestände, die ihm vom Zivilrecht vorgegeben sind, einfach anknüpft, kommt eine Steuerumgehung i.S. des § 42 AO durch steuergünstige Wahl zwischen den verschiedenen Alternativen des Zivilrechts von vorneherein nicht in Betracht[36].

Festzuhalten bleibt somit, daß der Steuerbürger die Freiheit hat, zwischen verschiedenen Sachverhaltsalternativen, an die unterschiedliche steuerliche Folgen geknüpft sind, frei zu wählen. Die unterschiedlichen steuerlichen Folgen hat nicht der Steuerbürger selbst, sondern der Staat zu vertreten. Es ist dem Steuerbürger unbenommen, die für ihn ökonomisch günstigste, steuervermeidende Wahl zu treffen.

b) Eine alternative Sachverhaltsgestaltung, die keinen Mißbrauch steuerlicher Gestaltungsmöglichkeiten darstellt, liegt auch bei der Verlagerung wirtschaftlicher Anknüpfungsmerkmale, wie dem Wohnsitz, in das Ausland vor. Die Auswanderung in ein Niedrigsteuerland stellt – zumal unter

---

32 Vgl. dazu meinen Aufsatz, DStR 1993, 929.

33 Urteil vom 18. Dezember 1991 XI R 40/89, BFHE 166, 550, BStBl. II 1992, 486; kritisiert von *Gerd Rose/Cornelia Glorius,* DB 1992, 2212 f.

34 Vgl. auch BFH-Urteil vom 16. Januar 1992 V R 1/91, BFHE 167, 215, BStBl. II 1992, 541.

35 BFH-Urteil vom 17. April 1974 II R 4/67, BFHE 112, 414, BStBl. II 1974, 521.

36 *Klaus Tipke,* Die Steuerrechtsordnung Band III, 1993, S. 1334; *Albert Hensel,* a.a.O. (Fn. 9), S. 278.

dem europäisch festgeschriebenen Recht auf Freizügigkeit und Niederlassungsfreiheit – die Ausübung eines Freiheitsrechtes dar, deren steuerliche Folgen nicht unter Rückgriff auf § 42 AO korrigiert werden können[37].

Nach diesen Prämissen ist es dem Steuerpflichtigen grundsätzlich auch möglich, seine Rechtsbeziehungen im Verhältnis zum Ausland zu gestalten. Gerade bei grenzüberschreitenden Sachverhalten muß der Konzernaufbau häufig besonders gestaltet werden, um eine internationale Doppelbelastung mit Steuern in verschiedenen Ländern zu vermeiden. Grundsätzlich steht es allein im Ermessen des Steuerpflichtigen, wie er den Konzernaufbau einrichtet. So hat der Bundesfinanzhof sogar die Zwischenschaltung von fünf ausländischen Tochtergesellschaften (sog. Quintettsituation) zwischen die ausländische Mutter- und die inländische Enkelgesellschaft für zulässig erachtet, um auf diese Weise eine höhere Quellensteuererstattung zu erlangen[38]. Jetzt wird im Hinblick auf die geänderte Quellensteuererstattung im Anschluß an die Mutter-/Tochterrichtlinie (§ 44d EStG) diskutiert, ob die Zwischenschaltung einer Holdinggesellschaft zur Erreichung der deutschen Quellensteuerreduktion auf 5 v.H. rechtsmißbräuchlich ist. Im Hinblick auf den Zweck der Mutter-/Tochterrichtlinie, den Unternehmen eine steuergünstige Gestaltung im Binnenmarkt zu ermöglichen, wird die Einrichtung einer optimalen Steuerstruktur im Anschluß an die Mutter-/Tochterrichtlinie für angemessen erachtet[39]. Problematisch sind diese Fälle dann, wenn die Zwischenschaltung der Holdinggesellschaft nur aus steuerlichen Gründen erfolgt, um in den Genuß der Steuervorteile zu gelangen, die durch die Umsetzung der Mutter-/Tochterrichtlinie in nationales Recht geschaffen wurden. Wenn für die Zwischenschaltung einer im Ausland ansässigen Gesellschaft wirtschaftliche oder sonst beachtliche Gründe fehlen, wird nach der – mittlerweile wohl gefestigten – Rechtsprechung des Bundesfinanzhofes vermutet, daß die Zwischenschaltung allein zum Zweck der Steuerersparnis erfolgte[40]. Die Existenz dieser Gesellschaft wird dann negiert. Letztlich läßt sich diese Rechtsprechung auf den Gedanken zurückführen, daß steuerliche Verhältnisse nicht durch einen bloßen rechtlichen äußeren Anschein geändert werden können. Wenn trotz der Zwischenschaltung einer Basisgesellschaft wirtschaftlich alles beim alten bleibt, ändert sich auch steuerlich nichts[41]. Denn das Steuerrecht erfaßt wirtschaftliche Lagen, nicht aber die rechtliche Einkleidung. Die rechtli-

---

37 *Harald Schaumburg,* Internationales Steuerrecht, 1993, S. 141.

38 BFH-Urteil vom 13. September 1972 I R 130/70, BFHE 107, 158, BStBl. II 1973, 57; vom 19. Februar 1975 I R 26/73, BFHE 115, 325, BStBl. II 1975, 584; zweifelhaft ist allerdings, ob dies auch dann gälte, wenn die fünf zwischengeschalteten Gesellschaften keine eigene wirtschaftliche Funktion gehabt hätten, vgl. dazu *Detlev Jürgen Piltz,* BB 1987 Beilage 14, 13.

39 *Brigitte Knobbe-Keuk,* EuZW 1992, 336; *Stephan Eilers,* DB 1993, 1158.

40 BFH-Urteil vom 28. Januar 1992 VIII R 7/88, BFHE 167, 273, BStBl. II 1993, 84; vgl. dazu *Harald Schaumburg,* Internationales Steuerrecht, 1993, S. 605.

41 BFH-Urteil vom 23. Oktober 1991 I R 52/90, BFH/NV 1992, 273.

che Einkleidung dient nur als Mittel, die wirtschaftliche Lage tatbestandsmäßig festzuhalten. Umgekehrt verhindert § 42 AO gerade, daß durch die rechtliche Einkleidung die wirtschaftlich tatsächlich vorhandene Lage überspielt werden kann. Maßgebend für das Steuerrecht ist eben der wirkliche Sachverhalt, bei dessen Erforschung, wie schon *Enno Bekker* verlangte, der Satz, „plus est in re quam in existimatione" nicht genug beherzigt werden kann[42]. Aus diesem Grund erkennt das deutsche Steuerrecht weder die steuerliche Wirksamkeit schweizerischer Domizilgesellschaften an[43], noch läßt es das bloße Wahrnehmen der Beteiligungsrechte gegenüber den Tochterunternehmen für die Anerkennung einer eigenständigen wirtschaftlichen Funktion genügen[44]. Wenigstens ist erforderlich, daß die Zwischengesellschaft geschäftsleitend gegenüber Tochterunternehmen tätig wird und dadurch eine eigene wirtschaftliche Funktion erfüllt.

Insgesamt allerdings sinken die Anforderungen für eine steuerliche Anerkennung von Zwischengesellschaften[45]. Damit wird deutlich, daß es bei den wirtschaftlichen Gründen, die das Zwischenschalten einer Basisgesellschaft rechtfertigen können, nicht darum geht, der Finanzverwaltung und den Gerichten eigene wirtschaftliche Überlegungen zur Überprüfung vorzulegen. Eine vernünftige wirtschaftliche Überlegung ist es schließlich auch, Zwischengesellschaften einzurichten, um Steuern zu sparen[46]. Es geht vielmehr darum, festzustellen, ob sich die wirtschaftliche Lage durch die Zwischenschaltung der Holdinggesellschaft – abgesehen von der steuerlichen Verbesserung – tatsächlich verändert hat. Ansonsten handelt es sich um ein für das Steuerrecht unerhebliches „Kartenkunststück"[47].

Diese Grundsätze gelten unserer Auffassung nach auch dann, wenn eine Holding zum Zwecke der Quellensteuerreduktion nach der Mutter-/Tochterrichtlinie (MTRL) zwischengeschaltet wird. Durch die Mutter-/Tochterrichtlinie sollte die steuerliche Lage für diejenigen Gesellschaften, die mit wirtschaftlichen Gründen im Konzernaufbau eingeschaltet sind, erleichtert werden. Art. 1 Abs. 2 MTRL erlaubt zwar den Mitgliedstaaten die Anwendung nationaler Mißbrauchsvorschriften. In der Richtlinienbestimmung findet sich aber kein Anhaltspunkt dafür, daß es innergemeinschaftlich vollkommen gleichgültig ist, wo Steuern erhoben werden. Die Harmonisierung der verschiedenen Steuerrechtssysteme ist zwar – fernere – politisches Programm, aber noch lange nicht verwirklicht[48]. Getreu

---

42 *Enno Becker,* StuW 1924, Spalte 155.
43 BFH-Urteil vom 23. Oktober 1991 I R 40/89, BFHE 166, 323, BStBl. II 1992, 1026.
44 BFH-Urteil vom 24. Februar 1976 VIII R 155/71, BFHE 120, 121, BStBl. II 1977, 265.
45 So der Befund von *Claus Luttermann,* IStR 1993, 157.
46 So zu Recht *Thomas Rödder,* FR 1988, 359.
47 *Enno Becker,* StuW 1924, Spalte 154.
48 So aber *Brigitte Knobbe-Keuk,* EuZW 1992, 340; *Stephan Eilers,* DB 1993, 1158.

diesem Verständnis bringen die EG-Mitgliedstaaten auf der Grundlage dieser Richtliniennorm ganz unterschiedliche Mißbrauchsvorschriften zur Anwendung[49]. § 42 AO wird auch bei richtlinienkonformer Auslegung nicht eingeengt, da in Art. 1 Abs. 2 MTRL die natioalen Mißbrauchsregelungen ausdrücklich in ihrem Anwendungsbereich nicht beschränkt werden sollten. Allerdings hat der Bundesfinanzhof in dem sog. Monaco-Urteil[50] die Ansicht vertreten, es bestünden vom Grundsätzlichen her Bedenken, die Rechtsprechung zu Basisgesellschaften auf Fälle zu übertragen, in denen eine in einem dritten Land ansässige Person eine Kapitalgesellschaft in einem anderen Land zum Zwecke der Quellensteuerersparnis zwischenschaltet. Aufgrund dieser Annahme werden in dem Monaco-Urteil keine Anforderungen von Gewicht an die eigenen wirtschaftlichen Gründe des Steuerpflichtigen für die Zwischenschaltung der Kapitalgesellschaft gestellt. Wäre dieses Urteil verbindlich, wäre das treaty shopping durch Ausländer, um in den Genuß der Quellensteuerreduktion aufgrund des § 44d EStG zu gelangen, folgenlos[51]. Allerdings ist es durchaus zweifelhaft, ob das sog. Monaco-Urteil, wenn diese Fallgestaltung dem Bundesfinanzhof erneut zur Überprüfung vorgelegt würde, Bestand hätte. Wieso bei von Steuerausländern durchgeführten Gestaltungen zur Nutzung von Steuervorteilen andere Maßstäbe anzulegen sein sollen als bei der Überprüfung von Steuerinländern, ist nicht einsichtig[52]. Es würde das Gerechtigkeitsprinzip verletzen, wenn für Gestaltungen von Ausländern etwas anderes gelten sollte als bei Steuerinländern[53]. Zudem trennt der Wortlaut der Bestimmung des § 42 AO nicht zwischen unbeschränkt und beschränkt Steuerpflichtigen bzw. Steuerausländern[54]. Aus diesen Gründen kann ein Steuerausländer, der ohne eine Veränderung der wirtschaftlichen Lage nur zum Zwecke der Quellensteuerersparnis eine Holdinggesellschaft in einem EG-Staat zwischenschaltet, nicht in den Genuß des § 44d EStG gelangen.

Hier können nicht sämtliche Aspekte des § 42 AO ausgeleuchtet werden. Vielmehr sollten zwei Thesen herausgestellt werden:

§ 42 AO findet keine Anwendung, wenn der Steuerpflichtige sich unter zwei verschiedenen Sachverhaltsalternativen, an die die Besteuerung jeweils anknüpft und die vom Steuerrecht als vorgegeben angesehen werden, für die Alternative entscheidet, die steuergünstig ist;

§ 42 AO überspielt nur insofern die fehlende Tatbestandsmäßigkeit der Besteuerung, als Tatbestände, die an rechtliche Gestaltungen anknüpfen, aber wirtschaftliche Sachverhalte erfassen wollen, durch einen allgemei-

49 Übersicht bei *Fred De Hosson/Cees-Wim van Noordenne,* EC tax review 1992, 162; *Michael Altheim,* IStR 1993, 359.

50 BFH vom 29. Oktober 1981 I R 89/80, BFHE 134, 245, BStBl. II 1982, 150; kritisch dazu *Horst Rauer,* DB 1983, 2276 ff.

51 Darauf weist zu Recht *Michael Altheim,* IStR 1993, 358 hin.

52 *Horst Rauer,* DB 1983, 2276; *Franz Wassermeyer,* in: Vogel, Grundfragen des deutschen Außensteuerrechts, 1985, S. 71; *Rainer Merthan,* RIW 1992, 927.

53 *Klaus Vogel,* StuW 1985, 372 f.

54 *Franz Wassermeyer,* a.a.O. (Fn. 52), S. 71.

nen Tatbestand so verlängert werden, daß auch die unangemessenen Rechtsgestaltungen miterfaßt werden[55]. Gestaltungen, durch die nur der rechtliche Anschein, nicht aber die wirtschaftliche Lage verändert wird, stellen eine mißbräuchliche Gesetzesumgehung dar.

3. Steuervermeidung

Jenseits der letztlich nutzlosen mißbräuchlichen Steuerumgehung hat der Steuerpflichtige noch ausreichend Gelegenheit, die Steuerzahlung durch geschickte Gestaltung seiner Rechtslage zu vermeiden. Das Steuerrecht, so wie es gewachsen ist, enthält zahlreiche widersprüchliche Wertungen, die der Kundige seinem Mandanten zunutze machen kann. Ius vigilantibus scriptum est[56]. Wenn, was wir häufig erleben, durch die schlichte Umschichtung von Geldvermögen in Grundbesitz oder Umwandlung von der Rechtsform der Kapitalgesellschaft in die Rechtsform der Personengesellschaft die Erbschaftsteuerlast auf einen Bruchteil des ursprünglichen Betrages gesenkt werden kann[57], wird anschaulich, welches Feld den Kundigen offensteht. Sage niemand, bei der Ausnutzung dieser Widersprüche handele es sich um Mißbrauch. Denn die Behauptung, die höhere Steuerlast sei richtiger als die niedrigere, obwohl wirtschaftlich ganz ähnliche Sachverhalte vorliegen, die aber steuerlich verschieden gewertet werden, läßt sich nicht belegen. Steuerrecht lebt, viel mehr als anderes Recht, von dem Dictum des Gesetzgebers[58]. Sind die Dicta widersprüchlich, handelt der Steuerbürger nicht mißbräuchlich, wenn er das für ihn günstige Dictum beansprucht. Der Vorgang der Besteuerung ist für den rational handelnden Steuerpflichtigen eben nicht entscheidungsneutral, sondern enthält zahllose Gestaltungsanreize, da die subjektive wirtschaftliche Realität des einzelnen von den Steuergesetzen (teilweise zwangsläufig) nur unvollkommen erfaßt wird[59].

Ein anderes weites Feld der Steuerberatungstätigkeit ist die Ausnutzung des internationalen Steuergefälles. Längst ist der Wettbewerb der verschiedenen Steuerrechtsordnungen im Gange. Wenn die Steuerbürger das aus ihrer Sicht unzureichende Angebot Deutschlands verschmähen und das als grenzenlos propagierte Europa beim Wort nehmen, indem sie über die Grenze gehen, handelt es sich ebenfalls nicht um Mißbrauch, sondern um die freie Entscheidung für das Angebot der Konkurrenz. Nun ist es eine im Wirtschaftsleben schon häufig beobachtete Erscheinung, daß die

---

55 *Klaus Tipke,* Die Steuerrechtsordnung Band III, 1993, S. 1331; zu den Schwierigkeiten, diese Feststellung im Einzelfall zu treffen, vgl. zuletzt *Klaus Offerhaus,* MDR 1993, 928.

56 Dig. 42, 8, 42 a.E.; erstmals von *Armin Spitaler,* BB 1959, 1037 als Motto für die Steuerplanung verwandt.

57 Vgl. dazu meinen Betrag auf der Münchener Steuerfachtagung, abgedruckt in DStR 1993, 929.

58 *Werner Flume,* Steuerwesen und Rechtsordnung 1986, S. 9.

59 *Thomas Rödder,* Gestaltungssuche im Ertragsteuerrecht, 1991, S. 36.

Freiheit des Wettbewerbs nur solange unterstützt wird, wie der „Kunde" das eigene Produkt wählt. Deswegen verwundert es nicht, daß der deutsche Fiskus mit dem Außensteuergesetz diejenigen verfolgt, die von der Wahlfreiheit seiner Auffassung nach einen zu extensiven Gebrauch gemacht haben, indem sie nicht einmal 30 v.H. Ertragsteuern auf ihre passiven Einkünfte bezahlen[60]. Ob man aber den Wettbewerb der Steuersysteme auf Dauer dadurch bestehen kann, daß man den Steuerbürgern einerseits zwar – verfassungsrechtlich abgesichert – Freizügigkeit und Niederlassungsfreiheit zusagt, andererseits aber den Wechsel zur Konkurrenz durch immer neue Hürden verleidet, darf bezweifelt werden.

Damit bleibt festzuhalten: Die erlaubte – und aus Sicht eines ordentlichen Kaufmannes, der auf Senkung der Kosten bedacht sein muß, sogar gebotene – Steuervermeidungstätigkeit nutzt Wertungswidersprüche, gesetzgeberische Unbedachtheiten und das internationale Steuergefälle aus. Dies hat nichts mit einem „Mißbrauch" der Steuergesetze zu tun. Nur weil die Steuergesetze für vergleichbare wirtschaftliche Lagen ganz unterschiedliche Belastungen vorsehen und weil die Steuerbelastungen in Deutschland einerseits und in den Nachbarstaaten andererseits in vielerlei Hinsicht so verschieden sind, werden Steuervermeidungsüberlegungen notwendig. Wäre der Gesetzgeber in der Lage, für alle international und national vergleichbaren wirtschaftlichen Lagen gleiche Steuerbelastungen zu dekretieren, würde der Versuch der Steuervermeidung als untauglich unterbleiben.

IV. Mißbrauchsgesetzgebung

Seit Jahren bemüht sich der Gesetzgeber, nach seinen eigenen Worten[61], um Rechtsänderungen, mit denen der mißbräuchlichen Ausschöpfung bestehender steuerrechtlicher Regelungen begegnet werden soll. Ziel des Gesetzgebers sei es, heißt es dort, ungerechtfertigte Steuervorteile abzubauen und unerwünschte Steuergestaltungen unmöglich zu machen. Gegen nicht zu rechtfertigende Steuervorteile und steuerpolitisch unerwünschte Gestaltungen kann natürlich niemand etwas einwenden. So dient die lautstark propagierte Mißbrauchsbekämpfung denn auch in erster Linie der Erzeugung politischen Rückenwindes zur Durchsetzung von Steuererhöhungen. Wie sieht aber die Mißbrauchsbekämpfung en detail aus?

Aus der Reihe von neuen Gesetzesvorschriften, die in 1992 mit dem Ziel der Mißbrauchsbekämpfung zusätzlich in die Steuergesetze eingefügt wurden, greife ich einige Beispiele heraus, um zu veranschaulichen, warum diese Mißbrauchsgesetzgebung häufig die Steuervermeidungstätigkeit

60 Niedrige Besteuerung nach § 8 AStG.

61 Begründung allgemeiner Teil zum Entwurf eines Gesetzes zur Bekämpfung des Mißbrauchs und der Bereinigung des Steuerrechts.

nicht einschränkt, sondern im Gegenteil, wie *Franz Klein* schon feststellte, Steuervermeidungstätigkeit erst recht anregt[62].

Mit dem neuen § 8a KStG unternimmt der Gesetzgeber den Versuch, die Fremdfinanzierung von Kapitalgesellschaften durch ausländische und steuerbefreite inländische Anteilseigner zu bekämpfen. Wirtschaftlicher Hintergrund der Fremdfinanzierung ist, daß die Gewinne einer deutschen Kapitalgesellschaft mit 36 v.H. (zukünftig 30 v.H.) deutscher Körperschaftsteuer belastet bleiben, wenn die Kapitalgesellschaft ihre Gewinne an diese Anteilseigner ausschüttet. Aufgrund des Umstandes, daß Gewinne einer inländischen Körperschaft im Ausland bei den Anteilseignern als Dividenden häufig ein zweites Mal besteuert werden, und aufgrund der Tatsache, daß das Steuerniveau in den Wohnsitzstaaten der Anteilseigner häufig niedriger ist, ist es für die Anteilseigner oft günstiger, der inländischen Kapitalgesellschaft ein Darlehen zur Verfügung zu stellen und ausschließlich in ihrem Ansässigkeitsstaat besteuerte Zinsen zu empfangen. Diesem Versuch, sich der deutschen Besteuerung zu entziehen, will der Gesetzgeber nunmehr, nachdem auf diesem Felde eine günstige Entscheidung des Bundesfinanzhofes nicht zu erlangen war, durch § 8a KStG begegnen. Nach dieser Norm werden an nicht anrechnungsberechtigte Anteilseigner gezahlte Zinsen unter bestimmten Voraussetzungen in Gewinnausschüttungen umqualifiziert.

Die Umqualifikation von Zinsen in Gewinne führt steuerrechtlich zu zahllosen Schwierigkeiten. Zunächst ist schon zweifelhaft, ob aus verfassungs- und europarechtlicher Sicht diese Umqualifikation, die nur die sog. nichtanrechungsberechtigten Anteilseigner, also vornehmlich Ausländer und steuerbefreite Personen, betrifft, überhaupt zulässig ist[63]. Sodann wird es auf international steuerlicher Ebene schwierig, wenn Deutschland Zinsen in Dividenden umqualifiziert, der Sitzstaat des Anteilseigners aber Zinsen als Zinsen behandelt und dabei allenfalls durch die Zinsdefinition in den jeweiligen Doppelbesteuerungsabkommen gebunden ist[64]. Schließlich wird im § 8a KStG neue Rechtsunsicherheit durch neue Begriffe geschaffen. So ist in § 8a KStG die Rede von „Vergütungen für Fremdkapital". Gemeinhin wird der Begriff des „Fremdkapitals" in Abgrenzung zum in § 272 HGB definierten Eigenkapital verwandt. Eine Einschränkung derart, daß Fremdkapital nur längerfristige Verbindlichkeiten betrifft, läßt sich dem Wortlaut nicht entnehmen. Dennoch heißt es in der Gesetzesbegründung zu § 8a KStG, daß Lieferantenverbindlichkeiten von dem Begriff nicht erfaßt werden sollen. Ebenso spricht § 8a Abs. 4 KStG von „Beteiligungen". Unklar ist, ob „Beteiligungen" meint, es müßten, wie in § 271 HGB definiert, wenigestens 20 v.H. der gesamten Anteile gehalten werden. Dagegen spricht aber, daß § 8a KStG zwischen wesentlichen und anderen Beteiligungen unterscheidet.

62 *Franz Klein,* DStZ 1988, 602.
63 Vgl. dazu *Brigitte Knobbe-Keuk,* DB 1993, 60 ff.
64 Vgl. dazu *Stephan Schauhoff,* Intertax 1993, 466 ff.

Daraus folgert der Jurist, „Beteiligungen" meint in § 8a KStG jede Höhe des Haltens von Anteilen an einer Kapitalgesellschaft. Diese Liste ließe sich allein bezüglich eines neuen Paragraphens noch lange fortführen.

Was aber nutzt § 8a KStG? Der Gesetzgeber hat großzügige safe havens geschaffen: Bei Vergütungen zu einem festen Zinssatz ist es unschädlich, wenn der Anteilseigner das Dreifache seines anteiligen Eigenkapitals als Fremdkapital gibt. Besitzt der Anteilseigner eine Holding, kann er sogar das 9fache seines anteiligen Eigenkapitals an der Kapitalgesellschaft als Fremdkapital geben. Die erste Gestaltungsempfehlung lautet daher, Holdinggesellschaften zwischenzuschalten, um in den Genuß der günstigeren Eigenkapital-/Fremdkapitalrelation zu gelangen. § 8a KStG wird damit zur Gründung neuer Holdinggesellschaften beitragen. Ziel des § 8a KStG war es, die mißbräuchliche Fremdfinanzierung durch nichtanrechnungsberechtigte Anteilseigner einzuschränken, um auf diese Weise zu mehr Steuern in Deutschland zu kommen. Eine Fremdfinanzierung in dem Verhältnis, wie es nunmehr von § 8a KStG legalisiert worden ist, hat aber bislang in vielen Fällen noch nicht stattgefunden. Dies lag zum einen daran, weil die Rechtslage bis zum maßgebenden Urteil des Bundesfinanzhofs[65] viel zu unsicher war. Nachdem der Bundesfinanzhof feststellte, daß eine unbeschränkte Fremdfinanzierung durch nichtanrechnungsberechtigte Anteilseigner regelmäßig nicht als mißbräuchlich anzusehen ist, bestand noch Unsicherheit, was der Gesetzgeber als Fremdfinanzierung durch den Anteilseigner erlauben würde. Erst durch die Einführung des § 8a KStG hat der Gesetzgeber jedermann verdeutlicht, wie weit er gehen darf. Da aber durch § 8a KStG eine neue Norm geschaffen worden ist, die bei der Steuerplanung selbstverständlich im Auge behalten werden muß, wurde ein Anreiz geschaffen, sich intensiv mit der Frage der zulässigen Fremdfinanzierung zu beschäftigen. Folge davon ist wiederum, daß weitaus mehr Personen als zuvor in den Grenzen des § 8a KStG Fremdfinanzierungen vornehmen werden. Steuermehreinnahmen, das eigentliche Ziel der Einführung dieser Norm, sind jedenfalls nicht zu erwarten, eher das Gegenteil.

Wenn in Zukunft ausländische Anteilseigner in manchen Fällen dennoch weniger fremdfinanzieren sollten, dann liegt das m.E. an der Senkung des Ausschüttungssteuersatzes für Körperschaften auf 30 v.H. Dadurch nähert sich die deutsche Steuerlast auf Dividenden der ausländischen Steuerlast auf bezogene Zinseinnahmen, so daß die Fremdfinanzierung in einer Reihe von Fällen unattraktiv werden kann.

Einen ganz anderen Charakter als § 8a KStG hat hingegen der neue § 50d Abs. 2 EStG-E. Nach dieser Vorschrift wird die Zwischenschaltung einer ausländischen Kapitalgesellschaft immer dann als mißbräuchlich angesehen, wenn sie nur dazu dient, eine Quellensteuerentlastung zu erlangen, die dem eigentlichen Gläubiger der mit Quellensteuer belasteten Vergütungen nicht zustände. Die neue Norm erweitert das geltende Recht

65 Urteil vom 5. Februar 1992 I R 127/90, BFHE 166, 356, BStBl. II 1992, 532.

allenfalls insofern, als die Grundsätze des sog. Monaco-Urteils[66] überwunden werden. Der Regelungsinhalt beschränkt sich darauf, daß die Mißbrauchsvorschrift für Ausländer und Inländer gleichermaßen zur Anwendung kommt. Letzthin führt § 50d Abs. 2 EStG-E damit nur dazu, daß lang erprobte Rechtsgrundsätze in Gesetzesform gebracht werden. Zweifelhaft ist, ob die Einführung dieser Norm überhaupt erforderlich ist, um heute der Rechtsprechung zu den Basisgesellschaften auch gegenüber im Ausland ansässigen Anteilseignern Geltung zu verschaffen. Unserer Auffassung nach wiederholt § 50d Abs. 2 EStG-E nur geltendes Recht. Die Kodifikation schafft nur zusätzliche Probleme, da die Abgrenzung gegenüber anderen Mißbrauchsvorschriften unklar ist.

Geändert werden soll im Zuge der Mißbrauchsgesetzgebung auch § 12 Abs. 1a ErbStG. § 12 Abs. 1a ErbStG wurde erst durch das Steueränderungsgesetz 1992 in das Gesetz eingefügt. Die Norm bestimmt, daß abweichend von § 11 ErbStG der Wert eines Anteils einer Kapitalgesellschaft nicht auf den Zeitpunkt der Steuerentstehung, nämlich den Todesfall oder der Ausführung einer Schenkung, zu ermitteln ist, sondern vielmehr der vorangehende letzte Einheitswertfeststellungszeitpunkt maßgebend sein soll. Die Norm sollte der Vereinfachung dienen, damit ein zu den Hauptfeststellungs- oder Nachfeststellungszeitpunkten festgestellter Einheitswert für die Zwecke der Erbschaftsteuer einfach übernommen werden kann. Diese Vereinfachungsregelung bietet natürlich einen großen Anreiz zum Steuersparen. Wird beispielsweise der Wert einer Kapitalgesellschaft, deren Einheitswert niedrig war, vor der Schenkung durch Einlagen erheblich erhöht, kann die Schenkung dennoch zu den niedrigen Anteilswerten durchgeführt werden. Umgekehrt kennen wir Fälle, in denen der Wert einer Beteiligung sich zwischen dem vorangehenden letzten Hauptfeststellungszeitpunkt und dem Stichtag für die erbschaftsteuerliche Bewertung erheblich vermindert hat. Aufgrund des § 12 Abs. 1a ErbStG wird dann zu einem fiktiven erheblich höheren Wert besteuert. Daher handelt es sich bei der Regelung des § 12 Abs. 1a ErbStG um einen offensichtlichen Gesetzesfehler. Während es für die periodisch wiederkehrende Vermögensteuer unattraktiv ist, den Wert zu bestimmten Stichtagen herauf- oder herabzusetzen, lohnt sich für die Erbschaft- und Schenkungsteuer auch eine aufwendigere Gestaltung zu einem bestimmten Stichtag, um Steuern zu sparen. Die zwingende Festschreibung in § 12 Abs. 1a ErbStG, daß der Wert auf den letzten Feststellungszeitpunkt maßgebend ist, der der Entstehung der Steuer vorangegangen ist, macht es zumindest dann auch unmöglich, entsprechende Gestaltungen mit § 42 AO zu bekämpfen, wenn die zwischenzeitlich aufgefüllte Kapitalgesellschaft auch nach dem schenkweisen Vermögensübergang bestehen bleibt[67]. Die Auffüllung der Kapitalgesellschaft mit Werten läßt sich stets als eine notwendige Organisationsmaßnahme darstellen, die eben

66 Vgl. dazu oben Fn. 50.
67 Vgl. *Albert Hensel*, a.a.O. (Fn. 9), S. 269 und oben S. 9.

nicht nur aus steuerlichen Gründen gewählt wurde. Aus diesem Grund hat der Gesetzgeber § 12 Abs. 1a ErbStG auch wieder geändert. Damit wird ein gesetzgeberischer Fehler ausgebügelt, der die Steuerpflichtigen offensichtlich zur Steuerersparnis einlud.

Ein letztes Beispiel betrifft die erneute Revision des Außensteuergesetzes. Erst 1992 wurde in das Außensteuergesetz eine Bestimmung über sog. Kapitalanlagegesellschaften aufgenommen. Damit sollten Modelle bekämpft werden, bei denen Konzernfinanzdienstleistungen in eine im Ausland gegründete Gesellschaft oder Betriebsstätte verlagert wurden, wo sie nur einer geringen Besteuerung unterlagen. Der deutsche Fiskus konnte diese Gewinne nicht besteuern, da er daran durch Doppelbesteuerungsabkommen ohne Aktivitätsvorbehalte gehindert war. Darüber hinaus ermöglichte das Abkommens-Schachtelprivileg den steuerfreien Transfer dieser Gewinne zur deutschen Muttergesellschaft. Schon 1991 war diese Gewinnverlagerung in das Ausland dem deutschen Gesetzgeber ein Dorn im Auge, was Ausdruck darin fand, daß bestimmte Finanzierungsleistungen ausländischer Finanzholdings in § 8 Abs. 1 Ziff. 7 AStG ausdrücklich als aktiv eingestuft wurden, ihnen jedoch in jeder anderen Beziehung die Privilegien aktiver Einkünfte vorenthalten wurden. Doch war die damals gefundene gesetzliche Regelung offensichtlich untauglich, um Gewinnverlagerungen zu unterbinden. Die 1992 gefundenen Regelungen für Kapitalanlagegesellschaften sind ein Musterbeispiel dafür, daß besonders detaillierte und genaue Abwehrtatbestände zwecklos sind, da die Vermeidungsstrategien bei ihrem Inkrafttreten bereits erdacht sind. Ob der neuen Gesetzesfassung mehr Glück beschieden sein wird, muß abgewartet werden. Die eigentliche Ursache der Gewinnverlagerung besteht darin, daß im Wettbewerb der Steuersysteme auch Hochsteuerländer, mit denen die Bundesrepublik Deutschland unter diesem Aspekt Doppelbesteuerungsabkommen mit Freistellungsklauseln ohne Aktivitätsvorbehalt geschlossen hat, attraktive steuerliche Angebote für bestimmte Gesellschaften bereithalten. Insoweit wäre an sich eine Revision der entsprechenden Doppelbesteuerungsabkommen geboten. Die Bundesrepublik Deutschland möchte in bezug auf solche Gewinne nunmehr nur noch eine Anrechnung der im Ausland gezahlte Steuern, aber nicht eine Freistellung dieser Gewinne von den deutschen Steuern gewähren. Da sich eine entsprechende Revision der Doppelbesteuerungsabkommen indessen nicht erreichen läßt, geht die Bundesrepublik Deutschland dazu über, die Gewinne einseitig einer zusätzlichen Besteuerung in Deutschland zu unterwerfen. Wenn in diesem Zusammenhang von „Mißbrauch" die Rede sein kann, dann besteht dieser darin, daß die Staaten zuvörderst nationale Interessen verfolgen und daher unter Ausnutzung bestehender Doppelbesteuerungsabkommen Steueranreize bieten, welche natürlich verlockend wirken.

V. Schluß

Steuervermeidung konzentriert sich darauf, Wertungswidersprüche innerhalb der Steuergesetze auszunutzen und sich das internationale Steuergefälle zunutze zu machen. Die Ursachen für eine ungleichmäßige Besteuerung liegen damit auf der Hand. Eine Ursache ist, daß nicht alle wirtschaftlich vergleichbaren Lagen auch tatsächlich gleich besteuert werden. Die andere Ursache besteht in dem international wirksamen Steuergefälle, welches natürlich insbesondere große Unternehmen zu ihren Gunsten ausnutzen können. Die Bekämpfung dieser Ursachen müßte an sich darin bestehen, die Steuertatbestände allgemeiner auszurichten und die jeweiligen wirtschaftlichen Lagen einer gleichen Besteuerung zuzuführen. Wesentlich wirksamer als eine konkretisierende Mißbrauchsgesetzgebung wäre auch eine vermehrte Mißbrauchsrechtsprechung, die safe havens nicht so genau markieren muß wie der Gesetzgeber und sich einfacher fortlaufend der wirtschaftlichen Entwicklung anpassen kann. Hier scheint sich, wie der vermehrte Gebrauch von § 42 AO in der Rechtsprechung zeigt, eine Entwicklung anzubahnen, die zu begrüßen ist. Briefkastenfirmen, wirtschaftlich törichte und allein steuerlich motivierte Gestaltungen sollte jeder Bürger von vornherein mit der Begründung aus seinen Überlegungen ausschalten, daß dies die erhoffte Steuerersparnis wegen § 42 AO doch nicht erbringen kann. Dagegen zieht der Gesetzgeber häufig den Weg vor, die jeweiligen Ausweichstrategien zu bekämpfen, indem ihre Inanspruchnahme durch neue gesetzliche Verbote, Fiktionen oder Umqualifikationen vereitelt werden soll. Dieser gesetzgeberische Weg ist von vorneherein zum Scheitern verurteilt, da jeder neue Gesetzestatbestand auch neue Ausweichstrategien provoziert. Anstelle einer forcierten Mißbrauchsbekämpfung sollte der Gesetzgeber besser seine Zeit darauf verwenden, zu einer gleichartigen Ausformulierung der Grundtatbestände zu gelangen. Von einer grundlegenden Reform des Steuerrechts in diesem Sinne hört man allerdings wenig. Selbst die größten Bewertungsdiskrepanzen, wie die Einheitswerte der Grundstücke, werden erst nach einer Intervention des Bundesverfassungsgerichtes abgeändert werden. Für die erforderliche grundlegende Reform bringt der Gesetzgeber offensichtlich nicht die Kraft auf. Es ist ja auch erheblich einfacher, einzelne Gestaltungen als mißbräuchlich zu deklarieren und zu untersagen. Die wirksamste Methode, um Steuervermeidungsstrategien zu unterbinden, ist die allgemeine Senkung der Steuersätze. Wenn der Aufwand für das Ausweichen höher ist als die erreichbare Steuerersparnis, nimmt der Bürger die Belastung durch Steuern notgedrungen hin. *Franz Klein* hat immer wieder daran erinnert, daß die hohen Steuersätze letzthin nicht die Reichen treffen, weil gerade für Besserverdienende sich der Aufwand zur Ausschöpfung von Steuervergünstigungen lohnt. Seine zahlreichen Appelle zur durchgreifenden Reform des Steuerrechts mögen endlich einmal erhört werden[68].

68 Vgl. zuletzt *Franz Klein*, DStR 1991, 797.

Brigitte Knobbe-Keuk

Ist das deutsche Körperschaftsteueranrechnungsverfahren zu halten?

Inhaltsübersicht

Wie kaum ein anderer auf dem Gebiet des Steuerwesens Tätiger hat *Franz Klein* über die Jahrzehnte hinweg auch auf dem Gebiet der Steuerpolitik gewirkt. Leider hat sein fortwährender dringlicher Appell, im Interesse der Autorität der Rechtsordnung und der Akzeptanz des Steuereingriffs bei den Bürgern sich der Sisyphusaufgabe der Durchforstung des Steuerdschungels zu stellen und zu einer durchgreifenden Vereinfachung des Steuerrechts zu finden, bei den zuständigen Politikern oft wenig mehr als wiederholte Lippenbekenntnisse bewirkt. Wir wünschen dem Gemeinwesen, daß Franz Klein gleichwohl auch in Zukunft in seinem Kampf um eine einfache und gerechte Besteuerung nicht müde wird.

Wer Vereinfachung fordert, ist bereit, auch überkommene Strukturen in Frage zu stellen. Das hat Franz Klein auf vielen Feldern demonstriert. Deshalb sind wir zuversichtlich, daß der folgende Beitrag, der eine deutsche Errungenschaft, die von Politikern, Wirtschaftsverbänden und Wirtschaftswissenschaftlern einmütig geliebt wird und deren Entstehen Franz Klein selbst begleitet hat, auf den Prüfstand stellt, nicht auf sein Mißfallen stoßen wird.

I. Das Anrechnungsverfahren und die Weiterausschüttung steuerfreier Auslandserträge

1. Die Lösung des StandOG

Während des Gesetzgebungsverfahrens zum StandOG war im Betrieb ein Artikel von *Zeitler/Krebs*[1] unter der Überschrift „,Europataugliches' An-

1 *Zeitler/Krebs*, DB 1993, 1051 ff.

rechnungsverfahren im Standortsicherungsgesetz" erschienen. Der Artikel ist in erster Linie einem Problem gewidmet, das von Anfang an dem Körperschaftsteueranrechnungsverfahren als „Geburtsfehler" anhaftete, daß nämlich die Steuerbefreiungen und -ermäßigungen – insbesondere[2] ausländischer Einkünfte[3] – im Falle der Ausschüttung durch die Herstellung der Ausschüttungsbelastung verloren gehen. Dieser fundamentale Mangel des Anrechnungsverfahrens war im Zeitpunkt der Verabschiedung des Körperschaftsteuer-Reformgesetzes allgemein und insbesondere auch den Spitzenverbänden der deutschen Wirtschaft bekannt[4]. Da die 7. Legislaturperiode des Deutschen Bundestages nach der Bundestagswahl am 8. Oktober 1976 endete und weitere Beratungen zu diesem Problem die Verabschiedung des Gesetzes in der 7. Legislaturperiode gefährdet hätten, wurde hinsichtlich dieses Punktes von den Spitzenverbänden „die Parole ausgegeben, still zu halten und die Verabschiedung des Gesetzes nicht zu gefährden"[5]. Man hoffte, daß alle Mängel des Anrechnungsverfahrens, wenn dieses erst einmal im Grundsatz verabschiedet sein werde, beseitigt werden könnten.

So wurden denn auch sogleich nach dem Inkrafttreten des Reformgesetzes diesbezügliche Änderungsvorschläge vorgelegt[6]. Obwohl die Änderungsbegehren durch Hinweise auf die Verfassungswidrigkeit[7] und Abkommenswidrigkeit[8] unterstrichen wurden, hat der Gesetzgeber anderthalb Jahrzehnte kein Einsehen gehabt. Erst in jüngster Zeit, seitdem bei den großen Gesellschaften nicht mehr hinreichend Inlandserträge zur Bedienung der Dividendenerwartungen zur Verfügung stehen, sind die Politiker wach geworden.

Das Standortsicherungsgesetz hat eine Regelung der Problematik gebracht. Entsprechend dem Vorschlag des Regierungsentwurfes[9] ist die folgende Lösung verabschiedet worden: Bei der inländischen Muttergesellschaft wird auf die Herstellung der Ausschüttungsbelastung verzichtet. Wird der ausländische Gewinn von der inländischen Muttergesell-

---

2 Betroffen sind auch Steuerbefreiungen oder Steuerermäßigungen für inländische Einkünfte mit Ausnahme des § 27 BerlinFG (zu dieser nachträglichen Änderung der Regeln des Körperschaftsteuerreformgesetzes vgl. *Brezing*, StbJb. 1981/82, 399 ff.). Wegen ihres Volumens stehen freilich die ausländischen Einkünfte im Zentrum des Interesses.

3 *Wohlschlegel*, Körperschaftsteuerreform mit Hindernissen: Herstellung der Ausschüttungsbelastung und Steuerbefreiung nach Abkommensrecht, FR 1976, 243 ff.

4 *Brezing*, GmbHR 1987, 152 ff.

5 *Brezing* a.a.O.

6 Z.B. *Müller-Dott*, BB 1977, 1267 ff.; *Merkert*, DB 1977, 1819 ff.; *Mayer-Wegelin*, BB 1978, 1404 ff.; vgl. des weiteren z.B. *Ritter*, BB 1983, 325 ff.; *Heibel*, DB 1984, 2060 ff.; *Jonas*, RIW 1991, 41 ff., 46 ff.; Institut Finanzen und Steuern, Grüner Brief Nr. 249; *Pumbo*, DB 1992, 1993.

7 Vgl. insbesondere *Brezing*, Die Aktiengesellschaft, 1979.

8 Im Anschluß an *Wohlschlegel* a.a.O. (Fn. 3).

9 BR-Dr. 1/93.

schaft an eine andere inländische Kapitalgesellschaft ausgeschüttet, so bleibt er auch bei dieser Gesellschaft steuerfrei. Wird der Gewinn an eine natürliche Person ausgeschüttet, so ist diese mit der Dividende steuerpflichtig. Körperschaftsteuer kann aber, weil es an der Ausschüttungsbelastung fehlt, nicht angerechnet werden.

Die vom Gesetzgeber des StandOG verabschiedete Regelung bringt immerhin den Fortschritt, daß die wirtschaftliche Doppelbelastung auf Unternehmensebene beseitigt wird. Auf der Ebene des Anteilseigners bleibt sie aber erhalten. Dies paßt nicht in die Systematik des Anrechnungsverfahrens. Im Effekt ist auf diese Weise für einen Teil des Gewinns einer Kapitalgesellschaft, soweit er nämlich aus ausländischen Einkünften herrührt, das klassische Körperschaftsteuersystem wieder hergestellt worden.

Den Spitzenverbänden der deutschen Wirtschaft war diese Lösung nicht ausreichend: „Für die Ausschüttungspolitik der Unternehmen wäre diese nicht optimal"[10], heißt es bei *Zeitler/Krebs* zu der Lösung, wie sie im Regierungsentwurf vorgesehen war. Sie hatten den Staatssekretär Zeitler und den Finanausschuß des Deutschen Bundestages für folgende Lösung gewonnen[11]: Die im Ausland bezahlte Steuer der Tochtergesellschaft und gegebenenfalls der Enkelgesellschaft sowie einer ausländischen Betriebstätte wird bis zur Höhe des neuen Ausschüttungssteuersatzes von 30 v.H. als Tarifbelastung akzeptiert. Die Regelung sollte allerdings auf wesentliche Beteiligungen beschränkt sein und auch nur unter der Voraussetzung gelten, daß die ausländische Tochtergesellschaft oder Betriebstätte ihre Bruttoerträge ausschließlich oder fast ausschließlich aus aktiven Tätigkeiten i.S. des § 8 Abs. 1 Nr. 1 bis 6 oder Abs. 2 AStG erzielen.

Die Einbeziehung der ausländischen Körperschaftsteuer in das Anrechnungsverfahren, die Gleichstellung der ausländischen Körperschaftsteuer mit der inländischen Körperschaftsteuer für die Zwecke der Berechnung der Tarifbelastung entspricht durchaus dem Grundgedanken des Anrechnungsverfahrens, daß ausgeschüttete Gewinne einer Kapitalgesellschaft nur einmal mit einer Steuer vom Einkommen – und dies beim Endverbraucher – belegt werden sollen. Im Grundsatz ist denn auch dem – in den Grundzügen an die Lösung der vom Bundesminister der Finanzen Ende 1989 eingesetzten Kommission zur Verbesserung der steuerlichen Bedingungen für Investitionen und Arbeitsplätze[12] (Goerdeler-Kommission) angelehnten – Vorschlag Konsequenz nicht abzusprechen. Wenn man aber schon die ausländische Körperschaftsteuer der Tochtergesellschaft hinsichtlich der Tarifbelastung der eigenen deutschen Steuer der inländischen Gesellschaft gleichstellt[13], ist die Begrenzung auf den inländischen Ausschüttungssteuersatz nicht folgerichtig.

---

10 Vgl. *Zeitler/Krebs,* DB 1993, 1051 ff.
11 Umdruck Nr. 15 zum StandOG S. 24 ff.
12 Gutachten Bd. 46 der Schriftenreihe des BFM 1991, Rdnr. 456 ff.
13 Dies hatte die „Goerdeler"-Kommission freilich gerade nicht getan (vgl. Gutachten a.a.O.).

Der Vorschlag der Einbeziehung der von einer Tochter- bzw. Enkel-Gesellschaft oder Betriebstätte gezahlten ausländischen Steuer in die Tarifbelastung ist im Vermittlungsausschuß „auf der Strecke geblieben". Die Gleichstellung der ausländischen Steuer der Tochtergesellschaft und Enkelgesellschaft sowie einer Betriebstätte mit der inländischen Steuer bei der Berechnung der Tarifbelastung im Rahmen des Anrechnungsverfahrens hätte denn auch nur den Effekt gehabt, daß die Dividenden der Endverbraucher zum Teil vom deutschen Fiskus finanziert worden wären[14]. Die systemgerechte Bewältigung des Problems der Weiterausschüttung ausländischer Einkünfte im Rahmen des Anrechnungsverfahrens durch Einbeziehung der auf dem ausgeschütteten Gewinn lastenden ausländischen Steuer in die Tarifbelastung des deutschen KStG hätte den deutschen Steuerzahler ein paar hundert Millionen DM gekostet. In einer Zeit der leeren Kassen und Schuldenberge der öffentlichen Haushalte war dem Vermittlungsausschuß dieser Preis für die Herstellung der systematischen Reinheit des Anrechnungsverfahrens zu hoch.

Es ist bei der pragmatischen Lösung des Regierungsentwurfs geblieben: Der Stein des Anstoßes ist durch den Verzicht auf die Herstellung der Ausschüttungsbelastung bei Weiterausschüttung steuerfreier Auslandseinkünfte beseitigt worden. Auf diese Weise haben wir nunmehr das Nebeneinander zweier Körperschaftsteuersysteme zu verzeichnen. Für die Ausschüttung des Gewinns von Kapitalgesellschaften gilt je nach der Provenienz des ausgeschütteten Gewinns entweder das Anrechnungsverfahren oder das klassische Körperschaftsteuersystem ohne Milderung der Doppelbelastung.

In dem Zeitpunkt, in dem dieser Beitrag geschrieben wird[15], ist nicht absehbar, ob es bei diesem Zustand bleiben wird. Das Thema „durchgereichte Anrechnung" ausländischer Steuern ist mit der Verabschiedung des StandOG nicht endgültig vom Tisch. Nach einer Empfehlung des Vermittlungsausschusses soll weiter nach Wegen gesucht werden, die Doppelbelastung von Auslandserträgen mit inländischer und ausländischer Steuer vom Einkommen bei der Weiterausschüttung zu beseitigen oder zumindest zu mildern[16]. Die Spitzenverbände der Wirtschaft hatten bereits in ihrer Stellungnahme zum Referentenentwurf des „Steuermißbrauchbekämpfungsgesetzes" die Einlösung dieses Versprechens angemahnt und die Verwirklichung der im Vermittlungsausschuß auf der Strecke gebliebenen vorgesehenen Lösung des Standortsicherungsgesetz-Entwurfs gefordert – ohne Erfolg.

---

14 Vgl. im übrigen die grundsätzliche Kritik des Vorschlages bei *Cattelaens*, StuW 1993, 249 ff.

15 Sommer 1993.

16 Vgl. hierzu Plenarprotokoll 659 des Bundesrates (Sitzung vom 9. Juli 1993) Stenogr. Bericht S. 303 D – 304 D und Anlage 1 zu diesem Plenarprotokoll.

2. Die diskriminierende Wirkung des deutschen Anrechnungsverfahrens

Die Verfasser des weitergehenden Vorschlages zur Einbeziehung der ausländischen Körperschaftsteuer in die deutsche Tarifbelastung hatten dem Vorschlag durch den Hinweis besondere Überzeugungskraft zu vermitteln gesucht[17], daß er den Empfehlungen des Ruding-Ausschusses[18] und den entsprechenden Vorschlägen der Kommission in ihrer Mitteilung an den Rat und das europäische Parlament[19] Rechnung trage. Dieser Hinweis ist irreführend. Zum einen enthält die Empfehlung des Ruding-Ausschusses allerdings weder die Einschränkung auf wesentliche Beteiligungen noch auf Tochtergesellschaften, die nur aktive Tätigkeiten i.S. des AStG ausüben. Insbesondere wird aber verschwiegen, daß die Empfehlung unter dem Vorbehalt der Gegenseitigkeit steht. Diese Bedingung kann letztlich nur im Verhältnis zu Staaten, die ein entsprechendes Körperschaftsteuersystem haben, erfüllt werden.

Vor allem aber sollte man sich nicht der Illusion hingeben, das Anrechnungsverfahren werde „europatauglich", wenn nur in einer Richtung die diskriminierende und isolationistische Wirkung des Anrechnungsverfahrens beseitigt werde. Insbesondere der Fortbestand des Ausschlusses nicht anrechnungsberechtigter Anteilseigner von der Körperschaftsteueranrechnung steht der „Europatauglichkeit" des deutschen Anrechnungsverfahrens entgegen[20].

Ohne Zweifel wären die aus dem Anrechnungsverfahren resultierenden Beschränkungen des freien Kapitalverkehrs (Art. 67 EWG-V, Art. 73b in der Maastrichter Version) und der Niederlassungsfreiheit (Art. 52 Abs. 2 EWG-V) beseitigt, wenn alle Mitgliedstaaten das Anrechnungsverfahren praktizieren würden und jeder Mitgliedstaat auf die Steuer der auf seinem Territorium ansässigen Anteilseigner die in dem anderen Mitgliedstaat entrichtete Körperschaftsteuer anrechnen würde. Ein derartiges gemeinschaftsweit geltendes Anrechnungsverfahren würde allerdings einen Fiskalausgleich – wie er denn auch in dem Vorschlag der EG-Kommission aus dem Jahr 1975 zur Harmonisierung der Körperschaftsteuersysteme[21] enthalten war – erforderlich machen. Nicht zuletzt wegen der technischen und politischen Schwierigkeiten des notwendigen Fiskalausgleiches ist denn auch dieser Richtlinienvorschlag gescheitert.

Diskriminierungen ausländischer Einkünfte und ausländischer Anteilseigner würde ohne Frage auch entfallen, wenn die Körperschaftsteuersysteme auf andere Weise als durch die gemeinschaftsweite Einführung eines grenzüberschreitenden Anrechnungsverfahrens harmonisiert würden. Solange aber in der Gemeinschaft unterschiedliche Körperschaftsteuersysteme existieren, ist nicht an der Tatsache vorbeizukommen, daß

17 Vgl. S. 24 f. des Umdrucks, *Zeitler/Krebs*, DB 1993, 1053 ff.
18 Schlußfolgerungen und Empfehlungen (Kap. 10) DB 1992, Beilage Nr. 5 S. 9.
19 BR-Dr. 540/92.
20 Vgl. dazu *Knobbe-Keuk*, EC Tax Review 1992, 22 ff., 30 ff.
21 Amtsblatt C 253 vom 5. November 1975.

die diskriminierende Behandlung von dem Staat, der das Anrechnungsverfahren praktiziert, ausgeht[22]. Die Staaten, die ein Körperschaftsteuersystem praktizieren, das den Gewinn der Kapitalgesellschaft definitiv mit der Körperschaftsteuer belastet, sei es, daß das klassische System gilt, sei es, daß die wirtschaftliche Doppelbelastung im Wege der steuerlichen Begünstigung der Dividenden bei den Anteilseignern abgemildert wird, diskriminieren nicht. Sie diskriminieren weder ausländische Anteilseigner – für deren Besteuerung sind sie nicht zuständig – noch diskriminieren sie ausländische Einkünfte. Die ausländischen Einkünfte der Kapitalgesellschaft bleiben, wie in den DBA statuiert, steuerfrei bzw. steuerermäßigt. Diese Staaten tragen zugleich voll dem für die Unternehmensbesteuerung international anerkannten Prinzip des source country entitlement Rechnung, daß nämlich dem Staat, in dem die Unternehmenstätigkeit stattfindet, der nach seinem Steuerrecht anfallende Prozentsatz des Unternehmensgewinns gebührt. Damit ist es kaum in Einklang zu bringen, daß der Staat, in dem die Anteilseigner ansässig sind, diesen die in dem Unternehmensstaat gezahlte Körperschaftsteuer der Gesellschaft einseitig soll vergüten müssen.

Vor diesem Hintergrund ist die Regelung des Problems der körperschaftsteuerlichen Behandlung von ausländischen Einkünften, wie sie schließlich im Standortsicherungsgesetz verabschiedet worden ist, international und gemeinschaftsrechtlich nicht zu beanstanden. Es handelt sich eben nur nicht um eine Lösung im Rahmen des Anrechnungsverfahrens, und damit stellt diese Lösung letztlich auch das Anrechnungsverfahren als solches in Frage.

II. Welche mit dem Körperschaftsteuer-Anrechnungssystem verfolgten Ziele sind eigentlich erreicht worden?

Was ist mit der Einführung des Anrechnungsverfahrens erreicht worden? Erreicht ist die Abschaffung der wirtschaftlichen Doppelbelastung des ausgeschütteten Gewinns von Kapitalgesellschaften. Kaum eine der Wirkungen aber, die sich die Väter des Anrechnungsverfahrens hiervon erhofft haben, ist eingetreten[23].

Dies hat seine Ursache zu einem Teil darin, daß die Erwartungen zu hoch geschraubt worden sind, und zum anderen darin, daß die Dinge sich im Laufe der gut anderthalb Jahrzehnte seit der Körperschaftsteuerreform anders entwickelt haben.

Was das Anrechnungsverfahren von vornherein allein nicht leisten konnte, war die Herstellung von Rechtsformneutralität der Besteuerung.

---

22 Vgl. dazu *Knobbe-Keuk*, EC Tax Review 1992, 22 ff.

23 Vgl. dazu *Knobbe-Keuk*, Bilanz der Körperschaftsteuerreform 1977 – was ist erreicht, was bleibt zu tun?, GmbHR 1987, 125 ff.

Als besonders schwerwiegender Mangel des alten Körperschaftsteuersystems war die unterschiedliche Belastung der betrieblichen Gewinne je nach der Rechtsform des Unternehmens herausgestellt worden[24]: Die mangelnde Rechtsformneutralität der Unternehmensbesteuerung beeinflusse sachwidrig die Wahl der Unternehmensform. Mit dem Abbau der körperschaftsteuerlichen Doppelbelastung sollte dieser „Entwicklung entgegengewirkt und der Einfluß des Steuerrechts auf die Wahl der Unternehmensform weiter zurückgedrängt" werden[25].

Das Ziel einer rechtsformneutralen Unternehmensbesteuerung konnte denn aber mit der Körperschaftsteuer auch gar nicht erreicht werden. Denn Reformziel war nicht eine grundlegende Neukonzeption der Unternehmensbesteuerung, das Reformziel war von vornherein beschränkt auf die Abschaffung der wirtschaftlichen Doppelbelastung des in Kapitalgesellschaften erwirtschafteten Gewinns. Dies hat die Körperschaftsteuerreform gebracht, nicht mehr, nicht weniger.

Die Körperschaftsteuerreform hat aber nichts daran geändert, daß steuerliche Belastungsrechnungen weiterhin eine der wichtigsten Entscheidungshilfen bei der Wahl der Unternehmensrechtsform sind. Dieser Befund beruht vor allem auf der unterschiedlichen Struktur des Gewerbeertrags bei Personenunternehmen einerseits und Kapitalgesellschaften andererseits[26]. Auch die „Spreizung" von Einkommensteuerspitzensatz und Körperschaftsteuersatz durch das Steuerreformgesetz 1990 (53 v.H. Einkommensteuerspitzensatz, 50 v.H. Körperschaftsteuersatz) hat einen weiteren Rechtsformunterschied hinzugefügt. Obwohl die Spreizung von Einkommen- und Körperschaftsteuersatz von vielen Seiten, vom Wissenschaftlichen Beirat beim Bundesministerium der Finanzen[27], von der Goerdeler-Kommission[28], vom Sachverständigenrat zur Begutachtung der gesamtwirtschaftlichen Entwicklung[29], von den Spitzenverbänden der Wirtschaft[30] angeprangert worden ist, ist sie im Standortsicherungsgesetz auf Grund des Kompromisses des Vermittlungsausschusses beibehalten worden (53 v.H. Einkommensteuerspitzensatz, 47 v.H. Einkommensteuersatz auf gewerbliche Gewinne, 45 v.H. Körperschaftsteuersatz). Der viel gepriesene Vorzug des Anrechnungsverfahrens, die Gewährleistung der Gewinnverwendungsneutralität, ist damit entfallen.

Das weitere Ziel der Körperschaftsteuerreform, die Benachteiligung der Eigenkapitalfinanzierung gegenüber der Fremdkapitalfinanzierung zu be-

24 Vgl. Gutachten der Steuerreformkommission 1971, Köperschaftsteuer IV Anm. 16; Regierungsbegründung BT-Dr. 7/1470 S. 327 f.

25 Regierungsbegründung a.a.O. S. 328.

26 Vgl. dazu *Knobbe-Keuk*, Bilanz- und Unternehmenssteuerrecht 9. Aufl. 1993, Einleitung S. 1 f. und Schluß S. 1027 ff. m.w.N.

27 Vgl. Gutachten zur Tarifstruktur der Körperschaftsteuer 1987, Schriftenreihe des BFM Nr. 39 Gutachten.

28 A.a.O. (Fn. 12).

29 Jahresgutachten 1987/88 Rz. 291; Jahresgutachten 1989/1990 Rz. 340.

30 Vgl. Handelsblatt vom 26. 2. 1987.

seitigen, ist zwar insoweit erreicht worden, als die Doppelbelastung des ausgeschütteten Gewinns abgeschafft worden ist.

Gleichwohl ist – wie auch in der Regierungsbegründung schon angemerkt – die Finanzierung mit Eigenkapital auch weiterhin teurer geblieben als die Finanzierung durch Fremdkapital. Zum einen ist es bislang nicht gelungen, auch die vermögensteuerliche Doppelbelastung des in Kapitalgesellschaften formierten Vermögens abzuschaffen. Darüber hinaus hat der Steuergesetzgeber in dem Haushaltsbegleitgesetz 1983 mit den gewerbesteuerlichen Änderungen zu den Dauerschuldzinsen (§ 8 Nr. 1 GewStG) und zu den Dauerschulden (§ 12 Abs. 2 Nr. 1 GewStG) für eine zusätzliche neue Diskriminierung des Eigenkapitals gesorgt.

Die gewerbesteuerliche Neuregelung ist der Öffentlichkeit mit dem Ziel einer Minderung der gewerbesteuerlichen Belastung der Unternehmen nahegebracht worden. So begrüßenswert die Absicht der gewerbesteuerlichen Entlastung der Unternehmen auch war und ist, so ist die Art und Weise der Entlastung im Rahmen des geltenden Gewerbesteuersystems allerdings völlig verfehlt. Man hätte sich einen sinnvolleren Weg zur Minderung der gewerbesteuerlichen Belastung der Unternehmen gewünscht. Der unsystematische Weg ist – wie man hörte – gewählt worden, um das gegenwärtige Gewerbesteuersystem ad absurdum zu führen. In der Sache hat die Änderung in einer Zeit, in der alle und insbesondere auch die Politiker die Verbesserung der Eigenkapitalausstattung der Unternehmen auf ihre Fahne geschrieben haben, eine weitere steuerliche Diskriminierung des Eigenkapitals gebracht.

Das Ziel der Körperschaftsteuerreform, das Körperschaftsteuerrecht übersichtlicher und einfacher zu gestalten, ist ebenfalls nicht erreicht worden. Zwar sind einige Regelungen des früheren Körperschaftsteuerrechts, die entweder der Durchsetzung der Doppelbelastung oder der Anrechnung zu dienen bestimmt waren, entfallen[31]. An ihre Stelle sind aber durch die Technik des Anrechnungsverfahrens bedingte neue Schwierigkeiten getreten. Insbesondere sind die §§ 27 ff. KStG zur Herstellung der Ausschüttungsbelastung mit den Regelungen zum verwendbaren Eigenkapital aus sich heraus nur schwer verständlich. *Thiel*[32] hatte 1976 von einem „Buch mit sieben Siegeln" gesprochen. Nicht zuletzt aufgrund des von *Thiel* gebotenen „Wegweisers durch den Irrgarten der körperschaftsteuerlichen Anrechnungsvorschriften"[33] hat man das „Buch mit den Siegeln" lesen gelernt. Gleichwohl ist eine Vereinfachung des KStG, dessen Kom-

31 Vgl. dazu *Knobbe-Keuk,* GmbHR 1987, 103. Der von der Steuerreformkommission, Gutachten 1971, Teil IV, für die Kompliziertheit und Unüberschaubarkeit auch des alten Körperschaftsteuerrechts auch angeführte Problembereich der verdeckten Gewinnausschüttung ist erhalten geblieben, dies nicht nur mit Rücksicht auf die Gewerbesteuer und das Außensteuerrecht. Die Probleme rund um die verdeckte Gewinnausschüttung sind freilich infolge des Anrechnungsverfahrens nur größer geworden.

32 *Thiel,* DB 1976, 1495 ff.

33 Dies ist der Titel des in Fn. 31 zit. Aufsatzes von *Thiel.*

pliziertheit insoweit – wie *K. Vogel*[34] einmal formuliert hat – „schon etwas Genialisches an sich hat", geboten. Vor zehn Jahren hat *Krebs*[35] mit dem Steuerguthabenmodell einen bemerkenswerten grundlegenden Vereinfachungsvorschlag vorgelegt. Weder dieser Vorschlag noch andere Vorschläge, die nur eine Vereinfachung oder Straffung der Gliederung der Eigenkapitalrechnung zum Gegenstand hatten[36], sind realisiert worden. Eine grundlegende Vereinfachung der Eigenkapitalgliederung würde denn im übrigen auch zunächst die Beseitigung des gesplitteten Körperschaftsteuersatzes[37] voraussetzen.

Gewichtiges politisches Ziel der Körperschaftsteuerreform war, die Beteiligungswerte als Form der Vermögensanlage für breitere Bevölkerungskreise attraktiver zu machen, diesen die Beteiligung am Produktivvermögen zu ermöglichen[38]. Dieses Ziel ist nicht erreicht worden. Dies hat viele Ursachen komplexerer Natur[39]. Tatsache ist jedenfalls, daß der Anteil der privaten Haushalte am Aktienbesitz auch nach der Körperschaftsteuerreform immer weiter zurückgegangen ist[40].

III. Der faktische Zwang zur Infragestellung der Grundstrukturen

Obwohl die mit dem Anrechnungsverfahren verfolgten Ziele – Vereinfachung, Herstellung von Rechtsformneutralität, weitere Streuung der Beteiligungen am Produktivvermögen – nicht erreicht sind, obwohl der viel hervorgehobene Vorzug der Gewinnverwendungsneutralität seit der Abkoppelung des Körperschaftsteuersatzes vom Einkommensteuerspitzensatz entfallen ist, und trotz der diskriminierenden Wirkung wird das Anrechnungsverfahren in Deutschland im grundsätzlichen kaum in Frage gestellt.

Die Frage ist freilich, ob sich Deutschland angesichts der internationalen steuerpolitischen Entwicklungen und der Etablierung des Binnenmarktes auf mittlere Sicht die Beibehaltung des Körperschaftsteuer-Anrechnungssystems wird erlauben können.

Die Verabschiedung der beiden Unternehmenssteuerrichtlinien[41] und die Etablierung des Binnenmarktes haben dazu geführt, daß innerhalb der

---

34 *K. Vogel*, StuW 1980, 206.

35 *Krebs*, BB 1984, 1862 ff.; *ders.*, GmbHR 1987, 156 ff., 160; ihm folgend *Sarrazin*, DStZ 1986, 235 ff.; *Brenner*, IdW-Fachtagung 1988, Unternehmensbesteuerung und Steuerreform, S. 67.

36 Vgl. Nachweise bei *Knobbe-Keuk*, Bilanz- und Unternehmenssteuerrecht a.a.O. § 18 Anm. 2.

37 Dazu vgl. die Überlegungen der Stellungnahme des Wiss. Beirats beim BFM zur Tarifstruktur der Körperschaftsteuer, Schriftenreihe des BFM, Heft 39, 1987, S. 13 ff.

38 Gutachten Körperschaftsteuer IV Anm. 20; Regierungsbegründung BR-Dr. 7/1470 S. 327.

39 Vgl. zu einigen Ursachen *Knobbe-Keuk*, GmbHR 1987, 131.

40 Vgl. dazu die Übersichten bei *Knobbe-Keuk*, GmbHR 1987, 130 f.

41 Vgl. dazu *Knobbe-Keuk* a.a.O. Fn. 25 § 8b I, II m.w.N.

Gemeinschaft eine Diskussion um das für binnenmarktähnliche Verhältnisse am meisten geeignete Körperschaftsteuersystem eröffnet worden ist. Der Ruding-Ausschuß[42] hält auf mittlere Sicht (bis zur Vollendung der Wirtschafts- und Währungsunion) die Angleichung der Körperschaftsteuersysteme innerhalb der Gemeinschaft für geboten, weil das Nebeneinander verschiedener Systeme zu in einem Binnenmarkt nicht erträglichen Verzerrungen und Diskriminierungen führt. Der Ruding-Ausschuß hat zwei Vorschläge diskutiert[43], zum einen ein in drei Stufen zu realisierendes, sehr kompliziertes Anrechnungsverfahren mit einer Fülle von technischen und ökonomischen Problemen. Die große Mehrheit des Ausschusses favorisiert den von *Rädler* eingebrachten Vorschlag, der an das klassische System anknüpft und dem Ansässigkeitsstaat des Anteilseigners die – in welcher Form auch immer – ermäßigte Besteuerung der empfangenen Dividenden aufgibt[44].

Nun ist keine Frage, daß man in seinen Erwartungen, was gemeinschaftsrechtliche Regelungen auf dem Gebiet der direkten Steuern anbetrifft, vorerst wird bescheiden bleiben müssen. The power to tax is the power to govern. Angesichts des Einstimmigkeitsprinzips ist jedes Harmonisierungsvorhaben auf steuerlichem Gebiet (Art. 100, 100a Abs. 2 EWGV) ohnehin schon immer mit besonderen Schwierigkeiten konfrontiert gewesen. Die neue schräge Euromelodie unter dem Titel „Maastricht" hat zudem letztlich den Gedanken der europäischen Integration in Mißkredit gebracht und dafür gesorgt, daß die Aussichten nicht günstiger geworden sind.

Allerdings führt das Nebeneinander unterschiedlicher Besteuerungssysteme in einem Binnenmarkt ohnehin dazu, daß unmerklich eine Anpassung zumindest der wichtigsten Eckdaten der Unternehmensbesteuerung vonstatten gehen wird. Dieser Anpassungsdruck ist durch die Verabschiedung der beiden Unternehmenssteuerrichtlinien wesentlich verstärkt worden. Ein beredtes Beispiel bieten einige der im Standortsicherungsgesetz getroffenen Regelungen. Ohne die Entwicklung zum Binnenmarkt und ohne die Verabschiedung der Unternehmenssteuerrichtlinien, insbesondere ohne die Abschaffung der Quellensteuer auf Dividenden, wäre es sicher kaum vorstellbar gewesen, daß ein deutsches Steueränderungsgesetz enthält: Steuerfreie Anteilsveräußerung bei Holdinggesellschaften, Regelung des Problems der Weiterausschüttung steuerfreier ausländischer Dividenden, Absenkung des Körperschaftsteuersatzes auf 45 bzw. 30 v.H.

Und das wird nicht das Ende sein. Wir werden grundsätzlich umdenken müssen. So werden wir auf Dauer den gesplitteten Körperschaftsteuersatz

42 Vgl. dazu *Knobbe-Keuk,* EC Tax Review 1992, 22 ff.

43 Nicht näher befaßt hat sich der Ausschuß mit der Idee einer EG-Körperschaftsteuer; vgl. die Erwähnung dieser Version z.B. bei *Grotherr,* DStR 1992, 1388.

44 Vgl. die eingehende Diskussion dieses Vorschlags bei *Knobbe-Keuk,* EC Tax Review 1992, 22 ff., 34 ff.

zur Vermeidung von Nachteilen inländischer Unternehmen mit inländischen Muttergesellschaften gar nicht halten können.

Man muß sich nur folgendes vergegenwärtigen: Vom 1. Januar 1994 an ist der von einer inländischen Kapitalgesellschaft an ihre in der EG oder z.B. in den USA, der Schweiz, Österreich usw. ansässige Muttergesellschaft ausgeschüttete Gewinn mit der Körperschaftsteuer Ausschüttungssteuer von 30 v.H. und der Kapitalertragsteuer von 5 v.H. belastet (insgesamt 33,5 v.H.). Ab Mitte 1996 wird die Belastung infolge des Wegfalls der Kapitalertragsteuer bei Ausschüttung an EG-Muttergesellschaften auf Grund der Mutter-Tochter-Richtlinie auf 30 v.H. zurückgehen. Diese Ausschüttungsbelastung von 30 v.H. gilt aber im praktischen Effekt auch für die Teile des Gewinns, die letztlich im Unternehmen verbleiben sollen. Denn die ausländischen Muttergesellschaften können sich ohne weiteres das Schütt-Aus-Hol-Zurück-Verfahren zunutze machen. Hingegen ist der Gewinn inländischer Tochtergesellschaften von inländischen Muttergesellschaften, der letztlich im Unternehmen der Tochtergesellschaft verbleiben soll, mit 45 v.H. Körperschaftsteuer belastet. Diese Wettbewerbsverzerrung zugunsten ausländischer Muttergesellschaften wird auf Dauer nicht hingenommen werden können.

Dies bedeutet, daß man Abschied von dem gesplitteten Körperschaftsteuersatz wird nehmen müssen. In allen anderen EG-Mitgliedstaaten, in den USA, in Kanada, in Österreich, in der Schweiz, in Japan ist denn auch ein unterschiedlicher Steuersatz für ausgeschüttete und thesaurierte Gewinne unbekannt.

Wie aber will man in unserem Anrechnungsverfahren zu einem einheitlichen international vorzeigbaren Körperschaftsteuersatz von zwischen 30 und 40 v.H. kommen? Solange das Anrechnungsverfahren gilt, ist eine derartige Absenkung des Körperschaftsteuersatzes faktisch unmöglich, weil nicht zugleich auch der Einkommensteuersatz entsprechend gesenkt werden kann. Schon die im Standortsicherungsgesetz vorgenommene Senkung des Körperschaftsteuersatzes auf 45 v.H. mit der Einführung des Einkommensteuertarifs für gewerbliche Gewinne auf 47 v.H. unter Beibehaltung des Einkommensteuerspitzensatzes von 53 v.H. ist problematisch genug. Eine weitere derartige Aktion ist kaum vorstellbar.

Durch das Anrechnungsverfahren sind uns die Hände gebunden. Es ist praktisch nicht möglich, die Körperschaftsteuersätze auf dem internationalen Niveau festzusetzen, ohne daß die im inländischen Besitz stehenden Unternehmen gegenüber den von Nichtansässigen beherrschten Unternehmen benachteiligt werden.

Die Macht des Faktischen, die Notwendigkeit der Verhinderung einer derart massiven unterschiedlichen Behandlung von inländischen Gesellschaften, je nachdem, ob sie eine inländische oder ausländische Muttergesellschaft haben, wird uns einfach zwingen, auch die Grundstrukturen des geltenden Körperschaftsteuersystems in Frage zu stellen. Wir können nicht auf die Hoffnung bauen, daß es eines Tages gelingen wird, unser

Anrechnungsverfahren als Grundlage der Harmonisierung innerhalb der Gemeinschaft durchzusetzen.

Nach unserer Einschätzung wird sich auf Dauer international eine Körperschaftsbesteuerung durchsetzen, die den gesamten Gewinn der Kapitalgesellschaft definitiv mit einem einheitlichen Körperschaftsteuersatz belastet, sei es, daß das klassische System praktiziert wird, sei es, daß die Doppelbelastung durch eine Sonderbehandlung der Dividenden beim Anteilseigner abgemildert wird. Eine derartige Körperschaftsbesteuerung hat im internationalen Kontext den Vorzug der bestechenden Einfachheit. Weder ausländische Anteilseigner noch ausländische Einkünfte werden diskriminiert. Der Staat, in dem die Unternehmenstätigkeit stattfindet, in dem der Gewinn der Kapitalgesellschaft erwirtschaftet wird, erhält den nach seinem Steuerrecht anfallenden Prozentsatz des Unternehmensgewinns, wie es das Prinzip des source country entitlement verlangt. Dem Ansässigkeitsstaat des Anteilseigners steht es frei, wie er bei seinen Ansässigen die Dividenden – unabhängig davon, ob sie von einer inländischen oder ausländischen Gesellschaft stammen – steuerlich behandelt, ob er sie freistellt, ermäßigt oder voll besteuert. Auf diese Weise wird dem Gebot des freien Kapitalverkehrs Rechnung getragen, daß Diskriminierungen je nach Kapitalanlageort oder Ansässigkeit unterbunden werden[45].

Hinsichtlich der Behandlung der Dividenden beim Anteilseigner wird jeder Staat nach seiner Philosophie verfahren. Pragmatisch ausgerichtete Staaten werden sich – wie z.B. Belgien und Dänemark – mit einer Abgeltungssteuer von z.B. 25 v.H. zufriedengeben[46]. Deutschland mit seinen Vorstellungen von der „Gleichwertigkeit der Einkunftsarten" und der Aversion gegen alle – vermeintlichen – Abweichungen von einer synthetischen Einkommensteuer wird sich insoweit schwer tun.

Eine andere Möglichkeit ist aber auch, daß die Dividende nur zur Hälfte angesetzt oder mit dem halben Einkommensteuersatz belegt wird. Letzteren Weg hat Österreich gewählt. Österreich hat eine definitive Körperschaftsteuer mit einem einheitlichen Körperschaftsteuersatz von 30 v.H. Für offene Ausschüttungen gilt beim Anteilseigner das Halbsatzverfahren[47].

45 Vgl. zu dieser Problematik *Knobbe-Keuk,* EC Tax Review 1992, 22 ff., 29 ff.

46 Vgl. auch den Harmonisierungsvorschlag von *Betten,* European Taxation 1992, 7 ff.

47 Dieses ist allerdings nicht auf Dividenden, die von ausländischen Gesellschaften stammen, anwendbar. Diese Diskriminierung nach Maßgabe des Kapitalanlageortes ist mit der gemeinschaftsrechtlichen Kapitalverkehrsfreiheit nicht vereinbar.
Im Ergebnis kann die Dividendenbegünstigung auch für die aus ausländischen Kapitalgesellschaften stammenden Gewinne nur durch Zwischenschaltung einer inländischen Holding, die die Ausschüttungen der ausländischen Tochter gemäß § 10 ÖKStG steuerfrei vereinnahmen kann, erreicht werden (vgl. *Doralt/Ruppe,* Grundriß des Oesterr. Steuerrechts, 4. Aufl. Bd. I S. 191).

Gegen eine derartige Lösung wird von *Ritter*[48] vorgebracht, sie begünstige die Bezieher hoher Einkommen, denn bei diesen werde die Doppelbesteuerung beseitigt. Hingegen würden die Bezieher von Dividenden mit geringerem Einkommen benachteiligt, diese blieben „auf der Körperschaftsteuer sitzen" – wenn die Dividenden steuerfrei seien. U.E. ist diese Argumentation verfehlt. Der Anteilseigner mit geringem Einkommen bleibt nicht „auf der Körperschaftsteuer sitzen". Der Aktionär einer Publikumskapitalgesellschaft wird durch eine definitive Körperschaftsteuer zu Lasten der Gesellschaft in seiner steuerlichen Leistungsfähigkeit genauso wenig berührt wie der Anteilseigener mit hohem Einkommen. Seine steuerliche Leistungsfähigkeit richtet sich nach seinem Gesamteinkommen. Wenn dieses so gering ist, daß nach dem Einkommensteuerrecht auf die Dividenden keine Einkommensteuer entfällt, um so besser. „Auf der Körperschaftsteuer sitzen" bleibt – gleichgültig, an wen die Dividenden gehen – die Kapitalgesellschaft als das Subjekt, das die Unternehmenstätigkeit entfaltet. Im Falle der Gewinnausschüttung muß eben nur der Anteilseigner entsprechend seiner individuellen Leistungsfähigkeit auf diesen Bezug noch mehr oder weniger Einkommensteuer zahlen. Wenn dabei auf der Stufe des Anteilseigners Dividenden im Verhältnis zu anderen Kapitalerträgen günstiger behandelt werden, so ist dies gerechtfertigt, weil die Dividenden schon mit der Körperschaftsteuer der Gesellschaft belastet sind.

Das eigentliche Problem einer definitiven Körperschaftsteuer mit einem einheitlichen Satz von inzwischen etwa 30 und 40 v.H. liegt in Deutschland bei den Personenunternehmen. Der nicht entnommene Gewinn der Personengesellschaft kann nicht mit einem Einkommensteuersatz von z.Zt. 53 v.H. belastet werden, wenn der thesaurierte Gewinn der Kapitalgesellschaft nur mit einer Körperschaftsteuer von etwa 30 bis 40 v.H. belastet wird. Das spezifisch deutsche Problem der Behandlung der Personenunternehmen kann – wenn eine definitive Körperschaftsteuer mit einem einheitlichen Körperschaftsteuersatz eingeführt wird – ohne weiteres dadurch gelöst werden, daß den Personenunternehmen die Wahl eingeräumt wird, sich für die Gewinnbesteuerung der Körperschaftsbesteuerung zu unterstellen[49].

48 Vgl. z.B. *Ritter*, JbFStR 1992/93 S. 56.

49 Vgl. schon *Knobbe-Keuk*, DB 1989, 1308. Vgl. in der steuerpolitischen Diskussion den Gedanken an eine entsprechende Option für Personenunternehmen z.B. bei *Uldall* in Faltelhauser (Hrsg.), Steuerstrategie 1988, 124; *Faltelhauser* S. 245; *v. Wartenberg* in IdW (Hrsg.) Bericht über die Steuerfachtagung 1988 des IdW („Unternehmensbesteuerung und Steuerreform") S. 22.
Gegen ein Optionsrecht können technische Schwierigkeiten nicht geltend gemacht werden, insbesondere liegt auch die immer wieder hervorgeholte Erinnerung an die Schwierigkeiten der Anwendung des *Körperschaftsteuersatzes* auf Gewinne der Personenunternehmen nach §32b EStG 1951 neben der Sache. Die Option für die Körperschaftsbesteuerung würde die Unterordnung unter das gesamte Regime der Körperschaftsteuer bedeuten, so daß dann natürlich konsequenterweise z.B. auch Verluste des Unternehmens nicht mehr unmittelbar bei den Inhabern des Unternehmens berücksichtigt werden könnten.

IV. Zusammenfassung

So faszinierend unter dem Aspekt der Gewinnverwendungsneutralität das Anrechnungsverfahren in seiner Reinform auch sein mag, es funktioniert nicht, wenn es nicht auch grenzüberschreitend praktiziert werden kann. Eine europäische oder gar darüber hinausgehend internationale Anpassung der Körperschaftsteuersysteme ist und wird eine Wunschvorstellung bleiben. International gehen die Zeichen in eine andere Richtung. Man muß einfach zur Kenntnis nehmen, daß in den meisten anderen relevanten Staaten die Akzente anders, nämlich pragmatisch gesetzt werden. Man hält den Körperschaftsteuersatz und damit die Belastung des im Unternehmen verbleibenden Gewinns niedrig; der ausgeschüttete Gewinn wird einer – je nach Philosophie mehr oder weniger hohen – zusätzlichen Belastung beim Anteilseigener unterworfen. Die von deutschen Wirtschaftswissenschaftlern und Politikern beschworene Gefahr der Fehlallokation, das „Einsperren" von Gewinnen in Unternehmen ist für die ausländische Steuerpolitik kein Problem.

Ein Erfolg der deutschen steuerpolitischen Bemühungen, aus eigener Kraft im Rahmen des Anrechnungsverfahrens zu einer international vorzeigbaren Körperschaftsbesteuerung, die die isolationistischen Wirkungen insgesamt beseitigt, die die Benachteiligung deutscher Muttergesellschaften verhindert und zugleich die Grenzen des haushaltsmäßig Machbaren und Vertretbaren einhält, erscheint unmöglich. Wir werden faktisch gezwungen sein, auch die Grundstrukturen in Frage zu stellen.

Klaus Vogel

Über „Besteuerungsrechte“ und über das Leistungsfähigkeitsprinzip im Internationalen Steuerrecht

Inhaltsübersicht

Zwei Themen sind es, bei denen die Theorie des Internationalen Steuerrechts in besonderer Weise mit dem Verfassungsrecht in Berührung kommt: bei Verwendung der gebräuchlichen Formulierung, durch die Doppelbesteuerungsabkommen würden unter den Vertragsstaaten „Besteuerungsrechte“ verteilt, und bei der Frage nach der Bedeutung des Leistungsfähigkeitsprinzips für das Internationale Steuerrecht. Der 65. Geburtstag *Franz Kleins*, der sich in seinem schriftstellerischen Werk immer wieder mit solchen Schnittstellen zwischen Steuerrecht und Verfassungsrecht befaßt hat, soll ein Anlaß sein, diese beiden Fragen zu vertiefen.

I. Das Wort „Besteuerungsrecht“ ist theoretisch und auch praktisch verfehlt

Art. 3 Abs. 1 des deutsch-dänischen Doppelbesteuerungsabkommens von 1962 lautet in seiner deutschen Fassung: „Bezieht eine in einem der Vertragsstaaten ansässige Person Einkünfte aus unbeweglichem Vermögen, so hat der Staat das Besteuerungsrecht, in dem dieses Vermögen liegt.“ Übereinstimmend sprechen auch die anderen Verteilungsnormen des Abkommens davon, daß jeweils ein Vertragsstaat für die von der Norm bezeichneten Einkünfte „das Besteuerungsrecht“ habe, und die dem Art. 23 des OECD-Musterabkommens entsprechende Vorschrift über die Vermeidung der Doppelbesteuerung im Wohnsitzstaat (Art. 19) verwendet denselben Ausdruck. Ähnlich formulieren andere der älteren deutschen Abkommen: diejenigen mit Luxemburg, den Niederlanden, Norwegen und Österreich.

Diese Ausdrucksweise ist einfach, und sie ist eingängig. So ist sie von der Literatur übernommen worden. Zum Beispiel schreibt *Volker Kluge*, Doppelbesteuerungsabkommen seien „darauf gerichtet, daß der eine oder der andere Staat auf sein Besteuerungsrecht für bestimmte Einkünfte verzichtet oder es wenigstens einschränkt"[1]. Den jungen Finanzbeamten wird diese Ausdrucksweise in ihrer Ausbildung beigebracht. Und offen gestanden: persönlich bemühe ich mich zwar, das Wort „Besteuerungsrecht" zu vermeiden, aber gelegentlich unterläuft es mir dann doch, weil es eben so handlich ist.

Der Ausdruck ist aber theoretisch falsch, außerdem beschreibt er die Wirkungsweise der Doppelbesteuerungsabkommen mißverständlich. Deswegen sollte auf ihn verzichtet werden. Die Musterabkommen der OECD, der Vereinten Nationen und der USA verwenden ihn nicht, demgemäß auch die neueren deutschen Abkommen seit langem nicht mehr. Auch das jüngst erschienene vorzügliche „Internationale Steuerrecht" von *Harald Schaumburg* kommt erfreulicherweise ohne den Ausdruck aus[2].

Der Ausdruck „Besteuerungsrecht(e)" ist staatstheoretisch falsch, weil die Souveränität des modernen Staates sich nicht in einzelne „Rechte" aufspalten läßt. Anders war dies in der frühen Neuzeit. Die Herrschaftsbefugnisse des Landesherren beruhten damals auf einer Vielzahl von einzelnen „Hoheitsrechten", auch „Majestätsrechte" oder „Regalien" genannt, die sich auf je besondere Rechtstitel stützten und im Streitfall sogar bewiesen werden mußten[3]. Erst um die Wende vom 18. zum 19. Jahrhundert vollzog sich hier ein Wandel. An die Stelle des persönlichen Souveräns trat das Abstraktum „Staat" als juristische Person, an die Stelle des soeben beschriebenen Systems von Hoheitsrechten eine als Einheit begriffene Staatsgewalt. Theoretisch bewußt wurde dieser Wandel in einem berühmt gewordenen wissenschaftlichen „Verriß" eines Staatsrechtslehrbuchs, das sich noch ganz in den alten Bahnen bewegte, von der nachdrängenden Wissenschaft aber nicht mehr als aktuell empfunden wurde[4]. Auch die Besteuerung wird seither nicht mehr als Ausfluß eines gesonderten „Hoheitsrechts" angesehen. Vielmehr ist die Steuergesetzgebung wie die gesamte Gesetzgebung Ausfluß der (einheitlichen) souveränen Staatsgewalt; daran ändert die Tatsache nichts, daß sie an ein von der Verfassung vorgesehenes Verfahren gebunden ist und sich innerhalb der durch sie der Gesetzgebung gezogenen Grenzen zu halten hat.

1 *Volker Kluge*, Das deutsche Internationale Steuerrecht, 3. Aufl. 1992, S. 248.

2 *Harald Schaumburg*, Internationales Steuerrecht, Außensteuerrecht, Doppelbesteuerungsrecht, 1993.

3 *Ernst-Wolfgang Böckenförde*, Gesetz und gesetzgebende Gewalt, 2. Aufl. 1981, S. 53 ff.

4 *Albrecht*, Rezension von Maurenbrecher, Grundsätze des heutigen deutschen Staatsrechts, 1837, in: Göttingische Gelehrte Anzeigen, 1837, S. 1489 ff.

Auch völkerrechtlich ist die staatliche Befugnis zur Erhebung von Steuern mit der Souveränität des Staates untrennbar verbunden[5]. Doppelbesteuerungsabkommen verleihen nicht Rechte, die die Staaten nicht vorher gehabt hätten[6], sie setzen die staatliche Besteuerung vielmehr voraus. Teils belassen sie sie ihnen, teils verpflichten sie die Vertragsstaaten, ihre Besteuerung zu begrenzen. Diese kommen ihrer Verpflichtung nach, indem sie die Regeln der Abkommen innerstaatlich anwendbar machen.

Den vorstehenden Ausführungen könnte entgegengehalten werden, daß nach Art. 24 Abs. 1 GG „Hoheitsrechte" auf zwischenstaatliche Einrichtungen übertragen werden können. Auch der Sprachgebrauch einer Verfassung ist jedoch nicht immer vorbildlich und theoretisch befriedigend. Art. 24 Abs. 1 GG wollte „sicherlich *nicht* vorkonstitutionelle, mittelalterliche Vorstellungen vom Staat als bloßer Bündelung einzelner Hoheitsrechte (Regalien) erneuern"[7]. Er „zielt" vielmehr „ auf *Teile* der einheitlichen und umfassenden Staatsgewalt"[8]. Sachlich schon etwas besser und treffender könnte Art. 24 von der „(Übertragung von) Hoheits*gewalt*" sprechen[9]. Auch das Wort „Übertragung" ist jedoch nicht exakt und darf nicht in seinem schlichten Wortsinn verstanden werden, denn die Bundesrepublik Deutschland gibt die den zwischenstaatlichen Gemeinschaften eingeräumten Rechte nicht auf. Der Sprachgebrauch des Grundgesetzes kann nach allem den Gebrauch des Ausdrucks „Besteuerungsrechte" zwar entschuldigen, ihn aber nicht rechtfertigen.

Zudem beschreibt dieser Ausdruck auch die Wirkung der Doppelbesteuerungsabkommen nicht zutreffend. Denn auch der Staat, den das Doppelbesteuerungsabkommen dazu verpflichtet, einen bestimmten Sachverhalt nicht zu besteuern – dem es also das „Besteuerungsrecht" versagt –, bleibt in der Lage, kraft seiner Souveränität dieser Verpflichtung zuwiderzuhandeln, den betreffenden Sachverhalt also doch zu besteuern. Er verletzt damit zwar eine Vertragspflicht und muß mit einem Protest, wenn nicht mit Sanktionen des Vertragspartners rechnen. Innerstaatlich ist das

5 *Jörg Manfred Mössner,* Zur Auslegung von Doppelbesteuerungsabkommen, in: Liber amicorum I. Seidl-Hohenveldern, 1988, S. 403 ff. (414).

6 *Jörg Manfred Mössner* a.a.O. (Fn. 5); *Klaus Vogel,* Steuerumgehung nach innerstaatlichem Recht und nach Abkommensrecht, StuW 1985, 369 ff. (369); *ders.,* Doppelbesteuerungsabkommen, Kommentar, 2. Aufl. 1990, Einleitung Rdn. 45.

7 *Hans-Peter Ipsen,* Europäisches Gemeinschaftsrecht, 1972, S. 54 (Hervorhebung nach dem Original); *Albrecht Randelzhofer,* Art. 24 Abs. I, in: Maunz/Dürig, Grundgesetz, Kommentar (Losebl.), Rdn. 29 und ff. (s. auch ebd. II Rdn. 1 [S. 14]: „Daß die sprachliche Fassung des Art. 24 I GG mißglückt ist, kann heute als Gemeinplatz gelten"); *Klaus Vogel,* Die Verfassungsentscheidung des Grundgesetzes für eine internationale Zusammenarbeit, 1964, S. 3, neu in: Klaus Vogel, Der offene Finanz- und Steuerstaat, 1991, S. 3.

8 *Hans-Peter Ipsen* a.a.O. (Fn. 7; Hervorhebung nach dem Original).

9 So *Hermann Mosler,* Die Übertragung von Hoheitsgewalt, in: Handbuch des Staatsrechts der Bundesrepublik Deutschland, hrsg. von Josef Isensee und Paul Kirchhof, Bd. 7, 1992, S. 599 (600).

betreffende Gesetz aber wirksam[10], wo nicht ausnahmsweise eine Verfassung völkerrechtlichen Verträgen Vorrang selbst gegenüber späteren innerstaatlichen Gesetzen einräumt (so z.B. Art. 66 der niederländischen Verfassung). Solch eine Verletzung eines Abkommens durch spätere innerstaatliche Gesetze ist als *treaty overriding* bekannt und vor allem von den USA in den letzten Jahren mehrfach praktiziert worden. Mit der Einführung des § 10 Abs. 6 AStG ist auch Deutschland dieser Praxis bedauerlicherweise gefolgt[11]. So unerfreulich solche Tatsachen sind, belegen sie doch, daß der Staat, dem das Abkommen die Besteuerung bestimmter Einkünfte nicht zuweist, seine Besteuerungsgewalt (das „Besteuerungsrecht") nicht aufgibt.

Statt: das Abkommen gebe einem Staat das „Besteuerungsrecht", sollte man deshalb sagen, es *belasse* ihm die Besteuerung, statt: es nehme ihm das „Besteuerungsrecht", das Abkommen *beschränke* sie oder *untersage* sie ihm.

II. Die Besteuerung des Welteinkommens folgt nicht aus dem Leistungsfähigkeitsprinzip

In seinem sonst so vorzüglich begründeten Vorlagebeschluß zu Art. 48 des EWG-Vertrags sagt der Bundesfinanzhof, die Besteuerung der unbeschränkt steuerpflichtigen natürlichen Personen mit ihrem Welteinkommen

> „entspricht dem Grundsatz der Besteuerung dieser Personen nach ihrer finanziellen Leistungsfähigkeit. Der Grundsatz stellt nicht auf die räumliche Herkunft der Einkünfte, sondern nur auf das individuell verfügbare Einkommen der natürlichen Person ab. Diese ist steuerpflichtig, weil sie im Inland ‚lebt'. Deshalb wird von ihr vermutet, daß sie die staatlichen Leistungen in Anspruch nimmt. Dies ist der tiefere

10 BFH-Urteil vom 15. Juni 1973 III R 118/70, BFHE 110, 187 = BStBl. II 1973, 810 (812), vom 26. Januar 1977 VIII R 109/75, BFHE 121, 63 = BStBl. II 1977, 283 (287). Für die USA deren Supreme Court: *Whitney v. Robertson,* 124 US 188, 190.

11 *Klaus Vogel,* Bundesregierung riskiert internationalen Vertragsbruch im Außensteuerrecht, Handelsblatt vom 9. Dezember 1991. Mit der These, jeder Staat könne „durch typisierende Maßnahmen dem Mißbrauch seines DBA-Netzes wehren" (so *-dox-,* Doppelbesteuerungsabkommen: Mißbrauchsabwehr oder Vertragsbruch?, FR 1992 S. 130 f.), läßt sich die getroffene Regelung schwerlich rechtfertigen. Denn auch wenn man annimmt, Doppelbesteuerungsabkommen enthielten einen stillschweigenden Mißbrauchsvorbehalt (so zuletzt die Mehrheit der OECD-Länder in: OECD-Kommentar 1992, zu Art. 1 Nr. 23 ff.) oder wenn man mit dem Verfasser die Mißbrauchsbekämpfung auf Grund eines völkerrechtlichen „allgemeinen Rechtsgrundsatzes" für zulässig hält (*Klaus Vogel,* Doppelbesteuerungsabkommen [Fn. 6], Einleitung Rdn. 121 ff.), so ist hiernach zulässig doch immer nur eine Mißbrauchsbekämpfung *im Einzelfall.* Für „typisierende Mißbrauchsbekämpfung" könnte vieles ausgegeben werden, was in Wahrheit nur fiskalischer „overkill" ist.

Grund, weshalb sie in der Form der Steuer zu den Kosten des Staates beitragen soll. . . .

Die Legitimation für die Einkommensbesteuerung beschränkt Steuerpflichtiger stützt sich dagegen nicht auf die Überlegung, daß der Steuerausländer entsprechend seiner Leistungsfähigkeit zur Deckung der Kosten des Staates beitragen müsse. Vielmehr steht hier die Erzielung von Einkünften aus einer inländischen Erwerbsgrundlage als Legitimation der Besteuerung im Vordergrund. . . ."[12]

Liest man das Zitat genau, so sagt der Bundesfinanzhof nicht eindeutig, die Besteuerung der unbeschränkt Steuerpflichtigen mit ihrem Welteinkommen folge *zwangsläufig* aus dem Leistungsfähigkeitsprinzip. Das Wort „entspricht" läßt mehrere Lesarten zu. Immerhin wird aber die Ansicht, die Welteinkommensbesteuerung habe mit dem Leistungsfähigkeitsprinzip zu tun, immer wieder vertreten, und es ist zu vermuten, daß der Bundesfinanzhof seine Äußerung in diesem Sinne gemeint hat. Deswegen soll das Zitat zum Anlaß genommen werden, die Beziehungen zwischen Leistungsfähigkeitsprinzip und Welteinkommensbesteuerung zur Diskussion zu stellen.

1. Leistungsfähigkeitsprinzip und Opfertheorie

Daß Steuern nach der Leistungsfähigkeit der Pflichtigen zu bemessen seien, war eine Forderung der Finanzwissenschaft des 19. Jahrhunderts[13], wurde in Art. 134 der Weimarer Verfassung zum Rechtssatz erhoben („Alle Staatsbürger ohne Unterschied tragen im Verhältnis ihrer Mittel zu allen öffentlichen Lasten nach Maßgabe der Gesetze bei") und wird heute vom Bundesverfassungsgericht als Verfassungsgebot aus Art. 3 GG abgeleitet[14].

Ideengeschichtlich hat sich das Leistungsfähigkeitsprinzip im Zusammenhang der Steuerrechtfertigungslehre entwickelt[15]. Die Philosophie der Aufklärungszeit hatte in den Steuern eine Gegenleistung für vom Staate gewährte Vorteile gesehen, besonders dafür, daß der Staat Person

12 BFH-Beschluß vom 14. April 1993 I R 29/92, IStR 1993 S. 272.

13 S. näher *Dieter Pohmer/Gisela Jurke,* Zur Geschichte und Bedeutung des Leistungsfähigkeitsprinzips, FinArch. N.F. Bd. 42 (1984), 445 ff.; *Dieter Birk,* Das Leistungsfähigkeitsprinzip als Maßstab der Steuernormen, 1983, S. 23 ff.

14 Zur Entwicklung der Rechtsprechung s. *Klaus Vogel,* Zwangsläufige Aufwendungen – besonders Unterhaltsaufwendungen – müssen realitätsgerecht abziehbar sein. Das Bundesverfassungsgericht verschärft seine Rechtsprechung zum Verfassungsprinzip der Leistungsfähigkeit, StuW 1984, 197 ff., neu in: Der offene Finanz- und Steuerstaat (Fn. 7) S. 708 ff.; zur Entwicklung seither: *Moris Lehner,* Einkommensteuerrecht und Sozialhilferecht, Bausteine zu einem Verfassungsrecht des sozialen Steuerstaates, 1993, 1 f.

15 Für einen Überblick: *Klaus Vogel,* Rechtfertigung der Steuern: eine vergessene Vorfrage. Zugleich zur „heimlichen Steuerrevolte" und zum Dreieck Staat/Wirtschaft/Gesellschaft, Der Staat 1986, 481 ff. (485 ff.), neu in: Der offene Finanz- und Steuerstaat (Fn. 7) S. 605 ff. (609 ff.).

und Eigentum des einzelnen schütze. Dementsprechend suchte sie auch die Höhe der Steuer nach dem Umfang der dem einzelnen gewährten Vorteile zu bestimmen. Diese „Äquivalenz-" oder „Nutzentheorie" – genau genommen handelte es sich um eine Vielzahl von Theorien, die allerdings in den soeben skizzierten Grundgedanken übereinstimmten – wurde zu Anfang des 19. Jahrhunderts, besonders unter dem Einfluß der Romantik, von einer neuen Denkrichtung abgelöst. Der Staat wurde jetzt als ein „Organismus" verstanden, eine gegenüber dem einzelnen höhere, auch höherwertige Einheit, „ein großes, all die kleinen Individuen umfassendes Individuum"[16], ein „Makroanthropos"[17], gleichsam ein irdischer Gott[18]. Dem entsprach, daß man nunmehr als Folgerung aus dieser „organischen Staatslehre" die Steuern nicht mehr als Gegenleistung, sondern als „Opfer" verstehen wollte; der quasi-theologische Ansatz wird an der Wortwahl besonders deutlich.

Hatte man aus der Nutzentheorie gefolgert, daß Bürger („Untertanen") mit höherem Einkommen oder Vermögen, weil ihnen der staatliche Schutz mehr nütze als den ärmeren Bevölkerungsschichten, auch eine *proportional* zu ihrem Einkommen oder Vermögen höhere Steuer zu zahlen hätten, wurde jetzt aus der Opfertheorie in Aufnahme biblischer Vorstellungen (des „Gleichnisses vom Zinsgroschen") die Notwendigkeit einer Besteuerung der je individuellen Leistungsfähigkeit *nach progressiven Sätzen* gefolgert. Dabei dachte man in der Tat – soweit das Problem gesehen wurde, was allerdings nur ausnahmsweise geschah – an die weltweite Leistungsfähigkeit. Die Opfertheorie dachte gewissermaßen monotheistisch. Die Vorstellung, zwei „Göttern" nebeneinander zu opfern und das geschuldete Opfer etwa gar zwischen ihnen zu teilen, war von den Voraussetzungen der Opfertheorie her undenkbar („Du sollst nicht andere Götter haben neben mir"). *Adolph Wagner,* der mehr als jeder andere Autor des 19. Jahrhunderts die Finanzwissenschaft und Gesetzgebungspraxis bis in die Gegenwart hinein beeinflußt hat, hielt überdies eine Vermeidung einer doppelten steuerlichen Belastung auch gar nicht für besonders wünschenswert[19].

Demgegenüber ist heute der Glaube an einen höheren Wert des Staates gegenüber dem Individuum und ist damit die Basis der organischen Staatslehre für uns gedanklich nicht mehr nachzuvollziehen. Der Satz *Otto Mayers,* des Begründers der modernen Verwaltungsrechtslehre, der Staat dürfe „Menschen massenweise opfern . . . für die Zukunft der geschichtlichen Größe Volk, der er die Gestalt zu geben bestimmt

16 *Adam Müller,* Die Elemente der Staatskunst, Berlin o.J., Neunte Vorlesung (S. 112).

17 *Novalis,* Schriften, Bd. 2 S. 217 (zitiert nach *Friedrich Meinecke,* Weltbürgertum und Nationalstaat, 1962, S. 61).

18 *Gerhard Kaiser,* Pietismus und Patriotismus im literarischen Deutschland, 1961, passim.

19 *Adolph Wagner,* Finanzwissenschaft, Zweiter Teil: Gebühren- und allgemeine Steuerlehre, 1880, S. 296.

ist"[20], klingt in unseren Ohren ungeheuerlich und abstrus. Damit ist aber auch der Opfertheorie der ideengeschichtliche Boden entzogen, aus dem sie erwachsen ist. Daß der Steuerpflichtige staatliche Leistungen in Anspruch nehme oder dies zu vermuten sei, kann heute wieder als Rechtfertigung der Besteuerung erwogen werden – so in dem oben zitierten Vorlagebeschluß des Bundesfinanzhofs –, ein Gedanke, den seinerzeit die organische Staatslehre entschieden abgelehnt hatte. Das bedeutet indes nicht, daß unsere Zeit nicht für die Steuer*bemessung* am Leistungsfähigkeitsgedanken und auch am Progressionsprinzip festhalten könne. Wir können beide aber heute nicht mehr als Folgerungen aus einer bestimmten Staatsauffassung und Steuerrechtfertigungslehre verstehen; vielmehr sind sie als Konkretisierungen unserer Vorstellungen darüber aufzufassen, wie eine *gerechte Besteuerung* ausgestaltet sein sollte[21].

Für eine gerechte Besteuerung kann es aber nicht gleichgültig sein, ob ein Bürger als Steuerpflichtiger in Beziehung zu mehreren Staaten steht, er etwa in dem einen Staat ansässig ist, aus einem anderen, vielleicht auch aus mehreren anderen, Einkünfte bezieht. Eine gerechte Besteuerung muß dieser Tatsache Rechnung tragen, sie kann nicht unbesehen der Steuerbemessung die weltweite Leistungsfähigkeit des Steuerpflichtigen zugrundelegen. Eine Aufteilung der Besteuerung unter mehreren besteuernden Staaten ist für sie keine Gotteslästerung mehr. Die vormalige Verknüpfung des Prinzips der Welteinkommensbesteuerung mit einem – opfertheoretisch verstandenen – Leistungsfähigkeitsprinzip trägt insoweit nicht mehr.

2. Was bedeutet das Leistungsfähigkeitsprinzip heute?

In seiner Entscheidung zur Verfassungswidrigkeit der Kinderfreibeträge umschreibt das Bundesverfassungsgericht das Leistungsfähigkeitsprinzip mit den Worten: „In vertikaler Richtung muß die Besteuerung höherer Einkommen im Vergleich mit der Steuerbelastung niedriger Einkommen dem Gerechtigkeitsgebot genügen. In horizontaler Richtung muß darauf abgezielt werden, daß Steuerpflichtige bei gleicher Leistungsfähigkeit auch gleich hoch besteuert werden"[22]. Nach *Tipke* bedeutet das Leistungsfähigkeitsprinzip, daß „die individuelle Steuerbelastung nach der Fähigkeit zu bemessen [sei], Steuerleistungen aus dem Einkommen im Verhältnis zum Einkommen erbringen zu können"[23]. *Paul Kirchhof* setzt „Leistungsfähigkeit" mit „individueller Zahlungsfähigkeit" gleich und unterscheidet sie von der nur vermuteten Zahlungsfähigkeit des Trägers indirekter Steuern; in seinen Worten bedeutet Besteuerung nach Leistungsfähigkeit, daß „die Besteuerung . . . die individuelle Zahlungsfähig-

---

20 *Otto Mayer,* Deutsches Verwaltungsrecht, 2. Aufl. 1914, Bd. 2 S. 15.
21 *Klaus Tipke,* Die Steuerrechtsordnung, 1. Aufl. 1993, Bd. 1 S. 478 und ff., Bd. 2 S. 532 ff.
22 BVerfG-Beschluß vom 29. Mai 1990, BVerfGE 82, 60 (89).
23 *Klaus Tipke* a.a.O. (Fn. 21).

keit tatbestandlich aufnimmt und die Steuerschuld dementsprechend differenziert"[24]. Nach *Birk* beschreibt „wirtschaftliche Leistungsfähigkeit" „die Fähigkeit, Geldzahlungen erbringen zu können"; er hebt aber hervor, daß der Begriff sich nicht abschließend definieren lasse und es daher Sache des Gesetzgebers sei, geeignete Indikatoren auszuwählen und sie zu bewerten[25]. Auch *Lang* definiert Besteuerung nach Leistungsfähigkeit als „das Prinzip, die einzelne Person nach ihrer Fähigkeit, Steuern zahlen zu können, mit Steuern zu belasten"[26]. Nach *Lehner* ist „Indikator für die wirtschaftliche Leistungsfähigkeit, verstanden als steuerliche Belastbarkeit, . . . das innerhalb der Besteuerungsperiode des Kalenderjahres erzielte Einkommen", soweit sich darin „die Fähigkeit, zu erwerben, realisiert hat"[27]. Nach *Ruppe* bedeutet das Leistungsfähigkeitsprinzip, „daß sachgerechte Maßstäbe für die Differenzierung der Einkommensteuerbelastung nicht Kriterien wie Geschlecht, Herkunft oder gesellschaftliche Stellung sind, sondern primär die Verfügungsmöglichkeit über erworbenes Einkommen"[28]. Der Verfasser dieses Beitrags hat einmal geschrieben, daß das Steuerrecht die Leistungsfähigkeit einerseits durch eine Anknüpfung an das Einkommen und das Vermögen, andererseits durch eine Anknüpfung an die Einkommensverwendung erfasse[29].

In keiner dieser Formulierungen wird etwas darüber gesagt, ob etwa auch in einem anderen Staat bestehende Leistungsfähigkeit, bzw. deren Indikatoren, einzubeziehen sei(en). Denn keine der zitierten Äußerungen befaßt sich mit der Abgrenzung der Steuerpflicht im internationalen Verhältnis. Wohl aber wird von allen genannten Autoren immer wieder betont, daß das Leistungsfähigkeitsprinzip für sich allein noch keine subsumtionsfähige Bemessungsgrundlage der Besteuerung liefere, daß es vielmehr der Konkretisierung durch den Gesetzgeber bedürfe und daß in vielfältigen Einzelfragen unterschiedliche Konkretisierungen möglich seien. Zu diesen Konkretisierungen gehört auch die Entscheidung darüber, ob und in welcher Weise Leistungsfähigkeit indizierende Tatbestandselemente, die im Ausland verwirklicht worden sind – bei der Einkommensteuer etwa im Ausland erwirtschaftete Einkünfte –, zu berücksichtigen seien.

In Hongkong, Kenia, Sambia und Uruguay wird der Einkommensteuer nur im Inland erwirtschaftetes Einkommen unterworfen, so bis vor kur-

---

24 *Paul Kirchhof,* Staatliche Einnahmen, in: Handbuch des Staatsrechts (Fn. 9), Bd. 4, 1990, S. 87 ff. (120).

25 *Dieter Birk,* Das Leistungsfähigkeitsprinzip als Maßstab der Steuernormen. Ein Beitrag zu den Grundfragen des Verhältnisses Steuerrecht und Verfassungsrecht, 1983, S. 167, 166, 168.

26 *Joachim Lang,* Die Bemessungsgrundlage der Einkommensteuer, 1988, S. 97.

27 *Moris Lehner* a.a.O. (Fn. 14).

28 *Hans Georg Ruppe,* Einführung zum EStG, in: Herrmann/Heuer/Raupach, Einkommensteuer- und Körperschaftsteuergesetz mit Nebengesetzen, Kommentar, 19. Aufl. (Loseblattwerk), Einf. ESt Rd. 543.

29 *Klaus Vogel,* Grundzüge des Finanzrechts des Grundgesetzes, in: Handbuch des Staatsrechts (Fn. 9), Bd. 4, 1990, S. 3 ff. (68).

zem auch noch in Argentinien. In Frankreich sowie in Brasilien werden bei Körperschaften nur deren inländische Einkünfte besteuert. Die Schweiz bezieht in die Bemessungsgrundlage ihrer nach dem Einkommen bemessenen direkten Bundessteuer nicht Einkünfte aus ausländischem Grundbesitz und aus im Ausland belegenen Betriebstätten ein. In den Niederlanden gilt dasselbe für Einkünfte aus ausländischen Quellen dann, wenn sie im Quellenstaat besteuert werden. Eine ähnliche Regelung galt bis vor kurzem auch in Australien. Man wird gewiß nicht sagen können, in jenen Ländern werde das Einkommen nicht nach dem Leistungsfähigkeitsprinzip besteuert. Das zeigt mit aller Deutlichkeit, daß das Prinzip der Besteuerung nach der Leistungsfähigkeit für unterschiedliche Regeln über die Besteuerung von Auslandssachverhalten – hier: ausländischer Einkünfte – offen ist. Mit der Entscheidung eines Verfassungs- oder eines Steuergesetzgebers für eine Besteuerung nach der Leistungsfähigkeit ist somit über eine Besteuerung von Auslandssachverhalten noch nichts gesagt[30].

Allerdings gibt es eine Tradition, die das Prinzip der Leistungsfähigkeitsbesteuerung mit dem Erfordernis eines progressiven Einkommensteuertarifs in Verbindung bringt[31]. So ist z. B. in der älteren Rechtsprechung des Bundesverfassungsgerichts das Leistungsfähigkeitsprinzip mehrfach als Begründung dafür herangezogen worden, daß „der wirtschaftlich Leistungsfähigere einen höheren Prozentsatz seines Einkommens als Steuer zu zahlen hat als der wirtschaftlich Schwächere"[32]. Versteht man das Prinzip in diesem Sinne – darüber besteht allerdings keineswegs Einhelligkeit –, so könnte man argumentieren, eine konsequente Durchführung der Progression verlange die Berücksichtigung des weltweiten Einkommens und deshalb dessen Besteuerung. Aber diese Argumentation wäre nicht schlüssig. Aus dem Internationalen Steuerrecht ist die Rechtsfigur des „Progressionsvorbehalts" bekannt: Wenn ausländische Einkünfte von der inländischen Besteuerung freigestellt, in die Bemessungsgrundlage also nicht einbezogen werden, können sie dennoch bei der Bemessung des Steuer*satzes* berücksichtigt werden (§ 32b EStG). Auch wenn man eine Progression bei der Einkommensteuer aus Gerechtigkeitsgründen für geboten hält, kann daraus die Notwendigkeit einer Welteinkommensbesteuerung also nicht schon gefolgert werden.

---

30 Zu Unrecht bezieht sich der BFH a.a.O. (Fn. 12) für seine Auffassung auf *Paul Kirchhof* bei Kirchhof/Söhn, Einkommensteuergesetz, Kommentar, § 2 Rd. A 145. Dort wird nur das Prinzip der Welteinkommensbesteuerung erläutert, es wird aber nicht in Verbindung mit dem Leistungsfähigkeitsprinzip gebracht. Im Gegenteil heißt es in der sogleich folgenden Rd.: „Wenn ein Einkommen nicht auf dem Binnenmarkt eines Staates, sondern auf dem Weltmarkt erzielt worden ist, schwächt sich die Legitimationskraft des Wohnsitzstaates für den Zugriff auf dieses Einkommen wesentlich ab".

31 *Dieter Birk* a.a.O. (Fn. 25) S. 18 und ff.

32 BVerfG-Urteil vom 24. Juni 1958, BVerfGE 8, 15 (69 f.). S. auch BVerfG-Beschluß vom 9. Februar 1972, BVerfGE 32, 333 (339 f.); BVerfG-Beschluß vom 2. Oktober 1973, BVerfGE 36, 66 (72).

3. Leistungsfähigkeitsprinzip und beschränkte Steuerpflicht

Ist aber eine Beschränkung der Besteuerung auf inländische Einkünfte auch bei im Inland Ansässigen als Konkretisierung des Leistungsfähigkeitsprinzips (mindestens ebenso) denkbar wie die unserem derzeitigen Einkommensteuerrecht zugrundeliegende Welteinkommensbesteuerung, so ist nicht ersichtlich, warum die beschränkte Steuerpflicht der nicht im Inland Ansässigen nicht gleichfalls als Ausfluß des Leistungsfähigkeitsprinzips zu verstehen sein sollte.

Allerdings gibt es in der deutschen Steuerrechtsprechung und im steuerrechtlichen Schrifttum eine eingewurzelte Tradition, nach der die Steuerpflicht der beschränkt Steuerpflichtigen den Charakter einer Objektsteuer haben soll oder sich dieser zumindest stark nähere. Der Reichsfinanzhof hat schon früh die beschränkte Steuerpflicht als einer Objektsteuer ähnlich bezeichnet[33]; ähnlich haben sich *Georg Strutz, Herbert Dorn* und *Enno Becker* geäußert[34]. Das Bundesverfassungsgericht hat diese Formulierung in seine Entscheidung zur Kuponsteuer übernommen[35]. In seinem elf Jahre später ergangenen Beschluß zur Veranlagung beschränkt Steuerpflichtiger hat es diese Formulierung allerdings nicht wiederholt, jene frühe Entscheidung auch gar nicht erwähnt. Das Gericht spricht in der neueren Entscheidung vielmehr unbefangen von der Anknüpfung der Einkommensteuer an das inländische Einkommen als einen „Teil [d]er Leistungsfähigkeit" des beschränkt Steuerpflichtigen[36]. Daß die These vom Objektsteuercharakter der beschränkten Steuerpflicht falsch ist, daß vielmehr auch diese am Grundsatz der Besteuerung nach der Leistungsfähigkeit gemessen werden muß, hat vor allem *Franz Wassermeyer* überzeugend nachgewiesen[37]. Sonderregeln für die Bemessung der Einkommensteuer beschränkt Steuerpflichtiger, die aus Zweckmäßigkeitsgründen von denen für unbeschränkt Steuerpflichtige abweichen, werden dadurch nicht ausgeschlossen. Solche Unterschiede müssen sich jedoch vor dem Gleichheitssatz rechtfertigen, so besonders die häufig vorgesehene Besteuerung beschränkt Steuerpflichtiger nach Maßgabe ihres Bruttoertrags[38].

---

33 RFH-Gutachten vom 14. Dezember 1926 VI D 2/26, RFHE 20, 164, 169; RFH-Urteil vom 21. Juni 1937 VI A 377/37, RFHE 42, 18, 21 = RStBl. 1937, 1008, 1009; RFH-Urteil vom 13. Mai 1941 I 94/41 = RStBl. 1941, 932; BFH-Urteil vom 20. Januar 1959 I 112/575, BFHE 68, 340, 342 = BStBl. III 1959, 132, 134 f.

34 *Georg Strutz,* Art. „Einkommensteuer" in: Handbuch des Reichssteuerrechts, 3. Aufl. 1927, S. 310; *Herbert Dorn,* Das Recht der internationalen Doppelbesteuerung, VJSchrStFR 1929, 189 ff. (231 f.); *Enno Becker,* Die Grundlagen der Einkommensteuer, 1940, S. 151.

35 BVerfG-Beschluß vom 24. September 1965, BVerfGE 19, 119 (124).

36 BVerfG-Beschluß vom 12. Oktober 1976, BVerfGE 43, 1 (8 und ff.).

37 *Franz Wassermeyer,* Die beschränkte Steuerpflicht, in: Klaus Vogel (Hrsg.), Grundfragen des Internationalen Steuerrechts, 1985, S. 49 ff.

38 *Michael Engelschalk,* Die Besteuerung von Steuerausländern auf Bruttobasis, Bestandsaufnahme, rechtliche Grenzen, Alternativen, 1988.

Wäre die Auffassung richtig, die Einkommensteuer der unbeschränkt Steuerpflichtigen rechtfertige sich daraus, daß sie im Inland „lebten", diejenige der beschränkt Steuerpflichtigen dagegen daraus, daß sie Einkünfte „aus einer inländischen Erwerbsgrundlage" erzielten[39], so bliebe unerklärlich, warum diese durch die Nutzung inländischer Erwerbsgrundlagen gerechtfertigte „zweite Einkommensteuer" nicht neben der durch das schlichte „Leben" im Inland gerechtfertigten „ersten Einkommensteuer" *auch von unbeschränkt Steuerpflichtigen* erhoben wird. Denn die unbeschränkt Steuerpflichtigen „leben" nicht nur im Inland, was nach dem Vorlagebeschluß die Besteuerung ihres Welteinkommens rechtfertigen soll, sie erzielen daneben, nicht anders als die beschränkt Steuerpflichtigen, auch inländische Einkünfte. Wenn deshalb die Erzielung inländischer Einkünfte ein besonderer Rechtfertigungsgrund für eine Besteuerung ist, selbständig neben der Rechtfertigung der unbeschränkten Steuerpflicht durch das „Leben" im Inland, so ist nicht einzusehen, warum diese Steuer nicht in gleicher Weise von Inländern wie von Ausländern erhoben wird. Man müßte fragen, ob die Nichterhebung der Steuer von Inländern nicht ein Gleichheitsverstoß ist. Natürlich wäre diese Folgerung absurd. Eben dies zeigt aber, daß der Ausgangsgedanke, die Besteuerung der Nichtansässigen sei aus einem anderen Gesichtspunkt als die der Inländer zu rechtfertigen, sich nicht halten läßt. Die Besteuerung der beschränkt Steuerpflichtigen rechtfertigt sich nicht anders als die der unbeschränkt Steuerpflichtigen daraus, daß ihnen Leistungen des Staates zugute kommen; sie bemißt sich nach Kriterien, die Leistungsfähigkeit indizieren. Nur die Frage, welcher *Teil* ihrer Leistungsfähigkeit der inländischen Besteuerung zugrundezulegen ist, hat unser Gesetzgeber für die beschränkt Steuerpflichtigen anders als für die unbeschränkt Steuerpflichtigen entschieden.

III. Eine Steuer nur auf inländische Einkünfte wäre eine gerechtere Steuer

„Steuerrecht" sagt *Klaus Tipke,* muß Gerechtigkeitsrecht sein"[40]. Auch für die Besteuerung der im Inland Ansässigen – und manchmal dazu der Staatsangehörigen – mit ihrem Welteinkommen muß die Frage gestellt werden, ob sie Gerechtigkeitserfordernissen entspricht. Oder genauer, da unter Umständen mehrere Lösungen nebeneinander gerecht sein können[41], ob sie ihnen am besten entspricht. Ich habe diese komplexe Frage an anderer Stelle eingehender behandelt[42], möchte hier aber aus Gründen der Vollständigkeit doch jedenfalls eine Zusammenfassung jener früheren Ausführungen geben:

39 So der BFH a.a.O. (Fn. 12).
40 *Klaus Tipke* (Fn. 21) S. 263, 144.
41 *Charles Perelman,* De la Justice, 1945, S. 22, 40; *Klaus Tipke* (Fn. 21) S. 264.
42 *Klaus Vogel,* World-wide vs. Source taxation of income – A Review and Reevaluation of Arguments, Intertax 1988 S. 216 ff., 310 ff., 393 ff. (393 ff.); geringfügig ergänzt in: Charles McLure, Hans-Werner Sinn, Richard Musgrave u.a., Influence of Tax Differentials on International Competitiveness, Proceedings of the VIIIth Munich Symposium on International Taxation, 1990, S. 117 ff.

Die Frage, ob die Welteinkommensbesteuerung eine gerechte Regelung ist, ist zu unterscheiden von der Frage ihrer ökonomischen Zweckmäßigkeit. Der Finanzwissenschaftler *Richard Musgrave,* der als erster diese beiden Aspekte klar voneinander unterschieden hat, nennt die ökonomische Zweckmäßigkeit einer steuergesetzlichen Regelung ihre „Effizienz" („*efficiency*")[43]. Nach der unter Wirtschaftswissenschaftlern herrschenden, allerdings nicht unbestrittenen Auffassung ist die Welteinkommensbesteuerung in Verbindung mit der Anrechnung ausländischer Steuern nicht nur eine effiziente, sondern sogar die einzig effiziente Regelung. Ich kann dem nicht folgen, will dies hier aber nicht vertiefen[44].

Mag Effizienz ein Maßstab sein, für den sich eindeutige („operationalisierbare") Kriterien angeben lassen, so läßt sich über die Gerechtigkeit einer Regelung, außer in Fällen evidenter Ungerechtigkeit, jeweils nur annäherungsweise etwas sagen. Regelmäßig ist eine größere Zahl von Gesichtspunkten abzuwägen; darunter können auch solche sein, die einander widersprechen und auszugleichen sind. Für den Bereich der Internationalen Besteuerung hat *Peggy Musgrave* darauf hingewiesen, daß man zwischen Erwägungen unterscheiden muß, die sich auf die Belastung des einzelnen Steuerpflichtigen beziehen („individuelle Gerechtigkeit"), und solchen, die sich beziehen auf die Verteilung des Steueraufkommens zwischem dem Wohnsitzstaat und dem Staat, in dem die Einkünfte erzielt worden sind, dem „Quellenstaat" („zwischenstaatliche Gerechtigkeit")[45]. Auf beiden Ebenen müssen wir darüber hinaus noch weiter differenzieren und nebeneinander Gesichtspunkte der *Rechtfertigung,* der *Gleichbehandlung,* der *Folgerichtigkeit des Steuersystems* sowie möglicherweise der *Umverteilung* in Betracht ziehen.

Daß zur *Rechtfertigung* einer Steuer im Sinne ihrer „individuellen Gerechtigkeit" gegenüber den Steuerpflichtigen heute opfertheoretische Erwägungen ernsthaft nicht mehr in Betracht kommen, wurde schon ausgeführt. Ohnehin könnten sie allenfalls eine weltweite Besteuerung der *Staatsangehörigen* rechtfertigen, die es nur noch in wenigen Ländern gibt. Eine weltweite Besteuerung der im Inland ansässigen Ausländer ließe sich opfertheoretisch schon deswegen nicht begründen, weil es nicht einsichtig wäre, warum bei uns ansässige Ausländer zum Inland eine Beziehung

---

(152 ff.); sowie in: Der offene Finanz- und Steuerstaat (Fn. 7), S. 77 ff. (117 ff.); weniger eingehend auch *ders.,* Die Besteuerung von Auslandseinkünften, Prinzipien und Praxis, in: Grundfragen des Internationalen Steuerrechts, hrsg. von Klaus Vogel, 1985, S. 3 ff. (17 ff.), neu a.a.O. S. 43 ff. (56 ff.).

43 *Richard Musgrave,* Criteria for Foreign Tax Credit, in: Taxation and Operations Abroad, Symposium, 1960, S. 83.

44 S. dazu näher *Klaus Vogel,* Taxation of Cross-Border Income, Harmonization and Tax Neutrality Under European Community Law, An Institutional Approach (Foundation for European Fiscal Studies, Erasmus University Rotterdam, Vol. 2), 1994.

45 *Peggy Musgrave,* United States Taxation of Foreign Investment Income, Issues and Arguments, 1969.

haben sollten, die es rechtfertigen sollte, ihnen ein „Opfer" nach Maßgabe ihres weltweiten Einkommens aufzuerlegen, nicht aber – beispielsweise – im Inland durch eine Betriebstätte tätige Ausländer. Anders ausgedrückt: könnte der Wohnsitzstaat ein „Opfer" beanspruchen, so könnte dies auch der Quellenstaat. Beide Ansprüche wären aber nicht miteinander vereinbar, sie schlössen einander aus. (Die Tatsache, daß wir eine weltweite Besteuerung durch den Wohnsitzstaat *gewohnt* sind, eine weltweite Besteuerung durch den Quellenstaat dagegen nicht, führt allerdings leicht zu dem Empfinden, „irgendwie" sei der eine, uns gewohnte Anspruch doch besser legitimiert als der andere, uns ungewohnte. Wenn wir uns aber von solchen Denkgewohnheiten freimachen, werden wir keinen rationalen Grund dafür finden, die Zugehörigkeit auf Grund des Wohnsitzes höher zu bewerten als die auf Grund unternehmerischer Tätigkeit.)

Freilich begründet der Bundesfinanzhof in seinem eingangs zitierten Vorlagebeschluß die weltweite Besteuerung auch nicht mehr opfertheoretisch, sondern nutzentheoretisch (= äquivalenztheoretisch) mit der Vermutung, daß der im Inland „Lebende" die Leistungen des Wohnsitzstaates in Anspruch nehme[46]. Dieser Argumentation kann nicht entgegengehalten werden, daß nach modernem Verständnis die Steuer nicht mehr als „Preis" für einzelne Staatsleistungen verstanden wird, was in der Tat auch der Realität heutiger Besteuerung nicht mehr entspräche. Denn diese Tatsache schließt es nicht aus, die Steuern als eine Gegenleistung für die *Gesamtheit* der staatlichen Leistungen zu verstehen, wie dies im vergangenen Jahrhundert *John Stuart Mill* und *Lorenz von Stein*, in der Gegenwart *James R. Buchanan* und der Verfasser vorgeschlagen haben[47]. Für die internationale Aufteilung der Besteuerung hat auch *Georg von Schanz* die Ansicht vertreten, daß sie nicht nach Opfer-, sondern nur nach Nutzengesichtspunkten vorgenommen werden könne[48]. *Schanz* hat aber auch bereits überzeugend gezeigt, daß unter solchen Nutzengesichtspunkten sowohl der Wohnsitz- wie der Quellenstaat einen legitimen Steueranspruch erheben können und daß der Anteil der Leistungen des Quellenstaates, die dem Einkommensbezieher zugutekommen, typischerweise höher ist als der des Wohnsitzstaats. Sein Vorschlag ging deshalb dahin, daß der Wohnsitzstaat von Auslandseinkünften der im Inland Ansässigen *nur ein Viertel* der Steuer erheben solle, die auf gleiche Einkünfte aus dem Inland entfallen würde, weil der Beitrag des Quellenstaats zur Erzielung der Einkünfte etwa dreimal so hoch wie der des Wohnsitzstaats angesetzt werden könne;

46 Oben Fn. 12.

47 *John Stuart Mill*, Principles of Political Economy, Bd. 2, 1848, S. 354; *Lorenz von Stein*, Lehrbuch der Finanzwissenschaft, 5. Aufl., Zweiter Theil, Erste Abtheilung, 1885, S. 348; *James R. Buchanan*, The Pure Theory of Government Finance: A Suggested Approach, Journal of Political Economy 1949 S. 496, neu in: James R. Buchanan, Fiscal Theory and Political Economy, 1960 S. 8 (12); Klaus Vogel (Fn. 15) S. 516 ff. bzw. 638 ff.

48 *Georg von Schanz*, Zur Frage der Steuerpflicht, Finanz-Archiv Jg. 9 II (1892) S. 1 (4).

umgekehrt solle der Quellenstaat von den Einkünften Nichtansässiger nur drei Viertel der sonst anfallenden Steuer erheben, weil dem Einkunftsbezieher eben doch auch Leistungen seines Wohnsitzstaates zugutekämen. Diese Aufteilung leuchtet dann ein[49], wenn Einkommensteuer und Körperschaftsteuer die einzigen Steuern von Belang sind, die ein Staat erhebt. Angesichts des hohen Anteils, den heute jedenfalls in den europäischen Staaten die Umsatzsteuer an Steuerlast und Steueraufkommen ausmacht, wird man aber davon ausgehen dürfen, daß heute die Leistungen des Wohnsitzstaates schon durch die Umsatzsteuer abgegolten werden, daß somit unter Nutzengesichtspunkten eine Besteuerung von Auslands*einkünften* durch den Wohnsitzstaat nicht mehr gerechtfertigt ist.

Unter dem Aspekt der *Gleichbehandlung* wird häufig behauptet, es wäre ungerecht, wenn ein Staat Inländer mit Auslandseinkünften niedriger besteuern würde als Inländer mit insgesamt ebenso hohen inländischen Einkünften[50]. Dieses Argument verkennt jedoch, daß die ausländischen Einkünfte typischerweise unter wesentlich anderen Bedingungen erzielt werden als die inländischen. Ist die Steuer im Quellenstaat niedriger als im Wohnsitzstaat – nur unter dieser Voraussetzung kann ja das Gleichheitsargument überhaupt angeführt werden –, so sind dort oft auch die öffentlichen Leistungen, die dem Steuerpflichtigen zugutekommen, entsprechend niedriger, zudem die Risiken höher. Ist der Steuerpflichtige Unternehmer, so steht er im fremden Land überdies im Wettbewerb mit anderen Unternehmern, die ebenfalls nur die niedrigen Steuern des betreffenden Staates zahlen; eine zusätzliche Besteuerung der erzielten Einkünfte durch seinen Wohnsitzstaat beeinträchtigt ihn dann in seiner Wettbewerbsstellung. Schließlich kann er manchmal nicht einmal sicher sein, ob er die ausländischen Einkünfte in seinen Wohnsitzstaat wird transferieren können. Allenfalls eine Besteuerung des in den Wohnsitzstaat zurückgeführten Einkommens nach den Sätzen des Wohnsitzstaates könnte daher unter Gleichheitsgesichtspunkten überhaupt nur erwogen werden.

Argumente der *Systemgerechtigkeit*[51] werden von denen vorgebracht, die argumentieren, die Einkommensteuer als Globalsteuer erfasse unterschiedslos alle Einkunftsarten, sie müsse deshalb auch die ausländischen Einkünfte mitumfassen[52]. Auch in der Behauptung, der Leistungsfähig-

49 Bedauerlicherweise ist das Prinzip nur ein einziges Mal praktiziert worden: in Art. 15 des DBA USA/Frankreich von 1939.

50 Z.B. *Peggy Richman* (jetzt: Musgrave), Taxation of Foreign Investment Income, An Economic Analysis, 1963, S. 11.

51 Zur Systemgerechtigkeit im Verfassungsrecht s. statt aller: *Paul Kirchhof,* Der Allgemeine Gleichheitssatz, in: Handbuch des Staatsrechts, Bd. 5, 1992, S. 837 ff. (941 f.); *Klaus Vogel,* Der Verlust des Rechtsgedankens im Steuerrecht als Herausforderung an das Verfassungsrecht, DStJG Bd. 12 (1989), 122 ff. (137 f.), neu in: Der offene Finanz- und Steuerstaat (Fn. 7), S. 642 ff. (655).

52 *Adolph Wagner* (Fn. 19), S. 456, als Ausfluß der „Allgemeinheit der Besteuerung", S. 389 ff.; *Armin Spitaler,* Das Doppelbesteuerungsproblem bei den direkten Steuern, 1936, S. 407; *Peggy Musgrave* (Fn. 50), S. 122.

keitsbegriff sei notwendig weltweit, schwingt dieser Gedanke mit. Aber das Gebot der Folgerichtigkeit schließt Ausnahmen nicht aus, wo diese sachgerecht sind[53], und der Anspruch auf Folgerichtigkeit endet dort, wo ein Systembegriff an die Grenzen des Begriffsfeldes stößt, für das er angelegt ist. Das Postulat, daß eine Einkommensteuer global sein solle, ist im Blick auf eine als einzelne vorgestellte Volkswirtschaft entwickelt worden. Es trägt nicht der Tatsache Rechnung, daß in der Wirklichkeit eine Vielzahl von Volkswirtschaften koexistieren und daß Einkommen auch in einer anderen Volkswirtschaft erzielt werden können. Das Postulat sagt deshalb auch nichts darüber aus, ob der Einkommensbegriff Auslandseinkünfte einschließen soll oder nicht[54].

Wie oben schon erwähnt, könnte das Gebot systematischer Folgerichtigkeit eher umgekehrt dafür angeführt werden, die zur Zeit nur von Nichtansässigen erhobene Steuer auf inländische Einkünfte auch von Inländern, neben ihrer an den Wohnsitz anknüpfenden Einkommensteuer oder statt dieser, zu erheben. Würde solch eine Steuer neben der „Wohnsitz-Einkommensteuer" erhoben, verstieße dies zwar noch stärker gegen eingewurzelte Vorstellungen als eine generelle Nichtbesteuerung von Auslandseinkünften. Es wäre aber eher folgerichtig als die gegenwärtige alternative Anknüpfung der Besteuerung an zwei unterschiedliche Voraussetzungen, Wohnsitz und Steuer-„Quelle", verbunden mit einer Bemessung in unterschiedlicher Höhe. Und es würde im Ergebnis etwa dem nahekommen, was seinerzeit *von Schanz* vorgeschlagen hat[55].

Aus dem Gebot systematischer Folgerichtigkeit folgt überdies, daß die Verfassungsentscheidung des Grundgesetzes für eine internationale Zusammenarbeit[56], für eine „offene Staatlichkeit"[57], zu beachten ist. Ein Verzicht auf die Besteuerung von Auslandseinkünften würde dem besser entsprechen als die gegenwärtige Besteuerung des weltweiten Einkom-

---

53 Das gilt nicht nur, soweit Folgerichtigkeit (= „Systemgerechtigkeit") verfassungsrechtlich geboten ist, sondern auch, soweit sie, wie hier, als Teilaspekt – oder konstituierendes Element – von Gerechtigkeit betrachtet wird. So etwa bei *Ronald Dworkin*, Law's Empire, 1986, S. 219 (*Dworkin* benutzt den Ausdruck „integrity"): „Integrity demands that the public standards of the community be both made and seen, so far as this is possible, to express a single, coherent scheme of justice and fairness in the right relation. An institution that accepts that ideal will sometimes, for that reason, depart from a narrow line of past decisions in search of fidelity to principles conceived as more fundamental to the scheme as a whole."

54 Zutreffend *Pamela Gann*, The Concept of an Independent Treaty Foreign Tax Credit, Tax Law Review 38 (1982/83) S. 1 ff. (65).

55 Oben Fn. 48.

56 *Klaus Vogel*, Die Verfassungsentscheidung des Grundgesetzes für eine internationale Zusammenarbeit, 1964; neu in: *ders.*, Der offene Finanz- und Steuerstaat (Fn. 7), S. 3 ff. Zustimmend neben vielen anderen: BVerfG-Beschl. vom 22. März 1983, 2 BvR 475/78, BVerfGE 63, 343 (379).

57 *Klaus Vogel* (Fn. 56) S. 33 = 27. Übernommen u.a. von der Bundesregierung in der Begründung ihres Entwurfes zur Neufassung des Art. 23 GG, BT-Drucks. 12/3338 S. 4 li.

mens. *Umverteilung* ist demgegenüber ein Gesichtspunkt, der sich von den drei zuvor behandelten Gerechtigkeitsaspekten offenkundig unterscheidet. Rechtfertigung, Gleichheit und systematische Folgerichtigkeit sind konstituierende Elemente der Gerechtigkeit einer Steuer; Umverteilung dagegen ist ein Ziel, für das Steuern erhoben werden, nicht anders als sonstige Staatszwecke solche Ziele sein können. Umverteilung ist ein Mittel zur Verwirklichung von Gerechtigkeit, aber dieses Mittel muß seinerseits gerecht ausgestaltet sein. Ob es dies ist, ist jeweils in Abwägung der hier zuvor erörterten anderen Gesichtspunkte zu ermitteln. Das Ziel der Umverteilung gibt für die Frage der Gerechtigkeit der Besteuerung von Auslandseinkünften nichts zusätzlich her. Es kann eine Besteuerung von Auslandseinkünften für sich allein nicht rechtfertigen; denn nur eine legitime, gleichmäßige und folgerichtig ausgestaltete Einkommensteuer kann das gerechte Ziel der Umverteilung auch in gerechter Weise verwirklichen.

Betrachten wir abschließend das Verhältnis der beiden beteiligten Staaten zueinander, so ist zunächst festzustellen, daß die Besteuerung des Welteinkommens im Wohnsitzstaat nicht notwendig ein Problem „zwischenstaatlicher Gerechtigkeit" aufwirft: dann nämlich nicht, wenn der Steuerpflichtige die Steuer aus Mitteln im Wohnsitzstaat zahlen kann. Der Quellenstaat wird aber beeinträchtigt, wenn die Besteuerung im Wohnsitzstaat den Steuerpflichtigen nötigt, einen Teil seines Kapitals aus dem Quellenstaat abzuziehen. Umgekehrt berührt die Besteuerung durch den Quellenstaat immer den Wohnsitzstaat, weil sie das Einkommen von Steuerpflichtigen in diesem Staat mindert. Wenn die Steueransprüche der beiden Staaten derart kollidieren, könnte die Opfertheorie keinem der beiden Staaten den Vorzug geben, weil der Quellenstaat so gut wie der Wohnsitzstaat ein Opfer zu fordern berechtigt wäre. Die einzig denkbare Rechtfertigung ist deshalb die nutzentheoretische. Wie oben im Zusammenhang mit *von Schanz* schon erwähnt[58], trägt normalerweise überwiegend, wenn nicht ausschließlich, der Quellenstaat zur Erzeugung des Einkommens bei. Deswegen spricht auch die zwischenstaatliche Gerechtigkeit eher für eine Besteuerung ausschließlich im Quellenstaat.

Zusammenfassend zeigt sich, daß bei weitem mehr Gründe sowohl der individuellen wie der zwischenstaatlichen Gerechtigkeit dafür sprechen, der Besteuerung allein von inländischen Einkünften sowohl bei Ansässigen wie bei Nichtansässigen den Vorzug zu geben. Es ist also nicht nur der Behauptung zu widersprechen, das Leistungsfähigkeitsprinzip müsse zwangsläufig zu einer Besteuerung des Welteinkommens der Inländer führen. Eine unter individuellen wie unter zwischenstaatlichen Gesichtspunkten gerecht ausgestaltete Besteuerung nach der Leistungsfähigkeit sollte sich im Gegenteil auf inländische Leistungsfähigkeit, d.h. auf im Inland erzieltes Einkommen, beschränken.

58 S. oben Fn. 48.

V.

Der Einkommensteuertarif

Helmut Becker

Steuerprogression und Steuergerechtigkeit

1. Der Jubilar, dessen Lebenswerk die Festschrift gewidmet ist, hat sein Leben lang mit der Umsetzung der Steuergerechtigkeit in die angewandte Besteuerung gerungen. Als in seinem damaligen rheinland-pfälzischen Ministerium unter dem Finanzminister *Gaddum* Vorschläge für ein einfaches und gerechtes Steuerrecht erarbeitet wurden, war er maßgeblich daran beteiligt. Es ist daher angemessen, die Veröffentlichung über dieses Vorhaben mit den Verfassernamen *Gaddum (Klein/Schöberle)* zu versehen[1]. So wird diese Veröffentlichung im folgenden zitiert.

Der Verfasser des vorliegenden Beitrages fühlt sich mit den in der Veröffentlichung enthaltenen Überlegungen sehr verwandt. Während diese aber auf eine politisch durchsetzbare Verwirklichung ausgerichtet waren, steht der Verfasser dieses Beitrages nicht unter einem derartigen Zwang. Er hofft dennoch, daß sein Beitrag nicht ohne Wirkung bleibt.

2. Es wird heute weitgehend als gerecht empfunden, eine progressive Einkommensteuer zu erheben. Aber damit nicht genug, wird aus den unterschiedlichsten Anlässen von den sogenannten „Besserverdienenden"[2] zusätzlich ein Sonderopfer verlangt. Dies reicht von der Staffelung von Mitgliedsbeiträgen bei Vereinen bis zu Sonderabgaben anläßlich der Wiedervereinigung und des Aufbaues Ost. Entspricht all dies der Steuergerechtigkeit?

Diese Frage ist sehr alt. Bereits in der Bibel finden sich unterschiedliche Antworten: Das Alte Testament bestimmt, daß das „Zehnte" der Erträge dem Herrn gehört[3], was einem proportionalen Steuertarif entspricht. Im Gegensatz hierzu steht das Neue Testament mit dem Gleichnis vom Opfer der armen Witwe[4], was als Bestätigung einer progressiven Abgabe

---

1 *Gaddum*, Steuerreform: Einfach *und* Gerecht, Verlag BONN AKTUELL, 1986.

2 Bei den „Besserverdienenden" handelt es sich um ein sprachliches Ungetüm. „Besser" setzt einen Vergleichsmaßstab voraus, der bisher nicht ersichtlich festgelegt wurde. Oder ist jeder, der 1,– DM mehr verdient als sein Nachbar ein „Besserverdienender"?

3 3. Buch Moses (Levitikus) 27:30. Dort heißt es: „Und jeder Zehnte des Landes, von der Saat des Landes und des Baumes gehört Jehova."

4 Markus 12:41–44 (ebenso Lukas 21:1). Dort heißt es von der Witwe, die zwei kleine Münzen geringen Wertes in das Schatzkästlein geworfen hatte: „Wahrlich, ich sage Euch, daß diese arme Witwe mehr eingeworfen hat als alle, die in das Schatzkästlein einwarfen, denn sie alle haben nur aus ihrem Überfluß hineingeworfen, sie aber hat von ihrem Mangel alles eingeworfen, was sie hatte; ihren ganzen Lebensunterhalt."

angesehen werden könnte[5]. Was also ist gerecht, ein proportionaler oder ein progressiver Steuertarif?

3. Im Jahr 1791 taucht gleichzeitig bei zwei bedeutsamen Ereignissen der Begriff Leistungsfähigkeit auf; allerdings nicht in deutscher Sparache. Bei *Adam Smith* ist es in seinem grundlegenden Werk[6] der erste Grundsatz, wonach die Staatsbürger zu den Staatslasten so weit wie möglich, „in proportion to their respective abilities", beizutragen haben. Das andere Ereignis bildet die Französische Verfassung vom 3./4. September 1791. In der dieser Verfassung vorangestellten Erklärung der Menschenrechte wurde in Art. 13 festgelegt, daß die Finanzierung öffentlicher Lasten „doit être également répartie entre tous les citoyens, en raison de leurs facultés", und unter Punkt 2 der Grundrechte heißt es hierzu, daß die Lastenverteilung „en proportion de leurs facultés" erfolgen solle. Später wurden dann diese Begriffe „ability" und „faculté" mit Leistungsfähigkeit übersetzt, obwohl unter „ability" von Anfang an die „ability to pay" verstanden wurde, was mehr dem Begriff der Zahlungsfähigkeit entspricht.

Die Leistungsfähigkeit war von da an Bestandteil der Besteuerungsgrundsätze. Sie fand sich in der Kabinettsorder *Friedrich Wilhelms III. von Preußen* vom 20. Januar 1820 in dem ihr beigefügten Entwurf für das „Gesetz über die Steuerausgleichung und Regulierung des Abgabewesens", wo für eine neu eingeführte Klassensteuer verlangt wird, daß sie „nach wenigen, hauptsächlich auf die Verhältnisse der Leistungsfähigkeit beruhenden Abstufungen" erhoben werden sollte[7]. In einer umfassenden Darstellung, die mehrere Staaten einbezog, stellte *Friedrich Julius Neumann* 1874 fest, daß „dieser Grundsatz der Vertheilung der öffentlichen Last nach Maaßgabe der Leistungskraft . . . in einer Reihe von Staats-

5 Für eine Progression können auch die im 3. Buch Mose, Kapitel 27:2–7, beschriebenen Schätzwerte herangezogen werden. Dort heißt es: „Rede Du zu Deinen Söhnen Israels, und Du sollst zu ihnen sagen: Falls ein Mann ein besonderes Gelübde ablegt, indem er Jehova Seelen gemäß dem Schätzwert darbietet, und der Schätzwert einer männlichen Person muß vom Zwanzigjährigen bis hinauf zum Sechzigjährigen sein, dann soll sich der Schätzwert auf fünfzig Schekel der heiligen Stätte belaufen. Wenn es aber eine weibliche Person ist, dann soll sich der Schätzwert auf dreißig Schekel belaufen. Und falls es sich um das Alter von Fünfjährigen bis hinauf zu Zwanzigjährigen handelt, dann soll sich der Schätzwert der männlichen Person auf zwanzig Schekel belaufen und für die weibliche auf zehn Schekel. Und falls es sich um das Alter von einem Monat bis hinauf zum Fünfjährigen handelt, dann soll sich der Schätzwert des männlichen Kindes auf fünf Schekel Silber belaufen und für das weibliche soll der Schätzwert drei Schekel Silber betragen. Wenn es sich um das Alter von sechzig Jahren und darüber handelt, dann soll sich der Schätzwert, wenn es eine männliche Person ist, auf fünfzehn Schekel, und für die weibliche auf zehn Schekel belaufen."

6 An Inquiry into the Nature and Causes of the Wealth of Nations, Volume IV.

7 Vgl. zu diesem Abschnitt und dem nachfolgenden *Pohmer/Jurke*, Zu Geschichte und Bedeutung des Leistungsfähigkeitsprinzips, Fin.Arch. Bd. 42 N.F. (1982), S. 445 ff.

grund- und Steuergesetzen ausdrücklich anerkannt ist."[8] Spätestens von da an war die Leistungsfähigkeit zum Bestandteil der Steuergerechtigkeit geworden.

Die Kette setzt sich dann fort über die *Miquel*sche Steuerreform. Im Preußischen Einkommensteuergesetz vom 24. Juni 1891 wird in § 19 die Leistungsfähigkeit ausdrücklich erwähnt[9]. Einen weiteren Markstein bildet die Weimarer Reichsverfassung vom 11. August 1919, in deren Art. 134 es heißt: „Alle Staatsbürger tragen ohne Unterschied im Verhältnis ihrer Mittel zu allen öffentlichen Lasten nach Maßgabe der Gesetze bei." Einen deutlichen Schlußstein dieser Entwicklung setzt dann das Bundesverfassungsgericht. In seinem Beschluß vom 22. Februar 1984 steht, es sei „ein grundsätzliches Gebot der Steuergerechtigkeit, daß die Besteuerung nach der wirtschaftlichen Leistungsfähigkeit ausgerichtet wird. Das gilt insbesondere für die Einkommensteuer"[10]. Es scheint also festzustehen, daß die Steuergerechtigkeit in einem hohen Maße durch den Grundsatz der Besteuerung nach der Leistungsfähigkeit bestimmt wird.

Obwohl man den Inhalt dieser Feststellung bejahen kann, muß man auf die Entwicklung schauen. Am Anfang standen die Zahlungen „in *proportion* to their respective abilities" und die Lastenverteilung „en *proportion* de leurs faculté". Erst danach hat sich der Begriff Leistungsfähigkeit entwickelt und wurde durch die Übernahme in Verfassungs- und Steuergesetze zu einem Inbegriff der Steuergerechtigkeit. Und selbst diese Feststellung gibt nur die Antwort auf die Frage, „was in einer bestimmten

8 Die Progressive Einkommensteuer im Staats- und Gemeindehaushalt, Gutachten über die Personalbesteuerung auf Veranlassung des Vereins für Socialpolitik, Schriften des Vereins für Socialpolitik, Band VIII, Leipzig 1877, S. 63.

9 Dies war auch mit einer Steuerprogression verknüpft. Allerdings darf man nicht außer acht lassen, daß der progressive Steuersatz damals bei 0,67 v.H. begann und bereits bei 4 v.H. endete. Das könnte wegen der geringen Sätze und des Ausgleichs zu der Vielzahl damals bestehender und maßgeblicher Verbrauchsteuern zu dieser Zeit als gerecht empfunden worden sein. Ob man dies damals – selbst beim Gesetzgeber und der politischen Klasse – auch bei den heute üblichen Progressionssätzen noch als gerecht empfunden hätte, darf bezweifelt werden.

10 1 BvL 10/80, BStBl. 1984 II, 357/359. Das Bundesverfassungsgericht hat mehrfach zu Fragen der steuerlichen Leistungsfähigkeit Stellung genommen. Dazu gehören beispielsweise:
- BVerfG-Beschluß vom 2. Oktober 1969, BStBl. 1970 II, 140/142: Aus dem Leistungsfähigkeitsprinzip wird das Nettoprinzip abgeleitet, wonach grundsätzlich alle beruflich veranlaßten Aufwendungen auch Werbungskosten darstellen.
- BVerfG vom 22. Februar 1984, BStBl. 1984 II, 357/360: Der Gesetzgeber darf die unabweisbare Sonderbelastung durch Unterhaltsverpflichtungen nicht ohne Verstoß gegen die Steuergerechtigkeit außer acht lassen.
- BVerfG-Beschluß vom 4. Oktober 1984, BStBl. 1985 II, 22/25: Für die steuerliche Berücksichtigung zwingender Unterhaltsverpflichtungen dürfen keine realitätsfremden Grenzen gezogen werden.

Lebensordnung als gerecht zu gelten habe"[11]. Mit dieser Einschränkung kann die Leistungsfähigkeit als Bestandteil der Steuergerechtigkeit angesehen werden; insoweit ist sie ein Datum. Von da ab war die Frage zu beantworten, welche Ausgestaltung der Besteuerung dieser Leistungsfähigkeit am ehesten entspricht.

Damit ist der Bezugspunkt, auf dem die Überschrift dieses Beitrages aufbaut, festgelegt. Die Frage kann also dahin abgewandelt werden, ob der Grundsatz der Besteuerung nach der Leistungsfähigkeit auch einen progressiven Tarifverlauf erforderlich macht. Bei der Suche nach der Antwort auf diese Frage muß man wieder in die Entwicklungsgeschichte zurückblicken[12].

4. Im 19. Jahrhundert wurde ausgiebig und auch erbittert darum gerungen, ob für eine an der Leistungsfähigkeit ausgerichtete Verteilung der Steuerlast besser ein progressiver Tarifverlauf oder eine proportionale Besteuerung gewählt werden solle. In den Veröffentlichungen des Vereins für Socialpolitik lassen sich diese Meinungskämpfe nachvollziehen[13]. Es war über lange Zeit hinweg keineswegs eine ausgemachte Sache, daß die Besteuerung nach der Leistungsfähigkeit mit einem progressiven Tarifverlauf gleichzusetzen ist. Schon dieser Umstand mahnt zur Vorsicht.

Fest steht allerdings, daß der Meinungsstreit zugunsten der Steuerprogression ausfiel und dies auf zwei wesentlichen Grundlagen beruhte. *A. J. Cohen Stuart,* der aus der niederländischen Schule der Steuertheoretiker stammt, gilt als der wissenschaftliche Vater der Steuerprogression, wobei er sich zu deren Begründung der Grenznutzentheorie bediente[14]. Zum anderen hatte der Meinungsstreit um einen progressiven oder proportionalen Tarifverlauf ausgeprägt klassenkämpferische Züge[15]; es war schließlich das Jahrhundert von *Karl Marx* (5. Mai 1818–14. März 1883). Die progressive Einkommensbesteuerung wurde damals als Gegensatz und Ausgleich zu den das Steueraufkommen prägenden indirekten Konsumsteuern angesehen, die naturgemäß niedrige Einkommen stark belasten.

5. Der Klassenkampf sollte nach dem Zusammenbruch des Sozialismus kein staatstragendes Besteuerungsziel mehr sein, obwohl dieser Zusammenbruch manchmal in Vergessenheit zu geraten droht. Auf jeden Fall aber wäre eine klassenkämpferische Rechtfertigung der Progression kein

---

11 *Günther Schmölders,* Das Gerechtigkeitspostulat in der Besteuerung, Fin.Arch. 1963/64, 53 ff.

12 Vgl. zur Entwicklungsgeschichte wieder *Pohmer/Jurke* a.a.O. (Fn. 7).

13 Vgl. hierzu auch *Fritz Karl Mann,* Steuerpolitische Ideale, Stuttgart/New York 1978, S. 262 f. und *Haller,* Probleme der progressiven Besteuerung, Tübingen, 1970.

14 Bijdrage tot de theorie der progressive inkomstenbelasting, Den Haag, 1889.

15 So auch *Lang,* Reform der Unternehmensbesteuerung auf dem Weg zum europäischen Binnenmarkt und zur deutschen Einheit, StuW 1990, 107/112 und *Birk,* Das Leistungsfähigkeitsprinzip als Maßstab der Steuernormen, Köln 1983.

Ausfluß einer objektiv begründbaren Steuergerechtigkeit, sondern ein politisches Postulat, das lediglich eine zeitlich ausgerichtete Mehrheit gefunden hat. Wissenschaftlichen Ansprüchen würde eine derartige klassenkämpferische Begründung nicht genügen.

Aber auch die Grenznutzentheorie begegnet als Begründung der Steuerprogression erheblichen Zweifeln. Schon der wissenschaftliche Vater der Steuerprogression, *A. J. Cohen Stuart,* kam zu dem Ergebnis, daß die Abnahme des Grenznutzens zusätzlicher Einkommensteile die progressive Besteuerung keineswegs durchgängig erforderlich macht, um eine verhältnisgemäße gleiche Nutzeneinbuße der Steuerpflichtigen zu erreichen. Er legte vielmehr bereits damals dar, daß es Sachverhalte gibt, die trotz abnehmenden Grenznutzens eine proportionale oder sogar eine degressive Besteuerung notwendig machen. *Haller,* der sich nicht gegen einen progressiven Tarif ausspricht, hat dieses Ergebnis durch neuere Berechnungen bestätigt[16]. Er schreibt in seiner Zusammenfassung: „Es ergibt sich aus dem Ausgeführten klar und deutlich, daß der sinkende Grenznutzen zusätzlicher Einkommensteile keineswegs generell eine progressive Einkommensteuer erfordert, daß vielmehr bei bestimmten Verläufen der Grenznutzenkurve eine proportionale, ja sogar eine degressive Besteuerung notwendig sein kann zur Erreichung eines gleichen relativen Opfers."

Lang[17] und mit ihm *Kurt Schmidt*[18] sowie viele andere schließen aus diesen Zusammenhängen: „Nach dem gegenwärtigen steuerwissenschaftlichen Verständnis liefert das Leistungsfähigkeitsprinzip keine konkreten Aussagen zur Gestaltung von Steuertarifen."[19] Damit ist die Gegenwart aber wieder zum Ausgangspunkt zurückgekehrt. Was gilt nun, der „Zehnte" des Alten Testaments oder das Gleichnis von der armen Witwe aus dem Neuen Testament? Die Antwort soll hier mit dem Blick auf den Begriff der „Leistungsfähigkeit" und mit dem Blick auf das Grundgesetz versucht werden[20].

---

16 Bemerkungen zur progressiven Besteuerung und zur steuerlichen Leistungsfähigkeit, Fin.Arch. Bd. 20 N.F. (1959/60), 35 ff. mit dem Verweis auf ausführlichere Berechnungen von *Frisch,* New Methods of Measuring Marginal Utility, Beiträge zur ökonomischen Theorie, 3, herausgegeben von E. Lederer u. J. Schumpeter, Tübingen 1932.

17 A.a.O (Fn. 15), S. 112.

18 Die Steuerprogression, Habilitationsschrift, 1960.

19 *Dziadkowski,* Einkommensteuertarif, Grundfreibetrag und Existenzminimum der Familie, BB 1991, S. 805/811 verweist zunächst darauf, daß Steuertarife von der Mehrheit so ausgestaltet werden, wie es vom subjektiven Standpunkt der Mehrheit gesehen richtig erscheint. Unter Verweis auf weitere Fundstellen stellt er darauf fest: „Von einer Beachtung des Gerechtigkeitspostulats im Sinne einer idealen Gestaltung kann somit bei der Schaffung von Einkommensteuertarifen generell nicht ausgegangen werden." Auch das Gutachten der Steuerreformkommission von 1971, S. 30, bestätigt dies.

20 In seiner Entscheidung vom 24. Juni 1958, BVerfGE 8, S. 51/58 f. hat das Bundesverfassungsgericht hierzu ausgeführt, die Gerechtigkeit verlange es,

6. Jemand, der 1 Mio. DM verdient, ist leistungsfähiger als jemand, der 100 TDM verdient. Das erscheint einleuchtend. Ebenso klar ist aber auch, daß beide bei einem gleichbleibenden – willkürlich angenommenen – Steuersatz von 40 v.H. eine unterschiedlich hohe Steuer zahlen; der erste zahlt 400 000 DM Steuern, der zweite nur 40 000 DM Steuern. Der erste zahlt also zehnmal soviel wie der zweite. Er hat aber auch ein zehnmal so hohes Einkommen. Bei gleichbleibendem – proportionalem – Steuersatz steigt demnach die Steuerlast in gleichem Maße wie sein Einkommen. Setzt man Einkommen mit Leistungsfähigkeit gleich, so werden beide vollständig gleich mit Steuer belastet. Jede einzelne Mark, die – gleichgültig bei welcher Einkommenshöhe – verdient wird und zur Leistungsfähigkeit beiträgt, ist gleich belastet. Die Gleichmäßigkeit der Besteuerung ist damit gewährleistet.

Demgegenüber wird geltend gemacht, daß der erste nach Abzug der Steuer 600 000 DM ausgeben könnte, während der zweite nur über 60 000 DM verfügen würde; letzterer sei also gegenüber dem ersten um $^{9}/_{10}$ in seiner Leistungskraft gemindert. Hierbei bietet sich zunächst die Frage an, ob derjenige, der ein höheres Einkommen erwirtschaftet, nicht auch über eine höhere Leistungskraft verfügen darf. Anderenfalls wäre der Leistungsanreiz zumindest gemindert. Diese Frage soll aber hier nicht in den Vordergrund gestellt werden.

Bedeutsamer erscheint, daß man bei dieser Betrachtungsweise, die auf die Leistungskraft und damit zugleich auf die Verfügbarkeit von Zahlungsmitteln abstellt, das verfügbare Nettoeinkommen und nicht das erzielte Bruttoeinkommen zum Maßstab der Besteuerung machen würde. Dies wirkt wie ein logischer Kurzschluß, weil das Besteuerungsergebnis zur Besteuerungsvoraussetzung gemacht würde. Aber unabhängig davon liefert diese Überlegung keinen brauchbaren Besteuerungsmaßstab.

Würde der erste mit 90 v.H. besteuert werden, was den Steuertarif gegenüber dem zweiten mehr als verdoppeln würde, so blieben ihm netto 100 000 DM, während der zweite bei dem Steuersatz von 40 v.H. nur 60 000 DM übrig hätte. Der erste hätte also selbst bei einem Steuersatz von 90 v.H. noch eine um 40 000 DM höhere Leistungskraft als der zweite. Erst bei einem Steuersatz von 94 v.H. für das höhere Einkommen würden beide 60 000 DM übrig behalten, wäre ihre Leistungskraft gleichgestellt. Ein solcher Steuersatz war aber nur von dem berühmt-berüchtigten Kontrollratsgesetz Nr. 12[21] und dem Gesetz der Militärregierung Nr. 64[22] gefordert worden; beide endeten mit einem Steuersatz von 95 v.H. Es besteht heute sowohl bei Politikern als auch bei den Wissen-

„daß im Sinne der verhältnismäßigen Gleichheit der wirtschaftlich Leistungsfähigere einen höheren Prozentsatz seines Einkommens als Steuer zu zahlen hat als der wirtschaftlich Schwächere".

21 Gesetz vom 11. Februar 1946, Amtsblatt des Kontrollrates, S. 60.

22 Gesetz vom 20. Juni 1948, WiGBl. 1948, Beilage Nr. 4.

schaftlern Übereinstimmung, daß Steuersätze in dieser Höhe als Erdrosselungssteuer verfassungswidrig sind[23].

Weiterhin müßte man die Frage nach der Leistungskraft erweitern in die Frage: Leistungskraft wozu? Es werden von den Finanzwissenschaftlern und den Steuerrechtlern hierzu sehr unterschiedliche Antworten gegeben, je nachdem ob die Leistungskraft zur betrieblichen Investition, zum Sparen mit dem Ziel eines späteren Konsums oder zum unmittelbaren Konsum genutzt wird. Je nach dem Verwendungszweck werden unterschiedliche Progressionssätze gefordert. Aber entspricht diese Fragestellung noch der Steuergerechtigkeit? Richtet sich die Steuergerechtigkeit nach dem Verwendungszweck? Darf der Staat unter dem Gesichtspunkt der Steuergerechtigkeit die Handlungsfreiheit seiner Staatsbürger beschränken? Oder handelt es sich bei derartigen Überlegungen um reine Lenkungsmaßnahmen, deren Rechtfertigung außerhalb der Steuergerechtigkeit im Sinne einer Besteuerung nach der Leistungsfähigkeit liegt? Es besteht aller Anlaß, die drei ersten Fragen mit „nein" und die letzte Frage mit „ja" zu beantworten.

Ebenso dürfte dann die Frage nicht unbeantwortet bleiben, wie die höhere Leistungsfähigkeit entstanden ist. Sofern sie auf einem höheren Leistungseinsatz – z.B. einer längeren Arbeitszeit – beruht, würde es bereits dem allgemeinen Gerechtigkeitsgefühl widersprechen, dieses Ergebnis durch eine überproportionale Besteuerung zu benachteiligen; je höher der Leistungseinsatz, desto höher die Steuer[24]. Wo findet man dann den Maßstab, der die Gerechtigkeit wieder herstellt? Bei einer proportionalen Besteuerung kommt dieses Problem gar nicht erst auf.

Unabhängig von diesen Fragen bieten die Nutzenüberlegungen auch keinen Maßstab für den jeweils zutreffenden Progressionssatz. Wie könnte man auch den Nutzen bestimmen, den der Erste aus dem obigen Beispiel überproportional zieht, um eine um 200 000 DM höhere Steuer von 60 v.H. zu rechtfertigen? Ein Maßstab kann schon deshalb nicht gefunden werden, weil der Nutzen, der aus einem höheren Einkommen gezogen wird, individuell sehr verschieden ist und sich einer allgemeingültigen Festlegung entzieht. Es besteht deshalb heute eine weitgehend übereinstimmende Meinung, daß es keine durchgehende Begründung für die Steuerprogression gibt, diese vielmehr von vielen Zweifeln und Ungereimtheiten begleitet wird. Das gleiche gilt für die Feststellung, daß sich genaue Aussagen weder über die richtige Höhe einzelner Steuersätze

23 Dem entspricht auch der Beschluß des Bundesverfassungsgerichtes vom 25. September 1992 – 2 BvL 5/91, 2 BvL 8/91 und 2 BvL 14/91 – DB 1992, 2217. Dort heißt es: „Steuergesetze sind in ihrer freiheitsbeschränkenden Wirkung jedenfalls an Art. 2 Abs. 1 GG zu messen. Dabei ist indes zu berücksichtigen, daß Steuergesetze in die allgemeine Handlungsfreiheit gerade in deren Ausprägung als persönliche Entfaltung im vermögensrechtlichen und im beruflichen Bereich (Art. 14 Abs. 1, Art. 12 Abs. 1 GG) eingreifen. Dies bedeutet, daß ein Steuergesetz keine ‚erdrosselnde Wirkung' haben darf."

24 So auch *Tipke*, Steuerrecht, Ein systematischer Grundriß, 11. Aufl. 1987, S. 41.

noch über einen angemessenen Progessionsgrad oder den zutreffenden Progessionsverlauf bei der steuerlichen Einkommensbelastung machen lassen[25]. Im Beschluß des Bundesverfassungsgerichtes vom 23. November 1976[26] heißt es hierzu wörtlich: „Das Prinzip der Besteuerung nach der Leistungsfähigkeit erweist sich allerdings, wenn daraus konkrete Schlüsse gezogen werden sollen, als vieldeutig, wie immer wieder in der Finanzwissenschaft betont wird. . . . Die Konkretisierungsbedürftigkeit des Leistungsfähigkeitsprinzips ist unstreitig." Diese Aussage des Bundesverfassungsgerichts ist aber weniger auf die Leistungsfähigkeit als solche gerichtet als auf die damit seit altersher zu rechtfertigen versuchte Steuerprogression.

Das bedeutet, daß sich die Steuerprogression nicht mehr sachlich rechtfertigen, sondern nur noch von politischen Zweckmäßigkeiten bestimmen läßt. Eine progressive Tarifgestaltung ist daher auf die jeweiligen Interessen und Machtverhältnisse ausgerichtet. Es fehlt ein objektiver Bezugspunkt. Die Ausgestaltung der Besteuerung ist demnach nur von der politisch bestimmten Willensbildung abhängig und somit willkürlich entsprechend dem ursprünglichen Sinngehalt des Wortes[27]. Das Ergebnis einer solchen Willensbildung ist zwar demokratisch zustande gekommen und damit formal gültiges Recht. Wegen der fehlenden sachlichen Rechtfertigung entspricht dieses aber nicht den Gerechtigkeitsmerkmalen, die einen höheren Stellenwert einnehmen und über die Tagesinteressen hinaus für einen langen Zeitraum hinweg Gültigkeit behalten sollen.

Eine Besteuerung, die einer nicht mehr sachlich begründeten Vielfalt von Entscheidungsmöglichkeiten ausgesetzt ist, stellt auch eine große Gefahr dar. Wo keine objektiv überprüfbaren Maßstäbe bestehen, ist die Versuchung vorhanden, eigene Maßstäbe zu setzen, die der eigenen Interessenlage entsprechen und deshalb weit außerhalb einer steuerlichen Gerechtigkeit – auch wenn sie anders als in diesem Beitrag verstanden werden sollte – liegen können. Die Grenze zum Mißbrauch und zur Machtwillkür ist dann rasch überschritten[28].

---

25 *Pohmer/Jurke* a.a.O. (Fn. 7), S. 485; *Lang* a.a.O. (Fn. 15), S. 112; *Bach,* Die Perspektiven des Leistungsfähigkeitsprinzips im gegenwärtigen Steuerrecht, StuW 1992, 116/119.

26 BVerfGE 43, 108/120.

27 So auch *Gaddum (Klein/Schöberle)* a.a.O. (Fn. 1), S. 26. *Dziadkowski* a.a.O. (Fn. 19), 3811, schreibt hierzu wörtlich: Im demokratischen Rechtsstaat werden Entscheidungen bekanntlich durch Mehrheitsbeschlüsse herbeigeführt. Das hat zur Folge, daß ein Steuergesetz und insbesondere ein Steuertarif von der Mehrheit so ausgestaltet werden kann, wie es vom subjektiven Nützlichkeitsstandpunkt der Mehrheit gesehen richtig erscheint. Von einer Beachtung des Gerechtigkeitspostulats im Sinne einer idealen Gestaltung kann somit bei der Schaffung von Einkommensteuertarifen generell nicht ausgegangen werden."

28 Zu einem solchen Ergebnis kam auch das Gutachten der Steuerreformkommission 1971, Bonn 1971, S. 30 Anm. 6.

Ein weiterer Gedanke kommt hinzu. In einem Zeitalter anhaltender Inflation, auch wenn sie auf geringem Ausmaß gehalten werden kann, steigen die Einkommen, ohne daß sich damit die steuerliche Leistungsfähigkeit erhöht. Besteuert man in Kenntnis dieser Entwicklung progessiv, wächst ein solches System auch dann aus der Steuergerechtigkeit heraus, wenn der Tarif vorher als gerecht empfunden worden sein sollte.

Aus all diesen Überlegungen ergibt sich, daß die Einwände gegen eine proportionale Besteuerung wenig stichhaltig sind. Demgegenüber kommt ein linearer Tarifverlauf der Forderung nach einer Besteuerung entsprechend der Leistungsfähigkeit sowie der Gleichmäßigkeit der Besteuerung und somit der Steuergerechtigkeit am nächsten[29].

7. Bei den bisherigen Überlegungen wurde ausschließlich auf die Leistungsfähigkeit und die Gleichmäßigkeit der Besteuerung abgestellt. Dies ergibt aber noch kein vollständiges Bild. Der auf unserem Grundgesetz aufbauende Staat ist ein Sozialstaat, der die Grundbedürfnisse seiner Staatsbürger nicht außer acht lassen darf (Art. 20 Abs. 1 GG). Die soziale Ausrichtung der Besteuerung ist deshalb ein Bestandteil der Steuergerechtigkeit.

Diese soziale Ausrichtung bedeutet zunächst, daß der Staat dem einzelnen Staatsbürger den Teil seines Einkommens lassen muß, den ein freier, selbstverantwortlicher und sozial zu achtender Mensch benötigt, um seine unverzichtbaren Aufwendungen abdecken zu können[30]. Damit ist das Existenzminimum angesprochen. Für dieses gilt nach Art. 1 Abs. 1 in Verbindung mit Art. 19 Abs. 2 GG, „daß das für existenzsichernde Ausgaben erforderliche Einkommen immer dem staatlichen Steuerzugriff entzogen sein muß (‚Besteuerungsverbot')"[31]. Dies hat auch das Bundesverfassungsgericht so entschieden[32]. Insoweit darf weder eine progressive noch eine proportionale, sondern gar keine Besteuerung stattfinden. „Der existenznotwendige Bedarf bildet von Verfassungs wegen die Untergrenze für den Zugriff durch die ESt".[32]

Mit der Absicherung des Existenzminimums sind aber die Erfordernisse eines Sozialstaates nicht erschöpft. Bei dem herrschenden Sozialverständnis muß der Staat auch dafür Sorge tragen, daß der Staatsbürger seine Grundbedürfnisse befriedigen kann. Sie können als die Bedürfnisse nach Ernährung, Kleidung, Wohnung, Ausbildung und ähnlichem beschrieben

29 Bestätigt wird dies durch *Tipke* a.a.O. (Fn. 24), S. 61, der ausführt: „Die Kritiker übersehen oft, daß das Leistungsfähigkeitsprinzip vor allem adäquate Bemessungsgrundlagen verlangt; sie bringen es einseitig und zu Unrecht mit dem progressiven Tarif in Verbindung". Ebenso S. 64.

30 *Söhn,* Verfassungsrechtliche Aspekte der Besteuerung nach der subjektiven Leistungsfähigkeit im Einkommensteuerrecht; Zum persönlichen Existenzminimum, Fin.Arch. Bd. 46 N.F. (1988), 154/163.

31 *Söhn* a.a.O. (Fn. 30), S. 167.

32 BVerfG-Beschluß vom 25. September 1991 a.a.O. (Fn. 23). Inzwischen wurden diese Überlegungen in ein BMF-Schreiben und ein Merkblatt vom 3. Dezember 1992 übertragen (FR 1993, 31).

werden[33]. Dieser Bereich ist nicht einfach zu bestimmen, was ihn politischen Ermessensentscheidungen zugängig macht, aber er erscheint doch als bestimmbar, was eine Entscheidungswillkür verhindert. Sofern der Staat die Leistungen zur Befriedigung dieser Grundbedürfnisse nicht kostenlos zur Verfügung stellt – wie z.B. bei der Schule – muß er mit seiner Besteuerung dafür sorgen, daß der zur Befriedigung notwendige Aufwand aus dem verbleibenden Nettoeinkommen abgedeckt werden kann.

Betrachtet man den Bereich der Grundbedürfnisse näher, ergibt sich, daß jemand, dessen Einkommen nur wenig über dem Existenzminimum liegt, von diesem Wenigen die Grundbedürfnisse nicht vollständig befriedigen kann und er deshalb nicht in der Lage ist, entsprechend dem allgemeinen proportionalen Steuersatz beizutragen, weil er sonst im Verhältnis zu seinen Mitbürgern zu stark beeinträchtigt würde. Man muß deshalb bei ihm einen hohen Teil seines Einkommens steuerfrei stellen.

Ganz anders verhält sich dies mit demjenigen, der seine Grundbedürfnisse bereits weitgehend, aber noch nicht vollständig befriedigt hat. Dieser kann in einem weit höheren Maß zur Besteuerung herangezogen werden, ohne allerdings schon mit dem allgemeinen Proportionalsatz belastet werden zu können. Die allgemeine Proportionalzone darf deshalb erst dann beginnen, wenn alle Grundbedürfnisse durch eigenes Einkommen abgedeckt worden sind. Von dieser Grenze an kann davon ausgegangen werden, daß die steuerliche Leistungsfähigkeit nunmehr vollständig ausgebildet ist. Eine weitere Progression des Steuertarifs kann deshalb ab diesem Punkt unterbleiben. Sie muß es auch, wenn die Besteuerung nach Leistungsfähigkeit der Steuergerechtigkeit entspricht, weil eine weitergeführte Progression zu einer Diskriminierung höherer Einkommen führen würde.

Von dieser Grenze ab steigt die Steuerschuld genau in dem Maße wie die am Einkommen gemessene Leistungsfähigkeit. Es wäre jedenfalls verfehlt, die soziale Komponente des Tarifs, der zur Abdeckung der Grundbedürfnisse beiträgt, mit der Leistungsfähigkeit als allgemeinen und tragenden Grundsatz einer gerechten Besteuerung gleichzusetzen[34].

8. Diese Überlegungen führen zunächst zu einer Steuerfreizone und von da ab zu einer von Null aus ansteigenden Steuerbelastung, bis die Proportionalzone erreicht wird. Innerhalb der Anstiegszone ist der Kurvenverlauf progressiv.

---

33 Vgl. hierzu die Abstufungen, die *Pohmer/Jurke* a.a.O. (Fn. 7), S. 488 vornehmen, wobei die dort aufgeführten höheren Bedürfnisstufen wohl kaum zu den Grundbedürfnissen gerechnet werden können. Umgekehrt hat das BVerfG in seiner Entscheidung vom 25. September 1992 a.a.O. (Fn. 23) einige dieser Grundbedürfnisse bereits zum Existenzminimum gerechnet.

34 *Tipke* a.a.O. (Fn. 24), S. 42, führt in Übereinstimmung hierzu aus: „Der progressive Tarif ist Ausfluß des Sozialstaatsprinzips, nicht des Leistungsfähigkeitsprinzips. Das Leistungsfähigkeitsprinzip verlangt, daß der Leistungsfähigere proportional mehr zahlt als der Leistungsschwächere, es verlangt aber nicht, daß er progressiv mehr zahlt."

Man könnte gegen diese Überlegungen einwenden, daß nichts anderes vorgesehen sei als heute bereits geschehe; der Freibetrag sichert das Existenzminimum ab, und es folgt dann eine Progressionszone, die bei einem gleichbleibenden Proportionalsatz von derzeit 53 v.H. endet. Dies wäre aber nur eine äußerliche Gleichsetzung.

Der Unterschied besteht zum einen darin, daß die heutige Progressionszone auf die beschriebenen Grundbedürfnisse keine Rücksicht nimmt. Es ist zwar schwer zu bestimmen und unterliegt sicherlich auch unterschiedlichen Wertungen, bei welchem Einkommen die Grundbedürfnisse voll abgedeckt werden können. Aber es ist kaum anzunehmen, daß diese Grundbedürfnisse erst bei einem Einkommen von 120 000 DM von Ledigen und 240 000 DM bei Verheirateten abgedeckt sind. Nach den hier angestellten Überlegungen würde deshalb die steuerbestimmende Proportionalzone sehr viel früher beginnen, ohne diese Grenze in diesem Beitrag genau festlegen zu wollen.

Damit kommt der zweite wesentliche Unterschied der hier angestellten Überlegungen zu dem bestehenden Steuersystem in den Blick. Von der Abdeckung der Grundbedürfnisse ab soll die Diskriminierung höherer Einkommen durch eine überproportionale Besteuerung der Einkommenszuwächse unterbleiben. Ein Sonderopfer für „Besserverdienende" hätte in diesen Überlegungen schon gar keinen Platz.

9. Für die Absicherung der Grundbedürfnisse ist im vorangegangenen Abschnitt erwogen worden, diesem Erfordernis über eine progressive Besteuerung Rechnung zu tragen. Diese Lösung ist aber nicht zwingend. Dem Bedürfnis nach einer Absicherung der Grundversorgung könnte auch in der Weise entsprochen werden, daß der zur Befriedigung der Bedürfnisse erforderliche Aufwand vom tatsächlichen Einkommen abgezogen wird, um auf diese Weise zu einer sozial gerechtfertigten Bemessungsgrundlage für die Besteuerung zu gelangen. Gelänge es, diesen Grundbedarf und den dafür erforderlichen Aufwand festzulegen und dürfte dieser Aufwand vollständig bei der Bemessungsgrundlage berücksichtigt werden, könnte der proportionale Steuertarif bei der ersten steuerpflichtigen Mark einsetzen. Die beschriebene Progressionszone könnte dann entfallen. Dies belegt einmal mehr, daß die Progression Ausfluß des Sozialstaatsprinzips und nicht des Leistungsfähigkeits-Grundsatzes ist. Trifft dies zu, ist sie aber nur im Bereich der Abdeckung der Grundbedürfnisse und nicht darüber hinaus gerechtfertigt.

Eine andere Lösung könnte darin bestehen, das Existenzminimum so hoch festzusetzen, daß es auch die Grundbedürfnisse abdeckt. Ein Ansatz in dieser Richtung ist in dem Beschluß des Bundesverfassungsgerichtes vom 25. September 1992 enthalten[35]. In diesem Urteil hat das Bundesverfas-

35 A.a.O. (Fn. 23).

sungsgericht das Existenzminimum annäherungsweise am Maßstab der Sozialleistungen ausgerichtet und dabei folgende Rechnung aufgemacht:

Jährlicher Regelsatz
+ Aufwendungen für die Wohnung
+ Aufwendungen für die Heizung
+ Durchschnittliche einmalige Leistungen zum Lebensunterhalt
+ Mehrbedarfszuschlag für Erwerbstätige
= durchschnittlicher Sozialhilfebedarf.

Diese Rechnung zeigt, daß das Bundesverfassungsgericht bereits einige Aufwendungen zum Existenzminimum rechnet, die in diesem Beitrag den Grundbedürfnissen zugerechnet wurden, die über das Existenzminimum hinausgehen, aber im Rahmen des Sozialstaats-Grundsatzes verfassungsrechtlich zu berücksichtigen sind.

Ohne auf diese Abgrenzung eingehen zu wollen, wird ersichtlich, daß es auch möglich wäre, das Existenzminimum so zu bestimmen, daß alle Grundbedürfnisse mit abgedeckt sind. Auch dann wäre für einen progressiven Steuertarif kein Raum. Die Proportionalzone würde in diesem Fall unmittelbar nach der Überschreitung des so ausgestalteten Existenzminimums beginnen. Auch dieses Beispiel belegt, daß die Steuerprogression kein Ausfluß des Leistungsfähigkeits-Grundsatzes ist[36].

10. In einem grundsätzlich linear ausgerichteten Steuertarif, der aber zur Absicherung der Grundbedürfnisse eine Progressionszone aufweist, muß auch entschieden werden, wie mit den verbleibenden Steuervergünstigungen umgegangen werden soll. Als Beispiel dafür mag die Fragestellung Kinderfreibetrag oder Kindergeld dienen.

Sieht man eine größere Familie als mit einer Verminderung der steuerlichen Leistungsfähigkeit verbunden an, so muß ihr Rechnung getragen werden. Bei vielen Verfechtern einer Steuerprogression besteht die Auffassung, daß dies nur durch ein gleichmäßig gezahltes Kindergeld geschehen könne, weil sonst die „Besserverdienenden" in absoluten Beträgen mehr für sich behalten könnten als Einkommensschwächere. Es trifft

36 Ein entsprechender Gedanke findet sich bereits bei *John Stuart Mill*, Grundsätze der politischen Oekonomie nebst einigen Anwendungen derselben auf die Geisteswissenschaften, aus dem Englischen übersetzt mit Genehmigung des Verfassers von Adolf Soetbeer, Leibzig 1896, V. Buch, II. Kapital, wiederabgedruckt in StVj 1992, 371. Es heißt dort in bezug auf die Verteidigung einer proportionalen Steuer und hinsichtlich einer Steuerprogression: „Bei sorgfältiger Erwägung dieser Lehre scheint mir der Theil der Wahrheit, den sie enthält, vornehmlich in der Unterscheidung zu liegen zwischen einer Steuer, die aus dem Überflusse bestritten werden kann, und derjenigen, die, wenn auch in noch so geringem Grade, den nothwendigen Lebensbedarf verkürzt. . . . Das billigste Mittel zur Ausgleichung dieser ungleichen Belastung scheint das von Bentham empfohlene, nämlich ein gewisses Minimum von Einkommen, das hinreicht, um den Lebensbedarf anzuschaffen, unbesteuert zu lassen."

zwar zu, daß die absoluten Entlastungsbeträge mit zunehmender Progression steigen. Dies ist aber eine logische Folge der Progression. Wer mit steigender Progression überproportional belastet wird, muß bei einer Beeinträchtigung seiner Leistungsfähigkeit auch überproportional entlastet werden. Alles andere stünde im Widerspruch zur Besteuerung nach der Leistungsfähigkeit, wie sie derzeit gehandhabt wird, und damit im Widerspruch zur Steuergerechtigkeit[37]. Wenn statt eines Kinderfreibetrages ein Kindergeld gezahlt würde, wäre damit für die sog. „Besserverdienenden" ein zusätzliches Sonderopfer verbunden[38]. Ähnliches gilt für einen proportionalen Steuertarif. Wer proportional belastet, muß auch proportional entlasten. Falls diese Folgen nicht erwünscht sind oder für schwer lösbaren politischen Streit sorgen, bleibt als Lösung nur die Erhöhung des Grundfreibetrages, der das Existenzminimum absichern soll[39].

11. Es ist unübersehbar, daß die hier erwogene Tarifgestaltung zu einer Verkürzung der Progressionszone und zu einer Erweiterung der Proportionalzone führt. Es ist schwierig auszusagen, auf welchem Prozentsatz sich die Besteuerung einpendeln würde. Dies hängt vom Finanzbedarf, der Bestimmung des Bedarfs zur Befriedigung der Grundbedürfnisse und der Zahl der Einkommensbezieher oberhalb des Grundbedarfs ab. Es ist aber wahrscheinlich, daß mehr Steuerzahler und ab einer niedrigeren Einkommenstufe entsprechend dem Steuersatz in der Proportionalzone belastet würden.

Bei einer solchen Veränderung wird es Verlierer und Gewinner geben. Es ist zu erwarten, daß die Verlierer die Veränderung als ungerecht ansehen, weil jede Mehrbelastung als Sonderopfer empfunden wird. Subjektive Empfindungen stellen aber kein berücksichtigungsfähiges Merkmal bei der Suche nach der Steuergerechtigkeit dar. Nur objektive Merkmale zählen. Diese sind bei der erwogenen Tarifgestaltung vorhanden.

Für die verteilungspolitische Diskussion ist im übrigen wichtig:

„Vom Gesamtaufkommen der Einkommen- und Lohnsteuer werden heute gezahlt:

- 39 v.H. von 5 v.H. der Steuerpflichtigen mit den höchsten Einkommen,
- 70 v.H. von 28 v.H. der Steuerpflichtigen mit dem höchsten Einkommen.

Seit 1968 gilt der Einkommensteuer-Höchstsatz ab praktisch gleicher Einkommenshöhe von 110 000 DM bzw. 220 000 DM. Diese entsprach damals dem 21fachen des Durchschnittsverdienstes und entspricht heute

37 So auch das Gutachten der Steuerreformkommission, Bonn 1971, S. 66 f., Tz. 16–21 sowie S. 203 f., Tz. 611–616.

38 Ebenso *Tipke* a.a.O. (Fn. 24), S. 303.

39 So auch *Gaddum (Klein/Schöberle)* a.a.O. (Fn. 1), S. 26.

dem 2 $^1/_2$fachen. Die Bezieher höherer Einkommen leisten also schon heute ein beträchtliches Sonderopfer".[40]

Auf längere Sicht wäre mit einer umfangreicheren Proportionalzone aller Wahrscheinlichkeit nach auch eine bessere Kontrolle der Staatsaufgaben verbunden. Wenn eine breitere Bevölkerungsschicht mit dem Proportionalsatz zugleich den höchsten Progressionssatz entrichtet, wendet sich wahrscheinlich der Blick von der Heranziehung der „Besserverdienenden" zur Finanzierung anscheinend feststehender Staatsaufgaben hin zur Notwendigkeit eben dieser Staatsaufgaben; eine Änderung, die durchaus wünschenswert wäre.

40 Interne BMF-Vorlage (Maschinenmanuskript) vom 7. September 1992, S. 7.

Paul G. Flockermann

Gedanken zum Einkommensteuertarif

Inhaltsübersicht

I. Zur Entwicklung der Tarifgestaltung

Der Beginn der 70er Jahre war von einer intensiven Steuerreformdiskussion gekennzeichnet. Ende 1968 hatte *F. J. Strauß* als Bundesminister der Finanzen eine Steuerreformkommission eingesetzt, die immerhin 2 $^{1}/_{4}$ Jahre unter dem Vorsitz des ehemaligen bayerischen Staatsministers *Eberhard* tätig war und am 30. März 1971 dem Bundeskanzler *Brandt* ein sehr gründliches und auch heute noch lesenswertes Gutachten überreichte[1]. Im Herbst 1969 wurde im Bundesministerium der Finanzen von dem neuen Finanzminister *Alex Möller* eine Steuerreformgruppe gebildet, mit deren Leitung *Franz Klein* beauftragt wurde, der vorher maßgeblich an der gerade abgeschlossenen Gesetzgebung zur Finanzreform mitgewirkt hatte, bei der *Möller* auf ihn aufmerksam geworden war. Diese Gruppe verfolgte die Arbeit der Kommission, die zur Wahrung ihrer Unabhängigkeit aber von einem eigenen und fachlich kompetenten Sekretariat unterstützt wurde, und begann mit den Vorbereitungen der Gesetzgebungsarbeit. Als sich nach *Möllers* Rücktritt im Jahre 1971 zeigte, daß für eine umfassende und systemorientierte Reform keine politisch treibende Kraft mehr vorhanden war, verließ nach einiger Zeit auch *Franz Klein* das BMF. Er übernahm die Aufgabe, in der Bonner Vertretung des Landes Rheinland-Pfalz die „Gruppe Finanzen" aufzubauen, mit der *Gaddum*, der damalige Finanzminister dieses Landes, aus seiner politischen Sicht Finanz- und Steuerfragen koordinieren und die Kernprobleme einer tieferen Diskussion zuführen wollte. *Klein* und seine Gruppe waren in der Folgezeit aus der steuerpolitischen Diskussion nicht wegzudenken. Sie sahen ihre Aufgabe nicht nur in der politischen Koordination auf der Länderebene, sondern traten auch mit eigenständigen Reformideen hervor. Der wohl umfassendste Vorschlag war der sog. „*Gaddum*-Entwurf" von 1978 mit einem von Sonderregelungen weitgehend befreiten Einkommensteuer-

1 Gutachten der Steuerreformkommission 1971, Schriftenreihe des Bundesministeriums der Finanzen, Heft 17.

recht. Er wurde von manchen zunächst belächelt, war dann aber Gegenstand einer eingehenden Diskussion, die *Gaddum* veranlaßte, ihn 1986 in einer besonderen Schrift zu erläutern und den Entwurfstext zu aktualisieren[2]. Seine Reformziele waren:

- Besteuerung nach der Leistungsfähigkeit.
- Das Einkommensteuerrecht muß den Einkunftsarten gegenüber neutral sein.
- Eine Anpassung des Steuerrechts an Geldwertschwankungen muß leicht möglich sein.
- Nur ein einfaches, verständliches Einkommensteuerrecht ist gerecht.
- Die steuerliche Belastung muß aus der Sicht des Bürgers akzeptabel sein. Die organisierte Wirtschaft befindet sich in Konkurrenz zur Schattenwirtschaft.

Diese Grundsätze sollten natürlich auf alle Elemente des Einkommensteuergesetzes angewandt werden, sie lassen sich aber auch auf das Kernstück des Einkommensteuergesetzes, den Tarif, konzentrieren, der Gegenstand dieses Beitrags ist.

Der von *Gaddum* vorgeschlagene Reformtarif bestand aus einem Grundfreibetrag von 10 000 DM und einer mit 10 v.H. beginnenden und gleichmäßig (linear) ansteigenden Progressionszone von 10 000 bis 100 000 DM, die in eine obere Proportionalzone mit 50 v.H. mündete.

Einen durchgehenden Progressionsverlauf – allerdings in Form einer Kurve mit ungleichmäßigem Progressionsanstieg – und einen oberen Proportionalsatz von 55 v.H. hatte bereits die Steuerreformkommission vorgeschlagen. Ihr folgend war durch das Einkommensteuerreformgesetz vom 5. August 1974[3] ein neuer § 56 dem Einkommensteuergesetz angefügt worden, wonach ab 1. Januar 1978 ein Einkommensteuertarif mit durchgehendem Progressionsverlauf in Kraft gesetzt werden sollte. Der Bundesregierung war jedoch ausdrücklich vorbehalten worden, vorher über die bestehenden Möglichkeiten hierzu dem Bundestag zu berichten. Das ist mit dem sog. Tarifbericht geschehen[4]. Die Bundesregierung kam in den Schlußfolgerungen des Berichts zu dem Ergebnis, daß die Einführung eines durchgehend progressiven Einkommensteuertarifs zum 1. Januar 1978 technisch – wenn auch mit einer gewissen Verwaltungsmehrarbeit verbunden – realisierbar wäre. Aus steuerpolitischen und haushaltswirtschaftlichen Gründen könne sie aber nicht befürwortet werden. Lösungen, die sich im wesentlichen auf eine Beseitigung der geltenden Proportionalbesteuerung beschränken, würden zu einer nicht wünschenswerten Erhöhung des Grenzsteuersatzes von derzeit 22 v.H. für zu versteuernde Einkommen zwischen etwa 9000 DM und 16 000 DM bei Ledigen sowie

2 *Johann Wilhelm Gaddum,* Steuerreform: einfach und gerecht!, 1986.
3 BGBl. I, 1769, BStBl. I, 530.
4 Tarifbericht der Bundesregierung nach § 56 des Einkommensteuergesetzes, Schriftenreihe des Bundesministeriums der Finanzen, Heft 23.

18 000 DM und 32 000 DM bei Verheirateten führen. Weitergehende Lösungen, die eine Erhöhung des Grenzsteuersatzes vermeiden, wären haushaltsmäßig nicht tragbar. Der § 56 Einkommensteuergesetz wurde daraufhin aufgehoben.

Die Beibehaltung der unteren Proportionalzone hatte jedoch zur Folge, daß im unteren Bereich der Progressionszone der Grenzsteuersatz unverhältnismäßig anstieg. Bereits 1965 hatte man versucht, dem mit einer Abflachung dieses Teiles der Tarifkurve beizukommen. Die Tarifreformen 1975, 1979 und 1981 brachten zwar insbesondere dem Durchschnittsverdiener Entlastungen, bei denen es sich allerdings weitgehend um die Rückgabe heimlicher Steuererhöhungen handelte. Sie kurierten letztlich aber immer nur am Symptom, weil die Tarifstruktur im Prinzip unverändert blieb. So wurde 1975 die Proportionalzone verdoppelt und 1981 nochmals verlängert, und zwar auf 18 000/36 000 DM. Der Proportionalsatz wurde 1975 auf 22 v.H. angehoben. Die Progressionszone begann mit 30,8 v.H. Dieser auffällige Tarifsprung begegnete in der Folgezeit aber so starker Kritik, daß man 1977 vorübergehend einen allgemeinen Tariffreibetrag einführte und 1979 den Tarifsprung ganz beseitigte: Trotz dieser Maßnahmen stellte sich aber immer wieder heraus, daß Durchschnittsverdiener in die Progression gerieten und gerade am Beginn dieser Zone Opfer des „Mittelstandsbauches" wurden, der inzwischen zum „Facharbeiterbauch" geworden war. Viele Arbeiter spürten dies am deutlichsten in den Monaten, in denen sie Überstunden geleistet hatten, und alle Arbeitnehmer störte die scharfe Besteuerung des Weihnachtsgeldes. Der Spitzensteuersatz betrug während dieser Zeit 56 v.H.

Nach dem Regierungswechsel 1982 nahm die neue Koalitionsregierung eine Tarifreform in Angriff. In drei Stufen (1986, 1988, 1990) wurde der Einkommensteuertarif völlig neu gestaltet.

- Die Nullzone (Grundfreibetrag) stieg auf 5616/11 232 DM.
- Der Eingangssatz wurde wieder auf 19 v.H. gesenkt (wie schon 1965), allerdings verbunden mit einer Verkürzung der unteren Proportionalzone bis 8153/16 307 DM.
- Der allgemeine Spitzensteuersatz wurde auf 53 v.H. ab 120 041/240 082 DM gesenkt (Beginn der oberen Proportionalzone).
- Zwischen 19 v.H. und 53 v.H. liegt nun eine Progressionszone, deren Grenzsteuersätze linear ansteigen.

Durch den Tarif von 1990 wurde also eine Gestaltung erreicht, die keine Ungleichmäßigkeit der Progression mehr aufweist und deshalb bei Einkommenszuwächsen einen gleichmäßig ansteigenden Steuerzugriff kennt. Im Vergleich zu früher hat sich der Anstieg der Progression im unteren Bereich verlangsamt, im oberen dagegen beschleunigt.

II. Anforderungen an den Tarif

1. Zum Leistungsfähigkeitsprinzip

Für die Verwirklichung des allgemein anerkannten Grundsatzes der Besteuerung nach der Leistungsfähigkeit im Einkommensteuertarif gibt es einen großen Spielraum. Dieser ist nach unten begrenzt durch den von der Wissenschaft schon lange aufgestellten und schließlich vom Bundesverfassungsgericht entschiedenen Grundsatz, daß Einkommen in Höhe der Sozialhilfesätze nicht steuerbelastet werden dürfen. Nach oben ergibt sich eine Begrenzung auf Grund allgemeiner verfassungsrechtlicher Normen, die eine konfiskatorische oder expropriierende Progression nicht zulassen (Art. 2, 12, 14 GG)[5]. Für *Kirchhof*[6] liegt die zulässige Obergrenze einer Gesamtbelastung des Einkommens „in der Nähe einer hälftigen Teilung der individualnützigen Einnahmen zwischen privater und öffentlicher Hand". Für ihn rechtfertigt sich ein progressiver Tarif auch nicht aus einem generellen – durch die Einkommensteuer zu verwirklichenden – Umverteilungsanliegen, sondern „aus der Tatsache, daß die Höhe des Einkommens nicht nur von eigener Leistung, sondern auch von Marktbedingungen, rechtlichen Vorgaben und Zufälligkeiten abhängt". Demgegenüber versteht man die progressive Steuer allgemein als Ausfluß des Sozialstaatsprinzips. Das Bundesverfassungsgericht leitet sie direkt aus dem Gleichheitssatz ab[7].

Die weltweit geltende Progression des Einkommensteuertarifs ist allerdings nicht notwendiger Bestandteil des Leistungsfähigkeitsprinzips[8]; schon eine proportionale Einkommensteuer bewirkt eine – auf Grund des Sozialstaatsprinzips gerechtfertigte – Umverteilung. Der Tarif von 1958 erfaßte nach der Begründung des Regierungsentwurfs immerhin rd. 95 v.H. der Steuerpflichtigen in einer Proportionalzone mit dem Satz von 20 v.H., so daß ein progressiver Grenzsteuersatz nur für einen äußerst kleinen Kreis der Steuerpflichtigen überhaupt in Betracht kam[9]. Der preußische Einkommensteuertarif von 1891[10], den man als wichtigen Schritt auf dem Wege zu einer progressiven Besteuerung sieht, ging auch von der Vorstellung einer proportionalen Besteuerung aus, und zwar mit einem sog. „althistorischen" Steuersatz von 3 v.H. für Einkommen zwischen 9500 und 30 500 M, was einer mittleren Proportionalstufe entspricht. Für Einkommensstufen unter 9500 M war der Tarif – ausgehend vom Proportionalsatz –„degressiv" gestaltet, zwischen 30 500 und 100 000 M stieg

5 Siehe dazu auch *Klaus Tipke,* Die Steuerrechtsordnung, 1993, S. 420 f.; BVerfGE 19 S. 119, 128 f.

6 *Paul Kirchhof,* Gutachten F für den 57. Deutschen Juristentag in Mainz, 1988, S. F 82.

7 BVerfGE 8 S. 51, 68 f.

8 Siehe *Tipke,* aaO (Fn. 5), S. 411, 712.

9 Nach Berechnungen des BMF wurden 1993 fast 80 v.H. der Steuerpflichtigen von der Progression erfaßt.

10 Gesetz-Sammlung für die Königlichen Preußischen Staaten, 1891, 175 ff.

der Satz auf 4 v.H. an. Diese leichte Progression von 3 auf 4 v.H. hatte sich erst in den Beratungen des Abgeordnetenhauses des Preußischen Landtags durchgesetzt; nach einigem Zögern stimmte auch das Herrenhaus zu. Mit dieser Reform waren alle Einkunftsarten gleichmäßig erfaßt.

Der Auffassung, daß „fundiertes Einkommen" stärker belastet werden sollte, wollte man im Regierungsentwurf mit einer umfassenden Erbschaftsteuer Rechnung tragen. Zur Begründung heißt es unter anderem:

> „Im übrigen wurzelt das Verlangen nach einer Kapitalrentensteuer in der allgemein verbreiteten und unbestreitbaren Anschauung, daß das fundierte Einkommen stärker als das unfundierte zu den Staatslasten herangezogen werden sollte. Auch diesen Anlaß beabsichtigt der Reformplan zu beseitigen, indem er freilich einen anderen Weg einschlägt und das erstrebte Ziel einer angemessenen Mehrbelastung des fundierten Einkommens durch Erweiterung der Erbschaftsteuer zu erreichen sucht.
>
> In dem Gesamteinkommen des einzelnen Steuerpflichtigen sind Einkommensteile, welchen die größere Leistungsfähigkeit übertragbaren Besitzes beiwohnt, mit persönlichem Arbeitsverdienst vielfach so untrennbar miteinander verbunden, daß jeder Versuch einer Sonderung zum Zwecke einer verschiedenen Bemessung des Steuerfußes der Einkommensteuer auf mehr oder weniger willkürliche Annahmen begründet werden und deshalb zu unvollkommenen Ergebnissen führen müßte.
>
> Ein geeigneter Weg zur besonderen Erfassung dieser Art des Einkommens ist die Besteuerung der Quelle desselben gelegentlich des Überganges auf den Erben; die einmalige Erhebung der Abgabe nach einem angemessenen Prozentsatz des ererbten Vermögens ist für den Pflichtigen in der Regel weniger lästig, für die Steuerverwaltung minder kostspielig als die jährliche Veranlagung und Hebung einer Einkommensquote."[11]

Es ist bemerkenswert, wie weit man damals bestrebt war, sogar die Wahl der Steuerart von einer möglichst einfachen Steuererhebung abhängig zu machen. Doch dieser Plan konnte nicht realisiert werden. Der hierfür zugleich eingebrachte Entwurf fand keine Mehrheit. Er stieß in beiden Häusern auf so starke Ablehnung, daß der preußische Finanzminister *Johannes von Miquel* statt dessen eine Ergänzungsteuer in der Form einer Vermögensteuer plante. Hiermit hatte er 1893 in der 2. Stufe seiner Steuerreform Erfolg; Vermögen über 6000 M wurde mit 0,5 v.T. belastet.

Man sieht, die Umsetzung des Leistungsfähigkeitsprinzips hat verschiedene Wege gefunden. Ob heute noch ein Unterschied zwischen fundiertem Einkommen und nicht fundiertem Einkommen gerechtfertigt ist, erscheint äußerst fraglich. Arbeitseinkommen kann mit Kündigungsschutz, Sozialplänen und vorzeitigem Ruhestand fundierter sein als Einkommen aus einem Gewerbebetrieb, dessen Maschinen bei Betriebsum-

11 Finanzarchiv 1890, 268.

oder -einstellung häufig nicht mehr veräußerbar sind, oder aus Land- und Forstwirtschaft, deren Ergebnis immer weniger aus marktwirtschaftlichen Bodenerträgen als aus Subventionen und Marktordnungsregelungen resultiert. Die Ergänzungsfunktion der Vermögensteuer als Ersatz für fehlende Progression kann auch bei Spitzensteuersätzen über 50 v.H. wohl kaum noch gerechtfertigt werden.

Sieht man von dem Problem der Vermögensteuer als „Solleinkommensteuer" einmal ab, stellt der linear-progressive Tarifverlauf mit seinem gleichmäßigen Anstieg des Grenzsteuersatzes um 0,3 Prozentpunkte je 1000 DM zu versteuerndem Einkommen wohl die bisher ausgewogenste Lösung dar, auch wenn der Anstieg des Grenzsteuersatzes im oberen Teil der Progressionszone jetzt höher ist als in den Vorgängertarifen. Der Übergang in die obere Proportionalzone mit 53 v.H. schon oberhalb 120 000/240 000 DM war angesichts der aktuellen Situation bei der Konzeption des 90er Tarifs verständlich. Denn dieser Teil der Steuerpflichtigen profitierte sowohl von der Linearisierung des Progressionsbereichs als auch von der Senkung des Spitzensteuersatzes auf 53 v.H. Man muß andererseits aber auch sehen, daß der Spitzensteuersatz schon 1958 mit 110 000/220 000 DM einsetzte, jetzt von ihm aber ein Mehrfaches an Steuerpflichtigen erfaßt wird.

Die Proportionalzone von 5617 bis 8153 DM hat derzeit kaum noch Bedeutung. Sie ist ein Überbleibsel alter Tarifkonstruktionen. Ohne sie wäre der Übergang auf den 90er Tarif noch schwerer gewesen. Unabhängig davon, ob sie – vor allem angesichts der neuen Maßstäbe für das steuerliche Existenzminimum – überhaupt bleibt, kann man schon jetzt sagen, daß das *Gaddum/Klein*-Konzept einer durchgehend linear-progressiven Tarifgestaltung im wesentlichen erreicht ist. Bei der politischen Umsetzung hatte, worauf *Schöberle*[12] hinweist, der damalige Parlamentarische Staatssekretär *Häfele* einen maßgeblichen Anteil. Ein gleichmäßiger Anstieg der Progression trägt am ehesten dem Leistungsfähigkeitsprinzip und dem dabei zu beachtenden Gleichheitssatz des Grundgesetzes Rechnung[13]. „Tarifsprünge" oder „Steilwände" im Progressionsverlauf, wie wir sie in früheren Jahren kannten, sollten damit endgültig der Vergangenheit angehören.

Das Postulat von *Gaddum/Klein,* Einkommen unterhalb des sozialhilferechtlichen Existenzminimums nicht zu besteuern, ist durch das Bundesverfassungsgericht erfüllt worden[14]. Die gesetzlichen Übergangsregelungen stellen dies schon ab 1. Januar 1993 sicher. Danach wird das steuerlich zu verschonende Existenzminimum in den Jahren 1993 bis 1995 wie folgt bestimmt:

12 *Horst Schöberle,* Der Einkommensteuertarif 1990 – Bedeutung und Ansatzpunkte für seine Weiterentwicklung, DStR 1989, 568.

13 *Kirchhof,* a.a.O. (Fn. 6), S. F 83; *Tipke,* a.a.O. (Fn. 5), S. 712.

14 BVerfG-Beschluß vom 25. September 1992, BVerfGE 87 S. 153.

1993: 10 500 DM für Ledige/21 000 DM für Verheiratete
1994: 11 000 DM/22 000 DM
1995: 11 500 DM/23 000 DM

Die vorausgegangenen Verwaltungsregelungen vom 3. und 23. Dezember 1992[15] sahen für 1993 auf Grund einer inzwischen geänderten Rechtslage ein Existenzminimum von 12 000 DM für Ledige und 19 000 DM für Verheiratete vor. Deshalb gelten für 1993 besondere Übergangsregelungen[16].

Die Neuregelung sieht auch einen Überleitungsbereich vor, in dem die Steuerbelastung über die verfassungsrechtlichen Anforderungen hinaus für die Übergangszeit gemindert wird[17].

Die Anknüpfung des Bundesverfassungsgerichts an „Erwerbsbezüge" (statt des zu versteuernden Einkommens) führt dazu, daß nicht nur die Einkünfte, sondern auch steuerfreie Einnahmen, Bezüge und Einkommensteile, die zur Deckung des existenznotwendigen Bedarfs verwendet werden können, zu berücksichtigen sind. Nach der Neuregelung des § 32d EStG sind Erwerbsbezüge das zu versteuernde Einkommen zuzüglich insbesondere Lohnersatzleistungen, dem Progressionsvorbehalt unterliegende steuerfreie ausländische Einkünfte, verschiedene nach §§ 3, 3b EStG steuerfreie Bezüge (z.B. Entlassungsabfindungen, Erziehungs- und Ausbildungsbeihilfen sowie Zuschläge für Sonntags-, Feiertags- oder Nachtarbeit) und Rentenbezüge, soweit sie nicht als Ertragsanteile zu erfassen sind, Sonderabschreibungen, erhöhte AfA über § 7 EStG hinaus und verschiedene andere Steuervergünstigungen (z.B. Steuerbegünstigung für selbstgenutztes Wohneigentum nach § 10e EStG).

Die Hinzurechnungen führen nicht zu einer Besteuerung der hinzugerechneten Beträge. Sie bewirken daher niemals eine höhere als die tarifliche Steuerbelastung.

Es bleibt abzuwarten, ob der Gesetzgeber innerhalb der vom Bundesverfassungsgericht für eine endgültige Neuregelung gesetzten Frist bis zum 1. Januar 1996 eine Lösung findet, die der Berücksichtigung des Existenzminimums in besserer und leichter durchführbarer Weise Rechnung trägt. In der dafür eingesetzten Sachverständigenkommission wird man sich daher insbesondere auch mit der Notwendigkeit der vollen oder teilweisen Steuerbefreiung bestimmter Einnahmen befassen müssen. Dabei besteht die Chance, Steuerrecht und Sozialrecht besser aufeinander abzustimmen.

Das weitere Anliegen von *Gaddum/Klein,* ein Familiensplitting einzuführen, ist lange diskutiert, aber schließlich nicht realisiert worden. Dazu hätte es größerer finanzieller Spielräume bedurft, als sie zur Verfügung standen. Nach der durch die Entscheidungen des Bundesverfassungsgerichts beeinflußten Weiterentwicklung des dualen Systems für den Kin-

15 BStBl. 1992 I, 736, 1993 I, 14.
16 BMF-Schreiben vom 20. Juli und 26. Oktober 1993, BStBl. 1993 I, 559, 895.
17 §§ 32d Abs. 1 und 52 Abs. 24 EStG.

derlastenausgleich dürfte wohl aktuell mit einer Änderung nicht zu rechnen sein. Die politische Diskussion über eine Verbesserung des Familienlastenausgleichs wird jedoch andauern. Wer dabei meint, das Familiensplitting über eine Einschränkung des Ehegattensplittings finanzieren zu können, muß aber auch sehen, daß dies letztlich zu Lasten der Arbeitnehmer geht, weil sie nicht wie andere Einkünftebezieher die Splittingwirkung durch entsprechende Gestaltung erreichen können.

Im Zusammenhang mit der Anhebung des steuerfreien Existenzminimums sollte aber, auch wenn man die Gründe des Bundesverfassungsgerichts voll anerkennt, nicht völlig außer acht gelassen werden, daß große Gruppen, die von der Anhebung profitieren, die erhöhte Steuerfreiheit letztlich nicht zu ihrer Existenzsicherung benötigen, z.B. bei den Eltern lebende Auszubildende, durch Vermögensübertragung Einkünfte beziehende Kinder, gegenüber Privaten tätige und schlecht zu kontrollierende Kleinhandwerker. Das an allgemeinen Tatbeständen orientierte Steuerrecht ist insoweit sicherlich im Nachteil gegenüber dem mehr an individuellen Verhältnissen anknüpfenden Sozialrecht, das im Zusammenhang mit der Antragsgebundenheit eine stärkere Offenlegung der persönlichen Verhältnisse, insbesondere auch des Vermögens und eventueller Unterhaltsansprüche, fordert. Die Berücksichtigung zusätzlicher Kriterien über die Erwerbsbezüge hinaus würde allerdings die Praktikabilität bei der Erfassung des steuerlichen Existenzminimums noch weiter beeinträchtigen.

2. Einkünfteneutralität

Es war bisher im deutschen Steuerrecht gesicherte Erkenntnis, daß wir eine Einheitssteuer (auch als „synthetische Steuer" bezeichnet) haben, bei der alle – positiven oder negativen – Einkünfte zusammengefaßt und nach Abzug persönlicher Freibeträge dann einem Einkommensteuertarif unterworfen werden. Sonderregelungen der Einkunftsarten beziehen sich nicht auf den Tarif, sondern sie betreffen das Vorfeld der Einkünfteermittlung. Die Schedulensteuer, die eine unterschiedliche Behandlung der einzelnen Einkunftsarten bis zu unterschiedlichen Tarifen bedeutet, glaubte man seit gut 100 Jahren wenigstens bei der Tarifanwendung für überwunden, sie war insoweit nur noch für Steuerhistoriker von Interesse. Hohe Frei- und Pauschbeträge sowie andere Unterschiede bei den einzelnen Einkunftsarten beinhalten jedoch jetzt schon auf der Ebene der Bemessungsgrundlage Elemente einer Schedulensteuer.

Diese Situation hat sich mit dem Standortsicherungsgesetz grundlegend geändert. Die höchste Grenzsteuerbelastung von 53 v.H. wurde für gewerbliche Einkünfte grundsätzlich auf 47 v.H. verringert. Hierdurch sollte die Zusatzbelastung der Gewinne deutscher Unternehmen mit der Gewerbeertragsteuer ausgeglichen werden. Hintergrund dieser Maßnahme war, daß die Gewerbesteuer im internationalen Vergleich eine Sonderbesteuerung deutscher Betriebe darstellt und kurzfristig eine grundlegende Reform der Gemeindesteuern nicht durchführbar erschien. Die

Maßnahme ist nur aus der augenblicklichen Situation heraus zu verstehen, in der arbeitsplatzschaffende Investitionen von Gewerbebetrieben eine Schlüsselstellung für die Beschäftigungsentwicklung in Deutschland einnehmen. Zugleich wird mit dieser Spitzensteuersatzbegrenzung ein die Wettbewerbsneutralität verletzender zu großer Abstand zum Körperschaftsteuer-Thesaurierungssatz vermieden, der ebenfalls ab 1994 gesenkt worden ist, und zwar von 50 v.H. auf 45 v.H. Man kann nur hoffen, daß die Spaltung des Spitzensteuersatzes eine schnell vorübergehende Notmaßnahme bleibt. Es geht hier nicht allein um ein Unbehagen der Steuersystematiker. Auch der wissenschaftliche Beirat des BMF hat sich kritisch geäußert[18]. Die Probleme der Gewerbesteuer müssen durch Reform oder Ersatz dieser Steuer gelöst werden und nicht bei der Einkommensteuer. Bereits die Steuerreformkommission 1971 sah in der Gewerbesteuer so schwerwiegende Mängel, daß sie zu den „zentralen Problemen einer tatsächlichen umfassenden Steuerreform"[19] gehöre. Seitdem ist zwar manches geändert, ihre Grundfehler sind aber nicht beseitigt worden. Man kann nur hoffen, daß die laufende Diskussion zwischen Kommunen und Wirtschaft zu einem Ergebnis führt, das die Politik zur Vernunft zwingt.

Man wird in Zukunft auch bedenken müssen, daß in den zunehmenden europäischen und globalen Wettbewerben der Standorte die Höhe der Steuerbelastung in dem jeweiligen Land nicht nur für die Ansiedlung von Unternehmen, sondern auch für Arbeitnehmer und Freiberufler eine Rolle spielt. Aufgrund aktueller Ereignisse (Volkswagenwerk) zeigt sich, daß international tätige Konzerne es als eine Überlebensfrage betrachten, die international besten Kräfte für sich gewinnen zu können.

Gegen die Steuersatzspaltung als Dauerlösung spricht aber vor allem, daß sie neuen Gestaltungsspielraum schafft, an dem es unserem Steuerrecht sicherlich nicht mangelt. Die Warnungen der Wissenschaft[20], die manchem im Hinblick auf die mit der Neuregelung beabsichtigten Verbesserungen des deutschen Wirtschaftsstandortes übertrieben erscheinen, sollten deshalb ernst genommen werden.

3. Geldwertschwankungen

Anknüpfend an das unser Steuerrecht beherrschende Nominalwertprinzip „Mark = Mark" enthält das EStG keine automatische Anpassung des Tarifs, um in Zeiten inflationärer Entwicklungen die „heimlichen" Steuererhöhungen zu vermeiden, die durch eine höhere Progression als Folge bloß nomineller Einkommenssteigerungen entstehen. Es handelt sich

18 BMF-Dokumentation 2/93, März 1993, S. 12 ff.

19 Gutachten der Steuerreformkommission 1971, aaO (Fn. 1), S. 727.

20 *Joachim Lang*, Einkommensteuer – quo vadis?, FR 1993, 661, 664; *Klaus Tipke*, Steuerlegislative unter Verfassungsdruck, StuW 1993, 8, 12; *Rudolf Wendt*, Steuerreform durch Tarifbegrenzung für gewerbliche Einkünfte als Rechtsproblem, FR 1993, 1.

hierbei um die sog. „Kalte Progression". Der Tarif 1990 hat in den alten Bundesländern für die Jahre 1991 bis 1993 nach Berechnungen des Ifo-Instituts zu inflationären Steuererhöhungen von insgesamt 38,17 Mrd. DM allein beim Lohnsteueraufkommen geführt. Der Fiskus profitiert darüber hinaus überproportional von leistungsbedingten Lohn- und Gehaltssteigerungen. Das dadurch entstehende Mehr an Lohnsteuer wird vom Ifo-Institut mit 25,60 Mrd. DM für 1991 bis 1993 berechnet[21]. Es ist auch zu berücksichtigen, daß viele Frei- und Pauschbeträge häufig viele Jahre nicht den tatsächlichen Verhältnissen angepaßt wurden, was ebenfalls zu höheren Steuereinnahmen führte.

Diese heimlichen Steuererhöhungen insgesamt verringern einerseits das dem Steuerpflichtigen für den weiteren Aufbau seiner Existenz verbleibende Nettoeinkommen, wobei gerade die für unsere Wirtschaft jetzt so wichtigen aufstrebenden Unternehmer und Arbeitnehmer beeinträchtigt werden. Andererseits kassieren Bund, Länder und Gemeinden erhebliche zusätzliche Steuerbeträge ohne vorherige politische Auseinandersetzungen; hierdurch wird die Politik geradezu verführt, eine immer höhere Steuerquote zuzulassen und die Ausgabeseite der Haushalte nicht entsprechend zu begrenzen.

Jeweils in der 2. Hälfte der 70er Jahre und der 80er Jahre versuchte man, dem Phänomen der heimlichen Steuererhöhungen durch Tarifänderungen beizukommen, allerdings mit unterschiedlichen Rezepten: Die Tarifreformen 1975, 1979 und 1981 brachten zwar Entlastungen; sie hatten aber durch Ausweitung der unteren Proprotionalzone eine immer unausgewogenere Tarifstruktur zur Folge. Demgegenüber führte die dreistufige Steuerreform 1986, 1988 und 1990 neben der Inflationsentlastung zu einem entwicklungsfähigen neuen Einkommensteuertarif[22].

Die Erkenntnis, daß angesichts der Geldwertentwicklung seit 1990 jetzt, wenn wir normale Zeiten hätten, wahrscheinlich eine Überprüfung des Einkommensteuertarifs erfolgt wäre, kann man dem allgemeinen Teil der Begründung zum Entwurf des Standortsicherungsgesetzes entnehmen. Es heißt dort, daß für Steuerzahler mit anderen als gewerblichen Einkünften der „zeitweilige Verzicht auf eine Rückgabe von sog. heimlichen Steuererhöhungen ein indirekter Solidarbeitrag zur Finanzierung des Aufbaus in den jungen Ländern" darstellt[23].

Es liegt auf der Hand, daß bei einem linearen Anstieg der Progression eine Inflationsentlastung gleichmäßiger möglich ist, als dies bisher bei der Progressionskurve der Fall war. Die Tarifreform 1986/88/90 hat zuletzt gezeigt, wie schwer es angesichts der vorhandenen Tarifstruktur war, alle Einkommensgruppen an den Entlastungen angemessen teilhaben zu lassen.

21 IFO-Schnelldienst 3/93.
22 Siehe dazu auch *Schöberle,* a.a.O. (Fn. 12), S. 567 ff.
23 BR-Drucks. 1/93 S. 26.

4. Verständlichkeit

Gaddum hat seine Forderung nach einem verständlichen Steuerrecht vor allem auf die Notwendigkeit des Abbaus von Ausnahmetatbeständen bezogen. Sie würden in den Vordrucken das Abfragen von Einzelumständen verlangen, die nur wenige betreffen, wohl aber jeden betreffen könnten. Auch sei der Steuerstarke eher in der Lage, Ausnahmeregelungen auszuschöpfen als der Leistungsschwache.

Auf den Tarif angewandt heißt das: Am ehesten verständlich wäre wohl eine durchgehend proportionale Besteuerung. Da mit einem solchen Tarif aber nicht das notwendige Aufkommen zu erzielen wäre und bei uns aus Tradition mit der Besteuerung nach der Leistungsfähigkeit ein progressiver Tarifverlauf verbunden ist, bliebe als Vereinfachung nur der Wegfall der unteren Proportionalzone übrig, zumal das Verständnis für die durch den Grundfreibetrag eintretende indirekte Progression bei den proportional Besteuerten wohl allgemein fehlen dürfte. Die Linearisierung des Progressionsverlaufs im Tarif 1990 hat bereits wesentlich zur besseren Verständlichkeit beigetragen. Die durch das Bundesverfassungsgericht bedingte Einführung des Begriffs der Erwerbsbezüge zur Bestimmung des steuerlichen Existenzminimums hat allerdings für diesen Bereich neue Verständnisprobleme geschaffen.

5. Belastungsakzeptanz

Wenn *Gaddum* 1986 feststellte, daß das Einkommensteuerrecht auf die Akzeptanz, ja auf die Mitwirkung des Bürgers angewiesen ist und daß diese Akzeptanz zu der Zeit nicht mehr unterstellt werden könne, so fragt sich, wie die Situation jetzt zu beurteilen ist. In jenem Jahr wurde immerhin in der 1. Stufe der Steuerreform mit der Rückgabe heimlicher Steuererhöhungen begonnen, die 2. Stufe 1988 stand bereits fest, und die grundlegende Tarifreform war abzusehen. Der Tarif 1990 erreichte gerade bei den Masseneinkommen zwischen 18 000 und 60 000 DM (Grundtabelle) eine Absenkung des Progressionsanstiegs um mehr als die Hälfte. 1985 stieg die steuerliche Belastung des Einkommenzuwachses (Grenzbelastung) von 22 v.H. um 28,4 v.H.-Punkte auf 50,4 v.H. an; jetzt steigt die Grenzbelastung nur noch um 12,8 v.H.-Punkte an (von 22 auf 34,8 v.H.). In diesem Bereich muß sich also die Akzeptanz wesentlich erhöht haben. Zwischen 60 000 und 120 000 DM zu versteuerndem Einkommen steigt die Grenzbelastung jetzt zwar um 18,2 v.H.-Punkte an (von 34,8 auf 53 v.H.) statt um 5,6 v.H.-Punkte (von 50,4 auf 56 v.H.), sie bleibt aber noch erheblich unter den alten Werten.

Der wunde Punkt des ESt-Tarifs ist der Übergang in die obere Proportionalzone, die ab 1958 bei 110 000, ab 1975 bei 130 000 und ab 1990 bei 120 000 DM beginnt, was im Gesamtzusammenhang mit der Einführung des Tarifs 1990 durchaus vertretbar war. Vom 53 v.H.-Grenzsteuersatz werden nach heutigen Einkommensverhältnissen nicht nur absolute Spitzenverdiener (wie noch 1958)[24], sondern auch sehr viele technische und kaufmännische Angestellte – das sog. mittlere Management – und Freiberufler erfaßt, deren Kreativität und Leistungsbereitschaft angesichts des Standortproblems Deutschland eher gefördert als gehemmt werden sollte. Die höchste Grenzbelastung wird 1995 einschließlich Kirchensteuer (8 oder 9 v.H.) und Solidaritätszuschlag von 7,5 v.H. auf ca. 60 v.H. steigen, wobei die Abziehbarkeit der Kirchensteuer bereits berücksichtigt ist. Hinzu kommen noch Sozialversicherungsbeiträge und andere Leistungen zur Absicherung von Krankheit und Alter. Schließlich ist zu berücksichtigen, daß ab 1995 z.B. Grundstücke, noch nicht fällige Ansprüche aus Lebens- und Kapitalversicherungen sowie festverzinsliche Wertpapiere und Geldanlagen im Privatbereich der verdoppelten Vermögensteuer von 1 v.H. unterliegen, was sicherlich die zusätzliche Altersabsicherung erschwert. Wenn z.B. von einem mit 6 v.H. verzinsten Wertpapier 1 v.H. Vermögensteuer zu entrichten ist, entspricht dies immerhin einer zusätzlichen „Einkommensteuer" von 16 v.H.[25]. Da die Vermögensteuer nach ihrer theoretischen Rechtfertigung als „Solleinkommensteuer" behandelt wird und im Prinzip aus dem Einkommen entrichtet werden soll, ist die Hinzurechnung dieser 16 v.H. zur höchsten Grenzbelastung von rd. 60 v.H. wohl vertretbar.

In die Grenzbelastung wurde auch die Kirchensteuer einbezogen. Über Art. 140 GG gilt Art. 137 Abs. 6 der Weimarer Verfassung, wonach die Religionsgesellschaften, welche Körperschaften des öffentlichen Rechts sind, berechtigt sind, Steuern zu erheben. Da die Kirchensteuer traditionell im wesentlichen als Zuschlag zur Einkommensteuer erhoben wird, schließt dies m.E. auch ein, daß der Gesetzgeber für die Einkommensteuer eine gewisse Sorgfaltspflicht hat, keine Bedingungen zu schaffen, die die Kirchensteuer in ihrem wesentlichen Bestand gefährden könnten, zumal ihm in unserem Vielsteuersystem Alternativen zur Verfügung stehen. Hier sollte auch das staatliche Eigeninteresse gesehen werden. Wenn nämlich die Kirchen gezwungen wären, Sozialeinrichtungen in großem Umfang zu schließen oder einzuschränken, könnte das Bund, Ländern und Gemeinden teuer zu stehen kommen.

Die Erfahrungen der Vergangenheit haben gezeigt, daß jeder Zuschlag zur Einkommensteuer zu einer vermehrten Zahl von Kirchenaustritten geführt hat. Dies war zuletzt bei dem befristeten Solidaritätszuschlag von jeweils 3,75 v.H. für die Jahre 1991 und 1992 der Fall. Erst recht wird diese Folge bei dem ab 1995 geltenden Solidaritätszuschlag eintreten, der mit 7,5 v.H. in doppelter Höhe erhoben wird und außerdem im Gesetz nicht befristet ist. Er dient auch nicht der Abschöpfung von Kaufkraft wie

24 Seit 1958 ist der Preisindex für die Lebenshaltungskosten auf das Dreifache und die insoweit aussagekräftigere durchschnittliche monatliche Lohn- und Gehaltssumme nach den Ergebnissen der volkswirtschaftlichen Gesamtrechnung von 442 DM auf 3920 DM (1992), also auf knapp das Neunfache, angestiegen.

25 S. hierzu *Franz W. Wagner*, Belohnt wird, wer später dem Staat zur Last fällt, Handelsblatt vom 10./11. September 1993, S. 5.

frühere Zuschläge, sondern fällt zusammen mit einer restriktiven Lohnpolitik und Kürzungen im Sozialbereich. Daß er mittelfristig überprüft werden soll, wie es in der Begründung zum Gesetzentwurf[26] heißt, gibt den Bürgern keine ausreichende Sicherheit, zumal die durch ihn mitzufinanzierenden Schulden, die durch die deutsche Einheit bedingt sind, ein gewaltiges Ausmaß erreichen werden.

Der Spielraum des Gesetzgebers zur Regelung der Steuerbelastung ist groß. Er muß aber berücksichtigen, daß wir in einer Welt mit grundsätzlich offenen Märkten, insbesondere offenen Kapitalmärkten leben. Die Folgen der beiden Ansätze zu einer besseren Zinsbesteuerung durch die „kleine Kapitalertragsteuer" von 1989 und die „Zinsabschlagsteuer" von 1993 sollten zu denken geben. Es wäre für die Steuermoral und die Akzeptanz der Steuer verheerend, wenn sich immer mehr die Meinung durchsetzen würde, man müsse nur genügend Mittel und entsprechende Berater haben, um „steuerfrei" im Ausland anzulegen oder gar sich leicht der deutschen Steuerpflicht mit der „Wohnsitznahme" im Ausland zu entziehen, wofür es prominente und allgemein bekannte Beispiele gibt. Der Staat braucht die Akzeptanz bei der Masse der Arbeitnehmer, der Freiberufler, der Handwerker und der kleinen und mittleren Unternehmer. Dies gilt im allgemeinen Interesse auch für die, die wegen ihrer qualifizierten Tätigkeit gut verdienen. Bei vielen von ihnen kommt hinzu, daß sich ihr Lebenseinkommen in einer geringeren Zahl von Jahren zusammenballt als bei der Masse der Steuerpflichtigen, so daß wegen des Jahresprinzips bei der Tarifanwendung eine zusätzliche Progressionsbelastung entsteht, die über die im Lebenseinkommen zum Ausdruck kommende steuerliche Leistungsfähigkeit hinausgeht[27]. Immerhin waren 1993 nur rd. 1 v.H. der Steuerpflichtigen in der oberen Proportionalstufe, sie trugen jedoch zu rd. einem Viertel des Einkommensteueraufkommens bei[28]. Angesichts der nicht mehr zeitgemäßen Grenze beim Übergang in die obere Proportionalstufe wird sich dieser Anteil in den Folgejahren stark erhöhen.

Die weitere Aussage von *Gaddum* „Die organisierte Wirtschaft befindet sich in Konkurrenz zur Schattenwirtschaft" muß angesichts der aktuellen Entwicklung des Steuerrechts ernster denn je genommen werden. Steuerausfälle durch die Schattenwirtschaft treffen nicht nur den Staat, sondern jeden steuerehrlichen Bürger. Und Schwarzarbeit ist häufig mit einer unzureichenden sozialen Absicherung verbunden, die letztlich durch Mittel der Allgemeinheit ausgeglichen werden muß.

---

26 BT-Drucksache 12/4401 S. 51.

27 Vgl. dazu *Siegfried Franz Franke,* Löhne und Gehälter in langfristiger Sicht und ihre Besteuerung nach der Leistungsfähigkeit, 1979.

28 Nach Berechnungen des BMF.

III. Ausblick

Zunächst wird es darum gehen, das steuerliche Existenzminimum in den Einkommensteuertarif zu integrieren, wobei das Nebeneinander von „Erwerbsbezügen" und „zu versteuerndem Einkommen" vermieden werden sollte. Der Gesetzgeber kann die Entlastungswirkung eines allgemeinen Grundfreibetrags in Höhe des Existenzminimums für Einkommen oberhalb dieser Grenze durch einen entsprechenden Tarifverlauf in der Progressionszone ausgleichen. Er kann aber auch bei einem geringeren Grundfreibetrag oder bei einem Wegfall desselben im Rahmen einer Tarifreform die Steuerfreiheit bis zur Höhe der Sozialhilfesätze durch eine Freigrenzenregelung mit einer Überleitungszone bestimmen. Dies entspricht im Prinzip der derzeitigen Rechtslage und hätte den Vorteil, daß man künftig bei Erhöhung der Sozialhilfesätze die Entlastung auf die Grenzsteuerzahler beschränken und den Tarif im übrigen unberührt lassen könnte. Nach den Regelungen für 1993 bis 1995 ist dies allerdings mit hohen Grenzsteuersätzen bis ca. 60 v.H. im Überleitungsbereich verbunden. Ob derartige Grenzsteuersätze in der für die Zeit ab 1996 zu treffenden Regelung noch möglich sind, erscheint nach den Ausführungen des Bundesverfassungsgerichts zweifelhaft. Eine Ausweitung des Überleitungsbereiches könnte dem zwar begegnen, hätte aber entsprechende Steuerausfälle zur Folge, wenn keine Kompensation erfolgt. Für die bereits erwähnte unabhängige Sachverständigenkommission wird es nicht leicht sein, die Anforderungen des Gerichts zu erfüllen sowie zugleich den linearen Verlauf des 90er Tarifs beizubehalten und die Grenzsteuerbelastung allgemein nicht zu erhöhen. Es ist zu hoffen, daß die mit dem Sozialbereich verbundenen Probleme nicht allein zu Lasten des Steuerrechts gelöst werden, sondern daß beide Bereiche zu einem Ergebnis beitragen.

Sodann wird sich trotz aller Anforderungen an die öffentlichen Haushalte eine Rückgabe heimlicher Steuererhöhungen und ein späterer Beginn der oberen Proportionalzone nicht vermeiden lassen, wenn man nicht wachsenden Steuerwiderstand mit Schattenwirtschaft, Schwarzarbeit und Steuerflucht provozieren will, der nach allen Erfahrungen zwangsläufig mit der Höhe der Belastung zunimmt[29]. Eine noch stärkere Konzentration der Steuerbelastung auf Arbeitnehmer und Mittelständler, die nicht ausweichen können, wäre in höchstem Maße ungerecht. Wir sind deshalb und auch angesichts der Probleme der Steuerverwaltung mehr denn je auf ein Steuerrecht angewiesen, das die Bürger als ein vernünftiges und allgemein durchgesetztes Recht akzeptieren. Daß dies möglich ist, haben uns in jüngster Zeit die Österreicher vorgemacht (u.a. Definitivbesteuerung der Zinsen mit 22 v.H., Senkung des Spitzensteuersatzes bei der Einkommensteuer von 62 auf 50 v.H., Wegfall der Vermögensteuer und der

29 Vgl. dazu Grüner Brief Nr. 323 des Instituts „Finanzen und Steuern" e.V. in Bonn „Zur Notwendigkeit der Reform des Einkommensteuertarifs", 1994, S. 18 ff. mit weiteren Nachweisen.

Gewerbesteuer). Sie haben offenbar aus den zurückliegenden leidvollen Erfahrungen mit der Zinsbesteuerung gelernt. Die Aussage des österreichischen Finanzministers *Ferdinand Lacina*[30] entspricht dem Anliegen des Gaddum-Entwurfs:

> „Das subjektive Steuerbelastungsgefühl des einzelnen stimmt nunmehr mit seiner tatsächlich geringeren Steuerbelastung eher überein. Die Möglichkeiten, aufgrund besonderer Kenntnisse der Ausnahmebestimmungen die Steuerleistung zu vermindern, wurden deutlich reduziert."

Die jeweils Regierenden sollten auch nicht weiterhin Tarifermäßigungen zur Korrektur heimlicher Steuererhöhungen als „Steuergeschenke" verkaufen wollen. Sie sind dadurch bisher stets in eine schwer zu bestehende Verteilungsdiskussion geraten. Es würde zur Objektivierung der Tarifentwicklung und wahrscheinlich auch zu ihrer besseren Vertretbarkeit beitragen, heimliche Steuererhöhungen, wenn man sie schon nicht im vorhinein vermeiden will, zu quantifizieren[31] und bei Tarifänderungen deutlich zwischen ihrer Rückgabe und echten Steuerentlastungen zu unterscheiden. Eine solche Offenheit könnte auch dazu beitragen, die notwendige Akzeptanz beim Steuerzahler zu verbessern.

30 Handelsblatt vom 14. Oktober 1993, S. 26.

31 Nach den Untersuchungen des Instituts „Finanzen und Steuern" a.a.O. (Fn. 29) erscheint es „geboten, von der Regierung in regelmäßigen Abständen (z.B. alle drei Jahre) einen Bericht darüber zu fordern, welche Steuerentlastungen notwendig wären, um die reale Steuerbelastung für alle Einkommen wieder herzustellen" (S. 31).

Heinz Haller

Zur Freistellung des „Existenzminimums" bei der Einkommensbesteuerung

Inhaltsübersicht

I. Einleitung

Franz Klein wird sich genauso wie ich daran erinnern, daß man während unserer gemeinsamen Arbeit zur Vorbereitung einer „Großen Steuerreform" vor über zwanzig Jahren bei der Frage, welcher Grundfreibetrag zur Freistellung des Existenzminimums bei der Einkommensteuer zu gewähren sei, ein ungutes Gefühl nicht abschütteln konnte. Daß der damals geltende Freibetrag viel zu gering war, um das Existenzminimum steuerlich unbelastet zu lassen, war offensichtlich. Als Maßstab für ein existenzsicherndes, die dringendsten Bedürfnisse befriedigendes Mindesteinkommen mußte ja wohl der Betrag gelten, der nach dem Sozialhilferecht an Bedürftige ausgezahlt wurde. Dieser Betrag lag erheblich über dem Grundfreibetrag. Der Hemmschuh für eine realistische, an der „Sozialhilfe" orientierte Anpassung des Grundfreibetrags war der eminente Ausfall an Steuereinnahmen: 100 DM mehr beim Grundfreibetrag führten zu Mindereinnahmen von etwa einer halben Milliarde. Die Steuerreformkommission hatte damals eine Erhöhung um 720 DM (von 1680 auf 2400 DM) vorgeschlagen. Die Bundesregierung ging bei ihren „Eckwertbeschlüssen" lediglich bis 2069 DM. Es blieb ein erklecklicher Abstand zur Sozialhilfe, der unter den damaligen Bedingungen (Aufkommensneutralität bei mäßiger Anhebung der Mehrwertsteuer) nicht zu verringern war. Bei der Einkommensteuerreform von 1975, die unter anderen „Rahmenbedingungen" erfolgte, kam es zu einer Anhebung auf 3029 DM und in der Folgezeit wurde der Grundfreibetrag in mehreren Etappen bis auf 5616 DM erhöht. Der Abstand zwischen dem „steuerlichen Existenzminimum" und dem Existenzminimum, das die Sozialhilfe bei ihren Zahlungen zugrundelegte, aber blieb bestehen.

Obwohl von juristischer Seite darauf hingewiesen wurde, daß das Sozialhilfe-Existenzminimum Maßstab sein sollte für die Bemessung des steuerlichen Existenzminimums[1], trat solange keine Änderung ein, bis das

1 Siehe *H. Söhn,* Verfassungsrechtliche Aspekte der Besteuerung nach der subjektiven Leistungsfähigkeit im Einkommensteuerrecht: Zum persönlichen Existenzminimum, in: Finanzarchiv, N.F., Bd. 46 (1988), 154 ff.

Bundesverfassungsgericht im Beschluß des Zweiten Senats vom 25. September 1992 die bisherige Regelung als mit dem Grundgesetz unvereinbar erklärte und zunächst eine Übergangsregelung und ab 1. Januar 1996 eine Neuregelung forderte.

II. Methoden der Berücksichtigung des Existenzminimums

Obwohl es dem Bundesverfassungsgericht bei seiner Unvereinbarkeitserklärung zunächst darum geht, daß ein Steuerpflichtiger mit einem Einkommen, das unterhalb der steuerfrei bleibenden Sozialhilfe-Zahlung liegt, der Besteuerung nicht unterworfen werden kann, wird in der Begründung zu dem Beschluß in Teil III, Ziffer 1 ausgeführt, daß der Grundfreibetrag nicht nur diese Funktion habe, sondern als für alle Einkommen wirksamer Freibetrag in Verbindung mit dem Tarif von Bedeutung sei. Der Grundfreibetrag ist in der Tat in die Tarifformel (§ 32a EStG 1990) so eingebaut, daß alle Steuerpflichtigen von ihm profitieren, und zwar in der Weise, daß sie in Höhe des sich aus dem proportionalen Eingangssteuersatz (19 v.H.) ergebenden Steuerbetrags auf den 5616 DM betragenden Grundfreibetrag, das sind 1067 DM, entlastet werden.

Würde nur bis zur Grenze des Grundfreibetrags Steuerbefreiung gewährt, so würde der Eingangssatz der deutschen Einkommensteuer von 19 v.H. in völlig unzumutbarer Weise dazu führen, daß die Netto-Einkommen innerhalb einer beträchtlichen Einkommensspanne unter das (steuerliche) Existenzminimum absinken würden infolge der plötzlich auftretenden vollen Besteuerung. Eine solche Lösung käme also unter dem Gesichtspunkt der Existenzminimumsentlastung keinesfalls in Frage. Wird der Grundfreibetrag in Anpassung an die Sozialhilfe erhöht und die deutsche Steuerformel beibehalten, so ist eine Übergangslösung unbedingt erforderlich, wenn eine solche „Verwerfung" vermieden werden soll.

Es gibt jedoch Besteuerungsmethoden, die so geartet sind, daß oberhalb eines existenzsichernden Grundfreibetrags eine solche „Verwerfung" gar nicht auftreten kann. Man kann Einkommen bis zum Grundfreibetrag steuerfrei lassen und die Besteuerung so vornehmen, daß die den Grundfreibetrag übersteigenden Einkommensteile mit zunächst sehr niedrigen und dann nur langsam ansteigenden Sätzen belastet werden. Ein Beispiel hierfür stellt die direkte Bundessteuer (frühere Wehrsteuer) in der Schweiz dar. Bei dieser setzt die Besteuerung jenseits des Grundfreibetrags (der Null-Zone des Tarifs) mit minimalen und sehr langsam steigenden Sätzen ein. Beim neuesten Tarif bleiben Einkommen bis 10 700 Fr steuerfrei. In einer ersten Teilmengenstaffel werden die über 10 700 Fr hinausgehenden Einkommensteile mit 0,77 v.H. belastet bis zur Grenze von 23 300 Fr (gilt für Alleinstehende). Die weiteren Staffeln weisen zunehmende Belastungssätze auf und ab dem Gesamteinkommen von 556 500 Fr gilt der proportionale Satz von 11,5 v.H. Die Methode, eine Null-Zone vorzuschalten, bietet sich bei einem System der Teilmengenstaffelung geradezu an. Der Übergang von der Steuerfreiheit (bis zum Existenzminimum) zur Besteuerung kann beliebig sanft gestaltet werden. Wird der Grundfreibetrag erhöht, so kann der Fall nicht eintreten, daß darüber liegende Einkommen durch die Steuer unter diesen gedrückt werden. Will man die sog. kalte Progression ausschalten, wie es bei der direkten Bundessteuer in der Schweiz von Zeit zu Zeit geschieht, so werden allerdings auch die Staffelsätze herabgesetzt. Grundsätzlich ist man aber bei der Progressionsgestaltung frei.

Die zweite hier zu nennende Methode ist so beschaffen, daß der Grundfreibetrag vom steuerbaren Einkommen abgezogen werden kann, daß also der Steuertarif auf das Einkommen *abzüglich des Grundfreibetrags* angewandt wird. Auch für diese Methode kann ein Beispiel aus der Schweiz herangezogen werden. Der Kanton Zürich gewährt einen solchen Abzug von der Bemessungsgrundlage („persönlicher Abzug" genannt) von derzeit 4800 Fr für Alleinstehende (über dessen Höhe hier nicht zu urteilen ist). Auch eine Reihe anderer Länder praktiziert diese Methode des Abzugs von der Bemessungsgrundlage[2].

Bei beiden soeben erörterten Methoden bleibt ein lediglich die Existenz sicherndes Grundeinkommen, das mit der Sozialhilfe abzustimmen ist, steuerfrei. Es liegt die Vorstellung zugrunde, der Grundfreibetrag habe seinen Sinn darin, für alle Steuerpflichtigen dasjenige Grundeinkommen, das der Befriedigung der Bedürfnisse im Rahmen des (auch kulturellen) Existenzminimums dient, von der Steuerbelastung zu verschonen. Gegen diese Vorstellung mag eingewendet werden, Steuerpflichtige mit hohen und sehr hohen Einkommen bräuchten keine solche Verschonung. Dabei wird jedoch übersehen, daß steuerliche Gleichbehandlung aller Pflichtigen zwar nicht gleiche Belastung bedeuten kann (bei progressiver Besteuerung, gegen die heute kaum Einwendungen erhoben werden, kommt es zu sehr unterschiedlichen absoluten und relativen Belastungen), daß aber Gleichbehandlung insofern von Bedeutung ist, als für jeden ein Grundeinkommen zur Befriedigung der dringlichsten, existenzerhaltenden Bedürfnisse steuerfrei belassen werden sollte.

Beim Abzug des Grundfreibetrags von der Bemessungsgrundlage wird nun zusätzlich der Einwand erhoben, diese Methode führe zu sehr unterschiedlich hohen Steuerentlastungen. Im unteren Progressionsbereich mit den niedrigen Sätzen ergebe sich eine entsprechend geringe „Steuerersparnis", im oberen eine sehr viel höhere. Obwohl man solche unterschiedlichen Größen der „Steuerersparnis" nicht bestreiten kann, ist die Folgerung, damit werde die Besteuerung ungerecht, keineswegs angebracht. Wenn man progressiv besteuert, steigt die relative Steuerlast an. Als Konsequenz muß hingenommen werden, daß für alle gleiche Freistellungen zu unterschiedlichen Entlastungen führen. Besteuert man das „lebensnotwendige" Einkommen mit, dann wird es bei den oberen Ein-

2 Siehe Informationsdienst zur Finanzpolitik des Auslands, herausgegeben vom Bundesministerium der Finanzen, Nr. 1, 1989, Übersicht 3.

kommen hoch, bei den unteren niedrig mitbelastet. Gleich behandelt wird es nur, wenn es generell unbelastet bleibt. Auch eine proportionale Besteuerung führt nicht zu einer Gleichbehandlung, wenn man keinen Abzug von der Bemessungsgrundlage zuläßt, und zwar deswegen, weil das unberechtigterweise mitbesteuerte „Existenzminimum-Einkommen" einen sehr unterschiedlichen Anteil am Gesamteinkommen hat.

Bei einer Teilmengen-Staffel mit vorgeschalteter Null-Zone ergeben sich die gleichen unterschiedlichen Entlastungseffekte wie beim Abzug von der Bemessungsgrundlage, nur wird dies nicht unmittelbar sichtbar. Ohne Null-Zone läge die gesamte Tarifskala höher, ihre Verwendung senkt also die Grenzsteuersätze, was bei progressiver Besteuerung zu unterschiedlichen Entlastungen führt.

Bei der deutschen Methode der Einkommensbesteuerung, auf die nun zurückzukommen ist, ist, wie ausgeführt, die steuerliche Entlastung durch den Grundfreibetrag für alle Steuerpflichtigen auf den Betrag fixiert, der sich bei Anwendung des proportionalen Eingangssatzes für die Entlastung, also 19 v.H. auf die bisherigen 5616 DM ergibt. In einigen Ländern, so z.B. in Dänemark[3], wird an Stelle eines Grundfreibetrags ein fixer Abzugsbetrag von der Steuerschuld gewährt, was den gleichen Effekt ergibt.

Verfährt man so, so gibt es natürlich keine unterschiedlichen „Steuerersparnisse" im Zusammenhang mit der steuerlichen Berücksichtigung des Existenzminimums, doch ist dies, wie dargelegt, gar keine Bedingung für eine steuerliche Gleichbehandlung. Auch die Vorstellung, infolge der Regelung im deutschen Steuertarif ergebe sich eine indirekte Progression, erscheint abwegig. Bezieht man den Grundfreibetrag mit ein in der Belastungsrechnung, so ist selbstverständlich ein Belastungsanstieg auch bei einer proportionalen Besteuerung gegeben. Eine solche Rechnung sollte aber gar nicht aufgemacht werden, wenn der Grundfreibetrag nicht als „steuerfähig" betrachtet wird. Man kann bei jeder Steuer mit Hilfe eines Freibetrags bei proportionalem Satz eine indirekte Progression herbeiführen. Der Freibetrag ist dann ein technisches Hilfsmittel. So kann aber der „Existenzminimum-Freibetrag" nicht interpretiert werden. Sieht man das Existenzminimum nicht für „steuerfähig" an, so muß eine Belastungsrechnung vom Einkommen abzüglich Freibetrag vorgenommen werden. Besteuert man direkt (offen) progressiv, so benötigt man keinen Freibetrag für die Gestaltung des Progressionsverlaufs. Der Tarif gibt dann den Progressionsverlauf exakt an. Schaltet man eine Null-Zone vor wie im Beispiel der schweizerischen Bundessteuer, so sind die Verhältnisse klar. Läßt man den Grundfreibetrag generell vom steuerbaren Einkommen abziehen, so ist dies auch der Fall. Von „Steuerersparnissen" im Zusammenhang mit dem Grundfreibetrag sollte man gar nicht sprechen, weil der Freibetrag nicht als „steuerfähig" zu betrachten ist.

3 Siehe Informationsdienst, a.a.O.

Entlastet man über den Grundfreibetrag nur unter Zugrundelegen des proportionalen Eingangstarifs, so werden die über der Proportionalzone liegenden Steuerpflichtigen zu wenig entlastet, d.h. sie müssen auch für das der Existenzsicherung dienende Einkommen Steuern zahlen, eben in Höhe der Differenz zwischen dem proportionalen Entlastungssatz und dem für sie geltenden höheren Satz.

Die verschiedenen Methoden der Berücksichtigung des Existenzminimums wurden vorstehend deswegen etwas ausführlicher dargelegt, weil das Bundesverfassungsgericht in der Begründung zu seinem Beschluß die Tendenz erkennen läßt (Abschnitt C,I), es halte es für vertretbar, daß die Entlastungswirkung des existenzminimum-sichernden Grundfreibetrags durch entsprechende Tarifgestaltung „schrittweise kompensiert" werde. Es zitiert dabei eine Anmerkung im „Gutachten der Steuerreformkommission 1971", in der der stellvertretende Vorsitzende der Kommission, Troeger, zu erwägen gibt, den Grundfreibetrag ab einer bestimmten Einkommenshöhe allmählich auslaufen zu lassen. Einkommen bis zum Existenzminimum sollten steuerfrei bleiben und danach sollte die Besteuerung so einsetzen, daß vom Überschuß über das Existenzminimum-Einkommen immer noch etwas übrig bleibt. Mit der deutschen Steuerformel gemäß § 32a EStG wird dies erreicht.

Wenn nun aber, worauf noch zurückzukommen sein wird, der Existenzminimum-Freibetrag in Abstimmung mit der Sozialhilfe etwa verdoppelt werden muß, so ergeben sich natürlich exorbitante Steuerausfälle[4], die irgendwie zu kompensieren sind. Dem Bundesverfassungsgericht scheint nun vorzuschweben, diese Ausfälle könnten wenigstens zum Teil durch ein Auslaufenlassen des Grundfreibetrags in den höheren Einkommensregionen wieder hereingeholt werden. Dahinter steht die Vorstellung, die Steuerpflichtigen im höheren Einkommensbereich benötigten keine Existenzminimum-Befreiung. Diese wird mehr oder weniger sozialpolitisch gesehen.

Nun kann man aber, um es nochmals zu sagen, die Dinge auch völlig anders betrachten. Wenn man Gleichheit bei der steuerlichen Behandlung nur dann gewährleistet sieht, wenn der der Existenzsicherung dienende Einkommensteil dem staatlichen Zugriff durch die Steuer generell entzogen bleibt, so kann der Grundfreibetrag mit zunehmender Einkommenshöhe nicht immer weiter verringert werden und schließlich wegfallen. Dies steht nicht im Widerspruch zur Anwendung eines progressiven Steuertarifs. Sollen höhere Freibeträge nicht zu einem Steuerausfall führen, so muß der Progressionstarif entsprechend geändert werden, z.B. die Progressionskurve so verschoben werden, daß höhere Sätze schon für niedrigere Einkommen gelten.

4 Die Übergangslösung gemäß Verwaltungsregelung (s.u.) führt (siehe BMF, Finanznachrichten 15/93 vom 3. März 1993, S. 3) bereits zu einem Steuerausfall von 2 Milliarden.

Mit der Verwendung einer Null-Zone würde das Bundesverfassungsgericht vermutlich einverstanden sein, doch würde dies eine gänzlich andere Tarifgestaltung implizieren. Das Gericht geht von der bisher geltenden Struktur der deutschen Einkommensbesteuerung aus und weist nur auf Zusammenhänge zwischen Grundfreibetrag und Progressionsverlauf hin. Völlig klar ist aber, daß das Bundesverfassungsgericht den Abzug gleicher Freibeträge vom steuerbaren Einkommen für alle Steuerpflichtigen bis in die obersten Einkommensregionen nicht befürwortet. Offenbar ist es der Auffassung, daß damit keine steuerliche Gleichbehandlung erreicht würde.

Nun, der Übergang zu einem Mengenstaffel-Tarif mit vorgeschalteter Null-Zone dürfte in der Tat nicht in Frage kommen. Der deutsche Formeltarif hat sich bewährt und auch die proportionale Eingangszone hat gewisse Vorzüge. Der Übergang zum Abzugsystem für alle Einkommensschichten ist möglich und u.E. auch sachgerecht. Sie erfordert allerdings eine neue Tarifgestaltung, die mancherlei Probleme aufwirft. Was nach allem Ausgeführten abzulehnen ist, ist die Reduzierung des Grundfreibetrags mit zunehmender Einkommenshöhe. Zunächst ist nun zur Betrachtung der Übergangsmaßnahmen überzugehen, bevor nochmals auf die Dauerlösung eingegangen werden soll.

III. Die Übergangslösung für die Bundesrepublik

Für die Übergangslösung, die ab 1. Januar 1993 für den Lohnsteuerabzug festzulegen war, mußten zwei Gesichtspunkte maßgebend sein. Einkommen bis zur Höhe der Sozialleistungen mußte als Existenzminimum-Einkommen von der Besteuerung freigestellt werden und es mußte dafür gesorgt werden, daß bei den über dieser Grenze liegenden Einkommen der Steuerbetrag nur in kleinen Stufen anstieg, daß also die Einkommen nach Steuer ansteigend blieben (Vermeidung eines Belastungssprungs).

In der zunächst vereinbarten Verwaltungsregelung wurde das steuerfreie Einkommen für Alleinstehende auf 12 041 DM und für Verheiratete (nach der Splittingtabelle Besteuerte) auf 19 115 DM festgelegt. Man wich also davon ab, im Splittingfall den doppelten Betrag anzusetzen. Maßgebend für die Festlegung der steuerfrei bleibenden Einkommen waren die durchschnittlichen Beträge des im Sozialhilferecht anerkannten Mindestbedarfs. Dort werden im Fall der Verheirateten die Leistungen nicht doppelt so hoch gewährt wie bei Alleinstehenden; man geht also von einer gewissen „Haushaltsersparnis" aus. Die im Rahmen des Föderalen Konsolidierungsprogramms beschlossene Lösung sieht die Steuerfreistellung von Erwerbsbezügen in Höhe von 10 529 DM/21 059 DM (Ledige/Verheiratete) in 1993 und somit eine Verdoppelung des freigestellten Existenzminimums bei Ehepaaren vor. In den Jahren 1994 und 1995 steigen die freigestellten Bezüge auf 11 069 DM/22 139 DM bzw. 11 555 DM/23 111 DM an.

Es wird nun weiter so verfahren, daß im Lohnsteuerverfahren in 1993 bis zu Einkommen von 15 011 DM für Alleinstehende und 22 797 DM für Verheiratete jeweils neue Steuertabellen in Kraft gesetzt sind, die „geänderte" Einkommen-(Lohnsteuer-) beträge angeben. Jenseits dieser Einkommensgrenzen gelten die bisherigen Steuertabellen gemäß der Steuerformel von § 32a EStG.

Der bisherige Tarif wird nicht aufgehoben. Bis zu den angegebenen Einkommensgrenzen wird die Einkommensteuer nach gesonderten Tabellen ermittelt und mit der tariflichen Einkommensteuer verglichen. In den Fällen, in denen die auf der Basis der Erwerbsbezüge errechnete „gemilderte" Steuer höher ist als die auf der Basis des zu versteuernden Einkommens ermittelte tarifliche Steuer, wird die tarifliche Steuer erhoben. In der Übergangszone wird dafür gesorgt, daß die über dem neuen unbesteuert bleibenden Existenzminimum liegenden Einkommen nur so belastet werden, daß der Anstieg der Nettoeinkommen gewährleistet bleibt.

Der Übergangsbereich erstreckt sich in 1994 auf Erwerbsbezüge bis 13 607 DM/27 215 DM (Ledige/Verheiratete) und 15 173 DM/30 374 DM in 1995.

Die Belastungssätze sind also sehr niedrig angesetzt wie bei der Null-Zonen-Methode. Von der angegebenen Grenze an ist dann der in den Tarif eingebaute Freibetrag mit seiner 19 v.H.-Steuerentlastung wirksam. Auf diese Weise konnte man dem Anliegen des Bundesverfassungsgerichts Rechnung tragen, daß Einkommen bis zur Höhe der Sozialhilfebezüge steuerfrei bleiben, ohne daß eine „Verwerfung" eintritt. Durch die „gleitende Überführung" der Steuerbeträge in diejenigen der alten Steuertabellen ist zunächst jeder Bruch vermieden – gleichzeitig aber eine scharfe Diskrepanz geschaffen zwischen dem stark erhöhten steuerfrei bleibenden sozialhilfeorientierten Einkommen an der unteren Grenze und dem Grundfreibetrag, der oberhalb der Übergangszone in seiner alten Höhe gilt und den Steuerbetrag für alle Pflichtigen um 1067 DM vermindert.

Dieses Auseinanderklaffen ist für die Übergangszone nicht zu vermeiden, doch für eine Dauerlösung, wie sie für die Zeit ab 1996 geschaffen werden soll, erschiene eine solche Diskrepanz, nachdem bisher das steuerfrei bleibende Einkommen an der unteren Grenze mit dem Grundfreibetrag übereinstimmte, durchaus willkürlich (vielleicht nicht nach der Meinung des Bundesverfassungsgerichts). Die bisher (vor dem Ingangsetzen der Übergangslösung) bestehende Übereinstimmung hatte ja ihren guten Sinn. Es sollte für alle Steuerpflichtigen ein einheitlicher Existenzminimum-Grundfreibetrag gewährt werden; nur wurde die durch ihn bewirkte „steuerliche Entlastung" von der Grenze an, bei der eine Steuerschuld entsteht, durch Anwendung des proportionalen Eingangssatzes bestimmt.

Für eine gesetzliche Dauerlösung ist natürlich eine systematische Tarifgestaltung erforderlich, und dabei muß die Steuerfreiheit des neuen steuerlichen Existenzminimum-Einkommens mit der generellen Gewährung eines Grundfreibetrags in Einklang gebracht werden, und zwar in einleuchtender und gerecht erscheinender Weise. Im folgenden sollen einige wichtige Überlegungen dargelegt werden, die hier anzustellen sind.

IV. Überlegungen zur Dauerlösung

1. Der neue erhöhte Grundfreibetrag wird für Verheiratete in doppelter Höhe gewährt werden müssen gemäß der generellen Vorstellung, daß im Splitting beide Ehepartner gleich zu behandeln sind. Bei der Festlegung der steuerfreien Einkommen in der Übergangslösung II (Föderales Konsolidierungsprogramm) wurde dies ja schon beachtet.

2. Wenn die Methode, eine Steuerentlastung durch den Grundfreibetrag nur in Höhe des proportionalen Eingangssatzes zuzulassen, beibehalten werden soll, dann muß die Proportionalzone soweit ausgedehnt werden, daß nach Abzug des Entlastungsbetrags noch eine Steuerschuld verbleibt. Dabei ist dafür Sorge zu tragen, daß auch für kommende Erhöhungen in Anpassung an die Sozialhilfe genügend Spielraum verbleibt.

3. Sollte man auf die proportionale Eingangszone verzichten, so gäbe es die für die deutsche Einkommensbesteuerung charakteristische Methode, die Entlastung auf den Eingangssteuersatz zu beschränken, nicht mehr. Naheliegend wäre dann das Verfahren des Abzugs des Grundfreibetrags von der Bemessungsgrundlage mit entsprechend unterschiedlicher Entlastung je nach der Einkommenshöhe. Es ist klar, daß sich hierbei eine wesentlich stärkere Minderung des Steueraufkommens ergeben würde.

Denkbar wäre allerdings auch, daß man den Tarif mit linear ansteigenden Grenzsätzen beim Einkommen Null beginnen ließe und dann einen festen Abzugsbetrag für das steuerfreie Existenzminimum-Einkommen berechnen würde. Die „Steuerersparnis", berechnet nach dem (fiktiven) Tarif in der Spanne des Grundfreibetrags, wäre dann für alle Steuerpflichtigen gleich und die Steuerausfälle wären weniger hoch.

4. Die in jedem Fall viele Milliarden betragenden Mindereinnahmen müssen in der vermutlich auch 1996 noch angespannten Finanzlage durch entsprechende Mehreinnahmen ausgeglichen werden, was nicht unbedingt bedeuten muß, daß die Einkommensteueränderung in sich aufkommensneutral zu gestalten ist.

5. Man könnte an einen Umbau der Gesamtbesteuerung denken und versuchen, die Ausfälle bei der Einkommensteuer durch eine Erhöhung der Mehrwertsteuer zu kompensieren. Dabei wäre allerdings zu bedenken, daß man im EG-Rahmen bleiben muß und daß eine verstärkte Konsumbesteuerung sowohl mit Inflationsgefahren als auch mit unerfreulichen sozialen Effekten verbunden sein dürfte, mindestens zu einem gewissen Grad. Es wäre wohl allenfalls an eine Teilkompensation durch eine solche Maßnahme zu denken.

6. Eine Kompensation innerhalb der Einkommensteuer ist natürlich nur möglich durch eine sehr deutliche Anhebung des Tarifs. Hier treten nun

die sattsam bekannten Probleme auf. Behält man die proportionale Eingangszone bei wegen ihrer technischen Vorzüge, so muß bereits in ihrem Bereich eine Tarifanhebung stattfinden. Diese hat neben zusätzlichen Einnahmen den Vorteil, daß bei Beibehaltung des linearen Progressionstarifs eine geringere Grenzsatzsteigerung und damit eine schwächere „Abschreckungswirkung" erreicht werden kann. Eine Anhebung der Belastung in der oberen Proportionalzone wäre keineswegs zu empfehlen. Daß es durch die Tarifänderung neben Begünstigten auch zusätzlich Belastete geben wird, muß hingenommen werden. Ein Umbau, der letztlich der Steuerbefreiung des Existenzminimumeinkommens dient, kann nicht ohne Höherbelastungen in mittleren bis oberen Einkommensregionen erfolgen.

7. Ein langsames Auslaufenlassen des Grundfreibetrags im oberen Einkommensbereich, wie es dem Bundesverfassungsgericht vorzuschweben scheint, würde der Steuergerechtigkeit nicht dienen, sondern zu einer Ungleichbehandlung in einem Punkt, in dem u.E. Gleichbehandlung zu fordern ist, führen. Könnte man sich für einen Abzug des Grundfreibetrags von der Steuerbemessungsgrundlage entscheiden, so dürfte der Gleichbehandlung am besten Rechnung getragen sein. Natürlich würde dies mehr kosten als die Steuerentlastung mit dem niedrigsten Satz, doch würden die entsprechenden Ausfälle bei den Steuereinnahmen im Rahmen der auf jeden Fall erforderlichen massiven Maßnahmen zur Kompensation wohl auch noch zu verkraften sein*.

* Das Manuskript wurde im Juli 1993 abgeschlossen.

VI.

Besteuerung von Ehe und Familie

Hartmut Söhn

Steuerliche Berücksichtigung der Minderung der Leistungsfähigkeit durch Kinder

Inhaltsübersicht

I. Einführung

Franz Klein hat sich in den vergangenen 20 Jahren mehrfach mit besonderem Nachdruck für eine verfassungsmäßige Behandlung von Ehe und Familie im Steuerrecht eingesetzt[1] und noch 1987 die „unzureichende steuerliche Berücksichtigung der Minderung der Leistungsfähigkeit durch Kinder" bemängelt[2]. Seine Kritik galt insoweit (auch) der älteren Rechtsprechung des Bundesverfassungsgerichts, insbesondere dem Kinderfreibetragsbeschluß von 1976[3], der die Ersetzung der steuerlichen Kinderfreibeträge durch ein einkommensunabhängiges Kindergeld für verfassungsrechtlich zulässig hielt und die steuerliche Berücksichtigung der vollen Unterhaltskosten ablehnte. 1990 hat das Bundesverfassungsgericht seine Auffassung in zwei Entscheidungen neu bestimmt[4] und ausdrücklich eine

---

1 *Franz Klein,* BayVBl 1974, 1 ff.; *ders.,* Verfassungsrechtliche Grenzen der Steuerreform, in: FS für W. Geiger, 1974, 697 (708 f.); *ders.,* Ehe und Familie im Steuerrecht als verfassungsrechtliches Problem, in: FS für W. Zeidler, 1987, 773 ff.; *ders.,* DStR 1987, 779 ff.

2 So der Titel des Beitrags in DStR 1987, 779.

3 BVerfG vom 23. November 1976 1 BvR 150/75, BVerfGE 43, 108 ff. *Heinz-Jürgen Pezzer* (Verfassungsrechtliche Perspektiven der Familienbesteuerung, in: FS für W. Zeidler, 1987, 757 [758]) bezeichnet die Entscheidung als „Kulminationspunkt der fiskalisch ausgerichteten Verfassungsrechtsprechung zur Familienbesteuerung, die immer wieder zitierte Lieblingsentscheidung des Bundesministers der Finanzen".

4 BVerfG vom 29. Mai 1990 1 BvL 20, 26, 184 und 4/86, BVerfGE 82, 60 ff.; BVerfG vom 12. Juni 1990 1 BvL 72/86, BVerfGE 82, 198 ff.

„Abweichung von BVerfGE 43, 108" tenoriert[5]. Ob und inwieweit damit dem Anliegen des Jubilars entsprochen worden ist, soll im weiteren untersucht werden.

II. Besteuerung nach der subjektiven Leistungsfähigkeit – Grundsätzliches –

Minderungen der Leistungsfähigkeit, die durch unvermeidbare Aufwendungen für Kinder eintreten, müssen bei der Einkommensbesteuerung – so die nahezu einhellige Meinung im steuerrechtlichen Schrifttum[6] –

5 Eine „neue Phase" in der Rechtsprechung des Bundesverfassungsgerichts zur steuerlichen Behandlung von Unterhaltsaufwendungen hatte bereits mit dem Urteil zur Besteuerung alleinerziehender Eltern (BVerfG vom 3. November 1982 1 BvR 620/78 u.a., BVerfGE 61, 319 [344 ff.]) begonnen, in dem das Gericht dem Leistungsfähigkeitsprinzip eine Verpflichtung des Gesetzgebers entnimmt, zwangsläufige Privatausgaben steuerlich durch eine Reduzierung der Bemessungsgrundlage zu berücksichtigen. Unvermeidbare Privatausgaben minderten das besteuerbare Einkommen; die Steuer dürfe nur auf das disponible Einkommen zugreifen. Der sog. Abzugsgrenzenbeschluß setzte diese „neue Linie" fort: Für die steuerliche Berücksichtigung zwingender Unterhaltsverpflichtungen dürften keine realitätsfernen Grenzen gezogen werden (BVerfG vom 22. Februar 1984 1 BvL 10/80, BVerfGE 66, 214 [223]) und das Sozialhilferecht könne hierfür wesentliche Anhaltspunkte liefern. Vgl. ferner BVerfG vom 4. Oktober 1984 1 BvR 789/79, BVerfGE 67, 290 (297 f.: zwangsläufige Unterhaltsaufwendungen an den geschiedenen Ehegatten); BVerfG vom 17. Oktober 1984 1 BvR 527/80 u.a., BVerfGE 68, 143 (152 f.: Unterhaltsverpflichtungen gegenüber Kindern); BVerfG vom 15. Juli 1987 1 BvR 54/87, Inf. 1987, 476 f. = NJW 1988, 127 = HFR 1988, 242 f. = StRK EStG 1975 § 10 Abs. 1 Nr. 1 R. 7; ferner *Heinz-Jürgen Pezzer,* FS für W. Zeidler, a.a.O. (Fn. 3), 757 ff.; *ders.,* StuW 1989, 219 ff. m.w.N. zur Entwicklung der Rechtsprechung im einzelnen.

6 Vgl. z.B.: *Dieter Birk,* Das Leistungsfähigkeitsprinzip als Maßstab der Steuernormen, 1983, passim; *ders.,* StuW 1983, 293 ff.; *Ernst-Wolfgang Böckenförde,* StuW 1986, 335 ff.; *Paul Kirchhof,* StuW 1985, 319 ff.; *ders.,* DStZ/A 1986, 25 ff.; *ders.,* in: Kirchhof/Söhn, Kommentar zum EStG, 1986 ff., § 2 Rz. A 126 ff.; *ders.,* Der Schutz von Ehe und Familie, Essener Gespräche zum Thema Staat und Kirche (21), 1986, 7 ff.; *ders.,* Steuerberaterkongreß-Report 1988, 29; *ders.,* Gutachten F zum 57. Deutschen Juristentag, 1988, F 51 ff.; *Franz Klein,* FS für W. Zeidler, a.a.O. (Fn. 1), S. 773 ff.; *ders.,* DStR 1987, 779 ff.; *Joachim Lang,* StuW 1983, 103 ff.; *ders.,* StuW 1985, 10 (12 ff.); *ders.,* Die Bemessungsgrundlage der Einkommensteuer, 1981/88, S. 191 ff., 620 ff.; *ders.,* StuW 1990, 331 ff.; *Martin Moderegger,* Der verfassungsrechtliche Familienschutz und das System der Einkommensteuer, 1991, passim; *Heinz-Jürgen Pezzer,* FS für W. Zeidler, a.a.O. (Fn. 3), 757 ff.; *ders.,* StuW 1989, 219 ff.; *Hartmut Söhn,* StuW 1985, 395 (400 ff.); *ders.,* StuW 1986, 324 ff.; *ders.,* in: Kirchhof/Söhn, a.a.O., § 10 Rz. A 17; *ders.,* ZRP 1988, 344 (347 f.); *ders.,* Finanz-Archiv Bd. 46 n.F. (1988), 154 ff.; *ders.,* StuW 1990, 356 ff.; *Klaus Tipke,* StuW 1971, 16 f.; *ders.,* Steuerberaterkongreß-Report 1983, 39 (41 ff.); *ders.,* StuW 1985, 78 f.; *ders.,* Die Steuerrechtsordnung, Bd. II, 1993, S. 672 ff.; *ders.,* StuW 1993, 8 (13 ff.); *Klaus Tipke/Joachim Lang,* StuW 1984, 127 ff.; *dies.,*

durch einen Abzug von der Bemessungsgrundlage berücksichtigt werden (Besteuerung nach der subjektiven Leistungsfähigkeit)[7]; das gilt unabhängig vom Familienstand[8]. Das Bundesverfassungsgericht hat diese Auffassung mit einer – für das Gericht eher – ungewöhnlichen Deutlichkeit und Stringenz verfassungsrechtlich festgeschrieben[9], die verfassungsrechtlichen Vorgaben einer leistungsfähigkeitskonformen Besteuerung insoweit unmißverständlich klargestellt – und seine frühere Rechtsprechung „korrigiert".

1. Besteuerung nach der Leistungsfähigkeit und der sog. Kinderlastenausgleich

Der Abzug eines Kinderfreibetrags von der Bemessungsgrundlage ist – so jetzt (auch) das Bundesverfassungsgericht – keine Steuervergünstigung oder Begünstigung, kein steuerlicher Vorteil, keine Steuerersparnis, keine Förderung der Familie, keine Subvention o.ä., sondern die Berücksichtigung einer durch die Zahlung von unvermeidbaren Privatausgaben (Unterhaltsleistungen) verminderten Leistungsfähigkeit, die dem einfachen Gesetzgeber verfassungsrechtlich vorgegeben ist[10]. Damit ist der in der steuerpolitischen Diskussion aufgestellten Behauptung, daß Kinderfreibeträge „sozial ungerecht" seien[11], der Boden entzogen[12]; sie war ohnehin immer sachwidrig und „grundfalsch"[13], weil Steuerpflichtige mit und ohne Kinder verglichen werden müssen („horizontale Steuergerechtigkeit"); dem Vergleichspaar „Steuerpflichtige mit niedrigem und hohem Einkommen" („vertikale Steuergerechtigkeit") ist durch eine entspre-

---

Steuerrecht, 13. Auflage, 1991, S. 208 ff.; *Klaus Vogel,* NJW 1974, 2105 ff.; *ders.,* DStZ/A 1975, 409 ff.; *ders.,* DStR 1977, 31 ff.; *ders.,* StuW 1984, 197 ff.; *Wolfgang Zeidler,* StuW 1985, 1 (3 ff.).

7 Vgl. auch den Beschluß der steuerrechtlichen Abteilung des 57. Deutschen Juristentags 1988: „Der Einkommensteuer unterliegt nur der Teil des Erwerbseinkommens, der für den Steuerpflichtigen disponibel ist. Die unvermeidbaren Aufwendungen für die eigene Existenzsicherung und den Unterhalt der Familienangehörigen müssen deshalb von der Besteuerung freigestellt sein. Erst auf das sich ergebende zu versteuernde Einkommen ist der Tarif anzuwenden. Die Regressionswirkung bei steuermindernden Abzügen ist keine Steuervergünstigung, sondern systemnotwendige Kehrseite der Progression bei den steuerbegründenden Zuflüssen" (Sitzungsberichte N des 57. DJT, 1988, N 214).

8 *Franz Klein,* FS für W. Zeidler, a.a.O. (Fn. 1), 773 (787) unter Hinweis auf das materielle Benachteiligungsverbot des Art. 6 Abs. 1 GG.

9 Vgl. auch *Roland Jüptner,* StVj 1990, 307 („steuerlicher Meilenstein").

10 Vgl. z.B.: *Joachim Lang,* StuW 1990, 331 (338); *Franz Klein,* DStR 1987, 779 (780); *Wilhelm Oepen,* DStZ/A 1992, 684 (686) m.w.N.

11 Vgl. z.B. BT-Drs. 7/1470, S. 212: Der Abzug von der Bemessungsgrundlage bewirke als „Kehrseite des progressiven Einkommensteuertarifs mit steigendem Einkommen eine überproportionale Begünstigung . . ."; ferner *Hans Buob,* DStZ/A 1990, 579 (582); *Ingrid Matthäus-Maier,* ZRP 1988, 252 (254 ff.).

12 *Roland Jüptner,* StVj 1990, 307 (311); *Bernhard Paus,* Inf. 1990, 394 (395).

13 Vgl. bereits *Josef Isensee,* Sitzungsberichte N des 57. Deutschen Juristentags, 1988, N 32 (55); *Joachim Lang,* StuW 1983, 103 (110 f.).

chende Gestaltung des Steuertarifs Rechnung zu tragen[14]. Ungenau bzw. irreführend ist auch der weitgehend gebräuchliche Ausdruck „Familienlastenausgleich"; denn damit wird dem Bürger suggeriert, daß der Kinderfreibetrag (zusammen mit dem Kindergeld) eine staatliche Transferleistung sei. Das ist jedoch nicht der Fall. Durch den Abzug eines Kinderfreibetrags „leistet" der Staat nichts, den Eltern wird nichts „gewährt", sie „erhalten" nichts und es werden keine „Lasten ausgeglichen", sondern nur und ausschließlich die subjektive Leistungsfähigkeit der Eltern richtig bemessen[15].

2. Unvermeidbare Privatausgaben und Einkommensverwendung

Kinderbedingte Aufwendungen sind zwar private Ausgaben, aber keine nichtabzugsfähigen Aufwendungen i.S. des § 12 Nr. 1 EStG, sondern müssen von Verfassungs wegen (Art. 1 Abs. 1, 20 Abs. 1, 3 Abs. 1, 6 Abs. 1 GG) steuerlich berücksichtigt werden, weil sie indisponibel sind[16]. Die schlichte Orientierung an der einfachgesetzlichen Unterscheidung zwischen abzugsfähigen Erwerbsaufwendungen (Betriebsausgaben, Werbungskosten) und nicht abzugsfähigen Ausgaben zur Einkommensverwendung (auch) in der früheren Rechtsprechung des Bundesverfassungsgerichts[17] könnte/kann dies nicht in Frage stellen und ist deshalb schon vom Jubilar zutreffend kritisiert worden[18]. Das Bundesverfassungsgericht hat nunmehr seine frühere Auffassung deutlich korrigiert. Ebenso unmißverständlich wird die z.T. im ökonomischen Schrifttum aufgestellte Behauptung, Kinder seien „Privatsache" und kinderbedingte Aufwendungen „disponible Einkommensverwendung"[19], zurückgewiesen[20]. Zwar ist die elterliche Entscheidung „für Kinder" frei, Eltern sind aber gesetzlich verpflichtet, ihre Kinder zu unterhalten (§§ 1601 ff. BGB); und da es (nur) um die Besteuerung der Eltern geht, kann der einfache Gesetzgeber die Erfüllung der von ihm selbst normierten Unterhaltspflichten der Eltern bei der Besteuerung nicht ignorieren. Die Gegenmeinung offenbart „Rechtsblind-

---

14 Vgl. bereits *Heinz-Jürgen Pezzer,* FS für W. Zeidler, a.a.O. (Fn. 3), 757 (769); ferner: *Norbert Andel,* Finanzwissenschaft, 3. Auflage, 1992, S. 270 ff.; *Joachim Lang,* StuW 1990, 331 (347).

15 *Wilhelm Oepen,* DStZ/A 1992, 684 (688); *Klaus Tipke,* Die Steuerrechtsordnung, a.a.O. (Fn. 6), S. 682. Der Begriff „Kinderlastenabzug" (so *Günther Felix,* DStZ/A 1990, 471 [472]) ist zwar weniger mißverständlich, aber unscharf, weil „Lasten" nicht abgezogen werden können (sondern nur Aufwendungen). Vgl. auch *Wilhelm Oepen,* a.a.O., der den Begriff „Familienbesteuerung" vorschlägt.

16 BVerfG vom 29. Mai 1990, a.a.O., S. 87 f. Vgl. dazu bereits *Paul Kirchhof,* Ehe und Familie im staatlichen und kirchlichen Steuerrecht, a.a.O. (Fn. 6), 14 ff.

17 BVerfG vom 23. November 1976, a.a.O., S. 119 f., 121.

18 *Franz Klein,* FS für W. Zeidler, a.a.O. (Fn. 1), 773 (789); *ders.,* DStR 1987, 779 (781); ferner *Joachim Lang,* StuW 1983, 103 (104).

19 Hiergegen bereits *Franz Klein,* FS für W. Zeidler, a.a.O. (Fn. 1), 773 (780).

20 BVerfG vom 29. Mai 1990, a.a.O., S. 87. Vgl. dazu auch *Wilhelm Oepen,* DStZ/A 1992, 684 (686).

heit". Ökonomische Sichtweisen mögen (ökonomisch und) logisch möglich sein; verfassungsrechtliche Vorgaben sind aber allgemein bindend.

3. Besteuerungseingriff und ökonomische Sicht

In der betriebswirtschaftlichen Steuerlehre wird z.T. die Auffassung vertreten, ein Abzug kinderbedingter Unterhaltsaufwendungen sei keine Folge des Leistungsfähigkeitsprinzips, sondern eine „sozialpolitische Entscheidung", der Kinderfreibetrag eine „Sozialleistung"[21]. Die Rechtsprechung des Bundesverfassungsgerichts sei deshalb zwar nicht im Ergebnis, wohl aber in der Methode verfehlt, „ökonomisch unhaltbar". Da allein die ökonomische Sicht entscheidend sei, könnten nur „Verfügungsbeträge" Prüfungsmaßstab sein. Die Nichtbesteuerung des Einkommens in Höhe des Existenzminimums eines Kindes durch den Abzug eines Kinderfreibetrages von der Bemessungsgrundlage bewirke bei Einkommen unterhalb des Existenzminimums nichts, bei höheren Einkommen führe der Abzug zu einem mit dem Einkommen wachsenden Steuerverzicht des Staates. Das sei nicht gerechtfertigt, weil der Abzug eines Kinderfreibetrags (Nichtbesteuerung) einen Einnahmeverzicht des Staates bedeute, der – wie immer – gleichbedeutend mit einem gleich hohen Transfer sei[22].

Ob die Begründung des Bundesverfassungsgerichts „ökonomisch nicht haltbar" ist, müssen die Ökonomen entscheiden[23]. Ökonomen ist es selbstverständlich auch unbenommen, einen Sachverhalt ökonomisch zu werten. Für die rechtliche Beurteilung sind indessen bindende verfassungsrechtliche Vorgaben maßgebend; und daran ist auch jede ökonomische Betrachtung gebunden, wenn sie eine verfassungsrechtlich zulässige Betrachtung sein will[24]. Die Behauptung, daß die (unterstellte) „ökonomische Sicht" entscheidend sei und deshalb auf Verfügungsbeträge abgestellt werden müsse, wird auch durch ständige Wiederholung nicht richtig; Verfassungsrecht ist vorrangig. Was ökonomisch sinnvoll und logisch möglich ist, mag ökonomisch eine (mögliche) Lösung sein. Keine Alternative kann sich jedoch über zwingende verfassungsrechtliche Vorgaben hinwegsetzen, wenn sie verfassungsrechtlich zulässig in die (Besteuerungs)Praxis umgesetzt werden soll. Verfassungsrecht hat strikten Vorrang vor jeder abweichenden ökonomischen Beurteilung/Wertung. Damit

21 *Peter Bareis,* StuW 1991, 38 ff.; *ders.,* DStR 1991, 139 ff., 1434 ff.; *ders.,* FR 1991, 405 ff.; *Dieter Schneider,* StuW 1984, 356 ff.; *ders.,* Grundzüge der Unternehmensbesteuerung, 3. Auflage, 1990, S. 133 ff.; *ders.,* DB 1992, 1737; ferner: *Enno Biergans,* Einkommensteuer und Steuerbilanz, 5. Auflage, 1992, S. 13; *Enno Biergans/Claudius Wasmer,* FR 1985, 57 ff.

22 *Peter Bareis,* a.a.O. (Fn. 21). Vgl. auch die Nachweise bei *Klaus Tipke,* Die Steuerrechtsordnung, a.a.O. (Fn. 6), S. 676 ff.

23 Wie das Bundesverfassungsgericht z.B. (für die betriebswirtschaftliche Steuerlehre) *Dieter Dziadkowski,* BB 1991, 805 ff.; *ders.,* DStR 1991, 8 (10) sowie (für die Finanzwissenschaft) *Stefan Bach,* StuW 1991, 116 (122 f.) m.w.N.

24 *Klaus Tipke,* Die Steuerrechtsordnung, a.a.O. (Fn. 6), S. 679.

muß die Ökonomie „leben", – oder auf eine Änderung der Verfassung hinwirken.

Aus der – allein entscheidenden – verfassungsrechtlichen Sicht ergibt sich jedoch folgendes:

- Die Besteuerung ist staatlicher Eingriff[25], der ein „Zugriffsobjekt" i.S. finanzieller Leistungsfähigkeit voraussetzt[26]. Ohne Leistungsfähigkeit ist eine Besteuerung als staatlicher Eingriff definitionsgemäß ausgeschlossen; der Eingriff ist schon deshalb verfassungswidrig, weil er zur Zweckerreichung ungeeignet sein muß (Übermaßverbot). Das Leistungsfähigkeitsprinzip ist folglich eine ebenso notwendige wie unverzichtbare Grundregel jeder staatlichen Besteuerung; es hat eine „verfassungsrechtliche Schlüsselrolle", um „die grundrechtlichen Freiheitselemente der Privatnützigkeit, Privatautonomie, Belastungszumutbarkeit sowie die grundrechtliche und die soziale Gleichheit zu praktischer Konvergenz zu bringen"[27]. Daß die Besteuerung gleichmäßig sein (Art. 3 Abs. 1 GG), Belastungsgerechtigkeit wahren und – im hier behandelten Zusammenhang – zusätzlich Art. 6 Abs. 1 GG, insbesondere das Benachteiligungsverbot dieser Verfassungsvorschrift[28], beachten muß, steht (einerseits) außer Frage, kann aber (andererseits) nicht in Frage stellen, daß zunächst und überhaupt Leistungsfähigkeit vorhanden sein muß, um – auch und zugleich – gleichmäßig besteuern zu können.

  Damit sind auch vereinzelte Versuche der betriebswirtschaftlichen Steuerlehre, das Leistungsfähigkeitsprinzip als „überholtes Besteuerungsprinzip" zu disqualifizieren und „Neutralität" zum allein maßgeblichen „Besteuerungsideal" zu erheben[29], von vornherein untauglich, weil der in jeder Besteuerung liegende staatliche Eingriff nicht gesehen, der entscheidende verfassungsrechtliche „Hintergrund" nicht verstanden wird. Besteuerung nach der Leistungsfähigkeit ist ein verfassungsrechtlich zwingendes Besteuerungsprinzip. Neutralität kann nur ein zusätzliches Kriterium für eine leistungsfähigkeitskonforme Besteuerung sein.

- Aus Art. 1 Abs. 1 i.V. mit Art. 20 Abs. 1, 3 Abs. 1 und 6 Abs. 1 GG folgt eine strikte Schranke für die steuerliche Behandlung des familiären Existenzminimums[30]: Das Familienexistenzminimum ist kein besteuerba-

25 *Franz Klein,* FS für W. Zeidler, a.a.O. (Fn. 1), 773 (777); vgl. ferner *Martin Moderegger,* a.a.O. (Fn. 6), S. 76.

26 *Hartmut Söhn,* Finanz-Archiv Bd. 46 n.F. (1988), 154 (161 f.). Vgl. auch *Rolf Wittmann,* Das Markteinkommen, 1992, S. 94 f.

27 *Josef Isensee,* Sitzungsberichte N des 57. Deutschen Juristentags, 1988, N 32 (37).

28 Vgl. dazu z.B. *Franz Klein,* FS für W. Zeidler, a.a.O. (Fn. 1), 773 (777); *Martin Moderegger,* a.a.O. (Fn. 6), S. 28 ff. jeweils m.w.N.

29 So *Franz W. Wagner,* StuW 1992, 2 ff.

30 BVerfG vom 29. Mai 1990, a.a.O., S. 85 ff.; ebenso *Heinz-Jürgen Pezzer,* FS für W. Zeidler, a.a.O. (Fn. 3), 757 (764).

res Einkommen[31]. Ein verfassungsrechtlich zulässiger Steuereingriff wird „konkret begrenzt", weil insoweit von vornherein und notwendig Leistungsfähigkeit fehlt. Wenn die Rechtsordnung Eltern verpflichtet, das Existenzminimum ihrer Kinder zu finanzieren[32], können die Eigenmittel, die hierfür „kraft bindenden Rechtsbehelfs" verwendet werden müssen, keinem staatlichen Besteuerungseingriff mehr unterliegen[33], weil sie nicht mehr für Steuerzahlungszwecke zur Verfügung stehen (können). Das „Zugriffsobjekt" für einen steuerlichen Eingriff (besteuerbares Einkommen der Eltern) fehlt. Ob Bedürftigkeit der Kinder vorliegt, ist irrelevant; über Familien- oder Sozialpolitik ist nicht zu entscheiden[34].

Daß der Staat seinen Verpflichtungen als Sozialstaat nachkommt, kann die Nichtsteuerbarkeit des Familienexistenzminimums nicht in Frage stellen[35]. Dem Steuerstaat ist es verwehrt, einen Bürger zunächst durch einen steuerlichen Eingriff zum „Sozialfall" zu machen und anschließend als Leistungsstaat durch sozialstaatliche Hilfemaßnahmen das Existenzminimum zu sichern. Eigenleistung und Eigentumsschutz haben Vorrang vor staatlicher Hilfe und staatlichem Eigentumsersatz[36]. „Steuerverschonung geht vor Sozialleistung"[37]. Sozialrechtliche Bedürftigkeit darf nicht durch das Steuerrecht geschaffen und das grundrechtlich sanktionierte Subsidiaritätsprinzip nicht verletzt, die grundsätzliche Nachrangigkeit staatlicher Sozialhilfe nicht unterlaufen werden[38]. Oder noch anders: In verfassungsrechtlicher Sicht ist der Einsatz selbsterwirtschafteter Mittel für den Unterhalt eigener Kinder „qualitativ" etwas anderes („aliud") als eine Finanzierung mit staatlichen Transfers nach einer vorherigen Entziehung der Eigenmittel durch Besteuerung; vom Staat Empfangenes vermittelt a priori nicht das gleiche Maß an individueller Freiheit wie das Selbsterworbene[39]. Ökonomisch mögen

---

31 Das Bundesverfassungsgericht (BVerfG vom 29. Mai 1990, a.a.O.) spricht z.T. ungenau von der „Steuerfreiheit" des Existenzminimums; richtig muß es „Nichtsteuerbarkeit" heißen (*Dieter Dziadkowski*, DStR 1991, 8 [9]). Vgl. auch *Günther Felix*, DStZ/A 1990, 471 (472: „Nichtantastbarkeitstheorie"), ferner FG Bad.-Württ. vom 2. September 1986 I K 337/85, EFG 1987, 33.

32 Ebenso i.E. *Roland Jüptner*, StVj 1990, 307 (316); *Wilhelm Oepen*, DStZ/A 1992, 684 (688); vgl. ferner *Bernhard Janssen*, DStZ/A 1991, 13 (23).

33 *Klaus Tipke*, StuW 1993, 8 (16).

34 *Klaus Tipke*, a.a.O. (Fn. 33).

35 *Franz Klein*, BayVBl 1980, 527 (532); *Wilhelm Oepen*, DStZ/A 1992, 684 (685).

36 *Karl Heinrich Friauf*, VDStjG 1989, 3 (30); *Josef Isensee*, Sitzungsberichte N des 57. Deutschen Juristentags, 1988, N 32 (42); *Paul Kirchhof*, in: Kirchhof/Söhn, a.a.O. (Fn. 6), § 2 Rz. A 283.

37 *Klaus Tipke*, Die Steuerrechtsordnung, a.a.O. (Fn. 6), S. 679; *ders.*, StuW 1993, 8 (16).

38 *Karl Heinrich Friauf*, a.a.O. (Fn. 36); *Josef Isensee*, a.a.O. (Fn. 36); *Paul Kirchhof*, JZ 1982, 305 (308 f.); *ders.*, in: Kirchhof/Söhn, a.a.O. (Fn. 6), § 2 Rz. A 283; *Joachim Lang*, StuW 1983, 103 (121); *Heinz-Jürgen Pezzer*, FS für W. Zeidler, a.a.O. (Fn. 3), 757 (765).

39 *Paul Kirchhof*, JZ 1982, 305 (306); *Hartmut Söhn*, Finanz-Archiv Bd. 46 n.F. (1988), 154 (170 f.). Vgl. ferner *Klaus Vogel*, Der Finanz- und Steuerstaat, in:

„Verfügungsbeträge" („was der Bürger bar auf der Hand hat"), entscheidend sein. Verfassungsrecht erlaubt jedoch keine rein quantitative, sondern verlangt eine qualitative Betrachtungsweise. Deshalb ist die Kritik von *Bareis*[40] schon im Ansatz verfassungsrechtlich „unhaltbar".

- Die Nichtsteuerbarkeit des Familienexistenzminimums gilt für „arme und reiche Eltern" gleichermaßen (unabhängig von der Einkommenshöhe)[41]. Denn eine steuerliche Nichtberücksichtigung zwangsläufiger Unterhaltsaufwendungen für Kinder verletzt jedenfalls das Gebot horizontaler Steuergerechtigkeit, weil Steuerpflichtige mit Kindern im Verhältnis zu Steuerpflichtigen ohne Kinder bei gleicher Einkommensstufe gleich hoch belastet würden, obwohl Eltern mit Kindern weniger leistungsfähig sind.

III. Wahlfreiheit zwischen Kinderfreibetrag und Kindergeld?

Franz Klein ist der Ansicht, der Gesetzgeber sei zwar nicht gehindert, die mit Ehe und Familie verbundenen finanziellen Nachteile auch durch sozialrechtliche Maßnahmen „auszugleichen". Vorrang müsse jedoch die steuerliche Berücksichtigung besitzen, da einer freiheitlichen Rechtsordnung der Verzicht auf den Steuereingriff eher entspreche „als die weitreichende Abschöpfung und Rückverteilung von Finanzmitteln durch den Staat"[42]. Das Bundesverfassungsgericht hat es demgegenüber dem Gesetzgeber freigestellt, die kinderbedingte Minderung der Leistungsfähigkeit entweder im Steuerrecht zu berücksichtigen oder ihr stattdessen im Sozialrecht durch die Gewährung eines dafür ausreichenden Kindergeldes Rechnung zu tragen oder auch eine Entlastung im Steuerrecht und eine

Handbuch des Staatsrechts, Bd. I: Grundlagen von Staat und Verfassung, 1987, Rz. 13, 18.

40 Vgl. die Nachweise in Fn. 21.

41 BVerfG vom 29. Mai 1990, a.a.O., S. 86; vgl. bereits *Heinz-Jürgen Pezzer*, FS für W. Zeidler, a.a.O. (Fn. 3), 757 (767); *ders.*, StuW 1989, 219 (224); *Wolfgang Zeidler*, in: Handbuch des Verfassungsrechts der Bundesrepublik Deutschland, 1983, 555 (604).

42 *Franz Klein*, FS für W. Zeidler, a.a.O. (Fn. 1), 773 (780) m.N.; *Heinz-Jürgen Pezzer* (FS für W. Zeidler, a.a.O. [Fn. 3], 757 [760, 770]; *ders.*, StuW 1989, 219 [221, 225]) meint weitergehend, der Gesetzgeber habe die Freiheit, Umstände die die Leistungsfähigkeit minderten, ausnahmsweise im Steuerrecht nicht oder nur am Rand zu berücksichtigen und sie stattdessen als förderungswürdige Tatbestände des Sozialrechts zu definieren. Das sei zwar aus der Sicht der Steuerrechtswissenschaft nicht sachgerecht, weil es dem Leistungsfähigkeitsprinzip widerspreche, von Verfassungs wegen aber solange unbedenklich, als das Sozialrecht für den übermäßigen Zugriff des Steuerrechts einen angemessenen Ausgleich schaffe. Sozialrecht und Steuerrecht seien „austauschbare Mittel". Es gehöre zur Gestaltungsfreiheit des Gesetzgebers, die Steuerfreiheit des Existenzminimums durch „Entlastungen im Steuerrecht, kombiniert mit Kindergeldzahlungen" zu erreichen.

solche durch Kindergeld miteinander zu kombinieren[43]. Werde die kindesbedingte Minderung der Leistungsfähigkeit ausschließlich im Steuerrecht berücksichtigt, habe ein etwaiges Kindergeld nur noch die Funktion einer allgemeinen Sozialleistung. Falls das Kindergeld zusätzlich die Funktion besitze, einen Ausgleich für eine unzureichende steuerliche Berücksichtigung (zu niedriger Kinderfreibetrag) zu schaffen, müsse das Kindergeld für die verfassungsrechtliche Prüfung in einen fiktiven Kinderfreibetrag umgerechnet und dann zusammen mit dem im Einkommensteuerrecht enthaltenen Freibetrag dem Betrag des Existenzminimums gegenübergestellt werden[44].

Daß das Bundesverfassungsgericht immerhin eine „deutliche Präferenz für den Kinderfreibetrag" erkennen läßt[45], mag sein. Dennoch muß es verwundern, daß die frühere Rechtsprechung nicht in Frage gestellt, sondern einfach fortgeführt worden ist[46]. Wenn (nach Ansicht des Bundesverfassungsgerichts) Besteuerung nach der subjektiven Leistungsfähigkeit verfassungsrechtlich vorgegeben ist, das für das Existenzminimum eines Kindes benötigte Einkommen kein besteuerbares Einkommen sein kann, nicht entzogen werden darf und eine gleich hohe steuerliche Belastung von Steuerpflichtigen mit und Steuerpflichtigen ohne Kinder das Postulat horizontaler Steuergerechtigkeit verletzt, ist eine Besteuerung ohne Kinderfreibeträge nicht nur nicht leistungsfähigkeitskonform, sondern ein verfassungswidriger Steuereingriff. Kindergeldlösungen statt Kinderfreibeträge sind als solche „tendenziell" verfassungswidrig[47]. Sozialleistungen können zwar eine solche verfassungswidrige Besteuerung „finanziell ausgleichen" („Quasi-Entschädigung"), aber nicht die Verfassungswidrigkeit des Besteuerungseingriffs heilen[48]. Bloße finanzielle Kompensation kann keine beliebig austauschbare Alternative sein[49].

Hinzu kommt: Das Bundesverfassungsgericht bezeichnet es als „inkonsequent", wenn der Staat den Bürgern die für die Unterstützung der unterhaltsbedürftigen Familienmitglieder benötigten Mittel durch Besteuerung zunächst entzieht, um sie anschließend durch staatliche Kindergeldlei-

43 BVerfG vom 29. Mai 1990, a.a.O., S. 84 unter Hinweis auf BVerfG vom 23. November 1976, a.a.O., S. 123 f.; BVerfG vom 3. November 1982 1 BvR 620/78 u.a., BVerfGE 61, 319 (354). Ebenso die Amtliche Begründung des Haushaltsbegleitgesetzes 1983, BT-Drs. 9/2140, S. 66.

44 Dazu unter sub IV 2.

45 So die Wertung durch *Roland Jüptner,* StVj 1990, 307 (309).

46 Kritisch bereits *Joachim Lang,* StuW 1990, 331 (339).

47 *Roland Jüptner,* StVj 1990, 307 (310). Die Behauptung, daß eine reine Kindergeldlösung „ihre Wurzel im Steuerrecht" habe (so *Edgar Meister,* DStZ/A 1991, 673 [676]), stellt die Dinge auf den Kopf.

48 *Karl Heinrich Friauf,* VDStjG 1989, 3 (30 f.); *Josef Isensee,* Der Sozialstaat in der Wirtschaftskrise. Der Kampf um die sozialen Besitzstände und die Normen der Verfassung, in: FS für J. Broermann, 1982, S. 365 (384); *Paul Kirchhof,* in: Kirchhof/Söhn, a.a.O. (Fn. 6), § 2 Rz. A 283; *Hartmut Söhn,* Finanz-Archiv Bd. 46 n.F. (1988), 154 (170).

49 *Hartmut Söhn,* a.a.O. (Fn. 48).

stungen wieder „auszuschütten"[50]. Das ist sicherlich richtig. Die entscheidende Frage muß aber lauten: Ist ein solcher „Umweg" verfassungsrechtlich zulässig[51]? Kann das Kindergeld „Existenzminimumfunktion" im Steuerrecht übernehmen[52]? Das ist tatsächlich nicht der Fall. Wenn das selbst erwirtschaftete Familieneinkommen der Höhe nach nur dem sozialhilferechtlichen Familienexistenzminimum entspricht, erhellt dies unschwer[53]. Art. 1 Abs. 1 GG ist (auch) eine „richtungsweisende Wertentscheidung", die die gesetzgeberische Gestaltungsfreiheit begrenzt[54]: Im Sinne des obersten Konstitutionsprinzips der „Würde des Menschen" ist „die engere persönliche Lebenssphäre und die Erhaltung ihrer Grundbedingungen" gewährleistet (allgemeines Persönlichkeitsrecht)[55]. Zur geschützten Selbstbestimmtheit eines Menschen gehört es (auch), daß die existenzsichernden Aufwendungen für unterhaltsbedürftige Kinder aus selbst erwirtschafteten Mitteln aufgebracht werden können (dürfen) und nicht durch Wegbesteuerung der eigenen Mittel soziale Bedürftigkeit eintritt, mit der Folge, daß zur Existenzsicherung der Kinder Sozialhilfe in Anspruch genommen werden muß[56]. Eine Besteuerung, die soziale Bedürftigkeit herbeiführt, die den Einzelnen zum bloßen Objekt staatlichen Handelns macht, ist verfassungswidrig[57] und nicht nur eine verfassungsrechtlich folgenlose „Torheit"[58]. Der Steuerstaat muß den Bürger als „eigenständig und selbstverantwortlich" respektieren[59]; verfassungsrechtlich gilt der Primat der Selbstverantwortung[60]; das für das familiäre Existenzminimum Erworbene darf deshalb nicht besteuerbar sein[61]. Entspre-

---

50 BVerfG vom 29. Mai 1990, a.a.O., S. 86.

51 *Roland Jüptner,* StVj 1990, 307 (310); *ders.,* Leistungsfähigkeit und Veranlassung, 1989, S. 79 m.w.N.

52 *Joachim Lang,* StuW 1990, 331 (339).

53 *Wolfgang Löwer,* StVj 1991, 97 (101 ff.).

54 *Wolfgang Löwer,* a.a.O. (Fn. 53), 102; *Reinhold Zippelius,* Bonner Kommentar zum Grundgesetz, Art. 1 Abs. 1, 2 (Drittbearbeitung), Rz. 102 m.w.N.

55 BVerfG vom 13. Mai 1986 1 BvR 1542/84, BVerfGE 72, 155 (170).

56 *Martin Moderegger,* a.a.O. (Fn. 6), S. 81 ff.; *Heinz-Jürgen Pezzer,* FS für W. Zeidler, a.a.O. (Fn. 3), 757 (765); *Wolfgang Löwer,* a.a.O. (Fn. 54); *Hartmut Söhn,* Finanz-Archiv Bd. 46 n.F. (1988), 154 (162 f.).

57 *Roland Jüptner,* StVj 1990, 307 (310); *Wolfgang Löwer,* a.a.O. (Fn. 53), 104. Selbst erwirtschaftete, indisponible Mittel können auch nicht mehr i.S. des Art. 14 Abs. 2 GG „zugleich" dem Wohle der Allgemeinheit dienen; sie müssen dem Eigentümer belassen werden (*Wolfgang Löwer,* a.a.O. (Fn. 53), 103 m.w.N., ebenda auch m.N. zu den Besteuerungsgrenzen aus Art. 12 Abs. 1 GG).

58 *Wolfgang Löwer,* a.a.O. (Fn. 53), 103 gegen *Roman Herzog,* DStZ/A 1988, 287 (291).

59 BVerfG vom 3. November 1982 1 BvR 620/78 u.a., BVerfGE 61, 319.

60 *Klaus Tipke,* StuW 1989, 191 (308); *Günther Felix,* DStZ/A 1990, 471 (472: „Steuerstaat geht vor Sozialstaat"). Vgl. ferner *Lothar Schemmel,* Kinderfreibetrag und Grundgesetz, Karl-Bräuer-Institut des Bundes der Steuerzahler, Heft 64, 1989, passim.

61 *Heinz-Jürgen Pezzer,* FS für W. Zeidler, a.a.O. (Fn. 3), 757 (765); ferner *Ernst Benda,* in: Handbuch des Verfassungsrechts der Bundesrepublik Deutschland, 1983, 477 (529).

chend verlangt das grundrechtlich sanktionierte Subsidiaritätsprinzip, der „Selbsthilfe innerhalb des engeren Familienverbandes den höheren Rang beizumessen"[62]; erst und nur wenn ausreichende Eigenmittel fehlen, darf staatliche Förderung eingreifen. Oder noch anders ausgedrückt: Die Existenzsicherung der Familie durch selbsterwirtschaftete Mittel ist in verfassungsrechtlicher Sicht „qualitativ" etwas anderes als eine durch die Wegbesteuerung der Eigenmittel notwendig werdende Finanzierung durch Sozialhilfe[63]. Der Kinderfreibetrag ist ein verfassungsrechtlich stringenter Bestandteil des Besteuerungstatbestandes[64]. Kinderfreibetrag und Kindergeld sind keine beliebig austauschbaren Mittel, Steuerrecht und Sozialrecht nicht „zwei Seiten derselben Medaille"[65], die „gleiche Maßstäbe" anlegen müssen. Eine (Ver)Bindung besteht lediglich in der Richtung (einseitig), daß das nichtsteuerbare familiäre Existenzminimum keinesfalls niedriger sein darf als das sozialhilferechtliche Familienexistenzminimum – ein Unterschreiten indiziert Verfassungswidrigkeit –, aber höher sein kann und bei einer Orientierung am „Menschenbild des Grundgesetzes" auch deutlich höher sein muß[66, 67].

IV. Bemessung des Kinderfreibetrags

1. Steuerliches Existenzminimum und zivilrechtliche Unterhaltspflicht

Franz Klein hat mehrfach die Forderung erhoben[68], ein Kinderfreibetrag dürfe unbeschadet zulässiger Typisierungen und Pauschalierungen nicht „unter der zivilrechtlichen Mindestbelastung" der Eltern (§§ 1601, 1602 ff., 1610 BGB; §§ 1615a–1615g BGB) liegen; die verfassungsrechtlich relevante Minderung der Leistungsfähigkeit könne nur „aus den zivilrechtlichen Unterhaltstabellen abgelesen werden"[69]. Das „Gebot der

62 *Wolfgang Zeidler,* in: Handbuch des Verfassungsrechts der Bundesrepublik Deutschland, 1983, 555 (604).

63 Soweit das Einkommen (nach Steuern) höher ist als das sozialhilferechtliche Existenzminimum, verbleiben dem Besteuerten zwar Eigenmittel zur familiären Existenzsicherung, die Nichtsteuerbarkeit des Familienexistenzminimums folgt aber jedenfalls aus Art. 3 Abs. 1 GG (horizontale Steuergerechtigkeit, vgl. oben sub II 1).

64 *Joachim Lang,* StuW 1990, 331 (339).

65 A.A.: *Heinz-Jürgen Pezzer,* StuW 1989, 219 (225).

66 *Josef Isensee,* Sitzungsberichte N des 57. Deutschen Juristentags, 1988, N 32 (43); *Lothar Schemmel,* DStZ/A 1991, 481 (489) m.w.N.

67 Vgl. auch den Beschluß der steuerrechtlichen Abteilung des 57. Deutschen Juristentags, Sitzungsberichte N, 1988, N 215: „Das steuerliche Existenzminimum darf von Verfassungs wegen nicht unter dem sozialrechtlichen, sondern muß um der Grundrechte willen deutlich über diesem liegen."

68 *Franz Klein,* FS für W. Zeidler, a.a.O. (Fn. 1), S. 773 (795); *ders.,* DStR 1987, 779 (782); ferner bereits *ders.,* BayVBl 1974, 1 (2).

69 Ebenso: *Roland Jüptner,* StVj 1990, 307 (313); *Joachim Lang,* StuW 1983, 103 (110); *Martin Moderegger,* a.a.O (Fn. 6), S. 88 f.; *Klaus Vogel,* DStR 1977, 31 (41); *ders.,* StuW 1984, 197 (203).

Steuergerechtigkeit" verlange einen „vollen Abzug der Kinderlasten"[70]. Wenn (und weil) das Zivilrecht Unterhaltsleistungen für Kinder festlege, die über den Sozialhilfesätzen liegen und die Nichterfüllung der zivilrechtlichen Zahlungspflichten unter Strafe stelle (§ 170b StGB), dann sei es ein Gebot der Systemgerechtigkeit, den steuerlichen Abzug in der zivilrechtlich geschuldeten Höhe zuzulassen. „Sinnvoll" sei insofern eine einheitliche Festlegung der zivilrechtlichen und der steuerrechtlichen Abzugsbeträge. Der Gesetzgeber dürfe zwar weitgehend pauschalieren, die Festlegungen dürften aber nicht realitätsfremd sein[71].

Das Bundesverfassungsgericht ist dieser Auffassung nicht gefolgt: Zwar wird die frühere Gesamtbetrachtung „kindesbedingter Entlastungsmaßnahmen und Sachleistungen des Staates"[72] aufgegeben und festgestellt, daß staatliche Aufwendungen für die Einrichtung eines Schul-, Bildungs- und Ausbildungssystems o.ä. höhere Aufwendungen der Eltern verhindern[73], aber nicht die Nichtsteuerbarkeit des kindesbedingten Existenzminimums in Frage stellen können und daß sonstige „kindesbedingte Erleichterungen" im Steuerrecht und in anderen Gesetzen lediglich „Sonderbelastungen" berücksichtigen bzw. von besonderen Bedingungen abhängen, die nicht bei jedem Steuerpflichtigen mit Kindern gegeben sind, so daß sie die „allgemeinen Unterhaltskosten" von Eltern nicht berühren[74]. Der 1. Senat stellt jedoch im übrigen folgendes fest: Aus Gründen der Praktikabilität könne das Existenzminimum eines Kindes bei der Besteuerung in einem einheitlichen Betrag berücksichtigt werden, der von Verfassungs wegen auch nicht zwingend nach Altersgruppen gestaffelt werden müsse. Der Betrag müsse zwar so bemessen sein, daß er „in möglichst allen Fällen" den entsprechenden Bedarf abdecke. Jedoch folge weder aus Art. 3 Abs. 1 noch aus Art. 6 Abs. 1 GG, daß der Gesetzgeber die Unterhaltsleistungen für Kinder in voller Höhe des bürgerlich-rechtlichen Unterhaltsanspruchs, der sich regelmäßig nach der Lebensstellung der Eltern bestimme, berücksichtigen müsse. Eine individuelle Bemessung des Entlastungsbetrags scheide schon deshalb aus, weil dadurch das Besteuerungsverfahren unverhältnismäßig erschwert würde. Es sei aber auch sachlich nicht geboten, die steuerliche Entlastung für kindesbedingte Aufwendungen am bürgerlich-rechtlichen Unterhalt auszurichten und sie damit letztlich nach dem sozialen Status der einzelnen Familie zu bestimmen. „Dabei" sei zu berücksichtigen, daß der Staat beim unterhaltsberechtigten Kind auf eine Besteuerung des Unterhalts – die verfassungsrechtlich zulässig wäre, soweit der Unterhalt das Existenzminimum

70 *Franz Klein*, a.a.O. (Fn. 68).

71 Dazu insbesondere BVerfG vom 22. Februar 1984 1 BvL 10/80, BVerfGE 66, 214 (223); *Klaus Vogel*, StuW 1984, 197 ff. m.w.N.

72 BVerfG vom 23. November 1976 1 BvR 150/75, BVerfGE 43, 108 (121 f.).

73 So bereits *Franz Klein*, FS für W. Zeidler, a.a.O. (Fn. 1), 773 (789); *Heinz-Jürgen Pezzer*, FS für W. Zeidler, a.a.O. (Fn. 3), 757 (760).

74 BVerfG vom 29. Mai 1990, a.a.O., S. 88 f.

übersteigt – verzichte und damit das Nettoeinkommen der Eltern „ungeschmälert der Familie als Bedarfs- und Versorgungsgemeinschaft" verbleibe[75].

Diese Begründung ist schon in sich nicht schlüssig. Zwar werden Unterhaltsleistungen bei den Unterhaltsempfängern (Kinder) nicht besteuert, das Einkommen des „Familienverbandes" bleibt jedoch (regelmäßig) nicht „ungeschmälert", weil die steuerliche Mehrbelastung der progressiv besteuerten Eltern durch die Nichtabzugsfähigkeit der bürgerlich-rechtlich geschuldeten Unterhaltsleistungen größer ist als eine steuerliche Belastung der Unterhaltsleistungen bei den (regelmäßig) niedrig besteuerten Kindern[76].

Zudem ist die Begründung des Bundesverfassungsgerichts mit dem Grundsatz der Individualbesteuerung unvereinbar; sie widerspricht der personalen Rechtsnatur der Einkommensteuer. Die Nichtbesteuerung von Unterhaltsleistungen beim Empfänger widerstreitet zwar dem System einer am Leistungsfähigkeitsprinzip orientierten Besteuerung. Eine systemwidrige Nichterfassung steuerlicher Leistungsfähigkeit der Kinder rechtfertigt jedoch keine „Überbesteuerung" unterhaltspflichtiger Eltern. Kinder und Eltern werden jeweils für sich besteuert (Grundsatz der Individualbesteuerung). Soweit Eltern Unterhalt leisten müssen, ist die subjektive Leistungsfähigkeit der Eltern gemindert; das muß (und kann nur) bei der Besteuerung der Eltern berücksichtigt werden. Die Nichtberücksichtigung der Unterhaltspflichten bedeutet einen Steuereingriff in eine tatsächlich (so) nicht (mehr) vorhandene Bemessungsgrundlage, zu einer Belastung nicht disponiblen Einkommens[77]. Das widerspricht einer leistungsfähigkeitskonformen Besteuerung der Eltern[78], einerlei, ob die Unterhaltsempfänger (Kinder) die Unterhaltsleistungen versteuern oder nicht, und dem Grundsatz horizontaler Steuergerechtigkeit[79]. Das Bundesverfassungsgericht argumentiert der Sache nach mit einem Korrespondenzprinzip („was der Empfänger nicht versteuern muß, darf der Geber nicht abziehen"), das sich zwar im geltenden Einkommensteuerrecht findet, aber mit dem Grundsatz der Individualbesteuerung unvereinbar ist: Jeder Steuerpflichtige ist nach seiner Leistungsfähigkeit zu besteuern[80]. Deshalb ist an der Forderung des Jubilars, die Unterhaltsleistungen für Kinder zwar pauschaliert, aber im bürgerlich-rechtlichen Umfang von der Bemessungsgrundlage abzuziehen, festzuhalten. Unterhaltsleistungen

75 BVerfG vom 29. Mai 1990, a.a.O., S. 91.

76 *Roland Jüptner*, StVj 1990, 307 (313); *Bernhard Paus*, Inf. 1990, 394 (398).

77 Ebenso: *Bernhard Paus*, a.a.O. (Fn. 76).

78 *Hartmut Söhn*, StuW 1985, 395 (406); *ders.*, StuW 1986, 324 (331).

79 *Roland Jüptner*, StVj 1990, 307 (314).

80 Vgl. bereits *Hartmut Söhn*, StuW 1985, 395 (406); ferner: *Bernhard Paus*, Inf. 1990, 394 (397 f.); *Heinz-Jürgen Pezzer*, FS für W. Zeidler, a.a.O. (Fn. 3), 757 (766 f.); aber auch *Josef Isensee*, Sitzungsberichte N des 57. Deutschen Juristentags, 1988, N 32 (58).

müssen versteuert, die Vorschläge für eine „Familiensplittung"[81] sollten weiterverfolgt werden.

2. Umrechnung von Kindergeld in einen Kinderfreibetrag

Wenn man – mit dem Bundesverfassungsgericht – die partielle Ersetzung eines Kinderfreibetrags durch ein Kindergeld[82] für verfassungsrechtlich zulässig (ausreichend) hält, stellt sich die Frage, ob die in diesem Fall von Verfassungs wegen notwendige Umrechnung eines Kindergeldes in einen fiktiven Kinderfreibetrag zu einer zutreffenden Berücksichtigung der kindesbedingten Unterhaltsaufwendungen führt[83]. Nach Ansicht des Bundesverfassungsgerichts kann das Existenzminimum bei der Besteuerung aus Gründen der Praktikabilität in einem einheitlichen Betrag berücksichtigt werden[84]. Im übrigen hat der 1. Senat lediglich Umrechnungen mit drei verschiedenen Steuersätzen (30, 40 und 56 v.H.) durchgeführt[85] und allgemein verlangt, daß das Existenzminimum nach einer Umrech-

81 *Franz Klein* hat ein Familiensplitting durch Erweiterung des Ehegattensplittings durch zusätzliche Splittingdivisoren für jedes Kind vorgeschlagen (Festschrift für W. Zeidler, a.a.O. [Fn. 1], S. 773 [783]; DStR 1987, 779 [783]; vgl. ferner: *Johann Wilhelm Gaddum*, Steuerreform: Einfach und Gerecht – Für ein besseres Einkommensteuerrecht, 1986, S. 43 ff.; *Heinz Haller*, Besteuerung der Familieneinkommen und Familienlastenausgleich, 1981, S. 34; *Wiss. Beirat* beim Bundesministerium der Finanzen, Gutachten zur Reform der direkten Steuern, 1967, S. 32 ff.; ablehnend *Josef Isensee*, Sitzungsberichte N des 57. Deutschen Juristentags, 1988, N 32 [58]); *Joachim Lang* (StuW 1983, 103 [110 ff.]; StuW 1990, 331 [343 ff.]) ein Familiensplitting in Form eines „Realsplittings" (vgl. ferner *Heinz-Jürgen Pezzer*, FS für W. Zeidler, a.a.O. (Fn. 3), 757 [766]; kritisch [wegen praktischer Umsetzungsschwierigkeiten]: *Franz Klein*, FS für W. Zeidler, a.a.O. [Fn. 1], 773 [800]; *Klaus Tipke*, StuW 1984, 127 [128]). Vgl. ferner StuW 1992, 195 (Familienverbände zur Strukturreform der Familienbesteuerung), die Ankündigungen der Bundesregierung, ein Familiensplitting einzuführen (Berichte und Dokumentationen des Presse- und Informationsamtes der Bundesregierung, 1982, S. 44; BT-Drs. 9/2140, S. 66) sowie zu den Vorschlägen insgesamt *Martin Moderegger*, a.a.O. (Fn. 6), S. 161 ff. m.w.N.

82 Eine reine Kindergeldlösung hat das Bundesverfassungsgericht zwar nicht im einzelnen geprüft, aber auch nicht ausgeschlossen. Für eine völlige Ersetzung der Kinderfreibeträge durch ein einheitliches Kindergeld tritt insbesondere die SPD ein (vgl. z.B. *Ingrid Matthäus-Maier*, ZRP 1988, 252 ff.).

83 Verneinend z.B. *Hartmut Ross*, DStZ/A 1990, 611 (612).

84 BVerfG vom 29. Mai 1990, a.a.O., S. 91. Vgl. aber auch *Joachim Lang*, StuW 1990, 331 (340): Jede Abweichung von dem im Einzelfall anzuwendenden Steuersatz bewirkt Diskriminierung oder Privilegierung.

85 BVerfG vom 29. Mai 1990, a.a.O., S. 95 f. In mehreren Nichtannahme-Beschlüssen des Bundesverfassungsgerichts (BVerfG vom 9. Februar 1988 1 BvR 116/87, StRK EStG 1975 Allg. R. 40; BVerfG vom 6. April 1988 1 BvR 146/88, StRK FGO § 69 R. 283; BVerfG vom 25. April 1988 1 BvR 807/87, StRK EStG 1975 Allg. R. 41; BVerfG vom 29. April 1988 1 BvR 250/88, StRK EStG Allg. R. 42) war – ohne überzeugende Begründung (*Joachim Kanzler*, FR 1990, 457 [458]) – der Eingangssteuersatz zugrundegelegt worden (hiergegen bereits *Heinz-Jürgen Pezzer*, StuW 1989, 219 [222]).

nung des Kindergeldes „in möglichst allen Fällen" den entsprechenden Bedarf abdecken müsse[86]. In der anschließenden Diskussion ist z.T. ein Umrechnungssatz von 40 v.H. für zulässig (ausreichend) gehalten worden[87]. Grundsätzlich gilt jedoch folgendes: Soll ein Verstoß gegen das Gebot horizontaler Gerechtigkeit vermieden werden, muß der steuerliche Kinderfreibetrag zusammen mit dem in einen fiktiven Kinderfreibetrag umgerechneten Kindergeld „in möglichst allen Fällen" der Minderung der Leistungsfähigkeit von Steuerpflichtigen mit Kindern in Höhe des Existenzminimums der Kinder Rechnung tragen. Bei einem unzureichenden steuerlichen Kinderfreibetrag muß folglich das umzurechnende Kindergeld so bemessen sein, daß auch noch bei Steuerpflichtigen mit dem höchsten Grenzsteuersatz die Aufwendungen für das kindesbedingte Existenzminimum erreicht werden[88], die Umrechnung daher mit dem jeweiligen Spitzensteuersatz erfolgen[89]. Das bedeutet, daß das – einen fehlenden/unzureichenden steuerlichen Kinderfreibetrag ersetzende/ergänzende – Kindergeld entweder mit höherem Einkommen der Eltern steigen müßte („Staffelung des Kindergeldes nach der Höhe des Einkommens der Eltern")[90] oder in Kauf genommen wird, daß das – einheitliche – Kindergeld für alle Steuerpflichtigen, die nicht mit dem höchsten Grenzsteuersatz besteuert werden, eine mit wachsendem Einkommen abnehmende Funktion einer staatlichen Sozialleistung hat. Ob man das will, ist hier nicht zu entscheiden, ob eine solche Lösung finanzierbar wäre, sehr fraglich[91]. Jedenfalls erhellt, daß ein Kindergeld, das partiell oder zur Gänze einen unzureichenden oder fehlenden steuerlichen Kinderfreibetrag ausgleichen soll, diese „Kompensationsfunktion" – wenn man sie überhaupt für verfassungsrechtlich zulässig hält – kaum zufriedenstellend lösen kann[92]. Das spricht für einen ausreichenden, einheitlichen steuerlichen Kinderfreibetrag und für ein Kindergeld, das nur die Funktion einer Sozialleistung hat („duales System")[93].

86 BVerfG vom 29. Mai 1990, a.a.O., S. 91.

87 Vgl. *Wilhelm Oepen,* DStZ/A 1992, 684 (688 f.); Bundesministerium der Finanzen, Finanznachrichten vom 24. Mai 1993, S. 4 (Antwort des Parlamentarischen Staatssekretärs Grünewald vom 11. Mai 1993); FG Köln vom 26. November 1992 3 K 1800/88, EFG 1993, 525.

88 *Hartmut Ross,* DStZ/A 1990, 611 (612).

89 *Roland Jüptner,* StVj 1990, 307 (310 f.); *Hartmut Ross,* a.a.O. (Fn. 88).

90 *Roland Jüptner,* StVj 1990, 307 (311); *Bernhard Paus,* Inf. 1990, 394 (395).

91 Dazu *Roland Jüptner,* StVj 1990, 307 (311) m.N.

92 *Hartmut Ross,* DStZ/A 1990, 611 (612 ff.), ebenda auch zu weiteren Umrechnungsproblemen; a.A.: *Edgar Meister,* DStZ/A 1991, 673 (676), der jedoch nur die verwaltungsmäßige Durchführung einer reinen Kindergeldlösung berücksichtigt.

93 *Franz Klein,* FS für W. Zeidler, a.a.O. (Fn. 1), 773 (790).

Joachim Lang

Reform der Familienbesteuerung

Inhaltsübersicht

I. Problemstellung

Zu den Themen, die den Jubilar immer wieder bewegt haben und die er immer wieder bewegt hat, gehört die „Reform der Familienbesteuerung". Ich entsinne mich gut an unsere erste Begegnung im September 1983 in Heiligenhoven, wo ich den Präsidenten des Bundesfinanzhofs nicht als einen in die oft weit zurückliegende Vergangenheit von Revisionsfällen blickenden Richter, sondern als einen Juristen mit politischem Scharfblick in die Zukunft unserer Gesellschaft erlebte. Das gesellschaftspolitische Engagement des Jubilars offenbarte Wesensverwandtschaft mit dem Richterkollegen *Wolfgang Zeidler*[1], dessen Abhandlung „Ehe und Familie"[2] der Jubilar in den Mittelpunkt seines Referates zum Familiensplitting[3] stellte. Der Konzeption des Familiensplittings ist der Jubilar treu geblieben. Er konzipierte es für den *Gaddum*-Entwurf[4] und er begründete

1 Im September 1983 war *Wolfgang Zeidler* Vizepräsident des BVerfG.

2 *Wolfgang Zeidler*, Ehe und Familie, In: Benda, Ernst/Maihofer, Werner/Vogel, Hans Jochen, Handbuch des Verfassungsrechts der BRD, Berlin/New York 1983, S. 555.

3 *Franz Klein*, Das Familiensplitting in der Einkommen- und Lohnsteuer, 3. Heiligenhovener Gespräch der Stegerwaldstiftung, 29. 9. bis 30. 9. 1983 in Schloß Heiligenhoven bei Lindlar.

4 *Johann Wilhelm Gaddum*, Steuerreform: Einfach *und* gerecht! Für ein besseres Einkommensteuerrecht, Stuttgart 1986, S. 43 ff. Das dem *Gaddum*-Entwurf zugrundeliegende Konzept wurde von *Gaddum* bereits 1978 zusammen mit *Franz Klein* und *Horst Schöberle* erarbeitet.

es noch einmal ausführlich in seinem Beitrag in der Festschrift für *Wolfgang Zeidler*[5].

Indessen erwies sich die Prognose des Jubilars in Heiligenhoven, die kontroversen ideologischen Positionen würden in einem politischen Konsens überwunden[6], als zu optimistisch. Gerade der neu entfachte Streit um das Familiensplitting zeigt die ideologische Unbeweglichkeit, auch Unbelehrbarkeit der gegensätzlichen parteipolitischen Dogmen. Obgleich die verfassungsrechtlichen Prämissen der Familienbesteuerung inzwischen weitgehend durch die Rechtsprechung des BVerfG[7] geklärt sind, erscheinen Familiensteuergerechtigkeit und besonders die Steuerfreiheit des Familienexistenzminimums *im politischen Raum* nach wie vor als *frei gestaltbare,* ganz von der politischen Überzeugung abhängige Variablen des sog. Familienlastenausgleichs. Schon der vage Begriff „Familienlastenausgleich" suggeriert den Politikern, sie könnten entsprechend ihrer sozialen Couleur das Ausmaß der Familienförderung frei bestimmen. Der jüngste Vorschlag der CDU-Sozialausschüsse zur Vier-Tage-Woche[8], denjenigen Beschäftigten einen höheren Grundfreibetrag zu geben, die freiwillig kürzer arbeiten, verkennt den Charakter des Grundfreibetrages, der keine Subvention, sondern eine verfassungsrechtlich gebotene Norm ist.

II. Rechtliches Konzept der Familienbesteuerung und politischer Konsens über die Reform der Familienbesteuerung im Wandel der ökonomischen Auffassungen

1. Zur Festlegung der Familienbesteuerung durch die Rechtsprechung des Bundesverfassungsgerichts

a) Derartige Vorschläge verärgern den Juristen, weil er meint, Entscheidungen des BVerfG zur Familienbesteuerung[9] und zur Steuerfreiheit des

5 *Franz Klein,* Ehe und Familie im Steuerrecht als verfassungsrechtliches Problem, in: Festschrift für Wolfgang Zeidler, Bd. I, Berlin/New York, S. 773.

6 *Franz Klein,* a.a.O. (Fn. 3), S. 8: „Ich glaube, daß wir heute an einem Punkt der Diskussion um den Familienlastenausgleich angekommen sind, der einen bedeutenden Fortschritt zu der mit ideologischen Phrasen gespickten Diskussion am Anfang der 70er Jahre darstellt. Manches, was damals als eine sozial fortschrittliche Tat galt, hat sich heute als unbrauchbar, ja sogar schädlich für die Familie erwiesen. Meinen Optimismus über einen Konsens im Familienlastenausgleich schöpfe ich insbesondere aus der Rechtsprechung des Bundesverfassungsgerichts und Veröffentlichungen führender Sozialdemokraten . . .".

7 Grundlegend das Urteil des Ersten Senats vom 3. November 1982, BVerfGE 61, 319, aus dem *Franz Klein* den in Fn. 6 zit. Optimismus schöpfte. Im weiteren BVerfGE 66, 214; 67, 290; 68, 143; 82, 60; 82, 198.

8 Das Manuskript wurde im November 1993 abgeschlossen. In diesem Monat begann die intensive öffentliche Diskussion über die von VW zur Lösung des Beschäftigungsproblems vorgeschlagene Vier-Tage-Woche.

9 A.a.O. (Fn. 7).

Existenzminimums[10] würden nicht hinreichend zur Kenntnis genommen werden. Tatsächlich wird jedoch die verfassungsgerichtliche Judikatur wohl genau gelesen, jedoch parteipolitisch sehr unterschiedlich interpretiert, bewertet und ausgewertet. Der vom BVerfG dem Gesetzgeber gelassene Gestaltungsspielraum wird von den kontroversen sozialpolitischen Grundauffassungen so grenzbeschreitend ausgeschöpft, daß das BVerfG stets neu durch Grenzüberschreitungen herausgefordert wird.

So gibt es in der Tat kein Gebiet des Steuerrechts, auf dem das BVerfG die verfassungsrechtlichen Vorgaben für die Gesetzgebung so präzise formuliert hat wie in den Bereichen der Familienbesteuerung und des Existenzminimums. Demzufolge ist der Konsens über die *rechtliche Konzeption* der Familienbesteuerung im juristischen Schrifttum seit Heiligenhoven[11] weit fortgeschritten; gleichwohl bleibt noch ein weiter Weg bis zu einer *konkreten Gesetzesreform* zurückzulegen. Der Teufel steckt eben im Detail, und diese Tatsache wissen Parteiideologen auszubeuten.

Das Verfassungsrecht stellt nach gefestigter Rechtsprechung des BVerfG an die Familienbesteuerung folgende zwei Anforderungen:

- die *realitätsgerechte*, mit dem *Sozialhilferecht* abgestimmte *Steuerfreiheit des Existenzminimums*, und
- die *realitätsgerechte* Berücksichtigung von *Unterhaltsverpflichtungen*.

---

10 Grundlegend der Beschluß des Zweiten Senats vom 25. September 1992, BStBl. II 1993, 413.

11 *Franz Klein*, a.a.O. (Fn. 5); *ders.*, Die unzureichende steuerliche Berücksichtigung der Minderung der Leistungsfähigkeit durch Kinder, DStR 1987, 779; *Klaus Vogel*, Zwangsläufige Aufwendungen – besonders Unterhaltsaufwendungen – müssen realitätsgerecht abziehbar sein, StuW 1984, 197; *Wolfgang Zeidler*, Verfassungsrechtliche Fragen zur Besteuerung von Familien und Alterseinkommen, StuW 1985, 1; *Paul Kirchhof*, Der Schutz von Ehe und Familie, Essener Gespräche zum Thema Staat und Kirche (21), Münster 1986; *Ernst-Wolfgang Böckenförde*, Steuergerechtigkeit und Familienlastenausgleich, StuW 1986, 335; *Heinz-Jürgen Pezzer*, Verfassungsrechtliche Perspektiven der Familienbesteuerung, in: Festschrift für Wolfgang Zeidler (Fn. 5), S. 757; *Hartmut Söhn*, Verfassungsrechtliche Aspekte der Besteuerung nach der subjektiven Leistungsfähigkeit im Einkommensteuerrecht: Zum persönlichen Existenzminimum, Finanzarchiv Bd. 46 (1988), S. 154; *Joachim Lang*, Verfassungsrechtliche Gewährleistung des Familienexistenzminimums im Steuer- und Kindergeldrecht, StuW 1990, 331; *Roland Jüptner*, Bundesverfassungsgericht: Familienlastenausgleich verfassungswidrig, StVj 1990, 307; *Martin Moderegger*, Der verfassungsrechtliche Familienschutz und das System des Einkommensteuerrechts, Baden-Baden 1991; *Moris Lehner*, Einkommensteuerrecht und Sozialhilferecht, Tübingen 1993; *Roland Donath*, Ehe, Familie und Steuern, Rabels Zeitschrift für ausländisches und internationales Privatrecht 1993, 401; *Klaus Tipke*, Die Steuerrechtsordnung, Köln 1993, S. 377 ff. (Gleichheitssatz und Besteuerung von Ehe und Familie), S. 427 ff. (Existenzminimum), S. 672 ff. (private Abzüge), S. 687 ff. (Existenzminimum); *Wolfgang Lingemann*, Das rechtliche Konzept der Familienbesteuerung, Berlin 1993.

b) die *Steuerfreiheit des Existenzminimums* hat das Bundesverfassungsgericht in Leitsätzen der grundlegenden Entscheidungen von 1990[12] und 1992[13] festgeschrieben. Die Aussage besonders des Leitsatzes von 1990 ist an sich unmißverständlich: Der Teil des Einkommens, der für den existenznotwendigen Lebensbedarf der Familie verwendet wird, ist aus der Besteuerung auszuscheiden. Dennoch läßt die Rechtsprechung des BVerfG eine Reihe von Fragen ungeklärt, die nunmehr auch den politischen Meinungsstreit beherrschen:

Was bedeutet das Erworbene?[14] Der im Beschluß von 1992 benutzte Begriff „Erwerbsbezüge"[15] bezeichnete die positiven Faktoren der Einkünfte (Erträge und Einnahmen)[16]. Das BVerfG verwendet eine Ausgangsgröße, die um die erwerbssichernden und die existenzsichernden Abzüge gemindert werden muß, ohne die Reihenfolge dieser Minderung von Verfassungs wegen vorzuschreiben. Für die Zukunft bleibt zu hoffen, daß die systemprägende Kraft des Verfassungsrechts für das Einkommensteuerrecht zur Geltung kommt. Der Gesetzgeber hat das Chaos im Einkommensteuerrecht vertieft: § 32d EStG verknüpft die auf verschiedenen Tatbestandsebenen angesiedelten „Erwerbsbezüge" und „zu versteuerndes Einkommen" und rechnet sodann dem zu versteuernden Einkommen nach dem Vorbild der kasuistischen Legaldefinitionen in den Sozialleistungsgesetzen (z. B. § 11 BKGG; § 21 BAföG; § 6 BErzGG) die Verlustabzugsbeträge nach § 10d EStG (§ 32d Abs. 2 Nr. 1 EStG) und einige, willkürlich ausgewählte Steuervergünstigungen hinzu[17]. Dabei verletzt die Hinzurechnung von Verlustabzugsbeträgen das Nettoprinzip, und zwar mit dem sozial unerträglichen Akzent, daß den Beziehern der niedersten Einkommen das Nettoprinzip versagt wird.

---

12 Beschluß des Ersten Senats vom 29. Mai 1990, BVerfGE 82, 60, Leitsatz 2: „Bei der Einkommensbesteuerung muß ein Betrag in Höhe des Existenzminimums der Familie steuerfrei bleiben; nur das darüber hinausgehende Einkommen darf der Besteuerung unterworfen werden . . .".

13 A.a.O. (Fn. 10), Leitsatz 1: „Dem der Einkommensteuer unterworfenen Steuerpflichtigen muß nach Erfüllung seiner Einkommensteuerschuld von seinem Erworbenen soviel verbleiben, als er zur Bestreitung seines notwendigen Lebensunterhalts und – unter Berücksichtigung von Art. 6 Abs. 1 GG – desjenigen seine Familie bedarf (Existenzminimum)", und Leitsatz 2: „Die Höhe des steuerlich zu verschonenden Existenzminimums hängt von den allgemeinen wirtschaftlichen Verhältnissen und dem in der Rechtsgemeinschaft anerkannten Mindestbedarf ab. Der Steuergesetzgeber muß dem Einkommensbezieher von seinen Erwerbsbezügen zumindest das belassen, was er dem Bedürftigen zur Befriedigung seines existenznotwendigen Bedarfs aus öffentlichen Mitteln zur Verfügung stellt."

14 Vgl. den in Fn. 13 zit. Leitsatz des Beschlusses vom 25. September 1992.

15 Siehe Fn. 13.

16 Vgl. *Tipke/Lang,* Steuerrecht, Ein systematischer Grundriß, 13. Aufl., Köln 1991, S. 243 ff.

17 Vgl. hierzu BVerfG a.a.O. (Fn. 10), S. 420.

Was bedeutet die im Leitsatz 2 von 1990[18] aufgestellte Regel, nur das über das Existenzminimum hinausgehende Einkommen dürfe der Besteuerung unterworfen werden? Das BVerfG ist der Auffassung des Jubilars[19] gefolgt und läßt den mit steigendem Einkommen schrittweisen Abbau des Grundfreibetrages zu; entscheidend sei lediglich, daß von den das Existenzminimum übersteigenden Einkommensteilen den Steuerpflichtigen jeweils angemessene Beträge verbleiben, also nicht ein Progressionssprung stattfinde, der die vertikale Gleichheit im Verhältnis geringerer zu höherer Einkommen außer acht lasse[20]. Der Gesetzgeber reagierte mit einem zweiten Einkommensteuertarif (§ 32d EStG), der die Besteuerung in der Übergangsphase zum Normaltarif (§ 32a EStG) sprunghaft verschärft.

c) Die *realitätsgerechte Berücksichtigung von Unterhaltsverpflichtungen* forderte der Leitsatz des Beschlusses vom 22. Februar 1984[21]. Ein Jahr zuvor hatte *Wolfgang Zeidler*[22] das wegweisende Votum formuliert: „Die Rechtsordnung kann nicht, ohne in einen massiven inneren Widerspruch zu verfallen, einerseits rechtliche Unterhaltspflichten statuieren und ihnen andererseits die steuerliche Beachtlichkeit versagen; denn auch insoweit wird für den Leistenden in einer rechtserheblichen Weise die persönliche Leistungsfähigkeit als Grundlage der Besteuerung gemindert." Im September 1988 beschloß der Deutsche Juristentag[23]: „Die realitätsgerechte Berücksichtigung von Unterhaltsverpflichtungen ist keine Steuervergünstigung, sondern zwingendes Gebot der einkommensteuerrechtlichen Belastungsgleichheit. Die realitätsgerechte Berücksichtigung bedeutet Abzug in Höhe der gesetzlichen Unterhaltspflichten des bürgerlichen Rechts von der Bemessungsgrundlage . . .". Demgegenüber verneinte der Beschluß vom 29. Mai 1990[24] eine verfassungsrechtliche Verpflichtung des Gesetzgebers, die Unterhaltsleistungen für Kinder steuerlich in der vollen Höhe des bürgerlich-rechtlichen Unterhaltsanspruchs zu berücksichtigen. Dadurch fällt die realitätsgerechte, mit dem Unterhaltsrecht abgestimmte Berücksichtigung von Unterhaltsverpflichtungen in ein parteipolitisch nicht konsensfähiges Besteuerungspostulat zurück.

---

18 Zitiert in Fn. 12.

19 *Franz Klein*, Diskussionsbeitrag auf dem 57. Deutschen Juristentag, Sitzungsbericht N, München 1988, S. 171/172.

20 BVerfG a.a.O. (Fn. 10), S. 418.

21 BVerfGE 66, 214: „Im Einkommensteuerrecht darf der Gesetzgeber für die Berücksichtigung zwangsläufiger Unterhaltsaufwendungen keine realitätsfremden Grenzen ziehen." Dazu insb. *Klaus Vogel*, a.a.O. (Fn. 11).

22 A.a.O. (Fn. 2), S. 604.

23 Sitzungsbericht N, München 1988, S. 215/216

24 BVerfGE 82, 90, 91.

2. Realitätsgerechte Berücksichtigung von Familienexistenzminimum und -unterhalt im Wandel der ökonomischen Auffassungen

Die Schwierigkeiten, die rechtliche Konzeption der Familienbesteuerung bis zu einer konkreten Gesetzesreform konsensfähig zu machen, beruht auf dem Konzept *kapitalorientierter* Besteuerung. Die in den Geburtswehen der Industriegesellschaft Ende des 19. Jahrhunderts vorherrschende finanzwissenschaftliche Theorie betonte den Gedanken der Umverteilung. Die Besteuerung sollte wesentlich an das *Vermögen,* im Bereich der Einkommensteuer an den *Reinvermögenszugang* anknüpfen. Ende des 20. Jahrhunderts vollzieht sich ein Paradigmenwechsel zur *konsumorientierten* Besteuerung[25]. Die Fehler der kapitalorientierten Besteuerung sind erkannt: Substanzbesteuerung (z. B. durch Vermögensteuer, Gewerbekapitalsteuer, Besteuerung von Wertpapierzinsen), Blindheit des Steuersystems gegenüber der Inflation, umweltschädliche und wohlstandshemmende Diskriminierung des Investierens und Sparens gegenüber dem gegenwärtigen Konsum, extremer legaler, auch illegaler Steuerwiderstand mit der Folge extremer Steuerungleichheit, weil zwischen den Steuerzahlern keine Waffengleichheit besteht. So ist die Einkommensteuer zu einer „Dummensteuer" degeneriert[26].

Der Steuergesetzgeber griff wohl auf den Ende des 19. Jahrhunderts herrschenden Einkommensbegriff der *Reinvermögenszugangstheorie*[27] zurück, verwirklichte ihn jedoch nur *bruchstückhaft,* engte ihn zunächst auf den Begriff des *Markteinkommens* ein[28], fügte sodann die Quellentheorie mit der Folge der Nichterfassung privater Veräußerungseinkünfte hinzu und entsprach dem lobbyistischen Steuerwiderstand in Gestalt zahlreicher Steuervergünstigungen. Für die Familienbesteuerung von ausschlaggebender Bedeutung ist indessen der *dualistische Aufbau der Einkommensteuerbemessungsgrundlage*[29]: An den in § 12 EStG verankerten

25 Dazu die Beiträge in: *M. Rose* (Hrsg.), Konsumorientierte Neuordnung des Steuersystems, Berlin u. a. 1991. Im weiteren *M. Rose,* Reform der Besteuerung des Sparens und der Kapitaleinkommen, Zur Neuregelung der Zinsbesteuerung aus der Sicht einer konsum- und damit marktorientierten Neuordnung des Gesamtsteuersystems, BB-Beilage 5/1992; *Monika Kaiser,* Konsumorientierte Reform der Unternehmensbesteuerung, Heidelberg 1992; *Reiner Schwinger,* Einkommens- und konsumorientierte Steuersysteme, Wirkungen auf Investition, Finanzierung und Rechnungslegung, Heidelberg 1992, sowie aus juristischer Sicht *Joachim Lang,* Verwirklichung von Umweltschutzzwecken im Steuerrecht, DStJG 15 (1993), S. 115, S. 144 ff.; *ders.,* Entwurf eines Steuergesetzbuchs, Schriftenreihe des BMF, Heft 49, S. 5 ff., S. 127 ff.

26 Dazu näher *Joachim Lang,* Einkommensteuer – quo vadis?, FR 1993, 661.

27 Grundlegend *Georg Schanz,* Der Einkommensbegriff und die Einkommensteuergesetze, Finanzarchiv, 13. Jg. (1896), S. 1. Dazu m.w.Nachw. *Klaus Tipke,* Die Steuerrechtsordnung (Fn. 11), S. 563 ff.

28 Dazu *R. Wittmann,* Das Markteinkommen, Einfachgesetzlicher Strukturbegriff und verfassungsdirigierter Anknüpfungsgegenstand der Einkommensteuer?, Augsburg 1992.

29 Vgl. *Tipke/Lang,* Steuerrecht (Fn. 16), S. 196 ff.

Grundsatz der Reinvermögenszugangstheorie, die *Verwendung* des Einkommens außer acht zu lassen, hat sich der Gesetzgeber von Anfang an nicht gehalten. Er erkannte früh, daß die durch den Einkommensbegriff der Reinvermögenszugangstheorie in den Einkommensteuertarif abgeschichtete Regelung des Existenzminimums in Gestalt einer einheitlichen *Nullzone* (§ 32a Abs. 1 Nr. 1 EStG) die Steuerfreiheit des Existenzminimums nicht befriedigend zu regeln vermochte. Daher modifizierte er den kapitalorientierten Einkommensbegriff durch die sog. *privaten Abzüge* i.S.d. § 2 Abs. 4 und 5 EStG. Freilich orientierte der Gesetzgeber die Bemessungsgrundlage der Einkommensteuer mit dem sog. Konglomerat der privaten Abzüge[30] nicht konsequent am existenznotwendigen Lebensbedarf. Die Steuerfreiheit des Existenzminimums war zwar anerkannt[31], fand jedoch nur im Tarif ihren unzulänglichen Platz, weil sie in einem kapitalorientierten Einkommensbegriff nicht angesiedelt werden konnte[32]. Demzufolge hat die Steuerrechtswissenschaft in Anlehnung an die „konsumorientierte" Lehre von *Adolph Wagner*[33] für das *Rechts*system der privaten Abzüge die Lehre vom *indisponiblen Einkommen* entwickelt: Nach dem sog. *privaten Nettoprinzip* ist *der für den notwendigen Lebensbedarf verwendete und demnach für die Steuerzahlung nicht verfügbare Teil des Markteinkommens* aus der Bemessungsgrundlage auszuscheiden[34]. Diese Lehre wird vom BVerfG seit 1982 bestätigt[35].

30 Vgl. *Joachim Lang,* Die Bemessungsgrundlage der Einkommensteuer, Köln 1981/82, S. 71 ff.

31 So etwa die vom BVerfG, a.a.O. (Fn. 10), S. 413, zit. Literatur, insb. *Adolph Wagner,* Finanzwissenschaft, 2. Teil, 2. Aufl., 1890, S. 402 ff. Ausführlich zur geschichtlichen Entwicklung *Wolfgang Lingemann,* Das rechtliche Konzept der Familienbesteuerung (Fn. 11), S. 88 ff.

32 So konstatierte *Georg Schanz,* a.a.O. (Fn. 27): „Wenn der Gesetzgeber ein Existenzminimum steuerfrei läßt oder wenn er die Zahl der auf das Einkommen angewiesenen Familienmitglieder berücksichtigt, indem er z. B. für unmündige Kinder einen Abzug gestattet, so hat das mit dem Einkommensbegriff nichts zu schaffen . . .". Jedoch plädierte *Georg Schanz* in seinem Beitrag „Existenzminimum und seine Steuerfreiheit (Handwörterbuch der Staatswissenschaften, Bd. III, 4. Aufl., Jena 1926, S. 911, S. 912) für den Abzug des Existenzminimums vom Einkommen. Zur „Ausblendung" der subjektiven Leistungsfähigkeit aus den ökonomischen Einkommensbegriffen auch *Roland Jüptner,* a.a.O. (Fn. 11), S. 315 ff.

33 A.a.O. (Fn. 31). Zu den finanzwissenschaftlichen Ursprüngen der dualistisch aufgebauten Bemessungsgrundlage siehe auch *Joachim Lang,* Die Bemessungsgrundlage der Einkommensteuer (Fn. 30), S. 34 f.; *Roland Jüptner,* a.a.O. (Fn. 11), S. 315 ff.

34 Grundlegend *Klaus Tipke,* Steuerrecht – Chaos, Konglomerat oder System, StuW 1971, 2, 16/17. Im weiteren *Hartmut Söhn,* a.a.O. (Fn. 11); *ders.,* StuW 1985, 400; *Joachim Lang,* Die Bemessungsgrundlage der Einkommensteuer (Fn. 30), S. 71 ff., und umfassend mit zahlr. Nachw. *Klaus Tipke,* Die Steuerrechtsordnung (Fn. 11), S. 672 ff.

35 Grundlegend das Urteil vom 3. 11. 1982, BVerfGE 61, 319, 344: „Aus dem Prinzip der Besteuerung nach der Leistungsfähigkeit ergibt sich jedenfalls, daß auch solche Ausgaben einkommensteuerrechtlich von Bedeutung sind, die außerhalb der Sphäre der Einkommenserzielung – also im privaten Bereich –

Ungeachtet der Tatsache, daß die jüngeren ökonomischen Theorien von dem Konzept der Kapitaleinkommensbesteuerung deutlich abrücken[36], scheint die Vorstellung, die „richtige" Bemessungsgrundlage der Einkommensteuer sei das Kapitaleinkommen (in Gestalt des Reinvermögenszugangs oder des Markteinkommens) und demzufolge das Existenzminimum ausschließlich im Tarif zu regeln, in den Köpfen vieler Ökonomen fest eingebrannt zu sein. So charakterisiert *Dieter Schneider*[37] die Bemessungsgrundlage der Einkommensteuer als „Markteinkommen abzüglich der Sozialausgaben für Unterhaltsberechtigte", will heißen, die sog. privaten Abzüge seien sozialpolitisch motivierte Steuervergünstigungen, die die Maßgröße des Markteinkommens als Ausdruck einer „objektiven Leistungsfähigkeit" verfälschen. Und die scharfe Kritik des *Schneider*-Schülers *Peter Bareis*[38] an der Rechtsprechung des BVerfG zum privaten Nettoprinzip beruht auf der Behauptung, das „Markteinkommen" sei der ökonomisch „richtige" Maßstab.

Das sog. Markteinkommen ist kein ökonomisches Axiom, sondern eine Form von Kapitaleinkommen, deren ökonomische Eignung für die steuerliche Anknüpfung an sich schon fragwürdig ist[39]. Darüber hinaus bedarf die in dem Begriff „Summe der Einkünfte" (§ 2 Abs. 3 EStG) erfaßte Maßgröße des sog. Markteinkommens nach alter und jüngster ökonomischer Erkenntnis[40] der Anpassung an die wirkliche subjektive Leistungsfähigkeit, die auch durch die *Konsumsituation* des Steuerschuldners mitbestimmt wird. Die Zweistufigkeit der in § 2 EStG geregelten Be-

---

anfallen und für den Steuerpflichtigen unvermeidbar sind. Die wirtschaftliche Belastung durch Unterhaltsverpflichtungen gegenüber Kindern ist ein besonderer, die Leistungsfähigkeit der Eltern beeinträchtigender Umstand. Diese unabweisbare Sonderbelastung darf der Gesetzgeber ohne Verstoß gegen die Steuergerechtigkeit nicht außer acht lassen . . ." Insbes. bestätigt durch BVerfG a.a.O. (Fn. 21), und durch den in Fn. 12 zitierten Leitsatz des Beschlusses von 1990.

36 Grundlegend *Hans-Werner Sinn*, Kapitaleinkommensbesteuerung, Eine Analyse der intertemporalen, internationalen und intersektoralen Allokationswirkungen, Tübingen 1985. Siehe auch *Ekkehard Wenger*, Das Quellensteuerexperiment von 1987, Theoretische Einsichten, empirische Befunde und steuerpolitische Schlußfolgerungen, Zeitschrift für Bankrecht und Bankwirtschaft 1990, 177.

37 Maß und Ausmaß der Steuervergünstigungen, DB 1992, 1737. Siehe auch *D. Schneider*, Leistungsfähigkeitsprinzip und Abzug von der Bemessungsgrundlage, StuW 1984, 356.

38 *P. Bareis*, Transparenz bei der Einkommensteuer – Zur systemgerechten Behandlung sogenannter „notwendiger Privatausgaben", StuW 1991, 38, sowie *ders.*, FR 1991, 405; DStR 1991, 1164; 1991, 1399; 1991, 1434.

39 Siehe *Hans-Werner Sinn* und *Ekkehard Wenger* (Fn. 36), sowie aus juristischer Sicht *Joachim Lang*, Entwurf eines Steuergesetzbuchs (Fn. 25), S. 126 ff.

40 Vgl. dazu m. zahlr. Nachw. *Dieter Dziadkowski*, Einkommensteuertarif, Grundfreibetrag und Existenzminimum der Familie, 100 Jahre Einkommensteuer in Preußen, BB 1991, 805; *Stefan Bach*, Die Perspektiven des Leistungsfähigkeitsprinzips im gegenwärtigen Steuerrecht, StuW 1991, 116, 122 f., und aus juristischer Sicht *Wolfgang Lingemann*, Das rechtliche Konzept der Familienbesteuerung (Fn. 11), S. 131 ff.

messungsgrundlage (Markteinkommen abzüglich private Abzüge) führt also im Prinzip zu einer auch ökonomisch richtigen Bemessungsgrundlage für den progressiven Tarif, weil bei der Messung der Opferfähigkeit die unterschiedlichen Lebensbedarfe nicht ausgeblendet werden können. Die verfehlte kapitalorientierte Sicht formuliert in bezug auf Unterhaltsverpflichtungen der amerikanische Finanzwissenschaftler *Joseph E. Stiglitz*[41]: „Der Begriff Familienlastenausgleich suggeriert, daß hier den besonders Belasteten geholfen werden soll. Geholfen wird aber nicht nur den besonders Belasteten. Die Tatsache, daß ein Paar Kinder hat, stellt als solche noch keine besondere Belastung dar. Schließlich hat es diese Kinder freiwillig erworben. Ein rationales Paar würde das nicht tun, würden die Kinder ihm nicht Nutzen stiften . . .". Diesen präsozialstaatlichen Privatheitsgrundsatz pointierte der Nationalökonom *Friedrich List* schon vor 150 Jahren: „Wer Schweine aufzieht, ist nach ökonomischer Betrachtung ein produktives, wer Menschen aufzieht, ein unproduktives Mitglied der Gesellschaft."[42] Nach solchen ökonomischen Grundauffassungen läßt sich unter der Geltung des Grundgesetzes ein verfassungsmäßiges Steuerrecht nicht formulieren[43].

3. Zur Verhinderung des politischen Konsenses über die Familienbesteuerung

Bei dieser Feststellung könnte man es als Jurist bewenden lassen, wenn die kapitalorientierten Besteuerungskonzepte nicht den *politischen Konsens* über die Familienbesteuerung so außerordentlich erschweren würden. Solange die realitätsgerechte Berücksichtigung des Familienexistenzminimums und der Unterhaltspflichten als mehr oder weniger frei ge-

41 *Joseph E. Stiglitz,* Economics of the Public Sector, 2. Aufl., New York/London 1988 (deutsche Übersetzung: *Stiglitz/Schönfelder,* Finanzwissenschaft, 1. Aufl., München Wien 1989), S. 375 (der deutschen Ausgabe).

42 Ähnlich *D. Schneider,* a.a.O. (Fn. 65), S. 364/365: „Gerade die Menschenwürde verlangt demnach, das Markteinkommen und nicht das zur Vermögensmehrung disponible Einkommen zu besteuern; denn das Kinderaufziehen ist ein ökonomischer Sachverhalt, vergleichbar dem Füttern junger Kälber zur Erhaltung der Viehherde als Vermögensstamm . . ."

43 BVerfG vom 29. Mai 1990, BVerfGE 82, 60, 87: „Der Staat, der die Würde des Menschen als höchsten Rechtswert anerkannt . . . und Ehe und Familie dem besonderen Schutz des Staates anheimgegeben hat, darf Kinder und private Bedürfnisbefriedigung nicht auf eine Stufe stellen und danach auf die Mittel, die für den Lebensunterhalt von Kindern unerläßlich sind, nicht in gleicher Weise zugreifen wie auf finanzielle Mittel, die zur Befriedigung beliebiger Bedürfnisse eingesetzt werden. Er muß die Entscheidung der Eltern zugunsten von Kindern achten und darf den Eltern im Steuerrecht nicht etwa die ‚Vermeidbarkeit' von Kindern in gleicher Weise entgegenhalten wie die Vermeidbarkeit sonstiger Lebensführungskosten . . ." Dazu insb. die in Fn. 11 zit. Beiträge von *Franz Klein, Ernst-Wolfgang Böckenförde, Paul Kirchhof, Heinz-Jürgen Pezzer, Klaus Vogel, Hartmut Söhn* und *Wolfgang Zeidler,* sowie *Klaus Tipke,* Die Steuerrechtsordnung (Fn. 11), S. 679 ff.

staltbare *sozialpolitische Maßnahmen des sog. Familienlastenausgleichs* gilt, gibt es selbst in konservativen Kreisen keinen tragfähigen Konsens über eine Reform der Familienbesteuerung, die nicht mehr und nicht weniger als *die wirkliche wirtschaftliche Leistungs- und Opferfähigkeit der Familie* in den Steuergesetzen abzubilden hat.

III. Familienbesteuerung im Spannungsfeld zwischen Benachteiligungsverbot und Förderungsgebot

Ein Steuerrecht, das die wirkliche wirtschaftliche Leistungs- und Opferfähigkeit der Familie nicht durchgängig beachtet, *diskriminiert* Familien gegenüber Alleinlebenden, diskriminiert auch die unterschiedlichen Formen des Zusammenlebens (Voll-, Halbfamilie, nichteheliche Lebensgemeinschaft) untereinander. Das BVerfG leitet aus dem Schutz von Ehe und Familie nach Art. 6 Abs. 1 GG ein für den Gesetzgeber grundsätzliches *nicht disponibles Benachteiligungsverbot* ab, das streng von dem ebenfalls in Art. 6 Abs. 1 GG statuierten *Förderungsgebot* mit *weitem Gestaltungsspielraum* für den Gesetzgeber zu unterscheiden ist[44]. Die Schwierigkeiten mit einem politischen Konsens über die Familienbesteuerung beruhen u.a. darauf, daß die Anwendungsbereiche von Benachteiligungsverbot und Förderungsgebot in der steuerpolitischen Diskussion miteinander verwoben werden, wozu der vage Begriff „Familienlastenausgleich" beiträgt[45].

Exemplarisch ist der Streit um den *Kinderfreibetrag.* Die Sozialdemokraten bewerten ihn nach wie vor als *Steuervergünstigung,* deren Begünstigungsvolumen mit dem Einkommen steigt und die deshalb (etwa ebenso wie die Wohneigentums*förderung* nach § 10e EStG[46]) *sozial ungerecht* und nach Möglichkeit durch das *Kindergeld* zu ersetzen ist. Vom Standpunkt des kapitalorientierten Einkommensbegriffs trifft dies zu. Wer hingegen im Anschluß an *Adolph Wagner*[47] den Standpunkt einnimmt, die wirkliche steuerliche Leistungsfähigkeit könne nur durch die dargelegte

---

44 Grundlegend Beschluß des BVerfG vom 17. Januar 1957 zur Haushaltsbesteuerung, BVerfGE 6, 55, 76. Dazu näher m.w.Nachw. *Joachim Lang,* a.a.O. (Fn. 11), S. 337 ff.

45 *Joseph E. Stiglitz,* a.a.O. (Fn. 41): „Hinter dem Begriff des Familienlastenausgleichs schamhaft versteckt tritt bei näherer Betrachtung eine bevölkerungspolitische Zielsetzung in Erscheinung. Gibt es rationale ökonomische Argumente für einen solchen bevölkerungspolitischen Ehrgeiz? Ist das Aufziehen von Kindern mit erheblichen positiven externen Effekten für die übrige Gesellschaft verbunden?"

46 Vgl. dazu m.w.Nachw. *Peter Handzik,* Wohneigentumsförderung nach § 10e EStG, Köln 1990, S. 11 ff., S. 32/33: „Mangels Rechtfertigungsgründen verstößt § 10e insoweit gegen Art. 3 I GG in Verbindung mit dem Sozialstaatsprinzip, als er durch seine Regressionswirkung Bezieher höherer Einkommen relativ stärker entlastet als Steuerpflichtige mit niedrigerem Einkommen . . .".

47 Siehe Fn. 31 und 33.

Zweistufigkeit der Bemessungsgrundlage, also „Konsumorientierung" der Bemessungsgrundlage nach dem erwähnten privaten Nettoprinzip bestimmt werden, der erkennt in dem Kinderfreibetrag eine die *steuerliche Diskriminierung der Familie mit Kindern verhütende Existenzminimumnorm.*

Beide Standpunkte schließen sich *denklogisch* aus und lassen sich demzufolge auch nicht in einem politischen Kompromiß zusammenfügen. Vom Standpunkt des kapitalorientierten Einkommensbegriffs sind *alle* Abzüge vom Markteinkommen auf den Stufen des § 2 Abs. 4 und 5 EStG *Steuerprivilegien für die sog. Besserverdienenden,* einschließlich des Abzugs von Krankheitskosten nach Maßgabe des § 33 EStG. Hingegen gebietet der *Wagner'sche* Gegenstandpunkt ein *juristisches System der Privatbezüge und Privatabzüge* (insb. Lebensbedarfabzüge, Unterhaltsabzüge und -bezüge)[48], das die subjektive, am individuellen Lebensbedarf ausgerichtete Leistungsfähigkeit in der Bemessungsgrundlage als das für die *Messung steuerlicher Leistungsfähigkeit zuständige Tatbestandselement* möglichst exakt bestimmt. Dieses System kann sehr viel einfacher und transparenter formuliert werden als das willkürliche, von wirklichen Steuervergünstigungen durchsetzte Konglomerat des geltenden Rechts (§§ 10 bis 10c; 10e bis 10h; 32; 33; 33a; 33b; 33c EStG), das zwischen den denklogisch sich ausschließenden Standpunkten hin- und herschwankt.

Ein Produkt denklogischer Widersprüchlichkeit ist das sog. *duale System von Kinderfreibetrag und Kindergeld*[49]: Die dadurch begründeten Komplementärfunktionen bestätigen den Kinderfreibetrag als *Sozialsubvention* im Sinne der von *Dieter Schneider*[50] und *Peter Bareis*[51] vertretenen Auffassung. Tatsächlich läßt sich aber der Kinderfreibetrag nur vom *Wagner'schen* Gegenstandpunkt als Existenzminimumnorm rechtfertigen. Das BVerfG ist zwar mit dem Beschluß vom 29. Mai 1990 der von *Adolph Wagner* inspirierten Lehre vom indisponiblen Einkommen gefolgt[52], ließ jedoch sodann die *Umrechnung des Kindergeldes in einem fiktiven Kinderfreibetrag* zu und machte damit den Kinderfreibetrag wieder zu einer

48 Siehe *Joachim Lang,* Reformentwurf zu Grundvorschriften des Einkommensteuergesetzes, Köln 1985, S. 68 ff., S. 98 ff.; *ders.,* Entwurf eines Steuergesetzbuchs (Fn. 25), S. 175 ff., §§ 106, 133, 134.

49 Vgl. BVerfG vom 29. Mai 1990, BVerfGE 82, 60, 78/79; BFH vom 16. Juli 1993, BStBl. II 1993, 755. Ausführlich *Moris Lehner,* Einkommensteuerrecht und Sozialhilferecht, Bausteine zu einem Verfassungsrecht des sozialen Steuerstaates, Tübingen 1993, S. 239 ff., und aus ökonomischer Sicht insb. *Franz-Ulrich Willeke,* Profile des Familienlastenausgleichs, Zur Transformation der gegenwärtigen Regelungen in eine widerspruchsfreie Konzeption, in: Jahrbücher für Nationalökonomie und Statistik, Bd. 211 (1993), S. 193, S. 197 ff. (dort wird klar herausgestellt, daß der Kinderfreibetrag nur auf der Grundlage des kapitalorientierten Einkommensbegriffs als „Subvention" dem Familienlastenausgleich zugeordnet werden kann).

50 A.a.O. (Fn. 37).

51 A.a.O. (Fn. 28).

52 Siehe Fn. 12.

fakultativen Subventionsnorm[53]. Eine solche Umrechnung scheitert bereits daran, daß ein progressiver Tarif einen einheitlichen Umrechnungsfaktor nicht zuläßt[54]. Im übrigen entwertet sie die soziale Gerechtigkeit des Kindergeldes: Für die Bezieher der niedersten Einkommen denaturiert das Kindergeld zu einer Steuererstattung; damit ist den Bedürftigsten die Sozialsubvention des Kindergeldes entzogen.

Derartige Verwerfungen des sog. Kinderlastenausgleichs werden nur vermieden, wenn die Anwendungsbereiche von Benachteiligungsverbot und Förderungsgebot *klar voneinander geschieden* werden. Dem steht entgegen, die Existenzminimumfunktion des Kinderfreibetrages und die Subventionsfunktion des Kindergeldes in einem „dualen System" zu verbinden. Der Kinderfreibetrag soll den für das Existenzminimum des Kindes benötigten Teil des Einkommens vor Steuerbelastung schützen; erst „das darüber hinausgehende Einkommen darf der Besteuerung unterworfen werden"[55]. Diese Gewährleistung des Kinderexistenzminimums befolgt das *Verbot der Benachteiligung von Familien gegenüber Steuerpflichtigen ohne Kinder.* Der Kinderfreibetrag hat auch eine *freiheitliche* Funktion: Es soll den Kindesunterhalt durch das eigene Einkommen der Eltern gewährleisten[56]. Nach dem sog. *Subsidiaritätsprinzip* genießt die Eigenleistung der Eltern Vorrang vor der staatlichen Alimentierung des Kindes durch ein *Kindergeld.* Das Kindergeld unterfällt dem *Förderungsgebot* und entartet schließlich zu einer *bevölkerungspolitischen* Maßnahme[57], wenn es auch solchen Eltern gewährt wird, deren Einkommen für den Kindesunterhalt ausreicht. Ein streng an der Bedürftigkeit ausgerichtetes Kindergeld darf wohl als staatliche *Existenzminimumleistung* mit der Folge bewertet werden, daß es bei der Sozialhilfe und dem Kinderfreibe-

53 Zutr. *Franz-Ulrich Willeke,* a.a.O. (Fn. 49), S. 197: Die Umrechnung des Kindergeldes in einem fiktiven Kinderfreibetrag unterstreiche die Subventionsfunktion des Kinderfreibetrages im Familienlastenausgleich. *Willeke* unterscheidet *zwei* Funktionen des Kinderfreibetrages, die Existenzminimumfunktion (mit dem Vorschlag eines „Kindergrundfreibetrages") und die Subventionsfunktion (Steuerentlastung als das sekundäre Ziel des Kinderfreibetrages). Mit diesem Sekundärziel wäre der Kinderfreibetrag eine ebensowenig wie § 10e EStG (vgl. Fn. 46) zu rechtfertigende Steuervergünstigung.

54 Vgl. die Kritik von *Heinz-Jürgen Pezzer,* StuW 1989, 222 ff.; *Joachim Lang,* StuW 1990, 340.

55 So der in Fn. 12 zit. Leitsatz des BVerfG. Deutlicher *Paul Kirchhof,* a.a.O. (Fn. 11), S. 19: Das „unverzichtbare Einkommen" dürfe „überhaupt nicht besteuert werden, kann also auch den Beginn einer progressiven Einkommensteuer nicht rechtfertigen . . .".

56 Dazu überzeugend das Referat von *Josef Isensee* auf dem 57. Deutschen Juristentag, Sitzungsbericht N, München 1988, S. 42 ff. Hingegen wendet *Peter Bareis,* a.a.O. (Fn. 38), vom Standpunkt des kapitalorientierten Einkommensbegriffs gegen den von ihm als Sozialsubvention qualifizierten Kinderfreibetrag ein, daß die „eigene Existenzsicherungsmöglichkeit derjenigen durch den Staat" vorgehe (StuW 1991, 41).

57 Insoweit zutreffend die oben (Fn. 45) zit. Bewertung des sog. Familienlastenausgleichs.

trag berücksichtigt werden kann. Im Unterschied zu der vom BVerfG zugelassenen Umrechnungslösung darf jedoch der Kinderfreibetrag nur insoweit gekürzt werden, als das Kindexistenzminimum staatlich alimentiert wird. Erst die volle staatliche Alimentierung des Kindexistenzminimums macht den Kinderfreibetrag entbehrlich. Wird indessen das Kindergeld als bevölkerungspolitische Maßnahme auch den Eltern mit höherem Einkommen gewährt, dann bedeutet die Verrechnung des Kindergeldes mit Sozialhilfe und Kinderfreibetrag, daß den bedürftigsten Eltern die bevölkerungspolitischen Wohltaten vorenthalten werden. Die Tatsache, daß solche Lösungen von Sozialdemokraten als „sozial gerecht" befürwortet werden, belegt, auf welche Irrwege die Denklogik des kapitalorientierten Einkommensbegriffs geführt hat.

Als Zwischenergebnis ist festzuhalten: In einem freiheitlich organisierten Gemeinwesen rangieren Recht und Pflicht der Eltern, eigenverantwortlich ihre Kinder zu versorgen, vor staatlicher Alimentierung des Kindes. Daher steht es dem Gesetzgeber *nicht frei,* das für das Kindexistenzminimum benötigte Einkommen der Eltern in Gestalt eines *Unterhaltsabzuges* (sog. Kinderfreibeträge) vor dem Steuerzugriff zu schützen. Im Rahmen des *Förderungsgebotes* kann der Gesetzgeber das Kindexistenzminimum durch ein *Kindergeld* alimentieren; insoweit entfällt die Notwendigkeit eines Kinderfreibetrages. Wird indessen ein Kindergeld aus bevölkerungspolitischen Gründen allen Eltern gewährt, so darf es nicht mehr der Alimentierung des Kindexistenminimums zugeordnet werden. Die Begriffe „Familienlastenausgleich" und „Kinderlastenausgleich" sollten auf Subventionen und damit auf den Anwendungsbereich des *Förderungsgebots* beschränkt werden[58].

IV. Realitätsgerechte Berücksichtigung des Familienexistenzminimums

Der Streit um den Kinderfreibetrag wird ohne *systemkonsequente* steuerrechtliche Regelung des Existenzminimums *im allgemeinen* nicht beigelegt werden können, denn allein Systemkonsequenz vermittelt dem zweistufigen Aufbau der Bemessungsgrundlage die Überzeugungskraft, die erforderlich ist, um dem privaten Nettoprinzip mindestens die Geltung des beruflichen Nettoprinzips zu verschaffen. Kein Politiker kommt auf den Vorschlag, den Betriebsausgaben- oder Werbungskostenabzug zu streichen, weil er die Besserverdienenden privilegiere.

Die zunächst vom *BFH*[59] entwickelte und sodann vom *BVerfG*[60] bestätigte sog. Verbleibenstheorie[61], nach der dem Steuerpflichtigen „von seinem

58 Zutreffend *Joseph E. Stiglitz,* zit. zu Fn. 41 und in Fn. 45.
59 BFH/NV 1992, 246; BFH BStBl. II 1992, 91.
60 A.a.O. (Fn. 10).
61 Dazu krit. *Wolfgang Lingemann,* Das rechtliche Konzept der Familienbesteuerung (Fn. 11), S. 86 ff.

Erworbenen" das sozialhilferechtliche Existenzminimum nach „Erfüllung seiner Einkommensteuerschuld" wohl verbleiben müsse[62], sich darin jedoch der verfassungsrechtliche Schutz des Existenzminimums schon erschöpft[63], wirft die Entwicklung des Einkommensteuerrechts deutlich zurück. Das BVerfG[64] weist ausdrücklich die Forderung zurück, daß „jeder Steuerpflichtige vorweg in Höhe eines nach dem Existenzminimum bemessenen Freibetrags verschont werden" müsse.

Die Verfassung mag dies nicht gebieten[65], zumal sich das Steuerrecht in seiner konkreten Ausgestaltung aus der Verfassung nicht ableiten läßt. Der Steuerrechtler wird anerkennen, daß in der Funktionenordnung des Grundgesetzes das Bundesverfassungsgericht nur das verfassungsrechtlich Gebotene, nicht auch das steuersystematisch dringend Erwünschte einfordern darf. Unbeschadet dieser Tatsache bekräftigt jedoch die Verbleibenstheorie den Standpunkt des kapitalorientierten Einkommensbegriffs, nach dem Privatabzüge der sozialpolitischen Verfügungsmacht des Gesetzgebers angehören. Das Tarifkonglomerat der §§ 32a, 32d EStG kündigt die weitere Chaotisierung des Einkommensteuerrechts an. Insoweit scheint der Existenzminimum-Beschluß des BVerfG[66] die „horizontale Gleichheit" beim allgemeinen Existenzminimum und beim Kinderexistenzminimum prinzipiell unterschiedlich zu sehen[67]. Diese Unterscheidung ist jedoch kaum aufgenommen worden und in der rechtspolitischen Diskussion auch wohl nicht zu vermitteln. Dementsprechend stößt die Entscheidung auf die grundsätzliche Kritik, daß sie die rechtsdogmatische Stringenz der Entscheidungen von 1990[68] mit dem Blick auf haushaltspolitische Zwänge abgeschwächt habe[69], einen Kerntatbestand des privaten Nettoprinzips aus der mit dem Sozialhilferecht verknüpften Lehre vom indisponiblen Einkommen herausgenommen[70] und als sozialpolitisch motivierte Steuerverschonung[71] behandelt habe. Hier bleibt abzuwarten, ob die weitere Rechtsprechung des BVerfG die notwendige Strukturreform der Familienbesteuerung durch die Maßstäbe des Art. 6 GG und des Art. 3 GG anzuleiten und zu steuern vermag.

62 So BVerfG vom 25. September 1992 (Fn. 10), Leitsätze 1 und 2.
63 Vgl. BVerfG vom 25. September 1992 (Fn. 10), S. 418.
64 A.a.O. (Fn. 62).
65 So auch *Klaus Tipke,* Die Steuerrechtsordnung (Fn. 11), S. 686.
66 A.a.O. (Fn. 10).
67 BStBl. II 1993, 418.
68 BVerfG vom 29. Mai 1990, BVerfGE 82, 60, und BVerfG vom 12. Juni 1990, BVerfGE 82, 198.
69 Dazu insb. die Kritik von *Hans-Wolfgang Arndt,* StVj 1993, 1; *Moris Lehner,* DStR 1992, 1641; *Lothar Schemmel,* StuW 1993, 70; *Günther Felix,* StRK-Anm. EStG 1975 Allg. R. 87; *Bernd Sangmeister,* BB 1992, 2341; *Wolfgang Lingemann,* a.a.O. (Fn. 61).
70 Dazu insb. *Moris Lehner, Hans-Wolfgang Arndt, Wolfgang Lingemann* und *Lothar Schemmel,* a.a.O. (Fn. 68).
71 So zutreffend *Lothar Schemmel,* a.a.O. (Fn. 70), S. 75.

V. Realitätsgerechte Berücksichtigung von Unterhaltspflichten: Vom Ehegattensplitting zum tariflichen Familiensplitting oder Familien-Realsplitting

Erst der systemkonsequente Vollzug der Lehre vom indisponiblen Einkommen schafft schließlich die Grundlage für die *realitätsgerechte Berücksichtigung von Unterhaltspflichten:* Das Konzept, die steuerliche Leistungsfähigkeit auch nach der *Konsumsituation* zu bestimmen, gebietet, die *Verteilung des Einkommens innerhalb einer Gemeinschaft des Erwerbs und des Verbrauchs,* wie sie das geltende Recht (§ 32a Abs. 5 EStG) bei Eheleuten anerkennt[72], im Einkommensteuerrecht zu berücksichtigen. Dieses Konzept begründet *Unterhaltsabzüge* des Verpflichteten in Höhe der gesetzlichen Unterhaltspflichten und entsprechende *Unterhaltsbezüge* des Berechtigten und führt damit zum sog. *Familien-Realsplitting*[73].

Der vom Jubilar mitkonzipierte *Gaddum*-Entwurf[74] sieht für Eltern und unverheiratete minderjährige Kinder, die in Haushaltsgemeinschaft leben, ein *tarifliches Familiensplitting* (§§ 26, 32a Abs. 5 EStG-E) und für die übrigen Unterhaltsgemeinschaften ein *Familien-Realsplitting* (§ 22 Nr. 5, § 33a EStG-E) vor. Das tarifliche Familiensplitting ist ebenso wie das tarifliche Ehegattensplitting ein Produkt des verfehlten kapitalorientierten Einkommensbegriffs. Es erzeugt ungerechtfertigte Steuervorteile, soweit die reale Unterhaltsverpflichtung nicht dem Splittingdivisor entspricht[75]. Das Ehegatten-Splitting entbehrt der Rechtfertigung, soweit das Güterrecht die hälftige Verteilung des Einkommens nicht bestätigt[76].

Das Familien-Realsplitting ist wohl grundsätzlich geeignet, die *Realität der Einkommensumverteilung innerhalb der Familie* exakt im Einkommensteuerrecht abzubilden, ist jedoch, was seine *politische Konsensfähigkeit* anbetrifft, mehr noch als die Anerkennung des Existenzminimums von der Systemkonsequenz einer „konsumorientierten" Bestimmung steuerlicher Leistungsfähigkeit abhängig. Das Familien-Realsplitting knüpft an die Realität des Familienrechts an, nicht um den sog. Besserverdienenden Steuervorteile zuzuschanzen, sondern um das Leistungsfähigkeitsprinzip und die *soziale Steuergerechtigkeit* zu verwirklichen. Nach Inkrafttreten des neuen Existenzminimumtarifs (§ 32d EStG) hat der Reformbedarf dramatisch zugenommen: Wer seinem frisch gebo-

72 Dazu insb. BVerfGE 61, 319, 345 f.

73 Vgl. dazu *Joachim Lang,* a.a.O. (Fn. 48); *Moris Lehner,* Einkommensteuerrecht und Sozialhilferecht (Fn. 49), S. 166 f. Der Deutsche Juristentag (Fn. 23), beschloß die Versteuerung der Unterhaltsbezüge (S. 213) und den Abzug der gesetzlich zwangsläufigen Unterhaltsleistungen in voller Höhe (S. 216).

74 A.a.O. (Fn. 4).

75 Siehe *Moris Lehner,* Einkommensteuerrecht und Sozialhilferecht (Fn. 49), S. 165 f.

76 Dazu *Wolfgang Lingemann,* Das rechtliche Konzept der Familienbesteuerung (Fn. 11), S. 166 ff.

renen Kinde Mieteinkünfte verschafft, der macht den Säugling steuerlich zum erwachsenen Niedrigverdiener mit einem eigenen Existenzminimum von 11 069 DM. Dieses Existenzminimum wird sodann durch den bei den Eltern abziehbaren Kinderfreibetrag (§ 32 Abs. 6 EStG) aufgestockt. Im System eines Familien-Realsplittings für *alle* Bürger sind solche Absurditäten nicht möglich. Das ganze Chaos der steuerlichen Anerkennung von Verträgen zwischen Familienangehörigen wird überflüssig.

VI. Resümee

Nach alledem hängt eine Reform der Familienbesteuerung, die den Namen „Reform" auch verdient, wesentlich davon ab, ob es gelingt, die im 19. Jahrhundert entstandenen Theorien kapitalorientierter Einkommensbegriffe zu überwinden und den *dualistischen,* die *Konsumsituation* des Steuerpflichtigen berücksichtigenden Aufbau des *zu versteuernden* Einkommens mit dem Ergebnis eines *juristischen Systems* von Privatbezügen und Privatabzügen zu verwirklichen. In diesem System ist die subjektive Leistungsfähigkeit aller Steuerpflichtigen so hinreichend genau zu bestimmen, daß eine Privilegierung oder Diskriminierung von Alleinstehenden oder von Familienformen (Voll-/Halbfamilien, auch nichteheliche Lebensgemeinschaften) wegen Übereinstimmung des Steuerrechts mit dem *Sozialhilferecht* (realitätsgerechte Berücksichtigung des Existenzminimums) und dem *Unterhaltsrecht* (realitätsgerechte Berücksichtigung von Unterhaltsverpflichtungen) ausgeschlossen ist.

Christian Smekal

Steuerpolitische Konsequenzen aus den Erkenntnissen des Österreichischen Verfassungsgerichtshofes zur Familienbesteuerung von 1991

Inhaltsübersicht

In seinem umfangreichen Schrifttum hat sich *Franz Klein* wiederholt zu Fragen der Familienbesteuerung geäußert. In der zweiten Auflage des von ihm herausgegebenen Lexikons des Rechts – Steuer- und Finanzrecht (1993) findet sich unter dem Stichwort „Familienlastenausgleich" (Seite 182–184) eine zusammenfassende Darstellung seiner Gedanken zu diesem Thema. Der (auch ökonomische) Schutz der Familie gebiete es, das Existenzminimum der Familienmitglieder von der Besteuerung auszunehmen. Diese Einkommensteile seien für die Besteuerung nach der wirtschaftlichen Leistungsfähigkeit nicht disponibel. Werde beispielsweise das Existenzminimum für unterhaltspflichtige Kinder besteuert, so entstehe die unhaltbare Situation, daß bei gleichem Ausgangseinkommen unterhaltspflichtige und nicht unterhaltspflichtige Verdiener die gleiche Steuerlast zu tragen haben. Dies führe notwendigerweise zu einer Verletzung der horizontalen Steuergerechtigkeit, selbst dann, wenn die wirtschaftliche Belastung der Eltern für Kinder durch staatliche Sozialleistungen ausgeglichen wird.

Folgenden Beitrag, der sich mit dieser Thematik aus dem aktuellen Anlaß zweier Erkenntnisse des Österreichischen Verfassungsgerichtshofes im Jahre 1991 auseinandersetzt, möchte ich Franz Klein, dem Kämpfer für eine gerechte Familienbesteuerung, widmen.

I. Die Ausgangslage: Ziele und rechtliche Grundlagen der Familienpolitik in Österreich

Am Gesamtvolumen gemessen verfügt Österreich über ein – im internationalen Vergleich – umfangreiches und gut ausgebautes System der *finanzpolitischen Familienförderung.* Werden die ausgabenseitigen Leistungen des Familienlastenausgleichsfonds und die steuerlichen Begünstigungen zusammengefaßt, so ergeben sich im Jahre 1990 Beträge von rund 60 000,– S pro Familie und 35 000,– S pro Kind, die der Bund direkt und indirekt für die Familienförderung zur Verfügung stellt[1]. Dazu kommen noch beträchtliche Begünstigungen der Familie im Rahmen der Sozialversicherung und geringfügige Leistungen der einzelnen Bundesländer.

In der Struktur der Familienförderung sind seit dem 2. Weltkrieg zwei Tendenzen deutlich erkennbar, die einen engen Zusammenhang aufweisen. Zum ersten steht stark das *soziale Ziel* der finanziellen Unterstützung von (kinderreichen) Familien in den unteren Einkommensklassen im Vordergrund. Familienpolitik wurde in Österreich immer auch (und heute noch) als ein Instrument der Armutsbekämpfung, d.h. der vertikalen Einkommensumverteilung, angesehen. Zum zweiten ist im Laufe der Zeit eine starke Gewichtsverlagerung von steuerlichen Förderungsinstrumenten hin zu *einkommensunabhängigen Transferzahlungen* zu beobachten.

Ein direkter und allgemeiner Schutz der Familie als gesellschaftliche Institution läßt sich aus der österreichischen Bundesverfassung nicht ableiten. Durch den Beitritt zur Europäischen Menschenrechtskonvention (MRK) hat sich Österreich in den Artikeln 8 und 12 allerdings auch zum Schutz der Familie verpflichtet. Eingriffe in die Familie sind demnach nur zulässig, wenn dies im öffentlichen Interesse unbedingt notwendig ist[2]. Das Recht, eine Familie einzugehen und zu begründen, ist daher vom Gesetzgeber grundsätzlich zu respektieren.

Der Verfassungsgesetzgeber schützt die Familie durch den *Gleichheitsgrundsatz* gemäß Artikel 7 BVG und Artikel 2 StGG. In einer Reihe von Erkenntnissen hat der Österreichische Verfassungsgerichtshof (VfGH) entschieden, daß an das Bestehen eines Familienverhältnisses keine nachteiligen Folgen geknüpft werden dürfen. Dies gilt in der Sozialversicherung ebenso, wie im Steuerrecht und im Arbeitnehmerrecht. Die Rechtssprechung des VfGH entwickelt hier eine Art *Willkürverbot,* wonach Abweichungen von der gebotenen Gleichbehandlung nur zulässig sind, wenn eine sachliche Rechtfertigung nach objektiven Unterscheidungs-

---

1 Siehe *A. Guger,* Die Effizienz der österreichischen Familienpolitik, in: Monatsberichte des Österreichischen Instituts für Wirtschaftsforschung, 10/92, S. 520 ff.

2 *C. Huber,* Grundfragen zur Berücksichtigung der Kinderlasten im Einkommensteuerrecht, Österreichische Steuerzeitung, 274 f.

merkmalen vorliegt. Bei der sachlichen Rechtfertigung von Differenzierungen sind allerdings auch Wertungen unumgänglich[3]. So respektieren die österreichischen Verfassungsrichter zwar die Existenz nichtehelicher Lebensverhältnisse; Regelungen, die die Familie gegenüber solchen Verhältnissen benachteiligen, sind jedoch *sachlich* nicht begründbar (VfSlg. 3334/1958).

Die *einfachgesetzliche Behandlung* von Familien im Einkommensteuerrecht und im Familienlastenausgleichsrecht zeigt im Lauf der Jahre keine kontinuierliche Entwicklung. Vielmehr wurden immer wieder punktuelle Maßnahmen gesetzt, die sich im Spannungsfeld der Berücksichtigung der individuellen Leistungsfähigkeit einerseits und des sozialen Ausgleichs bei niedrigen Einkommen andererseits bewegten. Als charakteristisches Merkmal kann dabei beobachtet werden, daß eine allmähliche Herauslösung der Familienförderung aus dem Einkommensteuersystem erfolgte.

Bis 1972 beruhte das Einkommensteuersystem auf dem *Prinzip der Haushaltsbesteuerung*. Für Ledige sowie für Verheiratete und Verheiratete mit Kindern gab es jeweils eigene Tarife. Kinder wurden zusätzlich durch Freibeträge berücksichtigt. Im Jahre 1972 wurde die *Individualbesteuerung* eingeführt. An die Stelle von Kinderfreibeträgen traten Kinderabsetzbeträge. Die Familienbeihilfe wurde nach der Kinderzahl gestaffelt. Als Ziel wurde angeführt, mit Hilfe der Individualbesteuerung einerseits und des Ausbaus der ausgabenseitigen Familienförderung andererseits eine gezieltere Berücksichtigung der individuellen Leistungsfähigkeit herbeiführen zu können. Die Entscheidung für Absetzbeträge anstelle von Freibeträgen zeigte bald das Problem auf, daß Steuerpflichtige mit einer Steuerschuld unterhalb der Absetzbeträge den Absetzbetrag nicht nutzen konnten. Daher erfolgte im Jahre 1977 ein Einbau der Absetzbeträge in die Familienbeihilfe. Gleichzeitig wurde die Staffelung der Familienbeihilfe nach der Kinderzahl beseitigt. Dies wurde mit dem im Familienlastenausgleich verankerten Prinzip begründet, daß dem Staat jedes Kind „gleich viel wert" sein müsse. 1987 wurde dieser Grundsatz insofern wieder relativiert, als (nur) den Alleinverdienern (und nicht den Doppelverdienern) zum bestehenden Alleinverdienerabsetzbetrag ein Kinderzuschlag von zunächst 50,– S und später 150,– S monatlich (1988) gewährt wurde. Ab dem Jahre 1989 wurde Familien mit einem Jahreseinkommen unter 96 000,– S ein jährlicher Familienzuschlag von 2400,– S zur Familienbeihilfe eingeräumt[4].

---

3 Vgl. auch *B. C. Funk,* Einführung in das Österreichische Verfassungsrecht, 7. A., Graz 1991, S. 234. *T. Neuber,* Höhe des Alleinverdienerabsetzbetrages gleichheitswidrig? Finanz-Journal 1991, 28.

4 Dazu ausführlicher *Th. Albrecht,* Vergleich des Systems der Familienbesteuerung in Österreich und Deutschland aus finanzwissenschaftlicher Perspektive, Dipl. Arb. Ibk. 1993, S. 78 ff.

II. Die Urteile des VfGH zur Familienbesteuerung aus dem Jahre 1991[5]

1. Zum Inhalt der Beschwerden

Aufgrund von zwei Beschwerden wegen *Verletzung des Gleichheitsgrundsatzes* erkannte der VfGH am 12. Dezember 1991 die Verfassungswidrigkeit des österreichischen Einkommensteuergesetzes 1988 (EStG) in den Absätzen 2 und 7 des § 34 (außergewöhnliche Belastungen)[5].

In der ersten Beschwerde machte ein beschwerdeführender Rechtsanwalt geltend, daß die gesetzlich auferlegte Alimentationspflicht für seine teilzeitbeschäftigte Ehefrau und fünf Kinder steuerlich nicht ausreichend berücksichtigt werde. Dies führe dazu, daß ein Einkommensteuerpflichtiger mit kinderreicher Familie gegenüber einem sonstigen Einkommensteuerpflichtigen unverhältnismäßig mehr belastet werde. Er begehrte daher, daß seine Alimentationslasten als außergewöhnliche Belastung anerkannt und dadurch dem Grundsatz der Gleichbehandlung im Vergleich zu nicht unterhaltspflichtigen Personen Rechnung getragen werde.

Der zweite Beschwerdeführer, ein Journalist und Schriftsteller, führte Klage gegen den Bescheid des Finanzamtes, wonach seine Unterhaltsleistungen für drei Kinder aus geschiedener Ehe nicht (mehr) als außergewöhnliche Belastung anerkannt wurden. Nach § 34 Abs. 7 EStG 1981 anerkannte das Finanzamt Aufwendungen für Unterhaltszahlungen an Kinder nur dann als außergewöhnliche Belastung, wenn diese beim Unterhaltsberechtigten selbst eine außergewöhnliche Belastung (etwa bei Erkrankung) darstellen.

Der VfGH erkannte in beiden Fällen, daß trotz anderweitiger Begünstigungen der Familie und von Kindern (im Rahmen des Familienlastenausgleichs und durch Absetzbeträge) eine Diskriminierung von Familien mit Kindern vorliege und somit ein Verstoß gegen den Grundsatz der Gleichbehandlung gegeben sei[6].

2. Die Begründungen des VfGH

In den aufgehobenen Gesetzesbestimmungen sieht der VfGH den Gleichheitsgrundsatz in dreifacher Weise verletzt:[7]

a) Im Vergleich der Unterhaltspflichten für verheiratete und geschiedene Unterhaltspflichtige mit Kindern:

Der VfGH sieht eine unbegründete Besserstellung des verheirateten Unterhaltspflichtigen im Vergleich zu einem geschiedenen Unterhaltspflichtigen darin gegeben, daß letzteren einerseits die Alimentationspflicht

---

5 Erkenntnisse des VfGH G 188, 189/91 – 15 und G 290/91 – 7, beide vom 12. Dezember 1991.
6 VfGH, Erk. G 290/91 – 7, S. 6; und Erk. G 188, 189/91 – 15, S. 9, 10.
7 VfGH, Erk. G 188, 189/91 – 15, S. 20/21.

treffe, für die er weder außergewöhnliche Belastungen noch den Alleinverdienerabsetzbetrag geltend machen könne, andererseits aber die Kinderbeihilfe und der Alleinerzieherabsetzbetrag (in gleicher Höhe wie der Alleinverdienerabsetzbetrag) der geschiedenen Ehegattin zustehe. Dem verheirateten Unterhaltspflichtigen stehe grundsätzlich sowohl die Kinderbeihilfe als auch der Alleinverdienerabsetzbetrag zu. Darin liege eindeutig eine sachlich nicht zu rechtfertigende Ungleichbehandlung.

b) Im Vergleich der Belastung durch Kinder mit anderen außergewöhnlichen Belastungen:

Im § 34 Abs. 2 EStG 1988 hatte der Steuergesetzgeber die Anerkennung der Unterhaltspflichten für Kinder als außergewöhnliche Belastung praktisch ausgeschlossen. Dazu wählte er die restriktive „sophistische" Definition, daß außergewöhnliche Belastungen „zwangsläufig größere Aufwendungen" darstellen als der Mehrzahl der Steuerpflichtigen . . . „und gleichen Familienstandes" erwachsen. Damit wurde die Kinderzahl für die Zuerkennung außergewöhnlicher Belastungen praktisch irrelevant. Der VfGH stellt dazu fest, daß der Ausschluß der Unterhaltsleistungen vom Abzug als außergewöhnliche Belastung in mehrfacher Hinsicht zu Diskriminierungen führe. Ungleiche Belastungen ergeben sich dadurch zum einen zwischen unterhaltspflichtigen Personen und nicht unterhaltspflichtigen Personen, zum anderen zwischen dem zwangsläufig erwachsenen Aufwand für Kinder und anderen außergewöhnlichen Belastungen sowie zwischen verheirateten und geschiedenen Unterhaltspflichtigen. Der Wortlaut „. . . und gleichen Familienstandes" in § 34 Abs. 2 EStG 1988 mußte daher als verfassungswidrig aufgehoben werden.

c) Im Vergleich der Leistungsfähigkeit unterhaltspflichtiger Eltern mit der Leistungsfähigkeit kinderloser Steuerpflichtiger:

Der VfGH bekennt sich ausdrücklich zum Prinzip der persönlichen Leistungsfähigkeit in der Einkommensbesteuerung. Als besonders geeigneter Indikator für die Leistungsfähigkeit gelte das Einkommen. Aus dem Leistungsfähigkeitsprinzip folge, daß es nicht zumutbar ist, daß ein Unterhaltspflichtiger mit Kindern unter Umständen das Doppelte dazu verdienen müsse, um (im Vergleich zu einem nicht Unterhaltspflichtigen) bei seinen eigenen Bedürfnissen keine Einschränkungen zu erfahren. Eine Diskriminierung sorgepflichtiger Eltern im Vergleich zu nicht sorgepflichtigen kann nur dadurch vermieden werden, daß sowohl das Existenzminimum der Unterhaltsberechtigten steuerfrei bleibt als auch der progressive Tarif berücksichtigt wird, da bei der Besteuerung des unterhaltspflichtigen Einkommens die Steuerlast von der Höhe der Progression abhänge[8]. Der Einwand, daß das Existenzminimum von Kindern durch Absetzbeträge und Familienbeihilfe zur Gänze abgedeckt werde und daß für Eltern mit höherem Einkommen die Tragung der Kinderlasten leichter werde, geht nach Ansicht des VfGH an der Grundproblematik vorbei,

8 VfGH, Erk. G 188, 189/91 – 15, S. 23.

wonach es zu einer ungleichen Belastung von unterhaltspflichtigen und nicht unterhaltspflichtigen Personen kommt und dadurch die *horizontale Gleichbehandlung* verletzt wird. Daß bei einem progressiven Tarif „die zur Erzielung der Gleichbehandlung erforderliche Entlastung bei Eltern mit höherem Einkommen höher ist, als bei solchen mit geringerem Einkommen, ist nur die Folge des Umstandes, daß die bei voller Besteuerung des für Unterhaltszwecke benötigten Einkommens eintretende Belastung solcher Eltern infolge der Progression vergleichsweise höher ist als die der anderen"[9].

Zu berücksichtigen sei auch, daß die von den Sorgepflichtigen zu leistenden Unterhaltslasten auch nicht sorgepflichtigen Personen zugute kommen, da die Obsorge der Eltern für ihre Kinder auch im *Interesse der Allgemeinheit* liege. Konkret weist der VfGH auf die Leistungen für den Fortbestand der Volkswirtschaft und auf die Versorgung im Alter hin[10]. Auch deshalb sei zu fordern, daß der sich aus der Unterhaltspflicht ergebende Unterschied der wirtschaftlichen Leistungsfähigkeit zwischen sorgepflichtigen und nicht sorgepflichtigen Personen ein gewisses Ausmaß nicht überschreiten dürfe.

3. Das Problem der adäquaten Instrumente zur Berücksichtigung der Unterhaltslasten

Obwohl der VfGH das aus dem Gleichheitsgrundsatz abgeleitete Gebot der Aufhebung oder zumindest Verminderung der steuerlichen Ungleichbehandlung von Unterhaltspflichtigen und nicht Unterhaltspflichtigen sehr deutlich formuliert, überläßt er der Bundesregierung einen großen Spielraum bei der Auswahl der Instrumente, mit denen das „verfassungsrechtlich gebotene Ergebnis"[11] herbeigeführt werden soll.

Es liege im Ermessen der Bundesregierung, tarifpolitische Maßnahmen zu setzen, Frei- *oder* Absetzbeträge vorzusehen und direkte Leistungen (aus dem Familienlastenausgleich) zu gewähren. Auch eine Kombination der einzelnen Maßnahmen sei möglich. Der insgesamt herbeizuführende Lastenausgleich müsse nicht durch zusätzliche Ausgaben der Bundesregierung finanziert werden. Er könne auch „aufkommensneutral" durch Umschichtung der Steuerlast von nicht Unterhaltspflichtigen zu Unterhaltspflichtigen erfolgen.

9 VfGH, Erk. 188, 189/91 – 15, S. 24.
10 VfGH, Erk. 188, 189/91 – 15, S. 10.
11 VfGH, Erk. 188, 189/91 – 15, S. 26.

III. Die Auffassungsunterschiede zwischen der Bundesregierung und dem VfGH

In ihrer Entgegnung[12] zu den verfassungsrechtlichen Einwendungen des VfGH beharrt die Bundesregierung im wesentlichen auf ihrem bisherigen Rechtsstandpunkt und argumentiert am zentralen Anliegen des VfGH vorbei. Auf den Vorwurf der Verletzung des Gleichheitsgrundsatzes durch eine unterschiedliche steuerliche Belastung von unterhaltspflichtigen und nicht unterhaltspflichtigen Personen geht sie nicht ein. Daß hier ein Zielkonflikt mit dem VfGH vorliegt, zeigt sie deutlich, in dem sie sich auf das von ihr nicht bestrittene Erfordernis zurückzieht, lediglich die Unterhaltslasten für Kinder „in ausreichendem Maße" zu berücksichtigen. Der eigentliche und wesentliche Beschwerdegrund der Ungleichbehandlung geht in der Stellungnahme der Bundesregierung in ausführlichen rechtlichen Erörterungen und exemplarischen Berechnungen unter[13].

Nach Meinung der Bundesregierung sind aus gleichheitsrechtlicher Sicht die Unterhaltslasten für Kinder dann ausreichend berücksichtigt, wenn der Staat diese im *Ausmaß des Existenzminimums* mittrage. Zum Beweis, daß dies zutreffe, stellt sie umfangreiche Berechnungen an. Nach Umrechnungen der Transferleistungen aus dem Familienlastenausgleich in Absetzbeträge und Freibeträge kommt sie zum Schluß, daß der Minderung der wirtschaftlichen Leistungsfähigkeit infolge von Kinderlasten durch das gegenwärtige System der Familienbeihilfen ausreichend Rechnung getragen werde[14]. Dieser Umstand rechtfertige es, die Anerkennung der Kinderlasten als außergewöhnliche Belastung (nach § 34 Abs. 2) auszuschließen. Ein außergewöhnlicher Aufwand könne nur in einer spezifischen Situation und nur in Einzelfällen begründet werden (z.B. im Krankheitsfall). Die Anwendung auf eine große Zahl von Steuerpflichtigen wie zum Beispiel auf Familien mit Kindern, sei vom Steuergesetzgeber nie intendiert gewesen, selbst wenn es sich dabei um zwangsläufig erwachsene Ausgaben handelt.

Die vom VfGH geforderte Anwendung des Prinzips der Besteuerung nach der wirtschaftlichen Leistungsfähigkeit wird von der Bundesregierung zwar anerkannt. Sie wendet jedoch eine sehr weite Definition der Leistungsfähigkeit an. Nach ihrer Meinung gibt die steuerliche Bemessungsgrundlage des Einkommens die wirtschaftliche Leistungsfähigkeit nur unvollständig wieder. Das EStG erfasse nur bestimmte Einkunftsquellen (z.B. nicht die „steuerbefreiten" Vermögenszuwächse und Veräußerungsgewinne bei der Veräußerung von privaten Vermögensgegenständen) und gewähre zahlreiche Begünstigungen für bestimmte Einkommensteile. Sogesehen könne das steuerliche Einkommen nur einen relativen, keines-

12 VfGH, Erk. 188, 189/91 – 15, S. 11 ff.
13 Vgl. auch *Th. Albrecht*, a.a.O. S. 111.
14 VfGH, Erk. 188, 189/91 – 15, S. 16.

falls aber einen absoluten Indikator für die wirtschaftliche Leistungsfähigkeit abgeben. Außerdem sei zu berücksichtigen, daß die sonstigen staatlichen Förderungen für Kinder und Familien (z.B. im Bereich der Anspruchsberechtigung der Sozialversicherung und dem Bereich des Schul- und Bildungswesens) zu einem ausreichenden Ausgleich der Kinderlasten führen. Der VfGH bemerkt dazu folgerichtig, daß der Hinweis auf andere Unvollständigkeiten im EStG kein Grund sei, die im gegenständlichen Fall aufgezeigten verfassungsrechtlichen Bedenken fallen zu lassen. Bei einer so weit angelegten Begriffsfassung verliert das Konzept der Leistungsfähigkeit natürlich jegliche Eignung, als Richtschnur für die Gestaltung des Steuersystems zu dienen und degeneriert zu einem Spielball für beliebige Interpretationen.

Der Konflikt zwischen dem VfGH und der Bundesregierung läßt sich letztlich darauf zurückführen, daß sich zwar beide auf das Konzept der Besteuerung nach der wirtschaftlichen Leistungsfähigkeit berufen, beide aber jeweils unterschiedliche Konzepte der Steuerlastverteilung im Auge haben. Daher reden beide „zielgerichtet" aneinander vorbei[15]. Dem VfGH geht es um die Verwirklichung der horizontalen Gerechtigkeit (bzw. Gleichbehandlung). Dieses Konzept gebietet, daß Steuerpflichtige mit gleichem Einkommen und unterschiedlichen Unterhaltsverpflichtungen steuerlich nicht gleich behandelt werden dürfen. Die Bundesregierung strebt hingegen das Ziel der vertikalen Gerechtigkeit an, dessen Realisierung verlangt, daß unterschiedlich hohe Einkommen auch unterschiedlich behandelt werden müssen. Beide Konzepte schließen sich nicht aus. Ihre gleichzeitige Verwirklichung hat aber einerseits finanzielle Konsequenzen und andererseits Auswirkungen auf die Steuerlastverteilung.

Der *finanzielle Aufwand,* den eine weitgehende gleichzeitige Verwirklichung beider Konzepte verursachen würde, spielt in der offiziellen Diskussion kaum eine Rolle. Tatsächlich dürfte diesem Gesichtspunkt bei den steuerpolitischen Entscheidungen des Gesetzgebers aber eine große Bedeutung zukommen. Die Bundesregierung legt ihre Priorität eindeutig auf das sozialpolitische Ziel der relativen Besserstellung von Beziehern niedriger Einkommen. Durch die Entscheidung für Absetzbeträge als Instrument zur Abgeltung von Unterhaltslasten führt sie – fiskalisch gesehen – einen Finanzausgleich innerhalb der Gruppe der Unterhaltspflichtigen von höheren zu niedrigen Einkommen herbei. Gerade dadurch entsteht aber die Ungleichbehandlung im Vergleich zu den nicht unterhaltspflichtigen Personen gleicher Einkommensstufe. Wollte sie diese Diskriminierung aufheben, müßte sie – bei gleichem Steueraufkommen – entweder eine Umschichtung der Steuerlast von höheren zu niedrigen Einkommen innerhalb der unterhaltspflichtigen Personen herbeiführen, was aus sozialen Gründen nicht in Frage kommen dürfte, oder eine steuerliche Entlastung der Unterhaltspflichtigen auf Kosten der nicht Unterhalts-

15 *Ch. Plörer,* Reform der Familienbesteuerung in Österreich 1992, Dipl. Arb., Ibk. 1993, S. 43 f.

pflichtigen vornehmen. Letzteres dürfte aufgrund der demographischen Struktur zu großen politischen Widerständen führen. Wollte die Regierung weder die Verteilungsposition der Unterhaltspflichtigen (vor allem mit niedrigem Einkommen) noch jene der nicht Unterhaltspflichtigen verändern, so kann sie das Ziel der horizontalen Gerechtigkeit aufkommensneutral nicht mehr erreichen. Sie müßte beträchtliche Einnahmeausfälle in Kauf nehmen.

Aufgrund dieser Überlegungen nimmt es nicht wunder, daß die gegensätzlichen Standpunkte in erster Linie um die theoretische Tragfähigkeit und Operationalisierung des Leistungsfähigkeitsprinzips kreisen. Der VfGH bekennt sich in seiner Begründung zum Prinzip der Berücksichtigung der persönlichen Leistungsfähigkeit. Da das Einkommen (finanzwissenschaftlich) als besonders geeigneter Indikator der persönlichen Leistungsfähigkeit gilt, gehöre es zu den wesentlichen Merkmalen der Einkommensteuer, bei der Tarifgestaltung die persönliche Leistungsfähigkeit zu berücksichtigen[16].

Hinsichtlich der Frage, wie dies im gegenständlichen Fall geschehen soll, fällt die Antwort des VfGH mehrdeutig und nicht ganz schlüssig aus. Einerseits räumt er dem Gesetzgeber weitgehende Gestaltungsfreiheit ein und weist ausdrücklich auf tarifliche Maßnahmen, auf Absetz- oder Freibeträge sowie auch (Familien-)beihilfen hin. Implizit gibt er aber ziemlich deutlich seine *Präferenz für Freibetragslösungen* zu erkennen: „Die Notwendigkeit, aus dem erzielten Einkommen . . . auch den Kindern Unterhalt zu leisten, verringert die steuerliche Leistungsfähigkeit der Eltern und ist nicht bloß Sache privater Lebensgestaltung oder persönlichen Risikos. Ein Abzug der Unterhaltsleistungen vom zugeflossenen Einkommen würde entgegen der Auffassung der Bundesregierung noch nicht bedeuten, daß der Staat den Eltern die Unterhaltslast (auch nur teilweise) abnimmt. . . . Der Abzug der Unterhaltslast würde nur vermeiden, daß die unterhaltspflichtigen Eltern so besteuert werden, als stünde ihnen das gesamte Einkommen zur Verfügung . . ."[17]

Die Intention des Verfassungsgesetzgebers ist klar. Bei ihm geht es darum, die verfassungsmäßig gebotene Gleichbehandlung von unterhaltspflichtigen und nicht unterhaltspflichtigen Personen gleicher Einkommensstufe herbeizuführen. Tariftechnisch ist dies am einfachsten, wenn konstante Freibeträge in Höhe der Unterhaltslasten gewährt werden. Mit dem Instrument der Absetzbeträge kann die steuerliche Freistellung der Unterhaltslasten nur erreicht werden, wenn die Höhe der Absetzbeträge gestaffelt und mit zunehmenden Einkommen ansteigen würde. Aus steuerpsychologischen Gründen kann diese Alternative wohl nicht ernsthaft in Erwägung gezogen werden. Ähnliches gilt für Familienbeihilfen, die derzeit als einkommensunabhängige Transfers ausgestaltet sind. Zur Her-

---

16 *W. Doralt/H. G. Ruppe,* Grundriß des österreichischen Steuerrechts, Bd. I, 4. A., Wien 1989.

17 VfGH, Erk. 188, 189/91 – 15, S. 21/22; vgl. auch *A. Guger,* a.a.O. S. 521.

stellung der horizontalen Gleichbehandlung müßten sie mit der Einkommenshöhe zunehmen.

Dieses instrumentenpolitische Dilemma ist Folge des progressiven Tarifs der Einkommensteuer. Bei proportionalen Tarifen, die aus allokationstheoretischen Gründen ja immer mehr gefordert werden, würde es nicht auftreten. Bei progressiven Tarifen bedeutet die Berücksichtigung des Leistungsfähigkeitsprinzips und damit der Familienstruktur, daß eine höhere Leistungsfähigkeit vergleichsweise eine höhere Steuerlast und eine niedrigere Leistungsfähigkeit auch eine vergleichsweise niedrigere Steuerlast zu tragen hat. Das Vorliegen höherer Unterhaltslasten für Kinder muß sich somit nach Maßgabe des progressiven Tarifs auf die Höhe des Grenzsteuersatzes und damit die Höhe der „Kinderermäßigung" auswirken[18]. Dieses Resultat ergibt sich zwingend, wenn horizontale Gleichbehandlung angestrebt wird. Nur ein systemkonformer Freibetrag kann sicherstellen, daß „jedes Kind gleich viel wert" ist. Fixe Kopftransfers oder Absetzbeträge führen bei progressiven Tarifen immer zu einer steuerlichen Ungleichbehandlung von Kindern niedriger und höherer Einkommensbezieher[19].

Folgt man dieser „horizontalen Leistungsfähigkeits-Logik", so kann den Beanstandungen des VfGH im geltenden Einkommensteuerrecht nichts entgegengehalten werden[20]. Einwendungen sind nur möglich, wenn die Prämissen des Leistungsfähigkeitsprinzips selbst in Frage gestellt werden. In der finanzwissenschaftlichen Literatur wird eingewendet, daß der Begriff der Leistungsfähigkeit inhaltsleer sei und je nach Standpunkt mit Wertungen gefüllt werden müsse[21]. So gelte es zu entscheiden, ob wirtschaftliche Leistungsfähigkeit nur im engen Sinn als die Fähigkeit, aus erzieltem Einkommen Steuern zu leisten, definiert werde, oder ob nicht auch andere Bezugsgrößen, wie Vermögen, Konsum und ausgabenseitige Staatsleistungen in die Betrachtung einzubeziehen seien. Im modernen Umverteilungs- bzw. Sozialstaat kann nach *Sturn* das Leistungsfähigkeitsprinzip nicht isoliert auf die Einkommensteuer angewendet werden[22]. Vielmehr müsse das Gesamtsystem staatlicher Steuer- und Transferpolitik miteinbezogen werden. In den Vordergrund rücke dabei die gesamtgesellschaftliche Umverteilungszielsetzung.

---

18 Vgl. *D. Pohmer*, Einige Gesichtspunkte zur Familienbesteuerung. Die Behandlung der Steuerpflichtigen mit Kindern im Einkommensteuerrecht, in: Finanzarchiv. N.F. Nr. 27 (1968) S. 168 f.

19 Vgl. auch *C. Huber*, Grundfragen zur Berücksichtigung von Kinderlasten im Einkommensteuerrecht, Österreichische Steuerzeitung 1991, 280 f.

20 Vgl. *R. Sturn*, Schwierige Gleichheit: Prozedurale Gleichheit, materielle Gerechtigkeit und Leistungsfähigkeitsprinzip, Wirtschaftspolitische Blätter 1992, 626 f.

21 *D. Brümmerhoff*, Finanzwissenschaft, 5. A., München, Wien 1990, S. 238 f.; vgl. auch *K. Littmann*, Ein Valet dem Leistungsfähigkeitsprinzip, in: *H. Haller/L. Kullmer* (Hrsg.), Theorie und Praxis des finanzpolitischen Interventionismus, Festschrift für F. Neumark, Tübingen 1970, S. 113–116.

22 *R. Sturn*, a.a.O. S. 634.

Die Befürworter des Leistungsfähigkeitsprinzips anerkennen zwar die Wertgeladenheit des Leistungsfähigkeits-Begriffs und die Notwendigkeit seiner interpretativen Auffüllung. Sie schlagen daher vor, das Leistungsfähigkeitsprinzip nicht mit individuellen, nicht meßbaren Nutzenvorstellungen zu begründen. Keine Steuer könne auf individuelle Wertungen bezogen werden[23]. Es sei aber möglich, allgemeine Aussagen über verwendungsbezogene Bedürfnisbefriedigungsniveaus zu machen und mit deren Hilfe das Leistungsfähigkeitsprinzip als Richtschnur („Roten Faden") für die Ermittlung der steuerlichen Bemessungsgrundlage heranzuziehen. Würde der Gesichtspunkt der individuellen Bedürfnisbefriedigung bei der Ermittlung des steuerbaren Einkommens völlig ausscheiden, könnte sich die Tarifgestaltung bei der Einkommensteuer nur noch auf vage Umverteilungszielsetzungen stützen. Eine wichtige Willkürschranke zum Schutz des Individuums vor staatlichen (Steuer-)eingriffen würde wegfallen[24].

Der VfGH folgt bei seiner Urteilsbegründung weitgehend diesen Überlegungen. Im österreichischen Einkommensteuerrecht sei das Prinzip der persönlichen Leistungsfähigkeit mehrfach verankert. „Von der Tarifgestaltung bis zur Ermöglichung des Abzugs außergewöhnlicher Belastungen von der Bemessungsgrundlage nimmt das Einkommensteuerrecht auf die wirtschaftliche Leistungsfähigkeit bedacht."[25] Eine Abweichung von diesem Prinzip sei nur möglich, wenn dafür eine sachliche Rechtfertigung geltend gemacht werde.

IV. Das Maßnahmenpaket der Bundesregierung

In seiner Budgetrede am 22. Oktober 1992 nahm der Finanzminister zur Neuordnung der Familienbesteuerung in Österreich Stellung: „Dem Erkenntnis des VfGH wurde (also) in einer Weise entsprochen, die Vorteile nicht nur Beziehern höherer Einkommen zugute kommen läßt, sondern vor allem den Familien mit niederen oder mittleren Einkommen."[26]

Die Bundesregierung stand also vor der Aufgabe, einerseits dem Auftrag des VfGH entsprechend die Unterhaltslasten für Kinder (vor allem bei größerer Zahl von Kindern) bei mittleren und höheren Einkommen finanziell stärker als bisher zu berücksichtigen, und andererseits der (eigenen) sozialpolitischen Zielsetzung folgend die verbesserte finanzielle Berücksichtigung von Kinderlasten auch und vor allem Steuerpflichtigen mit geringerem Einkommen zukommen zu lassen.

Diese doppelte finanzielle Besserstellung erforderte zusätzliche Finanzierungsmittel. Das gesamtfamilienpolitische Paket umfaßte ein Finanzie-

23 *H. Haller,* Zur Diskussion um das Leistungsfähigkeitsprinzip, Finanzarchiv N.F. 1972/73, 465 f.
24 Vgl. *H. Haller,* a.a.O. S. 490 f.
25 VfGH, Erk. 188, 189/91 – 15, S. 21.
26 Bundesministerium für Finanzen, Bundesvoranschlag 1993, Wien Oktober 1992, S. 12.

rungsvolumen von 12 Mrd. S. Ein Teil davon wurde durch Umschichtungen aus der Aufhebung anderer steuerlicher Begünstigungen (darunter auch familienpolitischer Begünstigungen bei den Sonderausgaben und Sonderzahlungen im EStG) aufgebracht. Der größere Teil, den der Finanzminister mit 7 Mrd. S bezifferte, wurde – nicht aufkommensneutral – durch eine Verringerung der Steuerlast „finanziert". Immerhin gehören nach Berechnungen des Finanzministeriums 95 v.H. der Familien, besonders jene mit niedrigen und mittleren Einkommen, zu den Gewinnern[27].

Bei der Wahl der Instrumente entschied sich die Bundesregierung dafür, dem Auftrag des Verfassungsgesetzgebers durch ein *System von Absetzbeträgen* kombiniert mit direkten *Zahlungen aus dem Familienlastenausgleich* nachzukommen. Damit bekräftigte sie ihren Willen, das System der Familienförderung in erster Linie als Transfersystem „außerhalb" des Einkommensteuersystems auszubauen. Mit diesem Instrumentarium sei es möglich, die gleiche Behandlung aller Steuerpflichtigen mit gleicher Kinderzahl *einkommensunabhängig* sicherzustellen[28]. Dies sei dann der Fall, wenn die einkommensunabhängige Berücksichtigung ausreicht, auch höhere Unterhaltslasten (von mittleren und höheren Einkommensbeziehern) abzudecken[29].

Als wichtigste Neuerung sieht das Familienpaket die Einführung von Absetzbeträgen vor, die nach der Kinderzahl gestaffelt sind. § 33 Abs. 4 EStG enthält die „Abgeltung gesetzlicher Unterhaltspflichten" durch folgende Absetzbeträge: Die Unterhaltspflichten von Alleinverdienern und Alleinerziehern (mit mindestens einem Kind, nicht in einer Ehegemeinschaft lebend) werden durch einen jährlichen Absetzbetrag in Höhe von 5000,– S abgegolten. Für Kinder wird allen Steuerpflichtigen, die einen Anspruch auf (Kinder-)Familienbeihilfe haben, ein monatlicher Kinderabsetzbetrag von 350,– S für das erste, 525,– S für das zweite und 700,– S für jedes weitere Kind gewährt und *direkt* mit der Familienbeihilfe ausbezahlt. Über diese Absetzbeträge hinaus sind Unterhaltsleistungen nur dann von der Einkommensteuerbemessungsgrundlage abzugsfähig, wenn sie für Aufwendungen gewährt werden, die beim *Unterhaltsberechtigten* selbst eine außergewöhnliche Belastung darstellen würden (§ 34 Abs. 7 EStG).

Um die Einführung der „Kinderstaffel" wurde zwischen den großen Parteien heftig gerungen. Durch die Erhöhung und Staffelung der Kinderabsetzbeträge wird zwar erreicht, daß die Mehrbelastung von Einkommensteuerpflichtigen mit kinderreicher Familie auch in mittleren und höheren Einkommensgruppen gemildert wird. Die relative Gleichbelastung von Unterhaltspflichtigen und Nicht-Unterhaltspflichtigen kann dadurch

27 Bundesministerium für Finanzen, a.a.O. S. 12.

28 Ohne Verfasser, Maßnahmenpaket Familienbesteuerung, Österreichische Steuerzeitung 1992, 137.

29 Maßnahmenpaket, a.a.O. S. 138.

aber nicht herbeigeführt werden[30]. Genaugenommen ist die Staffelung der Absetzbeträge nach der Kinderzahl sogar unvereinbar mit dem Prinzip der Leistungsfähigkeit. Im statistischen Durchschnitt betrachtet dürften die Pro-Kopf-Aufwendungen für Kinder mit steigender Kinderzahl sinken und nicht steigen. Bei absoluter Betrachtung dürften alle drei Kinderabsetzbeträge allerdings weit von den realitätsgerechten Werten entfernt liegen, so daß dieser Diskussion eher akademische Bedeutung zukommt. Offensichtlich hat der Gesetzgeber mit der „progressiven" Kinderstaffel weniger die vom VfGH geforderte Berücksichtigung der Leistungsfähigkeit im Auge, als eine sozialpolitisch motivierte (teilweise) Kompensation der tariflichen Belastungseffekte, die durch die progressive Besteuerung bei kinderreichen Familien notwendigerweise entstehen[31].

Mit dem Prinzip, Abgeltungen der Familienlasten einkommensunabhängig (und damit tarifunabhängig) nach Maßgabe eines aufgrund gesetzlicher Bestimmungen errechneten Existenzminimums vorzusehen, stellt sich die Bundesregierung direkt in Widerspruch zum Auftrag des VfGH, eine steuerliche Gleichbehandlung zwischen Unterhaltspflichtigen und nicht Unterhaltspflichtigen herbeizuführen. Um sicherzustellen, daß Steuerpflichtige mit und ohne Unterhaltslasten bei gleichem Einkommen bzw. gleicher Leistungsfähigkeit auch gleich besteuert werden, hätte der Gesetzgeber nämlich – bei Festhalten am System der Absetzbeträge – sowohl beim Alleinverdienerabsetzbetrag wie auch bei den Kinderabsetzbeträgen mit der Zunahme des Einkommens steigende Absetzbeträge vorsehen müssen. Angesichts der gegebenen Progressionseigenschaften hätten diese sowohl was die absolute Höhe als auch was das Ausmaß der Staffelung betrifft zu wesentlich höheren Beträgen geführt[32].

Dem VfGH hätte es an sich bewußt sein müssen, daß eine gänzliche Berücksichtigung der von ihm geforderten horizontalen Gerechtigkeit in einem System von Absetzbeträgen und einkommensunabhängigen Familienbeihilfen zu große sozialpolitische Widerstände hervorrufen und politisch nicht durchsetzbar sein würde. Indem er dem Gesetzgeber die Instrumentenwahl freistellte, hat er ihm einen Weg gewiesen, sich – zwar nicht elegant, aber immerhin mit Zeitgewinn – um die adäquaten systemkonformen Anpassungen „herumzuschwindeln" und das Problem der horizontalen Ungleichbehandlung nahezu zu ignorieren.

Ein verwaltungseinfaches System steuerlicher Gleichbehandlung von Personen mit und ohne Unterhaltslasten kommt um die Einführung von Freibeträgen für Alleinverdiener und Kinder nicht herum. Daß Freibetragsregelungen bei sehr hohem Einkommen auch begrenzt werden können, sollte einer offenen sozialpolitischen Entscheidung vorbehalten bleiben. *Neben* und in *Ergänzung des Freibetragsystems* bietet das Transfer-

30 Vgl. dazu *R. Sturn*, Zum Spannungsverhältnis von Verfassungsrechtssprechung und Steuergesetzgebung, Juristische Blätter 1992, 746 f.
31 Vgl. dazu auch *Th. Albrecht*, a.a.O. S. 132/133 f.
32 Für die entsprechenden Berechnungen siehe *Th. Albrecht*, a.a.O. S. 138.

system mit Absetzbeträgen und/oder Kindergeldlösungen wesentlich flexiblere und bedarfsgerechtere Möglichkeiten der Differenzierung nach sozialpolitischen oder auch anderen familienpolitischen Kriterien[33]. Entgegen der langjährigen österreichischen Tradition, die Gesichtspunkte von leistungsgerechter Besteuerung einerseits und sozialpolitischer Rücksichtnahme auf niedrige Einkommensbezieher andererseits zu überlagern und zu vermengen, würde ein *duales System der Familienförderungspolitik,* bestehend aus Freibeträgen *und* Transfers, nicht nur die verteilungspolitische Transparenz erhöhen, sondern auch die horizontale *und* vertikale Gerechtigkeit verbessern.

Im „Normenkonflikt" zwischen dem Verfassungsgesetzgeber und dem einfachen Gesetzgeber hat sich in Österreich – vorläufig – der einfache Gesetzgeber durchgesetzt.

33 Vgl. *H. Sudmann,* der Familienlastenausgleich im Spannungsfeld von leistungsgerechter Besteuerung und bedarfsgerechter Förderung, Sozialer Fortschritt 1993, 278.

Wolfgang Schön

Mitarbeit und Mithilfe von Familienangehörigen im Steuerrecht als verfassungsrechtliches Problem

Inhaltsübersicht

I. Einleitung

Ehe und Familie im Steuerrecht – dieses Thema hat *Franz Klein* in den vielen Jahrzehnten seines verfassungsrechtlichen, steuerrechtlichen und rechtspolitischen Wirkens immer wieder beschäftigt. In einer Vielzahl von Abhandlungen[1] – bis hin zu seiner mehrfach aktualisierten Kommentierung des Art. 6 GG[2] – hat er die verfassungsrechtlichen Beschränkungen aufgezeigt, die dem Steuergesetzgeber durch die grundgesetzliche Wertentscheidung für den Schutz von Ehe und Familie auferlegt sind. Zugleich hat er – namentlich als Mitverfasser des Gaddum-Entwurfs eines modernen Einkommensteuerrechts[3] – konkrete rechtspolitische Vorschläge einer einfachen und gerechten Familienbesteuerung auf den Tisch gelegt, die gleichermaßen den in der Familie begründeten finanziellen Lasten wie auch der grundrechtlich geschützten Freiheit der Ehegatten zur Gestaltung ihrer Lebensverhältnisse Rechnung tragen. Schließlich ist *Franz Klein* als Kenner der Realitäten in Finanzverwaltung und

1 Gleichheitssatz und Steuerrecht, 1966, S. 178 ff.; Steuerrecht unter Verfassungskontrolle (mit Schmidt-Bleibtreu), 2. Aufl., 1972, S. 135 ff.; BayVBl. 1974, S. 1 ff.; FS Zeidler, 1987, S. 773 ff.; DStR 1987, 779 ff.; vgl. auch den Hinweis in BVerfGE 61, 319 ff., 341, auf das Plädoyer *Kleins* vor dem Bundesverfassungsgericht im Splitting-Verfahren.

2 *Schmidt-Bleibtreu/Klein*, Kommentar zum Grundgesetz, 7. Aufl., 1990, Art. 6 GG Anm. 6.

3 *Johann Wilhelm Gaddum*, Steuerreform: einfach und gerecht!, 1986.

Steuerberatung mit den Gefahren des Mißbrauchs und der Manipulation vertraut, die ein ausdifferenziertes Steuerrecht mit sich bringen kann. Sein Postulat der Steuervereinfachung zielt daher nicht nur auf die Gerechtigkeit und Transparenz der Lastenverteilung, sondern auch auf den Entzug gleichheitswidrigen Manipulationspotentials in den Steuernormen.

Im Schnittpunkt der verfassungsrechtlich geschützten Gestaltungsfreiheit der Ehegatten und ihrer Familienangehörigen einerseits und der Gefahr einer mißbräuchlichen Ausnutzung steuerrechtlicher Differenzierungen andererseits steht das Problem der „Anerkennung" von Verträgen zwischen Angehörigen[4]. Der Bundesfinanzhof hat zu diesem Fragenkreis über mehrere Jahrzehnte hinweg ein – von der Finanzverwaltung praktiziertes[5] – Sonderrecht entwickelt, das an die steuerliche Wirksamkeit vertraglicher Gestaltungen zwischen Ehegatten oder Eltern und ihren Kindern erhöhte Anforderungen stellt. Die Vereinbarkeit dieser Rechtsprechung mit den Vorgaben des einfachen Gesetzesrechts, insbesondere der ertragsteuerlichen Trennung von Erwerbs- und Privatsphäre, ist im Schrifttum bereits vielfältig kritisch überprüft worden[6]. Demgegenüber ist die Frage nach der Vereinbarkeit dieser Rechtsprechung mit dem grundrechtlichen Schutz von Ehe und Familie in den letzten Jahren eher in den Hintergrund getreten[7]. Vielleicht findet es das Interesse des Jubilars, diese Problematik erneut aufzugreifen.

II. Zivilrechtliche Grundlagen

Mitarbeit und Mithilfe von Ehegatten und weiteren Angehörigen im Rahmen eines Unternehmens können nach Zivilrecht auf drei unterschiedlichen Kategorien von Kausalverhältnissen beruhen: auf gesetzli-

---

4 Vgl. zuletzt den Hinweis des Parlamentarischen Staatssekretärs Dr. Grünewald auf die „Mißbrauchsanfälligkeit" von Angehörigen-Verträgen aus Anlaß der Vorstellung des Regierungsentwurfs eines Mißbrauchsbekämpfungsgesetzes (F.A.Z. vom 1. September 1993, S. 13).

5 Vgl. Abschn. 23 EStR 1990; Abschn. 69 LStR 1993 und dazu die Leitfäden von Ramisch, Rechtsverhältnisse zwischen nahen Angehörigen im Ertragsteuerrecht, 1989, und *Schulze zur Wiesche,* Vereinbarungen unter Familienangehörigen und ihre steuerlichen Folgen, 1992 (7. Aufl.).

6 Vgl. aus dem umfänglichen Schrifttum: *Jüptner/Riegl,* FR 1983, 417 ff.; *Knobbe-Keuk,* StbJb. 1984/85, 81 ff., 83 ff.; *Kruse,* JbFStR 1977/78, 82 ff.; *ders.* in: Tipke/Kruse, AO, Stand 1992, § 41 AO Tz. 14; *Meyer-Arndt,* StbJb. 1987/88, 167 ff.; *Rönitz,* FR 1977, 512 ff.; *Schmidt-Liebig,* BB 1983, 52 ff.; *Wolff-Diepenbrock* in: Littmann/Blitz/Hellwig, EStG, Stand 1990, §§ 4, 5 EStG Rz. 1869; umfassend in methodischer, steuerrechtlicher und verfassungsrechtlicher Hinsicht *Görlich,* Die steuerrechtliche Behandlung von Vertragsgestaltungen zwischen Angehörigen, 1979.

7 Zu nennen sind Überlegungen bei *Beul/Beul,* DStR 1985, 13 ff.; *Kruse,* a.a.O. (Fn. 6), § 41 AO Tz. 14; *Paus,* FR 1992, 467 ff., 472; *Seer,* DB 1987, 713 ff.

chen Ansprüchen des Familienrechts, auf gesondert abgeschlossenen Schuldverträgen, schließlich auf bloßer Gefälligkeit[8].

1. Mitarbeit

Explizit ist die Verpflichtung zur Mitarbeit im Erwerbsgeschäft eines Angehörigen nur noch in § 1619 BGB für Kinder niedergelegt, die dem Hausstand ihrer Eltern angehören. Demgegenüber ist die spezielle Regelung der Ehegattenmitarbeit in § 1356 Abs. 2 BGB a.F. im Zuge der Eherechtsreform 1977 außer Kraft getreten. Damit hat sich die familienrechtliche Problematik der Ehegattenmitarbeit allerdings nicht aufgelöst, sondern auf die allgemeinen Anspruchsgrundlagen der §§ 1353, 1360 BGB verlagert: Sowohl die Pflicht zur ehelichen Lebensgemeinschaft als auch die Pflicht zur Leistung von Familienunterhalt können sich nach h.M. im Einzelfall als Pflicht zur Mitarbeit im Erwerbszweig des anderen Ehegatten konkretisieren[9]. Umstritten sind dabei zwei Problemkreise: die tatbestandlichen Voraussetzungen für die konkrete Pflicht zur Mitarbeit und die Frage nach der Entgeltlichkeit dieser Tätigkeit.

Herrschend dürfte die Annahme sein, daß für eine konkrete Mitarbeitspflicht nach § 1360 BGB die Hilfe gerade des Ehegatten im Unternehmen für die Sicherstellung der finanziellen Grundlage der Familie erforderlich sein muß[10]. Dies hat folgenden Hintergrund: Das Gesetz gestattet in § 1356 Abs. 2 Satz 1 BGB prinzipiell jedem der Ehegatten einer eigenen frei gewählten Erwerbstätigkeit nachzugehen[11]. Eine Mitarbeitspflicht gerade im Unternehmen des anderen Ehegatten kann daher nur dann bejaht werden, wenn für das Ehegattenunternehmen keine Ersatzarbeitskraft zur Verfügung gestanden hätte – wie dies durchaus in landwirtschaftlichen Betrieben eintreten kann. Häufiger dürfte jedoch der Fall sein, daß eine solche „Notlage" nicht besteht, aber ein Ehegatte sich freiwillig bereit erklärt, den gesetzlich geschuldeten Unterhalt in Form von Arbeitsleistungen für das Unternehmen des anderen zu erbringen. Auch in dieser Konstellation bildet den Rechtsgrund für die Mitarbeit das Unterhaltsrecht[12].

Andersartig ist die Pflicht zur Mitarbeit gemäß § 1353 Abs. 1 Satz 2 BGB einzuordnen. Hier geht es nicht um die Sicherung der finanziellen Lebensgrundlage der Familie, sondern um die inhaltliche Ausgestaltung des Ehelebens. In diesem Sinne hat der Bundesgerichtshof die Unterstützung eines wissenschaftlich oder künstlerisch tätigen Ehegatten durch seinen

---

8 Ausführlich *Fenn,* Die Mitarbeit in den Diensten Familienangehöriger, 1970, S. 210 ff.

9 *Soergel/Lange,* BGB-Kommentar, 12. Aufl., 1988, § 1356 BGB Rz. 25; *Erman/Heckelmann,* BGB-Kommentar, 9. Aufl., 1993, § 1356 BGB Rz. 16 ff.

10 *Lieb,* Die Ehegattenmitarbeit im Spannungsfeld zwischen Rechtspflicht, Bereicherungsausgleich und gesetzlichem Güterstand, 1970, S. 144 ff.

11 *Erman/Heckelmann,* a.a.O. (Fn. 9), § 1356 BGB Rz. 16.

12 MünchKomm-*Wacke,* 2. Aufl., 1989, § 1360 BGB Rz. 16.

Partner als mögliche Konkretisierung des § 1353 Abs. 1 Satz 2 BGB erachtet[13]. In der Lebenswirklichkeit ordnet der Bundesgerichtshof die Arbeitspflichten kraft Unterhaltsrechts und kraft Lebensgemeinschaft einander überschneidenden Kreisen zu.

Mit der Annahme einer familienrechtlichen Verpflichtung des Ehegatten zur Mitarbeit im Erwerbsgeschäft des anderen ist die weitere Frage nach der Entgeltlichkeit dieser Arbeitstätigkeit aufgeworfen. Während für § 1619 BGB einhellig die Unentgeltlichkeit der Kinderarbeit postuliert wird[14], ist im Bereich der Ehegattenmitarbeit alles offen[15]. Nach h.M. soll die Mitarbeit kraft Unterhaltspflicht unentgeltlich sein – andernfalls würde der finanzielle Vorteil der Mitarbeit gleich wieder rückgängig gemacht. Demgegenüber soll für die Anspruchsgrundlage des § 1353 BGB nur bei „üblichen" Hilfeleistungen der Entgeltanspruch entfallen. Andere meinen, daß der Erfolg der Ehegattenmitarbeit prinzipiell nicht einseitig dem erwerbstätigen Ehegatten verbleiben dürfe – vielmehr müsse eine angemessene Teilhabe des mitarbeitenden Ehegatten gesichert werden.

Die Frage nach der Entgeltlichkeit familienrechtlicher Mitarbeit kann hier nicht abschließend erörtert werden. Konsens dürfte jedoch darin bestehen, daß ein Entgeltanspruch zwischen den Ehegatten kraft Familienrechts immer vom Erfolg ihrer gemeinsamen Tätigkeit abhängt. Im Unterschied zu einem arbeitsvertraglichen Entgeltanspruch ist der familienrechtliche Anspruch daher nur auf Teilhabe am Ergebnis der gemeinsamen Tätigkeit, nicht auf eine erfolgsunabhängige Vergütung gerichtet. Hat die gemeinsame Erwerbstätigkeit keinen Gewinn ergeben oder ist dieser im Rahmen der gemeinsamen Haushaltsführung verbraucht worden, so kann der mitarbeitende Ehegatte nichts fordern[16].

Leistet ein Ehegatte Dienste im Erwerbsgeschäft des anderen, die über das familienrechtlich Geschuldete hinausreichen, so ist damit nicht notwendig eine arbeitsvertragliche Grundlage verbunden. In Frage kommt zunächst die Annahme eines Gefälligkeitsverhältnisses[17]. Im Hinblick auf die gemeinsame Lebensführung werden Ehegatten häufig ihre Mitarbeit außerhalb jeder Rechtspflicht tätigen, zumal die entstehenden Mehreinnahmen über die Erhöhung des Lebensstandards regelmäßig beiden Ehegatten zugute kommen. Lebensnah dürfte auch die Einschätzung sein, daß die Mitarbeit eines Ehegatten teilweise auf gesetzlicher Verpflichtung, teilweise auf „überobligationsmäßiger" Gefälligkeit beruht.

Es ist anerkannt, daß jede Mitarbeit im Erwerbsgeschäft des Ehegatten oder des Elternteils außerhalb des Familienrechts auf eine gesonderte schuldrechtliche Grundlage gestellt werden kann, insbesondere durch

13 BGH vom 20. Mai 1980 VI ZR 202/78, BGHZ 77, 157 ff., 162 f.
14 MünchKomm-*Hinz*, 2. Aufl., 1987, § 1619 BGB Rz. 24 f.
15 Darstellungen bei *Erman/Heckelmann*, a.a.O. (Fn. 9), § 1356 BGB Rz. 21 ff.; *Fenn*, a.a.O. (Fn. 8), S. 210 ff.; *Lieb*, a.a.O. (Fn. 10), S. 132 ff.
16 *Lieb*, a.a.O. (Fn. 10), S. 149 ff.
17 *Fenn*, a.a.O. (Fn. 8), S. 175 ff.

Abschluß eines Arbeitsvertrages oder eines Gesellschaftsvertrages. Diese Gestaltungsmöglichkeit beruht auf der vermögensrechtlichen Trennung der Ehegatten (außerhalb der irregulären Form der Gütergemeinschaft) und damit der grundsätzlichen Anerkennung der Individualität der Ehegatten im Zivilrecht. Bemerkenswert ist, daß diese vertragliche Gestaltungsfreiheit auch dann besteht, wenn die Mitarbeit ohnehin kraft Familienrechts geschuldet wird, ja selbst dann, wenn das Familienrecht den Ehegatten in concreto zu unentgeltlicher Mitarbeit verpflichtet[18]. Das Schuldverhältnis überlagert in diesen Fällen die familienrechtlichen Pflichten und begründet für den mitarbeitenden Ehegatten Entgeltansprüche, die von dem unternehmerischen Erfolg des anderen Ehegatten unabhängig sind. Gleiches gilt für Verträge zwischen Eltern und ihren Kindern.

Ob die Mitarbeit im Erwerbsgeschäft des anderen Ehegatten auf familienrechtlicher, schuldrechtlicher oder keiner rechtlich bindenden Grundlage beruht, kann für die Beteiligten je nach Sachzusammenhang von Vorteil oder von Nachteil sein. In der familienrechtlichen Diskussion geht es vor allem darum, dem mitarbeitenden Ehegatten bei Scheitern der Ehe einen angemessenen vermögensrechtlichen Ausgleich zu gewähren. Daher wird bei Ausschluß oder Unzulänglichkeit des Zugewinnausgleichs nach arbeitsvertraglichen Entgeltansprüchen oder gesellschaftsrechtlichen Auseinandersetzungsguthaben gesucht. Anders ist die Interessenlage im Schadensrecht: hier erweist es sich im Falle der fremdverschuldeten Tötung eines mitarbeitenden Ehegatten als günstig, eine familienrechtliche Grundlage anzunehmen und damit drittschützende Ersatzpflichten nach §§ 844, 845 BGB zu begründen[19]. Im Vollstreckungsrecht können die Ehegatten daran interessiert sein, die Mitarbeit gegenüber den Gläubigern des helfenden Ehegatten als bloße Gefälligkeit oder jedenfalls als einfache Unterhaltsleistung hinzustellen. In diesen Fällen wird über § 850h Abs. 2 ZPO ein Entgelt auch für die Fälle konstruiert, in denen nach dem expliziten Parteiwillen keines geschuldet werden sollte. Schließlich werden im Steuer- und Sozialrecht die Angehörigen in aller Regel die „Anerkennung" gesonderter Arbeitsverträge anstreben, um die steuerliche Abzugsfähigkeit der Entgeltzahlungen und die Aufnahme des mitarbeitenden Ehegatten in die gesetzliche Sozialversicherung durchzusetzen.

2. Mithilfe

Neben die Mitarbeit kann die Mithilfe i.w.S. treten, d.h. vor allem die Überlassung von Kapital, Sachen oder Sachgesamtheiten zur Nutzung[20]. Die früher einschlägigen gesetzlichen Anspruchsgrundlagen des Ehemannes und Vaters auf umfassende Nutzung des Vermögens der Ehefrau und

18 BVerfG vom 24. Januar 1962 1 BvL 32/57, BVerfGE 13, 290 ff., 310 ff.; vom 22. Juli 1970 1 BvR 285/66, 445/67, 192/69, BVerfGE 29, 104 ff., 113.
19 BGH vom 20. Mai 1980 VI ZR 202/78, BGHZ 77, 157 ff.
20 *Soergel/Lange*, a.a.O. (Fn. 9), § 1356 BGB Rz. 24.

der Kinder sind mit der Gleichberechtigungsgesetzgebung fortgefallen. Auch insoweit kann jedoch aus dem Gesichtspunkt der Herstellung der ehelichen Lebensgemeinschaft oder der Leistung angemessenen Unterhalts im Einzelfall eine Überlassungspflicht folgen. Zumindest bleibt es den Beteiligten unbenommen, die Nutzungsüberlassung als Gewährung von „Naturalunterhalt" festzulegen[21].

Neben diesen familienrechtlichen Anspruchsgrundlagen kann auch die Überlassung von Sachwerten oder Kapital zur Nutzung auf die Grundlage von Gefälligkeitsverhältnissen oder Schuldverträgen (entgeltlicher oder unentgeltlicher Art) gestellt werden. Dabei entspricht die zivilrechtliche Unterscheidung von Gefälligkeit und Schuldvertrag annähernd der steuerlichen von einfacher Nutzungsüberlassung und Begründung eines Nutzungsrechts. Die Nutzungsrechte unterscheiden sich wiederum nach der Entgeltlichkeit der causa in Leihe oder Miete/Pacht und ähnliche Verhältnisse. Damit ergibt sich dieselbe Trias möglicher Rechtsgrundlagen wie im Bereich der Mitarbeit von Ehegatten oder Verwandten – Familienrecht, Schuldrecht, Gefälligkeitsverhältnis.

III. Steuerrechtliche Behandlung

1. Grundsätzliche Anerkennung des Zivilrechts

Nicht nur im Zivilrecht, auch im Steuerrecht wird die gesonderte Individualität von Ehegatten oder Familienangehörigen respektiert und damit zugleich die Möglichkeit von schuldrechtlichen Vereinbarungen zwischen Angehörigen anerkannt. Damit ist insbesondere für die Entgeltzahlungen aus Arbeitsverträgen oder Nutzungsüberlassungsverträgen zwischen Angehörigen die ertragsteuerliche Abzugsfähigkeit im Prinzip festgeschrieben[22]. Die entscheidende Frage ist daher auf die Voraussetzungen gerichtet, unter denen der Betriebsausgabenabzug dieser Entgelte ermöglicht wird. Hier eröffnen sich erhebliche Komplizierungen, die teils im Gesetz, teils in der Rechtsprechung begründet sind.

---

21 MünchKomm-*Wacke,* a.a.O. (Fn. 12), § 1360 BGB Rz. 16.

22 In seinem Urteil vom 27. Oktober 1978 VI R 166, 173, 174/76, BFHE 126, 285, BStBl. II 1979, 80 f. hatte der Bundesfinanzhof noch gemeint, eine kraft Familienrechts unentgeltliche (geringfügige) Hilfeleistung könne nicht durch einen gesonderten Schuldvertrag auf eine entgeltliche Grundlage gestellt werden. Diese – zivilrechtlich unrichtige – Auffassung scheint nunmehr aufgegeben zu sein. Denn in mehreren neuen Urteilen lehnt der Bundesfinanzhof für kleinere Hilfsarbeiten die Abzugsfähigkeit des Entgelts nur noch mit der Begründung ab, daß ein fremder Dritter sich auf ein solches Tätigkeitsprofil nicht eingelassen hätte (BFH vom 17. März 1988 IV R 188/85, BFHE 153, 117, BStBl. II 1988, 632 f.; vom 23. Juni 1988 IV R 129/86, BFH/NV 1989, 219; vom 25. Januar 1989 X R 168/87, BFHE 156, 134, BStBl. II 1989, 453 ff.).

2. Keine Zurechnung nach Veranlassungsbeiträgen

Steuerrechtlicher Ausgangspunkt ist § 26a Abs. 1 Satz 2 EStG, der nicht nur für die getrennte Veranlagung, sondern auch für die gemeinsame Veranlagung das Prinzip festhält, daß Einkünfte eines Ehegatten nicht allein deshalb zum Teil dem anderen Ehegatten zuzurechnen sind, weil dieser bei der Erzielung der Einkünfte mitgewirkt hat. Mit dieser Vorschrift wird der einfache Weg, nämlich die Zurechnung des Gesamteinkommens nach Veranlassungsgesichtspunkten ausgeschlossen. Einem an wirtschaftlichen Sachverhalten orientierten Steuerrecht würde es entsprechen, jedem Ehegatten das von ihm „erwirtschaftete" Einkommen zuzuweisen, zumal nach neueren Erkenntnissen der Steuerrechtswissenschaft und der Finanzrechtsprechung nicht der Bezug der Einkünfte, sondern die Verfügung über die Einkunftsquelle für die Zurechnung von Einkommen den Ausschlag geben muß. Eine solche Zurechnung nach Verursachungsbeiträgen würde jegliche Differenzierung nach der Rechtsgrundlage der Angehörigenbeiträge überflüssig machen. Das Bundesverfassungsgericht hat § 26a Abs. 1 Satz 2 EStG jedoch in einem Urteil aus dem Jahre 1959 auf der – steuersystematisch überholten – Grundlage gebilligt, daß die erwirtschafteten Einnahmen nach Maßgabe des Bezuges beim Unternehmer-Ehegatten, nicht aber nach der zugrundeliegenden Tätigkeit zugeordnet werden könnten[23]. Indem § 26a Abs. 1 Satz 2 EStG die einfache „Mitwirkung" eines Angehörigen für die steuerliche Zurechnung nicht ausreichen läßt, zwingt das Steuerrecht selbst die Beteiligten zum Einstieg in zivilrechtliche Differenzierungen.

Ebenfalls entlastend für die Behandlung von Angehörigenverträgen würde sich die Anerkennung von Drittaufwand als abzugsfähiger Größe auswirken. Soweit es ausschließlich darum geht, den im Unternehmen durch den Unternehmer erwirtschafteten Gewinn festzustellen, müßten nämlich Beiträge Dritter unabhängig davon aus dem Betriebsvermögensvergleich herausgelöst werden, ob sie auf privater, möglicherweise unentgeltlicher, Grundlage geleistet werden oder ob ihnen ein vollentgeltlicher Vertrag zugrunde liegt. Im ersten Fall wäre der Abzug einer Betriebsausgabe nach § 4 Abs. 4 EStG geboten[24]. Für die unentgeltliche Leistung von Diensten oder Nutzungsüberlassungen hätte dies allerdings einen teilweisen Besteuerungsausfall zur Folge, denn in der Person des mitarbeitenden Ehegatten wäre mangels Einkunftserzielung kein Besteuerungstatbestand verwirklicht[25]. Keine derartigen Probleme stellen sich indessen bei der entgeltlichen Mitarbeit oder Nutzungsüberlassung: Dem Betriebsaus-

23 BVerfG vom 14. April 1959 1 BvL 23, 24/57, BVerfGE 9, 237 ff.

24 *Meyer-Arndt*, StbJb. 1987/88, 167 ff., 169.

25 Vgl. dazu die Überlegungen in BFH vom 10. April 1990 VIII R 289/84, BFHE 160, 497, BStBl. II 1990, 741 ff.; vom 27. Juli 1990 III R 67/87, BFH/NV 1991, 442 f.; anschaulich auch der Fall in BFH vom 17. März 1992 IX R 264/87, BFHE 168, 78, BStBl. II 1992, 1009 f. (Hausüberlassung an geschiedene Ehefrau kraft Unterhalts begründet weder Steuerpflicht aus Fremdvermietung noch aus Eigennutzung).

gabenabzug beim Unternehmer-Ehegatten für echte Entgelte steht in diesen Fällen die Versteuerung beim leistenden Ehegatten nach den §§ 19–21 EStG gegenüber.

3. Familienrechtliche und schuldrechtliche Entgelte

Indem Gesetzgeber und Rechtsprechung einer wirtschaftlich orientierten Zuweisung der Steuergüter nach der erwirtschaftenden Person den Boden entziehen, tritt die Abgrenzung zwischen den unterschiedlichen Rechtsgrundlagen für die Leistung eines Angehörigen wieder in den Vordergrund. Abzugsfähig als Betriebsausgabe sollen nämlich nicht jegliche Ausgleichszahlungen für Mithilfe sein, insbesondere nicht Zahlungen auf familienrechtlicher Grundlage. Steuerlich „anerkannt" werden lediglich schuldrechtliche Leistungen, d.h. Lohnzahlungen auf arbeitsrechtlicher Basis oder Miet-, Pacht- und Darlehenszinsen[26]. Angesichts des Umstandes, daß die Parteien die zivilrechtliche Grundlage für die jeweilige Arbeitsleistung beliebig gestalten können, kann diese Differenzierung nicht überzeugen. Aus der Sicht des Unternehmers muß es für die Abzugsfähigkeit von Entgeltzahlungen gleichgültig sein, ob die geleistete Arbeit auf einer familienrechtlichen Verpflichtung des mitarbeitenden Ehegatten (§§ 1353 Abs. 1 Satz 2, 1360 Abs. 1 BGB) oder einem gesonderten Schuldvertrag beruht. Daran darf auch der Umstand nichts ändern, daß familienrechtliche Entgeltzahlungen in der Regel vom wirtschaftlichen Erfolg der gemeinsamen Tätigkeit abhängen. Wenn und soweit Zahlungen geleistet werden, weil ein Angehöriger für Dienste oder Nutzungsüberlassungen im Betrieb des anderen eine Gegenleistung verlangen kann, ist die betriebliche Veranlassung der Zahlungen nach § 4 Abs. 4 EStG auf seiten des Unternehmers ebenso gegeben wie die Steuerpflicht des Angehörigen nach den §§ 19–21 EStG. Eine Rechtsprechung, die hier nach dem Rechtsgrund differenziert, entfernt sich selbst vom wirtschaftlichen Kern des Vorgangs.

4. Die „Anerkennung" von Angehörigen-Verträgen nach Maßgabe des einfachen Rechts

Nach der Rechtsprechung des Bundesfinanzhofs ist die ertragsteuerliche Abzugsfähigkeit von Angehörigen-Entgelten somit nur dann möglich, wenn die Ehegatten oder Verwandten[27] miteinander gesonderte schuldrechtliche Verträge als Grundlage von Leistung und Gegenleistung ab-

---

26 BFH vom 19. August 1971 IV R 121/66, BFHE 103, 463, BStBl. II 1972, 172 ff.; *Schmidt-Liebig*, BB 1983, 52 ff., 53 f.

27 Nach BFH vom 5. Februar 1988 III R 234/88, BFH/NV 1988, 629 ff. gelten diese Grundsätze auch für Rechtsverhältnisse zwischen Schwiegereltern und Schwiegerkindern. Dem ist im Hinblick auf das Fehlen familienrechtlicher Verpflichtungsgründe zu widersprechen. Der allgemeine Verweis des Bundesfinanzhofs auf § 12 EStG hilft nicht weiter.

schließen und durchführen. Damit wird jedenfalls für diese Konstellation die steuersystematisch richtige Lösung – Zuweisung der Erträge nach dem Maß der „Erwirtschaftung" – hergestellt. Aber auch diese korrekte Sachbehandlung wird von der Rechtsprechung mit einer Vielzahl von Kautelen versehen. Um die „Umwandlung" von privat veranlaßten Unterhaltsleistungen in abzugsfähige Betriebsausgaben zu verhindern, wird die „Anerkennung" von Angehörigen-Verträgen an besondere Voraussetzungen geknüpft, die über die generellen Maßstäbe des Steuerrechts hinausgehen[28].

a) Vertragsschluß

Ein Arbeitsvertrag oder ein entgeltlicher Nutzungsüberlassungsvertrag (Miete, Pacht, Darlehen etc.)[29] muß nach der Rechtsprechung „ernsthaft" gewollt, zivilrechtlich wirksam vereinbart, hinreichend klar und vor Erbringung der Leistung und des Entgelts abgeschlossen worden sein, um die Abzugsfähigkeit der geleisteten Zahlungen zu gewährleisten[30].

Soweit sich hinter der allgemeinen Formel des „ernsthaften" Willens die Aussage verbirgt, daß Scheingeschäfte keine steuerliche Relevanz besitzen dürfen[31], werden im Schrifttum keine Bedenken erhoben[32]. Den Beteiligten darf nicht die Möglichkeit gegeben werden, Unterhaltsleistungen als betrieblich veranlaßte Entgelte zu verschleiern[33]. Die Beweislast trägt die Finanzverwaltung[34]. Eine weitergehende „Ernsthaftigkeits"-Prüfung speziell für Angehörige wird allerdings im Schrifttum für unzulässig erachtet.

---

28 Vgl. den Überlick in Abschn. 23 EStR 1990; Abschn. 69 LStR; Rechtsprechung und Schrifttum sind dargestellt bei *Schmidt/Heinicke,* EStG, 12. Aufl., 1993, § 4 EStG Anm. 99 „Angehörige".

29 Dazu vgl. insbesondere BFH vom 27. März 1987 III R 175/82, BFH/NV 1988, 21 f.; vom 6. März 1991 X R 7/88, BFH/NV 1991, 528; vom 4. Juni 1991 IX R 150/85, BFHE 165, 53, BStBl. II 1991, 838 ff.; vom 28. August 1991 VI R 163/87, BFH/NV 1992, 166; vom 12. Februar 1992 X R 121/88, BFHE 167, 119, BStBl. II 1992, 468 ff. sowie die in Fn. 25 zitierten Entscheidungen und dazu *Bruschke,* DStZ 1992, 475 ff. und *Boudré,* DB 1993, 8 ff.

30 BFH vom 7. Dezember 1972 IV R 197/68, BFHE 107, 35, BStBl. II 1972, 944 ff.; vom 21. August 1985 I R 73/82, BFHE 145, 316, BStBl. II 1986, 250 ff.; vom 13. November 1986 IV R 322/84, BStBl. II 1987, 120 ff.; vom 10. März 1988 IV R 214/85, BFHE 148, 168, BStBl. II 1988, 877 ff.; vom 10. August 1988 IX R 220/84, BFHE 154, 503, BStBl. II 1989, 137 ff.; vom 10. April 1990 VIII R 289/84, BFHE 160, 497, BStBl. II 1990, 741 f.

31 Korrekt BFH vom 28. Juli 1983 IV R 103/82, BFHE 139, 376, BStBl. II 1984, 604 ff.

32 *Görlich,* a.a.O. (Fn. 6), S. 108 ff.; *Meyer-Arndt,* StbJb. 1987/88, 167 ff., 197; *Tipke/Lang,* Steuerrecht, 13. Aufl., 1991, S. 108; *Wolff-Diepenbrock,* a.a.O. (Fn. 6), §§ 4, 5 EStG, Rz. 1848.

33 Vgl. etwa den krassen Fall in BFH vom 22. Dezember 1987 IX R 149/84, BFH/NV 1988, 497 ff. (Reitstunden eines Kindes als Entgelt für kleinere Hilfeleistungen).

34 *Jüptner/Riegl,* FR 1983, 417 ff., 421.

Besonderen Zweifeln ist dabei das vom Bundesfinanzhof aufgestellte Erfordernis der zivilrechtlichen Wirksamkeit des Angehörigenvertrages[35] ausgesetzt. Allgemein gilt für das Steuerrecht, daß § 41 Abs. 1 Satz 1 AO die Frage nach der zivilrechtlichen Wirksamkeit (Pflegerbestellung bei Kindern etc.) für irrelevant erklärt, wenn das Vertragsverhältnis tatsächlich vollzogen wird. Das muß auch für Angehörigenverträge gelten[36]. Wenn der Bundesfinanzhof meint, daß eine bindende zivilrechtliche Regelung der Beteiligten im Hinblick auf die alternativen Kausalverhältnisse für die Angehörigenhilfe gefordert werden kann, ist zu unterscheiden: Soweit und solange die Beteiligten subjektiv meinen, daß eine gesonderte schuldrechtliche Anspruchsgrundlage existiert und sie mit ihren Leistungen und Gegenleistungen die mit dieser Vereinbarung begründeten Ansprüche erfüllen, kann ihnen nicht eine familienrechtliche causa untergeschoben werden. Die betriebliche Veranlassung ist unabhängig davon, ob der Leistende sich über das Bestehen eines betrieblichen Anlasses irrt[37]. Lediglich dann, wenn die zivilrechtliche Unwirksamkeit von den Beteiligten bewußt hingenommen wird, um den Charakter und die Rechtsverbindlichkeit der Hilfeleistung offenzulassen, kann die betriebliche Veranlassung bezweifelt werden[38].

Die vom Bundesfinanzhof geforderte Klarheit der Vereinbarungen wird vom Schrifttum ebenfalls hingenommen, soweit es sich um eine Beweisregel zugunsten der Finanzverwaltung handelt, denn in der Tat trägt ja der Steuerpflichtige für die betriebliche Veranlassung seiner Zahlungen an den Angehörigen die objektive Beweislast[39]. Eine überschießende Tendenz ist allerdings damit verbunden, daß der Bundesfinanzhof die „Klarheit" der Vereinbarung zum materiellen Tatbestandsmerkmal erhebt und damit den Nachweis der betrieblichen Veranlassung bei „unklaren" Vereinbarungen von vornherein nicht zuläßt. Die Vereinbarkeit dieser Regel mit § 4 Abs. 4 EStG wird im Hinblick auf den umfassenden Charakter des Veranlassungsprinzips im Schrifttum kritisiert.

---

35 BFH vom 23. Juni 1976 I R 140/75, BFHE 120, 165, BStBl. II 1977, 78 f.; vom 5. Februar 1988 III R 216/84, BFH/NV 1988, 553 f.; vom 31. Oktober 1989 IX R 216/84, BFHE 159, 319, BStBl. II 1992, 506 ff.; vom 23. April 1992 IV R 46/91, BFHE 168, 140, BStBl. II 1992, 1024 ff.

36 *Birk*, Steuerrecht I, 1988, S. 94; *Jüptner/Riegl*, FR 1983, 417 ff., 423 f.; *Kruse*, a.a.O. (Fn. 6), § 41 AO Tz. 14; *ders.*, JbFStR 1977/78, 82 ff.; *Paus*, FR 1990, 442 ff.; *Rönitz*, FR 1977, 512 ff.; vgl. auch die Aufsatzreihe von *Tiedtke*, DB 1977, 1064 ff.; GS *Friedrich Klein*, 1977, 521 ff.; FR 1980, 421 ff.; BB 1988, 946 ff.; DStZ 1990, 478 ff.; FR 1992, 805 ff.; vorsichtig *Drenseck*, FR 1990, 463.

37 Schließlich muß auch gesetzlichen Nutzungs- und Leistungsentgelten nach §§ 812 ff. BGB die betriebliche Veranlassung zugestanden werden (*Meyer-Arndt*, StbJb. 1987/88, 167 ff., 174; *Schall*, DStZ 1989, 616 ff.; *Tiedtke*, FR 1992, 905).

38 *Paus*, FR 1990, 442 ff., 443.

39 Dazu ausführlich *Wacke*, Die Beweislast der Familienunternehmen in Steuersachen, 1966, S. 24 ff.; *Schmidt-Liebig*, BB 1983, 57 f.

b) Vertragsinhalt

Die materiellen Kriterien, die die Rechtsprechung für die Überprüfung von Schuldverträgen zwischen Angehörigen entwickelt hat, sind in der Angemessenheit und Üblichkeit der Vereinbarungen zu finden[40]. Die Angemessenheit von Leistung und Gegenleistung ist in der Tat ein entscheidendes Kriterium. Denn nur wenn der Angehörige tatsächlich für die Leistung, die er versprochen hat, wertmäßig entgolten wird, besteht die erforderliche Konnexität zwischen der Inhaberschaft und dem Einsatz einer Einkunftsquelle und der Höhe der daraus fließenden Bezüge. Daher müssen überhöhte Bezüge in private Unterhaltsleistungen oder Schenkungen umqualifiziert werden[41]. Gleichermaßen muß sich der Betrag der Altersversorgungsaufwendungen als angemessen darstellen[42]. Demgegenüber darf es dem Steuerpflichtigen nicht schaden, wenn die Bezüge – auch mit Rücksicht auf familiäre Beziehungen – unangemessen niedrig ausfallen[43]. Bedenkt man, daß im Prinzip jedem der Beteiligten die seinem Beitrag entsprechende Erfolgsquote zugewiesen werden müßte, wäre es zutiefst unsystematisch, bei unangemessen niedrigen Entgelten zu einem völligen Ausschluß der Abzugsfähigkeit zu kommen. Daß die Ermäßigung des Entgelts auf familienrechtliche Gesichtspunkte zurückgeführt werden kann, ändert ja nichts daran, daß der verbleibende Betrag jedenfalls betrieblich veranlaßt ist.

Demgegenüber ist im Hinblick auf § 4 Abs. 4 EStG zweifelhaft, weshalb für die Anerkennung von Angehörigen-Verträgen neben der „Angemessenheit" von Leistung und Gegenleistung auch im Wege eines Drittvergleichs die „Üblichkeit"[44] der getroffenen Vereinbarung festgestellt werden soll[45]. So ist es ja durchaus möglich, daß Angehörige sich untereinan-

---

40 BFH vom 26. Februar 1988 III R 103/85, BFHE 152, 511, BStBl. II 1988, 606 ff.; vom 10. März 1988 IV R 214/85, BFHE 153, 520, BStBl. II 1988, 877 ff.; vom 27. November 1989 GrS 1/88, BFHE 158, 563, BStBl. II 1990, 160 ff., 164 sowie die in den nachstehenden Fußnoten zitierten Urteile.

41 BFH vom 13. November 1986 IV R 322/84, BFHE 148, 168, BStBl. II 1987, 121 ff.

42 BFH vom 20. März 1980 IV R 53/77, BFHE 130, 316, BStBl. II 1980, 450 ff.; vom 26. Oktober 1982 VIII R 50/80, BFHE 137, 269, BStBl. II 1983, 209 ff.; vom 21. August 1984 VIII R 106/81, BFHE 142, 231, BStBl. II 1985, 124 ff.; vom 17. April 1986 IV R 2/86, BFHE 146, 423, BStBl. II 1986, 559 ff.; vom 8. Oktober 1986 I R 220/82, BFHE 148, 37, BStBl. II 1987, 205 ff.

43 BFH vom 28. Juli 1983 IV R 103/82, BFHE 139, 376, BStBl. II 1984, 60 ff.; vom 22. März 1990 IV R 115/89, BFHE 160, 463, BStBl. II 1990, 776 f.

44 BFH vom 17. Juli 1984 VIII R 69/84, BFHE 142, 215, BStBl. II 1986, 48 ff.; vom 21. August 1985 I R 73/82, BFHE 145, 316, BStBl. II 1986, 250 ff.; vom 13. November 1986 IV R 322/84, BFHE 148, 168, BStBl. II 1987, 121 ff.; vom 10. März 1988 IV R 214/85, BFHE 153, 520, BStBl. II 1988, 877 ff.; vom 12. Oktober 1989 X R 2/86, BFHE 155, 307, BStBl. II 1989, 354 ff.; vom 27. November 1989 GrS 1/88, BFHE 158, 563, BStBl. II 1990, 160 ff., 164.

45 Kritisch *Alberter*, DStR 1988, 135 ff.; *Jüptner/Riegl*, FR 1983, 417 ff., 424 f.; *Knobbe-Keuk*, StbJb. 1984/85, 81 ff., 83 ff.; *Meyer-Arndt*, StbJb. 1987/88, 166 ff., 186 ff.; *Schmidt-Liebig*, BB 1983, 52 ff., 54 ff.; *Steirer*, Rechtsgeschäfte zwischen Ehegatten – verfassungsrechtliche Vorgaben und steuerliche Realität, 1986, S. 68 ff.; *Wolff-Diepenbrock* a.a.O. (Fn. 6), §§ 4, 5 EStG Rz. 1870.

der auf besonders gestaltete Arbeitszeiten, unregelmäßige Entlohnung oder außergewöhnliche Kündigungsregeln einlassen[46]. Ebenfalls kann ein Verwandten-Darlehen unzureichend gesichert oder mit unüblichen Tilgungsklauseln versehen sein[47]. Damit mag zwar im Einzelfall eine Regelung vorliegen, auf die sich ein fremder Dritter nicht einlassen würde, aber weder die zivilrechtliche Qualifikation des Rechtsverhältnisses als gesonderter Schuldvertrag noch die betriebliche Veranlassung von Leistung und Gegenleistung werden dadurch in Frage gestellt, solange das Entgelt dem Wert der erbrachten Leistung entspricht.

c) Vertragsvollzug

Von besonderer Bedeutung für die Besteuerungspraxis ist schließlich der Vollzug des unter Angehörigen geschlossenen Vertrages[48]. Dabei kann keinem Zweifel unterliegen, daß die tatsächliche Ausführung der vom Angehörigen dem Unternehmer geschuldeten Leistung unter steuersystematischen wie auch gesetzlichen Gesichtspunkten eine entscheidende Rolle spielen muß[49]: Nur wenn der Angehörige tatsächlich die versprochene Arbeit leistet, das Darlehen gewährt, die Miet- oder Pachtsache zur Nutzung überläßt, steht ihm nach bürgerlichem Recht ein Anspruch auf die Gegenleistung zu, ist die Zahlung von seiten des Unternehmers betrieblich veranlaßt. Hier muß und darf auch die Beweislast des Steuerpflichtigen betont werden, um den tatsächlichen Vollzug der vertraglichen Pflichten sicherzustellen.

Demgegenüber sollte die Art und Weise, in welcher der Unternehmer seine Gegenleistung erbringt, erheblich geringeren Anforderungen ausgesetzt sein[50]. Denn hier geht es ja nur noch darum, dem leistenden Angehörigen den seiner Leistung entsprechenden Teil des Ertrages zuzuweisen. Dennoch überprüft der Bundesfinanzhof im Hinblick auf die „Ernsthaftigkeit" des Geschehens gerade die Entgeltzahlung in besonderer Weise: Der Unternehmer muß die Zahlungsweise nicht nur im Rahmen des

46 Vgl. etwa die Konstellationen in BFH vom 10. März 1988 IV R 214/85, BFHE 153, 520, BStBl. II 1988, 877 ff.; vom 17. März 1988 IV R 188/85, BFHE 153, 117, BStBl. II 1988, 632 ff.; vom 12. Oktober 1988 X R 2/86, BFHE 155, 307, BStBl. II 1989, 354 ff.

47 *Görlich,* a.a.O. (Fn. 6), S. 116 f.; *Tiedtke,* FR 1980, 421 ff., 422 f.; bei Darlehen verlangt die Rechtsprechung den Drittvergleich nur noch, wenn das Darlehenskapital aus geschenkten Mitteln des Darlehensnehmers stammt (BFH vom 7. November 1990 X R 126/87, BFHE 163, 49, BStBl. II 1991, 291 ff.; vom 18. Dezember 1990 VIII R 290/82, BFHE 163, 423, BStBl. II 1991, 391 ff.; vom 4. Juni 1991 IX R 150/85, BFHE 165, 53, BStBl. II 1991, 838 ff.; vom 12. Februar 1992 X R 121/88, BFHE 167, 119, BStBl. II 1992, 468 ff.; vom 21. Oktober 1992 X R 99/88, BFHE 170, 41, BStBl. II 1993, 289 ff.; dazu auch BdF vom 1. Dezember 1992 IV B 2 – S 2144 – 76/92, BStBl. I 1992, 729 f.).

48 BFH vom 22. Januar 1991 VIII R 321/83, BFH/NV 1991, 667 f.; vom 19. Juni 1991 IX R 306/87, BFHE 165, 359, BStBl. II 1991, 75 f.

49 *Schmidt,* FR 1987, 203 f.

50 *Stolz,* FR 1983, 312 ff.

üblichen vereinbaren[51], er muß die Entgelte auch pünktlich entrichten – bereits eine Stundung führt zur Umqualifikation der später erbrachten Leistung in private Unterhaltsleistungen[52]. Vor allem wird gefordert, daß sich der Unternehmer seiner Leistung abschließend entäußert und damit eine klare Trennung der beiderseitigen Vermögenssphären vollzieht[53]. Der Angehörige muß die alleinige Verfügungsmacht über das Entgelt erhalten: das berühmte „Oder-Konto" mit gemeinsamer Inhaberschaft der Ehegatten oder Angehörigen[54] reicht als Zahlstelle ebensowenig aus wie ein Konto des Arbeitgebers mit Verfügungsmacht des Arbeitnehmers[55]. Akzeptiert wird lediglich das Einzelkonto des Arbeitnehmer-Angehörigen, mag auch der Arbeitgeber eine rechtsgeschäftliche Vollmacht besitzen[56].

d) Fragestellung

Die geschilderte Sachbehandlung durch den Bundesfinanzhof ist in den letzten Jahren intensiver Kritik, vor allem auf der Basis des einfachen Gesetzesrechts ausgesetzt gewesen. Dabei werden – wie geschildert – der Rechtsprechung vor allem Verstöße gegen das allgemeine Veranlassungsprinzip in § 4 Abs. 4 EStG und das Wirklichkeitsprinzip des § 41 AO vorgeworfen. Die Rechtsprechung beruft sich demgegenüber mit Regelmäßigkeit auf eine Absicherung ihrer Rechtsprechung in den Judikaten des Bundesverfassungsgerichts[57], das insbesondere in den letzten Jahren in einer Anzahl von Kammerbeschlüssen Verfassungsbeschwerden, die auf eine Verletzung von Art. 6 Abs. 1 GG durch den Bundesfinanzhof

51 BFH vom 14. Oktober 1981 I R 34/80, BFHE 134, 293, BStBl. II 1982, 119.

52 BFH vom 14. Oktober 1981 I R 34/80, BFHE 134, 293, BStBl. II 1982, 119 f.; vom 13. November 1986 IV R 322/84, BFHE 148, 168, BStBl. II 1987, 121 ff.; vom 14. Juli 1988 IV R 39/86, BFH/NV 1989, 155 f.; vom 30. Juni 1989 III R 130/86, BFH/NV 1990, 224; vom 11. Oktober 1989 I R 161/85, BFH/NV 1990, 364 f.; vom 24. Januar 1990 X R 152/87, BFH/NV 1990, 695 f.; vom 25. Juli 1991 XI R 30, 31/89, BFHE 165, 89, BStBl. II 1991, 842 ff.

53 BFH vom 17. Juli 1984 VIII R 69/84, BFHE 142, 215, BStBl. II 1986, 48 ff.; vom 4. November 1986 VIII R 82/85, BFHE 148, 520, BStBl. II 1987, 336 ff.; vom 20. April 1989 IV R 81/85, BFHE 157, 115, BStBl. II 1989, 655 f.; vom 16. Mai 1990 X R 29–30/87, BFHE 161, 54, BStBl. II 1990, 908 f.; vom 13. Juli 1990 III R 134/85, BFH/NV 1991, 660 f.

54 BFH vom 27. November 1989 GrS 1/88, BFHE 158, 563, BStBl. II 1990, 160 ff.; vom 10. April 1990 VIII R 289/84, BFHE 160, 497, BStBl. II 1990, 741 f.; vom 11. Juli 1990 III R 73/85, BFH/NV 1991, 659 f.; vom 30. November 1990 III R 37/87, BFH/NV 1991, 666 f.

55 BFH vom 15. Januar 1980 VIII R 154/78, BFHE 130, 149, BStBl. II 1980, 350 f.; vom 7. Februar 1990 I R 126/84, BFH/NV 1991, 582 f.; vom 11. Juli 1990 III R 59/88, BFH/NV 1991, 441.

56 BFH vom 16. Januar 1974 I R 176/72, BFHE 111, 319, BStBl. II 1974, 294.

57 Vgl. etwa BFH vom 10. März 1988 IV R 214/85, BFHE 153, 520, BStBl. II 1988, 877 ff.; vom 14. April 1988 IV R 225/85, BFHE 153, 224, BStBl. II 1988, 670 ff.; vom 27. November 1989 GrS 1/88, BFHE 158, 563, BStBl. II 1990, 160 ff.; vom 25. Juli 1991 XI R 30, 31/89, BFHE 165, 89, BStBl. II 1991, 842 ff.

gestützt wurden, verworfen hat[58]. Das Schrifttum findet in Art. 6 Abs. 1 GG und seiner Ausprägung durch das Bundesverfassungsgericht allerdings keine Rechtfertigung für eine nachteilige Sonderbehandlung von Angehörigenverträgen im Steuerrecht[59], sondern im Gegenteil Belege für die Verfassungswidrigkeit der herrschenden Praxis[60]. Es verwundert daher nicht, wenn dem Bundesverfassungsgericht nach wie vor zahlreiche Verfassungsbeschwerden zu diesem Problemkreis vorliegen[61]. Im folgenden soll überprüft werden, welche Aussagen der grundrechtliche Schutz von Ehe und Familie für die Behandlung von Angehörigen-Verträgen bietet.

IV. Verfassungsrechtliche Würdigung

1. Schutzfunktionen des Art. 6 Abs. 1 GG

Der verfassungsrechtliche Grundsatz, daß „Ehe" und „Familie"[62] unter dem besonderen Schutz des Staates stehen, erschöpft sich nicht in einer allgemeinen Garantie dieser Rechtsinstitute, sondern beinhaltet eine Wertentscheidung, die bei der Bildung und Anwendung steuerrechtlicher Tatbestände durchgehend zu beachten ist[63]. Damit richtet sich der grundrechtliche Schutz aus Art. 6 Abs. 1 GG nicht nur gegen den Gesetzgeber, sondern auch gegen die Rechtsprechung, und zwar sowohl bei der Auslegung des materiellen Rechts als auch bei der Aufstellung beweisrechtlicher Grundsätze[64].

Diese Schutzfunktion ist eine doppelte, die man – im Anschluß an die Terminologie des Bundesverfassungsgerichts – als „positive" und „negative" Schutzrichtung bezeichnen kann[65]. Die „positive" Schutzrichtung

58 Vgl. etwa BVerfG vom 17. April 1984 1 BvR 11/83, Inf. 1984, 335; vom 26. Juli 1984 1 BvR 1766/83, Inf. 1984, 453; vom 20. November 1984 1 BvR 1406/84, HFR 1985, 283 f. = Inf. 1985, 310 f.; vom 27. März 1985 1 BvR 1415/84, HFR 1987, 92 f.; vom 16. Juli 1991 2 BvR 769/90, HFR 1992, 23; vom 16. Juli 1991 2 BvR 47/90, HFR 1992, 426; vom 9. Oktober 1991 1 BvR 1406/89, HFR 1992, 500 f.

59 Vgl. die Darlegungen bei *Kruse,* a.a.O. (Fn. 6), § 41 AO Tz. 14.

60 *Beul/Beul,* DStR 1985, 13 ff.; *Meyer-Arndt,* StbJb. 1987/88, S. 167 ff., 202 ff.; *Seer,* DB 1987, 713 ff.

61 Verfahren 2 BvR 802/90, 2 BvR 796/91, 2 BvR 1293/90, 2 BvR 1451/90, 2 BvR 1791/92 (Oder-Konto und Konto mit Verfügungsberechtigung des Arbeitnehmer-Ehegatten); 2 BvR 1375/90 (Wirtschaftliches Eigentum des Ehemannes am Gesellschaftsanteil der Ehefrau); Stand 31. Dezember 1993, zitiert nach DB 1994, Beil. 2, S. 77 ff.

62 Zum Umfang der durch „Ehe" und „Familie" geschützten Positionen vgl. *Lecheler* in: HdBStR VI, 1989, § 133 Rz. 15 ff.; *ders.,* DVBl. 1986, S. 915 ff.

63 Ständige Rechtsprechung seit BVerfG vom 17. Januar 1957 1 BvL 4/54, BVerfGE 6, 55 ff.

64 BVerfG vom 12. März 1985 1 BvR 571/81, 494/82, 47/83 BVerfGE 69, 188 ff., 205; grundlegend im Schrifttum *Wacke,* Die Beweislast der Familienunternehmen im Steuerrecht, 1966, S. 24 ff.

65 BVerfG vom 17. Januar 1957 1 BvL 4/54, BVerfGE 6, 55 ff.; vom 24. Juli 1968 1 BvR 394/67, BVerfGE 24, 104 ff., 109; vom 25. Juli 1972 BvL 30/69, BVerfGE

besteht in der Freigabe von Förderungen für Ehe und Familie, d.h. in der Rechtfertigung der steuerlichen Besserstellung von Verheirateten gegenüber Unverheirateten, von Eltern mit Kindern gegenüber kinderlosen Personen. Die „negative" Schutzwirkung ist darauf gerichtet, Benachteiligungen der Lebensgemeinschaft von Ehegatten oder der Gemeinschaft von Eltern mit ihren Kindern zu verhindern[66]. Dabei lassen sich wiederum zwei Unterfälle unterscheiden, das „formelle" und das „materielle" Benachteiligungsverbot[67]. Damit ist zunächst gemeint, daß der Tatbestand einer gesetzlichen Vorschrift oder ihre Anwendung durch die Rechtsprechung für die Beteiligten nicht zu einer höheren Steuerlast führen dürfen als für unverheiratete oder kinderlose Personen[68]. „Materiell" hat das Benachteiligungsverbot zur Folge, daß besondere finanzielle Lasten, insbesondere Unterhaltspflichten, die in der Ehe oder Familie begründet sind, im Rahmen der subjektiven Leistungsfähigkeit von Verfassungs wegen angemessen berücksichtigt werden müssen[69].

Der verfassungsrechtliche Maßstab für die steuerliche Behandlung von Vertragsverhältnissen zwischen Angehörigen ist im „formellen Benachteiligungsverbot" des Art. 6 Abs. 1 GG zu finden[70]: Es ist zu prüfen, ob in den besonderen Anforderungen, die die Rechtsprechung an die steuerliche „Anerkennung" dieser Vertragsverhältnisse stellt, eine tatbestandliche Benachteiligung von Ehegatten oder Eltern mit ihren Kindern begründet ist. Diese Frage wird verschärft durch den Umstand, daß die Rechtsprechung sich bisher noch nicht dazu verstanden hat, vergleichbar strenge Kriterien an Verträge zwischen den Partnern einer nichtehelichen Lebensgemeinschaft zu legen[71]. Damit liegt das Benachteiligungsproblem

---

32, 260 ff., 267; *Lehner,* Einkommensteuerrecht und Sozialhilferecht, 1993, S. 307; *Moderegger,* Der verfassungsrechtliche Familienschutz und das System des Einkommensteuerrechts, 1991, S. 80 ff.

66 BVerfG vom 16. Dezember 1958 1 BvL 3, 4/57, 8/58, BVerfGE 9, 20 ff., 34 f.; vom 21. Februar 1961 1 BvL 29/57, 20/60, BVerfGE 12, 151 ff., 169; vom 3. April 1962 1 BvL 35/57, BVerfGE 14, 34 ff., 38 f.; vom 30. Juni 1964 1 BvL 16–25/62, BVerfGE 18, 97 ff., 105 f.; *Krause,* Archiv für Wissenschaft und Praxis der sozialen Arbeit, 1986, S. 18 ff., 30 ff.

67 Dazu ausführlich *Klein,* FS Zeidler, 1987, S. 773 ff.; *Kanzler,* Bitburger Gespräche, 1988, S. 67 ff.

68 Einschränkend lediglich (im Hinblick auf die Vervielfachung von Freibeträgen im Bewertungsrecht) BVerfG vom 6. Februar 1968 1 BvL 7/65, BVerfGE 23, 74 ff.

69 Vgl. aus der umfangreichen Judikatur des BVerfG in den letzten Jahren: BVerfG vom 3. November 1982 1 BvR 620/78, 1335/78, 1104/79, 363/80, BVerfGE 61, 319 ff., 351; vom 22. März 1990 2 BvL 1/86, BVerfGE 81, 362 ff., 376 ff.; vom 29. Mai 1990 1 BvL 20, 26, 184, 4/86, BVerfGE 82, 60 ff., 86 ff.; vom 12. Juni 1990 1 BvL 72/86, BVerfGE 82, 198 ff.; vom 25. September 2 BvL 5, 8, 14/91 BVerfGE 87, 153 ff., 169.

70 Methodisch ausführlich *Görlich,* a.a.O. (Fn. 6), S. 29 ff.

71 BFH vom 5. Dezember 1985 IV R 182/84, BFH/NV 1986, 452 f.; vom 14. April 1988 IV R 225/85, BFHE 153, 224, BStBl. II 1988, 670 ff.; vom 27. November 1989 GrS 1/88, BFHE 158, 563, BStBl. II 1990, 160 ff., 167; kritisch *Wolff-Diepenbrock,* a.a.O. (Fn. 6), §§ 4, 5 EStG Rz. 1770.

auf der Hand und es bleibt die Frage, ob aus „Wesen" und „Natur" von Ehe und Familie eine besondere Legitimation dieser Schlechterstellung gefolgert werden kann[72]. Dafür ist das Bild zu beschreiben, das sich das Bundesverfassungsgericht von der ehelichen und der familiären Gemeinschaft gemacht hat.

2. Das Bild von „Ehe" und „Familie" in der Rechtsprechung des Bundesverfassungsgerichts

a) Ehe und Familie zwischen sittlicher Einheit und wirtschaftlicher Individualität

Die verfassungsrechtliche Problematik der Angehörigenverträge ist darin begründet, daß der grundrechtliche Schutz von Ehe und Familie gerade auf die Gemeinschaft der Ehegatten untereinander oder der Eltern mit ihren Kindern zielt, während die Steuerpflichtigen, die mit der Finanzbehörde um Anerkennung der getroffenen privatrechtlichen Vereinbarungen ringen, sich zu diesem Zweck gerade auf eine Trennung der vermögensrechtlichen Sphären der Familienmitglieder berufen. Man muß daher zunächst die Frage stellen, ob ein an Art. 6 Abs. 1 GG orientiertes Steuerrecht nicht geradezu darauf angelegt sein müßte, die vermögensrechtliche Trennung der Ehegatten und Familienangehörigen aufzuheben und zu einer weitgehenden „Einheitsbetrachtung" fortzuschreiten. Damit wäre – aus der Sicht des Art. 6 Abs. 1 GG – die Negation von Schuldverträgen zwischen Angehörigen geradezu geboten.

In diesem Sinne hat *Paul Kirchhof* den Gedanken aufgeworfen, ob im Hinblick auf Art. 6 Abs. 1 GG für Ehe und Familie nicht eine eigene kollektive Rechtssubjektivität im Steuerrecht angemessen wäre, und den Vergleich mit anderen „Gruppen", etwa den Gesamthandsgesellschaften des Privatrechts, angestellt[73]. Eine solche Zusammenfassung der Ehegatten und Verwandten war in der klassischen preußischen „Haushaltsbesteuerung" angelegt, die darauf verzichtete, in das Verhältnis zwischen den Eheleuten und ihren Kindern einzudringen und den Familienhaushalt im ganzen – weitgehend im Wege der Schätzung – zur Einkommensbesteuerung veranlagte.

Das Bundesverfassungsgericht hat die Möglichkeit einer solchen Haushaltsbesteuerung nicht schlechthin verworfen[74]. Es hat jedoch festgestellt, daß das geltende Einkommensteuerrecht von dem gegenläufigen Prinzip der Individualbesteuerung beherrscht werde, in der eine Haus-

---

72 BVerfG vom 17. Januar 1957 1 BvL 4/54, BVerfGE 6, 55 ff., 76 f.; vom 15. Juli 1969 1 BvL 22/65, BVerfGE 26, 321 ff., 325 f.; vom 22. Juli 1970 1 BvR 285/66, 445/67, 192/69, BVerfGE 29, 104 ff., 112.

73 *Kirchhof*, Essener Gespräche (21), 1986, S. 122 f.; dem folgt *v. Campenhausen*, VVDStRL 45 (1987), S. 7 ff., 35; mit Einschränkungen auch *Krause*, a.a.O. (Fn. 66), S. 23.

74 BVerfG vom 17. Januar 1957 1 BvL 4/54, BVerfGE 6, 55 ff., 66 ff.

haltsbesteuerung zum Fremdkörper werden muß[75]. Eine Haushaltsbesteuerung würde sich auch in einen unzulässigen Gegensatz zu den geltenden zivilrechtlichen Strukturen von Ehe und Familie begeben. Mit der Aufhebung der ehemännlichen und elterlichen Nutzungsrechte sowie der Einschränkung der wechselseitigen Mitarbeitspflichten würde eine Haushaltsbesteuerung keine zivilrechtliche Grundlage mehr in einem gemeinschaftlichen „Familienvermögen" finden. Lediglich die – irreguläre und statistisch seltene – Gütergemeinschaft könnte noch zum Ansatzpunkt für eine Haushaltsbesteuerung gemacht werden. Demgegenüber reicht die Zugewinngemeinschaft, die lediglich bei Beendigung der Ehe zu einem begrenzten vermögensrechtlichen Ausgleich führt, nicht aus, um für steuerliche Zwecke jegliche Rechtsbeziehungen zwischen Angehörigen auszublenden.

b) Unterhalts- oder Wirtschaftsgemeinschaft

aa) Ehe

In der Frage nach Gemeinschaftlichkeit und Trennung der vermögensrechtlichen Sphären der Ehegatten hat die Rechtsprechung des Bundesverfassungsgerichts – von der Fachöffentlichkeit unbemerkt – in den vergangenen Jahrzehnten einen bedeutsamen Wandel vollzogen. Er läßt sich umschreiben als Weg von der bloßen „Unterhaltsgemeinschaft" bis hin zur umfassenden „wirtschaftlichen Verflechtung" einer vollen Gemeinschaft des „Erwerbs und Verbrauchs".

Am Beginn dieser Entwicklung steht die Entscheidung des Bundesverfassungsgerichts zur Zurechnung des Einkommens der Ehefrau zu dem des Ehemannes im Geltungsbereich der progressiven Einkommensteuer[76]. Das Bundesverfassungsgericht stellt fest, daß eine solche Zurechnung zu steuerlichen Nachteilen gegenüber unverheirateten Paaren führt, die zweifach den Grundfreibetrag und die unteren Progressionsstufen ausschöpfen können. Eine solche Benachteiligung kann – so das BVerfG – nur dann gerechtfertigt sein, wenn im „Wesen der Ehe" eine solche Sonderbehandlung angelegt ist. Das sei nicht der Fall: Jeder Ehegatte sei ein eigenständiges Wirtschaftssubjekt mit eigenen Einkünften. Die rechtliche Verbindung der Ehegatten finde erst auf der Ebene des gemeinschaftlichen Verbrauchs statt, indem die wechselseitigen Unterhaltspflichten in eine Vergemeinschaftung des Konsums münden.

Auf dieser Grundlage hielt es das Bundesverfassungsgericht in den Folgejahren für unzulässig, Substanz und Nutzungen des Ehegattenvermögens oder auch das jeweilige Arbeitseinkommen der Ehegatten zum Nachteil der Beteiligten steuerlich zusammenzufassen. Daher durften Ehegatten-

75 So auch BVerfG vom 14. April 1959 1 BvL 23, 24/57, BVerfGE 9, 237 ff., 243; vom 14. Dezember 1965 1 BvR 606/60, BVerfGE 19, 268 ff., 280.

76 BVerfG vom 17. Januar 1957 1 BvL 4/54, BVerfGE 6, 55 ff.

darlehen nicht der Kapitalverkehrsteuer unterworfen werden[77] und auch die Zusammenfassung von Grundstücken unter Familienangehörigen als Grundstückserwerb des Ehemanns und Vaters für Zwecke der Grunderwerbsteuer erwies sich als unzulässig[78]. Die einkommensabhängige Entrichtung von Kirchensteuer für den jeweils anderen Ehegatten (Halbteilungsgrundsatz)[79] fand ebensowenig Gnade wie der Versuch, bei der Hypothekengewinnabgabe den persönlich haftenden Ehemann und die dinglich haftende Ehefrau zu einer rechtlichen Einheit zusammenzufassen[80]. Eine Anrechnung fand nur auf der Ebene des Unterhalts und damit des Konsums statt, etwa die Berücksichtigung von Unterhaltsansprüchen im Rahmen der Prüfung sozialhilferechtlicher oder arbeitslosenrechtlicher Bedürftigkeit[81]. Besonders anschaulich hat das Bundesverfassungsgericht diese Trennung von „Unterhaltsgemeinschaft" und „Vermögensgemeinschaft" bei der Frage eines einheitlichen (doppelten) Pauschalbetrages für Sonderausgaben dargestellt[82]: Für die Ebene der Einkommensverwendung, den Konsum, sei eine Zusammenfassung der Ehegatten aufgrund ihrer Unterhaltsgemeinschaft möglich; demgegenüber sei auf der Ebene der Einkunftserzielung (etwa bei den Werbungskosten) eine zusammenfassende Betrachtung ausgeschlossen. In einer verfestigten Formel verneinte das Bundesverfassungsgericht die Möglichkeit, die Ehe als volle „Wirtschaftsgemeinschaft" anzuerkennen[83].

Die gesonderte Rechtssubjektivität von Ehegatten im Wirtschaftsleben hat nach Auffassung des Bundesverfassungsgerichts auch zur Folge, daß Arbeitsverträgen zwischen Ehegatten nicht die steuerrechtliche oder sozialrechtliche[84] Relevanz versagt werden dürfe. Daher wurde § 8 Ziff. 5 GewStG a.F., der für die Gewerbesteuer eine Hinzurechnung von Ehegattengehältern vorsah, ebenso für verfassungswidrig gehalten[85] wie das von der früheren Rechtsprechung statuierte einkommensteuerliche Abzugsverbot für solche Zahlungen[86]. Sowohl in verfassungsrechtlicher wie auch

---

77 BVerfG vom 15. Juli 1969 1 BvL 22/65, BVerfGE 26, 321 ff.

78 BVerfG vom 10. Juni 1963 1 BvR 345/61, BVerfGE 16, 203 ff.

79 BVerfG vom 14. Dezember 1965 1 BvL 31, 32/62, BVerfGE 19, 226 ff.; vom 14. Dezember 1965 1 BvR 606/60, BVerfGE 19, 268 ff.

80 BVerfG vom 20. März 1963 1 BvL 20/61, BVerfGE 15, 328 ff., 332 f.

81 BVerfG vom 16. Dezember 1958 1 BvL 3, 4/57, 8/58, BVerfGE 9, 20 ff., 30; vom 21. Februar 1961 1 BvR 314/60, BVerfGE 12, 180 ff., 190, 196 f.; vgl. zuletzt BVerfG vom 17. November 1992 1 BvL 8/87, 234 ff., 256.

82 BVerfG vom 25. Januar 1972 1 BvL 30/69, BVerfGE 32, 260 ff., 270 ff.; vgl. auch nunmehr BVerfG vom 28. Juni 1993 1 BvR 132/89, StE 1993, 419.

83 BVerfG vom 24. Januar 1962 1 BvL 32/57, BVerfGE 13, 290 ff., 308; vom 20. März 1963 1 BvL 20/61, BVerfGE 15, 328 ff., 332 f.; vom 25. Juli 1969 1 BvL 22/65, BVerfGE 26, S. 321 ff., 326; *Beul/Beul*, DStR 1985, 13 ff., 15.

84 Dazu BVerfG vom 26. November 1964 1 BvL 14/62, BVerfGE 18, 257 ff., 269 ff.

85 BVerfG vom 24. Januar 1962 1 BvL 32/57, BVerfGE 13, 290 ff.

86 BVerfG vom 24. Januar 1962 1 BvR 232/60, BVerfGE 13, 318 ff.; vom 8. Juli 1963 1 BvR 319/60, BVerfGE 16, S. 241 ff.; vom 8. Juli 1963 1 BvR 54/61, BVerfGE 16, 243 ff.; vom 14. Dezember 1965 1 BvR 606/60, BVerfGE 19, 268 ff., 280; vom 22. Juli 1970 1 BvR 285/66, 445/67, 192/69, BVerfGE 29, 104 ff.

in zivilrechtlicher und steuerrechtlicher Sicht statuierte das Bundesverfassungsgericht damit eine Trennung der Familienangehörigen im Bereich der Einkunftserzielung.

Diese scharf differenzierende Sichtweise löste sich auf, als das Bundesverfassungsgericht im Jahre 1982 über die Verfassungsmäßigkeit des Ehegattensplitting zu entscheiden hatte. Die Zusammenrechnung der jeweiligen Ehegatteneinkünfte mit anschließender Halbteilung und Verdoppelung der Freibeträge und Progressionsstufen ließ sich bei einer kategorischen Trennung der Einkunftserzielung nicht mehr rechtfertigen. Das Bundesverfassungsgericht zögerte jedoch nicht, nunmehr die Ehe zu einer umfassenden „Lebens- und Wirtschaftsgemeinschaft" zu erklären, einer „Gemeinschaft des Erwerbs und Verbrauchs"[87]. Damit war die Trennung Einkunftserzielung – Einkunftsverwendung aus verfassungsrechtlicher Sicht aufgegeben. Bürgerlichrechtliche Rechtsinstitute wie der Zugewinnausgleich, die früher als Beleg für die vermögensrechtliche Trennung der Ehegatten herangezogen wurden[88], rechtfertigten plötzlich die Annahme einer gemeinsamen Teilhabe am Wirtschaftsverkehr. In mehreren Folgeurteilen hat das Bundesverfassungsgericht diese Formel von der umfassenden „Wirtschaftsgemeinschaft" der Eheleute noch einmal betont[89].

Wie läßt es sich aber vereinbaren, daß das einfache Steuerrecht den Ehegatten gleichzeitig die Möglichkeit gewährt, miteinander Schuldverträge von steuerlicher Relevanz auf der Grundlage der vermögensrechtlichen Trennung der Beteiligten abzuschließen und für das Ehegattensplitting die Addition und Halbteilung der beiderseitigen Einkommen zu verlangen? Verfassungsrechtlich gesprochen: Lassen sich die Aussagen des Bundesverfassungsgerichts zur Anerkennung von Angehörigen-Verträgen einerseits und zum Ehegattensplitting andererseits in ein konsistentes verfassungsrechtliches Bild von Ehe und Familie im Steuerrecht bringen?

Diese Zusammenschau der vom Verfassungsgericht betonten „Trennung" der Vermögenssphären einerseits und der „Erwerbs- und Wirtschaftsgemeinschaft" der Ehegatten andererseits kann nur gelingen, wenn man die freiheitliche Komponente dieses Grundrechts betont. Mit „Erwerbs- und Wirtschaftsgemeinschaft" meint das Bundesverfassungsgericht im Split-

87 BVerfG vom 3. November 1982 1 BvR 620/78, 1335/78, 1104/79, 363/80, BVerfGE 61, 319 ff., 345 f.; *Lehner,* a.a.O. (Fn. 65), S. 158; *Kirchhof,* a.a.O. (Fn. 73), S. 138, spricht von einer „Leistungsfähigkeitsgemeinschaft".

88 Vgl. etwa BVerfG vom 14. Dezember 1965 1 BvR 606/60, BVerfGE 19, 268 ff., 278 f.; vom 10. Juni 1963 1 BvR 345/61, BVerfGE 16, 203 ff., 209; vom 20. März 1963 1 BvL 20/61, BVerfGE 15, 328 ff., 332; vom 24. Januar 1962 1 BvL 32/57, BVerfGE 13, 290 ff., 308.

89 BVerfG vom 12. März 1985 1 BvR 571/81, 494/82, 47/83, BVerfGE 69, 188 ff., 207 f.; vom 3. Juni 1987 1 BvL 5/81 BVerfGE 75, 361 ff., 366; vom 16. Juni 1987 1 BvL 4, 6/84, BVerfGE 75, 382 ff., 393 ff.; vom 26. April 1988 1 BvR 1264/87, BVerfGE 78, 128 ff., 130.

ting-Urteil nicht die zwingende Zusammenfassung der Ehepartner zu einer „fiskalischen Einheit", sondern im Gegenteil die Anerkennung der Freiheit der Ehegatten, ihre vermögensrechtlichen Sphären in eigener Verantwortung zu gestalten[90]. Indem das Splitting die Einkünfte beider Ehegatten zusammenrechnet und die doppelten Steuervorteile anschließt, respektiert das Steuerrecht in verfassungsrechtlich gebotener Weise die Freiheit der Ehegatten, untereinander Art und Umfang der jeweiligen Erwerbstätigkeit festzulegen. Es soll keinen Unterschied machen, ob der eine, der andere, oder beide Ehepartner am Erwerbsleben teilnehmen[91]. Diese Freiheit der Erwerbsgestaltung fordert selbstverständlich auch, daß es für die Besteuerung der Ehegatten keinen Unterschied machen darf, ob ein Ehegatte Arbeitsleistungen oder andere Hilfeleistungen gegen Entgelt für seinen Ehepartner oder einen Dritten erbringt und auf diese Weise zum Familieneinkommen beiträgt. Eine Diskriminierung der Mitarbeit beim Ehepartner gegenüber einer fremdgerichteten Mitarbeit würde diese grundrechtliche Gestaltungsfreiheit einschränken.

Daraus folgt: Die „Erwerbs- und Wirtschaftsgemeinschaft", von der das Bundesverfassungsgericht im Splitting-Urteil spricht, ist keine echte Vermögensgemeinschaft i.S. der alten Haushaltsbesteuerung, sondern eine Gemeinschaft der freien Gestaltung wirtschaftlicher Beziehungen. Für diese Gemeinschaft gilt nach wie vor die Formel des Bundesverfassungsgerichts, daß nämlich die Ehe keine „Wirtschaftsgemeinschaft", sondern eine „höhere" sittliche[92] Einheit bilde, – wenn man in der begrifflichen Tradition des deutschen Idealismus „sittlich" mit „freiheitlich" übersetzt. Es wäre aber in der Tat mit Art. 6 Abs. 1 GG unvereinbar, an diese höhere „sittliche" Bewertung nachteilige steuerliche Konsequenzen zu knüpfen.

bb) Familie

Die „Familie", d.h. die rechtlich geschützte Gemeinschaft von Eltern mit ihren Kindern, kann noch weniger als die Ehe zu einer Einheit i.S. einer wirtschaftlichen Vermögensgemeinschaft verschmolzen werden. Aus diesem Grunde hat das Bundesverfassungsgericht auch für die Familie die zwangsweise gemeinsame Veranlagung unter nachteiliger Auswirkung der Progression für verfassungswidrig erklärt[93]. Auf die Familie trifft allerdings das Moment der Unterhaltsgemeinschaft ebenso wie auf die Ehe zu: Verwandte in gerader Linie sind einander nach Bürgerlichem Recht zur Gewährung von Unterhalt verpflichtet, so daß die wechselseitige Unterstützung im Bereich der Einkommensverwendung verfassungsrechtlich zur Kenntnis genommen werden darf und – etwa bei der Bemessung der Bedürftigkeit im Bereich von Sozial- und Arbeitslosenhilfe – durchaus

90 So bereits BVerfG vom 17. Januar 1957 1 BvL 4/54, BVerfGE 6, 55 ff., 81 f.
91 *Klein*, FS Zeidler, 1987, S. 773 ff.
92 BVerfG vom 17. Januar 1957 1 BvL 4/54, BVerfGE 6, 55 ff., 79.
93 BVerfG vom 30. Juni 1964 1 BvL 16–25/62, BVerfGE 18, 97 ff.

auch nachteilige Folgen zeitigen kann. Demgegenüber stehen der Anerkennung von Arbeits- und sonstigen Verträgen zwischen Angehörigen keine prinzipiellen verfassungsrechtlichen Hindernisse entgegen.

c) Interessengleichlauf, Mißbrauchsbekämpfung und Verwaltungspraktikabilität

Die Anerkennung von Schuldverhältnissen zwischen Ehegatten sowie Eltern und ihren Kindern ist auf der dargestellten Grundlage nicht nur verfassungsrechtlich zulässig, sondern im Hinblick auf die freiheitliche Dimension der Lebensgestaltung innerhalb von Ehepaaren und Familien geradezu geboten. Fraglich kann nur sein, ob die besonderen Kriterien, die in der Rechtsprechung für die Anerkennung von Angehörigenverträgen errichtet worden sind, ebenfalls einer verfassungsrechtlichen Prüfung standhalten. Hier geht es um drei unterschiedliche Gesichtspunkte: die Interessenkonformität unter Angehörigen, die Gefahr des Mißbrauchs und schließlich die Verwaltungspraktikabilität.

Die besonderen Anforderungen, die in der Steuerrechtspraxis an den Abschluß, den Inhalt und den Vollzug von Angehörigenverträgen gestellt werden, haben ihre Grundlage in einem Mißtrauen der Finanzverwaltung gegenüber der Korrektheit der Angaben des Steuerpflichtigen über die Vereinbarungen und Leistungen zwischen Angehörigen. Dieses Mißtrauen gründet sich auf den Verdacht, daß die inhaltliche Ausgestaltung und der Vollzug von Angehörigenverträgen von den Beteiligten nicht mit derselben wirtschaftlichen Rationalität vorgenommen werden, wie er bei Verträgen unter fremden Dritten üblich ist. Vielmehr stehe die besondere Interessenlage unter Angehörigen einer „Richtigkeitsgewähr"[94] der getroffenen Vereinbarungen entgegen. Daher sei vor allem die Veranlassung der geleisteten Mitarbeit und Mithilfe und der gezahlten Entgelte in der betrieblichen Sphäre des Unternehmer-Angehörigen zweifelhaft.

Die Aussagen des Bundesverfassungsgerichts zur Interessenkonformität von Ehegatten und Familienangehörigen sind uneinheitlich. So hat das Gericht bei der Beurteilung konkursrechtlicher Anfechtungstatbestände für Vermögensverschiebungen zwischen Ehegatten keine Bedenken gehabt, aus der besonderen wirtschaftlichen Interessenlage von Ehegatten verschärfte gesetzliche Gläubigerschutzbestimmungen zu rechtfertigen[95]. Und auch bei der Frage, ob ein Makler von seinem Kunden eine Provision verlangen kann, wenn er diesem ein Geschäft mit seinem Ehegatten vermittelt, läßt das Bundesverfassungsgericht die Forderung gelten, daß der mögliche Interessenkonflikt dem Kunden vor den Vertragsverhandlungen offengelegt wird[96]. Schließlich hat das Bundesverfassungsgericht

94 *Schmidt*, StbJb. 1980/81, 115 ff., 122.

95 So zu § 32 Nr. 2 KO BVerfG vom 24. Juli 1968 1 BvR 394/67, BVerfGE 24, 104 ff., 110 f.

96 BVerfG vom 26. April 1988 1 BvR 1264/87, BVerfGE 78, 128 ff., 130.

auch bei der Beurteilung von Rechtsbeziehungen zwischen Angehörigen im Steuerrecht diese besondere Interessenkonformität bejaht[97].

Demgegenüber hat es das Bundesverfassungsgericht bei der Frage der Zusammenrechnung der Gesellschaftsanteile von Ehegatten im Rahmen der Betriebsaufspaltung abgelehnt, einen Interessengleichlauf von Ehegatten lediglich auf der Grundlage der bestehenden ehelichen Verbindung anzunehmen[98]. Die Argumentation des Bundesverfassungsgerichts lautet dahin, daß ein genereller Satz der Lebenserfahrung, Ehegatten verfolgten übereinstimmende wirtschaftliche Interessen, schon deshalb nicht gebildet werden könne, weil andernfalls das Tatbestandsmerkmal „Ehe" selbst zum Anknüpfungspunkt nachteiliger steuerlicher Rechtsfolgen erhoben würde. Daraus ist im Schrifttum vielfach auf die (teilweise) Verfassungswidrigkeit der Angehörigen-Rechtsprechung geschlossen worden[99].

Die Widersprüchlichkeit, die in diesen Äußerungen des Bundesverfassungsgericht zum Ausdruck kommt, hat ihre Ursache darin, daß einerseits mit der „Erwerbs- und Wirtschaftsgemeinschaft" einer funktionierenden Ehe, ihrer höheren „sittlichen" Einheit, selbstverständlich ein umfassender Gleichlauf der Interessen verbunden ist, daß man aber andererseits aber darauf verzichten möchte, diese „sittliche Einheit" durch nachteilige Rechtsfolgen zu schädigen, zumal an vergleichbare Vertrauensverhältnisse nicht dieselben Maßstäbe angelegt werden[100]. Dies hat das Bundesverfassungsgericht in der Entscheidung zur Betriebsaufspaltung zu der – lebensfremden – Aussage geführt, daß der Normaltatbestand „Ehe" keine Schlüsse auf die Gleichrichtung der beteiligten wirtschaftlichen Interessen zulasse[101].

Wenn demgegenüber eine typische Interessenkonformität von Ehegatten ohne Verstoß gegen Verfassungsrecht angenommen werden muß, so ist damit noch nicht entschieden, ob aus dieser Interessenkonformität nachteilige Rechtsfolgen, insbesondere eine generelle Vermutung des Mißbrauchs und der Steuerumgehung hergeleitet werden dürfen. Das würde der verfassungsrechtlichen Anerkennung von Ehe und Familie nicht gerecht. Wenn Art. 6 Abs. 1 GG den Ehegatten und den Eltern mit ihren Kindern mit Verfassungskraft einen Raum zur eigenständigen Gestaltung ihrer Lebensgemeinschaft auch in vermögensrechtlicher Hinsicht bietet, kann diese Freiheitsgewährung nicht zugleich den Ehegatten und Familien als Potential steuerlicher Manipulationen zum Vorwurf gemacht werden. Ein prinzipielles Mißtrauen gegenüber Schuldverträgen zwischen Angehörigen im Sinne von tatsächlichen oder rechtlichen Vermutungs-

97 BVerfG vom 15. Juli 1969 1 BvL 22/65, BVerfGE 26, 321 ff., 326 f.

98 BVerfG vom 12. März 1985 1 BvR 571/81, 494/82, 47/83, BVerfGE 69, 188 ff., 205 ff.

99 *Seer*, DB 1987, 713 ff.; *Schmidt/Heinicke*, a.a.O. (Fn. 28), § 4 EStG Anm. 99 „Angehörige" (b); *Wolff-Diepenbrock*, a.a.O. (Fn. 6), §§ 4, 5 EStG Rz. 1867.

100 BVerfG vom 10. Juni 1963 1 BvR 345/61, BVerfGE 16, 203 ff., 209 f.; vom 12. März 1985 1 BvR 571/81, 494/82, 47/83, BVerfGE 69, 188 ff., 205 ff.

101 Zustimmend *Schmidt/Heinicke*, a.a.O. (Fn. 28), § 4 Anm. 99 „Angehörige" (b).

wirkungen zu Lasten von Ehe und Familie ist vielmehr mit Art. 6 Abs. 1 GG trotz der typischen Interessenkonformität nicht vereinbar[102].

Die Grenze zwischen zulässiger und unzulässiger Beschwerung der Steuerpflichtigen im Bereich der Angehörigenverträge verläuft nach Ansicht des Bundesverfassungsgerichts zwischen den Erfordernissen einer angemessenen Mißbrauchsbekämpfung und der bloßen Verwaltungspraktikabilität[103]. Während die Schutzgüter „Ehe und Familie" nicht hinter dieser bloßen Verwaltungszweckmäßigkeit zurücktreten müssen, können konkrete Maßnahmen der Mißbrauchsbekämpfung Vorrang beanspruchen. Daraus folgt, daß keine Generalisierungen zu Lasten von Ehegatten oder Eltern mit Kindern erlaubt sind[104], wohl aber die individuelle Versagung des steuerlichen Abzugs, wenn die Gestaltung und Durchführung des Angehörigenvertrages im Einzelfall Zweifel an der betrieblichen Veranlassung der Tätigkeit und ihrer Entlohnung begründen[105].

d) Die Gestaltungsfreiheit von Ehegatten und Familienangehörigen als Grundlage einer klaren Regelung ihrer Rechtsverhältnisse

Wenn somit Ehepaaren oder Familien kein institutionelles steuerliches Mißtrauen entgegengehalten werden darf, vielmehr die von den Parteien gewählte steuerliche Regelung im Prinzip so angenommen werden muß, wie sie ist, so läßt sich doch gerade aus dieser Gestaltungsfreiheit der Angehörigen eine besondere Verpflichtung der Beteiligten zur transparenten Gestaltung ihrer Verhältnisse herleiten. Art. 6 Abs. 1 GG garantiert den Eheleuten oder Eltern mit ihren Kindern die Freiheit, ihre wechselseitige Mitarbeit und Mithilfe durch andere Leistungen auf der Grundlage des Familienrechts, des Schuldrechts oder der bloßen Gefälligkeit zu vollziehen. Diese Vermehrung der Gestaltungsmöglichkeiten im Verhältnis zu Drittbeziehungen hat zur Folge, daß die betroffenen Angehörigen sich auch willentlich für eine Alternative entscheiden und diese im gegenseitigen Einvernehmen vollziehen müssen. An die Freiheit der Gestaltung knüpft sich die Verantwortung der Entscheidung.

Diese Entscheidung ist ein bloßer Willensakt der Beteiligten. Sie kann nicht an der Art der Tätigkeit, sondern nur an dem rechtlichen Rahmen,

102 *Kirchhof,* HdBStR IV, 1990, § 88 Rz. 130; *Beul/Beul,* DStR 1985, 13 ff., 14; *Jüptner/Riegl,* FR 1983, 417 ff., 422; *Görlich,* a.a.O. (Fn. 6), S. 45 ff., 130 ff.; *Seer,* DB 1987, 713 ff.; *Wacke,* a.a.O. (Fn. 64), S. 28 ff.

103 BVerfG vom 17. Januar 1957 1 BvL 4/54, BVerfGE 6, 55 ff., 83 f.; vom 24. Januar 1962 1 BvL 32/57, BVerfGE 13, 290 ff., 315 ff.; vom 10. Juni 1963 1 BvR 345/61, BVerfGE 16, 203 ff., 208; vom 30. Juni 1964 1 BvL 17–25/62, BVerfGE 18, 97 ff.; vom 15. Juli 1969 1 BvL 22/65, BVerfGE 26, 321 ff., 326; vom 22. Juli 1970 1 BvR 285/66, 445/67, 192/69, BVerfGE 29, 104 ff., 118.

104 BVerfG vom 10. Juni 1963 1 BvR 345/61, BVerfGE 16, 203 ff., 208; vom 15. Juli 1969 1 BvL 22/65, BVerfGE 26, 321 ff., 326.

105 BFH vom 17. Januar 1991 IV R 132/85, BFHE 163, 449, BStBl. II 1991, 607 ff.; vom 10. Oktober 1991 XI R 1/86, BFHE 166, 136, BStBl. II 1992, 239 ff.; vom 3. Dezember 1991 IX R 142/90, BFHE 166, 276, BStBl. II 1992, 397 f.

in den die Beteiligten diese Tätigkeit kleiden, festgemacht werden[106]. Die einfache „Mitwirkung" des Angehörigen im Betrieb des anderen ist daher für die gewählte Rechtsgrundlage ohne Aussagekraft[107]. Vielmehr müssen die Beteiligten deutlich machen, welche Tätigkeit verwirklicht und in welchem rechtlichen Rahmen sie ausgeübt worden ist. In dieser „Erklärungslast" liegt eine verfassungsrechtlich zulässige Inpflichtnahme der Angehörigen: Es entspricht dem „Wesen" von Ehe und Familie, daß den Beteiligten mit der Vermehrung ihrer zivilrechtlichen Gestaltungsmöglichkeiten auch die Wahl zwischen diesen Optionen aufgegeben ist.

3. Folgerungen für die Rechtsanwendung

Mißt man die Rechtsprechung des Bundesfinanzhofs und die Verwaltungspraxis, wie sie in den ESt- und LSt-Richtlinien niedergelegt ist, an den vorstehend entwickelten verfassungsrechtlichen Maßstäben, so ergibt sich das Folgende:

a) Vertragsschluß

Im Hinblick auf den Vertragsschluß zwischen den Familienangehörigen als Rechtsakt sind die erhöhten Anforderungen der Praxis zum Teil gerechtfertigt. Mit dem verfassungsrechtlich abgestützten Recht der Ehegatten und Familienmitglieder zur freien Gestaltung ihrer Rechtsverhältnisse auf familienrechtlicher oder schuldrechtlicher Grundlage oder gar auf der Basis bloßer Gefälligkeit ist zugleich die Last der Entscheidung gegeben[108]. Es begegnet daher keinen Bedenken, wenn die Vorherigkeit des Vertragsschlusses zur materiellen Voraussetzung für die Anerkennung der Entgeltzahlungen als Betriebsausgaben erhoben wird. Andererseits leuchtet es nicht ein, daß auch sämtliche Details, etwa der konkrete Umfang der Arbeitsleistung und das Entgelt in stärkerem Umfang als bei gewöhnlichen Arbeitnehmern festgelegt werden müssen[109]. Wichtig ist nur, daß die Beteiligten ihr Verhältnis von vornherein auf eine schuldvertragliche Ebene stellen.

Demgegenüber kann die Frage nach der „Wirksamkeit" der Vereinbarung lediglich eine begrenzte Indizwirkung im Rahmen der Sachverhaltsfeststellung besitzen. Eine generelle Typisierung zu Lasten der Steuerpflichti-

---

106 *Fenn,* a.a.O. (Fn. 8), S. 349 ff.

107 BVerfG vom 14. April 1959 1 BvL 23, 24/57, BVerfGE 9, 237 ff., 246, 248; dem folgen BVerfG vom 24. Januar 1962 1 BvL 32/57, BVerfGE 13, 290 ff., 316; vom 24. Januar 1962 1 BvR 232/60, BVerfGE 13, 318 ff.

108 BFH vom 25. Juli 1991 XI R 30, 31/89, BFHE 165, 89, BStBl. II 1991, 842 ff.

109 So aber BFH vom 7. September 1972 IV R 197/68, BFHE 107, 35, BStBl. II 1972, 944 ff.; vom 29. November 1988 VIII R 83/82, BFHE 155, 114, BStBl. II 1989, 281 f.; großzügiger BFH vom 25. April 1989 VIII R 207/84, BFH/NV 1989, 495 f. (Tantieme mit festgelegter Schwankungsbreite); kritisch auch *Meyer-Arndt,* StbJb. 1987/88, 167 ff., 178 ff.

gen aus Gründen der Verwaltungspraktikabilität ist nicht zulässig[110]. Gleiches gilt für das Erfordernis der „Klarheit" einer Vereinbarung. Nach bürgerlichem Recht können sowohl Arbeits- als auch Gesellschaftsverträge zwischen Familienangehörigen gleichermaßen explizit und konkludent geschlossen werden[111]. Aus der bürgerlichrechtlichen Judikatur ist dementsprechend eine Vielzahl von Fällen bekannt, die stillschweigende Arbeits- bzw. Gesellschaftsverhältnisse zum Gegenstand haben. Es wäre mit der freiheitlichen Komponente des Art. 6 Abs. 1 GG nicht vereinbar, lediglich explizit formulierte Vertragsverhältnisse anzuerkennen. Dagegen spricht insbesondere die Feststellung des Bundesverfassungsgerichts, daß bloße Gesichtspunkte der Verwaltungspraktikabilität nicht zu Lasten von Ehe und Familie ausschlagen dürfen. Demgegenüber bestehen keine Bedenken, den Ehegatten für den Abschluß des – ihnen günstigen – Schuldvertrages die objektive Beweislast aufzubürden. Nur in diesem Zusammenhang dürfen sich die fehlende Klarheit oder Wirksamkeit einer Vereinbarung als nachteilig erweisen[112].

bb) Vertragsinhalt

Auch von den beiden maßgeblichen Kriterien des Bundesfinanzhofs für die inhaltliche Ausgestaltung von Angehörigen-Verträgen kann lediglich eines die verfassungsrechtliche Schranke passieren: der Maßstab der Angemessenheit des Entgelts[113]. Dies hat seine Grundlage in dem Folgenden: Zuwendungen unter Familienangehörigen, die zur Existenzsicherung des anderen Teils oder zur Anhebung seines Lebensstandards dienen, werden nach gesonderten verfassungsrechtlichen Kriterien behandelt, nämlich unter dem Gesichtspunkt der Minderung der subjektiven Leistungsfähigkeit durch unvermeidbare, privat veranlaßte Aufwendungen. Daher bedarf es auch von Verfassungs wegen einer Abgrenzung zwischen Aufwendungen, die durch die Erwerbstätigkeit veranlaßt sind und solchen, die sich im Bereich des privaten Konsums abspielen. Lediglich solche Entgelte, die materiell als angemessene Gegenleistung für die Mitarbeit oder Mithilfe des anderen Angehörigen aufgefaßt werden können, sind vor diesem Hintergrund zum Abzug zulässig. Daher muß angenommen werden, daß ein Entgelt, das den objektiven Wert der Mitarbeit oder Mithilfe übersteigt, von den Parteien nicht als betrieblich veranlaßte Zuwendung gedacht war. Auch hier muß den Parteien jedoch der – schwer zu erbringende – Nachweis offengehalten werden, daß sie von

110 A.A. BVerfG vom 20. November 1984 1 BvR 1406/84, HFR 1985, 283 f. (Vorprüfungsausschuß).

111 BFH vom 31. Oktober 1989 VIII R 293/84, BFH/NV 1990, 759: Schriftform wird aus Beweisgründen empfohlen.

112 *Paus*, FR 1990, 442 ff., 445.

113 BVerfG vom 24. Januar 1962 1 BvL 32/57, BVerfGE 13, 290 ff., 314 f.; vom 24. Januar 1962 BvR 232/60, BVerfGE 13, 318 ff., 321 f.; vom 22. Juli 1970 1 BvR 285/66, 445/67, 291/69, BVerfGE 29, 104 ff., 118.

einer subjektiven Äquivalenz zwischen Leistung und Gegenleistung ausgegangen sind.

Verfassungsrechtlich unzulässig ist demgegenüber der Drittvergleich und damit das Kriterium der „Üblichkeit" der getroffenen Vereinbarungen[114]. Die vom Bundesverfassungsgericht betonte Freiheit der Ehegatten, ihre wirtschaftlichen Verhältnisse eigenverantwortlich zu gestalten, fordert es, auch solche Vereinbarungen anzuerkennen, die von Dritten nicht akzeptiert worden wären, sondern ihren Ursprung in der besonderen Bereitschaft der Eheleute oder Familienmitglieder haben, sich auf die betrieblichen Erfordernisse des anderen Teils einzustellen[115]. Wenn Angehörige daher besondere Arbeitszeiten oder Konditionen[116] in Kauf nehmen oder – bei der Vergabe von Darlehen – auf besondere Sicherheiten verzichten, sich schließlich auch mit besonderen Zahlungsformen einverstanden erklären, so darf dies die steuerliche Anerkennung des Rechtsverhältnisses gerade nicht hindern. Voraussetzung ist nur, daß sich die Entgelte noch als echte Gegenleistung für die Mithilfe oder Mitarbeit des anderen darstellen.

c) Vertragsvollzug

Probleme verfassungsrechtlicher Art wirft schließlich der Vertragsvollzug auf. Dieser betrifft zunächst die Leistung des Angehörigen: die Mitarbeit, die Überlassung von Gegenständen zur Nutzung, schließlich die Hergabe von Darlehenskapital. Findet ein solcher Vollzug nicht statt, so ist der erwerbstätige Ehegatte oder Angehörige nicht verpflichtet, eine Gegenleistung zu entrichten (vgl. §§ 320, 273 BGB). Erfolgen dennoch Zahlungen, so wird dem in der Regel eine private Veranlassung zugrundeliegen.

Die Hauptproblematik liegt nun darin begründet, daß sich im Hinblick auf den regelmäßigen Interessengleichlauf zwischen Ehegatten und Familienangehörigen die Frage nach der Überwachung des Vertragsvollzuges stellt. Zwar läßt sich bei der Überlassung von Gegenständen oder Kapital zur Nutzung relativ problemlos der Vertragsvollzug feststellen, schwieriger ist dies jedoch bei Arbeitsverhältnissen. Die objektive Beweislast liegt beim Steuerpflichtigen; insofern ist kein Verstoß gegen Art. 6 Abs. 1 GG erkennbar[117].

---

114 A.A. die Vorprüfungsausschüsse in BVerfG vom 16. Juli 1991 2 BvR 769/90, HFR 1992, 23; vom 16. Juli 1991 2 BvR 47/90, HFR 1992, 426; vom 9. Oktober 1991 1 BvR 1406/89, HFR 1992, 500 f.

115 Vgl. die Überlegungen in BVerfG vom 24. Januar 1962 1 BvL 32/57, BVerfGE 13, 290 ff., 306; vom 26. November 1964 1 BvL 14/62, BVerfGE 18, 257 ff., 273 zu dem Umstand, daß der Einfluß persönlicher Bindungen auf den Abschluß des Vertragsverhältnisses dessen grundsätzliche Anerkennung nicht berühren darf.

116 Vgl. die Gestaltungen in BFH vom 20. Mai 1988 III R 51/85, BFH/NV 1989, 19 f. und vom 12. Oktober 1988 X R 2/86, BFHE 155, 307, BStBl. II 1989, 354 ff. (wechselseitige Mithilfe selbständig berufstätiger Ehepartner).

117 *Seer*, DB 1987, 713 ff.

Auch bei der Frage nach dem Vertragsvollzug ist allerdings zu berücksichtigen, daß mit der Freiheit der Ehegatten und Familienmitglieder zur eigenständigen Gestaltung ihrer wirtschaftlichen Beziehungen die Last der Verantwortung für den gewählten Weg verbunden ist. Hier ist nun der Ort, einen Drittvergleich anzustellen: Entspricht das Arbeitsverhältnis der unter Dritten üblichen Regelung, so ist auch von dem üblichen Vollzug auszugehen. Haben sich die Ehegatten auf angemessene, aber ungewöhnliche Arbeitsbedingungen geeinigt, so obliegt ihnen die gesteigerte Pflicht, den Vollzug dieser unüblichen Vereinbarungen nachzuweisen[118]. Unberechtigt sind demgegenüber die besonderen Anforderungen, die die Rechtsprechung des Bundesfinanzhofs an den Vollzug der Gegenleistung, d.h. die Zahlung des Entgelts, stellt. Hier werden die Überweisung auf ein gemeinsames Konto der Ehegatten (Oder-Konto) oder die vereinbarte Stundung dieser Beträge zum Ansatzpunkt genommen, den Abzug insgesamt auszuschließen. Dem ist auch vom verfassungsrechtlichen Standpunkt entschieden zu widersprechen[119]. Die Ehegatten bilden von Verfassungs wegen vor allem eine Gemeinschaft des Verbrauchs, der gemeinsamen Lebensgestaltung. Die Frage, in welcher Weise es zur Auszahlung des Leistungsentgelts kommt, ist ausschließlich in dieser freiheitlich verfaßten Sphäre begründet. Das gemeinsame Konto ist gewissermaßen das „Symbol" der Interessenkonformität, die sich in der Pflicht zur Herstellung der ehelichen Lebensgemeinschaft gemäß § 1353 BGB auf einfachgesetzlicher Ebene wiederfindet. Es widerspricht dem Charakter des Art. 6 Abs. 1 GG als Freiheitsrecht, wenn die Ehegatten und Angehörigen auch im Bereich der Einkommensverwendung zu bestimmten Verfahrensweisen gezwungen werden. Vielmehr ist das vom Bundesfinanzhof gerügte einfache „Abheben" von Geld zum späteren gemeinsamen Verbrauch geradezu Ausdruck des verfassungsrechtlichen Ehebildes[120].

V. Schlußwort

Ein Beitrag, der *Franz Klein* gewidmet ist, kann nicht mit einem einfachen steuerrechtlichen oder verfassungsrechtlichen Befund schließen, er muß die rechtspolitischen Konsequenzen in den Blick nehmen. *Franz Klein* selbst hat mit besonderem Nachdruck darauf hingewiesen, daß das Ehegattensplitting über die freiheitliche Dimension hinaus die wichtige soziale Konsequenz besitzt, die Aufteilung von Einkünften, die von den Beziehern „fundierten" Einkommens im Wege der Gestaltung verwirk-

---

118 *Seer*, DB 1987, 713 ff., 715; *Wacke* a.a.O. (Fn. 64), S. 68 ff.; insoweit zutreffend BFH vom 10. März 1988 IV R 214/85, BFHE 153, 520, BStBl. II 1988, 877 ff.

119 A.A. die Vorprüfungsausschüsse in BVerfG vom 17. April 1984 1 BvR 11/83, Inf. 1984, 335; vom 26. Juli 1984 1 BvR 1766/83, Inf. 1984, 453; vom 27. März 1985 1 BvR 1415/84, Inf. 1985, 310 f. = HFR 1987, 92 f.

120 Vgl. den Sachverhalt in BFH vom 20. April 1989 IV R 81/85, BFHE 157, 115, BStBl. II 1989, 655 ff.

licht werden kann, auch dem einfachen Arbeitnehmer und Selbständigen zugute kommen zu lassen. Die verfassungsrechtliche Gewährleistung der Angehörigenverträge und des Ehegattensplittings durch das Bundesverfassungsgericht führt daher nicht nur zu einem liberalen, sondern auch sozial gerechten Besteuerungssystem. Es ist zu hoffen, daß diese Mahnung des Jubilars in der familienpolitischen Diskussion der kommenden Jahre beherzigt wird.

Franz Wassermeyer

Kirchensteuererhebung gegenüber zusammenveranlagten Eheleuten

Inhaltsübersicht

I. Einführung

In der Praxis der Finanzgerichtsrechtsprechung spielt die Kirchensteuer eine eher untergeordnete Rolle. Dennoch fällt auf, daß die wenigen zur Kirchensteuer ergangenen Entscheidungen in unverhältnismäßig großer Zahl die Besteuerung zusammenveranlagter Eheleute betreffen. Nicht selten ist das Urteil des BVerfG vom 14. Dezember 1965 1 BvR 606/60[1] Ausgangspunkt der Rechtsstreitigkeit, weil viele Steuerpflichtige die Problematik der Entscheidung nicht erkennen und sie nur allzu gerne auf andere Sachverhalte übertragen möchten. Die Kirchensteuererhebung ist aber auch mit anderen Merkwürdigkeiten verbunden, weil die in der Regel in den KiStG der Länder vorgesehene Gesamtschuld der Eheleute sich einmal als Schuld und in anderen Fällen nur als Haftung darstellt, was ebenfalls häufig nicht beachtet wird. Dies sollte es rechtfertigen, die Kirchensteuererhebung gegenüber zusammenveranlagten Eheleuten einmal zum Gegenstand eines Festschriftbeitrages zu machen. Der Verfasser

1 BVerfG, Urteil vom 14. Dezember 1965 1 BvR 606/60, BVerfGE 19, 268.

hofft damit zugleich das Interesse des mit diesem Beitrag zu ehrenden Jubilars zu wecken, weil die Thematik einerseits Grundfragen unseres Einkommensteuerrechts und andererseits Fragen des Verfassungsrechts aufwirft.

II. Die Kirchensteuer als Zuschlagsteuer zur Einkommensteuer

1. Die bestehenden Wahlmöglichkeiten

Die meisten KiStG der Länder (Ausnahme: Bayern, Bremen, Hamburg und Schleswig-Holstein) stellen es den kirchensteuererhebungsberechtigten Religionsgemeinschaften (im folgenden kurz: Kirchen) frei, die Kirchensteuer entweder als Zuschlagsteuer zur Einkommensteuer oder aber nach einem kircheneigenen Tarif zu erheben. Im einzelnen sei auf § 5 Abs. 1 Nr. 1 Buchst. a und b KiStG-BaWü, § 3 Abs. 1 Buchst. a und Abs. 5 KiStG-Bln, § 6 Abs. 1 Nr. 1 Buchst. a DDR-KiStG, § 2 Abs. 1 Nr. 1 und Abs. 2 KiStG-Hess, § 2 Abs. 1 Nr. 1 Buchstabe a und b KiStRG-Nds, § 4 Abs. 1 Nr. 1 Buchst. a und b KiStG-NW, § 5 Abs. 1 Nr. 1 und Abs. 6 KiStG-RhPf und § 4 Abs. 1 Nr. 1 Buchst. a und b KiStG-Sld verwiesen. In der Praxis haben sich alle Kirchen für die Erhebung der Kirchensteuer als Zuschlagsteuer zur Einkommensteuer entschieden. Für die Entscheidung waren sicherlich Zweckmäßigkeitserwägungen ausschlaggebend. Die Kirchen wollen die Kirchensteuern von den Finanzämtern erheben lassen oder doch zumindest bei der Kirchensteuererhebung auf die Amtshilfe der Finanzämter nicht verzichten. Dies macht es notwendig, das Verhältnis zwischen der Einkommen- und den Kirchensteuern näher zu durchleuchten.

2. Die Eheleute als Steuersubjekte und ihre Zusammenveranlagung

Das EStG behandelt in § 1 nur natürliche Personen als Einkommensteuersubjekte. Unbeschadet des § 26b EStG gilt dieser Grundsatz auch für zusammenveranlagte Eheleute. Sie werden nicht als nur ein Steuerpflichtiger, sondern gemeinsam als Steuerpflichtige behandelt. Der Wortlaut des § 26b EStG ist insoweit eher irreführend. Die Vorschrift gebietet nur, die Einkünfte der Eheleute zusammenzurechnen. Jeder Ehegatte muß sich also die Einkünfte des anderen zurechnen lassen. Deshalb ist dennoch zwischen der Zurechnung der Einkünfte und deren Erzielung i.S. des § 2 Abs. 1 EStG zu unterscheiden. Die Einkünfte werden von dem Ehegatten erzielt, der nach § 2 Abs. 1 EStG einen der dort genannten sieben Einkünfteerzielungstatbestände verwirklicht. Die Einkünfte werden auch nur für den Ehegatten ermittelt, der sie erzielt[2]. Dies ist für Einnahmen und Aufwendungen von Bedeutung, die der eine Ehegatte aus Rechtsbe-

2 BFH, Urteil vom 18. März 1986 VIII R 316/84, BFHE 146, 546, BStBl. II 1986, 713.

ziehungen mit dem anderen tätigt. Die Zurechnung i.S. des § 26b EStG vollzieht sich damit logisch erst nach Abschluß der Einkünfteerzielung auf den Ebenen „Summe der Einkünfte", „Gesamtbetrag der Einkünfte", „Einkommen" und „zu versteuerndes Einkommen". Für zusammenveranlagte Eheleute gibt es nur eine Summe der Einkünfte, einen Gesamtbetrag der Einkünfte, ein Einkommen und ein zu versteuerndes Einkommen. Die Einkommensteuer wird für die zusammenveranlagten Eheleute in der Regel einheitlich berechnet und festgesetzt. Bei der Festsetzung ergehen allerdings getrennte Verwaltungsakte gegenüber jedem einzelnen Ehegatten[3]. Im Bereich der Steuerfestsetzung werden die zusammenveranlagten Eheleute also wieder als verschiedene Steuersubjekte mit der Folge behandelt, daß sich die Steuerfestsetzungen – z.B. wenn nur einer der Ehegatten Einspruch einlegt – dem Grunde und der Höhe nach unterschiedlich entwickeln können. Eine Hinzuziehung nach § 360 Abs. 3 AO und eine Beiladung nach § 60 Abs. 3 FGO des Ehegatten, der den Rechtsbehelf nicht führt, im Rechtsbehelfsverfahren des jeweils anderen Ehegatten ist nicht erforderlich. Auch hat kein Ehegatte ein Anfechtungsrecht für den jeweils anderen.

3. Kirchensteuerfestsetzung und Zusammenveranlagung

Für die Kirchensteuer stellt sich die Frage, ob die zur Einkommensteuer zusammenveranlagten Eheleute auch zur Kirchensteuer zusammen zu veranlagen sind. Dies kann sicherlich nur für die Fälle erwogen werden, in denen die zusammenveranlagten Eheleute derselben Konfession angehören. Aber auch für diese Fälle ist das Gebot einer Zusammenveranlagung zweifelhaft. Die meisten KiStG der Länder sehen eine Zusammenveranlagung nicht ausdrücklich vor. Eine Ausnahme gilt insoweit nur für Baden-Württemberg (§ 6 Abs. 3 KiStG-BaWü) und für Berlin (§ 4 Abs. 1 Satz 1 KiStG-Bln). Für Rheinland-Pfalz ist die Rechtslage zweifelhaft (§ 7 Abs. 2 Satz 2 KiStG-RhPf). Die Frage ist letztlich nur für die Kirchensteuererhebung in den Bundesländern von praktischer Bedeutung, deren KiStG keine Gesamtschuldnerschaft der zusammen zur Einkommensteuer veranlagten Eheleute vorsehen. Für diese Länder ist die Frage zu beantworten, ob sich eine Gesamtschuldnerschaft der Eheleute aus § 44 Abs. 1 AO ergibt. Richtigerweise begründet die Vorschrift eine Gesamtschuldnerschaft nur für die in konfessionsgleicher Ehe lebenden Eheleute, weil sie nebeneinander dieselbe Leistung aus dem Steuerschuldverhältnis schulden. Das Gebot einer Zusammenveranlagung folgt dagegen nicht schon aus dem Charakter der Kirchensteuer als einer Zuschlagsteuer zur Einkommensteuer. Andernfalls müßten auch die in glaubensverschiedener Ehe lebenden und zusammen zur Einkommensteuer veranlagten Eheleute zusammen zur Kirchensteuer veranlagt werden. Das ist jedoch, wie noch darzulegen sein wird[4], nicht der Fall. Eine Zusammenveranlagung

3 BFH, Urteil vom 26. Juli 1983 VIII R 160/80, BFHE 139, 69, BStBl. II 1983, 674.
4 Vgl. unten VI.

von Eheleuten zur Kirchensteuer ist deshalb nur dort möglich, wo die KiStG dies vorsehen.

4. Verfassungskonformität der Zusammenveranlagung

Das BVerfG hat durch Urteil vom 3. November 1982 1 BvR 620/78 u.a.[5] entschieden, daß das Ehegattensplitting (§ 26b EStG) dem Grundsatz der Besteuerung nach der Leistungsfähigkeit entspricht und eine an Art. 3 Abs. 1 und Art. 6 Abs. 1 GG orientierte sachgerechte Besteuerung ist. Das BVerfG hat sich auf den wirtschaftlichen Grundgedanken der Zugewinngemeinschaft und des Versorgungsausgleichs zwischen Eheleuten gestützt. Die Einkommen der Eheleute könnten nicht zusammengerechnet und einem uneingeschränkt progressiven Steuertarif unterworfen werden. Dies würde Eheleute gegenüber Alleinstehenden sowie gegenüber den Partnern einer nichtehelichen Lebensgemeinschaft schlechter stellen. Beides wäre mit Art. 3 Abs. 1 und Art. 6 Abs. 1 GG unvereinbar. Die Behandlung des Splittingtarifs als eine Form der verfassungskonformen Ehegattenbesteuerung hat letztlich auch Auswirkung auf die Erhebung von Kirchensteuern gegenüber Eheleuten, worauf zurückzukommen sein wird[6].

III. Eheleute als selbständige Steuersubjekte der Kirchensteuer

1. Steuersubjektqualität bei Zuschlagsteuern

Ist die Kirchensteuer de facto als Zuschlagsteuer zur Einkommensteuer ausgestaltet, so liegt es schon aus verwaltungstechnischen Gründen nahe, daß zusammenveranlagte Eheleute – wie bei der Einkommensteuer – auch im Kirchensteuerrecht als jeweils selbständige Kirchensteuersubjekte anzusehen sind. Es schulden also nicht „die Eheleute“, sondern nur der Ehemann und die Ehefrau die Kirchensteuer. Würden die Eheleute nur für Kirchensteuerzwecke gleichsam als ein Steuerpflichtiger angesehen[7], so müßte die Adressatenbezeichnung für die Kirchensteuerfestsetzung eine andere als die für die Einkommensteuerfestsetzung sein. Es könnten nur „die Eheleute“, nicht aber nur einer von ihnen Einspruch (Widerspruch) gegen den Kirchensteuerbescheid einlegen. Selbst wenn man jedem Ehegatten ein eigenständiges Einspruchs- und Klagerecht zubilligen würde, so müßte der jeweils andere Ehegatte gemäß § 360 AO hinzugezogen bzw. gemäß § 60 FGO beigeladen werden. Die Rechtslage wäre in jedem Fall eine wesentlich andere als bei der Einkommensteuer[8].

---

5 BVerfG, Urteil vom 3. November 1982 1 BvR 620/78 u.a., BVerfGE 61, 319, BStBl. II 1982, 717.
6 Vgl. IV 2, V 2 und VI.
7 So z.B.: *Giloy/König*, Kirchensteuerrecht in der Praxis, Neuwied 1993, S. 62.
8 Vgl. *Gräber/Koch*, FGO, 3. Aufl., München 1993, § 60 Rdnr. 62.

2. Steuersubjektqualität nach den KiStG der Länder

Tatsächlich behandeln auch die KiStG der Länder die zur Einkommensteuer zusammen veranlagten Eheleute als voneinander getrennte Steuersubjekte. Die KiStG enthalten in der Regel eine Vorschrift über die persönliche Steuerpflicht, wobei diese zum einen an die Kirchenangehörigkeit im Sinne einer juristischen Mitgliedschaft und zum anderen an den Wohnsitz oder den gewöhnlichen Aufenthalt im Bereich der steuerberechtigten Religionsgemeinschaft anknüpft. Da nur einzelne natürliche Personen im juristischen Sinne Mitglied einer Kirche sein können, können Eheleute als Zusammenveranlagungsgemeinschaft nicht kirchensteuerpflichtig sein. Im einzelnen ist auf § 3 Abs. 1 KiStG-BaWü, Art. 2 KiStG-Bay, § 2 Abs. 1 KiStG-Bln, § 4 Abs. 1 KiStG-Bre, § 2 Abs. 1 KiStG-Hbg, § 1 KiStG-Hess, § 2 Abs. 1 KiStRG-Nds, § 3 Abs. 1 KiStG-NW, § 4 Abs. 1 KiStG-RhPf, § 3 KiStG-Sld und § 4 Abs. 1 KiStG-DDR hinzuweisen.

Dem Gesagten stehen die in den KiStG der Länder enthaltenen Vorschriften über die Kirchensteuererhebung gegenüber zusammenveranlagten Eheleuten, die in glaubens- oder konfessionsverschiedener Ehe leben, nicht entgegen. Die Vorschriften verändern nicht die persönliche Steuerpflicht jedes einzelnen Ehegatten. Sie regeln, welche Bemessungsgrundlage für die Festsetzung der Kirchensteuer gegenüber dem einzelnen Ehegatten heranzuziehen ist. Beispielhaft sei auf das KiStG-Bay hingewiesen[9]. Dort ist die persönliche Steuerpflicht in Art. 2 Abs. 1 KiStG-Bay geregelt. Art. 10 KiStG-Bay steht unter den Vorschriften, die nur die Erhebung der Kircheneinkommensteuer regeln. Schon dies verdeutlicht, daß Art. 10 KiStG-Bay den Regelungsinhalt des Art. 2 KiStG-Bay nicht verändert. Die in Art. 10 KiStG-Bay für zur Einkommensteuer zusammen veranlagte Eheleute vorgeschriebene Gesamtschuld kann sich also nur auf die Eheleute beziehen, die nach Art. 2 KiStG-Bay kirchensteuerpflichtig sind.

3. Steuersubjektqualität nach Verfassungsrecht

Man muß die hier erörterte Rechtsfrage auch unter dem Gesichtspunkt sehen, welchen Personen gegenüber den Kirchen von Verfassungs wegen das Recht eingeräumt ist, Kirchensteuern zu erheben. In Art. 140 GG werden die Vorschriften der Art. 136 bis 139 und 141 der Weimarer Reichsverfassung (WRV) vom 11. August 1919 zum Bestandteil des GG erklärt. Außerdem wird durch Art. 4 GG die religiöse Koalitionsfreiheit geschützt. Dieses Vorgehen war das Ergebnis eines parlamentarischen Kompromisses, weil im Parlamentarischen Rat alle anderen Vorschläge nicht die erforderliche Mehrheit fanden. Verfassungsrechtsgrundlage für die Kirchensteuererhebung in den alten und neuen Ländern ist deshalb heute Art. 4 GG und Art. 137 Abs. 6 WRV. Letztere Vorschrift lautet:

9 Vgl. BFH, Urteil vom 8. Mai 1991 I R 26/86, BFHE 164, 573.

„Die Religionsgemeinschaften, welche Körperschaften des öffentlichen Rechts sind, sind berechtigt, aufgrund der bürgerlichen Steuerlisten nach Maßgabe der landesrechtlichen Bestimmungen Steuern zu erheben."

Die Vorschrift mag den Kirchen das allgemeine Kirchensteuererhebungsrecht garantieren. Dennoch sagt sie über die persönliche Steuerpflicht der einzelnen natürlichen Personen nichts. Der Hinweis auf die bürgerlichen Steuerlisten bedeutet nur, daß die Kirchen einen Anspruch auf Amtshilfe des Staates bei der Erhebung der Kirchensteuern haben. Damit ist aber die Frage, welche Personen von Verfassungs wegen dem Kirchensteuererhebungsrecht der Kirchen unterworfen sind, aus Art. 2 und 4 GG zu beantworten.

Tatsächlich hat auch das BVerfG in seinem Beschluß vom 14. Dezember 1965 1 BvR 606/60 u.a.[10] aus Art. 2 Abs. 1 GG abgeleitet, daß Art. 140 GG dem Staat als der Heimstatt aller Staatsbürger ohne Ansehen der Person weltanschaulich-religiöse Neutralität auferlege. Er dürfe einer Kirche keine Hoheitsbefugnisse gegenüber Personen verleihen, die ihr nicht angehörten. In seinem Beschluß vom 8. Februar 1977 1 BvR 329/71 u.a.[11] hat das BVerfG aus Art. 4 Abs. 1 GG das Recht eines jeden abgeleitet, einer Kirche fernzubleiben bzw. sich jederzeit von der kirchlichen Mitgliedschaft durch Austritt zu befreien. Dies müsse auch für eine an die Mitgliedschaft anknüpfende Pflicht zur Leistung öffentlicher Abgaben gelten. Daraus kann man nur schließen, daß Art. 4 Abs. 1 GG auch z.B. ein Mitglied der römisch-katholischen Kirche davor schützt, gegenüber einer evangelischen Kirche persönlich steuerpflichtig zu sein. Den Kirchen ist von Verfassungs wegen nur das Recht eingeräumt, die jeweils eigenen Mitglieder zur Kirchensteuer heranzuziehen. Nichtmitglieder können allenfalls Haftungsschuldner der Kirchensteuer sein. Entsprechend kann auch der bloße Umstand, daß Eheleute zusammen zur Einkommensteuer veranlagt werden und daß die Kirchensteuer eine Zuschlagsteuer zur Einkommensteuer ist, nicht die Kirchensteuerpflicht eines der beiden Ehegatten zu einer Kirche begründen, in der er selbst nicht Mitglied ist.

IV. Ehegatten in konfessionsgleicher Ehe

1. Allgemeines

In der konfessionsgleichen Ehe bemißt sich die Kirchensteuer des einzelnen zur Einkommensteuer zusammenveranlagten Ehegatten nach der gemeinsamen Einkommensteuerschuld. Jeder Ehegatte ist persönlich steuerpflichtig. Die Kirchensteuer wird beiden gegenüber als selbständige Steuersubjekte jeweils getrennt festgesetzt. Die Eheleute schulden allerdings nebeneinander dieselbe Steuer aus dem Kirchensteuerschuldver-

10 Vgl. Fn. 1.

11 BVerfG, Beschluß vom 8. Februar 1977 1 BvR 329/71 u.a., BVerfGE 44, 37.

hältnis. Sie sind deshalb gemäß § 44 Abs. 1 AO Gesamtschuldner, d.h. sie müssen die festgesetzte Kirchensteuer insgesamt nur einmal zahlen. §§ 268 ff. AO sind grundsätzlich anwendbar.

2. Die besonderen Regelungen in den KiStG der Länder

Es fällt auf, daß nur wenige KiStG der Länder die unter IV.1 wiedergegebenen Rechtsgrundsätze ausdrücklich regeln. Dies gilt z.B. für § 6 Abs. 3 KiStG-BaWü, für § 4 Abs. 1 KiStG-Bln, für § 6 Abs. 2 KiStG-Bre, für § 7 Abs. 2 Nr. 1 KiStG-Nds und für § 7 Abs. 2 KiStG-RhPf. In Bayern enthält Art. 10 KiStG-Bay nur die Regelung, daß die zusammenveranlagten Eheleute Gesamtschuldner sind, wenn sie in konfessionsgleicher Ehe leben[12]. Die Vorschrift unterstellt gewissermaßen, daß die zur Einkommensteuer zusammenveranlagten Eheleute auch zur Kirchensteuer zusammenveranlagt werden. Für Hamburg folgt im Umkehrschluß aus § 5a Abs. 1 KiStG-Hbg, daß im Falle der konfessionsgleichen Ehe gegenüber beiden Eheleuten dieselbe Kirchensteuer festzusetzen ist. Für Hessen ergibt sich der Grundsatz der Zusammenveranlagung zur Kirchensteuer wohl nur aus § 2 Abs. 1 Nr. 1 KiStG-Hess und der Tatsache, daß es an einer Sonderregelung für die konfessionsgleiche Ehe fehlt. Für Nordrhein-Westfalen und Rheinland-Pfalz gilt Entsprechendes (§ 4 Abs. 1 Nr. 1, §§ 6, 7 KiStG-NW, § 7 KiStG-RhPf).

Man kann die Frage aufwerfen, ob die Festsetzung derselben Kirchensteuer gegenüber beiden Eheleuten in konfessionsgleicher Ehe nicht gegen Art. 3 Abs. 1 GG verstößt, weil die Ehegatten sowohl in glaubens- als auch in konfessionsverschiedener Ehe anders behandelt werden[13]. Bei der Beantwortung der Frage muß man allerdings berücksichtigen, daß die in konfessionsgleicher Ehe lebenden Eheleute durch ihre gemeinschaftliche Mitgliedschaft in einer Kirche sich von den beiden anderen Sachverhalten unterscheiden. In der konfessionsverschiedenen Ehe haftet regelmäßig der eine Ehegatte für die Kirchensteuerschuld des anderen Ehegatten. Jeder Ehegatte muß letztlich also für die vom Ehegatteneinkommen zu erhebenden Kirchensteuern einstehen. Der Unterschied in der Behandlung der konfessionsgleichen und der konfessionsverschiedenen Ehe liegt lediglich darin, daß die Eheleute in dem einen Fall die KiSt schulden, während sie sie in dem anderen Fall nur zur Hälfte schulden und für die andere Hälfte haften. Im wirtschaftlichen Ergebnis muß es dem einzelnen Ehegatten aber gleichgültig sein, ob er die Kirchensteuer, die der zusammenveranlagte Ehepartner schuldet, neben diesem ebenfalls schuldet oder ob er für sie nur haftet. Im übrigen muß das, was das BVerfG in seinem Urteil vom 3. November 1982 1 BvR 620/78[14] zum Splittingtarif ausgeführt hat, für die Kirchensteuererhebung in konfessionsgleicher Ehe

12 Vgl. Fn. 9.
13 Vgl. *Kirchhof*, Der Schutz von Ehe und Familie, in: Essener Gespräche zum Thema Staat und Kirche, Heft 21, S. 142.
14 Vgl. Fn. 5.

entsprechend gelten. Danach ist das System der Zusammenveranlagung zur Kirchensteuer ausgehend von der nach dem Splittingtarif festgesetzten Einkommensteuer verfassungskonform. Das Einkommen der Eheleute muß nicht isoliert dem Ehegatten zugerechnet werden, der es in seiner Person tatsächlich erzielt hat. Vielmehr werden die Beiträge der Eheleute zu ihrer Leistungsfähigkeitsgemeinschaft beiden Eheleuten je zur Hälfte zugerechnet. Allerdings hat das BVerfG in seinem Urteil vom 14. Dezember 1965 1 BvR 606/60 u.a.[15] für die glaubensverschiedene Ehe anders entschieden. Die Entscheidung kollidiert jedoch mit dem späteren Urteil vom 3. November 1982 1 BvR 620/78[16]. Festzuhalten ist jedenfalls, daß nur die Behandlung der glaubensverschiedenen Ehe von dem allgemeinen Prinzip abweicht. Konfessionsgleiche und konfessionsverschiedene Ehen werden im Grundsatz gleichbehandelt, wenn insoweit die Eheleute in konfessionsverschiedener Ehe für die Kirchensteuer des jeweils anderen Ehegatten haften. Unter Gleichbehandlungsgesichtspunkten ist eine entsprechende Haftung sogar zu fordern. Bedenklich ist deshalb die Regelung z.B. in Hamburg, weil dort die konfessionsgleiche und die konfessionsverschiedene Ehe kirchensteuerrechtlich ungleich behandelt werden.

3. Kirchenlohnsteuerabzug

Ist in einer konfessionsgleichen Ehe nur ein Ehegatte nichtselbständig tätig, so wird von seinen Einkünften aus nichtselbständiger Arbeit auch Kirchenlohnsteuer „für den anderen Ehegatten" einbehalten. Dies ist jedoch rechtlich unproblematisch, weil die Ehegatten die Kirchensteuer nebeneinander schulden. Die Kirchenlohnsteuer fällt damit auch deshalb an, weil der der Kirche angehörende Ehegatte persönlich eine nichtselbständige Arbeit ausübt und dafür Einkünfte erzielt. Damit schuldet auch er die Kirchenlohnsteuer. Problematisch kann die Frage werden, wenn tatsächlich keine Kirchenlohnsteuer erhoben wurde und deshalb ein Nachforderungsbescheid auch gegenüber dem Ehegatten ergehen soll, der die nichtselbständige Arbeit gar nicht ausgeübt hat. In einem solchen Fall bedarf der Erlaß eines entsprechenden Nachforderungsbescheides sicherlich einer besonderen Rechtsgrundlage. Im übrigen kann jedoch auf die Erörterung der Problematik bei der konfessionsverschiedenen Ehe verwiesen werden[17].

V. Ehegatten in konfessionsverschiedener Ehe

1. Allgemeines

Bei der konfessionsverschiedenen Ehe besteht eine Kirchensteuerpflicht jeweils nur des Ehegatten, der Mitglied in der die Kirchensteuer erheben-

15 Vgl. Fn. 1.
16 Vgl. Fn. 5.
17 Vgl. unten V.

den Kirche ist. Der jeweils andere Ehegatte haftet allenfalls für die Kirchensteuerschuld seines Ehepartners. Allerdings sehen die meisten KiStG der Länder allgemein eine Gesamtschuld der Ehegatten in konfessionsverschiedener Ehe vor, ohne sprachlich genau zwischen Schuld (= Einstehen für eigene Schuld) und Haftung (= Einstehenmüssen für eine fremde Schuld) zu unterscheiden. Im einzelnen sei auf § 6 Abs. 4 KiStG-BaWü, § 4 Abs. 1 Satz 4 KiStG-Bln mit § 44 Abs. 1 AO, § 6 Abs. 7 Satz 1 KiStG-Bre, § 6 Abs. 1 Satz 2 KiStG-NW, § 7 Abs. 2 Satz 2 KiStG-RhPf, § 7 Abs. 2 Satz 1 KiStG-Sld und § 7 Abs. 1 Satz 2 KiStG-DDR hingewiesen.

In der Praxis wird allerdings nicht genügend zwischen Schuld und Haftung der in konfessionsverschiedener Ehe lebenden Eheleute unterschieden. Dazu sei nur als Beispiel auf die Handhabung in Nordrhein-Westfalen hingewiesen. Die von der Finanzverwaltung NW im EDV-Verfahren erlassenen Kirchensteuerbescheide, die gegenüber zur Einkommensteuer zusammenveranlagten Eheleuten in konfessionsverschiedener Ehe ergehen, lassen in ihrem Regelungssatz (§ 118 Abs. 1 AO) nicht erkennen, daß die römisch-katholische Kirchensteuer nur gegenüber dem römisch-katholischen Ehegatten und die evangelische Kirchensteuer nur gegenüber dem evangelischen Ehegatten festgesetzt ist. Einen entsprechenden Hinweis enthält nur die „Berechnung der Kirchensteuer". Diese läßt sich jedoch auch dahin interpretieren, daß sowohl die römisch-katholische als auch die evangelische Kirchensteuer jeweils gegenüber beiden Ehegatten festgesetzt wird. Tatsächlich waren beim BFH Verfahren anhängig[18], in denen ein Evgl. Stadtkirchenverband gegenüber einem römisch-katholischen Ehemann geltend machte, daß die Festsetzung der evangelischen Kirchensteuer auch ihm gegenüber wirke. Materiellrechtlich kann jedoch der Evgl. Stadtkirchenverband gegenüber dem römisch-katholischen Ehemann nur einen Haftungsbescheid für die evangelische Kirchensteuer erlassen, die die evangelische Ehefrau schuldet. Den Steuerbescheiden ist in Nordrhein-Westfalen nicht zu entnehmen, ob mit ihnen auch eine Haftungsschuld festgesetzt werden soll. Im Zweifel sind deshalb die Bescheide restriktiv dahin auszulegen, daß nur eine Kirchensteuer- und keine Haftungsschuld und die Kirchensteuerschuld auch nur jeweils gegenüber dem der Kirche angehörenden Ehegatten festgesetzt wird. Damit fehlt es an einem Bescheid, auf Grund dessen der jeweils andere Ehegatte als Haftungsschuldner in Anspruch genommen werden könnte. Der Erlaß eines solchen Bescheides setzt eine Ermessensausübung durch die zuständige Behörde voraus. Er kommt deshalb erst in Betracht, wenn feststeht, daß der Schuldner der Kirchensteuer seiner Zahlungsverpflichtung nicht nachkommt.

---

18 BFH-Beschlüsse vom 28. Juli 1993 I B 49/93 und vom 30. August 1993 I B 50/93, nicht veröffentlicht, ohne Begründung – in beiden Fällen hat der BFH die Revision zugelassen.

2. Anwendung des Halbteilungsgrundsatzes

Konfessionsverschiedene Eheleute „ärgern" sich nicht selten darüber, daß jeweils beide Ehegatten Kirchensteuer an eine Kirche zahlen sollen, deren Mitglied sie nicht sind. Sie berufen sich alsdann „gerne" auf das Urteil des BVerfG vom 14. Dezember 1965 1 BvR 606/60 u.a.[19], um daraus die Rechtsauffassung abzuleiten, daß das, was in dem Urteil für die glaubensverschiedene Ehe entschieden wurde, für die konfessionsverschiedene entsprechend gelten muß. An dieser Überlegung ist richtig, daß die KiStG der Länder derzeit die Kirchenbesteuerung von Eheleuten in glaubens- und konfessionsverschiedenen Ehen unterschiedlich regeln. Bei konfessionsverschiedenen Ehen wird der Halbteilungsgrundsatz angewendet. In glaubensverschiedenen Ehen wird auf das von jedem Ehegatten tatsächlich erzielte Einkommen abgestellt. Dieser Zustand verstößt gegen Art. 3 Abs. 1 GG. Zwar fordert die Verfassung nicht allgemein die Anwendung des Halbteilungsgrundsatzes. Es könnten auch generell Eheleute nach dem von ihnen tatsächlich erzielten Einkommen zur Kirchensteuer herangezogen werden. Man muß jedoch zusammenveranlagte Eheleute auch bei der Erhebung der Kirchensteuer *gleich* behandeln. Das Gleichbehandlungsgebot kann nur bedeuten, daß entweder in allen Fällen der Halbteilungsgrundsatz angewendet oder aber auf das von dem einzelnen Ehegatten tatsächlich erzielte Einkommen abgestellt wird. Damit liegt die Verletzung von Art. 3 Abs. 1 GG in der Anwendung verschiedener Grundsätze auf an sich gleiche Sachverhalte. Die Situation entbehrt schon deshalb nicht der Pikanterie, weil die verfassungswidrige Rechtslage auf ein Urteil des BVerfG zurückzuführen ist. Dennoch ist der Gesetzgeber aufgerufen, die bestehende Verfassungswidrigkeit zu beseitigen. Da die Summe der in konfessionsgleicher und konfessionsverschiedener Ehe lebenden Eheleute die Zahl der in glaubensverschiedener Ehe lebenden Eheleute übersteigen dürfte, empfiehlt es sich, den Halbteilungsgrundsatz auch bei den glaubensverschiedenen Ehen wiedereinzuführen. Dies würde auch der Rechtsprechung der Verwaltungsgerichte[20] zur Verfassungsmäßigkeit der Kirchgelderhebung in glaubensverschiedenen Ehen entsprechen. Solange deshalb die Kirchensteuer als Zuschlagsteuer zur Einkommensteuer erhoben wird, ist es verfassungsrechtlich unbedenklich, wenn auch für Zwecke der Kirchensteuererhebung das Einkommen der zusammenveranlagten Eheleute jedem von ihnen zur Hälfte zugerechnet wird. Der Grundsatz muß unabhängig davon gelten, ob die Eheleute in konfessionsgleicher, konfessionsverschiedener oder glaubensverschiedener Ehe leben. In allen Fällen ist die Anwendung des Halbteilungsgrundsatzes möglich und nach der Lage der Dinge auch geboten.

19 Vgl. Fn. 1.

20 BVerwG, Urteil vom 18. Februar 1977 VII C 48.73, BVerwGE 52, 104; BayVerfGH vom 14. November 1972 Vf 39 – VIII-71, VerfGE 25, 129; OVG Berlin, Urteil vom 15. Juni 1973 II B 54.72, KiStE 13, 287.

3. Haftung der Eheleute für die Kirchensteuerschuld des anderen

Soweit die KiStG der Länder die in konfessionsverschiedener Ehe lebenden und zur Einkommensteuer zusammenveranlagten Eheleute als Gesamtschuldner behandeln, stellt sich die Frage, ob die Haftung des einen Ehegatten für die Kirchensteuerschuld des anderen verfassungsrechtlichen Bedenken begegnet. Die Frage ist zu verneinen. Die Haftung einer Person für die Kirchensteuerschuld eines anderen setzt nicht voraus, daß auch der Haftende Mitglied der die Steuer erhebenden Kirche ist[21]. Vergleicht man die Haftung der Eheleute mit anderen Haftungstatbeständen (Arbeitgeber: § 42d EStG; Schuldner bestimmer Vergütungen: § 44 Abs. 5, § 50a Abs. 5 EStG; Vertreter: § 34 AO; Verfügungsberechtigter: § 35 AO; Eigentümer: § 74 AO; Sachhaftung: § 76 AO), so fällt die kirchensteuerrechtliche Haftung sicherlich nicht aus dem Rahmen. Die Tatsache, daß die Einkommenserzielung im zivilrechtlichen Sinne sich nicht mit der Einkommenszurechnung im steuerrechtlichen Sinne deckt, ist ein ausreichender Grund, um die Haftung zu rechtfertigen. Sie entspricht im übrigen auch dem Gedanken einer Leistungsfähigkeitsgemeinschaft. In einer solchen muß der eine Ehegatte für den anderen einstehen (vgl. § 1357 BGB).

4. Der Kirchenlohnsteuerabzug

Ist in einer konfessionsverschiedenen Ehe nur einer der beiden Eheleute nichtselbständig tätig, so wird in den meisten Bundesländern von seinem Arbeitslohn Kirchenlohnsteuer auch für die Kirche einbehalten, deren Mitglied der andere Ehegatte ist. Dies gilt unabhängig davon, ob der andere Ehegatte selbst steuerpflichtige Einkünfte erzielt. Der Kirchenlohnsteuerabzug wird selbst dann für die andere Kirche vorgenommen, wenn die von dem anderen Ehegatten anderweitig erzielten Einkünfte deutlich höher sind. Im Einzelfall kann dies zu eigenartigen Nachforderungskonsequenzen führen.

Die hier aufgezeigte Rechtsfolge ist aus mehreren Gründen nicht unproblematisch. Der Kirchenlohnsteuerabzug vollzieht sich auf der Einkünfteebene. Bei der Zusammenveranlagung von Eheleuten zur Einkommensteuer (§ 26b EStG) werden aber die Einkünfte noch dem Ehegatten zugerechnet, der sie tatsächlich erzielt hat. Auch für den Kirchenlohnsteuerabzug ist deshalb davon auszugehen, daß die Einkünfte aus nichtselbständiger Arbeit nur der Ehegatte erzielt, der die Arbeit ausübt oder ausgeübt hat. Andererseits gilt im Kirchensteuerrecht der Grundsatz, daß nur derjenige persönlich steuerpflichtig sein kann, der selbst Mitglied in der die Kirchensteuer erhebenden Kirche ist. Soll deshalb von dem Gehalt eines römisch-katholischen Ehegatten-Arbeitnehmers auch evangelische Kirchenlohnsteuer für den evangelischen Ehegatten einbehalten werden, so

21 BFH-Urteil vom 24. Oktober 1975 VI R 82/73, BFHE 117, 338, BStBl. II 1976, 104; BVerfG, Urteil vom 17. Februar 1977 1 BvR 33/76, BVerfGE 44, 103.

kann das angestrebte Ziel nur über eine Haftungsinanspruchnahme des Ehegatten-Arbeitnehmers erreicht werden. Dabei darf dessen Haftungsinanspruchnahme nicht von einer Ermessensausübung abhängig gemacht werden. Die Problematik wird besonders deutlich, wenn man an die Möglichkeit denkt, daß die Kirchenlohnsteuer nicht einbehalten wurde und die zuständige Behörde nunmehr einen Nachforderungsbescheid erlassen möchte. An welchen Ehegatten muß der Nachforderungsbescheid gerichtet werden? Kann mit Hilfe eines Nachforderungsbescheides auch eine Haftungsschuld festgesetzt werden? Die KiStG der Länder regeln ganz überwiegend diese Fragen entweder gar nicht oder nur ungenügend.

So enthält z.B. § 20 Abs. 2 KiStG-BaWü folgende Regelung:

> „Gehören Ehegatten, bei denen die Voraussetzungen des § 26 Abs. 1 EStG vorliegen, verschiedenen Religionsgemeinschaften an, für die Kirchenlohnsteuer zu erheben ist, entfällt die einbehaltene Kirchenlohnsteuer zur Hälfte auf die Religionsgemeinschaft des anderen Ehegatten."

Die Vorschrift enthält eine Tautologie, indem sie die Tatbestandsvoraussetzungen mit der Rechtsfolge verwechselt. Die Kirchenlohnsteuer schuldet nur derjenige, der sowohl Mitglied in einer Kirche ist als auch Einkünfte aus nichtselbständiger Arbeit erzielt. So gesehen kann Kirchenlohnsteuer nie für einen Ehegatten zu erheben sein, der eine der beiden genannten Voraussetzungen nicht erfüllt. § 20 Abs. 2 KiStG-BaWü steht damit im Widerspruch zu § 3 KiStG-BaWü, wonach nur das jeweilige Mitglied einer Kirche persönlich steuerpflichtig ist. Die Vorschrift läßt auch keinen Kirchenlohnsteuerabzug im Haftungswege zu. Die insoweit bestehende Ungleichbehandlung wird evident, wenn man die Regelung für die konfessionsverschiedene Ehe mit der für die glaubensverschiedene Ehe (§ 20 Abs. 1 KiStG-BaWü) vergleicht. Bei der glaubensverschiedenen Ehe wird Kirchenlohnsteuer nur dann in voller Höhe einbehalten, wenn der die Einkünfte aus nichtselbständiger Arbeit erzielende Ehegatte Mitglied einer Kirche ist. Für die Ungleichbehandlung fehlt jeder sachliche Rechtfertigungsgrund. Richtiger wäre es deshalb, auch bei der konfessionsverschiedenen Ehe die einbehaltene Kirchenlohnsteuer jeweils nur der Kirche zuzurechnen, deren Ehegatten-Mitglied die Einkünfte aus nichtselbständiger Arbeit erzielt. Ein Ausgleich könnte im Falle einer Veranlagung zur Einkommensteuer vorgenommen werden, wobei auch dann die Kirchenlohnsteuer vorrangig mit der Kirchensteuerschuld des Ehegatten zu verrechnen wäre, der die Einkünfte aus nichtselbständiger Arbeit erzielte. Eine Verrechnung mit der Kirchensteuerschuld des anderen Ehegatten könnte nur im Haftungswege vorgenommen werden.

Die für Baden-Württemberg geltende Regelung findet sich mit anderer Formulierung in anderen KiStG der Länder wieder. Verwiesen sei auf Art. 13 KiStG-Bay, § 4 Abs. 2 KiStG-Bln, § 3 Nr. 1 Buchst. a KiStG-Hess, § 6 Abs. 1 Nr. 2 KiStG-NW, § 15 Abs. 4 KiStG-RhPf, § 7 Abs. 1 Nr. 2 KiStG-Sld und § 7 Abs. 1 Nr. 2 DDR-KiStG. In Hamburg, Bremen,

Niedersachsen und Schleswig-Holstein fehlt es an einer klaren Regelung der Rechtsfrage, was dafür spricht, daß die Kirchenlohnsteuer immer nur zu Gunsten der Kirche einbehalten werden kann, deren Ehegatten-Mitglied die nichtselbständige Arbeit ausübt. Ob die Praxis entsprechend verfährt, entzieht sich der Kenntnis des Verfassers.

VI. Ehegatten in glaubensverschiedener Ehe

Die in den KiStG der Länder enthaltenen Regelungen über die Kirchensteuererhebung gegenüber Eheleuten, die in glaubensverschiedener Ehe leben, halten einer Überprüfung am Maßstab des Art. 3 Abs. 1 GG nicht stand. Dies gilt unbeschadet der Tatsache, daß die Regelungen auf das Urteil des BVerfG vom 14. Dezember 1965 1 BvR 606/60 u.a.[22] zurückgehen. Das Urteil ist durch das spätere Urteil des BVerfG vom 3. November 1982 1 BvR 620/78[23] überholt[24]. Sehr deutlich wird dies an Hand des folgenden Beispiels:

> Von den zur Einkommensteuer zusammenveranlagten Eheleuten A und B ist nur A Mitglied einer Kirche. Die Einkommensteuerschuld der Ehegatten beträgt 100.000 DM. Das dieser Steuerschuld zugrunde liegende Einkommen wurde tatsächlich nur von A erzielt. Ihm gegenüber wird eine KiSt in Höhe von 9 v.H. von 100.000 DM = 9.000 DM festgesetzt.

In dem Beispiel zahlt A im Vergleich zu Eheleuten, die in einer konfessionsverschiedenen Ehe leben, eine um 4.500 DM zu hohe Kirchensteuer. Dies verletzt Art. 3 Abs. 1 GG. Zwar verlangt das GG nicht die generelle Anwendung des Halbteilungsgrundsatzes. Jedoch müssen Eheleute, die in konfessionsgleicher, konfessionsverschiedener oder glaubensverschiedener Ehe leben, nach vergleichbaren Grundsätzen zur Kirchensteuer herangezogen werden. Dies bedeutet, daß in allen Fällen entweder der Halbteilungsgrundsatz oder ein anderes Besteuerungsprinzip Anwendung finden muß. Gehen aber die KiStG der Länder für Eheleute, die in konfessionsgleicher oder in konfessionsverschiedener Ehe leben, von dem Halbteilungsgrundsatz und einer Gesamtschuld der Eheleute aus, dann muß dieses Prinzip auch für die glaubensverschiedene Ehe Anwendung finden. Jede Kirche hat (nur) Anspruch auf eine Kirchensteuer, die nach dem Hälfteeinkommen des Ehegatten bemessen wird, der Mitglied der die Kirchensteuer erhebenden Kirche ist. Beide Ehegatten haften jeweils für die Kirchensteuerschuld des anderen. Aus diesem Prinzip ergibt sich für die konfessionsgleiche Ehe, daß die Kirchensteuer von beiden Ehegatten als Gesamtschuldnern nach dem Gesamtehegatteneinkommen berechnet werden darf. Gegen die Haftungsinanspruchnahme des keiner Kirche an-

---

22 Fn. 1.
23 Fn. 5.
24 Vgl. *Kirchhof*, Fn. 13.

gehörenden Ehegatten bestehen entgegen der vom BVerfG im Urteil vom 14. Dezember 1965 1 BvR 606/60 u.a.[25] vertretenen Rechtsauffassung von Verfassungs wegen keine Bedenken. Für den Kirchenlohnsteuerabzug darf ebenfalls kein Unterschied zwischen der konfessions- und glaubensverschiedenen Ehe gemacht werden[26]. Auch bei der glaubensverschiedenen Ehe muß der einer Kirche angehörende Ehegatte-Arbeitnehmer zumindest im Wege einer Antragsveranlagung erreichen können, daß seine Kirchensteuerschuld nur von der Hälfte des Ehegatteneinkommens bemessen wird.

VII. Schlußwort

Die Kirchensteuer befindet sich in einer Art Dornröschenschlaf. Sie fällt in die Zuständigkeit der Länder, die jedoch ihrerseits an der Änderung der KiStG kein Eigeninteresse haben. Zudem wollen viele Politiker an der Kirchensteuererhebung nicht rühren, weil sie andernfalls allzu schnell als solche in Frage gestellt werden könnte. Dies ist wahrscheinlich der Grund, weshalb keiner über die bestehenden verfassungsrechtlichen Probleme offen diskutiert. Das Totschweigen der Probleme ist aber keine Lösung. Der Bürger wird keine Ruhe geben. Es wird sich immer einer finden, der sich ungleich behandelt fühlt und die Grundsatzentscheidung sucht. Wir sollten nicht darauf warten, bis ein Finanzgericht das BVerfG anruft oder dieses das eigene Urteil vom 14. Dezember 1965 1 BvR 606/60 u.a.[27] als Fehlurteil entlarvt. Wir sollten darüber nachdenken, ob es einen sachlichen Grund gibt, zur Einkommensteuer zusammenveranlagte Ehegatten nach unterschiedlichen Prinzipien zur Kirchensteuer heranzuziehen, je nachdem, ob sie in konfessionsgleicher, in konfessionsverschiedener oder in glaubensverschiedener Ehe leben. Ich kann keinen Rechtfertigungsgrund für die unterschiedliche Besteuerung erkennen. Dann aber sollten die Landesgesetzgeber schnellstens mit den erforderlichen Reparaturarbeiten beginnen.

25 Vgl. Fn. 1.
26 Vgl. oben V.4.
27 Vgl. Fn. 1.

VII.

Verfassungsrecht

Hans H. Klein

Verfassungsgerichtsbarkeit und Verfassungsstruktur

Vom Rechtsstaat zum Verfassungsstaat

Inhaltsübersicht

Im Vorwort zur 3. Auflage ihres Kommentars zum Gesetz über das Bundesverfassungsgericht bemerken die Verfasser – neben dem Jubilar: Theodor *Maunz*, Bruno *Schmidt-Bleibtreu* und Gerhard *Ulsamer* –, der Aktionismus der drei Staatsgewalten im Kampf um das richtige Recht ende in vielen Fällen in einem Rechtsstreit vor dem Bundesverfassungsgericht[1]. Fast will es nach diesem Diktum so erscheinen, als bilde in der Erscheinungen Flucht das Bundesverfassungsgericht den einzig ruhenden Pol, von dem aus der Staat im Gleichgewicht gehalten werde und letztlich allein gehalten werden könne. Diesem Trost indessen sollte sich niemand hingeben, den eine anscheinend wachsende Komplexität und Orientierungslosigkeit des politischen Lebens – bei Wählern und Gewählten – beunruhigt. Die Verfassungsgerichtsbarkeit ist ein Faktor der politischen Stabilität; der Anker, der ein in stürmische See geratenes Staatsschiff allein zu halten vermöchte, kann sie nicht sein. – In der Erwartung, das Interesse des am „Aktionismus der drei Staatsgewalten" über viele Jahrzehnte in stets einflußreichen Funktionen beteiligten Jubilars dafür zu finden, widmet sich die folgende Untersuchung der Frage nach den strukturellen Veränderungen, die der demokratische Rechtsstaat durch die Verfassungsgerichtsbarkeit erfährt.

I. Der Vorrang der Verfassung

Die in den Staatsstrukturbestimmungen der Art. 20 Abs. 1 und 28 Abs. 1 GG enthaltene Bezeichnung der Bundesrepublik Deutschland als demo-

1 *Maunz/Schmidt-Bleibtreu/Klein/Ulsamer*, BVerfGG, 3. Aufl. 1992.

kratischer und sozialer Rechtsstaat hat nicht bloß appellativen Charakter: Die normativen Bindungen, denen die Verfassung die Staatsgewalt in allen ihren Erscheinungsformen unterwirft (Art. 1 Abs. 3, 20 Abs. 3 GG) – ihr Geltungsvorrang –, werden von einer gewissermaßen allgegenwärtigen Gerichtsbarkeit ständig eingefordert – weder kann ihnen die Exekutive entkommen (Art. 19 Abs. 4 GG), noch entgehen ihnen die Legislative und selbst die (fachgerichtliche) Rechtsprechung, denn über beiden wacht die durch die Verfassung selbst mit umfassenden Zuständigkeiten ausgestattete Verfassungsgerichtsbarkeit. „Im Verfassungsstaat gibt es keinen Souverän."[2] Souveränität – im Sinne der Fähigkeit, „jede, die Einheit des gebietsgesellschaftlichen Zusammenwirkens betreffende Frage, gegebenenfalls sogar gegen das positive Recht endgültig und wirksam entscheiden zu können"[3] – besitzen im Verfassungsstaat weder das Volk noch das Parlament noch gar die Verfassungsgerichtsbarkeit. Sie alle sind von Rechts wegen nur im Rahmen der ihnen zugewiesenen Zuständigkeiten und innerhalb der ihnen von der Verfassung und der Rechtsordnung im übrigen gezogenen Grenzen zu handeln befugt. Prinzipiell alle von ihnen getroffenen Entscheidungen – mit Ausnahme derjenigen des Bundesverfassungsgerichts[4] – unterliegen richterlicher Kontrolle. Daraus erwachsen immer wieder Irritationen. Insbesondere der Gesetzgeber – unterstützt von den hinter seiner Mehrheit stehenden Teilen der öffentlichen Meinung – trägt mitunter schwer an seinem Unvermögen, selbst jene Grenzen auszumessen, innerhalb deren sein Tun und Lassen vor der Verfassung Bestand hat. Aber dies ist die – im Grundsatz wohl auch der Verfassungsänderung entzogene (Art. 79 Abs. 3 GG) und in diesem Sinne unverrückbare – Entscheidung des Grundgesetzes: der demokratische Rechtsstaat ist richterlich, d.i. mit den Mitteln des Rechts im geregelten Verfahren durch unabhängige Gerichte, gebändigter Verfassungsstaat. Die auf demokratischem Wege zustandegekommene Norm wendet sich mit der Stimme des Richters auch gegen ihren Erzeuger, soweit dieser sie nicht – in zulässiger Weise! – aufhebt oder ändert sondern – aus der Sicht des Richters! – bricht.

II. Gesetzgebung und Richter

Im richterlich kontrollierten Verfassungsstaat des Grundgesetzes hat der Gesetzgeber nur soviel Entscheidungsspielraum, als ihm die Verfassung läßt. Den Inhalt der Verfassung aber bestimmt, nicht generell und abstrakt, aber konkret im zu entscheidenden Fall, der Richter: er korrigiert oder legt doch im näheren den Gesetzesinhalt durch verfassungskonfor-

2 *M. Kriele*, Einführung in die Staatslehre, 4. Aufl. 1990, S. 111 ff.
3 *H. Heller*, Die Souveränität, 1927, S. 102.
4 Allerdings ist auch die Rechtsprechung des Bundesverfassungsgerichts in gewissem Umfang der Kontrolle durch die internationale Gerichtsbarkeit unterworfen.

me Auslegung (die Aufgabe jedes Richters ist) fest oder befindet (was das Grundgesetz dem Bundesverfassungsgericht vorbehält) das Gesetz gar für verfassungswidrig mit der Folge seiner Nichtigkeit oder der Notwendigkeit seiner Änderung in der vom Verfassungsgericht für richtig erkannten Weise. Hier wie da bildet die Auslegung der Verfassung den Ausgangspunkt der Entscheidung. Wenngleich richterliche Fallentscheidung – auch im Verfahren der Normenkontrolle – den Inhalt der Maßstabsnorm niemals zu ändern vermag, so liegt doch auf der Hand, daß eine auf Kontinuität bedachte Rechtsprechung, zumal wenn sie sich, wie es deutscher Tradition entspricht, einer ausführlichen und stringenten Begründung ihrer Entscheidung befleißigt, die den Anspruch auf Wissenschaftlichkeit erhebt, im Wechselgespräch mit der Wissenschaft den Inhalt der Norm fortschreitend entfaltet und erschließt und damit eine das Verhalten der Normunterworfenen steuernde, die Steuerung durch den Normgeber ergänzende Funktion ausübt. Zwar ist der Normgeber zur Gegensteuerung befugt; oft sieht er dazu aber keinen Anlaß – weil der normanwendende Richter die von ihm mit dem Normerlaß getroffene Entscheidung (das Normprogramm) zu seiner Zufriedenheit fortdenkt und -entwickelt –, oder er findet dazu – etwa aus politischen Gründen – nicht die Kraft[5].

Nicht erst mit der Befugnis zur Normenkontrolle sondern schon mit der Einsetzung einer unabhängigen, die Methoden der Gesetzesinterpretation weithin – kontrolliert nur von der Wissenschaft – selbst bestimmenden Richterschaft gewinnt die Rechtsprechung einen hinsichtlich seiner Reichweite und seines Umfangs freilich nur schwer greifbaren, im Ablauf der Zeit jedoch wachsenden Einfluß auf den Inhalt des jeweils geltenden Rechts[6]. Wie immer der Grenzverlauf zwischen Gesetzesauslegung und richterlicher Rechtsfortbildung – deren Berechtigung das Bundesverfassungsgericht anerkennt[7] – zu bestimmen sein mag: zumal dann, wenn die Gerichte an einem einmal gefundenen Auslegungsergebnis in ständiger Rechtsprechung festhalten, haben sie teil am legislativen Prozeß (sofern man darunter nicht nur das Verfahren der Gesetzgebung sondern die Herausbildung des tatsächlich geltenden Rechts versteht). Unabhängig vom Bestehen einer Verfassungsgerichtsbarkeit gilt dies grundsätzlich

5 Ein Beispiel ist das schwärende Leiden des Gesetzgebers an seiner Unfähigkeit zur Regelung des kollektiven Arbeitsrechts, ein anderes die seit *J. W. Hedemanns* 1933 erschienener Schrift sprichwörtliche „Flucht in die Generalklausel" (s.a. *U. Diederichsen*, Die Flucht des Gesetzgebers aus der politischen Verantwortung im Zivilrecht, 1974): hier wie da geht es übrigens um die Abbürdung politischer Verantwortung vorrangig auf die Fach-, nicht die Verfassungsgerichtsbarkeit.

6 „Was die Gerichte im Wege der Auslegung als Recht anerkannt haben, haben sie per definitionem als Inhalt des richtig verstandenen Gesetzes anerkannt" (*W. Burckhardt*, Methode und System des Rechts, 1936, S. 275). Zur normativen Funktion der Justiz vgl. neuestens *P. Pescatore*, Rechtsetzung in der Europäischen Gemeinschaft, DJT 59 (1992), S. T 37 ff.

7 Vgl. BVerfGE 71, 354 (362) m.N.

auch für das Verfassungsrecht, wenn und soweit sich dieses als unmittelbar geltendes, nicht erst der Aktualisierung durch den Gesetzgeber bedürftiges Recht versteht, wie es nach Art. 1 Abs. 3, 20 Abs. 3 GG der Fall ist.

III. Rechtsstaat und Verfassungsstaat

Die Einrichtung einer Verfassungsgerichtsbarkeit allerdings bedeutet – zumal in Verbindung mit den soeben genannten Vorschriften und mit der umfassenden Rechtsweggarantie des Art. 19 Abs. 4 GG, die jeden Staatsakt mit Ausnahme des Gesetzes und richterlicher Entscheidungen gerichtlicher Überprüfung zugänglich macht, sofern es möglich erscheint, daß er jemand in seinen Rechten verletzt – eine nicht nur quantitative Veränderung dieses verfassungsstrukturellen Befundes. Zwar wird der qualitative Umschlag wohl nicht schon durch eine Verfassungsgerichtsbarkeit erreicht, deren Zuständigkeiten sich auf die der klassischen Staatsgerichtsbarkeit (insbesondere Organ- und bundesstaatliche Streitigkeiten) beschränken. Verfassungsgerichtliche Normenkontrolle – die allerdings auch im Gewand des Organstreits auftreten kann – und Verfassungsbeschwerde – die auch dann, wenn sie nicht unmittelbar gegen ein Gesetz erhoben werden kann, potentiell immer auch Normenkontrolle ist – garantieren jedoch die Allgegenwärtigkeit des in seiner richterlichen Interpretation Maßgeblichkeit beanspruchenden Verfassungsrechts in den Entscheidungen von Parlament, Regierung, Verwaltung und fachgerichtlicher Rechtsprechung.

Dadurch unterscheiden sich Verfassungsstaat und Rechtsstaat: Der Rechtsstaat gewährleistet die Gesetzmäßigkeit der Verwaltung sowie die Unabhängigkeit der Strafrechts- und Zivilrechtspflege, der Verfassungsstaat darüber hinaus die Verfassungsmäßigkeit von gesetzgebender, vollziehender und rechtsprechender Gewalt. Wie im Rechtsstaat die Gerichte in fallbezogen schrittweiser Entwicklung den Inhalt der Gesetze im Wege der Auslegung näherhin bestimmen, so geschieht im Verfassungsstaat der Verfassung, insbesondere durch die Verfassungsgerichtsbarkeit, ein Gleiches. Der Verfassungsstaat macht Ernst mit der Verfassung als einem Gesetz, das gegenüber allen anderen Rechtsnormen vorrangige Geltung beansprucht. Die Kehrseite dieser Medaille ist, daß der überlegene Durchsetzungswille des Verfassungsgesetzes dem, der es letztverbindlich interpretiert, eine spezifische Überlegenheit über all diejenigen Institutionen verleiht, die mit Rechtsetzungsbefugnissen ausgestattet sind.

Wie alle anderen Gesetze ist auch das Verfassungsgesetz Gegenstand der Auslegung. Der fortschreitende Prozeß der Interpretation ist ein Prozeß der Ausdifferenzierung und Verdichtung. Die – bedingt durch die nicht seltene Verwendung entwicklungsoffener, unbestimmter, durch die Rechtstradition inhaltlich nicht festgelegter Begriffe – zunächst vielfach gegebene Weitmaschigkeit der Norm wird im Verlauf ihrer Handhabung durch die Rechtspraxis zunehmend von einem immer enger gestrickten Netz überdeckt. Dieser Prozeß der Verdichtung ist umso augenfälliger, je mehr die zu interpretierende Norm generalklauselartigen oder gar lapidaren Charakter trägt. Von solcher Art sind keineswegs nur, aber doch typischerweise die Normen des Verfassungsrechts[8], zumal soweit sie nicht die Staatsorganisation sondern das Verhältnis des Staates zu den seiner Gewalt Unterworfenen betreffen. Das hat seinen guten Sinn: Die dieses Verhältnis bestimmenden Vorschriften der Verfassung dienen nicht nur einem regulativen Zweck, sie sollen vor allem für jedermann verständlich sein. Politisches Pathos bestimmt oft ihre Formulierung; sie sollen dazu beitragen, die Gesellschaft zum Staat zu integrieren. Ihre dadurch bedingte allgemeine Fassung eröffnet allerdings der Auslegung ein weites Feld; die Entwicklung der Grundrechtsdogmatik seit dem Inkrafttreten des Grundgesetzes bildet dafür das eindrucksvollste Beispiel. An ihr hat – gewollt, absehbar und notwendigerweise – die Verfassungsgerichtsbarkeit den ausschlaggebenden Anteil. Unvermeidliche Folge praetorischer Verfassungsinterpretation und -fortbildung ist eine fortschreitende Einengung der Entscheidungsfreiheit und des Handlungsspielraums des Gesetzgebers.

IV. Die Verfassungsgerichtsbarkeit als politischer Steuerungsfaktor

Die These, die Staatsleitung, also die politische Leitungsgewalt, sei nicht nur Regierung und Parlament „zur gesamten Hand"[9] übertragen, vielmehr habe auch die Verfassungsgerichtsbarkeit daran in gleicher Weise teil, sei gleichsam im Bunde der Dritte, würde deren Rolle im politischen Prozeß gewiß überzeichnen. Indessen steht sie auch nicht außerhalb dieses Prozesses, da sie ihm den Rahmen setzt, ihm seine Grenzen und mitunter auch seine Ziele weist[10]. Das geschieht umso nachhaltiger, je weniger sich die Verfassung auf die Regelung des Verfahrens der politischen Willensbildung beschränkt, je mehr sie also der Politik auch bestimmte Aufgaben stellt. Im Maße, in dem dies geschieht, wird die Verfassungsgerichtsbarkeit, sobald sie in einem zulässigen Verfahren mit den entsprechenden Verfassungsnormen befaßt wird, zu einem wichtigen Steuerungsfaktor im politischen Geschehen.

Ein wesentliches Strukturmerkmal des demokratischen Verfassungsstaates ist es, daß ihm Legitimität nicht nur aus der – regelmäßiger Erneue-

8 *Maunz/Klein* (Fn. 1), Vorbemerkung RN 16.

9 Vgl. *E. Friesenhahn*, Parlament und Regierung im modernen Staat, VVDStRL 16 (1957), S. 9 (37 f.).

10 Es geschah nicht ohne Grund, daß der im Genehmigungsschreiben der Militärgouverneure zum Grundgesetz vom 12. Mai 1949 enthaltene Vorbehalt, demzufolge Berlin „may not be governed (sic!) by the Federation", auf das Bundesverfassungsgericht erstreckt wurde.

rung bedürftigen – Abgeleitetheit aller seiner Gewalt zum Volke erwächst, sondern nicht weniger auch aus Sachverstand, Effizienz und rechtlicher Durchdringung aller seiner Entscheidungen. Das vielschichtige Geflecht der an diesen Entscheidungen beteiligten Institutionen und ihrer zwar unterscheidbaren, aber sich überlagernden Zuständigkeiten bietet die Chance individueller Freiheit in staatlich verbürgter Sicherheit. Es erwächst daraus allerdings auch die Gefahr einer Verwischung von Verantwortlichkeiten und schwindender Reaktionsfähigkeit der Politik auf veränderte Lagen.

Die Verfassungsgerichtsbarkeit hat auf diese Gefahr bei jedem ihrer Interpretationsschritte Bedacht zu nehmen. Die verfassungsgerichtliche Auslegung des Verfassungsrechts darf Gesetzgebung und Regierung ihrer Fähigkeit zu politischer Entscheidung nicht berauben. Darunter litte nicht nur die – Legitimität mitbegründende! – Effizienz des politischen Systems. Vielmehr nähme auch das Prinzip der demokratischen Legitimation des Staates Schaden, das im parlamentarischen Regierungssystem darauf gerichtet ist, die politische Richtungsbestimmung vorrangig Parlament und Regierung zuzuweisen. Zwar ist auch die Verfassungsgerichtsbarkeit demokratisch legitimiert: in funktioneller und institutioneller Hinsicht kraft ihrer Einsetzung und der Bestimmung ihrer Kompetenzen in der Verfassung selbst; in organisatiorisch-personeller Hinsicht durch die Art der Wahl ihrer Richter; in sachlich-inhaltlicher Hinsicht durch ihre Bindung an die Verfassung[11]. Indessen reicht ihre Legitimation grundsätzlich nicht aus – schon der Umstand, daß richterliches Handeln stets ein in zulässiger Weise anhängig gemachtes Verfahren voraussetzt, steht dem entgegen –, den politischen Prozeß aktiv zu gestalten. Diese Befugnis kommt Parlament und Regierung zu, was bereits daraus erhellt, daß ihre Amtsperioden wesentlich kürzer bemessen sind, die Sanktionierung ihrer Verantwortlichkeit durch das Votum der Wähler also um vieles wirksamer, von ungleich dichterem Einfluß auf ihr Handeln und Entscheiden ist.

Verfassungsgerichtsbarkeit ist nach alledem eine Wanderung auf schmalem Grat. Ihr ist einerseits aufgegeben, die Politik, insonderheit auch die Gesetzgebung, nicht aus der Bindung an die Verfassung zu entlassen; sie muß diese Bindung vielmehr, wo sie angerufen wird, akutalisieren und durchsetzen. Da sie ihr aber auch selber unterliegt, kann sie ihr nicht, wo im Wege der Auslegung aus der Verfassungsnorm politische Zielvorgaben und Handlungsanleitungen zu gewinnen sind, ausweichen, sei es daß sie zu diesem Zweck „richterliche Selbstbeschränkung" übt, ihrer Tätigkeit eine anhand eines abstrakten Modells der Zuordnung der Staatsfunktionen gewonnene Definition ihrer Rolle zugrundelegt oder einen unterschiedlichen Gehalt der Verfassungsnormen postuliert je nachdem, ob sie als an den Gesetzgeber gerichtete Handlungsnormen oder als Maßstabs-

11 Zu diesen modi demokratischer Legitimation s. *E.-W. Böckenförde*, Demokratie als Verfassungsprinzip, HStR I § 22 RN 14 ff.

normen verfassungsgerichtlicher Kontrolle zur Anwendung gelangen[12]. Andererseits aber verlangt die Verfassung auch, daß die Verfassungsgerichtsbarkeit die politische Verantwortung von Parlament und Regierung achtet und deren Entscheidungsfähigkeit wahrt. Würde Politik durch eine zu engmaschige Bindung an verfassungsrechtliche Maßgaben zum bloßen Verfassungsvollzug, wäre das prekäre Gleichgewicht der Gewalten, das den demokratischen Verfassungsstaat ausmacht, gestört. Es wäre insbesondere, mindestens auf längere Sicht, auch die Autorität der Verfassungsgerichtsbarkeit überfordert, deren Legitimationsbasis so weit nicht trägt.

V. Bewahrung politischer Handlungsspielräume: aus der Sicht des Gesetzgebers

Sowohl die Staatsleitung als auch die Verfassungsgerichtsbarkeit verfügen über geeignete Mittel – es ließe sich von Strategien sprechen –, dieses Gleichgewicht zu erhalten. Wenden wir uns zunächst der Staatsleitung, insbesondere dem Gesetzgeber, zu.

1. Der Gesetzgeber ist an sich durchaus in der Lage, durch Verfassungsänderung die Zuständigkeiten einer zu mächtig werdenden Verfassungsgerichtsbarkeit zu beschneiden. Dahin zielende Bestrebungen werden sich jedoch, ist die Verfassungsgerichtsbarkeit einmal etabliert, in aller Regel als politisch nur schwer durchsetzbar erweisen. Eine substantielle Verkürzung der Wirkungsmöglichkeiten des Verfassungsgerichts geriete in der Bundesrepublik Deutschland wohl auch in Konflikt mit der dem demokratischen Verfassungsstaat durch Art. 79 Abs. 3 GG verliehenen Bestandsgarantie. Hingegen vermag der Gesetzgeber Parlament und Regierung politischen Handlungsspielraum dadurch zu bewahren, daß er auf die Anreicherung des Verfassungsrechts mit politischen Zielvorgaben verzichtet. Jede zusätzliche Staatszielbestimmung im Verfassungsrang verlagert ein Stück Verantwortung von der Politik auf die Rechtsprechung. Dieser Effekt läßt sich allenfalls dann vermeiden, wenn es sich um Zielvorgaben hoch abstrakter Art handelt wie im Falle des Art. 109 Abs. 2 GG.

2. Der Gesetzgeber ist aber auch in der Lage, Handlungsspielräume zurückzugewinnen, die ihm die verfassungsgerichtliche Judikatur verstellt. Dazu bieten sich zwei Wege. Der eine ist der einer Änderung der verfassungsrechtlichen Maßstabsnormen. Er böte sich etwa an, um die Gesetzgebung – wie auch die Träger dieses Grundrechts – aus dem Korsett der verfassungsgerichtlichen Rechtsprechung zur Rundfunkfreiheit zu befreien. Das Beispiel läßt freilich auch erkennen, wie groß die politischen

12 Zur Untauglichkeit dieser Versuche einer Eingrenzung verfassungsgerichtlicher Kontrolle vgl. *E.-W. Böckenförde*, Zur Lage der Grundrechtsdogmatik nach 40 Jahren Grundgesetz, 1989, S. 63 ff.

Widerstände sind, auf die ein solches Unternehmen alsbald stieße. Es läßt zudem auf das Phänomen aufmerksam werden, daß die Politik im Verfassungsstaat nicht selten der Versuchung erliegt, sich in der Obhut verfassungsrechtlicher Umgarnung wohlig einzurichten, also politische Verantwortung auf die Verfassungsgerichtsbarkeit abzubürden, die sich dagegen nur unzureichend zu schützen vermag. Hier ist political self-confidence[13] anzumahnen und – im Unterschied zum judicial self-restraint – auch möglich.

Der andere der beiden Wege zur Rückgewinnung politischer Handlungsfreiheit wird bei näherer Betrachtung der Bindungswirkung verfassungsgerichtlicher Entscheidungen sichtbar. Das Bundesverfassungsgericht selbst hat 1987 in einem nicht nur beifällig aufgenommenen Judikat[14] die Bindungswirkung normverwerfender Entscheidungen deutlich relativiert. Sie verwehre es dem Gesetzgeber nicht, seiner Gestaltungsfreiheit und Gestaltungsverantwortung durch Verabschiedung einer inhaltsgleichen Neuregelung nachzukommen, wenn er sie für erforderlich halte; den Gesetzgeber treffe die Verantwortung für die Anpassung der Rechtsordnung an „wechselnde soziale Anforderungen und veränderte Ordnungsvorstellungen". Damit kann nicht gemeint sein, daß der Gesetzgeber auf eine normverwerfende Entscheidung mit einem trotzigen Dennoch reagieren, die für verfassungswidrig befundene Norm also sogleich erneut erlassen dürfte – er verstieße damit gegen die Regeln, die für den Umgang von Verfassungsorganen miteinander gelten. Ebensowenig dürfte gemeint sein, daß sich die verfassungsgerichtliche Auslegung des Verfassungsrechts in „fließender Geltungsfortbildung"[15] ohne weiteres „wechselnden sozialen Anforderungen und veränderten Ordnungsvorstellungen" des Gesetzgebers anzupassen habe. Die Entscheidung macht indessen deutlich, daß verfassungsgerichtliche Verfassungsauslegung nicht in dem Sinne als authentische Interpretation verstanden werden darf, daß verfassungsgerichtliche Präjudizien und die ihnen zugrundeliegenden Auslegungsergebnisse („tragende Gründe") selbst in den Rang von Verfassungsrecht erwachsen. Der konkrete Streit- und Entscheidungsgegenstand – bei Normenkontrollentscheidungen also die zu prüfende Norm – begrenzt die durch § 31 Abs. 1 BVerfGG statuierte Bindungswirkung[16]. Nicht aus dieser gesetzlichen Vorschrift sondern aus den Grundsätzen der „Verfassungsorgantreue"[17] folgt die Pflicht des Gesetzgebers – wie aller Staatsor-

13 *Ch. Landfried*, Bundesverfassungsgericht und Gesetzgeber, 1984, S. 175.

14 BVerfGE 77, 84 (103 f.). – Zur Kritik etwa: *M. Sachs*, Der Fortbestand der Fristenlösung für die DDR und das Abtreibungsurteil des Bundesverfassungsgerichts, DtZ 1990, 193 (198); *E. Klein*, in: Benda/Klein, Lehrbuch des Verfassungsgprozeßrechts, 1991, RN 1250 ff.; zustimmend etwa: *K. Rennert* in: Umbach/Clemens, BVerfGG, 1992, § 31 RN 67.

15 *R. Smend*, Verfassung und Verfassungsrecht, 1928, S. 79.

16 Ebenso *Rennert* (Fn. 14), RN 54.

17 Vgl. die gleichnamige Schrift von *W. R. Schenke*, 1977. – Das Bundesverfassungsgericht hat die Pflicht zur Organtreue eingefordert in BVerfGE 36, 1 (15).

gane –, „die Rechtsprechung des Bundesverfassungsgerichts zu beachten und nur dann von ihr abzuweichen, wenn neue Tatsachen, ein grundlegender Wandel der Lebensverhältnisse oder auch der allgemeinen Rechtsauffassung erwarten lassen, daß das Bundesverfassungsgericht von seiner bisherigen Ansicht abweichen wird"[18]. Sind diese Voraussetzungen gegeben, wird das Bundesverfassungsgericht selbst eine mit der früher als verfassungswidrig verworfenen inhaltsgleiche Norm unbefangen zu prüfen haben, den neuen Staatsakt also nicht schon deshalb für verfassungswidrig erklären dürfen, weil er den gleichen Inhalt hat wie der frühere. Nur mit dieser Maßgabe ist auch das anschauliche Diktum zutreffend, in dem Verhältnis zwischen Gesetzgeber und Verfassungsgericht habe jener die Vorhand, dieses aber den Vorrang[19]. Das gilt nur für den entschiedenen Streitgegenstand. Hat das Bundesverfassungsgericht aber entschieden, ist die Antwort auf die rechtserhebliche Verfassungsfrage grundsätzlich erneut offen. „Denn nach langer Beratung ist doch ein jeder Entschluß nur Werk des Moments"[20].

VI. Bewahrung politischer Handlungsspielräume: aus der Sicht der Verfassungsgerichtsbarkeit

Die dem Bundesverfassungsgericht zur Verfügung stehenden Möglichkeiten, unbeschadet seiner Pflicht zu uneingeschränkter Anwendung des Verfassungsrechts die Entscheidungskompetenz anderer Staatsorgane zu achten, sind von subtilerer Art und können deshalb hier auch nur andeutungsweise erörtert werden. Sie lassen sich indessen in einen Grundgedanken zusammenfassen: Das Bundesverfassungsgericht muß bei der Auslegung der Verfassungsnormen besondere Aufmerksamkeit der Frage widmen, in welchem Umfang bestimmte Entscheidungen nach dem Willen der Verfassung gerade nicht vom Verfassungsgericht sondern von anderen Organen, insbesondere von den zur Staatsleitung berufenen, also von Parlament und Regierung, aber etwa auch von der Fachgerichtsbarkeit, getroffen werden sollen. Verfassungsauslegung verlangt – aus Gründen des demokratischen Prinzips wie der Gewaltenteilung – „immer ein Doppeltes, nämlich Aussagen über das Festgelegte und über das Offene"[21]. „Interpretative restraint" fordert den Verzicht auf die Maximierung des Verfassungsinhalts sowohl zum Zwecke der Erhaltung der Entscheidungsspielräume der anderen Staatsorgane wie zur Schonung der Autorität von Verfassung und Verfassungsgerichtsbarkeit. Diese Erwägungen sind jenen verwandt, die die normative Eröffnung durch die Fachgerichtsbarkeit nicht überprüfbarer Gestaltungs-, Ermessens- und Beurteilungs-

18 *H. H. Klein*, Probleme der Bindung des „einfachen Richters" an Entscheidungen des Bundesverfassungsgerichts, NJW 1977, S. 697 (700).
19 *Böckenförde* (Fn. 12), S. 61.
20 *J. W. v. Goethe*, Hermann und Dorothea V Vers 59 f.
21 *R. Wahl*, Der Vorrang der Verfassung, Der Staat 20 (1981), S. 485 (507).

spielräume unbeschadet der Rechtsschutzgarantie des Art. 19 Abs. 4 GG grundsätzlich verfassungsrechtlich zulässig erscheinen lassen[22].

1. Da, wie ausgeführt, im demokratischen Verfassungsstaat die Funktion aktiver politischer Gestaltung prinzipiell der Staatsleitung obliegt, bleibt es dabei grundsätzlich auch dann, wenn das Verfassungsrecht sie dazu in bestimmter Weise verpflichtet. Das Bundesverfassungsgericht wird also den Gestaltungsauftrag, insbesondere im Blick auf das von der Verfassung vorgegebene Ziel, definieren, seine Ausführung – deren Zeitpunkt (da ja unter Umständen Dringlichkeiten gegeneinander abgewogen werden müssen) und die Wahl der Mittel – aber regelmäßig dem zum Handeln verpflichteten Staatsorgan überlassen. Allerdings ist dabei ein Doppeltes zu beachten:

Zum einen kann es sich als erforderlich erweisen, daß das Bundesverfassungsgericht, zumal wenn es eine Norm für mit der Verfassung unvereinbar befindet, den Zeitraum bis zur Neuregelung des Gegenstandes durch den Gesetzgeber durch eine eigene Regelung überbrückt, wobei es sich um die Anordnung der unter Umständen modifizierten Fortgeltung der beanstandeten Norm für eine Übergangszeit handeln kann[23] oder um die Inkraftsetzung einer anderen[24]; die Rechtsgrundlage dafür stellt § 35 BVerfGG bereit[25].

Zum anderen sind verfassungsrechtliche Handlungsanweisungen von unterschiedlicher Bestimmtheit[26]; der sachliche Zusammenhang, in dem sie wirksam werden, ist normativ auf sehr verschiedene Weise vorgeprägt. Deshalb ist es unter dem Gesichtspunkt der Ermittlung dessen, was die Verfassung zu tun gebietet, nicht das gleiche, ob die Verfassung Bund und Länder verpflichtet, bei ihrer Haushaltswirtschaft den Erfordernissen des gesamtwirtschaftlichen Gleichgewichts Rechnung zu tragen (Art. 109 Abs. 2 GG), dem Bundesgesetzgeber aufgibt sicherzustellen, daß die unterschiedliche Finanzkraft der Länder – unter Berücksichtigung von Fi-

---

22 Vgl. BVerfGE 61, 82 (111); 84, 34 (50); 88, 40 (56).

23 BVerfGE 87, 153 (154 f., 177 ff.) – steuerliches Existenzminimum.

24 BVerfGE 39, 1 (2 f., 68) – § 218; 84, 9 (10, 21 ff.) – Ehenamen.

25 Vgl. *E. Klein* (Fn. 14), RN 1261 ff. – Das Problem läßt sich allerdings auch auf eine für den Gesetzgeber wie für die Verfassungsgerichtsbarkeit schonendere Weise bewältigen, als es deutscher Rechtstradition entspricht: So kennt das österreichische Recht grundsätzlich keine Rückwirkung eines normaufhebenden Erkenntnisses des Verfassungsgerichtshofs, ja diesem ist es sogar möglich, für das Außerkrafttreten eines für verfassungswidrig erkannten Gesetzes eine Frist bis zu einem Jahr zu bestimmen (Art. 140 Abs. 5 und 7 B.-VG); dazu *K. Korinek*, Die Verfassungsgerichtsbarkeit im Gefüge der Staatsfunktionen, VVDStRL 39 (1981), S. 7 (37 ff.); *ders.*, Die Verfassungsgerichtsbarkeit in Österreich in: Chr. Starck/A. Weber, Verfassungsgerichtsbarkeit in Westeuropa, Teilband I: Berichte, 1986, S. 149 (166). Das Bundesverfassungsgericht sucht bekanntlich dieser Problemlage nicht zuletzt durch seine Unterscheidung zwischen Nichtig- und bloßer Unvereinbarkeitserklärung der verfassungswidrigen Norm Herr zu werden; dazu *E. Klein* (Fn. 14), RN 1181 ff.; *K. Schlaich*, Das Bundesverfassungsgericht, 2. Aufl. 1991, RN 359 ff.

26 Zu den sog. Staatszielbestimmungen vgl. *H. H. Klein*, Staatsziele im Verfassungsgesetz, DVBl. 1991, 729 (734).

nanzkraft und Finanzbedarf der Gemeinden (Gemeindeverbände) – angemessen ausgeglichen wird (Art. 107 Abs. 2 Satz 1 GG), den besonderen Schutz des Staates für Ehe und Familie sowie den Schutz und die Fürsorge der Gemeinschaft für jede Mutter einfordert (Art. 6 Abs. 1 und 4 GG) oder ob sie den Staat verpflichtet, sich schützend und fördernd vor das ungeborene menschliche Leben zu stellen (Art. 2 Abs. 2 i.V.m. Art. 1 Abs. 1 Satz 2 GG). Nicht umsonst hat das Bundesverfassungsgericht zur Eingrenzung des Einschätzungsspielraums des Gesetzgebers – anders gewendet: zur Beschreibung des Ausmaßes, in dem sich die aus einer Verfassungsnorm ableitbaren Pflichten des Gesetzgebers zu einem Tun oder Unterlassen mit den Mitteln der Interpretation bestimmen lassen – immer wieder auf die Eigenart des in Rede stehenden Sachbereichs, die Möglichkeiten, sich ein hinreichend sicheres Urteil zu bilden, und die Bedeutung der auf dem Spiele stehenden Rechtsgüter verwiesen[27]. Diese Kriterien, meist unter dem Gesichtspunkt der dem Bundesverfassungsgericht zukommenden „Kontrolldichte" angeführt, bezeichnen in Wahrheit Umfang und Grenzen der Möglichkeit, mit den Methoden der juristischen Interpretation den Inhalt der Verfassungsnormen zu bestimmen. Nur soweit diese Möglichkeit besteht und zur näheren Bestimmung des Verfassungsinhalts führt, darf – und muß dann allerdings auch – die Rechtsprechung den Staat zum Handeln verpflichten[28]. Für die Verfassungsgerichtsbarkeit kommt es also darauf an, den Inhalt der verfassungsrechtlichen Maßstabsnorm zu ermitteln. Von ihm hängt die verfassungsgerichtliche „Kontrolldichte" ab. Für diese dürfte es übrigens wenig verschlagen, ob sich die einer – verfassungsgerichtlicher Prüfung zugänglich gemachten – Norm zugrundeliegende Einschätzung des Gesetzgebers auf Tatsachen, Prognosen über künftige Entwicklungen des sozialen Geschehens oder die Wirkungen bezieht, die die Norm in Bezug auf dieses Geschehen entfalten soll oder entfalten wird. Die Grundlagen, auf denen eine solche Einschätzung beruht, sind verfassungsgerichtlicher Beurteilung nicht entzogen, die ihrerseits wiederum von den genannten Faktoren abhängt[29]. Der Sache nach zieht die Rechtsprechung des Bundesverfassungsgerichts diese Kriterien übrigens auch heran, wenn es um die Abgrenzung der Zuständigkeiten zwischen Parlament und Regierung geht, also ebenfalls um ein Problem rechtsstaatlicher Gewaltenteilung[30].

2. Über die „richtige" Methode der Verfassungsinterpretation besteht freilich kein Konsens[31]. Die Verfassungsgerichtsbarkeit, soweit die Ver-

---

27 Vgl. nur BVerfGE 50, 290 (333) – Mitbestimmung; 77, 170 (215) – C-Waffen; 88, 203 (262 f.) – SFHG.

28 Zu Recht bemerkt *Schlaich* (Fn. 25), RN 491: „Nicht das Gericht, sondern die Verfassung als Prüfungsmaßstab des Gerichts ist entweder zurückhaltend oder deutlich greifend"; ebenda auch w.N.

29 Vgl. BVerfGE 50, 290 (332 f.) – Mitbestimmung; s.a. *Schlaich* (Fn. 25), RN 501.

30 Vgl. BVerfGE 68, 1 (86 f.) – Raketenstationierung.

31 Grundlegend: *E.-W. Böckenförde*, Die Methoden der Verfassungsinterpretation – Bestandsaufnahme und Kritik in: *ders.*, Staat, Verfassung, Demokratie,

fassung sie nicht selbst beschränkt, ist in der Wahl ihrer Auslegungsmethoden – in den Grenzen des Vertretbaren – frei. Dabei liegt es auf der Hand, daß das Maß verfassungsgerichtlicher Teilhabe am politischen Prozeß durch die Methodenwahl entscheidend bestimmt wird. Ob der Inhalt der Verfassung als ein durch deren Normen der Verfassungsgerichtsbarkeit Vorgegebenes oder als ein ihr zur vernünftigen – einer sich wandelnden sozialen Wirklichkeit angepaßten – (Mit)-Steuerung des politischen Prozesses Aufgegebenes betrachtet wird, ist eine wichtige – bei allen Schwierigkeiten der Abgrenzung im einzelnen[32] tendenziell überaus bedeutsame – Weichenstellung für die Struktur des demokratischen Verfassungsstaats. Wenn es richtig ist, daß das demokratische Prinzip die politische Gestaltung primär der Staatsleitung zuweist, dann wird sich die Verfassungsgerichtsbarkeit nicht als „politische Gegenmacht"[33] verstehen dürfen und mithin methodisch in die erstgenannte Richtung zu orientieren haben.

Eindeutige Wegweisungen sind damit indessen nicht gewonnen: So gewiß die Inanspruchnahme einer eigenständigen, an Zweckmäßigkeitserwägungen ausgerichteten (verfassungs-)politischen Gestaltungsmacht mit der Funktion der Verfassungsgerichtsbarkeit unverträglich wäre, so schwierig erweist es sich im Einzelfall, etwa bei der Ermittlung dessen, was ein verfassungsrechtlicher Handlungsauftrag vom Gesetzgeber verlangt, bei der teleologischen Interpretation der Norm also, von solchen Erwägungen abzusehen. Denn der Verfassungsinterpret ist gehalten, bei der Erschließung des Normprogramms, dem eben diese Erwägungen zugrundeliegen, die Gedanken des Normgebers nach- und fortzudenken. Gewiß auch bleibt die Verfassungsänderung dem verfassungsändernden Gesetzgeber vorbehalten. Erweist sich dieser jedoch als unfähig, auf geänderte Verhältnisse mit einer Änderung des Verfassungstextes zu reagieren, oder ist der Verfassungstext von vornherein durch besondere Erschwernis seiner Abänderbarkeit in hohem Maß rigide, wird man dem in der Unausweichlichkeit verantwortlichen Handelns stehenden Normanwender – hier geht es nicht nur um die Verfassungsgerichtsbarkeit, wenngleich um sie in letzter Linie – die Befugnis zur „Fortbildung" auch des Verfassungsrechts nicht ausnahmslos versagen können; die Grenzen aber zwischen interpretativer Verfassungsfortbildung und verfassungsänderndem Verfassungswandel verschwimmen[34].

1991, S. 53 ff.; s.a. *R. Dreier*, Zur Problematik und Situation der Verfassungsinterpretation in: ders./F. Schwegmann (Hrg.), Probleme der Verfassungsinterpretation, 1976, S. 13.

32 Einen Versuch der Abgrenzung von Verfassungsinterpretation und Verfassungswandel unternimmt *E.-W. Böckenförde,* Anmerkungen zum Begriff Verfassungswandel in: P. Badura/R. Scholz, Wege und Verfahren des Verfassungslebens, Festschrift für P. Lerche zum 65. Geburtstag, 1993, S. 3 ff.

33 Ausdruck bei *Böckenförde* (Fn. 30), S. 88.

34 Den Unterschied versucht *Böckenförde* (Fn. 31), S. 9 ff., zu greifen.

Am Ende bleibt nicht viel mehr als das – infolge von Zuspruch und Widerspruch vor allem der wissenschaftlichen Öffentlichkeit allerdings nicht wirkungslose – Postulat, verfassungsgerichtliche Entscheidungen, unter Bedachtnahme auf die Verantwortung der zu aktivem politischem Handeln befugten Staatsorgane und die spezifische Sachkompetenz der Fachgerichtsbarkeit mit den Mitteln der argumentativen Logik, also in einer rational nachvollziehbaren Weise und unter Beachtung der – soweit möglich gesicherten – Methoden der juristischen Hermeneutik zu begründen und kritischen Äußerungen dazu bei der nächsten sich bietenden Gelegenheit aufgeschlossen zu begegnen.

3. Immer wieder sieht sich das Bundesverfassungsgericht gemahnt, über die zur Begründung seiner Erkenntnisse unerläßlichen Darlegungen hinausgehende, von der ratio decidendi nicht geforderte Ausführungen zu unterlassen. Die Mahnung ist berechtigt, weil die – oft nicht leicht zu treffende[35] – Unterscheidung zwischen tragenden und nicht tragenden Gründen einer Entscheidung für die (Selbst-)Bestimmung des Handlungsrahmens der an sie gebundenen Staatsorgane nur eine ganz untergeordnete Rolle spielt. Aus der Sicht des Gesetzgebers nämlich oder der ihm ratenden Ministerialverwaltung ist es für die Beantwortung der Frage, ob ein beabsichtigtes Gesetz voraussichtlich verfassungsgerichtlicher Prüfung standhalten werde, von geringer Bedeutung, ob die dafür erheblichen Darlegungen des Gerichts einen tragenden Grund bilden oder ob es sich um eine zwar beiläufige, aber unter Umständen wohlbedachte Bemerkung handelt.

Besteht die Erinnerung an die Tugend richterlicher Zurückhaltung in diesem Punkt also grundsätzlich zu Recht, so bleibt doch folgendes zu bedenken: Zumal in Verfahren, an denen die Öffentlichkeit ein großes Interesse nimmt, wird ein verfassungsrechtliches Verdikt über den zur Prüfung gestellten Staatsakt regelmäßig als eine Niederlage des Staatsorgans gewertet, welches ihn erlassen hat; eine Einbuße seiner Autorität geht damit oft einher. Sie wäre doppelt schmerzlich, scheiterte ein neuer Anlauf zur Regelung des fraglichen Gegenstandes in einem weiteren Verfahren aus einem anderen Grund. Ist derlei aber absehbar, befindet sich das Verfassungsgericht in einem Dilemma: Soll es den Adressaten seiner Entscheidung „in die Falle laufen" lassen oder ihm bedeuten, wie eine verfassungsgemäße Regelung aussehen könnte? In aller Regel, zumal in einem Normenkontrollverfahren, wird das Gericht den zweiten Weg beschreiten – nicht weil ihm an lehrbuchartigen Ausführungen gelegen wäre, auch nicht aus arbeitsökonomischen Gründen, sondern weil die für den demokratischen Verfassungsstaat konstituierende Funktionenteilung die unbeschädigte Autorität aller und besonders der obersten Staatsorgane voraussetzt, das Verfassungsgericht auf deren Schonung also Bedacht zu nehmen hat.

35 Vgl. etwa *Schlaich* (Fn. 25), RN 451 ff.; *E. Klein* (Fn. 14), RN 1237 ff.

4. Im Dienste dieses Ziels steht auch eine andere Überlegung: Zwar sind Verfassungsbegriffe stets Rechtsbegriffe und alle Verfassungsnormen von gleicher Verbindlichkeit[36]. Verfassungsnormen weisen jedoch wegen der Eigenart der von ihnen geregelten Sachverhalte oft einen sehr hohen Grad an Allgemeinheit auf, „der der Konkretisierung bedarf, noch ehe die Norm auf Einzelfälle anwendungsfähig wird. ...Die Befugnis zu solcher Konkretisierung obliegt für das Bundesverfassungsrecht nicht allein dem Bundesverfassungsgericht, sondern auch anderen obersten Verfassungsorganen"[37]. Unbeschadet seiner Letztentscheidungskompetenz hat das Verfassungsgericht im eigenen Prozeß der Rechtsgewinnung also dasjenige Verständnis der zu interpretierenden Verfassungsnorm zu beachten, das der Verfassungspraxis der übrigen Verfassungsorgane zugrundeliegt. Daß das Normverständnis anderer Verfassungsorgane für das Verfassungsgericht allerdings niemals verbindliche Maßgabe sein kann, liegt darin begründet, daß die Verfassung für jene im Unterschied zu diesem nicht den alleinigen Maßstab ihres Handelns bildet, daß für die Staatsleitung die Beachtung des Verfassungsrechts nicht Ziel um seiner selbst willen ist, die Verfassung vielmehr „nur" den Rahmen für die Verfolgung politischer Zielvorstellungen und den Einsatz der dafür geeignet erscheinenden Mittel abgibt, während sie für das Verfassungsgericht die einzige Richtschnur seines Erkenntnisprozesses darstellt.

VII. Der Verfassungsstaat und das demokratische Prinzip

Das Bundesverfassungsgericht habe sich, bemerkt sein früherer Präsident *Ernst Benda*, in seiner bisherigen Tätigkeit zu einem bedeutenden Faktor auch des politischen Lebens entwickelt[38]. Das ist eine nicht nur in tatsächlicher Hinsicht richtige Feststellung; es ist vielmehr so und nicht anders verfassungsrechtlich gewollt. Die Verfassungsgerichtsbarkeit nimmt – in nach Art und Zahl ihrer Zuständigkeiten unterschiedlich bemessenem Umfang – an der Staatsleitung teil[39]. Die Koexistenz von politischer Staatsleitung und Verfassungsgerichtsbarkeit konstituiert den Verfassungsstaat. Der Geltungsvorrang der Verfassung begründet im Streitfall und auf ihn begrenzt den – antragsabhängigen und verfahrensgebundenen – Entscheidungsvorrang des Verfassungsgerichts, die alle Staatsorgane bindende Wirkung seiner Erkenntnisse. Dieser Befund ist systemimmanenter Kritik nicht zugänglich; er beruht auf der Entscheidung des Verfassunggebers. Wohl hingegen läßt sich ihm, soweit es um das richterliche Prüfungsrecht gegenüber Gesetzen geht, aus radikalde-

36 Gegen die Deutung der Finanzverfassung als Recht von minderer Geltungskraft (soft law) wendet sich BVerfGE 72, 330 (388 f.) – Länderfinanzausgleich.
37 BVerfGE 62, 1 (39) – Bundestagsauflösung.
38 In: *Benda/Klein* (Fn. 14), RN 9.
39 Vgl. *A. Weber*, Generalbericht: Verfassungsgerichtsbarkeit in Westeuropa in: Starck/Weber (Fn. 25), S. 41 (118).

mokratischer Sicht mit dem Einwand begegnen, es gehe nicht an, daß sich ein Gericht dem Mehrheitswillen des vom Volke gewählten, also im Unterschied zum Gericht unmittelbar demokratisch legitimierten Parlaments in den Weg stelle[40]. Die Behauptung der Parlamentssouveränität leugnet indes den Geltungsvorrang der Verfassung, sie stellt ihren Inhalt – unter Vernachlässigung des für den demokratischen Rechtsstaat essentiellen Schutzes der Rechte der Minderheit – letztlich der politischen Einschätzung der jeweiligen parlamentarischen Mehrheit anheim und setzt sich damit ihrerseits einem aus dem demokratischen Prinzip folgenden Gegeneinwand aus. Denn im demokratischen Staat ist auch die Verfassung das Ergebnis einer demokratischen Entscheidung, Ausdruck des Volkswillens. Ihr gegenüber dem Parlamentsgesetz höherer Rang ergibt sich aus den – im einzelnen unterschiedlichen – besonderen Bedingungen ihrer Entstehung und dem sie tragenden – parlamentarische Mehrheit und Minderheit umgreifenden – Konsens. Den Inhalt der Verfassung zur Disposition der jeweiligen Mehrheit zu stellen, hieße also, das demokratische Prinzip gerade dort preiszugeben, wo es seinen Ursprung hat[41].

Die neuere Verfassungsentwicklung hat denn auch – unter frühem Vorantritt der Vereinigten Staaten von Amerika – radikaldemokratische Positionen auf breiter Front hinter sich gelassen. Die moderne Demokratie ist verfassungsrechtlich gebändigte Demokratie. Für das Gelingen demokratischer Verfassungsstaatlichkeit ist allerdings das funktionsorientierte Kräftegleichgewicht der Verfassungsorgane unerläßlich. Es beruht auf dem demokratiestaatlich begründeten prinzipiellen Vorrang der politischen Entscheidungskompetenz von Parlament und Regierung auf der einen und der verfassungsstaatlich begründeten, streitgegenständlich begrenzten, antragsabhängigen Letztentscheidungskompetenz des Verfassungsgerichts in Fragen der Verfassungsauslegung auf der anderen Seite. Dieses Gleichgewicht in der Balance zu halten, ist keine leichte Aufgabe. Die Art der Wahl, die Bestimmung von Amtszeit und Status und die Anforderungen an die Qualifikation der Mitglieder des Verfassungsgerichts bilden Ansatzpunkte für die Beeinflussung seiner Position im politischen Prozeß[42]. Normative Vorkehrungen können indessen nur bis zu einem gewissen Grade die Stellung des Verfassungsgerichts – wie der anderen obersten Staatsorgane – in diesem Prozeß bestimmen. Das anzustrebende Kräftegleichgewicht läßt sich nicht justieren; es bleibt ein dy-

---

40 Der Einwand gewinnt noch an Gewicht, soweit auch vom Volk selbst beschlossene Gesetze gerichtlicher Kontrolle unterworfen werden.

41 So zutreffend *K. Korinek* (Fn. 25), S. 45 – s.a. S. 46: „Die Aufgabe, die Einhaltung der verfassungsgesetzlichen Normierung durch den einfachen Gesetzgeber zu überwachen, ist daher eine demokratische Funktion des Verfassungsgerichts, nämlich die Funktion der Überwachung geringer demokratisch legitimierter Akte auf ihre Entsprechung gegenüber den höher demokratisch legitimierten Akten".

42 Überblick bei *Weber* (Fn. 39), S. 49 ff., 54 ff.

namisches. Unwägbarkeiten wie Charakter und Durchsetzungsvermögen von Personen, Stärken und Schwächen der in das politische Geschehen verwickelten Parteien, Verbände und Gruppen, der Wechsel der innen- und außenpolitischen Lagen, mit denen sie sich auseinanderzusetzen haben – all dies beeinflußt das Gewicht, das die verschiedenen Faktoren des Verfassungslebens je und je auf die Waage bringen. Solange diese Waage keine extremen Ausschläge kennt, ihr Zeiger vielmehr um die Mitte pendelt, ist die Struktur des demokratischen Verfassungsstaats ungefährdet.

Peter Lerche

Neue Entwicklungen zum Begriff der Bundeseigenverwaltung

Inhaltsübersicht

Die begriffliche Gestaltung der bundeseigenen Verwaltung ist in jüngster Zeit in eine merkwürdige Unruhe geraten; dies scheint aber noch kaum je stärker bewußt geworden zu sein. Ursache ist primär die Verfassungsergänzung des Art. 87d Abs. 1 GG durch Hinzufügung des Satzes 2; von ähnlicher Bedeutung könnten auch weitere ins Auge gefaßte Verfassungsänderungen werden, vor allem im Bereich der Verkehrsverwaltungen (Bahn, Post), bei denen man an ähnliche Formulierungen denkt. Die Unsicherheit wird dadurch erzeugt, daß Art. 87d Abs. 1 GG n.F. auf den ersten Blick den Eindruck erweckt, Materien, die der bundeseigenen Verwaltung zugewiesen sind, könnten auch vollständig in privatrechtlicher Organisationsform wahrgenommen werden; denn nach dem schon bisher bestehenden Satz: „Die Luftverkehrsverwaltung wird in bundeseigener Verwaltung geführt", heißt es nunmehr anschließend: „Über die öffentlich-rechtliche oder privat-rechtliche Organisationsform wird durch Bundesgesetz entschieden." Das ist ein weittragender und irritierender Zusatz. Sollte aus ihm wirklich entnommen werden dürfen, daß bundeseigene Verwaltung auch vollständig durch private Rechtsträger geführt werden darf, könnte dies breitflächige Konsequenzen auslösen. Daher sei diese Problematik, die sich nicht nur im dogmatischen Perlenspiel erschöpft, etwas näher verfolgt.

I. Bundeseigenverwaltung und privatrechtliche Organisationsträger nach bisherigem Verständnis

1. Bundeseigenverwaltung i.e.S. als unmittelbare Bundesverwaltung

Die bisherige grundgesetzliche Fixierung des Begriffs der bundeseigenen Verwaltung i.e.S. arbeitet in mehreren Schritten. Zunächst sieht man die Aufnahme des Tatbestandes („bundeseigene Verwaltung") in Art. 86 vor sich. Diese Norm regelt zugleich die wichtigsten Rechtsfolgen des übergreifenden Verwaltungstyps der bundesausschließlichen Verwaltung, der die bundeseigene Verwaltung i.e.S. einschließt. Eben hierdurch qualifiziert Art. 86 GG diesen Verwaltungstyp im großen und ganzen. In weiteren Vorschriften setzt das Grundgesetz die so miterfaßte begriffliche Gestalt der bundeseigenen Verwaltung voraus und weist bestimmte Verwaltungszweige dieser Verwaltungsform zu; dies vor allem in Art. 87 Abs. 1 S. 1.

Art. 86 S. 1 GG füllt zugleich den dort als erste Alternative erscheinenden Ausdruck „bundeseigene Verwaltung" mit einem spezifischen, technisch verengten Gehalt und zwar durch Abhebung von der zweiten Alternative (Bundesverwaltung „durch bundesunmittelbare Körperschaften oder Anstalten des öffentlichen Rechtes"). Demgemäß wird Bundeseigenverwaltung im engeren Sinn verstanden als „*unmittelbare* Bundesverwaltung"; während die zweite Alternative *mittelbare* Bundesverwaltung meint. Als bundeseigene Verwaltung i.e.S. verbleibt auf diese Weise die unmittelbar dem Bunde als Rechtsperson zuzurechnende Bundesverwaltung[1]. Der Bund agiert in diesem Bereich durch eigene Verwaltungsbehörden im Gegensatz zur Ausführung der Bundesgesetze durch eigene öffentlich-rechtliche Rechtspersonen.

2. Mittelbare Bundesverwaltung und private Organisationsträger

Die mittelbare Bundesverwaltung erfolgt entsprechend durch vom Bunde als Rechtsperson getrennte eigene öffentlich-rechtliche Rechtspersonen, die aber ebenfalls der Bundes- (und nicht der Landes-)ebene zugehören. Dieser zweite Bereich wird häufig mit dem ersten zusammen dem Oberbegriff der „bundeseigenen Verwaltung im weiteren Sinn" zugeschlagen; dergestalt läßt sich die gemeinsame Gegenübersetzung dieser beiden Formen der Bundesverwaltung zur „landeseigenen" Verwaltung des Art. 83 sprachlich verdeutlichen. Am eigenständigen Profil der Bundeseigenverwaltung i.e.S. ändert dies nichts.

Erheblich umstritten ist die Frage, ob sich die bundeseigene Verwaltung im weiteren Sinn oder doch jedenfalls der Oberbegriff der bundesausschließlichen Verwaltung auf sonstige Rechtspersonen bundeszugehörigen Zuschnitts ausdehnen läßt. Während man sich weithin darin einig

1 Siehe z.B. *Schmidt-Bleibtreu* in Schmidt-Bleibtreu/Klein, Kommentar zum Grundgesetz, 7. Aufl. 1990, Art. 86, Rn. 1.

weiß, daß auch Stiftungen des öffentlichen Rechts sowie Kombinationsformen von öffentlich-rechtlichen Rechtspersonen der Bundesdimension mitgemeint sein müssen, ist es namentlich fraglich, ob bzw. unter welchen Umständen *private Rechtspersonen*[2] diesen Anforderungen entsprechen können. Eine zu enge Betrachtungsweise ist hier nicht am Platz. Wer dazu neigt, die Zäsur bei öffentlich-rechtlichen Rechtspersonen zu machen, wird dennoch nicht den Blick vor der Notwendigkeit verschließen dürfen, unter näheren Voraussetzungen Bundesverwaltung auch über den Einsatz von privaten Rechtspersonen als legitim und vom Grundgesetz in Grenzen gewollt zu betrachten[3]. Diese näheren Voraussetzungen sind hier nicht zu diskutieren. Sie dürften vor allem in den Erfordernissen bestehen, daß derartige Verselbständigungen grundsätzlich umfassend durch die Bundesorganisation getragen werden und daß sie zugleich hinreichend der steuernden Einwirkungsmacht durch den Bund (oberste Leitungsebene) unterliegen[4]. Wie immer man diese Erfordernisse im einzelnen definiert, öffnet sich jedenfalls die – begrenzte – Möglichkeit einer Bundesverwaltung, die sich des Instruments des Einsatzes privater Rechtspersonen bedient; dies ist bekanntlich der Praxis nicht fremd.

3. Unmittelbare Bundesverwaltung und private Organisationsträger

Darin liegt indes zugleich, daß ein solcher Weg über private Rechtspersonen, also über rechtlich selbständige Organisationsträger, den Rahmen des Begriffs der bundeseigenen Verwaltung im engeren Sinn (= bundesunmittelbare Verwaltung) sprengt. Die einzig erkennbare Grenzlinie zwischen den beiden Alternativen des Art. 86 S. 1 (1. HS) – d.h. zwischen dem engeren und dem weiteren Begriff der Bundeseigenverwaltung – wird durch den Umstand eigener Rechtspersönlichkeit bezeichnet. Irgendeine andere Kontur ist nicht auszumachen. Nichts anderes als der Verzicht auf eine selbständige Rechtsträgerschaft der verwaltenden Stelle (Bundesbehörde) kann die Begriffsgestalt der bundeseigenen Verwaltung (i.e.S.) auch im Verhältnis zu sonstigen Erscheinungsformen der Bundesverwaltung (insbesondere via privatrechtliche Rechtsträger) auszeichnen; nur so kann der Begriff bundesunmittelbarer Verwaltung gewissermaßen zusammengehalten werden[5].

Daher vermag der Begriff der bundeseigenen Verwaltung i.e.S. den Einsatz selbständiger privater Organisationsträger nicht mehr in sich aufzuneh-

2 Zur Gesamtproblematik vor allem *B. Becker*, Öffentliche Verwaltung, 1989; *Dittmann*, Die Bundesverwaltung, 1983; *Ehlers*, Verwaltung in Privatrechtsform, 1984; *Krebs*, HStR, III, 1988, S. 567 ff., 571 ff.; *Loeser*, Die Bundesverwaltung in der Bundesrepublik Deutschland, Bd. 1, 2. Aufl. 1987; *Schuppert*, Die Erfüllung öffentlicher Aufgaben durch verselbständigte Verwaltungseinheiten, 1981, u.v.a.m.

3 Näher *Lerche* in Maunz/Dürig, Grundgesetz, Art. 86, Rn. 52 ff.

4 A.a.O., Rn. 41, 50, 63, 66.

5 Näher a.a.O., Rn. 44, 57.

men; namentlich auch dann nicht, wenn bei diesen Organisationsträgern die grundsätzliche Direktionsmacht des Bundes erhalten bleibt (ähnlich etwa der Begriffsbildung „bundeseigener Unternehmen"). Von „bundeseigener Verwaltung" (i.e.S.) kann nicht schon immer dann gesprochen werden, wenn die (grundsätzliche) Direktionsmacht des Bundes besteht. Das Kriterium dieser Direktionsmacht bezeichnet vielmehr ein *umfassendes* Erfordernis für jede Art von Bundesverwaltung; Besonderheiten der jeweiligen Materie können freilich (und auch dies hier überall) einzelne Auflockerungen legitimieren, etwa in Gestalt „ministerialfreier Räume". Von diesen Besonderheiten abgesehen müssen insbesondere auch die in Art. 86 S. 1 2. Alternative genannten öffentlich-rechtlichen Rechtspersonen durch eine grundsätzliche Direktionsmacht seitens des Bundes charakterisiert sein, da sie sonst der Bundesverwaltung nicht zugeschlagen werden können. „Selbstverwaltung", wie sie namentlich für Körperschaften typisch (nicht etwa begriffsnotwendig) ist, ist daher hier von Haus aus nur in begrenztem Maße realisierbar. Man kann infolgedessen den Gegensatz zwischen bundeseigener Verwaltung i.e.S. und der mittelbaren Bundesverwaltung nicht schlicht auf den Gegensatz zwischen vorhandener und fehlender Direktionsmacht des Bundes zurückführen. Der maßgebliche Gegensatz kann nur darin bestehen, daß Bundesverwaltung einmal durch den Bund selbst, d.h. ohne Zwischenschiebung anderweitiger selbständiger Rechtspersonen, geleistet wird, zum andern durch eben solche.

II. Die Neufassung des Art. 87d Abs. 1 GG und ihre scheinbaren Konsequenzen

1. Neufassung des Art. 87d Abs. 1 GG

Diese grundsätzliche Begriffsklarheit scheint durch die Neugestaltung des Art. 87d Abs. 1 GG gestört zu werden. Der hinzugefügte Satz 2 („öffentlich-rechtliche oder privat-rechtliche Organisationsform") verwirrt. Im Zusammenhalt mit dem unverändert gebliebenen Satz 1 („in bundeseigener Verwaltung") klingt er so, als wäre es – im klaren Gegensatz zu dem Gesagten – mit der Begriffsvorstellung der Bundeseigenverwaltung i.e.S. ohne weiteres verträglich, auch die gesamte jeweils in Rede stehende Verwaltungsmaterie (hier Luftverkehrsverwaltung) in Gestalt einer oder mehrerer Privatrechtspersonen zu führen, so diese nur dem Bunde zugeordnet werden können.

2. Scheinbare Konsequenzen

Träfe dies zu, wären die Konsequenzen für die Auslegung vor allem des Art. 87 Abs. 1 S. 1 GG (bisheriger Fassung) weitreichend. Ohne Verfassungsänderung könnten z.B. die Bereiche der Bundeseisenbahnen sowie der Bundespost vollständig und damit auch in ihrem substantiellen Kern in die Gestalt privater Rechtsträger überführt werden, wenn nur die

Direktionsmacht des Bundes erhalten bleibt. Bekanntlich wird zwar an derartigen Reformen gegenwärtig gearbeitet. Im allgemeinen geht man dabei aber, von einer Minderheitsmeinung abgesehen, von der Gebotenheit von Verfassungsänderungen aus, wenn derart strukturtiefe Umwandlungen erfolgen sollen[6]. Dies ist auch gerechtfertigt und konsequent. Die auf den Weg gebrachte Bahnreform[7] sieht u.a. ausdrücklich die Herausnahme der „Bundeseisenbahnen" aus Art. 87 Abs. 1 S. 1 GG vor. Auch die Erwägungen zur Poststrukturreform II beschreiten bislang in dieser Beziehung keinen anderen Pfad. Gerade auch diese zweitgenannte Reform wird als dringend erforderlich und überfällig bezeichnet werden müssen; es wird wohl eine Lösung anzustreben sein, die eine breite Aufgabenprivatisierung und nicht nur eine Organisationsprivatisierung bewirkt oder doch zumindest das Tor zu weitgehender Aufgabenprivatisierung, also zur prinzipiellen Entlassung aus der umgreifenden und durchformenden staatlichen Verantwortung, nicht auf Dauer verschließt[8].

Man sollte sich indes nicht beirren lassen, den klaren Weg der Verfassungsänderungen zu gehen, um diese Ziele zu erreichen. Verzichtete man auf sie, wäre das verfassungsrechtliche Risiko hoch, der letztliche Erfolg ungewiß. Denn: Die Sirenenklänge des neuen Art. 87d Abs. 1 (S. 2) GG sind allzu verführerisch; ein wirklicher Bruch mit dem bisherigen Verständnis des Begriffs der bundeseigenen Verwaltung (i.e.S.) wird durch sie bei näherem Zusehen denn doch nicht bewirkt. Das sei im folgenden dargestellt.

III. Flexibilität der Bundeseigenverwaltung i.e.S. schon nach bisherigem Verständnis

Vorweg sei festgehalten, daß sich ohnehin bei den Zuweisungsnormen zum Verwaltungstyp der Bundeseigenverwaltung i.e.S. ein hohes Maß an Beweglichkeit auftut, auch wenn man das bisherige Verständnis dieses Verwaltungstyps zugrundelegt.

---

6 Siehe nur etwa *Schmidt-Aßmann*, Aufgaben und Organisation der Deutschen Bundesbahn in verfassungsrechtlicher Sicht, 1986, S. 115 ff. m.w.H.; vgl. aber auch BVerfGE 69, 1 (57 ff., 61 f. – Sondervotum).

7 Zum Zeitpunkt des Abschlusses des Manuskripts ist es weder in Richtung Bahnreform noch in Richtung Postreform zu einer Änderung des Grundgesetzes gekommen; doch zeichnet sich ab, daß zumindest Organisationsprivatisierungen wahrscheinlich sind.

8 Unerfreulich wäre es daher in meinen Augen, wenn die im Bereich der Postreform zur Zeit geplante öffentlich-rechtliche Anstalt (als Holding über die einzurichtenden Aktiengesellschaften) in dem Sinne etabliert werden würde, daß eine wirkliche Aufgabenprivatisierung auf Dauer unmöglich gemacht werden würde.

1. Teilbereiche der Organisationsprivatisierung zugänglich

Zunächst wird einberechnet werden müssen, daß schon nach bisheriger Deutung Teilbereiche der erfaßten Verwaltungszweige der Organisationsprivatisierung zugänglich sind. Zwar begreifen die Zuweisungsnormen unter dem Ausdruck „bundeseigene Verwaltung" nur die unmittelbare Bundesverwaltung, meinen also den Begriff im engeren Sinn[9]. Indes ist weithin anerkannt, daß jedenfalls Art. 87 Abs. 1 S. 1 GG nur als „Grundsatznorm" aufgefaßt werden darf. Der stringente Wortlaut der Norm deckt das zwar nicht, wohl aber ihr auch entstehungsgeschichtlich faßbarer Sinn und Zweck. Jedenfalls hat sich die Deutung als bloße Grundsatznorm weitgehend durchgesetzt[10]. Daraus ist zu folgern, daß nur die essentiellen Bereiche der jeweiligen Materie (Zentralzonen)[11] bundeseigen (i.e.S.) verwaltet werden müssen; sonstige Teilbereiche können daher schon nach bisher vorherrschender Auffassung in privater Organisationsform unter staatlicher Steuerung (Organisationsprivatisierung) geführt werden. Dem entspricht manche Praxis.

2. Teilbereiche der Aufgabenprivatisierung zugänglich

Eine weitere Flexibilität wird – wiederum schon nach bisherigem Verständnis der Bundeseigenverwaltung – dadurch erreicht, daß (auch erhebliche) Teilstücke der erfaßten Materien aus staatlicher Hand überhaupt entlassen werden dürfen. Zwar ist dies nur insoweit möglich, als der (etwaige) „aufgabenrechtliche Gehalt" der jeweiligen Zuweisungsnorm nicht entgegensteht[12]. Bei den Verkehrsverwaltungen zeigt sich dieser aufgabenrechtliche Gehalt vor allem im Grundgedanken der Leistungsstaatlichkeit. Dieser darf aber nicht übertrieben angesetzt werden. Es läge z.B. wenig im Sinne des daseinsvorsorgenden Sozialstaates, wollte man verkennen, daß die technischen Entwicklungen nicht so sehr auf ein möglichst flächendeckendes Angebot gleicher Dienste für alle tendieren, sondern spezielle, differenzierte Bedürfnisse hervorrufen; hier könnte ein

---

9 Schon angesichts des Gleichklangs des Wortlauts in Art. 86 S. 1, 1. HS, 1. Alternative wäre ein anderes Ergebnis schwer verständlich; vgl. auch etwa arg. Art. 87 Abs. 2 GG.

10 Siehe etwa *Badura* in Lorenz-FS, 1991, S. 3 ff.; *Krebs,* a.a.O. (Fn. 2), S. 601; *Lerche,* a.a.O. (Fn. 3), Art. 87, Rn. 15; *R. Schmidt* in Lerche-FS, 1993, S. 965 ff., 967 ff. u.a.m. Anders die Deutung bei *R. Scholz/J. Aulehner* in ihrer ausgreifenden und grundsätzlichen Darstellung im ArchivPT 1993, 103 ff., 143 ff., die aber an dem später (unten Fn. 22) anzudeutenden ebenso grundsätzlichen Mangel krankt.

11 Gegen eine nur statisch-materielle Deutung dieser Zentralbereiche wendet sich zu Recht z.B. *Lecheler,* NVwZ 1989, 834 ff., 835, der im übrigen aber einer wohl zu engen Deutung anhängt.

12 Siehe dazu vor allem etwa *Badura,* a.a.O. (Fn. 10), S. 3 f.; *Ossenbühl* in Lukes-FS, 1989, S. 525 ff., 532; *Pestalozza,* Der Staat 11 (1972), 161 ff.; *Schmidt-Aßmann/Fromm,* a.a.O. (Fn. 6), S. 56 ff., 68 ff.; *Steiner* in HStR, III, 1988, S. 1087 ff., 1094 f.

starres Denken in überholten „Infrastruktur"-Kategorien innovationshemmend wirken[13]. Dies wäre kaum Sinn des Sozialstaates.

3. Weitgehende Verselbständigungen möglich

Müssen also schon nach geltendem Verfassungsrecht nur gewisse Grundbestände der jeweiligen Materie in bundesunmittelbarer Verwaltung geführt werden, zeigt sich eine weitere Flexibilität in folgendem: Auch recht weitgehende Verselbständigungen innerhalb der jeweiligen Gesamtorganisation können noch als „bundesunmittelbar" konzediert werden, wenn nur die Schwelle zur eigentlichen Rechtsträgerschaft nicht überschritten ist und die allgemeinen Grundsätze der Zuordnung zur Bundesebene bewahrt bleiben. In den so vorhandenen Nischen kann sich daher die traditionelle Rechtsform von Bundesbahn (bisheriger Gestalt) und Bundespost (auch nach der bisherigen Poststrukturreform in Gestalt der relativ verselbständigten drei Unternehmensbereiche) als *Sondervermögen* des Bundes placieren. Ohnehin muß gesehen werden, daß zwischen den Rechtsbildungen selbständiger Rechtsträgerschaft und Verselbständigungen unterhalb dieser Grenze je nach Fall nur geringe substantielle Unterschiede verbleiben können. Die nähere Ausgestaltung der schon erwähnten weisungsfreien (ministerialfreien) Räume etwa, wenn und soweit diese überhaupt als Ausnahmen legitimiert werden können[14], vermag auch innerhalb der bundesunmittelbaren Verwaltung manchen Freiraum zu schaffen; wie umgekehrt durch intensive Durchnormierung der im Bereich mittelbarer Bundesverwaltung zu vollziehenden Gesetze die rechtliche Selbständigkeit der zum Gesetzesvollzug eingesetzten Organisationen im Effekt abgeschwächt werden kann[15]. Und auch in zahlreichen weiteren Beziehungen erweist sich die nur relative Formungskraft und Widerstandsfähigkeit der organisatorischen Rechtsformen gegenüber drängenden Sachzielen. So wird z.B. häufig darauf aufmerksam gemacht, daß man durch entsprechende nähere rechtstechnische Ausgestaltung öffentlich-rechtlicher Gebilde weithin gleichsinnige Ergebnisse erzielen kann wie mit dem Einsatz privatrechtlicher Rechtsformen und umgekehrt[16] – wobei es freilich Grenzen gibt.

---

13 Diesen Gedanken hat seit langem *E. Witte* geäußert.

14 Dazu etwa *E.-W. Böckenförde* in HStR, I, 1987, S. 887 ff., 902; sehr stringent jetzt *Jestaedt*, Demokratieprinzip und Kondominialverwaltung, 1993, S. 467 ff.; siehe auch das Material bei *Welz*, Ressortverantwortung im Leistungsstaat, 1988.

15 Siehe z.B. BVerfGE 39, 302 (313) zu den Sozialversicherungsträgern.

16 Zur Problematik etwa *B. Becker*, a.a.O. (Fn. 2), z.B. S. 249; *Bryde*, VVDStRL 46 (1988), S. 181 ff., 194; *Ehlers*, a.a.O. (Fn. 2), S. 52 ff.; *Schuppert*, a.a.O. (Fn. 2), S. 78 ff. u.a.m.

4. Grenzen der Flexibilität

Die Fülle dieser Relativierungen und Wechselbeziehungen darf nicht zu dem Schluß verleiten, die verfassungsrechtlich vorgezeichneten Verwaltungstypen könnten in beliebiger Weise ausgetauscht, die grundsätzlichen Konturen nach Gutdünken aufgegeben werden. Das Verfassungsrecht – das immerhin geändert werden kann – muß zwar sinnvoll interpretiert werden, darf aber vor angeblichen oder wirklichen Bedürfnissen der Praxis nicht schlicht kapitulieren.

a) Das zeigt sich einmal im *sachlich-strukturellen* Bereich. Soweit aus bestimmten Vorschriften des Grundgesetzes etwa föderale Schutzzonen oder die Notwendigkeit formellgesetzlicher Grundlagen für gewisse Bereiche zu entnehmen sind[17], kann diesen Erfordernissen und Vorkehrungen nicht ausgewichen werden; insbesondere nicht dadurch, daß man vermeint, mit Hilfe der Wahl weiterer Organisationsformen der Bundesverwaltung, die im Text nicht vorgesehen, wiewohl nicht schlechthin unzulässig sind, völlige Gestaltungsfreiheit vor sich ausgebreitet zu sehen. Umgehungen sind stets unzulässig, gleich ob sie sich praktischer Beliebtheit erfreuen oder nicht[18]. Auch können z.B. Legitimationsdefizite bestimmter Formen von Selbstverwaltung auch in diesem Gebiet nicht schlicht durch Anleihe an andere verfassungsrechtlich stärker gesicherte Ausgestaltungen „autonomer" Bereiche wettgemacht werden[19].

b) Grenzen in der Verfügbarkeit und Austauschbarkeit von Rechtsformen bestehen auch im unmittelbar *organisationstechnischen* Bereich. Der – nicht unbestrittene – Umstand, daß zur Bundeseigenverwaltung i.e.S. nur Organisationsgebilde gehören können, die (in der jeweiligen konkreten Beziehung[20]) keine eigene *Rechtsträgerschaft* innehaben, ist auf dem Hintergrund des Gesagten zwar mehr formalen Charakters, gleichwohl eine zwingende Konsequenz aus der Struktur des Art. 86 GG. Diese Konsequenz läßt sich nicht abschütteln. Hier entfaltet sich der Eigenwert der organisatorischen Rechtsform[21]; er weist über einen nur formalistischen Gehalt hinaus. Im übrigen zeigt sich schon in der jeweils etwas unterschiedlichen Nähe zur parlamentarischen Kontrolle ein *Sachgehalt* der Unterscheidung nach Bestehen oder Nichtbestehen eigener Rechtsträgerschaft.

17 Vgl. z.B. Art. 87 Abs. 3 S. 2 GG.

18 Zur „parakonstitutionellen" Existenz einer Reihe wichtiger, privatrechtlich organisierter Verwaltungseinrichtungen des Bundes *H. H. Klein* in BVerfG-Festgabe, Bd. II, 1976, S. 277 ff., 296; vgl. auch etwa *Ossenbühl*, VVDStRL 29 (1971), S. 137 ff., 166 f.

19 In diesem Grundgedanken ist *Jestaedt*, a.a.O. (Fn. 14) speziell zu den Fragen der sog. Kondominialverwaltung zu folgen.

20 *Krebs*, a.a.O. (Fn. 2), S. 579 f. betont im Zusammenhang der verselbständigten Verwaltungseinheiten, daß Rechtsfähigkeit „Rechtssubjektivität im Hinblick auf bestimmte Rechtssätze" sei.

21 Vgl. *Schmidt-Aßmann/Fromm*, a.a.O. (Fn. 6), S. 117.

IV. Art. 87d Abs. 1 GG – richtig verstanden

1. Systembruch?

Am Text der Neufassung des Art. 87d Abs. 1 GG scheint diese Konsequenz zu zerbrechen. Nach seinem Wortlaut ist auch eine vollständige Überführung der Luftverkehrsverwaltung in eine privatrechtliche Organisationsform (juristische Person des privaten Rechts) wie anscheinend ebenso in die Organisationsgestalt einer juristischen Person des öffentlichen Rechts möglich; beides erscheint jeweils als möglicher Unterfall der bundeseigenen Verwaltung i.e.S. Anders gelesen bliebe es – auf den ersten Blick – nicht recht verständlich, wie die in S. 1 des Art. 87d GG unverändert ausgesprochene Zuweisung zur bundeseigenen Verwaltung erhalten bleiben konnte.

Dies deutet auf einen Systembruch innerhalb des Grundgesetzes. Es fragt sich, wie dieser scheinbare Normenwiderspruch vernünftig aufgelöst werden kann.

2. Keine Preisgabe der grundsätzlichen Begriffsbildung

a) Eine Aufgabe und Zerstörung der grundsätzlichen Systematik, die in der vorangestellten Grundnorm (Art. 86 GG) zur Sprache gelangt und die bundeseigene Verwaltung i.e.S. auf die bundesunmittelbare Verwaltung begrenzt, die Bildung selbständiger Rechtsträger mithin aus diesem Kreise ausschließt, könnte schwerlich einleuchten. Eine so prinzipielle Norm, wie sie Art. 86 GG darstellt, kann nicht aus der Perspektive einer sehr speziellen Norm einen zentralen Bedeutungswandel erleiden; erst recht nicht als angebliche Konsequenz einer Verfassungsänderung, die den Wortlaut des Art. 86 unverändert ließ.

b) Allerdings kann nicht ausgeschlossen werden, daß eben dies, also eine hinterrücks und stillschweigend zu bewirkende Veränderung der herrschenden Interpretation des Art. 86 GG (und damit eines Teils des bisherigen begrifflichen Grundgerüstes der Bundesverwaltung) zu den eher versteckten, aber eigentlichen Zielen der Verfassungsänderung gehörte oder doch zumindest ein von manchen gern gesehenes Nebenziel war. Dafür mag sprechen, daß schon bisher gelegentliche Deutungen des Art. 86, die sich von der herrschenden Auslegung abheben, existieren, die im Ergebnis in eine vergleichbare Richtung weisen[22]. Mehr kann dazu

22 Vgl. zu (privat-)rechtlichen Verselbständigungsmöglichkeiten etwa *Dittmann*, a.a.O. (Fn. 2), S. 162 f., 170 f. Noch grundsätzlicher geht *B. Mayer*, Die Bundespost: Wirtschaftsunternehmen oder Leistungsbehörde, 1990, S. 75 ff. vor; nach ihr gehören zum Begriff der „bundeseigenen" Verwaltung auch solche Formen der mittelbaren Bundesverwaltung, bei denen der Bund über ein ausreichendes Beherrschungsverhältnis verfügt. Da dies aber, wie schon eingangs betont, für grundsätzlich jede dem Bunde zuzurechnende Verwaltung unerläßlich ist, werden damit bundeseigene Verwaltung und Bundesverwaltung identifiziert.
Diesem Mangel unterfällt auch die kürzliche ausgreifende Arbeit von

aber kaum gesagt werden. Angesichts des rechtspolitischen Dunkels, das sich hier ausbreitet, wäre man auf Spekulationen oder dedektivische Erkundungen angewiesen, was nicht unsere Sache sein kann. Eine solche Absicht oder Mitabsicht des verfassungsändernden Gesetzgebers unterstellt, hätte dies außerdem rechtspolitische Endeffekte, die kaum im Sinne der Erfinder liegen dürften. Sollte auf diesem Wege (also via Art. 87d Abs. 1 neu, Art. 86, Art. 87 Abs. 1 S. 1 GG) beabsichtigt gewesen sein, den Weg zur Privatisierung der Verkehrsverwaltungen (auch in den essentiellen Bereichen) zu erleichtern, d.h. eine Verfassungsänderung des Art. 87 GG zu erübrigen, käme man nicht sonderlich weit: Abgesehen von der Frage etwa damit zusammenhängender weiterer notwendiger Verfassungsänderungen müßte die Karawane grundsätzlich bei einer bloßen *Organisations*privatisierung anhalten. Die eigentlich erstrebenswerte Oase (weitgehender) *Aufgaben*privatisierung, d.h. Entlassung aus staatlicher Hand überhaupt, bliebe in einfachgesetzlich nicht erreichbarer Ferne; denn die Zuordnung zur bundeseigenen Verwaltung, also zur staatlichen Verantwortung, änderte sich nicht und könnte sich ohne Verfassungsänderung grundsätzlich nicht auf bloße staatliche Regulierungskompetenzen u.ä. zurückziehen[23]. Eine solche Lösung müßte also des rechtspolitisch zu erhoffenden eigentlichen Fortschritts und Durchbruchs zu einer wirklich umgreifenden Reform entbehren; sie müßte vielleicht sogar eher versteinernd und damit rechtspolitisch kontraproduktiv wirken – gesehen aus der Perspektive derer, die wie auch der Verfasser eine Organisationsprivatisierung allenfalls als Übergangslösung rechtspolitisch gutheißen könnten.

Das Bisherige zeigt jedenfalls, daß es kein recht einsehbares Ergebnis sein könnte, das bisher herrschende Begriffsverständnis der bundeseigenen Verwaltung i.e.S. (gemäß der allgemeinen Norm des Art. 86 GG) als Folge der speziellen Verfassungsänderung des Art. 87d GG über Bord zu werfen und damit gleichzeitig schwer abmeßbare Veränderungen in der Tragweite des Art. 87 Abs. 1 S. 1 GG in Kauf zu nehmen. Für einen solchen Sprung ins Dunkle fehlen letztlich die Argumente.

c) Diese liefert insbesondere auch nicht die *Entstehungsgeschichte* der Verfassungsänderung des Art. 87d Abs. 1 GG[24]. Im Gegenteil zeigt sich,

---

R. Scholz/J. Aulehner, a.a.O. (Fn. 10), bes. S. 146, wonach bundeseigene Verwaltung „nichts anderes" bedeute, „als daß der jeweilige Verwaltungsgegenstand in einer besonderen Zuordnung zum Bund und seinen Zuständigkeitsträgern stehen muß". Träfe dies zu, wäre irgendein faßbarer Unterschied zum Begriff der „Bundesverwaltung" nicht auszumachen.

23 Allerdings ist eine Deutung des Art. 87 Abs. 1 S. 1 GG im Blick auf die Verkehrsverwaltungen zu erwägen, die unter bestimmten, sehr besonderen Umständen die Bindung an die (Leistungs-)Staatlichkeit der Verkehrsverwaltungen aufgehoben sieht; dies ist aber eine allgemeinere Frage – dazu meine Andeutungen a.a.O. (Fn. 3), Art. 87, Rn. 83 ff., 90 –, die von der Lösung der gegenwärtigen Problematik nicht abhängt.

24 Hierzu siehe bes. BT-Drucks. 12/1800; 12/2450.

daß man davon ausging, die *bisherige* Fassung des Art. 87d Abs. 1 GG weise die Luftverkehrsverwaltung („und damit die Flugsicherung") der staatlichen „bundeseigenen Verwaltung im Sinne des Art. 86 GG zu", was eine „Organisationsprivatisierung" ausschließe[25]. Diese Sicht traf zu (abgesehen davon, daß nach dem Gesagten eine *begrenzte* Organisationsprivatisierung schon bisher zulässig hätte sein können). Wollte man nun für die Zukunft den Weg zur (auch vollständigen) Organisationsprivatisierung öffnen – und eben dies war die faßbare Absicht des verfassungsändernden Gesetzgebers[26] –, hätte man daher die Zuordnung zur bundes*eigenen* Verwaltung nicht fortführen dürfen. Genau dies ist aber geschehen: Art. 87d Abs. 1 S. 1 GG (Zuordnung zur bundeseigenen Verwaltung) blieb, wie bemerkt, unverändert. In Wirklichkeit *gewollt* war in dieser Richtung lediglich die fortdauernde Zugehörigkeit zur *Bundes*verwaltung (im Verhältnis zur Landesverwaltung)[27], nicht aber die Zugehörigkeit speziell zum Typ der bundes*eigenen* Verwaltung im Sinne des Art. 86, also zur bundesunmittelbaren Verwaltung.

Der verfassungsändernde Gesetzgeber hat mithin dasjenige, was er wollte, nicht zutreffend artikuliert. Man kann daher nicht davon ausgehen, daß aus einem solchen (verzeihlichen) Fehltritt des verfassungsändernden Gesetzgebers *mehr* Konsequenzen gezogen werden sollten, als überhaupt veranlaßt sind. M.a.W.: Man muß durch sinnvolle Auslegung des Art. 87d Abs. 1 GG versuchen, die angerichtete Verwirrung soweit wie möglich zu beheben. Für eine Umdeutung des Art. 86 GG selbst und damit für eine Veränderung der grundsätzlichen Begriffsbildung und Systematik besteht jedenfalls kein Anlaß. Erst recht wäre es unglücklich, bei den anstehenden Verfassungsänderungen zur Bahn- und Postreform den in Art. 87d Abs. 1 GG gemachten Fehler zu prolongieren.

3. Interpretationsmöglichkeiten

Zum Ziele möglichster Schadenseingrenzung lassen sich verschiedene konstruktive Deutungen vorstellen.

a) Keine überzeugende Lösung wäre es allerdings, den Terminus in Art. 87d Abs. 1 S. 1 GG schlicht auf die bundeseigene Verwaltung im *weiteren* Sinn zu beziehen. Das kollidierte nicht nur mit dem wortlautmäßigen und systematischen Zusammenhang mit Art. 86, Art. 87 Abs. 1 S. 1 und anderen Normen; es böte dies auch kaum eine Abhilfe, da die Zuordnung privatrechtlicher Organisationsträger zu diesem Begriff (anders als zum Begriff der Bundesverwaltung überhaupt) auf Schwierigkeiten stößt[28].

25 BT-Drucks. 12/2450, S. 1 (Beschlußempfehlung und Bericht des BT-Rechtsausschusses).
26 A.a.O., S. 2.
27 Siehe a.a.O., S. 2: die Luftverkehrsverwaltung bleibt Sache des Bundes.
28 Näher *Lerche,* a.a.O. (Fn. 3), Art. 86, Rn. 88.

b) Keine befriedigende Lösung wäre wohl auch zu erreichen, wollte man den Begriff der „Organisationsform" in Art. 87d Abs. 1 S. 2 GG nur auf die (öffentlich-rechtliche oder privatrechtliche) „*Handlungs*form" beziehen. Zwischen beiden Begriffen ist zu unterscheiden. Daß bundeseigene Verwaltung wie Bundesverwaltung in jeder sonstigen Unterform grundsätzlich auch in privatrechtlichen Handlungsformen betrieben werden kann („Verwaltungsprivatrecht"), ist anerkannt. Hierzu hätte es einer Verfassungsänderung nicht bedurft. In der Tat spricht auch die Entstehungsgeschichte dafür, daß nicht nur eine privatrechtliche Handlungsweise ermöglicht werden sollte, sondern die Umschaltung auf privatrechtliche Organisationsträger[29].

c) Es verbleibt die Möglichkeit, den Terminus der bundeseigenen Verwaltung im speziellen Sinn des Art. 87d Abs. 1 S. 1 GG gleichbedeutend mit *Bundesverwaltung* zu verstehen, genauer mit bundesausschließlicher Verwaltung. Dies macht zwar einen erheblichen Ruck vom Wortlaut hinweg notwendig, korrespondiert aber mit dem tatsächlich Gewollten: Wie schon bemerkt[30], lag dem verfassungsändernden Gesetzgeber nicht daran, speziell die Zuordnung zur bundeseigenen Verwaltung fortzuschreiben, sondern nur zur Bundesverwaltung überhaupt. Dem verfassungsändernden Gesetzgeber war gleichzeitig (höchst merkwürdigerweise) sehr wohl bewußt, daß die Zuordnung zur bundeseigenen Verwaltung im Sinne des Art. 86 GG eine „Organisationsprivatisierung" ausschließt[31]. Wäre der Gesetzgeber konsequent gewesen, hätte er, da er ja gerade die Organisationsprivatisierung ermöglichen wollte, den Terminus der bundeseigenen Verwaltung nicht beibehalten dürfen. Es dürfte daher noch im Rahmen zulässiger Interpretation liegen, diesen Fehler zu korrigieren, um das vom verfassungsändernden Gesetzgeber eigentlich Gewollte klarer zu sagen, als er es selbst zustandegebracht hat und damit zugleich systemzerstörende Weiterungen für die Auslegung von Art. 86, 87 und sonstigen Vorschriften des Grundgesetzes hintanzuhalten. Der Entstehungsgeschichte fällt bei jungen Normen mehr Gewicht zu, als sie dies im übrigen beanspruchen kann.

d) Will man sich auf diesen Pfad nicht einlassen, könnte – aus Sachnot geboren – allenfalls an eine *Fiktion* gedacht werden[32] und zwar dahingehend, Art. 87d Abs. 1 GG ordne an, daß speziell für seinen Geltungsbe-

---

29 Siehe erneut BT-Drucks. 12/1800; 12/2450. Einer Gleichstellung zwischen Handlungsformen und Organisationsformen unterliegen *R. Scholz/J. Aulehner*, a.a.O. (Fn. 10), bes. S. 147, auch S. 145.

30 Oben IV 2 c.

31 Vgl. BT-Drucks. 12/2450, S. 1.

32 Zur Möglichkeit dieser Alternative siehe auch meine Andeutungen a.a.O. (Fn. 3), Art. 87, Rn. 40. Es handelt sich allerdings nicht um eine Fiktion „kraft rechtlich bedingten Sachzwangs" im Sinne meines Beitrags zur allgemeinen Fiktionen-Lehre in Eisenmann/Zieger (Hrsg.), Zur Rechtslage Deutschlands (Wengler-Kolloquium), 1990, S. 87 ff., 93 f.

reich (Luftverkehrsverwaltung) auch Bundesverwaltung über privatrechtliche (und ebenso wohl auch über öffentlich-rechtliche[33]) Rechtspersonen als bundeseigene Verwaltung anzusehen seien. Dieser Weg dürfte indes ferner liegen als der zuvor genannte. Immerhin: Der Interpret muß notfalls auch zu schmalen Rettungsringen greifen dürfen, besteht die Alternative nur darin, in den Fluten einer Verfassungsänderung zu versinken, die den Reiz des leicht Chaotischen nicht ganz verleugnet.

33 Der Einbezug öffentlich-rechtlicher selbständiger Rechtsträger wäre freilich nicht selbstverständlich, da die Formulierung: „öffentlich-rechtliche . . . Organisationsform" in Art. 87d Abs. 1 S. 2 GG zwanglos auch dann zuträfe, wenn nur an unmittelbare Bundesverwaltung gedacht wäre.

Peter Bohley

Über die Voraussetzungen von Föderalismus und die Bedeutung kollektiver Identität

Zur Klärung häufiger Mißverständnisse

Inhaltsübersicht

I. Rückenwind für den Föderalismus?

Der Föderalismus erfreut sich im zu Ende gehenden 20. Jahrhundert vielseitiger Zustimmung. Auch außerhalb bestehender Bundesstaaten wird ihm Beifall gezollt[1]. In Anlehnung an die Kodifizierung im „Vertrag von Maastricht"[2] wird zwar vielfach nur ein Bekenntnis zum Subsidiaritätsprinzip abgelegt, aber es verbinden sich damit meistens ähnliche Wünsche oder Assoziationen wie mit Föderalismus[3]. Auch hinter den Bekenntnissen zum Regionalismus oder zur Idee der „Europaregion" stehen verwandte Vorstellungen. Gemeinsamer Nenner dieser Bekundungen ist die Überzeugung, dezentrale öffentliche Entscheidungs- oder Verwal-

1 So schreibt beispielsweise die Neue Zürcher Zeitung vom 14. September 1993 in einem Bericht über die Jahrestagung der Mont Pèlerin Gesellschaft („Radikale Antworten auf den Postsozialismus"): „Kein Zweifel: Unter den liberalen Intellektuellen hat man den *kleinen Staat* wiederentdeckt – . . . Der Vorschlag von *Dwight R. Lee* (University of Georgia), dem Föderalismus neues Leben einzuhauchen, wurde jedenfalls begeistert aufgenommen. Der Föderalismus müsse zu einem ‚*fiskalischen Föderalismus*' werden . . ."

2 In Art. 3b, Abs. 2 des Vertrags zur Gründung der Europäischen Gemeinschaft und in der am 7. Februar 1992 in Maastricht unterzeichneten Präambel des Vertrags über die Europäische Union.

3 Ob zu Recht oder zu Unrecht, kann hier dahingestellt bleiben. Richtig dürfte freilich sein, was *E. Deuerlein* schon vor längerer Zeit feststellte: „Föderalismus *lebt* aus Subsidiarität". Hingegen entspringe „die Formulierung eines *eigenen* Subsidiaritätsprinzips . . . der Unkenntnis oder dem mangelnden Verständnis des Föderalismus". (Föderalismus. Die historischen und philosophischen Grundlagen des föderativen Prinzips, München 1972, S. 319 – Hervorhebung von mir).

tungsstrukturen seien „demokratischer" und man vermeide so die Nachteile schwerfälliger und kostspieliger staatlicher Bürokratien; eine „schlankere Produktionsweise" von politischen Entscheidungen und öffentlichen Dienstleistungen müsse durch kleinere politische Einheiten erreicht werden. Entstanden sind solche Überzeugungen oft aus der Erfahrung politischen und administrativen Ungenügens beim Vorliegen zentralistischer Staatsstrukturen.

Es dürfte in der Tat kaum anzuzweifeln sein, daß föderalistische Entscheidungsstrukturen und im speziellen eine föderalistische Staatstruktur immer dann die in sie gesetzten Erwartungen zu erfüllen vermögen, wenn die weiter unten noch zu zeigenden Voraussetzungen für ihre Errichtung vorgelegen haben. Da dies im speziellen beim Schweizer Föderalismus der Fall ist, findet er zu Recht Beachtung weit über die Grenzen der Schweiz hinaus als ein Modellfall eines „effizienten Politiksystems"[4]. Aber auch die Bundesstaatlichkeit Deutschlands wird, 45 Jahre nach ihrer Wiederherstellung, von keiner ernstzunehmenden Seite mehr abgelehnt. Die rasche Wiedererrichtung von fünf „neuen" Bundesländern nach dem Zusammenbruch des Zentralstaates „DDR" und die von der großen Mehrheit der Bevölkerung der alten Bundesrepublik nicht in Frage gestellte Existenz der elf alten Länder und ihrer Grenzen seit nunmehr über 40 Jahren können als Belege für eine breite Akzeptanz der Föderalismusidee in Deutschland angesehen werden.

Das bisher gezeichnete Bild bedarf freilich einiger Retuschen. So vorbehaltslos, wie es manchmal den Anschein hat, wird der Föderalismus und werden die aus ihm abgeleiteten Strukturen nicht überall befürwortet. Föderalismus stößt beispielsweise auf Ablehnung, weil zu ihm immer auch eine feste, die Vielfalt zusammenhaltende Klammer gehört. Bekanntlich haben sich die Briten bei den Verhandlungen, die 1991 zu den Vereinbarungen von Maastricht führten, mit Erfolg gegen jegliche Bezugnahme auf den Föderalismus als Strukturprinzip für eine europäische Union gewehrt. Auch die Franzosen lehnen die Idee eines die Nationalstaaten stark abwertenden europäischen Bundesstaates ab[5]. In Deutschland gibt es eine immer noch nachwirkende, historisch begründete Skepsis gegenüber dem Föderalismus, bedingt durch seine vermeintliche Nähe

4 Unter dem Titel „Gute Noten für Schweizer Föderalismus – Wissenschaftergespräch in Brunnen" berichtete die Neue Zürcher Zeitung vom 31. März 1992 über eine vom amerikanischen Liberty Fund am 28. und 29. März ausgerichtete Tagung zum Thema: „Schweizer Erfahrungen mit föderalistischer Freiheit". Nach überwiegend zum Ausdruck gebrachter Ansicht gehöre der Schweizer Föderalismus „im internationalen Vergleich zu den effizientesten Politiksystemen".

5 Als Folge der britischen und französischen Vorbehalte kam es daher nur zur Kodifizierung eines Subsidiaritätsprinzips im Maastrichter Vertrag. Siehe *P. Bohley*, Europäische Einheit, föderatives Prinzip und Währungsunion: Wurde in Maastricht der richtige Weg beschritten? in: Aus Politik und Zeitgeschichte, Beilage zur Wochenzeitung Das Parlament vom 1. Januar 1993, S. 34 f.

zum Partikularismus oder sein zu befürchtendes Abgleiten in den Separatismus[6]. „Der Föderalismus ist in Deutschland nicht populär, da täusche sich niemand", hieß es beispielsweise vor kurzem in einer Leitglosse der Frankfurter Allgemeinen Zeitung[7]. Vor allem im Zusammenhang mit der deutschen Wiedervereinigung gab es zahlreiche kritische Kommentare zum deutschen Föderalismus. Eine schon als abgeschlossen geglaubte Diskussion um die Neugliederung des Bundesgebietes flammte erneut auf. „Ohne eine Neugliederung der Länder im alten wie im neuen Bundesgebiet wird eine befriedigende Finanzverfassung nicht zu erreichen sein", schrieb *Franz Klein*[8], und er steht mit dieser Ansicht nicht allein da[9]. Nicht nur die Sorge um eine befriedigende Finanzverfassung und einen haltbaren Finanzausgleich gaben Anlaß zur Kritik, es wurde den alten Bundesländern auch krasser Egoismus vorgeworfen, weil sie nicht bereit waren, sich in stärkerem Umfang an den Lasten der deutschen Einheit zu beteiligen[10]. Aus manchen Stimmen läßt sich der Vorwurf des Versagens des Föderalismus, ja sogar eine gewisse Infragestellung seiner ethischen Qualität heraushören. Beruht die Kritik auf Mißverständnissen hinsichtlich des Föderalismus oder bezieht sie sich im Grunde nur auf gewisse Fehlentwicklungen des deutschen Föderalismus?

II. Optimaler Staatsaufbau?

Mit Hilfe der ökonomischen Analyse kann gezeigt werden, welchen Nutzen eine föderalistische Staatsstruktur abwirft und welcher Preis gegebe-

6 Zu den historischen Vorbehalten gegenüber dem Föderalismus in Deutschland siehe *E. Deuerlein*, S. 328 ff. (Fn. 3).

7 *F. K. Fromme* in der Ausgabe vom 11. März 1993.

8 Zur Finanzverfassung von Bund und Ländern nach dem Grundgesetz und dem Einigungsvertrag, in: Thüringer Verwaltungsblätter, Zeitschrift für öffentliches Recht und öffentliche Verwaltung vom 1. Juni 1992, S. 54.

9 *R. Scholz* beispielsweise, der Vorsitzende der Gemeinsamen Verfassungskommission von Bundestag und Bundesrat, hielt zwar den Verzicht auf eine Neugliederung in der alten Bundesrepublik noch gerade für hinnehmbar, doch gelte „unter den Aspekten von jetzt 16 Bundesländern äußerst unterschiedlicher Größe und Leistungsfähigkeit . . . anderes bzw. gegenteiliges". Neue Verfassung oder Reform des Grundgesetzes, Vortrag vor der *Alfred Herrhausen* Gesellschaft für internationalen Dialog, Frankfurt a.M. Oktober 1992, S. 13. Äußerungen anderer Staatsrechtler oder von Politikern, die in die gleiche Richtung zielen, lassen sich mühelos finden.

10 „Wenn man in der Bundesrepublik Deutschland davon ausgehen konnte, daß sich der Föderalismus bis zum Beitritt der fünf neuen Länder bewährt hatte" schreibt *F. Klein*, S. 54 (Fn. 8), „so muß jetzt festgestellt werden, . . . daß die Altländer und Gemeinden einen zu geringen Beitrag zur Finanzierung der Lasten der deutschen Einheit aufbringen". Auch Finanzwissenschaftler haben sich verschiedentlich in diesem Sinne kritisch geäußert. Siehe z.B. *R. Peffekoven*, Die Bundesländer entziehen sich ihrer Pflicht. Der Streit um die Verteilung des Umsatzsteueraufkommens nach der Vereinigung, in: Frankfurter Allgemeine Zeitung vom 21. Juli 1990.

nenfalls dafür zu bezahlen ist. Ökonomische Einsichten leisten auch wertvolle Hilfe bei der Gestaltung der Finanzverfassung und des Finanzausgleichs. Verschiedene Ansätze stehen im Prinzip für eine ökonomische Analyse des Föderalismus zur Verfügung. Zu unterscheiden sind vor allem zwei davon. Im ersten Fall wird von einem vorgegebenen (historisch gewachsenen oder verfassungsmäßig abgesicherten) Institutionengefüge ausgegangen, im zweiten Fall von einem allokationspolitischen Ziel. Im ersten Fall wird zu zeigen versucht, welche Effekte von einer vorgegebenen föderalistischen Staatsstruktur auf die wirtschaftliche Entwicklung eines Landes ausgehen und auf welche Weise und warum die Bürger aus einer solchen Staatsstruktur Nutzen ziehen können[11]. Beim zweiten, in den sechziger Jahren entwickelten und seither fast in den Rang einer Orthodoxie angehobenen Ansatz steht im Vordergrund des Interesses die Frage, wie die über die öffentlichen Haushalte angebotenen „öffentlichen Güter" möglichst gut an die Präferenzen der Bürger angepaßt und mit einem möglichst geringen Aufkommen an öffentlichen Finanzierungsmitteln bereitgestellt werden können. Die den zweiten Ansatz verwendende sog. „Theorie des fiskalischen Föderalismus" abstrahiert von allen historisch vorgegebenen Gebietseinteilungen und leitet eine „föderalistische" oder richtiger: dezentrale Staats- und Gebietsstruktur aus dem Allokationsziel ab. Der Föderalismus in Gestalt eines „optimalen Staatsaufbaus" ist aus dieser Sicht ein Instrument zur Erreichung einer optimalen Versorgung mit staatlich oder kommunal zur Verfügung gestellten öffentlichen Gütern[12].

Die fiskalische Föderalismustheorie konnte auf den Grundlagen der kurz zuvor entstandenen Theorie der öffentlichen Güter aufbauen[13]. Es gibt ein breites Spektrum öffentlicher Güter. Manche dieser öffentlichen Güter haben nur einen kleinen, lokal beschränkten Kreis von Nutzenempfängern (einen lokal beschränkten Radius der Nutzendiffusion), andere haben einen regionalen, nationalen oder sogar darüber hinausgreifenden Radius der Nutzendiffusion. Öffentliche Güter unterstehen demselben Gesetz der Knappheit wie private Güter. Man muß entscheiden, in welchem Umfang man die knappen Ressourcen für die einzelnen öffentlichen Güter verwenden will. Die fiskalische Föderalismustheorie leistet Hilfestellung beim Treffen dieser Entscheidungen. Sie verlangt, daß diejenigen entscheiden, denen die Nutzen zufallen, und daß diese zugleich die Kosten der Entscheidungen tragen sollen. Wegen des je nach der Art des

11 Von einem solchen Ansatz ging auch *Ch. Tibout* aus (A Pure Theorie of Local Expenditures, in: Journal of Political Economy, Jg. 64, 1956, S. 416 ff.) Seine Arbeit markierte den Beginn einer *ökonomischen* Analyse des Föderalismus.

12 Einen Überblick über die umfangreiche Literatur zum fiskalischen Föderalismus erhält man beispielsweise bei *W. E. Oates* (Hrsg.), The Political Economy of Fiscal Federalism, Lexington/Mass., Toronto 1977, oder *G. Kirsch* (Hrsg.), Föderalismus, Stuttgart, New York 1977.

13 *P. A. Samuelson,* The Pure Theory of Public Expenditures, in: The Review of Economics and Statistics, Jg. 36, 1954, S. 387 ff.

öffentlichen Gutes unterschiedlich großen Nutzendiffusionskreises führen diese Prinzipien jedoch zu Gebietsgrenzen, die aus der jeweiligen Nutzendiffusion abzuleiten sind. Im Sinne der fiskalischen Föderalismustheorie müßte der Staat zur Erreichung des ökonomischen Optimums bei der Bereitstellung öffentlicher Güter aus einer Vielzahl funktional definierter Gebietsteile auf vielschichtig sich überlappenden Ebenen bestehen. Als theoretische Zweitbestlösung kommt eine Bündelung bei der Bereitstellung öffentlicher Güter auf die Gliedkörperschaften einiger weniger Ebenen in Frage, wobei die Grenzen so gezogen werden sollten, daß die Überschwapp-(„spillover"-)Effekte von Nutzen und Kosten minimiert werden. Man erkennt aus dieser skizzenhaften Darlegung der fiskalischen Theorie des Föderalismus, daß für die (optimale oder zweitbeste) Lösung des Allokationsproblems beim Vorliegen öffentlicher Güter neben der Aufgabenzuteilung auch die territoriale Gliederung des Raumes instrumentalisiert wird: Die Zahl der Staatsebenen ebenso wie ihre Gliederung auf jeder Ebene stehen (theoretisch) zur Disposition. Der Staat wird in territorialer Hinsicht „labil", weil zu jedem Zeitpunkt abhängig vom jeweils politisch gewünschten Sortiment an öffentlichen Gütern und deren Nutzendiffusionscharakteristik.

Die fiskalische Föderalismustheorie, die man als einen Bestandteil der Theorie der öffentlichen Güter ansehen kann, hat unbestrittenermaßen zu einigen wichtigen Erkenntnissen hinsichtlich zu befolgender Maximen bei der Zuordnung von Entscheidungskompetenzen und bei der Gestaltung des Finanzausgleichs geführt. Sie berücksichtigt jedoch nicht *alle* ins Gewicht fallenden ökonomischen Aspekte. Die Frage nach der *Stabilität* eines föderalistischen Systems, von der seine langfristigen Wohlstandswirkungen und der langfristig erzielbare Nutzen in entscheidender Weise abhängen, ist nicht ihr Gegenstand. Ebenfalls bleibt der aus der Integration der Bürger in ihr Gemeinwesen *unmittelbar anfallende Nutzen* beim Ansatz der fiskalischen Föderalismustheorie ausgeklammert. Es ist ihr daher kein umfassender Beurteilungsmaßstab zu entnehmen[14].

In vergleichbarer Weise wie bei der fiskalischen Föderalismustheorie waren Effizienzgesichtspunkte maßgebend, als in den sechziger und siebziger Jahren in den alten Bundesländern kommunale Gebietsreformen durchgeführt wurden. Diese Gebietsreformen dezimierten die vorher bestehenden rd. 24 500 Gemeinden um etwa zwei Drittel auf nur noch 8 500 Gemeinden. Den „Eingemeindungen vom Fließband" gingen keine Abstimmungen oder Befragungen der Bürger voraus; sie wurden regelmäßig vom Landesgesetzgeber angeordnet. Die Bürgerwünsche kamen

14 Auf dieses Theoriedefizit hat schon *H. Zimmermann* hingewiesen, Allgemeine Probleme und Methoden des Finanzausgleichs, in: Handbuch der Finanzwissenschaft, 3. Aufl., Bd. IV, Tübingen 1983, speziell S. 32 ff. Auf ein ähnliches Theoriedefizit des Staatsrechts verwies *E. Deuerlein*, S. 331, mit der Feststellung: „Alle Versuche, den Föderalismus ausschließlich als staatsrechtliches Prinzip zu reklamieren, übersehen seine . . . sozietäre Orientierung" (Fn. 3).

allenfalls ex post zum Tragen. Eine Beurteilung dieser Reformen und der Folgen aufgrund nicht berücksichtigter Gesichtspunkte erfolgt weiter unten. Auch auf der Länderebene ist die Instrumentalisierung der Gebietseinteilung nicht nur ein Thema wissenschaftlicher Erörterungen gewesen: Anfang der fünfziger Jahre wurden die drei Länder Baden, Württemberg-Baden und Württemberg-Hohenzollern zum Land Baden-Württemberg zusammengelegt. In den darauffolgenden Jahren wurden sodann erhebliche, wenn auch erfolglos gebliebene Anstrengungen unternommen, weitere Neugliederungen des Bundesgebietes durchzusetzen[15].

Das Grundgesetz, das angesichts der seiner Entstehung vorausgegangenen Umwälzungen nur einen im Prinzip „territorial labilen" Bundesstaat schuf, gestattet eine Neugliederung bei „Berücksichtigung der landsmannschaftlichen Verbundenheit" sowie „der geschichtlichen und kulturellen Zusammenhänge"[16]. Die heutigen Befürworter einer (generellen) Neugliederung des Bundesgebiets glauben über derartige einschränkende Bedingungen und über wichtige Bürgerbedürfnisse hinwegsehen zu können. Ihren Vorstellungen entspricht zumeist eine Zusammenlegung der heutigen 16 Länder zu sieben oder acht Bundesländern. Diese wären dann im Durchschnitt ihrer Einwohnerzahl mehr als doppelt so groß wie die Gliedstaaten der USA, gar nicht zu sprechen von den 26 Schweizer Kantonen, deren beide größten und leistungsfähigsten (Zürich und Bern) ungefähr die Einwohnerzahl der kleinsten heutigen deutschen Bundesländer haben[17].

III. Historische Voraussetzungen von Föderalismus

Anders als der soeben behandelte Ansatz der fiskalischen Föderalismustheorie geht der im folgenden Verwendung findende *institutionentheoretische* Ansatz von einem historisch gewachsenen föderalistischen Institutionengefüge aus. Es können dadurch auch die bei den Bürgern unmittelbar anfallenden, d.h. nicht aus öffentlich bereitgestellten Gütern resultie-

---

15 Eine ausführliche Darstellung dieser Versuche findet man bei *H. Laufer,* Das föderalistische System der Bundesrepublik Deutschland, überarbeitete (6.) Aufl., Bonn 1992, S. 213 ff.

16 Art. 29 GG a.F. Diese Bedingung wurde aus dem ursprünglichen, einen Auftrag zur Neugliederung enthaltenden Art. 29 GG auch in die heute noch gültige „Kann"-Fassung des Art. 29 GG übernommen.

17 Bei einer Bevölkerung von (1992) 255 Mio. beträgt die durchschnittliche Einwohnerzahl der 50 US-amerikanischen Gliedstaaten 5,1 Mio., während bei einer Bevölkerung von (1992) 80,5 Mio. bei sieben deutschen Bundesländern der Durchschnitt bei 11,5 Mio. Einwohner läge. Sie hätten die Größenordnung mittelgroßer Nationalstaaten. Siehe *P. Bohley,* Chancen und Gefährdungen des Föderalismus, in: K. Bohr (Hrsg.), Föderalismus, Demokratische Struktur für Deutschland und Europa, München 1992, S. 59 f. und 72 f. sowie *P. Bohley,* Neugliederung – Gefahr für die Identität der Länder, Frankfurter Allgemeine Zeitung, 19. Febr. 1991.

renden Nutzen föderalistischer Institutionen explizit berücksichtigt werden. Der „unmittelbare Bürgernutzen" setzt zwar öffentliche Güter bereitstellende Gemeinwesen und deren Institutionen voraus, doch entsteht er „ohne Produktionsumweg" direkt beim Bürger aus dessen Handlungen *unter dem Dach des Gemeinwesens* und aus seiner inneren Teilhabe an dessen Glück und Wohlergehen. Berücksichtigt man auch derartige Nutzenaspekte, dann erhält man einerseits vertiefte Einsichten in den „Unterbau" der formalen Institutionen des Föderalismus und gelangt andererseits zu umfassender begründeten Gestaltungsmaximen für die Finanzverfassung und den Finanzausgleich, als sie aus der fiskalischen Föderalismustheorie zu gewinnen sind[18]. Um den institutionentheoretischen Ansatz zu entwickeln, muß zunächst an die Historizität der für ein Gemeinwesen fundamentalen Institutionen und des für den Zusammenhalt und die Stabilität eines Gemeinwesens unverzichtbaren *Regelvertrauens* erinnert werden[19].

Fundamentale Institutionen und das Entstehen eines Grundvertrauens in die Dauerhaftigkeit dieser Institutionen und der darin inbegriffenen Regeln sind das Ergebnis langdauernder Findungs- bzw. Evolutionsprozesse. Die im Verlauf dieser Evolution gesammelten kollektiven Erfahrungen und die dabei akkumulierte Substanz prägen die persönlichen Identitäten als „Wahrnehmung der eigenen Gleichheit und Kontinuität in der Zeit" und die damit verbundenen Wahrnehmungen, „daß auch andere diese Gleichheit und Kontinuität erkennen"[20]. Der für die Prägung der Identität der Angehörigen eines Gemeinwesens maßgebende Kernbereich an Institutionen und darin inbegriffener Regeln entwickelte sich jeweils rekurrent aus jenen Institutionen und Regeln, die zur Existenzsicherung früherer Sippen-, Stadt- oder Stammesgemeinschaften unter den jeweils vorliegenden geographischen, klimatischen und sonstigen äußeren Bedingungen erforderlich waren[21].

---

18 Dieser Ansatz erlaubt es auch, den (positiven) Zusammenhang zwischen Föderalismus (mit darin innewohnender Machtaufspaltung und Konkurrenz unter den Gliedern) und der langfristigen Wirtschaftsentwicklung eines Landes zu zeigen. Einen wichtigen Beitrag zur Klärung dieses Zusammenhangs hat neuerdings *B. R. Weingast* durch wirtschaftshistorische Studien verschiedener Epochen und Länder geliefert. Siehe z.B. „Federalism and the Political Commitment to Sustain Markets", Hoover Institution, Stanford University, Stanford, Calif. 1992, „The Economic Role of Political Institutions", Hoover Institution, Stanford University, Stanford Calif. 1993.

19 Es gibt einige Parallelen zwischen dem hier verfolgten institutionentheoretischen Ansatz und dem in der sozialphilosophischen Diskussion als *kommunitaristisch* bezeichneten Standpunkt.

20 *E. H. Erikson*, Identität und Lebenszyklus, 2. Aufl. Frankfurt a. M. 1974, S. 18.

21 Zur Entstehung von Institutionen siehe z.B. *U. Witt*, Eine individualistische Theorie der Entwicklung ökonomischer Institutionen, in: Jahrbuch für Neue Politische Ökonomie, Bd. 7, 1988, S. 72 ff. oder *V. Vanberg*, Der individualistische Ansatz zu einer Theorie der Entstehung und Entwicklung von Institutionen, Jahrbuch für Neue Politische Ökonomie, Bd. 2, 1983, S. 50 ff.

Es bleibt eine historische Leistung ursprünglich ethnisch homogener Sippen-, Stadt- oder Stammesgemeinschaften, Institutionen und Regeln entwickelt und dadurch für spätere Generationen die Grundlagen kollektiver Identitäten geschaffen zu haben. Solche kollektiven Identitäten müssen nicht verloren gehen, wenn sich aus welchen Gründen auch immer unter die ursprünglich ethnisch homogenen Gemeinschaften ethnisch fremde Individuen oder (zugewanderte oder unterworfene) Gruppen mischten, sofern ihre kulturelle und soziale Integration und Assimilation erfolgte und den Hinzugekommenen die Möglichkeit einer inneren Bindung an das sie „übernehmende" Gemeinwesen und seine fundamentalen Regeln und Institutionen gegeben wurde. Aus einer ursprünglich ethnisch homogenen Gemeinschaft konnte so eine an einen bestimmten Raum, eine bestimmte Kultur oder Zivilisation gebundene Kollektividentität und das damit einhergehende Regelvertrauen entstehen, das aufgrund seiner historischen Wurzeln oft mit jener ethnischen Gemeinschaft, aus der heraus sie erwachsen ist, assoziiert bleibt.

Identität[22] hat mit Identifizierung zu tun[23]. Persönliche Identität impliziert auch subjektive Identifizierung mit einem Kollektiv[24]. Das kann natürlich nur geschehen, wenn und solange ein Kollektiv als solches subjektiv auch wahrnehmbar ist, d.h. erkennbar und unterscheidbar ist. Ein Kollektiv, mit dem Menschen sich identifizieren können, benötigt neben „Gleichheit und Kontinuität" ein unverwechselbares eigenes Gesicht und eine erkennbare eigene „Haut". Ein Kollektiv darf nicht ins Grenzenlose verschwimmen, es muß verortet werden können. Andernfalls kann keine kollektive Identität entstehen oder bestehen bleiben und daher auch keine Selbstverantwortlichkeit. Es fehlt dann nämlich das entscheidende Motivans. Bereits subjektive Empfindungen des Verlusts an Konturen und ein vermeintliches Unkenntlichwerden des eigenen Kollektivs können starke emotionale Reaktionen auslösen. Sie lassen sich übrigens heute in vielen Ländern der westlichen Welt beobachten. Eine wesentliche Ursache dürfte darin zu suchen sein, daß es infolge

22 Nach *E. H. Erikson,* S. 124 (Fn. 20) „weist der Begriff ‚Identität' . . . auf das Band hin, das den einzelnen Menschen mit den von seiner einzigartigen Geschichte geprägten Werten seines Volkes verbindet. Zugleich bezieht er sich aber auch auf den Angelpunkt in der Entwicklung gerade dieses Menschen". Der demgegenüber z.B. von *J. Habermas* (Theorie des kommunikativen Handelns, Frankfurt a. M. 1981) unternommene Versuch, Identität diskurstheoretisch zu erklären und den freien Diskurs zum Identitätsinhalt zu machen, muß als nicht geglückt angesehen werden. Er bleibt ahistorisch und ohne eine ausreichende individualpsychologische Fundierung.

23 „Sprachlich wie psychologisch haben Identität und Identifikation die gleichen Wurzeln", *E. H. Erikson,* S. 138 (Fn. 20).

24 „Der Begriff ‚Identität' drückt also insofern eine wechselseitige Beziehung aus, als er sowohl ein dauerndes inneres Sich-Selbst-Gleichsein wie ein dauerndes Teilhaben an bestimmten gruppenspezifischen Charakterzügen umfaßt", *E. H. Erikson,* S. 124 (Fn. 20).

eines immer rascheren wissenschaftlich-technischen Fortschritts und der damit in Zusammenhang stehenden Globalisierung der ökonomischen Verflechtungen überall zu einem raschen Wandel in Richtung auf eine Angleichung von Regeln und Institutionen des Alltagslebens gekommen ist. Auch wenn es sich dabei bisher wohl eher nur um einen Wandel sog. sekundärer Regeln und Institutionen gehandelt hat, löste der rasche Wandel dennoch eine in vielen Ländern registrierbare unbestimmte Angst vor dem Verschwinden auch fundamentaler Institutionen und Regeln und damit Angst vor dem Verschwinden der Unterscheidbarkeit des eigenen Kollektivs aus[25].

Auf der anderen Seite resultieren aus nicht in Frage gestellten fundamentalen Institutionen eines Kollektivs und dem daraus im Lauf vieler Generationen entstandenen Regelvertrauen bei den sich mit ihm identifizierenden Individuen gar nicht zu überschätzende, wenn auch meist nur unbewußt wahrgenommene und von der ökonomischen Theorie daher vernachlässigte Nutzen[26]. Das zu zeigen ist Gegenstand des nun folgenden Abschnitts.

IV. Kollektive Identitäten und Regelvertrauen als föderalistisches Kapital

Um den Beitrag des Föderalismus zur Entstehung von unmittelbarem Bürgernutzen zu zeigen, kann man sich der Sprache der Spieltheorie bedienen. Spieltheoretische Modelle sind besonders geeignet, die abstrakte Struktur von Situationen abzubilden, in die sich Menschen als sozietäre Wesen (und nicht nur als Konsumenten oder Produzenten im herkömmlichen Sinn) gestellt sehen. Dies gilt im speziellen auch, wenn man Menschen als Bürger eines politischen Gemeinwesens mit ihrem elementaren Bedürfnis nach menschlicher „Begegnung", d.h. nach *kommunikativem Austausch* und *kooperativem Zusammen„spiel"* mit anderen Bür-

25 Zur Unterscheidung zwischen sekundären und fundamentalen oder auch zwischen rational gestaltbaren (pragmatischen) und nicht rational planbaren (evolvierenden oder organischen) Institutionen siehe *H. Dietl,* Institutionen und Zeit, Tübingen 1993, S. 67 ff. – Im Vordergrund des vorliegenden Aufsatzes stehen vor allem sog. formlose (im Gegensatz zu „formgebundenen") Regeln. Zu dieser Unterscheidung siehe *D. C. North,* Institutionen, institutioneller Wandel und Wirtschaftsleistung, Tübingen 1992, S. 43 ff. (Original: Institutions, Institutional Change and Economic Performance, Cambridge 1990).

26 Im Zusammenhang mit dem Föderalismusthema ist Regelvertrauen zu verstehen als ein langfristig entstandenes Grundvertrauen in fundamentale Institutionen, dem für langfristige Stabilität eines Gemeinwesens und für ein dadurch ermöglichtes langfristiges Wirtschaftswachstum keine geringere Bedeutung zukommen dürfte als dem Entstehen oder dem Verlust von (kürzerfristigem) Regelvertrauen für das Auf und Ab der Konjunktur, wie *H. Siegenthaler* in überzeugender Weise nachgewiesen hat. (in: „Regelvertrauen, Prosperität und Krisen", Tübingen 1993).

gern „modellhaft" zu erfassen versucht. Es geht dabei um Bedürfnisse in Situationen, wie sie im Alltag in ständiger Abfolge in der Freizeit und am Arbeitsplatz auftreten. Es sind das häufig Allerweltssituationen, bei denen es um den Austausch von Meinungen, Informationen oder Erinnerungen, um die *Suche nach sozialer Orientierung,* nach *Selbstvergewisserung und Verortung in einer eigenen, als verbindlich anzusehenden Kultur* oder um die im Vorfeld der Teilhabe an marktlichen oder politischen Entscheidungsprozessen stattfindende Ausprägung und Festlegung eigener Präferenzen und deren Abstimmung mit denen der sozialen und kulturellen Umwelt geht. *A. O. Hirschman* hat diesbezüglich wichtige Beispiele beschrieben[27]. *Kommunikation* im unmittelbar-bürgerlichen Bereich bedient sich vor allem des Mediums einer informellen, lokal oder landsmannschaftlich eingefärbten Sprache und nicht zuletzt der Körpersprache oder der zeichenhaften Verständigung. Kommunikation findet vielfach auch statt durch den Austausch atmosphärischer Botschaften, wenn die Fähigkeit zur „Enträtselung von Botschaften" vorliegt[28]. Über die Kommunikation hinaus wird im sozietären Bereich auch *Kooperation* für gemeinsame Aktivitäten im sozialen, karitativen, politischen oder kulturellen Bereich und bei anderen gemeinschaftsstiftenden Anlässen gesucht und benötigt. Das folgende Zitat einer kritischen Beurteilung der oben erwähnten Gebietsreformen durch namhafte Wissenschaftler und Kommunalpraktiker verdeutlicht beispielhaft, welche kommunikativen und kooperativen Aspekte bei einer ökonomischen Analyse nicht vernachlässigt werden dürfen. Die Konsequenzen ihrer Vernachlässigung werden durch den häufig zitierten „Verlust an Demokratie und Bürgernähe" bzw. durch „kommunalpolitische Resignation" nur sehr unvollständig charakterisiert (Hervorherbungen von mir):

> „Bei der kommunalen Gebietsreform standen die elementaren Funktionen der Gemeinde als *unmittelbares Lebensumfeld der Bürger,* als *Bezugsfeld räumlicher Identität,* als *Handlungsspielraum kollektiven Engagements* und als *Lernfeld demokratischen und solidarischen Handelns* nicht im Vordergrund, sondern wurden durch verwaltungsbetriebswirtschaftliche Betrachtungen überwiegend verdrängt. Das in Jahrhunderten gewachsene Selbstverständnis der Gemeinde als *räumliche Organisationsform der lokalen Gemeinschaft* wurde gebrochen. Als schwerwiegende Konsequenz ist heute auf dem Lande eine wachsende kommunalpolitische Resignation zu beobachten."[29]

27 Siehe z.B. *A. O. Hirschman,* Engagement und Enttäuschung. Über das Schwanken der Bürger zwischen Privatwohl und Gemeinwohl, Frankfurt a. M. 1984, S. 69 ff., speziell S. 94 ff.

28 *H. Siegenthaler,* Zukunftsperspektiven und Stabilitätsbedingungen moderner Wachstumsgesellschaften: Variationen zu einem Thema von *Knut Borchardt,* in: Ifo-Studien, Nr. 2, 1992, S. 161.

29 Resolution von Bleiwäsche 1986: Kommunale Gebietsreform und Autonomie im ländlichen Raum. Zusammenfassung der Ergebnisse des 5. interdisziplinären Dorfsymposiums in Bleiwäsche, Kreis Paderborn, vom 12. und 13. Mai 1986 zum Thema „Kommunale Gebietsreform und Autonomie im

Zu Kommunikation oder Kooperation kommt es oft nicht, obwohl sie für nahezu jedes Individuum unverzichtbar ist. Die soziale Ordnung, die Rahmenbedingungen, das Umfeld oder eben die „Spielregeln" können ein Gelingen vereiteln. Ungünstige Rahmenbedingungen für das Gelingen unmittelbar-bürgerlicher Kommunikation und Kooperation liegen z.B. vor, wenn Menschen unterschiedlicher Herkunft, unterschiedlicher Sprache und unterschiedlicher kollektiver Identitäten „in bunter Mischung" aufeinandertreffen, wie es in einem zentralistischen Staat tendenziell der Fall ist[30]. Die Verhältnisse sind jetzt anonymer. Es liegt Heterogenität vor, und die „Transaktionskosten", um mit anderen Menschen zu kommunizieren oder kooperieren zu können, werden u.U. sehr hoch. Daher wird in einer heterogen zusammengesetzten Gruppe die bürgerliche Nichtkommunikation/Nichtkooperation näherliegen als das Gegenteil: Die bei der Suche nach Kooperation/Kommunikation mit hoher Wahrscheinlichkeit auftretenden hohen Transaktionskosten dürften i.d.R. über Frustration und Enttäuschung zu der Einschätzung führen, daß nichtkooperatives/nichtkommunikatives Verhalten individuell vorteilhafter sei. Es besteht eine starke Vermutung, daß es in diesem Fall für alle zusammen zu einem geringeren Nutzen kommt als bei Kooperation/Kommunikation. Ein solches, nur scheinbar paradoxes Resultat stellt sich im Mofellfall des inzwischen berühmt gewordenen sog. Gefangenendilemmas ein[31]. Kurz skizziert handelt es sich dabei um eine Situation der folgenden Art: Zwei Strafgefangene, die gemeinsam eine Reihe von mit jeweils 10 Jahren Zuchthaus belegten Straftaten begangen haben, sollen zum Geständnis gebracht werden, weil die Beweislage ungenügend ist. Ohne Geständnis könnten sie nur zu einer Strafe von 2 Jahren verurteilt werden. Im Rahmen einer Rechtsordnung mit dem Institut des Kronzeugen könnte ein geständiger Straftäter jedoch für sich selbst Straffreiheit erlangen, während der andere, überführte Straftäter die volle Strafe von 10 Jahren zugemessen erhielte. Um Absprachen (Kooperation) zwischen den beiden zu verhindern, werden sie in getrennten Zellen gehalten und verhört. Aufgrund individueller Vorteilhaftigkeit legen *beide* ein Geständnis ab und werden zu jeweils 8 Jahren verurteilt. Jeder erhält als „Belohnung" für das Geständnis eine (in spieltheoretischer Sprache: „Auszahlung") in Form von 2 Jahren erlassener Strafe.

---

ländlichen Raum", veröffentlicht in: G. Henkel (Hrsg.), Kommunale Gebietsreform und Autonomie im ländlichen Raum. Essener Geographische Arbeiten, Bd. 15, Paderborn 1986.

30 Es findet im Zentralstaat ein vor allem die Eliten erfassender Sog zum Zentrum hin statt. Dort finden sich die Menschen aller Landesteile ein. In die „Provinz" werden sodann die Verwaltungskader ohne Rücksicht auf deren regionale Herkunft zurückgeschickt. Eine eventuell vorgefundene Homogenität in den Provinzen wird eher als bedrohlich empfunden. Zentralstaaten versuchen daher, solche Homogenitäten aufzubrechen.

31 Eine ausführliche Wiedergabe des Gefangenendilemmas sowie seiner Abwandlungen und Verallgemeinerungen findet man z.B. bei *R. Axelrod,* Die Evolution der Kooperation, 2. Aufl., München 1991.

Die Struktur des Gefangenendilemmas ist in Abb. 1 veranschaulicht. Der Fall wechselseitiger „Defektion" (Geständnisse) führt zu den im Feld rechts unten angegebenen Strafen bzw. umgekehrt „Auszahlungen", d.h. den aus der Sicht der Strafgefangenen (Spieler) resultierenden „Nutzen". In den übrigen drei Feldern sind die Strafmaße bzw. die Auszahlungen (Vorteile in Form verminderter Strafjahre) für die übrigen möglichen Fälle angegeben: a) im Fall des Zusammentreffens von wechselseitiger Kooperation (beide leugnen – linkes oberes Feld), b) im Fall der Bereitschaft des 1. Gefangenen zur Kooperation bei gleichzeitiger Defektion des 2. Gefangenen (Nr. 1 leugnet, Nr. 2 gesteht – rechtes oberes Feld) und c) im Fall der Bereitschaft des 2. Gefangenen zur Kooperation und Defektion des ersten Gefangenen (Nr. 1 gesteht, Nr. 2 leugnet – linkes unteres Feld). Wie man aus Abb. 1 ersieht, ist die Auszahlungssumme, d.h. der gemeinsame Nutzen in Form verkürzter Strafe bei wechselseitiger Defektion der Gefangenen (Geständnisse) am kleinsten (zusammen müssen sie 16 Jahre absitzen und „ersparen" sich „nur" vier Gefängnisjahre). Hätten sie wechselseitig kooperiert, d.h. hartnäckig geleugnet, wären sie nur zu insgesamt vier Jahren Gefängnis verurteilt worden, ihre Auszahlungssumme hätte 16 nicht verhängte Gefängnisjahre betragen. Ihr schlechtes Ergebnis haben sich beide Gefangene durch ein (den vorgegebenen „Spielregeln" entsprechendes) vollkommen rationales Verhalten selber zugezogen.

		Gefangener (Spieler) Nr. 2	
		leugnet (kooperiert)	gesteht (defektiert)
Gefangener (Spieler) Nr. 1	leugnet (koop.)	Strafen: 2 Jahre für jeden Auszahlungen: 8; 8	Strafen: 10 Jahre für Nr. 1, keine für Nr. 2 Auszahlungen: 0; 10
	gesteht (defekt.)	Strafen: 10 Jahre für Nr. 2, keine für Nr. 1 Auszahlungen: 10; 0	Strafen: 8 Jahre für jeden Auszahlungen: 2; 2

Abb. 1

Die „Logik" ihres Verhaltens ist nachvollziehbar die folgende: Beide Gefangenen haben die freie Wahl, entweder zu leugnen (kooperieren) oder ein Geständnis abzulegen (zu defektieren, den anderen im Stich zu lassen): sie kennen jedoch nicht die vom anderen getroffene Wahl. Nr. 1 erkennt, daß er eine Auszahlung von 10 an Stelle von 8 erhält, falls Nr. 2 leugnet, er selber aber gesteht. Er hat in diesem Fall einen Vorteil von zwei Jahren weniger Strafe. Auch für den Fall, daß Nr. 2 gesteht, lohnt es sich für Nr. 1 zu gestehen. Statt der vollen 10 Jahre muß er nur acht Jahre absitzen. Sein Vorteil beträgt ebenfalls zwei Jahre Strafverkürzung. Nr. 1 entscheidet sich daher für „Geständnis". Ganz symmetrisch verläuft die

Evaluation von Nr. 2, der gleichfalls erkennt, daß für ihn ein Geständnis gegenüber dem Leugnen vorteilhaft ist – gleichgültig, ob sich Nr. 1 für Kooperation oder Defektion entscheidet. In den vier Feldern der Abb. 1 sind die individuellen „Auszahlungen" in Form „ersparter" Gefängnisjahre (in der Reihenfolge der Numerierung der beiden Gefangenen) angegeben.

Das Gefangenendilemma beschreibt ein institutionelles Umfeld („Spielregeln"), bei dem für die Angehörigen eines Kollektivs zusammengenommen das schlechteste der möglichen Ergebnisse eintritt. Es waltet in diesen Fällen keine „unsichtbare Hand" (*Adam Smith*), durch welche die Verfolgung von Eigennutz zum Wohl der Gesamtheit (der beiden Gefangenen) ausschlägt. Man hat im übrigen den soeben dargestellten Fall einer einmaligen Koordination dahingehend verallgemeinert, daß Wiederholung (Iteration) zugelassen ist. Auch „anständige Bürger" (nicht nur Kriminelle!) können sich in der Situation des Gefangenendilemmas befinden, wenn keine Institutionen oder Regeln der sozialen Ordnung für sie Anreize für wechselseitige Kooperation liefern. So läßt es sich heute mehr denn je an vielen Stellen der Welt beobachten, daß beim Vorliegen multikultureller Verhältnisse, d.h. wo Menschengruppen mit unterschiedlicher sprachlicher oder kultureller Herkunft und somit unterschiedlichen, historisch gewachsenen kollektiven Identitäten zusammenleben, wechselseitige Kooperation zwischen Individuen der verschiedenen Gruppen zwecks Erzielung „bürgerlichen Nutzens" sich nicht durchzusetzen vermag und daher die Ausnahme bleibt. Nur die Angehörigen innerhalb einer jeden Gruppe kooperieren, obwohl dadurch der für alle Individuen zusammen mögliche größere Nutzen bei Kooperation über Gruppengrenzen hinweg nicht erreicht wird.

Ganz anderer Art ist der institutionelle Rahmen, wenn Angehörige eines ethnisch oder kulturell relativ homogenen (lokalen, gliedstaatlichen oder nationalen) Gemeinwesens sich in eine „bürgerliche" Koordinationssituation gestellt sehen. Hier besteht eine erhöhte Wahrscheinlichkeit, auf Menschen mit einer aufgrund gleicher kollektiver Identität und Vertrauen in die gleichen Fundamentalregeln zu treffen. Dieser institutionelle Rahmen setzt starke Anreize für das Zustandekommen von wechselseitiger Kooperation. Die Verweigerung von Kooperation oder Kommunikation, d.h. die Defektion oder das Ausscheren aus einem von der Umgebung erwarteten Verhaltensmuster, würde zwar Möglichkeiten für Nutzenerzielung auf andere Art eröffnen („Ausstieg" aus der Gesellschaft, Rückzug ins Außenseitertum), doch ist diese Defektion mit sozialen Sanktionen belegt. Man kann die unter diesen Umständen zustandekommenden „Belohnungen" wieder in die Form einer „spieltheoretischen Auszahlungsordnung" bringen. (Es kommt hierbei nicht auf die absolute Höhe, sondern nur auf die Rangordnung dieser Auszahlungen an).

Unterstellt sei beispielsweise eine Auszahlung oder Prämie in Höhe von 8 für jeden der beiden Bürger als Wert für den subjektiv empfundenen Orientierungsnutzen oder für die Zufriedenheit („unmittelbare Bürgernutzen") im Fall des Gelingens von Kommunikation/Kooperation. Wählt

Bürger Nr. 1 „Kooperation", trifft jedoch auf Defektion von Bürger Nr. 2, sinken bei beiden die Auszahlungen aus folgenden Gründen: Bei Kooperationsverweigerung könnte sich Nr. 2 zwar einen alternativen Nutzen versprechen, er müßte dies aber mit der Inkaufnahme sozialer Sanktionen bezahlen (sein Nettonutzen betrage daher beispielsweise nur noch 3). Auch der Nutzen des enttäuschten, kooperationsbereiten Mitbürgers sänke bei Verweigerung der Kooperation durch sein Gegenüber. Allerdings behielte er als „regeltreuer" Bürger die Genugtuung aus seinem Angebot zur Kooperation, so daß sein Nutzen nicht auf null absinken müßte, sondern beispielsweise 4 betragen könnte. Wechselseitige Defektion schließlich würde beiden wegen der sozialen Sanktionierung des Außenseitertums nur einen beschränkten Nutzen bringen (ihre Auszahlungen betrügen beispielsweise jeweils 3). Die soeben beschriebene Auszahlungsmatrix ist in Abb. 2 dargestellt.

		Bürger Nr. 2	
		kooperiert	defektiert
Bürger Nr. 1	kooperiert	8; 8	4; 3
	defektiert	3; 4	3; 3

Abb. 2

Man erkennt, daß unter den jetzt gemachten institutionellen Annahmen wechselseitige Kooperation zustandekommt. Es war dazu nicht notwendig, altruistische Verhaltensweisen oder die Orientierung jedes einzelnen am Gemeinwohl zu unterstellen. Jedes einzelne Individuum hat ein *Eigeninteresse* an der durch Kooperation erfolgenden Bestätigung seiner eigenen kollektiven Identität und an der damit verbundenen Befriedigung seines Wunsches nach Erhaltung eines überkommenen und übernommenen Erbes. Im Interesse seiner eigenen Orientierung strebt es Fortgeltung des eigenen Regelvertrauens an. Man kann Kooperation auch als eine spezielle Form der Verteidigung eines eigenen Besitzes ansehen. Dies schafft ein Umfeld, in dem ein Individuum unabhängig vom Verhalten der anderen im Prinzip die Kooperation als für sich günstigste Alternative wählen läßt. Die „Fähigkeit des Kollektivs, seine Mitglieder in keinem Augenblick aus Vertrauensbeziehungen zu entlassen ... (wird) zum maßgebenden Erfolgsfaktor"[32]. Kollektive Identitäten und gemeinsames Regelvertrauen bilden somit die Voraussetzungen und Triebfedern für bürgerliche oder soziale Kommunikation und Kooperationen. Sie bewirken Nutzensteigerung bzw. Transaktionskostensenkung und entwickeln sich aus einer Verhaltensregelmäßigkeit zu einer Institution[33]. Kollektive Identitäten und das mit ihnen einhergehende Regelvertrauen schaffen

32 *H. Siegenthaler*, Regelvertrauen ..., S. 181 (Fn. 26).
33 Siehe *U. Witt*, S. 82 f. (Fn. 21).

gewissermaßen eine Selbstbindung an kooperatives Verhalten im Verhältnis zu Angehörigen desselben Kollektivs[34].

Bisher erfolgte noch keine explizite Bezugnahme auf den *Föderalismus.* Die Rede war nur von dem generellen institutionellen Umfeld eines Gemeinwesens mit relativ hoher ethnischer oder kultureller Homogenität, das im Lauf der Geschichte eine spezifische kollektive Identität und Regelvertrauen zu entwickeln vermochte. Ob es sich um Gemeinwesen der lokalen, gliedstaatlichen oder der nationalen Ebene handelte, blieb offen. In allen Fällen kann es auf der Grundlage „ebenen- und gebietskörperschafts-spezifischer" kollektiver Identitäten zur Kooperation unter den jeweiligen Angehörigen kommen. Die besondere „Leistung" eines auf historischen Voraussetzungen gegründeten Föderalismus besteht – wie man leicht erkennt – darin, Individuen sowohl als Angehörige eines (in den „großen Belangen" und bezüglich der gesamtstaatlichen Interessen relativ homogenen) nationalen Gemeinwesens, als auch als Angehörige von Gemeinwesen auf den darunter liegenden Ebenen die Bewahrung ihrer jeweiligen kollektiven Identitäten und damit die davon ausgehenden unmittelbaren Bürgernutzen zu sichern. Indem unter dem Förderalismus die kollektiven Identitäten erhalten werden und daher die Verfügbarkeit von Motivation, Mobilisierung und Orientierungssicherheit bei einer Vielzahl von Gemeinwesen gewährleistet bleibt, werden auch die Grundlagen für selbstverantwortliches Handeln vielfältiger Art erhalten. Die Gemeinwesen können so ihre eigene Substanz und damit den Stolz auf immer wieder selber neu Geschaffenes bewahren. *Die für das Entstehen und die Bewahrung kollektiver Identitäten notwendigen Kristallisationspunkte homogener Gemeinschaften bleiben erhalten* und die politischen und kulturellen Eliten werden nicht zum größten Teil von der nationalen Ebene absorbiert.

Der Föderalismus bewahrt aber nicht nur die individual- und sozialpsychologisch verankerten Grundlagen für Kooperation *innerhalb* der einzelnen Gemeinwesen, er sorgt zugleich für einen (friedlichen) Wettbewerb *unter* den Gemeinwesen: Mit dem Stolz auf eigenen Besitz geht immer auch der Wunsch einher, diesen zu mehren. Ein auf historischen Voraussetzungen und kollektiven Identitäten gegründeter Föderalismus bewahrt also eine Vielzahl relativ homogener Gemeinwesen mit ihren jeweils spezifischen kollektiven Identitäten oder mit dem, was *Montesquieu* ihren jeweiligen „ésprit géneral" genannt hat. Er dürfte auch jenem Föderalismus am nächsten kommen, den *B. Weingast* einen „market-preserving federalism" genannt hat[35]. Der Föderalismus läßt sich vergleichen

34 Die fundamentalen und gewöhnlich formlosen Regeln, die sich die Individuen mit gleicher kollektiver Identität zu eigen gemacht haben, besitzen i.d.R. den Charakter von *Beschränkungen* des Möglichkeitenbereichs individuellen Verhaltens. *D. C. North* spricht daher meistens von formlosen *Beschränkungen* (Institutionen . . ., S. 43 ff. – Fn. 25).

35 *B. R. Weingast,* The Economic . . ., S. 1 (Fn. 18): „Market preserving federalism limits the degree to which a political system can encroach upon markets" Ein

mit einem mehrstimmigen Gesang, bei dem den Stimmen unter dem cantus firmus der Oberstimme die Möglichkeiten der eigenen Entfaltung belassen wird. Mit den von den Vätern des Grundgesetzes aufgestellten Kriterien der „landsmannschaftlichen Verbundenheit" und der „geschichtlichen und kulturellen Zusammenhänge" wurden Metaphern ins Grundgesetz eingefügt, die einen solchen Föderalismus auch in der Zukunft sicherstellen sollten. Ein solcher Föderalismus bedarf weder großer noch gleichgroßer Bundesländer. Der international als „eines der effizientesten Politiksysteme" angesehene Schweizer Förderalismus besteht aus 26 Kantonen, deren Einwohnerzahl von 13 800 (Appenzell Innerrhoden) bis 1,16 Mio. (Zürich) reicht[36]!

V. Konsequenzen für die Finanzverfassung, den Finanzausgleich und die Politik

Der beschränkte Rahmen des vorliegenden Aufsatzes erlaubt nur eine kurze Skizze der Folgerungen, die aus den vorausgegangenen Ausführungen zu ziehen sind. Die wichtigste besagt, daß *historisch gewachsene gliedstaatliche und lokale Gemeinwesen grundsätzlich als erhaltenswert* anzusehen sind[37]. Sie sollten mit allem Notwendigen ausgestattet sein, damit sie ihre eigene Substanz mehren und damit auch dem Gesamtstaat Stabilität gewährleisten können. Erforderlich sind starke verfassungsmäßige Sicherungen ihrer Aufgabenbereiche und ihrer eigenen Steuerquellen sowie der Befugnis, diese selbstverantwortlich ausschöpfen zu können. Notwendig ist auch ein *horizontaler* Finanzausgleich. Die Solidarität der stärkeren mit den schwächeren Gliedern einer Föderation liegt in deren Eigeninteresse. Das Verschwinden von Gliedern der eigenen

solcher markterhaltender (und machtaufspaltender) Föderalismus spielte nach *Weingast* „a central role in the economic rise of those nations that have been the richest in the world over the last several centuries . . . It simultaneously induces competition among the lower political jurisdictions while placing restrictions on the economic policymaking of their national government".

36 Föderalismus als staatliche Strukturform ist die geschichtlich gefundene Lösung des in der Sozialphilosophie diskutierten Gegensatzes von Liberalismus und Kommunitarismus, d.h. des Gegensatzes von absolut gesetzten Individual- oder Minderheitenrechten und der Bewahrung von Werte- und Regelgemeinschaften, die für die menschliche Spezies überlebenswichtig sind. Man kann den Föderalismus als eine Form der Multikulturalität ansehen, bei der die Teilkulturen ihr jeweils eigenes Territorium und einen tragfähigen Fundus gemeinsam erlebter Geschichte und geteilten Regelvertrauens besitzen. Er unterscheidet sich dadurch von jener heute oft propagierten Multikulturalität, die auf eine Art Kulturgemenge abzielt und die man unschwer als Utopie einer im Endeffekt sehr viel ärmeren Gesellschaft erkennen kann. Zur neueren sozialphilosophischen Debatte über Liberalismus/Kommunitarismus siehe z.B. *A. Honneth* (Hrsg.), Kommunitarismus, Eine Debatte über die moralischen Grundlagen moderner Gesellschaften, Frankfurt/Main, New York 1993.

37 Siehe dazu auch *P. Bohley,* Neugliederung . . . (Fn. 17).

Ebene oder deren übermäßige Schwäche gefährdet auch die stärkeren Glieder: sie können ebenfalls in die Lage von schwächeren Gliedern kommen und wären dann ebenfalls vom Untergang bedroht. Allerdings darf der horizontale Finanzausgleich weder die Anreize zur Selbsthilfe bei den unterstützungsbedürftigen, noch die Anreize zu Zusatzanstrengungen bei den finanzstärkeren Gliedern ersticken, also weder den Leistungswillen noch die Leistungsfähigkeit bei Empfängern und Gebern beeinträchtigen. Das *Bundesverfassungsgericht* hat sich den Grundgedanken von der Erhaltenswürdigkeit bestehender Glieder eines Bundesstaats zu eigen gemacht, als es feststellte: „Befindet sich ein Glied der bundesstaatlichen Gemeinschaft – sei es der Bund, sei es ein Land – in einer *extremen* Haushaltsnotlage, so erfährt das bundesstaatliche Prinzip seine Konkretisierung in der Pflicht aller anderen Glieder der bundesstaatlichen Gemeinschaft, dem betroffenen Glied mit dem Ziel der haushaltswirtschaftlichen Stabilisierung . . . Hilfe zu leisten."[38] Da allerdings die Solidarität unter den Gliedern der gleichen Ebene nicht bis in die Nähe von Nivellierung überstrapaziert werden darf, ist fast immer auch ein vertikaler Finanzausgleich unvermeidbar. Der Umfang der erforderlichen Finanztransfers in die neuen Bundesländer beispielsweise konnte und kann nicht allein „horizontal bewältigt" werden. Ein großes Maß an Bundeshilfe war und ist schon deswegen notwendig, weil die (alten) Länder in viel zu geringem Umfang eigene Steuerkompetenzen besaßen, von denen sie hätten Gebrauch machen können[39].

Um die Erhaltenswürdigkeit historisch gewachsener Gemeinwesen zu dokumentieren, sollte der territoriale Bestand der Glieder einer Föderation unter einem besonderen verfassungsmäßigen Schutz stehen. Gebietsveränderungen sollten nur sehr behutsam und *in jedem Einzelfall* nur mit Zustimmung aller Betroffenen erfolgen können. Ein Gemeinwesen benö-

38 Leitsätze zum Urteil des zweiten Senats vom 27. Mai 1992, S. 2.

39 Der heutige deutsche Finanzausgleich entspricht in vieler Hinsicht nicht (mehr) den soeben dargelegten Gesichtspunkten, doch muß in Betracht gezogen werden, daß der industrielle und infrastrukturelle Kahlschlag unter dem Kommunismus noch auf Jahre hinaus de facto nur Übergangslösungen zuläßt. Zu Vorschlägen für neue Lösungen siehe *R. Peffekoven,* Deutsche Einheit und Finanzausgleich, in: Staatswissenschaften und Staatspraxis, Jg. 1, 1990, S. 485 ff., Referate und Koreferate des Symposiums „Finanzausgleich im Bundesstaat" am 13. und 14. Oktober 1992 in Hannover, abgedr. in Heft 1, Jg. 4 von Staatswissenschaften und Staatspraxis (mit Beiträgen von *V. Arnold, D. Birk, H. Grossekettler, K.-D. Henke, H. Hesse, R. Jochimsen, H.-P. Schneider, G. F. Schuppert, Ch. Stark, R. Wendt und J. Wieland*), Sachverständigenrat zur Begutachtung der gesamtwirtschaftlichen Entwicklung (Jahresgutachten 1992/93), Stuttgart 1992, S. 212 ff., Wissenschaftlicher Beirat beim Bundesministerium der Finanzen, Gutachten zum Länderfinanzausgleich in der Bundesrepublik Deutschland, Bonn 1992, *P. Bohley,* Chancen und . . ., S. 45 ff. und S. 63 ff. (Fn. 17), *M. Hüther,* Reform des Länderfinanzausgleichs: Handlungsbedarf und Lösungsvorschläge, in: Wirtschaftsdienst, Heft 1, Jan. 1993, S. 43 ff., *O. G. Geske,* Anforderungen an den Länderfinanzausgleich, in: Wirtschaftsdienst, Heft 2, Febr. 1993.

tigt für seine Fortexistenz neben seiner eigenen Identität auch dessen Veranschaulichung im Raum: es benötigt sein eigenes, möglichst unveränderliches Territorium[40]. Nur wo ein Zusammenwachsen beispielsweise zu einer Agglomeration stattgefunden hat oder ein historisch begründetes Bewußtsein der Zusammengehörigkeit (wie vermutlich im Fall von Berlin und Brandenburg) noch wachgeblieben ist, sollten Gebietsveränderungen in Erwägung gezogen werden. Kollektive Identitäten müssen wenigstens im Ansatz zuerst vorhanden sein, bevor Gebietsveränderungen vorgenommen werden. Das ist eine weitere, politischem oder planerischem Wunschdenken allerdings oft entgegenstehende Folgerung aus den vorangegangenen Darlegungen. Es wäre ein *Mißverständnis* zu glauben, kollektive Identitäten für ein neugebildetes Territorium ließen sich durch Verwaltungsakte, politische Verträge oder gar durch Beschwörung herstellen. Erst recht kann man kein ausbalanciertes Geflecht kollektiver Identitäten konstruieren, wie es den Föderalismus charakterisiert. *Föderalismus kann man nicht auf dem Reißbrett entwerfen,* er kann (beim Vorliegen entsprechender Voraussetzungen) nur langsam wachsen. Regelvertrauen ist eine solche Voraussetzung, doch Regelvertrauen bedarf langer „Einübung" bei gegebenen Anlässen. Diese sicherlich *ernüchternde Feststellung* gilt sowohl im Hinblick auf einen deutschen Bundesstaat mit noch sieben oder acht Bundesländern als auch im Hinblick auf einen europäischen Bundesstaat. Das wird oft von jenen übersehen, die nach der Bildung der Europäischen Union das rasche Entstehen einer europäischen Identität erwarten.

Allein aus dem *Wunsch* nach einer europäischen Identität oder durch Wiedergutmachung getanen Unrechts entsteht noch kein gemeinsames europäisches Regelvertrauen. Auch deutsche Selbstverleugnung und Selbstverletzung sind keine attraktive Mitgift, ganz im Gegenteil. Nur auf allerseits stabilen nationalen Identitäten kann eventuell gemeinsames europäisches Regelvertrauen wachsen.

Ein hoher Respekt gegenüber gliedstaatlichen und lokalen Gemeinwesen und die Anerkennung ihrer Substanz und ihres Eigenwertes darf nicht dahingehend *mißverstanden* werden, daß die Ausstattung einer *Bundesebene* mit Wirkungsbereichen und Kompetenzen von untergeordneter Bedeutung wäre. Auch dies kann als eine Folgerung aus den vorangegangen Ausführungen angesehen werden. Ein Bundesstaat bleibt nur so lange als ein solcher erhalten, wie er durch eine bundesspezifische kollektive Identität und eine zur Verteidigung der gemeinsamen Interessen fähige Klammer zusammengehalten wird. Weder darf sich die nationale Ebene in einen Zentralstaat umwandeln noch darf sie in ihrer Handlungsfähigkeit zu sehr geschwächt werden[41]. Nur eine starke Bundesebene ist in der

40 Selbst nach 2000 Jahren in der Diaspora verschwand nicht das Bedürfnis nach einem eigenen jüdischen Staat! Oder anders herum gesagt: diese Jahre überzeugten die Juden von der Notwendigkeit eines eigenen Territoriums.

41 Letzteres geschähe, wenn die Europäische Union mit Kompetenzen ausgestattet würde, wie sie der zentralen Ebene eines Bundesstaates zustehen. Das wäre insbesondere dann der Fall, wenn sie mit eigenen Besteuerungskompetenzen

Lage, eine nationale Solidargemeinschaftsfunktion zugunsten der schwächeren Glieder eines Bundesstaates und der schwächeren sozialen Gruppen wahrzunehmen. Um diesen Funktionen auf die Dauer gerecht werden zu können, bedarf auch die nationale Ebene des Kompasses und der Triebfeder einer kollektiven Identität, die in den entsprechenden nationalen Institutionen und Symbolen und nach Möglichkeit auch in einer gemeinsamen Sprache ihren Ausdruck und ihre sich selbst immer wieder bestätigende Anschauung finden muß[42]. Gerade auch Bundesstaaten brauchen Bindungskräfte entfaltende nationale Rituale, Legenden und Mythen und bedürfen der Repräsentation. Beispielsweise war und ist es daher ein *Mißverständnis* zu glauben, Berlin als Hauptstadt und Regierungssitz stünde im Widerspruch zum deutschen Föderalismus[43].

Kann einerseits kein Zweifel daran bestehen, daß der Föderalismus einer Oberstimme als cantus firmus bedarf, dann ebensowenig, daß es nicht gleichzeitig zwei Oberstimmen geben kann. Die schleichende Politikverflechtung in den letzten Jahrzehnten hin zum Mitwirkungsföderalismus (im Gegensatz zum Substanzföderalismus) hat dem deutschen Föderalismus nicht gutgetan. So schwächten beispielsweise die in der Vergangenheit immer weiter ausgebauten Mitwirkungsrechte der Bundesländer als Gesamtheit nicht nur die Handlungsfähigkeit des Bundes und gefährdeten so seine Klammerfunktion, der Ländergesamtheit fiel dadurch immer mehr die Rolle einer zweiten Nationalebene zu. Eine Neugliederung des Bundesgebietes mit am Ende noch sieben oder acht Bundesländern würde das Gewicht dieser Ländergesamtheit als zweite Nationalebene neben dem Bund noch stärker werden lassen! Eine zu weit getriebene Einbindung der Gliedstaaten in die Aufgabenwahrnehmung der Bundesebene weckt unerfüllbare Erwartungen an die Adresse der Länder. Man sollte von ihnen aber nicht mehr an nationaler Aufgabenwahrnehmung erwarten, als es ihrer jeweils eigenen Aufgabenwahrnehmung zuträglich ist. Die Kritik an der mangelnden Bereitschaft der Länder zum Mittragen der von der DDR hinterlassenen Schäden sollte daher von Kritik an einem zu weit getriebenen Mitwirkungsföderalismus und an der zu wenig klaren Aufgabentrennung von Bund und Ländern begleitet werden.

---

ausgestattet würde oder wenn ihr die jeder theoretischen Grundlage entbehrenden Aufgabenbereiche wie Regionalpolitik, Bildungspolitik oder Kulturpolitik nicht wieder entzogen bzw. vorenthalten werden. Siehe *P. Bohley*, Europäische Einheit . . ., S. 36 ff. (Fn. 5).

42 Wenn Bundesstaaten die Bindekraft einer gemeinsamen Sprache fehlt, werden andere Institutionen oder Interessen um so wichtiger. Im Fall der Schweiz sind dies das gemeinsame Interesse an der Bewahrung der jeweils eigenen und freien kantonalen und kommunalen Gemeinwesen, außerdem die ein nationales Identifikationsmerkmal darstellenden Institutionen der direkten Demokratie (Volksrechte) sowie, zumindest bisher, die Neutralität.

43 Vgl. *K. v. Beyme,* Hauptstadtsuche. Hauptstadtfunktionen im Interessenkonflikt zwischen Bonn und Berlin, Frankfurt am Main 1991.

Alfred Sauter

Die Zustimmungsbedürftigkeit von Bundesgesetzen unter besonderer Berücksichtigung des Art. 84 Abs. 1 GG

Inhaltsübersicht

I. Vorbemerkung

„Der Regelung des Art. 84 GG kommt im Gefüge des Grundgesetzes, insbesondere im Bund-Länder-Verhältnis, eine weittragende Bedeutung zu. Sie ist durch die Einschaltung des Bundesrates ein Hauptfall für die Begründung der Zustimmungsbedürftigkeit von Bundesgesetzen geworden. Der überwiegende Teil des Gesetzesvollzuges von Bundesgesetzen liegt im Bereich der landeseigenen Verwaltung, so daß Art. 84 GG in der Verfassungswirklichkeit eine bedeutsame Rolle spielt."[1]

Dieser klaren Aussage im vom Jubilar mitgetragenen Kommentar scheinen die reinen Zahlen zu widersprechen: In seiner elften Wahlperiode verabschiedete der Deutsche Bundestag 369 Gesetze[2]. Hiervon sind nur drei Gesetze nicht zur Verkündung gelangt. Lediglich ein Gesetz scheiterte, weil der Bundesrat diesem die Zustimmung versagte[3]. Von den 366 verkündeten Gesetzen wurden 202, also rund 55,2 v.H., als zustimmungsbedürftig angesehen. Nach Auffassung des Bundestages nicht zustimmungsbedürftig war dabei nur ein Gesetz. Von den übrigen 164 als nicht zustimmungsbedürftig verkündeten Gesetzen waren acht nach Ansicht des Bundesrates zustimmungsbedürftig[4].

Hiernach scheint die Frage nach der Zustimmungsbedürftigkeit eines Gesetzes nur von geringer praktischer Relevanz zu sein. Denn in der Regel, und dies zeigen auch die Beobachtungen in der laufenden Legisla-

1 *Schmidt-Bleibtreu* in Schmidt-Bleibtreu/Klein, Kommentar zum Grundgesetz, 7. Aufl. 1990, Rdnr. 2 zu Art. 84.
2 Deutscher Bundestag – Bundesrat, Stand der Gesetzgebung des Bundes/Verkündete Gesetze und nicht Gesetz gewordene Entwürfe/Abschlußband 11. Wahlperiode 1987–1990, 1991, S. XXVII.
3 Stand der Gesetzgebung des Bundes, a.a.O., S. XXVII und 919.
4 Stand der Gesetzgebung des Bundes, a.a.O.

turperiode, stimmt der Bundesrat Gesetzen, die er abweichend von der Eingangsformel des Gesetzes für zustimmungsbedürftig hält, ohnehin zu. Zum „Schwur", das heißt zur Versagung der Zustimmung bei einem Gesetz, das der Bundesrat im Gegensatz zum Bundestag für zustimmungsbedürftig hält, kam es schon seit mehreren Jahren nicht mehr. Ebenso sind die Fälle selten, in denen ein Gesetz nicht verkündet werden konnte, weil der Bundesrat die Zustimmung verweigerte.

Es hieße aber, die Bedeutung des Zustimmungserfordernisses völlig zu verkennen, wollte man ihm nur in den Fällen Bedeutung zukommen lassen, in denen die Gesetzgebung durch Verweigerung der Zustimmung „blockiert" werden kann. Der Bundesrat ist nicht „Gegner" des Bundestages. Vielmehr wirkt er gemeinsam mit diesem an der Gesetzgebung mit und übernimmt im Falle seiner Zustimmung die volle Verantwortung für das Gesetz. Als Bundesorgan ist er mitverantwortlich für die ganze Politik des Bundes. Gerade wenn die Zustimmung des Bundes zu einem Gesetz erforderlich ist, kann und darf sich der Bundesrat nicht auf die Vertretung von Länderinteressen beschränken, sondern muß verantwortlich an der ganzen Politik des Bundes mitwirken[5].

Eine weitere Konsequenz der Zustimmungsbedürftigkeit von Gesetzen ist die Rücksichtnahme auf die Position des Bundesrates auch bei Fragen, die als solche die Zustimmungsbedürftigkeit nicht auslösen. Dasselbe gilt bereits im Vorfeld des Gesetzgebungsverfahrens für die Ausarbeitung von Vorlagen. Dieses Entgegenkommen der Bundestagsmehrheit in Richtung der Bundesratsmehrheit und umgekehrt läßt ebenso wie die Struktur des Vermittlungsausschusses erkennen, daß auch außerhalb zustimmungsbedürftiger Bundesgesetze im Grundgesetz sinnvoller Raum für Kompromisse besteht. Wenngleich eine Stärkung des Bundesrates nicht zwangsläufig zu einer stärkeren Position der einzelnen Landesregierung führt, so kann die Bedeutung der Zustimmungsgesetze für den Förderalismus nicht hoch genug angesetzt werden[6].

Ausgehend von der Rechtsprechung des Bundesverfassungsgerichts hat der Bundestag die Möglichkeit, die den Zustimmungstatbestand erfüllenden Bestandteile einer Regelung in einem eigenen Gesetz zu verabschieden, so daß dem Bundesrat gegen die übrigen Bestimmungen nur der Einspruch zusteht[7]; allerdings hat es das Gericht bisher offengelassen, ob der Aufspaltungsbefugnis verfassungsrechtliche Grenzen gezogen sind und wo diese Grenzen verlaufen[8]. Höchstrichterliche Ausführungen hierzu finden sich aber in einem Sondervotum zum Rentenversicherungs-Än-

---

5 *Franz Josef Strauß* in seiner Ansprache vor dem Bundesrat am 28. Oktober 1983, Der Bundesrat in gesamtstaatlicher Verantwortung, hrsg. vom Sekretariat des Bundesrates, Bonn 1983, S. 6.

6 Vgl. *Lerche* in Maunz/Dürig/Herzog, Kommentar zum Grundgesetz, 1993, Art. 84 Rdnrn. 72, 73.

7 BVerfGE 37, 363/382.

8 BVerfGE 39, 1/35.

derungsgesetz-Urteil[9]. Danach habe der Bundesgesetzgeber – *bis zur Grenze der Willkür* – die Freiheit der Wahl, ob er materielles Recht und Verfahrensrecht in einem Gesetz zusammenfassen oder ob er zwei Gesetze erlassen und im einen die materiellrechtlichen und im anderen die verfahrensrechtlichen Vorschriften unterbringen wolle. Diese Grenzziehung führt jedoch nur dann weiter, wenn – dazu müßte allerdings die Verfassungsrechtsprechung zumindest weiterentwickelt werden – Aufteilungen, die nur vorgenommen werden, um offenkundige und nicht ausräumbare Meinungsverschiedenheiten zwischen Bundestag und Bundesrat zu umgehen[10], als nicht verfassungsgemäß angesehen würden. Denn eine solche Aufteilung entbehrt eines sachlichen Grundes und verstößt damit gegen das Willkür- und Mißbrauchsverbot in Art. 20 Abs. 3 GG.

Der Umfang der Mitwirkung des Bundesrates an der Gesetzgebung ist somit ein zentrales Problem deutscher Bundesstaatlichkeit. Um so bedauerlicher ist daher die Tatsache, daß die Auslegung zentraler Begriffe, insbesondere bei Art. 84 Abs. 1 GG, verfassungsrechtlich noch sehr umstritten ist. Streit oder Unsicherheit darüber, ob ein Gesetz zustimmungsbedürftig ist oder nicht, schaden dem Staatsganzen. Daher gilt es, die Reichweite der Zustimmungserfordernisse im Grundgesetz immer aufs Neue, insbesondere aufgrund der Erfahrungen in der Gesetzgebungspraxis, zu bestimmen. Dazu soll hier ein Beitrag geleistet werden.

II. Das Zustimmungserfordernis des Art. 84 Abs. 1 GG

1. Die Bedeutung des Art. 84 Abs. 1 GG

Das Grundgesetz hat die Ausführung der Bundesgesetze entsprechend der verfassungsrechtlich festgelegten, bundesstaatlichen Ordnung prinzipiell den Ländern als eigene Angelegenheit übertragen (Art. 30 und 83 GG). Gemäß Art. 84 Abs. 1 GG regeln die Länder auf dem Gebiet der landeseigenen Verwaltung bei der Ausführung von Bundesrecht daher die Einrichtung der Behörden und das Verwaltungsverfahren selbst. Dies gilt jedoch nicht, sofern Bundesgesetze mit Zustimmung des Bundesrates etwas anderes bestimmen. Das Zustimmungserfordernis soll die Grundentscheidung der Verfassung zugunsten des föderalistischen Staatsaufbaus mit absichern und verhindern, daß „Systemverschiebungen" im bundesstaatlichen Gefüge im Wege der einfachen Gesetzgebung herbeigeführt werden[11].

Die Bedeutung des in Art. 84 Abs. 1 GG festgelegten Zustimmungserfordernisses ist groß. Die Zustimmungsbedürftigkeit eines Bundesgesetzes

---

9 Der Richter *von Schlabrendorff, Geiger* und *Rinck,* BVerfGE 37, 363, 401/412 f.

10 Einbringung neuer aufgeteilter Vorlagen in das Gesetzgebungsverfahren, Nachweise bei *Ossenbühl,* Zustimmung des Bundesrates beim Erlaß von Bundesrecht, AöR, 99. Band (1974), 369/400 f.; s. auch *Schulze-Fielitz,* Gesetzgebung als materiales Verfassungsverfahren, NVwZ 1983, 709/714 ff.

11 BVerfGE 37, 363/379 ff.; 55, 274/319.

wurde bisher in rund drei Fünftel aller Fälle durch diese Bestimmung ausgelöst[12]. Im Hinblick auf seine vielfältigen Auslegungsmöglichkeiten wurde in Art. 84 Abs. 1 GG das „große Einfallstor" für Zustimmungsgesetze gesehen[13].

Zwar hat sich das Bundesverfassungsgericht des öfteren mit Art. 84 Abs. 1 GG befaßt[14]. Dabei war insbesondere der Beschluß zum Vierten Rentenversicherungs-Änderungsgesetz von Bedeutung, weil danach nicht jedes Gesetz, das ein Zustimmungsgesetz ändere, schon allein aus diesem Grunde zustimmungsbedürftig sei[15]. Wenn diese Entscheidung auch eine jahrelang währende Meinungsverschiedenheit zwischen Bundesrat und Bundesregierung beendet hat, ist im übrigen eine Präzisierung der Reichweite des Zustimmungserfordernisses kaum gelungen[16].

2. Die Regelung der „Einrichtung der Behörden"

Nach Art. 84 Abs. 1 GG kann durch Bundesgesetz mit Zustimmung des Bundesrates zum einen die „Einrichtung der Behörden" geregelt werden. Zur Einrichtung der Behörden gehört neben der Behördenerrichtung auch die Festlegung des behördlichen Aufgabenkreises[17]. Allerdings sollen, so das Bundesverfassungsgericht, rein quantitative Vermehrungen bereits bestehender Aufgaben nicht in den den Ländern vorbehaltenen Bereich eingreifen, da die Länder gemäß Art. 83 GG ohnehin zur Ausführung des Gesetzes verpflichtet seien. Danach soll ein Gesetz nicht zustimmungsbedürftig sein, das eine bereits bestehende Aufgabe einer Behörde zwar in ihrem (quantitativen) Umfang ändert, ihr aber keinen neuen Inhalt gibt[18].

Diese Rechtsprechung begegnet einigen Bedenken: Sie bedeutet, daß der Bund die Länder quantitativ mit ganz erheblichem zusätzlichem Arbeitsaufwand belasten kann, ohne daß dies als „Einrichtung der Behörden" anzusehen sein soll, obwohl z.B. möglicherweise bedeutende Behördenteile neu eingerichtet werden müssen. Es bleibt daher zu hoffen, daß das Gericht sich künftig nicht in der Tradition seines Obersatzes, sondern seiner Begründung bewegt. Denn der konkreten Begründung, *nicht „jede Veränderung* der Mitgliederstruktur der Ersatzkassen, und *sei sie auch nur unbedeutend"*, könne als „Einrichtung der Behörden" i.S.v. Art. 84 Abs. 1 GG angesehen werden, kann beigepflichtet werden.

---

12 Vgl. *Schulze-Fielitz,* Das Bundesverfassungsgericht im Netz seiner Rechtsprechung, DVBl. 1982, 328/330 Fn. 21 m.w.N.; *Gerhard Limberger,* Die Kompetenzen des Bundesrates und ihre Inanspruchnahme, 1982, 32.

13 Vgl. für alle *Hans Schneider,* Die Zustimmung des Bundesrates zu Gesetzen, DVBl. 1953, 257.

14 Vgl. insbesondere BVerfGE 8, 274; 10, 20; 14, 197; 37, 363; 55, 274; 75, 108.

15 BVerfGE 37, 363.

16 Vgl. insbesondere *Schmidt-Bleibtreu* in Schmidt-Bleibtreu/Klein, a.a.O., Art. 84 Rdnr. 5; *Schulze-Fielitz,* a.a.O., DVBl., 329 f.

17 BVerfGE 75, 108/150; 77, 299.

18 BVerfGE 75, 108/151.

Von Art. 84 Abs. 1 GG werden unstreitig Maßnahmen erfaßt, die das innere Gefüge der Landesbehörden betreffen. Hierzu zählen z.B. die Frage kollegialer oder hierarchischer Gestaltung, die Mitwirkung ehrenamtlich tätiger Staatsbürger, Vorbildung, Ausbildung und Beurteilung des Personals sowie die personelle Besetzung[19].

Häufig ist ein Gesetz bereits deswegen gemäß Art. 84 Abs. 1 GG zustimmungsbedürftig, weil die Zuständigkeit einer bestimmten Landesbehörde oder von Landesbehörden einer bestimmten Verwaltungsstufe geregelt wird[20]. Auch der Rechtsausschuß des Bundesrates vertritt regelmäßig diese Meinung. Allerdings kann die Beurteilung der Zustimmungsbedürftigkeit problematisch sein, wenn die Zuständigkeit von Landesbehörden nicht zwingend vorgeschrieben, sondern lediglich als Alternative zur Zuständigkeit anderer Stellen vorgesehen ist. Im Gesetzgebungsverfahren zum Bankbilanzrichtliniengesetz[21] hat der Bundesrat meines Erachtens zutreffend auf Empfehlung seines Rechtsausschusses eine alternative Zuständigkeit von Landesbehörden für ausreichend gehalten, um die Zustimmungsbedürftigkeit zu begründen[22]. Für diese Meinung spricht, daß durch den Legislativakt die Grundlage für einen potentiellen Einbruch in Länderrechte gelegt wird. Die Bundesregierung ist dieser Auffassung nicht gefolgt[23]. Die unterschiedlichen Auffassungen von Bundesrat und Bundesregierung hatten jedoch keine Auswirkung auf das Gesetzgebungsverfahren, da das Gesetz bereits aus anderen Gründen zustimmungsbedürftig war.

Interessant ist auch die Entscheidung des Bundesverfassungsgerichts[24] zu der in Art. 4 des 5. StrRG in der Fassung des Art. 15 Nr. 2 SFHG[25] enthaltenen Verpflichtung der obersten Landesbehörden, ein ausreichendes und flächendeckendes Angebot sowohl ambulanter als auch stationärer Einrichtungen zur Vornahme von Schwangerschaftsabbrüchen sicherzustellen. Danach liegt keine Regelung der „Einrichtung der Behörden" vor, wenn in einem Gesetz zwar Zuständigkeiten einer obersten Landesbehörde bestimmt werden, das Gesetz jedoch lediglich ein Handlungsziel vorschreibt, nicht aber Einzelregelungen trifft, die behördlich-administrativ

19 *Schmidt-Bleibtreu* in Schmidt-Bleibtreu/Klein, a.a.O., Rdnr. 6; *Seifert/Hömig,* Grundgesetz für die Bundesrepublik Deutschland, 4. Auflage 1991, Art. 84 Rdnr. 3.

20 So auch die herrschende Meinung, z.B. *Lerche* in Maunz/Dürig/Herzog, a.a.O., Art. 84 Rdnr. 25; vgl. hierzu allerdings *Lepa,* DVBl. 1974, 399/405, m.w.N., der unter Berufung auf die Bundesregierung und eine Mindermeinung im Schrifttum die Auffassung vertritt, dies liefe auf eine unzulässige extensive Interpretation des Begriffes „Behördeneinrichtung" hinaus.

21 Vom 30. November 1990, BGBl. I S. 2570.

22 Vgl. BR-Drucks. 616/89 zu § 340k Abs. 3 HGB.

23 BT-Drucks. 11/6275 S. 34, allerdings war sie der Auffassung, daß durch § 340k Abs. 3 HGB keine neue Zuständigkeit begründet werde, sondern nur eine Klarstellung im Hinblick auf eine ohnehin bereits nach Landesrecht bestehende Zuständigkeit erfolge.

24 NJW 1993, 1751/1771 ff.

25 BGBl. 1992 I S. 1398.

vollzogen werden könnten. In dem vom Bundesverfassungsgericht auf Klage Bayerns entschiedenen Fall wurde die Bestimmung aber insoweit, als die *obersten Landesbehörden* mit der Ausführung der durch den Sicherstellungsauftrag begründeten Staatsaufgabe betraut werden sollten, für verfassungswidrig erklärt, weil diese Festlegung in die Organisationsgewalt der Länder eingreife. Die *Länder* seien nach Art. 84 Abs. 1 GG zur Organisationsentscheidung berufen. Mit dieser Begründung müßte aber bei einer zulässigen Bestimmung der obersten Landesbehörden durch den Bundesgesetzgeber auch ohne Einzelregelungen ein die Zustimmungsbedürftigkeit auslösender Eingriff in Landesrecht angenommen werden.

3. Die Regelung des Verwaltungsverfahrens

a) Die Rechtsprechung des Bundesverfassungsgerichts

Die Frage nach der Reichweite des Zustimmungserfordernisses der zweiten Alternative des Art. 84 Abs. 1 GG, der Regelung des Verwaltungsverfahrens, bereitet der Praxis und auch dem Schrifttum mehr Schwierigkeiten als die „Einrichtung der Behörden". Dies liegt nicht zuletzt daran, daß die verfassungsgerichtliche Rechtsprechung gerade hierzu, worauf bereits hingewiesen wurde, noch wenig Klärung gebracht hat.

So hat das Bundesverfassungsgericht zwar ausgeführt, Art. 84 Abs. 1 GG sei im Hinblick auf die Konzeption des Grundgesetzes und die Zielsetzung der verfassungsrechtlichen Kompetenzverteilung, die Ausgewogenheit der festgelegten bundesstaatlichen Ordnung zu bewahren, strikt auszulegen[26]. Damit hat es sowohl der erweiternden als auch der engen Auslegung des Zustimmungserfordernisses eine Absage erteilt.

Jedoch hat das Gericht der Praxis gerade für Zweifelsfälle bisher keine festen Auslegungsregeln an die Hand gegeben. Mehr noch: Das Bundesverfassungsgericht hat unter Hinweis auf die gesetzliche Regelung des Verwaltungsverfahrens in den Verwaltungsverfahrensgesetzen des Bundes und der Länder und in den einzelnen Ordnungen spezieller Verwaltungsbereiche ausgeführt, die Auslegung des Art. 84 Abs. 1 GG sei im Hinblick auf die Regelung des Verwaltungsverfahrens einem Wandel unterworfen. Art. 84 Abs. 1 GG hebe nicht auf einen bestimmten, zeitlich fixierten Stand staatsrechtlicher Praxis und dogmatischer Erkenntnisse ab. Er wolle vielmehr das ständig wechselnde Kräftespiel im Bundesstaat in den vom Grundgesetz bestimmten Schranken halten und bedürfe daher einer Auslegung, welche die vom hierfür kompetenten Gesetzgeber in sachgerechter Entscheidung festgestellten Begriffsinhalte mitberücksichtige[27].

Damit hat das Bundesverfassungsgericht den Aussagen des Gesetzgebers zum Begriff des Verwaltungsverfahrens zumindest indiziellen Wert beige-

26 BVerfGE 55, 274/319 f.
27 BVerfGE 55, 274/320.

messen[28]. Welche konkreten Folgen sich jedoch hieraus ergeben sollen, wird aus der Judikatur des Bundesverfassungsgerichts nicht recht ersichtlich. In der Entscheidung zum Ausbildungsplatzförderungsgesetz wird § 9 VwVfG zwar erwähnt, jedoch umschreibt das Gericht den Begriff des Verwaltungsverfahrens selbständig ohne direkte Bezugnahme auf die Vorschrift des Verwaltungsverfahrensgesetzes des Bundes[29]. Vorschriften des Verwaltungsverfahrens im Sinne von Art. 84 Abs. 1 GG seien jedenfalls gesetzliche Bestimmungen, die die Tätigkeit der Verwaltungsbehörden im Blick auf die Art und Weise der Ausführung des Gesetzes einschließlich ihrer Handlungsformen, die Form der behördlichen Willensbildung, die Art der Prüfung und Vorbereitung der Entscheidung, deren Zustandekommen und Durchsetzung sowie verwaltungsinterne Mitwirkungs- und Kontrollvorgänge in ihrem Ablauf regeln.

Diese vom Bundesverfassungsgericht zur Abgrenzung des Begriffes Verwaltungsverfahren vom materiellen Verwaltungsrecht getroffene Definition, bleibt meiner Ansicht nach zu vage und ermöglicht keine konkrete praxisgerechte Art der Zuordnung. Sie kann der Praxis schon deswegen nicht als verläßliche Richtschnur dienen, weil sie durch die sprachliche Einschränkung „jedenfalls" nur den Kernbereich des „Verwaltungsverfahrens" festlegt, nicht aber Zweifelsfragen klärt[30].

Mehr Aufschluß über die Reichweite des Zustimmungserfordernisses in Art. 84 Abs. 1 GG bringen indessen die Ausführungen des Bundesverfassungsgerichts zur sogenannten Doppelgesichtigkeit von Normen in der Entscheidung zum Künstlersozialversicherungsgesetz[31]. Dort wird ausgeführt, ein Gesetz regle nur dann das Verfahren von Landesbehörden im Sinne des Art. 84 Abs. 1 GG, wenn es verbindlich die Art und Weise sowie die Formen ihrer Tätigkeit zur Ausführung seiner Bestimmungen vorschreibe. Dies sei nicht der Fall, wenn eine Norm einen materiellrechtlichen Anspruch gewähre und damit zwar ein Handeln der Behörde erzwinge, aber das Verfahren hierfür – auch indirekt – nicht mit festlege. Damit spielt das Gericht, wie bereits erstmals in der Entscheidung zum Ausbildungsplatzförderungsgesetz[32], auf die „Doppelgesichtigkeit" von Normen an. Eine doppelgesichtige Norm, so das Gericht, sei eine solche, die in ein und derselben Vorschrift zugleich dem Bürger Rechte gewähre oder Pflichten auferlege und gleichzeitig der Verwaltung Handlungsanweisungen erteile. Damit könne ein materieller Gesetzesbefehl eine Ausgestaltung erhalten, die auch das „Wie" des Verwaltungshandelns verfahrensmäßig bindend festlege. Solche Regelungen eines „Wie" des Verwal-

28 Vgl. *Lerche* in Maunz/Dürig/Herzog, a.a.O., Art. 84 Rdnr. 34; a.A. *Schulze-Fielitz,* a.a.O., DVBl., 333 f., der die Auffassung vertritt, das Bundesverfassungsgericht lege Art. 84 Abs. 1 GG von vorneherein unter Rückgriff auf die im Verwaltungsverfahrensgesetz festgestellten Begriffsinhalte aus.

29 BVerfGE 55, 274/320.

30 Vgl. auch *Lerche* in Maunz/Dürig/Herzog, a.a.O., Art. 84 Rdnr. 36.

31 BVerfGE 75, 108.

32 BVerfGE 55, 274.

tungshandelns lägen dann vor, wenn die den Bürger betreffende materiell-rechtliche Vorschrift zugleich die *zwangsläufige* Festlegung eines korrespondierenden verfahrensmäßigen Verhaltens der Verwaltung bewirke[33].

Doppelgesichtige Normen, dies ist auch einhellige Auffassung in der Literatur, lösen stets die Zustimmungsbedürftigkeit des Gesetzes aus. Allerdings soll, dies betont die verfassungsgerichtliche Rechtsprechung mehrfach, eine doppelgesichtige Norm nicht schon dann vorliegen, wenn eine materiell-rechtliche Norm irgendein Handeln der Verwaltung auslöst, sondern nur dann, wenn ein „bestimmtes" Verhalten gefordert wird und die Gesetzesnorm gleichzeitig eine „Bindungswirkung" für das Verhalten der Landesbehörden erzeugt. Der Verwaltung darf also kein Spielraum der Ausgestaltung mehr verbleiben. In diesem Fall würden die „Interessen der Länder als Ausführungskompetenz" nämlich lediglich „berührt"[34], ohne daß eine „Regelung" des Verwaltungsverfahrens vorliege. Nur diese rechtfertige jedoch unter föderalen Gesichtspunkten das Zustimmungserfordernis in Art. 84 Abs. 1 GG[35]. Für die Zuordnung einer Norm kommt es nach der Judikatur weder auf die Sachnähe der verfahrensrechtlichen Bestimmung zum materiellen Gesetzesinhalt an, noch darauf, ob die Behörde oder der Bürger als Normadressaten genannt sind. Auf die Bedenken gegen diese Rechtsprechung will ich unten[36] näher eingehen.

b) Wichtige Fallgruppen

Obwohl durch die bisher vorliegende Judikatur viele Fragen zum Zustimmungserfordernis der Regelung des Verwaltungsverfahrens geklärt zu sein scheinen, beweist ein Blick auf einige typische Fallgruppen der Praxis, wie unsicher, teilweise auch unbefriedigend, die Auslegung des Art. 84 Abs. 1 GG in weiten Bereichen immer noch ist. Einen Überblick hierzu soll die folgende Zusammenstellung vermitteln:

aa) Gerichtliches Verfahren

Von vorneherein nicht unter das Zustimmungserfordernis fallen Regelungen über das gerichtliche Verfahren[37]. Dies ergibt sich bereits daraus, daß der VIII. Abschnitt des Grundgesetzes das gerichtliche Verfahren nicht erfaßt. Zustimmungsbedürftig sind dagegen Gesetze, die die Regelung eines Justizverwaltungsverfahrens zum Inhalt haben[38].

---

33 BVerfGE 55, 274/321; 75, 108/150.
34 BVerfGE 75, 108/150.
35 BVerfGE 55, 274/321; 75, 108/150.
36 Vgl. unten b dd.
37 Vgl. BVerfGE 14, 197/219.
38 Vgl. z.B. Art. 1 des Gesetzes zur Änderung des Einführungsgesetzes zum Gerichtsverfassungsgesetz – Kontaktsperregesetz – vom 4. Dezember 1985 BGBl. I S. 2141; nach Auffassung des Bundesrates, der sich die Bundesregierung und der Bundestag anschlossen, war das Gesetz im Hinblick darauf, daß in § 34a Abs. 3 EGGVG die Regelung eines Justizverwaltungsverfahrens enthal-

Die Abgrenzung von Verwaltungs- und Gerichtsverfahren kann jedoch im Einzelfall schwierig sein. Dies zeigen die Beratungen des Vierten Gesetzes zur Änderung der Verwaltungsgerichtsordnung[39]: Entsprechend den Empfehlungen des Rechtsausschusses vertrat der Bundesrat sowohl im ersten als auch im zweiten Durchgang die Auffassung, das Gesetz sei im Hinblick auf Art. 84 Abs. 1 GG zustimmungsbedürftig, weil das Verwaltungsverfahren geregelt werde[40]. Zur Begründung wurde ausgeführt, das Gesetz enthalte in Art. 1 Nr. 13 und Nr. 14 Regelungen, die das verwaltungsrechtliche Widerspruchsverfahren beträfen. Insbesondere werde die Frage des Suspensiveffekts geregelt. Das Widerspruchsverfahren weise eine Doppelnatur auf. Es handle sich dabei um Verwaltungsverfahrensrecht, das zugleich prozeßrechtlichen Charakter habe. Da zumindest auch das Verwaltungsverfahren geregelt werde, lösten die diesbezüglichen Regelungen auch die Zustimmung des Bundesrates aus. Weder die Bundesregierung noch der Bundestag hat sich dieser Auffassung angeschlossen. Die Bundesregierung hat ausgeführt, das Vorverfahren sei kein selbständiges Verfahren im Sinne des Art. 84 Abs. 1 GG, sondern falle in den Bereich des gerichtlichen Verfahrens[41]. Gegen diese Auffassung spricht aber bereits die häufige Praxis, daß einem Widerspruchsverfahren kein Gerichtsverfahren folgt. Man wird die dann allein beteiligten Verwaltungsbehörden jedoch schwerlich als Vorstufen der Gerichte ansehen können.

Die Meinungsverschiedenheit ist im konkreten Fall jedoch ohne rechtliche Auswirkungen geblieben, da der Bundesrat dem Gesetz, unter Hinweis auf die Zustimmungsbedürftigkeit, zugestimmt hat[42]. Das Gesetz ist ohne Zustimmungsformel verkündet worden[43].

Auch in einem derzeit laufenden Gesetzgebungsverfahren[44] wird um die Frage Verwaltungs- oder Gerichtsverfahren gestritten: Die in § 125a FGG statuierten Mitwirkungspflichten von Landesbehörden, auf die in einem Gesetzentwurf Bezug genommen wird, seien gerichtsverfahrensrechtlicher Natur. Beim Auskunftsrecht der Registergerichte nach § 125a Abs. 2 FGG handele es sich nur um eine Konkretisierung der nach Art. 35 GG ohnehin bestehenden Pflicht der Länderbehörden zu gegenseitiger Rechts- und Amtshilfe. Gegen diese Auffassung ist vorzubringen, daß den Behörden die Prüfung oder Überwachung, ob eine eintragungspflichtige Tätigkeit unrichtig, unvollständig oder gar nicht eingetragen ist, als selbständige, über die Amtshilfe hinausgehende Tätigkeit obliegt[45].

---

ten war – Zuständigkeit des Präsidenten des Landgerichts, Vertretungsregelung – zustimmungsbedürftig, vgl. BR-Drucks. 324/83, BT-Drucks. 10/902, BR-Drucks. 470/85.

39 4. VwGOÄndG BR-Drucks. 135/90.

40 BR-Drucks. 135/90; BR-Drucks. 836/90.

41 BT-Drucks. 11/7030 S. 51.

42 BR-Drucks. 836/90.

43 Vgl. BGBl. 1990 I S. 2809.

44 Partnerschaftsgesellschaftsgesetzentwurf, BR-Drucks. 516/93.

45 So auch die gesamte Kommentarliteratur zu § 125a FGG.

Hinzu kommt, daß ein Hinweis an das Registergericht auf eine bisher unterlassene Eintragung vielleicht noch als Einleitung eines Gerichtsverfahrens angesehen werden kann. Dies gilt jedoch nicht für ein Tätigwerden der in § 125a FGG genannten öffentlichen Stellen, die nicht zu einem Verhalten gegenüber dem Registergericht führt, sondern sich in einer internen Prüfung erschöpft. Somit wird mit der Bezugnahme auf § 125a FGG zumindest auch das Verwaltungsverfahren geregelt[46].

bb) Zusammenwirken von Behörden

Ausgehend von einer gutachtlichen Äußerung des Bundesverfassungsgerichts[47] regeln Bestimmungen, nach denen bestimmte Anordnungen und Verwaltungsakte von Landesbehörden bei der Vollziehung von Bundesgesetzen an die Zustimmung von Bundesbehörden gebunden werden, und Normen, die ein „Zusammenwirken" oder „Mitwirken" von Landesbehörden bei Handlungen von Bundesbehörden vorschreiben, das „Verwaltungsverfahren" von Landesbehörden. Das der Entscheidung zugrundeliegende Gesetz betraf zwar die Verwaltung von Steuern durch Landesfinanzbehörden[48]. Die Literatur leitet aus der Äußerung des Gerichts jedoch überwiegend ein Zustimmungserfordernis auch im Hinblick auf Art. 84 Abs. 1 GG ab[49].

Nach der Judikatur nicht zustimmungsbedürftig sollen dagegen Gesetze sein, in denen die Berechtigung von Bundesbehörden, von Landesbehörden Auskunft zu verlangen und Einsicht in Unterlagen und Akten zu nehmen, geregelt wird. In diesen Fällen, so das Bundesverfassungsgericht, läge nämlich nur eine Konkretisierung der den Behörden der Länder ohnehin schon nach Art. 35 GG obliegenden Pflicht zu gegenseitiger Rechts- und Amtshilfe vor[50].

Diese Auffassung überzeugt nicht[51]. Ihr kann entgegengehalten werden, daß einfach-gesetzlichen Konkretisierungen meist ein eigener zusätzlicher Regelungsgehalt zukommt, so daß weitere Verwaltungsressourcen der Länder gebunden werden. Auch eine Rechtfertigung dadurch, daß kein vertiefender Einbruch in die Länderorganisationsgewalt erfolge und daher das Motiv für die Zustimmungsbedürftigkeit entfalle, kann nicht angenommen werden: Schon nach dem Wortlaut des Art. 84 Abs. 1 GG, ebenso nach der Intention des Verfassungsgebers, schließlich auch nach

---

46 Vgl. auch BVerfGE 55, 274/320 f.; 37, 363/390.

47 BVerfGE 1, 76/79.

48 Gutachten des Bundesverfassungsgerichts nach dem inzwischen aufgehobenen § 97 Abs. 2 BVerfGG zu der Frage, ob das Gesetz zur Durchführung des Artikels 108 Abs. 2 des Grundgesetzes der Zustimmung des Bundesrates bedurfte.

49 Vgl. *Lepa*, a.a.O., 405; *Lerche* in Maunz/Dürig/Herzog, a.a.O., Rdnr. 48.

50 BVerfGE 10, 20/49 zu § 21 des Gesetzes zur Errichtung einer Stiftung „Preußischer Kulturbesitz" und zur Übertragung von Vermögenswerten des ehemaligen Landes Preußen auf die Stiftung vom 25. Juli 1957 BGBl. I S. 841.

51 Vgl. auch *Lerche* in Maunz/Dürig/Herzog, a.a.O., Rdnr. 50 zu Art. 84.

der Rechtsprechung im übrigen, kommt es regelmäßig darauf an, daß eine Verfahrensregelung vorgesehen ist, nicht dagegen darauf, wie tief sie in die Landesorganisationsgewalt eingreift. Schließlich weist *Lerche*[52] zu Recht darauf hin, daß der Bund dann außerdem seine Regelung auf einen anderen Kompetenztitel stützen müßte, der nicht ersichtlich ist.

Auf einen weiteren Gesichtspunkt ist hinzuweisen:

Die Abgrenzung eines „Zusammenwirkens" oder „Mitwirkens" im Sinne der erstgenannten Entscheidung des Bundesverfassungsgerichts (mit der Folge der Zustimmungsbedürftigkeit) und der bloßen Amtshilfe dürfte oft nicht eindeutig möglich sein. Zumindest sind Überschneidungen oder Grenzfälle denkbar, in denen eine klare Zuordnung nicht gelingt.

Diese Unterscheidung zwischen Betroffenheit und Eingriff in die Verwaltungshoheit der Länder führt dann zu einer reinen Kasuistik mit allen daraus erwachsenden Nachteilen. Auch dies spricht dafür, eine Betroffenheit der Länderorganisationshoheit für die Anwendung des Art. 84 Abs. 1 GG ausreichen zu lassen. Jedenfalls aber sollte das Gericht im Zweifelsfall von einer Vermutung zugunsten der Länder ausgehen.

Die Entscheidung des Bundesverfassungsgerichts ist auch noch in einem anderen Zusammenhang interessant. Das Gericht vertritt nämlich seither in ständiger Rechtsprechung die Auffassung, eine Norm löse die Zustimmungsbedürftigkeit dann nicht gemäß Art. 84 Abs. 1 GG aus, wenn sie lediglich bereits vorhandene, ohnehin eingreifende Regelungen des Verwaltungsverfahrens wiederhole[53]. Ebenso wie bei der Konkretisierung der Amtshilfe bedeuteten entsprechende Regelungen keinen selbständigen, neuen „Einbruch" in die Verwaltungshoheit der Länder, so daß Art. 84 Abs. 1 GG keine Anwendung finde[54]. Diese Auffassung entspricht der ständigen Praxis des Rechtsausschusses des Bundesrates[55]; gleichwohl gelten die vorstehend erhobenen Bedenken auch hier.

cc) Beendigung des Verwaltungshandelns der Länder

Keine Regelung des Verwaltungsverfahrens stellen nach der Judikatur Normen dar, die das Verwaltungshandeln der Länder auf einem bestimmten Gebiet beenden, etwa auch dadurch, daß frühere verwaltungsverfahrensrechtliche Regelungen aufgehoben werden[56]. Denn dadurch, so das Bundesverfassungsgericht, würden die Interessen der Länder lediglich be-

52 A.a.O., Rdnr. 50 u. 47 zu Art. 84.
53 BVerfGE 37, 363/388; 55, 274/323.
54 BVerfGE a.a.O.
55 Vgl. Rechtsausschuß des Bundesrates zum Entwurf eines Gesetzes zu den Pariser Atomhaftungsprotokollen BR-Drucks. 435/84 – Nr. R 66/84 S. 66; Entwurf eines Gesetzes über die Deutsche Siedlungs- und Landesrentenbank BR-Drucks. 556/87 – Nr. R 4/88 S. 55.
56 Vgl. BVerfGE 10, 20/49; 14, 197/219 f.; 55, 274/319; *Lerche* in Maunz/Dürig/Herzog, a.a.O., Rdnr. 54; *Schmidt-Bleibtreu* in Schmidt-Bleibtreu/Klein, a.a.O., Rdnr. 6.

rührt, während Art. 84 Abs. 1 GG voraussetze, daß Gesetze das Verfahren tatsächlich regeln, also verbindlich die Art und Weise und die Formen ihrer Tätigkeit vorschreiben[57].

Die Argumentation des Bundesverfassungsgerichts überzeugt nicht. Die Beendigung des Verwaltungshandelns der Länder kann mit für die Verwaltung bedeutsamen personellen Veränderungen und Umstrukturierungen verbunden sein; auch sind Auswirkungen auf mit der aufgelösten Stelle zusammenarbeitende Behörden zu erwarten.

Die Aufassung des Rechtsausschusses des Bundesrates in dieser Frage ist jedoch uneinheitlich[58].

dd) Doppelgesichtige Normen

Von besonderer Bedeutung für die Praxis wäre die eindeutige Klärung der Frage, ob Vorschriften, die ein Antragserfordernis enthalten, zumindest auch verfahrensbezogen sind, oder ob es sich bei diesen ausschließlich um materielles Verwaltungsrecht handelt. Der Rechtsprechung ist es aber noch nicht gelungen, durch eindeutige Vorgaben Sicherheit für die Gesetzgebungspraxis zu schaffen.

In der Apostillenentscheidung ist das Gericht davon ausgegangen, eine Bestimmung, die festlege, daß eine Landesbehörde gewisse Handlungen nach Stellung eines Antrags vornehmen müsse[59], stelle eine Regelung des Verwaltungsverfahrens dar[60]. In der Entscheidung zum Vierten Rentenversicherungs-Änderungsgesetz hat es dann jedoch die Frage offengelassen, ob ein Bundesgesetz das Verfahren der Landesverwaltung gemäß Art. 84 Abs. 1 GG immer dann regelt, wenn es den an der Verwaltungsentscheidung Interessierten die Stellung eines Antrags vorschreibt[61]. Es hat aber ausgeführt, ein Antragserfordernis habe jedenfalls dann keinen

57 BVerfGE 55, 274/319.

58 Keine Verfahrensregelung in jüngeren Äußerungen: vgl. z.B. Rechtsausschuß des Bundesrates zum Entwurf eines Gesetzes über die Umwandlung der Deutschen Pfandbriefanstalt in eine Aktiengesellschaft BR-Drucks. 52/88 – Nr. R 12/88 S. 16; Entwurf eines Gesetzes zur Vereinfachung der Ausgabe von Schuldverschreibungen BR-Drucks. 466/89 – Nr. R 71/89 S. 26; vgl. auch Rechtsausschuß des Bundesrates zum Gesetz zur Durchführung der Elften gesellschaftsrechtlichen Richtlinie des Rates der EG und über Gebäudeversicherungsverhältnisse, BR-Drucks. 435/93 – Nr. R 67/93 S. 253; *aber:* Erstes Gesetz zur Änderung des Fischwirtschaftsgesetzes BT-Drucks. 12/3378 S. 8 f.; Gesetz über die Rechtsstellung vorgeprüfter Apothekeranwärter BT-Drucks. 7/907 S. 8 unter Bezugnahme auf die 396. Sitzung des Rechtsausschusses des Bundesrates vom 9. Mai 1973, S. 89.

59 Art. 1 des Gesetzes zu dem Haager Übereinkommen vom 5. Oktober 1961 zur Befreiung ausländischer öffentlicher Urkunden von der Legalisation vom 21. Juni 1965 BGBl. II S. 875 in Verbindung mit Art. 4 des Haager Übereinkommens vom 5. Oktober 1961.

60 BVerfGE 24, 184/195.

61 BVerfGE 37, 363/385.

verfahrensregelnden Charakter, wenn der Antrag lediglich eine materiellrechtliche Anspruchsvoraussetzung bilde oder nur die Wiederholung einer bereits bestehenden Verfahrensregelung darstelle[62].

Auch die Verfassungsrechtsprechung zur Behandlung gesetzlicher Offenbarungs- und Verwertungsverbote ist nicht einheitlich. In seiner Entscheidung zum Gesetz über das Kreditwesen[63] hatte das Bundesverfassungsgericht noch ausgeführt, Bestimmungen über Schweigepflichten gehörten dem materiellen Recht und nicht dem Recht des Verwaltungsverfahrens an[64]. In der späteren Entscheidung zum Ausbildungsplatzförderungsgesetz hat das Gericht dagegen im Offenbarungs- und Verwertungsverbot des § 3 Abs. 6 Satz 3 APlFG eine verwaltungsverfahrensrechtliche Norm gesehen[65].

Letzterem ist zuzustimmen[66]. Mit Offenbarungs- und Verwertungsverboten werden den Verwaltungsbehörden Beschränkungen auferlegt, die sie über den unmittelbaren Gesetzesvollzug hinaus in ihren weiteren Tätigkeiten binden[67], so daß in entsprechenden Regelungen nicht ausschließlich materiellrechtliche Vorschriften gesehen werden können.

Im übrigen erscheinen mir generell Zweifel an der Richtigkeit der Rechtsprechung zur Doppelgesichtigkeit angebracht: Wird nicht auch dann, wenn ein materieller Anspruch geregelt wird, sozusagen automatisch eine Verwaltungstätigkeit, also ein Verwaltungsverfahren impliziert? Zumindest muß der Anspruch doch geprüft und verbeschieden werden! Außerdem – darauf hat *Lerche*[68] zutreffend hingewiesen – kann es der Fall sein, daß materiellrechtliche und prozedurale Gesetzesbefehle lediglich äußerlich in einer positiven Norm zusammengefaßt werden. Diese Zufälligkeit darf aber für die Zustimmungsbedürftigkeit keine Rolle spielen.

Allerdings stellt sich das weitere Problem, ob durch Offenbarungs- oder Verwertungsverbote nicht lediglich andere, bereits bestehende Verbote wiederholt werden[69]. Das Bundesverfassungsgericht hat diese Fragestellung – wie in früheren Entscheidungen – erörtert. Es kommt im Rahmen seiner Prüfung aber zum Ergebnis, daß § 3 Abs. 6 Satz 3 APlFg einen eigenständigen Regelungsgehalt besitze. Allerdings stellt das Bundesverfassungsgericht lediglich einen Vergleich zu den einfachgesetzlichen Vorschriften der § 203 Abs. 2, § 204 StGB, § 715 RVO und § 35 SGB-AT an.

62 BVerfGE 37, 363/385 ff.
63 Vom 10. Juli 1961, BGBl. I S. 881.
64 BVerfGE 14, 197/221.
65 BVerfGE 55, 274/323.
66 So auch der Bundesrat und die Bundesregierung im Gesetzgebungsverfahren zum Gesetz zur Verbesserung der Überwachung des Außenwirtschaftsverkehrs und zum Verbot von Atomwaffen, biologischen und chemischen Waffen vom 5. November 1990 BGBl. I S. 2428; BR-Drucks. 153/89 S. 1; BT-Drucks. 11/4609 S. 15.
67 BVerfGE a.a.O.
68 *Lerche* in Maunz/Dürig/Herzog, a.a.O., Rdnr. 41 zu Art. 84.
69 Vgl. oben bb a.E.

Nicht dagegen geht es auf die Frage ein, ob es sich beim Offenbarungs- und Verwertungsverbot um die bloße Wiederholung eines aus dem Recht auf informationelle Selbstbestimmung des Art. 2 Abs. 1 und Art. 1 Abs. 1 GG abgeleiteten Verfassungsgebots handelt[70].

Eine vertiefte Auseinandersetzung mit dieser Frage kann nicht Gegenstand dieses Beitrags sein. Dennoch zeigt auch dieser Problemkreis sehr deutlich, wie komplex und schwierig die Beurteilung des Zustimmungserfordernisses in Art. 84 Abs. 1 GG trotz einiger Klarstellungen durch das Bundesverfassungsgericht immer noch ist.

ee) Sonstige Anwendungsfälle

Nur am Rande erwähnt werden sollen schließlich die seit jeher unterschiedlichen Auffassungen zwischen Bundesregierung und Bundesrat zu der Frage, ob Ratifikationsgesetze in Rechtshilfeangelegenheiten der Zustimmung des Bundesrates gemäß Art. 84 Abs. 1 GG bedürfen[71]. Während die Länder und der Bundesrat regelmäßig die Auffassung vertreten, es handele sich um Verwaltungshandeln der Länder, nehmen die Länder nach Auffassung der Bundesregierung insoweit Befugnisse des Bundes, nämlich ein Teilgebiet der Pflege der auswärtigen Beziehungen im Sinne des Art. 32 Abs. 1 GG, wahr.

Zwischen Bundesrat und Bundesregierung ebenfalls umstritten ist die Frage, ob es sich bei der Durchführung von Bundestagswahlen um den Landesvollzug eines Bundesgesetzes handelt und ein entsprechendes Gesetz daher zustimmungsbedürftig ist (so der Bundesrat) oder ob die Durchführung von Bundestagswahlen als ein Organisationsakt des Bundes zu qualifizieren ist, der außerhalb der vom GG getroffenen Zuständigkeitsverteilung steht (so die Bundesregierung), mit der Folge, daß Art. 84 Abs. 1 GG nicht anwendbar und das Gesetz nicht zustimmungsbedürftig ist[72]. Dementsprechend wurden beispielsweise das Achte[73], Neunte[74] und Zehnte Gesetz zur Änderung des Bundeswahlgesetzes[75] ohne Zustimmungsformel verkündet, obwohl der Bundesrat die Gesetze für zustimmungsbedürftig hält[76].

---

70 So *Schulze-Fielitz,* a.a.O., DVBl., 337 f., der zur Begründung zusätzlich Art. 14 GG und das Übermaßverbot heranzieht; das Sondervotum *Rottmann,* BVerfG, a.a.O., 340, stellt zusätzlich auf den rechtsstaatlichen Grundsatz ab, welcher der Verwaltung allgemein ein Verhalten verbiete, das gerade nicht in der Ausführung des Gesetzes bestehe.

71 Vgl. z.B. BR-Drucks. 362/88; 486/82; BT-Drucks. 7/2280 S. 16; 7/371; 7/372.

72 Vgl. Rechtsausschuß des Bundesrates Nr. R 69/90 S. 49; Nr. R 50/82 S. 27; Nr. R 50/79 S. 55.

73 BGBl. 1988 I S. 2422.

74 BGBl. 1990 I S. 1015.

75 BGBl. 1990 I S. 2141.

76 Stand der Gesetzgebung des Bundes, a.a.O., S. XXXV.

III. Fazit

Der Umfang des Zustimmungserfordernisses des Art. 84 Abs. 1 GG ist in weiten Bereichen immer noch konturlos und birgt Unsicherheiten für die Gesetzgebungspraxis. Ziel dieses Beitrags war es dabei nicht, Vorwürfe gegen die verfassungsgerichtliche Rechtsprechung zu erheben. Diese räumt ja auch freimütig ein, daß die Auslegung des Begriffs Verwaltungsverfahren in Art. 84 Abs. 1 GG nicht nur verfassungsrechtlichen, sondern auch verfassungspolitischen Aspekten folge[77]. Die Abgrenzung zwischen Verwaltungsverfahrens- und materiellem Verwaltungsrecht sei in der Vergangenheit Wandlungen unterworfen gewesen, die sich aus der Veränderung der Staatsaufgaben im Bereich der Verwaltung und der erforderlichen Mittel zu ihrer Bewältigung unabweislich ergeben könnten. Dies sei auch künftig nicht anders. Die Auslegung des Art. 84 Abs. 1 GG müsse diesem Wandel offenbleiben. Die tragenden Begriffsmerkmale, die im Laufe der Zeit für das Verwaltungsverfahren entwickelt worden seien und z.B. in den Verwaltungsverfahrensgesetzen ihren positivrechtlichen Niederschlag gefunden hätten, könnten bei der Bewertung nicht unberücksichtigt bleiben. Art. 84 Abs. 1 GG hebe nicht auf einen bestimmten, zeitlich fixierten Stand staatsrechtlicher Praxis und dogmatischer Erkenntnisse ab; er wolle das ständig wechselnde Kräftespiel im Bundesstaat in den vom Grundgesetz bestimmten Schranken halten und bedürfe deshalb einer Auslegung, welche die vom hierfür kompetenten Gesetzgeber in sachgerechter Entscheidung festgestellten Begriffsinhalte mitberücksichtige.

Damit bewegt sich das Gericht weit in den Grenzbereich zwischen Verfassungsrecht und Verfassungspolitik hinein – wohl auch, weil es die in der Literatur weitverbreitete Ansicht[78] aufnimmt, die starke Zunahme der Zustimmungsgesetze sei vom Verfassungsgesetzgeber nicht beabsichtigt gewesen. Es erscheint mir höchst fraglich, ob derartige Entwicklungen, die zudem auf Ursachenbündeln beruhen, auf dem Wege je unterschiedlicher Auslegung eines Verfassungsbegriffs abgefangen werden sollten. Ich könnte mir gut vorstellen, daß der umgekehrte Weg, Herausarbeitung klarer Abgrenzungskriterien des Begriffs „Verwaltungsverfahren", ohne ständige Berücksichtigung der Auswirkungen, zu mehr Rechtssicherheit und Rechtsklarheit führen könnte. Allerdings verkenne ich nicht, daß dies erkauft würde mit der Konsequenz, daß eventuelle, im Bund-Länder-Verhältnis und in der parlamentarischen Demokratie unerwünschte Auswirkungen vom Verfassungsgesetzgeber zu korrigieren wären. Möglicherweise sieht das Bundesverfassungsgericht hier die noch größeren Probleme . . .

77 Vgl. etwa BVerfGE 55, 274/320 – Urteil vom 10. Dezember 1980.

78 Vgl. z.B. *Ziller*, Der Bundesrat, 6. Ausgabe 1982, S. 30 oder *Lerche* in Maunz/Dürig/Herzog, a.a.O., Rdnrn. 8 ff., 68 ff. zu Art. 84 m.w.N.

Harry Andreas Kremer

Der Bayerische Landtag als Steuergesetzgeber

Inhaltsübersicht

Artikel 105 Grundgesetz (GG) regelt die Gesetzgebungszuständigkeit für das materielle Steuerrecht und ist somit auch Ausgangspunkt für alle Überlegungen, die die bayerische Steuergesetzgebung betreffen. Ein großer Gestaltungsspielraum verbleibt dem Landesgesetzgeber nicht, bedenkt man, daß Art. 105 Abs. 1 GG – wie bereits die Reichsverfassung von 1871 und die Weimarer Reichsverfassung – die Zölle der ausschließlichen Bundesgesetzgebung zuweist und daß anläßlich der Finanzreform 1969 durch eine Änderung des Art. 105 Abs. 2 GG auch „die übrigen Steuern" dem Bereich der konkurrierenden Gesetzgebung unterstellt wurden. Art. 105 Abs. 2 GG a.F., wonach lediglich verschiedene, enumerativ aufgezählte Materien der konkurrierenden Gesetzgebung unterfielen, wurde insoweit durch eine Generalklausel ersetzt, die dem Bund eine umfassende Zuständigkeit auf dem Gebiet des Steuerrechts übertrug. Allein die Anforderungen, die über Art. 72 Abs. 2 GG an die konkurrierende Gesetzgebung gestellt werden, begrenzen seitdem die Kompetenzen des Bundesgesetzgebers und auch diese Schranke wurde durch die Finanzreform 1969 noch weiter gelockert, indem der Bereich der konkurrierenden Gesetzgebung bereits für den Fall eröffnet wurde, daß dem Bund das Steueraufkommen „ganz oder zum Teil zusteht".

Berücksichtigt man die Tatsache, daß der Bund von seiner Regelungskompetenz bei der konkurrierenden Gesetzgebung extensiven Gebrauch macht, verbleibt dem Landesgesetzgeber faktisch nurmehr die Befugnis zur Gesetzgebung über die örtlichen Verbrauch- und Aufwandsteuern, die über Art. 105 Abs. 2a GG – eingefügt durch die Finanzreform 1969 – der ausschließlichen Gesetzgebungskompetenz der Länder zugesprochen wurden, freilich mit der Beschränkung, daß sie bundesgesetzlich geregelten Steuern nicht gleichartig sein dürfen. Daneben sind – was häufig vergessen wird – auch die Steuern der öffentlich-rechtlichen Religionsgesellschaften über Art. 140 GG i.V. mit Art. 137 Abs. 6 Weimarer Reichsverfassung der ausschließlichen Gesetzgebung der Länder vorbehalten.

Trotz der weitgehenden Beschränkung durch die Regelungen des Grundgesetzes hat der bayerische Steuergesetzgeber bis heute eine Vielzahl von materiellen Steuertatbeständen geschaffen, über die mit diesem Beitrag eine Übersicht gegeben werden soll.

I. Kommunalabgabengesetz (KAG)

1. Am 26. März 1974 wurde die Reform des Gemeindeabgabengesetzes (GAG) durch Erlaß des Kommunalabgabengesetzes abgeschlossen (GVBl. S. 109, ber. S. 252). Sechzehn Jahre lang hatte es gedauert, sieben Gesetzentwürfe, die immer wieder geändert wurden, waren nötig, bis das Reformwerk endlich in Kraft treten konnte. Notwendig geworden war die Reform, nachdem das GAG in vielen Bereichen durch Rechtsprechung, Rechtsentwicklung und Verwaltungspraxis überholt war (vgl. Gesetzentwurf, LT-Drs. 7/5192, Vorblatt).

a) Art. 3 der Neuregelung enthielt eine Vorschrift für die örtlichen Verbrauch- und Aufwandsteuern. Wie bisher über Art. 1 Abs. 1 GAG, so wurde den Gemeinden und Landkreisen im Anschluß an Art. 83 Abs. 2 S. 2 Bayerische Verfassung (BV) und Art. 22 Abs. 2 Gemeindeordnung mit dieser Regelung ein Steuerfindungsrecht eingeräumt. Gemeinden und Landkreise wurden insoweit ganz allgemein ermächtigt, örtliche Verbrauch- und Aufwandsteuern zu erheben. Das Vorrecht bei der Steuererhebung wurde den kreisangehörigen Gemeinden vor den Landkreisen zugebilligt. Dadurch sollte vermieden werden, daß ein und dieselbe örtliche Verbrauch- und Aufwandsteuer von Landkreisen und von einer kreisangehörigen Gemeinde – also doppelt – erhoben wird. Zur Begründung dieses Vorrechts wurde im Gesetzentwurf auf die verfassungsrechtliche Stellung der Gemeinden als ursprüngliche Gebietskörperschaften (Art. 11 Abs. 2 BV; Art. 1 Gemeindeordnung) verwiesen (vgl. Gesetzentwurf, LT-Drs. 7/5192, Begründung, II, zu Art. 3). Eine Ausnahme von diesem Vorrecht wurde in Art. 3 Abs. 2 KAG lediglich für die Jagdsteuer gemacht, die auch nach der vorherigen Regelung in Art. 6 GAG nur von den Landkreisen und kreisfreien Städten erhoben werden konnte.

Art. 3 brachte in Absatz 3 ein Verbot für die Wiedereinführung einer Speiseeissteuer. Dieses Verbot war zwar bereits durch Art. 2 des Gesetzes über die Abschaffung der Schankerlaubnis und Speiseeissteuer vom 23. Dezember 1971 (GVBl. S. 472) in Art. 7 Abs. 1 Satz 1 GAG verankert worden, mußte jedoch an dieser Stelle nochmals ausdrücklich ausgesprochen werden, da das GAG durch Art. 32 Abs. 1 Nr. 1 KAG aufgehoben wurde, das Verbot aber nach dem Willen des Gesetzgebers weiter fortgelten sollte. Eines nochmaligen ausdrücklichen Verbots der Schankerlaubnissteuer, die ebenfalls durch Art. 1 des vorgenannten Gesetzes vom 23. Dezember 1971 aufgehoben worden war, bedurfte es nicht, da die Schankerlaubnissteuer als typische örtliche Verkehrsteuer nicht mehr von der Rechtsgrundlage des Art. 3 KAG gedeckt war.

b) Allgemeine Vorschriften für die Erhebung von Abgaben brachte Art. 2 KAG. Diese Vorschrift regelte im wesentlichen, daß Abgaben nur aufgrund einer Satzung mit bestimmtem Inhalt erhoben werden dürfen, daß für bestimmte Fälle (Nichtvorliegen oder Abweichen von einer Mustersatzung des Innenministeriums, rückwirkender Erlaß der Satzung) ein Genehmigungsvorbehalt für die Regierung besteht und daß nicht genehmigungspflichtige Satzungen vor Inkrafttreten der Rechtsaufsichtsbehörde vorzulegen sind. Für Steuersatzungen war dabei über die allgemeinen Genehmigungsvoraussetzungen des Art. 2 Abs. 4 hinaus (kein Widerspruch zu Bundes- oder Landesrecht) in weitgehender Anlehnung an die vorherige Regelung in Art. 1 Abs. 13 GAG als zusätzliche Genehmigungsvoraussetzung bestimmt, daß diese öffentliche Belange, insbesondere volkswirtschaftliche oder steuerliche Interessen des Staates, nicht beeinträchtigen dürfen.

c) Im II. Abschnitt des KAG sind über die materiellen Vorschriften des I. Abschnitts hinaus allgemeine Regelungen u.a. über Abgabebescheide, Verjährung, Verzinsung, Prozeßzinsen, Stundungszinsen etc. enthalten, die für alle Kommunalabgaben – auch solche aus anderen Gesetzen – Geltung haben. Gedacht hat der Gesetzgeber dabei insbesondere an die Vergnügungssteuer und die Hundesteuer, aber auch an die Realsteuern, soweit dem Landesgesetzgeber eine Regelungsbefugnis eingeräumt war (vgl. Gesetzentwurf, LT-Drs. 7/5192, II, zu Art. 11). Der III. Abschnitt brachte mit den Art. 22 und 23 KAG eine einheitliche Regelung für die Verkürzung der Kommunalabgaben und sonstige Verstöße gegen das Kommunalabgabenrecht.

d) Durch das neue Gesetz wurden neben dem GAG auch verschiedene andere steuerliche Vorschriften außer Kraft gesetzt bzw. abgeändert:

- Die Änderungen des Vergnügungssteuergesetzes in Art. 25 dienten im wesentlichen einer Anpassung an das KAG.
- In Art. 26 KAG wurde das Hundeabgabengesetz in Angleichung an das KAG in Hundesteuergesetz umbenannt. Gleichzeitig wurden die Steuerbefreiungstatbestände neu geregelt, verschiedene Ungenauigkeiten ausgemerzt und Lücken geschlossen. Wesentlicher Zweck dieser Änderung war es u.a., das Steuererhebungsverfahren in seinen Grundzügen im Hundesteuergesetz selbst zu regeln.
- Durch Art. 28 Abs. 1 KAG wurden die Notgroschensatzungen zum 31. Dezember 1974 außer Kraft gesetzt. Der gemeindliche Notgroschen, dem der Charakter einer Art Veranstaltungssteuer und damit einer Aufwandsteuer zukam, wurde durch diese Neuregelung zwar nicht vollständig verboten, die Vollzugsbekanntmachung zu Art. 28 KAG sah jedoch vor, daß neue Notgroschensatzungen nicht mehr genehmigt werden dürfen.
- In Art. 32 Abs. 1 Nr. 8 KAG wurde das Steuersäumnisgesetz vom 24. Dezember 1934 (BayBS, ErgB S. 30) aufgehoben. Dieses Gesetz regelte die Säumnisfolgen und war durch das Steueränderungsgesetz 1961 vom

13. Juli 1961 (BGBl. I S. 981) für die Steuern ersetzt worden, die zum Kompetenzbereich des Bundes gehörten. Als Landesrecht galt die Vorschrift jedoch für kommunale Steuern fort. Nachdem Art. 20 KAG nunmehr die Säumnisfolgen für alle kommunalen Abgaben ausdrücklich regelte, konnte das landesrechtlich fortgeltende Steuersäumnisgesetz aufgehoben werden.

2. In der Folgezeit wurden verschiedene Änderungen der steuerlichen Regelung im KAG notwendig:

a) In § 5 Nr. 1 des Gesetzes zur Anpassung von Gesetzen an die Abgabenordnung vom 23. Dezember 1976 (GVBl. S. 566) wurde Art. 2 Abs. 5 KAG aus Gründen der Rechtsvereinheitlichung neu gefaßt. In § 5 Nr. 2 wurden die allgemeinen Vorschriften Art. 13–17 KAG an die umgestaltete Abgabenordnung 1977 angepaßt. Im Kern brachte dies nichts grundlegend Neues, für die Anpassung an die Abgabenordnung 1977 war die Änderung jedoch unumgänglich (vgl. Gesetzentwurf, LT-Drs. 8/3476, Begründung B., zu § 5 Nr. 3). Im übrigen wurde dadurch erreicht, daß das für das Besteuerungsverfahren in Bund und Ländern – hinsichtlich der Realsteuern auch für die Gemeinden – geltende einheitliche Verfahrensrecht der Abgabenordnung auf den Bereich der vom KAG erfaßten Abgaben erstreckt wurde.

Gemäß § 12 Abs. 1 wurde die aufgrund der Änderungen notwendig gewordene Neufassung des KAG vom 4. Februar 1977 im GVBl. S. 83 bekannt gemacht.

b) Mit § 1 Nr. 1 des Gesetzes zur Abschaffung kommunaler Bagatellsteuern vom 21. Dezember 1979 (GVBl. S. 436) wurde Art. 3 Abs. 2 KAG neu gefaßt. Dadurch wurde die Jagdsteuer als Landkreissteuer beseitigt, die seinerzeit die einzige originäre Steuerquelle der Landkreise neben dem Zuschlag zur Grunderwerbsteuer war. Die Beseitigung erfolgte insbesondere unter dem Gesichtspunkt der Erhebungsbilligkeit und war zu Recht auch von der Kommission für den Abbau von Staatsaufgaben und Verwaltungsvereinfachung sowie der Steuerreformkommission befürwortet worden, bedenkt man, daß das jährliche Aufkommen seinerzeit lediglich bei 3 Mio. DM, verteilt auf 71 Landkreise und 9 kreisfreie Städte, lag (vgl. Gesetzentwurf, LT-Drs. 9/2617, II, zu § 1 Nr. 1).

Daneben wurden durch Änderung des Art. 3 Abs. 3 KAG in § 1 Nr. 2 die Getränke-, die Jagd- und die Vergnügungssteuer allgemein abgeschafft. Die Getränkesteuer war seit längerem u.a. wegen eines relativ hohen Verwaltungsaufwandes und des nicht wettbewerbsneutralen Zuschnitts auf die Berufsgruppe der Gastwirte umstritten und aus diesem Grund von verschiedenen Städten und Gemeinden bereits abgeschafft worden. Auch die Steuerreformkommission sowie die Kommission für den Abbau von Staatsaufgaben und für Verwaltungsvereinfachung hatten eine Aufhebung empfohlen, letztere allerdings nur unter der Voraussetzung, daß ein angemessener Ausgleich geschaffen wird, nachdem die Getränkesteuer mit ca. 78 Mio. DM (verteilt auf 239 Gemeinden) das mit Abstand höchste Jahresaufkommen der abzuschaffenden Steuern hatte. Eine entsprechende Regelung für Ausgleichszahlungen an die Gemeinden wurde dann auch in § 4 des Gesetzes eingeführt, der eine Abänderung des Finanzausgleichsgesetzes vorsah.

Die Jagdsteuer wurde im Gesetz ausdrücklich als unzulässige Steuer bezeichnet, um ihre Erhebung als gemeindliche Steuer auszuschließen. Die Vergnügungssteuer (Jahresaufkommen 3 Mio. DM) mußte trotz der Aufhebung des Vergnügungssteuergesetzes in § 2 ausdrücklich verboten werden, da die örtliche Erhebung dieser Steuer sonst wegen des Steuerfindungsrechts der Gemeinden nicht ausgeschlossen gewesen wäre.

c) Durch das Gesetz zur Übertragung der Verwaltung der Realsteuern und örtlichen Verbrauch- und Aufwandsteuern auf die Gemeinden und Landkreise vom 20. Juli 1982 (GVBl. S. 477) wurden die genannten Steuern, mit Ausnahme des Meßbetrags – und des Zerlegungsverfahrens bei den Realsteuern, durch Einführung eines III. Abschnitts in das KAG den Gemeinden und Landkreisen ausdrücklich zur Verwaltung übertragen. Dies geschah, um die Rechtsunsicherheit zu beseitigen, die durch ein Urteil des VGH Baden-Württemberg vom 18. Mai 1981 geschaffen worden war. Demnach bedurfte es gemäß Art. 108 Abs. 4 GG eines förmlichen Landesgesetzes, um die Verwaltung der Grundsteuer teilweise auf die Gemeinden zu übertragen (vgl. Gesetzentwurf, LT-Drs. 9/10671, Begründung). Durch die neue Regelung ist das Gesetz Nr. 109 über die Rückübertragung der Gewerbesteuer auf die Gemeinden vom 31. März 1948 (BayBS III S. 431) entbehrlich geworden. Es wurde daher in § 2 aufgehoben.

d) Wesentliche Änderungen in Art. 2 und 3 KAG brachte auch das Änderungsgesetz zum KAG vom 21. Juli 1989 (GVBl. S. 361). Bereits nach Art. 2 Abs. 4 KAG in der Gesetzesfassung von 1974 war vorgesehen, daß Steuersatzungen nicht genehmigt werden dürfen, wenn sie öffentliche Belange, insbesondere volkswirtschaftliche Interessen des Staates beeinträchtigen. Die darauf aufbauende Praxis der Genehmigungsbehörden, neue örtliche Verbrauch- und Aufwandsteuern neben der traditionellen und ordnungspolitisch erwünschten Hundesteuer abzulehnen, entsprach dem Willen des bayerischen Gesetzgebers und der Staatsregierung, wurde jedoch durch eine Entscheidung des Bayerischen Verfassungsgerichtshofes zur Zweitwohnungssteuer vom 15. Dezember 1988 (Vf 70–VI 86) unter Berufung auf die verfassungsrechtlich verbürgte Eigenverantwortlichkeit der Gemeinden im Rahmen ihrer Finanzhoheit in Frage gestellt. Dies war für den Gesetzgeber Anlaß, durch Änderung des Art. 3 Abs. 3 KAG in § 1 Nr. 2 des Änderungsgesetzes ein allgemeines Verbot für die Erhebung einer Steuer auf das Innehaben einer Wohnung ausdrücklich zu regeln. Ferner wurde über § 1 Nr. 1 des Änderungsgesetzes Art. 2 Abs. 3 KAG um einen Zustimmungsvorbehalt des Innenministeriums für Satzungen ergänzt, durch die erstmalig eine in Bayern bisher nicht erhobene kommunale Abgabe eingeführt werden sollte. Damit wollte der Gesetzgeber einem „nicht auszuschließenden Wildwuchs" sonstiger denkbarer örtlicher Verbrauch- und Aufwandsteuern vorbeugen (vgl. Gesetzentwurf, LT-Drs. 11/11371, A.).

e) Durch Gesetz zur Änderung des KAG vom 28. Dezember 1992 (GVBl. S. 775) wurde das KAG insbesondere an die Änderungen der Abgabenordnung und des Baugesetzbuches angepaßt. Daneben wurden verschiedene Klarstellungen getroffen, u.a. in Art. 2 KAG der veränderten Veröffentlichungspraxis Rechnung getragen, das „Allgemeine Ministerialamtsblatt" als Bekanntmachungsorgan benannt und verbesserte Zinsansprüche des Abgabepflichtigen bei rechtswidriger Abgabenerhebung eingeführt. Aufgrund von § 3 dieses Änderungsgesetzes kam es zur Bekanntmachung der Neufassung des KAG vom 4. April 1993 (GVBl. S. 264).

II. Gemeindeabgabengesetz

1. Das Gemeindeabgabengesetz (BayBS I S. 553), ursprünglich verkündet in Nr. 25 des Gesetz- und Verordnungsblattes vom 23. Juli 1938 (S. 225), ist – wie bereits erwähnt – der Vorgänger des KAG. Vergleichbar dem Art. 2 KAG beinhaltete es in Art. 1 ein Steuerfindungsrecht mit dem Vorrecht der Gemeinden gegenüber den Landkreisen, einen Genehmigungsvorbehalt der Regierung bzw. des Landratsamtes (soweit eine Mustersatzung des Staatsministeriums des Innern genehmigt werden sollte), Versagungsgründe für eine Genehmigung sowie ein Beschwerderecht im Fall der Versagung der Genehmigung. Steuerliche Spezialregelungen enthielten die Art. 3, 6 und 7, wo die Verpflichtung der Gemeinden für die Erhebung einer Vergnügungssteuer sowie die Möglichkeit der kreisfreien Gemeinden und Landkreise festgeschrieben waren, mit Genehmigung der Regierung eine Jagdsteuer und Schankerlaubnissteuer zu erheben. Ferner bestand für Gemeinden und Landkreise eine Berechtigung zur Erhebung örtlicher Verbrauchsteuern. Art. 13 bis 16 GAG enthielten Regelungen über die Erhebung und Sicherung der Gefälle der Gemeinden und Gemeindeverbände.

2. Das Gemeindeabgabengesetz erfuhr vor und nach dem 1. Januar 1957 – dem Stichtag für die Aufnahme in die BayBS – verschiedene Änderungen. So wurde Art. 22 GAG durch Art. 70 und 186 BV vom 2. Dezember 1946 (BayRS 100 – 1 – S) aufgehoben, soweit die Staatsministerien des Innern und der Finanzen nicht nur Rechts- und Verwaltungsvorschriften zur „Durchführung", sondern auch zur „Ergänzung" erlassen durften. Mit Art. 2 Abs. 2 Nr. 8 des Gesetzes über die Erhebung eines Zuschlags zur Grunderwerbsteuer vom 28. Oktober 1952 (GVBl. S. 293) wurde der hinfällig gewordene Art. 2 GAG aufgehoben, der die Verwaltung der Wertzuwachssteuer den Stadt- und Landkreisen zuwies. Art. 69 Landesstraf- und Verordnungsgesetz (LStVG) vom 17. November 1956 (GVBl. S. 261) hatte zum Ziel, den Art. 16 GAG an die einheitliche Regelung des behördlichen Verordnungsrechts anzupassen, ohne dabei das Satzungsrecht der

Gemeinden einzuschränken. Die in Art. 16 GAG vorgesehenen Satzungen konnten danach auch bewehrt erlassen werden (vgl. Gesetzentwurf, LT-Beilage 5781, 5. Teil, zu Art. 67). Die Regelung über die Vergnügungssteuer in Art. 3 GAG wurde durch ein eigenes Vergnügungssteuergesetz vom 11. Juni 1958 (GVBl. S. 85) ersetzt, das im folgenden (vgl. u. III.) noch gesondert behandelt wird. Die Art. 13 und 15 GAG wurden durch Art. 48 Abs. 1 Nr. 7 des Bayerischen Verwaltungszustellungs- und Vollstreckungsgesetzes vom 30. Mai 1961 (GVBl. S. 148) aufgehoben.

Nach einer Entscheidung des Bundesverfassungsgerichts vom 6. Juni 1967 (BGBl. I S. 626) zur Abgabenordnung dürfen Kriminalstrafen nur durch Richter verhängt werden. Dies machte eine Änderung des Art. 16 Abs. 4 GAG notwendig, der Gemeinden, Landkreise und Bezirke ermächtigte, Strafbescheide im Verwaltungsweg zu erlassen. Eine entsprechende Regelung wurde durch § 1 des Gesetzes zur Änderung des GAG vom 21. Februar 1968 (GVBl. S. 28) getroffen. Gleichzeitig wurden über § 2 dieses Gesetzes verschiedene Übergangsregelungen in das Landesrecht übernommen, die der Bundesgesetzgeber aufgrund des vorgenannten Urteils erlassen hatte.

In der 6. Legislaturperiode hatte der Bayerische Landtag mit Beschluß vom 15. Juli 1970 (vgl. LT-Beilage 3711) die Staatsregierung ersucht, die erforderlichen Gesetzesvorlagen mit dem Ziel der endgültigen Beseitigung der sogenannten Bagatellsteuern (Getränkesteuer, Speiseeis-, Schankerlaubnissteuer) zu erstellen. Dementsprechend wurde das Gesetz über die Abschaffung der Schankerlaubnissteuer und Speiseeissteuer vom 23. Dezember 1971 (GVBl. S. 472) erlassen. In Abänderung der Art. 6 und 7 GAG wurden damit u.a. die Schankerlaubnis- und Speiseeissteuer abgeschafft. Begründet wurde das vom Gesetzgeber damit, daß der Verwaltungsaufwand im Verhältnis zum Ertrag der genannten Steuern nicht mehr zu rechtfertigen war. So betrug das Aufkommen aus der Schankerlaubnissteuer im Jahr 1970 lediglich 1,5 Mio. DM, das aus der Speiseeissteuer lediglich 500 000 DM (vgl. Stenographischer Bericht 7/27, S. 11351). Durch eine weitere Abänderung des Art. 6 GAG mit diesem Gesetz wurde das Staatsministerium des Innern ermächtigt, für die Erhebung der Jagdsteuer eine Mustersatzung mit bindender Kraft im Einvernehmen mit dem Staatsministerium der Finanzen aufzustellen.

Die vollständige Ablösung des GAG erfolgte – wie bereits ausgeführt – durch Erlaß des KAG vom 26. März 1974.

III. Vergnügungssteuer

1. Die Vergnügungssteuer gehörte zu den seit jeher den Gemeinden überlassenen örtlichen Steuern. Nach dem zweiten Weltkrieg hat sich das Vergnügungssteuerrecht in den einzelnen Bundesländern sehr unterschiedlich entwickelt, was zu einer Rechtszersplitterung und daraus resultierend zu immer größeren Schwierigkeiten führte. Problematisch wa-

ren dabei insbesondere die unterschiedlichen Steuersätze, die den Wirtschaftszweigen, die durch die Vergnügungssteuer belastet wurden, eine Vorausberechnung der entstehenden Kosten und somit eine Kalkulation für das gesamte Bundesgebiet unmöglich machten. Auf Anregung der Beteiligten hat daher der Arbeitsstab Gemeindesteuern (Gemeindefinanzen), dem Vertreter der Innen- und Finanzministerien der Bundesländer sowie der kommunalen Spitzenverbände angehörten, den Entwurf eines Vergnügungssteuergesetzes ausgearbeitet. Dieser Entwurf diente als Grundlage für das Bayerische Vergnügungssteuergesetz (VgnStG) vom 11. Juni 1958 (GVBl. S. 85), welches über Art. 31 Abs. 2 die bis dahin geltenden Vorschriften des Art. 3 Gemeindeabgabengesetz (vgl. o. II.1) und andere Regelungen außer Kraft setzte.

a) Das Gesetz sah in den Art. 6 ff. und 19 ff. zwei Steuerformen vor, die Kartensteuer und die Pauschsteuer. Abweichend von den früheren Regelungen wurde für die Steuererhebung auf eine Bruttosteuer abgestellt, d.h. es wurde von einem einheitlichen Eintrittspreis ausgegangen, von dem ein bestimmter Anteil vom Veranstalter als Vergnügungssteuer abgeführt werden mußte. Der allgemeine Steuersatz betrug 15 v.H. Die Gemeinden waren wie nach der vorherigen Regelung zur Steuererhebung verpflichtet (Art. 1).

b) Wie nach dem alten Recht, so sah auch die neue Regelung Steuerbefreiungen (Art. 3) vor, um begünstigte, „wertvolle" Veranstaltungen möglichst weiten Kreisen der Bevölkerung zugänglich zu machen. Insbesondere wurde dabei auch der Forderung nach einer weitgehenden Steuerbefreiung der „ernsten Kunst" (Opern, Chorwerke, Sinfonie – und ernste Solistenkonzerte, Kirchen- und Kammermusik) Rechnung getragen. Entsprechende Veranstaltungen wurden ohne besondere Anerkennung von der Steuer freigestellt (Art. 3 Abs. 1 Nr. 1). Der Gesetzgeber ging dabei davon aus, daß derartige Darbietungen erfahrungsgemäß nach Inhalt und Art ein hohes künstlerisches Niveau haben, während bei den „anderen künstlerischen Veranstaltungen" in Art. 3 Abs. 1 Nr. 2 der Kunstgehalt „schwankt" und eine Steuerbefreiung insoweit nur nach Anerkennung des künstlerisch hohen Wertes gewährt wurde (Art. 3 Abs. 1 Nr. 2). Alternativ zur Steuerfreiheit war für Veranstaltungen der „leichten Kunst" eine abgestufte Steuerermäßigung vorgesehen (Art. 11) (vgl. Gesetzentwurf, LT-Beilage 3/1438, Begründung A. I. Nr. 3).

c) Eine wesentliche Bedeutung kam den Vorschriften über die Steuerermäßigung für die Vorführung wertvoller Filme zu (Art. 10). Zweck dieser Regelung war es nicht, die Filmindustrie wirtschaftlich zu fördern, die Förderung sollte vielmehr der Kulturpflege dienen, die zum Aufgabenbereich der Gemeinden gehört (Art. 83 BV). Der Ermäßigungsbetrag wirkte sich nicht auf den Eintrittspreis aus, sondern verblieb dem Theaterbesitzer als Anreiz, einen „prädikatisierten Kulturfilm" in das Programm aufzunehmen (vgl. Gesetzentwurf, LT-Beilage 3/1438, Begründung, A. II. 4).

d) Auch gewerbsmäßige sportliche Veranstaltungen wurden der Vergnügungssteuer unterstellt, da sie in weitem Maße zur Befriedigung der Schaulust der Zuschauer dienten (vgl. Art. 3 Abs. 1 Nr. 6). Der Amateursport blieb jedoch von der Besteuerung freigestellt und auch der Sonderstellung im Fußball wurde durch Gewährung einer Steuerermäßigung in bestimmten Fällen Rechnung getragen (Art. 11 Abs. 2).

2. Eine Abänderung erfuhr das Vergnügungssteuergesetz erstmals durch das Änderungsgesetz vom 21. Februar 1961 (GVBl. S. 47). Dieses Gesetz verfolgte u.a. das Ziel, den aufgetretenen Mißständen bei der Besteuerung von Filmvorführungen abzuhelfen. Dazu wurde u.a. der Grundsatz gesetzlich verankert, daß Filmveranstaltungen nur dann steuerfrei sind, wenn außer als „besonders wertvoll" anerkannte Filme keine anderen Filme gezeigt werden (vgl. § 1 Ziff. 1 in Abänderung des Art. 3 Abs. 1 Nr. 5 VgnStG). Den Wünschen der Filmwirtschaft wurde nur insoweit Rechnung getragen, als eine Sonderregelung für Aktualitätenfilmtheater (Art. 10 Abs. 4) geschaffen und Werbefilme in einem steuerfreien Programm zugelassen wurden (Art. 3 Abs. 1 Nr. 5). Durch Ergänzung des Art. 10 VgnStG (vgl. § 1 Nr. 4a) wurde Mißbräuchen bei der Vorführung von prädikatisierten Kultur-, Dokumentar- oder Lehrkurzfilmen ein Riegel vorgeschoben (vgl. Gesetzentwurf, LT-Beilage 4/665, Begründung, I.). Ferner wurde im Interesse der Steuergleichheit eine zeitliche Begrenzung für die Ermäßigung älterer Kultur-, Dokumentar- oder Jugendfilme festgelegt (vgl. § 1 Nrn. 4c und 14 durch Einfügung von Art. 10 Abs. 6 und 31 Abs. 5 VgnStG). Neben weiteren Änderungen und Ergänzungen wurde aus Gründen der Verwaltungsvereinfachung auch die Erhebung einer Gesamtsteuer für gleichartige Veranstaltungen eingeführt (vgl. § 1 Nr. 3 in Ergänzung des Art. 5 Abs. 3 VgnStG). Im übrigen wurden verschiedene Verweisungslücken und Unstimmigkeiten im Gesetzestext behoben, einzelne Steuerbefreiungsgründe neu gefaßt und verschiedene Zweifelsfragen geklärt, die die Erhebung der Vergnügungssteuer vereinfachen sollten. Im GVBl. S. 8 wurde die Neufassung des VgnStG vom 6. März 1961 bekanntgemacht.

3. Die Änderung der Vergnügungssteuergesetze und dabei insbesondere der Besteuerung von Filmvorführungen in den anderen Bundesländern machte im Jahre 1965 auch in Bayern eine Neuregelung erforderlich. In der amtlichen Begründung eines Gesetzentwurfes wurde dabei ausdrücklich eine Verantwortung des Staates für die seinerzeit schlechte Lage der Filmtheaterbesitzer abgelehnt. Dazu wurde ausgeführt, daß fehlerhafte Entscheidungen der Filmwirtschaft nicht durch einen Steuerverzicht, der einer Überwälzung des Unternehmerrisikos gleichkommt, ausgeglichen werden können (vgl. Gesetzentwurf, LT-Beilage 5/1118, Begründung, I. 1 und 2). Ferner wurde die große Bedeutung der kommunalen Einnahmequellen steuerlicher Art hervorgehoben, solange nicht eine grundlegende Reform der gemeindlichen Finanzen die notwendigen Einnahmen gewährleistet.

Durch Neuregelung des Art. 10 VgnStG in § 1 Nr. 2 des Gesetzes zur Änderung des Vergnügungssteuergesetzes vom 22. April 1965 (GVBl. S. 70) wurde für die Vorführung von Filmen ein einheitlicher Steuersatz von 10 v.H. ohne die Möglichkeit örtlicher Erhöhungen eingeführt. Für die Vorführung prädikatisierter Filme waren abgestufte Steuerermäßigungen bis hin zur Steuerfreiheit für die kombinierte Vorführung prädikatisierter Kurz-, Kultur-, Dokumentar- oder Lehrfilme im Zusammenhang mit einem prädikatisierten Spielfilm vorgesehen. Dadurch sollte die kulturpolitische Einflußnahme auf den Spielfilm auch für die Zukunft gewährleistet werden. Daneben wurde in diesem Änderungsgesetz insbesondere auch geänderten Verhältnissen im Fußballsport Rechnung getragen, die durch die Gründung der Fußballbundesliga eingetreten sind. Unter anderem wurde auch – den Wünschen des deutschen Fußballbundes entsprechend – eine Steuerermäßigung für Spiele der Bundesligamannschaften eingeführt (vgl. § 1 Nr. 3c in Abänderung des Art. 11 Abs. 2 VgnStG). Die steuerliche Bevorzugung wurde mit der großen Bedeutung, die die Öffentlichkeit dem Fußballsport beimißt, gerechtfertigt. Die Bekanntmachung einer Neufassung des VgnStG vom 22. April 1965 erfolgte im GVBl. S. 72.

4. Im Jahre 1970 war der Fußballsport abermals Anlaß für eine Änderung des Vergnügungssteuergesetzes. Durch das Gesetz vom 23. Juni 1970 (GVBl. S. 244) wurde dabei die Vergnügungssteuer für Bundesligavereine – einziger bayerischer Bundesligaverein war seinerzeit der FC Bayern München – von 10 v.H. auf 5 v.H. ermäßigt, für die Regionalligavereine wurde sie ganz gestrichen. Aus den Protokollen der Ausschußberatungen ergibt sich, daß man in dieser Änderung lediglich eine Bereinigung des Vergnügungssteuergesetzes sah, gerechtfertigt dadurch, daß auch Besitzer von Stripteaselokalen und Schausteller auf dem Münchner Oktoberfest lediglich eine Vergnügungssteuer von 5 v.H. zahlten. Durch Gesetz zur Änderung des Vergnügungssteuergesetzes vom 12. Juni 1973 (GVBl. S. 310) wurde die Vergnügungssteuer schließlich auch für Bundesligavereine vollständig abgeschafft. Offiziell wurde das in den Beratungen damit begründet, daß dadurch die steuerliche Ungleichbehandlung zwischen Regionalliga- und Bundesligavereinen abgeschafft und eine Gleichstellung mit den Bundesligavereinen der meisten anderen Bundesländer erreicht wurde (vgl. Stenographischer Bericht 7/53, S. 2802 f.). Durch Gesetz vom 28. Februar 1972 (GVBl. S. 58) waren zwischenzeitlich auch Veranstaltungen der Fastnacht sowie andere Veranstaltungen, die der Pflege des kulturhistorisch wertvollen Brauchtums dienten, vergnügungssteuerfrei gestellt worden (vgl. Gesetzentwurf, LT-Drs. 7/209).

5. Durch § 1 Nr. 1 des Gesetzes zur Änderung des Vergnügungssteuergesetzes vom 4. Juni 1974 (GVBl. S. 248) wurden alle Jugendveranstaltungen, die der Jugendpflege dienen, vergnügungssteuerfrei gestellt. Diese Regelung war notwendig, um Jugendtanzveranstaltungen wieder attraktiv zu machen, für die eine Steuerfreiheit bisher nur bei Ausschank alkoholfreier Getränke vorgesehen war. Befreiung von der Vergnügungssteuer wurde auch für Vorführungen mit einem prädikatisierten Haupt-

oder Vorfilm eingeführt (vgl. § 1 Nr. 2 in Abänderung von Art. 10 VgnStG). Im übrigen wurde das System für die Erhebung der sogenannten Automatensteuer durch eine verbesserte Pauschalsteuererhebung ersetzt (vgl. Art. 21a VgnStG, eingefügt durch § 1 Nr. 4).

6. Die notwendige Anpassung an die Abgabenordnung erfolgte durch § 6 des Gesetzes zur Anpassung von Gesetzen an die Abgabenordnung vom 23. Dezember 1976 (GVBl. S. 566). Eine weitere Änderung wurde erforderlich, nachdem der Bayerische Verfassungsgerichtshof mit Urteil vom 16. November 1976 (GVBl. S. 535) entschieden hatte, es sei mit der Bayerischen Verfassung nicht zu vereinbaren, wenn der Profifußball von der Vergnügungssteuer befreit wird und eine entsprechende Regelung nicht auch für alle anderen Sportbereiche gilt. Die erforderliche Änderung wurde mit dem Gesetz zur Änderung des Vergnügungssteuergesetzes vom 12. Januar 1978 (GVBl. S. 1) geschaffen. Danach wurden alle Sportarten, die den Leibesübungen dienen, von der Vergnügungssteuer freigestellt (vgl. Gesetzentwurf, LT-Drs. 8/6061).

7. Durch § 2 des Gesetzes zur Abschaffung kommunaler Bagatellsteuern vom 21. Dezember 1979 (GVBl. S. 436) wurde das Vergnügungssteuergesetz abgeschafft. In der Begründung des Gesetzentwurfs (LT-Drs. 9/2617) wird dazu ausgeführt, daß die Vergnügungssteuer in Bayern seinerzeit lediglich 23 Mio. DM Aufkommen für alle 2052 Gemeinden erbracht hatte, gleichzeitig jedoch mit einem hohen Verwaltungsaufwand verbunden war. Probleme hatte es zuletzt insbesondere auch wegen der umfangreichen Kasuistik gegeben, die nicht selten zweifelhafte Differenzierungen zwischen vergnügungssteuerpflichtigen, -ermäßigten und -befreiten Steuertatbeständen zur Folge gehabt hatte.

IV. Hundesteuer

Die Hundesteuer gehört zu den ältesten gemeindeeigenen Steuern. Ihre Erhebung war für die Gemeinden erstmals durch das Hundeabgabengesetz vom 14. August 1910 (GVBl. S. 604) verpflichtend vorgeschrieben. In der Fassung der Neubekanntmachung vom 5. März 1937 wurde die Regelung in die Bayerische bereinigte Sammlung (I. S. 560) aufgenommen.

Eine größere Änderung – u.a. auch die Umbenennung in „Hundesteuergesetz" – erfolgte durch Art. 26 KAG vom 26. März 1974 (GVBl. S. 109). Im wesentlichen wurden dabei die Mindeststeuersätze den damaligen Verhältnissen angepaßt und das Steuererhebungsverfahren im Gesetz selbst geregelt. Ferner wurde eine Regelung über die Steuerberechnung für Hunde getroffen, die aus einem anderen Land nach Bayern eingeführt wurden und dort bereits mit einer Steuer belastet waren. Da die Hundesteuer durch besonderes Landesgesetz geregelt war, fanden die Vorschriften des 1. Abschnitts des KAG keine Anwendung. Entsprechende gemeindliche Satzungen waren somit nicht auf Art. 3 KAG gestützt und bedurften keiner rechtsaufsichtlichen Genehmigung nach Art. 2 KAG.

Die Bekanntmachung der Neufassung des Hundesteuergesetzes vom 19. März 1975 erfolgte im GVBl. S. 56.

Nach einer weiteren Änderung durch § 7 des Gesetzes zur Anpassung von Gesetzen an die Abgabenordnung vom 23. Dezember 1976 (GVBl. S. 566) wurde das Hundesteuergesetz durch § 3 des Gesetzes zur Abschaffung kommunaler Bagatellsteuern vom 21. Dezember 1979 (GVBl. S. 436) aufgehoben. Seitdem können die Gemeinden die Hundesteuer freiwillig aufgrund örtlicher Steuersatzungen nach Art. 3 KAG erheben. Die Hundesteuer ist praktisch derzeit die einzige Steuer, die in Bayern auf der Grundlage von Art. 3 KAG erhoben wird. Ihr Aufkommen betrug im Jahre 1992 22,4 Mio. DM.

V. Grunderwerbsteuer

Die Grunderwerbsteuer erfaßt den Umsatz von Grundstücken. Sie knüpft an Vorgänge des Rechtsverkehrs an und ist somit eine Verkehrssteuer. Gemäß Art. 105 Abs. 2 Nr. 1 GG a.F. war die Grunderwerbsteuer als eine Steuer mit örtlich bedingtem Wirkungskreis ausdrücklich der Gesetzgebungskompetenz des Bundes entzogen. Das alte Grunderwerbsteuergesetz – GrEStG – vom 29. März 1940 (BayBS ErgB. S. 130) wurde dementsprechend mit Inkrafttreten des Grundgesetzes Landesrecht (Art. 123, 30, 70 GG). Der Regelsteuersatz war auf 3 v.H. festgelegt, wobei Steuervergünstigungen für die verschiedensten Sachverhalte vorgesehen waren.

Bis zu seiner Abschaffung durch § 25 Abs. 2 des Grunderwerbsteuergesetzes des Bundes vom 17. Dezember 1982 (BGBl. I S. 1777) wurde das Landesgesetz mehrfach vom bayerischen Steuergesetzgeber abgeändert:

1. Bis zum Jahre 1969 wurde das GrEStG in seiner ursprünglichen Fassung zweimal geändert. Zum einen wurde durch Gesetz zur Änderung des § 4 Abs. 2 GrEStG vom 16. Juli 1960 (GVBl. S. 144) zur Vermeidung unbilliger Härten die Nacherhebungsfrist für Grundstücke, die zum Straßenbau bestimmt waren, verlängert. Zum anderen wurden mit dem Gesetz zur Änderung des Grunderwerbsteuerrechts vom 23. Juli 1965 (GVBl. S. 201) zwei neue Befreiungstatbestände (Begünstigung von Landabfindungen für die freiwillige Aufgabe eines Forstrechts; Begünstigung des Grundstückerwerbs im öffentlichen Interesse) geschaffen, wobei insbesondere der letzterwähnten Neuerung größere Bedeutung zukam. Die übrigen gesetzlichen Maßnahmen auf dem Gebiet der Grunderwerbsteuer wurden bis dahin allesamt in Form von grunderwerbsteuerlichen Einzelgesetzen getroffen. Sie beinhalteten – mit Ausnahme des Gesetzes über die Erhebung eines Zuschlags zur Grunderwerbsteuer vom 28. Oktober 1952 (BayBS III S. 437), das einen einheitlichen Zuschlag zur Grunderwerbsteuer von 4 v.H. zugunsten der Stadt- und Landkreise brachte – allesamt und ausschließlich die Einführung neuer, außerhalb des GrEStG liegender Befreiungstatbestände. Dabei sind zu nennen:

- Das Gesetz über die Grunderwerbsteuerbefreiung für den sozialen Wohnungsbau - GrESWG - vom 11. Februar 1954 (BayBS III S. 438) i.d.F. der Änderungsgesetze vom 12. November 1958 (GVBl. S. 330) und vom 23. Juli 1965 (GVBl. S. 201).
- Das Gesetz über die Grunderwerbsteuerfreiheit für die Eingliederung der Vertriebenen und Flüchtlinge in die Landwirtschaft und für die Aufstockung landwirtschaftlicher Kleinbetriebe - EuAGrEStG - vom 10. Februar 1958 (GVBl. S. 22). Vergleichbar dem Bundesvertriebenengesetz brachte diese Regelung eine Steuerbefreiung von Landessteuern - vgl. LT-Beilage 2/3131 -.
- Das Umwandlungs-Grunderwerbsteuergesetz vom 14. Juli 1958 (GVBl. S. 161). Mit dieser Regelung sollte das Bundesgesetz über die Umwandlung von Kapitalgesellschaften und bergrechtlichen Gewerkschaften vom 12. November 1956 (BGBl. I S. 844) flankierend unterstützt werden. Die Grunderwerbsteuerbefreiung sollte insoweit ein zusätzlicher Anreiz sein, volkswirtschaftlich erwünschte Umgestaltungen vorzunehmen (vgl. LT-Beilage 3/3447).
- Das Gesetz über die grunderwerbsteuerliche Behandlung von Erwerbsvorgängen aus dem Bereich des Bundesbaugesetzes - BBauG-GrEStG - vom 26. Oktober 1962 (GVBl. S. 280). Der Erlaß dieser Regelung war notwendig, um den Vollzug des BBauG vom 23. Juni 1960 (BGBl. I S. 341) sicherzustellen und dabei insbesondere den Gemeinden, denen die Hauptlast für die Städtebauförderung übertragen worden war, eine Steuerbefreiung für den Zwischenerwerb einzuräumen (vgl. LT-Beilage 4/2590, Begr. I).

2. Durch das Gesetz zur Änderung grunderwerbsteuerlicher Vorschriften vom 24. Juni 1969 (GVBl. S. 153) wurden das Grunderwerbsteuergesetz und einzelne grunderwerbsteuerliche Nebengesetze in mehrfacher Hinsicht geändert. Die Novellierung war notwendig, um die Regelung den rechtsstaatlichen und zeitbedingten Erfordernissen anzupassen. Darüber hinaus wurden mit der Änderung des GrESWG und des EuAGrEStG bestimmte wirtschaftspolitische Ziele, insbesondere die steuerliche Förderung der Vermögensbildung durch den Erwerb von Eigentumswohnungen und kleineren Wohnobjekten wie auch die Stärkung landwirtschaftlicher Zu- und Nebenerwerbsbetriebe verfolgt. Das GrEStG und das EuAGrEStG wurden neu gefaßt und bekanntgemacht (GVBl. 1969, S. 170 bzw. 179).

Mit dem Gesetz über Grunderwerbsteuerbefreiung bei Änderung der Unternehmensform und bei Betriebsinvestitionen in volkswirtschaftlich förderungsbedürftigen Gebieten - UmInvGrEStG - vom 27. Juli 1970 (GVBl. S. 335) wurde eine weitere bedeutsame Förderungsmaßnahme eingeführt. Diese muß als notwendige grunderwerbsteuerliche Ergänzungsregelung zu bundesrechtlichen Förderungen nach dem Umwandlungssteuergesetz, Steinkohlestillegungsgesetz und Investitionszulagengesetz gesehen werden. Sinn und Zweck dieser Regelung war es, Betriebskonzentrationen und -umstrukturierungen sowie Investitionsvorhaben in Zonenrandgebieten und in anderen wirtschaftsschwachen Gebieten zu begünstigen.

3. Die mit dem Gesetz zur Änderung grunderwerbsteuerlicher Vorschriften 1969 gewährten Vergünstigungen waren schon nach kurzer Zeit ergänzungsbedürftig. Insbesondere auf dem Agrarsektor waren angesichts der fortschreitenden Liberalisierung des Agrarmarkts innerhalb der EG und der sich verschärfenden Wettbewerbsverhältnisse weitere Verbesserungen erforderlich, um die Wettbewerbsfähigkeit durch produktivere, günstigere und rentablere Betriebsstrukturen zu verbessern (vgl. LT-Drs. 7/1613, Begründung, A). Im zweiten Gesetz zur Änderung grunderwerbsteuerlicher Vorschriften vom 13. März 1972 (GVBl. S. 71) wurde dementsprechend durch Änderung des EuAGrEStG die Aufstockungsförderung für landwirtschaftliche Betriebe über den bisherigen Rahmen hinaus auf eine ausreichende Betriebsgröße erweitert. Daneben brachte das Gesetz in Abänderung des GrESWG eine Verbesserung der Regelung über die Ersterwerbsbegünstigung und eine Erweiterung der Grunderwerbsteuerfreiheit im sozialen Wohnungsbau. Im GrEStG wurden die Vergünstigungsvorschriften für Beschädigte i.S. des Bundesversorgungsgesetzes auf unfallverletzte Rentner, die nach der gesetzlichen Unfallversicherung abgefunden worden sind, und deren hinterbliebene Ehegatten ausgedehnt und eine Verbesserung für die Übertragung von Grundstücken innerhalb verbandsmäßig zusammengeschlossener gemeinnütziger, mildtätiger und kirchlicher Organisationen vorgesehen. Aus Zweckmäßigkeitsgründen wurde im UmwInvGrEStG eine Regelung geschaffen, um die Befugnis zur Erteilung der für die Grunderwerbsteuerbefreiung notwendigen Bescheinigung auf die Regierungen zu übertragen (vgl. LT-Drs. 7/1613, Begründung A.).

4. Durch das Dritte Gesetz zur Änderung grunderwerbsteuerlicher Vorschriften vom 8. Oktober 1974 (GVBl. S. 503) wurde eine Regelung im UmwInvGrEStG eingeführt, wonach auch der gemeindliche Zwischenerwerb von Grundstücken zum Zwecke der anschließenden Vergabe im Wege des Erbbaurechts grunderwerbsteuerfrei gestellt wurde. Daneben wurden Steuerbefreiungstatbestände in den bayerischen Fördergebieten prolongiert (vgl. Stenographischer Bericht 7/100, S. 5165). Verlängert wurden auch im GrESWG die Fristen für den steuerfreien Zwischenerwerb der Gemeinden zum Zwecke der Weitergabe im sozialen Wohnungsbau sowie im GrEStG die Fristen für die Steuerbefreiung gemeinnütziger Bauträger beim Kleinwohnungsbau und beim Grundstückserwerb im öffentlichen Interesse.

5. Durch das Gesetz über die befristete Befreiung bestimmter Zweiterwerbe von der Grunderwerbsteuer und zur Änderung anderer grunderwerbsteuerlicher Vorschriften vom 23. Dezember 1975 (GVBl. S. 423) wurde die unzulängliche Regelung im (Bundes-)Gesetz zur Förderung von Investitionen und Beschäftigung ergänzt. Ziel dieser Regelung war es, die Übernahme von Wohnungsbauten durch Gläubiger von Bauträgern (ins-

besondere Handwerker und Lieferanten) zu erleichtern, indem unter näher bestimmten Voraussetzungen ein erweiterter steuerbegünstigter Zweiterwerb ermöglicht wurde. Abgeändert wurde durch dieses Gesetz ferner das EuAGrEStG, indem eine Befreiung von Betriebsaufstockungen bis zu einem Wirtschaftswert von DM 100 000 eingeführt wurde. Grund hierfür war die ab 1. Januar 1974 geltende Änderung der Einheitswerte und ein daraufhin ergangener Beschluß des Landtags vom 27. Juni 1974 (LT-Drs. 7/6822), mit dem die Staatsregierung aufgefordert wurde, einen Gesetzentwurf zu erarbeiten und damit der geänderten Sachlage Rechnung zu tragen.

6. Anlaß für das Gesetz zur Änderung grunderwerbsteuerlicher Vorschriften vom 24. März 1977 (GVBl. S. 100) war die seinerzeit rückläufige gesamtwirtschaftliche Entwicklung, die zu Betriebsstillegungen und einem Verlust von Arbeitsplätzen führte. Um Investoren und Unternehmen einen Anreiz für Beteiligungen an gefährdeten Firmen zu geben, wurde für das gesamte Staatsgebiet eine Freistellung von der Grunderwerbsteuer für entsprechende Investitionen eingeführt, wie sie zuvor nur im bayerischen Zonenrandgebiet und sonstigen Fördergebieten nach dem Investitionszulagegesetz gegolten hatte.

Am 28. Juni 1977 wurden Neufassungen des EuAGrEStG (GVBl. S. 416), des GrESWG (GVBl. S. 413), des BBauG-GrEStG (GVBl. S. 417), des UmwInvGrEstG (GVBl. S. 418) sowie des GrEstG (GVBl. S. 406) bekanntgemacht.

7. Mit dem Erlaß des Gesetzes über eine Grunderwerbsteuervergünstigung für Vertriebene, Sowjetzonenflüchtlinge, Verfolgte, politische Häftlinge und Nationalgeschädigte vom 22. Juli 1977 (GVBl. S. 357) wurde der Gesetzgeber im Jahre 1977 ein weiteres Mal tätig. Diese Regelung war notwendig geworden, nachdem der Bundesfinanzhof die seinerzeitige Praxis beanstandet hatte, diverse Steuervergünstigungen allein auf der Grundlage einer Bekanntmachung zu gewähren (vgl. LT-Drs. 8/5032, Vorblatt).

Weitere Neuerungen brachten zwei Gesetze zur Änderung des UmwInvGrEStG vom 14. April 1980 (GVBl. S. 181) bzw. vom 23. Dezember 1981 (GVBl. S. 539). Neben einer zeitlichen Verlängerung von Befreiungsvorschriften in förderungswürdigen Gebieten enthielt insbesondere die letztgenannte Vorschrift nochmals eine wichtige Änderung. Unter Aufhebung des Primäreffekts, wonach eine Grunderwerbsteuerbefreiung nur für Betriebe möglich war, die einen überwiegend überregionalen Absatz hatten, wurde dabei das Handwerk uneingeschränkt in die Steuerbefreiung mit einbezogen.

8. Nachdem bereits das Bundesgesetz über steuerliche Vergünstigungen bei der Herstellung oder Anschaffung bestimmter Wohngebäude vom 11. Juli 1977 (BGBl. S. 1213) das GrEStG und das GrESWG abgeändert hatte, wurde die Materie des Grunderwerbsteuerrechts durch das Grunderwerbsteuergesetz des Bundes vom 17. Dezember 1982 (BGBl. 1. S. 1777)

neu geregelt. Dabei wurden das GrEStG, das Gesetz über die Erhebung eines Zuschlags zur Grunderwerbsteuer, das GrESWG, das EuAGrEStG, das Umwandlungs-Grunderwerbsteuergesetz, das BBauG-GrEStG, das UmInvGrEStG sowie das Gesetz über die befristete Befreiung bestimmter Zweiterwerbe von der Grunderwerbsteuer und zur Änderung anderer grunderwerbsteuerlicher Vorschriften außer Kraft gesetzt.

VI. Kirchensteuer

Das Besteuerungsrecht für „Kirchen und Religionsgemeinschaften sowie weltanschauliche Gemeinschaften, die Körperschaften des öffentlichen Rechts sind", wird durch Art. 143 Abs. 3 BV verfassungsrechtlich garantiert, der inhaltlich mit Art. 140 GG i.V. mit Art. 137 Abs. 6 und 7 Weimarer Reichsverfassung übereinstimmt. Die Besteuerungsbefugnis ist eine hoheitliche Befugnis. Sie wird den berechtigten Gemeinschaften gegenüber ihren Mitgliedern vom Staat verliehen. Geregelt ist die Materie des Kirchensteuerwesens insbesondere im Kirchensteuergesetz, über dessen Entwicklung und Inhalt im folgenden ein Überblick gegeben wird:

1. Am 26. November 1954 hat der bayerische Gesetzgeber die unübersichtliche Lage im Bereich des Kirchensteuerwesens durch Erlaß des Gesetzes über die Erhebung von Steuern durch Kirchen, Religions- und weltanschauliche Gemeinschaften – KirchensteuerG – (GVBl. S. 305) bereinigt. Dabei wurde das Kirchensteuergesetz vom 1. Dezember 1941/30. September 1943 (GVBl. S. 169/141) i.d.F. der Verordnung Nr. 17 über die Änderung des KirchensteuerG vom 21. Dezember 1945 (GVBl. 1946, S. 22) mit materiellen Regelungen zum Kirchensteuerrecht abgelöst. Ferner wurde das Religionsgesellschaftliche Steuergesetz vom 27. Juli 1921 (GVBl. S. 459) außer Kraft gesetzt, das zuletzt nurmehr insoweit Geltung hatte, als darin allgemein das Besteuerungsrecht öffentlich-rechtlicher Religionsgemeinschaften und gleichgestellter weltanschaulicher Gemeinschaften etc. geregelt war. Letztlich wurde der Rechtszustand wiederhergestellt, wie er aufgrund des Kirchensteuergesetzes von 1935 bestand.

Als Kirchensteuer i.S. des neuen Gesetzes wurden einerseits die Kirchenumlagen (Art. 6–20) als Zuschlag zur Einkommensteuer, zur Lohnsteuer und zum Grundsteuermeßbetrag festgelegt. Daneben wurde das Kirchgeld als eine Art Kopfsteuer wieder eingeführt, das bereits in den Jahren 1934–1939 erhoben werden konnte. Auf ausdrücklichen Wunsch der Kirchen wurde die Bestimmung der Höhe des Umlagesatzes den beteiligten gemeinschaftlichen Steuerverbänden überlassen. Der Höchstsatz wurde unverändert auf 10 v.H. gesetzlich festgesetzt. Für den Fall, daß zwischen den Steuerverbänden keine Einigung über den Umlagesatz zustandekam, konnten die beteiligten Staatsministerien einen Einheitssatz verbindlich festlegen. Die Bestimmung eines Einheitssatzes war unumgänglich, um eine zu starke Belastung der Arbeitgeber und staatlichen Finanzämter zu vermeiden, die bei der Erhebung der Kirchenlohnsteuer beteiligt waren. Die Besteuerung konfessionell gemischter Ehen wurde der Praxis angepaßt. Im Falle der Zusammenveranlagung erfolgte dementsprechend – unabhängig davon, ob und wenn ja welchem gemeinschaftlichen Steuerverband die Ehegatten jeweils angehörten – keine Aufteilung nach Kopfteilen, sondern eine Halbierung von Kircheneinkommen und -lohnsteuer (Art. 9). Auch nach dem neuen Gesetz sollte die Umlage im Wege des Abzugs von Arbeitslohn erhoben werden. Um jedoch angesichts der steigenden Zahl steuerberechtigter Gemeinschaften in Bayern eine zu große Belastung für Arbeitnehmer und staatliche Finanzämter zu vermeiden, wurde das in Art. 13 und 14 geregelte Erhebungsverfahren auf Gemeinschaften mit einer Mindestmitgliederzahl von 25 000 beschränkt (Art. 15). Für die unmittelbar von dieser Regelung betroffene altkatholische Kirche sowie den Landesverband der israelitischen Kultusgemeinden wurden Ausnahmeregelungen geschaffen.

Für die Erhebung der Kirchengrundsteuer wurden die Gemeinschaften zum Erlaß eigener Steuerordnungen ermächtigt. Die Verwaltung der Kircheneinkommensteuer, der Kirchengrundsteuer und im Ausnahmefall auch der Kirchenlohnsteuer wurde den gemeinschaftlichen Steuerverbänden selbst übertragen. Ihnen oblagen somit Festsetzung, Einforderung und Erhebung der Steuern. Die Verwaltung der Kircheneinkommensteuer konnte jedoch auf Antrag den Finanzämtern übertragen werden. Für das Beitreibungsverfahren wurden die gemeinschaftlichen Steuerverbände auf die Amtshilfe der staatlichen Finanzämter verwiesen (Art. 18).

Die Erhebung des Kirchgelds (Art. 21) wurde einer Zweckbindung (für „ortskirchliche Zwecke") sowie einem Zustimmungsvorbehalt durch den gemeinschaftlichen Steuerverband unterstellt. Die Kirchgeldpflicht wurde auf das vollendete 18. Lebensjahr vorverlegt (Art. 22). Festsetzung, Anforderung und Erhebung des Kirchgeldes wurden auf die gemeindlichen Steuerverbände übertragen (Art. 26). Der sogenannte innerkirchliche Finanzausgleich blieb ausdrücklich den gemeinschaftlichen Steuerverbänden selbst vorbehalten (Art. 27). Die Finanzgerichte wurden als zuständige Gerichte für Kirchensteuersachen benannt.

2. Nach mehreren Urteilen des Bundesverfassungsgerichts vom 14. Dezember 1965 zur Kirchensteuer bei glaubensverschiedenen Ehen (Bundessteuerblatt 1966 I S. 187 ff.) verstieß der sog. Halbteilungsgrundsatz in glaubensverschiedenen Ehen (nur ein Ehegatte gehört einer umlageerhebenden Gemeinschaft an) gegen Art. 2 Abs. 1 GG, weil dadurch auch der Ehegatte unausweichlich zur Zahlung der Kirchensteuer herangezogen wurde, der keiner umlageberechtigten Gemeinschaft angehörte. Das BVerfG führte dazu aus, daß den Kirchen das staatlich verliehene Besteuerungsrecht nur gegenüber seinen Kirchenangehörigen verliehen ist, und dementsprechend bei der Besteuerung ausschließlich an Merkmale von Kirchenangehörigen angeknüpft werden kann.

Die Entscheidung des BVerfG war Hauptgrund für den Erlaß des Gesetzes zur Änderung des Kirchensteuergesetzes vom 17. November 1966 (GVBl. S. 411). Dabei wurde in Abänderung des Art. 9 die Individualbesteuerung für glaubensverschiedene Ehen eingeführt, d.h. in Abweichung zum Bereich der staatlichen Steuern (z.B. Einkommensteuer) mußte für die Erhebung der Kirchensteuer nunmehr ausschließlich auf die Besteuerungsmerkmale des kirchengemeinschaftsangehörigen Ehegatten abgestellt werden. Das Einkommen des anderen (nicht einer umlageberechtigten Gemeinschaft angehörenden) Ehegatten durfte nicht mehr in Ansatz kommen.

Für konfessionsverschiedene Ehen (beide Ehegatten gehören jeweils anderen umlageerhebenden Gemeinschaften an) konnte der Halbteilungsgrundsatz sachlich unverändert beibehalten werden, nachdem das Bundesverfassungsgericht diese Regelung in einem Beschluß vom 20. April 1966 insoweit für zulässig erklärt hatte. Im übrigen wurde von einer Besteuerung nach dem Lebensführungsaufwand kirchenangehöriger Ehegatten ohne eigenes Einkommen auf ausdrücklichen Wunsch der umlageerhebenden Gemeinschaften in Bayern abgesehen, obwohl das Bundesverfassungsgericht darauf hingewiesen hatte, daß ein derartiges Verfahren eventuell unbillig sein könnte (vgl. LT-Beilage 5/2822, Begründung I.).

Neben der Anpassung des Kirchensteuerrechts an die seit 1954 erfolgten Änderungen im staatlichen Einkommensteuerrecht und in der Reichsabgabenordnung wurden mit Rücksicht auf Kirchensteuergesetze anderer Länder auch die Voraussetzungen für die Anwendung des Betriebsstättenprinzips geändert. Die Neufassung des Kirchensteuergesetzes vom 15. März 1967 wurde im GVBl. S. 317 bekanntgemacht.

3. Eine Novellierung des Einkommensteuerrechts war Anlaß für eine erneute Änderung des Kirchensteuergesetzes. Ab 1. Januar 1975 wurden die Kinderfreibeträge durch das Bundeskindergeld ersetzt. Für die Kirchensteuer hätte das zur Folge gehabt, daß Umlagepflichtige mit Kindern unbilligerweise einer relativ höheren Belastung ausgesetzt gewesen wären. Dieser Systemänderung im Einkommensteuerrecht wurde mit dem Gesetz zur Änderung des Kirchensteuergesetzes vom 22. Oktober 1974 (GVBl. S. 551) Rechnung getragen, indem eine Art Kinderfreibetrag für die Kirchensteuer eingeführt wurde.

Durch Änderungsgesetz vom 4. Mai 1982 (GVBl. S. 234) wurde die Anwendbarkeit der ab 1. Januar 1981 in Kraft getretenen Kleinbetragsverordnung für das Kirchensteuerrecht ausgeschlossen und damit eine unvertretbare Einnahmeverminderung bei den Kirchenumlagen verhindert.

Weitere Änderungen erfuhr das Kirchensteuergesetz durch Gesetz vom 20. Dezember 1985 (GVBl. S. 816), mit dem im Anschluß an das Steuersenkungsgesetz 1986/1988 vom 26. Juni 1985 (BGBl. I S. 1153) erforderliche Anpassungen vorgenommen wurden, sowie durch Gesetz vom 21. August 1991 (GVBl. S. 80). Anlaß für diese vorerst letzte Änderung war eine bundeseinheitliche Übereinkunft der Steuerkommissionen der

Kirchen, die mit Wirkung ab 1990 in der Abgabenordnung eingeführte Vollverzinsung wie auch alle anderen Zinsarten in der Abgabenordnung nicht auf das Kirchensteuerrecht anzuwenden.

Das Kirchensteueraufkommen belief sich im Jahr 1991 insgesamt auf 2760,6 Mio. DM, wovon 1886,3 Mio. DM auf die Römisch-katholische Kirche, 850,6 Mio. DM auf die Evangelisch-lutherische Kirche, 1,1 Mio. DM auf die Altkatholische Kirche und 2,6 Mio. DM auf die Israelitischen Kultusgemeinden entfielen.

VII. Sonstige Vorschriften

Mit dem Gesetz über die Festsetzung der Grundsteuern für mehrere Rechnungsjahre vom 22. Dezember 1960 (GVBl. S. 298) wurde der Verwaltungsaufwand für die Grundsteuerfestsetzung auf ein Mindestmaß reduziert. Die Vorschrift wurde aufgehoben durch das (Bundes-)Gesetz zur Reform des Grundsteuerrechts vom 7. August 1973 (BGBl. I S. 965). Heute noch gültig sind das Umsatzsteuer-Bescheinigungsgesetz vom 18. Dezember 1969 (GVBl. S. 398) mit einer Verordnungsermächtigung für die Staatsregierung, ferner das Gesetz Nr. 116 zur Änderung des Rennwett- und Lotteriegesetzes vom 12. April 1948 (GVBl. S. 442), zuletzt geändert durch § 2 des Nachtragshaushaltsgesetzes 1988 vom 23. Dezember 1987 (GVBl. S. 496) mit Regelungen über die Besteuerungshöhe bei Wetteinsätzen sowie die Verteilung der Totalisatorsteuer zwischen den Rennvereinen und dem Freistaat Bayern.

VIII. Zahlen

Wie eingangs ausgeführt, ist unter der Ägide des Art. 105 GG die steuerrechtliche Gesetzgebungskompetenz der Länder auf einen sehr kleinen Bereich beschränkt. Läßt man die Kirchensteuer außer Betracht, die eine Sonderstellung einnimmt, so ist die Hundesteuer mit einem Aufkommen von 22,4 Mio. DM im Jahre 1992 derzeit praktisch die einzige Steuerquelle, die auf einer Regelung des bayerischen Steuergesetzgebers beruht. Dem steht ein bayerisches Gesamtsteueraufkommen im gleichen Jahr von 105,4 Mia. DM gegenüber, wovon 50,1 Mia. DM an den Bund, 15,4 Mia. DM (darunter die Hundesteuer!) an die Gemeinden und 39,9 Mia. DM an den Freistaat Bayern flossen. Außerdem nahmen im Jahre 1991 (neuere Zahlen lagen bei Drucklegung nicht vor) die Kirchen ca. 2,7 Mia. DM an Kirchensteuer ein. Der bayerische Steuergesetzgeber hat somit faktisch eine Regelungskompetenz bezüglich 0,02 v.H. vom Gesamtsteueraufkommen in Bayern.

Dieser Befund ist bedauerlich, überraschend ist er nicht:

Der förderale Ansatzpunkt des Grundgesetzes, wie er in der prinzipiellen Zuweisung der Gesetzgebungszuständigkeit an die Länder in Art. 70 GG seinen Ausdruck gefunden hat, wurde durch die extensive Inanspruchnahme der konkurrierenden Gesetzgebung (Art. 72 ff. GG) seitens des Bundes in der späteren Staatspraxis tendenziell mehr und mehr ausgehöhlt. Im Grunde hat in der Geschichte der Bundesrepublik fast immer der Gedanke der gesamtstaatlichen Homogenität die föderativen Ideale mehr oder minder stark relativiert. Besonders augenfällig wurde dies auf dem Gebiet der Finanzverfassung (Art. 104a ff. GG): Der Homogenitätsgedanke lag letztlich dem Prinzip der Globalsteuerung und so auch der Finanzreform 1969 zugrunde. Dies führte in den Bereichen der Steuergesetzgebung und korrespondierend übrigens auch bei der Haushaltsgestaltung zu einer weitestgehenden Kompetenzanhäufung beim Bund, wobei in diesem Zusammenhang die Mischfinanzierungen und Dotationsauflagen eine wichtige Rolle spielen. Während es hier aber inzwischen zu einer gewissen Revision gekommen ist, hat der Bund im Bereich der Steuergesetzgebung keine Kompetenz mehr aufgegeben. Vielleicht hat dies damit zu tun, daß in Zeiten leerer öffentlicher Kassen der Verzicht auf eine Mitfinanzierung leichter fällt als der Verzicht auf eine Steuergestaltungskompetenz. Die bayerische Skepsis bei der Zustimmung zum Grundgesetz hatte sich seinerzeit vor allem an der Finanzverfassung entzündet. Die Entwicklung hat gezeigt, daß die damaligen Bedenken von weiser Voraussicht getragen waren.

Gerd L. Orlopp

Auftragsverwaltung im Steuerrecht

Der Streit über das Weisungsrecht des Bundesministers der Finanzen und seine pragmatische Beilegung

Inhaltsübersicht

I. Einführung

Die Frage, ob der BMF gemäß Art. 108 Abs. 3 i.V.m. Art. 85 Abs. 3 GG an die Länder allgemeine Weisungen erteilen kann oder sich insoweit auf Einzelweisungen beschränken muß, ist nie geklärt worden. Zwar vertritt der Bund seit jeher die Auffassung, daß – insbesondere im Hinblick auf die insoweit andere Formulierung des Art. 84 Abs. 5 Satz 1 GG – unter „Weisungen" im Sinne des Art. 85 Abs. 3 GG sowohl Einzelweisungen als auch Allgemeinweisungen zu verstehen seien. Diese Rechtsauffassung wird aber von den Ländern bestritten. Deshalb nimmt der Bund seit 1970 seine Steuerungsfunktion durch BMF-Schreiben nach der Bund/Länder-Vereinbarung vom 15. Januar 1970 wahr.

II. Zulässigkeit von allgemeinen Weisungen

1. Auffassung des Bundes

Nach der vom Bund bisher vertretenen Verfassungsauslegung berechtigt Art. 108 Abs. 3 i.V.m. Art. 85 Abs. 3 den BMF auch zum Erlaß allgemeiner Weisungen im Bereich der Verwaltung von Steuern im Auftrag des Bundes[1]. Dies ergibt sich aus dem Wortlaut dieser Verfassungsnormen sowie aus dem Gesamtzusammenhang, in den diese gestellt sind, und wird durch die Entstehungsgeschichte bestätigt.

Während in Art. 84 Abs. 5 GG ausdrücklich auf *Einzelweisungen* abgehoben wird, ist in Art. 85 Abs. 3 GG von *Weisungen* die Rede. Wie unter II.2 noch näher darzulegen sein wird, bedarf der Bund des Instruments eines umfassenden Weisungsrechts, um die ihm im Rahmen der Auftragsverwaltung zustehenden Aufsichtsbefugnisse wirksam wahrnehmen zu können. Er muß auch ohne das kooperative Verfahren, wie es etwa in der Bund/Länder-Vereinbarung vom 15. Januar 1970 festgelegt worden ist, ausreichend handlungsfähig sein. Im übrigen ergibt sich aus den Materialien zum Grundgesetz, daß der Begriff der Weisungen sowohl Einzelweisungen als auch allgemeine Weisungen umfassen sollte. Im Hauptausschuß des Parlamentarischen Rates wurde anerkannt, daß die Weisungen des Art. 85 Abs. 3 GG allgemeine Weisungen umfassen. Es wurde lediglich erörtert, ob unter den Begriff der Weisungen auch Einzelweisungen fielen[2]. Auch die Begründung zum Finanzreformgesetz 1969 geht von der Zulässigkeit allgemeiner Weisungen aus[3].

2. Schranken des Weisungsrechts

Die Befugnis zum Erlaß allgemeiner Weisungen nach Art. 108 Abs. 3 i.V.m. Art. 85 Abs. 3 GG unterliegt von Verfassungs wegen Schranken. Diese sind im einzelnen streitig; jedoch läßt sich zu Inhalt und Schranken des Weisungsrechts allgemein und ohne Anspruch auf Vollständigkeit anmerken:

Der Grundgesetzgeber hat nach Art. 108 Abs. 7, Art. 85 Abs. 2 den Erlaß allgemeiner Verwaltungsvorschriften der Bundesregierung unter Mitwirkung des Bundesrates übertragen, um den Ländern bei Eingriffen in den ihnen grundgesetzlich zugewiesenen Gesetzesvollzug Schutz zu gewähren. Diese Verfassungsnormen dürften deshalb ausschließen, daß der Bund nach Belieben materielle Regelungen derselben Art als allgemeine Weisungen durch den BMF oder als allgemeine Verwaltungsvorschriften

1 H.M., *Schmidt-Bleibtreu* in Schmidt-Bleibtreu/Klein, Grundgesetz, 7. Aufl. 1990, Art. 85, Tz. 8, Art. 108, Tz. 14, mit weiteren Nachweisen; *v. Mangoldt/Klein,* Das Bonner Grundgesetz, 2. Aufl. 1974, Art. 85 Anm. IV 2b aa, S. 2212 f.

2 Darstellung mit Nachweisen bei *v. Mangoldt/Klein,* a.a.O., Art. 85 Anm. IV 2b, bb, S. 2215.

3 BT-Drucks. V/2861, Tz. 164 ff.

im Verfahren des Art. 108 Abs. 7 GG erläßt. Regelungen, die als allgemeine Verwaltungsvorschriften ergehen können, dürften entsprechend dem Schutzzweck der Norm grundsätzlich nicht als allgemeine Weisung zulässig sein.

Allgemeine *Verwaltungsvorschriften* können die Einrichtung von Behörden und das Verwaltungsverfahren regeln. Was im übrigen Gegenstand dieser Vorschriften sein kann, wird unterschiedlich umschrieben. Zum Beispiel geht eine Definition dahin, daß allgemeine Verwaltungsvorschriften die Ausführung eines Gesetzes als Ganzes oder die Durchführung geschlossener Gesetzesmaterien zum Gegenstand haben[4]. Eine weitere Umschreibung geht dahin, daß allgemeine Verwaltungsvorschriften ein größeres Rechtsgebiet, eine zusammenhängende Rechtsmaterie von erheblichem Gewicht erfassen und für einen längeren Zeitraum gelten sollen[5]. Eine weitere Auffassung besagt, daß allgemeine Verwaltungsvorschriften Anweisungen zur Rechtsauslegung und zur Ermessensausübung zum Inhalt haben[6].

a) Der BMF dürfte damit jedenfalls dann allgemeine *Weisungen* erlassen können, wenn es nicht um Behördeneinrichtung und Verwaltungsverfahren sowie um Anweisungen zur Normeninterpretation und Ermessensausübung geht. Danach käme ein Erlaß allgemeiner Weisungen z.B. in folgenden Fällen in Betracht:
   - Ein Land oder eine Gruppe von Ländern wendet eine eindeutige Rechtsnorm, über deren Inhalt Einvernehmen besteht, nicht an, z.B. weil die Norm entgegen der Auffassung des BMF für verfassungswidrig gehalten wird.
   - Landesfinanzverwaltungen weichen von eindeutigen, als allgemeine Verwaltungsvorschriften ergangenen Steuerrichtlinien ab, z.B. deshalb, weil sie die Richtlinie nicht mit dem Gesetz für vereinbar ansehen.
   - Unregelmäßigkeiten in der Finanzverwaltung eines Landes geben dem BMF Anlaß, die Ordnungsmäßigkeit der Verwaltung anzumahnen.

b) Ob und inwieweit der BMF aus besonderem Anlaß allgemeine Weisungen auch zur Norminterpretation und Ermessensausübung erlassen kann, ist umstritten. Weisungen mit solchem Inhalt könnten etwa in Betracht kommen, weil sich beim Steuerrechtsvollzug die Regelungsbedürftigkeit einer Materie herausgestellt hat und eine rechtzeitige Regelung über allgemeine Verwaltungsvorschriften nicht zu erreichen

4 *Hömig* in Seifert/Hömig (Hrsg.), Grundgesetz, 4. Aufl. 1991, Art. 85, Tz. 5, 7; ähnlich *v. Mangoldt/Klein*, a.a.O., Art. 85 Anm. IV 2b aa, S. 2213.

5 *Lothar Müller/Franz-Christoph Zeitler*, Zuständigkeit bei der Verwaltung der Finanzen durch den Bund und die Länder, DStZ – A – 1975, 467 (472).

6 *Lerche* in Maunz/Dürig/Herzog/Scholz, Grundgesetz, Art. 84, Tz. 33, Art. 85, Tz. 20; ferner *Schmidt-Bleibtreu* in Schmidt-Bleibtreu/Klein, a.a.O., Art. 84 Tz. 11.

ist. Insbesondere diesen Fall hatte die Begründung zum Finanzreformgesetz[7] im Blick.

Die *Weisungen* können allgemeine *Verwaltungsvorschriften* zwar ergänzen und sie weiter ausführen oder auslegen, dürfen ihnen aber nicht zuwiderlaufen oder widersprechen[8].

Allerdings dürften die allgemeinen Verwaltungsvorschriften, zumindest dann, wenn sie auf eine bisher gefestigte höchstrichterliche Rechtsprechung zurückgehen, zurückzutreten haben, falls sich die einschlägige Rechtsprechung ändert[9]. Insoweit müßte es auch zulässig sein, in einer allgemeinen Weisung auf die geänderte Rechtsprechung hinzuweisen und hierbei klarzustellen, daß die allgemeinen Verwaltungsvorschriften insoweit überholt und nicht mehr anzuwenden sind.

c) Eine abschließende Klärung der kontroversen Rechtsfrage der Zulässigkeit und Grenzen allgemeiner Weisungen könnte letztlich nur durch eine Entscheidung des Bundesverfassungsgerichts[10] erreicht werden.

Selbstverständlich dürfte es sein, daß der Bundesminister der Finanzen die Möglichkeit haben muß, die ihn interessierenden Einzelfälle kennenzulernen.

Hierzu bedarf es technischer Weisungen des Bundesministers der Finanzen, die ihrer Art nach stets eine gewisse generelle Bedeutung haben. Das Recht zu allgemeinen Weisungen dieser Art dürfte daher Bestandteil des Rechts zu Einzelweisungen sein.

III. Zulässigkeit von Einzelweisungen

Die Zulässigkeit einer individuell konkreten Einzelweisung ist bisher weder im wissenschaftlichen Schrifttum noch von den Ländern ernsthaft in Zweifel gezogen worden. Es könnte allerdings von dem betroffenen Land eingewandt werden, es bestehe eine jahrzehntelange Praxis, das Einzelweisungsrecht nicht auszuüben, und der Grundsatz der Bundestreue stehe im gegebenen Fall der Ausübung des Weisungsrechts entgegen.

IV. Weitere Möglichkeiten der Einflußnahme des Bundes auf die Verwaltung durch die Länder

Der Bund hat weitere Möglichkeiten, auf die Verwaltung der Länder Einfluß zu nehmen.

---

7 BT-Drucks. V/2861, Tz. 164 ff.

8 I.d.S. *v. Mangoldt/Klein*, a.a.O., Art. 85 Anm. IV 2b, aa, S. 213; ferner *Schmidt-Bleibtreu* in Schmidt-Bleibtreu/Klein, a.a.O., Art. 85 Tz. 8; *Hömig* in Seifert/Hömig, a.a.O., Art. 85, Tz. 5.

9 Vgl. hierzu unter VII. am Ende.

10 Nach Art. 93 Abs. 1 Nr. 3 GG, § 13 Nr. 7 i.V.m. §§ 68–70 BVerfGG.

Auch die Verwaltung im Auftrag des Bundes[11] ist grundsätzlich Landesverwaltung. Die beauftragte Verwaltung nimmt die ihr zugewiesenen Aufgaben als eigene Aufgaben wahr[12]. Die Maßnahmen, die der Bund im Wege der Bundesaufsicht nach Artikel 85 Abs. 4 GG ergreifen kann, beschränken sich nicht auf die in dieser Verfassungsnorm ausdrücklich aufgeführten (Berichtsanforderung, Aktenvorlage, Entsendung von Beauftragten). Ihm stehen vielmehr alle vom Sinngehalt des Instituts „Bundesaufsicht"[13] umfaßten Mittel der Einflußnahme zur Verfügung. In Betracht kommen danach neben den ausdrücklich aufgeführten Maßnahmen folgende Maßnahmen:

Der BMF kann von den Finanzministern der Länder Auskünfte verlangen. Es handelt sich hierbei nicht um die Anforderung von förmlichen Berichten im Sinne des Art. 85 Abs. 4 Satz 2 GG.

Der BMF kann seine Auffassung über die Rechtslage und die Zweckmäßigkeit bestimmter Maßnahmen den Landesfinanzministerien gegenüber in allgemeiner Form darlegen[14].

Der BMF kann Mängel gegenüber den betroffenen Ländern beanstanden und die Erwartung ausdrücken, daß die Mängel behoben werden. In dieser Weise können sowohl Rechtsverletzungen als auch Verfahrensweisen und Entscheidungen, die dem BMF unzweckmäßig erscheinen, beanstandet werden.

Der BMF kann schließlich versuchen, eine die bisherige Verwaltungspraxis korrigierende Regelung nach dem Verfahren der Bund/Länder-Vereinbarung vom 15. Januar 1970 zu erwirken.

Der BMF könnte darüber hinaus, wie bereits oben ausgeführt, Landesfinanzbehörden, deren Praxis ihm im Wege der beobachtenden Bundesaufsicht bekannt geworden ist, durch Einzelweisungen zu einem spezifisch anderen Entscheidungsverhalten anhalten. Die Weisung wäre gemäß Art. 85 Abs. 2 Satz 2 GG grundsätzlich an die oberste Landesfinanzbehörde zu richten.

V. Zustandekommen der Vereinbarung vom 15. Januar 1970

Das bis zur Finanzreform 1969 praktizierte Verfahren der durch den BMF koordinierten Ländererlasse hatte sich wegen der dabei erforderlichen Einstimmigkeit als zu schwerfällig erwiesen. In der Vergangenheit hatte sich gezeigt, daß die Einstimmigkeit nicht immer zu erreichen war[15]. Der Bund wies auf das ihm zustehende Recht zum Erlaß allgemeiner Weisun-

11 Art. 108 Abs. 3 Satz 1 GG.
12 BVerfG vom 12. Januar 1983 – 2 BvL 23/81, BVerfGE 63, 1, 42.
13 Art. 85 Abs. 4 Satz 1 GG.
14 Vgl. BVerwG vom 18. Oktober 1956 – BVerwG I A 6/54, DVBl. 1957, 321, 322.
15 Vgl. Begründung zum Entwurf des Finanzreformgesetzes, BT-Drucks. V/2861, Tz. 164.

gen im Bereich der Verwaltung von Steuern im Auftrag des Bundes hin; insbesondere stützte er sich auf die Verweisung in Art. 85 Abs. 3 GG. Er traf damit auf den nachhaltigen Widerspruch der Länder. Unter den gegebenen Umständen bot sich an, mit den Ländern nach Möglichkeiten eines Kompromisses zu suchen. Ab dem 1. Januar 1970 mußte im Interesse der Funktionsfähigkeit der Finanzverwaltung eine praktische Lösung gefunden werden. Auch nach eingehender Erörterung mit den Ländern blieben die Auffassungen über das allgemeine Weisungsrecht des Bundes kontrovers.

Der Bundesminister der Finanzen hat von Anfang an die Auffassung vertreten, daß im Rahmen der Auftragsverwaltung die Landesfinanzbehörden nach Art. 85 Abs. 3 und 4, Art. 108 Abs. 3 Satz 2 GG den Weisungen unter Aufsicht des Bundesministers der Finanzen unterstünden. Von diesen Befugnissen könne er auch in der Weise Gebrauch machen, daß er Einzelmaßnahmen von seiner vorherigen Zustimmung abhängig mache. Eine allgemeine Regelung dieser Frage sei insbesondere auf dem Gebiete der Billigkeitsmaßnahmen erforderlich. Der BMF hat daher im September 1969 den Ländern einen entsprechenden Erlaßentwurf übersandt, nach dem er sich bei Billigkeitsmaßnahmen der Landesfinanzbehörden in bestimmten Fällen seine Zustimmung vorbehalten wollte.

Der entgegenstehende Standpunkt der Länder läßt sich wie folgt zusammenfassen:

Nach dem bis zum 31. Dezember 1969 geltenden Finanzverfassungsrecht hatte der Bund die Möglichkeit, die Verwaltung bestimmter Abgaben, die in erster Linie bei ihm lag, den Landesfinanzbehörden als Auftragsverwaltung zu übertragen[16]. Der Bund hat hiervon in § 34 FVG (a.F.) bei mehreren Abgaben, insbesondere desjenigen Teils der Einkommensteuer und der Körperschaftsteuer, der dem Bund zusteht, Gebrauch gemacht.

Fragen des dem Bund gemäß Art. 85 GG zustehenden Weisungsrechts wurden für wesentliche Bereiche durch das Zweite Finanzverwaltungsgesetz vom 15. Mai 1952[17] geregelt, wobei die Art der Einflußnahme des Bundes als „Mitwirkung des Bundes bei der Verwaltung der Einkommensteuer und der Körperschaftsteuer" bezeichnet wurde. Die Verwendung des Wortes „Weisung" ist möglicherweise deswegen vermieden worden, weil die Länder den ihnen zufließenden Teil der Einkommen- und Körperschaftsteuer in landeseigener Verwaltung erhoben und der Bund kaum „Weisungen" für Steuern erteilen konnte, deren Aufkommen zwar zwei öffentlichen Körperschaften zuerkannt worden war, die aber nur einheitlich verwaltet werden konnten. Der Begriff „Mitwirkung" sollte offenbar eine Umschreibung sein für die den aus Art. 85 GG dem Bund zustehenden Befugnisse.

16 Art. 108 Abs. 1 Satz 4, Abs. 2 Satz 1 2. Halbsatz GG a.F.
17 BGBl. I S. 293.

In der Tat taucht der Begriff der Weisung des Bundes gegenüber den Ländern im Zweiten Gesetz über die Finanzverwaltung nicht auf. In § 1 Abs. 2 Satz 1 ist nur davon die Rede, daß allgemeine Verwaltungsanordnungen der obersten Landesfinanzbehörden grundsätzlich der Zustimmung des Bundesministers der Finanzen bedürften, soweit sich diese Verwaltungsanordnungen nicht auf Fragen der Organisation und des Personalwesens beziehen oder der Bund auf seine Zustimmung verzichtet. Das gleiche sollte gelten für Billigkeitsanordnungen nach § 131 RAO, die sich auf eine Vielzahl von Fällen bezögen. In § 4 des Zweiten FVG ist davon die Rede, daß die Bundesregierung ermächtigt wird, mit Zustimmung des Bundesrates die für Durchführung dieses Gesetzes erforderlichen allgemeinen Verwaltungsvorschriften zu erlassen.

Daraus zogen die Länder den Schluß, daß der Bund nicht berechtigt gewesen sei, den Umfang und die Wege zur Verwirklichung seiner Weisungsbefugnisse ohne Zustimmung des Bundesrates zu regeln. Eine solche Auffassung hatte aber die Bundesregierung bei der parlamentarischen Beratung des Zweiten Finanzverwaltungsgesetzes vertreten, jedoch stellte das Bundesverfassungsgericht fest, daß dieses Gesetz der Zustimmung des Bundesrates bedürfte[18]. Das Bundesverfassungsgericht stützte seine Auffassung insbesondere darauf, daß es dabei nicht so sehr auf die Gesetzgebungshoheit über die betreffenden Steuern und auch nicht auf die Steuergläubigerschaft ankomme, sondern allein darauf, ob die Länderfinanzbehörden die betreffenden Steuern verwalteten, unabhängig davon, ob sie insoweit landeseigene Verwaltung ausübten oder auftragsweise für den Bund tätig würden. Das Zweite Finanzverwaltungsgesetz regele das von den Landesfinanzbehörden anzuwendende Verfahren, so daß Art. 108 Abs. 3 Satz 2 GG anzuwenden sei.

Man muß in diesem Zusammenhang daran erinnern, daß seinerzeit auch die Ausgleichsabgaben im Wege der Auftragsverwaltung durch die Landesfinanzbehörden verwaltet wurden. Insoweit ist aber keine dem Zweiten FVG vergleichbare gesetzliche Festlegung der Weisungsbefugnisse des Bundesministers der Finanzen erfolgt. Auf diesem Gebiete haben sich die Länder im Wege eines gentleman-agreements gegenüber dem Bund damit einverstanden erklärt, daß dieser gegenüber den Ländern von seiner Weisungsbefugnis ohne Zustimmung des Bundesrates Gebrauch machen konnte[19].

Mit Wirkung ab 1. Januar 1970 trat, was die Verwaltung von Steuern angeht, eine entscheidende Änderung ein. Seitdem verwalten die Länder die Ertragssteuern, die Umsatzsteuern und die damaligen Ausgleichsabgaben kraft *verfassungsrechtlicher* Zuordnung im Auftrage des Bundes. Ein primäres Verwaltungsrecht des Bundes existierte seither nicht mehr.

---

18 Gutachten vom 22. November 1951 – 1 BV V 1/51 – BVerfGE 1, S. 76 ff.

19 *Fauser* in Kühne-Wolff, Das Lastenausgleichsgesetz vom 14. August 1952, § 204 Anm. 1 letzter Absatz.

Der vom Bundesverfassungsgericht zur Begründung seines o.g. Gutachtens angeführte Art. 108 Abs. 3 Satz 2 GG (a.F.) ist inhaltlich unverändert in Art. 108 Abs. 5 Satz 2 GG (n.F.) übernommen worden. Daraus wurde von Länderseite geschlossen, daß auch künftig die Weisungsbefugnis des Bundesministers der Finanzen einer gesetzlichen Regelung bedürfe, die mit Zustimmung des Bundesrates zu ergehen habe, wenn das Verfahren der Landesfinanzbehörden geregelt werde. Dies gelte auch für den Fall, daß bestimmte Verwaltungsakte an die Zustimmung des Bundesministers der Finanzen gebunden werden sollten.

Aus der Tatsache, daß die Länder als (Teil-)Steuergläubiger von einer allgemeinen Weisungsbefugnis des Bundes durchaus berührt werden könnten und daß Art. 108 Abs. 6 GG (a.F.) in Form des Art. 108 Abs. 7 GG (n.F.) unverändert geblieben und damit der Einfluß des Bundesrates auch unterhalb des Gesetzgebungsverfahrens gewahrt worden sei, zogen die Länder den Schluß, daß sich die Befugnisse des Bundesministers der Finanzen im Prinzip auf Einzelweisungen beschränken müsse, obwohl in der Begründung der Regierungsvorlage[20] das Gegenteil gesagt worden war.

Auf der anderen Seite wurde von Länderseite durchaus aber anerkannt, daß der Bundesminister der Finanzen die Möglichkeit haben müsse, die ihn interessierenden Einzelfälle kennenzulernen. Für diesen Zweck müsse der Bundesminister der Finanzen „technische Weisungen" erteilen können, die notwendigerweise immer auch eine gewisse allgemeine Bedeutung hätten. Mehrere Länder waren der Auffassung, daß das Recht zum Erlaß derartiger allgemeinen Weisungen Bestandteil des Rechts zu Einzelweisungen sei.

Von Länderseite ist aber darüber hinaus auch eine dringende Notwendigkeit anerkannt worden, auch in der Zeit nach 1970 allgemeine Weisungen herauszugeben, die den bisher üblichen „gleichlautenden Ländererlassen" entsprächen. Dafür sei es aber nicht erforderlich, dem Bundesminister der Finanzen ein allgemeines Weisungsrecht zuzugestehen.

Dieser Kompromißvorschlag wurde vom Bundesministerium der Finanzen aufgegriffen und zum Gegenstand einer Besprechung mit den Steuerabteilungsleitern der Länder Anfang Dezember 1969 gemacht. In dieser Sitzung hat der Vertreter des BMF unter voller Wahrung seines Rechtsstandpunktes erklärt, der Bundesminister der Finanzen werde allgemeine Weisungen grundsätzlich erst erteilen, nachdem die Länder gehört worden seien und die Mehrzahl der Länder zugestimmt habe. Demgegenüber erklärten die Vertreter der obersten Finanzbehörden der Länder, sie würden grundsätzlich ebenfalls ohne Anerkennung einer rechtlichen Verbindlichkeit die allgemeine Weisung des BMF befolgen, die die Zustimmung der Mehrzahl der Länder gefunden habe. Seinerzeit gingen offenbar alle Beteiligten davon aus, daß es sich bei den BMF-Schreiben um allge-

20 Drucksache V/2861 S. 56.

meine Weisungen handele, allerdings mit der Besonderheit, daß diese nur mit Zustimmung der Mehrzahl der Länder zustande gekommen waren.

In dem endgültigen schließlich zur Abstimmung gelangten Entwurf einer entsprechenden Vereinbarung taucht allerdings der Begriff der „allgemeinen Weisung" nicht mehr auf. Es wird lediglich hervorgehoben, daß bei den Steuern, die von den Landesfinanzbehörden im Auftrage des Bundes verwaltet wurden, an die Stelle der bisherigen koordinierten Ländererlasse künftig Schreiben des Bundesministers der Finanzen an die obersten Finanzbehörden der Länder treten würden. Abweichend von dem ursprünglichen Vorschlag sieht die Vereinbarung vom 15. Januar 1970 auch nicht vor, daß derartige BMF-Schreiben nur mit Zustimmung der Mehrzahl der Länder herausgegeben werden, sondern daß deren Herausgabe voraussetze, daß die Mehrzahl der Länder keine Einwendungen erhoben habe.

Die Vereinbarung vom 15. Januar 1970 wurde im Rahmen der Finanzministerkonferenz, aber nicht durch sie abgeschlossen[21]. Nach Gesamtbild und Inhalt der Absprache ist die Vereinbarung ihrer Rechtsnatur nach als Verwaltungsabkommen, nicht als Staatsvertrag zu qualifizieren. Ihre Bindung ist dadurch eingeschränkt, daß sie unter dem Vorbehalt abweichender Auffassungen über die Zulässigkeit allgemeiner Weisungen steht[22]. Das läßt ihre jederzeitige Widerruflichkeit erkennen.

VI. Durchführung der Vereinbarung vom 15. Januar 1970 in der Praxis

Die nach der Vereinbarung vom 15. Januar 1970 vorgesehene Abstimmung mit den Länderreferenten geschieht zunächst auf Fachreferentenebene. Jedes Land hat eine Stimme, die einfache Mehrheit entscheidet. Der Bund selbst ist nicht stimmberechtigt. Soweit sich die Fachreferenten einigen, steht ihr Beschluß einem solchen der Finanzministerkonferenz gleich, wie sich aus den Hinweisen auf das Einvernehmen der *obersten Finanzbehörden* der Länder in den Veröffentlichungen der Besprechungsergebnisse ersehen läßt. Wird im Kreis der Referenten keine Einigung erzielt, so wird die Frage auf die Tagesordnung einer Besprechung der Abteilungsleiter (Steuer) gesetzt. Können diese sich ebenfalls nicht einigen, kann es zur Anrufung der Konferenz der Finanzminister kommen. Bei Fragen von sehr grundsätzlicher Bedeutung wäre wohl auch die Einschaltung der Ministerpräsidentenkonferenz denkbar. Von dieser Möglichkeit, unter Berufung aus dem Vorbehalt aus der Vereinbarung

---

21 Vgl. *Lothar Hirschmüller*, „Die Konferenz der Ministerpräsidenten und Ressortminister der Länder in der Bundesrepublik Deutschland", Dissertation Tübingen 1967, S. 104 f.

22 *Thomas A. H. Schöck*, Innerstaatliche Kooperation beim Vollzug von Steuergesetzen in der Bundesrepublik Deutschland, StuW 1977, 28.

vom 15. Januar 1970, den eigenen Rechtsstandpunkt durchzusetzen, machen die Länder allerdings kaum Gebrauch.

VII. Verfahren nach der Bund/Länder-Vereinbarung

Die in Sitzungen mit den Ländervertretern gefaßten Beschlüsse sind theoretisch für die einzelnen Länder rechtlich unverbindlich, haben gleichwohl aber in der Praxis eine erhebliche Bedeutung. Diese dürfte nicht zuletzt auf dem Bestreben der Länder beruhen, im Wege kooperativer Einigung das Weisungsrecht des BMF aus Art. 108 Abs. 3 Satz 2 i.V.m. Art. 85 Abs. 3 GG nicht zum Tragen kommen zu lassen[23].

Bei der Bundesauftragsverwaltung werden die Beschlüsse als Schreiben des Bundesministers der Finanzen an die obersten Finanzbehörden der Länder in der Regel im Bundessteuerblatt veröffentlicht. Die Länder setzen die Schreiben für ihre nachgeordneten Behörden um. Dies geschieht z.T. in der Weise, daß die obersten Finanzbehörden der Länder unter Hinweis auf das zugrundeliegende Schreiben des BMF und die getroffene Einigung ein eigenes Schreiben an ihre untergeordneten Behörden im Amtsblatt der jeweiligen obersten Landesfinanzbehörde veröffentlichen. Zum Teil enthalten diese Veröffentlichungen noch den ausdrücklichen Hinweis, daß insoweit einer beabsichtigten Änderung der allgemeinen Verwaltungsvorschriften vorgegriffen werde, bzw. daß diese Änderung auf ein Urteil des Bundesfinanzhofs zurückgehe[24].

VIII. Rechtsnatur der BMF-Schreiben nach der Bund/Länder-Vereinbarung von 1970 und ihr Verhältnis zu den allgemeinen Verwaltungsvorschriften nach Art. 108 Abs. 7 GG

1. Rechtsnatur der BMF-Schreiben

Nach Wortlaut, Sinn und Zweck der Bund/Länder-Vereinbarung dürften die BMF-Schreiben als *faktische Steuerungs- bzw. Koordinierungsakte* anzusehen sein, die vom BMF initiiert und von der Ländermehrheit gebilligt werden. Angesichts des Umstandes, daß die Bund/Länder-Vereinbarung ausdrücklich ein Präjudiz für die unterschiedlichen Rechtsstandpunkte von Bund und Ländern zur Frage der Erteilung allgemeiner Weisungen durch den BMF vermeiden will, ist davon auszugehen, daß alle Beteiligten beim Vollzug dieses „gentleman-agreement" davon absehen, ihre Rechtsauffassung zugrunde zu legen. Der BMF erläßt danach also seiner erkennbaren Willenserklärung nach keine bindenden Weisungen, obwohl er das Recht hierzu grundsätzlich in Anspruch nimmt, weil die

23 *Thomas A. H. Schöck,* a.a.O., 22 ff., 23.
24 Vgl. BStBl. I 1974, 498.

Länder zugesagt haben, sich bei Zustimmung der Ländermehrheit freiwillig nach den BMF-Schreiben zu richten, wozu sie ihrer Rechtsauffassung nach nicht verpflichtet sind.

Sollten einzelne Länder einem mit Zustimmung der Ländermehrheit ergangenen BMF-Schreiben nicht Folge leisten wollen oder der Bund eine abstrakt-generelle verwaltungsinterne Anordnung gegen die Auffassung der Ländermehrheit für erforderlich halten, hindert die Vereinbarung die Beteiligten nicht, sich auf ihren jeweiligen Rechtsstandpunkt zu berufen. Der vereinbarte „modus vivendi" wäre insoweit beendet.

In einem solchen Fall könnte dem Inhalt eines BMF-Schreibens aber wohl nur dann die Rechtsnatur einer allgemeinen Weisung zuerkannt werden, wenn der BMF in einer zusätzlichen Erklärung zum Ausdruck bringt, daß er insoweit eine Regelung treffen will, die für die Länder unabhängig von der 1970 geschlossenen Vereinbarung bindend sein soll. Bereits die Bezeichnung der in der Bund/Länder-Vereinbarung zugrunde gelegten Steuerungsakte als BMF-„Schreiben" und ihre durch den Kompromißcharakter der Vereinbarung nahegelegte zurückhaltende Formulierung spricht dagegen, der BMF habe den BMF-Schreiben ohne eine solche zusätzliche Erklärung den Charakter einer rechtsverbindlichen Weisung zulegen wollen.

Zu dem Ergebnis führt auch die Überlegung, daß, wenn man in den BMF-Schreiben ein faktisches Steuerungs- bzw. Koordinierungsinstrument sieht, die Frage, ob der Inhalt eines BMF-Schreibens nach der Rechtsauffassung des Bundes auch als allgemeine Weisung zulässig wäre, an Bedeutung verliert. Denn die Länderverwaltungen können für ihren Bereich abstrakt-generelle verwaltungsinterne Regelungen treffen, die seitens der Bundesregierung ggf. nur als allgemeine Verwaltungsvorschriften mit Zustimmung des Bundesrates nicht aber als allgemeine Weisungen des BMF erlassen werden könnten. Dem BMF ist es aber andererseits verfassungsrechtlich nicht versagt, sich faktisch als Koordinator für den Erlaß derartiger übereinstimmender Länderregelungen zu bestätigen. Dies dürfte im Abstimmungsverfahren über BMF-Schreiben tatsächlich auch vielfach geschehen sein.

2. Verhältnis der BMF-Schreiben zu allgemeinen Verwaltungsvorschriften nach Art. 108 Abs. 7 GG

BMF-Schreiben bewirken eine faktische Koordinierung der Verwaltungspraxis der Länder auf Initiative des BMF. Die Länder folgen dabei freiwillig der von der Ländermehrheit gebilligten Auffassung des BMF. Allgemeine Verwaltungsvorschriften nach Art. 108 Abs. 7 GG werden demgegenüber von der Bundesregierung mit Zustimmung des Bundesrates erlassen und binden die betroffenen Verwaltungen des Bundes und der Länder. Aus der *Bindungswirkung* der allgemeinen Verwaltungsvorschriften folgt, daß es dem BMF und den Finanzressorts der Länder grundsätzlich versagt ist, im Rahmen des Koordinierungsverfahrens nach der Bund/Länder-Vereinbarung von 1970 Regelungen zu treffen, die den allgemeinen Verwaltungsvorschriften widersprechen.

IX. Schlußbemerkung

Das Verfahren nach der Bund/Länder-Vereinbarung entspricht einer über 20jährigen unangefochtenen Verfassungspraxis und hat sich grundsätzlich bewährt. Auch die neuen Länder haben sich dieser Vereinbarung angeschlossen. In der Vielzahl der Fälle verläuft die Verständigung zwischen Bund und Ländern reibungslos und wird den Vorstellungen des Bundesministers der Finanzen in einer Weise gerecht, wie es durch allgemeine Weisungen kaum effektiver möglich wäre. An dieser grundsätzlichen Feststellung ändert sich dadurch nichts, daß in Einzelfällen Länder in Erlassen oder Verfügungen von Regelungen in einem BMF-Schreiben abgewichen sind oder Erlasse herausgegeben haben, ohne die Zustimmung des BMF einzuholen. Diese Fälle haben gelegentlich zu kritischen Bemerkungen – insbesondere von seiten des Bundesrechnungshofs – geführt, der Bund verzichte auf seine verfassungsmäßigen Rechte und setze zudem die Vereinbarung vom 1. Januar 1970 nicht durch.

Würde allerdings der Bundesminister der Finanzen die insgesamt verhältnismäßig geringe Zahl der Fälle, in denen die Vereinbarung vom 15. Januar 1970 von den Ländern nicht oder nicht ausreichend beachtet worden ist, zum Anlaß nehmen, auf das Mittel der allgemeinen Weisung zurückzugreifen, würde er das derzeit gute Verhältnis zu den Ländern aufs Spiel setzen. Der dadurch veranlaßte Bund-Länder-Konflikt wäre streitig vor dem Bundesverfassungsgericht auszutragen, ohne daß sich mit Sicherheit vorhersagen ließe, daß das Bundesverfassungsgericht sich der Auffassung des Bundes anschließen werde. Die jüngsten Entscheidungen des Bundesverfassungsgerichts zum Einzelweisungsrecht des Bundes im Rahmen der Auftragsverwaltung[25] geben insoweit keine Anhaltspunkte für die Auffassung des Gerichts zur Frage des allgemeinen Weisungsrechts und damit auch nicht zur Frage, ob und inwieweit neben den allgemeinen Verwaltungsvorschriften nach Art. 108 Abs. 7 GG noch Platz bleibt für allgemeine Weisungen nach Art. 85 Abs. 3 GG.

Vor dem Hintergrund der Vereinbarung vom 15. Januar 1970 ist auch die Frage zu sehen, ob der Bund durch Weisung dafür Sorge zu tragen hat, daß Ländererlasse, die nach Auffassung des Bundes nicht hätten erlassen werden dürfen, aufgehoben werden. Abgesehen davon, daß eine solche Weisung ultima ratio ist[26], würde sie in jedem Fall den oben beschriebenen verfassungsrechtlichen Streit mit einer dadurch ausgelösten Trübung

25 2 BvG 1/88 vom 22. Mai 1990, BVerfGE 81, 310 und 2 BvG 1/91 vom 10. April 1991, BVerfGE 84, 25.

26 Vgl. *Blümel* in Isensee/Kirchhoff, Handbuch des Steuerrechts, Band IV, § 1091, Rn. 65.

des Verhältnisses zu den Ländern zur Folge haben, d.h. eine Konsequenz nach sich ziehen, die gerade durch die Bund/Länder-Vereinbarung vermieden werden sollte. Die gleichen Überlegungen gelten für den Fall, daß man in einer solchen Weisung aus Anlaß eines konkreten Falles eine Einzelweisung sähe. Auch diese Frage ist umstritten und würde, wenn der Bundesfinanzminister von seinem Einzelweisungsrecht Gebrauch macht, ebenfalls das Verhältnis zwischen Bund und Ländern auf längere Sicht belasten.

Für die Haltung des Bundesministers der Finanzen ist im übrigen folgende Überlegung von Bedeutung: Die Durchsetzung des Weisungsrechts des Bundes könnte dazu führen, daß der Bundesminister der Finanzen von den Ländern in einem Umfang mit Einzelfallentscheidungen überhäuft würde, daß angesichts der ohnehin unzureichenden Personalausstattung eine geordnete ministerielle Arbeit nicht mehr gewährleistet wäre. Noch mehr würden bei der Gesetzgebungsarbeit Schwierigkeiten entstehen, wenn der Bund nicht mehr auf die praktischen Erfahrungen der Länder zurückgreifen könnte. Ohne das Verfahren nach der Bund/Länder-Vereinbarung von 1970 könnten zudem zahlreiche Fälle auftreten, in denen die Länder zunächst im Rahmen ihrer Organisationsgewalt und Weisungsbefugnis gegenüber ihren nachgeordneten Behörden eigene Weisungen herausgeben, die sich häufig von Land zu Land inhaltlich und vom Text her unterscheiden würden. Dies würde nicht nur für die Angehörigen der steuerberatenden Berufe, sondern auch für die Angehörigen der Finanzverwaltung eine nicht zu vertretende Erschwerung bedeuten. Der Bundesminister der Finanzen müßte sämtliche Länderregelungen auf ihre rechtliche Haltbarkeit oder Vertretbarkeit ständig überprüfen und ggf. entscheiden, wann er von seinem allgemeinen Weisungsrecht Gebrauch machen müßte. Zu dieser Prüfung ist das Bundesfinanzministerium aber aus personellen Gründen nicht in der Lage. Wenn schließlich der Bundesminister der Finanzen unter Aufhebung entgegenstehender Ländererlasse allgemeine Weisungen an die Länder herausgeben würde, hätte – die Zulässigkeit derartiger allgemeiner Weisungen unterstellt – das zur Folge, daß die entsprechenden Ländererlasse aufgehoben werden müßten, die Angehörigen der steuerberatenden Berufe und der Finanzverwaltung sich mit der neuen Rechtslage vertraut machen und umfangreiche Arbeiten bei der Aktualisierung entsprechender Karteien vornehmen müßten. Schon heute können die Finanzämter die vom Personal als unerträglich empfundene Erlaßflut kaum bewältigen. Jede Verschärfung dieses Zustandes würde dazu führen, daß entsprechende Erlasse von den Bediensteten der Finanzämter nicht mehr zur Kenntnis genommen würden.

Um eine einigermaßen gleichmäßige Rechtsanwendung sicherzustellen, bliebe dann nur der Weg, auf das vor der Finanzreform praktizierte Verfahren der koordinierten Ländererlasse mit dem Erfordernis der Einstimmigkeit aller Länder auch auf dem Gebiete der Auftragsverwaltung zurückzugreifen. Damit träte ein Zustand ein, wie er vor der Finanzreform 1970 bestanden hat.

Der Bundesminister der Finanzen ist auf die Mitwirkung der Länder insbesondere angewiesen, soweit es darum geht, Kenntnis von Sachverhalten zu bekommen, die einer allgemeinen Regelung bedürfen. Ohne Mitwirkung der Länder müßte der Bundesminister der Finanzen auf seine in Art. 85 Abs. 4 GG geregelten Befugnisse zurückgreifen, d.h. er müßte Bericht und Vorlage von Akten verlangen und ggf. Beauftragte zu den Finanzbehörden entsenden. Auch hierzu ist der Bundesminister der Finanzen aus personellen Gründen nicht in der Lage.

Das Bundesfinanzministerium ist im übrigen bei der Abfassung der Schreiben an die Länder auf deren Mitwirkung angewiesen. Dies gilt für die zu regelnden Zweifelsfragen, von denen der Bund zunächst Kenntnis bekommen muß, aber auch für die Erarbeitung von Lösungsvorschlägen, bei denen die Erfahrungen der Länder eingebracht werden müssen, und schließlich auch für die textliche Gestaltung der Schreiben.

Josef Isensee

Vertrauensschutz für Steuervorteile

Ein Folgeproblem der Wirtschaftslenkung durch Steuer am Beispiel des § 3a EStG

Inhaltsübersicht

I. Das prekäre Gesetzesvertrauen im Steuerrecht

1. Unstetes Steuerrecht

Der Ruf nach Stetigkeit und Verläßlichkeit des Steuerrechts zieht sich als Leitmotiv durch das Wirken des Jubilars *Franz Klein* in seiner vielfältigen Tätigkeit als Rechtspolitiker, als Finanzrichter, als Rechtsgelehrter[1]. Illusionslos stellt er fest, daß angesichts des gesetzgeberischen Aktionismus im Steuerrecht keine Ruhe und keine Stetigkeit aufkommen, daß dem Steuerrecht die „Sicherheitsfaktoren" der Dauerhaftigkeit und Stetigkeit abgehen, daß Fortschritt nun einmal nur durch Veränderung der gelten-

1 Repräsentativ: *Franz Klein,* Steuerreform und Steuervereinfachung – vordringliche Aufgabe in der nächsten Legislaturperiode, ZG 1986, 245 (246 ff.); *ders.,* Zu den Ursachen der Überbelastung der Finanzgerichte, in: Dieter Birk (Hrsg.), Die Situation der Finanzgerichtsbarkeit, 1989, S. 31 (37); *ders.,* Unstetes Steuerrecht, StbJb. 1989/90, 11 ff.

den Normen und Institutionen erreichbar ist[2]. Wenn sich das Rechtsideal an der Realität reibt, ergibt sich jedoch für *Franz Klein* kein Grund zur Resignation, sondern, im Gegenteil, Grund, sich verstärkt für die Realisierung des Ideals einzusetzen. Der Einsatz ist aber auf dem Felde des Steuerrechts auch nötig. Denn hier sprudeln die Rechtsquellen besonders kräftig, und der Fluß der Normen ändert häufig die Richtung. Unstetigkeit ist Dauerzustand[3].

Freilich bedarf das Steuerrecht auch eines besonderen Maßes an Beweglichkeit. Es muß sich den wechselnden Finanzbedürfnissen des Staates und den unterschiedlichen Gegebenheiten der Volkswirtschaft anpassen. Vollends wird es dynamisiert, wenn es sich in den Dienst außerfiskalischer Zwecke der Sozialgestaltung und Wirtschaftslenkung stellt. Ordnungspolitik weicht der Situationspolitik. Das Steuerrecht gerät in den Sog der Gesetzgebungshektik. Die kurzsichtige Änderung von heute erzeugt den Änderungsbedarf von morgen, der, wenn er nicht Abhilfe durch Rückgriff auf den Systemgedanken findet, neuen Änderungsbedarf erzeugt – ein perpetuum mobile des Gesetzgebungsprozesses.

Aber auch soweit die Mutabilität des Steuerrechts sich nicht ins Pathologische steigert, wird ein normatives Korrektiv gefordert, das ein Mindestmaß an Stetigkeit sichert, das die Evolution des Rechts nicht unterdrückt – das wäre in der modernen Demokratie weder möglich noch wünschbar –, wohl aber in geordnete Bahnen lenkt, ihren Lauf überschaubar und vorhersehbar macht, Absturz und jähe Wende meidet, krassen Systembruch und plötzlichen Systemwechsel verhindert. Der Bürger kann nicht darauf bauen, daß sich das bestehende Steuerrecht nicht zu seinem Nachteil verändert. Er muß mit dem Wandel des Rechts leben und damit, daß, wie das Bundesverfassungsgericht als „Ceterum Censeo" immer wieder in Erinnerung bringt, die Verfassung ihn nicht „vor jeglicher Enttäuschung seiner Hoffnungen oder Erwartungen betreffend die Dauerhaftigkeit der bestehenden Rechtslage" bewahrt[4]. Aber er darf erwarten, daß jedenfalls eine bestimmte Schwankungsbreite nicht überschritten, daß er durch die Rechtsänderungen nicht überrumpelt und überfordert wird. Unter demokratischen Verfassungsauspizien vermag der Bürger nicht die künftigen Wege der Gesetzgebung vorherzusehen. Doch muß er sich auf das gegenwärtig geltende Gesetz verlassen können und darauf, daß der Gesetzgeber sein hier und heute gegebenes Wort einhält. Der Wille des Volkes, auf dem der Verfassungsstaat gründet, bedeutet nicht Willkür

---

2 *Klein,* Steuerreform (Fn. 1), S. 247.

3 *Klein,* Unstetes Steuerrecht (Fn. 1), S. 11 ff.

4 BVerfGE 76, 256 (350); s. ebenso BVerfGE 63, 312 (330 f.); 67, 1 (15); 71, 255 (272). Vgl. auch *Bruno Schmidt-Bleibtreu,* Abbau von Steuervergünstigungen und Vertrauensschutz, BB 1978, S. 1254 ff.; *Walter Leisner,* Das Gesetzesvertrauen des Bürgers, in: FS für Friedrich Berber, 1973, S. 273 (276); *Paul Kirchhof,* Gleichheit in der Funktionenordnung, in: Josef Isensee/Paul Kirchhof (Hrsg.), Handbuch des Staatsrechts der Bundesrepublik Deutschland (= HStR), Bd. V, 1992, § 125 Rn. 50 ff.

und Laune, sondern Herrschaft des Rechts. Er wird daher von vornherein durch das Medium des Rechts diszipliniert. Demokratie als Verfassungsprinzip lebt nur in der Symbiose mit dem Verfassungsprinzip des Rechtsstaats.

Verläßlichkeit des Rechts ist eine Voraussetzung für die Grundrechtsausübung. Zukunftsgerichtete Ausübung der Freiheit, eigenverantwortliche Lebensplanung und rationale wirtschaftliche Disposition fordern ein Mindestmaß an Stetigkeit der rechtlichen Rahmenbedingungen. Der Rechtsstaat mutet dem Bürger nicht unbegrenzte Risiken der Rechtsänderung zu. Er ist dazu bestellt, Berechenbarkeit als Bedingung der Freiheit zu gewährleisten, und das nicht nur für den gegenwärtigen Zeitpunkt, sondern auch in der Zukunftsperspektive. Dort bedeutet sie Rechtssicherheit, hier Rechtskontinuität. Rechtssicherheit wie Rechtskontinuität werden vom Verfassungsgrundsatz des Rechtsstaates sanktioniert[5].

2. Rechtsstaatliche Kontinuitätsgewähr bei Fiskalzwecknormen – grundrechtlicher Vertrauensschutz bei Lenkungsmaßnahmen

Die Rechtsstaatlichkeit bietet allerdings nur begrenzte und nur schwache Absicherung für das Gesetzesvertrauen im Steuerrecht[6]. Die Kontinuitätsgewähr gilt nur auf objektivrechtlicher Ebene[7], also jenseits der subjektivrechtlichen Reichweite der Grundrechte. Diese kommen, wenn überhaupt, nur in ihren institutionellen Aspekten zur Wirkung. In denen konvergieren sie mit der Rechtsstaatlichkeit. Die Kontinuitätsgewähr gilt als Verfassungsprinzip, nicht aber als Verfassungsnorm. Als solches ist es zu berücksichtigen, nicht aber zu vollziehen. Es wird abgewogen gegen das öffentliche Interesse an der Offenheit und Entwicklungsfähigkeit der Steuerrechtsordnung im allgemeinen und an dem konkreten Änderungsvorhaben im besonderen.

Dagegen genießt das Vertrauen des Bürgers in die Kontinuität des Steuergesetzes stärkeren Schutz durch die Verfassung, wenn es sich nicht um die regulären Belastungsregeln, um Fiskalzwecknormen, handelt, sondern um außerfiskalische Maßnahmen, um Lenkungsnormen[8]. In einem sol-

---

5 Richtungweisend BVerfGE 13, 261 (271); 19, 119 (126 ff.). Näher zum Rechtsstaatsprinzip als Basis des Vertrauensschutzes mit Nachw.: *Fritz Ossenbühl*, Vertrauensschutz im sozialen Rechtsstaat, DÖV 1972, S. 25 ff.; *Leisner* (Fn. 4), S. 292 f.; *Bodo Pieroth*, Rückwirkung und Übergangsrecht, 1981, S. 50 ff. und passim; *Hartmut Maurer*, Kontinuitätsgewähr und Vertrauensschutz, in: HStR, Bd. III, 1988, § 60 Rn. 19 ff.

6 Zur Kontinuitätsgewähr des Steuergesetzes: *Klein*, Unstetes Steuerrecht (Fn. 1), S. 13 ff.; *Karl Heinrich Friauf*, Steuerrechtsänderungen und Altinvestitionen, StbJb. 1986/87, 279 (288 ff.); *Paul Kirchhof*, Kontinuität und Vertrauensschutz bei Änderungen der Rechtsprechung, DStR 1989, 263 (265 ff.); *Klaus Tipke*, Die Steuerrechtsordnung, 1. Bd., 1993, S. 177 ff., 191 ff.

7 Vgl. *Kirchhof* (Fn. 6), S. 266. Allgemein *Maurer* (Fn. 5), § 60 Rn. 2, 26.

8 Diese Unterscheidung treffen: *Friauf* (Fn. 6), S. 285; *Klaus Vogel*, Rechtssicherheit und Rückwirkung zwischen Vernunftrecht und Verfassungsrecht, JZ 1988,

chen Fall bildet das Steuergesetz für den Bürger nicht die bloße Rahmenbedingung des Handelns, sondern dessen Anreiz und Gegenstand, gleichsam die steuerliche Geschäftsgrundlage. Es fungiert nicht als Schranke der Grundrechtsausübung, sondern als Offerte und Leitbild. Hier agiert eigentlich nicht der Steuerstaat, der am wirtschaftlichen Erfolg des Bürgers partizipiert, sondern der Sozial- und Interventionsstaat, der sich des steuerlichen Mittels bedient, um den Bürger zu einem bestimmten gemeindienlichen Verhalten zu bewegen. Das Gesetz regelt hier nicht die allgemeine Steuerlast. Vielmehr nimmt es diese gerade zurück, um einen Steueranreiz zu schaffen. Der Steuerpflichtige läßt hier nicht etwas mit sich geschehen dadurch, daß er passiv in die allgemeine Pflicht genommen wird[9]. Vielmehr appelliert das Gesetz an seine eigene Entscheidung, um ihn zu einem besonderen, im Gesamtinteresse liegenden Tun, zu aktivem Handeln also, zu bewegen. Der Private entrichtet nicht in Erfüllung seiner gesetzlichen Pflicht eine Abgabe an den Fiskus. Vielmehr setzt er, vom Gesetz nicht genötigt, wohl aber motiviert, von sich aus etwas „ins Werk". Damit ergibt sich Kooperation zwischen Bürger und Staat im Blick auf eine arbeitsteilig zu verwirklichende öffentliche Aufgabe[10]. Die sonst übliche Distanz zwischen beiden, die durch den Charakter der Steuer als gegenleistungsfreier Gemeinlast hergestellt wird, geht über in eine gewisse Nähe. In das hoheitlich-einseitige Steuerverhältnis fließen Momente eines Austauschverhältnisses ein. Der Steuervorteil erweist sich als Entgelt für eine besondere, im öffentlichen Interesse liegende Leistung des Bürgers. Dieser aber muß sich darauf verlassen können, daß, soweit er vorleistet, die andere Seite ihr Entgelt auch tatsächlich und planmäßig erbringt.

Das Steuergesetz zeigt unter dem Lenkungsaspekt einen anderen Charakter als unter dem Fiskalaspekt: nicht als Ordnung auf potentiell unbegrenzte Dauer, sondern als notwendig ziel- und zeitbegrenzte Maßnahme; nicht als Regelung, sondern als Angebot; nicht als Befehl, sondern als Zusage; nicht als Spruch, sondern als Versprechen[11].

Daher findet das Kontinuitätsvertrauen Anknüpfungspunkte, wie sie sonst im Steuerrecht nicht vorkommen, in der steuerlichen Lenkungsnorm. Die Rücknahme eines Steuervorteils greift in Grundrechte des privaten Investors ein, soweit er, der Steuerofferte folgend, Aufwendungen getätigt hat und diese nunmehr entwertet werden. Die objektivrechtsstaatliche Kontinuitätsgewähr erweitert sich nun zum grundrechtlichen Vertrauensschutz. Im Bereich der Lenkungsmaßnahmen kann sich ein verfassungsrechtlich unterfangener „Bestandsschutz in Form der Steuerfreiheit"[12] ergeben.

---

833 (838); *Kirchhof* (Fn. 6), S. 268; *Tipke* (Fn. 6), S. 194. – Typologie von Fiskalzweck- und Lenkungsnormen: *Tipke* (Fn. 6), S. 77 ff., 121 ff., 362 ff.

9 Vgl. *Leisner* (Fn. 4), S. 279.

10 Zum kooperativen Moment *Kirchhof* (Fn. 6), S. 268.

11 Vgl. *Leisner* (Fn. 4), S. 279.

12 Zitat: BVerfGE 19, 119 (128).

Die Regeln des Vertrauensschutzes und ihre juristische Handhabung sind noch wenig ausgereift und abgesichert. Wo in abstracto Unklarheit herrscht, kann aber der konkrete Fall Problemanschauung, dogmatische Aufhellung und eine verallgemeinerungsfähige Lösung bringen. Ein paradigmatischer Fall für das durch Steuergesetz eingeworbene und durch Steuergesetz enttäuschte Vertrauen auf eine Lenkungsmaßnahme zeigt sich in dem Schicksal, das der Steuerbefreiung für Sozialpfandbriefe nach § 3a EStG zuteil geworden ist.

II. Das Paradigma: Die Steuerbefreiung für Sozialpfandbriefe

1. Die Einführung des Steuervorteils

Muster einer steuerlichen Lenkungsmaßnahme ist der im Jahre 1992 aufgehobene Befreiungstatbestand des § 3a EStG aus der Frühzeit der Bundesrepublik, dem Jahre 1952[13]. Die Vorschrift stellte die Zinsen aus bestimmten festverzinslichen Wertpapieren von der Einkommensteuer frei, darüber hinaus von der Körperschaftsteuer (vgl. § 8 Abs. 1 KStG), der Gewerbesteuer (vgl. § 7 GewStG) und der Kirchensteuer (vgl. § 51a EStG). Die objektive Steuerbefreiung bezog sich im wesentlichen auf Pfandbriefe und Kommunalschuldverschreibungen, die nach dem 31. Dezember 1952 und vor dem 1. Januar 1955 begeben wurden und deren Erlös zu mindestens 90 v.H. zur Finanzierung des sozialen Wohnungsbaus und der mit ihm zusammenhängenden Investitionen bestimmt war. Diese Wertpapiere werden vereinfachend als „Sozialpfandbriefe" bezeichnet.

Ziel dieser Steuerbefreiung war es, den in der Nachkriegszeit darniederliegenden Kapitalmarkt wieder zu aktivieren, vor allem den Markt für festverzinsliche Wertpapiere, das Sozialprodukt, mit ihm das Steueraufkommen, zu erhöhen und die private Investitionstätigkeit zu beleben, in einer Situation, in der eine ausreichende Eigenfinanzierung angesichts der Höhe der Steuersätze nicht möglich war und öffentliche Investitionsmittel kaum zur Verfügung standen. Unter diesen Gegebenheiten bot die Förderung des Wertpapiersparens – so die Sicht des Gesetzgebers – auch den währungspolitischen Vorteil, daß die durch Erwerb von Wertpapieren gebildeten Ersparnisse im volkswirtschaftlichen Sinne bis zu ihrer Tilgung „festgeschrieben" wurden und – im Gegensatz zu der nahezu jederzeit möglichen Rückverwandlung von Sparguthaben in aktive Kaufkraft – über den Markt nur insoweit in Geld zurückverwandelt werden konnten, als sich andere Sparer zur Übernahme dieser Papiere bereitfanden und ihrerseits entsprechende Geldbeträge banden[14]. Über die steuerbefreiten

13 Fassung des § 3a EStG nach dem Ersten Gesetz zur Förderung des Kapitalmarktes vom 15. Dezember 1952 (BGBl. I, 793).

14 Begründung des Entwurfs eines Gesetzes zur Förderung des Kapitalmarktes durch steuerliche Begünstigung festverzinslicher Wertpapiere, BT-Drucks. I/3596 vom 10. Juli 1952, S. 4 ff.

Sozialpfandbriefe sollte dem sozialen Wohnungsbau langfristig und kostengünstig Kapital zugeführt werden, und zwar auf einem für private Anleger attraktiven Wege. Trotz der niedrigen Verzinsung konnten die Anleger infolge der Steuerbefreiung marktgerechte Netto-Renditen erzielen[15]. Die Emittenten wurden in den Stand versetzt, ihre günstige Refinanzierung in Form zinsgünstiger Darlehen für den Wohnungsbau an die Darlehensnehmer weiterzureichen[16].

Die steuerliche Lenkungsmaßnahme wirkte schnell und nachhaltig. Der Absatz von steuerfreien Wertpapieren mit Zinssätzen von 4,5 und 5,5 v.H. und Laufzeiten bis zu 70 Jahren (zu einem geringen Teil sogar unbefristet) bei einem Marktzins von 7 bis 7,5 v.H. und einer Kuponsteuer von 30 v.H. des Kapitalertrags vervielfachte sich und führte zu einer durchgreifenden Belebung des Wertpapiermarktes[17]. Die Emittenten – darunter Bund, Länder, Gemeinden und öffentliche Sondervermögen – konnten hinreichende Mittel unter Marktzinsniveau vereinnahmen und in Form niedrig verzinslicher Darlehen zu Wohnungsbauzwecken verleihen, so daß die Bank deutscher Länder bereits im Monatsbericht des Oktober 1954 die Finanzierung des Wohnungsbaus „auf lange Zeit hinaus als gesichert" betrachtete[18].

Da der Zweck erreicht war, beschränkte der Gesetzgeber im Jahre 1954 die Steuerbefreiung auf solche Wertpapiere, die vor dem 1. Januar 1955 ausgegeben worden waren[19], ohne jedoch die Steuerfreiheit völlig aufzuheben, mit der Begründung, daß sonst die Finanzierung des sozialen Wohnungsbaus gefährdet[20], auch aus der Sorge, daß das Vertrauen der Käufer erschüttert werde[21].

Am Argument des Vertrauensschutzes prallten in den folgenden Jahrzehnten alle politischen Vorstöße ab, den Befreiungstatbestand des § 3a EStG zu beseitigen. Die Bundesregierung, wie immer sie sich auch parteipolitisch rekrutierte, berief sich in ihren Subventionsberichten von 1967 bis 1985 auf dieses Argument, darunter achtmal mit dem stereotypen

15 BFH in: BStBl. 1958 III, 115: „Durch den Verzicht auf Besteuerung der Zinsen sollte aus Steuermitteln verdeckt ein Zuschuß gewährt werden, um für die Sozialpfandbriefe, deren Ausgabe zur Finanzierung staatspolitisch dringender Aufgaben geboten war, zu einem marktgerechten Zins zu kommen. Der Gesetzgeber wollte den Besitzern der Pfandbriefe durch Steuerverzicht einen Mindestnettozins garantieren, ohne den nach den Verhältnissen am Kapitalmarkt die Ausgabe der Pfandbriefe nicht möglich gewesen wäre."

16 Vgl. Monatsbericht der Bank deutscher Länder, November 1952, S. 23, 36 f.

17 Dazu, mit aus den Monatsberichten der Bank deutscher Länder entnommenen Zahlen: *Steinberg,* Fragen zum Kapitalmarktförderungsgesetz, BB 1953, 825.

18 Bank deutscher Länder, Monatsbericht Oktober 1954, S. 7.

19 Art. 1 Nr. 5d Gesetz zur Neuordnung von Steuern vom 16. Dezember 1954 (BGBl. I, 373).

20 Entwurf eines Gesetzes zur Änderung und Ergänzung steuerlicher Vorschriften zur Förderung des Kapitalmarkts, BT-Drucks. II/565 vom 31. Mai 1954, Anlage 3, S. 12.

21 Vgl. *Steinberg* (Fn. 17), S. 826.

Satz: „Aus Gründen des Vertrauensschutzes und um Rückwirkungen auf dem Rentenmarkt zu vermeiden, erscheint die Beibehaltung der Steuerfreiheit geboten."[22] Der im Jahre 1952 geschaffene Vertrauensschutz solle im Hinblick auf die Glaubwürdigkeit der politischen Entscheidungen von Bundesregierung und Parlament nicht aufgegeben werden, so erklärte die Bundesregierung 1982 im Deutschen Bundestag[23].

2. Die Abschaffung des Steuervorteils

Dennoch wurde der Befreiungstatbestand des § 3a EStG abgeschafft, zehn Jahre nach dieser Erklärung und vierzig Jahre nach seinem Inkrafttreten, und zwar durch das Steueränderungsgesetz 1992[24], das am 29. Februar 1992 in Kraft getreten ist, aber für den ganzen Veranlagungszeitraum 1992 Geltung beansprucht und so auf den 1. Januar des Jahres zurückwirkt[25].

Nach nunmehriger Meinung der Bundesregierung ist die Steuerfreiheit so lange Zeit nach Erstausgabe der Papiere nicht mehr gerechtfertigt. Die Abschaffung füge sich in ihre fortgesetzten politischen Bemühungen, „die ungerechtfertigte Ausnutzung von Steuerprivilegien einzuschränken und insgesamt eine gleichmäßigere und gerechtere Besteuerung zu erreichen"[26]. Die Maßnahme fügt sich jedenfalls mit einiger Gewaltsamkeit in ein spektakuläres Subventionskürzungsprogramm von bestimmter Quantität, mit dem der damalige Bundeswirtschaftsminister *Möllemann* die Regierung unter Zugzwang gesetzt hatte.

---

22 Erstmals in dieser Fassung: Bericht der Bundesregierung über die Entwicklung der Finanzhilfen und der Steuervergünstigungen für die Jahre 1969 bis 1972 gemäß § 12 des Gesetzes zur Förderung der Stabilität und des Wachstums der Wirtschaft (StWG) vom 8. Juni 1967 (Dritter Subventionsbericht), BT-Drucks. VI/2994 vom 23. Dezember 1971, Anl. 2 lfd. Nr. 120, S. 208 f. Das Argument des Vertrauensschutzes wird im Ersten Subventionsbericht von 1967 eingeführt und in der Fassung des Dritten von 1971 bis zum Zehnten Subventionsbericht von 1985 durchgehalten. Der Sache nach gleich äußerte sich 1964 der Bericht der Einkommensteuerkommission (Untersuchungen zum Einkommensteuerrecht, hrsg. vom Bundesminister der Finanzen, o.J., S. 73 f.).

23 Parlamentarischer Staatssekretär Dr. *Voss* in: Deutscher Bundestag, 9. Wahlperiode, Sten. Prot. der 135. Sitzung vom 8. Dezember 1982, S. 8348 A – 8349 A.

24 Gesetz zur Entlastung der Familien und zur Verbesserung der Rahmenbedingungen für Investitionen und Arbeitsplätze (Steueränderungsgesetz 1992 – StÄndG 1992) vom 25. Februar 1992, BGBl. I, 297.

25 Änderungen des Steuergesetzes im laufenden Veranlagungszeitraum sind nach Auffassung des Bundesverfassungsgerichts unbedenklich (repräsentativ BVerfGE 13, 274 [274]; 72, 200 [252 f.]). Die formalistische Anbindung des Vertrauensschutzes an das Annuitätsprinzip ist allerdings unhaltbar. Kritik: *Volkmar Götz,* Bundesverfassungsgericht und Vertrauensschutz, in: Christian Starck (Hrsg.), Bundesverfassungsgericht und Grundgesetz, Bd. II, 1976, S. 421 (429 f.); *Friauf* (Fn. 6), S. 286 f.; *Vogel* (Fn. 8), S. 837 ff.; *Tipke* (Fn. 6), S. 187 ff.

26 Gesetzentwurf StÄndG, in: BT-Drucks. 12/1108 vom 3. September 1991, S. 52, 36.

3. Folgen der Abschaffung

Nach Schätzungen sind im Jahre 1991 Wertpapiere, die nach § 3a EStG steuerbefreit sind, im Nennwert von knapp 4,3 Mrd. DM im Umlauf. Die Anleihen, von denen allein bis 1995 im Nennwert von etwa 1,3 Mrd. DM zu tilgen sind, werden überwiegend (3,4 Mrd. DM) mit 5,0 v.H., zu einem geringeren Teil mit 4,0 v.H. nominal verzinst[27]. Neben unbefristeten Papieren[28] sind Emissionen mit Endlaufzeiten von 1993 bis zum Jahre 2025 im Umlauf. Etwa 70 v.H. der Papiere befinden sich in betrieblichem Vermögen, d.h. im Besitz bilanzierender Anleger, vor allem institutioneller Anleger, die mit Hilfe steuerfreier Zinsen neben der Einkommen- oder Körperschaftsteuer auch Gewerbesteuer sparen können[29]. Nur knapp ein Drittel der Anleihen wird von nicht-bilanzierenden Privatanlegern gehalten.

Mit der Aufhebung des § 3a EStG unterfallen die Zinseinnahmen der Ertragsbesteuerung (Einkommen-, Körperschaft-, Gewerbeertrag- und ggf. Kirchensteuer). Aufgrund einer Ertragsteuerbelastung der institutionellen Anleger von etwa 60 v.H. der betrieblichen Zinseinnahmen verringert sich die Nettorendite für den Rest der Laufzeit auf knapp zwei Drittel oder weniger der Nettorendite neu emittierter, tarifbesteuerter Wertpapiere. Zudem setzt ein drastischer Kursverfall ein. Vor der Ankündigung der Streichung des § 3a EStG im Juni 1991 notierten die Anleihen bei durchschnittlich 110. Sie sinken infolge der Neuregelung durchschnittlich unter 70. Der Kursverlust wird insgesamt auf 1,4 Mrd. DM geschätzt; rund 1,0 Mrd. DM entfallen auf bilanzierende und rund 400 Mio. DM auf nichtbilanzierende Anleger[30]. Für die bilanzierenden Anleger tritt Bedarf nach Wertberichtigung ein. Die Folgen sind erhebliche Steuerausfälle, nach Schätzung der Bundesregierung in Höhe von 450 Mio. DM[31], nach privater Schätzung in Höhe von 600 Mio. DM[32]. Ob und wann der Steuerausfall,

27 Vgl. die gemeinsamen Schreiben des Bundesverbandes der Deutschen Volksbanken und Raiffeisenbanken e.V., Bonn, des Bundesverbandes deutscher Banken e.V., Köln, des Deutschen Sparkassen- und Giroverbandes e.V., Bonn, des Verbandes öffentlicher Banken e.V., Bonn, des Verbandes deutscher Hypothekenbanken e.V., Bonn, sowie des Bundesverbandes deutscher Investmentgesellschaften e.V., Frankfurt a.M., vom 7. Juni 1991 an den Bundesminister der Finanzen sowie an Mitglieder des Finanzausschusses des Deutschen Bundestages und vom 27. November 1991 an die Mitglieder des Vermittlungsausschusses; *–sl–,* Zur Abschaffung der Steuerfreiheit von Zinsen im Sinne des § 3a EStG, FR 1991, 714 (715); *Dieter Rehbein,* Nochmals zur Lex „Sozialpfandbriefe, in: Börsen-Zeitung vom 8. Januar 1992; *Werner Ehrenforth,* Der Sozialpfandbrief. Rechtsfragen zur Aufhebung der Einkommensteuerfreiheit, BB 1992, 900.

28 Nennwert 0,95 Mio. DM. Vgl. *Rainer E. Keßler,* Plädoyer gegen die Aufhebung des § 3a EStG, DB 1984, 1111.

29 Dazu *Keßler* (Fn. 28), S. 1113; Briefe der Spitzenverbände des Kreditgewerbes vom 7. Juni 1991 und vom 22. November 1991 (Fn. 27); *Rehbein* (Fn. 27); *Ehrenforth* (Fn. 27).

30 Schätzungen von *Keßler* (Fn. 28), S. 1112.

31 BT-Drucks. 12/1108, S. 38 f., 48 Fn. 4.

32 Angaben: *Rehbein* (Fn. 27).

der ausgerechnet als Folge der Abschaffung einer Steuerbefreiung eintritt, durch spätere Steuermehreinnahmen ausgeglichen werden kann, ist nicht abzusehen, weil in den nächsten Jahren größere Tilgungen anstehen.

Die bilanzierenden Anleger können den Steuerverlust wenigstens durch Wertberichtigung ertragsteuerlich geltend machen und damit teilweise kompensieren. Dagegen ist den Beziehern von Überschußeinkünften dieser Weg verschlossen. Sie können auch nicht darauf verwiesen werden, ihre Papiere zu veräußern, weil sich damit der Kursverlust für sie realisieren, der Schaden endgültig eintreten würde. Nicht alle können die Vermögenseinbuße dadurch vermeiden, daß sie die Anleihen bis zur Fälligkeit behalten und sich sodann zum Nennwert auszahlen lassen. Immerhin sind die Restlaufzeiten vieler Papiere noch beträchtlich (bis 2025)[33].

Die vormals geförderten Baudarlehen sind im Laufe der Jahrzehnte getilgt worden. Den Darlehensgebern, auch denen der öffentlichen Hand, ist dagegen die niedrige Verzinsung der Pfandbriefe erhalten geblieben, ohne daß heute noch die Bindung an eine öffentliche Finanzierungsaufgabe fortbestünde.

4. Der verfassungsrechtliche Konflikt

Die Aufhebung des Befreiungstatbestandes reibt sich an dem Gesetzesvertrauen der Anleger. Die Frage ist, ob dieses Vertrauen durch die Verfassung geschützt wird. Als verfassungsrechtliche Maßstäbe kommen in Betracht die objektiv-rechtlichen rechtsstaatlichen Schranken der tatbestandlichen Rückanknüpfung („unechte Rückwirkung"), in erster Linie aber Grundrechte, und zwar die Eigentumsgarantie und der allgemeine Gleichheitssatz. Es geht hier nicht allein und noch nicht einmal vorrangig um die Kontinuität der Steuerrechtsordnung, sondern um den Bestand von subjektiven Vermögenspositionen, die sich aus der Ausnutzung einer steuerlichen Lenkungsmaßnahme entwickelt haben, als Ertrag der steuerrechtlich angeregten und vermittelten Kooperation des Staates mit den privaten Anlegern.

III. Eigentumsschutz für steuerbegünstigte Vermögenspositionen

Der nächstliegende Verfassungsmaßstab ist das Eigentumsgrundrecht (Art. 14 GG). Doch seine Anwendbarkeit ist in mehrfacher Hinsicht prekär. Problematisch ist, ob und inwiefern hier das grundrechtliche Schutzgut des Eigentums auf dem Spiel steht (1.), ob die Aufhebung der Steuerfreiheit einen Eingriff in den Schutzbereich darstellt (2.) und ob der Eingriff sich rechtfertigen läßt (3.).

---

33 *Rehbein* (Fn. 27); entsprechende Berechnungen finden sich bei: Spitzenverbände des Kreditgewerbes, Schreiben vom 7. Juni 1991 und vom 22. November 1991 (Fn. 27), jeweils S. 2; *–sl–* (Fn. 27); *Ehrenforth* (Fn. 27), S. 900 f.

1. Der grundrechtliche Schutzbereich: Wertpapier als Gegenstand der Eigentumsgarantie

Der gesetzliche Befreiungstatbestand des § 3a EStG als solcher birgt für die Anleger einen Vermögensvorteil. Allein deshalb bildet er noch nicht grundrechtlich geschütztes Eigentum. Allenfalls mag man von einem Grundrechtsreflex sprechen. Grundrechtlicher Schutz kann nur der Vermögensposition in der Hand des Privaten zukommen, also dem Wertpapier, wie es sich aufgrund der steuerrechtlichen Vorgabe des § 3a EStG am Markt etabliert hat. Von der Aufhebung der Steuerfreiheit betroffen ist nicht die Zuordnung des Wertpapiers zu seinem bisherigen Inhaber, wohl aber der Tauschwert. Fraglich ist, ob der Tauschwert zum grundrechtlichen Schutzgut[34] des Eigentums gehört.

a) Eigentumsgrundrecht und Steuer

Gegen die Möglichkeit des Schutzes könnte das herkömmliche Diktum des Bundesverfassungsgerichts sprechen, daß die Garantie des Art. 14 Abs. 1 GG zwar alle vermögenswerten Rechte schütze, aber keinen Schutz für das Vermögen als solches „gegen Eingriffe durch Auferlegung von Geldleistungspflichten" biete[35]. Freilich werde durch die Erfüllung der Zahlungspflicht die Liquidität des Vermögens vermindert. Die Liquidität sei eine „wirtschaftliche Position", aber kein selbständiges Recht. Daher könne die Frage der Eigentumsgarantie überhaupt nicht aufgeworfen werden[36]. Ein Verstoß komme allenfalls im Extremfall der wirtschaftlichen Erdrosselung in Betracht, wenn die Geldleistungspflicht den Betroffenen übermäßig belaste und seine Vermögensverhältnisse grundlegend beeinträchtige[37].

Die These ist jedoch implausibel. Eine übermäßige Last kann nur dann das Eigentumsgrundrecht verletzen, wenn die maßgerechte Last es in seinem Schutzbereich berührt, und zwar als ein rechtfertigungsbedürftiger und rechtfertigungsfähiger Eingriff[38]. Es ist auch inkonsequent und implausibel, die nicht-erdrosselnde Steuer am Auffanggrundrecht der All-

---

34 Zu den teilkongruenten grundrechtsdogmatischen Begriffen Schutzgut und Schutzbereich: *Josef Isensee,* Das Grundrecht als Abwehrrecht und als staatliche Schutzpflicht, in: HStR, Bd. V, 1992, § 111 Rn. 40 ff.

35 BVerfGE 4, 7 (17); vgl. auch BVerfGE 6, 290 (298); 8, 274 (330); 10, 89 (116); 10, 354 (371); 11, 105 (126); 14, 221 (241); 19, 119 (128 f.); 19, 253 (267 f.); 23, 288 (314 f.); 26, 327 (338); 28, 119 (140); 29, 402 (413); 30, 250 (271 f.); 65, 196 (209); 72, 175 (195); 74, 129 (148); 75, 108 (154); 77, 308 (339); 78, 214 (230); 78, 249 (277); 81, 108 (122, Abschwächung: „. . . schützt grundsätzlich nicht. . .").

36 BVerfGE 4, 7 (17).

37 BVerfGE 14, 221 (241); ähnlich BVerfGE 19, 119 (128 f.); 23, 288 (315); 29, 402 (413); 30, 250 (272); 38, 61 (102); 63, 312 (327); 68, 287 (310 f.); 72, 200 (248); 76, 130 (141); 78, 232 (243); 81, 108, (122); 82, 159 (190). Entsprechend BVerwGE 12, 140 (162); BFHE 92, 495 (505 f.).

38 Kritik: *Karl Heinrich Friauf,* Eigentumsgarantie und Steuerrecht, DÖV 1980, 480 (484 f.).

gemeinen Handlungsfreiheit (Art. 2 Abs. 1 GG) zu messen, die erdrosselnde aber am besonderen Freiheitsrecht des Art. 14 GG, also ab einer bestimmten Intensität des Eingriffs den Maßstab zu wechseln und die tatbestandliche Zuordnung der Steuer zu einem Schutzbereich von ihrer Rechtmäßigkeit abhängig zu machen. Das Bundesverfassungsgericht bereitet heute die Umkehr auf dem grundrechtsdogmatischen Holzweg vor, auf den es sich verirrt hat, und kündigt an, daß es auf den Weg der herrschenden Grundrechtsdogmatik einzuschwenken gedenkt, wenn es konstatiert, „daß Steuergesetze in die allgemeine Handlungsfreiheit gerade in deren Ausprägung als persönliche Entfaltung im vermögensrechtlichen und im beruflichen Bereich (Art. 14 Abs. 1, Art. 12 Abs. 1 GG) eingreifen".[39] Die praktische Konsequenz, das grundrechtliche Verbot einer „erdrosselnden Wirkung" des Steuergesetzes, wird dahin bestimmt, „daß dem Grundrechtsträger (Steuerpflichtigen) ein Kernbestand des Erfolges eigener Betätigung im wirtschaftlichen Bereich in Gestalt der grundsätzlichen Privatnützigkeit des Erworbenen und der grundsätzlichen Verfügungsbefugnis über die geschaffenen vermögenswerten Rechtspositionen erhalten bleibt".[40]

Wenn die Steuer an der Eigentumsgarantie (gegebenenfalls auch an anderen thematisch einschlägigen Freiheitsrechten) gemessen wird, schließt sich die offene Flanke des Grundrechtsschutzes. Die Eigentumsgarantie erfüllt ihre Aufgabe, dem Privaten „einen Freiheitsraum im vermögensrechtlichen Bereich" zu sichern und ihm damit eine eigenverantwortliche Gestaltung des Lebens zu ermöglichen, dadurch, daß sie „den konkreten Bestand an vermögenswerten Gütern vor ungerechtfertigten Eingriffen durch die öffentliche Gewalt schützt".[41]

b) Vermögen als Eigentum im Grundrechtssinn

Im Schrifttum besteht die Neigung, die grundrechtliche Eigentumsqualität nur den einzelnen vermögenswerten Gütern zuzuerkennen, auf die sich Rechte Privater beziehen, nicht etwa dem Vermögen in seiner Gesamtheit. Dessen grundrechtlicher Schutz gegenüber dem Steuereingriff scheint entbehrlich zu sein, weil bereits die einzelnen Güter, die Gegenstand der Steuer sind, den Schutz genießen, hier also der Kapitalertrag hinsichtlich der Einkommen- oder Körperschaftsteuer[42]. Doch der Steuerpflichtige schuldet nicht das im Steuergesetz tatbestandlich umschriebene Steuerobjekt, sondern er schuldet die Zahlung eines bestimmten Geld-

39 BVerfGE 87, 153 (169) – steuerliches Existenzminimum.

40 BVerfGE 87, 153 (169).

41 BVerfGE 68, 193 (222) unter Bezugnahme auf BVerfGE 31, 229 (239) und 50, 290 (339 m.w.N.).

42 So *Hans-Jürgen Papier* in: Theodor Maunz/Günter Dürig, Kommentar zum Grundgesetz, Art. 14 (Zweitbearbeitung September 1983) Rn. 161; *Brun-Otto Bryde* in: Ingo von Münch/Philip Kunig, Grundgesetz-Kommentar, Band 1, 4. Auflage 1992, Art. 14 Rn. 23.

betrages, aus welcher Quelle er auch stammt. Das Steuerobjekt ist Indikator der Zahlungsfähigkeit. An ihn knüpft die Zahlungspflicht an. Die Steuer greift nicht auf einen bestimmten Vermögensgegenstand zu wie die Enteignung, sondern nur auf einen nicht gegenständlich spezifizierten Geldbetrag von bestimmter Höhe. Vielmehr überläßt sie dem Schuldner die Wahl, welche Gegenstände, die an sich alle zum grundrechtlichen Schutzgut des Eigentums gehören, er opfern will. Um das Opfer in vorgeschriebener Quantität kommt er nicht herum. Ihm verbleibt die Entscheidung darüber, welche Ressourcen er preisgibt. Insoweit wird seine wirtschaftliche Freiheit geschont[43]. Belastet wird das Vermögen als Ganzes in seinem zum steuerlichen Stichtag vorhandenen Wert. Mithin genießt es auch als Ganzes, nicht nur in seinen einzelnen Gegenständen, den Schutz des Art. 14 GG[44]. Geschützt werden nicht nur Sachgüter, sondern auch Geldforderungen und Geldvermögen[45].

c) Kurswert des Wertpapiers als Schutzgut des Art. 14 GG

Wertpapiere genießen den Schutz des Eigentumsgrundrechts, und zwar sowohl hinsichtlich des Sacheigentums am Papier als auch hinsichtlich der Inhaberschaft an der Forderung. Die übliche Deutung des Grundrechts als Recht des Habens und als Recht des Gebrauchmachens an einem bestimmten Vermögensgegenstand, als eine Bestandswert- und Gebrauchswertgarantie[46], kann aber nicht ohne weiteres auf das Wertpapier übertragen werden. Geld und geldgleiche Forderungen besitzen keinen vom Tauschwert lösbaren und unabhängigen Bestands- oder Gebrauchswert. Das grundrechtliche Schutzgut muß hier primär vom Tauschwert her bestimmt werden. Dieser wird durch die Aufhebung der Steuerbefreiung nach § 3a EStG beeinträchtigt, die einen Kursverfall um ein Drittel auslöst. Der rechtliche Bestand des Papiers dagegen bleibt unberührt, ebenso die Zuordnung zum bisherigen Inhaber. Das Grundrecht gewährleistet nicht allein die Existenz des Papiers und die Zuordnung, sondern auch den Tauschwert. Wenn im Sonderfall der Enteignung die Bestandsgarantie einer bloßen Wertgarantie weicht, die durch den Entschädigungsanspruch abgedeckt wird, so wird doch im übrigen beides vom Grundrecht abgedeckt[47]. Die substantielle Entwertung einer Eigentumsposition, die in den Händen des bisherigen Inhabers verbleibt, ist grundrechtlich nicht anders zu behandeln als deren Entzug. Nur so wird der ratio des Grundrechts Genüge getan: die Erhaltung der „Substanz" des

43 Vgl. *Friauf* (Fn. 38), S. 488.

44 Näher *Walter Leisner*, Eigentum, in: HStR Bd. VI, 1989, § 149 Rn. 124 ff.

45 So *Paul Kirchhof*, Staatliche Einnahmen, in: HStR, Bd. IV, 1990, § 88 Rn. 88 (dort, Rn. 89 ff., auch Auseinandersetzung mit den denkbaren Einwänden).

46 Vgl. *Papier* (Fn. 42), Art. 14 Rn. 154. – Zur Deutung des Tauschwertes als Ausdruck der Verfügbarkeit des Eigentumsgegenstandes: *André Turiaux*, Sozialpfandbriefe – Aufhebung der Steuerfreiheit verstößt gegen Eigentumsfreiheit des Artikels 14 Grundgesetz, BB 1993, 843 (845).

47 *Leisner* (Fn. 44), § 149 Rn. 82 f.

Eigentums[48]. Freilich ist der Substanzschutz nur Kernbereichsschutz[49]. Just dieser Kernbereich wird aber quantitativ wie qualitativ betroffen, wenn ein Drittel des Wertes vernichtet und die wirtschaftliche Pointe des Sozialpfandbriefes verdorben wird.

Für die hier interessierende Frage des Schutzumfanges der Eigentumsgarantie macht es keinen Unterschied, ob man das Wertpapier als Einheit ansieht oder ob man das Wertpapier im Sinne des Stammrechts und seine Frucht, die Zinsforderung, jeweils als selbständige Eigentumspositionen im Sinne von Art. 14 Abs. 1 Satz 1 GG betrachtet[50]. Im ersten Falle wird das Wertpapier als Ganzes berührt, im zweiten Fall lediglich das Stammrecht.

2. Aufhebung der Steuerbefreiung als Grundrechtseingriff

Die nunmehrige „normale" Besteuerung ist ein regulärer Eingriff in grundrechtliches Eigentumsgut als zielgerichtete, unmittelbare Belastung des Vermögens. Der hier problematische Kursverlust der Wertpapiere tritt dagegen auf dem Markt ein. Doch ist er kein markt-endogenes Ereignis, sondern Folge der Steuerrechtsänderung: mittelbar bewirkt durch Gesetz und, vom historischen Gesetzgeber einkalkuliert, auch adäquat verursacht. Eine solche objektive, jedenfalls mittelbare Ingerenz wider den Willen des Grundrechtsträgers erfüllt heute die Kriterien des Grundrechtseingriffs[51], und zwar wirkt sie als Schranke des Eigentums im Sinne des Art. 14 Abs. 1 Satz 2 GG. Als solche löst sie den abwehrrechtlichen Rechtfertigungszwang aus.

3. Mögliche Rechtfertigung des Grundrechtseingriffs

a) Begründungshypothese

Die nunmehrige Belastung muß sich als geeignetes, erforderliches und angemessenes Mittel erweisen, um ein legitimes Ziel zu erreichen. Dieses Ziel muß der historische Gesetzgeber angestrebt haben oder jedenfalls

48 So BVerfGE 84, 382 (385); zuvor bereits BVerfGE 42, 263 (295); 45, 272 (296); 50, 290 (341); 52, 1 (30). Vgl. auch BVerfGE 63, 343 (368) zur sog. „Kapitalsubstanz". Verfehlt ist die Erwägung des FG Münster, daß sich für die Gesamtheit der Erwerber von Sozialpfandbriefen per Saldo bisher ein Vorteil ergeben haben könne, weil ein Zinssatz von 5 v.H. – 5,5 v.H. für andere Wertpapiere bei einem Spitzensteuersatz von 50 v.H. – 60 v.H. nicht zu erzielen sei (Beschluß vom 16. November 1993, Az. 9 V 3616/93 K, Umdruck S. 9 f.). Entscheidend für die grundrechtliche Betrachtung sind nicht die kontingenten wirtschaftlichen Umstände, sondern die rechtlich gewährleisteten Daten.

49 Eingehend *Leisner* (Fn. 44), § 149 Rn. 77 ff., 82 f., 124 ff.

50 Letzteres die Sicht des Bundesverfassungsgerichts: E 50, 57 (105); ähnlich bereits BVerfGE 19, 119 (128 f.).

51 Dazu: BVerfGE 46, 120 (137); 66, 39 (60); *Isensee* (Fn. 34), § 111 Rn. 59 ff. m.w.N.; speziell für Art. 14 GG: *Papier* (Fn. 42), Art. 14 Rn. 161.

– bei nachträglicher Rationalisierung durch objektive Interpretation – als hypothetische ratio angestrebt haben können.

Die im Gesetzgebungsverfahren genannten Motive[52] sind nicht tragfähig, weil sie die Abschaffung der Steuerbefreiung nicht plausibel machen können. Die Lastengleichheit scheidet als Rechtfertigungsgrund aus, weil der Steuervorteil der Pfandbriefe kein Privileg, sondern der Ausgleich für die niedrige Verzinsung gewesen ist. Der Steuervorteil hat auch nicht durch Zeitablauf oder Zweckerreichung seinen Sinn verloren. Die steuerliche Lenkungsmaßnahme setzte voraus, daß der Markt die Papiere nach ihren Laufzeiten bewerten werde; mithin enthielt sie ihrerseits ein Kontinuitätsversprechen für die Laufzeit.

b) Steuerliche Verschonungssubvention – aber für wen?

Aus diesem Grunde bildet die Streichung des § 3a EStG keine zweckdienliche Maßnahme für den Subventionsabbau. Das gilt auch, wenn man die Steuerbefreiung als Verschonungssubvention deutet[53]. Das Ziel einer solchen Subvention war die Förderung des sozialen Wohnungsbaus, von ihr begünstigt sind die Bauherren und die Mieter. Dieses sozialpolitische Ziel hat sich in der Tat mit der Rückzahlung der Darlehen inzwischen erledigt. Doch nicht gleichzeitig erledigt hat sich die Finanzbasis, die den zinsgünstigen Wohnbaukredit ermöglicht hat. Die Laufzeiten der Darlehen (30 Jahre) und die der Anleihen (bis zu 70 Jahre) gehen auseinander. Diese Divergenz kommt heute den Realkreditinstituten (auch denen der öffentlichen Hand) zugute. Sie haben bis zur Fälligkeit der Sozialpfandbriefe weiterhin niedrig verzinste Mittel zu nunmehr beliebiger Verfügung, obwohl sich der sozialpolitische Zweck des Gesetzes erledigt hat. Sie sind die Subventionsgewinnler. Ginge es dem sozialen Steuerstaat wirklich darum, eine nicht mehr gerechtfertigte Subvention zurückzunehmen, müßte er sich an die Emittenten halten, etwa durch Abschöpfung ihrer auf Kosten des Steuerfiskus erzielten Zinsersparnisse. Nun aber hat er durch Aufhebung des § 3a EStG „das falsche Schwein geschlachtet"[54]. Die Streichung der Steuerbefreiung nach § 3a EStG führt nicht zu einem Wegfall der Subventionierung. Nur werden die Wert-

---

52 S.o. II.2 und u. VI.

53 Terminus: *Hans F. Zacher,* Verwaltung durch Subventionen, in: VVDStRL 25 (1967), S. 308 (317). – Zur steuerlichen Verschonungssubvention: *Josef Isensee,* Gemeinwohl und Bürgersinn im Steuerstaat des Grundgesetzes, in: FS für Günter Dürig, 1990, S. 33 (46 f.).

54 Zutreffend etwa: *Wienand Meilicke/Thomas Heidel,* Die verfassungs- und zivilrechtliche Beurteilung der Aufhebung der Steuerfreiheit der Sozialpfandbriefzinsen, DB 1993, 313 (316 f.); *Turiaux* (Fn. 46), S. 843 unter Bezugnahme auf BFH (VI. Senat) in: BStBl. III 1958, 115. Dagegen wird die wahre Subventionslage verkannt von BFH (I. Senat), Stellungnahme vom 26. August 1993 im Verfassungsbeschwerdeverfahren betr. die Verfassungsmäßigkeit des Wegfalls der Steuerfreiheit der Zinsen aus sog. Sozialpfandbriefen durch Aufhebung des § 3a EStG, Az. 2 BvR 305/93, S. 2 f.

papieremittenten in Zukunft nicht mehr auf Kosten des Bundeshaushalts subventioniert, sondern auf Kosten der Inhaber von Sozialpfandbriefen.

c) Zivilrechtlicher Ausgleich qua Wegfall der Geschäftsgrundlage?

Es fragt sich allerdings, ob die Anleger nicht auf zivilrechtlichem Wege gegen die Emittenten vorgehen und ihren Schaden abwenden oder ausgleichen können. Zu erwägen ist, ob die Steuerfreiheit die Geschäftsgrundlage für die Auflegung und Zeichnung der Anleihe gewesen sei und ob deren Wegfall, der sich außerhalb der Risikosphäre der derzeitigen Wertpapierinhaber ereigne, nun für die Emittenten die Pflicht auslöse, ihre Konditionen den neuen Gegebenheiten anzupassen und den Zins auf das heutige Marktniveau zu heben[55]. Dieser bürgerlichrechtliche Weg setzt jedoch die Verfassungsmäßigkeit der Streichung der Steuerbefreiung nach § 3a EStG voraus. Ein verfassungswidriges und daher nichtiges Gesetz bewirkt nicht den Wegfall der Geschäftsgrundlage. Also kann auch ein Verfassungsverstoß nicht über dieses zivilrechtliche Institut vermieden oder geheilt werden.

Im übrigen salviert der Gesetzgeber einen Eigentumseingriff auch nicht dadurch, daß er dem Belasteten zumutet, sich seinerseits an einem Dritten schadlos zu halten über einen dem Grunde nach bestrittenen bürgerlichrechtlichen Anspruch. Er darf den Anleger, der einen sicheren Verlust erleidet, nicht mit einem höchst unsicheren und umständlichen Kompensationsgeschäft vertrösten. Zwar hätte er es in der Hand gehabt, dem Anleger eine klare gesetzliche Anspruchsgrundlage gegen den Emittenten zu verschaffen, die dem Wegfall der Geschäftsgrundlage Rechnung trüge. Eine solche hat er aber gar nicht in Erwägung gezogen.

Selbst wenn ein bürgerlichrechtlicher Anspruch bestünde, so wäre zweifelhaft, ob er als angemessene Kompensation anerkannt werden könnte. Denn er mutete dem Anleger zu, die Wirkung eines gesetzlichen Eingriffs von sich aus auszugleichen, selbst die Initiative zu ergreifen und das Risiko der Durchsetzung des zivilrechtlichen Anspruchs zu tragen. Angemessen wäre eine öffentlichrechtliche Lösung: die Inpflichtnahme der Emittenten, die Leistungsbeziehung zugunsten ihrer Gläubiger anzupassen an die geänderten Voraussetzungen.

---

55 So die These von *Manfred Lieb*, Rechtsgutachten über die Frage, ob die Aufhebung der Steuerfreiheit älterer, niedrig verzinslicher Anleihen durch das Steueränderungsgesetz 1992 für die gegenwärtigen Papierinhaber gegenüber den Emittenten den Einwand der wesentlichen Veränderung der Geschäftsgrundlage begründen kann, unveröffentlichtes Typoskript 1992, S. 36; *Meilicke/Heidel* (Fn. 54), S. 315 ff. Entsprechende Erwägung des FG Münster (Fn. 48, S. 10). Ablehnend *Torsten Schöne*, Der Verlust der Steuerbefreiung für Sozialpfandbriefzinsen – ein Wegfall der Geschäftsgrundlage?, WM 1993, 2145 (2148 ff., 2151 ff.).

Die Rechtfertigungshypothese des Subventionsabbaus scheitert also sowohl am Kriterium der Zwecktauglichkeit des Eingriffs als auch an dem der Angemessenheit und Zumutbarkeit einer möglichen Kompensation.

d) Fiskalzweck: Mehreinnahmen

Als grundrechtlicher Rechtfertigungsansatz bleibt der Fiskalzweck. Dieser Zweck ist dem Grunde nach legitim. Doch ist zweifelhaft, ob das Mittel zweckdienlich ist, weil, zunächst jedenfalls, infolge der Wertberichtigungen bei den bilanzierenden Anlegern ein erheblicher Steuerausfall eingetreten und unklar ist, ob, wieweit und wann die nun einsetzende Steuer auf den Kapitalertrag die erstrebten Mehreinnahmen bringen wird[56]. Der unsichere und allenfalls geringe Zuwachs an Einnahmen wiegt auf der Waagschale der Verhältnismäßigkeit gering gegenüber den erheblichen Verlusten bei den Anlegern. Der Eingriff in das Grundrechtseigentum der Anleger kann nicht als das mildeste Mittel zur Erreichung des Fiskalzieles gewertet werden. Schonender und ebenso zielwirksam hätte er sich an die Emittenten halten und ihre nun nicht mehr gerechtfertigten Zinsvorteile durch eine Sonderabgabe abschöpfen können.

e) Anwendbarkeit des Übermaßverbotes

Der Einwand liegt nahe, daß der Grundsatz der Verhältnismäßigkeit als grundrechtliches Regulativ gegenüber dem Steuergesetz nicht anwendbar sei, weil zwischen dem globalen Finanzbedarf des Staates und der Vermögenseinbuße des Einzelnen eine Abwägung nicht möglich sei[57]. Doch dieser grundsätzliche Einwand bezieht sich auf die typische Fiskalzwecknorm, nur bedingt auf eine Lenkungsnorm[58], vollends nicht auf die ins Werk gesetzte, konkrete Lenkungsmaßnahme, der nachträglich der rechtliche Boden entzogen wird. Hier besteht zwischen dem Lenkungszweck und der Belastung des Grundrechtsträgers Kompatibilität. Bei der Rechtfertigung der vorliegenden Lenkungsmaßnahme kommt aber ein besonderes Moment hinzu, das spezifischen Rechtfertigungsbedarf auslöst: nämlich Vertrauensschutz.

---

56 S.o. II., 3.

57 Vgl. *Hans-Jürgen Papier,* Die finanzrechtlichen Gesetzesvorbehalte und das grundgesetzliche Demokratieprinzip, 1973, S. 76 ff.; *Josef Isensee,* Steuerstaat als Staatsform, in: FS für Hans Peter Ipsen, 1977, S. 409 (434); *Paul Kirchhof,* Der verfassungsrechtliche Auftrag zur Besteuerung nach der finanziellen Leistungsfähigkeit, StuW 1985, 319 (321 f.); *Tipke* (Fn. 6), S. 424.

58 Anders *Papier* (Fn. 57), S. 80 ff., 89 ff.

IV. Vertrauensschutz durch grundrechtlichen Eigentumsschutz

1. Ortsbestimmung im Verfassungssystem

Der Vertrauensschutz einer grundrechtlichen Position verwirklicht sich über das Grundrecht, zu dessen Schutzbereich die Position gehört, bei einem Vermögensobjekt also über die Eigentumsgarantie. Er wirkt als besondere verfassungsrechtliche Sperre gegen die Verschlechterung der bestehenden Rechtsposition. In der Sprache der Grundrechtsdogmatik: die Kautelen der Rückwirkung bilden eine Schrankenschranke zugunsten des Eigentumsgrundrechts.

Die gesetzliche Aufhebung einer grundrechtlich fundierten Vermögensposition muß durch „legitimierende Gründe" gedeckt werden[59]. Der grundrechtliche Bestandsschutz des Eigentums schließt den Vertrauensschutz ein[60]. Hält man im Hinblick auf ein Steuergesetz Art. 14 Abs. 1 GG nicht für einschlägig, so bilden die durch den Grundsatz des Vertrauensschutzes aufgestellten Anforderungen an ein rückwirkendes Gesetz eine Schrankenschranke („verfassungsmäßige Ordnung") zugunsten des Grundrechts der allgemeinen Handlungsfreiheit gemäß Art. 2 Abs. 1 GG. Daneben ist der Rekurs auf das objektivrechtliche Prinzip der Rechtsstaatlichkeit entbehrlich, das ursprünglich als die sedes materiae galt[61].

2. Tatbestandliche Rückanknüpfung

Die Aufhebung der Steuerbefreiung gemäß § 3a EStG erfüllt den Falltypus der tatbestandlichen Rückanknüpfung[62], dem nach der älteren (ebenfalls nicht erhellenden) Terminologie der Tatbestand der unechten oder retrospektiven Rückwirkung entspricht[63]. In der Sache knüpft der Vertrauensschutz an eine positive und an eine negative Voraussetzung an:

- die positive: daß der Betroffene im Vertrauen auf den Fortbestand des bisherigen Rechts eine Disposition getätigt hat und daß dieser Disposition nun Entwertung droht;
- die negative: daß die Schutzwürdigkeit des Kontinuitätsvertrauens nicht im Einzelfall ausgeschlossen ist, daß das Vertrauen sachlich gerechtfertigt ist, insbesondere daß der Betroffene mit der Gesetzesänderung nicht hat rechnen müssen[64].

---

59 Vgl. BVerfGE 31, 275 (293); 58, 81 (121); 75, 78 (105).

60 Vgl. BVerfGE 31, 275 (293); 36, 281 (293); 58, 81 (121); 75, 78 (105). Dazu *Walter Schmidt,* „Vertrauensschutz" im öffentlichen Recht, JuS 1973, 529 (532); *Maurer* (Fn. 5), § 60 Rn. 50.

61 Die heutige Rechtspraxis ist freilich nicht konsistent. Nachw.: *Maurer* (Fn. 5), § 60 Rn. 44 ff. (49 f.).

62 Terminus des Zweiten Senats: BVerfGE 72, 200 (242 ff.); 76, 256 (356 f.).

63 Ständige Semantik des Ersten Senats seit BVerfGE 11, 139 (145, 146). Kritische Bestandsaufnahme: *Leisner* (Fn. 4), S. 284 ff., 289 ff.; *Maurer* (Fn. 5), § 60 Rn. 11 ff. (15); *Vogel* (Fn. 8), S. 873 f.

64 Vgl. BVerfGE 13, 39 (45 f.); 13, 261 (272); 75, 246 (280).

Beide Voraussetzungen sind bei den Erwerbern der Sozialpfandbriefe erfüllt. Sie vertrauten auf die Stetigkeit der Steuervergünstigung für die Laufzeit der Papiere, weil sie nur so die marktgerechte Nettorendite erzielten und diese nur so für eine langfristige Anlage (nicht nur für kurzfristige Spekulation) in Betracht kamen. Sie brauchten mit einer Rechtsänderung nicht zu rechnen, weil der Steuervorteil nur auf bestimmte Emissionen bezogen und zeitlich beschränkt war, beschränkt auf die Laufzeit der Papiere. Die Zeitbegrenztheit einer Maßnahme begründet schon aus sich heraus einen Vertrauenstatbestand, welcher dem der unechten Rückwirkung nicht nachsteht[65]. Das Kontinuitätsvertrauen beruhte nicht auf subjektiven Prognosen der Anleger, vielmehr auf dem objektiven Plan des Gesetzgebers, den die zuständigen Staatsorgane auch nachträglich immer wieder bestätigt haben[66]. Der Gesetzgeber hat sich durch „vorangegangenes Tun" selbst gebunden. Die vorzeitige Aufhebung des Steuervorteils bedeutet ein venire contra factum proprium und aktiviert den Rechtsgedanken von Treu und Glauben als Faktor des Vertrauensschutzes[67] auch im Grundrechtsbereich.

3. Interessenabwägung

Der dergestalt mehrfach begründete Vertrauensschutz bedeutet nicht absoluten Bestandsschutz. Vielmehr löst er eine Abwägung aus zwischen dem Kontinuitätsinteresse des einzelnen und dem öffentlichen Interesse an der sofortigen Änderung der bestehenden Rechtslage[68]. Als öffentliches Interesse kann der Gesetzgeber nur das fiskalische auf die Waagschale legen, weil alle anderen Zielprätentionen scheitern[69]. Der unspezifizierte Finanzbedarf aber, dem die Steuer gewidmet ist, vermag nicht, spezifisch begründete Vertrauenspositionen aufzuwiegen; „der Staat muß sich dann eben die Mittel dort beschaffen, wo kein Vertrauen besteht"[70]. Der Steuerstaat hat im Fall des § 3a EStG die Anleger zu einer Art „Do ut des"-Geschäft mit sich bewogen. Nachdem diese ihre Leistung bereits zur Gänze erbracht haben, kann jener nicht seine noch ausstehende Gegenleistung stornieren. Bei dem Wortbruch des Gesetzgebers steht nicht nur das private Interesse der Anleger auf dem Spiel, sondern auch das öffentliche Interesse an der Glaubwürdigkeit des staatlich gesetzten Rechts.

Im Ergebnis scheitert die Aufhebung der Steuerfreiheit an dem in der Eigentumsgarantie verkörperten Vertrauensschutz.

---

65 Der Vertrauenstatbestand des befristeten Gesetzes steht dem der unechten Rückwirkung gleich: BVerfGE 30, 392 (401 ff., 404) – Umsatzsteuervergünstigung zur Berlinförderung. Zustimmend: *Ossenbühl* (Fn. 5), S. 31; *Leisner* (Fn. 4), S. 294; *Maurer* (Fn. 5), § 60 Rn. 59.

66 S.o. II., 1.

67 *Leisner* (Fn. 4), S. 294. Weit. Nachw.: *Pieroth* (Fn. 5), S. 112 ff.

68 Repräsentativ BVerfGE 76, 256 (356) mit Nachw. Näher *Maurer* (Fn. 5), § 60 Rn. 51 ff.

69 S.o. III., 3.

70 *Leisner* (Fn. 4), S. 295.

V. Konflikt mit dem Gleichheitssatz

Die Aufhebung der Steuervergünstigung führt scheinbar zur gleichmäßigen Besteuerung aller Wertpapiere. In Wahrheit erzeugt sie ungleiche Belastung, weil die bisher steuerfreien Sozialpfandbriefe aus steuerlichen Gründen niedriger verzinst waren als die regulären Papiere. Im Ergebnis führt sie zu einem Sonderopfer der Inhaber von Sozialpfandbriefen. Darin liegt ein Verstoß gegen das Willkürverbot nach Art. 3 Abs. 1 GG. Der Gleichheitssatz spiegelt insoweit die verfassungsrechtlichen Bedenken aus dem Freiheitsrecht des Art. 14 Abs. 1 GG[71].

Das gilt auch für den Aspekt des Vertrauensschutzes, der analog im gleichheitsrechtlich fundierten Gebot der Konsequenz zur Geltung kommt. Der Steuergesetzgeber bietet einen Vorteil als Anreiz für eine Geldanlage, die öffentlichen Interessen dienlich ist, und zieht diesen Vorteil zurück, nachdem die Anlage getätigt und das öffentliche Interesse gestillt ist mit der Folge, daß eine zunächst für den Anleger wirtschaftlich sinnvolle Disposition nunmehr sinnlos geworden ist. Er haftet aus vorangegangenem Tun und vermag sich nicht ohne Verstoß gegen Art. 3 Abs. 1 GG aus dieser Haftung zu befreien.

VI. Richtiges ordnungspolitisches Signal zur falschen Zeit

Die Abschaffung des § 3a EStG solle ein ordnungspolitisches Signal dafür sein, daß Wertpapiere dieser Art nicht wieder ausgegeben werden sollten, hieß es im Gesetzgebungsverfahren[72]. Daß dieses Signal zu spät kommt, weil die Norm sich nur auf alte Papiere bezog, die vor 1955 ausgegeben worden waren, und daß hier auch keine verfassungsrechtlich diskutable Zweckhypothese vorliegt, bedarf keiner Ausführungen. Das ordnungspolitische Signal erreichte noch nicht einmal den Bundesminister der Finanzen *Theo Waigel,* der, wenige Monate nach der Abschaffung der Steuerfreiheit für Sozialpfandbriefe, die Einführung einer steuerfreien „Deutschland-Anleihe" zur Finanzierung der inneren Wiedervereinigung propagierte[73], also die Rückkehr zu just jener Finanzierungstechnik, die unter seiner Ägide desavouiert worden war. Wenig später glaubte der SPD-Kanzlerkandidat *Rudolf Scharping* das Ei des Kolumbus für die Lösung der Finanzkrise gefunden zu haben: eine Anleihe, deren Erträge von Steuern zu befreien seien, für den Aufbau Ost sowie für große Infrastrukturin-

71 Zum allgemeinen Gleichheitssatz als Gebot der Folgerichtigkeit, auch in der zeitlichen Abfolge des Rechts: *Paul Kirchhof,* Der allgemeine Gleichheitssatz, in: HStR, Bd. V, 1992, § 124 Rn. 222 ff. (223, 229, 234). Vgl. auch *Maurer* (Fn. 5), § 60 Rn. 62.

72 Beschlußempfehlung und Bericht des Finanzausschusses, BT-Drucks. 12/1506, S. 155.

73 „*Waigel* bietet steuerfreie Deutschland-Anleihe an", in: General-Anzeiger vom 2. September 1992, Nr. 31200, S. 1; „Deutschland-Anleihe mit niedrigem Zins", in: Süddeutsche Zeitung vom 2. September 1992, S. 1.

vestitionen oder für ein Zukunftsinvestitionsprogramm[74]. Wissen die Politiker, was sie tun? Das wahre Signal, das von der Aufhebung des § 3a EStG ausgeht, ist die Warnung vor dem Wankelmut des Steuergesetzgebers.

Dennoch kann die verfassungsrechtlich verstetigte Folgenabwicklung von Lenkungsmaßnahmen über viele Jahrzehnte auch als Warnung davor dienen, die Steuer in den Dienst außerfiskalischer Zwecke zu stellen, weil, was hier und heute Erfolg verspricht, langwierige Bindungen des Gesetzgebers erzeugt und langlebiges Sonderrecht hinterläßt. Der Interventions- und Sozialstaat sollte darüber nachdenken, ob er nicht auf den Gebrauch seines steuerlichen Werkzeugs verzichtet[75]. Eine Reduktion der Steuergesetze auf ihren genuinen Fiskalzweck würde die Reibungsfläche mit dem Vertrauensschutz mindern und die Chance der Stetigkeit und Verläßlichkeit des Rechts stärken.

74 Spiegel-Gespräch „Wenn ich Kanzler bin . . .", Der Spiegel 2/1994, S. 21 (23).
75 Dazu *Klein*, Steuerreform (Fn. 1), S. 271; *ders.*, Unstetes Steuerrecht (Fn. 1), S. 12.

VIII.

Finanzwesen

Hans Bernhard Brockmeyer

Ungeschriebene Finanzierungszuständigkeiten des Bundes

Inhaltsübersicht

I. Verfassungsrechtliche Ausgangserwägungen

Nach der Grundregel der verfassungsrechtlichen Aufgabenverteilung zwischen Bund und Ländern in unserem Bundesstaat ist die Erfüllung der staatlichen Aufgaben Sache der Länder, soweit das Grundgesetz keine andere Regelung trifft oder zuläßt (Art. 30 GG). Der Bund darf daher öffentliche Aufgaben nur erfüllen, wenn ihm die Zuständigkeit dafür vom Grundgesetz zugewiesen worden ist oder das Grundgesetz die Aufgabenwahrnehmung durch den Bund erlaubt.

Sieht man vor diesem Hintergrund einmal den Bundeshaushalt durch, so findet man eine Vielzahl von Haushaltstiteln für Finanzierungsmaßnahmen des Bundes, für die man im Text unseres GG vergeblich eine Bundeskompetenz sucht. So gibt es z.B. ein ganzes Bündel von Kulturförderungsmaßnahmen des Bundes[1]. Der Bundesminister der Finanzen beziffert die

1 Vgl. *Claus Eiselstein,* Verlust der Bundesstaatlichkeit? Kompetenzverluste der Länder im kulturellen Sektor vor dem Hintergrund von Art. 79 Abs. 3 GG,

im Regierungsentwurf zum Bundeshaushalt 1994 vorgesehenen Bundesmittel für die Kulturförderung auf insgesamt 1,117 Milliarden DM[2]. Dabei sind die Maßnahmen der sog. Übergangsfinanzierung für die neuen Bundesländer nicht einmal mitgerechnet. Nun gehört aber die Kulturhoheit der Länder zu einem der Grundprinzipien unserer föderalistischen Aufgabenverteilung. Will man dem Bund bei seinen Kulturförderungsmaßnahmen und einer Vielzahl sonstiger Finanzierungsmaßnahmen nicht von vornherein verfassungswidriges Verhalten unterstellen, muß es also ungeschriebene (im GG nicht ausdrücklich geregelte) Finanzierungskompetenzen geben. Daß es sie gibt, ist heute im verfassungsrechtlichen Schrifttum auch weitgehend anerkannt[3]. Sie haben in der Praxis eine erhebliche Bedeutung (siehe unten), obwohl sie in der verfassungsrechtlichen Diskussion eher ein Schattendasein führen.

Kann also die Existenz ungeschriebener Finanzierungskompetenzen des Bundes als von der herrschenden Lehre anerkannt gelten, so besteht über ihren Umfang keineswegs Klarheit. Die Finanzreform von 1969, die Klarheit in die Abgrenzung der Finanzierungszuständigkeiten von Bund und Ländern bringen sollte, hatte auch nie zum Ziel, die ungeschriebenen Finanzierungszuständigkeiten durch ausdrückliche Regelung in der Verfassung zu geschriebenen zu machen. Das erschien angesichts der Verschiedenartigkeit der Bereiche, in denen ungeschriebene Finanzierungszuständigkeiten des Bundes eine Rolle spielen, und der notwendigen Flexibilität gegenüber neuen Aufgaben (neues Beispiel: Bundesaufgaben aufgrund der Wiedervereinigung Deutschlands) nicht zweckmäßig zu sein.

II. Abgrenzungsbemühungen bei der Finanzreform von 1969

1. Verhandlungen zwischen Bund und Ländern (unter Mitwirkung des Jubilars)

Nach dem Vorschlag der von Bund und Ländern eingesetzten Sachverständigenkommission für die Finanzreform sollte die Abgrenzung der ungeschriebenen Finanzierungszuständigkeiten des Bundes durch eine

NVwZ 1989, 323; *Friedhelm Hufen,* Gegenwartsfragen des Kulturföderalismus, BayVbl 1985, 1 und 37; *Werner Maihofer,* Kulturstaatliche Elemente der verfassungsmäßigen Ordnung, in Benda/Maihofer/Vogel (Hg.), Handbuch des Verfassungsrechts, 1983, 953; *Thomas Köstlin,* Kulturhoheit des Bundes, 1989; *Max-Emanuel Geis,* Die Kulturhoheit der Länder, DÖV 1992, 522 (527).

2 *Theo Waigel,* BMF-Finanznachrichten 56/93.

3 Vgl. u.a. *Theodor Maunz,* in Maunz/Dürig, GG, Art. 104a Rz. 15; *Schmidt-Bleibtreu/Klein,* GG, 7. Aufl. 1990, Art. 30 Rz. 7; *Herbert Fischer-Menshausen,* in von Münch, GG, 2. Aufl. 1983, Art. 104a Rz. 9; *H. H. von Arnim,* Finanzzuständigkeit, in Isensee/Kirchhof (Hg.), Handbuch des Staatsrechts, Bd. IV, 1990, 987, Rz. 53.

Verwaltungsvereinbarung zwischen Bund und Ländern klargestellt werden. Diese Verwaltungsvereinbarung sollte folgende Ziele erreichen:

- Die möglichst genaue Klärung der ungeschriebenen Finanzierungszuständigkeiten des Bundes;
- die Einordnung der vorherigen Förderungsmaßnahmen des Bundes in die neuen Abgrenzungsmerkmale für die Bundeszuständigkeiten;
- die Übernahme neuer Förderungsmaßnahmen durch den Bund;
- die Mitwirkung der Landesregierungen bei der Durchführung der Förderungsmaßnahmen des Bundes einschließlich der Mitfinanzierung beim Zusammentreffen von Bundes- und Landeszuständigkeiten in der gleichen Aufgabe[4].

Über die Verwaltungsvereinbarung kam es im Rahmen der Finanzreform von 1969 zu eingehenden Verhandlungen zwischen Bund und Ländern. An diesen Verhandlungen war *Franz Klein* damals als Leiter des dafür federführenden Referates im Bundesministerium der Finanzen maßgeblich beteiligt.

2. Entwurf des sog. Flurbereinigungsabkommens

Die Verhandlungen führten zu dem Entwurf einer „Verwaltungsvereinbarung über die Finanzierung öffentlicher Aufgaben von Bund und Ländern" (sog. Flurbereinigungsabkommen)[5]. Der Abschluß der Verwaltungsvereinbarung ist dann aber am Widerstand einiger Länder gegen Einzelheiten der Formulierungen gescheitert. Trotzdem spielt der Entwurf des Flurbereinigungsabkommens in der Praxis eine erhebliche Rolle, da er den bisher einzigen Versuch darstellt, die ungeschriebenen Finanzierungszuständigkeiten des Bundes umfassend zu umschreiben, sieht man von dem vorausgegangenen Entwurf einer Verwaltungsvereinbarung ab, den die Kommission für die Finanzreform vorgelegt hat[6]. Außerdem benutzt der Bund den Entwurf des Flurbereinigungsabkommens weitgehend als interne Richtschnur für die mögliche Inanspruchnahme von ungeschriebenen Finanzierungszuständigkeiten[7].

Im folgenden soll daher anhand der in diesem Entwurf umschriebenen einzelnen ungeschriebenen Finanzierungszuständigkeiten des Bundes mit verdeutlichenden Beispielen aus dem Bundeshaushaltsplan 1993 unter-

---

4 Kommission für die Finanzreform, Gutachten über die Finanzreform der Bundesrepublik Deutschland (sogen. *Troeger*-Gutachten), 1966, Tz. 85.

5 Vollständiger Abdruck bei *Dieter Frey,* Die Finanzverfassung des Grundgesetzes, in Die Finanzbeziehungen zwischen Bund, Ländern und Gemeinden aus finanzverfassungsrechtlicher und finanzwirtschaftlicher Sicht, hg. vom Bundesministerium der Finanzen, 1982, 76; in Teilen (nur die Umschreibung der Bundeszuständigkeiten) auch wiedergegeben bei *Theodor Maunz* (Fn. 3), Art. 104a Rz. 16; *Schmidt-Bleibtreu/Klein* (Fn. 3), Art. 30 Rz. 8.

6 *Troeger*-Gutachten (Fn. 4), Anlage 2; s. dazu auch *H. H. von Arnim* (Fn. 3) Tz. 60.

7 Vgl. *Dieter Frey* (Fn. 5), S. 24.

sucht werden, ob und in welchem Ausmaß der Bunde zu Recht derartige Kompetenzen in Anspruch nimmt.

III. Begründung der ungeschriebenen Finanzierungszuständigkeiten

1. Anknüpfung der Finanzierungskompetenzen an die Verwaltungszuständigkeiten

a) Um die Frage nach dem Ausmaß der ungeschriebenen Finanzierungszuständigkeiten des Bundes beurteilen zu können, muß man sich zunächst die allgemein geltende Regelung unseres GG für die Abgrenzung der Finanzierungszuständigkeiten zwischen Bund und Ländern vor Augen führen. Maßstab ist das Konnexitätsprinzip des Art. 104a Abs. 1 GG. Danach haben Bund und Länder gesondert die Ausgaben zu tragen, die sich aus der Wahrnehmung ihrer Aufgaben ergeben, soweit das GG nichts anderes bestimmt. Art. 104a Abs. 1 GG enthält für Bund und Länder nicht nur die Pflicht, die jeweils eigenen Aufgaben zu finanzieren, sondern auch das grundsätzliche Verbot, Aufgaben der anderen Seite zu finanzieren oder mitzufinanzieren[8]. Die Gemeinden gelten dabei als Teile der Länder[9].

b) Zu unterscheiden ist in diesem Zusammenhang zwischen den Gesetzgebungsaufgaben und den Verwaltungsaufgaben von Bund und Ländern. Während das Schwergewicht der Gesetzgebungskompetenzen nach Art. 73 ff. GG beim Bund liegt, kommt das Schwergewicht der Verwaltungsaufgaben nach unserer föderalen Aufgabenverteilung gemäß Art. 30 und 83 ff. GG den Ländern zu. Die Gesetze des Bundes sind also von den Ländern auszuführen, soweit das GG nichts anderes bestimmt oder zuläßt. Die Finanzierungszuständigkeit knüpft nach Art. 104a Abs. 1 GG nicht an die Gesetzgebungskompetenzen, sondern an die Verwaltungskompetenzen an. Das entspricht dem Willen des Verfassungsgesetzgebers bei der Finanzreform von 1969[10] und ist heute im Schrifttum allgemein anerkannt[11]. Im Text des GG ergibt sich dies als Umkehrschluß aus Art. 104a Abs. 2 GG.

c) Ungeschriebene Finanzierungszuständigkeiten des Bundes kann es demgemäß nur als Folge (in Anknüpfung) ungeschriebener Verwaltungszuständigkeiten des Bundes geben[12]. In Wirklichkeit handelt es sich daher

8 *Theodor Maunz* (Fn. 3), Art. 104a Rz. 25; *Schmidt-Bleibtreu/Klein* (Fn. 3), Art. 104a Rz. 8; BGH vom 18. September 1986 III ZR 80/85, NJW 1987, 1625; BVerwG vom 15. März 1989 7 C 42.87, BVerwGE 81, 312.

9 *Theodor Maunz* (Fn. 3), Art. 104a Rz. 27; *Schmidt-Bleibtreu/Klein* (Fn. 3), Art. 30 Rz. 6.

10 Begründung des Regierungsentwurfs des Finanzreformgesetzes, BTDr. V/2861, Tz. 114.

11 Eingehend dazu *Theodor Maunz* (Fn. 3), Art. 104a Rz. 9.

12 *H. H. von Arnim* (Fn. 3), Rz. 54; *Theodor Maunz* (Fn. 3), Art. 104a Rz. 16; *Herbert Fischer-Menshausen* (Fn. 3), Art. 104a Rz. 5.

bei den ungeschriebenen Finanzierungszuständigkeiten des Bundes, deren Umschreibung im Entwurf des Flurbereinigungsabkommens versucht worden ist, um ungeschriebene Verwaltungszuständigkeiten des Bundes[13]. Die verkürzte Bezeichnung als ungeschriebene Finanzierungszuständigkeiten ist nur darauf zurückzuführen, daß dabei die Vergabe von Bundesmitteln im Vordergrund steht.

2. Begründung ungeschriebener Verwaltungskompetenzen

a) Ungeschriebene Verwaltungszuständigkeiten des Bundes hat das BVerfG im Urteil zum Jugendwohlfahrtsgesetz[14] im Anschluß an die Lehre und Rechtsprechung von den ungeschriebenen Gesetzgebungskompetenzen des Bundes aus der Natur der Sache oder kraft Sachzusammenhangs[15] grundsätzlich anerkannt. Danach sind solche Förderungsmaßnahmen des Bundes von einer ungeschriebenen Verwaltungskompetenz gedeckt, die der „Aufgabe nach eindeutig überregionalen Charakter haben. Es muß sich um Bestrebungen handeln, die ihrer Art nach nicht durch ein Land wirksam gefördert werden können." Als Beispiele nennt das BVerfG die Förderung gesamtdeutscher und internationaler Aufgaben und zentraler Einrichtungen, deren Wirkungsbereich sich auf das Bundesgebiet als Ganzes erstreckt[16]. Mißverständlich ist dabei die Feststellung des BVerfG, daß es sich um Aufgaben „eindeutig überregionalen Charakters" handele. Dieses Merkmal birgt die Gefahr einer sehr weiten Auslegung in sich. Denn Einrichtungen wie z.B. die bundesweiten Rundfunk- und Fernsehanstalten oder bedeutende Hochschulen, Theater, Museen, Erholungsgebiete usw. haben eindeutig überregionalen Charakter. Sie allein deshalb in die ungeschriebene Verwaltungskompetenz des Bundes zu verweisen, würde nicht nur ausdrücklichen Verfassungsvorschriften[17] sondern auch der sonstigen Rechtsprechung des BVerfG widersprechen[18].

---

13 *Theodor Maunz* (Fn. 3), Art. 104a Rz. 16.

14 Urteil vom 18. Juli 1967 2 BvF 3, 4, 5, 6, 7, 8/62, 2 BvR 139, 140, 334, 335/62, BVerfGE 22, 180.

15 Vgl. Entscheidungen des BVerfG vom 30. April 1952 1 BvR 14, 25, 167/ 52, BVerfGE 1, 264; vom 31. Oktober 1954 1 BvL 9/51, 2/53, BVerfGE 4, 74; vom 3. Juli 1958 2 BvF 3, 6/58, BVerfGE 8, 104; vom 29. April 1958 2 BvO 3/56, BVerfGE 8, 143; vom 15. März 1960 2 BvG 1/57, BVerfGE 11, 6; vom 10. Mai 1960 2 BvO 6/56, BVerfGE 11, 89; vom 30. Oktober 1962 2 BvF 2/60, 1, 2, 3/61, BVerfGE 15, 1; vom 9. Juli 1969 2 BvL 25, 26/64, BVerfGE 26, 281; Rechtsgutachten des BVerfG vom 16. Juni 1954 1 PBvV 2/52, BVerfGE 3, 407, und BVerfG in BVerfGE 22, 180 (Fn. 14); *Theodor Maunz* (Fn. 3), Art. 70 Rz. 45.

16 BVerfG (Fn. 14), S. 217.

17 Vgl. z.B. Art. 91a GG, der eindeutig davon ausgeht, daß Hochschulen, unabhängig von ihrer möglicherweise überregionalen Bedeutung, in den Zuständigkeitsbereich der Länder gehören. Nur im Rahmen der Ausnahmevorschriften der Art. 91a und 91b GG ist daher eine Mitfinanzierung durch den Bund möglich.

18 Vgl. z.B. das Fernsehurteil des BVerfG vom 28. Februar 1961 2 BvG 1, 2/60, BVerfGE 12, 205.

b) Die Formulierungen des BVerfG im Urteil zum Jugendwohlfahrtsgesetz[19] dürfen folglich nur auf dem Hintergrund der Rechtsprechung zu den ungeschriebenen Gesetzgebungskompetenzen des Bundes gesehen werden. Das ergibt sich auch daraus, daß das BVerfG die zu den ungeschriebenen Gesetzgebungskompetenzen entwickelten Eingrenzungen den genannten Formulierungen zu den ungeschriebenen Verwaltungszuständigkeiten vorausstellt. Diese Eingrenzungen müssen daher die eigentlichen Maßstäbe für die Abgrenzung der ungeschriebenen Verwaltungs- und damit Finanzierungszuständigkeiten des Bundes bilden. Danach gibt es ungeschriebene Verwaltungskompetenzen des Bundes aus der Natur der Sache und kraft Sachzusammenhangs.

Eine ungeschriebene Verwaltungszuständigkeit des Bundes aus der Natur der Sache ist begründet nach dem ungeschriebenen, im Wesen der Dinge liegenden, mithin einer ausdrücklichen Anerkennung durch das GG nicht bedürftigen Rechtssatz, daß gewisse Sachgebiete nur vom Bund wahrgenommen werden können, weil sie ihre Natur nach eigenste, der partikularen Verwaltungszuständigkeit a priori entrückte Angelegenheiten des Bundes darstellen. Schlußfolgerungen aus der Natur der Sache müssen begriffsnotwendig sein und eine bestimmte Lösung unter Ausschluß anderer Möglichkeiten einer sachgerechten Lösung zwingend fordern[20]. Mangelnde finanzielle Leistungsfähigkeit der Länder oder eines Landes kann kein Grund für eine ungeschriebene Verwaltungszuständigkeit des Bundes sein[21].

Eine ungeschriebene Verwaltungskompetenz des Bundes kraft Sachzusammenhangs ist gegeben, wenn eine dem Bund ausdrücklich zugewiesene Gesetzgebungs- oder Verwaltungszuständigkeit verständigerweise nicht wahrgenommen werden kann, ohne daß eine nicht ausdrücklich zugewiesene andere Verwaltungszuständigkeit mit wahrgenommen wird. Ein Übergreifen in eine nicht ausdrücklich zugewiesene Verwaltungszuständigkeit muß also unerläßliche Voraussetzung für die Wahrnehmung einer dem Bund zugewiesenen Kompetenz sein[22].

---

19 Vgl. außer den Ausführungen im Urteil zum Jugendwohlfahrtsgesetz (Fn. 14) BVerfG in BVerfGE 11, 6 (Fn. 15) und in BVerfGE 11, 89 (Fn. 15).

20 Auch diese Formulierung aus dem Fernsehurteil des BVerfG (Fn. 18) wird in dem Urteil zum Jugendwohlfahrtsgesetz (Fn. 14) wiederholt.

21 Fernsehurteil des BVerfG (Fn. 18); BVerfG in BVerfGE 12, 205 (Fn. 14). Nach dem Finanzausgleichsurteil des BVerfG vom 27. März 1992 2 BvF 1, 2/88, 1/89, 1/90, BVerfGE 86, 148 (258), kann eine extreme Haushaltsnotlage einzelner Länder allerdings eine finanzielle Verantwortlichkeit des Bundes begründen. Dabei geht es jedoch um allgemeine Finanzzuweisungen in Form von Ergänzungszuweisungen im Rahmen des Finanzausgleichs und nicht um den Einsatz von Finanzmitteln des Bundes für bestimmte Zwecke auf der Grundlage ungeschriebener Verwaltungszuständigkeiten.

22 BVerfG in BVerfGE 12, 205 (Fn. 14); 15, 1 (Fn. 15); ebenso *Hans Hugo Klein*, Verwaltungskompetenzen von Bund und Ländern in der Rechtsprechung des Bundesverfassungsgerichts, FS BVerfG, Bd. II, 1976, S. 275 (285); *Schmidt-Bleibtreu/Klein* (Fn. 3), Art. 30 Rz. 7; *Theodor Maunz* (Fn. 3), Art. 104a Rz. 18.

c) Die dargelegten begrifflichen Eingrenzungen zeigen, daß ungeschriebene Verwaltungs- und damit Finanzierungszuständigkeiten des Bundes eigentlich eine Ausnahme sein müßten, keinesfalls aber eine weite Auslegung zulassen. Problematisch ist, ob eine zusätzliche Grenze in den (geschriebenen oder ungeschriebenen) Gesetzgebungskompetenzen des Bundes liegt.

Das BVerfG hat dazu ausgeführt, daß nach der Systematik des GG die Gesetzgebungskompetenz des Bundes die äußerste Grenze seiner Verwaltungszuständigkeit ist[23]. Diese an sich einleuchtende Feststellung bereitet in der Praxis erhebliche Schwierigkeiten. Denn es ist zu berücksichtigen, daß ungeschriebene Verwaltungs- und damit Finanzierungskompetenzen des Bundes fast ausschließlich im Bereich der gesetzesfreien Verwaltung (Förderungsmaßnahmen aufgrund von Verwaltungsrichtlinien, abgedeckt durch den Bundeshaushaltsplan) eine Rolle spielen. Für die Ausführung von Bundesgesetzen ist nämlich grundsätzlich davon auszugehen, daß die in Art. 30 und 83 ff. GG getroffene Regelung (also die geschriebene Verfassung) eine reibungslose und vollständige Ausführung der Bundesgesetze unterstellt[24]. Wie oben schon erwähnt worden ist (siehe unter III.1.c.), steht dabei die Vergabe von Bundesmitteln im Vordergrund, so daß verkürzt nur von ungeschriebenen Finanzierungszuständigkeiten des Bundes gesprochen wird. Die im Verhältnis zu jedem einzelnen Land weit überragende Finanzmasse des Bundes führt (jedenfalls auf der Schiene der Fachressorts) leicht zu einer Tendenz, für eigentliche Länderaufgaben finanzielle Bundeshilfe in Kauf oder sogar in Anspruch zu nehmen. Wie unten (unter V.) noch zu zeigen sein wird, gehen daher die auf ungeschriebene Finanzierungszuständigkeiten des Bundes gestützten Förderungsmaßnahmen in verschiedenen Bereichen erheblich über die oben geschilderten engen Grenzen für ungeschriebene Verwaltungskompetenzen des Bundes hinaus. Da ungeschriebene Verwaltungszuständigkeiten aber die logische Voraussetzung für ungeschriebene Finanzierungszuständigkeiten des Bundes sind, führt dies in der Praxis zu einer erheblichen Gefahr der Aushöhlung von Länderzuständigkeiten im Verwaltungsbereich.

Sieht man nun die Gesetzgebungszuständigkeiten als äußerste Grenze für ungeschriebene Verwaltungszuständigkeiten des Bundes an, setzen die über die Finanzierungsmaßnahmen des Bundes begründeten ungeschriebenen Verwaltungskompetenzen des Bundes entsprechende (ungeschriebene) Gesetzgebungskompetenzen voraus. Statt als Grenze für die Verwaltungskompetenzen zu wirken, werden die Gesetzgebungskompetenzen daher über die Verwaltungskompetenzen erweitert. Es erscheint da-

23 BVerfG in BVerfGE 22, 180 (Fn. 14).

24 Im Grundsatz ebenso *Peter Lerche,* in Maunz/Dürig, GG, Art. 83 Rz. 40. Bei einer Ausführung von Bundesgesetzen durch die Länder regeln Art. 104a Absätze 2 und 3, ob den Bund die Finanzverantwortung trifft oder Mitfinanzierungsmöglichkeiten bestehen (siehe auch Art. 120 GG).

her als besser, auf die Gesetzgebungskompetenzen des Bundes als Grenze für die ungeschriebenen Verwaltungs- und damit Finanzierungszuständigkeiten des Bundes zu verzichten[25]. In der Praxis spielt demgemäß diese Grenze auch wohl kaum eine Rolle. So läßt es sich nicht vertreten, daß die Kulturförderungsmaßnahmen des Bundes, für die im Bundeshaushaltsplan 1994 etwa 1,117 Milliarden DM vorgesehen sind (siehe oben unter I.), alle von einer Gesetzgebungskompetenz des Bundes abgedeckt sind.

3. Zusammentreffen mit Länderzuständigkeiten

Die obige Definition der ungeschriebenen Verwaltungszuständigkeiten (= Finanzierungszuständigkeiten) des Bundes aus der Natur der Sache, wonach es sich um ihrer Natur nach eigenste Angelegenheiten des Bundes handelt, darf nicht zu dem Schluß verleiten, daß es sich um ausschließliche, die Länderzuständigkeiten verdrängende Bundeskompetenzen handelt. Charakteristisch für ungeschriebene Verwaltungszuständigkeiten des Bundes ist vielmehr häufig, daß sie Aufgaben betreffen, für die auch eine Länderzuständigkeit besteht. Hier treffen zentralstaatliche und regionale Zuordnung der Aufgaben zusammen. Als Beispiel sei dazu nur auf die vom BVerfG in der Entscheidung zum Jugendwohlfahrtsgesetz[26] genannten gesamtdeutschen Aufgaben verwiesen. Hierzu wurde in der Praxis unstreitig die frühere Zonenrandförderung des Bundes in den Regionen an der damaligen innerdeutschen Grenze gezählt[27]. Neben der Zuständigkeit des Bundes für die Zonenrandförderung blieb selbstverständlich die Verantwortung der Länder für diese Regionen erhalten. Ebenso sind ungeschriebene Verwaltungs- und damit Finanzierungskompetenzen des Bundes für bestimmte kulturelle Förderungsmaßnahmen kaum als alleinige (ausschließliche) Bundeskompetenzen denkbar[28].

Der Entwurf des Flurbereinigungsabkommens sieht daher in § 2 Abs. 1 vor: „Wenn und soweit eine Maßnahme, für deren Förderung der Bund . . . zuständig ist, auch in die Zuständigkeit des Landes fällt, in dem sie durchgeführt wird, wird zwischen der Bundesregierung und der zuständigen Landesregierung ein Übereinkommen über die Finanzierung der Maßnahme und das Nähere hierzu herbeigeführt." Soweit ersichtlich, ist es zu derartigen förmlichen Verwaltungsvereinbarungen über Förderungsmaßnahmen des Bundes im Bereich der ungeschriebenen Finanzierungszuständigkeiten (= Verwaltungszuständigkeiten) aber in der Regel nicht gekom-

25 Ähnlich *Müller-Volbehr,* Fonds- und Investitionshilfekompetenz des Bundes, 1975, 109; *H. H. von Arnim* (Fn. 3), S. 1013.

26 BVerfG (Fn. 14), S. 217.

27 S. §§ 5 bis 8 Zonenrandförderungsgesetz vom 5. August 1971 (BGBl. I, 1237) mit späteren Änderungen; vgl. auch *Theodor Maunz* (Fn. 3), Art. 104a Rz. 17.

28 So schon *Troeger*-Gutachten (Fn. 6), Tz. 96; vgl. zur Mischfinanzierung beim Zusammentreffen von Bundes- und Landeszuständigkeiten auch BVerwG in BVerwGE 81, 312 (Fn. 8).

men (Ausnahmen: Abkommen zwischen Bund und Ländern über die Beteiligung des Bundes an der Kulturstiftung der Länder; Bonn-Vereinbarung, siehe dazu unten V 1.b.aa. und cc.). In der Praxis erfolgen meist formlose Absprachen zwischen dem Bund und den betroffenen Ländern, oder es wird eine stillschweigende Vereinbarung unterstellt, indem die Länder Bundesmittel zu den vom Bund vorgegebenen Bedingungen annehmen.

IV. Abgrenzung gegenüber der Mitfinanzierung von Länderaufgaben

1. Grundlegende Unterschiede

Da es beim Zusammentreffen ungeschriebener Finanzierungszuständigkeiten mit Länderzuständigkeiten zu Mischfinanzierungen kommt, bedarf es der Abgrenzung zu anderen im GG vorgesehenen oder zugelassenen Mischfinanzierungen. In der Regel handelt es sich dabei um die Mitfinanzierung von Länderaufgaben durch den Bund (Ausnahme: Mitfinanzierung von Großforschung durch die Länder, siehe dazu unten V.4.), die nur zulässig ist, soweit es im GG bestimmt ist (Art. 104a Abs. 1 GG). Diese Mischfinanzierungen unterscheiden sich vom Zusammentreffen ungeschriebener Förderungskompetenzen des Bundes mit Länderzuständigkeiten grundlegend dadurch, daß die Mitfinanzierung durch den Bund nicht aufgrund eigener Verwaltungszuständigkeiten erfolgt, sondern es um Verwaltungszuständigkeiten der Länder geht[29]. Daraus ergibt sich, daß die Einwirkungsmöglichkeit des Bundes auf die Länder bei der Aufgabenwahrnehmung trotz der Mitfinanzierung beschränkt ist. Interessant sind in diesem Zusammenhang insbesondere die Gemeinschaftsaufgaben und die Mitfinanzierung von Investitionen der Länder und Gemeinden nach Art. 104a Abs. 4 GG, weil sich die Mitfinanzierung des Bundes in diesen Bereichen zuweilen schwer von den ungeschriebenen Finanzierungszuständigkeiten des Bundes abgrenzen läßt.

2. Abgrenzung zu Gemeinschaftsaufgaben

Die Gemeinschaftsaufgaben von Bund und Ländern sind in den Art. 91a und 91b GG geregelt. Es handelt sich nach Art. 91a GG um den Hochschulbau, die Verbesserung der regionalen Wirtschaftstruktur und die Verbesserung der Agrarstruktur und des Küstenschutzes sowie nach Art. 91b GG um die Forschungsförderung und die Bildungsplanung. Art. 91a GG bringt schon im Wortlaut deutlich zum Ausdruck, daß es sich um Länderaufgaben handelt, an denen der Bund nur mitwirkt. Die Mitwirkung des Bundes beschränkt sich auf die Beteiligung an der Rahmenplanung und die Mitfinanzierung. Auch in Art. 91b GG geht es bei der Bildungsplanung und mit Ausnahme der schon erwähnten Großforschung (siehe dazu unten V.4)

29 Vgl. *Theodor Maunz* (Fn. 3), Art. 91a Rz. 5.

auch bei der Forschungsförderung um Aufgaben der Länder[30]. Die Mitwirkung des Bundes an diesen Aufgaben kann aber flexibler gestaltet werden als bei Art. 91a GG, weil das Nähere einer Verwaltungsvereinbarung zwischen Bund und Ländern überlassen ist.

Es gehört nicht zum Thema dieses Beitrags, auf die Abgrenzung der Gemeinschaftsaufgaben und die Mitwirkungsrechte des Bundes daran näher einzugehen. Im Zusammenhang der ungeschriebenen Finanzierungszuständigkeiten ist nur wichtig, daß diese mit einer weit stärkeren Kompetenz des Bundes (einer eigenen Verwaltungskompetenz) verbunden sind als die Gemeinschaftsaufgaben und daß die Abgrenzung insbesondere bei der Wirtschaftsförderung und der Forschungsförderung schwierig sein kann. Aus der Gemeinschaftsaufgabe Bildungsplanung hat der Bund zudem kraft Sachzusammenhangs vor allem in den siebziger Jahren umfangreiche ungeschriebene Finanzierungskompetenzen (= Verwaltungskompetenzen) für die Förderung von Versuchs- und Modelleinrichtungen und -programmen im Bereich des Bildungswesens abgeleitet[31]. Auf die Abgrenzungsfragen wird unten noch näher einzugehen sein.

3. Abgrenzung zu Finanzhilfen für Investitionen der Länder und Gemeinden

Nach Art. 104a Abs. 4 GG kann der Bund den Ländern Finanzhilfen für Investitionen der Länder und Gemeinden gewähren, die zu einer Abwehr einer Störung des gesamtwirtschaftlichen Gleichgewichts oder zum Ausgleich unterschiedlicher Wirtschaftskraft im Bundesgebiet oder zur Förderung des wirtschaftlichen Wachstums erforderlich sind. Die erste dieser drei Alternativen meint Konjunkturprogramme des Bundes[32]. Auf die zweite und dritte Alternative hat der Bund z.B. Finanzhilfen für Krankenhausinvestitionen der Länder und Gemeinden gestützt und stützt er u.a. noch Finanzhilfen für den Städtebau, den sozialen Wohnungsbau und für die Verbesserung der Verkehrsverhältnisse der Gemeinden. Da es um Investitionen im Aufgabenbereich der Länder einschließlich Gemeinden geht, hat der Bund hier ebenfalls anders als bei eigenen Verwaltungskompetenzen nur eingeschränkte Mitbestimmungsrechte beim Einsatz der Mittel durch die Länder und Gemeinden[33].

Die Finanzhilfen des Bundes nach Art. 104a Abs. 4 GG sind in der Praxis leichter als die Gemeinschaftsaufgaben von den ungeschriebenen Finanzierungszuständigkeiten des Bundes abzugrenzen. Allerdings sind sie in den Grenzen ihres Anwendungsbereichs ähnlich unscharf wie die ungeschriebenen Finanzierungszuständigkeiten des Bundes[34]. Es besteht daher

---

30 *Theodor Maunz* (Fn. 3), Art. 91b Rz. 6.
31 S. Kap. 3102 Tgr. 01 des Bundeshaushaltsplanes 1980.
32 *Schmidt-Bleibtreu/Klein* (Fn. 3) Rz. 19.
33 S. dazu BVerfG vom 4. März 1975 2 BvF 1/72, BVerfGE 39, 96; vom 10. Februar 1976 2 BvG 1/74, BVerfGE 41, 291.
34 Vgl. *Schmidt-Bleibtreu/Klein* (Fn. 3), Art. 104a Rz. 22.

eine gewisse Gefahr, daß der Bund in ungeschriebene Finanzierungszuständigkeiten ausweicht, wenn er Finanzhilfen nach Art. 140a Abs. 4 GG nicht durchsetzen kann[35]. Bei den Konjunkturprogrammen der Siebziger Jahre standen Maßnahmen im Rahmen der Gemeinschaftsaufgaben, nach Art. 104a Abs. 4 GG und im Rahmen ungeschriebener Finanzierungszuständigkeiten des Bundes nebeneinander[36].

V. Umschreibung der ungeschriebenen Finanzierungszuständigkeiten

1. Gesamtstaatliche Repräsentation

a) Nach § 1 Abs. 1 Nr. 1 des Entwurfs des Flurbereinigungsabkommens hat der Bund eine ungeschriebene Finanzierungszuständigkeit (= Verwaltungszuständigkeit) für die „Wahrnehmung der Befugnisse und Verpflichtungen, die im bundesstaatlichen Gesamtverband ihrem Wesen nach dem Bund eigentümlich sind (gesamtstaatliche Repräsentation)".

Eine Protokollnotiz zum Entwurf des Flurbereinigungsabkommens bestimmt dazu, daß sich die gesamtstaatliche Repräsentation auch beziehen kann auf „geschichtlich, wissenschaftlich, künstlerisch und sportlich besonders bedeutsame Einrichtungen und Veranstaltungen, in denen Rang und Würde des Gesamtstaates zum Ausdruck kommen".

b) Diese weit und mit sehr unbestimmten Begriffen gefaßte Umschreibung von ungeschriebenen Finanzierungszuständigkeiten des Bundes wird vom Bund extensiv in verschiedenen Aufgabenbereichen herangezogen.

aa) So wird sie vom Bund maßgebend für kulturelle Förderungsmaßnahmen genutzt. Dies zeigt schon die vorgenannte Protokollnotiz. Allerdings darf daraus nicht der Schluß gezogen werden, daß die oben eingangs (unter I.) genannten Bundesmittel für die Kulturförderung im wesentlichen nur auf Maßnahmen entfielen, die auf § 1 Abs. 1 Nr. 1 des Entwurfs des Flurbereinigungsabkommens gestützt werden. Die erheblichen Bundesmittel für die Stiftung Preußischer Kulturbesitz (Kap. 0646 Tit. 685 02 u. 893 01, alle auch folgenden Angaben Haushaltsplan 1993) sind z.B. auf

---

35 So hatte der Bund im ursprünglichen Regierungsentwurf des Bundesnaturschutzgesetzes (BR-Dr. 311/72) zunächst Finanzhilfen nach Art. 104a Abs. 4 GG für Investitionen der Länder und Gemeinden in schutzwürdigen Teilen von Natur und Landschaft vorgesehen. Nachdem diese Finanzhilfen keinen Eingang in das Bundesnaturschutzgesetz vom 20. Dezember 1976 (BGBl. I, 3573) gefunden haben, fördert der Bund unter Inanspruchnahme der ungeschriebenen Kompetenz für gesamtstaatliche Repräsentation Maßnahmen zugunsten von Flächen und Gebieten, „die national und international besonders schutzwürdig sind". Vgl. dazu *Schmidt-Bleibtreu/Klein* (Fn. 3), Art. 104a Rz. 22; *Herbert Pruns*, Finanzierungszuständigkeiten des Bundes im Bereich des BML, DÖV 1976, 217 (226).

36 S. die Konjunkturprogramme aus dem Jahre 1974, BTDr. 7/2589, und aus dem Jahre 1975, BTDr. 7/4013.

eine geschriebene Kompetenz des Bundes nach Art. 135 Abs. 4 GG gegründet[37]. Bei den Mitteln des Bundes für auswärtige Kulturpolitik braucht man die gesamtstaatliche Repräsentation nicht als Anknüpfungspunkt für die Bundeszuständigkeit. Dabei kann offen bleiben, ob es sich bei der Bundeszuständigkeit für auswärtige Kulturpolitik, die unbestritten ist, um eine geschriebene (für auswärtige Angelegenheiten) oder ungeschriebene (für Auslandsbeziehungen, siehe unten unter V.2.) handelt[38]. Die (vorübergehenden) Kulturförderungsmaßnahmen des Bundes in den neuen Bundesländern sind im Hinblick auf die ungeschriebene Finanzierungszuständigkeit des Bundes für innerdeutsche Beziehungen (siehe dazu unten unter V.3.) gerechtfertigt.

Auf die gesamtstaatliche Repräsentation stützt der Bund z.B. die Förderung besonderer national bedeutender Museen wie das Goethemuseum in Frankfurt, das Germanische Nationalmuseum in Nürnberg, das Römisch-Germanische Zentralmuseum in Mainz sowie das Zoologische Forschungsinstitut und Museum Alexander König in Bonn (siehe Kap. 0646 Tit. 893 01) oder das Beethoven-Haus in Bonn (siehe Kap. 0646 Tit. 685 01). Gefördert werden unter diesem Gesichtspunkt ferner z.B. die Bayreuther Festspiele (Kap. 0646 Tit. 684 01). Bedenklich wird es vor allem, wenn der Bund auf die gesamtstaatliche Repräsentation so weit gefaßte Haushaltstitel (oder Teile davon) wie „Sonstige kulturelle Anliegen auf Bundesebene" (siehe Kap. 0646 Tit. 684 01) oder „Errichtung und Wiederaufbau von unbeweglichen Kulturdenkmälern mit besonderer nationaler kultureller Bedeutung" (siehe Kap. 0646 Tit. 893 02)[39] stützt. Nicht unproblematisch ist auch die Förderung verschiedenster Fonds (Kunstfonds, Literaturfonds, Fonds für Soziokultur, Fonds Darstellende Künste) durch den Bund (siehe Kap. 0646 Tit. 685 11). Eine unter Kompetenzgesichtspunkten heikle Angelegenheit ist schließlich die kulturelle Filmförderung (Kap. 0646 Tit. 685 01) durch den Bund[40], die sich in Abgrenzung zur wirtschaftlichen Filmförderung des Bundes (siehe dazu unten V.5.) ausdrücklich als kulturelle Angelegenheit versteht[41]. Nur historisch zu erklären und heute unter Kompetenzgesichtspunkten sicher nicht mehr zu rechtfertigen ist die Förderung der Bamberger Symphoniker und der (wohl nicht mehr im wesentlichen aus ungarischen Musikern bestehenden) Philharmonia Hungarica durch den Bund (Kap. 0646 Tit. 684 01)[42].

Angesichts des Verbots für Bund und Länder, Aufgaben der anderen Seite (mit-)zufinanzieren (siehe oben III.1.a), läßt sich eine Bundeszuständigkeit auch nicht allein dadurch begründen, daß der Bund im Zusammenhang mit der am 4. Juni 1987 von den Ministerpräsidenten beschlossenen Kul-

37 *Eiselstein* (Fn. 1), S. 327.

38 Vgl. *Hufen* (Fn. 1), S. 7; *Eiselstein* (Fn. 1), S. 326; *Maihofer* (Fn. 1), S. 982.

39 Vgl. *Eiselstein* (Fn. 1), S. 327.

40 Kritisch auch *Hufen* (Fn. 1), S. 39.

41 S. die Filmförderungsrichtlinien des Bundesministers des Innern vom 29. Juni 1990, GMBl. 1990, 406.

42 Vgl. *Eiselstein* (Fn. 1), S. 327.

turstiftung der Länder mit den Ländern ein Abkommen über die Mitfinanzierung bestimmter Projekte von besonderer Bedeutung abgeschlossen hat[43]. Abgesehen davon besteht der Bund darauf, auch außerhalb der Kulturstiftung eigene Förderungsmaßnahmen durchzuführen[44].

bb) Auf die ungeschriebene Finanzierungszuständigkeit des Bundes für die gesamtstaatliche Repräsentation greift der Bund auch bei einem Teil seiner Sportförderungsmaßnahmen zurück (ansonsten hauptsächlich auf die ebenfalls ungeschriebene Kompetenz für zentrale Einrichtungen, siehe unten V.6.). Dahinter steht der Gedanke, daß sich in großen internationalen sportlichen Veranstaltungen auf deutschem Boden, aber auch in herausragenden Leistungen deutscher Sportler bei Veranstaltungen im Ausland der Gesamtstaat repräsentiert. Die Förderung des Spitzensports wird daher als (ungeschriebene) Bundesaufgabe angesehen[45]. Ebenso hat sich der Bund unter diesem Gesichtspunkt z.B. an den Kosten Berlins für die Bewerbung um die olympischen Spiele beteiligt (siehe Kap. 0602 Tit. 684 13) oder in 1972 die Olympiade in München mitfinanziert[46].

cc) In welcher Breite die gesamtstaatliche Repräsentation für Finanzierungsmaßnahmen des Bundes herangezogen wird, zeigt die Tatsache, daß der Bund unter Berufung darauf z.B. „Zuweisungen zur Errichtung und Sicherung schutzwürdiger Teile von Natur und Landschaft mit gesamtstaatlich repräsentativer Bedeutung" gewährt. Dahinter verbergen sich keineswegs nur Zuschüsse etwa für Nationalparks, sondern lt. Erläuterungen zu dem Haushaltstitel geht es um Flächen und Gebiete, die national und international besonders schützenswert sind. In ihnen sollen Gefährdungen, insbesondere durch das Aussterben dort lebender Pflanzen- und Tierarten vermieden werden. Es geht also um Naturschutz[47].

dd) Ein weiteres Beispiel für die weite Auslegung der ungeschriebenen Finanzierungszuständigkeit für die gesamtstaatliche Repräsentation durch den Bund bilden finanzielle Hilfen des Bundes für die Beseitigung von Folgen der Dürreschäden in Nord- und Ostdeutschland im Jahre 1992 (Kap. 1002 Tit. 652 12) und für die Beseitigung von Folgen der Sturmschäden vom Frühjahr 1990 im Privatwald und im Wald ländlicher Gemeinden (Kap. 1002 Tit. 652 08). Hier wird im Bundeshaushalt gar nicht mehr der Versuch gemacht, wenigstens verbal auf die gesamtstaatliche Bedeutung der Schäden hinzuweisen, sondern die Hilfen werden mit dem großen Ausmaß der Schäden begründet. Mangelnde finanzielle Leistungsfähigkeit der Länder und hohe finanzielle Kosten sind aber eindeutig kein Grund für eine ungeschriebene Bundeszuständigkeit (siehe oben unter III.2.b.).

ee) Schließlich gründet der Bund seine Leistungen nach dem Bonn-Vertrag auf die gesamtstaatliche Repräsentation. Nach Maßgabe dieser zwi-

43 Vgl. *Eiselstein* a.a.O.
44 Vgl. *Eiselstein* a.a.O.
45 So schon *Troeger*-Gutachten (Fn. 6), Anlage 2a zu Epl. 06 unter Nr. 2.
46 Vgl. *Theodor Maunz* (Fn. 3), Art. 104a Rz. 17.
47 S. dazu oben Fn. 35.

schen dem Bund, dem Land Nordrhein-Westfalen und der Stadt Bonn geschlossenen Vereinbarung vom 13. Dezember 1989 gewährt der Bund der Stadt Bonn im Hinblick auf ihre Hauptstadtfunktion Zuweisungen zu laufenden nicht vermögenswirksamen Aufwendungen und Zuweisungen für Investitionen (Kap. 2504 Tgr. 01), u.a. für Theater und Konzert und den Erwerb von Kunstgegenständen (Tit. 653 11 u. 883 11). Diese Zuweisungen sind unter Kompetenzgesichtspunkten im wesentlichen unproblematisch, weil die Hauptstadt für die Repräsentanz des Bundesstaates von besonderer Bedeutung ist[48].

2. Auslandsbeziehungen

a) Nach § 1 Abs. 1 Nr. 2 des Entwurfs des Flurbereinigungsabkommens hat der Bund ferner eine ungeschriebene Finanzierungszuständigkeit für die „Förderung von bundeswichtigen Auslandsbeziehungen, insbesondere zu nichtstaatlichen internationalen und ausländischen Organisationen und Einrichtungen (Auslandsbeziehungen)".

b) Diese ungeschriebene Finanzierungskompetenz des Bundes ist im Grundsatz unumstritten. Sie tritt neben die in Art. 87 Abs. 1 Satz 1 GG geschriebene Verwaltungs- und damit Finanzierungskompetenz des Bundes für den Auswärtigen Dienst.

Hier lassen sich die Tätigkeiten des Bundes im Bereich der auswärtigen Kulturpolitik einordnen (siehe oben unter V.1.b.bb). Erfaßt werden außerdem z.B. die Mitgliedschaft der Bundesrepublik Deutschland in internationalen Organisationen (Beispiel: Mitgliedschaft in internationalen Arbeitsorganisationen, siehe Kap. 1102 Tit. 686 01), aber auch die Förderung der Mitgliedschaft von Stellen oder Personen außerhalb des staatlichen Bereichs in internationalen Organisationen, ferner Austauschprogramme (siehe Kap. 1702 Tit. 684 11) usw.

3. Innerdeutsche Beziehungen

a) § 1 Abs. 1 Nr. 3 des Entwurfs des Flurbereinigungsabkommens schreibt dem Bund eine Finanzierungskompetenz zu für die „Förderung der Beziehungen im geteilten Deutschland und von Maßnahmen, die erforderlich sind, um den Auswirkungen der Teilung Deutschlands zu begegnen".

b) Diese Umschreibung stellt naturgemäß noch auf die Teilung Deutschlands ab. Die ungeschriebene Finanzierungszuständigkeit des Bundes für die innerdeutschen Beziehungen hat demgemäß während der Teilung Deutschlands eine große Rolle gespielt. So stützte sich und stützt sich noch die (auslaufende) Zonenrandförderung des Bundes auf diese Kompetenz, soweit sie nicht im Rahmen der Gemeinschaftsaufgabe „Verbesserung der regionalen Wirtschaftsstruktur" (vgl. oben unter IV.2.) erfolgt.

48 *Eiselstein* (Fn. 1), S. 328.

Das geht über die Wirtschaftsförderung (siehe dazu Kap. 0902 Tgr. 11) hinaus bis hin zur Förderung kultureller Maßnahmen (siehe Kap. 0602 Tit. 652 50) oder Zuweisungen für den Bau von Schulen im Zonenrandgebiet (siehe Kap. 0602 Tit. 882 50). Auch das frühere Besuchergeld für Besucher aus der DDR[49] wurde aufgrund dieser Kompetenz vom Bund gezahlt.

Heute ist die Kompetenz für innerdeutsche Beziehungen unter den veränderten Bedingungen zu sehen. Die Überbrückungshilfen, die den neuen Ländern z.B. auch im Kulturbereich gewährt werden, sind eine (ungeschriebene) Bundesaufgabe[50].

4. Großforschung

a) Nach § 1 Abs. 1 Nr. 4 des Entwurfs des Flurbereinigungsabkommens besteht eine ungeschriebene Bundeszuständigkeit für „Vorhaben der wissenschaftlichen Großforschung vornehmlich im Bereich der Kern-, Weltraum-, Luftfahrt- und Meeresforschung sowie auf dem Gebiet der Datenverarbeitung. Zur Großforschung gehören Vorhaben, die wegen ihrer besonderen wissenschaftlichen Bedeutung und ihres außerordentlichen finanziellen Aufwands sinnvollerweise nur vom Gesamtstaat gefördert werden können (Großforschung)".

In einer Protokollnotiz dazu ist u.a. festgelegt, daß sich die Förderungsbefugnis des Bundes nur auf die Großforschung außerhalb der Hochschulen bezieht.

b) Die Schwäche dieser Umschreibung einer ungeschriebenen Finanzierungszuständigkeit des Bundes liegt darin, daß der finanzielle Aufwand als Merkmal bestimmt wird, obwohl darin grundsätzlich kein Grund für eine Bundeszuständigkeit liegen kann (siehe oben unter III.2.b.). Andererseits läßt sich nicht bestreiten, daß z.B. die Weltraumforschung vom Zuschnitt her weitgehend den Gesamtstaat fordert. Die Förderung des Bundes unter dem Gesichtspunkt der Großforschung geht jedoch mittlerweile erheblich über die in § 1 Abs. 1 Nr. 4 des Entwurfs des Flurbereinigungsabkommens genannten Bereiche der Kern-, Weltraum-, Luftfahrt- und Meeresforschung sowie der Datenverarbeitung hinaus. Als Großforschungseinrichtungen werden vom Bund z.B. auch gefördert das Deutsche Krebsforschungszentrum in Heidelberg (Kap. 3003 Tgr. 05), das Forschungszentrum für Umwelt und Gesundheit (Kap. 3003 Tgr. 10) und das Umweltforschungszentrum Leipzig-Halle (Kap. 3003 Tgr. 14). Letztlich spielt offenbar doch die finanzielle Größenordnung die entscheidende Rolle.

Verfassungsrechtlich spielt die Frage, ob und in welchem Umfang es eine ungeschriebene Bundeszuständigkeit für die Großforschung gibt, in der Praxis deshalb keine große Rolle, weil Art. 91b GG sowohl dem Bund die

49 S. Kap. 2702 Tit. 642 21 Bundeshaushaltsplan 1980.
50 Vgl. *Schmidt-Bleibtreu/Klein* (Fn. 3), Art. 30 Rz. 9.

Mitfinanzierung von Forschungsaufgaben der Länder als auch den Ländern die Mitfinanzierung von Forschungsaufgaben des Bundes erlaubt[51]. Wenn es sich also bei der Förderung der Großforschung nicht um eine Bundes-, sondern um eine Länderzuständigkeit handeln würde, wäre der Bund aufgrund einer Vereinbarung mit den Ländern nach Art. 91b GG zur Mitfinanzierung berechtigt. Aufgrund der Rahmenvereinbarung zwischen Bund und Ländern über die gemeinsame Förderung der Forschung vom 28. November 1975[52] gibt es daher für jede Großforschungseinrichtung eine Einzelvereinbarung über die gemeinsame Finanzierung zwischen dem Bund und dem jeweiligen Sitzland[53]. Die Finanzierung erfolgt immer im Verhältnis 90 (Bund) zu 10 (Land).

5. Gesamtstaatliche Wirtschaftsförderung

a) Eine weitere ungeschriebene Finanzierungszuständigkeit des Bundes gibt es nach § 1 Abs. 1 Nr. 5 des Entwurfs des Flurbereinigungsabkommens für „Maßnahmen der Wirtschaftsförderung, die sich auf das Wirtschaftsgebiet des Bundes als Ganzes beziehen und ihrer Art nach nicht durch ein Land allein wirksam wahrgenommen werden können".

Eine Protokollnotiz führt dazu aus: „Hierunter fallen Maßnahmen, die die Sorge für die Gesamtwirtschaft zwingend erfordert, z.B. Sicherstellung der Energieversorgung, Förderung des Schiffsbaus. Hierunter fallen nicht Maßnahmen, deren sachgerechte Erledigung über Art. 104a Abs. 4 GG möglich ist."

b) Diese im Grundsatz wohl weitgehend anerkannte Bundeskompetenz meint zunächst, anders als es nach der genannten Protokollnotiz den Anschein haben könnte, Maßnahmen der sektoralen Wirtschaftsförderung. Hierbei geht es um politisch für erforderlich gehaltene finanzielle Hilfen für einen gesamten einzelnen Wirtschafts- oder Industriezweig bundesweit. Wichtige Beispiele sind die Hilfen des Bundes für die Steinkohle (Kap. 0902 Tgr. 01)[54] oder die Hilfen für die Werftindustrie (Kap. 0902 Tgr. 10) oder auch im Bereich des Bundeslandwirtschaftsministeriums die Hilfen für die Fischerei (Kap. 1002 Tgr. 04). Die sektorale Wirtschaftsförderung steht im Gegensatz zur regionalen Wirtschaftsförderung, die Aufgabe der Länder oder im Rahmen des Art. 91a GG Gemeinschaftsaufgabe ist[55]. Eine ungeschriebene Finanzierungskompetenz des Bundes bei der sektoralen Wirtschaftsförderung setzt auch voraus, daß es sich nicht um Aufgaben handelt, die in den Bereich des Art. 104a

51 *Theodor Maunz* (Fn. 3), Art. 91b Rz. 6.
52 Bundesanzeiger Nr. 240 vom 30. Dezember 1975, 4.
53 Vgl. *Theodor Maunz* (Fn. 3), Art. 91b Rz. 37.
54 Siehe dazu *Erich K. Schmitz*, Finanzierungs-, Verwaltungs- und Gesetzgebungskompetenzen des Bundes und der Länder auf dem Gebiet der sektoralen Wirtschaftsförderung – dargestellt am Beispiel der Kohlehilfen, 1991.
55 *Theodor Maunz* (Fn. 3), Art. 91a Rz. 19.

Abs. 4 GG fallen (siehe die oben genannte Protokollnotiz zum Entwurf des Flurbereinigungsabkommens).

Unter die gesamtstaatliche Wirtschaftsförderung werden ferner allgemein der Wirtschaft als Ganzes zugute kommende Förderungsmaßnahmen eingeordnet, wie z.B. die Mineralölbevorratung (Kap. 0902 Tgr. 02) oder die Mittelstandsförderung (Kap. 0902 Tgr. 06) oder die Verbraucherunterrichtung und Verbrauchervertretung (Kap. 0902 Tgr. 07). Wie allerdings die Förderung regionaler Verbraucherzentralen durch den Bund (Kap. 0902 Tit. 684 71, 1994 auslaufend) kompetenzmäßig gerechtfertigt werden kann, ist nicht ersichtlich.

6. Zentrale Einrichtungen und Veranstaltungen

a) Schließlich hat der Bund nach § 1 Abs. 1 Nr. 6 des Entwurfs des Flurbereinigungsabkommens eine Zuständigkeit für die „Förderung zentraler Einrichtungen und Veranstaltungen nichtstaatlicher Organisationen im Bereich der Gesetzgebungszuständigkeit des Bundes, die für das Bundesgebiet als Ganzes von Bedeutung sind und deren Bestrebungen ihrer Art nach nicht durch ein Land allein wirksam gefördert werden können (nichtstaatliche zentrale Organisationen)".

§ 3 Abs. 2 des Entwurfs des Flurbereinigungsabkommens enthält dazu folgende Einschränkung: „Soweit zentrale Einrichtungen und Veranstaltungen nichtstaatlicher Organisationen aufgrund von Art. 1 Abs. 1 Nr. 6 gefördert werden, sind die dafür vorgesehenen Bundesmittel nur mit der Auflage zu gewähren, daß sie nicht für Zwecke nachgeordneter regionaler oder örtlicher Einrichtungen verwendet werden dürfen."

b) Die Kompetenz für zentrale Einrichtungen und Veranstaltungen wird vom Bund ähnlich wie die gesamtstaatliche Repräsentation extensiv genutzt. Auf sie stützt sich im wesentlichen die Sportförderung durch den Bund, soweit nicht die gesamtstaatliche Repräsentation herangezogen werden kann. Der Bund fördert danach auch zentrale Maßnahmen des Breitensports (siehe Kap. 0602 Tit. 684 11). Auch die Förderungsmaßnahmen nach dem Bundesjugendplan[56] werden weitgehend auf diese Kompetenz gegründet. Weitere Beispiele sind die Förderung zentraler Einrichtungen und Veranstaltungen des Behindertensports (Kap. 1102 Tit. 684 11), Zuschüsse an zentrale Einrichtungen und Verbände auf dem Gebiet des Gesundheitswesens (Kap. 1502 Tit. 684 67), Zuschüsse an die Wohlfahrtsverbände für die Durchführung zentraler und internationaler Aufgaben einschl. bundeszentraler Fortbildung (Kap. 1802 Tit. 784 04) oder die Förderung zentraler Maßnahmen der Familienarbeit (Kap. 1802 Tit. 684 52). Ob es sich hierbei wirklich immer um zentrale Maßnahmen handelt, die gefördert werden, kann nicht im einzelnen beurteilt werden. Jedenfalls ist keine Kompetenzgrundlage für die Förderung von Jugendherbergen (Kap. 1702 Tit. 882 12), Familienferienstätten (Kap. 1802

56 S. dazu Richtlinien vom 6. November 1985, GMBl. 1986, 654.

Tit. 684 04) oder Heimen des Müttergenesungswerkes (Kap. 1802 Tit. 893 54) erkennbar.

7. Ressortzugehörige Funktionen

a) Nicht zu unterschätzen als Einfallstor des Bundes in Länderzuständigkeiten sind außerdem die sogenannten ressortzugehörigen Funktionen. § 1 Abs. 2 des Entwurfs des Flurbereinigungsabkommens sagt dazu: „Unberührt bleibt die Befugnis des Bundes, Maßnahmen zu finanzieren, die zur sachgemäßen Erfüllung von Aufgaben der Bundesbehörden notwendig sind."

b) Unter Berufung auf diese Kompetenz finanziert der Bund z.B. in den verschiedensten Bereichen Modell- oder Demonstrationsvorhaben, etwa im Bereich des Bildungswesens als ressortzugehörig zur Bildungsplanung (siehe oben unter IV.2 und Kap. 3102 Tit. 652 02) oder auf dem Gebiet des Drogen- und Suchtmittelmißbrauchs (Kap. 1502 Tit. 684 69) oder des Umweltschutzes (Kap. 1602 Tit. 532 17) sowie des Naturschutzes (Kap. 1602 Tit. 685 12). Der Bundeslandwirtschaftsminister unterhält unter dem Gesichtspunkt ressortzugehöriger Funktionen eine ganze Reihe eigener Forschungsanstalten (Kap. 1010).

Es ist anzuerkennen, daß der Bund zur Wahrnehmung z.B. seiner Gesetzgebungsaufgaben vorbereitende oder kontrollierende Forschung betreiben kann oder sogar muß und auch Erprobungen an Modellen wichtig sein können. Bedenklich wird es nur, wenn die Finanzierung von sogenannten Modell- oder Demonstrationsmaßnahmen nur ein Vorwand für den Einstieg in die Aufgabenfinanzierung selbst ist.

VI. Schlußfolgerungen

Die Umschreibungen der ungeschriebenen Finanzierungszuständigkeiten des Bundes und die herausgegriffenen Beispiele für darauf gestützte Finanzierungsmaßnahmen beweisen, daß der Rückgriff auf ungeschriebene Bundeszuständigkeiten zur Wahrnehmung wichtiger staatlicher Aufgaben unerläßlich ist. Angesichts der engen Begründung ungeschriebener Verwaltungs- und damit Finanzierungskompetenzen des Bundes (s. oben unter III.2) zeigt sich aber auch, daß die Praxis zum Teil hiermit nicht mehr in Einklang steht. Besonders wird dies im Bereich der gesamtstaatlichen Repräsentation deutlich[57]. Da die Länder im Zuge der europäischen Einigung immer mehr Kompetenzen abgeben müssen, sollte besonders darauf geachtet werden, daß der Bund nicht über ungeschriebene Finanzierungskompetenzen die Zuständigkeit der Länder zusätzlich aushöhlt.

57 Nur für eine sehr beschränkte Anerkennung dieser Kompetenz daher *Müller-Volbehr* (Fn. 25), S. 117.

Reinhard Mußgnug

Konkurrierende Gesetzgebungskompetenz der Länder für Bundessteuern?

Zur Auslegung des Art. 105 Abs. 2 GG

Inhaltsübersicht

I. Die konkurrierende Zuständigkeit des Bundes für die Landessteuern

Der 10. Abschnitt des Grundgesetzes läßt manches im Unklaren[1]. Aber sein Art. 105 Abs. 2 GG scheint sich durch mustergültige Prägnanz auszuzeichnen. Diese Vorschrift räumt dem Bund seit ihrer Neufassung durch das Finanzreformgesetz 1969[2] die konkurrierende Gesetzgebungskompetenz ein

- für die Bundessteuern im Sinne des Art. 106 Abs. 1 GG,
- für die Gemeinschaftsteuern im Sinne des Art. 106 Abs. 3 GG
- und für die Landessteuern im Sinne des Art. 106 Abs. 2 GG.

Art. 72 GG stellt klar, was das bedeutet: Der Bund kann sowohl seine, als auch die Gemeinschaftsteuern und die Landessteuern gesetzlich regeln; die Länder dagegen besitzen das Gesetzgebungsrecht für ihre eigenen Steuern nur, solange der Bund für sie keine bundeseinheitlich gültigen Vorschriften erläßt.

Warum Art. 105 Abs. 2 GG dem Bund die gesetzliche Regelung der Landessteuern gestattet, leuchtet ohne weiteres ein. Die Landessteuern sind

1 Die in den Art. 104a ff. GG mehr mit Andeutungen als mit Antworten bedachten finanzverfassungsrechtlichen Fragen hat *Rainer Prokisch*, Die Justiziabilität der Finanzverfassung, 1993, S. 210 ff. lückenlos aufgelistet und gedankenreich erörtert.

2 21. Gesetz zur Änderung des GG vom 12. Mai 1969, BGBl. I, 359.

keine Bagatellsteuern[3]. Zu ihnen gehören die Vermögen-, Erbschaft-, Kraftfahrzeug- und Grunderwerbsteuer, bei denen eine von Land zu Land unterschiedliche Regelung erhebliche Unzuträglichkeiten heraufbeschwören würde. Müßten diese Steuern der Symmetrie zuliebe landesrechtlich geregelt werden, nur weil Art. 106 Abs. 2 GG sie der Ertragshoheit der Länder unterstellt, so mißriete die Besteuerung des in Bayern lebenden Erben, dem von einem in Baden-Württemberg wohnhaft gewesenen Erblasser ein über das gesamte Bundesgebiet verstreuter Nachlaß zugefallen ist, zum Alptraum[4]. Auch die Vermögen- und die Kraftfahrzeugsteuer würden zum juristischen Problem, für die Wirtschaft zum Störfaktor und für die Finanzminister der Länder zum Zankapfel, wenn in jedem Land andere Tarife, Erhebungs- und Befreiungstatbestände gälten, die Deutschland für diese beiden Steuern in Hoch- und Niedrigsteuerzonen spalteten. Selbst bei der Grunderwerbsteuer, die Art. 105 Abs. 2 GG in seiner ursprünglichen Fassung[5] noch als Prototyp einer Steuer mit örtlich bedingtem Wirkungskreis ausgegeben und damit der Regelung durch den Bund entzogen hatte, hat sich das bis 1983 gültige Sammelsurium von elf einander zwar recht ähnlichen, aber in den entscheidenden Punkten eben doch auseinander driftenden Landesgesetzen als höchst lästig erwiesen. Die Vereinheitlichung des Grunderwerbsteuerrechts durch das Bundesgesetz vom 17. Dezember 1982[6] hat daher auch den schärfsten Kritikern der gesetzgeberischen Übermacht des Bundes[7] vor Augen geführt, daß es richtig war, die Landessteuern in toto der konkurrierenden Bundesgesetzgebung zu unterwerfen. Damit hat Art. 105 Abs. 2

---

3 Die örtlichen Verbrauch- und Aufwandsteuern ausgenommen, die Art. 105 Abs. 2a GG so denn auch als einzige aus der Regelungsmacht des Bundes ausklammert und der ausschließlichen Gesetzgebungskompetenz der Länder anheimgibt.

4 Davon abgesehen hätte die in Art. 107 Abs. 1 Satz 1 GG vorgesehene Aufteilung des Ertrags der Landessteuern nach der Faustregel: *Jedem Land verbleibt, was seine Finanzämter im Rahmen ihrer örtlichen Zuständigkeit einnehmen,* durch kompliziertere Zerlegungsverfahren ersetzt werden müssen. Zumindest für die Erbschaft- und Vermögensteuer hätten die Länder zudem interlokale Doppelbesteuerungsabkommen abschließen müssen.

5 „Der Bund hat die konkurrierende Gesetzgebung über
1. die Verbrauch- und Verkehrsteuern mit Ausnahme der Steuern mit örtlich bedingtem Wirkungskreis, insbesondere der Grunderwerbsteuer, der Wertzuwachssteuer und der Feuerschutzsteuer,
2. die Steuern vom Einkommen, Vermögen, von Erbschaften und Schenkungen,
3. die Realsteuern mit Ausnahme der Festsetzung der Hebesätze,
wenn er die Steuern ganz oder zum Teil zur Deckung der Bundesausgaben in Anspruch nimmt oder die Voraussetzungen des Art. 72 Abs. 2 vorliegen."

6 BGBl. I, 1777.

7 Eine trotz ihrer Ubiquität wenig durchdachte Kritik. Sie verkennt, daß der Föderalismus nicht von der Zersplitterung der Rechtsordnung in 16 Partikularrechtsordnungen, sondern von der Verwaltungshoheit und der Budgetautonomie der Länder lebt; vgl. dazu *Mußgnug,* Die Entwicklung des Föderalismus in der Bundesrepublik, in: Meinrad Schaab/Gregor Richter (Hrsg.), Baden-Württemberg und der Föderalismus in der Bundesrepublik Deutschland, 1991, S. 67 ff., 76.

GG die Bundesstaatlichkeit Deutschlands nicht etwa geschwächt; er hat sie im Gegenteil funktionsfähiger gemacht.

Auch das ist einer der Punkte, an denen sich zeigt, daß Bonn nicht Weimar ist. Während Art. 8 WRV[8] den Ländern die Gesetzgebung über ihre Steuern belassen, aber dem Reich erlaubt hatte, jede Landessteuer als Reichssteuer an sich zu ziehen, garantiert Art. 106 GG den Ländern einen festen Anteil am bundesweiten Steueraufkommen. Gleichwohl drängt Art. 105 Abs. 2 GG die Aufspaltung des Steuerrechts in ein Bundessteuerrecht und 16 partikuläre Steuerrechtsordnungen wirksam zurück. Denn er hat die Gesetzgebungskompetenz von der Ertragshoheit abgekoppelt und so der Vereinheitlichung des Landessteuerrechts durch Bundesgesetze den Weg geebnet. Der alte Lehrsatz: *Wer die Steuern einnimmt, der regelt sie auch,* ist damit überwunden. Das Grundgesetz bekennt sich zu der weit vorteilhafteren Regel: *Auch wenn nicht alle Steuern Bundessteuern sind, so kann dennoch das gesamte Steuerrecht bundeseinheitlich geregelt werden.*

Weil dem so ist, hat der Bund alle wichtigeren Landessteuern zentralstaatlich normieren können. Aber es hätte den Ländern auch keinen Abbruch getan, wenn der Bund seine Regelungsmacht für ihr Landessteuerrecht weniger konsequent ausgeschöpft hätte. Die Länder hätten dann nur selbst bestimmen müssen, ob und in welchem Ausmaß sie ihre Steuerquellen ausschöpfen wollen.

Art. 105 Abs. 3 GG wappnet die Länder last not least auch gegen bundesrechtliche Steuerreformen auf ihre Kosten[9]. Mit dem Bundesratsveto, das Art. 105 Abs. 3 GG den Ländern offen hält, können sie etwaige Eigenmächtigkeiten des Bundes abwehren[10]. Das hindert den Bund an einseitigen Senkungen der Landessteuern. Etwaige Versuche dieser Art würde der Bundesrat rasch vom Tisch fegen.

Mit alledem haben die Art. 105 und 106 GG die finanzverfassungsrechtlichen Probleme des Föderalismus einer guten und tragfähigen Lösung zugeführt, die den Belangen des Bundes in gleicher Weise gerecht wird wie denen der Länder und darüber hinaus auch den Steuerbürgern entgegenkommt, die bei einer übertriebenen Föderalisierung der Steuergesetzgebung die Hauptleidtragenden wären.

---

8 Art. 8 Satz 1 WRV lautete: „Das Reich hat ferner die Gesetzgebung über die Abgaben und sonstigen Einnahmen, soweit sie ganz oder teilweise für seine Zwecke in Anspruch genommen werden."

9 Etwa eine durch eine Senkung oder gar Streichung der Kraftfahrzeugsteuer „ausgeglichene" Erhöhung der Mineralölsteuer.

10 Der Zustimmungsvorbehalt des Art. 105 Abs. 3 GG bildet die Klammer, welche die Abkoppelung der steuerrechtlichen Gesetzgebungskompetenz von der Ertragshoheit mit dem Bundesstaatsprinzip zusammenhält. Das macht Art. 105 Abs. 3 GG unantastbar im Sinne des Art. 79 Abs. 3 GG. Wenn schon bundesgesetzliche Regelung der Landessteuern, dann nur mit Zustimmung des Bundesrats!

II. Der unbedachte Umgang des Art. 105 Abs. 2 GG mit der konkurrierenden Gesetzgebungskompetenz

Um so mehr verwundert allerdings, daß Art. 105 Abs. 2 GG dem Bund auch für Bundessteuern und die Gemeinschaftsteuern nur die konkurrierende Gesetzgebung zubilligt. Denn das heißt: Wie *Landessteuern durch Bundesgesetz,* so können umgekehrt auch *Bundessteuern durch Landesgesetz* geregelt werden. So sehr das eine – die konkurrierende Zuständigkeit des Bundes für die Landessteuern – einleuchtet, so ungereimt und widersinnig wirkt das andere.

Eine Parfumsteuer zum Beispiel wäre eine Verbrauchsteuer und infolgedessen eine Bundessteuer, welche die Länder an sich nichts angeht[11]. Da der Bund bislang auf ihre Erhebung verzichtet hat, könnten die Länder sie aber gleichwohl einführen. So jedenfalls will es der Wortlaut des Art. 105 Abs. 2 GG. Es fällt jedoch schwer, Art. 105 Abs. 2 GG auch in diesem Punkt beim Wort zu nehmen. Denn es macht keinen rechten Sinn, was er mit dem Schlüsselwort „*konkurrierend*" im Hinblick auf die Bundessteuern zum Ausdruck bringt. Daß das Schweigen des Bundesgesetzgebers zu den *Landessteuern* die Länder zu deren Regelung befähigt, versteht sich zwar von selbst; aber das konkurrierende Gesetzgebungsrecht der Länder für Bundessteuern erweckt den Eindruck des Unüberlegten und Unpraktikablen.

III. Die These von der konkurrierenden Ertragshoheit

Konkurrierten der Bund und die Länder nicht nur bei der Steuergesetzgebung miteinander, sondern spiegelbildlich damit auch bei der Ertragshoheit, so entfielen freilich alle Zweifel am Sinn des Art. 105 Abs. 2 GG. Dann verwandelten sich alle vom Bund nicht in Anspruch genommenen Steuern in potentielle Landessteuern. Die Länder könnten sich vor allem auf dem Sektor des Verbrauchsteuerrechts zusätzliche Einnahmequellen erschließen. Hier wären ihrem Steuererfindungsrecht so gut wie keine verfassungsrechtlichen Grenzen gezogen; es endete erst dort, wo die Verbrauchsteuergesetze des Bundes beginnen. Aber die Liste der Konsumgüter, die der Bund nicht mit Verbrauchsteuern belegt hat, ist lang. Sie deckt vom bereits erwähnten Parfum über Kaviar, Einwegflaschen, Dosenbier, Autoreifen, Schallplatten, Computer, Sportgeräte, Lederbekleidung und vieles andere mehr bis hin zum Naschwerk für Kinder ein weites Feld, auf dem der Einführung neuer Landessteuern auch keine allzu unüberwindlichen verwaltungstechnischen Schwierigkeiten im Wege stünden. Art. 106 Abs. 1 Nr. 5 und 6 eröffneten den Ländern mit den „einmaligen Vermögensabgaben" und der „Ergänzungsabgabe zur

11 Daran führt auch Art. 105 Abs. 2a GG nicht vorbei. Parfum wird *überörtlich* gehandelt; das schließt seine *örtliche* Besteuerung durch die Gemeinden a limine aus; BVerfGE 16, 306 ff., 327 (Speiseeissteuer).

Einkommen- und Körperschaftsteuer" ebenfalls ungeahnte, finanzpolitisch freilich etwas abenteuerliche Möglichkeiten.

Die von *Maunz*[12] und *Birk*[13] verfochtene Konstruktion der konkurrierenden Ertragshoheit findet zwar im Text des Art. 106 GG keinen Rückhalt. Aber sie kann sich auf Art. 105 Abs. 2 GG berufen. Wenn dieser den Bund auch bei der Regelung seiner eigenen Steuern expressis verbis nur mit einem konkurrierenden Gesetzgebungsrecht abspeist, so liegt in der Tat nahe, aus dieser Vorschrift auch eine Konkurrenz von Bund und Ländern bei der Steuerertragshoheit abzuleiten, damit sie halten kann, was sie auch den Ländern verspricht. Eine konkurrierende Kompetenz der Länder zur gesetzlichen Regelung von Steuern, die sie an den Bund abführen müssen, wird Art. 105 Abs. 2 GG jedenfalls kaum begründen wollen. Wenn Art. 105 Abs. 2 GG den Ländern diese Kompetenz zubilligt, so bleibt daher allem Anschein nach nur übrig, ihr durch eine korrigierende Auslegung des Art. 106 Abs. 1 GG zur Realität zu verhelfen.

Es kommt hinzu, daß Art. 108 Abs. 1 Satz 1 GG die Verwaltung durch Bundesfinanzbehörden nur für die *„bundesgesetzlich geregelten* Verbrauchsteuern" vorschreibt. Das stützt die Annahme, das Grundgesetz rechne auch mit *landesgesetzlich geregelten Verbrauchsteuern* und meine damit möglicherweise mehr als nur die Biersteuer, die den Ländern dank des Art. 106 Abs. 2 Nr. 5 GG unbestreitbar zusteht. An der Verwaltungshoheit über die von ihnen in Anspruch genommenen Bundessteuern fehlte es den Ländern jedenfalls nicht, und wenn sie diese Steuern in eigener Verwaltung erheben können, so könnte auch das dafür sprechen, daß sie ihren Ertrag behalten dürfen, solange der Bund ihn nicht für sich selbst beansprucht. Die Erhebung einmaliger Vermögensabgaben und der von ihnen auf die Einkommen- und Körperschaftsteuer aufgeschlagenen Ergänzungsabgaben lägen ohnehin in der Zuständigkeit der Länder, so daß die konkurrierende Ertragshoheit auch bei diesen beiden Steuerarten nicht von vornherein an Vollzugsschwierigkeiten scheitern müßte.

Das Grundgesetz läßt dem Konkurrieren von Bund und Ländern jedoch *nur bei der Gesetzgebung* Raum. Ansonsten kennt es nirgendwo konkurrierende Kompetenzen. Art. 31 GG stellt zwar die Regel auf, daß die Ausübung der staatlichen Befugnisse im Zweifel Sache der Länder ist; aber diese Regel tritt zurück, wenn das Grundgesetz – wie in Art. 106 Abs. 1 – bestimmte Hoheitsrechte ausdrücklich und unmißverständlich dem Bund zuweist. Schon das entzieht der These von der konkurrierenden Ertragshoheit der Länder über die Bundessteuern den Boden. Diese These überzeugte nur dann, wenn sie sich mit der Methode der systematischen Verfassungsinterpretation untermauern ließe. Wer lediglich Art. 105 Abs. 2 mit Art. 106 Abs. 1 GG in's System setzt, greift jedoch zu kurz. Wie diese beiden miteinander unvereinbaren Verfassungsnormen

12 *Theodor Maunz/Günter Dürig,* Grundgesetz, Loseblattkommentar (Stand 1993), Art. 105 Rn. 41.

13 Steuerrecht I, Allgemeines Steuerrecht, 1988, § 7 Rn. 6.

zur Deckung zu bringen sind, muß aus dem Gesamtsystem der Verfassung hergeleitet werden, vor dem der Gedanke an ein Konkurrieren von Bund und Ländern auf dem Feld des vertikalen Finanzausgleichs ersichtlich keinen Bestand haben kann. Dürften die Länder konkurrierend auf die ungenutzt brachliegenden Steuerquellen des Bundes zugreifen, so müßte nämlich vice versa auch der Bund die Landessteuern an sich ziehen können, wobei er jedoch, wie bei der konkurrierenden Gesetzgebung, so auch hier das freie Zugriffsrecht auf die von den Ländern bereits beanspruchten Steuern genösse. Das aber wäre ein Rückfall in das Finanzverfassungsrecht der Weimarer Republik, wie ihn das Grundgesetz gerade unterbinden wollte.

Art. 105 Abs. 2 GG erlegt dem Bund mit den maßgeblichen Entscheidungen über die Steuergesetzgebung zudem die finanz- und wirtschaftspolitische Gesamtverantwortung für die von Volk und Wirtschaft zu tragende Steuerlast auf. Das zwingt den Bund, die Tatbestände und Tarife der Bundes-, Gemeinschafts- und Landessteuern sorgfältig aufeinander abzustimmen und eingehend zu prüfen, was neben der allgemeinen Belastung der Einkommen, der Gewinne und des Konsums für zusätzliche Verbrauch- oder Verkehrsteuer-Aufschläge in Betracht kommt. Dieser Aufgabe könnte der Bund nicht gerecht werden, wenn sein – im Zweifel wohlüberlegter – Verzicht auf Verbrauch- und andere seiner Ertragshoheit reservierten Steuern von den Ländern durch das landesgesetzliche Anzapfen dieser Einnahmequellen konterkariert werden könnte. Gestattete Art. 105 Abs. 2 GG das, so brächte er den vertikalen Finanzausgleich aus dem Gleichgewicht.

Das alles verbietet es, kurz angebunden einen Vorrang des Art. 105 Abs. 2 GG vor dem Art. 106 GG zu postulieren, und die konkurrierende Gesetzgebung der Länder allein deshalb zur konkurrierenden Ertragshoheit über die Bundessteuern aufzuforsten, damit sie den Sinn gewinnt, den sie für sich allein nicht hat. Es ist umgekehrt von der Dominanz des Art. 106 GG auszugehen, der das tragende Fundament der finanzverfassungsrechtlichen Kompetenzverteilung bildet. Denn Art. 106 GG schreibt fest, welche Steuerquellen für den Bund reserviert und daher für die Länder unantastbar sind, und welche umgekehrt dem Bund versperrt bleiben, weil sie das finanzverfassungsrechtliche Hausgut der Länder ausmachen. Art. 105 Abs. 2 GG soll demgegenüber nur eine bundeseinheitliche Regelung der Landessteuern ermöglichen. Auch das ist wichtig, aber eben doch minder wichtig verglichen mit dem Ziel des Art. 106 GG, unverrückbar zu fixieren, was auf dem Felde der Steuer dem Bund und was den Ländern gehört. Was immer Art. 105 Abs. 2 GG mit der ominösen konkurrierenden Kompetenz der Länder auch für Bundessteuern sagen will, eines sagt er jedenfalls mit Sicherheit nicht: Daß es den Ländern gestattet wäre, den vertikalen Finanzausgleich durch ein partikuläres Abschöpfen der vom Bund nicht beanspruchten Bundessteuern aus der Balance zu bringen.

IV. Die ausschließliche Kompetenz des Bundes

Das belegt, daß dem Verfassungsgeber bei der Formulierung des Art. 105 Abs. 2 GG ein Redaktionsversehen unterlaufen ist. Diesen Fehler enthielt schon die ursprüngliche Fassung des Art. 105 Abs. 2 GG[14]. Sie hat zwar die Steuerarten, für die sie dem Bund die konkurrierende Gesetzgebung zuwies, noch enumerativ aufgezählt. Aber bereits sie hat auch die Verbrauch- und Verkehrsteuern der konkurrierenden Bundesgesetzgebung unterstellt, obwohl Art. 106 Abs. 1 GG die Verbrauchsteuern insgesamt und mit der Umsatzsteuer die ertragreichste Verkehrsteuer als Bundessteuern ausgewiesen hatte. Warum der Parlamentarische Rat sich für diese ersichtlich ungereimte Lösung entschieden hat, liegt im Dunkeln. Möglicherweise hat er sich gescheut, die ausschließlichen Kompetenzen des Bundes allzu nachdrücklich hervorzukehren. Denn die Alliierten hatten an allem Anstoß genommen, was der Parlamentarische Rat dem Bund an Ausschließlichkeits-Rechten zuweisen wollte. Da sie dem Finanzverfassungsrecht ihr besonderes Augenmerk gewidmet und ein auffälliges Faible für die Rechtsfigur der konkurrierenden Gesetzgebung entwickelt hatten[15], bestand ein gewisser Grund zu der Sorge, daß sie die ausschließliche Bundeskompetenz für die Zölle und Finanzmonopole nur durchgehen lassen würden, wenn es bei allem übrigen bei einer konkurrierenden Kompetenz sein Bewenden findet[16]. Es sieht so aus, als habe die Finanzreform einfach fortgeschrieben, was auf diese Weise trotz seiner evidenten Unlogik[17] Eingang in das Grundgesetz gefunden hatte.

Die Literatur[18] hält sich daher in ihrer Mehrheit nicht an den Text des Art. 105 Abs. 2 GG, sondern an das, was die Natur der Sache gebietet. Weil es ein Irrweg wäre, den Ländern die konkurrierende Gesetzgebung über die Bundessteuern zu gestatten, geht sie darüber hinweg, daß Art. 105 Abs. 2 GG das ausdrücklich tut. Sie ignoriert das als einen offenkundigen *lapsus linguae.* Die herrschende Lehre entnimmt Art. 105 Abs. 2 GG daher entgegen seinem Wortlaut nur, daß die Landessteuern

14 S.o. Fn. 5.

15 Vgl. *Mußgnug,* Zustandekommen des GG und Entstehen der Bundesrepublik Deutschland, in: Isensee/Kirchhof (Hrsg.), Handbuch des Staatsrechts, Bd. 1, 1987, S. 219 ff. Rn. 76–80.

16 So die nicht ganz unwahrscheinliche Vermutung *Hans Meyers,* Das Finanzreformgesetz, DÖV 1969, 261 ff., 262.

17 Auf sie hat *Gerhard Wacke,* Das Finanzwesen der Bundesrepublik, S. 27 schon 1950 aufmerksam gemacht, der *„die ganze Regelung"* des Art. 105 Abs. 2 GG als *„merkwürdig"* bezeichnet.

18 *Vogel/Walter,* im Bonner Kommentar, Art. 105 Rn. 77 ff.; *Klaus Vogel,* Zur Konkurrenz zwischen Bundes- und Landessteuerrecht nach dem GG, in: StuW 1971, S. 308 ff.; *ders.,* Grundzüge des Finanzrechts der Bundesrepublik, in: Isensee/Kirchhof (Fn. 15), Bd. IV 1990, S. 3 ff., Rn. 42; *Herbert Fischer-Menshausen* in: *Ingo von Münch* (Hrsg.), Grundgesetzkommentar, Bd. 3, 2. Aufl. 1983, Art. 105 Rn. 19; *Martin Küssner,* Die Abgrenzung der Kompetenzen des Bundes und der Länder im Bereich der Steuergesetzgebung sowie der Begriff der Gleichartigkeit von Steuern, 1992, S. 48 f.

der konkurrierenden Gesetzgebung von Bund und Ländern unterliegen, daß für die Bundessteuern aber der Bund die *ausschließliche* Gesetzgebungskompetenz besitzt.

Dem zu folgen, fällt nicht weiter schwer. Auch wenn es reichlich kühn erscheint, sich über den an sich klaren Wortlaut der Verfassung hinwegzusetzen, so bleibt im Falle des Art. 105 Abs. 2 GG nichts anderes übrig. Als Alternative käme nur eine noch fragwürdigere Verbiegung des Art. 106 Abs. 1 GG in Betracht, die die ausschließliche Ertragshoheit des Bundes über seine eigenen Steuern zugunsten der Länder zu einer bloß konkurrierenden verdreht. Was die herrschende Lehre statt dessen verficht, bleibt die geringere Abweichung vom Verfassungstext. Denn es deckt sich mit den Konstruktionsprinzipien der finanzrechtlichen Kompetenzverteilung. Der bei Art. 106 GG ansetzende Versuch zur Rettung der konkurrierenden Gesetzgebungskompetenz für die Bundessteuern bricht mit diesen Prinzipien.

V. Abtretung von Bundessteuern an die Länder?

Art. 105 Abs. 2 GG hindert den Bundesgesetzgeber allerdings auch in seiner berichtigten Auslegung nicht daran, einzelne der in Art. 106 Abs. 1 GG als Bundessteuern bezeichnete Steuern den Ländern zur Nutzung zu überlassen.

Reichen der Ertrag der Landessteuern und der Länderanteil an den Gemeinschaftsteuern zur Deckung des Einnahmebedarfs der Länder nicht aus, so ist dem zwar grundsätzlich durch eine Anhebung des Länderanteils an der Umsatzsteuer abzuhelfen (Art. 106 Abs. 3 und 4 GG). Aber es kann gewichtige Gründe geben, nach anderen Remedien Ausschau zu halten. Dann bietet sich an, entweder eine bereits eingeführte Verbrauchsteuer an die Länder abzutreten, oder den Ländern durch Bundesgesetz die Einführung einer neuen bislang noch unbekannten Verbrauchsteuer zu gestatten. Das liegt im übrigen dann nahe, wenn es um lenkende Steuern geht, die eine von Land zu Land unterschiedliche, den jeweiligen Verhältnissen angepaßte Handhabung voraussetzen.

Der erforderlichen bundesgesetzlichen Ermächtigung zur landesgesetzlichen Regelung der betreffenden Steuer legt Art. 105 Abs. 2 GG keine Hindernisse in den Weg. Das ergibt sich aus Art. 71 GG, der dem Bund die Delegation seiner ausschließlichen *Gesetzgebungskompetenzen* an die Länder freistellt. Fraglich ist jedoch, ob Art. 106 Abs. 1 GG dem Bund auch die Abtretung seiner *Ertragshoheit* gestattet. Ausdrücklich tut Art. 106 Abs. 1 GG das jedenfalls nicht. Aber er schließt es auch nicht ausdrücklich aus.

Es bleibt jedoch zu bedenken, daß der vertikale Finanzausgleich nicht nur auf den ersten beiden Absätzen des Art. 106 GG und deren Einteilung der Steuern in Bundes- und Landessteuern beruht, sondern in einen größeren

Zusammenhang eingeordnet ist, in dem auch die Gemeinschaftsteuern eine gewichtige Rolle spielen. Könnte der Bund durch einfaches Gesetz über seine Steuern verfügen, so brächte dies das ausgewogene Zusammenspiel von Bundes-, Landes- und Gemeinschaftsteuern aus dem Lot. Der verfassungsrechtlich fixierte und daher dem Zugriff des einfachen Gesetzgebers entzogene Verteilerschlüssel für die Einkommen- und Körperschaftsteuer geriete in die Gefahr, durch Verschiebungen von Bundessteuern auf die Länder umgangen zu werden. Dürfte der Bund den Ländern den Ertrag von Bundessteuern anbieten, so wäre im übrigen nicht einzusehen, wieso er ihnen nicht auch Erhöhungen ihres Anteils an der Einkommen- und Körperschaftsteuer in Aussicht stellen oder, was näher liegt, ihnen gegen die Übertragung einzelner Bundessteuern Senkungen dieser Anteile abhandeln und auf diese Weise die verfassungsrechtliche Ordnung des vertikalen Finanzausgleichs *ohne Verfassungsänderung* modifizieren könnte. Daß Art. 106 GG das nicht zuließe, liegt auf der Hand[19].

Die Frage, ob Art. 106 Abs. 3 GG auch die Übertragung hinreichend konkretisierter einzelner Steuerquellen verbietet, ist damit freilich nicht beantwortet. Der Vorzug einer solchen *punktuellen* Zession liegt zum einen darin, daß sie sich gezielter einsetzen läßt als eine Neuverteilung des Steueraufkommens durch eine Verfassungsänderung. Sie wäre zum anderen auch leichter zu korrigieren. Wenn die Einzelabtretung einer Bundessteuer den vertikalen Finanzausgleich nicht in seinem Kern verfälscht, erscheint sie daher gerechtfertigt. Für sie spricht, daß Art. 106 Abs. 1 GG lediglich besagt, daß die von ihm aufgezählten Steuern dem Bund *„zustehen"*, nicht aber auch, daß der Bund diese Einnahmen lückenlos für sich vereinnahmen müßte. Zessionen, die sich nur auf eine konkrete Steuer[20] beziehen, laufen daher nicht auf eine verkappte Verfassungsänderung hinaus. Die Zulässigkeit derartiger begrenzter Abtretungen von Bundessteuern entspricht zudem dem Art. 71 GG, der für eine nicht delegierbare und daher *„mehr als ausschließliche"* Gesetzgebungskompetenz[21] keinen Raum läßt.

VI. Grenzen der bundesrechtlichen Regelung von Landessteuern

Art. 105 GG wirkt jedoch nicht nur deshalb problematisch, weil er den Ländern die Regelung von Bundessteuern zu gestatten scheint. Ebenso bedenklich wirkt, daß er dem Bund bei der Regelung der Landessteuern keine andere Grenze zieht als die des Bundesratsvorbehalts in seinem Absatz 3. Dieser Vorbehalt schiebt zwar groben Mißachtungen der Län-

19 So auch *Vogel/Walter* (Fn. 18), Art. 105 Rn. 77.
20 Die also nicht die Ertragshoheit für die Verbrauchsteuern pauschal erfassen, sondern den Ländern nur die Teesteuer übertragen oder sie zur Erhebung einer Delikatessensteuer ermächtigen.
21 Für sie plädiert *Klaus Vogel*, StuW 1971, 308.

derinteressen einen Riegel vor. Aber er schützt nur die Länder insgesamt. Dem einzelnen Land, das im Bundesrat überstimmt wird, kann er nicht helfen. Anders als bei der gesetzlichen Regelung des horizontalen Finanzausgleichs, wo die Mehrheit der „Nehmer-Länder" dazu neigt, sich über die Minderheit der „Geber-Länder" hinwegzusetzen, wird es freilich bei der Regelung der Landessteuern kaum zu gravierenderen Meinungsverschiedenheiten zwischen den Ländern kommen. Denn in den Finanzfragen ziehen die Länder dem Bund gegenüber meist an einem Strang. Das hat bislang Erinnerungen des Bundes an seine Verfassungspflicht zum länderfreundlichen Verhalten erübrigt. Der Bundesrat konkretisiert diese Pflicht. Stimmt er der bundesrechtlichen Regelung von Landessteuern zu, so ist anzunehmen, daß diese Gesetze dem Finanzbedarf und den sonstigen Belangen der Länder angemessen Rechnung tragen.

Das gilt an sich auch für die „Sperrgesetze" und „Null-Regelungen", mit denen der Bund den Ländern die Erhebung bestimmter Landessteuern untersagt oder ihnen die gesetzliche Grundlage entzieht. Mit einer solchen bundesgesetzlichen Sperre hätten wir es z.B. zu tun, wenn der Bund das Kraftfahrzeugsteuergesetz ersatzlos aufheben würde, um den motorisierten Straßenverkehr künftig nur noch mit der ihm zustehenden Mineralölsteuer zu belasten. Stellt das Aufhebungsgesetz klar, daß es die Kraftfahrzeugsteuer den Ländern nicht zur Regelung durch Landesgesetze zurückgeben, sondern sie abschaffen will, so hat es den Grundsatz *„Bundesrecht bricht Landesrecht"* für sich. Es hindert also die Länder, die Kraftfahrzeugsteuer sogleich nach ihrer bundesgesetzlichen Aufhebung durch Landesgesetze wiederzubeleben. Ähnlich lägen die Dinge, wenn der Bund in einem Verkehrsteuergesetz festlegte, welche Verkehrsteuern die Länder erheben dürfen und ihnen damit die Einführung weiterer Verkehrsteuern untersagte.

Derartige bundesrechtliche Blockaden der Landessteuern sieht die Literatur so gut wie einhellig als zulässig an[22]. Sie meint offensichtlich, mit der Aufhebung des Erbschaftsteuergesetzes verhalte es sich genau ebenso wie mit der Aufhebung der Paragraphen, mit denen das StGB die Homosexualität mit Strafe bedroht hatte. Dabei wird jedoch übersehen, daß zwischen der Streichung überholter Straftatbestände und der Aufhebung der bundesgesetzlichen Grundlagen der Landessteuern ein gewichtiger Unterschied besteht: Die Landessteuern sind den Ländern verfassungsrechtlich garantiert; das Strafrecht indessen steht zur freien Disposition des Bundes. Wenn der Bund strafrechtliche Sperrgesetze erlassen kann, welche die landesgesetzliche Wiedereinführung der betreffenden Strafnormen verbieten, so folgt daraus also keineswegs, daß auf dem Felde des Steuerrechts und im Hinblick auf die Landessteuern das Gleiche zu gelten habe. Es kommt vielmehr darauf an, welchen Regelungsauftrag Art. 105 Abs. 2 GG dem Bundesgesetzgeber für die Landessteuern erteilt. Verleiht Art. 105 Abs. 2 GG dem Bund ebenso plein pouvoir über die Landessteu-

22 Vgl. *Martin Küssner* (Fn. 18), S. 46 ff. mit weiteren Nachweisen.

ern, wie Art. 74 Nr. 1 ihm die maßgebliche Entscheidung über die Gestalt des Strafrechts zubilligt? Oder soll der Bund nur für eine einheitliche Handhabung der Landessteuern sorgen, den Ländern das Recht zur Erhebung dieser Steuern aber nicht streitig machen?

Auch die Antwort auf diese Frage greift zu kurz, wenn sie nur bei Art. 105 Abs. 2 GG ansetzt. Sie muß mit in Rechnung stellen, daß Art. 106 Abs. 2 GG den Ländern das Recht zur freien Nutzung ihrer Steuerquellen garantiert. Bundesrecht, das den Ländern die Erhebung von Landessteuern verbietet, verfehlt daher per se den Sinn des Art. 106 Abs. 2 GG. Diese Vorschrift setzt voraus, daß den Ländern der Ertrag der als Landessteuern ausgewiesenen Steuern zufließt. Daß der Bund den Fluß der Landessteuern durch eine Vereinheitlichung ihrer Tatbestände und Tarife *regulieren* kann, heißt daher nicht, daß er ihn auch *stoppen* könnte.

Das nimmt dem Bund zwar nicht das Recht, das Erbschaftsteuergesetz aufzuheben. Tut er das, so heißt das jedoch nur, daß die Länder ihre konkurrierende Kompetenz zur Regelung der Erbschaftsteuer zurückgewinnen. Ginge der Bund so weit, in dem Aufhebungsgesetz die landesrechtliche Wiedereinführung der Erbschaftsteuer zu verbieten, so verletzte er damit Art. 106 Abs. 2 Nr. 2 GG, der klipp und klar besagt, daß die Erbschaftsteuer den Ländern zusteht. Das aber bedeutet: Die Erbschaftsteuer kann den Ländern nicht vom Bund entzogen werden.

Das zieht dem Bundesgesetzgeber eine unüberschreitbare Grenze. Will er Landessteuern abschaffen, kann er das nicht durch ein einfaches Gesetz erledigen. Er muß das Grundgesetz ändern, also sich im Bundesrat um eine Zwei-Drittel-Mehrheit bemühen. Daran führt kein Weg vorbei, auch nicht der eines lückenlosen Ausgleichs der Einbußen, die der Bund den Ländern mit der Abschaffung von Landessteuern zufügt. Die Abschaffung der Kraftfahrzeugsteuer könnte zwar leicht durch eine entsprechende Erhöhung des Umsatzsteueranteils der Länder kompensiert werden; holt sich der Bund mit einer entsprechenden Erhöhung der Mineralölsteuer zurück, was ihm auf diese Weise verloren geht, so wäre dagegen *finanzpolitisch* nichts zu erinnern. Dennoch wäre es *verfassungswidrig,* weil Art. 106 Abs. 2 Nr. 3 GG den Ländern die Kraftfahrzeugsteuer garantiert. Die Kraftfahrzeugsteuer liefert daher ebensowenig eine Manövriermasse für Reformen der Bundessteuern, wie die Vermögensteuer, die den Ländern ebenfalls nicht genommen werden darf, um durch ihren Wegfall Einkommen- und Körperschaftsteuererhöhungen zu egalisieren.

Das konkurrierende Gesetzgebungsrecht des Bundes trägt also nur solche Regelungen der Landessteuern, die diese grundsätzlich aufrechterhalten. Will der Bund Landessteuern abschaffen, so kann er das nur tun, wenn er dafür im Bundesrat eine verfassungsändernde Mehrheit zusammenbringt. Etwaige Versuche, den Landessteuern die bis dahin gültige bundesgesetzliche Grundlage zu entziehen, schlagen indessen fehl. Sie lassen das Recht der Länder, die nur bundesrechtlich abgeschafften Steuern landesrechtlich neu einzuführen, unberührt. Hebt der Bund die Gesetze auf, mit denen er das Landessteuerrecht geregelt hat, so gibt er damit den Ländern den Weg frei, diese Steuern nach eigenem Gutdünken zu regeln. Versucht der Bund, die Wiedereinführung der von ihm abgeschafften Landessteuern bundesgesetzlich zu verbieten, so verletzt er Art. 106 Abs. 2 GG. Es hat also nicht nur die konkurrierende Kompetenz der Länder für die Bundessteuern ihre Grenze. Auch die konkurrierende Kompetenz des Bundes kennt unübersteigbare Schranken.

Wolfgang Jakob

Sonderabgaben – Fremdkörper im Steuerstaat?

Inhaltsübersicht

Italien kennt keine Sonderabgaben – jedenfalls nicht in seinen verfassungsdogmatischen und abgabenrechtlichen Festlegungen. Wenn im italienischen Staats- oder Abgabenrecht von Sonderabgaben[1] („tributi speciali") die Rede ist, dann nicht in Form eines Rechtsbegriffs von juristischem Wert, sondern als Beschreibung atypischer Phänomene der Besteuerungswirklichkeit, die nicht in rechtliche Begriffs- oder gar Zulässigkeitskriterien gefaßt sind. Abgaben („tributi") gliedern sich in Italien in Steuern („imposte"), Gebühren („tasse") und Beiträge („contributi") – und damit Punktum. Ja selbst diese klassische Unterscheidung wird von manchen Autoren in ihrer juristischen Relevanz in Zweifel gezogen[2] und zu einer Frage des definitorischen Geschmacks im Abgabenrecht heruntergestuft – denn praktische juristische Konsequenzen könnten daran nicht geknüpft werden[3].

1 So bei *Augusto Fantozzi,* Diritto tributario, 1991, S. 57; demgegenüber wird bei *Francesco Tesauro,* Istituzioni di diritto tributario, 1989, S. 10 der Begriff „tributo speciale" synonym mit dem Begriff ;„contributo" (Beitrag) gebraucht; ähnlich *Gian Antonio Micheli,* Corso di diritto tributario, 8. Aufl. 1989, S. 29 („contributo speciale").

2 Vgl. *Benedetto Cocivera,* Principi di diritto tributario I, 1959, S. 263; *Enrico Potiti,* L'ordinamento tributario italiano, 1978, S. 14.

3 Dem ist allerdings aus dogmatischer italienischer Sicht entgegenzutreten und entgegengetreten worden (vgl. *Francesco Tesauro,* a.a.O., S. 9). Denn auch in Italien sind die rechtlichen Kriterien für die Bemessung der einzelnen Abgabearten unterschiedlich. So hat das Leistungsfähigkeitsprinzip („capacità contributiva") in Art. 53 Cost. ausdrücklichen Verfassungsrang („Tutti sono tenuti a concorrere alle spese pubbliche in ragione della loro capacità contributiva"), wird aber vom italienischen Corte Costituzionale etwa nicht für die Auferlegung von Gebühren zur Anwendung gebracht; vgl. *Tesauro,* a.a.O.

I. Der bundesstaatsrechtliche Hintergrund des Sonderabgabenbegriffs

Warum dieser Blick auf die italienischen Verhältnisse? Weil ein Einschwenken auf eine einheitsstaatliche Verfassungswirklichkeit von Anfang an die Vermutung nahelegt, daß der Begriff der Sonderabgabe in allererster Linie ein bundesstaatlicher Kompetenzbegriff ist.

1. Die Verfassung eines Einheitsstaates setzt ein geschlossenes Ganzes öffentlicher Finanzrechte – aus der ungeteilten staatlichen Finanzhoheit fließend – voraus und die Frage der finanziellen Kompetenzen der einzelnen Verwaltungsträger (Regionen, Provinzen, Gemeinden etc.) kann sich im Grunde als eine bloß verwaltungsrechtlich-technische darstellen. Demgegenüber ist mit der Finanzgewalt im Bundesstaat ein Kernbereich der bundesstaatlichen Struktur wie der politischen Machtverteilung berührt, so daß die modernen bundesstaatlichen Verfassungen die staatliche Finanzgewalt in ein komplexes System finanzieller Anspruchs-, Gestaltungs- und Beteiligungsrechte zwischen Bund und Ländern eingebunden haben. Und aus einem solchen Verteilungssystem auf Verfassungsebene ergibt sich verfassungsrechtlicher Definitionsbedarf.

Der Begriff der Sonderabgabe ist in Deutschland älter als die im Grundgesetz installierte bundesstaatliche Finanzverfassung; soweit ersichtlich ist dies eine Wortschöpfung von *Werner Weber* aus dem Jahre 1943 für Geldleistungspflichten, in denen im Gegensatz zu Steuern „primär wirtschaftspolitische und nicht finanzwirtschaftliche Zielsetzungen wirksam sind"[4]. Aber unabhängig von der dogmatischen Güte derartiger Begrifflichkeiten sah man den Anlaß, auf verfassungsrechtlicher Ebene zwischen Steuern und Sonderabgaben zu unterscheiden, eigentlich erst als gegeben an, als das Grundgesetz seine Finanzverfassung in Art. 105 ff. GG in ihrem abgabenrechtlichen Teil als eine „Steuerverfassung" ausbildete und das Verfassungsstatut sämtlicher nichtsteuerlicher Abgabetypen implizit seiner „Sachverfassung" zugeordnet hat: Ist der Steuerbegriff des Grundgesetzes in Art. 105 ff. GG damit zu einem Verfassungsbegriff geworden, so ist es der juristische Unterscheidungsmechanismus zu den nichtsteuerlichen Abgabenkategorien ebenfalls.

2. Daß auch unter dem Dach dieser grundgesetzlichen Finanz- und Steuerverfassung die verfassungsrechtliche Notwendigkeit bestand, neben dem Steuerbegriff einen eigenständigen Sonderabgabenbegriff zu ziselieren, ist dennoch nicht ausgemacht. Gewiß sind Steuern in Art. 105–108 GG das Maß aller Dinge, so daß eine Entscheidung, ob eine Abgabe Steuer ist oder nicht, nicht in das Belieben des Gesetzgebers gestellt sein kann, sondern der materielle Gehalt dieser Abgabe entscheidet[5]. Aller-

4 *Werner Weber*, Die Dienst- und Leistungspflichten der Deutschen, 1943, S. 82, 88.

5 Vgl. etwa BVerfG vom 10. Dezember 1980, BVerfGE 55, 274 (305): Der Gesetzgeber kann durch die Bezeichnung einer Abgabe lediglich eine Art Subsum-

dings schweigt sich die Verfassung über den verfassungsrechtlichen Steuerbegriff aus. Das Bundesverfassungsgericht hat sich daher notgedrungen mit einer Anknüpfung an die Definition der Reichsabgabenordnung (§ 1 I RAO) bzw. der Abgabenordnung (§ 3 I AO) beholfen und formuliert in jüngerer Zeit feinsinnig, daß zwar der verfassungsgesetzliche Steuerbegriff nicht als ein „Konzentrat einfach-gesetzlicher Normen" zu begreifen sei, aber davon ausgegangen werden müsse, „daß das Grundgesetz diesen Begriff im Sinne der Abgabenordnung als eine seit Jahrzehnten eingebürgerte Begriffsbestimmung des gemeindeutschen Steuerrechts" verwende[6].

Dieser gemeindeutsche Steuerbegriff lautet in seiner heutigen Form: „Steuern sind (1) einmalige oder laufende Geldleistungen, die (2) nicht eine Gegenleistung für eine besondere Leistung darstellen und (3) von einem öffentlich-rechtlichen Gemeinwesen (4) zur Erzielung von Einnahmen allen auferlegt werden, bei denen der Tatbestand zutrifft, an den das Gesetz die Leistungspflicht knüpft; die Erzielung von Einnahmen kann Nebenzweck sein." Und vor dem Hintergrund einer solchen Definition hätte eigentlich nichts dagegen sprechen müssen, die tatsächlichen Abgabenphänomene, die man heute als Sonderabgaben begreift, noch als Steuern zu begreifen.

Daß das heutige Steuerrecht interventionistisch ist (und eigentlich immer war[7]), ist eine Binsenweisheit und durch den AO-Gesetzgeber mit der Einfügung, daß die Erzielung von Einnahmen „Nebenzweck" sein kann, klargestellt worden – die – *Weber*sche Distinktion von Sonderabgaben war daher eine Münze ohne Prägung. Und wenn ihre heutige Distinktion – wie *Franz Klein* es formuliert hat[8] – darin liegen soll, „daß diese Abgaben nur von bestimmten natürlichen oder juristischen Personen erhoben werden, die zu dem Zweck, dem das Abgabenaufkommen dient, eine besondere Beziehung haben", so muß auch in dieser Gruppenbezogenheit der Sonderabgabenerhebung nicht unbedingt ein steuerbegriffliches Manko liegen: Der Generalzweck der Steuererhebung, die Erzielung von Einnahmen, bezieht Abgaben, die einzelne Gruppen belasten, zwanglos ein – und dies gilt selbst dann, wenn diese Abgaben auch erhebungstechnisch gruppenbezogen sind, d.h. in einen haushaltsunabhängigen Fonds fließen und hieraus gruppenspezifisch verwendet werden. Nach wie vor dienen solche Abgaben der Erfüllung *öffentlicher* Aufgaben, so daß ihre Erhebung durch staat-

tionsvorschlag machen, sich damit aber nicht den Bindungen der Finanzverfassung entziehen.

6 BVerfG vom 10. Dezember 1980, BVerfGE 55, 274 (299); vom 6. November 1984, BVerfGE 67, 256 (282). Für diese pragmatische Rezeption spricht die „Natur der Sache"; es ist legitim, die bestehenden einfachgesetzlichen Regelungen als vorverfassungsrechtliches Gesamtbild und damit als Ausprägung des Verfassungsbegriffs anzusehen. Abzulehnen sind freilich Auffassungen, die dem einfachen Recht den Charakter von Verfassungs- oder Verfassungsgewohnheitsrecht zusprechen, um es so zu „betonieren" – damit werden die Aufgaben zwischen Gesetz und Verfassung unzutreffend verteilt.

7 Vgl. *Wolfgang Knies,* Steuerzweck und Steuerbegriff, 1976, passim.

8 Zur Verfassungsmäßigkeit von Sonderabgaben – ihre Abgrenzung zu den Steuern, DStR 1981, 275 (275).

liches Abgabengesetz eigentlich von der Absicht *öffentlicher/staatlicher* Einnahmeerzielung getragen ist und es nachgerade gekünstelt erscheint, daß mit ihrem Fluß in den Fonds und erst recht deshalb, weil sie einzelne Gruppen belasten, die mit ihrer Erhebung verbundene staatliche Einnahmeerzielungsabsicht abgeschnitten sein soll.

3. Daher liegt ein zweites nahe: Wenn die Staatspraxis den „normlogischen" Weg – nämlich Sonderabgaben als Teile bzw. Unterarten eines einheitlichen Steuerbegriffs anzusehen – nicht gegangen ist, dann vor allem deshalb, weil sie dem rigiden Kompetenzstatut entkommen wollte, das die bundesstaatliche Verfassung für die Erhebung von Steuern in Art. 105–108 GG vorsieht. Für Abgaben, die in einen Fonds fließen und parafiskalisch bewirtschaftet werden sollen, passen die Festlegungen über Steuerertragshoheit und Steuerverwaltungshoheit (in denen prinzipiell nur Zuständigkeiten zwischen Bund und Ländern aufgeteilt werden) eben nicht – aus einer kompetenziellen Not ist eine interpretatorische Tugend geworden. Oder von methodologisch höherer Warte: Weil für „Fondsabgaben" in der Steuerverfassung von Hause aus kein Platz ist, muß es im Raison d'être dieses Grundgesetzes angelegt gewesen sein, bereits auf der verfassungsrechtlich-kompetenziellen Ebene zwischen Steuern im engeren Sinne und „steuerähnlichen" Sonderabgaben begrifflich zu scheiden. Oder noch anders: Man hat die geschriebene Verfassung faktisch dadurch geändert, daß man ihren Steuerbegriff künstlich verkleinert hat. Oder letztendlich methodenrein: Neben dem vorverfassungsrechtlichen Steuerbegriff gibt es einen finanzverfassungsrechtlichen Steuerbegriff, der eigenständig und enger ist. Hätte man dies klar gesagt, wäre der finanzverfassungsrechtlichen Dogmatik viel an Augenwischerei und juristischer Gedankenakrobatik erspart geblieben.

4. Wie dem aber auch immer sei: Staatspraxis und Bundesverfassungsgericht haben die begriffliche Unterscheidung von Steuern und Sonderabgaben ursprünglich mehr oder weniger allein für kompetenzielle Zwecke eingefordert. Eine ganze Traube von Sonderabgaben – von der Weinwirtschaftsabgabe[9] über den Milchpfennig[10] bis hin zu einem rückzahlbaren Konjunkturzuschlag[11] auf die Einkommen- und Körperschaftsteuer zu dem Zweck, in der Boomphase Kaufkraft abzuschöpfen – ist verfassungsgerichtlich unter diesem kompetenziellen Blickwinkel geprüft und für verfassungskonform befunden worden.

Die Wende leitete das Urteil zur Berufsbildungsabgabe vom 10. Dezember 1980[12] ein, das die verfassungsgerichtlichen Kontrollmaßstäbe grundlegend veränderte. Das Gericht hat seither die bundesstaatlich-kompeten-

9 Mit „Stabilisierungsfonds" zur Stabilisierung des Weinmarktes; BVerfG vom 5. März 1974, BVerfGE 37, 1.

10 Milchausgleichsabgabe nach § 12 III des Milch- und Fettgesetzes; BVerfG vom 27. Januar 1965, BVerfGE 18, 315.

11 BVerfG vom 15. Dezember 1970, BVerfGE 29, 402.

12 BVerfG vom 10. Dezember 1980, BVerfGE 55, 274.

zielle „Geschäftsgrundlage" des Sonderabgabenbegriffs verlassen, der kompetenzielle Aspekt wird jetzt ein Nebenkriegsschauplatz. Ins Zentrum rückt die *neue* Frage nach der materialen Legitimation einer Sonderabgabe: Es werden ihr in freier Rechtsschöpfung materiale Schranken gesetzt, um sie prinzipiell auf Ausnahmefälle begrenzen zu können.

Konnte der rückzahlbare Konjunkturzuschlag als Sonderabgabe der „Besserverdienenden" im Jahre 1971 die verfassungsgerichtlichen Hürden mühelos passieren, so ist die rückzahlbare Investitionshilfeabgabe („Zwangsanleihe") als Sonderabgabe der „Besserverdienenden" im Jahre 1984[13] spektakulär verworfen worden – ohne daß sich beide Abgaben in den entscheidenden verfassungsrechtlichen Fragestellungen unterschieden hätten. Und während das Urteil zur Berufsbildungsabgabe seinerzeit noch glauben machen wollte, bisher seien nur einzelne Aspekte der Sonderabgabenproblematik beurteilt worden, nunmehr werde sie umfassend beurteilt[14], schlingert seither das Schiff der Sonderabgaben-Rechtsprechung[15] zwischen den Klippen der Finanz- und Sachverfassung hin und her und es ist nicht einmal mit Deutlichkeit auszumachen, ob die vom Bundesverfassungsgericht herausgestellte Definition eine Definition ist, oder ob es sich darüber hinaus um die Voraussetzungen handelt, unter denen eine Sonderabgabe zulässigerweise erhoben werden darf[16].

II. Das Definitionsproblem

Sonderabgaben sind, wenn es sie also gibt, zuallererst ein Definitionsproblem, ein Prüfstein des verfassungsrechtlichen Steuerbegriffs. Zum einen und ursprünglich erscheinen sie unter dem Oberbegriff der Abgaben als ein Ausfallprodukt aus der klassischen Trias von Steuern, Gebühren und Beiträgen – Sonderabgaben sind Abgaben, die nicht Steuern, Gebühren oder Beiträge sind. Heute jedoch attestiert ihnen das Bundesverfassungsgericht gleichsam selbständige Züge: von Steuern nach „Idee und Funktion" geschieden, belasten sie die „Angehörigen bestimmter Gruppen",

13 BVerfG vom 6. November 1984, BVerfGE 67, 256.

14 Vgl. BVerfG vom 10. Dezember 1980, BVerfGE 55, 274 (298). Aber immerhin dissentierten grundsätzlich oder marginal: *Rinck, Steinberger* und *Träger* (a.a.O., S. 329), *Rottmann* (a.a.O., S. 331), *Hirsch* (a.a.O., S. 341) und *Niebler* (a.a.O., S. 345).

15 BVerfG vom 10. Dezember 1980, BVerfGE 55, 274 zur Berufsbildungsabgabe; vom 26. Mai 1981, BVerfGE 57, 139 zur Schwerbehindertenabgabe; vom 6. November 1984, BVerfGE 67, 256 zur Zwangsanleihe; vom 31. Mai 1990, BVerfGE 82, 159 zur Abgabe nach dem Absatzfondsgesetz. Begrifflich nicht zu den Sonderabgaben werden gerechnet: die Künstlersozialabgabe – BVerfG vom 8. April 1987, BVerfGE 75, 108; die Erstattung nach § 128 AFG – BVerfG vom 4. April 1989, BVerfGE 81, 156; die Fehlbelegungsabgabe – BVerfG vom 8. Juni 1988, BVerfGE 78, 249.

16 Daß seither Begriff und materielle Zulässigkeit nicht voneinander getrennt werden, kritisiert etwa auch *Wolfgang Puwalla*, Qualifikation von Abgaben. Eine Untersuchung am Beispiel der Fehlbelegungsabgabe, 1987, 58, 66.

nehmen sie „eine Gruppe wegen einer speziellen Verantwortlichkeit für eine Finanzaufgabe" in Anspruch.

1. Wären Sonderabgaben allein ein Ausfallprodukt innerhalb des Abgabenbegriffes, so ließe sich die Frage, was Sonderabgaben sind – als Vorfrage dessen, unter welchen verfassungsrechtlichen Kontrollmaßstäben sie stehen –, mit den herkömmlichen juristischen Methoden bewältigen: Im Unterschied zu Gebühren und Beiträgen waren sie – und sind es auch heute noch – nicht eine Gegenleistung für eine Leistung der öffentlichen Hand, sie sind vielmehr wie Steuern voraussetzungslos auferlegt[17]; im Unterschied zu den Steuern fehlte es ihnen an der Einnahmeerzielungsabsicht der öffentlichen Hand, wie sie der herkömmliche Steuerbegriff des § 3 I AO voraussetzt.

Diese Einnahmeerzielungsabsicht läßt sich noch eher[18] dann verneinen, wenn Abgaben nur für eine kurze Zeit in den allgemeinen Staatshaushalt eingehen und sodann zurückgezahlt werden müssen (rückzahlbarer Konjunkturzuschlag[19], Investitionshilfeabgabe als sog. „Zwangsanleihe"[20]). Schwieriger und „wertend" wird diese Prüfung, wenn zwischen Abgabenpflichtige und allgemeinen Staatshaushalt ein Fonds als Parafiskus eingeschaltet wird, in den diese Abgaben fließen und von dem heraus sie bewirtschaftet werden. Ein solcher Fonds ist anstaltlich verfaßt und regelmäßig (aber nicht notwendig) als juristische Person des öffentlichen Rechts organisationsrechtlich gegenüber seiner Muttergebietskörperschaft (Bund oder Land) verselbständigt, so daß es unmöglich oder zumindest juristisch schwierig wird, die Ertragshoheit bzw. Verwaltungshoheit bezüglich der Abgabe i.S.v. Art. 106/108 GG noch auf diese Muttergebietskörperschaft beziehen zu können.

Damit stellt sich die Gretchenfrage nach Reichweite und Bezugspunkt der Einnahmeerzielungsabsicht als Konstitutiv des verfassungsrechtlichen Steuerbegriffs. Und vor dem Hintergrund der rigiden Kompetenznormen der Art. 105–108 GG, in die sich solche dem Verfassungsgeber vorausliegende Fondsabgaben nicht einfügen lassen, muß es jedenfalls als eine mögliche, durch die bisherige Praxis unter dem Grundgesetz eben sanktionierte Wertung angesehen werden, die Einnahmeerzielungsabsicht und damit auch den verfassungsrechtlichen Steuerbegriff gewissermaßen am allgemeinen Staatshaushalt enden zu lassen – um damit aus verfassungsrechtlich unzulässigen Steuern verfassungsrechtlich mögliche Sonderabgaben in die Juristenwelt zu setzen: Mit dem Fluß in den Sonderfonds sind sodann die Grenzen des Steuerbegriffs überschritten, weil der

17 *Paul Kirchhof*, Staatliche Einnahmen, in: Isensee/Kirchhof, Handbuch des Staatsrechts der Bundesrepublik Deutschland, Bd. IV, 1990, S. 87 ff., RdNr. 221: sie neutralisieren keinen zugewendeten Vermögenswert.

18 Wiewohl auch dies nicht zwingend ist; vgl. *Dieter Birk*, Zur Verfassungsmäßigkeit der sog. Zwangsanleihe, BB 1982, 2121.

19 BVerfG vom 15. Dezember 1970, BVerfGE 29, 402.

20 BVerfG vom 6. November 1984, BVerfGE 67, 256.

Fonds nicht mehr den allgemeinen Finanzbedarf der öffentlichen Hand verwaltet, wie er im allgemeinen Staatshaushalt in staatlichen Einnahmen und Ausgaben zusammenläuft, und weil sich die Verwendung des Aufkommens einer Fondsabgabe durch die Organe und Behörden der (Mutter-)Gebietskörperschaft nicht mehr maßgeblich steuern läßt, der Fonds vielmehr als Sondervermögen einen haushaltsrechtlich ausgelagerten Sonderzweck verwaltet[21]. Daß diese Wertung auch anders hätte ausfallen können, wurde bereits oben dargelegt.

So weit, so gut: Unter solchen Prämissen jedenfalls könnte etwa die Veranschlagung einer Abgabe im Haushaltsplan, versehen mit einer (gruppennützigen) Zweckbindung, einen Wechsel von der Steuer zur Sonderabgabe nicht zustande bringen. Denn durch eine Zweckbindung allein werden Einnahmen, die im Haushaltstopf zusammenfließen, summenmäßig für bestimmte Zwecke festgelegt, aber die Absicht, damit Einnahmen für den allgemeinen Staatshaushalt zu erzielen, nicht unterbrochen.

2. Vor dem Hintergrund des spektakulären Methodenwechsels des Bundesverfassungsgerichts im Jahre 1980 ist die Diagnose, ob eine Steuer oder eine Sonderabgabe vorliegt, freilich wesentlich schwieriger zu treffen.

Man wird zwar davon ausgehen können, daß das Gericht den Fluß in den Parafiskus weiterhin und von vorneherein als einen Umstand ansieht, der die Abgabe zu einer Sonderabgabe stempelt. Darüber hinaus hat es aber die Gruppenbelastung einer Abgabe als ein den Steuerbegriff ausschließendes – und daher gleichsam als ein freischwebend fünftes – (Negativ-)Merkmal entdeckt. Außerdem wird dieses Merkmal der Gruppenbelastung nicht allein als Definitionsmerkmal gehandhabt, sondern ist zugleich Ausgangspunkt für die Zulässigkeitskontrolle der Abgabe, so daß die Sonderabgaben-Rechtsprechung seither im besten Sinn als ambivalent angesehen werden kann: in ihren Voraussetzungen phänotypisch und wenig konturiert, in ihren Folgen rigide und – ohne daß man dies immer vorhersehen könnte – mitunter von „tödlichem" Ausgang.

Die Belastung einer gesellschaftlichen Gruppe ist im Bereich des klassischen Steuerrechts nichts Ungewöhnliches – bisher unbeanstandet werden und wurden etwa der Werkfernverkehr, Hundehalter, Autohalter, Mineralölfirmen oder -tanker, Unternehmer (e così via) mit einer Steuer belastet. Sie alle sind als Gruppen gleichwohl die Finanziers der „Allgemeinheit". Und wenn es denn der Sprung von der Gruppenbelastung zur Gruppennützigkeit einer Abgabe wäre, die sie zur Sonderabgabe macht,

21 I.d.S. auch *Paul Henseler*, Begriffsmerkmale und Legitimation von Sonderabgaben, 1984, S. 44: Für Steuern sei die Fähigkeit einer Gebietskörperschaft entscheidend, „die Verwendung des Abgabeaufkommens durch ihre Organe und Behörden maßgeblich zu steuern"; eine Abgabe werde nur dadurch zur Nichtsteuer, daß die Entscheidung über die Mittelverwendung von einer organisationsrechtlich verselbständigten juristischen Person mit Entscheidungsautonomie im Verhältnis zur (Mutter-)Gebietskörperschaft getroffen werde.

dann müßte auch die Zweckbindung der Mineralölsteuer für den Straßenbau diese Steuer zu einer Sonderabgabe machen.

Außerdem werden Lenkungsteuern, die sich eine Zielgruppe aussuchen müssen – wie etwa die Getränkehersteller bzw. -konsumenten bei der in der steuerpolitischen Diskussion befindlichen Getränkeverpackungsabgabe[22] – zu Sonderabgaben mutieren bzw. in ihren begrifflichen Sog geraten – obwohl eine entsprechende Einschränkung des Steuerbegriffs, jedenfalls auf der Basis der traditionellen Nebenzwecklehre, nicht Hand in Hand geht. Mit anderen Worten: Lenkungsteuern stehen heute auf der Grundlage des Begriffs- und Zulässigkeitsvokabulars der bundesverfassungsgerichtlichen Rechtsprechung tendenziell in einer begrifflichen Überschneidungszone mit Sonderabgaben. Und dieser Überschneidungsbereich müßte staatsrechtlich eigentlich durch ein Qualifikationswahlrecht des einfachen Gesetzgebers überbrückt werden können – ein Ergebnis, daß das Bundesverfassungsgericht aber bereits an der Wiege seiner restriktiven Sonderabgaben-Rechtsprechung vermeiden wollte: „Die Bewahrung der bundesstaatlichen Ordnungs- und Ausgleichsfunktion des Art. 104a bis 108 GG macht es . . . unabdingbar, Steuern und außersteuerliche Abgaben *eindeutig* voneinander abzugrenzen."[23]

3. So ist es eine der quälendsten finanzrechtlichen Fragen der Gegenwart, ob eine Abgabe, die der Gesetzgeber in Angriff nehmen will, noch Steuer oder schon Sonderabgabe ist (oder umgekehrt), wobei sich das Definitionsproblem unweigerlich mit dem Zulässigkeits- oder Legitimationsproblem vermischt. Die Crux der Sonderabgaben-Rechtsprechung liegt darin, daß sie vage Vorbehalte gegen gruppenbezogene Abgaben in eine apodiktische Bastion verwandelt hat – ohne das „cui bono" auf einen dogmatisch einleuchtenden Punkt bringen zu können und mit dem Ergebnis, aus kleinen Ursachen im Definitionsbereich große Wirkungen im Zulässigkeitsbereich zu erzielen. Man glaubt sich an den Zauberlehrling erinnert: Die gute Absicht, das Verfassungsgefüge zu stabilisieren, hat zur Folge, daß es in Unordnung zu geraten droht.

III. Das Legitimationsproblem

Sonderabgaben werden nicht aus einer eigenen Abgabenkompetenz – und schon gar nicht einer solchen aus finanzverfassungsrechtlichem Raum – erhoben. Sie sind Teil oder doch Annex[24] von Kompetenzen, die in der

22 Dazu *Lerke Osterloh/Carsten Brodersen,* Eine neue Steuer auf Getränkeverpackungen, JuS 1986, 53; *Paul Tiedemann,* Die Verpackungsabgabe als Instrument kommunaler Abfallvermeidungspolitik, DÖV 1990, 1.

23 BVerfG vom 10. Dezember 1980, BVerfGE 55, 274 (304) [Hervorhebung im Original].

24 Zur Annexzuständigkeit als Behelf zur effektuierenden Auslegung vorhandener Kompetenzen *Wolfgang Jakob,* Forschungsfinanzierung durch den Bund. Gedanken zur Kompetenz des Bundes zur „Ressortforschung" und „Modellversu-

Sachverfassung angesiedelt sind und ihrer Art nach nicht oder nicht nur auf Abgabenerhebung bezogen sind (etwa Art. 74 Nr. 11 GG – Recht der Wirtschaft – für die Berufsbildungsabgabe). Früher hatte sich das Bundesverfassungsgericht im Grundsatz allein mit einer kompetenziellen Herleitung des Rechts von Bund und Ländern, Sonderabgaben zu erheben, begnügt. Seit der Entscheidung zur Berufsbildungsabgabe[25] gilt dies nicht mehr.

1. Das Gericht sieht seither Gefahren für die bundesstaatliche Finanzverfassung als einen „der tragenden Eckpfeiler der bundesstaatlichen Ordnung", die vor Aushöhlung zu schützen sei (institutionelles Moment)[26]; ferner für den Individualschutz der Abgabenpflichtigen, deren Anspruch auf Gleichheit bei der Auferlegung öffentlicher Lasten zu wahren sei (grundrechtssicherndes Moment)[27]. Die Sonderabgabe ist danach ein grundsätzlich unzulässiges Finanzierungs- oder Gestaltungsmittel – sie kann als „zusätzliche Belastung einzelner nur erhoben werden, wenn sie sich auf einen besonderen Zurechnungsgrund stützen läßt, der vor den Grundsätzen der bundesstaatlichen Finanzverfassung und vor dem Gebot der Gleichheit aller Bürger vor den öffentlichen Lasten Bestand hat"[28].

Kriterien dieses besonderen Zurechnungsgrundes sollen in prinzipiell kumulativer Abfolge sein:

- ein im Abgabengesetz akzentuierter Sachzweck, der über die bloße Mittelbeschaffung hinausgehend zu einer gestaltenden Einflußnahme auf die Kompetenzmaterie (z.B. die „Wirtschaft" in Art. 74 Nr. 11 GG) führt[29];

---

chen". Zugleich ein Beitrag zur Aufgabenfinanzierung im Bundesstaat, Der Staat 1985, 527 (555).

25 BVerfG vom 10. Dezember 1980, BVerfGE 55, 274.

26 In dieser rigiden Form ist dies eine bloße Behauptung, die sich auch darüber hinwegsetzt, daß die Sachverfassung ausdrückliche Kompetenzen für die Erhebung nichtsteuerlicher Abgaben kennt (vgl. Art. 74 Nrn. 12 und 22 GG).

27 BVerfG vom 10. Dezember 1980, BVerfGE 55, 303: „Die relativ gleiche Teilnahme aller Staatsbürger an den die Gemeinschaft treffenden Lasten nach Maßgabe der vom Steuergesetz getroffenen Belastungsentscheidung würde zu einem bloßen Formalprinzip entwertet, wenn nicht zugleich gewährleistet wäre, daß diese Lasten auch tatsächlich aus den von allen gemeinsam aufgebrachten Steuermitteln getragen werden. In dem Maße, in dem der Staat bestimmte öffentliche Aufgaben nicht aus Steuergeldern finanziert, sondern sie einzelnen Bürgern oder Gruppen neben ihrer Steuerlast und ohne Rücksicht bei dieser aufbürdet, hebt er der Sache nach die Lastengleichheit wieder auf." – Dieser auf *Karl Heinrich Friauf* zurückgehende Gedanke ist sicherlich beachtlich, als striktes Verfassungsprinzip aber wohl kaum verwertbar, zumal er sich auch gegen die Finanzverfassung selbst und die Belastung einzelner Gruppen mit *Steuern* wenden müßte.

28 BVerfG vom 10. Dezember 1980, BVerfGE 55, 303 f.

29 BVerfG vom 6. Januar 1984, BVerfGE 67, 256 (279) ließ auch daran die Zwangsanleihe scheitern: Die „allgemeine Zweckbestimmung zur Förderung des Wohnungsbaus" gehe „nicht über die auch bei Zwecksteuern übliche Konkretisierung" hinaus. Genaugenommen kann dies aber allein eine *kompetenzielle* und

- eine vom Gesetzgeber vorgefundene homogene Gruppe, die er zur Erreichung dieses Sachzwecks in Finanzverantwortung nimmt;
- eine spezifische Sachnähe dieser Gruppe der Abgabenpflichtigen zu der zu finanzierenden Aufgabe – sie muß dem mit der Abgabenerhebung verfolgten Zweck näher verbunden sein als jede andere Gruppe oder die Allgemeinheit der Steuerzahler und steht deswegen in einer besonderen „Gruppenverantwortung";
- die Verwendung des Abgabenaufkommens im Interesse der Abgabenpflichtigen („Gruppennützigkeit der Verwendung").

2. Homogenität der Gruppe heißt, daß die Gruppe durch eine gemeinsame, in der Rechtsordnung oder in der gesellschaftlichen Wirklichkeit vorgegebene Interessen- oder Faktenlage von der Allgemeinheit und anderen Gruppen abgrenzbar ist: Die Gruppe muß also rechtlich oder sozial bereits vorgegeben sein, sie darf nicht erst durch das Abgabengesetz geschaffen werden. Deswegen wurde die Zwangsanleihe als verfassungswidrig angesehen, weil mit den „Besserverdienenden" keine solche vorgeprägte Gruppe erfaßt wurde[30]. Bei den Einleitern von Abwasser, die eine Abwasserabgabe entrichten müssen, ist dies immerhin fraglich, doch ist das Einleiten von Abwasser durch das Wasserhaushaltsgesetz rechtlich vorgeprägt.

Dagegen werden sich die Stromverbraucher, die den Kohlepfennig schulden, zu Recht als eine nicht von der Allgemeinheit abgehobene besondere Gruppe fühlen; sie werden sich auch nicht in einer besonderen Verantwortung und Sachnähe zur Förderung der Steinkohle wissen. Desgleichen dürfte die Gruppennützigkeit, die zwar nicht voraussetzt, daß das Abgabenaufkommen im spezifischen Interesse jedes einzelnen Abgabenpflichtigen verwendet wird, jedoch, daß es überwiegend im Interesse der Gesamtgruppe geschieht[31], für Stromverbraucher nur spärlich zu belegen sein (langfristige Sicherung der Stromerzeugung durch Steinkohleeinsatz?). Auch bei den Umweltabgaben wird sich immer die Frage der Gruppennützigkeit stellen, wenn die Abgabe nicht in die Gruppe zurückfließt.

---

keine materielle Regelungsbarriere sein – verfehlt sie der Bund, wären die Länder regelungsbefugt.

30 BVerfG vom 6. November 1984, BVerfGE 67, 256 (279).

31 BVerfG vom 6. November 1984, BVerfGE 67, 256 (276). Es schadet nicht, wenn einzelne Gruppenmitglieder zwar abgabenpflichtig, aber nicht förderungsberechtigt sind, und es schadet ebenfalls nicht, wenn die Verwendung der Abgabe auch im Interesse anderer Gruppen und der gesamten Gesellschaft liegt; BVerfG vom 10. Dezember 1980, BVerfGE 55, 274 (316) zur Berufsbildungsabgabe.

IV. Eine Typologie von Sonderabgaben

Das Bundesverfassungsgericht[32] unterscheidet grosso modo zwischen Sonderabgaben mit Finanzierungszweck („gruppennützige Sonderabgaben", „Finanzierungssonderabgaben") und solchen ohne Finanzierungszweck („Lenkungsabgaben", „Abgaben mit Antriebsfunktion").

1. Sonderabgaben ohne Finanzierungszweck sollen ein Verhalten lenken und – falls der Angesprochene diesen Antrieb überhört – zu finanziellen Sanktionen führen. Paradebeispiel ist die Schwerbehindertenabgabe[33], wenn sie aus der Gruppe der Arbeitgeber *allein* diejenigen belastet, die nicht das gesetzliche Soll Schwerbehinderter beschäftigt haben, und sie damit in Richtung auf ein sollgemäßes Verhalten lenkt. Demgegenüber werden Sonderabgaben mit Finanzierungszweck typischerweise auf *alle* Mitglieder der Gruppe – und unabhängig von ihrem sachpolitischen Wohlverhalten – umgelegt; erst durch Subventionen aus dem Aufkommen selbst wird i.d.R. ein Gestaltungs- oder Lenkungszweck erfüllt – etabliert wird also die Gruppe als finanzieller Zwangsverbund, der im Fonds als gruppenpluralistisch strukturierter Anstalt seine verwaltungsmäßige Fortsetzung findet: die von der gemeinsam zu finanzierenden Sachaufgabe Betroffenen sehen sich in die Verwaltungsorganisation integriert[34].

Zu den Sonderabgaben mit Finanzierungszweck zählen sog. Förderabgaben („Selbsthilfen der Wirtschaft") – die Mitglieder einzelner Berufsgruppen, Wirtschaftszweige oder Branchen werden zu einem finanziellen Zwangsverbund zusammengefaßt und zu Abgaben herangezogen, mit denen über den gruppenpluralistisch verfaßten Fonds gruppennützige Aufgaben (Förderung von Qualität oder Absatz von Produkten etc.) finanziert werden: etwa die Weinwirtschaftsabgabe (mit „Stabilisierungsfonds" zur Stabilisierung des Weinmarktes)[35], die Abgabe nach dem Absatzfondsgesetz[36], die Filmabgabe (mit Filmförderungsanstalt)[37], der Kohlepfennig[38], die Berufsausbildungsabgabe[39] oder die Jagdabgabe[40].

---

32 Typologisierend insbesondere BVerfG vom 26. Mai 1981, BVerfGE 57, 139; vom 6. November 1984, BVerfGE 67, 256.

33 BVerfG vom 26. Mai 1981, BVerfGE 57, 139.

34 Dazu *Gunnar Folke Schuppert*, Nichtsteuerliche Abgaben, intermediäre Finanzgewalten und Verwaltungsorganisation, in: Festschrift für Werner Thieme, 1993, 227 ff. (233) „Die Parallele zum Vorgang der Verkammerung oder Verkörperschaftlichung ist augenfällig; auch hier wird eine soziologisch vorstrukturierte Gruppe – ein Berufsstand, ein Wirtschaftszweig – durch . . . Zwangsmitgliedschaft in das Verwaltungssystem inkorporiert und die dieser Gruppe . . . innewohnende Verwaltungskraft staatlicherseits genutzt und instrumentalisiert. Es wird den Kenner daher auch nicht überraschen, daß für die Verwaltung und Verausgabung dieser gruppennützigen Sonderabgabe ein spezifischer Typ der öffentlich-rechtlichen Anstalt Verwendung findet, nämlich die gruppenpluralistisch strukturierte Anstalt."

35 Vgl. BVerfG vom 5. März 1974, BVerfGE 37, 1.

36 BVerfG vom 31. Mai 1990, BVerfGE 82, 159: von landwirtschaftlichen Betrie-

Ferner werden sog. Ausgleichsabgaben zu den gruppennützigen Abgaben mit Finanzierungszweck gerechnet – zum Ausgleich gebracht werden sollen Nachteile und Vorteile innerhalb eines Erwerbs- oder Wirtschaftszweigs, indem bei allen Gruppenmitgliedern kassiert wird und einzelne daraus Ausgleichszahlungen erhalten: etwa die Hebammenabgabe[41] oder die Milchausgleichsabgabe nach § 12 III des Milch- und Fettgesetzes[42].

Weiter differenzierend könnte man Freistellungsabgaben unterscheiden, die als finanzielle Ablösung einer Naturalleistung ausgestaltet sind[43]: etwa die Feuerschutzabgabe (Art. 4 BayKAG)[44], die Fehlbelegungsabgabe[45] oder, allerdings nicht mehr in der Diskussion, die Wehrdienstabgabe[46].

Eine gewisse Zwitterstellung zwischen Abgaben mit und ohne Finanzierungszweck scheinen sodann Veranlasserabgaben im Umweltschutzbereich einzunehmen, welche den „Störer" zum Ausgleich der Beeinträchti-

---

ben für einen Absatzfonds erhoben, soll die Abgabe den Absatz und die Verwertung der Erzeugnisse dieser Wirtschaftszweige fördern.

37 BVerfG vom 8. Februar 1974, BVerfGE 41, 1: die Abgabe wird von den Kinobesitzern am Maßstab des Kartenverkaufs erhoben; die Filmförderungsanstalt Berlin hat u.a. die Aufgabe, die Qualität des deutschen Films zu steigern; anschaulich hierzu *Gunnar Folke Schuppert*, a.a.O., (Fn. 34).

38 Beim Bund ist als nichtrechtsfähiges Sondervermögen ein „Ausgleichsfonds zur Sicherung des Steinkohleeinsatzes" eingerichtet, der die Verwendung von Steinkohle bei der Erzeugung von Energie fördern soll. Finanziert wird dies über den Kohlepfennig, der von den Energieversorgungsunternehmen geschuldet und auf die Verbraucher in der Stromrechnung überwälzt wird.

39 BVerfG vom 10. Dezember 1980, BVerfGE 55, 274.

40 Sie wird zusammen mit der Gebühr für Jagdscheine erhoben und zur Förderung des Jagdwesens verwendet (vgl. Art. 26 BayJG); dazu *Fritz Freudling*, Die Jagdabgabe, BayVBl. 1980, 105.

41 BVerfG vom 17. März 1964, BVerfGE 17, 287: von allen Hebammen erhoben, dient sie dem Ausgleich unterschiedlicher Hebammeneinkünfte und will so eine gleichmäßige Hebammenhilfe in Stadt und Land sicherstellen; vgl. auch BVerfG vom 12. November 1958, BVerfGE 8, 274: Leistungen an Preisausgleichskassen – die betroffenen Unternehmen wurden bei bestimmten Umsätzen mit „Zuschlägen" auf den Preis belastet, die in eine „Ausgleichskasse" flossen und dort zur Zahlung von „Ausgleichsbeiträgen" zur Aufrechterhaltung eines ausgeglichenen Preisstandes verwendet wurden.

42 BVerfG vom 27. Januar 1965, BVerfGE 18, 315 („Milchpfennig"): von allen milchproduzierenden Betrieben erhoben, gleicht sie durch Subventionen an einzelne u.a. den unterschiedlichen Transportaufwand für Milch aus und führt damit zu einem „annäherungsweisen Ausgleich der Erträge".

43 Derlei Abgaben bezeichnet nun wiederum BVerfG vom 26. Mai 1981, BVerfGE 57, 139 (Schwerbehindertenabgabe) als Ausgleichsabgabe.

44 BVerfG vom 17. Oktober 1961, BVerfGE 13, 167.

45 Das BVerfG vom 8. Juni 1988, BVerfGE 78, 249 rechnet sie – offenbar, um seine Kriterienpolitik nicht zu gefährden – nicht zu den „Sonderabgaben im Sinne der Rechtsprechung des Bundesverfassungsgerichts". Kreiert wird vielmehr mit der Abschöpfungsabgabe eine neue Abgabenkategorie, „die der Rückabwicklung staatlich gewährter Subventionsvorteile dient".

46 Dazu *Hans Edinger*, Denkbare abgabenrechtliche Konzeptionen zu einer Wehrausgleichsabgabe, Diss. Heidelberg, 1980.

gung belasten und ihn daher zugleich zu einer Minimalisierung der Störung anhalten können – etwa Altölabgabe[47], Abwasserabgabe[48], baden-württembergische Naturschutzabgabe[49].

Schließlich gibt es noch das reine „Ausfallprodukt" aus dem Steuerbegriff – etwa die Zwangsanleihe für alle Besserverdienenden, die nach Auffassung des Bundesverfassungsgerichts nur deshalb keine Steuer war, weil sie zurückgezahlt werden mußte, so daß der Einnahmeerzielungszweck fallierte. Gruppenspezifisch konzipiert war diese Abgabe von Hause aus nicht: die Besserverdienenden sind, ähnlich wie die neuerdings ins Spiel gebrachten „Arbeitsplatzinhaber" (Arbeitsmarktabgabe zugunsten der Arbeitslosen) oder die „Einheitsgewinnler" (Förderung der neuen Länder) keine homogene Gruppe.

2. Inwieweit nun dieser Typologie von Sonderabgaben rechtliche Bedeutung, insbesondere für die Zulässigkeit ihrer Erhebung, zukommen soll, ist aus der Rechtsprechung nicht ganz klar geworden. Denn einerseits gehört es zu dieser Entscheidungsdramaturgie, einzelne Abgaben als „nicht zu den Sonderabgaben i.S. der Rechtsprechung des Bundesverfassungsgerichts"[50] gehörig auszublenden bzw. „Sonderabgaben eigener Art"[51] zu kreieren, die damit von der eigenen oder auferlegten Kriterienpolitik freigezeichnet werden sollen. Zum anderen ist auch fraglich, ob der Kriterienkanon in gleicher Schärfe auf Sonderabgaben mit oder ohne Finanzierungszweck zur Anwendung gebracht werden soll[52].

---

47 Diese allerdings mit geringer Lenkungsfunktion: Beim Bund war durch das Altölgesetz ein Sondervermögen („Rückstellungsfonds") eingerichtet, das Zuschüsse für altölbeseitigende Unternehmen gab und durch eine Abgabe derer finanziert wurde, die Mineralölsteuer schulden.

48 Sedes materiae ist das Abwassergesetz: Die Einleiter von Abwasser in ein Gewässer entrichten eine Abwasserabgabe, die sich prinzipiell nach der Schädlichkeit des Abwassers bemißt. Die Länder müssen sie zweckgebunden zur Erhaltung und Verbesserung der Wassergüte einsetzen.

49 Dazu BVerwG vom 4. Juli 1986, BayVBl. 1987, 120: Abgabepflichtig sind die Verursacher von „Natur und Landschaft zugefügter Schäden" (z.B. Kiesgrubenbesitzer); sie finanzieren einen Naturschutzfonds, der zweckgebunden für Maßnahmen des Natur- und Landschaftsschutzes verwendet wird. Das BVerwG sieht wegen dieser „Wiedergutmachungsfunktion" eine „Sonderabgabe eigener Art, die jedenfalls nicht ohne weiteres mit den Sonderabgaben zu vergleichen ist, für die das BVerfG die von Verfassungs wegen zu stellenden Anforderungen näher umrissen hat" – eines von vielen Beispielen, in denen sich auch die höchstrichterliche Rechtsprechung um die Kriterienpolitik des BVerfG herumwindet. Vgl. auch BVerwG vom 20. Januar 1989, NVwZ 1989, 867.

50 BVerfG vom 8. Juni 1988, BVerfGE 78, 249 – Fehlbelegungsabgabe; vgl. demgegenüber noch BayVGH vom 17. Juli 1986, DÖV 1987, 33.

51 BVerwG vom 4. Juli 1986, BayVBl. 1987, 120 – Naturschutzabgabe.

52 Nach BVerfG vom 10. Dezember 1980, BVerfGE 55, 274 (308) sollte er für alle Sonderabgaben „strikt auszulegen und anzuwenden" sein. Aber mit der Schwerbeschädigtenabgabe konfrontiert – der es vor allem am Merkmal der Gruppennützigkeit der Verwendung des Aufkommens gebricht (die abgabenbelasteten Arbeitgeber sind nicht schwerbeschädigt) –, sollten die strikten Kriterien nur für Sonderabgaben mit Finanzierungszweck gelten, da diese in stärke-

3. Ein Resümee der Sonderabgaben-Rechtsprechung muß wohl lauten: „Nichts Genaues weiß man nicht"– als einschneidende richterliche Verfassungsumbildung bleibt sie in den begrifflichen Prämissen wie auch in ihrer Kriterienpolitik ohne rationalen Ableitungszusammenhang, freischwebend und merkwürdig gekünstelt: Eine Abgabe ohne Finanzierungs-(neben-)zweck läuft als schwarzer Schimmel durch die Staatspraxis, die „Gruppe" als eine vage vorrechtliche Größe entscheidet zentral, aber sophistisch die rechtlichen Fragen, die materiellen Bedenken des Gerichts erscheinen in ihren rechtlichen Folgerungen zu verallgemeinert und damit in der Gefahr, den legitimen Verfassungsbezirk des Einsatzes gesellschaftlicher und ökonomischer Hebel zu vernachlässigen.

V. Eine entkrampfte Lösung

Ansatzpunkt für eine entkrampfte Lösung scheint mir die Unterscheidung in *Merkmale* und *Zulässigkeit* einer Sonderabgabe zu sein – und dies bedeutet auch und vor allem, die Zulässigkeitsfragen nicht in „Bausch und Bogen", vielmehr elastisch und zumindest fallgruppenweise auszutarieren.

1. Begriffskern einer Sonderabgabe (um den sich Randfiguren lagern) ist es – geht man nolens volens von der heute praktizierten Definition des Bundesverfassungsgerichts aus –, daß der Abgabenpflichtige für die Finanzierung einer *gruppennützigen* öffentlichen Aufgabe in Anspruch genommen wird, während das Leitbild einer Steuer die Finanzierung von *gemeinnützigen* öffentlichen *Aufgaben* ist[53]. Dabei wird die gruppennützige

rer „Konkurrenz" mit der Finanzverfassung stünden. Bei Abgaben ohne Finanzierungszweck sollten die Kriterien „nicht uneingeschränkt" zur Anwendung kommen – im Klartext wurde auf das Merkmal der Gruppennützigkeit der Aufkommensverwendung verzichtet und die Schwerbehindertenabgabe verfassungsrechtlich gebilligt; vgl. BVerfG vom 26. Mai 1981, BVerfGE 57, 139 (167). Seit BVerfG vom 6. November 1984, BVerfGE 67, 256 – Zwangsanleihe – schließlich sollen sämtliche Zulässigkeitskriterien für alle Sonderabgaben, „mit denen ein Finanzierungszweck – sei es als Haupt- oder Nebenzweck – verfolgt wird", wiederum uneingeschränkt gelten – wohlbemerkt: auch die 1981 tolerierte Schwerbehindertenabgabe war im Nebenzweck auf Einnahmeerzielung angelegt (Förderung von Werkstätten für Schwerbehinderte etc.).

53 Zwischen gruppen- und gemeinnützigen Aufgaben verwischen sich allerdings die Grenzen – so namentlich bei Abgaben ohne Finanzierungszweck. So scheint auch hinter der Schwerbehindertenabgabe im Grunde ein Opfergedanke zu stehen; vgl. *Gunnar Folke Schuppert,* a.a.O., (Fn. 34) 233: Es handelt sich „um die Auferlegung einer Abgabe für eine gemeinnützige öffentliche Aufgabe, wobei die Abgabenpflicht eine Gruppe betrifft, der man die Finanzierung aufgrund einer gesteigerten Sachverantwortung am ehesten glaubt zumuten zu können". Bei einem solchen Abgabentyp wird daher „in der Tat die Gruppenbezogenheit als Kriterium für die Zurechenbarkeit finanzieller Belastungen merklich gelockert", die Gruppennützigkeit der Aufkommensverwendung ist gewissermaßen schon von Hause aus als Zulässigkeitskriterium falsch am Platz, weil es nicht um die Finanzierung gruppen-, sondern gemeinnütziger

Sonderaufgabe staatlicherseits so erfüllt, daß sie dem Abgabenpflichtigen nicht individuell in Form einer öffentlichen Leistung zugerechnet werden kann – dies im Unterschied zu Gebühren und Beiträgen. Und wegen des Grundsatzes der Gleichheit der Bürger bei der Auferlegung öffentlicher Lasten kann die Inanspruchnahme einzelner Abgabenpflichtiger für solche Sonderaufgaben prinzipiell nur dann zulässig sein, wenn sie aus *besonderen Gründen* vor dem Gleichheitssatz Bestand haben – hier ist also der Platz für den *besonderen Zurechnungsgrund.*

Dies bedeutet zum einen, daß gegenüber vergleichbaren Abgabenpflichtigen *in gleicher Lage* eine Ungleichbehandlung nicht eintritt: Hier ist der Platz für die *Gruppe,* die eben „gleich" macht; sie hat aber keine festen rechtlichen oder sozialen Konturen, sondern wird durch den Gleichheitssatz bestimmt – deswegen können „Einleiter" von Abwässern zur Abwasserabgabe herangezogen werden und deshalb können wohl auch die „Stromverbraucher" eine Gruppe bilden.

Zum anderen muß es noch einen sachlichen Grund dafür geben, daß die Abgabenpflichtigen im Vergleich zu *allen anderen* zu dieser besonderen Abgabe herangezogen werden. Die (Gruppen-)Verantwortung rechtfertigt dies sachlich, bei (Gruppen-)Nützigkeit sind geringere Anforderungen an die Verantwortung als sachlichen Grund zu stellen. Deswegen sind aus diesem Gesichtswinkel gruppennützige Abgaben eher zulässig als teilweise fremdnützige wie die Schwerbehindertenabgabe oder gänzlich fremdnützige wie etwa die Sozialversicherungsabgabe der Arbeitgeber und Vermarkter.

2. Eine so verstandene Gruppennützigkeit scheint aber nur einer von mehreren Gründen auf einer Skala sachgerechter Differenzierungsgründe zu sein. So tragen Veranlasserabgaben im Umweltbereich durchaus ihre Sachgerechtigkeit und Rechtfertigung in sich, indem sie zum Ausgleich einer Beeinträchtigung führen und „Wiedergutmachungsfunktion" haben[54].

öffentlicher Aufgaben geht. Der verfassungsrechtlich tolerierte Belastungsgrund ist nicht die Gruppennützigkeit der Aufkommensverwendung, vielmehr eine dem ausgeübten Beruf immanente Pflichtigkeit. Bei der Erdölbevorratung und deren Finanzierung hat es das BVerfG vom 16. März 1971, BVerfGE 30, 292 (325) ähnlich gesehen: Es handele sich „um eine öffentliche, ja um eine im engeren Sinne staatliche Aufgabe", die gewissermaßen aus Berufspflichtigkeit finanzierbar ist: „Wer sich . . . auf dem Gebiet der Mineraleinfuhr betätigt, muß angesichts der Importanfälligkeit und Krisenanfälligkeit der deutschen Mineralölwirtschaft mit staatlichen Maßnahmen rechnen, die ihn im Interesse der Allgemeinheit wirtschaftlich belasten. In gewissen Grenzen müssen ihm solche Opfer für das Gemeinwohl zugemutet werden."

54 So im Ergebnis auch BVerwG vom 4. Juli 1986, BayBVl. 1987, 120. Vgl. auch *Klaus Meßerschmidt,* Umweltabgaben als Rechtsproblem, 1986, S. 248: „Durch eine Verursacherabgabe tritt keine Störung der Lastengerechtigkeit ein, die durch eine gruppennützige Verwendung des Abgabeaufkommens wiederhergestellt oder kompensiert werden müßte."

Kann sich der Gesetzgeber zudem auf einen ordnungspolitischen Auftrag gegenüber der Gruppe berufen, so scheint ein rechtlich vorgegebenes Differenzierungskriterium gegenüber allen Abgabepflichtigen auch das zu sein, diese Gruppe aus ordnungspolitischer Sachgerechtigkeit[55] wie aus rechtsstaatlicher Verhältnismäßigkeit durch die Auferlegung einer Abgabe zu lenken – schließlich ist ein Paradoxon bisher nicht dogmatisch verarbeitet worden: je optimaler der Gesetzgeber seinen Lenkungszweck erfüllt, um so geringer ist das Abgabenaufkommen, so daß die Gesichtspunkte eines Eingriffs in die Lastengleichheit und einer finanzverfassungsrechtlichen „Steuerkonkurrenz" gegen Null tendieren.

3. Handelt es sich schließlich wie bei rückzahlbaren Abgaben – die nicht gruppenspezifisch erhoben werden und als nichtrückzahlbare Abgaben eine zulässige Steuer gewesen wären – um Abgaben, die einer Steuer gegenüber nur ein begriffliches Minus und kein Aliud sind, sollte die Argumentationsfigur des „milderen Mittels"[56] überdacht werden. Im übrigen lief es wohl schon auf einen methodischen Irrtum hinaus, die Zwangsanleihe als steuerähnliche Abgabe am Maßstab der Belastung ho-

---

55 Zur Sachgerechtigkeit: Im Umweltrecht können Umweltabgaben gegenüber ordnungspolitischen Ge- oder Verboten bzw. Auflagen die entscheidenden Vorteile von Marktkonformität und der Förderung von umwelttechnischen Innovationen und Investitionen haben. Etwa zwingt die Auflage, daß die SO_2-Emission aus einem Schornstein nicht mehr als 400 Milligramm betragen darf, jeden Betreiber dazu, diesen Standard – unabhängig von den Kosten – einzuhalten. Allerdings sind diese Kosten des SO_2-Ausstoßes von Betreiber zu Betreiber unterschiedlich. Eine Abgabenlösung berücksichtigt diese Tatsache: Jeder Betreiber reduziert die Schadstoffe unterhalb der Grenzwerte so weit, bis die Vermeidung der nächsten Schadstoffeinheit für ihn teurer käme als die Zahlung der Abgabe. So werden Betriebe mit niedrigeren Vermeidungskosten zu weitergehenden Maßnahmen veranlaßt, solche mit ungünstigerem Kostenverlauf nicht zu übermäßigen Anstrengungen gezwungen und – gesamtwirtschaftlich gesehen – ein bestimmtes Umweltziel billiger erreicht. Wird die Beeinträchtigung der Umwelt außerdem zum Kostenfaktor, so fördert dies das Interesse an umwelttechnischen Innovationen und Investitionen. Demgegenüber sind Auflagen an den jeweiligen „Stand der Technik" gekoppelt und bremsen daher die Entwicklung von Umwelttechnologie. Vgl. *Jüttner,* Mehr Ökologie durch Ökonomie, in: Die Zeit vom 16. Juni 1989, Nr. 25, 33.

56 Von BVerfG vom 6. November 1984, BVerfGE 67, 256 (289) – Zwangsanleihe – allerdings verworfen: „Ein milderes Mittel ist dort denkbar, wo der Staat in die Rechtssphäre der Bürger eingreift, nicht jedoch bei der Anwendung der Kompetenzordnung und -verteilung zwischen Bund und Ländern, wo es um feste und eindeutige Grenzziehungen geht." Doch im Lichte der Gesamtargumentation ist dies eher eine petitio principii: Das Gericht hat eine durchaus nicht „eindeutige" Kompetenzordnung nicht zuletzt aus grundrechtlichen Gründen eingeschränkt, so daß auch diese Einschränkung dem „milderen Mittel" zugänglich sein muß und es ihr im übrigen um so weniger bedarf, je mehr – vor dem grundrechtlichen Hintergrund – *alle* belastet bleiben. Außerdem wäre es an der Zeit, darüber nachzudenken, dem Verhältnismäßigkeitsprinzip innerhalb des Gefüges bundesstaatlicher Kompetenzordnung nicht nur eine subkutane (d.h. faktisch judizierte), sondern eine offene Heimstatt zu verschaffen; vgl. *Wolfgang Jakob,* a.a.O., (Fn. 24), 540 f.

mogener Gruppen messen zu wollen. Das dogmatische Unbefriedigtsein rührt her von der Inadäquanz von Maßstab und zu messendem Objekt: Da es nicht um eine gruppennützige Sonderaufgabe ging, sondern um eine (normalerweise steuerfinanzierte) gemeinnützige Aufgabe, konnte die Gruppe als Maßstabskriterium von Hause aus keinen Platz haben. Trivial gesagt hat das Gericht an einen Apfel den Maßstab angelegt, der für Birnen gilt, und weil dieser Maßstab nicht paßte, den Apfel aus dem Verkehr gezogen.

VI. Sonderabgaben auf der Flucht?

Mit der These, daß die Steuer auch verfassungsrechtlich die prinzipielle Finanzierungsform des „Steuerstaates" sei, geht es auch in der heutigen Literatur häufig Hand in Hand, nichtsteuerliche Abgaben und bevorzugt Sonderabgaben als „Fremdkörper" des Steuerstaates zu bezeichnen und unter einen spezifischen Rechtfertigungs- und Legitimationsdruck zu stellen[57].

Mit dem Blick auf Gebühren und Beiträge leuchtet dieser behauptete Vorrang der Steuerfinanzierung schon von Hause aus nicht ein – es ist vielmehr eher umgekehrt: So ist auf der Ebene des kommunalen Finanzrechts der traditionell festgeschriebene Grundsatz, daß der Entgeltsfinanzierung durch Gebühren und Beiträge der Vorrang vor der Steuerfinanzierung zukommt[58] („Subsidiarität der Steuerfinanzierung"), bisher aus gutem Grunde unbeanstandet geblieben.

Auch Sonderabgaben scheinen nicht von vorneherein mit dem Stigma des Irregulären behaftet, das es sachgerecht erscheinen ließe, sie in ein rigides und inflexibles Zulässigkeitsschema einzubinden. Dabei soll nicht geleugnet werden, daß ihre Gruppenbezogenheit vor allem unter dem Gesichtspunkt abgabenrechtlicher Lastengleichheit spezifische Legitimationsprobleme aufwerfen kann. Aber wie es keinen präformierten Detailmaßstab steuerlicher Lastengleichheit gibt und geben kann, kann es auch keinen präformierten Zulässigkeitsmaßstab für Sonderabgaben geben. Außerdem würde sich der Steuerstaat als Interventionsstaat eines abgabenrechtlichen Interventionsmittels begeben, das vor allem gruppenspezifisch eingesetzt werden will und vergleichsweise wirkungsvoller und schonender wirken kann als das herkömmliche ordnungspolitische Instrumentarium gesetzlicher Gebote oder Verbote.

---

57 So – jedenfalls für die einem Sonderfonds vorbehaltenen, haushaltsflüchtigen Abgaben – etwa von *Paul Kirchhof*, a.a.O., (Fn. 17), RdNrn. 221 ff.; *ders.*, Die Finanzierung des Leistungsstaates. Die verfassungsrechtlichen Grenzen staatlicher Abgabenhoheit, Jura 1983, 505 ff. („Die Sonderabgabe ist in der Finanzverfassung ein *Fremdköper* und ist deshalb als ‚seltene Ausnahme' speziell zu rechtfertigen"). Vgl. auch *Lerke Osterloh*, „Öko-Steuern" und verfassungsrechtlicher Steuerbegriff, NVwZ 1991, 823 ff.

58 Vgl. etwa Art. 62 II BayGO; § 3 III KAG Nds; § 3 III KAG NW; § 4 V KAG Saar.

Die Ordnungsfunktion der Finanzverfassung als Steuerverfassung schließlich erzwingt kein anderes verfassungsrechtliches Vorverständnis – will man nicht kompetenzielle bundesstaatliche Notwendigkeiten oder Erfordernisse umqualifizieren in die verfassungsdogmatische Orthodoxie eines „Steuerstaates als Staatsform": Zwar „ist richtig, daß die Finanzverfassung des Grundgesetzes als Verteilungsmaßstab des Abgabenaufkommens zwischen Bund und Ländern allein auf den Abgabentyp der Steuer als hauptsächlicher staatlicher Einnahmequelle fixiert ist; dies zeigt sich z.B. auch darin, daß im Länderfinanzausgleich die Finanzkraft nur als Steuerkraft definiert wurde, mit der Folge, daß die Einbeziehung oder Nichteinbeziehung des bergrechtlichen Förderzinses zu einem Problem ersten Ranges wurde . . . Der Steuerstaat verbietet es aber keineswegs – zumal wenn das Verhältnis von Bund und Ländern nicht berührt wird – Abgaben vorzusehen, die nicht den allgemeinen staatlichen Finanzbedarf decken sollen, sondern z.B. Selbstverwaltungseinheiten, Solidargemeinschaften oder Wirtschaftsbranchen als finanziellen Zwangsverband konstituieren. Werden solche Abgaben als eigenständiger Abgabentyp mit eigenständiger Legitimation und Funktion verstanden, wäre es nicht nur entbehrlich, sondern auch wenig sachgerecht, sie als Fremdkörper abzustempeln."[59]

59 *Gunnar Folke Schuppert,* a.a.O., (Fn. 34), 242.

Friedrich Fahr / Karl Eugen Schlief

Der kirchliche Finanzausgleich

Anmerkungen zur gegenwärtigen Praxis der katholischen Kirche in Deutschland

Inhaltsübersicht

I. Aufgaben eines Finanzausgleichs

„Die Kirche ist die Gemeinschaft der Menschen, die durch den Glauben an Jesus Christus und durch die Sakramente am Leben Gottes teilhaben und zur ewigen Gemeinschaft mit Gott berufen sind. Ihrem Wesen nach steht sie in Raum und Zeit und kann ihrem Heilsauftrag in Gottesdienst und Seelsorge, in Schule und Erziehung, in Caritas und Mission nur gerecht werden, wenn ihr – das ist eine nüchterne Feststellung – die nötigen materiellen Mittel zur Verfügung stehen."[1] Aufgabe der Finanzwirtschaft der Kirche ist es, die dafür notwendigen Mittel zu beschaffen und bereitzustellen[2].

Dem kirchlichen Finanzwesen wird im allgemeinen die Finanzwirtschaft der Bistümer und aller ihnen nachgeordneten kirchlichen Körperschaften, der in ihrer Trägerschaft stehenden Einrichtungen sowie des gesamtkirchlichen Zusammenschlusses der Diözesen zum Verband der Diözesen Deutschlands zugerechnet. In einem weiteren Sinn kann man auch diejenigen Einrichtungen einbeziehen, die den Kirchen in bestimmter Weise zugeordnet sind, wenn sie nach kirchlichem Selbstverständnis ihrem

1 Erklärung der Diözesanbischöfe zu Fragen des kirchlichen Finanzwesens vom 7. Januar 1970, veröffentlicht in den Kirchlichen Amtsblättern (z.B. Kirchliches Amtsblatt für die Diözese Münster 1970, Art. 17); abgedruckt bei *Heiner Marré,* Die Kirchenfinanzierung in Kirche und Staat der Gegegenwart, 3. Aufl., Essen 1991, S. 88 f.

2 *Karl Eugen Schlief,* Kirchliches Finanzwesen, in: Staatslexikon, hrsg. von der Görresgesellschaft, 7. Aufl., Bd. 3, Freiburg, Basel, Wien 1987, S. 524–531.

Zweck oder ihrer Aufgabe entsprechend berufen sind, ein Stück Auftrag der Kirche in dieser Welt wahrzunehmen und zu erfüllen (BVerfGE 46, 73)[3]. Ohne die Stützfunktion der Kirchensteuer könnten zahlreiche kirchliche Einrichtungen, die auf den Gebieten der Sozial- und Jugendhilfe, der Krankenversorgung und des Bildungswesens tätig sind und dafür staatliche Zuschüsse – wie auch andere Empfänger – erhalten[4], nicht so wirkungsvoll arbeiten. Es ist die dominierende Rolle der Kirchensteuer, die auch den kirchlichen Finanzausgleich in der Bundesrepublik Deutschland weitgehend bestimmt[5]. In diesem Beitrag geht es vorwiegend um die Verteilung der Kirchensteuern auf und zwischen den verschiedenen Ebenen der verfaßten katholischen Kirche[6]. Beteiligt sind daran Bistümer, Kirchengemeinden, Verbände von Kirchengemeinden und der Verband der Diözesen Deutschlands.

Ein Finanzausgleich ist immer dann gefordert, wenn es im Rahmen eines Gesamtverbandes eines bestimmten Gebietes selbständige Gebietskörperschaften unterschiedlicher Ordnung, Größe und Leistungsfähigkeit gibt. Diese Voraussetzungen für die Notwendigkeit von Ausgleichsleistungen finden sich auch bei den Kirchen, wobei die unterschiedliche Finanzverfassung, die in den Bistümern auf Grund historischer Gegeben-

3 *Karl Eugen Schlief*, Der Fall Goch, in: Verantwortlichkeit und Freiheit, FS für Willi Geiger zum 80. Geburtstag, Tübingen 1989, S. 704–719.

4 Zur Thematik der staatlichen Förderung von Gesellschaft und Kirche vgl. die Beiträge von *Hans Heinrich Rupp, Wolfgang Clement* und *Dietrich Pirson* in: Essener Gespräche zum Thema Staat und Kirche, hrsg. von Heiner Marré und Dieter Schümmelfeder, Bd. 28, Münster 1994; *Karl Eugen Schlief*, Staatsleistungen an die Kirche, in: Staatslexikon, hrsg. von der Görresgesellschaft, 7. Aufl., Bd. 5, Freiburg, Basel, Wien 1989, Sp. 199–201.

5 Zum kirchlichen Finanzausgleich gibt es im Gegensatz zum Finanzausgleich im staatlichen Bereich kaum Literatur. Lediglich *Dietrich Bauer* und *Heinz Dieter Hessler* haben sich unter finanzwissenschaftlichen Aspekten mit dem kirchlichen Finanzausgleich befaßt. *Bauer* widmet seine Untersuchungen nur dem Bereich der evangelischen Kirche, während *Hessler* auch das Zuweisungssystem des Erzbistums Köln analysiert. *Dieter Bauer*, Aktuelle Probleme des kirchlichen Finanzausgleichs, in: Finanzarchiv, Neue Folge, Bd. 36, 1977/78, 266–293. *Ders.*, Kirchlicher Finanzausgleich, in: Die Finanzen der Kirche, München 1989, S. 109–128. *Heinz Dieter Hessler*, Kirchliche Finanzwirtschaft, in: Finanzwissenschaftliche Forschungsarbeiten, Neue Folge, Bd. 57, 1990. *Ders.*, Kirchliche Finanzausgleichssysteme in der Bundesrepublik Deutschland, in: Schriften zur öffentlichen Verwaltung und öffentlichen Wirtschaft, Bd. 117: Finanzwissenschaftliche Aspekte von Religionsgemeinschaften, Baden-Baden 1989, S. 167–192. *Franz Kalde*, Kirchlicher Finanzausgleich: Kanonistische Aspekte zu einem gesamtkirchlich neu entdeckten Mittel kirchlicher Finanzverteilung, can. Diss., in: Forschungen zur Kirchenrechtswissenschaft, Bd. 16, Würzburg 1993, untersucht die wenigen Bestimmungen des CIC/1983 über den Finanzausgleich. Dem CIC/1917 waren derartige Regelungen nicht zu entnehmen.

6 *Karl Eugen Schlief*, Die Organisationsstruktur der katholischen Kirche, in: Joseph Listl/Dietrich Pirson (Hrsg.): Handbuch des Staatskirchenrechts der Bundesrepublik Deutschland, 2. Aufl., Bd. 1, Berlin 1994 (im Druck), § 11.

heiten anzutreffen ist, bestimmte Finanzausgleichssysteme erfordert[7]. Wird die Kirchensteuer als Ortskirchensteuer erhoben, ist ein anderes Ausgleichsinstrumentarium einzusetzen als im Falle der Diözesan-Kirchensteuer. Horizontaler oder vertikaler Finanzausgleich sind die unterschiedlichen, aber notwendigen Folgen. Hinzu kommen als weitere Mittel eines Ausgleichs Finanzzuweisungen, Beiträge und Umlagen. Auch ein Ausgleich zwischen den Bistümern findet auf der Ebene und mit Hilfe des Verbandes der Diözesen Deutschlands statt, der seinerseits durch einen vertikalen Finanzausgleich mit seinen Mitgliedern, den Bistümern, instandgesetzt wird, neben der Finanzierung gemeinsamer Ausgaben auch Hilfen außerhalb Deutschlands zu leisten.

Der vorliegende Beitrag wird die Rechtsgrundlagen der verschiedenen praktizierten Formen des Finanzausgleichs (II), die innerdiözesanen Finanzausgleichssysteme (III), den vertikalen Finanzausgleich zwischen dem Verband der Diözesen Deutschlands und den Bistümern (IV) und den horizontalen Finanzausgleich zwischen den Bistümern (V) behandeln.

II. Rechtsgrundlagen

Als Nordrhein-Westfalen als letztes Bundesland durch das Kirchensteuergesetz vom 15. Februar 1950[8] das bis dahin geltende, vom Staat weitgehend bevormundete Ortskirchensteuerrecht, das einen Ausgleich zwischen den Kirchengemeinden verbot, aufgab und die von den Diözesen angestrebte Diözesankirchensteuer ermöglichte[9], sahen sich die Generalvikare veranlaßt, durch Verlautbarungen den Gläubigen die Gründe für die Umstellung und Neuordnung der Kirchensteuer zu erläutern[10]. Die Beseitigung der verheerenden Folgen des Zweiten Weltkrieges in den Kirchengemeinden verlangte nach einem Lastenausgleich zwischen den Kirchengemeinden, die zum Teil ohne Schaden davongekommen waren, zum größten Teil aber schwere Vernichtungen ihrer Einrichtungen hinnehmen mußten. Daß dafür den Kirchengemeinden die Steuerhoheit zu-

7 *Hans Bernhard Brockmeyer,* Finanzausgleich, in: Lexikon des Rechts, Steuer- und Finanzrecht, hrsg. von *Franz Klein,* 2. Aufl., Neuwied, Kriftel, Berlin 1993, S. 188, hält einen Finanzausgleich zwischen den Diözesen innerhalb der Katholischen Kirche für ein geeignetes Instrument zum Ausgleich der unterschiedlichen Finanzkraft.

8 GV NW S. 32.

9 Zur Geschichte des kirchlichen Abgabenwesen und speziell der Kirchensteuer s. ausführlich: *Friedrich Giese,* Deutsches Kirchensteuerrecht, Stuttgart 1910 (unver. Nachdr. Amsterdam 1965); *Heiner Marré,* in: Heiner Marré/Paul Hoffacker, Das Kirchensteuerrecht im Land Nordrhein-Westfalen, Kommentar, Münster 1969; *ders.,* Das Kirchliche Besteuerungsrecht, in: Joseph Listl/Dietrich Pirson (Hrsg.): Handbuch des Staatskirchenrechts der Bundesrepublik Deutschland, 2. Aufl., Bd. 1, Berlin 1994 (im Druck), § 37.

10 Z.B. Kirchliches Amtsblatt für die Diözese Münster (KABl.) vom 21. März 1950, Art. 58.

gunsten des Diözesankirchensteuersystems verbunden mit der staatlichen Verwaltung der Kirchensteuer genommen werden mußte, wurde mit der Mahnung des Völkerapostels Paulus an die Korinther verdeutlicht: „Denn es geht nicht darum, daß ihr in Not geratet, indem ihr anderen helft; es geht um einen Ausgleich. Im Augenblick soll euer Überfluß ihrem Mangel abhelfen, damit auch ihr Überfluß einmal einem Mangel abhilft" (vgl. 2 Kor 8, 13 u. 14). Es war die Gemeinde zu Jerusalem, der auf diesen Aufruf hin tatsächlich wirksam geholfen wurde.

Nicht viel anders verhält sich das seit 1983 geltende neue kirchliche Gesetzbuch (CIC/1983). Im CIC/1983 gibt es für einen Finanzausgleich nur zwei konkrete Anhaltspunkte: Canon 1274 § 3 hinsichtlich der Sicherstellung einer angemessenen Besoldung, vor allem des Klerus; sowie Canon 791 n. 4 bezüglich der Verpflichtung, alljährlich für die Mission einen angemessenen finanziellen Beitrag zu leisten[11]. Wenngleich das neue kirchliche Gesetzbuch von 1983 den Finanzausgleich als Mittel der Finanzverteilung erkannt hat, so fehlen noch bis auf die genannten Ansätze Normen für den Ausgleich sowohl zwischen dem Apostolischen Stuhl und den Bistümern wie auch unter den Bistümern selbst und zwischen den Bistümern und ihren Kirchengemeinden. Darin darf man aber keinen Mangel sehen, da der CIC/1983 ein Gesetzbuch für die Weltkirche ist. Es muß den Bischofskonferenzen und Bistümern überlassen bleiben, für eine ausreichende Finanzausstattung der kirchlichen Körperschaften in ihren jeweiligen Bereichen zu sorgen. Die Bestimmungen über die Finanzausgleichsordnungen auf und zwischen den verschiedenen Ebenen finden sich daher im Partikularrecht[12] und in Vereinbarungen zwischen den jeweils Beteiligten. Im innerdiözesanen Finanzausgleich (zwischen Bistum und Kirchengemeinden) räumt z.B. § 2 der Kirchensteuerordnung (KiStO) für das Bistum Münster vom 30. Mai 1969[13] den Kirchengemeinden dem Grunde nach einen Anspruch auf Deckung ihres Finanzbedarfs durch Kirchensteuern ein, soweit Leistungen Dritter oder sonstige Einnahmen nicht ausreichen. Es ist Sache des Bistums bzw. der dafür zuständigen Organe (z.B. Kirchensteuerrat), in gerechter Weise nach einem möglichst effizienten System, das unterschiedlich ausgestaltet sein kann, die Geldmittel zu verteilen und damit dem Anspruch zu genügen. Daß dies nur im Rahmen der zur Verfügung stehenden Mittel möglich ist und diese möglicherweise nicht zur Deckung des Finanzbedarfs ausreichen, ist das

11 *Franz Kalde*, Kirchlicher Finanzausgleich (Fn. 5), sieht darin ein „neu entdecktes Mittel kirchlicher Finanzverteilung", bedauert aber, daß der CIC nicht in größerem Maß Verpflichtungen zum Ausgleich ausgesprochen hat.

12 *Franz Kalde*, Kirchlicher Finanzausgleich (Fn. 5), geht auf diesen Aspekt nicht ein. *Heiner Marré*, Das Staatskirchenrecht als Entstehungsgrund partikularen Kirchenrechts – dargestellt am Beispiel des Essener Diözesanrechts, in: Ministerium Justitiae, FS für Heribert Heinemann, Essen 1985, S. 139 ff., hat die Bedeutung des Partikularrechts als wichtiger Rechtsquelle für die Kirchensteuer als gemeinsamer Angelegenheit von Staat und Kirche hervorgehoben.

13 KABl. Münster (Fn. 10) 1969, Nr. 17 Art. 152 mit späteren Änderungen.

Risiko jeder Finanzwirtschaft. Der interdiözesane oder überdiözesane Finanzausgleich beruht, soweit er vertikal zur Alimentierung des Haushalts des VDD dient und soweit er horizontal zum Lastenausgleich zwischen den Diözesen stattfindet, auf jeweils neuen Vereinbarungen. Darauf wird später noch näher einzugehen sein (s.u. IV).

III. Innerdiözesaner Finanzausgleich

Die Art der Finanzbeziehungen zwischen Oberverband (= Bistum) und Unterverbänden (= Kirchengemeinde, Gemeindeverbände u.ä.) hängt davon ab, ob dem Oberverband oder den Unterverbänden die (Kirchen-)Steuerertragshoheit zusteht. Steht die Steuerertragshoheit den Unterverbänden zu, so ist der Oberverband deren „Kostgänger". Die Unterverbände haben den Oberverband zu alimentieren. Andererseits kann sich die Notwendigkeit eines horizontalen Finanzausgleichs zwischen den Unterverbänden ergeben. Sind dem Oberverband außerdem noch Aufgaben zugewiesen, die er zentral für die Unterverbände erfüllen muß, kommen noch Elemente eines vertikalen Ausgleichs hinzu, die durch Umlagen an den Oberverband zu erbringen sind. Häufig findet sich noch eine mittlere Hoheitsebene, die den Bereich des Gesamtverbandes in regionale Bezirke aufteilt. Eine wichtige Rolle spielt auch der Kompetenzumfang des zentralen Gesetzgebers oder, anders ausgedrückt, wie weit sind die Unterverbände an der zentralen Gesetzgebung beteiligt? *Heinz D. Hessler*[14] hat am Beispiel der Evangelischen Kirche im Rheinland, in der das Ortskirchensteuersystem gilt, sehr anschaulich den übersynodalen und den innersynodalen Finanzausgleich dieser Landeskirche erläutert und die Funktionen der verschiedenen Ausgleichsmittel dargestellt. Die drei Ebenen Landeskirche, Kirchenkreise und Kirchengemeinden stehen in einem außerordentlich differenzierten Finanzsystem mit vertikalen und horizontalen Finanzausgleichsleistungen, das der besonderen kirchlichen Struktur, den Aufgabenzuweisungen an die einzelnen Ebenen und ihrer Finanzierung angepaßt ist.

Steht jedoch die Steuerertragshoheit dem Oberverband zu, hat er für die angemessene Finanzausstattung der Unterverbände zu sorgen. Dies geschieht durch Zuweisungen, die unterschiedlicher Art sein können. Bei einem Bedarfsdeckungssystem kommt dem Oberverband eine zentralistisch ausgestaltete Stellung zu. Besonders in Zeiten geringer Steuereinnahmen wird mehr der Bedarfsdeckung der Vorzug vor einem Schlüsselzuweisungssystem gegeben werden. Letzteres verfolgt das Ziel, den einzelnen Unterverbänden einen möglichst großen selbst zu verantwortenden finanziellen Spielraum zu geben. Bei großen Unterschieden der Unterverbände, die je nach den einzelnen Aufgaben- und Belastungsparametern (z.B. Mitgliederzahl, Gebäudebestand, Zahl und Art der betriebenen Einrichtungen, Investitionsvorhaben) unterschiedlich sind, wird aber ein

14 *Heinz D. Hessler*, Kirchliche Finanzausgleichssysteme (Fn. 5), S. 171–182.

reines Schlüsselzuweisungssystem nicht ausreichen. Neben die Schlüsselzuweisung zur Deckung des laufenden Haushaltsbedarfs müssen Zweck-, Sonder- und Investitionszuweisungen treten. Wenngleich bei Zuweisungssystemen mit Recht die Frage aufgeworfen werden darf, ob derartige Systeme dem Thema Finanzausgleich zugeordnet werden dürfen, so zeigt sich doch, daß ein Zuweisungssystem wegen der Unterschiedlichkeit der Zuweisungsempfänger durchaus dem Finanzausgleich dient. Denn es sind in die vertikale Verteilung der für die untere Ebene verfügbaren Steuermittel horizontale Ausgleichselemente eingebaut. Diese Ausgleichselemente, die sich als differenzierte, nach Finanzkraft- und Bedarfsmerkmalen abgestufte Ausgleichsleistungen darstellen, werden durch den zentralen Gesetzgeber aufgrund politischer Entscheidungen festgelegt. Die Bistümer in Deutschland erheben die Kirchensteuer vom Einkommen nur als Diözesankirchensteuer, so daß bei ihnen im Verhältnis von Bistum und Kirchengemeinden nur vertikale Zuweisungssysteme mit unterschiedlichen horizontalen Ausgleichselementen anzutreffen sind. Als Beispiel für ein Schlüsselzuweisungssystem wird das Zuweisungssystem des Bistums Münster in seinen Grundzügen dargestellt. Im Anschluß daran wird beispielhaft das in den bayerischen Diözesen praktizierte Bedarfsdeckungssystem vorgestellt.

1. Das Schlüsselzuweisungssystem des Bistums Münster

Während die Kirchensteuerordnung den Umfang des Besteuerungsrechts des Bistums festlegt, enthält die Ordnung über die Zuweisung von Kirchensteuermitteln an die kirchlichen Körperschaften und Einrichtungen auf der unteren pastoralen Ebene im nordrhein-westfälischen Teil des Bistums Münster vom 11. September 1986 (ZuwO 87)[15] korrespondierend dazu die maßgebende Aussage, daß das Bistum im Rahmen seiner Finanzkraft den Kirchengemeinden zur Erfüllung ihrer und ihrer gemeinsamen Aufgaben Kirchensteuermittel zuweist, soweit Leistungen Dritter und sonstige Einnahmen nicht ausreichen. Damit besagt die Zuweisungsverordnung, daß die Kirchengemeinden, um ihre Aufgaben erfüllen zu können, ausreichende Kirchensteuermittel zur Deckung ihres Finanzbedarfs erhalten, soweit eigene Mittel nicht ausreichen. Die Verordnung kennt verschiedene Arten der Zuweisungen: Schlüsselzuweisungen zur Deckung des laufenden Haushaltsbedarfs (einschließlich gemeinsamer Einrichtungen z.B. der Zentralrendanturen), zweckgebundene Zuweisungen zur Mitfinanzierung besonderer Einrichtungen, Aufgaben und Aufwendungen sowie die Investitionszuweisungen zur Mitfinanzierung von Maßnahmen des Vermögenshaushalts.

Die Schlüsselzuweisung dient der Deckung des notwendigen laufenden Haushaltsbedarfs des Verwaltungshaushalts, der alle Einnahmen und Ausgaben enthält. Die Höhe der Schlüsselzuweisung bestimmt sich nach

15 KABl. Münster (Fn. 10), 1986, Art. 202.

der Zahl der Schlüsselpunkte, die auf die Kirchengemeinde entfallen, und nach der jährlich vom Kirchensteuerrat neu festzusetzenden Punktquote, d.i. der DM-Wert des einzelnen Schlüsselpunktes. Schlüsselpunkte werden errechnet nach der jeweiligen Größenklasse der Kirchengemeinde, nach der Zahl der Kirchenmitglieder und nach der ausgebauten Grundrißfläche der kirchengemeindlichen Gebäude; ferner gibt es Schlüsselpunkte für jede Kindergartengruppe, für Schwesternniederlassungen, für die Mitgliedschaft in einem Pfarrverband und für andauernde Sonderbelastungen, die durch die übrigen Schlüsselansätze nicht oder nicht ausreichend berücksichtigt werden können. Der Haushalt 1994 des nordrhein-westfälischen Teils des Bistums Münster weist für Schlüsselzuweisungen an die Kirchengemeinden[16] ein Volumen von 185,6 Mio. DM aus, das sich wie folgt errechnet: Für 93 120 Punkte hat der Kirchensteuerrat eine Punktquote von 1470,– DM für den Verwaltungshaushalt (ohne Kindergärten) festgesetzt. Das bedeutet eine Brutto-Schlüsselmasse von 136,9 Mio. DM. Da die Personalkostenbelastung der Kindergärten ungleich stärker ist als durch das sonstige Personal der Kirchengemeinden, hat der Kirchensteuerrat hierfür eine eigene Punktquote in Höhe von 1595,– DM festgelegt. Bei einer Punktzahl von 36 707 ergibt sich für diesen Bereich eine Brutto-Schlüsselmasse von 58,5 Mio. DM. Die gesamte Schlüsselmasse beträgt demnach 195,4 Mio. DM. Davon sind noch abzusetzen die anzurechnenden Einnahmen, wozu z.B. 50 v.H. der Einnahmen aus Zinsen, Mieten, Pachten u.ä. und 100 v.H. der freiwilligen Zuschüsse der öffentlichen Hand für die Kindergärten zählen. Nach Abzug dieser anzurechnenden Einnahmen in Höhe von 9,8 Mio. DM waren in dem Bistumshaushalt somit 185,6 Mio. DM als Schlüsselzuweisungen einzustellen. Im Haushalt sind ferner als sogenannter Ausgleichsstock 1,8 Mio. DM enthalten. Kirchengemeinden können nämlich eine Zuweisung aus dem Ausgleichsstock erhalten, wenn sie trotz wirtschaftlicher und sparsamer Haushaltsführung voraussichtlich einen Rechnungsausgleich auch im folgenden Haushaltsjahr nicht erzielen können.

Zweck- und Investitionszuweisungen können wegen der Besonderheit oder der Größe der Aufgaben naturgemäß nicht in Form summarischer Schlüsselzuweisungen geleistet werden. Sie bedürfen einer besonderen Ausgestaltung. Zweckzuweisungen und besonders Investitionszuweisungen bilden zwar einen Teil des vertikalen Finanzausgleichs zwischen Bistum und Kirchengemeinden. Ihnen kommt aber eine besonders horizontal geprägte Ausgleichsfunktion zu, da Prioritätsvorgaben seitens des Bistums bzw. des Kirchensteuerrates, die sich auch in Zuweisungsgrundsätzen oder Richtlinien niederschlagen können, bei einer zweckgerichteten Haushaltsplanung unumgänglich sind. Diese Prioritätsvorgaben kön-

16 Im nordrhein-westfälischen Teil des Bistums Münster gibt es 580 Kirchengemeinden und ihnen – haushaltsrechtlich – gleichgestellte Rektorate mit rd. 1,8 Mio. Katholiken. Es werden 689 Kindergärten mit 2158 Gruppen – davon 2040 berücksichtigungsfähig – unterhalten, die von rd. 53 000 Kindern besucht werden.

nen für die einzelnen Kirchengemeinden unterschiedliche Bedeutung haben. Sollen z.B. in Großstädten besondere pastorale Maßnahmen mit der Hilfe der Kirchengemeinden eingeleitet und dafür Investitionsmittel bereitgestellt werden, ist die Folge, daß die Kirchengemeinden im ländlichen Raum insoweit zurückstehen und, wenn die Mittel knapp sind, eigene Investitionsvorhaben zurückstellen müssen.

Zweckgebundene Zuweisungen kann eine Kirchengemeinde erhalten, wenn sie Einrichtungen unterhält, Aufgaben übernommen hat oder Belastungen unterliegt, für die im Haushaltsplan des Bistums Mittel ausgewiesen sind. Als Beispiel seien genannt: Jugendheime, kirchliche öffentliche Büchereien, Schwesternniederlassungen und Exerzitienseelsorge. Im Haushalt 1994 sind dafür 2,4 Mio. DM eingeplant.

Investitionszuweisungen kann eine Kirchengemeinde auf Antrag nach Maßgabe des Haushaltsplans des Bistums insoweit erhalten, als verwendbare Eigenmittel der Kirchengemeinde nicht vorhanden und auch Zuschüsse Dritter nicht zu erwarten sind und die Aufnahme von Darlehn nicht vertretbar ist. 46,2 Mio. DM hat der Kirchensteuerrat für das Jahr 1994 als Investitionszuweisungen für Kirchen, Pfarrheime, Kindergärten und Dienstwohnungen vorgesehen.

Außer den Zweck- und Investitionsmaßnahmen nach Maßgabe der Schlüsselzuweisungs-Ordnung gewährt das Bistum darüber hinaus weitere Mittel, die für kirchengemeindliche Schulen, Caritasverbände u.ä. vorgesehen sind, so daß insgesamt 256,3 Mio. DM der unteren pastoralen Ebene zugute kommen. Die vom Bistum zu tragenden Personalkosten für die Geistlichen und pastoralen Mitarbeiter sind hier nicht eingerechnet.

2. Das Bedarfsdeckungsprinzip in den bayerischen Diözesen

Alle bayerischen Diözesen haben das sog. Bedarfsdeckungssystem beibehalten, obwohl viele Diözesen zum Schlüsselzuweisungssystem übergegangen sind. Dies bedeutet im Konkreten: Der Bedarf der einzelnen Pfarrgemeinden (bzw. Kirchenstiftung) wird nach einem Maßstab gedeckt, der auch die z.T. sehr unterschiedliche Ausgangslage durch Dotation und Kollekteneinnahmen im Auge hat[17]. Die Rechtsfigur der „Kirchenstiftung" spielt dabei wegen ihrer Vermögenserträgnisse keine unwesentliche Rolle. Somit ist die Zuweisung an Kirchensteuermitteln unter Umständen besser nach dem tatsächlichen Bedarf – unter Anrechnung wiederkehrender Eigenerträgnisse – als nach Schlüsselparametern durchzuführen.

17 Die Satzung für die gemeinschaftlichen kirchlichen Steuerverbände in den bayer. (Erz-)Diözesen (DStVS) in der Fassung vom 1. Juli 1988, veröffentlicht im Amtsblatt für die Erzdiözese München und Freising, 1988, S. 330 ff., zählt in Art. 32 Abs. III Ziff. 5 „die Zuschüsse zu den Haushalten der kirchlichen Stiftungen und Kirchengemeinden" zum Personal- und Sachbedarf der (Erz-) Diözesen. Die Verteilung des Aufkommens an Kirchenumlagen zwischen dem gemeinschaftlichen Steuerverband, d.i. die (Erz-)Diözese, und den gemeindlichen Steuerverbänden bleibt dem gemeinschaftlichen Steuerverband überlassen (Art. 24 Abs. 1 des bayerischen Kirchensteuergesetzes).

Die Zuweisung zur Deckung des unabdingbaren Bedarfs setzt allerdings voraus, daß der Grundbedarf der Seelsorge, vor allem die Besoldung des Pfarrers und sonstiger Geistlicher sowie der pastoralen Mitarbeiter bereits zentral durch die Diözese übernommen wird. Diese Besoldungslast müßte eigentlich den ortskirchlichen Finanzaufwendungen zugerechnet werden. Ferner ist beim Bedarfsdeckungssystem (zumeist) vorausgesetzt, daß die Diözese die Neuerrichtung von Gebäuden und die „große Baulast" an bestehenden Gebäuden weitgehend finanziert. Jedoch muß bei der Deckung des finanziellen Bedarfs auch ein Freiheitsraum für Ermessensentscheidungen für Aktionen und Anschaffungen erhalten bleiben. In den meisten Fällen ergibt sich aus der jährlichen Fortschreibung eine gute Lösung. Wenn außergewöhnliche Umstände eintreten, wird nach dem Bedarfsdeckungssystem neben der Fortschreibung der normalen Zuschüsse auch die Gewährung von außerordentlichen Zuschüssen grundsätzlich vorzusehen sein. Die Finanzkraft einer Pfarrgemeinde erhöht sich auch, wenn die Erhebung des Kirchgelds, der ortskirchlichen Steuer, mit Sorgfalt durchgeführt wird. Ebenso dürfen zweckbestimmte Kollekten und Spenden in entsprechende Rücklagen eingebracht werden. Zur Motivation einer sparsamen Verwaltung ist die Einbringung von Haushaltsüberschüssen in zweckbestimmte Rücklagen anzuerkennen. Die Bedarfsdekkung als Finanzausgleichssystem zwischen Diözese und Pfarrgemeinden/Kirchenstiftungen hat sich, die flankierenden Entlastungen im Personal- und Baubereich vorausgesetzt, als durchaus effizient erwiesen. Jedenfalls können damit Verschuldungen der Pfarreien durch die fürsorgeverpflichtete Stiftungsaufsicht weitgehend vermieden werden. Wenn die Selbständigkeit der Pfarrgemeinden/Kirchenstiftungen in ihrer Finanzwirtschaft zunächst durch das Bedarfsdeckungsprinzip geschwächt erscheint, so hat sich tatsächlich gezeigt, daß sich durch die geforderte Bereitschaft zum Dialog zwischen Diözesanleitung und Pfarrei vielfach eine gute Problemlösung ergeben hat.

IV. Der vertikale Finanzausgleich zwischen dem Verband der Diözesen Deutschlands und den Bistümern

Nach Art. 44 des Statuts der Deutschen Bischofskonferenz und entsprechend § 3 der Satzung des Verbandes der Diözesen Deutschlands (VDD) werden die Aufgaben der Deutschen Bischofskonferenz im rechtlichen und wirtschaftlichen Bereich von diesem wahrgenommen. Er ist damit zuständig für alle Rechts- und Wirtschaftsfragen und für die überdiözesanen Finanz- und Haushaltsangelegenheiten[18]. Vor allem ist dies die Beschlußfassung über den Verbandshaushalt und dessen Durchführung.

18 Zum Verband der Diözesen Deutschlands und die weiteren Ausführungen im Text s.: *Karl Eugen Schlief,* Organisationsstruktur (Fn. 6), Abschnitt 1, 7, einschl. der Anmerkungen 49 bis 56.

Über die Finanzierung des Haushalts des Verbandes der Diözesen Deutschlands finden sich in seinem Satzungswerk nur zwei Bestimmungen, die aber ausreichen, um von seinen Mitgliedern, den deutschen Bistümern, zur Deckung des Haushalts 1994 eine Umlage in Höhe von 435 Mio. DM zu erhalten. So besagt § 11 Abs. 2 der Satzung, daß die Vollversammlung mit Einstimmigkeit entscheidet u.a. bei Festsetzung der Verbandsumlage und bei einer Änderung des Verteilungsschlüssels für die Umlage auf die einzelnen Diözesen und ihnen gleichgestellten Körperschaften. Das Erfordernis der Einstimmigkeit entspricht einer großen Vorsicht, um bei der stark unterschiedlichen Finanzkraft der Bistümer (pro-Kopf-Aufkommen 1992 zwischen 196 DM im Bistum Passau und 406 DM im Erzbistum Köln, ohne Berücksichtigung der neuen Bundesländer) jeder Majorisierung, aber auch, um – im Hinblick auf die hierarchische Struktur der Kirche, die das Bistum als grundlegende Organisationseinheit sieht – einer zentralistischen Tendenz vorzubeugen. Dies kommt auch in weiteren Punkten des § 11 Abs. 2 der Satzung zum Ausdruck. Einstimmigkeit ist ferner erforderlich bei der Übernahme neuer Aufgaben, bei der Ausweitung bestehender Aufgaben und bei der Errichtung neuer Dienststellen und sonstiger Einrichtungen des Verbandes. Um trotz dieser lähmend erscheinenden Vorschrift, die aber die Handlungsfähigkeit des VDD nicht über Gebühr einschränkt, in bestimmten Situationen einen Ausweg zu schaffen, bestimmt § 7 Abs. 2 der Geschäftsordnung des VDD folgendes: „Ist bei einem mit finanziellen Auswirkungen verbundenen Antrag nach § 11 Abs. 2 Einstimmigkeit verlangt, diese aber nicht zu erreichen, so ist zu versuchen, Einstimmigkeit dadurch zu erzielen, daß eine Mehrheit bereit ist, die dem Ausfall der ablehnenden Minderheit entsprechende Mehrbelastung zu übernehmen, und daß die den Antrag ablehnende Minderheit demselben unter diesen Umständen zustimmt. Ist die Minderheit auch unter diesen Voraussetzungen nicht für den Antrag zu gewinnen, so ist dieser abgelehnt." Aufgrund dieser Bestimmung findet sich im Haushalt des VDD 1994 eine Position, die von einem Teil der Mitglieder nicht mitfinanziert wird. Die in der Verbandssatzung vorgeschriebene Einstimmigkeit bei der Festsetzung der Verbandsumlage darf nicht dahin mißverstanden werden, daß es einem Verbandsmitglied möglich sei, durch die Verweigerung seiner Zustimmung sich von der Pflicht zur Leistung des auf ihn entfallenden Anteils der Verbandsumlage entziehen zu können. Dieses ergibt sich aus dem Gesamtzusammenhang der Vorschrift, die Einstimmigkeit immer dann vorschreibt, wenn es um die Übernahme neuer Verpflichtungen mit finanzieller Auswirkung geht. Soweit bestehende Verpflichtungen des Verbandes zu finanzieren sind, müssen sich die Mitglieder des Verbandes nach dem jeweils gültigen Verteilungsschlüssel beteiligen.

Weder Satzung noch Geschäftsordnung des Verbandes enthalten – eine weitere Merkwürdigkeit des Satzungswerkes des VDD – eine Regelung darüber, wie die Verbandsumlage und der Verteilungsschlüssel zu bilden sind. Es hat sich eine Übung herausgebildet, die sich in ihren Grundzügen schon vor Errichtung des VDD bei Abwicklung des sog. überdiözesanen Haushalts durch die „Finanzkammer der Kölner Kirchenprovinz" in Münster bewährt hatte. Die Umlage ist nach Maßgabe der tatsächlichen Finanzkraft (Netto-Finanzkraft) der Mitglieder zu leisten. Es wird zunächst das Ist-Aufkommen des vorvergangenen Jahres, für das Haushaltsjahr 1994 also das Ist-Aufkommen des Jahres 1992, ermittelt, das ist der Kirchensteuereingang (ohne Nebensteuern und Kirchengeld), der den Bistümern von den staatlichen Finanzämtern überwiesen wird oder – so in Bayern hinsichtlich der Kircheneinkommensteuer – von den (kirchlichen) Kirchensteuerämtern erhoben worden ist. Nach Abzug der Kosten der Steuererhebung und der vorgenommenen Steuererstattungen und nach Anrechnung der erhaltenen oder geleisteten Kirchensteuerausgleichszahlungen (wobei die Zahlungen aus der Verrechnung der Kirchenlohnsteuer – Clearing – erheblich ins Gewicht fallen!) ergibt sich das Ist-Aufkommen (netto) an Kircheneinkommen- und Lohnsteuer. Dieses Ist-Aufkommen erfährt noch weitere Verfeinerungen, bevor der für die Umlage zu Grunde zu legende Betrag gefunden ist. Vor allem wirken sich die im Haushaltsjahr erst noch zu leistenden oder zu empfangenden Zahlungen des interdiözesanen Finanzausgleichs (s.u. V) aus. Von nicht so großer Bedeutung, aber durchaus im Einzelfall erheblich, wirkt sich mindernd eine Berücksichtigung der Staatsleistungen aus, soweit sie unter dem Bundesdurchschnitt bleiben. Das Verhältnis der so gefundenen Endsumme des einzelnen Bistums wird in das Verhältnis zur Gesamtsumme aller Bistümer gesetzt und so der jeweilige prozentuale Anteil für die Verbandsumlage errechnet. Diese Art der Feststellung „des Verteilungsschlüssels für die Umlage" ist gekennzeichnet von dem Bemühen, nur die tatsächliche Finanzkraft der einzelnen Verbandsmitglieder zu belasten, also vor allem den Grundsatz „jeder nach seinen Kräften" zu verwirklichen. Dies wird insbesondere dadurch deutlich, daß bei der Ermittlung des Ist-Aufkommens (netto) des vorvergangenen Jahres die geleisteten oder erhaltenen Ausgleichszahlungen eingestellt werden müssen und die im Haushaltsjahr erst noch zu erhaltenden und zu leistenden Zahlungen aus dem interdiözesanen Finanzausgleich angerechnet werden. Jedoch können diese beiden Berechnungsschritte zu größeren Schwierigkeiten führen, die ihre Wurzel in der Verrechnung der Ansprüche der Kirchenlohnsteuer zwischen den Diözesen, dem sog. „Clearing", haben.

Das Clearing-Verfahren ist eine notwendige Folge der sog. Betriebsstättenbesteuerung, aber kein Finanzausgleichsverfahren. Im Rahmen der Quellenbesteuerung führen die Betriebsstätten der Arbeitgeber die einbehaltene Kirchenlohnsteuer für alle Mitarbeiter unabhängig von ihrem Wohnsitz ab. Steuergläubiger ist aber das Bistum des Wohnsitzes. Der Ausgleich der so entstandenen Steueransprüche wird im Anschluß an die im dreijährigen Turnus durchzuführende (staatliche) Lohnsteuerstatistik gemäß dem Zerlegungsgesetz vom 25. Februar 1971[19] aufgrund einer auch

19 BGBl. I, 145 m. Änd. zul. v. 22. Januar 1987 (BGBl. I, 470).

zeitlich aufwendigen Auswertung der Lohnsteuerkarten vorgenommen. Das Ergebnis der Auswertung, also die Feststellung der auszugleichenden Ansprüche liegt in der Regel erst drei bis vier Jahre nach dem Jahr der Lohnsteuerstatistik vor. Dann wird für die zurückliegenden Jahre eine Neuberechnung des ganzen Zahlenwerkes einschließlich der Verbandsumlage und des Finanzausgleiches vorgenommen, was u.U. zu erheblichen Schwierigkeiten für einzelne Diözesen, die hohe Ansprüche ausgleichen müssen, führen kann, obwohl durch jährliche Voraus- und Anpassungszahlungen allzu große Schwankungen vermieden werden. Bei einer jährlichen Summe der Clearingverrechnungen von rd. 600 Mio. DM betrug das Volumen des noch zu verteilenden Restes nach dem Clearingverfahren für den Zeitraum 1986 bis 1988 rd. 139 Mio. DM; für den Zeitraum 1989 bis 1991 ist der Betrag noch nicht bekannt. Ab der Auswertung 1977 haben sich die Bistümer dem automatischen Auswertungsverfahren angeschlossen und hierfür Richtlinien (nicht veröffentlicht) vereinbart einschließlich der Errichtung einer Verrechnungsstelle beim VDD, der ab 1985 auch die Durchführung der multilateralen Zuweisungen aufgetragen ist. Wichtig bleibt festzuhalten, daß diese Umverteilung der Kirchenlohnsteuer keineswegs ein Finanzausgleich ist, wie dies in Absatz I, 2 der genannten Richtlinien mit dem Ausdruck „Kirchenlohnsteuerausgleich" noch immer insinuiert wird, sondern eine praktische, wenn auch notwendige Regelung von strikten Gläubiger- und Schuldnerverhältnissen zwischen den beteiligten Diözesen.

Die Finanzierung des Haushalts des VDD beruht auf dem reinen Umlageprinzip; der Verband ist Kostgänger seiner Mitglieder. Ursprünglich waren dem Verband im wesentlichen nur solche Aufgaben zugedacht, die ihrer Natur nach als Gemeinschaftsaufgaben zu beurteilen sind. Dazu zählen in erster Linie der Unterhalt der notwendigen Dienststellen und Einrichtungen, Aufwendungen für die vielfältige Tätigkeit der Bischofskonferenz und ihrer Kommissionen, das Institut für Staatskirchenrecht der Diözesen, das Zentralkomitee der Deutschen Katholiken und vieles mehr. Es hat sich jedoch im Laufe der Zeit herausgestellt, daß es viele kirchliche Aufgaben gibt, die wirkungsvoller wahrgenommen werden können, wenn dies zentral geschieht. Dem Gesichtspunkt der Einheitlichkeit kirchenpolitischer Maßnahmen ist zuweilen dann besser gedient, wenn bestimmte Aufgaben als gesamtkirchliche Gemeinschaftsaufgaben angesehen werden. Dies schafft auch klare Strukturen und erleichtert das Verwaltungshandeln. Der Haushalt des Verbandes der Diözesen Deutschlands spiegelt dies wider. Bei einem Volumen des Haushalts 1994 von 468 Mio. DM werden für Aufgaben der Weltkirche 190 Mio. DM, für die Bistümer und Jurisdiktionsbezirke in den neuen Bundesländern 120 Mio. DM (aus dem überdiözesanen Finanzausgleich erhalten sie weitere 119 Mio. DM), für horizontale Ausgleichsmaßnahmen 65 Mio. DM und für Gemeinschaftsaufgaben 89 Mio. DM aufgewandt[20].

20 Quelle: Verband der Diözesen Deutschlands.

Das vom VDD angewandte Umlageverfahren stellt sich als vertikaler Finanzausgleich mit erheblichen horizontalen Auswirkungen dar[21]. Wie ausgeführt, bezieht sich die Umlage auf die tatsächliche Finanzkraft. Im Rückfluß von Mitteln an die Bistümer zeigen sich weitere horizontale Entlastungsmomente. Dies ist besonders deutlich in der Hilfe für die Bistümer und Jurisdiktionsbezirke in den neuen Bundesländern. Unter dem Gesichtspunkt, daß die katholische Kirche sich als Weltkirche versteht, dürfen die Leistungen an die Leitung der Kirche in Rom (z.Zt. jährlich 15 Mio. DM) und an die Kirchen außerhalb Deutschlands – meist über die großen kirchlichen Werke Missio, Misereor, Adveniat und Renovabis – dem kirchlichen Finanzausgleich zugeordnet werden.

V. Der horizontale Finanzausgleich zwischen den Bistümern

Der horizontale Finanzausgleich zwischen den Bistümern – auch inter- oder überdiözesaner Finanzausgleich – geht auf den Anfang des VDD zurück. Der Grundgedanke dabei war, den finanzschwächeren Mitgliedern des VDD die Möglichkeit zu geben, sich an der Finanzierung der Verbandsaufgaben zu beteiligen, ohne dadurch zusätzlich geschwächt zu werden. Dieses Prinzip wurde auch beibehalten, als die Jurisdiktionsbezirke der neuen Bundesländer (= die Bistümer Berlin und Dresden-Meißen, die Apostolische Administratur Görlitz sowie die Bischöflichen Ämter Erfurt, Magdeburg und Schwerin) zum 1. Januar 1991 dem Verband beitraten. Sie erhalten, wie oben unter IV dargestellt, erhebliche Ausgleichsmittel, beteiligen sich aber an der Verbandsumlage. Die derzeitig gültige Ausgestaltung des Finanzausgleichs hat sich erst im Laufe der Jahre durch immer neue Modifikationen entwickelt. Der Finanzausgleich beruht auf der jährlichen Zustimmung aller Mitglieder zum Haushalt. Da sich dieser Finanzausgleich seit mehr als 25 Jahren nach einem festgelegten Regelungsmodell vollzieht, könnte man von einem Gewohnheitsrecht sprechen, auf das sich die finanzschwächeren Mitglieder des Verbandes verlassen können. Der Geschäftsstelle des VDD obliegt die Abwicklung der zu erhaltenden und zu leistenden Ausgleichszahlungen. Die Formel für den derzeitigen Finanzausgleich, die – mit Modifikationen – seit 1975 angewandt wird, hat folgenden Wortlaut:

a) Maßstab für den Finanzausgleich 19. . ist das bereinigte – auf einen Hebesatz von 8 v.H. umgerechnete – Pro-Kopf-Aufkommen an Kircheneinkommen(-lohn)steuer des jeweils vorvergangenen Jahres.

21 Auch das von der EKD praktizierte Umlageverfahren „impliziert . . . einen nicht unerheblichen Teil des horizontalen Finanzausgleichs zwischen den einzelnen Landeskirchen, indem die finanzstärkeren Gliedkirchen überproportional zur Finanzierung der EKD-Ausgaben herangezogen werden" (*Dietrich Bauer*, Kirchlicher Finanzausgleich – Fn. 4 –, S. 120).

b) Soweit das gemäß a) berechnete Steueraufkommen 95 v.H. des Bundesdurchschnitts pro Kopf übersteigt (= Mehraufkommen), tragen die Diözesen zum Finanzausgleich bei.

c) Soweit das gemäß a) berechnete Steueraufkommen unter 85 v.H. des Bundesdurchschnitts pro Kopf zurückbleibt (= Mindereinnahmen), erhalten die Diözesen Ausgleichsleistungen.

d) Soweit das Pro-Kopf-Aufkommen einer Diözese weniger als 85 v.H., aber mehr als 75 v.H. des Bundesdurchschnitts beträgt, wird eine entsprechende Mindereinnahme zu $66^2/_3$ v.H. ausgeglichen.

Soweit das Pro-Kopf-Aufkommen einer Diözese weniger als 75 v.H. des Bundesdurchschnitts beträgt, wird die entsprechende Mindereinnahme zu 100 v.H. ausgeglichen.

e) Soweit die Diözesen aus sonstigen Steuern und Kirchgeld sowie aus Staatsleistungen (Dotationen, Pfarrbesoldungs- und Versorgungszuschüsse) Einnahmen haben, die den Bundesdurchschnitt pro Kopf übersteigen, mindert dies ihren Anspruch auf Ausgleichsleistung entsprechend. Soweit solche Einnahmen hinter dem Bundesdurchschnitt pro Kopf zurückbleiben, mindert dies ihre Verpflichtung, zum Finanzausgleich beizutragen, entsprechend.

f) Bei Diözesen mit einem Hebesatz von 9 v.H. mindert sich der Anspruch auf Ausgleichsleistung um die Summe, die das tatsächliche Kirchensteueraufkommen das Aufkommen gemäß Buchstaben a) übersteigt.

g) Ausgleichsbeträge dürfen von den empfangenden Diözesen nur für Zwecke verwandt werden, die auch nach der für abgebende Diözesen geltenden Rechtsordnung als kirchlicher Finanzbedarf gelten.

Die wiedergegebene Formel bewirkte, daß die Ausgleichsbeträge im Verhältnis zum Gesamtkirchensteueraufkommen als gering zu bezeichnen waren. Für das Jahr 1990 kamen beispielsweise nur 23,2 Mio. DM zur Verteilung und für das Jahr 1992 waren es 32,6 Mio. DM, die für den Finanzausgleich geleistet wurden. Erst seit der Einbeziehung der Jurisdiktionsbezirke der neuen Bundesländer in den interdiözesanen Finanzausgleich muß eine erheblich größere Verteilungsmasse zur Verfügung gestellt werden, die für das Jahr 1994 149,9 Mio. DM beträgt, wovon allein die ostdeutschen Jurisdiktionsbezirke 119 Mio. DM erhalten. (Die Direktzuweisungen aus dem Bundeshaushalt in gleicher Höhe sind darin nicht enthalten – s.o. IV.) Nach der Wiedervereinigung erhielten sie bis zur Einbeziehung in den Finanzausgleich erhebliche Hilfe durch Zuschüsse zur Bewältigung der neuen großen Aufgaben.

Außer dem vorstehend beschriebenen horizontalen Finanzausgleich zwischen allen Bistümern Deutschlands sind auch noch regionale Besonderheiten zu erwähnen, so z.B. der „Überdiözesane Fonds Bayern", der die Finanzierung der gemeinsamen Aufgaben der sieben bayerischen Diözesen trägt. Der Umlageschlüssel bemißt sich nach einer generellen Auswertung der Lohnsteuerkarten in Bayern im Zusammenhang mit dem oben geschilderten Clearingverfahren. Die Verhältniszahlen gelten jeweils zukünftig bis auf weiteres. Eine Rückrechnung und ein Ausgleich für die Vergangenheit findet nicht statt. Der Fonds war im Jahr 1993 mit 43,9 Mio. DM dotiert. Er stellt die erforderlichen Mittel für große Einrichtungen zur Verfügung wie z.B. die Stiftung Katholische Universität Eichstätt, die Stiftung Katholische Bildungsstätten für Sozialberufe, die Stiftung Katholische Akademie in Bayern und das Katholische Büro Bayern. Die in Nordrhein-Westfalen gelegenen Bistümer finanzieren in ähnlicher Weise gemeinsam einen „Überdiözesanen Haushalt NW", dessen Umlage sich an den umgerechneten Prozentsätzen der Umlage für den VDD orientiert. Das Volumen für 1994 beträgt 12,9 Mio. DM.

Daß die einzelnen Diözesen, jeweils nach dem Maß ihrer Möglichkeiten, vielfältige Hilfen als Finanzzuschüsse für kirchliche Einrichtungen in Deutschland, aber auch für die Weltkirche leisten, bedarf an dieser Stelle nur der Erwähnung, aber keiner besonderen Erörterung.

IX.

Ertragsteuerrecht

Georg Döllerer †*

Handelsrechtliche Entscheidungen des Bundesfinanzhofs

Inhaltsübersicht

I. Vorbemerkung

Als ich im Jahre 1988 in den Ruhestand trat, durfte ich den Vorsitz im VIII. Senat des Bundesfinanzhofs (BFH) an *Franz Klein*, den Präsidenten des BFH, übergeben, was ich als eine Ehre für den VIII. Senat des BFH und für mich selbst betrachte. Dies und die stets freundschaftlichen Beziehungen zu *Franz Klein* lassen es als selbstverständlich erscheinen, daß ich mich in die große Zahl derer einreihe, die für *Franz Klein* eine Festschrift gestalten. Ich glaube, das Thema meines Beitrags nicht besser wählen zu können, als die Fachwelt erneut darauf aufmerksam zu machen, daß der BFH in großem Umfang auch handelsrechtliche Entscheidungen fällt[1].

* Georg Döllerer hat diesen Beitrag – wohl als seinen letzten – noch kurz vor seinem Tode am 11. September 1993 fertiggestellt.

1 *Georg Döllerer*, in Wirtschaftsprüfung heute: Entwicklung oder Reform? Ein Bochumer Symposion, 1977, S. 185, 187 ff.; *Heinrich Beisse*, BB 1980, 637.

II. Vorfragenkompetenz der Gerichte

1. Zivilgerichtsbarkeit und Verwaltungsgerichtsbarkeit

Die Entscheidung eines Rechtsstreits hängt oft von der Entscheidung über rechtliche Vorfragen ab. In diesen Fällen ist das Gericht berechtigt und verpflichtet, auch über diese Vorfragen zu entscheiden, selbst dann, wenn sie einem anderen Rechtsgebiet angehören als dem Rechtsgebiet der Hauszuständigkeit des zur Entscheidung berufenen Gerichts. Ein Gericht der Zivilgerichtsbarkeit muß über öffentlich-rechtliche Vorfragen entscheiden, ein Gericht der Verwaltungsgerichtsbarkeit über zivilrechtliche Vorfragen[2]. Einen Beweis für diese Vorfragenkompetenz der Gerichte liefern die Vorschriften über die Aussetzung des Verfahrens. Das Gericht kann, wenn die Entscheidung des Rechtsstreits ganz oder zum Teil von dem Bestehen oder Nichtbestehen eines Rechtsverhältnisses abhängt, das den Gegenstand eines anderen anhängigen Rechtsstreits bildet, anordnen, daß die Verhandlung bis zur Erledigung des anderen Rechtsstreits auszusetzen ist (§ 148 ZPO, § 94 VwGO). Das präjudizielle Rechtsverhältnis kann auch einem anderen Rechtsgebiet angehören, als es das Rechtsgebiet der Hauszuständigkeit des entscheidenden Gerichts ist[3]. Aber die Aussetzung des Verfahrens setzt einen anderen anhängigen Rechtsstreit voraus und ist außerdem in das Ermessen des Gerichts gestellt. Setzt das entscheidende Gericht nicht aus, dann kann und muß es selbst über die Rechtsfrage aus dem anderen Rechtsgebiet entscheiden.

2. Zivilgerichtsbarkeit und Finanzgerichtsbarkeit

Gleiches gilt für das Verhältnis zwischen den Gerichten der Finanzgerichtsbarkeit und den Gerichten der Zivilgerichtsbarkeit. Auch hier haben die Gerichte der Finanzgerichtsbarkeit und damit auch der BFH die Kompetenz zur Entscheidung über Vorfragen aus dem Gebiet des Zivilrechts[4] und die Gerichte der Zivilgerichtsbarkeit die Kompetenz zur Entscheidung über Vorfragen aus dem Gebiet des Steuerrechts[5]. Auch hier setzt die Aussetzung des Verfahrens einen anderen anhängigen Rechtsstreit voraus und ist in das Ermessen des entscheidenden Gerichts gestellt (§ 74 FGO, § 148 ZPO).

---

2 *Leo Rosenberg,* Lehrbuch des deutschen Zivilprozeßrechts, 8. Aufl. 1960, S. 47 f.

3 *Leo Rosenberg,* a.a.O. (Fn. 2), S. 613.

4 *Gräber/Koch,* FGO-Kommentar, 3. Aufl., § 33 Rn. 3.

5 *Leo Rosenberg,* a.a.O. (Fn. 2).

III. Der BFH und das Handelsrecht

1. Handelsrechtliche Vorfragen in Entscheidungen des BFH

Danach hat auch der BFH, dessen Hauszuständigkeit das Steuerrecht ist (Art. 95 GG, §§ 1, 2, 33 FGO), über rechtliche Vorfragen aus dem Gebiet des Handelsrechts zu entscheiden. Vorausgesetzt ist, daß die Entscheidung des anhängigen Rechtsstreits von der Entscheidung über die handelsrechtliche Vorfrage abhängt. Dies ist häufig der Fall. Das Steuerrecht knüpft im Bereich der Normen und im Bereich des Sachverhalts oft an das Handelsrecht an, was allerdings nicht immer eine vorbehaltslose Bindung des Steuerrechts an das Handelsrecht bedeutet[6].

2. Handelsrechtliche Entscheidungen des BFH

Ist aber eine solche Bindung anzunehmen, was nicht selten der Fall ist[7], dann trifft der BFH eine handelsrechtliche Entscheidung über die handelsrechtliche Vorfrage.

Dies will ich an Beispielen aus der Rechtsprechung des BFH zum Bilanzrecht, zum Recht der Kapitalgesellschaften und zum Recht der Personengesellschaften belegen.

IV. Handelsrechtliche Entscheidungen in der Rechtsprechung des BFH

1. Bilanzrecht

Die größte Zahl der handelsrechtlichen Entscheidungen des BFH liegt auf dem Gebiet des Bilanzrechts. Denn hier schreibt das Gesetz selbst in § 5 EStG die Maßgeblichkeit der handelsrechtlichen Grundsätze ordnungsmäßiger Bilanzierung, die auch in Gesetzen verankert sein können und mehr und mehr im Gesetz verankert sind (§§ 246 ff. HGB), für das Steuerrecht vor. Wie weit diese Maßgeblichkeit des Handelsrechts für die Steuerbilanz im einzelnen reicht, kann und braucht hier nicht untersucht zu werden. Auf einen kurzen Nenner gebracht bedeutet sie: Bindung des Steuerrechts an handelsrechtliche Aktivierungsverbote und handelsrechtliche Passivierungsgebote, keine Bindung an handelsrechtliche Aktivierungs- und Passivierungswahlrechte[8]. Greift danach die Maßgeblichkeit des Handelsrechts für die Steuerbilanz ein, dann sind die Entscheidungen des BFH zugleich handelsrechtliche Entscheidungen[9].

---

6 *Georg Döllerer,* FS 75 Jahre Reichsfinanzhof – Bundesfinanzhof, 1993, S. 497 ff.

7 Vgl. *Georg Döllerer,* a.a.O. (Fn. 6).

8 Übersicht über die reichhaltige Rechtsprechung und das reichhaltige Schrifttum bei *Ludwig Schmidt,* EStG-Kommentar, 12. Aufl. 1993, § 5 Anm. 9; *Brigitte Knobbe-Keuk,* Bilanz- und Unternehmenssteuerrecht, 9. Aufl. 1993, S. 17 ff.

9 *Georg Döllerer,* a.a.O. (Fn. 1); *Heinrich Beisse,* a.a.O. (Fn. 1).

a) Immaterielle Anlagewerte

Seit langem ist es ein allgemeiner handelsrechtlicher Grundsatz ordnungsmäßiger Bilanzierung, daß immaterielle Vermögensgegenstände des Anlagevermögens, die nicht entgeltlich erworben wurden, nicht aktiviert werden dürfen. Nach dem Inkrafttreten des Aktiengesetzes 1965 wurde dieser Grundsatz abgeleitet aus § 153 Abs. 3 AktG, der „eine zum Aktiengesetz entstandene Streitfrage im Sinne bewährter kaufmännischer Übung" entschieden hat[10]. Nach dieser Vorschrift darf für immaterielle Anlagewerte ein Aktivposten nur angesetzt werden, wenn sie entgeltlich erworben wurden. Nunmehr ist diese Vorschrift in § 248 Abs. 2 HGB enthalten.

aa) Was ist ein Vermögensgegenstand?

Nach den handelsrechtlichen Vorschriften sind in der Bilanz „Vermögensgegenstände" anzusetzen (§ 39 HGB a.F., § 246 HGB), nach den steuerrechtlichen Vorschriften sind es „Wirtschaftsgüter" (§§ 5, 6 EStG).

Da die handelsrechtlichen Grundsätze ordnungsmäßiger Bilanzierung nach § 5 EStG maßgebend sind für die Frage, ob in der Steuerbilanz ein Wirtschaftsgut anzusetzen ist, kann der steuerrechtliche Begriff des Wirtschaftsguts nicht weiter reichen als der handelsrechtliche Begriff des Vermögensgegenstands. Es gilt daher die Gleichung „Wirtschaftsgut ist gleich Vermögensgegenstand"[11].

Was aber ist ein Vermögensgegenstand? Das handelsrechtliche Schrifttum nahm und nimmt überwiegend an, daß dazu das Merkmal der selbständigen Verkehrsfähigkeit erfüllt sein muß[12]. Der BFH hat dagegen entschieden, daß allenfalls eine Veräußerbarkeit im Rahmen der Veräußerung des ganzen Unternehmens Voraussetzung für die Annahme eines Vermögensgegenstands ist, und weist zur Begründung auf die Firma und das Warenzeichen hin, die nicht ohne den Betrieb veräußert werden können und gleichwohl Vermögensgegenstände sind, nicht nur Bilanzierungshilfen, wie im Schrifttum auch angenommen wird[13].

Die Bedenken dagegen, ob die Gleichung „Wirtschaftsgut ist gleich Vermögensgegenstand" nicht nur ein Lippenbekenntnis ist und der BFH gelegentlich in den handelsrechtlichen Begriff des Vermögensgegenstands Anklänge an den dynamisch orientierten Begriff des Wirtschaftsguts seiner früheren Rechtsprechung hineinträgt, sind nicht von der Hand zu

10 Amtliche Begründung zum Aktiengesetz, abgedruckt bei *Bruno Kropff*, Aktiengesetz 1965, S. 244.

11 BFH-Urteil vom 26. Februar 1975 I R 72/73, BFHE 115, 243, BStBl. II 1976, 13; seither ständige Rechtsprechung; *Ludwig Schmidt*, a.a.O. (Fn. 8), § 5 Anm. 16a; *Brigitte Knobbe-Keuk*, a.a.O. (Fn. 8), S. 87.

12 *Brigitte Knobbe-Keuk*, a.a.O. (Fn. 8), S. 87 f. m.w.N.

13 BFH-Urteil vom 26. Februar 1975 I R 72/73, a.a.O. (Fn. 11).

weisen[14]. Befürchtungen dieser Art könnte z.B. das neue Urteil des BFH über die Aktivierung der Spielerlaubnis eines Fußballspielers erwecken[15]. Eine derartige Erweiterung stünde im Gegensatz zu den Motiven des Gesetzgebers des Bilanzrichtlinien-Gesetzes. Dieser hat bewußt den Vorschlag der Bundesregierung nicht übernommen, den handelsrechtlichen Begriff des Vermögensgegenstands durch den steuerrechtlichen Begriff des Wirtschaftsguts zu ersetzen. Der Begriff des Vermögensgegenstands soll weiterhin ein „Grenzpfahl" für den steuerrechtlichen Begriff des Wirtschaftsguts sein[16].

bb) Was ist ein immaterieller Vermögensgegenstand?

Zu dieser Frage liegt eine reichhaltige Rechtsprechung des BFH vor. Danach sind immaterielle Vermögensgegenstände:

Das Bierlieferungsrecht einer Brauerei[17].

Grundsätzlich auch Computerprogramme, weil hier dem Programminhalt gegenüber dem Datenträger, der ein materieller Vermögensgegenstand wäre, die überwiegende wirtschaftliche Bedeutung zukommt[18]. Ausnahmen sind Trivialprogramme, die mit Büchern und Schallplatten vergleichbar sind, und Computerprogramme, die allgemein bekannte und jedermann zugängliche Daten enthalten[19].

Das Know-how, aber nicht immer[20].

Nutzungsrechte, aber nicht schlichte Nutzungen ohne gesicherte Rechtsposition für das nutzende Unternehmen[21].

cc) Was ist ein entgeltlicher Erwerb?

Immaterielle Vermögensgegenstände des Anlagevermögens dürfen nur aktiviert werden, wenn sie entgeltlich erworben sind (§ 248 Abs. 2 HGB). Nach dem Inkrafttreten des Aktiengesetzes 1965 wurde vereinzelt die Auffassung vertreten, entgeltlicher Erwerb sei nichts anderes als Erwerb

---

14 *Brigitte Knobbe-Keuk,* a.a.O. (Fn. 8), S. 87.

15 BFH-Urteil vom 26. August 1992 I R 24/91, BFHE 169, 163, BStBl. II 1992, 977.

16 *Herbert Helmrich,* Bilanzrichtlinien-Gesetz, Amtliche Texte und Entwürfe, Begründungen, Stellungnahmen und Protokolle, 1986, S. 24.

17 BFH-Urteil vom 26. Februar 1975 I R 72/73, a.a.O. (Fn. 11).

18 BFH-Urteil vom 3. Juli 1987 III R 7/86, BFHE 150, 259, BStBl. II 1987, 728. Vgl. dazu *Karl Heinz Knepper,* FS Döllerer, 1988, S. 299.

19 BFH-Urteil vom 3. Juli 1987 III R 7/86, a.a.O. (Fn. 18) und vom 5. Februar 1988 III R 49/83, BFHE 153, 266, BStBl. II 1988, 737.

20 BFH-Urteil vom 15. Juli 1987 II R 249/83, BFHE 150, 564, BStBl. II 1987, 809.

21 BFH-Beschluß vom 26. Oktober 1987 GrS 2/86, BFHE 151, 523, BStBl. II 1988, 348. Daß Nutzungsrechte gleichwohl nicht geeignet sind, steuerrechtlich verdeckte Einlagen zu sein, steht auf einem anderen Blatt: *Georg Döllerer,* ZGR 1989, 500, 511.

durch Aufwendungen, auch durch interne Aufwendungen[22]. Das widerspricht dem Zweck des handelsrechtlichen Aktivierungsverbots, die Aktivierung immaterieller Vermögensgegenstände des Anlagevermögens wegen der ihnen eigenen Unsicherheit an die Voraussetzung zu knüpfen, daß eine Bestätigung durch den Markt in Gestalt von Anschaffungskosten vorliegt. Das hat der BFH mit aller Deutlichkeit klargestellt und für Zuschüsse von der Art, wie sie Brauereien an Gastwirte zur Erlangung von Bierlieferungsrechten leisten, als Voraussetzung für den entgeltlichen Erwerb gefordert, daß sich die Zuschüsse nach dem Inhalt des Vertrags oder jedenfalls nach den Vorstellungen beider Vertragsteile als Gegenleistung für die erlangten Vorteile erweisen; einseitige Erwartungen des Zuschußgebers genügen nicht[23]. Daher führt ein Wegebeitrag, den ein Unternehmer zum Bau einer öffentlichen Straße leistet, weil er die Straße zur Ausübung seines Gewerbes in Anspruch nimmt, nicht zur Aktivierung eines immateriellen Wirtschaftsguts in Gestalt des Vorteils der Benutzung der Straße. Der Unternehmer hat diesen Vorteil nicht durch einen abgeleiteten, sondern durch einen originären Erwerb und damit nicht entgeltlich im Sinne des handelsrechtlichen Aktivierungsverbots erlangt[24]. Gleiches gilt für den Abnehmerbeitrag eines Unternehmens an ein Elektrizitätswerk für den Anschluß an das Netz[25]. In beiden Entscheidungen konnte der BFH offenlassen, ob der durch den Beitrag erlangte Vorteil überhaupt ein immaterieller Vermögensgegenstand ist. Er hat allerdings auch diese Frage später für den Wegebeitrag verneint[26].

b) Rückstellungen

aa) Handelsrechtlicher Grundsatz ordnungsmäßiger Bilanzierung

Handelsrechtlich sind Rückstellungen vor allem zu bilden für ungewisse Verbindlichkeiten und für drohende Verluste aus schwebenden Geschäften (§ 152 Abs. 7 Satz 1 AktG 1965, § 249 Abs. 1 Satz 1 HGB). Bereits zu § 152 Abs. 7 Satz 1 AktG hat der BFH klargestellt, daß es sich nicht um eine aktienrechtliche Besonderheit, sondern um einen allgemeinen Grundsatz ordnungsmäßiger Bilanzierung handelt[27]. Das bedeutet, daß das handelsrechtliche Gebot, diese Rückstellungen zu bilden, auch für die Steuerbilanz maßgeblich ist (§ 5 EStG). Dies ist seither ständige Rechtsprechung des BFH. Damit sind alle Entscheidungen des BFH, die eine Rückstellung fordern oder ablehnen, handelsrechtliche Entscheidungen.

---

22 *Hans Birkholz,* BB 1966, 710.
23 BFH-Urteil vom 26. Februar 1975 I R 72/73, a.a.O. (Fn. 11).
24 BFH-Urteil vom 26. Februar 1980 VIII R 80/77, BFHE 130, 155.
25 BFH-Urteil vom 13. Dezember 1984 VIII R 249/80, BFHE 143, 50, BStBl. II 1985, 289.
26 BFH-Urteil vom 28. März 1990 II R 30/89, BFHE 160, 278, BStBl. II 1990, 569.
27 BFH-Urteil vom 26. Oktober 1977 I R 148/75, BFHE 123, 547, BStBl. II 1978, 97.

bb) Rückstellungen für ungewisse Verbindlichkeiten nur bei Außenverpflichtung

Die Rückstellungen für ungewisse Verbindlichkeiten setzen eine Verpflichtung des Unternehmers gegenüber einem anderen voraus. Eine betriebswirtschaftliche Verpflichtung gegen sich selbst genügt nicht[28]. Das Schulbeispiel lieferte der Streit über Rückstellungen des Versicherungsunternehmens für Schadensermittlungskosten und Schadensbearbeitungskosten. Die Rückstellungen für Schadensermittlungskosten sind geboten, da eine versicherungsrechtliche Verpflichtung des Versicherungsunternehmens zur Schadensermittlung besteht. Rückstellungen für Schadensbearbeitungskosten sind dagegen handelsrechtlich nicht geboten und daher steuerrechtlich nicht zulässig, weil es an einer zivilrechtlichen Verpflichtung des Versicherungsunternehmens gegenüber dem Versicherungsnehmer zur Schadensbearbeitung fehlt. Diese Unterscheidung zwischen Außenverpflichtung und Innenverpflichtung ist seither ständige Rechtsprechung des BFH[29]. Auch im betriebswirtschaftlichen Schrifttum wird ihr nunmehr zugestimmt[30].

Der andere, demgegenüber die Verpflichtung besteht, kann auch eine öffentlich-rechtliche Körperschaft sein[31]. Wie § 249 Abs. 1 Satz 2 Nr. 2 HGB zeigt, setzt die Verpflichtung nicht unbedingt einen Rechtstitel voraus. Auch das Vorliegen einer faktischen Verpflichtung, der sich das Unternehmen nicht entziehen kann, genügt[32].

cc) Rückstellungen für drohende Verluste aus schwebenden Geschäften

Diese Rückstellungen sind zu bilden für den Teil der eigenen Verbindlichkeit aus einem schwebenden Geschäft, um den diese den Wert der Gegenleistung aus dem schwebenden Geschäft übersteigt (Verpflichtungsüberschuß)[33]. Hier ist aus der reichhaltigen Rechtsprechung des BFH der Satz hervorzuheben, daß Rückstellungen für drohende Verluste aus schwebenden Geschäften auch zu bilden sind bei Dauerschuldverhältnissen, wie z.B. Miete oder Pacht. Daran hat der BFH erst in neuerer Zeit gegenüber beachtlichen Einwendungen im Schrifttum[34] festgehalten, im Streitfall allerdings Rückstellungen für Berufsausbildungskosten abgelehnt[35].

28 BFH-Urteil vom 19. Januar 1972 I 114/65, BFHE 104, 422, BStBl. II 1972, 392.

29 Vgl. *Ludwig Schmidt,* a.a.O. (Fn. 8), § 5 Anm. 39a.

30 *Adolf Moxter,* FS Forster, 1992, S. 427, 430. Anders noch *Adolf Moxter,* Bilanzrechtsprechung, 2. Aufl. 1985, S. 83.

31 *Ludwig Schmidt,* a.a.O. (Fn. 8), § 5 Anm. 39b.

32 *Ludwig Schmidt,* a.a.O. (Fn. 8), § 5 Anm. 39a. Ebenso BGH-Urteil vom 28. Januar 1991 II ZR 20/90, BB 1991, 507 mit Anm. von *Carsten P. Claussen,* ZGR 1992, 254.

33 *Ludwig Schmidt,* a.a.O. (Fn. 8), § 5 Anm. 45a, m.w.N. aus der Rechtsprechung des BFH.

34 *Herbert Biener,* FS Döllerer, 1988, S. 45.

35 BFH-Urteil vom 3. Februar 1993 I R 37/91, BFHE 170, 247, BStBl. II 1993, 441.

dd) Handelsrechtliche Entscheidung trotz steuerrechtlicher Einschränkung

In den vergangenen Jahren hat der BFH Rückstellungen zugelassen, die der Finanzverwaltung nicht gefielen. Es handelt sich um Rückstellungen für Verpflichtungen aus der Verletzung fremder Schutzrechte[36] und Rückstellungen für Jubiläumszuwendungen[37]. Die Rückstellungen für Verpflichtungen aus der Verletzung fremder Schutzrechte hat der BFH für geboten erachtet, auch wenn der Verletzte seine Ansprüche noch nicht angemeldet hat, ja sogar dann, wenn er von der Verletzung des Schutzrechts noch nichts weiß. Die Rückstellungen für Jubiläumszuwendungen hat der BFH gefordert für die Verpflichtungen aus rechtsverbindlichen Zusagen des Arbeitgebers, an Arbeitnehmer nach einer Betriebszugehörigkeit von bestimmten Jahren bestimmte Beträge zu zahlen. Der Gesetzgeber hat diese Rückstellungen gesetzlich eingeschränkt (§ 5 Abs. 3, 4 EStG). Ich will hier noch einmal beklagen, daß sich der Gesetzgeber damit auf den Weg „von der Steuerbilanz zum Beutesymbol" begeben hat[38], weise aber darauf hin, daß die steuergesetzliche Einschränkung der Rückstellungen nichts an der handelsrechtlichen Natur der Entscheidungen des BFH zum Recht vor Änderung des Gesetzes ändert.

c) Verbindlichkeiten

Ebenso wie die handelsrechtlichen Grundsätze ordnungsmäßiger Bilanzierung nach § 5 EStG für die Steuerbilanz dafür maßgeblich sind, ob ein Vermögensgegenstand = Wirtschaftsgut als Aktivposten anzusetzen ist, sind sie auch maßgeblich dafür, ob Verbindlichkeiten anzusetzen sind. Hier sind aus der neueren Rechtsprechung des BFH drei Beispiele hervorzuheben: Der Besserungsschein, das eigenkapitalersetzende Darlehen und das Darlehen mit Rangrücktritt.

aa) Besserungsschein

Wird auf eine Forderung verzichtet unter der auflösenden Bedingung des Erzielens künftiger Gewinne durch den Schuldner oder unbedingt, verbunden mit der aufschiebend bedingten Verpflichtung, nach Maßgabe künftiger Gewinne Zahlungen bis zur Höhe der erlassenen Schuld zu leisten (Besserungsschein), dann ist nach h.M. bis zum Eintritt der auflösenden oder der aufschiebenden Bedingung auf der Passivseite der Bilanz keine Verbindlichkeit anzusetzen[39]. Dieser Auffassung hat sich der BFH angeschlossen[40].

---

36 BFH-Urteil vom 11. November 1981 I R 157/79, BFHE 134, 432, BStBl. II 1982, 289.
37 BFH-Urteil vom 5. Februar 1987 IV R 81/84, BFHE 149, 55, BStBl. II 1987, 845.
38 *Georg Döllerer,* BB 1988, 238.
39 *Georg Döllerer,* FS Forster, 1992, S. 199, 203 m.w.N.
40 BFH-Urteil vom 30. Mai 1990 I R 41/87, BFHE 161, 87, BStBl. II 1991, 588.

bb) Eigenkapitalersetzende Darlehen

Im Anschluß an die Rechtsprechung des Bundesgerichtshofs (BGH) über eigenkapitalersetzende Darlehen wurde streitig, ob diese Darlehen, die in mehrfacher Beziehung handelsrechtlich wie Eigenkapital behandelt werden, in der Bilanz des Darlehensschuldners gleichwohl weiterhin als Verbindlichkeit auszuweisen sind. Gesiegt hat in diesem Streit die Auffassung, daß die eigenkapitalersetzenden Darlehen weiterhin Fremdkapital und daher als Verbindlichkeit auszuweisen sind[41]. Dieser Auffassung hat sich der BFH unter Anwendung des Grundsatzes der Maßgeblichkeit der Handelsbilanz für die Steuerbilanz (§ 5 EStG) angeschlossen[42].

cc) Darlehen mit Rangrücktritt

Auch eine Rangrücktrittsvereinbarung, nach der eine Darlehensverbindlichkeit nur zu tilgen ist aus Gewinnen, aus einem Liquidationsüberschuß oder aus dem die sonstigen Verbindlichkeiten des Unternehmens übersteigenden Vermögen, ändert nichts daran, daß das Darlehen weiterhin als Verbindlichkeit auf der Passivseite der Bilanz auszuweisen ist[43]. Auch in dieser Entscheidung stützt sich der BFH auf den Grundsatz der Maßgeblichkeit der Handelsbilanz für die Steuerbilanz (§ 5 EStG); auch diese Entscheidung ist daher eine handelsrechtliche Entscheidung.

d) Rechnungsabgrenzungsposten

Ob Rechnungsabgrenzungsposten zu bilden sind (§ 250 HGB), ist eine Frage des Ansatzes von Aktivposten oder Passivposten und unterliegt daher der Maßgeblichkeit des Handelsrechts für die Steuerbilanz nach § 5 EStG. Der BFH hat früher wiederholt die Aktivierung von Ausgaben darauf gestützt, daß diese im Wege der Rechnungsabgrenzung in das Jahr zu verlagern seien, in dem die Einnahmen anfielen, aus denen diese Ausgaben zu decken sind. Diesen angeblichen Grundsatz der einheitlichen Behandlung des schwebenden Geschäfts hat der BFH schon vor vielen Jahren aufgegeben, allerdings darauf hingewiesen, daß auch Erträge nicht im Wege eines passiven Rechnungsabgrenzungspostens in das Jahr verlagert werden dürfen, in dem die Aufwendungen anfallen, die aus den Erträgen zu decken sind[44]. In neuerer Zeit hat der BFH an dieser Ablehnung eines Grundsatzes der einheitlichen Behandlung des schwebenden Geschäfts im Bereich der Rechnungsabgrenzung festgehalten[45]. Diese Rechtsprechung steht in einem gewissen Gegensatz zu dem sog.

---

41 *Georg Döllerer*, FS Forster, 1992, S. 199, 202 m.w.N.

42 BFH-Urteile vom 5. Februar 1992 I R 127/90, BFHE 166, 356, BStBl. II 1992, 532 und vom 5. Februar 1992 I R 79/89, BFH/NV 1992, 629.

43 BFH-Urteil vom 30. März 1993 IV R 57/91, BFHE 170, 449, BStBl. II 1993, 502.

44 BFH-Urteile vom 19. Juni 1973 I R 206/71, BFHE 110, 116, BStBl. II 1973, 774; vom 17. Juli 1974 I R 195/72, BFHE 113, 115, BStBl. II 1974, 684.

45 BFH-Urteil vom 13. Juni 1986 III R 178/82, BFHE 147, 241, BStBl. II 1986, 841.

matching principle des angelsächsischen Bilanzrechts, das derzeit in das deutsche Bilanzrecht einzudringen versucht[46].

Eine im Gesetz angeordnete Ausnahme sind auf der Aktivseite Zölle und Verbrauchsteuern sowie die Umsatzsteuer auf Anzahlungen (§ 250 Abs. 1 Satz 2 HGB, § 5 Abs. 5 Satz 2 EStG).

2. Kapitalgesellschaften

a) Gewinnverwendungsbeschluß

aa) Zeitpunkt des Gewinnverwendungsbeschlusses

Nach altem Körperschaftsteuerrecht unterlagen berücksichtigungsfähige Ausschüttungen personenbezogener Kapitalgesellschaften einem ermäßigten Steuersatz (§ 19 Abs. 1 Nr. 1 Satz 2, Abs. 3 KStG a.F.). Voraussetzung war ein „den gesellschaftsrechtlichen Vorschriften entsprechender Gewinnverteilungsbeschluß". In diesem Satz sah der BFH in ständiger Rechtsprechung eine klare Verweisung auf das Handelsrecht[47]. In diesem Zusammenhang hatte der BFH auch über die Frage zu entscheiden, wann der Gewinnverwendungsbeschluß zu fassen und wann er verspätet und damit unwirksam ist. In einem Fall ging es darum, ob Gewinnverwendungsbeschlüsse einer GmbH auch dann den gesellschaftsrechtlichen Vorschriften entsprechen, wenn sie 16 Monate nach dem Ende des Geschäftsjahres gefaßt werden, dessen Gewinn ausgeschüttet wird. Der BFH hat diese Frage bejaht[48]. In weiteren Fällen hat der BFH diese Auffassung bestätigt und allgemein entschieden, daß es unschädlich ist, wenn zwischen dem Ende des Wirtschaftsjahrs, dessen Reingewinn ausgeschüttet wird, und dem Gewinnverteilungsbeschluß ein längerer Zeitraum liegt, z.B. mehr als zwei Jahre, auch sechs Jahre[49]. Zu beachten ist allerdings, daß die Entscheidungen des BFH zum früheren Recht ergangen sind, das Fristen für den Gewinnverwendungsbeschluß noch nicht kannte (jetzt § 42a Abs. 2 GmbHG).

bb) Änderung des Gewinnverwendungsbeschlusses

Eine ähnlich großzügige Haltung nimmt der BFH ein zur Änderung des Gewinnverteilungsbeschlusses. Er läßt sie zu, wenn sie nicht willkürlich

46 Vgl. *Karl Heinz Küting,* BB 1993, 30. Vgl. dazu die kritische Stellungnahme von *Lothar Woerner,* Steuerrechtliche Vierteljahresschrift –StVj– 1993, S. 193 ff., 204.

47 BFH-Urteile vom 14. Mai 1969 I R 10/67, BFHE 95, 534, BStBl. II 1969, 503 und vom 12. Juli 1972 I R 205/70, BFHE 107, 186, BStBl. II 1973, 59, dann ständige Rechtsprechung.

48 BFH-Urteil vom 31. Oktober 1984 I R 95/80, BFHE 142, 446, BStBl. II 1985, 225.

49 BFH-Urteile vom 5. Juni 1985 I R 276/82, BFHE 144, 348, BStBl. II 1986, 81, und vom 11. April 1990 I R 38/89, BFHE 161, 443, BStBl. II 1990, 998.

erfolgt. Willkürlich erfolgt sie nicht, wenn sie durch die Änderung einer steuerrechtlichen Vorschrift veranlaßt ist[50].

b) Vorabausschüttungen einer GmbH

Auch für Vorabausschüttungen einer GmbH, d.h. Zahlungen der Gesellschaft an ihre Gesellschafter im Hinblick auf den zu erwartenden Bilanzgewinn des laufenden Geschäftsjahres, stellte sich dem BFH die Frage, ob sie berücksichtigungsfähige Ausschüttungen, d.h. den gesellschaftsrechtlichen Vorschriften entsprechende Gewinnausschüttungen sind. Der BFH hat die Frage mit ausführlicher Begründung bejaht[51]. Die gesellschaftsrechtliche Zulässigkeit der Vorabausschüttungen einer GmbH hatten bereits das Reichsgericht (RG) und das Schrifttum angenommen[52]. Die Frage wurde wiederum streitig, vor allem im Anschluß an eine Entscheidung des Hanseatischen Oberlandesgerichts (OLG) vom 11. Juni 1969 26 T 16/68[53]. Der BGH hat im selben Jahr wie der BFH die Vorabausschüttungen der GmbH für gesellschaftsrechtlich zulässig gehalten und dafür keine nähere Begründung für notwendig erachtet[54].

Im Hinblick auf diese übereinstimmende Rechtsprechung des BGH und des BFH wundert es mich, daß der BFH in einem neueren Urteil zur Vorabausschüttung einer GmbH offengelassen hat, ob der Beschluß über die Vorabausschüttung ein den gesellschaftsrechtlichen Vorschrifen entsprechender Gewinnverteilungsbeschluß ist[55].

Der BFH konnte die Frage allerdings offenlassen, da es sich im Streitfall jedenfalls nicht, wie es § 28 Abs. 2 Satz 1 KStG fordert, um einen Gewinnverteilungsbeschluß „für ein abgelaufenes Wirtschaftsjahr" handelte.

3. Personengesellschaften

a) GmbH und Still

Der Begriff der stillen Gesellschaft setzt voraus, daß sich jemand am Handelsgewerbe eines anderen beteiligt (§ 230 Abs. 1 HGB, früher § 335 Abs. 1 HGB). Im handelsrechtlichen Schrifttum ist streitig, ob diese Voraussetzung erfüllt ist, wenn sich der stille Gesellschafter an einer GmbH beteiligt, die nur Grundstücke vermietet und damit möglicherweise – auch streitig – kein Handelsgewerbe betreibt. Der BFH hat das Vorliegen einer stillen Gesellschaft auch in diesem Fall bejaht, weil die GmbH als

50 BFH-Urteile vom 30. März 1983 I R 178/79, BFHE 138, 236, BStBl. II 1983, 512 und vom 5. Juni 1985 I R 183/84, BFHE 144, 353, BStBl. II 1986, 84.
51 BFH-Urteil vom 27. Januar 1977 I R 39/75, BFHE 122, 43, BStBl. II 1977, 491.
52 Nachweise in BFH-Urteil vom 27. Januar 1977 I R 39/75, a.a.O. (Fn. 51).
53 Nachweise in BFH-Urteil vom 27. Januar 1977 I R 39/75, a.a.O. (Fn. 51).
54 BGH-Urteil vom 7. November 1977 II ZR 43/76, WM 1977, 1446.
55 BFH-Urteil vom 17. Oktober 1990 I R 67/89, BFHE 164, 294, BStBl. II 1991, 734.

Handelsgesellschaft und damit als Vollkaufmann gilt, deren Geschäfte mithin als Handelsgewerbe zu gelten haben[56].

b) Naturalteilung

Nach Auflösung einer Personengesellschaft findet Liquidation oder eine andere Art der Auseinandersetzung statt (§ 145 HGB). Eine andere Art der Auseinandersetzung ist auch die Naturalteilung des Gesellschaftsvermögens. Dabei spielen Liquidationseröffnungsbilanz, Liquidationsschlußbilanz und Naturalteilungsbilanz eine Rolle. Über den Inhalt dieser handelsrechtlichen Bilanzen gibt ein neues Urteil des BFH Auskunft und vergleicht diese Bilanzen mit den nach Auflösung der Gesellschaft anfallenden steuerrechtlichen Bilanzen[57].

V. Wirkung der handelsrechtlichen Entscheidungen des BFH

1. Wirkung der handelsrechtlichen Entscheidungen des BFH im allgemeinen

Die handelsrechtlichen Entscheidungen des BFH haben im allgemeinen die faktische Präjudizwirkung eines jeden Urteils, insbesondere eines Urteils eines obersten Gerichtshofs des Bundes[58]. Diese Wirkung ist bei handelsrechtlichen Entscheidungen des BFH genau so stark wie bei handelsrechtlichen Entscheidungen des BGH. Abschlußprüfer, die darüber zu entscheiden haben, ob der Jahresabschluß und der Konzernabschluß den gesetzlichen Vorschriften entsprechen (§ 317 Abs. 1 Satz 2, § 322 Abs. 1 HGB), dürfen bei der Prüfung dieser Frage Entscheidungen des BFH zum Bilanzrecht, die handelsrechtliche Entscheidungen sind, nicht geringer achten als Entscheidungen des BGH. Natürlich bleibt es den Wirtschaftsprüfern unbenommen, an den handelsrechtlichen Entscheidungen des BFH Kritik zu üben und eine Änderung der Rechtsprechung zu betreiben, so wie es auch in den Nichtanwendungserlassen der Finanzverwaltung geschieht[59].

---

56 BFH-Urteil vom 21. Juni 1983 VIII R 237/80, BFHE 138, 458, BStBl. II 1983, 563.

57 BFH-Urteil vom 1. Dezember 1992 VIII R 57/90, BFHE 170, 320, FR 1993, 463.

58 Vgl. *Rüdiger Liebs*, AG 1978, S. 44, 45 f.

59 Vgl. die Verlautbarung des Hauptfachausschusses des Instituts der Wirtschaftsprüfer zum BFH-Urteil vom 13. November 1991 I R 102/88 über die Unzulässigkeit von Rückstellungen für zukünftige Beiträge an den Pensionssicherungsverein.

2. Bindung der obersten Gerichtshöfe des Bundes an handelsrechtliche Entscheidungen des BFH

a) Vorlage an den Gemeinsamen Senat der obersten Gerichtshöfe des Bundes

Die anderen obersten Gerichtshöfe des Bundes, und damit auch der BGH, sind an die handelsrechtlichen Entscheidungen des BFH gebunden nach Maßgabe des Gesetzes zur Wahrung der Einheitlichkeit der Rechtsprechung der obersten Gerichtshöfe des Bundes (RsprEinhG)[60]. Will der BGH von einer handelsrechtlichen Entscheidung des BFH abweichen, dann entscheidet der Gemeinsame Senat der obersten Gerichtshöfe des Bundes (§ 2 Abs. 1 RsprEinhG). Der Senat des BFH, von dessen Entscheidung der BGH abweichen will, kann sich allerdings der Rechtsauffassung des vorlegenden Senats des BGH anschließen; damit ist die Sache erledigt (§ 14 RsprEinhG). Natürlich gilt das gleiche umgekehrt, wenn der BFH in einer handelsrechtlichen Vorfrage von einer Entscheidung des BGH abweichen will. Wichtig ist hier der Hinweis, daß eine Abweichung im Sinne der Vorschriften des RsprEinhG auch dann vorliegt, wenn die gleiche Rechtsfrage in verschiedenen Gesetzen geregelt ist[61], wie z.B. das Verbot der Aktivierung nicht entgeltlich erworbener immaterieller Anlagewerte (§ 248 Abs. 2 HGB, § 5 Abs. 2 EStG) und der Inhalt der Rechnungsabgrenzungsposten (§ 250 HGB, § 5 Abs. 5 EStG), zumal die beiden Vorschriften des Einkommensteuergesetzes in dieses Gesetz aus dem Aktiengesetz übernommen wurden, um für den Anwender des Steuerrechts jeden Zweifel zu beseitigen, daß es sich um handelsrechtliche Grundsätze ordnungsmäßiger Bilanzierung handelt, die für alle Kaufleute gelten und daher für die Steuerbilanz bereits nach § 5 Abs. 1 EStG maßgeblich sind[62].

Der BGH könnte daher, um einige Beispiele herauszugreifen, ohne Anrufung des Gemeinsamen Senats der obersten Gerichtshöfe des Bundes nicht entscheiden

- daß zur Eigenschaft eines handelsrechtlichen Vermögensgegenstands die Einzelveräußerbarkeit notwendig ist,
- daß Rückstellungen für ungewisse Schulden auch bei betriebswirtschaftlichen Verpflichtungen des Unternehmers gegen sich selbst zu bilden sind,
- daß Rückstellungen für drohende Verluste aus schwebenden Geschäften nicht bei Dauerschuldverhältnissen zu bilden sind,
- daß eigenkapitalersetzende Darlehen und Darlehen, die mit einem Rangrücktritt versehen sind, in der Handelsbilanz (Jahresbilanz) nicht als Verbindlichkeiten anzusetzen sind,

60 *Heinrich Beisse*, a.a.O (Fn. 1), 645; *Georg Döllerer*, a.a.O. (Fn. 1), S. 191 f.

61 Beschluß des Gemeinsamen Senats der obersten Gerichtshöfe des Bundes vom 6. Februar 1973 GemS-OGB 1/72, BFHE 109, 206.

62 Vgl. *Georg Döllerer*, BB 1969, 501, 503.

- daß Rechnungsabgrenzungsposten unter dem Gesichtspunkt der einheitlichen Behandlung des schwebenden Geschäfts zu bilden sind,
- daß Vorabausschüttungen einer GmbH handelsrechtlich unzulässig sind,
- daß eine GmbH und Still keine stille Gesellschaft im Sinne des § 230 HGB ist, wenn die GmbH tatsächlich kein Handelsgewerbe betreibt.

b) Verletzung der Hauszuständigkeit?

Vielleicht wird mancher Richter am BGH entrüstet einwenden, in dieser Bindung des BGH an handelsrechtliche Entscheidungen des BFH liege eine Verletzung der Hauszuständigkeit des BGH, der BGH brauche sich hier vom BFH nicht dreinreden zu lassen[63]. Dieser Einwand wäre persönlich verständlich, rechtlich aber nicht haltbar. Die Vorfragenkompetenz der Gerichte ist unabhängig von der jeweiligen Hauszuständigkeit des zur Entscheidung berufenen Gerichts. Abgesehen davon kann es im Einzelfall sehr zweifelhaft sein, welche Gerichtsbarkeit die Hauszuständigkeit besitzt. Im Bilanzrecht, auch im Handelsrecht, möchte ich sie eher dem BFH zusprechen als dem BGH, weil der BFH viel öfter als der BGH über bilanzrechtliche, auch handelsbilanzrechtliche, Fragen zu entscheiden hat[64].

Allerdings bleibt die Hauszuständigkeit nicht ganz ohne Bedeutung. Das andere Gericht, das die Hauszuständigkeit nicht besitzt, soll und wird von einer Entscheidung des Gerichts der Hauszuständigkeit nicht abweichen oder einer Abweichung des Gerichts der Hauszuständigkeit zustimmen (§ 14 RsprEinhG).

VI. Schlußfolgerungen

1. Trennungsprinzip

Die Tatsache, daß der BFH in einer Vielzahl von Fällen handelsrechtliche Entscheidungen zu treffen hat, und die Wirkung, die diesen Entscheidungen beizulegen ist, legt den Richtern des BFH eine hohe Verantwortung auf. *Beisse* bezeichnet sie als „Trennungsprinzip". Ich kann dieses Prinzip nicht besser als mit den Worten von *Beisse* kennzeichnen:

„Der Steuerrichter hat das Handelsbilanzrecht in der gleichen Weise zu interpretieren, wie er es als Zivil- oder Strafrichter täte, völlig losgelöst von steuerlichen Konsequenzen. Er muß deshalb gewissermaßen zwei Seelen in der Brust hegen und auf sorgfältige Trennung der Sphären in methodischer Hinsicht bedacht sein. Er darf also das Handelsrecht nicht mit der steuerrechtlichen Brille sehen, er muß es als einen Normen- und

63 Vgl. *Volker Röhricht,* WPg 1992, 766, 786.
64 *Heinrich Beisse,* a.a.O. (Fn. 1), 645 f.

Lebensbereich mit seinen spezifischen Denkweisen erkennen und werten."[65]

Mit Recht weist es *Röhricht,* Richter am BGH, entschieden zurück, daß sich das Gesellschaftsrecht entgegen der bestehenden Rechtslage verbiegt, nur um dem Staat zu zusätzlichen Steuereinnahmen zu verhelfen[66].

Dies schließt freilich nicht aus, daß das Steuerrecht bei der Antwort auf eine Rechtsfrage vom Handelsrecht abweichen darf und muß. Dann trifft der BFH insoweit keine handelsrechtliche, sondern eine steuerrechtliche Entscheidung. Dies ist z.B. der Fall, wenn der BFH Rückstellungen für die Verpflichtung aus der Verletzung fremder Schutzrechte oder aus Jubiläumszusagen nach § 5 Abs. 3, 4 EStG ablehnt, wodurch aber, wie bereits bemerkt, seine früheren Entscheidungen zu diesen Rückstellungen ihre Bedeutung als handelsrechtliche Entscheidung nicht verlieren. Auch die handelsrechtliche und steuerrechtliche verdeckte Gewinnausschüttung decken sich nicht vollständig[67]. Soweit sie sich nicht decken, trifft der BFH keine handelsrechtliche, sondern eine steuerrechtliche Entscheidung.

2. Kontakt zwischen Richtern des BFH und des BGH

Ein gutes Mittel, Divergenzen zwischen dem BFH und dem BGH bei handelsrechtlichen Entscheidungen möglichst zu vermeiden, ist es, Kontakte zwischen den Richtern des BFH und des BGH herzustellen. Ein Versuch dieser Art wurde vor vielen Jahren gestartet. Die Richter des II. Senats des BGH trafen sich mit Richtern des I. Senats des BFH und erörterten gemeinsame Fragen. Der Versuch war ein voller Erfolg und sollte wiederholt werden.

3. Zivilrichter an den BFH

Eine weitere Maßnahme könnte dem BFH die Aufgabe erleichtern, handelsrechtliche Vorfragen zu entscheiden. Nicht nur Richter aus dem Bereich der Finanzgerichtsbarkeit, nicht nur Beamte der Finanzverwaltung, insbesondere der Ministerien, sollten als Richter am BFH gewählt werden, sondern regelmäßig auch geeignete Richter aus dem Bereich der Zivilgerichtsbarkeit. Einen gewissen Idealzustand sähe ich darin, daß jedem Senat des BFH auch ein Richter aus dem Bereich der Zivilgerichtsbarkeit angehört. Von diesem Zustand ist der BFH leider noch weit entfernt.

---

65 *Heinrich Beisse,* a.a.O. (Fn. 1), 645 f.
66 *Volker Röhricht,* a.a.O. (Fn. 63), 785 Fn. 105.
67 *Georg Döllerer,* BB 1993, 1498 f. m.w.N.

VII. Ausblick

Die Kette der handelsrechtlichen Entscheidungen des BFH, insbesondere der handelsbilanzrechtlichen Entscheidungen, wird nicht abreißen. Ich verweise dazu nur auf mehrere neue Entscheidungen des BFH zu Rückstellungen für ungewisse Schulden und für drohende Verluste aus schwebenden Geschäften[68]. Aber auch auf anderen Gebieten können handelsrechtliche Entscheidungen des BFH bevorstehen, z.B. bei Anwendung des § 15a EStG über die Einschränkung der steuerrechtlichen Geltendmachung von Verlusten bei negativem Kapitalkonto des Kommanditisten. Nachdem der BFH entschieden hat, daß das negative Kapitalkonto des Kommanditisten i.S. dieser Vorschrift handelsrechtlich und nicht steuerrechtlich zu verstehen ist[69], wird der BFH eines Tages entscheiden müssen, welcher Posten auf der Passivseite der Bilanz handelsrechtlich ein Kapitalkonto ist (§ 15a Abs. 1 Satz 1, Abs. 3 Satz 1 EStG), was handelsrechtlich eine Einlageminderung ist (§ 172 Abs. 4 HGB) und wie sich diese von der Einlageminderung nach § 15a Abs. 3 HGB unterscheidet[70].

Ich schließe mich dem Wunsch und der Hoffnung von *Beisse* an, es möge dem Handelsrecht in den Entscheidungen des BFH ebensogut ergehen, wie der evangelischen Landeskirche unter dem Protektorat der katholischen Wittelsbacher[71].

---

68 BFH-Urteil vom 13. November 1991 I R 102/88, BFHE 166, 222, BStBl. II 1992, 333 (keine Rückstellungen für künftige Beiträge zum Pensionssicherungsverein). BFH-Urteil vom 2. Dezember 1992 I R 46/91, BFHE 169, 382, BStBl. II 1993, 109 (keine Rückstellungen für Leistungsprämien), BFH-Urteil vom 2. Oktober 1992 III R 54/91, BFHE 169, 423, BStBl. II 1993, 153 (Rückstellungen für die Verpflichtung zum Schadenersatz). BFH-Urteil vom 16. Dezember 1992 XI R 42/89, BFHE 170, 179, FR 1993, 296 (Rückstellungen für die Verpflichtung zur Zahlung von Flurentschädigungen). BFH-Urteil vom 10. Dezember 1992 XI R 34/91, BFHE 170, 149, FR 1993, 263 (keine Rückstellungen für Nachbetreuungsleistungen). BFH-Urteil vom 3. Februar 1993 I R 37/91, BFHE 170, 247, BStBl. II 1993, 441, (keine Rückstellungen für drohende Verluste aus Berufsausbildungsverhältnissen). BFH-Urteil vom 20. Januar 1993 I R 115/91, BFHE 170, 234, BStBl. II 1993, 373 (keine Rückstellungen wegen künftig steigender Zinsen).

69 BFH-Urteil vom 14. Mai 1991 VIII R 31/88, BFHE 164, 516, BStBl. II 1992, 167.

70 Siehe den Beitrag von *Reinhild Ruban* in dieser Festschrift für *Franz Klein.*

71 *Heinrich Beisse,* a.a.O. (Fn. 1), 646.

Hermann Clemm

Wirtschaftliche versus formalrechtliche Betrachtung im Steuer- und Bilanzrecht

Aphoristische Betrachtungen nach 30jähriger Wirtschaftsprüfer-Praxis über ein schwieriges Grundsatzproblem ersten Ranges

Inhaltsübersicht

I. Einleitung und Übersicht

Franz Klein, unser verehrter Jubilar, ist nicht nur unser höchster Finanzrichter und ein beliebter und hochqualifizierter Autor und Hochschullehrer, sondern dazu ein eminent politischer Kopf, der stets mit großem Engagement auf der Suche nach Verbesserungen unserer in vieler Hinsicht fragwürdigen Steuerrechtsordnung ist. Sein Ziel ist offenkundig sowohl eine Vereinfachung und eine Verbesserung der Praktikabilität des Steuerrechts als auch eine Verbesserung der Steuergerechtigkeit oder zumindest ein Abbau mehr oder minder offensichtlicher Ungerechtigkeiten im Sinne ungleichmäßiger Besteuerung. Beispielhaft erwähnt seien nur seine Mitwirkung am sogenannten *Gaddum*-Plan, der einen radikalen Abbau fast aller Subventionen und Ausnahmeregelungen in Verbindung mit einer drastischen Senkung der Steuersätze vorsieht, und seine Stellungnahmen in der Diskussion um die Einheitsbewertung des Grundbesitzes; alles dies getragen von einer Orientierung an z.T. sehr alten, bewährten Grundprinzipien, die ihren Niederschlag z.B. im Grundgesetz gefunden haben.

Auf der Suche nach solchen Verbesserungen, bei der ich mich dem Jubilar seit langem verbunden fühle, gerät auch ein besonders schwieriges Grundsatzproblem ins Blickfeld, das mit dem Titel meines Beitrags angedeutet ist. Es geht um die Frage, inwieweit unsere – ständig weiterentwickelten und verfeinerten – Rechtsnormen samt ihren Objektivierungskriterien eher formal anzuwenden sind und inwieweit eine wirtschaftliche, am Normzweck orientierte Betrachtung bei ihrer Anwendung sinnvoll und geboten ist und ggf. nach welchen Kriterien dies geschehen könnte, sollte und dürfte. Die Frage scheint offenbar an Bedeutung und Brisanz fast in demselben Maße zuzunehmen, wie auch das Netz unserer Rechtsnormen samt ihren Objektivierungskriterien verfeinert und perfektioniert wird, was offenbar fast zwangsläufig verbunden ist mit zunehmender Unübersichtlichkeit und tatsächlichen oder vermeintlichen Widersprüchen, Ungereimtheiten und „ Ungerechtigkeiten". Je feinsinniger und feinmaschiger das Netz der Regeln – auch der Mißbrauchsbekämpfungsregeln – gesponnen wird, um so mehr fordert es die Steuerpflichtigen und ihre Berater offenbar zu Handlungen, Konstruktionen und Argumenten heraus, die tatsächlich oder vermeintlich dem – gelegentlich allerdings kaum erkennbaren – „Sinn der Gesetze" widersprechen, indem sie unangenehme Konsequenzen (Belastungen) zu vermeiden und Vorteile (aller Art) zu erlangen suchen. Orientiert man sich etwa am obersten Grundsatz für die (direkte) Besteuerung, nämlich der Besteuerung nach der (tatsächlichen) Leistungsfähigkeit der Steuerbürger, so sind alle Konstruktionen fragwürdig, ärgerlich und u.U. „ungerecht", mit denen eine tatsächlich vorhandene Leistungsfähigkeit „formal" dadurch vermindert wird, daß die Kriterien für die Messung dieser Leistungsfähigkeit entsprechend beeinflußt werden. Wird beispielsweise die Leistungsfähigkeit im Einkommensteuerrecht am Gewinn (Vermögenszuwachs) gemessen, so sind alle Konstruktionen grundsätzlich verdächtig, die – bei real gleichen oder sehr ähnlichen Sachverhalten – eine (formale) Minderung der Bezugsgröße „Gewinn" (im Vergleich zu anderen „normaleren" Gestaltungen) bezwecken. Allerdings sollte man sich bei den Be- oder Verurteilungen solcher Konstruktionen zur Ergebnisbeeinflussung auch stets vor Augen halten, daß Jahresbilanzen (generell und von der Natur der Sache her) regelmäßig ungenau (im Sinne unsicherer Werte) und gestaltbar – oder, nach dem berühmten Wort von *Wilhelm Rieger,* zwangsläufig ein Gemisch von Wahrheit und Dichtung – sind[1]. Ähnliches gilt für die Beeinflussung der Bezugsgröße „Vermögen", die insbesondere für die Vermögens- und Erbschaftsbesteuerung relevant ist; hier ist allerdings auch die derzeitige Ungleich-Bewertung der verschiedenen Vermögensarten (Stichwort: Einheitswerte des Grundbesitzes) zu beachten, die – verständlicherweise – zu entsprechenden Vermögensumschichtungen zur Verminderung von Steuerbelastungen herausfordert.

Billigt der Staat – mit mehr oder minder vernünftigen Motiven – Subventionen zu, so fühlt „man" sich herausgefordert, die Kriterien für die Vergabe dieser Subventionen (zumindest formal) optimal zu erfüllen. Nicht immer geht es dabei nur um „schlaue Lösungen" zur Erlangung besonders hoher, dem politischen Subventionszweck kaum angemessener

1 Vgl. hierzu z.B. meinen Beitrag „Jahresbilanzen – ein Gemisch von Wahrheit und Dichtung?" in DStR 1990, 780, oder – etwas ausführlicher – *Clemm/Nonnenmacher,* Die Steuerbilanz – ein fragwürdiger Besteuerungsschlüssel?, FS von Wallis 1985, 227–243.

Vorteile; nicht selten dienen Konstruktionen auch dazu, Ungerechtigkeiten auszugleichen, die auf Ungereimtheiten in den Subventionsregeln zurückzuführen sind. Als Beispiel sei die frühere umsatzsteuerliche Begünstigung von „Berlin-Produkten" genannt, die nur für in Berlin vollendete Produkte (auch bei sehr geringer Fertigungstiefe am Standort Berlin) gewährt wurde, aber z.B. nicht für bedeutende Zulieferungen aus Berliner Betrieben an (Endmontage-) Betriebsstätten desselben Unternehmens oder Konzerns im Bundesgebiet. Häufig bezwecken mehr oder minder komplizierte Konstruktionen bzw. die Wahl bestimmter Rechtsformen auch (nur) die möglichst weitgehende Ausnutzung von Vorteilen bzw. die Vermeidung von Nachteilen, die je nach Wahl bestimmter Rechtsformen normalerweise gegeben wären. Zu denken ist etwa an die ungleiche steuerliche Behandlung von Personengesellschaften („Mitunternehmerschaften") einerseits und Kapitalgesellschaften andererseits – trotz der häufig sehr ähnlichen tatsächlichen Verhältnisse sowohl hinsichtlich der Beziehungen zwischen den Gesellschaftern und der Gesellschaft als auch in bezug auf die Außenbeziehungen. Dies zwingt jeden Steuer- und Rechtsberater dazu, Vor- und Nachteile der einen oder anderen Rechtsform gegenüber seinem Mandanten mit entsprechenden Berechnungsbeispielen darzulegen; in diesem Zusammenhang ist ja bekanntlich auch die Rechtsfigur der GmbH & Co. KG samt ihrer neuen (womöglich noch ausbaufähigen) Superform der sogenannten „doppelstöckigen" GmbH & Co. erfunden worden oder auch das seltsame Gebilde der „GmbH & Still". Unverkennbar ist natürlich, daß sehr viele solcher Konstruktionen fast ausschließlich an dem Ziele einer weitestgehenden Verminderung oder gar Vermeidung von Steuern orientiert sind, was auch mehr oder minder offen zugegeben und propagiert wird; ein Hinweis auf die ganze Branche der Abschreibungs- und Verlustzuweisungsgesellschaften, die täglich ihre Produkte als günstige Kapitalanlage anpreist, mag genügen. Der „Volkssport der Steuerminimierung" gilt offenbar nicht nur als nicht anrüchig, sondern er wird eher wie ein hochangesehener Leistungssport mit Bewunderung der besonders erfolgreichen Stars und Verachtung bis Bestrafung (Haftung) von Beratern, die nicht die „optimalen"Lösungen vorgeschlagen haben, ausgeübt. Betrachtet man diese Szene unter dem Aspekt, daß die Steuern zur Finanzierung der Gemeinschaftsaufgaben im Sinne der Förderung des Gemeinwohls (im engeren und weiteren Sinne und mit vielen Facetten und Ausprägungen) dienen, so erscheinen alle diese „Steuerminimierungs-Strategien" natürlich als höchst bedenklich. Man sollte aber andererseits nicht verkennen, daß diese Gesamthaltung vieler Steuerbürger auch provoziert wird sowohl durch nicht überzeugende Rechtsregeln sowie gelegentlich nicht überzeugende höchstrichterliche Rechtsprechung als auch durch ein Mißtrauen gegenüber „dem Staat" und anderen Institutionen (Kommunen etc.) in bezug auf die Verwendung des Steueraufkommens.

Ähnliche Erscheinungsformen derselben Grundthematik von formalrechtlicher und wirtschaftlicher Betrachtung (Auslegung) der Gesetze begegnen uns in nahezu allen Gebieten unserer nationalen Rechtsordnung – aber offenkundig auch in anderen Rechtsordnungen wie etwa im angelsächsischen Bereich, in dem (z.B. für die Rechnungslegung) der Grundsatz „substance over form" entwickelt wurde, wobei offenbar mit „substance" etwa dasselbe ausgedrückt wird, was wir unter „wirtschaftlicher" Betrachtung verstehen. Aus der Fülle der Beispiele in der deutschen Rechtsordnung sei nur auf einige weitere Themen des Wirtschafts- und Gesellschaftsrechts verwiesen wie etwa die – von mir nachfolgend nicht weiter beleuchtete – Entwicklung der Durchgriffs-Haftung im sogenannten „qualifizierten GmbH-Konzern" (mit kaum noch nachvollziehbaren höchstrichterlichen Urteilen und heftigen Kontroversen zwischen höchstrangigen Professoren und anderen Starjuristen), oder auch auf manche Themen der handelsrechtlichen Rechnungslegung und Bilanzierung (bei Einzelunternehmen und Konzernen), die zwar weitgehend, aber nicht vollständig mit der – ausschließlich auf die (steuerliche) Gewinnermittlung abzielenden – steuerlichen Bilanzierung übereinstimmt.

Die gesamte Thematik, die nach meiner Kenntnis auch unseren Jubilar seit langem beschäftigt, ist in den vergangenen Jahrzehnten in Literatur und Rechtsprechung so ausführlich behandelt worden, daß man damit wohl eine Bibliothek füllen könnte. Viele prominente Wissenschaftler verschiedener Disziplinen, viele Bundesrichter und viele Kollegen haben sich mit z.T. ganz hervorragenden Ausführungen zu Wort gemeldet und in z.T. auch sehr kontroversen Dialogen zur Klärung beizutragen versucht. Aus der Vielzahl nenne ich nur einige auch dem Jubilar sehr nahestehende Autoren wie *Heinrich Beisse*[2], *Georg Döllerer*[3], *Manfred Groh*[4], *Klaus Offerhaus*[5], *Lothar Woerner*[6], *Adolf Moxter*[7] – die meisten in Kontroverse zu dem nicht minder geistreichen *Dieter Schneider*[8] und anderen streitbaren Professoren der betriebswirtschaftlichen Steuer- und Bilanzlehre wie etwa *Franz Wagner*[9]. Ihren und anderer Autoren höchst wissenschaftlichen Ausführungen einen weiteren entsprechend hochwissenschaftlichen Beitrag hinzuzufügen zu versuchen, wäre für mich ein törichtes Unterfangen, auch wenn ich mich gerne als „auch theoretisch

2 Z.B. Die wirtschaftliche Betrachtungsweise bei der Auslegung der Steuergesetze in der neueren deutschen Rechtsprechung, StuW 1981, 1 ff. und Zum Verhältnis von Bilanzrecht und Betriebswirtschaftslehre, StuW 1984, 1 ff.

3 Z.B. Gedanken zur „Bilanz im Rechtsinne", JbFfSt 1979/80, 195 ff., insbes. S. 201 ff.

4 Z.B. Die wirtschaftliche Betrachtungsweise im rechtlichen Sinne, StuW 1989, 227 ff.

5 Z.B. Zur Bilanzierung von in Pension gegebenen Wirtschaftsgütern, BB 1983, 870 ff.

6 Z.B. Verfassungsrecht und Methodenlehre im Steuerrecht, FR 1992, 226 ff.

7 Z.B. Zur wirtschaftlichen Betrachtung im Bilanzrecht, StuW 1989, 232 ff.

8 Z.B. Rechtsfindung durch Deduktion von Grundsätzen ordnungsmäßiger Buchführung aus gesetzlichen Jahresabschlußzwecken, StuW 1983, 131 ff.

9 Z.B. Kann es eine betriebswirtschaftliche Sicht der Steuerbilanz geben?, in FS für Peter Scherpf, Wiesbaden 1983, 39 ff.

interessierten" Praktiker und Autor bezeichne. Statt dessen will ich anhand einiger Beispiele darstellen, aus welcher Perspektive ich die Thematik während meiner Tätigkeit als Abschlußprüfer und steuerlicher Berater miterlebt und mich an den öffentlichen Diskussionen in Berufsstand und Literatur beteiligt habe. Vielleicht trägt dies etwas zur Veranschaulichung der Problematik bei.

II. Beispielsfälle: Pensionsgeschäfte, Leasing und Beteiligungs-Zurechnungsprobleme

1. Pensionsgeschäfte und Leasing

a) Die Situation vor ca. 25 Jahren

Auf Bitten und Anregungen von Vorgesetzten und anderen Kollegen schrieb und veröffentlichte ich im Jahre 1970 einen Aufsatz mit dem Titel „Zur Behandlung außergewöhnlicher Gestaltungsformen im Jahresabschluß (Beispielsfälle: Pensionsgeschäfte und Leasing)"[10]. Unsere Absicht war, den Berufsstand zur Diskussion über jene Grundfragen anzuregen, die uns, wie ersichtlich, bis heute mit eher zunehmender Tendenz beschäftigen. (Daß die Diskussion mittlerweile in Gang gekommen ist, beruht allerdings wohl vorwiegend auf Urteilen des BFH[11] und Stellungnahmen und Erlassen der Finanzverwaltung insbesondere zum Immobiliar- und Mobiliarleasing.)[12] Der Anlaß für unsere damaligen Aktivitäten war folgender: In den 60er Jahren waren in der deutschen Wirtschaft erstmals in größerem Umfange sowohl Leasing- als auch Pensionsgeschäfte (– als „Modeerscheinungen" verdächtigt –) aufgetaucht; damals sah man sie (noch) als „außergewöhnliche Gestaltungsformen" an. Leasing, speziell Finanzierungsleasing, war ein neues Finanzierungsinstrument, das aus den USA importiert worden war; mit den Pensionsgeschäften verhielt es sich zumindest partiell ebenso, wenn auch die typischen Wertpapier-Pensionsgeschäfte, speziell solche mit steuerfreien Wertpapieren, eher eine Erfindung kreativer deutscher Bankmanager und -juristen gewesen sein dürften. Hintergrund dieser letztgenannten Geschäfte war die Überlegung, daß steuerfreie Zinserträge in Höhe von etwa 5 v.H. für Steuerpflichtige mit einer Ertragsteuerbelastung von z.B. 65 v.H. einem Bruttozinsertrag in Höhe von mehr als 14 v.H. entsprach, d.h. einem Zinssatz, den keine deutsche Bank für Festgelder etc. gewährt und damals auch nicht gewähren durfte. Die Terminanlage wurde daher in jene „ech-

10 WPg 1970, 177–184.

11 Insbes. das grundlegende Leasing-Urteil = BFH-Urteil vom 26. Januar 1970 IV R 144/66 BFHE 97, 466, BStBl. II 1970, 264 und zu (Wertpapier-)Pensionsgeschäften der Beschluß des Großen Senats vom 29. November 1982 GrS 1/81 BFHE 137, 433, BStBl. II 1983, 272.

12 Z.B. BdF-Schreiben vom 19. April 1971 (BStBl. I, 164) zum Mobiliarleasing und BdF-Schreiben vom 21. März 1972 (BStBl I, 188) zum Immobiliarleasing.

ten Pensionsgeschäfte" in Gestalt von Käufen und Rückverkäufen von Wertpapieren (aus dem Bestand von öffentlichen Instituten) zu ganz bestimmten Kursen gekleidet, bei denen sowohl der Pensionsnehmer/Käufer/Rückverkäufer und zugleich „Termingeldanleger" als auch der Verkäufer/Rückkäufer wie auch die vermittelnde Bank (durch Provision oder Differenzen zwischen Kauf- und Rückkaufspreisen) auf ihre Rechnung kamen, vorausgesetzt, daß der Pensionsnehmer auch die Steuerfreiheit der Zinserträge in Anspruch nehmen konnte[13].

Damals war ich im Rahmen einer großen Wirtschaftsprüfungsgesellschaft vorwiegend mit Steuer- und Rechtsfragen, aber gelegentlich auch mit – z.T. prinzipiellen – Fragen der Abschlußprüfung, beschäftigt; dabei war ich enger Mitarbeiter des über Bayern hinaus hochangesehenen Wirtschaftsprüfers *Eugen Freiberger*, eines Mannes, der zwar niemals in der Öffentlichkeit durch literarische Tätigkeit, durch Vorträge oder als Mitglied von Berufsgremien in Erscheinung trat, der aber – nicht nur für mich – so etwas wie die Verkörperung des gesunden Menschenverstands in bayerischer Version war; ein Mann mit dem Blick für's Wesentliche auch bei hochkomplizierten, komplexen ökonomischen und juristischen Sachverhalten; man könnte auch sagen, ein Mann „mit wirtschaftlicher Betrachtungsweise" im Sinne meines Themas. Sein Rat und Urteil war daher auch in den Spitzengremien von Wirtschaftsunternehmen sehr gefragt. Ihn beunruhigten diese „modernen/modischen Konstruktionen" zunächst sehr, die uns – und damit ihm – vor allem auch von sehr bedeutenden Prüfungsmandanten mit der Frage vorgelegt wurden, welche Darstellung im Jahresabschluß möglich, geboten und testatfähig sei.

aa) Beispiele aus der Abschlußprüfungspraxis

Der größte von uns damals zu beurteilende Fall war eine – unter dem Namen „Honeywell-Modell" offenbar nach US-amerikanischem Vorbild entworfene – Konstruktion, die etwa folgendermaßen aussah: Ein Unternehmen, das u.a. selbsterstellte Büro- und Kommunikationsgeräte teils verkaufte, aber vorwiegend vermietete und das bisher in seiner Bilanz dementsprechend eine sehr gewichtige Position „Mietanlagen" ausgewiesen hatte[14], beabsichtigte eine Umgestaltung des Mietgeschäftes, die u.a. sehr erhebliche Auswirkungen auf den Jahresabschluß (– vor allem auf den Vermögensausweis samt Bilanzkennziffern, aber auch auf den Erfolgsausweis –) haben sollte. Das Vermietungsgeschäft sollte künftig nicht mehr unmittelbar zwischen dem Hersteller und den Mietern, sondern unter Einschaltung einer „Vermietungsgesellschaft" abgewickelt werden. Als Vermieterin der Anlagen sollte künftig die „Vermietungsge-

13 Speziell zu diesen Pensionsgeschäften vgl. Fn. 11.

14 Über deren Zuordnung – Anlage-, Umlaufvermögen oder Zwischenposition – war ebenfalls jahrelang unter Beteiligung prominenter Gutachter diskutiert worden.

sellschaft" fungieren, deren Anteile mehreren Banken (– im Eigeninteresse –) gehörten und deren Geschäft auch von diesen Banken finanziert werden sollte. Allerdings sollten die Mietverträge unverändert vom Hersteller akquiriert und – nun im Namen der Vermietungsgesellschaft – abgeschlossen werden; auch der Service/Kundendienst für die Mietanlagen sollte unverändert von den Angestellten des Herstellers durchgeführt werden. Nach den Entwürfen der vertraglichen Gesamtkonstruktion wurden die vermieteten Anlagen mit Abschluß der Mietverträge (oder im Zeitpunkt der Auslieferung an den Mieter) „automatisch" an die Vermietungsgesellschaft verkauft, samt sofortigem Eigentumsübergang (mittels Besitzkonstitut). Weitere Besonderheit war, daß die Mietgeräte mit Beendigung der Mietverhältnisse „automatisch" von der Vermieterin (Vermietungsgesellschaft) an den Hersteller zurückverkauft wurden. Die Preise sowohl für den Verkauf an die Vermietungsgesellschaft als auch für den Rückkauf nach Mietbeendigung wurden unter Anlehnung an Preislisten (in Abstimmung mit der ausgehandelten Miethöhe) und an die Entwicklung der Buchwerte der Mietanlagen bei der Vermietungsgesellschaft (– beeinflußt durch Abschreibungen nach genau vorgeschriebener Methode –) festgelegt. Zunächst vorgesehen war zusätzlich eine Garantie des Herstellers gegenüber der Vermietungsgesellschaft für die Einbringlichkeit der Mietforderungen. Insgesamt ergab sich hieraus für die Vermietungsgesellschaft und ihre Gesellschafter ein klar kalkulierbares Geschäft, das allerdings u.a. dadurch gekennzeichnet war, daß das typische Vermieterrisiko sowie umgekehrt auch alle Vermieterchancen, die Mietanlagen nach Beendigung der Mietverhältnisse u.U. besonders lukrativ auf eigene Rechnung zu verwerten (d.h. zu verkaufen oder weiterzuvermieten), ausgeschlossen waren. Die Anlagen gingen ja nach Mietende zu einem fixierten Preis an den Hersteller zurück, der damit faktisch alle typischen Vermieterrisiken und -chancen tragen würde.

Freiberger betrachtete diese Konstruktion (– wie auch die etwa zur selben Zeit auftauchenden Leasing-Konstruktionen[15] –) zunächst mit großer Skepsis. Er vermutete hinter alledem eine Art von virtuosem Bilanzschwindel. Er meinte, nachdem alle typischen Vermieterrisiken und -chancen beim Hersteller verbleiben sollten, müßten die Mietanlagen auch in seiner Bilanz unverändert ausgewiesen werden, während der vereinnahmte „Kaufpreis" eher wie ein Darlehen der Vermietungsgesellschaft bzw. der dahinterstehenden Banken an den Hersteller anzusehen sei; Zins und Tilgung erhielten diese teilweise unter dem Titel „Miete" von den Mietern und teilweise in Gestalt der (genau kalkulierten) Differenz zwischen Verkaufs- und Rücknahmepreis vom Hersteller.

Diese seine – eher „instinktiv gewonnene" als wissenschaftlich fundierte – Meinung trug er auch gegenüber den Vertretern des Herstellers

15 Auf die teilweise sehr ähnliche Problematik und mögliche bilanzielle Auswirkung von Leasingverhältnissen – „Entlastung" der Bilanz von Sachanlagen einerseits und korrespondierenden Schulden andererseits – gehe ich später ein.

vor, die sich seiner Argumentation jedoch nicht so ohne weiteres anschließen wollten. Dies lag wohl nicht zuletzt daran, daß auf der Seite des Herstellers nicht mehr nur Leute seiner Denkungsart den Ton angaben, sondern zunehmend auch eine Schar hochqualifizierter „Stabs-Juristen und -Betriebswirte", die messerscharf darlegten, daß und warum und wie die Bilanzierung entsprechend den zivilrechtlichen Gestaltungen zu erfolgen habe. Bei der dem Honeywell-Modell nachempfundenen Konstruktion des Vermietungsgeschäfts handele es sich um echte Verkäufe der Anlagen an die Vermietungsgesellschaft, auch wenn am Ende der Mietzeit u.U. ein – dann gesondert zu betrachtender – Rückkauf nachfolge. Dementsprechend seien die Mietanlagen während der Mietzeit Eigentum der Vermietungsgesellschaft und nur bei dieser und nicht beim Hersteller zu bilanzieren; der Hersteller sei dagegen als Verkäufer zu behandeln, der nun anstelle der verkauften und übereigneten (Miet-) Anlagen flüssige Mittel bzw. Bankguthaben oder eine Schuldenminderung auszuweisen habe. Die Verkaufserlöse seien dementsprechend Umsatzerlöse; je nach Preisgestaltung werde auch ein Verkaufsgewinn erzielt. An die nachfolgenden Debatten und Verhandlungen, in denen ich den Kaufmann und Pragmatiker *Freiberger* gemeinsam mit anderen Kollegen als Jurist zu unterstützen hatte, erinnere ich mich noch sehr gut; insbesondere auch an die immer neuen Variationen, die entwickelt und diskutiert wurden, nachdem wir die Vertreter des Herstellers höchst mühsam davon hatten überzeugen können, daß in den diskutierten Fällen doch u.U. eine von der formalrechtlichen Gestaltung abweichende Behandlung geboten sein könnte. (Dabei hatten wir insbesondere auf altbekannte Fälle verwiesen, in denen die wirtschaftliche Zurechnung für die Bilanzierung abweichend von der zivilrechtlichen Eigentumslage erfolgt, wie z.B. bei unter Eigentumsvorbehalt gelieferten Gegenständen, bei Sicherungsübereignungen und bei erworbenen Grundstücken, für deren Eigentumsübergang noch die Grundbucheintragung ausstand.) Da es nach unserer Ansicht für die bilanzielle Zurechnung von Wirtschaftsgütern (hier: der Mietanlagen) darauf ankam, wem die Risiken und Chancen der Wertänderung an den Objekten zustanden, wurden nun zahlreiche Modelle und Variationen entwickelt und diskutiert etwa nach dem Motto: Was müßte noch an Details verändert werden, damit die Wirtschaftsprüfer nicht mehr wirtschaftliches Eigentum beim Hersteller annehmen, sondern den Nichtausweis der Mietanlagen akzeptieren und eine entsprechende Bilanz uneingeschränkt testieren würden (natürlich verbunden mit einem „entsprechenden" Erfolgsausweis auch in der Gewinn- und Verlustrechnung). Nach langen Diskussionen einigte man sich schließlich – vorläufig – auf einen Kriterienkatalog, der den Nichtausweis u.E. als vertretbar erscheinen ließ, ohne daß der Hersteller seine geschäftlichen Intentionen über Bord werfen mußte. Wir fühlten uns dennoch nicht besonders sicher und behaglich, weshalb wir eine Diskussion der Grundsatzfragen im Berufsstande für notwendig hielten, die den Abschlußprüfern Orientierungshilfe und Rückendeckung verschaffen sollte. So kam es zu meinem obenerwähnten Aufsatz und meiner Mitwirkung im sogenannten „Leasing-Ausschuß" des Instituts der Wirtschaftsprüfer (IdW)[16].

bb) Ein exemplarischer Fall aus der Berater-Perspektive – Demonstrationsobjekt für die Leasingproblematik

Zur Leasingproblematik sei noch ein großer und für mich besonders instruktiver Fall erwähnt, den ich als steuerlicher Berater miterlebte und mitgestaltete. Es ging um den Bau eines Büro-Hochhauses für eine große Aktiengesellschaft. Neben der architektonischen Außen- und Innengestaltung dieses – etwas außerhalb des Werksgeländes gelegenen und damit u.U. auch zur Nutzung durch Fremde geeigneten – Bürogebäudes galt es nun, eine unter verschiedenen Gesichtspunkten möglichst „optimale" rechtliche und wirtschaftliche Gestaltung zu erarbeiten[17]. Als „optimal" wurde eine Gestaltung angesehen, die sowohl eine möglichst billige Fremdfinanzierung als auch eine möglichst vorteilhafte steuerliche Behandlung und – allerdings nicht so vorrangig – möglichst vorteilhafte Auswirkungen auf den handelsrechtlichen Bilanz- und Erfolgsausweis (– der wiederum in erheblichem Umfang mit der steuerlichen Behandlung verzahnt war –) miteinander vereinigen sollte. Dementsprechend entwikkelten wir gemeinsam verschiedene Modelle und stellten deren jeweilige erkennbare Vor- und Nachteile einschließlich der Auswirkungen auf die Erfolgsperiodisierung in vielen Vergleichsrechnungen und mit jeweiligem Seitenblick auch auf die bilanz- und erfolgsoptischen Auswirkungen gegenüber. Eine der Kernfragen war, ob man der Eigeninvestition mit langfristiger Fremdfinanzierung oder aber einem Leasingmodell samt u.U. erheblicher „Entlastung" der Bilanz auf der Aktiv- und Passivseite den Vorzug geben sollte. Wichtig war damals u.a. die Erkenntnis, daß die Eigeninvestition mit langfristiger Fremdfinanzierung unter dem Gesichtspunkt der handelsrechtlichen und steuerlichen Gewinnverlagerung in die Zukunft deutlich vorteilhafter war als ein – als schwebendes Mietverhältnis behandelter – Leasingvertrag mit gleichbleibenden Leasingraten; denn die Summe aus Abschreibungen und Refinanzierungskosten (Zinsen) ist, jedenfalls bei Tilgung der Schulden etwa parallel zu den Abschreibungen, zunächst erheblich höher und verläuft dann entsprechend der Tilgung und u.U. degressiver Afa deutlich degressiv, während die (meist) gleichbleibenden Leasingraten zu Beginn erheblich niedriger

16 Im Zusammenhang mit den damaligen Diskussionen machte *Freiberger* eine jener für ihn typischen Bemerkungen, die sich mir unvergeßlich eingeprägt haben: „Die supergescheiten Juristen und Professoren werden noch den letzten Rest von Vernunft aus unserer kaufmännischen Bilanzierungspraxis austreiben." (Er sagte dies übrigens nicht mit bösartiger Verachtung und Verbitterung, sondern eher mit einer Mischung von etwas Resignation, zunehmender Gelassenheit, etwas Spott – und viel Humor.)

17 Die Federführung lag damals bei der Steuerabteilung des Unternehmens, mit der wir als ständige Berater sehr eng zusammenarbeiteten; daneben waren die Finanz-, Bilanz- und Rechtsabteilung eingeschaltet.

als jene Summe aus Abschreibungen und Zinsen bei der fremdfinanzierten Eigeninvestition sind. Hinzu können erhebliche vermögensteuerliche Vorteile aufgrund der Einheitsbewertung für Immobilien kommen. Unsere Überlegungen wurden selbstverständlich parallel mit der Einholung verschiedener Finanzierungsangebote von Banken und Leasinggesellschaften und unter Beteiligung von deren Steuer- und Bilanzexperten angestellt. Die Beobachtungen und Erfahrungen aus jenen Modellvergleichen und -berechnungen waren für mich und meine spätere Beteiligung an der Debatte über die wirtschaftliche Betrachtung für die Handels- und Steuerbilanz zugleich prägend und „verunsichernd". Vor allem wurde mir nämlich noch deutlicher, wie ähnlich bis „nahezu wirtschaftlich identisch" die Eigeninvestition mit Fremdfinanzierung einerseits und das Finanzierungsleasing andererseits aus der Perspektive des „Investors" bzw. „langfristigen Benutzers" sind oder zumindest – bei entsprechender Gestaltung – sein können. Formell, d.h. zivil- bzw. formalrechtlich, handelt es sich allerdings um ganz verschiedene Sachverhalte: Im (bis dato normalen) Investionsfalle tritt der Unternehmer selbst als Investor eines künftig betrieblich zu nutzenden Anlagevermögens auf; dementsprechend aktiviert er seine Anlagenzugänge (als „Gegenstände des Anlagevermögens") mit den Anschaffungs- oder Herstellungskosten und schreibt sie – im Regelfalle – entsprechend der voraussichtlichen Nutzungsdauer planmäßig ab; sofern er – wie meistens – nicht über ausreichende Eigenmittel zur Finanzierung dieser Investitionen verfügt, nimmt er langfristige Geldmittel auf, die er dann als Schulden zu passivieren hat. In seinen Jahresabschluß gehen somit als „Aufwendungen für die Nutzung des Anlagevermögens" einerseits die Absetzungen für Abnutzung (AfA) und andererseits die Zinsen für die aufgenommenen Fremdmittel ein – mit abnehmender Tendenz entsprechend den vorzunehmenden Tilgungen. Eigentümer der Anlagen ist der Unternehmer als Investor; der Fremdfinanzier (Kreditgeber) wird allerdings regelmäßig (grund-) pfandrechtlich abgesichert. Verfügungsmacht und Verwertungsrecht liegen für diese Anlagen ausschließlich beim Unternehmer als Investor und „Eigen-Nutzer"; allerdings hat der Fremd-Finanzier als (Grund-) Pfandgläubiger gewisse Verwertungsrechte und ggf. Ansprüche auf den Verwertungserlös. Risiken und Chancen für das Anlageobjekt liegen eindeutig beim Unternehmer/Investor.

(Als Variation hierzu gab und gibt es auch die längerfristige Finanzierung durch den Lieferanten des Anlagegegenstandes, der sich dann das Eigentum am gelieferten Objekt bis zur vollständigen Bezahlung der Schulden aus dem Kauf- oder Werklieferungsvertrag vorbehält; die Kaufpreisraten enthalten in solchen Fällen regelmäßig neben Tilgungs- auch Zinsanteile).

Ganz anders sieht es – jedenfalls auf den ersten Blick – beim Leasing aus. Hier fungiert als Investor nicht der nutzende Unternehmer selbst, sondern ein Fremder, nämlich die Leasinggesellschaft. Sie erstellt (beschafft) unter Mitwirkung des Unternehmers und genau nach dessen Wünschen den Anlagegegenstand und vermietet (verleast) ihn anschließend langfristig an den Unternehmer. Während der Mietzeit (– regelmäßig ist Unkündbarkeit für eine bestimmte Zeit, die sog. Grundmietzeit, vereinbart –) ist Eigentümer der Anlage die Leasinggesellschaft als Vermieter bzw. Leasinggeber, während der Unternehmer den Anlagegegenstand „nur" als Mieter nutzt.

Bis hierin gibt es zwischen der Nutzung von fremdfinanzierten Eigeninvestitionen und der Nutzung entsprechender Anlagen als Mieter offenbar mehr Unterschiede als Ähnlichkeiten. Jedenfalls scheinen diese Unterschiede nach unseren („guten, alten") Bilanzierungsregeln eine grundlegend unterschiedliche Behandlung in den Bilanzen und Erfolgsrechnungen der jeweiligen Nutzer zu rechtfertigen. Denn nach unseren gesetzlichen (Spiel-) Regeln und Konventionen werden ja Mietverhältnisse – wie auch andere schwebende Verträge – grundsätzlich nicht bilanziert; es werden weder die Ansprüche aus dem Mietvertrag (Nutzungsansprüche) aktiviert noch die Mietzahlungsverpflichtungen passiviert. Der Jahresabschluß wird lediglich durch die Mietzahlungen als Aufwandsposition in der Gewinn- und Verlustrechnung tangiert[18]. Ob diese "Nichtbilanzierung" eigentlich so ganz logisch und sinnvoll ist, möchte ich dahingestellt sein lassen; jedenfalls ist dies seit langem so üblich; die Nutzung von Anlagen aufgrund eines langfristigen Miet- bzw. Nutzungsüberlassungs-Vertrages wird eben grundlegend anders bilanziert als die Nutzung von eigenen, fremdfinanzierten Sachanlagen. Dieser Umstand ist zugleich der Grund und der Angelpunkt („Witz") dafür, daß sich die Rechtsfigur des Leasing so hervorragend – zumindest auch – für Zwecke der Bilanz- und Ergebnisgestaltung eignet; jedenfalls dann, wenn man Leasing wie einen Mietvertrag behandelt und nicht aufgrund „wirtschaftlicher Betrachtung" in einen anderen Vertragstyp wie z.B. einen Ratenkaufvertrag, einen Kredit oder ein Treuhandverhältnis umdeutet/umdeuten muß. Wählt man Leasing anstelle der fremdfinanzierten Eigeninvestition und ist das Leasingverhältnis für die Bilanzierung wie ein typisches langfristiges Mietverhältnis zu behandeln, so hat man als Leasingnehmer weder die genutzten Anlagegegenstände noch die Nutzungsansprüche zu aktivieren noch die entsprechenden (langfristigen) Schulden zu passivieren. Damit werden alle altvertrauten Regeln und Kennziffern für die Bilanzanalyse einschließlich der früher populär gewesenen „goldenen Bilanzregel" hinfällig oder ad absurdum geführt: Geht oder ging man etwa davon aus, daß das Anlagevermögen durch Eigenkapital gedeckt sein sollte („goldene Bilanzregel"), so taugt diese Regel natürlich nicht mehr für den Fall, daß das im Lesingverfahren genutzte Anlagevermögen wie auch die entsprechende Schuld überhaupt nicht in der Bilanz erscheint. Ebenso sind andere Kennziffern wie das Verhältnis von Anlage- und Umlaufvermögen oder von Eigen- zu Fremdkapital u.U. sehr erheblich beeinflußt

18 Über evtl. Abgrenzungs- bzw. Periodisierungsprobleme speziell beim Leasing vgl. unten.

– vielleicht auch nur „vernebelt", so daß man mit diesen Verhältniszahlen weniger als bisher anfangen kann. (Auf einem anderen Blatte steht allerdings die Frage, ob und inwieweit diese alten Regeln für eine Unternehmensanalyse mittels Bilanzanalyse jemals wirklich tauglich waren; jedenfalls werden sie aber bis heute von verschiedenen Analysten und ggf. auch von Kreditgebern angewandt.)

Was das Leasingverhältnis allerdings meistens vom normalen Mietvertrag zu unterscheiden pflegt, sind – im Rahmen eines Gesamtpakets – spezielle Vereinbarungen darüber, ob und zu welchem Preis der Mieter (Leasingnehmer) das Objekt[19] erwerben kann, wozu entsprechende Optionsrechte vereinbart werden, die meist mit besonders günstigen Kaufpreisbedingungen verbunden sind. Dies sichert dem Leasingnehmer die Möglichkeit, das Leasingobjekt (spätestens) nach Ablauf der Grundmietzeit zu erwerben und beliebig zu verwerten, d.h. weiter zu nutzen oder auch zu verkaufen und Wertsteigerungen zu realisieren. Nicht unüblich waren und sind auch Optionen für eine Verlängerung der Miete, häufig zu Bedingungen, die für den Leasingnehmer besonders günstig sind. Umgekehrt wird dem Leasingnehmer auch häufig das Entwertungsrisiko hinsichtlich des Leasingobjekts faktisch dadurch auferlegt, daß entweder eine Vollamortisation durch hohe Leasingraten während der Grundmietzeit oder ein Andienungsrecht zugunsten des Leasinggebers nach Ablauf der Grundmietzeit vereinbart wird. Die Palette der Variationsmöglichkeiten ist reichhaltig, nicht nur hinsichtlich der Zusatzabsprachen, sondern auch hinsichtlich der – jeweils auszuhandelnden – Festlegung der Leasingraten; diese werden jeweils auch mit evtl. Options- und Andienungspreisen abgestimmt, aber stets orientiert man sich dabei an der Investitionssumme, an der voraussichtlichen Nutzungsdauer und vor allem an den jeweiligen Kapitalmarktbedingungen[20]. Jedenfalls pflegen die auf den ersten Blick so gravierenden Unterschiede und Grenzen zwischen der Eigeninvestition mit Fremdfinanzierung und der Leasingfinanzierung bei näherer, insbesondere bei wirtschaftlicher Betrachtung mehr und mehr zu verschwimmen. Die Position des Eigeninvestors und die des Leasingnehmers sind u.U. „wirtschaftlich" kaum noch zu unterscheiden; allerdings bleibt zivilrechtlich stets der nicht zu übersehende Unterschied, daß der Leasingnehmer im Gegensatz zum Eigeninvestor während der Dauer des Leasingverhältnisses nicht der zivilrechtliche Eigentümer des Anlage- bzw. Leasing-Objekts ist. Wo aber die Grenze verläuft, hinter der man ein Leasingverhältnis nicht mehr nach dem zivilrechtlichen Vertragstyp der Miete behandeln, sondern vielmehr

19 Oder auch Anteile an der Leasing-Objekt-Gesellschaft, die – meist als Tochter einer Leasinggesellschaft oder Bank – das Objekt im eigenen Namen errichtet und als Leasinggeber/Vermieter fungiert.

20 Daß man sich bei den entsprechenden, u.U. sehr komplizierten Modellrechnungen samt Zins- und Zinseszinsberechnungen und notwendiger Beachtung verschiedener Nebenbedingungen wie Stundungseffekte etc. auch gewaltig täuschen und verrechnen kann, weil man möglicherweise manche solcher Neben- und Wechselwirkungen übersieht, sei nur am Rande vermerkt.

das Leasingobjekt bilanziell dem Leasingnehmer entgegen der zivilrechtlichen Eigentumslage als „wirtschaftliches Eigentum" zuzurechnen hat, das ist – bis heute – für die Handelsbilanz nicht ganz klar, wie noch auszuführen ist. Steuerlich war es zur damaligen Zeit ebenfalls unklar, weshalb man zur Vermeidung steuerlicher Risiken tunlichst eine Abstimmung mit der Finanzverwaltung vornahm.

Aus den damaligen Überlegungen, Verhandlungen und Berechnungen hat sich bei mir vor allem die Erkenntnis eingeprägt, daß man das Ziel der langfristigen Nutzung von Anlagegegenständen (wie z.B. ein Bürohochhaus) durch formal unterschiedliche Rechtsgeschäfte (z.B. fremdfinanzierte Eigeninvestitionen einerseits und Miete bzw. Leasing andererseits) erreichen kann, die aber bei näherem Hinsehen „wirtschaftlich" sowohl bezüglich der „langfristigen Nutzungsrechte" (u.U. auch der Verwertungsrechte) als insbesondere bezüglich des dafür aufzuwendenden Gesamtpreises (Gesamtaufwands) sehr ähnlich bzw. u.U. nahezu identisch sind oder zumindest sein können. So ist beispielsweise die Summe aus Zinsen und Abschreibungen wirtschaftlich weitestgehend identisch mit der Summe der Miet- bzw. Leasingraten für dasselbe Objekt, da diese ebenfalls Zinsen und Abschreibungsvergütungen enthalten. Nach unseren „altgewohnten" Bilanzierungskonventionen werden beide Vertragstypen jedoch regelmäßig radikal unterschiedlich behandelt, sowohl hinsichtlich der Bilanzierung bzw. Nichtbilanzierung der Nutzungsrechte als auch – insbesondere – der korrespondierenden Schulden, wie aber auch hinsichtlich der Periodisierung des Gesamtaufwands – und damit der Beeinflussung der handels- und steuerrechtlich relevanten Periodenerfolge. Ich lasse offen, ob man hier von einer „Ungereimtheit" unserer insoweit wohl an der Praktikabilität orientierten Bilanzregeln sprechen kann. Jedenfalls spielt dieses Faktum für die Entscheidung, welche Rechts- bzw. Finanzierungsform insgesamt und ggf. unter welchen Einzelbedingungen vorteilhafter erscheint, eine nicht ganz unwesentliche Rolle. Zugleich wird aber m.E. deutlich, wie schwierig es ist, in diesem Bereich vermittels einer am Gesetzeszweck (und einer insoweit m.E. nicht ganz klaren Gesetzeslogik) orientierten wirtschaftlichen Betrachtungsweise zu eindeutigen Urteilen zu gelangen, die u.U. eine von der formalen Gestaltung abweichende Behandlung in Handels- und Steuerbilanz gebieten; erst recht kann hier wohl nur in Extremfällen ein „Mißbrauch von Gestaltungsformen" angenommen werden.

b) Rechtslage und Diskussionsstand heute

aa) Leasing

Gegenüber dem oben geschilderten Stande und den Überlegungen vor 20–25 Jahren hat sich die Situation nur partiell verändert.

Für die steuerliche Behandlung gibt es mittlerweile einige pragmatische, typisierende Regeln, die von der Finanzverwaltung im Anschluß an das

– nicht unumstrittene – Grundsatzurteil des BFH vom 26. Januar 1970[21] in mehreren Erlassen (BdF-Schreiben), insbesondere in den Jahren 1971 und 1972, aufgestellt wurden[22]. Der BFH hatte – in Anlehnung an eine von *Seeliger* bereits 1962 entwickelte Formel für den Begriff des wirtschaftlichen Eigentums[23] – einige Kriterien für die Anwendung wirtschaftlichen Eigentums beim Leasingnehmer entwickelt; dabei hatte er insbesondere auf die Grundmietzeit und auf vereinbarte Kauf- oder Verlängerungsoptionsrechte abgestellt, die es dem Leasingnehmer bei Einhaltung des Vertrages ermöglichten, den Leasinggeber „auf Dauer, d.h. jedenfalls bis zur völligen Abnutzung des Wirtschaftsguts . . . von der Einwirkung auszuschließen"[24]. Die Finanzverwaltung stellt in ihren – zunächst für sog. Vollamortisationsverträge entwickelten – Regeln vor allem auf die Grundmietzeit im Verhältnis zur (betriebsgewöhnlichen) Nutzungsdauer ab. Bei einer Grundmietzeit unter 40 und über 90 v.H. der Nutzungsdauer nimmt sie wirtschaftliches Eigentum des Leasingnehmers an; bei anderen Verträgen nur bei – für den Leasingnehmer besonders günstigen – Zusatzvereinbarungen (Optionsrechten). Diese Regeln sind zwar unter verschiedenen Gesichtspunkten angreifbar und nicht unumstritten; gleichwohl werden sie wohl nahezu allgemein als praktikable Regeln in der Weise akzeptiert, daß man sich bei der Gestaltung von Leasingverhältnissen darauf einstellt, um – im Regelfalle – die Annahme wirtschaftlichen Eigentums beim Leasingnehmer zu vermeiden oder auch, in Ausnahmefällen, zu provozieren. Umstrittener ist – seit jeher und unverändert –, ob und inwieweit steuerlich eine Erfolgsabgrenzung von nicht gleichbleibenden, sondern z.B. degressiven Leasingraten zu erfolgen hat[25].

Handelsrechtlich hat sich seither noch weniger verändert. So heißt es z.B. in der 5. und neuesten Auflage des Kommentars von *Adler/Düring/Schmaltz* – Rechnungslegung und Prüfung der Unternehmen[26]: „Die Bilanzierung von Leasingverhältnissen ist mangels eindeutiger rechtlicher Zuordnungskriterien immer noch nicht vollständig geklärt. Feste GoB haben sich bislang noch nicht herausgebildet . . . als gesichert gilt jedoch, daß nicht der rechtliche sondern der wirtschaftliche Eigentümer . . . den Leasinggegenstand zu bilanzieren hat." In der nachfolgenden Anmerkung wird dargelegt, daß weder in der betriebswirtschaftlichen noch in der handelsrechtlichen Literatur bislang praktikable Kriterien für die wirtschaftliche Zurodnung von Leasinggegenständen entwickelt wor-

21 Vgl. Fn. 11.
22 Vgl. Fn. 12.
23 *Seeliger,* Der Begriff des wirtschaftlichen Eigentums im Steuerrecht, Stuttgart 1962, insbes. S. 89 ff.
24 BFH a.a.O. (Fn. 11), S. 272.
25 Vgl. hierzu z.B. *Karl-Heinz Forster,* Grundsätze für die Abgrenzung von Leasingraten in Handelsrecht und Steuerrecht, FS für Döllerer, Düsseldorf 1988, 147–155 und meinem Beitrag Grundprobleme der Gewinn- und Verlustrealisation bei langfristiger Auftragsfertigung und langfristiger Vermietung, in: Gewinnrealisierung im Steuerrecht (Hrsg. Ruppe) 1981, 117–135, hier 133 ff.
26 Abgek. *ADS;* hier HGB § 245 Anm. 185.

den seien. Auch in Verlautbarungen des Instituts der Wirtschaftsprüfer (IdW) ist hierzu nichts zu finden; eine im Jahre 1971 verabschiedete Stellungnahme des Hauptfachausschusses, die auf einem Entwurf des bereits erwähnten sog. Leasingausschusses – dem anzugehören ich die Ehre hatte – aufgebaut hatte, stieß sowohl in der Wirtschaft – nicht nur der Leasing-Wirtschaft – als auch bei z.T. prominenten Professoren der Rechtswissenschaft – wie z.B. *Werner Flume* – und der Betriebswirtschaft – z.B. *Ulrich Leffson* – auf so heftige Kritik, daß sie aus dem Verkehr gezogen wurde – ein wohl bisher einmaliger Vorgang. In der Stellungnahme 1/1989 „Zur Bilanzierung beim Leasinggeber" des Hauptfachausschusses des IdW[27] wird die Zuordnungsfrage nicht behandelt, sondern als geklärt vorausgesetzt. Behandelt werden nur offene Fragen im Rahmen solcher Leasingverträge, bei denen die Leasinggegenstände dem Vermögen des Leasinggebers zuzurechnen und deshalb in seiner Bilanz auszuweisen sind[28]. In einem gründlichen und instruktiven Aufsatz über die Zuordnungsfrage bei Leasing- und Pensionsgeschäften, in dem auch die gesamte Entwicklung der Diskussion dargestellt ist, weist *Stobbe*[29] auf etliche nicht eindeutig geklärte Fragen hin. Zum Thema Leasing führt er – in Anlehnung an *Leffson*[30] – aus, die Diskussion im Schrifttum habe aufgrund der unterschiedlichen Auffassung dazu geführt, daß für die Aufnahme von Leasinggegenständen in die Handelsbilanz des Leasingnehmers (vermutlich) ein Aktivierungswahlrecht existiere.

Die Diskussion, wie Leasingverhältnisse „nach wirtschaftlicher Betrachtungsweise" zu beurteilen und zu bilanzieren sind, ist somit noch immer weitgehend offen und umstritten[31].

bb) Pensionsgeschäfte

Für die bilanzielle Behandlung von Wertpapier-Pensionsgeschäften gibt es inzwischen eine gesetzliche Regelung in § 340b HGB, die zwar zunächst nur für die Bilanzierung bei Kreditinstituten gedacht war, aber nach wohl h.M. auch für andere Unternehmen gilt[32]. Hiernach sind die in Pension

27 WPg 1989, 625.

28 Vgl. IdW a.a.O. Vorbemerkung; siehe auch die Kommentierung von *Wolfgang Greve*, Grundfragen der Bilanzierung beim Leasinggeber, WPg 1990, 161.

29 *Thomas Stobbe*, Ist der Maßgeblichkeitsgrundsatz bei der Zurechnung des wirtschaftlichen Eigentums anwendbar? – Eine Analyse am Beispiel des Leasings und der Pensionsgeschäfte, BB 1990, 518–525.

30 *Ulrich Leffson*, Die Darstellung von Leasing-Verträgen im Jahresabschluß, DB 1976, 637–641 und 685–690.

31 Zum Thema „wirtschaftliches Eigentum" insbesondere im Steuerrecht sei auf die gründliche Untersuchung von *Josef Werndl*, Wirtschaftliches Eigentum, Wien 1983, verwiesen; der Autor verneint hierin aus systematischen Gründen grundsätzlich die Annahme wirtschaftlichen Eigentums beim Leasingnehmer.

32 Vgl. ausführliche Kommentierung von *Hubert Graf von Treuberg* und *Paul Scharpf*, Pensionsgeschäfte und deren Behandlung im Jahresabschluß von Kapitalgesellschaften nach § 340b HGB, BB 1991, 1233–1238.

gegebenen Wertpapiere bei „echten" Pensionsgeschäften beim Pensionsgeber (Verkäufer und Rückkäufer), bei „unechten" dagegen beim Pensionsnehmer (und zivilrechtlichen Eigentümer) auszuweisen. Diese Regelung mag unter wirtschaftlicher Betrachtungsweise nicht in allen Punkten befriedigend sein; sie ist jedoch als Klärung von Zweifelsfragen m.E. zu begrüßen. Den nachfolgend zitierten Ausführungen von *Graf Treuberg und Scharpf*[33] zum Thema meines Aufsatzes in bezug auf Pensionsgeschäfte stimme ich jedenfalls zu: „In der Literatur wird z.T. verlangt, die Bilanzierung von Pensionsgeschäften müsse sich nach dem wirtschaftlichen Gehalt des Geschäfts richten und nicht nach der formalrechtlichen Gestaltung. Dem ist nicht uneingeschränkt zuzustimmen. Definiert doch § 340b Abs. 1–3 HGB abschließend, wann ein Pensionsgeschäft – ob echtes oder unechtes – dem Grunde nach anzunehmen ist, und regeln die Absätze 4 und 5 des § 340b HGB, wie echte und unechte Pensionsgeschäfte zu bilanzieren sind, so bleibt für eine wirtschaftliche Betrachtungsweise bei der Bilanzierung letztendlich kein allzu großer Raum mehr. Eine wirtschaftliche Betrachtung kann allenfalls bei der Entscheidung, ob überhaupt ein Pensionsgeschäft vorliegt, zur Anwendung kommen . . ."

Zur steuerlichen Behandlung der – im einleitenden Überblick erwähnten – echten Pensionsgeschäfte mit steuerfreien Wertpapieren hatte der Große Senat des BFH in der bereits zitierten Entscheidung vom 29. November 1982[34] die Frage der bilanziellen Zurechnung der Wertpapiere offen gelassen, jedoch dem Pensionsnehmer ohne Rücksicht hierauf die Zinsansprüche aus diesen Papieren samt Steuerbefreiung „zugestanden"; ein Ergebnis, das von manchem – und damals auch von mir – als befremdlich angesehen wurde, aber doch wohl als pragmatische Lösung akzeptabel erscheint[35].

c) Zur Entwicklung zwischen 1970 und heute

Auf die Entwicklung zwischen 1970 und heute einzugehen ist aus Platzgründen nicht möglich. Ich muß mich auf den Hinweis beschränken, daß die „außergewöhnlichen Gestaltungen" – speziell auch in Form von sale-and lease-back Geschäften – vorwiegend im Zusammenhang mit Unternehmenskrisen anzutreffen waren und insbesondere im Berufsstand der Wirtschaftsprüfer diskutiert wurden. Hier ging es wiederum um die Fragen der wirtschaftlichen Zuordnung des verkauften und zurückgeleasten Objektes und die Anerkennung der mit dieser Gestaltung verbundenen (bezweckten) Realisierung stiller Reserven[36].

33 A.a.O. S. 1238.
34 Vgl. Fn. 11.
35 Vgl. hierzu auch *Offerhaus* a.a.O. (Fn. 5), der für eine Zurechnung gemäß der zivilrechtlichen Eigentumslage plädierte.
36 Vgl. hierzu z.B. *Dietrich W. Schulze zur Wiesche,* Bilanzpolitik durch Sachverhaltsgestaltung – Tendenzen und Grenzen, in 50 Jahre Wirtschaftsprüferberuf, Bericht über die Jubiläumsfachtagung 1981, Düsseldorf 1981, 61–70 (dies war

2. Beteiligungs-Zurechnungsprobleme

Kurz eingegangen sei noch auf Beteilungs-Zurechnungsprobleme im Zusammenhang mit unternehmens- bzw. konzernrechtlichen Fragen (z.B. § 329 AktG 1965; jetzt § 290 HGB). Auch hier geht es um das Thema „wirtschaftliche versus formalrechtliche Betrachtungsweise" bei der Beurteilung besonderer Sachverhalte bzw. Sachverhaltsgestaltungen. In diesem Zusammenhang wurden in den letzten Jahren z.B. Pensionsgeschäfte mit Beteiligungen diskutiert, die Probleme für die „richtige" Zurechnung dieser Beteiligungen beim Pensionsnehmer oder -geber bereiten. In einem anderen, in letzter Zeit bekanntgewordenen Falle geht es offenbar um die Zuordnung eines Pakets von Aktien einer AG, das von einer relativ kleinen Holding-GmbH gehalten wurde, deren Anteile überwiegend einer großen, selbständigen Bank gehörten. Die Besonderheit an diesem Falle lag offenbar darin, daß die Finanzierung dieser Aktien durch eine andere Bank erfolgt, die zu einem Konzern gehörte, dessen Obergesellschaft ebenfalls ein größeres Paket von Aktien desselben Unternehmens hielt; eine Zusammenrechnung beider Pakete hätte eine Mehrheitsbeteiligung der deutschen Obergesellschaft und damit ein Abhängigkeitsverhältnis (mit der Vermutung eines Konzernverhältnisses) ergeben. Nun gehörte aber das eine Paket zivilrechtlich eindeutig der „kleinen" Holding-Gesellschaft, deren Anteile wiederum, wie erwähnt, nicht der deutschen Obergesellschaft, sondern der unabhängigen (ausländischen) Bank gehörten, die allerdings wiederum gute geschäftsfreundschaftliche Beziehungen zu der deutschen Obergesellschaft unterhielt. Durch eine sog. „weiche" Patronatserklärung[37] war ihr offenbar obendrein ein bestimmtes Verhalten der deutschen Obergesellschaft unverbindlich zugesichert worden. Ob und inwieweit die Bank echte Eigeninteressen verfolgte und inwieweit eher ein Freundschaftsdienst oder aber eine Mischung von beidem vorlag, war offenbar kaum eindeutig zu ermitteln. Nach „wirtschaftlicher Betrachtung des Gesamtbildes" war zwar der Verdacht wohl nicht ganz abwegig, daß man hier – unter Geschäftsfreunden – eine Gestaltung vorgenommen hatte, die nicht ausschließlich im Eigeninteresse der selbständigen Bank, sondern zumindest auch im Interesse der deutschen Obergesellschaft (im Sinne einer Vermeidung eines Mehrheitsverhältnisses samt damit verbundenem aktienrechtlichem Abhängigkeitsverhältnis) lag. Zweifelhaft erscheint je-

---

zugleich ein Bericht über unsere Überlegungen im IdW-Arbeitskreis „Gestaltungen", der sich mit solchen speziellen Gestaltungen zu befassen hatte; der Autor war Vorsitzender dieses Arbeitskreises), neuerdings auch *Bruno Kropff*, Rechtliche Vorfragen im Jahresabschluß, Düsseldorf 1991, 9–33; ähnlich mein Vortrag/Beitrag Grenzen der zivilrechtlichen Betrachtungsweise für das Bilanzrecht, JbFfSt 1979/80, 173–194.

37 Auch diese Kategorie „halbverbindlicher", eher „moralisch-bindender" Erklärungen, die nach unseren mühsam – wiederum in einem IdW-Arbeitskreis – erarbeiteten Regeln im Unterschied zu Bürgschaften und „harten" Patronatserklärungen nicht zu bilanzieren sind, gehört m.E. in unsere Gesamtszene der rechtlichen Gestaltungen mit Blickrichtung auf die Bilanzpolitik.

doch, ob solche Indizien ausreichen, um nach wirtschaftlicher Betrachtung eine zu der zivilrechtlichen Eigentumslage abweichende Zuordnung der Holdinganteile oder auch der von der Holding gehaltenen Aktien vorzunehmen und damit eine Mehrheitsbeteiligung zu unterstellen.

Noch interessanter ist die Konstruktion eines Unternehmensverbundes, bei der eine Obergesellschaft jeweils Minderheitsbeteiligungen (z.B. knapp unter 50 v.H.) hält, jedoch durch personelle Verbindungen Einfluß auf die Geschäftsführung der Beteiligungsgesellschaften nehmen kann. Die Frage, ob hier Konzernverhältnisse anzunehmen sind, kann insbesondere für die Frage eine Rolle spielen, ob ein Konzernabschluß unter Einbeziehung dieser Beteiligungsgesellschaften aufzustellen ist. Dies kann vor allem dann von Interesse sein, wenn zwischen den Beteiligungsgesellschaften Geschäfte mit Gewinnrealisationen (insbesondere Realisation stiller Reserven) getätigt werden und Gewinne insbesondere auch an die Obergesellschaft ausgeschüttet werden; bei einer Einbeziehung dieser Gesellschaften in den Konzernabschluß müßten diese Gewinne eliminiert werden, was zu geringeren Konzernjahresüberschüssen in der Konzernbilanz führen würde. Dies könnte wiederum unter bilanzoptischen Gründen (Darstellung der Kreditwürdigkeit) unerwünscht sein. Fraglich ist, ob in einem solchen Fall von einem geschickten Gebrauch der aktienrechtlichen Regeln oder aber von einem Gestaltungsmißbrauch auszugehen ist; oder auch, ob hier evtl. nach wirtschaftlicher Betrachtungsweise eine von der formalrechtlichen Gestaltung abweichende Gesamtbeurteilung zu erfolgen hätte. (Daß auch der andere für die Konzernrechnungslegung u.U. entscheidende Begriff der „einheitlichen Leitung" in der Praxis zu Auslegungsproblemen führt, vermehrt die Schwierigkeiten, vermittels einer am Gesetzes-Sinn orientierten wirtschaftlichen Betrachtung zu einem Gesamturteil zu kommen, das sich über die formalrechtlichen Gestaltungen und Kriterien hinwegsetzt.) An diesen wenigen Beispielen, denen man m.E. zahlreiche ähnliche Gestaltungen hinzufügen könnte, hoffe ich die Problematik in bezug auf die Zuordnung von (u.U. „entscheidenden") Beteiligungen bzw. Beteiligungsquoten verdeutlicht zu haben.

III. Schlußbetrachtung

Meine allgemeinen Überlegungen unter Heranziehung einiger exemplarischer Fälle aus den Bereichen der Pensionsgeschäfte, des Leasing und der Beteiligungszurechnung führen mich – einstweilen – zu folgenden Erkenntnissen:

1. Grundsätzlicher Vorrang der wirtschaftlichen Betrachtungsweise unter Beachtung erheblicher Vorbehalte

Grundsätzlich ist zwar die Gesetzes- und Vertragsauslegung nach wirtschaftlicher Betrachtungsweise (Orientierung am Sinn der Gesetze und am wirtschaftlichen Gehalt der Verträge und Gestaltungen) geboten und nicht eine Orientierung ausschließlich am Wortlaut/Buchstaben. Jedoch ist hierbei aus verschiedenen Gründen große Zurückhaltung und Vorsicht geboten; zu den Gründen gehören u.a.

1. Der „Sinn der Gesetze" ist – speziell im Steuer- und Bilanzrecht, aber auch in anderen Bereichen unserer höchst komplizierten und perfektionierten Rechtsordnung – nicht immer klar erkennbar. Manche Regeln, speziell im Steuer- und Bilanzrecht, sind nicht „durchgängig logisch und widerspruchsfrei", sie fordern daher geradezu zu Gestaltungen heraus, mit denen die Ungereimtheiten der Gesetze ausgenutzt oder partielle Korrekturen vorgenommen werden sollen. Als Beispiel sei an die handels- und steuerbilanziell ganz unterschiedliche Behandlung der Nutzung fremdfinanzierter[38] Eigeninvestitionen einerseits und der Nutzung identischer Anlagen aufgrund langfristiger Miet- (= Nutzungsüberlassungs-) Verträge andererseits erinnert.)

   (Daß manche Gesetze, wie auch manche Weiterentwicklung durch Rechtsprechung und Wissenschaft, von zahlreichen Bürgern als nicht einsehbar, nicht überzeugend oder unvernünftig empfunden werden, kommt hinzu; dies wäre allerdings noch keine Rechtfertigung für Übertretungen. Die nicht selten anzutreffende „lächelnde Illegalität" – Motto: „Unvernünftige Gesetze braucht man nicht zu befolgen" – ist in einem Rechtsstaat nicht akzeptabel. Sie sollte aber von allen Personen, die an der Gesetzgebung und der Gesetzesanwendung und -auslegung mitwirken, als Herausforderung verstanden werden, sich noch mehr als bisher für eine „vernünftigere" und daher noch allgemeiner akzeptierte Rechtsordnung einzusetzen).

2. Klare Abgrenzungskriterien (Tatbestandsmerkmale) erzeugen Rechts- und Gestaltungssicherheit, was aus der Sicht der Betroffenen und ihrer Berater sehr zu schätzen ist; dagegen fehlen für die wirtschaftliche Betrachtungsweise – wie auch für andere Generalklauseln wie § 242 BGB (Treu und Glauben) oder § 264 Abs. 2 HGB (true- and fair view Gebot) – entsprechend eindeutige Kriterien.

3. Wägt man die Vor- und Nachteile von wirtschaftlicher und formalrechtlicher Betrachtung gegeneinander ab, so erscheint es mir durchaus überlegenswert, ob man nicht doch – aus Gründen der Rechtssicherheit – einer Orientierung an der „formalen Regelung und Gestaltung" zumindest solange folgen sollte, als dies nach wirtschaftlicher Betrachtung nicht zu krassen Verstößen gegen den „Sinn der Gesetze" führt. Dies würde bedeuten, daß man an der „formalen Betrachtung" auch dann noch festhält, wenn man nach „wirtschaftlicher Betrachtung" (leichte) Bedenken hat, ob die formalrechtliche Gestaltung ihrem wirtschaftlichen Gehalt wirklich voll und ganz entspricht. So spricht m.E. viel dafür, „typisierende" (Auslegungs-) Regeln auch dann anzuerken-

38 U.U. auch mit Lieferantenkredit unter Eigentumsvorbehalt gelieferter.

nen, wenn die Typisierung nicht über jeden Zweifel erhaben ist. Ich denke hier z.B. an die in den steuerlichen sog. Leasing-Erlassen festgelegten Kriterien für die Zurechnung der Leasinggegenstände entweder beim Leasinggeber (d.h. Anerkennung des Leasing-Vertrages als Mietvertrag) oder beim Leasingnehmer (– was zugleich eine Umdeutung des Leasingvertrages z.B. in einen Ratenkaufvertrag bedeutet –). Diese Kriterien sind zwar nach wirtschaftlicher Betrachtungsweise nicht ganz überzeugend; sie führen jedoch zu praktikablen – und zumindest nicht völlig widersinnigen – Ergebnissen. Ähnliches gilt für die nunmehr gesetzliche Regelung für die bilanzielle Behandlung von Pensionsgeschäften (§ 340b HGB). Entsprechende Überlegungen bieten sich m.E. für die Ermittlung von Beteiligungsverhältnissen und -quoten an, die zu bestimmten Rechnungslegungspflichten (Abhängigkeitsbericht, Einbeziehung in Konzernabschlüsse etc.) führen können. Eine vom zivilrechtlichen Eigentum abweichende Zurechnung als wirtschaftliches Eigentum eines Dritten würde hiernach nur ganz ausnahmsweise im Falle eindeutiger Gestaltungsmißbräuche und „Gesamtbilder" erfolgen. Diese Auffassung würde „im Zweifel" der Rechtssicherheit einen gewissen Vorrang gegenüber der „Einzelfall-Gerechtigkeits-Perfektion" einräumen.

2. Grundsatzüberlegungen speziell für das Steuer- und Bilanzrecht

Für das Steuerrecht samt Steuerbilanzrecht sind m.E. noch weitere Grundsatzüberlegungen angebracht:

Die obersten Prinzipien unseres Besteuerungssystems, an denen die einzelnen Steuergesetze ausgerichtet sind, sind m.E. unpopulär, d.h. vielen Bürgern weder bekannt noch gar bewußt. Dies gilt nach meinen Beobachtungen z.B. auch für das Prinzip der Besteuerung nach der Leistungsfähigkeit und deren Messung am Gewinn (als „Vermögensmehrung"). Dies führt m.E. zu folgenden Konsequenzen auch im Hinblick auf das hier behandelte Grundsatzthema:

1. Der Grundsatz der Besteuerung nach der Leistungsfähigkeit müßte als „gerechter Besteuerungsschlüssel" populärer gemacht, d.h. der Bevölkerung plausibel dargelegt werden. Einstweilen ist offenbar in weiten Kreisen das Bewußtsein unterentwickelt, daß die Steuerzahlungspflicht eine Grundpflicht des Bürgers ist, nämlich in angemessenem Umfang zur Finanzierung der Gemeinschaftsaufgaben beizutragen. Steuerminimierungsstrategien werden – auch von besonders erfolgreichen und faktisch leistungsfähigen Bürgern – daher mehr oder minder guten Gewissens betrieben; selbst klare Steuerhinterziehungen gelten eher als Kavaliersdelikte.

   Zu dieser Haltung trägt allerdings auch die Kompliziertheit und Undurchschaubarkeit der Steuergesetze samt teilweise widersprüchlicher Regelungen bei; ebenso aber wohl auch eine viele Bürger nicht überzeugende Verwendung der Steuermittel durch Staat und Kommunen.

2. Erst wenn den Bürgern der Sinn nicht nur der einzelnen Steuergesetze, sondern vor allem der Sinn (die „Gerechtigkeit") des gesamten Besteuerungssystems klar geworden ist, könnte eine Änderung der Grundhaltung (Akzeptanz angemessener Steuerzahlungspflichten) und ggf. ein Rückgang von „schlauen Gestaltungen zur Steuerminimierung" erwartet oder zumindest erhofft werden. Zur Erreichung dieses Zieles ist m.E. allerdings auch eine gründliche Reform des Steuerrechts – auch im Sinne der Vereinfachung und Verstehbarkeit – unumgänglich.
3. Sofern man als Besteuerungsschlüssel (Besteuerungsmaßstab) den Periodengewinn (z.B. Jahresgewinn) und damit die Vermögensmehrung innerhalb eines kurzen Zeitraums verwendet, sollte man sich darüber klar sein, daß dieser Periodengewinn in sehr vielen Fällen eine kaum auch nur einigermaßen exakt feststellbare Größe ist. Dies gilt insbesondere für Unternehmen, bei denen die Ermittlung dieser Gewinne anhand von Bilanzen erfolgt, die nach bestimmten, insbesondere auch an der Vorsicht orientierten, Grundprinzipien und Detailregeln aufzustellen sind. Auch mit detailliertesten, perfektesten Bilanzierungs- und Bewertungsregeln und deren bestwilliger Anwendung führt die Ermittlung (Bemessung/Berechnung) der Periodengewinne nicht zu exakten und zweifelsfreien Ergebnissen; geschweige denn kann ein exaktes Ergebnis erzwungen werden. Das liegt – unausweichlich – vor allem daran, daß manche z.T. gewichtige Bilanzpositionen auf Schätzungen beruhen und daß manche Bilanzierungsprinzipien (z.B. über „Gewinnrealisationen") an faktisch beeinflußbare Kriterien (wie z.B. Warenauslieferungen, Werkvollendungen etc.) anknüpfen – und schließlich auch an rechtliche Gestaltungsmöglichkeiten für wirtschaftlich ähnliche Geschäfte, die nach unseren Bilanzierungsregeln u.U. zu jeweils unterschiedlichen Periodisierungen des Gesamterfolgs führen.

   Vor diesem Hintergrund wäre m.E. zu erwägen, ob man nicht das „utopische" Ziel einer Besteuerung nach dem exakt ermittelten Jahreserfolg („perfektionierte Kurzabschnittserfolgs-Besteuerung") bewußt zugunsten einer wesentlich pauschaleren, unexakteren (Perioden-) Erfolgsbesteuerung aufgeben sollte[39]. Ich meine, daß dies auch unter Gerechtigkeitsgesichtspunkten vertretbar wäre. Dazu wäre allerdings wohl ein Umdenken auf allen Seiten erforderlich, sowohl bei Gesetzgeber, Verwaltung und Rechtsprechung als auch auf seiten der Steuerpflichtigen; zu begrüßen wäre insbesondere auch ein Umdenken im

39 Denkbar wäre z.B. eine Verlängerung der Besteuerungsperiode samt „endgültiger" steuerlicher Gewinnermittlung auf längere Zeiträume unter toleranterer Anerkennung der Kurzfrist-Periodenerfolgs-Ermittlungen (Jahresergebnisse); oder auch eine Festlegung (künftiger) Steuerzahlungen für längere Zeiträume aufgrund von Prognosen und Verhandlungen, die nur bei groben Fehlschätzungen nachträglich korrigiert würden (– was den Vorteil hätte, daß sowohl der Fiskus als auch die Unternehmen ihre künftigen Steuereinnahmen bzw. -belastungen kalkulieren könnten –).

Sinne einer großzügigeren, weniger kleinkarierten/kleinbürgerlichen Gerechtigkeitsvorstellung auf allen Seiten.

Unter diesen Umständen würde auch der Anreiz für „schlaue Gestaltungen zur Steuerminimierung" zumindest erheblich reduziert. Die wirtschaftliche Betrachtung wäre dann allerdings möglicherweise bei der pauschaleren Steuerfestsetzung (und evtl. späteren Korrektur bei nachträglich erkennbaren groben Fehlern) besonders gefragt.

Eine solche Vereinfachung müßte m.E. auch auf der Linie des Jubilars liegen; denn sein Vorschlag einer Abschaffung (fast) aller Subventionen bei gleichzeitiger radikaler Senkung der Steuersätze liefe ja ebenfalls auf eine Vereinfachung der Besteuerung unter gleichzeitiger Inkaufnahme des Fortfalls mancher „Einzelfallgerechtigkeiten" hinaus; dadurch würde ebenfalls der Anreiz für „schlaue" Konstruktionen zur Steuerminimierung (incl. Subventionserlangung) entfallen.

Günter Söffing

Mittelbare Beteiligung bei Personengesellschaften

Inhaltsübersicht

I. Einführung

Eines der schwierigsten Gebiete im Einkommensteuerrecht ist die steuerrechtliche Stellung der Personengesellschaften. Auch auf diesem Gebiet hat sich *Franz Klein* durch seine Mitwirkung sowohl als Vorsitzender des VIII. Senats des BFH als auch als Vorsitzender des Großen Senats des BFH verdient gemacht. So hat er z.B. an der Klärung der Fragen mitgearbeitet, die mit der mittelbaren Beteiligung an einer Personengesellschaft zusammenhängen.

Beispiel: A und B sind Gesellschafter der X-OHG zu je ½. B und die X-OHG sind je zu ½ Gesellschafter der Z-KG. A und B gewähren der Z-KG jeweils ein Darlehen in Höhe von 100 000 DM. Sie erhalten dafür jährlich 7000 DM Zinsen von der Z-KG.

Frage: Fallen nur die an B gezahlten Zinsen unter § 15 Abs. 1 Satz 1 Nr. 2 Teilsatz 2 EStG oder auch die an A gezahlten Zinsen?

Die Frage ist – in Übereinstimmung mit dem Urteil des VIII. Senats des BFH vom 12. November 1985 VIII R 286/55[1] – entgegen der in dem

1 BFHE 145, 62, BStBl. II 1986, 55.

Vorlagebeschluß des IV. Senats des BFH vom 12. Oktober 1989 IV R 5/86 (BFHE 158, 64, BStBl. II 1990, 168) vertretenen Meinung durch den Beschluß des Großen Senats des BFH vom 25. Februar 1991 GrS 7/89[2] dahin entschieden worden, daß Personengesellschaften und mitunternehmerisch tätige BGB-Gesellschaften Gesellschafter und Mitunternehmer einer Personengesellschaft i.S. des § 15 Abs. 1 Satz 1 Nr. 2 EStG sein können mit der Folge, daß die Gesellschafter der Obergesellschaft nicht auch Mitunternehmer der Untergesellschaft sind und mit der weiteren Folge, daß § 15 Abs. 1 Satz 1 Nr. 2 EStG auf Sondervergütungen keine Anwendung findet, die – wie im vorstehenden Beispiel – ein Gesellschafter der Obergesellschaft von der Untergesellschaft erhält.

Zwar ist diese Folge durch die Anfügung eines Satzes 2 in § 15 Abs. 1 Satz 1 Nr. 2 EStG beseitigt worden. Das Verdienst des Beschlusses des Großen Senats vom 25. Februar 1990 GrS 7/89[3] ist es jedoch, die rechtssystematische Stellung der Gesellschafter und der Personengesellschaft bei mittelbarer Beteiligung eindeutig geklärt zu haben.

Es sollen deshalb zunächst in gekürzter Form die Entscheidungsgründe des Beschlusses vom 25. Februar 1991 und dessen Konsequenzen wiedergegeben werden. Anschließend werden die neue Gesetzesregelung und ihre Auswirkungen dargestellt werden.

II. Der Beschluß des Großen Senats des BFH vom 25. Februar 1991 GrS 7/89

Zivilrechtlich könne – so hat der Große Senat ausgeführt – eine Personenhandelsgesellschaft Gesellschafterin einer anderen Personengesellschaft sein, denn sie habe zivilrechtlich eigene Rechtssubjektivität[4]. Auch steuerrechtlich werde eine Personenhandelsgesellschaft nach Aufgabe der Bilanzbündeltheorie in gewisser Hinsicht als Einheit mit eigener Rechtszuständigkeit angesehen. Demzufolge sei eine Personenhandelsgesellschaft (Obergesellschaft) als Gesellschafterin einer anderen Personenhandelsgesellschaft (Untergesellschaft) auch deren Mitunternehmerin. Die Gesellschafter der Obergesellschaft seien weder Gesellschafter noch Mitunternehmer der Untergesellschaft. Ein Durchgriff durch die Obergesellschaft sei wegen deren eigener Rechtssubjektivität nicht zulässig. Die Folge sei, daß Zahlungen, die die Gesellschafter der Obergesellschaft von der Untergesellschaft bekämen, niemals Sondervergütungen i.S. von § 15 Abs. 1 Satz 1 Nr. 2 Teilsatz 2 EStG sein könnten. Denn diese Vorschrift setze voraus, daß ein Gesellschafter von seiner Gesellschaft Zahlungen erhalte.

2 BFHE 163, 1, BStBl. II 1991, 691.
3 A.a.O.
4 BGH-Urteil vom 17. Juni 1953 II ZR 205/52, BGHZ 10, 91, 100; vom 2. Juli 1973 II ZR 94/71, BB 1973, 1506.

Ein Durchgriff sei auch dann nicht möglich, wenn als Obergesellschaft eine mitunternehmerisch tätige GbR zwischengeschaltet sei; denn eine solche Personengesellschaft werde in § 15 Abs. 1 Satz 1 Nr. 2 Teilsatz 2 EStG den Personenhandelsgesellschaften gleichgestellt. Deshalb müßten sie auch hinsichtlich der Rechtssubjektivität und des Durchgriffsverbots steuerrechtlich gleichbehandelt werden.

Unter „mitunternehmerisch tätigen GbR" im vorstehenden Sinn versteht der BFH jede BGB-Gesellschaft, die entweder selbst, also als Unternehmer oder durch eine Beteiligung an einer anderen Personengesellschaft als Mitunternehmer eine gewerbliche, land- und forstwirtschaftliche oder selbständige Tätigkeit ausübt. Demzufolge ist eine GbR bereits dann mitunternehmerisch tätig, wenn sie als Obergesellschaft selbst zwar keine eigene Tätigkeit entfaltet, aber an einer Personenhandelsgesellschaft oder einer anderen mitunternehmerisch tätigen GbR beteiligt ist; denn allein aufgrund dieser Beteiligung ist sie als Mitunternehmer gewerblich tätig, hat Einkünfte aus Gewerbebetrieb.

Der Große Senat des BFH hat erkannt, daß das von ihm vertretene, durch die heute geltende Einheitsbetrachtung gebotene, Durchgriffsverbot bei Personenhandelsgesellschaften und mitunternehmerisch tätigen BGB-Gesellschaften Gestaltungsmöglichkeiten eröffnet, die zu einer Einsparung von Gewerbesteuer und Einkommensteuer führen können. Er hat deshalb ausdrücklich darauf hingewiesen, daß solche Gestaltungen steuerlich nicht anzuerkennen sind, wenn die Voraussetzungen des § 42 AO vorliegen. In diesem Zusammenhang werden in dem Beschluß des Großen Senats vom 25. Februar 1991 Beispiele genannt, aus denen sich ergibt, daß § 42 AO stets dann zum Zuge kommt, wenn die Obergesellschaft nur deshalb zwischengeschaltet wird, um den Rechtsfolgen des § 15 Abs. 1 Satz 1 Nr. 2 Teilsatz 2 EStG zu entgehen.

III. Die Konsequenzen des Beschlusses des Großen Senats vom 25. Februar 1991

1. Durchgriff durch eine Personengesellschaft in anderen als den entschiedenen Fällen

a) Die Untergesellschaft ist eine GbR, die Obergesellschaft eine Personengesellschaft

Der Beschluß des Großen Senats vom 25. Februar 1991 behandelt nur die Fälle, in denen die Untergesellschaft eine Personenhandelsgesellschaft ist. Trotzdem kann aus dem Beschluß entnommen werden, daß ein Durchgriff durch die Obergesellschaft auch dann nicht zulässig ist, wenn diese eine Personenhandelsgesellschaft, die Untergesellschaft aber nur eine GbR ist. Dabei ist es m.E. unerheblich, ob die Untergesellschaft betrieblich oder nur vermögensverwaltend tätig ist; denn ein Durchgriff durch eine Personenhandelsgesellschaft verbietet sich allein schon wegen der zivilrechtlichen und steuerrechtlichen Rechtssubjektivität einer solchen Gesellschaft.

b) Untergesellschaft und Obergesellschaft sind Gesellschaften des bürgerlichen Rechts

Sind Obergesellschaft und Untergesellschaft beide BGB-Gesellschaften, gilt hinsichtlich eines Durchgriffs durch die Obergesellschaft m.E. folgendes:

aa) Hat die GbR-Obergesellschaft keinen eigenen Betrieb, so kommt es darauf an, ob die GbR-Untergesellschaft betrieblich oder nur vermögensverwaltend tätig ist.

Ist die Untergesellschaft betrieblich tätig, so ist infolge der Beteiligung der Obergesellschaft an der Untergesellschaft auch die Obergesellschaft betrieblich (mitunternehmerisch) tätig. Ein Durchgriff durch die Obergesellschaft ist nicht zulässig.

Ist die Untergesellschaft hingegen nur vermögensverwaltend tätig, ist m.E. ein Durchgriff durch die Obergesellschaft solange zulässig, wie das Zivilrecht die Rechtssubjektivität einer GbR noch nicht anerkennt; denn in einem solchen Fall ist die BGB-Obergesellschaft keine mitunternehmerisch tätige GbR.

bb) Hat die GbR-Obergesellschaft einen eigenen Betrieb, kommt ein Durchgriff durch sie niemals in Betracht, und zwar unabhängig davon, ob die GbR-Untergesellschaft betrieblich oder vermögensverwaltend tätig ist, denn eine betrieblich tätige GbR ist nach dem Beschluß des Großen Senats vom 25. Februar 1991 einer Personenhandelsgesellschaft gleichgestellt worden.

2. Die Obergesellschaft ist eine gewerblich geprägte Personengesellschaft

Hinsichtlich einer gewerblich geprägten Personengesellschaft i.S. des § 15 Abs. 3 Nr. 2 EStG ist unter VI a.E. des Beschlusses des Großen Senats des BFH vom 25. Februar 1991[5] ausgeführt: „Für die Geprägegesellschaft ergibt sich die Steuerrechtssubjektivität darüber hinaus aus der gesetzlichen Fiktion der Gewerblichkeit, die ihre steuerrechtliche Selbständigkeit impliziert."

Das bedeutet, daß ein Durchgriff auch durch eine gewerblich geprägte Personengesellschaft nicht zulässig ist. Allerdings ist der Anwendungsbereich dieser Aussage auf die Fälle beschränkt, in denen eine Geprägegesellschaft als Obergesellschaft selbst oder durch ihre Beteiligung an einer Untergesellschaft land- und forstwirtschaftlich, selbständig oder vermögensverwaltend tätig ist. Denn gewerblich tätige Personengesellschaften

5 A.a.O.

können nicht gewerblich geprägt werden, weil § 15 Abs. 3 Nr. 2 EStG zur Voraussetzung hat, daß die Personengesellschaft „keine Tätigkeit im Sinne des Absatzes 1 Nr. 1" ausübt, also keine „Einkünfte aus gewerblichen Unternehmen" hat.

3. Atypisch stille Gesellschaft

Keine Erwähnung hat in dem Beschluß vom 25. Februar 1991 der Fall der atypisch stillen Gesellschaft gefunden.

Beispiel: A und B sind Gesellschafter der AB-OHG. An der OHG ist C als atypisch stiller Gesellschafter beteiligt. C ist zugleich Angestellter der AB-OHG und erhält deshalb von ihr ein Gehalt.

Die Frage ist, ob § 15 Abs. 1 Satz 1 Nr. 2 Satz 1 Teilsatz 2 EStG auf das Gehalt Anwendung findet, das C von der AB-OHG für seine Angestelltentätigkeit erhält. M.E. bestehen hier zwei Gesellschaftsverhältnisse. Das eine betrifft die AB-OHG, an der A und B beteiligt sind. Das zweite Gesellschaftsverhältnis ist die stille Gesellschaft, an der die AB-OHG und C beteiligt sind.

Auf das zweite Gesellschaftsverhältnis finden die Grundsätze des Beschlusses des Großen Senats vom 25. Februar 1991 schon deshalb keine Anwendung, weil die OHG und die stille Gesellschaft nicht im Verhältnis Obergesellschaft und Untergesellschaft zueinanderstehen. Das folgt allein schon daraus, daß eine stille Gesellschaft kein Gesellschaftsvermögen hat. Sie kann es nicht haben, weil nach § 230 HGB die Einlage des stillen Gesellschafters in das Vermögen des Inhabers des Handelsgewerbes, in unserem Beispiel also in das Gesellschaftsvermögen der AB-OHG, übergeht.

Im übrigen ist bei einer stillen Beteiligung an einer Personenhandelsgesellschaft die Personenhandelsgesellschaft die Obergesellschaft und nicht die stille Gesellschaft. Die stille Gesellschaft ist vielmehr Untergesellschaft. Der stille Gesellschafter ist demnach nicht an der Obergesellschaft, sondern an der Untergesellschaft beteiligt.

Die entscheidende Frage ist hier also ein Durchgriff durch die Untergesellschaft und nicht wie in dem Beschluß vom 25. Februar 1991 ein Durchgriff durch die Obergesellschaft. Ein Durchgriff durch eine stille Gesellschaft als Untergesellschaft ist m.E. geboten, weil eine stille Gesellschaft keine Rechtssubjektivität besitzt.

Durch die Einführung der Mitunternehmerfiktion des § 15 Abs. 1 Satz 1 Nr. 2 Satz 2 EStG hat sich an der dargestellten Rechtslage nichts geändert.

4. Ausdehnung des Anwendungsbereichs der Betriebsaufspaltungs-Rechtsprechung

Die durch den Beschluß vom 25. Februar 1991 erfolgte Ausdehnung des Durchgriffsverbots auf mitunternehmerisch tätige BGB-Gesellschaften hat zu einer Erweiterung des Anwendungsbereichs der Betriebsaufspaltungs-Rechtsprechung in den Fällen der mitunternehmerischen Betriebsaufspaltung, d.h. in den Fällen geführt, in denen das Betriebsunternehmen eine Personengesellschaft ist.

Beispiel: Betriebsunternehmen ist die X-GmbH & Co. KG, an der neben der X-GmbH als persönlich haftende Gesellschafterin A als Kommanditist beteiligt ist. A beherrscht die X-GmbH & Co. KG i.S. der Betriebsaufspaltung. Er hat außerdem ein Wirtschaftsgut an die X-GmbH & Co. KG vermietet, das für diese Gesellschaft eine wesentliche Betriebsgrundlage ist. Das vermietete Wirtschaftsgut gehört ihm zu 90 v.H. und seiner Frau zu 10 v.H.

Obwohl in diesem Beispiel die Voraussetzungen für eine Betriebsaufspaltung vorliegen, kommt dieses Rechtsinstitut hier nicht zur Anwendung, weil gleichzeitig die Voraussetzungen des § 15 Abs. 1 Satz 1 Nr. 2 Satz 1 EStG vorliegen und Gesetzesrecht Richterrecht vorgeht.

Der Anteil des A (90 v.H.) an dem vermieteten Grundstück ist Sonderbetriebsvermögen I des A bei der X-GmbH & Co. KG. 90 v.H. der Mieteinnahmen sind bei ihm Sonderbetriebseinnahmen. Sie erhöhen den Gesamtgewinn der X-GmbH & Co. KG und unterliegen demzufolge der Gewerbesteuer. 10 v.H. der Mieteinnahmen sind Einkünfte der Ehefrau aus Vermietung und Verpachtung. Sie unterliegen nicht der Gewerbesteuer. Der Grundstücksanteil der Ehefrau (10 v.H.) gehört zu deren Privatvermögen.

Das Ergbnis ändert sich, wenn A nicht unmittelbar an der X-GmbH & Co. KG beteiligt ist, sondern statt seiner an der X-GmbH & Co. KG als Kommanditistin eine Kapitalgesellschaft oder eine Personengesellschaft beteiligt ist, die von A beherrscht wird. Nach dem Beschluß des Großen Senats vom 25. Februar 1991 ist – selbst wenn es sich bei der zwischengeschalteten Gesellschaft um eine GbR handelt – nicht mehr A, sondern ist die zwischengeschaltete Gesellschaft an der X-GmbH & Co. KG (Betriebsgesellschaft) beteiligt. § 15 Abs. 1 Nr. 2 EStG ist im Verhältnis von A und der X-GmbH & Co. KG nicht mehr anwendbar. Die Betriebsaufspaltungs-Rechtsprechung kommt folglich zum Zuge. Die von A und seiner Frau ausgeübte Vermietertätigkeit ist insgesamt ein gewerbliches Besitzunternehmen. Alle Mieteinnahmen sind gewerbliche Einkünfte. Das gesamte Grundstück ist Betriebsvermögen. Die Ehefrau ist neben ihrem Ehemann A Mitunternehmerin der Besitz-GbR.

Vor dem Beschluß des Großen Senats kam bei der Zwischenschaltung einer GbR nicht die Betriebsaufspaltungs-Rechtsprechung, sondern § 15 Abs. 1 Nr. 2 Satz 1 EStG zur Anwendung; denn vor dem Beschluß wurde überwiegend ein Durchgriff durch eine betrieblich tätige GbR für zulässig angesehen.

5. Keine unmittelbare Auswirkung auf die Rechtsprechung zu § 6b EStG

Keine unmittelbare Auswirkung hat m.E. der Beschluß des Großen Senats vom 25. Februar 1991 auf die Rechtsprechung zu § 6b EStG[6], wonach die Voraussetzung der sechsjährigen Vorbesitzzeit personenbezogen ist, d.h. bei jedem Gesellschafter vorliegen muß.

Beispiel: Zum Gesellschaftsvermögen der X-OHG gehört seit 10 Jahren ein bebautes Grundstück. Die OHG veräußert das Grundstück mit einem Gewinn von 100 000 DM. Der Veräußerungsgewinn soll gemäß § 6b EStG auf ein Gebäude übertragen werden, das die OHG im Veräußerungsjahr errichtet hat. Gesellschafter der X-OHG sind A und C je zur Hälfte. A ist seit Gründung, C jedoch erst seit 3 Jahren Gesellschafter.

Da C die Voraussetzungen der sechsjährigen Vorbesitzzeit nicht erfüllt, können im Beispielsfall von dem Veräußerungsgewinn nur 50 000 DM nach § 6b EStG übertragen werden, wenn der Veräußerungsgewinn A und C je zu ½ zuzurechnen ist.

Die vom BFH vertretene Ansicht, daß die in § 6b Abs. 4 Nr. 2 EStG enthaltene Voraussetzung, wonach stille Reserven nur übertragen werden dürfen, wenn das veräußerte Wirtschaftsgut im Veräußerungszeitpunkt mindestens 6 Jahre ununterbrochen zum Anlagevermögen einer inländischen Betriebsstätte gehört hat, eine personenbezogene Voraussetzung sei, also bei jedem Gesellschafter der Personengesellschaft vorliegen muß, ist mit der heute herrschenden Einheitsbetrachtung vereinbar; denn die Einheit der Personengesellschaft als Subjekt der Gewinnermittlung schließt es nicht aus, daß bei der Ermittlung des Steuerbilanzgewinns der Personengesellschaft personenbezogene Steuervergünstigungen nur dann gewährt werden dürfen, wenn die personenbezogenen Voraussetzungen bei den betreffenden Gesellschaftern vorliegen.

Auch durch § 15 Abs. 1 Satz 1 Nr. 2 EStG ist hinsichtlich dieser Auffassung keine Änderung eingetreten.

IV. Die Neuregelung in § 15 Abs. 1 Satz 1 Nr. 2 Satz 2 EStG

1. Der Wortlaut der Neuregelung

Der dem § 15 Abs. 1 Satz 1 Nr. 2 EStG angefügte Satz 2 lautet: „Der mittelbar über eine oder mehrere Personengesellschaften beteiligte Gesellschafter steht dem unmittelbar beteiligten Gesellschafter gleich; er ist als Mitunternehmer des Betriebs der Personengesellschaft anzusehen, an der er mittelbar beteiligt ist, wenn er und die Personengesellschaften, die seine Beteiligung vermitteln, jeweils als Mitunternehmer der Betriebe der Personengesellschaften anzusehen sind, an denen sie unmittelbar beteiligt sind."

---

6 BFH-Entscheidungen vom 10. Juli 1980 IV R 136/77, BFHE 131/313, BStBl. II 1981, 84; vom 13. August 1987 VIII B 179/86, BFHE 150, 438, BStBl. II 1987, 782.

Diese Gesetzesformulierung kann nicht als besonders geglückt bezeichnet werden. Das ergibt sich bereits aus dem ersten Teilsatz, der nicht von einem Mitunternehmer, sondern von einem Gesellschafter spricht. Der Begriff Gesellschafter ist aber ein zivilrechtlicher Begriff und zivilrechtlich steht ein mittelbar beteiligter Gesellschafter einem unmittelbar beteiligten Gesellschafter nicht gleich. Das ist aus der im Zivilrecht heute anerkannten Rechtssubjektivität einer Personenhandelsgesellschaft zu entnehmen. Der Gesellschafter einer Personenhandelsgesellschaft, die ihrerseits an einer anderen Personenhandelsgesellschaft beteiligt ist, ist zivilrechtlich nicht auch Gesellschafter der Untergesellschaft und steht somit einem Gesellschafter der Untergesellschaft nicht gleich.

Nun bleibt allerdings die Möglichkeit, daß dem ersten Halbsatz die Bedeutung einer Fiktion zukommen soll, also daß der mittelbar beteiligte Gesellschafter, der kein Gesellschafter ist, als solcher gelten soll. Gegen eine solche Fiktion spricht jedoch, daß vom Gesetzgeber die für solche Fiktionen übliche Gesetzesformulierung „gilt" nicht verwendet worden ist. Es spricht weiter dagegen, daß es völlig unüblich ist, in einem Steuergesetz eine für das Zivilrecht geltende Fiktion aufzustellen.

M.E. kommt dem ersten Teilsatz des neuen Satzes 2 in § 15 Abs. 1 Satz 1 Nr. 2 EStG daher lediglich eine einleitende Bedeutung für den zweiten Teilsatz zu. In diesem wird mit verständlichen Worten ausdrücklich bestimmt: Sind an einer Personengesellschaft (Obergesellschaft) Gesellschafter als Mitunternehmer beteiligt und ist die Obergesellschaft ihrerseits Gesellschafterin und Mitunternehmerin einer anderen Personengesellschaft (Untergesellschaft), so sind die Gesellschafter der Obergesellschaft als Mitunternehmer der Untergesellschaft anzusehen. Dies gilt auch, wenn weitere Personengesellschaften zwischen Obergesellschaft und Untergesellschaft zwischengeschaltet sind.

Die Neuregelung bedeutet also, daß bei einer mittelbaren Beteiligung der Gesellschafter und Mitunternehmer der Obergesellschaft, dann, wenn die zwischengeschaltete Obergesellschaft eine Personenhandelsgesellschaft oder eine mitunternehmerisch tätige GbR ist, zwar kein Gesellschafter und kein Mitunternehmer der Untergesellschaft ist, aber als Mitunternehmer der Untergesellschaft fingiert wird.

2. Rechtfertigung für die Neuregelung

Aus der amtlichen Begründung zu dem Regierungsentwurf eines StÄndG 1992 (BR-Drucksache 522/91) ergibt sich, daß die Neuregelung lediglich deshalb eingeführt worden ist, weil die Bundesregierung der Ansicht war, daß die Anwendung des § 42 AO nicht ausreiche, um die durch die Entscheidung des Großen Senats befürchteten Steuerausfälle zu vermeiden. Auf ihren Vorschlag ist deshalb § 15 Abs. 1 Satz 1 Nr. 2 EStG durch die als Satz 2 angefügte Regelung ergänzt worden.

Die Neuregelung ist also ausschließlich aus fiskalischen Gründen eingeführt worden. Sie ist unsystematisch und hat zu weiteren unverantwortlichen Verkomplizierungen des deutschen Steuerrechts geführt. Dabei sei vermerkt, daß weitere Verkomplizierungen des deutschen Steuerrechts deshalb unverantwortlich sind, weil bereits heute das deutsche Steuerrecht so unübersichtlich ist, daß seine fehlerfreie Anwendung nicht mehr garantiert werden kann.

3. Systematische Bedeutung der Neuregelung

Entgegen der in der amtlichen Begründung (BR-Drucksache 522/91) verwendeten Formulierung: „Die vorgesehene Änderung des § 15 Abs. 1 Satz 1 Nr. 2 EStG läßt einen steuerlichen Durchgriff auch bei mehrstökkigen Personengesellschaften zu", wird durch die vorgesehene Neuregelung kein Durchgriff durch ein Rechtssubjekt „Personengesellschaft" angeordnet, sondern lediglich eine Fiktion aufgestellt. Der Meinungsäußerung in der amtlichen Begründung des Regierungsentwurfs kommt gegenüber dem klaren Wortlaut des Gesetzes keine Bedeutung zu, wie sich aus dem BFH-Urteil vom 14. Mai 1991 VIII R 31/88[7] ergibt.

Die Neuregelung kollidiert daher nicht mit der bisherigen Rechtsprechung des BFH zur Besteuerung bei Mitunternehmerschaften. Es wurden durch die Neuregelung also weder die Grundsätze des Beschlusses des Großen Senats vom 25. Februar 1991[8] noch die bisherige nach Aufgabe der Bilanzbündeltheorie und Einführung der Einheitsbetrachtung ergangene Rechtsprechung berührt.

Die Neuregelung läßt daher auch die Rechtssubjektivität einer zwischengeschalteten Personengesellschaft unberührt. Demzufolge ändert die Neuregelung auch nichts daran, daß bei einer mittelbaren Beteiligung die Obergesellschaft entsprechend dem Beschluß des Großen Senats vom 25. Februar 1991[9] Gesellschafterin und Mitunternehmerin der Untergesellschaft ist. Die Fiktion bewirkt lediglich, daß neben die Obergesellschaft und die anderen Gesellschafter der Untergesellschaft zusätzlich die Gesellschafter der Obergesellschaft als fiktive Mitunternehmer der Untergesellschaft hinzutreten.

Die fingierten Mitunternehmer sind nicht Gesellschafter der Untergesellschaft und werden auch nicht als solche fingiert. Sie sind demzufolge nicht am Gesellschaftsvermögen der Untergesellschaft beteiligt. Ihnen steht auch kein Anteil an dem mit dem Gesellschaftsvermögen der Untergesellschaft erzielten Gewinn zu. Der auf die Obergesellschaft entfallende Anteil am Gewinn der Untergesellschaft ist weiterhin wie bisher der Obergesellschaft und nicht etwa deren Gesellschaftern im Rahmen der Gewinnfestsetzung der Untergesellschaft zuzurechnen.

---

7 BFHE 164, 516, BStBl. II 1992, 167.
8 A.a.O.
9 A.a.O.

Die Obergesellschaft kann weiterhin Sonderbetriebsvermögen bei der Untergesellschaft haben und von dieser Sondervergütungen i.S. von § 15 Abs. 1 Satz 1 Nr. 2 Satz 1 Halbsatz 2 EStG beziehen. Die Gesellschafter der Obergesellschaft haben weiterhin bei der Obergesellschaft Sonderbetriebsvermögen und beziehen von dieser Sondervergütungen. Die Fiktion erstreckt sich in ihrer Auswirkung also nur darauf, daß die Gesellschafter der Obergesellschaft auch bei der Untergesellschaft Sonderbetriebsvermögen haben können und von dieser Sondervergütungen beziehen können.

4. Die Voraussetzungen des § 15 Abs. 1 Satz 1 Nr. 2 Satz 2 EStG

Der Satz 2 des § 15 Abs. 1 Satz 1 Nr. 2 EStG betrifft alle Fälle von mehrstöckigen Personengesellschaften, in denen alle Personengesellschaften (die Obergesellschaft, die Untergesellschaft und alle anderen eventuell zwischengeschalteten Personengesellschaften) als Mitunternehmer anzusehen, also – wie der BFH in seinem Beschluß vom 25. Februar 1991 formuliert hat – mitunternehmerisch tätig sind.

Das ist stets der Fall, wenn die Untergesellschaft eine Personenhandelsgesellschaft oder eine mitunternehmerisch tätige GbR ist, weil dann jede zwischengeschaltete Personengesellschaft und auch die Obergesellschaft – auch wenn sie keine Personenhandelsgesellschaft, sondern nur eine GbR ist – zwangsläufig infolge ihrer Beteiligung an einer mitunternehmerisch tätigen Personengesellschaft ebenfalls mitunternehmerisch tätig ist.

Beispiel: A ist an der Obergesellschaft X-OHG beteiligt. Die X-OHG ihrerseits ist Gesellschafterin der Y-GbR, die ihrerseits wiederum Gesellschafterin der Z-KG ist.

Die Z-KG ist als Personenhandelsgesellschaft mitunternehmerisch tätig. Das hat nach den Grundsätzen des BFH-Beschlusses vom 25. Februar 1991 zur Folge, daß auch die an ihr beteiligte Y-GbR mitunternehmerisch tätig ist. Die Obergesellschaft ist mitunternehmerisch tätig, weil sie eine OHG ist. Mithin sind die Voraussetzungen des § 15 Abs. 1 Satz 1 Nr. 2 Satz 2 EStG erfüllt. A wird als Mitunternehmer sowohl der Y-GbR als auch der Z-KG fingiert.

V. Auswirkungen des § 15 Abs. 1 Satz 1 Nr. 2 Satz 2 EStG

1. Sondervergütungen

a) Allgemeines

Sondervergütungen, die der Gesellschafter der Obergesellschaft von der Untergesellschaft dafür erhält, daß er ihr Dienste leistet, Darlehen gewährt oder Wirtschaftsgüter zur Nutzung überläßt, sind auch nach der Neuregelung weiterhin im Gesellschaftsvermögen der Untergesellschaft Betriebsausgaben. Aufgrund der Neuregelung sind diese Aufwendungen der Untergesellschaft jetzt aber im Sonderbetriebsvermögen des Gesellschafters der Obergesellschaft, das dieser aufgrund der Fiktion bei der Untergesellschaft hat, Sonderbetriebseinnahmen, so daß diese Zahlungen aus dem Gesellschaftsvermögen der Untergesellschaft deren Gesamtgewinn und damit auch den Gewerbeertrag der Untergesellschaft nicht mindern.

Allerdings bewirkt diese Rechtsfolge, daß die durch die Erhöhung des Gewerbeertrags entstehende höhere Gewerbesteuer nicht von dem die Erhöhung verursachenden fingierten Mitunternehmer, sondern von der Untergesellschaft und damit von deren Gesellschaftern getragen werden muß. Das ist unsystematisch und zwingt die Beteiligten, zivilrechtliche Abmachungen darüber zu treffen, wer diese steuerliche Mehrbelastung der Gesellschafter der Untergesellschaft im Ergebnis zu tragen hat.

Abgesehen von der durch die Erhöhung der Gewerbesteuer eintretenden Minderung des Gewinns der Untergesellschaft, wodurch auch der Gewinnanteil der Obergesellschaft gemindert wird, wird durch die Fiktion weder der Gewinn der Obergesellschaft noch deren Gewinnfeststellung berührt.

b) Tätigkeitsvergütung bei einstöckiger GmbH & Co. KG

§ 15 Abs. 1 Satz 1 Nr. 2 Satz 2 EStG hat keine Auswirkung auf die steuerrechtliche Behandlung von Tätigkeitsvergütungen, die ein Kommanditist einer einstöckigen GmbH & Co. KG für seine Tätigkeit als Gesellschafter-Geschäftsführer der Komplementär-GmbH erhält.

Beispiel: A und B sind Kommanditisten einer GmbH & Co. KG und zugleich Gesellschafter der Komplementär-GmbH. Als Geschäftsführer der GmbH führen sie auch die Geschäfte der GmbH & Co. KG. Sie erhalten dafür von der GmbH eine Vergütung.

Nach ständiger Rechtsprechung des BFH[10] findet auf die Vergütungen § 15 Abs. 1 Satz 1 Nr. 2 Satz 1 Teilsatz 2 EStG in der Weise Anwendung, daß sie als von der GmbH & Co. KG bezogen angesehen werden und den Gewinn erhöhen, den A bzw. B aus der GmbH & Co. KG erzielen. Daran hat sich weder durch den Beschluß des Großen Senats vom 25. Februar 1991[11] noch durch die Neuregelung in § 15 EStG etwas geändert. Diese Vergütungen fallen nach wie vor unter § 15 Abs. 1 Satz 1 Nr. 2 Satz 1 Teilsatz 2 EStG.

c) Tätigkeitsvergütung bei mehrstöckiger GmbH & Co. KG

Etwas anderes gilt für die Fälle der Tätigkeitsvergütung bei einer mehrstöckigen GmbH & Co. KG.

---

10 Urteile vom 3. Februar 1977 IV R 153/74, BFHE 121, 333, BStBl. II 1977, 504; vom 14. Dezember 1978 IV R 98/74, BFHE 127, 45, BStBl. II 1979, 284 jeweils mit weiteren Rechtsprechungsnachweisen.

11 A.a.O.

Mit seinem Urteil vom 23. Februar 1972 I R 159/68[12] hatte der BFH folgenden – hier vereinfacht dargestellten – Sachverhalt zu beurteilen: An einer GmbH & Co. KG war als Kommanditist eine OHG beteiligt. Ein Gesellschafter der OHG, der an der KG nicht beteiligt war, war zugleich Gesellschafter-Geschäftsführer der Komplementär-GmbH und führte als solcher die Geschäfte der GmbH & Co. KG.

Der BFH hatte entschieden, daß die Geschäftsführervergütung, die A von der GmbH erhielt, Sondervergütung des A bei der GmbH & Co. KG sei. Dieses Urteil war nach dem Beschluß des Großen Senats des BFH vom 25. Februar 1991 nicht mehr anzuwenden, weil A nicht unmittelbar, sondern nur mittelbar an der GmbH & Co. KG beteiligt ist. Das Urteil hat jedoch nach der Einführung der Mitunternehmerfiktion wieder Bedeutung, weil der Gesellschafter der OHG aufgrund der Fiktion in § 15 Abs. 1 Satz 1 Nr. 2 Satz 2 EStG jetzt auch als Mitunternehmer der GmbH & Co. KG anzusehen ist.

2. Betriebsvermögen der Obergesellschaft

Auch das Betriebsvermögen der zwischengeschalteten Obergesellschaft wird durch die Fiktion des § 15 Abs. 1 Satz 2 Nr. 2 Satz 2 EStG nicht berührt. Denn wenn der Gesellschafter der Obergesellschaft der Untergesellschaft Wirtschaftsgüter zur Nutzung überläßt, dann sind diese Wirtschaftsgüter aufgrund der Fiktion des Satzes 2 Sonderbetriebsvermögen des Gesellschafters der Obergesellschaft bei der Untergesellschaft. Mit der Obergesellschaft hat die ganze Geschichte nichts zu tun.

Darlehnsforderungen des Gesellschafters der Obergesellschaft gegenüber der Untergesellschaft und Wirtschaftsgüter, die der Gesellschafter der Obergesellschaft der Untergesellschaft zur Nutzung überläßt, sind aufgrund der Fiktion des Satzes 2 also Sonderbetriebsvermögen des Gesellschafters der Obergesellschaft bei der Untergesellschaft.

Auch hier treten möglicherweise gewerbesteuerliche Auswirkungen ein, nämlich dann, wenn sich durch das Sonderbetriebsvermögen des Gesellschafters der Obergesellschaft sich das Betriebsvermögen der Untergesellschaft und dadurch ihr Gewerbekapital erhöht.

3. Sonderbetriebsvermögen II

M.E. hat die Mitunternehmerfiktion des § 15 Abs. 1 Satz 1 Nr. 2 Satz 2 EStG keine Auswirkungen auf das Sonderbetriebsvermögen II in den Fällen, in denen die Untergesellschaft eine GmbH & Co. KG ist und der Gesellschafter der Obergesellschaft die Stellung eines Anteilseigners der Komplementär-GmbH der Untergesellschaft hat.

12 BFHE 105, 257, BStBl. II 1972, 530.

Beispiel: Z ist Gesellschafter der Obergesellschaft. Diese ist ihrerseits Gesellschafterin der Y-GmbH & Co. KG, die gewerblich tätig ist. Z ist ferner Anteilseigner der Y-GmbH, der Komplementär-GmbH der Y-GmbH & Co. KG.

Die Frage, ob in einem solchen Fall die Beteiligung des Z an der Y-GmbH als Sonderbetriebsvermögen II bei der Y-GmbH & Co. KG anzusehen ist, ist m.E. auch nach dem Inkrafttreten der Mitunternehmerfiktion zu verneinen.

Es ist zwar richtig, daß infolge der Mitunternehmerfiktion Z jetzt auch bei der Untergesellschaft Y-GmbH & Co. KG Sonderbetriebsvermögen haben kann. Doch liegen m.E. die Voraussetzungen nicht vor, nach denen die Beteiligung an einer Komplementär-GmbH Sonderbetriebsvermögen ist. Diese Voraussetzungen bestehen darin, daß die Beteiligung eines Kommanditisten an der KG durch seine Beteiligung an der Komplementär-GmbH unmittelbar gestärkt wird, weil der Kommanditist nicht nur als solcher, sondern auch als Anteilseigner der GmbH über diese Einfluß auf die KG nehmen kann[13]. Der Gesellschafter muß danach selbst Kommanditist sein. In dem vorstehenden Beispiel ist aber Kommanditist der Y-GmbH & Co. KG nicht Z, sondern die Obergesellschaft. Daran hat sich auch durch die Fiktion des § 15 Abs. 1 Satz 1 Nr. 2 Satz 2 EStG nichts geändert.

Etwas anderes könnte äußerstenfalls dann gelten, wenn Z die Obergesellschaft beherrscht, weil er in einem solchen Fall mittelbar seinen Willen über seiner Gesellschafterstellung in der Obergesellschaft in der Untergesellschaft durchsetzen kann und diese Einflußnahme auf die Untergesellschaft durch seine Stellung als Gesellschafter der Komplementär-GmbH der Untergesellschaft verstärkt wird. M.E. ist eine solche expansive Auslegung des bisher schon bedenklichen Richterrechts zum Sonderbetriebsvermögen II bei einer GmbH & Co. KG äußerst bedenklich.

4. Pensionsrückstellungen

Die Fiktion hat Auswirkungen auf die Zulässigkeit der Bildung von Pensionsrückstellungen.

Nach der seit 1967 herrschenden Rechtsprechung[14] kann eine Personengesellschaft für eine Pensionszusage, die sie einem ihrer Gesellschafter erteilt, keine Pensionsrückstellung bilden, weil das aufgrund einer Pensionszusage später an den Gesellschafter zu zahlende Ruhegehalt eine (nachträgliche) Sondervergütung und damit ein (nachträglicher) Gewinn des betreffenden Gesellschafters sein soll.

Ohne die erfolgte Ergänzung des § 15 Abs. 1 Satz 1 Nr. 2 EStG könnte ein Ruhegehalt, das eine Untergesellschaft an einen Gesellschafter der Ober-

13 Vgl. BFH vom 7. Oktober 1987 II R 187/80, BFHE 151, 15, BStBl. II 1988, 23.
14 BFH vom 16. Februar 1967 IV R 62/66, BFHE 87, 531, BStBl. III 1967, 222.

gesellschaft zahlt, nicht als (nachträgliche) Sondervergütung angesehen werden mit der Folge, daß die Untergesellschaft auch für eine Pensionszusage an einen Gesellschafter der Obergesellschaft eine Pensionsrückstellung bilden könnte.

Der Gesetzgeber befürchtet, daß diese Möglichkeit dazu führe, daß Personengesellschaften in großem Stil in doppelstöckige Personengesellschaften umgewandelt werden würden, um diese Pensionsrückstellungsmöglichkeit zu erhalten.

Durch die Fiktion in § 15 Abs. 1 Satz 1 Nr. 2 Satz 2 EStG ist in Zukunft auch bei einer mittelbaren Beteiligung an einer Personengesellschaft die Bildung einer Pensionsrückstellung bei der Untergesellschaft für einen Gesellschafter der Obergesellschaft nicht mehr möglich, weil dieser Gesellschafter als Mitunternehmer auch der Untergesellschaft gilt und dadurch die Zusage späterer Pensionszahlungen zur Zusage späterer Sondervergütungen wird.

5. Einschränkung des Anwendungsbereichs der Betriebsaufspaltungs-Rechtsprechung

Wie oben unter III.4. dargestellt, war nach dem Ergehen des Beschlusses des Großen Senats des BFH vom 25. Februar 1991 die Anwendbarkeit des § 15 Abs. 1 Satz 1 Nr. 2 EStG u.a. dann ausgeschlossen, wenn bei einer Betriebsaufspaltungslage das Betriebsunternehmen eine Personengesellschaft ist und zwischen diese und die Person oder Personengruppe, die sowohl das Besitz- als auch das Betriebsunternehmen beherrschte, eine Personengesellschaft zwischengeschaltet wurde. In diesem Fall waren die Betriebsaufspaltungsgrundsätze anzuwenden.

Diese Rechtslage ist durch die Einführung der Mitunternehmerfiktion des § 15 Abs. 1 Satz 1 Nr. 2 Satz 2 EStG dahingehend geändert worden, daß in den vorbezeichneten Fällen § 15 Abs. 1 Satz 1 Nr. 2 EStG zur Anwendung kommt; denn die sowohl das Besitz- als auch das Betriebsunternehmen beherrschende Person oder Personengruppe gilt bei der beschriebenen Zwischenschaltung einer Personengesellschaft als Mitunternehmer der Betriebspersonengesellschaft.

Hubert Gschwendtner

Die Personengesellschaft als Steuerrechtssubjekt im Einkommensteuerrecht nach der Rechtsprechung des Großen Senats des BFH

Inhaltsübersicht

I. Vorbemerkung

Seit etwa Mitte der 70er Jahre hat sich – parallel zu einer entsprechenden Entwicklung im Gesellschaftsrecht[1] – ein Wandel in der Rechtsprechung des BFH zum Steuerrecht der Personengesellschaften vollzogen[2]. Dieser Wandel ist gekennzeichnet durch die Anerkennung der Personengesellschaft als beschränkt rechtsfähiges Steuerrechtssubjekt. Er ist durch den Großen Senat des BFH – seit 1983 unter dem Vorsitz von Prof. Dr. *Franz Klein* – in nunmehr vier Beschlüssen festgeschrieben[3]. Von dieser „Ein-

1 Zu dieser Entwicklung vgl. insbesondere *Karsten Schmidt,* Gesellschaftsrecht, 2. Aufl. 1991, S. 1123; *ders.* in Institut der Wirtschaftsprüfer (IDW), Personengesellschaft und Bilanzierung, 1990, S. 41 ff.

2 Zur historischen Entwicklung und zu den unterschiedlichen Vorstellungsbildern des RFH und BFH vgl. insbesondere *Otto Beierl,* Einkünftequalifikation bei gemeinsamer wirtschaftlicher Betätigung, 1987, S. 25 ff. mit zahlreichen Nachweisen.

3 BFH-Beschlüsse vom 10. November 1980 GrS 1/79, BFHE 132, 244, BStBl. II 1981, 64; vom 25. Juni 1984 GrS 4/82, BFHE 141, 405, BStBl. II 1984, 751; vom

heitsbetrachtung"[4] wird die Rechtsprechung künftig bestimmt sein. Aber wo finden wir ihre Rechtsgrundlage?[5]

II. Bestandsaufnahme

1. Der Beschluß vom 19. Oktober 1970 GrS 1/70[6]

Dieser Beschluß schien den Schlußpunkt hinter eine jahrzehntelange Kontroverse um die Bedeutung der Personengesellschaft im Einkommensteuerrecht zu setzen: „§ 15 Nr. 2 EStG . . . beruht darauf, daß die *Personengesellschaft* einkommensteuerrechtlich *kein Steuersubjekt* ist und daß deshalb die einzelnen Mitunternehmer als Steuersubjekte die auf sie entfallenden Gewinnanteile als Einkünfte zu versteuern haben." Der Mitunternehmer ist aber nicht nur „Subjekt der Besteuerung"; er ist auch „Subjekt der Gewinnerzielung". Denn die Gewinnanteile sind das Ergebnis der eigenen gewerblichen Betätigung eines jeden Gesellschafters: „Jeder Gesellschafter hat seinen eigenen Betrieb, belastet durch die Rechte seiner Mitgesellschafter." Das bedeutet, „daß Personengesellschaften keine selbständigen Rechtsgebilde, sondern nur eine Zusammenfassung von Unternehmern sind, die in dieser Gemeinschaft zwar gemeinsam, aber grundsätzlich doch wie Einzelunternehmer ihren Gewinn erzielen"[7].

2. Der Beschluß vom 10. November 1980 GrS 1/79[8]

Diesen „klarstellenden" Sätzen war jedoch nur ein kurzes Leben beschieden. Schon im Beschluß GrS 1/79 spiegelt sich deutlich eine veränderte Sicht: „Der Gewinn oder Verlust der Gesellschaft ist durch einen Vermögensvergleich der Gesellschaft, nicht durch Vermögensvergleiche der einzelnen Gesellschafter, zu ermitteln. Grundlage dafür ist . . . die Steuerbilanz der Gesellschaft und sind nicht . . . die Einzelbilanzen der Gesellschafter"[9]. Dieses Bekenntnis wird zwar zunächst noch auf die Gewinner-

---

25. Februar 1991 GrS 7/89, BFHE 163, 1, BStBl. II 1991, 691, und vom 3. Mai 1993 GrS 3/92, BFHE 171, 246, BStBl. II 1993, 616.

4 Vgl. BFH-Urteil vom 10. Juli 1980 IV R 136/77, BFHE 131, 313, BStBl. II 1981, 84 unter 1.2 der Gründe und Beschluß GrS 7/89 unter C III. der Gründe; vgl. auch BFH-Urteil vom 30. April 1991 VIII R 68/86, BFHE 165, 46, BStBl. II 1991, 873 unter 2. der Gründe: „heute herrschende Einheitstheorie".

5 Zur Kritik an der mangelnden Klarstellung dieser Rechtsgrundlage vgl. insbesondere *Kurt Meßmer,* Rechtssubjekte im Rahmen der Besteuerung gemäß § 15 Abs. 1 Nr. 2 EStG, FR 1990, 205 ff.; *Hartmut Hahn,* Offene und verdeckte zivilrechtliche Prämissen im Beschluß des BFH vom 25. Januar 1991 zur sog. doppelstöckigen GmbH & Co. KG., DStZ 1992, 161 ff.

6 BFHE 101, 62, BStBl. II 1971, 177 (GrS 1/70).

7 BFH-Urteil vom 10. Mai 1973 IV R 74/67, BFHE 109, 344, BStBl. II 1973, 630; vom 18. Februar 1975 VII R 198/73, BFHE 115, 399, BStBl. II 1975, 517; vom 23. Juli 1975 I R 210/73, BFHE 117, 144, BStBl. II 1976, 180 u.a.

8 BFHE 132, 244, BStBl. II 1981, 164 (GrS 1/79).

9 Unter C I. 1. b der Gründe.

mittlung bezogen. Die Entscheidung trägt aber bereits den Keim der weiteren Entwicklung in sich. Sie knüpft mit der Feststellung, „daß es der Gewinn der Gesellschaft ist, der zur Besteuerung den Gesellschaftern anteilig zuzurechnen ist", an die bereits in einem vorausgehenden Urteil[10] angesprochene Unterscheidung zwischen den Personen, die den Gewinn zu versteuern haben, und der Personengesellschaft als dem „rechtlichen Träger" des Betriebs sowie daran an, „daß das Gesetz die rechtliche Existenz der Personengesellschaft . . . zum Ausgangspunkt für die Einkommensbesteuerung nimmt" (Einheitsbetrachtung). Vor diesem Hintergrund spricht dann erstmals[11] das Urteil vom 24. März 1983 von der Personengesellschaft als dem *„Subjekt der Gewinnerzielung"*[12].

3. Der Beschluß vom 25. Juni 1984 GrS 4/82[13]

In diesem schon kurze Zeit später ergangenen Beschluß versucht der BFH die Vorstellung von der Personengesellschaft als Steuerrechtssubjekt inhaltlich zu präzisieren. Danach ist die Personengesellschaft zwar nicht „Subjekt der Einkommensbesteuerung", aber „insoweit Steuerrechtssubjekt, als sie in der Einheit ihrer Gesellschafter Merkmale eines Besteuerungstatbestandes verwirklicht, welche den Gesellschaftern für deren Besteuerung zuzurechnen sind"[14]. Das nimmt der BFH auf der „Ebene der Gesellschaft" auf drei Stufen des Einkünftetatbestandes an:

- Zunächst auf der Stufe der gemeinsamen Tätigkeit, durch die die Einkünfte erzielt werden; er geht dabei davon aus, daß die „Tätigkeit der Gesellschafter in ihrer gesamthänderischen Verbundenheit" die „Tätigkeit der Gesellschaft" ist[15]. Die Gesellschaft ist *„Subjekt der Einkünfteerzielung"*[16].

---

10 BFH-Urteil vom 10. Juli 1980 IV R 136/77, BFHE 131, 313, BStBl. II 1981, 84 unter 1.2 und 2.2 der Gründe.

11 Im Anschluß an *Georg Döllerer,* Zur Realteilung von Personengesellschaften, Anmerkung zu dem BFH-Urteil vom 19. Januar 1982 VIII R 21/77, DStZ 1982, 267.

12 BFH-Urteil vom 24. März 1983 IV R 123/80, BFHE 138, 337, BStBl. II 1983, 598.

13 BFHE 141, 405, BStBl. II 1984, 751 (GrS 4/82).

14 Unter C III. 3. a der Gründe.

15 Damit übernimmt der BFH die bekannte Formel der Zivilgerichte, mit der sie sich bisher einer abschließenden Stellungnahme zur „Rechtsnatur der Gesamthand" entzogen haben (vgl. RG-Urteil vom 19. Januar 1933 IV 390/32, RGZ 139, 252, 254; BGH-Urteile vom 16. Februar 1961 III ZR 71/60, BGHZ 34, 293, 296; vom 7. Oktober 1987 IVa ZR 67/86, NJW 1988, 556; vom 24. Januar 1990 IV ZR 270/88, BGHZ 110, 127, 128 ff.; BAG-Urteil vom 6. Juli 1989 6 AZR 771/89, DB 1989, 1973. Zu den vereinzelt gebliebenen abweichenden Entscheidungen vgl. etwa *Herbert Wiedemann,* Zur Selbständigkeit der BGB-Gesellschaft, Festschrift für Alfred Kellermann, 1991, 541 ff.; *Hartmut Hahn* (Fn. 5), DStZ 1992, 164 ff.

16 Unter C III. 3. a der Gründe: „Die Art der Einkünfte der Personengesellschaft wird in erster Linie durch die Tätigkeit der Gesellschafter in ihrer gesamthänderischen Verbundenheit *mithin durch die Tätigkeit der Gesellschaft* be-

- Diese Einheitsbetrachtung setzt er auf der Stufe der Ermittlung des Gewinns bzw. des Überschusses aus dieser Tätigkeit unter Hinweis auf die Ausführungen im Beschluß GrS 1/79 fort. Die Gesellschaft wird zum *„Subjekt der Einkünfteermittlung“*[17].
- Die Einheitsbetrachtung führt schließlich auf der Stufe der Feststellung der Art der Einkünfte, die wegen der einheitlichen Ermittlung der Einkünfte geboten sei, zur Gesellschaft als *„Subjekt der Einkünftequalifikation“*[18].

4. Der Beschluß vom 25. Februar 1991 GrS 7/89[19]

Der Beschluß bestätigt die neue Linie der Rechtsprechung.

a) Er bereitet zunächst mit der endgültigen *Abkehr von der „Gleichstellungsthese“* den Boden für eine konsequente Fortführung der Einheitsbetrachtung. War unter der Herrschaft der Bilanzbündeltheorie in ihrer Ausprägung als Einzelbetriebstheorie[20] der Mitunternehmer dem Einzelunternehmer „in allen Belangen" gleichzustellen[21] und war nach dem Beschluß GrS 1/70 – der von der Bilanzbündeltheorie in ihrer Ausprägung als Gesamtbetriebstheorie ausging – diese Gleichstellung „nach Möglichkeit" vorzunehmen, so gilt dieser Satz nunmehr nur noch, soweit das Gesetz eine solche Gleichstellung „zuläßt"[22]. Daß dies nicht in dem Sinne verstanden werden darf, daß die Gleichstellung überall dort zulässig ist, wo das Gesetz sie nicht ausdrücklich verbietet, ergibt sich aus der „Betonung der Einheit der mitunternehmerisch tätigen Personengesellschaft" als Ziel der Auslegung des § 15 Abs. 1 Nr. 2 EStG[23]; sie hat zur Folge, daß im Bereich des Einkünftetatbestandes der Mitunternehmer dem Einzelunternehmer nur dann gleichgestellt werden darf, wenn das Gesetz dies „gebietet"[24].

---

stimmt." Im folgenden spricht der Beschluß überwiegend nur noch von der Tätigkeit „der Gesellschaft".

17 Unter C III. 3. a aa der Gründe.

18 Unter C III. 3. a bb der Gründe; zu der gebotenen differenzierenden Betrachtung des Beschlusses nach den verschiedenen Erscheinungsformen des „Steuerrechtssubjekts" vgl. auch *Kurt Meßmer* (Fn. 5), FR 1990, 208 ff.

19 BFHE 163, 1, BStBl. II 1991, 691 (GrS 7/89).

20 Vgl. z.B. RFH-Urteil vom 13. März 1940 VI 750/39, RStBl. 1940, 474 oder vom 17. September 1941 VI 12/41, RStBl. 1941, 842; zur Rechtsprechung des RFH und BFH vgl. z.B. *Friedrich v. Zezschwitz*, Die Bilanzbündeltheorie – ein brüchiger Torso, FR 1970, 159 ff.; *Kurt Meßmer*, Die Bilanzbündeltheorie – eine meisterhafte Schöpfung der Rechtsprechung?, StbJb. 1972/73, 127 ff. m.w.N.; *Klaus Brezing*, Durchsäuerungstheorie contra Bilanzbündeltheorie?, FR 1974, 500 ff.; *Otto Beierl* (Fn. 2), S. 34 ff. m.w.N.

21 So etwa noch BFH-Urteil vom 28. März 1966 VI 43/65, BFHE 86, 80, BStBl. III 1966, 352.

22 Unter C II. 2. der Gründe.

23 So die Überschrift über C III. 2. der Gründe.

24 Als Ergebnis einer Auslegung der jeweiligen Vorschriften des EStG, vgl. dazu bereits *Lothar Woerner*, Die Besteuerung der Mitunternehmer – Bestandsauf-

b) Zur Personengesellschaft als Steuerrechtssubjekt finden sich in diesem Beschluß – der das „Subjekt der Feststellung der Einkunftsart" nicht mehr erwähnt – *zwei ergänzende Gesichtspunkte:*

- Der eine liegt in dem Hinweis auf die inzwischen gefestigte Rechtsprechung des BFH, daß die Personengesellschaft selbst Rechtsbeziehungen zu Dritten und zu ihren Gesellschaftern begründen kann[25]. Der Hinweis muß unter Berücksichtigung der angegebenen Zitate[26] zum zivilrechtlichen Hintergrund der Einheitsbetrachtung bei Personenhandelsgesellschaften allgemeiner verstanden werden: Die Personengesellschaft ist „Subjekt der Gewinnerzielung" zunächst deshalb, weil sie Eigentümerin von Sachen, Inhaberin von Rechten, Verpflichtete aus Verbindlichkeiten, Vertragspartnerin usw. sein kann, kurz: weil sie selbständiges *„Subjekt des Rechtsverkehrs"* ist.
- Dies gilt allerdings nicht ohne weiteres für Personengesellschaften, die nicht Personenhandelsgesellschaften sind. Der Beschluß setzt sich über die insoweit bestehenden zivilrechtlichen Bedenken[27] mit einem steuerrechtlichen Argument hinweg: „Maßgebend für die steuerrechtliche Qualifizierung muß der wirtschaftliche Gehalt der Betätigung der Personengesellschaft sein, nicht die Rechtsform der Gesellschaft oder der – die Rechtsform beeinflussende – Umfang ihrer Tätigkeit. Der wirtschaftliche Gehalt der Betätigung von Personenhandelsgesellschaften und unternehmerisch tätigen GbR weist aber keine grundsätzlichen Unterschiede auf."[28] Die Gesellschaften seien deshalb nach dem Grundsatz der *Gleichmäßigkeit der Besteuerung* gleich zu behandeln.

Da über diesen Gleichbehandlungsgrundsatz die GbR aber nicht gegen die Zivilrechtsordnung zum „Subjekt des Rechtsverkehrs" werden kann[29], läßt der Beschluß hier nur zwei Möglichkeiten offen: Entweder verbirgt sich hinter der Gleichbehandlungsthese die Übernahme der „neueren Gesamthandslehre", die auch die GbR für fähig hält, am Rechtsverkehr teilzunehmen[30], oder die Gleichbehandlung bezieht sich nicht auf die zivilrechtliche Rechtsverkehrsfähigkeit. Für diese zweite Möglichkeit könnten zwei Anhaltspunkte sprechen[31]: Der eine ist der Hinweis auf die

---

nahme und Perspektiven, DStZ 1980, 203 ff. mit Beispielen. Das gilt vor allem für die im Beschluß GrS 7/89 näher behandelten Sondervergütungen des § 15 Abs. 1 Nr. 2 2. Alt. und die personenbezogenen Vergünstigungen.

25 Unter C III. 2. der Gründe.

26 Unter C III. 1. der Gründe.

27 Vgl. dazu näher unter IV. 5.

28 Unter C IV. der Gründe.

29 Ebensowenig wie über die „wirtschaftliche Betrachtungsweise" (§ 41 AO 1977) – zu dieser *Manfred Groh,* Sondervergütungen in der doppelstöckigen Personengesellschaft, DB 1991, 879 ff.; 801 – oder über den „Auslegungsgrundsatz der Praktikabilität" – zu diesem *Otto Beierl* (Fn. 2), S. 74 und *Wolfgang Jakob/Norbert Hörmann,* Zur Einkunftserzielungsabsicht bei gemeinsamer wirtschaftlicher Betätigung, FR 1990, 33 ff., 37 –.

30 Dazu näher unter IV. 5. und *Karsten Schmidt* (Fn. 1), S. 45 ff.

31 Unter C IV. und C III. 1. der Gründe.

allen Gesellschaften gemeinsame „Gemeinschaftsorganisation", der andere der betonte Hinweis auf jene Vertreter im Schrifttum, die die Rechtssubjektivität der Personengesellschaft im Zivilrecht aus deren „Teilrechtsfähigkeit" ableiten.

5. Der Beschluß vom 3. Mai 1993 GrS 3/92[32]

Es bleibt auch nach diesem Beschluß dabei, daß „die Personengesellschaft eine von den Gesellschaftern zu unterscheidende Einheit"[33] ist: „Aus dem Gesichtspunkt der Einheit ergibt sich vornehmlich, daß es die Gesellschafter in ihrer gesellschaftlichen Verbundenheit sind, die Merkmale eines Besteuerungstatbestandes verwirklichen."[34] Der BFH versucht nunmehr aber, diese Einheit mit der „Grundwertung des Einkommensteuerrechts" in Einklang zu bringen, „daß bei den Personengesellschaften die Gesellschafter, nicht die Gesellschaft als solche die Träger des Unternehmens . . . sind"[35]. Hatte der Beschluß GrS 4/82 noch von der Gesellschaft „als Unternehmerin" und der Beschluß GrS 7/89 von der Gesellschaft „als Mitunternehmerin" gesprochen, so nimmt der Beschluß GrS 3/92 dies nunmehr zurück. (Mit-)*Unternehmer ist nur der Gesellschafter*[36].

Damit ist die vorläufige Grenzlinie markiert, die der BFH bei dem Versuch, die Einheitsbetrachtung zu konkretisieren, bisher erreicht hat.

III. Abgrenzung

Vor dem Betreten ungesicherten Terrains ist noch ein kurzer Blick auf folgende Wegmarken zu werfen.

1. Das „Subjekt der Einkommensbesteuerung"

Steuersubjekt ist zunächst derjenige, gegen den sich der Steueranspruch richtet (Steuerschuldner)[37]. Schuldner der Einkommensteuer ist, wer Einkünfte aus einer der sieben Einkunftsarten erzielt (§ 2 Abs. 1, §§ 13 bis 24 EStG) und wem das auf dieser Grundlage ermittelte, zu versteuernde Einkommen (§ 2 Abs. 5 EStG) zuzurechnen ist. Das kann nur eine natürliche Person (§ 1 EStG) oder eine der in § 1 KStG genannten Personenvereinigungen sein. Personengesellschaften gehören nicht dazu. Sie sind deshalb *nicht „Subjekt der Einkommensbesteuerung"*. An dieser Grundent-

---

32 BFHE 171, 246, BStBl. II 1993, 616 (GrS 3/92).

33 Beschluß GrS 7/89 unter C II. der Gründe.

34 Beschluß GrS 3/92 unter C III. 6. a cc der Gründe.

35 Unter C III. 6. a aa der Gründe. Dasselbe soll für das Gewerbesteuerrecht gelten (vgl. unter C III. 6. b der Gründe). Der Beschluß befaßt sich mit der Frage der Unternehmereinheit als Voraussetzung des Verlustabzugs nach § 10a GewStG.

36 Unter C III. 6. a aa der Gründe.

37 Wer also alle Merkmale des ESt-Tatbestandes erfüllt, an den das EStG die (Steuer-)Leistungspflicht knüpft (§ 38 AO 1977).

scheidung hat der BFH auch für die Publikumspersonengesellschaft festgehalten[38].

Insoweit unterscheidet sich das Einkommensteuerrecht von anderen Teilbereichen des Steuerrechts, wie etwa dem Umsatzsteuerrecht[39], dem Gewerbesteuerrecht[40], dem Grunderwerbsteuerrecht[41] oder dem Erbschaftsteuerrecht[42].

2. Das „Subjekt sonstiger Steuerpflichten"

Steuersubjekt kann außer dem Steuerschuldner auch sein, wer andere ihm durch die Steuergesetze auferlegte Verpflichtungen zu erfüllen hat (§ 33 Abs. 1 AO 1977). In diesem Sinne Steuerpflichtiger ist z.B., wer Buchführungs- und Aufzeichnungspflichten wahrzunehmen oder Steuererklärungen abzugeben hat oder befugt bzw. verpflichtet ist, Rechtsbehelfe und Rechtsmittel einzulegen (§ 352 Abs. 1 AO 1977, § 48 Abs. 1 FGO). Subjekt von Steuerpflichten in diesem Sinn kann auch eine Personengesellschaft oder eine Gemeinschaft sein[43].

3. Die „persönliche Zurechnung von Einkünften"

a) Der Steueranspruch entsteht gegenüber demjenigen, der den Besteuerungstatbestand *in allen* seinen Teilen erfüllt; der Einkommensteuerpflichtige muß also insbesondere Einkünfte im Sinne des § 2 Abs. 1 EStG erzielen, indem er einen der Tatbestände der §§ 13 bis 24 EStG verwirklicht[44]. Das muß er nicht notwendig selbst tun[45]; es genügt, daß ihm die

---

38 Vgl. insbesondere Beschluß GrS 4/82 (Fn. 13) unter C II. 3. und C. III. 3. a der Gründe.

39 § 13 Abs. 2 i.V.m. § 2 Abs. 1 UStG.

40 § 5 Abs. 1 Satz 3 GewStG und dazu z.B. BFH-Urteil vom 17. Februar 1989 III R 36/85, BFHE 156, 502, BStBl. II 1989, 664.

41 BFH-Urteile vom 4. Februar 1987 II R 103/84, BFHE 149, 12, BStBl. II 1987, 325 und vom 13. November 1991 II R 7/88, BFHE 166, 180, BStBl. II 1992, 202.

42 BFH-Urteil vom 7. Dezember 1988 II R 150/85, BFHE 155, 395, BStBl. II 1989, 237 und dazu *Karsten Schmidt* in IDW (Fn. 1), S. 47 f.

43 Vgl. z.B. – für Buchführungs- und Aufzeichnungspflichten – BFH-Urteil vom 23. Oktober 1990 VIII R 142/85, BFHE 162, 99, BStBl. II 1991, 401 m.w.N.; *Georg Döllerer,* Die Rechtsprechung des Bundesfinanzhofs zum Steuerrecht der Unternehmen, ZGR 1992, 608. Allgemein zu Personenvereinigungen als Pflichtsubjekte verfahrensrechtlicher Rechtssätze *Kurt Meßmer* (Fn. 5), FR 1990, 206, 207 und *Tipke/Kruse,* Kommentar zur AO/FGO, 14. Aufl., § 33 AO Tz. 1, 12, 16 ff.

44 Std. Respr. des BFH seit den sog. Mai-Urteilen des VIII. Senats vom 13. Mai 1980 VIII R 63/79, BFHE 131, 212, BStBl. II 1981, 295; VIII R 75/79, BFHE 131, 208, BStBl. II 1981, 297; VIII R 128/78, BFHE 131, 216, BStBl. II 1981, 299; BFH-Beschluß GrS 4/82 (Fn. 13) unter C III. 3. a der Gründe; weitere Nachweise bei *Arndt Raupach/Margret Schencking* in Herrmann/Heuer/Raupach, Einkommensteuer- und Körperschaftsteuergesetz, Kommentar, 20. Aufl., § 2 EStG Anm. 101; *Enno Biergans,* Einkommensteuer, 6. Aufl., 1992, S. 1054 ff.

45 Der Begriff der „persönlichen Zurechnung" besagt bei eigener Tatbestandsverwirklichung etwas Selbstverständliches. Es handelt sich um einen Teilaspekt

Tatbestandsverwirklichung als eigene zugerechnet wird[46]. Die „persönliche Zurechnung" umschreibt abstrakt die subjektiven Voraussetzungen des Einkünftetatbestandes[47]: Den objektiven Tatbestand kann nur erfüllen, wer Unternehmer[48], Vermieter[49], Arbeitnehmer usw. ist.

Davon zu unterscheiden ist die Frage, *wer fähig* ist, diese subjektiven Voraussetzungen zu verwirklichen, also ob dies auch eine OHG, eine GbR oder eine stille Gesellschaft kann. Das ist die Frage nach dem „Subjekt der Einkünfteerzielung" und dem „Subjekt der Einkünftequalifikation".

b) Einen ersten Hinweis auf eine mögliche Antwort geben die verschiedenen Einkünftetatbestände mit der Beschreibung des Inhalts der vom Steuerpflichtigen zu bewirkenden Leistung[50]. So erzielt z.B. Einkünfte aus Gewerbebetrieb, wer selbständig und nachhaltig mit Gewinnerzielungsabsicht am allgemeinen Rechtsverkehr teilnimmt[51]. Von den hier bei einer Personengesellschaft in Betracht kommenden Leistungsbeziehungen (Beitragsleistung der Gesellschafter an die Gesellschaft[52], gemeinsa-

des § 38 AO 1977 (vgl. *Georg Döllerer,* Leitgedanken der Nießbrauchsbesteuerung bei den Einkünften aus Vermietung und Verpachtung und aus Kapitalvermögen, StbJb. 1984/85, 55, 59; *Klaus Tipke/Joachim Lang,* Steuerrecht, 13. Aufl. 1991, S. 226; *Arndt Raupach/Margret Schencking* in Herrmann/Heuer/Raupach (Fn. 44), § 2 EStG Anm. 114.

46 Vgl. dazu näher *Johannes Wolff-Diepenbrock,* Handeln für fremde Rechnung im Einkommensteuerrecht, Festschrift für Georg Döllerer, 1988, S. 752 ff., 757 ff.; *Arndt Raupach/Margret Schencking* in Herrmann/Heuer/Raupach (Fn. 44), § 2 EStG Anm. 114, 130, 132 m.w.N. und jetzt BFH-Urteil vom 27. Januar 1993 IX R 269/87, BFHE 170, 383 m.w.N.; zur Zurechnung bei Treuhandverhältnissen insbesondere *Joachim Lang/Roman Seer,* Die persönliche Zurechnung von Einkünften bei Treuhandverhältnissen, FR 1992, 637 m.w.N.

47 *Albert Hensel,* Steuerrecht, 1933, S. 59; *Arndt Raupach/Margret Schencking* in Herrmann/Heuer/Raupach (Fn. 44), § 2 Anm. 114 m.w.N.; *Arndt Raupach,* Gewinnanteil und Sondervergütungen der Gesellschafter von Personengesellschaften, StuW 1991, 278 ff., 280 m.w.N.

48 Vgl. etwa BFH-Beschluß vom 2. September 1985 IV B 51/85, BFHE 144, 432, BStBl. II 1986, 10; *Ludwig Schmidt,* EStG, 12. Aufl., 1993, § 15 Anm. 31 m.w.N.

49 Vgl. etwa BFH-Urteil vom 3. Dezember 1991 IX R 155/89, BFHE 166, 460, BStBl. II 1992, 459 m.w.N.

50 „Leistung" hier i.S. eines Oberbegriffs für den Inhalt der Tatbestände der 7 Einkunftsarten, vgl. dazu *Hans-Georg Ruppe,* Möglichkeiten und Grenzen der Übertragung von Einkunftsquellen als Problem der Zurechnung, in Tipke (Hrsg.), Übertragung von Einkunftsquellen im Steuerrecht, 1978, S. 10; *Arndt Raupach/Margret Schencking* in Herrmann/Heuer/Raupach (Fn. 44), § 2 EStG Anm. 126, 794; *Enno Biergans,* Einkommensteuer (Fn. 44), S. 1054; *Otto Beierl* (Fn. 2), S. 67 m.w.N.

51 § 15 Abs. 1 Nr. 1, Abs. 2 EStG.

52 *Hans-Georg Ruppe* (Fn. 50), S. 22, 69; wohl auch *Manfred Groh,* Gesellschafterbeitrag und Gesellschaftsgewinn, Festschrift für Werner Flume zum 70. Geburtstag, Bd. 2, 1978, 97 ff., 101, *Hermann-Wilfried Bayer,* Der Stufenbau des Steuertatbestandes, FR 1985, 337 ff., 344; *ders.,* Die Gewerbetätigkeit – der Steuergegenstand des Einkommensteuerrechts, BB 1988, 1 ff., 3.

me Leistung der Gesellschafter im Rahmen des Leistungsaustausches[53], eigene Leistung der Gesellschaft[54]) hat sich der BFH für letztere entschieden[55]. Der Gesetzgeber ist ihm darin gefolgt[56]. Es liegt deshalb die Annahme nahe, daß eine Personengesellschaft „Subjekt der Gewinnerzielung" nur sein kann, wenn sie *selbst* diese *Leistungen erbringen* und damit auch die Voraussetzungen der Gewinnrealisierung erfüllen kann. Die verallgemeinernde Interpretation des Beschlusses GrS 7/89, daß die Personenhandelsgesellschaft Steuerrechtssubjekt sei, weil sie „Subjekt des Rechtsverkehrs" ist, scheint deshalb begründet.

c) Die Grundsätze über die „persönliche Zurechnung" von Einkünften weisen jedoch noch einen anderen Weg. Um beim Beispiel der Einkünfte aus Gewerbebetrieb zu bleiben: In Betracht kommt auch die Möglichkeit, daß die Personengesellschaft „Subjekt der Gewinnerzielung" deshalb ist, weil ihr das Ergebnis der Leistungsbeziehung *als eigene zuzurechnen* ist. Das ist dann der Fall, wenn sie selbst Unternehmerinitiative entfalten und Unternehmerrisiko tragen kann[57].

Beides – Unternehmertätigkeit und Unternehmereigenschaft – müssen nicht notwendig zusammenfallen. Was das für die Rechtssubjekteigenschaft bedeutet, soll im folgenden am Beispiel der unternehmerisch tätigen Gesellschaft aufgezeigt werden.

---

53 Sozusagen „durch die Gesellschaft hindurch", so neuerdings wieder *Otto Beierl* (Fn. 2), S. 73, 74; *Wolfgang Jakob/Norbert Hörmann* (Fn. 29), FR 1990, 37 ff.; *Michael Best,* Einkünftequalifikation und Gewinnermittlung bei Personengesellschaften, DStR 1991, 1545 ff. Das entspricht im Ergebnis den Vorstellungen der Betriebs-/Bilanzbündeltheorie (vgl. *Enno Becker,* Grundlagen der Einkommensteuer, 1940, S 94, 102 ff., 426: „Mitunternehmerschaften sind ... für die Einkommensteuer ... – abgesehen von der nur das Verfahren angehenden einheitlichen Gewinnermittlung – überhaupt nicht da"). Vgl. auch Fn. 20.

54 So neuerdings in Anknüpfung an die „Marktteilnahmetheorie" bzw. „Markteinkommenstheorie" *Ruppes* (s.o. Fn. 50) auch *Axel Schmidt,* Einkommensteuerliche Behandlung mittelbarer Leistungsbeziehungen bei Personengesellschaften, 1990, S. 38 ff.; *Arndt Raupach* (Fn. 47), StuW 1991, 280.

55 Vgl. Beschluß GrS 4/82 unter C III. 2. der Gründe. Es gibt keine unmittelbare Zurechnung der Wirtschaftsgüter und einzelner Geschäftsvorfälle an die Gesellschafter; zugerechnet wird nur das Ergebnis (dort unter C III. 3. a aa 2. der Gründe; BFH-Urteil vom 6. November 1980 IV R 5/77, BFHE 132, 241, BStBl. II 1981, 307 unter 2. a der Gründe).

56 Vgl. dazu unter IV. 1.

57 Vgl. dazu näher BFH-Urteil vom 24. September 1991 VIII R 349/83, BFHE 166, 124, BStBl. II 1992, 330 m.w.N.; jetzt auch Beschluß GrS 3/92 unter C III. 6. a aa der Gründe; *Schmidt,* EStG (Fn. 48), § 15 Anm. 31 m.w.N.; zu dem aus diesem Gedanken von der Rechtsprechung abgeleiteten „Subjekt der Anteilszurechnung" vgl. unter IV. 7. f. Er entspricht dem historischen Ansatz: „Unternehmer ist, wer als Inhaber den Betrieb auf eigene Rechnung und Gefahr führt oder für dessen Rechnung und Gefahr der Betrieb geführt wird" (*Strutz,* Kommentar zum EStG 1925, Bd. II, § 29 Anm. 1, 7; *Brigitte Knobbe-Keuk,* Bilanz- und Unternehmenssteuerrecht, 9. Aufl., 1993, S. 389 f. m.w.N.).

IV. Die Personengesellschaft als beschränkt rechtsfähiges Steuerrechtssubjekt

1. Keine ausreichende Regelung im Einkommensteuerrecht

Die Rechtsgrundlage der Rechtssubjektivität von Personengesellschaften ergibt sich nicht unmittelbar aus dem EStG. Insbesondere endet die Suche nach dieser Antwort nicht bereits bei § 1 EStG oder bei § 1 KStG und damit bei der natürlichen bzw. der juristischen Person[58]; diese Vorschriften regeln nur, wer „Subjekt der Einkommensbesteuerung" ist. Die Suche endet auch nicht bei § 2 Abs. 1 EStG[59]; Steuerpflichtiger kann nicht nur der Steuerschuldner, sondern gemäß § 33 AO 1977 jeder sein, den das Gesetz zum Träger von steuerrechtlichen Rechten und Pflichten bestimmt. Eine solche Bestimmung könnte nunmehr – über die dort geregelten Sonderfälle hinaus – die Neufassung des § 15 EStG enthalten, die in Absatz 3[60] davon ausgeht, daß eine Personengesellschaft „gewerblich tätig" sein kann und in Absatz 1 Satz 1 Nr. 2 Satz 2[61] davon, daß eine Personengesellschaft „einen Betrieb" führen und „Mitunternehmer" sein kann. Der Große Senat kam zu diesen Ergebnissen jedoch ohne entsprechende Anhaltspunkte im Gesetz. Er beschränkte sie zudem nicht nur auf Personengesellschaften, sondern bezog auch wirtschaftlich vergleichbare Gesamthandsgemeinschaften und Bruchteilsgemeinschaften in diese Beurteilung mit ein[62]. Aus der Änderung des § 15 EStG können deshalb verallgemeinernde Schlüsse erst gezogen werden, wenn geklärt ist, auf welcher Rechtsgrundlage die Entscheidungen des Großen Senats beruhen.

58 So aber aus neuerer Zeit insbesondere *Kurt Meßmer* (Fn. 5), FR 1990, 206; *Otto Beierl* (Fn. 2), S. 70 ff.; *Wolgang Jakob/Norbert Hörmann* (Fn. 29), FR 1990, 36, 38; *Michael Best,* Einkünftequalifizierung und Gewinnvermittlung bei Personengesellschaften, DStR 1991, 1548.

59 So z.B. *Arndt Raupach/Margret Schencking* in Herrmann/Heuer/Raupach (Fn. 44), § 2 EStG Anm. 62; *Paul Kirchhof* in Kirchhof/Söhn, Kommentar zum Einkommensteuergesetz, § 2 Rn. A 77/79.

60 Durch das StBereinG 1986 – BGBl. I 1985, 2436 –. Entsprechend wird in neueren Gesetzen die Personengesellschaft ausdrücklich als „Steuerpflichtige" bezeichnet, vgl. § 1 Abs. 1 Satz 2 des Fördergebietsgesetzes i.d.F. vom 23. September 1993 (BGBl. I 1993, 1654) und in § 1 Abs. 1 Satz 3 des Investitionszulagengesetzes i.d.F. vom 23. September 1993 (BGBl. I 1993, 1651).

61 Durch Art. 1 Nr. 17 StÄndG 1992 – BGBl. I 1992, 297 – wurde § 15 Abs. 1 um einen Satz 2 erweitert, der die mittelbare Beteiligung eines Gesellschafters einer Personengesellschaft über eine andere Personengesellschaft regelt. Zu dieser Neuregelung *Roman Seer,* Die ertragsteuerliche Behandlung der doppelstöckigen Personengesellschaft unter besonderer Berücksichtigung des Steueränderungsgesetzes 1992, StuW 1992, 35 ff., 41 ff.

62 Beschluß GrS 4/82 (Fn. 13) unter C V. 3. b bb der Gründe; std. Rspr., vgl. dazu die Nachweise bei *Ludwig Schmidt,* EStG (Fn. 48), § 15 Anm. 38–40.

2. Die Methode der Rechtsfindung

a) Rechtsfähigkeit bedeutet nach der traditionellen Lehre die Fähigkeit, Träger von Rechten und Pflichten in einem umfassenden[63] und ungeteilten[64] Sinn und damit Träger *aller* denkbaren Rechte und Pflichten sein zu können[65], soweit diese nicht ihrer Natur nach nur bestimmten Rechtssubjekten zustehen können[66]. Diese potentielle Fähigkeit kommt nur natürlichen und juristischen Personen zu; anderen Personenzusammenschlüssen fehlt sie[67].

b) Diese – sozusagen vor die Klammer gezogene[68] – allgemeine Rechtssubjektfähigkeit wird nach der Lehre von der Teilrechtsfähigkeit[69] ergänzt um die Fähigkeit, Träger von Rechten und Pflichten nur in bezug auf *bestimmte* Normen oder Normengruppen der Rechtsordnung zu sein. Damit sind nicht (nur) die besonderen subjektiven Voraussetzungen der Anwendbarkeit dieser Normen gemeint – also etwa die Geschäftsfähigkeit, Ehefähigkeit, Kaufmannsfähigkeit[70] oder auch die Fähigkeit, Unternehmer im Sinne des EStG zu sein[71]; die Bedeutung der Lehre von der

63 *Werner Flume,* Allgemeiner Teil des Bürgerlichen Rechts, Bd. 1, Erster Teil, Die Personengesellschaft, 1977, S. 90.

64 *Karsten Schmidt,* Gesellschaftsrecht (Fn. 1), S. 181.

65 *Enneccerus/Nipperdey,* Allgemeiner Teil des Bürgerlichen Rechts, Erster Halbband, 15. Aufl., 1959, S. 623, 624; *Hans-Martin Pawlowski,* Allgemeiner Teil des BGB, 3. Aufl., 1988, S. 44 ff., 47.

66 Wie etwa die höchstpersönlichen Rechte und Pflichten, vgl. dazu näher *Fritz Fabricius,* Relativität der Rechtsfähigkeit, 1963, S. 34 ff.; im Einkommensteuerrecht gehören dazu z.B. die „personenbezogenen Steuervergünstigungen."

67 Zum Zivilrecht vgl. z.B. *Werner Flume,* Personengesellschaft (Fn. 63), S. 90; *Peter Ulmer* in Münchener Kommentar zum BGB, 2. Aufl., 1988, § 705 Rn. 130 ff.; zum Einkommensteuerrecht: BFH-Beschluß GrS 4/82 unter C I. 2.–4. der Gründe.

68 „Abstrakte" bzw. „typisierte" Rechtsfähigkeit, vgl. *Hans-Martin Pawlowski* (Fn. 65), S. 47, 60.

69 Oder auch „relativen Rechtsfähigkeit". Zur synonymen Verwendung der Begriffe *Hans-Martin Pawlowski* (Fn. 65), S. 60. Die gedanklichen Ansätze dieser Lehre sind zwar unterschiedlich (vgl. z.B. *Fritz Fabricius* (Fn. 66), S. 31 ff. m.w.N.; *Werner Flume* (Fn. 63), S. 99; *Peter Ulmer* in Münchener Kommentar, (Fn. 67), § 705 Rn. 131; *Uwe John,* Die organisierte Rechtsperson, System und Probleme der Personifikation im Zivilrecht, 1977, S. 96, 218 ff.; *Gottfried Breuninger,* Die BGB-Gesellschaft als Rechtssubjekt im Wirtschaftsverkehr, 1991, S. 26 ff.; *Hans-Martin Pawlowski* (Fn. 65), S. 49 ff. m.w.N.; *Karsten Schmidt,* Gesellschaftsrecht (Fn. 1), S. 167 ff., 181 f. mit kritischer Differenzierung; sie treffen sich aber alle in der Ablehnung der „Schulweisheit" (vgl. *Werner Flume,* Personengesellschaft – Fn. 63 –, S. 56 Fn. 37) von der Alternative zwischen natürlicher und juristischer Person als allein in Betracht kommende Zurechnungssubjekte von Rechten und Pflichten (zu dieser „dualistischen Lehre" *Karsten Schmidt,* Gesellschaftsrecht – Fn. 1 –, S. 176 m.w.N.).

70 Kritisch zu dieser „Zergliederung" des Begriffs der Rechtsfähigkeit *Werner Flume,* Personengesellschaft (Fn. 63), S. 90 f.; *Karsten Schmidt,* Gesellschaftsrecht (Fn. 1), S. 181 f.

71 Sie gehört – wie die übrigen genannten Fähigkeiten – zum Regelungsbereich der „persönlichen Zurechnung", vgl. dazu oben III. 3.

Teilrechtsfähigkeit liegt vor allem in der Methode, mit der sie zu erklären versucht, weshalb und unter welchen Voraussetzungen diese Fähigkeiten nicht nur natürlichen oder juristischen Personen, sondern auch einem nichtrechtsfähigen Personenzusammenschluß zugeordnet werden können. Sie versucht damit, die Lücke zu schließen, die das BGB zum „Wesen der Gesamthand" offen gelassen hat[72]. Dabei ist man sich heute darüber einig, daß über die Rechtssubjektivität eines Personenzusammenschlusses allein die konkrete Ausgestaltung der Rechtsfolgen gemeinschaftlichen Handelns durch die jeweilige Teilrechtsordnung entscheidet[73]. Sie bestimmt, ob diese Rechtsfolgen den Personenzusammenschluß als „Zuordnungssubjekt"[74] oder als „Wirkungseinheit"[75] treffen oder ob sie (erst) bei dessen Mitgliedern enden.

c) Einig ist man sich heute auch darin, daß dieses „Zuordnungssubjekt" – gegebenenfalls neben anderen Merkmalen[76] und unabhängig von den jeweiligen „Gesamthandstheorien" – ein *personenrechtliches Element* enthält[77], sei es, daß man dieses in der „Gruppe"[78], in der „Willensgemeinschaft für den gemeinsamen Zweck"[79], der „Handlungsorganisation"[80] oder schlicht der eine Einheitszuständigkeit begründenden „inneren Ordnung"[81] sieht.

72 Dazu näher *Karsten Schmidt,* Gesellschaftsrecht (Fn. 1), S. 173 ff.; *Herbert Wiedemann,* FS Kellermann (Fn. 15), 529 ff., 539 ff.; vgl. auch *Gottfried Breuninger* (Fn. 69), S. 4 ff.

73 *Karsten Schmidt,* Zur Vermögensordnung der Gesamthands-BGB-Gesellschaft, JZ 1985, 909 ff. sowie die in Fn. 64 genannten Autoren.

74 *Fritz Fabricius,* Relativität der Rechtsfähigkeit (Fn. 66), S. 25, 118; *Hans-Martin Pawlowski* (Fn. 65), S. 56 „Zuordnungseinheit".

75 *Werner Flume,* Personengesellschaft (Fn. 63), S. 18, 69; *Peter Ulmer* in Münchener Kommentar (Fn. 67), § 705 Rn. 130.

76 Etwa der rechtlichen Vertretungs- und Vermögensordnung, dem Haftungsverband, der Identitätsausstattung, vgl. zu diesen verschiedenen „Personifikationsmerkmalen" etwa die Analyse von *Uwe John,* Rechtsperson (Fn. 69), S. 29 ff.; *Hans-Martin Pawlowski* (Fn. 65), S. 43 ff., 49 ff., 63; *Gottfried Breuninger* (Fn. 69), S. 28 ff.

77 An diese – zunächst rechtstatsächliche – Vorgabe ist sowohl die „personenrechtliche" als auch die „vermögensrechtliche" Gesamthandstheorie gebunden. Auch diese kann an der Willens- und Handlungseinheit des auf die Verwirklichung eines gemeinsamen Zwecks gerichteten Personenzusammenschlusses nicht vorbeigehen (s. dazu *Herbert Wiedemann,* FS Kellermann (Fn. 15), S. 531 ff.; vgl. auch bereits *Ulrich Huber,* Vermögensanteil, Kapitalanteil und Gesellschaftsanteil an Personengesellschaften des Handelsrechts, 1970, S. 31, 106: Es gibt insoweit keinen Gegensatz von „Einheit" und „Vielheit" im Handelsrecht, vgl. auch *Axel Schmidt,* (Fn. 54), S. 14: ein „theorieübergreifendes Merkmal der Gesellschaft".

78 *Werner Flume,* Personengesellschaft (Fn. 63), S. 54 ff., 89 ff.; *Peter Ulmer* in Münchener Kommentar (Fn. 67), § 705 Rn. 129 ff. m.w.N. Als Gruppe in Betracht kommt nur eine Personengesellschaft (Gesamthand).

79 *Julius von Gierke,* Handelsrecht und Schiffahrtsrecht, 8. Aufl., 1958, S. 169.

80 *Uwe John,* Rechtsperson (Fn. 69), S. 29, 230 ff.; *Gottfried Breuninger* (Fn. 69), S. 30 ff., 108: Als Grundlage der „Personifikation" kommt jeder Personenzusammenschluß – nicht nur eine Gesamthand – in Betracht.

81 *Fritz Fabricius,* Relativität der Rechtsfähigkeit (Fn. 66), S. 134, 139 ff.; *Herbert*

Ohne diese Mindestvoraussetzung ist eine „Einheit" aus mehreren Personen – gleichgültig in welcher Teilrechtsordnung – nicht denkbar.

Vor diesem Hintergrund muß der im Beschluß GrS 7/89 des BFH enthaltene Satz[82] gelesen werden, daß „aus der personenrechtlichen Verbundenheit der Gesellschafter eine Gemeinschaftsorganisation entstanden (ist), innerhalb derer nicht der Wille des einzelnen Mitglieds, sondern nur der Gesamtwille zählt". Die Frage ist, ob und gegebenenfalls welche zusätzlichen „Verselbständigungsmerkmale" bei einem Personenzusammenschluß gegeben sein müssen, um diesen als Rechtssubjekt in bezug auf die Einkünftetatbestände des EStG betrachten zu können.

3. . . . ohne Bindung an das Zivilrecht

Die Antwort auf diese Frage ist nicht schon durch die jeweilige Entscheidung des Zivilrechts vorgegeben; die ratio der beiden Teilrechtsordnungen ist unterschiedlich[83]. Eine unmittelbare Bindung an das Zivilrecht besteht nur dort, wo das EStG ausdrücklich[84] oder konkludent im Rahmen einer „auf Stimmigkeit bedachten Rechtsordnung"[85] auf die zivilrechtliche Rechtslage verweist. Das muß bedacht werden, wenn man die beschränkte Rechtssubjektfähigkeit der Personengesellschaft lediglich aus der „tatbestandsgestaltenden Wirkung des Zivilrechts für das Steuerrecht" herleiten will[86].

Das gilt auch für die Prüfung der Rechtssubjekteigenschaft der Personengesellschaft nach den Grundsätzen der Lehre von der Teilrechtsfähigkeit. Sie weist im Zivilrecht einen steinigen Weg. Denn sie trifft dort nicht auf eine „Einheitsgesellschaft", sondern auf gesetzlich ganz unterschiedlich geregelte Gesellschaften und Gemeinschaften[87]. Diese Unterschiede findet auch das Einkommensteuerrecht vor. Es ist vor allem darauf zurückzuführen, daß die Rechtssubjektivität der Personengesellschaften und

---

Wiedemann, FS Kellermann (Fn. 15), S. 531. Anders als bei *Wiedemann* ist das Merkmal der „inneren Ordnung" bei *Fabricius* nicht auf die Gesamthand beschränkt (a.a.O., S. 139 ff., 143 ff.).

82 Dort unter C IV. der Gründe.

83 Vgl. etwa *Rainer Walz,* Steuergerechtigkeit und Rechtsanwendung. Grundlinie einer relativ autonomen Steuerrechtsdogmatik, 1980, S. 353 ff.; *derselbe* in ZHR 147 (1983), 281 ff.; *Heinrich Weber-Grellet,* Tendenzen der BFH-Rechtsprechung, StuW 1993, 202 f. m.w.N.; *Klaus Tipke/Joachim Lang,* Steuerrecht (Fn. 45), S. 6 ff.; a.A. etwa *Georg Crezelius,* Steuerrechtliche Rechtsanwendung und allgemeine Rechtsordnung, 1983, S. 178 ff.: Steuerrecht als bloßes Annexrecht des Zivilrechts.

84 So etwa hinsichtlich der in § 1 Abs. 1 Nr. 1, 2, 3, 4, 6 KStG genannten Personenvereinigungen; anders aber für den in Nummer 5 dieser Vorschrift genannten nichtrechtsfähigen Verein. Zur unterschiedlichen Behandlung der verschiedenen Personenzusammenschlüsse im Steuerrecht vgl. etwa *Klaus Tipke/Joachim Lang,* Steuerrecht (Fn. 45), S. 123.

85 BFH-Beschluß GrS 7/89 (Fn. 19) unter C IV. der Gründe und BVerfG-Beschlüsse vom 27. Dezember 1991 – 2 BvR 72/90 – BStBl. 1992, 212 sowie vom 3. Juni 1992 – 1 BvR 583/86 – HFR 1993, 36, NJW 1993, 1189.

86 So etwa *Arndt Raupach* (Fn. 47), StuW 1991, 280.

87 Vgl. dazu *Karsten Schmidt,* Gesellschaftsrecht (Fn. 1), S. 1439 ff., 1420 ff.

Gemeinschaften nach wie vor als „eines der dunkelsten Kapitel der Besteuerung der Personengesellschaften"[88] angesehen wird. Diese negative Beurteilung soll im folgenden schrittweise überprüft werden.

4. Personenhandelsgesellschaften – die gesetzliche Regelung

Nach den Grundsätzen der persönlichen Zurechnung wird eine gewerbliche Tätigkeit ausgeübt, indem mit der Führung eines Betriebs im allgemeinen und mit der Begründung von Leistungsbeziehungen im besonderen Einkünfte veranlaßt werden. Leistungsbeziehungen werden regelmäßig begründet durch die entgeltliche Verwertung von Wirtschaftsgütern und Dienstleistungen am Markt[89], also durch Kaufverträge, Mietverträge, Dienstverträge etc. und auf dieser Grundlage durch gewinnrealisierende Umsatzakte[90]. Alles das kann eine OHG und KG ebenso wie sie auch selbst Eigentum erwerben kann (§ 124 HGB)[91]. Sie ist insoweit *rechtsverkehrsfähig*[92]. Damit erfüllt sie auch die Voraussetzungen eines „Subjekts der Gewinnerzielung". Und sie ist bilanzfähig[93]. Damit erfüllt sie über die ausdrückliche Verweisung auf das Handelsrecht in § 5 Abs. 1 EStG auch die Voraussetzungen eines „Subjekts der Gewinnermittlung"[94].

5. Die BGB-Gesellschaft mit Gesamthandsvermögen – Ableitung aus der „Vermögensordnung"?

Eine dem § 124 HGB vergleichbare Regelung fehlt im BGB. Das hat jedoch den Gesetzgeber nicht daran gehindert, auch „andere Gesellschaf-

88 *Brigitte Knobbe-Keuk,* Bilanz- und Unternehmenssteuerrecht (Fn. 57), S. 69.

89 Heute wohl h.M., vgl. *Hans-Georg Ruppe,* Übertragung von Einkunftsquellen (Fn. 50), S. 7 ff., 16; *Arndt Raupach/Margret Schencking* in Herrmann/Heuer/Raupach, (Fn. 44), § 2 EStG Anm. 51 ff., 126; *Enno Biergans,* Einkommensteuer (Fn. 44), S. 1054 ff.

90 Der zivilrechtlich als „reale Leistungsbewirkung" beurteilte Erfüllungsakt (h.L., vgl. zu den Erfüllungstheorien *Palandt/Heinrichs,* BGB, 52. Aufl., § 362 Anm. 2 m.w.N.) ist auch die – gewinnrealisierende (dazu BFH-Urteile vom 26. April 1989 I R 147/84, BFHE 157, 121, BStBl. II 1991, 213, und vom 10. April 1991 II R 118/86, BFHE 164, 448, BStBl. II 1991, 620) – Erfüllung eines Einkünftetatbestandes durch den „Realakt der Verwertungshandlung" (*Enno Biergans,* Einkommensteuer [Fn. 44], S. 1054; *Arndt Raupach/Margret Schencking* in Herrmann/Heuer/Raupach [Fn. 44], § 2 EStG Anm. 130 m.w.N.).

91 §§ 124, 161 II HGB und dazu *Karsten Schmidt* in IDW (Fn. 1), S. 45 ff.

92 Zu Inhalt und Grenzen dieses Begriffs vgl. auch *Fritz Fabricius,* Relativität der Rechtsfähigkeit (Fn. 66), S. 163 ff.

93 §§ 6 Abs. 1, 238 ff. HGB, vgl. *Uwe Hüffer* in Großkommentar zum HGB, 4. Aufl., 1983, § 238 Rn. 55; *Karsten Schmidt* in IDW (Fn. 1), S. 52; *Joachim Schulze-Osterloh* in IDW (a.a.O.), S. 130, 132 ff.

94 Dazu BFH-Beschluß GrS 1/79 unter C I. 1. b der Gründe. Die „Einheitsbetrachtung" stand hier – zunächst „als gesetzessystematische Ausnahme" (BFH-Urteil vom 10. Juli 1980 IV R 136/77, BFHE 131, 313, BStBl. II 1981, 84 unter 1.2 der Gründe) – nach Aufgabe der Bilanzbündeltheorie von Anfang an auf sicherem Grund.

ten" als OHG und KG in den subjektiven Anwendungsbereich des § 15 Abs. 1 Nr. 2 EStG einzubeziehen[95]. Zu diesen hat die Rechtsprechung seit jeher auch die gewerblich tätige GbR gerechnet[96]. Warum sie diese aber unter der Herrschaft der Einheitsbetrachtung auch als Steuerrechtssubjekt behandelt hat, ist nie ganz klar geworden[97]. Der Hinweis des Großen Senats[98] auf die gebotene steuerrechtliche Gleichbehandlung mit den Personenhandelsgesellschaften führt jedenfalls nicht weiter. Er kann sich nur dann auf deren Rechtsverkehrsfähigkeit beziehen, wenn die GbR mit Gesamthandsvermögen als „Subjekt des Rechtsverkehrs" anerkannt wäre. Insoweit bietet aber das Zivilrecht keine sichere Grundlage; der BGH hat sich bisher von der „traditionellen Gesamthandsbetrachtung"[99], die nicht die Gesellschaft, sondern die Gesellschafter als Rechtsträger ansieht, noch nicht endgültig gelöst[100]. Die Tendenz zur „neueren Gesamthandslehre" im Schrifttum, die nicht die Gesellschafter, sondern die Gesamthand als rechtsverkehrsfähiges Rechtssubjekt ansieht[101], ist zwar deutlich und auch der BFH hat sich von ihr ersichtlich beeindrucken lassen[102]. Er hat sich aber letztlich nicht zu ihr bekannt.

---

95 Die Neuregelungen in § 15 Abs. 1 Nr. 2 Satz 2 und Abs. 3 EStG, die nur von „einer Personengesellschaft" sprechen, bestätigen dies, vgl. dazu auch *Roman Seer* (Fn. 61), S. 43 m.w.N.

96 Dazu *L. Schmidt,* EStG (Fn. 48), § 15 Anm. 37, 57, 59. Zur historischen Entwicklung der Rechtsprechung aus der „Erwerbsgesellschaft" *Kurt Meßmer,* FS Döllerer (Fn. 5), 443 ff.; zur damals auch zivilrechtlichen Sonderbehandlung der „Erwerbsgesellschaften" *Karsten Schmidt,* Gesellschaftsrecht (Fn. 1), S. 1423 f.

97 Nach der Betriebs-/Bilanzbündeltheorie, die im Durchgriff durch die Personengesellschaft den einzelnen Gesellschafter als Gewerbetreibenden (Mitunternehmer) ansah, war die Begründung kein Problem.

98 Beschluß GrS 7/89 (Fn. 19), dazu oben II. 4.

99 Vgl. den Überblick bei *Ulrich Huber,* Vermögensanteil ... (Fn. 77), S. 89 ff.; *Fritz Fabricius,* Relativität der Rechtsfähigkeit (Fn. 66), S. 131 ff.; *Karsten Schmidt,* Gesellschaftsrecht (Fn. 1), S. 167 ff.

100 Von Einzelentscheidungen abgesehen, vgl. dazu *Alfred Kellermann* in IDW, Personengesellschaft und Bilanzierung (Fn. 1), 539; *Herbert Wiedemann,* FS Kellermann (Fn. 15), S. 530.

101 Zu dieser *Karsten Schmidt* in IDW, Personengesellschaft und Bilanzierung (Fn. 1), S. 42 ff.; *ders.,* Gesellschaftsrecht (Fn. 1), S. 167 ff. Heute werden Eigentum, Vertragsschluß und Vertragsdurchführung fast durchweg der Gesamthand selbst als Rechtsträger zugeordnet, auch wenn die Begründungen hierfür unterschiedlich sind, vgl. z.B. den eher engen Ansatz bei *Karsten Schmidt,* Gesellschaftsrecht (Fn. 1), S. 1443 ff. (der mit der analogen Anwendung der OHG-Regeln eine Verselbständigung der GbR ausschließlich auf der Grundlage eines „Grundtypus Gesamthand" ablehnt und für die Anerkennung einer „Mitunternehmer-BGB-Gesellschaft" plädiert) und den weiteren Ansatz bei *Herbert Wiedemann,* FS Kellermann (Fn. 15), S. 531 f. (der von diesem Grundtypus ausgeht) und den sehr weiten Ansatz bei *Gottfried Breuninger* (Fn. 69), S. 39 ff., 103 ff. im Anschluß an *Uwe John* (Fn. 69), S. 218 ff. (Gesamthand nicht erforderlich).

102 Vgl. Beschluß GrS 4/82 (Fn. 13) unter C III. 5. a der Gründe: „... eine Änderung der Rechtsprechung geboten, weil die neuere Judikatur des BFH zur einkom-

Die Ableitung der Rechtsubjekteigenschaft aus der „Vermögensordnung Gesamthand“ ist für das Einkommensteuerrecht auch nicht der einzig mögliche Lösungsweg[103]. Das zeigt sich, wenn man die BGB-Gesellschaften in die Betrachtung miteinbezieht, die kein Gesamthandsvermögen haben.

6. Die Außengesellschaft – Ableitung aus der „Vertretungsordnung“?

Eine Außengesellschaft (etwa die „echte“ Arge, bestimmte Konsortien, Eigengruppen etc.)[104] braucht nicht notwendig Gesamthandsvermögen zu haben[105]; es genügt, daß sie als Einheit nach außen auftritt und daß die von der Gesamthand abweichende Vermögensordnung (z.B. Treuhand, Bruchteilseigentum) bei mit Dritten abgeschlossenen Verträgen zum Ausdruck kommt[106]. Der Blick wendet sich also weg von der Vermögensordnung und hin zur Vertretungsordnung (§§ 709, 714 BGB)[107].

Eine einheitliche Vertretungsordnung ließe sich aber nun unmittelbar mit den Voraussetzungen der persönlichen Zurechnung im Einkommensteuerrecht in Beziehung setzen. Denn nicht die Beteiligung am gemeinsamen Vermögen oder einem Wirtschaftsgut, sondern die Beteiligung an der gemeinsamen Leistungsbeziehung entscheidet darüber, wer Einkünfte

---

mensteuerrechtlichen Behandlung der Personenhandelsgesellschaften und ihrer Gesellschafter bei der Ermittlung der Einkünfte von der Einheit der Gesellschafter in ihrer gesamthänderischen Verbundenheit – Rechtszuständigkeit der Gesamthand – ausgeht.“ Der Beschluß GrS 7/89 (Fn. 19) bestätigt diese Sicht und ergänzt sie unter Hinweis auf die heute anerkannte Möglichkeit einer „formwechselnden Umwandlung“ von Gesamthandsgesellschaften (unter C III. 2. a.E. und C IV. der Gründe).

103 Ebensowenig wie er der einzige Ansatz für die Klärung der „persönlichen Zurechnung“ im Einkommensteuerrecht war. Diese wurde ursprünglich in Rechtsprechung und Schrifttum denach entschieden, wer „Inhaber der Einkunftquelle“ war, d.h. wer zivilrechtlicher und wirtschaftlicher Eigentümer der zur Erzielung von Einkünften eingesetzten Wirtschaftsgüter war (vgl. z.B. die Nachweise bei *Enno Biergans/Roland Stockinger,* Zum Einkommensbegriff und zur persönlichen Zurechnung von Einkünften im Einkommensteuerrecht, FR 1982, 1 ff., 28 ff., *Georg Döllerer,* Handelsrecht und Steuerrecht – Einheit der Rechtsordnung?, StuW 1988, 203 ff.; *Wilhelm Sternberg,* Zur Frage der Einkunftsquelle und ihrer Zurechnung, DStZ 1988, 315). Damit war auch die Steuerrechtssubjektivität nach diesen Merkmalen zu entscheiden.

104 Ein rechtstatsächlicher Überblick über die verschiedenen Formen der BGB-Gesellschaft findet sich bei *Karsten Schmidt,* Gesellschaftsrecht (Fn. 1), S. 1426 ff. und *Gottfried Breuninger* (Fn. 69), S. 164 ff. sowie *derselbe,* Die BGB-Gesellschaft im Wirtschaftsverkehr, JbFSt 1991/92, S. 280 ff.

105 Std. Rspr. der Zivilgerichte und h.M., vgl. *Peter Ulmer* in Münchener Kommentar (Fn. 67), § 705 Rn. 221; *Karsten Schmidt,* Gesellschaftsrecht (Fn. 1), S. 1422.

106 Vgl. etwa *Peter Ulmer* in Münchener Kommentar (Fn. 67), § 705 Rn. 209, 222 m.w.N., aber auch die abweichende Ansicht von *Karsten Schmidt,* Gesellschaftsrecht (Fn. 1), S. 1422 und *Werner Flume,* Personengesellschaft (Fn. 63), S. 6 ff.: Es kommt darauf an, ob die Gesellschaft „als Rechtsträgerin“ – also als Gesamthand – am Rechtsverkehr teilnimmt.

107 Zu dieser etwa *Herbert Wiedemann,* FS Kellermann (Fn. 15), 539.

erzielt[108]. Der BFH hat deshalb Außengesellschaften auch stets unabhängig von ihrer Vermögensordnung als „andere Gesellschaften" im Sinne von § 15 Abs. 1 Nr. 2 EStG behandelt[109].

Die Vertretungsordnung als Verselbständigungsmerkmal erweist sich aber zivilrechtlich als noch unsicherer als die Vermögensordnung. Zum einen wird auch von der „neueren Gesamthandslehre" die Außengesellschaft nur als Rechtssubjekt anerkannt, weil sie zulässigerweise – abstrakt – Gesamthandsvermögen bilden *kann*[110]. Zum anderen bietet gerade die Verpflichtungs- und Haftungsebene bei der GbR ein recht unterschiedliches Bild[111]. Und schließlich hat der BFH in ständiger Rechtsprechung auch Innengesellschaften als „andere Gesellschaften" im Sinne des § 15 Abs. 1 Nr. 2 EStG behandelt. Das legt die Frage nahe, ob die Rechtssubjekteigenschaft nicht statt an die – konkrete oder abstrakte – Gesamt*hand* an die Gesamt*heit* der Gesellschafter anknüpft.

7. Die Innengesellschaft – Ableitung aus der „Gemeinschaftsordnung"?

a) Die Innengesellschaft – als „andere Gesellschaft" im Sinne von § 15 Abs. 1 Nr. 2 EStG anerkannt sind hier vor allem die atypisch stille Gesellschaft[112], die atypisch stille BGB-Gesellschaft[113], die atypische Unterbeteiligung[114], die Meta-Verbindung[115], die Ehegatten-Innengesell-

108 S. oben III. 3.

109 Vgl. z.B. die zur Gewerbesteuerpflicht von Arbeitsgemeinschaften ergangenen Urteile vom 23. Februar 1961 IV 313/59 U, BFHE 72, 533, BStBl. III 1961, 194, und vom 10. Juli 1974 I R 248/71, BFHE 113, 242, BStBl. II 1974, 752 unter 2.: unmittelbare Subsumtion unter § 1 Abs. 1 GewStDV (jetzt § 15 Abs. 2 EStG).

110 *Werner Flume*, Gesellschaft und Gesamthand, ZHR 136 (1972), 177 ff., 1984; *Karsten Schmidt*, Gesellschaftsrecht (Fn. 1), S. 174, 1417, 1422; *ders.* in JbFSt 1991/92, 291 (Diskussionsbeitrag); *Gottfried Breuninger* (Fn. 69), S. 13, 105 m.w.N. Danach ist § 718 BGB nicht generell, sondern nur bei einzelnen Geschäftsabschlüssen abdingbar.

111 Hier hält sich hartnäckig die Vorstellung, eigentlich seien es doch die Gesellschafter selbst, die aus Verträgen und anderen Rechtsgeschäften (mit-)verpflichtet würden, so daß die Wirksamkeitsvoraussetzungen in ihrer Person vorliegen müßten (vgl. dazu *Mathias Habersack*, Zur Rechtsnatur der Gesellschaft bürgerlichen Rechts, JuS 1990, 179, 183; *Herbert Wiedemann*, FS Kellermann – Fn. 15 –, 542).

112 BFH-Urteil vom 12. November 1985 VIII R 364/83, BFHE 145, 408, BStBl. II 1986, 311 und std. Rspr., vgl. *Ludwig Schmidt*, EStG (Fn. 48), § 15 Anm. 58 m.w.N.

113 BFH-Urteile vom 19. Februar 1981 IV R 152/76, BFHE 133, 180, BStBl. II 1981, 602; vom 28. Oktober 1981 I R 25/29, BFHE 134, 421, BStBl. II 1982, 186; vom 28. November 1989 VIII R 40/84, BFHE 159, 410, BStBl. II 1990, 561. Zur atypisch stillen BGB-Gesellschaft im Zivilrecht vgl. *Peter Ulmer* in Münchener Kommentar (Fn. 67), § 705 Rn. 236, 240 ff.

114 BFH-Urteile vom 18. März 1982 I R 127/78, BFHE 135, 464, BStBl. II 1982, 546; vom 10. November 1987 VIII R 53/84, BFHE 151, 434, BStBl. II 1988, 186; vom 24. Juli 1986 IV R 103/83, BFHE 147, 495, BStBl. II 1987, 54; vom 28. November 1990 I R 111/88, BFHE 163, 69, BStBl. II 1991, 313; *Ludwig Schmidt*, EStG (Fn. 48), § 15 Anm. 61 m.w.N. Zur atypischen Unterbeteili-

schaft[116], die fehlerhafte Gesellschaft[117], die verdeckte Mitunternehmerschaft[118] etc. – unterscheidet sich nach herrschender Meinung von der Außengesellschaft dadurch, daß sie nicht am Rechtsverkehr teilnimmt und deshalb auch keine gemeinsame Vertretungsordnung vorhanden ist[119]; überwiegend wird zusätzlich auf das Nichtvorhandensein von Gesamthandsvermögen und damit auf eine fehlende gemeinsame Vermögensordnung hingewiesen[120]. Damit fehlen bei der Innengesellschaft die bisher als rechtssubjektbegründend in Betracht gezogenen Merkmale; sie ist *nicht rechtsverkehrsfähig.* Eine Innengesellschaft kann deshalb auch das einkünftebegründende Leistungsverhältnis nicht selbst herbeiführen.

Tatsächlich hat der BFH – wenn auch nicht sehr differenziert[121] – der atypisch stillen Gesellschaft unter Hinweis auf die fehlende Eigentumsfähigkeit die Eigenschaft als „Subjekt der Gewinnerzielung" abgesprochen[122]. Dieses Verdikt muß dann auch für andere Innengesellschaften

---

gung im Zivilrecht *Karsten Schmidt,* Gesellschaftsrechts (Fn. 1), S. 365 ff.; abweichend *Axel Schmidt* (Fn. 54), S. 172.

115 BFH-Urteile vom 28. Oktober 1981 I R 25/79, BFHE 134, 421, BStBl. II 1982, 186; vom 4. August 1988 IV R 60/86, BFH/NV 1990, 19; Fraglich ist, ob man den Metaverbindungen (unechter Gewinnpool) den echten Gewinnpool gleichstellen kann, also eine Verbindung, bei der mehrere Unternehmer ihre Geschäfte zwar nach außen im eigenen Namen betreiben, die Gewinne aber aufgrund interner Vereinbarungen ganz oder teilweise zusammenlegen und verteilen, vgl. dazu *Gottfried Breuninger* (Fn. 111), JbFSt 1991/92, S. 332 f.

116 Vgl. dazu *Ludwig Schmidt,* EStG (Fn. 48), § 15 Anm. 51e und 63a m.w.N.

117 BFH-Urteil vom 22. Januar 1985 VIII R 303/81, BFHE 143, 247, BStBl. II 1985, 363 unter 2. b; zur zivilrechtlichen Beurteilung vgl. *Karsten Schmidt,* Gesellschaftsrecht (Fn. 1), S. 128 ff. und *Palandt/Thomas,* BGB, 52. Aufl., § 705 Rn. 11 m.w.N.; *Schmidt,* EStG (Fn. 48), § 15 Anm. 38. a) a.E.

118 BFH-Urteil vom 6. Dezember 1988 VIII R 362/83, BFHE 156, 93, BStBl. II 1989, 705 und dazu näher *Jürgen Costede,* Die stille Gesellschaft, Überlegungen aus handelsrechtlicher, steuerrechtlicher und betriebswirtschaftlicher Sicht, StKongRep 1987, 239 ff.; *Ludwig Schmidt,* EStG (Fn. 48), § 15 Anm. 51 m.w.N.

119 Vgl. dazu *Peter Ulmer* in Münchener Kommentar (Fn. 67), § 705 Rn. 233, 234 m.w.N. Er spricht in diesem Fall von einer Personengesellschaft „im weiteren Sinn".

120 Vgl. etwa *Karsten Schmidt,* Gesellschaftsrecht (Fn. 1), S. 1422 m.w.N. Das muß aber nicht notwendig so sein, vgl. *Peter Ulmer,* a.a.O., § 705 Rn. 236 ff., der deshalb die Personengesellschaft ohne Gesamthandsvermögen als solche „im weiteren Sinne" bezeichnet. Zu den unterschiedlichen Vorstellungen vom Wesen der Innengesellschaft vgl. auch den Überblick bei *Gottfried Breuninger* (Fn. 69), S. 127 ff.

121 Wie die erläuternden Anmerkungen von *Georg Döllerer,* Die atypische stille Gesellschaft – gelöste und ungelöste Probleme, DStR 1985, 296 ff. zeigen; *ders.,* Die atypische stille Gesellschaft in der neuesten Rechtsprechung des Bundesfinanzhofs, StbJb. 1987/88, 289 ff., 298.

122 BFH-Urteile vom 12. November 1985 VIII R 364/83, BFHE 145, 408, BStBl. II 1986, 311 unter I. 1. a, b und IV. 1. b der Gründe sowie vom 11. Dezember 1990 VIII R 122/86, BFHE 163, 346: die atypische stille Gesellschaft ist nicht Unternehmerin.

gelten[123]. Damit hält es der BFH für möglich, daß die Eigenschaft, eine „andere Gesellschaft" im Sinne von § 15 Abs. 1 Nr. 2 EStG zu sein, und die Eigenschaft, Steuerrechtssubjekt zu sein, auseinanderfallen können.

Eine solche Differenzierung ist jedoch dem Beschluß des Großen Senats 4/82 nicht zu entnehmen. Auch hat der BFH die Miteinbeziehung der atypisch stillen Gesellschaft in den Regelungsbereich des § 15 Abs. 1 Nr. 2 EStG nie damit begründet, daß die „andere Gesellschaft" im Sinne dieser Vorschrift eine Gesellschaft ohne Rechtssubjektivität sei, bei der *deshalb* auf die Gesellschafter selbst zurückgegriffen werden müsse[124]; er hat sie damit begründet, daß die atypisch stille Gesellschaft in wesentlichen Punkten mit der KG vergleichbar sei[125]. Es wäre aber voreilig, diese wesentlichen Punkte darin zu sehen, daß § 15 Abs. 1 Nr. 2 EStG auf Außengesellschaften mit Gesamthandsvermögen zugeschnitten[126] und die atypisch stille Gesellschaft deshalb nur infolge der durch sie vermittelten *schuldrechtlichen Beteiligung*[127] des stillen Gesellschafters an den stillen Reserven des Betriebsvermögens und am Geschäftswert des Unternehmens – wirtschaftlich – *wie* eine Gesamthandsgesellschaft zu behandeln sei. Eine solche vermögensbezogene Einschränkung seines Anwendungsbereiches läßt sich § 15 Abs. 1 Nr. 2 EStG nicht entnehmen. Der BFH hat deshalb eine atypisch stille Gesellschaft auch dann angenommen, wenn – ohne schuldrechtliche Beteiligung des stillen Gesellschafters am Unternehmensvermögen – eine „sehr starke Ausprägung seiner Mitunternehmerinitiative" vorliegt[128]. Immerhin soll aber nach der ver-

123 *Georg Döllerer* (Fn. 121), DStR 1985, 295: Die Grundsätze des Beschlusses GrS 4/82 können nicht auf Innengesellschaften übertragen werden. Ebenso u.a. *Jürgen Costede* (Fn. 118), StKongRep 1987, 253; *Rolf Schwedhelm,* Die GmbH und Still als Mitunternehmerschaft, 1987, S. 98 ff.; *Heinz Paulick/Uwe Blaurock,* Handbuch der stillen Gesellschaft, 4. Aufl. 1988, S. 443 ff.; *Uwe Blaurock,* Die GmbH und Still im Steuerrecht, BB 1992, 1969, 1971 f.; *Ludwig Schmidt,* EStG (Fn. 48), § 15 Anm. 36b.

124 Vgl. dazu *Kurt Meßmer,* Die Gesellschafter und der Mitunternehmer des § 15 Abs. 1 Nr. 2 EStG, Festschrift für Georg Döllerer, 1988, 441.

125 Std. Rspr. im Anschluß an die grundlegenden Ausführungen von *Enno Becker* (StuW 1925, 1604 ff.), wonach der atypische stille Gesellschafter wirtschaftlich dem Kommanditisten gleichzustellen sei, RFH-Urteil vom 3. Februar 1936 IV A 163/25, RFHE 18, 162 ff.; BFH in BFHE 145, 408, BStBl. II 1986, 311 (Fn. 122) unter III. 2. der Gründe. Zur Entwicklung der Rechtsprechung vgl. *Brigitte Knobbe-Keuk,* Bilanz- und Unternehmenssteuerrecht (Fn. 57), S. 401 ff.; zur historischen Wurzel dieser Vergleichbarkeit *Wolfgang Schön,* Die stille Beteiligung an dem Handelsgewerbe einer Kommanditgesellschaft, ZGR 1990, 221.

126 So z.B. *Brigitte Knobbe-Keuk,* a.a.O., S. 401, 404; *Karsten Schmidt,* Gesellschaftsrecht (Fn. 1), S. 358; *Klaus Tipke/Joachim Lang,* Steuerrecht (Fn. 45), S. 341 f.

127 Zutr. bei entsprechender Vermögensbeteiligung (vgl. bereits *Enno Becker,* a.a.O.; *Baumbach/Duden/Hopt,* HGB, 28. Aufl., 1989, § 230 Anm. 1 C; *Georg Döllerer* (Fn. 121), DStR 1985, 297.

128 BFH-Urteile vom 11. Dezember 1990 VIII R 122/86, BFHE 163, 346 und vom 20. November 1990 VIII R 10/87, BFHE 163, 336; vgl. aber auch Urteile vom

mögensbezogenen „wirtschaftlichen Betrachtungsweise" die atypisch stille Gesellschaft *wie* ein Steuerrechtssubjekt zu behandeln sein[129]. Die Frage ist, ob diese von der fehlenden Rechtsverkehrsfähigkeit der stillen Gesellschaft bestimmte Beurteilung dem Einkommensteuerrecht entspricht.

b) Die ersten Zweifel an dieser Beurteilung stellen sich ein, wenn man einen Blick zurück auf die *Lehre von der Teilrechtsfähigkeit* von Personenzusammenschlüssen wirft. Danach ist die Vergleichbarkeit von Personenzusammenschlüssen zunächst auf der Ebene der „inneren Ordnung" zu prüfen. Verabreden mehrere Personen, ihre Geschäfte künftig – offen oder still – gemeinsam zu führen, so begründen sie mit der Vereinbarung, diesen gemeinsamen Zweck zu verfolgen (§ 705 BGB)[130], notwendig auch eine eigene Organisation, die es ihnen ermöglicht, nach bestimmten Regeln einen gemeinsamen Willen zu bilden und diesen durch gemeinsame Handlungen zu vollziehen[131]. Die „Gruppe" ist eine „Willens- und Handlungseinheit"[132]; auf ihrer Grundlage[133] nimmt der nach außen auf-

---

25. Juni 1981 IV R 61/78, BFHE 134, 261, BStBl. II 1982, 59: Vermögensbeteiligung als zwingende Voraussetzung; vom 12. November 1985 VIII R 364/83, BFHE 145, 408, BStBl. II 1986, 311: der vermögensrechtlichen Stellung kommt besondere Bedeutung zu.

129 Vgl. etwa *Brigitte Knobbe-Keuk*, Bilanz- und Unternehmenssteuerrecht (Fn. 57), S. 408 f.; *Karsten Schmidt*, Gesellschaftsrecht (Fn. 1), S. 362; weitergehend – die Rechtssubjekteigenschaft anerkennend – z.B. *Wolfgang Schön*, Steuerbilanz der atypisch stillen Gesellschaft, BB 1985, 313 ff., 314; *Jürgen Binger*, Einkommen- und Gewerbesteuer der atypisch stillen Gesellschaft, BB 1988, 414 ff., 416; *Alexander Busse/Ernst-August Ehlers*, Die steuerliche Vermögenszuordnung bei der atypisch stillen Gesellschaft, DB 1989, 448 ff., 451.

130 Die stille Gesellschaft ist sowohl in ihrer typischen als auch in ihrer atypischen Form eine BGB-Gesellschaft (allgemeine Meinung), vgl. z.B. *Baumbach/Duden/Hopt*, HGB (Fn. 127), § 230 Anm. 1 B; *Heinz Paulick/Uwe Blaurock*, Handbuch (Fn. 123), S. 8, 52 ff., 108 ff.: Abart der BGB-Gesellschaft; *Karsten Schmidt*, Gesellschaftsrecht (Fn. 1), S. 357 ff.

131 Neben dem schuldrechtlichen Verhältnis zwischen den Gesellschaftern und zu Dritten, vgl. dazu *Herbert Wiedemann*, FS Kellermann (Fn. 15), 531 ff. mit Hinweis auf das unvollständige Vorstellungsbild des BGB-Gesetzgebers.

132 Die im Schrifttum verwendeten Bezeichnungen für diese organisationsrechtliche Folge (vgl. dazu oben IV. 3.) wollen im Kern alle dasselbe ausdrücken, vgl. dazu *Werner Flume*, Personengesellschaft (Fn. 63), S. 89 ff.; *Axel Schmidt* (Fn. 54), S. 15.

133 Es bedarf dazu nicht der Vorstellung von einem Treuhandverhältnis in einem engeren Sinn (so z.B. *Joachim Schulze-Osterloh*, Die Rechnungslegung der Inngensellschaft – insbesondere der stillen Gesellschaft, Wpg. 1974, 393 ff., 398 ff.; *derselbe* in JbFSt 1985/86, 358 (Diskussionsbeitrag); wohl auch *Schlegelberger/Karsten Schmidt*, HGB (Bd. III/2. Halbband, 5. Aufl., 1986), § 335 Rn. 69; dagegen insbesonder *Döllerer* (Fn. 121), DStR 1985, 296) oder in einem weiteren Sinn (*Ludwig Schmidt*, Unmittelbare Leistung bei mittelbarer Beteiligung an einer Personengesellschaft in der Form einer atypischen Unterbeteiligung, StuW 1988, 245 ff., 249; *Axel Schmidt* (Fn. 54), S. 136) oder der Vorstellung von einer „Verdinglichung" der obligatorischen Beziehung über „wirtschaftliches Eigentum" am Betriebsvermögen des Geschäftsinhabers (so

tretende Gesellschafter – auch bei der Innengesellschaft – seine Handlungen pflichtgebunden für gemeinsame Rechnung wahr[134]. Die zweckgebundene Gemeinschaftsorganisation ist der „vor die Klammer gezogene" kleinste gemeinsame Nenner der Rechtssubjektivität von Personenverbänden.

c) Die Gemeinschaftsordnung kann allerdings unterschiedlich intensiv ausgestaltet sein. Die stille Gesellschaft ist hierfür das beste Beispiel[135]. Auch die typisch stille Gesellschaft ist Gesellschaft. Und sie ist es u.a. deshalb, weil dem tätigen Gesellschafter im Innenverhältnis die alleinige Dispositionsbefugnis über sein Vermögen und dessen Einsatz bereits teilweise entzogen ist[136]. Die Grenzen der Rechtsform werden aber auch durch weitergehende Beschränkungen der Geschäftsführung des tätigen Gesellschafters nicht überschritten[137].

Sie verändern dann allerdings den Charakter der Gesellschaft. Sind dem stillen Gesellschafter im Gesellschaftsvertrag oder aufgrund einer entsprechenden Anwendung[138] der §§ 164, 166 HGB Stimm-, Kontroll- und Widerspruchsrechte eingeräumt, die in etwa denjenigen eines Komman-

---

z.B. *Wolfgang Schön* (Fn. 129), BB 1985, 314; *Alexander Busse/Ernst-August Ehlers* (Fn. 129), DB 1989, 448; dagegen bereits BFH-Urteil vom 2. Mai 1984 VIII R 276/81, BFHE 141, 498, BStBl. II 1984, 820). Auch die Regeln über die „indirekte Stellvertretung" (dazu *Werner Flume*, Personengesellschaft – Fn. 63 – S. 7) brauchen dazu nicht bemüht zu werden. Die Rechtsfolgen ergeben sich aus der vertraglich oder gesetzlich bestimmten Organisation (*Heinz Paulick/Uwe Blaurock*, Handbuch – Fn. 123 –, S. 53 ff., 137 ff., 153).

134 So bereits RG-Urteil vom 20. Februar 1941 II 99/40, RGZ 166, 163 und BGH-Urteil vom 24. Februar 1954 II ZR 3/53, BGHZ 12, 314: Kennzeichnend für die Innengesellschaft ist, daß die Geschäfte zwar im Namen nur eines Gesellschafters abgeschlossen werden, dieser aber intern für Rechnung aller Gesellschafter handelt, vgl. auch BFH-Urteile in BFHE 134, 261, BStBl. II 1982, 59 (Fn. 135) und BFHE 145, 408, BStBl. II 1986, 311 (Fn. 129): Handeln auf gemeinsame Rechnung und Gefahr; dazu Schmidt, EStG (Fn. 48), § 15 Anm. 58b.

135 Ihre „innere Ordnung" bietet kein einheitliches Bild, vgl. dazu *Karsten Schmidt*, Gesellschaftsrecht (Fn. 1), S. 357 ff.

136 Hier allerdings in dem eingeschränkten Sinn, daß er das Unternehmen nicht ohne weiteres einstellen, wesentlich verändern oder veräußern darf, vgl. *Schlegelberger/Karsten Schmidt*, HGB (Fn. 140), § 335 Fn. 25; *Heinz Paulick/Uwe Blaurock*, Handbuch (Fn. 123), S. 199.

137 H.M., vgl. *Schlegelberger/Karsten Schmidt*, HGB (Fn. 133), § 230 Rn. 69, 70 und *Heinz Paulick/Uwe Blaurock*, Handbuch (Fn. 123), S. 126: Handelsrechtlich bestehen keine Grenzen für eine Stärkung und Erweiterung der Rechte des stillen Gesellschafters über den gesetzlichen Normaltypus hinaus. Zu prüfen ist nur, ob und inwieweit sich dadurch die in den §§ 230 ff. HGB geregelten Rechtsfolgen verändern.

138 Wie sie bei einer der Beteiligung eines Kommanditisten vergleichbaren Beteiligung des stillen Gesellschafters am „Gesellschaftsvermögen" geboten ist (*Schlegelberger/Karsten Schmidt*, HGB (Fn. 133), § 230 Rn. 69, 132). Ist der stille Gesellschafter im Innenverhältnis wie ein Kommanditist an den stillen Reserven beteiligt, müssen ihm auch die Mitwirkungsrechte eines Kommanditisten zugestanden werden.

ditisten entsprechen, liegt eine atypisch stille Gesellschaft vor[139]. Erreicht die Gemeinschaftsorganisation der stillen Gesellschaft diese „Gestaltungshöhe", wird sie zum *partnerschaftlich gestalteten Wagnis.* Erreicht sie sie nicht, fehlt ihr das partnerschaftliche Element[140].

d) Setzt man nun dieses – für eine atypisch stille Gesellschaft unverzichtbare[141] – einheitsbegründende Steuerungselement „partnerschaftliche Gemeinschaftsordnung" mit den einkünftebegründenden Merkmalen der persönlichen Zurechnung „Mitunternehmerinitiative" und „Mitunternehmerrisiko" in Beziehung[142], wie dies die Lehre von der Teilrechtsfähigkeit verlangt, so zeigt sich, daß dies *ohne zusätzliche* Voraussetzungen möglich ist. Der BFH hat in ständiger Rechtsprechung entschieden, daß für die Annahme einer Mitunternehmerschaft beide Merkmale gegeben sein müssen[143]. Aber nicht mehr. Die atypisch stille Gesellschaft verwirklicht – obwohl sie selbst die erforderlichen Leistungsbeziehungen zu Dritten nicht knüpfen kann – diese Merkmale einer „Unternehmerschaft" selbst. Sie übt mit einer auf einem einheitlich gebildeten Willen beruhenden Entscheidung Unternehmerinitiative aus und sie ist es, der der Erfolg und Mißerfolg des Unternehmens (zunächst)[144] zuzurechnen ist. Damit wird deutlich, welcher Gedanke die Einheitsbetrachtung des BFH trägt: Er findet sich in dem bereits erwähnten Satz[145], daß „aus der personenrechtlichen Verbundenheit der Gesellschafter eine Gemeinschaftsorganisation enstanden (ist), innerhalb derer nicht der Wille des einzelnen Mitglieds, sondern nur der Gesamtwille zählt und daß deshalb „auch Mitunternehmerinitiative nur gemeinschaftlich entfaltet werden kann". Damit wird die atypisch stille Gesellschaft zum „Subjekt der Gewinnerzielung"[146].

---

139 H.M., vgl. *Karsten Schmidt,* Gesellschaftsrecht (Fn. 1), S. 1549 ff. m.w.N.

140 Das Widerspruchsrecht nach § 164 HGB ist nach h.M. ein Mitwirkungsrecht, vgl. *Baumbach/Duden/Hopt,* HGB (Fn. 127), § 164 Anm. 1 B; *Schlegelberger/Klaus-Peter Martens,* HGB (Fn. 123), § 164 Rn. 16 m.w.N.; *Hans-Joachim Priester* in IDW (Fn. 1), S. 67; kritisch dazu *Brigitte Knobbe-Keuk,* Bilanz- und Unternehmenssteuerrecht (Fn. 57), S. 382; zur Ausgestaltung der Verwaltungsrechte *Wolgang Schön* (Fn. 125), ZGR 1991, 226 ff., 233 ff.

141 *Jürgen Costede* (Fn. 118), StKongRep 1987, 243: Die Dispositionsmacht, das eingesetzte Wagnis wenigstens annähernd steuern zu können, ist Voraussetzung einer atypisch stillen Gesellschaft; anders etwa *Brigitte Knobbe-Keuk,* Bilanz- und Unternehmenssteuerrecht (Fn. 57), S. 390; *Klaus Tipke/Joachim Lang,* Steuerrecht (Fn. 45), S. 341.

142 S. o. III. 3. b mit Fn. 57.

143 Wenn auch „mehr oder weniger ausgeprägt", vgl. BFH-Urteil vom 11. Dezember 1990 VIII R 122/86, BFHE 163, 346 m.w.N.; dagegen etwa *Brigitte Knobbe-Keuk,* Bilanz- und Unternehmenssteuerrecht (Fn. 57), S. 389 ff. Die Probleme der Formel liegen in der Bestimmung der Mindestanforderungen an das jeweilige Merkmal (vgl. dazu *Jürgen Costede* [Fn. 118], StbKongrRep 1990, 243 ff.).

144 Vgl. dazu IV. 7. e cc.

145 Vgl. BFH-Beschluß GrS 7/89 unter C IV. der Gründe.

146 GrS 4/82 unter C III. 3. a: „Eine Personengesellschaft ist insoweit Steuerrechtssubjekt, als sie in der Einheit ihrer Gesellschafter Merkmale eines Besteuerungstatbestandes verwirklicht ..., insbesondere also die Absicht hat,

Zusätzliche – z.B. die Rechtsverkehrsfähigkeit eines Personenverbandes kennzeichnende – Voraussetzungen sind nicht zu erfüllen. Fehlt allerdings der Gemeinschaftsorganisation das partnerschaftliche Element – bleibt sie also eine „typische" stille Gesellschaft –, läßt sie sich nur mit Merkmalen der persönlichen Zurechnung in Beziehung setzen, die nach den Wertungen des EStG (noch) ein Kapitalnutzungsverhältnis kennzeichnen[147].

e) Die Ableitung der Rechtssubjekteigenschaft der Personengesellschaft aus ihrer Gemeinschaftsordnung war durch den Beschluß GrS 4/82 bereits vorgegeben, mit dem der BFH die Personengesellschaft selbst als „Unternehmerin" anerkannt hat[148]. Aber erst der Beschluß GrS 7/89 läßt erkennen, daß dieser Begriff nicht vom Außenverhältnis, sondern vom Innenverhältnis her zu bestimmen ist[149]. Der Beschluß GrS 3/92 beseitigt insoweit die letzten Zweifel[150].

aa) Schon der Beschluß GrS 7/89 zeigt, daß die *Akzentverschiebung* bei der Auslegung des § 15 Abs. 1 Nr. 2 EStG *nicht so grundlegend* ist, wie es zunächst schien. Zwar ist der Satzteil dieser Vorschrift „Gesellschaft, bei der der Gesellschafter als Unternehmer (Mitunternehmer) anzusehen ist" nicht mehr, wie bisher[151], vorrangig von der individuellen „Ebene des Gesellschafters" her zu interpretieren. Es ist aber auch nicht gerechtfertigt, nunmehr von der Personengesellschaft als einer „kleinen Kapitalgesellschaft" zu sprechen[152]. Denn nicht die dingliche oder schuldrechtliche Beteiligung am Gesellschaftsvermögen – wie dies nach der „reinen" Ein-

---

Gewinn zu erzielen und nachhaltig am allgemeinen Verkehr teilzunehmen." Der BFH spricht deshalb auch vielfach bei der atypisch stillen Gesellschaft von einem von dieser selbst erzielten Gewinn (vgl. z.B. BFH-Beschluß vom 10. Oktober 1985 IV B 30/85, BFHE 144, 395, BStBl. II 1986, 68 unter 2. c).

147 § 15a Abs. 5 Nr. 1, 19a Abs. 3 Nr. 9, 20 Abs. 1 Nr. 4, 50c Abs. 5 Satz 2 EStG im Anschluß an eine langjährige Rechtsprechung, die auch den typisch Unterbeteiligten (z.B. Urteil vom 10. Novemer 1987 VIII R 53/84, BFHE 151, 434, BStBl. II 1988, 186), oder den nicht partnerschaftlich beteiligten Kommanditisten (z.B. Urteil vom 5. Juli 1979 IV R 27/86, BFHE 128, 375, BStBl. II 1979, 670 und std. Rspr., vgl. auch Beschluß GrS 3/92 – Fn. 32 – unter C III. 6. a aa der Gründe) erfaßt.

148 Beschluß GrS 4/82 unter C IV. 3. der Gründe. Sie kann deshalb auch „Mitunternehmerin" sein (Beschluß GrS 7/89 unter C III. 3. a der Gründe).

149 Vgl. aber auch schon Beschluß GrS 4/82 unter C V. 3. b aa der Gründe mit dem Hinweis, daß „der Begriff des Mitunternehmers gemeinsames Handeln zu einem gemeinsamen Zweck von einander gleichgeordneten Personen zum Gegenstand hat". Zur Maßgeblichkeit des Innenverhältnisses vgl. auch *Jürgen Costede* (Fn. 118), StKongRep 1987, 240 ff.; *Alexander Busse/Ernst-August Ehlers* (Fn. 129), S. 451; *Axel Schmidt* (Fn. 54), S. 45.

150 Dort unter C III. 6. a der Gründe.

151 Nach dem Vorstellungsbild der Betriebs-/Bilanzbündeltheorie und der sog. Gleichstellungsthese, vgl. oben II. 4. und zur Entwicklung und Wandlung dieser Theorie *Kurt Meßmer* (Fn. 5), StbJb. 1972/73, S. 127 f.; vgl. auch *Schmidt*, EStG (Fn. 48), § 15 Anm. 36 m.w.N.

152 *Michael Best* (Fn. 53), DStR 1991, 1545.

heitsbetrachtung genügen würde –[153], sondern die partnerschaftliche Mitwirkung im Rahmen der auf den Betrieb eines Unternehmens gerichteten Gemeinschaftsordnung macht den Gesellschafter zum Mitunternehmer. Die Sicht des BFH führt damit zu einer Synthese von Einheits- und Vielheitsbetrachtung[154].

bb) Mithin war der große Begründungaufwand, mit dem die Rechtsprechung den „Mitunternehmerbegriff" mit Leben zu erfüllen versucht hat, nicht vergeblich. Er hat zu der Erkenntnis geführt, daß Mitunternehmer regelmäßig nur sein kann, wer *zivilrechtlich* Gesellschafter einer Personengesellschaft[155] ist und hat damit den Boden für die Berücksichtigung der nach zivilrechtlichen Maßstäben[156] zu beurteilenden Gemeinschaftsordnung bereitet. Und auch das Ergebnis der Rechtsprechung, daß die Mitunternehmereigenschaft als *zusätzliches* Qualifikationsmerkmal zu der Eigenschaft als Gesellschafter hinzutreten muß[157], erweist sich als zutreffend. Es ergibt sich nunmehr allerdings aus der Beteiligung des Gesellschafters an der qualifizierten Gemeinschaftsordnung „Mitunternehmerschaft". Der Gesellschafter ist Mitunternehmer, weil er an einem

153 Vgl. etwa *Brigitte Knobbe-Keuk,* Bilanz- und Unternehmenssteuerrecht (Fn. 57), S. 361 ff., 759; *Wolfgang Schön,* Der Gewinnanteil des Personengesellschafters und das Einkommen der Personengesellschaft, StuW 1988, 253 ff.; *ders.,* Zum Stand der Lehre von Sonderbetriebsvermögen, DStR 1993, 185 ff., 191: Der Gesellschafter ist nur Zurechnungssubjekt der Beteiligung an einem „fremden Unternehmen".

154 Eine solche Synthese wurde im Schrifttum schon mit unterschiedlichen Ansätzen versucht, vgl. etwa *Georg Döllerer,* Neuere Entwicklung im Steuerrecht der Personengesellschaften, DStZ/A 1976, 434 ff.; *Arndt Raupach,* Die Personengesellschaft im Einkommensteuerrecht: Einheit der Gesellschaft oder Vielheit von Gesellschaftern?, FR 1976, 233 ff.; *Norbert Herzig/Wolfgang Kessler,* Die begrenzte Steuerrechtsfähigkeit von Personenmehrheiten nach dem Beschluß des Großen Senats des BFH vom 25. Juni 1984, DB 1985, 2476 und 2528 ff.; *Axel Schmidt* (Fn. 54), S. 44 ff.; *Michael Best* (Fn. 53), DStR 1991, 1548.

155 Oder als Teilhaber einer dieser wirtschaftlich vergleichbaren Gemeinschaft, BFH-Beschluß GrS 7/89 (Fn. 19) unter C III. 3. a der Gründe m.w.N. Das ist regelmäßig der Fall, wenn die Unternehmermerkmale gegeben sind, BFH-Beschluß GrS 4/82 (Fn. 13) unter C V. 3. a aa der Gründe und Beschluß vom 2. September 1985 IV B 51/85, BFHE 144, 432, BStBl. II 1986, 10 auch *Ludwig Schmidt,* EStG (Fn. 48), § 15 Anm. 51 m.w.N.

156 Also der gesellschaftsvertraglichen Vereinbarungen, der Gesellschafterbeschlüsse, der auf dieser Grundlage vorgenommenen Handlungen. Es ist dabei allerdings eine Gesamtbetrachtung geboten (Gesellschaftsvertrag, Dienstverträge, Nutzungsüberlassungen etc.), vgl. z.B. BFH-Beschluß GrS 4/82 (Fn. 13) unter C V. 3. b aa der Gründe sowie *Ludwig Schmidt,* EStG (Fn. 48), § 15 Anm. 51 m.w.N.

157 BFH-Beschlüsse GrS 4/82 (Fn. 13) unter A V. 3. b und c aa sowie GrS 3/92 (Fn. 32) unter C III. 6. a aa der Gründe; vgl. z.B. BFH-Urteil vom 11. September 1986 IV R 82/85, BFHE 148, 135, BStBl. II 1987, 111: „Mitunternehmer ist . . ., wer als zivilrechtlicher Gesellschafter einer Personengesellschaft . . . Unternehmerrisiko trägt und Unternehmerinitiative entfalten kann." Zur Entwicklung der Rspr. *Kurt Meßmer* (Fn. 124), FS Döllerer, 433, 439.

„Unternehmen" beteiligt ist[158]. Damit ist der Mitunternehmerbegriff nach der Einheitsbetrachtung ein abgeleiteter Begriff. Seine vorrangige Funktion ist es, dem „Mitunternehmer" die von der Gesellschaft erwirtschafteten und als gewerblich qualifizierten Gewinne und Verluste *zuzuordnen*[159].

Der Beschluß GrS 3/92 knüpft an diese Ergebnisse an: „Der Mitunternehmer unterscheidet sich vom Einzelunternehmer dadurch, daß er seine unternehmerische Tätigkeit nicht alleine, sondern zusammen mit anderen (Mit-)Unternehmern in gesellschaftlicher Verbundenheit ausübt. . . . *Weil* die Gesellschafter die Mitunternehmer des Betriebs sind, der Betrieb auf ihre Rechnung und Gefahr geführt wird, werden ihnen die Ergebnisse, Gewinn und Verlust, der gemeinschaftlichen Tätigkeit anteilig als originäre eigene Einkünfte zugerechnet."[160]

cc) Der Inhalt des Begriffs der (Mit-)Unternehmerschaft erschöpft sich aber nicht in dieser Zuordnungsfunktion. Ist Träger des Unternehmens auch bei der gebotenen Einheitsbetrachtung der Gesellschafter und erzielt er auch außerhalb der Einheit „Gesellschaft" – etwa bei der Veräußerung seines Gesellschaftsanteils oder von ihm gehörenden, der Gesellschaft zur Nutzung überlassenen Wirtschaftsgüter – Einkünfte als (Mit-)Unternehmer[161], dann muß der Einkünftetatbestand differenziert betrachtet werden: Im Stufenbau dieses Tatbestandes hat die Personengesellschaft – wie dies bereits eine frühere Entscheidung formuliert hat[162] – als Steuersubjekt nur eine „interimistische" Funktion. Die Einheitsbetrachtung wirkt nur – wenn auch mit einkünfteprägender Wirkung – auf einer *Vorstufe.* Auf dieser Vorstufe werden durch eine gemeinsame Tätigkeit Gewinne und Überschüsse erzielt, aber keine Einkünfte[163]. Diese erzielt nur der Gesellschafter.

Der Beschluß GrS 4/82, der die Personengesellschaft als „Subjekt der Einkünfteerzielung" und als „Unternehmerin" bezeichnet hat, muß in diesem Sinne verstanden werden. Es gibt nicht nur eine Steuerbilanz erster und zweiter Stufe[164]; es gibt auch einen Unternehmensträger 1. Stufe – die Gesellschaft als *„Subjekt der Gewinn- bzw. Überschußer-*

158 Der Begriff des „Unternehmens" nimmt die Elemente des Mitunternehmerbegriffs auf (vgl. BFH-Urteil vom 24. September 1991 VIII R 349/83, BFHE 166, 124, BStBl. II 1992, 330 und jetzt auch Beschluß GrS 3/92 (Fn. 32) unter C III. 6. a aa der Gründe: „Die Begriffe ‚Unternehmer' und ‚Mitunternehmer' sind gleichrangig. Auch der Mitunternehmer ist ein Unternehmer des Betriebs."

159 So auch *Ludwig Schmidt,* EStG (Fn. 48), § 15 Anm. 47, 48b.

160 Dort unter C III. 6. a aa der Gründe.

161 BFH-Beschluß GrS 3/92, a.a.O., unter C III. 6. a bb der Gründe.

162 BFH-Beschluß vom 2. September 1985 IV B 51/85, BFHE 144, 432, BStBl. II 1986, 10 unter 2. a der Gründe.

163 Auch wenn sie auf der „Ebene der Gesellschaft" nach den Merkmalen der Einkünftetatbestände vor-qualifiziert werden.

164 Vgl. dazu zuletzt *Hubert Gschwendtner,* Ergänzungsbilanz und Sonderbilanz II in der Rechtsprechung des Bundesfinanzhofs, DStR 1993, 817 ff. m.w.N.

zielung" und als *„Subjekt der Einkünftequalifikation"* – und einen Unternehmensträger 2. Stufe (den Gesellschafter als „Subjekt der Einkünfteerzielung").

dd) Die Bedeutung der Akzentverschiebung bei der Auslegung des § 15 Abs. 1 Nr. 2 EStG liegt damit ausschließlich darin, daß sich der Blick zunächst auf die Mitunternehmerschaft und die kollektive „Ebene der Gesellschaft" richtet. Ein *praktisches Beispiel:*

Beteiligt sich ein stiller Gesellschafter an einer vermögensverwaltenden GmbH, so ist die stille Gesellschaft nicht auf den Betrieb eines Handelsgewerbes gerichtet[165]. Wer Gewinnerzielung und Einkünftequalifikation aus der Sicht des Mitunternehmers beurteilt, wird den stillen Gesellschafter als Mitunternehmer ansehen, weil die Einkünfte der GmbH – als der nach außen tätigen Unternehmerin – gemäß § 8 Abs. 2 KStG als gewerbliche zu qualifizieren sind[166]. Wer das „Subjekt der Gewinnerzielung und Einkünftequalifikation" aus der Gemeinschaftsordnung der atypisch stillen (BGB-)Gesellschaft ableitet, kommt nicht auf den Gedanken, auch bei dieser selbst eine gewerbliche Tätigkeit anzunehmen[167]. Gewerblich kann die Tätigkeit nur über eine Fiktion werden. Die zu prüfende Frage lautet deshalb, ob die für die GmbH & Co KG in § 15 Abs. 3 Nr. 2 EStG getroffene Regelung auf die atypische GmbH & Still entsprechend anzuwenden ist[168].

f) Eine Ergänzung dieser Grundsätze ist dort erforderlich, wo der Mitunternehmer nicht zugleich Gesellschafter ist. Der typische Fall ist das Treuhandverhältnis. Der BFH mußte deshalb hier den Anwendungsbereich des § 15 Abs. 1 Nr. 2 EStG – über § 39 Abs. 2 Nr. 1 Satz 2 AO

---

165 Zivilrechtlich betreibt die GmbH nicht notwendig ein Gewerbe, auch wenn sie Formkaufmann ist (BGH-Urteil vom 22. Januar 1976 VII ZR 280/75, BGHZ 66, 48 ff.; *Karsten Schmidt,* Gesellschaftsrecht [Fn. 1], S. 364 m.w.N.; vgl. aber auch BFH-Urteil vom 21. Juni 1983 VIII R 237/80, BFHE 138, 458, BStBl. II 1983, 563).

166 Die Finanzverwaltung (BMF-Schreiben vom 26. November 1987, BStBl. I 1987, 765) und ein Teil des Schrifttum (vgl. die Zusammenstellung bei *Ludwig Schmidt,* EStG – Fn. 48 –, § 15 Anm. 58d; a.E.) gehen bei der Erzielung, Qualifizierung und Ermittlung des Gewinns nach wie vor von der „Ebene des Gesellschafters", hier des tätigen Gesellschafters, aus. Das entspricht dem BFH-Urteil in BFHE 145, 408, BStBl. II 1986, 311 (Fn. 122) und der „Hilfskonstruktion", nach der der tätige Gesellschafter „gedanklich" an die Stelle der Gesellschaft tritt (vgl. etwa BFH-Urteil vom 28. November 1989 VIII R 40/84, BFHE 159, 410, BStBl. II 1990, 561 m.w.N. und Beschluß vom 24. November 1988 VII B 90/87, BFHE 155, 32, BStBl. II 1989, 145).

167 So jedenfalls im Ergebnis ein großer Teil des Schrifttums (vgl. dazu *Ludwig Schmidt,* EStG – Fn. 48 –, § 15 Am. 58d a.E. m.w.N.). Zutreffend auch *Karsten Schmidt,* Gesellschaftsrecht (Fn. 1), S. 364 im Anschluß zu *Wolfgang Schön* (Fn. 129), BB 1985, 314: § 8 Abs. 2 KStG qualifiziert nur die Einkünfte, nicht auch die Tätigkeit! Zur Gegenposition jetzt *Uwe Blaurock,* (Fn. 123), BB 1992, 1969 ff., 1973.

168 Sie wird unterschiedlich beantwortet, vgl. *Ludwig Schmidt,* EStG (Fn. 48), § 15 Anm. 46c ff. (3) m.w.N.; *Axel Schmidt* (Fn. 54), S. 151 ff. m.w.N.

1977 – erweitern[169]. In seinem Beschluß GrS 4/82 führte er dazu aus: „Die eine Mitunternehmerstellung kennzeichnenden Merkmale müssen deshalb in der Person des Treugebers vorliegen, damit dieser einkommensteuerrechtlich als Zurechnungssubjekt angesehen werden kann." Der Mitunternehmerbegriff umfaßt insoweit also auch – als *„Subjekt der Anteilszurechnung"* – den Nichtgesellschafter[170]. Es handelt sich dabei aber nur um einen weiteren Anwendungsfall des Grundsatzes, daß Einkünfte derjenige erzielt, dem sie im Innenverhältnis zuzurechnen sind.

g) Nach diesem Grundsatz ist die atypisch stille Gesellschaft auch *„Subjekt der Gewinnermittlung"*. Zwar ist Adressat der handelsrechtlichen Buchführungs- und Bilanzierungspflicht nur der tätige Gesellschafter[171]; es gibt auch nur ein Betriebsvermögen und eine Handelsbilanz dieses Gesellschafters[172]. Das gilt aber nur für das Außenverhältnis. Deshalb trifft auch nur insoweit der Satz zu, daß die atypisch stille Gesellschaft nicht bilanzfähig sei[173]. Geht man demgegenüber davon aus, daß das Steuerrechtssubjekt nach dem Innenverhältnis zu bestimmen ist, richtet sich auch die Steuer-Bilanzfähigkeit der atypisch stillen Gesellschaft nach der für die Gesellschafter verbindlichen Gemeinschaftsorganisation[174]. Die Feststellung des Gewinnanteils im Sinne von § 15 Abs. 1 Nr. 2 EStG setzt die Ermittlung eines einheitlichen Gewinns „der Gesellschaft" voraus. Die Entscheidung der Rechtsprechung, daß auch Innengesellschaften „andere Gesellschaften" im Sinne dieser Vorschrift seien, muß sich deshalb auch auf die Gewinnermittlung auswirken. Was das bedeutet, hat der BFH bereits vor seinen beiden Beschlüssen GrS 1/79 und GrS 4/82 ausgeführt[175]: „Die Geschäftsführung der Personengesellschaft

---

169 BFH-Beschlüsse GrS 4/82 (Fn. 13) unter C V. 3. b cc und GrS 7/89 (Fn. 19) unter C III. 3. b cc der Gründe.

170 BFH-Urteile vom 21. April 1988 IV R 47/85, BFHE 153, 545, BStBl. II 1989, 722 unter 1. a und vom 10. Dezember 1992 XI R 45/88, BFHE 170, 487, BStBl. II 1993, 538 m.w.N.

171 *Georg Döllerer* (Fn. 121), DStR 1985, 296; *Brigitte Knobbe-Keuk,* Bilanz- und Unternehmenssteuerreecht (Fn. 57), S. 406; *Karsten Schmidt,* Gesellschaftsrecht (Fn. 1), S. 362; *Heinz Paulick/Uwe Blaurock;* Handbuch (Fn. 123), S. 237 ff. Für die steuerrechtliche Verpflichtung bisher offengelassen, BFH-Urteile vom 11. Mai 1989 IV R 12/88, BFH/NV 1990, 545; vom 23. Oktober 1990 VIII R 55/89, BFH/NV 1991, 401; Beschluß vom 4. Oktober 1991 VIII B 93/90, BFHE 165, 339; BStBl. II 1992, 59. Die Verpflichtung bejahend u.a. *Wolfgang Schön* (Fn. 129) BB 1985, 314. Dazu, daß Pflichtsubjekt insoweit auch die stille Gesellschaft – ihr Geschäftsführer – sein könnte, vgl. die Ausführungen zu III. 2.

172 BFH in BFHE 145, 408, BStBl. II 1986, 311 (Fn. 122); *Georg Döllerer* (Fn. 121), DStR 1985, 296.

173 *Jürgen Costede* (Fn. 118), StKongRep 1987, 253, der die dingliche Rechtslage für ausschlaggebend hält.

174 Eine Steuerbilanz der atypisch stillen Gesellschaft wird im Schrifttum mit unterschiedlichen Begründungen gefordert, vgl. dazu die Nachweise bei *Ludwig Schmidt,* EStG (Fn. 48), § 15 Anm. 58b und *Axel Schmidt* (Fn. 54) S. 133 m.w.N.

175 BFH-Urteile vom 14. Januar 1958 I 150/57, BFHE 66, 193, BStBl. III 1958, 75 mit Ableitung aus der einheitlichen Gewinnfeststellung; vom 21. Dezem-

kann von ihrer Entscheidungsbefugnis nur einheitlich Gebrauch machen." Dieser *„Grundsatz der Einheitlichkeit der Bilanzierung"*[176] bezieht sich auf alle Wirtschaftsgüter im Betriebsvermögen; er bezieht sich insbesondere auch auf die steuerrechtlichen Bilanzierungs- und Bewertungswahlrechte[177]. Der seit dem Beschluß GrS 4/82 verwendete Begriff des „Subjekts der Gewinnermittlung" ist in diesem – materiell bilanzrechtlichen – Sinn einer pflichtgebundenen Bilanzierung im Innenverhältnis zu verstehen[178].

Die Bilanz einer atypisch stillen Gesellschaft ist deshalb bei einer Beteiligung des stillen Gesellschafters an den stillen Reserven und am Geschäftswert des Unternehmens – unter Berücksichtigung der Einlage als *Eigenkapital*[179] – *wie* eine Gesamthandsbilanz aufzustellen und das Ergebnis den Gesellschaftern unmittelbar – ohne daß es auf den Zufluß ankäme – zuzurechnen[180]. Fehlt eine solche Vermögensbeteiligung, müssen die maßgeblichen Bilanzierungsgrundsätze dem Gesellschaftsvertrag entnommen bzw. aus der Ermittlung eines „angemessenen Anteils" am Gewinn abgeleitet werden.

Der Grundsatz der „Einheitlichkeit der Bilanzierung" wird auch handelsrechtlich abgesichert. Bei einer atypisch stillen Gesellschaft muß die Bilanz – wie dies inzwischen auch für die KG anerkannt ist[181] – von allen

---

ber 1972 IV R 53/72, BFHE 107, 564, BStBl. II 1973, 298; vom 10. Juli 1980 IV R 136/77, BFHE 131, 313, BStBl. II 1981, 84.

176 Zu diesem etwa *Ludwig Schmidt,* EStG (Fn. 48), § 15 Anm. 67b; *Georg Crezelius,* Handbuch der Personengesellschaften, Rz. III 64, 65; *Max Pankow/Gisela Fitzner,* Beck'scher Bilanz-Kommentar, 2. Aufl., 1991, § 247 Rz. 782 ff.

177 BFH-Urteil vom 7. August 1986 IV R 137/83, BFHE 147, 224, BStBl. II 1986, 910 unter 3. b der Gründe mit Ableitung aus dem „Subjekt der Gewinnermittlung".

178 So zumindest im Ergebnis auch die überwiegende Meinung im Schrifttum, vgl. *Brigitte Knobbe-Keuk,* Bilanz- und Unternehmenssteuerrecht (Fn. 57), S. 407; *Heinz Paulick/Uwe Blaurock,* Handbuch (Fn. 123), S. 392; *Karsten Schmidt,* Gesellschaftsrecht (Fn. 1), S. 362; *Axel Schmidt,* (Fn. 54), S. 138 ff.; *Georg Döllerer* (Fn. 121), DStR 1985, 299 f. meint mit dem Hinweis auf die „nach den gesetzlichen und vertraglichen Vorschriften abgeänderte Bilanz" wohl dasselbe.

179 Das gilt sowohl handelsrechtlich (vgl. BGH-Urteil vom 17. Dezember 1984 II ZR 36/84, BB 1985, 372 und vom 7. Dezember 1988 II ZR 46/88, BB 1989, 100 und dazu *Jürgen Schmidt/Hartmut Hamann,* Die Einlage des atypisch stillen Gesellschafters als haftendes Eigenkapital, DStR 1992, 950; *Brigitte Knobbe-Keuk,* Bilanz- und Unternehmensteuerrecht (Fn. 57), S. 393; *Wolfgang Schön* (Fn. 132), ZGR 1990, 228 ff. m.w.N.) als auch steuerrechtlich *(Brigitte Knobbe-Keuk,* a.a.O.; *Susanne Sieker,* Eigenkapital und Fremdkapital bei der Personengesellschaft, 1991, S. 36 ff.; *Michael Regniet,* Ergänzungsbilanzen bei der Personengesellschaft, 1990, S. 209).

180 H.M., vgl. etwa *Georg Döllerer* (Fn. 121), DStR 1985, 297; *Brigitte Knobbe-Keuk,* Bilanz- und Unternehmenssteuerrecht (Fn. 57), S. 406 f.; *Axel Schmidt* (Fn. 54), S. 134, 139 m.w.N.

181 Vgl. dazu BGH-Urteile vom 24. März 1980 II ZR 88/79, BGHZ 76, 338, 342, und vom 6. April 1981 II ZR 186/80, BGHZ 80, 357, 358; grundlegend *Peter*

Gesellschaftern *festgestellt* werden. Diese Mitwirkungspflicht setzt sich bei der Erstellung der „Gesamtbilanz der Mitunternehmerschaft" fort[182]. Wirtschaftsgüter, die der atypisch stille Gesellschafter – im Innenverhältnis – „der Gesellschaft" zur Nutzung überlassen hat, gehören zu dessen Sonderbetriebsvermögen[183]. Das bedeutet, daß dieser auch mitbestimmt, ob sie Sonderbetriebsvermögen werden und wie die Bilanzierungs- und Bewertungswahlrechte auszuüben sind[184].

V. Zusammenfassung

Die den Einkünften einer einkommen- oder körperschaftsteuerpflichtigen Person zugrunde liegenden Gewinne oder Verluste einer Personengesellschaft werden von dieser selbst – bzw. dieser zurechenbar – erzielt, qualifiziert und ermittelt. Sie ist deshalb insoweit Steuerrechtssubjekt. Der Grund für die Verselbständigung liegt in ihrer auf den Betrieb eines Unternehmens gerichteten Gemeinschaftsorganisation. Die durch sie bewirkte Willens- und Handlungseinheit kennzeichnet *alle* Gesellschaften. Die Prüfung der Rechtssubjektsfähigkeit nach den Grundsätzen der Lehre von der Teilrechtsfähigkeit trifft deshalb – anders als im Zivilrecht – im Einkommensteuerrecht auf eine „Einheitsgesellschaft". Der (zusätzlichen) Begründung des Großen Senats des BFH für die Rechtssubjektseigenschaft der Personengesellschaft über den steuerrechtlichen Gleichbehandlungsgrundsatz bedarf es nicht.

Ulmer, Die Mitwirkung des Kommanditisten an der Bilanzierung der KG, FS Wolfgang Hefermehl, 1976, S. 207 ff.; *Baumbach/Duden/Hopt,* HGB (Fn. 127), § 164 Anm. 1 B; *Hans-Joachim Priester* in IDW (Fn. 1), S. 74 m.w.N. Für den dem Kommanditisten gleichzustellenden atypisch stillen Gesellschafter kann nichts anderes gelten.

182 Zum Stufenbau der Gewinnermittlung bei Personengesellschaften vgl. zuletzt *Hubert Gschwendtner* (Fn. 164), DStR 1985, 817 ff. mit Rechtsprechungsnachweisen.

183 BFH-Urteil vom 2. Mai 1984 VIII R 276/81, BFHE 141, 498, BStBl. II 1984, 820; vom 11. Dezember 1990 VIII R 122/86, BFHE 163, 346.

184 Es ist zumindest eine Doppelzuständigkeit von Gesellschaft und Gesellschafter anzunehmen, vgl. dazu *Michael Regniet,* Ergänzungsbilanzen (Fn. 178), S. 137 und *Georg Döllerer* (Fn. 43), ZGR 1992, 608.

Reinhild Ruban

Zum Begriff der Einlageminderung in § 15a Abs. 3 EStG

Inhaltsübersicht

Franz Klein war von 1988 bis zu seinem Ausscheiden aus dem Richteramt Vorsitzender des VIII. Senats des BFH, der u.a. für die Gewinnfeststellung der Personengesellschaften zuständig ist. In dieser Zeit hat der VIII. Senat unter seinem Vorsitz mehrere grundlegende Entscheidungen zur Auslegung des § 15a Abs. 1 EStG gefällt. Zu nennen ist hier vor allem das Urteil vom 14. Mai 1991[1], durch das der BFH die in der Literatur bis dahin heftig umstrittene Frage geklärt hat, ob sich das negative Kapitalkonto des Kommanditisten i.S. von § 15a Abs. 1 EStG nach der Steuerbilanz der Gesellschaft oder der sog. Gesamtbilanz der Mitunternehmerschaft bestimmt.

Bemerkenswert ist diese Entscheidung auch deshalb, weil sich der VIII. Senat hier klar zu einer Gesetzesauslegung bekannt hat, für die nicht der subjektive Wille der am Gesetzgebungsverfahren beteiligten Personen, sondern der im Wortlaut der Norm „objektivierte Wille des Gesetzgebers" verbindlich ist. Der Senat konnte sich dabei zwar auf die Rechtsprechung des BVerfG[2] stützen. Gleichwohl hat man ihm vorgeworfen, er habe sich mit seiner Entscheidung über den in der amtlichen Begründung klar geäußerten Willen des demokratischen Gesetzgebers hinweggesetzt[3]. Dieser Kritik ist entgegenzuhalten, daß die Gerichte nach der Verfassung (Art. 20 Abs. 3 GG) an das Gesetz, nicht aber an die subjektiven Vorstellungen einzelner Personen in den gesetzgebenden Körperschaften gebunden sind. Nur eine Auslegung, die

1 Urteil vom 14. Mai 1991 VIII R 31/88, BFHE 164, 516, BStBl. II 1992, 167.
2 Vgl. z.B. Beschluß vom 17. Mai 1960 2 BvL 11/59, 11/60, BVerfGE 11, 126, 131.
3 *Enno Biergans*, Einkommensteuerrecht, 6. Aufl., 1992, 1219.

darauf gerichtet ist, den im Gesetz selbst – zumindest andeutungsweise – zum Ausdruck gebrachten Willen des Gesetzgebers zu ermitteln, entspricht der Gesetzesbindung des Richters und dem Gebot der Rechtssicherheit. Der Aufgabe der obersten Bundesgerichte, mehr Rechtssicherheit durch eine möglichst stetige und vorhersehbare Rechtsprechung zu schaffen, fühlte sich der Richter *Franz Klein* immer in besonderem Maße verpflichtet.

In dem folgenden Beitrag, der ein Dank für eine jahrelange kollegiale Zusammenarbeit im Senat sein soll, wird der Frage nachgegangen, welche Folgerungen sich aus dem Senatsurteil vom 14. Mai 1991 für den Begriff der Einlageminderung in § 15a Abs. 3 EStG ergeben.

I. Inhalt und Zweck des § 15a Abs. 3 EStG

§ 15a Abs. 3 EStG knüpft inhaltlich und begrifflich an die Regelungen in Absatz 1 der Vorschrift an und ergänzt sie für den Fall, daß der Kommanditist seine Einlage oder seine nach § 15a Abs. 1 Satz 2 EStG zu berücksichtigende Haftung vermindert. Nach § 15a Abs. 1 darf der einem Kommanditisten zuzurechnende Anteil am Verlust der KG nicht mit anderen Einkünften ausgeglichen oder nach § 10d EStG abgezogen werden, soweit ein negatives Kapitalkonto des Kommanditisten entsteht oder sich erhöht. Diese Regelung verweist auf die Rechtsstellung des Kommanditisten im Handelsrecht. Zivilrechtlich ist ein Kommanditist, der seine Einlage geleistet hat, durch Verluste der KG wirtschaftlich nur solange belastet, bis sein Kapitalkonto den Stand 0 erreicht hat (§ 167 Abs. 3 HGB). Wird das Kapitalkonto durch Zuweisung von Verlusten negativ, ist der Kommanditist weder den Mitgesellschaftern noch den Gesellschaftsgläubigern zum Ausgleich verpflichtet. Er darf allerdings die Auszahlung von Gewinnanteilen erst wieder fordern, wenn der Passivsaldo auf seinem Kapitalkonto ausgeglichen ist (§ 169 Abs. 1 HGB). Verlustanteile, die zur Entstehung oder Erhöhung eines negativen Kapitalkontos führen, können deshalb steuerrechtlich grundsätzlich nicht ausgeglichen, sondern nur mit künftigen Gewinnen verrechnet werden. Ein weitergehender Verlustausgleich wird zugelassen, soweit die im Handelsregister eingetragene Haftsumme die (tatsächlich geleistete) Pflichteinlage übersteigt. Auch insoweit folgt § 15a Abs. 1 EStG dem Handelsrecht (§ 172 HGB).

Die Entstehung oder Erhöhung eines negativen Kapitalkontos kann nicht nur auf der Zuweisung von Verlustanteilen, sondern auch auf Entnahmen beruhen. Diesen Fall regelt § 15a Abs. 3 EStG. Er bestimmt, daß ein früherer Verlustausgleich durch Zurechnung eines fiktiven Gewinns rückgängig zu machen ist, wenn der Kommanditist seine Einlage durch Entnahmen vermindert oder seinen Haftungsbetrag gegenüber den Gläubigern der Gesellschaft herabsetzt. Auf die Zurechnung eines Gewinns wird jedoch verzichtet, wenn aufgrund der Entnahme eine nach § 15a Abs. 1 Satz 2 EStG zu berücksichtigende Haftung besteht oder entsteht.

Mit dieser Regelung wollte der Gesetzgeber verhindern, daß durch kurzfristige Einlagen, die nach dem Bilanzstichtag wieder entnommen werden, oder durch die kurzfristige Eintragung einer höheren Haftsumme Verlustausgleichsmöglichkeiten in beliebiger Höhe geschaffen werden können[4].

Eine „Einlageminderung" ist nach der Legaldefinition in § 15a Abs. 3 Satz 1 EStG gegeben, „soweit ein negatives Kapitalkonto des Kommanditisten durch Entnahmen entsteht oder sich erhöht". Bestimmend für den Begriff der Einlageminderung sind somit zwei bilanzrechtliche Begriffe, die im folgenden näher untersucht werden sollen: der Begriff des negativen Kapitalkontos und der der Entnahme.

II. Das negative Kapitalkonto

1. Kapitalkonto nach der Steuerbilanz der KG

Aus dem engen sachlichen Zusammenhang zwischen § 15a Abs. 1 und Abs. 3 EStG folgt, daß der Begriff „negatives Kapitalkonto" in Absatz 3 in gleichem Sinn zu verstehen ist wie in Absatz 1.

Über die Auslegung dieses Begriffs ist lange gestritten worden. Nach Ansicht der Finanzverwaltung[5] und eines Teils der Literatur[6] sollte sich das negative Kapitalkonto des Kommanditisten aus der sog. Gesamtbilanz der Mitunternehmerschaft (also unter Einbeziehung des positiven und negativen Sonderbetriebsvermögens) bestimmen. Vereinzelt wurde auch die Auffassung vertreten, das Kapitalkonto i.S. des § 15a EStG ergebe sich aus der Handelsbilanz der Gesellschaft[7]. Die in der Literatur wohl herrschende Meinung ging dahin, Kapitalkonto des Kommanditisten i.S. des § 15a EStG könne nur das Kapitalkonto in der Steuerbilanz der Gesellschaft sein[8]. Dieser Auffassung hat sich der VIII. Senat des BFH in seiner Grundsatzentscheidung vom 14. Mai 1991[9] angeschlossen.

Maßgebend für das Auslegungsergebnis des BFH waren neben dem systematischen Zusammenhang der Begriffe Einlage, Haftung, Verlustanteil und negatives Kapitalkonto vor allem der aus den einzelnen Regelungen des § 15a EStG sowie der Entstehungsgeschichte zu erschließende Zweck der Vorschrift, den steuerrechtlichen Verlustausgleich des Kommanditisten seinem zivilrechtlichen Haftungsumfang anzugleichen. Der Kommanditist haftet den Gläubigern der Gesellschaft grundsätzlich nur im

4 BT-Drucks. 8/3648, S. 17.
5 Abschnitt 138d Abs. 2 Einkommensteuer-Richtlinien 1990.
6 Vgl. die Nachweise in BFHE 164, 516, BStBl. II 1992, 167.
7 *Klaus Walzer*, GmbHR 1981, 160.
8 Vgl. die Nachweise in BFHE 164, 516, BStBl. II 1992, 167.
9 S. Fn. 1.

Rahmen der im Handelsregister eingetragenen Haftsumme für die Verbindlichkeiten der Gesellschaft (§ 171 Abs. 1, § 172 Abs. 1 HGB). Er ist von der Haftung befreit, soweit er die geschuldete Einlage geleistet hat (§ 171 Abs. 1 HGB). Als haftungsbefreiende Einlagen i.S. des § 171 Abs. 1 HGB, die dem Kapitalkonto des Kommanditisten gutzuschreiben sind, kommen nur Leistungen in das *haftende Eigenkapital* (Gesellschaftsvermögen) der KG in Betracht[10]. Das Sonderbetriebsvermögen des Kommanditisten hat mit seiner Haftung für die Schulden der Gesellschaft nichts zu tun[11]. Einlagen in das Sonderbetriebsvermögen können deshalb auch das Verlustausgleichsvolumen des Kommanditisten i.S. des § 15a EStG nicht vergrößern.

§ 15a EStG ist eine steuerrechtliche Vorschrift. Soweit die Bilanzansätze für Wirtschaftsgüter des Betriebsvermögens in der Steuerbilanz von denen der Handelsbilanz abweichen, kann deshalb für den Stand des Kapitalkontos i.S. von § 15a EStG nur die Steuerbilanz maßgebend sein[12]. Dabei sind Wertkorrekturen, die sich aus einer etwaigen Ergänzungsbilanz des Kommanditisten ergeben, zu berücksichtigen[13].

Die Finanzverwaltung hat sich dem Urteil des BFH angeschlossen und eine Übergangsregelung erlassen[14].

2. Feste und variable Kapitalkonten des Kommanditisten

Im HGB wird der Begriff „Kapitalkonto" nicht verwendet. Es steht jedoch fest, daß es sich dabei um das Konto handelt, auf dem der „Kapitalanteil" des Gesellschafters (vgl. § 120 Abs. 2 HGB) verbucht wird. Der (positive) Kapitalanteil bezeichnet den Anteil des Gesellschafters am Eigenkapital der Gesellschaft. Der Saldo auf dem Kapitalkonto gibt den gegenwärtigen Stand seines Kapitalanteils wieder. Er wird beim persönlich haftenden Gesellschafter beeinflußt durch Gewinne und Verluste, Entnahmen und Einlagen. Für den Kommanditisten sind nach den Vorschriften des HGB zwei Konten zu führen: Ein Kapitalkonto, auf dem die geleistete Einlage und etwaige Verlustanteile zu verbuchen sind, und ein Gewinnkonto, dem Gewinnanteile gutzuschreiben und Entnahmen zu belasten sind (§ 167 Abs. 2 HGB). In der Praxis werden – abweichend von der gesetzlichen Regelung – für den Kommanditisten meist mehrere „Kapitalkonten" geführt, die als Kapitalkonto I, II oder III, Beteiligungskonto, Darlehens-

10 *Karsten Schmidt* in Schlegelberger, Handelsgesetzbuch, 5. Aufl., 1986, §§ 171, 172, Rz. 48.

11 BFHE 164, 516, BStBl. II 1992, 167; *Uwe Blaurock/Axel Berninger,* JZ 1992, 614, 618 f.

12 BFH-Urteil vom 14. Mai 1991 (Fn. 1) m.w.N.; *Klaus Schützeberg,* Wpg 1993, 649.

13 BFH-Urteil vom 30. März 1993 VIII R 63/91, BFHE 171, 213, BStBl. II 1993, 706.

14 BMF-Schreiben vom 20. Februar 1992, BStBl. I 1992, 123.

konto oder Privatkonto bezeichnet werden[15]. Dabei handelt es sich nicht ausnahmslos um Kapitalkonten in der o.a. Bedeutung, die auch dem Begriff des Kapitalkontos in § 15a EStG zugrunde liegt. Soweit „Kapitalkonten" schuldrechtliche Forderungen des Kommanditisten ausweisen, wirken sie sich zwar auf dessen Sonderbetriebsvermögen, nicht aber auf das Gesellschaftsvermögen und damit auf das Kapitalkonto i.S. des § 15a EStG aus.

Die nunmehr herrschende Auffassung, daß sich das Kapitalkonto i.S. von § 15a EStG nach der Steuerbilanz der KG bestimmt, macht eine Prüfung der für den Kommanditisten geführten „Kapitalkonten" erforderlich, inwiefern sie zivilrechtlich Anteile am Eigenkapital der KG oder schuldrechtliche Forderungen des Kommanditisten ausweisen[16].

Wird für den Kommanditisten neben einem oder mehreren beweglichen Kapitalkonten ein festes Kapitalkonto geführt, auf dem nur die ursprüngliche Einlage verbucht wird (Kapitalkonto I, Beteiligungskonto), so weist das Guthaben auf diesem Konto unzweifelhaft Eigenkapital der KG aus. Wird neben diesem Konto nur *ein* bewegliches Kapitalkonto geführt, auf dem Gewinne, Verluste und Entnahmen verbucht werden, hat das Guthaben auf diesem zweiten Konto ebenfalls Einlagecharakter[17]. Nach der Rechtsprechung des BFH ist der Umstand, daß auf dem zweiten Kapitalkonto auch Verluste zu buchen sind, ein „entscheidendes Indiz" dafür, daß es sich um ein echtes Beteiligungskonto handelt, das keine Forderung ausweist, sondern gesellschaftsrechtlich gebundenes Kapital[18]. Dagegen ist ein Kapitalkonto, auf dem ausschließlich (entnahmefähige) Gewinne und Entnahmen verbucht werden (Kapitalkonto III, „Darlehenskonto"), ein echtes Forderungskonto[19], das nicht Bestandteil des Kapitalkontos i.S. von § 15a EStG ist.

Forderungen des Kommanditisten gegen die KG können sich nicht nur aus Guthaben aus stehengelassenen Gewinnen auf dem Kapitalkonto III ergeben, sondern auch aus sonstigen Leistungen, die der KG aufgrund eines Verkehrsgeschäfts (Fremdgeschäfts) mit dem Gesellschafter zugeflossen sind. Derartige Leistungen haben handelsrechtlich keinen Einlagecharakter[20] und damit auch keinen Einfluß auf das Kapitalkonto in der Handels- und Steuerbilanz der Gesellschaft. Das gilt vor allem für „nor-

15 Vgl. hierzu im einzelnen: *Ulrich Huber*, ZGR 1988, 1, 7 ff.; *ders.* in JbFStR 1988/89, 301, 304 ff.

16 *Franz Josef Haas*, DStZ 1992, 655; *Ludwig Schmidt*, DStZ 1992, 702; *ders.*, Einkommensteuergesetz, 12. Aufl., § 15a Anm. 25.

17 *Ulrich Huber*, ZGR 1988, 1, 66 m.w.N. in Fn. 218; *Johannes Kolbeck*, DB 1992, 2056; *Gottfried Jestädt*, DStR 1992, 413; *Ludwig Schmidt*, a.a.O. (Fn. 16) Anm. 25c; *Klaus Schützeberg*, Wpg 1992, 649; vgl. auch BGH JZ 1983, 70.

18 BFH-Urteile vom 27. Mai 1981 I R 123/77, BFHE 133, 412, BStBl. II 1982, 211; vom 17. Dezember 1980 II R 36/79, BFHE 132, 345, BStBl. II 1981, 325; vom 3. Februar 1988 I R 394/83, BFHE 152, 543, BStBl. II 1988, 551.

19 BFHE 133, 412, 418, BStBl. II 1982, 211; *Ulrich Huber*, ZGR 1988, 1, 85.

20 *Karsten Schmidt*, a.a.O. (Fn. 10), Rz. 48.

male" Darlehen i.S. von § 607 BGB, die der Kommanditist seiner Gesellschaft gewährt. Diese sind in der Handels- und Steuerbilanz der KG nicht als Eigenkapital, sondern als Verbindlichkeit auszuweisen. Der Gesellschafter hat die Darlehensforderung in seiner Sonderbilanz zu aktivieren. Die Darlehenszinsen mindern den Steuerbilanzgewinn der KG; beim Kommanditisten werden sie als Sonderbetriebseinnahmen erfaßt. Erst in der Gesamtbilanz der Mitunternehmerschaft werden das Darlehen steuerrechtlich in Eigenkapital, die Darlehenszinsen in Gewinn umqualifiziert[21].

Unter bestimmten Voraussetzungen kann jedoch ein Darlehen des Kommanditisten an die KG Eigenkapitalcharakter haben oder doch im Verhältnis zu den Gläubigern der KG dem haftenden Eigenkapital gleichgestellt sein. In diesen Fällen, die in den folgenden Abschnitten behandelt werden sollen, kann die Zuordnung der Darlehensforderung zum Eigen- oder Fremdkapital in der Bilanz der Gesellschaft Schwierigkeiten bereiten.

3. Darlehen als gesellschaftsrechtlicher Beitrag

Darlehen, die der Gesellschafter seiner KG zur Förderung des Gesellschaftszwecks überläßt, können Einlagen oder sonstige gesellschaftsrechtliche Beiträge[22] sein. Als gesellschaftsrechtlicher Beitrag ist im Anschluß an *Karsten Schmidt*[23] jede vermögenswerte Leistung des Gesellschafters zur Förderung des Gesellschaftszwecks zu verstehen, soweit sie im Gesellschaftsvertrag festgelegt ist. Dagegen kommen als Einlagen nur solche Beiträge in Betracht, die das haftende Gesellschaftsvermögen mehren[24]. Ob das Darlehen als Einlage oder als sonstiger gesellschaftsrechtlicher Beitrag geschuldet ist, muß durch Auslegung des Gesellschaftsvertrags ermittelt werden[25].

Ist ein Kommanditistendarlehen nach den Abreden im Gesellschaftsvertrag als sonstiger gesellschaftsrechtlicher Beitrag zu beurteilen, so kann es nicht mehr wie ein echtes Fremddarlehen unabhängig von der Mitgliedschaft in der Gesellschaft gekündigt werden[26]. Gleichwohl bleibt das

---

21 St. Rspr., vgl. z.B. BFH-Urteile vom 8. Januar 1975 I R 142/72, BFHE 115, 37, BStBl. II 1975, 437, vom 18. Juli 1979 I R 38/76, BFHE 128, 380, BStBl. II 1979, 673 und vom 8. Dezember 1982 I R 9/79, BFHE 138, 184, BStBl. II 1983, 570; *Georg Döllerer*, DStZ 1980, 259; *ders.*, DStZ 1992, 646.

22 Zur Abgrenzung von Beiträgen i.S. des § 15 Abs. 1 Nr. 2 EStG vgl. BFH Urteil vom 8. Dezember 1982 I R 9/79, BFHE 138, 184, BStBl. II 1983, 570; *Georg Döllerer*, FS 75 Jahre Reichsfinanzhof – Bundesfinanzhof, 1993, 497, 503.

23 Gesellschaftsrecht, 2. Aufl., 1991, § 20 II 2; ebenso: *Ulrich Huber*, Vermögensanteil, Kapitalanteil und Gesellschaftsanteil an Personengesellschaften des Handelsrechts, 1970, 191 ff.; *Susanne Sieker*, Eigenkapital und Fremdkapital der Personengesellschaft, 1991, 7 ff.

24 *Brigitte Keuk*, ZHR 135, 410; *Karsten Schmidt*, a.a.O. (Fn. 23).

25 BGH-Urteil vom 28. November 1977 II ZR 235/75, BGHZ 70, 61; *Susanne Sieker*, a.a.O. (Fn. 23), 20.

26 BGHZ 70, 61.

Darlehen, wenn nicht die besonderen Voraussetzungen einer Einlage erfüllt sind, (zweckgebundenes) Fremdkapital[27], das in der Bilanz der KG als Verbindlichkeit und in der Sonderbilanz des Gesellschafters als Forderung auszuweisen ist.

4. Darlehen als gesellschaftsrechtliche Einlage

Anders verhält es sich, wenn das Darlehen als gesellschaftsrechtliche Einlage geleistet wird. Bei der sog. „gesplitteten Einlage", die teils als feste Kommanditeinlage, teils als Darlehen oder stille Beteiligung zu erbringen ist, sieht der BGH auch den Darlehensteil (oder die stille Beteiligung) als haftungsbefreiende Einlageleistung i.S. des § 171 HGB an, wenn sich aus dem Inhalt und Zweck des Gesellschaftsvertrages ergibt, daß die als „Darlehen" zur Verfügung gestellten Mittel dem vollen Eigenkapitalrisiko unterworfen sein sollen[28]. Indizien für den Einlagecharakter eines Darlehens oder einer stillen Einlage sind es, wenn die Gesellschaft auf die Darlehen für ihren Geschäftsbetrieb angewiesen ist, alle Gesellschafter in gleichem Umfang zur Darlehensgewährung verpflichtet sind, die Darlehensmittel der Gesellschaft für die Dauer der Mitgliedschaft zu belassen sind und eine Rückforderung grundsätzlich nur als Abfindungs- oder Liquidationsguthaben zulässig ist[29].

Auch der BFH behandelt im Fall der gesplitteten Einlage das gesellschaftsrechtlich geschuldete Darlehen als Eigenkapital[30]. Da ein in das haftende Eigenkapital der Gesellschaft geleistetes Darlehen – ebenso wie eine sonstige Einlage – nur als Abfindungs- oder Liquidationsguthaben zurückgefordert werden kann[31], ist es in der Handels- und Steuerbilanz der Gesellschaft nicht als Verbindlichkeit zu passivieren, sondern als Eigenkapital auszuweisen[32]. Die Hingabe des „Darlehens" erhöht das Kapitalkonto des Kommanditisten i.S. von § 15a EStG[33].

27 *Karsten Schmidt,* FS Goerdeler, 1987, 487, 496.

28 BGH-Urteile vom 17. Mai 1982 II ZR 16/81, NJW 1982, 2253 mit zustimmender Anmerkung von *Karsten Schmidt;* vom 21. März 1988 II ZR 238/87, BGHZ 104, 33; zustimmend auch: *Wilfried Bachem,* Probleme der Bilanzierung und Besteuerung eigenkapitalersetzender Maßnahmen, 1993, 32; *Hartwin v. Gerkan,* GmbHR 1990, 384; *Thomas Mundry,* Darlehen und stille Einlagen im Recht der Kommanditgesellschaft, 1992, 128; *Hans-Joachim Priester,* DB 1991, 1917, 1921; *Karsten Schmidt,* FS Goerdeler, 1987, 487, 596; *ders.* in Schlegelberger (Fn. 10), §§ 171, 172, Rn. 49; *Susanne Sieker,* a.a.O. (Fn. 23), 36 ff., 48.

29 BGHZ 104, 33, 41.

30 BFH-Urteile vom 22. August 1990 I R 119/86, BFHE 162, 464, BStBl. II 1991, 415 und vom 17. Oktober 1990 I R 59/88, BFH/NV 1991, 476.

31 BGHZ 104, 33, 41.

32 *Wilfried Bachem,* a.a.O. (Fn. 28), 34; *Franz Josef Haas,* DStZ 1992, 655, 660; *Karsten Schmidt,* FS Goerdeler, 498; *Hans-Joachim Priester,* DB 1991, 1917, 1923.

33 *Franz Josef Haas,* a.a.O. (Fn. 16); *Thomas Mundry,* DB 1993, 1741, 1744; *Joachim Schulze-Osterloh* in Herrmann/Heuer/Raupach, Kommentar zum Einkommensteuer- und Körperschaftsteuergesetz, 20. Aufl., § 15a Anm. 207.

5. Eigenkapitalersetzende Darlehen bei der GmbH & Co. KG[34]

a) Eigenkapitalersatz kraft Gesetzes[35]

aa) Zivilrechtliche Grundlagen

In der GmbH & Co. KG können Darlehen des Kommanditisten an die KG als kapitalersetzende Gesellschafterdarlehen der Regelung des § 172a HGB i.V.m. § 32a GmbHG unterliegen. Voraussetzung für die Anwendung dieser Vorschriften ist, daß der Kommanditist der Gesellschaft ein Darlehen gewährt „in einem Zeitpunkt, in dem ihr die Gesellschafter als ordentliche Kaufleute Eigenkapital zugeführt hätten" (§ 32a Abs. 1 GmbHG). Eigenkapitalersetzend in diesem Sinne ist ein Darlehen insbesondere, wenn die Gesellschaft von dritter Seite keinen Kredit mehr zu marktüblichen Bedingungen erhalten hätte[36]. Rechtshandlungen, die der Darlehensgewährung wirtschaftlich entsprechen, unterliegen denselben Rechtsfolgen (§ 32a Abs. 3 GmbHG). Die Hingabe eines kapitalersetzenden Darlehens hat zur Folge, daß der Gesellschafter den Anspruch auf Rückzahlung des Darlehens im Konkurs oder Vergleich der GmbH & Co. KG nicht geltend machen kann (§ 32a GmbHG) und daß die Rückzahlung des Darlehens ein Jahr lang der Konkursanfechtung unterliegt (§ 32a KO). Darlehen, die der Kommanditist seiner Gesellschaft in einer wirtschaftlichen Krise gewährt, werden als haftendes Kapital behandelt, weil sie dazu dienen, der Gesellschaft anstelle fehlenden Eigenkapitals die Mittel zu beschaffen, die sie benötigt, um lebensfähig zu bleiben.

Auch dann, wenn die tatbestandlichen Voraussetzungen des § 172a HGB nicht erfüllt sind, kann ein Darlehen des Kommanditisten an die GmbH & Co. KG eigenkapitalersetzenden Charakter haben[37]. Der BGH wendet die §§ 30, 31 GmbHG entsprechend an, wenn die Rückgewähr des Darlehens infolge der Komplementärhaftung der GmbH für die Schulden der KG (§ 128 HGB) auch zu Lasten des durch §§ 30, 31 GmbHG geschützten Stammkapitals der GmbH geht[38]. Der Kommanditist hat in diesem Fall der KG das während der Krise gewährte Darlehen solange zu belassen, bis die Überschuldung der KG auf andere Weise beseitigt ist. Eine gegen dieses Gebot verstoßende Rückzahlung des Darlehens wird in entsprechender Anwendung des § 30 GmbHG wie eine der Gesellschaft

34 Auf die KG mit einer natürlichen Person als Komplementär sind die Grundsätze des Eigenkapitalersatzes nach h.M. nicht anwendbar: vgl. *Dietrich Rümker*, ZGR 1988, 494, 508 ff.; a.A. *Karsten Schmidt*, GmbHR 1986, 337.

35 Vgl. hierzu die Literaturangaben bei *Schlegelberger* (Fn. 10) vor § 172a; *Peter Hommelhoff*, ZGR 1988, 460 ff.; *Dietrich Rümker*, ZGR 1988, 494 ff.

36 BGH-Urteil vom 24. März 1980 II ZR 213/77, BGHZ 76, 326; *Volker Röhricht*, StbJb. 1991/92, 313, 324.

37 Vgl. *Volker Röhricht*, StbJb. 1991/92, 313, 320; *Karsten Schmidt*, GmbHR 1986, 337; *ders.*, ZIP 1991, 1 ff.

38 St. Rspr. vgl. z.B. BGH-Urteile vom 27. September 1976 II ZR 162/75, BGHZ 67, 171, 175; vom 13. Juli 1981 II ZR 256/79, BGHZ 81, 252; vom 8. Juli 1985 II ZR 269/84, BGHZ 95, 188; vom 22. Oktober 1990 II ZR 238/89, ZIP 1990, 1593.

nach § 31 GmbHG zu erstattende Rückzahlung haftenden Stammkapitals behandelt. Das Verbot der Rückgewähr eigenkapitalersetzender Darlehen erstreckt sich auch auf einen Kommanditisten, der nicht zugleich Gesellschafter der Komplementär-GmbH ist[39].

bb) Bilanzierung

Obwohl kapitalersetzende Darlehen zivilrechtlich in bestimmter Hinsicht dem haftenden Eigenkapital gleichgestellt werden (funktionelles Eigenkapital), sind sie nach nahezu einhelliger Auffassung in der Handelsbilanz der GmbH & Co. KG weiterhin als Fremdkapital[40] zu bilanzieren. Dabei wird zu Recht hervorgehoben[41], daß die Regeln über den Eigenkapitalersatz die rechtliche Existenz des Rückzahlungsanspruchs nicht vernichten, sondern nur vorübergehend die Erfüllung dieses Anspruchs hindern, soweit und solange durch die Auszahlung das Stammkapital angegriffen würde. Da dem Rückzahlungsanspruch des Kommanditisten nur für die Dauer der Krise die Einrede aus § 172a HGB entgegengehalten werden kann, entspricht es dem Vorsichts- und dem Imparitätsprinzip, die Darlehensverbindlichkeit weiterhin in der Bilanz der KG auszuweisen. Wegen des in § 5 Abs. 1 EStG verankerten Maßgeblichkeitsgrundsatzes schlägt die Passivierungspflicht für das eigenkapitalersetzende Darlehen in der Handelsbilanz auch auf die Steuerbilanz durch[42].

cc) Aktivierung eines Sachhaftungsanspruchs?

Wassermeyer[43] ist der Ansicht, die GmbH & Co. KG müsse bei Eintritt der Krise einen „Sachhaftungsanspruch" gegen den Gesellschafter auf der Aktivseite der Bilanz ausweisen, dem eine Verpflichtung des Gesellschafters zur Duldung der Sachhaftung entspreche. Dieser Anspruch sei in der Handelsbilanz erfolgswirksam anzusetzen. Steuerrechtlich sei die Entste-

---

39 BGH-Urteil vom 19. Februar 1990 II ZR 268/88, BGHZ 110, 342.

40 BFH-Urteile vom 5. Februar 1992 I R 127/90, BFHE 166, 356, BStBl. II 1992, 532 und I R 79/89, BFH/NV 1992, 532; *Hermann Clemm/Rolf Nonnenbacher*, Beck'scher Bilanzkommentar, 2. Aufl., § 247 Rn. 300, § 266 Rn. 13; *Baumbach/Hueck/Schulze-Osterloh*, GmbHG, 15. Aufl., § 42 Rn. 226; *Wilfried Bachem*, a.a.O. (Fn. 28), 6 ff.; *Georg Döllerer* in FS Forster, 1992, 200; *Hans-Joachim Fleck*, FS Döllerer, 1988, 109; *ders.*, GmbHR 1989, 313; *Hartwin von Gerkan/Peter Hommelhoff*, Kapitalersatz im Gesellschafts- und Insolvenzrecht, 2. Aufl., 1988, 176 ff.; *Manfred Groh*, BB 1993, 1882, 1888; *Franz Josef Haas*, DStZ 1992, 655, 660; *Alexander Hemmelrath*, DStR 1991, 626; *Balduin Kamprad*, GmbHR 1985, 352; *Dieter Mayer*, BB 1990, 1943; *Hans-Joachim Priester*, DB 1991, 1917, 1923; *Jochen Thiel*, GmbHR 1992, 20; *Franz Wassermeyer*, ZGR 1992, 639.

41 Vgl. z.B. *Georg Döllerer* in FS Forster, 200, 202; *Balduin Kamprad*, GmbHR 1985, 352.

42 BFHE 166, 356, BStBl. II 1992, 532.

43 ZGR 1992, 639, 654 ff.; StbJb. 1991/92, 345, 358 ff.; zustimmend: *Ludwig Schmidt*, EStG, § 15a, Anm. 25c.

hung des Sachhaftungsanspruchs erfolgsneutral, weil sie als Einlage des Gesellschafters i.S. von § 4 Abs. 1 Satz 5 EStG zu beurteilen sei.

Gegen diese Auffassung ist zu Recht eingewandt worden, daß die Entstehung des Sachhaftungsanspruchs keine Leistung des Gesellschafters ist, die als gesellschaftsrechtliche Sacheinlage in Betracht kommt[44]. Als Sacheinlage sind nur Wirtschaftsgüter mit einem faßbaren wirtschaftlichen Wert geeignet, durch die das Vermögen der Gesellschaft endgültig vermehrt wird[45]. Durch die bloße Verpflichtung des Gesellschafters, während der Krise die Verwertung der Darlehensvaluta für die Erfüllung von Verbindlichkeiten der KG zu dulden, wird der Gesellschaft jedoch kein zusätzliches Vermögen zugeführt. Die Aktivierung eines Sachhaftungsanspruchs würde deshalb im Ergebnis eine unzulässige Korrektur des Wertansatzes der Darlehensverbindlichkeit in der Bilanz der KG bewirken[46].

b) Eigenkapitalersatz aufgrund einzelvertraglicher Regelung

Auch außerhalb einer finanziellen Krise der GmbH & Co. KG gewährte Darlehen, die nicht schon aufgrund der entsprechenden Anwendung der §§ 30, 31, 32a, b GmbHG eigenkapitalersetzend wirken, können im Konkurs oder bei Überschuldung dem haftenden Eigenkapital gleichgestellt sein, wenn sie von vornherein auch für den Fall einer späteren Krise der KG gewährt worden, also auf „Krisenfinanzierung angelegt" sind[47].

Eine weitere Erscheinungsform des kapitalersetzenden Darlehens aufgrund einzelvertraglicher Regelung ist die Rangrücktrittsvereinbarung. Durch den Rangrücktritt werden die gewährten Fremdmittel vertraglich dem haftenden Kapital gleichgestellt, ohne daß der Gesellschafter auf seine Forderung verzichtet. Ihre Rückzahlung ist untersagt, soweit und solange die Darlehensvaluta verlorenes Stammkapital oder eine darüberhinausgehende Überschuldung abdeckt[48].

Bilanzrechtlich bleiben das auf Krisenfinanzierung angelegte und das mit einer Rangrücktrittsklausel versehene Darlehen Fremdkapital[49]. Die Ausführungen unter a) bb) gelten insoweit entsprechend.

---

44 *Jochen Thiel,* StbJb. 1991/92, 363, 372, 377; *Volker Röhricht,* ebenda, S. 378; *Wienand Meilicke,* ebenda, S. 378; *Manfred Groh,* BB 1993, 1882, 1888.

45 *Karsten Schmidt,* ZHR 154, 237, 254; *Hans-Joachim Priester,* DB 1993, 1173, 1176.

46 *Wilfried Bachem,* a.a.O. (Fn. 28), 10; *Jochen Thiel,* StbJb. 1991/92, 377.

47 Vgl. BGH-Urteil vom 9. Oktober 1986 II ZR 58/86, NJW 1987, 1080; *Hartwin v. Gerkan/Peter Hommelhoff,* a.a.O. (Fn. 40), S. 144 ff.

48 BGH-Urteile vom 8. März 1982 II ZR 86/81, NJW 1983, 120 und vom 9. Oktober 1986 II ZR 58/86, NJW 1987, 1080; *Karsten Schmidt* in FS Goerdeler, 488, 499 ff.; *Hans-Joachim Priester,* DB 1991, 1917, 1920; *Peter Hommelhoff/Detlef Kleindiek,* FS 100 Jahre GmbHG, 1992, 421, 443.

49 BFH-Urteil vom 30. März 1993 IV R 57/91, BFHE 170, 449; *Wilfried Bachem,* a.a.O. (Fn. 28), 35 f.; *Georg Döllerer,* FS Forster, 1992, 201, 204; *Hans-Joachim Fleck,* FS Döllerer, 109, 118 ff.; *Manfred Groh,* BB 1993, 1882; *Brigitte Knobbe-Keuk,* StuW 1991, 306, 308; *Walter Mathiak,* DStR 1990, 255, 261; *Hans-*

c) Folgerungen für das Kapitalkonto i.S. von § 15a EStG

Maßgeblich für das Kapitalkonto i.S. des § 15a EStG ist die Steuerbilanz der Gesellschaft. In der Steuerbilanz sind kapitalersetzende Darlehen – gleichgültig, ob sie auf einzelvertraglichen Vereinbarungen oder den §§ 30, 31 GmbHG, § 172a HGB beruhen – als Verbindlichkeiten zu passivieren. Durch die Hingabe eines Darlehens nach Eintritt der Krise oder durch die Vereinbarung eines Rangrücktritts wird das Vermögen der Gesellschaft (bilanzrechtlich gesehen) nicht vermehrt. Das Kapitalkonto i.S. des § 15a EStG wird deshalb durch die Hingabe eines eigenkapitalersetzenden Darlehens nicht beeinflußt[50].

e) Einbeziehung kapitalersetzender Darlehen in das Kapitalkonto i.S. des § 15a EStG im Wege der Lückenausfüllung?

In der Literatur[51] wird zum Teil die Ansicht vertreten, für die Fälle eigenkapitalersetzender Darlehen müsse eine Ausnahme von dem Grundsatz zugelassen werden, daß sich das Kapitalkonto des Kommanditisten i.S. von § 15a EStG allein nach der Steuerbilanz der Gesellschaft bestimmt. Zur Begründung wird auf den Zweck der Vorschrift hingewiesen, der darauf gerichtet sei, den Verlustausgleich des Kommanditisten seiner gesellschaftsrechtlichen Haftung anzugleichen. Dieser Gesetzeszweck gebiete es, kapitalersetzende Gesellschafterdarlehen in das Kapitalkonto i.S. von § 15a EStG einzubeziehen, da diese zwar nicht bilanz-, aber doch haftungsrechtlich dem Eigenkapital gleichgestellt seien. M.E. ist dieses Ergebnis im Wege der teleologischen Auslegung des Begriffs „negatives Kapitalkonto" nicht zu erreichen. „Kapitalkonto" ist ein bilanzrechtlicher Begriff; er gibt den Wertanteil des Gesellschafters an dem aus der *Bilanz* der Personengesellschaft ersichtlichen Eigenkapital der Gesellschaft wieder. Die Einbeziehung kapitalersetzender Darlehen, die in der Handels- und Steuerbilanz der KG als Verbindlichkeiten zu passivieren sind, in das Kapitalkonto i.S. des § 15a EStG ist durch den „möglichen Wortsinn"[52] dieses Begriffs nicht mehr gedeckt.

Eine Einbeziehung kapitalersetzender Darlehen in das Verlustausgleichsvolumen des § 15a EStG ist m.E. allenfalls im Wege der Lückenausfül-

---

Joachim Priester, DB 1991, 1917, 1923; *Karsten Schmidt,* FS Goerdeler, 488, 501 f.

50 Ebenso: *Franz Josef Haas,* DStZ 1992, 655, 660; *Thomas Mundry,* DB 1993, 1745; *Ludwig Schmidt,* EStG, § 15a Anm. 25c; *Klaus Schützeberg,* Wpg 1993, 649, 652.

51 *Horst Bitz* in Littmann/Bitz/Hellwig, Das Einkommensteuerrecht, § 15a Rn. 2; *Brigitte Knobbe-Keuk,* Bilanz- und Unternehmenssteuerrecht, 8. Aufl., § 11a III 3. a.E.; *Wolfgang Jakob,* BB 1988, 1429, 1433 ff.; *Wienand Meilicke,* DB 1992, 1802; *Ludwig Schmidt,* a.a.O. (Fn. 16), § 15a Anm. 25c; *ders.,* DStZ 1992, 702.

52 Vgl. zu dieser Grenze der Auslegung: *Lothar Woerner* in Klaus Tipke (Hrsg.), Grenzen der Rechtsfortbildung im Steuerrecht, 1982, 22, 30 f.

lung denkbar. Eine Extension des Begriffs „Kapitalkonto" in § 15a EStG im Wege der Analogie setzt voraus, daß sich die Vorschrift gemessen an ihrem Zweck als „planwidrig unvollständig und deshalb ergänzungsbedürftig" erweist[53].

Der Nachweis einer planwidrigen Unvollständigkeit des § 15a Abs. 1 und 3 EStG in bezug auf die Bestimmung des Verlustausgleichsvolumens dürfte jedoch kaum zu führen sein. Der Regelung des § 15a EStG liegt zwar erkennbar der „Plan" des Gesetzgebers zugrunde, das Verlustausgleichsvolumen des Kommanditisten auf den Betrag seiner geleisteten Pflichteinlage oder – bei Vereinbarung einer höheren Haftsumme – auf deren Betrag zu begrenzen. Diesen Plan hat der Gesetzgeber jedoch nur unvollkommen verwirklicht[54]. Wie sich aus dem objektivierten Willen des Gesetzgebers schließen läßt, sollen nicht alle im Handelsrecht vorgesehenen Fälle der erweiterten Haftung des Kommanditisten zugleich eine Erweiterung seines Verlustausgleichsvolumens bewirken[55]. Vielmehr ergibt sich aus dem klaren Wortlaut des § 15a Abs. 1 Satz 2 EStG, daß nur im Fall der erweiterten Außenhaftung nach § 171 Abs. 1 HGB (ggf. i.V.m. § 172 Abs. 4 HGB) das Verlustausgleichsvolumen des § 15a EStG entsprechend ausgedehnt werden soll. Daß es sich bei dieser Begrenzung nicht um ein Versehen des Gesetzgebers, sondern um eine bewußte Entscheidung gehandelt hat, ergibt sich zweifelsfrei aus der amtlichen Begründung des Gesetzes[56]. Unter diesen Umständen kann die Beschränkung des Verlustausgleichsvolumens in § 15a EStG nicht als „planwidrig unvollständig" angesehen werden. Ob das Gesetz insoweit mit der Verfassung, insbesondere mit dem Gleichheitssatz (Art. 3 Abs. 1 GG) in Einklang steht, ist eine andere Frage, die im Rahmen dieses Beitrags nicht untersucht werden kann[57].

III. Entnahmen

1. Verhältnis zum Entnahmebegriff in § 4 Abs. 1 EStG

Der Begriff der Entnahme in § 15a Abs. 3 EStG knüpft an den allgemeinen Begriff der Entnahme in § 4 Abs. 1 S. 2 EStG an[58]. Als Entnahmen kommen deshalb grundsätzlich alle Wirtschaftsgüter (Vermögensgegenstän-

53 *Lothar Woerner,* a.a.O. (Fn. 52), 42 f.

54 Vgl. hierzu insbesondere *Wolfgang Jakob,* BB 1988, 1429.

55 Vgl. für den Fall der erweiterten Außenhaftung nach § 172 Abs. 2 HGB: BFH-Beschluß vom 28. Mai 1993 VIII B 11/92, BStBl. II 1993, 665.

56 Vgl. BT-Drucks. 8/3648, 17; BT-Drucks. 8/4157, 2.

57 Vgl. dazu *Feddersen/Hans-Jochem v. Beckerath* in Kirchhof/Söhn, Kommentar zum Einkommensteuergesetz, § 15a Rn. A 274 ff. und C 80 ff.; *Wolfgang Jakob,* BB 1988, 887 ff.; *ders.,* BB 1988, 1429, 1435; *Susanne Sieker,* FR 1988, 453.

58 *Hans-Jochem v. Beckerath* in Kirchhof/Söhn, § 15a Anm. D 41; *Ludwig Schmidt,* a.a.O. (Fn. 16), § 15a Anm. 52.

de)[59] in Betracht, die der Steuerpflichtige (offen oder verdeckt) dem Betrieb für betriebsfremde Zwecke entnommen hat. Um eine *verdeckte* Entnahme handelt es sich, wenn ein Wirtschaftsgut aus dem Gesamthandsvermögen einer Personengesellschaft gegen ein unangemessen niedriges Entgelt in das Privatvermögen eines Gesellschafters übertragen wird, ohne daß für die verbilligte Übertragung eine betriebliche Veranlassung besteht[60].

Einschränkungen und Erweiterungen gegenüber dem allgemeinen Begriff der Entnahme in § 4 Abs. 1 S. 2 EStG ergeben sich für den Anwendungsbereich des § 15a Abs. 3 EStG aus der Verknüpfung der Tatbestandsmerkmale „Entnahme" und „Kapitalkonto". Eine Gewinnzurechnung nach § 15a Abs. 3 EStG können nur solche Entnahmen auslösen, durch die ein negatives Kapitalkonto des Kommanditisten entsteht oder sich erhöht. Maßgebliches Kapitalkonto i.S. dieser Vorschrift ist das Kapitalkonto in der Steuerbilanz der Gesellschaft (s. oben II 1.). Entnahmen bewirken deshalb nur dann eine „Einlageminderung" i.S. des § 15a Abs. 3 EStG, wenn sie sich auf das in der Steuerbilanz (und ggf. einer Ergänzungsbilanz) ausgewiesene Gesellschaftsvermögen auswirken[61], d.h. wenn sie die Aktivseite der Steuerbilanz vermindern oder die Passivseite (Verbindlichkeiten) erhöhen.

Entnahmen aus dem Sonderbetriebsvermögen sind aus dem Anwendungsbereich des § 15a Abs. 3 EStG von vornherein ausgeschlossen, da sie das Kapitalkonto i.S. des § 15a Abs. 3 EStG nicht beeinflussen können.

2. Verhältnis zur Einlagerückgewähr i.S. des § 172 Abs. 4 HGB

Die Hinzurechnung eines fiktiven Gewinns ist im Fall der Einlageminderung nach § 15a Abs. 3 Satz 1 EStG von der weiteren Voraussetzung abhängig, daß die Entnahme nicht eine erweiterte Außenhaftung nach § 15a Abs. 1 S. 2 EStG i.V.m. § 171 Abs. 1, § 172 Abs. 4 HGB entstehen läßt. Die auf den Betrag der geleisteten Einlage („Hafteinlage") beschränkte Außenhaftung des Kommanditisten lebt nach § 172 Abs. 4 HGB wieder auf, soweit

- ihm die Einlage zurückgezahlt wird (Satz 1) oder
- er Gewinnanteile entnimmt, während seine geleistete Einlage durch Verluste unter den Betrag der Haftsumme herabgemindert ist oder
- seine Einlage durch Gewinnentnahmen (Satz 2) unter den Betrag der Haftsumme herabgemindert wird.

---

59 Nutzungen und Leistungen, die nicht in einem Wirtschaftsgut verkörpert sind, können nicht Gegenstand einer gewinnrealisierenden Entnahme i.S. von § 4 Abs. 1 EStG sein; vgl. BFH-Beschluß vom 26. Oktober 1987 GrS 2/86, BFHE 151, 523, BStBl. II 1988, 348.

60 Vgl. BFH-Urteil vom 6. August 1985 VIII R 280/81, BFHE 144, 386, 390, BStBl. II 1986, 17 m.w.N.; *Peter Hellwig,* FS Döllerer, 205, 207.

61 *Ludwig Schmidt,* a.a.O. (Fn. 16) § 15a Anm. 52; *Johannes Kolbeck,* DB 1992, 2056, 2060.

Die Begriffe „Einlageminderung" in § 15a Abs. 3 EStG und „Rückzahlung der Einlage" oder „Entnahme" in § 172 Abs. 4 HGB bezeichnen trotz ihres engen Sachzusammenhangs unterschiedliche Vorgänge.

Nach h.M. im Handelsrecht ist als „Rückzahlung der Einlage" jede Zuwendung an den Kommanditisten zu beurteilen, durch die dem Gesellschaftsvermögen Vermögenswerte ohne angemessene Gegenleistung entzogen werden[62]. Der handelsrechtliche Begriff der Einlagerückgewähr ähnelt insoweit dem steuerrechtlichen Begriff der verdeckten Gewinnausschüttung[63]. Gemeinsamkeiten bestehen auch mit dem Begriff der verdeckten Entnahme (s. oben unter 1.).

Während aber als möglicher Gegenstand einer „Zuwendung" nach § 172 Abs. 4 HGB *jede vermögenswerte Leistung* aus dem Gesellschaftsvermögen in Betracht kommt, können Objekte einer Entnahme i.S. der § 4 Abs. 1, § 15a Abs. 3 EStG nur *Wirtschaftsgüter* sein[64]. Unterschiede bestehen zwischen „Einlageminderung" und „Rückzahlung der Einlage" auch hinsichtlich ihrer Verbindung zur Handels- bzw. Steuerbilanz der Gesellschaft.

Nach h.M. im Handelsrecht ist die Handelsbilanz (Gesellschaftsvermögen zu fortgeführten Buchwerten) für die Anwendung des § 172 Abs. 4 HGB nur insoweit maßgebend, als es um die Feststellung geht, ob der Kapitalanteil des Kommanditisten durch die Auszahlung (oder schon ohne diese infolge von Verlusten) unter den Betrag der geleisteten Haftsumme herabgemindert ist[65]. Steht fest, daß diese Grenze bei der oder durch die Auszahlung unterschritten ist, dann ist nach herrschender Auffassung im Zivilrecht[66] bei der weiteren Prüfung, ob und in welchem Umfang durch die Zuwendung an den Kommanditisten die Haftung nach § 172 Abs. 4 HGB wieder auflebt, die handelsbilanzielle Betrachtungsweise zu verlassen. Es soll dann nur noch darauf ankommen, inwieweit das Gesellschaftsvermögen in seinem *wirklichen Wert* (Verkehrswert) durch die Zuwendung gemindert worden ist. Diese weite Auslegung des Begriffs „Rückzahlung" in § 172 Abs. 4 HGB wird mit dem Zweck der Vorschrift gerechtfertigt, im Interesse des Gläubigerschutzes das Gesellschaftsver-

62 BGH-Urteil vom 9. Mai 1963 II ZR 124/61, BGHZ 39, 319; BAG Urteil vom 28. September 1982, 3 AZR 304/80, NJW 1983, 1869; Hanseatisches OLG Urteil vom 15. November 1990, 15 U 11/88, DStR 1991, 1196; *Karsten Schmidt* in Schlegelberger (Fn. 10), §§ 171, 172 Rn. 66.

63 Vgl. *Georg Döllerer,* Verdeckte Gewinnausschüttungen und verdeckte Einlagen bei Kapitalgesellschaften, 2. Aufl., 1990, 23 ff.

64 *Peter Hellwig* in FS Döllerer, 205, 208 m.w.N.

65 BGH-Urteil vom 11. Dezember 1989 II ZR 78/89, BGHZ 109, 334; ebenso zu § 30 GmbHG: *Walter Stimpel* in FS 100 Jahre GmbHG, 1992, 335 m.w.N.

66 Vgl. z.B. *Wolfgang Schilling* in Großkommentar zum HGB, 4. Aufl., § 172 Rz. 9 ff.; *Karsten Schmidt* in Schlegelberger, a.a.O. (Fn. 10), §§ 171, 172, Rn. 63, 66 ff.; BAG in NJW 1983, 1869 (Fn. 62); ebenso zu § 30 GmbHG: *Walter Stimpel,* FS 100 Jahre GmbHG, 335, 338 ff.

mögen als Haftungsmasse vor dem Zugriff der Gesellschafter zu sichern[67].

Dieser handelsrechtliche Gesichtspunkt kann jedoch nicht maßgeblich sein für die steuerrechtliche Beurteilung, ob durch eine Entnahme ein negatives Kapitalkonto in der Steuerbilanz entsteht oder sich erhöht. Ob ein Vorgang als Einlageminderung i.S. von § 15a Abs. 3 S. 1 EStG zu beurteilen ist und in welchem Umfang es ggf. zur Hinzurechnung eines fiktiven Gewinns kommt, bestimmt sich ausschließlich nach seinen Auswirkungen in der Steuerbilanz.

Im Ergebnis bleibt festzuhalten, daß nicht jede Entnahme, die eine Einlageminderung i.S. des § 15a Abs. 3 EStG bewirkt, zugleich als Entnahme oder Einlagerückgewähr im Sinne des Handelsrechts zu beurteilen ist. Andererseits sind handelsrechtliche Entnahmen denkbar, die zu einer Haftungserweiterung nach § 172 Abs. 4 HGB führen, aber keine „Einlageminderung" i.S. von § 15a Abs. 3 EStG bewirken.

3. Fälle der Einlageminderung durch Entnahmen

a) Herabsetzung der Pflichteinlage

Zu einer Einlageminderung kommt es, wenn die Pflichteinlage durch Beschluß der Gesellschafter herabgesetzt wird und durch die Rückzahlung des Minderungsbetrags an die Gesellschafter ein negatives Kapitalkonto entsteht oder sich erhöht[68]. Durch die Rückzahlung der Einlage lebt die Haftung des Kommanditisten nach § 172 Abs. 4 S. 1 HGB wieder auf, so daß die Hinzurechnung eines fiktiven Gewinns nach § 15a Abs. 3 EStG unterbleibt.

b) Auszahlung des Gewinnanteils

Nach § 169 Abs. 1 HGB kann der Kommanditist die Auszahlung seines Anteils am Gewinn nicht fordern, solange sein Kapitalanteil durch Verlust unter den auf die Pflichteinlage geleisteten Betrag herabgemindert ist oder durch die Auszahlung unter diesen Betrag herabgemindert würde. Die Gesellschafter können den Auszahlungsanspruch des Kommanditisten im Gesellschaftsvertrag abweichend regeln.

Führt eine (zulässige) Auszahlung des Gewinnanteils dazu, daß ein negatives Kapitalkonto entsteht oder sich erhöht, kommt es trotz der Einlageminderung nicht zum Ansatz eines fiktiven Gewinns nach § 15a Abs. 3 EStG, weil durch die Entnahme eine Haftung des Kommanditisten nach § 15a Abs. 1 EStG i.V.m. § 171 Abs. 1, § 172 Abs. 4 S. 2 HGB entsteht.

---

67 *Karsten Schmidt*, ZGR 1976, 332 ff.
68 *Hans-Jochem v. Beckerath*, a.a.O. (Fn. 57), Anm. D 41.

c) Unentgeltliche Übertragung von Wirtschaftsgütern des Gesellschaftsvermögens in ein anderes (Sonder-)Betriebsvermögen

Werden Wirtschaftsgüter des Gesellschaftsvermögens unentgeltlich in das Sonderbetriebsvermögen des Kommanditisten oder in das Betriebsvermögen einer inländischen Schwestergesellschaft übertragen, ist nach der Rspr. des BFH keine gewinnrealisierende Entnahme i.S. des § 4 Abs. 1 S. 2 EStG anzunehmen, weil etwaige stille Reserven weiterhin steuerverhaftet bleiben[69]. Gleichwohl ist in diesem Vorgang eine Entnahme i.S. des § 15a Abs. 3 EStG zu sehen, weil dadurch das Eigenkapital der KG vermindert wird[70].

Handelsrechtlich wird durch diesen Vorgang ebenfalls das Gesellschaftsvermögen vermindert. Es kann deshalb zu einer Außenhaftung nach § 172 Abs. 4 HGB kommen.

d) Dauerhafte unentgeltliche private Nutzung eines Wirtschaftsguts des Gesellschaftsvermögens

Ein Wirtschaftsgut des Gesellschaftsvermögens, das mit Zustimmung der Gesellschafter *dauerhaft* der unentgeltlichen privaten Nutzung eines oder mehrerer Gesellschafter dienen soll, scheidet durch Entnahme aus dem steuerlichen Betriebsvermögen der Gesellschaft aus[71]. Das gilt nicht im Fall der unzulässigen Entnahme (s. dazu unten 4. g).

Handelsrechtlich bleibt das Wirtschaftsgut im Gesellschaftsvermögen. Eine Kapitalrückzahlung i.S von § 172 Abs. 4 HGB ist gleichwohl anzunehmen, weil dem Gesellschaftsvermögen der reale Nutzungswert dieses Wirtschaftsguts entzogen wird[72].

Anders kann es sein, wenn das Wirtschaftsgut für die Gesellschaft keinen Nutzungswert (mehr) hat, weil die Gesellschaft den Vermögensgegenstand aus betrieblichen Gründen nicht nutzen kann und auch kein dritter Interessent für eine entgeltliche Nutzungsüberlassung vorhanden ist[73].

e) Überhöhte Sondervergütungen

Tätigkeitsvergütungen an den Kommanditisten mindern das Eigenkapital der Gesellschaft und damit auch das Kapitalkonto in der Steuerbilanz. Ist die vereinbarte Gegenleistung für die Tätigkeit des Gesellschafters im

---

69 BFH-Urteile vom 17. August 1972 IV R 26/69, BFHE 107, 27, BStBl. II 1972, 903; vom 19. Februar 1991 VIII R 65/89, BFHE 164, 315; *Wolfgang Heinicke* in Schmidt (Fn. 16), § 5 Anm. 63.

70 *Hans-Jochem v. Beckerath,* a.a.O. (Fn. 57), Anm. D 41; *Eckart Koch,* DStR 1984, 543, 546; *Ludwig Schmidt,* a.a.O. (Fn. 16), § 15a Anm. 52.

71 BFH-Urteil vom 30. Juni 1987 VIII R 353/82, BFHE 151, 360, BStBl. II 1988, 418; *Peter Hellwig* in FS Döllerer, 205, 211.

72 *Walter Stimpel,* FS 100 Jahre GmbHG, 1992, 335, 358; *Georg Döllerer,* ZGR 1989, 500, 518.

73 *Walter Stimpel,* a.a.O. (Fn. 72).

Dienst der KG unangemessen hoch, ist in Höhe des die angemessene Gegenleistung übersteigenden Betrags eine (verdeckte) Entnahme i.S. von § 15a Abs. 3 EStG anzunehmen, wenn die Zahlung der überhöhten Vergütung ihre Ursache nicht in betrieblichen Erwägungen, sondern im Gesellschaftsverhältnis hatte.

Handelsrechtlich führt die Zahlung der überhöhten Vergütung zu einer Rückgewähr der Einlage i.S. von § 172 Abs. 4 HGB[74].

4. Vorgänge ohne Einlageminderung

a) Angemessene Vergütungen i.S. von § 15 Abs. 1 Nr. 2

Angemessene Vergütungen, die dem Kommanditisten für seine Tätigkeit im Dienst der Gesellschaft bezahlt werden, mindern das Eigenkapital der Gesellschaft und damit auch das Kapitalkonto des Kommanditisten in der Steuerbilanz erster Stufe. Angemessene Tätigkeitsvergütungen sind jedoch keine Entnahmen, sondern betrieblich veranlaßter Aufwand der Gesellschaft[75]. Auch handelsrechtlich werden sie nicht als Gewinnentnahmen i.S. von § 172 Abs. 4 HGB behandelt[76].

b) Rückzahlung eines Gesellschafterdarlehens

Die Rückzahlung eines Gesellschafterdarlehens wird in der Gesamtbilanz der Mitunternehmerschaft als Entnahme behandelt[77]. Auf die Steuerbilanz der KG und das Kapitalkonto i.S. von § 15a EStG wirkt sich die Rückzahlung des Darlehens nicht aus, weil der Minderung der aktiven Vermögenswerte eine gleich hohe Verminderung der Passiva (Wegfall einer Verbindlichkeit) gegenübersteht. Da das Gesellschaftsvermögen nicht gemindert ist, führt die Rückzahlung auch nicht zu einer Haftungserweiterung nach § 172 Abs. 4 HGB.

c) Unentgeltliche Übertragung nicht aktivierbarer Wirtschaftsgüter

Gegenstand einer gewinnrealisierenden Entnahme können auch immaterielle Wirtschaftsgüter sein, die in der Handelsbilanz und in der Steuerbilanz nicht aktiviert werden dürfen, wie z.B. selbst geschaffene Patente oder unentgeltlich erworbene Nutzungsrechte[78]. Gleichwohl kann die Entnahme eines nicht bilanzierten Wirtschaftsguts keine Einlageminderung nach § 15a Abs. 3 EStG bewirken, weil das in der Steuerbilanz

---

74 BAG NJW 1983, 1869; *Wolfgang Schilling,* a.a.O. (Fn. 66), Rn. 11; *Karsten Schmidt* in Schlegelberger (Fn. 10), §§ 171, 172, Rn. 68 m.w.N.

75 *Ludwig Schmidt,* a.a.O. (Fn. 16), § 15 Anm. 68 und § 15a Anm. 52.

76 Vgl. BAG NJW 1983, 1869; *Karsten Schmidt* in Schlegelberger (Fn. 10), §§ 171, 172 Rn. 68 m.w.N.

77 BFH-Urteil vom 18. Dezember 1991 XI R 42, 43/88, BFHE 167, 347, BStBl. II 1992, 585.

78 *Wolfgang Heinicke* in Schmidt (Fn. 16), § 4 Anm. 51.

ausgewiesene Gesellschaftsvermögen und damit das Kapitalkonto des Gesellschafters durch diesen Vorgang nicht beeinflußt wird.

Hingegen dürfte in diesem Vorgang eine Einlagerückgewähr i.S. von § 172 Abs. 4 HGB zu sehen sein, weil das Gesellschaftsvermögen durch die Zuwendung eines Vermögensvorteils an den Gesellschafter ohne entsprechende Gegenleistung vermindert worden ist.

d) Veräußerung von Wirtschaftsgütern zum Buchwert

Verkauft die Gesellschaft dem Kommanditisten ein Grundstück des Betriebsvermögens im Verkehrswert (Teilwert) von 500 zum Buchwert von 100, so ist dieser Vorgang einkommensteuerrechtlich als gewinnrealisierende verdeckte Entnahme des Grundstücks zu behandeln, wenn das Grundstück beim Gesellschafter ins Privatvermögen gelangt[79]. Diese Entnahme kann aber keine „Einlageminderung" i.S. von § 15a Abs. 3 EStG herbeiführen, weil durch die Veräußerung zum Buchwert das *bilanzierte* Gesellschaftsvermögen und damit das Kapitalkonto in der Steuerbilanz nicht beeinflußt wird.

Handelsrechtlich wird der Vorgang als Einlagerückgewähr i.S. von § 172 Abs. 4 HGB beurteilt, weil das Gesellschaftsvermögen zwar nicht nach seinem aus der Handelsbilanz ersichtlichen Wert, wohl aber in seinem realen Wert geschmälert wird[80].

e) Unverzinslich und niedrig verzinsliche Darlehen

Gibt die Gesellschaft dem Gesellschafter ein unverzinsliches Darlehen oder ein Darlehen zu einem unangemessen niedrigen Zinssatz, dann wird das bilanzierte Betriebsvermögen der Gesellschaft nicht um die Darlehensvaluta vermindert, weil dem Abfluß der liquiden Mittel eine Forderung in gleicher Höhe gegenübersteht. Einkommensteuerrechtlich handelt es sich bei diesem Vorgang nur um eine verdeckte Nutzungsentnahme, die mit den der Personengesellschaft entstehenden Aufwendungen für die Darlehenshingabe (z.B. Refinanzierungszinsen) zu bewerten ist[81]. Sind der Gesellschaft keine Aufwendungen entstanden, fehlt es an den Voraussetzungen einer Einlageminderung i.S. von § 15a Abs. 3 EStG. Anders als bei der verdeckten Gewinnausschüttung[82] ist es nicht möglich, den Nutzungswert des Kapitals in Höhe der angemessenen Darlehenszinsen als verdeckte Entnahme zu erfassen.

79 *Peter Hellwig,* FS Döllerer, 205.

80 *Walter Stimpel,* FS 100 Jahre GmbHG, 1992, 335, 341 f. zu § 30 GmbHG; *Alfred Kellermann,* JbFStR 1982/83, 258; *Ludwig Schmidt,* a.a.O., § 15a Anm. 41a m.w.N.; BGH-Urteil vom 21. September 1981 II ZR 104/80, BGHZ 81, 311 (zu § 30 GmbHG).

81 *Ludwig Schmidt,* a.a.O. (Fn. 16), § 15 Anm. 95 m.w.N.

82 Vgl. *Georg Döllerer,* a.a.O. (Fn. 63), 34.

Ausnahmsweise kann die Gewährung eines zinslosen Darlehens aber als Entnahme der Darlehensvaluta zu beurteilen sein, wenn schon die Darlehensgewährung selbst nicht betrieblich veranlaßt war, z.B. deshalb, weil der Kommanditist nicht kreditwürdig war und auch keine Sicherheiten gestellt hat. Die Darlehensforderung bleibt dann zwar Gesellschaftsvermögen, sie ist aber in der Steuerbilanz der Gesellschaft nicht mehr als Betriebsvermögen zu erfassen[83].

Handelsrechtlich wird die Gewährung eines zinslosen oder zinsverbilligten Darlehens an den Kommanditisten in Höhe der am Markt erzielbaren Zinsen als Rückzahlung der Einlage i.S. von § 172 Abs. 4 HGB beurteilt[84].

f) Unentgeltliche Leistungen der Gesellschaft an den Kommanditisten

Erbringt die Gesellschaft gegenüber dem Kommanditisten unentgeltliche Leistungen (z.B. Bau eines Einfamilienhauses) unter Einsatz betrieblicher Mittel und Arbeitskräfte, so wird das bilanzierte Betriebsvermögen nur um die der KG entstehenden Aufwendungen (anteilige AfA für die eingesetzten Maschinen, Arbeitslöhne, Materialkosten) gemindert. In Höhe dieser Aufwendungen ist eine verdeckte Entnahme gegeben, die das Kapitalkonto des Kommanditisten entsprechend mindert.

Handelsrechtlich wird der Vorgang als Einlagerückgewähr i.S. des § 172 Abs. 4 HGB beurteilt. Dabei ist streitig, ob eine Rückzahlung der Einlage nur in Höhe der Selbstkosten der Gesellschaft anzunehmen[85] oder ob (wie bei der verdeckten Gewinnausschüttung) ein angemessener Gewinnaufschlag zu berücksichtigen ist[86].

g) Unberechtigte Entnahmen

Entnimmt der Kommanditist dem Gesellschaftsvermögen unberechtigt Geld oder andere Wirtschaftsgüter, ist er zur Rückgewähr der entnommenen Gegenstände oder zu ihrem Ersatz verpflichtet[87]. Das bilanzierte Eigenkapital der KG wird nicht gemindert, da das unbefugt entnommene Wirtschaftsgut entweder Gesellschaftsvermögen bleibt oder – wenn seine Rückgabe nicht möglich ist – ein Bereicherungs- oder Schadensersatzanspruch zu aktivieren ist[88]. Der Vorgang führt deshalb im Regelfall nicht

83 BFH-Urteil vom 19. Juli 1984 IV R 207/83, BFHE 142, 42, BStBl. II 1985, 6.

84 *Karsten Schmidt* in Schlegelberger (Fn. 10), §§ 171, 172, Rn. 69; *Walter Stimpel,* FS 100 Jahre GmbHG, 335, 347 ff.

85 *Reinhard Goerdeler/Gerd Müller* in Hachenburg, GmbHG, 7. Aufl., § 30 Rn. 52.

86 So *Walter Stimpel,* FS 100 Jahre GmbHG, 343 ff.

87 *Baumbach/Duden/Hopt,* HGB, 28. Aufl., 1989, § 122 Anm. 1F; BFH Urteil vom 30. Juni 1987 VIII R 353/82, BFHE 151, 360; BStBl. II 1988, 418; *Brigitte Knobbe-Keuk,* a.a.O. (Fn. 51), § 10 I 3 a.E.; *Peter Hellwig,* FS Döllerer, 205, 211.

88 *Brigitte Knobbe-Keuk,* a.a.O. (Fn. 51), § 10 I 3; vgl. auch BGH-Urteil vom 7. November 1977 II ZR 43/76, NJW 1978, 425.

zu einer einlagemindernden Entnahme i.S. von § 15a Abs. 3 EStG[89]. Anders ist es, wenn die Gesellschaft zu erkennen gibt, daß sie auf eine Rückgabe oder auf Ersatz verzichtet.

War der Gesellschaft bis zum Zeitpunkt der Bilanzaufstellung die unbefugte Entnahme des Kommanditisten nicht bekannt und hat sie deshalb (bei Verlust des Eigentums an dem entnommenen Vermögensgegenstand) keinen Ersatzanspruch aktiviert, so war das Betriebsvermögen der Gesellschaft und damit auch das Kapitalkonto des Kommanditisten am Bilanzstichtag objektiv durch die unzulässige Entnahme gemindert. Wird die unbefugte Entnahme erst nach Aufstellung der Bilanz entdeckt, wird i.d.R. auch eine Bilanzberichtigung nicht in Betracht kommen, weil die Bilanz nicht unrichtig war[90]. Denn die Aktivierung eines Schadensersatzanspruchs setzt die hinreichende Konkretisierung dieses Anspruchs voraus[91].

Handelsrechtlich wird überwiegend die Auffassung vertreten, daß die unbefugte Entnahme als Rückzahlung der Einlage i.S. von § 172 Abs. 4 HGB zu behandeln ist, und zwar auch dann, wenn ein Rückforderungsanspruch besteht[92]. Diese Auffassung läßt sich damit begründen, daß das Gesellschaftsvermögen in seinem objektiven Wert gemindert ist, wenn ein Vermögensgegenstand aus dem unmittelbaren Besitz der Personengesellschaft ausgeschieden und an seine Stelle ein bloßer Rückforderungsanspruch getreten ist.

---

89 Einschränkend *Ludwig Schmidt*, a.a.O. (Fn. 16), § 15a Anm. 52: Einlageminderung, wenn die Gesellschaft den Rückforderungsanspruch nicht aktiviert.

90 Vgl. *Georg Döllerer*, BB 1986, 97.

91 BFH-Urteil vom 11. Oktober 1973 VIII R 1/69, BFHE 110, 532, BStBl. II 1974, 90; *Peter Hellwig*, FS Döllerer, 205, 213 f.

92 *Wolfgang Schilling*, a.a.O. (Fn. 66), Rn. 9; *Karsten Schmidt*, a.a.O. (Fn. 10), §§ 171, 172 Rn. 67.

Klaus Ebling

Gewinnrealisierung gemäß § 17 EStG beim Tausch von inländischen wesentlichen Beteiligungen, die im Privatvermögen gehalten werden

Inhaltsübersicht

I. Allgemeine Grundsätze zur Gewinnrealisierung durch Tausch

1. Der Tausch als Veräußerung im Sinne des § 17 EStG

Gemäß § 17 EStG ist der Gewinn aus der *Veräußerung* von Anteilen an Kapitalgesellschaften steuerbar. Das Gesetz bestimmt den Inhalt des Begriffs der Veräußerung nicht näher. Nach allgemeiner Meinung ist darunter jedes entgeltliche vermögensrechtliche Geschäft zu verstehen, aufgrund dessen das rechtlich und/oder das wirtschaftliche Eigentum an Anteilen an einer Kapitalgesellschaft auf einen anderen Rechtsträger, sei es eine natürliche oder eine juristische Person, gegen Entgelt übertragen wird[1]. Der typische Fall der Veräußerung ist zwar die Anteilsübertragung, der als schuldrechtliches Geschäft ein Kaufvertrag (§§ 433, 398, 413 BGB)

1 BFH-Urteile vom 7. Juli 1992 VIII R 54/88, BFHE 169, 49, 52, BStBl. II 1993, 331; vom 27. Juli 1988 I R 147/83, BFHE 155, 52, 54, BStBl. II 1989, 271; vom 16. Oktober 1984 VIII R 299/81, n.v.; vgl. ferner BFH-Urteil vom 8. Juli 1964 I 119/63 U, BFHE 80, 242, BStBl. III 1964, 561, m.w.N. zur früheren Rechtsprechung sowohl des BFH als auch des Reichsfinanzhofs (RFH). Wegen weiterer Einzelheiten siehe *Ebling* in Blümich, EStG-KStG-GewStG, Rn. 130 zu § 17 EStG; *Herrmann/Heuer/Raupach*, Rn. 56 zu § 17 EStG; *Hörger* in Littmann/Bitz/Hellwig, Das Einkommensteuerrecht, Rn. 29 zu § 17 EStG.

zugrunde liegt. Ebenso wie der Verkauf führt aber auch der Tausch zu einem Veräußerungsgewinn im Sinne des § 17 Abs. 2 EStG, wenn der als Veräußerungspreis anzusetzende Wert der zum Tausch hingegebenen Anteile nach Abzug der Veräußerungskosten die Anschaffungskosten dieser Anteile übersteigt[2].

Nicht erforderlich ist, daß es sich bei den im Tauschweg enthaltenen Wirtschaftsgütern ebenfalls um Gesellschaftsanteile handelt. Dementsprechend können die Voraussetzungen des § 17 Abs. 1 EStG auch dann vorliegen, wenn eine wesentliche Beteiligung an einer Kapitalgesellschaft gegen eine unwesentliche oder gegen Wirtschaftsgüter anderer Art getauscht wird. Gegenstand dieser Abhandlung ist jedoch nur der gegenseitige Tausch von Kapitalanteilen.

2. Die steuerrechtliche Anknüpfung beim Tausch

Zivilrechtlich ist der Tausch ein gegenseitig verpflichtender obligatorischer Vertrag (§ 320 BGB), aufgrund dessen die Parteien Sachwerte (Sachen, Sachinbegriffe, Rechte und andere Vermögenswerte) austauschen[3]. Das Wesen des Tauschs besteht damit im Austausch von Sachleistungen: Jeder erhält für den von ihm hingegebenen Vermögenswert ebenfalls einen Sachwert[4].

Steuerrechtlich ist allerdings nicht das schuldrechtliche Verpflichtungs-, sondern das dingliche Erfüllungsgeschäft maßgebend[5]. Dabei ist grundsätzlich nicht entscheidend, wann der Tauschende sich der Herrschaft über das Tauschgut entäußert, sondern wann dieses nach steuerrechtlichen Grundsätzen auf den Vertragspartner übergeht, weil erst dann der Leistungserfolg eingetreten ist (vgl. § 362 Abs. 1 BGB)[6]. Zu beachten ist allerdings, daß der Begriff der Veräußerung im Sinne des § 17 EStG nicht notwendigerweise mit dem zivilrechtlichen Begriff der Eigentumsübertragung (vgl. §§ 929 ff. BGB) übereinstimmt[7]. Es genügt vielmehr, daß der Erwerber nach dem Willen der Vertragspartner wirtschaftlich über den Tauschgegenstand verfügen kann[8].

---

2 H.M.; vgl. insbes. BFH-Urteil vom 8. Juli 1992 XI R 51/89, BFHE 168, 333, BStBl. II 1992, 946; *Blümich/Ehmcke,* Rn. 108 zu § 6 EStG; *Schmidt,* Einkommensteuergesetz, 12. Aufl., 1993, Anm. 62 zu § 5, Anm. 32 zu § 6 m.w.N.; *Knobbe-Keuk,* Bilanz- und Unternehmenssteuerrecht, 9. Aufl., 1993, S. 262; *Franz Wassermeyer,* Tausch und Einlage von Anteilen an Kapitalgesellschaften über die Grenze, DB 1990, 855.

3 *Westermann* in Münchener Kommentar zum Bürgerlichen Gesetzbuch, 2. Aufl., 1988, Bd. 3, Rn. 1 zu § 515.

4 Bei Wertunterschieden zusätzlich einer ggf. vereinbarten Barzulage; vgl. RFH-Urteil vom 2. April 1930 VI A 1361/29, RStBl. 1930, 363.

5 Vgl. BFH-Urteil vom 22. September 1992 VIII R 7/90, BFHE 170, 29, BStBl. II 1993, 228.

6 Vgl. BFH-Urteil vom 16. Oktober 1984 VIII R 299/81, n.v.

7 BFH-Urteil vom 17. Juli 1980 IV R 15/76, BFHE 131, 329, BStBl. II 1981, 11.

8 Vgl. BFH in BFHE 170, 29, BStBl. II 1993, 228.

Wann der Tausch steuerrechtlich als erfüllt anzusehen ist, hängt entscheidend von der Art des hingegebenen Wirtschaftsguts ab. Im Fall der Übertragung von Anteilen an einer Kapitalgesellschaft im Sinne des § 17 EStG ist dabei hinsichtlich der zivilrechtlichen Ausgangslage folgendes zu beachten:

Aktien werden als Wertpapiere im engeren Sinn entweder nach dem Recht der beweglichen Sachen (vgl. §§ 929 ff., 1293 BGB) oder nach dem Recht der Orderpapiere (vgl. § 68 AktG, § 1292 BGB) übertragen. Für die Übertragung von *GmbH-Anteilen* enthält § 15 GmbHG eine spezielle Regelung: Es wird nicht über eine Sache, sondern über ein Recht verfügt (vgl. § 413 BGB), und zwar auch dann, wenn die Geschäftsanteile verbrieft sind[9]. Verfügt wird über das Mitgliedschaftsrecht. Insoweit handelt es sich um einen schlichten Rechtsübergang, der bürgerlich-rechtlich keiner weiteren Vollzugsakte mehr bedarf[10]. Das gleiche gilt hinsichtlich der *Genußscheine,* die ihrer Natur nach Forderungsrechte gegen eine Kapitalgesellschaft verbriefen. Bei den *ähnlichen Beteiligungen* im Sinne des § 17 Abs. 1 Satz 3 EStG ist regelmäßig der zivilrechtliche Charakter der Rechte entscheidend, denen sie entsprechen[11].

II. Gewinnrealisierung auch beim Tausch identischer Anteile?

1. Das sogenannte Tauschgutachten des Bundesfinanzhofs (BFH)

a) Ausnahme vom Grundsatz der Gewinnrealisierung

In dem sog. **Tauschgutachten** vom 16. Dezember 1958 I D 1/57 S[12] vertritt der BFH ebenfalls die Ansicht, daß der Tausch von Anteilsrechten an Kapitalgesellschaften grundsätzlich zur Verwirklichung der im Buchwert der hingegebenen Anteile enthaltenen stillen Reserven führt; diese könnten nicht auf das eingetauschte Wirtschaftsgut übertragen werden. Die wirtschaftliche Betrachtungsweise könne aber bei Würdigung aller Umstände des Einzelfalles abweichend von der bürgerlich-rechtlichen Beurteilung ausnahmsweise zu dem Ergebnis führen, daß beim Tausch von Anteilen an Kapitalgesellschaften steuerlich kein Anschaffungsgeschäft und kein Tauschvertrag vorliegt, weil die hingegebenen und die eingetauschten Anteile *wirtschaftlich identisch* sind. Eine solche Identität sieht der BFH bei Wert-, Art- und Funktionsgleichheit der ausgetauschten Anteile als gegeben an.

---

9 *Karsten Schmidt,* Gesellschaftsrecht, 2. Aufl., 1991, S. 458, 872.

10 *Karsten Schmidt,* a.a.O. S. 872; vgl. auch BFH in BFHE 170, 29, BStBl. II 1993, 228, zur Veräußerung eines Kommanditanteils.

11 Die Kuxe der seit dem 2. Januar 1986 aufgelösten bergrechtlichen Gewerkschaften sind sog. Rektapapiere. Die in ihnen verbrieften Rechte werden durch Abtretung (vgl. § 413 BGB) und Umschreibung im Gewerkenbuch übertragen.

12 BFHE 68, 78, BStBl. III 1959, 30.

Diese Rechtsansicht dürfte durch die Überlegung mitbeeinflußt sein, daß zuvor schon der RFH die Auffassung vertreten hatte, eine Gewinnverwirklichung trete nicht ein, wenn eine Personengesellschaft in eine Kapitalgesellschaft „umgewandelt" werde und dabei die Vermögenswerte der Personengesellschaft zu den Buchwerten eingebracht würden. Dies war damit begründet worden, daß das Einbringen des Betriebs der Personengesellschaft nur die Fortsetzung des durch den Betrieb des Personenunternehmens eingegangenen Engagements in anderer Form sei[13]. Eine Gewinnverwirklichung tritt nach dieser Rechtsprechung – als nachträglicher Gewinn aus Gewerbebetrieb – grundsätzlich erst bei der Veräußerung der Anteile an der Kapitalgesellschaft ein[14]. Das Verneinen der Gewinnrealisierung bei der „Umwandlung" war nach Ansicht des BFH[15] wirtschaftlich dadurch gerechtfertigt, daß das sofortige Aufdecken der stillen Reserven die Änderung der Rechtsform des Unternehmens erschweren würde.

b) Rechtsdogmatischer Anknüpfungspunkt

Zu Recht weist *Moxter*[16] darauf hin, daß die rechtliche Begründung des Tauschgutachtens unklar sei. Der BFH scheine allerdings davon auszugehen, daß es beim Tausch identischer Anteile an Kapitalgesellschaften bereits an einer Veräußerung bzw. einer Neuanschaffung fehle. Für diese Rechtsauffassung, die wohl auch der IV. Senat des BFH in seinem Urteil vom 17. Oktober 1974 IV R 223/72[17] teilt, spricht, daß der BFH in den genannten Fällen das Vorliegen eines Anschaffungsgeschäfts unter Hinweis auf das Fehlen eines Tauschvertrages verneint. Andererseits geht das Gericht in seiner weiteren Begründung von einem Tauschvorgang aus. Der Hinweis auf die „gebotene wirtschaftliche Betrachtung" könnte zudem für eine ergebnisorientierte Lösung der Rechtsfrage sprechen. Entscheidend dürfte jedoch sein, daß der I. Senat in seinem Gutachten unter Bezugnahme auf die zuvor ergangene Rechtsprechung des RFH und des BFH dem Tauschvorgang bei *objektiver* Betrachtung[18] lediglich eine formale und damit aus seiner Sicht eine steuerrechtlich unbeachtliche Bedeutung beimißt. Geht man hiervon aus, so fehlt es tatsächlich an einer

13 Vgl. BFH-Urteil vom 13. Juli 1965 I 167/59 U, BFHE 83, 390, BStBl. III 1965, 640, mit Hinweis auf die RFH-Urteile vom 9. Mai 1933 VI A 434/30, RFHE 33, 276, RStBl. 1933, 999; vom 12. April 1934 VI A 1559/32, RFHE 36, 171, RStBl. 1934, 838; vgl. ferner RFH-Urteil vom 10. April 1940 VI 754/39, RFHE 48, 263, RStBl. 1940, 595; BFH-Urteil vom 26. Januar 1977 VIII R 109/75, BFHE 121, 63, 68, BStBl. II 1977, 283.

14 Vgl. RFH in RFHE 33, 276, RStBl. 1933, 999, sowie BFH in BFHE 121, 68, BStBl. II 1977, 283.

15 Im Urteil in BFHE 83, 390, 395, BStBl. III 1965, 640.

16 Bilanzrechtsprechung, 3. Aufl., 1993, S. 54.

17 BFHE 113, 456, 459, BStBl. II 1975, 58.

18 Der BFH weist ausdrücklich darauf hin, daß es auf den Willen des Steuerpflichtigen, durch Tausch einen Gewinn zu realisieren, nicht ankommt. Vgl. andererseits aber auch BFH-Urteil vom 17. Mai 1952 I 4/52 U, BFHE 56, 536, BStBl. III 1952, 208, unter 2. a.E.

zur Gewinnrealisierung führenden Veräußerung. Davon unberührt bleibt jedoch die Frage, ob dieser Rechtsansicht gefolgt werden kann[19].

2. Gelten die Grundsätze des Tauschgutachtens auch beim Tausch von Anteilen, die im Privatvermögen gehalten werden?

Der BFH hat das Tauschgutachten in bezug auf den Tausch von Beteiligungen erstattet, die im *Betriebs*vermögen gehalten werden. Er weist zwar ausdrücklich darauf hin, daß dessen steuerrechtlichen Grundsätze sich in der Regel nur auf den Tausch von Anteilen an Kapitalgesellschaften beziehen und nicht auf andere Tauschvorgänge übertragbar seien. Diese Formulierung schließt es aber nicht notwendigerweise aus, daß der damals zuständige I. Senat des BFH nicht danach hat unterscheiden wollen, ob sich die getauschten Anteile in Betriebsvermögen oder im Privatvermögen befinden. Auch in der Folgezeit blieb höchstrichterlich ungeklärt, ob die Rechtsgrundsätze des Tauschgutachtens auch auf den Tausch von Anteilen im *Privat*vermögen anzuwenden sind. In seinem Urteil in BFHE 113, 456, BStBl. II 1975, 58 konnte der IV. Senat des BFH diese Rechtsfrage unentschieden lassen. Er hat aber Zweifel geäußert, ob der Gedanke der Gewinneutralität beim Anteilstausch wegen wirtschaftlicher Identität der getauschten Anteile auch auf Anteile im Privatvermögen übertragbar sei. Bei der Prüfung der wirtschaftlichen Identität der getauschten Anteile komme nämlich gerade deren *betrieblicher* Funktion beim Anteilseigner maßgebliche Bedeutung zu. Der nach dem derzeit gültigen Geschäftsverteilungsplan des BFH für Einkommensteuer betreffend die Einkünfte aus Gewerbebetrieb natürlicher Personen gemäß § 17 EStG zuständige VIII. Senat, dessen Vorsitzender *Franz Klein* ist, hatte die Rechtsfrage noch nicht zu entscheiden.

Der überwiegende Teil des Schrifttums befürwortet eine Anwendung der Rechtsgrundsätze des Tauschgutachtens auch auf andere Tauschvorgänge, so teilweise auch in bezug auf Anteile, die sich im *Privat*vermögen befunden haben[20].

Die OFD Düsseldorf hat die Grundsätze des Tauschgutachtens ausdrücklich für auf den Tausch wesentlicher Beteiligungen im Privatvermögen anwendbar erklärt[21].

---

19 Siehe dazu im einzelnen unten unter 2. und 6.

20 Bejahend: *Hörger* in Littmann/Bitz/Meincke, a.a.O., Rn. 30 zu § 17 EStG; *L. Schmidt,* § 17 Anm. 19c; *Werndl* in Kirchhof/Söhn, Einkommensteuergesetz, Rn. A 292 zu § 6; *Knobbe-Keuk,* a.a.O., S. 927; *Tipke/Lang,* Steuerrecht, 13. Aufl., 1991, S. 311 f.; *Siegfried Grotherr,* Der Anteilstausch als gesellschaftsrechtlicher Einbringungsvorgang nach Umsetzung der Fusionsrichtlinie durch das StÄndG 1992, BB 1992, 2259, 2270; *verneinend: Blümich/Ebling,* Rn. 137 zu § 17 EStG; *Eisenberg,* StRK-Anm. § 17 EStG R. 35; *offen: Klein/Flockermann/Kühr,* Kommentar zum Einkommensteuergesetz, 3. Aufl., 1981, Rn. 24 zu 17.

21 OFD Düsseldorf, Verfügung vom 26. Oktober 1989 – S 2244 A – St 11 H 1 –, DStR 1989, 782; vgl. zuvor DB 1960, 1196.

3. Das Gutachten – kein bindendes Richterrecht

Unbeschadet der Entscheidung zur materiell-rechtlichen Frage[22] sind die Rechtsgrundsätze des Tauschgutachtens als solchen für die anderen Senate des BFH nicht in der Weise bindend, daß ein Abweichen eine vorherige Anfrage gemäß § 11 Abs. 3 der Finanzgerichtsordnung (FGO) beim I. Senat erfordern würde[23].

Gemäß § 63 der Reichsabgabenordnung (RAO; § 43 RAO 1919) konnten der Bundes-(Reichs-)minister der Finanzen sowie – zunächst nur unter bestimmten Voraussetzungen, später gemäß § 6 des Gesetzes über den BFH vom 29. Juni 1950[24] uneingeschränkt – die obersten Finanzbehörden der Länder beim BFH (RFH) Fragen der Auslegung der Steuergesetze zur Begutachtung vorlegen[25]. RFH und BFH waren verpflichtet, die begehrten Gutachten zu erstatten. Nach dem Gutachten vom 23. Februar 1955 Vz D 4/54 S[26] war das Erstatten von Gutachten im Unterschied zur streitentscheidenden Tätigkeit dem Bereich der Gerichts*verwaltung* und nicht dem Gerichts*verfahren* zuzuordnen[27]. Die Stellung des BFH entsprach dabei der eines unabhängigen Gutachters, der allerdings die Aufgabe hatte, mit den Gutachten der Einheitlichkeit der Rechtsanwendung im Besteuerungsverfahren sowie der Rechtsfortbildung zu dienen[28]. Die vom BFH erstellten Gutachten erzeugten daher keine rechtliche Bindung; sie stellen – rein rechtlich gesehen – nur eine unverbindliche Meinungsäußerung dar[29]. Wollte ein Senat von der Rechtsansicht eines anderen Senats

---

22 Siehe dazu unten unter 4. ff.

23 Mit der möglichen weiteren Folge der Anrufung des Großen Senats gemäß § 11 Abs. 2 FGO. Zur Rechtslage vor Inkrafttreten der FGO s. § 66 RAO.

24 BGBl. I 1950, 257.

25 Von dieser Möglichkeit wurde bis zur Aufhebung der genannten Rechtsvorschriften durch das Gesetz vom 23. April 1963 (BGBl. I 1963, 197, BStBl. I 1963, 466) reger Gebrauch gemacht. So haben die einzelnen Senate des BFH, einschließlich des Großen Senats, insgesamt etwa 30 Gutachten erstattet. Zuvor war bereits ab 1947 bis 1950 der Oberste Finanzgerichtshof (OFH) in etwa 20 Fällen um Erstattung eines Gutachtens gebeten worden.

26 BFHE 60, 220, BStBl. III 1955, 86.

27 Dementsprechend gab es auch keine mündliche Verhandlung. Der zuständige Senat konnte aber – wie im Fall des Tauschgutachtens geschehen – die an dem Gutachten interessierten Behörden und Wirtschaftsverbände im Rahmen einer Besprechung zu den anstehenden Fragen hören.

28 Vgl. BFH-Urteil vom 14. August 1958 I 39/57 U, BFHE 67, 354, BStBl. III 1958, 409. Der BFH hat es im übrigen abgelehnt, Gutachten in Zusammenhang mit *künftigen* gesetzgeberischen Maßnahmen zu erstatten (Beschluß vom 30. August 1957 II (V) D 1/57, n.v.). Entsprechend der Aufgabenstellung waren bei Gutachten „nach dem Geschäftsgebrauch" des RFH *sämtliche* Mitglieder des nach der jeweils geltenden Geschäftsordnung (vgl. § 65 RAO, § 45 RAO 1919) zuständigen Senats stimmberechtigt (*Becker*, Die Reichsabgabenordnung, Siebente Aufl., 1930, Anm. zu § 43).

29 So schon in bezug auf § 43 RAO 1919 *Becker*, RAO, Anm. zu § 43. Vgl. ferner die Begründung zu § 43 des Entwurfs eines Gesetzes zur Neuordnung der Finanzgerichtsbarkeit, Deutscher Bundestag, 2. Wahlperiode, 1953, Drucksa-

abweichen, die dieser zuvor in einem Gutachten vertreten hatte, bedurfte es folglich nicht der Anrufung des Großen Senats gemäß § 66 RAO, § 11 Abs. 2 FGO[30]. *Faktisch* hatten die Gutachten allerdings entsprechend dem mit ihnen verfolgten Zweck weitgehend die Wirkung von Grundsatzentscheidungen.

4. Bindung aufgrund späterer Rechtsprechung?

In mehreren später ergangenen Urteilen hat der BFH auf das Tauschgutachten Bezug genommen. Allerdings hat er dabei lediglich im Urteil vom 2. November 1965 I 169/63 U[31] in vollem Umfang auf der Grundlage der Rechtsgrundsätze des Tauschgutachtens entschieden und diese damit in Form von Richterrecht bestätigt. In mehreren Entscheidungen kommt der BFH aufgrund der tatsächlichen Gegebenheiten des Streitfalls zum Ergebnis, daß die Voraussetzungen für einen gewinneutralen Tauschvorgang nach Maßgabe des Tauschgutachtens nicht vorliegen, wobei teilweise dessen Anwendbarkeit – ohne abschließend darüber zu befinden – ausdrücklich unterstellt wird[32]. Die Formulierungen in einigen dieser Urteile könnten allerdings darauf hindeuten, daß der jeweils entscheidende Senat die Rechtsgrundsätze des Tauschgutachtens dem Grunde nach für zutreffend hält. Dies ändert jedoch nichts an der mangelnden Entscheidungser-

---

che 1716, S. 36. Die fehlende Bindungswirkung war zudem einer der Gründe, die mitbestimmend dafür waren, daß die ursprünglich noch vorgesehene Gutachtertätigkeit des BFH nicht in die FGO aufgenommen wurde. Vgl. dazu Deutscher Bundestag, Drucksache IV/1005, S. 2, 6, sowie *Heinrich Beisse,* Die steuerrechtliche Bedeutung der neuen deutschen Bilanzgesetzgebung, StVj 1989, 295, 308, und Steuerliche Entwicklungstendenzen im Bilanzrecht, WPJahrb. 1978, S. 85. *Beisse* befürwortet die Wiedereinführung des Gutachtenverfahrens. Bei der Beratung des FGO-Änderungsgesetzes wurde diese Frage – zu Recht – nicht mehr erörtert.

30 Der Große Senat des BFH hat zwar am 17. April 1951 ein Gutachten erstattet (GrS D 1/51 S, BFHE 55, 277, BStBl. III 1951, 107). Dies beruhte jedoch auf einer entsprechenden Aufgabenzuweisung durch den BFH-Präsidenten (vgl. *Becker,* RAO, Anm. zu § 43).

31 BFHE 84, 353, BStBl. III 1966, 127. Einer Anrufung des Großen Senats wegen Abweichung bedürfte es jedoch heute nicht, da es sich bei der Entscheidung nicht um ein sog. „S"-Urteil, sondern nur um ein sog. „U"-Urteil handelt (vgl. § 184 Abs. 2 Nr. 5 FGO, § 64 RAO).

32 BFH-Urteile vom 8. Juli 1992 XI R 51/89, BFHE 168, 333, BStBl. II 1992, 946; vom 26. Februar 1992 I R 7/91, BFHE 168, 43, BStBl. II 1992, 988; vom 11. September 1991 XI R 15/90, BFHE 166, 425, 428, BStBl. II 1992, 404; vom 20. März 1980 IV R 22/77, BFHE 130, 312, BStBl. II 1980, 439; vom 28. März 1979 I R 194/78, BFHE 128, 499, BStBl. II 1979, 774; vom 26. Oktober 1977 VIII R 146/74, BFHE 123, 483, BStBl. II 1978, 144; vom 15. Juli 1976 I R 17/74, BFHE 119, 285, BStBl. II 1976, 748; in BFHE 113, 456, BStBl. II 1975, 58; vom 10. Februar 1972 IV 317/65, BFHE 104, 543, BStBl. II 1972, 419; vom 12. März 1969 I 97/65, BFHE 95, 178, BStBl. II 1969, 381; vom 4. Juli 1968 IV 13/65, BFHE 93, 68, BStBl. II 1968, 682; vom 6. Oktober 1966 I 35/64, BFHE 87, 102, BStBl. III 1967, 45; vom 4. Oktober 1966 I 1/64, BFHE 87, 31, BStBl. III 1966, 690.

heblichkeit und damit am Fehlen der Bindungswirkung. In einer Reihe weiterer Urteile hat der BFH *einzelne* Rechtsgrundsätze des Tauschgutachtens zur Grundlage seiner Entscheidungen gemacht, wobei er das Gutachten allerdings teilweise lediglich vergleichend zitiert hat[33, 34].

5. Die Rechtsgrundsätze des Tauschgutachtens kein Gewohnheitsrecht

In seinem Urteil vom 29. März 1979 IV R 1/75[35] geht der IV. Senat wohl davon aus, daß es sich bei den Rechtsgrundsätzen des Tauschgutachtens um steuerliches Gewohnheitsrecht handele. Einer solchen Ansicht vermag ich nicht zu folgen.

Zwar kann sich grundsätzlich auch im Steuerrecht Gewohnheitsrecht bilden[36]. Dies kann jedoch nur in dem Umfang geschehen, in dem die wesentlichen Auslegungsergebnisse der Rechtsprechung aufgrund längerer tatsächlicher Übung zu einer allgemeinen Rechtsüberzeugung und damit zu einer ungesetzten Rechtsnorm geführt haben[37]. Diese Voraussetzungen sind aber hinsichtlich der Rechtsgrundsätze des Tauschgutachtens nicht erfüllt, wie sich aus der obigen Rechtsprechungsübersicht ergibt[38]. Es fehlt an einer kontinuierlichen, bindenden Rechtsprechung,

33 Vgl. z.B. BFH-Urteile vom 25. Januar 1984 I R 183/81, BFHE 140, 538, BStBl. II 1984, 422, unter Hinweis auf das nichtveröffentlichte BFH-Urteil vom 1. August 1979 I R 174/77: Ansatz einer als Sacheinlage verwendeten Forderung gegen die Gesellschaft mit dem gemeinen Wert dieser Forderung; vom 13. Juli 1971 VIII 15/65, BFHE 103, 61, 63, BStBl. II 1971, 731; vom 18. Dezember 1970 VI R 99/67, BFHE 101, 100, 104, BStBl. II 1971, 237; vom 27. Mai 1970 VI R 222/69, BFHE 99, 474, 477, BStBl. II 1970, 743; vom 13. September 1967 I 99/64, BFHE 90, 171, 173, BStBl. II 1968, 20; vom 24. Juni 1959 I 136/57 U, BFHE 69, 209, 213, BStBl. III 1959, 340: *(sämtlich)* Gemeiner Wert als Bemessungsgrundlage für die *Anschaffungskosten;* vom 4. April 1968 IV 210/61, BFHE 92, 15, 19, BStBl. II 1968, 411: Beurteilung der Gewinnrealisierung nach wirtschaftlichen Gesichtspunkten; vom 8. Juli 1964 I 119/63 U, BFHE 80, 242, BStBl. III 1964, 561: Tausch als Gewinnrealisierungstatbestand; vom 23. Januar 1959 VI 68/57 S, BFHE 68, 245, 248, BStBl. III 1959, 97: zur *wirtschaftlichen* Nämlichkeit in den Fällen der echten Verschmelzung.

34 Nur insoweit könnte eine Anfragepflicht im Sinne des § 11 Abs. 3 FGO in Betracht kommen.

35 BFHE 127, 397, 401, BStBl. II 1979, 412; vgl. dazu auch Anm. in HFR 1979, 358, sowie *L. Schmidt,* a.a.O. Anm. 62a zu § 5.

36 *Tipke/Kruse,* Abgabenordnung/Finanzgerichtsordnung, Rn. 39 zu § 4 AO; *Tipke/Lang,* a.a.O., S. 84 m.w.N. aus dem Schrifttum; einschränkend *Kühn/Kutter/Hofmann,* Abgabenordnung, 16. Aufl., 1990, Anm. 1 zu § 4 AO: wohl nur *begünstigendes* Gewohnheitsrecht.

37 BFH-Urteile vom 14. November 1990 X R 85/87, BFHE 163, 58, 65, BStBl. II 1991, 222; vom 23. November 1983 I R 216/78, BFHE 139, 398, 402, BStBl. II 1984, 277; vom 22. Januar 1980 VIII R 74/77, BFHE 129, 485, 487, BStBl. II 1980, 244; vom 20. Januar 1976 VIII R 253/71, BFHE 117, 437, 438, BStBl. II 1976, 305. Bundesverfassungsgericht-Beschluß vom 14. Februar 1973 2 BvR 667/72, BVerfGE 34, 293; *Werndl,* a.a.O., Rn. A 296 f. zu § 6.

38 A.A. *Knobbe-Keuk,* a.a.O., S. 92; *Otmar Thömmes,* Auswirkungen der EG-Fusionsrichtlinie auf die steuerliche Behandlung des Anteilstausches, IWB Fach 5

nach der ein Tausch von identischen Anteilen an einer Kapitalgesellschaft nicht zur Gewinnrealisierung führt. Der Umstand, daß der Gesetzgeber in einigen Bereichen die Übertragung von Kapitalanteilen als einen steuerneutralen Vorgang behandelt bzw. behandelt hat (vgl. § 21 Abs. 1 Satz 5 UmwStG; § 6b Abs. 1 Satz 2 Nr. 5 EStG a.F.), steht dem nicht entgegen. Dies spricht im Gegenteil dafür, daß es dem Plan des Gesetzgebers entspricht, selbst bei Beachten der „gebotenen wirtschaftlichen Betrachtung" nur bestimmte Veräußerungsvorgänge unter genau umrissenen – engen – Voraussetzungen zu begünstigen[39].

Die oben[40] angeführten OFD-Verfügungen könnten allerdings darauf hindeuten, daß die Finanzbehörden beim Tausch von identischen Anteilen an Kapitalgesellschaften eine Gewinnrealisierung grundsätzlich verneinen[41]. Unbeschadet der Frage, ob sich Gewohnheitsrecht nicht ohnehin nur auf der Basis von Richterrecht bilden kann[42], schafft jedenfalls jahrelange Verwaltungsübung allein noch kein Gewohnheitsrecht[43], und zwar selbst dann nicht, wenn das Verwaltungshandeln von den Gerichten nicht beanstandet worden ist[44].

6. Auslegung des § 17 EStG im Sinne des Tauschgutachtens?

Die Rechtsgrundsätze des Tauschgutachtens sind mithin selbst für den Bereich des Betriebsvermögens nicht in vollem Umfang verbindlich für die steuerrechtliche Beurteilung des Tauschs identischer Anteile an Kapitalgesellschaften. Allenfalls in den aufgezeigten Teilbereichen besteht aufgrund der späteren Rechtsprechung bindendes Richterrecht. Die in dem Gutachten vertretene Rechtsauffassung hinsichtlich der Voraussetzungen, unter denen ein Anteilstausch steuerneutral zu behandeln ist, ist damit schon aus diesem Grund nicht zwangsläufig auf den Tausch von im Privatbesitz befindlichen Anteilen an Kapitalgesellschaften zu übertragen.

Aber auch soweit die spätere Rechtsprechung einzelne rechtliche Beurteilungen des Tauschgutachtens bestätigt hat[45], sind diese nur ausnahmsweise vorgreiflich für die Auslegung des § 17 EStG. Nicht relevant sind in erster Linie die Ausführungen hinsichtlich des Bewertungsmaßstabes „gemeiner Wert", da die Entscheidungen den Tausch von Anteilen im *Be-*

Europäische Gemeinschaften, Gr. 2, S. 137; *Franz-Christoph Zeitler*, Anwendung des Tauschgutachtens bei grenzüberschreitenden Holdingkonstruktionen, NWB Fach 3 S. 7351 (1990).

39 Siehe dazu auch unten unter 6. a.

40 Siehe oben Fn. 21.

41 Vgl. dazu auch *Grotherr*, a.a.O., S. 2270 f.

42 So *Tipke/Lang*, a.a.O., S. 84.

43 BFH in BFHE 139, 402, BStBl. II 1984, 277; in BFHE 129, 487, BStBl. II 1980, 244.

44 BFH in BFHE 117, 438, BStBl. II 1976, 305.

45 Siehe dazu im einzelnen die in Fn. 33 angeführten Urteile.

triebsvermögen betreffen und insoweit eine unterschiedliche Rechtslage gegeben ist[46]. Die Rechtsansicht zu Fragen der echten Verschmelzung betrifft gesellschaftsrechtliche Vorgänge[47]. Soweit das Tauschgutachten den Tausch als Gewinnrealisierungstatbestand beurteilt, bestätigt es lediglich die bereits zuvor bestehende allgemeine Rechtsauffassung, die auch heute noch gültig ist[48].

Ausgehend von der allgemeinen Meinung in Rechtsprechung und Schrifttum, wonach der Tausch von im Privatvermögen sich befindenden Anteilsrechten grundsätzlich zu einer Gewinnrealisierung führen kann, bedürfte es mithin einer einschränkenden Auslegung des Tatbestandsmerkmals „Veräußerung" in § 17 Abs. 1 EStG, um in entsprechender Weise das im Tauschgutachten gewonnene steuerliche Ergebnis zu erzielen. Ein als Veräußerung zu beurteilender Sachleistungsaustausch liegt nämlich auch dann vor, wenn die getauschten Anteile im Sinne des Tauschgutachtens identisch sind. Entgegen der im Gutachten vertretenen Ansicht kann man insoweit regelmäßig nicht von einem lediglich formalen Rechtsakt ohne sachlichen Gehalt sprechen. Die „gebotene wirtschaftliche Betrachtung", die Grundlage für die damalige Rechtsansicht des I. Senats war, kann jedenfalls heute nur in dem Sinne verstanden werden, daß entscheidend ist, ob der Gesetzgeber die genannten Fälle nicht in die Besteuerung hat einbeziehen wollen.

a) Einschränkung durch sog. teleologische Reduktion?

Eine einschränkende Auslegung in diesem Sinne wäre zwar grundsätzlich möglich. Sie setzt jedoch voraus, daß sich die gesetzliche Regelung in bezug auf die steuerrechtliche Behandlung der angesprochenen Fälle als zu weitgehend erweist[49]. Das ist aber nicht der Fall; es fehlt an zuverlässigen Anhaltspunkten dafür, daß nur eine Auslegung, wonach der Tausch identischer Anteile nicht als Veräußerung im Sinne des § 17 Abs. 1 EStG anzusehen ist, dem wirklichen Willen des Gesetzgebers entspricht und zum richtigen Ergebnis führt[50]. Eine solche Auslegung läßt sich insbesondere nicht damit rechtfertigen, daß die Besteuerung eines etwaigen Gewinns aus der späteren Veräußerung des eingetauschten Kapitalanteils gesichert ist[51].

---

46 Siehe dazu unten III. 1.

47 Vgl. dazu auch *Rudolf Grieger,* Anmerkung zum Tauschgutachten, BB 1959, 72.

48 Siehe oben Fn. 1.

49 Vgl. BFH-Urteile vom 7. April 1992 VIII R 79/88, BFHE 168, 111, 117, BStBl. II 1992, 798, m.w.N.; vom 8. November 1989 I R 20/86, BFHE 159, 323, BStBl. II 1990, 396.

50 Vgl. *Wassermeyer,* Tausch und Einlage, a.a.O., S. 855.

51 Vgl. BFH-Urteil vom 11. Dezember 1984 IX R 27/82, BFHE 143, 46, 49, BStBl. II 1985, 250; *L. Schmidt,* a.a.O., Anm. 14a zu § 4. A.A. wohl *Bernd Halfar,* Anteilstausch über die Grenze: Steuerneutrale Kapitalverlagerung von der Schweiz nach Österreich, IStR 1993, 98, 102.

Die Auslegung, daß auch der sich aufgrund eines Tauschs identischer Anteile ergebende Veräußerungsgewinn in vollem Umfang der Besteuerung nach Maßgabe des § 17 EStG unterliegt, wird vielmehr dadurch bestätigt, daß der Gesetzgeber die Fälle, in denen es nach seinen Vorstellungen trotz des Übertragens von Anteilen an Kapitalgesellschaften auf einen anderen Rechtsträger nicht zu einer Besteuerung der vorhandenen stillen Reserven kommen soll, eigens geregelt hat. So ist in Anlehnung an die Grundsätze des Tauschgutachtens in § 21 Abs. 1 Satz 5 UmwStG 1977 ausdrücklich bestimmt, daß im Falle des Tauschs von Anteilen an einer Kapitalgesellschaft, die durch eine Sacheinlage erworben wurden, die Gewinnverwirklichung unterbleibt, wenn zwischen den hingegebenen und den erworbenen Anteilen Nämlichkeit besteht[52]. Eine entsprechende Vorschrift fehlt aber in bezug auf den Tausch von Anteilen im Privatvermögen. Die Regelung des § 21 Abs. 1 Satz 5 UmwStG kann insoweit nicht analog angewendet werden, da sie auf den besonderen Verhältnissen beim Übergang von Vermögen einer Kapitalgesellschaft auf einen anderen im Wege der Gesamtrechtsnachfolge beruht. Darüber hinaus regelt § 16 Abs. 2 UmwStG 1977 ausdrücklich einen Fall der Übertragung von zum Privatvermögen gehörenden wesentlichen Beteiligungen im Sinne des § 17 EStG: Bei der Verschmelzung gelten diese Anteile als zu ihren Anschaffungskosten veräußert und die neuen Anteile an der Übernehmerin als mit dem gleichen Wert angeschafft; es entsteht damit beim Veräußernden kein Veräußerungsgewinn[53].

Bei der Prüfung der Frage, ob die Voraussetzungen für eine teleologische Reduktion vorliegen, ist neben § 21 Abs. 1 Satz 5 UmwStG 1977 auch § 6b Abs. 1 Satz 2 Nr. 5 EStG in der bis zum Inkrafttreten des Steuerreformgesetzes 1990 geltenden Fassung zu berücksichtigen. Danach konnten die stillen Reserven von veräußerten Anteilen an Kapitalgesellschaften – wenn auch unter engen Voraussetzungen – generell u.a. auf erworbene Beteiligungen übertragen werden[54].

Der Umstand, daß sich die Anwendung der Grundsätze des Tauschgutachtens steuergünstig und damit förderlich auf ein Umstrukturieren des Beteiligungsbesitzes auswirken und dieses damit erleichtern würde, rechtfertigt ebensowenig eine einschränkende Auslegung des § 17 EStG im Sinne des Tauschgutachtens wie die Tatsache, daß insoweit auch nach Umsetzen der Fusionsrichtlinie durch das Steueränderungsgesetz

52 Vgl. dazu im einzelnen *Herrmann/Heuer/Raupach*, a.a.O., Rn. 48 zu § 21 UmwStG; *Widmann/Mayer*, Umwandlungssteuerrecht, Rn. 7365 ff.

53 Siehe dazu im einzelnen *Widmann/Mayer*, a.a.O., Rn. 6326 ff.

54 Siehe dazu *Blümich/Uelner*, Rn. 143 ff. zu § 6b EStG. Nach der Neufassung der Vorschrift ist die Möglichkeit der im Ergebnis steuerneutralen Übertragung von Kapitalanteilen allerdings in der Weise noch weiter eingeschränkt worden, daß nur noch die Veräußerung durch eine Unternehmensbeteiligung im Sinne des § 6b Abs. 1 Nr. 5 EStG begünstigt ist.

1992 noch ein Regelungsbedarf[55] bestehen dürfte. Dies sind Erwägungen, die der Gesetzgeber *de lege ferenda* wird zu berücksichtigen haben.

b) Keine Besteuerung realisierter Gewinne in Ausnahmefällen

Nach der ständigen Rechtsprechung sowohl des RFH als auch des BFH[56] treten die Rechtsfolgen der Gewinnrealisierung grundsätzlich dann nicht ein, wenn ein Wirtschaftsgut infolge höherer Gewalt (Brand, Sturm, Überschwemmung u.ä.) oder infolge bzw. zur Vermeidung eines behördlichen Eingriffs (z.B. Enteignung) gegen Entschädigung aus dem Betriebsvermögen ausscheidet. Nach Ansicht des BFH im Urteil in BFHE 127, 397, 401, BStBl. II 1979, 412, handelt es sich insoweit um einen gewohnheitsrechtlichen Rechtssatz, der jedoch keiner ausdehnenden Auslegung zugänglich sei. Diese Rechtsprechung, die den Realisierungsgrundsatz einschränkend auslegt[57], beruht auf Billigkeitserwägungen[58], für deren Anwendung beim Tausch von identischen Kapitalanteilen kein Raum ist[59]. Dies gilt selbst dann, wenn der Tausch wirtschaftlich geboten ist; selbst wirtschaftlicher Zwang würde nicht genügen[60].

III. Der Veräußerungspreis im Sinne des § 17 Abs. 2 EStG beim Tausch von Anteilen an Kapitalgesellschaften

1. Maßgebend ist der Wert des im Tauschweg erhaltenen Wirtschaftsguts

Gemäß § 17 Abs. 2 EStG ist Gewinn aus der Veräußerung von Anteilen an Kapitalgesellschaften bei wesentlicher Beteiligung der Betrag, um den der *Veräußerungspreis* nach Abzug der Veräußerungskosten die Anschaffungskosten übersteigt. Veräußerungspreis ist die Gegenleistung des *Erwerbers*[61]. Diese ist beim Tausch der Wert des Wirtschaftsguts, das der

---

55 Vgl. *Wassermeyer,* Tausch und Einlage, a.a.O.; *Thömmes,* a.a.O., S. 139; *Zeitler,* a.a.O. Zu dem nach dem Umsetzen der Fusionsrichtlinie noch verbleibenden Umfang des Anwendungsbereichs des § 17 EStG in Fällen des Anteilstauschs siehe *Grotherr,* a.a.O., S. 2270.

56 Vgl. insbesondere BFH-Urteile vom 18. September 1987 III R 254/84, BFHE 151, 70, 72, BStBl. II 1988, 330 und vom 15. Mai 1975 IV R 138/70, BFHE 116, 122, 126, BStBl. II 1975, 692, mit Hinweisen auf die vorangegangene Rechtsprechung sowohl des RFH als auch des BFH.

57 Vgl. dazu BFH-Urteil vom 14. November 1990 X R 85/87, BFHE 163, 58, 65, BStBl. II 1991, 222.

58 Vgl. BFH-Urteil vom 11. Dezember 1984 IX R 27/82, BFHE 143, 46, 49, BStBl. II 1985, 250.

59 Auch das BFH-Urteil vom 13. März 1986 IV R 1/84, BFHE 146, 538, BStBl. II 1986, 711 (Austausch von Grundstücken im Flurbereinigungsverfahren) ist insoweit nicht vergleichbar.

60 Vgl. BFH in BHE 128, 505, BStBl. II 1979, 774.

61 BFH in BFHE 169, 52, BStBl. II 1993, 331; in BFHE 113, 461, BStBl. II 1975, 58 m.w.N.

Tauschende *erhält*[62], beim gegenseitigen Tausch von Anteilen an Kapitalgesellschaften der Wert der Anteile, die der Tauschpartner im Gegenzug hingibt. Insoweit besteht ein Unterschied zum Tausch von Wirtschaftsgütern des *Betriebs*vermögens; denn gemäß § 6 EStG sind die Wirtschaftsgüter des Anlagevermögens grundsätzlich mit den Anschaffungskosten zu bewerten, was zur Folge hat, daß die Anschaffungskosten eines im Tauschweg erworbenen Wirtschaftsguts in der Wertsubstanz des *hingegebenen* Tauschguts bestehen[63].

Der Wert des hingegebenen Wirtschaftsguts ist auch dann anzusetzen, wenn der des im Tauschweg erhaltenen höher ist. Die dadurch entstehenden stillen Reserven werden erst bei der Veräußerung des erworbenen Wirtschaftsguts aufgedeckt.

2. Der Veräußerungspreis von Anteilen an einer Kapitalgesellschaft

Besteht die im Tauschweg erhaltene Gegenleistung ebenfalls in Anteilen an einer Kapitalgesellschaft, so bildet der Wert dieser Anteile den Veräußerungspreis[64]. Da der Veräußerungspreis in einem solchen Fall nicht in Bargeld besteht, ist er in einen Geldbetrag umzurechnen, d.h. zu bewerten. Das Einkommensteuergesetz enthält keine ausdrückliche Regelung für die Bewertung des Veräußerungspreises im Sinne des § 17 Abs. 2 EStG; deshalb sind grundsätzlich die Vorschriften der §§ 9 ff. BewG maßgebend. Soweit diese vorrangig sind, ist kein Raum für eine entsprechende Anwendung des § 8 Abs. 2 EStG[65]. Anzusetzen ist demnach als Regelwertmaßstab der *gemeine Wert* (§ 9 BewG). Dieser ist durch den Preis bestimmt, der im gewöhnlichen Geschäftsverkehr nach der Beschaffenheit des Wirtschaftsguts bei einer Veräußerung zu erzielen wäre (§ 9 Abs. 2 BewG). Maßgeblicher Zeitpunkt für die Bewertung ist der des Vollzugs des Tauschgeschäfts.

Bei Wertpapieren, die an einer deutschen Börse zum amtlichen Handel zugelassen oder in den geregelten Freiverkehr einbezogen sind, ist der niedrigste Kurswert am Stichtag anzusetzen (vgl. § 11 Abs. 1 BewG)[66]. Der Wert nichtnotierter Anteile an Kapitalgesellschaften ist nach Maßgabe des § 11 Abs. 2 BewG zu ermitteln.

---

62 Vgl. dazu *Manfred Groh*, Der Erfolgsmaßstab beim Tausch, Festschrift Döllerer, 1988, S. 157, 163.

63 H.M. Vgl. dazu BFH-Urteil vom 8. Juli 1992 XI R 51/89 BFHE 168, 333, BStBl. II 92, 946, m.w.N.; *L. Schmidt*, a.a.O., Anm. 62 zu § 5, Anm. 32 zu § 6 m.w.N.; *Knobbe-Keuk*, a.a.O., S. 262; *Groh*, a.a.O., S. 157 ff.; *Franz Wassermeyer*, Bewertungsfragen bei Tausch und bei tauschähnlichen Vorgängen, DStJG Bd. 7 (1984), S. 169, 175; a.A. *Lang*, Gewinnrealisierung – Rechtsgrundlagen, Grundtatbestände und Prinzipien im Rahmen des Betriebsvermögensvergleichs nach § 4 Abs. 1 EStG, DStJG Bd. 4 (1981), S. 88 f.: Teilwert des eingetauschten Wirtschaftsguts; ebenso *Meincke* in Littmann/Bitz/Hellwig, a.a.O., Rn. 210 ff. zu § 6 EStG.

64 BFH in BFHE 113, 461, BStBl. II 1975, 58.

65 A.A. wohl *L. Schmidt*, a.a.O., Anm. 22b zu § 17.

66 Dieser Kurswert ist nur eine besondere Ausdrucksform des gemeinen Werts.

Manfred Groh

Negative Geschäftswerte in der Bilanz

Inhaltsübersicht

I. Vorbemerkung

In einer Festschrift für *Franz Klein* erwartet man kein bilanzrechtliches Thema. Wie oft bemerkt, handelt es sich beim BFH aber um das höchste Bilanzgericht, das sich gleichermaßen der Steuer- wie der Handelsbilanz annimmt. So hat sich auch der Jubilar im VIII. Senat und im Großen Senat mit Bilanzierungsfragen befassen müssen. Deshalb mag dieser Beitrag doch vertretbar sein.

Zur Themenwahl ist zu sagen, daß die Diskussion um den negativen Geschäftswert neu entflammt ist. Wie immer im Steuerrecht, stehen dahinter auch wirtschaftliche Interessen; mit der Passivierung ließe sich nämlich eine Steuerstundung bewirken. Das Thema soll hier mit dem üblichen juristischen Handwerkszeug angegangen werden: also Auslegung des Gesetzes nach dem Wortlaut, nach dem Bilanzierungssystem und vor allem nach der Wertung der Bilanzierungsfolgen. Beurteilungsobjekt sei dabei der Kauf eines Einzelunternehmens, dann aber auch der Kauf einer Personengesellschaftsbeteiligung.

II. Der negative Geschäftswert und das Anschaffungskostenprinzip

Niemand kauft einen isolierten Geschäftswert; er kauft ihn mit einem Unternehmen. Für dieses Unternehmen, das als organisierte wirtschaftliche Einheit Gegenstand des Rechtsverkehrs und des Rechtsschutzes ist[1], zahlt er den vereinbarten Preis. Als neuer Unternehmensinhaber muß er eine Eröffnungsbilanz erstellen (§ 242 Abs. 1 Satz 1 HGB), in die er allerdings das Unternehmen nicht als Einheit aufnehmen kann. Er muß es

1 *Baumbach/Duden/Hopt*, HGB, 28. Aufl., Einl. II 2 vor § 1.

vielmehr nach dem Vorbild des Bilanzschemas in § 266 HGB in seine Bestandteile, nämlich Vermögensgegenstände bzw. Wirtschaftsgüter und Schulden, zerlegen. Ist dies gelungen, kann er durch Saldierung von Vermögensgegenständen und Schulden das Reinvermögen oder Eigenkapital ermitteln. Dabei wird sich zeigen, daß der Kaufpreis nicht dem Reinvermögen entspricht; in der Regel ist er höher ausgefallen.

Dies hat zur Ursache, daß ein Unternehmen nicht oder nicht nur nach seiner Vermögenssubstanz, sondern allein oder auch nach seinen Erträgen bewertet wird. In der Betriebswirtschaftslehre herrscht heute Einigkeit, daß der richtige Wert allein der Ertragswert ist[2], mag auch die Bewertungspraxis noch den Substanzwert heranziehen[3]. Wie auch immer: die geschilderte Differenz zwischen Kaufpreis und Eigenkapital muß in die Eröffnungsbilanz aufgenommen werden, wenn nicht als erstes ein Verlust entstehen soll. Das geschieht auch. Nach § 255 Abs. 4 HGB wird nämlich der Unterschiedsbetrag aktiviert, um den der Unternehmenspreis den Wert der Vermögensgegenstände und Schulden übersteigt. Das Gesetz hat einen positiven Geschäftswert im Auge. Die Anweisung scheint aber auch zu passen, wenn der Kaufpreis hinter dem Wert der Vermögensgegenstände und Schulden zurückbleibt; dann wäre ein negativer Geschäftswert zu bilanzieren, damit nicht als erstes ein Gewinn ausgewiesen werden muß. Bevor man derartige Folgerungen zieht, müßte man wissen, was hier mit dem „Wert" der Vermögensgegenstände gemeint ist. Handelt es sich um den Zeit- oder Teilwert, liegt die erwähnte Folgerung nahe. Tatsächlich sind die Vermögensgegenstände bzw. Wirtschaftsgüter aber mit ihren Anschaffungskosten anzusetzen.

Auf die Eröffnungsbilanz sind nach § 242 Abs. 1 Satz 2 HGB nämlich die Vorschriften des Jahresabschlusses und damit auch die Bewertungsanweisungen des § 253 HGB anzuwenden. Die Vermögensgegenstände werden also mit ihren Anschaffungskosten bewertet; der Zeitwert bildet nur die Obergrenze. Dies bestätigt ein Blick auf § 6 Abs. 1 Nr. 7 EStG. Danach sind die Wirtschaftsgüter mit ihrem Teilwert, höchstens jedoch mit ihren Anschaffungskosten anzusetzen. Die veränderte Reihenfolge sollte nicht stören; maßgebend ist auch hier der niedrigere von beiden Werten. Nur im Falle der Neugründung eines Unternehmens kommt es allein auf die Zeitwerte, Teilwerte oder gemeinen Werte an[4]; beim Erwerb eines Unter-

---

2 Stellungnahme HFA 2/1983 des IdW, Wpg 1983, 468 ff.; WP-Handbuch, 10. Aufl., Bd. II RdNr. A 222; *Adolf Moxter*, Grundsätze ordnungsmäßiger Unternehmensbewertung, 2. Aufl., S. 889; *Detlev Jürgen Piltz*, Die Unternehmensbewertung in der Rechtsprechung, 2. Aufl., S. 273 ff.; BFH vom 6. Februar 1991 II R 87/88, BFHE 163, 471, BStBl. II 1991, 459.

3 BFH vom 6. Februar 1991 (Fn. 2); *Carl Helbling*, Unternehmensbewertung und Steuern, 7. Aufl., S. 126, 152.

4 BFH vom 7. Dezember 1978 I R 142/76, BFHE 128, 178, BStBl. II 1979, 729; vom 8. Oktober 1987 IV R 32/85, BFH/NV 1988, 772; vom 19. Januar 1982 VIII R 21/77, BFHE 135, 282, BStBl. II 1982, 456; vom 7. Oktober 1991 VIII R 126/86, BFHE 164, 565, BStBl. II 1991, 840.

nehmens sind dagegen die Anschaffungskosten der Vermögensgegenstände maßgebend.

Nur will überlegt sein, worin diese Anschaffungskosten eigentlich bestehen. Man könnte daran denken, daß der Unternehmenskaufpreis auf die erhaltenen Vermögensgegenstände aufzuteilen ist. Das wird nicht weiterführen. Die Anschaffungskosten des Unternehmens sind das eine, die Anschaffungskosten der bilanzierten Vermögensgegenstände das andere. Der Unterschied liegt in der Berücksichtigung der übernommenen Verbindlichkeiten. Für die Anschaffungskosten des Unternehmens benötigt man sie nicht. Hier kann man mit einer Nettobetrachtung auskommen, die nur das Reinvermögen in den Blick nimmt. So halten es § 255 Abs. 4 HGB und auch der BFH[5]. Als Anschaffungskosten der einzelnen Vermögensgegenstände wollen aber auch die übernommenen Verbindlichkeiten berücksichtigt sein. In der Eröffnungsbilanz muß die Saldierung im Reinvermögen aufgehoben werden; dann erscheinen auch die übernommenen Verbindlichkeiten wieder, die nach alter Regel Anschaffungskosten für die erlangten Vermögensgegenstände bilden. So hat es der BFH beim Unternehmenskauf gesehen[6], und so sieht es auch das UStG, das in § 16 Abs. 3 ausdrücklich auch die übernommenen Schulden zum Entgelt rechnet.

Die gesuchten Anschaffungskosten bestehen also im Kaufpreis zuzüglich der übernommenen Verbindlichkeiten. Formt man § 255 Abs. 4 HGB auf diese Bruttobetrachtung um, ist von einem positiven Geschäftswert zu sprechen, wenn die Summe aus Unternehmenspreis und übernommenen Verbindlichkeiten, also der Gesamtkaufpreis, höher ist als die Summe der bei den Vermögensgegenständen bis zu ihrem Zeit- oder Teilwert aktivierbaren Anschaffungskosten. Ein Geschäftswert tritt dagegen nicht in Erscheinung, wenn der Gesamtkaufpreis den aktivierbaren Anschaffungskosten entspricht. Das aber ist der Fall, wenn der Gesamtkaufpreis hinter den Zeit- oder Teilwerten der Vermögensgegenstände bzw. Wirtschaftsgüter zurückbleibt; er ist dann ohne Rest auf diese Aktiva zu verteilen.

Ein Geschäftswert kann in der Eröffnungsbilanz also nur unter Beachtung des Anschaffungskostenprinzips ausgewiesen werden. Ein negativer Geschäftswert kann deswegen nicht in Erscheinung treten. Dies setzt allerdings voraus, daß die Zeit- oder Teilwerte nicht ihrerseits vom Unternehmenswert abhängig sind, also auch nicht mit diesem schrumpfen. Das ist für den Zeitwert der Handelsbilanz sicher nicht anzunehmen, nach neuerer und richtiger Erkenntnis des BFH aber auch nicht für den Teilwert[7].

---

5 BFH vom 5. Juli 1990 GrS 4–6/89, BFHE 161, 317, BStBl. II 1990, 847, 854; vom 26. März 1991 VIII R 315/84, BFHE 166, 7, BStBl. II 1992, 472; *Ludwig Schmidt,* EStG, 12. Aufl., § 16 Anm. 49.

6 BFH vom 31. Mai 1972 I R 49/69, BFHE 106, 71, BStBl. II 1972, 696; vom 19. Februar 1981 IV R 41/78, BFHE 133, 510, BStBl. II 1981, 730.

7 Vgl. BFH vom 2. März 1973 III R 88/69, BFHE 109, 67, BStBl. II 1973, 475; vom 20. September 1989 II R 96/86, BFHE 159, 95, BStBl. II 1990, 206; vom 12. Mai 1993 II R 2/90, BFHE 171, 334, BStBl. II 1993, 587.

Davon gehen auch die Befürworter negativer Geschäftswerte aus. Schrumpfen die Aktiva, bleibt nämlich auf der Passivseite der Bilanz keine Lücke, die durch einen negativen Geschäftswert ausgefüllt werden könnte; sind die übernommenen Schulden höher, müßte sogar die Aktivierung eines Geschäftswerts erwogen werden. An die Passivierung eines Geschäftswerts ist nur zu denken, wenn die Vermögensgegenstände mit ihrem Zeit- oder Teilwert anzusetzen wären und die Anschaffungskosten in Gestalt des Unternehmenskaufpreises und der übernommenen Verbindlichkeiten dahinter zurückblieben. Dazu kann es aber nicht kommen, weil die Vermögensgegenstände mit ihren Anschaffungskosten anzusetzen sind. Das Anschaffungskostenprinzip verhindert den Ansatz eines negativen Geschäftswerts. Davon ist der BFH unter Hinweis auf § 6 Abs. 1 Nr. 7 EStG ausgegangen[8]. Doch handelt es sich dabei nicht um eine steuerliche Besonderheit; selbstverständlich gilt das Anschaffungskostenprinzip auch für die Handelsbilanz.

III. Der negative Geschäftswert im Bilanzierungssystem

Wer sich von dieser Argumentation nach dem Gesetzeswortlaut nicht überzeugen läßt, muß überlegen, unter welchem Bilanzposten das Gebilde negativer Geschäftswert eingeordnet werden soll. Das ist schon für den positiven Geschäftswert streitig, dessen Aktivierbarkeit ja ausdrücklich vorgesehen ist. Hier wogt unverändert der Streit, ob es sich um eine Bilanzierungshilfe oder einen Vermögensgegenstand bzw. ein Wirtschaftsgut handelt. Die Steuerrechtsprechung hat sich für ein Wirtschaftsgut entschieden[9]. Der Streit braucht hier nicht nachgezeichnet zu werden. Wichtig ist nur die Prämisse, daß der Geschäftswert einem der etablierten Bilanzposten zugeordnet werden muß, um ihn in das Bilanzierungsschema und die Bewertungsvorschriften einzuordnen.

Das müßte auch mit einem negativen Geschäftswert geschehen. An eine Bilanzierungshilfe läßt sich hier von vornherein nicht denken. Negative Bilanzierungshilfen kennt das Steuerrecht nicht[10]. In der Steuerbilanz kann nicht einmal eine aktive Bilanzierungshilfe berücksichtigt werden[11]; auch eine negative Bilanzierungshilfe, gäbe es sie denn, wäre unbeachtlich. Der negative Geschäftswert müßte schon einem der etablierten

8 BFH vom 22. Juni 1965 I 405/61 U, BFHE 82, 651, BStBl. III 1965, 482; vom 31. Mai 1972 I R 49/69, BFHE 106, 71, BStBl. II 1972, 696; vom 11. Juli 1973 I R 126/71, BFHE 110, 402, BStBl. II 1974, 50; vom 30. Januar IV R 109/73, BFHE 111, 483, BStBl. II 1974, 337; vom 19. Februar 1981 (Fn. 6).

9 BFH vom 16. September 1970 I R 196/67, BFHE 101, 76, BStBl. II 1971, 175; vom 24. März 1983 IV R 138/80, BFHE 139, 361, BStBl. II 1984, 233; vom 20. August 1986 I R 150/82, BFHE 149, 25, BStBl. II 1987, 455, 458.

10 *Christoph Küppers*, Der Firmenwert in Handels- und Steuerbilanz, DB 1986, 1633.

11 BFH vom 28. Januar 1954 IV 255/53 U, BFHE 58, 516, BStBl. III 1954, 109; vom 22. Mai 1990 VIII R 41/87, BFHE 161, 456, BStBl. II 1990, 965.

Bilanzpassiva zugeordnet werden. Zwar können nach § 265 Abs. 5 Satz 2 HGB neue Posten hinzugefügt werden, wenn ihr Inhalt nicht von einem vorgeschriebenen Posten gedeckt wird. Dies bedeutet aber nicht, daß neue Bilanzierungskategorien hinzuerfunden werden dürfen[12]. Der negative Geschäftswert müßte also als Rechnungsabgrenzungsposten, als Verbindlichkeit oder als Rückstellung verstehbar sein.

Eine Verbindlichkeit beinhaltet er sicherlich nicht und auch ein Rechnungsabgrenzungsposten wäre fehl am Platz. Am ehesten läßt sich an eine Rückstellung für künftige Verluste denken[13]. Da eine Verbindlichkeitsrückstellung nicht in Betracht kommt und auch eine Drohverlustrückstellung ausscheidet, könnte es sich nur um eine Aufwandrückstellung im Sinne von § 249 Abs. 2 HGB handeln. Dabei ist aber an Aufwendungen aus bestimmten Geschäftsvorfällen gedacht. Erwartete Unternehmensverluste können hier nicht untergebracht werden, sie entziehen sich jeder Rückstellung[14]. Daß eine Aufwandrückstellung nicht in die Steuerbilanz eingehen kann, sei angemerkt.

Auch die Bewertung wird nicht gelingen[15]. Wie eine Verbindlichkeit kann der negative Geschäftswert nicht bewertet werden; es fehlt an einem Erfüllungsbetrag. Könnte man eine Aufwandrückstellung annehmen, ließen sich die späteren Verluste wohl mit der Rückstellung verrechnen. Dies scheidet, wie gesagt, aber aus; es müßten sonst auch zusätzlich erwartete Verluste in die Rückstellung aufgenommen werden.

Ebensowenig können mit kühnem Griff die Bewertungsvorschriften für den positiven Geschäftswert auf sein negatives Gegenstück übertragen werden. Von einer Abschreibung, gar von einer Abnutzung des negativen Geschäftswerts läßt sich nicht sprechen; aus der Abschreibung, der Verteilung von Ausgaben, läßt sich nicht die Auflösung eines Passivums gewinnen. Als Passivum müßte der negative Geschäftswert in der Folge auch mit seinem höheren Teilwert angesetzt werden, womit künftige Unternehmensverluste vorwegzunehmen wären. Ein niedrigerer Teilwert darf für Passiva nicht genutzt werden, weil damit nicht realisierte Gewinne vorweggenommen würden; auch auf diesem Wege läßt sich das Passivum also nicht auflösen.

Zudem läßt sich ein negativer Unternehmenswert mit den herkömmlichen Methoden der Unternehmensbewertung nicht ermitteln, da ein solches Unternehmen nicht auf Dauer bestehen kann; der Liquidationswert,

---

12 Vgl. *Adler/Düring/Schmaltz,* Rechnungslegung und Prüfung der Unternehmen, 4. Aufl., § 265 HGB RdNr. 67.

13 Hierfür *Karlheinz Küting,* Ein erneutes Plädoyer für eine Einheitsbesteuerung, DB 1990, 489, 493 f.; *Rolf Georg Bachem,* Berücksichtigung negativer Geschäftswerte in Handels-, Steuer- und Ergänzungsbilanz, BB 1993, 967, 969.

14 Vgl. BFH vom 25. August 1989 III R 95/87, BFHE 158, 58, BStBl. II 1989, 893.

15 Vgl. dazu die Vorschläge bei *Gerhard B. Heinze/Willy Roolf,* DB 1976, 214, 217 f.; *Adolf Moxter,* Bilanzrechtliche Probleme beim Geschäfts- oder Firmenwert, in: Festschrift für Johannes Semler, S. 858; *Bachem* (Fn. 13) S. 970.

der auch negativ sein kann, läßt sich nicht verwenden, weil die bilanzielle Bewertung gerade vom Fortbestand des Unternehmens ausgeht. Ein einmal passivierter Unternehmenswert müßte also bis zur Beendigung oder Veräußerung des Unternehmens weitergeführt werden; solche Bilanzansätze kennt das Handelsrecht aber nicht.

Bei alledem sei bedacht, daß handelsrechtlich ein Wahlrecht auf Aktivierung des positiven Geschäftswerts besteht. Gilt dies auch für den negativen Geschäftswert, könnte auf seine Passivierung auch verzichtet werden; dann aber müßten wider die Prämisse die Vermögensgegenstände bzw. Wirtschaftsgüter nicht mit ihren Zeit- oder Teilwerten, sondern ihren anteiligen Anschaffungskosten angesetzt werden. Auch hier ist anzumerken, daß ein Passivierungswahlrecht die Berücksichtigung eines negativen Geschäftswerts in der Steuerbilanz ausschließt; es müßten dort also generell die anteiligen Anschaffungskosten angesetzt werden.

Wer sich für die Passivierung eines negativen Geschäftswerts einsetzt, sollte sich also Gedanken über seine Einordnung in das System der Bilanzierungsregeln machen. Er wird dann von seinem Vorhaben Abstand nehmen.

IV. Auswirkungen auf das Unternehmensergebnis

Ob die Passivierung eines negativen Geschäftswerts verlangt werden soll oder unterbleiben muß, beurteilt sich nicht zuletzt nach den Gewinnauswirkungen, die sich daraus ergeben. Unterbleibt die Passivierung, müssen die Anschaffungskosten, bestehend aus Kaufpreis und übernommenen Verbindlichkeiten, auf die erlangten Vermögensgegenstände verteilt werden. Über die Art der Aufteilung läßt sich streiten. Aktiviert man zunächst im Umlaufvermögen, bis der Zeit- oder Teilwert erreicht ist, und erst danach beim Anlagevermögen[16], führen die geringeren Anschaffungskosten erst in ferner Zukunft zu Minderaufwendungen bzw. Mehrerträgen; verfährt man umgekehrt, stellt sich die Ergebnisverbesserung schon bald nach dem Erwerb ein. Sachgerecht ist aber allein die unterschiedslose Verteilung der Anschaffungskosten auf sämtliche Vermögensgegenstände im Verhältnis ihrer Zeit- oder Teilwerte, wie dies auch sonst beim Erwerb mehrerer Wirtschaftsgüter zu einem Gesamtpreis verlangt wird[17].

Auch diese Verteilung der Anschaffungskosten bewirkt, daß zunächst eine Aufwandsminderung oder Ertragserhöhung eintritt, während sich die Verhältnisse nach Ersatzbeschaffungen später normalisieren. Von einigen wird darin eine unzulässige Verzerrung der Vermögens- und Ertragslage gesehen[18]. Sehr zu Unrecht, weil nur die tatsächlichen Ausgaben des

16 Hierfür z.B. *Piltz* (Fn. 2) S. 18 ff.

17 Vgl. BFH vom 31. Mai 1972 I R 49/69 (Fn. 8); vom 19. Februar 1981 (Fn. 6); *Pankow/Schmidt-Wendt*, Beck'scher Bilanzkommentar, 2. Aufl., § 255 HGB RdNr. 81 ff., 511 ff.

Erwerbers zu Aufwand führen können. Aktiviert man dagegen die Vermögensgegenstände mit ihrem Zeit- oder Teilwert und passiviert man zum Ausgleich einen negativen Teilwert, so würde man zunächst fiktive Ausgaben und bei Auflösung des Passivpostens einen ebenso fiktiven Ertrag verrechnen. Dagegen ist die aus den niedrigeren Anschaffungskosten folgende Ergebnisverbesserung durchaus situationsgerecht. Der Erwerber will einen Ausgleich für die erwarteten Betriebsverluste und erhält ihn in den günstigeren Anschaffungskosten für die vorhandene Substanz. Ihm liegt ja nicht daran, Verluste zu kaufen[19]; den Verlust soll vielmehr der Veräußerer durch verbilligte Überlassung des Unternehmens tragen. Vielleicht kann der Erwerber wegen der verminderten Aufwendungen sogar jeglichen Verlust vermeiden. Auch daß die Zeit nach der Betriebsübernahme stärker entlastet wird als spätere Zeiträume, ist nicht sinnwidrig; denn gerade dann, bevor die Betriebsumstellung wirksam wird, entstehen i.d.R. die höchsten Verluste. Das Ergebnis ist nicht anders, als hätte der Veräußerer nach Übertragung des Unternehmens zu normalem Preis in der Folge noch Ertragszuschüsse gewährt.

V. Passivierung in Sonderfällen

Wer all dies billigt, wird vielleicht in Sonderfällen die Bilanzierung eines negativen Geschäftswerts doch für unabweisbar halten. In diesem Zusammenhang wird vor allem eine Zuzahlung des Veräußerers genannt, die den Erwerber zur Übernahme des Unternehmens bewegen soll. Muß hier ein negativer Geschäftswert passiviert werden, damit beim Erwerber kein Übernahmegewinn entsteht? Keineswegs. Wir haben es mit einem negativen Unternehmenspreis zu tun, der die Anschaffungskosten in Gestalt der übernommenen oder neu eingegangenen Verbindlichkeiten mindert. So wird ja auch sonst verfahren, wenn ein Zuschuß zu den Anschaffungs- oder Herstellungskosten eines Wirtschaftsguts gewährt wird[20]. Im Ergebnis macht es keinen Unterschied, ob der Veräußerer vor Übergabe des Unternehmens Verbindlichkeiten ablöst, oder ob er die dafür erforderlichen Mittel dem Erwerber überläßt. Die verbleibenden Anschaffungskosten sind, wie gewohnt, auf die erlangten Wirtschaftsgüter zu verteilen. Hierbei kann sich durchaus ein positiver Geschäftswert ergeben, wenn nämlich die verbleibenden Anschaffungskosten höher sind als die Zeit- oder Teilwerte der erlangten Vermögensgegenstände bzw. Wirtschaftsgüter; sind sie niedriger, müssen sie wiederum im Verhältnis der Zeit- oder

18 *Heinze/Roolf* (Fn. 15) S. 214; *Küting* (Fn. 13) S. 493 f.; *Bachem* (Fn. 13) S. 968.

19 *Siegel/Bareis,* Der negative Geschäftswert – eine Schimäre als Steuersparmodell, BB 1993, 1477, 1479.

20 Vgl. BFH vom 14. Juli 1988 IV R 78/85, BFHE 154, 212, BStBl. II 1989, 189; vom 21. Juni 1990 IV B 100/89, BFHE 161, 120, BStBl. II 1990, 980; vom 28. April 1989 III R 4/87, BFHE 156, 497, 501, BStBl. II 1989, 618; vom 26. März 1991 IX R 104/86, BFHE 164, 263; abweichend BFH vom 22. Januar 1992 X R 23/89, BFHE 167, 69, BStBl. II 1992, 488.

Teilwerte aufgeteilt werden, ohne daß es zur Passivierung eines negativen Geschäftswerts käme.

Hieran ist anzuknüpfen, wenn mit dem Unternehmen Barmittel in Gestalt von Kassenbeständen oder Bankguthaben übertragen werden. Häufig geschieht dies sicherlich nicht. Kommt es doch dazu, kann die Belassung der Barmittel, mit denen ja vor dem Betriebsübergang Verbindlichkeiten hätten abgelöst werden können, nicht anders als eine Zuzahlung durch den Veräußerer behandelt werden. Wird für das Unternehmen ein Kaufpreis gewährt, mindert sich dieser Preis, da ein Teil der Kaufsumme im Unternehmensvermögen zurückgewährt wird; die Anschaffungskosten aus Kaufpreis und übernommenen Verbindlichkeiten fallen also geringer aus; natürlich können die Barmittel auch von diesem Gesamtkaufpreis abgesetzt werden. Wird kein Kaufpreis gewährt, sind die Barmittel demgemäß von den als Anschaffungskosten zu verteilenden übernommenen Verbindlichkeiten abzusetzen. Man kann auch in der Weise vorgehen, daß die Anschaffungskosten vorab den Barmitteln zugerechnet werden, und daß nur der Rest auf die sonst noch vorhandenen Vermögensgegenstände verteilt wird. Auch die Barmittel wirken also wie ein Zuschuß auf die Anschaffungskosten der übrigen Vermögensgegenstände. Ein negativer Geschäftswert muß auch hier nicht bilanziert werden.

Wie aber, wenn die Zuzahlung des Veräußerers oder die übergehenden Barmittel die übernommenen Verbindlichkeiten übersteigen[21]? Dann mögen ja die übrigen Vermögensgegenstände mit einem Erinnerungswert angesetzt werden. Es wird aber bedenklich erscheinen, auch die Barmittel oder die Zuzahlung auf den Betrag der übernommenen Verbindlichkeiten abzustocken. Werden überhaupt keine Verbindlichkeiten übernommen, müßten die Geldbeträge sogar mit einem Erinnerungswert angesetzt werden. In diesen Fällen soll der Ausweis eines negativen Geschäftswerts unabweisbar sein[22]. Dem ist zu widersprechen. Auch hier ist zu fragen, welche Bilanzierungsgrundsätze eine solche Passivierung rechtfertigen sollen. Zwar wäre das Anschaffungskostenprinzip mit der Passivierung nicht verletzt. Doch gilt unverändert, daß der negative Geschäftswert im Bilanzierungssystem keine Heimat hat, daß es insbesondere an Bewertungsvorschriften fehlt. Dies würde bedeuten, daß der Passivposten erst bei Beendigung oder Veräußerung des Unternehmens gewinnerhöhend aufzulösen ist. Dann würden zwar die mit Erinnerungswerten angesetzten übrigen Vermögensgegenstände das Ergebnis des Erwerbers nach der Übernahme verbessern; ausgerechnet die Barmittel wären davon aber ausgenommen.

---

21 Vgl. das Beispiel bei *Moxter* (Fn. 15) S. 856: Kassenbestand 2 Mio. DM, Zeitwert anderer Vermögensgegenstände 1 DM, Verbindlichkeiten 1 Mio DM, Kaufpreis 1 DM.

22 Vgl. *Mathiak,* StuW 1982, 81 f.; *Detlev Jürgen Piltz,* Die Bewertung in der Steuerbilanz und der Vermögensaufstellung bei unrentablen Unternehmen, in: Institut „Finanzen und Steuern" e.V., Heft 122 S. 26; *Moxter* (Fn. 21).

In dieser Lage ist daran zu erinnern, daß die Zuzahlung bzw. die übergebenen Barmittel wie ein Zuschuß des Veräußerers wirken. Überdeckt aber ein Zuschuß für den Erwerb eines Wirtschaftsguts die Anschaffungskosten, ist der Mehrbetrag als gewinnerhöhender Ertragszuschuß zu vereinnahmen[23]. Das gilt auch in unserem Fall[24]. Es liegt der Einwand nahe, damit werde gegen das Realisationsprinzip verstoßen. Beim Empfang von Zuschüssen, insbesondere von Ertragszuschüssen, läßt sich dieses Prinzip aber auch sonst nicht einhalten, da es an einer betrieblichen Gegenleistung fehlt[25]. Noch weniger entspräche es dem Realisationsprinzip, wenn der Zuschuß mit Auflösung eines negativen Geschäftswerts erst bei Beendigung des Unternehmens gewinnwirksam würde; der Zuschuß wird für die Übernahme des Betriebs, nicht seine Beendigung oder Veräußerung gewährt.

Zwar läßt sich daran denken, den empfangenen Zuschuß mit Hilfe eines passiven Rechnungsabgrenzungspostens über die nachfolgenden Jahre zu verteilen. Das gelingt aber nur, wenn der Empfänger eine Gegenleistung erbringt[26]. Sie ist hier nicht ersichtlich. Für die Abgeltung künftiger Aufwendungen aus Wirtschaftserschwernissen[27] oder auch für Zuschüsse zu den Aufwendungen aus der Betriebsstillegung[28] ist die Abgrenzung deswegen versagt worden. Sie kann auch hier nicht gewährt werden, so daß in den erwähnten Grenzfällen in der Tat ein Übernahmegewinn entsteht; ob sie überhaupt praktische Bedeutung haben, ist eine andere Frage.

VI. Negativer Geschäftswert bei Erwerb eines Mitunternehmeranteils

Auch in Zusammenhang mit dem Erwerb eines Mitunternehmeranteils wird von der Passivierung eines negativen Geschäftswerts beim Erwerber gesprochen, allerdings nicht im Handelsrecht, weil die Beteiligung an einer Personengesellschaft dort einen eigenen Vermögensgegenstand bildet. Die Diskussion beschränkt sich auf das Bilanzsteuerrecht, das den Erwerb eines derartigen Gesellschaftsanteils noch immer als Erwerb von Anteilen an den Wirtschaftsgütern und Verbindlichkeiten der Gesellschaft wertet[29]. Eigentlich müßten dann die Anschaffungskosten für die Anteile an den Wirtschaftsgütern nach dem Kaufpreis und den anteiligen

23 BFH vom 22. Januar 1992 (Fn. 20).

24 Ebenfalls für Übernahmegewinn *Siegel/Bareis* (Fn. 19) S. 1485. Derselbe Effekt würde sich bei einer Abstockung und anschließender Verausgabung der Barmittel ergeben.

25 Vgl. BFH vom 14. Juli 1988 (Fn. 20).

26 BFH vom 14. Juli 1988 (Fn. 20).

27 BFH vom 29. November 1990 IV R 131/89, BFHE 168, 24, BStBl. II 1992, 715.

28 BFH vom 9. März 1988 I R 262/83, BFHE 153, 38, BStBl. II 1988, 592.

29 BFH vom 25. Februar 1991 GrS 7/89, BFHE 163, 1, 19, BStBl. II 1991, 691, 700; st. Rspr.

Verbindlichkeiten in derselben Weise ermittelt werden, wie dies beim Erwerb eines Unternehmens geschieht. In der Realität begnügt sich der Erwerber aber damit, die Differenz zwischen dem Kaufpreis und dem übernommenen Kapitalkonto auf seinen Anteil an den von der Gesellschaft ausgewiesenen Wirtschaftsgütern zu verteilen.

Ist der Kaufpreis höher als das Kapitalkonto, werden die Werte der Gesellschaft in einer Ergänzungsbilanz des Gesellschafters aufgestockt; sind die anteiligen Teilwerte der Wirtschaftsgüter erreicht, stellt ein verbleibender Mehrwert Anschaffungskosten für einen Anteil am Geschäftswert dar[30]. Ist der Kaufpreis niedriger als das Kapitalkonto, wird die Differenz von den anteiligen Werten der Wirtschaftsgüter abgestockt. Wie im Falle der Aufstockung, ist die Differenz auch hier auf die Wirtschaftsgüter der Gesellschaft aufzuteilen. Über die Art der Abstockung bestehen unterschiedliche Vorstellungen[31]. Ist der Abstockungsbetrag größer als die anteiligen Buchwerte der Wirtschaftsgüter, scheint der Ausweis eines negativen Geschäftswerts in der Ergänzungsbilanz unabweisbar. Normalerweise kann es dazu aber nicht kommen, weil im Höchstfall das gesamte Kapitalkonto abzustocken ist, die Aktiva aber höher sind als das ausgewiesene Eigenkapital. Die Anhänger eines negativen Geschäftswerts geben sich damit aber nicht zufrieden.

An sich könnte man den negativen Geschäftswert schon ins Spiel bringen, wenn beim Anteilserwerb zwar ein Aufgeld auf das Kapitalkonto gezahlt wird, die anteiligen stillen Reserven in den Wirtschaftsgütern aber höher sind als der Aufpreis. Daß hier in der Ergänzungsbilanz des Erwerbers auf die Teilwerte aufzustocken und zum Ausgleich ein negativer Geschäftswert anzusetzen ist, wird allerdings im Unterschied zum Unternehmenserwerb von niemandem verlangt. Liegt der Kaufpreis unter dem Kapitalkonto, soll dagegen von einer Abstockung abgesehen und die Differenz als Anteil an einem negativen Geschäftswert passiviert werden[32]. Dagegen sprechen sämtliche Gesichtspunkte, die schon beim Unternehmenserwerb einen derartigen Ansatz verhinderten: Der Verstoß gegen das Anschaffungskostenprinzip, die Unvereinbarkeit mit allen Ansatz- und Bewertungsvorschriften, der sachwidrige Gewinnausweis. Die Rechtsprechung hat denn auch eine solche Bilanzierung abgelehnt[33].

Das Bilanzierungsverbot gilt uneingeschränkt, also auch dann, wenn der Kaufpreis des Anteils 0 DM beträgt und der Veräußerer eine Zuzahlung leistet. Beim Unternehmenserwerb mindern sich dann die Anschaffungs-

30 St. Rspr., z.B. BFH vom 29. Oktober 1991 VIII R 148/85, BFHE 167, 309, BStBl. II 1992, 647.

31 Vgl. dazu *Michael Regniet*, Ergänzungsbilanzen bei der Personengesellschaft, 1990, S. 152 ff.; *Widmann/Mayer*, Umwandlungsrecht, Rz. 8082.2–11.

32 *Heinze/Roolf* (Fn. 15) S. 217; *Littmann/Bitz/Hellwig*, Das Einkommensteuerrecht, 16. Aufl., § 15 EStG Rn. 64; *Brigitte Knobbe-Keuk*, Bilanz- und Unternehmenssteuerrecht, 9. Aufl., S. 900 f.; *Regniet* (Fn. 31) S. 153.

33 BFH vom 11. Juli 1973 (Fn. 8), vom 30. Januar 1974 IV R 109/73, BFHE 111, 483, BStBl. II 1974, 352; vom 19. Februar 1981 (Fn. 6).

kosten in Gestalt der übernommenen Verbindlichkeiten; dementsprechend muß hier die Abstockung um den Zuschuß erhöht werden. Sind die Abstockungsmöglichkeiten erschöpft, muß der Anteilserwerber die Zuzahlung wie der Unternehmenserwerber als Ertragszuschuß versteuern. Der erworbene Anteil an den Barmitteln steht auch in diesem Fall einem Zuschuß gleich.

Das Auftreten negativer Kapitalkonten kompliziert die Lage. In ihnen kommen Ausgleichsansprüche unter den Gesellschaftern zum Ausdruck, im Verhältnis zu Kommanditisten auch bloße Merkposten für die Verteilung künftiger Vermögensmehrungen der Gesellschaft. Wird in diesen Verhältnissen ein Gesellschaftsanteil mit positivem Kapitalkonto unter Buchwert erworben, kommt die Passivierung eines negativen Geschäftswerts in der Ergänzungsbilanz des Erwerbers wiederum nicht in Betracht, und zwar auch dann nicht, wenn die Differenz nicht mehr durch Abstokkungen verteilt werden kann. Der Ausgleichs- und Verrechnungspflicht zwischen den Gesellschaftern muß in anderer Weise Rechnung getragen werden; das braucht hier aber nicht dargestellt zu werden.

VII. Zusammenfassung

Ein negativer Geschäftswert kann beim Erwerb eines Unternehmens in keinem Fall ausgewiesen werden. Sein Ausweis würde bedeuten, daß die Vermögensgegenstände nicht mit ihren tatsächlichen Anschaffungskosten, sondern mit ihren Zeit- oder Teilwerten angesetzt werden; damit würde gegen das Anschaffungskostenprinzip verstoßen. Der negative Geschäftswert paßt zudem nicht in das Bilanzierungsschema, weil er sich keinem der etablierten Passivposten zuordnen läßt. Am ehesten kann er mit einer Aufwandsrückstellung nach § 249 Abs. 2 HGB verglichen werden; spätere Verluste wären dann gegen die Rückstellung zu verrechnen. Doch ist die Aufwandsrückstellung nicht für die Aufnahme künftiger Unternehmensverluste vorgesehen. Da für Aufwandrückstellungen nur ein Passivierungswahlrecht besteht, könnte der Posten zudem nicht in die Steuerbilanz übernommen werden. Sonst fehlt es an passenden Bewertungsregeln. Da ein einmal gebildeter negativer Geschäftswert erst bei Beendigung oder Veräußerung des Unternehmens aufzulösen wäre, würden in Höhe des Unterschieds zwischen den tatsächlichen Anschaffungskosten und den Zeit- oder Teilwerten der Wirtschaftsgüter zunächst fiktive Anschaffungskosten verrechnet.

Ein negativer Geschäftswert ist selbst dann nicht vonnöten, wenn der Unternehmensveräußerer eine Zuzahlung leistet. Sie ist wie der Zuschuß eines Dritten zunächst von den Anschaffungskosten in Gestalt der übernommenen Verbindlichkeiten abzusetzen und führt erst mit einem höheren Betrag wie ein Ertragszuschuß zu einem Gewinn des Erwerbers. Die Übernahme von Barmitteln durch den Erwerber steht einer Zuzahlung des Veräußerers gleich.

Ebensowenig ist bei Erwerb eines Mitunternehmeranteils unter dem Betrag des Kapitalkontos in der Ergänzungsbilanz des Erwerbers ein Geschäftswert anzusetzen; der Minderbetrag ist für Abstockungen zu verwenden. Eine Zuzahlung des Veräußerers führt zu weiteren Abstockungen, nach Erschöpfung der Abstockungsmöglichkeiten zu einem Ertrag. Entsprechendes gilt für die anteilige Übernahme vorhandener Barmittel der Gesellschaft.

Adolf Moxter

Zur Klärung der Teilwertkonzeption

I. Einführung

1. Ein Leben lang hat *Franz Klein* für Steuerrechtsklarheit gekämpft[1]. Es mag daher angemessen sein, in einer ihm gewidmeten Festschrift zu versuchen, den Teilwert schärfer zu umreißen, als es bislang in Judikatur und Schrifttum gelungen ist: Mit Recht beklagt *Groh*, daß „die Wertfindung für den Teilwert stets ungewiß war"[2].

Die Teilwertdiskussion wurde lange Zeit durch Nichtigkeiten, durch Effekthascherei belastet. Man unterstellte Gesetz und Rechtsprechung widersinnige Teilwertkonzeptionen, die dann mit sichtlichem Behagen und geringem intellektuellem Aufwand „widerlegt" wurden; das Schlagwort vom Teilwert als einer angeblichen Mißgeburt war allenthalben zu lesen[3]: Man hob die Unlösbarkeit des Zurechnungsproblems hervor und ließ – aus welchen Gründen auch immer – unerwähnt, daß schon von der RFH-Rechtsprechung eine direkte Ableitung des Teilwertes aus dem Ertragswert abgelehnt worden war[4].

Ernsthaft der Untersuchung wert ist dagegen die Frage, warum bei Anwendung der Teilwertvorschrift „künftige Verluste vielfach überhaupt nicht oder aber in übertriebener Höhe berücksichtigt" werden[5]. Das Kernproblem liegt dabei in der schon in der frühesten Teilwertrechtsprechung

1 Vgl. insbesondere *Franz Klein*, Gleichheitssatz und Steuerrecht, 1966, S. 189 und passim.
2 *Manfred Groh*, Wertabschläge im Warenlager, DB 1985, 1245.
3 Mit Recht hat *Doralt* diese Teilwertkritik zurückgewiesen (*Werner Doralt*, Der Teilwert als Anwendungsfall des Going-Concern-Prinzips, in: Arndt Raupach, Hrsg., Werte und Wertermittlung im Steuerrecht, 1984, 141).
4 Vgl. die RFH-Urteile vom 14. Dezember 1927 VI A 802/27, RFHE 22, 309, vom 11. Januar 1929 VI A 1515/28, RStBl. 1929, 221 und vom 6. März 1935 VI A 890/34, StuW 1935, Nr. 288.
5 *Manfred Groh*, Künftige Verluste in der Handels- und Steuerbilanz, zugleich ein Beitrag zur Teilwertdiskussion, StuW 1976, 32, 42.

zu findenden Divergenz zweier grundlegender Teilwertkonzeptionen, nämlich dem als Vermögenswertanteil und dem als Verlustmaßstab verstandenen Teilwert; dahinter verbergen sich ebenso grundlegende Meinungsunterschiede vom primären Sinn und Zweck der Bilanz im Rechtssinne. Mit Recht meint *Döllerer* daher, daß „das wissenschaftliche Streitgespräch über den Teilwert . . . nicht verstummen" dürfe[6].

2. Teilwert nennt das Gesetz den „Betrag, den ein Erwerber des ganzen Betriebs im Rahmen des Gesamtkaufpreises für das einzelne Wirtschaftsgut ansetzen würde; dabei ist davon auszugehen, daß der Erwerber den Betrieb fortführt" (§ 6 Abs. 1 Nr. 1 Satz 3 EStG). Bei Wirtschaftsgütern kommt dieser Teilwert nur in Betracht, wenn er niedriger ist als die Anschaffungs- oder Herstellungskosten, gegebenenfalls abzüglich AfA bzw. AfaA (§ 6 Abs. 1 Nr. 1 Sätze 1 u. 2, Nr. 2 Satz 2 EStG). „Verbindlichkeiten" will das Gesetz „unter sinngemäßer Anwendung" der gerade angeführten Vorschriften passiviert wissen (§ 6 Abs. 1 Nr. 3 EStG), also zum gegenüber den Anschaffungs- oder Herstellungskosten höheren Teilwert.

II. Als Vermögenswertanteil konzipierter Teilwert

1. Mögliche Begründungen

a) Wortlautauslegung

Der vom (gedachten) Unternehmenserwerber zu entrichtende (gedachte) Gesamtkaufpreis ist nichts anderes als das von dem Unternehmen am Abschlußstichtag verkörperte Effektivvermögen (im Unterschied zum bloßen Buchvermögen); der „Betrag, den ein Erwerber des ganzen Betriebs im Rahmen des Gesamtkaufpreises für das einzelne Wirtschaftsgut ansetzen würde", muß so gesehen als zurechenbarer (Effektiv-)Vermögenswertanteil des einzelnen Wirtschaftsguts verstanden werden. Demnach wäre zum Beispiel der Teilwert einer (echt) unverzinslichen Forderung des Anlagevermögens als deren Barwert, nicht als deren Nennwert zu verstehen[7]: eine unverzinsliche Forderung in Höhe von 1 Mio. DM (Nennbetrag, Tilgungsbetrag), in zehn Jahren fällig, hat bei einem Marktzinssatz von 10 v.H. einen Barwert von nur 0,386 Mio. DM. Der gedachte Erwerber des ganzen Unternehmens wäre nicht etwa bereit, im Rahmen des Gesamtkaufpreises für eine solche Forderung den Nennbetrag anzusetzen; unmöglich können für ihn normalverzinsliche und unverzinsliche bzw. unterverzinsliche Forderungen den gleichen Vermögenswertanteil verkörpern.

---

6 *Georg Döllerer*, Die Grenzen des Imparitätsprinzips, StbJb. 1977/78, 129, 152.

7 In der Teilwertrechtsprechung zu unverzinslichen Forderungen des Anlagevermögens steht das Problem der verdeckten Verzinsung (verdeckten Gegenleistung) im Vordergrund. Vgl. zuletzt das BFH-Urteil vom 24. Januar 1990 I R 157/85 I R 145/86, BFHE 159, 494, BStBl. II 1990, 639.

b) Anschaffungswertprinzip als bloße Objektivierungsrestriktion

Das gesetzliche Anschaffungswertprinzip, das bei Wirtschaftsgütern den Ansatz eines die Anschaffungs- oder Herstellungskosten übersteigenden Teilwerts ausschließt, könnte als bloße Objektivierungsrestriktion verstanden werden; Anschaffungs- oder Herstellungskosten haben in der Tat den Vorzug, daß sie Bewerterermessen etwas stärker einschränken[8]. Dem Gesetz käme es nach dieser These zwar darauf an, die einzelnen Wirtschaftsgüter in Höhe ihrer gerade angeführten Vermögenswertanteile aktiviert zu sehen, aus Objektivierungsrücksichten, und nur aus diesen, werde jedoch mit dem Anschaffungswertprinzip eine Obergrenze gezogen. Demnach würde zum Beispiel für ein Grundstück, das mit Anschaffungskosten von 1 Mio. DM erworben wurde, der Ansatz des selbst bei vorsichtigster Schätzung inzwischen mindestens verzehnfachten Vermögenswertanteils nach dem Gesetz nur deshalb nicht in Betracht kommen, weil sich die Anschaffungskosten relativ objektiviert feststellen lassen.

2. Konsequenzen für den Teilwertmaßstab

a) Teilwertreduktion auf den Substanzwertanteil

Versteht man den Teilwert als Vermögenswertanteil, muß die Frage beantwortet werden, wie das Effektivvermögen (der gedachte Gesamtkaufpreis für das Unternehmen) auf die Vermögenswertanteile der einzelnen Wirtschaftsgüter und Schulden aufzuteilen ist. Das kann in der Weise geschehen, daß man zwischen Substanzwert und Geschäfts- oder Firmenwert trennt: Der Geschäfts- oder Firmenwert ist nach dem Gesetz ein besonderes Wirtschaftsgut; es liegt daher nahe, seine Komponenten nicht durch entsprechende Teilwertbemessung anderen Wirtschaftsgütern zuzurechnen[9]. Aus dieser These folgt freilich, daß sich der als Vermögenswertanteil konzipierte Teilwert in Wirklichkeit auf einen Substanzwertanteil reduziert. Das bedeutet, daß ein so verstandener Teilwert alle Fragwürdigkeiten des Substanzwertes, die sich insbesondere aus dessen grundsätzlicher Ertragsunabhängigkeit ergeben, teilt.

---

8 Vgl. insbesondere *Georg Döllerer*, Zur Problematik der Anschaffungs- und Herstellungskosten, JbFfSt 1976/77, 196 und *Walter Mathiak*, Anschaffungs- und Herstellungskosten, in: Werte und Wertermittlung im Steuerrecht, a.a.O. (oben Fn. 3), S. 97.

9 Vgl. zu Einzelheiten *Groh*, a.a.O. (oben Fn. 5), S. 35 f., ferner das BFH-Urteil vom 11. Oktober 1955 I 117/54 U, BFHE 62, 27, BStBl. III 1956, 11: „Die Rentabilität ist von Bedeutung für einen etwaigen Geschäftswert. Es ist aber einkommensteuerrechtlich nicht zulässig, diesen Geschäftswert auf die einzelnen sonstigen Betriebsvermögensgegenstände umzulegen und auf diese Weise ihren Wert zu erhöhen."

b) Wiederbeschaffungskosten als grundsätzlicher Teilwertmaßstab

Das Problem des Teilwertmaßstabs ist bei einem als Substanzwertanteil verstandenen Teilwert relativ leicht zu lösen: Es kommen grundsätzlich nur die Wiederbeschaffungskosten in Frage. Diese These läßt sich zudem wiederum auf die Legaldefinition des Teilwerts stützen: Der gedachte Erwerber des (fortzuführenden) Unternehmens hat keinen Anlaß, für das einzelne Wirtschaftsgut mehr zu vergüten als dessen Substitutionswert. Bei betrieblich notwendigen Wirtschaftsgütern ist das der Betrag, mit dem das Wirtschaftsgut bei seinem Fehlen anderweitig zu beschaffen wäre, also der Wiederbeschaffungswert. Schon der RFH hat betont, daß bei solchen Wirtschaftsgütern der Teilwert „nie höher sein kann als der sogenannte Wiederbeschaffungswert"[10]. Bei betrieblich nicht notwendigen (überzähligen) Wirtschaftsgütern ist der Teilwert dagegen aus dem Veräußerungswert abzuleiten: „Für solche entbehrlichen Wirtschaftsgüter wird regelmäßig der Teilwert durch den Einzelveräußerungspreis bestimmt."[11]

III. Als Verlustmaßstab konzipierter Teilwert

1. Mögliche Begründungen

a) Vermögensermittlungszweck: Bestimmung eines entziehbaren Vermögensüberschusses

Die gerade skizzierte These, wonach im Ausschluß höherer (das heißt die Anschaffungs- oder Herstellungskosten von Wirtschaftsgütern übersteigender) Teilwerte eine bloße Objektivierungsrestriktion zu sehen ist, trifft nicht zu. In der im Anschaffungswertprinzip verkörperten Wertobergrenze spiegelt sich primär die durch das Realisationsprinzip beabsichtigte Gewinnausschüttungsregelung wider. Das ergibt sich eindeutig aus der Entstehungsgeschichte des Anschaffungswertprinzips.

Anschaffungs- oder Herstellungskosten als Wertobergrenze für Wirtschaftsgüter wurden mit der Aktienrechtsnovelle von 1884 (für Aktiengesellschaften) eingeführt. Die Motive heben als Begründung hervor, eine Wertsteigerung von Wirtschaftsgütern über die Anschaffungs- oder Herstellungskosten hinaus bilde „noch keinen zur Verteilung geeigneten Gewinn"[12]. Auch die Denkschrift zum Handelsgesetzbuch von 1897 betont diesen Gewinnverteilungsgesichtspunkt[13], ebenso wie die Literatur

10 RFH-Urteil vom 14. Dezember 1927, a.a.O. (oben Fn. 4).

11 BFH-Urteil vom 5. Oktober 1972 IV R 118/70, BFHE 107, 414, BStBl. II 1973, 207.

12 Stenographische Berichte über die Verhandlungen des Reichstages, 5. Legislaturperiode, IV. Session 1884, 3. Band, Anlagen zu den Verhandlungen des Reichstages, 1884, S. 303.

13 Vgl. den Entwurf eines Handelsgesetzbuchs nebst Denkschrift in der Fassung der dem Reichstage gemachten Vorlage, 1897, S. 49.

jener Zeit[14]. Das Preußische Oberverwaltungsgericht hat die vom Realisationsprinzip beherrschte Bilanz treffend eine „Verteilungsbilanz" (im Unterschied zur „Vermögensbilanz") genannt[15]. In der Diskussion um die Reichseinkommensteuergesetze der zwanziger Jahre schließlich wurde getrennt zwischen dem Vermögenszuwachs und dem Ertrag; nach Mißverständnissen, die sich aus der grundsätzlichen Orientierung des Gesetzes an der Reinvermögenszugangstheorie von *Schanz* ergaben, wurde klargestellt, daß zwar der Vermögenszuwachs besteuert werden soll, aber „betrachtet unter dem Gesichtspunkte der Ertragsbesteuerung, im Gegensatz zur Vermögenszuwachsbesteuerung"[16]: Unrealisierte Gewinne waren nicht steuerpflichtig, unrealisierte Verluste durften dagegen berücksichtigt werden.

Seit dem Bilanzrichtlinien-Gesetz gilt im Handelsrecht das Realisationsprinzip für alle Kaufleute; seither versteht die herrschende Meinung den bilanzrechtlichen Gewinn mit Recht als entziehbaren, ausschüttbaren Betrag[17], Vermögensermittlung dient mithin nicht mehr, wie zu Zeiten der älteren Statik[18] der „Vermögensbewertung"[19] im Sinne der Erfassung eines Bestands von Wirtschaftsgütern und Schulden zu ihren jeweiligen Vermögenswertanteilen. Das Realisationsprinzip wird nicht als eine bloße Objektivierungsrestriktion verstanden. Es bestimmt vielmehr den Sinn und Zweck der Vermögensermittlung, die Ermittlung eines entziehbaren Vermögensüberschusses, und damit zugleich die besondere Vermögenskonzeption des Gesetzes: Die die Anschaffungs- oder Herstellungskosten übersteigenden Vermögenswerte bleiben unerfaßt, weil sie nicht als entziehbar gelten.

b) Verlustantizipation als Vorwegnahme künftiger Ausschüttungsbelastungen

Das der Teilwertvorschrift zugehörige allgemeine Bewertungsprinzip (im Sinne von § 252 HGB) ist freilich nicht das Realisationsprinzip, sondern das Imparitätsprinzip: Nach dem Imparitätsprinzip „ist vorsichtig zu bewerten, namentlich sind alle vorhersehbaren Risiken und Verluste, die bis zum Abschlußstichtag entstanden sind, zu berücksichtigen" (§ 252 Abs. 1 Nr. 4 HGB). Doch ordnet sich das Imparitätsprinzip dem Realisa-

14 Vgl. insbesondere *Herman Veit Simon*, Die Bilanzen der Aktiengesellschaften, 3. Aufl., 1899, insbesondere S. 336 f.

15 OVG-Urteil vom 18. Juni 1918 VII ESt 10/18, OVG 18, 111, 121.

16 *Max Lion*, Das Bilanzsteuerrecht, 2. Aufl., 1923, S. 100.

17 Vgl. insbesondere *Heinrich Beisse*, Zum Verhältnis von Bilanzrecht und Betriebswirtschaftslehre, StuW 1984, 1, 2; *Blümich/Schreiber*, EStG, KStG, GewStG, 14. Aufl., § 5 EStG Anm. 212; *Georg Döllerer*, Grundsätze ordnungsmäßiger Bilanzierung, deren Entstehung und Ermittlung, BB 1959, 1217, 1219; *Manfred Groh*, Zur Bilanztheorie des BFH, StbJb. 1979/80, 121, 138; *Ludwig Schmidt*, EStG, 12. Aufl., § 5 Anm. 14c.

18 Vgl. insbesondere *Herman Veit Simon*, a.a.O. (oben Fn. 14), S. 2.

19 *Groh*, a.a.O. (oben Fn. 17), S. 121, 129.

tionsprinzip bzw. dem von diesem bestimmten Sinn und Zweck der Bilanz im Rechtssinne unter: Künftige, zu antizipierende Verluste bemessen sich nicht nach den am Abschlußstichtag gegebenen Vermögenswertanteilen der Wirtschaftsgüter bzw. Schulden, sondern nach den am Abschlußstichtag für die Zukunft drohenden Ausschüttungsbelastungen.

Meist bedeutet ein am Abschlußstichtag gefallener Vermögenswertanteil eines Wirtschaftsgutes allerdings eine künftige Ausschüttungsbelastung gleicher Höhe. Ein börsennotiertes festverzinsliches Wertpapier des Umlaufvermögens, das unterverzinslich geworden ist, hat einen Vermögenswertanteil, der sich aus seinem Börsenpreis am Abschlußstichtag ergibt (der seinem – zutreffend berechneten – Barwert entspricht). Aufgrund des Abschlußstichtagsprinzips (§ 252 Abs. 1 Nr. 3 HGB) steht dieser am Abschlußstichtag geltende Börsenpreis – objektivierungsbedingt – für den künftig realisierbaren Börsenpreis und bezeichnet daher (in Höhe des Wertunterschieds zu den Anschaffungskosten) den zu erwartenden Verlust und damit die zu erwartende Ausschüttungsbelastung.

Es gibt indes wichtige Fälle, in denen trotz eines am Abschlußstichtag gefallenen Vermögenswertanteils kein künftiger Verlust droht, also keine Ausschüttungsbelastung zu erwarten ist: Handelte es sich im gerade angeführten Beispiel um ein Wertpapier des Anlagevermögens, so kennt das Gesetz keine Abwertungspflicht; es fehlt dann an einer „dauernden Wertminderung" im Sinne von § 253 Abs. 2 Satz 3 HGB. Wurde das betreffende Wertpapier zum Nennbetrag von 1 000 DM erworben und wird es voraussichtlich mit diesem Betrag künftig getilgt, so berührt ein zwischenzeitlich niedrigerer Börsenpreis keine der künftigen GVR; es besteht mithin kein Anlaß, für künftige GVR-Belastungen und damit für künftige Ausschüttungsbelastungen am Abschlußstichtag durch Ansatz eines niedrigeren Wertes vorzusorgen: Es erfolgt keine Verlustantizipation, weil kein Verlust droht.

Es wäre schwer einzusehen, weshalb eine handelsrechtliche Abwertungspflicht anzunehmen sein sollte in den Fällen, in denen zwar der von einem Wirtschaftsgut verkörperte Vermögenswertanteil gefallen ist, aber hieraus keine Ausschüttungsbelastungen drohen. Soweit indes eine handelsrechtliche Abwertungspflicht verneint werden muß, kann nach dem Sinn und Zweck der Teilwertvorschrift eine Teilwertabschreibung nicht in Betracht kommen: Der bilanzsteuerrechtliche Bewertungsvorbehalt (§ 5 Abs. 6 EStG) würde auf diese Weise unterlaufen.

2. Konsequenzen für den Teilwertmaßstab

a) Direkte Verlustbestimmung

Ob aus einem vorhandenen Wirtschaftsgut ein Verlust im Sinne einer Belastung künftiger GVR droht, hängt davon ab, inwieweit der am Abschlußstichtag gegebene Buchwert des Wirtschaftsgutes durch (dem Wirtschaftsgut zurechenbare) zu erwartende Nettoeinnahmen gedeckt wird.

Die Nettoeinnahmenzurechnung ist im allgemeinen unproblematisch in den (bereits erörterten) Forderungsfällen, aber auch bei Fertigerzeugnissen und Waren: Maßgeblich sind die am Abschlußstichtag (§ 252 Abs. 1 Nr. 3 HGB) gegebenen (potentiellen) Nettoveräußerungserlöse. Wollte man die Verlustberechnung hier aufgrund der Wiederbeschaffungskosten vornehmen, erfaßte man nicht drohende Verluste, sondern entgangene Gewinne.

Wenn ein Warenbestand mit Anschaffungskosten von 1 Mio. DM erworben wurde und am Abschlußstichtag einen (potentiellen) Nettoveräußerungspreis von 1,5 Mio. DM hat, aber am gleichen Abschlußstichtag nur Wiederbeschaffungskosten von 0,8 Mio. DM gelten, so droht aus diesem Warenbestand grundsätzlich keine Belastung künftiger GVR: Es ist ein Gewinn in Höhe von 0,5 Mio. DM zu erwarten, der allerdings 0,7 Mio. DM betragen würde, wenn man die Ware erst am Abschlußstichtag zu den dann geltenden Wiederbeschaffungskosten von 0,8 Mio. DM erstanden hätte; in Höhe von 0,2 Mio. DM liegt ein entgangener Gewinn vor.

Man könnte freilich fragen, ob das gesetzliche Vorsichtsprinzip (§ 252 Abs. 1 Nr. 4 HGB) nicht auch die Berücksichtigung bloßer entgangener Gewinne erfordert: Gefallene Wiederbeschaffungskosten ließen sich als Indikatoren von künftig ebenfalls zurückgehenden Verkaufserlösen deuten und damit als Indikatoren möglicher künftiger Verluste. Man wird indes insoweit nicht mehr als ein Abwertungswahlrecht (im Sinne von § 253 Abs. 3 Satz 3 bzw. § 253 Abs. 4 HGB) annehmen können: Um eine Abwertungspflicht auf die gefallenen Wiederbeschaffungskosten anzunehmen, müßte sich der drohende Verlust durch gewichtige Indikatoren anderer Art konkretisiert haben.

Bei Verbindlichkeiten (einschließlich ungewisser Verbindlichkeiten) kehrt sich das Vorzeichen um: Ein Verlust droht hier, wenn die zu erwartenden Nettoausgaben den am Abschlußstichtag gegebenen Buchwert der Verbindlichkeit übersteigen; denn der Unterschiedsbetrag trifft eine künftige GVR als Aufwand. Durch Ansatz des Teilwerts in Höhe der zu erwartenden Nettoausgaben werden künftige GVR verlustfrei gehalten. Wenn zum Beispiel nach objektiven Anhaltspunkten damit zu rechnen ist, daß eine überverzinslich gewordene Verbindlichkeit vorzeitig getilgt werden soll, so droht aus einer solchen Verbindlichkeit ein Verlust; die Verbindlichkeit hat dann einen Teilwert in Höhe des (den Nennbetrag übersteigenden) Barwerts.

Bei allen Wirtschaftsgütern bzw. Verbindlichkeiten, bei denen eine Zurechnung von Nettoeinnahmen bzw. Nettoausgaben möglich ist, wird man einen drohenden Verlust auf die gerade skizzierte direkte Weise bestimmen. Nur wenn sich Zurechnungsprobleme ergeben – wie etwa bei maschinellen Anlagen –, kommen Hilfsmaßstäbe nach Art der Wiederbeschaffungskosten in Frage; bei der Auswahl solcher Hilfsmaßstäbe darf deren Sinn und Zweck, die (indirekte) Verlustbestimmung, jedoch nicht völlig verdrängt werden. Freilich muß jeder Verlustmaßstab in der Praxis leicht handhabbar sein, insbesondere den Objektivierungsanforderungen genügen; hierauf wird im nächsten Abschnitt (b) zurückzukommen sein.

b) Verbleibende Bedeutung der Wiederbeschaffungskosten

aa) Den Wiederbeschaffungskosten kommt bei der Teilwertbestimmung in manchen Fällen nur eine formale, in anderen Fällen dagegen eine materielle Bedeutung zu: Formal bestimmen die Wiederbeschaffungskosten den Teilwert, wenn sie zwar zutreffender Teilwertmaßstab sind, aber erst durch das Vorhandensein drohender Verluste konkretisiert bzw. als teilwertbestimmend erkennbar werden. Man greift hier bei der Teilwertbemessung in Wahrheit auf die drohenden Verluste, nur formal auf die gefallenen Wiederbeschaffungskosten zurück.

Man stelle sich etwa eine Beteiligung vor, die einen im gewöhnlichen Geschäftsverkehr erzielbaren Veräußerungspreis (gemeinen Wert) von 10 Mio. DM hat; ihr Wert für den betreffenden Steuerpflichtigen sei jedoch wegen nur bei ihm möglicher Kombinationseffekte (etwa weil ein Konkurrenzunternehmen erworben wurde) unstreitig wesentlich höher. Dem Veräußerer dieses Wirtschaftsgutes war dessen besondere wirtschaftliche Bedeutung für den Steuerpflichtigen bekannt, was zu den den gemeinen Wert deutlich übersteigenden Anschaffungskosten von 15 Mio. DM führte. Solange sich an der besonderen wirtschaftlichen Bedeutung des Wirtschaftsgutes für den Steuerpflichtigen nichts ändert, ist grundsätzlich davon auszugehen, daß die Anschaffungskosten dem Teilwert entsprechen, daß die (potentiellen) Wiederbeschaffungskosten nicht unter den (tatsächlichen) Anschaffungskosten liegen[20].

Schwindet die besondere Bedeutung der Beteiligung für den Steuerpflichtigen, etwa infolge einer Änderung seines Produktionsprogramms, so hätte der Steuerpflichtige keinen Anlaß mehr, für ihren Erwerb mehr als den gemeinen Wert aufzuwenden. Dieser gemeine Wert entspricht daher nunmehr den (gefallenen) Wiederbeschaffungskosten; wiederum wird der Teilwert mit den Wiederbeschaffungskosten zutreffend erfaßt. Doch ist zu berücksichtigen, daß hier der Betrag, um den die Wiederbeschaffungskosten gefallen sind, durch die aus der Beteiligung drohenden Verluste bestimmt wird und, mehr noch, daß erst aus dem Vorhandensein drohender Verluste überhaupt auf gefallene Wiederbeschaffungskosten geschlossen werden kann.

Aus der Beteiligung drohen nunmehr Verluste, weil den Anschaffungskosten ein niedrigerer gemeiner Wert gegenübersteht und der Wertunterschied (der sich, wenn auch vielleicht in sehr ferner Zukunft, bei einem Verkauf realisiert und dann die GVR belastet) nicht mehr kompensiert

20 Vgl. auch das RFH-Urteil vom 14. März 1928 VI A 54/28, StuW 1928, Nr. 241, das BFH-Urteil vom 4. Januar 1962 I 22/61 U, BFHE 74, 496, BStBl. III 1962, 186 und das BFH-Urteil vom 22. April 1964 I 386/61 U, BFHE 79, 358, BStBl. III 1964, 362.

wird durch die die besondere Bedeutung der Beteiligung für den Steuerpflichtigen ausmachenden direkten bzw. indirekten Mehrerträge aus der Beteiligung. Die nunmehr gefallenen Wiederbeschaffungskosten sind indes nicht etwa am Markt ablesbar (ebensowenig wie, im übrigen, der gemeine Wert); man muß die Höhe der gefallenen Wiederbeschaffungskosten vielmehr mühsam anhand des Wertes der geschätzten, nunmehr geschwundenen direkten bzw. indirekten Mehrerträge der Beteiligung zu ermitteln suchen.

bb) Materielle Bedeutung kommt den Wiederbeschaffungskosten als Teilwertmaßstab zu, wenn sich die Verlustzurechnungsprobleme anders nicht bewältigen lassen. So sind etwa bei den Roh-, Hilfs- und Betriebsstoffen deren potentielle Nettoveräußerungserlöse (beim fortzuführenden Unternehmen) unmaßgeblich; denn sie gehen nicht als Erträge in die GVR ein. Auch bei abnutzbaren Anlagegegenständen muß man im allgemeinen hilfsweise auf die gefallenen Wiederbeschaffungskosten zurückgreifen; zum Beispiel sind bei überdimensionierten Anlagen die Wiederbeschaffungsaltwerte der zutreffend dimensionierten (ausnutzbaren) Anlagen teilwertbestimmend[21]. Bei überdimensionierten Anlagen ist zu befürchten, daß die von der (nur teilweise genutzten) Anlage künftig erwirtschafteten Erträge nicht ausreichen, um die künftigen Abschreibungen zu decken, daß künftige GVR daher mit entsprechenden Aufwandsüberschüssen belastet sind; diese Aufwandsüberschüsse werden durch eine Teilwertabschreibung antizipiert[22].

Zusammenfassend läßt sich zur Bedeutung der Wiederbeschaffungskosten feststellen: Soweit Wiederbeschaffungskosten eine nur formale Bedeutung für die Teilwertbemessung zukommt, konkretisieren die drohenden Verluste die Wiederbeschaffungskosten. Bei materieller Bedeutung der Wiederbeschaffungskosten für die Teilwertbemessung ist es umgekehrt: Die drohenden Verluste werden (freilich nur hilfsweise) durch die Wiederbeschaffungskosten konkretisiert.

IV. Entwicklung der Teilwertrechtsprechung

1. Konvergenzthese

a) Verlustmaßstab Wiederbeschaffungskosten

Die beiden grundlegenden Teilwertkonzeptionen – Vermögenswertanteil und Verlustmaßstab – finden sich schon in den ersten Teilwerturteilen des RFH. Man ging indes davon aus, daß beide Teilwertaufgaben zu übereinstimmenden Teilwertbemessungen führen.

21 Vgl. das BFH-Urteil vom 17. September 1987 III R 201–202/84, BFHE 152, 221, BStBl. II 1988, 488.

22 Die Rechtsprechung greift hier auf Teilwertabschreibungen zurück; nach dogmatischen Kriterien wäre die AfaA vorzuziehen.

Der VI. Senat des RFH meinte in seinem grundlegenden Urteil vom 14. Dezember 1927, das Gesetz schreibe vor, „daß jede wirtschaftliche Einheit für sich zu bewerten und ihr Wert im ganzen festzustellen ist"; infolgedessen habe man bei der Wertfindung für einzelne Wirtschaftsgüter „von dem Gesamtverkaufspreis der wirtschaftlichen Einheit" auszugehen und diesen Gesamtverkaufspreis „auf die einzelnen Teile der Einheit angemessen zu verteilen". „Das kann nur in der Weise geschehen, daß man bei jedem einzelnen Gegenstand zunächst entscheidet, um wieviel die Einheit weniger wert wäre, wenn der Gegenstand fehlte". Diese Wertminderung könne nicht größer sein „als die Beschaffung des Gegenstands . . . kosten würde"; hieraus ergebe sich, daß der gesuchte Teilwert „nie höher sein kann als der sogenannte Wiederbeschaffungswert"[23].

„Im Ergebnis" schloß sich der I. Senat des RFH dem gerade angeführten Urteil an. Für ihn war maßgeblich „der Grundgedanke des Einkommensteuerrechts . . ., daß einerseits nur realisierte Gewinne, andererseits aber auch unrealisierte Verluste steuerlich berücksichtigt werden sollen". Überraschenderweise nahm er einen unrealisierten Verlust an, wenn die Wiederbeschaffungskosten gefallen sind: „Ist ein Gegenstand für 150 RM gekauft, der am Bilanzstichtage beim Geschäftsinhaber einen Verkaufspreis von 120 RM haben würde, den er aber am gleichen Tage für 100 RM anschaffen könnte, so liegt bezüglich der Differenz zwischen 150 und 100 RM ein nicht realisierter Verlust vor, den der Kaufmann durch die Spanne zwischen dem gegenwärtigen Einkaufspreise und dem demnächst zu erzielenden Verkaufspreise von 120 RM teilweise wieder auszugleichen hofft. Diese 20 RM stellen dann aber unrealisierten Gewinn dar, der bei der Bewertung nicht zu berücksichtigen ist."[24] Unrealisierter Gewinn – der niemals berücksichtigt werden darf – sind jene 20 RM indes nur, wenn man mit dem Senat von der unzutreffenden Vorstellung ausgeht, bei dem Wertunterschied zwischen Anschaffungskosten (150 RM) und Wiederbeschaffungskosten (100 RM) handle es sich um einen unrealisierten Verlust: Künftige GVR sind in diesem Beispiel nur durch einen Verlust in Höhe von 30 RM belastet.

Auch der VI. Senat hatte in der angeführten Entscheidung vom 14. Dezember 1927 den Gedanken der Verlustantizipation berücksichtigt und den drohenden Verlust nach den Wiederbeschaffungskosten beurteilt; er meinte, „daß die Lage des Kaufmanns ungünstiger ist, wenn die Einkaufspreise gefallen sind, und zwar um so mehr, je mehr sie gefallen sind". Das läßt sich nicht ohne weiteres nachvollziehen: Zunächst verbessert sich die Lage des Kaufmanns bei fallenden Einkaufspreisen; nur wenn seine Verkaufserlöse ebenfalls sinken, kann sich, je nach dem Grad ihres Sinkens, seine Lage verschlechtern. Der Senat unterstellt in einem Zahlenbeispiel, daß der Kaufmann mit einem starren Rohgewinnaufschlag von 20 v.H. arbeitet, also bei Anschaffungskosten von zum Beispiel 50 DM

23 RFH-Urteil vom 14. Dezember 1927, a.a.O. (Fn. 4).
24 RFH-Urteil vom 3. Mai 1928 I A 190/28, RFHE 23, 244, StuW 1928, Nr. 675.

einen Verkaufspreis von 60 DM erzielt und bei auf 48 DM gefallenen Wiederbeschaffungskosten die Waren zu 57,60 DM anbietet. Akzeptiert man diese (keinesfalls zwingende) Annahme eines starren Rohgewinnaufschlags, und geht man ferner von (einkaufs- und verkaufspreisunabhängigen) zusätzlichen Kosten von 5 DM pro Stück aus, so erzielt der Kaufmann zunächst einen Gewinn von 5 DM pro Stück, nach dem Preisfall ermäßigt sich dieser Stückgewinn auf 4,60 DM. So gesehen ist – bei den getroffenen Annahmen – in der Tat „die Lage des Kaufmanns ungünstiger" (sein Gewinn niedriger) geworden, aber er erzielt noch immer Gewinn; für eine Verlustantizipation besteht kein Anlaß.

b) Teilwertansatz unter dem handelsrechtlich erzwungenen Wertansatz

Man könnte freilich, wie bereits erwähnt, die am Abschlußstichtag gefallenen Wiederbeschaffungspreise als Signal eines nach dem Abschlußstichtag erfolgenden Falls der Verkaufspreise der aktivierten Waren deuten und aus dem bilanzrechtlichen Vorsichtsprinzip den handelsrechtlich zwingenden Ansatz der Wiederbeschaffungskosten fordern. Eine derartige Begründung lehnt der VI. Senat indes gerade ab: In seinem Urteil vom 25. Februar 1931 meint er, es widerspreche nicht den handelsrechtlichen Grundsätzen ordnungsmäßiger Bilanzierung, wenn „der im regelmäßigen Verkehr am Bilanzstichtag erzielbare Verkaufspreis abzüglich der Verkaufsspesen" statt eines niedrigeren Wiederbeschaffungswertes zur Warenbewertung herangezogen werde[25]. Demnach könnte der Teilwert unter dem handelsrechtlich erzwungenen Wertansatz liegen.

Der BFH hat in einem allerdings älteren Urteil[26] die Wiederbeschaffungskosten selbst dann als brauchbaren Teilwertmaßstab angesehen, wenn ein Warenbestand am Abschlußstichtag bereits fest und gewinnversprechend verkauft, aber noch nicht ausgeliefert (unstreitig noch kein Gewinn realisiert) ist („Hopfenurteil"). In einem derartigen Fall liegt indes kein aus dem Warenbestand drohender Verlust vor: Der die Gewinnrealisierung hindernde Umstand, daß die Preisgefahr noch nicht auf den Käufer übergegangen ist, reicht nicht aus, um die Verlustgefahr zu bejahen; denn das unspezifizierte Risiko der zufälligen Verschlechterung bzw. des

---

25 RFH-Urteil vom 25. Februar 1931 VI A 1326/29, RFHE 28, 229; vgl. auch RFH-Urteil vom 17. April 1929 VI A 594/27, StuW 1929, Nr. 506. Das entspricht noch heute herrschender Auffassung: „Für die Handelsbilanz muß bei den unfertigen, fertigen Erzeugnissen und Leistungen . . . sowie bei den Handelswaren die Ableitung aus dem Absatzmarkt, also aus dem Verkaufswert, in jedem Fall als ausreichende Verlustantizipation angesehen werden" (*Sarx* in: Beck'scher Bilanzkommentar, 2. Aufl., § 253 Anm. 519); „Unfertige und fertige Erzeugnisse sind grundsätzlich nach den Verhältnissen des Absatzmarktes zu bewerten" (*Adler/Düring/Schmaltz*, Rechnungslegung und Prüfung der Unternehmen, 5. Aufl., § 253 Anm. 477).

26 Vgl. BFH-Urteil vom 29. Juli 1965 IV 164/63 U, BFHE 83, 413, BStBl. III 1965, 648.

zufälligen Untergangs der Ware genügt auch bei noch nicht verkauften Warenbeständen nicht für eine Abwertungspflicht.

Die Rechtsprechung billigt dem gedachten Erwerber des Unternehmens einen Gewinnanteil zu in dem Sinne, daß er in seinem Kalkül des Kaufpreises für das gesamte Unternehmen Waren nur zu einem Preis ansetzt, der ihm noch einen Gewinn verspricht: Bei Anschaffungskosten von 100 DM, einem Nettoveräußerungserlös von 90 DM und Wiederbeschaffungskosten von 80 DM soll der Teilwert 80 DM betragen. Wenn eine Ware Anschaffungskosten von 100 DM hatte und zunächst zu einem Preis von 200 DM angeboten wurde („Rohgewinnaufschlag" von 100 v.H.), später aber eine Preisreduktion auf 150 DM erfolgt ist, soll der Teilwert 75 DM betragen (so daß der Verkaufspreis nach wie vor den – durchschnittlichen – Rohgewinnaufschlag von 100 v.H. deckt)[27]. Über eine bloße Verlustantizipation gehen derartige Teilwertbemessungen deutlich hinaus.

2. Umbruch?

Das eine Verlustantizipation gebietende Imparitätsprinzip schließt nicht nur Teilwertabschreibungen bzw. -zuschreibungen ein, sondern auch Drohverlustrückstellungen (im Sinne von § 249 Abs. 1 Satz 1 HGB). Der I. Senat äußert nun aber „Zweifel an der Möglichkeit von Rückstellungen für schwebende Geschäfte im Beschaffungsbereich", weil solche Rückstellungen grundsätzlich „keinen Verlust vorwegnehmen, sondern einen entgangenen Gewinn, der zustande gekommen wäre, wenn die Aufwendungen auf der Beschaffungsseite noch geringer gewesen wären, als sie tatsächlich anfielen. Eine Rückstellung für Gewinne, die zu entgehen drohen, ist nicht zulässig". Es wird in der Entscheidung ausdrücklich offengelassen, „ob eine Rückstellung für schwebende Geschäfte auf der Beschaffungsseite dann in Betracht kommt, wenn das Geschäft Wirtschaftsgüter betrifft, die zu aktivieren sind"[28].

Mathiak meint in einer Besprechung des gerade angeführten Urteils, es sollte „entgegen den Zweifeln des I. Senats . . . daran festgehalten werden, daß Einzelschuldverhältnisse über zu erwerbende Wirtschaftsgüter (zumindest Anlagegüter) eine Verlustrückstellung in dem Maße rechtfertigen, in dem eine Teilwertabschreibung auf die erworbenen Wirtschaftsgüter stattfinden könnte"[29]. Bezweifelt man indes, daß die Berücksichtigung gefallener Wiederbeschaffungskosten eine Vorwegnahme künftiger Verluste bedeutet, so gilt das für Drohverlustrückstellungen und Teil-

27 Vgl. insbesondere die BFH-Urteile vom 5. Mai 1966 IV 252/60, BFHE 86, 28, BStBl. III 1966, 370, vom 27. Oktober 1983 IV R 143/80, BFHE 139, 282, BStBl. II 1984, 35; anders noch das BFH-Urteil vom 13. März 1964 IV 236/63 S, BFHE 79, 529, BStBl. III 1964, 426.

28 BFH-Urteil vom 16. Dezember 1987 I R 68/87, BFHE 152, 250, BStBl. II 1988, 338.

29 *Walter Mathiak*, Zum Bilanzsteuerrecht, StuW 1988, 295, 296.

wertabschreibungen (bzw. Teilwertzuschreibungen) gleichermaßen. Eine Neuorientierung der Teilwertrechtsprechung wird man mithin nicht mehr ausschließen können.

V. Zusammenfassung

1. Zwei Grundkonzeptionen des Teilwerts stehen sich gegenüber: der Teilwert als Vermögenswertanteil und der Teilwert als Verlustmaßstab. Ein als Vermögenswertanteil verstandener Teilwert orientiert sich an der Legaldefinition des Teilwerts; der als Verlustmaßstab interpretierte Teilwert wird aus dem Sinnzusammenhang abgeleitet, in den die Teilwertvorschrift gestellt ist.

2. Ein als Vermögenswertanteil konzipierter Teilwert führt grundsätzlich zu einer anderen Teilwertbemessung als ein als Verlustmaßstab verstandener Teilwert: Zum Beispiel erfordert der als Vermögenswertanteil konzipierte Teilwert den Barwertansatz von (echt) unterverzinslichen Forderungen und Verbindlichkeiten, der als Verlustmaßstab verstandene Teilwert dagegen den Nennbetragsansatz; bei Waren stehen sich als Teilwert die Wiederbeschaffungskosten (Vermögenswertanteil) und die Nettoveräußerungserlöse (Verlustmaßstab) gegenüber.

3. Die Rechtsprechung ist bisher von einer Konvergenz beider Grundkonzeptionen des Teilwerts ausgegangen und hat dabei die Berücksichtigung bloßer entgangener Gewinne in Kauf genommen. Es gibt Anzeichen dafür, daß sich die Rechtsprechung insoweit neu orientiert.

Günter Wöhe

Kritische Analyse von Steuerreformmaßnahmen aus der Sicht der Betriebswirtschaftlichen Steuerlehre

dargestellt am Beispiel der Novellierung der Vorschriften zur Ermittlung des Einheitswertes des Betriebsvermögens durch das Steueränderungsgesetz 1992

Inhaltsübersicht

I. Grundlegende Überlegungen zur Beurteilung von Maßnahmen zur Reform der Unternehmensbesteuerung

Der seit Jahrzehnten erhobenen Forderung nach einer grundlegenden Reform der Unternehmensbesteuerung ist der Gesetzgeber in den letzten Jahren nur zögernd und in kleinen Schritten mit mehreren Teilreformen nachgekommen. Eine umfassende, in allen Bereichen aufeinander abgestimmte Unternehmenssteuerreform kann nicht in der Weise vollzogen werden, daß anhand theoretischer Besteuerungsgrundsätze ein völlig neues Steuersystem konstruiert wird. Auch ein theoretisch entworfenes, von der Finanzwissenschaft als „rational" bezeichnetes Steuersystem[1] muß von dem im Laufe vieler Jahrzehnte gewachsenen „historischen" Steuersystem ausgehen und Maßstäbe setzen, mit deren Hilfe festgestellt werden kann, welche gesetzlichen Regelungen sich bewährt haben und folglich beibehalten werden können und welche Mängel das bisherige System und die Einzelsteuern aufweisen und somit den Leitlinien eines rationalen Steuersystems nicht entsprechen. Daran anschließend sind Überlegungen anzustellen, ob und wie diese Mängel unter Berücksichtigung der gleichen Maßstäbe beseitigt werden können.

Die ökonomische Analyse einer Steuerreformmaßnahme muß in mehreren Schritten vorgenommen werden. Dabei sind vor allem folgende Fragen zu beantworten:

(1) Welche Ziele verfolgt der Gesetzgeber mit der Steuerreformmaßnahme?

(2) Ist die Reformmaßnahme zur Realisierung der verfolgten Ziele geeignet oder nicht?

(3) Steht die Reformmaßnahme im Einklang mit allgemein anerkannten Besteuerungsprinzipien oder verstößt sie, obwohl sie zur Zielerreichung geeignet ist, gegen derartige Besteuerungsgrundsätze (z.B. Gleichmäßigkeit, Wettbewerbsneutralität, Einfachheit der Besteuerung)?

(4) Welche positiven oder negativen Einflüsse auf unternehmerische Entscheidungen (Bilanzpolitik, Finanzierungs- und Investitionsentscheidungen, Wahl der Rechtsform u.a.) kann die Reformmaßnahme auslösen?

(5) Sind im Falle von Verstößen gegen allgemeine Besteuerungsprinzipien andere Steuerreformmaßnahmen besser geeignet, die angestrebten Ziele zu erreichen?

Im folgenden sollen diese fünf Fragen nur für einen Teilaspekt beantwortet werden: für die Reform der Substanzbesteuerung, insbesondere der VSt, die im StÄndG 1992[2] durch Novellierung von Vorschriften des BewG über die Ermittlung des Einheitswertes des Betriebsvermögens mittels der Vermögensaufstellung (VA) erfolgt ist, in der in Zukunft der größte Teil der Wirtschaftsgüter nicht wie bisher mit dem Teilwert, sondern mit dem Steuerbilanzwert angesetzt werden muß[3]. Diese Änderung wirkt sich auch auf die Ermittlung des gemeinen Wertes nicht notierter Anteile mit Hilfe des Stuttgarter Verfahrens aus[4]. Von Bedeu-

1 Vgl. *Heinz Haller,* Die Steuern. Grundlinien eines rationalen Systems öffentlicher Abgaben, 1964; *Fritz Neumark,* Grundsätze gerechter und ökonomisch rationaler Steuerpolitik, 1970.
2 Gesetz vom 25. Februar 1992, BGBl. I, 297.
3 Vgl. § 109 BewG.
4 Vgl. Abschnitte 4–16 EntwVStR 1993.

tung ist ferner die Erhöhung des Freibetrages für Betriebsvermögen bei der VSt.[5].

Bevor eine einzelne Steuerreformmaßnahme endgültig beurteilt werden kann, sind zunächst die generell an Steuergesetze aus der theoretischen Sicht von allgemeinen, durch Konventionen zustandegekommenen Besteuerungsgrundsätze zu stellenden Anforderungen in Erinnerung zu rufen, an denen auch jede einzelne Reformmaßnahme gemessen werden muß. Die Einhaltung dieser Grundsätze ist besonders bei der Realisierung von Teilreformen gefährdet, da diese häufig isoliert für sich betrachtet und dabei die Interdependenzen mit anderen steuerlichen Vorschriften vernachlässigt werden.

II. Allgemeine Besteuerungsgrundsätze als „Meßlatte" für die Eignung von Steuerreformmaßnahmen

1. Gerechtigkeit der Besteuerung und Ideologie

Von den von der Finanzwissenschaft bereits im letzten Jahrhundert erarbeiteten allgemeinen Grundsätzen der Besteuerung, an denen nicht nur das gesamte Steuersystem ausgerichtet, sondern auch die Zweckmäßigkeit jeder Steuerreformmaßnahme gemessen werden sollte, steht der Grundsatz der Gerechtigkeit der Besteuerung an oberster Stelle. Steuergerechtigkeit ist ebenso wie Lohngerechtigkeit ein allgemein anerkannter ethischer Wert, der nur formalen Charakter hat, aber inhaltlich nicht mit wissenschaftlichen Methoden in seiner Wahrheit gesichert werden kann. Wenn man eine bestimmte Steuerlastverteilung als gerecht bezeichnet, so besagt das, daß jede andere Steuerlastverteilung ungerecht ist. Diese Aussage ist ein primäres Werturteil, das mit wissenschaftlichen Methoden nicht bewiesen werden kann, und folglich keine wissenschaftliche Erkenntnis, sondern ein subjektives Bekenntnis darstellt[6].

Welche Art der Steuerlastverteilung allgemein als gerecht empfunden wird, hängt in starkem Umfang von der in einer historischen Epoche bestehenden Wirtschafts- und Gesellschaftsordnung und ihren sozialethischen Grundvorstellungen ab. Ebenso wie bei der Frage nach der gerechten Entlohnung kommt auch bei der Frage nach der Steuergerechtigkeit eine praktizierbare Lösung nur durch einen Kompromiß zwischen divergierenden Auffassungen zustande. Dabei spielen oft nicht in erster Linie ökonomische und steuersystematische, sondern ideologische und wahltaktische, den weit verbreiteten und von gewissen Politikern noch geschürten Sozialneid berücksichtigende Überlegungen eine Rolle. Ein Beispiel dafür aus der jüngsten Zeit ist die Steuerentlastung durch das Steuerreformgesetz 1990, die von bestimmten politischen Kreisen in ständiger Wiederholung als „Umverteilung von unten nach oben" bezeichnet wur-

5 Vgl. § 117a BewG.
6 Vgl. *Günter Wöhe,* Die Steuern des Unternehmens, 6. Aufl., 1991, S. 16 ff.

de, obwohl ein Blick in das Gesetz zeigt, daß die kleinen Einkommen relativ stärker entlastet worden sind[7].

2. Allgemeinheit und Gleichmäßigkeit der Besteuerung

Die Steuergerechtigkeit soll nach h.M. durch zwei Grundprinzipien realisiert werden: die Allgemeinheit und die Gleichmäßigkeit der Besteuerung. In früheren Jahrhunderten wurde der Grundsatz der Allgemeinheit nicht beachtet. Adel und Klerus waren grundsätzlich steuerfrei, nur der „dritte Stand" wurde besteuert. Heute knüpft die Besteuerung nicht mehr an die Zugehörigkeit zu einer bestimmten gesellschaftlichen Klasse an, sondern gemäß § 3 AO werden Steuern „allen" auferlegt, „bei denen der Tatbestand zutrifft, an den das Gesetz die Leistungspflicht knüpft". Es bestehen also keine standesbedingten Privilegien mehr. Dennoch gibt es heute zahlreiche „Steuerprivilegien", die die Gleichmäßigkeit der Besteuerung verletzen, z.B. Tarifvergünstigungen, Freibeträge und zeitliche Steuerverschiebungen für Unternehmen an bestimmten Standorten, in bestimmten Rechtsformen oder bestimmter Wirtschaftszweige.

Das BVerfG sieht die Gerechtigkeit der Besteuerung als realisiert an, wenn der Gleichheitssatz des Art. 3 GG nicht verletzt wird. Aus dieser Vorschrift folgt, daß Gleiches gleich und Ungleiches seiner Eigenart entsprechend verschieden zu behandeln ist. Dieser Gleichheitsgrundsatz wird allerdings durch das Leistungsfähigkeitsprinzip zu einer „verhältnismäßigen Gleichheit"[8] relativiert. Nicht jeder Steuerpflichtige, bei dem der gleiche „Tatbestand", also z.B. ein gleich hohes Bruttoeinkommen realisiert ist, zahlt den gleichen Steuerbetrag, sondern die Besteuerung berücksichtigt die wirtschaftliche Leistungsfähigkeit, die nicht nur von der absoluten Höhe des Einkommens, sondern auch von persönlichen Verhältnissen wie z.B. dem Familienstand abhängt.

Es entspricht dem Handeln nach dem ökonomischen Prinzip, wenn der Steuerpflichtige versucht, seine Steuerbelastung durch gesetzlich zulässige Vertragsgestaltungen zu minimieren. Die Möglichkeiten dazu sind jedoch bei den verschiedenen Gruppen von Steuerpflichtigen (z.B. Arbeitnehmer, Einzelunternehmer, Gesellschafter von Familiengesellschaften, Anteilseigner an Kapitalgesellschaften, Bezieher von Auslandseinkünften) unterschiedlich. Da der Gesetzgeber vor dem bekannten Dilemma steht, daß eine Verbesserung der Gleichmäßigkeit der Besteuerung nur durch eine Fülle von Einzelregelungen möglich ist, durch die der Grundsatz der Einfachheit der Besteuerung verletzt würde, müssen notwendigerweise die gesetzlichen Regelungen in vielen Bereichen relativ unbestimmt bleiben.

---

7 So betrug z.B. bei einem Jahreslohn von 40 000 DM die Steuerentlastung 1990 im Vergleich zu 1985 42,1 v.H., bei einem Jahreslohn von 100 000 DM dagegen nur 29,5 v.H. Quelle: Der Steuerzahler, Mitgliederzeitschrift des Bundes der Steuerzahler e.V., 39. Jg., Nr. 2, 1988, 25.

8 *Klein/Orlopp,* Abgabenordnung, 4. Aufl. 1989, § 3 Nr. 10.

Das Problem der Gleichmäßigkeit der Besteuerung wird noch dadurch komplizierter, daß seit Ende des 1. Weltkrieges die Besteuerung in zunehmendem Maße in den Dienst der Wirtschafts-, Konjunktur-, Arbeitsmarkt-, Sozial-, Gesellschafts-, Standort- und Umweltpolitik gestellt wird. § 3 Abs. 1 AO stellt zwar ausdrücklich fest, daß die Erzielung von Einnahmen „Nebenzweck" der Besteuerung sein kann. Durch außerfiskalischen Zielen dienende Steuervorschriften kann aber eine gleichmäßige und wettbewerbsneutrale Besteuerung verletzt werden, insbesondere wenn politische Ziele oder Rücksichtnahmen auf die öffentliche Meinung der Gleichmäßigkeit der Besteuerung übergeordnet werden.

III. Kritische Analyse der Reformmaßnahmen im einzelnen

1. Welche Ziele verfolgt der Gesetzgeber mit der Novellierung der Vorschriften des BewG zur Ermittlung des Einheitswertes des Betriebsvermögens?

Mit dem StÄndG 1992 will der Gesetzgeber in erster Linie eine Stärkung der Wettbewerbsfähigkeit deutscher Unternehmen und eine Verbesserung der Rahmenbedingungen zur Vornahme von Investitionen und zur Schaffung von Arbeitsplätzen erreichen[9]. In der hier zur Diskussion stehenden Novellierung der Vorschriften des BewG zur Substanzbesteuerung soll die durch das StÄndG 1992 eingeführte „nahezu vollständige Übernahme" der Steuerbilanzwerte in die VA nach der Gesetzesbegründung

(1) „eine eigenständige Wertermittlung entbehrlich machen und damit zu einer deutlichen Vereinfachung des Steuerrechts beitragen. Das erleichtert die Arbeit für die Unternehmen, ihre Berater und die Finanzverwaltung"[10],

(2) zu einer Entlastung des Betriebsvermögens von ertragsunabhängigen Steuern führen.

Zum ersten Argument der Begründung ist festzustellen, daß sich auch bei dieser grundlegenden Reform des Bewertungsrechts wie bei fast allen Steuerreformmaßnahmen zeigt, daß sich die Besteuerungsgrundsätze der Einfachheit und der Gerechtigkeit im Sinne von Gleichmäßigkeit der Besteuerung widersprechen können. Eine Steuervereinfachung geht in der Regel zu Lasten der Gleichmäßigkeit; Einfachheit erfordert Nivellierung durch Pauschalregelungen, hier durch Übernahme von Werten aus der Steuerbilanz, d.h. aus einem Rechenwerk, das anderen Zielen als der Vermögensermittlung dient. Größere Steuergerechtigkeit verlangt dagegen die Regelung einer Vielzahl von nicht identischen Einzelsachverhalten, die das Steuerrecht automatisch komplizierter macht.

9 Vgl. Allgemeine Begründung des Gesetzentwurfs, BT-Drucksache 12/1108, S. 35 ff.

10 Begründung zu Art. 9 des StÄndG 1992, BT-Drucksache 12/1108, S. 72.

Das zweite Argument der Begründung stellt auf die Entlastung des Betriebsvermögens bei den Substanzsteuern durch Reduzierung der gemeinsamen Bemessungsgrundlage „Einheitswert des Betriebsvermögens" ab, die dadurch erfolgt, daß einerseits die Steuerbilanzwerte durch zulässige Bildung stiller Rücklagen, insbesondere mittels Sonderabschreibungen und Bewertungsfreiheiten in der Regel niedriger sind als die bisher in der VA vorgeschriebenen Teilwerte, und andererseits der jeder natürlichen und juristischen Person zustehende Freibetrag für Betriebsvermögen gemäß § 117a BewG von 125 000 DM auf 500 000 DM heraufgesetzt worden ist.

Diese Entlastung des Betriebsvermögens von ertragsunabhängigen Steuern ist u.E. ein „Trostpflaster" des Gesetzgebers, der wegen der Mehrheitsverhältnisse im Bundesrat und wegen der politisch für notwendig gehaltenen Rücksichtnahme auf die öffentliche Meinung, die mit dem falschen Schlagwort einer „Umverteilung von unten nach oben" getäuscht wird, die seit vielen Jahren geforderte Abschaffung der VSt und der GewkapSt wieder nicht vollziehen konnte und nun versucht, diese Steuern gewissermaßen durch die „Hintertür" einer drastischen Reduzierung der Bemessungsgrundlagen zu entschärfen. Inwieweit die nun vorgenommenen Änderungen des Bewertungsrechts gegen die Gleichmäßigkeit der Besteuerung verstoßen, weil sie die Unterschiede im Wertniveau der vier Vermögensarten des Bewertungsgesetzes (Betriebsvermögen, Grundvermögen, land- und forstwirtschaftliches Vermögen, sonstiges Vermögen) noch vergrößern, wird unten noch ausführlich untersucht.

2. Sind die Reformmaßnahmen des StÄndG 1992 zum Bewertungsrecht zur Realisierung der mit ihnen verfolgten Ziele geeignet?

a) Die Übernahme der Steuerbilanzwerte in die Vermögensaufstellung gemäß § 109 Abs. 1 BewG

Die Frage, ob die Ziele der Steuervereinfachung und der Reduzierung der Substanzsteuerbelastung mit der Novellierung des BewG realisiert werden können, läßt sich bei isolierter Betrachtung eindeutig bejahen. Diese Feststellung sagt allerdings noch nichts darüber aus, ob durch andere Reformmaßnahmen – z.B. durch Aufhebung der VSt und der GewkapSt sowie der Abschaffung des Einheitswertverfahrens – diese Ziele besser, d.h. mit größerem Steuerentlastungs- und Steuervereinfachungseffekt hätten erreicht werden können[11]. Der Preis für die Realisierung dieser Ziele durch das StÄndG 1992 ist jedoch – wie noch zu zeigen sein wird – ein weiterer Verstoß gegen die bei der Bewertung der vier Vermögensarten des BewG ohnehin bereits verletzte Gleichmäßigkeit der Besteuerung.

Die Vorschrift des § 109 Abs. 1 BewG a.F., daß die „zu einem gewerblichen Betrieb gehörenden Wirtschaftsgüter . . . vorbehaltlich der Absätze 2

11 Vgl. dazu S. 858 ff.

bis 4 in der Regel mit dem Teilwert (§ 10) anzusetzen" sind, hat durch das StÄndG 1992 folgenden Wortlaut erhalten: „Die zu einem Gewerbebetrieb gehörenden Wirtschaftsgüter sind bei Steuerpflichtigen, die ihren Gewinn nach § 4 Abs. 1 oder § 5 des Einkommensteuergesetzes ermitteln, vorbehaltlich der Absätze 3 und 4 mit den Steuerbilanzwerten anzusetzen." Der Verweis auf die Absätze 2 bis 4 bzw. 3 und 4 bezieht sich auf die nicht zum Teilwert bzw. Steuerbilanzwert, sondern mit dem Einheitswert oder dem gemeinen Wert zu bewertenden Wirtschaftsgüter.

Steuerpflichtige, die ihren Gewinn nicht mit Hilfe einer Steuerbilanz, sondern mit Hilfe einer Überschußrechnung gem. § 4 Abs. 3 EStG ermitteln, müssen lediglich die Wirtschaftsgüter des abnutzbaren Anlagevermögens „mit den ertragsteuerlichen Werten"[12], d.h. insbesondere mit den im Anlageverzeichnis für ertragsteuerliche Zwecke ausgewiesenen Werten in die VA übernehmen. Für die Wirtschaftsgüter des Vorratsvermögens gilt für diese Steuerpflichtigen wie bisher der Ansatz zum Teilwert, die Bewertung der Wertpapiere und Anteile erfolgt wie bisher nach § 11 BewG (Kurswert), die der Forderungen und Verbindlichkeiten nach § 12 BewG (Nennwert, ggf. abgezinst).

Die Steuerbilanzwerte sind – wie der Name sagt – die Werte der einzelnen Wirtschaftsgüter, die nach den Vorschriften des EStG über die steuerliche Gewinnermittlung in der Steuerbilanz angesetzt werden. Der Steuerbilanzwert ist kein originärer Bewertungsmaßstab wie die Anschaffungskosten, die Herstellungskosten und der Teilwert, sondern ein sich durch Anwendung dieser drei originären Bewertungsmaßstäbe ergebender Wert. Er ist damit formal – nicht materiell – mit dem Einheitswert zu vergleichen, der ebenfalls durch Anwendung der Anschaffungs-, Herstellungs- und Wiederbeschaffungskosten sowie des Teilwertes und des gemeinen Wertes konstruiert wird. Der Steuerbilanzwert kann mit dem (niedrigeren) Teilwert oder mit den Anschaffungs- oder Herstellungskosten übereinstimmen.

Da das BewG und das EStG den Begriff des Teilwertes in der gleichen Weise definieren und die Vermutungen des RFH und des BFH für die Ermittlung des Teilwertes gleichermaßen für die Steuerbilanz und die VA gelten, stellt sich einerseits die Frage, bei welchen Wirtschaftsgütern die durch § 109 Abs. 1 BewG ab 1. Januar 1993 vorgeschriebene Übernahme der Steuerbilanzwerte in die VA erfolgen muß und bei welchen Wirtschaftsgütern eine Übernahme nicht in Betracht kommt, weil gesetzliche Vorschriften dagegenstehen; andererseits ist zu fragen, ob es sich bei den durch die Übernahme der Steuerbilanzwerte ausgelösten Änderungen zum früheren Recht um einheitswertmindernde oder um einheitswerterhöhende Änderungen handelt oder ob die Beibehaltung der bisherigen Vorschriften für bestimmte Wirtschaftsgüter, für die die Übernahme von Steuerbilanzwerten nicht zugelassen wird, sich einheitswertneutral auswirkt.

12 § 109 Abs. 2 BewG.

b) Nicht mit den Steuerbilanzwerten anzusetzende Wirtschaftsgüter

Zu den Wirtschaftsgütern, die in Zukunft in der VA nicht anders anzusetzen sind als bisher, zählen solche, die aufgrund spezieller Bewertungsvorschriften bisher nicht mit dem Teilwert und auch in Zukunft nicht mit dem Steuerbilanzwert angesetzt werden dürfen. Dazu gehören die Betriebsgrundstücke, die – je nachdem, ob sie losgelöst von der Zugehörigkeit zum Betriebe Grundvermögen oder land- und forstwirtschaftliches Vermögen darstellen würden – wie diese Vermögensarten zu bewerten sind, d.h. im Falle des Grundvermögens i.d.R. zum gemeinen Wert, im Falle des land- und forstwirtschaftlichen Vermögens mit dem Ertragswert.

Wertpapiere des Anlagevermögens sind in der VA ebenfalls nicht mit den Steuerbilanzwerten, sondern mit dem maßgebenden Kurs- bzw. Rücknahmepreis oder – wenn sie nicht an der Börse notiert oder im geregelten Freiverkehr gehandelt werden – mit dem gemeinen Wert anzusetzen. Der gemeine Wert kann als Einzelveräußerungspreis am Absatzmarkt über den historischen Anschaffungskosten der Steuerbilanz liegen. Beteiligungen einer inländischen Kapitalgesellschaft an einer anderen inländischen Kapitalgesellschaft gehören nicht zum Betriebsvermögen, wenn sie mindestens 10 v.H. betragen (Schachtelprivileg)[13]. In der Handels- und Steuerbilanz sind sie zu aktivieren. Anteile an Personengesellschaften werden mit dem anteiligen Einheitswert erfaßt.

c) Der Ansatz einheitswertneutraler Steuerbilanzwerte

Für den Ansatz mit dem Teilwert bzw. mit dem Steuerbilanzwert kommen im Anlagevermögen also in erster Linie die abnutzbaren Güter des Sachanlagevermögens in Frage, das sind die Maschinen, maschinellen Anlagen, Werkzeuge, Betriebs- und Geschäftsausstattung. Bei diesen Gütern gilt die (widerlegbare) Teilwertvermutung, daß der Teilwert gleich den um planmäßige Abschreibungen (AfA) verminderten Anschaffungs- oder Herstellungskosten ist. Trifft diese Vermutung zu und kommen keine außerfiskalischen Zielsetzungen dienenden Sonderabschreibungen und Bewertungsfreiheiten zum Zuge, so kann ein Unterschied in den Wertansätzen der Steuerbilanz und der VA nicht bestehen, d.h. der früher anzusetzende Teilwert und der heute vorgeschriebene Steuerbilanzwert sind identisch.

Die genannten Wirtschaftsgüter zählen also auch zur Gruppe der einheitswertneutralen Wirtschaftsgüter, wenn durch ihren Ansatz sich die Bewertung in der VA in Zukunft nicht ändert, so daß von ihrer Bewertung kein positiver oder negativer Einfluß auf die beiden Ziele des Gesetzgebers – Steuervereinfachung und Reduzierung der Substanzbesteuerung – ausgehen kann.

---

13 Vgl. § 102 Abs. 1 BewG.

d) Der Ansatz einheitswertmindernder Steuerbilanzwerte

Der Teilwert wird bei den abnutzbaren Wirtschaftsgütern des Anlagevermögens in der Steuerbilanz in der Regel dann unterschritten, wenn für diese Wirtschaftsgüter außerfiskalischen Zielen dienende Bewertungsfreiheiten, erhöhte Absetzungen, Sonderabschreibungen oder die Übertragung stiller Rücklagen auf andere Wirtschaftsgüter zulässig sind. Da durch die in der Steuerbilanz vorgenommenen Sonderabschreibungen usw. stille Rücklagen gebildet werden und folglich das Vermögen zu niedrig ausgewiesen wird, durften derartige Steuerbilanzwerte bisher bei der Bewertung in der VA nicht berücksichtigt werden, d.h. die Wertansätze der Steuerbilanz kamen in diesen Fällen für die Feststellung des Einheitswertes des Betriebsvermögens nicht in Betracht. In Zukunft sind auch niedrigere Steuerbilanzwerte zu übernehmen mit der Folge, daß für die VA eine Wiederhinzurechnung der in der Steuerbilanz erfolgten Unterbewertungen unterbleibt und damit zweifellos eine Vereinfachung der Einheitswertermittlung eintritt. Außerdem wird durch die Übernahme der stillen Rücklagen der Steuerbilanz der Einheitswert des Betriebsvermögens niedriger angesetzt mit der Folge einer Reduzierung der Substanzsteuerbelastung. Der Ansatz der Wirtschaftsgüter zu Steuerbilanzwerten wirkt also einheitswertmindernd.

Infolge des Anschaffungswert- bzw. des Realisationsprinzips (kein Ausweis von noch nicht durch Umsatz realisierten Gewinnen) darf der höhere Teilwert in der Steuerbilanz nicht berücksichtigt werden, in der VA dagegen mußte er bisher beachtet werden. Durch die Übernahme der Steuerbilanzwerte kommt in Zukunft auch in der VA der Ansatz höherer Teilwerte nicht mehr in Betracht. Die neue Regelung wirkt also ebenfalls einheitswertmindernd.

Die Übernahme des Anschaffungswert- bzw. Realisationsprinzips zur Fixierung der oberen Wertgrenze in die VA führt grundsätzlich, insbesondere aber in Zeiten starker Geldentwertung und entsprechender Steigerung der Wiederbeschaffungskosten oder bei Wirtschaftsgütern, die bereits auf den Erinnerungswert abgeschrieben wurden, aber noch nutzbar sind, so daß ihr Teilwert über dem Buchwert liegt, zu niedrigeren Einheitswerten des Betriebsvermögens und dient somit – da eine gesonderte Teilwertfeststellung für die VA nicht mehr erforderlich ist und da die Bemessungsgrundlage für die Substanzsteuern in der Regel niedriger ist als zuvor, beiden Zielen der Novellierung des Bewertungsgesetzes.

Durch das generelle Beibehaltungswahlrecht[14] bei allen Wirtschaftsgütern des Betriebsvermögens darf in der Steuerbilanz ein aufgrund einer außerplanmäßigen Abschreibung angesetzter niedrigerer Teilwert auch dann beibehalten werden, wenn die Gründe für die außerplanmäßige Abschreibung nicht mehr bestehen und der Teilwert über den letzten Bilanzansatz gestiegen ist. Bisher mußte in der VA der gestiegene Teil-

14 Vgl. § 253 Abs. 5 HGB.

wert angesetzt werden, in Zukunft ist der Steuerbilanzwert zu übernehmen. Auch diese Übernahme wirkt einheitswertmindernd.

Zwar gilt das Beibehaltungswahlrecht nur für Einzelunternehmen und Personengesellschaften (das sind mehr als 90 v.H. aller Unternehmen), während für Kapitalgesellschaften das Wertaufholungsgebot[15] zu beachten ist. Dieses wird aber seit der Aufgabe des Prinzips des strengen Wertzusammenhangs faktisch durch die Bestimmung aufgehoben, daß der niedrigere Buchwert in der Handelsbilanz beibehalten werden darf, wenn die Beibehaltung in der Steuerbilanz als zweckmäßig erachtet wird und wenn Voraussetzung für die Beibehaltung ist, daß der niedrigere Wertansatz auch in der Handelsbilanz beibehalten wird (Umkehrung des Maßgeblichkeitsprinzips)[16]. Die Möglichkeit, eine Wertsteigerung in der Steuerbilanz nicht zu beachten und somit stille Rücklagen zu bilden, wird durch die zukünftige Bindung an die Steuerbilanzwerte auch auf den Einheitswert des Betriebsvermögens übertragen und führt somit nicht nur zu einem niedrigeren Gewinnausweis in der Steuerbilanz, sondern auch zu einer niedrigeren Bemessungsgrundlage für die Substanzsteuern.

Durch die Bindung der VA an die Steuerbilanz ergeben sich weitere einheitswertmindernde Auswirkungen. So müssen geringwertige Wirtschaftsgüter, die in der Steuerbilanz sofort abgeschrieben worden sind, in der VA nicht mehr angesetzt und planmäßig abgeschrieben werden. Ferner müssen bei (fast) vollständig abgeschriebenen Wirtschaftsgütern keine Korrekturen mehr vorgenommen werden, d.h. der früher zwingende Ansatz von sog. Rest- bzw. Anhaltewerten gilt nicht mehr. Außerdem verzichtet der Gesetzgeber auf alle werterhöhenden Korrekturen bei der Bewertung des Vorratsvermögens, z.B. der Bewertung von Warenbeständen oder von Roh-, Hilfs- und Betriebsstoffen mit Wiederbeschaffungskosten bzw. auf die Nachaktivierung von bis zum Bewertungsstichtag bei selbsterstellten fertigen und unfertigen Erzeugnissen angefallenen Vertriebskosten. Auch diese Vorschriften führen zu einer Senkung des Einheitswertes. Gleiches gilt für den Ansatz von passiven Rechnungsabgrenzungsposten und aufschiebend bedingten Schulden und Lasten, die in Zukunft aus der Steuerbilanz in die VA übernommen werden.

Es muß allerdings beachtet werden, daß die Senkung des Einheitswertes des Betriebsvermögens und damit die Senkung der VSt- und GewkapSt-belastung auf die Gesamtsteuerbelastung unterschiedliche Auswirkungen haben. Die betriebliche VSt ist bei der steuerlichen Gewinnermittlung nicht abziehbar und unterliegt folglich der (Definitiv-)KSt. Diese wird durch das neue Recht entsprechend der Reduzierung der VSt gemindert. Die GewkapSt ist dagegen als Betriebsausgabe abziehbar. Ihre Senkung hat folglich eine Erhöhung der Gewinnsteuern und damit eine teilweise Kompensation der Senkung der ertragsunabhängigen Steuern zur Folge.

15 Vgl. § 280 HGB.
16 Vgl. § 280 Abs. 2 HGB.

e) Der Ansatz einheitswerterhöhender Steuerbilanzwerte

Die Übernahme der Steuerbilanzwerte hat allerdings nicht nur einheitswertmindernde, sondern auch einheitswerterhöhende Auswirkungen. So müssen künftig aktive Rechnungsabgrenzungsposten, denen kein konkreter Gegenleistungsanspruch entgegensteht, in der VA angesetzt werden. Ferner sind aufschiebend bedingte Ansprüche, die in der Steuerbilanz ausgewiesen werden, in die Vermögensaufstellung zu übernehmen. Auch die in der Praxis früher häufig durchgeführte Spreizung der Abschreibung – linear in der Steuerbilanz, degressiv in der VA – wird nicht mehr möglich sein.

f) Zwischenergebnis

Generell kann zur Übernahme der Steuerbilanzwerte in die VA festgehalten werden, daß nach bisherigem Recht nur dann, wenn einzelne Wirtschaftsgüter in der Steuerbilanz zutreffend mit dem (niedrigeren) Teilwert angesetzt wurden, diese Werte ohne weiteres auch für die Einheitsbewertung übernommen werden konnten. Hier hat sich also durch die Neufassung des § 109 Abs. 1 BewG nichts geändert. Entsprachen die in der Steuerbilanz angesetzten Werte nicht den Teilwerten, so mußten diese für die VA selbständig ermittelt werden. Bei diesen Wirtschaftsgütern entfällt in Zukunft durch die Übernahme der Steuerbilanzwerte die selbständige Ermittlung des über dem Buchwert liegenden Teilwertes.

Als Zwischenergebnis kann festgehalten werden, daß die durch die Neufassung des § 109 Abs. 1 BewG vorgeschriebene Übernahme der Steuerbilanzwerte in die VA zwar nach der oben bereits zitierten Gesetzesbegründung „eine eigenständige Wertermittlung entbehrlich machen und somit zu einer deutlichen Vereinfachung des Steuerrechts beitragen" soll[17], daß aber, da für wichtige Wirtschaftsgüter (Betriebsgrundstücke, Wertpapiere, Beteiligungen) eine eigenständige Wertermittlung unverändert beibehalten wird, und folglich die Steuerbilanzwerte dieser besonders schwierig zu bewertenden Wirtschaftsgüter nicht übernommen werden dürfen, die Vereinfachung des Steuerrechts sich in engen Grenzen hält. Die Neuregelung hat außerdem zur Folge, daß der Einheitswert des Betriebsvermögens mit den tatsächlich im Betriebe vorhandenen Vermögenswerten noch weniger als früher übereinstimmen wird, weil die in der Steuerbilanz zulässigerweise gebildeten stillen Rücklagen und die wegen des Realisationsprinzips und des Beibehaltungswahlrechts in der Steuerbilanz nicht berücksichtigten Wertsteigerungen den Einheitswert des Betriebsvermögens drastisch reduzieren können.

Eine gewisse Entlastung des Betriebsvermögens von ertragsunabhängigen Steuern wird durch die dargestellten Reformmaßnahmen zweifellos erreicht. Die durch die Übernahme der Steuerbilanzwerte in die VA und

17 Begründung, a.a.O., S. 72.

den dadurch bedingten weitgehenden Verzicht auf eine selbständige Vermögensbewertung im Rahmen des Einheitswertverfahrens eintretende Steuervereinfachung ist allerdings im Vergleich zur Vereinfachung, die durch Aufhebung der VSt und der GewkapSt und die dadurch automatisch eintretende Abschaffung des verwaltungsaufwendigen Einheitswertverfahrens erfolgen würde, relativ gering.

3. Verstoßen die Reformmaßnahmen des StÄndG 1992 zum Bewertungsrecht, obwohl sie bei isolierter Betrachtung zur Zielerreichung geeignet sind, gegen allgemeine Besteuerungsgrundsätze?

a) Die unterschiedlichen Zielsetzungen der Steuerbilanz und der Vermögensaufstellung

Es ist nun die Frage zu prüfen, ob die Übernahme der Steuerbilanzwerte in die VA eine Bewertung des Betriebsvermögens ermöglicht, die einerseits zur Gleichbehandlung aller Betriebsvermögen und andererseits zur Gleichbehandlung der Betriebsvermögen mit alternativen Vermögensanlagen (z.B. Beteiligungen, Wertpapiere) führt. Die Frage kann auch so gestellt werden: Sind die Steuerbilanzwerte geeignet, sowohl einer zielentsprechenden Gewinnermittlung als auch einer zielentsprechenden Vermögensermittlung zu dienen?

Die Ziele der Gewinn- und Vermögensermittlung sind unterschiedlich[18]. Der Gewinn ist eine durch Vergleich zweier Betriebsvermögen für einen Zeitraum ermittelte Strömungsgröße, die nur einmal besteuert wird; das Vermögen ist eine an einem Stichtag durch Addition von Einzelwerten ermittelte Bestandsgröße, die jährlich erneut besteuert wird.

Die Bewertungsvorschriften des EStG haben in erster Linie die Aufgabe, eine periodenrichtige Gewinnermittlung zu ermöglichen: Es entspricht der fiskalischen Zielsetzung des Steuergesetzgebers, im Interesse einer möglichst schnellen Einnahmegewinnung den Gewinn, den das Unternehmen in einem Jahr erwirtschaftet hat, auch in dieser Periode der Besteuerung zu unterwerfen, also zu verhindern, daß durch Bewertungswahlrechte eine Verschiebung von Gewinnen und damit von Steuerzahlungen in spätere Perioden erfolgt. Diese nicht nur auf möglichst schnelle Einnahmegewinnung ausgerichteten, sondern auch dem Prinzip der Gleichmäßigkeit der Besteuerung im Verhältnis zu anderen Einkunftsarten dienenden Bewertungsvorschriften sind jedoch in den letzten Jahrzehnten in zunehmendem Maße modifiziert worden, weil der Staat die Steuerpolitik als Instrument der allgemeinen Wirtschafts-, Gesellschafts- und Umweltpolitik immer stärker in den Dienst außerfiskalischer Ziele stellt und dadurch gelegentlich Kollisionen zwischen den Zielen maximaler Einnahmegewinnung und periodenrichtiger Gewinnermittlung einerseits und der Realisierung wirtschaftspolitischer Zielsetzungen mittels

18 Vgl. dazu ausführlich: *Günter Wöhe,* Betriebswirtschaftliche Steuerlehre, Bd. I, 2. Halbband, 7. Aufl. 1992, S. 464 ff.

steuerpolitischer Einflußnahmen auf die Investitionsentscheidungen der Unternehmen und die Konsum- oder Sparentscheidungen der Haushalte andererseits unvermeidbar sind.

Die Bewertungsvorschriften des EStG lassen also in gewissen Grenzen eine Verlagerung von Gewinnen in spätere Perioden und damit eine zeitliche Verschiebung der Steuerzahlungen zu, so daß der „periodenrichtige" Gewinn nicht unbedingt – man kann heute wohl sagen: in den seltensten Fällen – in der Steuerbilanz erscheint. Wenn man von Tarifänderungen und Auswirkungen der Steuerprogression absieht, wird durch Gewinnverlagerungen auf lange Sicht die absolute steuerliche Belastung der Unternehmen im Durchschnitt der Jahre aber nicht geringer, und auch die Steuereinnahmen des Staates werden nicht geschmälert, denn stille Rücklagen, die den ausgewiesenen Gewinn in einer Periode mindern, werden sich in späteren Perioden auflösen und den Gewinn dieser Perioden erhöhen. Da die zeitliche Verlagerung von Steuerzahlungen zinslos erfolgt, tritt bei Gewinnverlagerung in spätere Perioden für den Fiskus ein negativer, für die steuerpflichtigen Unternehmen dagegen ein positiver Zinseffekt ein.

Da die Bewertungsvorschriften des EStG – insbesondere diejenigen, die außerfiskalischen Zielen dienen – die Bildung stiller Rücklagen durch Unterbewertung von Vermögensteilen (z.B. Maschinen) ermöglichen, sind sie für solche Steuern ungeeignet, bei denen nicht das Einkommen (der Gewinn) oder der Ertrag, sondern die vorhandene Vermögenssubstanz den Maßstab für die Besteuerung bildet. Denn wenn der in einer Periode ausgewiesene Gewinn zu niedrig ist, weil z.B. Sonderabschreibungen vorgenommen worden sind, so führt das in späteren Jahren zu entsprechend höheren Gewinnen, da in der Steuerbilanz das Prinzip der nominellen Kapitalerhaltung gilt, d.h. über die Gesamtzeit der Nutzung nicht mehr und nicht weniger als die Anschaffungs- oder Herstellungskosten abgeschrieben werden dürfen. Die doppelte Buchführung, die Grundsätze ordnungsmäßiger Buchführung und die Bilanzierungsgrundsätze (Bilanzidentität, Anschaffungswertprinzip) führen automatisch dazu, daß stille Rücklagen sich in späteren Perioden irgendwann einmal auflösen und der Besteuerung unterliegen (Grundsatz der Zweischneidigkeit der Bilanzansätze).

Soll dagegen – wie z.B. bei der VSt, der ErbSt, der GrSt und der GewKapSt – der Wert der an einem Stichtag vorhandenen Vermögenssubstanz als Grundlage der Steuerbemessung dienen, so müssen andere Bewertungsprinzipien angewendet werden, denn eine Unterbewertung von Vermögensteilen in einem Jahr bedeutet, daß die Bemessungsgrundlage der Besteuerung zu niedrig ist, ohne daß in einem späteren Jahr dafür ein Ausgleich erfolgt. Die in gewissen im Bewertungsgesetz festgelegten Zeitabständen durchzuführende Bewertung des Betriebsvermögens vollzieht sich deshalb unabhängig von früheren Bewertungen, d.h., es gibt keine Bewertungskontinuität und keine Zweischneidigkeit der Wertansätze wie in der Steuerbilanz.

Ein im Unternehmen in einem Wirtschaftsjahr erzielter Gewinn wird nur einmal besteuert, und zwar in der Periode, in der er in der Bilanz ausgewiesen wird. Die betriebliche Vermögenssubstanz stellt dagegen in jedem Jahr erneut die Bemessungsgrundlage für die VSt usw. dar, wenngleich – nach der Grundkonzeption der Substanzbesteuerung – diese Steuern auch nicht aus der Vermögenssubstanz, sondern ebenso durch den Ertrag des Vermögens gedeckt werden sollen wie die ESt, KSt oder GewESt. Ist allerdings kein Gewinn bzw. Gewerbeertrag entstanden, so fallen auch keine Gewinn- bzw. Ertragsteuern an. Die Substanzsteuern sind dagegen auch in diesem Falle zu zahlen und zwar zu Lasten der Vermögenssubstanz, d.h. bei Betrieben zu Lasten des Eigenkapitals.

b) Die Übernahme der Steuerbilanzwerte und die Gleichmäßigkeit der Besteuerung

Es zeigt sich also, daß die Übernahme der Steuerbilanzwerte in die VA und damit der in der Steuerbilanz zulässigerweise gebildeten stillen Rücklagen durch Unterbewertung von Wirtschaftsgütern oder durch nicht berücksichtigungsfähiges Steigen der Wiederbeschaffungskosten über die Anschaffungs- oder Herstellungskosten gegen die Gleichmäßigkeit der Besteuerung verstößt, insbesondere wenn steuerliche Sonderbewertungsvorschriften nur bestimmten Gruppen von Steuerpflichtigen zustehen (z.B. an bestimmten Standorten wie früher Berlin (West) und das Zonenrandgebiet, heute in den neuen Bundesländern oder für bestimmte Wirtschaftszweige, z.B. Bergbau). Durch die Übernahme der Steuerbilanzwerte wird das Betriebsvermögen dieser Steuerpflichtigen u.U. drastisch reduziert. Während bei der Gewinnbesteuerung die Bildung stiller Rücklagen lediglich zu Steuerverschiebungen und dadurch zu Rentabilitäts- und Liquiditätsvorteilen führt, da die stillen Rücklagen bei späterer Auflösung nachversteuert werden müssen und somit der Verstoß dieser Vorschriften gegen die Gleichmäßigkeit der Besteuerung in engen Grenzen gehalten wird, wird durch die Übernahme der stillen Rücklagen in die VA eine sich jährlich wiederholende endgültige Steuerersparnis bei den Substanzsteuern erreicht, die sich in späteren Jahren nicht durch entsprechend höhere Steuerzahlungen ausgleicht, sondern sich von Jahr zu Jahr vergrößert.

Während gewinnsteuerliche Sondervorschriften, die außerfiskalischen Zielen dienen sollen und Subventionscharakter haben, vom Gesetzgeber begründet werden müssen, werden diese lediglich der Gewinnermittlung dienenden Vorschriften gewissermaßen durch die Hintertür der Übernahme für die Vermögensermittlung maßgeblich. Eine Gleichbehandlung aller Betriebsvermögen, die bisher durch die Bewertung zum Teilwert – ggf. auch zu höheren Teilwerten – im wesentlichen erreicht wurde, ist also seit der Übernahme der Steuerbilanzwerte in die VA nicht mehr gegeben.

Die Steuerreformmaßnahme verstößt aber nicht nur wegen der Ungleichbehandlung der Betriebsvermögen gegen die Gleichmäßigkeit der Besteuerung, sondern auch wegen der – gemessen am Verkehrswert des Vermögens – Unterbewertung und dadurch steuerlichen Besserstellung der Betriebsvermögen gegenüber anderen Vermögensarten. Man könnte zwar einwenden, daß zur Zeit sowieso ein Chaos bei der Bewertung der vier Vermögensarten herrscht und auch bei der Bewertung des Grundvermögens und des land- und forstwirtschaftlichen Vermögens die Verkehrswerte weit unterschritten werden, Reformmaßnahmen im Bereich der Vermögensbewertung sollten aber dazu beitragen, dieses Chaos zu beseitigen statt es noch zu vergrößern.

Die steuerliche Privilegierung des Betriebsvermögens gegenüber anderen Vermögensarten wird noch verstärkt einerseits durch den Freibetrag gem. § 117a BewG, der durch das Steuerreformgesetz 1992 von 125 000 DM auf 500 000 DM angehoben wurde, und andererseits durch die Begrenzung des steuerlichen Betriebsvermögens auf 75 v.H. des den Freibetrag übersteigenden Vermögens, während andere Vermögensarten, z.B. Beteiligungen an Kapitalgesellschaften, mit 100 v.H. ihres Verkehrswertes (Steuerkurswertes) angesetzt werden müssen. In dieselbe Richtung einer Privilegierung zielt die durch das Standortsicherungsgesetz ab 1994 vorgesehene Senkung des Spitzensteuersatzes für Einkünfte aus Gewerbebetrieb von 53 v.H. auf 47 v.H. Hierdurch wird also nur eine der sieben Einkunftsarten des EStG begünstigt.

4. Welche Einflüsse auf unternehmerische Entscheidungen werden durch die Novellierung des Bewertungsrechts ausgelöst?

a) Der Einfluß der Interdependenzen zwischen Handelsbilanz, Steuerbilanz und Vermögensaufstellung auf die Bilanzpolitik

In diesem Zusammenhang können nicht alle Einflüsse auf unternehmerische Entscheidungen analysiert werden. Wir beschränken uns auf die Wirkung der neuen Vorschriften auf die Bilanzpolitik der Unternehmen. Die in § 109 Abs. 1 BewG vorgeschriebene Übernahme der Steuerbilanzwerte in die VA hat zur Folge, daß die in der Steuerbilanz getroffenen Bilanzierungs- und Bewertungsentscheidungen auch für die VA verbindlich sind und nicht nur die Ertragsteuerbelastung, sondern auch die Substanzsteuerbelastung bestimmen. Da aufgrund des Grundsatzes der Maßgeblichkeit der Handelsbilanz[19] für die Steuerbilanz bzw. dessen Umkehrung[20] die ertragsteuerlichen Bilanzierungs- und Bewertungsentscheidungen auch Einfluß auf den handelsrechtlichen Jahresabschluß nehmen,

19 Vgl. § 5 Abs. 1 EStG.
20 Vgl. dazu ausführlich *Günter Wöhe,* Bilanzierung und Bilanzpolitik, 8. Aufl. 1992, S. 174 ff.

besteht in Zukunft ein Dreiecksverhältnis von Handelsbilanz, Steuerbilanz und VA, das mit dem von *Herzig* geprägten Begriff der „verlängerten Maßgeblichkeit" umschrieben werden kann[21].

Das Dreiecksverhältnis soll anhand von drei Fällen näher analysiert werden:

Fall 1: Für die Ansätze der Wirtschaftsgüter in der Steuerbilanz und der VA enthält das Steuerrecht keine speziellen Vorschriften.

Die für die Handelsbilanz vorgeschriebenen oder gewählten Ansätze sind zunächst sowohl dem Grunde als auch der Höhe nach in die Steuerbilanz zu übernehmen; anschließend werden diese Steuerbilanzwerte in „Verlängerung" der Maßgeblichkeit in der VA angesetzt. Es besteht also eine mittelbare Maßgeblichkeit der Handelsbilanz für die VA. Als Beispiel sind hier insbesondere die der Realisierung außerfiskalischer Zielsetzungen dienenden erhöhten Absetzungen oder Sonderabschreibungen zu nennen, durch die es zur Bildung stiller Rücklagen und somit durch Unterbewertung von Wirtschaftsgütern zur Verlagerung von Steuerzahlungen auf spätere Perioden kommt. Sie dürfen in der Steuerbilanz i.d.R. nur in Anspruch genommen werden, wenn sie zuvor in der Handelsbilanz berücksichtigt worden sind. Durch die Übernahme der so gebildeten Steuerbilanzwerte in die VA wird die Unterbewertung von Wirtschaftsgütern für die Ermittlung des Einheitswertes des Betriebsvermögens maßgeblich und führt somit zu endgültigen Steuerersparnissen.

Fall 2: Das Steuerrecht enthält für bestimmte Wirtschaftsgüter zwingende Vorschriften für den Ansatz in der Steuerbilanz, aber keine speziellen Vorschriften für die VA.

In diesem Fall sind die Bilanzierungs- und Bewertungsentscheidungen für die Steuerbilanz unabhängig von der Handelsbilanz zu treffen, da bei Vorliegen von zwingenden steuerrechtlichen Vorschriften der Maßgeblichkeitsgrundsatz nicht wirksam wird. Die in der Steuerbilanz getroffenen Entscheidungen werden für die VA unmittelbar maßgeblich, tangieren aber die Handelsbilanz nicht. Als Beispiel ist der derivative Geschäfts- oder Firmenwert zu nennen, für den in der Handelsbilanz ein Aktivierungswahlrecht, in der Steuerbilanz dagegen eine Aktivierungspflicht besteht. Eine gewollte Gewinnminderung durch Sofortabschreibung des Firmenwertes in der Handelsbilanz kann wegen der Aktivierungspflicht in der Steuerbilanz nicht eintreten und folglich sich auch nicht auf die VA und den Einheitswert des Betriebsvermögens auswirken.

Fall 3: Das Bewertungsgesetz enthält spezielle Regelungen für den Ansatz bestimmter Wirtschaftsgüter in der VA.

In diesem Fall müssen die Ansätze und die Bewertung in der VA unabhängig von der Handels- und Steuerbilanz nach bewertungsrechtlichen Vor-

21 Vgl. *Norbert Herzig*, Verlängerte Maßgeblichkeit und Bilanzpolitik, DB 1992, 1053 f.

schriften erfolgen. Das Maßgeblichkeitsprinzip kann sich also nicht auswirken. Das gilt beispielsweise für die Bewertung nicht notierter Anteile mit dem gemeinen Wert, der mit Hilfe des Stuttgarter Verfahrens ermittelt wird, ferner für die Bewertung der Betriebsgrundstücke, deren Einheitswert mit Hilfe des Ertragswert- oder Sachwertverfahrens bestimmt wird.

Die in der Handelsbilanz getroffenen bilanzpolitischen Entscheidungen bestimmen also in Zukunft nicht nur das Ergebnis der Steuerbilanz, sondern erlangen auch erhebliche Bedeutung für die substanzsteuerlichen Bemessungsgrundlagen. Daraus folgt, daß die Handelsbilanzpolitik neben ertragsteuerlichen auch substanzsteuerliche Konsequenzen hat (z.B. bei der VSt, der GewkapSt und der ErbSt bei Personengesellschaften und Einzelunternehmen). Folglich müssen die Einflüsse auf die Substanzsteuerbelastung als zusätzliches Ziel der Bilanzpolitik beachtet werden[22].

Als Grundlage der Bilanzpolitik muß künftig gelten, daß bilanzpolitische Maßnahmen neben ihrem Einfluß auf den Periodenerfolg stets auch auf ihre substanzsteuerlichen Auswirkungen hin geprüft werden. So werden in Zukunft steuerliche Investitionsanreize, die der Gesetzgeber beispielsweise durch Sonderabschreibungen geben will, dadurch verstärkt, daß sie nicht nur im Bereich der Ertragsbesteuerung zur Verschiebung von Steuerzahlungen auf spätere Perioden, sondern daß sie zusätzlich im Bereich der Substanzbesteuerung zu endgültigen, jährlich erneut eintretenden Steuerersparnissen führen können. Das wird in der Literatur teilweise mit dem Argument begrüßt, daß es inkonsequent sei, einen ertragsteuerlichen Liquiditätsvorteil zu gewähren, ihn aber durch substanzsteuerliche Mehrbelastungen teilweise wieder aufzuheben[23].

Es darf allerdings nicht übersehen werden, daß die Inanspruchnahme von Sonderabschreibungsmöglichkeiten, die bisher in Verlustjahren unzweckmäßig war, wenn keine Rücktragsmöglichkeiten mehr bestanden, in Zukunft interessant werden kann, weil dadurch die in ertragsschwachen Jahren besonders belastende Substanzbesteuerung vermindert werden kann. Die Verluste können unbegrenzt vorgetragen werden, beeinflussen u.U. aber die Kreditwürdigkeit negativ.

b) Neue Zielkonflikte als Folge der gesetzlichen Koppelung der Ansätze in der Handelsbilanz, Steuerbilanz und Vermögensaufstellung

Die gesetzliche Koppelung von Handelsbilanz, Steuerbilanz und VA kann allerdings zu Entscheidungskonflikten führen, die durch die unterschied-

22 Vgl. *Michael Heinhold,* Zum Einfluß der verlängerten Maßgeblichkeit auf eine rationale Steuerbilanzpolitik, DBW 1993, S. 331 ff.

23 Vgl. z.B. Karl-Bräuer-Institut des Bundes der Steuerzahler e.V. (Hrsg.): Steuervereinfachung, Heft 60, Wiesbaden 1986, S. 132 oder *Walter-Erich Zweigert,* Übernahme der Steuerbilanzwerte in die Vermögensaufstellung für die ertragsunabhängigen Steuern vom Vermögen, hrsg. v. Institut „Finanzen und Steuern", Brief Nr. 296, Bonn 1990, S. 32.

lichen Zielsetzungen der drei Rechenwerke ausgelöst werden. So kann z.B. das handelsbilanzpolitische Ziel, aus publizitäts- oder dividendenpolitischen Gründen einen möglichst hohen Gewinn auszuweisen, dem steuerbilanzpolitischen Ziel der Minimierung der Ertrags- und Substanzbesteuerung diametral entgegenstehen. Wie auch immer diese Zielkonflikte in der Zukunft von der Praxis gelöst werden, fest steht, daß „die Komplexität der Bilanzpolitik um eine zusätzliche Dimension erweitert"[24] wird und daß mehr steuerliche Aspekte beachtet werden müssen, die über die Umkehrung der Maßgeblichkeit die Aussagefähigkeit der Handelsbilanz beeinträchtigen und verfälschen können. Da die Steuerbilanz jährlich, die VA dagegen in mehrjährigem Abstand aufzustellen ist, können zudem die vom Gesetzgeber gewollten wirtschaftspolitischen Wirkungen von Sonderabschreibungen und sonstigen Bewertungsfreiheiten beeinträchtigt werden, wenn z.B. viele Unternehmen die Inanspruchnahme derartiger Sonderbewertungsvorschriften auf die Jahre verlagern, in denen eine Hauptfeststellung der Einheitswerte des Betriebsvermögens erfolgt. Die neue Rechtslage stellt auf jeden Fall erhöhte Anforderungen an die betriebswirtschaftliche Beratung der Unternehmen durch Wirtschaftsprüfer und Steuerberater.

c) Zwischenergebnis

Als Zwischenergebnis ist festzuhalten: Die Übernahme der Steuerbilanzwerte in die VA beeinflußt bilanzpolitische Entscheidungen und kann neue Zielkonflikte schaffen. Durch die vom Gesetzgeber geschaffenen Interdependenzen zwischen Handelsbilanz, Steuerbilanz und VA können die originären Zielsetzungen der einzelnen Rechenwerke (Rechenschaftslegung und Information – periodenrichtige Gewinnermittlung – den Verkehrswerten nahekommende Vermögensermittlung) nicht mehr optimal verfolgt werden. Die verstärkte steuerliche Ausrichtung der Bilanzpolitik verfälscht den Aussagewert der Handelsbilanz noch stärker als bisher. Es ist zu befürchten, daß künftig „eigenständige Ziele der Handelsbilanzpolitik . . . noch schwerer als bisher gegenüber steuerlichen Zielen durchzusetzen"[25] sein werden.

5. Sind andere steuerliche Reformmaßnahmen besser geeignet, die mit der Novellierung des Bewertungsrechts verfolgten Ziele zu realisieren?

a) Mögliche Alternativen zur Senkung der Substanzbesteuerung

Kommt man bei der Analyse einer Steuerreformmaßnahme zu dem Ergebnis, daß mit ihr zwar die vom Gesetzgeber angestrebten Ziele erreicht werden können, daß sie aber „Nebenwirkungen" hat, durch die sie gegen

24 *Norbert Herzig,* a.a.O., S. 1054.
25 *Thomas Rödder,* Die Übernahme der Steuerbilanzwerte in die Vermögensaufstellung, DStR 1992, 969.

grundlegende allgemeine Besteuerungsprinzipien, insbesondere gegen die Gleichmäßigkeit und die Wettbewerbsneutralität der Besteuerung verstößt, ist zu prüfen, ob die Ziele mit anderen Maßnahmen realisiert werden können, die keine derartigen negativen Nebenwirkungen haben.

Die hier zur Diskussion stehenden Ziele der Reduzierung der Substanzsteuerbelastung und der Steuervereinfachung lassen sich theoretisch durch folgende Maßnahmen erreichen:

(1) Ersatzlose Aufhebung von Substanzsteuern (VSt, GewkapSt) und Aufgabe des verwaltungsaufwendigen Einheitswertverfahrens.

(2) Beibehaltung der Substanzsteuern, aber drastische Reduzierung der Tarife und Erhöhung von Freibeträgen für alle von diesen Steuern betroffenen Steuerzahler.

(3) Reduzierung der Steuerbemessungsgrundlagen durch Anwendung anderer Bewertungsmaßstäbe und -verfahren.

(4) Kombination der unter (2) und (3) genannten Maßnahmen.

Die bisherige Analyse hat ergeben, daß die Maßnahmen des StÄndG 1992 zur Reform der Substanzsteuern gegen die Gleichmäßigkeit der Besteuerung verstoßen. Da auch die VSt und GewKapSt aus der Sicht der heutigen Wirtschafts- und Gesellschaftsordnung nach h.M. diesen Besteuerungsgrundsatz verletzen und sich nicht mehr rechtfertigen lassen, ist u.E. die unter (1) genannte ersatzlose Aufhebung dieser Steuern vorzuschlagen.

b) Argumente für die Abschaffung der Vermögensteuer

Die Abschaffung der VSt wird seit langem aus folgenden Gründen gefordert:

(1) Die Erhebung der VSt läßt sich nicht mehr rechtfertigen.

Die Argumente, die bei der Einführung der VSt vor hundert Jahren unter dem Namen „Ergänzungssteuer"[26] zu ihrer Rechtfertigung angeführt wurden, sind aus der Sicht der heutigen Wirtschafts- und Gesellschaftsordnung nicht mehr stichhaltig. Die VSt sollte – wie der Name Ergänzungssteuer ausdrückt – die ESt auf das sog. fundierte Einkommen, d.h. das Einkommen aus Vermögensbesitz ergänzen, weil nach der damaligen Auffassung ein Steuerpflichtiger, der neben seiner Arbeitskraft über Einkünfte aus einem Vermögen verfügt, eine größere ökonomische Existenzsicherheit und deshalb eine höhere Leistungsfähigkeit besitze als derjenige, der zur Sicherung seiner Existenz nur seine Arbeitskraft einsetzen kann.

---

26 Die 1893 in Preußen eingeführte Ergänzungssteuer sollte u.a. der verstärkten Belastung des sog. fundierten Einkommens dienen (vgl. Begründung zum Preußischen Gesetzentwurf vom 2. November 1892, Finanz-Archiv, 10. Jg. 1893, S. 370 ff.).

Dieses Argument hat im Laufe der historischen Entwicklung als Rechtfertigungsgrund immer mehr an Bedeutung verloren, je mehr die auf der Arbeitsfähigkeit des Einkommensbeziehers beruhende Unsicherheit des Arbeitseinkommens durch die Sozialgesetzgebung und die betriebliche Altersversorgung, ferner durch die Hebung des allgemeinen Einkommensniveaus und die damit verbundene Möglichkeit zur freiwilligen Vermögensbildung sowie durch die staatliche und die betriebliche Förderung der Vermögensbildung breiter Schichten der Arbeitnehmer vermindert wird. Ein Arbeitnehmer, der vorübergehend seinen Arbeitsplatz verliert, ist durch die soziale Absicherung heute i.d.R. besser gestellt als z.B. ein kleiner Einzelhandelsunternehmer, der wegen der allgemeinen Wirtschaftslage in Konkurs gehen muß, also sein gesamtes Vermögen verloren hat, ohne Ansprüche gegen staatliche Sozialeinrichtungen zu haben.

Das Argument einer notwendigen „Ergänzungsbesteuerung" war zutreffend, solange es noch keine nennenswerte Progression der ESt[27] gab, die der wirtschaftlichen Leistungsfähigkeit Rechnung tragen soll. Heute kann dieses Argument nicht mehr aufrechterhalten werden, wenn die Vermögensbildung aus einem Einkommen erfolgt, das bereits einer ESt mit einem Spitzensatz von mehr als 50 v.H. unterlegen hat und wenn die Erträge des Vermögens wiederum der progressiven ESt unterliegen. Das gilt auch für das Argument, daß das Vermögen an sich – unabhängig davon, ob es einen Ertrag abwirft oder nicht – eine besondere steuerliche Leistungsfähigkeit verkörpert und deshalb einer VSt unterworfen werden müßte.

(2) Die VSt läßt sich auf Personen überwälzen, die selbst kein Vermögen besitzen.

Die Begründung der VSt mit ihrer Ergänzungsfunktion bei der ESt steht auf schwachen Füßen, weil die VSt relativ einfach vom Steuerzahler abgewälzt werden kann und damit Personen belastet, die unter Umständen überhaupt kein Vermögen besitzen. Das gilt nicht nur für die VSt der Kapitalgesellschaften, die zwar die Gesellschaft zahlt, die aber der Käufer von Produkten wirtschaftlich in den Preisen trägt, sondern gilt auch für die VSt der Grundbesitzer, die – ebenso wie die GrSt – in der Regel in den Mieten auf die Mieter überwälzt wird.

(3) Die VSt verletzt die Rechtsformneutralität.

Die Besteuerung des Vermögens der juristischen Personen, das wirtschaftlich stets natürlichen Personen zusteht, führt zu einer wirtschaftlich nicht vertretbaren Doppelbelastung des Reinvermögens der Kapitalgesellschaften, denn es wird nicht nur dieses Reinvermögen von der VSt getrof-

27 Im preußischen Einkommensteuergesetz von 1891 betrug der Steuersatz für Einkommen über 100 000 DM 4 v.H. (1,6 v.H. bei 2000 Mark, 2,4 v.H. bei 5000 Mark). Vgl. *J. Conrad,* Grundriß zum Studium der politischen Ökonomie, Dritter Teil: Finanzwissenschaft, 8. Aufl. 1921, S. 43.

fen, sondern es werden außerdem die Anteile der Gesellschafter besteuert. Da diese Anteile aber nichts anderes darstellen, als den Anspruch auf einen Anteil am Reinvermögen der Kapitalgesellschaft, wird folglich ein und derselbe wirtschaftliche Wert zweimal besteuert. Das führt zu Wettbewerbsverzerrungen zwischen Kapitalgesellschaften einerseits und Personengesellschaften und Einzelunternehmen andererseits, die noch dadurch verschärft werden, daß die VSt bei der Ermittlung des kst-pflichtigen Gewinns nicht als Betriebsausgabe abgezogen werden darf und folglich der in diesem Fall nicht anrechenbaren KSt unterliegt (Definitiv-KSt).

Eine weitere Wettbewerbsverzerrung zwischen Kapital- und Personengesellschaften tritt dadurch ein, daß börsennotierte Anteile an Kapitalgesellschaften durch die Kräfte des Marktes und nicht notierte Anteile an Kapitalgesellschaften unter Berücksichtigung der Zukunftserträge mittels des Stuttgarter Verfahrens bewertet werden, während Anteile an Personengesellschaften mit dem Substanzwert, also ohne Berücksichtigung von Zukunftserträgen angesetzt werden. Die Bewertungsunterschiede werden zwar in Zukunft geringer ausfallen, weil der infolge der Übernahme der Steuerbilanzwerte in die VA i.d.R. niedrigere Einheitswert im wesentlichen unkorrigiert[28] als Vermögenswert in das Stuttgarter Verfahren eingeht. Dafür aber werden die Wertunterschiede zwischen den am Markt gebildeten Kurswerten notierter Anteile einerseits und dem nach dem Stuttgarter Verfahren ermittelten gemeinen Wert nicht notierter Anteile andererseits größer. Das Stuttgarter Verfahren kann künftig nicht mehr als ein Verfahren angesehen werden, mit dem versucht wird, in schematisierter Form die Börsenkursbildung nachzuvollziehen. Schließlich ist der gemeine Wert gemäß § 10 BewG der Einzelveräußerungspreis am Absatzmarkt. Das kann in Zukunft von dem sog. gemeinen Wert nicht notierter Anteile nicht mehr behauptet werden.

(4) Ungleichmäßige Ermittlung der Bemessungsgrundlagen der VSt.

Ein besonders schwerwiegender Verstoß gegen die Gleichmäßigkeit der Besteuerung besteht darin, daß die Bemessungsgrundlagen der vier Vermögensarten des Bewertungsgesetzes mit unterschiedlichen Verfahren ermittelt werden und mit Ausnahme bestimmter Werte des sonstigen Vermögens (z.B. börsennotierte Anteile an Kapitalgesellschaften) extrem weit unter ihren Verkehrswerten liegen. Der Grundsatz der Gleichmäßigkeit der Besteuerung erfordert, daß alle Vermögensarten nach den gleichen Grundsätzen zu ihren Verkehrswerten (Zeitwerten) besteuert werden, d.h. daß ein Steuerpflichtiger, der z.B. über 800 000 DM verfügt, für dieses Vermögen jeweils die gleich hohe VSt zu zahlen hat, unabhängig davon, ob er diesen Betrag auf einem Konto hält oder dafür einen landwirtschaftlichen Betrieb, ein Mietwohnhaus, Betriebsvermögen in Form eines Kommanditanteils oder sonstiges Vermögen in Form einer börsennotierten Beteiligung an einer Kapitalgesellschaft erwirbt.

28 Vgl. § 11 Abs. 2 BewG n.F., unter Berücksichtigung der Änderung durch das Zinsabschlagsgesetz.

Die derzeitige Bewertung der genannten Investitionsalternativen kann nur als chaotisch bezeichnet werden. Das landwirtschaftliche Vermögen wird auf Basis antiquierter Hektarwerte mit dem Ertragswert bewertet, der zur Zeit noch etwa 3,5 v.H. des Verkehrswertes beträgt. Das Grundvermögen wird auf Basis von Einheitswerten aus dem Jahre 1964 bewertet, die bei Mietwohngrundstücken noch etwa 15 v.H., bei Geschäftsgrundstücken noch etwa 30 v.H. des Verkehrswertes ausmachen[29]. Die zum sonstigen Vermögen zählenden börsennotierten Anteile dagegen werden mit aktuellen Kurswerten und somit etwa zum Verkehrswert bewertet. Das ist eine eindeutige Diskriminierung gegenüber den übrigen Vermögensarten. Das bis vor wenigen Jahren zu einigermaßen aktuellen Werten bewertete Betriebsvermögen wird durch die Übernahme der Steuerbilanzwerte in die VA, den extrem hohen Freibetrag für Betriebsvermögen von 500 000 DM für natürliche und juristische Personen und den Ansatz des die Freibeträge überschreitenden Betriebsvermögens mit nur 75 v.H. des Einheitswertes nun ebenfalls mit einem Phantasiewert angesetzt, der mit den tatsächlichen Verkehrswerten überhaupt nichts mehr zu tun hat. Diese gegen die Gleichmäßigkeit der Besteuerung verstoßenden extremen Wertunterschiede zwischen verschiedenen Vermögensarten wirken sich auch unmittelbar auf die ErbSt aus[30]. Dieses Bewertungschaos sollte durch Aufhebung der VSt und GewkapSt und die Aufgabe des verwaltungsaufwendigen Einheitswertverfahrens beseitigt werden. Für die verbleibenden Substanzsteuern (ErbSt und GrSt) müßten neue Verfahren einer zeitnahen Bewertung entwickelt werden.

IV. Ergebnis

1. Mit der Novellierung der Vorschriften des BewG zur Ermittlung des Einheitswertes des Betriebsvermögens verfolgt der Gesetzgeber zwei Ziele: Vereinfachung des Steuerrechts und Reduzierung der Substanzsteuerbelastung der Unternehmen.

   Die durch die Neufassung des § 109 Abs. 1 BewG vorgeschriebene Übernahme der Steuerbilanzwerte in die VA führt zu einer Senkung des Einheitswertes des Betriebsvermögens und somit zu einer gewissen Entlastung des Betriebsvermögens von ertragsunabhängigen Steuern. Die Steuervereinfachung hält sich allerdings in engen Grenzen, weil einerseits für bestimmte Wirtschaftsgüter eine eigenständige Wertermittlung unverändert beibehalten wird und andererseits schon nach altem Recht gewisse Wirtschaftsgüter mit den Steuerbilanzwerten angesetzt werden durften.

29 Zu den angegebenen Prozentzahlen vgl. *Georg Crezelius,* Unternehmenssteuerreform aus nationaler Sicht und Entwicklungen in Europa, JbFSt 1992/93, 1993, S. 61.

30 Vgl. § 12 Abs. 5 ErbStG.

2. Obwohl die Reformmaßnahmen bei isolierter Betrachtung geeignet sind, die vom Gesetzgeber mit ihnen verfolgten Ziele zu realisieren, verstoßen sie bei Einbeziehung in den Gesamtzusammenhang der Gewinn- und Vermögensermittlung gegen die Grundsätze der Gleichmäßigkeit und Wettbewerbsneutralität der Besteuerung.

a) Der durch Vergleich zweier Betriebsvermögen ermittelte Gewinn wird nur einmal besteuert, d.h. Verlagerung von Gewinnen in spätere Perioden führen lediglich zu Steuerverschiebungen, da die Besteuerung wegen der Zweischneidigkeit der Bilanzen später nachgeholt wird. Das Betriebsvermögen wird dagegen in jeder Periode erneut besteuert. Zu niedrige Einheitswerte als Folge von durch außerfiskalischen Zielen dienenden Sonderbewertungsvorschriften gekürzten Steuerbilanzwerten gleichen sich in späteren Perioden nicht aus und führen in jeder Periode zu endgültigen Steuerersparnissen. Da die zur Bildung stiller Rücklagen führenden Sonderbewertungsvorschriften nur bestimmten Gruppen von Steuerpflichtigen zustehen (in Abhängigkeit vom Standort, der Rechtsform oder dem Wirtschaftszweig), verstößt die Übernahme der Steuerbilanzwerte gegen die Wettbewerbsneutralität.

b) Die Übernahme der Steuerbilanzwerte verschärft außerdem die die Gleichmäßigkeit der Besteuerung verletzende unterschiedliche Bewertung alternativer Vermögensanlagen (Beteiligungen, Grundstücke).

c) Die Erhöhung des Freibetrags gemäß § 117a BewG auf 500 000 DM verletzt einerseits die Rechtsformneutralität, da dieser Freibetrag bei Personengesellschaften jedem Gesellschafter zusteht, bei Kapitalgesellschaften dagegen nur der Gesellschaft selbst, andererseits hat sie eine weitere Privilegierung des Betriebsvermögens gegenüber anderen Vermögensarten, insbesondere den zum sonstigen Vermögen zählenden Beteiligungen und Anteilen an Kapitalgesellschaften zur Folge.

3. Die Übernahme der Steuerbilanzwerte in die VA hat zur Folge, daß bilanzpolitische Entscheidungen in der Handelsbilanz nicht nur für die Steuerbilanz, sondern auch für die VA maßgeblich werden. Das bedeutet in Umkehrung des Maßgeblichkeitsprinzips, daß Bewertungsentscheidungen für die VA zuvor in der Handels- und Steuerbilanz berücksichtigt werden müssen. Durch diese verstärkte steuerliche Ausrichtung der Bilanzpolitik kann der Aussagewert der Handelsbilanz noch stärker als bisher verfälscht werden.

4. Die vom Gesetzgeber verfolgten Ziele der Senkung der ertragsunabhängigen Steuern und der Vereinfachung des Steuerrechts ließen sich besser als mit der Übernahme der Steuerbilanzwerte in die VA mit der ersatzlosen Aufhebung der VSt und GewkapSt erreichen. Die früheren Rechtfertigungsargumente für diese Steuern lassen sich aus der Sicht der heutigen Wirtschafts- und Gesellschaftsordnung nicht mehr aufrechterhalten. Ihre Aufhebung wäre ein wesentlicher Beitrag zur Ver-

besserung der Gleichmäßigkeit der Besteuerung, da davon einerseits alle Vermögensarten gleichermaßen betroffen wären und andererseits die Verstöße gegen die Wettbewerbs-, Rechtsform- und Finanzierungsneutralität wegfallen würden. Der dann mögliche Verzicht auf das verwaltungsaufwendige Einheitswertverfahren würde zu einer wesentlich stärkeren Steuervereinfachung führen als die Übernahme der Steuerbilanzwerte in die VA.

Siegfried Widmann

Die Besteuerung der Veräußerungsgewinne – eine Crux des deutschen Steuerrechts

Inhaltsübersicht

I. Steuerfreistellung eines operativen Gewinns über § 17 EStG

Die Besteuerung der Veräußerungsgewinne – eine Crux? Dabei stellt sich natürlich die Frage, für wen. Sicher nicht für den, der es darauf anlegt, laufende steuerpflichtige Gewinne über steuerfreie Veräußerungsgewinne der deutschen Besteuerung legal zu entziehen. Die Mechanismen, um dies zu erreichen, sind teilweise kompliziert und schwer zu durchschauen. Es fragt sich allerdings, ob dies auf die oft beklagte Kompliziertheit des deutschen Steuerrechts zurückzuführen ist oder auf die kunstvoll gewählte Gestaltung. Bevor ich auf die politischen Hintergründe der derzeitigen gesetzlichen Regelung eingehe, sei ein häufig praktiziertes Modell der Nichtbesteuerung dargestellt.

Der Unternehmer U hat die Chance, einen gewinnbringenden Auftrag abzuwickeln. Er sieht sich in der glücklichen Lage, eine Ehefrau und zwei minderjährige Kinder in eine von seinem Berater empfohlene Aktion einschalten zu können. U, seine Ehefrau und seine beiden Kinder gründen eine GmbH, an der jeder zu 25 v.H. beteiligt ist. Die GmbH wickelt das dem Unternehmer U angetragene Geschäft ab, unterwirft den Gewinn der Gewerbesteuer und der tariflichen Körperschaftsteuer von 45 v.H. Anschließend veräußern die Gesellschafter der GmbH ihre Anteile an eine GmbH & Co. KG, deren Kommanditist U ist und deren Komplementär eine weitere GmbH ist, deren Alleingesellschafter wiederum U ist. Die GmbH, die von den vier Gesellschaftern gegründet worden ist, schüttet den von ihr erzielten Gewinn an die GmbH & Co. KG aus, worauf die GmbH & Co. KG eine Teilwertabschreibung auf ihre Beteiligung an dieser GmbH vornimmt.

Der Gewinn aus der Veräußerung der Anteile an der von den vier Gesellschaftern gegründeten GmbH ist nicht steuerpflichtig, weil keiner der

Veräußerer über eine wesentliche Beteiligung i.S. des § 17 EStG verfügt. § 17 EStG setzt eine Beteiligung von mehr als 25 v.H. voraus.

Die Gewinnausschüttung wird Bestandteil des einheitlich und gesondert festzustellenden Gewinns der GmbH & Co. KG, der im wesentlichen dem Unternehmer U zuzurechnen ist und von ihm einschließlich des Körperschaftsteuerguthabens zu versteuern ist[1]. Das Körperschaftsteuerguthaben kann U auf seine Einkommensteuerschuld anrechnen bzw. erhält es vom Finanzamt erstattet[2].

Die Teilwertabschreibung ist gerechtfertigt, weil der ausgeschüttete Gewinn in dem Kaufpreis für die GmbH-Anteile Berücksichtigung fand und sich nach der Ausschüttung der Wert der Beteiligung um den ausgeschütteten Gewinn gemindert hat. Die Gewinnerhöhung in Folge der Gewinnausschüttung wird durch die Teilwertabschreibung neutralisiert. Die Teilwertabschreibung führt zu einer Gewinnminderung bei der GmbH & Co. KG, die im wesentlichen dem Unternehmer U zuzurechnen ist und sich bei ihm im Ergebnis darin auswirkt, daß die infolge der Gewinnausschüttung eintretende Belastung neutralisiert wird. Grundsätzlich wird damit der erzielte Gewinn nicht besteuert. Die bei der GmbH angefallene Körperschaftsteuer wird nämlich U angerechnet bzw. erstattet.

Dieses erstaunliche Ergebnis mag Ungläubigen noch zahlenmäßig demonstriert werden.

Erzielt die von den vier Gesellschaftern gegründete GmbH nach Gewerbesteuer einen Gewinn von 100, fällt eine Körperschaftsteuer von 45 an, so daß ein Gewinn nach Körperschaftsteuer (= EK 45) von 55 verbleibt.

Kauft die GmbH & Co. KG die Anteile an der GmbH, die ein Stammkapital von 50 hat, für 150, ergibt sich folgendes:

Die nachfolgende Gewinnausschüttung löst bei der GmbH eine Körperschaftsteuerminderung von 15 aus (Herstellung der Ausschüttungsbelastung von 30), so daß die GmbH 70 ausschütten kann. Infolge der Ausschüttung ergibt sich für U, dem praktisch der gesamte Gewinn der GmbH & Co. KG zuzurechnen ist, ein Gewinnanteil von nahezu 100. Die 100 setzen sich aus der Ausschüttung von 70 und dem Körperschaftsteuerguthaben von 30 zusammen. Die gleichzeitig vorgenommene Teilwertabschreibung in Höhe von 100 mindert jedoch letztendlich das Einkommen des U auf Null. Das grundsätzlich auf seine Einkommenschuld anzurechnende Körperschaftsteuerguthaben erhält U vom Finanzamt erstattet, womit die bei der GmbH eingetretene Körperschaftsteuerbelastung im Ergebnis wieder wegfällt. Das erstaunliche Ergebnis ist nicht etwa auf ein intensives Nachdenken für einen Beitrag zur Festschrift zurückzuführen. Es entspricht der gängigen Praxis und ist wohl politisch gewollt. Gesetzgeberische Initiativen, dem Modell – etwa durch Herab-

1 § 20 Abs. 3 mit § 20 Abs. 1 Nr. 3 EStG.
2 § 36 Abs. 2 Nr. 3 und § 36 Abs. 4 EStG.

setzung der Beteiligungsgrenze in § 17 EStG oder durch Versagung der Teilwertabschreibung – einen Riegel vorzuschieben, scheiterten im Bundestag[3].

Der Unternehmer setzt sich allerdings u.U. dem Einwand der Finanzverwaltung aus, es läge eine mißbräuchliche Gestaltung (§ 42 AO 1977) vor. Dem Einwand kann wohl um so leichter begegnet werden, je länger der Zeitraum zwischen den einzelnen Akten liegt. Zudem hilft dem Unternehmer, daß die Rechtsprechung des BFH zu § 42 AO 1977 aus der Perspektive der von ihr „bedrohten" Steuerpflichtigen und ihrer Gestaltungsberater wahrhaft moderat ist[4].

Dem Unternehmer U entgehen allerdings aufgrund der Steuerfreiheit seines Einkommens sonstige Vorteile des deutschen Steuerrechts. Er wird insbesondere beklagen, daß er Gaststättenrechnungen mangels steuerpflichtigen Einkommens nicht „von der Steuer absetzen" kann. Beherzte Lobbyisten könnten allerdings auf den Gedanken kommen, die darin liegende Lücke in der Förderung der deutschen Gastronomie durch eine Negativsteuer auf Gaststättenrechnungen in derartigen Fällen auszugleichen.

Das vorgestellte Modell ist exemplarisch für viele Modelle.

In ihrem Lichte erscheinen Sachverhalte, über die die Rechtsprechung mit viel geistiger Akribie entscheidet, als Kuriosa. Man kann sich die auf dem Hinweg zur Arbeitsstätte mit Butterbroten gefüllte (so die Sachverhaltsfeststellung des Finanzgerichts), aus einem Billigangebot für DM 47,– erworbene Aktentasche des Beamten bildhaft vorstellen, um deren steuerliche Anerkennung dieser kämpfte – und erstaunlicherweise – Erfolg hatte, wobei das Gericht darauf hinwies, daß die Tasche zwar für andere Zwecke, etwa zum Einkaufen oder zur Aufbewahrung von Badesachen zwar nicht ungeeignet, aber unpraktisch sei[5]. Arbeitnehmer haben vor dem BFH mit Beträgen keinen Erfolg, über deren Höhe der oben erwähnte Unternehmer U allenfalls schmunzeln wird. Die Ausstattung eines häuslichen Arbeitszimmers mit einem Gobelin-Bild für DM 847,– führt nach Ansicht des BFH zu keinen Werbungskosten[6]. Gescheitert sind auch die Finanzbeamten, die einen Werbungskostenabzug für die Anschaffung zweier Poster und von vier Drucken

3 Der Bundesrat hat im Rahmen des Standortsicherungsgesetzes versucht, die Beteiligungsgrenze auf 10 v.H. abzusenken (vgl. BR-Drucks. 368/1/93). Die Bundesregierung setzte sich im Vermittlungsausschuß durch. § 17 EStG blieb unangetastet (BT-Drucks. 12/5341). Auf das Verbot der Teilwertabschreibung lief eine Regelung hinaus, die das Land Nordrhein-Westfalen im Bundesrat vorgeschlagen hatte (vgl. BR-Drucks. 238/87).

4 *Ludwig Schmidt,* Zur Mißbrauchsrechtsprechung des Bundesfinanzhofs in „75 Jahre – Reichsfinanzhof – Bundesfinanzhof", S. 337/350.

5 FG Berlin Urteil vom 6. Juni 1978 III 126/77, EFG 79, 225; dazu *Risse,* BB 1979, 1074.

6 BFH-Urteil vom 30. Oktober 1990 VIII R 42/87, BFHE 163, 324, BStBl. II 1991, 340.

für insgesamt DM 570,– begehrten, mit denen sie ihre Dienstzimmer schmückten[7]. Ausnahmsweise erreichen den BFH auch Sachverhalte, die mit dem dargestellten Modell vergleichbar sind. Vgl. den Beschluß des I. Senats vom 3. Februar 1993[8] und das Urteil des VIII. Senats vom 13. Oktober 1992[9].

Man fragt sich, ob dies auf eine mangelnde Sensibilität der Finanzverwaltung zurückzuführen ist, deren Motivation allerdings nach dem geschilderten Mißerfolg eines Änderungsvorschlags im parlamentarischen Raum verständlich erscheint.

II. Gewerblicher Grundstückshandel

Ein weiteres Feld, bei dem es um die Abgrenzung einer Steuerpflicht des laufenden Gewinns von einem steuerfreien Veräußerungsgewinn geht, ist der sogenannte private Grundstückshandel. Eine Serie von Gerichtsentscheidungen bemüht sich, die Frage zu klären, in welchen Fällen die gewinnbringende Veräußerung unbebauter oder bebauter Grundstücke zu gewerblichen Einkünften führt[10]. Die Rechtsprechung ist aus folgendem Spannungsfeld zu erklären: Die Umschichtung von Privatvermögen soll keine steuerliche Belastung auslösen. Andererseits sollen Gewinne steuerlich erfaßt werden, die beim gewerblichen Grundstückshandel entstehen. Um die Abgrenzung zu vereinfachen, hat der Bundesfinanzhof die sogenannte Drei-Objekt-Grenze als Maßstab eingeführt. Danach ist grundsätzlich ein gewerblicher Grundstückshandel anzunehmen, wenn innerhalb von fünf Jahren mehr als drei Grundstücke nach dem Erwerb bzw. der Errichtung veräußert werden[11]. Die als Vereinfachungsregelung gedachte Drei-Objekt-Grenze wirft wiederum eine Vielzahl von Streitfragen auf. Ein Vorlagebeschluß[12] des XI. Senats zum Großen Senat des BFH erklärt sich aus dem bewußt bzw. unbewußt unternommenen Versuch, die Drei-Objekt-Grenze zu unterlaufen. Gegenstand der Vorlage ist die Frage, ob die Grundstücksveräußerungen durch eine Personengesellschaft, an der ein Steuerpflichtiger beteiligt ist, mit einzubeziehen sind,

7 BFH-Urteil vom 14. Mai 1991 VI R 119/88, BFHE 165, 51, BStBl. II 1991, S. 37.
8 I B 90/92, BFHE 170, 197, BStBl. II 1993, 426.
9 VIII R 3/89, BFHE 169, 336, BStBl. II 1993, 477.
10 BFH-Urteil vom 28. September 1987 VIII R 46/84, BFHE 151, 74, BStBl. II 1988, 65; BFH-Urteil vom 23. Oktober 1987 III R 275/83, BFHE 151, 399, BStBl. II 1988, 293; BFH-Urteil vom 11. April 1989 VIII R 266/84, BFHE 156, 476, BStBl. II 1989, 621; BFH-Urteil vom 22. März 1990 IV R 23/88, BFHE 160, 249, BStBl. II 1990, 637; BFH-Urteil vom 6. April 1990 III R 28/87, BFHE 160, 494, BStBl. II 1990, 1057 und BFH-Urteil vom 18. September 1991 XI R 23/90, BFHE 165, 521, BStBl. II 1992, 135.
11 Vgl. die unter Fn. 10 zitierten Urteile.
12 Beschluß vom 2. September 1992 XI R 21/91, BStBl. II 1993, 668.

wenn es darum geht, ob der betreffende Steuerpflichtige die Drei-Objekt-Grenze überschritten hat.

Nicht Gegenstand des Vorlagebeschlusses ist das ebenfalls praktizierte Modell des Grundstückshandels über Kapitalgesellschaften. Dabei werden Anteile an einer Kapitalgesellschaft veräußert, die Eigentümer des bzw. der Grundstücke ist. Bestehen die Veräußerer der Kapitalgesellschaftsanteile aus mehreren, nicht wesentlich i.S. des § 17 EStG beteiligten Personen, werden sie sich auf die Steuerfreiheit des Veräußerungsgewinns berufen; im Falle einer wesentlichen Beteiligung unterliegt der entstehende Veräußerungsgewinn dem ermäßigten Steuersatz gemäß § 34 Abs. 1 EStG. Der Erwerber der Anteile hat die Mühe, den Grundbesitz in sein Eigentum zu überführen. Die Umwandlung der GmbH auf ihn löst bei der GmbH gemäß § 4 UmwStG keine Körperschaftsteuer aus; für die auf den Übertragungsgewinn möglicherweise anfallende Gewerbesteuer kommt eine Stundung über einen 10-Jahres-Zeitraum gemäß § 18 Abs. 4 UmwStG in Betracht. Ein Übernahmegewinn beim Erwerber der Anteile entfällt, weil die kurz vor der Umwandlung angefallenen Anschaffungskosten dem Teilwert des Vermögens der GmbH entsprechen und der Übernahmegewinn sich auf der Grundlage der Differenz zwischen den Anschaffungskosten der Anteile und dem Teilwert des übergehenden Vermögens der GmbH errechnet[13].

Angesichts der aufgezeigten Abgrenzungsprobleme und Vermeidungsstrategien stellt sich die Frage nach dem Hintergrund der derzeit bestehenden gesetzlichen Regelung in der Bundesrepublik.

III. Erfassung der Veräußerungsgewinne in den USA

Einer Rechtsordnung, nach der grundsätzlich alle Vermögensveräußerungsgewinne besteuert werden, wie die der USA, sind derartige Probleme nicht bekannt. Nach dem Internal Revenue Code (= IRC) bedeutet Roheinkommen (gross income) das gesamte Einkommen, aus welchen Quellen es auch stammt[14], wobei der IRC einige Bestandteile in nicht abschließender Form erwähnt. Er rechnet dazu Gewinne aus dem Grundstückshandel (dealings in property)[15]. Der Gewinn, der entsteht, wenn Grundbesitz, der von einem Steuerpflichtigen als Hauptwohnsitz verwendet wurde, verkauft wird und von ihm innerhalb eines Zeitraums, der zwei Jahre vor dem Verkauf beginnt und zwei Jahre nach dem Verkauf endet, Grundbesitz erworben wird, den der Steuerpflichtige als Hauptwohnsitz benutzt, wird nur insoweit besteuert, als der Verkaufspreis den Erwerbspreis übersteigt[16]. Im einzelnen ist die Regelung kompliziert.

13 Vgl. § 6 Abs. 3 UmwStG i.V. mit § 6 Abs. 1 Nr. 5 Satz 1 Buchst. b EStG i.V. mit § 5 Abs. 5 UmwStG.
14 Sec 61 (a) IRC.
15 Sec 61 (a) (3) IRC.
16 Sec 1034 (a) IRC.

Insbesondere bestehen Ausnahmen bei mehreren Verkaufsvorgängen innerhalb des maßgebenden Zeitraums[17].

IV. Besteuerung der Veräußerungsgewinne nach dem EStG 1920 und nach dem EStG 1925

In Deutschland zählte das Einkommensteuergesetz vom 29. März 1920[18] alle Veräußerungsgewinne zu den sonstigen Einnahmen. Das Einkommensteuergesetz 1920 beruhte auf dem von *Schanz* entwickelten Einkommensteuerbegriff. Nach *Schanz*[19] besteht das Einkommen in einem Reinvermögenszugang eines bestimmten Zeitabschnitts inklusive der Nutzung und der geldwerten Leistungen Dritter[20]. Allerdings erlangte die betreffende Vorschrift niemals praktische Bedeutung; denn schon die für die Veranlagung für 1920 maßgebende Novelle vom 30. März 1921[21] rechnete den Gewinn aus Veräußerungsgeschäften, der nicht zum Gewerbebetrieb des Steuerpflichtigen gehört, nur dann zu den sonstigen Einnahmen, wenn der Erwerb des veräußerten Gegenstandes zum Zwecke gewinnbringender Weiterveräußerung erfolgt war.

Bei den Beratungen zum EStG 1925 entbrannte um die Besteuerung der Veräußerungsgewinne heftiger Streit.

Die dem § 17 EStG entsprechende Vorschrift des § 30 Abs. 3 EStG 1925 war schon deswegen umstritten, weil auch die dem § 16 Abs. 1 bis 3 EStG entsprechende Vorschrift des § 30 Abs. 1, 2 und 4 EStG 1925 umstritten war. Es wurde dabei geltend gemacht, daß der bei Veräußerung des Gewerbebetriebs erzielte Gewinn nicht Objekt der Einkommensteuer sei, sondern Gegenstand der Vermögenszuwachssteuer sein müsse[22]. Demgegenüber führte der kommunistische Abgeordnete *Höllein* bei der zweiten Lesung in der Vollversammlung des Reichstags in bezug auf den dem § 17 EStG entsprechenden § 30 Abs. 3 EStG 1925 aus[23]: „Der Antrag der Kommunisten sagt klipp und klar, daß alle Veräußerungsgewinne ohne Ausnahme steuerlich erfaßt werden sollen, gleichviel ob es sich nun um die Veräußerung von einem großen oder von einem kleinen Aktienpaket

17 Vgl. sec 1034 (c) (4) IRC.

18 RGBl. 1920 S. 359; die maßgebende Vorschrift (§ 4) lautete: „Soweit in diesem Gesetz nichts anderes vorgeschrieben ist (§ 12), unterliegt der Steuer der Gesamtbetrag der in Geld oder Geldeswert bestehenden Einkünfte nach Abzug der im § 13 genannten Beträge (steuerbares Einkommen)." Gemäß § 11 Nr. 5 EStG 1920 zählten zu den sonstigen Einnahmen durch einzelne Veräußerungsgeschäfte erzielte Gewinne.

19 *Georg Schanz*, Finanz-Archiv 13. Jahrgang I Band S. 1 ff.

20 *Schanz* a.a.O. (Fn. 19) S. 23.

21 RGBl. 1921 S. 313; durch das Gesetz wurde der in Fn. 18 erwähnte § 11 Nr. 5 EStG 1920 geändert.

22 Vgl. die Regierungsbegründung zu § 30 EStG 1925 Reichstag III. Wahlperiode 1924/25 Drucksache 794/802 S. 55.

23 Bericht über die 105. Sitzung des Reichstags S. 3600 rechte Sp.

handelt, ob es sich um die Veräußerung eines ganzen Geschäfts oder eines Geschäftsteils handelt." Die dem § 23 EStG entsprechende Vorschrift des § 42 Abs. 1 Nr. 1 EStG 1925 sah in der Fassung der Regierungsvorlage vor[24], daß Einkünfte aus der Veräußerung der Besteuerung unterliegen, wenn durch die Veräußerung von Gegenständen, insbesondere durch Veräußerung von Teilgrundstücken, eine Verwertungsmöglichkeit unter Umständen ausgenützt wird, die auf weitere, gleichartige Veräußerungen schließen läßt. Damit sollte der Verkauf durch Landwirte und Grundbesitzer erfaßt werden, deren Grundstücke vor den Toren einer Großstadt liegen und die entsprechend dem Ausdehnungsbedürfnis der städtischen Bevölkerung Parzellen veräußern[25]. Der Reichstag nahm die entsprechende Vorschrift nicht in das Gesetz auf[26].

Die Sozialdemokraten unter Zustimmung der Kommunisten hatten vergebens die Wiederherstellung der Regierungsvorlage verlangt[27]. Dabei führte der kommunistische Abgeordnete Dr. *Neubauer*[28] in bezug auf die Grundstücksveräußerungen aus einem Grundbesitz, der in der Nähe der Vorstadt einer Stadt liegt, folgendes aus: „Gegenüber den Ausführungen der kapitalistischen Geldsackvertreter hat die Regierung mit Recht darauf hingewiesen (übrigens durch Staatssekretär Dr. *Popitz*)[29], daß solche Gewinne unbedingt erfaßt werden müssen . . . Es gibt also kein Argument dafür, daß diese Veräußerungsgewinne aus der Bodenspekulation steuerfrei gelassen werden müssen, sondern es handelt sich einfach darum, daß diejenigen Leute die durch eine günstige Situation in den Besitz von Millionen gelangen können, steuerfrei gelassen werden." Die Hinweise zeigen, daß die Probleme bereits früher bestanden und auch gesehen wurden.

---

24 Vgl. Reichstag III. Wahlperiode 1924/25 Drucksache Nr. 795.

25 Begründung der Regierungsvorlage Reichstag III. Wahlperiode 1924/25 Drucksache Nr. 795 S. 59 f.

26 Die Vorschrift wurde bei der Ausschußberatung gestrichen. Der Antrag Nr. 47, der die Streichung der Vorschrift vorsah, wurde im Ausschuß angenommen (vgl. Bericht des 6. Ausschusses [Steuerfragen] Reichstag III. Wahlperiode 1924/25 Drucksache Nr. 1229 S. 17 linke Sp.).

27 Beantragt war die Wiederherstellung durch den Abgeordneten *Müller* (Franken) (Reichstag III. Wahlperiode 1924/25 Drucksache Nr. 1266 Nr. 7 des Antrags) sowie durch die Abgeordneten Dr. *Neubauer* und *Höllein* (Reichstag III. Wahlperiode 1924/25 Drucksache Nr. 1264 Nr. 10 des Antrags) bei der zweiten Beratung. *Müller* (Franken) gehörte der SPD; die Abgeordneten *Dr. Neubauer* und *Höllein* der KPD an. Die Abgeordneten *Simon* (Schwaben) (SPD) und Dr. *Neubauer* (KPD) sprachen sich bei der zweiten Beratung in der 105. Sitzung am 28. Juli 1925 für die Wiederherstellung der Regierungsvorlage aus (vgl. S. 3619 f.). Die Anträge wurden abgelehnt und zwar mit 239 : 145 Stimmen (vgl. 105. Sitzung am 28. Juli 1925 S. 3628 rechte Sp.).

28 105. Sitzung des Reichstags am 28. Juli 1925 S. 3620.

29 Bericht des 6. Ausschusses (Steuerfragen) Reichstag III. Wahlperiode 1924/25 Drucksache Nr. 1229 S. 16.

V. Vorschlag für eine Neuregelung

Im Sinne des Jubilars, der stets für eine Steuervereinfachung eingetreten ist[30], liegt es wohl, eine gesetzliche Regelung vorzuschlagen, nach der generell Veräußerungsgewinne steuerpflichtig und Veräußerungsverluste abziehbar sind. Die Regelung müßte allerdings – von einer Bagatellabgrenzung abgesehen – diejenigen Veräußerungsgewinne freistellen, die bei der Veräußerung von Grundbesitz anläßlich eines Wohnungswechsels entstehen. Insoweit könnte eine ähnliche Regelung getroffen werden, wie sie in den USA besteht (vgl. oben unter III.). Zu überlegen wäre auch, die erbschaftsteuerliche Belastung in der Weise zu berücksichtigen, daß die der Erbschaftsteuer zugrunde gelegten Werte als Anschaffungskosten gelten. Dies würde der Regelung im US-amerikanischen Steuerrecht entsprechen, die beim Tod einen step-up der Basiswert kennt[31].

Diesem Vorschlag wird wohl mit den Mitteln der eristrischen Dialektik *Schopenhauers* begegnet werden können. Das Mittel lautet: „Eine uns entgegenstehende Behauptung des Gegners können wir auf eine kurze Weise dadurch beseitigen oder wenigstens verdächtig machen, daß wir sie unter eine verhaßte Kategorie bringen."[32]

Die von mir zitierten Ausführungen der kommunistischen Abgeordneten im Reichstag machen es den Gegnern des Vereinfachungsvorschlags leicht, den Empfehlungen *Schopenhauers* zu folgen.

Nicht versäumen möchte ich, darauf hinzuweisen, daß es der Reformvorschlag *Gaddums*[33] hinsichtlich des Veräußerungsgewinns beim bisherigen System beläßt, indem er § 17 EStG aufrechterhält. Der Reformvorschlag *Langs* anläßlich des Münsteraner Symposiums im Jahre 1985[34] rechnet demgegenüber zu den Einkünften aus der Veräußerung von Wirtschaftsgütern des Privatvermögens Gewinne und Verluste aus der Veräußerung von Wirtschaftsgütern nur dann, wenn sie wesentlich der Erwerbstätigkeit zu dienen bestimmt sind (privates Erwerbsvermögen)[34]. Damit sollen die Wirtschaftsgüter der privaten Lebensführung bei dem zu versteuernden Einkommen außer Ansatz bleiben[35]. Dies liegt auf der

30 Vgl. insbesondere seine Mitwirkung an den von Gaddum im Jahre 1978 vorgelegten Entwurf zur Vereinfachung des Einkommensteuerrechts. Der Entwurf ist aufgenommen in die aus dem Jahre 1986 stammende Schrift von *Johann Wilhelm Gaddum,* Steuerreform: „Einfach und Gerecht!". Vgl. auch *Franz Klein,* Ist die Steuerpolitik auf dem richtigen Wege? – Vortrag vor dem Gesprächskreis Politik und Wissenschaft des Forschungsinstituts der Friedrich-Ebert-Stiftung am 23. September 1992 in Bonn.

31 Vgl. sec 1014 (a) (1) IRC.

32 Vgl. *Arthur Schopenhauer,* Eristrische Dialektik oder Die Kunst, Recht zu behalten. In 38 Kunstgriffen dargestellt. Haffmans-Verlag Zürich (Kunstgriff 32 – Seite 66).

33 *Johann Wilhelm Gaddum,* Steuerreform: Einfach und Gerecht!, S. 86.

34 *Joachim Lang,* Reformentwurf zu Grundvorschriften des Einkommensteuergesetzes – Münsteraner Symposium Band II S. 97 (dort § 26 Abs. 1).

35 *Lang,* a.a.O. (Fn. 34) S. 66.

Linie des hier gemachten Vorschlags, die Veräußerung des Grundbesitzes auszunehmen, der den privaten Wohnbedürfnissen dient.

Die Einbeziehung der Veräußerungsgewinne wurde daneben von einer Vielzahl von anderen Autoren hier und im Ausland gefordert[36].

Eines sollte man bei der Diskussion nicht übersehen. Ein Steuergesetz ist nicht nur dann belastend, wenn es zu hohe Steuersätze vorsieht, sondern auch dann, wenn es ungerecht ist, d.h. bei gleicher Leistungsfähigkeit die Steuerpflichtigen unterschiedlich belastet.

Man kann wohl mit Fug und Recht behaupten, daß der oben erwähnte steuerfrei gestellte Unternehmer U, wenn man den Beispielszahlen einige Nullen anfügt, zumindest ebenso leistungsfähig ist, wie der Angestellte, der den Abzug von Werbungskosten für ein für DM 847,– angeschafftes Gobelinbild begehrte, das sein Arbeitszimmer schmückt, und wie die Finanzbeamten, die darum kämpften, Werbungskosten in Höhe von DM 570,– für Poster und Drucke für ihre Dienstzimmer anerkannt zu bekommen.

36 Vgl. die Nachweise bei *Lang,* a.a.O. (Fn. 34) S. 65 Fn. 281 und 282.

Johannes Wolff-Diepenbrock

Zur Entstehungsgeschichte und Systematik des § 17 des Einkommensteuergesetzes

Inhaltsübersicht

I. Vorbemerkung

Der scheidende Präsident des Bundesfinanzhofs, *Franz Klein*, war seit Juni 1988 bis zu seiner Pensionierung Vorsitzender des VIII. Senats. In den Zuständigkeitsbereich des VIII. Senats fielen die Streitsachen, bei denen es um die Anwendung und Auslegung des § 17 EStG ging. Unter seinem Vorsitz hat der VIII. Senat eine Reihe von grundsätzlichen Entscheidungen zu dieser Vorschrift getroffen.

II. Fragestellung

Bei den Versuchen, § 17 EStG auszulegen, stellte sich immer wieder die Frage nach seinem Zweck und seiner Einordnung in die anderen Vorschriften des Einkommensteuergesetzes. Trotz seines Umfangs mit einer Vielzahl von Einzelregelungen läßt er diese Frage offen; auch die Nähe zu den Vorschriften über die gewerblichen Einkünfte (Gliederungsnummer II.8.b im EStG) ist insofern wenig hilfreich. Im Gegenteil. Gerade wenn man die Besteuerung der gewerblichen Erträge, insbesondere der Erträge aus Anteilen an einer Mitunternehmerschaft, als vergleichbaren Tatbestand bei der Auslegung des § 17 EStG heranzieht, erscheinen dessen Regelungen in mancher Hinsicht ungereimt:

– Warum bleibt die Beteiligung gemäß § 17 EStG im Privatvermögen, wenn sie dem Mitunternehmeranteil doch so ähnlich ist, daß sich Gewinn/Verlust bei ihrer Veräußerung/Liquidation wie beim Mitunternehmer steuerlich auswirken?

– Warum die Beschränkung auf die wesentliche Beteiligung (über 25 v.H.)? Selbst Erträge aus Zwerganteilen des Kommanditisten führen zu gewerblichen Einkünften, obwohl hier Mitunternehmerinitiative und -risiko in der Regel sehr reduziert sein werden. Andererseits hat z.B. der Gesellschafter einer GmbH bereits dann dem Kommanditisten vergleichbare Rechte, wenn seine Beteiligung 25 v.H.. nicht überschreitet.

– Wenn erst die wesentliche Beteiligung dem Mitunternehmeranteil vergleichbar ist, wäre es dann nicht geboten, nur den Mehrwert/Verlust zu berücksichtigen, der sich während der Dauer der wesentlichen Beteiligung gebildet hat?

– Wenn die Vergleichbarkeit der wesentlichen Beteiligung mit der Mitunternehmerschaft Anlaß für die Besteuerung sein sollte, wäre dann nicht eine Mindestdauer der wesentlichen Beteiligung als Voraussetzung der Besteuerung angebracht, während derer die unternehmerische Initiative normalerweise hätte ausgeübt werden können? Mit der Orientierung an der Mitunternehmerschaft scheint mir schlecht vereinbar, wenn von Anfang an als hinreichend erachtet wurde, daß die wesentliche Beteiligung zu irgendeinem Zeitpunkt, wenn auch noch so kurze Zeit, bestanden hat[1].

– Warum gibt es bei § 17 EStG – im Gegensatz zu den Regelungen betr. den Mitunternehmer – eine Bagatellgrenze von 1 v.H. (zunächst 2 v.H.), unterhalb derer ein Gewinn (Verlust) nicht erfaßt wird?

– Warum wird der Gewinn (Verlust) fünf Jahre (zunächst zehn) nach Beendigung der wesentlichen Beteiligung nicht mehr erfaßt[2]?

– Trotz der speziellen Gewinnermittlungsvorschrift des § 17 Abs. 2 EStG müssen sich Schwierigkeiten bei der Gewinnermittlung dadurch ergeben, daß die laufenden Erträge und die damit verbundenen Werbungskosten (wobei Aufwand im Zusammenhang mit der Beteiligung grundsätzlich unberücksichtigt bleibt) den Einkünften aus Kapitalvermögen, die Veräußerungs- oder Liquidationserlöse dagegen den Einkünften aus Gewerbebetrieb zuzuordnen sind.

Diese Besonderheiten der Besteuerung bei wesentlicher Beteiligung gegenüber der Besteuerung des Mitunternehmeranteils lassen darauf schließen, daß die Ähnlichkeit dieser Beteiligungen nicht oder jedenfalls nicht allein maßgebend für die Regelung des § 17 EStG bzw. seiner Vorgängervorschrift war. Ein Blick auf die Entstehungsgeschichte bestätigt das.

1 Vgl. bereits *Strutz*, Kommentar zum Einkommensteuergesetz, § 30 Anm. 38; zuletzt BFH-Urteil vom 7. Juli 1992 VIII R 54/88, BFHE 169, 49; BStBl. II 1993, 331.

2 Z.B. A hält am 1. Juni 1978 26 v.H. der Anteile einer GmbH. Am 1. August 1978 veräußert er 1 v.H. seines Anteils. Am 1. September 1983 veräußert er den Rest. Eine Versteuerung nach § 17 EStG findet nicht statt.

III. Die Vorläufer des § 17 EStG

Es gibt einen Vorläufer des § 17 EStG, der bereits alle seine wesentlichen Merkmale enthält. Seine Entstehungsgeschichte ist auch für die Ermittlung des Gesetzeszwecks bei § 17 EStG sehr aufschlußreich, zumal die knappe Begründung der Reichsregierung im Reichssteuerblatt 1935 (S. 42) dazu nichts bringt. Darüber hinaus gibt es eine Reihe älterer Vorschriften, deren Zweck und Grundgedanke in die Regelung des § 17 EStG Eingang gefunden haben.

1. § 30 Abs. 3 des Einkommensteuergesetzes 1925

Vorgänger des heutigen § 17 EStG war § 30 Abs. 3 EStG vom 10. August 1925[3]; er hatte folgenden Wortlaut:

> „(3) Der Veräußerung eines Gewerbebetriebs als ganzen oder eines Teiles des Gewerbebetriebs (Abs. 1 Nr. 1) steht es gleich, wenn Anteile an einer Erwerbsgesellschaft (Anteile einer GmbH, Aktien, Kuxe, Genußscheine oder ähnliche Beteiligungen sowie Anwartschaften auf solche Beteiligungen) veräußert werden und der Veräußerer am Kapital der Gesellschaft wesentlich beteiligt war. Eine wesentliche Beteiligung liegt nur vor, wenn der Veräußerer oder seine Angehörigen im Sinne des § 47 Abs. 1 Nr. 2, 3 der Reichsabgabenordnung unmittelbar oder durch Vermittlung eines Treuhänders oder einer Erwerbsgesellschaft zusammen an der Gesellschaft zu mehr als einem Viertel beteiligt sind oder innerhalb der letzten zehn Jahre zu mehr als einem Viertel beteiligt waren. Satz 1 gilt nicht, wenn die im Steuerabschnitt veräußerten Anteile weniger als 2 vom Hundert des Kapitals der Gesellschaft ausmachen. Für die Ermittlung des Gewinns gilt die Vorschrift des § 7 Abs. 2 Nr. 2 mit der Maßgabe, daß als Einnahmen der Veräußerungspreis und als Ausgaben neben den Werbungskosten der auf die veräußerten Anteile entfallende Teil des Anschaffungspreises anzusetzen ist."

Der Gesetzeswortlaut stimmt überein mit dem Vorschlag der Reichsregierung vom 23. April 1925[4]. Der Reichsminister der Finanzen hatte zur Begründung zwei Argumente angeführt:

1. Es komme immer häufiger vor, daß ein Gewerbebetrieb nicht an natürliche Personen veräußert, sondern in eine Körperschaft umgewandelt werde. Bei der Einbringung „werden aber meist niedrige Preise für die eingebrachten Gegenstände angesetzt, so daß die stillen Reserven bei der Gründung nicht oder nur zu einem Teil aufgedeckt werden. Im wesentlichen realisieren die bisherigen Inhaber ihre Gewinne vielmehr erst in

---

3 RGBl. I 1925, 189.

4 Reichstag III 1924/1925, Drucks. Nr. 795 vom 27. April 1925, S. 7, 56; vgl. auch *Strutz,* Kommentar zum Einkommensteuergesetz, § 30 Anm. 2.

dem Augenblick, in dem sie die bei der Gründung erworbenen Aktien oder GmbH-Anteile veräußern".

2. Es gebe zahlreiche Gesellschaften, bei denen die Anteile sich in einer oder in wenigen Händen befinden. Solche Unternehmen stünden wirtschaftlich Einzelbetrieben, offenen Handelsgesellschaften oder Kommanditgesellschaften sehr nahe. Die Veräußerung solcher Anteile stehe der Veräußerung von Anteilen an einer OHG oder KG gleich.

Die 25 v.H.-Grenze wurde „entsprechend der Regelung beim sogenannten Schachtelprivileg" festgesetzt[5].

Trotz Widerstands im Reichstag – die kommunistische Partei (die Abgeordneten *Höllein* und *Neubauer*) und die sozialdemokratische Partei (die Abgeordneten *Müller* und *Meier*) hatten beantragt, die Beschränkungen – wesentliche Beteiligung, 10-Jahresfrist, 2 v.H.-Klausel – wegzulassen[6], ging der Regierungsentwurf unverändert durch. Erfaßt werden sollte nur der 10 000 RM übersteigende Gewinn (§ 32); der Gewinn unterlag einem ermäßigten Steuersatz (§ 58).

Während die Regierungsbegründung ausführlich zu rechtfertigen sucht, warum die Veräußerungsgewinne bei gewerblichem Vermögen zu erfassen seien[7], verwendet sie auf die Erfassung des Veräußerungsgewinns bei privaten Beteiligungen relativ wenig Worte[8]. Auch die genannten zwei Gründe zielen letztlich auf die Besteuerung gewerblichen Zugewinns: Im ersten geht es darum, den im betrieblichen Bereich erzielten Zugewinn auch dann noch zu erreichen, wenn sich das betriebliche Vermögen in privates Vermögen (Beteiligung an einer Kapitalgesellschaft) verwandelt hat. Mit dem zweiten Argument wird auf die Vergleichbarkeit bestimmter privater Beteiligungen mit Mitunternehmeranteilen hingewiesen. Konsequenterweise hätte man derartige Kapitalbeteiligungen nicht dem Privat-, sondern dem Betriebsvermögen zurechnen können mit der Folge, daß auch die laufenden Erträge aus der Beteiligung zu Einkünften aus Gewerbebetrieb geführt hätten.

Liest man die Protokolle der Debatten im Reichstag[9], dann ging es auch dort im wesentlichen um die Erfassung des Veräußerungsgewinns beim Betriebsvermögen und nicht so sehr um die Besteuerung privater Veräußerungsgewinne. Das ist m.E. nur dadurch erklärlich, daß die Besteuerung privater Veräußerungsgewinne für die Beteiligten nichts Neues war; daß es bei dieser Gelegenheit vielmehr nur um die – nicht wesentliche –

---

5 RTDrucks., a.a.O., Fn. 4, S. 56.

6 Vgl. Drucksachen 1266 Reichstag III 1924/1925 vom 27. Juli 1925, ferner Drucksache 1379 vom 6. August 1925 und Protokoll 105. Sitzung des Reichstags vom 28. Juni 1925 S. 3600 f.

7 Vgl. dazu zuletzt Beschluß des Großen Senats des BFH vom 19. Juli 1993 GrS 2/92, zu C.II.2.d, BFHE 172, 66, BStBl. II 1993, 897.

8 Vgl. auch *Becker*, Steuer und Wirtschaft 1931, Sp. 1283, 1303 ff.

9 Im wesentlichen wiedergegeben bei *Strutz*, Kommentar zum Einkommenssteuergesetz, § 30 Anm. 3.

Zuordnung dieser Veräußerungsgewinne zu den gewerblichen Einkünften ging. Unter diesem Aspekt muß man daher auch die Regierungsbegründung würdigen. Sie versucht nicht, die Besteuerung von Vermögenszuwachs im privaten Bereich grundsätzlich zu rechtfertigen, diese Möglichkeit setzt sie anscheinend voraus. Daher kann sie für sich gesehen den heutigen § 17 EStG nicht mehr oder nicht mehr in dem Umfang, in dem er heute Anwendung findet, rechtfertigen.

Was die Sicherung des im Betriebsvermögen entstandenen Vermögenszuwachses angeht (Begründung zu 1.), so bedarf es dazu des § 17 EStG nicht mehr. Die im gewerblichen Bereich entstandenen stillen Reserven werden ohne zeitliche Begrenzung und Einschränkung hinsichtlich Beteiligungshöhe (25 v.H.) oder Höhe des veräußerten Anteils (1 v.H.) durch § 21 (früher § 18) des Umwandlungs-Steuergesetzes erfaßt. § 21 UmwStG geht dem § 17 EStG vor. Die zu 1. angeführte Begründung ist damit überholt.

Nicht überholt ist dagegen der Vergleich des wesentlich beteiligten Gesellschafters einer Kapitalgesellschaft mit einem Mitunternehmer. Zwar sind bereits ganz allgemein die Befugnisse z.B. eines Kommanditisten (vgl. §§ 164, 166 Abs. 1 und 2 HGB) mit denen des Gesellschafters einer GmbH (§§ 42a, 45 ff. GmbHG) vergleichbar. Darauf stellt die Begründung allerdings nicht ab. Sie verweist vielmehr auf das Schachtelprivileg[10]. Das scheint mir jedoch kein brauchbares Kriterium für die Gleichbehandlung des wesentlich Beteiligten mit einem Mitunternehmer zu sein. Einleuchtender ist da schon die Tatsache, daß der wesentlich Beteiligte an einer GmbH in den Fällen, in denen eine qualifizierte Mehrheit verlangt wird (§ 53 Abs. 1 und 2, § 60 Abs. 1 GmbHG sowie in Umwandlungs- und Verschmelzungsfällen, z.B. § 24 UmwG), nicht überstimmt werden kann (Entsprechendes gilt für den Aktionär, z.B. § 103 Abs. 1, § 179 Abs. 2 AktG.)[11] Diese Fälle betreffen den Kernbereich des Gesellschaftsverhältnisses[12] und entsprechen in etwa den Fällen, in denen auch der Kommanditist nicht von einer Beteiligung ausgeschlossen werden darf.

Die Begründung des Regierungsentwurfs vermag jedoch heute wie damals den Anwendungsbereich des § 17 EStG (§ 30 Abs. 3 EStG 1925) nicht in vollem Umfang zu rechtfertigen. Geht man vom Vergleich mit dem Mitunternehmer aus, dann dürfte nur der während der wesentlichen Beteiligung gebildete Mehrwert versteuert werden. Wie im gewerblichen Bereich (z.B. in Fällen der Umwandlung) dürfte keine 5-Jahresfrist bestehen und ebensowenig eine Bagatellgrenze.

---

10 Vgl. RTDrucks., Fn. 4, S. 56.

11 Zur Sperrminorität vgl. Bundesverfassungsgericht, Beschluß vom 7. Oktober 1969 2 BvL 3/66 und 2 BvR 701/64, BStBl. II 1970, 160, 165; weitere Beispiele vgl. *Hüffer*, Aktiengesetz, § 133 Rdnr. 14.

12 *Schilling*, in Großkommentar HGB, § 161 Rdnr. 32.

2. § 11 Nr. 5 des Einkommensteuergesetzes 1920

Eine dieser Ungereimtheiten – die Einbeziehung des Mehrwerts, der sich gebildet hat, als der Steuerpflichtige an der Kapitalgesellschaft zwar schon beteiligt, aber noch nicht wesentlich beteiligt war[13] – läßt sich aufklären, wenn man bei § 30 Abs. 3 EStG 1925 als Vorläufer des § 17 EStG nicht haltmacht, sondern die Gründe für diese Vorschrift in anderen, früheren Regelungen sucht.

Schanz hat mit seiner Reinvermögenszuwachstheorie[14] nicht nur die Diskussion seiner Zeit, sondern auch den Gesetzgeber stark beeinflußt. Noch das EStG vom 29. März 1920[15] beruhte auf dem Grundgedanken der Schanz'schen Theorie[16]. Nach § 11 Nr. 5 dieses Gesetzes gehörten z.B. zu den sonstigen Einnahmen „durch einzelne Veräußerungsgeschäfte erzielte Gewinne". Das sollte grundsätzlich für alle Veräußerungsgewinne gelten, insbesondere auch die aus der Veräußerung privater Vermögensgegenstände, also auch Beteiligungen an Kapitalgesellschaften. Die Novelle vom 24. März 1921[17] machte dem aber bald ein Ende; nur Spekulationsgewinne gehörten danach noch zu den Einnahmen gemäß § 11 Nr. 5. Auch die Nachfolgevorschrift im EStG 1925, § 6 Nr. 8 i.V.m. § 41 Abs. 1 Nr. 1 und § 42 Abs. 1 Nr. 1 ließ es dabei bewenden.

3. Das Besitzsteuergesetz von 1913

Die Schanz'sche Theorie hatte aber noch bei einem anderen Gesetz Pate gestanden, das eine Beziehung zu § 30 EStG 1925 und damit auch zu § 17 EStG hat: Das Besitzsteuergesetz von 1913. Der Gesetzgeber des EStG von 1925 hat diese Verbindung gesehen, denn in der Regierungsbegründung des Gesetzesentwurfs wird u.a. ausgeführt[18]:

> „Es wird insbesondere darauf hingewiesen, daß die bei solchen Gelegenheiten erzielten Gewinne nicht Objekt der Einkommensteuer sein dürfen, sondern daß sie Gegenstand der Vermögenszuwachssteuer sein müßten. Dieser Einwand ist nicht unberechtigt. Die Erfassung sowohl bei der Einkommensteuer als auch bei der Vermögenszuwachssteuer könnte eine zu schwere Belastung bewirken. Nun ist aber . . . vorgesehen, daß die laufende Vermögenszuwachsteuer vorläufig außer Hebung gesetzt werden soll. Auch dieser Umstand zwingt dazu, solche Gewinne zum mindesten im Wege der Einkommensteuer zu erfassen."

---

13 Grundlage für die Ermittlung des Gewinns gemäß § 30 Abs. 3 EStG 1925 ist ausdrücklich der Anschaffungspreis der veräußerten Anteile.
14 Finanzarchiv, Jahrgang 13, Band I, S. 1 f.
15 RGBl. 1920, 359.
16 RTDrucks., a.a.O., vgl. Fn. 4, S. 21, 24.
17 Art. I Nr. 1, RGBl. 1921, 313.
18 RTDrucks., a.a.O., vgl. Fn. 4, S. 55.

Die grundlegenden Vorschriften des Besitzsteuergesetzes vom 3. Juli 1913[19], das mit dem neuen § 30 EStG konkurrierte, hatten folgenden Wortlaut:

„§ 1. Von dem Vermögenszuwachs wird für das Reich nach den Vorschriften dieses Gesetzes eine Abgabe (Besitzsteuer) erhoben.

§ 2. Als Vermögen im Sinne des § 1 gilt, soweit das Gesetz nichts anderes vorschreibt, das gesamte bewegliche und unbewegliche Vermögen nach Abzug der Schulden. Es umfaßt:

1. (Grundvermögen)

2. (Betriebsvermögen)

3. das gesamte sonstige Vermögen, das nicht Grund- oder Betriebsvermögen ist (Kapitalvermögen).

§ 6. Als Kapitalvermögen (§ 2 Nr. 3) kommen insbesondere . . . in Betracht:

1. . . .

2. . . .

3. Aktien oder Anteilscheine, Kuxe, Geschäftsguthaben bei Genossenschaften, Geschäftsanteile und andere Gesellschaftseinlagen."

Als steuerbares Vermögen galten nicht Möbel, Hausrat und andere nicht unter § 6 fallende bewegliche körperliche Gegenstände (§ 8).

„§ 19. Als Vermögenszuwachs gilt der Unterschied zwischen dem reinen Werte des steuerbaren Gesamtvermögens am Ende des jeweiligen Veranlagungszeitraums (§ 18) und dem reinen Werte des steuerbaren Gesamtvermögens am Anfang dieses Zeitraums . . ."

Die Feststellung des Vermögenszuwachses sollte alle drei Jahre, erstmals zum 1. April 1917 erfolgen (§ 18).

Die Steuer, die sich auf einen „Erhebungszeitraum" von drei Jahren verteilte (§ 24), betrug bei einem Vermögenszuwachs von nicht mehr als 50 000 Mark 0,75 v.H. des Zuwachses bis hin zu 1,5 v.H. bei einem Zuwachs von mehr als 1 Mio Mark. Die Steuer konnte sich um 0,1 v.H. bis 1 v.H. erhöhen, wenn der Gesamtwert des steuerbaren Vermögens 100 000 bis 10 Mio Mark überstieg (§ 25).

Das Vermögenszuwachssteuergesetz oder, wie es damals kurz genannt wurde, das Besitzsteuergesetz[20], ist ein Zwitter[21]. Es hat Elemente eines

19 RGBl. 1913 S. 524; später Vermögenszuwachssteuergesetz vom 8. April 1922, RGBl. 1922, 335, 346 i.V.m. dem Vermögenssteuergesetz vom gleichen Tag, RStBl. I 1922, 335, „außer Hebung gesetzt" bis zum 31. Dezember 1928 durch Art. I § 26 des Gesetzes über Vermögens- und Erbschaftsteuer vom 10. August 1925, RGBl. I 1925, 233; anschließend vgl. Gesetz über die Änderung des § 26 des Vermögenssteuergesetzes vom 29. Juni 1929, RGBl. I 1929, 124.

20 Vgl. zu den Gründen Reichstag, Protokoll der 135. Sitzung am 9. April 1913, S. 4614.

21 Das spätere Vermögenszuwachssteuergesetz vom 8. April 1922 (RGBl. I 1922, 346) gleicht nur mehr dem Kern nach dem Besitzsteuergesetz vom 3. Juli 1913

Einkommensteuergesetzes insofern, als es den Zuwachs an Vermögen erfaßt. Daneben hat es Elemente der Vermögensteuer insofern, als die Höhe der Steuer sich unabhängig vom Wertzuwachs nach der Höhe des Gesamtvermögens bemißt. Auch die Erhebungsform spricht für eine Vermögensteuer. Dennoch entspricht die Bestimmung des Vermögenszuwachses in § 19 des Gesetzes im Grunde dem Schanz'schen Reinvermögenszuwachsbegriff[22]. Wie nahe das Besitzsteuergesetz der Einkommensteuer stand, ergibt sich auch daraus, daß es im Zusammenhang mit der Einführung des § 30 EStG 1925 „außer Hebung gesetzt" wurde, um eine doppelte Besteuerung des Vermögenszuwachses zu vermeiden[23].

In seiner konsequenten Erfassung des Vermögenszuwachses ist das Besitzsteuergesetz von 1913 bis heute unübertroffen. Erwähnenswert ist in diesem Zusammenhang, daß die Regierungsbegründung bereits auf die Leistungsfähigkeit als Maßstab der Besteuerung abstellt[24]:

„Die Steuer entspricht einmal in hohem Maße den Anforderungen steuerlicher Gerechtigkeit, insbesondere dem Grundsatz der Besteuerung nach der Leistungsfähigkeit."

Der Sprengstoff, der mit der Wahl dieses Steuergegenstandes verbunden war, blieb allerdings wegen der niedrigen Steuersätze und der Verteilung der Steuerlast auf drei Jahre weitgehend unbeachtet. Praktischer Grund für diese Zurückhaltung war sicher die Schwierigkeit für das Reich, in die Domäne der Bundesstaaten – die direkten Steuern – einzugreifen[25].

4. Das Zuwachssteuergesetz von 1911

Mit der Besitzsteuer wurde zwar erstmals der Vermögenszuwachs bei den Anteilen an Kapitalgesellschaften der Steuer unterworfen. Der Gedanke, den Vermögenszuwachs überhaupt zu besteuern, wurde im Reich jedoch schon um die Jahrhundertwende in einigen Kommunen hinsichtlich der Zugewinne bei Grundstücken in die Tat umgesetzt[26]. Durch das Zuwachssteuergesetz vom 14. Februar 1911[27] „wurde den Gemeinden dieses Steuerobjekt vom Reich entrissen"[28].

(RGBl. I 1913, 524). Es lehnt sich z.B. hinsichtlich des Vermögenszuwachses (Inhalt und Höhe) an das Vermögenssteuergesetz vom gleichen Tage (RGBl. I 1922, 335) an. Es wurde durch § 45 Abs. 8 Steueranpassungsgesetz (RStBl. I 1934, 1165) aufgehoben; vgl. auch Fn. 19.

22 *Schanz,* Finanzarchiv 13. Jahrgang, Band I, S. 1 f.; wenn man einmal von den Nutzungen und Genüssen des eigenen Gebrauchs- und Nutzungsvermögens absieht, dazu *Vogel,* Finanzarchiv 27. Jahrgang, Band II, S. 82, 101.

23 Vgl. Fn. 18.

24 Reichstag 13. Legislaturperiode I. Session 1912/13, Nr. 872, S. 39.

25 Dazu *Stier-Somlo,* Wehrbeitrag und Besitzsteuer, 1913, S. 115 f.

26 Dazu *Hagelberg/Krämer,* Wertzuwachssteuerrecht, 1930, S. VIII.

27 RGBl. 1911, 33.

28 *Hagelberg/Krämer,* a.a.O., vgl. Fn. 26.

Dessen § 1 bestimmte:

„Beim Übergang des Eigentums an inländischen Grundstücken wird von dem Wertzuwachs, der ohne Zutun des Eigentümers entstanden ist, gemäß den Vorschriften dieses Gesetzes eine Abgabe (Zuwachssteuer) erhoben."

Als steuerpflichtiger Wertzuwachs sollte der Unterschied zwischen dem Erwerbspreis und dem Veräußerungspreis gelten (§ 8). Die Steuer sollte zwischen 10 v.H. (bei einer Wertsteigerung von nicht mehr als 10 v.H. des Erwerbspreises unter Berücksichtigung von Zu- und Abrechnungen) und 30 v.H. (bei einer Wertsteigerung von mehr als 290 v.H. des o.a. Betrages) betragen. Sie war gedacht als Ergänzungssteuer der den Bundesstaaten vorbehaltenen Vermögen- und Einkommensteuer[29].

Als Reichsgesetz war das Zuwachssteuergesetz nicht von langer Dauer. Bereits 1913, mit dem Gesetz über Änderungen im Finanzwesen vom 3. Juli[30], wurde es für Fälle ab dem 30. Juni 1913 bezüglich des Reichsanteils außer Kraft gesetzt. Auf der Länderebene spielte es noch längere Zeit eine Rolle[31].

5. Schlußfolgerungen

Neben der Vergleichbarkeit der wesentlichen Beteiligung mit dem Mitunternehmeranteil ist danach der den beiden Vermögenszuwachssteuergesetzen zugrunde liegende Gedanke – Erfassung der Leistungsfähigkeit allgemein – der Anlaß und Grund für die Besteuerung des Veräußerungs- und Liquidationsgewinns im Rahmen des § 30 Abs. 3 EStG 1925. Ist auch der bei privaten Vermögensgegenständen gebildete Mehrwert steuerbar, dann wird auch erklärlich, warum in § 30 Abs. 3 (und später in § 17 Abs. 2) für die Gewinnermittlung der Anschaffungspreis maßgeblich ist und nicht etwa der Wert der Beteiligung in dem Zeitpunkt, in dem die wesentliche Beteiligung (d.h. mehr als 25 v.H.) erreicht wurde. Offen bleibt allerdings die Frage, warum private Veräußerungs- und Liquidationsgewinne nur noch im Rahmen des § 30 Abs. 3 (abgesehen von den Spekulationsgewinnen gemäß den §§ 41, 42) steuerbar waren. Die Gesetzesbegründung[32], auch soweit sie sich mit der Steuerbarkeit einmaliger Veräußerungsgewinne im Rahmen des § 6 Abs. 1 Nr. 8 i.V.m. § 41 Abs. 1 und § 42 Abs. 1 EStG 1925 auseinandersetzt, sagt dazu nichts aus. *Schanz* und seine Theorie werden zwar erwähnt, insoweit wird aber lediglich festgestellt, daß das Einkommensteuergesetz von 1920 auf dieser Theorie beruhte[33]. So kann man § 30 Abs. 3 EStG 1925 – und damit auch § 17

29 *Julius-Wolf*, zitiert bei Stier-Somlo, a.a.O., Fn. 25, Fn. 146.

30 RGBl. 1913, 521.

31 *Hagelberg/Krämer*, a.a.O., vgl. Fn. 26; ferner RFH, Entscheidung des Großen Senats vom 9. Januar 1926 GrS 4/25, RFHE 18, 105.

32 RTDrucks., a.a.O., vgl. Fn. 4, S. 23 f.

33 RTDrucks., a.a.O., vgl. Fn. 4, S. 24 f.

EStG – zum Teil als Relikt einer vormals systematischen Erfassung auch des privaten Vermögenszuwachses ansehen, das jedoch eher unbewußt oder doch ohne systematisches Bewußtsein in den Text des § 30 Abs. 3 EStG 1925 Eingang gefunden hat.

Auch heute noch wird als Begründung des § 17 EStG angeführt, es gehe darum, die finanzielle Leistungsfähigkeit, die durch die Veräußerung der Anteile gewachsen sei, als Steuerobjekt zu erfassen[34]. Das ist nach wie vor keine Begründung für die Besteuerung der Veräußerungs- und Liquidationsgewinne speziell bei einer wesentlichen Beteiligung, sondern für die Besteuerung der Veräußerungsgewinne überhaupt. Auch diese grundsätzliche Forderung wird bis heute erhoben, u.a. noch 1986 von *Franz Klein* in der Zeitschrift für Gesetzgebung[35].

IV. § 17 des Einkommensteuergesetzes 1934 und spätere Änderungen

Von Anfang an sind die Mängel des § 30 Abs. 3 EStG 1925 gerügt worden[36]; das hat aber in der Folgezeit nicht zur Abschaffung der Vorschrift oder auch nur zu einem bereinigten Ansatz geführt. Die häufigen Änderungen sind eher redaktioneller Art[37], sie ändern und ergänzen Details und häufen über die problematische Grundlage die Kasuistik. Die alten Fragen bleiben unbeantwortet.

So übernimmt der mit dem Einkommensteuergesetz vom 16. Oktober 1934[38] neu geschaffene § 17 im wesentlichen den Inhalt des § 30 Abs. 3 sowie der §§ 31 und 32 EStG 1925. Etwas verschärft ist der neue § 17 insofern, als nur noch die Veräußerung von bis zu 1 v.H. des Stammkapitals steuerfrei bleibt – gegenüber 2 v.H. in § 30 Abs. 3 EStG 1925. Großzügiger ist § 17 insofern, als der Zeitraum, innerhalb dessen die Anteile aus der Mehrheitsbeteiligung steuerverstrickt bleiben, von zehn auf fünf Jahre (so auch heute noch) herabgesetzt wird[39]. Das auf die Rechtspre-

34 Vgl. *Wolff-Diepenbrock*, Deutsche Steuerzeitung 1993, 119 Fn. 7.

35 1986, 245, 250; das Thema wird im Rahmen jeder Steuerreform behandelt, vgl. Diskussionsbeiträge des Arbeitsausschusses für die Große Steuerreform, Bericht an den Finanzausschuß des Bundesrats, herausgegeben von *H. Troeger*, 1954, 39 mit Hinweis auf *Schmölders*, Organische Steuerreform, 1953, S. 18; Bericht der Einkommensteuerkommission, Schriftenreihe des BdF, Heft 7, S. 34; Wissenschaftlicher Beirat beim BdF, Gutachten zur Reform der direkten Steuern, 1967, Schriftenreihe des BdF, Heft 9, 23 ff.; Gutachten der Steuerreformkommission 1971, 72 f., *Gaddum*, Steuerreform; einfach und gerecht, 1986, 13 ff.; *Lang*, Reformentwurf zu Grundvorschriften des EStG, 1985, 65 f.; *ders.*, die Bemessungsgrundlage der Einkommensteuer, 1988, 167 ff.; *Tipke*, Die Steuerrechtsordnung, 1993, Band II, S. 649 m.w.N.

36 *Strutz*, Kommentar zum Einkommensteuergesetz, § 30 Anm. 29.

37 Vgl. im einzelnen *Herrmann/Heuer/Raupach*, EStG und KStG, § 17 EStG, Rdnr. 1.

38 RGBl. I 1934, 1005.

chung des Reichsfinanzhofs zurückgehende[40] Verbot des Verlustabzugs (§ 17 Abs. 5) wird später – durch das Steueränderungsgesetz 1965 – wieder aufgehoben.

Diese Fassung hat bis 1965 gegolten. Mit dem Steueränderungsgesetz vom 14. Mai 1965[41] wurde die Zusammenrechnung der Anteile des Steuerpflichtigen und seiner Angehörigen aufgegeben. Die Anteile an einer Kapitalgesellschaft werden (m.E. unnötigerweise) konkretisiert, indem die Formulierung des § 53 Abs. 1 EStDV in das Gesetz übernommen wird. Unentgeltlich erlangte Anteile werden einbezogen und die Anschaffungskosten des Rechtsvorgängers zur Berechnungsgrundlage gemacht (§ 17 Abs. 1 Satz 4 und Abs. 2 Satz 2). Die ausdrückliche Einbeziehung der durch einen Treuhänder oder eine Kapitalgesellschaft gehaltenen Anteile wird als selbstverständlich aufgegeben[42]. Die zunächst als selbstverständlich nicht in das Gesetz, später aber in § 53 Abs. 2 EStDV aufgenommene Gleichstellung der Auflösung mit der Veräußerung wird in Absatz 4 vorgenommen. Gleichzeitig wird die Kapitalherabsetzung als analoger Tatbestand einbezogen.

Durch das Steueränderungsgesetz 1992 vom 25. Februar 1992[43] wurde die verdeckte Einlage von Anteilen an einer Kapitalgesellschaft der Veräußerung gleichgestellt (§ 17 Abs. 1 Satz 2 und Abs. 2 Satz 2).

Die im 3. Steuerreformgesetz-Entwurf vom 9. Januar 1974[44] vorgesehene Herabsetzung der Beteiligungsgrenze von 25 v.H. auf 10 v.H. ist nicht Gesetz geworden. Ebensowenig die 1965 angestrebte Heraufsetzung der Beteiligungsgrenze auf 50 v.H.

V. Spätere Begründungen des § 17 des Einkommensteuergesetzes

Die Überlegungen zur Rechtfertigung der Besteuerung von Veräußerungsgewinnen bei einer wesentlichen Beteiligung sind natürlich nicht abgebrochen, nachdem § 30 Abs. 3 EStG 1925 Gesetz geworden war. Vorgefundene Begründungen sind bestätigt, weitere gesucht und gefunden worden[45]. So stellt die Rechtsprechung des Bundesverfassungsgerichts[46] und des Bundesfinanzhofs[47] immer noch besonders auf die Vergleichbarkeit

39 Die Motive sagen dazu nichts, vgl. RStBl. 1935, 33, 42.
40 Urteil vom 28. November 1928 VI A 884/28, RStBl. 1929, 85.
41 BGBl. I 1965, 337.
42 BTDrucks. IV/2400, S. 69.
43 Art. 1 Nr. 17, BGBl. I 1992, 297.
44 BTDrucks. VII/1470, S. 33, 264.
45 Vgl. BTDrucks. IV/3189, S. 7: „Systemgerechte Besteuerung"; dazu auch BFH-Urteil vom 28. Juni 1978 I R 90/76, BFHE 125, 444, 447 f., BStBl. II 1978, 590.
46 Beschluß vom 7. Oktober 1969 2 BvL 3/66, 2 BvR 701/64, BStBl. II 1970, 160, 165; das Bundesverfassungsgericht weist auch darauf hin, daß der wesentlich Beteiligte Einfluß auf das Ausschüttungsverhalten der Gesellschaft und damit darauf habe, ob und in welcher Höhe Rücklagen entstehen.
47 Urteile vom 10. Dezember 1969 I R 43/67, BFHE 98, 30, BStBl. II 1969, 310;

mit der Veräußerung von Mitunternehmeranteilen ab[48]. Wie erwähnt wird auch die Abschöpfung der wirtschaftlichen Leistungsfähigkeit als Begründung gesehen[49]. Zwei weitere Argumente sollen noch kurz behandelt werden:

1. Bei der Veräußerung/Liquidation werden die angesammelten Gewinne der Kapitalgesellschaft realisiert[50].

Dazu ist folgendes zu sagen. Sicher kann ein Teil des Mehrwerts, der bei der Veräußerung des Anteils oder der Liquidation der Kapitalgesellschaft realisiert wird, auf der Unterlassung von Gewinnausschüttungen und der Thesaurierung von Gewinnen beruhen. Dies als Begründung für die Besteuerung gemäß § 17 EStG zu nehmen, scheint mir aber problematisch. Einmal muß der Mehrwert nicht auf Thesaurierung beruhen, die stillen Reserven können z.B. durch Wertsteigerungen des Anlagevermögens, insbesondere der Grundstücke, entstanden sein. Dieses Argument gälte ferner für alle Anteilseigner. Auch die 5-Jahresfrist und die Bagatellgrenze wären unter diesem Aspekt nicht zu rechtfertigen.

2. Die Doppelbelastung der Gewinne bei der Gesellschaft und dem Anteilseigner ist gewährleistet[51].

Nach der Körperschaftsteuerreform 1977,die ja die Doppelbelastung des Gewinns der Kapitalgesellschaft mit Körperschaftsteuer und Einkommensteuer beseitigen wollte, kann die Sicherung der Doppelbelastung nicht mehr Gesetzeszweck des § 17 EStG sein.

Eine zweite Frage ist, ob und inwieweit § 17 EStG zu einer Doppelbelastung führt. *Müller*[52] z.B. bestreitet dies. Auch die Argumentation des Regierungsentwurfs[53] läuft darauf hinaus, daß das, was bisher zur Gewährleistung der Doppelbesteuerung erfaßt wurde, nach Abschaffung der Doppelbelastung erfaßt werden muß, um einen durch die Körperschaftsteuerentlastung geschaffenen Mehrwert zu besteuern. Wenn ich die Ausführungen richtig verstehe, würde das jedoch nur für thesaurierte Gewinne gelten. Damit gilt auch hier das zum 1. Argument Gesagte.

---

vom 8. Oktober 1985 VIII R 234/84, BFHE 145, 335, BStBl. II 1986, 596, 598; vom 18. August 1992 VIII R 13/90. BFHE 169, 90, BStBl. II 1993, 34.

48 Vgl. auch Bericht der Steuerreformkommission, Schriftenreihe des BdF 1971, Heft 17, Teil II, Tz. 111 und Bericht der Einkommensteuerkommission, Schriftenreihe des BdF, Heft 7, S. 184.

49 Vgl. Regierungsentwurf des Einkommensteuergesetzes 1975, BTDrucks. VII/1470, S. 263; das Bundesverfassungsgericht, Beschluß vom 9. Juli 1969 2 BvL 20/65, BStBl. II 1970, 160, 164, hat die Ansicht geäußert, der Gesetzgeber könne jeden Gewinn aus der Veräußerung von Privatvermögen besteuern.

50 Vgl. Regierungsentwurf des Einkommensteuergesetzes 1975, a.a.O., vgl. Fn. 48; BFH-Urteil vom 28. Juni 1978 I R 90/76, BFHE 125, 444, 447, BStBl. II 1978, 590.

51 Begründung zum Entwurf des Steueränderungsgesetzes 1964, BTDrucks. IV/2400, S. 69 ff. und IV/3189, S. 7.

52 Der Betrieb 1990, 1729.

53 BT-Drucks. VII/1470, S. 264.

VI. Schlußbemerkung

Die Entstehungsgeschichte des § 17 EStG läßt zwei Grundgedanken oder Gesetzeszwecke erkennen: Angleichung an den Kommanditisten und Erfassung finanzieller Leistungsfähigkeit (Schanz'sche Reinvermögenszuwachstheorie). Die eingangs aufgeworfenen Fragen können daraus allerdings auch nicht sämtlich beantwortet werden.

Soweit der Zweck des § 17 EStG in der Angleichung der Behandlung mit einem Mitunternehmer besteht, dürfte der vor der wesentlichen Beteiligung entstandene Mehrwert nicht erfaßt werden. Die 5-Jahresfrist und die Bagatellgrenze wären dann nicht zu rechtfertigen. Es müßten nicht nur die „Veräußerungskosten" (§ 17 Abs. 2 Satz 1), sondern alle durch das Gesellschaftsverhältnis veranlaßten Kosten berücksichtigt werden.

Soweit der Zweck in der Erfassung der Leistungsfähigkeit des Anteilseigners besteht, ist die Beschränkung auf die Erfassung der Mehrwerte bei wesentlicher Beteiligung und darüber hinaus der Mehrwerte von Anteilseignern allgemein (z.B. der Verzicht auf die Besteuerung des Mehrwerts bei Grundstücken) nicht zu rechtfertigen. Auch die 5-Jahresfrist und die Bagatellgrenze sind dann nicht zu begründen.

Die Auslegung des § 17 EStG darf m.E. gleichwohl keine steuerpolitische Korrektur vornehmen und einen der beiden Gesetzeszwecke ausklammern. Die Auslegung hat sich vielmehr an den Wortlaut des Gesetzes zu halten.

Eva-Maria Gersch

Das ganz überwiegend eigenbetriebliche Interesse des Arbeitgebers an Zuwendungen – Lohnsteuerrecht im Wandel

Inhaltsübersicht

I. Lohnsteuer als case-law?

Dieser Beitrag erinnert daran, daß *Franz Klein* auch die stark vom Tagesgeschäft geprägte, im wissenschaftlichen Bereich jedoch nicht sehr beliebte Lohnsteuer nicht vernachlässigt hat[1].

Die Lohnsteuer ist die aufkommensstärkste Steuer in Deutschland. Im Gegensatz dazu steht die relativ dürftige Regelung des materiellen Lohnsteuerrechts durch Gesetz. Der zentrale Begriff Arbeitslohn ist dort in Generalklauselform definiert und weitgehend nur durch eine beispielhafte Aufzählung typischer Lohnformen erschlossen[2]. Ein Vergleich der gesetzlichen Regelungen einerseits und der umfangreichen Einzelfallbehandlung in den von der Finanzverwaltung erstellten Lohnsteuer-Richtlinien[3] andererseits sollte zu denken geben.

§ 19 Abs. 1 EStG, der aufzählt, was zu den Einkünften aus nichtselbständiger Arbeit gehört, ist seit 1934 unverändert[4]. Was heute tatsächlich zu den Einkünften aus nichtselbständiger Arbeit gehört, ergibt sich aus der durch Rechtsfortbildung gefundenen Auslegung des § 19 Abs. 1 EStG.

---

1 Als einer der Begründer und Mitherausgeber von *Klein/Flockermann/Gersch/Offerhaus,* Handbuch zum Lohnsteuerrecht, Stand Januar 1994 (bei Redaktionsschluß), hat er ein Nachschlagewerk für den täglichen Umgang mit der Lohnsteuer geschaffen.

2 *Klaus Offerhaus,* Was gehört zum Arbeitslohn?, BB 1982, 1061 ff., 1063, zieht in Zweifel, ob § 2 Abs. 1 LStDV („aus" dem Dienstverhältnis) den § 19 Abs. 1 Nr. 1 EStG („für" eine Beschäftigung) zutreffend auslegt.

3 Eindrucksvoll ist der Vergleich von § 2 Abs. 1 LStDV mit dem erweiterten Katalog in Abschn. 70 Abs. 2 LStR.

4 *Gerhard Heuer* in Herrmann/Heuer/Raupach, Kommentar zum Einkommen- und Körperschaftsteuergesetz, 20. Aufl. 1992, § 19 EStG Anm. 2.

II. Ein Beispiel des Wandels

Ein gutes Beispiel für die Wandelbarkeit des Begriffes Arbeitslohn ist die lohnsteuerrechtliche Behandlung der Betriebsveranstaltungen in den letzten zehn Jahren.

Über einen längeren Zeitraum hinweg waren noch 1984 Zuwendungen von geringem Wert bis 50 DM, sofern sie bei Betriebsveranstaltungen üblich waren, steuerfrei. Abgesehen von den Aufwendungen des Arbeitgebers für den äußeren Rahmen von Betriebsveranstaltungen waren Zuwendungen von nicht geringem Wert und nicht übliche Zuwendungen lohnsteuerpflichtig[5].

1985 entschied der Bundesfinanzhof[6], daß Zuwendungen des Arbeitgebers bei üblichen (herkömmlichen) Betriebsveranstaltungen, die bei solchen Veranstaltungen üblich sind, nicht zum Arbeitslohn zählten. Es handele sich insoweit nicht um Lohnzahlungen, sondern um Leistungen im ganz überwiegend eigenbetrieblichen Interesse des Arbeitgebers. Ebenso waren die Aufwendungen für den äußeren Rahmen der Betriebsveranstaltungen steuerfrei. Die Finanzverwaltung folgte dem[7]. Bei Zuwendungen im Wert von nicht mehr als 60 DM je Teilnehmer ging sie ohne weiteres von üblichen Zuwendungen aus; bei einem höheren Wert wurde die Üblichkeit im Einzelfall überprüft[8].

1992 ist der Bundesfinanzhof von dieser Rechtsprechung teilweise abgerückt. Sofern der Wert von Zuwendungen 150 DM je Arbeitnehmer übersteigt, sollen sie insgesamt zum Arbeitslohn zählen[9]. Das Merkmal „Üblichkeit" wird aus Gründen der Praktikabilität durch eine feste Wertgrenze ersetzt[10]. In den Betrag von 150 DM sind auch die Kosten für den äußeren Rahmen einzubeziehen. – Die Finanzverwaltung ist dieser geänderten Rechtsprechung dem Grunde nach gefolgt, hat die Höchstgrenze jedoch auf 200 DM angehoben[11].

III. Bedeutung der Systematik

Gerade im Lohnsteuerrecht ist die Vorhersehbarkeit der Rechtslage von großer Bedeutung. Sonst steht letztlich derjenige für die Lohnsteuer ein, der gar nicht ihr Schuldner ist, nämlich der Arbeitgeber[12]. Abgesehen

5 Abschn. 20 Abs. 1 LStR 1984.
6 BFH-Urteil vom 22. März 1985 VI R 170/82, BStBl. II 1985, 529 und vom 22. März 1985 VI R 82/83, BStBl. II 1985, 532.
7 Vgl. Abschn. 72 LStR 1990.
8 Abschn. 72 Abs. 4 LStR 1990 a.E.
9 BFH-Urteil vom 25. Mai 1992 VI R 85/90, BStBl. II 1992, 635.
10 BFH-Urteil vom 25. Mai 1992 a.a.O., S. 558.
11 Abschn. 72 Abs. 2 LStR 1993.
12 Die Haftung des Arbeitgebers für Lohnsteuer nach § 42d EStG soll nach h.M. nicht verschuldensabhängig sein; kritisch dazu *Eva-Maria Gersch* in Herr-

davon verlangt das Postulat der Gesetzmäßigkeit des Verwaltungshandelns[13], daß Möglichkeiten und Grenzen der Lohnbesteuerung erkennbar und bestimmbar sind. So entspricht der Ruf nach der Systematisierung des materiellen Lohnsteuerrechts dem rechtsstaatlichen Gespür für eine Bindung von Rechtsprechung und Verwaltung an Recht und Gesetz[14].

Auf der Suche nach den Grenzen der Lohnbesteuerung erhielt 1985 der Begriff des ganz überwiegend eigenbetrieblichen Interesses des Arbeitgebers an einer Leistung in der Rechtsprechung des Bundesfinanzhofs eine neue Bedeutung. Bis dahin diente dieser Begriff zur Kennzeichnung einer von zwei Gruppen der sogenannten Annehmlichkeiten, die als nicht steuerbar galten. Eine Annehmlichkeit lag danach vor, wenn ein Arbeitnehmer durch eine Sachzuwendung bereichert war, der Arbeitgeber aber mit ihr ein ganz überwiegend eigenbetriebliches Interesse verfolgte[15] und die Höhe der Zuwendung unter Berücksichtigung aller Umstände nicht ins Gewicht fiel[16]. Darunter fiel z.B. die unentgeltliche medizinische Betreuung eines Arbeitnehmers durch den Betriebsarzt, aber auch ein Essensgeldzuschuß zum Mittagessen.

Der Begriff des ganz überwiegend eigenbetrieblichen Interesses wird seit neuerem in einem anderen Zusammenhang gebraucht. Dies entspringt dem Bestreben, eine klare Linie in das Lohnsteuerrecht zu bringen. Die Auslegung des Begriffes „Arbeitslohn" sollte sich so eng wie möglich am Wortlaut des § 19 Abs. 1 EStG orientieren[17]. Damals schlug den sogenannten ungesetzlichen Lohnsteuerbefreiungen die letzte Stunde, und Begriffe wie Annehmlichkeiten und Gelegenheitsgeschenk, um die sich ganze Fallgruppen rankten, haben seitdem nur noch rechtshistorische Bedeutung[18]. Die Änderungen wurden als so einschneidend empfunden, daß vom „neuen Begriff" des Arbeitslohns die Rede war[19] und eine allgemeine Umorientierung stattfand[20].

---

mann/Heuer/Raupach, a.a.O, § 42d Anm. 38. Bei einem Antrag des Arbeitgebers auf Pauschalisierung der Lohnsteuer gemäß § 40 EStG spielt das Verschulden auf keinen Fall eine Rolle.

13 Grundgelegt in Art. 20 Abs. 3 GG.

14 *Klaus Offerhaus,* Gesetzlose Steuerbefreiungen im Lohnsteuerrecht? in Stolterfoht (Hrsg.), Grundfragen des Lohnsteuerrechts, 1986, S. 118: „Denn Steuereingriffe müssen im Gesetz geregelt sein." Ebenso *ders.,* a.a.O., S. 139: „Indessen dürfte der Respekt vor der Systematik auch im Lohnsteuerrecht die beste Garantie für die Steuergerechtigkeit und ein wirksamer Schutz gegen Unübersichtlichkeit und Kompliziertheit sein.".

15 BFH-Urteil vom 22. Oktober 1976 VI R 26/74, BFHE 120, 379, BStBl. II 1977, 99.

16 BFH-Urteil vom 19. April 1974 VI R 63/71, BFHE 112, 274, BStBl. II 1975, 383.

17 BFH-Urteil vom 22. März 1985 VI R 26/82, BFHE 143, 539: „Die Charakterisierung einer Zuwendung als Arbeitslohn kann nur in Auslegung gesetzlicher Tatbestandsmerkmale erfolgen."

18 BFH-Urteil vom 17. Juli 1981 VI R 205/78, BFHE 133, 553, BStBl. II 1981, 773 (Gelegenheitsgeschenk) und BFH-Urteil vom 22. März 1985, a.a.O. (Fn. 17).

19 So ein Aufsatz von *Jörg Giloy,* Zum neuen Begriff des Arbeitslohns, NWB F. 6 S. 2799; ebenso *Klaus Offerhaus,* Gesetzlose Steuerbefreiungen im Lohnsteuerrecht?, a.a.O., S. 119.

Dem Begriff des ganz überwiegend eigenbetrieblichen Interesses kommt die Bedeutung zu, nicht in jedem Aufwand eines Unternehmers, der sich auf die Art und die Umstände der in seinem Betrieb geleisteten Arbeit bezieht, eine Arbeitslohnzahlung zu sehen. Es gilt, diesem Begriff Konturen zu geben und von einer Fallsammlung zu in der Praxis handhabbaren, abstrakten Abgrenzungsmerkmalen zu kommen.

IV. Begriffsbestimmung

1. Ableitung aus der Definition des Arbeitslohns

Arbeitslohn ist, was der Arbeitnehmer vom Arbeitgeber aufgrund des Dienstverhältnisses „für" geleistete Dienste erhält. „Für" die Arbeitsleistung wird gewährt, was sich im weitesten Sinne als Gegenleistung, als Entlohnung, darstellt[21]. Während es in der Regel hier auf die Sicht des Arbeitnehmers ankommt, setzt sich bei der Abgrenzung der Leistungen im ganz überwiegend eigenbetrieblichen Interesse vom Arbeitslohn die Auffassung durch, es komme für den Zweck der Leistung entscheidend auf die Sicht des Arbeitgebers an[22]. Diese Auffassung scheint auch der Bundesfinanzhof zu teilen, wenn er auf die Entlohnungsabsicht abstellt und darauf, daß der Arbeitgeber im Falle einer Leistung im ganz überwiegend eigenbetrieblichen Interesse keine Entlohnungsabsicht kundtut[23]. Maßgebend ist danach die Sicht des Arbeitgebers, die allerdings – ausdrücklich oder konkludent durch die Umstände – objektiv zum Ausdruck kommen muß. Diese Definition des Arbeitslohns zeigt auf, wo die Grenzen für nicht steuerbare Leistungen des Arbeitgebers an die Arbeitnehmer im ganz überwiegend eigenbetrieblichen Interesse liegen; denn beide Arten von Leistungen schließen sich gegenseitig aus.

Kein geeignetes Abgrenzungskriterium ist der Anlaß der Leistung[24]. Beide Arten von Leistungen kommen Personen gerade deswegen zu, weil sie Arbeitnehmer sind und weil zwischen ihnen und dem Unternehmer, der gleichzeitig Arbeitgeber ist, ein Dienstverhältnis besteht.

---

20 Folge war z.B. die Rabattregelung in § 8 Abs. 2, 3 EStG oder die Einfügung des § 3 Nr. 32 EStG.

21 BFH-Urteile vom 17. September 1982 VI R 75/79, BFHE 137, 13, BStBl. II 1983, 39; vom 22. März 1985 VI R 82/83, BFHE 143, 550, BStBl. II 1985, 532; vom 21. Februar 1986 VI R 21/84, BFHE 146, 87, 89.

22 So *Uwe Albert/Joachim Heitmann*, Das überwiegend eigenbetriebliche Interesse als Abgrenzungskriterium des Arbeitslohns, DB 1985, 2524, 2525; *Gerhard Heuer* in Herrmann/Heuer/Raupach, a.a.O., § 19 Anm. 61; *Klaus Offerhaus*, Gesetzlose Steuerbefreiungen im Lohnsteuerrecht?, a.a.O., S. 121 m.w.N.

23 BFH-Urteil vom 25. Mai 1992 VI R 85/90, BStBl. II 1992, 655, 657, 659.

24 Nicht zu verwechseln mit der insbesondere vom Bundesfinanzhof gebrauchten Formulierung, ob eine Leistung durch das Dienstverhältnis veranlaßt ist im Sinne von „Frucht der Dienstleistung" sein, vgl. BFH-Urteil vom 21. Februar 1986 a.a.O (Fn. 21), S. 90.

Zur Abgrenzung bieten sich damit die Fragen an,

- ob überhaupt eine Leistung gegenüber einem Arbeitnehmer vorliegt und nicht nur ein Begünstigungsreflex,
- ob der Arbeitnehmer überhaupt eine Einnahme im Sinne des § 8 Abs. 1 EStG erhalten hat und
- ob der Zweck der Leistung in der Entlohnung des Arbeitnehmers liegt, das Dienstverhältnis also den Rechtsgrund für die Leistung bildet[25].

2. Negative Abgrenzung

Dabei ist zu bedenken, daß sich die Frage nach der Steuerpflicht – unabhängig vom Rechtsgrund – überhaupt nicht stellt, wenn keine Einnahme im Sinne des § 8 Abs. 1 EStG vorliegt. In diesem Merkmal kann also kein Unterschied zwischen Arbeitslohn und Leistungen zu finden sein, die im ganz überwiegend eigenbetrieblichen Interesse des Arbeitgebers liegen. Verdeutlicht man sich, daß der Zufluß einer Einnahme voraussetzt, daß der Arbeitnehmer über sie frei verfügen kann, so können Sicherheitsvorkehrungen und andere Verbesserungen am Arbeitsplatz beispielsweise nie zu Arbeitslohn führen. Für die Praxis ist es müßig zu überlegen, ob der Unternehmer die Aufwendungen dafür im ganz überwiegend eigenbetrieblichen Interesse getätigt hat oder nicht. Gleiches gilt, wenn es schon an einer Leistung an den Arbeitnehmer fehlt. Abgrenzungskriterium kann also nur der unterschiedliche Rechtsgrund der Leistungen sein[26]. Auch hinsichtlich des Rechtsgrundes der Arbeitgeberleistungen können einige sofort außer Betracht bleiben.

Außer aufgrund des Dienstverhältnisses kann der Arbeitgeber Leistungen erbringen, weil z.B. das Gesetz ihn dazu verpflichtet. Hier ist an gewerberechtliche Vorschriften zu denken, wenn etwa der Betrieb eines Gewerbes nur erlaubt ist, sofern der Arbeitgeber eine bestimmte Anzahl von Sanitäreinrichtungen zur Verfügung stellt. Hier ist schon fraglich, ob überhaupt eine Einnahme des Arbeitnehmers vorliegt. Falls doch, so braucht das ganz überwiegend eigenbetriebliche Interesse des Arbeitgebers nicht bemüht zu werden, weil der Rechtsgrund jedenfalls in der gewerberechtlichen Vorschrift zu suchen ist. Schon deswegen kommt es nicht zu einer Leistung aufgrund des Dienstverhältnisses. Das Interesse des Arbeitnehmers an der Leistung spielt dann ebenso keine Rolle. So kann das Interesse des Arbeitnehmers an der Einhaltung und Verbesserung der Sicherheitsbestimmungen im Betrieb sehr groß sein, weil seine Gesundheit davon abhängt. Lohnsteuerrechtlich ist aber allein entscheidend, daß die Leistung des Arbeitgebers nicht Gegenleistung für das Zurverfügungstel-

25 So besonders deutlich BFH-Urteil vom 22. März 1985 VI R 82/83, BFHE 143, 550, 551 f.

26 Ebenso *Klaus Offerhaus*, Gesetzlose Steuerbefreiungen im Lohnsteuerrecht?, a.a.O., S. 120.

len der Arbeitskraft ist, sondern auf einer – allerdings auch den Arbeitnehmer begünstigenden – gesetzlichen Vorschrift beruht.

3. Entschiedene Einzelfälle

In diesem Zusammenhang ist ein Blick auf die Einzelfälle interessant, in denen nach allgemeiner Auffassung kein Arbeitslohn vorliegt, weil die Aufwendungen des Arbeitgebers im ganz überwiegend eigenbetrieblichen Interesse erfolgten. Der Bundesfinanzhof hat insbesondere folgende Fälle entschieden[27]:

a) Übliche Zuwendungen bei herkömmlichen Betriebsveranstaltungen[28] sind nicht durch das Dienstverhältnis veranlaßt. Ihr Zweck besteht nicht in der Entlohnung von Arbeitsleistungen, sondern liegt im ganz überwiegend eigenbetrieblichen Interesse des Arbeitgebers, „die Durchführung einer Betriebsveranstaltung zu fördern". Auf Betriebsveranstaltungen verstehen die Arbeitnehmer die Zuwendung nicht als Ertrag ihrer Arbeit im weitesten Sinne, wenn „alle Teilnehmer in gleicher Weise unterhalten und bewirtet werden und der einzelne Arbeitnehmer auf den Gegenstand der Zuwendung und die Begleitumstände, unter denen er sie entgegennehmen kann, keinen Einfluß hat[29]. Hauptkriterium war hier, daß alle teilnehmenden Arbeitnehmer in gleicher Weise Vorteile erhielten.

Bei den Entscheidungen zu den Betriebsveranstaltungen wird deutlich, daß ein ganz überwiegend eigenbetriebliches Interesse des Arbeitgebers darin liegt, daß er unternehmerische Ziele verfolgt, wie die Förderung des Kontaktes der Arbeitnehmer untereinander und die Verbesserung des Betriebsklimas, solange nicht besondere Umstände (z.B. Verteilung von Geldgeschenken) der Maßnahme Entlohnungscharakter verleihen[29]. In diesen Entscheidungen sind Merkmale des ganz überwiegend eigenbetrieblichen Interesses einmal positiv benannt.

b) Das ganz überwiegend eigenbetriebliche Interesse des Arbeitgebers an einer Zuwendung setzt aber nicht voraus, daß die Belegschaft als ganze oder wenigstens eine große Gruppe von Arbeitnehmern bedacht wird. Das zeigt die Entscheidung des Bundesfinanzhofs zu den unentgeltlich bei leitenden Angestellten durchgeführten Vorsorgeuntersuchungen[30].

Hier wurde das entscheidende Kriterium darin gesehen, daß der Arbeitgeber die zu untersuchenden Personen aussuchte und diese die Untersuchung nicht ablehnen konnten, ohne berufliche Nachteile befürchten zu

---

27 Überblick bei *Kurt Joachim von Bornhaupt,* Zehn Jahre Rechtsprechung des VI. Senats des BFH zu steuerpflichtigen Einkünften aus nichtselbständiger Arbeit, DStZ 1990, 496 ff., 499 f.

28 Jetzt durch eine Wertgrenze beschränkt, vgl. oben Fn. 9.

29 BFH-Urteile vom 22. März 1985 VI R 82/83 a.a.O. (Fn. 6) und vom 25. Mai 1992 a.a.O. (Fn. 9).

30 BFH-Urteile vom 17. September 1982 VI R 75/79 a.a.O. (Fn. 21) und vom 22. März 1985 VI R 82/83, BFHE 143, 550, 552.

müssen. In der Tat kann das nicht als Entlohnung angesehen werden, was, wenn es abgelehnt wird, das bestehende Dienstverhältnis beeinträchtigt. Eine solche Vorsorgeuntersuchung ist qualitativ nicht mit einer vergleichbar, zu der sich der Arbeitnehmer allein privat entschließt und deren Durchführung für ihn nur Vorteile hat. Das Urteil zeigt auch, daß davor zu warnen ist, vorschnell auf „Arbeitslohn" zu schließen, wenn ein Arbeitnehmer durch Aufwendungen des Arbeitgebers angeblich eigene Aufwendungen erspart hat.

c) Ferner ist anerkannt, daß betriebliche Fort- und Weiterbildungsmaßnahmen im ganz überwiegend eigenbetrieblichen Interesse des Arbeitgebers liegen können, wenn dadurch die Einsatzfähigkeit des Arbeitnehmers im Betrieb gesteigert und die Fortbildungsmaßnahe unter Fortzahlung der Bezüge und Anrechnung auf die Arbeitszeit durchgeführt wird[31].

d) Ein weiteres Beispiel aus der Rechtsprechung ist die Übernahme von Mitgliedsbeiträgen des Arbeitnehmers, wenn dieser allein im Interesse des Arbeitgebers Mitglied in einem Industrieclub wird[32].

Lassen sich aus diesen Einzelbeispielen allgemeine Kriterien ableiten, die geeignet sind, ein ganz überwiegend eigenbetriebliches Interesse des Arbeitgebers an einer Zuwendung in anderen Einzelfällen zu erkennen[33]?

Fest steht, daß diejenigen Leistungen nicht darunter fallen können, mit denen der Arbeitgeber Ansprüche aus dem Dienstverhältnis erfüllt oder die freiwillige Sonderzahlungen mit Entlohnungscharakter betreffen. Insofern scheint mir Abschn. 70 Abs. 1 Satz 9 LStR irreführend zu sein, wenn es dort heißt: „Ein ganz überwiegendes betriebliches Interesse muß aber über das an jeder Lohnzahlung bestehende betriebliche Interesse deutlich hinausgehen." Hier wird Arbeitslohn vom Nicht-Arbeitslohn nicht nach dem Zweck oder Rechtsgrund der Leistung abgegrenzt. Lohnzahlungen, auch wenn auf sie kein einklagbarer Anspruch besteht, haben ihren Rechtsgrund immer im Dienstverhältnis. Ihr Zweck ist immer die Entlohnung für das Zurverfügungstellen der individuellen Arbeitskraft, auch wenn ihr Wert gering ist. Nach den Grundsätzen der Rechtsprechung ist es bei ihnen nicht möglich, darin eine Leistung des Arbeitgebers im ganz überwiegend eigenbetrieblichen Interesse zu sehen, da deren Zweck gerade nicht in der Entlohnung besteht. Gemeint können nur Fälle sein, in denen die Zuwendung für den einzelnen Arbeitnehmer so

31 Vgl. Abschn. 74 LStR.

32 BFH-Urteil vom 20. September 1985 VI R 120/82, BStBl. II 1985, 718. Ob dieses Urteil heute bestätigt werden würde, ist zweifelhaft. Mitgliedsbeiträge von Vereinen, die der allgemeinen Freizeitbeschäftigung dienen, können nach der Rechtsprechung vom Arbeitgeber nicht mehr lohnsteuerfrei übernommen werden. M.E. ist hier jedoch mindestens zu differenzieren. Es ist nicht jedermanns Sache, in Schützen- und Karnevalsvereinen etc. Mitglied zu werden, und leitende Angestellte tun dies oft nur entgegen ihren persönlichen Neigungen im Interesse ihres Arbeitgebers.

33 Zweifelnd *Joachim Lang,* Die Einkünfte des Arbeitnehmers – Steuerrechtssystematische Grundlegung, in Stolterfoht (Hrsg.), a.a.O. (Fn. 14), S. 63.

wertvoll ist, daß ein Interesse des Arbeitnehmers an der Leistung ein „gegenüber dem eigenbetrieblichen Interesse des Arbeitgebers zu beachtendes Eigengewicht"[34] erlangt. Dabei kann es sich eigentlich nur um Ausnahmefälle handeln, bei denen auch andere Umstände eine Entlohnungsabsicht des Arbeitgebers erkennen lassen, wie z.B. die Auswahl der Empfänger oder der äußere Anlaß der Zuwendung.

In diesem Zusammenhang hat sich die Meinung gebildet, je mehr Wert eine Leistung für den Arbeitnehmer habe, desto geringer sei das ganz überwiegend eigenbetriebliche Interesse des Arbeitgebers daran zu bewerten[34].

Hier scheint sich noch ein Anknüpfungspunkt zu der Definition der – inzwischen abgeschafften – Annehmlichkeiten zu ergeben, die auch im überwiegend eigenbetrieblichen Interesse des Arbeitgebers lagen und nur geringen Wert haben durften (z.B. der Essensgeldzuschuß)[35]. Die oben angeführten Beispiele aus der Rechtsprechung verdeutlichen aber, daß heute, wo dieser Begriff nicht mehr in Zusammenhang mit den steuerfreien Annehmlichkeiten steht, unter Leistungen, die im ganz überwiegend eigenbetrieblichen Interesse erfolgen, nicht nur solche von geringem Wert zu verstehen sind. Das zeigt selbst die neueste Rechtsprechung zu den Betriebsveranstaltungen, die für übliche Zuwendungen eine Wertgrenze einführt. Nur eine andere Gruppe nicht lohnsteuerbarer Zuwendungen ist an einen geringen Wert gebunden, die Gruppe der Aufmerksamkeiten[36].

Ebenso ist es nicht durchgehend zutreffend, daß Leistungen im ganz überwiegend eigenbetrieblichen Interesse immer einer Gesamtheit von Arbeitnehmern angeboten werden müssen[37]. Das zeigt sich schon daran, daß bestimmte betriebliche Fortbildungsmaßnahmen, aber z.B. auch die Übernahme eines Mitgliedsbeitrags, nur einzelnen Arbeitnehmers zur Verfügung stehen, trotzdem aber im ganz überwiegend eigenbetrieblichen Interesse des Arbeitgebers erfolgen.

Auch das Merkmal der aufgedrängten Bereicherung ist nicht immer ausschlaggebend[38]. Es fehlt z.B. schon bei den herkömmlichen Betriebsveranstaltungen, bei denen der einzelne Arbeitnehmer nicht zur Teilnahme verpflichtet ist (anders als bei den Vorsorgeuntersuchungen in dem 1986 entschiedenen Fall)[39].

Dagegen ist allen Leistungen im ganz überwiegend eigenbetrieblichen Interesse gemeinsam, daß sie nicht in einer dem Arbeitnehmer zur freien Verfügung stehenden Geldzahlung bestehen. Außerdem handelt es sich nicht um die in der rechtlichen Behandlung gleichgestellten Aufmerk-

34 BFH-Urteil vom 25. Mai 1992 VI R 85/90, BStBl. II 1992, 655, 658.
35 Vgl. oben Fn. 15, 16.
36 Abschn. 73 LStR zieht nun die Grenze bei einem Wert der Sachleistung von 60 DM.
37 So die Tendenz in Abschn. 70 Abs. 1 Satz 10 LStR.
38 Darauf abzielend Abschn. 70 Abs. 1 Satz 10 LStR.
39 BFH-Urteil vom 25. Juli 1986 VI R 203/83, BFHE 147, 357, BStBl. II 1986, 868.

samkeiten[40]. Schließlich liegt allen diesen Leistungen ein Aufwand des Arbeitgebers zugrunde, den dieser als Unternehmer für ein bestimmtes unternehmerisches Ziel einsetzt, ohne daß direkt ein meßbarer wirtschaftlicher Erfolg eintreten muß. Zu nennen sind hier beispielhaft die Verbesserung des Betriebsklimas[41], die Verbesserung und Erhaltung der Arbeitskraft der Mitarbeiter, also die Pflege des Mitarbeiterstammes[42], Maßnahmen zur Verbesserung des Sicherheitsstandards im Betrieb[43], Pflege von geschäftlichen Beziehungen durch den Einsatz der Mitarbeiter, Verbesserung von Werbung und Wettbewerb[44]. Außerdem ist allen Fällen gemeinsam, daß der Arbeitnehmer tatsächlich eine Einnahme im Sinne des § 8 Abs. 1 EStG hat. Wie oben schon festgestellt wurde, stellt sich die Frage nach dem Arbeitslohn nicht, wenn es schon an einer Einnahme fehlt[45].

Letztlich werden immer die Umstände des Einzelfalles für die Frage entscheidend sein, ob eine Leistung im ganz überwiegend eigenbetrieblichen Interesse des Arbeitgebers erfolgte oder nicht. Dabei wird bislang jedoch vernachlässigt, daß jeder Arbeitgeber bei seinen unternehmerischen Entscheidungen nur seinen eigenen Betrieb vor Augen haben kann, wenn er eine wirtschaftlich sinnvolle Maßnahme treffen will. Als Beispiel mag die Pflege des Mitarbeiterstammes und des Betriebsklimas dienen. Klein- und Kleinstbetriebe sind in ihrem wirtschaftlichen Erfolg eher abhängig von der Einsatzfähigkeit und Arbeitsfreude ihrer Mitarbeiter als größere Betriebe, in denen eher Vertretungen möglich sind. Eine verhältnismäßig größere Abhängigkeit von der Personalsituation liegt auch dort vor, wo z.B. rare Fachleute gebraucht werden als dort, wo etwa Fließbandarbeit im Vordergrund steht, die notfalls auch ungelernte Kräfte erledigen können. Wo ein größeres unternehmerisches Interesse besteht, wird man dem Arbeitgeber auch mehr und größere Aufwendungen zubilligen und das in die Einzelfallentscheidung einfließen lassen müssen. Eine Wertgrenze scheint mir dabei eine zwar praktikable, aber keine durchweg sachgerechte Abgrenzung zu sein[46]. Dem entspricht es, daß umgekehrt Arbeitslohn auch schon bei geringen Einnahmen vorliegt und nicht erst ab solchen, die einen gewissen Wert übersteigen. Ausschlagge-

40 Vgl. Abschn. 73 LStR.

41 Z.B. durch Betriebsveranstaltungen.

42 Z.B. durch Vorsorgeuntersuchungen und Kreislauftrainingskuren, aber auch durch Schaffung von Kindergartenplätzen und Fortbildungsmaßnahmen.

43 Z.B. durch Fortbildung in Sicherheitsfragen und in der Unfallverhütung.

44 Z.B. durch Förderung von Mitgliedschaften der Arbeitnehmer.

45 Anders Abschn. 70 Abs. 1 Satz 8 LStR, der durch die Bezugnahme auf Abschn. 70 Abs. 1 Satz 7 LStR offenbar davon ausgeht, daß Leistungen im ganz überwiegend eigenbetrieblichen Interesse nicht zu einer Einnahme des Arbeitnehmers führen.

46 Eine Wertgrenze ist darüber hinaus nur hilfreich, wenn sie ständig angepaßt wird. Das zeigt die Problematik mit der Wertgrenze bei Betriebsveranstaltungen in der zweiten Hälfte der 70er Jahre, vgl. BFH-Urteil vom 20. Mai 1980, BStBl. II 1980, 580).

bend darf nicht der Wert, sondern nur der erkennbar mit der Leistung verfolgte Zweck sein, etwas anderes zu erreichen, als den Arbeitnehmer für seine Dienste zu entlohnen.

V. Ergebnis

Festzuhalten ist, daß eine Leistung des Arbeitgebers in seinem ganz überwiegend eigenbetrieblichen Interesse liegen kann und dann kein Arbeitslohn ist. Was diesem Interesse dient, ist aus der Sicht des Arbeitgebers zu beurteilen. Der Bundesfinanzhof sieht in diesem Zusammenhang beide Seiten, wenn er ausführt, Leistungen im ganz überwiegend eigenbetrieblichen Interesse „werden vom Arbeitgeber nicht mit dem Ziel der Entlohnung gewährt und vom Arbeitnehmer nicht als Frucht seiner Dienstleistung aufgefaßt"[47]. Bestimmte Kriterien, die die Rechtsprechung im Einzelfall zur Begründung für das ganz überwiegend eigenbetriebliche Interesse herangezogen hat, sind lediglich Indizien dafür[48]. Das bedeutet, daß sie in anderen Fällen vergleichend in Betracht gezogen werden können (z.B. Nachteile für den Arbeitnehmer bei Ablehnung einer Leistung). Sie dürfen aber nicht als Teil eines festgelegten Katalogs betrachtet werden und sich verselbständigen wie im Gesetz festgelegte Tatbestände. Es kann durchaus sein, daß in einem noch nicht entschiedenen Fall ganz andere Indizien für das ganz überwiegend eigenbetriebliche Interesse des Arbeitgebers sprechen als die, die bisher in diesem Zusammenhang erörtert wurden.

Durch das Festhalten an der Systematik, die zum „neuen" Begriff des Arbeitslohns entwickelt worden ist, werden sich die meisten Fälle durch negative Abgrenzung befriedigend lösen lassen. Dort, wo bisher vom ganz überwiegend eigenbetrieblichen Interesse des Arbeitgebers gesprochen wurde, wird sich häufig feststellen lassen, daß schon keine dem Arbeitnehmer zur freien Verfügung stehende Einnahme vorliegt oder daß statt des Dienstverhältnisses ein weiterer, konkretisierbarer Rechtsgrund für die Leistung vorliegt. Erst bei den noch verbleibenden Fällen ist auf das Interesse des Arbeitgebers an der Leistung einzugehen.

Es ist ein Dienst an der Rechtssicherheit und Rechtsstaatlichkeit, auf der Grundlage der bestehenden Gesetze möglichst fest umrissene Rechtsbegriffe zu erarbeiten. Verfehlt ist in diesem Zusammenhang der Ruf nach dem Gesetzgeber; denn die Auslegung des Begriffs Arbeitslohn muß flexibel bleiben, um auch neue Lohnformen erfassen zu können. Dabei muß allerdings akzeptiert werden, daß nicht alles, was ein Arbeitnehmer irgendwie vom Arbeitgeber erhält, Arbeitslohn ist.

---

47 BFH-Urteil vom 25. Mai 1992 VI R 85/90, BStBl. II 1992, 655, 657.

48 Das BFH-Urteil vom 17. September 1982 a.a.O. (Fn. 21) zählt allein sechs Indizien auf, die für das Interesse des Arbeitgebers an der Zuwendung sprechen.

Heribert Johann

Probleme bei der Abgrenzung der steuerlichen Leistungsfähigkeit international verbundener Unternehmen als Hemmnis für eine internationale Geschäftstätigkeit

Inhaltsübersicht

I. Einleitung

Grenzüberschreitende Lieferungen und Leistungen zwischen Konzernunternehmen führen in den beteiligten Ländern immer wieder zu steuerlichen Auseinandersetzungen über die Angemessenheit der Preisgestaltung. Die andauernde Diskussion zum Fremdvergleichspreis – im allgemeinen bezeichnet als Arm's-Length-Price – wird in den letzten drei Jahren geprägt durch die Regelungen des Internal Revenue Code der Vereinigten Staaten von Nordamerika zu Sec. 482, Sec. 6038 A sowie Sec. 6662. Während Sec. 482 IRC auf die Ermittlung des Verrechnungspreises zwischen verbundenen Unternehmen zielt, legt Sec. 6038 A der ausländisch beherrschten US-Gesellschaft umfangreiche Berichtspflichten auf, deren Verletzung mit Zusatzlasten belegt werden, die eigenständig neben strafrechtlichen Sanktionen stehen. Abweichungen vom vermeintlich zutreffenden Verrechnungspreis können gemäß Sec. 6662 ebenfalls mit Steuerzuschlägen belegt werden.

Mit diesen Regelungen setzen die USA eine allgemeine Entwicklung fort, die mit der Veröffentlichung des Berichts über Verrechnungspreise und Multinationale Unternehmen durch die OECD im Jahre 1979 begonnen und mit dessen Interpretation durch verschiedene Staaten – darunter als erster die Bundesrepublik, später Italien – ihre Fortsetzung gefunden hatte. Nachdenklichkeit kommt auf, wenn man die im Vergleich zu anderen Industrienationen deutlich niedrigeren Steuersätze der USA zur Einkommen- und Körperschaftsteuer betrachtet[1], weil sie für jeden Steuerpflich-

1 *Wolfgang Ritter*, Gastkommentar, DB 1992, Nr. 11, I.

tigen einen Anreiz darstellen, Einkommen in die USA hineinzuverlagern[2]. Blickt man über das Steuerrecht hinaus und schließt die immer noch nicht beendeten Verhandlungen zum GATT in die Betrachtung ein, so drängt sich die Frage auf, ob nicht aus der Transferpreisproblematik bei der Ertragsbesteuerung ein neues nichttarifäres Handelshemmnis erwächst, also für den internationalen Handel Barrieren errichtet werden, die mit dem Abbau der Zölle durch das GATT eigentlich beseitigt werden sollten[3]. Dabei ist zu beachten, daß dieses Problem nicht nur Handelswaren, sondern auch Dienstleistungen betrifft. Die Gefahr für die gesamte internationale Arbeitsteilung der Wirtschaft ist nicht zu verkennen.

II. Begriff des Fremdvergleichspreises

1. Historische Entwicklung

Das Prinzip des Fremdvergleichs fand in das Musterabkommen der OECD (MA) seine Aufnahme, nachdem die Tochtergesellschaft nicht mehr als Betriebsstätte angesehen wurde und die Gewinnaufteilung damit nicht mehr durch Art. 7 MA abgedeckt werden konnte[4]. Zugleich gewann damit das Problem der wirtschaftlichen Doppelbesteuerung an Gewicht, d.h. der Besteuerung ein und desselben Wirtschaftsvorganges in zwei oder mehreren Staaten, jedoch nicht beim selben Steuerpflichtigen, sondern bei unterschiedlichen Steuersubjekten[5].

Das Ziel des Art. 9 MA bestand in der Fortführung der Idee des Art. 7: Der Gewinn und damit das Steuersubstrat mehrerer verbundener und zusammenwirkender Steuersubjekte soll nicht pauschal aufgeteilt werden; er soll vielmehr nur in dem Staat besteuert werden, in dem er wirtschaftlich entstanden ist. Die Zuordnung des Gewinns soll sich folglich an den wirtschaftlichen Bedingungen orientieren. Das ist die wirtschaftliche Leistungsfähigkeit des einzelnen steuerrechtlichen Subjekts, die wiederum maßgeblich durch das spezifische volkswirtschaftliche Umfeld beeinflußt wird, in welches das Steuersubjekt eingebettet ist[6]. In der gesetzestechnischen Umsetzung findet sich dementsprechend zu Art. 9 Nr. 1 MA die Verknüpfung der Gewinnkorrektur mit der Vereinbarung oder Auferle-

2 Die kürzlich beschlossene Anhebung der Steuersätze läßt die Spitzenbelastung bei der Einkommensteuer auf 39,6 v.H. und bei der Körperschaftsteuer auf 35 v.H. ansteigen, *o.V.*, US-Haushalt (. . .), Handelsblatt Nr. 153 vom 3. August 1993, 7.

3 Vgl. *Kay Hailbronner/Rainer M. Bierwagen*, Das GATT – Die Magna Charta des Welthandels, Juristische Arbeitsblätter 1988, 319 ff.; *Matthias Werra*, Neue Richtlinien zur steuerlichen Prüfung von Verrechnungspreisen in den USA, DB 1993, 710.

4 *Klaus Vogel*, Doppelbesteuerungsabkommen, 1990, Art. 9 Tz. 9; *Harald Schaumburg*, Internationales Steuerrecht, 1993, S. 797.

5 *Klaus Vogel* (Fn. 4) Einl. Tz. 3.

6 *Karl Sonntag*, Konzernverrechnungspreise zwischen Stammhaus und Betriebsstätte, Internationale Wirtschaftsbriefe (IWB) 1993, F 10 G 2, 895.

gung „von Bedingungen, die von denen abweichen, die unabhängige Unternehmen miteinander vereinbaren würden".

Dieser differenzierende Ansatz des MA, der im Bericht der OECD über „Verrechnungspreise und Multinationale Unternehmen"[7] schon durch die Wahl des Titels noch einmal in den Vordergrund gestellt worden war, geriet bereits durch die deutschen Verwaltungsgrundsätze[8] in den Strudel einer verallgemeinernden Gewinnaufteilungsdiskussion. Sie stellten ihre den OECD-Bericht präzisierenden und ergänzenden[9] Ausführungen zum „Fremdvergleichspreis"[10] unter den Begriff der „Einkunftsabgrenzung". Das war ein systematisch durchaus vertretbarer, international jedoch wenig hilfreicher Ansatz. Die Auswirkungen zeigt die steuerpolitische Diskussion der USA mit ihrer stärker politisch motivierten als rechtlich substantiierten Forderung, ausländische Unternehmen möchten sich mit einem „fair share" am Steueraufkommen beteiligen[11], wobei man den bereits vorhandenen Lösungsansatz aus Art. 9 für nicht erwähnenswert erachtet.

Man kann die Verknüpfung der Gewinnzuordnung mit dem Fremdvergleichspreis im OECD-Musterabkommen als mutige Entschließung für das Prinzip der Besteuerung nach der Leistungsfähigkeit werten, dem sich später auch die Vereinten Nationen angeschlossen haben[12]. Es sollte dabei jedoch nicht übersehen werden, daß diese Lösung letztlich doch nur den kleinsten gemeinsamen Nenner zwischen beteiligten Staaten darstellt. Als logische Alternative läßt sich nur die Vereinheitlichung der Gewinnermittlungsregeln sowie die Formalisierung eines Aufteilungsverfahrens vorstellen, an dessen Ende unausweichlich eine supranationale Instanz steht, deren Entscheidung die Staaten sich hätten unterwerfen müssen. Beides hätte in letzter Konsequenz eine Einschränkung staatlicher Souveränität gefordert. Die deutsche Gewerbesteuer mit ihrer Vielfalt hoheitlicher Anspruchsberechtigter vermittelt eine Vorstellung über die rechtstechnisch relativ einfachen[13], unter dem Gesichtspunkt des

7 *Organisation for Economic Cooperation and Development (OECD),* Bericht des Steuerausschusses d. OECD, übersetzt vom BMF in Abstimmung mit dem Deutschen Industrie- und Handelstag (DIHT) und dem Bundesverband der Deutschen Industrie (BDI), 1981.

8 *BMF,* Verwaltungsgrundsätze vom 23. Februar 1983, BStBl. I 1983, 218.

9 *Horst-Dieter Höppner,* StBp 1983, 129. Trotz ständiger Mitwirkung im Steuerausschuß der OECD bestand abweichend von der Mehrzahl der anderen beteiligten Steuerverwaltungen ein Bedürfnis der Präzisierung und Ergänzung.

10 *BMF,* Verwaltungsgrundsätze (Fn. 8) Rz. 2.1.4.

11 *Henry S. Conston/Edward Tanenbaum,* Berichterstattungspflichten für ausländische Gesellschaften in den USA, IWB 1991, F 8 G 2, 659; *Matthias Werra* (Fn. 3) 705.

12 *United Nations,* United Nations model double taxation convention between developed and developing countries, 1980, Art. 9.

13 Mit *Rosemarie Portner,* Ermittlung von Verrechnungspreisen in multinationalen Unternehmen, IWB 1992, F 10 G 2, 867 sind die verwaltungstechnischen Schwierigkeiten beim Fehlen eines einheitlichen Verfahrens nicht mehr zu bewältigen.

Souveränitätsverzichts jedoch beachtlichen Anforderungen an eine solche Aufteilungsalternative[14]. Welche Schwierigkeiten selbst demokratisch verfaßte Staaten haben, auf ein Stückchen ihrer Souveränität zu verzichten, obwohl es um den Rechtschutz für das Individuum geht, zeigt die mehr als ein Jahrzehnt dauernde, unbefriedigende Entwicklung zu der im Jahre 1990 verabschiedeten, derzeit immer noch nicht in Kraft getretenen EG-Schiedsstellenkonvention[15], deren Ratifizierung zumindest die Bundesrepublik kürzlich auf den Weg gebracht hat[16]. Auch die EG-Übergangsregelung zur Umsatzsteuer läßt deutlich werden, daß selbst für eine sehr begrenzte Anzahl von Staaten, die bloße Aufteilung eines nach einheitlichen Grundsätzen zu ermittelnden Steueraufkommens unüberwindbare Schwierigkeiten bereitet. Das Standortsicherungsgesetz mit seiner zumindest zur Betriebsstättenbesteuerung (§ 10 AStG) eindeutigen Abweichung von den Doppelbesteuerungsabkommen[17] ist vor allem deshalb ein so bedrückendes Zeichen für den fortlaufenden Verlust von zwischenstaatlichen Gemeinsamkeiten im internationalen Steuerrecht, weil es Staaten betrifft, welche sich die Schaffung auch einer gemeinsamen Wirtschaftsordnung zum politischen Nahziel erhoben haben[18].

Das Prinzip des Fremdvergleichs weist rechtssystematisch die Anzeichen einer Fiktion auf. Denn bei Vertragspartnern aus verbundenen Unternehmen läßt sich regelmäßig davon ausgehen, daß ihnen die hinter nahezu jedem Geschäft enthaltene unternehmerische Konzeption oder Strategie bekannt ist[19], z.B. ob die Preisvorstellungen des Vertragspartners sich an einer Vollkosten- oder Teilkostenrechnung orientieren[20].

Bei der Vielfalt der Märkte kann durch den Fremdvergleichspreis immer nur ein Rahmen vorgegeben werden, innerhalb dessen die Unternehmen

---

14 Die Schwierigkeiten bei der Findung eines Aufteilungsmaßstabs sollten nicht unterschätzt werden. Das zeigt bereits die andauernde nationale Diskussion zwischen Bund und Ländern über die Verteilung des Steueraufkommens sowie deren Auswirkung auf die Steuergesetze. Zur Gemeindefinanzierung hat sich die Uneinigkeit der öffentlichen Körperschaften zur Steuerverteilung bisher als ernsthaftes Hemmnis zur Neuordnung der Gemeindefinanzen und Reform der Gewerbesteuer erwiesen.

15 *Europäische Gemeinschaft (EG)*, Amtsblatt der EG L 225/10 vom 20. September 1990. Es ist nur auf die Dauer von fünf Jahren geschlossen und tritt erst mit der Ratifikation durch den letzten unterzeichnenden Staat in Kraft (Art. 8). Die Vorlage einer Richtlinie zum Schiedsverfahren an den Rat datiert bereits vom November 1976, *Karl-Dieter Wingert*, EG-Richtlinie zur Vermeidung der Doppelbesteuerung, IWB 1977, F 2 Vorschau, 299.

16 BT-Drucks. 12/4071 u. 12/4537 vom 11. März 1993.

17 *Volker Langbein*, „Treaty Overriding" durch nationales Recht, RIW 1988, 875; *Helmut Debatin*, StÄndG 1992 und „Treaty Override", DB 1992, 2159.

18 Europäischer Unionsvertrag vom 9./10. Dezember 1991, Präambel.

19 *Bernd Halfar*, Abschied vom Fremdvergleich?, IWB 1992, F 2 Vorschau, 602.

20 *Rosemarie Portner* (Fn. 13) 866, verweist mit Recht auf das zusätzliche Problem der synergetischen Effekte.

sich bewegen können[21]. Das verdeutlicht bereits die für sehr einheitliche Leistungen in dem weltumspannenden, relativ konformen und übersichtlichen Kapital- und Geldmarkt real existierende Schwankungsbreite der Zinssätze[22], in denen sich auch unterschiedliche Grade des Vertrauens, also letztendlich höchst subjektive Elemente widerspiegeln. Die inhaltliche Vergleichbarkeit von Leistungen bereitet besondere Probleme, wenn es um patentgeschützte Produkte, z.B. Arzneimittel geht. Während Gesundheitsbehörden für die Kostenerstattung ältere, nicht mehr patentgeschützte Produkte mit modernen patentgeschützten Produkten gleichsetzen, neigen Steuerverwaltungen dazu, die Vergleichbarkeit patentierter Produkte grundsätzlich zu verneinen.

Unbestritten erscheint im wesentlichen noch, daß ein Unternehmen im Ausland tätig werden darf und damit unausweichlich einen Teil seiner Gewinne einem ausländischen „anderen" Unternehmen und damit auch der Besteuerung durch einen ausländischen Fiskus überläßt[23]. Damit steht es den Unternehmen grundsätzlich frei, wie sie die Aufgabenverteilung innerhalb einer Gruppe verbundener Unternehmen anlegen[24]. Insgesamt beläßt das Prinzip des Fremdvergleichspreises der international tätigen Wirtschaft bei zutreffender Auslegung den erforderlichen Handlungsspielraum. Die weite Auslegung des Art. 9 MA, die nicht nur die Berücksichtigung „vereinbarte(r)" oder „auferlegte(r)" Bedingungen fordert, sondern auch bereits abgestimmte Verhaltensweisen für eine Gewinnkorrektur ausreichen läßt, ist im Ergebnis eine geringfügige Einschränkung dieses Handlungsrahmens[25].

In aller Regel werden die Unternehmen ihre Verrechnungspreise innerhalb dieses Handlungsrahmens festsetzen, soweit sie nicht durch nationale Bestimmungen gehindert werden[26]. Dabei wird ein internationales

---

21 *Bernd Halfar* (Fn. 19) 599; *Helmut Becker*, Die neuen US-Richtlinien zu den Konzernverrechnungspreisen, IWB 1993, F 8 G 2, 697; *Klaus Sieker*, Neue US-Richtlinien zu Konzernverrechnungspreisen (. . .), 1993, 12.

22 *Hans Zschiegener*, Maßgebende Zinssätze zwischen Nahestehenden im US-Steuerrecht, IWB 1985, F 8 G 2, 415.

23 Einschränkungen zeichnen sich zu § 8 AStG ab. Er erfaßt auch unternehmerische Tätigkeiten wie die Risikotragung im Versicherungsgeschäft (§ 8(1) Nr. 3) und die Konzernfinanzierungen (§ 8(1) Nr. 7). Hier handelt es sich nicht mehr um die passiven Einkünfte aus einer Vermögensanlage. Diese unternehmerischen Tätigkeiten sind vielmehr wegen ihrer Beweglichkeit im besonderen Maße von einer Abwanderung ins Ausland bedroht, wenn die Standortbedingungen dem internationalen Wettbewerb nicht mehr standhalten. Durch die Hinzurechnungsbesteuerung wird die ausländische unternehmerische Aktivität zumindest für die Steuerbelastung den deutschen Standortbedingungen unterworfen. Den dahinter drohenden Wegzug auch des Individuums an einen günstigeren Standort, in einer multikulturellen Gesellschaftsordnung eine zunehmende Selbstverständlichkeit, sollen die § 2 ff. AStG einschränken.

24 *OECD* (Fn. 7) Tz. 15; *Matthias Werra* (Fn. 3) 705.

25 *Klaus Vogel* (Fn. 4) Art. 9 Tz. 30.

26 Auch für die Bundesrepublik ist die Rangfolge von Doppelbesteuerungsabkommen und nationalem Steuerrecht nicht mehr eindeutig zu bestimmen. Nach-

Unternehmen neben der Ausrichtung nach betriebswirtschaftlichen Gesichtspunkten auch der Beständigkeit seiner Verrechnungspreise besonderes Gewicht zumessen, um die bei der Vielgestaltigkeit international verbundener Unternehmen erforderlichen betriebswirtschaftlichen Kontrollsysteme nicht zu beeinträchtigen. Da auch Ertragsteuern Kosten darstellen und Kostenminimierung zum unternehmerischen Aufgabenbereich gehört, kann sich diese Rangfolge mit zunehmendem zwischenstaatlichen Steuergefälle ändern. Aus der Sicht der Steuerverwaltung ist der Fremdvergleichspreis als breit angelegter Lösungsansatz schwer zu handhaben. Rechtssystematisch belassen die real existierenden Schwankungsbreiten der Verrechnungspreise[27] einem Unternehmen gleichsam ein begrenztes Wahlrecht, welchem nationalen Steuersystem es seine Gewinne unterwerfen möchte. Das kollidiert mit Vorstellungen zum Gleichheitssatz[28], es sei denn, man definiert ihn mit *Tipke*[29] national und läßt ihn an der Grenze der für die Gesetzgebung zuständigen Gebietskörperschaft enden.

2. Abgrenzungs- und Beweisprobleme

Die inhaltlichen Probleme für die Steuerverwaltung beginnen bei der Frage, ob die Muttergesellschaft ihren Namen unentgeltlich überlassen kann. Sie setzen sich fort bei der Marktüberlassung[30] und enden bei dem Problem, ob nicht bereits der Verzicht auf einen Wettbewerb mit dem verbundenen Unternehmen im Markt des verbundenen Unternehmens, sei es in der Produktion, sei es im Handel, eine Vorteilszuwendung an das verbundene Unternehmen darstellt. In das Zentrum der Diskussion rückt zunehmend die Frage, ob die Berichtigung nach Art. 9 MA über die Korrektur zum Entgelt hinausgeht oder darüber hinaus die Umqualifizierung auch des Grundgeschäfts gestattet. Das geschieht z.B. bei der Umdeutung einer von der Tochtergesellschaft auf eigenes Risiko betriebenen Produk-

dem der Finanzausschuß des Bundestages noch im Hearing on H.R. 5270, The Foreign Income Tax Rationalization and Simplification Act of 1992 in seiner schriftlichen Stellungnahme vom 20. Juli 1992 auf die Einhaltung des in Art. 9 DBA-USA verankerten Fremdvergleichsgrundsatzes gedrungen hatte, läßt sich aus den Änderungen zu § 10 AStG durch das Steueränderungsgesetz 1992 (BT-Drucks. 12/1108,25) und im Entwurf des Mißbrauchsbekämpfungs- und Steuerbereinigungsgesetzes (BT-Drucks. 12/5630,28) ein Wandel dazu ablesen.

27 Vgl. *Helmut Becker,* Außensteuergesetz, Erläuternde Stellungnahme, Tz. 2.1.8 S. 12/44; *Horst-Dieter Höppner* (Fn. 9) 125; *Matthias Werra* (Fn. 3) 705.

28 Das zeigt z.B. das Steueränderungsgesetz 1992, wenn es mit der Änderung zu § 10 AStG grenzüberschreitenden rechtlichen Gestaltungen entgegentritt, weil sie zur Erzielung von „ungerechtfertigten Steuerersparnissen" gewählt werden (BT-Drucks. 12/1108,79). Für den Begriff des Mißbrauchs ist insoweit kein Raum, weil die Unangemessenheit der rechtlichen Gestaltung fehlt. Vgl. *Anthony Tulloch,* Die neue Hinzurechnungsbesteuerung im AStG als Instrument der Mißbrauchsbekämpfung (. . .), DB 1993, 559.

29 *Klaus Tipke,* Die Steuerrechtsordnung, 1993, S. 375.

30 *BMF,* Verwaltungsgrundsätze (Fn. 8) Tz. 3.4.

tion in einen Lohnfertigungsauftrag der Muttergesellschaft[31], bei dem der Muttergesellschaft dann losgelöst von der zivilrechtlichen Realität das Investitions- und Beschäftigungsrisiko zugeordnet wird. Hier kollidiert man eindeutig mit der grundsätzlichen Freiheit der Unternehmen zur Aufgabenverteilung[32].

Die Hauptprobleme ergeben sich für die Steuerverwaltungen aus den Beweisschwierigkeiten. Zunächst stellt sich die Frage, ob eine Leistung überhaupt erbracht worden ist. Das ist bei materiellen Wirtschaftsgütern regelmäßig noch nachvollziehbar, wird aber für Dienstleistungen komplizierter und fällt bei immateriellen Wirtschaftsgütern äußerst schwer, sobald keine materiellrechtlich abgesicherten Positionen vorhanden sind, wie z.B. beim Know-how. Zusätzliche Schwierigkeiten entstehen, wenn der Schwerpunkt der Leistung in einer permanenten Leistungsbereitschaft (Stand By) besteht.

In einer weiteren Stufe ergeben sich dann die Probleme zur Bewertung der erbrachten Leistung. Die Fixierung des Bewertungsmaßstabes für den Fremdvergleich erweist sich als schwierig, weil bei der Vielfältigkeit der Märkte und der Vielfältigkeit des Marktes die objektiven Gegebenheiten für einen Fremdvergleich schwer zu erkennen sind. Da auch dem Steuerpflichtigen im Regelfall der totale Überblick zu seinem Markt unmöglich ist, bietet die Abgrenzung nach der Rechtsfigur des ordnungsmäßigen und gewissenhaften Geschäftsführers[33] zwar eine Erleichterung, allerdings auch nur um den Preis eines zusätzlichen subjektivierten und deshalb weniger eindeutigen Tatbestandsmerkmals.

Schließlich ergeben sich rechtstechnische Beweisprobleme aus den gesellschaftsrechtlichen Strukturen. Während für eine inländische Obergesellschaft aufgrund ihrer Gesellschafterstellung, zumindest wenn ihr sämtliche Anteile gehören, regelmäßig auch die steuerrelevanten Daten der unmittelbaren und mittelbaren Tochtergesellschaften greifbar sind, ist einer Tochtergesellschaft aufgrund ihrer Unterordnung der Zugriff oder Einblick in die Unterlagen der Muttergesellschaft oder der Schwestergesellschaft grundsätzlich verwehrt.

Die großen Beweisschwierigkeiten zum Fremdvergleich bergen in der Realität unzweifelhaft ein Feld zu gesetzwidrigen Steuerminimierungen, deren Größenordnungen häufig überschätzt werden. Nach den Zahlen der US-Steuerverwaltung[34] verbleibt dafür nahezu kein Raum. Die von ihr aufgegriffenen Fälle zeigen vielmehr, daß es sich zu 97 v.H. um Gewinnabgrenzungen zu Hochsteuerländern wie Japan, Großbritannien, Canada

31 *Helmut Becker*, US-Richtlinien (Fn. 21) 699.
32 *Ders.* (Fn. 27) Tz. 157; *Matthias Werra* (Fn. 3) 705.
33 *BMF*, Verwaltungsgrundsätze (Fn. 8) Tz. 2.1.1; *Helmut Becker*, US-Richtlinien (Fn. 21) 698.
34 Die US-Steuerverwaltung mußte ihre Ausfallschätzung von zunächst 13,5 Mrd. US$ p.a. auf 1,8 Mrd. zurücknehmen, *o.V.*, US-Steuerrecht (. . .), Handelsblatt Nr. 123 vom 29. Juni 1993, 5.

und die Bundesrepublik Deutschland handelt[35]. Für den Steuerpflichtigen geht es demnach fast ausschließlich darum, an welchen Steuergläubiger er zu zahlen hat, also ein Problem, das im Rahmen einer einheitlichen Rechtsordnung im allgemeinen durch Hinterlegung gelöst würde. Für einen Mißbrauch im eigentlichen Sinne, nämlich die Wahl einer rechtlichen Form, die den wirtschaftlichen Inhalt einer Transaktion verkleidet, läßt der Fremdvergleichspreis keinen Raum, weil er sich ausschließlich an wirtschaftlichen Gegebenheiten orientiert. Es macht sich im Sprachgebrauch der Gesetzgebung allerdings die Tendenz bemerkbar, einen Mißbrauch schon dann zu bejahen, wenn ein Unternehmen für wirtschaftliche Unternehmungen ein Land mit günstigeren wirtschaftlichen Bedingungen wählt, sofern die Standortvorteile in einer massiven Abweichung von der Steuerbelastung bestehen[36].

III. Neuzeitliche Entwicklungen

Wenn der zutreffende Fremdvergleichspreis grundsätzlich ein Einzelfallproblem darstellt, dann können bei der zunehmenden Internationalisierung der Wirtschaft die fortlaufenden Bemühungen der Steuerverwaltungen um Typisierung bzw. Standardisierung, Formalisierung und Verlagerung der Beweislast nur als verständlicher Versuch gesehen werden, ein schwieriges Problem verwaltungsmäßig in den Griff zu bekommen. Allerdings können sich derartige Maßnahmen auch sehr rasch zu einer Belastung des internationalen Handels- und Dienstleistungsverkehrs ausweiten, die eine Gleichsetzung mit einem nichttarifären Handelshemmnis zuläßt.

1. Standardisierung

Die deutsche Steuerverwaltung ging bei der Präzisierung und Anpassung durch die Verwaltungsgrundsätze behutsam vor. Mit den Begriffen „in der Regel[37]", „im allgemeinen[38]" und „grundsätzlich[39]" versuchte sie geschäftliche Transaktionen zu standardisieren bzw. zu typisieren[40]. In Einzelfällen ging sie weiter[41] und versuchte z.B. bei Finanzierung mit der

35 *Rick Wartzman,* Foreign Firms' Income in U.S. is understated, Wall Street Journal vom 4. Juni 1993.

36 BT-Drucks. 12/1108, Steueränderungsgesetz 1992, 79; *Anthony Tulloch* (Fn. 28) 559.

37 *BMF,* Verwaltungsgrundsätze (Fn. 8) Rz. 3.2.3.2, 3.4.1.

38 Ebenda, Tz. 2.1.4, 2.1.8.

39 Ebenda, Tz. 5.2.2.

40 Es sei denn, man betrachtet die Verwaltungsgrundsätze zu den Verrechnungspreisen als unverbindliche Kurzfassung kaufmännischer Erkenntnisse.

41 *BMF,* Verwaltungsgrundsätze (Fn. 8) Tz. 2.3.3, z.B. die Befristung des Vorteilsausgleichs.

Festlegung auf die Sollzinsen[42] eine wenn auch häufig auftretende Geschäftsgestaltung zum alleinigen Maßstab zu erheben. Eine solche Vorgehensweise ist geeignet, den Beweis des ersten Anscheins zu schaffen und damit dem Steuerpflichtigen die Lasten des für ihn ebenso schwierigen Nachweises der Marktgegebenheiten aufzuerlegen.

Die Steuerverwaltung der USA ging mit ihren Vorstellungen zum Fremdvergleichspreis im Entwurf der Regulations[43] zu Sec. 482 IRC weiter. Sie stellte die Hilfslösungen des OECD-Berichtes[44] in den Vordergrund und ergänzte sie mit der Gewinnschätzung um eine weitere Methode[45]. Der OECD-Bericht hingegen wertet den Fremdvergleich als die angemessenste Methode und bietet – ohne eine weitere Rangfolge und eine abschließende Regelung vorzugeben – die Kostenaufschlags- und die Wiederverkaufspreismethode als Hilfslösungen an.

Die beachtlichen Unterschiede in den Auswirkungen dieser methodischen Ansätze zeigt schon der Fall eines Produktionsunternehmens im Lande P, das sich zum Vertrieb eines besonders ertragstarken Produkts der Tochtergesellschaft im Lande V bedient. Sofern die Steuerverwaltung im Lande P bei der Ermittlung der Verkaufspreise der ihrer Besteuerung unterliegenden Produktionsgesellschaft bei der Betrachtung der Vertriebsgesellschaft der Wiederverkaufspreis-Methode folgt, fällt der überwiegende Teil des Gewinnes an die Produktionsgesellschaft und in die Besteuerung des Landes P. Wenn dagegen die Steuerverwaltung im Lande V bei der Einschätzung der Einstandspreise für die ihrer Besteuerung unterliegende Vertriebsgesellschaft die Produktionsgesellschaft betrachtet und für sie der Kostenaufschlag-Methode folgt, so fallen die Erträge der Vertriebsgesellschaft zu und mehren das Steuersubstrat im Lande V. Wenden beide Steuerverwaltungen jeweils auf die ihrer Besteuerung unterliegende Gesellschaft die Kostenaufschlag-Methode an, so dürften wegen der ausreichenden Marge sich für beide Steuerpflichtigen keine Beanstandungen ergeben. Sofern beide Steuerverwaltungen allerdings die Kostenaufschlag-Methode zur Ermittlung des Einstandspreises bzw. des Verkaufspreises für die aus ihrer Sicht ausländische Gesellschaft vorgeben, erscheint die Doppelbesteuerung unausweichlich. Damit wird deutlich, daß die Hilfslösungen des OECD-Berichts entsprechend seiner generellen Ausrichtung nur Lösungshilfen für einzelne Geschäftsvorfälle, nicht jedoch Grundsätze betrieblicher Einkommensermittlung sein können. Die pauschale Anwendung dieser Hilfslösung führt ebenso zu einer unzutreffenden Gewinnaufteilung und damit zu doppelter Besteuerung wie die Gewinnschätzung anhand von Vergleichsunternehmen. Ob die den ver-

42 Ebenda, Tz. 4.2.1.

43 *Internal Revenue Service,* Intercompany transfer pricing and cost sharing regulations under Section 482, Intertax 1992, 420. Die Regulations haben den Rechtscharakter einer Verordnung. So *Matthias Werra* (Fn. 3) 704.

44 *OECD* (Fn. 7) Tz. 45.

45 *Helmut Becker,* Der US-Richtlinienvorschlag zu den Konzernverrechnungspreisen, DB 1992, 543.

bundenen Unternehmen daraus erwachsenden Belastungen sich als nichttarifäres Handelshemmnis bewerten lassen, ist sehr schwer zu beurteilen. Denn der Anwendungsbereich dieser Hilfsmethoden wird ganz wesentlich von der Auslegung des Begriffs des Fremdvergleichspreises bestimmt. Wird dieser Begriff eng ausgelegt und wie z.B. im Entwurf der Regulations auf identische Fälle beschränkt[46], so erweitert sich der Anwendungsbereich für Gewinnschätzungen. Ein gewichtiges Indiz für ein nichttarifäres Handelshemmnis wird deshalb insbesondere gesehen werden müssen, wenn die Steuerbelastung des ausländischen Unternehmens höher ausfällt als die Steuerbelastung der inländischen Gesellschaft.

2. Formalisierung

Das Steuerrecht kennt die Notwendigkeit der Formalisierung steuerrelevanter Tatbestände. Die Formvorschriften für das Verhältnis zwischen Gesellschafter-Geschäftsführer und seiner Kapitalgesellschaft sollen z.B. festlegen, welcher Ebene die wirtschaftlichen Aktivitäten zuzuordnen sind, ob eine gesellschaftsrechtliche oder eine schuldrechtliche Gestaltung gewollt ist. Das ist wegen der unterschiedlichen steuerlichen Auswirkungen unvermeidlich und bedarf der Festlegung im vorhinein. Sofern es allerdings nicht um gestaltungsrelevante, sondern nur um beweisrelevante Tatsachen geht, können die Beweise formlos geführt oder nachträglich zusammengetragen werden. Die sich daraus ergebende Problematik für den Fremdvergleichspreis spiegelt sich bereits in der Warnung des OECD-Report[47] wider, multinationale Unternehmen nicht mit unnötigen Beweisanforderungen zu belasten.

Eben jener Weg wird von den Regulations der US-Steuerverwaltung zu Sec. 6038 C verlassen. Obwohl sich in einer Buchführung regelmäßig auch sämtliche Geschäftsvorfälle mit verbundenen Unternehmen widerspiegeln, wird bereits in der Steuererklärung die detaillierte Auflistung gefordert. Darüber hinaus wird die Tochtergesellschaft verpflichtet, die zum Nachweis des Fremdvergleichspreises notwendigen Unterlagen auch der Muttergesellschaft sowie der Schwestergesellschaften vorzulegen[48], obwohl sie zivilrechtlich auf diese Unterlagen keinen Zugriff hat. Die Unterlagen sind nach den Anforderungen der US-Steuerverwaltung aufzubereiten. Sofern nicht dementsprechend verfahren wird, drohen dem Unternehmen Geldstrafen in unbegrenzter Höhe[49].

Was als notwendige Beweisunterlage anzusehen ist, läßt sich naturgemäß nicht festlegen. Bei marktgängigen Produkten scheint eine solche Beweisführung jedenfalls dann noch durchaus abgrenzbar, wenn die Vergleichbarkeit nicht zu eng gefaßt wird. Bei Dienstleistungen, wie die Überlas-

---

46 Ebenda.

47 *OECD* (Fn. 7) Tz. 25.

48 *Henry S. Conston/Edward Tanenbaum* (Fn. 11) 662.

49 Ebenda.

sung von Know-how oder Forschungsergebnissen, wo ein Markt kaum greifbar ist, dürften die Buchführungswerke und Kostenrechnungssysteme mehrerer Jahre kaum noch ausreichen insbesondere, wenn, wie z.B. in der pharmazeutischen Industrie, die Forschungskosten und die aus der Forschung resultierenden Erträge in weit auseinanderliegenden Zeiträumen anfallen.

Eine Alternative wäre gewesen, die nicht besonders erklärten Ausgaben steuerlich nicht zum Abzug zuzulassen. Mit einem solchen Lösungsansatz lassen sich internationale Abgrenzungskonflikte erheblich reduzieren, weil damit der Streit über die materielle Abgrenzung eines Gewinns durch formale Erfordernisse obsolet gemacht wird; jede materiell begründete Gegenberichtigung scheitert an den formalen Erfordernissen. Eine solche Lösung sehen die Regulations zu Sec. 6038 A zwar nicht vor. Angesichts der zunehmenden Anstrengungen, den Unsicherheiten zur Abgrenzung der internationalen Leistungsfähigkeit zu begegnen, würde eine solche Lösung kaum noch überraschen[50].

Auch ohne solche extremen Lösungsansätze zeichnet sich in den US-Regulations zu Sec. 6038 A ein ernthaftes Handelshemmnis ab. Natürlich muß gesehen werden, daß mit dieser Regelung nur Beweispflichten auf inländische Tochtergesellschaften ausländischer Unternehmen ausgeweitet werden, wie sie bereits für US-Obergesellschaften bestehen. Wenn eine solche Anforderung jedoch international zur Gepflogenheit wird, dann ist ein multinationales Unternehmen gezwungen, mit jedem Lande, in dem es tätig wird, für seine sämtlichen Konzerngesellschaften ein weiteres Buchführungs- und Kostenrechnungssystem einzuführen. Damit werden dem Ausländer für die Rentabilität seiner Investition hohe Hürden gesetzt. Die Höhe dieser Hindernisse wird erst recht deutlich, wenn man sich vorstellt, daß die dann in dem jeweiligen Land belegenen Unterlagen einer ähnlich aufwendigen Betriebsprüfung unterzogen werden, wie es in der Bundesrepublik der Fall ist.

3. Beweislastverlagerung

Zu welchem Preis eine Leistung einem verbundenen Unternehmen erbracht worden ist, läßt sich einfach ermitteln. Die Beweisschwierigkeiten beginnen bei der Auffindung des Maßstabes, also des Maßstabspreises. Hier stehen Steuerpflichtiger wie Steuerverwaltung in unterschiedlichen Ausgangspositionen. Die Steuerverwaltungen haben aufgrund ihrer hoheitlichen Kontroll- und Einsichtsrechte einen weitreichenden Überblick über die Marktgegebenheiten aber auch über die gruppeninternen Verrechnungspreise. Der Steuerpflichtige hat wegen seiner alltäglichen Übung in seinem Markt eine besondere, aber nur begrenzte Erfahrung;

50 Brasilien geht z.B. einen entsprechenden Weg, wenn es zur internationalen Leistungsabgrenzung Lizenzzahlungen an verbundene Unternehmen grundsätzlich nicht leistungsmindernd berücksichtigt.

Verrechnungspreise Dritter sind ihm nicht zugänglich. Angesichts dieses Übergewichts der Steuerverwaltungen besteht keine Veranlassung, wie es die Regulations zu Sec. 482 tun, dem Steuerpflichtigen, der über seine Buchführung schon umfangreiches Beweismaterial vorlegt, auch noch die Beweislast aufzubürden, sofern sein Gewinn sich nicht im Rahmen der üblichen Gewinnmargen einer gleichen oder ähnlichen Unternehmung hält[51].

Je kleiner ein Markt ausfällt oder je unübersichtlicher er sich aufgrund seiner Vielfalt gestaltet, um so größer wird der Drang, sich zur Ermittlung des Vergleichsmaßstabs an dem betroffenen Unternehmen zu orientieren. Die dafür erforderlichen Zahlen aus Buchführung und Kostenrechnung sowie alle anderen Unterlagen liegen nur dem Unternehmen vor; weitere Zahlen und Unterlagen sind bei den ihm verbundenen Unternehmen vorhanden. Mit diesem Lösungsweg wird schon rein technisch der Nachweis des Maßstabspreises dem Unternehmen auferlegt.

Da der Markt selbst keine eindeutige Größe ist, wird diese Frage der Beweislastverteilung letztlich zu einem Problem der Marktdefinition. Je enger bei der Suche nach dem Maßstabspreis die Grenzen des relevanten Marktes gezogen werden, um so schneller verlagert sich die Beweislast in die Sphäre des Steuerpflichtigen. Die Bandbreite unterschiedlicher Marktabgrenzungen zeigt sich auch an dem zuvor erwähnten Beispiel der patent- bzw. patentungeschützten Arzneimittel.

Es zeigt sich also, daß neben der Formalisierung auch durch bloße einengende Eingrenzung des Maßstabspreises Unternehmen in eine Beweisbelastung gedrängt werden können, die auch für sie nicht zu erfüllen ist oder die für sie letztendlich mit so erheblichen Verwaltungskosten verbunden ist, daß die Rentabilität der unternehmerischen Aktion zweifelhaft wird.

4. Steuerzuschläge

Mit den Steuerzuschlägen aus Sec. 6662 wird zum Problem des Fremdvergleichspreises ein neuer Weg eingeschlagen. Die Regulations dazu gestatten dem Steuerpflichtigen eine Geldbuße bis zur Höhe von 40 v.H. der durch die Verrechnungspreisanpassung bedingten Einkommenserhöhung[52] aufzuerlegen. Von diesen Zuschlägen kann abgesehen werden, wenn der Steuerpflichtige einen vernünftigen Grund und guten Glauben für seine Verrechnungspreisgestaltung darlegen kann. Voraussetzung ist allerdings wiederum, daß der Steuerpflichtige zum Zeitpunkt der Erstellung der Steuererklärung eine Dokumentation gefertigt hat, welche die Richtigkeit seines Preises untermauert. Die inhaltliche Ausgestaltung der

51 *Anton Hauck/Ulrich Michel,* RIW 1992, 477; *Matthias Werra* (Fn. 3) 705 und 707.

52 *O.V.,* Stellungnahme des DIHT und des BDI, IWB 1992, F 2 Vorschau, 642; *Klaus Sieker* (Fn. 21) 16.

Dokumentation wird nicht abgegrenzt. Insoweit wird also eine keineswegs sachnotwendige Formalisierung zum Tatbestandsmerkmal für eine zusätzliche Belastung erhoben.

Zuschläge zur Steuerschuld sind, wie z.B. auch § 152 AO zeigt, Sanktionsmaßnahmen ohne kriminalisierenden Charakter im Rahmen des Steuerrechts für Steuerrechtsverstöße[53]. Neben dem strafbewehrten Schutz des Steueraufkommens sind solche Lösungswege bei formalen und leicht überschaubaren Verstößen vertretbar. Probleme entstehen allerdings, wenn der Steuerzuschlag in einem schwer überschaubaren Bereich verhängt und ihm durch seine massive Ausgestaltung das Gewicht einer Strafe verliehen wird. Dann ergeben sich aus den Zuschlägen für den Steuerpflichtigen Strafmaßnahmen, es sei denn, er weist seine Unschuld nach. Das kollidiert zunächst mit dem rechtsstaatlichen Grundsatz „in dubio pro reo". Der Charakter eines massiven Handelshemmnisses läßt sich für solche Steuerzuschläge allerdings dann kaum mehr leugnen, wenn der Fehler des Steuerpflichtigen im wesentlichen nur dazu führt, daß an den falschen, möglicherweise höher belastenden Staat gezahlt worden ist.

IV. Ergebnis

Aus dem Problem des Fremdvergleichspreises erwachsen der internationalen Wirtschaft zunehmend Belastungen. Dabei läßt sich immer weniger dem Eindruck ausweichen, daß das Problem sich zu einem schlagkräftigen handelspolitischen Instrument entwickelt. Das gilt insbesondere, wenn ein Land mit deutlich niedrigeren Steuersätzen den Unternehmen der am stärksten konkurrierenden Volkswirtschaft trotz ihrer höheren ausländischen Steuerbelastungen Verstöße gegen den Fremdvergleichspreis vorwirft.

Mit dem Musterabkommen und mit der entsprechenden Umsetzung in die bilateralen Abkommen, hat man, aus welchen Gründen auch immer, den multinationalen Unternehmen zur internationalen Gewinnabgrenzung über den Lösungsansatz des Fremdvergleichs einen breiten, auf der Fülle der Marktgegebenheiten fußenden Beurteilungsspielraum zum Verrechnungspreis eingeräumt. Es ergeben sich unausweichlich beträchtliche handelshemmende Zusatzlasten, wenn Staaten nunmehr von diesem Grundsatz abweichen, indem jeder Staat auf seine Weise bestimmte Gestaltungsmuster des Marktes typisiert, für seinen grenzüberschreitenden Wirtschaftsverkehr zwischen verbundenen Unternehmen zum Maßstab erhebt und sodann ein Abweichen von den durch ihn gesetzten Maßstäben mit einer Beweislastverschiebung und Steuerzuschlägen sanktioniert. Es ist vielmehr dringend erforderlich, sich auf den eigentlichen Inhalt des Freumdvergleichspreises zurückzubesinnen, seinen begrenzten Lösungs-

53 Der US-Internal Revenue Code faßt sie in Chapter 68 zusammen.

ansatz zu akzeptieren und zur Gleichmäßigkeit der Besteuerung das Unbehagen überwinden, das sich aus den Belastungsunterschieden zwischen den verschiedenen nationalen Steuersystemen ergibt. Die von der US-Steuerverwaltung ermittelten Zahlen belegen trotz ihrer Relativität eindeutig, daß fast ausschließlich der Handels- und Dienstleistungsverkehr zwischen den Industrienationen und nur marginal das Verhältnis zu Niedrigsteuerländern betroffen ist.

Jede andere Lösung kann nur in einem internationalen einheitlichen Gewinnfeststellungs- und Gewinnaufteilungsverfahren bestehen, in dem Steuerverwaltungen und Steuerpflichtige sich letztlich dem Spruch einer supranationalen Instanz unterwerfen müßten. Eine solche Lösung mag als Vision erscheinen. Das sollte jedoch nicht hindern, dieses Ziel in kleinen Schritten alsbald anzugehen. Ein erster Schritt wäre die Schaffung bilateraler oder multilateraler Schiedsverfahren, die diesen Namen auch inhaltlich verdienen, weil sie auch dem Steuerpflichtigen einen Rechtsschutz gewähren, wie er ihn durch den unabhängigen gesetzlichen Richter erfährt. Die immer noch nicht ratifizierte EG-Schiedskonvention wird diesem Erfordernis nicht gerecht[54]. Die internationale Auskunft[55], sei es im Rahmen einer abgestimmten Betriebsprüfung, sei es in sonstiger Weise, ist nur dann ein Mittel zur Reduzierung dieser Schwierigkeiten, wenn ihr ein Verfahren voransteht, das dem inhaltlichen Rechtsschutzbedürfnis der Steuerpflichtigen gerecht wird, für die Staaten mit dem unausweichlichen Zwang verbunden ist, sich über die Steuer des Individuums unter Wahrung der materiellen Gesetzmäßigkeit der Steuerfestsetzung zu einigen in einer Weise, die jede Doppelbelastung vermeidet. Dabei muß auch sichergestellt sein, daß Sanktionen ausgeschlossen sind, wenn und soweit die beteiligten Steuerpflichtigen nur an den falschen Steuergläubiger gezahlt haben. Zwischenstaatliche Kooperation ohne diese Mindestvoraussetzungen birgt die Gefahr in sich, daß der einzelne Steuerpflichtige zum Objekt zwischenstaatlicher Auseinandersetzungen wird. Das war für das Individuum immer schon ein unerfreuliches Ereignis, gleichgültig mit welcher Intensität und auf welche Art diese Auseinandersetzungen geführt wurden.

---

54 Empfehlung u. Bericht Finanzausschuß, BT-Drucks. 12/4537,4.

55 *Berndt Runge,* in: Blumers/Frick/Müller, Betriebsprüfungshandbuch 1988, S. 250.

Georg Grube

Werbungskosten durch Darlehensverluste

Zur Berücksichtigung von Werteinbußen bei Überschußeinkünften

Inhaltsübersicht

I. Zum Diskussionsstand

1. Änderung der Rechtsprechung

a) Am 30. März 1993 hat der VIII. Senat des BFH unter dem Vorsitz des Jubilars folgender Rechtsprechungsänderung durch den VI. Senat zugestimmt: Der Verlust eines Darlehens, das ein Arbeitnehmer seinem Arbeitgeber allein aus beruflichen Gründen gewährt, kann auch dann zu Werbungskosten bei den Einkünften aus nichtselbständiger Arbeit führen, wenn das Darlehen normal verzinslich ist[1]. Darin liegt eine Abweichung vom Urteil des VIII. Senats vom 19. Oktober 1982 VIII R 97/79[2], wonach beim Verlust eines solchen Darlehens der Werbungskostenabzug zu versagen war, weil die Hingabe wie die Rückzahlung eines Darlehens außerhalb der Einkünfte aus Kapitalvermögen blieben. Ein angemessen zu verzinsendes Darlehen sei aber eine Kapitalforderung i.S. des § 20 Abs. 1 Nr. 7 EStG. Auch seine Wertminderung sei – im Anschluß an die bisherige Rechtsprechung[3] – nicht als Werbungskosten abziehbar. Offen könne bleiben, was für das niedrigverzinsliche oder unverzinsliche Arbeitnehmer-Darlehen zu gelten habe.

b) Letztere Frage hatte der VI. Senat sodann aber zugunsten des Werbungskostenabzugs bei den Einkünften aus nichtselbständiger Arbeit entschieden[4]. Zwar handle es sich um keinen Fall des § 9 Abs. 1 Satz 3 Nr. 7

1 Urteil vom 7. Mai 1993 VI R 38/91, BFHE 171, 275, BStBl. II 1993, 663.
2 BFHE 137, 418, BStBl. II 1983, 295.
3 Urteil vom 9. Oktober 1979 VIII R 67/77, BFHE 129, 132, BStBl. II 1980, 116.
4 Urteil vom 13. Januar 1989 VI R 51/85, BFHE 156, 95, BStBl. II 1989, 382.

i.V.m. § 7 Abs. 1 Satz 5 EStG, d.h. der Absetzung für außergewöhnliche Abnutzung (AfaA) auf die Darlehensforderung, da diese nicht abnutzbar sei. Doch könnten den Werbungskostenabzug begründende „Aufwendungen" gemäß § 9 Abs. 1 Satz 1 EStG auch Vermögensminderungen durch „Substanzverluste" sein, die den Arbeitnehmer unfreiwillig treffen, vorausgesetzt, sie träten bei der beruflichen Verwendung des Wirtschaftsguts oder aus sonstigen in der beruflichen Sphäre liegenden Gründen ein. Auf derselben Linie liegt die wiederholte Anerkennung von Werbungskosten für die Haftungsinanspruchnahme aus einer Bürgschaft, die der Arbeitnehmer aus beruflichen Gründen für den Arbeitgeber übernommen hat[5]. Diese Rechtsprechung des VI. Senats hat der Große Senat des BFH im Beschluß vom 4. Juli 1990 GrS 1/89 – zu konkursbedingt fehlgeschlagenen Bauvorauszahlungen des privaten Bauherren – ausdrücklich gebilligt[6]. Ferner ist der VI. Senat – zur Übernahme eines GmbH-Verlustes durch den Gesellschafter-Geschäftsführer – davon ausgegangen[7], daß dadurch Werbungskosten im Rahmen der Lohneinkünfte angefallen sein könnten (weiteres zu diesem Urteil unten Abschn. II.2).

Die jetzige Rechtsprechungsänderung hatte sich also schon seit längerem angebahnt; ihre Tragweite erscheint mir erheblich, sollte jedenfalls nicht unterschätzt werden.

2. Erstes Fazit

a) VI. und VIII. Senat rechnen den „Verlust" eines arbeitsplatzsichernden Darlehens übereinstimmend den Werbungskosten aus nichtselbständiger Arbeit zu, wenn die Hingabe der Darlehensvaluta allein oder nahezu ausschließlich durch das Arbeitsverhältnis veranlaßt ist. Die *berufliche Veranlassung* liegt im Bestreben des Arbeitnehmers, sich durch dieses Darlehen die berufliche Stellung und damit die Lohneinnahmen zu erhalten oder zu sichern. Diese berufliche Veranlassung steht insbesondere dann außer Frage, wenn die Darlehenshingabe durch den oder die Arbeitnehmer von den Gläubiger-Banken des Arbeitgebers verlangt und sodann mit den Arbeitnehmervertretungen (Betriebsrat, Gewerkschaft) ausgehandelt wurde. Solche Versuche zur Unternehmenssanierung unter Beteiligung der Arbeitnehmer finden eindeutig in deren beruflicher Sphäre statt[8].

---

5 Urteil vom 14. Mai 1991 VI R 48/88, BFHE 164, 431, BStBl. II 1991, 758 m.w.N.

6 BFHE 160, 466, 478, BStBl. II 1990, 830, 836; zur Begründung mit Recht kritisch *Hans Joachim Herrmann,* Vergebliche Aufwendungen zur Herstellung eines Gebäudes oder zur Anschaffung eines bebauten Grundstücks als abziehbare Werbungskosten bei den Einkünften aus Vermietung und Verpachtung, StuW 1991, 372.

7 BFH-Urteil vom 17. Juli 1992 VI R 125/88, BFHE 169, 148, BStBl. II 1993, 111; einschränkend jedoch Urteil vom 26. November 1993 VI R 3/92, noch nicht veröffentlicht.

8 Anm. HFR 1993, 506.

Der VI. Senat präzisiert sodann die Abgrenzung, wann der Verlust eines Arbeitnehmer-Darlehens beruflich veranlaßt ist. Im Anschluß an die Rechtsprechung des VIII. Senats zur gesellschaftsrechtlichen Veranlassung der Bürgschaftsübernahme oder Darlehensgewährung seitens wesentlich Beteiligter i.S. des § 17 EStG ist darauf abzustellen, ob anstatt des Arbeitnehmers auch ein Fremder noch solch ein Darlehen gewährt hätte oder nicht[9]. Verneinendenfalls ist von der beruflichen Veranlassung auszugehen.

Daran zu zweifeln werden weiterhin die Fälle Anlaß geben, in denen entweder Arbeitnehmer und Arbeitgeber sich persönlich nahestehen, insbesondere miteinander verwandt sind, oder es sich bei dem Arbeitnehmer-Darlehensgläubiger um den Gesellschafter-Geschäftsführer einer GmbH handelt (hierzu auch Abschn. II.2.a).

b) Der beruflichen Veranlassung solcher Darlehen kann das dem Arbeitnehmer wohl regelmäßig bewußte *Verlustrisiko* nicht entgegengehalten werden. Zwar geht die ständige Rechtsprechung bei der Abgrenzung zur sog. Liebhaberei davon aus, daß Aufwendungen nur dann innerhalb einer bestimmten Einkunftsart als Werbungskosten abziehbar sind, wenn die Absicht besteht, auf Dauer gesehen nachhaltig Überschüsse der Einnahmen über die Ausgaben zu erzielen[10]. Für fehlgeschlagene Darlehen zur Arbeitsplatzsicherung erscheint die Anwendung von Liebhabereigrundsätzen jedoch im allgemeinen nicht angebracht. Der BFH hat dies für den Bürgschaftsverlust einer Schauspielerin zugunsten der Filmgesellschaft bereits einmal mit einem Satz abgelehnt[11]. M.E. ist hier an der Überschußerzielungsabsicht vor allem nicht zu zweifeln, wenn und weil die erstrebte Fortzahlung des Arbeitslohns auf unbestimmte Dauer die riskierte Darlehenssumme im allgemeinen übersteigen wird. Hinzukommt, daß es sich um unfreiwillige Abwehraufwendungen[12] des Arbeitnehmers in einer Zwangslage handelt.

c) Die neue Rechtsprechung erleichtert die einkommensteuerliche Beurteilung, soweit sie arbeitsplatzsichernde Arbeitnehmer-Darlehen gleich behandelt, unabhängig davon, ob das Darlehen zinslos, niedrig oder angemessen verzinslich gewährt wurde. Die bisherige, jedenfalls für die Praxis zu subtile Unterscheidung war auch in der Literatur auf ein unterschiedliches Echo gestoßen[13].

---

9 Vgl. die BFH-Zitate im Besprechungs-Urteil, Fn. 1, sowie Anm. von *Günther Söffing*, FR 1993, 605.

10 Dazu zunächst BFH-Beschluß vom 25. Juni 1984 GrS 4/82, BFHE 141, 405, 435, BStBl. II 1984, 751, 766/767, ferner Fn. 81.

11 Urteil vom 29. Februar 1980 VI R 165/78, BFHE 130, 282, BStBl. II 1980, 395, 398, a.E.; mit *Walter Drenseck* in Ludwig Schmidt, EStG, 12. Aufl., § 19 Anm. 12 „Bürgschaft", allerdings bedenklich.

12 *Drenseck* (Fn. 11) § 9 Anm. 2k.

13 Vgl. die Kritikzitate im Urteil vom 7. Mai 1993 – Fn. 1 – sowie Anm. von *Günther Söffing*, FR 1989, 277 und *Reinhard Sunder-Plassmann*, Rechtsprechung zum Lohnsteuerrecht, StuW 1990, 66. Dem VIII. Senat gefolgt waren

Nach wie vor *ungeklärt* erscheint die Fallgestaltung, wenn sich der Arbeitnehmer für sein Darlehen vom Arbeitgeber im Hinblick auf das Verlustrisiko eine besonders hohe Rendite zusagen läßt. Den Verlust eines solchen Darlehens wird man schwerlich allein der Berufssphäre zuordnen können, weil hohe Kapitalerträge – so sie tatsächlich erzielt werden – die Subsumtion als Kapitalforderung unter § 20 Abs. 1 Nr. 7 EStG erfordern, mindestens jedoch ebenso plausibel erscheinen lassen wie die Zuordnung zum Arbeitnehmerbereich (dazu im folgenden und auch Abschn. II.3.b).

d) Offen geblieben ist ferner die Frage, unter welche Einkunftsart die *Zinsen* fallen, die an den Arbeitnehmer für sein Darlehen gezahlt werden. Hierzu braucht sich der VI. Senat im Ausgangsfall nicht zu äußern, weil dort angemessene Zinsen nur vereinbart, aber nicht mehr geleistet worden waren. In einem weiteren, nicht amtlich veröffentlichten Urteil[14] hat der VI. Senat dazu – wohl als entscheidungsunerheblich – ebensowenig Stellung genommen, obwohl der Steuerpflichtige die Zinseinnahmen abzüglich seiner Refinanzierungskosten als Kapitaleinkünfte erklärt hatte. Die Frage ist zweifelhaft. Die Zurechnungsnorm des § 20 Abs. 3 EStG besagt insoweit nichts, offenbar weil der Gesetzgeber seit dem EStG 1925 der Ansicht war[15], daß Darlehensgeschäfte der Einkunftsart nichtselbständige Arbeit wesensfremd seien, eine – wie auch der Ausgangsfall zeigt – inzwischen überholte Vorstellung[16]. Eindeutig ausscheiden dürfte die Möglichkeit, das Darlehen in vollem Umfang sowohl unter dem Tatbestand des § 20 EStG als auch dem des § 19 EStG zu erfassen[17]. Die Zuordnung ist vielmehr aufgrund ständiger Rechtsprechung nach dem Maßstab zu treffen, zu welcher Einkunftsart die „nach Grund und Wesen" engere Beziehung besteht[18]. Welche Einkunftsart hier im Vordergrund steht, ist freilich gerade die Frage. Mit der nunmehr aufgegebenen Rechtsauffassung im Urteil vom 19. Oktober 1982 war der VIII. Senat davon ausgegangen, daß das Arbeitnehmer-Darlehen und die darauf entfallenden Aufwendungen nur derselben Einkunftsart angehören können[19]. Ist der Verlust der Darlehensvaluta den Einkünften aus nichtselbständiger Arbeit als Werbungskosten zuzuordnen, spricht m.E. jedenfalls mehr

---

dagegen insbesondere *Kurt-Joachim von Bornhaupt* – mehrfach –, zuletzt in Kirchhof/Söhn, EStG, Kommentar, § 9 Anm. B 700 „Aufwendungen zur Arbeitsplatzsicherung", zu 3., und *Rolf Detlef Scholtz* in Handbuch der Unternehmensbesteuerung, 1990, Teil E Rz. 11 S. 582.

14 Vom 8. Juli 1993 VI R 44/91, BFH/NV 1993, 654, nur Leitsatz.

15 Vgl. auch *Georg Strutz,* Komm. zum EStG vom 10. August 1925, 1927, § 7 Anm. 3 S. 523.

16 So aber noch das aufgegebene Urteil in BFHE 137, 418, BStBl. II 1983, 295, Fn. 2 und FG München, Urteil vom 9. Juli 1991 13 K 3687/90, EFG 1992, 15, rechtskräftig.

17 *Jörg Giloy,* Zur Abgrenzung der Kapitaleinkünfte von den Einkünften aus nichtselbständiger Arbeit, FR 1989, 471.

18 VI. Senat in BFHE 169, 148, 152, BStBl. II 1993, 111 – Fn. 7 – m.w.N. und Urteil vom 31. Oktober 1989 VIII R 210/83, BFHE 160, 11, BStBl. II 1990, 532.

19 Anm. in HFR 1983, 264; ebenso *R. D. Scholtz,* Fn. 13, E Rz. 236.

dafür, auch die Erträge aus dem Darlehen dieser Einkunftsart zuzuordnen und zwar schon deshalb, weil der Gesetzgeber in § 20 Abs. 3 EStG der Einkunftsart Kapitalvermögen gegenüber allen dort genannten Einkunftsarten Subsidiarität beigemessen hat[20].

Trennte man dagegen die beruflich veranlaßte Hingabe der Darlehensvaluta streng von den Erträgen des Darlehens, wären die Zinsen nach § 20 Abs. 1 Nr. 7 EStG zwar einkommensteuerbar, aber nach dem seit 1993 auf 6000 DM – bzw. 12 000 DM bei zusammenveranlagten Ehegatten – erhöhten Sparerfreibetrag (§ 20 Abs. 4 EStG) wohl häufig nicht zu erfassen. Auf diese Rechtswohltat hätte auch der Arbeitnehmer Anspruch, der sein Darlehen zur Arbeitsplatzsicherung mit Kredit finanziert hat. Denn das Abzugsverbot des § 3c EStG für Werbungskosten, die mit steuerfreien Einnahmen in Zusammenhang stehen, gilt nach herrschender Meinung[21] nicht für steuerfreie Einkünfte wie nach § 20 Abs. 4 EStG. Darin läge nicht nur ein unerwartetes weiteres Beispiel für die durch den Sparerfreibetrag eingetretene Ungleichbehandlung innerhalb der Einkunftsarten[22], sondern auch für die letztlich nicht gerechtfertigte Besserstellung des Arbeitnehmers, der Einnahmeüberschüsse aus dem Darlehen erzielt hat, während Schuldzinsen auf ein ertragloses Darlehen möglicherweise nicht abziehbar sind (s. Abschn. II.3.).

Die für die Praxis wohl am wenigsten zu begrüßende Lösung des Problems wäre es, wenn die Darlehenserträge und -aufwendungen aufgespalten, also teilweise den Lohneinkünften und zum anderen Teil den Kapitaleinkünften zugeordnet würden[23]. Denn ein allgemein gültiger Aufteilungsmaßstab ließe sich nicht finden, so daß jeder Einzelfall – unter Umständen nach griffweiser Schätzung – Anlaß zum Steuerstreit bieten könnte.

d) Bisher zu kurz gekommen scheint mir im Besprechungsurteil des VI. Senats wie in der vorhergegangenen Judikatur die Auseinandersetzung mit der sog. *Vermögenssphäre.* Das jetzige Urteil vom 7. Mai 1993 besagt dazu lediglich, daß unter Aufwendungen i.S. des § 9 Abs. 1 Satz 1 EStG

---

20 Gl.A. *Joachim Lang,* Die Einkünfte des Arbeitnehmers – steuersystematische Grundlegung – in DStJG Bd. 6, 1986, S. 15, 43/44; a.A. – für Besteuerung nach § 20 EStG – *K. v. Bornhaupt,* Verlust eines zur Arbeitsplatzsicherung gewährten unverhältnismäßig niedrig verzinslichen Darlehens als Werbungskosten des Arbeitnehmers?, FR 1989, 423, 424 und *Bernhard Paus,* Verlust eines privaten Darlehens als Werbungskosten, FR 1983, 502/503.

21 *Wolfgang Heinicke* in L. Schmidt, § 3c Anm. 5 S. 104; *Jens Peter Meincke* in Littmann/Bitz/Hellwig, Das Einkommensteuerrecht, 15. Aufl., § 3c Rdnr. 12; *R. D. Scholtz* in Hartmann/Böttcher/Nissen/Bordewin, EStG, Komm., § 3c Anm. 11; a.A. wohl *Herrmann/Heuer/Raupach,* Komm. zum EStG und KStG, 20. Aufl., § 3c Anm. 6 f., 11 f.

22 Treffend *Dieter Birk,* Neuregelung der Zinsbesteuerung, StVj 1993, 97, 102 ff. sowie *Klaus Tipke,* Die Steuerrechtsordnung, Bd. II, 1993 S. 659 ff. m.w.N.

23 A.A. für höher verzinsliche Darlehen *Giloy,* Fn. 17, 472 und – zu anderen Fällen – *Johannes Wolff-Diepenbrock* in Littmann/Bitz/Hellwig, Das Einkommensteuerrecht, 15. Aufl., § 9 Rdnr. 81.

alle Vermögensabflüsse nicht nur in Geld, sondern auch „in Geldeswert" zu verstehen seien, die im Rahmen einer gesetzlichen Einkunftsart eintreten, und verweist insoweit auf den Beschluß des Großen Senats vom 4. Juli 1990, der seinerseits – wie schon erwähnt[24] – das Kautions-Urteil des VI. Senats bestätigt hat. Dieses stützt sich wiederum auf eine Entscheidung des VIII. Senats[25], wonach der Verlust wirtschaftlichen Eigentums an einem Gebäude eine Aufwendung i.S. des § 9 Abs. 1 EStG sein kann, u.a. mit Verweisung auf ein Urteil des I. Senats[26], das besagt, beim Verzicht auf die Eigennutzung verbilligt vermieteter Räume könnten Werbungskosten aus Vermietung und Verpachtung vorliegen. Ob letzteres zutrifft, muß hier dahinstehen; jedenfalls sind diese BFH-Entscheidungen zu ganz besonders liegenden Einzelfällen ergangen, ohne sich mit dem Werbungskostenabzug von Darlehensverlusten zu befassen. Das wird im folgenden unternommen.

3. Aufwendung beim Darlehensverlust

a) Die mit der jetzt herrschenden Meinung übereinstimmende Aussage des VI. Senats, daß unter Aufwendungen i.S. des § 9 Abs. 1 Satz 1 EStG nicht nur die Hingabe von Geld und Sachwerten, sondern auch „Vermögensabflüsse in Geldeswert" zu verstehen sind[27], läßt letztlich offen, unter welche dieser Alternativen die Uneinbringlichkeit einer Darlehensforderung fällt. Auch der Große Senat hat sich hierzu in seinem Beschluß zum in manchem vergleichbaren Verlust von Bauvorauszahlungen einer näheren Stellungnahme enthalten[28]. Im den Verlust einer unverzinslichen Kaution betreffenden Urteil ist der VI. Senat vom „Verlust der Forderung" auf die Rückzahlung der Kaution ausgegangen, der geltend gemacht werden könne, wenn die „Wertlosigkeit der Forderung" erkennbar werde[29]. Wird ein Darlehen uneinbringlich, besteht die „Aufwendung" für den Gläubiger also, wie auch ich – mit anderen[30] – meine, in der *Entwertung der Rückzahlungsforderung.* Dabei handelt es sich um keinen Substanzverlust, weil die Forderung bürgerlich-rechtlich weiter besteht, sondern um eine Wertminderung entsprechend dem Maß der Uneinbringlichkeit.

---

24 S. oben Abschn. I.1.b.
25 Vom 19. Januar 1982 VIII R 102/78, BFHE 135, 434, BStBl. II 1982, 533.
26 Vom 2. Mai 1974 I R 225/72, BFHE 112, 359, BStBl. II 1974, 549.
27 Statt aller BFH, Fn. 1 und *Ulrich Prinz* in Herrmann/Heuer/Raupach, Fn. 21, § 9 Anm. 65.
28 S. Fn. 6; a.A. BFH-Urteil vom 31. März 1992 IX R 164/87, BFHE 168, 104, BStBl. II 1992, 805, 807 zu 1.c.
29 S. Fn. 5.
30 FG Münster, Urteil vom 22. Juni 1989 IV 6887/88 E, EFG 1989, 629, 630; *Dieter Birk* in Herrmann/Heuer/Raupach, Fn. 27, § 11 Anm. 117 a.E.; *Brigitte Knobbe-Keuk,* Verdeckte Einlagen in Kapitalgesellschaften und Werbungskosten bei den Einkünften aus Kapitalvermögen, DStZ 1984, 335, 339, Fn. 29; wohl auch *U. Prinz,* Fn. 27, § 9 Anm. 750 „Forderungsverluste" und *J. Wolff-Diepenbrock,* Fn. 23, § 11 Rdnr. 79.

Diese Wertung des wirtschaftlichen Darlehensverlusts weicht allerdings von seiner Beurteilung bei Gewinnermittlung nach § 4 Abs. 3 EStG ab. Denn der IV. Senat geht seit 1971 in ständiger Rechtsprechung davon aus, daß bei Uneinbringlichkeit eines betrieblichen Darlehens „der Geldbetrag . . . wie ein Zuschuß endgültig verausgabt" werde[31]. Dem folgen gewichtige Stimmen im Schrifttum bis heute[32].

b) Das wirtschaftlich verlorene Darlehen als im Zeitpunkt des Forderungsausfalls „endgültig verausgabt" anzusehen, mag zutreffen, wenn das Darlehen – wie im Ausgangsfall des VI. Senats – bereits im Jahr seiner Hingabe uneinbringlich wird. Ist die Darlehensvaluta dagegen schon früher abgeflossen, kann sie im Veranlagungszeitraum der Uneinbringlichkeit schwerlich nochmals oder vollends – „endgültig" – abfließen[33]. Vielmehr wird – nun erst – „die früher getätigte Ausgabe zur Aufwendung"[34]. Die Uneinbringlichkeit mit einem erst dann tatsächlich gewährten verlorenen Zuschuß gleichzustellen, bildet auch eine bedenkliche Fiktion. Zudem weicht diese wirtschaftliche Betrachtungsweise von der zivil- wie bilanzrechtlichen Beurteilung des Vorgangs ab. Kann der Darlehensgläubiger seine Forderung auf Rückgewähr des Darlehens (§ 607 Abs. 1 BGB) nicht mehr verwirklichen, wird sie unter Kaufleuten nach § 253 Abs. 3 Satz 2 HGB abgeschrieben. Bei Gewinnermittlung nach § 4 Abs. 1, § 5 EStG ist einkommensteuerrechtlich hierfür die Teilwertabschreibung (§ 6 Abs. 1 Nr. 2 i.V.m. Nr. 1 Satz 3 EStG) vorgesehen, da sich der Wert der Rückzahlungsforderung durch die Uneinbringlichkeit unstreitig entscheidend verringert hat. Solche Entwertung der Forderung tritt aber unabhängig von der Art der Gewinnermittlung beim Gläubiger ein.

Das eigentliche Problem scheint mir nun darin zu bestehen, daß die *Teilwertabschreibung* nach der dem Gesetzeswortlaut folgenden herrschenden Meinung nur bei Gewinnermittlung durch Bestandsvergleich statthaft ist[35]. Die vom BFH zu § 4 Abs. 3 EStG vertretene Konstruktion einer endgültigen Geldhingabe beim Darlehensverlust[36] könnte letztlich

---

31 Urteile vom 2. September 1971 IV 342/65, BFHE 104, 311, BStBl. II 1972, 334, vorletzter Absatz der Gründe; vom 23. November 1978 IV R 146/75, BFHE 126, 298, BStBl. II 1979, 109, 111, und vom 14. Januar 1982 IV R 168/78, BFHE 135, 188, BStBl. II 1982, 345 zu 3.

32 So z.B. *Arno Bordewin*, Das Fremdwährungsdarlehen in der Überschußrechnung, DStR 1992, 244, und *Herrmann/Heuer/Raupach*, Fn. 21, § 4 Anm. 91 [7] S. 504.

33 Ebenso *Eric Hirsch*, Das Abflußprinzip als Konkretisierungsstufe des Leistungsfähigkeitsprinzips beim Ansatz von Werbungskosten, Diss. Münster, 1987, S. 142; für Abfluß des Risikodarlehens bei Hingabe *J. Wolff-Diepenbrock*, Fn. 30, Rdnr. 57.

34 *Klaus Offerhaus*, Einzelfragen zur vereinfachten Gewinnermittlung durch Überschußrechnung, BB 1977, 1493, 1497.

35 Vgl. BFH-Urteile vom 31. Januar 1992 VI R 57/88, BFHE 166, 502, BStBl. II 1992, 401, zu 4., und vom 9. November 1993 IX R 81/90, zur amtlichen Veröffentlichung bestimmt, m.w.N.

36 S. Fn. 31.

darauf zurückzuführen sein, auch für diese Gewinnermittlung trotz des Ausschlusses der Teilwertabschreibung zum richtigen Ergebnis zu gelangen[37]. Inzwischen wird aber die Beschränkung der Teilwertabschreibung auf den Betriebsvermögensvergleich mit Recht in Frage gestellt. Das FG Köln hat den Verlust einer betrieblichen Darlehensforderung bei Einnahmeüberschußrechnung im Wege der AfaA analog § 7 Abs. 1 Satz 5 EStG zum Abzug zugelassen[38]; *Manfred Groh*[39] ist darüber hinaus für die Anerkennung der Teilwertabschreibung bei fast völliger Einbuße der Darlehensforderung eingetreten und hat bereits Gefolgschaft im Schrifttum gefunden[40].

Ganz ähnlich stellt sich das Problem im Rahmen der Überschußeinkünfte, wo es die Möglichkeit zur Teilwertabschreibung nach ständiger Rechtsprechung[41] und – bislang – wohl allgemeiner Ansicht[42] ebenfalls – genauer: erst recht – nicht gibt. Dies folgt schon aus § 9 Abs. 1 Satz 3 Nr. 7 EStG, der für den Abzug von Absetzungen für Abnutzung (AfA) nur auf bestimmte Vorschriften, insbesondere § 7 EStG, einschließlich der AfaA (§ 7 Abs. 1 Satz 5 EStG), und § 7b EStG, nicht aber auf § 6 Abs. 1 Nr. 2 EStG verweist[43]. Der Sache nach wird die unterschiedliche Rechtslage mit dem Argument gerechtfertigt, daß nur im betrieblichen Bereich der Möglichkeit zur Teilwertabschreibung die uneingeschränkte Erfassung von Veräußerungsgewinnen gegenüberstehe[44]. Diese Erwägung paßt jedoch für – meist erzwungene – Arbeitnehmer-Darlehen nicht recht, weil solche Darlehen weder veräußert zu werden pflegen, noch – schon mangels Bonität des Schuldners – handelbar sind. Das gilt freilich nur für diese Fallgestaltung; anders liegt es z. B. bei sog. Schuldscheindarlehen, die von Banken unter einem „Disagio" ausgegeben und mit „Kursvorteilen" veräußert werden[45].

Auch der Grundsatz, daß bei Überschußeinkünften der Verlust einer Forderung im allgemeinen keine Aufwendung (§ 9 Abs. 1 Satz 1 EStG),

---

37 A.A. *Heinrich Weber-Grellet* in Kirchhof/Söhn, § 4 Anm. D 134.

38 Urteil vom 20. April 1983 I 328/82 E, EFG 1984, 64, mit z.T. bedenklicher Begründung.

39 Zur Struktur der betrieblichen Überschußrechnung, FR 1986, 393, 394, 396.

40 *J. P. Meincke*, Fn. 21, § 2 Rdnr. 121; *Hartmut Söhn*, Anschaffungskosten/Herstellungskosten und Betriebsausgabenbegründung, StuW 1991, 270, 274 f., 277.

41 Vor allem BFH-Beschluß vom 12. Juni 1978 GrS 1/77, BFHE 125, 516, BStBl. II 1978, 620, 623, zu D I.1.b, sowie Zitate Fn. 35.

42 Z.B. *Arndt Raupach/Margret Schencking* in Herrmann/Heuer/Raupach, Fn. 21, § 2 Anm. 530, und *J. Wolff-Diepenbrock*, Fn. 23, § 9 Rdnr. 424.

43 *Uwe Prinz*, Werbungskosten bei den Einkünften aus Vermietung und Verpachtung, systematische steuerliche Analyse unter besonderer Berücksichtigung von Bauherren- und Erwerbermodellen, Betriebswirtschaftliche Schriften zur Unternehmensführung, Bd. 44: Betriebliche Steuerlehre (Diss. Köln) 1984, S. 261 f.

44 So Großer Senat, Fn. 41.

45 Dazu BFH-Urteil vom 21. Mai 1993 VIII R 1/91, BFHE 172, 42, BStBl. II 1994, 93.

sondern einfach nicht zugeflossene Einnahme darstellt[46], kommt bei Uneinbringlichkeit eines Darlehens nicht zum Tragen. Denn dieser Grundsatz bezieht sich nur auf Forderungen, deren Erfüllung zu einer steuerpflichtigen Einnahme geführt hätte; das ist aber bei der Rückzahlung eines Darlehens gerade nicht der Fall.

Im *Ergebnis* muß aber die Aufopferung einer Forderung im wirtschaftlichen Zusammenhang mit Überschußeinkünften diese ebenso mindern können, wie das für den Verlust betrieblicher Darlehen bei Gewinnermittlung nach § 4 Abs. 3 EStG seit langem anerkannt ist[47]. Allein diese Lösung entspricht auch den vom Großen Senat übernommenen Grundsätzen zur Besteuerung nach der Leistungsfähigkeit und des Nettoprinzips[48]. Problematisch bleibt freilich die Rechtsgrundlage.

4. Abgrenzung zur Vermögenssphäre

a) Schon aus der Legaldefinition der Werbungskosten in § 9 Abs. 1 Satz 1 EStG, wonach sie der Erzielung, Sicherung oder Erhaltung der Einnahmen dienen müssen, läßt sich folgern, daß Aufwendungen, die allein oder ganz überwiegend mit der Vergrößerung, Wertsteigerung oder Erhaltung des Vermögens zusammenhängen, grundsätzlich keine Werbungskosten bilden. Diese Unterscheidung beruht letztlich darauf, daß für Überschußeinkünfte die Quellentheorie Pate gestanden hat, während die Gewinneinkünfte durch die Vermögenszuwachstheorie geprägt sind. Die Abgrenzung ist aber bereits im EStG selbst nicht durchgehalten, sondern vor allem durch die Abziehbarkeit von AfA auf Arbeitsmittel sowie andere Wirtschaftsgüter, namentlich Gebäude, und Erhaltungsaufwand bei den Einkünften aus Vermietung und Verpachtung als Werbungskosten wesentlich eingeschränkt. Daher hat schon *Enno Becker* der „Lehre von den nichtabziehbaren Vermögensaufwendungen . . . sehr beschränkte Bedeutung, eigentlich nur bei den Einkünften aus Kapitalvermögen und aus wiederkehrenden Bezügen" beigemessen[49]. Gleichwohl ist der BFH wiederholt, und zwar bis in die jüngste Zeit von folgendem Grundsatz ausgegangen: „Bei den Überschußeinkünften bleiben Wertveränderungen von Vermögensgegenständen, die zur Einkunftserzielung eingesetzt werden, bei der Einkünfteermittlung – von Ausnahmen abgesehen (vgl. § 22 Nr. 2, § 23 EStG) – außer Betracht."[50] Von dieser – m.E. allerdings meist nicht

---

46 *J. Wolff-Diepenbrock,* Fn. 23, § 9 Rdnr. 56.

47 S.o. Abschn. I.3.b.

48 Fn. 6, a.E. der Gründe; dazu eingehend *Klaus Tipke,* Die Steuerrechtsordnung, Bd. III, 1993, S. 469 ff.; mir scheinen die dort (S. 489, Fn. 55) genannten kritischen Stimmen noch nicht widerlegt zu sein.

49 Handkommentar der Reichssteuergesetze II 1. Teil, Das EStG vom 10. August 1925, 1928, § 16 Anm. 24 f.; vollständiges Zitat bei *Heinrich Wilhelm Kruse,* Über Werbungskosten, FR 1981, 473, 478.

50 Z.B. Urteile vom 21. Dezember 1982 VIII R 215/78, BFHE 138, 44, BStBl. II 1983, 410, zu 1.a, betreffend Anschaffungskosten; vom 27. Juni 1989 VIII R 30/88, BFHE 157, 541, BStBl. II 1989, 934, betr. An- und Verkaufskosten von

entscheidungserheblichen – Aussage der Rechtsprechung scheint mir der VI. Senat in den eingangs genannten Urteilen abzuweichen[51]; freilich zu Recht, weil für die berufsbedingte Aufopferung von Darlehensforderungen eine weitere Ausnahme gemacht werden muß.

Für den Bereich der *Kapitaleinkünfte* hat die Rechtsprechung die Grenze zur Vermögenssphäre von Anfang an, schon durch den RFH[52], verhältnismäßig eng gezogen. Auch in einer ganzen Reihe von BFH-Entscheidungen[53] wird betont, daß sich bei den Einkünften aus Kapitalvermögen in ihrer Eigenschaft als Überschußeinkünfte Wertänderungen der Kapitalanlage grundsätzlich nicht auswirkten, sei dies zuungunsten wie zugunsten des Steuerpflichtigen. Das gelte selbst für den völligen Wertverlust des Kapitals. Neuerdings hat der VIII. Senat noch darauf hingewiesen[54], bei der Überlassung von Kapital zur Nutzung werde nicht das Kapital selbst, sondern dessen Nutzungsmöglichkeit eingesetzt. Nur in diesem Rahmen bestehe bei Aufwendungen auch ein wirtschaftlicher Zusammenhang mit den Zinserträgen. Selbst der Verlust eines risikobehafteten Darlehens – mit einem im Hinblick darauf erhöhten Zins – stelle keine Aufwendung dar, die zur Erwerbung des Zinses gemacht werde (dazu auch Abschn. II.3.b). Auch dies gilt freilich nicht lückenlos.

Eine beachtliche Ausnahme wird seit langem für die Besteuerung des typisch stillen Gesellschafters zugelassen, sofern er vereinbarungsgemäß an den Verlusten des Geschäftsinhabers teilnimmt[55]. Ohne eine solche vertragliche Verlustübernahme wird auch der Untergang der stillen Beteiligung, etwa beim Konkurs des Geschäftsinhabers, als einkommensteuerrechtlich nicht zu berücksichtigender Vorgang in der Vermögenssphäre behandelt.

Im übrigen aber sind nach noch herrschender Meinung im Schrifttum bei Kapitaleinkünften „Aufwendungen auf den Vermögensstamm steuer-

---

Wertpapieren; vom 28. November 1990 X R 197/87, BFHE 163, 175, BStBl. II 1991, 300, zu II.1. betreffend Vermögensverluste bei Optionsgeschäften (dazu auch Abschn. II.3.b) und vom 9. November 1993 IX R 81/90 zu Kursverlusten aus Fremdwährungsdarlehen.

51 A.A. Großer Senat, Fn. 6.

52 Vgl. die Zitate bei *Herrmann/Heuer/Raupach,* Fn. 21, § 20 Anm. 500 „Gesellschafter einer Kapitalgesellschaft".

53 Vgl. z.B. Urteile vom 11. Januar 1966 I 53/63, BFHE 85, 13, BStBl. III 1966, 218, 219 betr. Verlust partiarischen Darlehens; vom 9. Oktober 1979 VIII R 67/77, BFHE 129, 132, BStBl. II 1980, 116; vom 29. Juli 1986 IX R 206/84, BFHE 147, 176, BStBl. II 1986, 747, zu 2.a, und vom 15. Dezember 1987 VIII R 281/83, BFHE 154, 456, BStBl. II 1989, 16, 19.

54 BFH-Urteile vom 16. April 1991 VIII R 100/87, BFHE 165, 31, BStBl. II 1992, 234, 236, zu 2.a; vom 7. Juli 1992 VIII R 24/90, BFHE 168, 551, 557, BStBl. II 1993, 333 zu 3.a–b, und vom 8. Dezember 1992 VIII R 99/90, BFH/NV 1993, 654, zu 1.

55 Z.B. BFH-Urteil vom 10. November 1987 VIII R 53/84, BFHE 151, 434, BStBl. II 1988, 186; *Heinz Paulick/Uwe Blaurock,* Handbuch der stillen Gesellschaft, 4. Aufl., § 22 II.4., S. 415; a.A. *Joachim Lang,* Die Bemessungsgrundlage der Einkommensteuer, 1988, S. 494.

rechtlich irrelevant"[56]. Demgegenüber hat wohl erstmals *Walter Drenseck*[57] die Frage aufgeworfen, ob nicht jeder Vermögensverlust außer „reinen Wertminderungen", der mit der Einkunftserzielung in Zusammenhang steht (auch wenn er den Vermögensbereich berührt), als Werbungskosten abziehbar sein könnte. Das müsse dann aber für alle Einkunftsarten gelten. Dem sind bereits einige Autoren gefolgt[58]. Zugleich mehren sich im Schrifttum die Stimmen[59], die für die Berücksichtigung von Darlehensverlusten auch im Bereich der Kapitaleinkünfte eintreten.

b) Danach besteht Einigkeit in der Beurteilung von Vermögensverlusten im Rahmen von Überschußeinkünften wohl nur noch insoweit, als weder Kurs- sowie Währungsverluste – einschließlich Inflationsschäden – noch Veräußerungsverluste Werbungskosten begründen können[60], weil auch entsprechende Wertsteigerungen wie Veräußerungsgewinne bei Überschußeinkünften nicht als Einnahmen erfaßt werden. In diesem Sinne hat sich auch der Jubilar in einer Rechtsprechungsübersicht geäußert[61]. Dagegen wird sich die These der noch herrschenden Meinung, Wertminderungen seien im Rahmen von Einkünften aus Kapitalvermögen oder gar allen Überschußeinkünften grundsätzlich nicht von Belang, nur noch mit der Anerkennung einer gewichtigen Ausnahmemöglichkeit für die Fallgestaltung halten lassen, daß ein *durch die Einkunftserzielung veranlaßtes Wertopfer* erbracht wurde, wie dies der VI. Senat für die Wertminderung von Arbeitnehmer-Darlehen zur Arbeitsplatzsicherung wiederholt ausgesprochen hat. Mit dieser entscheidenden Zweckbestimmung werden solche Darlehen eben aus der privaten Vermögenssphäre herausgelöst; der Konstruktion eines neuen Rechtsinstituts „Arbeitsvermögen"[62] bedarf es m.E. hierfür nicht.

---

56 *H. W. Kruse,* Fn. 49; ebenso *Enno Biergans,* Einkommensteuer, 6. Aufl., S. 916, 947; *v. Bornhaupt,* Fn. 20; *A. Bordewin* in Lademann/Söffing/Brockhoff, Komm. z. EStG, § 20 Anm. 7 bis 8; *Heinicke* in L. Schmidt, § 20 Anm. 3a, bb, 55 „Konkurs"; *Herrmann/Heuer/Raupach,* Fn. 21, § 20 Anm. 53 und 500 „Verluste"; *Wolfgang Jakob,* Einkommensteuer 1990, S. 70 ff., 100; *J. Lang,* Fn. 55, S. 493; *R. D. Scholtz,* Fn. 13, Rz. 8, 10, S. 581 f.; *Gerd Stuhrmann* in Blümich, EStG/KStG/GewStG, 14. Aufl., § 20 Anm. 16, und *Franz Wassermeyer* in Kirchhof/Söhn, § 20 Anm. A 19.

57 Nochmals: Die Überspannung des Werbungskostenbegriffs, DStR 1985, 286, und Fn. 11, § 9 Anm. 2i.

58 So *Georg Crezelius,* Steuerrecht II, Besonderes Steuerrecht, Studienbuch, 1991, S. 188; wohl auch *Bernd Thürmer* in Blümich, § 9 Anm. 135 ff.

59 *Kurt Merkenich,* Die unterschiedlichen Arten der Einkünfteermittlung im deutschen Einkommensteuerrecht, Schriften zum Steuerrecht, Bd. 24, 1982 (Diss. Köln) S. 89; *Paus,* Fn. 20, 502, 504; *Wolff-Diepenbrock,* Fn. 23, § 9 Rdnr. 57, 2. Abs.; eingeschränkt wohl auch *Knobbe-Keuk,* Fn. 30, 335, 338.

60 Vgl. die BFH-Zitate Fn. 53 sowie *R. D. Scholtz,* Fn. 56.

61 *Franz Klein,* Geld und Währung in der Rechtsprechung des BFH, WM 1985, 1189; auch in Hugo J. Hahn (Hrsg.), Das Geld im Recht, Schriften zur monetaren Ökonomie, Bd. 25, 1986, S. 87.

62 Dazu *Drenseck,* Fn. 11, § 9 Anm. 11b, und *Wolff-Diepenbrock,* Fn. 23, § 9 Rdnr. 382 m.w.N.

5. Gesetzesgrundlage des Abzugs

a) Soweit die neuere Rechtsprechung des VI., VIII. und Großen Senats den Werbungskostenabzug von Wertverlusten schon deshalb anerkennt, weil es sich um *Aufwendungen* i.S. des § 9 Abs. 1 Satz 1 EStG handle, sei hier offengelassen, ob mit der Hingabe „geldwerter Güter", die der Zahlung gleichstehe, von Anfang an auch die Aufopferung des Werts von Forderungen gemeint war[63]. Vor allem leuchtet nämlich ein, daß es im Ergebnis keinen Unterschied machen kann, ob der Steuerpflichtige zur Sicherung bzw. Erhaltung seiner Einkünfte Bargeld, etwa durch einen schließlich verlorenen Zuschuß, oder eine geldwerte Forderung aufwendet. Andererseits sollte Klarheit darüber bestehen, daß mit der Beurteilung auch von Wertopfern als „Aufwendung" das den Überschußeinkünften an sich wesensfremde Institut der Teilwertabschreibung in den allgemeinen Werbungskostenbegriff aufgenommen wurde[64]. Das kann nur in Ausnahmefällen – wie hier beim aufgeopferten Darlehen – rechtens, weil unabdingbar geboten, sein.

Freilich fragt sich, ob das EStG die Berücksichtigung von Wertverlusten als Werbungskosten nicht mit der Verweisung auf die AfaA (§ 7 Abs. 1 Satz 5 EStG) in § 9 Abs. 1 Satz 3 Nr. 7 EStG abschließend geregelt hat. Die neuere Rechtsprechung subsumiert dagegen Vermögensverluste unter § 9 Abs. 1 Satz 1 EStG, wenn sie § 7 Abs. 1 Satz 5 EStG nicht für einschlägig hält, wie dies für den Wertverlust der Darlehensforderung mangels deren „Abnutzbarkeit" geschehen ist[65].

b) Letzteres sollte nochmals überprüft werden. Unabhängig von der Dauerstreitfrage, ob mit den AfA bei Überschußeinkünften der Wertverzehr des betroffenen Wirtschaftsguts berücksichtigt oder nur die Anschaffungs- bzw. Herstellungskosten auf die Nutzungsdauer verteilt werden[66], läßt sich doch nicht verkennen, daß die Uneinbringlichkeit einer Forderung als ein Fall ihres völligen Wertverzehrs oder des totalen Verbrauchs der „Anschaffungskosten" gewertet werden könnte. Fällt – wie im Ausgangsfall – der Arbeitgeber als Schuldner des Arbeitnehmer-Darlehens in Konkurs, handelt es sich so gesehen um eine „außergewöhnliche wirtschaftliche Abnutzung" der Darlehensforderung, die entsprechend § 7 Abs. 1 Satz 5 i.V.m. § 9 Abs. 1 Satz 3 Nr. 7 EStG zum Abzug zuzulassen wäre. Eine nicht einmal neue These, die bereits das FG Köln[67] mehrfach

63 Wie der BFH *J. Lang,* Fn. 20, S. 53 ff.; a.A. insbesondere *v. Bornhaupt* in DStJG 3, 1980, S. 149, 160 f., 166, 169 f., sowie in Kirchhof/Söhn, § 9 Anm. E 92, 188, 738.

64 Ähnlich *H. J. Herrmann,* Fn. 6, 375, zu Bauvorauszahlungen.

65 S. Fn. 4; ebenso schon BFH-Urteil vom 6. Dezember 1972 IV R 4–5/72, BFHE 108, 162, BStBl. II 1973, 293, 295, vorletzter Absatz der Gründe.

66 Vgl. *Wolfgang Jakob/Rolf Wittmann,* Von Zweck und Wesen steuerlicher AfA, FR 1988, 540, 542 ff.

67 Urteil vom 29. Oktober 1980 I (VII) 584/79 E, EFG 1981, 128; offengelassen im Urteil vom 17. April 1980 VII 557/77 L, EFG 1980, 495, 496; ferner in EFG 1984, 64, Fn. 38 zu § 4 Abs. 3 EStG.

angesprochen hat, im Schrifttum freilich bislang fast nur im Rahmen von Dissertationen erörtert wird[68].

Der Haupteinwand der herrschenden Meinung hiergegen, daß § 7 Abs. 1 Satz 5 EStG nur für Wirtschaftsgüter gelte, die auch einer normalen Abnutzung unterliegen[69], scheint mir keinesfalls zwingend zu sein. Vielmehr kommt die entsprechende Anwendung dieser Vorschrift auf den Substanz- wie Wertverlust von Wirtschaftsgütern immer dann in Betracht, wenn ihre Substanz oder ihr Wert im Rahmen einer Überschußeinkunft zur Einnahmeerzielung eingesetzt wurde oder der Verlust aus anderen Gründen eindeutig durch diese Einkunftserzielung veranlaßt ist[70].

Soweit meinem Lösungsansatz auch die bisherige Rechtsprechung entgegensteht, die AfaA bei Überschußeinkünften nur restriktiv zuläßt[71], dürfte es sich um ein ebenfalls noch nicht ausdiskutiertes Problem handeln[72]. Jedenfalls hat sich die Rechtsprechung durch die – m.E. zu – enge Auslegung von § 9 Abs. 1 Satz 3 Nr. 7 i.V.m. § 7 Abs. 1 Satz 5 EStG gleichsam selbst genötigt, die – mit Recht – erstrebte Anerkennung der Aufopferung von Wertverlusten als Werbungskosten bei § 9 Abs. 1 Satz 1 EStG unterzubringen. Machte man mit dieser weiten Interpretation des § 9 Abs. 1 Satz 1 EStG wirklich ernst, wäre die Verweisung von § 9 Abs. 1 Satz 3 Nr. 7 EStG auf die AfaA vielfach letztlich überflüssig. Deshalb müßte die Anwendung von § 9 Abs. 1 Satz 1 EStG auf Wertopfer mindestens *mit der* Handhabung der *AfaA abgestimmt* werden. Denn wenn bei abnutzbaren Wirtschaftsgütern nur durch außergewöhnliche Ereignisse bedingte Verkürzungen der Nutzungsdauer eine AfaA rechtfertigen, darf für den Werbungskostenabzug von Substanz- wie Wertminderungen an im allgemeinen nicht abnutzbaren Wirtschaftsgütern nicht weniger verlangt werden. Der Vermögens- oder Wertverlust muß also auch dann „außergewöhnlich" sein. Das würde ich aber, um auf den Ausgangsfall zurückzukom-

68 Z.B. *Thomas G. Langohr,* Das Veranlassungsprinzip im Einkommensteuerrecht – dargestellt am Beispiel von Vermögensverlusten –, Diss., Münster 1990, 154 f.; a.A. *J. Lang,* Fn. 63, und *U. Prinz* – wiederholt –, Grundsatzbetrachtungen zum Werbungskostenbegriff, FR 1986, 397, 407/408; kritisch als „reichlich gekünstelt" *Knobbe-Keuk,* Fn. 30, 339, Fn. 29.

69 *v. Bornhaupt* in Kirchhof/Söhn, § 9 Anm. E 25; *Herrmann/Heuer/Raupach,* Fn. 27, § 7 Anm. 215; *Josef Werndl* in Kirchhof/Söhn, § 7 Anm. B 149; *Wolff-Diepenbrock,* Fn. 23, § 9 Rdnr. 424.

70 Vgl. *Drenseck,* Fn. 11, § 7 Anm. 17c a.E.; *Langohr,* Fn. 68, S. 158; *Manfred Groh,* Altlastenrückstellungen: Trügerische Hoffnungen?, DB 1993, 1833, 1837, bejaht ohne weiteres.

71 Zuletzt BFH-Urteile vom 31. März 1992 IX R 164/87, BFHE 168, 104, BStBl. II 1992, 805, und vom 27. Januar 1993 IX R 146/90, BFHE 171, 42, BStBl. II 1993, 702 m.w.N.

72 Vgl. meinen Aufsatz „Baumängel und Einkommensteuer", DStZ/A 1989, 495, 497, 501, dem *Drenseck,* Fn. 11, § 7 Anm. 9b; *H. J. Herrmann,* Fn. 6, 376, und *Bernd Heuermann,* Die Abziehbarkeit von Aufwendungen zur Beseitigung verdeckter Mängel als Werbungskosten, DStR 1993, 1318, 1321, gefolgt sind.

men, für den Konkursverlust eines Arbeitnehmer-Darlehens zur Arbeitsplatzsicherung eindeutig bejahen.

Dem systematischen Bedenken[73], auch die AfaA dürfe nicht dazu dienen, die im Bereich der Überschußeinkünfte fehlende Möglichkeit zur Teilwertabschreibung zu ersetzen, läßt sich entgegenhalten, daß dieser Grundsatz, wie soeben aufgeführt, nicht ausnahmslos gelten kann und die AfaA der Aufopferung von Vermögenswerten um der Einkünfte willen noch am ehesten Rechnung trägt.

II. Ausblick auf Kapitaleinkünfte

1. Vorbemerkung

Bei seiner Zustimmung zum Urteil des VI. Senats im Ausgangsfall hat dem VIII. Senat wohl am meisten Kopfzerbrechen bereitet, wie sich diese Entscheidung auf die künftige Rechtsprechung zu den Werbungskosten bei den Einkünften aus Kapitalvermögen auswirken könnte. Denn wenn auch insoweit ein Werbungskostenabzug bei Aufopferung von Darlehensforderungen nach § 9 Abs. 1 Satz 1 EStG – oder § 9 Abs. 1 Satz 3 Nr. 7 i.V.m. § 7 Abs. 1 Satz 5 EStG (s. Abschn. I.5.) – in Betracht kommt, so ergeben sich schwer überschaubare Folgeprobleme, die ich hier nur mit Lösungsalternativen skizzieren bzw. ansprechen kann. Man wird innerhalb der einzelnen Arten von Einkünften, die § 20 EStG aufzählt, differenzieren und zudem Fallgruppen bilden müssen.

2. Zum Darlehensverlust bei Beteiligung am Arbeitgeber

a) Dem bisher anerkannten Werbungskostenabzug bei Verlust eines Arbeitnehmer-Darlehens zur Arbeitsplatzsicherung verhältnismäßig am ähnlichsten erscheint die Fallgestaltung, daß ein Gesellschafter-Geschäftsführer seiner GmbH erfolglos ein Darlehen gewährt, um seine Position zu retten. Hier stellt sich zunächst die Frage, unter welche *Einkunftsart* der Darlehensverlust fällt. Bereits dieses Problem erscheint noch nicht endgültig geklärt. Zwar ist nach der bisherigen Rechtsprechung regelmäßig nicht von der Veranlassung durch das Arbeits-, sondern durch das Gesellschaftsverhältnis auszugehen, wenn der Steuerpflichtige „nicht unbedeutend" an der GmbH beteiligt ist[74]; eine genauere Abgrenzung fehlt bisher, sie läßt sich auch schwer finden. Die Schwierigkeiten der Zuordnung zeigen sich an dem – mit der bisherigen Rechtsprechung

---

73 So BFH-Urteil vom 24. März 1987 IX R 31/84, BFHE 149, 552, BStBl. II 1987, 695, und *U. Prinz,* Fn. 43, S. 261/262.

74 Z.B. BFH-Urteile vom 21. Juli 1981 VIII R 128/76, BFHE 134, 119, BStBl. II 1982, 36, 37, zu 5.; vom 20. Dezember 1988 VI R 55/84, BFH/NV 1990, 23; vom 19. Mai 1992 VIII R 16/88, BFHE 168, 170, BStBl. II 1992, 902, zu 3.; vom 18. August 1992 VIII R 82/89, BFH/NV 1993, 465, 466, zu 2., und in BFH/NV 1993, 654, Fn. 54.

wohl nicht in Einklang stehenden – neueren Urteil des VI. Senats zur Verlustübernahme durch einen in wechselnder Höhe (50 v.H. bis 20 v.H.) beteiligten Gesellschafter-Geschäftsführer[75]. Danach soll es für die Zuordnung u.a. auf die Entwicklung des Geschäftsführergehalts im Vergleich zu den Renditeerwartungen der GmbH ankommen; Bedenken schon hinsichtlich der Praktikabilität dieser Abgrenzung seien hier nur angedeutet.

b) War das Darlehen durch das Gesellschaftsverhältnis veranlaßt, kann sein Verlust nach gefestigter Rechtsprechung nicht zu den Werbungskosten aus Kapitalvermögen, wohl aber zu nachträglichen Anschaffungskosten des i.S. des § 17 EStG wesentlich Beteiligten gehören[76]. Den Werbungskostenabzug bei den Einkünften aus Kapitalvermögen mit *Brigitte Knobbe-Keuk* als „Erhaltungsaufwand auf die Kapitalbeteiligung" zu rechtfertigen[77], erscheint aus verschiedenen Gründen zu kühn[78].

c) Ist der Gesellschafter-Geschäftsführer weder wesentlich beteiligt noch sein Darlehen den Einkünften aus nichtselbständiger Arbeit zuzuordnen, fällt der Verlust des Darlehens wie der Beteiligung nach der bisherigen Rechtsprechung in die einkommensteuerrechtlich nicht zu berücksichtigende Privatsphäre[79]. Auch dies scheint mir (mindestens) im Ausgangspunkt nach dem Besprechungs-Urteil des VI. Senats überprüfungsbedürftig zu sein. Denn falls der Steuerpflichtige das Darlehen gewährt und schließlich wirtschaftlich verloren hat, allein – oder ganz überwiegend – um die Erträge aus der Beteiligung zu retten, läge wiederum ein Vermögensopfer im Zusammenhang mit der Einkünfteerzielung vor, das an sich den Werbungskostenabzug begründen könnte. Indessen wird es hier – im Unterschied zum Darlehen zur Arbeitsplatzsicherung – meist nicht nur um die Sicherung der Erträge aus der GmbH-Beteiligung, sondern um diese selbst gehen, wenn die Gesellschaft mit dem Darlehen vor dem Konkurs bewahrt werden soll. Hält man mit der ständigen Rechtsprechung und herrschenden Meinung daran fest – und das wird man müssen –, daß sich der Untergang der privaten GmbH-Beteiligung im allgemeinen in der Vermögenssphäre ihres Inhabers abspielt, so könnte sein sowohl durch die Erwerbs- wie die Vermögenssphäre veranlaßtes Darle-

75 BFHE 169, 148, BStBl. II 1993, 111, Fn. 7; andererseits BFHE 134, 119, BStBl. II 1982, 36, Fn. 74 bei Anteil von 15% und das Urteil vom 26. November 1993, Fn. 7.

76 BFH-Urteile vom 16. April 1991 VIII R 100/87, BFHE 165, 31, BStBl. II 1992, 234, und VIII R 224/85, BFH/NV 1992, 94; vom 19. Mai 1992 VIII R 16/88, BFHE 168, 170, BStBl. II 1992, 902, 904 sowie vom 7. Juli 1992 VIII R 24/90, BFHE 168, 551, BStBl. II 1993, 333, zu 3.

77 DStZ 1984, 335, 340, Fn. 30.

78 Vgl. *Helmar Fichtelmann,* Bürgschaften des Gesellschafters einer Kapitalgesellschaft als verdeckte Einlagen?, GmbHR 1988, 72, 77; *Rainer E. Kessler,* Werbungskostenabzug von Verwaltungskosten eines Kapitalvermögens, FR 1991, 342, 344; auch schon Anm. von *L. Schmidt,* FR 1985, 274.

79 BFH-Urteil in BFHE 168, 170, BStBl. II 1992, 902, Fn. 76, und vom 9. Februar 1993 VIII R 83/91, BFH/NV 1993, 644; FG München, EFG 1992, 15, Fn. 16.

hen, folgt man dem BFH[80], nicht aufgeteilt abziehbar sein, auch wenn es nicht unter das Abzugs- und Aufteilungsverbot des § 12 Nr. 1 Satz 2 EStG fällt.

Sollte das Darlehen aber ausnahmsweise doch allein oder in erster Linie wegen der Erträge aus der GmbH-Beteiligung gewährt sein, müßte noch die für den Werbungskostenabzug generell erforderliche Absicht zur Erzielung von Einnahmeüberschüssen geprüft werden[81]. Es erscheint nicht zweifelsfrei, ob sich diese Prüfung wie beim Arbeitnehmer-Darlehen zur Arbeitsplatzsicherung im allgemeinen auch deshalb erübrigt, weil eine tatsächlich vergleichbare Zwangslage für den Steuerpflichtigen angenommen werden könnte. Vielfach wird es jedoch einem Geschäftsführer, der z.B. mit 20 v.H. an der Arbeitgeber-GmbH beteiligt ist und dieser erfolglos ein Rettungsdarlehen gewährt, ebenfalls um die Bewahrung seiner Lebensstellung gehen. Ihm den Werbungskostenabzug allein deshalb zu versagen, weil seine Position auf zwei „Einkunftsquellen" – nichtselbständige Arbeit und Gesellschafterbeteiligung – aufgebaut ist, leuchtete schwerlich ein.

d) Arbeitnehmer können sich unstreitig am Unternehmen des Arbeitgebers still beteiligen und dann neben Einkünften aus nichtselbständiger Arbeit solche aus (typisch) *stiller Beteiligung* gemäß § 20 Abs. 1 Nr. 4 EStG beziehen. Mit der Abgrenzung der Einkunftsarten hatte die Rechtsprechung wiederum ihre liebe Not, zumal wenn der Stille, wie es anerkanntermaßen auch zulässig ist[82], die erforderliche Vermögenseinlage durch Arbeitsleistungen erbringt. Gewährt solch ein stiller Gesellschafter zur Rettung seiner Einkünfte ein Darlehen, das dann uneinbringlich wird, erscheint dessen Abziehbarkeit je nach dem, ob das Arbeitsverhältnis oder die stille Beteiligung im Vordergrund steht, möglicherweise noch problematischer als vorstehend ausgeführt. Den kritischsten Fall bildet wohl die stille Gesellschaft mit vereinbarter Verlustbeteiligung: Sollte hier nur der Anteil am Verlust des Geschäftsinhabers[83], nicht aber das fehlgeschlagene Rettungsdarlehen als Werbungskosten abziehbar sein? Die Frage kann hier nur aufgeworfen werden.

3. Verlust von Darlehen i.S. des § 20 Abs. 1 Nr. 7 EStG

a) Ist der Versuch des Gläubigers eines Darlehens, das eindeutig nur unter § 20 Abs. 1 Nr. 7 EStG fällt, seinem Schuldner mit einem *Zusatzdarlehen* unter die Arme zu greifen, mißlungen, stehen dem Werbungsko-

---

80 Vgl. Urteil in BFHE 134, 113, BStBl. II 1982, 37, Fn. 74, zu 3.b; a.A. – für Aufteilung – *Wolff-Diepenbrock*, Fn. 23, § 9 Anm. 49, 114 m.w.N.; bei Schuldzinsen auch *J. Lang*, Fn. 55, S. 495 f.

81 BFH-Urteile in BFHE 134, 119, BStBl. II 1982, 36; vom 5. März 1991 VIII R 6/88, BFHE 164, 319, BStBl. II 1991, 744.

82 Z.B. BFH-Urteil vom 7. Dezember 1983 I R 144/79, BFHE 140, 275, BStBl. II 1984, 373, zur Gewerbesteuer.

83 S. Fn. 55.

stenabzug entsprechend dem Urteil des VI. Senats im Ausgangsfall wiederum die Bedenken entgegen, daß dieses Zusatzdarlehen meist nicht nur oder ganz überwiegend wegen der Erträge aus dem ursprünglichen Darlehen gewährt sein wird, sondern in erster Linie, um zunächst einmal die zum privaten Vermögensbereich gehörende Forderung selbst zu retten[84]. Ferner würde die Abziehbarkeit auch hier vielfach an zu geringen Erfolgsaussichten scheitern. Allerdings hatte der VIII. Senat im inzwischen aufgegebenen Urteil vom 19. Oktober 1982 ausgesprochen, ein risikobehaftetes Darlehen könne zwar als verlorener Zuschuß zu Werbungskosten führen, aber nur dann, wenn die „Rückzahlungs- und Zinserwartungen des Darlehensgebers gänzlich unbegründet" seien. Diese im Schrifttum[85] als schwer verständlich oder unrealistisch kritisierte These unterlag m.E. vor allem Bedenken, weil für einen Zuschuß ohne jede Erfolgsaussicht die Werbungskosteneigenschaft entfallen dürfte, wenn sich der Geber dieses Mangels bewußt ist. Jedenfalls konnte der VI. Senat in seiner Entscheidung zum Ausgangsfall im Hinblick auf die erstrebte Erhaltung der Lohneinkünfte stillschweigend davon ausgehen, daß dem Risiko der Darlehenstilgung kein entscheidungserhebliches Gewicht beizumessen sei. In der Tat nimmt der Gläubiger, je höher das Risiko einzuschätzen ist, um so mehr die Aufopferung der Darlehenssumme in Kauf[86]. Sind sich Gläubiger und Schuldner dessen bewußt, ähnelt die Hingabe des Risikodarlehens in manchem der Vereinbarung einer stillen Gesellschaft mit Verlustbeteiligung, bei der die herrschende Meinung den Wertverzehr der Einlage ebenfalls als Werbungskosten berücksichtigt, „weil der Steuerpflichtige das Risiko des Verlustes eingeht, um die Chance des Gewinns zu erlangen"[87].

b) Hat der Gläubiger für sein Risikodarlehen einen besonders *hohen Zins* verlangt und bekommen, bedarf die bisherige Rechtsprechung der Überprüfung, daß beim Gläubiger nur die – mit Rücksicht auf das Risiko – besonders hohen Erträge einkommensteuerlich (§ 20 Abs. 1 Nr. 7 EStG) zu erfassen seien, der dafür riskierte Einsatz der Darlehensvaluta jedoch in den Bereich der privaten Vermögenssphäre falle[88]. Denn die Wahrscheinlichkeit des Darlehensverlusts und die Höhe der Verzinsung hängen miteinander so eng zusammen, daß hier auch die Aufopferung der Darlehensvaluta der Erwerbssphäre zugerechnet werden könnte[89]. Der dazu naheliegende Vorwurf, auch einkommensteuerrechtlich sollte nicht dem Wucher Vorschub geleistet werden, ließe sich mit dem Gebot des § 40 AO 1977 zur wertneutralen Durchführung der Besteuerung[90] ent-

---

84 S.o. Abschn. II.2.; gl.A. *Herrmann/Heuer/Raupach*, Fn. 21, § 20 Anm. 500 „Verluste".
85 Z.B. *Knobbe-Keuk*, Fn. 31, 341; *J. Lang*, Fn. 20, S. 42/43.
86 Ebenso *Paus*, Fn. 20.
87 *Herrmann/Heuer/Raupach*, Fn. 21, § 20 Anm. 162; ferner die Zitate Fn. 55.
88 S. Fn. 54.
89 Befürworter des Werbungskostenabzugs s. Fn. 59.
90 Vgl. *Tipke/Kruse*, AO/FGO, 14. Aufl., § 40 Tz. 6 m.w.N.

kräften. Schwerer wiegt die Diskrepanz, wenn dem als Werbungskosten geltend gemachten, möglicherweise beträchtlichen Darlehensverlust nur geringe oder gar keine Erträge gegenüberstehen. Dem Einwand, daß dann mangelnde Überschußerzielungsabsicht zur Versagung des Werbungskostenabzugs führen müßte[91], könnte keine vergleichbare Zwangslage für den Steuerpflichtigen wie beim Darlehen zur Arbeitsplatzsicherung entgegengehalten werden.

Andererseits stellte die völlige Nichtberücksichtigung des Verlustes der Darlehensvaluta deren Gläubiger einkommensteuerlich noch schlechter, als wenn er den für das Darlehen verwandten Betrag in ein unter § 23 EStG fallendes, aber mißlungenes Spekulationsgeschäft investiert hätte. Denn für Verluste aus Spekulationsgeschäften sieht § 23 Abs. 4 Satz 3 EStG wenigstens die Berücksichtigung bis zur Höhe der im gleichen Jahr erzielten Spekulationsgewinne vor. Eine ähnliche Lösung auch für den Darlehensverlust bei Kapitaleinkünften anzustreben, stände nicht der Ausnahmecharakter des § 23 EStG im Bereich der Überschußeinkünfte im Wege. Denn es ginge hier wie dort um die Berücksichtigung von Wertveränderungen. Allerdings hat der X. Senat im Urteil vom 28. November 1990[92] eine ähnliche Argumentation des damaligen Klägers abgelehnt, der bei Wertpapieroptionsgeschäften als Optionsgeber – sog. Stillhalter – Vermögensverluste erlitten hatte. Seine Begründung, es handle sich um Wertminderungen an nicht abnutzbaren Wirtschaftsgütern und deshalb um keine Werbungskosten, ist aber aufgrund der neueren Rechtsprechung des VI. Senats, wie hier ausgeführt, sehr fraglich geworden. Außerdem wird der völligen Versagung des Werbungskostenabzugs trotz Besteuerung der Optionsprämien gemäß § 22 Nr. 3 (vgl. auch Satz 3) EStG im Schrifttum seit langem und zunehmend – mit sehr beachtlichen Gründen – widersprochen[93].

Im übrigen hat die Rechtsprechung schon früher zu ähnlichen, gesetzlich nicht geregelten Fragen eine – dem § 23 Abs. 4 Satz 3 EStG – entsprechende *Lückenfüllung* vorgenommen. So haben RFH und anfangs auch der BFH bei teilweisem Einnahmeverzicht, etwa Verpachtung von Bauland als Schrebergarten, den Abzug der Aufwendungen bis zur Höhe der Erträge zugelassen[94]. Diese Rechtsprechung dürfte durch die neuere Judi-

91 Vgl. BFH-Urteile vom 23. März 1982 VIII R 132/80, BFHE 135, 320, BStBl. II 1982, 463, und die Zitate in Fn. 81 sowie schon OFH, Urteil vom 26. März 1947 IV 1/47, BFHE 54, 198, 202.

92 BFHE 163, 175, BStBl. II 1991, 300, Fn. 50.

93 *Rudolf Jansen* in Herrmann/Heuer/Raupach, Fn. 21, § 22 Anm. 238 m.w.N.; dem BFH folgend *W. Heinicke*, Fn. 21, § 22 Anm. 37 „Risikogeschäfte – b".

94 RFH-Urteile vom 19. Dezember 1929 VI A 1857/29, RStBl. 1930, 108, und vom 24. Februar 1944 IV 125/43, RStBl. 1944, 434; BFH-Urteil vom 11. Dezember 1959 VI 230/58 U, BFHE 70, 182, BStBl. III 1960, 67; FG München, Urteil vom 19. Mai 1982 I 372/78 F, EFG 1982, 64, rechtskräftig, nebenbei; möglicherweise abweichend BFH-Urteil vom 26. September 1969 VI R 64/67, BFHE 97, 347, BStBl. II 1970, 177; a.A. *U. Prinz* in Herrmann/Heuer/Raupach, Fn. 21, § 9 Anm. 425 m.w.N.

katur zur Liebhaberei nicht – mindestens nicht völlig – überholt sein[95]. Jedenfalls hält der BFH in ständiger Praxis bei erheblich verbilligter Wohnungsvermietung eine entsprechende Kürzung der Werbungskosten für geboten[96], was der Gesetzgeber mit § 21 Abs. 2 Satz 2 EStG 1987 bestätigt hat. Schließlich wäre eine teilweise Anerkennung des Verlusts im Verhältnis zu hinreichend feststehenden Ertragserwartungen des Gläubigers zu erwägen, dies im Hinblick auf die im Schrifttum anhaltende Diskussion[97], ob Schuldzinsen wegen der Anschaffung von Wirtschaftsgütern insoweit keine Werbungskosten sind, als sie für die erhoffte Wertsteigerung erbracht werden.

4. Kurze Zwischenbilanz

Die für den Werbungskostenabzug gebotene Abgrenzung der Erwerbs- von der Vermögenssphäre bildet ein höchst aktuelles Problem, dessen Lösung nur Schritt für Schritt möglich sein wird. Insgesamt betrachtet lassen sich die Grundsätze, die der VI. Senat zum Werbungskostenabzug fehlgeschlagener Arbeitnehmer-Darlehen entwickelt hat, nicht ohne weiteres auf den Bereich der Einkünfte aus Kapitalvermögen übertragen. Auch wenn deshalb am insoweit bisher streng gehandhabten Grundsatz der Nichtberücksichtigung von Wertverlusten nicht mehr uneingeschränkt festgehalten werden kann, wird sich im Ergebnis möglicherweise wenig daran ändern, daß im Rahmen von § 20 EStG die Entwertung von Kapitalvermögensgegenständen – abgesehen von stillen Beteiligungen mit vereinbarter Verlustübernahme – regelmäßig nicht zu Werbungskosten führt, weil sich Lohn- und Kapitaleinkünfte nicht nur hinsichtlich ihres Gegenstandes wesentlich voneinander unterscheiden. Andererseits erschiene es sehr unbefriedigend, wenn der Werbungskostenabzug des Darlehensverlusts letztlich allein davon abhängen sollte, in welche Einkunftsart er fällt.

Man kann hierin ein weiteres Beispiel für gewichtige Mängel sehen, die sich aus dem Einkünftepluralismus des EStG ergeben, wie sie insbesondere *Klaus Tipke* aus rechtswissenschaftlicher Sicht immer wieder plastisch dargestellt und massiver Kritik unterzogen hat[98]. Dem Finanzrichter

95 Ebenso *Wolff-Diepenbrock*, Fn. 23, § 9 Rdnr. 87, 109; insoweit mißverständlich der 2. Leitsatz von BFHE 164, 319, BStBl. II 1991, 744, Fn. 81; a.A. *J. Lang*, Fn. 55, S. 497, Fn. 161.

96 Urteile vom 4. Juni 1986 IX R 80/85, BFHE 147, 315, BStBl. II 1986, 839, und vom 7. Oktober 1986 IX R 167/83, BFHE 148, 501, BStBl. II 1987, 322 sowie vom 15. Dezember 1992 IX R 13/90, BFHE 170, 162, BStBl. II 1993, 490, und IX R 131/90, BFHE 170, 165, BStBl. II 1993, 492.

97 So *J. Lang*, Fn. 55, S. 495 im Anschluß an BFH-Urteil vom 26. November 1974 VIII R 266/72, BFHE 114, 229, BStBl. II 1975, 331, dessen Grundsätze vom VIII. Senat freilich in BFHE 134, 113, BStBl. II 1982, 37, 39, zu 3.b, aufgegeben wurden; auch *Wolff-Diepenbrock*, Fn. 23, § 9 Anm. 56 Abs. 2.

98 Zuletzt in: Die Steuerrechtsordnung, Bd. II, 1993, S. 590 ff.; auch *Arndt Raupach*, Steuergerichtsbarkeit – quo vadis? – in: Festschrift 75 Jahre RFH – BFH, Hrsg. Der Präsident des BFH, 1993, S. 163, 181 f.

bleibt wohl, seitdem der Einkünftedualismus mehrfach verfassungsrechtlich bestätigt wurde[99], nur die hier besonders schwierige Aufgabe, bei der ihm obliegenden Entscheidung des einzelnen Falles möglichst das Beste aus dem geltenden Gesetz zu machen. Dabei sollte die Rechtsprechung nicht die vom Gesetzgeber neuerdings wieder favorisierte Verselbständigung der Einkunftsarten[100] – wie sie in der Einführung des hohen Freibetrags bei Kapitaleinkünften (§ 20 Abs. 4 EStG) und der Tarifbegünstigung für Einkünfte aus Gewerbebetrieb durch das Standortsicherungsgesetz zum Ausdruck kommt – unterstützen oder fördern, nachdem sie im letzten Jahrzehnt die Unterschiede der Werbungskosten zum Betriebsausgabenabzug gerade mit Recht eingeebnet hat. Eine Rückkehr zur Schedulensteuer wäre das Gegenteil der dem BFH auch aufgegebenen Fortentwicklung des Steuerrechts.

99 BVerfG-Beschlüsse vom 9. Juli 1969 2 BvL 20/65, BVerfGE 26, 302, 310 ff., BStBl. II 1970, 156, und vom 7. Oktober 1969 2 BvL 3/66, 2 BvR 701/64, BVerfGE 27, 111, 127, 128, BStBl. II 1970, 160; a.A. – m.w.N. – *Tipke,* Fn. 98, S. 645 ff.

100 Treffende Kritik durch *R. D. Scholtz,* Der Uelner-Entwurf – Gedanken zur Steuerreform, DStZ 1992, 737, 739 f. m.w.N. –; auch *Raupach,* Fn. 98, S. 182.

Christian Kühr

Kunst und Liebhaberei

Inhaltsübersicht

Gerade im Bereich der künstlerischen Tätigkeit ist die Grenze zwischen Steuerrelevanz und Liebhaberei fließend.

I. Künstlerische Tätigkeit

Kunst ist schöpferisch gestaltende Tätigkeit als Auseinandersetzung mit der Welt, die sich verschiedener, sinnlich wahrnehmbarer Mittel bedient[1].

1. Einkommensteuergesetz

Einkünfte aus selbständiger Arbeit sind nach § 18 Abs. 1 Nr. 1 EStG die Einkünfte aus freiberuflicher Tätigkeit. Zu den Einkünften aus freiberuflicher Tätigkeit gehört u.a. die selbständig ausgeübte künstlerische Tätigkeit.

Kunst ist frei (Art. 5 Abs. 3 GG), aber Einkünfte aus künstlerischer Tätigkeit sind nicht steuerfrei. Positive Einkünfte aus künstlerischer Tätigkeit unterliegen wie alle anderen Einkünfte aus selbständiger Arbeit der Einkommensteuer, negative Einkünfte werden entweder ausgeglichen oder abgezogen, bei anhaltenden Verlusten entsteht die Frage der Liebhaberei.

2. Definitionen

Das wesentliche der künstlerischen Betätigung ist die freie schöpferische Gestaltung, in der Eindrücke, Erfahrungen, Erlebnisse des Künstlers durch das Medium einer bestimmten Formensprache zu unmittelbarer Anschauung gebracht werden[2]. Alle künstlerische Tätigkeit ist ein Inein-

---

1 Brockhaus-Wahrig, Deutsches Wörterbuch.

2 BVerfG, Beschluß vom 24. Februar 1971 1 BvR 435/68, BVerfGE 30, 173, NJW 1971, 1645.

ander von bewußten und unbewußten Vorgängen, die rational nicht aufzulösen sind. Beim künstlerischen Schaffen wirken Intuition, Phantasie und Kunstverstand zusammen; es ist primär nicht Mitteilung, sondern Ausdruck und zwar unmittelbarster Ausdruck der individuellen Persönlichkeit des Künstlers[3].

Es gibt keinen allgemein verbindlichen Kunstbegriff. Was Kunst ist, läßt sich begrifflich kaum erfassen. Denn hierfür gelten in den jeweiligen Gesellschaften und Epochen unterschiedliche – von den jeweiligen historischen Bedingungen abhängige – Maßstäbe[4].

Die Frage, ob im Einzelfall eine künstlerische Tätigkeit vorliegt, kann häufig nur aufgrund eines Gutachtens beantwortet werden[5]. Zieht das Gericht einen Sachverständigen zu Rate, so muß dessen Gutachten so gehalten sein, daß es dem Gericht die Bildung einer sicheren Überzeugung ermöglicht[6]. Liegen mehrere Gutachten vor, muß zumindest eines von ihnen dem Gericht zu einer eigenen Überzeugung verhelfen.

Die Rechtsprechung[7] hat einige wesentliche Kriterien entwickelt, die einen äußersten, im Einzelfall ausfüllungsbedürftigen Rahmen festlegen, innerhalb dessen von künstlerischer Tätigkeit gesprochen werden kann[8]. Danach ist entscheidend

a) ob eine freie eigenschöpferische Leistung vorliegt,

b) ob sich innerhalb dieser Leistung die individuelle Anschauungsweise und Gestaltungskraft durch das Medium einer bestimmten Formensprache widerspiegeln,

c) ob neben einer hinreichenden Beherrschung der Technik der betreffenden Kunstart eine gewisse künstlerische Gestaltungshöhe erreicht wird.

Für das Merkmal der künstlerischen Tätigkeit ist es unerheblich, aus welcher Zielsetzung heraus der Künstler schafft und wozu das von ihm Geschaffene verwendet wird[9].

Eine künstlerische Tätigkeit ist in besonderem Maße persönlichkeitsbezogen, so daß der Künstler auf sämtliche zur Herstellung eines Kunstwerks erforderliche Tätigkeiten den entscheidenden gestaltenden Einfluß ausüben muß[10].

---

3 BVerfG, a.a.O.
4 BFH-Urteil vom 19. August 1982 IV R 64/79, BFHE 136, 474, BStBl. II 1983, 7.
5 BFH-Urteil vom 19. August 1982, a.a.O., m.w.N.
6 BFH-Urteil vom 11. Juli 1991 IV R 15/90, BFHE 165, 216, BStBl. II 1991, 889.
7 BFH-Urteil vom 11. Juli 1991 IV R 33/90, BFHE 165, 362, BStBl. II 1992, 353 m.w.N.
8 FG Hamburg, Urteil vom 12. Oktober 1991 V 298/88, EFG 1992, 332.
9 BFH-Urteil vom 11. Juli 1991 IV R 102/90, BFHE 166, 36, BStBl. II 1992, 413.
10 BFH-Urteil vom 2. Dezember 1980 VIII R 32/75, BFHE 132, 77, BStBl. II 1981, 170.

3. Kunst und Gewerbe

Bei der künstlerischen Tätigkeit wird im allgemeinen von einer Dreiteilung in freie Kunst, Kunstgewerbe und Kunsthandwerk ausgegangen[11]. Diese Unterscheidung beruht darauf, daß bei der Ausübung der freien, d.h. zweckfreien Kunst die Zuordnung zur künstlerischen Tätigkeit ohne weiteres gegeben ist, während bei den beiden anderen Bereichen der zweckgebundenen Gebrauchskunst mit praktischem Nützlichkeitswert nach den Verhältnissen des Einzelfalles aufgrund besonderer Kriterien zu entscheiden ist, ob die Tätigkeit noch als künstlerische zu werten ist.

Haben die Arbeitsergebnisse der Berufstätigkeit keinen Gebrauchswert, sog. freie Kunst, kann in der Regel auf die Feststellung der ausreichenden künstlerischen Gestaltungshöhe verzichtet werden, wenn den Werken nach der allgemeinen Verkehrsauffassung das Prädikat des Künstlerischen nicht abgesprochen werden kann und wenn die Arbeiten ausschließlich auf die Hervorbringung einer ästhetischen Wirkung gerichtet sind[12]. Andere künstlerische Tätigkeiten, deren Arbeitsergebnisse einen praktischen Nützlichkeitswert haben, sind nur dann steuerrechtlich den Einkünften aus selbständiger Arbeit zuzuordnen, wenn sie auf einer eigenschöpferischen Leistung beruhen, in der sich eine individuelle Anschauungsweise und eine besondere Gestaltungsweise widerspiegeln und wenn die Arbeitsergebnisse eine gewisse künstlerische Gestaltungshöhe erreichen.

Im Grenzbereich zwischen Kunst und Gewerbe schließen der gewerbliche Verwendungszweck und die bestimmungsmäßige Verwendung als Gebrauchsgegenstand die Annahme einer künstlerischen Tätigkeit nicht aus, wenn die Arbeiten nach ihrem Gesamtbild eigenschöpferisch sind und über eine hinreichende Beherrschung der Technik hinaus eine bestimmte künstlerische Gestaltungshöhe erreichen[13]. Der eigenschöpferische Charakter und die künstlerische Gestaltungshöhe einer Arbeit kann beispielsweise gerade in der Wahl der Materialien, der Farbgebung oder der Raumwirkung liegen.

Handwerkliche und künstlerische Tätigkeiten können nebeneinander liegen[14]. Freie künstlerische Tätigkeit einerseits und kunsthandwerkliche Beschäftigung andererseits bedingen sich nicht gegenseitig und sind nicht derart miteinander verflochten, daß der gesamte Betrieb nach der Verkehrsauffassung als einheitlich anzusehen wäre[15]. Die jeweiligen Einkünfte können auch im Wege der Schätzung ermittelt werden.

---

11 BFH-Urteil vom 29. Juli 1981 I R 183/79, BFHE 134, 135, BStBl. II 1982, 22 m.w.N.

12 FG Hamburg, Urteil vom 12. Juli 1990 I 294, 86, EFG 1991, 124.

13 BFH-Urteil vom 14. Dezember 1976 VIII R 76/75, BFHE 121, 410, BStBl. II 1977, 474 m.w.N.; BFH-Urteil vom 23. August 1990 IV R 61/89, BFHE 162, 68, BStBl. II 1991, 20.

14 BFH-Urteil vom 11. Juli 1991 IV R 15/90, a.a.O.

15 BFH-Urteil vom 11. Juli 1991 IV R 15/90, a.a.O., m.w.N.

Die Erbin eines verstorbenen Kunstmalers erzielt durch Veräußerung der zum Nachlaß gehörenden Bilder nachträgliche Einkünfte aus künstlerischer Tätigkeit[16], nicht Einkünfte aus Gewerbebetrieb.

4. Stellungnahme

Die Beurteilung im konkreten Fall, ob eine künstlerische Tätigkeit vorliegt, ist oft schwierig und kaum lösbar. Eine eigenschöpferische Leistung ist dabei noch am ehesten feststellbar, aber was ist eine gewisse künstlerische Gestaltungshöhe, wann kann nach der Verkehrsauffassung das Prädikat des Künstlerischen zuerkannt werden, wann ist ein Kunstwerk auf die Hervorbringung einer ästhetischen Wirkung gerichtet? Diese Fragen sind von Juristen nicht zu beantworten und von Gutachtern nicht zu lösen, weil es an konkreten Erkenntnissen und logisch nachvollziehbaren Schlußfolgerungen mangelt, denn Kunst ist nicht erfaßbar.

Im Falle eines freischaffenden Künstlers sollte auf derartige oder ähnliche Prüfungen verzichtet werden, ein freischaffender Künstler jedweder Kunstrichtung erzielt im Sinne des Einkommensteuerrechts stets Einkünfte aus selbständiger Arbeit.

Im Falle der Ausübung von Kunsthandwerk und Kunstgewerbe sind die Einkünfte dann der selbständigen Arbeit zuzurechnen, wenn eigenschöpferische Leistungen in Form eigener Gestaltungskraft und künstlerischer Gestaltungshöhe objektiv vorliegen.

II. Liebhaberei

Der Begriff der Liebhaberei ist von der Rechtsprechung entwickelt worden für Tätigkeiten, die ohne Aussicht auf wirtschaftliche Erfolge ausgeübt werden.

1. Ausgangslage

Typisches Kennzeichen für die Einkunftsarten im Sinne des Einkommensteuergesetzes ist, daß die den Einkunftsarten zugrunde liegenden Tätigkeiten oder Vermögensnutzungen auf eine größere Zahl von Jahren gesehen der Erzielung positiver Einkünfte oder Überschüsse dienen[17]. Fehlt es an dieser Voraussetzung, liegt keine Einkunftsart im Sinne des Einkommensteuergesetzes vor, sondern es handelt sich um eine sog. Liebhaberei.

Eine einkommensteuerrechtlich relevante Betätigung oder Vermögensmehrung ist nur dann gegeben, wenn die Absicht besteht, auf Dauer gesehen nachhaltig Überschüsse zu erzielen. Dabei ist nicht auf das Er-

16 BFH-Urteil vom 29. April 1993 IV R 16/92, BFHE 171, 385, BStBl. II 1993, 716.
17 BFH-Beschluß vom 25. Juni 1984 GrS 4/82, BFHE 141, 405, BStBl. II 1984, 751, 766 m.w.N.

gebnis eines oder weniger Jahre abzustellen, sondern auf das Gesamtergebnis.

Gewinne oder Verluste, die einem Steuerpflichtigen aus einer Betätigung erwachsen, sind nur dann bei der Bemessung seiner Einkommensteuer zu berücksichtigen, wenn sie sich einer der in § 2 Abs. 1 EStG genannten Einkunftsarten zurechnen lassen[18].

2. Begriffe

Liebhaberei ist eine Betätigung, die nicht Ausdruck eines wirtschaftlichen, auf Erzielung von Erträgen gerichteten Verhaltens ist, sondern auf privater Neigung beruht[19]. Liebhaberei in diesem Sinne liegt vor, wenn nach den im Einzelfall gegebenen objektiven Verhältnissen erkennbar ist, daß

a) der Betrieb nicht nach betriebswirtschaftlichen Grundsätzen geführt wird,

b) ein Betrieb auf Dauer gesehen nicht nachhaltig mit Gewinn arbeiten kann,

c) bei freiberuflicher Tätigkeit die für Betriebe entwickelten Grundsätze entsprechend anwendbar sind.

Entscheidendes Merkmal der Liebhaberei ist die fehlende Gewinnerzielungsabsicht. Ob die Absicht der Gewinnerzielung vorliegt, kann nur anhand äußerlicher Merkmale beurteilt werden[20], denn aus objektiven Umständen muß auf das Vorliegen oder Fehlen der Gewinnerzielungsabsicht geschlossen werden.

Die Absicht der Gewinnerzielung zeigt sich in dem Bestreben, während des Bestehens des Betriebes bzw. während der Dauer der Tätigkeit auf das Ganze gesehen einen Gewinn zu erzielen[21]. Dauernde Verluste können auf das Fehlen der Gewinnerzielungsabsicht hindeuten, wenn der Steuerpflichtige die verlustbringende Tätigkeit wegen im Bereich seiner Lebensführung liegender persönlicher Gründe oder Neigungen ausübt[22]. Die Gewinnerzielungsabsicht wird allgemein definiert als das Streben nach Vermögensmehrung im Sinne eines Totalgewinns.

Für die Beantwortung der Frage, ob es an der Absicht der Gewinnerzielung fehlt, spielt der Zeitfaktor eine nicht unerhebliche Rolle. Beweisanzeichen für das Vorliegen einer Liebhaberei kann das Fortführen des Betriebes trotz andauernder Verluste über die betriebsspezifische Anlauf-

18 BFH-Urteil vom 13. Dezember 1990 IV R 1/89, BFHE 163, 418, BStBl. II 1991, 452.
19 BFH-Urteil vom 22. November 1979 IV R 88/76, BFHE 129, 269, BStBl. II 1980, 152 m.w.N.
20 BFH-Beschluß vom 12. Juni 1978 GrS 1/77, BFHE 125, 516, BStBl. II 1978, 620.
21 BFH-Urteil vom 13. Dezember 1990 IV R 1/89, a.a.O., m.w.N.
22 BFH-Beschluß vom 25. Juni 1984 GrS 4/82, a.a.O.

zeit hinaus sein[23]. Für das FG Düsseldorf reicht bei einem im Hauptberuf als Künstler selbständig tätigen Steuerpflichtigen für das Vorliegen einer Liebhaberei eine Verlustperiode von acht und mehr Jahren allein nicht aus[24]. Für das FG München läßt – ausgehend von den durchgängig erzielten Verlusten in 16 Jahren – auch eine langfristige Prognose nicht erwarten, daß in Zukunft Gewinne in einer Höhe erzielt werden, die die Verluste überkompensieren[25].

Die Vermutung des Fehlens der Gewinnerzielungsabsicht kann dadurch widerlegt werden, daß über mehrere Jahre hinweg tatsächlich Betriebsgewinne erzielt worden sind[26]. Liebhaberei ist aber immer dann anzunehmen, wenn aufgrund der gegebenen tatsächlichen Verhältnisse keine Aussicht besteht, daß jemals ein positives Gesamtergebnis erzielt wird[27].

3. Stellungnahme

Die von der Rechtsprechung des Bundesfinanzhofs entwickelten Grundsätze zur Liebhaberei betreffen überwiegend Betriebe der Land- und Forstwirtschaft und Gewerbebetriebe, sie werden auch angewendet bei der Ermittlung der Einkünfte aus Vermietung und Verpachtung. Für eine Betätigung, die sich nach ihrem äußeren Erscheinungsbild als freiberufliche Tätigkeit darstellt, soll aber nichts anderes gelten[28].

Die Übertragung der für Betriebe entwickelten Rechtsprechungsgrundsätze auf freiberufliche Tätigkeiten, insbesondere auf künstlerische Tätigkeiten, erscheint zumindest problematisch. Ausgehend von betriebswirtschaftlicher Betrachtungsweise wird gefolgert, daß Beweisanzeichen einer Gewinnerzielungsabsicht eine Betriebsführung sein kann, bei der der Betrieb nach seiner Wesensart und der Art seiner Bewirtschaftung auf Dauer gesehen dazu geeignet und bestimmt ist, mit Gewinn zu arbeiten[29].

Ein Künstler – z.B. ein Kunstmaler, ein Bildhauer, ein Komponist – hat keine planmäßige Betriebsführung, in der Regel keine nachprüfbare Kalkulation, für seine Erzeugnisse keinen Marktpreis. Der Künstler will sicherlich auch Überschüsse oder Gewinne erzielen, aber er kann sie im allgemeinen nicht planen und somit nicht prognostizieren. Deshalb ist es für ihn so schwierig oder sogar unmöglich, im Zweifel überzeugend nachzuweisen, daß er mit Gewinnerzielungsabsicht tätig ist.

Erzielt der Künstler Überschüsse, wird nicht gefragt, ob trotzdem Liebhaberei vorliegt, weil der Künstler vielleicht tatsächlich gar keine Gewinn-

23 BFH-Urteil vom 15. November 1984 IV R 139/81, BFHE 142, 464, BStBl. II 1985, 205.
24 FG Düsseldorf, Urteil vom 6. November 1984 II 289/79 E, EFG 1985, 499.
25 FG München, Urteil vom 24. September 1990 13 K 2020/88, EFG 1991, 320.
26 BFH-Urteil vom 19. Juli 1990 IV R 82/89, BFHE 161, 144, BStBl. II 1991, 333.
27 BFH-Urteil vom 23. Mai 1985 IV R 84/82, BFHE 144, 49, BStBl. II 1985, 515.
28 BFH-Urteil vom 22. November 1979 IV R 88/76, a.a.O.
29 BFH-Beschluß vom 25. Juni 1984 GrS 4/82, a.a.O.

erzielungsabsicht hat, die Überschüsse werden von vornherein den Einkünften aus selbständiger Arbeit subsumiert. Erzielt der Künstler Verluste, wird nach steuerlich unerheblicher Liebhaberei geforscht.

Die von der Rechtsprechung für gewerbliche oder land- und forstwirtschaftliche Betriebe unterstellte Vermutung, daß eine Verlustperiode von acht oder mehr Jahren gegen das Vorliegen einer Gewinnerzielungsabsicht spricht[30], ist auf freiberuflich-künstlerische Tätigkeiten nicht ohne weiteres übertragbar[31]. Auch der BFH hat darauf hingewiesen, daß in solchen Fällen sich positive Einkünfte erst nach einer längeren Anlaufzeit erzielen lassen[32]. Hier ist eine großzügige Betrachtungsweise erforderlich, wobei eine mögliche Liebhaberei nicht auszuschließen ist.

III. Ausblick

Einkünfte aus künstlerischer Tätigkeit gehören unstreitig zu den Einkünften aus selbständiger Arbeit im Sinne des § 18 Abs. 1 Nr. 1 EStG. Auch der Künstler muß wie jeder andere Bürger seinen Teil zur Finanzierung der öffentlichen Aufgaben beitragen.

Künstlerische Tätigkeit ist nicht wie andere selbständige Tätigkeiten primär mit ökonomischen Maßstäben zu messen. Der echte Künstler schafft aus einem inneren Trieb heraus, auch wenn er versucht, das von ihm Geschaffene wirtschaftlich zu verwerten. Ist die künstlerische Tätigkeit alleinige Lebensgrundlage, kann sich auch bei andauernden Verlusten die Frage der Liebhaberei nicht stellen, ist die Kunstausübung aber Nebentätigkeit oder sind andauernde Verluste mit anderen Einkunftsarten ausgleichfähig, ist die Frage der Liebhaberei unter Beachtung der aufgezeigten Grundsätze zu prüfen[33].

30 BFH-Urteile vom 6. März 1980 IV R 182/78, BFHE 131, 18, BStBl. II 1980, 718 und vom 22. Juli 1982 IV R 74/79, BFHE 136, 459, BStBl. II 1983, 2.

31 FG Düsseldorf, Urteil vom 6. November 1984, a.a.O.

32 BFH-Urteil vom 23. Mai 1985 IV R 84/82, a.a.O.

33 *Franz Klein* hat als Vorsitzender des Großen Senats und des VIII. Senats des BFH an deren Rechtsprechung zu der hier aufgezeigten Problemstellung mitgewirkt.

X.

Steuerrechtsauslegung und Abgabenordnung

Brigitte Gast-de Haan

Vorläufige Veranlagung bei „Verdacht" auf gewerblichen Grundstückshandel?

Inhaltsübersicht

I. Vorbemerkung

Begriffsbestimmung und Abgrenzung des sogenannten gewerblichen Grundstückshandels bilden seit Jahren ein immer wieder aktuelles Thema von Rechtsprechung und Literatur. Zentrale Bedeutung in diesem Zusammenhang kommt der Gewinnerzielungsabsicht bzw. deren Feststellung zu.

Dabei bedarf es nicht nur der Abgrenzung derjenigen Merkmale, die eine Gewinnerzielungsabsicht indizieren, sondern maßgebend ist auch, innerhalb welchen Zeitraums diese Merkmale vorliegen müssen. Wäre insoweit ein längerer Beurteilungszeitraum zugrunde zu legen, könnten vorläufige Veranlagungen in Betracht kommen.

Rechtsprobleme, welche das (Verwaltungs- oder Gerichts-)Verfahren betreffen, stehen bekanntlich – trotz ihrer unbestreitbar praktischen Bedeutung – nur in Ausnahmefällen im Brennpunkt literarischer Auseinandersetzungen. Den Jubilar dürften die hier angesprochenen Fragen schon mit Rücksicht auf seine maßgebliche Mitwirkung an dem AO-Kommentar *Klein/Orlopp* interessieren. Hinzu kommt, daß er als Vorsitzender des VIII. Senats auch die Rechtsprechung des BFH zum gewerblichen Grundstückshandel mitgeprägt hat.

Nach der Legaldefinition des Gewerbebetriebs in § 15 Abs. 2 Satz 1 EStG ist eine selbständige nachhaltige Tätigkeit, die mit Gewinnerzielungsabsicht unternommen wird und sich als Beteiligung am wirtschaftlichen Verkehr darstellt, Gewerbebetrieb, wenn die Betätigung weder als Ausübung von Land- und Forstwirtschaft, noch als Ausübung eines freien Berufs, noch als eine andere selbständige Arbeit anzusehen ist. Als Grenze der privaten Vermögensverwaltung sieht die Rechtsprechung des BFH

Ankauf und Veräußerung bzw. Errichtung und Veräußerung von bis zu 3 Grundstücksobjekten. Werden innerhalb eines engen zeitlichen Zusammenhangs – in der Regel 5 Jahre – zwischen Anschaffung bzw. Errichtung und Verkauf mindestens 4 Objekte veräußert, sei ohne Vorliegen besonderer Umstände von einem gewerblichen Grundstückshandel auszugehen, weil die äußeren Umstände den Schluß zulassen, daß es dem Steuerpflichtigen auf die Ausnutzung substantieller Vermögenswerte durch Umschichtung ankomme[1].

Eine Gewinnerzielungsabsicht nimmt der BFH regelmäßig nur an, wenn mehr als drei Objekte verkauft werden und objektive Beweisanzeichen, z.B. ein enger zeitlicher Zusammenhang, dafür sprechen, daß die Grundstücke bereits in zumindest bedingter Veräußerungsabsicht erworben worden sind bzw. die auf den Grundstücken errichteten Häuser von vornherein veräußert werden sollten. Je größer der zeitliche Abstand zwischen Anschaffung bzw. Gebäudeerrichtung und anschließendem Verkauf ist, desto weniger sei – wenn nicht besondere Umstände vorliegen – anzunehmen, daß der Steuerpflichtige die Grundstücke in Weiterveräußerungsabsicht zur Ausnutzung von Substanzwertsteigerungen angeschafft bzw. die Gebäude errichtet habe.

Diese Bedeutung des „zeitlichen Abstands" zwischen An- und Verkauf ist für die Praxis der Finanzverwaltung offenbar Anlaß, in Fällen, in denen der Steuerpflichtige z.B. in einem Betriebsprüfungszeitraum „nur" zwei Objekte verkauft hat, die Entscheidung, ob Gewinnerzielungsabsicht vorliegt, zu vertagen und zunächst einmal vorläufig zu veranlagen, d.h. das Vorliegen eines gewerblichen Grundstückshandels vorläufig zu verneinen.

Fraglich ist, ob in Fällen, in denen das Finanzamt gleichsam einen „Verdacht" auf gewerblichen Grundstückshandel hat oder die Gewerblichkeit für möglich erachtet, vorläufige Veranlagungen zulässig sind.

II. Ungewißheit über die Voraussetzungen für die Entstehung einer Steuer

1. Allgemeines

Gemäß § 165 AO kann eine Steuer vorläufig festgesetzt werden, soweit ungewiß ist, ob „die Voraussetzungen" für ihre Entstehung eingetreten sind. Aus dem Gesetzeswortlaut wurde bis vor kurzem geschlossen, die Ungewißheit müsse sich auf Tatsachen beziehen. Zweifel bezüglich der steuerrechtlichen Würdigung sollten keine vorläufige Steuerfestsetzung ermöglichen[2]. Von dieser Auffassung ist der III. Senat jedoch inzwischen – letztlich aus überzeugenden verfahrensökonomischen Gründen – abgewichen. Nunmehr wertet der BFH die Ungewißheit darüber, wie der

1 Zuletzt BFH vom 2. September 1992 XI R 21/91, BFHE 171, 31, BStBl. II 1993, 668.

2 BFH vom 25. April 1985 IV R 64/83, BFHE 143, 50, BStBl. II 1985, 648.

Gesetzgeber eine vom Bundesverfassungsgericht gebotene steuergesetzliche Neuregelung gestalten werde, als Tatsache[3]. Die Ausweitung des Tatsachenbegriffs erscheint insofern bedenklich, als es geboten sein dürfte, innerhalb der AO von einem einheitlichen Tatsachenbegriff auszugehen. Wäre eine „ungewisse Tatsache" i.S.v. § 165 AO (auch) die Ungewißheit über die gesetzgeberische Gestaltung aufgrund der Rechtsprechung des Bundesverfassungsgerichts, so müßte Gleiches auch bezüglich nachträglicher Änderungen bestandskräftiger Steuerbescheide gemäß § 173 Abs. 1 Nr. 1 AO gelten[4]. Mit Rücksicht auf den weiten Begriff „Voraussetzungen für die Entstehung einer Steuer" dürfte es m.E. überflüssig sein, die Ungewißheit über die Reaktion des Gesetzgebers als „Tatsache" zu werten. Die Entstehung einer Steuer setzt ein verfassungsgemäßes Gesetz voraus. Die Ungewißheit kann sich also auch auf den Gesetzestatbestand beziehen. Jedenfalls läßt die weite Fassung des § 165 Abs. 1 Satz 1 AO eine großzügige Anwendung der Vorschrift zu[5].

2. Ungewißheit bezüglich einer Überschreitung der Drei-Objekt-Grenze

Fraglich erscheint indessen, ob und inwieweit sich diese Grundsätze auf die Beurteilung des sog. gewerblichen Grundstückshandels übertragen lassen.

Verkauft der Steuerpflichtige in dem Besteuerungszeitraum 01 z.B. „nur" zwei Grundstücke, so ist – gemessen an der ständigen Rechtsprechung – gewiß, daß er in diesem Zeitraum keinen gewerblichen Grundstückshandel betrieben hat. Gleiches gilt, wenn er die verkauften Objekte früher erworben hatte. Wegen der in diesem Veranlagungszeitraum gegebenen Tatsachen – Anzahl der verkauften Objekte – liegt zweifelsfrei Vermögensverwaltung vor. Damit ist nicht ungewiß, ob entsprechende Einkünfte als solche aus gewerblicher Tätigkeit zu qualifizieren sind. Ungewiß ist allerdings, ob der Steuerpflichtige in den folgenden „kritischen" (4–10) Veranlagungszeiträumen die sogenannte Drei-Objekt-Grenze überschreitet. Wäre das zukünftige Verhalten des Steuerpflichtigen für die Beurteilung des ersten Besteuerungszeitraums relevant, so könnte eine vorläufige Steuerfestsetzung auch dann zulässig sein, wenn die Voraussetzungen für die Entstehung einer Steuer nur ungewiß *werden* könnten.

3. Gewinnerzielungsabsicht

Mit einem ähnlichen Problem hatte sich der BFH bereits bei der Abgrenzung der Liebhaberei zu befassen. In dem der Entscheidung vom 25. Oktober 1989[6] zugrunde liegenden Sachverhalt hatte der Steuerpflichtige

3 BFH vom 14. Juni 1991 III R 86/89, BFH/NV 1992, 154; vom 9. August 1991 III R 41/88, BFHE 166, 1, BStBl. II 1992, 219.
4 Gl.A *Jörg Grunne,* Der neue Tatsachenbegriff des BFH, NWB F 2, 5839.
5 Der Streit ist neuerdings überholt durch § 165 Abs. 1 Satz 2 Nr. 2 AO i.d.F. des StMBG vom 21. Dezember 1993 (BGBl. I 1993, 2310).
6 X R 109/87, BFHE 159, 128; BStBl. II 1990, 278.

über einen längeren Zeitraum nicht unerhebliche Verluste geltend gemacht. Ab dem 4. Verlustjahr erließ das Finanzamt vorläufige Steuerbescheide mit dem Hinweis, die Steuerfestsetzung erfolge hinsichtlich „der Beurteilung der Gewinnerzielungsabsicht" vorläufig. Der BFH führte in diesem Zusammenhang aus, Unsicherheiten in der Beurteilung der Gewinn/Überschußerzielungsabsicht des Steuerschuldners seien grundsätzlich geeignet, den Erlaß vorläufiger Einkommensteuerbescheide zu rechtfertigen. Gewinnerzielungsabsicht sei eine „innere Tatsache", die nur anhand äußerlicher Merkmale beurteilt werden könne. Wegen des hierdurch begründeten Abhängigkeitsverhältnisses sei Ungewißheit i.S.v. § 165 AO hinsichtlich der Gewinnerzielungsabsicht nur gegeben, wenn die für sie maßgeblichen Einzeltatsachen nicht mit der gebotenen Sicherheit festgestellt werden können. Das sei hier der Fall. Die Frage, ob trotz längerer Verlustperioden eine Gewinnerzielungsabsicht vorliege, lasse sich in der Regel erst nach Ablauf eines längeren Zeitraums beantworten[7]. Zwar sei es richtig, daß alle für die Entstehung des Steueranspruchs i.S.v. § 38 AO bedeutsamen Tatsachen innerhalb eines Veranlagungszeitraums (§ 25 EStG) gegeben sein und daher für jeden Veranlagungszeitraum gesondert geprüft werden müssen. Gehe es aber – wie hier bei der Gewinnerzielungsabsicht – um ein Tatbestandsmerkmal, das durch Elemente der Dauerhaftigkeit und Nachhaltigkeit geprägt ist, so müsse auch der Beurteilungszeitraum entsprechend ausgedehnt werden.

Wenn der BFH die Gewinnerzielungsabsicht als „innere Tatsache" wertet und zugleich eine in die Zukunft gerichtete langfristige Beurteilung verlangt, so wird dabei m.E. übersehen, daß eine Zukunftsprognose keine Tatsache, sondern eine Schlußfolgerung ist[8]. Da jedoch, wie eingangs ausgeführt, die Anwendbarkeit des § 165 AO nicht auf ungewisse „Tatsachen" beschränkt ist, könnte eine vorläufige Steuerfestsetzung auch dann in Betracht kommen, wenn zukünftig Schlußfolgerungen ungewiß erscheinen. Fraglich ist nur, ob ein solches Verfahren – jedenfalls im Zusammenhang mit der Beurteilung eines gewerblichen Grundstückshandels – mit dem Abschnittsprinzip vereinbar wäre.

4. Unterschiede zwischen Gewinnerzielungs- und Verkaufsabsicht

Nach der Rechtsprechung des BFH ist der gewerbliche Grundstückshandel ganz wesentlich gekennzeichnet durch die Absicht, die Grundstücke alsbald nach ihrem Erwerb in unverändertem oder in bebautem Zustand wieder zu verkaufen[9]. Der BFH hält deswegen einen gewerblichen Grund-

7 So auch BFH vom 28. November 1985 – IV R 178/83, BFHE 145, 226, BStBl. II 1986, 293; bestätigt durch BVerfG vom 18. November 1986 1 BvR 330/86, StRK EStG 1975 § 15 Abs. 2 R. 13a.

8 Ebenso *Herrmann/Heuer/Raupach,* EStG und KStG 20. Aufl., Anm. 364 zu § 2 EStG.

9 Z.B. BFH vom 23. Oktober 1987 III 275/83, BFHE 151, 399, BStBl. II 1988, 293; vom 22. März 1990 IV R 23/88, BFHE 160, 249, BStBl. II 1990, 637; ferner *Axel*

stückshandel für gegeben, „wenn ein Steuerpflichtiger sich dazu entschließt, sein Kapital in der Weise einzusetzen, daß er laufend Grundstücke bei jeder geeigneten Gelegenheit erwirbt und mit Gewinn wieder verkauft", und zwar auch dann, wenn er diesen Entschluß nur in drei Fällen realisieren kann und er von dieser Tätigkeit Abstand nehmen muß, weil ihm weitere Geschäfte trotz darauf gerichteter Bemühungen nicht gelingen[10]. Die Abgrenzung zwischen Vermögensverwaltung und gewerblichem Grundstückshandel wird also gesteuert durch die Absicht des Steuerpflichtigen, sein Kapital entweder zur Nutzung von Wirtschaftsgütern oder zur Vermögensumschichtung einzusetzen. Ist aber der Entschluß des Steuerpflichtigen bezüglich der Art und Weise, wie er sein Kapital einsetzen will, für die steuerrechtliche Qualifikation entsprechender Einkünfte entscheidend, so folgt daraus zwangsläufig, daß dieser Entschluß zu Beginn des Kapitaleinsatzes feststehen muß. Der Steuerpflichtige muß also bereits das erste Objekt in zumindest bedingter Verkaufsabsicht erworben haben. Maßgebend sind mithin die subjektiven Vorstellungen des Steuerpflichtigen in dem zu beurteilenden Veranlagungszeitraum[11].

Ob der Steuerpflichtige eine Verkaufsabsicht hatte, kann – wie alle subjektiven Tatbestandsmerkmale – nicht aus reinen Absichtserklärungen, sondern nur anhand äußerer Merkmale festgestellt werden. Insofern dürften bei der Feststellung einer Verkaufsabsicht dieselben Schwierigkeiten bestehen, wie bei der Beurteilung einer Gewinnerzielungsabsicht. Gleichwohl erscheint es bedenklich, die Grundsätze, die der BFH im Zusammenhang mit der vorläufigen Steuerfestsetzung bei Verlustbetrieben entwickelt hat, auf die Abgrenzung von Vermögensverwaltung und Vermögensumschichtung zu übertragen. Die Absicht, Gewinne (Überschüsse) zu erzielen, ist keine Besonderheit einer bestimmten Einkunftsart. Jede Tätigkeit, die nicht als Hobby zu qualifizieren ist, ist wirtschaftlich orientiert, also auf die Erzielung von Überschüssen ausgerichtet. Die Gewinnerzielungsabsicht als Tatbestandsmerkmal eines Gewerbebetriebes entspricht daher dem allen sieben Einkunftsarten immanenten Tatbestandsmerkmal der „Einkünfteerzielungsabsicht" (vgl. auch § 15 Abs. 3 EStG). Kennzeichnend für alle Einkunftsarten ist, daß die ihnen zugrunde liegenden Tätigkeiten oder Vermögensnutzungen auf Dauer der Erzielung positiver Einkünfte oder Überschüsse dienen. Fehlt die Einkünfte-(Überschuß-)Erzielungsabsicht, so fallen die wirtschaftlichen Ergebnisse auch dann nicht unter eine Einkunftsart, wenn sie sich ihrer Art nach unter § 2 Abs. 1 EStG einordnen ließen[12].

Schmidt-Liebig, Der „gewerbliche Grundstückshandel" in der neueren Rechtsprechung des Bundesfinanzhofs, BB 1993, 904 m.w.N.

10 BFH vom 2. September 1992, a.a.O., Fn. 1.

11 *Herrmann/Heuer/Raupach*, a.a.O., Anm. 402 zu § 2 EStG.

12 BFH vom 14. März 1985 IV R 8/84, BFHE 143, 355, BStBl. II 1985, 424, vgl. auch *Günter Söffing*, Einkünfteerzielungsabsicht – Liebhaberei, StVj 1992, 235 ff.

Die mit der Feststellung des „unmöglichen Tatbestandsmerkmals"[13] Gewinnerzielungsabsicht verknüpften Schwierigkeiten waren schon häufig Gegenstand kritischer Auseinandersetzungen[14]. *Seeger* hat in jüngster Zeit gefordert, dieses Tatbestandsmerkmal zu streichen, um den praktischen Bedürfnissen und dem gebotenen Schutz der Intimsphäre der Steuerpflichtigen gerecht zu werden.

Für die Beantwortung der Frage, ob ein Steuerbescheid in einem Fall, in dem der Steuerpflichtige in einem Veranlagungszeitraum z.B. nur zwei Grundstücke verkauft hat, vorläufig ergehen kann, bedarf es m.E. keiner Vertiefung dieser Meinungsverschiedenheiten.

Die Ansicht des BFH, Unsicherheiten in der Beurteilung der Gewinn-(Überschuß-)Erzielungsabsicht des Steuerschuldners seien grundsätzlich geeignet, den Erlaß vorläufiger Steuerbescheide zu rechtfertigen, beruht letztlich darauf, daß der BFH die Gewinnerzielungsabsicht als „Streben nach Betriebsvermögensvermehrung in Gestalt eines Totalgewinns" umschreibt[15]. Ob diese Interpretation dem Gesetzeswortlaut gerecht wird, soll an dieser Stelle nicht untersucht werden. Jedenfalls versteht man unter „Streben" eine zukunftsorientierte Verhaltensweise, während Absicht als innere Tatsache definiert wird, nämlich als die subjektive Vorstellung, einen bestimmten tatbestandlichen Erfolg zu verwirklichen. Ist aber eine Gewinn-(Überschuß-)Erzielungsabsicht Tatbestandsvoraussetzung für alle einkommensteuerlich relevanten Betätigungen oder Vermögensnutzungen[16], so kann diese Gewinn-(Überschuß-)Erzielungsabsicht nicht zugleich maßgebend für die Subsumtion der betreffenden (steuerbaren) Tätigkeit unter eine der Einkunftsarten des § 2 Abs. 1 EStG sein. Wer sich entschließt, sein Kapital in der Weise zu nutzen, daß er laufend Grundstücke bei jeder Gelegenheit erwirbt und mit Gewinn wieder verkauft, ist (regelmäßig) ebenso bestrebt, positive Einkünfte zu erzielen wie derjenige, der sich entschließt, sein Vermögen langfristig anzulegen, um es auf Dauer gewinnbringend zu vermieten und/oder – nach längerer Phase der Fruchtziehung – unter Ausnutzung eventueller bzw. erhoffter Substanzwertsteigerungen zu veräußern.

Das Bestreben, *auf Dauer* ein positives Ergebnis zu erwirtschaften, ist also für die Frage, ob Vermögensumschichtungen (Gewerbebetrieb) oder -nutzung (Vermögensverwaltung) geplant ist, unerheblich.

---

13 Vgl. *Siegbert F. Seeger,* Die Gewinnerzielungsabsicht – ein unmögliches Tatbestandsmerkmal, Festschrift für Ludwig Schmidt, 1993, 36 ff.

14 Vgl. *Siegbert F. Seeger,* a.a.O., Fn. 13; *Klaus Vinzenz,* Der Fiskus noch auf dem Boden des Grundgesetzes?, DStR 1993, 550; *Heinrich Weber-Grellet,* Die leidige Gewinnerzielungsabsicht, DStR 1993, 980.

15 Vom 25. Juni 1984 GrS 4/82, BFHE 141, 405, BStBl. II 1984, 751, 756; ferner z.B. vom 19. November 1985 VIII R 4/83, BFHE 145, 375, BStBl. II 1986, 289.

16 Vgl. auch *Günter Söffing,* Einkünfteerzielungsabsicht – Liebhaberei, StVj 1992, 235 ff.

Entscheidendes Kriterium für die Einordnung von Grundstücksgeschäften in den Bereich der Vermögensverwaltung oder in den der gewerblichen Tätigkeit ist, wie bereits dargelegt, nach überwiegender Ansicht die (mindestens bedingte) Veräußerungsabsicht. Der Begriff Veräußerungsabsicht ist also nicht mit Gewinnerzielungsabsicht gleichzusetzen. Ein Steuerpflichtiger, der sich – aus welchen Gründen auch immer – entschließt, ohne Gewinnerzielungsabsicht planmäßig Immobilien zu erwerben und zu veräußern, erzielt Einkünfte, die ihrer Art nach unter § 2 Abs. 1 Nr. 2 EStG fallen, jedoch – mangels Gewinnstreben – nicht steuerbar sind.

5. Beurteilungszeitraum bezüglich einer Veräußerungsabsicht

Gewinnerzielungs- und Veräußerungsabsicht sind folglich zu unterscheiden. Sie sind m.E. auch hinsichtlich des der Beurteilung zugrunde zu legenden Zeitraums nach unterschiedlichen Kriterien zu beurteilen. Ob das Streben nach Gewinn nur für die Dauer einer (welcher?) Totalgewinnperiode beurteilt werden kann, mag dahingestellt bleiben. Die Absicht, ein erworbenes Grundstück alsbald in unverändertem oder in bebautem Zustand zu veräußern, kann sich schon begrifflich nicht als Dauerzustand dokumentieren. Eine ursprünglich gehegte Absicht kann umgestoßen werden. Sie muß jedoch vor der Tatbestandsverwirklichung konkret im Bewußtsein des Steuerpflichtigen vorhanden sein[17].

Folglich muß diese Absicht in dem konkreten Veranlagungszeitraum, um den es geht, aufgrund der in diesem Zeitraum vorliegenden Beweisanzeichen festgestellt werden.

Die durch § 165 Abs. 1 Satz 1 AO eingeräumte Möglichkeit, eine Steuer vorläufig festzusetzen, entbindet die Finanzbehörde nicht von ihrer Amtsermittlungspflicht (§ 88 AO), denn die Vorläufigkeit darf nach § 165 AO nur insoweit ausgesprochen werden, als ungewiß ist, ob und inwieweit die Voraussetzungen für die Entstehung der Steuer eingetreten sind. Eine vorläufige Steuerfestsetzung kommt demgemäß nur dann in Betracht, wenn trotz angemessener Bemühungen des Finanzamts, den Sachverhalt aufzuklären, eine Unsicherheit in tatsächlicher Hinsicht bleibt, die entweder z.Zt. nicht beseitigt werden kann oder nur unter unverhältnismäßig großen Schwierigkeiten beseitigt werden könnte[18].

Die Finanzbehörde muß also von Amts wegen ermitteln, ob der Steuerpflichtige in dem betreffenden Veranlagungszeitraum Grundstücke verkauft hat, welche er in Veräußerungsabsicht angeschafft hatte. Ausreichend ist, wenn er eine bedingte Absicht zur alsbaldigen Veräußerung hatte, auch wenn zunächst eine anderweitige Nutzung als durch Verkauf geplant war[19]. Die Veräußerungsabsicht muß sich auf das jeweils verkauf-

17 *Siegbert F. Seeger*, a.a.O., Fn. 13.
18 BFH vom 26. September 1990 II R 99/88, BFHE 161, 489, BStBl. II 1990, 1043.
19 BFH vom 5. September 1990 X R 107–108/89, BFHE 161, 543, BStBl. II 1990, 1060.

te Grundstück beziehen. Maßgebend ist auch nicht, wieviele Grundstükke der Steuerpflichtige innerhalb eines bestimmten Zeitraums verkauft hat, sondern wie lange er Eigentümer des betreffenden Grundstücks war[20]. Als Beweisanzeichen, die auf die Absicht, durch Veräußerung der angeschafften Immobilien Gewinne zu erzielen, hindeuten, hat die Rechtsprechung z.B. gewertet:

- ständige Wiederholung gleichartiger Geschäfte[21],
- enger zeitlicher Zusammenhang zwischen An- und Verkauf[22],
- An- und Verkauf der Objekte „in Branchennähe" – z.B. als Bauunternehmer[23].

Ein gewerblicher Grundstückshandel beginnt mit Tätigkeiten, die objektiv erkennbar auf die Vorbereitung der Grundstücksgeschäfte gerichtet sind[24]. Die Absicht muß aber nicht stets schon beim Ankauf des ersten in diesem Zusammenhang bedeutsamen Objekts bestanden haben. Es kann genügen, wenn sie für den ersten der in die Gesamtwürdigung einzubeziehenden Veräußerungsvorgänge nachweisbar ist[25].

Liegen in einem Veranlagungszeitraum keinerlei Beweisanzeichen für eine Verkaufsabsicht vor, so ist es nicht ungewiß, ob in diesem Veranlagungszeitraum eine gewerbliche Tätigkeit anzunehmen ist. Folglich kommt eine vorläufige Steuerfestsetzung nicht in Betracht. Ob die Beurteilung in einem späteren Zeitraum geändert werden kann oder muß, ist m.E. unerheblich. Jedenfalls sind diejenigen objektiven Merkmale, die für eine Verkaufsabsicht sprechen, nicht aufgrund einer Zukunftsprognose sondern ausschließlich nach den Verhältnissen dieses Veranlagungszeitraums zu beurteilen.

III. Ergebnis

Ein gewerblicher Grundstückshandel beginnt mit Tätigkeiten, die objektiv erkennbar auf die Vorbereitung der Grundstücksgeschäfte gerichtet sind. Ob Beweisanzeichen für eine derartige Tätigkeit vorliegen, ist für den jeweiligen Veranlagungszeitraum zu beurteilen. Liegen keine ausreichenden Beweisanzeichen für eine (mindestens bedingte) Verkaufsabsicht bei Anschaffung der veräußerten Grundstücke vor, ist gewiß, daß keine

20 *Axel Schmidt-Liebig,* a.a.O., Fn. 9.

21 BFH vom 17. März 1991 VII R 149/78, BFHE 133, 44, BStBl. II 1981, 522; vom 13. Januar 1993 X R 139/90, BFH/NV 1993, 474.

22 BFH vom 6. April 1990 II R 28/87, BFHE 160, 494, BStBl. II 1990, 1057; vom 20. November 1990 VIII R 15/87, BFHE 163, 66, BStBl. II 1991, 345.

23 BFH vom 10. Februar 1987 VIII R 167/85, BFH/NV 1987, 440; vom 28. September 1987 VIII R 46/84, BFHE 151, 74, BStBl. II 1988, 65.

24 BFH vom 9. Februar 1983 I R 29/79, BFHE 138, 63, BStBl. II 1983, 451; vom 23. Oktober 1987 III R 275/83, BFHE 151, 399, BStBl. II 1988, 293; *Ludwig Schmidt,* EStG, 12. Aufl. Anm. 29b zu § 15.

25 BFH vom 13. Januar 1993 X R 139/90, a.a.O., Fn. 21.

gewerblichen Einkünfte erzielt wurden. Eine vorläufige Veranlagung mit Rücksicht auf den „Verdacht" etwaiger künftiger Verhaltensweisen des Steuerpflichtigen kommt folglich nicht in Betracht.

Das bezüglich der Qualifikation der Einkünfte gewonnene Ergebnis entspricht der ständigen höchstrichterlichen Rechtsprechung, nach der Aufwendungen erst dann als vorab entstandene Werbungskosten abziehbar sind, wenn sich anhand objektiver Umstände feststellen läßt, daß der Steuerpflichtige den Entschluß, Einkünfte einer bestimmten Einkunftsart zu erzielen, endgültig gefaßt hat[26].

---

26 BFH vom 15. April 1992 III R 96/88, BFHE 168, 133, BStBl. II 1992, 819.

Albert Beermann

Haftungsbescheid nach der AO und Entschließungsermessen

Inhaltsübersicht

Franz Klein hat, wie schon die Bibliographie seiner Veröffentlichungen eindrucksvoll zeigt, die Steuerrechtsliteratur – und nicht nur diese – in ungewöhnlich starkem und vielfältigem Maße bereichert. Da fällt es nicht schwer, auch für diesen Beitrag zur Festschrift für den Jubilar eine Beziehung zu seinem Schrifttum zu finden. So führt er in dem gemeinsam mit *Orlopp* herausgegebenen und bereits in 4. Auflage erschienenen AO-Kommentar zu § 5 (Anm. 5) die Regelung über den Haftungsbescheid in § 191 AO als eine der „wichtigsten Ermessensvorschriften" an. Die nachfolgenden Ausführungen zeigen nun, daß zwar gute Gründe bestehen, die diese Auffassung stützen, daß die Frage nach der Einräumung eines solchen Ermessens aber nicht unumstritten ist und daß vor allem praktische Erwägungen Anlaß zu einer Auseinandersetzung mit dieser Frage geben.

I. Begrenzung der Haftung und Entschließungsermessen

Das Institut der Haftung nach der AO ist im Schrifttum wegen der Erscheinung, „die Haftung zu häufen", als eine „Eigentümlichkeit des

Steuerrechts" bezeichnet worden[1]. Gerade diese Erscheinung hat aber auch zu Kritik geführt[2], die in den Äußerungen gipfelt, das Steuerrecht leide an einer „Hypertrophie der Haftungsbestimmungen"[3]. Der Gesetzgeber habe sich „von dem Bestreben leiten lassen, nach Möglichkeit für jeden Steueranspruch irgendwo eine Person zu finden, die für ihn einstehen muß"[4]. Bedenklich sei auch, daß die Haftung „grundsätzlich primär" und daß es in das Ermessen der Behörden gestellt sei, „ob sie sich bei der Durchsetzung des Anspruchs an den eigentlichen Schuldner oder gleich an den Haftenden halten wollen"[5].

In den Zusammenhang dieser Bedenken gegen die Ausdehnung des Steuerschuldverhältnisses auf immer mehr Personen als Haftende und gegen die damit verbundene Angleichung der Stellung des Haftungsschuldners an die des Steuerschuldners gehört auch die Frage, ob den Finanzbehörden bei der Entscheidung über die Inanspruchnahme eines Haftungsschuldners überhaupt ein Ermessen zusteht, ob ihnen insoweit also ein Entschließungsermessen[6] eingeräumt ist. Die Ablehnung eines solchen Entschließungsermessens verstärkt vor allem wegen der weitgehenden Primärwirkung und wegen der geringen praktischen Bedeutung der Subsidiarität der Haftung[7] die Bedenken gegen die kritisierten Erscheinungen der Ausdehnung der Haftung und der Angleichung der Stellung des Haftungsschuldners an die des Steuerschuldners ganz erheblich. Daraus ergeben sich außerdem vor allem für die Praxis beachtliche Schwierigkeiten etwa dahin, ob die Finanzbehörde unter Voraussetzungen, unter denen sogar von einer Steuerfestsetzung abgesehen werden kann (§ 156 AO 1977), befugt ist, auf die Inanspruchnahme eines Haftungsschuldners zu verzichten. Die damit verbundenen Unsicherheiten im Verwaltungsbereich eignen sich vorzüglich als Quelle eines „Automatismus" und Wiege eines „Bürokratismus" bei der Handhabung der Haftungsvorschriften, deren Wirkungen sodann von den Betroffenen vielfach als fatal und nicht selten sogar als ungerecht empfunden werden müssen. Außerdem macht bei der Versagung eines Entschließungsermessens die Frage, ob im Einzelfall Entschließungsermessen oder – den Finanzbehörden nach einhelliger Auffassung zustehendes[8] – Auswahlermessen auszuüben ist, Abgrenzungen

1 *Enno Becker,* Die Reichsabgabenordnung, 1922, § 95 Anm. 1.

2 Vgl. *Tipke/Kruse,* AO/FGO, 14. Aufl. 1965/91, vor § 69 Tz. 2.

3 *Hans Bürger,* Die Rechtsfigur des Steuerschuldners, Vierteljahresschrift für Steuer- und Finanzrecht, 1928, 75, 96.

4 *Albert Hensel,* Die Entwicklung des Steuerrechts durch die Gesetzgebung seit 1919, StuW 1924, 965, 978.

5 *Albert Hensel,* Fn. 4.

6 Vgl. *Monika Völlmeke,* Das Entschließungsermessen beim Haftungsbescheid, DStR 1991, 1001, 1002; *Heinz Mösbauer,* Entschließungs- und Auswahlermessen bei der haftungsmäßigen Inanspruchnahme des (mittelbaren) Geschäftsführers einer GmbH & Co. KG für einbehaltene und angemeldete, aber nicht abgeführte Lohnsteuer, GmbHR 1988, 400.

7 Siehe dazu *Tipke/Kruse,* Fn. 2, vor § 69 Tz. 8.

8 Vgl. *Kühn/Kutter/Hofmann,* AO 16. Auf., 1990, § 191 AO, Anm. 2.

erforderlich, die mit erheblichen, bisher nur deshalb nicht in Erscheinung getretenen Schwierigkeiten verbunden sind, weil die Praxis – noch – von der Einräumung eines Entschließungsermessens ausgeht.

Im Schrifttum[9] aber wird die Rechtslage hinsichtlich der Frage nach einem behördlichen Entschließungsermessen bei der Entscheidung über die Inanspruchnahme eines Haftungsschuldners nach der AO auch unter Berufung auf die Rechtsprechung des BFH bereits als ungeklärt bezeichnet. Da dieser Frage, wie aufgezeigt, maßgebliche Bedeutung für die Begrenzung der Haftung auch bei der praktischen Handhabung zukommt und da es sich als notwendig erwiesen hat, der Haftung nach der AO nur „auf das sachliche angemessene Maß zurückgeschnitten"[10] Geltung zu verschaffen, drängt es sich auf, den erhobenen Bedenken gegen ein Entschließungsermessen nachzugehen und zu prüfen, ob sie berechtigt sind.

II. Stand der Meinungen zur Frage der Einräumung eines Entschließungsermessens

In § 191 Abs. 1 Satz 1 AO 1977 ist bestimmt, daß durch Haftungsbescheid in Anspruch genommen werden „kann", wer kraft Gesetzes für eine Steuer haftet (Haftungsschuldner). Diese Bestimmung wird in Schrifttum und Rechtsprechung als Rechtsgrundlage für die Beurteilung der Frage, ob den Finanzbehörden hinsichtlich der Inanspruchnahme von Haftungsschuldnern ein Entschließungsermessen eingeräumt ist, herangezogen und – trotz des darin enthaltenen Wortes „kann", das in Gesetzen verwendet wird, um eine Ermesseneinräumung zum Ausdruck zu bringen[11] – unterschiedlich interpretiert.

1. Schrifttum

a) Ablehnung eines Entschließungsermessens

So wird diese Vorschrift im Schrifttum[12] dahin ausgelegt, sie betreffe „lediglich die verfahrensmäßige Form der Geltendmachung von Haftungsansprüchen". Daraus wird sodann als „näher" liegende Folgerung entnommen, das „Können" nach dieser Vorschrift sei als „rechtliche Befugnis" aufzufassen. Zur Begründung dieser Schlußfolgerung wird ergänzend ausgeführt, der Haftungsanspruch unterliege ebensowenig der Dispositionsmaxime der Finanzbehörden wie der Steueranspruch selbst, so daß im Hinblick auf das Legalitätsprinzip nicht davon ausgegangen werden könne, die Entschließung, ob der Haftungsanspruch geltend ge-

9 *Eckhard Bax,* Die Haftung nach allgemeinem Abgabenrecht aus steuer- und verfassungsrechtlicher Sicht, 1992, 163.
10 *Klaus Tipke,* Die Abgabenordnung 1977 aus der Sicht der Steuerwissenschaft, StKongrRep 1976, 1976, S. 121 ff., 135.
11 Vgl. *Tipke/Kruse,* Fn. 2, § 5 Tz. 6.
12 *Kühn/Kutter/Hofmann,* Fn. 8, § 191 AO Anm. 1 f.

macht werde, stehe im pflichtgemäßen Ermessen der Finanzbehörde. Im Hinblick auf § 219 Satz 1 AO 1977 fehle es auch an einem Bedürfnis für die Annahme eines derartigen Entschließungsermessens, da nach dieser Vorschrift grundsätzlich die Erfolglosigkeit der Vollstreckung in das bewegliche Vermögen oder die berechtigte Annahme der Aussichtslosigkeit einer solchen Vollstreckung Voraussetzung für die Inanspruchnahme des Haftungsschuldners auf Zahlung sei. Durch die Einräumung eines Entschließungsermessens werde auch die Grenze zum Erlaß des Anspruchs aus Billigkeitsgründen (§ 227 AO 1977) verwischt.

Nach anderer Auffassung im Schrifttum[13] soll das „kann" in § 191 Abs. 1 Satz 1 AO 1977 nur dem Umstand Rechnung tragen, daß Steuerschuldner und Haftender Gesamtschuldner sind. Der Finanzbehörde soll deshalb nur ein Auswahlermessen zustehen. Die Einräumung eines Entschließungsermessens mit der Folge eines Verzichts auf die Inanspruchnahme des Haftenden soll dem Zweck der Haftungsvorschriften und dem Legalitätsprinzip widersprechen.

Gegen die Einräumung eines Entschließungsermessens wird im Schrifttum[14] außerdem eingewandt, es habe zur Folge, daß „die Entscheidung über das Steueraufkommen in diesem Bereich auf die Exekutive verlagert" werde; das stehe dem steuerrechtlichen Legalitätsprinzip entgegen[15]. Dieses Ergebnis wird aus dem „rechtsstaatlichen Postulat materialer Steuergerechtigkeit"[16], aus dem Grundsatz der Tatbestandsmäßigkeit der Besteuerung[17] und aus dem Bestimmtheitsgebot[18] gefolgert.

b) Anerkennung eines Entschließungsermessens

„Überwiegend" wird aus § 191 Abs. 1 AO 1977 allerdings – bisher immer noch – geschlossen, der Erlaß des Haftungsbescheids stehe im pflichtgemäßen Ermessen der Finanzbehörde[19] und eröffne auch ein „uneingeschränktes" Entschließungsermessen[20]. Nach dieser Auffassung gilt „für das Haftungsverfahren" das Opportunitätsprinzip und nicht das Legalitätsprinzip[21].

13 *Tipke/Lang,* Steuerrecht, 13. Aufl., 1991, 142 f.
14 *Eckhard Bax,* Fn. 9, 157 ff.
15 *Eckhard Bax,* Fn. 9, 177.
16 *Eckhard Bax,* Fn. 9, 177 ff.
17 *Eckhard Bax,* Fn. 9, 181 ff.
18 *Eckhard Bax,* Fn. 9, 185 ff.
19 *Kühn/Kutter/Hofmann,* Fn. 8, § 191 AO Anm. 2.
20 *Eckhard Bax,* Fn. 9, 106.
21 Vgl. *Tipke/Kruse,* Fn. 2, § 86 Tz. 1 a.E., § 191 Tz. 6; *Wolfgang Dumke* in Schwarz, AO 1993, § 86 Rz. 3; *Hartmut Söhn* in Hübschmann/Hepp/Spitaler, Kommentar zur AO und FGO, 9. Aufl., § 86 Rz. 12a; *Heide Boeker* in Hübschmann/Hepp/Spitaler, § 191 Rz. 55 f.; *Klein/Orlopp,* AO, 4. Aufl., 1989, § 191 Anm. 3; *Raymond Halaczinsky* in Koch/Scholtz, AO, 4. Aufl., 1993 vor § 191 Rz. 2, § 191 Rz. 11.

Die Auffassung, daß den Finanzbehörden ein Entschließungsermessen eingeräumt sei, wird in erster Linie auf den Gesetzeswortlaut des § 191 Abs. 1 Satz 1 AO 1977 („kann") sowie auf den Normzusammenhang mit der Bestimmung in § 85 AO 1977 gestützt. Daraus wird entnommen, daß die Finanzbehörden nur Steuerschuldner in Anspruch nehmen „müssen" und nicht auch Haftungsschuldner[22]. Außerdem wird zur Begründung dieser Meinung auf die Entstehungsgeschichte des § 191 Abs. 1 Satz 1 AO 1977 verwiesen[23] und weiter ausgeführt, bei der Inanspruchnahme eines Haftungsschuldners seien im Rahmen des Ermessens auch die aus dem Rechtsstaatsprinzip abzuleitenden Grundsätze der Verhältnismäßigkeit und der Sozialstaatlichkeit zu berücksichtigen[24].

Die Vereinbarkeit der Ermessenseinräumung mit dem Grundsatz der Gesetzmäßigkeit der Verwaltung wird damit begründet[25], daß die Finanzbehörden aufgrund der Haftungstatbestände (§ 69 ff. AO 1977) hinsichtlich der Entstehung von Haftungsansprüchen gebunden seien und daß der Erlaß von belastenden Verwaltungsakten durch Gesetz – auch – in das Ermessen der Behörden gestellt werden könne. Unter Berufung auf die Rechtsprechung des BVerfG und des BVerwG wird dazu ausgeführt, daß es rechtsstaatsgemäß sei, wenn der Verwaltung Entscheidungsfreiheit dahin eingeräumt werde, ob sie von den ihr vom Gesetzgeber zur Verfügung gestellten und klar umrissenen Eingriffsmöglichkeiten Gebrauch machen wolle. Angesichts der vielfältigen und komplexen regelungsbedürftigen Lebensverhältnisse vermöchten vielfach Zweckmäßigkeit und Angemessenheit einer Rechtsfolgeanordnung nicht abstrakt durch den Normgeber, sondern nur vor Ort konkret durch die zuständige Behörde beurteilt zu werden.

In Anlehnung an den Rechtsgedanken in § 156 Abs. 2 AO 1977, so wird weiter geltend gemacht[26], sollten bei der Entscheidung über den Erlaß des Haftungsbescheids die Tatsachen – sofern sie feststünden – berücksichtigt werden, daß die Einziehung keinen Erfolg haben werde oder daß die Kosten der Einziehung einschließlich der Festsetzung außer Verhältnis zum Haftungsbetrag stünden, insbesondere dann, wenn das Vorliegen der Voraussetzungen des gesetzlichen Haftungstatbestandes zwischen der Finanzbehörde und dem Haftungsschuldner streitig sei. Dabei müsse die Arbeitszeit der Beamten und Richter als Kostenfaktor angesehen werden. Im Rahmen der Ausübung des Entschließungsermessens könnten auch ein Verschulden der Finanzbehörde bei der Entstehung des Schadens beachtet werden sowie besondere Umstände, die etwa bei einem abhängigen Arbeitnehmer als Haftungsschuldner zu der für die Entstehung der Haftung maßgebenden Pflichtverletzung geführt hätten, so etwa Druck

22 *Heide Boeker* in Hübschmann/Hepp/Spitaler, Fn. 21, § 191 AO Rz. 55; *Wolfgang Dumke* in Schwarz, Fn. 21, § 191 Anm. 4b, 44.
23 *Tipke/Kruse,* Fn. 2, vor § 69 Tz. 9, § 191 Tz. 6.
24 *Klein/Orlopp,* Fn. 21, AO, 4. Aufl., § 191 Anm. 8.
25 Vgl. *Heinz Mösbauer,* Fn. 6, 401.
26 *Monika Völlmeke,* Fn. 6, 1004.

der Kapitalgeber, Angst um den eigenen Arbeitsplatz oder emotionale Abhängigkeiten. Zu berücksichtigen sei auch, daß die Höhe des Haftungsbetrages häufig außer Verhältnis zum Arbeitseinkommen eines Arbeitnehmers als Haftungsschuldner stehe und daß bei uneingeschränkter Anwendung der Haftungsvorschriften ein solcher Haftungsschuldner für das weitere Leben an die Grenzen der Armut gelange und gesellschaftlich ausgegrenzt werde. Die Umstände, die für die Ausübung des Entschließungsermessens von Bedeutung seien, lägen – allerdings – in der Sphäre des Haftungsschuldners; es sei ihm deshalb zuzumuten, sie – bis zur letzten Verwaltungsentscheidung – vorzutragen. Nur wenn das geschehe und die Finanzbehörde das nicht berücksichtige, komme eine Rechtswidrigkeit des Haftungsbescheids wegen fehlerhafter Ausübung des Entschließungsermessens in Betracht. Aus der gerichtlichen Bestätigung der Rechtmäßigkeit eines Haftungsbescheides könne nicht ohne weiteres gefolgert werden, daß die Berücksichtigung etwa der Vermögensverhältnisse oder sonstiger Erlaßgründe – der aufgezeigten Art aus der Sphäre des Haftungsschuldners – im Rahmen der Ermessensausübung fehlerhaft wäre.

2. Rechtsprechung

Nicht nur der BFH ist in seiner Rechtsprechung stets davon ausgegangen, daß den Finanzbehörden zum Erlaß von Haftungsbescheiden, nach § 191 Abs. 1 AO 1977 ein Entschließungsermessen zustehe[27]. Auch andere Gerichte haben diese Auffassung vertreten[28]. Diese Rechtsfolge ist – wie im Schrifttum – dem Wort „kann" in § 191 Abs. 1 Satz 1 AO 1977 entnommen worden[29]. Zur Frage, ob § 219 Satz 2 AO 1977 ein anderes Ergebnis rechtfertigt, hat der BFH entschieden, diese Vorschrift hebe die Einräumung des Ermessens nicht auf[30].

Allerdings hat der BFH[31], davon ausgehend, daß die Finanzbehörden zu gleichmäßiger Festsetzung und Erhebung von Steuern nach Maßgabe der

27 Vgl. BFH-Urteil vom 8. November 1988 VII R 78/85, BFHE 155, 17, 20, BStBl. II 1989, 118; vgl. auch BFH-Urteil vom 18. Juli 1991 V R 72/87, BFHE 164, 506, 508, BStBl. II 1991, 781, in dem gerade wegen des Erfordernisses der Ermessensausübung die Umdeutbarkeit eines Zinsbescheides in einen Haftungsbescheid abgelehnt worden ist.

28 Vgl. Entscheidungen des FG Rheinland-Pfalz vom 12. September 1990 5 K 1983, EFG 1991, 109, des FG München vom 26. November 1986 I 47/80 E, EFG 1987, 250, des FG des Saarlandes vom 22. Juli 1983 II 205/82, juris, Doknr. 311669, des FG Köln vom 12. August 1982 V 34/80 H (U.K), EFG 1983, 214, sowie des OVG des Saarlandes vom 27. März 1990 1 R 281/87, juris, Doknr. 2815 13.

29 BFH-Urteil vom 9. Oktober 1985 I R 154/82, BFH/NV 1986, 321, 323.

30 BFH-Urteil vom 5. Juni 1985 VII R 57/82, BFHE 144, 290, 292, BStBl. II 1985, 688.

31 Vgl. Urteile vom 29. September 1987 VII R 54/84, BFHE 151, 111, 114, BStBl. II 1988, 176, und vom 2. Oktober 1986 VII R 28/83, BFH-NV 1987, 349, 351 f.

Gesetze verpflichtet seien und das Rechtsinstitut der Haftung der „Verstärkung und Sicherung des Steueranspruchs" diene, gelegentlich Zweifel dahin geäußert, ob es „angesichts dieser Besteuerungsgrundsätze" ein Entschließungsermessen der Finanzbehörden gebe. Er hat diese Frage zwar dahingestellt sein lassen, gleichwohl aber weiter ausgeführt, „im Hinblick auf die dem Steuergläubiger im öffentlichen Interesse obliegende Aufgabe, die geschuldeten Abgaben nach Möglichkeit zu erheben, könnte jedenfalls der Erlaß eines Haftungsbescheides bei Uneinbringlichkeit der Erstschuld nur unter ganz außergewöhnlichen Umständen ermessensfehlerhaft sein". Das Finanzamt brauche im Regelfall, wenn solche außergewöhnlichen Umstände nicht vorgetragen und nicht ersichtlich seien, seine Entschließung, den Haftenden in Anspruch zu nehmen, jedenfalls dann nicht „besonders" zu begründen, wenn eine anderweitige Realisierung des Steueranspruchs beim Steuerschuldner oder bei einem anderen Haftungsschuldner nicht möglich sei. Diese Auffassung hat der BFH[32] allerdings dahin eingeschränkt, das gelte jedenfalls dann, wenn erkennbar sei, daß sich das Finanzamt des Umstandes bewußt gewesen sei, daß es mit der Heranziehung des Haftungsschuldners eine Ermessensentscheidung nach § 191 Abs. 1 AO 1977 zu treffen gehabt habe.

Der BFH[33] hat außerdem ausgeführt, die Inanspruchnahme des Haftenden sei selbst dann nicht ermessensfehlerhaft, wenn die Voraussetzungen für einen Billigkeitserlaß gegeben seien. Deshalb sei das Finanzamt auch nicht verpflichtet, vor Erlaß des Haftungsbescheides die Einkommens- und Vermögensverhältnisse des Haftungsschuldners zu überprüfen. Soweit sich aus der Entscheidung des BFH vom 1. Juni 1965 VII 228/63 U[34] ergeben sollte, daß die Inanspruchnahme des Haftenden ermessensmißbräuchlich sein könne, wenn mit hoher Wahrscheinlichkeit ausgeschlossen sei, daß der Haftungsschuldner den geschuldeten Betrag „jetzt oder später ganz oder zum Teil" werde aufbringen können, bestünden Zweifel daran, ob eine solche Auffassung aufrechterhalten werden könne.

Zur Bedeutung des Schadens für die Inanspruchnahme des Haftungsschuldners hat der BFH[35] ausgeführt, wenn trotz des Vorliegens der Voraussetzungen für eine Steuerverkürzung etwa als Folge der Entstehung einer Steuerschuld aus formalen Gründen ein Schaden beim Steuergläubiger nicht eingetreten oder der eingetretene Schaden etwa gerade als Folge des Verhaltens des Haftungsschuldners niedriger sei als der Betrag der verkürzten Steuer, so entspreche es dem Zweck der Ermächtigung nach § 191 Abs. 1 AO 1977, diese Gesichtspunkte bei der Ermessensentscheidung über die Inanspruchnahme des Haftungsschuldners zu berücksichtigen. In dem Fall, der dieser Entscheidung zugrunde liegt, hat der BFH zur

32 Urteil vom 29. Mai 1990 VII R 81/89, BFH-NV 1991, 283; vgl. auch Beschluß vom 9. September 1991 VII B 104/91, BFH-NV 1992, 289.

33 Urteil vom 2. Oktober 1986 VII R 28/83, BFH-NV 1987, 349, 352.

34 BFHE 82, 689, BStBl. III 1965, 495.

35 Urteil vom 8. November 1988 VII R 78/85, BFHE 155, 17, 21, BStBl. II 1989, 118.

Beurteilung der „Minderung des Schadens gegenüber der verkürzten Steuer" die Steuerverkürzung, die durch die vorschriftswidrige Verwendung von Mineralöl (Heizöl) zum Verheizen, einem steuerbegünstigten Zweck, eingetreten war, dem Steuerbetrag gegenübergestellt, den der Steuergläubiger bei vorschriftsmäßiger Verwendung zu dem steuerbegünstigen Zweck erhalten hätte.

Der BFH führt in derselben Entscheidung zur Bedeutung des Entschließungsermessens für die Frage des Ausmaßes der Inanspruchnahme außerdem aus, wenn die Finanzbehörde aufgrund des Entschließungsermessens befugt sei, ganz auf eine Inanspruchnahme des Haftungsschuldners zu verzichten, so könne ihr die Befugnis, den Haftungsschuldner nur für einen Teilbetrag der Haftungsschuld in Anspruch zu nehmen, nicht abgesprochen werden. Er geht in diesem Zusammenhang auf seine Entscheidung vom 7. Juli 1983 V R 1977/81[36] ein, in der eine Dispositionsbefugnis und damit ein Ermessen der Finanzbehörde über die Höhe des Haftungsanspruchs „grundsätzlich" abgelehnt worden war, und meint dazu, in dieser Entscheidung komme bereits zum Ausdruck, daß die Befugnis der Finanzbehörde zur Entscheidung über die Höhe der Inanspruchnahme des Haftungsschuldners zumindest in besonders liegenden Ausnahmefällen nicht ausgeschlossen sei. Sodann legt er dar, daß es dem Ziel der Inanspruchnahme des Steuerhinterziehers als Haftungsschuldner entspreche, ihn – nur – zum Ersatz des Schadens heranzuziehen, der dem Steuergläubiger durch die Steuerhinterziehung entstanden sei und den der Steuerhinterzieher durch sein Verhalten angerichtet habe. Dieses Ziel sei bei der Prüfung der Ermessensentscheidung nach § 102 FGO zu berücksichtigen.

An anderer Stelle hat der BFH[37] – später – jedoch erneut ausgeführt, daß er „für den Regelfall" der Auffassung folge, die Höhe der Haftung sei „grundsätzlich" nicht in das Ermessen der Finanzbehörde gestellt. Andernfalls würde den Finanzbehörden bei der Inanspruchnahme eines Haftenden die Pflicht auferlegt, im Rahmen der Ermessensentscheidung besondere Umstände und weitreichende Ermittlungen darüber anzustellen, ob der Haftungsschuldner zahlungsunfähig sei und ob dessen Verschulden im richtigen Verhältnis zur Haftungssumme stehe. Die Haftung habe Schadensersatz- und nicht Sanktionscharakter.

Die Frage, ob ein etwaiges Mitverschulden der Finanzbehörde, z.B. durch Unterlassen der Vollstreckung gegen den Steuerschuldner im Rahmen der Ermessensentscheidung über die Inanspruchnahme des Haftungsschuldners zu berücksichtigen ist, hat der BFH[38] bisher in seiner Rechtsprechung offengelassen.

36 BFHE 139, 310, 312, BStBl. II 1984, 70.
37 Urteil vom 5. September 1989 VII R 61/87, BFHE 158, 13, 15.
38 Vgl. Entscheidungen vom 2. Oktober 1986 VII R 28/83, BFH-NV 1987, 349, 352, und vom 28. August 1990 VII S 9/90, BFH-NV 1991, 290.

III. Entwicklung der Haftungsvorschriften und Entschließungsermessen

Auch wenn man der Auffassung folgt, daß die Entstehung gesetzlicher Vorschriften bei deren Auslegung nur bestätigend oder zur Behebung verbliebener, anders nicht zu beseitigender Zweifel berücksichtigt werden darf[39], so erscheint es zur Beurteilung der Frage, ob der Behörde für den Erlaß eines Haftungsbescheids und die damit verbundene Inanspruchnahme eines Haftungsschuldners ein Entschließungsermessen eingeräumt ist, jedenfalls förderlich, mit der historischen Betrachtungsweise zu beginnen und die Entwicklung der Haftungsvorschriften im Hinblick auf diese Frage aufzuzeigen. Das trägt vor allem zum Verständnis von Sinn und Zweck der Haftung als steuerrechtlichem Institut bei, was wiederum – als Folgerung aus der rechtlichen Gestaltung der Haftung und als bestimmendes Element ihrer Handhabung in der Praxis – eine maßgebliche Grundlage für die Auslegung der Haftungsvorschriften und für die Beurteilung der Frage nach den behördlichen Befugnissen bei deren Anwendung bildet.

1. Haftungsvorschriften der RAO

Das Institut der Haftung nach der AO wird durch ein Konglomerat von Vorschriften geregelt, deren Zusammenfassung – gegenwärtig im vierten Abschnitt des zweiten Teils der AO 1977 (§§ 69–77) – ursprünglich aus dem Bestreben entstanden ist, das bürgerliche Vertretungsrecht in der RAO „durch wichtige ergänzende Vorschriften" den steuerlichen Bedürfnissen bis hin zur persönlichen Haftung der „gesetzlichen Vertreter juristischer und geschäftsunfähiger Personen oder nur beschränkt geschäftsfähiger Personen" sowie der „Bevollmächtigten" und derjenigen, „die als solche auftreten", anzupassen[40].

a) Haftungstatbestände

Das Erfordernis einer Ergänzung des bürgerlichen Vertretungsrechts durch besondere Vorschriften in der RAO auch über die Haftung ist damit begründet worden, die Finanzämter müßten „jemand haben" an den sie sich wenden könnten. Deshalb würden die Vertreter „verpflichtt", die „Pflichten" zu erfüllen, „die den von ihnen vertretenen Personen obliegen, insbesondere auch die Steuern aus etwa von ihnen verwalteten Mitteln zu bezahlen". Soweit der Steuerfiskus durch ihr Verschulden „geschädigt" werde, sollten sie „persönlich haften"[41]. Im Zusammenhang mit dieser Vertretung ist sodann schon in der RAO 1919[42] unter der

39 Vgl. *Tipke/Kruse,* Fn. 2, § 4 Tz. 99 ff., 99a.
40 Vgl. Entwurf der RAO, Begründung zu § 83 Abs. 2 bis § 86, Drucks. Nr. 759 der Verfassunggebenden Deutschen Nationalversammlung S. 104.
41 Vgl. Entwurf der RAO, Fn. 40.
42 Vom 13. Dezember 1919, RGBl. 1919, 1993, §§ 83–101.

Überschrift „Geschäftsfähigkeit, Vertretung, Vollmacht, Haftung" die Haftung insgesamt, vor allem auch einschließlich der sehr unterschiedlichen, mit der Vertretung nicht im Zusammenhang stehenden Haftungstatbestände geregelt worden. Danach kann das Vertretungsrecht und insbesondere die Vertreterhaftung als Keimzelle des AO-Rechtsinstituts der Haftung bezeichnet werden.

Bedeutsam erscheint in diesem Zusammenhang auch, daß in den Haftungsvorschriften der RAO 1919 (vgl. § 95) eine besondere Regelung über die Gesamtschuldnerschaft aller „Personen, die nebeneinander für eine Steuerschuld oder eine andere aus den Steuergesetzen entspringende Geldschuld haften", enthalten war.

Die den Haftungstatbeständen, einschließlich der Regelung über die Gesamtschuldnerschaft innewohnende Tendenz, „das Steuerschuldverhältnis möglichst weit auszudehnen"[43], ist schon bei der Schaffung der RAO als eine Gefahr erkannt worden, die der Eindämmung bedarf. Als Folge der Bemühungen, sie in Grenzen zu halten, darf es angesehen werden, daß der Tatbestand der Vertreterhaftung im Verlauf der Ausschußsitzungen[44] „schärfer umgrenzt" und vor allem durch die Einfügung des Erfordernisses „schuldhafte Verletzung" der durch die RAO ausdrücklich „auferlegten Pflichten" eingeengt worden ist. Im Hinblick auf die Frage nach dem Entschließungsermessen darf außerdem die Ergänzung der Regelung über die Vertreterhaftung im Verlaufe der Ausschußsitzungen nicht unbeachtet bleiben, nach der die „Geltendmachung" der als „Ersatzansprüche" bezeichneten Haftungsansprüche „der Zustimmung des Landesfinanzamts" bedurfte (§ 90 Abs. 1 Satz 2 RAO 1919). Dadurch sollte „vermieden werden, daß die Finanzämter sich von ihrem Pflichtgefühle zu der Auffassung drängen lassen, jede Kleinigkeit lediglich deshalb aufgreifen zu müssen, weil ihnen ein Recht auf einen Verzicht auf Geltendmachung der Haftungsansprüche nicht zustehe"[45].

b) Behördliche Befugnis zur Inanspruchnahme des Haftungsschuldners

Eine der Regelung in § 191 Abs. 1 AO 1977 entsprechende Vorschrift ist die zunächst in § 98 RAO 1919 und später in § 118 RAO enthaltene Regelung, das Finanzamt, das die Steuerschuld des Steuerpflichtigen festzusetzen habe, sei „befugt", diejenigen, die neben dem Steuerpflichtigen oder an dessen Stelle persönlich für die Steuer haften, in Anspruch zu nehmen. Steuerpflichtiger i.S. der RAO war – anders als nach der AO 1977 (vgl. § 33) – nur derjenige, der „nach den Steuergesetzen eine Steuer als Steuerschuldner zu entrichten" hatte (§ 79 Abs. 1 RAO 1919, später § 97 Abs. 1 RAO). Die Bedeutung der Regelung in § 98 RAO 1919, später

43 Vgl. *Tipke/Kruse,* Fn. 2, vor § 69 Tz. 2.

44 Vgl. Drucks. Nr. 1460 der Deutschen Nationalversammlung S. 17.

45 Verfassunggebende Deutsche Nationalversammlung, Bericht des 11. Ausschusses über den Entwurf einer RAO, § 90, Drucks. Nr. 1460 S. 17.

in § 118 RAO, ist bei der Schaffung der RAO darin gesehen worden, daß dadurch das für die Inanspruchnahme des Haftungsschuldners zuständige Finanzamt bestimmt werde[46].

Diese danach als Zuständigkeitsregelung gedachte Vorschrift des Haftungsrechts ist allerdings schon vom RFH[47] und später auch vom BFH in ständiger Rechtsprechung[48] dahin ausgelegt worden, daß sie dem Finanzamt ein Ermessen – auch – bei der Entscheidung darüber einräume, ob derjenige, der die Voraussetzungen eines Haftungstatbestandes erfüllt hat, in Anspruch genommen werden solle.

Das entspricht dem Ziel, das zumindest mit der Schaffung der RAO-Haftungsvorschriften verfolgt worden ist und darin bestehen sollte, der Finanzverwaltung die „Möglichkeit" zur Inanspruchnahme eines Haftungsschuldners zu verschaffen. Gegen das Ziel, eine Pflicht zur Inanspruchnahme zu begründen, sprechen vor allem die Ergänzung der Vorschrift über die Vertreterhaftung um das Erfordernis der Zustimmung des Landesfinanzamts und die aufgezeigten Erwägungen, die zu dieser Ergänzung geführt haben. Sie lassen erkennen, daß die Ergänzung einer „Auffassung" entgegenwirken sollte, das Finanzamt sei zu einem „Verzicht auf Geltendmachung" nicht berechtigt. Die Annahme, daß nach den Vorstellungen, die der Schaffung der RAO zugrunde liegen, die Haftungsvorschriften der Finanzämter zur Inanspruchnahme eines Haftungsschuldners nur berechtigen und nicht auch verpflichten sollten, wird außerdem durch die aufgezeigten Ausführungen zur Begründung der Haftungsvorschriften, die Finanzämter sollten jemanden haben, an den sie sich bis hin zur Bezahlung der geschuldeten Steuerbeträge wenden könnten, sowie dadurch gestützt, daß die Haftungsansprüche als „Ersatzansprüche" angesehen und bezeichnet worden sind. Es entspricht dem Wesen von Ansprüchen dieser Art, bei der Verfolgung stets und deshalb auch bei deren Beginn vorausschauend Erfolg und Aufwand gegeneinander abzuwägen und von einer Verfolgung dann abzusehen, wenn der Aufwand im Verhältnis zum Erfolg zu hoch erscheint. Das ist nur dadurch erreichbar, daß die Behörde bei der Verfolgung derartiger Ansprüche von Beginn an befugt ist, darauf zu verzichten.

2. Haftungsvorschriften der AO 1977

Die Haftungsvorschriften der AO 1977 (§§ 69–76, 191) sind in Anlehnung an diejenigen der RAO geschaffen worden[49]. Das gilt namentlich auch für

46 Entwurf der RAO, Fn. 40, Begründung zu § 98, S. 106.

47 Vgl. Urteil vom 4. Januar 1927 V A 695/26, RFHE 20, 199.

48 Vgl. Urteile vom 26. Januar 1961 IV 140/60, HFR 1961, 109, vom 13. April 1978 V R 109/75, BFHE 125, 126, BStBl. II 1978, 508, vom 24. Oktober 1979 VII R 7/77, BFHE 129, 13, BStBl. II 1980, 58, und vom 30. April 1987 VII R 48/84, BFHE 149, 511.

49 Vgl. Begründung zu den Haftungsvorschriften im Entwurf einer AO 1974, BT-Drucks. VI/1982, 119 ff., 159 f., in der zu den einzelnen Vorschriften ausgeführt ist, daß sie „entsprechend" oder „nach dem Vorbild" einer Vorschrift der

die hier bedeutsame Regelung in § 191 Abs. 1 Satz 1 AO 1977. Sie ist aus der Vorstellung heraus entstanden, durch sie werde die Bestimmung in § 118 RAO (§ 98 RAO 1919) erfaßt[50].

Es darf angenommen werden, daß die Auslegung dieser Vorschrift durch den RFH und den BFH bei der Schaffung des § 191 AO 1977 bekannt war. Jedenfalls ist während der Reform der Reichsabgabenordnung, die zu der AO 1977 geführt hat, und lange Zeit vor der Verabschiedung dieses Gesetzes im Schrifttum[51] darauf hingewiesen worden, daß aus § 118 RAO abgeleitet worden sei, es stehe im Ermessen der Finanzbehörde, ob sie einen Haftungsschuldner in Anspruch nehmen wolle, und daß diese Ansicht voraussichtlich weiterhin vertreten werde, wenn die bei der Reform vorgesehene (dem § 191 Abs. 1 Satz 1 AO 1977 entsprechende) Regelung mit den Worten „kann . . . in Anspruch genommen werden" Gesetz werde. Schon das spricht dafür, daß dem Wort „kann" auch von den Urhebern dieser Vorschrift die Bedeutung der Einräumung auch eines Entschließungsermessens beigemessen worden ist. Das würde auch der aufgezeigten Zielrichtung der RAO-Haftungsvorschriften insgesamt entsprechen, der Verwaltung lediglich die Möglichkeit zu geben, sich bei den Haftungsschuldnern für Steuerausfälle schadlos zu halten, ohne eine entsprechende Verpflichtung begründen zu wollen. Es sind keine Anhaltspunkte vorhanden, daß diese Zielrichtung durch die Schaffung der nunmehr geltenden Haftungsvorschriften geändert werden sollte.

IV. Zweck der Haftung und Entschließungsermessen

Mit der Haftung nach den Vorschriften der AO 1977 soll – wie schon nach denen der RAO – errreicht werden, dem Steuergläubiger die Möglichkeit zu eröffnen, vom Haftungsschuldner Ersatz für eine von einem anderen geschuldete Leistung zu erlangen. Das bedeutet allerdings nicht, daß der Haftungsschuldner „anstelle des Schuldners . . . auf die geschuldete Leistung" in Anspruch genommen werden kann[52]. Der Haftungsschuldner muß zwar zur Sicherung des Steuergläubigers für die von einem anderen geschuldete Leistung einstehen[53]. Die Haftung ist aber auf einen Ersatz für diese Leistung und damit auf eine gesonderte, eigenständige Leistung gerichtet. Der Steuergläubiger soll durch die Haftung hinsichtlich der von einem anderen zu erbringenden Leistung von dessen Unvermögen oder bösem Willen unabhängig werden[54]. Zweck der Haftung ist danach, – als

RAO geschaffen worden sind oder daß eine Vorschrift einer solchen der RAO „entspricht" oder ihr „nachgebildet" ist.

50 Vgl. Begründung zu § 172 des Entwurfs einer AO 1974, Fn. 49, S. 160.

51 *Klaus Tipke,* Zur Reform der RAO, Stellungnahme zum Reformentwurf, 5. Teil: Haftung, Gesamtschuld, FR 1970, 479, 482.

52 So *Kühn/Kutter/Hofmann,* Fn. 8, Vorbem. 1 zu §§ 69 mit 77 AO.

53 *Schwarz,* Fn. 21, vor §§ 69–77 Rz. 3.

54 *Tipke/Kruse,* Fn. 2, vor § 69 Tz. 2; *Hugo v. Wallis* in Hübschmann/Hepp/Spitaler, Fn. 21, vor § 69 AO Rz. 4.

Kehrseite des Einstehenmüssens für eine fremde Schuld[55] – Ansprüche zugunsten des Steuergläubigers zum Ausgleich von Beeinträchtigungen hinsichtlich Leistungen zu begründen, die andere Personen als der Haftungsschuldner zu erbringen haben.

Dieser Zweck hat auch im Wortlaut der AO-Haftungsvorschriften Ausdruck gefunden. So ist als Rechtsfolgeregelung der Haftungstatbestände in den §§ 69–75 AO 1977 ausgeführt, daß gehaftet wird für Versäumnisse bei der Festsetzung oder Erfüllung von Ansprüchen aus dem Steuerschuldverhältnis, für rechtsgrundlos gezahlte Steuervergütungen oder Steuererstattungen, für verkürzte Steuern und zu Unrecht gewährte Steuervorteile, für Beeinträchtigungen der Verwirklichung von Ansprüchen aus dem Steuerschuldverhältnis sowie für – bestimmte – Steuern und Ansprüche auf Erstattung von Steuervergütungen.

Darin kommt gleichzeitig zum Ausdruck, daß die Haftungsforderung jeweils selbständig neben den Forderungen steht, für die gehaftet wird, daß der Haftungsschuldner also nicht etwa die Steuern oder Erstattungen als solche schuldet. Der Haftungsschuldner wird aufgrund der aufgezeigten Rechtsfolgeregelungen nicht zum Schuldner der Steuern oder Erstattungen. Gegenstand der Haftungsansprüche nach diesen Rechtsfolgeregelungen ist vielmehr eine eigenständige und besonders geartete Leistung. Das kommt in den Rechtsfolgeregelungen auch darin zum Ausdruck, daß der Umfang der Leistungen, die nach diesen Regelungen gefordert werden können, besonders bestimmt ist, und zwar in einer Weise, daß diese Leistungen auch der Höhe nach nicht notwendig mit den Steuer- und Erstattungsansprüchen, von denen sie abhängig sind, übereinstimmen müssen.

Die besondere Gestaltung der Haftungsansprüche bis hin zur Eigenständigkeit auch im Verhältnis zu den Steuer- und Erstattungsansprüchen, von denen sie abhängen, hat für die Bestimmung des Haftungszwecks deshalb besondere Bedeutung, weil daraus ersichtlich wird, daß die Haftung nicht auf die Zahlung der Steuern und Erstattungen gerichtet ist, sondern auf Ersatz für Ausfälle von Steuern und Erstattungen und auf Ausgleich von Beeinträchtigungen der Steuer- und Erstattungsansprüche mit finanziellen Nachteilen für den Steuergläubiger. Daraus folgt, daß der Haftungszweck im Einzelfall zu einer Inanspruchnahme eines Haftungsschuldners keinen Anlaß gibt, wenn erkennbar ist, daß von diesem ein Ersatz nicht zu erreichen ist. Dieses Ergebnis entspricht auch der aufgezeigten Entwicklung der Haftungsvorschriften, nach der sie zu dem Zweck geschaffen worden sind, dem Steuergläubiger eine Möglichkeit zum Einsatz für Einbußen bei der Zahlung von Steuern zu eröffnen.

Das wiederum steht – wie bereits dargelegt – nicht im Einklang mit der Auffassung, daß die Verwaltung auf die Geltendmachung eines Haftungs-

55 Vgl. *Kühn/Kutter/Hofmann,* Fn. 52; *Tipke/Kruse,* Fn. 2, vor § 69 Tz. 3; *Schwarz,* Fn. 21, vor §§ 69–77 Rz. 1; *Hugo v. Wallis* in Hübschmann/Hepp/Spitaler, Fn. 21, vor § 69 AO Rz. 1.

anspruchs nicht verzichten könne. Auch der Haftungszweck steht also einer solchen Auffassung entgegen.

V. Haftung und Legalitätsprinzip

1. Opportunitätsprinzip als Grundsatz

Die Regelung in § 86 Abs. 1 AO 1977, durch die der Finanzbehörde grundsätzlich die Befugnis eingeräumt wird, nach ihrem pflichtgemäßen Ermessen tätig zu werden, wenn nicht besondere Vorschriften sie verpflichten, von Amts wegen tätig zu werden, bewirkt, daß für die behördliche Tätigkeit im Rahmen der AO grundsätzlich das Opportunitätsprinzip gilt[56], mit der Folge, daß einer Finanzbehörde für ihr Tätigwerden grundsätzlich auch ein Entschließungsermessen zusteht[57].

Besagt das auch nichts darüber, ob diese Regelung zum Steuerrecht – schlechthin – paßt[58] und in welchem Maße sie in der Praxis auch Anwendung findet[59], so ist für die hier bedeutsame Frage nach dem Entschließungsermessen bei der Entscheidung über die Inanspruchnahme des Haftungsschuldners dennoch zu beachten, daß durch § 86 AO 1977 für den Anwendungsbereich der AO der Grundsatz bestimmt worden ist, die Behörde habe uneingeschränkt – d.h. unter Einschluß eines Entschließungsermessens – nach pflichtgemäßem Ermessen über die Durchführung eines Verwaltungsverfahrens zu entscheiden, wenn die Voraussetzungen der Regelung in § 86 Satz 2 AO 1977 nicht vorliegen.

Für die Frage nach dem Entschließungsermessen ist zwar noch zu berücksichtigen, daß der Finanzbehörde bei der Entscheidung über die Inanspruchnahme eines Haftungsschuldners (auch in Anwendung des § 191 Abs. 1 AO 1977) ein solches dann nicht zugestanden werden könnte, wenn sich aus anderen gesetzlichen Bestimmungen, so vor allem aus den Haftungsvorschriften, ergäbe, daß die Behörde zur Inanspruchnahme eines Haftungsschuldners und zum Erlaß eines Haftungsbescheids verpflichtet wäre[60]. Das ändert aber nichts daran, daß die Ablehnung des Entschließungsermessens nicht aus einem den Vorschriften über die Haftung oder über die Inanspruchnahme des Haftungsschuldners vorgegebenen Grundsatz, sondern nur aus besonderen Vorschriften einschließlich derjenigen über die Haftung selbst hergeleitet werden kann. Ist das nicht möglich, so ist es für die daraus herzuleitende Rechtsfolge der Zuerken-

56 Vgl. *Hartmut Söhn* in Hübschmann/Hepp/Spitaler, Fn. 21, § 86 AO Rz. 11; *Klein/Orlopp*, Fn. 21, Anm. zu § 86.

57 Vgl. *Tipke/Kruse*, Fn. 2, § 86 Tz. 1.

58 Verneinend *Tipke/Kruse*, Fn. 2, § 86 Tz. 1.

59 Vgl. *Hans Joachim Knack*, Verwaltungsverfahrensgesetz, 3. Aufl., 1989, § 22 Rz. 3.

60 Legalitätsprinzip; vgl. dazu *Hartmut Söhn* in Hübschmann/Hepp/Spitaler, Fn. 21, § 86 AO Rz. 11; *Tipke/Lang*, Fn. 13, 31 f., 142.

nung eines Entschließungsermessens ohne Bedeutung, ob dieses Ergebnis im Steuerrecht als eine Ausnahmeerscheinung anzusehen ist[61].

2. Bedeutung des Legalitätsprinzips nach der AO 1977

Wie dargelegt, sprechen die Haftungsvorschriften in den §§ 69–76 AO 1977 nach Wortlaut, Zweck und Entwicklung für die Anerkennung eines behördlichen Entschließungsermessens.

Der aufgezeigten Auffassung, der Anerkennung eines Entschließungsermessens im Bereich der Haftung nach der AO 1977 stehe deren § 85 entgegen, kann schon deshalb nicht gefolgt werden, weil die Verwirklichung von Haftungsansprüchen nicht zu den in § 85 AO 1977 aufgeführten Aufgaben der Finanzbehörden gehört. Sie fällt namentlich nicht unter die in § 85 AO 1977 herausgestellte[62] Aufgabe der gesetzmäßigen und gleichmäßigen Erhebung von Steuern. Mit der Verwirklichung der Haftung werden keine Steuern erhoben; vielmehr wird, wie dargelegt, dem Steuerfiskus lediglich ein Ausgleich oder Ersatz für die Beeinträchtigung von Steuer- oder Erstattungsansprüchen oder für den Ausfall von Steuern oder Erstattungen verschafft.

Daran zeigt sich auch, daß die Haftung ihrem Wesen nach nicht darauf ausgerichtet ist, eine gleichmäßige Belastung der Betroffenen zu erreichen, wie sie Ziel der Besteuerung ist. Der Haftungsschuldner ist nicht wie der Steuerschuldner in eine „Lastengemeinschaft"[63] eingebunden.

Auch mit dem Haftungszweck, dem Fiskus einen Ausgleich für Beeinträchtigungen im Bereich der Besteuerung zu verschaffen, wäre es nicht vereinbar, die Verwirklichung von Haftungsansprüchen der Erhebung von Steuern gleichzusetzen, und zwar schon deshalb nicht, weil der Verwaltung zugestanden werden muß, die Verwirklichung eines Haftungsanspruchs nur dann anzustreben, wenn das Ziel des Ausgleichs oder Ersatzes auch tatsächlich erreicht werden kann.

Unter ähnlichen Voraussetzungen kann zwar auch nach § 156 Abs. 2 AO 1977 von einer Steuerfestsetzung abgesehen werden. Ob diese Vorschrift aber überhaupt den Erfordernissen zum Verzicht auf die Verwirklichung eines Haftungsanspruchs gerecht werden könnte, die eine Finanzbehörde benötigt, um das Ziel eines Ausgleichs oder Ersatzes auch wirklich zu erreichen, und bei Einräumung eines Entschließungsermessens auch tatsächlich hat, kann hier unerörtert bleiben. Denn auch § 156 AO 1977 ist im Bereich der Haftung schon dem Wortlaut nach nicht anwendbar und bedarf auch keiner Anwendung, wenn der jedenfalls möglichen Gesetzesauslegung und der insoweit überwiegend vertretenen Rechtsauffassung

61 So *Hartmut Söhn* in Hübschmann/Hepp/Spitaler, Fn. 53, § 86 AO Rz. 12, und *Tipke/Kruse,* Fn. 2, § 86 Tz. 1 a.E.; vgl. auch *Wolfgang Dumke* in Schwarz, Fn. 21, § 86 Rz. 3.

62 Vgl. *Hartmut Söhn* in Hübschmann/Hepp/Spitaler, Fn. 21, § 85 AO Rz. 2.

63 Vgl. dazu *Tipke/Kruse,* Fn. 2, § 85 Tz. 4.

gefolgt wird, daß für das Haftungsverfahren und speziell für die Inanspruchnahme des Haftungsschuldners das Opportunitätsprinzip und nicht das Legalitätsprinzip gilt.

VI. Entschließungsermessen und gerichtliche Kontrolle

Nach § 102 FGO unterliegt die Wahrung der äußeren und inneren Ermessensgrenzen[64] der gerichtlichen Kontrolle. Ermessensentscheidungen bedürfen deshalb einer Begründung, die eine solche Kontrolle ermöglicht[65]. Daraus folgt, daß bei der Ermessensausübung berücksichtigte Gesichtspunkte, die diese Ermessensgrenzen nicht berühren, der gerichtlichen Kontrolle entzogen sind mit der Folge, daß die Gerichte auch keinen Anlaß haben, Ausführungen darüber in den Gründen der Ermessensentscheidungen zu fordern. Auch der Betroffene kann eine Ermessensausübung nur als fehlerhaft beanstanden, soweit seine Interessen an einer fehlerfreien Ermessensausübung geschützt sind[66].

Davon ausgehend erscheinen die aufgezeigten Entscheidungen des BFH, denen Zweifel an der Einräumung eines Entschließungsermessens zu entnehmen sind, nicht geeignet, die Einräumung in Frage zu stellen.

Soweit die Ausführungen des BFH darauf hindeuten, daß er Gesichtspunkte in Erwägung gezogen hat, wie sie bei der Festsetzung und Erhebung von Steuern (§ 85 AO 1977) zu berücksichtigen sind, ist zu beachten, daß – wie dargelegt – derartige Gesichtspunkte bei der Inanspruchnahme eines Haftungsschuldners nicht berücksichtigt werden dürfen. Soweit der BFH sich auf die dem „Steuergläubiger im öffentlichen Interesse obliegende Aufgabe" beruft, geschuldete „Abgaben" nach Möglichkeit zu erheben, ist deshalb einzuwenden, daß die Haftungsschuld keine geschuldete Abgabe ist und eine Gleichstellung deshalb bei der Inanspruchnahme des Haftungsschuldners grundsätzlich zu einem Ermessensfehler führen würde.

Jedoch ist einzuräumen, daß die Inanspruchnahme des Haftungsschuldners bei „Uneinbringlichkeit der Erstschuld" dem Haftungszweck und damit auch dem Zweck der Ermächtigung zur Ausübung des Entschließungsermessens hinsichtlich des Erlasses eines Haftungsbescheides entspricht. Es kann auch davon ausgegangen werden, daß dieser Zweck für die Ausübung des Entschließungsermessens eine maßgebliche Bedeutung hat und die Finanzbehörde im Regelfall dazu befugt ist, einen Haftungsbescheid zu erlassen. Das wiederum rechtfertigt allerdings nur die Schlußfolgerung, daß die Finanzbehörde Umstände, die dem Haftungszweck entgegenstehen, nur zu berücksichtigen braucht, wenn im Einzelfall kon-

64 Siehe dazu *Tipke/Kruse*, Fn. 2, § 5 Tz. 16, 39.
65 Siehe dazu *Tipke/Kruse*, Fn. 2, § 5 Tz. 16, 39.
66 Vgl. *Stelkens/Bonk/Leonhardt*, Verwaltungsverfahrensgesetz, 3. Aufl., 1990, § 22 Rz. 5.

krete Anhaltspunkte auf ihre Existenz hindeuten. Tritt das jedoch zu, so muß die Finanzbehörde sie im Rahmen des Entschließungsermessens in ihre Entscheidung über den Erlaß eines Haftungsbescheides einbeziehen und eine sachgerechte Abwägung vornehmen. Das muß auch in der Begründung des Haftungsbescheides zum Ausdruck kommen.

Zweifel sind aber angebracht, ob der Erlaß eines Haftungsbescheides in derartigen Fällen, wie der BFH meint, „nur unter ganz außergewöhnlichen Umständen" ermessensfehlerhaft sein kann. Näher liegt es, daß der Haftungsbescheid schon dann ermessensfehlerhaft und damit rechtsfehlerhaft ist, wenn nicht erkennbar ist, daß derartige Umstände überhaupt zu einer Ermessensausübung geführt haben oder bei einer Ermessensausübung berücksichtigt worden sind. Davon ist auch der BFH letztlich ausgegangen.

Hier zeigt sich, daß die vom BFH aufgeworfene Frage nach dem Entschließungsermessen mehr die Frage nach dem Erfordernis von Darlegungen zur Ermessensausübung in der Begründung des Haftungsbescheides (und der Entscheidung über den außergerichtlichen Rechtsbehelf) und nicht die Frage nach der Einräumung eines Entschließungsermessens berührt. Aufgrund der nur begrenzten Möglichkeit zur gerichtlichen Prüfung einer Ermessensentscheidung nach § 102 FGO besteht für die Gerichte auch kaum Gelegenheit, aufgrund der Umstände eines Einzelfalles eine abschließende Entscheidung dahin zu treffen, daß ein Entschließungsermessen schlechthin gesetzlich nicht eingeräumt sei. Zumindest kann aus dem Ergebnis, daß im Einzelfall die inneren und äußeren Ermessensgrenzen nicht verletzt sind, nicht ohne weiteres geschlossen werden, daß ein behördliches Entschließungsermessen generell nicht gegeben ist. Die – letztlich doch geübte – „Enthaltsamkeit" des BFH[67] bei der Behandlung der Frage nach dem Entschließungsermessen entspricht also den gesetzlich bestimmten Grenzen für die Prüfung von Ermessensentscheidungen durch die Gerichte und kann nicht auf den Mangel einer „Grundkonzeption"[68], was immer damit gemeint ist, oder darauf zurückgeführt werden, daß „regelmäßig die aktiv legitimierte Partei im Finanzgerichtsprozeß" der um Rechtsschutz nachsuchende Bürger sei und daß es nicht in dessen Interesse liege, für das Legalitätsprinzip zu plädieren[69]. Ein solches Interesse fehlt im übrigen auch den Finanzbehörden, und zwar schon deshalb, weil sie dadurch in ihrem nachfolgend aufgezeigten Bedürfnis zur Einräumung eines Entschließungsermessens eingeengt würden.

Im Zusammenhang mit der Frage nach der Veranlassung der Gerichte zu einer umfassenden und abschließenden Entscheidung über die Einräumung eines behördlichen Entschließungsermessens erhält auch die das Verbrauchsteuerrecht betreffende Entscheidung des BFH[70] Bedeutung, in

67 Vgl. *Eckhard Bax,* Fn. 9, 164.
68 *Eckhard Bax,* Fn. 9, 163.
69 *Eckhard Bax,* Fn. 9, 164.
70 Vom 8. 11. 1988 VII R 78/85, BFHE 155, 17, 21.

der in die Ausübung des Entschließungsermessens auch die Frage einbezogen worden ist, ob dem Fiskus durch einen Steuerausfall überhaupt ein Schaden entstanden ist. Diese Entscheidung zeigt unter Beachtung der anderen Entscheidungen zur Frage, ob das Entschließungsermessen auch die Entscheidung über das Ausmaß der Haftung umfaßt, die Gefahr auf, daß die Beurteilung der Frage nach der Einräumung eines Entschließungsermessens aus einem zu kleinen Blickwinkel, etwa nur unter Berücksichtigung von Ertragssteuern, erfolgt.

VII. Bedürfnis der Verwaltung für ein Entschließungsermessen

Im Schrifttum[71] ist ein Bedürfnis für ein behördliches Entschließungsermessen bei der Entscheidung über die Inanspruchnahme eines Haftungsschuldners und über den Erlaß eines Haftungsbescheides mit der Begründung abgelehnt worden, es sei kein sachlicher Grund für die Annahme ersichtlich, daß die Billigkeitsvorschriften der AO 1977 (§§ 163, 227) nicht ausreichten, um in atypischen Haftungsfällen regulierend eingesetzt werden zu können.

Gegen die Anwendbarkeit des § 162 AO 1977 spricht bereits, daß diese Vorschrift die Steuerfestsetzung betrifft. Abgesehen davon, daß der Erlaß eines Haftungsbescheids nicht eine Steuerfestsetzung zum Gegenstand hat, wird durch diese Maßnahme nicht nur die Festsetzung einer Haftungsschuld vorgenommen, sondern, wie sich schon aus dem Wortlaut des § 191 Abs. 1 Satz 1 AO 1977 ergibt, auch eine Entscheidung darüber zum Ausdruck gebracht, daß der Haftungsschuldner in Anspruch genommen werden soll. Dadurch unterscheidet sich der Erlaß eines Haftungsbescheides vom Erlaß eines Steuerbescheides. Schon aus dem Wortlaut des § 155 Abs. 1 Satz 1 AO 1977, der für den Erlaß eines Steuerbescheides der Regelung in § 191 Abs. 1 Satz 1 AO 1977 entspricht, ergibt sich, daß dessen Erlaß nicht eine besondere Entscheidung darüber erfordert, ob der Steuerschuldner in Anspruch genommen werden soll.

Auch die Berufung auf die Möglichkeit eines Billigkeitserlasses nach § 227 AO 1977[72] vermag die Ablehnung eines Bedürfnisses für ein behördliches Entschließungsermessen bei der Inanspruchnahme eines Haftungsschuldners nicht zu begründen. Das ergibt sich bereits daraus, daß Gründe für eine Billigkeitsmaßnahme nicht ohne weiteres den Erlaß eines Haftungsbescheids verhindern. In der Praxis werden sogar in der Regel beide Maßnahmen unabhängig voneinander getroffen. Darüber hinaus kann nicht davon ausgegangen werden, daß Gründe, die eine Billigkeitsmaßnahme nicht rechtfertigen, auch bei Anerkennung eines Entschließungsermessens nicht ausreichen, um von der Inanspruchnahme eines Haftungsschuldners durch Erlaß eines Haftungsbescheids abzusehen. Das

71 *Eckhard Bax,* Fn. 9, 190 f.
72 Vgl. dazu auch *Kühn/Kutter/Hofmann,* Fn. 8, § 191 Anm. 2.

gilt etwa für Fragen der Zweckmäßigkeit einer Inanspruchnahme im Einzelfall, die sich z.B. bei Anhaltspunkten für die Mittellosigkeit eines Haftungsschuldners stellen.

Bei der Frage nach dem Bedürfnis für ein behördliches Entschließungsermessen darf auch nicht davon ausgegangen werden, daß nur in seltenen, außergewöhnlichen Fällen sachliche Gründe dafür bestehen, einen Verzicht auf die Inanspruchnahme eines Haftungsschuldners in Erwägung zu ziehen. Dagegen spricht schon, daß anders als bei der Erfüllung von Steuertatbeständen zumindest in vielen Fällen, wenn nicht sogar in der Regel, individuelle Umstände zur Verwirklichung eines Haftungstatbestandes führen. Das gilt vor allem für die in der Praxis besonders bedeutsamen Fälle der Vertreterhaftung.

Die Individualität und Vielgestaltigkeit der Umstände, die zu der Verwirklichung von Haftungstatbeständen führen, gibt auch zu sehr unterschiedlichen Erwägungen darüber Anlaß, ob im Einzelfall ein Haftungsschuldner in Anspruch genommen werden soll. Die Erwägungen betreffen vor allem Fragen der Zweckmäßigkeit (z.B. der Erfolgsaussicht), der Verhältnismäßigkeit (z.B. wegen der Auswirkungen auf die persönliche Lage des Betroffenen) und der Billigkeit (z.B. wegen einer Mitverursachung durch die Behörde). Nur durch die Einräumung eines Entschließungsermessens wird der Finanzbehörde ermöglicht, die Inanspruchnahme eines Haftungsschuldners stets entsprechend den besonderen Umständen des Einzelfalles sinnvoll, wirkungsvoll und angemessen zu handhaben.

VIII. Rechtsgrundlage des Entschließungsermessens

1. Klärungsbedürftigkeit

Nach den vorstehenden Ausführungen sprechen die Entwicklung der Haftungsvorschriften, der Wortlaut der gesetzlichen Haftungstatbestände, insbesondere die darin enthaltenen Rechtsfolgeregelungen, der Zweck der Haftung und der sich daraus ergebende Charakter des Haftungsanspruchs sowie die Bedürfnisse der Praxis für die Einräumung eines Entschließungsermessens hinsichtlich der Entscheidung über die Inanspruchnahme eines Haftungsschuldners und über den Erlaß eines Haftungsbescheides. Die Gestaltung des Legalitätsprinzips durch die AO steht, wie sich gezeigt hat, dem zumindest nicht entgegen. Das rechtfertigt aber noch nicht die Schlußfolgerung, daß die Einräumung des Entschließungsermessens entsprechend der herrschenden Meinung im Schrifttum und in der Rechtsprechung in § 191 Abs. 1 Satz 1 AO 1977 gesetzlich verankert sei. In diesem Zusammenhang kann nicht unbeachtet bleiben, daß dieser Vorschrift, wie noch ausgeführt wird, auch dann eine spezifische Bedeutung für die Inanspruchnahme eines Haftungsschuldners zukommt, wenn sie nicht als gesetzliche Verankerung der Einräumung eines behördlichen Entschließungsermessens gedeutet wird.

Erweist sie sich allerdings als die für die Einräumung eines Entschließungsermessens maßgebende Rechtsgrundlage, kommt es nicht mehr darauf an, ob auch § 86 AO 1977 sich dazu eignet, da § 191 AO 1977 dann jedenfalls die speziellere gesetzliche Grundlage enthält.

2. § 191 Abs. 1 Satz 1 AO 1977 als Rechtsgrundlage für die Inanspruchnahme eines Haftungsschuldners durch Verwaltungsakt

Nach § 191 Abs. 1 S. 1 AO 1977 kommt dem Haftungsbescheid die Form zu, in der der Haftungsschuldner in Anspruch genommen werden kann[73]. Diese Vorschrift setzt voraus, daß ein Haftungsanspruch besteht, der Haftungsschuldner also verpflichtet ist, für die Zahlung einer Steuer, die ein anderer schuldet, einzustehen[74]. In dieser Vorschrift ist also nicht bestimmt, ob der Haftungsschuldner in Anspruch genommen werden kann, wohl aber – in welcher Form –. Als Form der Inanspruchnahme wird der Haftungsbescheid und damit ein Verwaltungsakt bestimmt[75].

Sinn und Zweck der Vorschrift bestehen insoweit darin, für alle Fälle, in denen ein Anspruch gegen den Haftungsschuldner sich – anderweitig – aus dem Gesetz ergibt, seine Inanspruchnahme durch Verwaltungsakt zu ermöglichen. Das hat vor allem für solche Fälle Bedeutung, in denen der Haftungsanspruch zivilrechtlicher Natur ist. Ohne die Vorschrift müßte wohl zumindest in diesen Fällen – etwa zur Erlangung eines Titels für die Durchsetzung des Anspruchs – Klage vor einem ordentlichen Gericht erhoben werden[76].

Das „kann“ in § 191 Abs. 1 Satz 1 AO 1977 bringt – insoweit – aber zum Ausdruck, daß für alle Fälle, in denen ein Haftungsschuldner im Sinne des § 191 Abs. 1 Satz 1 AO 1977 in Anspruch genommen werden soll, der Verwaltung dafür die Form des Verwaltungsakts zur Verfügung steht[77]. Es begründet also die behördliche Befugnis zum Vorgehen im Verwaltungsweg durch Verwaltungsakt und beseitigt damit in dieser Hinsicht jegliche Zweifel.

3. § 191 Abs. 1 Satz 1 AO 1977 als Rechtsgrundlage eines behördlichen Entschließungsermessens

Entgegen einer im Schrifttum[78] vertretenen Auffassung erschöpft sich die Regelung in § 191 Abs. 1 Satz 1 AO 1977 aber nicht in dieser Bedeutung

73 BFH-Urteil vom 24. Februar 1987 VII R 4/84, BFHE 149, 125, BStBl. II 1987, 363.

74 Vgl. BFH-Urteil vom 23. Oktober 1985 VII R 187/82, BFHE 145, 13, 15, BStBl. II 1986, 156.

75 Vgl. Urteil des BFH vom 27. Juni 1989 VII R 100/86, BFHE 158, 1, 4, BStBl. 1989, 952; *Kühn/Kutter/Hofmann*, Fn. 8, § 191 AO Anm. 2.

76 Vgl. BFH-Urteile vom 27. Juni 1989, Fn. 69, und vom 23. Oktober 1985 VII R 187/82, BFHE 145, 17.

77 Vgl. *Schwarz*, Fn. 21, § 191 Rz. 1a/b.

78 Vgl. *Kühn/Kutter/Hofmann*, Fn. 8, § 191 Anm. 2.

und zwar schon deshalb nicht, weil die Einräumung einer Befugnis, wie § 86 AO zu entnehmen ist, grundsätzlich nicht auf eine Verpflichtung zu ihrer Wahrnehmung hindeutet.

a) Grundsatz der Durchführung von Verwaltungsverfahren nach pflichtgemäßem Ermessen

Die Regelung in § 86 AO 1977 entspricht derjenigen in § 22 VwVfG, deren Bedeutung darin gesehen wird, daß durch sie als Grundsatz für die Durchführung eines Verwaltungsverfahrens die Offizialmaxime (Einleitung des Verfahrens von Amts wegen) festgelegt und diese mit dem Opportunitätsprinzip verbunden wird[79]. Da der Erlaß eines Verwaltungsakts zum Verwaltungsverfahren im vorgenannten Sinne gehört (vgl. § 9 Halbs. 2 VwVfG), gilt grundsätzlich auch dafür – neben der Offizialmaxime – das Opportunitätsprinzip. Daraus folgt, daß die Entscheidung über den Erlaß eines Verwaltungsakts grundsätzlich nach pflichtgemäßem Ermessen vorzunehmen ist. Dieser Grundsatz gilt nach § 86 AO 1977 für die Durchführung aller Verfahren nach diesem Gesetz, sofern nicht in einer anderen Vorschrift etwas anderes bestimmt ist oder sich aus anderen Vorschriften etwas anderes ergibt.

Keine rechtsbegründende Bedeutung kommt in diesem Zusammenhang der Regelung in § 5 AO 1977 zu, nach der die Behörde ihr Ermessen entsprechend dem Zweck der Ermächtigung auszuüben und die gesetzlichen Grenzen des Ermessens einzuhalten hat[80]. Während diese Regelung voraussetzt, daß ein Ermessen gesetzlich eingeräumt ist[81], und nur die Ermessensausübung regelt[82], liegt die Bedeutung der Bestimmung in § 86 S. 1 AO 1977 – wie die in § 22 VwVfG – gerade darin, daß durch sie die Einräumung des Ermessens begründet wird.

Durch die besondere Kennzeichnung dieses Ermessens als pflichtgemäß wird außerdem bewirkt, daß bei der Ermessensausübung alle Pflichten beachtet werden müssen, auch solche, deren Verletzung nicht zu einem Verstoß gegen den Zweck der Ermächtigung (innere Ermessensgrenze) oder gegen die gesetzlichen Grenzen des Ermessens (äußere Ermessensgrenze) führt, wie sie sich etwa aus der im Schrifttum bezeichneten negativen Gesetzmäßigkeit[83] ergeben, so etwa die Pflicht zur Abwägung der öffentlichen Belange mit den Interessen der Betroffenen[84]. Daraus kann sich bei der Erwägung der Finanzbehörde, ob ein Haftungsschuldner in Anspruch genommen werden soll, für die Behörde auch dann zumin-

79 Vgl. *Stelkens/Bonk/Leonhardt,* Fn. 66, § 22 Rz. 1 ff.
80 Vgl. *Hans Joachim Knack,* Fn. 59, § 22 Rz. 3.
81 Vgl. *Hans Joachim Knack,* Fn. 55, § 40 Rz. 5.
82 *Tipke/Kruse,* Fn. 2, § 5 Rz. 16; vgl. auch zu der entsprechenden Regelung in § 40 VwVfG *Stelkens/Bonk/Leonhardt,* Fn. 61, § 40 Rz. 1.
83 *Wolff/Bachof,* Verwaltungsrecht I, 9. Aufl., 1974, 198.
84 Vgl. *Wolff/Bachof,* Fn. 83, 178.

dest die Befugnis ergeben, von der Inanspruchnahme abzusehen, wenn diese vom Zweck der Ermächtigung gedeckt wäre und auch nicht gegen die gesetzlichen Grenzen des Ermessens verstoßen würden. Aufgrund der – verwaltungsinternen – Pflicht zu einem sinnvollen und effektiven Einsatz der – personellen und sachlichen – Verwaltungsmittel wäre die Behörde danach z.B. befugt, die Inanspruchnahme von der Erfolgsaussicht abhängig zu machen.

b) Einräumung eines behördlichen Entschließungsermessens durch § 191 Abs. 1 Satz 1 AO 1977

Mit der Deutung des § 191 Abs. 1 Satz 1 AO 1977 als Rechtsgrundlage für die behördliche Befugnis zur Inanspruchnahme eines Haftungsschuldners durch Verwaltungsakt ist dessen Inhalt also nicht ausgeschöpft. Diese Deutung wird dem „kann . . . in Anspruch genommen werden" in dieser Vorschrift nicht in vollem Umfang gerecht.

Wie bereits dargelegt, zeigt schon ein Vergleich des Wortlauts der Regelung in § 191 Abs. 1 Satz 1 AO 1977 über die Inanspruchnahme eines Haftungsschuldners mit dem Wortlaut der Regelung in § 155 Abs. 1 Satz 1 AO 1977 über die Festsetzung der Steuer, daß der Erlaß eines Haftungsbescheides auch eine besondere Entscheidung über die – in § 191 Abs. 1 Satz 1 AO 1977 besonders erwähnte – Inanspruchnahme des Haftungsschuldners bekundet und nicht nur die Festsetzung der Haftungsschuld zum Gegenstand hat und daß dies eine Folge der sich aus der besonderen Ausdrucksweise in § 191 Abs. 1 Satz 1 AO 1977 ergebenden spezifischen Regelung für den Erlaß eines Haftungsbescheides ist. Der Vergleich des Wortlauts dieser beiden Vorschriften macht weiter deutlich, daß bei der Fassung des § 155 Abs. 1 Satz 1 AO 1977 eine Ausdrucksweise gewählt worden ist, die Zweifel an der grundsätzlichen Verpflichtung der Finanzbehörde zur Steuerfestsetzung durch Steuerbescheid ausschließt. Schon das deutet zumindest auf den gesetzgeberischen Willen hin, mit dem Wort „kann" in § 191 Abs. 1 Satz 1 AO 1977 zum Ausdruck zu bringen, daß die Finanzbehörde nicht verpflichtet werden sollte, einen Haftungsschuldner in Anspruch zu nehmen, daß die Entscheidung darüber vielmehr in das Ermessen der Finanzbehörde gestellt sein sollte.

Diese Deutung findet, wie dargelegt, weitere Grundlagen in dem Normzusammenhang der AO-Haftungsvorschriften insgesamt, in dem sich daraus ergebenden Sinn und Zweck der Haftung, in dem Grundsatz der Durchführung von Verwaltungsverfahren einschließlich des Erlasses von Verwaltungsakten nach pflichtgemäßem Ermessen, in der Entwicklung der Haftungsvorschriften und in dem Bedürfnis für ein behördliches Entschließungsermessen hinsichtlich der Inanspruchnahme eines Haftungsschuldners. Das rechtfertigt die Schlußfolgerung, daß § 191 Abs. 1 Satz 1 AO 1977 der Finanzbehörde auch ein Entschließungsermessen für die Inanspruchnahme eines Haftungsschuldners einräumt.

Dieses Ergebnis entspricht auch der Rechtsprechung des BFH über den Erlaß eines Duldungsbescheides. Insoweit hat der BFH dem § 191 Abs. 1 Satz 1 AO 1977 in ständiger Rechtsprechung entnommen, daß der Erlaß eines Duldungsbescheids eine behördliche Ermessensentscheidung erfordert[85]. Eine unterschiedliche Auslegung des § 191 Abs. 1 Satz 1 AO 1977 hinsichtlich der Frage nach dem Ermessen beim Erlaß von Haftungsbescheiden und Duldungsbescheiden erscheint nicht gerechtfertigt.

Für eine Auslegung des § 191 Abs. 1 Satz 1 AO 1977 dahin, daß damit dem Umstand der Gesamtschuldnerschaft zwischen Steuerschuldner und Haftungsschuldner Rechnung getragen und ein behördliches Auswahlermessen eingeräumt werden soll[86], sind Anhaltspunkte nicht ersichtlich. Dagegen spricht schon der Gesetzeswortlaut, nach dem das „kann" sich auf die Inanspruchnahme des Haftungsschuldners schlechthin bezieht.

IX. Ergebnis

1. Aufgrund § 191 Abs. 1 Satz 1 AO 1977 sind die Finanzbehörden ermächtigt, nach pflichtgemäßem Ermessen zu entscheiden, ob ein Haftungsschuldner im Sinne dieser Vorschrift in Anspruch genommen und zu diesem Zweck gegen ihn ein Haftungsbescheid erlassen werden soll. Auch insoweit steht ihnen also ein Entschließungsermessen zu.
2. Die Auffassungen, § 191 Abs. 1 Satz 1 AO 1977 bestimme lediglich die Form der Inanspruchnahme des Haftungsschuldners oder räume nur ein Auswahlermessen ein, beruhen auf einer ungerechtfertigt einengenden Auslegung des § 191 Abs. 1 Satz 1 AO 1977. Eine derartige Auslegung findet auch im Legalitätsprinzip keine Grundlage.
3. Für die Einräumung eines behördlichen Entschließungsermessens besteht ein praktisches Bedürfnis, um das Institut der AO-Haftung zweckgerecht und angemessen handhaben zu können.
4. Zu einer Kontrolle dieser Handhabung durch die Gerichte besteht weitgehend kein Bedürfnis oder keine Veranlassung. Das ist auch der Grund dafür, daß die Rechtsprechung bisher nicht gezwungen war, die Grenzen des behördlichen Entschließungsermessens umfassend und abschließend zu bestimmen.

---

85 Vgl. BFH-Urteile vom 10. Februar 1987, VII R 122/84 BFHE 149, 204, 206, vom 31. Mai 1983 VII R 7/81, BFHE 138, 416, 421, BStBl. II 1983, 545, und vom 14. Juli 1981 VII R 49/80, BFHE 133, 501, 503, BStBl. II 1981, 751.

86 So *Tipke/Lang*, Fn. 13, 142.

Wilfried Wagner

Die Rechtsprechung zum Gestaltungsmißbrauch im Umsatzsteuerrecht

Inhaltsübersicht

Für *Franz Klein* war es sicher nicht die Erfüllung eines langgehegten Berufswunsches, im Umsatzsteuerrecht zu wirken, als er im Januar 1987 Vorsitzender des für Umsatzsteuer zuständigen V. Senats des Bundesfinanzhofs wurde und bis Mai 1988 blieb.

Er sah sich vielmehr in der Pflicht als Präsident des Gerichts, dem V. Senat nach dem Tod des Vorsitzenden Richters *Anton Erdweg* in einer Phase starker personeller Umstellung Rückhalt zu geben. Dieser Abschnitt im vielfältigen Wirken *Franz Kleins* sollte nicht aus den Augen verloren gehen.

Vereinfachung des Steuerrechts, wie sie *Klein* seit langem für das ausnahmefreudige Ertragsteuerrecht anmahnt, ist bei der gesetzlichen Ausgestaltung des deutschen Umsatzsteuerrechts[1] weniger das Problem. Bei relativ einfachem System – das Verhältnis von Besteuerungsregel und Ausnahmen davon ist noch überschaubar – ist es mehr die Höhe der Steuersätze im Rahmen der Gesamtsteuerbelastung, die zu bedenken ist.

Die Anmahnung klaren Rechts hat *Klein* aber nicht auf den Gesetzgeber beschränkt, sondern gleicherweise auf die Richterschaft bezogen. Seine

1 Vor der Ergänzung durch das sog. Binnenmarktgesetz ab 1. 1. 1993, BGBl. I 1992, 1548.

Vorbehalte gegen zuviel an juristischer „Diplomoptikerarbeit" sind bekannt.

Auch – oder gerade – bei einem sog. einfachen gesetzlichen System kann der Gesetzgeber nicht jeden relevanten Bereich regeln. Interesse verdient bei dieser Situation die Frage, ob Regelungslücken in sog. einfachen Gesetzen durch ebenso einfache und klare Rechtsprechung geschlossen werden (wenn man darunter Berechenbarkeit der Auslegungsgrundsätze, Typisierung und praktische Umsetzbarkeit versteht[2]).

I. Steuerumgehung als Gestaltungsfeld auch für die Rechtsprechung?

In dieses Prüffeld hat sich in den letzten Jahren vor allem die Anwendung der Mißbrauchsvorschrift des § 42 AO 1977 auf umsatzsteuerrelevante Sachverhalte geschoben.

Die zunehmende Häufigkeit von Rechtsgestaltungen zur Steuervermeidung allgemein mag mit der entsprechend gestiegenen Steuerlast zusammenhängen[3]. Auffallend ist der starke Anteil der Umsatzsteuerfälle etwa aus den 70er und 80er Jahren, die sich in bestimmten Entscheidungsjahrgängen des BFH bündeln und die mit den Zwischenvermietungsentscheidungen vom 15. Dezember 1983[4] begannen. Zu Beginn der 90er Jahre kamen Entscheidungen zu neuen Bereichen hinzu. *Offerhaus*[5] berichtet für 1992 von insgesamt 55 Entscheidungen des Gerichts zu Mißbrauchsfällen. Davon betreffen etwa 40 Fälle umsatzsteuerorientierte Gestaltungen. 1993 wurden 18 Fälle zur Prüfung von Gestaltungsmißbrauch im Umsatzsteuerrecht entschieden[6]. Es liegt nahe, daß solche Bündelungen von Gestaltungen im Grenzbereich gesetzlicher Regelungen auch für die Rechtsprechung ein ergiebiges Gestaltungsfeld sind.

II. Umgehungspotential im Umsatzsteuerrecht

Das im Unternehmen belastungsneutrale Umsatzsteuersystem (durch Vorsteuerabzug bereinigte Steuerbelastung) ist überschaubar und bietet grundsätzlich keinen Anreiz zur Umgehung (strafrechtliche Erwägungen

2 Vgl. *Franz Klein,* DStR 1991, 793; *Rose/Glorius,* DB 1992, 2207, unter V.

3 Vgl. *Franz Klein,* DStR 1991, 793; *Rose/Glorius,* DB 1992, 2207; *Ludwig Schmidt,* Festschrift 75 Jahre Reichsfinanzhof – Bundesfinanzhof, 1993, S. 337; *Klaus Offerhaus,* MDR 1993, 925; *Klaus Schwendy* in Festschrift für Ludwig Schmidt, 1993, S. 787, 800 f.

4 Z.B. V R 169/75, BFHE 140, 354, BStBl. II 1984, 388. 1984 wurden allein 10 Zwischenvermietungsfälle veröffentlicht.

5 MDR 1993, 995.

6 Bei insgesamt etwa 350 Entscheidungen in Revisions- und Beschwerdesachen des V. Senats, der in diesen Jahren überwiegend für die Umsatzsteuerfälle zuständig war.

außer acht gelassen), soweit der Unternehmer keine steuerfreien Umsätze ausführt, die den Vorsteuerabzug ausschließen. Als unangenehm belastend wird das gegenwärtige Umsatzsteuersystem aber dann von den Unternehmern mit steuerfreien Umsätzen empfunden, wenn höhere Investitionen anstehen und die darauf ruhende Vorsteuerbelastung weder abgezogen noch ohne Schwierigkeiten auf die Abnehmer der steuerfreien Leistungen überwälzt werden kann. Hier setzen die Versuche an, die abzugsschädliche steuerfreie Verwendung „wegzugestalten", um den Vorsteuerabzug zu erhalten.

Gerichtsnotorisch wurden davon die Bereiche Zwischenvermietung von Wohnungen und einige Variationen des „Vorschaltens" von Angehörigen und Gesellschaftern durch Unternehmer bzw. Gesellschaften, um den Vorsteuerabzug zu erhalten. Eine Sonderstellung nimmt m.E. der in letzter Zeit anhängig gewordene Bereich des Grundstückserwerbs durch den Grundpfandgläubiger von seinem insolventen Schuldner ein. Streitpunkt ist hier, ob die Option des insolventen Schuldners zur Umsatzsteuerpflicht des Grundstücksumsatzes mißbräuchlich ist.

Die folgenden Ausführungen gehen auf die Entwicklung dieser Rechtsprechung ein. Mit dem Beitrag bietet sich die Gelegenheit, Stellungnahmen des Schrifttums zu dieser Mißbrauchsrechtsprechung in bezug auf ihre Gesetzesbindung, ihre Nachvollziehbarkeit, Folgerichtigkeit und Berechenbarkeit aus der Sicht eines Mitwirkenden an der Rechtsprechung des V. Senats rückschauend noch einmal aufzugreifen.

Wie *Rose/Glorius*[7] zutreffend konstatieren, muß sich jeder Senat des BFH, der in seinem Zuständigkeitsbereich mit der Anwendung des § 42 AO konfrontiert wird, seine Rechtsmeinung dazu bilden. Aber nicht nur die Senate haben „jeweils zumindest in Nuancen unterschiedliche ‚Rechtsgefühle', mit denen sie sich einen Zugang zum vermuteten Willen des Gesetzgebers und eben damit auch von dessen ‚Mißbrauch' verschaffen". Das gilt vorgreiflich für jedes Senatsmitglied. Dasjenige dieser „Rechtsgefühle", das im Einzelfall mehrheitsfähig ist, trägt dann die jeweilige Entscheidung. Das sollte nicht unberücksichtigt bleiben, wenn der steuergestaltungswillige Rechtsprechungsleser auf ihn überraschende, nicht ganz klare „Kursänderungen"[8] eines Senats stößt.

§ 42 AO 1977 gibt – im Rahmen der Würdigung des jeweils anzuwendenden Wertungsrahmens des Gesetzgebers – Gelegenheit zur Ausbildung von sog. Richterrecht. Dieses kann zwar ein Garant für gerechte Entscheidung im Einzelfall sein, kann aber auch der Versuchung zur Rechtsschöpfung erliegen und die fraglichen Steueransprüche über den jeweiligen Gesetzesstandard hinaus zu erstrecken[9]. Daß die Bindung des Rich-

7 DB 1993, 2207, unter III.2.

8 *Rose/Glorius*, DB 1993, 2207 unter IV.3.

9 Zutreffend sind m.E. die Bedenken gegen richterliche Rechtschöpfungen bei *Kruse* in Festschrift 75 Jahre Reichsfinanzhof – Bundesfinanzhof, 1993, S. 239, 253.

ters an Gesetz und Recht (Art. 20 Abs. 3 GG) unterschiedliche Gewichtungen ermöglicht, zeigt die Anwendung des § 42 AO 1977 immer wieder auf.

III. Auslegungsgrundsätze zu § 42 AO 1977

Geht man die Mißbrauchsrechtsprechung zum Umsatzsteuergesetz seit den im Jahr 1984 veröffentlichten Zwischenvermietungsurteilen bis zu den Mißbrauchsentscheidungen des Jahres 1993 durch, so ist der Grund für die so häufig nachfassenden Rechtsbehelfe in „Mißbrauchssachen" wohl vorrangig in den unterschiedlichen Vorstellungen der Beteiligten über die „angemessenen" gesetzlichen Wertungen der Besteuerungsfälle im Umsatzsteuerrecht zu finden (s. unten IV.).

Die Tatbestandsmerkmale des § 42 AO 1977 wurden dabei aber jeweils als der Rahmen der Umgehungsprüfung verstanden und ausgelegt.

§ 42 AO 1977 steht im Abschnitt „Steuerschuldverhältnis" der §§ 37 bis 50 der Abgabenordnung und betrifft das Entstehen von Steueransprüchen.

Er besagt:

> „Durch Mißbrauch von Gestaltungsmöglichkeiten des Rechts kann das Steuergesetz nicht umgangen werden. Liegt ein Mißbrauch vor, so entsteht der Steueranspruch so, wie er bei einer den wirtschaftlichen Vorgängen angemessenen rechtlichen Gestaltung entsteht."

In den ersten Zwischenvermietungsurteilen[10] knüpfte der V. Senat zur Auslegung des § 42 AO 1977 (bzw. des noch anzuwendenden § 6 StAnpG) an hergebrachte Definitionen an:

> „Für die Abgrenzung einer zulässigen gegen eine von § 6 StAnpG mißbilligte Gestaltung ist . . . maßgeblich, ob die Gestaltung von verständigen Parteien in Anbetracht des wirtschaftlichen Sachverhalts und der wirtschaftlichen Zielsetzung gewählt wurde oder nicht (vgl. *Tipke/Kruse,* § 42 AO 1977 Rdnr. 13 unter Hinweis auf BFH-Urteil vom 11. Februar 1972 III R 5/70, BFHE 105, 155, BStBl. II 1972, 480). Dies läuft in Zweifelsfällen darauf hinaus, daß für rechtliche Gestaltungsformen, die vom Normalbild abweichen, dargetan werden muß, daß sie auf vernünftigen Erwägungen beruhen; die rechtliche Gestaltung muß dem angestrebten wirtschaftlichen Ziel angemessen sein."

Nach mehrjährigen Erfahrungen mit Zwischenvermietungsfällen und anderen Gestaltungen zwischen Steuervermeidung und Steuerumgehung verwendet der V. Senat zur Zeit folgende „angereicherte" Auslegungsformel zu § 42 AO 1977[11]:

---

10 Vgl. vom 15. Dezember 1983 V R 169/75 u.a., BFHE 140, 354 ff., BStBl. II 1984, 389 ff.

11 Vgl. Urteil vom 10. September 1992 V R 104/91, BFHE 169, 258, BStBl. II 1993, 253.

„Ein Mißbrauch von rechtlichen Gestaltungsmöglichkeiten im Sinne dieser Vorschrift ist gegeben, wenn eine rechtliche Gestaltung gewählt wird, die zur Erreichung des angestrebten Ziels unangemessen ist, der Steuerminderung dienen soll und durch wirtschaftliche oder sonst beachtliche nichtsteuerliche Gründe nicht zu rechtfertigen ist (ständige Rechtsprechung – Zitate –). Das wirtschaftliche Verhalten der Beteiligten darf nicht auf seine Angemessenheit beurteilt werden (BFHE 167, 215). Bei der rechtlichen Gestaltung wirtschaftlicher Vorgänge ist der Steuerpflichtige im Rahmen der Gesetze frei. Auch aus steuerrechtlicher Sicht ist grundsätzlich von der gewählten (bürgerlich-)rechtlichen Gestaltung auszugehen. Das Motiv, Steuern zu sparen, macht eine rechtliche Gestaltung noch nicht unangemessen (Zitate) . . . Eine Rechtsgestaltung ist unangemessen, wenn verständige Parteien in Anbetracht des wirtschaftlichen Sachverhalts und der wirtschaftlichen Zielsetzung nicht in der gewählten Weise verfahren wären. Entscheidend ist, ob der Steuerpflichtige, dessen Steuerschuld zu beurteilen ist, die vom Gesetzgeber bei seiner Regelung vorausgesetzte Gestaltung zum Erreichen bestimmter wirtschaftlicher Ziele nicht gebraucht und hierfür keine beachtlichen außersteuerrechtlichen Gründe vorliegen, ob er vielmehr auf einem ungewöhnlichen Weg einen Erfolg zu erreichen versucht, der nach den Wertungen des Gesetzgebers auf diesem Weg nicht erreicht werden soll."

1. Prüfungsmethode

Die zuletzt hervorgehobene „Wertung des Gesetzgebers", die den jeweils maßgeblichen steuerrechtlichen Vorschriften zugrunde liegt[12], ist wohl die deutlichste zwischenzeitliche Herausarbeitung des zunächst als Angemessenheitsmaßstab angeführten „Normalbildes".

Die methodisch oft fragwürdige Annahme von Gestaltungsmißbrauch im Umsatzsteuerrecht im Gefolge der Zwischenvermietungspraxis bewog den V. Senat nach 1985 mehrfach, deutlich den methodischen Vorrang der Klärung des Steuertatbestands vor Anwendbarkeit des § 42 AO 1977 herauszustellen[13]. Im Urteil vom 19. Mai 1988[14] ist diese Mahnung vor allzu gesetzesfreier Anwendung wie folgt formuliert:

„Durch § 42 AO 1977 werden die Finanzbehörden und Finanzgerichte nicht von der Verpflichtung zur Ermittlung des Sachverhalts und seiner Subsumtion unter das Steuergesetz befreit. Die Prüfung, ob eine mißbräuchliche Gestaltung i.S. des § 42 AO 1977 vorliegt, setzt erst ein, wenn die Auslegungsmöglichkeit der Steuerrechtsnorm endet."

---

12 Dazu allgemein: BFH-Urteil vom 10. Dezember 1992 V R 90/92, BFHE 170, 299, BStBl. II 1993, 700 LS.

13 Z.B. BFH-Urteil vom 26. 11. 1987 V R 29/83, BFHE 152, 170, BStBl. II 1988, 387 mit Nachweisen.

14 V R 115/83, BFHE 154, 173, BStBl. II 1988, 916; vgl. dazu *Peter Fischer* in Hübschmann/Hepp/Spitaler, AO/FGO, § 42 AO Rz. 74.

2. Beweislast

Nach ständiger Rechtsprechung trägt das Finanzamt die Feststellungslast, wenn es unter Berufung auf § 42 AO 1977 die Besteuerung abweichend von der Steuererklärung (also der gewählten Gestaltung und ihren Folgen) vornehmen will. Grundsätzlich besteht *keine Vermutung* für Rechtsmißbrauch. Für Zwischenvermietungsgestaltungen stützte der V. Senat des BFH seit dem Beschluß vom 4. August 1987 V B 16/87[15] das Prüfungsverfahren allerdings auf eine als Ausnahme zulässige, wiederlegbare Vermutung der Steuerumgehung nach dem Grundsatz der freien Beweiswürdigung.

3. Mißbrauchsabsicht

M.E. wohl durch eine zu selektive Selbstbeschränkung auf den eigenen Zuständigkeitsbereich löste der I. Senat des BFH mit seinem Urteil vom 5. Februar 1992[16] einigen Abgrenzungsunwillen aus. Anhand einer Zitatenreihe faßt das Urteil die BFH-Rechtsprechung dahin zusammen,

> „daß der Mißbrauch i.S. des § 42 AO 1977 eine zweckgerichtete Handlung zur Umgehung eines Steuergesetzes erfordert. Die unangemessene rechtliche Gestaltung muß gewählt worden sein, um das Steuergesetz zu umgehen. Deshalb ist ggf. in jedem Einzelfall die Umgehungsabsicht festzustellen. Zwar kann dabei ein Indizienbeweis verwendet werden, wenn eine bestimmte gewählte Gestaltung regelmäßig den Schluß auf eine bestimmte Umgehungsabsicht zuläßt." . . .

Gerade diese Erwägung zeigt aber schon die Unbrauchbarkeit des subjektiven Tatbestandsmerkmals und seinen Stellenwert als Theorienspielerei[17].

Der V. Senat des BFH hatte zuvor im Beschluß vom 23. Februar 1989 V B 60/88[18] zwar offengelassen, ob und wieweit § 42 AO 1977 eine „Umgehungsabsicht" voraussetzt, aber bereits einschränkend ausgeführt, daß jedenfalls „die Anwendung der Vorschrift auf eine Gestaltung, deren objektive Umstände sie unangemessen erscheinen lassen, nicht durch subjektive Umstände wie Gutgläubigkeit, Rechtsunkenntnis, Unerfahrenheit oder Ungeschicklichkeit vermieden werden" kann. Auf die Zugehörigkeit des § 42 AO 1977 zur Regelung der Entstehung des Steueranspruchs gemäß § 38 AO 1977 ohne Rücksicht auf eine entsprechende Absicht des Steuerpflichtigen wurde hingewiesen.

In seiner Rechtsprechung nach dem oben erwähnten Urteil des I. Senats vom 5. Februar 1992[19] konnte der V. Senat die Streitfrage als jeweils nicht

15 BFHE 150, 478, BStBl. II 1987, 756.
16 I R 127/90, BFHE 166, 356, BStBl. II 1992, 533.
17 Das Lob für das Urteil des I. Senats durch *Rose/Glorius,* DB 1993, 2207, unter III.1., ihm sei „nun möglicherweise eine Vereinfachung und Überwindung der in . . . Floskeln mündenden Definitionsversuche gelungen", verwundert etwas.
18 BFHE 155, 503, BStBl. II 1989, 396.
19 Vgl. Fn. 16.

entscheidungserheblich offenlassen, weil die Indizien auch für die Annahme einer etwaigen Mißbrauchsabsicht vorhanden gewesen wären. Er hat aber in einem obiter dictum[20] im Ergebnis die Mißbrauchsabsicht als Tatbestandsmerkmal des § 42 AO verneint[21] und auf eine entsprechende Auffassung des Bundesarbeitsgerichts[22] und des Bundesgerichtshofs[23] zur „Gesetzesumgehung", und des Gerichtshofs der Europäischen Gemeinschaften[24] zur „Steuerumgehung" hingewiesen.

Nimmt man die durchweg überzeugenden Stellungnahmen im neueren Schrifttum hinzu[25], so spricht viel für einen bereits vollzogenen Wandel zur „objektiven" Einordnung des § 42 AO 1977. Die Rechtsprechung sollte ihren Beitrag zur berechenbaren Anwendbarkeit des § 42 AO 1977 auch in diesem Punkt leisten.

4. Mißbrauchsprüfung je Besteuerungsvorgang und Steuerschuldverhältnis

Auf einschränkende Anwendung des § 42 AO 1977 gerichtet ist auch der Grundsatz, daß die Frage, ob eine mißbräuchliche Gestaltung vorliegt, für jeden der Besteuerung unterliegenden Vorgang gesondert zu prüfen ist[26] und daß die Umgehungsprüfung bei dem Steuerschuldverhältnis stattzufinden hat, in dem der unangemessene Steuervorteil gesehen wird. Für das UStG, das zwar vom Gleichgewicht der Steuer des Leistenden mit dem Vorsteuerabzug des Leistungsempfängers ausgeht, die beiden Steuerschuldverhältnisse aber nicht verknüpft, kommt dem Grundsatz besondere Bedeutung zu. Diese Eingrenzung formuliert der V. Senat z.B. in den Urteilen vom 6. Juni 1992[27] und vom 16. Januar 1992[28] wie folgt:

> „Entscheidend ist, ob der Steuerpflichtige, dessen Steuerschuld zu beurteilen ist, die vom Gesetzgeber bei seiner Regelung vorausgesetzte Gestaltung zum Erreichen bestimmter wirtschaftlicher Ziele nicht gebraucht und hierfür keine beachtlichen außersteuerlichen Gründe vor-

---

20 S. dazu Urteil vom 10. September 1992 V R 104/91, BFHE 169, 258, BStBl. II 1993, 253.

21 Der Beitrag von *Kruse,* StbJb. 1978/1979, 446, 452, findet sich als Stütze.

22 Beschluß vom 12. Oktober 1960 GS 1/59, BAGE 10, 65, 70.

23 Urteil vom 15. Januar 1990 II ZR 164/88, BGHZ 110, 47, 64.

24 Urteil vom 12. Juli 1988 Rs. 138 und 139/86, Slg. 1988, 3937, UR 1990, 286.

25 *Fischer* in Hübschmann/Hepp/Spitaler, AO/FGO, § 42 AO Rz. 103, Stand März 1991, mit Nachweisen; *Ludwig Schmidt* in Festschrift 75 Jahre Reichsfinanzhof – Bundesfinanzhof, 1993, S. 337, 350 f.; *Reiß,* UR 1993, 213, zu Fn. 14; auch *Weber-Grellet,* StuW 1993, 211 (allerdings mit überschießender teleologischer Innentendenz). Am Erfordernis des subjektiven Merkmals hält im wesentlichen nur *Tipke* in Tipke/Kruse, AO, 14. Aufl., § 42 Tz. 17 fest.

26 BFH-Urteile vom 26. November 1987 V R 29/83, BFHE 152, 170, BStBl. II 1988, 387, und vom 6. Juni 1991 V R 70/89, BFHE 165, 1, BStBl. II 1991, 866 – zu diesem Urteil vgl. aber unten 5.

27 V R 70/89, BFHE 165, 1, BStBl. II 1991, 867.

28 V R 1/91, BFHE 167, 215, BStBl. II 1992, 541.

liegen. . . ." Vorsorglich wird aber hinzugefügt: „Der Mißbrauch kann auch darin bestehen, daß der Steuerpflichtige einen anderen zu einer derartigen unangemessenen Gestaltung veranlaßt und hieraus einen ungerechtfertigten Steuervorteil zieht."

Im ersten Fall ging der V. Senat davon aus, daß der Grundstückserwerber, der den Vorsteuerabzug geltend machte, seinen insolventen Grundstücksveräußerer zum Verzicht (§ 9 UStG) auf die Umsatzsteuerbefreiung des § 4 Nr. 9 Buchst. a UStG veranlaßt hatte.

Im zweiten Fall hatte die Ehefrau eine Zahnarztpraxis erworben und (steuerpflichtig) ihrem Ehemann, dem Zahnarzt, vermietet. Die Unangemessenheit dieser Gestaltung (s. dazu unten IV.) wurde mehrfach auf eine Gesamtschau der ehelichen Wirtschaftsgemeinschaft und auf das wirtschaftliche Verhalten des anderen Ehemannes gestützt. Insoweit ist *Rose/Glorius*[29] wohl zuzugeben, daß das Urteil über die Maßgeblichkeit des Grundsatzes „auf die Verhältnisse des anderen Ehegatten kann für die Rechtsfolgen des § 42 AO 1977 nicht abgestellt werden" Unsicherheit aufkommen läßt.

5. Steuervorteil als Umgehungserfolg

Eine Umgehungsgestaltung i.S. des § 42 AO 1977 liegt vor, wenn ein *steuerlicher Erfolg* eingetreten ist, der bei Besteuerung der „angemessenen" Gestaltung nicht eingetreten wäre. Der steuerliche Erfolg kann jeden Anspruch aus einem Steuerschuldverhältnis betreffen[30].

Im Umsatzsteuerrecht ergibt sich ein steuerlicher Vorteil (nach den bisherigen Mißbrauchsgestaltungen) durchweg aus dem Vorsteuerabzug, der bei angemessener Gestaltung nicht erreicht worden wäre.

Den „Steuervorteil" verlangt der V. Senat zwar auch in den Entscheidungen, in denen es um die Angemessenheit des Vorsteuerabzugs des Grundstückserwerbers nach Option des insolventen Verkäufers zur Umsatzsteuerpflicht des Grundstücksumsatzes geht. In den Fällen, in denen soweit mißbräuchliche Gestaltung bejaht wurde[31], geht es aber letztlich weniger um unangemessene Steuervorteile, sondern um einen etwa kollusiv erzielten zivilrechtlichen Vorteil der um die Umsatzsteueroption erhöhten Schuldentilgung im Verrechnungsweg (s. unten IV.5.).

IV. „Wertung des Gesetzgebers" des UStG zwischen den Schwerpunkten von Einzelfallgerechtigkeit und Typisierung

Die Wertung des Gesetzgebers bei der Regelung bestimmter Lebenssachverhalte ist – wie bereits angesprochen – das Prüfungskriterium der

29 DB 1993, 2207, unter IV.1.; s. auch *Reiß,* UR 1993, 213.
30 Vgl. *Peter Fischer* in Hübschmann/Hepp/Spitaler, AO, § 42 Rz. 87 und 101.
31 Vgl. Fn. 47 und 48.

Rechtsprechung für die „Unangemessenheit" einer Umgehungsgestaltung.

Gestaltungsmißbrauch im Umsatzsteuerrecht wird – als erkennbare systemabhängige Fallgruppenerscheinung – im wesentlichen bei *„Einschaltung" eines weiteren Steuerpflichtigen* in einen Leistungsaustausch diskutiert (s. dazu die unten 1. bis 5. behandelten Fallgruppen).

All diesen Fallgruppen ist gemeinsam, daß die Gestaltung nicht etwa auf eine Umsatzsteuerbefreiung hin ausgerichtet ist, sondern auf steuerbare und steuerpflichtige Leistungsbeziehungen, um bei größeren Investitionen den Vorsteuerabzug nicht gemäß § 15 Abs. 1 oder insbesondere § 15 Abs. 2 UStG zu verlieren.

1. Zwischenvermietung

Die gesetzgeberische Wertung der Regelung für Umsätze durch Wohnungsvermietung im UStG ergab sich für den V. Senat[32] daraus, daß nach § 4 Nr. 12 Buchst. a UStG die Vermietung von Wohnungen steuerfrei ist und daß damit der Vorsteuerabzug aus der Anschaffung der zu vermietenden Wohnung gemäß § 15 Abs. 2 und 3 UStG ausgeschlossen ist. Allerdings eröffnete nach § 9 a.F. UStG der Befreiungsverzicht bei Vermietung an einen *Unternehmer* dem Vermieter den Vorsteuerabzug. Bei Einschaltung eines sog. unternehmerischen Zwischenmieters war daher zu prüfen, ob die Gestaltung – gerichtet auf den Vorsteuerabzug des Vermieters – den wirtschaftlichen Vorgängen angemessen i.S. des § 42 AO 1977 war. Dazu heißt es weiter in dem oben genannten Beschluß[32]:

> „Das Umsatzsteuerrecht geht dabei von der üblichen Gestaltung aus, daß Wohnungen an denjenigen vermietet werden, der sie bewohnen will. Die Einschaltung von Zwischenmietern, die ihrerseits selbst die Wohnung nicht zu Wohnzwecken verwenden, sondern die Verwendung zu Wohnzwecken durch die Endmieter verwirklichen, bildet somit eine ungewöhnliche Rechtsgestaltung, um die Voraussetzungen der §§ 9 und 15 UStG 1980 zu erfüllen."

Da der V. Senat bei den Zwischenvermietungsgestaltungen von der widerlegbaren Vermutung von der Ungewöhnlichkeit zur Unangemessenheit hin ausging (s. oben III.2.), verlangte er anschließend „sonstige Gestaltungsgründe" zum Nachweis der Angemessenheit[33].

---

32 BFH-Beschluß vom 4. August 1987 V B 16/87, BFHE 150, 478, BStBl. II 1987, 756; ähnlich BFH-Urteil vom 13. Juli 1989 V R 8/86, BFHE 158, 166, BStBl. II 1990, 100. Es handelt sich dabei bereits um die „Folgerechtsprechung" nach der noch breiter angelegten Grundrechtsprechung ab 15. Dezember 1983, veröffentlicht in BFHE 140, 354 ff., BStBl. II 1984, 388 ff., dazu *Weiß*, UR 1985, 88; und *Widmann*, DB 1984, 1421.

33 Angemessenheitsgründe wurden letztlich bei keinem der Standardmodelle anerkannt, vgl. jetzt das abschließende BFH-Urteil vom 14. Mai 1992 V R 12/88, BFHE 168, 468, BStBl. II 1992, 931. Von den revisionsgerichtlich geprüften Fallgestaltungen kann Angemessenheit (neben den in vorbezeichnetem

Aus der verzögerten gesetzlichen „Bereinigung" der Optionsmöglichkeit bei Wohnungsvermietung durch das Haushaltsstrukturgesetz 1982[34] konnte keine andere gesetzgeberische Wertung der vorher durchgeführten Gestaltungen hergeleitet werden[35]. Auch wenn sich der Gesetzgeber zunächst vor einer gebotenen Entscheidung über die Billigung einer indirekten Subventionierung des privaten Wohnungsbaus durch Zwischenvermietungsmodelle „gedrückt" haben sollte[36], so geschah dies doch unter dem Vorbehalt des § 42 AO 1977.

Wohl im Hinblick auf die noch nicht absehbaren Weiterungen der Zwischenvermietungsgestaltungen kam es zu Beginn der richter-rechtlichen Grundsätze zur Zwischenvermietung auch zu Rechtschöpfungsansätzen, die zu Kollisionen mit herkömmlichen Kriterien des UStG hätten führen können. Solchen Ansätzen, wie sie etwa der „ausgelagerte Umsatz"[37] oder der Unternehmer ohne Umsatz waren, die zwar die Diskussion, nicht aber die Rechtssicherheit förderten, hat der V. Senat selbst vorsorglich den Boden entzogen.

2. „Vorschaltung" von Gesellschaftern als Vermieter von Anlagegegenständen

Einer „erfolgsneutralen" Behandlung von Einlagen oder Nutzungsüberlassung von Gegenständen durch Gesellschafter an Personengesellschaften steht das Umsatzsteuerrecht bislang recht hilflos gegenüber.

Die Unternehmereigenschaft der Personengesellschaft wird nicht zugleich auf den einzelnen Gesellschafter etwa nach den Kriterien der Mitunternehmerschaft übertragen.

Will der Gesellschafter selbst einen Gegenstand anschaffen, um ihn der Gesellschaft zur Nutzung zu überlassen, so kann er den Vorsteuerabzug nur als Unternehmer erreichen. Das setzt wieder voraus, daß er das Nutzungsverhältnis nachhaltig und entgeltlich, also in der Regel als Pacht/Miete gestaltet. Die bloße gesellschaftsrechtliche Überlassung „gegen Beteiligung an Gewinn und Verlust" ist nicht entgeltlich (also nicht steuerbar i.S. des § 1 UStG).

Die Vorschaltung des Gesellschafters als Vermietungsunternehmer vor die Gesellschaft wurde vom BFH als konform mit den Wertungen des UStG angesehen, die darauf hinzielen, unternehmerisch und steuerpflich-

Urteil erwähnten Einzelfällen) wohl nur im sog. Seniorenheim-Fall vom 14. Oktober 1993 V R 36/89 – zur Veröffentlichung vorgesehen – angenommen werden.

34 BGBl. I 1981, 1553.

35 Vgl. BFH-Beschluß vom 4. August 1987 V B 16/87, BFHE 150, 478, BStBl. II 1987, 756, mit Nachweisen.

36 Vgl. dazu *Hans H. Gattermann* in Festschrift 75 Jahre Reichsfinanzhof – Bundesfinanzhof, 1993, S. 91, 93.

37 S. dazu *Widmann*, UR 1985, 80.

tig verwendete Gegenstände weitestgehend von der darauf ruhenden Umsatzsteuer zu entlasten[38].

3. „Vorschaltung“ von Ehegatten als Kleinunternehmer zur Ausschöpfung des Steuerabzugsbetrags nach § 19 Abs. 3 a.F. UStG 1980

Die BFH-Rechtsprechung zur Ehegatten-Vorschaltung begann im wesentlichen mit dem Urteil des V. Senats vom 13. Juli 1989 V R 8/86[39]. Die Ehefrau eines Steuerberaters kaufte einen PKW und vermietete ihn steuerpflichtig an den Ehemann für dessen Praxis. Bei der Gestaltung sind zwei Gesichtspunkte zu beachten: Ehefrau und Ehemann führen steuerpflichtige Umsätze aus, ferner konnte bei dieser Verlagerung die Ehefrau den Steuerabzugsbetrag gemäß § 19 Abs. 3 a.F. UStG 1980 in Anspruch nehmen. Verwaltung und einige Finanzgerichte beurteilten die Vorschaltung (statt des Erwerbs durch den Steuerberater selbst) – unter Berufung auf die Zwischenvermietungsrechtsprechung – als mißbräuchlich.

Der BFH verneinte die Anwendbarkeit des § 42 AO 1977 und insbesondere die Vergleichbarkeit mit der Zwischenvermietungsrechtsprechung. Er legte folgende Wertung der gesetzlichen Regelung des UStG zugrunde: Die Vorschaltung von Angehörigen zur Beschaffung und Vermietung von Anlagegegenständen kollidiert nicht mit der Unternehmerregelung bzw. der Kleinunternehmerregelung. Vorsteuerfragen sind bei jeweils steuerpflichtigen Verwendungsumsätzen nicht berührt. Die vor allem gerügte Umgehung der Wertungen des § 19 Abs. 3 a.F. UStG 1980 verneinte der BFH: Die im Jahr 1990 ersatzlos gestrichene Vorschrift hatte nicht erkennen lassen, daß sie nur auf bestimmte Gestaltungen ausgerichtet war. Sie wirkte als Subvention ohne Berücksichtigung der wirtschaftlichen Situation des jeweiligen Kleinunternehmers.

Wegen der Umsätze zwischen Angehörigen verwies der BFH auf § 10 Abs. 5 UStG 1980 (Mindestbemessungsgrundlage).

Diese Beurteilung von „Vorschaltfällen“ bei beiderseits steuerpflichtig handelnden Angehörigen geht von einer Wertung des UStG aus, daß Anschaffung und Finanzierung von Anlagegegenständen jedem Unternehmer freisteht und daß hinsichtlich der Einschaltung „nahestehender Personen“ durch § 10 Abs. 5 und § 15a UStG 1980 eine *typisierende Steuerumgehungsvorsorge* getroffen ist, die § 42 AO 1977 vorgeht (wenn auch nicht in jedem Fall ausschließt)[40].

---

38 Vgl. BFH-Urteil vom 4. November 1991 V R 116/86, BFHE 166, 195, BStBl. II 1992, 269 mit Nachweisen; jetzt auch Urteil vom 16. März 1993 XI R 45/90, BFHE 171, 122, BStBl. II 1993, 530, zur bloßen Selbstnutzung durch den Gesellschafter in der Gesellschaft.

39 BFHE 158, 166, BStBl. II 1990, 100, UR 90, 52 mit Anm. von *Weiß*.

40 Zustimmend u.a. *Reiß*, UR 1993, 213, unter IV.; *Rose/Glorius*, DB 1992, 2207, unter IV.3. Die z.B. von *Weiß*, Anm. in UR 1990, 54, erhobenen Vorbehalte gegen diese Rechtsprechung (auch noch in UR 1992, 21 und 23) lassen die ersichtliche typisierende Gesetzeswertung außer Betracht, zumal auch „Vor-

Der V. Senat hielt noch im Urteil vom 14. Mai 1992[41] an dieser Rechtsprechung fest. Allerdings sind bereits Ansätze zu einem Wandel in der Auffassung des V. Senat über die Wertung des Gesetzgebers zu Vorschaltungsfällen mit Angehörigen zu erkennen, wie vor allem in den Arztfällen (s. unten 4.) und schon im „Kinder-Fall" ersichtlich ist. Im letztgenannten Urteilsfall vom 21. November 1991[42] hatte ein Steuerberater seine beiden minderjährigen Kinder zum Erwerb und zur (steuerpflichtigen) Vermietung von Büromaschinen an ihn „vorgeschaltet". Der V. Senat bejahte hier den Mißbrauch der Gestaltung aufgrund der Gesamtumstände des Fall. Im Ergebnis dürfte die Versagung des Vorsteuerabzugs bei den Kindern zutreffen. Die Argumentation, der Vater habe letztlich – aufgrund eigener Finanzierung, Auswahl und Tätigkeit – die Geräte (nur im Namen der Kinder) erworben, spricht mehr für Versagung der Unternehmereigenschaft der Kinder als für systematisch zutreffende Anwendung des § 42 AO 1977.

4. „Vorschaltung" der Ehefrau bei Erwerb und Vermietung einer Arztpraxis

Nicht weniger als für die oben behandelten Vorschaltungsfälle bei Erwerb von Anlagegegenständen gilt m.E. die dort maßgebliche Wertung des UStG auch für die Fälle der Arztpraxen-Beschaffung[43].

Der Umstand, daß ein (nach § 4 Nr. 14 UStG) umsatzsteuerfrei leistender Arzt gemäß § 15 Abs. 2 UStG nicht zum Vorsteuerabzug aus der Anschaffung der Praxis befugt ist, führt zu keiner anderen Wertung, wenn man die ersichtlichen *Typisierungen* des UStG akzeptiert: Zwar erhält der anschaffende Ehegatte, der steuerpflichtig die Praxis seinem Arzt-Ehegatten vermietet, den vollen Vorsteuerabzug bei Anschaffung. Er hat jedoch – systemgemäß – die Vermietungsumsätze zu versteuern, und zwar unter dem Korrekturvorbehalt des § 15a UStG jedenfalls für zehn Jahre[44]. Der mietende Arzt-Ehegatte wird mit den nicht abziehbaren Vorsteuern auf die Mietrechnungen belastet. Daß keine steuervermindernde Gestaltung

---

schaltung" im Ergebnis das Steueraufkommen unberührt läßt. Unter diesen Vorzeichen besteht für die Rechtsprechung keine Befugnis, durchgeführte Besteuerungsvorgänge zu durchbrechen und (meist nicht mehr korrigierbar) die Folgen von § 14 Abs. 2 oder Abs. 3 UStG noch zusätzlich „draufzusatteln".

41 V R 56/89, BFHE 168, 472, BStBl. II 1992, 859.

42 V R 20/87, BFHE 166, 506, BStBl. II 1992, 446.

43 Vgl. BFH-Urteile vom 22. Oktober 1992 V R 33/90, BFHE 169, 555, BStBl. II 1993, 210; vom 10. September 1992 V R 104/91, BFHE 169, 258, BStBl. II 1993, 253; vom 16. Januar 1992 V R 1/91, BFHE 167, 215, BStBl. II 1992, 541.

44 Wenn im Urteil in BFHE 167, 205, BStBl. II 1992, 541, darauf abgestellt wird, daß die Ehefrau nach Ablauf von zehn Jahren die Praxis steuerfrei ohne Auswirkung auf den Vorsteuerabzug veräußern könnte, überzieht dies m.E. schlicht den Wertungsrahmen für ihre Gestaltung. Die weitere Unangemessenheitsbegründung mit § 19 Abs. 3 a.F. UStG 1980 widerspricht der bisherigen Rechtsprechung.

über die Entgelte durchgreift, ist gesetzlich durch die Umgehungsbremse für nahestehende Personen (§ 10 Abs. 5 UStG) abgedeckt[45].

Soweit diese Rechtsprechung die Unangemessenheit letztlich wegen der Finanzierung der Gestaltung durch den mietenden Arzt annimmt, handelt es sich um ein nicht im UStG angesiedeltes allgemeines Wertungsargument, das aber wegen der Zusammenschau des steuerlichen Ergebnisses der Ehegatten auch dem Grundsatz der getrennten Betrachtung der Steuerschuldverhältnisse für § 42 nur schwer einzuordnen ist.

Sicher konnte sich die Praxis auf die Abgrenzung der „selbstfinanzierenden" Ehefrau von der „mittellosen" Ehefrau einstellen. Verständlich sind m.E. aber Zweifel an der Überzeugungskraft dieser Abgrenzung, zumal es als nicht unangemessen angesehen wird, wenn die Ehefrau die Mittel zum Erwerb des Hauses vom Ehemann geschenkt bekommen hat[46].

5. Option zur Steuerpflicht durch insolventen Grundstücksverkäufer

Als ein in sich geschlossener Sonderfall der Mißbrauchsrechtsprechung des V. Senats sollten schließlich die Urteile vom 6. Juni 1991[47] und vom 23. September 1993/24. Februar 1994[48] behandelt werden.

Die Annahme einer mißbräuchlich gestalteten Vorsteuerabzugsberechtigung eines Grundstückserwerbers, der als Grundpfandgläubiger seinen Schuldner zum Verkauf unter Option zur Steuerpflicht dieses Umsatzes veranlaßt, reibt sich an dem Tatbestandsmerkmal des § 42 AO 1977, daß ein Steuervorteil unangemessener Art erreicht werden muß.

Der Vorteil, daß der Erwerber den vereinbarten Kaufpreis (einschließlich Umsatzsteuer) dem Verkäufer gar nicht auszahlt, sondern (als dessen Grundpfandgläubiger) mit eigenen Gegenforderungen verrechnet, ist ein zivilrechtlicher Zahlungsvorteil, kein Vorteil in einem Steuerschuldverhältnis. Das Abstellen auf einen „Regelungsplan des UStG", daß die Umsatzsteuer, die der Leistungsempfänger als Vorsteuer abzieht, beim Leistenden regelmäßig erhoben wird, vermengt Mehrwertsteuersystem und dessen (bewußt) unvollkommene Gestaltung im Festsetzungsverfahren des UStG mit dem Erhebungsverfahren[49]. Diese – fallbezogene – Annahme, die bisher vom V. Senat so weitgehend nie vertreten worden war, sollte nicht weiter verfolgt werden. Auf die gebotene gesetzgeberi-

---

45 Vgl. Verfasser in NWB Nr. 2 vom 8. Januar 1990, Fach 7, S. 3945. Zutreffend ist insoweit die Kritik von *Reiß,* UR 1993, 213.

46 Vgl. *Reiß,* UR 1993, 213; aber auch *Rose/Glorius,* DB 1992, 2207 unter IV.3.

47 V R 70/89, BFHE 165, 1, BStBl. II 1991, 866.

48 V R 3/93 (zur Veröffentlichung vorgesehen); das Urteil vom 24. Februar 1994 V R 80/92 (zur Veröffentlichung vorgesehen) verneint Mißbrauch, weil der vorsteuerabzugsbegehrende Erwerber kein Grundpfandgläubiger des insolventen Verkäufers war.

49 Vgl. *Reiß,* UR 1992, 42; *Rose/Glorius,* DB 1992, 2207 unter III.2.; *Tipke/Kruse,* AO, 14. Aufl., § 42 Tz. 36.

sche Erfassung dieses Gesichtspunkts hat der V. Senat bereits in anderem Zusammenhang hingewiesen[50].

V. Schlußbemerkung

Ich gehe davon aus, daß die hier behandelten Gestaltungsfälle, soweit sie nach § 42 AO 1977 als mißbräuchlich angesehen wurden, im wesentlichen nicht mehr in Betracht kommen. Das liegt – wie bei Zwischenvermietung und Steuerabzugsbetrag – an den Maßnahmen des Gesetzgebers durch Änderung des § 9 UStG und ersatzlose Streichung des § 19 Abs. 3 a.F. UStG 1980. Bei der Ehegattenvorschaltung durch Ärzte ist anzunehmen, daß sich die Gestaltungspraxis auf die inzwischen gefestigte Rechtsprechung des V. Senats eingestellt hat. Bei den Initiatoren „neuer" Umsatzsteuergestaltungen zur Steuerverminderung (aber auch bei der zur Prüfung verpflichteten Finanzverwaltung) dürfte die Rechtsprechung des V. Senats eine gewisse Verunsicherung darüber hervorgerufen haben, wonach letztlich die Angemessenheit zu bestimmen ist. Richtete sich die Rechtsprechung zunächst mehr nach den typisierenden Wertungen des Umsatzsteuergesetzes mit einem größeren Freiraum von Gestaltungstoleranzen, so ist in der jüngeren Rechtsprechung eine Hinwendung zu mehr einzelfallorientiertem Gerechtigkeitsdenken naheliegend. Der Vorausberechenbarkeit für Gestaltungen kommt diese Rechtsprechung wohl weniger entgegen.

50 Vgl. BFH-Urteil vom 25. Februar 1993 V R 78/88, BFHE 171, 369, BStBl. II 1993, 777, unter II.1.c).

XI.

Rechtspflege

Sabine Leutheusser-Schnarrenberger

Rechtspflegeministerium für alle Gerichtsbarkeiten

Inhaltsübersicht

I. Einleitung

Das Thema „Rechtspflegeministerium" hat in besonderer Weise Bezug zu *Prof. Dr. Franz Klein,* dessen Verdienste um die Entwicklung des Steuerrechts und des Verfassungsrechts mit dieser Festschrift gewürdigt werden und der die Ressortierung des Bundesfinanzhofs bei dem Bundesministerium der Justiz häufig kritisch hinterfragt hat.

Die Forderung, ein für alle Gerichtsbarkeiten zuständiges Rechtspflegeministerium zu schaffen, ist seit jeher ein wichtiges rechtspolitisches Anliegen, das sowohl im Bund als auch in den Ländern immer wieder zum Gegenstand von Gesetzesinitiativen[1], Koalitionsvereinbarungen[2] und Regierungserklärungen[3] gemacht worden ist. Nach einem mühsamen

1 BR-Drucksache 8/465; weitere Nachweise bei *Rohwer-Kahlmann,* Die Ressortierung und die Vereinheitlichung der Gerichtsbarkeiten, BKK 1958, SP. 356; *von Kühlmann-Stumm,* Rechtspflegeministerium DRiZ 1963, 442; *o. V.*, Rechtspflegeministerium – kein Thema in Nordrhein-Westfalen, Bericht über die Ablehnung des FDP-Antrags auf Schaffung eines Rechtspflegeministeriums, DRiZ 1988, 391.

2 Nachweise bei *Peter Marqua,* Rechtspflegeministerien schaffen, DRiZ 1987, 446; *Kissel,* Die Arbeitsgerichtsbarkeit, NJ 1991, 281.

3 Nachweise bei *Gerhard Jahn,* Zeitgemäße Stellung der Justiz in Staat und Gesellschaft, Bulletin 1969, 1151; *Günter Schulz,* Blick in die Zeit, MDR 1970, 16.

Prozeß, dessen Langwierigkeit angesichts der Vielfalt unterschiedlicher Interessen nicht überrascht[4], sind mittlerweile in fünf Bundesländern einheitliche Rechtspflegeministerien für alle Gerichtsbarkeiten eingerichtet; darüber hinaus ressortiert im Bund wie auch in den übrigen Ländern – mit Ausnahme Bayerns – bei den Justizministerien nicht mehr nur die ordentliche Gerichtsbarkeit, sondern zumindest auch die Verwaltungs- und Finanzgerichtsbarkeit[5]. Gleichwohl bestehen zum Teil immer noch Vorbehalte im politischen Raum[6], bei den betroffenen Fachressorts[7] sowie bei Richter-[8] und anderen Verbänden[9], die indessen nicht geeignet sind, die Einrichtung einheitlicher Rechtspflegeministerien in Frage zu stellen.

II. Ziel der Schaffung von Rechtspflegeministerien und ihre Aufgaben

Das rechtspolitische Anliegen, einheitliche Rechtspflegeministerien für alle Gerichtsbarkeiten im Sinne des Art. 95 Abs. 1 GG[10] zu schaffen, zielt nicht darauf ab, eine verfassungsrechtlich unzulässige[11] Einheitsgerichtsbarkeit zu schaffen[12], sondern ist nach allgemeiner Ansicht darauf gerichtet, die Verwaltung der Gerichtsbarkeiten in nur einem Ministerium des Bundes mit Zuständigkeit für die Bundesgerichte und die Bundesanwaltschaft sowie in einheitlichen Rechtspflegeministerien der Länder zu kon-

4 *Helmut Külz,* Justizministerium und Verwaltungsgerichte, DRiZ 1970, 49.

5 Zu den Einzelheiten der Ressortierung s. u. IV.

6 Nachweise bei *Friedrich Scholz,* Rechtspflegeministerium – pro und contra DRiZ 1964, 223; *Otto Uhlitz,* Sozialdemokratische Justizpolitik in Berlin, Recht und Politik 1970, 25; *o. V.,* Rechtspflegeministerium – kein Thema in Nordrhein-Westfalen, DRiZ 1988, 391; *Rudolf Wassermann,* Annäherung der Gerichtsbarkeiten?, JR 1964, 256.

7 S. *Albrecht Wagner,* Die Regierungsvorlage zum Richtergesetz, JZ 1957, 531.

8 S. *o. V.,* Novelle zum Arbeitsgerichtsgesetz, DRiZ 1988, 151.

9 *O.V.,* Novelle zum Arbeitsgerichtsgesetz, DRiZ 1988, 151.

10 Andere Gerichte wie z.B. Bundesverfassungsgericht, das sich aufgrund seines Rangs selbst verwaltet und über einen eigenen Haushaltstitel verfügt (vgl. *Hans Meyer,* in Vom Reichsjustizamt zum Bundesministerium der Justiz 1977, 443, 463), Bundesdisziplinargericht, Bundespatentgericht, Truppendienstgerichte, Binnenschiffahrtsgerichte, etc. gehören nicht zu den in Art. 92, 95 GG abschließend erfaßten Gerichtsbarkeiten und sind wegen ihrer fachspezifischen – von der Situation der Gerichtsbarkeiten i.S.d. Art. 95 Abs. 1 GG abweichenden – Besonderheiten nicht zwingend in die Zuständigkeit der Rechtspflegeministerien zu überführen.

11 So zu Recht unter Hinweis auf Art. 95 GG *Ernst Krasney,* Rechtspflegeministerium – ja oder nein, BKK 1987, 121 m.w.N.

12 *Bernhard Leverenz,* Das Rechtspflegeministerium lehnt Einheitsgerichte ab, DRiZ 1961, 37; *Günther Schultz,* Blick in die Zeit, MDR 1969, 448; *Wolfgang Stammberger,* Das Rechtspflegeministerium, DRiZ 1962, 145 und DRiZ 1962, 337; a.A. noch *Hans Galperin,* Rechtspflegeministerium und Arbeitsrecht, Juristenjahrbuch 1968/69, 65, 68.

zentrieren. Mit dieser Konzentration sind folgende Zuständigkeiten der Rechtspflegeministerien verbunden:

- Bereitstellung der erforderlichen sachlichen und persönlichen (insbesondere die Ausbildung, Auswahl, Ernennung und Beförderung der Richter betreffende[13]) Mittel für eine geordnete Rechtspflege (unter Berücksichtigung des Haushaltsrechts des Parlaments[14]),
- Dienstaufsicht[15],
- Analyse der Struktur der Gerichtsbarkeiten und deren Verbesserung[16],
- Pflege des Prozeßrechts (Vorbereitung der Anpassung an veränderte Verhältnisse)[17].

Die Einrichtung von Rechtspflegeministerien, deren Funktion die Justizministerien unter Beibehaltung ihrer sonstigen Aufgaben – wie im Bereich der Vorbereitung von Gesetzgebungsvorhaben[18] – wahrnehmen sollen[19], läßt die Verteilung der Zuständigkeiten für die Gerichtsbarkeiten zwischen Bund und Ländern unberührt[20] und soll auch nicht eine Neuorganisation der Zuständigkeiten vorbereiten[21]. Die Einrichtung der Rechtspflegeministerien hat schließlich keine Veränderung in der ausschließlichen Zuständigkeit der Fachministerien für das von den Fachgerichtsbarkeiten anzuwendende materielle Recht zur Folge; die Zuständigkeit der Rechtspflegeministerien beschränkt sich insoweit auf das anzuwendende Prozeßrecht[22].

III. Rechtsgrundlagen für die Bildung von Rechtspflegeministerien

1. Verfassungsrechtliche Grundlagen

Das Grundgesetz schreibt die Einrichtung von Rechtspflegeministerien weder vor, noch schließt es sie aus[23].

---

13 Vgl. *Fritz Baur,* Empfiehlt es sich, die verschiedenen Zweige der Rechtsprechung ganz oder teilweise zusammenzufassen?, Gutachten zum 42. DJT, 13 ff.

14 *Walter Schilgen,* Zehn Jahre deutsches Richtergesetz, DRiZ, 1973, 85.

15 *Walter Schilgen,* a.a.O.; *Erhard Schäffke,* Die gesetzlichen Regelungen der Dienstaufsicht über die Gerichtsbarkeiten, ZRP 1983, 165.

16 S. dazu unten V. 6.

17 *Karl Hirschmann,* Der Weg zum Rechtspflegeministerium, DRiZ, 1958, 6.

18 S. *Hans Meyer,* in Vom Reichsjustizamt zum Bundesministerium der Justiz 1977, 443, 455.

19 *Holzweg,* Zur Frage einer einheitlichen Verwaltung der Gerichte aller Gerichtszweige, DRiZ 1956, 79; *Wolfgang Stammberger,* Aktuelle Justizprobleme, DRiZ 1962, 337.

20 *Karl Hirschmann,* Das Rechtspflegeministerium, Juristenjahrbuch 1966/67, 69, 97.

21 *Bernhard Leverenz,* Das Rechtspflegeministerium lehnt Einheitsgerichte ab, DRiZ 1961, 37; *Wolfgang Stammberger,* Das Rechtspflegeministerium, DRiZ 1962, 145 und DRiZ 1962, 337.

22 *Karl Hirschmann,* Der Weg zum Rechtspflegeministerium, DRiZ 1958, 6.

23 *Fritz Baur,* Ist der Bundesgesetzgeber befugt, eine Vorschrift darüber zu treffen, daß Landesgerichte einem bestimmten Landesministerium unterstellt wer-

Nach Art. 92 GG ist die rechtsprechende Gewalt den Richtern anvertraut. Aus dieser Regelung folgt nicht, daß auch die Gerichtsverwaltung, die nur mittelbar Bezug zur Rechtsprechung hat, aber nicht vom materiell verstandenen Begriff der Rechtsprechung[24] erfaßt wird, den Gerichten als Selbstverwaltungsaufgabe vorbehalten ist[25]. Vielmehr steht Art. 92 GG der Wahrnehmung der die Gerichtsbarkeit betreffenden Aufgaben durch die Exekutive nicht entgegen[26]. Es wird sogar für verfassungsrechtlich bedenklich gehalten, die Gerichtsbarkeiten aus der verwaltungs- und haushaltsrechtlichen Unterstellung unter einen Ressortminister und damit mittelbar aus der parlamentarischen Kontrolle herauszulösen[27]. Dies gilt um so mehr, als Recht und Rechtsanwendung immer eine politische Dimension haben: Das geschriebene Recht wird in einem formalisierten Verfahren der politisch-gesellschaftlichen Auseinandersetzung geschaffen mit der Folge, daß auch seine Anwendung durch die Gerichte als Fortsetzung dieser Auseinandersetzung angesehen wird[28]. Ebenso wird die durch Art. 95 Abs. 1 GG vorgegebene Selbständigkeit der Gerichtsbarkeiten durch die Bildung eines Rechtspflegeministeriums – wie bereits ausgeführt – nicht angetastet[29]. Auch die Regelung des Art. 95 Abs. 2 GG, nach der über die Berufung der Richter der Bundesgerichte der „für das jeweilige Sachgebiet zuständige Bundesminister" gemeinsam mit einem Richterwahlausschuß entscheidet, kann gegen die Bildung eines Rechtspflegeministeriums nicht ins Feld geführt werden[30]. Denn nach einhelliger Auffassung im Schrifttum[31] und nach der daran orientierten ständigen Praxis ist der „für das jeweilige Sachgebiet zuständige Bundesminister" im Sinne des Art. 95 Abs. 2 GG nicht der Minister, der für das materiellrechtliche Sachgebiet zuständig ist[32], sondern derjenige, der im Rahmen

den?, DRiZ 1956, 119; *Heinz Brangsch,* Ein Ministerium für alle Gerichtszweige, DRiZ 1956, 130; *Otto Ernst Krasney,* Rechtspflegeministerium – Ja oder Nein?, BKK 1987, 121 m.w.N.

24 BVerfG – Urteil vom 6. Juni 1967 2 BvR 375, 53/60 und 18/65, BVerfGE 22, 49, 73; BVerwG – Beschluß vom 9. Juli 1982 2 B 72/81, Buchholz 11 Artikel 92 GG Nr. 16; *Norbert Achterberg,* Rechtsprechung als Staatsfunktion, Rechtsprechungslehre als Wissenschaftsdisziplin, in Achterberg (Hrsg.), Rechtsprechungslehre 1986 m.w.N.

25 Dazu *Fritz Baur,* Verhandlungen des 42. DJT, a.a.O., 8, 9 m.w.N.

26 *MDHS,* Artikel 92 GG, Anmerkung 111 ff.

27 *Müller,* RDA 1966, 289, 294 m.w.N.

28 *Peter Fischer,* Innere Unabhängigkeit und Fiskalinteresse, DRiZ 1992, 445, 446.

29 *Otto Ernst Krasney,* Rechtspflegeministerium – Ja oder Nein?, BKK 1987, 121 m.w.N.

30 So aber noch *Schewe,* ZSR 1957, 241; *Müller,* RDA, 1966, 289; *Galperin,* Juristenjahrbuch a.a.O., (Fn. 12) S. 65.

31 *Achterberg,* Kommentar zum GG, Artikel 95 Rd. Nr. 224; *MDHS,* GG Art. 95 Rdnr. 64; ebenso Bericht der Kommission zur Vorbereitung einer Reform der Zivilgerichtsbarkeit, herausgegeben vom BMJ, 1961, S. 439.

32 So noch *Hermann Feneberg,* Verbesserung der Rechtsprechung durch ein Rechtspflegeministerium?, BayVBL. 1968, 185; *Günther Schultz,* Blick in die Zeit, MDR 1969, 448.

der etatmäßig ausgewiesenen Ressortierung des jeweiligen Gerichts und bei der Dienstaufsicht federführend tätig ist[33].

Von den Befürwortern wird unter anderem geltend gemacht, daß ein Rechtspflegeministerium dem Prinzip der persönlichen Unabhängigkeit der Richter am besten gerecht werde[34]. Eine objektive Gefährdung der richterlichen Unabhängigkeit durch eine Ressortierung der Fachgerichtsbarkeiten bei den jeweiligen Fachressorts ist indessen regelmäßig nicht festzustellen[35]; allerdings ist die Ressortzuständigkeit eines Rechtspflegeministeriums eher als die eines Fachministeriums geeignet, einen subjektiv empfundenen „bösen Schein" sachwidrig motivierter Berücksichtigung ministerieller Auffassungen zu vermeiden[36] und dadurch ein höheres Maß an Akzeptanz richterlicher Entscheidungen zu gewährleisten[37].

2. Einfachgesetzliche Grundlagen

Nach § 40 ArbGG und § 38 SGG liegt die Ressortzuständigkeit für das Bundesarbeitsgericht wie auch für das Bundessozialgericht bei dem Bundesministerium für Arbeit und Sozialordnung. Im übrigen enthalten die Prozeßordnungen keine Regelungen, die der Bildung von Rechtspflegeministerien entgegenstehen. Insbesondere ist § 15 Abs. 1 Satz 1 ArbGG dahin geändert worden, daß die Zuständigkeit der obersten Arbeitsbehörden für die Arbeitsgerichtsbarkeit in den Ländern nicht mehr gesetzlich festgeschrieben ist[38].

Danach ist die Einrichtung eines Rechtspflegeministeriums im Bund von einer Änderung des § 40 ArbGG und des § 38 SGG sowie in den Ländern nach Maßgabe ihres Landesrechts von einem entsprechenden Organisationsakt abhängig[39].

IV. Stand der Ressortierung der Gerichtsbarkeiten

1. Ressortzuständigkeit im Bund

Im Bund ist die Ressortzuständigkeit des Bundesministeriums der Justiz bisher auf die ordentliche, die Finanz- und die Verwaltungsgerichtsbarkeit beschränkt. Für die ordentliche Gerichtsbarkeit folgt dies mittelbar aus

---

33 *Rüdiger Zuck,* Verfassungsrechtliche Probleme eines Rechtspflegeministeriums, NJW 1969, 1099; *Otto Ernst Krasney,* Rechtspflegeministerium – Ja oder Nein?, BKK 1987, 121 m.w.N.
34 So schon *Arndt,* Referat auf dem 42. DJT, a.a.O., S E 66 m.w.N.
35 *Otto Ernst Krasney,* Rechtspflegeministerium – Ja oder Nein?, BKK 1987, 121 m.w.N.
36 Kritisch dazu *Masson,* BayVbl. 1968, 159.
37 S. u. V. 2.
38 S. zum Stand der Ressortierung die Ausführungen unter IV.
39 S. *Hans Meyer,* a.a.O., 443, 448.

den §§ 125, 130 GVG[40], für die Bundesanwaltschaft aus § 147 Nr. 1 GVG. Grundlage der Ressortzuständigkeit für die Finanz- und Verwaltungsgerichtsbarkeit ist der Organisationserlaß des Bundeskanzlers vom 15. November 1969, mit dem die Dienstaufsicht über den BFH und das BVerwG auf das Bundesministerium der Justiz übertragen wurde[41]. Die noch bei dem Bundesministerium für Arbeit und Sozialordnung liegende und auf den § 38 Abs. 1 SGG, § 40 Abs. 2 ArbGG beruhende Ressortzuständigkeit für die Arbeits- und Sozialgerichtsbarkeit soll nach der Koalitionsvereinbarung vom Januar 1991 auf das BMJ übergehen und damit das rechtspolitische Ziel eines (Bundes-) Rechtspflegeministeriums verwirklicht werden.

2. Ressortzuständigkeiten in den Ländern

In den fünf Bundesländern Mecklenburg-Vorpommern[42], Rheinland-Pfalz[43], Sachsen[44], Sachsen-Anhalt[45] und Thüringen[46] sind bereits Rechtspflegeministerien eingerichtet, während in Baden-Württemberg[47], Berlin[48], Bremen[49], Niedersachsen[50], Saarland[51] und Schleswig-Hol-

40 *Erhard Schäffke,* Die gesetzlichen Regelungen der Dienstaufsicht über die Gerichtsbarkeiten, ZRP 1983, 165.

41 Bundesanzeiger 1969 Nr. 214.

42 Gesetz vom 24. Juni 1992 zur Ausführung des Gerichtsstrukturgesetzes, GVBl. S. 314.

43 Landesgesetz zur Errichtung eines Rechtspflegeministeriums vom 24. Februar 1971, GVBl. S. 56.

44 Sächsisches Gerichtsorganisationsgesetz vom 30. Juni 1992, GVBl. S. 287.

45 Ausführungsgesetz zum GVG vom 24. August 1992, GVBl. S. 648.

46 Gesetz vom 30. Juni 1992, GVBl. S. 304 – ordentliche Gerichtsbarkeit –; Gesetz vom 3. Dezember 1992, GVBl. S. 563, 576 – Verwaltungsgerichtsbarkeit –; Gesetz vom 22. Dezember 1992, GVBl. 1993, S. 1 – Arbeitsgerichtsbarkeit –; Gesetz zur Ausführung des Sozialgerichtsgesetzes vom 16. August 1993, GVBl. 1993, 489 i.V.m. der VO vom 9. September 1993, GVBl. 1993, 604 – Sozialgerichtsbarkeit –; Gesetz vom 18. Juni 1993, GVBl. S. 334 – Finanzgerichtsbarkeit –.

47 Bekanntmachung der Landesregierung vom 21. März 1972 (GesBl. S. 81) über die Änderung der Bekanntmachung über die Abgrenzung der Geschäftsbereiche der Ministerien vom 8. Juli 1972, GesBl. S. 21.

48 § 1 Abs. 2 des Berliner Gesetzes zur Ausführung der VwGO i.d.F. des Gesetzes vom 29. November 1966, GVBl. S. 147; § 2 des Gesetzes zur Ausführung der FGO vom 21. Dezember 1965, GVBl. S. 1979; Senatsbeschluß vom 11. Mai 1971 – Nr. 52/71, betreffend Sozialgerichtsbarkeit.

49 Gesetz zur Vereinheitlichung der Dienstaufsicht über die Gerichte vom 11. Juli 1972, GesBl. S. 147.

50 § 4 des niedersächsischen Gesetzes zur Ausführung der FGO vom 30. Dezember 1965, GVBl. S. 277; Gesetz über die Dienstaufsicht in der Verwaltungsgerichtsbarkeit vom 23. Februar 1970, GVBl. S. 35; Beschluß des niedersächsischen Landesministeriums vom 22. Juli 1976.

51 Gesetz Nr. 916 über die Dienstaufsicht in der Verwaltungs- und Finanzgerichtsbarkeit vom 29. April 1970, Amtsblatt S. 552; Verordnung über die Dienstaufsicht in der Sozialgerichtsbarkeit vom 29. April 1970, Amtsblatt, S. 553.

stein[52] alle Gerichtsbarkeiten mit Ausnahme der Arbeitsgerichtsbarkeit bei den obersten Justizbehörden ressortieren.

Brandenburg[53], Hamburg[54], Hessen[55] und Nordrhein-Westfalen[56] haben es bislang bei der Ressortzuständigkeit ihrer obersten Justizbehörden für die ordentliche Gerichtsbarkeit sowie die Finanz- und Verwaltungsgerichtsbarkeit belassen.

In Bayern ist die Ressortzuständigkeit des Justizministeriums auf die ordentliche Gerichtsbarkeit beschränkt. Die Finanzgerichtsbarkeit fällt in die Zuständigkeit des Bayerischen Staatsministeriums der Finanzen; die Verwaltungsgerichtsbarkeit in die des Bayerischen Staatsministeriums des Innern[57].

Soweit die Länder die Arbeits- und Sozialgerichtsbarkeit noch nicht in die Ressortzuständigkeit der Justizministerien überführt haben, ressortieren sie bei den für das Arbeits- und Sozialrecht zuständigen obersten Landesbehörden.

V. Notwendigkeit der Einrichtung von Rechtspflegeministerien

1. Erfordernis einer Begründung angesichts unterschiedlicher Interessen

Für die Schaffung eines Rechtspflegeministeriums und die damit verbundene – eine gewachsene alte Ordnung ändernde[58] – Umressortierung der Gerichtsbarkeiten werden zunächst Zweckmäßigkeitsgründe geltend gemacht[59].

Der Widerstand der Innen-, Finanz- und Arbeitsressorts gegen die schon früh von der Justizministerkonferenz geforderte Verlagerung der Ressort-

---

52 Erlaß des Ministerpräsidenten vom 21. März 1956 (Bekanntmachung des JM vom 26. März 1956, SchlHA, S. 105) – Verwaltungsgerichtsbarkeit –; Beschluß der Landesregierung vom 21. März 1956 (Bekanntmachung des JM vom 26. März 1956, SchlHA, S. 105) – Sozialgerichtsbarkeit –; Beschluß der Landesregierung (Bekanntmachung vom 7. März 1966, SchlHA, S. 81) – Finanzgerichtsbarkeit –.

53 Gesetz vom 10. Dezember 1992, GVBl. I S. 502 (546) und 504.

54 Senatsbeschluß vom 18. Juni 1957.

55 § 1 AO über die Dienstaufsicht und die Verwaltung für das hess. FG vom 28. September 1967, GVBl. I S. 183; § 1 AO über die Dienstaufsicht und die Verwaltung für die Gerichte der allgemeinen Verwaltungsgerichtsbarkeit vom 28. September 1967, GVBl. I S. 182; § 1 VO über Zuständigkeit in der Sozialgerichtsbarkeit i.d.F. des Art. 1 ZustÄndVO vom 6. Januar 1993 (GVBl. I, S. 1).

56 Gesetz zur Vereinheitlichung der Dienstaufsicht über Gerichte vom 13. Januar 1970, GVNW S. 38.

57 Gesetz zur Ausführung der Finanzgerichtsordnung (BayRS 35-1-F); Gesetz zur Ausführung der VwGO i.d.F. der Bekanntmachung vom 20. Juni 1992 (GVBl. S. 162).

58 *Otto Ernst Krasney*, Rechtspflegeministerium – Ja oder Nein?, BKK 1987, 121 m.w.N.

59 *Fritz Werner*, Rechtspflegeministerium, DRiZ 1969, 30.

zuständigkeit für die Arbeits-, Finanz-, Sozial- und Verwaltungsgerichtsbarkeit auf die Justizministerien des Bundes und der Länder[60] ist mit fachlichen Argumenten begründet worden, zu denen noch unter V. 3. Stellung genommen wird. Eine solche Verlagerung von Zuständigkeiten hat aber auch einen Verlust an Einfluß auf die Gerichtsbarkeit und insbesondere auf die Besetzung der Richterstellen zur Folge. Insbesondere im Bereich der Landesverwaltungen können nach einer Umressortierung Richterstellen in der Fachgerichtsbarkeit nicht mehr durch das Fachressort unter dem Gesichtspunkt der Personalführung und -förderung in ein einheitliches Personalkonzept eingestellt werden.

Die Vorbehalte der Gewerkschaften gegen die Einrichtung von Rechtspflegeministerien[61] beruhen wohl auch auf der Annahme, die Ressortierung der Arbeits- und Sozialgerichte bei den Arbeits- und Sozialministerien eröffne bessere Einflußmöglichkeiten. Von Arbeits-[62] und Sozialrichtern[63] wie auch früher von Verwaltungs- und Finanzrichtern[64] werden gegen die Ressortierung bei einem Rechtspflegeministerium nicht nur fachliche Argumente vorgetragen. Die Vorbehalte sind auch motiviert durch die Sorge um den Erhalt der Selbständigkeit der Fachgerichtsbarkeiten angesichts der früheren Diskussionen um eine Einheitsgerichtsbarkeit[65]. Darüber hinaus besteht die Sorge, daß im Rahmen einer einheitlichen Verwaltung für alle Gerichtsbarkeiten die Probleme und Bedürfnisse der erheblich kleineren Fachgerichtsbarkeiten weniger berücksichtigt würden als bei den Fachressorts[66].

Demgegenüber haben sich die Vertretungen der rechtsberatenden Berufe wie der Deutsche Anwaltverein schon sehr früh für die Einführung eines Rechtspflegeministeriums eingesetzt[67]. Ebenso hat sich auch die FDP für dieses Anliegen nachhaltig[68] und mit sichtbarem Erfolg[69] eingesetzt, während andere Parteien hierzu eine unterschiedliche Haltung einnehmen[70].

---

60 *Albrecht Wagner,* Die Regierungsvorlage zum Richtergesetz, JZ 1957, 531.

61 *O.V.,* Novelle zum Arbeitsgerichtsgesetz, DRiZ 1988, 151.

62 *O.V.,* Novelle zum Arbeitsgerichtsgesetz, DRiZ 1988, 151, Änderung des ArbGG DRiZ, 1989, 30.

63 *Otto Ernst Krasney,* Rechtspflegeministerium – Ja oder Nein?, BKK 1987, 121 m.w.N.

64 *Wolfgang Dörffler,* Fachtagung für Verwaltungsrecht in Berlin, DÖV 1970, 189.

65 S. *Horst Peters,* Sospirando, ZSR 1957, 269; *Hans Galperin,* Rechtspflegeministerium und Arbeitsrecht, Juristenjahrbuch 9 (1968), 65, 69 m.w.N.

66 S. dazu *Leverenz,* Rechtspflegeministerium, RDA 1964, 228; *Albrecht Wagner,* Die Widerstände gegen eine Reform der Rechtspflege, NJW 1957, 1740.

67 AnwBl. 1955, 193; s. dazu *Karl Hirschmann,* Das Rechtspflegeministerium, Juristenjahrbuch 1966/67, 69, 93; *o.V.,* Rechtspflegeministerium, DRiZ 1967, 269; *Karl-Peter Winters,* Jahresbericht 1983/84, AnwBl. 1984, 388, 404.

68 S. *Fritz Werner,* Rechtspflegeministerium, DRiZ 1969, 30; s. i.ü. Fn. 1–3.

69 S. dazu die Ausführung unter IV.

70 S. o. Fn. 5.

2. Unbeachtliche oder überholte Argumente für und gegen Rechtspflegeministerien

Beachtliche verfassungsrechtliche oder sonstige rechtliche Bedenken gegen die Zulässigkeit von Rechtspflegeministerien werden heute nicht mehr geltend gemacht[71]. Entsprechendes gilt für die frühere Befürchtung, durch die Einrichtung von Rechtspflegeministerien werde es zu einer – mit Art. 95 Abs. 1 GG unvereinbaren[72] – Einheitsgerichtsbarkeit kommen[73], sowie für die Sorge, die kleineren Fachgerichtsbarkeiten würden von der größeren ordentlichen Gerichtsbarkeit mit ihren vielfältigen Problemen erdrückt[74]. Insbesondere die Forschungsvorhaben des Bundesministeriums der Justiz zur Organisation der Finanz- und Verwaltungsgerichte[75] und die Einbeziehung der Fachgerichtsbarkeiten in andere Untersuchungen[76], die teilweise mit Beteiligung der Länder[77] oder von ihnen allein[78] durchgeführt worden sind, zeigen, daß die Belange der Fachgerichtsbarkeiten wie die der ordentlichen Gerichtsbarkeit wahrgenommen werden.

Andererseits hat das Bundesverfassungsgericht[79] Verfassungsbeschwerden gegen finanzgerichtliche Entscheidungen nicht angenommen, die mit der Begründung angefochten worden waren, sie seien aufgrund der früheren Ressortierung der Finanzgerichtsbarkeit bei den Finanzressorts[80] nicht durch unabhängige Richter gefällt worden[81].

Der Vorteil der Zuordnung der Fachgerichtsbarkeiten zu einheitlichen Rechtspflegeministerien besteht aber schon darin, daß sie den nur subjektiv vom Rechtsuchenden empfundenen „bösen Schein" einer Hausgerichtsbarkeit[82] (vor dem Hintergrund eines gewissen latenten Mißtrauens

71 S. dazu die Ausführungen unter III.

72 *Otto Ernst Krasney,* Rechtspflegeministerium – Ja oder Nein?, BKK 1987, 121 m.w.N.

73 So noch *Hans Galperin,* Rechtspflegeministerium und Arbeitsrecht, Juristenjahrbuch 1968/69, 65, 68.

74 Vgl. *Helmut R. Külz,* Justizministerium und Verwaltungsgerichte, DRiZ 1970, 49.

75 Z.B. *WIBERA,* vergleichende Organisationsuntersuchung Verwaltungs-/Finanzgerichte, Köln 1991.

76 Z.B. *Erhard Blankenburg/Christiane Simsa/Johannes Stock/Heimfried Wolff,* Mögliche Entwicklungen im Zusammenspiel von außer- und innergerichtlichen Konfliktregelungen, 1990.

77 Z.B. *BMJ,* Bericht der Bund/Länder-Arbeitsgruppe Verwaltungsgerichtsbarkeit, Bonn 1988.

78 Z.B. *BIFOA,* Arbeitsablaufuntersuchung in der Finanzgerichtsbarkeit, Köln 1990.

79 Beschluß vom 7. Juli 1969 2. BvR 453/68, DB 1969, 2015.

80 S. o. unter IV.

81 S. dazu *Zwingmann,* Zur Soziologie des Richters in der Bundesrepublik Deutschland 1966, S. 64 ff.; *Mattern,* Steuergerichtsbarkeit und Steuergerichtsverwaltung, BB 1966, 545; *ders.,* Steuerrechtsprechung und Finanzverwaltung, BB 1967, 1093; *Carl-Hermann Uhle,* Verhandlungen des 42. DJT, a.a.O., E. 5.

82 S. *Karl-August Bettermann,* Gerichtsverfahrensrecht, in FS 25 Jahre Bundessozialgericht, 1979, 783, 809.

gegen die Vorverständnisse richterlicher Tätigkeit)[83] vermeiden hilft und dadurch die Akzeptanz der Gerichtsentscheidungen erhöht[84].

Das Argument fehlender Sachbezogenheit eines Rechtspflegeministeriums[85] ist aufgrund der praktischen Erfahrungen nach der Überführung der Verwaltungs- und Finanzgerichtsbarkeit in die Zuständigkeit der Justizministerien widerlegt. Die fachliche Kompetenz und die Weiterentwicklung des materiellen Rechts sollte auch nicht auf die Rechtspflegeministerien übergehen, sondern in der Zuständigkeit der Fachressorts verbleiben[86], so daß die Sorge um die Verletzung materieller Rechtsprinzipien nach einer Umressortierung unbegründet ist[87]. Entsprechendes gilt für die Auffassung, die mit der Umressortierung übergehenden Aufgaben des Personalrechts und der Dienstaufsicht wie auch der Gerichtsorganisation seien weitgehend von den fachlich bestimmten konkreten Aufgaben der einzelnen Gerichtszweige bestimmt[88]: Nach den praktischen Erfahrungen mit der Umressortierung der Finanz-, Sozial- und Verwaltungsgerichtsbarkeit sind die Probleme der Organisation, der Personalführung und der Dienstaufsicht bei allen Gerichtsbarkeiten ihrer Art nach identisch und legen deshalb eine auch organisatorisch einheitliche Erledigung nahe[89]. Dies gilt gleichermaßen für die erforderliche Sachkunde zur Eignungsbeurteilung einzustellender Richter[90] wie für die Motivation zu Bewerbungen qualifizierter Verwaltungsjuristen auf Stellen der dem Justizministerium zugeordneten (Verwaltungs-)Gerichtsbarkeit[91].

Schließlich muß auch die früher geäußerte Sorge, die Unabhängigkeit der in den Fachgerichtsbarkeiten tätigen Richter werde nach einer Änderung der Ressortierung durch die Justizministerien gefährdet[92], als ebenso haltlos angesehen werden wie die (wohl eher polemische) Behauptung, mit

---

83 Vgl. zur entsprechenden Situation im Sozialrecht *Karl Müller,* Das Recht der ehrenamtlichen Richter, in FS 25 Jahre Bundessozialgericht, 1979, 877, 884.

84 *Fritz Baur,* Verhandlungen des 42. DJT, a.a.O., S. 14 m.w.N.

85 *Rohwer-Kahlmann,* Die Ressortierung und die Vereinheitlichung der Gerichtsbarkeiten, BKK 1958, 355 und 393; *Gerhard Müller,* Die Ressortierung der Arbeits- und Sozialgerichtsbarkeit, ArbuSozR 1966, 101.

86 S. *Karl Hirschmann,* Der Weg zum Rechtspflegeministerium, DRiZ 1958, 6.

87 S. *Otto Ernst Krasney,* Rechtspflegeministerium – Ja oder Nein?, BKK 1987, 121 m.w.N.

88 *Hans Galperin,* Rechtspflegeministerium und Arbeitsrecht, Juristenjahrbuch 1968/69, 80 m.w.N.

89 *Joachim Kniesch,* Gegenwartsprobleme der Rechtspflege, DRiZ 1964, 219 m.w.N.

90 Verneinend *Hermann Feneberg,* Verbesserung der Rechtsprechung durch ein Rechtspflegeministerium?, BayVBl 1968, 185.

91 So schon *Joachim Kniesch,* Gegenwartsprobleme der Rechtspflege, DRiZ 1964, 219; *Herbert Arndt,* Empfiehlt es sich, die verschiedenen Zweige der Rechtsprechung ganz oder teilweise zusammenzufassen?, DRiZ 1957, 198.

92 *Hermann Feneberg,* Verbesserung der Rechtsprechung durch ein Rechtspflegeministerium?, BayVbl 1968, 185; *Heiner Stempel,* Umrisse sozial-liberaler Sozialpolitik, SOZSich 1969, 354.

der Einrichtung eines Rechtspflegeministeriums sollte versucht werden, die Arbeits- und Sozialgerichte zu disziplinieren[93].

Andererseits wird auch das in der Vergangenheit zugunsten der Einrichtung von Rechtspflegeministerien vorgetragene Argument möglicher Kosteneinsparungen[94] heute zu Recht nicht mehr aufgegriffen, sondern von einer weitgehenden Kostenneutralität der Umressortierung ausgegangen[95].

3. Kriterien für die Beurteilung der Notwendigkeit von Rechtspflegeministerien

a) Argumente für ein Rechtspflegeministerium

Die Notwendigkeit eines Rechtspflegeministeriums wird unter Hinweis auf die einheitliche Funktion des Rechts zunächst mit dem Erfordernis eines einheitlichen Richterbildes begründet. Die Erfüllung der sich daraus ergebenden und für alle Gerichtsbarkeiten geltenden Anforderungen an die Qualität der Rechtsprechung seien am besten durch die – im wesentlichen auf die strukturell gleichgelagerten Probleme der gerichtlichen Tätigkeit spezialisierten – Rechtspflegeministerien zu gewährleisten[96]. Auf der Grundlage dieser zentralen Zuständigkeit für Organisation, Personalrecht und Dienstaufsicht sei auch der in gewissem Umfang anzustrebende Austausch von Richtern zwischen verschiedenen Zweigen der Gerichtsbarkeit eher möglich[97]. Darüber hinaus könne ein Rechtspflegeministerium mit dem Anspruch auftreten, für die gesamte Rechtsprechung und die gesamte Richterschaft aufzutreten, und habe damit ein größeres Gewicht für die Durchsetzung ihrer Belange[98]. Diese Argumente sind nach wie vor – bei aller kritischen Würdigung ihres Gewichts im einzelnen[99] – anerkennenswerte Gründe für die Einrichtung von Rechtspflegeministerien. Sie sind jedoch gekennzeichnet durch eine eher mikro-

93 *O.V.*, Rechtspflegeministerium – kein Thema in Nordrhein-Westfalen, DRiZ 1988, 391.

94 *Holzweg*, Zur Frage einer einheitlichen Verwaltung der Gerichte aller Gerichtszweige, DRiZ 1956, 79; *Friedrich Scholz*, Rechtspflegeministerium – pro und contra, DRiZ 1964, 223; *Leverenz*, Rechtspflegeministerium, RDA 1964, 228.

95 *Hermann Feneberg*, Verbesserung der Rechtsprechung durch ein Rechtspflegeministerium?, BayVbl 1968, 185; *Gerhard Müller*, Die Ressortierung der Arbeits- und Sozialgerichtsbarkeit, ArbuSozR 1966, 101.

96 *Karl Hirschmann*, Das Rechtspflegeministerium, Juristenjahrbuch 7 (1966) 69, 77, 91 m.w.N.

97 *Holzweg*, Zur Frage einer einheitlichen Verwaltung der Gerichte aller Gerichtszweige, DRiZ 1956, 79; *Gerhard Erdsiek*, Um das Rechtspflegeministerium, JZ 1962, 534; *Otto Uhlitz*, Sozialdemokratische Justizpolitik in Berlin, Recht und Politik 1970, 25.

98 S. *Heinz-Werner Glücklich*, Zur Reform der Gerichtsbarkeit, SGb 1963, 43, 66; *Wolfgang Stammberger*, Das Rechtspflegeministerium, DRiZ 1962, 145.

99 S. *Otto Ernst Krasney*, Rechtspflegeministerium – Ja oder Nein?, BKK 1987, 121 m.w.N.

kosmische Betrachtung der Probleme der einzelnen Gerichte, ihrer Richter sowie der Verfahrensbeteiligten. Hinzukommen muß heute eine vorrangig makrokosmische Sicht: Sie muß die besondere Problematik der Überlastung der Gerichtsbarkeiten und die sich daraus ergebenden Herausforderungen an die Organisation aller Rechtspflegeeinrichtungen wahrnehmen und die Voraussetzungen für die Lösung der sich daraus ergebenden Probleme schaffen.

b) Die einheitliche Funktion der Gerichtsbarkeiten und die sich daraus ergebenden Anforderungen an die Rechtspflege als entscheidende Beurteilungsgrundlage

Die Notwendigkeit eines Rechtspflegeministeriums kann aus meiner Sicht nur dann überzeugend begründet werden, wenn

- sich die funktionsbestimmten Anforderungen an die Tätigkeit der unterschiedlichen Gerichtsbarkeiten entsprechen,
- Probleme der Gerichtsbarkeiten und ihre Lösung im wesentlichen keine Unterschiede aufweisen.

Diese Voraussetzungen sind – wie im folgenden dargestellt wird – für alle Gerichtsbarkeiten gegeben.

4. Die einheitliche Funktion der Gerichtsbarkeiten

Nach Art. 92 GG ist die rechtsprechende Gewalt den Richtern anvertraut; sie wird durch das Bundesverfassungsgericht, durch die im Grundgesetz vorgesehenen Bundesgerichte und durch die Gerichte der Länder ausgeübt.

Mit dieser ausdrücklichen Zuweisung der „rechtsprechenden Gewalt" an die Gerichtsbarkeit insgesamt hat der Verfassungsgeber diese bewußt als eigenständige und unabhängige Institution sowie als Kontrollorgan der übrigen Gewalten konstituiert, weil er sich bewußt war, wie die Rechtsprechung unter dem nationalsozialistischen Regime ausgehöhlt und pervertiert worden war[100]. Diese Entstehungsgeschichte ist Grundlage der allgemeinen Überzeugung, daß dem Begriff der Rechtsprechung in Art. 92 GG – ungeachtet der Konkretisierung in den unterschiedlichen Prozeßordnungen der Gerichtsbarkeiten – ein materiellrechtlicher Inhalt zukommt[101], der im wesentlichen alle ausdrücklich im Grundgesetz aufgeführten Gerichtszuständigkeiten sowie die traditionellen Kernbereiche der Rechtsprechung umfaßt[102]. Danach besteht die Funktion aller Ge-

---

100 BVerfG, Urteil vom 6. Juni 1967 2. BvR 375, 53/60 und 18/65 BVerfGE 22, 49, 74 ff.

101 BVerwG, Beschluß vom 9. Juli 1982 2 B 72.81, Buchholz 11 Artikel 92 GG Nr. 16.

102 BVerfG, Urteil vom 6. Juni 1967, 2 BvR 375, 53/60 und 18/65, BVerfGE 22, 49, 74 ff.

richtsbarkeiten darin, den Rechtsverkehr durch verbindliche Feststellung gefährdeten oder bezweifelten Rechts auf der Grundlage verfassungsrechtlicher Rechtsweggarantien und Richtervorbehalte zu befrieden[103] und dadurch auch die Weiterentwicklung des Rechts zu fördern[104]. Die Verfassung geht damit von einer einheitlichen Funktion des Rechts und der Richter aus und setzt damit auch ein einheitliches Richterbild voraus[105]. Für dieses Richterbild wie für die Tätigkeit des Richters im Spannungsgefüge mit den anderen Gewalten[106] ist weniger das materielle Recht prägend[107] als vielmehr die Gesamtheit der Regelungen, die die Unabhängigkeit der richterlichen Tätigkeit, ihre Qualität[108] und die prozessualen Voraussetzungen der verfassungsrechtlichen Rechtsschutzgewährleistungspflicht (Artikel 19 Abs. 4 GG) garantieren[109]. Dieser Verbund von Normen des Grundgesetzes für die rechtsprechende Gewalt und der ergänzenden einfachgesetzlichen Regelungen des Gerichtsverfassungs- und Prozeßrechts verbindet die Gerichtsbarkeiten; die Unverbrüchlichkeit dieser rechtsstaatsprägenden Elemente liegt gerade in ihrer durchgängigen Geltung für alle Gerichtsbarkeiten[110].

Diese Regelungsbereiche betreffen den verfassungsrechtlich hoch sensiblen Bereich der richterlichen Unabhängigkeit (Art. 97 GG) und haben keinen fachgerichtsspezifischen, sondern einen alle Gerichtsbarkeiten umfassenden Bezug[111]. Dies spricht für die Ressortierung der Gerichtsbarkeiten bei den Justizministerien[112], die in diesen Fragen langjährige Erfahrungen haben, selbst wenn bei darauf bezogenen Regelungen verfahrens-

---

103 *Norbert Achterberg,* Rechtsprechung als Staatsfunktion, Rechtsprechungslehre als Wissenschaftsdisziplin, in Achterberg (Hrsg.), Rechtsprechungslehre, 1986 S. 6 m.w.N.

104 Vgl. *Eberhard Schmidt-Aßmann,* Der Rechtsstaat, in Handbuch des Staatsrechts I, 1987, Rz. 71.

105 *Arndt,* Verhandlungen des 42. DJT, E 156; *Otto Ernst Krasney,* Rechtspflegeministerium – Ja oder Nein?, BKK 1987, 121 m.w.N.

106 Dazu *Wolfgang Rüfner,* Verhinderung von Grundsatzentscheidungen und Nichtanwendung von Urteilen durch betroffene Verwaltungen und Verbände, DRiZ 1992, 457.

107 So aber *Otto Ernst Krasney,* Rechtspflegeministerium – Ja oder Nein?, BKK 1987, 121 m.w.N.

108 Zur Problematik der Qualitätskontrolle richterlicher Arbeit s. *Reimund Wimmer,* Rechtsprechungslehre aus der Sicht der Rechtsanwaltschaft, in Hoppe/Krawietz/Schulte (HRSG) Rechtsprechungslehre 1988, 643; *Jürgen Thomas,* Das Rechtspflegeentlastungsgesetz, DRiZ 1993, 217.

109 S. *Karl Hirschmann,* Der Weg zum Rechtspflegeministerium, DRiZ 1958, 6; zur Abhängigkeit des Richterbildes von der jeweiligen Staats- und Gesellschaftskonzeption s. *Dieter Simon,* Historische Beiträge zur Rechtsprechungslehre, in Achterberg, Rechtsprechungslehre, 1986, 229, 223 ff.

110 *Eberhard Schmidt-Aßmann,* Funktionen der Verwaltungsgerichtsbarkeit, in FS für Christian-Friedrich Menger, 1985, 107, 117.

111 *Karl Hirschmann,* Das Rechtspflegeministerium – eine Entgegnung –, DRiZ 1957, 2 m.w.N.

112 *O.V.,* Hessischer Richterbund fordert Rechtspflegeministerium, DRiZ 1987, 447.

spezifische Besonderheiten der einzelnen Gerichtsbarkeiten zu berücksichtigen sind[113].

5. Anforderungen an die richterliche Tätigkeit

Die Beteiligten gerichtlicher Verfahren – wie auch in für die Allgemeinheit bedeutsamen Einzelfällen der Rechtsverkehr insgesamt – erwarten von den angerufenen Gerichten eine gerechte Entscheidung[114] in angemessener Zeit[115].

Die in richterlicher Unabhängigkeit zu treffende Entscheidung kann nur gerecht sein, wenn sie unter Wahrung des verfassungsrechtlichen Anspruchs der Beteiligten auf rechtliches Gehör nach einer sorgfältigen Erfassung des Sach- und Streitstoffs wie auch einer angemessenen[116] Auseinandersetzung mit den im Streitfall relevanten Rechtsfragen ergeht. Diese Anforderungen folgen aus dem Recht der Verfahrensbeteiligten auf ein faires Verfahren, das vom Bundesverfassungsgericht aus den prozessualen und materiellen Grundrechten entwickelt worden ist und das Grundrecht auf effektiven Rechtsschutz umfaßt[117].

Für die Effektivität des Rechtsschutzes von besonderer Bedeutung ist die Dauer gerichtlicher Verfahren[118]. So hat das Bundesverfassungsgericht die über achtjährige Dauer eines erstinstanzlichen (Finanz-)Gerichtsverfahrens für „erheblich verfassungsrechtlich bedenklich" angesehen, wenn es sich weder in rechtlicher noch tatsächlicher Hinsicht um einen besonders komplizierten und umfangreichen Fall handelt[119]. Dies gilt auch für die sehr lange Dauer der Verfahren, mit denen vorläufiger Rechtsschutz begehrt wird[120].

---

113 *Norbert Achterberg,* Rechtsprechung als Staatsfunktion, Rechtsprechungslehre als Wissenschaftsdisziplin, in Achterberg (Hrsg.) Rechtsprechungslehre, Köln 1986, 3, 11 m.w.N.

114 Vgl. BVerfG – Beschluß vom 24. März 1976, BVerfGE 42, 73.

115 Vgl. Beschluß (3. Kammer des ersten Senats) vom 20. Mai 1988 1 BvR 273/88, HFR 1989, 317; *Dieter Schewe,* Das BSG und die Arbeit der Bundesregierung, FS 25 Jahre BSG 75, 89.

116 S. zu dem aus Art. 19 Abs. 4 GG abgeleiteten substantiellen Anspruch auf möglichst wirksame Kontrolle in allen von der Prozeßordnung zur Verfügung gestellten Instanzen und den daraus folgenden Anforderungen an die richterliche Auslegung von Rechtsmitteln BVerfG – Beschluß vom 29. Oktober 1975 2 BvR 630/73, BStBl. II 1976, 271.

117 BVerfG, Beschluß vom 13. November 1979 – 1 BvR 1022/78, BVerfGE 52, 380, 389; Beschluß vom 2. Dezember 1987 1 BvR 1291/85, BVerfGE 77, 275, 284; Beschluß vom 26. April 1988 1 BvR 669, 686, 687/87, BVerfGE 78, 123, 126; *Zöller,* ZPO, 17. Auflage, Köln 1991, Einleitung Rn. 51 m.w.N.

118 *Klaus Finkelnburg,* Das Gebot der Effektivität des Rechtsschutzes in der Rechtsprechung des BVerwG, in FS 25 Jahre BVerwG, 169, 175.

119 Beschluß (3. Kammer des ersten Senates) vom 20. Mai 1988 1 BvR 273/88, HFR 1989, 317.

120 *Konrad Redeker,* Strukturänderungen in der Verwaltungsgerichtsbarkeit, NVwZ 1992, 713.

Insoweit ist zunächst die Verantwortung der entscheidenden Richter angesprochen, soweit Verzögerungen nicht auf den Besonderheiten des Falles oder der allgemeinen Überlastungssituation des Gerichts beruhen[121].

Bei der Frage nach den Ursachen überlanger Verfahrensdauer darf die Normenflut nicht ausgeklammert werden[122], sie berührt aber vor allem die Gerichtsorganisation, das Prozeßrecht und auch das Haushaltsrecht, für die aufgrund ihres gerichtsbarkeitübergreifenden Ansatzes die Ressortzuständigkeit eines Rechtspflegeministeriums indiziert ist.

6. Anforderungen an die für die Gerichtsbarkeiten zuständige Ministerialverwaltung

a) Allgemeine Aufgaben der (ministerialen) Gerichtsverwaltung

Aufgabe der für die Gerichtsbarkeiten zuständigen und parlamentarisch verantwortlichen Ministerialverwaltungen ist es, unter Wahrung der richterlichen Unabhängigkeit und der sich daraus ergebenden Selbstverwaltungsrechte der Gerichte die erforderlichen persönlichen, sächlichen und organisatorischen Voraussetzungen für eine zeitnahe und die Anforderungen an eine gerechte Rechtsprechung wahrende Tätigkeit der Gerichtsbarkeiten zu schaffen[123]. Diese Aufgaben betreffen ihrer Art nach alle Gerichtsbarkeiten, so daß deren unterschiedliche Ressortierung auch insoweit sachlich nicht begründbar ist: Ausbildung und Fortbildung der Richter, ihre Auswahl für Eingang- und Beförderungsstellen, Entwicklung von Kriterien für ihre dienstlichen Beurteilungen, die Dienstaufsicht und sonstige Aufgaben der Personalführung gehören zu den klassischen Aufgaben eines Rechtspflegeministeriums[124]. Die dadurch gegebene einheitliche Zuständigkeit in Personalangelegenheiten erleichtert den Wechsel von Richtern von einer Gerichtsbarkeit zur anderen. Diese größere „Durchlässigkeit" erleichtert insbesondere bei unterschiedlicher Belastungsentwicklung in den Gerichtsbarkeiten eine Umsetzung des Personals – unter Wahrung der richterlichen Unabhängigkeit –, wenn in einer Gerichtsbarkeit angesichts rückläufiger Eingänge Rechtsprechungskapazität anderweitig einsetzbar wird und ein solcher Einsatz in einer überlasteten Gerichtsbarkeit geboten ist.

Die einem Rechtspflegeministerium aufgrund der weiten Ressortzuständigkeit mögliche Gesamtschau der Probleme aller Gerichtsbarkeiten schafft des weiteren die Voraussetzung für eine effektive und sachgerechte Interessenvertretung für die Gerichtsbarkeiten und der in ihr Beschäf-

121 Zu der insoweit bestehenden Verantwortung der Justizverwaltung s.u. V. 6b).

122 Vgl. *Dieter Strempel* (Hrsg.), Mehr Recht durch weniger Gesetze?, Bonn 1987; *Michael Stolleis,* Entstehung und Entwicklung des BSG, FS 25 Jahre BSG, 25, 64.

123 Vgl. *Karl Hirschmann,* Das Rechtspflegeministerium, Juristenjahrbuch 7 (1966), 69, 94.

124 *Walter Schilgen,* Zehn Jahre deutsches Richtergesetz, DRiZ 1973, 85.

tigten gegenüber den anderen Gewalten. Sie vereinfacht auch die Kommunikation zwischen den Gewalten und mit den Verbänden über alle die Gerichtsbarkeiten betreffenden Fragen. Entsprechendes gilt für den Kontakt zu den Bürgerinnen und Bürgern, die in einem einheitlichen Rechtspflegeministerium für ihre Anregungen oder Justizkritik einen – eindeutig zuständigen – Ansprechpartner finden.

b) Die Dauer gerichtlicher Verfahren als Problem des Rechtspflegeministeriums

aa) Problemstellung

Seit Jahren ist die ständige Überlastung der Gerichte eines der Hauptprobleme der Gerichtsbarkeiten[125]. Seine Lösung ist um so dringender geworden, als ein Teil der personellen Rechtsprechungskapazitäten in den sog. alten Bundesländern für den Aufbau der Gerichtsbarkeiten im Beitrittsgebiet bereitgestellt werden mußte und der insoweit weiterhin bestehende Aufbau- und finanzielle Unterstützungsbedarf angesichts der angespannten Haushaltslage in Bund und Ländern in den folgenden Jahren einen weiteren Personalausbau der Gerichtsbarkeiten kaum möglich machen dürfte[126]. Damit stellt sich für die Gerichte und die Richter, zugleich aber auch für die hinsichtlich der Gewährleistung effektiven Rechtschutzes verantwortlichen Ministerien die Frage nach einem Abbau der Belastungen. Dieses Thema kann ebenfalls, da es sich nicht um ein fachgerichtspezifisches Problem handelt, effektiver in einem Rechtspflegeministerium angegangen werden, es betrifft die Verfahrens- und Organisationsforschung im Rahmen der Rechtsprechungslehre[127], die aufgrund ihres gerichtsbarkeitübergreifenden Untersuchungsgegenstandes ihrer Natur nach in die Zuständigkeit des Rechtspflegeministeriums gehört. Das BMJ hat dazu bereits mehrere rechtstatsächliche und betriebswirtschaftliche Untersuchungen veranlaßt. Entsprechende Untersuchungen sind auch im Bereich der Länderjustizverwaltungen erfolgt[128].

bb) Entlastung durch Verfahrensvermeidung

Die eher materiellrechtliche Frage, ob die Vielzahl der Rechtsstreitigkeiten durch eine Verminderung der Normenflut vermieden werden könn-

---

125 S. *v. Beckerath*, In Steuerberaterhandbuch Verfahrensrecht 1992, Bonn 1992, RN II. 7 ff.; *Heither/Schönherr*, ArbGG, A 11; *Michael Stolleis*, a.a.O. 25, 64; *Konrad Redeker*, Strukturänderungen der Verwaltungsgerichtsbarkeit, NVwZ 1992, 713.

126 BR-Drucks. 314/91, S. 2 zur Begründung des Entwurfs eines Gesetzes zur Entlastung der Rechtspflege; *Jürgen Thomas*, Das Rechtspflegeentlastungsgesetz, DRiZ 1993, 217.

127 *Robert Weimar*, Wie ist die Rechtsprechungslehre als Wissenschaft möglich?, in Achterberg (Hrsg.), Rechtsprechungslehre, Köln 1986, 166.

128 S. o. Nachweise bei Fn. 74 ff.

te[129], hat bislang mangels Konsens über die Entbehrlichkeit von Rechtsnormen in Einzelbereichen weithin nicht zu verifizierbaren Vorschlägen für eine Entlastung geführt[130]. Ein weiterer Bereich zur Vermeidung von Gerichtsverfahren sind außergerichtliche (Streitschlichtungs-[131] und Rechtsbehelfs-)Verfahren in Sachgebieten aller Gerichtsbarkeiten, deren Strukturprinzipien und Ausbaufähigkeit in ersten rechtstatsächlichen Untersuchungen des BMJ erschlossen worden sind[132].

cc) Entlastung durch Regelungen zur Beschleunigung der Verfahren

Soweit eine große Zahl der Gerichtsverfahren unter Mißbrauch der Gerichte zu verfahrensfremden Zwecken betrieben wird, wie etwa Asylverfahren ohne tatsächliches Verfolgungsschicksal oder Rechtsbehelfsverfahren gegen Abgaben – und andere belastende Bescheide mit dem Ziel des Zeitgewinns ohne ernsthafte Zweifel an der Rechtmäßigkeit der Bescheide, kann dem durch verfahrensrechtliche Regelungen wie der sofortigen Vollziehbarkeit angefochtener Maßnahmen, durch gesteigerte Mitwirkungspflichten der Beteiligten[133], Sanktionsmöglichkeiten bei fehlender Mitwirkung[134] sowie durch Beschränkung der Rechtsmittel auf das durch Artikel 19 Abs. 4 GG geforderte Mindestmaß begegnet werden[135].

dd) Entlastung durch organisatorische Maßnahmen

Nach Maßgabe der vorstehenden Ausführungen kann eine weitere Entlastung durch innerorganisatorische Maßnahmen erreicht werden[136]. Hier ist neben der eigenverantwortlichen Beurteilung der Richter, wie er die Abwicklung der Verfahren effektiver gestalten kann[137], aus der Sicht des Justizressorts zu analysieren, in welchem Umfang eine verfahrensverkür-

---

129 Vgl. *Dieter Strempel* (Hrsg.), Mehr Recht durch weniger Gesetz?, Bonn 1987.

130 S. *Herbert Ehrenberg*, Ansprache zum 25jährigen Bestehen des BSG, 1979, 21, 27; *Michael Stolleis*, a.a.O., 25, 65: (sinnvolles und notwendiges) „Mehr an zu fordernder Gerechtigkeit führt unvermeidlich zu Verlust an Einfachheit."

131 Vgl. *Thilo Ramm*, Schiedsgerichtsbarkeit, Schlichtung und Rechtsprechungslehre in Hoppe/Krawietz/Schulte (Hrsg.) Rechtsprechungslehre 1988, 97, 134.

132 Dazu *Dieter Strempel*, Schnittstelle zwischen forensischer und außerforensischer Konfliktregelung, in Hoppe/Krawietz/Schulte (Hrsg.), Rechtsprechungslehre, Köln 1988, 245.

133 Zu den Möglichkeiten des Richterrechts insoweit s. *Konrad Redeker*, Strukturveränderungen in der Verwaltungsgerichtsbarkeit?, NVwZ 1992, 713.

134 S. *Christoph Degenhart*, Präklusion im Verwaltungsprozeß, in FS für Christian-Friedrich Menger, Köln 1985, 621.

135 Kritisch dazu *Paul Stelkens*, Strukturveränderungen in der Verwaltungsgerichtsbarkeit?, in FS Konrad Redeker zum 70. Geburtstag, 1993, 313.

136 *Jürgen Thomas*, Das Rechtspflegeentlastungsgesetz, DRiZ 1993, 217; dazu auch *Peter Ries*, Einführung zum Gesetz zur Entlastung der Rechtspflege, Das Deutsche Bundesrecht II B 30, 5 ff.

137 *Konrad Redeker*, Strukturänderungen in der Verwaltungsgerichtsbarkeit NVwZ 1993, 713.

zende Strukturverbesserung der gerichtlichen Betriebsabläufe möglich ist[138]. In diesem Zusammenhang auftauchende Fragen der Zuständigkeitsabgrenzung zwischen den Gerichtsbarkeiten lassen sich flexibler und sachorientierter lösen, wenn sie nicht vor dem Hintergrund der „Besitzstandwahrung" mehrerer betroffener Ressorts zu entscheiden sind.

Die Frage nach der Effizienz gerichtlicher Tätigkeit setzt die Analyse der Organisationsstrukturen der Gerichtsbarkeiten voraus. Die damit zusammenhängenden Probleme betreffen ihrer Art nach alle Gerichtsbarkeiten und lassen deshalb eine einheitliche Untersuchung der damit verbundenen Probleme durch ein einheitliches (Rechtspflege-)Ministerium als allein sachgerecht erscheinen. Aufgrund der durchgeführten Untersuchungen ist u.a. eine Verstärkung des Einzelrichtereinsatzes in den Gerichtsbarkeiten – auch unter Berücksichtigung besonderer fachspezifischer Belange – befürwortet und inzwischen weitgehend umgesetzt worden[139]. Die Änderungen zeigen bereits erste Erfolge.

Auch die technische Ausstattung der Richter mit Computern und damit gegebener Möglichkeit schnellerer Informationsgewinnung über Datenbanken[140] sowie mit der Möglichkeit der computergestützten Textverarbeitung[141] beruhen auf Vorschlägen aus gerichtsübergreifenden Untersuchungen. Ob darüber hinaus auch ein Einsatz von EDV-Anlagen im Rahmen des richterlichen Entscheidungsprozesses unter Nutzung sog. Expertensysteme möglich sein wird, wird noch weiterer Untersuchungen bedürfen[142]. Entsprechendes gilt für den nichtrichterlichen Teil der gerichtlichen Tätigkeit. Die hier bestehenden Spielräume für Strukturverbesserungen sind, wie die vorgelegten Gutachten ausweisen, unabhängig von der Art der Gerichtsbarkeiten, und deshalb auch in derselben Weise auszuschöpfen.

c) Grenzen und Akzeptanz richterlicher Entscheidungen

Die Einrichtung eines Rechtspflegeministeriums ist darüber hinaus sowohl für die Organe der anderen Gewalten wie auch für die Bürger sichtbarer Ausdruck der rechtsstaatlichen Verfaßtheit unseres Staatswe-

---

138 S. die Nachweise bei Fn. 74 ff.

139 S. *Jürgen Thomas,* Das Rechtspflegeentlastungsgesetz, DRiZ 1993, 217/kritisch: *Hans-Helmut Günther/Ulrich Voß,* unschlüssig, DRiZ 1993, 223.

140 S. dazu *Johannes Baltzer,* Die automatisierte Sozialrechtsdokumentation des BSG, FS 25 Jahre BFG, 1979, 1125.

141 Dazu *Jörg Berkmann,* Der richterliche Arbeitsplatz der Zukunft, in Hoppe/Krawietz/Schulte (Hrsg.), Rechtsprechungslehre, 1988, 609.

142 S. dazu *Herbert Fiedler,* Logische Struktur und informationstechnische Unterstützung richterlicher Rechtsprechung, in Achterberg, Rechtsprechungslehre, 1986, 311 m.w.N.; *Werner Stewen,* Die EDV bei Entscheidungsvorbereitung, in Hoppe/Krawietz/Schulte (Hrsg.), Rechtsprechungslehre 1988, 571; *Fritjof Haft,* Computergestützte Entscheidungsfindung, in Hoppe/Krawietz/Schulte (Hrsg.) Rechtsprechungslehre 1988, 571.

sens; es ist zugleich die zentrale Anlaufstelle für Anfragen an die Tätigkeit der Gerichtsbarkeit.

Hier stellt sich immer wieder im Zusammenhang mit dem sog. Richterrecht[143] wie auch bei der Anwendung unbestimmter Rechtsbegriffe die Frage der Abgrenzung gegenüber dem Gesetzgeber wie auch gegenüber der Verwaltung[144]. Vor allem die immer wieder insbesondere in den öffentlich-rechtlichen Gerichtsbarkeiten zu erörternde Problematik, in welchem Umfang Beurteilungsspielräume der Verwaltung unter Beachtung des verfassungsrechtlichen Gebots effektiven Rechtsschutzes von den Gerichten anerkannt werden können[145], ist eine ständige Herausforderung im Spannungsgefüge der Gewalten. Sie fordert – auch vor dem Hintergrund der besonderen Anforderungen an die Erfüllung der Verwaltungsaufgaben in den neuen Bundesländern – im Interesse der Rechtsanwendungssicherheit vor allem durch Anpassung der materiellrechtlichen Regelungen einen Ausgleich divergierender Interessen herzustellen.

Auch die für das allgemeine Vertrauen in die Rechtsstaatlichkeit unseres Gemeinwesens wichtige Akzeptanz richterlicher Entscheidung durch den Bürger[146], die allerdings in vielen Bereichen aufgrund fehlender gesetzlicher Entscheidungsspielräume häufig eher Fragen an den Gesetzgeber aufwirft und daher nicht zu Unrecht als nur begrenzt taugliches Kriterium für die Beurteilung richterlicher Tätigkeit angesehen wird[147], betrifft alle Gerichtsbarkeiten gleichermaßen und gehört deshalb ebenfalls zu den Problembereichen, denen sich ein Rechtspflegeministerium anzunehmen hat. Zu dessen Aufgaben kann es dabei auch gehören, darauf hinzuweisen, daß durch die allseits beklagte (materiellrechtliche) Normenflut das Bemühen um Akzeptanz gerichtlicher Entscheidungen nicht erleichtert wird[148]; die Feststellung, ob eine Regelung notwendig ist und die

---

143 S. *Thomas Reiser,* Richterrecht heute, in Achterberg (Hrsg.) Rechtsprechungslehre, Köln 1986, 627.

144 Dazu *Hermann Fechtrup/Wilhelm Wiedemeier,* Vergerichtlichung der Verwaltung aus kommunaler Sicht, in Hoppe/Krawietz/Schulte (Hrsg.), Rechtsprechungslehre 1988, 797 m.w.N.

145 *Fritz Ossenbühl,* Die richterliche Kontrolle von Prognoseentscheidungen der Verwaltung, FS Christian-Friedrich Menger, 1985, 731; *Konrad Redeker,* Verfassungsrechtliche Vorgaben zur Kontrolldichte verwaltungsgerichtlicher Rechtsprechung, NVwZ 1992, 305.

146 S. *Eberhard Schmidt-Aßmann,* Der Rechtsstaat, in Handbuch des Staatsrechts I 1987, Rz. 71.

147 *Werner Krawietz,* Akzeptanz von Recht und Richterspruch?, in Hoppe/Krawietz/Schulte (Hrsg.), Rechtsprechungslehre 1988, 455.

148 *Klaus Helberg,* in Achterberg, Rechtsprechungslehre, 1986, 277, 285; *Norbert Achterberg,* Rechtsprechung als Staatsfunktion, in Achterberg, Rechtsprechungslehre, 1986 S. 3 „Die mit der Gesellschaftsgerechtigkeit, der Sozialadäquanz eng zusammenhängende Akzeptanz der gerichtlichen Entscheidung darf nicht überbewertet werden. Die Akzeptanzfrage ist in erster Linie vom Gesetzgeber zu lösen."

beabsichtigte Wirkung hat, ist daher Gegenstand der Rechtsförmlichkeitsprüfung durch das BMJ[149].

d) Rechtsvereinheitlichung als Aufgabe

In diesem Zusammenhang ist auch die Vereinheitlichung und Vereinfachung des Prozeßrechts eine ständige Herausforderung für die im Bereich der Rechtspflege zuständigen Ministerien[150], die sich sowohl unter dem innerstaatlichen Gesichtspunkt einer Entlastung der Gerichte als auch im Zuge des wirtschaftlichen und politischen Zusammenwachsens der europäischen Staaten zumindest im Bereich der EU zunehmend mit Blick auf eine Standardisierung der Rechtsschutzsysteme als notwendig darstellt[151]. Die Gesamtübersicht über die Strukturen und Probleme aller Gerichtsbarkeiten ermöglicht dabei eine gleichzeitige abgestimmte Novellierung aller Prozeßordnungen bei entsprechendem Regelungsbedarf und vermeidet so unterschiedliche verfahrensrechtliche Regelungen, die nicht durch strukturelle Besonderheiten der Gerichtsbarkeiten geboten sind[152].

Diese Aufgabe ist innerhalb eines Ressorts leichter zu erfüllen, weil dadurch zeitaufwendige Abstimmungsverfahren mit anderen Ressorts vermieden werden, außerdem steht den Mitgliedstaaten der EU ein einziger Ansprechpartner zur Verfügung. Dadurch wird erreicht, daß angestrebte Lösungen nicht auf der Grundlage eines infolge interministerieller Abstimmung ausschließlich erreichbaren Minimalkonsenses entwickelt und vertreten werden müssen.

Die einheitliche Funktion aller Gerichtsbarkeiten, den Rechtsverkehr zu befrieden und die Weiterentwicklung des Rechts zu fördern, kann sowohl in qualitativer wie auch in quantitativer Hinsicht angemessen nur erfüllt werden, wenn alle Gerichtsbarkeiten nach Maßgabe ihrer Geschäftsbelastung über denselben Standard persönlicher und sächlicher Mittel verfügen können. Angesichts begrenzter Haushaltmittel muß dies auch unter Ausschöpfung der Möglichkeiten gewährleistet werden, die durch Verbesserungen des gerichtlichen Verfahrensrechts oder gerichtsorganisatorische Maßnahmen zu erreichen sind, ohne das Verfassungsgebot effektiven Rechtsschutzes zu gefährden. Die sich in diesem Zusammenhang ergebenden Fragen betreffen alle Gerichtsbarkeiten und sollten deshalb in einem einheitlichen (Rechtspflege-)Ministerium bearbeitet und einer Lösung zugeführt werden.

---

149 *BMJ*, Handbuch der Rechtsförmlichkeit, 1991, Tz. 26 und 27.

150 Dazu *Jens Meyer-Ladewig*, Die Vereinheitlichung der öffentlich-rechtlichen Prozeßordnungen, in FS Christian-Friedrich Menger, 1985, 833.

151 Zu den europäischen Aspekten der hier behandelten Thematik schon *Joachim Kniesch*, Gegenwartsprobleme der Rechtspflege, DRiZ 1964, 219.

152 *Wolfgang Stammberger*, Das Rechtspflegeministerium, DRiZ 1962, 145; *Wolfgang Kirch*, Zur Lage der Justiz, DRiZ 1967, 79; *Heinz-Werner Glücklich*, Was kostet die Gerechtigkeit?, SGB 1979, 161.

Walter Odersky

Voranfrage zwischen obersten Bundesgerichten?

Inhaltsübersicht

I. Ausgangslage

Ursprünglich bestimmte das Grundgesetz in Art. 95, daß zur Wahrung der Einheit des Bundesrechts ein oberstes Bundesgericht zu errichten sei (Abs. 1); das oberste Bundesgericht sollte in Fällen entscheiden, deren Entscheidung für die Einheitlichkeit der Rechtsprechung der oberen Bundesgerichte von grundsätzlicher Bedeutung ist (Abs. 2). Dieser Verfassungsauftrag ist nie ausgeführt worden. Die Bundesregierung legte in dem Gesetzentwurf zur Änderung des Art. 95 GG in der Begründung dar, daß angesichts der geringen Anzahl von Divergenzen zwischen den oberen Bundesgerichten (damals 29 seit Errichtung der Bundesgerichte[1]) ein Bedürfnis zur Errichtung eines obersten Bundesgerichts nicht vorhanden sei[2]. Durch das 16. Gesetz zur Änderung des Grundgesetzes vom 18. Juni 1968 (BGBl. I, 657) ist dann an die Stelle des Art. 95 a.F. der heutige Art. 95 Abs. 3 GG getreten. Danach ist zur Wahrung der Einheitlichkeit der Rechtsprechung ein Gemeinsamer Senat der fünf obersten Gerichtshöfe des Bundes zu bilden; das Nähere wurde der Regelung durch ein Bundesgesetz überlassen. Durch das Gesetz zur Wahrung der Einheitlichkeit der Rechtsprechung der obersten Gerichtshöfe des Bundes vom 19. Juni 1968 (BGBl. I, 661) – Rechtsprechungseinheitsgesetz – wurde in Durchführung dieses grundgesetzlichen Auftrages der Gemeinsame Senat der obersten Gerichtshöfe errichtet; er entscheidet, wenn ein oberster Gerichtshof in einer Rechtsfrage von der Entscheidung eines anderen obersten Gerichtshofes oder des Gemeinsamen Senats abweichen will (§ 2 RsprEinhG).

Eine Zuständigkeit des Gemeinsamen Senats für den Fall, daß ein oberster Gerichtshof eine Rechtsfrage zu entscheiden hat, die – ohne daß bereits eine Divergenz vorliegt – auch für eine andere Gerichtsbarkeit von grundsätzlicher Bedeutung ist oder werden kann, wurde nicht begründet. Hierin liegt ein Unterschied zu den Regelungen, die innerhalb jedes der obersten Gerichtshöfe für die Anrufung des Großen Senats gelten und zu denen die Regelung des Rechtsprechungseinheitsgesetzes im übrigen so-

1 Vgl. Anhang BT-Drucks. V/1450, S. 13.
2 Vgl. BT-Drucks. V/1449, S. 3 i.V. BT-Drucks. IV/3363, S. 3/4.

wohl in der Zielsetzung als auch in der Ausgestaltung, wie nicht verwunderlich ist, manche Parallelen aufweist. Die Vorlage an den jeweiligen Großen Senat innerhalb der obersten Gerichtshöfe ist nach den einschlägigen Verfahrensordnungen[3] Pflicht im Fall der Divergenz und Möglichkeit, von der ein Senat nach seinem Ermessen Gebrauch machen kann, wenn es um eine Frage von grundsätzlicher Bedeutung geht und die Vorlage nach seiner Auffassung zur Fortbildung des Rechts oder zur Sicherung einer einheitlichen Rechtsprechung erforderlich ist[4]. Demgegenüber hat der Gesetzgeber die Möglichkeit der Vorlage an den Gemeinsamen Senat der obersten Gerichtshöfe bewußt auf den Divergenzfall beschränkt. In der Begründung des Regierungsentwurfs heißt es, es solle „zunächst der erkennende Senat oder der Große Senat des erkennenden obersten Gerichtshofes entscheiden, der auf seinem Sachgebiet die größte Sachkunde besitzt"[5].

Mit dieser Regelung wird in Kauf genommen, daß es bei unterschiedlichen Auffassungen zweier oder mehrerer oberster Gerichtshöfe in einer Rechtsfrage zunächst zur Entscheidung eines Gerichtshofes kommt und erst danach die dieser Entscheidung zugrundeliegende Rechtsfrage – nach Vorlage durch einen zweiten obersten Gerichtshof – vom Gemeinsamen Senat der obersten Gerichtshöfe anders entschieden wird. Nicht erreichbar ist bei diesem Modell, daß entgegengesetzte Entscheidungen möglichst schon im Vorfeld vermieden werden. Man wird auch nicht der Auffassung zustimmen können, bei diesem Modell sei gewährleistet, daß zunächst derjenige der obersten Gerichtshöfe entscheidet, der „die größte Sachkunde besitzt". Denn nicht selten wird es sich um Rechtsfragen handeln, die erstmals im Verfahren des einen Gerichtszweiges aus einem Gebiet auftreten, für das ein anderer Gerichtszweig eingerichtet ist, z.B. in einem Zivilrechtsstreit Fragen des Verwaltungsrechts.

Es mag sich deshalb die Frage stellen, ob es Möglichkeiten gibt oder ob sie eingerichtet werden sollten, entgegengesetzte Entscheidungen schon im Vorfeld zu vermeiden.

---

3 Vgl. § 132 Abs. 2 u. 4 GVG, § 45 Abs. 2 u. 4 ArbGG, § 11 Abs. 2 u. 4 FGO, § 41 Abs. 2 u. 4 SGG, § 11 Abs. 2 u. 4 VwGO.

4 Innerhalb des Bundesgerichtshofes gibt es zwei Große Senate, für Zivil- und für Strafsachen. Bei Divergenzen zwischen Zivil- und Strafsenaten entscheiden die Vereinigten Großen Senate (§ 132 Abs. 2 GVG); eine Vorlage an die Vereinigten Großen Senate wegen grundsätzlicher Bedeutung aber kennt das Gesetz – zumindest seinem Wortlaut nach – nicht (§ 132 Abs. 4 GVG; vgl. hierzu *Kissel*, GVG § 137 Rdn. 8).

5 Vgl. Begründung der Bundesregierung zum Entwurf des Rechtsprechungseinheitsgesetzes, BT-Drucks. V/1450, S. 7.

II. Verfahrensaussetzung?

Das Bestreben nach einheitlicher Beurteilung in verschiedenen Gerichtsverfahren, in denen dieselbe Rechtsfrage von Bedeutung ist, läßt zunächst an die Möglichkeit einer Verfahrensaussetzung denken. Die Verfahrensvorschriften aller Gerichtszweige sehen solche Aussetzungsmöglichkeiten vor. Typisch sind die Tatbestände, die in § 148 ZPO, § 94 VwGO, § 74 FGO, § 114 SGG, auch in § 262 Abs. 2 StPO im wesentlichen gleich, teilweise sogar wörtlich gleichlautend geregelt sind. Ihnen ist gemeinsam, daß ein Gericht das bei ihm anhängige Verfahren aussetzen kann, wenn seine Entscheidung von dem Bestehen oder Nichtbestehen eines Rechtsverhältnisses abhängt, das den Gegenstand eines anderen anhängigen Rechtsstreits bildet oder von einer Verwaltungsbehörde festzustellen ist.

Die Vorschriften über die Aussetzung des Verfahrens sind zwar im Revisionsverfahren nicht ohne weiteres anwendbar. Voraussetzung ist, daß die ausstehende Entscheidung über das vorgreifliche Rechtsverhältnis anschließend im Revisionsverfahren auch verwertet werden kann[6]. Das ist aber dann möglich, wenn der Inhalt der ausstehenden Entscheidung nicht als neue Tatsache im Sinn des Revisionsrechts (vgl. z.B. § 561 Abs. 1 Satz 1 ZPO) zu behandeln ist; der Bundesgerichtshof hat Berücksichtigungsfähigkeit zumindest in bestimmten Fällen angenommen[7].

Zu den Aussetzungsvorschriften gehört auch § 396 AO über das Verhältnis von Besteuerungsverfahren und Steuerstrafverfahren. Hängt die Beurteilung der Tat als Steuerhinterziehung davon ab, ob Steuern verkürzt oder ob nicht gerechtfertigte Steuervorteile erlangt sind, kann das Strafgericht sein Verfahren aussetzen, bis das Besteuerungsverfahren rechtskräftig abgeschlossen ist.

Es liegt auf der Hand, daß es dem Zweck, widersprechende Entscheidungen in derselben Sache zu vermeiden, dienen kann, wenn das Gericht sein Verfahren aussetzt und die bei einem anderen Gericht zu erwartende Entscheidung über das vorgreifliche Rechtsverhältnis, ggfs. auch eine Verwaltungsentscheidung abwartet. Dieser Gesichtspunkt ist vom Gericht bei seiner Ermessensentscheidung, ob es von der Aussetzungsmöglichkeit Gebrauch machen will, zu berücksichtigen. *Franz Klein* hat es einmal

6 Vgl. zu § 148 ZPO: *Zöller/Greger,* ZPO, 18. Aufl., § 148 Rdn. 9 sowie BGH, Urtei vom 8. Oktober 1957 – I ZR 164/56, LM § 148 Nr. 5, BFH, Beschluß vom 19. Januar 1983 – VIII ZR 204/82, LM § 148 Nr. 10 und BGH, Beschluß vom 7. Mai 1992 – V ZR 192/91, NJW-RR 1992, 1149; zu § 94 VwGO: *Eyermann/Fröhler,* VwGO, 9. Aufl., § 94 Rdn. 10; zu § 114 SGG: *Meyer-Ladewig,* SGG, 4. Aufl., § 114 Rdn. 4; zu § 74 FGO: *Bittner* in: Der Wirtschaftskommentator, FGO, § 74 Rdn. 14.

7 Vgl. BGH, Urteil vom 5. Dezember 1984 – VIII ZR 87/83, WM 1985, 263, 264; BFH, Urteil vom 8. November 1984 – I ZR 206/80, WM 1985, 241; BGH, Urteil vom 8. Oktober 1957 – I ZR 164/56, LM § 148 Nr. 5; BGH, Beschluß vom 19. Januar 1983 – VIII ZR 204/82, LM § 148 ZPO Nr. 10; BGH, Urteil vom 28. November 1950 – I ZR 49/50, GRUR 1951, 70; BGH, Beschluß vom 7. Mai 1992 – V ZR 192/91, NJW-RR 1992, 1149/1150.

als unerträglich bezeichnet, daß es erst zu einer strafgerichtlichen Verurteilung wegen Steuerhinterziehung, dann aber im Besteuerungsverfahren zur Feststellung des Nichtbestehens der Steuerschuld kommen könne[8]. Er ist dafür eingetreten, daß bei schwierigen steuerrechtlichen Fragen der Strafrichter von seinem Ermessen gemäß § 396 AO in dem Sinn Gebrauch zu machen habe, daß er sein Strafverfahren aussetzen müsse[9]. Man wird aber nicht übersehen dürfen, daß je nach Lage des Falles auch Gründe dagegen sprechen, von der Aussetzungsmöglichkeit Gebrauch zu machen[10].

Davon abgesehen decken die Möglichkeiten der Verfahrensaussetzung das Bedürfnis nur zum Teil ab, es nicht zu einander widersprechenden Entscheidungen der obersten Gerichtshöfe kommen zu lassen.

Man muß nämlich im Auge behalten, daß den Entscheidungen, die im ausgesetzten Verfahren abgewartet werden, rechtlich eine Bindungswirkung für die weitere Behandlung im ausgesetzten Verfahren grundsätzlich nicht zukommt[11]. Dabei soll natürlich nicht verkannt werden, daß auch ohne rechtliche Bindungswirkung der anderen Entscheidung das Gericht, das sein Verfahren zunächst ausgesetzt hat, meist geneigt sein wird, dann auch das Ergebnis des abgewarteten Verfahrens seiner eigenen Beurteilung zugrunde zu legen. Und diese Grundhaltung wird ja häufig gerade auch unter dem Gesichtspunkt der Einheitlichkeit der Rechtsprechung die richtige und empfehlenswerte sein. Dennoch bleibt es bei dem rechtlichen Grundsatz, daß ein Gericht auch nach Aussetzung seines Verfahrens die sogenannte Vorfragenkompetenz hat. Mit dieser Kompetenz geht auch die eigene richterliche Verantwortung für die Beurteilung der einschlägigen Rechtsfrage einher, selbst wenn diese Gegenstand der anderen, abgewarteten Entscheidung war. Eine Bindungswirkung besteht nur ausnahmsweise, so etwa wenn die Rechtskraft der abgewarteten Entscheidung in ihrer objektiven und subjektiven Reichweite die in dem zunächst ausgesetzten Verfahren zu beurteilende Frage ergreift oder wenn jene abgewartete Entscheidung eine sogenannte Tatbestandswirkung entfal-

8 *Klein,* BB 1990, 1044 ff., 1048 – Stellungnahme des BFH an das BVerfG betreffend die Parteispendenverfahren. Dazu, daß in diesen Fällen eine Korrektur über die Wiederaufnahme des Strafverfahrens nicht möglich ist vgl. *Isensee,* NJW 1985, 1007, 1010.

9 Ähnlich haben sich andere Autoren geäußert, vgl. *Isensee,* NJW 1985, 1007, 1010; ähnlich *Kohlmann,* Steuerstrafrecht, § 396 AO 1977, Rdn. 45; *ders.* in Festschrift für Ulrich Klug Bd. II S. 507 ff., 524; *Ulsenheimer,* BB 1984, 227, 231.

10 Vgl. Bundesverfassungsgericht NJW 1992, 35/36 sowie Stellungnahme des Vorsitzenden des 3. Strafsenats des Bundesgerichtshofes, veröffentlicht in BB 1990, 1044.

11 Vgl. zu § 148 ZPO: *Zöller/Greger,* ZPO, 18. Aufl., § 148 Rdn. 8; zu § 94 VwGO: *Kopp,* VwGO, 9. Aufl., § 94 Rdn. 4, 8; zu § 114 SGG: *Meyer-Ladewig,* SGG, 4. Aufl., § 114 Rdn. 2 u. *Bley* in: Gesamtkommentar Sozialversicherung, § 114 SGG Anm. 3b; zu § 74 FGO: *Bittner* in: Der Wirtschaftskommentar, FGO § 74 Rdn. 7; zu § 262 StPO: *Kleinknecht/Meyer,* StPO, 40. Aufl., § 262 Rdn. 2 ff.

tet[12]. Auch nach einer Aussetzung des Strafverfahrens gemäß § 396 AO ist der Strafrichter an die rechtskräftige Entscheidung des Finanzgerichts nicht gebunden[13]. Der Finanzausschuß des Deutschen Bundestages, auf dessen Initiative die früher angeordnete Bindung der Strafgerichte an eine Entscheidung des Bundesfinanzhofes durch das 1. Gesetz zur Änderung strafrechtlicher Vorschriften der RAO und anderer Gesetze vom 10. August 1967 (BGBl. I, 877) abgeschafft wurde, war der Auffassung, die angeordnete Bindung sei nicht zu vertreten, da es auch sonst keine entsprechenden Vorschriften über die Bindung der Strafgerichte an Urteile anderer Gerichte gebe[14]. Jedenfalls rechtlich besteht also durchaus die Möglichkeit, daß es im zunächst ausgesetzten und erst nach Ergehen der Entscheidung eines anderes Gerichts fortgesetzten Verfahren dazu kommt, daß ein Gericht die jener anderen Entscheidung zugrundeliegende Rechtsauffassung nicht teilt. Auf diese Weise tritt dann doch ein, daß ein oberster Gerichtshof des Bundes von einer schon vorliegenden Entscheidung eines anderen obersten Gerichtshofes abweicht.

Des weiteren ist zu bedenken, daß die Aussetzungsmöglichkeiten, jedenfalls bei den hier in Rede stehenden typischen Vorschriften, nur bestehen, wenn in dem betreffenden Verfahren die Entscheidung von der Beurteilung eines konkreten Rechtsverhältnisses abhängt, das den Gegenstand eines anderen Rechtsstreits bildet. Die sogenannte „Vorfrage" muß also ein konkretes Rechtsverhältnis sein und sie muß Gegenstand des Verfahrens bei einem anderen Gericht sein. Es genügt nicht, daß es nur um die gleiche Rechtsfrage geht, die auch in der Rechtsprechung des anderen Gerichts von Bedeutung ist. Selbst wenn man den Anwendungsbereich der Aussetzungsvorschriften durch Analogien erweitern will[15], versagt diese Möglichkeit jedenfalls in allen den Fällen, in denen ein anderer Rechtsstreit (noch) gar nicht anhängig ist. Aber gerade auch für diesen weiteren Bereich besteht das Bedürfnis einer Vereinheitlichung der Rechtsprechung der obersten Gerichtshöfe des Bundes. Beispielhaft sei hier die Rechtsprechung zu § 3 Abs. 2 Satz 1 WEG erwähnt: Gemäß § 3 Abs. 2 Satz 1 WEG soll Sondereigentum an Wohnungen nur eingeräumt werden, wenn die Wohnungen oder sonstigen Räume in sich abgeschlossen sind. Grundbuchrechtlich ist gemäß § 7 Abs. 4 Nr. 2 WEG der Eintragungsbewilligung (§§ 19, 29 GBO) eine Bescheinigung der Baubehörde beizufügen, daß diese Voraussetzungen des § 3 Abs. 2 Satz 1 WEG vorliegen. Das Bundesverwaltungsgericht hatte in verwaltungsgerichtlichen Verfahren, in denen es um die Erteilung dieser Bescheinigung ging, in ständiger Rechtsprechung entschieden, daß Wohnungen im Sinn des § 3

12 Vgl. hierzu etwa *Thomas-Putzo*, ZPO, 18. Aufl., § 322 Rdn. 2 und *Zöller/Vollkommer*, ZPO, 18. Aufl., vor § 322 Rdn. 5.

13 Vgl. u.a. *Kohlmann*, a.a.O., § 396 AO, Rdn. 57; *Hübner* in Hübschmann/Hepp/Spitaler, Kommentar AO und FGO, § 396 AO Rdn. 21.

14 Vgl. Bericht des Finanzausschusses zu BT-Drucks. V/1941, S. 3.

15 Vgl. zum diesbezüglichen Streitstand *Kopp*, VwGO, 9. Aufl. 1992, § 94 Bd. 4a; ablehnend etwa *Zöller/Greger*, ZPO, 18. Aufl., § 148 Rdn. 5.

Abs. 2 Satz 1 WEG nur dann abgeschlossen seien, wenn sie u.a. durch feste Wände und Decken getrennt seien, die den bauordnungsrechtlichen Anforderungen an Wohnungstrennwände und Wohnungstrenndecken – insbesondere hinsichtlich des Brand-, Schall- und Wärmeschutzes – entsprächen[16]. Erst als der Bundesgerichtshof später diese Rechtsfrage in einem Grundbucheintragungsverfahren abweichend beurteilen wollte, wurde der für die Wahrung der Einheitlichkeit der Rechtsprechung geschaffene Gemeinsame Senat der obersten Gerichtshöfe des Bundes auf Vorlage des Bundesgerichtshofes mit der Frage befaßt und entschied, daß Wohnungen auch dann im Sinn des § 3 Abs. 2 Satz 1 WEG in sich abgeschlossen sein könnten, wenn die Trennwände und Trenndecken nicht den Anforderungen entsprächen, die das Bauordnungsrecht aufstelle[17].

Um dieselbe Rechtsfrage, die von mehreren obersten Gerichtshöfen des Bundes zu entscheiden ist, kann es sich auch dann handeln, wenn die anzuwendenden Vorschriften verschieden sind. Die Vorlagepflicht nach § 2 Abs. 1 RsprEinhG stellt auf die Abweichung in derselben Rechtsfrage, nicht auf die Identität der auszulegenden Vorschriften ab[18]. Es mag gelegentlich die Tendenz geben, daß Gerichte eher dazu neigen, sich in der Auslegung eines Rechtsbegriffs auf das Gebiet ihrer eigenen Zuständigkeit zu beschränken und diesen Begriff gegenüber dem Bereich der Zuständigkeit eines anderen Gerichts abzugrenzen. Man argumentiert dann etwa auf der Linie, daß der Begriff z.B. im zivilrechtlichen Sinn jedenfalls die eine Bedeutung habe, während er im Sinn eines anderen Teilgebiets des Rechts eine andere Bedeutung haben möge, über die hier nicht zu befinden sei[19]. Mit dieser Differenzierung kann man ggfls. Divergenzen

16 Vgl. BVerwG, Urteil vom 11. Dezember 1987 – 8 C 55.85 – Buchholz 454.11 WEG Nr. 1 S. 1 und BVerwG, Beschluß vom 26. Juli 1989 – 8 B 112.89 – Buchholz 454.11 WEG Nr. 4 S. 5.

17 Gemeinsamer Senat, Beschluß vom 30. Juni 1993 – GmS-OGB 1/91, NJW 1992, 3290.

18 Gemeinsamer Senat, BGHZ 100, 277, 281 sowie Gemeinsamer Senat, BGHZ 50, 392, 394; zur gleichgelagerten Problematik im Rahmen des jetzigen § 132 Abs. 2 ZPO BGHZ 9, 180, im Rahmen des jetzigen § 11 Abs. 2 FGO BFHE 101, 247.

19 Vgl. etwa zur Frage der Körperschaftsteuerpflichtigkeit einer zwar bereits errichteten, aber noch nicht eingetragenen GmbH Reichsfinanzhof RFHE 12, 326, 327: „Wenigstens für das Steuerrecht" sei nicht die Eintragung das für die Entstehung der GmbH Wesentliche. Diese Rspr. hat sich seitdem verfestigt, vgl. BFH NJW 1993, 1222, 1223. Eine autonome steuerrechtliche Auslegung zivilrechtlicher Rechtsbegriffe durch die Rspr. der Finanzgerichtsbarkeit hat das BVerfG grundsätzlich gebilligt, vgl. BVerfG StuW 1992, 186 u. BVerfG NJW 1993, 1189.
Vgl. – als weiteres Beispiel – auch BVerwG NVwZ 1984, 450, das nach einer für alle Verfahrensordnungen gleichermaßen relevanten dogmatischen Herleitung zusammenfassend feststellt, „die . . . Frage, ob das Revisionsgericht befugt ist, einen in der Revisionsinstanz unterlaufenen Verstoß gg. das Verfahrensgrundrecht des Art. 103 Abs. 1 GG durch den Erlaß einer neuen Sachentscheidung zu beseitigen, ist demnach jedenfalls für Beschlüsse des BVerwG nach § 33 AsylVfG zu bejahen".

– wirklich oder auch nur scheinbar – vermeiden. Angesichts der Gefahren, die unserer Rechtsordnung und der Gemeinschaft durch die immer weiter getriebene Differenzierung der Vorschriften und ihrer Awendung allgemein drohen, sollte man einer solchen Tendenz nach meiner Meinung möglichst entgegenwirken. Es gibt demgegenüber auch Bestrebungen in der Rechtsprechung, die Beurteilungsmaßstäbe und Begriffe der Teilgebiete inhaltlich gleich zu verstehen[20]. So werden etwa die Begriffe der „wesentlichen Geräuschimmission" im Sinn des § 906 BGB einerseits und der „schädlichen Umwelteinwirkung" im Sinn des § 22 Abs. 1 BImSchG andererseits als inhaltsgleich aufgefaßt[21]. In Betracht kommt etwa auch, den zivilrechtlichen (vgl. § 1004 BGB) und den öffentlich-rechtlichen (vgl. etw § 14 BGSG) Begriff des Zustandsstörers in gleicher Weise aufzufassen[22]. In den Bereichen, in denen diese Betrachtung Platz greift, eröffnet sich damit natürlich zugleich auch ein zusätzliches Feld für das Bedürfnis einer einheitlichen Beurteilung der Rechtsfragen durch die obersten Gerichtshöfe des Bundes.

III. Fakultative Voranfrage

Nach alledem rückt die Frage etwas mehr ins Licht, ob sich eine Ergänzung des derzeit bestehenden Instrumentariums zur Gewährleistung einheitlicher Rechtsprechung empfiehlt.

1. Beizupflichten ist allerdings der Entscheidung des Gesetzgebers, nicht in Entsprechung zu den Regeln für die Großen Senate innerhalb der obersten Gerichtshöfe die Möglichkeit vorzusehen, den Gemeinsamen Senat der obersten Gerichtshöfe bei Fragen von „grundsätzlicher Bedeutung" anzurufen unter der Voraussetzung, daß der vorlegende Senat die Anrufung aus Gründen der Rechtsfortbildung oder zur Wahrung der Rechtseinheit für erforderlich hält. Diese Formel wäre – für die Anrufung des „Gemeinsamen Senats" – verhältnismäßig unscharf und sie wäre zu weit. Das Anliegen, von dem hier die Rede ist, geht dahin, sich abzeichnenden Divergenzen möglichst schon entgegenzuwirken, bevor eine ver-

20 Vgl. u.a. BGH, Urteil vom 20. November 1992 – V ZR 82/91, ZIP 1993, 200, 205 und BGH, Urteil vom 23. März 1990 – V ZR 58/89, NJW 1990, 2465, 2466; vgl. auch BVerwGE79, 254, 258.

21 Vgl. BGH, Urteil vom 23. März 1990 a.a.O. (Fn. 20) und BVerwGE 79 a.a.O. (Fn. 20) S. 258/259; bestätigt in BGH, Urteil vom 25. März 1993 – III ZR 60/91, NJW 1993, 1700, 1701.

22 Vgl. insoweit einerseits zum zivilrechtlichen Zustandsstörerbericht BGH, Urteil vom 23. April 1993 – V ZR 250/93 unter Ziff. II, 2, andererseits zum öffentlich-rechtlichen Zustandsstörerbegriff *Friauf* in: von Münch/Schmidt-Aßmann, Besonderes Verwaltungsrecht, 9. Aufl. 1992, 2. Abschnitt Rdn. 90; ob der vom Bundesgerichtshof und in ähnlicher Weise von *Friauf* vorgenommenen Begrenzung der Verantwortlichkeit des Zustandsstörers zu folgen ist, hat das BVerfwG, DVBl. 1986, 360, 361 ausdrücklich offengelassen.

fahrensabschließende Entscheidung des einen obersten Gerichtshofes ergangen ist. Hierauf, auf die sich abzeichnende Divergenz also, sollte die zu suchende Regelung abstellen.

Es würde danach auch erheblich zu weit gehen, für das Verhältnis der obersten Gerichtshöfe des Bundes untereinander eine Regelung zu schaffen, wie sie in Art. 177 Abs. 1, 3 EWG-Vertrag besteht. Nach dieser Vorschrift muß ein nationales Gericht, dessen Entscheidungen nach innerstaatlichem Recht nicht mehr mit Rechtsmitteln angefochten werden können, Fragen, die die Auslegung des europäischen Rechts betreffen, dem Europäischen Gerichtshof zur verbindlichen Vorabentscheidung vorlegen. Hiervon darf nur abgesehen werden, wenn entweder die Frage vom Europäischen Gerichtshof schon entschieden ist oder wenn ihre richtige Beantwortung derart offensichtlich ist, daß keinerlei Raum für einen vernünftigen Zweifel an der Entscheidung der gestellten Frage bleibt[23]. Ob Zweifel entstehen können, ist dabei nicht allein vom Standpunkt des befaßten nationalen Gerichts, sondern in dem Blick darauf zu beantworten, welche Auffassungen möglicherweise von den Gerichten der übrigen Mitgliedstaaten der Gemeinschaft sowie vom EuGH vertreten werden[23]. Diese Regelung erklärt sich aus dem Bedürfnis, die Auslegung des europäischen Rechts bei einer Stelle, dem Europäischen Gerichtshof, zusammenzufassen, andererseits diesem Gerichtshof nicht unmittelbare Gerichtshoheit nach Art eines Instanzenzugs im Verfahren der Gerichte der Mitgliedsstaaten zu geben. Es bedarf wohl keiner näheren Darlegung, daß eine entsprechende Vorlagepflicht an den Gemeinsamen Senat der obersten Gerichtshöfe des Bundes in jedem Fall, in dem in einer Auslegungsfrage möglicherweise verschiedene Meinungen auftreten könnten, viel zu weit ginge. Es ist ja gerade die vorrangige Aufgabe jedes der obersten Bundesgerichte, klärungsbedürftige Auslegungsfragen zu beantworten. Diese Aufgabe kann nicht in ihrem ganzen Inhalt und in ihrem ganzen kapazitätsmäßigen Ausmaß auf den Gemeinsamen Senat verlagert werden.

2. Ein viel engeres und konkreteres Anwendungsfeld für die Tätigkeit des Gemeinsamen Senats aber würde sich ergeben, wenn man auf die Fälle abstellt, in denen zwar noch keine verfahrensabschließende Entscheidung eines obersten Bundesgerichts vorliegt, in denen es sich aber schon konkret abzeichnet, daß mit unterschiedlichen Entscheidungen zweier oberster Bundesgerichte zu rechnen ist. Es könnte erwogen werden, diese Konkretisierung durch ein Voranfrageverfahren zwischen den obersten Gerichtshöfen des Bundes zu ermöglichen. Es wäre etwa wie folgt auszugestalten: Stellt sich im Verfahren vor einem der obersten Gerichtshöfe eine Rechtsfrage, von der zu erwarten ist, daß sich auch ein anderer oberster Gerichtshof des Bundes mit ihr aufgrund seiner Zuständigkeit zu befassen haben wird, so kann der erstgenannte Gerichtshof bei dem anderen Gerichtshof eine Stellungnahme einholen. Der erstgenannte Ge-

23 Vgl. EuGH Rs 283/81, Slg 1982, 3415, 3430.

richtshof kann sich nach Erhalt dieser Stellungnahme entweder die in ihr enthaltene Rechtsauffassung zu eigen machen; insoweit ist dann Rechtseinheitlichkeit erreicht. Oder er kann, wenn er eine von der Stellungnahme abweichende Auffassung hat, die Frage dem Gemeinsamen Senat der obersten Gerichtshöfe des Bundes vorlegen. Anfrage und Stellungnahme wären bei diesem Modell Äußerungen des Gerichts; welcher Senat zuständig ist, müßte sich aus der Geschäftsverteilung ergeben.

Für die Entscheidung, ob eine solche Voranfrage an ein anderes oberstes Bundesgericht gerichtet werden soll, müßte dem erstbefaßten obersten Bundesgericht wohl ein verhältnismäßig weites Ermessen bleiben. Das anfragende Gericht sollte in der Anfrage bereits seine (vorläufige) Auffassung darlegen. Um die Regelung elastisch zu halten, sollte auch das angefragte oberste Bundesgericht nach Ermessen entscheiden können, ob es eine Stellungnahme abgibt oder nicht. Wird keine Stellungnahme gegeben, so wird dies wohl anzeigen, daß eine künftige Divergenz unwahrscheinlich ist; ein Bedürfnis für die Anrufung des Gemeinsamen Senats tritt dann nicht in Erscheinung.

Das Voranfrageverfahren müßte und sollte die Bewegungsfreiheit nicht einengen, die die obersten Gerichtshöfe nach der geltenden Regelung bis zu dem Zeitpunkt haben, in dem sie die Vorlage nach § 2 Abs. 1 RsprEinhG beschlossen haben. Dem anfragenden Gerichtshof müßte die Vorlage an den Gemeinsamen Senat deshalb nicht bindend vorgeschrieben werden, auch wenn er von der in der Stellungnahme des anderen Gerichtshofes mitgeteilten Rechtsauffassung abweichen will; es erscheint denkbar und vielleicht empfehlenswert, ihm die Möglichkeit zu lassen, zunächst selbst zu entscheiden und die weitere Klärung einer Vorlage durch den anderen Gerichtshof im normalen Weg des § 2 Abs. 1 RsprEinhG zu überlassen. Auch der angefragte Gerichtshof wäre in seinen künftigen Entscheidungen rechtlich nicht gehindert, seine eigene Auffassung zu vertreten, gleich ob er auf die Anfrage hin Stellung genommen hat oder nicht; im Rahmen des § 2 Abs. 1 RsprEinhG kann er den Gemeinsamen Senat anrufen, wenn er von einer Entscheidung des anfragenden Gerichts oder einer inzwischen ergangenen Entscheidung des Gemeinsamen Senats abweichen will.

Gleichwohl behielte die durch das Voranfrageverfahren gegebene Möglichkeit einen gewissen Wert. Dieses Verfahren könnte früher, als es nach dem geltenden § 2 RsprEinhG möglich ist, eine (bevorstehende) Divergenz zwischen obersten Gerichtshöfen des Bundes konkretisieren. Es würde in einem solchen Fall ermöglichen, eine Entscheidung des Gemeinsamen Senats der obersten Gerichtshöfe des Bundes herbeizuführen, bevor bei einem der Gerichtshöfe eine verfahrensabschließende Entscheidung ergangen ist, die möglicherweise später in Widerspruch zur Entscheidung des Gemeinsamen Senats und der ihr folgenden Entscheidung des vorlegenden Gerichtshofes in jenem konkreten Verfahren (§ 16 RsprEinhG) stehen würde.

Die Voranfrage könnte freilich das Ausgangsverfahren etwas verzögern. Bei zweckentsprechendem Gebrauch wird die Verzögerung aber maßvoll bleiben und durch die Vorteile für die Rechtsprechungseinheit aufgewogen werden. Die verhältnismäßig frühere Herbeiführung einer Entscheidung des Gemeinsamen Senats der obersten Gerichtshöfe könnte sich andererseits auch in Richtung auf eine Verminderung des Anreizes auswirken, nach Ergehen einer Entscheidung des einen obersten Gerichtshofes des Bundes im Gerichtszweig des anderen obersten Gerichtshofes weitere Verfahren zu betreiben und Rechtsmittel einzulegen, um eine Divergenz beider Gerichtshöfe und eine Entscheidung des Gemeinsamen Senats im gewünschten, vom Ergebnis der Entscheidung des zuerst genannten Gerichtshofes abweichenden Sinne zu erreichen.

Das Voranfrageverfahren würde wohl nicht sehr häufig angewendet werden. Man muß wohl auch damit rechnen, daß Richter mitunter der Möglichkeit, selbst zu entscheiden, den Vorzug geben gegenüber der Alternative, die Rechtsfrage der Entscheidung anderer Gremien zuzuführen. Doch wird man auch darauf vertrauen können, daß sie den Wert würdigen, den die Möglichkeit hat, in wichtigen Fragen und bei verhältnismäßig naheliegender künftiger Divergenz eine frühzeitige verbindliche Entscheidung herbeiführen zu können. Andererseits wären mit einer solchen ergänzenden Regelung, wie es scheint, keine wesentlichen Nachteile verbunden, wenn sie so elastisch bleibt, wie hier dargestellt ist. Nach alledem sollte die Frage, ob sich die Einführung einer solchen Regelung empfiehlt, diskutiert werden.

IV. Stellungnahme durch Gerichtshöfe?

Zu überlegen bleibt, ob es bereits nach derzeitiger Rechtslage zulässig ist, daß ein oberstes Bundesgericht in geeigneten Fällen ein anderes Bundesgericht um eine Stellungnahme bittet oder ihm Gelegenheit zu einer Stellungnahme gibt. Auf diese Weise wäre eine Möglichkeit eröffnet, bei der zu fällenden Erstentscheidung zu der betreffenden Rechtsfrage die Auffassung des anderen Gerichtshofes schon zu berücksichtigen.

Im Jahre 1955 hat das Bundesverfassungsgericht entschieden, daß die dem Wesen der Rechtsprechung fremde Aufgabe, sich zu Rechtsfragen gutachterlich zu äußern, einem Gericht nur ausdrücklich durch Gesetz übertragen werden könne. Sei dies nicht geschehen, so könne weder eine Pflicht noch eine Befugnis zur Erstattung von Rechtsgutachten angenommen werden[24]. Die Präsidenten der – wie sie damals hießen – oberen Bundesgerichte sind dieser Entscheidung entgegengetreten, da sich in den Fällen der entschiedenen Art die Stellungnahme der obersten Gerichtshöfe aus ihrer Funktion rechtfertige[25]. Das Bundesverfassungsgericht selbst er-

24 BVerfGE 4, 358, 363.
25 Vgl. im einzelnen NJW 1956, 174.

sucht seit langem aufgrund § 22 Abs. 3 seiner Geschäftsordnung (BGBl. I, 1986, 2529) die obersten Gerichtshöfe des Bundes auch in Verfahren über Verfassungsbeschwerden um Stellungnahmen.

In den Fällen, in denen die Einholung der Stellungnahme eines anderen obersten Gerichtshofes zur Wahrung der Einheitlichkeit der Rechtsprechung nützlich erscheint, ist es m.E. vertretbar, daß oberste Gerichtshöfe des Bundes untereinander eine solche Stellungnahme erbitten und abgeben. Da die Förderung der Einheit der Rechtsprechung ein Gut von Rechtswert ist, das überdies auch verfassungsrechtlichen Niederschlag gefunden hat (Art. 95 Abs. 3 GG), wird man für ein solches Vorgehen keine weitere ausdrückliche gesetzliche Grundlage fordern müssen. Allerdings läßt sich aus dem geltenden Recht nicht die Pflicht ableiten, auf Anfrage eine Stellungnahme abzugeben. Auch würden, selbst wenn sich nach Anfrage und Stellungnahme eine Divergenz zwischen den oberstn Gerichtshöfen des Bundes abzeichnet, damit noch nicht die Voraussetzungen einer Vorlage an den Gemeinsamen Senat der obersten Gerichtshöfe des Bundes gem. § 2 Abs. 1 RsprEinhG erfüllt sein. Die oben dargestellte Frage nach der gesetzlichen Einführung eines Voranfragevefahrens zur Ermöglichung einer frühzeitigen Entscheidung des Gemeinsamen Senats behält danach ihre Bedeutung.

Lothar Woerner

Der Bundesfinanzhof zwischen Stetigkeit und Wandel

Theorie und Praxis

Inhaltsübersicht

I. Einleitung

„Stetigkeit und Wandel sind notwendige Erscheinigsweisen des Rechtsprechens." Mit diesen Worten beginnt *Paul Kirchhof* einen im Jahre 1989 erschienenen und schon wegen der Funktion des Autors als Bundesverfassungsrichter wichtiger Aufsatz über „Kontinuität und Vertrauensschutz bei Änderung der Rechtsprechung"[1]. Das Thema hat in der Rechtsprechung des Bundesfinanzhofs inzwischen nichts an Aktualität eingebüßt. Stichworte wie (vorweggenommene und nachfolgende) Erbauseinandersetzung oder Vermögensübergabe wegen Versorgungsleistungen kennzeichnen das Bemühen des Bundesfinanzhofs, jeweils nach Entscheidungen seines Großen Senats[2] den vielfältigen Erscheinungsformen vertraglicher Gestaltungen mit Hilfe sinnfälliger Kriterien Herr zu werden.

Kein Zweifel: Änderungen der höchstrichterlichen Rechtsprechung mit ihrer allgemein verhaltensbestimmenden Wirkung greifen oft einschnei-

1 DStR 1989, 283 ff.

2 BFH-Beschlüsse vom 5. Juli 1990 GrS 4–6/89, BFHE 161, 317, BStBl. II 1990, 847 (vorweggenommene Erbauseinandersetzung); vom 5. Juli 1990 GrS 2/89, BFHE 161, 332, BStBl. II 1990, 837 (nachträgliche Erbauseinandersetzung) und vom 15. Juli 1991 GrS 1/90, BFHE 165, 225, BStBl. II 1992, 78 (Vermögensübergabe gegen Versorgungsleistungen).

dend in die Beratungspraxis und in die Dispositionen der Exekutive ein. Sie werden deshalb von vielen als Übel empfunden und dem Bundesfinanzhof immer wieder vorgehalten[3]. Dem steht gegenüber, daß es nicht selten gerade die Angehörigen der steuerberatenden Berufe und die Behörden der Finanzverwaltung sind, die in Verfahren vor dem Bundesfinanzhof auf eine Änderung der bisherigen Rechtsprechung hinwirken. Auch andere Fürsprecher der Rechtsprechungsstetigkeit – wie etwa *Rose*[4] – wollen als Wissenschaftler mit ihrer Kritik an der Rechtsprechung des Bundesfinanzhofs mit Recht ernst genommen und berücksichtigt werden.

Adressat der Kritik an den angeblich so häufigen Änderungen der Rechtsprechung war sicher oft genug der Jubilar, der als Präsident des Bundesfinanzhofs allerdings keinen größeren Einfluß auf die Entwicklung der Rechtsprechung nehmen konnte, als es ihm seine Überzeugungskraft und seine Stimme als Mitglied eines Senats oder des Großen Senats ermöglichte. Dabei bekannte er sich wiederholt als Anhänger der Stetigkeit[5].

Im folgenden ist weder eine Apologie des Bundesfinanzhofs noch eine Abrechnung mit ihm geplant. Ob er oft genug, in angemessenem Umfang oder zu häufig von bisherigen Rechtsprechungen abweicht[6], ist ohnedies eine Frage, deren Beantwortung von höchst subjektiv gefärbten Kriterien abhängt. Vielmehr soll nochmals darüber nachgedacht werden, welche Hilfen Gesetz, höchstrichterliche Rechtsprechung und Fachliteratur dem Richter für seine Entscheidung mitgeben, ob er im einzelnen Fall von der Rechtsprechung abweichen dürfe, könne oder vielleicht sogar solle. Ich will dabei bewußt davon absehen, die schon bisher im Fachschrifttum geäußerten Ansichten[7] in ihrer ganzen Vielfalt erneut abzuhandeln. Der Richter wird für seine Gewissensentscheidung ohnedies nur diejenigen Beschränkungen annehmen, die er für gesichert hält. Welche Grundsätze aber sind hinreichend genug gesichert, den Richter davon abzuhalten, nicht der von ihm als richtig erkannten Rechtsansicht zu folgen, sondern diese Ansicht Präjudizien zu opfern? Gibt es im Spektrum der Meinungen über die Bindung an bisherige Rechtsprechungen und ihr Ausmaß so etwas wie einen gemeinsamen konsensfähigen Nenner, der im richterlichen Meinungsbildungsprozeß wirksam zur Geltung gebracht werden kann?

3 Vgl. die Übersicht bei *Tipke/Kruse,* AO-FGO, 14. Aufl., § 4 Tz. 46 (Lieferung 65).
4 Steuerkongreß-Report 1992, 33 ff., 39.
5 DStZ 1988, 599 ff., 603; StbJb. 1989/90, 11 ff., 23; JbFSt 1989/90, 35 ff., 44.
6 *Meyer-Scharenberg,* Stbg 1989, 161 (Bericht über die Münchner Steuerfachtagung 1989); *Krüger,* Stbg 1985, 155 ff.; *Offerhaus,* Stbg 1989, 324 f.
7 Vgl. die Übersicht bei *Tipke/Kruse* (Fn. 3) und bei *Tipke,* Die Steuerrechtsordnung, Köln 1993, Bd. I S. 197 ff.

II. Gesetz, Rechtsprechung und Literatur

1. Gesetzliche Aussagen

a) Einfaches Recht

Aus den Vorschriften des einfachen Rechts läßt sich nichts oder nur wenig für eine Bindung der Gerichte an eine gefestigte Rechtsprechung gewinnen. Daß den Gerichten allgemein die Aufgabe der Rechtsfortbildung zugewiesen ist, darf als gesicherte Ansicht gelten. Bei den obersten Bundesgerichten ergibt sich allgemein eine funktionale Einschränkung insoweit, als aus Gründen der Rechtssicherheit nicht ohne weiteres jeder Spruchkörper für sich rechtsprechungsändernde Fortbildung betreiben darf. Unter bestimmten Voraussetzungen muß der Große Senat des Bundesfinanzhofs oder der Gemeinsame Senat der obersten Bundesgerichte angerufen werden. Daraus aber folgt im Umkehrschluß: Liegen die Voraussetzungen einer Anrufungspflicht nicht vor, dürfen die Spruchkörper bestehende Rechtsprechungen grundsätzlich ändern. Auch die Regelung der Bestandskraft weist in dieselbe Richtung: Wirken Urteile nur zwischen den Beteiligten (§ 110 Abs. 1 FGO), kann aus ihnen keine weiterreichende Wirkung folgen. Ähnliches gilt für die Regelung über den Vertrauensschutz bei Aufhebung und Änderung von Steuerbescheiden: Nach § 176 Abs. 1 Nr. 3 AO 1977 darf nicht zuungunsten des Steuerpflichtigen berücksichtigt werden, „daß sich die Rechtsprechung eines obersten Gerichtshofes des Bundes geändert hat, die bei der bisherigen Festsetzung von der Finanzbehörde angewendet worden ist". Nicht nur ergibt sich daraus keine Pflicht zur Beibehaltung einer für den Steuerpflichtigen günstigen Rechtsprechung, vielmehr setzt die Vorschrift die Befugnis zur Änderung der Rechtsprechung gerade voraus. Das Vertrauen in eine bisherige Rechtsprechung kann die Finanzverwaltung veranlassen, bei richtiger Ermessensausübung sogar zwingen, sog. Übergangsregelungen zu erlassen (§ 163 AO 1977)[8].

b) Verfassungsrecht

Gemeinhin werden Rechtssicherheit und Vertrauensschutz abgeleitet aus dem Rechtsstaatsprinzip der Verfassung (ausdrücklich erwähnt in Art. 28 Abs. 1 Satz 1 GG). Bestandteil des Rechtsstaatsprinzips ist aber auch „die materielle Gerechtigkeitsidee"[9]. Aus Art. 20 Abs. 3, Art. 97 Abs. 1 GG folgt die Verpflichtung der Gerichte, nach ihrer rechtlichen Überzeugung zu entscheiden[10]. Wie aber, wenn die rechtliche Überzeugung von der

8 BFH-Beschluß vom 25. Juni 1984 GrS 4/82, BFHE 141, 405, 416, 431, BStBl. II 1984, 751, 757, 764 (Geprägeentscheidung).

9 *Stern,* Das Staatsrecht der Bundesrepublik Deutschland, Bd. III/1, 1447.

10 *Maurer,* Kontinuitätsgewähr und Vertrauensschutz, Handbuch des Staatsrechts, Bd. III § 60, S. 211 ff., 270.

bisherigen, unter Umständen langjährigen, Rechtsprechung des Bundesfinanzhofs abweicht?

Der Konflikt von Rechtsstetigkeit und Weiterentwicklung des Rechts ist im Rechtsstaatsgebot selbst angelegt[11]. Das Rechtsstaatsprinzip hat offenbar in mehrfacher Hinsicht dialektische Struktur. So stellen *Maurer*[12] und *Kirchhof*[13] die Begriffe Kontinuität (Kontinuitätsgarantie) dem Vertrauensschutz gegenüber. Beide dienen der Stabilität, können aber in Widerstreit zueinander treten. Der Grundsatz des Vertrauensschutzes ist subjektiv orientiert und berücksichtigt (vor allem) die Belange des Bürgers auf Verläßlichkeit staatlichen Handelns. Die Kontinuitätsgewähr ist „objektiv orientiert"[14]. Sie hat eine „relative Komponente", indem sie dem Fortschritt, der Weiterentwicklung des Rechts, nicht entgegensteht, aber „die konsequente und stetige Weiterentwicklung unter Vermeidung abrupter, sprunghafter und unstimmiger Änderungen verlangt"[15]. Ausfluß des Rechtsstaatsprinzips ist damit auch die Verpflichtung des Richters, veränderten Verhältnissen in ihren vielseitig auftretenden Facetten Rechnung zu tragen und nicht in Gewohnheit zu erstarren. Mithin ist der Begriff Kontinuität in dem so verstandenen Sinne gleichfalls doppeldeutig. Er verweist einmal auf die Stetigkeit im Sinne des Festhaltens an einer Rechtsprechung, ebenso aber auch auf das Recht und die Pflicht zur stetigen Weiterentwicklung des Rechts. Aus diesen – zunächst vorläufigen – Ableitungen mehrerer Unterprinzipien aus dem Rechtsstaatsprinzip läßt sich jedenfalls nichts dafür gewinnen, ob der Aspekt der Stetigkeit Vorrang genießt vor dem Gebot der Weiterentwicklung des Rechts oder ob die umgekehrte Gewichtung den Ausschlag geben soll.

2. Höchstrichterliche Rechtsprechung

a) Bundesverfassungsgericht

Das Bundesverfassungsgericht hat die Frage der belastenden Rückwirkung von Rechtsprechungsänderungen bisher unter dem Gesichtspunkt erörtert, ob die für rückwirkende Gesetze geltenden verfassungsrechtlichen Schranken auch auf die Rechtsprechung anwendbar seien. Es hat es dahingestellt sein lassen, ob eine dem Wandel der Rechtsprechung gleichkommende gesetzliche Änderung unter dem Gesichtspunkt des Rechtsstaatsprinzips vor der Verfassung Bestand hätte. Jedenfalls könne eine vergleichbare Folgerung auf Entscheidungen der Gerichte nicht ohne weiteres übertragen werden. „Diese würde dazu führen, daß die Gerichte an eine einmal feststehende Rechtsprechung gebunden wären, auch wenn diese sich im Lichte geläuterter Erkenntnis oder angesichts des Wandels

11 Vgl. hierzu *Weber-Fas,* Das Grundgesetz, Berlin 1983, S. 78.
12 Fn. 10.
13 Fn. 1, 263 ff.
14 Fn. 10, 212.
15 Fn. 10, 212.

der sozialen, politischen und wirtschaftlichen Verhältnisse als nicht tragbar erweist".[16]

b) Bundesfinanzhof

Das für Gesetze unter bestimmten Voraussetzungen geltende Rückwirkungsverbot hat der Große Senat des Bundesfinanzhofs für die Änderung der Rechtsprechung ausdrücklich abgelehnt. Im Beschluß vom 25. Juni 1984[17] hat er ausgeführt: „Nach geltendem Recht ist die Streitfrage für den Bereich des Steuerrechts dahin gelöst, daß die Rechtsprechung nicht gehindert ist, auch steuerverschärfende Änderungen zu entwickeln und daß es dann Sache der obersten Verwaltungsbehörden ist, auf der Grundlage des § 163 AO 1977 . . . durch Übergangsregelungen unbillige Auswirkungen – auch unter dem Gesichtspunkt des Vertrauensschutzes – zu vermeiden." Gleichwohl hat sich der Bundesfinanzhof wiederholt zur Stetigkeit der Rechtsprechung bekannt. Sie sei ein wesentliches Element der Rechtssicherheit. Eine Änderung zuungunsten des Betroffenen sei zwar zulässig, erfordere aber „schwerwiegende sachliche Erwägungen"[18] oder (wenigstens) „wichtige Gründe"[19].

Einen „wichtigen Grund" sieht der Bundesfinanzhof etwa darin, daß sich die tatsächlichen Gründe gewandelt haben oder daß sich zu sachlich

16 BVerfG-Beschluß vom 11. November 1964 1 BvR 488/62 u.a., BVerfGE 18, 224 f., 240 f.; vgl. dazu weiter BVerfG-Beschlüsse vom 19. Februar 1975 1 BvR 418/71, BVerfGE 38, 386, 397, und vom 16. Dezember 1981 1 BvR 898/79 u.a., BVerfGE 59, 128, 164 ff. Im zuletzt genannten Fall forderte das BVerfG eine Abwägung unter dem Gesichtspunkt der Verhältnismäßigkeit und der Zumutbarkeit. Es sei zu prüfen, „ob jeweils die Belange des Allgemeinwohls, wie etwa die Wiederherstellung der Gesetzmäßigkeit der Verwaltung oder die Interessen des einzelnen am Fortbestand einer Rechtslage, auf die er sich eingerichtet hat und auf deren Fortbestand er vertraute, den Vorrang verdienen". Es handelte sich hier indessen um einen Sonderfall, in dem aufgrund einer später verschärften Rechtsprechung des BVerwG ein Vertriebenenausweis entzogen wurde. Allgemeine Grundsätze lassen sich aus dieser Entscheidung nicht herleiten; denn das BVerfG löste das Problem letztlich mit Hilfe der Grundsätze über die Rücknahme und den Widerruf von Verwaltungsakten.

17 GrS 4/82 (Fn. 8) BFHE 141, 416 f., BStBl. II 1984, 757.

18 BFH-Urteil vom 13. November 1963 GrS 1/63 S, BFHE 78, 315, 319, BStBl. II 1964, 124, 126 (zum sog. ruhenden Gewerbebetrieb), BFH-Beschluß vom 15. Juli 1968 GrS 2/67, BFHE 93, 75, 81, BStBl. II 1968, 666, 668 (zur Verrechenbarkeit von Sanierungsgewinnen mit Verlusten).

19 BFH-Beschlüsse vom 26. November 1973 GrS 5/71, BFHE 111, 242, 253, BStBl. II 1974, 132, 136 (zur gesonderten AfA von Gebäudeteilen) und vom 25. Juni 1984 (Fn. 8), BFHE 141, 430, BStBl. II 1984, 757. Die strengere Auffassung des BGH in seiner Entscheidung vom 10. April 1982 GSZ 1/82, BGHZ 85, 64, 66, ein Abgehen von „der Kontinuität der Rechtsprechung" könne nur ausnahmsweise angenommen werden, „wenn deutlich überwiegende oder schlechthin zwingende Gründe" dafür sprächen, hat der BFH nicht mitgemacht.

zusammenhängenden Fragen die Gesetzeslage oder die Rechtsprechung geändert hat[20].

3. Fachliteratur

Soweit Stimmen in der Fachliteratur Einschränkungen für rückwirkend belastende Rechtsprechungsänderungen befürworten, werden gleichfalls das Rechtsstaatsprinzip sowie Art. 20 GG bemüht. Einige repräsentative Auffassungen sollen nachfolgend besonders genannt werden.

a) Rückwirkungsverbot, Bindung an Präjudizien (Tipke)

Eine nach meinem Verständnis uneingeschränkte Übertragung der für die Rückwirkung von Gesetzen geltenden Grundsätze auch auf die Rechtsprechung des Bundesfinanzhofs vertritt *Tipke*[21]. Er räumt zwar ein, daß Gerichtsurteile Rechtskraftwirkung nur zwischen den Verfahrensbeteiligten entfalten. Unter dem Vertrauensaspekt sei aber entscheidend, daß tatsächlich die höchstrichterliche Rechtsprechung die „Rechtslage" wesentlich mitkonstituiere und daß die Steuerpflichtigen oder ihre Berater auf diese „Rechtslage" vertrauten. Auch treffe der Einwand nicht, der Bundesfinanzhof schaffe kein neues Recht, sondern lege die Gesetze aus. Wenn der Bundesfinanzhof seine Rechtsprechung ändere, führe dies faktisch zu einer Änderung der Rechtslage und damit der Vertrauensbasis. Das Recht müsse folgerichtig nach dem US-amerikanischen Vorbild des prospective overruling weitergebildet werden. Danach dürfe das Gericht aus Vertrauensgründen im konkreten anhängigen Fall nicht zu Lasten der Steuerpflichtigen von der bisherigen Rechtsprechung abweichen. Billigkeitsregelungen der Verwaltung (§ 163 AO 1977) und der Schutz des Steuerpflichtigen bei Aufhebung und Änderung eines Steuerbescheids (§ 176 Abs. 1 Nr. 3 AO 1977) lösten das Problem nicht.

b) Bindung an „Gesetz und Recht" (Vogel)

In seinem Aufsatz „Rechtssicherheit zwischen Vernunftrecht und Verfassungsrecht"[22] geht es *Vogel* zunächst um eine konkrete „Gefahrensituation" beim Bundesfinanzhof. Sie war ausgelöst durch den bis 1993 wegen der Herabsetzung des Pensionsdienstalters für Bundesrichter beim Bundesfinanzhof zu erwartenden (und inzwischen eingetretenen) zahlenmäßig erheblichen Richterwechsel. *Vogel* interpretiert Art. 20 Abs. 3 und Art. 97 Abs. 1 GG i.S. einer Bindung des Richters an Gesetz und Recht, „so wie er sie vor seinem Gewissen versteht". Auch *Vogel* sieht darin die Chance, die Rechtsprechung vor Erstarrung zu bewahren. Überkommene Rechtsmeinungen müßten überdacht und neu gerechtfertigt werden. *Vo-*

20 BFH-Beschluß vom 25. Juni 1984 (Fn. 8).
21 Fn. 7, S. 201.
22 JZ 1988, 833 ff.

gel befaßt sich des näheren mit der Differenz von Gesetz und Recht in Art. 20 Abs. 3 GG. Er lehnt es zwar ab, im einzelnen zu untersuchen, was dieser Unterschied bedeute, beschreibt aber dann doch, welchen Anforderungen Gesetzgebung und Gesetzesanwendung genügen müßten, um „Recht" zu verwirklichen. Es gehöre dazu auch, daß Regelungen und Entscheidungen beständig seien, daß man sich auf sie verlassen könne. *Vogel* geht noch weiter und postuliert: Der Richter könne die Überzeugung von der Richtigkeit seines Auslegungsergebnisses nur gewinnen, wenn er nicht nur frage: sind die Gründe für eine neue Auslegung stärker als die für die ältere, sondern auch: sind sie so stark, daß sie es rechtfertigen, das Vertrauen zu enttäuschen, das die Steuerpflichtigen in die bisherige Rechtsprechung gesetzt haben? Nur dann sei die Auslegung „richtig".

c) Kontinuitätsgarantie und Vertrauensschutz (Kirchhof)

Kirchhof[23] folgert aus dem Rechtsstaatsprinzip, der Richter müsse das Kontinuitätsgebot zu einem allgemeinen Maßstab richterlicher Rechtsfortbildung machen. Dies bedeute stetige, maßvolle und folgerichtige Weiterentwicklung des Rechts. Jedenfalls bei der Regelbesteuerung (Eingriffsnormen) trage der Steuerpflichtige das Risiko einer Fehleinschätzung der Rechtsprechungsentwicklung. Das für Gesetze geltende Rückwirkungsverbot könne nicht auf die Rechtsprechung übertragen werden. Es sei im kontradiktorischen Finanzgerichtsverfahren „kaum plausibel zu machen, daß eine Partei, die Recht hat, nicht auch dieses Recht bekommen sollte". Der Vertrauensschutz bei rückwirkender belastender Rechtsprechungsänderung sei nach § 176 Abs. 1 Nr. 3, Abs. 2 A 1977 und § 163 Abs. 1 AO 1977 zu gewähren. Eine Rechtsprechungsänderung sei generell zulässig, „wenn das Rechtsprechungsorgan die geänderte Rechtsprechung für richtig hält und die Gründe der Rechtsprechungsänderung gegenüber dem Kontinuitätsgebot abgewogen hat". Die Beständigkeit des Rechts sei arbeitsanteilig durch Gericht und Verwaltung zu sichern. Das Gericht folge dem Kontinuitätsgebot, die Finanzverwaltung ergänze dieses durch individuellen Vertrauensschutz. Es fällt auf, daß *Kirchhof* – im Gegensatz zu *Vogel* – aus dem Rechtsstaatsgebot keine Anleitung für die Gewichtung von Rechtssicherheit und Weiterentwicklung des Rechts herleitet.

III. Versuch eines Fazits

1. Gemeinsamer Nenner

Die von *Tipke*[24] vertretene Auffassung (Anwendung der Grundsätze über das sog. Rückwirkungsverbot auch auf Rechtsprechungsänderungen)

23 Fn. 1.
24 Fn. 7.

kann nicht geteilt werden. Bundesverfassungsgericht und Bundesfinanzhof lehnen sie ausdrücklich ab. Auch im Schrifttum wird ihr mit m.E. überzeugenden Erwägungen widersprochen[25]. *Tipke* berücksichtigt nicht hinreichend die funktionalen Unterschiede zwischen der rechtsprechenden und der gesetzgebenden Gewalt. Auch wenn man den Entscheidungen der obersten Bundesgerichte faktisch über den Einzelfall hinausgehende Bedeutung zuerkennt und darin „Rechtsschöpfung" sehen will[26], auch wenn man außerdem längst weiß, daß die Rechtsprechung nicht Subsumtionsautomatik ist, sondern das Ergebnis ineinander greifender kognitiver und wertender Prozesse, so ist doch der Richter in seiner rechtsschutzgewährenden Entscheidung nicht entfernt so frei wie der Gesetzgeber, sich wählend zu verhalten. Der Richter hat das Gesetz auszulegen, zu Ende zu denken und das Recht fortzubilden. Er hat dabei dem Sinn des gesetzlichen Diktums und den Wertungen des Gesetzgebers nachzuspüren. Dieser gegenüber dem Gesetzgeber wesentlich eingeengte Entscheidungsspielraum ist auch für die Frage einer Änderbarkeit der Rechtsprechung relevant. Der Richter kann nicht beliebig darüber verfügen, ob er eine als richtig erkannte Rechtsauffassung jetzt schon (mit Wirkung für die Vergangenheit) oder etwa erst für die Zukunft anwendet. Daher sind auch die Vorschläge, eine Rechtsprechungsänderung erst anzukündigen, jedenfalls im Steuerrecht nicht haltbar. Darauf wird noch einzugehen sein. Schließlich muß bedacht werden, daß die Rechtsordnung Instrumente zur Verfügung stellt, die den Vertrauensschutz gewährleisten (§176 Abs. 1 Nr. 3, § 163 AO 1977). Für eine Rechtsfortbildung in Richtung auf eine stärkere Bindung an Präjudizien nach dem Vorbild des anglo-amerikanischen Rechts besteht weder ein Bedürfnis noch eine Rechtfertigung. Den neuerdings zu beobachtenden Versuchen, deutsches Rechtsdenken zu amerikanisieren und auf ein fremdem Kulturboden entwachsenes case law zu verpflichten, sollte bei aller Offenheit fürs Neue mit größter Vorsicht begegnet werden.

Bei *Vogel*[27] will nicht so recht überzeugen, daß er die gesteigerten Voraussetzungen, die der Richter bei der Änderung seiner Rechtsprechung zu beachten habe, aus dem vom „Gesetz zu unterscheidenden" Recht (Art. 20 Abs. 3 GG) ableitet, ohne jedoch zu sagen, wie weit die Unterscheidung von Gesetz und Recht trägt. Ist der Vertrauensschutz im Wege der Konkretisierung des Rechtsstaatsprinzips zu gewähren, so folgt seine Beachtung schon aus dem Gesetz, nämlich aus der Verfassung (Art. 28 GG). Des Rückgriffes auf ein „übergesetzliches" Recht bedürfte es also nicht. Im übrigen läuft die Auffassung *Vogels* auf eine Abwägung von Vertrauensschutz und Rechtsrichtigkeit hinaus, die nach seinen eigenen Worten[28] „letzten Endes bei den entscheidenden Richtern liegt".

---

25 *Maurer* (Fn. 10) S. 274; *Kirchhof* (Fn. 1) 269.
26 Zum Richterrecht kritisch *Maurer* (Fn. 10) 271.
27 Fn. 22.
28 Fn. 22, 636.

Die von *Kirchhof* entwickelte Lösung verlangt (nur), daß die Gründe für die Rechtsprechungsänderung gegenüber dem Kontinuitätsgebot abgewogen werden müssen[29]. Dem kann man sich weitgehend anschließen, wenn man sich des Doppelsinns von „Kontinuität" bewußt bleibt.

Die in dieser Arbeit nicht im einzelnen behandelten Literaturmeinungen gehen zum Teil im Begründungsansatz weit auseinander. Doch auch sie münden immer wieder in einen Appell an die sorgfältige Gewissensprüfung des Richters. So will *Robbers*[30] das Rückwirkungsverbot für die Rechtsprechung aus dem Grundrecht auf freie Entfaltung der Persönlichkeit (Art. 2 GG) gewinnen, meint aber dann auch[31], eine „neue Rechtsauffassung" gehe „in die letztlich vorzunehmende Abwägung des Vertrauensinteresses der Betroffenen mit den Erfordernissen der als richtig erkannten Auslegung eines einschlägigen Rechtssatzes ein und entfalte hier ihr angemessenes Gewicht". *Maurer*[32] lehnt eine Bindung des Richters an seine frühere Rechtsprechung überhaupt ab, weil er den Vertrauensschutz in den Bereich außerhalb der Rechtsprechung – für das Steuerrecht sind dies die §§ 163, 176 AO 1977 – verweisen will. Aber auch *Maurer*[33] sieht im Vertrauensschutz „eine Leitlinie für die Änderung der Rechtsprechung".

Damit wird – und zwar von völlig unterschiedlichen Ansätzen aus – im Ergebnis immer wieder an die sorgfältige Gewissensprüfung des Richters appelliert. Seine Verpflichtung, eine neue Rechtserkenntnis gegen die bisherige abzuwägen, erweist sich als der gemeinsame Nenner, auf den sich die recht unterschiedlichen Positionen in der Theorie zurückführen lassen.

2. Richterlicher Entscheidungsprozeß

Der Appell an die gewissenhafte Einbeziehung des Rechtssicherheitsmoments in die richterliche Entscheidung trifft nun allerdings auf eine Richterschaft, die man sich nicht als monolitischen Block denken darf. Es gibt zwei Sätze, die sich allgemeinen Konsenses auch in der Richterschaft erfreuen: Die Rechtssicherheit ist ein hohen Gut. Eine bestehende, vor allem langjährige Rechtsprechung soll nicht „ohne Not" geändert werden.

Der Aussagewert solcher Bekenntnisse sollte nicht überschätzt werden. Welcher Richter, der eine Rechtsprechungsänderung für geboten hält, würde keinen Notfall für sich reklamieren? So erweisen sich denn auch alle Versuche, die Änderung einer bestehenden Rechtsprechung von

29 Fn. 1, 270.
30 JZ 1988, 481 ff.
31 Fn. 29, 488.
32 Fn. 10, 272.
33 Fn. 10, 272.

geistreich erdachten, feinsinnig formulierten Voraussetzungen abhängig zu machen, in der Praxis weitgehend als leerlaufende Rhetorik.

Man mag sich im einzelnen bereits darüber streiten können, wann eine Rechtsprechung „ständig" oder „gefestigt" ist. Vielleicht kann schon eine singulär gebliebene Entscheidung in einer Grundsatzfrage einen besonders hohen Anspruch auf Verläßlichkeit begründen. Auch die Entscheidung darüber, ob Gründe für eine Abweichung „wichtig" oder „schwerwiegend" sind, beantworten Richter mit verschiedener Lebenserfahrung, eigengeprägter Denkstruktur und abweichenden Vorstellungen von der Grenze richterlicher Rechtsfindung ebenso unterschiedlich wie Theoretiker. Gelegentlich empfiehlt es sich zu übertreiben, um ein Phänomen an Extremen zu verdeutlichen: Der eine Richter wird die Zumutung, seine „bessere" Erkenntnis der „Gewohnheit" zu opfern, bereits als eine Art Aufforderung zur Rechtsbeugung empfinden, ein anderer sieht in der Aufgabe einer bisherigen Rechtsprechung die Grundlagen menschlichen Zusammenlebens gefährdet. Das bedeutet: Über Beibehaltung oder Aufgabe einer Rechtsprechung muß innerhalb eines Spruchkörpers in einem oft harten Meinungsbildungsprozeß gerungen werden. Dieses Ringen erfordert Offenheit und Festigkeit zugleich, jedenfalls die Fähigkeit und Bereitschaft zu einem Diskurs, so daß im Austausch von Argumenten sich der Senat entweder auf einer gemeinsamen Linie zusammenfindet oder die Entscheidung mehrheitlich getroffen werden muß.

Einig praktisch sehr bedeutsame Folgerungen lassen sich aber doch aus dem Blick auf die Fachliteratur herleiten: Die obersten Gerichte müssen eine Abweichung von einer bisherigen Rechtsprechung darlegen und ausführlich begründen. Stillschweigende Abweichungen – sie unterlaufen allerdings gelegentlich durch Unkenntnis oder Versehen – dürften in der Regel den Anforderungen an die Begründungspflicht nicht genügen. Auch die Aussage, eine Abweichung liege nicht vor, muß plausibel, d.h. nachvollziehbar sein. Ein Spruchkörper muß die Kraft aufbringen, eine Abweichung auch als solche kenntlich zu machen. Das Bundesverfassungsgericht sollte hier mit gutem Beispiel vorangehen.

3. Ankündigung einer Rechtsprechungsänderung

Es scheint noch ein Wort zu der Frage geboten, ob Änderungen in der Rechtsprechung zuvor angekündigt werden sollen oder gar müssen[34]. „Ankündigungsurteile" mit der Folge, daß die Änderung einer Rechtsprechung im Entscheidungsfall noch nicht zum Zuge käme, verstießen m.E. – jedenfalls im Grundsatz – gegen Art. 19 Abs. 4 GG. Dem Rechtsuchenden, der mit Kostenrisiko über Jahre hinweg ein Verfahren betreibt, muß *sein Recht* zuteil werden. Er streitet für sich mit dem Anspruch auf eigenen Rechtsschutz, nicht für die Belange Dritter[35].

34 Bejahend z.B. *Tipke* (Fn. 7) 200.
35 *Robbers* (Fn. 30) 488; *Maurer* (Fn. 10) 276; *Kirchhof* (Fn. 1) 270.

Gelegentlich lassen die Senate offen, ob sie der bisherigen Rechtsprechung weiter folgen könnten, weil die Frage nicht entscheidungserheblich sei. Daraus – wie es zuweilen geschieht – herzuleiten, es deute sich eine Änderung in der Rechtsprechung an, ist reine Spekulation und verrät zwar Phantasie des Interpreten, aber wohl kaum die Fähigkeit, höchstrichterliche Entscheidungen verständig zu lesen. Mehr kann schon der Hinweis bedeuten, der Senat neige zu dieser oder jener (gegenüber früher veränderten) Ansicht, brauche dies aber mangels Entscheidungserheblichkeit nicht zu vertiefen. Solche Äußerungen können in seltenen Ausnahmefällen hilfreich sein, sollten aber in der Regel unterbleiben. Denn ob ein später zu entscheidender Fall wirklich so gelagert ist, daß eine Änderung der Rechtsprechung angezeigt erscheint, bleibt offen. Andeutungen der genannten Art reizen zu Prozessen an. Es werden Hoffnungen geweckt, die vielleicht nicht erfüllt werden können. Meinen Erfahrungen als Revisionsrichter entspricht es, äußerst vorsichtig mit Aussagen umzugehen, die über das im Entscheidungsfall erforderliche Maß hinausgehen. Deshalb sollten in der Fachliteratur – etwa in Urteilsanmerkungen mancher Autoren – artikulierte Enttäuschungen darüber, daß das besprochene Urteil sich zu einer bestimmten Frage nicht geäußert habe, obwohl die Meinung dazu eigentlich interessiere, den kritisierten Senat nicht sonderlich beeindrucken. Manchem Revisionsrichter allerdings – das sei eingeräumt – fällt es schwer, seine Vorliebe für beiläufige Bemerkungen zu zügeln; gelegentlich wird in Urteilsanmerkungen von Senatsmitgliedern sogar gerühmt, der Senat habe eine Frage „im Vorbeigehen" mitentschieden. Dahinter verbirgt sich ein mindestens anfechtbares Verständnis revisionsrichterlicher Tätigkeit. Obiter dicta, d.h. beiläufige Bemerkungen, die für die Entscheidung nicht tragend waren, binden weder das Finanzgericht noch andere Senate. Sie sind allenfalls geeignet, den Anschein der Bindung zu erwecken. Eine andere Frage ist, ob es nicht die Verdeutlichung des Sinnzusammenhangs gebieten kann, die Rechtssätze, unter die ein Sachverhalt subsumiert wird, weit zu fassen. Jedenfalls sollten vorsichtige Zurückhaltung, Beschränkung auf die Entscheidungserheblichkeit im Einzelfall und Überwindung eigener Missionsbedürfnisse, revisionsrichterliche Tugenden bleiben.

IV. Einflüsse neuer Strömungen auf die Rechtsprechung

Welche Gründe zur Abänderung einer bisherigen Rechtsprechung führen können, hat der Große Senat des Bundesfinanzhofs beispielhaft umschrieben[36]. *Wassermeyer*[37] hat weitere Aspekte hinzugefügt. Im folgenden soll nur auf einige Entwicklungsströme der höchstrichterlichen Rechtsprechung hingewiesen werden, die ihre Wirkungen mehr im Verborgenen entfaltet haben.

36 S. oben II. b.
37 DStR 1989, 561 ff., 563.

1. Wandlung im Verständnis der wirtschaftlichen Betrachtungsweise

Die Rechtsprechung des Bundesfinanzhofs stützte sich lange Zeit – und zwar gelegentlich schon fast nur noch formelhaft – auf die wirtschaftliche Betrachtungsweise, die in der AO 1909 und in § 1 StAnpG ausdrücklich erwähnt war. Sie wurde in die AO 1977 nicht mehr aufgenommen, weil sie auch in anderen Rechtsgebieten mit wirtschaftlich strukturierten Regelungsinhalten als Teil der herkömmlichen Auslegungsmethoden längst angewandt wird[38]. Aus diesem gewandelten Verständnis folgt eine stärkere Orientierung an den gesetzlichen Steuertatbeständen. Zu prüfen ist immer, woran das Gesetz angeknüpft und ob danach eine formale oder eine wirtschaftliche Betrachtungsweise geboten ist. Dies wird in der Rechtsprechung des Bundesfinanzhofs zunehmend wahrgenommen.

Nun kann es aber einen grundlegenden Unterschied machen, ob die wirtschaftliche Betrachtungsweise als Auslegungsquelle eigener Art verstanden wird oder erst bei der Interpretaiton der Steuertatbestände zum Tragen kommt. In diesem Bedeutungswandel sehe ich den tieferen Grund dafür, weshalb der IX. Senat des Bundesfinanzhofs in seinem Urteil vom 9. Juni 1985[39] für Ausgleichszahlungen an Miterben das bisher vertretene Denkmodell des direkten Erwerbs des Miterben vom Erblasser aufgegeben und einen Anschaffungsvorgang angenommen hat. Es konnte dann nicht mehr ausbleiben, daß dieser zunächst auf Privatvermögen beschränkte Vorstoß des IX. Senats Konsequenzen auch für gewerbliches Betriebsvermögen nahelegte. Dies führte zur Anrufung des Großen Senats durch den VIII. Senat des Bundesfinanzhofs. Der Große Senat ist – in Fortführung der Gedanken des IX. Senats – dem Anschaffungsmodell auch für Einkünfte aus Gewerbebetrieb gefolgt[40]. Die frühere (entgegenstehende) Auffassung hatte sich teils ausdrücklich, teils der Sache nach, auf die wirtschaftliche Betrachtungsweise gestützt. Die Einkommensteuer orientiere sich aber – so nunmehr der Große Senat – an den im Gesetz enthaltenen Einkünftetatbeständen. Daraus folgerte der Große Senat hinwiederum in diesem Fall die Anknüpfung an die Regeln des Zivilrechts.

2. Flurbereinigung des Steuerrechts

Die eben behandelte Änderung einer Rechtsprechung durch den Großen Senat könnte auch unter die Überschrift „systematische Durchdringung des Steuerrechts" gebracht werden. Auf dieser Linie lag die Anrufung des Großen Senats zur sog. Geprägerechtsprechung[41]. Auch in diesem Fall war es infolge Abkehr von der sog. Bilanzbündeltheorie zu einem Umdenken gekommen, das schließlich in dem Beschluß des Großen Senats zu einer umfassenden Bestandsaufnahme und Klärung führte. Der Große

38 S. dazu z.B. *Woerner,* FR 1992, 226 ff.
39 IX R 49/83, BFHE 144, 366, BStBl. II 1985, 722.
40 BFH-Beschluß vom 5. Juli 1990 GrS 4–6/89 (Fn. 2).
41 Fn. 8.

Senat kam zu dem Ergebnis, daß bei einer GmbH & Co. KG, deren alleiniger persönlich haftender Gesellschafter eine GmbH ist, nicht allein wegen dieser Rechtsform alle Einkünfte mit Wirkung für alle Gesellschafter (Mitunternehmer) als Einkünfte aus Gewerbebetrieb zu qualifizieren seien. Die frühere Rechtsprechung sei „mit den neueren Erkenntnissen zur steuerrechtlichen Behandlung der Personengesellschaft und ihrer Gesellschafter nicht mehr vereinbar". Eine Personengesellschaft unterliege zwar als solche nicht der Einkommensteuer. Sie sei jedoch für die Einkommensteuer „insoweit Steuerrechtssubjekt, als sie in der Einheit der Gesellschaft Merkmale eines Besteuerungstatbestandes verwirklicht, welche den Gesellschaftern für deren Besteuerung zuzurechnen sind".[42]

Häufig beginnt eine Neuentwicklung damit, daß einzelne Senate in der einen oder anderen Frage vorpreschen, ohne im streng technischen Sinn von anderen Senaten abzuweichen. Schließlich wird dann der Große Senat zur Zusammenführung auseinanderstrebender Tendenzen, zur Beseitigung störender Ungereimtheiten im System oder zur Auflösung von Widersprüchen im Sinngefüge des Steuerrechts angerufen.

3. Bedeutung der Kritik an der Rechtsprechung

Die Entwicklung der höchstrichterlichen Rechtsprechung wird häufig auch durch die Kritik beeinflußt, die in der Rechtsprechung der Finanzgerichte und in der Fachliteratur an ihr geübt wird. Gerade die Finanzgerichte sind häufig durch bewußte Abkehr von der höchstrichterlichen Rechtsprechung in neue Gefilde vorgestoßen.

Oft kann sich der Bundesfinanzhof bei seinen Entscheidungen auch nicht auf hinreichende Vorarbeiten durch die Wissenschaft stützen. Kritik und wissenschaftliche Durchdringung sind in vielen Fällen erst Reaktionen auf die Rechtssprüche des Bundesfinanzhofs. Es wäre schlecht bestellt um Richter oberster Bundesgerichte, zögen sie sich in einen Elfenbeimturm zurück und nähmen Kritik nicht zur Kenntnis. Die Fachkongresse geben häufig Gelegenheit, Auge in Auge mit den Wissenschaftlern und Praktikern kritische Anregungen anzuhören und aufzunehmen. Je offener ein Richter für die öffentliche Diskussion ist, um so mehr wird er bereit sein, Argumente anderer auf sich wirken zu lassen und aus ihnen Folgerungen für sein Votum zu ziehen. Mit „schwankender Gesinnung", wie sie uns gelegentlich unterstellt wird, hat dies nichts zu tun, es sei denn, man verwechsele schwankende Gesinnung mit intellektueller Offenheit und Redlichkeit.

42 Fn. 8, BFHE 141, 426, BStBl. II 1984, 761 f.

V. Schlußbemerkung – Aufruf zur Wachsamkeit

Aus den vorausgegangenen Erörterungen darf freilich nicht geschlossen werden, der Verfasser sei ein Befürworter häufiger Rechtsprechungsänderungen. Wenn früher schon bekannte Aspekte lediglich später anders gewertet werden, weil man glaubt, es unbedingt besser zu wissen, kann dies nicht als ausreichender Grund für die Änderung einer Rechtsprechung anerkannt werden. Die Aufgabe einer Rechtsprechung, auf die sich Steuerpflichtige und Finanzverwaltung eingestellt haben, bleibt immer ein Übel und hinterläßt bei einem Revisionsrichter, je größer seine Berufserfahrung wird, ein ungutes Gefühl.

Andererseits soll kein Hehl daraus gemacht werden, daß neue Gedanken ihre Chance haben müssen und einer nach sorgfältigem Abwägen erarbeiteten besseren Erkenntnis der Durchbruch nicht versagt werden darf. Das Ringen um's Recht ist ein lebendiger und nie endender Prozeß des „trial and error". So leicht man bei der Hand sein mag, sich von einer bisherigen Rechtsprechung zu lösen, so schwer wiegt auch die Gefahr, daß die Rechtsprechung bisher Bestehendes nur gewohnheitsmäßig nach*spricht*, anstatt von Zeit zu Zeit erneut darüber nachzu*denken*[43]. Das Recht zum Überdenken bisheriger Rechtsprechung hat sich – wie man weiß – noch keine Richtergeneration nehmen lassen. Man wäre ein Illusionist, würde man für die Zukunft ein anderes Richterverhalten prognostizieren.

Dieses Ringen um's Recht muß aber auch den Richtern des Bundesfinanzhofs ohne behindernde Eingriffe durch den Gesetzgeber und die ihn vielleicht inspirierende Ministerialbürokratie erhalten bleiben. Mit Befremden mußten wir in der Vergangenheit konstatieren, daß im Bundesfinanzministerium darüber nachgedacht wurde, Änderungen einer Rechtsprechung zu erschweren. Man zog als gesetzliche Schranke die Einstimmigkeit im Senat oder die Anrufung des Großen Senats auch bei beabsichtigtem Abgehen von der eigenen Rechtsprechung des Spruchkörpers in Betrcht. Diese Vorstellungen sind erfreulicherweise nicht Gesetz geworden. Aber Vorsicht ist geboten, Entwarnung wäre verfrüht. Denn noch im Entwurf eines Gesetzes zur Änderung der FGO und anderer Gesetze (FGOÄndG)[44] heißt es unter III. der Allgemeinen Begründung der Bundesregierung:

> „Mitverursacht wird die große Zahl der außergerichtlichen und gerichtlichen Rechtsbehelfe durch häufige Änderungen der höchstrichterlichen Rechtsprechung. Die damit verbundene Rechtsunsicherheit und ihre Folgewirkungen geben zur Besorgnis Anlaß. Dennoch wird vorerst (!) davon abgesehen, durch gesetzgeberische Maßnahmen darauf hinzuwirken, daß die höchstrichterliche Rechtsprechung der Rechtssicherheit stärker als bisher Rechnung trägt."

---

43 Vgl. hierzu auch *Sangmeister*, BB 1989, 396 ff.

44 BT-Drucks. 12/1061 vom 14. August 1991.

Legte man – abweichend vom herkömmlichen und in allen Gerichtsbarkeiten geltenden Mehrheitsprinzip – der Rechtsfortbildung im Steuerrecht engere Fesseln an als bisher, so wäre dies ein rechtsstaatlicher Eklat. Der Streit um die Verfassungsmäßigkeit eines derart unverhältnismäßigen Eingriffs in die richterliche Entscheidungsfreiheit wäre vorprogrammiert. Wenn das Grundgesetz die rechtsprechende Gewalt unabhängigen Richtern „anvertraut", die in einer demokratischen Wahl berufen werden, sollte auch dem Gesetzgeber „Vertrauen" nicht schwerfallen.

Rolf-Detlev Scholtz

Nichtanwendungserlaß – Nichtanwendungsrechtsprechung – Nichtanwendungsgesetzgebung

Inhaltsübersicht

I. Einführung

Auf den ersten Blick scheint es, daß Nichtanwendungserlaß, Nichtanwendungsrechtsprechung und Nichtanwendungsgesetzgebung selbständige, getrennte Rechtsinstitute sind, die nichts miteinander gemein haben. Dem ist nicht so.

Das Grundgesetz geht vom Gewaltenteilungsgrundsatz aus. Gesetzgebung, Rechtsprechung und Verwaltung sind jeweils selbständigen Verfassungsorganen zugewiesen, die die Kompetenzen anderer Verfassungsorgane zu achten haben. Nichtanwendungserlaß und Nichtanwendungsgesetzgebung berühren die Rechte eines anderen Organs der Gewaltenteilung. Damit behandelt das Thema verfassungsrechtliche Fragen, denen sich der Jubilar stets besonders gewidmet hat[1].

Nichtanwendungserlaß, Nichtanwendungsrechtsprechung und Nichtanwendungsgesetzgebung ist aber auch gemeinsam, daß sie i.d.R. nicht zu einer Vereinfachung, sondern zu einer Komplizierung in der Rechtsanwendung führen. Der Nichtanwendungserlaß hält auf längere Zeit – meist auf Jahre hinaus – die Beurteilung einer Rechtsfrage in der Schwebe. Die Nichtanwendungsrechtsprechung ändert die bisherige höchstrichterliche Rechtsprechung. Sie hat oft erhebliche praktische Auswirkungen und zwingt häufig zur Umgestaltung der rechtlichen Grundlagen. Vergleichbares gilt für die Nichtanwendungsgesetzgebung. Sie ist im allgemeinen eine Folge höchstrichterlicher Rechtsprechung. Sie kann zur Wiederherstellung des Zustands vor Änderung der höchstrichterlichen Rechtsprechung führen. Sie kann aber auch in einer Regelung bestehen, die weder die frühere Rechtsprechung noch die gegenwärtige Rechtsprechung

1 Vgl. z.B. *Franz Klein,* Gleichheitssatz und Steuerrecht, 1966; *Bruno Schmidt-Bleibtreu/Franz Klein,* Steuerrecht unter Verfassungskontrolle, 2. Aufl., 1972; *Bruno Schmidt-Bleibtreu/Franz Klein,* Kommentar zum Grundgesetz, 7. Aufl., 1990; *Theodor Maunz/Bruno Schmidt-Bleibtreu/Franz Klein/Gerhard Ulsamer,* Kommentar zum Bundesverfassungsgerichtsgesetz, 3. Aufl., 1992.

aufnimmt, sondern eine neue dritte Lösung festlegt. Die Nichtanwendungsgesetzgebung erfordert damit für die Praxis häufig eine nochmalige Umstellung, die mit weiteren Schwierigkeiten verbunden ist.

Damit berühren Nichtanwendungserlaß, Nichtanwendungsrechtsprechung und Nichtanwendungsgesetzgebung ein weiteres Anliegen, dem sich der Jubilar mit nie erlahmendem Eifer gewidmet hat: Vereinfachung des Rechts in Gesetzgebung und Anwendung[2]. Gerade in jüngster Zeit haben die Gesetzesänderungen ein nie gekanntes Ausmaß erreicht. So ist das Einkommensteuergesetz im Jahr 1993 durch drei grundlegende Gesetze geändert worden[3]. Dabei fällt auf, daß einzelne Vorschriften mehrfach überarbeitet wurden, statt sie geschlossen in einer grundlegenden Konzeption neu zu gestalten. Folge dieser Handhabung sind Systembrüche im Gesetz. Selbst Vorschriften, die bereits im ersten oder zweiten Gesetz geändert worden sind, wurden im dritten Gesetz noch einmal geändert und richtiggestellt[4]. Dadurch sind auf die Rechtsanwender weitere zusätzliche Schwierigkeiten zugekommen, die vermeidbar gewesen wären.

In seinem Bestreben, ein einfacheres und effektiveres Steuerrecht zu schaffen, verdient der Jubilar jede Unterstützung. Notwendig sind Taten, nicht Lippenbekenntnisse oder Anpassungen in Randfragen. Aus dieser Sicht müssen auch Nichtanwendungserlaß, Nichtanwendungsrechtsprechung und Nichtanwendungsgesetzgebung beurteilt werden.

II. Nichtanwendungserlaß

1. Begriff

Unter Nichtanwendungserlaß versteht man gemeinhin eine Anweisung der Finanzverwaltung an die nachgeordneten Behörden, die Erkenntnisse einer Entscheidung des Bundesfinanzhofs über den entschiedenen Einzelfall hinaus nicht anzuwenden[5]. Die Anweisung wird im allgemeinen in

---

2 Vgl. hierzu nur den Gaddum-Entwurf, der vom Jubilar maßgebend beeinflußt wurde. Näheres hierzu: *Johann Wilhelm Gaddum*, Wirtschafts- und Finanzpolitik im Bundesstaat, 1980, S. 161 ff.; *Franz Klein*, Steuerrecht unter Verfassungskontrolle – Ein Plädoyer für die Steuervereinfachung, FS Beusch, 423.

3 Gesetz zur Umsetzung des Föderalen Konsolidierungsprogramms – FKPG – vom 23. Juni 1993, BGBl. I 1993, 944, Art. 19; Standortsicherungsgesetz – StandOG – vom 13. September 1993, BGBl. I 1993, 1569, Art. 1; Mißbrauchsbekämpfungs- und Steuerbereinigungsgesetz – StMBG – vom 21. Dezember 1993, BGBl. I 1993, 2310, Art. 1.

4 Z.B. § 20 EStG, vgl. dazu Art. 1 Nr. 8 StandOG, Art. 1 Nr. 15 StMBG; § 54 KStG, vgl. dazu Art. 2 Nr. 21 StandOG, Art. 8 Nr. 6 StMBG.

5 *Franz-Christoph Zeitler*, Bundesfinanzhof und Bundesfinanzverwaltung, FS 75 Jahre Reichsfinanzhof – Bundesfinanzhof, 199, 205, hält die Bezeichnung „Nichtanwendungserlaß" für unzutreffend und spricht von „Anwendungserlaß". Solche „Anwendungserlasse" ergingen insbesondere, wenn die Entscheidung Auslegungsfragen aufwirft oder Fernwirkungen auslöst, an die im Urteil nicht gedacht wurde, oder Widersprüche zu den Zielen des Gesetzgebers oder zu tragenden

der Form eines BMF-Schreibens ausgesprochen. Sie kann aber auch in einem Erlaß der obersten Finanzbehörden der Länder bestehen. Sie kann offen oder verkleidet ausgesprochen werden; ja sie kann sogar nur in einer Fußnote zum Ausdruck kommen[6]. Im Regelfall ergeht der Nichtanwendungserlaß ohne eingehende Begründung.

Die Nichtanwendung von Entscheidungen hoher Gerichte ist nicht auf den Bundesfinanzhof beschränkt. Die Problematik kann sich auch für Entscheidungen des Bundesverwaltungsgerichts[7], des Bundesarbeitsgerichts oder des Bundessozialgerichts[8] stellen. Das Interesse der Öffentlichkeit liegt aber eindeutig bei den Nichtanwendungserlassen der Finanzverwaltung[9]. Die Problematik kann sich auch für die Entscheidung von Zivilgerichten ergeben; dabei dürfte allerdings die Problematik der Nichtanwendungsrechtsprechung im Vordergrund stehen[10].

Ein Nichtanwendungserlaß führt nicht dazu, daß die Gerichtsentscheidung für den entschiedenen Einzelfall unbeachtlich wird. Die Finanzverwaltung ist nicht in der Lage, eine rechtskräftige Entscheidung zu kassieren[11]. Eine gegenteilige Anweisung der Finanzverwaltung wäre eindeutig rechtswidrig. Auch durch Gesetz darf nicht rückwirkend in die Rechtskraft von Entscheidungen eingegriffen werden[12].

Rechtsgedanken eines Gesetzes enthält. Die Tatsache, daß die Grundsätze einer Entscheidung des BFH über den entschiedenen Einzelfall nicht angewendet werden, bleibt auch bei dieser Bezeichnung bestehen. Zur Verdeutlichung und treffenderen Charakterisierung wird in diesem Beitrag die allgemein übliche Bezeichnung „Nichtanwendungserlaß" verwandt. Beispiele hierfür sind das BMF-Schreiben vom 1. Dezember 1992 IV B 2 – S 2170 – 59/92, BStBl. I 1993, 10 und das vom 15. April 1993 IV B 2 – S 2244 – 4/93, BStBl. I 1993, 300.

6 Z.B. Fußnote in BStBl. II 1992, 101 und in BStBl. II 1992, 103.

7 Vgl. *Fritz Ossenbühl,* Die Bindung der Verwaltung an die höchstrichterliche Rechtsprechung, AöR Bd. 92, 478; *Theodor Maunz,* Grenzen der Bindung an Entscheidungen oberster Bundesgerichte, BB 1975, 193; *Gerhard Meyer-Hentschel,* Das Bundesverwaltungsgericht als Koordinator der öffentlichen Verwaltung, DÖV 1978, 596; *Walter Seuffert,* Über Gesetzgebung, Rechtsprechung und Bindungswirkungen, AöR Bd. 104, 169; *Karl-August Bettermann,* Bindung der Verwaltung an die höchstrichterliche Rechtsprechung, FS Meilicke, 1.

8 *Franz Klein,* BFH-Rechtsprechung – Anwendung und Berücksichtigung durch die Finanzverwaltung, Deutscher Steuerberatertag 1983, 219 und DStZ 1984, 55, 57.

9 *Michael Kreft,* Der Nichtanwendungserlaß – Akzeptanz und Bindungswirkung der Finanzrechtsprechung in der Finanzverwaltung, Diss. Bayreuth, 1989, S. 7.

10 Vgl. *Karl-August Bettermann,* Über die Bindung der Verwaltung an zivilgerichtliche Urteile, FS Fritz Baur, 273; *Dirk Olzen,* Die Rechtswirkungen geänderter höchstrichterlicher Rechtsprechung in Zivilsachen, JZ 1985, 155.

11 *Heinrich List,* Zur Veröffentlichung von Entscheidungen des BFH und zur Nichtanwendung von BFH-Entscheidungen durch die Verwaltung, DStR 1976, 651, 654.

12 BVerfG-Beschluß vom 12. Juni 1986 2 BvL 5/80 u.a., BVerfGE 72, 302, 328; *Bodo Pieroth,* Die neuere Rechtsprechung des Bundesverfassungsgerichts zum Vertrauensschutz, JZ 1990, 279, 285 m.w.N.

2. Rechtliche Einordnung

§ 31 des Gesetzes über das Bundesverfassungsgericht bestimmt, daß die Entscheidungen des Bundesverfassungsgerichts die Verfassungsorgane des Bundes und der Länder sowie alle Gerichte und Behörden binden[13]. Demgegenüber haben rechtskräftige Urteile der Finanzgerichte nach § 110 FGO nur Bindungskraft für die Beteiligten und ihre Rechtsnachfolger, soweit über den Streitgegenstand entschieden worden ist. In den Fällen des § 48 Abs. 1 Nr. 3 FGO tritt die Bindung auch für die nicht klageberechtigten Gesellschafter oder Gemeinschafter ein und im Fall des § 60a FGO für die Personen, die einen Antrag auf Beiladung nicht oder nicht fristgerecht gestellt haben. Die gegen eine Finanzbehörde ergangenen Urteile wirken auch gegenüber der öffentlich-rechtlichen Körperschaft, der die beteiligte Finanzbehörde angehört. Die Vorschriften der Abgabenordnung und anderer Steuergesetze über Rücknahme, Widerruf, Aufhebung und Änderung von Verwaltungsakten sowie über die Nachforderung von Steuern bleiben nach § 110 Abs. 2 FGO unberührt, soweit sich aus § 110 Abs. 1 Satz 1 FGO nichts anderes ergibt.

Die Rechtsfolgen auf Grund dieser Gesetzlage sind umstritten. Die Diskussion war Anfang der achtziger Jahre besonders lebhaft. Der Deutsche Steuerberaterverband vertrat in mehreren Stellungnahmen gegenüber dem BMF die Auffassung, daß Verwaltungsanweisungen unzulässig sind, wenn sie die Anwendung eines BFH-Urteils über den entschiedenen Einzelfall hinaus untersagen[14]. *Feldhausen* wies auf dem Steuerberaterkongreß 1981 darauf hin, daß mit der Herausgabe von Nichtanwendungserlassen eine bedenkliche latente Abwertung des obersten Steuergrichts verbunden sei[15]. Der Bund der Steuerzahler war ebenfalls der Ansicht, daß Nichtanwendungserlasse bedenklich und rechtlich unzulässig seien[16]. Zur Stützung seiner Auffassung verwies er auf ein Gutachten von *Leisner* für das Karl-Bräuer-Institut[17]. Nach dem Gutachten ist die Verwaltung an höchstrichterliche Entscheidungen gebunden; sie hat diese allgemein anzuwenden. Durch die Nichtanwendung der Urteile werde die Gleichheit vor dem Gesetz verletzt. Der Bürger könne unmittelbar auf Grund eines Nichtanwendungserlasses oder wegen eines ihm entsprechenden Steuerbescheids Amtshaftungsklage gegen den erlassenden Beamten erheben. Zuvor hatte schon *Felix* die Problematik eingehend untersucht[18]. Schließ-

13 Näheres: *Maunz/Schmidt-Bleibtreu/Klein/Ulsamer,* a.a.O. (Fn. 1), § 31 Rz. 1 ff.; *Franz Klein,* a.a.O. (Fn. 8), DStZ 1984, 55, 57.

14 Schreiben v. 15. März 1978, Stbg 1978, 75 und Stbg 1980, 105.

15 *Peter Feldhausen,* Die Praxis der Verwaltungserlasse aus der Sicht des Steuerberaters, StbKongrRep 1981, 117, 129.

16 Heft 48 der Schriftenreihe des Karl-Bräuer-Instituts des Bundes der Steuerzahler. Vorwort des damaligen Präsidenten *Haubrichs* zum Gutachten *Leisner.*

17 Eine gekürzte Fassung des Gutachtens ist in DStZ A 1981, 375 ff. veröffentlicht.

18 *Günther Felix,* Zur Zulässigkeit von Verwaltungsanweisungen über die Nichtanwendung von Urteilen des Bundesfinanzhofs, StuW 1979, 65 mit eingehendem Nachweis von Rechtsprechung und Schrifttum.

lich stand die Jahrestagung 1981 der Deutschen Steuerjuristischen Gesellschaft unter dem Motto „Rechtsetzung durch Steuergerichte und Steuerverwaltung"[19].

Im Gegensatz zu diesen Stimmen wurde im Schrifttum aber auch die Auffassung vertreten, daß Nichtanwendungserlasse grundsätzlich zulässig seien und daß begründete rechtliche Einwendungen gegen dieses Rechtsinstitut nicht erhoben werden könnten[20]. *Kruse* hat in der Rezension der Arbeit von *Leisner* die Ansicht geäußert, daß sich das Thema der Nichtanwendungserlasse mit den von *Leisner* gegebenen Argumenten nicht lösen lasse[21].

3. Die Problematik aus der Sicht des Bundesfinanzhofs

Der Bundesfinanzhof hat zur rechtlichen Zulässigkeit von Nichtanwendungserlassen unterschiedliche Akzente gesetzt.

Im Urteil vom 9. Juni 1953[22] hat er – ohne zur Problematik der Nichtanwendungserlasse ausdrücklich Stellung zu nehmen – das Recht und die Pflicht der Verwaltung betont, Gesetze selbst pflichtgemäß anzuwenden und in diesem Zusammenhang die Art. 20 Abs. 3, Art. 56, Art. 97 GG erwähnt. Die Ordnung des demokratischen Rechtsstaats erfordere es, daß die Verwaltung im Rahmen ihrer eigenen pflichtgemäßen Auslegung des Gesetzes der Rechtsauffassung der Gerichte Rechnung trage. Die auf

---

19 *Klaus Tipke* (Hrsg.), Grenzen der Rechtsfortbildung durch Rechtsprechung und Verwaltungsvorschriften im Steuerrecht, 1982. Dort: *Lothar Woerner,* 23 ff.; *Joachim Martens,* 190 ff.; *Christoph Trzaskalik,* 323; *Otto Möllinger,* 354; *Reinhard Mußgnug,* 367.

20 Z.B. *Ossenbühl,* a.a.O. (Fn. 7), 494; *Helmut Schuhmann,* Zur Bindung der Verwaltung an die Entscheidungen des BFH, FR 1982, 344; *Trzaskalik,* a.a.O. (Fn. 19); *Möllinger,* a.a.O. (Fn. 19); *Wolfgang Jakob/Roland Jüptner,* Zur Problematik sogenannter Nichtanwendungsverfügungen im Steuerrecht, StuW 1984, 148; *Joachim Lang,* Reaktion der Finanzverwaltung auf mißliebige Entscheidungen des Bundesfinanzhofs, StuW 1992, 14. Die Zulässigkeit von Nichtanwendungserlassen wird auch in den Kommentaren zur AO grundsätzlich bejaht: *Hans Spanner,* in: Hübschmann/Hepp/Spitaler, 9. Aufl., § 4 AO Anm. 77a; *Franz Klein/Gerd Orlopp,* 4. Aufl., 1989, § 176 Anm. 5; *Karl Koch/ Rolf-Detlev Scholtz,* 4. Aufl., 1993, § 4 Rz. 3/1; vgl. auch *Rolf Kühn/Heinz Kutter/Ruth Hofmann,* 16. Aufl., 1990, § 88 AO Bem. 4, § 176 AO Bem. 2b und *Klaus Tipke/Heinrich Wilhelm Kruse,* AO/FGO, 14. Aufl., § 110 FGO Tz. 4.
Eingehende Nachweise über Rechtsprechung und Schrifttum geben: *Winfried Gail,* Zur Bindung der Finanzverwaltung an Urteile des Bundesfinanzhofs, BB 1966, 466 und StbJb. 1978/79, 461 mit Verbesserungsvorschlägen; *Ossenbühl,* a.a.O. (Fn. 7); *Felix,* a.a.O. (Fn. 18); *Leisner,* a.a.O. (Fn. 16 u. 17); *Jakob/Jüptner,* a.a.O.; *Lang,* a.a.O.

21 *Heinrich Wilhelm Kruse,* StuW 1981, 293. Kritisch auch *Bettermann,* a.a.O. (Fn. 7). Im wesentlichen zustimmend zu *Leisner: G. Rößler,* Zur normgleichen Präjudizienwirkung höchstrichterlicher Urteile und zur Bindung der Verwaltung an diese – Eine Stellungnahme zu Leisners Monografie, Inf 1981, 296.

22 BFH-Urteil vom 9. Juni 1953 I 34/53 S, BFHE 57, 654, BStBl. III 1953, 250, 251.

diese Weise herbeigeführte gegenseitige Kontrolle von Rechtsprechung und Verwaltung gründe sich auf die Dreiteilung der Gewalten. Im Urteil vom 14. August 1958[23] hebt der Bundesfinanzhof hervor, daß das Grundgesetz keine Bestimmungen enthält, die abweichende Auffassungen zwischen Verwaltung und Rechtsprechung unterbinden. Der Gesetzgeber sei wohl der Ansicht gewesen, daß die oberen Bundesgerichte Gesetz und Recht richtig auslegen und die Verwaltung dieser Rechtsprechung grundsätzlich folgt. Der Rechtsauslegung durch den Bundesfinanzhof komme insbesondere dort, wo es sich um eine ständige Rechtsprechung unter Beteiligung der obersten Verwaltungsbehörden handelt, aus dem Verfassungsgrundsatz der Rechtssicherheit heraus eine über den Einzelfall hinausgehende Bedeutung zu.

Im Urteil vom 13. März 1964[24] betont der Bundesfinanzhof, daß jedes Urteil nur zwischen den am Verfahren Beteiligten Recht schafft. Die Entscheidungen der Steuergerichte äußerten daher unmittelbare Rechtswirkungen nur zwischen den beteiligten Steuerpflichtigen und dem Staat als dem Steuergläubiger. Für andere Steuerpflichtige ergäben sich allenfalls mittelbare steuerliche Auswirkungen, weil die Finanzämter die bei einem anderen Steuerpflichtigen auftretenden Rechtsfragen i.d.R. ebenso entscheiden, wie es in einem Urteil des Bundesfinanzhofs geschehen ist. Die gleiche Tendenz liegt den Urteilen vom 29. Juli 1965[25] und vom 7. Mai 1968 zugrunde[26]. Eine richterliche Entscheidung ergehe nur für den Einzelfall. Sie binde weder das Gericht für ähnlich liegende Fälle noch andere Gerichte. Auch unter dem Gesichtspunkt des Rechtsstaatsprinzips könnten hiergegen keine Einwendungen erhoben werden.

Die Entscheidungen des Bundesfinanzhofs aus jüngerer Zeit enthalten – soweit ersichtlich – keine grundsätzliche Auseinandersetzung mit der Problematik der Nichtanwendungserlasse. Im Urteil vom 8. Dezember 1992[27] bestätigt der Bundesfinanzhof seine Entscheidung vom 17. März 1992[28]. Er setzt sich in den Gründen mit dem BMF-Schreiben vom 1. Dezember 1992[29] auseinander, das die Nichtanwendung der Grundsätze des

---

23 BFH-Urteil vom 14. August 1958 I 39/57 U, BFHE 67, 354, BStBl. III 1958, 409, 413.

24 BFH-Urteil vom 13. März 1964 VI 28/64 U, BFHE 79, 306, BStBl. III 1964, 342.

25 BFH-Urteil vom 29. Juli 1965 V 71/61 S, BFHE 83, 125, BStBl. III 1965, 545, 547.

26 BFH-Urteil vom 7. Mai 1968 II 32/62, II R 49/66, BFHE 92, 525, BStBl. II 1968, 614, 617.

27 BFH-Urteil vom 8. Dezember 1992 IX R 105/89, BFHE 170, 138, BStBl. II 1993, 656.

28 BFH-Urteil vom 17. März 1992 IX R 55/90, BFHE 167, 405, BStBl. II 1993, 17.

29 BMF-Schreiben vom 1. Dezember 1992 IV B 2 – S 2170 – 59/92, BStBl. I 1993, 10, das nach Ergehen des BFH-Urteils vom 8. Dezember 1992 (Fn. 27) durch BMF-Schreiben vom 23. August 1993 IV B 2 – S 2170 –46/93, BStBl. I 1993, 698 aufgehoben worden ist. Näher dazu: *Herbert Grögler,* Zur Anwendung von BFH-Urteilen durch die Finanzverwaltung, DB 1993, 1849; *Ulrich Prinz,* Irrungen und Wirrungen um § 9b Abs. 2 EStG, FR 1993, 713.

Urteils vom 17. März 1992 über den entschiedenen Einzelfall hinaus angeordnet hatte, ohne auf die Zulässigkeit eines Nichtanwendungserlasses näher einzugehen. Daraus muß geschlossen werden, daß der Bundesfinanzhof der Ansicht ist, Nichtanwendungserlasse der Finanzverwaltung seien rechtlich zulässig.

4. Handhabung durch die Finanzverwaltung

Die Finanzverwaltung nimmt für sich in Anspruch, Nichtanwendungserlasse herausgeben zu dürfen[30]. Durch Nichtanwendung von BFH-Urteilen über den Streitfall hinaus würde nicht gegen den Gleichheitssatz verstoßen. Die Verwaltung unterliege selbst einer verfassungsrechtlichen Bindung. Diese könne in Ausnahmefällen durchaus rechtfertigen, BFH-Urteile nicht über den entschiedenen Fall hinaus anzuwenden[31].

Die Handhabung durch die Finanzverwaltung ist unterschiedlich. Es gab Zeiten, in denen Nichtanwendungserlasse recht häufig waren. Beklagt wurde folgende Reihenfolge: Aufsatz des zuständigen Referenten im Bundesfinanzministerium in einer Fachzeitschrift, Nichtanwendungserlaß, Nichtanwendungsgesetz[32]. In letzter Zeit wird vom Nichtanwendungserlaß offensichtlich sparsamer Gebrauch gemacht.

Die Finanzverwaltung ordnet die Nichtanwendung von Urteilen des BFH nicht nur zu Lasten, sondern auch zu Gunsten der Steuerpflichtigen an. Nichtanwendungserlasse zu Gunsten wie zu Ungunsten der Steuerpflichtigen halten sich etwa die Waage. Nichtanwendungserlasse zu Gunsten der Steuerpflichtigen werden vielfach von den Berufsverbänden angeregt.

5. Stellungnahme

Art. 20 Abs. 3 GG bindet die vollziehende Gewalt an Gesetz und Recht. Kommt die Finanzverwaltung zu der Überzeugung, daß die Grundsätze einer Entscheidung des Bundesfinanzhofs das geltende Recht nicht zutreffend zum Ausdruck bringen, so ist sie kraft ihrer eigenen verfassungsrechtlichen Rechtsbindung verpflichtet, diese Entscheidung über den Einzelfall hinaus nicht anzuwenden.

---

30 ParlSt *Böhme,* Antwort auf parlamentarische Anfrage, DB 1980, 799; BMF-Finanznachrichten Nr. 3/81 vom 19. Januar 1981, DB 1981, 286; St *Zeitler,* a.a.O. (Fn. 5), 205; FinMin *Edgar Meister,* Zum Spannungsfeld zwischen Rechtsprechung und Steuergesetzgebung, DStZ 1992, 449, 451.

31 *Karl Koch,* Ausgewählte Fragen des Allgemeinen Abgabenrechts, JbFSt 1981/82, 13 und DStZ 1981, 287. Davor: Der Einfluß der Rechtsprechung des Bundesfinanzhofs auf die Verwaltung und Gesetzgebung, DStZ/A 1975, 370; Aktuelle Steuerfragen, JbFSt 1978/79, 17, 21.

32 *Günter Söffing,* Überlegungen zum sog. Redaktionskostenurteil, DStZ/A 1976, 155; *Karl-Heinz Schlottner,* Deutscher Steuerkongreß 1976, DStZ/A 1976, 262, 267.

Der Gleichheitssatz des Art. 3 Abs. 1 GG erfordert nicht, daß die Verwaltung eine höchstrichterliche Entscheidung beachtet, die nach ihrer Überzeugung mit dem geltenden Recht nicht vereinbar ist. Die materielle Gerechtigkeit gehört ebenso wie die Gleichbehandlung, die Rechtssicherheit und der Vertrauensschutz zu den wesentlichen Prinzipien des Rechtsstaats[33].

Diese Auslegung verfassungsrechtlicher Grundlagen wird durch die einfachrechtliche Gesetzgebung bestätigt. Im Gegensatz zu § 31 BVerfGG sehen die Verfahrensordnungen für die Fachgerichtsbarkeiten keine Bindung der Entscheidung über den Kreis der am Verfahren Beteiligten und damit auch keine allgemeine Bindung für die Verwaltung vor. Eine derartige Bindung kann entgegen *Kreft*[34] auch nicht § 48 Abs. 2 SGB X entnommen werden. Diese Vorschrift bestimmt lediglich für Verwaltungsakte mit Dauerwirkung, daß diese zu Gunsten des Berechtigten im Einzelfall mit Wirkung für die Zukunft auch dann aufzuheben sind, wenn der zuständige oberste Gerichtshof in ständiger Rechtsprechung nachträglich das Recht anders auslegt als die Behörde bei Erlaß des Verwaltungsakts. Umgekehrt kann § 176 Abs. 1 Satz 1 Nr. 3 und Satz 2 AO im Gegensatz zur Auffassung von *Kreft* auch keine ausdrückliche Billigung des Nichtanwendungserlasses durch den Gesetzgeber entnommen werden[35]. Diese Vorschrift legt lediglich fest, daß bei der Aufhebung oder Änderung eines Steuerbescheides zu Ungunsten des Steuerpflichtigen grundsätzlich nicht berücksichtigt werden darf, daß sich die Rechtsprechung eines obersten Gerichtshofs des Bundes inzwischen zu Lasten des Steuerpflichtigen geändert hat.

Kernpunkt der Auseinandersetzung um die Zulässigkeit von Nichtanwendungserlassen kann m.E. nicht sein, ob ein Nichtanwendungserlaß ergehen darf, sondern nur unter welchen Voraussetzungen dies geschehen darf. Immer ist eine gründliche Prüfung der Verwaltung erforderlich, wenn sie eine höchstrichterliche Entscheidung über den Streitfall hinaus nicht anwenden will. Eine Nichtanwendung kann z.B. geboten sein,

- wenn zwei einander widersprechende Entscheidungen verschiedener Senate des Bundesfinanzhofs zur gleichen Zeit ergangen sind[36],
- wenn es sich um eine Fehlentscheidung handelt, bei der geltendes Recht übersehen oder eindeutig unrichtig angewandt worden ist.

Eine Rechtsprechung, die zu vernünftigen Zweifeln keinen Anlaß gibt, sondern das Recht eindeutig auslegt, darf dagegen nicht mit einem Nichtanwendungserlaß belegt werden. Dazu wird regelmäßig die ständige

---

33 Näheres hierzu: *Ossenbühl,* a.a.O. (Fn. 7); *Koch,* a.a.O. (Fn. 31); *Frauke Frfr. von Welck,* Zur Nichtanwendung von Urteilen des Bundesfinanzhofs, BB 1978, 758.

34 A.a.O. (Fn. 9), 69.

35 A.a.O. (Fn. 9), 92.

36 Vgl. dazu die Begründung des BMF-Schreibens vom 1. Dezember 1992, a.a.O. (Fn. 29).

Rechtsprechung eines obersten Bundesgerichts gehören. Das hat der Jubilar überzeugend nachgewiesen[37].

III. Nichtanwendungsrechtsprechung

1. Begriff

Mit der Bezeichnung Nichtanwendungsrechtsprechung wird die höchstrichterliche Rechtsprechung umschrieben, die ausdrücklich oder stillschweigend eine bestehende höchstrichterliche Rechtsprechung aufgibt oder ändert. Die Bezeichnung wurde erstmals in Kreisen der Finanzverwaltung verwandt. Sie ist offensichtlich eine Nachbildung der Bezeichnung Nichtanwendungserlaß. Zurückhaltender wird von Korrekturrechtsprechung gesprochen.

Die Weiterentwicklung einer schon bestehenden Rechtsprechung auf Grund neuer Umstände oder deren Verfeinerung kann nicht als Nichtanwendung einer schon bestehenden Rechtsprechung gewürdigt werden. Nichtanwendungsrechtsprechung ist vielmehr nach allgemeinem Verständnis nur die Aufgabe einer schon bestehenden höchstrichterlichen Rechtsprechung oder deren Änderung in wesentlichen Teilen.

2. Rechtliche Einordnung

Die Auslegung von Gesetzen und die Fortbildung des Rechts gehören zu den anerkannten Aufgaben und Befugnissen der Gerichte[38]. Sie sind von der dem Gesetzgeber vorbehaltenen Gesetzeskorrektur abzugrenzen. Die vom Verfassungsrecht gezogene Grenze verläuft im allgemeinen dort, wo die Gerichte ohne das Vorhandensein einer sich aus Systematik und Sinn des Gesetzes ergebenden Lücke allein unter Berufung auf allgemeine Rechtsprinzipien, die konkrete rechtliche Ableitungen nicht zulassen, oder aus rechtspolitischen Erwägungen neue Regeln oder Rechtsinstitute schaffen[39].

37 A.a.O. (Fn. 8), DStZ 1984, 58, und: Unstetes Steuerrecht, StbJb. 1989/90, 11, 17. Im gleichen Sinne: *Felix*, a.a.O. (Fn. 18); *Jakob/Jüptner*, a.a.O. (Fn. 20); *Lang*, a.a.O. (Fn. 20).

38 BVerfG-Beschluß vom 14. Januar 1986 1 BvR 209, 221/79, BVerfGE 71, 354, 362; vom 27. Dezember 1991 2 BvR 72/90, BStBl. II 1992, 212 m.w.N.

39 BVerfG-Beschluß vom 14. Februar 1973 1 BvR 112/65, BVerfGE 34, 269, 287; vom 19. Oktober 1983 2 BvR 485, 486/80, BVerfGE 65, 182, 194. Eingehende Ausführungen zu den Grundsätzen der Rechtsauslegung und Rechtsfortbildung in der Festschrift 75 Jahre Reichsfinanzhof – Bundesfinanzhof, und zwar *Arndt Raupach*, Steuergerichtsbarkeit – quo vadis?, 163, 171; *Peter Hellwig*, Aspekte zum Richterrecht im Steuerrecht, 255, 257; *Paul Kirchhof*, Verfassungsrechtliche Maßstäbe für die Auslegung von Steuergesetzen, 285, 287; *Brigitte Knobbe-Keuk*, Rechtsfortbildung als Aufgabe des obersten Steuergerichts; erlaubte und unerlaubte Rechtsfortbildung durch den Bundesfinanzhof, 303, 309; *Hartmut Söhn*, Bundesfinanzhof und Wissenschaft, 325, jeweils mit weiteren Nachwei-

Für das Steuerrecht ist es bedenklich, wenn der Richter einen neuen Steuertatbestand schafft oder einen bestehenden ausweitet[40]. Andererseits können die weit gefaßten Normen des Steuerrechts das Gebot materieller Gerechtigkeit nur dann erfüllen, wenn der Richter die notwendigerweise bestehenden Lücken ausfüllt. Nicht jede richterliche Lückenausfüllung rückt in den Bereich verfassungsrechtlich bedenklicher Neuschaffung oder Erweiterung eines Steuertatbestands.

Die Rechtsprechung steht unter dem Gebot der Rechtskontinuität. Jede Entwicklung des Rechts soll abrupte, sprunghafte und unstimmige Änderungen vermeiden, ebenso aber auch eine Stagnation überwinden. Kontinuität meint deshalb stetige, maßvolle und folgerichtige Weiterentwicklung. Der Anspruch auf Vertrauensschutz ist die subjektive Erscheinungsform der objektiv ausgerichteten Kontinuitätsgewähr[41].

Das Rechtsstaatsgebot und das aus ihm folgende Prinzip des Vertrauensschutzes fordern nach der Rechtsprechung des Bundesverfassungsgerichts[42] im Einzelfall die Anwendung des Maßstabs der Verhältnismäßigkeit und der Zumutbarkeit. Damit ist eine Prüfung geboten, ob jeweils die Belange des Allgemeinwohls oder die Interessen des einzelnen am Fortbestand einer Rechtslage, auf die er sich eingerichtet hat und auf deren Fortbestand er vertraute, den Vorrang verdienen[43].

Das Gebot der Rechtskontinuität wird auch auf den Gleichheitssatz (Art. 3 Abs. 1 GG) gestützt. Eine ständige, gefestigte Rechtsprechung gebe dem Gesetz eine Konkretisierung, von der nicht ohne zureichenden Grund abgewichen werden darf. Die Kontinuitätspflicht der Rechtsprechung folge aber auch aus dem Prinzip der Organtreue. Dieses Prinzip verpflichte jeden Spruchkörper, die höchstrichterliche Rechtsprechung anderer Spruchkörper zur Kenntnis zu nehmen, ihre Maximen für den zu entscheidenden Fall sorgfältig zu erwägen und eine Abweichung ausdrücklich zu rechtfertigen[44].

---

sen aus der neueren Rechtsprechung und dem neueren Schrifttum. Davor: *Bernhard von Braunschweig,* Ständige Rechtsprechung mit Bindungswirkung?, NJW 1965, 679; *Dieter Rönitz,* „Ständige höchstrichterliche Rechtsprechung" und „beabsichtigte Gesetzesänderung" als Auslegungskriterien, BB 1974, 598; *Heinrich Wilhelm Kruse,* Rechtsgefühl, Rechtsfortbildung und Richterrecht, JbFSt 1985/86, 13; *Klaus Winter,* Richterliche Willkür, Zur verfassungsgerichtlichen Kontrolle von Gerichtsentscheidungen, FS Merz, 611; *Klaus Tipke,* Die Steuerrechtsordnung, 1993, Bd. III, S. 1229 ff.; *Dieter Hesselberger,* Entwicklung, Grenzen und Gefahren richterlicher Rechtsfortbildung, FS Kellermann, 153. In dieser Festschrift: *Lothar Woerner,* Der Bundesfinanzhof und die Stetigkeit der Rechtsprechung.

40 BVerfG-Beschluß vom 22. Dezember 1992 1 BvR 1333/89, HFR 1993, 327 m.w.N.; *Koch/Scholtz,* a.a.O. (Fn. 20), § 4 Rz. 18.

41 *Paul Kirchhof,* Kontinuität und Vertrauensschutz bei Änderungen der Rechtsprechung, DStR 1989, 263, 266 m.w.N.

42 BVerfG-Beschluß vom 14. Januar 1987 1 BvR 1052/79, BVerfGE 74, 129, 155.

43 BVerfG-Beschluß vom 16. Dezember 1981 1 BvR 898/79 u.a., BVerfGE 59, 128, 166.

44 *Kirchhof,* a.a.O. (Fn. 41), 267 m.w.N.

3. Handhabung durch den Bundesfinanzhof

Der Bundesfinanzhof hat stets die Auffassung vertreten, daß er zur Änderung seiner Rechtsprechung und zur Rechtsfortbildung befugt ist.

Die Rechtsfindung erfordere immer wieder erneutes Überdenken und Überprüfen, ob die in einem Urteil ausgesprochenen Grundsätze wirklich richtig sind, ob sie noch zu Recht bestehen und ob sie sich mit der Rechtsentwicklung im Einklang befinden. Als unrichtig erkannte und hinter der Entwicklung der rechtlichen und wirtschaftlichen Verhältnisse zurückgebliebene Rechtsauffassungen müßten durch neue und den Zeitumständen entsprechende Rechtserkenntnisse ersetzt werden. Eine Erstarrung der Rechtsprechung wäre für die Rechtsfindung kein Gewinn. Eine Gewährleistung des Fortbestandes früherer Rechtserkenntnisse widerspreche dem Wesen der Rechtsprechung[45].

Der Bundesfinanzhof nimmt für sich in Anspruch, daß er die Rechtsprechung auch zu Lasten der Steuerpflichtigen rückwirkend ändern darf. In seinem Beschluß vom 25. Juni 1984[46] hat der Große Senat des Bundesfinanzhofs ausgeführt, daß er auch dann angerufen werden könne, wenn die Entscheidung über die vorgelegte Rechtsfrage zu einer rückwirkenden Verschärfung der Steuerrechtsprechung führt. Die Rechtsfolgen einer solchen Änderung der Rechtsprechung ergäben sich bei der Aufhebung oder Änderung von Steuerbescheiden aus § 176 Abs. 1 Nr. 3, Abs. 2 AO. Die Finanzbehörden hätten zu entscheiden, ob daneben im Einzelfall oder allgemein nach Billigkeit Vertrauensschutz durch Übergangsregelungen zu gewähren ist[47].

Der Große Senat des Bundesfinanzhofs und die Fachsenate haben sich wiederholt zur Kontinuität der Rechtsprechung bekannt. Eine langjährige Rechtsprechung dürfe nicht ohne weiteres aufgegeben werden. Vielmehr

---

45 Z.B. BFH-Urteil vom 29. Juli 1965 V 71/61 S BFHE 83, 125, BStBl. III 1965, 545, 547 unter Hinweis auf die BVerfG-Rspr.

46 BFH-Beschluß vom 25. Juni 1984 GrS 4/82, BFHE 141, 405, BStBl. II 1984, 751.

47 BFH, a.a.O. (Fn. 46), 764. Näher zur Problematik und zum Vertrauensschutz bei verschärfender Rechtsprechung: *Klaus Tiedtke,* Die interprozessuale Bindungswirkung von Urteilen der obersten Bundesgerichte, 1976, S. 246; *Helmut Köhler,* Gesetzesauslegung und „gefestigte höchstrichterliche Rechtsprechung", JR 1984, 45; *Klaus Vogel,* Rechtssicherheit im Spannungsfeld zwischen steuerlicher Rechtsprechung und Gesetzgebung, IDW-Steuerfachtagung 1988, 109; *Gerhard Robbers,* Rückwirkende Rechtsprechungsänderung, JZ 1988, 481; *Hartmut Hahn,* Rückwirkung von Steuergesetzen, NWB, Fach 2, 5051, 5054; *Pieroth,* a.a.O. (Fn. 12), 285; *Koch/Scholtz,* a.a.O. (Fn. 20) § 4 Rz. 57 f., § 176 Rz. 12, § 227 Rz. 44 m.w.N. *Werner Flume,* Steuerrechtsprechung und Steuerrecht, StbJb. 1985/86, 277, 303, vertritt unter Hinweis auf frühere Veröffentlichungen die Auffassung, daß für eine Erweiterung der Grenzen der Besteuerung entgegen einer festen Rechtspraxis die ausschließliche Zuständigkeit des Gesetzgebers begründet sei. Für Änderungsmöglichkeit nur für die Zukunft eingehend *Hans Karl Müller,* Zur Bindung des Bundesfinanzhofs an seine Rechtsprechung, StuW 1961, 683.

verlangten die Rechtswerte der Rechtssicherheit und des Vertrauensschutzes in einem solchen Fall im allgemeinen ein Festhalten an der bisherigen Beurteilung. Die Stetigkeit der Rechtsprechung sei ein wesentliches Element der Rechtssicherheit. Die Änderung einer stetigen Rechtsprechung sei nur gerechtfertigt, wenn schwerwiegende Gründe dafür sprächen[48].

Weber-Grellet[49] weist mit Recht darauf hin, daß dieses Bekenntnis mit einer gewissen Vorsicht zu betrachten ist. Der Blick auf die wiederholten Rechtsprechungsänderungen zeigt, daß der Bundesfinanzhof sich bei der Änderung seiner Rechtsprechung nicht immer so zurückgehalten hat, wie es die Bekenntnisse zur Rechtskontinuität erwarten lassen.

Die Meinungen darüber, welcher Rang der Kontinuität der Rechtsprechung zukommt und ob der Bundesfinanzhof seine Rechtsprechung zu häufig ändert, sind im Schrifttum geteilt. Die Gegensätze prallen hart aufeinander[50]. *Kirchhof* kam auf der Münchner Steuerfachtagung 1989 zu dem Ergebnis, daß der Bundesfinanzhof seine Rechtsprechung nicht häufiger ändert als andere oberste Bundesgerichte[51]. *Krüger* hat auf dieser Tagung die Auffassung vertreten, aus der Sicht der Steuerberater ändere der Bundesfinanzhof seine Rechtsprechung zu häufig[52]. Er wies dabei darauf hin, daß der Vorsitzende des Rechtsausschusses des Deutschen Bundestages *Helmrich* 1987 festgestellt habe, der Bundesfinanzhof habe in den Jahren 1950 bis 1986 in rund 600 Fällen seine eigene frühere Rechtsprechung aufgegeben, also durchschnittlich siebzehnmal pro Jahr[53]. *Offerhaus* ist dieser Schlußfolge-

48 BFH-Beschluß vom 13. November 1963 GrS 1/63, BFHE 78, 315, BStBl. III 1964, 124; vom 15. Juli 1968 GrS 2/67, BFHE 93, 75, BStBl. II 1968, 666; vom 25. Juni 1984, a.a.O. (Fn. 46), 764; vom 5. Juli 1990 GrS 2/89, BFHE 161, 332, BStBl. II 1990, 837, 845.

49 *Heinrich Weber-Grellet,* Tendenzen der BFH-Rechtsprechung, StuW 1993, 195, 205.

50 *Ossenbühl,* a.a.O. (Fn. 7), 495 unter Hinweis auf *Eberhard Schmidt:* Die „ständige Rechtsprechung" des Reichsgerichts zur strafrechtlichen Irrtumslehre sei ebenso „ständig" und „fest" wie „falsch" gewesen; *Bernd Sangmeister,* Die Bedeutung der Kontinuität höchstrichterlicher Rechtsprechung, BB 1989, 396, 401: Eine einseitige Betonung der Kontinuität sei als Verbot von Kritik und Veränderung „Mord an der Zukunft", *Heinrich Wilhelm Kruse,* Kontinuität und Fortschritt der höchstrichterlichen Rechtsprechung, FS 75 Jahre Reichsfinanzhof – Bundesfinanzhof, 239, 254 und in *Tipke/Kruse* (Fn. 20), § 4 Tz. 43 ff., 104: Die Kontinuität der Rechtsprechung muß dem Rechtsschutz des einzelnen weichen.

51 A.a.O. (Fn. 41), 263.

52 *Dieter Krüger,* Ändert der Bundesfinanzhof seine Rechtsprechung zu häufig?, Stbg 1989, 155. Im gleichen Sinn auch *Kurt Meßmer,* Komplizierung des Steuerrechts durch die höchstrichterliche Rechtsprechung?, StuW 1988, 223.

53 Angaben über die Zahl der Rechtsprechungsänderungen machen auch: *Christian Lohse* und *Ulrich Madle,* in ihren Übersichten über die Rechtsprechungsänderungen des BFH bei Ertragsteuern und Umsatzsteuer, z.B. DStR 1993, 594; *Weber-Grellet,* a.a.O. (Fn. 49), 205.

rung entgegengetreten[54]. *Rose* ist nie müde geworden, darauf hinzuweisen, daß Rechtsprechungsänderungen eine Quelle von Verunsicherungen sind[55].

4. Stellungnahme

Mit der herrschenden Meinung in Rechtsprechung und Schrifttum ist davon auszugehen, daß der Bundesfinanzhof das Recht, ja sogar die Pflicht hat, die eigene Rechtsprechung ständig zu überprüfen und ggf. zu ändern. Die Entwicklung allgemeiner Rechtsgrundsätze gehört zum Kernbereich des Bundesfinanzhofs. Die Fortentwicklung des Rechts ist eine der vornehmsten und ersten Aufgaben eines obersten Gerichts, dessen Entscheidungen richtungsweisenden Charakter haben[56].

Kernpunkt einer Diskussion über Rechtsprechungsänderungen kann m.E. nicht sein, ob der Bundesfinanzhof die bestehende Rechtsprechung ändern darf, sondern nur unter welchen Modalitäten eine Änderung geboten ist.

Gründe für Rechtsprechungsänderungen können sein
- Anpassung auf Grund geänderter Gesetzeslage,
- Anpassung an die Rechtsprechung des Bundesverfassungsgerichts,
- Wandel der gesellschaftlichen Anschauungen und Werturteile,
- bessere Erkenntnisse.

Kein Aufschluß über die Berechtigung von Rechtsprechungsänderungen bringt die statistische Erfassung der jährlichen Abweichungen[57]. Das Ausmaß der einzelnen Änderungen ist zu unterschiedlich. Aussagekräftiger ist schon, welche Auswirkungen die zur Diskussion stehende Änderung auf die Besteuerungswirklichkeit hat. Tiefe und Bedeutung der Zäsuren sind Maßstäbe, die bei jeder Rechtsänderung sorgfältig beachtet werden müssen.

Ungeheure Breitenwirkung hatten und haben z.B. die Änderung der Rechtsprechung zum Nießbrauch, zur Erbfolge, zur Rentenbesteuerung,

---

54 *Klaus Offerhaus,* Ändert der Bundesfinanzhof seine Rechtsprechung zu häufig?, Stbg 1989, 324.

55 *Gerd Rose,* Der Bundesfinanzhof und die betriebswirtschaftliche Steuerplanung, FS von Wallis, 275, 280; Der Steuerberater im Spannungsfeld permanenter Steuerrechtsänderungen durch Gesetzgebung und Rechtsprechung, StKongRep 1992, 37, 39; Steuerliche Absicherung langfristiger Dispositionen – ein Gesetzgebungsvorschlag, StbJb. 1987/88, 361, wo spontane Änderungen der Rechtsprechung als „Rechtssprünge" bezeichnet werden. Vgl. hierzu z.B. BFH-Urteil vom 3. November 1983 – V R 4/73, BFHE 140, 115, BStBl. II 1984, 169, mit dem durch Leitsatz 1 eine Rechtsprechung aus dem Jahr 1927, durch Leitsatz 2 eine Rechtsprechung aus dem Jahr 1967 und durch Leitsatz 3 eine Rechtsprechung aus dem Jahr 1972 aufgegeben wird.

56 *Franz Klein,* a.a.O. (Fn. 8), DStZ 1984, 59.

57 Gl. A. *Kirchhof,* a.a.O. (Fn. 41), 263; *Franz Wassermeyer,* Über die Kontinuität in der Rechtsprechung des BFH, DStR 1989, 561, 562.

zur verdeckten Gewinnausschüttung und zur Betriebsaufspaltung. Dabei ist das Fatale, daß die Änderung der Rechtsprechung – selbst wenn der Große Senat gesprochen hat – nicht eine eindeutige Klärung brachte, sondern eine Fülle neuer Zweifelsfragen aufwarf, die durch die Folgerechtsprechung oder Verwaltungserlasse aufwendig und mühsam geklärt werden mußten und müssen. Für längere Zeit brachte die Rechtsprechungsänderung häufig mehr Rechtsunklarheit als Klarheit. Das kann besonders dann eintreten, wenn die Rechtsprechungsänderung nicht offen zutage tritt oder über das Ausmaß der Änderung kein Einvernehmen besteht[58].

Die Problematik der Rechtsprechungsänderungen wird meist nur am gesetzten Recht gemessen. Es ist aber auch eine Frage der Richterpersönlichkeiten. Für eine stärkere Gewichtung dieses Gesichtspunkts plädieren auch *Vogel*[59] und *Krüger*[60].

Der Jubilar hat darauf hingewiesen, daß künftig Rechtsprechungsänderungen vermehrt zu erwarten sind, weil ein großer Richterwechsel eingetreten ist und vermehrt junge Richter an den Bundesfinanzhof berufen wurden[61]. Es muß schon bedenklich stimmen, wenn innerhalb von nur zwei Monaten drei amtierende Richter des Bundesfinanzhofs beim gleichen Veranstalter und am gleichen Ort harte Kritik an der Rechtsprechung des Bundesfinanzhofs, insbesondere anderer Senate, üben[62].

Die Aufgabe des Richters unterscheidet sich grundsätzlich von den Aufgaben des Gesetzgebers und der Verwaltung. Diese sind zum Gestalten aufgerufen. Der Richter hat einen vorhandenen Sachverhalt zu beurteilen.

Der bescheidene und unauffällige Richter, der im Hintergrund bleiben will, der nicht agieren und verwalten will, sondern nur einen gegebenen Tatbestand nach bestem Wissen und Gewissen beurteilen möchte, ist eine ideale Richterpersönlichkeit[63]. Ein Mehr an diesen Richterpersön-

---

58 Vgl. z.B. die unterschiedlichen Auffassungen zu den Rechtsfolgen des Beschlusses des Großen Senats vom 15. Juli 1991 GrS 1/90, BFHE 165, 225, BStBl. II 1992, 78 von *Peter Fischer,* Renten und dauernde Lasten bei Vermögensübertragungen, DStR 1992, Beihefter zu Heft 17, *ders.,* Kontinuität und Fortentwicklung des Steuerrechts der wiederkehrenden Leistungen, DB 1993, 1002, und *Walter Drenseck,* Die neue Rechtsprechung des BFH zur Vermögensübertragung gegen dauernde Versorgungsleistungen, StbJb. 1993/94, 187.

59 *Klaus Vogel,* a.a.O. (Fn. 47), 115.

60 *Krüger,* a.a.O. (Fn. 52), 157.

61 *Franz Klein,* a.a.O. (Fn. 37), StbJb. 1989/90, 25. Ähnlich *Weber-Grellet,* a.a.O. (Fn. 49), 206; *Georg Döllerer,* Diskussionsbeitrag auf der IDW-Fachtagung „Risiken erkennen – Risiken bewältigen", 1988, S. 317.

62 *Drenseck,* a.a.O. (Fn. 58); *Siegfried Widmann,* Besteuerung kapitalersetzender Darlehen bei der GmbH und beim Gesellschafter, StbJb. 1993/94, 303; *Heinrich Weber-Grellet,* Maßgeblichkeitsschutz und eigenständige Zielsetzung der Steuerbilanz, vgl. Bericht von *Ursula Niemann,* StB 1994, 44 und DB 1994, 288.

63 Hierzu nur der Hinweis auf die heute noch lesenswerten Ausführungen von *A. N. Zacharias,* Über Persönlichkeit, Aufgaben und Ausbildung des Richters,

lichkeiten würde ein Weniger an Rechtsprechungsänderungen, aber ein Mehr an Gerechtigkeit bedeuten.

Der Jubilar hat einmal geäußert, daß er Änderungen einer ständigen Rechtsprechung grundsätzlich mit gemischten Gefühlen gegenübersteht[64]. Ich bin froh, auch in diesem Punkt mit ihm übereinzustimmen. Das beinhaltet keineswegs, daß die Rechtsprechung des Bundesfinanzhofs zementiert werden soll. Sie muß durchaus mit der Entwicklung der Verhältnisse Schritt halten. Die Rechtsprechungsänderungen sollen aber auf die wirklich notwendigen Änderungen beschränkt werden.

Der Richter, der vor der Frage steht, ob die Rechtsprechung zu ändern ist, sollte nicht nur abwägen, ob die Gründe für eine neue Auslegung stärker sind als die, die für die ältere Auslegung sprechen. Er sollte vielmehr auch prüfen, ob sie so stark sind, daß sie es rechtfertigen, das Vertrauen zu enttäuschen, das die Steuerpflichtigen in die bisherige Rechtsprechung gesetzt haben. Nur wenn auch dies zu bejahen ist, ist eine Rechtsprechungsänderung geboten[65].

Der Slogan „Jede Richtergeneration hat das Recht zur Rechtsprechungsänderung" ist ein schlechter Maßstab. Viel besser ist es, wenn der Richter die Argumente eines früheren Richters mit der gleichen Sorgfalt wägt, die er für die Beurteilung seiner Rechtsprechung durch seinen Nachfolger wünscht.

Verlagsbuchhandlung J. Guttentag, 1911. Eingehend zu den Aufgaben und zur Stellung des Richters: *Roman Herzog,* Gesetz und Richter, FS Sendler, 17; *Hermann Heußner,* Die Rechtsprechung des Bundesverfassungsgerichts zum Richterrecht, FS Hilger/Stumpf, 317; *Peter Fischer,* Innere Unabhängigkeit und Fiskalinteresse, StuW 1992, 121. *Roman Herzog* charakterisiert in: *Maunz/Dürig/Herzog,* GG, Art. 92 RdNr. 36: Der Richter übt nachträgliche Kontrollen eines anderweitig bereits tätig gewordenen Staatsorgans aus.

64 *Franz Klein,* a.a.O. (Fn. 37), StbJb. 1989/90, 22.

65 In diesem Sinn auch *Klaus Vogel,* a.a.O. (Fn. 47), 115 unter Hinweis auf den Beschluß des Großen Senats für Zivilsachen des BGH vom 4. Oktober 1982 GSZ 1/82, BGHZ 85, 64, 66; *Meßmer,* a.a.O. (Fn. 52), 238. Eine derartige Zurückhaltung ist auch mehrfach in der Rechtsprechung der obersten Bundesgerichte befürwortet worden, so: BAG-Urteil vom 15. Februar 1962 2 AZR 322/60, BAGE 12, 278, 284; BFH-Urteil vom 24. Juli 1964, VI 249/63 U, BFHE 80, 232, BStBl. III 1964, 558; BSG-Urteil vom 29. Oktober 1975 12 RJ 290/72, BSGE 40, 292 m.w.N. *Adalbert Uelner,* Tagungsbeitrag zum Beschluß des Großen Senats vom 25. Juni 1984, JbFSt 1985/86, 291, formuliert: Die Rechtsprechung muß stetig bleiben, auch auf die Gefahr hin, daß der eine oder andere Richter seine persönliche Meinung in einer solchen Rechtsprechung nicht in vollem Umfang wiedergegeben sieht. Für sparsame Verwendung von obiter dicta plädiert *Robert Fischer,* Das obiter dictum – aus revisionsrechtlicher Sicht –, FS Mühl, 139. Zur Zurückhaltung mahnen auch *Horst Sendler,* Überlegungen zu Richterrecht und richterlicher Rechtsfortbildung, DVBl. 1988, 828; *Wilhelm v. Dodenhoff,* Anmerkungen zum Gewaltenteilungsprinzip und zum Rechtsschutzauftrag der Verwaltungsgerichte, FS Dau, 51.

IV. Nichtanwendungsgesetzgebung

1. Begriff

Unter Nichtanwendungsgesetzgebung versteht man die Gesetzgebung, die eine Rechtsprechung des Bundesfinanzhofs durch Gesetz korrigiert, modifiziert oder bestätigt. Man spricht auch von Korrekturgesetzgebung, rechtsprechungsbrechender Gesetzgebung oder rechtsprechungsüberholender Gesetzgebung[66].

Die Rechtsprechung des Bundesfinanzhofs kann aus unterschiedlichen Gründen den Anstoß zu Gesetzgebungsmaßnahmen bilden

- zur Festigung der vom Bundesfinanzhof gewonnenen Auslegung,
- zur Schließung einer Lücke, die der Richter glaubte, nicht füllen zu dürfen,
- zur Lenkung der von der Rechtsprechung eingeschlagenen Entwicklung in andere Bahnen,
- zur Vermeidung nicht vertretbarer Ausfälle für den Haushalt[67].

2. Rechtliche Einordnung

Die Problematik der Nichtanwendungsgesetzgebung ist besonders aus Anlaß des sog. Gepräge-Gesetzes[68] erörtert worden, das vorbereitet wurde, nachdem der Große Senat des Bundesfinanzhofs die Geprägerechtsprechung aufgegeben hatte[69]. Das Vorhaben wurde im Schrifttum heftig angegriffen. Man sah in ihm einen Eingriff in den Kernbereich der rechtsprechenden Gewalt[70].

Im Gegensatz hierzu wird im Schrifttum aber auch die Auffassung vertreten, daß die Nichtanwendungsgesetzgebung grundsätzlich zulässig ist. Es könne z.B. nicht beanstandet werden, daß der Gesetzgeber eine inhaltlich

---

66 *Georg Crezelius,* Rechtsprechungsüberholende Gesetzgebung und gesetzesüberholende Rechtsprechung, FS Felix, 37.

67 *Reinhold Kreile,* Die Entscheidungen des Bundesfinanzhofs und ihre Auswirkungen auf die Tätigkeit des Finanzausschusses des Deutschen Bundestags, FS von Wallis, 183, 190; *Hans H. Gattermann,* Bundesfinanzhof und Gesetzgebung – wechselseitiger Einfluß, FS 75 Jahre Reichsfinanzhof – Bundesfinanzhof, 91, 97.

68 § 15 Abs. 3 Nr. 2 EStG, eingefügt durch Steuerbereinigungsgesetz 1986, BGBl. I 1985, 2436.

69 BFH-Beschluß vom 25. Juni 1984, a.a.O. (Fn. 46), 760.

70 *Brigitte Knobbe-Keuk,* Wieder ein Tritt für die Finanzrechtsprechung, BB 1985, 820; *dies.,* Zum Entwurf eines Gesetzes zur vordringlichen Regelung von Fragen der Besteuerung von Personengesellschaften, BB 1985, 941; *Lothar Woerner,* der den Entwurf in „Entwurf eines Gesetzes zur vordringlichen Berichtigung und Verhütung unerwünschter BFH-Entscheidungen" umtaufte, JbFSt 1985/86, 279; *Werner Flume,* Der Entwurf eines Gepräge-Rechtsprechungs-Gesetzes, DB 1985, 1152; vgl. auch *Günther Felix* zu einem späteren Gesetzesvorhaben, Zur steuergerichtlichen Verwerfungskompetenz steuerwidriger Steuernormen, BB 1988, 1500.

sinnvolle Regelung, die im Gesetz nach Auffassung des Bundesfinanzhofs keine ausreichende Grundlage hatte, wieder einführt und das unvollkommene Gesetz nachbessert[71].

Auch die grundsätzlichen Kritiker der Nichtanwendungsgesetzgebung erkennen z.T. an, daß es Fälle geben kann, in denen eine Korrektur der Rechtsprechung durch Gesetzesänderung für die Zukunft zulässig und angemessen ist[72].

Beim Bundesfinanzhof sind die Meinungen zur Problematik der Nichtanwendungsgesetzgebung ebenfalls geteilt. Der Jubilar hält die Nichtanwendungsgesetzgebung im Prinzip für rechtlich zulässig. Es könne in ihr im Regelfall kein unzulässiger Eingriff in das Gefüge der Gewaltenteilung gesehen werden[73]. Andere Stimmen sehen in der Nichtanwendungsgesetzgebung eine Beeinträchtigung der Rechte der dritten Gewalt. Die Nichtanwendungsgesetzgebung wird insbesondere von denjenigen beklagt, die nicht gerade dafür bekannt sind, daß sie bei Rechtsprechungsänderungen besonders zurückhaltend sind[74]. In einigen Entscheidungen hat der Bundesfinanzhof ausdrücklich darauf hingewiesen, daß eine Gesetzesänderung angezeigt ist, weil er eine andere Interpretation zwar für wünschenswert, auf Grund des Gesetzeswortlauts aber nicht für möglich hält[75]. Der Bundesfinanzhof geht in diesen Entscheidungen also davon aus, daß der Gesetzgeber die durch den Bundesfinanzhof vorgenommene Auslegung einer Gesetzesvorschrift durch eine Gesetzesänderung korrigieren darf.

Das Bundesfinanzministerium hält die Nichtanwendungsgesetzgebung für rechtlich zulässig. Es hat deshalb auch keine Bedenken, entsprechende Gesetzesvorschläge zu machen[76].

---

71 *Vogel,* a.a.O. (Fn. 47), 116; *Crezelius,* a.a.O. (Fn. 66), 44; *Adalbert Uelner,* Tagungsbeitrag zum Beschluß des Großen Senats vom 25. Juni 1984, JbFSt 1985/86, 289. Ergänzend dazu: *Raupach/Tipke/Uelner,* Niedergang oder Neuordnung des deutschen Einkommensteuerrechts?, Münsteraner Symposion, 1985, Bd. I, S. 176, 181 ff. Dagegen: *Tipke,* a.a.O. (Fn. 39), Bd. III, S. 1503 ff. *Lang* hält die Nichtanwendungsgesetzgebung nur dann für rechtsstaatlich, wenn sie das sog. „richtige" Recht verwirklicht, a.a.O. (Fn. 20), 20.

72 *Flume,* a.a.O. (Fn. 70), 1152 und (Fn. 47), 302; *Felix,* a.a.O. (Fn. 70), 1500.

73 *Franz Klein,* a.a.O. (Fn. 8), DStZ 1984, 59 und Steuerwesen und Finanzgerichtsbarkeit, JbFSt 1989/90, 35, 43.

74 *Franz Wassermeyer,* Zum Zeitpunkt des Kapitalertragsteuerabzugs bei Ausschüttungen an den Alleingesellschafter einer Kapitalgesellschaft, FR 1986, 560 in seiner Kontroverse mit *Rainer Keßler* zum gleichen Thema, FR 1986, 429 und 560; *Franz Wassermeyer,* Das Änderungsgesetz zum KStG – Ein neues BFH-Rechtsprechungs-Korrekturgesetz, DB 1988, 2531.

75 Vgl. z.B. BFH-Beschluß vom 21. November 1983 GrS 2/82, BFHE 140, 50, BStBl. II 1984, 160, 165; dazu *Georg Döllerer,* Geldbußen als Betriebsausgaben, BB 1984, 545; *Klaus Offerhaus,* Neuere Tendenzen in der Bußgeldentscheidung des Bundesfinanzhofs, Inf. 1984, 313, 315; BFH-Urteil vom 24. November 1983 IV R 14/83, BFHE 139, 549, BStBl. II 1984, 431; BFH-Urteil vom 12. Januar 1990 VI R 29/86, BFHE 159, 341, BStBl. II 1990, 423.

76 *Zeitler,* a.a.O. (Fn. 5), 205.

3. Handhabung durch den Gesetzgeber

Der Gesetzgeber hat die Rechtsprechung des Bundesfinanzhofs in den letzten Jahren mehrfach korrigiert, modifiziert und präzisiert. Eine derartige Handhabung wird in parlamentarischen Kreisen, wie sich aus den Ausführungen bekannter Finanzpolitiker ergibt, für rechtlich zulässig gehalten[77]. Zu erwähnen sind z.B. die Gesetzgebung

- zu den Geldbußen,
- zur Geprägerechtsprechung,
- zu den Pensionen für Gesellschafter von Personengesellschaften,
- zur Pauschalierung der Lohnsteuer,
- zum Mantelkauf,
- zu den gewinnabhängigen Vergütungen als Dauerschuldzinsen,
- zur doppelstöckigen Personengesellschaft,
- zur verdeckten Einlage bei wesentlicher Beteiligung,
- zum Steuerabzug bei beschränkter Steuerpflicht[78].

4. Stellungnahme

Art. 20 GG bestimmt, daß die Staatsgewalt durch besondere Organe der Gesetzgebung, der vollziehenden Gewalt und der Rechtsprechung ausgeübt wird und daß die Gesetzgebung an die verfassungsmäßige Ordnung, die beiden anderen Gewalten an Gesetz und Recht gebunden sind. Damit wird der Grundsatz verankert, daß in der Bundesrepublik Deutschland das hergebrachte Prinzip der Gewaltenteilung gilt. Durch Teilung soll dem Mißbrauch staatlicher Gewalt entgegengetreten werden.

Die Gewaltenteilungslehre geht davon aus, daß der Mensch Irrtümern unterliegt, und zwar auch dann, wenn er in staatliche Ämter gelangt. Irrtumsfähig ist nicht nur der Mensch als Einzelperson, sondern auch die durch Menschen handelnde staatliche Institution. Damit geht das Grundgesetz von der irrtumsfähigen Gerichtsbarkeit, der irrtumsfähigen Verwaltung und dem irrtumsfähigen Parlament aus[79]. Hieraus folgt die Notwendigkeit, die jeweiligen Staatsorgane nicht nur der Kontrolle, sondern ggf. auch der Korrektur durch die anderen Staatsorgane zu unterwerfen[80].

---

77 *Kreile,* a.a.O. (Fn. 67), 190; *Gattermann,* a.a.O. (Fn. 67), 97.

78 Eingehend hierzu m.w.N.: *Gattermann,* a.a.O. (Fn. 67), 98 ff.; *Crezelius,* a.a.O. (Fn. 66), 38 ff.; *Brigitte Knobbe-Keuk,* Aktuelle Rechts- und Steuerprobleme, StbJb. 1991/92, 215, 240.

79 *Roman Herzog,* in: *Maunz/Dürig/Herzog,* GG, Art. 20 RdNr. 12 ff. zu V. Vgl. hierzu die weisen Worte von *Hugo v. Wallis,* Der Bundesfinanzhof aus der Sicht eines pensionierten Richters, FS 75 Jahre Reichsfinanzhof – Bundesfinanzhof, 741, 746: Schon die Erkenntnis, daß wir der Gefahr des Irrtums ausgesetzt sind, bewahrt uns vor Übermut.

80 *Franz Klein,* a.a.O. (Fn. 8), DStZ 1984, 59 und (Fn. 73), JbFSt 1989/90, 43.

Nichtanwendungsgesetze, die die Rechtsprechung korrigieren, müssen deshalb grundsätzlich als rechtlich zulässig angesehen werden. Auch hier kann es nur darum gehen, das rechte Maß einzuhalten.

Eine die Rechtsprechung ändernde Gesetzgebung muß besonders bedacht sein. Sie ist nur dann gerechtfertigt, wenn sie als eine wirkliche Verbesserung des Rechtszustands anzusehen ist. Sind Anlaß und Umfang der Änderung durch das innere System des Gesetzes gerechtfertigt, können wirksame Einwendungen gegen die Rechtsprechungskorrektur nicht erhoben werden[81].

V. Zusammenfassendes Ergebnis

1. Nichtanwendungserlaß, Nichtanwendungsrechtsprechung, Nichtanwendungsgesetzgebung – grundsätzlich zulässig

Die Dreiteilung der Gewalten hat den Sinn, daß Legislative, Exekutive und Judikative die ihnen von der Verfassung zugewiesenen Aufgaben wahrnehmen und sich dabei gegenseitig kontrollieren. Auf diese Weise sollen die Staatsmacht gemäßigt und die Rechte des einzelnen geschützt werden. Dem Zweck der Gewaltenteilung würde es widersprechen, wenn es einer Staatsgewalt gestattet wäre, durch ihr Handeln den Kernbereich einer anderen Gewalt zu beeinträchtigen oder zu mißachten[82]. Nichtanwendungserlaß, Nichtanwendungsrechtsprechung und Nichtanwendungsgesetzgebung verletzen also grundsätzlich keine Rechte anderer Staatsgewalten. Sie müssen im Regelfall als rechtlich zulässig angesehen werden.

2. Gewaltenfreundliches Verhalten

Das unter 1. gewonnene Ergebnis bedarf insoweit der Ergänzung, als keine Gewalt allein handelt. Ihr Handeln ist kein Selbstzweck. Im Zusammenwirken mit den anderen Gewalten hat sie im Interesse des Wohls des ganzen Staats zu handeln. Die Organe der Legislative, der Exekutive und der Judikative müssen sich deshalb im Sinn einer Mäßigung Zurückhaltung auferlegen. Keine Gewalt darf die andere an der Wahrnehmung ihrer Zuständigkeit hindern.

Der Grundsatz der Mäßigung führt im Verhältnis der Gewalten zueinander zu einem Gebot der Gewaltenloyalität. Vergleichbar dem bundesfreundlichen Verhalten, zu dem die Organe der Bundesrepublik Deutsch-

---

81 Vgl. *Crezelius,* a.a.O. (Fn. 66), 52.

82 *Franz Klein,* a.a.O. (Fn. 8), DStZ 1984, 59 unter Hinweis auf *Herzog,* a.a.O. (Fn. 79), RdNr. 115 zu V m.w.N.; BVerfG-Urteil vom 27. April 1959 2 BvF 2/58, BVerfGE 9, 268, 279 m.w.N.; BVerfG-Beschluß vom 20. Juni 1967 2 BvL 10/64, BVerfGE 22, 106, 111; BVerfG-Beschluß vom 6. Oktober 1987 1 BvR 1086/82 u.a., BVerfGE 77, 84, 103.

land verpflichtet sind[83], und dem europafreundlichen Verhalten, das die Organe der Europäischen Gemeinschaft zu beachten haben[84], sind die drei Gewalten zu einem gewaltenfreundlichen Verhalten verpflichtet.

Dieses Verhalten, das zunächst eine Stilfrage und eine Frage gegenseitigen Respekts ist, verdichtet sich wegen der gebotenen Loyalität der Gewalten zueinander zu einem Verfassungsprinzip, das von allen Gewalten als Mäßigungsgebot zu berücksichtigen ist[85]. In diesem Sinn sind die wiederholten Ausführungen des Jubilars zum Problemkreis zu werten[86]. Die Einhaltung des Mäßigungsgebots ist – soweit erforderlich – vom Bundesverfassungsgericht zu überprüfen[87].

Gattermann hat geäußert, daß der Gesetzgeber von Nichtanwendungsgesetzen nur sehr zurückhaltend Gebrauch gemacht hat[88]. *Zeitler* hat für die Nichtanwendungserlasse die gleiche Auffassung vertreten[89]. M.E. muß die Bilanz skeptischer ausfallen. Alle drei Gewalten haben nicht immer die Mäßigung geübt, die unter dem Blickwinkel gewaltenfreundlichen Verhaltens geboten ist.

Von allen rechtlichen Überlegungen abgesehen bleibt – wie schon eingangs ausgeführt – herauszustellen, daß Nichtanwendungsrechtsprechung, Nichtanwendungserlasse und Nichtanwendungsgesetze im Regelfall zu einer Komplizierung des Rechts führen. Sie wirken damit der so dringend gebotenen Vereinfachung entgegen. Auch dies sollte Anlaß sein, von den genannten Rechtsinstituten so sparsam wie möglich Gebrauch zu machen. Die Notwendigkeit einer Vereinfachung des Rechts hat *Josef Isensee* beim Festakt anläßlich der 75-Jahrfeier Reichsfinanzhof–Bundesfinanzhof erneut eindrucksvoll belegt[90].

---

83 *Schmidt-Bleibtreu/Klein,* a.a.O. (Fn. 1), Art. 20 GG Rz. 6 f.; *Hans D. Jarass/Bodo Pieroth,* Kommentar zum Grundgesetz, 2. Aufl., 1992, Art. 20 Rz. 12 f. Eingehend hierzu in jüngerer Zeit: *Hartmut Bauer,* Die Bundestreue – Zugleich ein Beitrag zur Dogmatik des Bundesstaatsrechts und zur Rechtsverhältnislehre, 1992, insbes. S. 218 ff.

84 EuGH-Beschluß vom 13. Juli 1990 C-2/88 Imm., EuGHE I 1990, 3365; *Michael Lück,* Die Gemeinschaftstreue als allgemeines Rechtsprinzip im Recht der Europäischen Gemeinschaft, 1992.

85 Vgl. *Roman Herzog,* Gesetzgeber und Gerichte, FS Simon, 103; *Crezelius,* a.a.O. (Fn. 66), 46.

86 *Franz Klein,* a.a.O. (Fn. 73), JbFSt 1989/90, 39 und: Der Einfluß der höchstrichterlichen Rechtsprechung auf die Gesetzgebung am Beispiel des Steuerrechts, FS Sendler, 491 ff.

87 *Crezelius,* a.a.O. (Fn. 66), 54.

88 *Gattermann,* a.a.O. (Fn. 67), 97.

89 *Zeitler,* a.a.O. (Fn. 5), 205.

90 75 Jahre Reichsfinanzhof–Bundesfinanzhof, Festakt und Ausstellung, S. 35 = StuW 1994, 3.

Klaus Franzen

Die nationalsozialistische Weltanschauung in der Rechtsprechung des Reichsfinanzhofs

Inhaltsübersicht

I. Einführung

§ 1 Abs. 1 und § 2 Abs. 3 des Steueranpassungsgesetzes vom 16. Oktober 1934[1] bestimmten, daß „die Steuergesetze . . . nach nationalsozialistischer Weltanschauung auszulegen" und „Fragen der Billigkeit und der Zweckmäßigkeit nach nationalsozialistischer Weltanschauung zu beurteilen" waren. Für andere Gebiete der Rechtsordnung gab es vergleichbare Vorschriften nicht[2]. Dieser Befund könnte darauf schließen lassen, daß die Anwendung des Steuerrechts und ihre Überprüfung durch den Reichsfinanzhof in besonderem Maße vom nationalsozialistischen Geist (oder

1 RGBl. I, 925. Die Bezeichnung „Steueranpassungsgesetz" zielte auf Anpassung an die gleichzeitig erlassenen neuen Steuergesetze, namentlich das Umsatzsteuer-, Bürgersteuer-, Einkommensteuer-, Körperschaftsteuer-, Reichsbewertungs-, Bodenschätzungs-, Vermögensteuer-, Erbschaftsteuer- und Kapitalverkehrsteuergesetz, allesamt ebenfalls vom 16. Oktober 1934, RGBl. I, 942, 985, 1005, 1031, 1035, 1050, 1052, 1056 und 1058, so jedenfalls nach *Becker/Riewald/Koch,* Reichsabgabenordnung, Band I 9. Aufl. 1963, Vorbemerkungen zum Steueranpassungsgesetz S. 563. Das kann jedoch nur die halbe Wahrheit sein; denn die hier zu erörternden §§ 1, 2 StAnpG waren nicht durch die zitierten Einzelsteuergesetze erforderlich geworden. Sie dienten offensichtlich der Anpassung des gesamten Steuerrechts an die nationalsozialistische Weltanschauung. In der amtlichen Begründung wurde die Gesetzesbezeichnung nicht erläutert, vgl. RStBl. 1934 I, 1398.

2 Nicht übersehen werden darf allerdings § 2 StGB, der in der Fassung des Gesetzes vom 28. Juni 1935, RGBl. I, 839, wie folgt lautete: „Bestraft wird, wer eine Tat begeht, die das Gesetz für strafbar erklärt oder die nach dem Grundgedanken eines Strafgesetzes und nach gesundem Volksempfinden Strafe verdient. Findet auf die Tat kein bestimmtes Gesetz unmittelbar Anwendung, so wird die Tat nach dem Gesetz bestraft, dessen Grundgedanke auf sie am besten zutrifft."

treffender: Ungeist) geprägt waren. Dies Vorurteil liegt nahe. Wieweit es der Wirklichkeit entspricht, soll untersucht werden.

Als Erkenntnisquelle dienen alle Entscheidungen, die der Reichsfinanzhof vom Inkrafttreten des Steueranpassungsgesetzes bis zur Kapitulation des Deutschen Reiches erlassen und in seiner Sammlung veröffentlicht hat. Dieser Rahmen umfaßt den Zeitraum vom 17. Oktober 1934 bis zum Sommer 1943. Bis 1945 wurde von der Entscheidungssammlung zuletzt Band 53 veröffentlicht, der mit einem Urteil vom 15. Juli 1943 endete. Band 54 mit Entscheidungen aus der Zeit vom 25. Juni 1943 bis zum 1. März 1945 wurde erst 1952 veröffentlicht. Er bleibt außer Betracht, weil nicht ausgeschlossen werden kann, daß bei der nachträglichen Auswahl gerade solche Entscheidungen weggelassen wurden, die von nationalsozialistischer Weltanschauung beeinflußt waren.

Um diesen Beitrag in Grenzen zu halten, mußten auch die Entscheidungen außer Betracht bleiben, die nur im Reichssteuerblatt, in Steuer und Wirtschaft oder in Mrozeks Kartei veröffentlicht wurden. Zwar ist auch hiervon manches Urteil aufschlußreich[3]. Aber auch diese Urteile in ein quantitatives Verhältnis zu den Entscheidungen zu setzen, die ohne Inanspruchnahme der nationalsozialistischen Weltanschauung begründet und außerhalb der amtlichen Sammlung wiedergegeben wurden, hätte den Rahmen gesprengt. Anhaltspunkte dafür, daß eine Auswertung sämtlicher Entscheidungen des Reichsfinanzhofs einen anderen Gesamteindruck vermitteln könnte, habe ich nicht wahrgenommen.

Gewiß ist die *Machtübernahme* am 30. Januar 1933 in der Steuerrechtsprechung nicht erst nach dem Inkrafttreten des Steueranpassungsgesetzes zu spüren gewesen. Das RFH-Urteil vom 20. Dezember 1933[4] betraf einen jüdischen Rechtsanwalt, der seinen Beruf in Deutschland aufgeben mußte und seinen Wohnsitz nach England verlegt hatte. Unter Berufung auf die Befreiungsvorschrift des § 2 Nr. 3 der Reichsfluchtsteuer-Verordnung[5] hatte er geltend gemacht, „daß die Auswanderung von Nichtariern in deutschem Interesse liege". Unausweichlich war zu beurteilen, welches deutsche Interesse höher zu bewerten war: die Auswanderung der Juden oder die Vereinnahmung der Fluchtsteuer. Der Reichsminister der Finanzen entschied sich für die Steuer und nahm zu der Rechtsbeschwerde wie folgt Stellung:

---

3 Das RFH-Urteil vom 27. September 1934 III A 311/34, RStBl. 1934, 1225, bestätigte die Reichsfluchtsteuer eines Juden; obwohl er vor seiner Auswanderung „schwer mißhandelt" worden war, wurde unterstellt, daß er seinen inländischen Wohnsitz freiwillig aufgegeben hatte. Im RFH-Urteil vom 12. November 1936 III A 137/36, RStBl. 1936, 1202, hieß es in krassem Gegensatz zu dem in Fußnote 6 zitierten Urteil vom 15. März 1934: „Die Abwanderung von Nichtariern aus Deutschland war politisch erwünscht und zu ihrem Teil geeignet, eine Lösung der Judenfrage herbeizuführen."

4 RFH-Urteil vom 20. Dezember 1933 III A 353/33, RFHE 35, 52.

5 RGBl. 1931 I, 731.

„Die von der Reichsregierung seit dem 30. Januar 1933 zuungunsten der Nichtarier getroffenen Maßnahmen waren durch die politische Lage bedingt und haben den Zweck, den überragenden Einfluß, den die Nichtarier seit Beendigung des Weltkrieges nicht nur auf die Leitung von Behörden, sondern auch auf die Wirtschaft hatten, zu beseitigen. Die dadurch erforderlich gewordene Umstellung in der Berufsausübung der Nichtarier kann aber kein Grund sein zu einer allgemeinen Freistellung von der Reichsfluchtsteuer bei der Abwanderung solcher Personen. . . . Ebenso wie sich nach Schluß des Weltkrieges die vielen Berufsoffiziere . . . umstellen mußten, kann dies auch den Nichtariern zugemutet werden. . . . Ein deutsches Interesse an der Auswanderung wird im allgemeinen zu verneinen sein . . .".

Dieser Stellungnahme entsprach das Urteil. Indessen standen jüdische Auswanderer vor dem Reichsfinanzhof noch nicht von vornherein auf verlorenem Posten. Das erweisen die Urteile vom 15. März 1934[6] und vom 28. Februar 1935[7].

II. Ziel der §§ 1, 2 des Steueranpassungsgesetzes

In der Begründung zum Steueranpassungsgesetz[8] wurde behauptet, die nationalsozialistische Weltanschauung biete „die sichere Grundlage zur Beurteilung und Bewertung aller Erscheinungen". Unsicherheit und Zwiespältigkeit, die sich früher aus dem Fehlen einer einheitlichen Weltanschauung ergeben hätten, seien überwunden. Der Sieg der nationalsozialistischen Weltanschauung werde auf allen Gebieten des Steuerrechts Klarheit und Rechtssicherheit schaffen[9]. Das Recht solle mit dem „gesunden Volksempfinden" und mit „Moral (Treu und Glauben)" übereinstimmen.

An Aufforderungen zur Anwendung der neuen Vorschriften mangelte es nicht.

Bei der Einführung eines neuen Präsidenten des Reichsfinanzhofs[10] am 13. April 1935 sagte Staatssekretär *Fritz Reinhardt*, „daß im nationalsozialistischen Staat der Reichsfinanzhof der Gehilfe des Reichsministers der Finanzen bei der Auslegung der Steuergesetze und bei der Entwicklung des Steuerrechts nach den Grundsätzen der nationalsozialistischen Weltanschauung zu sein hat". Dem neuen Präsidenten gab der Staatssekretär auf den Weg: „Sie sind der Führer des Reichsfinanzhofs und tragen die Verantwortung dafür, daß in allen Dingen nach nationalsozialisti-

6 RFH-Urteil vom 15. März 1934 III A 61/34, RFHE 36, 326.
7 RFH-Urteil vom 28. Februar 1935 III A 208/34, RFHE 37, 252.
8 RStBl. 1934, 1398.
9 Die Frage, ob Generalklauseln, die auf eine wolkenhafte Weltanschauung verweisen, geeignet sind, Klarheit und Sicherheit zu schaffen, soll hier nicht vertieft werden.
10 *Ludwig Mirre* (1878–1954), seit 1921 Richter am RFH, 1935–45 Präsident.

schen Grundsätzen geurteilt und entschieden wird, und daß die Rechtsprechung des Reichsfinanzhofs vorbildlich in der Auslegung der Gesetze nach nationalsozialistischer Weltanschauung wird."[11] Auf der Jahrestagung der Akademie für Deutsches Recht am 23. Oktober 1936 in München rief *Reinhardt* aus: „Die Beurteilung von Tatbeständen nach nationalsozialistischer Weltanschauung ist bindendes Staatsgrundgesetz" und: „Die Tatbestände nach nationalsozialistischer Weltanschauung beurteilen und im nationalsozialistischen Staat Gesetze richtig anwenden kann nur, wer Nationalsozialist ist."[12]

III. Auswirkungen auf die Rechtsprechung des Reichsfinanzhofs

1. Statistischer Überblick

Zwischen 1934 und 1943 wurden in der Sammlung der Entscheidungen des Reichsfinanzhofs 1998 Urteile und Gutachten veröffentlicht. In 51 Fällen wurde die „nationalsozialistische Weltanschauung" erwähnt oder § 1 StAnpG zitiert; das sind 2,5 Fälle von 100. Hiervon hatten sich in 14 Fällen die Rechtsbeschwerdeführer erfolglos auf die nationalsozialistische Weltanschauung berufen, um ihr Begehren auf diesem neuen Wege durchzusetzen[13]. In zwei Fällen hob der Reichsfinanzhof Vorentscheidungen auf, weil sie entgegen dem Gesetzeswortlaut mit § 1 StAnpG begründet worden waren[14]. In zwei weiteren Fällen hatten Rechtsbeschwerdeführer beim Reichsfinanzhof Erfolg, weil ein Hauptzollamt und ein Finanzamt gegen Treu und Glauben verstoßen hatten[15]; in den Begründungen blieb unerwähnt, daß der Grundsatz von Treu und Glauben älter war als die nationalsozialistische Weltanschauung und das Steueranpassungsgesetz. In vier Fällen war das neue Recht zwar zitiert worden, aber nicht entscheidungserheblich gewesen[16].

---

11 RStBl. 1935, 641 ff.

12 RStBl. 1936, 1041 ff., insbesondere 1044 und 1056.

13 RFH-Urteile vom 30. Juli 1937 II A 319/36, RFHE 42, 33; 8. November 1937 VI 596/37, RFHE 42, 249; 25. Februar 1938 II 269/37, RFHE 43, 202; 26. April 1938 VIa 27/37, RFHE 44, 67; 11. Oktober 1938 I 288/38, RFHE 45, 56; 20. Oktober 1938 III 148/38, RFHE 45, 241; 25. Oktober 1938 VIa 19/38, RFHE 45, 144; 11. Mai 1939 IIIe 71/38, RFHE 47, 11; 22. September 1939 V 139/39, RFHE 47, 291; 8. November 1940 V 288/39, RFHE 49, 279; 27. August 1941 VI 199/40, RFHE 50, 337; 10. September 1941 VI 190/41, RFHE 50, 347; 10. November 1942 I 165/42, RFH 52, 251. Im Fall des RFH-Urteils vom 9. Juni 1937 VI A 354/37, RFHE 41, 283, hatte das Finanzamt seine Rechtsbeschwerde ohne Erfolg mit § 1 StAnpG begründet.

14 RFH-Urteile vom 9. April 1937 III A 72/37, RFHE 41, 194, und vom 28. September 1938 IIIe 21/38, RFHE 44, 44.

15 RFH-Urteile vom 27. August 1937 Vz A 182/35, RFHE 42, 92, und vom 10. September 1941 VI 190/41, RFHE 50, 347.

16 RFH-Gutachten vom 11. Juli 1936 GrS D 5/36, RFHE 39, 342, und RFH-Urteile vom 23. Oktober 1937 VIa 13/36, RFHE 42, 268; 10. Januar 1938 VI 766/37, RFHE 43, 100; 21. November 1940 III 155/39, RFHE 50, 16.

Nur in 29 von 1998 Fällen wurden Entscheidungen des Reichsfinanzhofs mit der nationalsozialistischen Weltanschauung begründet und auf § 1 StAnpG gestützt. Das entspricht einem Anteil von 1,4 von 100 amtlich veröffentlichten Entscheidungen. Der Anteil an sämtlichen Entscheidungen ist eher geringer als höher zu schätzen, weil eine „zeitgemäße" politische Urteilsbegründung eher Anlaß und Anreiz zur Veröffentlichung als zur Nichtveröffentlichung geboten haben dürfte. Das bedeutet, anders gewendet, daß mindestens 99 von 100 Entscheidungen des Reichsfinanzhofs genauso ausgefallen wären, wenn es die nationalsozialistische Weltanschauung und die politischen Vorschriften des Steueranpassungsgesetzes nicht gegeben hätte.

Die vorstehenden Zahlen sollen zunächst die quantitative Wirkung kennzeichnen, die von den nationalsozialistischen Auslegungsanweisungen des Gesetzes und des zuständigen Ressortchefs[17] im autoritären Staat ausgegangen ist. Die folgenden inhaltlichen Bemerkungen beziehen sich hauptsächlich auf die nationalsozialistisch infizierten Entscheidungen.

2. Inhaltliche Merkmale der infizierten Entscheidungen

a) Ein erster Blick über die fragwürdigen Entscheidungen zeigt Schwerpunkte und erweist, daß die meisten vom III. und VI. Senat herrühren[18]. Bei näherer Betrachtung wird erkennbar, daß die Ursache dafür nicht bei der personellen Besetzung gesucht werden muß, sondern bereits bei den materiell abgegrenzten Geschäftsbereichen zutage tritt. Offensichtlich waren die meisten Steuergesetze von Natur aus immun gegen Ideologie.

Wenige Bereiche waren dafür um so anfälliger. Von den 29 nationalsozialistisch infizierten Entscheidungen betrafen acht die Gemeinnützigkeit[19], je sechs die Reichsfluchtsteuer[20] sowie verschiedene Verfahrensfragen[21],

---

17 Dessen Weisungen erschöpften sich nicht in Runderlassen, vgl. RStBl. 1937, 1295, und Richtlinien, vgl. Abschnitt 17 Abs. 6 EStR 1939, RStBl. 1940, 73 ff.; sie begegnen uns auch in Festansprachen, vgl. RStBl. 1935, 641, und 1936, 1041, in belehrenden Vorträgen, vgl. DStZ 1936, 1291 = ZfZ 1936, 381, und Aufsätzen, vgl. Steuerwarte 1936, 545.

18 Zusammen 24 von 29 Entscheidungen.

19 RFH-Urteile vom 7. April 1936 I A 227/35, RFHE 39, 202; 17. März 1938 VIa 35/37, RFHE 43, 276; 17. März 1938 VIa 45/37, RFHE 43, 288; 29. November 1938 VIa 10/38, RFHE 45, 257; 31. August 1939 VIa 57/38, RFHE 47, 226; 23. Juli 1941 VIa 34/41, RFHE 50, 273; 3. März 1943 VIa 41/42, RFHE 53, 39; 17. März 1943 VIa 4/43, RFHE 53, 195.

20 RFH-Urteile vom 28. Januar 1938 III 226/37, RFHE 43, 128; 15. September 1938 III 208/38, RFHE 45, 36; 30. März 1939 III 34/39, RFHE 46, 277; 27. Juni 1939 III 101/39, RFHE 47, 115; 17. Juli 1941 III 37/41, RFHE 50, 315; 29. Oktober 1942 III 6/42, RFHE 52, 229. Mit Urteil vom 15. März 1934 III A 61/34, hatte der Senat noch eine Entscheidung zugunsten eines „nichtarischen Geschäftsmannes" getroffen, RFHE 36, 326.

21 RFH-Urteile vom 24. September 1936 IIIe A 55/36, RFHE 40, 75; 8. Januar 1937 III A 220/36, RFHE 40, 308; 24. Juni 1937 III A 26/37, RFHE 41, 303; 8. November 1937 VI 596/37, RFHE 42, 249; 27. Juni 1939 III 118/39, RFHE 47, 121.

darunter die Rechtsbeständigkeit von Einspruchsentscheidungen[22]; die restlichen 9 verteilten sich im Verlauf von 9 Jahren auf die verschiedensten Einzelsteuergesetze, von der Einkommen-, Körperschaft- und Umsatzsteuer bis zur Urkundensteuer[23].

b) In den Begründungen wird Subsumtionstechnik vernachlässigt, und gelegentlich fehlt jeglicher Zusammenhang zwischen dem Zitat der nationalsozialistischen Weltanschauung und dem Ergebnis der richterlichen Erwägungen.

In einem Gutachten hatte der Große Senat des Reichsfinanzhofs zu untersuchen, ob der von einem Waisenhaus seit 1694 beim Verkauf von Grundstücken erhobene „Gottespfennig" mit dem Reichsrecht vereinbar war. Die Frage wurde für die Zeit nach dem Inkrafttreten des Grunderwerbsteuergesetzes von 1919 verneint[24]. Zitiert wurde ein Leitsatz zur richterlichen Unabhängigkeit [!], den der *Reichsführer der Rechtswahrer,* Reichsminister Dr. *Frank,* am 14. Januar 1936 vor der Akademie für Deutsches Recht wie folgt formuliert hatte: „Grundlage der Auslegung aller Rechtsquellen ist die nationalsozialistische Weltanschauung, wie sie insbesondere im Parteiprogramm und in den Äußerungen des Führers ihren Ausdruck findet."[25]

In Wirklichkeit wurde die nationalsozialistische Weltanschauung in den folgenden Jahren vom Reichsfinanzhof nur in einer einzigen Entscheidung entsprechend konkretisiert und mit Zitaten aus *Hitlers* „Mein Kampf" und dem Programm der NSDAP belegt[26]. Die anderen Begründungen beließen es bei Schlagworten oder setzten den entscheidungserheblichen Inhalt der nationalsozialistischen Weltanschauung als bekannt voraus.

In einer Entscheidung zur Gemeinnützigkeit hieß es, zwischen rassepolitischen Zielen und nationalsozialistischer Weltanschauung könne nicht unterschieden werden. „Der Rassegedanke ist vielmehr Ausgangspunkt und damit ein sehr wesentlicher Bestandteil der nationalsozialistischen Weltanschauung."[27] Vielfach wurde der Nutzen für die deutsche Volksgemeinschaft in den Vordergrund gerückt[28] oder betont, daß Steuerzahlen

22 RFH-Urteil vom 16. Dezember 1937 IIIe 27/37, RFHE 43, 34.
23 RFH-Urteil vom 24. April 1941 II 308/39, RFHE 50, 156.
24 RFH-Gutachten vom 11. Juli 1936 GrS D 5/36, RFHE 39, 342. Den Gedankengang vom Zitat bis zu der Feststellung, daß der Gottespfennig seit dem Grunderwerbsteuergesetz 1919 mit dem Reichsrecht nicht mehr vereinbar sei, habe ich nicht nachzuvollziehen vermocht.
25 Deutsche Juristenzeitung 1936, 175 und 179.
26 Nämlich das RFH-Urteil vom 29. November 1938 VIa 10/38 zur Mission in Afrika mit den „Ausführungen des Führers in ‚Mein Kampf' S. 445 und 446 und Punkt 24 des Programms der NSDAP".
27 RFH-Urteil vom 17. März 1938 VIa 35/37, RFHE 43, 276.
28 RFH-Urteile vom 23. Januar 1936 III A 2/36, RFHE 39, 68 (70); 7. April 1936 I A 227/35, RFHE 39, 202 (209); 21. Oktober 1936 VI A 30/36; RFHE 40, 290 (295) und andere mehr.

eine sittliche Pflicht, eine „öffentlich-rechtliche Treuverpflichtung aller Volksgenossen" sei[29]. Als jedoch ein Finanzamt die Ausdehnung der Arrestvorschrift des § 378 AO 1931 auf Geldstrafen mit dem Satz „Gemeinnutz geht vor Eigennutz" begründet und das ablehnende Urteil des Finanzgerichts als „unnationalsozialistisch" angegriffen hatte, führte der Reichsfinanzhof unter Berufung auf *Reinhardt*[30] aus, eine Auslegung im Sinne des Steueranpassungsgesetzes komme „nur insoweit in Betracht, als sich nicht aus dem Wortlaut des Gesetzes bereits in aller Eindeutigkeit ergibt, was hinsichtlich des gegebenen Tatbestandes zu gelten hat"[31].

Kaum hatte der VI. Senat diesen Grundsatz formuliert, als der III. Senat zwei Wochen später eine Entscheidung gegen den eindeutigen Wortlaut des § 253 Satz 2 AO 1931 traf. Zwar müsse die Zurücknahme eines Rechtsmittels schriftlich erklärt werden, jedoch seien „Verfahrensvorschriften" nicht um ihrer selbst willen geschaffen. Bei Beachtung der Volksanschauung und der nationalsozialistischen Weltanschauung könne ein konkludentes Verhalten ausreichen[32].

Die beiden Entscheidungen kennzeichnen ein Dilemma, das in allen Jahren des Dritten Reiches ab 1934 in Erscheinung trat. Entweder wurde die Anwendung des § 1 StAnpG mit Rücksicht auf den eindeutigen Gesetzeswortlaut abgelehnt[33] oder das Abweichen davon mit § 1 StAnpG begründet[34], falls man eine pauschale Inanspruchnahme der Volksanschauung oder der nationalsozialistischen Weltanschauung als Begründung gelten lassen will.

Bei der Nichtanwendung von Gesetzen aus der Zeit vor der *Machtübernahme* war die Hemmschwelle niedrig. Zu § 50 der Dritten Steuernotverordnung von 1924[35] hieß es: „der damalige Reichstag besteht nicht mehr, und es ist anzunehmen, daß die Vorschrift . . ., wenn sie jetzt erlassen worden wäre, die ursprünglich von der Reichsregierung beabsichtigte Fassung erhalten hätte"[36]. Über die nach 1933 erlassenen Rechtsvorschriften konnte man nicht hinweggehen, ohne den nationalsozialistischen Gesetzgeber zu desavouieren. Deshalb unterschied der I. Senat: „Während bei der Auslegung von Gesetzesvorschriften, bei deren Erlaß

---

29 RFH-Urteil vom 22. Mai 1935 VI A 467/34, RFHE 38, 44.

30 Steuerwarte 1936, 545.

31 RFH-Urteil vom 9. Juni 1937 VI A 354/37, RFHE 41, 283. Bei einer Berufung auf Punkt 24 des Parteiprogramms der NSDAP vom 24. Februar 1920 und auf *Otto Koellreutter*, Deutsches Verwaltungsrecht, 2. Aufl. 1938, hätte jede Zweifelsfrage zum Nachteil der Steuerpflichtigen ausgelegt werden müssen. Grundlegend zu ‚Gemeinnutz vor Eigennutz' *Michael Stolleis*, Gemeinwohlformeln im nationalsozialistischen Recht, 1974, S. 76 ff.

32 RFH-Urteil vom 24. Juni 1937 III A 26/37, RFHE 41, 303.

33 RFH-Urteile vom 25. Februar 1938 II 269/37, RFHE 43, 202; 9. Juni 1937 VI A 354/37, RFHE 41, 283.

34 RFH-Urteile vom 20. November 1941 IV 47/41, RFHE 51, 112; 29. Oktober 1942 III 6/42, RFHE 52, 229.

35 3. StNotV vom 14. Februar 1924, RGBl. I, 74.

36 RFH-Urteil vom 27. Juni 1939 III 118/39, RFHE 47, 121.

die nationalsozialistische Weltanschauung noch nicht maßgebend war, u.U. auch von dem klaren Gesetzeswortlaut . . . abgewichen werden darf und muß, hat sich die Auslegung von Gesetzen, die bereits vom nationalsozialistischen Gesetzgeber geschaffen worden sind, auf die Klärung zweifelhafter Fragen und auf die Ausfüllung offenbarer Gesetzeslücken zu beschränken; keinesfalls darf sie zu einer Entscheidung führen, die mit der klaren Absicht des Gesetzgebers in Widerspruch stehen würde."[37]

Auch aus einem Unterlassen des Gesetzgebers wurden Schlüsse gezogen. Zur Fortgeltung einer Befreiungsvorschrift von der Reichsfluchtsteuer hieß es: „Wenn die Vorschrift mit der nationalsozialistischen Weltanschauung und der heutigen Volksauffassung in Widerspruch stände, wäre sie zweifellos durch das Änderungsgesetz vom 18. Mai 1934[38] . . . aufgehoben worden."[39] Gegenüber einem allzu forschen Finanzgericht stellte der III. Senat fest: „Auch im nationalsozialistischen Staat sind die Steuergerichte an die geltenden Gesetze gebunden."[40]

Dabei hätte man es in diesem Bericht bewenden lassen können, wären nicht weiterhin Urteile gegen den Gesetzeswortlaut erlassen worden[41]. In keinem Fall wurde klar gesagt, daß § 1 StAnpG ein Gesetz höheren Ranges sei. Jedoch erhielt die Vorschrift in der Spruchpraxis Vorrang, wenn das Ergebnis der Subsumtion eines Sachverhalts unter das einschlägige Steuergesetz aus einem Grunde, der mit der Volksanschauung in Verbindung gebracht werden konnte, unbefriedigend erschien.

Das Risiko des Reichsfinanzhofs, über den Inhalt der Volksanschauung oder der nationalsozialistischen Weltanschauung mit der nationalsozialistischen Ressortführung in Konflikt zu geraten, war gering, ohne daß es profunder ideologischer Kenntnisse oder prophetischer Gaben der Richter bedurfte. Aufgrund § 287 Nr. 2 AO 1931 wurde der Reichsminister der Finanzen um Stellungnahme ersucht, und der Gerichtshof konnte sich gesetzlich einrichten. Abweichende Urteile sind mir nicht begegnet. Spöttisch wurde damals gereimt:

> „Herr Reinhardt ist ein starker Mann –
> der Reichsfinanzhof schließt sich an."

c) Vier der 29 Entscheidungen, die in der amtlichen Sammlung mit § 1 StAnpG begründet wurden, fielen zugunsten der Steuerpflichtigen aus. Indessen wäre es verfehlt, in ihnen, im Gegensatz zu den anderen, die „guten" Entscheidungen zu vermuten. Mindestens drei der Urteile verra-

37 RFH-Urteil vom 11. Oktober 1938 I 288/38, RFHE 45, 56.

38 Gesetz über Änderung der Vorschriften über die Reichsfluchtsteuer vom 18. Mai 1934, RGBl. I, 392.

39 RFH-Urteil vom 9. April 1937 III A 72/37, RFHE 41, 194.

40 RFH-Urteil vom 28. April 1938 IIIc 21/38, RFHE 44, 44.

41 RFH-Urteile vom 27. Juni 1939 III 118/39, RFHE 47, 121; 17. Juli 1941 III 37/41, RFHE 50, 315; 20. November 1941 IV 47/41, RFHE 51, 112 [!]; 29. Oktober 1942 III 6/42, RFHE 52, 229.

ten bereits durch ihren Stil[42], daß sie nicht zu den Ruhmesblättern des Reichsfinanzhofs gehören.

Im Falle der gesetzwidrigen Steuerfreiheit eines Schülerheimes hieß es: „Nationalsozialistisches Denken, Fühlen und Handeln schon von Jugend auf zu erschließen, strebt das Schülerheim in ganz besonderem Maße an."[43]

In einem Fall zuerkannter Schenkungsteuerfreiheit hieß es:

„Ein Deutscher wird nicht bereichert, sondern erhält nur das, was ihm gehört, wenn ihm ein Ausländer Teile des auf Grund des Versailler Diktats geraubten ausländischen Eigentums zurückgibt, ohne . . . dazu verpflichtet zu sein."[44]

Im Fall der im Gesetz nicht vorgesehenen Steuerfreiheit einer Altenteilsbestellung hieß es, nicht die formelle Rechtslage gebe den Ausschlag, sondern die Tatsache, „daß der Hof in dem Zustand, wie er übergeben wird, . . . ein durch die Mitarbeit der Frau erhaltenes und geschaffenes Wirtschaftsgut" sei[45].

Im Fall der erbschaftsteuerlichen Anerkennung der Adoption eines 47jährigen durch seinen 78jährigen Oheim hieß es: „Es entsprach . . . durchaus gesunder und nationalsozialistischer Auffassung . . ., wenn der Erblasser . . . bestrebt war, . . . den Beschwerdeführer stärker an sich zu binden, um die Wahrung der Familienüberlieferungen durch die reinblütige Fortsetzung des Stammes auf alle Fälle zu sichern und andererseits ihm zur hohen Pflicht zu machen . . ."[46]

Umgekehrt gereichte es nicht jedem Rechtsbeschwerdeführer zur Ehre, beim Reichsfinanzhof mit einer auf § 1 StAnpG gestützten Begründung unterlegen zu sein. Das erweist etwa der Fall des Gesellschafters einer OHG, der seinen jüdischen Mitgesellschafter mit der Hälfte seines Kapitalkontos abgefunden hatte und den Unterschiedsbetrag vom Firmenwert des nunmehr *arisierten* Unternehmens abschreiben wollte[47].

3. Vorhersehbarkeit der Rechtsprechung

Zu der befriedenden Funktion der höchstrichterlichen Rechtsprechung gehört ihre Vorhersehbarkeit[48]. Ist vorherzusehen, wie eine Rechtsfrage

42 Angesichts der schwülstigen Ausdrucksweise fällt es schwer, sich Beziehungen zwischen Recht und Ästhetik vorzustellen, vgl. *Heinrich Triepel,* Vom Stil des Rechts, 1947, S. 58 ff. und 149 ff.

43 RFH-Urteil vom 27. Januar 1939 V 515/37, RFHE 46, 187; auch angeführt unter III.3.d.

44 RFH-Urteil vom 19. Dezember 1940 IIIe 24/39, RFHE 49, 339.

45 RFH-Urteil vom 24. April 1941 II 308/39, RFHE 50, 156.

46 RFH-Urteil vom 26. November 1942 IIIe 39/41, RFHE 52, 253.

47 RFH-Urteil vom 17. September 1941 VI 12/41, RFHE 50, 349.

48 Im Sinne von „Verläßlichkeit", vgl. *Maunz/Dürig,* Kommentar zum Grundgesetz, Art. 20 GG, Rdnr. 62 ff. zu Abschnitt VII.

letztendlich entschieden wird, müssen steuerliche Dispositionen nicht im Ungewissen getroffen werden und es erübrigt sich, wenn es nicht auch um Zeit- und Zinsgewinn geht, den Rechtsweg zu beschreiten.

Im Steuerrecht konnte von einem Gewinn an „Klarheit und Rechtssicherheit"[49] keine Rede mehr sein, nachdem die ersten Urteile des Reichsfinanzhofs veröffentlicht waren. Ob die Richter sich an den Wortlaut eines Gesetzes oder an ihre bisherige Auslegung halten würden, war unter der Herrschaft des § 1 StAnpG weniger klar als zuvor, falls nicht Juden betroffen waren oder die Gemeinnützigkeit oder die Reichsfluchtsteuer infrage standen.

a) Falls jüdische Steuerpflichtige betroffen waren, kam nach dem Erlaß der Nürnberger Gesetze vom 15. September 1935[50] in der Sammlung des Reichsfinanzhofs kein Urteil mehr vor, das nicht zu ihrem Nachteil ausgefallen war[51]. Juden und jüdischen Zweckvermögen wurden gesetzliche Steuervergünstigungen abgesprochen, und Zweifelsfragen wurden zu ihren Ungunsten entschieden[52].

Bemerkenswerte Beispiele bieten

- die Nichtanwendung des § 34 Abs. 2 Ziffer 4 EStG auf Zinsen aus der Einlösung von Auslosungsrechten, begründet mit dem einen Satz: „Es würde der gesunden deutschen Volksanschauung widersprechen, wenn einem Juden der ermäßigte Steuersatz . . . zugebilligt würde"[53];
- die Aberkennung der Gemeinnützigkeit jüdischer Einrichtungen, sei es ein Kinder- und Säuglingsheim[54], ein Sportverein[55] oder eine Krankenanstalt[56];
- im Falle eines Juden, der nach Palästina ausgewandert war, die Abkehr von der Rechtsprechung, nach der Schenkungen, die erst nach der Auswanderung vollzogen wurden, von der Fluchtsteuer freigeblieben waren[57].

---

49 Worte aus der Begründung zum Steueranpassungsgesetz, RStBl. 1934, 1398.

50 Reichsbürgergesetz und Gesetz zum Schutz des deutschen Blutes und der deutschen Ehre, beide gegeben am 15. September 1935 in Nürnberg auf dem Reichsparteitag der Freiheit [!], RGBl. I, 1146.

51 Anders vor dem Inkrafttreten des Steueranpassungsgesetzes das RFH-Urteil vom 15. März 1934 III A 61/34, RFHE 36, 326, und vor den Rassegesetzen das RFH-Urteil vom 28. Februar 1935 III A 208/34, RFHE 37, 252.

52 Lückenlose Nachweise bei *Günther Felix*, Kurzkommentierte Auswahl-Dokumentation der Juden-Rechtsprechung des Reichsfinanzhofs, BB 1993, 1597.

53 RFH-Urteil vom 20. November 1941 IV 47/41, RFHE 51, 112. Der Leitsatz lautete: „Der § 34 des Einkommensteuergesetzes ist auf Juden nicht anwendbar". Die Begründung klingt in ihrer extremen Kürze besonders gehässig; sie beginnt mit den Worten: „Der Jude A in Breslau . . ."

54 RFH-Urteil vom 17. März 1938 VIa 35/37, RFHE 43, 276.

55 RFH-Urteil vom 17. März 1938 VIa 45/37, RFHE 43, 288.

56 RFH-Urteil vom 23. Juli 1941 VIa 34/41, RFHE 50, 273.

57 RFH-Urteil vom 28. Januar 1938 III 226/37, RFHE 43, 128.

b) Bei der Gemeinnützigkeit gab es keinen Zweifel mehr, daß sie allen Körperschaften versagt wurde, deren Zweck nicht unmittelbar deutschen Volksgenossen arischer Abstammung zugutekommen sollte[58]. Darüber hinaus wurden religiöse Zusammenschlüsse und kirchliche Einrichtungen nur noch anerkannt, wenn sie zu den großen Glaubensgemeinschaften gehörten, weil „nach den Anschauungen der Volksgesamtheit . . . eine Zersplitterung auf religiösem Gebiet dem Wohl der deutschen Volksgemeinschaft nicht dienlich" sei. Zuerst wurde diese Feststellung zum Nachteil einer Stiftung getroffen die den Zweck hatte, „Judenmission im Sinne der evangelisch-lutherischen Kirche zu treiben"; hierzu hieß es: „. . . das deutsche Volk sieht in dem Übertritt von Juden zum christlichen Glauben keine Förderung seines Wohls"[59]. Andere Urteile trafen einen Verein zur „Förderung der reinen Jesulehre auf Grundlage der Lutherbibel"[60], eine evangelisch-lutherische Freikirche[61] und eine Bibelanstalt, die unter anderem auch Missionsbibeln in Suaheli-Sprache herstellte und verbreitete[62].

c) Reichsfluchtsteuersachen wurden regelmäßig zugunsten des Reiches entschieden, sowohl bei zweifelhafter Auslegung der Fluchtsteuervorschriften wie bei lückenhafter Regelung.

Der Reichsfinanzhof entschied,

- daß dem maßgebenden Vermögen auch Schenkungen hinzuzurechnen waren, die dem Steuerpflichtigen lediglich die Mittel zur Auswanderung verschafft hatten[63];
- daß zum maßgebenden Einkommen auch der Erlös aus einer zwangsweisen Geschäftsveräußerung zählte. Das Finanzgericht hatte unter Berufung auf § 1 StAnpG gelten lassen, daß nach dem Zweck der Regelung nur Einkommen aus gewöhnlichen Einkommensquellen zu berücksichtigen sei, nicht auch Einkommen, das durch die Aufgabe der wirtschaftlichen Existenz entstanden sei; auch sei hier die Steuerquelle dem Reich nicht verlorengegangen, sondern nur auf einen anderen Steuerpflichtigen übergegangen. Der Reichsfinanzhof gab der Rechtsbeschwerde des Finanzamts statt, ohne § 1 StAnpG zu erwähnen[64];
- daß es aufgrund § 1 StAnpG gerechtfertigt sei, von einem Tschechen, der nicht auch deutscher Staatsangehöriger war und vor seiner Auswanderung nicht im Protektorat Böhmen und Mähren[65], sondern in

---

58 RFH-Urteil vom 29. November 1938 VIa 10/38, RFHE 45, 257, im Falle eines Vereins zur Förderung der katholischen Missionen und der Sklavenbefreiung in Afrika.

59 RFH-Urteil vom 25. Oktober 1938 VIa 88/37, RFHE 45, 139.

60 RFH-Urteil vom 25. Oktober 1938 VIa 19/38, RFHE 45, 144.

61 RFH-Urteil vom 3. März 1943 VIa 41/42, RFHE 53, 39.

62 RFH-Urteil vom 17. März 1943 VIa 4/43, RFHE 53, 195.

63 RFH-Urteil vom 28. Januar 1938 III 226/37, RFHE 43, 128.

64 RFH-Urteil vom 7. Oktober 1937 III A 138/37, RFHE 42, 168.

65 Vgl. die Auswanderungsteuer gemäß Verordnung der Protektoratsregierung vom 23. November 1939, Sammlung der Gesetze und Verordnungen des Protektorats Böhmen und Mähren 1939, 853.

Wien gewohnt hatte, trotz fehlender Tatbestandsmerkmale Reichsfluchtsteuer zu erheben, weil es dem Grundsatz der Gleichmäßigkeit der Besteuerung widerspreche, „wenn . . . Angehörige des ehemaligen tschechoslowakischen Staates im Reich keine Fluchtsteuer zu entrichten hätten“[66];

- daß ein Tscheche, der 1939 aus dem Reichsgebiet ausgewandert war, Reichsfluchtsteuer schulde. § 1 StAnpG rechtfertige es, „die in der Fluchtbesteuerung bestehende offenbare Lücke zu schließen“[67].

d) Außerhalb der vorstehend abgegrenzten besonderen Bereiche riefen die vereinzelten Entscheidungen, in denen auf dem gesamten übrigen Steuerrechtsgebiet die Anwendung des § 1 StAnpG bejaht oder verneint wurde, teils aus dem Blickwinkel der bisherigen Rechtsprechung, teils aus dem Blickwinkel der nationalsozialistischen Weltanschauung betrachtet, handfeste Überraschungen hervor.

Ein Beratender Ingenieur, den das Finanzamt als Gewerbetreibenden besteuert hatte, glaubte sich für das Beschwerdeverfahren[68] gewiß gut gerüstet, als die Hauptstelle für Berufsfragen der Reichsleitung der NSDAP in einem Gutachten ausführlich dargelegt hatte, daß „die beteiligten Kreise der Technik die Heranziehung eines Beratenden Ingenieurs . . . zur Gewerbesteuer nicht verstehen könnten“; er machte geltend, daß diese Stelle in seinem Falle als der berufene Interpret der Volksanschauung im Sinne des § 1 StAnpG angesehen werden müsse. Unbeeindruckt wies der Reichsfinanzhof die Beschwerde getreu seiner herkömmlichen Rechtsprechung mit der Begründung zurück, daß der große Mitarbeiterstab gegen eine freiberufliche Tätigkeit spreche[69].

Kehrte der Reichsfinanzhof in einem Fall unter Berufung auf § 1 StAnpG sogar zur wortgetreuen Auslegung eines Steuergesetzes zurück[70], wurden andererseits nicht nur Zweifelsfragen anders entschieden als bisher, sondern auch unzweideutige Rechtsvorschriften mit einem richterlichen Federstrich außer Kraft gesetzt[71].

Im nationalsozialistischen Zeitgeist hatte der Reichsfinanzhof das Schülerheim einer Aufbauschule von der Umsatzsteuer freigestellt. Eine gewerbliche Tätigkeit wurde verneint, weil die Schule „zu einer nationalsozialistischen Musterschule ausgebaut [worden ist]. Die nationalsozialisti-

66 RFH-Urteil vom 17. Juli 1941 III 37/41, RFHE 50, 315.

67 RFH-Urteil vom 29. Oktober 1942 III 6/42, RFHE 52, 229.

68 Diese Bezeichnung entspricht dem im Kriege vereinfachten Verfahren.

69 RFH-Urteil vom 27. August 1941 VI 199/40, RFHE 50, 337.

70 So in der Frage der steuerlichen Haftung eines Rechtsanwalts als Konkursverwalter, vgl. RFH-Urteil vom 24. September 1936 IIIe A 55/36, RFHE 40, 75.

71 So bei der gesetzlich nicht vorgesehenen Ausnahme von der Urkundensteuer, wenn für eine Bäuerin das Altenteil bestellt wurde, vgl. RFH-Urteil vom 24. April 1941 II 308/39, RFHE 50, 156.

sche Weltanschauung und der auf ihr beruhende Gemeinschaftsgeist ist dem Schülerheim starker Mittelpunkt; nationalsozialistisches Denken, Fühlen und Handeln den Schülern schon von Jugend auf zu erschließen, strebt das Schülerheim in ganz besonderem Maße an. Bei einem solchen Tatbestand kommt der Senat zu der Überzeugung, daß . . . ohne das Heimleben die Schule ihren eigentlichen Zweck nicht erfüllen könnte."[72]

Wer dieses Urteil kannte, konnte sich nicht mehr wundern, daß der Zeitgeist stark genug war, auch einen systembedingten Grundsatz des Steuerrechts fallweise zu verdrängen. Anfang 1939 verneinte der Reichsfinanzhof die gewinnmindernde Wirkung einer Ordnungsstrafe, welche die Preisüberwachungsstelle gegen eine Körperschaft verhängt hatte. Der Grundsatz, daß mangels einer Privatsphäre sämtliche Ausgaben einer Körperschaft Betriebsausgaben sind, müsse zurücktreten, wenn er mit § 1 StAnpG nicht vereinbar sei. Verstöße gegen Anordnungen zur Durchführung des Vierjahresplanes stellten „eine Gefährdung des ganzen Volkes in dem ihm aufgezwungenen Wirtschaftskampfe dar"[73].

IV. Zusammenfassung

Der vorstehende Beitrag[74] ermöglicht zwei gegensätzliche Mißverständnisse. Das konzentrierte Hervorheben von Entscheidungen, die wir spätestens heute als rechtswidrig empfinden, könnte das Vorurteil bestärken, die Rechtsprechung des Reichsfinanzhofs sei durch und durch vom Nationalsozialismus beherrscht gewesen, und das Gericht habe sich lediglich als Gehilfe der Regierung betätigt. Zu diesem Eindruck tragen besonders die judenfeindlichen Urteile bei[75]. Nicht zuletzt der Zahlenvergleich zwischen nationalsozialistisch geprägten zu ideologisch neutralen Entscheidungen von etwa 1 : 100 könnte aus entgegengesetzten Richtungen interpretiert werden, sowohl als „Versuch, den nationalsozialistischen Einfluß zu verharmlosen" wie als „Beweis dafür, daß es so schlimm nicht gewesen sein kann".

In Wirklichkeit wird der Ruf des Reichsfinanzhofs durch eine verhältnismäßig geringe Zahl von erschreckenden Unrechtsurteilen auf eng be-

72 RFH-Urteil vom 27. Januar 1939 V 515/37, RFHE 46, 187.
73 RFH-Urteil vom 28. März 1939 I 27/39, RFHE 46, 279; ebenso das RFH-Urteil vom 17. Juli 1940 VI 80/40 für Vertragsstrafen, die von Wirtschaftsverbänden gegen ein angeschlossenes Unternehmen wegen Zuwiderhandlungen gegen Preisschutzbestimmungen ihrer Marktordnungen verhängt wurden, RFHE 49, 105.
74 Bereits 1992 den Herausgebern benannt und konzipiert.
75 Vgl. die Zusammenstellung von *Felix*, BB 1993, 1597 ff.

grenzten Teilbereichen und durch einzelne Entgleisungen auf anderen Gebieten des Steuerrechts immer beeinträchtigt bleiben. Auf der anderen Seite darf nicht verkannt werden, wie groß die Gebiete waren, die von einer nationalsozialistischen Rechtsprechung verschont geblieben sind, man denke nur an die Lohnsteuer[76] und die Umsatzsteuer[77]. Das ist, wenn man die großspurige Einführung des § 1 StAnpG[78] und weitergehende Wünsche des Staatssekretärs im Reichsministerium der Finanzen[79] in Betracht zieht, nicht so selbstverständlich, wie es heute scheinen mag.

76 Die von keiner Entscheidung betroffen wurde.

77 Auf die sich vier Entscheidungen bezogen, von denen drei die Anwendung des § 1 StAnpG ablehnten, vgl. RFH-Urteile vom 27. Januar 1939 V 515/37, RFHE 46, 187, sowie vom 22. September 1939 V 139/39, RFHE 47, 291; 24. Mai 1940 V 140/38, RFHE 49, 31; 8. November 1940 V 288/39, RFHE 49, 279.

78 Von *Fritz Reinhardt* am 23. Oktober 1936 der Akademie für Deutsches Recht als „Staatsgrundgesetz" vorgestellt, RStBl. 1936, 1041.

79 Vgl. *Gerd Uffelmann,* Wie weit ist die Rechtsprechung des Reichsfinanzhofs von 1933–1945 noch anwendbar? Heft 1 der Neuen Steuerrechtlichen Schriftenreihe, herausgegeben von *Ottmar Bühler* und *Friedrich Klein,* 1949 S. 16 ff.

Hartmut Reim

Steuerrechtsprechung und Wirtschaft

Inhaltsübersicht

Das von den Steuerbürgern und der Finanzverwaltung anzuwendende Steuerrecht wird zwar in erster Linie vom Parlament gestaltet. Unser Steuerrecht ist jedoch tatsächlich eine Mischung von Gesetzesrecht und Richterrecht. Mitgestalter der Steuerrechtsordnung sind daher auch alle Gerichte, die sich mit Steuerrecht befassen[1].

I. Fortentwicklung des Steuerrechts durch die Rechtsprechung besonders im unternehmerischen Bereich

Für die Steuerrechtsprechung sind in Deutschland 19 Finanzgerichte mit fast 600 Richtern[2] und der Bundesfinanzhof in München mit 63 Bundesrichtern[3] zuständig. Daneben wird immer wieder das Bundesverfassungsgericht in Karlsruhe mit grundlegenden Fragen des Steuerrechtes befaßt[4]. Mit der zunehmenden Vereinheitlichung der indirekten Steuern und wegen der durch die Europäische Gemeinschaft verursachten Marktordnungsabgaben hat auch die Zahl der steuerlich bedeutsamen Entscheidungen des Europäischen Gerichtshofs in Brüssel zugenommen[5]. Die

1 *Franz Klein* in Vogelgesang (Hrsg.), Perspektiven der Finanzverwaltung, 1992, S. 42.
2 Nach Erhebungen der Arbeitsgemeinschaft der Präsidenten der Finanzgerichte zum 1. Januar 1993: 578, wobei sich die Finanzgerichte in den neuen Bundesländern noch im Gründungsstadium befanden.
3 Jahresbericht des BFH 1993, Abschn. A. I 2.
4 *Paul Kirchhof,* Die Rechtsprechung des Bundesverfassungsgerichts in ihrer Bedeutung für das Steuerrecht, Stbg 1991, 552 ff.
5 *Franz Klein,* Steuerwesen und Finanzgerichtsbarkeit, JbFSt 1989/90, 46.

beeindruckende Quantität veröffentlichter Steuerrechtsprechung ist ein Spiegelbild der Hektik der Steuergesetzgebung und der Vielzahl der Erlasse der obersten und der Mittel-Behörden der Finanzverwaltung, aber auch notwendige Konsequenz der Vielschichtigkeit der steuerrechtlich zu würdigenden Lebenssachverhalte und der Fortentwicklung der Lebensverhältnisse insbesondere im wirtschaftlichen Bereich. Unter Beachtung der großen Veränderungen der Lebensumstände unserer Zeit kann und darf die Auslegung des Rechts nichts statisch Feststehendes sein. Sie unterliegt dem Wandel und der Fortentwicklung[6], sie muß beweglich bleiben[7]. Die Rechtsfortbildung durch die Rechtsprechung ist auch für das Steuerrecht unverzichtbar[8]. Angesichts der Schwerfälligkeit unserer Gesetzgebung bei der zutreffenden Regelung für neue Entwicklungen ist besonders bei den dynamischen Wirtschaftsabläufen die Erkenntnis wichtig, daß auch die Rechtsprechung in diesem Entwicklungsprozeß des Rechts einen aktiven Teil darstellt[9].

Für die Entwicklung des Steuerrechts sind dabei aus der Rechtsprechung die Gerichtsentscheidungen besonders bedeutsam, die zu einer Entscheidung in der Hauptsache geführt haben[10], von diesen vor allem die (amtlich oder nichtamtlich) veröffentlichten Urteile und Beschlüsse. Die Freigaben zur Veröffentlichung[11] beziehen sich im Jahresdurchschnitt beim Bundesfinanzhof auf etwa 11 bis 15 v.H. seiner gesamten Entscheidungen[12]. Von den Urteilen und Beschlüssen der Finanzgerichte werden jähr-

6 *Franz Wassermeyer,* Über die Kontinuität in der Rechtsprechung des Bundesfinanzhofs, DStR 1989, 566.

7 *Wilhelm Hartz,* Überlegungen zur Rechtsprechungspraxis des Bundesfinanzhofs und der Finanzgerichte, DB 1973, 23; *Heinrich Wilhelm Kruse,* Festschrift 75 Jahre Reichsfinanzhof–Bundesfinanzhof, 1993, 239.

8 *Karl Koch,* Der Einfluß der Rechtsprechung des Bundesfinanzhofs auf die Verwaltung und Gesetzgebung, DStZ 1975, 370 ff.; *Heinrich Wilhelm Kruse,* Über Richterrecht, DStZ 1975, 373 ff.; *Werner Flume,* Steuerrechtsprechung und Steuerrecht, StbJb. 1985/86, S. 310; *Heinrich Weber-Grellet,* Tendenzen der BFH-Rechtsprechung, StuW 1993, 200 f.; *Peter Hellwig,* Festschrift 75 Jahre Reichsfinanzhof–Bundesfinanzhof, 1993, 255 ff., 259; *Brigitte Knobbe-Keuk,* ebenda, 303 ff.

9 *Hartz* a.a.O. (Fn. 7) S. 23 f.

10 Nach dem Jahresbericht des BFH 1992 Übersicht B. I. 6: 2448 Entscheidungen = 65,8% aller verfahrensabschließenden Entscheidungen; nach der Arbeitsunterlage des Statistischen Bundesamtes Wiesbaden, Finanzgerichtsbarkeit 1992, Tabelle 2.2 lfd. Nr. 23, bei den Finanzgerichten 11 651 Entscheidungen = 72,4% aller verfahrensabschließenden Entscheidungen.

11 § 5 Abs. 3 Geschäftsordnung des BFH.

12 *Klaus Offerhaus,* Der Bundesfinanzhof, 3. Aufl. 1993, S. 31; Die Entscheidungen des BFH werden in der von Mitgliedern des BFH herausgegebenen (amtlichen) Sammlung der Entscheidungen des Bundesfinanzhofs (BFHE), in dem vom Bundesfinanzministerium herausgegebenen Bundessteuerblatt (BStBl.) und in mehreren Fachzeitschriften veröffentlicht. Seit einigen Jahren ist daneben auch eine monatlich erscheinende Sammlung amtlich nicht veröffentlichter BFH-Entscheidungen getreten, die von Mitgliedern des BFH herausgegeben wird (BFH/NV).

lich etwa 7 v.H. veröffentlicht[13]. Die Rechtsprechung durch die Gerichte erfährt zwar eine gewisse Einschränkung durch Nichtanwendungserlasse der Finanzverwaltung oder durch gesetzliche Korrekturen. Deren Zahl ist jedoch so gering, daß sie vernachlässigt werden kann: Jährlich durchschnittlich weniger als zwei Nichtanwendungserlasse und nur in absoluten Ausnahmefällen eine Änderung der durch die Rechtsprechung entstandenen Rechtslage durch den Gesetzgeber[14].

Die Urteile des Bundesfinanzhofs, aber auch schon der Finanzgerichte, konkretisieren das abstrakte Recht nicht nur im Einzelfall, sondern in vielen Fällen auch mit einer deutlichen Breitenwirkung[15]. Oft ist es nicht eine hohe Streitsumme, sondern die Musterfunktion des Einzelfalls, die die jeweilige Gerichtsentscheidung richtungweisend sein läßt: In Massenverfahren der Besteuerung kann das eine unabsehbare Zahl ähnlicher Fälle betreffen[16]. Obwohl die Unternehmen regelmäßig den Kompromiß mit der Steuerverwaltung suchen und sich nur sehr schwer zu einem Rechtsstreit bis zum Bundesfinanzhof entschließen[17], betreffen steuerrechtliche Entscheidungen zu einem wesentlichen Teil unternehmerische Steuerprobleme[17a].

Eine statistische Auswertung der Rechtsprechung aller deutschen Finanzgerichte[18] zeigt, daß etwa zwei Drittel der abgeschlossenen Verfahren dem unternehmerischen Bereich zuzuordnen sind. Ähnliches kann für die beim Bundesfinanzhof anhängigen Verfahren gesagt werden, wenn auch aufgrund anderer Bezugsgrößen. Von den zu Beginn des Jahres 1992 anhängig gewesenen und im Laufe des Jahres 1992 neu angefallenen Revisionen und Nichtzulassungsbeschwerden dürften etwa die Hälfte Streitfragen aus unternehmerischer Betätigung betroffen haben[19]. Schwerpunkt bilden dabei die gewerblichen Familienunternehmen, die mit ihren spezi-

---

13 Wesentlichste Veröffentlichungsstelle ist die zweimal monatlich erscheinende Sammlung der „Entscheidungen der Finanzgerichte" (EFG).

14 *Franz Klein,* BFH-Rechtsprechung – Anwendung und Berücksichtigung durch die Finanzverwaltung, DStZ 1984, 55 ff.; *ders.,* Steuerwesen und Finanzgerichtsbarkeit, JbFSt 1989/90, 42 f.; *ders.* in Vogelgesang a.a.O. (Fn. 1) S. 48; zur Rechtsprechungskorrektur vgl. auch *Walter Grund* in der Festschrift des Bundesfinanzhofs – 50 Jahre Deutsche Finanzgerichtsbarkeit, 1968, 44 ff.

15 *Klaus Tipke,* Steuerrechtsordnung, 1993, S. 1476.

16 *Hartz* a.a.O. (Fn. 7) S. 23.

17 *Otto Wolf von Amerongen,* Bundesfinanzhof und Wirtschaft, DStZ 1975, 417. Zur Bedeutung der Rechtsprechung des BFH für die Wirtschaft: *Hans-Jürgen Müller-Seils,* Festschrift 75 Jahre Reichsfinanzhof–Bundesfinanzhof, 1993, 271 ff.

18 Arbeitsunterlage des Statistischen Bundesamtes Wiesbaden, Finanzgerichte 1992, Tabelle 2.3.

19 Jahresbericht des BFH 1992, Übersicht B. III. 2; Bemerkenswert ist der im Vergleich zu den Finanzgerichten deutlich geringere Anteil von Streitigkeiten wegen Umsatzsteuer und Zöllen u.ä. sowie wegen Körperschaftsteuer.

fischen Problemen etwa ein Drittel der Kapazität des Bundesfinanzhofs besetzen[20].

Nicht ohne Grund heißt eine bekannte steuerwissenschaftliche Zeitschrift „Steuer und Wirtschaft". Auch andere Fachzeitschriften, deren Zielgruppe Wirtschaftsunternehmen und deren Berater sind, haben zu einem wesentlichen Teil steuerrechtlichen Inhalt[21]. Und nicht ohne Grund ist jede Richterbeurteilung in der Finanzgerichtsbarkeit unvollständig, in der keine Aussage zum wirtschaftlichen Verständnis des Richters enthalten ist.

Zu den Entscheidungskriterien für wirtschaftliche Planungen gehören stets auch die steuerrechtlichen Rahmenbedingungen des jeweiligen Wirtschaftsstandorts[22]. Sie werden heute wissenschaftlich von der betriebswirtschaftlichen Steuerlehre untersucht[23]. Die Bedeutung kann nicht hoch genug eingeschätzt werden. Es mag nicht wenige Fälle geben, bei denen letztlich die steuerlichen Folgen den Ausschlag für die unternehmerische Entscheidung geben[24].

II. Steuerrechtliche Begriffe mit wirtschaftlichem Bezug – von der Rechtsprechung entwickelt

In einer Reihe von steuerrechtlichen Begriffen, die Gegenstand der Steuerrechtsprechung waren und sind, wird der wirtschaftliche Bezug schon in ihrer Bezeichnung deutlich.

So kommt der wirtschaftlichen Betrachtungsweise bei der Anwendung des Steuerrechts nach wie vor eine wesentliche Bedeutung zu, auch wenn seit dem Inkrafttreten der Abgabenordnung 1977 diesbezügliche allgemeine gesetzliche Vorschriften fehlen[25]. Sowohl in der Rechtsprechung des Bundesfinanzhofs[26] als auch der Finanzgerichte[27] werden die anzuwen-

---

20 *Manfred Groh* in seinem Grußwort anläßlich der Jubiläumsveranstaltung des Deutschen wissenschaftlichen Steuerinstituts der Steuerberater und Steuerbevollmächtigten am 11. September 1992.

21 Z.B. „Betriebs-Berater", „Der Betrieb", „Die Information über Steuer und Wirtschaft", „GmbH-Rundschau".

22 *Franz Klein,* Ist die Steuerpolitik auf dem richtigen Weg?, 14. Deutscher Steuerberatertag 1991, Protokoll, S. 45.

23 *Lehmann* in Franz Klein (Hrsg.), Lexikon des Rechts, Steuer- und Finanzrecht, 1986, S. 52 ff.; *Günter Wöhe,* Betriebswirtschaftliche Steuerlehre, München 1988; *Horst Zimmermann,* Versuch zur Klassifizierung unternehmensbezogener Steuern in finanzwirtschaftlicher Sicht, StuW 1993, 231 ff.

24 *Brigitte Knobbe-Keuk,* Bilanz- und Unternehmensteuerrecht, 8. Aufl. 1991, S. 8 im Anschluß an RFH-Urteil vom 3. Dezember 1924 VI eA 188/24 RFHE 16, 19 zur Entscheidung über die Rechtsform der Unternehmen.

25 Der einschlägige § 1 StAnpG wurde ersatzlos aufgehoben.

26 Z.B. BFH-Urteile vom 10. Februar 1987 VII R 1/84, BFHE 149, 338; 19. März 1991 IX R 131/86, BFH/NV 1991, 670, StRK EStDV 1975 § 82a R. 25; 27. Juni 1991 V R 9/86, BFHE 165, 10, BStBl. II 1991, 822; 4. Dezember 1991 II R

denden Steuergesetze unter Beachtung wirtschaftlicher Betrachtungsweise ausgelegt.

Der Begriff des wirtschaftlichen Eigentums in Abweichung vom zivilrechtlichen Eigentum ist in § 39 Abs. 2 Nr. 1 AO 1977 gesetzlich festgelegt worden, nachdem der Bundesfinanzhof – damals noch von der im Steueranpassungsgesetz normierten wirtschaftlichen Betrachtungsweise ausgehend – in seinem (Leasing-)Urteil vom 26. Januar 1970 allgemeine Zurechnungsgrundsätze entwickelt hatte[28]. Er ist immer wieder Gegenstand der Rechtsprechung des Bundesfinanzhofs[29] und der Finanzgerichte[30].

Im Bewertungsrecht ist nach § 2 BewG die wirtschaftliche Einheit Bewertungsobjekt. Damit hat dieser Begriff Bedeutung für alle Steuern, die an Einheitswerte anknüpfen, so insbesondere die Vermögensteuer, die Erbschaft- und Schenkungsteuer, aber auch – mit Abweichungen – die Grunderwerbsteuer in den Fällen nicht bezifferter Gegenleistung. Da das Bewertungsgesetz in § 2 Abs. 1 Satz 2 und 3 nur bestimmt: „Was als wirtschaftliche Einheit zu gelten hat, ist nach den Anschauungen des Verkehrs zu entscheiden. Die örtliche Gewohnheit, die tatsächliche Übung, die Zweckbestimmung und die wirtschaftliche Zusammengehörigkeit der einzelnen Wirtschaftsgüter sind zu berücksichtigen", ist es Sache der Rechtsprechung, diesen Begriff auszufüllen[31].

122/87, BFHE 166, 173, BStBl. II 1992, 226; 4. März 1992 IX B 24/81, BFH/NV 1992, 648.

27 Z.B. FG Bremen, Urteil vom 12. September 1980 I 116/79, EFG 1981, 239; FG Köln, Urteil vom 11. April 1990 11 K 4682/87, EFG 1990, 568; FG Hamburg, Urteil vom 9. Mai 1990 III 208/88, EFG 1991, 373; FG München Urteil vom 13. März 1991 4 K 10228/85, UVR 1991, 280.

28 BFH-Urteil vom 26. Januar 1970 IV R 144/66, BFHE 97, 466, BStBl. II 1970, 264.

29 Z.B. BFH-Urteile vom 12. September 1991 III R 233/90, BFHE 166, 49, BStBl. II 1992, 182; 7. November 1991 IV R 50/90, BFHE 166, 448, BStBl. II 1992, 380; 13. November 1991 I 58/90, BFHE 166, 518, BStBl. II 1992, 517; 21. Mai 1992 X R 61/91, BFHE 168, 261, BStBl. II 1992, 944; 1. Oktober 1992 IV R 130/90, HFR 1993, 364.

30 Z.B. Niedersächsisches FG, Urteil vom 21. März 1991 II 740/89, EFG 1992, 167, Hessisches FG, Urteil vom 29. August 1991 10 K 3230/89, EFG 1992, 136; FG München, Urteil vom 18. Oktober 1991 8 K 4240/88, EFG 1992, 188; FG Bremen, Urteil vom 25. Juni 1992 I 125/90 K, EFG 1993, 445; FG München, Urteil vom 27. Oktober 1992 13 K 594/92, EFG 1993, 314.

31 Vgl. aus der BFH-Rechtsprechung die Urteile vom 9. Mai 1990 II R 19/88, BFHE 161, 163, BStBl. II 1990, 729; 1. August 1990 II R 46/88, BFHE 161, 172, BStBl. II 1990, 1016; 24. Oktober 1990 II R 82/88, BFHE 162, 372, BStBl. II 1991, 503; 24. Juli 1991 II R 132/88, BFHE 165, 294; 16. Oktober 1991 II R 23/89, BFHE 166, 169, BStBl. II 1992, 454 und aus der Rechtsprechung der Finanzgerichte FG Köln, Urteil vom 6. Dezember 1989 11 K 1560/88, EFG 1990, 375; FG Baden-Württemberg, Urteil vom 20. Juni 1991 8 K 128/88, EFG 1992, 193; FG Baden-Württemberg, Urteil vom 3. Dezember 1992 3 K 339/88, EFG 1993, 287.

Ein wichtiges Abgrenzungskriterium im Ertragsteuerrecht ist „der unmittelbare wirtschaftliche Zusammenhang" von Ausgaben mit bestimmten Einnahmen, um bei entsprechender Zuordnung deren Schicksal zu teilen. Als von der Rechtsprechung herausgearbeiteter Rechtsgrundsatz[32] ist in 1958 ein Abzugsverbot von Ausgaben, die mit steuerfreien Einnahmen zusammenhängen, klarstellend als § 3c in das Einkommensteuergesetz aufgenommen worden. Da gesetzlich nicht definiert, ist immer wieder die Rechtsprechung zu seiner Auslegung gefordert[33]. Nach der Rechtsprechung des Bundesfinanzhofs kann ein solcher unmittelbarer wirtschaftlicher Zusammenhang nur angenommen werden, wenn die Ausgaben mit den Einnahmen „in einem unlösbaren Zusammenhang stehen, d.h. ohne diese nicht angefallen wären"[34], „wenn die Einnahmen und Ausgaben durch dasselbe Ereignis veranlaßt" sind[35].

Schon seit langem gibt es in § 50 Abs. 1 Satz 1 EStG (seit 1934) und dessen Vorläufern § 13 Abs. 2 EStG 1920, § 15 Abs. 2 EStG 1925 für beschränkt Steuerpflichtige ein Abzugsverbot solcher Betriebsausgaben und Werbungskosten, die „in wirtschaftlichem Zusammenhang" mit ausländischen Einkünften stehen, wobei das Gesetz keinen unmittelbaren Zusammenhang fordert, also nach dem Gesetzeswortlaut ein unmittelbarer Zusammenhang genügt.

In der wirtschaftlichen Wertung, die letztlich subjektive Gewichtung auf normativer Basis, also hier nicht nur objektives Verfahren der Ableitung aus dem Gesetz ist[36], wird der eigene Beitrag der Rechtsprechung manifest.

III. Sachverhalte aus dem zentralen Bereich der Wirtschaftsunternehmen als Rechtsprechungsgegenstand

Die große Bedeutung der Steuerrechtsprechung für die Wirtschaft wird schnell offenbar, betrachtet man die Sachverhalte, die in den Entscheidungen der Gerichte steuerrechtlich zu würdigen waren. Natürlich kann dies bei der Fülle gerichtlicher Entscheidungen nur beispielhaft geschehen.

---

32 RFH-Urteil vom 18. November 1942 VI 121/42, RStBl. 1942, 1138; BFH-Urteile vom 22. März 1957 VI 205/56 U, BFHE 65/609, BStBl. III 1957, 229; 20. Dezember 1957 VI 107/55 U, BFHE 66, 186, BStBl. III 1958, 73.

33 BFH-Urteile vom 9. Juni 1989 VI R 33/86, BFHE 157, 526, BStBl. II 1990, 119; VI R 154/86, BFHE 157, 130, BStBl. II 1990, 121; VI R 27/88, BFHE 157, 535, BStBl. II 1990, 123; 11. Oktober 1989 I R 208/85, BFHE 158, 388, BStBl. II 1990, 88; 24. April 1992 VI R 141/89, BFHE 167, 525, BStBl. II 1992, 666.

34 BFH-Urteil vom 29. Januar 1986 I R 22/85, BFH 146, 132, BStBl. II 1986, 479.

35 BFH-Urteil vom 11. Oktober 1989 I R 208/85, a.a.O. (Fn. 33); zum Veranlassungsprinzip vgl. ausführlich *Klaus Offerhaus,* Zur steuerrechtlichen Abgrenzung zwischen betrieblich (beruflich) veranlaßten und durch die Lebensführung veranlaßten Aufwendungen, BB 1979, 417 ff.; 620 f.

36 *Weber-Grellet* a.a.O. (Fn. 8) S. 198.

1. Rechtsprechung zu Buchführung und Bilanz

Zentrale Bereiche der Unternehmen werden in der Rechtsprechung zur Buchführung und Bilanz angesprochen. Es gibt kaum eine Buchführungsfrage, keine Bilanzposition, zu der nicht eine Entscheidung des Bundesfinanzhofs oder zumindest eines Finanzgerichts vorläge[37].

So war seit den 20er Jahren die vom Reichsfinanzhof entwickelte „Bilanzbündeltheorie" in der Rechtsprechung der Finanzgerichte und des Bundesfinanzhofs die rechtstheoretische Grundlage für mancherlei Entscheidungen[38], bis sie in den 70er Jahren vom Bundesfinanzhof aufgegeben wurde[39].

Aus den Passivposten der Bilanz seien die Rückstellungen genannt, die häufig wesentliche Auswirkungen auf das auszuweisende Betriebsergebnis haben. Man denke etwa an Entsorgungsrückstellungen im Kernenergiebereich, die in die Milliardengrößenordnung hineinreichen[40]. Ob es sich dabei um Rückstellungen für ungewisse Verbindlichkeiten, für drohende Verluste aus schwebenden Geschäften, für unterlassene Instandhaltung, für unterlassene Abraumbeseitigung, für Jubiläumszuwendungen, für Pensionen oder für Rechtsverletzungen, insbesondere Schutzrechtsverletzungen handelt, stets war es die Rechtsprechung der Finanzgerichte und des Bundesfinanzhofs, die geklärt und verdeutlicht, manchmal auch neue Wege beschritten hat, die dann wieder den Gesetzgeber auf den Plan riefen.

Dies geschah z.B. bei Jubiläumszuwendungen, deren Rückstellung in der ständigen Rechtsprechung nicht anerkannt worden war[41], obwohl sie für das jeweilige Unternehmen nicht zur Disposition stehen. Sie stellen für Unternehmer zum Teil eine erhebliche Belastung dar[42]. 1987 rückte der Bundesfinanzhof[43], angestoßen von einem Urteil des Finanzgerichts Hamburg[44], in konsequenter Anpassung an die durch einen Beschluß des Großen Senats des Bundesarbeitsgerichts 1986[45] geänderte Zivilrechtslage von seiner bisherigen ständigen Rechtsprechung ab und erkannte Jubiläumsrückstellungen grundsätzlich an. Wegen der erheblichen fiskali-

---

37 *Brigitte Knobbe-Keuk* a.a.O. (Fn. 24) S. 11 ff. mit den Rechtsprechungsnachweisen zu den jeweiligen Kapiteln.

38 Zur Kritik vgl. insbesondere *Kurt Meßmer,* Die Bilanzbündeltheorie, StbJb. 1972/73, 127 ff.

39 Zur Darstellung der Entwicklung der Rechtsprechung zur Bilanzbündeltheorie vgl. *Heinrich Weber-Grellet,* Die Gesamthand im Einkommensteuerrecht, DStR 1982, 699.

40 *Georg Döllerer,* Ansatz und Bewertung von Rückstellungen in der neueren Rechtsprechung des Bundesfinanzhofs, DStR 1987, 67.

41 BFH-Urteil vom 19. Juli 1960 I 160/59 U, BFHE 71, 264, BStBl. III 1960, 347.

42 *Brigitte Knobbe-Keuk,* a.a.O. (Fn. 24) S. 116.

43 BFH-Urteil vom 5. Februar 1987 IV R 81/84, BFHE 149, 55, BStBl. II 1987, 845.

44 FG Hamburg vom 8. Dezember 1983 II 184/82, EFG 1984, 339.

45 BAG-Beschluß vom 16. September 1986 GS 1/82, BB 1987, 265.

schen Auswirkung wurde der Gesetzgeber tätig[46] und schränkte in § 5 Abs. 4 EStG die Anerkennungsfähigkeit ein – zusammen mit der Übergangsregelung in § 52 Abs. 6 EStG einer der gesetzlichen Beiträge zur Verkomplizierung des Steuerrechtes[47].

Ähnliches ereignete sich bei Rückstellungen wegen Verletzung von Schutzrechten, nachdem der Bundesfinanzhof 1981 ein Urteil des Finanzgerichts Düsseldorf bestätigte und solche Rückstellungen bereits bei objektiver Rechtsverletzung anerkannte[48]. Um erhebliche Steuerausfälle zu vermeiden[49], wurde durch eine Neuregelung in § 5 Abs. 3 EStG die Beibehaltung der bisherigen eingeschränkten Praxis sichergestellt[50].

Auch die erstmalige gesetzliche Regelung der Pensionsrückstellungen in § 6a EStG ab 1955[51] war durch ein anerkennendes Urteil des Bundesfinanzhofs ausgelöst, das Anfang 1953 erging[52]. Die weitgehende Anerkennung von Rückstellungen für Pensionsanwartschaften durch die höchstrichterliche Rechtsprechung wurde durch das Gesetz eingeschränkt. Aber auch im Rahmen des § 6a EStG gibt es immer wieder Rechtsprechungsentwicklungen, die neue Wege zulassen[53].

Als der Bundesfinanzhof 1983[54] zu erkennen gab, daß er Rückstellungen für unterlassene Instandhaltung in Hinblick auf das bis dahin gegebene handelsrechtliche Passivierungswahlrecht steuerlich entgegen der Verwaltungspraxis[55] nicht mehr akzeptierte, wurde in § 249 Abs. 1 Satz 2 Nr. 1 HGB in gewissem Umfang eine Passivierungspflicht eingeführt[56], um – wie es in der Begründung der Regierungsvorlage heißt –, „die steuerrechtliche Anerkennung nicht zu gefährden"[57].

---

46 Art. 1 Steuerreformgesetz 1990 vom 25. Juli 1988, BGBl. I 1988, 1093, BStBl. I 1988, 224.

47 Zur Kritik insbesondere *Brigitte Knobbe-Keuk,* Zum Verfall der Steuergesetzgebung, BB 1^988, 1086 ff.

48 BFH-Urteil vom 11. November 1981 I R 157/79 BFHE 134, 432, BStBl. II 1982, 748.

49 BT-Drs. 9/1956, S. 8.

50 Art. 1 Haushaltsbegleitgesetzes 1983 vom 20. Dezember 1982, BGBl. I 1982, 1857, BStBl. I 1982, 972.

51 Abschn. I Art. 1 Steuerneuordnungsgesetz vom 16. Dezember 1955, BGBl. I 1955, 373, BStBl. I 1955, 575.

52 BFH-Urteil vom 10. Februar 1953 I 113/52 U, BFHE 57, 254, BStBl. III 1953, 102.

53 So zu Versorgungsleistungen an einen Nichtgesellschafter oder Nichtmehrgesellschafter aufgrund eines Gesellschaftsverhältnisses BFH-Urteile vom 24. Juli 1990 VIII R 39/84, BFHE 161, 504, BStBl. II 1992, 229; 7. Juli 1992 VIII R 36/90, BStBl. II 1993, 26.

54 BFH-Urteil vom 23. November 1983 I R 216/78, BFHE 139, 398, BStBl. II 1984, 277.

55 EStR 1969 Abschn. 31a Abs. 5.

56 Bilanzrichtlinien-Gesetz vom 19. Dezember 1985, BGBl. I 1985, 2355.

57 BR-Drs. 257/83 S. 83.

Mit derselben Begründung wurde zum gleichen Zeitpunkt im § 249 Abs. 1 Satz 2 Nr. 1 HGB auch für unterlassene Aufwendungen für Abraumbeseitigung in zeitlich begrenztem Rahmen eine Rückstellungsverpflichtung eingeführt, eine im Tagebau bei Abbau von Bodenschätzen finanziell beträchtliche Größe[58].

Ein weites Rechtsprechungsfeld bieten die handelsrechtlichen Verpflichtungen zur Rückstellungsbildung bei ungewissen Verbindlichkeiten und bei drohenden Verlusten aus schwebenden Geschäften (§ 249 Abs. 1 Satz 1 HGB)[59]. Die Entscheidung über ihre Anerkennung im Einzelfall hängt regelmäßig von einer wirtschaftlichen Wertung ab, die dem Finanzgericht als Tatsacheninstanz obliegt. Die Maßstäbe dafür liefert eine BFH-Rechtsprechung, die sich durch besonderen Umfang auszeichnet. Immer neue Verpflichtungen, für die Rückstellungen begehrt wurden, waren Anlaß für diese rege Rechtsprechungstätigkeit, die das Thema „Rückstellungen" als ein unerschöpfliches ausweist[60]. Ein zentrales Kriterium ist dabei der Begriff der wirtschaftlichen Verursachung, die vom Bundesfinanzhof in ständiger Rechtsprechung wie folgt definiert wird: „Wirtschaftlich verursacht ist eine Verbindlichkeit, sobald die wirtschaftlich wesentlichen Voraussetzungen ihres Entstehens erfüllt sind und ihre Entstehung nur noch von wirtschaftlich unwesentlichen Umständen abhängt"[61], also ausschließlich in wirtschaftlichen Kriterien gemessen wird. Die breite Rechtsprechungspalette zeigt dies deutlich[62].

2. Rechtsprechung zur verdeckten Gewinnausschüttung

Im Bereich der Körperschaften sticht die Rechtsprechung zur verdeckten Gewinnausschüttung hervor, einem Begriff, dem „nach wie vor der Schleier des unklaren und des wenig faßbaren anhaftet"[63]. Nicht das Gesetz, sondern die Rechtsprechung definiert, was verdeckte Gewinnausschüttung ist[64]. Der derzeitigen differenzierenden Begriffsbestimmung

---

58 Vgl. zu der Diskussion der Rechtslage vor Erlaß des Bilanzrichtliniengesetzes: *Sauer* in Herrmann/Heuer/Raupach, Kommentar zur Einkommensteuer und Körperschaftsteuer, § 5 EStG Anm. 2200 Stichwort: Abraumrückstand.

59 *Wilhelm Bise,* Tendenzen der BFH-Rechtsprechung zu Rückstellungen, DB 1986, 2617; *Georg Döllerer,* Ansatz und Bewertung von Rückstellungen in der neuen BFH-Rechtsprechung, DStR 1987, 67.

60 *Döllerer* a.a.O. (Fn. 59).

61 BFH-Urteil vom 13. November 1991 I R 78/89 mit weiteren Nachweisen, BFHE 166, 95, BStBl. II 1992, 179.

62 BFH-Urteile vom 25. März 1992 I R 69/91, BFHE 168, 527, BStBl. II 1992, 1010; 8. Juli 1992 XI R 50/89, BFHE 168, 329, BStBl. II 1992, 910; 2. Oktober 1992 III R 54/91, BStBl. II 1993, 153; 20. Januar 1993 I R 115/91, BStBl. II 1993, 373; 3. Februar 1993 I R 37/91, BStBl. II 1993, 441.

63 *Franz Wassermeyer,* Die verdeckte Gewinnausschüttung rechtssystematisch gesehen, StVj. 1993, 208.

64 Vgl. die umfangreichen Darstellungen von *Heinz-Jürgen Pezzer,* Die verdeckte Gewinnausschüttung im Körperschaftsteuerrecht, 1986, und von *Joachim Lange,* Verdeckte Gewinnausschüttungen, 5. Aufl. 1987.

liegt das Urteil des I. Senats des Bundesfinanzhofs vom 1. Februar 1989 zugrunde, mit dem der zuständige Senat seine frühere Rechtsprechung aufgab[65]. Dies bedeutete Trennung von der bis dahin geltenden „Einheitsdefinition", die nur scheinbar einfach war, aber wesentlich zu den damaligen Unklarheiten beigetragen hatte[66]. Die Änderung wurde von der Finanzverwaltung in Abschnitt 31 Abs. 3 KöStR 1990 übernommen. In der Rechtsprechung des Bundesfinanzhofs[67] und der Finanzgerichte[68] wird sie konsequent befolgt.

Welches Gewicht diese Änderung hatte, wird an dem Echo in der Steuerfachliteratur auf die neue Rechtsprechung und die Umsetzung in der Praxis erkennbar[69]. Die Folgen verdeckter Gewinnausschüttung sind beträchtlich. Eine verdeckte Gewinnausschüttung hat neben betriebswirtschaftlichen Zielen steuerlich mit der durch die verdeckte Ausschüttung verursachten Gewinnminderung die Wirkung der Verminderung der Körperschaftsteuer und der Gewerbeertragsteuer, der § 8 Abs. 3 KöStG das Verbot der Einkommensminderung durch verdeckte Gewinnausschüttung entgegenstellt. Zum Teil unterliegt die verdeckte Gewinnausschüttung auch dem Steuerabzug gemäß § 43 EStG und bei Lieferungen und Leistungen an Gesellschafter als Eigenverbrauch gemäß § 10 Abs. 4 und 5 UStG auch der Umsatzsteuer. Die Feststellung einer verdeckten Gewinn-

---

65 BFH-Urteil vom 1. Februar 1989 I R 73/85, BFHE 156, 155, BStBl. II 1989, 522.

66 *Wassermeyer* a.a.O. (Fn. 63) S. 209.

67 Z.B. BFH-Urteile vom 2. Dezember 1992 I R 54/91, BStBl. II 1993, 311; 16. Dezember 1992 I R 2/92, BStBl. II 1993, 455; 20. Januar 1993 I R 55/92, BStBl. II 1993, 376; 17. Februar 1993 I R 3/92, BStBl. II 1993, 457; 10. März 1993 I R 51/92, BStBl. II 1993, 635.

68 Z.B. FG Hamburg, Urteil vom 17. April 1991 II 98/88, EFG 1992, 42, Hessisches FG Urteil, vom 23. Juli 1992 4 K 4094/86, EFG 1993, 600; FG München, Urteil vom 12. November 1992 15 K 2612/88, EFG 1993, 404; FG Baden-Württemberg, Urteil vom 3. Dezember 1992 3 K 179/89, EFG 1993, 406, FG Saarland, Urteil vom 15. Dezember 1992 1 K 50/92, EFG 1993, 407.

69 Neben der Monographie von *Georg Döllerer,* Verdeckte Gewinnausschüttung und verdeckte Einlage bei Kapitalgesellschaften, 2. Aufl. 1990, eine Vielzahl von Aufsätzen, vgl. u.a.: *Ernst Maas,* Die neue Rechtsprechung des BFH zur verdeckten Gewinnausschüttung, StVj. 1990, 42; *Franz Wassermeyer,* Die Einkommens- und Vermögensminderung bei verdeckter Gewinnausschüttung, DStR 1990, 549; *ders.,* Die verdeckte Gewinnausschüttung rechtssystematisch gesehen, StVj. 1993, 209; *ders.,* Das Wettbewerbsverbot des Gesellschafters und des Gesellschafter-Geschäftsführers einer GmbH, GmbHR 1993, 329; *Rolf-Detlev Scholtz,* Zur verdeckten Gewinnausschüttung – eine oder vier Definitionen?, FR 1990, 321; *Jürgen Meyer-Sievers,* Der „neue" Begriff der verdeckten Gewinnausschüttung im DStR 1990, 543; *ders.,* Willkür im Steuerrecht – Zum Wettbewerbsverbot von GmbH-Gesellschafter-Geschäftsführern, DStR 1993, 629; *Brigitte Knobbe-Keuk,* Der Tatbestand der verdeckten Gewinnausschüttung und branchengleiche Tätigkeit des Gesellschafter-Geschäftsführers, GmbHR 1992, 333; *Karl Niehues,* Das Wettbewerbsverbot der GmbH als Steuerproblem, DB 1992, 496; *Spiegelberger,* Das GmbH-Wettbewerbsverbot – ein Bumerang für den BFH, GmbHR 1992, 727; *Bernhard Paus,* Unterschlagungen als verdeckte Gewinnausschüttungen, DB 1993, 1258.

ausschüttung durch die Finanzverwaltung (in der Regel durch eine Betriebsprüfung) hat bei den betroffenen Unternehmen daher erhebliche steuerliche Relevanz, ganz besonders in der Relation zum Einkommen bei den kleinen und mittleren Kapitalgesellschaften.

IV. Branchenspezifische Rechtsprechung am Beispiel der Bau- und Wohnungswirtschaft

Eine besonders steuerempfindliche Branche ist die Bau- und Wohnungswirtschaft, die in wesentlichen Teilen ihrer Dispositionen angesichts der wirtschaftslenkenden Funktion von Bauförderungs-Steuernormen dem Wechsel der Steuergesetze, aber auch den Entwicklungen der Steuerrechtsprechung ausgesetzt ist. Mit dem wirtschaftlichen Geschehen in der Bau- und Wohnungswirtschaft hat sich eine Vielzahl von steuergerichtlichen Entscheidungen befaßt mit schwerwiegenden Konsequenzen in der grunderwerbsteuerrechtlichen, der umsatzsteuerrechtlichen und der ertragsteuerrechtlichen Behandlung, die bei diesbezüglichen wirtschaftlichen Entscheidungen beachtet werden müssen, nicht nur bei Konzepten, die auf „Bauherrenmodellen" oder „Ersterwerbermodellen" beruhen[70].

Dies beginnt mit der Klärung grunderwerbsteuerrechtlicher Fragen. Häufig verschaffen sich Bauunternehmer, Bauberater, Architekten, Makler oder in ähnlicher Funktion auf dem Grundstücksmarkt tätige Personen im Rahmen von Treuhandgesellschaften oder Zwischengeschäften von bisherigen Grundstückseigentümern eine solche Rechtsposition, daß sie wirtschaftlich in der Lage sind, das Grundstück für eigene Rechnung zu verwerten, ohne daß dies sofort nach außen erkennbar, geschweige denn als grunderwerbsteuerpflichtiger Vorgang erklärt worden wäre. Der ausgefeilten, auf Steuervermeidung abzielenden Vertragstechnik der Praxis hat hier der Bundesfinanzhof durch seine das Gesetz verdeutlichende Rechtsprechung Grenzen gesetzt[71].

Von erheblicher Bedeutung sind auch Probleme der Bemessungsgrundlage, die nach der Steuersenkung von 7 auf 2 v.H. durch das Grunderwerbsteuergesetz 1983 zwar an finanzieller Bedeutung im Einzelfall verloren, aber wegen des gleichzeitigen Wegfalls von Steuerbefreiungstatbeständen einen Zuwachs an Breitenwirkung erfahren haben. Gravierend vor allem für Bauherrenmodelle ist in diesem Zusammenhang die Rechtsprechung zum sog. „einheitlichen Vertrag", wonach selbst bei zivilrechtlich formal getrennten Verträgen über Grundstück und Haus (Eigentumswohnung) unter bestimmten Voraussetzungen ein einheitlicher, der Grunderwerb-

70 *D. Bihr/K. Gerber,* Beratung im Bauherrenmodell, INF 1990, 132.

71 Z.B. BFH-Urteile vom 27. Januar 1965 II 60/60 U, BFHE 82, 51, BStBl. II 1965, 265; 8. Dezember 1965 II 148/62 U, BFHE 84-411, BStBl. III 1966, 148; 28. April 1970 II 144/60, BFHE 99, 320, BStBl. II 1970, 674; 19. Juli 1975 II R 86/67, BFHE 117, 89, BStBl. II 1976, 27; 30. November 1983, II R 130/81, BFHE 139, 440, BStBl. II 1984, 158.

steuer unterliegender Vorgang anzunehmen ist. Angestoßen wurde diese Rechtsprechung durch eine Entscheidung des Finanzgerichts Schleswig-Holstein aus dem Jahre 1973[72], die schon 1974 durch den Bundesfinanzhof bestätigt[73], in den folgenden Jahren in einer Vielzahl von Entscheidungen weiter entwickelt[74] und schließlich 1980 auch vom Bundesverfassungsgericht bestätigt wurde[75].

Neben der Grunderwerbsteuer kann beim Erwerb eines bebauten Grundstückes Umsatzsteuer anfallen. Trotz der Umsatzsteuerbefreiung für Umsätze, die unter das Grunderwerbsteuergesetz fallen (§ 4 Nr. 9 Buchstabe a UStG), werden nach der BFH-Rechtsprechung die einzelnen Lieferungen und Leistungen bei der Bauerrichtung der Umsatzsteuer unterworfen[76]. Diese Entscheidungen des für die Umsatzsteuer zuständigen V. Senats beruhen auf einer spezifisch umsatzsteuerrechtlichen Argumentation, die für den betroffenen Steuerbürger nur schwer einsehbar ist, aber auch vom Bundesverfassungsgericht[77] und vom Europäischen Gerichtshof[78] nicht beanstandet wird.

Ein anderes umsatzsteuerrechtliches Problem lag in der sog. „Zwischenvermietung", einer Gestaltung, die durch Einschaltung einer Mittelsperson zur (Unter-)Vermietung des eigenen Hauses die Abziehbarkeit der bei Hauserrichtung anfallenden Umsatzsteuer als Vorsteuer herbeiführen sollte. Der Bundesfinanzhof hat hier in mehreren Urteilen die Voraussetzungen herausgearbeitet, unter denen eine solche Gestaltung die steuerlich erwünschte Folge hat oder sie zu versagen ist[79]. Auch hier bestätigte das angerufene Bundesverfassungsgericht die Verfassungsmäßigkeit der Rechtsprechung des Bundesfinanzhofs[80].

Wie bei der Grunderwerbsteuer waren auch ertragsteuerlich die Bauherrenmodelle im besonderen Visier der Finanzverwaltung und führten zu vielen Verfahren vor den Steuergerichten. Ein besonderer Schwerpunkt war das Problem der Bauherreneigenschaft, eine für die Attraktivität des

---

72 FG Schleswig-Holstein, Urteil vom 5. Juni 1973 III 92/71, EFG 1973, 555.

73 BFH-Urteil vom 4. September 1974 II R 119/73, BFHE 113/480, BStBl. II 1975, 91.

74 Vgl. aus der neueren BFH-Rechtsprechung Urteile vom 29. Juni 1988 II R 258/85, BFHE 154, 149, BStBl. II 1988, 898; 24. Januar 1990 II R 94/87, BFHE 160, 284, BStBl. II 1990, 590; 6. März 1991 II R 133/87, BFHE 164, 117, BStBl II 1991, 532; 23. Oktober 1992 VI R 1/92, BStBl. II 1993, 195; 11. November 1992 II R 117/89, BStBl. II 1993, 163.

75 BVerfG-Beschluß vom 11. Januar 1988 1 BvR 391/87, HFR 1989, 153.

76 BFH-Urteil vom 7. Februar 1991 V R 53/85, BFHE 164, 482, BStBl. II 1991, 737.

77 BVerfG-Beschluß vom 12. September 1986 1 BvR 1012/86, UR 1987, 79.

78 EuGH-Urteil vom 8. Juli 1986 Rechtssache 73/85, Slg. 1986, 2226, UR 1986, 297.

79 BFH-Urteile vom 15. Dezember 1983 V R 112/76, BFHE 140, 375, BStBl. II 1984, 398; 29. November 1984 V R 3878, BFHE 142, 519, BStBl. II 1985, 269; 22. Juni 1989 V R 34/87, BFHE 158, 152, BStBl. II 1989, 1007; 14. Mai 1992 V R 12/88, BFHE 168, 468, BStBl. II 1992, 931.

80 BVerfG-Beschluß vom 25. September 1987 1 BvR 274/87, StuW 1987, 212, UR 1988, 361.

in den 70er und 80er Jahren weit verbreiteten Angebots „Bauherrenmodell" entscheidende Frage. Die oben angesprochenen Überlegungen des für die Grunderwerbsteuer zuständigen II. Senats des Bundesfinanzhofs zum Vertragsgeflecht des einheitlichen Vertrages führten, nachdem bereits einige Finanzgerichte die Erwägungen aus der Grunderwerbsteuerrechtsprechung des Bundesfinanzhofs auch in die Ertragsteuerrechtsprechung aufgenommen hatten[81], in der zweiten Hälfte der 80er Jahre im IX. Senat des Bundesfinanzhofs ertragsteuerlich zur Verneinung der Bauherreneigenschaft des Erwerbers bei Vorliegen eines einheitlichen Vertragswerks mit den entsprechenden steuerrechtlichen Konsequenzen[82].

Ein wesentlicher, aber auch kritischer Punkt bei Immobilienangeboten ist auch die steuerrechtliche Qualifizierung von Aufwendungen des Bauherren/Erwerbers als sofort abziehbare Werbungskosten oder als Anschaffungs-/Herstellungskosten, die lediglich in die AfA-Bemessungsgrundlage einzubeziehen sind. Wie kritisch dieser Punkt ist, zeigt sich immer wieder in der Steuerrechtsprechung, die z.B. bei „Bauherrenmodellen" für nahezu alle Gebühren Anschaffungskosten annimmt[83].

Ertragsteuerlich kommt schließlich die kaum übersehbare Fülle der Gerichtsentscheidungen zu den Absetzungen für Abnutzung allgemein und in Spezialvorschriften bei Gebäuden hinzu, aber auch zu den Steuerbegünstigungen der zu eigenen Wohnzwecken genutzten Wohnung im eigenen Haus[84]. Letzteres scheint zwar für unternehmerische Entscheidungen auf den ersten Blick ohne Bedeutung zu sein. Die Auswirkungen betreffen aber wegen der mit den Steuervorschriften zusammenhängenden Finanzierbarkeit der Objekte durch die Erwerber/Bauherren wesentlich die unternehmerischen Absatzchancen der Planer, Erbauer und Veräußerer von Häusern und Eigentumswohnungen.

---

81 FG Saarland, Urteil vom 22. April 1983 I 134/81 EFG 1983, 446; 9. Juli 1986 I 87/86, EFG 1986, 551; FG Münster, Urteil vom 3. April 1987 IV 296, 495, 496/85 F, EFG 1987, 546; FG Berlin, Urteil vom 30. Juni 1987 VII 127/85, EFG 1987, 615.

82 BFH-Urteil vom 14. November 1989 IX R 197/84, BFHE 158, 546, BStBl. II 1990, 299.

83 Grundlegend: BFH-Urteil vom 14. November 1989 IX R 197/84, BFHE 158, 546, BStBl. II 1990, 299; zum Werbungskostenabzug bei Bauherrenmodellen ausführlich u.a. *Schmidt/Drenseck*, EStG, 12. Aufl. 1993, § 21 EStG Anm. 16.

84 So zu § 10e EStG aus der neueren BFH-Rechtsprechung: Urteile vom 21. Mai 1992 X R 61/91, BFHE 168, 261, BStBl. II 1992, 944; 5. August 1992 X R 8/91, BStBl. II 1993, 30; 23. September 1992 X R 10/92, BStBl. II 1993, 338; 23. September 1992 X R 159/90, BStBl. II 1993, 152; 13. Januar 1993 X R 53/91, BStBl. II 1993, 346.
Zur AfA aus der neueren BFH-Rechtsprechung: Urteile vom 21. März 1989 IX R 58/86, BFHE 156, 201, BStBl. II 1989, 778; 4. September 1990 IX R 197/87, BFHE 162, 404, BStBl. II 1992, 69; 8. Oktober 1991 IX R 46/89, BFHE 166/430, BStBl. II 1992, 547; 31. März 1992 IX R 175/87, BFHE 168, 109, BStBl. II 1992, 808; 25. August 1992 IX R 320/87, BStBl. II 1993, 105.

Insgesamt ist die Vertragsgestaltung und -Abwicklung in der Bau- und Wohnungswirtschaft in ihrem wirtschaftlichen Gehalt und ihrer rechtlichen Form wesentlich von dieser beispielhaft genannten Rechtsprechung beieinflußt worden. So fand die in den 70er und 80er Jahren gängige Praxis der Aufbereitung und Durchführung von Bauherrenmodellen durch diese Rechtsprechung ihr Ende[85]. Die einschlägigen Investitionskonzepte mußten an die durch die Rechtsprechung entwickelten Kriterien soweit möglich angepaßt werden. Für die Vergangenheit ergaben sich oft sehr negative Konsequenzen, die nicht immer durch Übergangsregelungen der Verwaltung aufgefangen werden konnten.

V. Eingeschränkter Nutzen der Rechtsprechung durch lange Prozeßdauer

Als nachteilig erweist sich aus unternehmerischer Sicht die lange Prozeßdauer, die mit durchschnittlich 32 Monaten bei den Finanzgerichten[86] in der ersten Instanz und 25 Monaten beim Bundesfinanzhof[87] in der Revisionsinstanz noch nicht die wünschenswerte Kürze hat[88]. Während beim Bundesfinanzhof die durchschnittliche Verfahrensdauer seit 1987 kontinuierlich verringert werden konnte, läßt sich aus der bundesweiten Statistik der Finanzgerichte noch keine Besserung ablesen. Durch die nach wie vor überlange Gesamtverfahrensdauer gerade der gewichtigen Verfahren bleibt die abschließende Klärung der steuerlichen Verpflichtungen der Unternehmen zu lange offen, das Geschäftsergebnis der betroffenen Jahre zu lange im Ungewissen. Soweit die Vollziehung des angefochtenen Steu-

---

85 *Bihr/Gerber* a.a.O. (Fn. 70) S. 135.

86 Statistisches Bundesamt Wiesbaden, Arbeitsunterlage Finanzgerichte, Tabelle 2.2 lfd. Nr. 24 (durch Urteil oder Vorbescheid erledigte Verfahren, die nicht als unzulässig abgewiesen wurden):

1987: 30,5	1990: 32,3
1988: 30,3	1991: 32,0
1989: 31,6	1992: 32,1

87 BFH, Jahresbericht, Übersicht B. III 6 (Revisionen mit Sachentscheidungen)

1987: 43	1991: 34
1988: 41	1992: 31
1989: 39	1993: 25
1990: 38	

88 Zur Gefährdung des effektiven Rechtsschutzes im Steuerrecht durch überlange Verfahrensdauer vgl. u.a.: BVerfG-Beschluß vom 22. Januar 1987 1 BvR 103/85, DB 1987, 1722; *Dieter Birk,* Steuerrecht I, 1988, S. 254; *Klaus Tipke* a.a.O. (Fn. 15) S. 1375; Beiträge in: Dieter Birk (Hrsg.), Die Situation in der Finanzgerichtsbarkeit, 1988, von *Paul Kirchhof,* Verfassungsrechtliche Maßstäbe für die Verfahrensdauer und für die Rechtsmittel, S. 9 ff., von *Franz Klein,* Zu den Ursachen der Überlastung der Finanzgerichte, S. 34, von *Hartmut Reim,* Verbesserung des Rechtsschutzes durch Neuordnung des finanzgerichtlichen Verfahrens?, S. 47, von *Arndt Raupach,* Dreistufigkeit oder Zweistufigkeit – Argumente für oder gegen einen weiteren Gerichtsausbau, S. 70 f.; *Müller-Seils* a.a.O. (Fußn. 17a) S. 278.

erverwaltungsaktes nicht ausgesetzt ist, wird für die Dauer des Prozesses die Verfügungsgewalt über Geld und damit die ökonomische Handlungsfreiheit eingeschränkt[89]. Darüber hinaus wird die Funktion der Rechtsprechung als Orientierungshilfe für die Zukunft tangiert, zumal sich oft auch die betriebswirtschaftliche Realität weiter entwickelt hat[90].

VI. Ergebnis

Die hier beispielhaft aus der reichhaltigen Rechtsprechung genannten Gegenstände lassen die Gewichtigkeit der Rechtsprechung als Quelle des Steuerrechts gerade für die Wirtschaft erkennen, noch unterstrichen durch die Zahl einschlägiger Entscheidungen. Die Relevanz würde sicherlich noch wachsen, wenn die Rechtsprechung zeitnäher würde und damit noch stärker als Orientierungshilfe bei der Gestaltung von wirtschaftlichen Sachverhalten unter Steuerbelastungsgesichtspunkten dienen könnte.

89 *Kirchhof* in: Birk (Hrsg.), Die Situation in der Finanzgerichtsbarkeit a.a.O. (Fn. 88) S. 11.
90 *Von Amerongen* a.a.O. (Fn. 17).

Matthias Metz

Steuerrecht in der Juristenausbildung

Inhaltsübersicht

I. Einleitung

Dieser Beitrag beschäftigt sich mit dem Thema „Steuerrecht in der Juristenausbildung".

Ausgehend von der Kritik vieler Praktiker, daß der deutsche Jurist am Bedarf vorbei ausgebildet wird, Rechtsgebiete erlernt, die weder seiner späteren praktischen Tätigkeit, noch seiner Allgemeinbildung förderlich sind, ist *ein* Vorwurf nicht von der Hand zu weisen: Die Vernachlässigung des Steuerrechts in der Juristenausbildung.

II. Problemstellung

Tatsache ist, daß das Steuerrecht in der Juristenausbildung bei weitem nicht den Stellenwert hat, der dieser Materie nach ihrer praktischen Bedeutung zukäme[1].

1. Defizite im juristischen Alltag

Die Konsequenz dieser Abstinenz des „Normaljuristen" gegenüber dem Steuerrecht zeigt sich besonders deutlich im Berufsfeld der Steuerberatung: Die Steuerberatung wird in der Praxis fast ausschließlich von Steuerberatern mit wirtschaftswissenschaftlicher Ausbildung sowie von Steuerbevollmächtigten ohne Hochschulstudium wahrgenommen, obwohl auch ein Rechtsanwalt zur unbeschränkten geschäftsmäßigen Hilfeleistung in Steuersachen befugt ist (§ 3 StBerG).

1 *Weber-Fas*, Allgemeines Steuerrecht, 1979, § 4, 4).

Es ist nicht zu übersehen, daß der deutschen Anwaltschaft dadurch ein wichtiges und durchaus lukratives Betätigungsfeld verlorengegangen ist. Professor Dr. *Franz Klein* bemerkte hierzu: „Der große Fehler der Vergangenheit war, daß sich die deutschen Anwälte das Steuerrecht haben weglaufen lassen."[2]

Nachdem die Juristenausbildung oft nicht einmal steuerrechtliche Grundkenntnisse vermittelt, verspricht ein deutscher Anwalt seinen Mandanten häufig mehr, als er tatsächlich zu leisten vermag, nämlich eine umfassende Rechtsberatung. Steuerrechtliche Folgen von zivilrechtlichen Verträgen – sei es im Hinblick auf Umsatzsteuer, Verkehrsteuer, Ertragsteuer, Erbschaft- oder Schenkungsteuer – sind in der Regel keine unbedeutenden, und damit zu vernachlässigenden Aspekte. Nach den Vorstellungen der Parteien sind steuerliche Konsequenzen meist mitentscheidend für die inhaltliche Gestaltung der Verträge.

Ferner hinterläßt das Ausbildungsdefizit nicht selten seine Spuren in den zivilgerichtlichen Verfahren vor deutschen Gerichten. Obwohl vom Grundsatz „iura novit curia" selbstverständlich auch das nationale Steuerrecht umfaßt sein sollte, weil es als inländisches Gesetzesrecht der eigenen Verantwortung der Richter obliegt, sind Sachverständigengutachten über steuerrechtliche Vorfragen keine Seltenheit. Hierzu nur zwei prägnante Beispiele:

* Der Vorsitzende einer Kammer für Handelssachen erließ einen Beweisbeschluß über die Frage, was steuerrechtliches Sonderbetriebsvermögen ist[3].

* Sobald eine Partei Einkünfte aus Gewerbebetrieb oder freiberuflicher Tätigkeit erzielt, sehen sich häufig Familienrichter nicht in der Lage, die zur Berechnung der unterhaltsrechtlichen Leistungsfähigkeit vorgelegten Steuerunterlagen wie Jahresabschlüsse, Handelsbücher und Buchführungsunterlagen auszuwerten[4]. In diesem Zusammenhang werden dann Auskünfte der Finanzämter und Oberfinanzdirektionen erbeten.

Das Ausbildungsdefizit führt dazu, daß Steuerrecht wie ausländisches Recht behandelt wird (§ 294 ZPO)[5].

2. Verantwortung der Rechtswissenschaft für das Steuerrecht

Mangelnde Kenntnisse von Juristen im Steuerrecht machen sich vor allem auch in Fortentwicklung des Steuerrechts bemerkbar. Es ist nur ein

2 *Franz Klein,* Die Steuerberatung – Ein berufliches Tätigkeitsfeld für Juristen, in RCDS in Bayern (Hg.), Wirtschaftsjurist an der Universität Bayreuth, 1990, S. 123, 125.

3 *Ludwig Schmidt,* Einkommensteuergesetz, Kommentar, 1990, § 15 Anm. 78 ff.

4 *Werner Nickl,* Das steuerrechtliche Sachverständigengutachten im Unterhaltsprozeß, NJW 1989, 2091 ff.

5 *Klaus Tipke,* Ist Steuerrecht für die Zivilgerichte ausländisches Recht?, NJW 1976, 2199 f.

relativ kleiner Kreis von Juristen, der sich der Lehre und Forschung im Bereich des Steuerrechts verschreibt. Auch eine eingehende Diskussion über Fragen der Gesetzgebung und Rechtsprechung findet nicht in solcher Breite statt, wie es dem Steuerrecht von seiner wirtschaftlichen Bedeutung her eigentlich zukäme.

Der Direktor des Instituts für Steuerrecht der Universität Köln, Professor Dr. *Joachim Lang,* stellte seiner Antrittsvorlesung am 27. April 1989 mit dem Thema „Verantwortung der Rechtswissenschaft für das Recht" die These voraus: *Verantwortung der Rechtswissenschaft für das Steuerrecht ist Verantwortung für das Recht*[6].

Insbesondere dieser Aspekt erscheint mir eine besondere Rechtfertigung dafür zu sein, sich für eine Intensivierung der Steuerausbildung junger Juristen einzusetzen. Rechtswissenschaftliche Lehre und Forschung dürfen sich nicht länger in dem für den einzelnen so wichtigen Bereich „Steuerrecht" zurückhalten. Rechtsethische Verantwortung der Jurisprudenz verlangt die Beschäftigung mit einer Materie, die wie kaum eine andere vom Gleichheitsgrundsatz geprägt sein müßte.

III. Die gegenwärtige Situation – Regelungen in den einzelnen Bundesländern

Wie es um die steuerrechtliche Ausbildung der Juristen tatsächlich steht, zeigt ein Vergleich der verschiedenen Ausbildungs- und Prüfungsordnungen für Juristen in der Bundesrepublik Deutschland.

1. Universitätsausbildung

Zunächst ist festzustellen, daß derzeit kein Bundesland das Steuerrecht in der Universitätsausbildung den Pflichtfächern zuordnet, so daß im Rahmen der Pflichtklausuren Steuerrecht keine Rolle spielt.

Im Bereich der Wahlfächer wurde Steuerrecht bis Anfang 1993 in keinem Bundesland als eigenständiges Wahlfach angeboten. Dies führte dazu, daß sich ein Student, der sich im Universitätsstudium für Steuerrecht interessierte, in Kauf nehmen mußte, daß dieses ohnehin schon umfangreiche Rechtsgebiet nur in Kombination mit anderen wirtschaftsrechtlichen Fächern angeboten wird. Hessen beispielsweise faßt Steuerrecht in einer Wahlfachgruppe mit gewerblichem Rechtsschutz, Urheberrecht, Wettbewerbs-, Kartell- und Gesellschaftsrecht zusammen. Verständlich, daß dieses Wahlfach bei den Studenten wenig beliebt ist.

Seit 1. April 1993 gibt es als Reaktion auf diese Erfahrungen in Bayern ein eigenständiges Wahlfach „Steuerrecht".

---

6 *Joachim Lang,* Verantwortung der Rechtswissenschaft für das Steuerrecht, StuW 1989, 201 ff.

2. Referendarausbildung

Das Steuerrecht spielt auch in der Referendarausbildung keine entscheidende Rolle.

Mit Ausnahme von Bayern ist Steuerrecht in keinem Bundesland Gegenstand einer Pflichtklausur in der Zweiten Juristischen Staatsprüfung.

Aber auch Steuerrecht als eigenständiger Schwerpunktbereich wurde bisher nicht angeboten:

In *Baden-Württemberg* wurde erstmals im Herbst 1987 eine steuerrechtliche Klausur geschrieben. Das Steuerrecht ist dort Prüfungsgegenstand im Schwerpunktbereich „Wirtschaft und Steuern". Verlangt werden zum einen vertiefte Kenntnisse des Gesellschaftsrechts, sowie Grundzüge des Wettbewerbs- und Kartellrechts. Der Teil „Steuern" wird abgedeckt durch Grundzüge des Steuerrechts und des Bilanzrechts (§ 40 Abs. 2 Nr. 2 JAPrO)[7].

Auch *Rheinland-Pfalz* kennt einen Schwerpunktbereich „Steuern und Wirtschaft". Gemäß § 48 Abs. 2 Nr. 5 JAPO enthält dieser die Fächer Steuerrecht und Bilanzrecht sowie das finanzgerichtliche Verfahren, ferner Gesellschaftsrecht, Wettbewerbs- und Kartellrecht[8].

Berlin bietet seit 1991 ebenfalls innerhalb des Schwerpunktbereichs „Wirtschaft" eine fakultative Steuerrechtsklausur an[9]. Insgesamt besteht der Schwerpunktbereich aus Einkommensteuer- und Körperschaftsteuerrecht, Grundzügen des Handelsbilanz- und Steuerbilanzrechts jeweils in Verbindung mit dem Steuerverfahrensrecht; daneben können im Teilbereich „Wirtschaft" Handels-, Gesellschafts- und Wettbewerbsrecht sowie Grundzüge des Kartellrechts Prüfungsgegenstand sein (§ 36 Abs. 2 Nrn. 3a und 3b JAPO).

Im *Saarland* umfaßt der Prüfungsstoff für eine Klausur im Wahlfachbereich „Wirtschaft und Finanzen" gemäß § 27 Abs. 3 Nr. 3 JAB die Grundzüge des Steuerrechts einschließlich Verfahrens- und Prozeßrecht sowie Wirtschafts- und Handelsrecht unter besonderer Berücksichtigung des Gesellschaftsrechts und des Wertpapierrechts, des Urheber-, Wettbewerbs- und Kartellrechts[10].

Die Juristenausbildungsordnung *Niedersachsens* enthält einen Schwerpunktbereich „Wirtschaftsrecht und Finanzrecht", § 31 Abs. 1 Nr. 3

7 JAPrO Baden-Württemberg vom 9. Juli 1984, GBl. 1984, 480; geänd. durch VO vom 9. Dezember 1985, GBl. 1985, 582 und vom 12. Oktober 1987, GVBl. 1987, 497.

8 JAPO Rheinland-Pfalz vom 16. Oktober 1985, GVBl. 1985, 227, i.d.F. vom 15. Januar 1986, GVBl. 1986, 41, geänd. durch VO vom 12. April 1988, GVBl. 1988, 82.

9 JAPO Berlin vom 16. November 1984, GVBl. 1984, 1688, zul. geänd. durch VO vom 10. Dezember 1991, GVBl. 1991, 277.

10 JAG Saarland vom 6. Juli 1988, ABl. 1988, 865; JAO Saarland vom 3. Oktober 1988, ABl. 1988, 958.

NJAO[11]; der genaue Prüfungsstoff ist nicht bezeichnet. Steuerrechtliche Klausuren werden gestellt. Darüber hinaus besteht die Möglichkeit, im Rahmen der Hausarbeit ein Thema aus oben genanntem Schwerpunktbereich zu bearbeiten, § 47 Abs. 1 NJAO.

Hessen sieht im Assesorexamen keine Steuerklausur vor, § 44 JAG. Gemäß § 25 Abs. 2 Nr. 5, Abs. 2 Nr. 3 JAG kann ein Rechtsreferendar, der den Schwerpunkt in der Wahlstation auf steuerrechtliche Ausbildung legt, eine Hausarbeit im Steuerrecht fertigen, § 45 Abs. 1 JAG[12].

Auch *Nordrhein-Westfalen* kennt keine steuerrechtlichen Klausuren. Hier kann nur das Thema der Hausarbeit aus dem Schwerpunktbereich „Wirtschaft und Steuern" gewählt werden, § 36 Abs. 1 JAO[13].

Nach § 6 Abs. 3 i.V.m. § 7 Abs. 3 der Übereinkunft der Länder Freie Hansestadt *Bremen,* Freie und Hansestadt *Hamburg* und *Schleswig-Holstein* über ein gemeinsames Prüfungsamt und die Prüfungsordnung für die Große Staatsprüfung[14] kann den Referendaren im Assessorexamen entweder eine Klausur oder eine Hausarbeit zur Bearbeitung gegeben werden. Steuerrechtliche Bezüge wären in den Schwerpunktbereichen aller drei Länder vorhanden: „Wirtschaft und Steuern" in Schleswig-Holstein gem. § 35 Abs. 3 Nr. 3 JAO[15], „Verwaltung" in Hamburg gem. § 35 Abs. 1 Nr. 5 JAO[16] sowie „Wirtschaft, Handel (einschließlich steuerrechtlicher Fragen)" in Bremen gemäß § 36 Abs. 1 Nr. 3 JAPG[17].

Schon bis Anfang 1993 war *Bayern* den restlichen alten Bundesländern in der Steuerausbildung einen Schritt voraus. Als einziges Bundesland hatte Bayern eine Pflichtklausur „Steuerrecht", § 51 Abs. 3 Nr. 3, § 44 Abs. 2 Nr. 4d JAPO a.F.[18], die den Prüfungsstoff „Recht der Abgabenordnung und Einkommensteuerrecht mit Bezügen zum Körperschaftsteuerrecht" umfaßte.

Ferner bestand die Möglichkeit, eine zweite Steuerklausur im Schwerpunktbereich zu schreiben. Gemäß § 44 Abs. 3 Nr. 3 JAPO waren Bestandteil des Schwerpunktbereichs „Wirtschaft/Finanzwesen" die Grundzüge des Umsatzsteuerrechts, neben Grundzügen des Wirtschaftsverwaltungsrechts sowie Wechsel- und Scheckrecht. Nachdem bereits durch die Pflichtklausur das Interesse vieler Referendare am Steuerrecht geweckt

---

11 NJAO vom 24. Juli 1985, GVBl. 1985, 215.

12 JAG Hessen vom 12. März 1974 i.d.F. vom 7. November 1985, 212.

13 JAO Nordrhein-Westfalen vom 16. Juli 1985, GVBl. 1985, 528.

14 Übereinkunft der Länder Freie Hansestadt Bremen, Freie und Hansestadt Hamburg und Schleswig-Holstein über ein gemeinsames Prüfungsamt und die Prüfungsordnung für die Große Juristische Staatsprüfung vom 11. Dezember 1986 Schleswig-Holstein GVBl. 1986, 312 in der Bek. vom 16. Januar 1987, GVBl. 1987, 47.

15 JAO Schleswig-Holstein vom 2. August 1985, GVBl. 1985, 237.

16 JAO Hamburg vom 10. Juli 1972 i.d.F. vom 12. März 1986, GVBl. 1986, 49.

17 JAPG Bremen vom 24. September 1985, GBl. 1985, 161.

18 JAPO Bayern i.d.F. vom 26. November 1985, GVBl. 1985, 737, zul. geänd. durch VO vom 1. Juli 1990, GVBl. 1990, 192.

worden war, wurde auch dieser Schwerpunktbereich immer häufiger gewählt. Während sich im Termin 1989/1 des Assessorexamens noch 20,47 v.H. dafür entschieden, stieg diese Zahl zum Termin 1992/2 sogar auf 35,07 v.H. Kein anderer Schwerpunktbereich wurde auch nur annähernd so oft belegt. Eine gewisse Rolle spielte wohl auch die Tatsache, daß in der Regel eine Umsatzsteuerklausur gestellt wurde.

Unterstützt wurde die steuerrechtliche Referendarausbildung nicht nur von einer Vielzahl Juristen im bayerischen Steuerverwaltungsdienst, sondern auch aus dem Universitätsbereich.

Erstmals im Sommer 1991 veanstaltete Prof. Dr. *Jakob,* Inhaber des Lehrstuhls für Öffentliches Recht, Finanzrecht und Steuerrecht an der Universität Augsburg, eine Stage „Steuer- und Unternehmenrecht" für Rechtsreferendare i.S.v. § 36 Abs. 4 JAPO.

Im Rahmen dieser jährlich angebotenen 12wöchigen Veranstaltung führen erfahrene Steuerrechtler, u.a. Rechtsanwälte, Richter, Steuerberater, Wirtschaftsprüfer und Fachleute aus der Finanzverwaltung, durch die breite Palette des Steuer- und Unternehmensrechts. Probleme des Einkommen-, Bilanz- und Körperschaftsteuerrechts stehen als Themen ebenso auf dem Programm wie Umsatzsteuerrecht, Unternehmensrecht, Recht der Kapitalgesellschaften sowie Gründung, Umwandlung und Beendigung von Unternehmen. Ferner werden Colloquien über aktuelle steuerrechtliche Fragen angeboten.

Auch die Industrie- und Handelskammern erklärten sich bereit, den Rechtsreferendaren wirtschaftswissenschaftliche Grundkenntnisse zu vermitteln, die für steuerrechtliches Verständnis unerläßlich sind. So veranstaltet die Industrie- und Handelskammer für München und Oberbayern seit Jahren halbjährlich ein Seminar über Handelsbilanzen für Rechtsreferendare.

IV. Konsequenzen

Unter Berücksichtigung des Umfangs der Schwerpunktbereiche, in denen das an sich schon umfassende Steuerrecht stets nur einen Teil ausmacht, ist es durchaus verständlich, daß diese bei den Examenskandidaten außerhalb Bayerns nicht zu den beliebtesten zählen. *Tipke* meint gar, „zu einem Wahlfach von derartiger Breite kann man keinem Studenten raten. Kein Prüfer deckt durch sein Wissen dieses Wahlfach ab. Mit anderen Worten: Vom Prüfling wird mehr verlangt als vom Prüfer."[19]

In Bayern war diese Tendenz nur im Rahmen der Ersten Juristischen Staatsprüfung erkennbar.

---

19 *Klaus Tipke,* Die Entwicklung von Forschung und Lehre im Steuerrecht, StuW 1991, 210 (219).

V. Lösungsansätze

Lediglich zwei Bundesländer haben auf den übergroßen Zuschnitt der Schwerpunktbereiche bzw. auf das Defizit in der steuerrechtlichen Ausbildung reagiert:

1. Nordrhein-Westfalen

In Nordrhein-Westfalen fand man einen praktikablen Kompromiß zur Reduzierung des Stoffumfangs im Schwerpunktbereich[20].

Bei Anmeldung zur Zweiten Juristischen Staatsprüfung kann der Kandidat einen sog. Unterschwerpunkt benennen; sofern er sich für den Bereich der „Wirtschaft" entscheidet, erhält er eine Hausarbeit aus den Bereichen Gesellschaftsrecht, Wettbewerbs- bzw. Kartellrecht. Wählt er dagegen „Steuern" ist Prüfungsstoff der Hausarbeit ausschließlich Steuerrecht.

2. Bayern

Mit der Verordnung zur Änderung der Ausbildungs- und Prüfungsordnung für Juristen vom 16. März 1993 (GVBl. 1993, S. 193 ff.) wurden in Bayern erweiterte Möglichkeiten einer Schwerpunktbildung ohne Verzicht auf den Einheitsjuristen geschaffen, um dadurch einer individuellen Neigung von Studenten und Referendaren vermehrt Rechnung zu tragen und andererseits eine verbesserte Vorbereitung für bestimmte Berufsfelder zu erreichen.

Zu diesem Zweck wurde eine neue eigenständige Wahlfachgruppe „Steuerrecht" in der Ersten Juristischen Staatsprüfung geschaffen. Neben verfassungsrechtlichen Grundzügen des Steuerrechts beinhaltet diese Wahlfachgruppe Einkommensteuer- und Umsatzsteuerrecht, Grundzüge des Körperschaft- und des Gewerbesteuerrechts, sowie Abgabenordnung (ohne steuerbegünstigte Zwecke, Vollstreckung, Straf- und Bußgeldvorschriften, Straf- und Bußgeldverfahren).

Ferner wurde neben der steuerrechtlichen Pflichtklausur ein weiterer Schwerpunktbereich „Steuerrecht" in der Zweiten Juristischen Staatsprüfung eingeführt; zusätzlicher Prüfungsstoff sind Umsatzsteuerrecht, Grundzüge des Körperschaftsteuerrechts, Grundzüge ordnungsgemäßer Buchführung, Grundzüge des Bilanzrechts und des Bilanzsteuerrechts, Grundzüge des Bewertungs- und Vermögensteuerrechts, sowie Erbschaft- und Schenkungsteuerrecht und Grundzüge des finanzgerichtlichen Verfahrens.

Diese Entwicklung ist sehr zu begrüßen. Das Steuerrecht gewinnt in der Juristenausbildung noch stärkeres Gewicht als bisher.

---

20 *Dieter Birk*, Der Stellenwert des Steuerrechts bei der Juristenausbildung, StuW 1992, 88 ff.

Damit hat Bayern wieder eine Vorreiterrolle in der Steuerausbildung der Juristen übernommen und setzt Maßstäbe für alle anderen Bundesländer.

IV. Resümee

Das gegenwärtige System der deutschen Juristenausbildung kann noch weiter verbessert werden.

Es ist wünschenswert, daß auch die übrigen Bundesländer die Steuerausbildung der Juristen intensiviert. Auch in Hinblick auf die europäische Herausforderung ist es unabdingbar, daß das wirtschaftlich relevante Steuerrecht ein zentraler Bereich der Juristenausbildung in der Bundesrepublik Deutschland wird. Selbstverständlich wird dies nur gelingen, wenn andere Rechtsgebiete gestraffter angeboten werden.

Der bayerische Weg kann nur ein Anfang sein, eine Fortsetzung ist dringend geboten; nicht zuletzt im Interesse der Nachwuchsgewinnung für die Finanzgerichte und den Bundesfinanzhof sowie die Finanzverwaltung.

XII.

Das Abgabenrecht in benachbarten Institutionen

Heinrich Reiter

Soziallast als Steuerlast

Inhaltsübersicht

I. Steuerfinanzierte Sozialleistungen (Sicherung des zum Leben Notwendigen und Gewährung von Familienlastenausgleich)

Über die Verwendung der Steuereinnahmen entscheidet der Gesetzgeber grundsätzlich autonom nach Maßgabe politischer Ziele, seien diese sozialer oder anderer Natur. Steuern stehen ex definitione nicht in einem Austauschverhältnis; sie sind „Geldleistungen, die nicht eine Gegenleistung für eine besondere Leistung darstellen und von einem öffentlich-rechtlichen Gemeinwesen zur Erzielung von Einnahmen allen auferlegt werden, bei denen der Tatbestand zutrifft, an den das Gesetz die Leistungspflicht knüpft; die Erzielung von Einnahmen kann Nebenzweck sein"[1]. Aus dieser Begriffsbestimmung, die heute auch den verfassungsrechtlichen Steuerbegriff umschreibt[2], folgt, daß der Steuerpflichtige keinen Anspruch auf eine bestimmte Verwendung der Mittel hat. Doch enthält die Verfassung Leitlinien und Vorgaben für den Haushaltsgesetzgeber, den Ertrag der Steuern für soziale Zwecke einzusetzen.

Das in Art. 20 Abs. 1 GG verankerte *Sozialstaatsprinzip* begründet die Pflicht des Staates, für eine gerechte Sozialordnung zu sorgen[3]. Dabei wird dem Gesetzgeber ein weiter Gestaltungsspielraum eingeräumt. Seit Bestehen der Bundesrepublik Deutschland wurde das Sozialstaatsgebot in hervorragender Weise realisiert; nach dem letzten Sozialbudget der Bundesregierung aus dem Jahre 1992 wurden allein für direkte Sozialleistungen in Gesamtdeutschland 930 Mrd. DM aufgewendet, was etwa einem Drittel

1 § 3 Abs. 1 AO.

2 BVerfG-Urteil vom 6. November 1984 2 BvL 19, 20/83, 2 BvR 363, 491/83, BVerfGE 67, 256, 282; *Franz Klein*, Eigentumsgarantie und Besteuerung, BayVBl. 1980, 527, 530.

3 BVerfG-Beschluß vom 13. Januar 1982 1 BvR 848, 1047/77 u.a., BVerfGE 59, 231, 263.

unseres Bruttosozialprodukts entspricht. Noch beeindruckender ist m.E. die Umrechnung pro Kopf der Wohnbevölkerung mit 11 548 DM[4]. Man wird *Katzenstein*[5] kaum widersprechen, wenn er diesen Gesetzgeber von Verfassungs wegen grundsätzlich nicht zu besserer Erfüllung des Sozialstaatsprinzips gedrängt sieht. Die Idee der sozialen Gerechtigkeit ist im demokratischen Staat kein statisches, sondern ein im höchsten Maße dynamisches Prinzip[6]. Die Idee der sozialen Gerechtigkeit und damit des Ausgleichs der sozialen Gegensätze ist tendenziell auf Verbreiterung und Anhebung des Gleichheitsstandards und der Perfektionierung der sozialen Sicherheit von der Gefahrenabwehr zur Gefahrenvorsorge ausgerichtet[7]. Das Sozialstaatsgebot nimmt die Dynamik des Sozialen auf; ihm läßt sich angesichts seiner Weite und Unbestimmtheit aber regelmäßig kein Gebot entnehmen, soziale Leistungen in einem bestimmten Umfang zu gewähren[8]. Zu Recht hat *Herzog*[9] davor gewarnt, daß eine Gerichtsinstanz, die das Sozialstaatsprinzip rechtlich „auszujudizieren" beginne, damit zur Übernahme der gesamtpolitischen Verantwortung ansetzt.

Auch wenn es in der Entscheidung des Gesetzgebers steht, in welchem Umfang soziale Hilfe unter Berücksichtigung der vorhandenen Mittel und anderer gleichrangiger Staatsaufgaben gewährt werden kann und soll, ist der Gesetzgeber aus *Art. 1 Abs. 1 GG i.V.m. dem Sozialstaatsgrundsatz* allerdings verpflichtet, dem mittellosen Bürger die Mindestvoraussetzungen für ein menschenwürdiges Dasein erforderlichenfalls durch Sozialleistungen zu sichern[10]. Diese sozialstaatliche Verbürgung des Mindeststandards wurzelt letztlich in der Menschenwürde und entfaltet sich zu allererst im Recht auf Sozialhilfe.

Das Bundesverfassungsgericht erblickt weiter in *Art. 6 Abs. 1 GG ebenfalls i.V.m. dem Sozialstaatsprinzip* eine wertentscheidende Grundsatznorm, die für den Staat die Pflicht begründet, Ehe und Familie zu schützen und zu fördern[11]. Dabei ist der Staat nicht gehalten, jegliche die Familie treffende Belastung auszugleichen oder jeden Unterhaltspflichtigen zu entlasten. Die staatliche Familienförderung steht unter dem Vorbehalt des „Möglichen" i.S. einer vernünftigen Erwartung der Bürger und

---

4 Quelle: Bundesarbeitsblatt 6/1993 S. 6.

5 *Dietrich Katzenstein,* Das Sozialrecht in der Rechtsprechung des Bundesverfassungsgerichts von 1982 bis 1987, SGb 1988, 177, 189.

6 Vgl. *Rupert Scholz,* Sozialstaat zwischen Wachstums- und Rezessionsgesellschaft, 1981, S. 24 ff.

7 *Josef Isensee,* Empfiehlt es sich, die Zuweisung von Risiken und Lasten im Sozialrecht neu zu ordnen?, in: Verhandlungen des 59. DJT, Bd. II, 1992, Teil Q S. 38.

8 BVerfG-Beschluß vom 29. Mai 1990 1 BvL 20, 26, 184 und 4/86, BVerfGE 82, 60, 80.

9 *Roman Herzog,* Verfassungsrechtliche Aspekte des Sozialrechts, NZA 1989, 1, 2.

10 BVerfG a.a.O. (Fn. 8), 85 ff. m.w.N.

11 Vgl. BVerfG a.a.O. (Fn. 8), 81; BVerfG-Urteil vom 7. Juli 1992 1 BvL 51/86, 50/87 u.a., BVerfGE 87, 1, 35.

der notwendigen Rücksicht auf andere öffentliche Belange[12]. Das Bundesverfassungsgericht entnimmt der Wertentscheidung für den Schutz der Familie die allgemeine Pflicht des Staates zu einem Familienlastenausgleich, überläßt aber die Entscheidung darüber, in welchem Umfang und in welcher Weise ein solcher sozialer Ausgleich vorzunehmen ist, dem Gesetzgeber. Dieser hat grundsätzlich Gestaltungsfreiheit[13]. (Nur am Rande sei erwähnt, daß die gesetzliche Krankenversicherung allerdings zu Lasten ihrer Beitragszahler den wichtigsten Familienlastenausgleich finanziert, da Ehegatte und Kinder eines Mitglieds unter bestimmten Voraussetzungen ohne eigene Beitragsleistung kraft Gesetzes versichert sind, § 10 SGB V.)

II. Staatliche Finanzverantwortung in der Sozialversicherung

1. Finanzierung der Sozialversicherung und Finanzverfassung

Die generelle grundgesetzliche Finanzverfassung ist – wie *Josef Isensee* es formuliert[14] – dichter und differenzierter, genauer und technischer gefaßt als irgendein anderer Abschnitt des Grundgesetzes. Die den Anteil des Gesamtstaates und der Gliedstaaten am Gesamtertrag der Volkswirtschaft sorgsam ausbalancierende Regelung ist ein Eckpfeiler der bundesstaatlichen Ordnung. Das vom Bundesverfassungsgericht anerkannte Prinzip des „Steuerstaates" erlaubt es nur unter besonderen Voraussetzungen, Einnahmen außerhalb des von der Finanzverfassung erfaßten Bereichs zu erschließen[15]. Dem Gesetzgeber ist es versagt, eine öffentliche Aufgabe nach seiner Wahl im Wege der Besteuerung oder durch Erhebung einer „parafiskalischen" Sonderabgabe zu finanzieren[16]. Dabei ist die Erhebung von Sonderabgaben nach der Rechtsprechung des Bundesverfassungsgerichts materiell begrenzt. Sonderabgaben dürfen nur „im Rahmen eines Sachzwecks erhoben werden, der über die bloße Mittelbeschaffung hinausgeht und eine homogene Gruppe trifft, die in einer spezifischen Beziehung zu dem mit der Abgabenerhebung verfolgten Zweck steht". Die Verwendung der Abgabe muß also gruppennützig sein[17].

Die Regelung, die die „Sozialfinanzverfassung" im Grundgesetz erfahren hat, ist demgegenüber geradezu karg. Hier ist es im Grunde nur die verfassungsrechtliche Zuständigkeitsnorm für die Sozialversicherung (Art. 74 Nr. 12 GG), welche die Erhebung von Sozialversicherungsbeiträgen ermöglicht und begrenzt. Nach der Rechtsprechung des Bundesver-

12 Vgl. BVerfGE 87, 1, 35.
13 BVerfGE 87, 1, 36.
14 In: Finanzverfassung und Sozialrecht, SDSRV 35, S. 7.
15 BVerfG-Beschluß vom 8. Juni 1988 2 BvL 9/85 und 3/86, BVerfGE 78, 249, 266, 267.
16 BVerfG-Urteil vom 10. Dezember 1980 2 BvF 3/77, BVerfGE 55, 274, 301.
17 Vgl. zusammenfassend BVerfG-Beschluß vom 8. April 1987 2 BvR 909, 934, 935/82 u.a., BVerfGE 75, 108, 147, 148 m.w.N.

fassungsgerichts seit der Entscheidung zum Kindergeldgesetz ist für eine Zuordnung zur „Sozialversicherung" u.a. die Art und Weise kennzeichnend, wie die Aufgabe organisatorisch bewältigt wird. Träger der Sozialversicherung sind danach selbständige Anstalten oder Körperschaften des öffentlichen Rechts, die ihre Mittel durch Beiträge der „Beteiligten" aufbringen[18]. Deshalb ist bereits der Kompetenzbegriff Sozialversicherung nach seinem unmittelbaren Sachgehalt auch auf die Regelung der Finanzierung der Sozialversicherung, mithin auf die Erhebung von Sozialversicherungsbeiträgen gerichtet[19]. Das Bundesverfassungsgericht hat in für manche irritierender Weise Sozialversicherungsbeiträge grundsätzlich außerhalb der für Sonderabgaben geltenden Einschränkungen gestellt[20]. Der Sozialversicherungsbeitrag ist ein Abgabetypus eigener Art[21]. Die Sozialversicherung ist ein eigenständiges, rechtlich und tatsächlich hochdifferenziertes System öffentlicher Abgabenerhebung und Leistungszuteilung, das als solches auch verfassungsrechtlich für sich zu würdigen ist[22]. Das Bundesverfassungsgericht hält den bei der Erhebung von Sonderabgaben typischerweise drohenden Konflikt mit den Regelungen der Finanzverfassung für ausgeschlossen. Sozialversicherungsbeiträge dienten von vornherein nicht der allgemeinen Mittelbeschaffung des Staates, sondern fänden ihren Grund und ihre Grenzen in der Finanzierung der Sozialversicherung[23]. Danach kann sich der Gesetzgeber seiner Regelungskompetenz für die Sozialversicherung einerseits nicht bedienen, um dadurch Mittel für die Finanzierung allgemeiner Staatsaufgaben aufzubringen. Soweit sich gesetzgeberische Regelungen andererseits sachlich gegenständlich im Kompetenzbereich der Sozialversicherung halten, sind kompetenzrechtlich auch die zur Finanzierung der Sozialversicherung getroffenen Regelungen unbedenklich[24]. Für die kompetenzrechtliche Zuordnung kommt es nicht darauf an, ob die Kompetenz für eine inhaltlich rechtmäßige oder rechtswidrige Regelung in Anspruch genommen wird, solange die Regelung gegenständlich in den Kompetenzbereich fällt[25].

Obgleich die Beitragsfinanzierung der Sozialversicherung von Verfassungs wegen gefordert ist, ist der Gesetzgeber gleichwohl nicht gehalten, die

18 BVerfGE 75, 108, 146; 87, 1, 34; zuletzt BVerfG-Urteil vom 28. Mai 1993 2 BvF 2/90 u.a., BVerfGE 88, 203, 313.
19 BVerfGE 75, 108, 148.
20 BVerfG wie vor, 147.
21 Vgl. BSG-Urteil vom 17. Dezember 1985 12 RK 38/83, SozR 2200 § 1385 Nr. 16; *Josef Isensee* in: Hans F. Zacher (Hrsg.), Die Rolle des Beitrags in der sozialen Sicherung, 1980, S. 462, 487; a.A. z.B. *Franz Klein,* Zur Verfassungsmäßigkeit von Sonderabgaben – ihre Abgrenzung zu den Steuern, DStR 1981, 275 ff.; *ders.,* Zur Verfassungsmäßigkeit der Künstlersozialabgabe nach dem Entwurf eines Künstlersozialversicherungsgesetzes, DB 1981, 370 ff.
22 BSG a.a.O. (Fn. 21); *Lerke Osterloh,* Verfassungsfragen der Künstlersozialabgabe, NJW 1982, 1617, 1620.
23 BVerfGE 75, 108, 148.
24 BVerfG ebenda.
25 BVerfGE 88, 203, 313.

einzelnen Versicherungszweige ausschließlich als sich finanziell selbsttragende Systeme zu organisieren. Die Verfassung läßt Mischformen zu; sie gestattet den Einsatz von allgemeinen Haushaltsmitteln zur Finanzierung der Sozialversicherung. Deren Lasten sind damit zugleich Steuerlast.

2. Der Staat als Mitfinanzier der Sozialversicherung

a) Verfassungsrechtliche Grundlagen

Nach Art. 120 Abs. 1 Satz 4 GG trägt der Bund die Zuschüsse zu den Lasten der Sozialversicherung mit Einschluß der Arbeitslosenversicherung und der Arbeitslosenhilfe. Die Vorschrift eröffnet die Befugnis des Staates zur Mitfinanzierung der Lasten der Sozialversicherung allgemein und ist nicht auf die durch die Kriegsfolgen bedingten Lasten und Zuschüsse für die Sozialversicherung beschränkt[26]. Sie gilt nur im Verhältnis von Bund und Ländern und ordnet als Lastenverteilungsregel dem Bund die Ausgabenverantwortung für die Lasten der Sozialversicherung zu[27]. Bundesverfassungsgericht und Bundessozialgericht haben in ständiger Rechtsprechung ausgesprochen, daß die Vorschrift keine eigenständigen Zahlungsansprüche begründet; die Regelung besagt insbesondere nichts darüber, in welchem Umfang und für welche Leistungen die Sozialversicherungsträger Zuschüsse verlangen können[28]. Nach Auffassung des BVerfG können solche Ansprüche nicht aus Art. 120 Abs. 1 GG, sondern nur aus den Gesetzen über die Sozialversicherung hergeleitet werden[29]. Vor dem Hintergrund dieser Auslegung ist gleichwohl streitig geworden, ob der Gesetzgeber sonst von Verfassungs wegen oder aus allgemeinen Rechtsgrundsätzen heraus zur Zuschußgewährung verpflichtet sein kann und ob er dabei inhaltliche Vorgaben zu beachten hat.

Das Bundessozialgericht war in zwei Entscheidungen aus dem Jahre 1972[30] und 1978[31] mit dieser Frage befaßt. Eine Allgemeine Ortskrankenkasse hatte wegen eines bei ihr entstandenen Defizites einen Beihilfeanspruch gegen den Gemeindeverband nach § 389 Abs. 2 Satz 2 RVO in der bis zum 30. Juni 1977 geltenden Fassung geltend gemacht. Das Bundessozialgericht lehnte die Einstandspflicht des Beklagten mit der Begründung ab, der Bund trage nach Art. 120 Abs. 1 Satz 4 GG und dem ersten Überleitungsgesetz vom 1. April 1950 an auch die Zu-

---

26 BVerfG-Urteil vom 24. Juli 1962 2 BvL 15, 16/61, BVerfGE 14, 221, 235; BSG-Urteil vom 24. Mai 1972 3 RK 9/71, BSGE 34, 177, 179; *Maunz/Dürig/Herzog,* Kommentar zum Grundgesetz, Art. 120 Rz. 23; a.A. *Hans-Wolfgang Diemer,* Zum Staatszuschuß bei den Sozialversicherungen, VSSR 1982, 31 ff., 56, 57, 60, 61.

27 BVerfG a.a.O. (Fn. 26); BSG-Urteil vom 16. November 1978 3 RK 29/76, BSGE 47, 148, 154.

28 BVerfG wie vor, BSG wie vor.

29 BVerfG wie vor.

30 BSG a.a.O. (Fn. 26).

31 BSG a.a.O. (Fn. 27).

schußverpflichtungen der Gemeinden und Gemeindeverbände zu den Lasten der Sozialversicherung[32]. Das vom Bundessozialgericht herangezogene Argument der Sachgerechtigkeit einer solchen Lösung verdient besondere Beachtung: „Die Verhältnisse, die im vorliegenden Fall bei der Klägerin zur Inanspruchnahme des Gemeindeverbandes nach § 389 Abs. 2 Satz 2 RVO geführt haben, sind . . . im Grunde strukturelle, vornehmlich durch die Defizite der Rentnerkrankenversicherung hervorgerufene und deshalb mehr oder weniger ‚chronische' Finanzschwierigkeiten, die die Kassen in Bedrängnis gebracht haben. Diese Defizite beruhen letzten Endes auf Gesetzgebungsmaßnahmen des Bundes, der den Krankenkassen Aufgaben übertragen hat, ohne dabei immer für eine ausreichende Deckung durch Beiträge zu sorgen. Deshalb ist es, wenn die entstandenen Finanzierungslücken nicht anders zu schließen sind, nur folgerichtig, daß der Bund und nicht der insofern ‚unbeteiligte' Gemeindeverband für die Defizite aufkommt."[33]

Von den weitreichenden Konsequenzen dieser Auffassung ist das Bundessozialgericht im zweiten, nunmehr gegen den Bund gerichteten Verfahren abgerückt und hat die Klage mangels Rechtsgrundlage abgewiesen. Es hielt den Bund gemäß dem Sozialstaatsgebot i.V.m. Art. 120 Abs. 1 Satz 4 GG für verpflichtet, für das Funktionieren eines staatlichen Sozialversicherungssystems zu sorgen und damit die Ortskrankenkassen als Institutionen zur Grundsicherung des sozialen Krankenschutzes funktionsfähig zu halten[34]. Eine Garantiehaftung bedürfe jedoch der ausdrücklichen gesetzlichen Regelung. Bis zu einer Normierung könne das Gericht die Haftung nur aussprechen, wenn sich die Kasse in einer ihre Existenz bedrohenden Notlage befinde. Das Gericht sah in dem Zweck der Garantiehaftung einen ungefähren Rahmen, bei dem es dem Gesetzgeber überlassen bleiben müsse, ihn durch konkrete Vorschriften auszufüllen und festzulegen, bei Erfüllung welcher bestimmten Voraussetzungen die Garantiepflicht eintrete, welchen Umfang sie habe und zu welchen Folgerungen sie führe. Da dem Gesetzgeber zur Ausfüllung des Rahmens zahlreiche Möglichkeiten zur Verfügung stünden, könne es nicht Aufgabe des Gerichts sein, sie an seiner Stelle zu konkretisieren[35].

Die Zurückhaltung des Gerichts ist wohl begründet. Dem direkten Zugriff auf den Staatshaushalt steht als „funktionsrechtliche Grenze der richterlichen Rechtsfortbildung" das Budgetrecht des Parlaments entgegen (Art. 110, 109 GG)[35a]. Zugleich ist das Demokratieprinzip berührt. Der Gesetzgeber hat zur Aufrechterhaltung der Funktions- und Leistungsfähigkeit der Sozialversicherung grundsätzlich Gestaltungsfreiheit. Er hat im Bereich der gesetzlichen Krankenversicherung in immer neuen Anläu-

32 BSG a.a.O. (Fn. 26) S. 180.
33 BSG a.a.O. (Fn. 26) S. 180.
34 BSG a.a.O. (Fn. 27) S. 153.
35 BSG wie vor S. 158.
Vgl. näher *Christian Starck,* Urteilsanmerkung, SGb 1979, 337.

fen tiefgreifende Veränderungen im Leistungs- und Beitragsrecht vorgenommen, um der Kostensteigerung im Gesundheitswesen zu begegnen und den Anstieg der Beitragssätze zu begrenzen. Freilich sind seine Reformschritte je für sich an der Verfassung zu messen. Doch schlägt der Gedanke der Funktionserhaltung offen oder verdeckt auf die verfassungsrechtliche Prüfung gesetzgeberischer Eingriffe zurück: Ist Schmalhans Küchenmeister, verdünnen sich bisweilen auch die verfassungsrechtlichen Anforderungen. Der Gesetzgeber kann seiner Haftung zum Erhalt der Funktionsfähigkeit auch durch Veränderungen der Organisationsstrukturen des jeweiligen Systems nachkommen, bevor er Staatszuschüsse vorsieht. Die Einführung des bundesweiten, kassenartenübergreifenden Risikostrukturausgleichs ab 1. Januar 1994 und unter Einschluß der Krankenversicherung der Rentner ab 1. Januar 1995[36], die weitgehende Einräumung von Kassenwahlrechten ab 1. Januar 1996[37] sowie die Maßnahmen bei mangelnder Leistungsfähigkeit und unzumutbarer Beitragshöhe einer (Orts-)Krankenkasse[38], zielen auf ein sich selbst tragendes und stabilisierendes, am Wettbewerb ausgerichtetes System. In ihm verbleibt der Garantiehaftung des Staates die Rolle einer von der Verfassung bereitgehaltenen „fleet in being" für extreme Krisensituationen.

b) Gesetzliche Ausgestaltung

aa) Der Zuschuß zur Rentenversicherung

Die Gewährung der Zuschüsse hat der Gesetzgeber in den einzelnen Sozialversicherungszweigen unterschiedlich ausgeformt. Traditionell am stärksten verankert ist der Staatszuschuß in der *Rentenversicherung.* In ihm ist die ursprünglich von Bismarck verfolgte Konzeption einer für die Arbeiter beitragsfreien Staatsbürgerversorgung aus einer neu einzuführenden Tabaksteuer aufgegangen[39]. Die Begründung zum Entwurf eines Gesetzes betreffend die Invaliditäts- und Altersversicherung betonte die gesamtgesellschaftliche Bedeutung der Sicherung der Arbeiterschaft für den Fall des Alters und der Invalidität und fuhr dann fort: „Deshalb wird sich das Reich nicht damit begnügen dürfen, lediglich die zunächst Betheiligten, nämlich Arbeitnehmer und Arbeitgeber zu Aufwendungen für den erstrebten Zweck anzuhalten; vielmehr wird das an der geplanten Einrichtung so stark interessirte Gemeinwesen einen Theil der erforderlichen materiellen Opfer auf seine eigenen Schultern, auf allgemeine Reichsmittel zu übernehmen haben. Diese Verpflichtung ist um so weniger abzuweisen, als andernfalls wenigstens für einzelne Berufszweige die Last unerschwinglich, die Erreichung des Zwecks also in Frage gestellt werden würde. Es reicht auch nicht aus, wenn das Reich diese seine

36 §§ 266 ff. SGB V n.F.
37 §§ 173 ff. SGB V n.F.
38 Vgl. §§ 145, 146 SGB V; vgl. ferner § 160 Abs. 3 SGB V und §§ 153, 170 SGB V.
39 Vgl. *Christiane Sander,* Die Entstehung des Staatszuschusses zur Rentenversicherung und seine Geschichte, DRV 1968, 371, 372.

Verpflichtung nur soweit anerkennen wollte, daß dasselbe, wie von einigen Seiten verlangt wird, für etwaige Nothfälle einzelne Beihülfen zusagte; . . . Es wäre ein nicht zu rechtfertigender innerer Widerspruch, wenn das allgemeine Interesse des Reichs an einer möglichst normalen Gestaltung der sozialen Verhältnisse nicht auch in einer antheiligen Aufwendung von Reichsmitteln zur Bestreitung der zu erwartenden Gesamtbelastung seinen entsprechenden Ausdruck fände."[40]

Die Beratung des Gesetzentwurfs im Reichstag zeigte Positionen auf, die im Grunde heute noch in der rechtspolitischen Diskussion um den Staatszuschuß widerhallen. Die Deutsch-Konservativen faßten den Reichszuschuß als eine Konsequenz der Zusicherung des Existenzminimums durch den Staat mittels der Sozialversicherung auf. Bebel sah in ihm angesichts der indirekten Steuer einen Akt der Gerechtigkeit. Für die Nationalliberalen war er eine Voraussetzung für zahlreiche Verbesserungen, die eine Versicherung einzig auf Kosten der Unternehmer und Arbeiter nicht leisten könne. Ein Teil des Zentrums erblickte im Reichsbeitrag eine „Assekuranzprämie", welche die Gesellschaft um ihrer eigenen zukünftigen Sicherheit willen zahlen müsse[41]. Neben eher exotischen Äußerungen, wonach der betreffende Reichszuschuß ein gefährliches Stück Kommunismus sei, wurde auch betont, durch den Reichszuschuß verliere die Versicherung den Charakter der Selbsthilfe bzw. widerspreche der Beitragsfinanzierung[42].

Das Gesetz betreffend die Invaliditäts- und Altersversicherung im Deutschen Reich vom 22. Juni 1889[43] sah schließlich für jede Rente einen einheitlichen Zuschuß in Höhe von jährlich 50,– DM vor. Die Reichsversicherungsordnung vom 19. Juli 1911[44] dehnte den Reichszuschuß auf die Witwen- und Waisenversorgung aus; die Witwenrente wurde um jährlich 50 Reichsmark, die Waisenrente um 25 Reichsmark erhöht. Unverändert blieb der Zuschuß zur Invalidenversicherung. Das Versicherungsgesetz für Angestellte vom 20. Dezember 1911[45] sah einen Reichszuschuß nicht vor. Neben den auf die einzelne Rente bezogenen Zuschüssen wurden der Rentenversicherung erstmals durch das Gesetz über Zolländerungen vom 17. August 1925[46] global 40 Mio. Reichsmark auf Zolleinnahmen zugesagt, um ihr wieder Maßnahmen der Gesundheitsfürsorge zu ermöglichen und die Inflationsrate zum Teil auszugleichen[47]. Einen weiteren Schub in Richtung Globalisierung der Reichsbeteiligung brachte das sog. Sanie-

40 Stenografische Berichte über die Verhandlungen des Reichstags, 7. Legislaturperiode, IV. Session 1888/89, Bd. 108 S. 58.

41 Vgl. *Gisela Krusch,* Begründung und Normierung von Barleistungen in der Sozialgesetzgebung 1881 bis 1911, Diss. Freiburg 1958, S. 95 bis 99.

42 DR 7/IV (wie Fn. 40) Bd. 105 S. 177; DR 7/IV (wie Fn. 40) Bd. 105 S. 215.

43 RGBl. S. 97.

44 RGBl. S. 509.

45 RGBl. S. 989.

46 RGBl. I S. 261.

47 Vgl. *Sander* a.a.O. (Fn. 39) S. 376.

rungsgesetz vom 17. Dezember 1933[48], mit dem ein Reichsbeitrag für die Invalidenversicherung von jährlich 200 Mio. Reichsmark festgelegt wurde. Schließlich führte das sog. Ausbaugesetz vom 21. Dezember 1937[49] eine allgemeine Reichsgarantie im Sinne einer Rückgriffshaftung des Reiches ein. Das Reich verpflichtete sich, die Mittel zu gewähren, die außer den Beiträgen und den sonstigen Einnahmen zur Aufrechterhaltung der Leistungen erforderlich waren.

Diese Tendenz zur Globalisierung der Staatsbeteiligung an der Rentenversicherung wurde in der unmittelbaren Nachkriegszeit erst einmal unterbrochen. Im Sozialversicherungsanpassungsgesetz sowie in einer Reihe weiterer Spezialgesetze wurde eine Vielzahl von Zuschüssen und Erstattungen zur Rentenversicherung geregelt[50].

Demgegenüber sahen das Arbeiterrentenversicherungs-Neuregelungsgesetz vom 23. Februar 1957[51] und das Angestelltenversicherungs-Neuregelungsgesetz vom gleichen Tage[52] erstmals für die Angestelltenversicherung einen einheitlichen Bundeszuschuß vor. § 1389 RVO (= § 116 AVG) beschränkte die Zuschußgewährung auf „Ausgaben . . ., die nicht Leistungen der Alterssicherung sind", und setzte zugleich den Zuschuß betragsmäßig fest, wobei dieser sich entsprechend einer Änderung der allgemeinen Bemessungsgrundlage veränderte. Infolge der betragsmäßigen Festlegung und ihrer Fortschreibung erlangte die im Gesetz enthaltene „Zweckbestimmung" der Zuschußgewährung keine praktische Bedeutung. Die Vorschrift wurde als Programmsatz angesehen, dem keinerlei Rechtsfolgen zu entnehmen seien[53].

Die Praxis der Zuschüsse hatte bisweilen manipulativen, an der jeweiligen Haushaltslage ausgerichteten Charakter[54]. Sie wurden im Laufe der Jahre zum Teil gekürzt, teilweise auch gestundet sowie partiell mit Zuteilung von Schuldbuchforderungen bzw. Bundesschatzbriefen erfüllt. Dies hat die einhellige Forderung nach mehr Regelgebundenheit bei der Auszahlung begründet[55]. Nunmehr hat der Gesetzgeber mit dem Rentenreformgesetz 1992 einen Selbstregulierungsmechanismus durch die Verknüpfung der drei Faktoren Beitragssatz, Bundeszuschuß und Rentenanpassung eingeführt. Der Bundeszuschuß wird für jedes Kalenderjahr so fortgeschrieben, daß er nicht nur der Veränderung der Bruttolöhne, son-

48 RGBl. I S. 1039.

49 RGBl. I S. 1393.

50 Vgl. Übersicht bei *Brackmann,* Handbuch der Sozialversicherung, Bd. III, 32. Nachtrag – August 1969 S. 662d, 662e.

51 BGBl. I S. 45.

52 BGBl. I S. 88.

53 Vgl. *Zweng/Scheerer/Buschmann/Dörr,* Handbuch der Rentenversicherung, 2. Aufl., 14. Lieferung, Anm. zu § 1389 RVO; *Sander* a.a.O. (Fn. 39) S. 382; vgl. auch Amtliche Begründung BT-Drucks. II/2437 S. 83.

54 Vgl. dazu *Thomas Gössl,* Die Finanzverfassung der Sozialversicherung, 1992, S. 97 m.N.

55 *Ders.* a.a.O.

dern auch einer Änderung des Beitragssatzes folgt[56]. Der Beitragssatz ist durch Rechtsverordnung nach dem Bedarf festzusetzen[57]. Die Anpassung der Renten folgt der Entwicklung der Nettolöhne des Vorjahres, berücksichtigt also die Veränderungen der Belastungen der Arbeitnehmer infolge von Steuern und Sozialbeiträgen[58]. Beitragssteigerungen erhöhen den Bundeszuschuß und mindern mit den Nettoeinkommen der Arbeitnehmer auch die Rentensteigerungen. Die Regelung führt zu einer Verstetigung der finanziellen Entwicklung der Rentenversicherung und schafft gegenüber haushaltspolitisch motivierten Eingriffen prinzipiell Distanz[59]. Dies ist nur zu begrüßen.

bb) Agrar-Sozialpolitik

Ganz anders stellt sich die Situation in der *landwirtschaftlichen Sozialversicherung* dar. Ihre finanziellen Lasten trägt ganz überwiegend der Staat. In der Krankenversicherung der Landwirte trägt der Bund die Leistungsaufwendungen für Altenteiler, soweit sie nicht durch Beiträge vor allem aus Renten der gesetzlichen Rentenversicherung gedeckt werden[60]. In der landwirtschaftlichen Unfallversicherung leistet der Bund Zuschüsse, deren Rechtsgrundlage allein der Titel im Haushaltsplan in Verbindung mit dem Haushaltsgesetz darstellt[61]. In der landwirtschaftlichen Altershilfe trägt der Bund 77,5 v.H. der Aufwendungen für Altersgelder, vorzeitige Altersgelder, Hinterbliebenengelder und Waisengelder sowie die Leistungsaufwendungen für die Zuschüsse zum Beitrag in voller Höhe[62]. Der Bund trägt die Aufwendungen für die auslaufende Landabgabenrente einschließlich der Verwaltungskosten[63] sowie die Aufwendungen für die Produktionsaufgaberente und das Ausgleichsgeld nach dem Gesetz zur Förderung der Einstellung der landwirtschaftlichen Erwerbstätigkeit vom 21. Februar 1989[64] und die Zuschüsse zur Nachentrichtung von Beiträgen zur Rentenversicherung[65]. Insgesamt betrug der Anteil des Bundes an der Finanzierung der Landwirtschaftlichen Unfallversicherung 1992 37,5 v.H., der Landwirtschaftlichen Krankenversicherung 51,2 v.H. sowie der Landwirtschaftlichen Altershilfe 70,3 v.H.[66].

Es wurde die Frage aufgeworfen, ob die landwirtschaftliche Sozialversicherung entgegen ihrer Bezeichnung als Sozialversicherung eher zur

56 Vgl. § 213 Abs. 2 SGB VI.
57 §§ 158, 160 SGB VI.
58 Vgl. § 68 SGB VI.
59 Vgl. *Gössl* a.a.O. (Fn. 54) S. 98.
60 Vgl. § 37 Abs. 2 i.V.m. § 45 KVLG 1989.
61 *Gössl* a.a.O. (Fn. 54) S. 104 m.N.
62 Vgl. § 13 GAL.
63 § 45 GAL.
64 BGBl. I S. 233; vgl. § 19 FELEG.
65 Vgl. § 47 GAL.
66 Lt. Auskunft des Bundesverbandes der landwirtschaftlichen Sozialversicherungsträger.

Versorgung zu rechnen ist, mit anderen Worten, ob es sich nicht um eine Subvention handele, die nur versicherungsähnlich gestaltet werde[67]. Für die Sozialversicherung ist in der Tat die Finanzierung durch Beiträge der Beteiligten kennzeichnend, während die Finanzierung durch Zuschüsse von der Verfassung zwar ermöglicht, aber nicht vorausgesetzt wird. Übersteigt der Staatsanteil die Beiträge, ließe sich einwenden, daß schon begrifflich kein Zuschuß mehr vorliege. Umgekehrt sollen Zuschüsse die Zuordnung zur Sozialversicherung im verfassungsrechtlichen Sinn jedenfalls dann nicht hindern, wenn überhaupt Beiträge erhoben werden[68]. Maßgebend kann nur die Funktion des Bundeszuschusses im Finanzierungssystem der Sozialversicherung sein. Solange Sondersysteme verfassungsrechtlich für zulässig gehalten werden, ist es dem Gesetzgeber gestattet, dem Strukturwandel in den betroffenen Wirtschaftsbereichen durch höhere Staatszuschüsse Rechnung zu tragen, weil der Solidarausgleich mit begünstigten Sektoren nicht möglich ist[69]. Auch verfolgt die landwirtschaftliche Altershilfe agrarstrukturelle Ziele, z.B. durch die Verknüpfung von Rentenzahlung mit Hofabgabe. Zur Lösung der Strukturprobleme erscheint es nicht sinnvoll, sozial- und agrarpolitische Ziele jeweils getrennt zu verfolgen. In der landwirtschaftlichen Alterssicherung ist bereits heute ein Verhältnis von 0,8 Beitragszahlern zu einem Leistungsempfänger gegeben[70]. Der Staat trägt „die Lasten eines abnehmenden Wirtschaftssektors der Urproduktion. Die Formen, in denen dies geschieht, passen sich der an, die für den größten Teil der Bevölkerung gilt, nämlich der Sozialversicherung"[71]. Deshalb bleibt auch trotz des hohen Staatsanteils die soziale Sicherung in der Landwirtschaft Teil unserer Sozialversicherung.

cc) Die Sicherung der Bergmannsrenten

Zur Sicherstellung der dauernden Leistungsfähigkeit trägt der Bund in der knappschaftlichen Rentenversicherung den Unterschiedsbetrag zwischen den Einnahmen und den Ausgaben eines Kalenderjahres (Defizithaftung)[72]. Die knappschaftliche Rentenversicherung ist nicht in den Finanzausgleich der Arbeiter- und Angestelltenversicherung einbezogen. Im Jahre 1989 erreichte die Defizithaftung beinahe 80 v.H. der Ausgaben dieses Sozialversicherungszweiges[73]. Der hohe Staatsanteil an der Finanzierung erklärt sich hauptsächlich aus dem extrem

67 Vgl. *Diemer* a.a.O. (Fn. 26) S. 37.

68 *Dieter Schewe,* Die Finanzierung der landwirtschaftlichen Sozialversicherung und deren Bedeutung für die Zuordnung zur Sozialversicherung, SdL 1988, 20, 33.

69 Zutreffend *Gössl* a.a.O. (Fn. 54) S. 106.

70 FAZ vom 7. Dezember 1993 S. 19.

71 *Schewe* a.a.O. (Fn. 68), 38.

72 Vgl. § 215 SGB VI (früher: § 128 RKG).

73 Übersicht über die soziale Sicherheit, herausgegeben vom Bundesminister für Arbeit und Sozialordnung, 2. Aufl. (1991), S. 206.

ungünstigen Verhältnis von Versicherten und Leistungsbeziehern in der knappschaftlichen Rentenversicherung infolge des starken Rückgangs der Beschäftigtenzahl im Bergbau[74]. Daneben werden Ziele verfolgt, die den Strukturwandel „sozialverträglich" gestalten sollen[75]. Auch wird mit der Bifunktionalität der knappschaftlichen Rentenversicherung argumentiert, die Regelsicherung und betriebliche Altersversorgung in einem System einschließt[76]. Hier könnten sich allerdings Bedenken aus dem Gleichheitssatz ergeben; insoweit bleibt zu fragen, was gerade eine Bezuschussung der betrieblichen Altersversorgung im Bergbau im Verhältnis zu sonstigen vom Strukturwandel stark betroffenen Unternehmen z.B. der Stahlindustrie rechtfertigt[77].

dd) Die Defizithaftung für die Bundesanstalt für Arbeit

Für den Bereich der *Bundesanstalt für Arbeit* (BA) ist eine Defizithaftung des Bundes begründet und gesetzlich geregelt. Der Bund hat, wenn der Bedarf auch durch Darlehen nicht gedeckt werden kann, die erforderlichen Zuschüsse nach Art. 120 GG zu gewähren[78]. Zunehmend wird in diesem Zusammenhang das Problem diskutiert, ob die bloße Defizithaftung des Staates, die mittlerweile beträchtliche Dimensionen angenommen hat, seinen Finanzierungsanteil an den Aufgaben der BA sachgerecht strukturiert. Die Aufgabenstellung der BA ist über den früheren Kernbereich der Arbeitslosenversicherung weit hinausgewachsen. Die durch das AFG vorgenommene Aufgabenstellung der Arbeitsverwaltung ist vielmehr gekennzeichnet durch eine Abkehr von einem auf Schadensvergütung ausgerichteten Versicherungsprinzip hin zu einer umfassenden Präventivkonzeption[79]. Der BA sind arbeitsmarkt- und bildungspolitische Aufgaben übertragen mit dem Ziel, rechtzeitig Schwierigkeiten am Arbeitsmarkt vorzubeugen. Schon während des Gesetzgebungsverfahrens zum AFG sind gegen die Finanzierung der arbeitsmarkt- und bildungspolitischen Aufgaben aus Beitragsmitteln statt aus Mitteln der Allgemeinheit Bedenken erhoben worden[80]. Indessen fand in das Gesetz der Grundsatz Eingang, daß alle Aufgaben der BA durch Beiträge der Arbeitgeber und Arbeitnehmer zu finanzieren seien[81]. Das BVerfG hat dies gebilligt. Es hat in der umfassenden Aufgabenstellung der BA den Grund dafür erblickt, der Unterscheidung beitragsabhängiger und beitragsunabhängi-

74 Sachverständigenkommission Alterssicherungssysteme, Darstellung der Alterssicherungssysteme und der Besteuerung von Alterseinkommen, Berichtsbd. 2 S. 112.
75 *Gössl* a.a.O. (Fn. 54) S. 109.
76 Vgl. Übersicht a.a.O. (Fn. 73) S. 203.
77 Vgl. auch *Gössl* a.a.O. (Fn. 54) S. 109.
78 Vgl. § 187 des Arbeitsförderungsgesetzes (AFG) vom 25. Juni 1969 (BGBl. I S. 582).
79 BVerfG-Beschluß vom 11. März 1980 1 BvL 20/76 u.a., BVerfGE 53, 313, 326.
80 Vgl. BVerfG wie vor, 325 m.N.
81 Vgl. § 167 AFG a.F.

ger Leistungen in diesem Rechtsbereich ihre zentrale Bedeutung abzusprechen und entschieden, die Beitragspflicht zur BA sei wegen dieser Besonderheiten nicht allein dann gerechtfertigt, wenn sie mit äquivalenten beitragsabhängigen Gegenleistungen verbunden sei[82].

Angesichts veränderter Rahmenbedingungen ist allerdings in der Tat fraglich, ob die Finanzierung der arbeitsmarktpolitischen Maßnahmen im weiteren Sinne nicht Aufgabe der Allgemeinheit ist. *Bley's* Feststellung aus dem Jahre 1979, beim Haushalt der BA, dem Träger der Arbeitslosenversicherung, seien Staatszuschüsse nur bei schlechter konjunktureller Lage erforderlich und üblich[83], ist zweifelhaft geworden. Über die konjunkturelle Lage hinaus rücken zunehmend strukturelle Schwächen des Arbeitsmarktes und der wirtschaftlichen Rahmenbedingungen ins Blickfeld[84]. Auch sind die mit der Finanzierung der deutschen Einheit verbundenen Folgeprobleme hinzugetreten. Die Erkenntnis, daß weder das Risiko der Massenarbeitslosigkeit für die Wirtschaft in ihrer Gesamtheit noch der durch die Arbeitslosigkeit für den einzelnen Arbeitnehmer eingetretene Schaden durch eine Versicherung abzudecken seien[85], hat sicher an Bedeutung zugenommen. Dies könnte es erforderlich machen, über die Verteilung der arbeitsmarktpolitischen Lasten neu nachzudenken und diese – über die Deckung der Defizite durch Bundeszuschüsse hinaus – dem Steuerhaushalt zu überantworten[86]. Die Bundesvereinigung der Arbeitgeberverbände fordert deshalb ausdrücklich, die Bundesanstalt für Arbeit in einen selbstverwalteten beitragsfinanzierten Kernbereich und in eine dem Bundesarbeitsministerium nachgeordnete, mit Steuern finanzierte Behörde für Arbeitsmarktpolitik zu zerlegen.

ee) Erstattungen und zweckgebundene Zuschüsse

Eine dritte Variante staatlicher Mitverantwortung für die Lasten der Sozialversicherung – neben globalen Zuschüssen und der Defizithaftung – stellen *Erstattungen und zweckgebundene Zuschüsse* dar. Diese lassen sich von allgemeinen Zuschüssen danach abgrenzen, daß erstere Ausgaben voraussetzen, deren Lasten endgültig nicht den Sozialversicherungsträger, sondern den Staatshaushalt treffen sollen. Der Gesetzgeber sieht derartige zweckgebundene Zuschüsse bzw. Erstattungen häufig dann vor, wenn er neue Personengruppen in die Sozialversicherung einbezieht (Krankenversicherung der Studenten)[87] oder neuartige Leistungen ge-

82 BVerfG a.a.O., 328.
83 In: *Zacher* (Hrsg.) a.a.O. (Fn. 21), Rolle des Beitrags, S. 225.
84 Vgl. Bericht der Bundesregierung zur Zukunftssicherung des Standortes Deutschland, BT-Drucks. 12/5620 S. 26 ff., 28, 29.
85 Vgl. BVerfG a.a.O. (Fn. 79) m.N.
86 Vgl. *von Maydell,* Empfiehlt es sich, die Zuweisung von Risiken und Lasten im Sozialrecht neu zu ordnen?, NJW 1992, 2195, 2199.
87 Vgl. § 381a Abs. 2 RVO a.F.

währt (Anrechnung von Kindererziehungszeiten)[88]. Die Anerkennung der finanziellen Mitverantwortung erleichtert die Einführung umstrittener Vorhaben in das System der Sozialversicherung. Auffällig ist indessen, daß derartige Zuschuß- und Erstattungsregeln häufig entweder wegfallen[89] oder in den allgemeinen Bundeszuschuß eingehen[90], so daß bei zukünftigen Änderungen des Leistungsrechts die Haushalte der Sozialversicherungsträger belastet werden. Der Staat setzt hinsichtlich der Frage, was Aufgaben der Sozialversicherung sind, offensichtlich auch auf Zeit und vertraut auf eine gewisse systembildende Kraft seiner Eingriffe.

3. Konfliktfelder zwischen Beitrags- und Steuerfinanzierung in der Sozialversicherung

Zum Konflikt mit der Steuer kann es hauptsächlich in zwei Fällen kommen

- wenn der Gesetzgeber Dritte zur Finanzierung heranzieht
- wenn die Reichweite des Solidaritätsprinzips in Frage steht.

Inwieweit Dritte zu den Lasten der Sozialversicherung herangezogen werden können, hatte das Bundesverfassungsgericht im Streit um die von den Vermarktern von Kunst und Publizistik zu entrichtende sog. Künstlersozialabgabe[91] zu entscheiden[92]. Die vom Bundesverfassungsgericht bereits kompetenzrechtlich vorgenommene Ausgrenzung der speziellen Sonderabgabenproblematik[93] ermöglicht materiell-rechtlich einen spezifisch sozialversicherungsrechtlichen Ansatz, wenn es um die verfassungsrechtlichen Grenzen zulässiger Belastungsentscheidungen des Sozialversicherungsgesetzgebers geht[94].

Das Gericht stellt zunächst klar, daß es einen sachlich einleuchtenden Grund dafür geben müsse, daß ein Privater im Unterschied zu anderen Privaten über seine Steuerpflicht hinaus als Beteiligter i.S. des Sozialversicherungsrechts zu einer Abgabe herangezogen werde, die weder ihm selbst noch seiner Gruppe zugute komme, ihm vielmehr als fremdnützige Abgabe auferlegt werde, die sozialen Ausgleich und Umverteilung zum Ziel habe und herstelle[95]. Im Gegensatz zur Pflicht jeden Bürgers, Steuern zu zahlen, reichen allgemeine Erwägungen zur Leistungsfähigkeit nicht aus, um eine Belastung mit fremdnützigen Beiträgen zu rechtfertigen. Eine solche Rechtfertigung kann nicht in beliebigen Konfigurationen gefunden werden, die sich der Gesetzgeber beliebig heraussuchen könnte.

88 Vgl. § 1395c RVO (= § 117c AVG).
89 Vgl. die Neufassung des § 381a RVO durch das 2. Haushaltsstrukturgesetz vom 22. Dezember 1981 (BGBl. I S. 1523).
90 Vgl. § 287 Abs. 4 SGB VI.
91 §§ 23 ff. KSVG.
92 BVerfG a.a.O. (Fn. 17) = BVerfGE 75, 108.
93 Anders früher schon *Klein* a.a.O. (Fn. 21).
94 Vgl. *Osterloh* a.a.O. (Fn. 22), 1620.
95 BVerfGE 75, 108, 157.

Er ist insoweit an „vorgefundene" spezifische Solidaritäts- oder Verantwortlichkeitsbeziehungen zwischen Zahlungsverpflichteten und Versicherten gebunden, die in den Lebensverhältnissen, wie sie sich geschichtlich entwickelt haben und weiterentwickeln, angelegt sind[96]. Typusprägend ist insoweit der Arbeitgeberbeitrag zur Sozialversicherung. Gleichgültig, ob man diesen wirtschaftlich als Lohnbestandteil ansieht und ungeachtet dessen, daß die Arbeitgeberanteile im Bereich der gesetzlichen Renten- und Krankenversicherung den eigentumsrelevanten Eigenleistungen des Arbeitnehmers zuzurechnen sind[97], ist der Arbeitgeberbeitrag sinnhafter Ausdruck der vom Bundesverfassungsgericht geforderten spezifischen Verantwortlichkeit. Letztlich ist er aus dem das moderne Arbeitsrecht prägende Fürsorgeprinzip begründet. Solche, von einer besonderen Verantwortlichkeit geprägten Beziehungen existieren auch außerhalb von Arbeitsverhältnissen. Sie können sich nach Auffassung des Bundesverfassungsgerichts insbesondere auch aus einem kulturgeschichtlich gewachsenen besonderen Verhältnis gleichsam symbiotischer Art wie zwischen den selbständigen Künstlern und Publizisten auf der einen und ihren Vermarktern auf der anderen Seite ergeben. Ein bloßes wechselseitiges Aufeinanderangewiesensein, wie etwa zwischen Erzeugern und Verbrauchern, reicht dagegen nicht aus[98].

Das zweite Konfliktfeld zwischen Beitrag und Steuer ergibt sich aus der Überwälzung sog. versicherungsfremder Leistungen auf die Sozialversicherung. Dem Gesetzgeber obliegt – wie gesagt – die Ausgestaltung des Leistungsrechts. Er legt auch fest, wer der Sozialversicherung zwangsweise angehört oder ihr Mitglied werden darf. Dem (grundsätzlich) offenen Gestaltungsraum des Gesetzgebers steht die Finanzierung durch „Beteiligte" gegenüber. Zwischen Aufgabenzuweisung und Finanzverantwortung muß eine sachgerechte Verknüpfung bestehen. Ist dies nicht der Fall, liegt eine „Fremdlast" bzw. „versicherungsfremde Leistung" vor, die richtigerweise von dem zu finanzieren ist, dem sie zugute kommt. Dies betrifft hauptsächlich Leistungen, die für die Allgemeinheit erbracht werden. Die Konkretisierung dieser weiten Lastenverteilungsregel hat indessen Wissenschaft und Rechtsprechung vor beinahe unüberwindliche Schwierigkeiten gestellt[99]. Im Kern geht es darum zu bestimmen, was die

---

96 BVerfGE wie vor, 158.

97 BVerfG-Urteil vom 16. Juli 1985 1 BvL 5/80 u.a., BVerfGE 69, 272, 302.

98 BVerfGE 75, 108, 159; möglicherweise hat das Bundesverfassungsgericht mit dieser besonderen Erwähnung auf den humorvollen Einwand *Kleins* reagiert, die Käufer von Moselwein könnten verpflichtet sein, für die Sozialversicherung der Moselwinzer zu sorgen, wenn es Sache der Vermarkter sei, für die Versicherung der Künstler und Publizisten zu sorgen (vgl. *Klein* a.a.O. [Fn. 21] = DStR 1981, 275, 276).

99 Vgl. z.B. *Josef Isensee,* Umverteilung durch Sozialversicherungsbeiträge 1973; *Peter Krause,* Fremdlasten der Sozialversicherung, VSSR 1980, 116 ff.; *Franz Ruland,* Der Sozialversicherungsbeitrag zwischen Versicherungsprinzip und sozialem Ausgleich, SGb 1987, 133 ff.; *ders.,* in: VDR/*Ruland* (Hrsg.), Handbuch der gesetzlichen Rentenversicherung, 1990, *19,* Rz. 43 ff., 59 ff.;

Sozialversicherung ausmacht. Sozialversicherung läßt sich charakterisieren als Versicherung, die Risikoausgleich und sozialen Ausgleich unter den Versicherten verwirklichen will. Der Besserverdienende zahlt für die gleiche (Sach-)Leistung mehr und kommt deshalb durch höhere Beiträge für den Versicherungsschutz der weniger Gutverdienenden mit auf[100]. Andererseits knüpfen die Leistungen der Sozialversicherung nicht nur an die Beitragszahlungen, sondern auch an bestimmte persönliche Verhältnisse an, berücksichtigen also „versicherungsfremde", nämlich „soziale" Gesichtspunkte[101].

Auf der Grundlage der Wertung, daß die Sozialversicherung sozialen Ausgleich und Umverteilung innerhalb der Solidargemeinschaft herstellt, haben Bundesverfassungsgericht und Bundessozialgericht den Katalog der Aufgaben z.B. der Rentenversicherung durchgemustert und befunden, daß in ihm keine im strengen Sinne versicherungsfremde Leistungen enthalten seien[102], wenn auch, wie das Bundesverfassungsgericht hinzufügt, in der Vergangenheit der Gesetzgeber der Solidargemeinschaft Aufgaben auferlegt habe, die nicht von vornherein als spezifische Aufgaben der Rentenversicherung angesehen werden mögen[103]; insbesondere sind Regelungen zum Ausgleich von Kriegsfolgen (Ersatzzeiten, Fremdrenten) ebenso wie Rentenansprüche, die auf Ausfall- und Zurechnungszeiten beruhen, nicht als versicherungsfremde Lasten angesehen worden[104]. Doch hat das Bundesverfassungsgericht auch entschieden, die Bundeszuschüsse seien nicht etwa reine Subventionen des Staates für die Versichertengemeinschaft, sondern in ihnen liege zumindest auch ein Ausgleich für die der Versichertengemeinschaft aus Gründen des Allgemeinwohls auferlegten öffentlichen Lasten[105]. Diese Position versucht, die „Versicherung in der besonderen Form der Sozialversicherung und Umverteilung als Mittel sozialen Ausgleichs hinsichtlich der Finanzierungsverantwortung vonein-

---

Bank/Brachmann/Kreikebohm/Schmidt, Rentenreform 1992, 1990 S. 22 ff.; *Bertram Schulin,* Empfiehlt es sich, die Zuweisung von Risiken und Lasten im Sozialrecht neu zu ordnen?, in: Verhandlungen des 59. DJT, 1992, Bd. I, Teil E, S. 92 ff.; vgl. auch die Diskussion um den Arbeitgeberbeitrag zur geplanten Pflegeversicherung; dazu *Otto Ernst Krasney,* Rechtsgutachten zu Fragen der verfassungsrechtlichen Zulässigkeit einer Pflegeversicherung im Rahmen der Sozialversicherung, herausgegeben vom Bundesminister für Arbeit und Sozialordnung, 1992.

100 BVerfG-Beschluß vom 6. Dezember 1988 2 BvL 18/84, BVerfGE 79, 223, 236, 237.

101 BVerfG-Urteil vom 24. Juli 1963 1 BvL 30/57, 11/61, BVerfGE 17, 1, 9.

102 BVerfG-Beschluß vom 12. Juni 1987 1 BvR 476/86, SozR 2200 § 1385 Nr. 17; BSG-Urteil vom 17. Dezember 1985 12 RK 38/83, SozR 2200 § 1385 Nr. 16.

103 BVerfG-Beschluß vom 10. Mai 1983 1 BvR 820/79, BVerfGE 64, 87, 103.

104 BSG a.a.O. (Fn. 102).

105 Z.B. Finanzierung des durch Ersatz- und Ausfallzeiten verursachten Mehrbedarfs: BVerfG-Beschluß vom 26. März 1980 1 BvR 121, 122/76, BVerfGE 54, 11, 30.

ander abzuschichten"[106]. Sie ist aber tendenziell geeignet, das Solidarprinzip der Sozialversicherung auszuhebeln. Zu Recht betont das BSG[107], daß nicht die natürliche Homogenität der Versicherten den Rahmen des zulässigen Ausgleichs bestimme, sondern grundsätzlich der sozialpolitische Wille des Gesetzgebers. Die Grenze bildet das Willkürverbot. Diese ist dann überschritten, wenn eine Aufgabe offensichtlich nicht Gegenstand der Sozialversicherung sein kann oder spezifisch versicherungsrechtliche Zusammenhänge in keiner Weise mehr erkennen läßt[108]. Erst wenn eine Aufgabe oder Leistung der Sozialversicherung nicht mehr vom Gedanken des sozialen Ausgleichs innerhalb der Solidargemeinschaft gedeckt ist, finanziert diese eine allgemeine Staatsaufgabe. Der Staat mißbraucht seine Regelungsmacht zur Ausgestaltung der Sozialversicherung, um eigene Mittel einzusparen. Weist der Gesetzgeber die Aufgabe gleichwohl der Sozialversicherung zu, muß die Last die Steuer tragen; die Sozialversicherung ist dann bloßer „Umverteilungsmittler"[109]. So ist z.B. ein Mißbrauch der Beitragsfinanzierung zu bejahen, wenn die Sozialversicherung Leistungen an Nichtversicherte zu gewähren hat, wie die von der Bundesanstalt für Arbeit zu erbringenden Berufsberatungsleistungen für jedermann; problematisch sind auch die von ihr zu tragenden Kosten für Deutschsprachlehrgänge von Aussiedlern, Asylberechtigten und Kontingentflüchtlingen[110].

Die Sozialversicherungsträger können die Aufgabenzuweisung und die damit verbundene Verteilung der Finanzierung zwischen Beitrag und Steuer nicht verfassungsprozessual bekämpfen, weil sie nach ständiger Rechtsprechung des Bundesverfassungsgerichts nicht Träger von Grundrechten sind. Innerhalb des hoheitlichen Gesamtaufbaus des Staates – die Sozialversicherung übt mittelbare Staatsverwaltung aus – könne es keine Grundrechte als subjektive öffentliche Rechte geben[111].

Neue, bisher jedenfalls von den Rentenversicherungsträgern abgelehnte Gesichtspunkte im Konfliktfeld Steuer und Beitrag hat die Entscheidung des Bundesverfassungsgerichts zur Verfassungsmäßigkeit des sog. Kinderlastenausgleichs in der Rentenversicherung gebracht. Gegenstand dieser Entscheidung war das Problem der rentenrechtlichen Berücksichtigung von Zeiten der Kindererziehung. Dabei beschränkt das Gericht den Ge-

106 Vgl. *Gössl* a.a.O. (Fn. 54) S. 42 m.N.; vgl. auch Gutachten der Kommission des Verbandes Deutscher Rentenversicherungsträger, Zur langfristigen Entwicklung der gesetzlichen Rentenversicherung, 1987, S. 122.

107 BSG a.a.O. (Fn. 102) S. 28.

108 Vgl. *Peter Selmer,* Steuerinterventionismus und Verfassungsrecht, 1972, S. 189.

109 I.S. von *Hans F. Zacher,* Zur Rechtsdogmatik sozialer Umverteilung, DÖV 1970, 3, 12.

110 Vgl. § 62b AFG.

111 Vgl. BVerfG-Beschluß vom 2. Mai 1967 1 BvR 578/63, BVerfGE 21, 362, 372; BVerfG-Beschluß vom 9. April 1975 2 BvR 879/73, BVerfGE 39, 302, 312; BVerfG-Beschluß vom 31. Oktober 1984 1 BvR 35, 356, 794/82, BVerfGE 68, 193, 205.

setzgeber von Verfassungs wegen nicht darauf, nur Mittel des Bundes für eine Anrechnung von Kindererziehungszeiten heranzuziehen. Der Schutz der Rentenanwartschaften durch Art. 14 Abs. 1 GG stehe einer maßvollen Umverteilung innerhalb der gesetzlichen Rentenversicherung zu Lasten kinderloser und kinderarmer Personen nicht entgegen. Das Bundesverfassungsgericht eröffnet dem Gesetzgeber auch die Befugnis zur Neugestaltung der Hinterbliebenenrenten offensichtlich mit dem Ziel, Mittel freizusetzen, die zugunsten eines Ausbaus der Kindererziehungszeiten verwendet werden könnten[112].

Es wird in Zukunft sehr darauf zu achten sein, daß der Sozialversicherungsbeitrag nicht immer mehr zu einem allgemeinen Umverteilungsinstrument wird. Im Hinblick auf die eingetretenen strukturellen Schwächen des Arbeitsmarktes und der wirtschaftlichen Rahmenbedingungen ist ein Anstieg der Sozialversicherungsbeiträge als Teil der Produktionskosten tunlichst zu vermeiden. Zu Recht warnt der Sozialbeirat im Hinblick auf die Akzeptanz der Rentenversicherung in der Bevölkerung davor, dem Entsprechungsverhältnis von Leistung und Gegenleistung immer weniger Bedeutung beizumessen[113]. Richtschnur für den Gesetzgeber muß sein, „daß die Art der Finanzierung von Rentenzahlungen mit den Gründen für die Zuerkennung von Rentenansprüchen vereinbar ist. Werden Rentenansprüche dem Grunde oder ihrer Höhe nach abweichend von den individuellen Vorleistungen der Versicherten zuerkannt, z.B. um bestimmte gesellschaftlich als wichtig angesehene Tatbestände zu berücksichtigen (z.B. Kindererziehung) oder um Folgen bestimmter Tatbestände nicht dem einzelnen (allein oder in vollem Umfang) anzulasten (z.B. Arbeitslosigkeit, Krankheit, Zeiten des Militärdienstes oder der Gefangenschaft), so sollte die damit verbundene Finanzierung von der jeweils zuständigen Institution nach den für ihre Finanzierung maßgebenden Gesichtspunkten aufgebracht werden. Soll die gesetzliche Rentenversicherung z.B. Aufgaben übernehmen, die gezielte Korrekturen der früheren Lohnsituation darstellen oder werden Zahlungen nach Bedarfsgesichtspunkten gewährt, dann handelt es sich um Maßnahmen der interpersonellen Einkommensumverteilung, die aus allgemeinen Haushaltsmitteln, nicht aber aus lohnbezogenen Beiträgen finanziert werden sollten"[114]. Die Politik wäre gut beraten, im Interesse von Haushaltswahrheit und Haushaltsklarheit diesen Gesichtspunkten bei künftigen finanzwirksamen Entscheidungen Rechnung zu tragen.

112 BVerfG a.a.O. (Fn. 11) = BVerfGE 87, 1, 41; hierzu *Franz Ruland*, Das Bundesverfassungsgericht und der Kinderlastenausgleich, NZS 1993, 1, 6.

113 BT-Drucks. 12/1841 S. 122.

114 BT-Drucks. 11/4334 S. 5.

Walter Kannengießer/Christoph Kannengießer

Vom Sozialbeitrag zur Sozialsteuer?[1]

Zur Neuregelung der Beitragsbemessung in der gesetzlichen Krankenversicherung

Inhaltsübersicht

1 Mit *Franz Klein* fühle ich mich seit dem Ende der sechziger Jahre freundschaftlich und in der Arbeit verbunden. Als Ministerialbeamter beteiligte er sich mit großem Einsatz an der Finanzreform und an den Plänen für eine große Steuerreform. Deren Ergebnisse waren für alle Beteiligte enttäuschend. *Franz Klein* hat sich dadurch nicht entmutigen lassen. Er warb für die drastische Vereinfachung des Steuersystems und niedrigere Steuersätze, für den Abbau steuerlicher Vergünstigungen und damit auch für die Gleichbehandlung der Steuerpflichtigen. Diese Ziele haben inzwischen eine fast dramatische Aktualität gewonnen. Der Beitrag zu der Festschrift soll zeigen, daß der Gesetzgeber auf der Suche nach zusätzlichen Mitteln für die Sozialversicherung das Abgabenrecht weiter kompliziert, die von *Franz Klein* schon früh vertretene Forderung nach Gleichbehandlung der Abgabenpflichtigen verletzt und dem Sozialbeitrag zunehmend den Charakter einer zweckgebundenen und damit verfassungswidrigen Steuer gibt.

Mit dem Gesundheitsstrukturgesetz (GSG), das am 1. Januar 1993 in Kraft getreten ist[2], hat der Gesetzgeber auch das Beitragsrecht der gesetzlichen Krankenversicherung (GKV) für die freiwillig Versicherten, die nach 1992 das Rentenalter erreichen, neu geordnet. Diese Versicherten werden auch dann nicht mehr in die Krankenversicherung der Rentner (KVdR) einbezogen, wenn sie über lange Zeiten hinweg hohe Solidarbeiträge entrichtet haben. Die Neuregelung (§ 5 Abs. 1 Nr. 11 SGB V) sieht vor, daß die Beiträge der freiwillig in der GKV versicherten Rentner nach ihrem Gesamteinkommen bemessen werden; Renten werden mit dem halben Beitragssatz, alle übrigen Einkommen mit dem vollen Satz belastet. Dies galt bisher schon für jene Personen, die die Voraussetzungen für den Beitritt zur KVdR, nämlich lange Vorversicherungszeiten und Anspruch auf Rente, nicht erfüllten. Im Rahmen der KVdR sind nur Renten, vergleichbare Versorgungsbezüge und Arbeitseinkommen beitragspflichtig; sie werden mit dem halben durchschnittlichen Beitragssatz aller Krankenkassen oder mit dem halben Beitragssatz der zuständigen Krankenkasse belastet (§§ 247 und 248 SGB V). Für die von der Neuregelung betroffenen freiwillig Versicherten ergeben sich daraus im Rentenalter Beitragserhöhungen im Vergleich zu dem bis Ende 1992 geltenden Recht von teilweise mehr als einhundert Prozent, und zwar ohne jede Übergangsregelung. Dennoch ist diese Neuregelung in der öffentlichen Diskussion über das GSG wenig beachtet worden. Eine Analyse der neuen Gesetzesbestimmungen zeigt aber, daß sie sozialpolitisch verfehlt und verfassungsrechtlich bedenklich sind. Die eigentliche Bedeutung der Neuregelung liegt jedoch darin, daß sie, zumindest in der GKV, den Weg zu einer strukturellen Veränderung des Beitragsrechts ebnet; der Sozialversicherungsbeitrag könnte zur Sozialsteuer werden.

I. Die gesetzliche Neuregelung

1. Der betroffene Personenkreis

Nach dem bis Ende 1992 geltenden Recht (§ 5 Abs. 1 Nr. 11 SGB V) wurden Personen, die den Anspruch auf eine Rente der gesetzlichen Rentenversicherung erfüllten und diese Rente beantragten, in der KVdR pflichtversichert, wenn sie seit der erstmaligen Aufnahme einer Erwerbstätigkeit bis zur Stellung des Rentenantrags mindestens neun Zehntel der zweiten Hälfte des Zeitraums Mitglied einer gesetzlichen Krankenkasse oder als Familienmitglied versichert waren. Dies traf auf die meisten freiwillig versicherten Angestellten zu. Nach einer Überleitungsvorschrift des Gesundheitsreformgesetzes (GRG Art. 56) galt diese Regelung

2 Gesetz zur Sicherung und Strukturverbesserung der gesetzlichen Krankenversicherung (Gesundheitsstrukturgesetz) vom 21. Dezember 1992, BGBl. I, 2666 (vom 29. Dezember 1992); zusammenfassend zu den Neuregelungen: *Wolfgang Rüfner,* Das Gesetz zur Sicherung und Strukturverbesserung der gesetzlichen Krankenversicherung (Gesundheitsstrukturgesetz), NJW 1993, 753 ff.

auch für freiwillig Versicherte, die bis zum 31. Dezember 1993 ihre Rente beantragten und die Voraussetzungen für den Bezug der Rente erfüllten, wenn diese Personen seit der erstmaligen Aufnahme einer Erwerbstätigkeit bis zur Stellung des Rentenantrags mindestens die Hälfte dieser Zeit Mitglied einer gesetzlichen Krankenkasse waren. Nach dem seit 1993 geltenden Recht (§ 5 Abs. 1 Nr. 11 SGB V) werden freiwillig Versicherte nur dann noch in der KVdR versicherungspflichtig, wenn sie seit der erstmaligen Aufnahme einer Erwerbstätigkeit bis zur Stellung des Rentenantrags mindestens neun Zehntel der zweiten Hälfte des Zeitraums auf Grund einer *Pflicht*versicherung Mitglied oder als Familienangehöriger versichert waren. Dieser Gesetzesänderung ist mit dem Art. 23 GSG auch der Art. 56 GRG angepaßt worden. Danach konnten freiwillig Versicherte bis Ende 1993 nur noch in die KVdR einbezogen werden, wenn sie mindestens die Hälfte der Zeit vom Eintritt in das Erwerbsleben bis zum Rentenantrag pflichtversichert waren. Nach diesen Regelungen werden in die KVdR also nur noch kurzfristig freiwillig Versicherte einbezogen.

2. Das bis Ende 1992 geltende Beitragsrecht

Für die nach dem bis Ende 1992 geltenden Recht in die KVdR einzubeziehenden freiwillig Versicherten galt das Beitragsrecht, das heute noch für alle pflichtversicherten Rentner gilt. Danach unterliegen der Beitragspflicht Renten, vergleichbare Versorgungsbezüge und Arbeitseinkommen (§ 237 SGB V). Der Beitragssatz für den Rentenzahlbetrag richtet sich nach dem durchschnittlichen allgemeinen Beitragssatz der Krankenkassen (§ 247 SGB V); davon übernimmt die Rentenversicherung die Hälfte (§ 249a SGB V). Für die Bemessung der Beiträge aus Versorgungsbezügen und Arbeitseinkommen gilt die Hälfte des Beitragssatzes der zuständigen Krankenkasse oder des durchschnittlichen Beitragssatzes des Landesverbandes dieser Kassenart (§ 248 SGB V). Nach dem Gesetz hat der Träger der Versorgungsleistung nicht die Hälfte des Beitrags zu übernehmen.

3. Das Beitragsrecht der Rentner nach dem GSG

Nach dem seit 1993 geltenden Recht werden bei allen freiwillig Versicherten, die nicht unter den Besitzstandsschutz zum Stichtag 31. Dezember 1992 fallen, folgende Einkommen, die nach § 238a SGB V die wirtschaftliche Leistungsfähigkeit des Versicherten bestimmen, beitragspflichtig: Renten, Versorgungsbezüge, Arbeitseinkommen und sonstige Einkommen wie Kapitalerträge, Miet- und Pachteinnahmen. Die Beitragsbemessung wird durch Satzungen der Krankenkassen geregelt; dabei ist die „gesamte wirtschaftliche Leistungsfähigkeit" des freiwilligen Mitglieds zu berücksichtigen (§ 240 Abs. 1 SGB V). Die Kassen legen bei diesen Versicherten die Einnahmen abzüglich der üblichen Steuerabzugsbeträge, wie allgemeine Freibeträge, Werbungskosten oder Betriebsausgaben zu Grunde. Sonderabschreibungen, Verlustanrechnungen und andere

Vergünstigungen mindern die Bemessungsgrundlage nicht. Die Versicherten haben ihre Einkommen den Krankenkassen mitzuteilen und gegebenenfalls auch mit dem Steuerbescheid nachzuweisen.

Auch bei den freiwillig versicherten Rentnern übernimmt die Rentenversicherung die Hälfte des Beitrags.

Versorgungsbezüge, Arbeitseinkommen aus selbständiger Tätigkeit und sonstige Einkommen werden jedoch mit dem vollen Beitragssatz belastet (§ 252 SGB V). Diese Regelung galt bislang schon für freiwillig versicherte Rentner, welche die vom Gesetz für den Beitritt zur KVdR vorgegebenen Vorversicherungszeiten (§ 5 Abs. 1 Nr. 11 SGB V) nicht erfüllten, sowie für die Sondergruppen der Pensionsempfänger und der selbständig Tätigen.

Bei der Beitragsbemessung gilt für alle Versicherten und Einkommen eine Bemessungsgrenze, die jeweils 75 Prozent der Beitragsbemessungsgrenze in der Rentenversicherung entspricht. Die Bemessungsgrenze folgt damit jeweils dem Anstieg der durchschnittlichen Arbeitsentgelte aller Versicherten. 1993 lag die Bemessungsgrenze in der Rentenversicherung bei 7200 DM Monatseinkommen, 1994 beträgt sie 7600 DM. Daraus sind für die GKV Beitragsgrenzen von 5400 und 5700 DM Monatseinkommen abzuleiten.

4. Die Auswirkungen der Neuordnung – Beispiele

Die finanziellen Konsequenzen der Neuregelung lassen sich am besten an einigen typischen Beispielen zeigen. Dabei werden die voraussichtlichen Verhältnisse von 1994 zu Grunde gelegt. Es gilt also in der GKV eine Pflicht- und Beitragsbemessungsgrenze von 5700 DM, ein durchschnittlicher Beitragssatz von 13,4 Prozent und damit in der KVdR ein Beitragssatz von 6,7 Prozent. Einen bestimmenden Einfluß auf die Höhe der Beitragsbelastung hat vor allem die Höhe der Rente. Diese dürfte bei der Mehrzahl der von der Neuregelung Betroffenen zwischen 2000 und 3000 DM liegen[3].

Beispiel 1: Rente 2500 DM, Betriebsrente 2000 DM, Kapitaleinkünfte 1400 DM. Nach dem bis Ende 1992 geltenden Recht hätte sich bei einem früher freiwillig Versicherten Arbeitnehmer, der bei Bezug der Rente in die KVdR einbezogen worden ist, ein Monatsbeitrag von 301,50 DM ergeben. Ein Neurentner des Jahres 1993 hat einen Beitrag von 596,30 DM zu zahlen. Durch die Neuregelung erhöht sich der Beitrag um 294,80 DM im Monat oder um 3537,60 DM im Jahr. Dabei ist zu berücksichtigen, daß pflichtversicherte Rentner, wenn sie über das gleiche Einkommen verfügen, weiterhin nur mit 301,50 DM belastet werden. Ein freiwillig

3 Für die von der Neuregelung der Beitragsbemessung betroffenen freiwillig Versicherten wird sich die Beitragsbelastung gegenüber den Pflichtversicherten noch zusätzlich bei der Einführung der Pflegeversicherung erhöhen, da deren Beitrag an die Bemessung der GKV-Beiträge anknüpft.

versicherter Arbeitnehmer, der ein Arbeitsentgelt von 5900 DM bezieht, wird nach geltendem Beitragsrecht mit 763,80 DM belastet; davon übernimmt der Arbeitgeber die Hälfte. Die tatsächliche Belastung des Arbeitnehmers beträgt also 381,90 DM monatlich.

Beispiel 2: Rente 3000 DM, Betriebsrente 1000 DM, Kapital- oder Mieteinkünfte 1000 DM. Nach altem Recht würde der freiwillig Versicherte im Rentenalter mit 268 DM monatlich belastet, nach neuem Recht mit 469 DM. Das sind 201 DM mehr als ein vergleichbarer pflichtversicherter Rentner und 133 DM mehr als ein pflichtversicherter Arbeitnehmer mit einem Arbeitsentgelt von 5000 DM zu zahlen hat. Würde dieser Arbeitnehmer nur 4000 DM verdienen und darüber hinaus sonstige Einkommen von 1000 DM erzielen, so würde er monatlich um 200 DM geringer belastet als der freiwillig Versicherte im Rentenalter.

Beispiel 3: Die Ungleichheit der Belastung wird vor allem dann sichtbar, wenn es sich um die Beitragsbelastung einer Witwe handelt, deren Krankenversicherung sich aus einer freiwilligen Versicherung des verstorbenen Ehemannes ableitet und die damit nach dem GSG freiwillig versichert bleibt. Wenn der Ehemann Einkommen wie im Beispiel 1 hatte, so sind daraus folgende Einkommen der Witwe abzuleiten: Rente 1500 DM, Betriebsrente 1200 DM, Kapitaleinkommen 1400 DM. Nach altem Recht wäre die Witwe nur mit 180,90 DM belastet worden. Dieser Beitrag gilt auch weiterhin für einen pflichtversicherten Rentner mit demselben Einkommen. Nach neuem Recht hat diese Witwe einen Beitrag von 448,90 DM zu entrichten. Ein Arbeitnehmer mit einem Arbeitsentgelt von 4100 DM hätte einen Beitragsanteil von 274,70 DM zu tragen; verdiente dieser Arbeitnehmer nur 2700 DM monatlich und hätte darüber hinaus wie die Witwe Kapital- oder Mieteinkünfte von 1400 DM, so würde er nur mit 180,90 DM belastet. Die Witwe gehört dabei zu dem Personenkreis, der als schutzwürdig anzusehen ist, weil das Einkommen unter die Pflichtgrenze von 5700 DM liegt. Arbeitnehmer mit solchen Einkommen werden in die Pflichtversicherung einbezogen.

5. Die Begründung der Neuregelung

Für die Neuregelung sind, wie dem Gesetzentwurf und dem Ausschußbericht[4] zu entnehmen ist, folgende Gründe vorgetragen worden:

Die freiwillig Versicherten, die im Rentenalter in die KVdR einbezogen würden, seien privilegiert, weil ihr Beitrag nicht nach der gesamten wirtschaftlichen Leistungsfähigkeit bemessen werde, wie dies seit 1989 der Paragraph 240 SGB V vorsehe.

Durch die Neuregelung würden alle Gruppen von früher freiwillig Versicherten im Ruhestand bei der Beitragsbemessung gleichgestellt. Die freiwillig Versichterten würden künftig unabhängig von der Zeit, die sie in

4 BT-Drucksachen 12/3608 und 12/3937.

der GKV verbracht hätten, gleich behandelt. Es sei verfassungsrechtlich zulässig, innerhalb der GKV zwischen den Gruppen der freiwillig Versicherten und der Pflichtversicherten zu unterscheiden.

Schon vor 1993 seien freiwillig Versicherte während ihres Erwerbslebens zur Beitragsleistung nach ihrer vollen finanziellen Leistungskraft herangezogen worden, während sich die Beitragsleistung der Pflichtversicherten nach dem Arbeitsentgelt bemesse. Es gehe nicht an, daß pflichtversicherte Arbeiter und Angestellte mit ihren Beiträgen besser gestellte freiwillig Versicherte im Ruhestand subventionierten.

6. Entstehungsgeschichte

Der Verlauf der Gesetzesberatungen läßt darauf schließen, daß für die Änderung des § 5, Abs. 1 Nr. 11 SGB V andere als die vorgebrachten Gründe ausschlaggebend waren. Dies ist auch in den Sachverständigen-Anhörungen vor dem Sozialausschuß des Bundestages vor allem von den Vertretern der GKV-Verbände vorgetragen worden[5].

a) Ende Mai 1992 haben die Gesundheitspolitiker der Koalitionsparteien CDU, CSU und FDP in einer Klausur am Nürburgring „Eckwerte" für ein Gesundheitsstrukturgesetz beschlossen. Diese enthielten keinen Hinweis auf die Absicht der Koalition, die Beitragsbemessung für freiwillig Versicherte zu ändern. Auf der Grundlage dieser „Eckwerte" hat das Bundesgesundheitsministerium einen Gesetzentwurf ausgearbeitet, der am 14. August 1992 vom Bundeskabinett verabschiedet wurde. Dieser Entwurf[6] enthielt keine Vorschriften zur Änderung der Beitragsbemessung in der GKV. In diesem Zusammenhang ist aber von Bedeutung, daß die Koalition in dem mit dem GSG zeitlich und politisch verbundenen, nicht zustimmungsbedürftigen Entwurf eines Dritten Gesetzes zur Änderung des SGB V vorschlug, die Zuzahlung der Versicherten im Krankenhaus von täglich 10 DM nicht mehr, wie bisher, auf 14 Tage zu befristen. Dies sollte die Krankenkassen um gut eine Milliarde DM entlasten[7]. In diesem Zusammenhang ist auch daran zu erinnern, daß sich die Koalition Ende Mai darauf festgelegt hatte, die GKV, bezogen auf 1993, um 11 Milliarden DM zu entlasten[8]. Die SPD und der Bundesrat haben die Ausweitung der Zuzahlungsregelungen strikt abgelehnt.

b) Anfang Oktober 1992 hat es zwischen Koalition und SPD, der Bundesratsmehrheit, Konsensgespräche über das Gesundheitsstrukturgesetz in Lahnstein gegeben. Aus dem Beschlußpapier über deren Ergebnisse ging hervor, daß ein neuer gemeinsamer Gesetzentwurf in den Bundestag eingebracht wird. Nach den „Eckpunkten" von Lahnstein sollte es bei der

5 Vgl. FAZ vom 7. November 1992.
6 BT-Drucksache 12/3209.
7 BT-Drucksache 12/3210.
8 Vgl. FAZ vom 3. Juni 1992.

auf 14 Tage begrenzten Zuzahlung im Krankenhaus bleiben[9]. Um das politisch vorgegebene Entlastungsziel von 11 Milliarden DM einzuhalten, mußten andere Sparvorschläge gesucht werden. Erst während der Lahnsteiner Gespräche wurde von Abgeordneten der Koalition der Vorschlag eingebracht, alle Versicherten, die im Verlauf ihres Erwerbslebens freiwillig versichert waren, im Rentenalter nach dem Gesamteinkommen zu belasten, und zwar mit dem vollen Beitragssatz; nur für die Rente sollte es bei dem halben Beitragssatz bleiben. Die dadurch zu erreichenden Mehreinnahmen der Kassen wurden auf gut 700 Millionen DM geschätzt[10]. Die Verbände der GKV wiesen nachdrücklich darauf hin, daß es nicht möglich sei, den gesamten Mitgliederbestand der KVdR über eine Versicherungszeit von teilweise mehr als 50 Jahren darauf zu überprüfen, ob es Zeiten einer freiwilligen Versicherung gegeben habe.

c) Die Konsensparteien haben dann in ihrem Gesetzentwurf[11] der Kritik Rechnung getragen, denn nun sollten die Kassenmitglieder, die früher freiwillig versichert waren, im Rentenalter für Rente, Versorgungsbezüge und Arbeitseinkommen, wie bis dahin üblich, weiterhin den halben Beitrag zahlen, für sonstige Einkommen jedoch den vollen Beitragssatz. Die Mehreinnahmen wurden nunmehr nur noch mit 350 Millionen DM beziffert; die Krankenkassen nannten dagegen einen Betrag von nur etwa 150 Millionen DM. Sie wiesen auch darauf hin, daß die Neuregelung jungen Versicherten, die ein „gutes Risiko" aufweisen, einen Anreiz böten, zur Privatversicherung zu wechseln. Dieser Effekt sei nicht zu berechnen[12].

d) In den Schlußberatungen des federführenden Sozialausschusses am 8. Dezember 1992 wurde dann beschlossen, die Beitragsbemessung für alle Versicherten, die Ende Dezember 1992 eine Rente beziehen, nach dem alten Recht weiterzuführen. So sollte dem Vertrauensschutz der Rentner Rechnung getragen werden[13]. Die Neuregelung betrifft damit nur Versicherte, die nach 1992 zum ersten Mal die Rente beziehen. Der Kreis der Betroffenen wächst also langsam an; entsprechend gering ist auf mittlere und auch auf längere Sicht der finanzielle Ertrag. Die Neuregelung trägt demnach in der absehbaren Zeit nur wenig zur Konsolidierung der GKV bei. Sollten gute Risiken aus dem Kreis der künftig Betroffenen in wachsender Zahl zur Privaten Krankenversicherung (PKV) wandern, so könnte sich bei den Kassen sogar ein Minus ergeben.

9 Bundesministerium für Gesundheit, Pressemitteilung Nr. 117 vom 9. Oktober 1992.
10 Bundesministerium für Gesundheit, Pressemitteilung Nr. 118 vom 12. Oktober 1992.
11 BT-Drucksache 12/3608.
12 Vgl. FAZ vom 7. November 1992.
13 BT-Drucksache 12/3937, S. 17.

II. Die Neuregelung aus sozialpolitischer Sicht

1. Systemangleichung zwischen GKV und PKV

a) Mit der gesetzlichen Krankenversicherung sind personale und auch intertemporale Risikoausgleiche verbunden. Die gesetzlich Versicherten zahlen in der Erwerbsphase und vor allem in jungen Jahren in der Regel einen Beitrag, der ihre individuellen Risiken übersteigt. Das gilt jedenfalls für jene Versicherten, deren Arbeitsentgelt deutlich über dem Durchschnittseinkommen liegt. Zum Ausgleich dafür werden die gesetzlich Versicherten im Alter, wenn die Einkommen sinken, bislang deutlich niedriger, als es ihrem Risiko entspricht, belastet. Dieser intertemporale Ausgleich entfällt für die freiwillig Versicherten.

b) Private Versicherungen verlangen risikobezogene Prämien. Dies bedeutet, daß in jungen Jahren niedrige Prämien gezahlt werden. Wegen der Verteuerung der medizinischen Leistungen und der damit verbundenen Rückstellungen, die nur unzulänglich im voraus kalkuliert werden können, müssen in der Privaten Krankenversicherung (PKV) laufend höhere Prämien gezahlt werden, es sei denn die PKV ginge zu einer anderen Prämienkalkulation über, durch die der intertemporale Lastenausgleich wesentlich verstärkt würde. Darüber wird in der PKV nachgedacht. Der Gesetzgeber fördert dies. So wird nach dem GSG der Prämienzuschuß des Arbeitgebers seit Mitte 1994 davon anhängig gemacht, daß den privat Versicherten im Rentenalter ein Standardtarif angeboten wird, dessen Leistungen denen der GKV entsprechen müssen und dessen Prämien voraussichtlich deutlich unter dem Höchstbetrag in der GKV liegen werden, diesen nach dem Gesetz jedenfalls nicht übersteigen dürfen (§ 257 Abs. 2a Nr. 2 bis 5 SGB V).

c) Es findet also trotz unterschiedlicher Finanzierungsverfahren eine Angleichung zwischen den Systemen der GKV und der PKV statt, und zwar sowohl bei den Leistungen als auch bei den Beiträgen. Während in der PKV die älteren Versicherten gegenüber dem geltenden Recht bessergestellt werden sollen, ergibt sich für die freiwillig Versicherten in der GKV, die sich früher für die PKV hätten entscheiden können, eine erhebliche Schlechterstellung gegenüber dem bislang geltenden Recht. So mancher freiwillig Versicherte mag aus heutiger Sicht und damit im nachhinein die Entscheidung, in der GKV geblieben zu sein, für eine falsche Entscheidung halten.

Vom PKV-Verband war schon 1988 bei den Beratungen über das GRG der Vorschlag unterbreitet worden, die freiwillig Versicherten im Rentenalter grundsätzlich nicht mehr in die KVdR einzubeziehen. Der Direktor des PKV-Verbandes, *Uleer*, hat in den Verhandlungen des Deutschen Juristentages am 16. September 1992, also wenige Tage vor den Beratungen der Konsens-Parteien in Lahnstein, vehement dafür plädiert, freiwillig Versicherte im Rentenalter nicht wieder in die Pflichtversicherung einzubeziehen[14]. Ein entsprechender Antrag *Uleers* wurde vom Juristentag abge-

14 *Hans Christoph Uleer*, Diskussionsbeitrag, in: Verhandlungen des 59. Deutschen Juristentages 1992, Band II, Teil Q, S. Q 85 f.

lehnt[15], von der Lahnsteiner Konsens-Runde in ihrer Not bei der Suche nach zusätzlichen Mitteln jedoch aufgegriffen. „Einmal freiwillig versichert, immer freiwillig versichert", erklärte *Uleer* als anzustrebendes Prinzip. Das hätte zwangsläufig auch bedeutet, daß ein Arbeitnehmer, dessen Arbeitsentgelt unter die Bemessungsgrundlage sinkt, auch dann mit allen Konsequenzen für die Beitragsbemessung freiwillig versichert bliebe, wenn er eine schlechter bezahlte Arbeit zu übernehmen hätte. Der Logik der Solidargemeinschaft würde dies widersprechen. Ziel solcher Initiativen der PKV ist es natürlich, ihre Position im Wettbewerb um den „besserverdienenden" Arbeitnehmer zu stärken. Das ist legitim, doch rechtfertigten die wirtschaftlichen Interessen der privaten Versicherungsunternehmen nicht die Ungleichbehandlung der freiwillig Versicherten gegenüber den Pflichtversicherten in der GKV.

2. Anreiz zu vorgezogenem Rentenbezug

Sozialpolitisch verfehlt ist es auch, daß in die Neuregelung Versicherte einbezogen worden sind, die Ende 1992 bereits alle Voraussetzungen für den Bezug einer Rente erfüllt hatten, aber länger arbeiten und dadurch das Sozialsystem erheblich entlasten. Dabei ist daran zu erinnern, daß die Bundesregierung immer nachdrücklicher dafür eintritt, daß möglichst bis zur gesetzlichen Altersgrenze (65. Lebensjahr) oder darüber hinaus gearbeitet wird, um die durchschnittliche Lebensarbeitszeit zu verlängern und das Sozialsystem zu entlasten. Mit dem Rentenreformgesetz 1992 werden die vorgezogenen Altersgrenzen schrittweise erhöht. Auch im Standortbericht der Bundesregierung wird dies gefordert[16]. Wer sich daran orientiert, wird nun durch das GSG gegenüber jenen, die vorzeitig die Rente beziehen und damit das Sozialsystem belasten, erheblich benachteiligt.

3. Kumulation von Eingriffen in geschützte Positionen

Zu berücksichtigen ist auch, daß bei einem Personenkreis nachhaltig das verfügbare Alterseinkommen gemindert wird, dessen beitragsfinanzierte Anwartschaften in den letzten Jahren schon mehrfach vom Gesetzgeber in besonderem Maße gekürzt worden sind. Dieser Hinweis zielt nicht auf jene Maßnahmen, die alle Versicherten gleichermaßen treffen, wie zum Beispiel der Übergang von der Brutto- zur Nettoanpassung der Renten. Von der seit 1986 geltenden Anrechnung eigener Einkommen und Versorgungsbezüge auf Hinterbliebenenrenten[17] sowie von der wiederholten

15 Beschlußvorschlag Nr. 10 und Beschluß Nr. 10 der Abteilung Sozialrecht, in: Verhandlungen des 59. Deutschen Juristentages 1992, Band II, Teil Q, S. Q 162 und Q 173.

16 BT-Drucksache 12/5620.

17 Dazu etwa *Franz Ruland,* Die Neuregelung der Hinterbliebenensicherung und die Einführung von Kindererziehungszeiten in der gesetzlichen Rentenversicherung, NJW 1986, 20 ff.

Abwertung der Ausbildungszeiten bei der Rentenbemessung sind vor allem jene Versicherten erfaßt worden, die eine Hochschulausbildung absolviert haben und die während ihres Erwerbslebens über länger Zeiten hinweg überdurchschnittlich verdient haben, was in der Regel früher oder später zu einer freiwilligen Versicherung in der GKV führte. Bei vielen Versicherten ergibt sich also eine Kumulation von Eingriffen in geschützte Rechtspositionen, die sich zu einer erheblichen direkten und indirekten Verringerung der erwarteten Alterseinkommen summieren. Dabei geht es dann um Beträge, die deutlich über zehn Prozent der Alterseinkommen und um einen noch weit höheren Prozentsatz der Rentenanwartschaften hinausgehen. Damit haben die Betroffenen weder rechnen, noch sich darauf einstellen können.

III. Die Neuordnung aus verfassungsrechtlicher Sicht

1. Kein Eigentumsschutz für die Aussicht auf Mitgliedschaft in der KVdR

Gegen die Änderung des § 5 Abs. 1 Nr. 11 SGB V sind im Gesetzgebungsverfahren verfassungsrechtliche Bedenken geäußert worden. Von besonderer Bedeutung ist dabei das einstimmige Votum des Rechtsausschusses des Bundestages[18], über das sich der federführende Sozialausschuß jedoch hinweggesetzt hat. Die dort vorgetragenen Bedenken beziehen sich vor allem auf Artikel 14 Abs. 1 GG. Nach der ständigen Rechtsprechung des Bundesverfassungsgerichtes (BVerfG) genießen solche sozialversicherungsrechtlichen Positionen Eigentumsschutz im Sinne von Artikel 14 GG, die auf nicht unerheblichen Eigenleistungen des Versicherten beruhen und die zur Sicherung seiner Existenz dienen[19]. Als von Artikel 14 GG erfaßte sozialversicherungsrechtliche Position, die durch die Änderung des § 5 Abs. 1 Nr. 11 SGB V beeinträchtigt wird, kommt allein der krankenversicherungsrechtliche Status der Betroffenen in Betracht. Denn ihre rentenrechtliche Position bleibt unberührt[20]. Die Anwartschaft auf Leistungen aus der GKV wird indes nicht tangiert, sondern lediglich die Aussicht auf die spätere Mitgliedschaft in der KVdR zu den dort geltenden Beitragskonditionen. Eine Verletzung von Artikel 14 GG könnte demnach nur dann angenommen werden, wenn man das Preis-Leistungs-Verhältnis in den Schutzbereich des Eigentumsgrundrechtes einbezöge. Dies wäre jedoch in der GKV problematisch, da hier leistungsäquivalente Beiträge nicht erhoben werden.

18 BT-Drucksache 12/3937, S. 3 ff.

19 Vgl. etwa BVerfGE 53, 257 ff.; 69, 272 ff.; dazu auch *Alexander von Brünneck*, Eigentumsschutz der Renten – Eine Bilanz nach 10 Jahren, JZ 1990, 992 ff.; prinzipielle Kritik etwa bei *Josef Isensee*, Finanzverfassung und Sozialrecht, SDSRV Band 35, 1992, S. 7, 23 ff.

20 Vgl. zu dieser Differenzierung BVerfGE 69, 272, 299 ff.

2. Gleichheitswidrige Benachteiligung freiwillig versicherter Arbeitnehmer

Bei der verfassungsrechtlichen Bewertung dürfte daher der Frage der Verletzung des allgemeinen Gleichheitssatzes (Artikel 3 Abs. 1 GG) entscheidende Bedeutung zukommen. Der Gleichheitssatz ist verletzt, „wenn eine Gruppe von Normadressaten anders behandelt wird, obwohl zwischen beiden Gruppen keine Unterschiede von solcher Art und solchem Gewicht bestehen, daß sie die ungleiche Behandlung rechtfertigen könnten"[21]. Dabei ist bei der Frage der Rechtfertigungsfähigkeit von Ungleichbehandlungen auf „die Eigenarten des in Rede stehenden Sachbereiches" abzustellen. Indiz für eine willkürliche und damit gleichheitswidrige Differenzierung ist es, wenn sie die vom Gesetz selbst statuierte Sachgesetzlichkeit ohne zureichenden Grund verläßt[22].

Ferdinand Kirchhof weist zurecht darauf hin, daß die Belastung Dritter (z.B. der Arbeitgeber) und die Höherbelastung Leistungsberechtigter stets die Frage nach der Lastengleichheit stelle. Der Gleichheitssatz entfalte systemprägenden Charakter insbesondere in der Herstellung von Belastungsgleichheit. Die konturierende Kraft des Grundsatzes der Belastungsgleichheit aus Artikel 3 Abs. 1 GG erweise sich vor allem im Beitragsrecht. Hier begrenze er die Bildung von Versicherten- und Solidargemeinschaften und uferlose Umverteilung. Der Gesetzgeber dürfe nicht durch bloßes Argumentationsgeschick beliebige Beitragsgemeinschaften bilden; er habe sich an der gewachsenen, vorgefundenen Realität zu orientieren[23].

Die durch das GSG bei der Beitragsbemessung vorgenommene Differenzierung allein nach dem Status des Versicherten als zuvor freiwillig Versicherter oder Pflichtversicherter in der GKV entspricht diesen Anforderungen des Artikel 3 Abs. 1 GG nicht. Zwischen pflichtversicherten und freiwillig versicherten Arbeitnehmern mit langen Vorversicherungszeiten bestehen, hinsichtlich den in der Sozialversicherung maßgeblichen Differenzierungskriterien, keine Unterschiede von solchem Gewicht, daß sie die Schlechterstellung dieser Gruppe der freiwillig Versicherten gegenüber den Pflichtversicherten bei der Beitragsbemessung im Rentenalter legitimieren könnten[24]. Demgegenüber unterscheidet sich die von der Neuregelung des Beitragsrechts betroffene Gruppe von den sonstigen Gruppen der freiwillig Versicherten in der GKV – Beamte, Selbständige und Arbeitnehmer mit kürzeren Vorversicherungszeiten – so wesentlich, daß die nunmehr vorgenommene Gleichstellung aller freiwillig Versicherten sachlich nicht zu rechtfertigen ist. Folgende Überlegungen sollen dies belegen:

---

21 Vgl. etwa BVerfGE 79, 87, 98.
22 Vgl. BVerfGE 79, 223, 236; 34, 103, 115; 66, 214, 224; 67, 70, 84 f.
23 *Ferdinand Kirchhof*, Das Solidarprinzip im Sozialversicherungsbeitrag, SDSRV Band 35, 1992, S. 65, 67 ff.
24 Vgl. *Betram Schulin*, Sozialrecht, 5. Auflage 1993, S. 90.

a) Das Recht des Versicherten, sich nach einer durch das Gesetz bestimmten Vorversicherungszeit in der gesetzlichen Krankenversicherung weiterzuversichern, wenn sein Einkommen die Pflicht- und Beitragsbemessungsgrenze übersteigt oder er eine selbständige Tätigkeit aufnimmt, stellt keine Begünstigung dar. Vielmehr wird damit der Tatsache Rechnung getragen, daß der Versicherte in jungen Jahren, wenn er in der Regel ein gutes Risiko darstellt, durch Gesetz in die Pflichtversicherung einbezogen und zur Zahlung solidarischer Beiträge verpflichtet wird. Er kann dann in späteren Jahren, wenn sein Krankheitsrisiko schon allein wegen des höheren Lebensalters gestiegen ist und möglicherweise schon chronische Erkrankungen vorhanden sind, nicht aus der Solidargemeinschaft ausgeschlossen werden. Das Recht zur freiwilligen Weiterversicherung ergibt sich zwingend aus der Versicherungspflicht, die an den Arbeitnehmerstatus anknüpft und die ausschließlich durch die Höhe des Bruttoarbeitsentgelts begrenzt wird.

b) Die GKV ist sowohl ihrer Geschichte als auch ihrer heutigen Ausprägung nach einer Sozialversicherung der abhängig beschäftigten Arbeiter und Angestellten sowie von deren Familienangehörigen[25]. Es gibt kein originäres Beitrittsrecht für Selbständige. Wer als Arbeiter und Angestellter wegen eines gestiegenen Arbeitsentgelts aus der Pflichtversicherung ausscheidet und sich in seiner Krankenkasse weiter versichert, dessen beruflicher Status ändert sich nicht; er ist wie der Pflichtversicherte ein abhängig Beschäftigter. Sinkt sein Arbeitsentgelt unter die Pflichtgrenze, so wird er wieder in die Pflichtversicherung einbezogen. Der Beitrag des Arbeitnehmers richtet sich ausschließlich nach seinem Brutto-Arbeitsentgelt. Das gilt auch für die freiwillig versicherten Arbeitnehmer, die jeweils mindestens mit dem Höchstbeitrag der Pflichtversicherten belastet werden. Der freiwillig Versicherte bleibt Mitglied der Solidargemeinschaft mit allen Rechten und Pflichten. Da er den Höchstbeitrag zahlt, subventioniert er in der Regel den Beitrag der geringer verdienenden Pflichtversicherten.

c) Selbständige, die freiwillig versichert sind, werden aufgrund eigener Angaben, die gegebenenfalls durch den Steuerbescheid zu belegen sind, mit dem Gewinn aus ihrer wirtschaftlichen Betätigung sowie mit ihren sonstigen Einnahmen zur Beitragsbemessung herangezogen und mit dem vollen Beitragssatz belastet. Das ist sachgerecht, da Selbständige weder ein Arbeitsentgelt beziehen, noch einen Arbeitgeberanteil erhalten können. Freiwillig versicherte Arbeitnehmer, deren Arbeitsentgelt unter die Beitragsbemessungsgrenze sinkt, werden wieder in die Pflichtversicherung einbezogen. Für Selbständige gilt dies nicht. Bei Selbständigen werden der Beitragsbemessung nach dem GSG Mindesteinkommen zugrunde gelegt. Für Arbeitnehmer gibt es keine entsprechende Regelung. Der Gesetzgeber unterscheidet bei der Beitragsbemessung auch nach dem GSG weiterhin zwischen selbständig und unselbständig Tätigen. Es ist daher

25 *Schulin*, Sozialrecht (Fn. 24), S. 45 f.; vgl. auch § 5 I Nr. 1, § 6 Nr. 1 SGB V.

nicht plausibel, die unterschiedlichen Gruppen der freiwillig Versicherten im Rentenalter als eine einheitliche Gruppe zu behandeln. Bei typisierender Betrachtung sind freiwillig versicherte Arbeitnehmer eher den pflichtversicherten Arbeitnehmern, nicht aber den selbständig Tätigen vergleichbar, die ein Fremdkörper in der an den Arbeitnehmerstatus anknüpfenden Sozialversicherung sind. Solange die freiwillig Versicherten als Arbeitnehmer erwerbstätig sind, werden ihre Beiträge nach denselben Grundsätzen bemessen wie die der Pflichtversicherten. Nach dem GSG gilt dies aber im Rentenalter nicht mehr.

d) Die soziale Schutzbedürftigkeit eines Versicherten im Rentenalter hängt nicht davon ab, ob er während seines Erwerbslebens eine gewisse Zeitlang freiwillig, oder ob er ständig pflichtversichert war. Die Beispiele zeigen, daß freiwillig Versicherte im Rentenalter mit vergleichbaren oder sogar mit niedrigeren Gesamteinkommen deutlich höher belastet werden als pflichtversicherte Rentner.

e) Rentner sind in der Vergangenheit bei der Beitragsbemessung zeitweise erheblich begünstigt worden. Über Jahrzehnte hinweg wurden sie beitragsfrei in den gesetzlichen Krankenkassen versichert; die Rentenversicherung zahlte an die Krankenkasse eine Beitragspauschale. In den achtziger Jahren sind Renten und Versorgungsbezüge, die an die Erwerbseinkommen anknüpfen, in die Beitragsbemessung einbezogen und schließlich mit dem halben Durchschnittsbetrag aller Kassen belastet worden. Das war systemgerecht und plausibel zu begründen[26]. Der Grundsatz der Gleichbehandlung von Pflichtversicherten und freiwillig versicherten Arbeitnehmern blieb jedenfalls dann gewahrt, wenn die freiwillig Versicherten lange Vorversicherungszeiten nachweisen konnten, wenn also die Versicherungsbiographie typisierend jener der Pflichtversicherten entsprach. Gerade in einer Solidargemeinschaft sollten Regelungen, die als begünstigend gewertet werden können, von der Vorleistung für die Solidargemeinschaft abhängig gemacht werden[27]. Bei den langfristig freiwillig Versicherten ist diese in der Regel eher höher als bei allen anderen Versicherten. Sind während des Erwerbslebens höhere Arbeitsentgelte erzielt worden, so schlägt sich das in der Regel auch in höheren Renten und Versorgungsbezügen nieder, was im Alter zu einer entsprechend höheren Beitragsbelastung führt.

f) Schließlich vermag es nicht zu überzeugen, wenn unter Hinweis auf die Rechtsprechung des BVerfG[28] die Vereinbarkeit der Reform nach Artikel 3 Abs. 1 GG damit begründet wird, daß die Versicherten nach Maßgabe ihrer wirtschaftlichen Leistungsfähigkeit belastet würden[29]. Denn der Begriff der Leistungsfähigkeit bezieht sich in der Sozialversiche-

26 Vgl. BVerfGE 79, 223 ff.
27 Dem dient etwa das Erfordernis der „Halbbelegung"; vgl. dazu BVerfGE 69, 272 ff.
28 BVerfGE 79, 223, 236 ff.
29 BT-Drucksache 12/3608, S. 116.

rung auf die auf dem Arbeitseinkommen beruhende Leistungsfähigkeit[30]. Leistungsfähigkeit im Beitragsrecht unterscheidet sich damit vom einkommensteuerrechtlichen Leistungsfähigkeitsbegriff, der nicht auf das Arbeitsentgelt beschränkt ist[31]. Dies ist konsequent und systemgerecht. Denn die Pflichtmitgliedschaft in der GKV findet ihren Grund ausschließlich im Arbeitsverhältnis[32]. Das gleiche gilt aber auch, wenn ein zunächst gesetzlich begründetes Versicherungsverhältnis freiwillig fortgesetzt wird, ohne daß der Bezug zum Arbeitsverhältnis entfällt. Etwas anderes mag für die in der Sozialversicherung atypischen Fälle der freiwillig versicherten Nichtarbeitnehmer gelten. Dieses Verständnis sozialversicherungsrechtlicher Leistungsfähigkeit liegt auch der einschlägigen Entscheidung des BVerfG zugrunde, wonach es mit Artikel 3 Abs. 1 GG vereinbar ist, solche Alterseinkommen zur Beitragspflicht heranzuziehen, die der Versichertenrente insofern vergleichbar sind, als sie ebenfalls auf eine frühere abhängige Erwerbstätigkeit zurückgehen[33].

g) Die Änderung des Beitragsrechtes läßt sich auch nicht damit begründen, daß das geltende Recht in einzelnen Fällen zu einer wenig plausiblen Beitragsbemessung führt und dem Mißbrauch zugänglich ist. Solche Hinweise zielen vor allem auf Fälle, in denen sich freiwillig Versicherte, die nicht der Versicherungspflicht in der Rentenversicherung unterliegen, also vor allem Selbständige, eine preisgünstige Krankenversicherung im Alter dadurch verschaffen, daß sie sich mit relativ wenigen Beiträgen eine kleine Rente ansparen und ihre Altersversorgung im übrigen durch private Vorsorge sicherstellen. Dem könnte vorgebeugt werden, wenn alle freiwillig versicherten Arbeitnehmer auch im Rentenalter mit einem Regelbeitrag belastet würden, der typisierend dem aus dem Erwerbseinkommen abgeleiteten durchschnittlichen Alterseinkommen dieser Versichertengruppe entspräche. Für freiwillig versicherte Selbständige wären vergleichbare Regelbeiträge vorzugeben. Der halbe Höchstbetrag dürfte nicht überschritten werden.

Eine solche Regelung würde die betroffenen Versicherten nicht überfordern, die Solidargemeinschaft belastende Beitragsbegünstigungen verhindern und in das GKV-System passen, wenn gewährleistet würde, daß beim Nachweis niedrigerer Gesamteinkommen auch entsprechend niedrigere Beiträge festgesetzt werden. Eine solche Regelung, gekoppelt an lange Vorversicherungszeiten, würde die freiwillig Versicherten gegen-

30 Zutreffend *Josef Isensee,* Referat zum 59. Deutschen Juristentag, in: Verhandlungen des 59. Deutschen Juristentages 1992, Band II, Teil Q, S. Q 33, Q 50 f.; *F. Kirchhof,* SDSRV 35 (Fn. 23), S. 81 ff. m.w.N.; a.A. *Bertram Schulin,* Gutachten E zum 59. Deutschen Juristentag, in: Verhandlungen des 59. Deutschen Juristentages 1992, Band I, S. E 59 ff. *ders.,* Sozialrecht (Fn. 24), S. 89 f.

31 Zum steuerlichen Leistungsfähigkeitsprinzip grundlegend *Dieter Birk,* Das Leistungsfähigkeitsprinzip als Maßstab der Steuernormen, 1983; zusammenfassend *Klaus Tipke/Joachim Lang,* Steuerrecht, 13. Auflage 1991, S. 57 ff.

32 *Isensee,* DJT-Referat (Fn. 30), S. Q 51.

33 Vgl. BVerfGE 79, 223, 237 f.

über den Pflichtversicherten weder begünstigen noch benachteiligen, wäre verfassungsrechtlich zu begründen, würde die sozialpolitischen Bedenken gegen die mit dem GSG eingeführte Beitragsregelung vermeiden und wäre von den Krankenkassen ohne großen Verwaltungsaufwand zu handhaben.

Nach solchen Lösungen ist im Gesetzgebungsverfahren jedoch nicht gesucht worden. Es kam der Politik wohl vor allem darauf an, den Weg zur Einbeziehung aller Einkommen in die Beitragsbemessung bei allen Versicherten zu ebnen. Nun setzt man darauf, daß das Verfassungsgericht mit einem Verdikt der GSG-Beitragsregelung für freiwillig Versicherte im Rentenalter und mit der Forderung nach Gleichbehandlung aller Versicherten es der Politik erleichtert, die allgemeine Ausweitung der Beitragsbemessung durchzusetzen.

3. Mißachtung des Vertrauensschutzes

Als verfassungsrechtlich problematisch erweist sich die Neuregelung aber auch hinsichtlich des im Rechtsstaatsprinzip (Artikel 20 Abs. 3 GG) und in den Grundrechten verankerten Vertrauensschutzes[34]. Durch die Änderung des Beitragsrechts in der GKV für Rentner werden Rechtspositionen nachträglich entwertet, die durch die freiwillige Fortsetzung des gesetzlich begründeten Versicherungsverhältnisses, also auch durch die Zahlung von Solidarbeiträgen erworben worden sind. Die rechtsstaatlichen Grenzen der „unechten Rückwirkung" haben in der Sozialversicherung besonderes Gewicht, wenn Positionen entwertet werden, die Bestandteil der Altersversicherung sind[35]. Denn hier werden langfristige Dispositionen der Versicherten berührt, deren Wert in hohem Maße von der Beständigkeit der mit der Beitragszahlung erworbenen Anwartschaften abhängig ist. Viele derjenigen, die sich, als ihr Einkommen die Versicherungspflichtgrenze überschritten hat, für den Verbleib in der GKV entschieden haben, haben dies gerade wegen der Anwartschaft auf kalkulierbaren Krankenversicherungsschutz im Alter getan. Dafür haben sie viele Jahre mit Höchstbeiträgen die solidarische Krankenversicherung subventioniert. Als Mitglieder der Solidargemeinschaft konnten sie darauf vertrauen, nicht nur deren Risiken zu tragen, sondern auch deren Chancen zu erwerben[36]. Zu diesen ist die Kompensation des Arbeitgeberanteils ebenso zu zählen, wie die Beitragsbemessung nach Maßgabe der aus der abhängigen Beschäftigung erzielten Altersversorgung.

34 Dazu *Hartmut Maurer,* Kontinuitätsgewähr und Vertrauensschutz, in: Josef Isensee/Paul Kirchhof, Handbuch des Staatsrechts, Band III, 1988, § 60; zur Entwicklung der Rechtsprechung *Bodo Pieroth,* Die neuere Rechtsprechung des Bundesverfassungsgerichtes zum Grundsatz des Vertrauensschutzes, JZ 1990, 279 ff.

35 Vgl. BVerfGE 69, 272, 309.

36 Vgl. BVerfGE 69, 272, 314.

Unter dem Gesichtspunkt des Vertrauensschutzes wäre der Gesetzgeber daher verpflichtet gewesen, nicht nur denjenigen Bestandsschutz zu gewähren, die zum Zeitpunkt des Inkrafttretens der Neuregelung bereits eine Rente bezogen. Er hätte zumindest auch für die rentennahen Jahrgänge für einen schonenden Übergang sorgen müssen[37]. Denn dieser Personenkreis ist praktisch nicht dazu in der Lage, die veränderten Bedingungen beim Krankenversicherungsschutz bei den Dispositionen für die Altersversorgung zu berücksichtigen. Derartige Übergangsregelungen enthält das GSG jedoch nicht. Das Gesetzgebungsverfahren war vielmehr von dem Bemühen gekennzeichnet, die Zahl der vom Bestandsschutz erfaßten Personen so klein wie möglich zu halten. Denn kein Versicherter, der vor Ende 1992 bereits die Voraussetzungen für den Bezug einer Rente erfüllte, hat seinen Rentenantrag so rechtzeitig stellen und sein Arbeitsverhältnis so rechtzeitig kündigen können, daß er noch im Dezember 1992 erstmals eine Rente bekam. Der Bundestag hat die endgültige Fassung der umstrittenen Gesetzesbestimmungen erst am 9. Dezember 1992 und der Bundesrat am 22. Dezember 1992 beschlossen. Das Bundesgesetzblatt mit dem verbindlichen Gesetzestext ist erst am 29. Dezember 1992, also nur drei Tage vor dem Inkrafttreten, ausgeliefert worden. Die Krankenkassen behandeln zwar in der Regel jene freiwillig Versicherten, die noch vor dem 1. Januar 1993, gewissermaßen in letzter Minute, ihren Rentenantrag gestellt haben, als Pflichtversicherte. Aber dies vollzieht sich auf einer rechtlich nicht gesicherten Basis, worauf der Bundesgesundheitsminister die Kassen mehrfach hingewiesen hat[38].

Die „Übergangsregelung" führt im Ergebnis dazu, daß diejenigen eine im Saldo schlechtere Altersversorgung haben, die länger als nötig arbeiten und Solidarbeiträge leisten und dadurch das Sozialsystem entlasten. Dieses groteske Ergebnis stellt die rechtsstaatlichen Anforderungen an die Berechenbarkeit und Zuverlässigkeit staatlichen Handelns auf den Kopf.

IV. Das Gesamteinkommen als Bemessungsgrundlage

Die Neuordnung der Beitragsbemessung nach dem GSG und die Absichtserklärung einflußreicher Politiker und Verbandsvertreter provozieren die Frage, ob es aus sozialpolitischer, finanzpolitischer und verfassungsrechtlicher Sicht richtig, vertretbar, zulässig oder gar notwendig ist, den Beitrag nach dem Gesamteinkommen und damit der Einkommensteuer entsprechend zu bemessen. Mit dem GRG (§ 240 SGB V) ist der von der Einkommensbesteuerung vorgegebene Begriff der Belastung nach der

37 Es ist weitgehend anerkannt, daß Rückwirkungsfälle angemessen nur durch Übergangsregelungen zu lösen sind: vgl. etwa *Maurer*, in: Isensee/Kirchhof, § 60 Rz. 54; BVerfGE 68, 272, 284 jeweils m.w.N.

38 Schreiben des Bundesministers für Gesundheit an die Spitzenverbände der gesetzlichen Krankenkassen und die Sozialminister der Länder vom 5. Januar 1993, vgl. FAZ vom 6. und vom 7. Januar 1993.

wirtschaftlichen Leistungsfähigkeit für freiwillig Versicherte in das Beitragsrecht der Sozialversicherung eingeführt worden. Mit dem GSG ist der davon betroffene Personenkreis erheblich vergrößert worden. Die Bestrebungen der Politik, das belegen zahlreiche Äußerungen, zielen darauf, generell sonstige Einkommen in die Beitragsbemessung zur GKV einzubeziehen[39]. Daraus ergeben sich eine Fülle von Fragen, auf die zum Teil schon bei der Bewertung des neuen Beitragsrechts im GSG eingegangen wurde. Einige der darüber hinaus zu bedenkenden Aspekte sollen hier skizziert werden:

1. Sozialpolitische und ökonomische Probleme

a) Die Bindung der GKV an das Arbeitsverhältnis wird zur Disposition gestellt, wenn das Gesamteinkommen beitragspflichtig wird; Arbeitsentgelt und beitragspflichtiges Einkommen entsprechen sich nicht mehr. Der hälftige Beitragsanteil des Arbeitgebers wäre nicht mehr zu rechtfertigen, wenn es zu einer Entkoppelung von Sozialversicherung und Arbeitsvertrag käme. Der Arbeitgeberanteil könnte sich dann allenfalls auf das Arbeitsentgelt und nicht auf sonstige Einnahmen des Versicherten beziehen.

Wenn die Versicherten ihre Krankenversicherung allein finanzierten, wie das gelegentlich empfohlen wird[40], so würde der paritätischen Selbstverwaltung, in der Arbeitgeber- und Arbeitnehmer-Vertreter zusammenarbeiten, zumindest auf weitere Sicht die Grundlage entzogen. Der Gesetzgeber könnte sich entsprechenden Forderungen der Gewerkschaften wohl kaum entziehen. Die paritätische Selbstverwaltung gehört aber unzweifelhaft zu den die Sozialversicherung kennzeichnenden Strukturmerkmalen. Die wenig spektakuläre Kooperation von Arbeitgebern und Gewerkschaften im Rahmen der Sozialversicherung hat zum sozialen Frieden beigetragen. Bei aller Kritik an der Selbstverwaltung und deren demokratischer Legitimation sollte dies nicht gering geschätzt werden. Die Alternative könnte im Rahmen einer durch Beitragsumlagen solidarisch finanzierten Pflichtversicherung nur ein staatlich verwaltetes System sein.

b) Würden die Gesamteinnahmen beitragspflichtig, so müßten zumindest die das Arbeitsentgelt übersteigenden Einnahmen der Versicherten mit vollem Beitragssatz belastet werden. Der Gesetzgeber hätte dann auch zu entscheiden, in welcher Rangfolge die unterschiedlichen Einkommen zur Beitragsbemessung herangezogen werden. Nach dem GSG steht auch bei den freiwillig Versicherten im Rentenalter die Rente, die mit dem halben Satz belastet wird, in der Rangfolge vorne (§ 238a SGB V). Damit werden sonstige Einnahmen geschont, wenn das Gesamteinkommen die Bemessungsgrenze übersteigt. Dies ließe sich allerdings auch

39 So unter anderem: Bundesgesundheitsminister *Horst Seehofer*, vgl. FAZ vom 11. Januar 1993; *Paul Hoffacker*, MdB, BT-Plenarprotokoll 12/127, S. 10917; Standortbericht der Bundesregierung, BT-Drucksache 12/5620.

40 *Schulin*, DJT-Gutachten (Fn. 30), S. E 127 f.

anders regeln. Bei den Arbeitnehmern würde sich dann die Frage stellen, ob Arbeitsentgelte in der Rangfolge vor sonstigen Einkommen stehen sollen oder umgekehrt. Diese Frage ist allerdings nur dann von Bedeutung, wenn für den auf Lohn oder Gehalt entfallenden Beitrag weiterhin ein Arbeitgeberzuschuß zu entrichten ist.

c) Wer sonstige Einkommen zur Beitragszahlung heranzieht, vermindert indirekt das aus privater Vorsorge fließende beitragspflichtige Einkommen (u.a. Zinsen und Mieteinnahmen) um durchschnittlich mehr als 13 v.H. Dieses Einkommen wird zudem von der progressiven Einkommensteuer erfaßt. Das diesen Einnahmen zugrunde liegende Vermögen wird zusätzlich mit Vermögensteuer und im Erbfall mit Erbschaftsteuer belastet. Kapitalvermögen werden durch inflationäre Prozesse entwertet. Der Umverteilungseffekt des GKV-Systems würde sich noch weiter verstärken, wenn die Beitragsbemessungsgrenze angehoben würde.

Die Versicherten könnten zu der Einschätzung kommen, daß sich Konsumverzicht, Sparen und private Vorsorge in einem solchen System nicht mehr lohnten. Das wäre aus ökonomischer und sozialpolitischer Sicht fatal. Investieren setzt Kapitalbildung voraus. Die Investitionen von heute sichern Arbeitsplätze, sie entscheiden über die Einkommen von morgen und damit auch über Stabilität und Leistungsfähigkeit der Sozialsysteme. Angesichts der demographischen Entwicklung, die künftig zu Beitragserhöhungen und Leistungskürzungen zwingen wird, wäre es geboten, die Kapitalbildung durch private Vorsorge zu fördern anstatt sie zu behindern.

d) Wer in der GKV die Beiträge nach dem Gesamteinkommen bemessen will, muß darüber nachdenken, was dies für die übrigen Zweige der Sozialversicherung bedeuten könnte. Da die angestrebte Pflegeversicherung an die Krankenversicherung gebunden ist, würde auch der Pflegebeitrag nach dem Gesamteinkommen bemessen. In der Rentenversicherung bemißt sich die Leistung im Grundsatz nach den zuvor gezahlten Beiträgen. Würden zusätzliche Einkommen der Beitragspflicht unterworfen, so müßte dies bei der Rentenbemessung berücksichtigt werden. Das Rentensystem würde zwar heute entlastet, künftig aber zusätzlich belastet, da in dem dynamischen System die Leistungen, jedenfalls in der absehbaren Zeit, höher sind als die eingezahlten Beiträge. Die Mehrbelastungen ergäben sich vor allem dann, wenn aus der demographischen Entwicklung ohnehin die höchsten Belastungen zu erwarten sind, nämlich nach 2010.

Die Arbeitslosenversicherung bietete weithin Lohnersatzleistungen; daher müßte auch der Beitrag lohnbezogen bemessen werden. Zwar sind eine Reihe von Leistungen im Rahmen der Arbeitsmarktpolitik eher als Fremdleistungen des Systems zu werten; diese würden sachgerecht nur über die Steuer finanziert[41]. Die Tatsache, daß dem Bund das Geld für die

41 Zu den Fremdlasten: *Peter Krause*, Fremdlasten der Sozialversicherung, VSSR 8 (1990), S. 115 ff.

Übernahme solcher Finanzierungslasten fehlt, kann kein Anlaß sein, die Beitragsbemessung systemwidrig zu verändern.

Zu Sozialversicherungen, die ihrer historischen Entwicklung sowie ihrer ganzen Ausgestaltung nach Arbeitnehmer-Versicherungen sind und die beitragsäquivalente Lohnersatzleistungen bieten, paßt nur die Beitragsbemessung nach dem Arbeitsentgelt. Solchen Systemen würde die Ausweitung der Beitragsbemessung auf sonstige Einkommen allenfalls kurzfristige finanzielle Vorteile bringen, es sei denn, die zusätzlichen Beiträge würden nicht in die Leistungsbemessung einbezogen. Dann würden diese Beitragsanteile jedoch zu einer fremdnützigen Umverteilungsabgabe, die nicht zu rechtfertigen wäre.

e) Die Pflicht- und Beitragsbemessungsgrenze in der GKV ist an die Entwicklung der Arbeitsentgelte der Rentenversicherten gekoppelt. Die sonstigen Einkommen der Versicherten folgen in der Regel nicht der Lohndynamik. Bei den betrieblichen Versorgungsbezügen wird vielfach im Abstand von drei Jahren nur die Hälfte der Entwertung durch den Anstieg der Lebenshaltungskosten ausgeglichen. Zinseinnahmen und andere Kapitalerträge schwanken im Zeitablauf stark. Mieterträge können sich von Jahr zu Jahr verändern, so zum Beispiel durch Reparaturaufwendungen, die nicht kontinuierlich anfallen. Aufgabe der Beitragsgemessungsgrenze ist es aber auch, die Kontinuität der Versicherungsverläufe zu gewährleisten. Es macht keinen Sinn, wenn Versicherte von Jahr zu Jahr prüfen müssen, ob sie nun in die Pflichtversicherung oder die freiwillige Versicherung gehören und ob sie zur PKV wechseln können. Lohnbezogene Pflicht- und Beitragsbemessungsgrenzen passen daher nicht in ein System, das Kapital- oder Mieteinkommen beitragspflichtig macht.

f) Das Krankengeld, das die Kassen bei längerer Arbeitsunfähigkeit im Anschluß an die Entgeltfortzahlung der Arbeitgeber zahlen, wird nach dem Arbeitsentgelt bemessen. Wird das Gesamteinkommen beitragspflichtig, so müßte das Krankengeld auch nach dem Gesamteinkommen bemessen werden. Andernfalls wäre auf sonstige Einkommensteile ein niedrigerer Beitragssatz anzuwenden.

2. Systemwidrige Übertragung steuerrechtlicher Regelungen auf die Sozialversicherung

Der Sozialbeitrag bezieht sich auf das Brutto-Arbeitsentgelt. Die Einkommensteuer trägt der individuellen Leistungsfähigkeit nach Maßgabe des Gesamteinkommens Rechnung[42]. Ein Nebeneinander dieser beiden Prinzipien bei der Bemessung des Sozialbeitrags ist nicht denkbar. Der Gesetzgeber kann sich nur dafür entscheiden, alle Einkommen nach denselben Grundsätzen zur Beitragszahlung heranzuziehen. Als Alternative zur Beitragsbemessung nach dem Arbeitsentgelt bleibt nur die Möglichkeit,

42 Vgl. Fn. 31.

als Bemessungsgrundlage die Einkommensteuer heranzuziehen. Das wirft eine Reihe von Fragen auf:

a) Das Existenzminimum ist von der Besteuerung freizustellen. In der Sozialversicherung sind nur die Entgelte aus geringfügiger Beschäftigung (1994 bis zu 560 DM Monatsverdienst) nicht beitragspflichtig. Sollen Bezieher von Einkommen, die das Existenzminimum nicht decken, künftig beitragsfrei versichert werden?

b) Die Einkommensteuer wird am Jahresende oder noch viel später ermittelt. Wie soll der Beitrag im Jahresverlauf bemessen werden?

c) Bei einer Bemessung des Sozialbeitrags nach einkommensteuerlichen Grundsätzen (Netto-Prinzip) könnte sich bei vielen Versicherten die Bemessungsgrundlage für die Beiträge gegenüber dem geltenden Recht verringern, weil der Anteil des Arbeitsentgelts hoch bleibt, dessen Bemessungsgrundlage jedoch niedriger ist als das Brutto-Arbeitsentgelt, das bisher beitragspflichtig ist. Das könnte das erhoffte Mehreinkommen aus den Beiträgen mindern oder kompensieren und vielleicht sogar zu Einnahmeausfällen führen, die dann nur durch eine Erhöhung des Beitragssatzes auszugleichen wären.

d) Das EStG stellt Kapitalerträge bis 6.000/12.000 DM (Alleinstehende/Verheiratete) von der Besteuerung frei. Nach dem GSG werden solche Einnahmen bei freiwillig Versicherten in die Beitragsbemessung einbezogen. Das ist inkonsequent. Würde dies allgemein gelten, so könnte sich die Versuchung, Einkommen und Vermögen am Finanzamt und den Krankenkassen vorbeizuführen, weiter verstärken.

e) Die finanzielle Präferenz der privaten Vorsorge durch selbstgenutztes Wohneigentum würde verstärkt, da die Steuer nicht den Nutzungswert der eigenen Wohnung erfaßt. Auch würde der steuerliche Vorteil während der Ansparzeit langfristig laufender Lebensversicherungsverträge auf den Sozialbeitrag als Bonus durchschlagen. Es entstünden also neue, sachlich kaum zu rechtfertigende Verzerrungen bei der Beitragsbemessung der Erträge aus den unterschiedlichen Anlageformen.

f) Das erweiterte Beitragsystem wäre nur zu praktizieren, wenn den Krankenkassen der unmittelbare Zugriff auf die Daten der Finanzverwaltung eröffnet würde. Das Steuergeheimnis bliebe dabei auf der Strecke.

3. Verfassungsrechtliche Probleme

Gegen die Beitragsbemessung nach dem Gesamteinkommen in der GKV werden zurecht auch verfassungsrechtliche Bedenken vorgetragen. Sie sollen hier nur angedeutet werden.

a) Bliebe das erweiterte Beitragssystem auf die GKV und die Pflegeversicherung beschränkt, so ginge die Einheitlichkeit wesentlicher, das Sozialversicherungssystem prägender Strukturelemente verloren. Dazu gehören die Prinzipien der Beitragsbemessung, der hälftige Arbeitgeberzuschuß und das Prinzip der Selbstverwaltung durch Arbeitnehmer- und Arbeitgebervertreter[43].

Die in der Konsequenz des veränderten Beitragsrechtes in ihren Strukturen von den übrigen Zweigen der Sozialversicherung abgehobene Krankenversicherung wäre wohl auch von der Gesetzgebungskompetenz des Artikel 74. Nr. 12 GG nicht mehr gedeckt. Diese aber bildet die verfassungsrechtliche Grundlage für die Erhebung der Beiträge.

b) Die politisch möglicherweise erwünschte und verfassungsrechtlich zu legitimierende Angleichung der Einkommen wird von der Finanzverfassung dem Steuersystem und dem staatlichen Transfersystem zugeordnet. Aufgabe der durch Beitragsumlagen finanzierten Sozialversicherung ist dies nicht, auch wenn in Grenzen das Beitragsystem solidarisch ausgestaltet werden kann. Damit stellt sich die Frage, ob eine Abgabe mit Steuercharakter auf den Kreis der Sozialversicherten und – durch die Beitragsbemessungsgrenze – auf Teile des Einkommens begrenzt werden kann. Wer Kapitalerträge und Mieteinnahmen sozialpflichtig macht, kann dies nicht auf Sozialversicherte begrenzen. Mieteinnahmen von Sozialversicherten würden sonst stärker belastet als Mieteinnahmen von Privatversicherten oder einer Wohnungsgesellschaft.

Die Ablösung des Beitrages vom Arbeitseinkommen, seine Ausdehnung auf alle Einkommensarten und die damit verbundene teilweise Abkehr vom Versicherungsprinzip überführte den Sozialversicherungsbeitrag von der nichtsteuerlichen Abgabe vollends in eine gegenleistungsfreie Gemeinlast. Der Beitrag zur GKV würde zur Sozialsteuer. Die Steuer ist als Finanzierungsinstrument nach der Finanzverfassung des Grundgesetzes aber den Gebietskörperschaften vorbehalten. Sie ist keine zulässige Finanzierungsquelle der Sozialversicherung[44].

V. Ausblick

Die Einbeziehung zusätzlicher Einkommen in die Beitragsbemessung liefe auf eine Ausweitung der Umverteilung innerhalb des GKV-Systems hinaus. Der politische Druck, in diese Umverteilungsabgabe immer mehr Personen und auch die Einkommen oberhalb der Beitragsbemessungsgrenze einzubeziehen, würde wachsen. Das entspräche jedenfalls der Logik des mit dem GSG eingeschlagenen Weges. Nur dann würden Mehreinnahmen erzielt, die es der GKV erleichtern könnten, für eine längere Zeit ohne die Erhöhung der Beitragssätze ihre Ausgaben zu finanzieren.

---

43 Die einheitsstiftende Funktion des Beitragsrechtes betont zurecht *Ferdinand Kirchhof,* Finanzierung der Sozialversicherung, in: Josef Isensee/Paul Kirchhof, Handbuch des Staatsrechts, Band V, 1990, § 93 Rz. 15; tendenziell zu weit die Interpretation des Begriffs „Sozialversicherung" in BVerfGE 75, 108, 146 ff.

44 *Isensee,* SDSRV 35 (Fn. 19), S. 23.

Ein Sozialsystem wird maßgeblich durch sein Finanzierungssystem geprägt. Eine gegliederte und selbstverwaltete Sozialversicherung, die an das Arbeitsverhältnis anknüpft und die vom Arbeitnehmerstatus bestimmt wird, muß sich über Beiträge finanzieren, die nach dem Arbeitsentgelt bemessen werden. Dabei steht es nicht im Belieben des Gesetzgebers, wie die Sozialbeiträge zu bemessen sind. Der Charakter des Sozialbeitrages erschließt sich aus dem substantiellen Unterschied zur Steuer[45]. Wer alle Einkommen beitragspflichtig macht, der nähert sich der steuerlichen Bemessungsgrundlage, um sie am Ende ganz zu übernehmen. Zur Steuerfinanzierung paßt aber nicht das gegliederte, selbstverwaltete Sozialversicherungssystem, sondern nur das staatliche Versorgungssystem.

Mit dem GSG sind die finanziellen Probleme nicht langfristig gelöst worden. Das finanzielle Gleichgewicht soll durch die gesetzliche Vorgabe von Ausgabenbudgets, die an das beitragspflichtige Arbeitsentgelt gekoppelt sind, gesichert werden. Das ist nur für begrenzte Zeit möglich. Die Ausgaben des Gesundheitssystems werden weiter wachsen, weil immer weniger Erwerbstätige immer mehr alte Menschen sozial zu sichern haben, weil der Fortschritt der Medizin immer mehr kostet und weil sich das Gesundheitswesen als personalintensiver Dienstleistungsberieb dem inflationären Druck nur begrenzt durch Rationalisierung entziehen kann. Die politisch gewollte und ökonomisch erwünschte Beitragssatzstabilität wird sich als Illusion erweisen.

Das Beitragsrecht der GKV ist unübersichtlich, in sich wenig schlüssig und dem Mißbrauch zugänglich. Das GSG hat daran nichts geändert, sondern die Mängel noch vermehrt. Eine Reform des Beitragsrechts wäre wünschenswert. Das von der Politik anvisierte Ziel einer allgemeinen Ausweitung der Beitragsbemessung auf alle Einkommen sollte jedoch aufgegeben werden. Es paßt nicht zum System der Sozialversicherung. Notwendig wäre es dagegen, die Rahmenbedingungen für die Nachfrage und das Angebot im Gesundheitswesen so zu setzen, daß alle Beteiligten einen Anreiz haben, Leistungen möglichst sparsam in Anspruch zu nehmen oder möglichst wirtschaftlich zu erbringen. Gesundheit kann es nicht zum Null-Tarif geben; das Leistungsangebot wäre verstärkt dem Wettbewerb auszusetzen. Jede Budgetierung oder Kontingentierung des Angebots führt zur Rationierung der Leistungen, zur Einschränkung des Wettbewerbs und zu Qualitätsverlusten in der Medizin.

45 *Isensee*, SDSRV 35 (Fn. 19), S. 17 ff.

Heinz Günter Zavelberg*

Die Kontrolle der Steuer- und Abgabenerhebung durch den Bundesrechnungshof

Inhaltsübersicht

Jubilar und Verfasser haben seit der ersten Hälfte der 60er Jahre in unterschiedlichen Funktionen inhaltlich verwandte Aufgaben mit vielfältigen Berührungspunkten wahrgenommen. Die jetzige Aufgabe des Jubilars ist Anlaß für eine Darstellung der externen Finanzkontrolle der Steuerverwaltung durch die Rechnungshöfe in der Gegenüberstellung zu ihrer Kontrolle durch die Gerichte.

I. Einleitung

Die Finanzkraft des Staates ist mitentscheidend für die Fähigkeit, seine Aufgaben zu erfüllen und Leistungen zu erbringen. Maßstab für die Finanzkraft sind Art und Höhe der staatlichen Einnahmen, die zur Deckung der Ausgaben dienen. In Deutschland erzielen die Gebietskörperschaften Bund, Länder und Gemeinden ihre Einnahmen überwiegend aus Steuern.

Die Steuereinnahmen beliefen sich im Haushaltsjahr 1992 für Bund, Länder und Gemeinden einschließlich der Abführungen an die Europäi-

* Herrn Ministerialrat als Mitglied des Bundesrechnungshofes Dr. *Jörg Bublitz* bin ich für wertvolle Unterstützung dankbar.

schen Gemeinschaften auf insgesamt rd. 731,7 Mrd. DM. Davon entfielen – jeweils gerundet –

auf den Bund	352,7 Mrd. DM,
auf die Länder	251,0 Mrd. DM,
und auf die Gemeinden	93,7 Mrd. DM.

An die Europäischen Gemeinschaften flossen deutsche Steuermittel in Höhe von rd. 34,3 Mrd. DM. Im Haushaltsjahr 1992 deckten – jeweils gerundet – der Bund seine Ausgaben durch Steuereinnahmen zu 82 v.H., die Länder (im Bundesgebiet) zu 59 v.H. und die Gemeinden (im Bundesgebiet) zu 27 v.H.[1].

Die Finanzbehörden der Gebietskörperschaften setzen die Steuerbeträge fest und erheben die Steuereinnahmen. Die Tätigkeit der Finanzverwaltung unterliegt einer von außen kommenden Kontrolle durch die Rechnungshöfe und durch die Gerichte. Beide, Rechnungshöfe und Gerichte, prüfen die Ordnungsmäßigkeit der Steuerfestsetzung und -erhebung, allerdings im Rahmen ihrer unterschiedlichen Aufgaben mit unterschiedlicher Zielsetzung und aus unterschiedlichem Anlaß.

Den Rechnungshöfen ist die Finanzkontrolle der Haushalts- und Wirtschaftsführung des Bundes und der Länder im Grundgesetz und in den Landesverfassungen übertragen[2]. Dazu gehört auch die Prüfung der Haushaltseinnahmen, insbesondere der Steuereinnahmen. Der Bundesrechnungshof hat die Einnahmen des Bundes nach Art. 114 Abs. 2 GG in Verbindung mit § 89 BHO, die Landesrechnungshöfe haben die Einnahmen ihrer jeweiligen Länder nach entsprechenden Vorschriften der Landesverfassungen in Verbindung mit § 89 LHO zu prüfen. Die Rahmenvorschriften des Haushaltsgrundsätzegesetzes, das in § 42 HGrG die Finanzkontrolle der Haushaltseinnahmen vorsieht, sichert die Übereinstimmung von Bundeshaushaltsordnung und den Landeshaushaltsordnungen.

Der Bundesrechnungshof kann aufgrund von Prüfungserfahrungen den Bundestag, den Bundesrat, die Bundesregierung und einzelne Bundesminister – auch im Bereich der Haushaltseinnahmen – beraten; Vergleichbares gilt für die Landesrechnungshöfe im Landesbereich[3].

Eine überörtliche Finanzkontrolle der Haushaltseinnahmen der Gemeinden obliegt den Landesrechnungshöfen nur in den Ländern Bremen für Bremerhaven, Rheinland-Pfalz, Mecklenburg-Vorpommern, Schleswig-

1 Quelle: Finanzbericht des Bundesministers der Finanzen 1994, Tabelle 12, S. 237 in Verbindung mit Zusammenstellung 4.1, S. 111 und Zusammenstellung 3–5, S. 102–104.

2 Eine neuere Zusammenstellung der Literatur zur Arbeit des BRH findet sich in *F. Klein* (Hrsg.), Lexikon des Rechts, Steuer- und Finanzrecht (2. Aufl. 1992), Stichwort „Rechnungsprüfung/Rechnungshof" von *H. G. Zavelberg* (S. 404–405) sowie in der Informationsschrift „Der Bundesrechnungshof", herausgegeben vom Präsidenten des Bundesrechnungshofes – Pressereferat –, 3. Auflage 1992, S. 56 f.

3 § 42 Abs. 5 HGrG, § 88 Abs. 2 BHO.

Holstein und Sachsen[4]. Für Hessen ist diese Aufgabe ab dem Jahr 1994 dem Präsidenten des Hessischen Rechnungshofes übertragen worden; für die Erfüllung seiner Aufgaben kann er externe Sachverständige, aber auch Bedienstete des Rechnungshofes heranziehen[5]. Im übrigen nehmen besondere Einrichtungen, wie Rechnungsprüfungsämter oder Gemeindeprüfungsverbände, die Finanzkontrolle bei den Gemeinden wahr. Diese Einrichtungen sind nach Stellung, Aufbau und Aufgaben mit den Rechnungshöfen allerdings nicht voll vergleichbar.

Die Kontrolle der Gerichte vollzieht sich durch Überprüfung und Entscheidung streitiger Steuerfälle. Dies ist Aufgabe der Finanzgerichte[6]. Nur soweit Steuern nicht der Gesetzgebung des Bundes unterliegen[7] und nicht durch Landes- oder Bundesbehörden verwaltet werden[8], sind für solche Streitigkeiten die Verwaltungsgerichte zuständig. Das gilt im wesentlichen für Gemeindesteuern, wie Hunde-, Getränkesteuer oder für Streitigkeiten über Gewerbesteuer- oder Grundsteuerbescheide, welche Gemeinden erlassen haben.

Für die Prüfung der Verfassungsmäßigkeit steuerlicher Vorschriften ist das Bundesverfassungsgericht zuständig, das auf diesem Rechtsgebiet zunehmend tätig ist[9]. Das Bundesverfassungsgericht wird tätig entweder aufgrund einer Vorlage eines anderen Gerichts[10] oder aufgrund der Verfassungsbeschwerde eines Steuerpflichtigen[11]. Vor allem die wachsende Zahl der Verfassungsbeschwerden hat Entscheidungen des Bundesverfassungsgerichts in Steuersachen vermehrt verursacht.

Der Vollständigkeit halber sei auf die Möglichkeit des Rechtsschutzes vor dem Europäischen Gerichtshof nach Art. 177 und 173 EWG-Vertrag hingewiesen, soweit die Vereinbarkeit innerstaatlichen Steuerrechts und des Handelns der innerstaatlichen Finanzverwaltung mit dem Recht der Europäischen Gemeinschaften streitig ist.

---

4 In Sachsen bis auf weiteres für Gemeinden mit mehr als 2000 Einwohnern.

5 Vgl. Gesetz vom 22. Dezember 93, GVBl. Hessen Teil I vom 30. Dezember 93 S. 708.

6 § 33 FGO.

7 Art. 105 GG

8 Art. 108 GG.

9 Vgl. aus jüngerer Zeit: Urteil vom 27. Juni 1991 – 2 BvR 1493/89 –, BStBl. II 1991, S. 654 ff. zur Besteuerung der Einkünfte aus Kapitalvermögen (Zinsbesteuerung) oder Urteil vom 25. September 1992 – 2 BvL 5/91, 2 BvL 8/91, 2 BvL 14/91 –, BStBl. II 1993, S. 413 ff. zur Höhe der Grundfreibeträge im Einkommensteuerrecht.

10 Art. 100 Abs. 1 GG in Verbindung mit §§ 80 ff. BVerfGG.

11 Art. 93 Abs. 1 Nr. 4a GG in Verbindung mit §§ 90 ff. BVerfGG.

II. Unterscheidung der Kontrolltätigkeit der Gerichte und der Rechnungshöfe

Die Tätigkeiten der Gerichte und der Rechnungshöfe in Steuersachen dienen gleichmaßen der Kontrolle der Ordnungsmäßigkeit der Steuerfestsetzung und -erhebung; jedoch unterscheiden sie sich nach Verfahren, Arbeitsweise und Zielsetzung.

Gerichtsverfahren in streitigen Steuersachen werden grundsätzlich durch Antrag eines Klägers oder Antragstellers – entweder einer Finanzbehörde oder eines Steuerpflichtigen – eingeleitet. Die Gerichte müssen daraufhin tätig werden; sie müssen auf den Einzelfall bezogene Entscheidungen treffen, die jedoch darüber hinaus – insbesondere bei höchstrichterlichen Urteilen – die Tätigkeit der Finanzverwaltung in gleichgelagerten oder vergleichbaren Steuerfällen beeinflussen können oder – bei Entscheidungen des Bundesverfassungsgerichtes – die Finanzverwaltung binden. Dem Kläger oder Antragsteller verbleibt während des gerichtlichen Verfahrens die Verfügungsbefugnis über den Streitgegenstand insoweit, als er das Verfahren mit Rücknahme seiner Klage oder seines Antrags beenden kann, ohne eine gerichtliche Entscheidung abzuwarten. Sieht man von der Unterstützung des Richters durch Gerichtsreferendare bei dem Bundesverfassungsgericht und den obersten Bundesgerichten durch wissenschaftlich vorgebildete Hilfskräfte oder bei Finanzgerichten einzelner Bundesländer durch – verhältnismäßig wenige – Prüfungsbeamte des gehobenen Dienstes[11a] ab, so ist die richterliche Arbeitsweise dadurch geprägt, daß der Richter für die Aufbereitung des streitigen Steuerfalles sich nicht auf unterstellte Mitarbeiter stützen kann; er muß selber die maßgeblichen tatsächlichen Gesichtspunkte für seine Entscheidung und deren rechtliche Würdigung erarbeiten.

Bei der Finanzkontrolle der Steuereinnahmen durch die Rechnungshöfe wird der Arbeitsstoff nicht verbindlich von außen an diese herangetragen. Vielmehr bestimmen die Rechnungshöfe ihre Prüfungsgegenstände im Rahmen der verfassungsrechtlichen Aufgabenzuweisung selbst. Sie entscheiden eigenständig über Art, Gegenstand und Umfang ihrer Prüfungen[12]. Die Arbeitsweise in den Rechnungshöfen ist dadurch gekennzeichnet, daß die in Kollegien entscheidenden Mitglieder von Prüfungsbeamten unterstützt werden (vgl. hierzu nachstehend unter VI.).

Das Ziel der richterlichen Tätigkeit ist die Wahrung und Wiederherstellung des Rechtsfriedens zwischen der Finanzverwaltung und den Steuer-

---

11a Vgl. *R. H. Seer,* Der Einsatz von Prüfungsbeamten durch das Finanzgericht, Schriften zum Steuerrecht Bd. 43, herausgegeben von J. Lang und J. P. Meincke, Berlin 1993; Besprechung von *S. Woring* in StuW 1993, 282 bis 285.

12 Soweit einzelne Landeshaushaltsordnungen vorsehen, daß die Rechnungshöfe auf Ersuchen der Parlamente und Regierungen diese beraten *müssen,* wird das in der Literatur als mit der Unabhängigkeit der Rechnungshöfe unvereinbar angesehen, vgl. z.B. *Heuer,* Kommentar zum Haushaltsrecht (KHR), 1981/1993, § 88 BHO Rn. 18 sowie Art. 114 GG Rn. 98.

pflichtigen, und zwar durch Streitentscheidung im Einzelfall und damit verbunden durch Verdeutlichung der Fortbildung des Steuerrechts für vergleichbare Fälle.

Die Zielsetzung der Finanzkontrolle unterscheidet sich wesentlich von derjenigen der Gerichte. Die Rechnungshöfe sollen allgemein mit ihrer Kontrolltätigkeit dazu beitragen, daß das gesamte finanzwirksame Verwaltungshandeln ordnungsgemäß, wirtschaftlich und zweckmäßig geschieht. Die Prüfungsergebnisse dienen zum einen der Verwaltung selbst, der die Rechnungshöfe in ihren Berichten einen Spiegel vorhalten; zum anderen geben sie dem Gesetzgeber Beurteilungsgrundlagen für die Entlastung der Regierung wegen deren Haushalts- und Wirtschaftsführung sowie für künftige finanzwirksame Entscheidungen. Schließlich beeinflussen die Rechnungshöfe die öffentliche Meinungsbildung über die Haushalts- und Wirtschaftsführung des Staates insgesamt[13]. Bezogen auf die Finanzkontrolle der Steuereinnahmen läßt sich in dem aufgezeigten Rahmen eine engere Zielsetzung erkennen: Das Ziel der Prüfungstätigkeit der Rechnungshöfe ist es, hier die möglichst rechtzeitige, vollständige und zweckmäßige Erzielung der Steuereinnahmen im Rahmen der Haushalts- und Wirtschaftsführung der jeweiligen Gebietskörperschaft zu sichern[14].

Der Bundesrechnungshof verfolgt als weiteres wesentliches Ziel seiner Kontrolltätigkeit, daß die dem Bund zustehenden Steuern im gesamten Bundesgebiet nach einheitlichen Rechtsgrundsätzen und in einheitlicher Verwaltungsweise bei allen Steuerpflichtigen gleichmäßig erhoben werden. Das gilt sowohl hinsichtlich der Einnahmeerzielung als auch hinsichtlich sonstiger wirtschaftlicher oder gesellschaftlicher Zwecke der Besteuerung. Die Einheitlichkeit des Wirtschaftsgebiets der Bundesrepublik wäre gefährdet, wenn sich Räume mit bevorzugter steuerlicher Behandlung entwickelten. Wegen des Fortfalls der übergreifenden Reichsfinanzverwaltungen und der Betrauung von nunmehr 16 Landesfinanzverwaltungen damit, wesentliche Steuereinnahmen des Bundes in dessen Auftrag zu erheben (vgl. nachstehend III.), ist es viel schwieriger geworden, die bundesweite Gleichbehandlung aller Steuerpflichtigen zu sichern. Die einheitliche Anwendung des Steuerrechts ist bei 16 Landesfinanzverwaltungen vor allem gefährdet durch ungleiche Personal- und Sachausstattung, durch Unterschiede in Ausbildung und Leistung, durch Verstrickungen zwischen landespolitischen, parteipolitischen und personalpolitischen Kräften und durch das Bestreben Steuerpflichtiger, auf Landesebene ihre Besteuerung zu beeinflussen. Wie die Praxis zeigt, handelt es sich hierbei keineswegs nur um gedachte Möglichkeiten. Dem Bundesminister der Finanzen fehlen die Mittel, eine sich anbahnende Auseinanderentwicklung der Besteuerung im Keime zu erkennen. Die Finanzkontrolle der Landesrechnungshöfe ist auf das jeweilige Land be-

13 Vgl. hierzu *Heuer* (Fn. 12), Art. 114 Rn. 86–90.
14 Vgl. § 19 Abs. 1 HGrG, § 34 Abs. 1 BHO.

grenzt; ihnen fehlen übergreifende Vergleiche. Deshalb kann allein der Bundesrechnungshof bundesweite Beobachtungen anstellen mit dem Ziel, die Gleichbehandlung aller Steuerpflichtigen sichern zu helfen.

Beurteilungsmaßstäbe für die Finanzkontrolle der Steuern sind die Ordnungsmäßigkeit und die Wirtschaftlichkeit des Handelns der Finanzverwaltung.

Finanzkontrolle unter dem Gesichtspunkt der Ordnungsmäßigkeit bedeutet die Prüfung, ob die Besteuerung rechtmäßig erfolgt. Hier berühren sich die Kontrolltätigkeiten von Gerichten und Rechnungshöfen in Steuersachen: bei der Auslegung und Anwendung steuerlicher Vorschriften stützen sich die Rechnungshöfe auch auf die Entscheidungen der Gerichte, insbesondere wenn eine Vielzahl gleicher oder vergleichbarer Steuerfälle betroffen ist. Die Rechtsprechung verdeutlicht durch ihre Entscheidung streitiger Steuerfälle den Prüfungsmaßstab der Ordnungsmäßigkeit.

Die Finanzkontrolle unter dem Gesichtspunkt der Wirtschaftlichkeit (einschließlich der Zweckmäßigkeit) untersucht das Verhältnis von Kosten und Nutzen. Die Rechnungshöfe prüfen, ob die Finanzbehörden die Besteuerung mit geringerem Aufwand (z.B. mit weniger Personal) oder mit den ihnen zugewiesenen Mitteln wirksamer hätten gestalten können (z.B., ob mit den vorhandenen Betriebsprüfern ertragbringendere Außenprüfungen hätten durchgeführt werden können), und sie prüfen die Zweckmäßigkeit der Behördenorganisation. In diesen Fällen wird die Kontrolle der Steuereinnahmen durch eine Kontrolle der Ausgaben ergänzt, die die Finanzbehörden verursachen.

III. Zuständigkeiten des Bundesrechnungshofes und der Landesrechnungshöfe bei der Finanzkontrolle der Steuereinnahmen

Die Finanzkontrolle der Steuereinnahmen betrifft zum einen die Festsetzung und Erhebung der Steuern, zum anderen Einrichtung, Aufbau und Unterhalt der damit betrauten Finanzbehörden. Welcher Rechnungshof in welchem Ausmaß für die Finanzkontrolle der Steuereinnahmen und der Finanzbehörden zuständig ist, erschließt sich – mangels einer ausdrücklichen Gesetzesregelung – aus dem Vorschriftenzusammenhang des Grundgesetzes.

Die Zuständigkeit für die Finanzkontrolle der Steuereinnahmen und Finanzbehörden knüpft an die Verwaltungs- und Ertragshoheit an. Das Grundgesetz hat das Finanzwesen in der Weise geregelt[15], daß der Bund nur einen Teil der ihm zustehenden Steuereinnahmen durch eigene Finanzbehörden verwaltet, nämlich im wesentlichen Zölle, bundesgesetzlich geregelte Verbrauchsteuern und Abgaben im Rahmen der Europäischen Gemeinschaften[16]. Die übrigen Steuern – vor allem die aufkom-

15 Art. 104a ff. GG.
16 Art. 108 Abs. 1 GG.

menstarken Gemeinschaftsteuern (Einkommen-, Körperschaft-, Umsatzsteuer), die sich Bund und Länder teilen – werden von den Finanzbehörden der 16 Bundesländer im Auftrag des Bundes verwaltet[17].

Der Bundesrechnungshof hat entsprechend der unterschiedlichen Verwaltung der Steuereinnahmen des Bundes eine alleinige, umfassende Prüfungszuständigkeit nur für solche, die die Bundesfinanzbehörden verwalten. Soweit die Landesfinanzbehörden Steuern, die dem Bund ganz oder teilweise zufließen, in dessen Auftrag verwalten (z.B. die angeführten Gemeinschaftsteuern), sind sowohl Bundesrechnungshof wie Landesrechnungshöfe – wenn auch nicht völlig deckungsgleich – prüfungsbefugt. Die Prüfungsbefugnis des Bundesrechnungshofes reicht in den Fällen der Auftragsverwaltung der Länder so weit, wie die Zuständigkeit und Verantwortlichkeit des Bundes. Der Bundesminister der Finanzen hat hier die Fach- und Rechtsaufsicht gegenüber den Ländern, um die Einheitlichkeit der Rechtsauslegung und -anwendung bei der Verwaltung der Steuern im Auftrag des Bundes zu gewährleisten; er kann Weisungen erteilen, Berichte und Aktenvorlage verlangen sowie zu allen Landesfinanzbehörden Beauftragte entsenden[18]. Entsprechend ist der Bundesrechnungshof berechtigt zur Aktenvorlage und -einsicht sowie zur Vornahme örtlicher Erhebungen bei allen Landesfinanzbehörden. Da der Bundesrechnungshof die Haushalts- und Wirtschaftsführung des Bundes (nicht diejenige der Länder) zu kontrollieren hat, lastet er vorgefundene Mängel bei der Auftragsverwaltung der Länder allerdings stets dem Bund, hier vertreten durch den Bundesminister der Finanzen, an. Im einzelnen ergeben sich danach folgende Prüfungszuständigkeiten:

(1) Der Bundesrechnungshof prüft Einrichtung, Ausstattung und Unterhalt der Bundesfinanzbehörden (wie Bundesministerium der Finanzen, Bundesamt für Finanzen, Oberfinanzdirektionen [Teil Bund], Hauptzollämter und Zollämter) sowie die Festsetzung und Erhebung derjenigen Steuern, die von diesen verwaltet werden und deren Aufkommen dem Bund zusteht (z.B. Zölle und die Verbrauchsteuern nach Art. 106 Abs. 1 Nr. 2 GG).

(2) Die Landesrechnungshöfe sind befugt, Einrichtung, Ausstattung und Unterhalt der Landesfinanzbehörden, insbesondere der Landesfinanzministerien, der Oberfinanzdirektionen (Teil Land) und der Finanzämter, zu prüfen, weil die Länder die Verwaltungsausgaben für ihre Finanzbehörden, ungeachtet der Auftragsverwaltung für den Bund, zu tragen haben[19]. Der Bundesrechnungshof hat eine Zuständigkeit hier in drei Fällen:

(a) Wenn Mängel des personellen Bereichs, der Sachmittel und des Aufbaus der Landesfinanzbehörden das Steueraufkommen des Bundes wesentlich beeinträchtigen, prüft der Bundesrechnungshof, ob der

17 Art. 108 Abs. 2 Satz 1 in Verbindung mit Abs. 1 GG.
18 Art. 108 Abs. 2 und 3 in Verbindung mit Art. 85 Abs. 3 und 4 GG.
19 Art. 104a Abs. 5 Satz 1 GG.

Bund das Land zu ordnungsgemäßer Auftragsverwaltung anhalten muß oder hätte anhalten müssen. Der Bundesrechnungshof hat aus diesem Grund z.B. die Zahl der eingesetzten Prüfungsbeamten für die Außenprüfung großer Kreditinstitute und für die Außenprüfung im Bereich der Kapitalverkehrsteuern in einem Bundesland als zu gering beanstandet[20].

(b) In den neuen Bundesländern und in Berlin (Ost), dem Beitrittsgebiet, prüft der Bundesrechnungshof Einrichtung, Ausstattung und Unterhalt der Landesfinanzbehörden insoweit, als der Bund durch den Bundesminister der Finanzen Verwaltungshilfe beim Aufbau der Landesfinanzverwaltung leistet[21]. Der Bundesrechnungshof hat als Ergebnis dieser Prüfungstätigkeit wiederholt den zuständigen Ausschüssen des Bundestages und des Bundesrates, dem Bundesminister der Finanzen und den obersten Finanzbehörden der neuen Bundesländer über den Aufbau der Steuerverwaltung in den neuen Bundesländern und in Berlin (Ost) berichtet[22].

Die Prüfungszuständigkeit des Bundesrechnungshofes ist entsprechend der Zielsetzung des Art. 15 Abs. 2 Einigungsvertrag zeitlich befristet; sie wird mit der Einstellung der Aufbauhilfe enden, wenn die Notwendigkeit entfällt. Unberührt bleibt allerdings weiterhin die Prüfungszuständigkeit für die Festsetzung und Erhebung der dem Bund zustehenden Steuern.

(c) Bei der automatisierten Datenverarbeitung der Landesfinanzbehörden im Steuerbereich steht dem Bundesrechnungshof ein Prüfungsrecht insoweit zu, als das Einvernehmen des Bundesministers der Finanzen bestehen muß mit Art, Umfang und Organisation des Einsatzes automatischer Einrichtungen für die Festsetzung und Erhebung von Steuern, die von den Landesfinanzbehörden verwaltet werden[23]. Da Bund und Länder derzeit umfangreiche Neuentwicklungen der Automationsunterstützung im Besteuerungsverfahren beschlossen haben, wird der Abschluß eines vorgesehenen Verwaltungsabkommens

20 Vgl. Bemerkungen des Bundesrechnungshofes 1984, BT-Drucksache 10/2223 Nr. 54, S. 111 und Bemerkungen des Bundesrechnungshofes 1988, BT-Drucksache 11/3056 Nr. 38, S. 90.

21 Art. 15 Abs. 2 Einigungsvertrag.

22 Vgl. Bemerkungen des Bundesrechnungshofes 1992, BT-Drucksache 12/3250 Nr. 59, auch – zusammen mit der Beschlußfassung des Haushaltsausschusses des Deutschen Bundestages – veröffentlicht im Jahresbericht des Bundesrechnungshofes 1992/93, herausgegeben vom Präsidenten des Bundesrechnungshofes, Frankfurt 1993. Eine neuere Darstellung des Bundesrechnungshofes zur Entwicklung des Aufbaus der Finanzverwaltung in den neuen Bundesländern findet sich in der Stellungnahme des Bundesrechnungshofes (Teil 2) zur öffentlichen Anhörung des Finanzausschusses des Deutschen Bundestages zur Lage der Finanzverwaltung am 22. September 1993. Veröffentlichung ist vorgesehen im Jahresbericht des Bundesrechnungshofes 1993/1994 (in Vorbereitung).

23 § 20 Abs. 1 Finanzverwaltungsgesetz

über die Zusammenarbeit zu diesem Zweck dem Bundesrechnungshof weitere Prüfungsaufgaben und -zuständigkeiten bringen.

(3) Die Gemeinschaftsteuern, deren Aufkommen Bund und Ländern anteilig zusteht, werden von den Finanzämtern zunächst einheitlich festgesetzt und erhoben; erst in einem nachfolgenden Verfahren teilen die Länder die Einnahmen kassenmäßig zwischen sich und dem Bund auf. Daher sind sowohl der Bundesrechnungshof als auch der jeweilige Landesrechnungshof für die Prüfung der Erhebung und Festsetzung der Gemeinschaftsteuern zuständig. Hier besteht eine Doppelzuständigkeit beim Bundesrechnungshof mit bundesbezogener, bei den Landesrechnungshöfen mit landesbezogener Zielsetzung.

(4) Soweit die Landesfinanzbehörden Steuern verwalten, deren Aufkommen allein dem Bund zusteht, prüft nur der Bundesrechnungshof die Festsetzung und Erhebung dieser Steuern. Die Prüfungszuständigkeit hat geringe praktische Bedeutung, da zur Zeit allein die Versicherungsteuer betroffen ist; ab dem Jahr 1995 wird der zur Einkommen- und Körperschaftsteuer erhobene Solidaritätszuschlag hinzukommen.

(5) Die Festsetzung und die Erhebung von Steuern, deren Aufkommen den Ländern zusteht (z.B. Vermögensteuer, Erbschaftsteuer, Kraftfahrzeugsteuer, vgl. Art. 106 Abs. 2 GG), werden von den Landesrechnungshöfen geprüft.

(a) Der Bundesrechnungshof hat hier ausnahmsweise dann eine Prüfungszuständigkeit, wenn die Regelungen dieser Landessteuern andere Steuern beeinflussen, deren Aufkommen – auch – dem Bund zusteht. So hat der Bundesrechnungshof das Kontrollmitteilungsverfahren nach § 33 Abs. 1 ErbStG geprüft. Nach dieser Vorschrift müssen z.B. Geldinstitute den Finanzämtern solche von ihnen verwalteten Vermögensgegenstände einschließlich Forderungen anzeigen, die beim Tod eines Erblassers zu dessen Vermögen gehörten oder dessen Verfügungsmacht unterstanden. Die Mitteilungen der Geldinstitute werden nicht nur für die Festsetzung der Erbschaftsteuer, sondern auch für die Ermittlung der Gemeinschaftsteuern, insbesondere der Einkommensteuer, ausgewertet, an deren Aufkommen der Bund beteiligt ist[24].

(b) Ungeklärt ist, ob der Bundesrechnungshof bei den Landessteuern, wie Vermögensteuer, Erbschaftsteuer, Kraftfahrzeugsteuer, die auf einem Bundesgesetz beruhen[25] und für die die Bundesregierung mit Zustimmung des Bundesrates allgemeine Verwaltungsvorschriften – sog. Richtlinien – erlassen kann[26], eine Zuständigkeit insoweit hat, als es um die Unterrichtung des Bundesgesetzgebers über die Wirkung seiner Gesetze und der dazu ergangenen Richtlinien, insbesondere um deren gleichmäßige Anwendung im Bundesgebiet geht; (insoweit be-

---

24 Vgl. wegen des Gesamtzusammenhangs Bemerkungen des Bundesrechnungshofes 1985, BT-Drucksache 10/4367 Nr. 44, S. 89 ff.
25 Art. 105 Abs. 2 GG.
26 Art. 108 Abs. 7 GG.

steht hier eine vergleichbare Problematik wie bei den im Auftrag des Bundes verwalteten Steuern, vgl. vorstehend zu Nr. 2). Zwar ist der Bundesrechnungshof gehalten, im Rahmen seiner gesetzlichen Aufgaben den Bundesgesetzgeber und die Bundesregierung zu unterstützen[27]. Er kann deshalb die Wirksamkeit von Bundesgesetzen und Verwaltungsvorschriften mit finanziellen Auswirkungen für den Bund prüfen[28]. Die in Frage stehenden Steuergesetze und Richtlinien betreffen jedoch allein die Einnahmen der Länder, deren Finanzkontrolle den Landesrechnungshöfen obliegt. Allerdings vermögen die Landesrechnungshöfe im Rahmen ihrer landesbegrenzten Prüfungsmöglichkeiten nicht festzustellen, ob etwa Steuerpflichtige in München in gleicher Weise wie Steuerpflichtige in Hamburg mit Vermögensteuer belastet werden. Ungleiche Anwendung und Wirkung solcher Gesetze können die Einheit des Wirtschaftsgebietes der Bundesrepublik beeinträchtigen, auch zu Wettbewerbsverzerrungen bei Wirtschaftsansiedlungen führen. Diese Lücke im System der Finanzkontrolle ließe sich dadurch schließen, daß dem Bundesrechnungshof – ggf. durch Vereinbarung mit den Landesrechnungshöfen[29] – die Möglichkeit eingeräumt wird, den Bundesgesetzgeber und die Bundesregierung von landesübergreifenden steuerlichen Ungleichbehandlungen und Wirkungsmängeln solcher Gesetze und Richtlinien zu unterrichten[30].

Eine andere Möglichkeit bestünde in inhaltlich und zeitlich abgestimmten Prüfungen mehrerer oder aller Landesrechnungshöfe. Gemeinschaftliche Prüfungen in diesem Sinne hat der Bundesrechnungshof im Ausgabenbereich bei gemeinsamen Rüstungsvorhaben zusammen insbesondere mit dem General Accounting Office der USA durchgeführt. Über das Ergebnis wurden der amerikanische Kongreß und der Deutsche Bundestag in gesonderten Berichten – inhaltlich abgestimmt – unterrichtet[31]. Bei den bundeseinheitlich geregelten, im Ertrag den Ländern zufließenden Steuern könnten die Landesrechnungshöfe nach diesem Beispiel verfahren.

27 § 1 Satz 2 Bundesrechnungshofgesetz.
28 Vgl. *Heuer* (Fn. 12), Art. 114 GG Rn. 127 a.E.
29 Vgl. § 93 Abs. 1 Satz 2 BHO.
30 So hat der Bundesrechnungshof nach § 88 Abs. 2 BHO in einem Bericht an den Haushalts- und den Finanzausschuß des Deutschen Bundestages vom 25. März 1991 – nicht veröffentlicht – zur Entwicklung der Einheitswerte bebauter und unbebauter Grundstücke Stellung genommen. Diese Werte sind vornehmlich Bemessungsgrundlage für Landes- und Gemeindesteuern.
31 Vgl. Bemerkungen des Bundesrechnungshofes 1993, BT-Drucksache 12/5650 Nr. 1, 7, S. 13 ff.; *H.G. Zavelberg,* Die Arbeit der Rechnungshöfe im internationalen Bereich, DÖV 1993, S. 1000 ff.

IV. Zusammenwirken des Bundesrechnungshofes und der Landesrechnungshöfe bei der Finanzkontrolle der Steuereinnahmen

Wegen der beiderseitigen Prüfungszuständigkeit vor allem im Bereich der Gemeinschaftsteuern ist ein Zusammenwirken des Bundesrechnungshofes und der Landesrechnungshöfe zweckmäßig und auch rechtlich vorgesehen[32]. Der Bundesrechnungshof und die Landesrechnungshöfe haben in den sog. Trierer Empfehlungen vom 20. Januar 1971 Planung, Durchführung und Abwicklung der Prüfungen im Bereich der Gemeinschaftsteuern abgesprochen[33]. Ziel der Empfehlungen ist es, daß der Bundesrechnungshof und der jeweilige Landesrechnungshof den vorher aufgeteilten Stoff (die Prüfungsgegenstände) bei dem einzelnen Finanzamt in gemeinsamen und zeitgleichen Erhebungen prüfen. Dieses Ziel wird heute aus drei Gründen nicht mehr erreicht.

Während die Landesrechnungshöfe herkömmlich den Aufbau und die Tätigkeit eines Finanzamts als ganzes oder in Teilbereichen prüfen, verfolgt der Bundesrechnungshof seit längerem in bundesweiten Querschnittserhebungen themenbezogene Prüfungen, z.B. die lohnsteuerliche Behandlung von Rabatten oder die Ermittlung der Einnahmen bei Vermietung und Verpachtung im Einkommensteuerrecht. Die unterschiedliche Prüfungsweise erschwert die Aufteilung des Prüfungsstoffes bei den Erhebungen in den Finanzämtern. Zudem erfordern die Querschnittsprüfungen des Bundesrechnungshofes nicht selten Erhebungen bei anderen Finanzämtern, als sie der betroffene Landesrechnungshof in seinem Jahresarbeitsplan vorgesehen hat. Ein Teil der Landesrechnungshöfe bevorzugt grundsätzlich getrennte Erhebungen bei unterschiedlichen Finanzämtern, um so eine größere Zahl dieser Behörden in die Finanzkontrolle einbeziehen zu können. Schließlich ist es den drei zuständigen Kollegien des Bundesrechnungshofes bei jetzt 16 Bundesländern mit rd. 620 Finanzämtern organisatorisch nicht mehr möglich, bundesweit stets gemeinsame und gleichzeitige Erhebungen bei denselben Finanzämtern mit den Landesrechnungshöfen durchzuführen.

In der Prüfungspraxis finden daher nur noch ausnahmsweise gemeinsame und zeitgleiche Erhebungen bei Finanzämtern statt. Das regelmäßige Zusammenwirken der Rechnungshöfe bei der Prüfung von Gemeinschaftsteuern besteht heute im wesentlichen darin, daß

- der Bundesrechnungshof neben den zuständigen Landesfinanzbehörden auch dem betroffenen Landesrechnungshof seine Erhebungen bei dortigen Finanzämtern ankündigt und ihm einen Abdruck etwaiger Ergebnismitteilungen an den Landesfinanzminister zuleitet,
- der Landesrechnungshof den Bundesrechnungshof bei der Auswahl erhebungsgeeigneter Finanzämter berät,

32 § 45 HGrG, § 93 BHO/LHO.

33 Vgl. Abdruck der Trierer Empfehlungen in *Heuer* (Fn. 12), Art. 114 GG Rn. 124.

- sich die Rechnungshöfe über Prüfungsfeststellungen von allgemeinem Interesse oder bei übereinstimmenden Themen gegenseitig unterrichten.

Das Zusammenwirken der Rechnungshöfe wird ergänzt durch die Tätigkeit des Arbeitskreises Steuer, der einer von mehreren Arbeitskreisen der Arbeitsgemeinschaft der Rechnungshöfe des Bundes und der Länder ist. Im jährlich tagenden Arbeitskreis Steuer gibt der Bundesrechnungshof regelmäßig einen Vorblick auf seine Prüfungsvorhaben für das kommende Arbeitsjahr. Ferner werden gemeinsam interessierende Fragen der Finanzkontrolle der Steuereinnahmen erörtert und darüber in geeigneten Fällen Leitsätze aufgestellt, die der Arbeitskreis der Präsidentenkonferenz der Arbeitsgemeinschaft der Rechnungshöfe zur Beschlußfassung zuleitet. So hat der Arbeitskreis Steuer sich wiederholt damit befaßt, wie – auch – die Rechnungshöfe prüfungserhebliche Daten im automatisierten Verfahren von ihrem Sitz aus von den Finanzbehörden abrufen können. Zur Zeit ist der Arbeitskreis damit betraut, die Trierer Empfehlungen zum Zusammenwirken bei der Prüfung der Gemeinschaftsteuern zu überarbeiten.

Der Bundesrechnungshof zieht aus der Zusammenarbeit mehrfachen Nutzen. Der Erfolg und die allgemeine Geltungskraft der Ergebnisse seiner bundesweiten Querschnittsprüfungen hängt wesentlich davon ab, daß er für seine Erhebungen geeignete Finanzämter auswählt und eine möglichst breite Erhebungsbasis erhält. Die Landesrechnungshöfe vermögen den Bundesrechnungshof bei dieser Auswahl wegen ihrer landesbezogenen Kenntnisse wirkungsvoll zu beraten. Soweit sie oder ihre Vorprüfungsstellen (s. dazu nachstehend) dieselben oder vergleichbare Themen wie der Bundesrechnungshof prüfen – dies geschieht teilweise auf Absprache –, kann der Bundesrechnungshof deren Erhebungsergebnisse in sein bundesweites Gesamtergebnis einbeziehen und dieses auf eine breitere Erkenntnislage stützen. Das Zusammenwirken verbessert hier sowohl die Güte der Ergebnisse als auch die Wirtschaftlichkeit des Prüfungsverfahrens.

Zum Vorteil der Landesrechnungshöfe ist es dem Bundesrechnungshof von seiner Stellung her möglich, gemeinsame Interessen auf Bundesebene wirksamer zu vertreten, als dies den Landesrechnungshöfen über ihre Landesregierungen und den Bundesrat gelänge. Ferner können die Landesrechnungshöfe Prüfungsthemen von länderübergreifender Bedeutung an den Bundesrechnungshof herantragen, um bundesweit abgesicherte Erkenntnisse zu erhalten.

Soweit die Länder Mittel des Bundes verwalten – dazu gehören auch die im Auftrag für den Bund festgesetzten und erhobenen Steuereinnahmen –, sind sie verpflichtet, diese Mittel durch *Vorprüfungsstellen* oder damit betraute Stellen vorprüfen zu lassen[34]. Die Vorprüfung ist dadurch gekennzeichnet, daß sie von Stellen durchgeführt wird, die zwar der Verwaltung organisatorisch zugeordnet sind, die aber fachlich allein den

34 § 56 Abs. 3 HGrG i.V.m. § 100 BHO.

Weisungen des zuständigen Rechnungshofes unterliegen. Die Vorprüfung ist daher Teil der Finanzkontrolle; sie unterstützt und ergänzt die Tätigkeit des Rechnungshofes[34a].

Diejenigen Länder, die eine Vorprüfung ihrer eigenen Mittel kennen, haben in der Regel den damit betrauten Stellen auch die Vorprüfung der auftragsverwalteten Steuern übertragen. Schwierigkeiten bestehen in denjenigen Ländern, deren Haushaltsrecht keine Vorprüfung für den eigenen Bereich vorsieht. Der Bundesrechnungshof hat versucht, durch Vereinbarungen mit diesen Ländern Lösungen zu finden.

Die Vorprüfungsstellen prüfen in der Regel finanzamtsbezogen, d.h. sie prüfen die Tätigkeit eines Finanzamtes umfassend oder eingeschränkt auf bestimmte Arbeitseinheiten oder Tätigkeitsfelder, z.B. die Arbeitweise der Betriebsprüfungsstelle, die Tätigkeit von Veranlagungsstellen oder die Beitreibung von Steuern. Der Landesrechnungshof Nordrhein-Westfalen setzt seine Vorprüfungsbediensteten vornehmlich zur Prüfung bedeutender steuerlicher Einzelfälle ein. Der Bundesrechnungshof nutzt die teilweise vorzüglichen Ergebnisse der Vorprüfungsstellen für seine Querschnittsprüfungen und für die Gewinnung von Prüfungsthemen.

V. Organisation der Prüfung der Steuereinnahmen im Bundesrechnungshof

Der Bundesrechnungshof ist eine kollegial verfaßte Einrichtung, die sich in Abteilungen und Prüfungsgebiete gliedert. Zur Zeit bestehen neben der Präsidialabteilung für die eigenen Verwaltungsaufgaben neun Prüfungsabteilungen mit insgesamt 55 Prüfungsgebieten. Die Prüfungsabteilungen werden von Abteilungsleitern – Direktoren beim Bundesrechnungshof –, die Prüfungsgebiete von Prüfungsgebietsleitern – Ministerialräte als Mitglieder des Bundesrechnungshofes – geleitet. Den Prüfungsgebieten gehören Prüfungsbeamte des höheren und gehobenen Dienstes, gelegentlich weitere Bedienstete an. Der Bundesrechnungshof entscheidet in Kollegien seiner Mitglieder, in der Regel als Zweierkollegium (Abteilungsleiter und Prüfungsgebietsleiter) oder als Dreierkollegium (Zweierkollegium und Präsident oder Vizepräsident)[35]. Soweit in den Kollegien kein Einvernehmen erzielt wird, kann der zuständige Abteilungssenat oder der Große Senat mit Stimmenmehrheit entscheiden. Die Mitglieder besitzen richterliche Unabhängigkeit, sind also – ebenso wie Richter – nicht Weisungen unterworfen[36].

34a Zur Vorprüfung, die ein wesentliches Element der staatlichen Finanzkontrolle in Deutschland ist, vgl. eingehend *J. Bublitz,* Über die Vorprüfung in Deutschland, in: H. G. Zavelberg (Hrsg.), Die Kontrolle der Staatsfinanzen, Festschrift zur 275. Wiederkehr der Errichtung der Preußischen General-Rechen-Kammer, Berlin 1989, S. 343 bis 378.

35 Vgl. § 9 Bundesrechnungshofgesetz.

36 Art. 114 Abs. 2 GG, § 3 Abs. 4 Bundesrechnungshofgesetz.

Zur Zeit sind im Bundesrechnungshof insgesamt vier Prüfungsgebiete für die Finanzkontrolle der Steuereinnahmen zuständig. Davon sind drei der Wirtschafts- und Finanzabteilung VIII, ein weiteres Prüfungsgebiet ist der Abteilung IX zugeordnet, die die Außenstelle Berlin bildet.

Die erheblich größere Zahl der 51 Prüfungsgebiete für den Ausgabenbereich erklärt sich aus der Vielgestaltigkeit des ausgabewirksamen Verwaltungshandelns und der Menge der damit betrauten Stellen. Im einzelnen ist für die Finanzkontrolle der Steuereinnahmen zuständig:

- ein Prüfungsgebiet für die Bereiche Besitzsteuern, Steuerverwaltung einschließlich Haushalts-, Kassen- und Rechnungswesen, Dokumentation und Vorprüfung,
- ein Prüfungsgebiet für die Bereiche Verkehrsteuern, Abgabenordnung und Steuerreform,
- ein Prüfungsgebiet für die Bereiche Zölle und Verbrauchsteuern,
- ein Prüfungsgebiet für die Bereiche Aufbau der Steuerverwaltung im Beitrittsgebiet sowie Einzelfragen der Besitz- und Verkehrsteuern im Beitrittsgebiet.

Den Steuerprüfungsgebieten gehören jeweils sechs bis acht Prüfungsbeamte an. Der Bundesrechnungshof gewinnt seine Prüfungsbeamten des gehobenen und des höheren Dienstes für die Steuerprüfungsgebiete im wesentlichen aus der Bundesfinanzverwaltung (Zollverwaltung) und aus den Finanzverwaltungen der Länder. Wegen der gründlichen und auch wirtschaftsbezogenen Ausbildung werden die Beamten des gehobenen Dienstes aus der Finanzverwaltung auch gerne in nichtsteuerlichen Prüfungsgebieten eingesetzt. Bei den Prüfungsbeamten des höheren Dienstes handelt es sich in der Regel um Juristen aus der Finanzverwaltung. Auch diese werden außerhalb der Steuerprüfgebiete in anderen Bereichen des Bundesrechnungshofes eingesetzt. Sie wachsen in der Regel in die Mitgliederstellen hinein.

Die Aufteilung der Finanzkontrolle der Steuereinnahmen auf zwei Abteilungen des Bundesrechnungshofes mit teilweise gebietsbeschränkter Zuständigkeit ist auf Dauer unbefriedigend. Sie erklärt sich aus dem Wiedervereinigungsprozeß und dem damit verbundenen Neuaufbau der Finanzverwaltung in den neuen Bundesländern. Eine Neuordnung der Zuständigkeiten wird spätestens dann erforderlich werden, wenn mit Auslaufen der Hilfe des Bundesministers der Finanzen für den dortigen Verwaltungsaufbau die Finanzkontrolle der Einrichtung, Ausstattung und Unterhaltung der Finanzbehörden dieser Länder allein den Landesrechnungshöfen obliegt (vgl. vorstehend III. 2b).

VI. Art und Weise der Prüfung der Steuereinnahmen einschließlich des Berichtswesens

Planung, Vorbereitung und Durchführung von Prüfungen einschließlich der Berichtstätigkeit kennzeichnen den Arbeitsablauf in den Prüfungsgebieten des Bundesrechnungshofes. Alle damit verbundenen Entscheidungen treffen Mitglieder des Bundesrechnungshofes in kollegialem Verfahren[37]. Die Prüfungsbeamten unterstützen die Mitglieder dabei nach Weisungen; sie erheben die für die Entscheidungen erforderlichen Sachverhalte, bereiten durch Entwürfe die Entscheidungen vor und machen Vorschläge für Prüfungen[38].

Entsprechend dem zeitlichen und sachlichen Ablauf müssen zuerst geeignete Prüfungsthemen aus dem umfangreichen Prüfungsstoff herausgefunden und ausgewählt werden, der durch die Aufgabe, die rechtzeitige, vollständige und gleichmäßige Erhebung der Steuereinnahmen zu prüfen, nur weitläufig umrissen ist. Da der Bundesrechnungshof wegen seiner beschränkten Kapazitäten nicht flächendeckend prüfen kann, erweisen sich aus seiner Sicht solche Bereiche, Verfahren und Handlungen der Finanzverwaltung als prüfungsgeeignet und -bedürftig, die fehleranfällig mit finanziell gewichtigen oder die steuerliche Gleichmäßigkeit beeinträchtigenden Folgen sind.

Es ist bisher nicht gelungen, ein System zur Findung und Auswahl geeigneter Prüfungsthemen im Einnahmebereich zu entwickeln. Anders als im Ausgabebereich ist es wenig erfolgversprechend, Themen zur Prüfung der Steuereinnahmen anhand der Stellen im Haushaltsplan auszuwählen, in denen die Mittel veranschlagt sind; denn die Steuereinnahmen sind in nur wenigen Haushaltsstellen zusammengefaßt und hier nicht in die Tiefe gegliedert. Auch die Prüfung nur bedeutender Steuerfälle – etwa angelehnt an die Größeneinteilungen der steuerlichen Betriebsprüfung – ist unzureichend, da hierdurch weite Bereiche der Steuereinnahmen systematisch ungeprüft blieben; zudem kann eine Vielzahl finanziell weniger trächtiger Einzelfälle zusammengenommen die Steuereinnahmen gleichwohl erheblich beeinflussen. Die Prüfungsthemen im Einnahmebereich gewinnt der Bundesrechnungshof daher im wesentlichen erfahrungsgestützt

- aufgrund von Erkenntnissen aus vorangegangenen Prüfungen,
- durch Auswertung neuer oder geänderter Vorschriften sowie durch Vergleich der Verwaltungsvorschriften der 16 Landesfinanzverwaltungen bei den Gemeinschaftsteuern,
- durch Auswertung von Fachliteratur, Rechtsprechung und Presse,

37 Vgl. oben zu Fn. 35. Eine Sonderregelung gilt für Prüfung bestimmter geheimhaltungsbedürftiger Angelegenheiten, vgl. § 19 Bundesrechnungshofgesetz.

38 Vgl. § 9 Geschäftsordnung des Bundesrechnungshofes, abgedruckt in *Heuer* (Fn. 12), VI/2.

- durch Auswertung der Berichte anderer Rechnungshöfe, der Vorprüfungsstellen und der Aufsichtsbehörden,
- aufgrund persönlicher Erfahrungen der Prüfungsbeamten und Mitglieder.

So gefundene Prüfungsthemen werden für jedes der vier Prüfungsgebiete, abgestimmt auf deren Besetzung mit Prüfungsbeamten, in einem Jahresarbeitsplan zusammengestellt. Das Arbeitsjahr des Bundesrechnungshofes läuft vom 1. März eines Kalenderjahres bis zum Ende des Februar des Folgejahres. Den Arbeitsplan beschließt das zuständige Zweier- oder Dreierkollegium. Die Prüfungsthemen sind im Arbeitsplan einem oder mehreren Prüfungsbeamten zur Durchführung zugewiesen. Es ist auch möglich, übergreifende Prüfungsgruppen – über die Grenzen von Prüfungsgebieten und Abteilungen hinweg – zu bilden, die abweichend vom Geschäftsverteilungsplan mit bestimmten Prüfungs- und Beratungsvorhaben betraut werden[39].

Der Bundesrechnungshof kündigt den betroffenen Behörden seine Prüfungen förmlich an. Unvermutete, unangemeldete Prüfungshandlungen werden z.B. von den Vorprüfungsstellen für den Bundesrechnungshof im Kassenwesen durchgeführt[40].

Zur Durchführung der Prüfung kann der Bundesrechnungshof Unterlagen einsehen und die Erteilung von Auskünften verlangen. Überwiegend nimmt er dazu örtliche Erhebungen bei den Finanzbehörden des Bundes und in den Fällen der Auftragsverwaltung auch bei den Finanzbehörden der Länder, insbesondere den Finanzämtern, vor[41]. In der Regel erheben die Prüfungsbeamten, gelegentlich in gewichtigen Fällen auch Mitglieder, die Sachverhalte. Der Bundesrechnungshof hat keine Ermittlungsrechte gegenüber Dritten, die ihm nicht prüfungsunterworfen sind. Er darf daher – anders als die steuerliche Außenprüfung der Finanzbehörden – keine örtlichen Erhebungen bei den Steuerpflichtigen anstellen.

Das Steuergeheimnis schränkt die Auskunfts- und Einsichtsrechte des Bundesrechnungshofs nicht ein[42]. Der Bundesrechnungshof wahrt jedoch das Steuergeheimnis gegenüber Dritten, soweit das mit seiner Aufgabenerfüllung vereinbar ist. So verzichtet er, soweit das mit Prüfungsziel und Berichtszweck vereinbar ist, in seinen Berichten an den Bundesminister der Finanzen oder an andere Finanzbehörden auf die namentliche Nennung bestimmter Steuerpflichtiger, oder er beschränkt sich auf die Nennung von Steuernummern.

Die Ergebnisse seiner Prüfungen – bestehend aus den ermittelten Sachverhalten, deren Würdigung und den Empfehlungen für die weitere Sachbehandlung – legt der Bundesrechnungshof in Berichten – sog. Prüfungs-

39 Vgl. § 10 Bundesrechnungshofgesetz.
40 Vgl. *Heuer* (Fn. 12), Rn. 3 zu § 94 BHO.
41 §§ 94, 95 BHO.
42 Art 114 Abs. 2 GG in Verbindung mit § 95 BHO verdrängen § 30 AO.

mitteilungen – nieder. Sie werden von den zuständigen Kollegien, in der Regel von dem Zweierkollegium, beschlossen und dem Bundesminister der Finanzen als dem für die Steuereinnahmen verantwortlichen Minister zur Stellungnahme zugesandt[43]. Wie vorstehend unter III. ausgeführt, ist der Bundesminister der Finanzen auch in den Fällen der Auftragsverwaltung durch die Länderfinanzbehörden für die dortigen Mängel verantwortlich, soweit ihm Rechts- und Fachaufsicht obliegen.

Der Bundesrechnungshof pflegt seit längerem die Übung, Ergebnisse seiner Erhebungen aus dem Bereich der Gemeinschaftsteuern den obersten Finanzbehörden der jeweiligen Länder zur Äußerung mitzuteilen, bevor er seine Erkenntnisse in Prüfungsmitteilungen an den Bundesminister der Finanzen zusammenfaßt. Die Finanzminister der Länder tragen die Verantwortung für eine ordnungsgemäße Auftragsverwaltung im Innenverhältnis gegenüber dem Bundesminister. Das Verfahren ermöglicht dem Bundesrechnungshof abgewogenere Entscheidungen für seine Prüfungsmitteilungen an den Bundesminister, indem er dafür die Stellungnahmen der Länder berücksichtigen kann. Auch haben die Länder selbst wiederholt solche Unterrichtungen erbeten, um Sachverhalte ergänzen, Mißverständnisse aufklären und Mängel unverzüglich beseitigen zu können.

Der Bundesrechnungshof hatte in früheren Jahren bei Prüfungen der Steuereinnahmen die Rechte einer Aufsichtsbehörde insoweit, als er die Finanzämter anweisen konnte, von ihm aufgedeckte Fehler der Festsetzung und Erhebung der Steuern zu berichtigen[44]. Seit der Haushaltsrechtsreform im Jahre 1969 und der im Jahre 1977 eingeführten Abgabenordnung ist es ihm bei der Finanzkontrolle – auch – der Steuereinnahmen nur möglich, die Verwaltung und Gesetzgebung durch die Darlegung seiner Prüfungsergebnisse zu überzeugen und zu bewegen, seinen Beanstandungen abzuhelfen, seinen Empfehlungen und seinem Rat zu folgen. In diesem Sinne setzt sich der Bundesminister der Finanzen mit den entsprechenden Prüfungsmitteilungen des Bundesrechnungshofes in einem sich anschließenden schriftlichen – ausnahmsweise auch mündlichen – Verfahren auseinander. Betreffen die Prüfungsergebnisse länderübergreifende Probleme der Gemeinschaftsteuern, so bezieht der Bundesminister die jeweiligen Fachvertreter der obersten Finanzbehörden der Länder üblicherweise in das Verfahren ein, um deren Auffassung bei seiner Stellungnahme an den Bundesrechnungshof berücksichtigen zu können[45].

43 § 96 BHO.

44 Vgl. §§ 102, 104, 105, Reichshaushaltsordnung, § 2 Bundesrechnungshofgesetz vom 27. November 1950, § 222 Reichsabgabenordnung.

45 Mit dieser Vorgehensweise berücksichtigt der Bundesminister, daß er sich in einer Vereinbarung vom 15. Januar 1970, der sog. Staatssekretärsvereinbarung, gegenüber den Ländern verpflichtet hat, allgemeine Weisungen für Steuern, die von den Landesfinanzbehörden im Auftrag des Bundes verwaltet werden, nur nach Stellungnahme der obersten Finanzbehörden der Länder und nicht gegen den Willen der Mehrzahl der Länder zu erlassen.

Während der Bundesrechnungshof mit seinen Prüfungsmitteilungen an den Bundesminister der Finanzen die Finanzverwaltung zur ordnungsmäßigen, wirtschaftlichen und zweckmäßigen Erhebung der Steuern anhalten will, unterstützt er mit seinem Jahresbericht, den sog. Bemerkungen zur Haushalts- und Wirtschaftsführung des Bundes, den Gesetzgeber bei dessen Entscheidung über die Entlastung der Bundesregierung und über künftige finanzwirksame Maßnahmen[46]. Der Bundesrechnungshof läßt in seine Bemerkungen regelmäßig bedeutsame Ergebnisse der Finanzkontrolle der Steuereinnahmen einfließen. Er erhofft sich dabei auch die Unterstützung des Gesetzgebers in denjenigen Fällen, in denen der Bundesminister der Finanzen seinen Empfehlungen in den Prüfungsmitteilungen nicht gefolgt ist.

Die Bemerkungen werden im Rechnungsprüfungsausschuß, einem Unterausschuß des Haushaltsausschusses des Deutschen Bundestages, eingehend behandelt[47]. Die Bemerkungsbeiträge zu den Steuereinnahmen wurden dort in den vergangenen Jahren weit überwiegend zustimmend zur Kenntnis genommen. In jüngerer Zeit hat sich auch der Finanzaussschuß des Deutschen Bundestages mit ihnen verstärkt befaßt.

Schließlich kann der Bundesrechnungshof in Sonderberichten die zuständigen Ausschüsse des Parlaments und die zuständigen Minister zu Problemen der Steuereinnahmen beraten[48]. Als Besispiel sei sein Bericht an den Haushaltsausschuß des Deutschen Bundestages über „Allgemeine Feststellung der Einheitswerte des Grundvermögens – Hauptfeststellung –"[49] genannt; darin befaßt sich der Bundesrechnungshof mit der Frage, welche Bedeutung der Tatsache zukommt, daß die Einheitswerte bebauter und unbebauter Grundstücke – von Ausnahmen abgesehen – im Bundesgebiet kaum noch einen Bezug zu den Verkehrswerten haben, daß die Unterschiede zwischen beiden Werten sich weiter vergrößern und dadurch eine erhebliche steuerliche Ungleichbehandlung innerhalb des Grundvermögens und zu anderen Vermögenswerten besteht[50].

VII. Darstellung der Prüfung des Bundesrechnungshofes anhand zweier Beispielsfälle

Die nachstehenden Beispiele sollen die Art und Weise der Finanzkontrolle der Steuereinnahmen in der Praxis erhellen. Der erste Fall zeigt, daß

46 § 97 BHO; vgl. über Voraussetzungen und Zweck der Bemerkungen im einzelnen vgl. *Heuer* (Fn. 12), Rn. 3 f. zu § 97 BHO.

47 Zur Praxis der Ausschußberatungen vgl. *H. G. Zavelberg,* Partner bei der Finanzkontrolle – Bundesrechnungshof, Haushalts- und Rechnungsprüfungsausschuß in „Die Haushälter", herausgegeben von Klaus Rose und Kurt Faltlhauser, Köln 1990.

48 § 88 Abs. 2 BHO.

49 § 21 BewG.

50 Vgl. oben Fn. 30.

der Bundesrechnungshof mit seiner Tätigkeit auch die Rechtsprechung sachverständig unterstützen kann; im zweiten Fall veranlaßte der Bundesrechnungshof den Gesetzgeber zu einer Änderung des Umsatzsteuergesetzes.

1. Prüfung der Besteuerung von Kapitalerträgen im Einkommensteuerrecht

Insbesondere Anfang der 80er Jahre verstärkte sich die Erkenntnis, daß trotz rasch wachsendem Geldvermögen der privaten Haushalte der Anteil der steuerlich erklärten Kapitaleinkünfte rückläufig war, und damit die Vermutung, daß Steuerhinterziehungen bei den Einkünften aus Kapitalvermögen, soweit diese nicht dem Steuerabzug unterlagen, also im wesentlichen bei Zinseinkünften, erheblich zugenommen hätten. Der Bundesrechnungshof beschloß deshalb im Jahre 1984, durch örtliche Erhebungen bei ausgewählten Finanzämtern zu versuchen, Anhaltspunkte über den Umfang der Besteuerung der Zinseinkünfte zu erlangen. Da die Finanzverwaltung nach einer Verwaltungsvorschrift, dem sog. Bankenerlaß, ihrem Außendienst untersagt hatte, bei der Prüfung von Banken Kontrollmitteilungen über Kapitalvermögen und -erträge der Bankkunden zu fertigen, bot sich systematisch nur die Überprüfung der Einkommensteuererklärungen von Erben und Erblassern aufgrund von Anzeigen an, die Banken und andere berufliche Vermögensverwalter im Todesfall über Guthabenkonten und Depots von Erblassern den Finanzämtern machen müssen[51].

In den Jahren 1984 und 1985 untersuchte der Bundesrechnungshof bei 827 Erblassern von 10 Wohnsitzfinanzämtern in 5 Bundesländern anhand der Bankanzeigen, ob und inwieweit private Zinseinnahmen erklärt und versteuert worden waren. Die Prüfung ergab zum einen, daß die Verwaltungsvorschriften für die Zusammenarbeit der beteiligten Finanzämter[52] bei der Auswertung der Anzeigen uneinheitlich und teilweise unzureichend waren, zum anderen, daß die Zinserträge im Durchschnitt nur aus einem Viertel des vorhandenen Geldvermögens als Einkünfte erklärt worden waren. Die Erklärungsquote bewegte sich bei den geprüften Finanzämtern zwischen 3,7 v.H. und 47,7 v.H. Insgesamt war in den in die Prüfung einbezogenen Fällen weit mehr als die Hälfte des geprüften privaten Geldvermögens, rd. 65 v.H., mit seinen Erträgen nicht zur Einkommensteuer herangezogen.

Der Bundesrechnungshof teilte das Ergebnis in einer Prüfungsmitteilung dem Bundesminister der Finanzen und in den Bemerkungen 1985 dem Haushaltsgesetzgeber mit[53]. Er empfahl dem Bundesminister, eingehende Untersuchungen anzustellen und forderte, für die gleichmäßige Besteue-

51 § 33 Abs. 1 ErbStG.
52 Erbschaftsteuerstellen, Wohnsitzfinanzämter der Erblasser und der Erben.
53 BT-Drucksache 10/4367 Nr. 44, S. 89 ff.

rung der Zinseinkünfte zu sorgen. Der Haushaltsausschuß des Deutschen Bundestages schloß sich dem an und erlegte dem Bundesminister auf, über das Ergebnis der Untersuchungen und die getroffene Maßnahmen zu berichten[54].

Im Jahr 1986 vereinheitlichten und verbesserten die obersten Finanzbehörden der Länder das beanstandete Verfahren der Kontrollmitteilungen in Erbschaftsteuerfällen und wiesen entsprechend einer Vorgabe des Bundesministers die Finanzämter an, die eingehenden Anzeigen für das 1. Halbjahr 1987 aufzuzeichnen und die Auswertung anzuschreiben[55]. Der Bundesminister berichtete daraufhin im Juli 1989 dem Haushaltsausschuß des Deutschen Bundestages, daß hiernach im 1. Halbjahr 1987 in mehr als zwei Dritteln der ausgewerteten Fälle[56] die Erblasser die Einkünfte aus Kapitalvermögen zutreffend erklärt hätten. Die Erklärungsquote bewege sich in den Ländern zwischen 47,15 v.H. (Berlin) bis zu 76,14 v.H. (Schleswig-Holstein).

Inzwischen führte der Gesetzgeber mit dem Steuerreformgesetz 1990 vom 25. Juli 1988[57] für Kapitalerträge, die bisher nicht der Kapitalertragsteuer unterlegen hatten, eine 10%ige Quellensteuer (sogenannte kleine Kapitalertragsteuer) ein. Den Bankenerlaß übernahm er weitgehend als § 30a in die Abgabenordnung[58]. Die sogenannte kleine Kapitalertragsteuer wurde nach nur sechsmonatiger Geltungsdauer mit Gesetz vom 30. Juni 1989 aufgehoben[59]; zur Begründung wurde insbesondere darauf hingewiesen, daß dadurch die „Unsicherheiten", die bei Bürgern durch das verwaltungsaufwendige Erhebungsverfahren und auf den Kapitalmärkten hervorgerufen worden sind, beseitigt werden sollen[60].

Im November 1989 bat das Bundesverfassungsgericht - auch - den Bundesrechnungshof, ihm Erkenntnisse über das Einkommen aus Kapitalvermögen privater Haushalte und den Umfang der steuerlichen Erfassung der Einkünfte aus Kapitalvermögen mitzuteilen. Dem lag die Verfassungsbeschwerde eines Ehepaares gegen deren Einkommensteuerbescheid 1981 zugrunde. Die Beschwerdeführer rügten, daß die Praxis der Besteuerung von Kapitaleinkünften aus festverzinslichen Papieren gegen den Gleichheitssatz verstoße. Der Bundesrechnungshof gab in vier Schreiben die erbetenen Stellungnahmen ab. Dazu überprüfte er durch Erhebungen bei mehreren Finanzämtern in verschiedenen Bundesländern die Aussage des Bundesministeriums der Finanzen vom Juli 1989 zur Erklärungsquote bei Kapitalerträgen. Die Prüfungsergebnisse konnten den angegebenen hohen Anteil der steuerehrlichen Erblasser nicht bestätigen. Der Bundesrech-

54 Vgl. BT-Drucksache 10/5619, S. 16.
55 Vgl. gleichlautende Erlasse der obersten Finanzbehörden der Länder vom 17. Februar 1986, BStBl. I 1986, S. 82.
56 Genau 68, 85 v.H.
57 Vgl. Art. 1 Nr. 55 f., BGBl. I 1988, S. 1093.
58 Vgl. Art. 15 Steuerreformgesetz 1990, BGBl. I 1988, S. 1093 f.
59 BGBl. I, S. 1267.
60 Vgl. Bundesrats-Drucksache 250/89, S. 1.

nungshof bezog für die Stellungnahmen an das Bundesverfassungsgericht darüber hinaus in seine Erhebungen rd. 60 Fälle mit Veranlagungen Anfang der 80er Jahre ein, in denen die Steuerfahndung bei Zahnärzten mit Hilfe von Durchsuchungen und Bankauskünften steuerlich nicht erklärte Kapitalerträge aufgedeckt hatte. Dabei wurden Mehreinkünfte aus Kapitalvermögen in 94 v.H. der Durchsuchungsfälle und in 81 v.H. der Bankauskunftsfälle festgestellt. Aufgrund seiner gesamten bisherigen Prüfungsergebnisse im Bereich der Kapitaleinkünfte schätzte der Bundesrechnungshof für den von ihm untersuchten Zeitraum 1979 bis 1983 die ordnungswidrig nicht erklärten festverzinslichen Kapitalerträge auf jährlich 17 Mrd. DM, den Steuerausfall auf jährlich mehr als 6 Mrd. DM.

Das Bundesverfassungsgericht stützte seine Entscheidung über die Verfassungsbeschwerde in seinem Urteil vom 27. Juni 1991 – 2 BvR 1493/89[61] mit auf die Prüfungsergebnisse des Bundesrechnungshofes. Es befand, daß angesichts der festgestellten Besteuerungsmängel der Gleichheitssatz zwar noch nicht im angefochtenen Veranlagungsjahr 1981, wohl aber künftig verletzt werde. Der Gleichheitssatz erfordert nach Auffassung des Gerichts, daß die Steuerpflichtigen nicht nur durch das Steuergesetz rechtlich, sondern auch durch den Besteuerungsvollzug tatsächlich gleich belastet werden. Das Gericht gab dem Gesetzgeber auf, bis zum 1. Januar 1993 die Belastungsgleichheit bei der Besteuerung der festverzinslichen Kapitaleinkünfte zu gewährleisten. Dem ist der Gesetzgeber mit der Einführung einer Kapitalertragsteuer auf Zinserträge und vergleichbare Einnahmen in Höhe von 30 v.H. – bei sog. Tafelgeschäften 35 v.H. – des Kapitalertrages (Zinsabschlag) unter Einführung beträchtlicher Freibeträge nachgekommen[62].

2. Prüfung der Vorsteuererstattung bei der Gründung von Familienpersonengesellschaften in der Land- und Forstwirtschaft

Der Bundesrechnungshof stellte bei örtlichen Erhebungen in Finanzämtern zur Prüfung der Umsatzsteuer fest, daß seit dem Jahr 1986 verstärkt Familienpersonengesellschaften in der Land- und Forstwirtschaft gegründet wurden, die aus dem Gründungsvorgang umsatzsteuerliche Vergünstigungen erlangten. Das zuständige Kollegium beschloß daher, derartige Gesellschaftsgründungen in den Jahren 1989 und 1990 zum Gegenstand einer Schwerpunktprüfung zu machen. Auf Anfrage teilten die Finanzminister der Länder dem Bundesrechnungshof rd. 2500 solcher Gründungsfälle mit, in denen die Finanzämter zugunsten der betroffenen Steuerpflichtigen Vorsteuern in Höhe von rd. 10,3 Mio. DM anerkannt hatten. Die weit überwiegende Zahl der Gesellschaftsgründungen hatte in nur einem Bundesland stattgefunden. Der Bundesrechnungshof sah die Steuerakten zu solchen Gesellschaftsgründungen entsprechend dem Ergebnis seiner An-

61 BVerfGE 84, 239 ff.

62 Vgl. Gesetz zur Neuregelung der Zinsbesteuerung (Zinsabschlaggesetz) vom 9. November 1992, BGBl. I, S. 1853.

frage bei vier ausgewählten Finanzämtern in drei Ländern ein. Dabei stellte er die Nutzung umsatzsteuerlicher Vorschriften zur Erlangung von Vergünstigungen durch die Gründung von Familienpersonengesellschaften in der Land- und Forstwirtschaft fest. Das geschah in folgender Weise.

Die Umsätze land- und forstwirtschaftlicher Betriebe unterliegen einem besonderen Verfahren der Umsatzbesteuerung. Der Land- und Forstwirt stellt seinen Abnehmern für seine Leistungen zwar Umsatzsteuer nach Durchschnittssätzen gesondert in Rechnung. Er braucht diese vereinnahmte Steuer jedoch nicht an das Finanzamt abzuführen, weil der Gesetzgeber unterstellt, daß ihm in gleicher Höhe Vorsteuern zur Erstattung entstehen[63]. Der Land- und Forstwirt wird deshalb von umsatzsteuerlichen Aufzeichnungs- und Erklärungspflichten befreit, sofern er nicht für die Besteuerung nach den allgemeinen Vorschriften optiert[64]. Nach den Ermittlungen des Bundesrechnungshofes nutzten Land- und Forstwirte diese gesetzliche Regelung, um auch außerhalb ihrer üblichen Umsätze durch Einbringung ihrer Betriebe in Personengesellschaften erhebliche Umsatzsteuervergünstigungen zu erhalten. Zu diesem Zweck bringt der Land- und Forstwirt seinen Betrieb in eine mit Angehörigen gegründete Personengesellschaft ein, der er die Werte der eingebrachten Wirtschaftsgüter mit Umsatzsteuer in Rechnung stellt. Der Veräußerer braucht die Umsatzsteuer als Land- und Forstwirt nicht abzuführen. Die übernehmende Personengesellschaft entscheidet sich im Rahmen des gesetzlichen Wahlrechts[64] für die umsatzsteuerliche Regelbesteuerung und hat damit einen Vorsteuererstattungsanspruch gegenüber dem Finanzamt. An den tatsächlichen betrieblichen Verhältnissen hat sich jedoch Wesentliches nicht geändert. In den geprüften Fällen lagen die Erstattungsbeträge im Durchschnitt zwischen rd. 43 000 DM und rd. 85 000 DM, vereinzelt weit über 100 000 DM.

Der Bundesrechnungshof legte seine Prüfungsergebnisse in mehreren Prüfungsmitteilungen zwischen Juli 1990 und März 1991 dem Bundesminister der Finanzen vor. Er bezweifelte darin, daß der Gesetzgeber auch solche außergewöhnlichen Umsätze steuerlich begünstigen wollte und regte an, eine entsprechende Gesetzesänderung einzuleiten. Der Bundesminister räumte nach Erörterungen mit den obersten Finanzbehörden der Länder ein, daß die gesetzlichen Regelungen geeignet seien, ungerechtfertigte Steuervorteile in Anspruch zu nehmen.

Wegen der erheblichen finanziellen Auswirkungen weiterer zu erwartender Gründungen von Familienpersonengesellschaften in der Land- und Forstwirtschaft unterrichtete der Bundesrechnungshof in einem Sonderbericht vom 14. August 1991 Bundestag und Bundesrat unmittelbar über diese Angelegenheit von besonderer Bedeutung[65].

---

63 Vgl. § 24 UStG.
64 Vgl. § 24 Abs. 4 UStG.
65 BT-Drucksache 12/1040.

Der Bundesrat nahm den Bericht zur Kenntnis[66]. Im weiteren Verfahren setzte sich die Überzeugung durch, im Wege einer Gesetzesänderung die umsatzsteuerlichen Vergünstigungen bei der Einbringung land- und forstwirtschaftlicher Betriebe in Familienpersonengesellschaften zu beseitigen. Das geschah durch Steueränderungsgesetz vom 25. Februar 1992[67], das in Art. 8 den § 24 Abs. 1 UStG dahingehend geändert hat, daß Umsätze im Rahmen einer Veräußerung land- und forstwirtschaftlicher Betriebe nicht der Umsatzsteuer unterliegen. Wenn danach der Veräußerer für die Einbringung seines Betriebes in eine Personengesellschaft keine Umsatzsteuer mehr berechnen darf, dann entfällt auch ein Anspruch des Erwerbers auf Erstattung von Vorsteuer. Das Bundesministerium der Finanzen hat die dadurch bedingten Mehreinnahmen an Umsatzsteuer auf jährlich 100 Mio. DM geschätzt[68].

Die beiden Fallbeispiele zeigen, wie der Bundesrechnungshof Gesetzesänderungen zur Verbesserung der Haushalts- und Wirtschaftsführung des Bundes veranlassen kann.

VIII. Zur Wirkung der Finanzkontrolle der Steuereinnahmen

Die Finanzkontrolle kann auf eine zutreffende Besteuerung sowohl in einer Vielzahl von Fällen als auch in Einzelfällen hinwirken.

Der Bundesrechnungshof strebt entsprechend seinen überwiegend querschnittsmäßig angelegten Prüfungen wegen der Breitenwirkung bevorzugt die Beeinflussung einer Vielzahl von Besteuerungsfällen dadurch an, daß er auf Erlaß, Ergänzung und Änderung von Regelwerken, insbesondere auch zu Verfahren, hinwirkt. Bei den Regelwerken handelt es sich um Gesetze und um Verwaltungsvorschriften.

Der Bundesrechnungshof hat nur in einer überschaubaren Zahl von Fällen auf die Gestaltung von Steuergesetzgebung eingewirkt. Die Entscheidungen des Gesetzgebers sind in der Regel politischer Natur, bei denen Zurückhaltung der Finanzkontrolle geboten ist.

Zahlreicher sind die Fälle, in denen der Bundesrechnungshof aufgrund seiner Prüfungsergebnisse erfolgreich auf Erlaß, Ergänzung oder sonstige Änderung von Verwaltungsvorschriften hingewirkt hat. So hat der Bundesrechnungshof in den Bemerkungen 1990 dargelegt, daß die Berufsverbände und deren Vermögensträger, die unter bestimmten Voraussetzungen von der Körperschaftsteuer befreit sind, von den Finanzämtern unzureichend erfaßt und überwacht wurden, daß ferner Mängel bei der Anwendung der Vorschriften zu Verstößen gegen den Grundsatz der Gleichmäßigkeit der Besteuerung führten und daß Verbände, die keine Berufs-

66 Bundesrats-Drucksache 471/91.
67 BGBl. I, S. 297 ff.
68 Veröffentlicht in „Blick durch die Wirtschaft" vom 25. Juni 1992.

verbände sind, ohne gesetzliche Grundlagen als solche behandelt wurden[69].

Aufgrund dieser Feststellungen sind die zwischen Bund und Ländern abgestimmten Neuregelungen in koordinierten Ländererlassen zur steuerlichen Behandlung von Berufsverbänden getroffen worden[70]. Mit diesen Erlassen soll sichergestellt werden, daß die Finanzämter diese Berufsverbände – soweit sie sich steuerpflichtig betätigen – nach einheitlichen Grundsätzen erfassen und zur Körperschaft- und Vermögensteuer heranziehen.

Daß diese Regelungen Folge der Prüfungsfeststellungen des Bundesrechnungshofes waren, ergibt sich aus den nicht veröffentlichten Niederschriften über die zugrundeliegenden Referentenbesprechungen der obersten Finanzbehörden von Bund und Ländern.

Entsprechendes gilt für die Umsatzbesteuerung des Betriebes von Spielgeräten mit Geldgewinnmöglichkeiten. Aufgrund der Beanstandung des Bundesrechnungshofes an den Schätzverfahren der Finanzverwaltung für die Bemessung der Umsatzsteuer in den Bemerkungen 1989[71] wurde das Schätzverfahren durch das Bundesministerium der Finanzen geändert[72]. Dies führte nach Angaben der Bundesregierung zu Steuermehreinnahmen von Bund und Ländern von jährlich rd. 200 Mio. DM[73].

Die zutreffende Besteuerung in einem bestimmten Einzelfall ist nur selten Gegenstand eines Prüfungsverfahrens des Bundesrechnungshofes, so wenn der Einzelfall wegen seiner beispielhaften Bedeutung aufgegriffen wird oder von besonderem finanziellen Gewicht ist.

Als Beispiele seien genannt: Die zu niedrige Festsetzung und fehlerhafte Erstattung von Umsatzsteuer zugunsten einer Unternehmensgruppe durch eine Landesfinanzbehörde[74] sowie die unzulässige Stundung von Lohnsteuer und Umsatzsteuer, die die oberste Finanzbehörde eines Landes einem in Zahlungsschwierigkeiten geratenen Unternehmer gewährte[75]. Der Bundesrechnungshof hat in letztgenanntem Fall eine Haftungsinanspruchnahme des Landes nach Art. 104a Abs. 5 GG angeregt. Die

69 Bemerkungen des Bundesrechnungshofes 1990, BT-Drucksache 11/7819 Nr. 46, S. 101 ff.

70 Vgl. z.B. Erlaß des Finanzministeriums des Landes Nordrhein-Westfalen (Az.: S 2932 – 64 – V B 4) vom 20. Dezember 1990 oder Erlaß des Finanzministeriums Baden-Württemberg (S 2725 – 11/85) vom 5. Dezember 1990.

71 Bemerkungen des Bundesrechnungshofes 1989, BT-Drucksache 11/5383 Nr. 42, S. 93 ff.

72 BMF-Schreiben vom 7. Juni 1991, BStBl. I 1991, S. 538.

73 Bundesrats-Drucksache 287/91.

74 Bemerkungen des Bundesrechnungshofes 1992, BT-Drucksache 12/3250 Nr. 30, S. 70 (Fn. 22).

75 Bemerkungen des Bundesrechnungshofes 1990, BT-Drucksache 11/7810 Nr. 45, S. 100.

grundsätzliche Problematik der Anwendbarkeit dieser Verfassungsbestimmung hat der Jubilar im Jahre 1988 eingehend behandelt[76].

Ein weiteres Beispiel, die Zulässigkeit pauschaler Abgeltung von Werbungskosten und Betriebsausgaben bei der Einkommensbesteuerung sog. Parlamentsjournalisten trifft zwar nicht nur einen einzelnen Steuerpflichtigen, wohl aber eine kleine, einflußreiche Personengruppe[77].

Abschließend kann festgestellt werden: Der Bundesrechnungshof hat durchaus zählbare Erfolge und Verbesserungen erzielt, auch wenn verschiedene Umstände seine Wirkungskraft beschränken (z.B. knapper Personalbestand, Schwierigkeiten bei der Ermittlung steuerlicher Sachverhalte, Widerstände und Auseinandersetzungen im politischen Raum[78]). Insgesamt erhofft er sich von seiner Prüfungstätigkeit eine vorbeugende Wirkung mit dem Ziel der Erhaltung und Sicherstellung einer redlichen und rechtstreuen Finanzverwaltung.

IX. Zusammenfassung

- Sowohl die Tätigkeiten der Gerichte wie die der Rechnungshöfe in Steuersachen dienen gleichermaßen der Kontrolle der Ordnungsmäßigkeit der Steuerfestsetzung und -erhebung; jedoch unterscheiden sie sich nach Anlaß, Verfahren, Arbeitsweise und Zielsetzung.
- Die Finanzkontrolle (Rechnungsprüfung) der Steuern teilen sich entsprechend der Finanzverfassung des Grundgesetzes der Bundesrechnungshof und die Landesrechnungshöfe (einschließlich Vorprüfungsstellen). Die Zuständigkeiten der Rechnungshöfe überschneiden sich bei den Gemeinschaftsteuern. Im übrigen prüft jeder Rechnungshof die seiner Gebietskörperschaft zustehenden Steuern. Die so gestalteten Zuständigkeiten erfordern und fördern das Zusammenwirken der Rechnungshöfe bei der Finanzkontrolle der Steuern.
- Im Bundesrechnungshof obliegt die Finanzkontrolle den Mitgliedern, die richterliche Unabhängigkeit genießen und in Kollegien entscheiden. Sie werden unterstützt durch Prüfungsbeamte. Die Prüfungen wer-

76 *Franz Klein,* Die Finanzverfassung bei gerichtlichen Auseinandersetzungen – in „Handelsrecht und Steuerrecht", Festschrift für G. Döllerer, herausgegeben von Brigitte Knobbe-Keuk, Franz Klein, Adolf Moxter, Düsseldorf 1988, S. 289.

77 Bemerkungen des Bundesrechnungshofes 1987, BT-Drucksache 11/872 Nr. 44.3, S. 96.

78 Hierfür ein aktuelles Beispiel: Nach der derzeitigen Fassung des § 93a AO sind bei bestimmten Kontrollmitteilungen Name und Anschrift des Empfängers (steuererheblicher) Leistungen den Finanzämtern anzugeben, aber nicht der Zahlungsbetrag. Dies zwingt die Finanzämter zu aufwendigen Nachfragen bei den betroffenen Steuerpflichtigen. Dies hat der Bundesrechnungshof beanstandet; vgl. Bemerkungen des Bundesrechnungshofes 1993, BT-Drucksache 12/5650 Nr. 39, S. 103. Trotz gleichgerichteter Bestrebungen des Bundesrates hat der Bundesrechnungshof bisher keinen Erfolg mit seiner Anregung gehabt.

den nach Verfahren durchgeführt, die durch Gesetz (BHO, Bundesrechnungshofgesetz) und durch die Geschäftsordnung und ergänzenden Richtlinien des Bundesrechnungshofes geregelt sind. Die zu beurteilenden Sachverhalte werden bei den Finanzbehörden, vor allem in den Finanzämtern, örtlich erhoben. Erhebungen bei den Steuerpflichtigen sind den Rechnungshöfen verwehrt. Die Prüfungs- und sonstigen Mitteilungen richten sich in der Regel an die obersten Finanzbehörden des Bundes und der betroffenen Länder. Wichtige Feststellungen werden in den jährlichen Bemerkungen oder Sonderberichten Bundestag, Bundesrat und Bundesregierung mitgeteilt.

- Wesentliche Ziele des Bundesrechnungshofes bei der Finanzkontrolle der Steuern sind die rechtzeitige und vollständige Erhebung der Einnahmen des Bundes sowie die Gleichmäßigkeit der Besteuerung im Bundesgebiet.
- Der Bundesrechnungshof hat keine Weisungsrechte. Er strebt seine Ziele mit der Überzeugungskraft seiner Argumente an. Er erhofft sich von seiner Prüfungstätigkeit auch eine vorbeugende Wirkung mit dem Ziel der Erhaltung und Sicherstellung einer redlichen und rechtstreuen Steuerverwaltung.

XIII.

Bibliographie

Bibliographie Franz Klein

Zusammengestellt und bearbeitet von
Hans-Joachim Kretz
Stand: 1. Januar 1994

1954

Die Entwicklung der Wahlrechtsgrundsätze bei Parlamentswahlen in Deutschland

Freiburg im Br., Univ., Diss., 144 gez. Bl. [Maschinenschriftl. vervielf.]

1958

Die Vollstreckung aus Zusammenveranlagung von Eheleuten vor 1949
FR 1958, S. 423–424

1959

Die Eintragung des Finanzamts als Gläubiger im Grundbuch
FR 1959, S. 124–126

Die Parteistreitigkeit im Steuerrecht
KStZ 1959, S. 181–183

1961

Der Falke. Mitteilungsblatt der katholischen deutschen Studentenverbindung im CV. Hrsg. ab Heft Nr. 42 Dez. 1961 – Heft Nr. 64 Dez. 1984 Franz Klein
Freiburg (Breisgau): CV Falkenstein

Grundgesetz und Haushaltskontrolle
DÖV 1961, S. 805–811

Rechtsfragen um das Bundesschatzministerium. Erwiderung auf den Beitrag von Assessor Dr. Wolfgang Plaum, Kleve.
DVBl. 1961, S. 712–713

1962

Claus Leusser/Erich Gerner, Bayerisches Beamtengesetz, München: Beck 1961.
DÖV 1962, S. 438 [Rezension]

Hans Carl Nipperdey, Soziale Marktwirtschaft und Grundgesetz, Kartellrundschau 1961 Heft 2, zweite neubearb. Aufl. der Schrift „Wirtschaftsverfassung und Bundesverfassungsgericht"
DÖV 1962, S. 40 [Rezension]

Die staatsrechtliche Stellung des Bundesministers der Finanzen
DVBl. 1962, S. 573–577

1964

Die Dritte Novelle zum Bundesverfassungsgerichtsgesetz vom 3. August 1963 (BGBl. I S. 589)
DVBl. 1964, S. 89–92

Wer zwingt die Verwaltung zur Sparsamkeit
Handelsblatt 1964. Nr. 88 v. 7./8. Mai 1964, S. 32

Zum Begriff und zur Grenze der Verfassungsgerichtsbarkeit
DÖV 1964, S. 471–476

1965

Bundesverfassungsgerichtsgesetz. Kommentar von Theodor Maunz, Heinrich Sigloch, Bruno Schmidt-Bleibtreu, Franz Klein
München u. Berlin: Beck, 1965 – [LBl.]

Grundgesetz und Parlamentarische Staatssekretäre (Staatsminister)
DVBl. 1965, S. 862–864

Rechtssicherheit im Steuerrecht und Verfassungsrecht
FR 1965, S. 452–456

Verfassungs- und Verwaltungsprobleme der Raumordnung und Landesplanung. (33. Staatswissenschaftlicher Fortbildungskurs der Hochschule für Verwaltungswissenschaften Speyer vom 31. März bis 2. April 1965)
BayVBl. 1965, S. 232–234

1966

Die allgemeinen Verfassungsprinzipien des Grundgesetzes und das Steuerrecht
WPg 1966, S. 262–268

Der Bundesbevollmächtigte nach Art. 108 Abs. 4 GG. Ein Beitrag zur Finanzreform
FR 1966, S. 116–118

Das Bundesministerium der Finanzen
Bonn: Athenäum 1966, 130 S.
(Ämter und Organisationen der Bundesrepublik; 3)

Die einstweilige Anordnung im verfassungsgerichtlichen Verfahren
JZ 1966, S. 461–467

Gleichheitssatz und Steuerrecht.
Eine Studie über Gleichheit und Gerechtigkeit der Besteuerung im System des Grundgesetzes
Köln: O. Schmidt 1966, XXXVIII, 262 S.

Die Neuordnung der Finanzverfassung. Die Änderung des Grundgesetzes nach den Vorschlägen der Kommission für die Finanzreform
FR 1966, S. 166–170

Öffentlich-rechtliche Entschädigungsansprüche gegen den Staat
BayVBl. 1966, S. 217–222

Die Rechtsprechung des Bundesverfassungsgerichts auf dem Gebiete des Steuerrechts im Jahre 1965
DStR 1966, S. 163–168

Steuerrecht unter Verfassungskontrolle. Die Rechtsprechung des Bundesverfassungsgerichts in Finanz- und Steuersachen. [Von] Bruno Schmidt-Bleibtreu und Franz Klein.
Herne, Berlin: NWB 1966, 303 S.

Die Verfassungsbeschwerde gegen finanzgerichtliche Entscheidungen. Dargestellt anhand der Rechtsprechung des Bundesverfassungsgerichts
StB 1966, S. 97–100

Vorschläge zur Finanzreform. Auszüge aus dem Gutachten der Finanzreform-Kommission
NWB 1966, Fach 1a, S. 13–16

Zur Verfassungsmäßigkeit des Steuerrechts. Ein Überblick über die neuere Rechtsprechung des Bundesverfassungsgerichts
StB 1966, S. 33–39

1967

Änderung bei der Einkommensteuer durch das Stabilitätsgesetz. Steuerliche Maßnahmen zur Förderung der Stabilität und des Wachstums der Wirtschaft bei der Einkommen-, Körperschaft- und Gewerbesteuer
NWB 1967, Fach 3b, S. 1341–1344

Die allgemeinen Verfassungsprinzipien des Grundgesetzes und das Steuerrecht. Überblick über die Rechtsprechung des Bundesverfassungsgerichts im Steuerrecht im Jahre 1966/67
WPg 1967, S. 549–552

Die Finanzreform als Neuordnung der Finanzverfassung. Das Finanzreformprogramm der Bundesregierung
BB 1967, S. 969–973

Das Finanzreformprogramm der Bundesregierung
Bulletin / Bundesregierung 1967, S. 713–719

Das Gesetz über die politischen Parteien
NWB 1967, Fach 29, S. 337–340

Große Finanzreform und Föderalismus
BayVBl. 1967, S. 406–410

Kommentar zum Grundgesetz für die Bundesrepublik Deutschland. [Von] Bruno Schmidt-Bleibtreu, Franz Klein.
Neuwied und Berlin: Luchterhand 1967, LXXVIII, 623 S.

Die Rechtsprechung des Bundesverfassungsgerichts auf dem Gebiete des Steuerrechts im Jahre 1966
DStR 1967, S. 145–149

Zur verfassungsgerichtlichen Problematik der steuerrechtlichen Organschaft zu Personenunternehmen
FR 1967, S. 314–316

1968

Die allgemeinen Verfassungsprinzipien des Grundgesetzes und das Wirtschafts- und Steuerrecht. Überblick über die Rechtsprechung des Bundesverfassungsgerichts im Jahre 1967/68
WPg 1968, S. 420–425 und 455–458

Aufgaben und Ziele der Finanzreform
NJW 1968, S. 1318–1320

Die Finanzreform Bund / Länder
Bulletin / Bundesregierung 1968, S. 270–276

Die Finanzreform im Deutschen Bundestag. Von Alfons Bayerl und Franz Klein
Bulletin / Bundesregierung 1968, S. 1393–1398

Gemeinschaftsaufgaben zur Bewältigung der Staatsaufgaben im föderativen Staatsaufbau
DÖV 1968, S. 153–156

Max Rintelen †
Zs. d. Savigny-Stiftung für Rechtsgeschichte, Germ. Abt., 1966, S. 557–562

Die Rechtsprechung des Bundesverfassungsgerichts auf dem Gebiete des Steuerrechts im Jahre 1967
DStR 1968, S. 331–335

Rechtsschutz im Steuerrecht. Die Anträge in Steuersachen im Verfahren vor den Behörden, Finanzgerichten und dem Bundesverfassungsgericht
Frankfurt a.M.: Bank f. Gemeinwirtschaft 1968, 109 S.

1969

Das Bundesministerium der Finanzen, 2. Aufl.
Frankfurt a.M. und Bonn: Athenäum 1969, 146 S.
(Ämter und Organisationen der Bundesrepublik; 3)

Die Finanzreform. Zur Neugestaltung der Finanzbeziehungen zwischen Bund, Ländern und Gemeinden durch das 21. Gesetz zur Änderung des Grundgesetzes
DStR 1969, S. 525–530

Die Finanz- und Haushaltsreform
Bonn: Bundeszentrale für politische Bildung 1969, 39 S.
(Schriften der Bundeszentrale für politische Bildung)

Finanz- und Haushaltsreform. Gesetzestexte. Hrsg. Franz Klein.
München, Wien: Olzog 1969, 196 S.
(Geschichte und Staat; 150/151)

Die Finanzreform zwischen Bund, Ländern und Gemeinden
In: Aus Politik und Zeitgeschichte. Beilage zur Wochenschrift „Das Parlament" 1969, B 30, [21] S.

Die Rechtsprechung des Bundesverfassungsgerichts auf dem Gebiete des Steuerrechts im Jahre 1968
DStR 1969, S. 291–296

Die Zuständigkeiten in der Steuergesetzgebung und der Steuerverwaltung nach der Finanzreform
BB 1969, S. 1321–1324

1970

Das Bundesministerium der Finanzen, 3. Aufl.
Bonn: Boldt 1970, 150 S.
(Ämter und Organisationen der Bundesrepublik; 3)

Die geplante Steuerreform in der Bundesrepublik Deutschland. Wiedergabe eines am 16. Juni 1970 im „Institut für Finanzwissenschaft und Steuerrecht" gehaltenen Vortrages.
Wien, 1970, 19 S.
(Gelbe Briefe des Instituts für Finanzwissenschaft und Steuerrecht; 66)

Die große Finanzreform in der Bundesrepublik Deutschland
Österr. Zs. f. öffentl. Recht 1970, S. 127–148

Die Grundrechte. Auszug aus d. Kommentar z. Grundgesetz. [Von] Bruno Schmidt-Bleibtreu und Franz Klein.
Neuwied u. Berlin: Luchterhand 1970, 282 S.

Kommentar zum Grundgesetz für die Bundesrepublik Deutschland, 2. Aufl. [Von] Bruno Schmidt-Bleibtreu und Franz Klein
Neuwied und Berlin: Luchterhand 1970, 995 S.

Die Rechtsprechung des Bundesverfassungsgerichts in Finanz- und Steuersachen im Jahre 1969
DStR 1970, S. 487–494

Zum Stand der Steuerreform
DStZ/A 1970, S. 305–311

1971

Große Steuerreform – Verwirklichung des sozialen Rechtsstaates
DGemStZ 1971, S. 49–54

Handlungsfreiheit als Grundrecht
BayVBl. 1971, S. 125–128

Investment-Anlagen aus steuerlicher Sicht
Frankfurt a.M.: Bank für Gemeinwirtschaft 1971, 105 S.

Rechtsgutachten zur Frage der Verfassungsmäßigkeit des Entwurfs eines zweiten Gesetzes zur Änderung des Steuerberatungsgesetzes (BT-Drucks. VI/1424)
Bonn: Bundeskammer der Steuerbevollmächtigten 1971, 26 S.

Die Steuerreform 1975. Stand und Zielsetzung
Bulletin / Bundesregierung 1971, S. 998–1001

1972

Steuerrecht unter Verfassungskontrolle. Die Rechtsprechung des Bundesverfassungsgerichts in Finanz- und Steuersachen. 2. erw. Aufl. [Von] Bruno Schmidt-Bleibtreu und Franz Klein.
Herne; Berlin: NWB 1972, 308 S.

1973

Erläuterungen zum Grundsteuergesetz (GrStG) in der Fassung des Gesetzes zur Reform des Grundsteuerrechts vom 7. August 1973.
In: Das Dt. Bundesrecht 1973, Lfg. 329, VII B 45, S. 15–45

Die Familienstiftung in der Erbschaftsteuerreform
DB 1973, S. 2323–2324

Kommentar zum Grundgesetz für die Bundesrepublik Deutschland, 3. Aufl. [Von] Bruno Schmidt-Bleibtreu [und] Franz Klein
Neuwied; Berlin: Luchterhand 1973, 1155 S.

Die Steuerpolitik der Bundesregierung in dieser Legislaturperiode. Systemgerechte oder systemüberwindende Steuerreform.
In: Landesfachkongreß 1973, Kammer der Steuerbevollmächtigten, Rheinland-Pfalz 1973, S. 13–19

Zu den Auswirkungen der Steuerprogression bei inflationärer Einkommensentwicklung.
BlStSozArbR 1973, S. 209–210

1974

Die Gesetzentwürfe zur Steuerreform. Ein Überblick über den Stand und den wesentlichen Inhalt der Steuerreformgesetze. [Von] Franz Klein und Horst Schöberle.
RiA 1974, S. 41–50

Handbuch des Einkommensteuerrechts. Auskunftswerk über das gesamte Einkommen- und Lohnsteuerrecht mit Nebenbestimmungen. Hrsg. v. Franz Klein, Paul G. Flockermann, Christian Kühr
Neuwied, Berlin: Luchterhand 1974– [LBl.]

Die Reform der Kraftfahrzeugsteuer
DStR 1974, S. 173–176

Steuerreform und Verfassungsrecht
BayVBl. 1974, S. 1–8

Übersicht über die Änderung des Einkommensteuergesetzes, des Familienlastenausgleichs und der Sparförderung sowie des Vermögensteuergesetzes
DStR 1974, S. 523–531

Verfassungsrechtliche Grenzen der Steuerreform.
In: Menschenwürde und freiheitliche Rechtsordnung. Festschrift für Willi Geiger zum 65. Geburtstag. Hrsg. von Gerhard Leibholz u.a.,
Tübingen: Mohr 1974, S. 697–721

Zum Planungswertausgleich nach der Novelle des Bundesbaugesetzes
DB 1974, S. 2143–2145

1975

Die Direktversicherung auf das Leben des Arbeitnehmerehegatten. Zur Verfassungsmäßigkeit von Ziffer 174a Abs. 4 Einkommensteuer-Richtlinien
DB 1975, S. 1428–1431

Erläuterungen zum Gewerbesteuergesetz (GewStG 1974) in der Fassung vom 15. 8. 1974, zuletzt geändert durch das Einführungsgesetz zum Einkommensteuerreformgesetz vom 21. 12. 1974
In: Das Dt. Bundesrecht 1975, Lfg. 362, VII B 40, S. 19–111

Erläuterungen zum Vermögensteuergesetz (VStG). Vom 17. April 1974, zuletzt geändert durch das Gesetz zur Verbesserung der betrieblichen Altersversorgung vom 19. 12. 1974
In: Das Dt. Bundesrecht 1975, Lfg. 349, VII B 17, S. 15–46

Handbuch zum Lohnsteuerrecht (HzL). Hrsg. v. Franz Klein [u.] Paul G. Flockermann
Neuwied, Berlin: Luchterhand 1975– [LBl.]

Die Körperschaftsteuerreform. Nutznießer des Anrechnungsverfahrens
RiA 1975, S. 170–173

Kommentar zum Grundgesetz für die Bundesrepublik Deutschland. [Von] Bruno Schmidt-Bleibtreu und Franz Klein. Unveränd. Nachdruck d. 3. Aufl.
Neuwied; Berlin: Luchterhand 1975, 1155 S.

Reform der Körperschaftsteuer
StbKongrRep 1975 (1975), S. 75–94

Reform der Körperschaftsteuer. Dokumentation von Franz Klein und Horst Schöberle.
Köln: Deubner 1975, X, 194 S.

Staatsbedarf und Steuererhöhung
DStR 1975, S. 507–510

1976

Abgabenordnung 1977
DStR 1976, S. 59–66

Die Bund-Länder-Streitigkeiten nach dem Grundgesetz und dem Bundesverfassungsgerichtsgesetz
BayVBl. 1976, S. 257–261

Die Einkommensteuer-Ergänzungsrichtlinien 1975
DStR 1976, S. 115–117, 143–145 und 178–183

Erläuterungen zum Einkommensteuergesetz 1975 (EStG 1975) in der Fassung vom 5. Sept. 1974, zuletzt geändert durch das Gesetz zur Änderung des Berlinförderungsgesetzes und andere Gesetze vom 19. Dez. 1975
In: Das Dt. Bundesrecht 1976, Lfg. 367, VII B 10, S. 157–210
Lfg. 369, VII B 10, S. 211–274
Lfg. 372, VII B 10, S. 275–306
Lfg. 374, VII B 10, S. 307–339
Lfg. 376, VII B 10, S. 340–372
Lfg. 377, VII B 10, S. 373–396
Lfg. 379, VII B 10, S. 397–450
Lfg. 380, VII B 10, S. 451–490

Handbuch des Körperschaftsteuerrechts. Auskunftswerk über das gesamte Körperschaftsteuerrecht mit Nebenbestimmungen. Hrsg. von Franz Klein, Konrad Laube, Horst Schöberle
Neuwied; Berlin: Luchterhand 1976– [LBl.]

Die Kapitalverkehrsteuer. Das Kapitalverkehrsteuergesetz in der Fassung vom 17. November 1972 (BGBl. I S. 2129) unter Berücksichtigung des Änderungsgesetzes vom 11. Mai 1976 (BGBl. I S. 1184)
Neuwied: Luchterhand 1976, III, 171 S.

Der öffentliche Dienst und die leeren Kassen des Staates
RiA 1976, S. 141–144

Perspektiven der finanziellen Beziehungen zwischen Bund, Ländern und Gemeinden
Der Gemeindehaushalt 1976, S. 169–176

Stand der Kraftfahrzeugsteuer-Reform
DStR 1976, S. 403–407

1977

AO. Abgabenordnung einschließlich Straf- und Bußgeldvorschriften, Straf- und Bußgeldverfahren. Erl. v. Franz Klein und Gerd Orlopp.
München: Beck 1977, LXXIX, 1083 S.

Erläuterungen zum Einkommensteuergesetz 1975
In: Das Dt. Bundesrecht 1977, Lfg. 396, VII B 10, S. 157 ff.
Lfg. 397, VII B 10, S. 157 ff.
Lfg. 400, VII B 10, S. 429–486

Erläuterungen zum Gesetz zur Änderung des Umsatzsteuergesetzes, des Bundeskindergeldgesetzes, des Einkommensteuergesetzes und anderer Gesetze (Steueränderungsgesetz 1977 – StÄndG 1977); vom 16. 8. 1967
In: Das Dt. Bundesrecht 1977, Lfg. 401, VII B 2, S. 3–6

Erläuterungen zum Umsatzsteuergesetz (UStG 1973) in der Fassung vom 16. 11. 1973, zuletzt geändert durch das Steueränderungsgesetz vom 16. 8. 1977
In: Das Dt. Bundesrecht 1977, Lfg. 403, VII B 30, S. 33–144

Erläuterungen zum Vermögensteuergesetz (VStG). Vom 17. April 1974, zuletzt geändert durch das Einführungsgesetz zur Abgabenordnung vom 14. Dezember 1976
In: Das Dt. Bundesrecht 1977, Lfg. 392, VII B 17, S. 15–46

Grundsteuer, Buchreihe Finanz und Steuern, Band 34, Grundriß und Erläuterungsbuch unter Berücksichtigung der Abgabenordnung 1977 nach dem neuesten Stand, von Bernhard Ostendorf
DStR 1977, S. 362 [Rezension]

Körperschaftsteuergesetz 1977 einschließlich der Auswirkungen auf die Einkommensteuer und das Umwandlungssteuerrecht nebst den Einführungserlassen des Bundesministers der Finanzen
Frankfurt am Main: Bank für Gemeinwirtschaft 1977, 208 S.

Kommentar zum Grundgesetz für die Bundesrepublik Deutschland [Von] Bruno Schmidt-Bleibtreu [und] Franz Klein, 4. Aufl.
Neuwied, Darmstadt: Luchterhand 1977, 1252 S.

Rechtsschutz im Steuerrecht. Die Anträge in Steuersachen im Verfahren vor den Behörden, Finanzgerichten und dem Bundesverfassungsgericht. (2. Aufl.)
Frankfurt am Main: Bank für Gemeinwirtschaft 1977, 112 S.

Steuerpolitik der Bundesregierung zu Beginn der 8. Legislaturperiode
BlStSozArbR 1977, S. 145–148

Zur Verfassungsmäßigkeit des geltenden Einkommensteuerrechts
DB 1977, S. 2246–2250

1978

Blümich/Falk, Einkommensteuergesetz. Loseblatt-Kommentar, 11. Aufl.
München: Vahlen, 1977
DStR 1978, S. 165–166 [Rezension]

Einkommensteuergesetz. Kommentar. Hrsg. v. Franz Klein, Paul G. Flockermann, Christian Kühr. Bearb. v. Praktikern aus Rechtsprechung, Verwaltung und Wirtschaft.
Neuwied, Darmstadt: Luchterhand 1978, XXXI, 1888 S.

Gutachten zur Höhe der Quoten nichtkirchensteuerbelasteter Kirchenmitglieder [für die Kirchensteuerkommission der Dt. Bischofskonferenz]. Erstattet von Franz Klein, Horst Schöberle [und] Gerhard Schwart. 1978, 13 S. [Maschinenschriftl vervielf.]

Wie gerecht sind unsere Steuern?
Köln: Bachem 1978, 16 S.
(Kirche und Gesellschaft; 53)

Zur Frage der Verfassungsmäßigkeit der §§ 2 bis 6 i.V.m. § 1 Abs. 2 Nr. 2 und § 8 Abs. 1 Steuerberatungsgesetz (StBerG). Rechtsgutachten im Auftrag des Deutschen wissenschaftlichen Steuerinstituts der Steuerberater und Steuerbevollmächtigten e.V. Bonn.
Bonn 1978, III, 80 S. [Maschinenschriftl. vervielf.]

1979

Am Markt ist nicht zu rütteln. Der Verfassungsrang unserer Wirtschaftsordnung
Die Polit. Meinung, 1979 Nr. 184 Mai/Juni, S. 26–33

AO. Abgabenordnung einschließlich Steuerstrafrecht. Erl. v. Franz Klein [und] Gerd Orlopp, 2. Aufl.
München: Beck 1979, LXXXIV, 1211 S.

Die Außenprüfung nach der AO. Rechte und Pflichten in der steuerlichen Betriebsprüfung
Frankfurt am Main: Bank für Gemeinwirtschaft 1979, 88 S.

Das Einkommensteuerrecht. Kommentar zum Einkommensteuergesetz. Von Eberhard Littmann Bd. I (§§ 1–12), 12. Aufl. Stuttgart: Schäffer 1978
DStR 1979, S. 110 [Rezension]

Erläuterungen zum Einkommensteuergesetz (EStG 1977) in der Fassung vom 5. Dezember 1977, zuletzt geändert durch das Steueränderungsgesetz 1979 vom 30. November 1978
In: Das Dt. Bundesrecht 1979, Lfg. 429, VII B 10, S. 157–264
Lfg. 430, VII B 10, S. 265–422
Lfg. 431, VII B 10, S. 423–528
Lfg. 438, VII E 10, S. 9– 21

Erläuterungen zum Gewerbesteuergesetz (GewStG 1978) in der Fassung der Bekanntmachung vom 22. 9. 1978, zuletzt geändert durch das Gesetz zur Änderung des Einkommensteuergesetzes, des Gewerbesteuergesetzes, des Umsatzsteuergesetzes und anderer Gesetze (StÄndG 1979) vom 30. 11. 1978
In: Das Dt. Bundesrecht 1979, Lfg. 432, VII B 40, S. 19–92

Erläuterungen zum Kapitalverkehrsteuergesetz (KVStG 1972) in der Fassung vom 17. November 1972 (BGBl. I S. 2199), zuletzt geändert durch das Steueränderungsgesetz 1977 vom 16. August 1977 (BGBl. I S. 1586)
In: Das Dt. Bundesrecht 1979, Lfg. 427, VII B 61, S. 11–67

Erläuterungen zum Kraftfahrzeugsteuergesetz (KraftStG 1979) in der Fassung der Bekanntmachung vom 1. 2. 1979
In: Das Dt. Bundesrecht 1979, Lfg. 434, VII B 55, S. 15–99

Erläuterungen zum Umsatzsteuergesetz (UStG 1973) in der Fassung vom 16. November 1973, zuletzt geändert durch das Steueränderungsgesetz 1979 vom 30. 11. 1978
In: Das Dt. Bundesrecht 1979, Lfg. 432, VII B 30, S. 33–174

Erläuterungen zum Wohnungsbau-Prämiengesetz (WoPG 1979) in der Fassung der Bekanntmachung vom 22. Juni 1979 (BGBl. I S. 697)
In: Das Dt. Bundesrecht 1979, Lfg. 438, V H 17, S. 7–31

Kommentar zum Einkommensteuergesetz. 2., neubearb. Aufl., hrsg. v. Franz Klein, Paul G. Flockermann, Christian Kühr. Bearb. v. Praktikern aus Rechtsprechung, Verwaltung und Wirtschaft.
Neuwied; Darmstadt: Luchterhand 1979, XXXI, 1973 S.

Kommentar zur Einkommensteuer und Körperschaftsteuer einschl. Nebengesetze (Herrmann/Heuer) Lbl.-Ausg., 18. Aufl. Köln: O. Schmidt 1978
MDR 1979, S. 525–526 [Rezension]

Rechtsschutz im Steuerrecht
Stuttgart u.a.: Boorberg 1979, 116 S.
(Boorberg-Bücherei „Das Recht der Wirtschaft")

Steuerreform statt Steueränderungsgesetz
DStR 1979, S. 95–100

1980

Eigentumsgarantie und Besteuerung
BayVerwBl. 1980, S. 527–532

Erläuterungen zum Spar-Prämiengesetz (SparPG 1979). Vom 5. Mai 1959 in der Fassung der Bekanntmachung vom 22. 6. 1979
In: Das Dt. Bundesrecht 1980, Lfg. 441, VII B 11, S. 11–34

Erläuterungen zum Umsatzsteuergesetz (UStG 1980) in der Fassung vom 26. November 1979
In: Das Dt. Bundesrecht 1980, Lfg. 446, VII B 30, S. 37–102

Kommentar zum Grundgesetz für die Bundesrepublik Deutschland. Völlig neubearb. u. erw. 5. Aufl. [Von] Bruno Schmidt-Bleibtreu [und] Franz Klein
Neuwied, Darmstadt: Luchterhand 1980, 1393 S.

Kommentar zum Kapitalverkehrsteuergesetz. Das Kapitalverkehrsteuergesetz i.d.F. vom 17. November 1972 (BGBl. I S. 2129) unter Berücksichtigung des Änderungsgesetzes vom 11. Mai 1976 (BGBl. I S. 1184) und des Steueränderungsgesetzes 1977 vom 16. August 1977 (BGBl. I S. 1586), 2., überarb. Aufl.
Neuwied, Darmstadt: Luchterhand 1980, X, 1975 S.

Kommentar zum Kraftfahrzeugsteuergesetz. Das Kraftfahrzeugsteuergesetz (KraftStG 1979) mit Erläuterungen für die Praxis i.d.F. der Bekanntmachung vom 1. Februar 1979 (BGBl. I S. 132)
Neuwied, Darmstadt: Luchterhand 1980, 168 S.

Kommentar zur Einkommensteuer und Körperschaftsteuer einschl. Nebengesetze (Herrmann/Heuer) Lbl.-Ausg., 19. Aufl. Köln: O. Schmidt 1979
MDR 1980, S. 349–350 u. 438 [Rezension]

Umsatzsteuer 1980
Frankfurt am Main: Bank für Gemeinwirtschaft 1980, 163 S.

1981

Die Ergänzungsabgabe nach Art. 106 Abs. 1 Nr. 6 GG – ihre Zulässigkeit und ihre Grenzen
DB 1981, S. 1743–1746

Erläuterungen zum Bewertungsgesetz (BewG) in der Fassung der Bekanntmachung vom 26. 9. 1974, zuletzt geändert durch das Gesetz zur Änderung des Einkommensteuergesetzes, des Körperschaftsteuergesetzes und anderer Gesetze vom 20. 8. 1980
In: Das Dt. Bundesrecht 1981, Lfg. 462, VII B 12, S. 49–102
Lfg. 464, VII B 12, S. 103–185

Erläuterungen zum Bewertungsgesetz (BewG) in der Fassung der Bekanntmachung vom 26. 9. 1974, zuletzt geändert durch das Gesetz zum Abbau von Subventionen und sonstigen Vergünstigungen, zur Erhöhung der Postablieferung sowie zur Klarstellung von Wohngeldregelungen (Subventionsabbaugesetz) vom 26. 6. 1981
In: Das Dt. Bundesrecht 1981, Lfg. 472, VII B 12, S. 49 ff.

Erläuterungen zum Einkommensteuergesetz 1979 (EStG 1979) in der Fassung der Bekanntmachung vom 21. 6. 1979, zuletzt geändert durch das Gesetz zum Abbau von Subventionen und sonstigen Vergünstigungen, zur Erhöhung der Postablieferung sowie zur Klarstellung von Wohngeldregelungen (Subventionsabbaugesetz) vom 26. 6. 1981
In: Das Dt. Bundesrecht 1981, Lfg. 471, VII B 10, S. 157–524a

Erläuterungen zum Gesetz über die Besteuerung bei Auslandsbeziehungen (Außensteuergesetz). Vom 8. 9. 1972, zuletzt geändert durch das Gesetz zur Änderung des Einkommensteuergesetzes, des Körperschaftsteuergesetzes und anderer Gesetze vom 20. 8. 1980
In: Das Dt. Bundesrecht 1981, Lfg. 469, VII B 35, S. 15–57

Erläuterungen zum Gewerbesteuergesetz (GewStG 1978) in der Fassung der Bekanntmachung vom 22. 9. 1978, zuletzt geändert durch das Gesetz zum Abbau von Subventionen und sonstigen Vergünstigungen, zur Erhöhung der Postablieferung sowie zur Klarstellung von Wohngeldregelungen (Subventionsabbaugesetz) vom 26. 6. 1981
In: Das Dt. Bundesrecht 1981, Lfg. 472, VII B 40, S. 19–123

Erläuterungen zum Spar-Prämiengesetz (SparPG 1979). Vom 5. Mai 1959 in der Fassung der Bekanntmachung vom 22. 6. 1979, geändert durch das Gesetz zum Abbau von Subventionen und sonstigen Vergünstigungen, zur Erhöhung der Postablieferung sowie zur Klarstellung von Wohngeldregelungen (Subventionsabbaugesetz) vom 26. 6. 1981
In: Das Dt. Bundesrecht 1981, Lfg. 472, VII B, S. 11–32

Erläuterungen zum Wohnungsbau-Prämiengesetz (WoPG 1979) in der Fassung der Bekanntmachung vom 22. 6. 1979 (BGBl. I S. 697), zuletzt geändert durch Art. 6 des Gesetzes zum Abbau von Subventionen und sonstigen Vergünstigungen, zur Erhöhung der Postablieferung sowie zur Klarstellung von Wohngeldregelungen (Subventionsabbaugesetz) vom 26. 6. 1981
In: Das Dt. Bundesrecht 1981, Lfg. 472, V H 17, S. 7–30

Handwörterbuch des Steuerrechts (HwStR) unter Einschluß von betriebswirtschaftlicher Steuerlehre, Finanzrecht, Finanzwissenschaft.

München: Beck u. Bonn: Verl. des wiss. Instituts der Steuerberater und Steuerbevollmächtigten. – 2. Aufl. 1981
DStR 1981, S. 711 [Rezension]

Kommentar zum Einkommensteuergesetz. Einkommensteuergesetz 1979 (EStG 1979) in der Fassung vom 21. 6. 1979 (BGBl. I S. 722) mit allen Änderungen, zuletzt durch das Subventionsabbaugesetz vom 26. 6. 1981 (BGBl. I S. 537). Hrsg. von Franz Klein, Paul G. Flockermann, Christian Kühr, bearb. von Praktikern aus Rechtsprechung, Verwaltung und Wirtschaft. 3., neubearb. Aufl.
Neuwied, Darmstadt: Luchterhand 1981, XXXII, 2160 S.
(Bonner Steuerkommentare des Deutschen Steuerberaterverbandes).

Steuerrechtliche Aspekte
In: Juristische Probleme im Zusammenhang mit den sogenannten neuen Jugendreligionen, hrsg. v. Engstgeld, Paul A.; Klein, Franz [u.a.]
München: Beck u. Olzog 1981, S. 131–151

Verbot des Vorsteuerabzugs für Betriebs-Personenkraftwagen. Eine Untersuchung der geplanten Änderung des § 15 UStG durch das 2. Haushaltsstrukturgesetz aus der Sicht des Europäischen Gemeinschaftsrechts und des Grundgesetzes. [Von] Franz Klein u. Günter Rau
DB 1981, S. 2093–2099

Zur Abgrenzung von Steuern und sonstigen Abgaben. Das Urteil des Bundesverfassungsgerichts vom 10. Dez. 1980 – 2 BvF 3/77 betreffend das Ausbildungsförderungsgesetz
BlStSozArbR 1981, S. 61–64

Zur Verfassungsmäßigkeit der Künstlersozialabgabe nach dem Entwurf eines Künstlersozialversicherungsgesetzes
DB 1981, S. 370–373

Zur Verfassungsmäßigkeit von Sonderabgaben – ihre Abgrenzung zu den Steuern
DStR 1981, S. 275–281

1982

Einkommensteuergesetz, Kommentar. Begründet von Walter Blümich, fortgeführt v. Ludwig Falk, Adalbert Uelner, Gerhard Haas.
München: Vahlen, 11. Aufl., Lfg. 9. 6. 1981, 574 S. und Lfg. 10. 9. 1981, 652 S.
DStR 1982, S. 255–256 [Rezension]

Erhöhung des privaten Nutzungsanteils bei Betriebs-Pkw. Zur geplanten Änderung des Abschnitts 118 Abs. 2 EStR
DB 1982, 1949–1954

Erläuterungen zum Einkommensteuergesetz 1981 (EStG 1981) in der Fassung der Bekanntmachung vom 6. 12. 1981, geändert durch das 2. Gesetz

zur Verbesserung der Haushaltsstruktur (2. Haushaltsstrukturgesetz – 2. HStruktG) vom 22. 12. 1981
In: Das Dt. Bundesrecht 1982, Lfg. 490, VII B 10, S. 157–384

Erläuterungen zum Gewerbesteuergesetz (GewStG 1978) in der Fassung der Bekanntmachung vom 22. 9. 1978, zuletzt geändert durch das 2. Gesetz zur Verbesserung der Haushaltsstruktur (2. Haushaltsstrukturgesetz – 2. HStruktG) vom 22. 12. 1981
In: Das Dt. Bundesrecht 1982, Lfg. 487, VII B 40, S. 19–92a

Erläuterungen zum Umsatzsteuergesetz (UStG 1980) in der Fassung vom 26. 11. 1979, zuletzt geändert durch das 2. Gesetz zur Verbesserung der Haushaltsstruktur (2. Haushaltsstrukturgesetz – 2. HStruktG) vom 22. 12. 1981
In: Das Dt. Bundesrecht 1982, Lfg. 487, VII B 30, S. 37–102

Steuer- und finanzpolitische Erfordernisse für eine Wende in der Wirtschaftsentwicklung
In: Vorträge der 33. Godesberger Steuerfachtagung 1982, Bonn: HLBS 1982, S. 5–20

1983

Bund und Länder nach der Finanzverfassung des Grundgesetzes.
In: Handbuch des Verfassungsrechts der Bundesrepublik Deutschland. Hrsg. v. Ernst Benda, Werner Maihofer, Hans-Jochen Vogel unter Mitwirkung v. Konrad Hess. – Berlin; New York: de Gruyter 1983, S. 863–897

Deutsche Steuer-Zeitung
Hrsg. Franz Klein (seit 1983 = 71. Jahrgang) u.a.

Deutsche Steuer-Zeitung, Eildienst
Hrsg. Franz Klein (seit 1983 = 71. Jahrgang) u.a.

Deutsches Steuerrecht. Zeitschrift für Praxis und Wissenschaft des gesamten Steuerrechts
Mitwirkender: (seit 1983 = 21. Jahrgang) Franz Klein u.a.

Dieter Birk. Das Leistungsfähigkeitsprinzip als Maßstab der Steuernormen. Ein Beitrag zu den Grundfragen des Verhältnisses Steuerrecht und Verfassungsrecht, Steuerwissenschaft. Köln: Deubner, 1983
DÖV 1983, S. 692–693 [Rezension]

Das Familiensplitting in der Einkommen- und Lohnsteuer.
In: Familiensplitting, 3. Heiligenhovener Gespräch der Stegerwald-Stiftung. Köln-Deutz: Stegerwaldstiftung 1983, S. 7–23

Die gegenwärtige Entwicklung des Verfassungs- und Verwaltungsrechts. [Von] Hans Bernhard Brockmeyer und Franz Klein
RiA 1983, S. 141–147 und 161–170

Gerhard Heuer 75 Jahre
FR 1983, S. 597–598

Kommentar zum Grundgesetz für die Bundesrepublik Deutschland. Völlig neubearb. u. erw. 6. Aufl. [Von] Bruno Schmidt-Bleibtreu [und] Franz Klein
Neuwied, Darmstadt: Luchterhand 1983, 1472 S.

1984

Aufgaben für den Bundesfinanzhof in nächster Zeit
DStR 1984, S. 219–223

Das Auto im Steuerrecht
DAR 1984, S. 383–394

BFH-Rechtsprechung – Anwendung und Berücksichtigung durch die Finanzverwaltung
DStZ 1984, S. 55–60 und
Deutscher Steuerberatertag 1983 (1984), S. 219–230

Deutsches Gesetz zur Entlastung des Bundesfinanzhofs. [Von] Franz Klein und Michael-Ingo Thomas
Der Schweizer Treuhänder 1984, S. 173–176

Einkommensteuer-Gesetz. Von Walter Blümich, Ludwig Falk, Adalbert Uelner, Gerhard Haas, 13. bis 15. Erg. Lfg. München: Vahlen, 1982–1983
DStR 1984, S. 104 [Rezension]

Ist der Rechtsschutz im Steuerrecht in Gefahr?
DStR 1984, S. 17–21

Möglichkeiten zur Verbesserung des Rechtsschutzes im Steuerrecht
In: Standpunkte und Perspektiven, Festschrift für Herbert W. Köhler. Düsseldorf; Wien: Econ 1984, S. 211–225

Öffentliche Finanzwirtschaft
In: Handbuch für die öffentliche Verwaltung (HÖV) Bd. 1, Neuwied; Darmstadt: Luchterhand 1984, S. 407–455

Staat muß Familien notwendiges Geld lassen. Der Präsident des Bundesfinanzhofs fordert einen neuen Familienlastenausgleich
Dt. Tagespost 1984, 108 v. 7. 9. 1984, S. 3

Verfassungs- und Verwaltungsgesetze des Bundes. Textausgabe mit einer Einführung von Franz Klein und Hans Bernhard Brockmeyer
Neuwied, Darmstadt: Luchterhand 1984, VII, 610 S.

Das Ziel heißt nicht Sparta, sondern Eigenverantwortung. Was unser Steuersystem für die Familien und zur Förderung des Wohneigentums tun sollte
Bauen und Siedeln 1984, S. 57–60

65 Jahre Reichsabgabenordnung / Abgabenordnung
NWB Nr. 52 vom 24. 12. 1984, S. 3328

1985

Die Belastung des Bundesfinanzhofs und Möglichkeiten zu seiner Entlastung
StBJb 1984/1985 (1985) S. 21–38

Die Bindung der Finanzverwaltung an Treu und Glauben
StbKongrRep 1985, S. 125–140 und
DStR 1985, S. 391–396

Der Bundesfinanzhof und seine Rechtsprechung. Grundfragen, Grundlagen. Festschrift für Hugo von Wallis zum 75. Geburtstag am 12. April 1985. Hrsg. von Franz Klein und Klaus Vogel
Bonn: Stollfuß 1985, XIV, 612 S.

Deutsches Autorecht. Rechtszeitschrift des Allgemeinen Deutschen Automobil Clubs
Mitarbeiter: (seit 1985 = 54. Jahrgang) Franz Klein u.a.

Einkommensteuergesetz 1985 (EStG 1985). Erl. v. Franz Klein, 1. Aufl.
Baden-Baden: Nomos 1985, 904 S.
(Das Deutsche Bundesrecht Taschenkommentar)

Eröffnungsansprache [zum Umsatzsteuerkongreß 1985]
In: Umsatzsteuerkongreß-Bericht 1985 (1985), S. 7–10

Geld und Währung in der Rechtsprechung des Bundesfinanzhofs
Blick durch die Wirtschaft vom 20. 6. 1985, S. 4 und
WM 1985, S. 1189–1195

In memoriam Dr. Otto Schmidt
FR 1985, S. 29–31

Klärung in Musterprozessen
Die Angestellten 1985, Nr. 382, S. 21

Niedergang oder Neuordnung des deutschen Einkommensteuerrechts? Anm. zu zwei Neuerscheinungen
FR 1985, S. 629–631

Probleme einer europäischen Finanzverfassung
In: Der Bundesfinanzhof und seine Rechtsprechung. Festschrift Prof. Dr. Hugo von Wallis zum 75. Geburtstag. Bonn: Stollfuß 1985, S. 491–510

Reform des materiellen Steuerrechts
In: Steuerreform durch Steuervereinfachung, Tagungsbericht v. 9. 11. 1984, Bonn: Gesellschaft zur Förderung der Entbürokratisierung 1985, S. 45–49

Strengere Anforderungen an Verlustzuweisungsgesellschaften. Bemerkungen zu dem Beschluß des Großen Senats des BFH vom 25. Juni 1984 GrS 4/82
VW 1985, S. 6–14

2000 Jahre Augsburg – 2000 Jahre Steuerrecht: [Rede]
[München: BFH 1985] 13 Bl. [Maschinenschriftl. vervielf.]

1986

Abgabenordnung – einschließlich Steuerstrafrecht. Erläutert von Franz Klein und Gerd Orlopp unter Mitarbeit von Bernhard Brockmeyer. 3., völlig neubearb. Aufl.
München: Beck 1986, LVIII, 1065 S.

Der Bundesfinanzhof ein Jahr nach Inkrafttreten des Gesetzes zur Beschleunigung verwaltungsgerichtlicher und finanzgerichtlicher Verfahren. [Von] Franz Klein und Hans Triller
DStZ 1986, S. 471–475

Das deutsche Steuerwesen ist ungerecht und unsozial. Plädoyer für eine umfassende Reform, die nicht bei der Vereinfachung von Formularen stecken bleibt. Die Gesetze müßten durchforstet und zusammengestrichen werden
Die Welt Nr. 23 v. 28. 1. 1986, S. 6

Ergänzbares Lexikon des Rechts. Gruppe 6: Steuer- und Finanzrecht. Hrsg. v. Franz Klein [Verf. der Artikel: Einleitung, Finanzverwaltung, Mischfinanzierung und Steuergerechtigkeit]
Neuwied, Darmstadt: Luchterhand 1981– [LBl.]

Geld und Währung in der Rechtsprechung des Bundesfinanzhofs
In: Das Geld im Recht. Baden-Baden: Nomos 1986, S. 87–101 und Die Bank 1986, S. 608–613

Steuervereinfachung. Die vordringliche Aufgabe in der nächsten Legislaturperiode
In: Tagungsbericht vom 18. 6. 86, Bonn: Gesellschaft zur Förderung der Entbürokratisierung 1986, S. 6–24 und
ZG 1986, S. 245–256

Der Zugang zum Bundesfinanzhof. Nichtzulassungsbeschwerde, Revision. Von Franz Klein und Reinhild Ruban
Heidelberg: Verl. Recht u. Wirtschaft 1986, 144 S.
(Schriften des Betriebs-Beraters; 69)

1987

Die Bedeutung des Urheberrechts für wissenschaftliche Autoren. Zum Schutz eines besonderen Eigentums
In: Mitt. d. Hochschulverbandes 1987, S. 135–138

Bürgerliches Erbrecht und Erbschaftsteuer
Frankfurt a.M.: Bank f. Gemeinwirtschaft 1987, 96 S.

Dr. Hans Flick 60 Jahre alt
DStR 1987, S. 483–484

Ehe und Familie im Steuerrecht als verfassungsrechtliches Problem
In: Festschrift für Wolfgang Zeidler. Berlin; New York: de Gruyter 1987, S. 773–801

Europa braucht mehr Eigenmittel. Zur künftigen Finanzierung der Gemeinschaft
FAZ Nr. 259 v. 7. 11. 1987, S. 13

Grundlagen des staatlichen Finanzrechts (Finanzverfassungsrecht)
In: Lehrbuch des öffentlichen Finanzrechts, Neuwied; Darmstadt: Luchterhand 1987, S. 1–51

Kraftfahrzeugsteuergesetz mit Durchführungsverordnung. Kommentar. [Von] Franz Klein und Frank Florian Olbertz. 2. Aufl.
Neuwied; Darmstadt: Luchterhand 1987, 103 S.

Lehrbuch des öffentlichen Finanzrechts. Hrsg. v. Franz Klein
Neuwied; Darmstadt: Luchterhand 1987, XXIV, 456 S.

Steueroase statt Steuerwüste
In: Handwerk Magazin 1987, S. 5

Steuerreform und Wirtschaft. Was bringt die Reform den Unternehmen?
Berlin: Duncker & Humblot 1987, 53 S.
(Wirtschaftspolit. Kolloquien d. Adolf-Weber-Stiftung; 15)

Unstetes Steuerrecht. Unternehmerdisposition im Spannungsfeld von Gesetzgebung, Verwaltung und Rechtsprechung
In: Augsburger Universitätsreden Nr. 10/87, S. 5–29

Die unzureichende steuerliche Berücksichtigung der Minderung der Leistungsfähigkeit durch Kinder
DStR 1987, S. 779–784

Der vom Prozeßbevollmächtigten verpaßte Zugang zum Bundesfinanzhof. [Von] Franz Klein und Karl Eberl
DStR 1987, S. 412–413

Zur Erinnerung an Herbert Dorn. Gedenkveranstaltung aus Anlaß des 100. Geburtstags von Herbert Dorn am 10. 3. 1987 in der Finanzakademie in Siegburg
StuW 1987, S. 97–100

Zur Frage einer zukünftigen Finanzierung der Europäischen Gemeinschaften durch eigene Steuereinnahmen
Europäische Hefte, Luxemburg 1987, Nr. 54, S. 24–33

1988

Die Belastung des Bundesfinanzhofs und Möglichkeiten zur Verbesserung des Rechtsschutzes
DStZ 1988, S. 131–134

Dr. Ludwig Heßdörfer †
DStR 1988, S. 226

Ehe und Familie im Steuerrecht
In: Bitburger Gespräche, Jahrbuch 1988, München: Beck 1988, S. 47–65

Die Finanzverfassung als Gegenstand gerichtlicher Auseinandersetzungen insbesondere zwischen Bund und Ländern
In: Handelsrecht und Steuerrecht, Festschrift für Georg Döllerer, Düsseldorf: IDW-Verl. 1988, S. 285–298

Handelsrecht und Steuerrecht. Festschrift für Dr. Dr. h.c. Döllerer. Hrsg. v. Brigitte Knobbe-Keuk, Franz Klein, Adolf Moxter
Düsseldorf: IDW-Verlag 1988, XIII, 783 S.

Steuerreform – wie weit sollte sie gehen?
In: Jahrbuch für Betriebswirte 1988, Stuttgart: Taylorix 1988, S. 305–314

Steuerreform und Wirtschaft
StuW 1988, S. 217–222

Die unzureichende steuerliche Berücksichtigung der Minderung der Leistungsfähigkeit durch Kinder
In: 10. Dt. Steuerberatertag 1987, Bonn: Stollfuß 1988, S. 77–88

Wie funktioniert Finanzkontrolle? Dem Staat in die Kasse geschaut – 175 Jahre Bayerischer Oberster Rechnungshof. Hrsg. v. d. Bayer. Landeszentrale f. polit. Bildungsarbeit. München 1987, 140 S.
DStR 1988, S. 250 [Rezension]

Zu den Ursachen der Überbelastung der Finanzgerichte
DStR 1988, S. 599–604

70 Jahre Reichsfinanzhof/Bundesfinanzhof
DStR 1988, S. 591–594

1989

Abgabenordnung – einschließlich Steuerstrafrecht. Begr. v. Franz Klein, Gerd Orlopp. Erl. v. Franz Klein, Gerd Orlopp, Hans Bernhard Brockmeyer, 4., völlig neubearb. Aufl.
München: Beck 1989, LXIII, 1321 S.

Die Ausgabenabgrenzung zwischen Bund und Ländern nach Art. 104a GG
In: Verantwortlichkeit und Freiheit. Festschrift für Willi Geiger zum 80. Geburtstag, Tübingen: Mohr 1989, S. 501–517

Geschichte des Grundgesetzes. Ein Weg mit vielen Stationen. Unser Staat muß glaubhaft bleiben
Bayernkurier v. 20. 5. 1989, S. 52–54

La Giustizia Tributaria Nella Repubblica Federale Tedesca
In: Convegno di Studi (Brunico 28. 9. 1989), S. 33–47

Marktwirtschaft und Grundgesetz
In: Beiträge zur politischen Ökonomie, Festschrift für Clemens-August Andreae. Bonn: Mittelstandsverl. 1989, S. 61–79

Mehr Rechtssicherheit im Steuerrecht
Stbg 1989, S. 93–94

Moderne Informationstechnologie und richterliche Tätigkeit
DB 1989, S. 548–549

Die Normenflut im Steuerrecht: Eine Gefährdung des Rechtsstaates
In: Finanzpolitik und Steuerrecht, 16. Veranstaltung der Steuerberaterkammer Nordbaden (27. Okt. in Karlsruhe)
Heidelberg: Selbstverlag 1989, S. 15–20

Steuerreform und Wirtschaft
In: 3. Dauner Sparkassen Forum. Daun: Kreissparkasse 1989, S. 18–49

Vorsitzender Richter am Bundesfinanzhof Dr. Kurt Meßmer. Persönliche Würdigung anläßlich seines Ausscheidens aus dem Bundesfinanzhof am 30. 4. 1989
FR 1989, S. 217–218

Was bringt die Steuerreform 1990?
BAG-Nachrichten 1989, S. 33–35

Wie das Grundgesetz entstand – Potsdam/Herrenchiemsee/Bonn
Der Rotarier 1989, S. 341–347

Zu den Ursachen der Überbelastung der Finanzgerichte
In: Die Situation der Finanzgerichtsbarkeit, Köln: O. Schmidt 1989, S. 31–45

Zur Frage der künftigen Steuerhoheit der Europäischen Gemeinschaft
In: Besteuerung und Unternehmenspolitik, Festschrift für Günther Wöhe, München: Vahlen 1989, S. 189–201

1990

Der Beitrag der Oberfinanzdirektion Koblenz zur Fortentwicklung des Abgabenrechts in der Rechtsprechung des Bundesfinanzhofs. Festvortrag anläßlich des 40jährigen Bestehens der OFD Koblenz am 7. 9. 1990
In: Oberfinanzdirektion Koblenz. 40 Jahre Oberfinanzdirektion Koblenz. Dokumentation über die Feierstunde am 7. Sept. 1990. Koblenz: OFD 1990, S. 13–18 und
DStZ 1990, S. 575–579

Dr. Claus Grimm, Vizepräsident des Bundesfinanzhofs, im Ruhestand
DStZ 1990, S. 495–496

Dr. Max Rid 65 Jahre
DStR 1990, S. 322

Dr. Wilhelm Leingärtner im Ruhestand
FR 1990, S. 525

Grußwort [anläßlich des 50. Todestages von Dr. Enno Becker]
In: Gedenkschrift zum 50. Todestag von Dr. h.c. Enno Becker 1869–1940, Oldenburg: Bibliotheks- und Informationssystem der Univ. Oldenburg 1990, S. 15–16

Hugo von Wallis zum 80. Geburtstag
DStZ 1990, S. 183–184

Kommentar zum Grundgesetz. [Von] Bruno Schmidt-Bleibtreu [und] Franz Klein. Unter Mitarbeit v. Hans Bernhard Brockmeyer, 7. Aufl. Neuwied, Frankfurt/M.: Luchterhand 1990, XXVII, 1438 S.

Mein Tip für München Besucher
djt-aktuell v. 18. 9. 1990, S. 4

Nachtrag Vereinsförderungsgesetz zu Abgabenordnung – einschließlich Steuerstrafrecht. Begr. v. Franz Klein [und] Gerd Orlopp. Erl. v. Franz Klein . . .
München: Beck 1990, 29 S.

Die nationale Besteuerung als Faktor des internationalen Wettbewerbs: ein Plädoyer für eine Harmonisierung des Unternehmenssteuerrechts
StuW 1990, S. 390–396

Professor Dr. Heinrich List zum 75. Geburtstag
DStZ 1990, S. 131

Rechtsschutz in Steuersachen. [Von] Franz Klein [und] Reinhild Ruban
In: Handbuch der Unternehmensbesteuerung. Düsseldorf: IDW-Verl. 1990, S. 2419–2501

Die Steuerberatung: ein berufliches Tätigkeitsfeld für Juristen
In: Wirtschaftsjurist an der Universität Bayreuth. – Hof, München: Hofmann 1990, S. 123–131

Steuerwesen und Finanzgerichtsbarkeit
JbFSt 1989/1990 (1990), S. 35–46

Unstetes Steuerrecht: Dispositionen im Spannungsfeld von Gesetzgebung, Verwaltung und Rechtsprechung
StbJb 1989/90 (1990) S. 11–26

1991

Aktuelle Probleme der Finanzverfassung
In: Vorträge zur Rechtsentwicklung der achtziger Jahre. Köln: Heymann 1991, S. 81–95

Dr. Max Rid, Vorsitzender Richter am Bundesfinanzhof, im Ruhestand
DStZ 1991, S. 513–514

Der Einfluß der höchstrichterlichen Rechtsprechung auf die Gesetzgebung am Beispiel des Steuerrechts
In: Bürger, Richter, Staat. Festschrift für Horst Sendler zum Abschied aus seinem Amt. München: Beck 1991, S. 483–497

Einigungsvertrag, Finanzbestimmungen
In: Ergänzbares Lexikon des Rechts, Gruppe 6/155. Neuwied: Luchterhand 1991, 6 S.

Gerichtswesen ist überzogen. Präsident Klein vor OFD Koblenz
DStG 1991, S. 18–19

Kommentar zum Grundgesetz. [Von] Bruno Schmidt-Bleibtreu [und] Franz Klein. Unter Mitarbeit v. Hans Bernhard Brockmeyer, 7. Aufl. Nachtrag 1991
Neuwied, Frankfurt/M.: Luchterhand 1991, 19 S.

Münchner Steuerfachtagung und deutsches Steuerrecht: Vergangenheit, Gegenwart und Zukunft
DStR 1991, S. 793–797

Steuerlicher Rechtsschutz während eines Jahrhunderts
In: Einhundert Jahre moderne Einkommensteuer 1891–1991. Osnabrück: Institut für Finanz- und Steuerrecht 1991 Heft 7, S. 16–26

1992

Agrarabgaben im Rahmen der Europäischen Gemeinschaften
In: Ergänzbares Lexikon des Rechts, Gruppe 6/35. Neuwied: Luchterhand 1992, 4 S.

Familienlastenausgleich
In: Ergänzbares Lexikon des Rechts, Gruppe 6/215. Neuwied: Luchterhand 1992, 3 S.

Funktionen des Großen Senats des Bundesfinanzhofs
JbFSt 1991/92 (1992), S. 11–21

Gegenwart und Zukunft der Finanzverwaltung aus der Sicht der Finanzgerichtsbarkeit
In: Perspektiven der Finanzverwaltung, . . . Köln: O. Schmidt 1992, S. 41–54

Ist die Steuerpolitik auf dem richtigen Weg?
In: 14. Deutscher Steuerberatertag 1991 in Hamburg – Protokoll –. Bonn: Stollfuß 1992, S. 43–51

Ist die Steuerpolitik auf dem richtigen Wege?
– Konsequenzen angesichts steigender einigungsbedingter Finanzierungsanforderungen an den Staat – Hrsg. v. d. Friedrich-Ebert-Stiftung
Bonn: Friedrich-Ebert-Stiftung 1992, 18 S.
(Gesprächskreis Politik und Wissenschaft)

Mischfinanzierung
In: Ergänzbares Lexikon des Rechts, Gruppe 6/465. Neuwied: Luchterhand 1992, 9 S.

Prof. Dr. h.c. Heinrich Beisse tritt in den Ruhestand
FR 1992, S. 225–226

Rechtsunsicherheit im Steuerrecht. Folgerungen für den Steuerberater aus der Rechtsprechung zum Verfassungsrecht: die vollständige Erfassung der Einkunftsquellen
StbKongrRep 1992, S. 53–65

Steuergerechtigkeit
In: Ergänzbares Lexikon des Rechts, Gruppe 6/650. Neuwied: Luchterhand 1992, 4 S. (2. Bearb.)

Zur Finanzverfassung von Bund und Ländern nach dem Grundgesetz und dem Einigungsvertrag
ThürVBl. 1992, S. 49–54

1993

Abzugsteuern bei beschränkt Steuerpflichtigen; Biersteuer; Branntweinsteuer/Branntweinmonopol; Getränkesteuer; Hundesteuer; Jagd- und Fischereisteuer; Kaffeesteuer; Leuchtmittelsteuer; Mineralölsteuer; Salzsteuer; Schankerlaubnissteuer; Schaumweinsteuer; Tabaksteuer; Teesteuer; Vergnügungssteuer; Zuckersteuer; Zweitwohnungssteuer.
In: Ergänzbares Lexikon des Rechts, Gruppe 6. Neuwied: Luchterhand 1993, 62. Erg.Lfg.

Die Besteuerung des thesaurierten Gewinns bei der Körperschaft.
In: Ertragsbesteuerung. Festschrift für Ludwig Schmidt zum 65. Geburtstag. München: Beck 1993, S. 589–603

Der Familienlastenausgleich – eine zentrale Aufgabe des Bundesministeriums für Familie und Senioren
In: 40 Jahre Familienpolitik in der Bundesrepublik Deutschland. Rückblick/Ausblick. Neuwied: Luchterhand 1993, S. 91–104

Grundlagen des staatlichen Finanzrechts (Finanzverfassungsrecht)
In: Öffentliches Finanzrecht, 2. neubearb. Aufl. Neuwied: Luchterhand 1993, S. 1–67

Harmonie oder Stückwerk – Vollendung der FGO-Reform! [Von] Franz Klein und Ulrich Probst.
DB 1993, S. 1387–1390

Lexikon des Rechts-, Steuer- und Finanzrechts. Hrsg. und Verf. der Artikel: Einleitung, Weiterführende Hinweise, Einigungsvertrag, Finanzbestimmungen, Familienlastenausgleich, Finanzverwaltung, Mischfinanzierung, Steuergerechtigkeit, Treuhandanstalt, Zinsabschlaggesetz. 2. überarb. und erw. Aufl.
Neuwied: Luchterhand 1993, 660 S.

Ministerialdirektor Paul Gerhard Flockermann 65 Jahre
DStR 1993, S. 1430

Nachruf auf Prof. Dr. Hugo v. Wallis, Präsident des Bundesfinanzhofs a.D.
DStR 1993, S. 353

Notwendige Reform des Finanzprozesses: BFH braucht einheitliches Prozeßrecht
Handelsblatt vom 13. 3. 1993, S. 3

Die Notwendigkeiten der Steuerpolitik zwischen Wiedervereinigung und Europäischer Einigung
In: Spannungsfeld Wirtschaft. Hrsg.: Der Präsident der Universität Passau unterstützt vom Neuburger Gesprächskreis. Passau: Universität 1993, S. 51–66

Öffentliches Finanzrecht. Hrsg. v. Franz Klein. 2. neubearb. Aufl.
Neuwied: Luchterhand 1993, XXV, 516 S.

Pluralismus, Gefahr des Zerfalls
In: zur Debatte, Themen der Katholischen Akademie in Bayern 1993, Nr. 3 S. 5/6

Steuerrecht unter Verfassungskontrolle: ein Plädoyer für die Steuervereinfachung
In: Festschrift für Karl Beusch. Berlin; New York: de Gruyter, S. 423–436

Vorsitzender Richter am Bundesfinanzhof Prof. Dr. Ludwig Schmidt, im Ruhestand
DStZ 1993, S. 641/642

Vorwort des Präsidenten des Bundesfinanzhofs
In: 75 Jahre Reichsfinanzhof – Bundesfinanzhof. Festschrift. Bonn: Stollfuß 1993, S. XXI–XXII

75 Jahre eigenständige Finanzgerichtsbarkeit. Auszug aus der Festrede des Präsidenten
DB 1993, Heft 40, S. I–II

75 Jahre Finanz-Rundschau/Deutsches Steuerblatt.
Grußwort; . . . ein unabhängiges Diskussionsforum wie die FR
FR 1993, S. 656/657

75 Jahre Reichsfinanzhof – Bundesfinanzhof. Festschrift. Hrsg. Der Präsident des Bundesfinanzhofs
Bonn: Stollfuß 1993, XVIII, 764 S.

Schlagwortverzeichnis